中国海关
报关实用手册

海关总署政策法规司编制

2006

中国海关出版社

图书在版编目(CIP)数据

中国海关报关实用手册.2006/海关总署政策法规司编.
北京:中国海关出版社,2006.1
ISBN 7-80165-326-2

Ⅰ.中… Ⅱ.海… Ⅲ.进出口贸易-海关手续-
中国-手册 Ⅳ.F752.5-62

中国版本图书馆 CIP 数据核字(2005)第 141222 号

新出音管[2005]458 号 ISBN 7-89993-121-5

责任编辑: 孙红 高传杰 黄华莉

中国海关报关实用手册

海关总署政策法规司编制

中国海关出版社出版发行

(北京市朝阳区东土城路 14 号 邮政编码:100013)

北京市白帆印务有限公司印刷

2006 年 1 月第 1 版 2006 年 1 月第 1 次印刷

880 毫米×1230 毫米 1/16 68.5 印张 2400 千字

ISBN 7-80165-326-2

定价:240.00 元

发行电话:(010)85271610

网址:http://www.haiguanbook.com

前　　言

为使进出口企业及时了解2006年国家对进出口关税政策和贸易管制政策的变动情况，加快通关速度，海关总署政策法规司组织业务和技术专家编写了《中国海关报关实用手册》（下称《报关手册》）。《报关手册》是根据国务院主管部门最新颁布的进出口管理规定，融合《中华人民共和国进出口税则》和《中华人民共和国海关统计商品目录》，根据海关征税、监管、统计和通关系统的要求编写的。本《报关手册》是海关工作人员、进出口企业报关员、预录入企业操作员必备的工作手册，也是与进出口有关的企事业单位了解海关业务和对进出口货物进行成本核算的重要参考资料。

本《报关手册》的主要内容有：最新进出口法律法规选编、进出口货物报关单填报规定、海关通关系统常用代码表及说明、进出口商品HS编号、商品名称及备注、关税税率、进口环节增值税和消费税税率、海关统计计量单位、进出口监管证件代码、进出口商品暂定税率、各种最新区域或双边协定税率、进口商品从量税、复合税税率和进口关税与进口环节代征税计税常数表等。该《报关手册》具有查阅方便、一目了然的特点。

为方便用户查找，本书附赠光盘一张，其内容与书基本一致。此外，光盘还具有模拟计税和商品查询功能，为用户自动计算综合税款。

本《报关手册》所列商品编号、商品名称、关税税率、监管证件代码和进口环节代征税税率以及进出口法律法规的截止日期为2005年12月31日。上述内容如有与现行海关法规不一致之处，以法规条文为准。

本《报关手册》在编制过程中，得到了总署有关部门和部分地方海关的大力支持和协助，在此一并表示衷心的感谢。

海关总署政策法规司

2005年12月31日

光盘安装说明

本书所赠光盘是一个在 Windows 环境下运行的软件，现将有关软硬件条件及注意事项说明如下：

运行光盘所需条件

一、硬件条件

用户计算机配置应符合以下条件：

1. CPU 采用 pentiumⅡ及以上为宜；
2. 内存不低于 64M，128M 及以上效果更佳；
3. 光盘驱动器。

二、软件条件

1. 操作系统应当 Windows98、WindowsMe、Windows2000、WindowsNT 或更高版本；
2. Internet Explorer 5.5 及以上版本；
3. Ms xml 3.0 。

注 意 事 项

1. 本光盘无须安装，把光盘放入光驱中便可直接运行。
2. 如果 Internet Explorer 低于 5.5 版本，第一次放入光盘，会提示安装 IE 5.5，点击确定后，依照提示安装即可。安装完毕，系统将自动重启。
3. 第一次运行光盘，系统还会自动检测机器是否有 Ms xml 3.0 环境，若没有，光盘会自动安装。安装完毕，便可正常运行。

目　录

四、海关通关系统《商品综合分类表》 ········ 239

法律法规选编

中华人民共和国海关法

（1987年1月22日第六届全国人民代表大会常务委员会第十九次会议通过
根据2000年7月8日第九届全国人民代表大会常务委员会第十六次
会议《关于修改〈中华人民共和国海关法〉的决定》修正）

第一章　总　　则

第一条　为了维护国家的主权和利益，加强海关监督管理，促进对外经济贸易和科技文化交往，保障社会主义现代化建设，特制定本法。

第二条　中华人民共和国海关是国家的进出关境（以下简称进出境）监督管理机关。海关依照本法和其他有关法律、行政法规，监管进出境的运输工具、货物、行李物品、邮递物品和其他物品（以下简称进出境运输工具、货物、物品），征收关税和其他税、费，查缉走私，并编制海关统计和办理其他海关业务。

第三条　国务院设立海关总署，统一管理全国海关。

国家在对外开放的口岸和海关监管业务集中的地点设立海关。海关的隶属关系，不受行政区划的限制。

海关依法独立行使职权，向海关总署负责。

第四条　国家在海关总署设立专门侦查走私犯罪的公安机构，配备专职缉私警察，负责对其管辖的走私犯罪案件的侦查、拘留、执行逮捕、预审。

海关侦查走私犯罪公安机构履行侦查、拘留、执行逮捕、预审职责，应当按照《中华人民共和国刑事诉讼法》的规定办理。

海关侦查走私犯罪公安机构根据国家有关规定，可以设立分支机构。各分支机构办理其管辖的走私犯罪案件，应当依法向有管辖权的人民检察院移送起诉。

地方各级公安机关应当配合海关侦查走私犯罪公安机构依法履行职责。

第五条　国家实行联合缉私、统一处理、综合治理的缉私体制。海关负责组织、协调、管理查缉走私工作。有关规定由国务院另行制定。

各有关行政执法部门查获的走私案件，应当给予行政处罚的，移送海关依法处理；涉嫌犯罪的，应当移送海关侦查走私犯罪公安机构、地方公安机关依据案件管辖分工和法定程序办理。

第六条　海关可以行使下列权力：

（一）检查进出境运输工具，查验进出境货物、物品；对违反本法或者其他有关法律、行政法规的，可以扣留。

（二）查阅进出境人员的证件；查问违反本法或者其他有关法律、行政法规的嫌疑人，调查其违法行为。

（三）查阅、复制与进出境运输工具、货物、物品有关的合同、发票、账册、单据、记录、文件、业务函电、录音录像制品和其他资料；对其中与违反本法或者其他有关法律、行政法规的进出境运输工具、货物、物品有牵连的，可以扣留。

（四）在海关监管区和海关附近沿海沿边规定地区，检查有走私嫌疑的运输工具和有藏匿走私货物、物品嫌疑的场所，检查走私嫌疑人的身体；对有走私嫌疑的运输工具、货物、物品和走私犯罪嫌疑人，经直属海关关长或者其授权的隶属海关关长批准，可以扣留；对走私犯罪嫌疑人，扣留时间不超过24小时，在特殊情况下可以延长至48小时。

在海关监管区和海关附近沿海沿边规定地区以外，

海关在调查走私案件时，对有走私嫌疑的运输工具和除公民住处以外的有藏匿走私货物、物品嫌疑的场所，经直属海关关长或者其授权的隶属海关关长批准，可以进行检查，有关当事人应当到场；当事人未到场的，在有见证人在场的情况下，可以径行检查；对其中有证据证明有走私嫌疑的运输工具、货物、物品，可以扣留。

海关附近沿海沿边规定地区的范围，由海关总署和国务院公安部门会同有关省级人民政府确定。

（五）在调查走私案件时，经直属海关关长或者其授权的隶属海关关长批准，可以查询案件涉嫌单位和涉嫌人员在金融机构、邮政企业的存款、汇款。

（六）进出境运输工具或者个人违抗海关监管逃逸的，海关可以连续追至海关监管区和海关附近沿海沿边规定地区以外，将其带回处理。

（七）海关为履行职责，可以配备武器。海关工作人员佩带和使用武器的规则，由海关总署会同国务院公安部门制定，报国务院批准。

（八）法律、行政法规规定由海关行使的其他权力。

第七条 各地方、各部门应当支持海关依法行使职权，不得非法干预海关的执法活动。

第八条 进出境运输工具、货物、物品，必须通过设立海关的地点进境或者出境。在特殊情况下，需要经过未设立海关的地点临时进境或者出境的，必须经国务院或者国务院授权的机关批准，并依照本法规定办理海关手续。

第九条 进出口货物，除另有规定的外，可以由进出口货物收发货人自行办理报关纳税手续，也可以由进出口货物收发货人委托海关准予注册登记的报关企业办理报关纳税手续。进出境物品的所有人可以自行办理报关纳税手续，也可以委托他人办理报关纳税手续。

第十条 报关企业接受进出口货物收发货人的委托，以委托人的名义办理报关手续的，应当向海关提交由委托人签署的授权委托书，遵守本法对委托人的各项规定。

报关企业接受进出口货物收发货人的委托，以自己的名义办理报关手续的，应当承担与收发货人相同的法律责任。

委托人委托报关企业办理报关手续的，应当向报关企业提供所委托报关事项的真实情况；报关企业接受委托人的委托办理报关手续的，应当对委托人所提供情况的真实性进行合理审查。

第十一条 进出口货物收发货人、报关企业办理报关手续，必须依法经海关注册登记。

报关人员必须依法取得报关从业资格。未依法经海关注册登记的企业和未依法取得报关从业资格的人员，不得从事报关业务。

报关企业和报关人员不得非法代理他人报关，或者超出其业务范围进行报关活动。

第十二条 海关依法执行职务，有关单位和个人应当如实回答询问，并予以配合，任何单位和个人不得阻挠。

海关执行职务受到暴力抗拒时，执行有关任务的公安机关和人民武装警察部队应当予以协助。

第十三条 海关建立对违反本法规定逃避海关监管行为的举报制度。

任何单位和个人均有权对违反本法规定逃避海关监管的行为进行举报。

海关对举报或者协助查获违反本法案件的有功单位和个人，应当给予精神的或者物质的奖励。

海关应当为举报人保密。

第二章 进出境运输工具

第十四条 进出境运输工具到达或者驶离设立海关的地点时，运输工具负责人应当向海关如实申报，交验单证，并接受海关监管和检查。

停留在设立海关的地点的进出境运输工具，未经海关同意，不得擅自驶离。

进出境运输工具从一个设立海关的地点驶往另一个设立海关的地点的，应当符合海关监管要求，办理海关手续，未办结海关手续的，不得改驶境外。

第十五条 进境运输工具在进境以后向海关申报以前，出境运输工具在办结海关手续以后出境以前，应当按照交通主管机关规定的路线行进；交通主管机关没有规定的，由海关指定。

第十六条 进出境船舶、火车、航空器到达和驶离时间、停留地点、停留期间更换地点以及装卸货物、物品时间，运输工具负责人或者有关交通运输部门应当事先通知海关。

第十七条 运输工具装卸进出境货物、物品或者上下进出境旅客，应当接受海关监管。

货物、物品装卸完毕，运输工具负责人应当向海关递交反映实际装卸情况的交接单据和记录。

上下进出境运输工具的人员携带物品的，应当向海关如实申报，并接受海关检查。

第十八条 海关检查进出境运输工具时，运输工具负责人应当到场，并根据海关的要求开启舱室、房间、车门；有走私嫌疑的，并应当开拆可能藏匿走私货物、物品的部位，搬移货物、物料。

海关根据工作需要，可以派员随运输工具执行职务，运输工具负责人应当提供方便。

第十九条 进境的境外运输工具和出境的境内运输工具，未向海关办理手续并缴纳关税，不得转让或者移作他用。

第二十条 进出境船舶和航空器兼营境内客、货运输，需经海关同意，并应当符合海关监管要求。

进出境运输工具改营境内运输，需向海关办理手续。

第二十一条 沿海运输船舶、渔船和从事海上作业的特种船舶，未经海关同意，不得载运或者换取、买卖、转让进出境货物、物品。

第二十二条 进出境船舶和航空器，由于不可抗力的原因，被迫在未设立海关的地点停泊、降落或者抛掷、起卸货物、物品，运输工具负责人应当立即报告附近海关。

第三章 进出境货物

第二十三条 进口货物自进境起到办结海关手续止，出口货物自向海关申报起到出境止，过境、转运和通运货物自进境起到出境止，应当接受海关监管。

第二十四条 进口货物的收货人、出口货物的发货人应当向海关如实申报，交验进出口许可证件和有关单证。国家限制进出口的货物，没有进出口许可证件的，不予放行，具体处理办法由国务院规定。

进口货物的收货人应当自运输工具申报进境之日起14日内，出口货物的发货人除海关特准的外应当在货物运抵海关监管区后、装货的24小时以前，向海关申报。

进口货物的收货人超过前款规定期限向海关申报的，由海关征收滞报金。

第二十五条 办理进出口货物的海关申报手续，应当采用纸质报关单和电子数据报关单的形式。

第二十六条 海关接受申报后，报关单证及其内容不得修改或者撤销；确有正当理由的，经海关同意，方可修改或者撤销。

第二十七条 进口货物的收货人经海关同意，可以在申报前查看货物或者提取货样。需要依法检疫的货物，应当在检疫合格后提取货样。

第二十八条 进出口货物应当接受海关查验。海关查验货物时，进口货物的收货人、出口货物的发货人应当到场，并负责搬移货物，开拆和重封货物的包装。海关认为必要时，可以径行开验、复验或者提取货样。

经收发货人申请，海关总署批准，其进出口货物可以免验。

第二十九条 除海关特准的外，进出口货物在收发货人缴清税款或者提供担保后，由海关签印放行。

第三十条 进口货物的收货人自运输工具申报进境之日起超过3个月未向海关申报的，其进口货物由海关提取依法变卖处理，所得价款在扣除运输、装卸、储存等费用和税款后，尚有余款的，自货物依法变卖之日起1年内，经收货人申请，予以发还；其中属于国家对进口有限制性规定，应当提交许可证件而不能提供的，不予发还。逾期无人申请或者不予发还的，上缴国库。

确属误卸或者溢卸的进境货物，经海关审定，由原运输工具负责人或者货物的收发货人自该运输工具卸货之日起3个月内，办理退运或者进口手续；必要时，经海关批准，可以延期3个月。逾期未办手续的，由海关按前款规定处理。

前两款所列货物不宜长期保存的，海关可以根据实际情况提前处理。

收货人或者货物所有人声明放弃的进口货物，由海关提取依法变卖处理；所得价款在扣除运输、装卸、储存等费用后，上缴国库。

第三十一条 经海关批准暂时进口或者暂时出口的货物，应当在6个月内复运出境或者复运进境；在特殊情况下，经海关同意，可以延期。

第三十二条 经营保税货物的储存、加工、装配、展示、运输、寄售业务和经营免税商店，应当符合海关监管要求，经海关批准，并办理注册手续。

保税货物的转让、转移以及进出保税场所，应当向海关办理有关手续，接受海关监管和查验。

第三十三条 企业从事加工贸易，应当持有关批准文件和加工贸易合同向海关备案，加工贸易制成品单位耗料量由海关按照有关规定核定。

加工贸易制成品应当在规定的期限内复出口。其中使用的进口料件，属于国家规定准予保税的，应当向海关办理核销手续；属于先征收税款的，依法向海关办理退税手续。

加工贸易保税进口料件或者制成品因故转为内销的，海关凭准予内销的批准文件，对保税的进口料件依法征税；属于国家对进口有限制性规定的，还应当向海关提交进口许可证件。

第三十四条 经国务院批准在中华人民共和国境内设立的保税区等海关特殊监管区域，由海关按照国家有关规定实施监管。

第三十五条 进口货物应当由收货人在货物的进境地海关办理海关手续，出口货物应当由发货人在货物的出境地海关办理海关手续。

经收发货人申请，海关同意，进口货物的收货人可以在设有海关的指运地、出口货物的发货人可以在设有海关的启运地办理海关手续。上述货物的转关运输，应当符合海关监管要求；必要时，海关可以派员押运。

经电缆、管道或者其他特殊方式输送进出境的货物，经营单位应当定期向指定的海关申报和办理海关手续。

第三十六条 过境、转运和通运货物，运输工具负责人应当向进境地海关如实申报，并应当在规定期限内运输出境。

海关认为必要时，可以查验过境、转运和通运货物。

第三十七条 海关监管货物，未经海关许可，不得开拆、提取、交付、发运、调换、改装、抵押、质押、留置、转让、更换标记、移作他用或者进行其他处置。

海关加施的封志，任何人不得擅自开启或者损毁。

人民法院判决、裁定或者有关行政执法部门决定处理海关监管货物的，应当责令当事人办结海关手续。

第三十八条 经营海关监管货物仓储业务的企业，应当经海关注册，并按照海关规定，办理收存、交付手续。

在海关监管区外存放海关监管货物，应当经海关同意，并接受海关监管。

违反前两款规定或者在保管海关监管货物期间造成海关监管货物损毁或者灭失的，除不可抗力外，对海关监管货物负有保管义务的人应当承担相应的纳税义务和法律责任。

第三十九条 进出境集装箱的监管办法、打捞进出境货物和沉船的监管办法、边境小额贸易进出口货物的监管办法，以及本法未具体列明的其他进出境货物的监管办法，由海关总署或者由海关总署会同国务院有关部门另行制定。

第四十条 国家对进出境货物、物品有禁止性或者限制性规定的，海关依据法律、行政法规、国务院的规定或者国务院有关部门依据法律、行政法规的授权作出的规定实施监管。具体监管办法由海关总署制定。

第四十一条 进出口货物的原产地按照国家有关原产地规则的规定确定。

第四十二条 进出口货物的商品归类按照国家有关商品归类的规定确定。

海关可以要求进出口货物的收发货人提供确定商品归类所需的有关资料；必要时，海关可以组织化验、检验，并将海关认定的化验、检验结果作为商品归类的依据。

第四十三条 海关可以根据对外贸易经营者提出的书面申请，对拟作进口或者出口的货物预先作出商品归类等行政裁定。

进口或者出口相同货物，应当适用相同的商品归类行政裁定。

海关对所作出的商品归类等行政裁定，应当予以公布。

第四十四条 海关依照法律、行政法规的规定，对与进出境货物有关的知识产权实施保护。

需要向海关申报知识产权状况的，进出口货物收发货人及其代理人应当按照国家规定向海关如实申报有关知识产权状况，并提交合法使用有关知识产权的证明文件。

第四十五条 自进出口货物放行之日起3年内或者在保税货物、减免税进口货物的海关监管期限内及其后的3年内，海关可以对与进出口货物直接有关的企业、单位的会计账簿、会计凭证、报关单证以及其他有关资料和有关进出口货物实施稽查。具体办法由国务院规定。

第四章 进出境物品

第四十六条 个人携带进出境的行李物品、邮寄进出境的物品，应当以自用、合理数量为限，并接受海关监管。

第四十七条 进出境物品的所有人应当向海关如实申报，并接受海关查验。

海关加施的封志，任何人不得擅自开启或者损毁。

第四十八条 进出境邮袋的装卸、转运和过境，应当接受海关监管。邮政企业应当向海关递交邮件路单。

邮政企业应当将开拆及封发国际邮袋的时间事先通知海关，海关应当按时派员到场监管查验。

第四十九条 邮运进出境的物品，经海关查验放行后，有关经营单位方可投递或者交付。

第五十条 经海关登记准予暂时免税进境或者暂时免税出境的物品，应当由本人复带出境或者复带进境。

过境人员未经海关批准，不得将其所带物品留在境内。

第五十一条 进出境物品所有人声明放弃的物品、在海关规定期限内未办理海关手续或者无人认领的物品，以及无法投递又无法退回的进境邮递物品，由海关依照本法第三十条的规定处理。

第五十二条 享有外交特权和豁免的外国机构或者人员的公务用品或者自用物品进出境，依照有关法律、行政法规的规定办理。

第五章 关 税

第五十三条 准许进出口的货物、进出境物品，由海关依法征收关税。

第五十四条 进口货物的收货人、出口货物的发货人、进出境物品的所有人，是关税的纳税义务人。

第五十五条 进出口货物的完税价格，由海关以该货物的成交价格为基础审查确定。成交价格不能确定时，完税价格由海关依法估定。

进口货物的完税价格包括货物的货价、货物运抵中华人民共和国境内输入地点起卸前的运输及其相关费用、保险费；出口货物的完税价格包括货物的货价、货物运至中华人民共和国境内输出地点装载前的运输及其相关费用、保险费，但是其中包含的出口关税税额，应当予以扣除。

进出境物品的完税价格，由海关依法确定。

第五十六条 下列进出口货物、进出境物品，减征或者免征关税：

（一）无商业价值的广告品和货样；

（二）外国政府、国际组织无偿赠送的物资；

（三）在海关放行前遭受损坏或者损失的货物；

（四）规定数额以内的物品；

（五）法律规定减征、免征关税的其他货物、物品；

（六）中华人民共和国缔结或者参加的国际条约规定减征、免征关税的货物、物品。

第五十七条 特定地区、特定企业或者有特定用途的进出口货物，可以减征或者免征关税。特定减税或者免税的范围和办法由国务院规定。

依照前款规定减征或者免征关税进口的货物，只能用于特定地区、特定企业或者特定用途，未经海关核准并补缴关税，不得移作他用。

第五十八条 本法第五十六条、第五十七条第一款规定范围以外的临时减征或者免征关税，由国务院决定。

第五十九条 经海关批准暂时进口或者暂时出口的货物，以及特准进口的保税货物，在货物收发货人向海关缴纳相当于税款的保证金或者提供担保后，准予暂时免纳关税。

第六十条 进出口货物的纳税义务人，应当自海关填发税款缴款书之日起15日内缴纳税款；逾期缴纳的，由海关征收滞纳金。纳税义务人、担保人超过3个月仍未缴纳的，经直属海关关长或者其授权的隶属海关关长批准，海关可以采取下列强制措施：

（一）书面通知其开户银行或者其他金融机构从其存款中扣缴税款；

（二）将应税货物依法变卖，以变卖所得抵缴税款；

（三）扣留并依法变卖其价值相当于应纳税款的货物或者其他财产，以变卖所得抵缴税款。

海关采取强制措施时，对前款所列纳税义务人、担保人未缴纳的滞纳金同时强制执行。

进出境物品的纳税义务人，应当在物品放行前缴纳税款。

第六十一条 进出口货物的纳税义务人在规定的纳税期限内有明显的转移、藏匿其应税货物以及其他财产迹象的，海关可以责令纳税义务人提供担保；纳税义务人不能提供纳税担保的，经直属海关关长或者其授权的隶属海关关长批准，海关可以采取下列税收保全措施：

（一）书面通知纳税义务人开户银行或者其他金融机构暂停支付纳税义务人相当于应纳税款的存款；

（二）扣留纳税义务人价值相当于应纳税款的货物或者其他财产。

纳税义务人在规定的纳税期限内缴纳税款的，海关必须立即解除税收保全措施；期限届满仍未缴纳税款的，经直属海关关长或者其授权的隶属海关关长批准，海关可以书面通知纳税义务人开户银行或者其他金融机构从其暂停支付的存款中扣缴税款，或者依法变卖所扣留的货物或者其他财产，以变卖所得抵缴税款。

采取税收保全措施不当，或者纳税义务人在规定期限内已缴纳税款，海关未立即解除税收保全措施，致使纳税义务人的合法权益受到损失的，海关应当依法承担赔偿责任。

第六十二条 进出口货物、进出境物品放行后，海关发现少征或者漏征税款，应当自缴纳税款或者货物、物品放行之日起1年内，向纳税义务人补征。因纳税义务人违反规定而造成的少征或者漏征，海关在3年以内可以追征。

第六十三条 海关多征的税款，海关发现后应当立即退还；纳税义务人自缴纳税款之日起1年内，可以要求海关退还。

第六十四条 纳税义务人同海关发生纳税争议时，应当缴纳税款，并可以依法申请行政复议；对复议决定仍不服的，可以依法向人民法院提起诉讼。

第六十五条 进口环节海关代征税的征收管理，适用关税征收管理的规定。

第六章 海关事务担保

第六十六条 在确定货物的商品归类、估价和提供有效报关单证或者办结其他海关手续前，收发货人要求放行货物的，海关应当在其提供与其依法应当履行的法律义务相适应的担保后放行。法律、行政法规规定可以免除担保的除外。

法律、行政法规对履行海关义务的担保另有规定的，从其规定。

国家对进出境货物、物品有限制性规定，应当提供许可证件而不能提供的，以及法律、行政法规规定不得担保的其他情形，海关不得办理担保放行。

第六十七条 具有履行海关事务担保能力的法人、其他组织或者公民，可以成为担保人。法律规定不得为担保人的除外。

第六十八条 担保人可以以下列财产、权利提供担保：

（一）人民币、可自由兑换货币；

（二）汇票、本票、支票、债券、存单；

（三）银行或者非银行金融机构的保函；

（四）海关依法认可的其他财产、权利。

第六十九条 担保人应当在担保期限内承担担保责任。担保人履行担保责任的，不免除被担保人应当办理有关海关手续的义务。

第七十条 海关事务担保管理办法，由国务院规定。

第七章 执法监督

第七十一条 海关履行职责，必须遵守法律，维护国家利益，依照法定职权和法定程序严格执法，接受监督。

第七十二条 海关工作人员必须秉公执法，廉洁自律，忠于职守，文明服务，不得有下列行为：

（一）包庇、纵容走私或者与他人串通进行走私；

（二）非法限制他人人身自由，非法检查他人身体、住所或者场所，非法检查、扣留进出境运输工具、货物、物品；

（三）利用职权为自己或者他人谋取私利；

（四）索取、收受贿赂；

（五）泄露国家秘密、商业秘密和海关工作秘密；

（六）滥用职权，故意刁难，拖延监管、查验；

（七）购买、私分、占用没收的走私货物、物品；

（八）参与或者变相参与营利性经营活动；

（九）违反法定程序或者超越权限执行职务；

（十）其他违法行为。

第七十三条 海关应当根据依法履行职责的需要，加强队伍建设，使海关工作人员具有良好的政治、业务素质。

海关专业人员应当具有法律和相关专业知识，符合海关规定的专业岗位任职要求。

海关招收工作人员应当按照国家规定，公开考试，严格考核，择优录用。

海关应当有计划地对其工作人员进行政治思想、法制、海关业务培训和考核。海关工作人员必须定期接受培训和考核，经考核不合格的，不得继续上岗执行职务。

第七十四条 海关总署应当实行海关关长定期交流制度。

海关关长定期向上一级海关述职，如实陈述其执行职务情况。海关总署应当定期对直属海关关长进行考核，直属海关应当定期对隶属海关关长进行考核。

第七十五条 海关及其工作人员的行政执法活动，依法接受监察机关的监督；缉私警察进行侦查活动，依法接受人民检察院的监督。

第七十六条 审计机关依法对海关的财政收支进行审计监督，对海关办理的与国家财政收支有关的事项，有权进行专项审计调查。

第七十七条 上级海关应当对下级海关的执法活动依法进行监督。上级海关认为下级海关作出的处理或者决定不适当的，可以依法予以变更或者撤销。

第七十八条 海关应当依照本法和其他有关法律、行政法规的规定，建立健全内部监督制度，对其工作人员执行法律、行政法规和遵守纪律的情况，进行监督检查。

第七十九条 海关内部负责审单、查验、放行、稽查和调查等主要岗位的职责权限应当明确，并相互分离、相互制约。

第八十条 任何单位和个人均有权对海关及其工作人员的违法、违纪行为进行控告、检举。收到控告、检举的机关有权处理的，应当依法按照职责分工及时查处。收到控告、检举的机关和负责查处的机关应当为控告人、检举人保密。

第八十一条 海关工作人员在调查处理违法案件时，遇有下列情形之一的，应当回避：

（一）是本案的当事人或者是当事人的近亲属；

（二）本人或者其近亲属与本案有利害关系；

（三）与本案当事人有其他关系，可能影响案件公正处理的。

第八章 法律责任

第八十二条 违反本法及有关法律、行政法规，逃避海关监管，偷逃应纳税款、逃避国家有关进出境的禁止性或者限制性管理，有下列情形之一的，是走私行为：

（一）运输、携带、邮寄国家禁止或者限制进出境货物、物品或者依法应当缴纳税款的货物、物品进出境的；

（二）未经海关许可并且未缴纳应纳税款、交验有关许可证件，擅自将保税货物、特定减免税货物以及其他海关监管货物、物品、进境的境外运输工具，在境内销售的；

（三）有逃避海关监管，构成走私的其他行为的。

有前款所列行为之一，尚不构成犯罪的，由海关没收走私货物、物品及违法所得，可以并处罚款；专门或者多次用于掩护走私的货物、物品，专门或者多次用于走私的运输工具，予以没收，藏匿走私货物、物品的特制设备，责令拆毁或者没收。

有第一款所列行为之一，构成犯罪的，依法追究刑事责任。

第八十三条 有下列行为之一的，按走私行为论处，依照本法第八十二条的规定处罚：

（一）直接向走私人非法收购走私进口的货物、物品的；

（二）在内海、领海、界河、界湖，船舶及所载人员运输、收购、贩卖国家禁止或者限制进出境的货物、物品，或者运输、收购、贩卖依法应当缴纳税款的货物，没有合法证明的。

第八十四条 伪造、变造、买卖海关单证，与走私人通谋为走私人提供贷款、资金、账号、发票、证明、海关单证，与走私人通谋为走私人提供运输、保管、邮寄或者其他方便，构成犯罪的，依法追究刑事责任；尚不构成犯罪的，由海关没收违法所得，并处罚款。

第八十五条 个人携带、邮寄超过合理数量的自用物品进出境，未依法向海关申报的，责令补缴关税，可以处以罚款。

第八十六条 违反本法规定有下列行为之一的，可以处以罚款，有违法所得的，没收违法所得：

（一）运输工具不经设立海关的地点进出境的；

（二）不将进出境运输工具到达的时间、停留的地点或者更换的地点通知海关的；

（三）进出口货物、物品或者过境、转运、通运货物向海关申报不实的；

（四）不按照规定接受海关对进出境运输工具、货物、物品进行检查、查验的；

（五）进出境运输工具未经海关同意，擅自装卸进出境货物、物品或者上下进出境旅客的；

（六）在设立海关的地点停留的进出境运输工具未经海关同意，擅自驶离的；

（七）进出境运输工具从一个设立海关的地点驶往另一个设立海关的地点，尚未办结海关手续又未经海关批准，中途擅自改驶境外或者境内未设立海关的地点的；

（八）进出境运输工具，未经海关同意，擅自兼营或者改营境内运输的；

（九）由于不可抗力的原因，进出境船舶和航空器被迫在未设立海关的地点停泊、降落或者在境内抛掷、起卸货物、物品，无正当理由，不向附近海关报告的；

（十）未经海关许可，擅自将海关监管货物开拆、提取、交付、发运、调换、改装、抵押、质押、留置、转让、更换标记、移作他用或者进行其他处置的；

（十一）擅自开启或者损毁海关封志的；

（十二）经营海关监管货物的运输、储存、加工等业务，有关货物灭失或者有关记录不真实，不能提供正当理由的；

（十三）有违反海关监管规定的其他行为的。

第八十七条 海关准予从事有关业务的企业，违反本法有关规定的，由海关责令改正，可以给予警告，暂停其从事有关业务，直至撤销注册。

第八十八条 未经海关注册登记和未取得报关从业资格从事报关业务的，由海关予以取缔，没收违法所得，可以并处罚款。

第八十九条 报关企业、报关人员非法代理他人报关或者超出其业务范围进行报关活动的，由海关责令改正，处以罚款，暂停其执业；情节严重的，撤销其报关注册登记、取消其报关从业资格。

第九十条 进出口货物收发货人、报关企业、报关人员向海关工作人员行贿的，由海关撤销其报关注册登记，取消其报关从业资格，并处以罚款；构成犯罪的，依法追究刑事责任，并不得重新注册登记为报关企业和取得报关从业资格证书。

第九十一条　违反本法规定进出口侵犯中华人民共和国法律、行政法规保护的知识产权的货物的，由海关依法没收侵权货物，并处以罚款；构成犯罪的，依法追究刑事责任。

第九十二条　海关依法扣留的货物、物品、运输工具，在人民法院判决或者海关处罚决定作出之前，不得处理。但是，危险品或者鲜活、易腐、易失效等不宜长期保存的货物、物品以及所有人申请先行变卖的货物、物品、运输工具，经直属海关关长或者其授权的隶属海关关长批准，可以先行依法变卖，变卖所得价款由海关保存，并通知其所有人。

人民法院判决没收或者海关决定没收的走私货物、物品、违法所得、走私运输工具、特制设备，由海关依法统一处理，所得价款和海关决定处以的罚款，全部上缴中央国库。

第九十三条　当事人逾期不履行海关的处罚决定又不申请复议或者向人民法院提起诉讼的，作出处罚决定的海关可以将其保证金抵缴或者将其被扣留的货物、物品、运输工具依法变价抵缴，也可以申请人民法院强制执行。

第九十四条　海关在查验进出境货物、物品时，损坏被查验的货物、物品的，应当赔偿实际损失。

第九十五条　海关违法扣留货物、物品、运输工具，致使当事人的合法权益受到损失的，应当依法承担赔偿责任。

第九十六条　海关工作人员有本法第七十二条所列行为之一的，依法给予行政处分；有违法所得的，依法没收违法所得；构成犯罪的，依法追究刑事责任。

第九十七条　海关的财政收支违反法律、行政法规规定的，由审计机关以及有关部门依照法律、行政法规的规定作出处理；对直接负责的主管人员和其他直接责任人员，依法给予行政处分；构成犯罪的，依法追究刑事责任。

第九十八条　未按照本法规定为控告人、检举人、举报人保密的，对直接负责的主管人员和其他直接责任人员，由所在单位或者有关单位依法给予行政处分。

第九十九条　海关工作人员在调查处理违法案件时，未按照本法规定进行回避的，对直接负责的主管人员和其他直接责任人员，依法给予行政处分。

第九章　附　则

第一百条　本法下列用语的含义：

直属海关，是指直接由海关总署领导，负责管理一定区域范围内的海关业务的海关；隶属海关，是指由直属海关领导，负责办理具体海关业务的海关。

进出境运输工具，是指用以载运人员、货物、物品进出境的各种船舶、车辆、航空器和驮畜。

过境、转运和通运货物，是指由境外启运、通过中国境内继续运往境外的货物。其中，通过境内陆路运输的，称过境货物；在境内设立海关的地点换装运输工具，而不通过境内陆路运输的，称转运货物；由船舶、航空器载运进境并由原装运输工具载运出境的，称通运货物。

海关监管货物，是指本法第二十三条所列的进出口货物，过境、转运、通运货物，特定减免税货物，以及暂时进出口货物、保税货物和其他尚未办结海关手续的进出境货物。

保税货物，是指经海关批准未办理纳税手续进境，在境内储存、加工、装配后复运出境的货物。

海关监管区，是指设立海关的港口、车站、机场、国界孔道、国际邮件互换局（交换站）和其他有海关监管业务的场所，以及虽未设立海关，但是经国务院批准的进出境地点。

第一百零一条　经济特区等特定地区同境内其他地区之间往来的运输工具、货物、物品的监管办法，由国务院另行规定。

第一百零二条　本法自1987年7月1日起施行。1951年4月18日中央人民政府公布的《中华人民共和国暂行海关法》同时废止。

中华人民共和国对外贸易法

(1994年5月12日第八届全国人民代表大会常务委员会第七次会议通过
2004年4月6日第十届全国人民代表大会常务委员会第八次会议修订)

第一章 总 则

第一条 为了扩大对外开放，发展对外贸易，维护对外贸易秩序，保护对外贸易经营者的合法权益，促进社会主义市场经济的健康发展，制定本法。

第二条 本法适用于对外贸易以及与对外贸易有关的知识产权保护。

本法所称对外贸易，是指货物进出口、技术进出口和国际服务贸易。

第三条 国务院对外贸易主管部门依照本法主管全国对外贸易工作。

第四条 国家实行统一的对外贸易制度，鼓励发展对外贸易，维护公平、自由的对外贸易秩序。

第五条 中华人民共和国根据平等互利的原则，促进和发展同其他国家和地区的贸易关系，缔结或者参加关税同盟协定、自由贸易区协定等区域经济贸易协定，参加区域经济组织。

第六条 中华人民共和国在对外贸易方面根据所缔结或者参加的国际条约、协定，给予其他缔约方、参加方最惠国待遇、国民待遇等待遇，或者根据互惠、对等原则给予对方最惠国待遇、国民待遇等待遇。

第七条 任何国家或者地区在贸易方面对中华人民共和国采取歧视性的禁止、限制或者其他类似措施的，中华人民共和国可以根据实际情况对该国家或者该地区采取相应的措施。

第二章 对外贸易经营者

第八条 本法所称对外贸易经营者，是指依法办理工商登记或者其他执业手续，依照本法和其他有关法律、行政法规的规定从事对外贸易经营活动的法人、其他组织或者个人。

第九条 从事货物进出口或者技术进出口的对外贸易经营者，应当向国务院对外贸易主管部门或者其委托的机构办理备案登记；但是，法律、行政法规和国务院对外贸易主管部门规定不需要备案登记的除外。备案登记的具体办法由国务院对外贸易主管部门规定。对外贸易经营者未按照规定办理备案登记的，海关不予办理进出口货物的报关验放手续。

第十条 从事国际服务贸易，应当遵守本法和其他有关法律、行政法规的规定。

从事对外工程承包或者对外劳务合作的单位，应当具备相应的资质或者资格。具体办法由国务院规定。

第十一条 国家可以对部分货物的进出口实行国营贸易管理。实行国营贸易管理货物的进出口业务只能由经授权的企业经营；但是，国家允许部分数量的国营贸易管理货物的进出口业务由非授权企业经营的除外。实行国营贸易管理的货物和经授权经营企业的目录，由国务院对外贸易主管部门会同国务院其他有关部门确定、调整并公布。

违反本条第一款规定，擅自进出口实行国营贸易管理的货物的，海关不予放行。

第十二条 对外贸易经营者可以接受他人的委托，在经营范围内代为办理对外贸易业务。

第十三条 对外贸易经营者应当按照国务院对外贸易主管部门或者国务院其他有关部门依法作出的规定，向有关部门提交与其对外贸易经营活动有关的文件及资料。有关部门应当为提供者保守商业秘密。

第三章 货物进出口与技术进出口

第十四条 国家准许货物与技术的自由进出口。但是，法律、行政法规另有规定的除外。

第十五条 国务院对外贸易主管部门基于监测进出口情况的需要，可以对部分自由进出口的货物实行进出口自动许可并公布其目录。

实行自动许可的进出口货物，收货人、发货人在办理海关报关手续前提出自动许可申请的，国务院对外贸易主管部门或者其委托的机构应当予以许可；未办理自动许可手续的，海关不予放行。

进出口属于自由进出口的技术，应当向国务院对外贸易主管部门或者其委托的机构办理合同备案登记。

第十六条 国家基于下列原因，可以限制或者禁止有关货物、技术的进口或者出口：

（一）为维护国家安全、社会公共利益或者公共道德，需要限制或者禁止进口或者出口的；

（二）为保护人的健康或者安全，保护动物、植物的生命或者健康，保护环境，需要限制或者禁止进口或者出口的；

（三）为实施与黄金或者白银进出口有关的措施，需要限制或者禁止进口或者出口的；

（四）国内供应短缺或者为有效保护可能用竭的自然资源，需要限制或者禁止出口的；

（五）输往国家或者地区的市场容量有限，需要限制出口的；

（六）出口经营秩序出现严重混乱，需要限制出口的；

（七）为建立或者加快建立国内特定产业，需要限制进口的；

（八）对任何形式的农业、牧业、渔业产品有必要限制进口的；

（九）为保障国家国际金融地位和国际收支平衡，需要限制进口的；

（十）依照法律、行政法规的规定，其他需要限制或者禁止进口或者出口的；

（十一）根据我国缔结或者参加的国际条约、协定的规定，其他需要限制或者禁止进口或者出口的。

第十七条 国家对与裂变、聚变物质或者衍生此类物质的物质有关的货物、技术进出口，以及与武器、弹药或者其他军用物资有关的进出口，可以采取任何必要的措施，维护国家安全。

在战时或者为维护国际和平与安全，国家在货物、技术进出口方面可以采取任何必要的措施。

第十八条 国务院对外贸易主管部门会同国务院其他有关部门，依照本法第十六条和第十七条的规定，制定、调整并公布限制或者禁止进出口的货物、技术目录。

国务院对外贸易主管部门或者由其会同国务院其他有关部门，经国务院批准，可以在本法第十六条和第十七条规定的范围内，临时决定限制或者禁止前款规定目录以外的特定货物、技术的进口或者出口。

第十九条 国家对限制进口或者出口的货物，实行配额、许可证等方式管理；对限制进口或者出口的技术，实行许可证管理。

实行配额、许可证管理的货物、技术，应当按照国务院规定经国务院对外贸易主管部门或者经其会同国务院其他有关部门许可，方可进口或者出口。

国家对部分进口货物可以实行关税配额管理。

第二十条 进出口货物配额、关税配额，由国务院对外贸易主管部门或者国务院其他有关部门在各自的职责范围内，按照公开、公平、公正和效益的原则进行分配。具体办法由国务院规定。

第二十一条 国家实行统一的商品合格评定制度，根据有关法律、行政法规的规定，对进出口商品进行认证、检验、检疫。

第二十二条 国家对进出口货物进行原产地管理。具体办法由国务院规定。

第二十三条 对文物和野生动物、植物及其产品等，其他法律、行政法规有禁止或者限制进出口规定的，依照有关法律、行政法规的规定执行。

第四章 国际服务贸易

第二十四条 中华人民共和国在国际服务贸易方面根据所缔结或者参加的国际条约、协定中所作的承诺，给予其他缔约方、参加方市场准入和国民待遇。

第二十五条 国务院对外贸易主管部门和国务院其他有关部门，依照本法和其他有关法律、行政法规的规定，对国际服务贸易进行管理。

第二十六条 国家基于下列原因，可以限制或者禁止有关的国际服务贸易：

（一）为维护国家安全、社会公共利益或者公共道德，需要限制或者禁止的；

（二）为保护人的健康或者安全，保护动物、植物的生命或者健康，保护环境，需要限制或者禁止的；

（三）为建立或者加快建立国内特定服务产业，需要限制的；

（四）为保障国家外汇收支平衡，需要限制的；

（五）依照法律、行政法规的规定，其他需要限制或者禁止的；

（六）根据我国缔结或者参加的国际条约、协定的规定，其他需要限制或者禁止的。

第二十七条 国家对与军事有关的国际服务贸易，以及与裂变、聚变物质或者衍生此类物质的物质有关的国际服务贸易，可以采取任何必要的措施，维护国家安全。

在战时或者为维护国际和平与安全，国家在国际服务贸易方面可以采取任何必要的措施。

第二十八条 国务院对外贸易主管部门会同国务院其他有关部门，依照本法第二十六条、第二十七条和其他有关法律、行政法规的规定，制定、调整并公布国际服务贸易市场准入目录。

第五章 与对外贸易有关的知识产权保护

第二十九条 国家依照有关知识产权的法律、行政法规，保护与对外贸易有关的知识产权。

进口货物侵犯知识产权，并危害对外贸易秩序的，国务院对外贸易主管部门可以采取在一定期限内禁止侵权人生产、销售的有关货物进口等措施。

第三十条 知识产权权利人有阻止被许可人对许可合同中的知识产权的有效性提出质疑、进行强制性一揽子许可、在许可合同中规定排他性返授条件等行为之一，并危害对外贸易公平竞争秩序的，国务院对外贸易主管部门可以采取必要的措施消除危害。

第三十一条 其他国家或者地区在知识产权保护方面未给予中华人民共和国的法人、其他组织或者个人国民待遇，或者不能对来源于中华人民共和国的货物、技术或者服务提供充分有效的知识产权保护的，国务院对外贸易主管部门可以依照本法和其他有关法律、行政法规的规定，并根据中华人民共和国缔结或者参加的国际条约、协定，对与该国家或者该地区的贸易采取必要的措施。

第六章 对外贸易秩序

第三十二条 在对外贸易经营活动中，不得违反有关反垄断的法律、行政法规的规定实施垄断行为。

在对外贸易经营活动中实施垄断行为，危害市场公平竞争的，依照有关反垄断的法律、行政法规的规定处理。有前款违法行为，并危害对外贸易秩序的，国务院对外贸易主管部门可以采取必要的措施消除危害。

第三十三条 在对外贸易经营活动中，不得实施以不正当的低价销售商品、串通投标、发布虚假广告、进行商业贿赂等不正当竞争行为。

在对外贸易经营活动中实施不正当竞争行为的，依照有关反不正当竞争的法律、行政法规的规定处理。

有前款违法行为，并危害对外贸易秩序的，国务院对外贸易主管部门可以采取禁止该经营者有关货物、技术进出口等措施消除危害。

第三十四条 在对外贸易活动中，不得有下列行为：

（一）伪造、变造进出口货物原产地标记，伪造、变造或者买卖进出口货物原产地证书、进出口许可证、进出口配额证明或者其他进出口证明文件；

（二）骗取出口退税；

（三）走私；

（四）逃避法律、行政法规规定的认证、检验、检疫；

（五）违反法律、行政法规规定的其他行为。

第三十五条 对外贸易经营者在对外贸易经营活动中，应当遵守国家有关外汇管理的规定。

第三十六条 违反本法规定，危害对外贸易秩序的，国务院对外贸易主管部门可以向社会公告。

第七章 对外贸易调查

第三十七条 为了维护对外贸易秩序，国务院对外贸易主管部门可以自行或者会同国务院其他有关部门，依照法律、行政法规的规定对下列事项进行调查：

（一）货物进出口、技术进出口、国际服务贸易对国内产业及其竞争力的影响；

（二）有关国家或者地区的贸易壁垒；

（三）为确定是否应当依法采取反倾销、反补贴或者保障措施等对外贸易救济措施，需要调查的事项；

（四）规避对外贸易救济措施的行为；

（五）对外贸易中有关国家安全利益的事项；

（六）为执行本法第七条、第二十九条第二款、第三十条、第三十一条、第三十二条第三款、第三十三条第三款的规定，需要调查的事项；

（七）其他影响对外贸易秩序，需要调查的事项。

第三十八条 启动对外贸易调查，由国务院对外贸易主管部门发布公告。

调查可以采取书面问卷、召开听证会、实地调查、委托调查等方式进行。

国务院对外贸易主管部门根据调查结果，提出调查报告或者作出处理裁定，并发布公告。

第三十九条 有关单位和个人应当对对外贸易调查给予配合、协助。

国务院对外贸易主管部门和国务院其他有关部门及其工作人员进行对外贸易调查，对知悉的国家秘密和商业秘密负有保密义务。

第八章 对外贸易救济

第四十条 国家根据对外贸易调查结果，可以采取适当的对外贸易救济措施。

第四十一条 其他国家或者地区的产品以低于正常价值的倾销方式进入我国市场，对已建立的国内产业造成实质损害或者产生实质损害威胁，或者对建立国内产业造成实质阻碍的，国家可以采取反倾销措施，消除或者减轻这种损害或者损害的威胁或者阻碍。

第四十二条 其他国家或者地区的产品以低于正常价值出口至第三国市场，对我国已建立的国内产业造成实质损害或者产生实质损害威胁，或者对我国建立国内产业造成实质阻碍的，应国内产业的申请，国务院对外贸易主管部门可以与该第三国政府进行磋商，要求其采取适当的措施。

第四十三条 进口的产品直接或者间接地接受出口国家或者地区给予的任何形式的专向性补贴，对已建立的国内产业造成实质损害或者产生实质损害威胁，或者对建立国内产业造成实质阻碍的，国家可以采取反补贴措施，消除或者减轻这种损害或者损害的威胁或者阻碍。

第四十四条 因进口产品数量大量增加，对生产同类产品或者与其直接竞争的产品的国内产业造成严重损害或者严重损害威胁的，国家可以采取必要的保障措施，消除或者减轻这种损害或者损害的威胁，并可以对该产业提供必要的支持。

第四十五条 因其他国家或者地区的服务提供者向我国提供的服务增加，对提供同类服务或者与其直接竞争的服务的国内产业造成损害或者产生损害威胁的，国家可以采取必要的救济措施，消除或者减轻这种损害或者损害的威胁。

第四十六条 因第三国限制进口而导致某种产品进入我国市场的数量大量增加，对已建立的国内产业造成损害或者产生损害威胁，或者对建立国内产业造成阻碍的，国家可以采取必要的救济措施，限制该产品进口。

第四十七条 与中华人民共和国缔结或者共同参加经济贸易条约、协定的国家或者地区，违反条约、协定的规定，使中华人民共和国根据该条约、协定享有的利益丧失或者受损，或者阻碍条约、协定目标实现的，中华人民共和国政府有权要求有关国家或者地区政府采取适当的补救措施，并可以根据有关条约、协定中止或者终止履行相关义务。

第四十八条 国务院对外贸易主管部门依照本法和其他有关法律的规定，进行对外贸易的双边或者多边磋商、谈判和争端的解决。

第四十九条 国务院对外贸易主管部门和国务院其他有关部门应当建立货物进出口、技术进出口和国际服务贸易的预警应急机制，应对对外贸易中的突发和异常情况，维护国家经济安全。

第五十条 国家对规避本法规定的对外贸易救济措施的行为，可以采取必要的反规避措施。

第九章 对外贸易促进

第五十一条 国家制定对外贸易发展战略，建立和完善对外贸易促进机制。

第五十二条 国家根据对外贸易发展的需要，建立和完善为对外贸易服务的金融机构，设立对外贸易发展基金、风险基金。

第五十三条 国家通过进出口信贷、出口信用保险、出口退税及其他促进对外贸易的方式，发展对外贸易。

第五十四条 国家建立对外贸易公共信息服务体系，向对外贸易经营者和其他社会公众提供信息服务。

第五十五条 国家采取措施鼓励对外贸易经营者开拓国际市场，采取对外投资、对外工程承包和对外劳务合作等多种形式，发展对外贸易。

第五十六条 对外贸易经营者可以依法成立和参加有关协会、商会。

有关协会、商会应当遵守法律、行政法规，按照章程对其成员提供与对外贸易有关的生产、营销、信息、培训等方面的服务，发挥协调和自律作用，依法提出有关对外贸易救济措施的申请，维护成员和行业的利益，向政府有关部门反映成员有关对外贸易的建议，开展对外贸易促进活动。

第五十七条 中国国际贸易促进组织按照章程开展对外联系，举办展览，提供信息、咨询服务和其他对外贸易促进活动。

第五十八条 国家扶持和促进中小企业开展对外贸易。

第五十九条 国家扶持和促进民族自治地方和经济不发达地区发展对外贸易。

第十章 法律责任

第六十条 违反本法第十一条规定，未经授权擅自进出口实行国营贸易管理的货物的，国务院对外贸易主管部门或者国务院其他有关部门可以处5万元以下罚款；情节严重的，可以自行政处罚决定生效之日起3年内，不受理违法行为人从事国营贸易管理货物进出口业务的申请，或者撤销已给予其从事其他国营贸易管理货物进出口的授权。

第六十一条 进出口属于禁止进出口的货物的，或者未经许可擅自进出口属于限制进出口的货物的，由海关依照有关法律、行政法规的规定处理、处罚；构成犯罪的，依法追究刑事责任。

进出口属于禁止进出口的技术的，或者未经许可擅自进出口属于限制进出口的技术的，依照有关法律、行政法规的规定处理、处罚；法律、行政法规没有规定的，由国务院对外贸易主管部门责令改正，没收违法所得，并处违法所得1倍以上5倍以下罚款，没有违法所得或者违法所得不足1万元的，处1万元以上5万元以下罚款；构成犯罪的，依法追究刑事责任。

自前两款规定的行政处罚决定生效之日或者刑事处罚判决生效之日起，国务院对外贸易主管部门或者国务院其他有关部门可以在3年内不受理违法行为人提出的进出口配额或者许可证的申请，或者禁止违法行为人在1年以上3年以下的期限内从事有关货物或者技术的进出口经营活动。

第六十二条　从事属于禁止的国际服务贸易的，或者未经许可擅自从事属于限制的国际服务贸易的，依照有关法律、行政法规的规定处罚；法律、行政法规没有规定的，由国务院对外贸易主管部门责令改正，没收违法所得，并处违法所得1倍以上5倍以下罚款，没有违法所得或者违法所得不足1万元的，处1万元以上5万元以下罚款；构成犯罪的，依法追究刑事责任。

国务院对外贸易主管部门可以禁止违法行为人自前款规定的行政处罚决定生效之日或者刑事处罚判决生效之日起1年以上3年以下的期限内从事有关的国际服务贸易经营活动。

第六十三条　违反本法第三十四条规定，依照有关法律、行政法规的规定处罚；构成犯罪的，依法追究刑事责任。

国务院对外贸易主管部门可以禁止违法行为人自前款规定的行政处罚决定生效之日或者刑事处罚判决生效之日起1年以上3年以下的期限内从事有关的对外贸易经营活动。

第六十四条　依照本法第六十一条至第六十三条规定被禁止从事有关对外贸易经营活动的，在禁止期限内，海关根据国务院对外贸易主管部门依法作出的禁止决定，对该对外贸易经营者的有关进出口货物不予办理报关验放手续，外汇管理部门或者外汇指定银行不予办理有关结汇、售汇手续。

第六十五条　依照本法负责对外贸易管理工作的部门的工作人员玩忽职守、徇私舞弊或者滥用职权，构成犯罪的，依法追究刑事责任；尚不构成犯罪的，依法给予行政处分。

依照本法负责对外贸易管理工作的部门的工作人员利用职务上的便利，索取他人财物，或者非法收受他人财物为他人谋取利益，构成犯罪的，依法追究刑事责任；尚不构成犯罪的，依法给予行政处分。

第六十六条　对外贸易经营活动当事人对依照本法负责对外贸易管理工作的部门作出的具体行政行为不服的，可以依法申请行政复议或者向人民法院提起行政诉讼。

第十一章　附　　则

第六十七条　与军品、裂变和聚变物质或者衍生此类物质的物质有关的对外贸易管理以及文化产品的进出口管理，法律、行政法规另有规定的，依照其规定。

第六十八条　国家对边境地区与接壤国家边境地区之间的贸易以及边民互市贸易，采取灵活措施，给予优惠和便利。具体办法由国务院规定。

第六十九条　中华人民共和国的单独关税区不适用本法。

第七十条　本法自2004年7月1日起施行。

中华人民共和国进出口商品检验法

（1989年2月21日第七届全国人大常委会第六次会议通过　根据2002年4月28日第九届全国人大常委会第二十七次会议《关于修改〈中华人民共和国进出口商品检验法〉的决定》修正）

第一章　总　　则

第一条　为了加强进出口商品检验工作，规范进出口商品检验行为，维护社会公共利益和进出口贸易有关各方的合法权益，促进对外经济贸易关系的顺利发展，制定本法。

第二条　国务院设立进出口商品检验部门（以下简称国家商检部门），主管全国进出口商品检验工作。

国家商检部门设在各地的进出口商品检验机构（以下简称商检机构）管理所辖地区的进出口商品检验工作。

第三条 商检机构和经国家商检部门许可的检验机构，依法对进出口商品实施检验。

第四条 进出口商品检验应当根据保护人类健康和安全、保护动物或者植物的生命和健康、保护环境、防止欺诈行为、维护国家安全的原则，由国家商检部门制定、调整必须实施检验的进出口商品目录（以下简称目录）并公布实施。

第五条 列入目录的进出口商品，由商检机构实施检验。

前款规定的进口商品未经检验的，不准销售、使用；

前款规定的出口商品未经检验合格的，不准出口。

本条第一款规定的进出口商品，其中符合国家规定的免予检验条件的，由收货人或者发货人申请，经国家商检部门审查批准，可以免予检验。

第六条 必须实施的进出口商品检验，是指确定列入目录的进出口商品是否符合国家技术规范的强制性要求的合格评定活动。

合格评定程序包括：抽样、检验和检查；评估、验证和合格保证；注册、认可和批准以及各项的组合。

第七条 列入目录的进出口商品，按照国家技术规范的强制性要求进行检验；

尚未制定国家技术规范的强制性要求的，应当依法及时制定，未制定之前，可以参照国家商检部门指定的国外有关标准进行检验。

第八条 经国家商检部门许可的检验机构，可以接受对外贸易关系人或者外国检验机构的委托，办理进出口商品检验鉴定业务。

第九条 法律、行政法规规定由其他检验机构实施检验的进出口商品或者检验项目，依照有关法律、行政法规的规定办理。

第十条 国家商检部门和商检机构应当及时收集和向有关方面提供进出口商品检验方面的信息。

国家商检部门和商检机构的工作人员在履行进出口商品检验的职责中，对所知悉的商业秘密负有保密义务。

第二章　进口商品的检验

第十一条 本法规定必须经商检机构检验的进口商品的收货人或者其代理人，应当向报关地的商检机构报检。海关凭商检机构签发的货物通关证明验放。

第十二条 本法规定必须经商检机构检验的进口商品的收货人或者其代理人，应当在商检机构规定的地点和期限内，接受商检机构对进口商品的检验。商检机构应当在国家商检部门统一规定的期限内检验完毕，并出具检验证单。

第十三条 本法规定必须经商检机构检验的进口商品以外的进口商品的收货人，发现进口商品质量不合格或者残损短缺，需要由商检机构出证索赔的，应当向商检机构申请检验出证。

第十四条 对重要的进口商品和大型的成套设备，收货人应当依据对外贸易合同约定在出口国装运前进行预检验、监造或者监装，主管部门应当加强监督；

商检机构根据需要可以派出检验人员参加。

第三章　出口商品的检验

第十五条 本法规定必须经商检机构检验的出口商品的发货人或者其代理人，应当在商检机构规定的地点和期限内，向商检机构报检。商检机构应当在国家商检部门统一规定的期限内检验完毕，并出具检验证单。

对本法规定必须实施检验的出口商品，海关凭商检机构签发的货物通关证明验放。

第十六条 经商检机构检验合格发给检验证单的出口商品，应当在商检机构规定的期限内报关出口；超过期限的，应当重新报检。

第十七条 为出口危险货物生产包装容器的企业，必须申请商检机构进行包装容器的性能鉴定。生产出口危险货物的企业，必须申请商检机构进行包装容器的使用鉴定。使用未经鉴定合格的包装容器的危险货物，不准出口。

第十八条 对装运出口易腐烂变质食品的船舱和集装箱，承运人或者装箱单位必须在装货前申请检验。未经检验合格的，不准装运。

第四章　监督管理

第十九条 商检机构对本法规定必须经商检机构检验的进出口商品以外的进出口商品，根据国家规定实施抽查检验。

国家商检部门可以公布抽查检验结果或者向有关部门通报抽查检验情况。

第二十条 商检机构根据便利对外贸易的需要，可以按照国家规定对列入目录的出口商品进行出厂前的质量监督管理和检验。

第二十一条 为进出口货物的收发货人办理报检

手续的代理人应当在商检机构进行注册登记；办理报检手续时应当向商检机构提交授权委托书。

第二十二条 国家商检部门可以按照国家有关规定，通过考核，许可符合条件的国内外检验机构承担委托的进出口商品检验鉴定业务。

第二十三条 国家商检部门和商检机构依法对经国家商检部门许可的检验机构的进出口商品检验鉴定业务活动进行监督，可以对其检验的商品抽查检验。

第二十四条 国家商检部门根据国家统一的认证制度，对有关的进出口商品实施认证管理。

第二十五条 商检机构可以根据国家商检部门同外国有关机构签订的协议或者接受外国有关机构的委托进行进出口商品质量认证工作，准许在认证合格的进出口商品上使用质量认证标志。

第二十六条 商检机构依照本法对实施许可制度的进出口商品实行验证管理，查验单证，核对证货是否相符。

第二十七条 商检机构根据需要，对检验合格的进出口商品，可以加施商检标志或者封识。

第二十八条 进出口商品的报检人对商检机构作出的检验结果有异议的，可以向原商检机构或者其上级商检机构以至国家商检部门申请复验，由受理复验的商检机构或者国家商检部门及时作出复验结论。

第二十九条 当事人对商检机构、国家商检部门作出的复验结论不服或者对商检机构作出的处罚决定不服的，可以依法申请行政复议，也可以依法向人民法院提起诉讼。

第三十条 国家商检部门和商检机构履行职责，必须遵守法律，维护国家利益，依照法定职权和法定程序严格执法，接受监督。

国家商检部门和商检机构应当根据依法履行职责的需要，加强队伍建设，使商检工作人员具有良好的政治、业务素质。商检工作人员应当定期接受业务培训和考核，经考核合格，方可上岗执行职务。

商检工作人员必须忠于职守，文明服务，遵守职业道德，不得滥用职权，谋取私利。

第三十一条 国家商检部门和商检机构应当建立健全内部监督制度，对其工作人员的执法活动进行监督检查。

商检机构内部负责受理报检、检验、出证放行等主要岗位的职责权限应当明确，并相互分离、相互制约。

第三十二条 任何单位和个人均有权对国家商检部门、商检机构及其工作人员的违法、违纪行为进行控告、检举。收到控告、检举的机关应当依法按照职责分工及时查处，并为控告人、检举人保密。

第五章 法律责任

第三十三条 违反本法规定，将必须经商检机构检验的进口商品未报经检验而擅自销售或者使用的，或者将必须经商检机构检验的出口商品未报经检验合格而擅自出口的，由商检机构没收违法所得，并处货值金额5%以上20%以下的罚款；构成犯罪的，依法追究刑事责任。

第三十四条 违反本法规定，未经国家商检部门许可，擅自从事进出口商品检验鉴定业务的，由商检机构责令停止非法经营，没收违法所得，并处违法所得1倍以上3倍以下的罚款。

第三十五条 进口或者出口属于掺杂掺假、以假充真、以次充好的商品或者以不合格进出口商品冒充合格进出口商品的，由商检机构责令停止进口或者出口，没收违法所得，并处货值金额50%以上3倍以下的罚款；构成犯罪的，依法追究刑事责任。

第三十六条 伪造、变造、买卖或者盗窃商检单证、印章、标志、封识、质量认证标志的，依法追究刑事责任；尚不够刑事处罚的，由商检机构责令改正，没收违法所得，并处货值金额等值以下的罚款。

第三十七条 国家商检部门、商检机构的工作人员违反本法规定，泄露所知悉的商业秘密的，依法给予行政处分，有违法所得的，没收违法所得；构成犯罪的，依法追究刑事责任。

第三十八条 国家商检部门、商检机构的工作人员滥用职权，故意刁难的，徇私舞弊，伪造检验结果的，或者玩忽职守，延误检验出证的，依法给予行政处分；构成犯罪的，依法追究刑事责任。

第六章 附 则

第三十九条 商检机构和其他检验机构依照本法的规定实施检验和办理检验鉴定业务，依照国家有关规定收取费用。

第四十条 国务院根据本法制定实施条例。

第四十一条 本法自1989年8月1日起施行。

中华人民共和国进出境动植物检疫法

（1991 年 10 月 30 日中华人民共和国主席令第 53 号公布）

第一章 总 则

第一条 为防止动物传染病、寄生虫病和植物危险性病、虫、杂草以及其他有害生物（以下简称病虫害）传入、传出国境，保护农、林、牧、渔业生产和人体健康，促进对外经济贸易的发展，制定本法。

第二条 进出境的动植物、动植物产品和其他检疫物，装载动植物、动植物产品和其他检疫物的装载容器、包装物，以及来自动植物疫区的运输工具，依照本法规定实施检疫。

第三条 国务院设立动植物检疫机关（以下简称国家动植物检疫机关），统一管理全国进出境动植物检疫工作。国家动植物检疫机关在对外开放的口岸和进出境动植物检疫业务集中的地点设立的口岸动植物检疫机关，依照本法规定实施进出境动植物检疫。

贸易性动物产品出境的检疫机关，由国务院根据情况规定。

国务院农业行政主管部门主管全国进出境动植物检疫工作。

第四条 口岸动植物检疫机关在实施检疫时可以行使下列职权：

（一）依照本法规定登船、登车、登机实施检疫；

（二）进入港口、机场、车站、邮局以及检疫物的存放、加工、养殖、种植场所实施检疫，并依照规定采样；

（三）根据检疫需要，进入有关生产、仓库等场所，进行疫情监测、调查和检疫监督管理；

（四）查阅、复制、摘录与检疫物有关的运行日志、货运单、合同、发票及其他单证。

第五条 国家禁止下列各物进境：

（一）动植物病原体（包括菌种、毒种等）、害虫及其他有害生物；

（二）动植物疫情流行的国家和地区的有关动植物、动植物产品和其他检疫物；

（三）动物尸体；

（四）土壤。

口岸动植物检疫机关发现有前款规定的禁止进境物的，作退回或者销毁处理。

因科学研究等特殊需要引进本条第一款规定的禁止进境物的，必须事先提出申请，经国家动植物检疫机关批准。

本条第一款第二项规定的禁止进境物的名录，由国务院农业行政主管部门制定并公布。

第六条 国外发生重大动植物疫情并可能传入中国时，国务院应当采取紧急预防措施，必要时可以下令禁止来自动植物疫区的运输工具进境或者封锁有关口岸；受动植物疫情威胁地区的地方人民政府和有关口岸动植检疫机关，应当立即采取紧急措施，同时向上级人民政府和国家动植物检疫机关报告。

邮电、运输部门对重大动植物疫情报告和送检材料应当优先传送。

第七条 国家动植物检疫机关和口岸动植物检疫机关对进出境动植物、动植物产品的生产、加工、存放过程，实行检疫监督制度。

第八条 口岸动植物检疫机关在港口、机场、车站、邮局执行检疫任务时，海关、交通、民航、铁路、邮电等有关部门应当配合。

第九条 动植物检疫机关检疫人员必须忠于职守，秉公执法。

动植物检疫机关检疫人员依法执行公务，任何单位和个人不得阻挠。

第二章 进境检疫

第十条 输入动物、动物产品、植物种子、种苗及其他繁殖材料的，必须事先提出申请，办理检疫审批手续。

第十一条 通过贸易、科技合作、交换、赠送、援助等方式输入动植物、动植物产品和其他检疫物的，应当在合同或者协议中订明中国法定的检疫要求，并订明必须附有输出国家或者地区政府动植物检疫机关出具的检疫证书。

第十二条 货主或者其代理人应当在动植物、动植物产品和其他检疫物进境前或者进境时持输出国家或者地区的检疫证书、贸易合同等单证，向进境口岸动植物检疫机关报检。

第十三条 装载动物的运输工具抵达口岸时，口岸动植物检疫机关应当采取现场预防措施，对上下运输工具或者接近动物的人员、装载动物的运输工具和被污染的场地作防疫消毒处理。

第十四条 输入动植物、动植物产品和其他检疫物，应当在进境口岸实施检疫。未经口岸动植物检疫机关同意，不得卸离运输工具。

输入动植物，需隔离检疫的，在口岸动植物检疫机关指定的隔离场所检疫。

因口岸条件限制等原因，可以由国家动植物检疫机关决定将动植物、动植物产品和其他检疫物运往指定地点检疫。在运输、装卸过程中，货主或者其他代理人应当采取防疫措施。指定的存放、加工和隔离饲养或者隔离种植的场所，应当符合动植物检疫和防疫的规定。

第十五条 输入动植物、动植物产品和其他检疫物，经检疫合格的，准予进境；海关凭口岸动植物检疫机关签发的检疫单证或者在报关单上加盖的印章验放。

输入动植物、动植物产品和其他检疫物，需调离海关监管区检疫的，海关凭口岸动植物检疫机关签发的《检疫调离通知单》验放。

第十六条 输入动物，经检疫不合格的，由口岸动植物检疫机关签发《检疫处理通知单》，通知货主或者其代理人作如下处理：

（一）检出一类传染病、寄生虫病的动物，连同其同群动物全群退回或者全群扑杀并销毁尸体；

（二）检出二类传染病、寄生虫病的动物，退回或者扑杀，同群其他动物在隔离场或者其他指定地点隔离观察。

输入动物产品和其他检疫物经检疫不合格的，由口岸动植物检疫机关签发《检疫处理通知单》，通知货主或者其代理人作除害、退回或者销毁处理。经除害处理合格的，准予进境。

第十七条 输入植物、植物产品和其他检疫物，经检疫发现有植物危险性病、虫、杂草的，由口岸动植物检疫机关签发《检疫处理通知单》，通知货主或者其代理人作除害、退回或者销毁处理。经除害处理合格的，准予进境。

第十八条 本法第十六条第一款第一项、第二项所称一类、二类动物传染病、寄生虫病的名录和本法第十七条所称植物危险性病、虫、杂草的名录，由国务院农业行政主管部门制定并公布。

第十九条 输入动植物、动植物产品和其他检疫物，经检疫发现有本法第十八条规定的名录之外，对农、林、牧、渔业有严重危害的其他病虫害的，由口岸动植物检疫机关依照国务院农业行政主管部门的规定，通知货主或者其代理人作除害、退回或者销毁处理。经除害处理合格的，准予进境。

第三章 出境检疫

第二十条 货主或者其代理人在动植物、动植物产品和其他检疫物出境前，向口岸动植物检疫机关报检。

出境前需经隔离检疫的动物，在口岸动植物检疫机关指定的隔离场所检疫。

第二十一条 输出动植物、动植物产品和其他检疫物，由口岸动植物检疫机关实施检疫，经检疫合格或者经除害处理合格的，准予出境；海关凭口岸动植物检疫机关签发的检疫证书或者在报关单上加盖的印章验放。检疫不合格又无有效方法作除害处理的，不准出境。

第二十二条 经检疫合格的动植物、动植物产品和其他检疫物，有下列情形之一的，货主或者其代理人应当重新报检：

（一）更改输入国家或者地区，更改后的输入国家或者地区又有不同检疫要求的；

（二）改换包装或者原未拼装后来拼装的；

（三）超过检疫规定有效期限的。

第四章 过境检疫

第二十三条 要求运输动物过境的，必须事先商得中国国家动植物检疫机关同意，并按照指定的口岸和路线过境。

装载过境动物的运输工具、装载容器、饲料和铺垫材料必须符合中国动植物检疫的规定。

第二十四条 运输动植物、动植物产品和其他检疫物过境的，由承运人或者押运人持货运单和输出国家或者地区政府动植物检疫机关出具的检疫证书，在进境时向口岸动植物检疫机关报检，出境口岸不再检疫。

第二十五条 过境的动物经检疫合格的，准予过境；发现有本法第十八条规定的名录所列的动物传染病、寄生虫病的，全群动物不准过境。

过境动物的饲料受病虫害污染的，作除害、不准过境或者销毁处理。

过境动物的尸体、排泄物、铺垫材料及其他废弃物，必须按照动植物检疫机关的规定处理，不得擅自抛弃。

第二十六条 对过境植物、动植物产品和其他检疫物，口岸动植物检疫机关检查运输工具或者包装，经检疫合格的，准予过境；发现有本法第十八条规定的名录所列的病虫害的，作除害处理或者不准过境。

第二十七条 动植物、动植物产品和其他检疫物过境期间，未经动植物检疫机关批准，不得开拆包装或者卸离运输工具。

第五章 携带、邮寄物检疫

第二十八条 携带、邮寄植物种子、种苗及其他繁殖材料进境的，必须事先提出申请，办理检疫审批手续。

第二十九条 禁止携带、邮寄进境的动植物、动植物产品和其他检疫物的名录，由国务院农业行政主管部门制定并公布。

携带、邮寄前款规定的名录所列的动植物、动植物产品和其他检疫物进境的，作退回或者销毁处理。

第三十条 携带本法第二十九条规定的名录以外的动植物、动植物产品和其他检疫物进境的，在进境时向海关申报并接受口岸动植物检疫机关的检疫。

携带动物进境的，必须持有输出国家或者地区的检疫证书等证件。

第三十一条 邮寄本法第二十九条规定的名录以外的动植物、动植物产品和其他检疫物进境的，由口岸动植物检疫机关在国际邮件互换局实施检疫，必要时可以取回口岸动植物检疫机关检疫；未经检疫不得运递。

第三十二条 邮寄进境的动植物、动植物产品和其他检疫物，经检疫或者除害处理合格后放行，经检疫不合格又无有效方法作除害处理的，作退回或者销毁处理，并签发《检疫处理通知单》。

第三十三条 携带、邮寄出境的动植物、动植物产品和其他检疫物，物主有检疫要求的，由口岸动植物检疫机关实施检疫。

第六章 运输工具检疫

第三十四条 来自动植物疫区的船舶、飞机、火车抵达口岸时，由口岸动植物检疫机关实施检疫。发现有本法第十八条规定的名录所列的病虫害的，作不准带离运输工具、除害、封存或者销毁处理。

第三十五条 进境的车辆，由口岸动植物检疫机关作防疫消毒处理。

第三十六条 进出境运输工具上的泔水、动植物性废弃物，依照口岸检疫机关的规定处理，不得擅自抛弃。

第三十七条 装载出境的动植物、动植物产品和其他检疫物的运输工具，应当符合动植物检疫和防疫的规定。

第三十八条 进境供拆船用的废旧船舶，由口岸动植物检疫机关实施检疫，发现有本法第十八条规定的名录所列的病虫害的，作除害处理。

第七章 法律责任

第三十九条 违反本法规定，有下列行为之一的，由口岸动植物检疫机关处以罚款：

（一）未报检或者未依法办理检疫审批手续的；

（二）未经口岸动植物检疫机关许可擅自将进境动植物、动植物产品或者其他检疫物卸离运输工具或者运递的；

（三）擅自调离或者处理在口岸动植物检疫机关指定的隔离场所中隔离检疫的动植物的。

第四十条 报检的动植物、动植物产品或者其他检疫物与实际不符的，由口岸动植物检疫机关处以罚款；已取得检疫单证的，予以吊销。

第四十一条 违反本法规定，擅自开拆过境动植物、动植物产品或者其他检疫物的包装的，擅自将过境动植物、动植物产品或者其他检疫物卸离运输工具的，擅自抛弃过境动物尸体、排泄物、铺垫材料或者其他废弃物的，由动植物检疫机关处以罚款。

第四十二条 违反本法规定，引起重大动植物疫情的，比照刑法第一百七十八条的规定追究刑事责任。

第四十三条 伪造、变造检疫单证、印章、标志、封识，依照刑法第一百六十七条的规定追究刑事责任。

第四十四条 当事人对动植物检疫机关的处罚决定不服的，可以在接到处罚通知之日起15日内向作出处罚决定的机关的上一级机关申请复议；当事人也可以在接到处罚通知之日起15日内直接向人民法院起诉。

复议机关应当在接到复议申请之日起60日内作出复议决定。当事人对复议决定不服的，可以在接到复议决定之日起15日内向人民法院起诉。复议机关逾期不作出复议决定的，当事人可以在复议期满之日起15日内向人民法院起诉。

当事人逾期不申请复议也不向人民法院起诉，又不履行处罚决定的，作出处罚决定的机关可以申请人民法院强制执行。

第四十五条 动植物检疫机关检疫人员滥用职权，徇私舞弊，伪造检疫结果，或者玩忽职守，延误检疫出证，构成犯罪的，依法追究刑事责任；不构成犯罪的，给予行政处分。

第八章 附 则

第四十六条 本法下列用语的含义是：

（一）“动物”是指饲养、野生的活动物，如畜、禽、兽、蛇、龟、鱼、虾、蟹、贝、蚕、蜂等；

（二）“动物产品”是指来源于动物未经加工或者虽经加工但仍有可能传播疫病的产品，如生皮张、毛类、肉类、脏器、油脂，动物水产品、奶制品、蛋类、血液、精液、胚胎、骨、蹄、角等；

（三）“植物”是指栽培植物、野生植物及其种子、种苗及其他繁殖材料等；

（四）“植物产品”是指来源于植物未经加工或者加工或者虽经加工但仍有可能传播病虫害的产品，如粮食、豆、棉花、油、麻、烟草、籽仁、干果、鲜果、蔬菜、生药材、木材、饲料等；

（五）“其他检疫物”是指动物疫苗、血清、诊断液、动植物性废弃物等。

第四十七条 中华人民共和国缔结或者参加的有关动植物检疫的国际条约与本法有不同规定的，适用该国际条约的规定。但是，中华人民共和国声明保留的条款除外。

第四十八条 口岸动植物检疫机关实施检疫依照规定收费。收费办法由国务院农业行政主管部门会同国务院物价等有关主管部门制定。

第四十九条 国务院根据本法制定实施条例。

第五十条 本法自1992年4月1日起施行。1982年6月4日国务院发布的《中华人民共和国进出口动植物检疫条例》同时废止。

中华人民共和国货物进出口管理条例

（国务院令［2001］第332号公布，自2002年1月1日起施行）

第一章 总 则

第一条 为了规范货物进出口管理，维护货物进出口秩序，促进对外贸易健康发展，根据《中华人民共和国对外贸易法》（以下简称对外贸易法）的有关规定，制定本条例。

第二条 从事将货物进口到中华人民共和国关境内或者将货物出口到中华人民共和国关境外的贸易活动，应当遵守本条例。

第三条 国家对货物进出口实行统一的管理制度。

第四条 国家准许货物的自由进出口，依法维护公平、有序的货物进出口贸易。

除法律、行政法规明确禁止或者限制进出口的外，任何单位和个人均不得对货物进出口设置、维持禁止或者限制措施。

第五条 中华人民共和国在货物进出口贸易方面根据所缔结或者参加的国际条约、协定，给予其他缔约方、参加方最惠国待遇、国民待遇，或者根据互惠、对等原则给予对方最惠国待遇、国民待遇。

第六条 任何国家或者地区在货物进出口贸易方面对中华人民共和国采取歧视性的禁止、限制或者其他类似措施的，中华人民共和国可以根据实际情况对该国家或者地区采取相应的措施。

第七条 国务院对外经济贸易主管部门（以下简称国务院外经贸主管部门）依照对外贸易法和本条例的规定，主管全国货物进出口贸易工作。

国务院有关部门按照国务院规定的职责，依照本条例的规定负责货物进出口贸易管理的有关工作。

第二章 货物进口管理

第一节 禁止进口的货物

第八条 有对外贸易法第十七条规定情形之一的

货物，禁止进口。其他法律、行政法规规定禁止进口的，依照其规定。

禁止进口的货物目录由国务院外经贸主管部门会同国务院有关部门制定、调整并公布。

第九条 属于禁止进口的货物，不得进口。

第二节 限制进口的货物

第十条 有对外贸易法第十六条第（一）、（四）、（五）、（六）、（七）项规定情形之一的货物，限制进口。其他法律、行政法规规定限制进口的，依照其规定。

限制进口的货物目录由国务院外经贸主管部门会同国务院有关部门制定、调整并公布。

限制进口的货物目录，应当至少在实施前21天公布；在紧急情况下，应当不迟于实施之日公布。

第十一条 国家规定有数量限制的限制进口货物，实行配额管理；其他限制进口货物，实行许可证管理。

实行关税配额管理的进口货物，依照本章第四节的规定执行。

第十二条 实行配额管理的限制进口货物，由国务院外经贸主管部门和国务院有关经济管理部门（以下统称进口配额管理部门）按照国务院规定的职责划分进行管理。

第十三条 对实行配额管理的限制进口货物，进口配额管理部门应当在每年7月31日前公布下一年度进口配额总量。

配额申请人应当在每年8月1日至8月31日向进口配额管理部门提出下一年度进口配额的申请。

进口配额管理部门应当在每年10月31日前将下一年度的配额分配给配额申请人。

进口配额管理部门可以根据需要对年度配额总量进行调整，并在实施前21天予以公布。

第十四条 配额可以按照对所有申请统一办理的方式分配。

第十五条 按照对所有申请统一办理的方式分配配额的，进口配额管理部门应当自规定的申请期限截止之日起60天内作出是否发放配额的决定。

第十六条 进口配额管理部门分配配额时，应当考虑下列因素：

（一）申请人的进口实绩；

（二）以往分配的配额是否得到充分使用；

（三）申请人的生产能力、经营规模、销售状况；

（四）新的进口经营者的申请情况；

（五）申请配额的数量情况；

（六）需要考虑的其他因素。

第十七条 进口经营者凭进口配额管理部门发放的配额证明，向国务院外经贸主管部门申领进口配额许可证。国务院外经贸主管部门应当自收到申请之日起3个工作日内发放进口配额许可证。

进口经营者凭国务院外经贸主管部门发放的进口配额许可证，向海关办理报关验放手续。

第十八条 配额持有者未使用完其持有的年度配额的，应当在当年9月1日前将未使用的配额交还进口配额管理部门；未按期交还并且在当年年底前未使用完的，进口配额管理部门可以在下一年度对其扣减相应的配额。

第十九条 实行许可证管理的限制进口货物，进口经营者应当向国务院外经贸主管部门或者国务院有关部门（以下统称进口许可证管理部门）提出申请。进口许可证管理部门应当自收到申请之日起30天内决定是否许可。

进口经营者凭进口许可证管理部门发放的进口许可证，向海关办理报关验放手续。

前款所称进口许可证，包括法律、行政法规规定的各种具有许可进口性质的证明、文件。

第二十条 进口配额管理部门和进口许可证管理部门应当根据本条例的规定制定具体管理办法，对申请人的资格、受理申请的部门、审查的原则和程序等事项作出明确规定并在实施前予以公布。

受理申请的部门一般为一个部门。

进口配额管理部门和进口许可证管理部门要求申请人提交的文件，应当限于为保证实施管理所必需的文件和资料，不得仅因细微的、非实质性的错讹拒绝接受申请。

第三节 自由进口的货物

第二十一条 进口属于自由进口的货物，不受限制。

第二十二条 基于监测货物进口情况的需要，国务院外经贸主管部门和国务院有关经济管理部门可以按照国务院规定的职责划分，对部分属于自由进口的货物实行自动进口许可管理。

实行自动进口许可管理的货物目录，应当至少在实施前21天公布。

第二十三条 进口属于自动进口许可管理的货物，均应当给予许可。

第二十四条 进口属于自动进口许可管理的货物，进口经营者应当在办理海关报关手续前，向国务院外经贸主管部门或者国务院有关经济管理部门提交自动进口许可申请。

国务院外经贸主管部门或者国务院有关经济管理部门应当在收到申请后，立即发放自动进口许可证明；在特殊情况下，最长不得超过10天。进口经营者凭国务院外经贸主管部门或者国务院有关经济管理部门发放的自动进口许可证明，向海关办理报关验放手续。

第四节　关税配额管理的货物

第二十五条　实行关税配额管理的进口货物目录，由国务院外经贸主管部门会同国务院有关经济管理部门制定、调整并公布。

第二十六条　属于关税配额内进口的货物，按照配额内税率缴纳关税；属于关税配额外进口的货物，按照配额外税率缴纳关税。

第二十七条　进口配额管理部门应当在每年9月15日至10月14日公布下一年度的关税配额总量。

配额申请人应当在每年10月15日至10月30日向进口配额管理部门提出关税配额的申请。

第二十八条　关税配额可以按照对所有申请统一办理的方式分配。

第二十九条　按照对所有申请统一办理的方式分配关税配额的，进口配额管理部门应当在每年12月31日前作出是否发放配额的决定。

第三十条　进口经营者凭进口配额管理部门发放的关税配额证明，向海关办理关税配额内货物的报关验放手续。

国务院有关经济管理部门应当及时将年度关税配额总量、分配方案和关税配额证明实际发放的情况向国务院外经贸主管部门备案。

第三十一条　关税配额持有者未使用完其持有的年度配额的，应当在当年9月15日前将未使用的配额交还进口配额管理部门；未按期交还并且在当年年底前未使用完的，进口配额管理部门可以在下一年度对其扣减相应的配额。

第三十二条　进口配额管理部门应当根据本条例的规定制定有关关税配额的具体管理办法，对申请人的资格、受理申请的部门、审查的原则和程序等事项作出明确规定并在实施前予以公布。

受理申请的部门一般为一个部门。

进口配额管理部门要求关税配额申请人提交的文件，应当限于为保证实施关税配额管理所必需的文件和资料，不得仅因细微的、非实质性的错讹拒绝接受关税配额申请。

第三章　货物出口管理

第一节　禁止出口的货物

第三十三条　有对外贸易法第十七条规定情形之一的货物，禁止出口。其他法律、行政法规规定禁止出口的，依照其规定。

禁止出口的货物目录由国务院外经贸主管部门会同国务院有关部门制定、调整并公布。

第三十四条　属于禁止出口的货物，不得出口。

第二节　限制出口的货物

第三十五条　有对外贸易法第十六条第（一）、（二）、（三）、（七）项规定情形之一的货物，限制出口。其他法律、行政法规规定限制出口的，依照其规定。

限制出口的货物目录由国务院外经贸主管部门会同国务院有关部门制定、调整并公布。

限制出口的货物目录，应当至少在实施前21天公布；在紧急情况下，应当不迟于实施之日公布。

第三十六条　国家规定有数量限制的限制出口货物，实行配额管理；其他限制出口货物，实行许可证管理。

第三十七条　实行配额管理的限制出口货物，由国务院外经贸主管部门和国务院有关经济管理部门（以下统称出口配额管理部门）按照国务院规定的职责划分进行管理。

第三十八条　对实行配额管理的限制出口货物，出口配额管理部门应当在每年10月31日前公布下一年度出口配额总量。

配额申请人应当在每年11月1日至11月15日向出口配额管理部门提出下一年度出口配额的申请。

出口配额管理部门应当在每年12月15日前将下一年度的配额分配给配额申请人。

第三十九条　配额可以通过直接分配的方式分配，也可以通过招标等方式分配。

第四十条　出口配额管理部门应当自收到申请之日起30天内并不晚于当年12月15日作出是否发放配额的决定。

第四十一条　出口经营者凭出口配额管理部门发放的配额证明，向国务院外经贸主管部门申领出口配额许可证。

国务院外经贸主管部门应当自收到申请之日起3

个工作日内发放出口配额许可证。

出口经营者凭国务院外经贸主管部门发放的出口配额许可证，向海关办理报关验放手续。

第四十二条 配额持有者未使用完其持有的年度配额的，应当在当年10月31日前将未使用的配额交还出口配额管理部门；未按期交还并且在当年年底前未使用完的，出口配额管理部门可以在下一年度对其扣减相应的配额。

第四十三条 实行许可证管理的限制出口货物，出口经营者应当向国务院外经贸主管部门或者国务院有关部门（以下统称出口许可证管理部门）提出申请，出口许可证管理部门应当自收到申请之日起30天内决定是否许可。

出口经营者凭出口许可证管理部门发放的出口许可证，向海关办理报关验放手续。

前款所称出口许可证，包括法律、行政法规规定的各种具有许可出口性质的证明、文件。

第四十四条 出口配额管理部门和出口许可证管理部门应当根据本条例的规定制定具体管理办法，对申请人的资格、受理申请的部门、审查的原则和程序等事项作出明确规定并在实施前予以公布。

受理申请的部门一般为一个部门。

出口配额管理部门和出口许可证管理部门要求申请人提交的文件，应当限于为保证实施管理所必需的文件和资料，不得仅因细微的、非实质性的错讹拒绝接受申请。

第四章 国营贸易和指定经营

第四十五条 国家可以对部分货物的进出口实行国营贸易管理。

实行国营贸易管理的进出口货物目录由国务院外经贸主管部门会同国务院有关经济管理部门制定、调整并公布。

第四十六条 国务院外经贸主管部门和国务院有关经济管理部门按照国务院规定的职责划分确定国营贸易企业名录并予以公布。

第四十七条 实行国营贸易管理的货物，国家允许非国营贸易企业从事部分数量的进出口。

第四十八条 国营贸易企业应当每半年向国务院外经贸主管部门提供实行国营贸易管理的货物的购买价格、销售价格等有关信息。

第四十九条 国务院外经贸主管部门基于维护进出口经营秩序的需要，可以在一定期限内对部分货物实行指定经营管理。

实行指定经营管理的进出口货物目录由国务院外经贸主管部门制定、调整并公布。

第五十条 确定指定经营企业的具体标准和程序，由国务院外经贸主管部门制定并在实施前公布。

指定经营企业名录由国务院外经贸主管部门公布。

第五十一条 除本条例第四十七条规定的情形外，未列入国营贸易企业名录和指定经营企业名录的企业或者其他组织，不得从事实行国营贸易管理、指定经营管理的货物的进出口贸易。

第五十二条 国营贸易企业和指定经营企业应当根据正常的商业条件从事经营活动，不得以非商业因素选择供应商，不得以非商业因素拒绝其他企业或者组织的委托。

第五章 进出口监测和临时措施

第五十三条 国务院外经贸主管部门负责对货物进出口情况进行监测、评估，并定期向国务院报告货物进出口情况，提出建议。

第五十四条 国家为维护国际收支平衡，包括国际收支发生严重失衡或者受到严重失衡威胁时，或者为维持与实施经济发展计划相适应的外汇储备水平，可以对进口货物的价值或者数量采取临时限制措施。

第五十五条 国家为建立或者加快建立国内特定产业，在采取现有措施无法实现的情况下，可以采取限制或者禁止进口的临时措施。

第五十六条 国家为执行下列一项或者数项措施，必要时可以对任何形式的农产品水产品采取限制进口的临时措施：

（一）对相同产品或者直接竞争产品的国内生产或者销售采取限制措施；

（二）通过补贴消费的形式，消除国内过剩的相同产品或者直接竞争产品；

（三）对完全或者主要依靠该进口农产品水产品形成的动物产品采取限产措施。

第五十七条 有下列情形之一的，国务院外经贸主管部门可以对特定货物的出口采取限制或者禁止的临时措施：

（一）发生严重自然灾害等异常情况，需要限制或者禁止出口的；

（二）出口经营秩序严重混乱，需要限制出口的；

（三）依照对外贸易法第十六条、第十七条的规定，需要限制或者禁止出口的。

第五十八条 对进出口货物采取限制或者禁止的临时措施的，国务院外经贸主管部门应当在实施前予以公告。

第六章　对外贸易促进

第五十九条　国家采取出口信用保险、出口信贷、出口退税、设立外贸发展基金等措施，促进对外贸易发展。

第六十条　国家采取有效措施，促进企业的技术创新和技术进步，提高企业的国际竞争能力。

第六十一条　国家通过提供信息咨询服务，帮助企业开拓国际市场。

第六十二条　货物进出口经营者可以依法成立和参加进出口商会，实行行业自律和协调。

第六十三条　国家鼓励企业积极应对国外歧视性反倾销、反补贴、保障措施及其他限制措施，维护企业的正当贸易权利。

第七章　法律责任

第六十四条　进口或者出口属于禁止进出口的货物，或者未经批准、许可擅自进口或者出口属于限制进出口的货物的，依照刑法关于走私罪的规定，依法追究刑事责任；尚不够刑事处罚的，依照海关法的有关规定处罚；国务院外经贸主管部门并可以撤销其对外贸易经营许可。

第六十五条　擅自超出批准、许可的范围进口或者出口属于限制进出口的货物的，依照刑法关于走私罪或者非法经营罪的规定，依法追究刑事责任；尚不够刑事处罚的，依照海关法的有关规定处罚；国务院外经贸主管部门并可以暂停直至撤销其对外贸易经营许可。

第六十六条　伪造、变造或者买卖货物进出口配额证明、批准文件、许可证或者自动进口许可证明的，依照刑法关于非法经营罪或者伪造、变造、买卖国家机关公文、证件、印章罪的规定，依法追究刑事责任；尚不够刑事处罚的，依照海关法的有关规定处罚；国务院外经贸主管部门并可以撤销其对外贸易经营许可。

第六十七条　进出口经营者以欺骗或者其他不正当手段获取货物进出口配额、批准文件、许可证或者自动进口许可证明的，依法收缴其货物进出口配额、批准文件、许可证或者自动进口许可证明，国务院外经贸主管部门可以暂停直至撤销其对外贸易经营许可。

第六十八条　违反本条例第五十一条规定，擅自从事实行国营贸易管理或者指定经营管理的货物进出口贸易，扰乱市场秩序，情节严重的，依照刑法关于非法经营罪的规定，依法追究刑事责任；尚不够刑事处罚的，由工商行政管理机关依法给予行政处罚；国务院外经贸主管部门并可以暂停直至撤销其对外贸易经营许可。

第六十九条　国营贸易企业或者指定经营企业违反本条例第四十八条、第五十二条规定的，由国务院外经贸主管部门予以警告；情节严重的，可以暂停直至取消其国营贸易企业或者指定经营企业资格。

第七十条　货物进出口管理工作人员在履行货物进出口管理职责中，滥用职权、玩忽职守或者利用职务上的便利收受、索取他人财物的，依照刑法关于滥用职权罪、玩忽职守罪、受贿罪或者其他罪的规定，依法追究刑事责任；尚不够刑事处罚的，依法给予行政处分。

第八章　附　则

第七十一条　对本条例规定的行政机关发放配额、关税配额、许可证或者自动许可证明的决定不服的，对确定国营贸易企业或者指定经营企业资格的决定不服的，或者对行政处罚的决定不服的，可以依法申请行政复议，也可以依法向人民法院提起诉讼。

第七十二条　本条例的规定不妨碍依据法律、行政法规对进出口货物采取的关税、检验检疫、安全、环保、知识产权保护等措施。

第七十三条　出口核用品、核两用品、监控化学品、军品等出口管制货物的，依照有关行政法规的规定办理。

第七十四条　对进口货物需要采取反倾销措施、反补贴措施、保障措施的，依照对外贸易法和有关法律、行政法规的规定执行。

第七十五条　法律、行政法规对保税区、出口加工区等特殊经济区的货物进出口管理另有规定的，依照其规定。

第七十六条　国务院外经贸主管部门负责有关货物进出口贸易的双边或者多边磋商、谈判，并负责贸易争端解决的有关事宜。

第七十七条　本条例自2002年1月1日起施行。1984年1月10日国务院发布的《中华人民共和国进口货物许可制度暂行条例》，1992年12月21日国务院批准、1992年12月29日对外经济贸易部发布的《出口商品管理暂行办法》，1993年9月22日国务院批准、1993年10月7日国家经济贸易委员会、对外贸易经济合作部发布的《机电产品进口管理暂行办法》，1993年12月22日国务院批准、1993年12月29日国家计划委员会、对外贸易经济合作部发布的《一般商品进口配额管理暂行办法》，1994 年 6 月 13 日国务院批准、1994 年 7 月 19 日对外贸易经济合作部、国家计划委员会发布的《进口商品经营管理暂行办法》，同时废止。

中华人民共和国进出口关税条例

（2003 年 10 月 29 日国务院第 26 次常务会议通过，自 2004 年 1 月 1 日起施行）

第一章　总　　则

第一条　为了贯彻对外开放政策，促进对外经济贸易和国民经济的发展，根据《中华人民共和国海关法》（以下简称《海关法》）的有关规定，制定本条例。

第二条　中华人民共和国准许进出口的货物、进境物品，除法律、行政法规另有规定外，海关依照本条例规定征收进出口关税。

第三条　国务院制定《中华人民共和国进出口税则》（以下简称《税则》）、《中华人民共和国进境物品进口税税率表》（以下简称《进境物品进口税税率表》），规定关税的税目、税则号列和税率，作为本条例的组成部分。

第四条　国务院设立关税税则委员会，负责《税则》和《进境物品进口税税率表》的税目、税则号列和税率的调整和解释，报国务院批准后执行；决定实行暂定税率的货物、税率和期限；决定关税配额税率；决定征收反倾销税、反补贴税、保障措施关税、报复性关税以及决定实施其他关税措施；决定特殊情况下税率的适用，以及履行国务院规定的其他职责。

第五条　进口货物的收货人、出口货物的发货人、进境物品的所有人，是关税的纳税义务人。

第六条　海关及其工作人员应当依照法定职权和法定程序履行关税征管职责，维护国家利益，保护纳税人合法权益，依法接受监督。

第七条　纳税义务人有权要求海关对其商业秘密予以保密，海关应当依法为纳税义务人保密。

第八条　海关对检举或者协助查获违反本条例行为的单位和个人，应当按照规定给予奖励，并负责保密。

第二章　进出口货物关税税率的设置和适用

第九条　进口关税设置最惠国税率、协定税率、特惠税率、普通税率、关税配额税率等税率。对进口货物在一定期限内可以实行暂定税率。

出口关税设置出口税率。对出口货物在一定期限内可以实行暂定税率。

第十条　原产于共同适用最惠国待遇条款的世界贸易组织成员的进口货物，原产于与中华人民共和国签订含有相互给予最惠国待遇条款的双边贸易协定的国家或者地区的进口货物，以及原产于中华人民共和国境内的进口货物，适用最惠国税率。

原产于与中华人民共和国签订含有关税优惠条款的区域性贸易协定的国家或者地区的进口货物，适用协定税率。

原产于与中华人民共和国签订含有特殊关税优惠条款的贸易协定的国家或者地区的进口货物，适用特惠税率。

原产于本条第一款、第二款和第三款所列以外国家或者地区的进口货物，以及原产地不明的进口货物，适用普通税率。

第十一条　适用最惠国税率的进口货物有暂定税率的，应当适用暂定税率；适用协定税率、特惠税率的进口货物有暂定税率的，应当从低适用税率；适用普通税率的进口货物，不适用暂定税率。

适用出口税率的出口货物有暂定税率的，应当适用暂定税率。

第十二条　按照国家规定实行关税配额管理的进口货物，关税配额内的，适用关税配额税率；关税配额外的，其税率的适用按照本条例第十条、第十一条的规定执行。

第十三条 按照有关法律、行政法规的规定对进口货物采取反倾销、反补贴、保障措施的，其税率的适用按照《中华人民共和国反倾销条例》、《中华人民共和国反补贴条例》和《中华人民共和国保障措施条例》的有关规定执行。

第十四条 任何国家或者地区违反与中华人民共和国签订或者共同参加的贸易协定及相关协定，对中华人民共和国在贸易方面采取禁止、限制、加征关税或者其他影响正常贸易的措施的，对原产于该国家或者地区的进口货物可以征收报复性关税，适用报复性关税税率。

征收报复性关税的货物、适用国别、税率、期限和征收办法，由国务院关税税则委员会决定并公布。

第十五条 进出口货物，应当适用海关接受该货物申报进口或者出口之日实施的税率。

进口货物到达前，经海关核准先行申报的，应当适用装载该货物的运输工具申报进境之日实施的税率。

转关运输货物税率的适用日期，由海关总署另行规定。

第十六条 有下列情形之一，需缴纳税款的，应当适用海关接受申报办理纳税手续之日实施的税率：

（一）保税货物经批准不复运出境的；

（二）减免税货物经批准转让或者移作他用的；

（三）暂准进境货物经批准不复运出境，以及暂准出境货物经批准不复运进境的；

（四）租赁进口货物，分期缴纳税款的。

第十七条 补征和退还进出口货物关税，应当按照本条例第十五条或者第十六条的规定确定适用的税率。

因纳税义务人违反规定需要追征税款的，应当适用该行为发生之日实施的税率；行为发生之日不能确定的，适用海关发现该行为之日实施的税率。

第三章 进出口货物完税价格的确定

第十八条 进口货物的完税价格由海关以符合本条第三款所列条件的成交价格以及该货物运抵中华人民共和国境内输入地点起卸前的运输及其相关费用、保险费为基础审查确定。

进口货物的成交价格，是指卖方向中华人民共和国境内销售该货物时买方为进口该货物向卖方实付、应付的，并按照本条例第十九条、第二十条规定调整后的价款总额，包括直接支付的价款和间接支付的价款。

进口货物的成交价格应当符合下列条件：

（一）对买方处置或者使用该货物不予限制，但法律、行政法规规定实施的限制、对货物转售地域的限制和对货物价格无实质性影响的限制除外；

（二）该货物的成交价格没有因搭售或者其他因素的影响而无法确定；

（三）卖方不得从买方直接或者间接获得因该货物进口后转售、处置或者使用而产生的任何收益，或者虽有收益但能够按照本条例第十九条、第二十条的规定进行调整；

（四）买卖双方没有特殊关系，或者虽有特殊关系但未对成交价格产生影响。

第十九条 进口货物的下列费用应当计入完税价格：

（一）由买方负担的购货佣金以外的佣金和经纪费；

（二）由买方负担的在审查确定完税价格时与该货物视为一体的容器的费用；

（三）由买方负担的包装材料费用和包装劳务费用；

（四）与该货物的生产和向中华人民共和国境内销售有关的，由买方以免费或者以低于成本的方式提供并可以按适当比例分摊的料件、工具、模具、消耗材料及类似货物的价款，以及在境外开发、设计等相关服务的费用；

（五）作为该货物向中华人民共和国境内销售的条件，买方必须支付的、与该货物有关的特许权使用费；

（六）卖方直接或者间接从买方获得的该货物进口后转售、处置或者使用的收益。

第二十条 进口时在货物的价款中列明的下列税收、费用，不计入该货物的完税价格：

（一）厂房、机械、设备等货物进口后进行建设、安装、装配、维修和技术服务的费用；

（二）进口货物运抵境内输入地点起卸后的运输及其相关费用、保险费；

（三）进口关税及国内税收。

第二十一条 进口货物的成交价格不符合本条例第十八条第三款规定条件的，或者成交价格不能确定的，海关经了解有关情况，并与纳税义务人进行价格磋商后，依次以下列价格估定该货物的完税价格：

（一）与该货物同时或者大约同时向中华人民共和国境内销售的相同货物的成交价格；

（二）与该货物同时或者大约同时向中华人民共和国境内销售的类似货物的成交价格；

（三）与该货物进口的同时或者大约同时，将该进口货物、相同或者类似进口货物在第一级销售环节销售给无特殊关系买方最大销售总量的单位价格，但应当扣除本条例第二十二条规定的项目；

（四）按照下列各项总和计算的价格：生产该货物所使用的料件成本和加工费用，向中华人民共和国境内销售同等级或者同种类货物通常的利润和一般费用，该货物运抵境内输入地点起卸前的运输及其相关费用、保险费；

（五）以合理方法估定的价格。

纳税义务人向海关提供有关资料后，可以提出申请，颠倒前款第（三）项和第（四）项的适用次序。

第二十二条 按照本条例第二十一条第一款第（三）项规定估定完税价格，应当扣除的项目是指：

（一）同等级或者同种类货物在中华人民共和国境内第一级销售环节销售时通常的利润和一般费用以及通常支付的佣金；

（二）进口货物运抵境内输入地点起卸后的运输及其相关费用、保险费；

（三）进口关税及国内税收。

第二十三条 以租赁方式进口的货物，以海关审查确定的该货物的租金作为完税价格。

纳税义务人要求一次性缴纳税款的，纳税义务人可以选择按照本条例第二十一条的规定估定完税价格，或者按照海关审查确定的租金总额作为完税价格。

第二十四条 运往境外加工的货物，出境时已向海关报明并在海关规定的期限内复运进境的，应当以境外加工费和料件费以及复运进境的运输及其相关费用和保险费审查确定完税价格。

第二十五条 运往境外修理的机械器具、运输工具或者其他货物，出境时已向海关报明并在海关规定的期限内复运进境的，应当以境外修理费和料件费审查确定完税价格。

第二十六条 出口货物的完税价格由海关以该货物的成交价格以及该货物运至中华人民共和国境内输出地点装载前的运输及其相关费用、保险费为基础审查确定。

出口货物的成交价格，是指该货物出口时卖方为出口该货物应当向买方直接收取和间接收取的价款总额。

出口关税不计入完税价格。

第二十七条 出口货物的成交价格不能确定的，海关经了解有关情况，并与纳税义务人进行价格磋商后，依次以下列价格估定该货物的完税价格：

（一）与该货物同时或者大约同时向同一国家或者地区出口的相同货物的成交价格；

（二）与该货物同时或者大约同时向同一国家或者地区出口的类似货物的成交价格；

（三）按照下列各项总和计算的价格：境内生产相同或者类似货物的料件成本、加工费用，通常的利润和一般费用，境内发生的运输及其相关费用、保险费；

（四）以合理方法估定的价格。

第二十八条 按照本条例规定计入或者不计入完税价格的成本、费用、税收，应当以客观、可量化的数据为依据。

第四章 进出口货物关税的征收

第二十九条 进口货物的纳税义务人应当自运输工具申报进境之日起14日内，出口货物的纳税义务人除海关特准的外，应当在货物运抵海关监管区后、装货的24小时以前，向货物的进出境地海关申报。进出口货物转关运输的，按照海关总署的规定执行。

进口货物到达前，纳税义务人经海关核准可以先行申报。具体办法由海关总署另行规定。

第三十条 纳税义务人应当依法如实向海关申报，并按照海关的规定提供有关确定完税价格、进行商品归类、确定原产地以及采取反倾销、反补贴或者保障措施等所需的资料；必要时，海关可以要求纳税义务人补充申报。

第三十一条 纳税义务人应当按照《税则》规定的目录条文和归类总规则、类注、章注、子目注释以及其他归类注释，对其申报的进出口货物进行商品归类，并归入相应的税则号列；海关应当依法审核确定该货物的商品归类。

第三十二条 海关可以要求纳税义务人提供确定商品归类所需的有关资料；必要时，海关可以组织化验、检验，并将海关认定的化验、检验结果作为商品归类的依据。

第三十三条 海关为审查申报价格的真实性和准确性，可以查阅、复制与进出口货物有关的合同、发票、账册、结付汇凭证、单据、业务函电、录音录像制品和其他反映买卖双方关系及交易活动的资料。

海关对纳税义务人申报的价格有怀疑并且所涉关税数额较大的，经直属海关关长或者其授权的隶属海关关长批准，凭海关总署统一格式的协助查询账户通知书及有关工作人员的工作证件，可以查询纳税义务人在银行或者其他金融机构开立的单位账户的资金往来情况，并向银行业监督管理机构通报有关情况。

第三十四条 海关对纳税义务人申报的价格有怀疑的，应当将怀疑的理由书面告知纳税义务人，要求其在规定的期限内书面作出说明、提供有关资料。

纳税义务人在规定的期限内未作说明、未提供有关资料的，或者海关仍有理由怀疑申报价格的真实性和准确性的，海关可以不接受纳税义务人申报的价格，并按照本条例第三章的规定估定完税价格。

第三十五条 海关审查确定进出口货物的完税价格后，纳税义务人可以以书面形式要求海关就如何确定其进出口货物的完税价格作出书面说明，海关应当向纳税义务人作出书面说明。

第三十六条 进出口货物关税，以从价计征、从量计征或者国家规定的其他方式征收。

从价计征的计算公式为：应纳税额 = 完税价格 × 关税税率

从量计征的计算公式为：应纳税额 = 货物数量 × 单位税额

第三十七条 纳税义务人应当自海关填发税款缴款书之日起15日内向指定银行缴纳税款。纳税义务人未按期缴纳税款的，从滞纳税款之日起，按日加收滞纳税款万分之五的滞纳金。

海关可以对纳税义务人欠缴税款的情况予以公告。

海关征收关税、滞纳金等，应当制发缴款凭证，缴款凭证格式由海关总署规定。

第三十八条 海关征收关税、滞纳金等，应当按人民币计征。

进出口货物的成交价格以及有关费用以外币计价的，以中国人民银行公布的基准汇率折合为人民币计算完税价格；以基准汇率币种以外的外币计价的，按照国家有关规定套算为人民币计算完税价格。适用汇率的日期由海关总署规定。

第三十九条 纳税义务人因不可抗力或者在国家税收政策调整的情形下，不能按期缴纳税款的，经海关总署批准，可以延期缴纳税款，但是最长不得超过6个月。

第四十条 进出口货物的纳税义务人在规定的纳税期限内有明显的转移、藏匿其应税货物以及其他财产迹象的，海关可以责令纳税义务人提供担保；纳税义务人不能提供担保的，海关可以按照《海关法》第六十一条的规定采取税收保全措施。

纳税义务人、担保人自缴纳税款期限届满之日起超过3个月仍未缴纳税款的，海关可以按照《海关法》第六十条的规定采取强制措施。

第四十一条 加工贸易的进口料件按照国家规定保税进口的，其制成品或者进口料件未在规定的期限内出口的，海关按照规定征收进口关税。

加工贸易的进口料件进境时按照国家规定征收进口关税的，其制成品或者进口料件在规定的期限内出口的，海关按照有关规定退还进境时已征收的关税税款。

第四十二条 经海关批准暂时进境或者暂时出境的下列货物，在进境或者出境时纳税义务人向海关缴纳相当于应纳税款的保证金或者提供其他担保的，可以暂不缴纳关税，并应当自进境或者出境之日起6个月内复运出境或者复运进境；

经纳税义务人申请，海关可以根据海关总署的规定延长复运出境或者复运进境的期限：

（一）在展览会、交易会、会议及类似活动中展示或者使用的货物；

（二）文化、体育交流活动中使用的表演、比赛用品；

（三）进行新闻报道或者摄制电影、电视节目使用的仪器、设备及用品；

（四）开展科研、教学、医疗活动使用的仪器、设备及用品；

（五）在本款第（一）项至第（四）项所列活动中使用的交通工具及特种车辆；

（六）货样；

（七）供安装、调试、检测设备时使用的仪器、工具；

（八）盛装货物的容器；

（九）其他用于非商业目的的货物。

第一款所列暂准进境货物在规定的期限内未复运出境的，或者暂准出境货物在规定的期限内未复运进境的，海关应当依法征收关税。

第一款所列可以暂时免征关税范围以外的其他暂准进境货物，应当按照该货物的完税价格和其在境内滞留时间与折旧时间的比例计算征收进口关税。具体办法由海关总署规定。

第四十三条 因品质或者规格原因，出口货物自出口之日起1年内原状复运进境的，不征收进口关税。

因品质或者规格原因，进口货物自进口之日起1年内原状复运出境的，不征收出口关税。

第四十四条 因残损、短少、品质不良或者规格不符原因，由进出口货物的发货人、承运人或者保险公司免费补偿或者更换的相同货物，进出口时不征收关税。被免费更换的原进口货物不退运出境或者原出口货物不退运进境的，海关应当对原进出口货物重新按照规定征收关税。

第四十五条 下列进出口货物，免征关税：

（一）关税税额在人民币50元以下的一票货物；

（二）无商业价值的广告品和货样；

（三）外国政府、国际组织无偿赠送的物资；

（四）在海关放行前损失的货物；

（五）进出境运输工具装载的途中必需的燃料、物料和饮食用品。

在海关放行前遭受损坏的货物，可以根据海关认定的受损程度减征关税。

法律规定的其他免征或者减征关税的货物，海关根据规定予以免征或者减征。

第四十六条 特定地区、特定企业或者有特定用途的进出口货物减征或者免征关税，以及临时减征或者免征关税，按照国务院的有关规定执行。

第四十七条 进口货物减征或者免征进口环节海关代征税，按照有关法律、行政法规的规定执行。

第四十八条 纳税义务人进出口减免税货物的，除另有规定外，应当在进出口该货物之前，按照规定持有关文件向海关办理减免税审批手续。经海关审查符合规定的，予以减征或者免征关税。

第四十九条 需由海关监管使用的减免税进口货物，在监管年限内转让或者移作他用需要补税的，海关应当根据该货物进口时间折旧估价，补征进口关税。

特定减免税进口货物的监管年限由海关总署规定。

第五十条 有下列情形之一的，纳税义务人自缴纳税款之日起1年内，可以申请退还关税，并应当以书面形式向海关说明理由，提供原缴款凭证及相关资料：

（一）已征进口关税的货物，因品质或者规格原因，原状退货复运出境的；

（二）已征出口关税的货物，因品质或者规格原因，原状退货复运进境，并已重新缴纳因出口而退还的国内环节有关税收的；

（三）已征出口关税的货物，因故未装运出口，申报退关的。

海关应当自受理退税申请之日起30日内查实并通知纳税义务人办理退还手续。纳税义务人应当自收到通知之日起3个月内办理有关退税手续。

按照其他有关法律、行政法规规定应当退还关税的，海关应当按照有关法律、行政法规的规定退税。

第五十一条 进出口货物放行后，海关发现少征或者漏征税款的，应当自缴纳税款或者货物放行之日起1年内，向纳税义务人补征税款。但因纳税义务人违反规定造成少征或者漏征税款的，海关可以自缴纳税款或者货物放行之日起3年内追征税款，并从缴纳税款或者货物放行之日起按日加收少征或者漏征税款万分之五的滞纳金。

海关发现海关监管货物因纳税义务人违反规定造成少征或者漏征税款的，应当自纳税义务人应缴纳税款之日起3年内追征税款，并从应缴纳税款之日起按日加收少征或者漏征税款万分之五的滞纳金。

第五十二条 海关发现多征税款的，应当立即通知纳税义务人办理退还手续。

纳税义务人发现多缴税款的，自缴纳税款之日起1年内，可以以书面形式要求海关退还多缴的税款并加算银行同期活期存款利息；海关应当自受理退税申请之日起30日内查实并通知纳税义务人办理退还手续。

纳税义务人应当自收到通知之日起3个月内办理有关退税手续。

第五十三条 按照本条例第五十条、第五十二条的规定退还税款、利息涉及从国库中退库的，按照法律、行政法规有关国库管理的规定执行。

第五十四条 报关企业接受纳税义务人的委托，以纳税义务人的名义办理报关纳税手续，因报关企业违反规定而造成海关少征、漏征税款的，报关企业对少征或者漏征的税款、滞纳金与纳税义务人承担纳税的连带责任。

报关企业接受纳税义务人的委托，以报关企业的名义办理报关纳税手续的，报关企业与纳税义务人承担纳税的连带责任。

除不可抗力外，在保管海关监管货物期间，海关监管货物损毁或者灭失的，对海关监管货物负有保管义务的人应当承担相应的纳税责任。

第五十五条 欠税的纳税义务人，有合并、分立情形的，在合并、分立前，应当向海关报告，依法缴清税款。纳税义务人合并时未缴清税款的，由合并后的法人或者其他组织继续履行未履行的纳税义务；纳税义务人分立时未缴清税款的，分立后的法人或者其他组织对未履行的纳税义务承担连带责任。

纳税义务人在减免税货物、保税货物监管期间，有合并、分立或者其他资产重组情形的，应当向海关报告。按照规定需要缴税的，应当依法缴清税款；按照规定可以继续享受减免税、保税待遇的，应当到海关办理变更纳税义务人的手续。

纳税义务人欠税或者在减免税货物、保税货物监管期间，有撤销、解散、破产或者其他依法终止经营情形的，应当在清算前向海关报告。海关应当依法对纳税义务人的应缴税款予以清缴。

第五章　进境物品进口税的征收

第五十六条 进境物品的关税以及进口环节海关

代征税合并为进口税，由海关依法征收。

第五十七条 海关总署规定数额以内的个人自用进境物品，免征进口税。

超过海关总署规定数额但仍在合理数量以内的个人自用进境物品，由进境物品的纳税义务人在进境物品放行前按照规定缴纳进口税。

超过合理、自用数量的进境物品应当按照进口货物依法办理相关手续。

国务院关税税则委员会规定按货物征税的进境物品，按照本条例第二章至第四章的规定征收关税。

第五十八条 进境物品的纳税义务人是指，携带物品进境的入境人员、进境邮递物品的收件人以及以其他方式进口物品的收件人。

第五十九条 进境物品的纳税义务人可以自行办理纳税手续，也可以委托他人办理纳税手续。接受委托的人应当遵守本章对纳税义务人的各项规定。

第六十条 进口税从价计征。

进口税的计算公式为：进口税税额 = 完税价格 × 进口税税率

第六十一条 海关应当按照《进境物品进口税税率表》及海关总署制定的《中华人民共和国进境物品归类表》、《中华人民共和国进境物品完税价格表》对进境物品进行归类、确定完税价格和确定适用税率。

第六十二条 进境物品，适用海关填发税款缴款书之日实施的税率和完税价格。

第六十三条 进口税的减征、免征、补征、追征、退还以及对暂准进境物品征收进口税参照本条例对货物征收进口关税的有关规定执行。

第六章 附 则

第六十四条 纳税义务人、担保人对海关确定纳税义务人、确定完税价格、商品归类、确定原产地、适用税率或者汇率、减征或者免征税款、补税、退税、征收滞纳金、确定计征方式以及确定纳税地点有异议的，应当缴纳税款，并可以依法向上一级海关申请复议。对复议决定不服的，可以依法向人民法院提起诉讼。

第六十五条 进口环节海关代征税的征收管理，适用关税征收管理的规定。

第六十六条 有违反本条例规定行为的，按照《海关法》、《中华人民共和国海关法行政处罚实施细则》和其他有关法律、行政法规的规定处罚。

第六十七条 本条例自2004年1月1日起施行。1992年3月18日国务院修订发布的《中华人民共和国进出口关税条例》同时废止。

中华人民共和国进出口货物原产地条例

第一条 为了正确确定进出口货物的原产地，有效实施各项贸易措施，促进对外贸易发展，制定本条例。

第二条 本条例适用于实施最惠国待遇、反倾销和反补贴、保障措施、原产地标记管理、国别数量限制、关税配额等非优惠性贸易措施以及进行政府采购、贸易统计等活动对进出口货物原产地的确定。

实施优惠性贸易措施对进出口货物原产地的确定，不适用本条例。具体办法依照中华人民共和国缔结或者参加的国际条约、协定的有关规定另行制定。

第三条 完全在一个国家（地区）获得的货物，以该国（地区）为原产地；两个以上国家（地区）参与生产的货物，以最后完成实质性改变的国家（地区）为原产地。

第四条 本条例第三条所称完全在一个国家（地区）获得的货物，是指：

（一）在该国（地区）出生并饲养的活的动物；

（二）在该国（地区）野外捕捉、捕捞、搜集的动物；

（三）从该国（地区）的活的动物获得的未经加工的物品；

（四）在该国（地区）收获的植物和植物产品；

（五）在该国（地区）采掘的矿物；

（六）在该国（地区）获得的除本条第（一）项至

第（五）项范围之外的其他天然生成的物品；

（七）在该国（地区）生产过程中产生的只能弃置或者回收用作材料的废碎料；

（八）在该国（地区）收集的不能修复或者修理的物品，或者从该物品中回收的零件或者材料；

（九）由合法悬挂该国旗帜的船舶从其领海以外海域获得的海洋捕捞物和其他物品；

（十）在合法悬挂该国旗帜的加工船上加工本条第（九）项所列物品获得的产品；

（十一）从该国领海以外享有专有开采权的海床或者海床底土获得的物品；

（十二）在该国（地区）完全从本条第（一）项至第（十一）项所列物品中生产的产品。

第五条 在确定货物是否在一个国家（地区）完全获得时，不考虑下列微小加工或者处理：

（一）为运输、贮存期间保存货物而作的加工或者处理；

（二）为货物便于装卸而作的加工或者处理；

（三）为货物销售而作的包装等加工或者处理。

第六条 本条例第三条规定的实质性改变的确定标准，以税则归类改变为基本标准；税则归类改变不能反映实质性改变的，以从价百分比、制造或者加工工序等为补充标准。具体标准由海关总署会同商务部、国家质量监督检验检疫总局制定。

本条第一款所称税则归类改变，是指在某一国家（地区）对非该国（地区）原产材料进行制造、加工后，所得货物在《中华人民共和国进出口税则》中某一级的税目归类发生了变化。

本条第一款所称从价百分比，是指在某一国家（地区）对非该国（地区）原产材料进行制造、加工后的增值部分，超过所得货物价值一定的百分比。

本条第一款所称制造或者加工工序，是指在某一国家（地区）进行的赋予制造、加工后所得货物基本特征的主要工序。

世界贸易组织《协调非优惠原产地规则》实施前，确定进出口货物原产地实质性改变的具体标准，由海关总署会同商务部、国家质量监督检验检疫总局根据实际情况另行制定。

第七条 货物生产过程中使用的能源、厂房、设备、机器和工具的原产地，以及未构成货物物质成分或者组成部件的材料的原产地，不影响该货物原产地的确定。

第八条 随所装货物进出口的包装、包装材料和容器，在《中华人民共和国进出口税则》中与该货物一并归类的，该包装、包装材料和容器的原产地不影响所装货物原产地的确定；对该包装、包装材料和容器的原产地不再单独确定，所装货物的原产地即为该包装、包装材料和容器的原产地。

随所装货物进出口的包装、包装材料和容器，在《中华人民共和国进出口税则》中与该货物不一并归类的，依照本条例的规定确定该包装、包装材料和容器的原产地。

第九条 按正常配备的种类和数量随货物进出口的附件、备件、工具和介绍说明性资料，在《中华人民共和国进出口税则》中与该货物一并归类的，该附件、备件、工具和介绍说明性资料的原产地不影响该货物原产地的确定；对该附件、备件、工具和介绍说明性资料的原产地不再单独确定，该货物的原产地即为该附件、备件、工具和介绍说明性资料的原产地。

随货物进出口的附件、备件、工具和介绍说明性资料在《中华人民共和国进出口税则》中虽与该货物一并归类，但超出正常配备的种类和数量的，以及在《中华人民共和国进出口税则》中与该货物不一并归类的，依照本条例的规定确定该附件、备件、工具和介绍说明性资料的原产地。

第十条 对货物所进行的任何加工或者处理，是为了规避中华人民共和国关于反倾销、反补贴和保障措施等有关规定的，海关在确定该货物的原产地时可以不考虑这类加工和处理。

第十一条 进口货物的收货人按照《中华人民共和国海关法》及有关规定办理进口货物的海关申报手续时，应当依照本条例规定的原产地确定标准如实申报进口货物的原产地；同一批货物的原产地不同的，应当分别申报原产地。

第十二条 进口货物进口前，进口货物的收货人或者与进口货物直接相关的其他当事人，在有正当理由的情况下，可以书面申请海关对将要进口的货物的原产地作出预确定决定；申请人应当按照规定向海关提供作出原产地预确定决定所需的资料。

海关应当在收到原产地预确定书面申请及全部必要资料之日起150天内，依照本条例的规定对该进口货物作出原产地预确定决定，并对外公布。

第十三条 海关接受申报后，应当按照本条例的规定审核确定进口货物的原产地。

已作出原产地预确定决定的货物，自预确定决定作出之日起3年内实际进口时，经海关审核其实际进口的货物与预确定决定所述货物相符，且本条例规定的原产地确定标准未发生变化的，海关不再重新确定该进口货物的原产地；经海关审核其实际进口的货物与预确定决定所述货物不相符的，海关应当按照本条例的规定重新审核确定该进口货物的原产地。

第十四条 海关在审核确定进口货物原产地时，可以要求进口货物的收货人提交该进口货物的原产地证书，并予以审验；必要时，可以请求该货物出口国（地区）的有关机构对该货物的原产地进行核查。

第十五条 根据对外贸易经营者提出的书面申请，海关可以依照《中华人民共和国海关法》第四十三条的规定，对将要进口的货物的原产地预先作出确定原产地的行政裁定，并对外公布。

进口相同的货物，应当适用相同的行政裁定。

第十六条 国家对原产地标记实施管理。货物或者其包装上标有原产地标记的，其原产地标记所标明的原产地应当与依照本条例所确定的原产地相一致。

第十七条 出口货物发货人可以向国家质量监督检验检疫总局所属的各地出入境检验检疫机构、中国国际贸易促进委员会及其地方分会（以下简称签证机构），申请领取出口货物原产地证书。

第十八条 出口货物发货人申请领取出口货物原产地证书，应当在签证机构办理注册登记手续，按照规定如实申报出口货物的原产地，并向签证机构提供签发出口货物原产地证书所需的资料。

第十九条 签证机构接受出口货物发货人的申请后，应当按照规定审查确定出口货物的原产地，签发出口货物原产地证书；对不属于原产于中华人民共和国境内的出口货物，应当拒绝签发出口货物原产地证书。

出口货物原产地证书签发管理的具体办法，由国家质量监督检验检疫总局会同国务院其他有关部门、机构另行制定。

第二十条 应出口货物进口国（地区）有关机构的请求，海关、签证机构可以对出口货物的原产地情况进行核查，并及时将核查情况反馈进口国（地区）有关机构。

第二十一条 用于确定货物原产地的资料和信息，除按有关规定可以提供或者经提供该资料和信息的单位、个人的允许，海关、签证机构应当对该资料和信息予以保密。

第二十二条 违反本条例规定申报进口货物原产地的，依照《中华人民共和国对外贸易法》、《中华人民共和国海关法》和《中华人民共和国海关行政处罚实施条例》的有关规定进行处罚。

第二十三条 提供虚假材料骗取出口货物原产地证书或者伪造、变造、买卖或者盗窃出口货物原产地证书的，由出入境检验检疫机构、海关处5000元以上10万元以下的罚款；骗取、伪造、变造、买卖或者盗窃作为海关放行凭证的出口货物原产地证书的，处货值金额等值以下的罚款，但货值金额低于5000元的，处5000元罚款。有违法所得的，由出入境检验检疫机构、海关没收违法所得。构成犯罪的，依法追究刑事责任。

第二十四条 进口货物的原产地标记与依照本条例所确定的原产地不一致的，由海关责令改正。

出口货物的原产地标记与依照本条例所确定的原产地不一致的，由海关、出入境检验检疫机构责令改正。

第二十五条 确定进出口货物原产地的工作人员违反本条例规定的程序确定原产地的，或者泄露所知悉的商业秘密的，或者滥用职权、玩忽职守、徇私舞弊的，依法给予行政处分；有违法所得的，没收违法所得；构成犯罪的，依法追究刑事责任。

第二十六条 本条例下列用语的含义：

获得，是指捕捉、捕捞、搜集、收获、采掘、加工或者生产等。

货物原产地，是指依照本条例确定的获得某一货物的国家（地区）。

原产地证书，是指出口国（地区）根据原产地规则和有关要求签发的，明确指出该证中所列货物原产于某一特定国家（地区）的书面文件。

原产地标记，是指在货物或者包装上用来表明该货物原产地的文字和图形。

第二十七条 本条例自2005年1月1日起施行。1992年3月8日国务院发布的《中华人民共和国出口货物原产地规则》、1986年12月6日海关总署发布的《中华人民共和国海关关于进口货物原产地的暂行规定》同时废止。

中华人民共和国知识产权海关保护条例

（2003年12月2日国务院令第395号公布，自2004年3月1日起施行）

第一章 总 则

第一条 为了实施知识产权海关保护，促进对外经济贸易和科技文化交往，维护公共利益，根据《中华人民共和国海关法》，制定本条例。

第二条 本条例所称知识产权海关保护，是指海关对与进出口货物有关并受中华人民共和国法律、行政法规保护的商标专用权、著作权和与著作权有关的权利、专利权（以下统称知识产权）实施的保护。

第三条 国家禁止侵犯知识产权的货物进出口。

海关依照有关法律和本条例的规定实施知识产权保护，行使《中华人民共和国海关法》规定的有关权力。

第四条 知识产权权利人请求海关实施知识产权保护的，应当向海关提出采取保护措施的申请。

第五条 进口货物的收货人或者其代理人、出口货物的发货人或者其代理人应当按照国家规定，向海关如实申报与进出口货物有关的知识产权状况，并提交有关证明文件。

第六条 海关实施知识产权保护时，应当保守有关当事人的商业秘密。

第二章 知识产权的备案

第七条 知识产权权利人可以依照本条例的规定，将其知识产权向海关总署申请备案；申请备案的，应当提交申请书。申请书应当包括下列内容：

（一）知识产权权利人的名称或者姓名、注册地或者国籍等；

（二）知识产权的名称、内容及其相关信息；

（三）知识产权许可行使状况；

（四）知识产权权利人合法行使知识产权的货物的名称、产地、进出境地海关、进出口商、主要特征、价格等；

（五）已知的侵犯知识产权货物的制造商、进出口商、进出境地海关、主要特征、价格等。

前款规定的申请书内容有证明文件的，知识产权权利人应当附送证明文件。

第八条 海关总署应当自收到全部申请文件之日起30个工作日内作出是否准予备案的决定，并书面通知申请人；不予备案的，应当说明理由。

有下列情形之一的，海关总署不予备案：

（一）申请文件不齐全或者无效的；

（二）申请人不是知识产权权利人的；

（三）知识产权不再受法律、行政法规保护的。

第九条 海关发现知识产权权利人申请知识产权备案未如实提供有关情况或者文件的，海关总署可以撤销其备案。

第十条 知识产权海关保护备案自海关总署准予备案之日起生效，有效期为10年。

知识产权有效的，知识产权权利人可以在知识产权海关保护备案有效期届满前6个月内，向海关总署申请续展备案。每次续展备案的有效期为10年。

知识产权海关保护备案有效期届满而不申请续展或者知识产权不再受法律、行政法规保护的，知识产权海关保护备案随即失效。

第十一条 备案知识产权的情况发生改变的，知识产权权利人应当自发生改变之日起30个工作日内，向海关总署办理备案变更或者注销手续。

第三章 扣留侵权嫌疑货物的申请及其处理

第十二条 知识产权权利人发现侵权嫌疑货物即将进出口的，可以向货物进出境地海关提出扣留侵权嫌疑货物的申请。

第十三条 知识产权权利人请求海关扣留侵权嫌疑货物的，应当提交申请书及相关证明文件，并提供足以证明侵权事实明显存在的证据。

申请书应当包括下列主要内容：

（一）知识产权权利人的名称或者姓名、注册地或者国籍等；

（二）知识产权的名称、内容及其相关信息；

（三）侵权嫌疑货物收货人和发货人的名称；

（四）侵权嫌疑货物名称、规格等；

（五）侵权嫌疑货物可能进出境的口岸、时间、运输工具等。

侵权嫌疑货物涉嫌侵犯备案知识产权的，申请书还应当包括海关备案号。

第十四条 知识产权权利人请求海关扣留侵权嫌疑货物的，应当向海关提供不超过货物等值的担保，用于赔偿可能因申请不当给收货人、发货人造成的损失，以及支付货物由海关扣留后的仓储、保管和处置等费用；知识产权权利人直接向仓储商支付仓储、保管费用的，从担保中扣除。具体办法由海关总署制定。

第十五条 知识产权权利人申请扣留侵权嫌疑货物，符合本条例第十三条的规定，并依照本条例第十四条的规定提供担保的，海关应当扣留侵权嫌疑货物，书面通知知识产权权利人，并将海关扣留凭单送达收货人或者发货人。

知识产权权利人申请扣留侵权嫌疑货物，不符合本条例第十三条的规定，或者未依照本条例第十四条的规定提供担保的，海关应当驳回申请，并书面通知知识产权权利人。

第十六条 海关发现进出口货物有侵犯备案知识产权嫌疑的，应当立即书面通知知识产权权利人。知识产权权利人自通知送达之日起3个工作日内依照本条例第十三条的规定提出申请，并依照本条例第十四条的规定提供担保的，海关应当扣留侵权嫌疑货物，书面通知知识产权权利人，并将海关扣留凭单送达收货人或者发货人。知识产权权利人逾期未提出申请或者未提供担保的，海关不得扣留货物。

第十七条 经海关同意，知识产权权利人和收货人或者发货人可以查看有关货物。

第十八条 收货人或者发货人认为其货物未侵犯知识产权权利人的知识产权的，应当向海关提出书面说明并附送相关证据。

第十九条 涉嫌侵犯专利权货物的收货人或者发货人认为其进出口货物未侵犯专利权的，可以在向海关提供货物等值的担保金后，请求海关放行其货物。知识产权权利人未能在合理期限内向人民法院起诉的，海关应当退还担保金。

第二十条 海关发现进出口货物有侵犯备案知识产权嫌疑并通知知识产权权利人后，知识产权权利人请求海关扣留侵权嫌疑货物的，海关应当自扣留之日起30个工作日内对被扣留的侵权嫌疑货物是否侵犯知识产权进行调查、认定；不能认定的，应当立即书面通知知识产权权利人。

第二十一条 海关对被扣留的侵权嫌疑货物进行调查，请求知识产权主管部门提供协助的，有关知识产权主管部门应当予以协助。

知识产权主管部门处理涉及进出口货物的侵权案件请求海关提供协助的，海关应当予以协助。

第二十二条 海关对被扣留的侵权嫌疑货物及有关情况进行调查时，知识产权权利人和收货人或者发货人应当予以配合。

第二十三条 知识产权权利人在向海关提出采取保护措施的申请后，可以依照《中华人民共和国商标法》、《中华人民共和国著作权法》或者《中华人民共和国专利法》的规定，在起诉前就被扣留的侵权嫌疑货物向人民法院申请采取责令停止侵权行为或者财产保全的措施。

海关收到人民法院有关责令停止侵权行为或者财产保全的协助执行通知的，应当予以协助。

第二十四条 有下列情形之一的，海关应当放行被扣留的侵权嫌疑货物：

（一）海关依照本条例第十五条的规定扣留侵权嫌疑货物，自扣留之日起20个工作日内未收到人民法院协助执行通知的；

（二）海关依照本条例第十六条的规定扣留侵权嫌疑货物，自扣留之日起50个工作日内未收到人民法院协助执行通知，并且经调查不能认定被扣留的侵权嫌疑货物侵犯知识产权的；

（三）涉嫌侵犯专利权的收货人或者发货人在向海关提供与货物等值的担保金后，请求海关放行其货物的；

（四）海关认为收货人或者发货人有充分的证据证明其货物未侵犯知识产权权利人的知识产权的。

第二十五条 海关依照本条例的规定扣留侵权嫌疑货物，知识产权权利人应当支付有关仓储、保管和处置等费用。知识产权权利人未支付有关费用的，海关可以从其向海关提供的担保金中予以扣除，或者要求担保人履行有关担保责任。

侵权嫌疑货物被认定为侵犯知识产权的，知识产权权利人可以将其支付的有关仓储、保管和处置等费用计入其为制止侵权行为所支付的合理开支。

第二十六条 海关实施知识产权保护发现涉嫌犯罪案件的，应当将案件依法移送公安机关处理。

第四章 法律责任

第二十七条 被扣留的侵权嫌疑货物，经海关调查后认定侵犯知识产权的，由海关予以没收。

海关没收侵犯知识产权货物后，应当将侵犯知识产权货物的有关情况书面通知知识产权权利人。

被没收的侵犯知识产权货物可以用于社会公益事业的，海关应当转交给有关公益机构用于社会公益事业；知识产权权利人有收购意愿的，海关可以有偿转让给知识产权权利人。被没收的侵犯知识产权货物无法用于社会公益事业且知识产权权利人无收购意愿的，海关可以在消除侵权特征后依法拍卖；侵权特征无法消除的，海关应当予以销毁。

第二十八条 个人携带或者邮寄进出境的物品，超出自用、合理数量，并侵犯本条例第二条规定的知识产权的，由海关予以没收。

第二十九条 海关接受知识产权保护备案和采取知识产权保护措施的申请后，因知识产权权利人未提供确切情况而未能发现侵权货物、未能及时采取保护措施或者采取保护措施不力的，由知识产权权利人自行承担责任。

知识产权权利人请求海关扣留侵权嫌疑货物后，海关不能认定被扣留的侵权嫌疑货物侵犯知识产权权利人的知识产权，或者人民法院判定不侵犯知识产权权利人的知识产权的，知识产权权利人应当依法承担赔偿责任。

第三十条 进口或者出口侵犯知识产权货物，构成犯罪的，依法追究刑事责任。

第三十一条 海关工作人员在实施知识产权保护时，玩忽职守、滥用职权、徇私舞弊，构成犯罪的，依法追究刑事责任；尚不构成犯罪的，依法给予行政处分。

第五章 附 则

第三十二条 知识产权权利人将其知识产权向海关总署备案的，应当按照国家有关规定缴纳备案费。

第三十三条 本条例自2004年3月1日起施行。1995年7月5日国务院发布的《中华人民共和国知识产权海关保护条例》同时废止。

中华人民共和国海关行政处罚实施条例

第一章 总 则

第一条 为了规范海关行政处罚，保障海关依法行使职权，保护公民、法人或者其他组织的合法权益，根据《中华人民共和国海关法》（以下简称海关法）及其他有关法律的规定，制定本实施条例。

第二条 依法不追究刑事责任的走私行为和违反海关监管规定的行为，以及法律、行政法规规定由海关实施行政处罚的行为的处理，适用本实施条例。

第三条 海关行政处罚由发现违法行为的海关管辖，也可以由违法行为发生地海关管辖。

2个以上海关都有管辖权的案件，由最先发现违法行为的海关管辖。

管辖不明确的案件，由有关海关协商确定管辖，协商不成的，报请共同的上级海关指定管辖。

重大、复杂的案件，可以由海关总署指定管辖。

第四条 海关发现的依法应当由其他行政机关处理的违法行为，应当移送有关行政机关处理；违法行为涉嫌犯罪的，应当移送海关侦查走私犯罪公安机构、地方公安机关依法办理。

第五条 依照本实施条例处以警告、罚款等行政处罚，但不没收进出境货物、物品、运输工具的，不免除有关当事人依法缴纳税款、提交进出口许可证件、办理有关海关手续的义务。

第六条 抗拒、阻碍海关侦查走私犯罪公安机构依法执行职务的，由设在直属海关、隶属海关的海关侦查走私犯罪公安机构依照治安管理处罚的有关规定给予处罚。

抗拒、阻碍其他海关工作人员依法执行职务的，应当报告地方公安机关依法处理。

第二章 走私行为及其处罚

第七条 违反海关法及其他有关法律、行政法规，逃避海关监管，偷逃应纳税款、逃避国家有关进出境的禁止性或者限制性管理，有下列情形之一的，是走私行为：

（一）未经国务院或者国务院授权的机关批准，从未设立海关的地点运输、携带国家禁止或者限制进出境的货物、物品或者依法应当缴纳税款的货物、物品进出境的；

（二）经过设立海关的地点，以藏匿、伪装、瞒报、伪报或者其他方式逃避海关监管，运输、携带、邮寄国家禁止或者限制进出境的货物、物品或者依法应当缴纳税款的货物、物品进出境的；

（三）使用伪造、变造的手册、单证、印章、账册、电子数据或者以其他方式逃避海关监管，擅自将海关监管货物、物品、进境的境外运输工具，在境内销售的；

（四）使用伪造、变造的手册、单证、印章、账册、电子数据或者以伪报加工贸易制成品单位耗料量等方式，致使海关监管货物、物品脱离监管的；

（五）以藏匿、伪装、瞒报、伪报或者其他方式逃避海关监管，擅自将保税区、出口加工区等海关特殊监管区域内的海关监管货物、物品，运出区外的；

（六）有逃避海关监管，构成走私的其他行为的。

第八条 有下列行为之一的，按走私行为论处：

（一）明知是走私进口的货物、物品，直接向走私人非法收购的；

（二）在内海、领海、界河、界湖，船舶及所载人员运输、收购、贩卖国家禁止或者限制进出境的货物、物品，或者运输、收购、贩卖依法应当缴纳税款的货物，没有合法证明的。

第九条 有本实施条例第七条、第八条所列行为之一的，依照下列规定处罚：

（一）走私国家禁止进出口的货物的，没收走私货物及违法所得，可以并处100万元以下罚款；走私国家禁止进出境的物品的，没收走私物品及违法所得，可以并处10万元以下罚款；

（二）应当提交许可证件而未提交但未偷逃税款，走私国家限制进出境的货物、物品的，没收走私货物、物品及违法所得，可以并处走私货物、物品等值以下罚款；

（三）偷逃应纳税款但未逃避许可证件管理，走私依法应当缴纳税款的货物、物品的，没收走私货物、物品及违法所得，可以并处偷逃应纳税款3倍以下罚款。

专门用于走私的运输工具或者用于掩护走私的货物、物品，2年内3次以上用于走私的运输工具或者用于掩护走私的货物、物品，应当予以没收。藏匿走私货物、物品的特制设备、夹层、暗格，应当予以没收或者责令拆毁。使用特制设备、夹层、暗格实施走私的，应当从重处罚。

第十条 与走私人通谋为走私人提供贷款、资金、账号、发票、证明、海关单证的，与走私人通谋为走私人提供走私货物、物品的提取、发运、运输、保管、邮寄或者其他方便的，以走私的共同当事人论处，没收违法所得，并依照本实施条例第九条的规定予以处罚。

第十一条 报关企业、报关人员和海关准予从事海关监管货物的运输、储存、加工、装配、寄售、展示等业务的企业，构成走私犯罪或者1年内有2次以上走私行为的，海关可以撤销其注册登记、取消其报关从业资格。

第三章 违反海关监管规定的行为及其处罚

第十二条 违反海关法及其他有关法律、行政法规和规章但不构成走私行为的，是违反海关监管规定的行为。

第十三条 违反国家进出口管理规定，进出口国家禁止进出口的货物的，责令退运，处100万元以下罚款。

第十四条 违反国家进出口管理规定，进出口国家限制进出口的货物，进出口货物的收发货人向海关申报时不能提交许可证件的，进出口货物不予放行，处货物价值30%以下罚款。

违反国家进出口管理规定，进出口属于自动进出口许可管理的货物，进出口货物的收发货人向海关申报时不能提交自动许可证明的，进出口货物不予放行。

第十五条 进出口货物的品名、税则号列、数量、规格、价格、贸易方式、原产地、启运地、运抵地、最终目的地或者其他应当申报的项目未申报或者申报不实的，分别依照下列规定予以处罚，有违法所得的，没收违法所得：

（一）影响海关统计准确性的，予以警告或者处1000元以上1万元以下罚款；

（二）影响海关监管秩序的，予以警告或者处1000元以上3万元以下罚款；

（三）影响国家许可证件管理的，处货物价值5%以上30%以下罚款；

（四）影响国家税款征收的，处漏缴税款30%以上2倍以下罚款；

（五）影响国家外汇、出口退税管理的，处申报价格10%以上50%以下罚款。

第十六条 进出口货物收发货人未按照规定向报关企业提供所委托报关事项的真实情况，致使发生本实施条例第十五条规定情形的，对委托人依照本实施条例第十五条的规定予以处罚。

第十七条 报关企业、报关人员对委托人所提供情况的真实性未进行合理审查，或者因工作疏忽致使发生本实施条例第十五条规定情形的，可以对报关企业处货物价值10%以下罚款，暂停其6个月以内从事报关业务或者执业；情节严重的，撤销其报关注册登记、取消其报关从业资格。

第十八条 有下列行为之一的，处货物价值5%以上30%以下罚款，有违法所得的，没收违法所得：

（一）未经海关许可，擅自将海关监管货物开拆、提取、交付、发运、调换、改装、抵押、质押、留置、转让、更换标记、移作他用或者进行其他处置的；

（二）未经海关许可，在海关监管区以外存放海关监管货物的；

（三）经营海关监管货物的运输、储存、加工、装配、寄售、展示等业务，有关货物灭失、数量短少或者记录不真实，不能提供正当理由的；

（四）经营保税货物的运输、储存、加工、装配、寄售、展示等业务，不依照规定办理收存、交付、结转、核销等手续，或者中止、延长、变更、转让有关合同不依照规定向海关办理手续的；

（五）未如实向海关申报加工贸易制成品单位耗料量的；

（六）未按照规定期限将过境、转运、通运货物运输出境，擅自留在境内的；

（七）未按照规定期限将暂时进出口货物复运出境或者复运进境，擅自留在境内或者境外的；

（八）有违反海关监管规定的其他行为，致使海关不能或者中断对进出口货物实施监管的。

前款规定所涉货物属于国家限制进出口需要提交许可证件，当事人在规定期限内不能提交许可证件的，另处货物价值30%以下罚款；漏缴税款的，可以另处漏缴税款1倍以下罚款。

第十九条 有下列行为之一的，予以警告，可以处物品价值20%以下罚款，有违法所得的，没收违法所得：

（一）未经海关许可，擅自将海关尚未放行的进出境物品开拆、交付、投递、转移或者进行其他处置的；

（二）个人运输、携带、邮寄超过合理数量的自用物品进出境未向海关申报的；

（三）个人运输、携带、邮寄超过规定数量但仍属自用的国家限制进出境物品进出境，未向海关申报但没有以藏匿、伪装等方式逃避海关监管的；

（四）个人运输、携带、邮寄物品进出境，申报不实的；

（五）经海关登记准予暂时免税进境或者暂时免税出境的物品，未按照规定复带出境或者复带进境的；

（六）未经海关批准，过境人员将其所带物品留在境内的。

第二十条 运输、携带、邮寄国家禁止进出境的物品进出境，未向海关申报但没有以藏匿、伪装等方式逃避海关监管的，予以没收，或者责令退回，或者在海关监管下予以销毁或者进行技术处理。

第二十一条 有下列行为之一的，予以警告，可以处10万元以下罚款，有违法所得的，没收违法所得：

（一）运输工具不经设立海关的地点进出境的；

（二）在海关监管区停留的进出境运输工具，未经海关同意擅自驶离的；

（三）进出境运输工具从一个设立海关的地点驶往另一个设立海关的地点，尚未办结海关手续又未经海关批准，中途改驶境外或者境内未设立海关的地点的；

（四）进出境运输工具到达或者驶离设立海关的地点，未按照规定向海关申报、交验有关单证或者交验的单证不真实的。

第二十二条 有下列行为之一的，予以警告，可以处5万元以下罚款，有违法所得的，没收违法所得：

（一）未经海关同意，进出境运输工具擅自装卸进出境货物、物品或者上下进出境旅客的；

（二）未经海关同意，进出境运输工具擅自兼营境内客货运输或者用于进出境运输以外的其他用途的；

（三）未按照规定办理海关手续，进出境运输工具擅自改营境内运输的；

（四）未按照规定期限向海关传输舱单等电子数据、传输的电子数据不准确或者未按照规定期限保存相关电子数据，影响海关监管的；

（五）进境运输工具在进境以后向海关申报以前，出境运输工具在办结海关手续以后出境以前，不按照交通主管部门或者海关指定的路线行进的；

（六）载运海关监管货物的船舶、汽车不按照海关指定的路线行进的；

（七）进出境船舶和航空器，由于不可抗力被迫在未设立海关的地点停泊、降落或者在境内抛掷、起卸货物、物品，无正当理由不向附近海关报告的；

（八）无特殊原因，未将进出境船舶、火车、航空器到达的时间、停留的地点或者更换的时间、地点事先通知海关的；

（九）不按照规定接受海关对进出境运输工具、货物、物品进行检查、查验的。

第二十三条 有下列行为之一的，予以警告，可以处3万元以下罚款：

（一）擅自开启或者损毁海关封志的；

（二）遗失海关制发的监管单证、手册等凭证，妨碍海关监管的；

（三）有违反海关监管规定的其他行为，致使海关不能或者中断对进出境运输工具、物品实施监管的。

第二十四条 伪造、变造、买卖海关单证的，处5万元以上50万元以下罚款，有违法所得的，没收违法所得；构成犯罪的，依法追究刑事责任。

第二十五条 进出口侵犯中华人民共和国法律、行政法规保护的知识产权的货物的，没收侵权货物，并处货物价值30%以下罚款；构成犯罪的，依法追究刑事责任。

需要向海关申报知识产权状况，进出口货物收发货人及其代理人未按照规定向海关如实申报有关知识产权状况，或者未提交合法使用有关知识产权的证明文件的，可以处5万元以下罚款。

第二十六条 报关企业、报关人员和海关准予从事海关监管货物的运输、储存、加工、装配、寄售、展示等业务的企业，有下列情形之一的，责令改正，给予警告，可以暂停其6个月以内从事有关业务或者执业：

（一）拖欠税款或者不履行纳税义务的；

（二）报关企业出让其名义供他人办理进出口货物报关纳税事宜的；

（三）损坏或者丢失海关监管货物，不能提供正当理由的；

（四）有需要暂停其从事有关业务或者执业的其他违法行为的。

第二十七条 报关企业、报关人员和海关准予从事海关监管货物的运输、储存、加工、装配、寄售、展示等业务的企业，有下列情形之一的，海关可以撤销其注册登记、取消其报关从业资格：

（一）1年内3人次以上被海关暂停执业的；

（二）被海关暂停从事有关业务或者执业，恢复从事有关业务或者执业后1年内再次发生本实施条例第二十六条规定情形的；

（三）有需要撤销其注册登记或者取消其报关从业资格的其他违法行为的。

第二十八条 报关企业、报关人员非法代理他人报关或者超出海关准予的从业范围进行报关活动的，责令改正，处5万元以下罚款，暂停其6个月以内从事报关业务或者执业；情节严重的，撤销其报关注册登记、取消其报关从业资格。

第二十九条 进出口货物收发货人、报关企业、报关人员向海关工作人员行贿的，撤销其报关注册登记、取消其报关从业资格，并处10万元以下罚款；构成犯罪的，依法追究刑事责任，并不得重新注册登记为报关企业和取得报关从业资格。

第三十条 未经海关注册登记和未取得报关从业资格从事报关业务的，予以取缔，没收违法所得，可以并处10万元以下罚款。

第三十一条 提供虚假资料骗取海关注册登记、报关从业资格的，撤销其注册登记、取消其报关从业资格，并处30万元以下罚款。

第三十二条 法人或者其他组织有违反海关法的行为，除处罚该法人或者组织外，对其主管人员和直接责任人员予以警告，可以处5万元以下罚款，有违法所得的，没收违法所得。

第四章 对违反海关法行为的调查

第三十三条 海关发现公民、法人或者其他组织有依法应当由海关给予行政处罚的行为的，应当立案调查。

第三十四条 海关立案后，应当全面、客观、公正、及时地进行调查、收集证据。

海关调查、收集证据，应当按照法律、行政法规及其他有关规定的要求办理。

海关调查、收集证据时，海关工作人员不得少于2人，并应当向被调查人出示证件。

调查、收集的证据涉及国家秘密、商业秘密或者个人隐私的，海关应当保守秘密。

第三十五条 海关依法检查走私嫌疑人的身体，应当在隐蔽的场所或者非检查人员的视线之外，由2名以上与被检查人同性别的海关工作人员执行。

走私嫌疑人应当接受检查，不得阻挠。

第三十六条 海关依法检查运输工具和场所，查验货物、物品，应当制作检查、查验记录。

第三十七条 海关依法扣留走私犯罪嫌疑人，应当制发扣留走私犯罪嫌疑人决定书。对走私犯罪嫌疑人，扣留时间不超过24小时，在特殊情况下可以延长至48小时。

海关应当在法定扣留期限内对被扣留人进行审查。排除犯罪嫌疑或者法定扣留期限届满的，应当立即解除扣留，并制发解除扣留决定书。

第三十八条 下列货物、物品、运输工具及有关账册、单据等资料，海关可以依法扣留：

（一）有走私嫌疑的货物、物品、运输工具；

（二）违反海关法或者其他有关法律、行政法规的货物、物品、运输工具；

（三）与违反海关法或者其他有关法律、行政法规的货物、物品、运输工具有牵连的账册、单据等资料；

（四）法律、行政法规规定可以扣留的其他货物、物品、运输工具及有关账册、单据等资料。

第三十九条 有违法嫌疑的货物、物品、运输工具无法或者不便扣留的，当事人或者运输工具负责人应当向海关提供等值的担保，未提供等值担保的，海关可以扣留当事人等值的其他财产。

第四十条 海关扣留货物、物品、运输工具以及账册、单据等资料的期限不得超过1年。因案件调查需要，经直属海关关长或者其授权的隶属海关关长批准，可以延长，延长期限不得超过1年。但复议、诉讼期间不计算在内。

第四十一条 有下列情形之一的，海关应当及时解除扣留：

（一）排除违法嫌疑的；

（二）扣留期限、延长期限届满的；

（三）已经履行海关行政处罚决定的；

（四）法律、行政法规规定应当解除扣留的其他情形。

第四十二条 海关依法扣留货物、物品、运输工具、其他财产以及账册、单据等资料，应当制发海关扣留凭单，由海关工作人员、当事人或者其代理人、保管人、见证人签字或者盖章，并可以加施海关封志。加施海关封志的，当事人或者其代理人、保管人应当妥善保管。

海关解除对货物、物品、运输工具、其他财产以及账册、单据等资料的扣留，或者发还等值的担保，应当制发海关解除扣留通知书、海关解除担保通知书，并由海关工作人员、当事人或者其代理人、保管人、见证人签字或者盖章。

第四十三条 海关查问违法嫌疑人或者询问证人，应当个别进行，并告知其权利和作伪证应当承担的法律责任。违法嫌疑人、证人必须如实陈述、提供证据。

海关查问违法嫌疑人或者询问证人应当制作笔录，并当场交其辨认，没有异议的，立即签字确认；有异议的，予以更正后签字确认。

严禁刑讯逼供或者以威胁、引诱、欺骗等非法手段收集证据。

海关查问违法嫌疑人，可以到违法嫌疑人的所在单位或者住处进行，也可以要求其到海关或者海关指定的地点进行。

第四十四条 海关收集的物证、书证应当是原物、原件。收集原物、原件确有困难的，可以拍摄、复制，并可以指定或者委托有关单位或者个人对原物、原件予以妥善保管。

海关收集物证、书证，应当开列清单，注明收集的日期，由有关单位或者个人确认后签字或者盖章。

海关收集电子数据或者录音、录像等视听资料，应当收集原始载体。收集原始载体确有困难的，可以收集复制件，注明制作方法、制作时间、制作人等，并由有关单位或者个人确认后签字或者盖章。

第四十五条 根据案件调查需要，海关可以对有关货物、物品进行取样化验、鉴定。

海关提取样品时，当事人或者其代理人应当到场；当事人或者其代理人未到场的，海关应当邀请见证人到场。提取的样品，海关应当予以加封，并由海关工作人员及当事人或者其代理人、见证人确认后签字或者盖章。

化验、鉴定应当交由海关化验鉴定机构或者委托国家认可的其他机构进行。

化验人、鉴定人进行化验、鉴定后，应当出具化验报告、鉴定结论，并签字或者盖章。

第四十六条 根据海关法有关规定，海关可以查询案件涉嫌单位和涉嫌人员在金融机构、邮政企业的存款、汇款。

海关查询案件涉嫌单位和涉嫌人员在金融机构、邮政企业的存款、汇款，应当出示海关协助查询通知书。

第四十七条 海关依法扣留的货物、物品、运输工具，在人民法院判决或者海关行政处罚决定作出之前，不得处理。但是，危险品或者鲜活、易腐、易烂、易失效、易变质等不宜长期保存的货物、物品以及所有人申请先行变卖的货物、物品、运输工具，经直属海关关长或者其授权的隶属海关关长批准，可以先行依法变卖，变卖所得价款由海关保存，并通知其所有人。

第四十八条 当事人有权根据海关法的规定要求海关工作人员回避。

第五章　海关行政处罚的决定和执行

第四十九条　海关作出暂停从事有关业务、暂停报关执业、撤销海关注册登记、取消报关从业资格、对公民处1万元以上罚款、对法人或者其他组织处10万元以上罚款、没收有关货物、物品、走私运输工具等行政处罚决定之前，应当告知当事人有要求举行听证的权利；当事人要求听证的，海关应当组织听证。

海关行政处罚听证办法由海关总署制定。

第五十条　案件调查终结，海关关长应当对调查结果进行审查，根据不同情况，依法作出决定。

对情节复杂或者重大违法行为给予较重的行政处罚，应当由海关案件审理委员会集体讨论决定。

第五十一条　同一当事人实施了走私和违反海关监管规定的行为且二者之间有因果关系的，依照本实施条例对走私行为的规定从重处罚，对其违反海关监管规定的行为不再另行处罚。

同一当事人就同一批货物、物品分别实施了2个以上违反海关监管规定的行为且二者之间有因果关系的，依照本实施条例分别规定的处罚幅度，择其重者处罚。

第五十二条　对2个以上当事人共同实施的违法行为，应当区别情节及责任，分别给予处罚。

第五十三条　有下列情形之一的，应当从重处罚：

（一）因走私被判处刑罚或者被海关行政处罚后在2年内又实施走私行为的；

（二）因违反海关监管规定被海关行政处罚后在1年内又实施同一违反海关监管规定的行为的；

（三）有其他依法应当从重处罚的情形的。

第五十四条　海关对当事人违反海关法的行为依法给予行政处罚的，应当制作行政处罚决定书。

对同一当事人实施的2个以上违反海关法的行为，可以制发1份行政处罚决定书。

对2个以上当事人分别实施的违反海关法的行为，应当分别制发行政处罚决定书。

对2个以上当事人共同实施的违反海关法的行为，应当制发1份行政处罚决定书，区别情况对各当事人分别予以处罚，但需另案处理的除外。

第五十五条　行政处罚决定书应当依照有关法律规定送达当事人。

依法予以公告送达的，海关应当将行政处罚决定书的正本张贴在海关公告栏内，并在报纸上刊登公告。

第五十六条　海关作出没收货物、物品、走私运输工具的行政处罚决定，有关货物、物品、走私运输工具无法或者不便没收的，海关应当追缴上述货物、物品、走私运输工具的等值价款。

第五十七条　法人或者其他组织实施违反海关法的行为后，有合并、分立或者其他资产重组情形的，海关应当以原法人、组织作为当事人。

对原法人、组织处以罚款、没收违法所得或者依法追缴货物、物品、走私运输工具的等值价款的，应当以承受其权利义务的法人、组织作为被执行人。

第五十八条　罚款、违法所得和依法追缴的货物、物品、走私运输工具的等值价款，应当在海关行政处罚决定规定的期限内缴清。

当事人按期履行行政处罚决定、办结海关手续的，海关应当及时解除其担保。

第五十九条　受海关处罚的当事人或者其法定代表人、主要负责人应当在出境前缴清罚款、违法所得和依法追缴的货物、物品、走私运输工具的等值价款。在出境前未缴清上述款项的，应当向海关提供相当于上述款项的担保。未提供担保，当事人是自然人的，海关可以通知出境管理机关阻止其出境；当事人是法人或者其他组织的，海关可以通知出境管理机关阻止其法定代表人或者主要负责人出境。

第六十条　当事人逾期不履行行政处罚决定的，海关可以采取下列措施：

（一）到期不缴纳罚款的，每日按罚款数额的3%加处罚款；

（二）根据海关法规定，将扣留的货物、物品、运输工具变价抵缴，或者以当事人提供的担保抵缴；

（三）申请人民法院强制执行。

第六十一条　当事人确有经济困难，申请延期或者分期缴纳罚款的，经海关批准，可以暂缓或者分期缴纳罚款。

当事人申请延期或者分期缴纳罚款的，应当以书面形式提出，海关收到申请后，应当在10个工作日内作出决定，并通知申请人。海关同意当事人暂缓或者分期缴纳的，应当及时通知收缴罚款的机构。

第六十二条　有下列情形之一的，有关货物、物品、违法所得、运输工具、特制设备由海关予以收缴：

（一）依照《中华人民共和国行政处罚法》第二十五条、第二十六条规定不予行政处罚的当事人携带、邮寄国家禁止进出境的货物、物品进出境的；

（二）散发性邮寄国家禁止、限制进出境的物品进出境或者携带数量零星的国家禁止进出境的物品进出境，依法可以不予行政处罚的；

（三）依法应当没收的货物、物品、违法所得、走私运输工具、特制设备，在海关作出行政处罚决定前，作为当事人的自然人死亡或者作为当事人的法人、其他组织终止，且无权利义务承受人的；

（四）走私违法事实基本清楚，但当事人无法查清，自海关公告之日起满3个月的；

（五）有违反法律、行政法规，应当予以收缴的其他情形的。

海关收缴前款规定的货物、物品、违法所得、运输工具、特制设备，应当制发清单，由被收缴人或者其代理人、见证人签字或者盖章。被收缴人无法查清且无见证人的，应当予以公告。

第六十三条　人民法院判决没收的走私货物、物品、违法所得、走私运输工具、特制设备，或者海关决定没收、收缴的货物、物品、违法所得、走私运输工具、特制设备，由海关依法统一处理，所得价款和海关收缴的罚款，全部上缴中央国库。

第六章　附　　则

第六十四条　本实施条例下列用语的含义是：

"设立海关的地点"，指海关在港口、车站、机场、国界孔道、国际邮件互换局（交换站）等海关监管区设立的卡口，海关在保税区、出口加工区等海关特殊监管区域设立的卡口，以及海关在海上设立的中途监管站。

"许可证件"，指依照国家有关规定，当事人应当事先申领，并由国家有关主管部门颁发的准予进口或者出口的证明、文件。

"合法证明"，指船舶及所载人员依照国家有关规定或者依照国际运输惯例所必须持有的证明其运输、携带、收购、贩卖所载货物、物品真实、合法、有效的商业单证、运输单证及其他有关证明、文件。

"物品"，指个人以运输、携带等方式进出境的行李物品、邮寄进出境的物品，包括货币、金银等。超出自用、合理数量的，视为货物。

"自用"，指旅客或者收件人本人自用、馈赠亲友而非为出售或者出租。

"合理数量"，指海关根据旅客或者收件人的情况、旅行目的和居留时间所确定的正常数量。

"货物价值"，指进出口货物的完税价格、关税、进口环节海关代征税之和。

"物品价值"，指进出境物品的完税价格、进口税之和。

"应纳税款"，指进出口货物、物品应当缴纳的进出口关税、进口环节海关代征税之和。

"专门用于走私的运输工具"，指专为走私而制造、改造、购买的运输工具。

"以上"、"以下"、"以内"、"届满"，均包括本数在内。

第六十五条　海关对外国人、无国籍人、外国企业或者其他组织给予行政处罚的，适用本实施条例。

第六十六条　国家禁止或者限制进出口的货物目录，由国务院对外贸易主管部门依照《中华人民共和国对外贸易法》的规定办理；国家禁止或者限制进出境的物品目录，由海关总署公布。

第六十七条　依照海关规章给予行政处罚的，应当遵守本实施条例规定的程序。

第六十八条　本实施条例自2004年11月1日起施行。1993年2月17日国务院批准修订、1993年4月1日海关总署发布的《中华人民共和国海关法行政处罚实施细则》同时废止。

易制毒化学品管理条例

（2005年8月26日国务院令第445号发布）

第一章　总　　则

第一条　为了加强易制毒化学品管理，规范易制毒化学品的生产、经营、购买、运输和进口、出口行为，防止易制毒化学品被用于制造毒品，维护经济和社会秩序，制定本条例。

第二条　国家对易制毒化学品的生产、经营、购买、运输和进口、出口实行分类管理和许可制度。

易制毒化学品分为三类。第一类是可以用于制毒的主要原料，第二类、第三类是可以用于制毒的化学配剂。易制毒化学品的具体分类和品种，由本条例附表列示。

易制毒化学品的分类和品种需要调整的，由国务院公安部门会同国务院食品药品监督管理部门、安全生产监督管理部门、商务主管部门、卫生主管部门和海关总署提出方案，报国务院批准。

省、自治区、直辖市人民政府认为有必要在本行政区域内调整分类或者增加本条例规定以外的品种的，应当向国务院公安部门提出，由国务院公安部门会同国务院有关行政主管部门提出方案，报国务院批准。

第三条 国务院公安部门、食品药品监督管理部门、安全生产监督管理部门、商务主管部门、卫生主管部门、海关总署、价格主管部门、铁路主管部门、交通主管部门、工商行政管理部门、环境保护主管部门在各自的职责范围内，负责全国的易制毒化学品有关管理工作；县级以上地方各级人民政府有关行政主管部门在各自的职责范围内，负责本行政区域内的易制毒化学品有关管理工作。

县级以上地方各级人民政府应当加强对易制毒化学品管理工作的领导，及时协调解决易制毒化学品管理工作中的问题。

第四条 易制毒化学品的产品包装和使用说明书，应当标明产品的名称（含学名和通用名）、化学分子式和成分。

第五条 易制毒化学品的生产、经营、购买、运输和进口、出口，除应当遵守本条例的规定外，属于药品和危险化学品的，还应当遵守法律、其他行政法规对药品和危险化学品的有关规定。

禁止走私或者非法生产、经营、购买、转让、运输易制毒化学品。

禁止使用现金或者实物进行易制毒化学品交易。但是，个人合法购买第一类中的药品类易制毒化学品药品制剂和第三类易制毒化学品的除外。

生产、经营、购买、运输和进口、出口易制毒化学品的单位，应当建立单位内部易制毒化学品管理制度。

第六条 国家鼓励向公安机关等有关行政主管部门举报涉及易制毒化学品的违法行为。接到举报的部门应当为举报者保密。对举报属实的，县级以上人民政府及有关行政主管部门应当给予奖励。

第二章 生产、经营管理

第七条 申请生产第一类易制毒化学品，应当具备下列条件，并经本条例第八条规定的行政主管部门审批，取得生产许可证后，方可进行生产：

（一）属依法登记的化工产品生产企业或者药品生产企业；

（二）有符合国家标准的生产设备、仓储设施和污染物处理设施；

（三）有严格的安全生产管理制度和环境突发事件应急预案；

（四）企业法定代表人和技术、管理人员具有安全生产和易制毒化学品的有关知识，无毒品犯罪记录；

（五）法律、法规、规章规定的其他条件。

申请生产第一类中的药品类易制毒化学品，还应当在仓储场所等重点区域设置电视监控设施以及与公安机关联网的报警装置。

第八条 申请生产第一类中的药品类易制毒化学品的，由国务院食品药品监督管理部门审批；申请生产第一类中的非药品类易制毒化学品的，由省、自治区、直辖市人民政府安全生产监督管理部门审批。

前款规定的行政主管部门应当自收到申请之日起60日内，对申请人提交的申请材料进行审查。对符合规定的，发给生产许可证，或者在企业已经取得的有关生产许可证件上标注；不予许可的，应当书面说明理由。

审查第一类易制毒化学品生产许可申请材料时，根据需要，可以进行实地核查和专家评审。

第九条 申请经营第一类易制毒化学品，应当具备下列条件，并经本条例第十条规定的行政主管部门审批，取得经营许可证后，方可进行经营：

（一）属依法登记的化工产品经营企业或者药品经营企业；

（二）有符合国家规定的经营场所，需要储存、保管易制毒化学品的，还应当有符合国家技术标准的仓储设施；

（三）有易制毒化学品的经营管理制度和健全的销售网络；

（四）企业法定代表人和销售、管理人员具有易制毒化学品的有关知识，无毒品犯罪记录；

（五）法律、法规、规章规定的其他条件。

第十条 申请经营第一类中的药品类易制毒化学品的，由国务院食品药品监督管理部门审批；申请经营第一类中的非药品类易制毒化学品的，由省、自治区、直辖市人民政府安全生产监督管理部门审批。

前款规定的行政主管部门应当自收到申请之日起30日内，对申请人提交的申请材料进行审查。对符合规定的，发给经营许可证，或者在企业已经取得的有关经营许可证件上标注；不予许可的，应当书面说明理由。

审查第一类易制毒化学品经营许可申请材料时，根据需要，可以进行实地核查。

第十一条 取得第一类易制毒化学品生产许可或者依照本条例第十三条第一款规定已经履行第二类、第三类易制毒化学品备案手续的生产企业，可以经销自产的易制毒化学品。但是，在厂外设立销售网点经销第一类易制毒化学品的，应当依照本条例的规定取得经营许可。

第一类中的药品类易制毒化学品药品单方制剂，由麻醉药品定点经营企业经销，且不得零售。

第十二条 取得第一类易制毒化学品生产、经营许可的企业，应当凭生产、经营许可证到工商行政管理部门办理经营范围变更登记。未经变更登记，不得进行第一类易制毒化学品的生产、经营。

第一类易制毒化学品生产、经营许可证被依法吊销的，行政主管部门应当自作出吊销决定之日起5日内通知工商行政管理部门；被吊销许可证的企业，应当及时到工商行政管理部门办理经营范围变更或者企业注销登记。

第十三条 生产第二类、第三类易制毒化学品的，应当自生产之日起30日内，将生产的品种、数量等情况，向所在地的设区的市级人民政府安全生产监督管理部门备案。

经营第二类易制毒化学品的，应当自经营之日起30日内，将经营的品种、数量、主要流向等情况，向所在地的设区的市级人民政府安全生产监督管理部门备案；经营第三类易制毒化学品的，应当自经营之日起30日内，将经营的品种、数量、主要流向等情况，向所在地的县级人民政府安全生产监督管理部门备案。

前两款规定的行政主管部门应当于收到备案材料的当日发给备案证明。

第三章 购买管理

第十四条 申请购买第一类易制毒化学品，应当提交下列证件，经本条例第十五条规定的行政主管部门审批，取得购买许可证：

（一）经营企业提交企业营业执照和合法使用需要证明；

（二）其他组织提交登记证书（成立批准文件）和合法使用需要证明。

第十五条 申请购买第一类中的药品类易制毒化学品的，由所在地的省、自治区、直辖市人民政府食品药品监督管理部门审批；申请购买第一类中的非药品类易制毒化学品的，由所在地的省、自治区、直辖市人民政府公安机关审批。

前款规定的行政主管部门应当自收到申请之日起10日内，对申请人提交的申请材料和证件进行审查。对符合规定的，发给购买许可证；不予许可的，应当书面说明理由。

审查第一类易制毒化学品购买许可申请材料时，根据需要，可以进行实地核查。

第十六条 持有麻醉药品、第一类精神药品购买印鉴卡的医疗机构购买第一类中的药品类易制毒化学品的，无须申请第一类易制毒化学品购买许可证。

个人不得购买第一类、第二类易制毒化学品。

第十七条 购买第二类、第三类易制毒化学品的，应当在购买前将所需购买的品种、数量，向所在地的县级人民政府公安机关备案。个人自用购买少量高锰酸钾的，无须备案。

第十八条 经营单位销售第一类易制毒化学品时，应当查验购买许可证和经办人的身份证明。对委托代购的，还应当查验购买人持有的委托文书。

经营单位在查验无误、留存上述证明材料的复印件后，方可出售第一类易制毒化学品；发现可疑情况的，应当立即向当地公安机关报告。

第十九条 经营单位应当建立易制毒化学品销售台账，如实记录销售的品种、数量、日期、购买方等情况。销售台账和证明材料复印件应当保存2年备查。

第一类易制毒化学品的销售情况，应当自销售之日起5日内报当地公安机关备案；第一类易制毒化学品的使用单位，应当建立使用台账，并保存2年备查。

第二类、第三类易制毒化学品的销售情况，应当自销售之日起30日内报当地公安机关备案。

第四章 运输管理

第二十条 跨设区的市级行政区域（直辖市为跨市界）或者在国务院公安部门确定的禁毒形势严峻的重点地区跨县级行政区域运输第一类易制毒化学品的，由运出地的设区的市级人民政府公安机关审批；运输第二类易制毒化学品的，由运出地的县级人民政府公安机关审批。经审批取得易制毒化学品运输许可证后，方可运输。

运输第三类易制毒化学品的，应当在运输前向运出地的县级人民政府公安机关备案。公安机关应当于收到备案材料的当日发给备案证明。

第二十一条 申请易制毒化学品运输许可，应当提交易制毒化学品的购销合同，货主是企业的，应当提交营业执照；货主是其他组织的，应当提交登记证书（成立批准文件）；货主是个人的，应当提交其个人身份证明。经办人还应当提交本人的身份证明。

公安机关应当自收到第一类易制毒化学品运输许可申请之日起10日内，收到第二类易制毒化学品运输许可申请之日起3日内，对申请人提交的申请材料进行审查。对符合规定的，发给运输许可证；不予许可的，应当书面说明理由。

审查第一类易制毒化学品运输许可申请材料时，根据需要，可以进行实地核查。

第二十二条 对许可运输第一类易制毒化学品的，发给一次有效的运输许可证。

对许可运输第二类易制毒化学品的，发给3个月有效的运输许可证；6个月内运输安全状况良好的，发给12个月有效的运输许可证。

易制毒化学品运输许可证应当载明拟运输的易制毒化学品的品种、数量、运入地、货主及收货人、承运人情况以及运输许可证种类。

第二十三条 运输供教学、科研使用的100克以下的麻黄素样品和供医疗机构制剂配方使用的小包装麻黄素以及医疗机构或者麻醉药品经营企业购买麻黄素片剂6万片以下、注射剂1.5万支以下，货主或者承运人持有依法取得的购买许可证明或者麻醉药品调拨单的，无须申请易制毒化学品运输许可。

第二十四条 接受货主委托运输的，承运人应当查验货主提供的运输许可证或者备案证明，并查验所运货物与运输许可证或者备案证明载明的易制毒化学品品种等情况是否相符；不相符的，不得承运。

运输易制毒化学品，运输人员应当自启运起全程携带运输许可证或者备案证明。公安机关应当在易制毒化学品的运输过程中进行检查。

运输易制毒化学品，应当遵守国家有关货物运输的规定。

第二十五条 因治疗疾病需要，患者、患者近亲属或者患者委托的人凭医疗机构出具的医疗诊断书和本人的身份证明，可以随身携带第一类中的药品类易制毒化学品药品制剂，但是不得超过医用单张处方的最大剂量。

医用单张处方最大剂量，由国务院卫生主管部门规定、公布。

第五章 进口、出口管理

第二十六条 申请进口或者出口易制毒化学品，应当提交下列材料，经国务院商务主管部门或者其委托的省、自治区、直辖市人民政府商务主管部门审批，取得进口或者出口许可证后，方可从事进口、出口活动：

（一）对外贸易经营者备案登记证明（外商投资企业联合年检合格证书）复印件；

（二）营业执照副本；

（三）易制毒化学品生产、经营、购买许可证或者备案证明；

（四）进口或者出口合同（协议）副本；

（五）经办人的身份证明。

申请易制毒化学品出口许可的，还应当提交进口方政府主管部门出具的合法使用易制毒化学品的证明或者进口方合法使用的保证文件。

第二十七条 受理易制毒化学品进口、出口申请的商务主管部门应当自收到申请材料之日起20日内，对申请材料进行审查，必要时可以进行实地核查。对符合规定的，发给进口或者出口许可证；不予许可的，应当书面说明理由。

对进口第一类中的药品类易制毒化学品的，有关的商务主管部门在作出许可决定前，应当征得国务院食品药品监督管理部门的同意。

第二十八条 麻黄素等属于重点监控物品范围的易制毒化学品，由国务院商务主管部门会同国务院有关部门核定的企业进口、出口。

第二十九条 国家对易制毒化学品的进口、出口实行国际核查制度。易制毒化学品国际核查目录及核查的具体办法，由国务院商务主管部门会同国务院公安部门规定、公布。

国际核查所用时间不计算在许可期限之内。

对向毒品制造、贩运情形严重的国家或者地区出口易制毒化学品以及本条例规定品种以外的化学品的，可以在国际核查措施以外实施其他管制措施，具体办法由国务院商务主管部门会同国务院公安部门、海关总署等有关部门规定、公布。

第三十条 进口、出口或者过境、转运、通运易制毒化学品的，应当如实向海关申报，并提交进口或者出口许可证。海关凭许可证办理通关手续。

易制毒化学品在境外与保税区、出口加工区等海关特殊监管区域、保税场所之间进出的，适用前款规定。

易制毒化学品在境内与保税区、出口加工区等海关特殊监管区域、保税场所之间进出的，或者在上述海关特殊监管区域、保税场所之间进出的，无须申请易制毒化学品进口或者出口许可证。

进口第一类中的药品类易制毒化学品，还应当提交食品药品监督管理部门出具的进口药品通关单。

第三十一条 进出境人员随身携带第一类中的药品类易制毒化学品药品制剂和高锰酸钾，应当以自用且数量合理为限，并接受海关监管。

进出境人员不得随身携带前款规定以外的易制毒化学品。

第六章 监督检查

第三十二条 县级以上人民政府公安机关、食品药品监督管理部门、安全生产监督管理部门、商务主管部门、卫生主管部门、价格主管部门、铁路主管部门、交通主管部门、工商行政管理部门、环境保护主管部门和海关，应当依照本条例和有关法律、行政法规的规定，在各自的职责范围内，加强对易制毒化学品生产、经营、购买、运输、价格以及进口、出口的监督检查；对非法生产、经营、购买、运输易制毒化学品，或者走私易制毒化学品的行为，依法予以查处。

前款规定的行政主管部门在进行易制毒化学品监督检查时，可以依法查看现场、查阅和复制有关资料、记录有关情况、扣押相关的证据材料和违法物品；必要时，可以临时查封有关场所。

被检查的单位或者个人应当如实提供有关情况和材料、物品，不得拒绝或者隐匿。

第三十三条 对依法收缴、查获的易制毒化学品，应当在省、自治区、直辖市或者设区的市级人民政府公安机关、海关或者环境保护主管部门的监督下，区别易制毒化学品的不同情况进行保管、回收，或者依照环境保护法律、行政法规的有关规定，由有资质的单位在环境保护主管部门的监督下销毁。其中，对收缴、查获的第一类中的药品类易制毒化学品，一律销毁。

易制毒化学品违法单位或者个人无力提供保管、回收或者销毁费用的，保管、回收或者销毁的费用在回收所得中开支，或者在有关行政主管部门的禁毒经费中列支。

第三十四条 易制毒化学品丢失、被盗、被抢的，发案单位应当立即向当地公安机关报告，并同时报告当地的县级人民政府食品药品监督管理部门、安全生产监督管理部门、商务主管部门或者卫生主管部门。接到报案的公安机关应当及时立案查处，并向上级公安机关报告；有关行政主管部门应当逐级上报并配合公安机关的查处。

第三十五条 有关行政主管部门应当将易制毒化学品许可以及依法吊销许可的情况通报有关公安机关和工商行政管理部门；工商行政管理部门应当将生产、经营易制毒化学品企业依法变更或者注销登记的情况通报有关公安机关和行政主管部门。

第三十六条 生产、经营、购买、运输或者进口、出口易制毒化学品的单位，应当于每年3月31日前向许可或者备案的行政主管部门和公安机关报告本单位上年度易制毒化学品的生产、经营、购买、运输或者进口、出口情况；有条件的生产、经营、购买、运输或者进口、出口单位，可以与有关行政主管部门建立计算机联网，及时通报有关经营情况。

第三十七条 县级以上人民政府有关行政主管部门应当加强协调合作，建立易制毒化学品管理情况、监督检查情况以及案件处理情况的通报、交流机制。

第七章 法律责任

第三十八条 违反本条例规定，未经许可或者备案擅自生产、经营、购买、运输易制毒化学品，伪造申请材料骗取易制毒化学品生产、经营、购买或者运输许可证，使用他人的或者伪造、变造、失效的许可证生产、经营、购买、运输易制毒化学品的，由公安机关没收非法生产、经营、购买或者运输的易制毒化学品，用于非法生产易制毒化学品的原料以及非法生产、经营、购买或者运输易制毒化学品的设备、工具，处非法生产、经营、购买或者运输的易制毒化学品货值10倍以上20倍以下的罚款，货值的20倍不足1万元的，按1万元罚款；有违法所得的，没收违法所得；有营业执照的，由工商行政管理部门吊销营业执照；构成犯罪的，依法追究刑事责任。

对有前款规定违法行为的单位或者个人，有关行政主管部门可以自作出行政处罚决定之日起3年内，停止受理其易制毒化学品生产、经营、购买、运输或者进口、出口许可申请。

第三十九条 违反本条例规定，走私易制毒化学品的，由海关没收走私的易制毒化学品；有违法所得的，没收违法所得，并依照海关法律、行政法规给予行政处罚；构成犯罪的，依法追究刑事责任。

第四十条 违反本条例规定，有下列行为之一的，由负有监督管理职责的行政主管部门给予警告，责令限期改正，处1万元以上5万元以下的罚款；对违反规定生产、经营、购买的易制毒化学品可以予以没收；逾期不改正的，责令限期停产停业整顿；逾期整顿不合格的，吊销相应的许可证：

（一）易制毒化学品生产、经营、购买、运输或者进口、出口单位未按规定建立安全管理制度的；

（二）将许可证或者备案证明转借他人使用的；

（三）超出许可的品种、数量生产、经营、购买易制毒化学品的；

（四）生产、经营、购买单位不记录或者不如实记录交易情况、不按规定保存交易记录或者不如实、不及时向公安机关和有关行政主管部门备案销售情况的；

（五）易制毒化学品丢失、被盗、被抢后未及时报告，造成严重后果的；

（六）除个人合法购买第一类中的药品类易制毒化学品药品制剂以及第三类易制毒化学品外，使用现金或者实物进行易制毒化学品交易的；

（七）易制毒化学品的产品包装和使用说明书不符合本条例规定要求的；

（八）生产、经营易制毒化学品的单位不如实或者不按时向有关行政主管部门和公安机关报告年度生产、经销和库存等情况的。

企业的易制毒化学品生产经营许可被依法吊销后，未及时到工商行政管理部门办理经营范围变更或者企业注销登记的，依照前款规定，对易制毒化学品予以没收，并处罚款。

第四十一条 运输的易制毒化学品与易制毒化学品运输许可证或者备案证明载明的品种、数量、运入地、货主及收货人、承运人等情况不符，运输许可证种类不当，或者运输人员未全程携带运输许可证或者备案证明的，由公安机关责令停运整改，处5000元以上5万元以下的罚款；有危险物品运输资质的，运输主管部门可以依法吊销其运输资质。

个人携带易制毒化学品不符合品种、数量规定的，没收易制毒化学品，处1000元以上5000元以下的罚款。

第四十二条 生产、经营、购买、运输或者进口、出口易制毒化学品的单位或者个人拒不接受有关行政主管部门监督检查的，由负有监督管理职责的行政主管部门责令改正，对直接负责的主管人员以及其他直接责任人员给予警告；情节严重的，对单位处1万元以上5万元以下的罚款，对直接负责的主管人员以及其他直接责任人员处1000元以上5000元以下的罚款；有违反治安管理行为的，依法给予治安管理处罚；构成犯罪的，依法追究刑事责任。

第四十三条 易制毒化学品行政主管部门工作人员在管理工作中有应当许可而不许可、不应当许可而滥许可，不依法受理备案，以及其他滥用职权、玩忽职守、徇私舞弊行为的，依法给予行政处分；构成犯罪的，依法追究刑事责任。

第八章 附 则

第四十四条 易制毒化学品生产、经营、购买、运输和进口、出口许可证，由国务院有关行政主管部门根据各自的职责规定式样并监制。

第四十五条 本条例自2005年11月1日起施行。

本条例施行前已经从事易制毒化学品生产、经营、购买、运输或者进口、出口业务的，应当自本条例施行之日起6个月内，依照本条例的规定重新申请许可。

附表 《易制毒化学品的分类和品种目录》

第一类

1．1－苯基－2－丙酮

2．3，4－亚甲基二氧苯基－2－丙酮

3．胡椒醛

4．黄樟素

5．黄樟油

6．异黄樟素

7．N－乙酰邻氨基苯酸

8．邻氨基苯甲酸

9．麦角酸*

10．麦角胺*

11．麦角新碱*

12．麻黄素、伪麻黄素、消旋麻黄素、去甲麻黄素、甲基麻黄素、麻黄浸膏、麻黄浸膏粉等麻黄素类物质*

第二类

1．苯乙酸

2．醋酸酐

3．三氯甲烷

4．乙醚

5．哌啶

第三类

1．甲苯

2．丙酮

3．甲基乙基酮

4．高锰酸钾

5．硫酸

6. 盐酸

说明：

一、第一类、第二类所列物质可能存在的盐类，也纳入管制。

二、带有 * 标记的品种为第一类中的药品类易制毒化学品，第一类中的药品类易制毒化学品包括原料药及其单方制剂。

中华人民共和国海关关于《中华人民共和国知识产权海关保护条例》的实施办法

（2004 年 5 月 25 日海关总署令第 114 号公布，自 2004 年 7 月 1 日起施行）

第一章 总 则

第一条 为了有效实施《中华人民共和国知识产权海关保护条例》（以下简称《条例》），根据《中华人民共和国海关法》以及其他法律、行政法规，制定本办法。

第二条 知识产权权利人请求海关采取知识产权保护措施或者向海关总署办理知识产权海关保护备案的，境内知识产权权利人可以直接或者委托境内代理人提出申请，境外知识产权权利人可以委托其在境内设立的办事机构或者境内代理人提出申请。

知识产权权利人按照前款规定委托境内代理人提出申请的，应当出具规定格式的授权委托书。

第三条 知识产权权利人及其代理人（以下统称知识产权权利人）发现侵权嫌疑货物即将进出口的，可以根据本办法第三章的规定向海关提出扣留侵权嫌疑货物的申请。有关货物涉嫌侵犯已经在海关总署备案的知识产权的，知识产权权利人可以向海关举报，并根据本办法第四章的规定向海关提出扣留侵权嫌疑货物的申请。

第四条 进出口货物的收发货人或其代理人（以下统称收发货人）应当在合理的范围内了解其进出口货物的知识产权状况。需要申报其进出口货物的知识产权状况的，收发货人应当向海关如实申报并提交有关证明文件。

第五条 知识产权权利人或者收发货人向海关提交的有关文件或者证据涉及商业秘密的，知识产权权利人或者收发货人应当向海关书面说明。

海关实施知识产权保护，应当保守有关当事人的商业秘密。但是，海关应当依法公开的信息除外。

第二章 知识产权备案

第六条 知识产权权利人办理知识产权海关保护备案，应当向海关总署提交规定格式的申请书。

知识产权权利人应当就其申请备案的每一项知识产权单独提交一份申请书。知识产权权利人申请国际注册商标备案的，应当就其申请的每一类商品单独提交一份申请书。

第七条 知识产权权利人向海关总署提交备案申请书，应当随附以下文件、证据：

（一）知识产权权利人个人身份证件的复印件、工商营业执照的复印件或者其他注册登记文件的复印件；

（二）国务院工商行政管理部门商标局签发的《商标注册证》的复印件。申请人经核准变更商标注册事项、续展商标注册、转让注册商标或者申请国际注册商标备案的，还应当提交国务院工商行政管理部门商标局出具的有关商标注册的证明；著作权登记部门签发的著作权自愿登记证明的复印件和经著作权登记部门认证的作品照片。申请人未进行著作权自愿登记的，提交可以证明申请人为著作权人的作品样品以及其他有关著作权的证据；国务院专利行政部门签发的专利证书的复印件。专利授权自公告之日起超过 1 年的，还应当提交国务院专利行政部门在申请人提出备案申请前 6 个月内出具的专利登记簿副本。申请实用新型专利或者外观设计专利备案的，还应当提交国务院专利行政部门作出的实用新型专利检索报告的复印件或者国务院专利行政部门发布的外观设计专利公告的复印件；

（三）知识产权权利人许可他人使用注册商标、作品或者实施专利，签订许可合同的，提供许可合同的复印件；未签订许可合同的，提交有关被许可人、许可范围和许可期间等情况的书面说明；

（四）知识产权权利人合法行使知识产权的货物及其包装的照片；

（五）已知的侵权货物进出口的证据。知识产权权利人与他人之间的侵权纠纷已经人民法院或者知识产权主管部门处理的，还应当提交有关法律文书的复印件；

（六）海关总署认为需要提交的其他文件或者证据。

知识产权权利人根据前款规定向海关总署提交的文件和证据应当齐全、真实和有效。有关文件和证据为外文的，应当另附中文译本。海关总署认为必要时，可以要求知识产权权利人提交有关文件或者证据的公证、认证文书。

第八条 知识产权权利人应当在向海关总署申请办理知识产权海关保护备案的同时缴纳备案费。知识产权权利人向海关总署提交备案申请书，应当随附备案费汇款凭证的复印件。

备案费的收取标准由海关总署会同国家有关部门制定并予以公布。

第九条 知识产权海关保护备案自海关总署核准备案之日起生效，有效期为10年。自备案生效之日起知识产权的有效期不足10年的，备案的有效期以知识产权的有效期为准。

《条例》施行前经海关总署核准的备案或者核准续展的备案的有效期仍按原有效期计算。

第十条 在知识产权海关保护备案有效期届满前6个月内，知识产权权利人可以向海关总署提出续展备案的书面申请并随附有关文件。海关总署准予续展备案的，应当书面通知知识产权权利人；不予续展的，应当书面通知知识产权权利人并说明理由。

续展备案的有效期自上一届备案有效期满次日起算，有效期为10年。知识产权的有效期自上一届备案有效期满次日起不足10年的，续展备案的有效期以知识产权的有效期为准。

第十一条 下列备案知识产权的情况发生改变的，知识产权权利人应当自发生改变之日起30个工作日内向海关总署提出变更知识产权海关保护备案的申请并随附有关文件：

（一）知识产权权利人的名称；

（二）注册商标核定使用商品；

（三）许可使用注册商标、作品或者实施专利的情况；

（四）知识产权权利人的通讯地址、联系人、联系电话等；

（五）《条例》第七条规定的其他情况。

第十二条 有下列情形之一的，知识产权权利人应当自备案的知识产权发生改变之日起30个工作日内向海关总署提出注销知识产权海关保护备案的申请并随附有关文件：

（一）知识产权在备案有效期届满前不再受法律、行政法规保护的；

（二）备案的知识产权发生转让的。

对属于前款规定情形的，海关总署可以主动或者根据有关利害关系人的申请注销有关知识产权的备案。

知识产权权利人在备案有效期内放弃备案的，可以向海关总署申请注销备案。

海关总署注销备案，应当书面通知有关知识产权权利人。备案自海关总署注销之日起失效。

第十三条 海关总署根据《条例》第九条的规定撤销知识产权海关保护备案的，应当书面通知知识产权权利人。

海关总署撤销备案的，知识产权权利人自知识产权备案被撤销之日起1年内就被撤销备案的知识产权再次申请备案的，海关总署可以不予受理。

第三章 依申请扣留

第十四条 知识产权权利人发现侵权嫌疑货物即将进出口并要求海关予以扣留的，应当根据《条例》第十三条的规定向货物进出境地海关提交申请书。有关知识产权未在海关总署备案的，知识产权权利人还应当随附本办法第七条第一款第（一）、（二）项规定的文件、证据。

知识产权权利人请求海关扣留侵权嫌疑货物，还应当向海关提交足以证明侵权事实明显存在的证据。知识产权权利人提交的证据，应当能够证明以下事实：

（一）请求海关扣留的货物即将进出口；

（二）在货物上未经许可使用了侵犯其商标专用权的商标标识、作品或者实施了其专利。

第十五条 知识产权权利人请求海关扣留侵权嫌疑货物，应当在海关规定的期限内向海关提供相当于货物价值的担保。

第十六条 知识产权权利人按照本办法第十四条的规定提出申请并且按照第十五条的规定提供担保的，可以在海关扣留侵权嫌疑货物前向海关请求查看有关货物。

经海关同意，知识产权权利人可以在海关扣留侵权嫌疑货物前修改或者撤回其申请。

知识产权权利人提出的申请不符合本办法第十四条的规定或者未按照第十五条的规定提供担保的，海关应当驳回其申请并书面通知知识产权权利人。

第十七条 海关扣留侵权嫌疑货物的，应当将货物的名称、数量、价值、收发货人名称、申报进出口日期、海关扣留日期等情况书面通知知识产权权利人。

知识产权权利人可以根据《条例》第二十三条的规定向人民法院申请采取责令停止侵权行为或者财产保全的措施。自海关扣留侵权嫌疑货物之日起20个工作日内，海关收到人民法院协助执行有关裁定的书面通知的，海关应当予以协助；未收到通知的，海关应当放行货物。

第十八条 海关扣留侵权嫌疑货物，应当将扣留侵权嫌疑货物的书面通知及扣留凭单送达收发货人。经海关同意，收发货人可以查看有关货物。

收发货人认为其进出口货物未侵犯有关知识产权的，应当自海关扣留货物之日起20个工作日内向海关提出书面说明并随附必要的证据。收发货人请求海关放行涉嫌侵犯专利权的货物的，还应当向海关提交放行货物的书面申请和相当于货物价值的担保金。

第十九条 收发货人请求海关放行涉嫌侵犯专利权货物，符合本办法第十八条第二款规定的，海关应当放行货物并书面通知知识产权权利人。

知识产权权利人就有关专利侵权纠纷向人民法院起诉的，应当在前款规定的海关书面通知送达之日起30个工作日内向海关提交人民法院受理案件通知书的复印件。

第四章 依职权调查处理

第二十条 海关对进出口货物实施监管，发现进出口货物涉嫌侵犯在海关总署备案的知识产权的，应当立即书面通知知识产权权利人。

第二十一条 知识产权权利人应当在本办法第二十条规定的海关书面通知送达之日起3个工作日内按照下列规定予以回复：

（一）认为有关货物侵犯其在海关总署备案的知识产权并要求海关予以扣留的，向海关提出扣留侵权嫌疑货物的书面申请并根据本办法第二十二条的规定提供担保；

（二）认为有关货物未侵犯其在海关总署备案的知识产权或者不要求海关扣留侵权嫌疑货物的，向海关书面说明理由。

经海关同意，知识产权权利人可以查看有关货物。

第二十二条 知识产权权利人根据本办法第二十一条第一款第（一）项的规定请求海关扣留侵权嫌疑货物的，应当按照以下规定向海关提供担保：

（一）货物价值不足人民币2万元的，提供相当于货物价值的担保；

（二）货物价值为人民币2万至20万元的，提供相当于货物价值50%的担保，但担保金额不得少于人民币2万元；

（三）货物价值超过人民币20万元的，提供人民币10万元的担保。

经海关同意，知识产权权利人可以向海关提供总担保。总担保金额不得低于人民币20万元。

第二十三条 知识产权权利人根据本办法第二十一条第一款第（一）项的规定提出申请并根据第二十二条的规定提供担保的，海关应当扣留侵权嫌疑货物并书面通知知识产权权利人；未提出申请或者未提供担保的，海关应当放行货物。

第二十四条 海关扣留侵权嫌疑货物，应当将扣留侵权嫌疑货物的书面通知及扣留凭单送达收发货人。经海关同意，收发货人可以查看有关货物。

收发货人认为其进出口货物未侵犯有关知识产权的，应当在海关对侵权嫌疑货物进行调查期间向海关提出书面说明并随附必要的证据。请求海关放行涉嫌侵犯专利权的货物的，还应当自海关扣留货物之日起50个工作日内向海关提交放行货物的书面申请和相当于货物价值的担保金。

收发货人请求海关放行涉嫌侵犯专利权的货物，符合前款规定的，按照本办法第十九条的规定处理。但是，海关在调查期间认定货物侵犯有关专利权的，按照《条例》第二十七条的规定处理。

第二十五条 海关扣留侵权嫌疑货物后，应当依法对侵权嫌疑货物以及其他有关情况进行调查。

收发货人和知识产权权利人应当对海关调查予以配合，如实提供有关情况和证据。

海关对侵权嫌疑货物进行调查，可以请求有关知识产权主管部门提供咨询意见。

第二十六条 自扣留侵权嫌疑货物之日起30个工作日内，海关应当将下列调查结果之一书面通知知识产权权利人：

（一）认定货物侵犯有关知识产权；

（二）认为收发货人有充分的证据证明其货物未侵犯有关知识产权；

（三）不能认定货物是否侵犯有关知识产权。

第二十七条 对海关不能认定有关货物是否侵犯其知识产权的，知识产权权利人可以根据《条例》第二十三条的规定向人民法院申请采取责令停止侵权行为或者财产保全的措施。

自扣留侵权嫌疑货物之日起50个工作日内收到人民法院有关责令停止侵权行为或者财产保全的协助执行通知的，海关应当予以协助；未收到通知的，海关应当放行货物。

第二十八条 海关作出没收侵权货物决定的，应当将下列已知的情况书面通知知识产权权利人：

（一）侵权货物的名称和数量；

（二）收发货人名称；

（三）侵权货物申报进出口日期、海关扣留日期和处罚决定生效日期；

（四）侵权货物的启运地和指运地；

（五）海关可以提供的其他与侵权货物有关情况。

人民法院或者知识产权主管部门处理有关当事人之间的侵权纠纷，需要海关协助调取与进出口货物有关的证据的，海关应当予以协助。

第二十九条 对个人携带或者邮寄进出境的物品，超出自用、合理数量并涉嫌侵犯《条例》第二条规定的知识产权的，海关应当扣留；对经调查认定为侵权的，由海关予以没收。

海关对侵权物品进行调查，知识产权权利人应当予以协助。

第五章 货物处置和费用

第三十条 对海关没收的侵权货物，海关应当依照下列规定处置：

（一）有关货物可以直接用于社会公益事业或者知识产权权利人有收购意愿的，将货物转交给有关公益机构用于社会公益事业或者有偿转让给知识产权权利人；

（二）有关货物不能按照第（一）项的规定处置且侵权特征能够消除的，在消除侵权特征后依法拍卖。拍卖货物所得款项上交国库；

（三）有关货物不能按照第（一）、（二）项规定处置的，应当予以销毁。

海关销毁侵权货物，知识产权权利人应当提供必要的协助。有关公益机构将海关没收的侵权货物用于社会公益事业以及知识产权权利人协助海关销毁侵权货物的，海关应当进行必要的监督。

第三十一条 海关协助执行人民法院有关责令停止侵权行为或者财产保全的裁定或者放行被扣留货物的，知识产权权利人应当支付货物在海关扣留期间的仓储、保管和处置等费用。

海关没收侵权货物的，知识产权权利人应当按照货物在海关扣留后的实际存储时间支付仓储、保管和处置等费用。但海关自没收侵权货物的决定送达收发货人之日起3个月内不能完成货物处置，且非因收发货人申请行政复议、提起行政诉讼或者货物处置方面的其他特殊原因导致的，知识产权权利人不需支付3个月后的有关费用。

海关按照本办法第三十条第一款第（二）项的规定拍卖侵权货物的，拍卖费用的支出按照有关规定办理。

第三十二条 知识产权权利人未按照本办法第三十一条的规定支付有关费用的，海关有权自知识产权权利人提交的担保金中扣除有关费用或者要求担保人履行担保义务。

海关没收侵权货物的，应当于货物处置完毕并结清有关费用后向知识产权权利人退还担保或解除担保责任。

海关协助执行人民法院有关责令停止侵权行为或者财产保全的裁定或者放行被扣留货物的，自海关协助执行人民法院有关裁定或者放行货物之日起20个工作日内，未收到人民法院关于知识产权权利人提供的担保的协助执行通知的，海关应当向知识产权权利人退还担保；收到协助执行通知的，海关应当予以协助。

第三十三条 海关根据本办法第十九条第一款的规定放行被扣留的涉嫌侵犯专利权的货物后，知识产权权利人按照本办法第十九条第二款的规定向海关提交人民法院受理案件通知书复印件的，海关根据人民法院协助执行有关判决或者裁定的通知处理收发货人提交的担保金；未提交人民法院受理案件通知书复印件的，海关应当退还收发货人提交的担保金。

第六章 附 则

第三十四条 在本办法中，“担保”指担保金、银行或者非银行金融机构保函。

第三十五条 本办法中货物的价值由海关以该货物的成交价格为基础审查确定。成交价格不能确定时，货物价值由海关依法估定。

第三十六条 知识产权权利人和收发货人根据本办法向海关提交有关文件的复印件，应当将复印件与文件原件进行核对。经核对无误的，应当在复印件上加注“与原件核对无误”字样并予以签章确认。

第三十七条 本办法自2004年7月1日起施行。《中华人民共和国海关关于知识产权保护的实施办法》（海关总署令第54号）同时废止。

附件1 商标权海关保护备案申请书（格式）（略）
附件2 专利权海关保护备案申请书（格式）（略）
附件3 著作权海关保护备案申请书（格式）（略）
附件4 知识产权海关保护授权委托书（格式）（略）

关于非优惠原产地规则中实质性改变标准的规定

第一条 为正确确定进出口货物的原产地，根据《中华人民共和国进出口货物原产地条例》的有关规定，制定本规定。

第二条 本规定适用于非优惠性贸易措施项下确定两个以上国家（地区）参与生产货物的原产地。

第三条 进出口货物实质性改变的确定标准，以税则归类改变为基本标准，税则归类改变不能反映实质性改变的，以从价百分比、制造或者加工工序等为补充标准。

第四条 “税则归类改变”标准，是指在某一国家（地区）对非该国（地区）原产材料进行制造、加工后，所得货物在《中华人民共和国进出口税则》中的四位数级税目归类发生了变化。

第五条 “制造、加工工序”标准，是指在某一国家（地区）进行的赋予制造、加工后所得货物基本特征的主要工序。

第六条 “从价百分比”标准，是指在某一国家（地区）对非该国（地区）原产材料进行制造、加工后的增值部分超过了所得货物价值的30%。用公式表示如下：

$$\frac{\text{工厂交货价}-\text{非该国（地区）原产材料价值}}{\text{工厂交货价}}\times 100\% \geqslant 30\%$$

“工厂交货价”是指支付给制造厂生产的成品的价格。

“非该国（地区）原产材料价值”是指直接用于制造或装配最终产品而进口原料、零部件的价值（含原产地不明的原料、零配件），以其进口“成本、保险费加运费”价格（CIF）计算。

上述“从价百分比”的计算应当符合公认的会计原则及《中华人民共和国进出口关税条例》。

第七条 以制造、加工工序和从价百分比为标准判定实质性改变的货物在《适用制造或者加工工序及从价百分比标准的货物清单》（见附件）中具体列明，并按列明的标准判定是否发生实质性改变。未列入《适用制造或者加工工序及从价百分比标准的货物清单》货物的实质性改变，应当适用税则归类改变标准。

第八条 《适用制造或者加工工序及从价百分比标准的货物清单》由海关总署会同商务部、国家质量监督检验检疫总局根据实施情况修订并公告。

第九条 本规定自2005年1月1日起施行。

附件 适用制造或者加工工序及从价百分比标准的货物清单

附件

适用制造或者加工工序及从价百分比标准的货物清单

说明：本《清单》是根据《中华人民共和国进出口税则》（简称《税则》）的类、章和税则号列进行编排。

“税则号列”中除具体列出四位数级税目号外，对包含《税则》中某章全部四位数级税目号的货物，只列出该章的标题；对特指四位数级税目号中的某一货物，在该税目号前加注“*”标记。

“实质性改变标准”为其所对应的货物适用的制造或者加工工序、从价百分比的标准。

“裁剪”是指对全部衣片（或工料）的裁剪。

税则号列	货 物 描 述	实质性改变标准
	第一类 活动物;动物产品	
第3章		
*03.03	冻鱼卵	取卵、分选和冷冻
03.04	鲜、冷、冻鱼片及其他鱼肉(不论是否绞碎)	清除内脏和剔骨刺
*03.06	虾仁、蟹肉	去皮壳和冷冻
*03.07	冷冻的或干的墨鱼、鱿鱼及章鱼	清除内脏、冷冻或干燥
第5章		
*05.04	动物肠衣	清洗、分拣、盐渍或干燥
	第二类 植物产品	
第8章		
*08.01	腰果仁	去壳和去皮
	第四类 食品;饮料、酒及醋;烟草、烟草及烟草代用品的制品	
第17章		
*17.01	砂糖和绵白糖	由原糖制成
第18章		
18.04	可可脂、可可油	由可可豆制成;或满足从价百分比标准
18.05	未加糖或其他甜物质的可可粉	由可可豆制成;或满足从价百分比标准
18.06	巧克力及其他含有可可的食品	由可可豆制成;或满足从价百分比标准
第24章		
*24.02	雪茄烟及卷烟	由烟草制成
*24.03	其他烟草制品	由烟草制成
	第六类 化学工业及其相关工业的产品	
第28章	无机化学品;贵金属、稀土金属、放射性元素及其同位素的有机及无机化合物	使用货物本身税目号以外的原料制成;或满足从价百分比标准
第29章	有机化学品	使用货物本身税目号以外的原料制成;或满足从价百分比标准
第30章		
30.03	两种或两种以上成分混合而成的治病或防病用药品(不包括税号30.02、30.05或30.06的货品),未配定剂量或制成零售包装	使用货物本身税目号以外的原料制成;或满足从价百分比标准
30.04	由混合或非混合产品构成的治病或防病用药品(不包括税号30.02、30.05,或30.06的货品),已配定剂量或(包括制成皮肤摄入形式的)制成零售包装	使用货物本身税目号以外的原料制成;或满足从价百分比标准
第31章	肥料	使用货物本身税目号以外的原料制成;或满足从价百分比标准
第32章	鞣料浸膏及染料浸膏;鞣酸及其衍生物;染料、颜料及其他着色料;油漆及清漆;油灰及其他类似胶粘剂;墨水、油墨	使用货物本身税目号以外的原料制成;或满足从价百分比标准
第33章	精油及香膏;芳香料制品及化妆盥洗品	使用货物本身税目号以外的原料制成;或满足从价百分比标准

税则号列	货物描述	实质性改变标准
第34章	肥皂、有机表面活性剂、洗涤剂、润滑剂、人造蜡、调制蜡、光洁剂、蜡烛及类似品、塑型用膏、“牙科用蜡”及牙科用熟石膏制剂	使用货物本身税目号以外的原料制成;或满足从价百分比标准
第38章	杂项化学产品	使用货物本身税目号以外的原料制成;或满足从价百分比标准
第七类　塑料及其制品;橡胶及其制品		
第39章		
39.17	塑料制的管子及其附件(例如,接头、肘管、法兰)	由39.01-39.14的原料加工成型
39.18	块状或成卷的塑料铺地制品,不论是否胶粘;本章注释九所规定的塑料糊墙品	由39.01-39.14的原料加工成型
39.19	自粘的塑料板、片、膜、箔、带、扁条及其他扁平形状材料,不论是否成卷	由39.01-39.14的原料加工成型
39.20	其他非泡沫塑料的板、片、膜、箔及扁条,未用其他材料强化、层压、支撑或用类似方法合制	由39.01-39.14的原料加工成型
39.21	其他塑料板、片、膜、箔、扁条	由39.01-39.14的原料加工成型
39.22	塑料浴缸、淋浴盘、洗涤槽、盥洗盆、坐浴盆、便盆、马桶坐圈及盖、抽水箱及类似卫生洁具	由39.01-39.14的原料加工成型
39.23	供运输或包装货物用的塑料制品;塑料制的塞子、盖子及类似品	由39.01-39.14的原料加工成型
39.24	塑料制的餐具、厨房用具、其他家庭用具及盥洗用具	由39.01-39.14的原料加工成型
39.25	其他税号未列名的建筑用塑料制品	由39.01-39.14的原料加工成型
39.26	其他塑料制品及税号39.01-39.14所列其他材料的制品	由39.01-39.14的原料加工成型
第40章		
40.07	硫化橡胶线及绳	由橡胶板、片、条材料制成;或满足从价百分比标准
40.08	硫化橡胶(硬质橡胶除外)制的板、片、带、杆或型材及异型材	由橡胶板、片、条材料制成;或满足从价百分比标准
40.09	硫化橡胶(硬质橡胶除外)制的管子,不论是否装有附件(例如,接头、肘管、法兰)	由橡胶板、片、条材料制成;或满足从价百分比标准
40.10	硫化橡胶制的传动带或输送带及带料	由橡胶板、片、条材料制成;或满足从价百分比标准
40.11	新的充气橡胶轮胎	由橡胶板、片、条材料制成;或满足从价百分比标准
40.12	翻新的或旧的充气橡胶轮胎;实心或半实心橡胶轮胎、橡胶胎面及橡胶轮胎衬带	由橡胶板、片、条材料制成;或满足从价百分比标准
40.13	橡胶内胎	由橡胶板、片、条材料制成;或满足从价百分比标准
40.14	硫化橡胶(硬质橡胶除外)制的卫生及医疗用品(包括奶嘴),不论是否装有硬质橡胶制的附件	由橡胶板、片、条材料制成;或满足从价百分比标准
40.15	硫化橡胶(硬质橡胶除外)制的衣着用品及附件(包括手套)	由橡胶板、片、条材料制成;或满足从价百分比标准
40.16	硫化橡胶(硬质橡胶除外)制的其他制品	由橡胶板、片、条材料制成;或满足从价百分比标准
40.17	各种形状的硬质橡胶(例如,纯硬质胶),包括废碎料;硬质橡胶制品	由橡胶板、片、条材料制成;或满足从价百分比标准

税则号列	货　物　描　述	实质性改变标准
第八类　生皮、皮革、毛皮及其制品；鞍具及挽具；旅行用品、手提包及类似容器；动物肠线（蚕胶丝除外）制品		
第41章		
41.04	经鞣制的不带毛牛皮（包括水牛皮）、马皮及其坯革，不论是否剖层，但未经进一步加工	鞣制或复鞣，整饰
41.05	经鞣制的不带毛绵羊或者羔羊皮及其坯革，不论是否剖层，但未经进一步加工	鞣制或复鞣，整饰
41.06	经鞣制的其他不带毛动物皮及其坯革，不论是否剖层，但未经进一步加工	鞣制或复鞣，整饰
41.07	经鞣制或半硝处理后进一步加工的不带毛的牛皮革（包括水牛皮革）及马皮革，包括羊皮纸化处理的皮革，不论是否剖层，但税目41.14的皮革除外	鞣制或复鞣，整饰
41.12	经鞣制或半硝处理后进一步加工的不带毛的绵羊或羔羊皮革，包括羊皮纸化处理的，不论是否剖层，但税目41.14的皮革除外	鞣制或复鞣，整饰
41.13	经鞣制或半硝处理后进一步加工的不带毛的其他动物皮革，包括羊皮纸化处理的，不论是否剖层，但税目41.14的皮革除外	鞣制或复鞣，整饰
第42章		
*42.02	皮革或再生皮革、塑料薄膜、纺织材料、钢纸或纸板制成或全部或主要以此材料覆盖的衣箱、提箱、小手提箱、公文包、公务包、书包、眼镜盒、望远镜盒、乐器盒、照相机盒、枪套及类似的盒套；钱夹、地图盒、烟盒、工具盒、运动袋、珠宝盒、刀叉餐具及类似盛具	裁剪、缝制、成型
42.03	皮革或再生皮革制的衣服及衣着附件	裁剪、缝制
第43章		
43.02	未缝制或已缝制的已鞣毛皮	鞣制
43.03	毛皮制的衣服、衣着附件及其他物品	裁剪、缝制
*43.04	人造毛皮制品	裁剪、缝制
第十类　木浆及其他纤维状纤维素浆、回收（废碎）纸或纸板；纸、纸板及其制品		
第48章		
48.17	纸或纸板制的信封、封缄信片、素色明信片及通信卡片；纸或纸板制的盒子、袋子及夹子，内装各种纸制文具	裁切，装订或印刷
48.18	卫生纸及类似纸，家庭或卫生用纤维素絮纸及纤维素纤维网纸，成卷宽度不超过36厘米或切成一定尺寸或形状的；纸浆、纸、纤维素絮纸或纤维素纤维网纸制的手帕、面巾、台布、餐巾、尿布、止血塞、床单及类似的家庭、卫生或医院用品、衣服及衣着附件	裁切，消毒
48.19	纸、纸板、纤维素絮纸或纤维素纤维网纸制的箱、盒、匣、袋及其他包装容器；纸或纸板制的卷宗盒、信件盘及类似品，供办公室、商店及类似场所使用的	裁切，装订或印刷

税则号列	货　物　描　述	实质性改变标准
48.20	纸或纸板制的登记本、账本、笔记本、定货本、收据本、信笺本、记事本、日记本及类似品、练习本、吸墨纸本、活动封面(活页及非活页)、文件夹、卷宗皮、多联商业表格纸、页间夹有复写纸的本及其他文具用品;纸或纸板制的样品簿、粘贴簿及书籍封面	裁切,装订或印刷
48.21	纸或纸板制的各种标签,不论是否印制	裁切,装订或印刷
48.22	纸浆、纸或纸板(不论是否穿孔或硬化)制的筒管、卷轴、纡子及类似品	裁切,装订或印刷
48.23	切成一定尺寸或形状的其他纸、纸板、纤维素絮纸及纤维素纤维网纸;纸浆、纸、纸板、纤维素絮纸及纤维素纤维网纸制的其他制品	裁切,装订或印刷
	第十一类　纺织原料及纺织制品	
第51章		
51.06	粗梳羊毛纱线,非供零售用	由毛纤维或毛条经纺制
51.07	精梳羊毛纱线,非供零售用	由毛纤维或毛条经纺制
51.08	动物细毛(粗梳或精梳)纱线,非供零售用	由毛纤维或毛条经纺制
51.09	羊毛或动物细毛的纱线,供零售用	由毛纤维或毛条经纺制
51.10	动物粗毛或马毛的纱线(包括马毛粗松螺旋花线),不论是否供零售用	由毛纤维或毛条经纺制
51.11	粗梳羊毛或粗梳动物细毛的机织物	织造
51.12	精梳羊毛或精梳动物细毛的机织物	织造
51.13	动物粗毛或马毛的机织物	织造
第52章		
52.04	棉制缝纫线,不论是否供零售用	由两股或以上纱捻制
52.05	棉纱线(缝纫线除外),按重量计含棉量在85%及以上,非供零售用	由纤维经纺制
52.06	棉纱线(缝纫线除外),按重量计含棉量在85%以下,非供零售用	由纤维经纺制
52.07	棉纱线(缝纫线除外),供零售用	由纤维经纺制
52.08	棉机织物,按重量计含棉量在85%及以上,每平方米重量不超过200克	织造或印染
52.09	棉机织物,按重量计含棉量在85%及以上,每平方米重量超过200克	织造或印染
52.10	棉机织物,按重量计含棉量在85%以下,主要或仅与化学纤维混纺,每平方米重量不超过200克	织造或印染
52.11	棉机织物,按重量计含棉量在85%以下,主要或仅与化学纤维混纺,每平方米重量超过200克	织造或印染
52.12	其他棉机织物	织造或印染
第53章		
53.06	亚麻纱线	由纤维经纺制
53.07	黄麻纱线或税号53.03的其他纺织用韧皮纤维纱线	由纤维经纺制
53.08	其他植物纺织纤维纱线;纸纱线	由纤维经纺制

税则号列	货 物 描 述	实质性改变标准
53.09	亚麻机织物	织造
53.10	黄麻或税号53.03的其他纺织用韧皮纤维机织物	织造
53.11	其他纺织用植物纤维机织物;纸纱线机织物	织造
第54章		
54.01	化学纤维长丝纺制的缝纫线,不论是否供零售用	由两股或以上长丝捻制
54.02	合成纤维长丝纱线(缝纫线除外),非供零售用,包括细度在67分特以下的合成纤维单丝	纺丝
54.03	人造纤维长丝纱线(缝纫线除外),非供零售用,包括细度在67分特以下的人造纤维单丝	纺丝
54.04	截面尺寸不超过1毫米,细度在67分特及以上的合成纤维单丝;表观宽度不超过5毫米的合成纤维纺织材料制扁条及类似品(例如人造草)	纺丝
54.05	截面尺寸不超过1毫米,细度在67分特及以上的人造纤维单丝;表观宽度不超过5毫米的人造纤维纺织材料制扁条及类似品(例如人造草)	纺丝
54.06	化学纤维长丝纱线(缝纫线除外),供零售用	纺丝
54.07	合成纤维长丝纱线的机织物,包括税号54.04所列材料的机织物	织造
54.08	人造纤维长丝纱线的机织物,包括税号54.05所列材料的机织物	织造
第55章		
55.08	化学纤维短纤纺制的缝纫线,不论是否供零售用	由两股或以上纱捻制
55.09	合成纤维短纤纺制的纱线(缝纫线除外),非供零售用	由纤维或化纤毛条经纺制
55.10	人造纤维短纤纺制的纱线(缝纫线除外),非供零售用	由纤维或化纤毛条经纺制
55.11	化学纤维短纤纺制的纱线(缝纫线除外),供零售用	由纤维或化纤毛条经纺制
55.12	合成纤维短纤纺制的机织物,按重量计合成纤维短纤含量在85%及以上	织造
55.13	合成纤维短纤纺制的机织物,按重量计合成纤维短纤含量在85%以下,主要或仅与棉混纺,每平方米重量不超过170克	织造
55.14	合成纤维短纤纺制的机织物,按重量计合成纤维短纤含量在85%以下,主要或仅与棉混纺,每平方米重量超过170克	织造
55.15	合成纤维短纤纺制的其他机织物	织造
55.16	人造纤维短纤纺制的机织物	织造
第56章		
56.03	无纺织物,不论是否浸渍、涂布、包覆或层压	成网至成品
*56.07	麻或合成纤维纺制的线、绳、索、缆	由两股或以上纱、线捻制或编织
56.08	线、绳或索结制的网料;纺织材料制成的鱼网及其他网	编结或织造
第57章		
57.01	结织栽绒地毯及纺织材料的其他结织栽绒铺地制品,不论是否制成的	由纤维或纱、线经织造

税则号列	货　物　描　述	实质性改变标准
57.02	机织地毯及纺织材料的其他机织铺地制品，未簇绒或未植绒，不论是否制成的，包括“开来姆”、“苏麦克”、“卡拉马尼”及类似的手织地毯	由纤维或纱、线经织造
57.03	簇绒地毯及纺织材料的其他簇绒铺地制品，不论是否制成的	由纤维或纱、线经织造
57.04	毡呢地毯及纺织材料的其他毡呢铺地制品，未簇绒或未植绒，不论是否制成的	由纤维或纱、线经织造
57.05	其他地毯及纺织材料的其他铺地制品，不论是否制成的	由纤维或纱、线经织造
第58章		
58.01	起绒机织物及绳绒织物，但税号58.02或58.06的织物除外	织造或编结或粘合或簇绒
58.02	毛巾织物及类似的毛圈机织物，但税号58.06的狭幅织物除外；簇绒织物，但税号57.03的产品除外	织造或编结或粘合或簇绒
58.03	纱罗，但税号58.06的狭幅织物除外	织造或编结或粘合或簇绒
58.04	网眼薄纱及其他网眼织物，但不包括机织物、针织物或钩编织物；成卷、成条或成小块图案的花边，但税号60.02的织物除外	织造或编结或粘合或簇绒
58.05	“哥白林”、“弗朗德”、“奥步生”、“波微”及类似式样的手织装饰毯，以及手工针绣嵌花装饰毯（例如，小针脚或十字绣），不论是否制成的	织造或编结或粘合或簇绒
58.06	狭幅机织物，但税号58.07的货品除外；用粘合剂粘合制成的有经纱而无纬纱的狭幅织物（包扎匹头用带）	织造或编结或粘合或簇绒
58.07	非绣制的纺织材料制标签、徽章及类似品，成匹、成条或裁成一定形状或尺寸	织造或编结或粘合或簇绒
58.08	成匹的编带；非绣制的成匹装饰带，但针织或钩编的除外；流苏、绒球及类似品	织造或编结或粘合或簇绒
58.09	其他税号未列名的金属线机织物及税号56.05所列含金属纱线的机织物，用于衣着、装饰及类似用途	织造或编结或粘合或簇绒
58.10	成匹、成条或成小块图案的刺绣品	经刺绣，并满足从价百分比标准
*58.11	用一层或几层纺织材料与胎料经绗缝制成的被褥状纺织品	裁剪、缝纫、绗缝
第59章		
59.01	用胶或淀粉物质涂布的纺织物，作书籍封面及类似用途的；描图布；制成的油画布；作帽里的硬衬布及类似硬挺纺织物	由机织或编织物制成
59.02	尼龙或其他聚酰胺，聚酯或粘胶纤维高强力纱制的帘子布	由机织或编织物制成
59.03	用塑料浸渍、涂布、包覆或层压的纺织物，但税号59.02的货品除外	由机织或编织物制成
59.04	列诺伦（亚麻油地毡），不论是否剪切成形；以织物为底布经涂布或覆面的铺地制品，不论是否剪切成形	由机织或编织物制成
59.05	糊墙织物	由机织或编织物制成
59.06	用橡胶处理的纺织物，但税号59.02的货品除外	由机织或编织物制成
59.07	用其他材料浸渍、涂布或包覆的纺织物；作舞台、摄影布景或类似用途的已绘制画布	由机织或编织物制成

税则号列	货物描述	实质性改变标准
59.09	纺织材料制的水龙软管及类似的管子,不论有无其他材料作衬里、护套或附件	织造或针刺
59.10	纺织材料制的传动带或输送带及带料,不论是否用塑料浸渍、涂布、包覆或层压,也不论是否用金属或其他材料加强	织造或针刺
59.11	本章注释七所规定的作专门技术用途的纺织产品及制品	织造或针刺
第60章	针织物及钩编织物	针织或编结
第61章		
61.01	针织或钩编的男式大衣、短大衣、斗篷、短斗篷、带风帽的防寒短上衣(包括滑雪短上衣)、防风衣、防风短上衣及类似品,但税号61.03的货品除外	裁剪,缝纫至成衣或针织或编结
61.02	针织或钩编的女式大衣、短大衣、斗篷、短斗篷、带风帽的防寒短上衣(包括滑雪短上衣)、防风衣、防风短上衣及类似品,但税号61.04的货品除外	裁剪,缝纫至成衣或针织或编结
61.03	针织或钩编的男式西服套装、便服套装、上衣、长裤、护胸背带工装裤、马裤及短裤(游泳裤除外)	裁剪,缝纫至成衣或针织或编结
61.04	针织或钩编的女式西服套装、便服套装、上衣、连衣裙、裙子、裙裤、长裤、护胸背带工装裤、马裤及短裤(游泳服除外)	裁剪,缝纫至成衣或针织或编结
61.15	针织或钩编的连裤袜、紧身裤袜、长统袜、短袜及其他袜类,包括用以治疗静脉曲张的长统袜和无外绱鞋底的鞋类	裁剪,缝制或针织或编结
61.16	针织或钩编的分指手套、连指手套及露指手套	裁剪,缝制或针织或编结
61.17	其他制成的针织或钩编的衣着附件;服装或衣着附件的针织或钩编的零件	裁剪,缝制或针织或编结
第62章		
62.01	男式大衣、短大衣、斗篷、短斗篷、带风帽的防寒短上衣(包括滑雪短上衣)、防风衣、防风短上衣及类似品,但税号62.03的货品除外	裁剪,缝纫至成衣
62.02	女式大衣、短大衣、斗篷、短斗篷、带风帽的防寒短上衣(包括滑雪短上衣)、防风衣、防风短上衣及类似品,但税号62.04的货品除外	裁剪,缝纫至成衣
62.03	男式西服套装、便服套装、上衣、长裤、护胸背带工装裤、马裤及短裤(游泳裤除外)	裁剪,缝纫至成衣
62.04	女式西服套装、便服套装、上衣、连衣裙、裙子、裙裤、长裤、护胸背带工装裤、马裤及短裤(游泳服除外)	裁剪,缝纫至成衣
62.05	男衬衫	裁剪,缝纫至成衣
62.06	女衬衫	裁剪,缝纫至成衣
62.07	男式背心及其他内衣、内裤、三角裤、长睡衣、睡衣裤、浴衣、晨衣及类似品	裁剪,缝纫至成衣
62.08	女式背心及其他内衣、长衬裙、衬裙、三角裤、短衬裤、睡衣、睡衣裤、浴衣、晨衣及类似品	裁剪,缝纫至成衣
62.09	婴儿服装及衣着附件	裁剪,缝纫至成衣

税则号列	货 物 描 述	实质性改变标准
62.10	用税号 56.02、56.03、59.03、59.06 或 59.07 的织物制成的服装	裁剪,缝纫至成衣
62.11	运动服、滑雪服及游泳服;其他服装	裁剪,缝纫至成衣
62.12	胸罩、束腰带、紧身胸衣、吊裤带、吊袜带、束袜带和类似品及其零件,不论是否针织或钩编的	钩编的经编结;其他的经裁剪、缝制或针织,并满足从价百分比标准
62.13	手帕	裁剪、缝制,并满足从价百分比标准
62.14	披巾、领巾、围巾、披纱、面纱及类似品	裁剪、缝制,并满足从价百分比标准
62.15	领带及领结	裁剪、缝制,并满足从价百分比标准
62.16	分指手套、连指手套及露指手套	裁剪、缝制
62.17	非针织或非钩编的衣着附件和零件	裁剪、缝制,并满足从价百分比标准
第 63 章		
63.01	毯子及旅行毯	织造
63.02	床上、餐桌、盥洗及厨房用的织物制品	裁剪、缝制或针织或编结,并满足从价百分比标准
63.03	窗帘(包括帷帘)及帐幔;帘帷或床帷	裁剪、缝制或针织或编结,并满足从价百分比标准
63.04	其他装饰用织物制品,但税号 94.04 的货品除外	裁剪、缝制或针织或编结,并满足从价百分比标准
63.05	货物包装用袋	编织或织造,裁剪,缝合
*63.06	天篷及遮阳篷;帐篷;风帆;充气褥垫	裁剪,缝制或粘合,装配
63.08	由机织物及纱线构成的零售包装成套物品,不论是否带有附件,用以制作小地毯、装饰毯,绣花台布、餐布或类似的纺织物品	裁剪、缝制或针织或编结
第十二类 鞋、帽、伞、杖、鞭及其零件;已加工的羽毛及其制品;人造花;人发制品		
第 64 章		
64.01	橡胶或塑料制外底及鞋面的防水鞋靴,其鞋面不是用缝、铆、钉、旋、塞或类似方法固定在鞋底上	制鞋面或鞋底,合成
64.02	橡胶或塑料制外底及鞋面的其他鞋靴	制鞋面或鞋底,合成
64.03	橡胶、塑料、皮革或再生皮革制外底,皮革制鞋面的鞋靴	制鞋面或鞋底,合成
64.04	橡胶、塑料、皮革或再生皮革制外底,用纺织材料制鞋面的鞋靴	制鞋面或鞋底,合成
64.05	其他鞋靴	制鞋面或鞋底,合成
第 65 章		
65.03	用税号 65.01 的帽身、帽兜或圆帽片制成的毡呢帽类,不论有无衬里或装饰物	热压定型
65.04	编结帽或用任何材料的条带拼制而成的帽类,不论有无衬里或装饰物	裁剪,缝制或编结
*65.05	针织或钩编,或用花边或其他细片状纺织物制成的帽子	针织或钩编或缝制
*65.06	安全帽、橡胶或塑料制帽类	裁料,成型
第 66 章		

税则号列	货 物 描 述	实质性改变标准
66.01	雨伞、阳伞(包括手杖伞、庭园伞及类似的伞)	裁切伞面,装配
第67章		
67.02	人造花、叶、果实及其零件;用人造花、叶或果实制成的物品	成型,组合
*67.04	假发	编结,缝制或粘结
	第十三类 玻璃及其制品	
第70章		
*70.09	镶框的玻璃镜,包括后视镜	裁镜片,制框,装配
*70.18	玻璃珠、仿珍珠,仿宝石或仿半宝石	切割,琢磨或包镶,镶装
	第十四类 天然或养殖珍珠,宝石或半宝石,贵金属,包镀贵金属及其制品;仿首饰;硬币	
第71章		
*71.13	贵金属或包贵金属制的首饰	制模或倒模,镶嵌或成型,抛光,电镀
*71.16	珍珠及宝石制品	钻孔或切割,琢磨或镶嵌或穿串
71.17	仿制首饰	倒模或切割,胶粘或包镀,抛光
	第十五类 贱金属及其制品	
第73章		
*73.23	钢铁制的桌子、炊具及其他家用制品及其零件	切料、成型、表面处理
第82章	贱金属工具、器具、利口器、餐匙和餐叉及其零件	切料或铸造,机械加工,表面处理
第83章	贱金属杂项制品	切料、成型、表面处理
	第十六类 机电类	
第84章		
*84.14	电风扇	经全部组装工序,并满足从价百分比标准
84.15	空气调节器,装有电扇及调温、调湿装置,包括不能单独调湿的空调器	制造壳体、总装,并满足从价百分比标准
*84.18	冰箱、冷藏箱及其他冷冻及冷藏设备	制造壳体、组装,并满足从价百分比标准
*84.23	衡量器(人体秤及其他秤)	制造壳体、组装,并满足从价百分比标准
84.50	家用型或洗衣房用洗衣机,包括洗涤干燥两用机	制造壳体、组装,并满足从价百分比标准
*84.52	非家用缝纫机	制造壳体、组装,并满足从价百分比标准
*84.67	自带电机的电动手工工具	经全部组装工序,并满足从价百分比标准
*84.70	计算器	焊接、装配,并满足从价百分比标准
第85章		
*85.01	输出功率37.5瓦以下的电动机	绕线、装配,并满足从价百分比标准
85.04	变压器、静止式变流器(例如整流器)及电感器	绕线、装配,并满足从价百分比标准
*85.09	自带电机的家用电动器具(吸尘器、打蜡机、搅拌机、磨碎机等)	经全部组装工序,并满足从价百分比标准
*85.10	电动剃须刀及电动毛发推	经全部组装工序,并满足从价百分比标准
*85.12	机动车辆的照明和信号装置	制外壳、装配,并满足从价百分比标准

税则号列	货 物 描 述	实质性改变标准
85.13	自供能源(例如,使用干电池、蓄电池、永磁发电机)的手提式电灯,但税号85.12的照明装置除外	制外壳、组装,并满足从价百分比标准
*85.16	电热水器、电热理发用具(电吹风、电卷发器)和干手器;电熨斗;其他家用电热器具(面包炉、制咖啡器)	制外壳、组装,并满足从价百分比标准
85.17	有线电话、电报设备,包括无绳电话机、有线载波通讯设备及有线数字通信设备;可视电话	插件、焊接、装配,并满足从价百分比标准
85.18	传声器(麦克风)及其座架;扬声器,不论是否装成音箱;耳机、耳塞机,不论是否装有传声器,由传声器及一个或多个扬声器组成的组合机;音频扩大器;电气扩音机组	经全部组装工序,并满足从价百分比标准
*85.19	唱机、盒式磁带放音机及其他声音重放设备	制外壳、装配,并满足从价百分比标准
85.20	磁带录音机及其他声音录制设备,不论是否装有声音重放装置	插件、焊接、装配,并满足从价百分比标准
*85.21	录像机和放像机	插件、焊接、装配,并满足从价百分比标准
*85.23	未录制的录音带、录像带磁盘	制外壳、裁切、绕带、装配,并满足从价百分比标准
*85.24	已录制的录音带、录像带磁盘	制外壳、裁切、绕带、装配,并满足从价百分比标准
*85.25	无线电话、对讲机	插件、焊接、装配,并满足从价百分比标准
*85.27	收音机、收录机、汽车接收机、钟控收音机	插件、焊接、装配,并满足从价百分比标准
*85.28	电视机	插件、焊接、装配,并满足从价百分比标准
85.34	印刷电路	制版、腐蚀、打孔,并满足从价百分比标准
*85.41	二极管、晶体管;光敏半导体器件;发光二极管	焊接、封装,并满足从价百分比标准
	第十七类 车辆	
第87章		
87.12	自行车及其他非机动脚踏车(包括运货三轮脚踏车)	经全部组装工序,并满足从价百分比标准
*87.14	鞍座	裁切或模压,装配
	第十八类 光学、照相、计量、医疗仪器及设备;钟表;乐器	
第90章		
90.04	矫正视力、保护眼睛或其他用途的眼镜、挡风镜及类似品	制镜片、制框架和装配,并满足从价百分比标准
90.06	照相机(电影摄像机除外);照相闪光灯装置及闪光灯泡,但税号85.39的放电灯泡除外	经全部组装工序,并满足从价百分比标准
90.09	装有光学系统的或接触式的感光式复印设备及热敏复印设备	经全部组装工序,并满足从价百分比标准
*90.19	按摩器	经全部组装工序,并满足从价百分比标准
*90.28	工业用电量计	经全部组装工序,并满足从价百分比标准
*90.30	万用表	经全部组装工序,并满足从价百分比标准
第91章		
91.01	手表、怀表及其他表,包括秒表,表壳用贵金属或包贵金属制成的	经全部组装工序,并满足从价百分比标准
91.02	手表、怀表及其他表,包括秒表,但税号91.01的货品除外	经全部组装工序,并满足从价百分比标准

税则号列	货 物 描 述	实质性改变标准
91.03	以表芯装成的钟,但不包括税号91.04的钟	制钟壳和装配
91.04	仪表板钟及车辆、航空器、航天器或船舶用的类似钟	制钟壳和装配
91.05	其他钟	制钟壳和装配
91.08	已组装的完整表芯	经全部组装工序,并满足从价百分比标准
第92章		
92.07	通过电产生或扩大声音的乐器(例如,电风琴、电吉它、电手风琴)	插件、焊接和装配,并满足从价百分比标准
	第二十类 杂项制品	
第94章		
*94.04	睡袋	裁剪和缝制
*94.05	其他税号未列明的灯具及照明装置,包括探照灯、聚光灯及其零件	制灯架和装配
第95章		
95.02	玩偶	经全部组装工序,并满足从价百分比标准
95.03	其他玩具;缩小的(按比例缩小)的模型,及类似的娱乐用模型,无论是否活动;各种智力玩具	经全部组装工序,并满足从价百分比标准
*95.04	室内游戏用品	经全部组装工序,并满足从价百分比标准
*95.05	圣诞节用品	经全部组装工序,并满足从价百分比标准
*95.06	室外运动及游戏用品	经全部组装工序,并满足从价百分比标准
*95.07	渔具	经全部组装工序,并满足从价百分比标准
第96章		
*96.01	动物雕刻材料制品	雕刻
*96.02	植物或矿物质雕刻材料制品	雕刻
96.05	个人梳妆、缝纫或清洁鞋靴、衣服用的成套旅行用具	从价百分比标准
*96.06	钮扣	由金属片、板、条或塑料颗料制成
*96.07	拉链	制链带和装链齿
*96.13	纸烟打火机及其他打火机,不论是否机械还是电气的	制外壳和装配
*96.17	带壳的真空瓶和其他真空器皿	外壳由金属片、板或塑料颗粒经冲压或模塑料制成和装配

中华人民共和国海关审定进出口货物完税价格办法

（2001年12月31日海关总署第95号令公布，自2002年1月1日起施行）

第一章 总 则

第一条 为了正确审定进出口货物的完税价格，根据《中华人民共和国海关法》和《中华人民共和国进出口关税条例》及其他有关法律、行政法规的规定，制定本办法。

第二条 海关应当遵循客观、公平、统一的估价原则，依据本办法审定进出口货物的完税价格。

第二章 进口货物的完税价格

第三条 进口货物的完税价格，由海关以该货物的成交价格为基础审查确定，并应当包括货物运抵中华人民共和国境内输入地点起卸前的运输及其相关费用、保险费。

进口货物的成交价格是指买方为购买该货物，并按照本办法第四条、第五条的规定调整后的实付或应付价格。

进口货物的成交价格应当符合下列要求：

（一）买方对进口货物的处置或使用不受限制，但国内法律、行政法规规定的限制、对货物转售地域的限制、对货物价格无实质影响的限制除外；

（二）货物的价格不得受到使该货物成交价格无法确定的条件或因素的影响；

（三）卖方不得直接或间接获得因买方转售、处置或使用进口货物而产生的任何收益，除非能够按照本办法第四条的规定作出调整；

（四）买卖双方之间没有特殊关系。如果有特殊关系，应当符合本办法第六条的规定。

第四条 在确定进口货物的完税价格时，下列费用或价值应当计入：

（一）由买方负担的以下费用：

1．除购货佣金以外的佣金和经纪费；

2．与该货物视为一体的容器费用；

3．包装材料和包装劳务费用。

（二）可以按照适当比例分摊的，由买方直接或间接免费提供或以低于成本价方式销售给卖方或有关方的下列货物或服务的价值：

1．该货物包含的材料、部件、零件和类似货物；

2．在生产该货物过程中使用的工具、模具和类似货物；

3．在生产该货物过程中消耗的材料；

4．在境外进行的为生产该货物所需的工程设计、技术研发、工艺及制图等。

（三）与该货物有关并作为卖方向中华人民共和国销售该货物的一项条件，应当由买方直接或间接支付的特许权使用费。

（四）卖方直接或间接从买方对该货物进口后转售、处置或使用所得中获得的收益。

前款所述的费用或价值，应当由进口货物的收货人向海关提供客观量化的数据资料。如果没有客观量化的数据资料，完税价格由海关按照本办法第七条至第十一条的规定估定。

第五条 在确定进口货物的完税价格时，下列费用如果单独列明，不得计入：

（一）厂房、机械、设备等货物进口后的基建、安装、装配、维修和技术服务的费用；

（二）货物运抵境内输入地点之后的运输费用；

（三）进口关税及其他国内税。

第六条 买卖双方之间有特殊关系的，经海关审定其特殊关系未对成交价格产生影响，或进口货物的收货人能证明其成交价格与同时或大约同时发生的下列任一价格相近，该成交价格海关应当接受：

（一）向境内无特殊关系的买方出售的相同或类似货物的成交价格；

（二）按照本办法第九条的规定所确定的相同或类似货物的完税价格；

（三）按照本办法第十条的规定所确定的相同或类似货物的完税价格。

海关在使用前款价格作比较时，应当考虑商业水平和进口数量的不同，以及本办法第四条、第五条所列各项目和交易中买卖双方有无特殊关系造成的费用差异。

第七条 进口货物的完税价格不能按照本办法第三条的规定确定时，海关应当依次使用下列方法估定完税价格：

（一）相同货物成交价格方法；

（二）类似货物成交价格方法；

（三）倒扣价格方法；

（四）计算价格方法；

（五）合理方法。

如果进口货物的收货人提出要求，并提供相关资料，经海关同意，可以选择倒扣价格方法和计算价格方法的适用次序。

第八条 海关在使用相同或类似货物成交价格方法时，应当以与被估的进口货物同时或大约同时进口的相同或类似货物的成交价格为基础估定完税价格。

按照前款的规定估定进口货物的完税价格时，应当使用与该货物相同商业水平且进口数量基本一致的相同或类似货物的成交价格。但应当以客观量化的数据资料对该货物与相同或类似货物之间由于运输距离和运输方式不同而在成本和其他费用方面产生的差异进行调整。

在没有前款所述的相同或类似货物的成交价格的情况下，可以使用不同商业水平或不同进口数量的相同或类似货物的成交价格，但应当以客观量化的数据资料对因商业水平、进口数量、运输距离和运输方式不同而在价格、成本和其他费用方面产生的差异作出调整。

按照本条的规定估定进口货物的完税价格时，应当首先使用同一生产商生产的相同或类似货物的成交价格，只有在没有同一生产商生产的相同或类似货物的成交价格的情况下，才可以使用同一生产国或地区生产的相同或类似货物的成交价格。

如果有多个相同或类似货物的成交价格，应当以最低的成交价格为基础估定进口货物的完税价格。

第九条 海关在使用倒扣价格方法时，应当以被估的进口货物、相同或类似进口货物在境内销售的价格为基础估定完税价格，按该价格销售的货物应当同时符合下列条件：

（一）在被估货物进口时或大约同时销售；

（二）按照进口时的状态销售；

（三）在境内第一环节销售；

（四）合计的货物销售总量最大；

（五）向境内无特殊关系方的销售。

按照前款的规定估定进口货物的完税价格时，下列各项应当扣除：

（一）该货物的同等级或同种类货物在境内销售时的利润和一般费用及通常支付的佣金；

（二）货物运抵境内输入地点之后的运费、保险费、装卸费及其他相关费用；

（三）进口关税、进口环节税和其他与进口或销售上述货物有关的国内税。

按照本条第一、二款的规定估定进口货物的完税价格时，如果被估的进口货物、相同或类似进口货物没有在被估货物进口时或大约同时在境内销售，可以在符合本条第一款规定的其他条件下，将在境内销售的时间延长至海关接受被估货物申报之日起的 90 天内。

如果被估的进口货物、相同或类似进口货物没有按照进口时的状态在境内销售，应进口货物的收货人的要求，可以在符合本条第一款规定的其他条件下，使用经进一步加工后的货物的销售价格估定完税价格，但加工增值额也应当同时扣除。

按照本条的规定确定扣除的项目时，应当使用与国内公认的会计原则相一致的原则和方法。

第十条 海关在使用计算价格方法时，应当以下列各项的总和估定进口货物的完税价格：

（一）生产该货物所使用的原材料价值和进行装配或其他加工的费用；

（二）与向境内出口销售同等级或同种类货物的利润和一般费用相符的利润和一般费用；

（三）货物运抵境内输入地点起卸前的运输及相关费用、保险费。

按照前款的规定估定进口货物的完税价格时，海关在征得境外生产商同意并提前通知有关国家或地区政府后，可以在境外核实该企业提供的有关资料。

按照本条第一款的规定确定有关价值或费用时，应当使用与生产国公认的会计原则相一致的原则和方法。

第十一条 海关在使用合理方法时，应当根据本办法的估价原则，以在境内获得的数据资料为基础估定进口货物的完税价格，但不得使用以下价格：

（一）境内生产的货物在境内的销售价格；

（二）可供选择的价格中较高的价格；

（三）货物在出口地市场的销售价格；

（四）以本办法第十条第一款规定之外的价值或费用计算的价格；

（五）出口到第三国或地区的货物的销售价格；

（六）最低限价或武断、虚构的价格。

第三章 特殊进口货物的完税价格

第十二条 加工贸易进口料件及其制成品需征税或内销补税的，海关按照本办法第二章的规定审定完税价格。其中：

（一）进口时需征税的进料加工进口料件，以该料件申报进口时的价格估定；

（二）内销的进料加工进口料件或其制成品（包括残次品、副产品），以料件原进口时的价格估定。

（三）内销的来料加工进口料件或其制成品（包括残次品、副产品），以料件申报内销时的价格估定；

（四）出口加工区内的加工企业内销的制成品（包括残次品、副产品），以制成品申报内销时的价格估定。

（五）保税区内的加工企业内销的进口料件或其制成品（包括残次品、副产品），分别以料件或制成品申报内销时的价格估定。如果内销的制成品中含有从境内采购的料件，则以所含从境外购入的料件原进口时的价格估定。

（六）加工贸易加工过程中产生的边角料，以申报内销时的价格估定。

第十三条 从保税区或出口加工区销往区外、从保税仓库出库内销的进口货物（加工贸易进口料件及其制成品除外），以海关审定的从保税区或出口加工区销往区外、从保税仓库出库内销的价格估定完税价格。对经审核销售价格不能确定的，海关应当按照本办法第七条至第十一条的规定估定完税价格。

如果前款所述的销售价格中未包括在保税区、出口加工区或保税仓库中发生的仓储、运输及其他相关费用的，应当按照客观量化的数据资料予以计入。

第十四条 运往境外修理的机械器具、运输工具或其他货物，出境时已向海关报明，并在海关规定期限内复运进境的，应当以海关审定的境外修理费和料件费以及该货物复运进境的运输及其相关费用、保险费估定完税价格。

第十五条 运往境外加工的货物，出境时已向海关报明，并在海关规定期限内复运进境的，应当以海关审定的境外加工费和料件费以及该货物复运进境的运输及其相关费用、保险费估定完税价格。

第十六条 对于经海关批准的暂时进境的货物，应当按照本办法第七条至第十一条的规定估定完税价格。

第十七条 租赁方式进口的货物，按照下列方法估定完税价格：

（一）以租金方式对外支付的租赁货物在租赁期间以海关审定的租金作为完税价格；

（二）留购的租赁货物以海关审定的留购价格作为完税价格；

（三）承租人申请一次性缴纳税款的，经海关同意，按照本办法第二章的规定估定完税价格。

第十八条 对于境内留购的进口货样、展览品和广告陈列品，以海关审定的留购价格作为完税价格。

第十九条 减税或免税进口的货物需予补税时，应当以海关审定的该货物原进口时的价格，扣除折旧部分价值作为完税价格，其计算公式如下：

$$完税价格 = 海关审定的该货物原进口时的价格 \times \left(1 - \frac{申请补税时实际已使用的时间（月）}{监管年限 \times 12}\right)$$

第二十条 以易货贸易、寄售、捐赠、赠送等其他方式进口的货物，应当按照本办法第七条至第十一条的规定估定完税价格。

第四章 出口货物的完税价格

第二十一条 出口货物的完税价格由海关以该货物向境外销售的成交价格为基础审查确定，并应包括货物运至中华人民共和国境内输出地点装载前的运输及其相关费用、保险费，但其中包含的出口关税税额，应当扣除。

出口货物的成交价格是指该货物出口销售到中华人民共和国境外时买方向卖方实付或应付的价格。

第二十二条 出口货物的成交价格不能确定时，完税价格由海关依次使用下列方法估定：

（一）同时或大约同时向同一国家或地区出口的相同货物的成交价格；

（二）同时或大约同时向同一国家或地区出口的类似货物的成交价格；

（三）根据境内生产相同或类似货物的成本、利润和一般费用、境内发生的运输及其相关费用、保险费计算所得的价格；

（四）按照合理方法估定的价格。

第二十三条 出口货物的成交价格中含有支付给境外的佣金的，如果单独列明，应当扣除。

第五章 进出口货物完税价格中的运输及其相关费用、保险费的计算

第二十四条 进口货物的运输及其相关费用、保险费应当按照下列方法计算：

（一）海运进口货物，计算至该货物运抵境内的卸货口岸，如果该货物的卸货口岸是内河（江）口岸，则应当计算至内河（江）口岸；

（二）陆运进口货物，计算至该货物运抵境内的第一口岸。如果运输及其相关费用、保险费支付至目的

地口岸，则计算至目的地口岸；

（三）空运进口货物，计算至该货物运抵境内的第一口岸。如果该货物的目的地为境内的第一口岸外的其他口岸，则计算至目的地口岸。

第二十五条 陆运、空运和海运进口货物的运费，应当按照实际支付的费用计算。如果进口货物的运费无法确定或未实际发生，海关应当按照该货物进口同期运输行业公布的运费率（额）计算。

第二十六条 陆运、空运和海运进口货物的保险费，应当按照实际支付的费用计算。如果进口货物的保险费无法确定或未实际发生，海关应当按照“货价加运费”两者总额的千分之三计算保险费。

第二十七条 邮运的进口货物，应当以邮费作为运输及其相关费用、保险费。

第二十八条 以境外边境口岸价格条件成交的铁路或公路运输进口货物，海关应当按照货价的1%计算运输及其相关费用、保险费。

第二十九条 作为进口货物的自驾进口的运输工具，海关在审定完税价格时，可以不另行计入运费。

第三十条 出口货物的销售价格如果包括离境口岸至境外口岸之间的运费、保险费的，该运费、保险费应当扣除。

第六章 完税价格的审定

第三十一条 进出口货物的收发货人应当向海关如实申报进出口货物的成交价格，提供包括发票、合同、装箱清单及其他证明申报价格真实、完整的单证、书面资料和电子数据。海关认为必要时，进出口货物的收发货人还应当向海关补充申报反映买卖双方关系和成交活动的情况，以及其他与成交价格有关的资料。

第三十二条 海关为审查申报价格的真实性和准确性，可以行使下列职权：

（一）查阅、复制与进出口货物有关的合同、发票、账册、结付汇凭证、单据、业务函电和其他反映买卖双方关系及交易活动的书面资料和电子数据；

（二）向进出口货物的收发货人及与其有资金往来或有其他业务往来的公司、企业调查与进出口货物价格有关的问题；

（三）对进出口货物进行查验或提取货样进行检验或化验；

（四）进入进出口货物收发货人的生产经营场所、货物存放场所，检查与进出口活动有关的货物和生产经营情况；

（五）向有关金融机构或税务部门查询了解与进出口货物有关的收付汇资料或缴纳国内税的情况。

海关在行使前款规定的各项职权进行价格核查时，进出口货物的收发货人及有关单位、部门应当如实反映情况，提供账簿、单证等有关书面资料和电子数据，不得拒绝、拖延和隐瞒。

第三十三条 海关对申报价格的真实性或准确性有疑问时，应当书面将怀疑的理由告知进出口货物的收发货人，要求其以书面形式作进一步说明，提供相关资料或其他证据，证明其申报价格是真实、准确的。自海关书面通知发出之日起15日内，进出口货物的收发货人未能提供进一步说明，或海关审核所提供的资料或证据后仍有理由怀疑申报价格的真实性或准确性时，海关可以不接受其申报价格，并按照本办法第七条至第十一条或第二十二条的规定估定完税价格。

第三十四条 海关有理由认为买卖双方之间的特殊关系影响成交价格时，应当书面将理由告知进口货物的收货人，要求其以书面形式作进一步说明，提供相关资料或其他证据，证明双方之间的关系未影响成交价格。自海关书面通知发出之日起15日内，进口货物的收货人未能提供进一步说明，或海关审核所提供的资料或证据后仍有理由认为买卖双方之间的关系影响成交价格时，海关可以不接受其申报价格，并按照本办法第七条至第十一条的规定估定完税价格。

第三十五条 海关不接受申报价格按照本办法第八条或第二十二条第一款（一）、（二）项的规定估定完税价格时，为获得合适的相同或类似进出口货物的成交价格，可以与进出口货物的收发货人进行价格磋商。

第三十六条 进出口货物的收发货人可以提出书面申请，要求海关就如何确定其进出口货物的完税价格作出书面说明。

第三十七条 海关为确定进出口货物的完税价格需要推迟作出估价决定时，进出口货物的收发货人可以在依法向海关提供担保后，先行提取货物。

海关对于实行担保放行的货物，应当自具保之日起90天内核查完毕，并将核查结果通知进出口货物的收发货人。

第三十八条 海关对于买方、卖方或贸易相关方提供的属于商业秘密的资料予以保密。

第三十九条 进出口货物的收发货人对海关的估价决定有异议时，可以依照《中华人民共和国海关法》、《中华人民共和国进出口关税条例》的有关规定申请复议。

第七章　法律责任

第四十条　违反本办法规定的，由海关依照《中华人民共和国海关法》和《中华人民共和国海关法行政处罚实施细则》的规定处理；构成犯罪的，应当移交司法机关，依法追究刑事责任。

第八章　附　则

第四十一条　本办法下列用语的含义是：

"境内"，指中华人民共和国海关关境内。

"实付或应付价格"，指买方为购买进口货物直接或间接支付的总额，即作为卖方销售进口货物的条件，由买方向卖方或为履行卖方义务向第三方已经支付或将要支付的全部款项。

"购货佣金"，指买方为购买进口货物向自己的采购代理人支付的劳务费用。

"经纪费"，指买方为购买进口货物向代表买卖双方利益的经纪人支付的劳务费用。

"特许权使用费"，指买方为获得与进口货物相关的、受著作权保护的作品、专利、商标、专有技术和其他权利的使用许可而支付的费用。但是在估定完税价格时，进口货物在境内的复制权费不得计入该货物的实付或应付价格之中。

"相同货物"，指与进口货物在同一国家或地区生产的，在物理性质、质量和信誉等所有方面都相同的货物，但表面的微小差异允许存在。

"类似货物"，指与进口货物在同一国家或地区生产的，虽然不是在所有方面都相同，但却具有相似的特征，相似的组成材料，同样的功能，并且在商业中可以互换的货物。

"大约同时"，指在海关接受被估的进口货物申报进口之日的前后各45天以内。

"公认的会计原则"，指在有关国家会计核算工作中普遍遵循的原则性规范和会计核算业务的处理方法。包括对货物价值认定有关的权责发生制原则、配比原则、历史成本原则、划分收益性与资本性支出原则等。

第四十二条　有下列情形之一的，应当认定买卖双方有特殊关系：

（一）买卖双方为同一家族成员；

（二）买卖双方互为商业上的高级职员或董事；

（三）一方直接或间接地受另一方控制；

（四）买卖双方都直接或间接地受第三方控制；

（五）买卖双方共同直接或间接地控制第三方；

（六）一方直接或间接地拥有、控制或持有对方5%或以上公开发行的有表决权的股票或股份；

（七）一方是另一方的雇员、高级职员或董事；

（八）买卖双方是同一合伙的成员。

买卖双方在经营上相互有联系，一方是另一方的独家代理、经销或受让人，如果符合前款的规定，也应当视为有特殊关系。

第四十三条　本办法第九条所称"利润和一般费用"应当根据进口货物的收货人提供的资料来确定。如果进口货物的收货人的利润和一般费用与在境内销售的同等级或同种类货物的利润和一般费用不一致的，应当根据在境内销售的同等级或同种类货物的利润和一般费用来确定。

"一般费用"包括有关货物销售的直接和间接费用。

"加工增值额"应当依据与加工成本有关的客观量化数据资料、该行业公认的标准、计算方法及其他的行业惯例计算。

第四十四条　本办法第十条所称"原材料价值和进行装配或其他加工的费用"应当根据境外生产商提供的有关生产进口货物的账册为基础确定。

"利润和一般费用"应当根据境外生产商提供的资料来确定。如果该资料所反映的数据与其他生产商向境内出口销售的同等级或同种类货物的数据不一致时，海关可以使用其他资料来确定。

"一般费用"包括有关货物的生产和销售的直接和间接费用。

第四十五条　准许进口的进境旅客行李物品、个人邮递物品及其他个人自用物品的完税价格和涉嫌走私的进出口货物、物品的计税价格的核定不适用本办法，其办法由海关总署另行制定。

第四十六条　本办法由海关总署负责解释。

第四十七条　本办法自2002年1月1日起实施。1992年9月1日起实施的《中华人民共和国海关审定进出口货物完税价格办法》和1999年10月1日起实施的《中华人民共和国海关审定加工贸易进口货物完税价格办法》同时废止。

中华人民共和国海关关于进口货物特许权使用费估价办法

(2003年5月29日审议通过，自2003年7月1日起施行)

第一章 总 则

第一条 为规范进口货物特许权使用费的海关估价，根据《中华人民共和国海关法》和《中华人民共和国海关进出口关税条例》，特制定本办法。

第二条 本办法所称特许权使用费，是指进口货物的买方为获得使用专利、商标、专有技术、享有著作权的作品和其他权利的许可而支付的费用，包括：

(一) 专利权使用费；

(二) 商标权使用费；

(三) 著作权使用费；

(四) 专有技术使用费；

(五) 分销或转售权费；

(六) 其他类似费用。

第三条 同时符合以下条件的特许权使用费应当计入进口货物的完税价格：

(一) 与进口货物有关；

(二) 费用的支付作为卖方出口销售该货物到中华人民共和国关境内的条件。

第四条 符合本办法第五条至第八条规定的特许权使用费，应当视为与进口货物有关。

第五条 特许权使用费是用于支付专利权或专有技术使用权，且进口货物属于下列情形之一的：

(一) 含有专利或专有技术的货物；

(二) 使用专利方法或专有技术生产的货物；

(三) 为实施专利或专有技术而专门设计或制造的机器、设备。

专利、专有技术以磁带、磁盘、光盘或其他类似介质形式进口的，或通过网络、卫星等方式下载或传输的，应当认定与前款进口货物有关。

第六条 特许权使用费是用于支付商标权，且进口货物属于下列情形之一的：

(一) 附有商标的进口货物；

(二) 进口后附上商标直接可以转售的进口货物；

(三) 进口时已含有商标权，经过轻度加工后附上商标即可转售的货物。

第七条 特许权使用费是用于支付著作权，且进口货物属于下列情形之一的：

(一) 含有软件、文字、乐曲、图片、图像或其他类似内容的进口货物，包括磁带、磁盘、光盘或其他类似介质的形式；

(二) 含有其他享有著作权内容的进口货物。

第八条 特许权使用费是用于支付进口货物的卖方所拥有的在中华人民共和国关境内的分销权、转售权或其他类似权利，且进口货物属于下列情形之一的：

(一) 进口后可以直接销售的货物；

(二) 经过轻度加工即可转售的货物。

第九条 特许权使用费的支付构成进口货物的卖方向中华人民共和国关境内销售该货物的前提条件，即买方未支付上述费用则该货物不可能以合同议定的条件成交的，为符合本办法第三条第(二)项规定的条件。

第十条 计入完税价格的特许权使用费应当按照该进口货物适用的税率征税。

第十一条 收货人在向海关申报进口货物的同时，应当如实向海关申报以各种方式支付的特许权使用费的情况，并同时提供客观可量化的数据资料。

收货人支付的特许权使用费符合本办法第三条规定的，应当计入进口货物的完税价格，海关应当依据客观可量化的数据资料对特许权使用费进行审定，并确定进口货物的完税价格；收货人无法提供相关的数据资料，或收货人提供的数据资料无法进行客观量化的，海关应当依据《中华人民共和国海关审定进出口货物完税价格办法》的规定估定进口货物的完税价格。

收货人提供证据证明特许权使用费不符合本办法第三条规定的，经海关审查确认后，不计入进口货物的完税价格。收货人申报的完税价格中已经包含该项特许权使用费的，应当予以扣除；收货人申报的特许权使用费未单独列明，且海关依据收货人提供的数据资料无法确定的，不予扣除。

第十二条 收货人支付的全部特许权使用费只有部分权利的费用符合本办法第三条规定，或收货人支付的符合本办法第三条规定的特许权使用费只涉及部分进口货物的，海关应当根据客观可量化的标准、公认的会计原则进行合理计算，并将有关部分的特许权使用费计入该进口货物的完税价格。

第十三条 进口货物涉及的下列费用属于单独列明的，经海关审查确认后，不计入进口货物的完税价格：

(一) 为在境内复制进口货物而支付的费用；

(二) 技术培训及境外考察费用。

收货人申报的完税价格中已经包含上述费用的，应当予以扣除；上述费用未单独列明的，且海关依据收货人提供的数据资料无法确定的，不予扣除。

第十四条　进口货物的收货人违反规定，未如实申报或伪报、瞒报特许权使用费的，海关将依照《中华人民共和国海关法》和《中华人民共和国海关法行政处罚实施细则》予以处罚；构成犯罪的，依法追究刑事责任。

第十五条　本办法下列术语的含义：

本办法所称“费用的支付”是指买方以各种方式支付的全部特许权使用费，包括实付和应付。

本办法所称“软件”，是指《计算机软件保护条例》规定的数据处理设备使用的程序或文档。

本办法所称“专有技术”，是指以图纸、模型、技术资料和规范等形式体现的尚未公开的工艺流程、配方、产品设计、质量控制、检测以及营销管理等方面的知识、经验、方法和诀窍等。

本办法所称“技术培训费用”，是指基于卖方或与卖方有关的第三方对买方派出的技术人员进行与进口货物有关的技术指导，进口货物的买方支付的培训师资及人员的教学、食宿、交通、医疗保险等其他费用。

本办法所称“轻度加工”是指稀释、混合、分类、简单装配、再包装或其他类似加工。

第十六条　本办法由海关总署负责解释。

第十七条　本办法自2003年7月1日起施行。1993年1月8日发布的《中华人民共和国海关关于进口货物软件费征免税暂行办法》同时废止。

中华人民共和国海关对报关单位注册登记管理规定

（2005年3月31日海关总署令第127号发布）

第一章　总　则

第一条　为规范海关对报关单位的注册登记管理，根据《中华人民共和国海关法》及其他有关法律和行政法规，制定本规定。

第二条　中华人民共和国海关是报关单位注册登记管理的主管机关。

第三条　报关单位办理报关业务应当遵守国家有关法律、行政法规和海关规章的规定，承担相应的法律责任。

报关单位对其所属报关员的报关行为应当承担相应的法律责任。

第四条　除法律、行政法规或者海关规章另有规定外，办理报关业务的报关单位，应当按照本规定到海关办理注册登记。

第五条　报关单位注册登记分为报关企业注册登记和进出口货物收发货人注册登记。

报关企业应当经直属海关注册登记许可后，方能办理注册登记。

进出口货物收发货人可以直接到所在地海关办理注册登记。

第六条　进出口货物收发货人应当通过本单位所属的报关员办理报关业务，或者委托海关准予注册登记的报关企业，由报关企业所属的报关员代为办理报关业务。

第七条　已经在海关办理注册登记的报关单位，再次向海关提出注册登记申请的，海关不予受理。

第八条　本规定下列用语的含义：

报关单位，是指按照本规定在海关注册登记的报关企业和进出口货物收发货人。

报关企业，是指按照本规定经海关准予注册登记，接受进出口货物收发货人的委托，以进出口货物收发货人名义或者以自己的名义，向海关办理代理报关业务，从事报关服务的境内企业法人。

进出口货物收发货人，是指依法直接进口或者出口货物的中华人民共和国关境内的法人、其他组织或者个人。

报关业务负责人，是指具体负责对本企业报关业务进行管理的企业法定代表人或者总经理、部门经理等企业管理人员。

报关员，是指依法取得报关员从业资格，并在海关注册登记，向海关办理进出口货物报关业务的人员。

报关业务，是指：

（一）按照规定如实申报进出口货物的商品编码、实际成交价格、原产地及相应优惠贸易协定代码等，并办理填制报关单、提交报关单证等与申报有关的事宜；

（二）申请办理缴纳税费和退税、补税事宜；

（三）申请办理加工贸易合同备案、变更和核销及保税监管等事宜；

（四）申请办理进出口货物减税、免税等事宜；

（五）办理进出口货物的查验、结关等事宜；

（六）应当由报关单位办理的其他报关事宜。

第二章 报关企业注册登记许可

第一节 报关企业注册登记许可规定

第九条 报关企业应当具备下列条件：

（一）具备境内企业法人资格条件；

（二）企业注册资本不低于人民币150万元；

（三）健全的组织机构和财务管理制度；

（四）报关员人数不少于5名；

（五）投资者、报关业务负责人、报关员无走私记录；

（六）报关业务负责人具有5年以上从事对外贸易工作经验或者报关工作经验；

（七）无因走私违法行为被海关撤销注册登记许可记录；

（八）有符合从事报关服务所必需的固定经营场所和设施；

（九）海关监管所需要的其他条件。

第十条 申请报关企业注册登记许可，应当提交下列文件材料：

（一）报关企业注册登记许可申请书；

（二）《企业法人营业执照》副本或者《企业名称预先核准通知书》复印件；

（三）企业章程；

（四）出资证明文件复印件；

（五）所聘报关从业人员的《报关员资格证》复印件；

（六）从事报关服务业可行性研究报告；

（七）报关业务负责人工作简历；

（八）报关服务营业场所所有权证明、租赁证明；

（九）其他与申请注册登记许可相关的材料。

第十一条 申请人应当到所在地海关提出申请并递交申请注册登记许可材料。

直属海关应当对外公布受理申请的场所。

第十二条 申请人可以委托代理人提出注册登记许可申请。

申请人委托代理人代为提出申请的，应当出具授权委托书。授权委托书应当具体载明下列事项，由委托人签章并注明委托日期：

（一）委托人及代理人的简要情况。委托人或者代理人是法人或者其他组织的，应当载明名称、地址、电话、邮政编码、法定代表人或者负责人的姓名、职务；委托人或者代理人是自然人的，应当载明姓名、性别、年龄、职业、地址、电话及邮政编码；

（二）代为提出注册登记许可申请、递交申请材料、收受法律文书等委托事项及权限；

（三）委托代理起止日期；

（四）法律、行政法规及海关规章规定应当载明的其他事项。

第十三条 对申请人提出的申请，海关应当根据下列情况分别作出处理：

（一）申请人不具备报关企业注册登记许可申请资格的，应当作出不予受理的决定；

（二）申请材料不齐全或者不符合法定形式的，应当当场或者在签收申请材料后5日内一次告知申请人需要补正的全部内容，逾期不告知的，自收到申请材料之日起即为受理；

（三）申请材料仅存在文字性、技术性或者装订等可以当场更正的错误的，应当允许申请人当场更正，并且由申请人对更正内容予以签章确认；

（四）申请材料齐全、符合法定形式，或者申请人按照海关的要求提交全部补正申请材料的，应当受理报关企业注册登记许可申请，并作出受理决定。

第十四条 所在地海关受理申请后，应当根据法定条件和程序进行全面审查，并于受理注册登记许可申请之日起20日内审查完毕，将审查意见和全部申请材料报送直属海关。

直属海关应当自收到所在地海关报送的审查意见之日起20日内作出决定。

第十五条 申请人的申请符合法定条件的，海关应当依法作出准予注册登记许可的书面决定，并通知申请人。

申请人的申请不符合法定条件的，海关应当依法作出不准予注册登记许可的书面决定，并且告知申请人享有依法申请行政复议或者提起行政诉讼的权利。

第二节 报关企业跨关区分支机构注册登记许可规定

第十六条 报关企业如需要在注册登记许可区域以外从事报关服务的，应当依法设立分支机构，并且向拟注册登记地海关递交报关企业分支机构注册登记许可申请。

报关企业对其分支机构的行为承担法律责任。

第十七条 申请分支机构注册登记许可的报关企业应当符合下列条件：

（一）报关企业自取得海关核发的《中华人民共和国海关报关企业报关注册登记证书》（见附件1）之日起满2年；

（二）报关企业自申请之日起最近两年未因走私受

过处罚。

报关企业每申请一项跨关区分支机构注册登记许可，应当增加注册资本人民币50万元。

第十八条 报关企业跨关区设立的分支机构拟取得注册登记许可的，应当具备下列条件：

（一）符合境内企业法人分支机构设立条件；

（二）报关员人数不少于3名；

（三）有符合从事报关服务所必需的固定经营场所和设施；

（四）分支机构负责人应当具有5年以上从事对外贸易工作经验或者报关工作经验；

（五）报关业务负责人、报关员无走私记录。

第十九条 报关企业申请跨关区分支机构注册登记许可的，应当到分支机构所在地海关提交下列申请材料：

（一）报关企业跨关区分支机构注册登记许可申请书；

（二）《中华人民共和国海关报关企业报关注册登记证书》复印件；

（三）分支机构从事报关服务业可行性研究报告；

（四）拟聘的报关从业人员《报关员资格证书》复印件；

（五）分支机构负责人、报关业务负责人工作简历；

（六）报关服务营业场所所有权证明、租赁证明；

（七）由报关企业注册登记地直属海关出具的该报关企业符合本规定第十七条的证明材料；

（八）申请设立报关企业分支机构注册登记许可的其他材料。

第二十条 海关比照报关企业注册登记许可程序作出是否准予跨关区分支机构注册登记许可的决定。

第三节 报关企业注册登记许可限制

第二十一条 报关企业可以在取得注册登记许可的直属海关关区内各口岸地或者海关监管业务集中地从事报关服务，但是应当在拟从事报关服务的口岸地或者海关监管业务集中的地点依法设立分支机构，并且在开展报关服务前，持本规定第十九条（二）、（三）、（五）、（六）项规定的文件材料和分支机构营业执照向直属海关备案。

取得注册登记许可的跨关区报关企业分支机构应当在所在地口岸或者海关监管业务集中的地点从事报关服务。

第二十二条 报关企业及其跨关区分支机构注册登记许可期限均为2年。被许可人需要延续注册登记许可有效期的，应当办理注册登记许可延续手续。

报关企业未办理注册登记许可延续手续或者海关未准予注册登记许可延续的，自丧失注册登记许可之日起，其跨关区分支机构注册登记许可自动终止。

第四节 报关企业注册登记许可变更和延续

第二十三条 报关企业及其跨关区分支机构注册登记许可中有下列内容变更的，应当持《中华人民共和国海关报关企业报关注册登记证书》、企业变更决议等材料原件及复印件以书面形式到注册地海关申请变更注册登记许可：

（一）企业及其分支机构名称；

（二）企业注册资本；

（三）法定代表人（负责人）。

第二十四条 对被许可人提出的变更注册登记许可申请，注册地海关应当按照注册登记许可程序进行初审，并且上报直属海关决定。直属海关应当依法进行审查，对符合法定条件、标准的，应当准予变更，并且作出准予变更决定。

海关准予变更注册登记的报关企业及其跨关区分支机构，应当到相关管理部门办理变更手续。

第二十五条 报关企业办理注册登记许可延续手续应当在有效期届满40日前向海关提出申请并递交以下材料：

（一）注册登记许可延续申请书；

（二）企业法人营业执照复印件；

（三）报关业务分析、报关差错情况及原因；

（四）《报关单位情况登记表》（见附件2）；

（五）海关认为应当提交的其他资料。

取得跨关区分支机构注册登记许可的报关企业向分支机构注册地海关申请注册登记许可延续的还应当提交：

（一）分支机构营业执照副本复印件；

（二）所属报关企业的《中华人民共和国海关报关企业报关注册登记证书》复印件。

第二十六条 海关应当比照注册登记许可程序在有效期届满前对报关企业的申请予以审查，对符合注册登记许可条件的，并且符合法律、行政法规、海关规章规定的延续注册登记许可应当具备的其他条件的，应当依法作出准予延续2年有效期的决定。未按照规定申请的，海关不再接受其办理报关业务。

海关应当在注册登记许可有效期届满前作出是否准予延续的决定；逾期未作出决定的，视为准予延续，依法为其办理注册登记许可延续手续。

第二十七条 海关对不再具备注册登记许可的条件，或者不符合法律、行政法规、海关规章规定的延续注册登记许可应当具备的其他条件的报关企业或者其分支机构，不予延长其注册登记许可。

第五节 报关企业注册登记许可撤销、注销和监督

第二十八条 有下列情形之一的，作出注册登记

许可决定的直属海关，根据利害关系人的请求或者依据职权，可以撤销注册登记许可：

（一）海关工作人员滥用职权、玩忽职守作出准予注册登记许可决定的；

（二）超越法定职权作出准予注册登记许可决定的；

（三）违反法定程序作出准予注册登记许可决定的；

（四）对不具备申请资格或者不符合法定条件的申请人准予注册登记许可的；

（五）依法可以撤销注册登记许可的其他情形。

被许可人以欺骗、贿赂等不正当手段取得注册登记许可的，应当予以撤销。

依照前两款的规定撤销注册登记许可，可能对公共利益造成重大损害的，不予撤销。

依照本条第一款的规定撤销注册登记许可，被许可人的合法权益受到损害的，海关应当依法对其直接损失给予赔偿。依照本条第二款的规定撤销注册登记许可的，被许可人基于注册登记许可取得的利益不受保护。

第二十九条 有下列情形之一的，海关应当依法注销注册登记许可：

（一）有效期届满未延续的；

（二）报关企业或其跨关区分支机构依法终止的；

（三）注册登记许可依法被撤销、撤回，或者注册登记许可证件依法被吊销的；

（四）因不可抗力导致注册登记许可事项无法实施的；

（五）法律、行政法规规定的应当注销注册登记许可的其他情形。

第三十条 上级海关应当加强对下级海关实施注册登记许可的监督检查，及时纠正许可实施中的违法行为。

第三十一条 报关企业在作出注册登记许可决定的海关管辖区域外，违法从事报关服务的，违法行为发生地的直属海关应当依法将报关企业的违法事实、处理结果抄告作出注册登记许可决定的直属海关。

第三十二条 海关依法对报关企业从事报关服务活动及其经营场所进行监督和实地检查，依法查阅或者要求报关企业报送有关材料。报关企业应当积极配合，如实提供有关情况和材料。

第三章 报关单位注册登记

第三十三条 报关企业申请人经直属海关注册登记许可后，应当到工商行政管理部门办理许可经营项目登记，并且自工商行政管理部门登记之日起90日内到企业所在地海关办理注册登记手续。逾期海关不予注册登记。

第三十四条 报关企业申请办理注册登记，应当提交下列文件材料：

（一）直属海关注册登记许可文件复印件；

（二）《企业法人营业执照》副本复印件（分支机构提交营业执照）；

（三）税务登记证书副本复印件；

（四）银行开户证明复印件；

（五）组织机构代码证书副本复印件；

（六）《报关单位情况登记表》、《报关单位管理人员情况登记表》（见附件3）；

（七）报关企业与所聘报关员签订的用工劳动合同复印件；

（八）其他与报关注册登记有关的文件材料。

第三十五条 进出口货物收发货人应当按照规定到所在地海关办理报关单位注册登记手续。

进出口货物收发货人在海关办理注册登记后可以在中华人民共和国关境内各个口岸地或者海关监管业务集中的地点办理本企业的报关业务。

第三十六条 进出口货物收发货人申请办理注册登记，应当提交下列文件材料：

（一）企业法人营业执照副本复印件（个人独资、合伙企业或者个体工商户提交营业执照）；

（二）对外贸易经营者登记备案表复印件（法律、行政法规或者商务部规定不需要备案登记的除外）；

（三）企业章程复印件（非企业法人免提交）；

（四）本规定第三十四条（三）、（四）、（五）、（六）项规定的文件材料；

（五）其他与注册登记有关的文件材料。

第三十七条 注册地海关依法对申请注册登记材料是否齐全、是否符合法定形式进行核对。

申请材料齐全是指海关按照本规定公布的条件要求申请人提交全部材料完备。

申请材料符合法定形式是指申请材料符合法定时限、记载事项符合法定要求、文书格式符合规范。

申请材料齐全、符合法定形式的申请人由注册地海关核发《中华人民共和国海关报关企业报关注册登记证书》或者《中华人民共和国海关进出口货物收发货人报关注册登记证书》（见附件4），报关单位凭以办理报关业务。

第三十八条 《中华人民共和国海关报关企业报关注册登记证书》有效期限为2年，《中华人民共和国海关进出口货物收发货人报关注册登记证书》有效期限为3年。

报关企业应当在办理注册登记许可延续的同时办理换领《中华人民共和国海关报关企业报关注册登记证书》手续，进出口货物收发货人应当在有效期届满前30日到注册地海关办理换证手续。

逾期未到海关办理换证手续的，《中华人民共和国海关报关企业报关注册登记证书》或者《中华人民共和国海关进出口货物收发货人报关注册登记证书》自动失效。

第三十九条 进出口货物收发货人换证应当向注册地海关递交下列资料：

（一）企业法人营业执照副本复印件（个人独资、合伙企业或者个体工商户提交营业执照）；

（二）对外贸易经营者登记备案表复印件（法律、行政法规或者商务部规定不需要备案登记的除外）；

（三）《中华人民共和国外商投资企业批准证书》、《中华人民共和国台、港、澳、侨投资企业批准证书》复印件（限外商投资企业提交）；

（四）《报关单位情况登记表》；

（五）《报关员情况登记表》（见附件5）（无报关员的免提交）；

（六）《报关单位管理人员情况登记表》。

第四十条 材料齐全、符合法定形式的报关单位由注册地海关换发《中华人民共和国海关报关企业报关注册登记证书》或者《中华人民共和国海关进出口货物收发货人报关注册登记证书》。

第四十一条 下列单位未取得对外贸易经营者备案登记表，按照国家有关规定需要从事非贸易性进出口活动的，可以办理临时注册登记手续：

（一）境外企业、新闻、经贸机构、文化团体等依法在中国境内设立的常驻代表机构；

（二）少量货样进出境的单位；

（三）国家机关、学校、科研院所等组织机构；

（四）临时接受捐赠、礼品、国际援助的单位；

（五）国际船舶代理企业；

（六）其他可以从事非贸易性进出口活动的单位。

第四十二条 临时注册登记单位在向海关申报前应当向拟进出境口岸地或者海关监管业务集中地海关办理临时注册登记手续。

第四十三条 办理临时注册登记，应当持本单位出具的委派证明或者授权证明及非贸易性活动证明材料。

第四十四条 临时注册登记单位海关不予核发注册登记证书。仅出具临时报关单位注册登记证明。

临时注册登记有效期最长为7日，法律、行政法规、海关规章另有规定的除外。

已经办理报关注册登记的进出口货物收发货人，海关不予办理临时注册登记手续。

第四章 报关单位变更和注销注册登记

第四十五条 报关企业取得变更注册登记许可后或者进出口货物收发货人单位名称、企业性质、企业住所、法定代表人（负责人）等海关注册登记内容发生变更的，应当自批准变更之日起30日内，向注册地海关提交变更后的工商营业执照或者其他批准文件及复印件，办理变更手续。

第四十六条 报关单位有下列情形之一的，应当以书面形式向注册地海关报告。海关在办结有关手续后，应当依法办理注销注册登记手续：

（一）破产、解散、自行放弃报关权或者分立成两个以上新企业的；

（二）被工商行政管理机关注销登记或者吊销营业执照的；

（三）丧失独立承担责任能力的；

（四）报关企业丧失注册登记许可的；

（五）进出口货物收发货人的对外贸易经营者备案登记表或者外商投资企业批准证书失效的；

（六）其他依法应当注销注册登记的情形。

第五章 报关单位的职责和义务

第四十七条 报关企业从事报关服务，应当履行以下义务：

（一）遵守法律、行政法规、海关规章的各项规定，依法履行代理人职责，配合海关监管工作，不得违法滥用报关权；

（二）依法建立账簿和营业记录。真实、正确、完整地记录其受委托办理报关业务的所有活动，详细记录进出口时间、收发货单位、报关单号、货值、代理费等内容，完整保留委托单位提供的各种单证、票据、函电，接受海关稽查；

（三）报关企业应当与委托方签订书面的委托协议，委托协议应当载明受托报关企业名称、地址、委托事项、双方责任、期限、委托人的名称、地址等内容，由双方签章确认；

（四）不得以任何形式出让名义，供他人办理报关业务；

（五）对于代理报关的货物涉及走私违规情事的，应当接受或者协助海关进行调查。

第四十八条 报关单位应当妥善保管海关核发的注册登记证书等相关证明文件。发生遗失的，报关单位应当及时书面向海关说明情况，并在报刊声明作废。海关自收到情况说明和报刊声明证明之日起30日内应当予以补发。在补办期间，报关单位可以办理报关业务。

第四十九条 报关单位向海关递交的纸质进出口货物报关单必须加盖本单位的报关专用章。报关专用章启用前应当向海关备案。

报关专用章应当按照海关总署统一规定的要求刻制。

报关企业的报关专用章仅限在其标明的口岸地或者海关监管业务集中地使用，每一口岸地或者海关监管业务集中地报关专用章应当只有1枚。

进出口货物收发货人的报关专用章可以在全国各口岸地或者海关监管业务集中地通用，有多枚报关专用章的，应当按照次序注明编号。

第五十条 报关单位所属的报关员离职，应当自报关员离职之日起7日内向海关报告并将报关员证件交注册地海关予以注销。报关员未向报关单位交还报关员证件的，报关单位应当在报刊声明作废，并向注册地海关办理注销手续。

第五十一条 进出口货物收发货人不得委托未取得注册登记许可、未在海关办理注册登记的单位或者个人办理报关业务。

第六章 法律责任

第五十二条 报关单位违反本规定的，海关按照《中华人民共和国海关法》、《中华人民共和国海关行政处罚实施条例》等有关规定予以处理；构成犯罪的，依法追究刑事责任。

第五十三条 报关单位有下列情形之一的，海关予以警告，责令其改正，并可以处人民币1000元以上5000元以下罚款：

（一）报关企业取得变更注册登记许可后或者进出口货物收发货人单位名称、企业性质、企业住所、法定代表人（负责人）等海关注册登记内容发生变更，未按照规定向海关办理变更手续的；

（二）未向海关备案，擅自变更或者启用“报关专用章”的；

（三）所属报关员离职，未按照规定向海关报告并办理相关手续的。

第七章 附 则

第五十四条 申请人按照海关规定提交有关文件资料，其中规定提交复印件的，应当将正（副）本原件交海关验核。

第五十五条 《中华人民共和国海关报关企业报关注册登记证书》、《中华人民共和国海关进出口货物收发货人报关注册登记证书》、《报关单位情况登记表》、《报关单位管理人员情况登记表》、《报关员情况登记表》等证书及表格，由海关总署统一样式。

第五十六条 本规定由海关总署负责解释。

第五十七条 本规定自2005年6月1日起施行。海关总署1992年9月9日公布的《中华人民共和国海关对报关单位和报关员的管理规定》（海关总署令第36号）、1994年10月24日公布的《中华人民共和国海关对专业报关企业的管理规定》（海关总署令第50号）、1995年7月6日公布的《中华人民共和国海关对代理报关企业的管理规定》（海关总署令第52号）、《海关总署关于对外贸易经营者办理报关注册登记事项的公告》（［2004］25号）、《海关总署关于办理报关企业注册登记事项的公告》（［2004］26号）同时废止。

附件1 《中华人民共和国海关报关企业报关注册登记证书》样式

附件2 《报关单位情况登记表》样式

附件3 《报关单位管理人员情况登记表》样式

附件4 《中华人民共和国海关进出口货物收发货人报关注册登记证书》样式

附件5 《报关员情况登记表》样式

附件 1

（关徽）

中 华 人 民 共 和 国 海 关
报关企业报关注册登记证书

海关注册登记编码

注册登记日期　　　年　　月　　日

中华人民共和国　　　海关

（注册备案专用圆章）

企业名称	
企业地址	
法定代表人	
注册资本	
报关地域	
经营范围	
备注：本证书自注册之日起2年内有效，逾期不到海关办理注册登记许可延续手续，自动失效。	

报关企业报关注册登记证书副页

注册登记许可延期
注册登记许可有效期延长至　　年　　月　　日 海关（印）
注册登记许可有效期延长至　　年　　月　　日 海关（印）
注册登记许可有效期延长至　　年　　月　　日 海关（印）
注册登记许可有效期延长至　　年　　月　　日 海关（印）
注册登记许可有效期延长至　　年　　月　　日 海关（印）

附件 2

报关单位情况登记表

（以下内容不得空缺，如办理变更仅填写变更事项）

填表单位（盖章）： 日期： 年 月 日

海关注册编码		预录入号					
注册日期							
名 称	工商注册全称						
	对外英文名称						
地 址	工商注册地址			邮政编码			
	对外英文地址						
注册资本(万)		资本币制		投资总额			
备案(批准)机关		备案(批准)文号		生产类型			
开户银行		银行账号		行业种类			
法定代表人(负责人)		证件类型		证件号		电话	
联系人		联系电话		报关类别			
纳税人识别号		营业执照编号					
组织机构代码		报关有效期					
进出口企业代码		工商注册有效期					
经营范围							
主要产品							
投资者		投资国别	投资方式	投资金额	到位金额		
1							
2							
3							
4							
5							
以上填写保证无讹，请贵关(办)办理单位报关登记手续，我单位保证遵守海关的法律、法规和其他有关制度，承担相应的法律责任。							
备注							

附件3

报关单位管理人员情况登记表

填表单位(盖章)　　　　　　　　　　　　　　填表日期　　年　　月　　日

单位名称		
海关注册编码		
法定代表人	姓　名	
	身份证件号	
	国籍(地区)	
	职　务	
	出生日期	
	学　历	
	住　址	
	联系电话(手机)	
	备　注	
报关业务负责人	姓　名	
	身份证件号	
	国籍(地区)	
	职　务	
	出生日期	
	学　历	
	住　址	
	联系电话(手机)	
	备　注	
财务负责人	姓　名	
	身份证件号	
	国籍(地区)	
	职　务	
	出生日期	
	学　历	
	住　址	
	联系电话(手机)	
	备　注	

注:企业管理人员的填报范围:

1.法定代表人　2.报关业务负责人　3.会议主管或者财务经理

附件 4

(关徽)

中 华 人 民 共 和 国 海 关

进出口货物收发货人报关注册登记证书

海关注册登记编码

注册登记日期 年 月 日

中华人民共和国 海关

(注册备案专用圆章)

企业名称		
企业地址		
法定代表人（负责人）		
注册资本		
经营范围		
主要投资者名称		出资额及比例

备注：本证书自注册之日起3年内有效，逾期不到海关办理换证手续，自动失效。

附件 5

报关员情况登记表

填表单位(盖章):　　　　　　　　　　　　填表日期　　年　　月　　日

单位名称		
海关注册编码		
1	姓　　名	
	性　　别	
	出生日期	
	身份证件号	
	联系电话(手机)	
	报关员证号	
	学　　历	
	住　　址	
	报关员等级	
	联系电话(手机)	
	备　　注	
2	姓　　名	
	性　　别	
	出生日期	
	身份证件号	
	联系电话(手机)	
	报关员证号	
	学　　历	
	住　　址	
	报关员等级	
	联系电话(手机)	
	备　　注	
3	姓　　名	
	性　　别	
	出生日期	
	身份证件号	
	联系电话(手机)	
	报关员证号	
	学　　历	
	住　　址	
	报关员等级	
	联系电话(手机)	
	备　　注	
备注	一、企业无报关员则不填此表 二、报关员等级一栏暂不填	

中华人民共和国海关征收进口货物滞报金办法

（2005 年 3 月 3 日海关总署令第 128 号发布）

第一章 总 则

第一条 为加强海关对进口货物的通关管理，加快口岸货物运输，促使进口货物收货人（包括受委托的报关企业，下同）及时申报，根据《中华人民共和国海关法》以及有关法律、行政法规规定，制定本办法。

第二条 进口货物收货人超过规定期限向海关申报产生滞报，海关依法应当征收滞报金的，适用本办法。

第三条 滞报金应当由进口货物收货人于当次申报时缴清。进口货物收货人要求在缴清滞报金前先放行货物的，海关可以在其提供与应缴纳滞报金等额的保证金后放行。

第二章 滞报金的计算与征收

第四条 征收进口货物滞报金应当按日计征，以自运输工具申报进境之日起第十五日为起征日，以海关接受申报之日为截止日，起征日和截止日均计入滞报期间，另有规定的除外。

第五条 征收下列进口货物滞报金应当按照下列规定计算起征日：

（一）邮运进口货物应当以自邮政企业向海关驻邮局办事机构申报总包之日起第十五日为起征日；

（二）转关运输货物在进境地申报的，应当以自载运进口货物的运输工具申报进境之日起第十五日为起征日；在指运地申报的，应当以自货物运抵指运地之日起第十五日为起征日；

邮运进口转关运输货物在进境地申报的，应当以自运输工具申报进境之日起第十五日为起征日；在指运地申报的，应当以自邮政企业向海关驻邮局办事机构申报总包之日起第十五日为起征日。

第六条 进口货物收货人在向海关传送报关单电子数据申报后，未在规定期限或核准的期限内递交纸质报关单，海关予以撤销电子数据报关单处理、进口货物收货人重新向海关申报，产生滞报的，按照本办法第四条规定计算滞报金起征日。

进口货物收货人申报并经海关依法审核，必须撤销原电子数据报关单重新申报的，经进口货物收货人申请并经海关审核同意，以撤销原报关单之日起第十五日为起征日。

第七条 进口货物因收货人在运输工具申报进境之日起超过 3 个月未向海关申报，被海关提取作变卖处理后，收货人申请发还余款的，比照本办法第四条规定计征滞报金。滞报金的截止日为该 3 个月期限的最后一日。

第八条 进口货物因被行政扣留或者刑事扣押不能按期申报而产生滞报的，其扣留或者扣押期间不计算在滞报期间内。扣留或者扣押期间起止日根据决定行政扣留或者刑事扣押部门签发的有关文书确定。

第九条 滞报金的日征收金额为进口货物完税价格的千分之零点五，以人民币“元”为计征单位，不足人民币一元的部分免予计征。

征收滞报金的计算公式为：

进口货物完税价格 ×0.5‰× 滞报期间

滞报金的起征点为人民币 50 元。

第十条 海关征收进口货物滞报金时，应当向收货人出具滞报金缴款通知书。海关收取滞报金后，应当向收货人出具财政部统一印（监）制的票据。

不属于本办法第十二条所列的减免滞报金情形的，海关可以直接向收货人出具财政部统一印（监）制的票据，收货人持票据到海关指定的部门或者开户银行缴款，海关凭指定部门或者银行加盖收讫章的票据予以核注。

属于本办法第十二条所列的减免滞报金情形的，进口货物收货人收到滞报金缴款通知书后，应当按照本办法第十三条规定向海关申请减免进口货物滞报金。经海关审核批准免予征收滞报金的，由现场关员凭有关批复在系统中予以核注；如经海关审核仍需征收部分或者全部滞报金的，海关向收货人出具财政部统一印（监）制的票据，收货人持票据到海关指定的部门或者开户银行缴款，海关凭指定部门或者银行加盖收讫章的票据予以核注。

若通过中国电子口岸“网上税费支付”系统缴纳滞报金的，按照“网上税费支付”的操作程序办理滞报金的征收手续。

第十一条 转关运输货物在进境地产生滞报的，由进境地海关征收滞报金；在指运地产生滞报的，由指运地海关征收滞报金。

第三章 滞报金的减免

第十二条 有下列情形之一的，进口货物收货人可以向海关申请减免滞报金：

（一）政府主管部门有关贸易管理规定变更，要求收货人补充办理有关手续或者政府主管部门延迟签发许可证件，导致进口货物产生滞报的；

（二）产生滞报的进口货物属于政府间或国际组织无偿援助和捐赠用于救灾、社会公益福利等方面的进口物资或其他特殊货物的；

（三）因不可抗力导致收货人无法在规定期限内申报，从而产生滞报的；

（四）因海关及相关执法部门工作原因致使收货人无法在规定期限内申报，从而产生滞报的；

（五）其他特殊情况经海关批准的。

第十三条 进口货物收货人申请减免滞报金的，应当自收到海关滞报金缴款通知书之日起30个工作日内，以书面形式向申报地海关提交申请书，申请书应当加盖公章。

进口货物收货人提交申请材料时，应当同时提供政府主管部门或相关部门出具的相关证明材料。

收货人应当对申请书及相关证明材料的真实性、合法性、有效性承担法律责任。

第十四条 现场海关负责受理减免滞报金的申请，核实情况并提出初步意见；直属海关及海关总署按照各自的审批权限负责审批。

第十五条 有下列情形之一的，海关不予征收滞报金：

（一）收货人在运输工具申报进境之日起超过3个月未向海关申报，进口货物被依法变卖处理，余款按《海关法》第三十条规定上缴国库的；

（二）进口货物收货人在申报期限内，根据《海关法》有关规定向海关提供担保，并在担保期限内办理有关进口手续的；

（三）进口货物收货人申报并经海关依法审核，必须撤销原电子数据报关单重新申报，因删单重报产生滞报的；

（四）进口货物经海关批准直接退运的；

（五）进口货物应征收滞报金金额不满人民币50元的。

第四章 附 则

第十六条 从境外进入保税区、出口加工区等海关特殊监管区域、以备案清单方式向海关申报的进口货物产生滞报的，比照本办法第九条计征滞报金。

第十七条 本办法规定的滞报金起征日如遇法定节假日，则顺延至其后第一个工作日。

第十八条 本办法所指的进口货物完税价格是指《中华人民共和国进出口关税条例》第十八条规定的完税价格。

第十九条 本办法规定的滞报金缴款通知书采用统一格式，具体格式见附件。

第二十条 本办法由海关总署负责解释。

第二十一条 本办法自2005年6月1日起施行。

附件 ________海关滞报金缴款通知

附件

________海关滞报金缴款通知

编号：

________________公司：

你公司于______年______月______日在我关报关进口的________________________________，报关单号________________，已滞报______天，产生滞报金____________元人民币。请你公司收到此通知后，速到海关办理缴纳滞报金手续。

经办人：

中华人民共和国______海关（印章）

______年______月______日

中华人民共和国海关对报关员管理规定

（1997年4月8日海关总署发布）

第一章 总 则

第一条 为加强报关员管理，维护报关秩序，规范报关行为，根据《中华人民共和国海关法》及有关法律、法规，制定本规定。

第二条 本规定所称报关员，系指取得报关员资格，按本规定程序在海关注册，向海关办理进出口货物报关业务的人员。

第三条 中华人民共和国海关是报关员资格考试、注册的主管机关，对报关员报关行为实施监督管理。

第四条 报关员在办理进出口货物报关业务时，应遵守国家有关法律、法规和海关规章，如实申报，并承担相应的法律责任。

第二章 资格审定

第五条 海关实行报关员资格全国统一考试制度。考试合格取得报关员资格证书者，方可申请报关员注册。

第六条 参加资格考试的人员，必须符合下列条件：

（一）年满18岁，具有完全民事行为能力；

（二）具有良好品行；

（三）具有高中或中等专业学校毕业以上学历。

第七条 下列人员不能参加资格考试：

（一）触犯刑律被判刑，刑满释放不到5年者；

（二）因在报关活动中有走私或严重违反海关监管规定行为，被海关吊销报关员证件，不满3年者；

（三）海关规定不能从事报关工作的其他人员。

第八条 报关员资格全国统一考试办法由海关总署制定。

第三章 注册和年审

第九条 海关根据报关企业的申请和业务需要，核定企业报关员数量。报关员注册，应由已在海关注册登记的企业向所在地海关提出申请，并提交下列文件：

（一）报关员注册申请书；

（二）报关企业注册登记证书；

（三）申请注册人所属企业的人事证明或用工劳动合同；

（四）申请注册人有效的身份证件；

（五）报关员资格证书；

（六）海关需要的其他文件。

对符合规定者海关予以注册，制发报关员证件，报关有效期为1年。有关人员获得报关员证件后，始可办理报关业务。

第十条 报关员证件是报关员办理本企业报关业务的身份凭证，不得转借、涂改。

报关员证件在签发年度内有效。跨年度使用必须履行年审手续。

第十一条 报关员调往其他企业从事报关工作，应持调出、调入双方企业的证明文件以及有效的报关员资格证书，向调入企业所在地海关申请办理重新注册手续，海关核准的，予以换发报关员证件。

报关员不得同时兼任两个或两个以上报关企业的报关工作。

第十二条 报关员遗失报关员证件，应自证件遗失之日起15日内向海关递交情况说明，并登报声明作废。海关于声明作废之日起3个月后予以补发，期间不得办理报关业务。

第十三条 有下列情事之一的，应由所在企业收回其报关员证件，交回所在地海关，并以书面形式申请办理报关员证件注销手续：

（一）脱离报关员工作岗位的；

（二）企业因解散、破产等原因停止报关业务的；

（三）企业解聘报关员的。

因未办理注销手续而发生的法律责任由企业自行承担。

第十四条　海关对报关员实行年度审查制度。报关员必须随所在企业每年按期参加年审，填报《报关员年审报告书》，说明办理报关业务和遵守海关法规等情况。

海关结合日常报关记录考核报关员业务水平，重新确认报关资格。

第十五条　通过年审者，准予延长一年的报关有效期，报关员可在此期限内继续办理报关业务。

有下列情事之一的，海关将不予延长报关有效期：

（一）经常出现报关差错等不负责任行为，屡纠不改的；

（二）领取报关员证件之日起1年内或连续1年未报关的；

（三）未经海关同意，逾期1个月以上不参加年审的；

（四）未经企业授权擅自招揽报关业务的；

（五）不履行本规定第十九条所列报关员义务，情节严重的。

第十六条　经年审未予延期的报关员，向海关书面申请获得同意，可参加海关组织的报关业务培训，经考试合格者，方可继续办理报关业务。

第四章　报关员的权利、义务

第十七条　报关员应在企业所在地海关关区内办理本企业授权承办的报关业务。

报关员有权拒绝办理所属企业交办的单证不真实、手续不齐全的报关业务。

第十八条　报关员应持有效的报关员证件办理报关业务，其签字应在海关备案。向海关递交的报关单，应有报关员和所属企业的法定代表人（或其授权委托的报关业务负责人）的签字。否则，海关不接受申报。

专业、代理报关企业的报关员办理报关业务，应交验委托单位的委托书。

第十九条　报关员在办理报关业务时，应对本企业负责，接受海关的指导和监督，并履行以下义务：

（一）遵守国家有关法律、法规和海关规章，熟悉所申报货物的基本情况；

（二）提供齐全、正确、有效的单证，准确、清楚填制进（出）口货物报关单，并按有关规定向海关提交办理进出口货物的报关手续；

（三）海关查验进出口货物时，应按时到场，负责搬移货物、开拆和重封货物的包装；

（四）负责在规定的时间内办理缴纳所报进出口货物的各项税费的手续、海关罚款手续和销案手续；

（五）配合海关对走私违规案件的调查；

（六）协助本企业完整保存各种原始报关单证、票据、函电等资料；

（七）参加海关召集的有关报关业务会议或培训；

（八）承担海关规定报关员办理的与报关业务有关的工作。

第五章　法律责任

第二十条　报关员有违反《中华人民共和国海关法》行为，海关按照《中华人民共和国海关法行政处罚实施细则》规定吊销其报关员证件，3年内不得重新申请报关员注册。

第二十一条　报关员有下列情事之一的，海关处以1000元以下罚款：

（一）违反本规定第十条的；

（二）未经海关同意，逾期1个月以内不参加年审的；

（三）有本规定第十五条第二款第（四）项所列行为的；

（四）不履行本规定第十九条所列报关员义务的；

（五）因其他原因需处以罚款的。

第二十二条　报关员对海关处罚不服的，可以自在处罚通知书送达之日起30日内，向作出决定的海关或者上一级海关书面申请复议；有关海关应当在收到复议申请书的90日内作出复议决定，并制发复议决定书送达当事人。

当事人对复议决定不服的，可以自复议决定书送达之日起30日内，向人民法院起诉。当事人也可以自处罚通知书送达之日起30日内，直接向人民法院起诉，当事人选择直接向人民法院起诉的，不得向海关申请复议。

第六章　附　　则

第二十三条　本规定由海关总署负责解释。

第二十四条　本规定自1997年6月1日起实施。其他有关报关员的管理规定，凡与本规定抵触的，以本规定为准。

中华人民共和国海关对报关员记分考核管理办法

第一条 为维护报关秩序，提高报关质量，规范报关员报关行为，保证通关效率，根据《中华人民共和国海关法》及其他有关法律、行政法规，制定本办法。

第二条 本办法适用于取得报关从业资格，并按照规定程序在海关注册登记，持有报关员证件的报关员。

第三条 海关对出现报关单填制不规范、报关行为不规范，以及违反海关监管规定或者有走私行为未被海关暂停执业、撤销报关从业资格的报关员予以记分、考核。

第四条 海关对报关员实施记分考核应当遵循责任明确原则，对差错及差错责任界定不清的不予记分。

第五条 海关企业管理部门负责对报关员记分考核的职能指导、日常监督管理以及相关协调工作。

海关通关业务现场及相关业务职能部门负责具体执行记分工作。

记分的行政行为应当以各级海关名义作出。

第六条 海关对报关员的记分考核，依据其报关单填制不规范、报关行为不规范的程度和行为性质，一次记分的分值分为1分、2分、5分、10分、20分、30分。

第七条 有下列情形之一的，记1分：

（一）电子数据报关单的有关项目填写不规范，海关退回责令更正的；

（二）在海关签印放行前，因为报关员原因造成申报差错，报关单位向海关要求修改申报单证及其内容，经海关同意修改，但未对国家贸易管制政策的实施、税费征收及海关统计指标等造成危害的；

（三）未按照规定在纸质报关单及随附单证上加盖报关专用章及其他印章或者使用印章不规范的；

（四）未按照规定在纸质报关单及随附单证上签名盖章或者由其他人代表签名盖章的。

第八条 有下列情形之一的，记2分：

（一）在海关签印放行前，因为报关员填制报关单不规范，报关单位向海关申请撤销申报单证及其内容，经海关同意撤销，但未对国家贸易管制政策的实施、税费征收及海关统计指标等造成危害的；

（二）海关人员审核电子数据报关单时，要求报关员向海关解释、说明情况、补充材料或者要求提交货物样品等有关内容的，海关告知后报关员拒不解释、说明、补充材料或者拒不提供货物样品等有关内容，导致海关退回报关单的。

第九条 有下列情形之一的，记5分：

（一）报关员自接到海关“现场交单”或者“放行交单”通知之日起10日内，没有正当理由，未按照规定持打印出的纸质报关单，备齐规定的随附单证，到货物所在地海关递交书面单证并办理相关海关手续，导致海关撤销报关单的；

（二）在海关签印放行后，因为报关员填制报关单不规范，报关单位向海关申请修改或者撤销报关单(因出口更换舱单除外)，经海关同意且不属于走私、偷逃税等违法违规性质的；

（三）在海关签印放行后，海关发现因为报关员填制报关单不规范，报关单币值或者价格填报与实际不符，且两者差额在100万元人民币以下；数量与实际不符，且有四位数以下差值，经海关确认不属伪报的，但影响海关统计的。

第十条 有下列情形之一的，记10分：

（一）出借本人报关员证件、借用他人报关员证件或者涂改报关员证件内容的；

（二）在海关签印放行后，海关发现因报关员填制报关单不规范，报关单币值或者价格填报与实际不符，且两者差额在100万元人民币以上；数量与实际不符，且有四位数以上差值，经海关确认不属伪报的。

第十一条 因为违反海关监管规定行为被海关予以行政处罚，但未被暂停执业、取消报关从业资格的，记20分。

第十二条 因为走私行为被海关予以行政处罚，但未被暂停执业、取消报关从业资格的，记30分。

第十三条 报关员因为向海关工作人员行贿或有违反海关监管规定、走私行为等其他违法行为，被海关暂停执业、取消报关从业资格的，应按照《中华人民共和国海关行政处罚实施条例》等规定处理。

第十四条 记分周期从每年1月1日至12月31日止，报关员在海关注册登记之日起至当年12月31日不足1年的，按一个记分周期计算。

一个记分周期期满后，记分分值累加未达到30分的，该周期内的记分分值予以消除，不转入下一个记分周期。但报关员在一个记分周期内办理变更注册登记报关单位或者注销手续的，已记分值在该记分周期内不予以消除。

第十五条 报关员报关时在同一次报关行为的不同通关环节，或者在非同一次报关行为中出现多次需要记分情况的，应当分别计算，并累加分值。但对于同一通关环节一次性出现多个填制不规范项目的，只按照1次记分，不累加分值。

第十六条 报关员被海关行政处罚需要记分的，处罚决定生效后予以记分。

第十七条 海关人员在记分时，应当将记分原因和记分分值以电子或者纸质告知单的形式告知报关员。

海关应当向社会公布报关员记分情况的查询方式。

报关员应当主动查询自己的记分情况。

第十八条 报关员对记分的行政行为有异议的，应当自收到电子或纸质告知单之日起7日内向作出该记分行政行为的海关部门提出书面申辩；海关应当在接到申辩申请7日内作出答复，对记分错误的应当及时予以更正。报关员对答复不服的，可以依照《中华人民共和国行政复议法》、《中华人民共和国行政诉讼法》的规定提起行政复议或者行政诉讼。

第十九条 记分达到30分的报关员，海关中止其报关员证效力，不再接受其办理报关手续。

报关员应当参加注册登记地海关的报关业务岗位考核，经岗位考核合格之后，方可重新上岗。

第二十条 岗位考核由直属海关或者直属海关委托的单位负责组织。

第二十一条 各海关应当结合本关实际，适时或者定期举办岗位考核。每次岗位考核间隔最长不得超过30日。

第二十二条 对需要参加岗位考核的报关员，海关应当提前通知岗位考核的时间、地点等相关事宜。

第二十三条 记分已达30分的报关员应当按照海关通知的时间、地点参加岗位考核。

报关员记分已达30分，拒不参加考核的，直属海关可以将报关员的姓名及所在单位等情况对外公告。

第二十四条 岗位考核内容为海关法律、行政法规、报关单填制规范及相关业务知识和技能。

第二十五条 报关员经岗位考核合格的，可以向注册登记地海关申请将原记分分值予以消除。岗位考核不合格的，应当继续参加下一次考核。

第二十六条 本办法所涉及的记分项目均在《报关员记分对照表》（见附件）中列明，《报关员记分对照表》由海关总署统一制定，并对外发布。

第二十七条 本办法由海关总署负责解释。

第二十八条 本办法自2005年1月1日起施行。

附件

报关员记分对照表

顺序号	记 分 描 述	备 注
一、下列项目退单记1分，结关前改单记1分，结关后改单记5分，结关前删单记2分，结关后删单记5分：		
01	进出口标志错误	
02	进出口岸标志错误	
03	装货港或目的港标志错误	
04	运输工具及代码标志错误	
05	提单或运单号标志错误	
06	运输方式错误	
07	企业性质错误	
08	经营单位编号错误	
09	收发货人地区错误	
10	申报单位名称标志错误	
11	合同号错误	
12	征税比错误	
13	起运地错误	
14	贸易方式错误	
15	集装箱个数标志错误	
16	统计逻辑检查标志错误	
17	征税逻辑检查标志错误	
18	征免税性质标志错误	
19	成交方式错误	
20	结汇方式错误	
21	运费错误	
22	杂费错误	
23	保险费错误	
24	件数数量错误	
25	毛重数量错误	
26	净重数量错误	
27	包装种类标志错误	
28	许可证编号错误	
29	海关监管的其他证件代码错误	
30	合同手册备案号错误	
31	减免税表备案号错误	
32	许可证备案号错误	
33	批文号错误	
34	进出口日期错误	
35	申报日期错误	
36	商品项数错误	
37	电子账册成品版本号错误	
38	抵押金错误	
39	商品序号错误	
40	商品编号错误	
41	商品名称、规格型号错误	
42	原产地与消费地错误	
43	商品项目序号错误	
44	申报数量错误	
45	申报计量单位错误	
46	申报数量与法定数量关系错误	
47	法定数量错误	
48	第二数量错误	
49	申报单价审核标志错误	
50	成交币制错误	
51	成交总价错误	
52	用途标志错误	
53	征减免税方式错误	
54	税费标记错误	
55	电子账册标记错误	
56	报关单与电子监管证件不符	
二、下列项目按次记分：		
57	未加盖报关专用章及其他印章，或者使用印章不规范的，记1分	
58	未按规定在纸质报关单及随附单证上签名盖章或由其他人代表签名盖章的，记1分	
59	拒不解释、说明或补充材料，导致海关退单的，记2分	

顺序号	记分描述	备注	顺序号	记分描述	备注
60	自报关单接到海关“现场交单”或“放行交单”通知之日起10日内，不递交书面单证并办理相关海关手续的，记5分		63	在海关签印放行后，海关发现因报关员填制报关单不规范，报关单币值或者价格填报与实际不符，且两者差额在100万元人民币以上；数量与实际不符，且有四位数以上差值，经海关确认不属伪报，但影响海关统计的，记10分	
61	在海关签印放行后，海关发现因报关员填制报关单不规范，报关单币值或者价格填报与实际不符，且两者差额在100万元人民币以下；数量与实际不符，且有四位数以上差值，经海关确认不属伪报，但影响海关统计的，记5分		64	因为违反海关监管规定行为被海关予以行政处罚，但未被海关暂停执业、取消报关从业资格的，记20分	
62	将报关员证件出借使用或借用他人报关员证件或涂改报关员证件内容的，记10分		65	因为走私行为被海关予以行政处罚，但未被海关暂停执业、取消报关从业资格的，记30分	

中华人民共和国海关对外商投资企业进出口货物监管和征免税办法

（1992年7月25日海关总署令第29号发布）

第一章 总 则

第一条 为了鼓励外国公司、企业和其他经济组织或个人来中国兴办中外合资经营企业、中外合作经营企业和外资企业（以下简称外商投资企业），贯彻国家产业政策，发展国民经济，方便合法进出，加强海关监管，依照《中华人民共和国海关法》和有关法律、法规的规定，制定本办法。

第二条 外商投资企业应按中华人民共和国的法律、法规和本办法的规定履行各项义务，其进出口货物应如实向海关申报，接受海关监管并可享受有关优惠。

第三条 对遵守海关规定好的外商投资企业，经审核后，由海关授予“信誉良好企业”称号并在办理海关手续方面给予相应的便利。

第四条 对符合海关监管条件的外商投资企业，可以批准其建立保税仓库、保税工厂，海关认为必要时，可以向外商投资企业中派驻关员进行监管，办理海关手续，有关企业应提供必要的便利。

第五条 外商投资企业进口的货物凡属于《中华人民共和国海关法》规定的海关监管货物，未经海关许可，不得擅自出售、转让、抵押或移作他用。

第二章 备案手续与验放依据

第六条 外商投资企业应当持凭中华人民共和国对外经济贸易管理部门或其授权机构签发的批准证书和中华人民共和国工商行政管理部门或其授权机构签发的营业执照等文件的副本或复印件以及企业章程、合同，向主管地海关办理企业登记备案手续。

第七条 外商投资企业投资各方应当根据合同、章程的规定，按照国家的有关规定缴付出资额，并在验资后1个月内向海关递交验资报告。

第八条 外商投资企业办理进出口货物报关手续时，应当填写外商投资企业专用的进口或出口货物报关单向海关申报，并交验货物发票、装箱单等有关单据；属于国家规定须申领许可证的商品，还应当向海关递交进（出）口许可证；不属于国家规定申领许可证的商品，海关凭批准成立企业的文件或者进出口合同验放。

外资企业进口本企业自用的、合理数量的货物免予报批，免领进口许可证。

第九条 外商投资企业为解决外汇收支平衡购买产品出口的，海关应当验凭经贸主管部门的批准文件；其中属于国家实行出口许可证管理的商品，凭批准文件申领出口许可证，海关凭以验放。

第十条 外商投资企业应于货物进口前持凭经批准的合同设备清单等单证向主管海关办理征免税审批手续，经海关核准后发给《中华人民共和国海关对外商投资企业进口货物征免税证明》（以下简称《征免税证明》）。货物进口时，企业持《征免税证明》办理报关手续。

由海关签发的《征免税证明》的有效期为3个月。如遇特殊情况，经主管海关核准，可以延期，延长期限最长为3个月。

上述征免税货物，由主管海关办理验放手续，也可由进境地海关办理验放手续。《征免税证明》第三联应当于货物验放后1个月内退回主管海关备核。

第十一条 为履行产品出口合同的外商投资企业，由海关核发《中华人民共和国海关对外商投资企业履行产品出口合同所需进口料件加工复出口登记手册》（以下简称《登记手册》）。

外商投资企业为履行产品出口合同所需进口的原材料、燃料、散件、零部件、元器件、配套件、辅料和包装物料，由海关按保税货物进行监管，进口时，免领进口许可证，海关凭企业合同或进出口合同验放。

外商投资企业加工出口的产品，凡属于国家实行出口许可证管理的，出口时，海关凭出口许可证验放。

第三章 进出口货物的税收规定

第十二条 外商投资企业按规定在投资总额以及经批准追加的投资额内进口的货物，可以享受海关给予的免税优惠，对超出投资额进口的货物，应当照章征税。

第十三条 中外合资经营企业进口下列货物、免征关税和工商统一税：

（一）按照合同规定作为外国合营者出资的机器设备、零部件和其他物料［其他物料指建厂（场）以及安装、加固机器所需材料，下同］；

（二）以投资总额内的资金进口的机器设备、零部件和其他物料；

（三）以增加资本进口的国内不能保证生产供应的机器设备、零部件和其他物料。

第十四条 外资企业进口第十三条规定的货物以及生产管理设备，免征进口关税和工商统一税。

第十五条 中外合作开采海洋石油进口直接用于勘探、开发作业的机器、设备、备件和材料；为制造开采作业用的机器、设备所需进口的零部件和材料以及利用外资进口属于能源开发、铁路、公路、港口的基本建设、工业、农业、林业、牧业和养殖业、深海渔业捕捞，科学研究，教育及医疗卫生方面的项目，按照合同规定进口的机器设备以及建厂（场）和安装、加固机器设备所需材料，免征进口关税和工商统一税。

第十六条 中外合作经营的商业、饮食业、照像业和其他服务业、维修中心、职工培训、客货汽车运输、近海渔业捕捞以及其他行业进口的货物、除国家另有规定者外，应当照章征收进口关税和工商统一税。

第十七条 外商投资企业在投资总额内根据国家规定进口本企业自用合理数量的交通工具，生产用车辆，办公用品（设备），免征进口关税和工商统一税。

第十八条 本办法第十三条、第十四条、第十五条、第十七条所列享受海关减免税优惠的进口货物，由海关规定监管年限。监管年限从减免税进口货物的放行之日起计算。

下列享受税收优惠的进口货物监管年限为：

（一）船舶、飞机及建筑材料（包括钢材、木材、胶合板、人造板、玻璃等等）8年；

（二）机动车辆和家用电器6年；

（三）机器设备和其他设备、材料等5年。

对超过海关监管年限的减免税货物，企业可以向海关提出解除监管申请，经主管海关核准后发给《中华人民共和国海关对外商投资企业减免税进口货物解除监管证明》。

在海关监管年限内的减免税出口货物，经原审批部门批准用于在国内转卖或销售的，海关应当按照其使用时间折旧估价，补征进口税款。

未列入海关监管年限内的减免税进口货物，实际处理时，海关根据货物使用情况进行估价，补征税款。

第十九条 外商投资企业为履行产品出口合同进口直接用于加工出口产品而在生产过程中消耗掉的、数量合理的触媒剂、催化剂、磨料、燃料等，海关免征进口关税和工商统一税。

第二十条 外商投资企业为履行产品出口合同而在生产过程中产生的副次品、边角余料转为内销时。经海关核查批准后，予以酌情补税。对于确实没有使用价值的废品免予补税。外商投资企业进口的试机材料，应当在进口时照章征税。

第二十一条 外商投资企业经经贸主管部门批准进口供加工内销产品的料、件，应当在进口时照章征税。

第二十二条 外商投资企业出口自产产品，除限制出口商品或国家另有规定者外，免征出口关税。

第四章 保税进口料、件的管理与核销

第二十三条 外商投资企业对保税进口料、件（以下简称料、件）的进口、储存保管、提取使用和转厂加工，以及对加工制成品的储存、出口和内销等情况，应当建立符合海关要求的专门账册，定期列表报海关核查。

第二十四条 外商投资企业进口的料、件，除因特殊原因并经海关核准外，应当从进口之日起1年内加工成成品并履行有关出口合同。

外商投资企业进口料、件及加工的产品，因故转为内销的，应当经经贸主管部门批准并向海关补缴有关进口料、件的关税和工商统一税后方准内销，其中属于许可证管理的料件，还应当交验进口许可证。

第二十五条 外商投资企业进口的料、件不得直接转厂加工。如因特殊情况需转厂加工的，应当事先报经海关核准并在海关批准的期限内，将转厂加工的成品、半成品调回本企业。

外商投资企业进口的料、件，经生产加工成成品或半成品，如不直接出口而卖断、转让给另一承接加工复出口的企业进行再加工、装配时，进口料、件的企业应当会同该生产企业持凭双方签订的购销或者生产加工合同等有关单据向海关办理结转和核销手续。

第二十六条 对进口合同项下的料、件，外商投资企业应当在最后一批成品出口之日起1个月内，持《登记手册》和出口货物报关单等有关单据向海关办理核销手续。

第二十七条 外商投资企业进口料、件后，如发生变更、转让、终止合同等情事，应当及时向海关办理有关手续。

第五章 抵押与破产、清算

第二十八条 外商投资企业以海关监管货物向国内外的金融机构作贷款抵押的，必须事先向主管海关申请，经核准后方可办理抵押手续。

上述抵押物实际处理时，企业应当按其使用年限折旧补税并办结海关手续。

第二十九条 外商投资企业终止合同或者解除合同，应当在审批机关批准进行财产清算的15日内或在法院裁定准予企业破产生效之日起15日内，持审批机关的批准文件（复印件）、进口征免税物资清单、海关核发的《征免税证明》、《登记手册》等，向主管海关申请办理减免税进口物资的销案手续。企业应交回《报关注册登记证明书》、《报关员证》等有关证件。

海关在办结上述企业减免税进口物资的销案手续前，应当对有关进口物资予以封存。

第三十条 破产的外商投资企业，在进口财产清偿前，对其享受海关税收优惠的监管货物，应按照国家规定办理纳税手续。

第三十一条 终止或解除合同的外商投资企业，海关对其监管年限内的减免税进口货物，按以下规定办理：

（一）留给合营中方继续使用或转让、出售给国内单位的，海关应当按其使用年限折旧补税；

（二）如转让给国内其他可享受同等优惠待遇的外商投资企业使用的，经审批机关批准并办结海关结转手续后，可以继续享受减免税优惠；

（三）经海关核准，允许合营外方将原免税进口货物退运出境。

第三十二条 上述办结海关手续的外商投资企业，由海关核发《企业办结海关手续通知书》。

第六章 附 则

第三十三条 设在经济特区、经济技术开发区、保税区、高新技术产业开发区、沿海开放城市、沿海开放地区以及实行其他特殊优惠政策地区的外商投资企业，其进出口货物除按本办法规定办理外，还执行国家给予上述地区外商投资企业的有关政策。

第三十四条 台湾、香港、澳门同胞及华侨投资企业除执行《国务院关于鼓励台湾同胞投资的规定》和《国务院关于鼓励华侨港澳同胞投资规定》有关规定外，比照本办法规定执行。

第三十五条 对违反本办法的行为，海关按《中华人民共和国海关法》、《中华人民共和国海关法行政处罚实施细则》和其他有关法规处理。对触犯刑律的，依法由司法机关追究刑事责任。

第三十六条 凡与本办法相抵触的规定，均以本办法为准。

第三十七条 本办法由海关总署负责解释。

第三十八条 本办法自1992年9月1日起实行。

关于大型高新技术企业适用便捷通关措施的审批规定

第一条 根据《海关总署、外经贸部关于支持高新技术产业发展若干问题的通知》(署厅发［2001］279号，以下简称《通知》)第一条及第五条的规定，大型高新技术企业适用便捷通关程序应按以下程序办理申请、备案或审批手续。

第二条 符合以下基本条件的企业，均可申请适用《通知》规定的一项或数项便捷通关程序。

(一)企业守法经营，资信可靠，内部管理规范、严格，半年内无走私、违规情事，并有足够的资产或资金为本企业因适用便捷通关程序应承担的经济责任提供总担保；

(二)在中国关境内具有独立法人资格，从事高新技术生产，且其生产产品已列入科技部、外经贸部、财政部、国家税务总局、海关总署共同编制的《中国高新技术产品出口目录》(另行下发)；

(三)具有进出口经营权，并已在海关注册；

(四)本企业年出口额(包括加工贸易深加工结转)在1亿美元以上。

第三条 企业按以下步骤办理备案申请手续：

(一)企业应如实填写《大型高新技术企业适用便捷通关程序备案审批表》(格式见附件1，以下简称《备案审批表》)一式5份，并由企业法定代表人或其授权的代表签字后加盖企业公章。

(二)企业向其所在省、自治区、直辖市或计划单列市外经贸委(厅、局)报请核定企业申请条件，负责核定的外经贸委(厅、局)应在10个工作日内完成核定工作，批准时应在一式5份《备案审批表》相应栏中加盖公章。

(三)企业向其主管直属海关报请核准所适用的通关便捷程序，负责核准的主管直属海关应在10个工作日内完成核准工作，批准时应在一式5份《备案审批表》相应栏中加盖公章。同时加盖有外经贸委(厅、局)和直属海关公章的《备案审批表》1份发给企业，2份分别报送海关总署和外经贸部，2份分别由外经贸委(厅、局)和直属海关存档。

(四)企业与主管直属海关签订一份《适用便捷通关程序责任担保书》(格式见附件2，以下简称《责任担保书》)。《责任担保书》由海关总署规定统一格式及基本内容，并可按海关监管或企业经营的特殊需要补充具体的规定。《责任担保书》一式5份，责任双方各1份，2份报海关总署和外经贸部备案，1份存档。

(五)直属海关负责将同时加盖有外经贸委(厅、局)和直属海关公章的《备案审批表》连同责任3方签订的《责任担保书》复印件1份分别报送海关总署、外经贸部备案。海关总署、外经贸部对《备案审批表》及《总担保书》如有异议，应在收到《备案审批表》及《责任担保书》后10天内要求直属海关延期实施或撤消《备案审批表》，或者修改《责任担保书》。逾期没有提出异议，《备案审批表》及《总担保书》即予生效。

为提高工作效率，企业与各审批部门之间，以及各审批部门之间可使用中国电子口岸系统办理上述备案手续。备案手续一律不收费。

第四条 《备案审批表》及《责任担保书》生效之日，由海关总署主管部门根据该企业所适用的便捷通关程序的具体规定及《责任担保书》的特殊要求，修改该企业相应通关作业参数。企业办理进出口货物报关手续，可直接按便捷通关程序的具体规定及《责任担保书》的特殊约定适用相应的便捷通关程序。

企业发生影响《备案审批表》及《责任担保书》的重大变更或变化情况，应及时报告主管直属海关和主管外经贸委(厅、局)。

第五条 《备案审批表》及《责任担保书》在没有海关、外经贸部门及企业任何一方提出中止或撤消前长期有效。《备案审批表》及《责任担保书》的修改、中止及恢复生效也按本办法第三条规定的步骤办理。

第六条 原审批的主管直属海关会同主管外经贸委(厅、局)有权撤消企业适用便捷通关程序的资格。主管直属海关会同主管外经贸委(厅、局)有权撤消企业适用便捷通关程序的资格的决定应由主管直属海关分别报海关总署和外经贸部备案，海关总署负责适时修改该企业相应通关作业参数，有关《备案审批表》及《责任担保书》即予失效。企业再次申请，应按本办法第三条规定重新办理备案手续。

第七条　海关对适用便捷通关程序的企业实行信用管理，进出口货物主要根据企业的申报审核放行，通关现场一般不开箱查验，进出口地海关也不得自行到企业稽查。为保证企业得到真正的通关便捷优惠，各地海关应制定专门的审批程序，凡需要在通关现场开箱查验适用通关便捷程序企业的进出口货物时，应按审批程序办理报批手续。企业主管直属海关应明确本关主管部门或主管隶属海关对适用便捷通关程序的企业负有全面管理的职责。主管部门或主管隶属海关应当加强对适用便捷通关程序的企业的守法管理，随时了解并掌握企业的资信、内部管理、财务（资金）、生产经营、年度出口额、税费缴纳等情况，按企业建立专门的资信档案，并对口岸现场海关给予信任放行的货物进行必要的核查，企业应予以配合。进出口地海关应加强与主管地海关的联系配合，在办理便捷通关程序过程中出现问题时，应主动联系主管地海关及时解决。为保证货物及时通关，两地海关意见不一致时，应先按主管地海关意见办理。

第八条　适用便捷通关程序的企业，应强化守法意识，认真履行各项承诺，自觉遵守海关及外经贸管理的各项规定，努力维护本企业良好资信。同时严格内部管理，防止内部人员滥用便捷通关程序从事走私违法活动。发生违反海关规定情事的，应自觉协助海关进行处理，接受海关处罚。

第九条　出口额在1亿美元以下但符合本办法第二条规定的各项条件的企业，如因情况特殊确实需要适用有关便捷通关程序时，可正式行文向企业主管直属海关申请。书面申请时应参照《备案审批表》内容报明本企业有关情况，直属海关根据申请情况会同企业所在省、自治区、直辖市或计划单列市外经贸委（厅、局）审核同意后转报海关总署会同外经贸部审批。

第十条　本规定自发布之日起施行。

中华人民共和国海关进出口商品预归类暂行办法

（2000年2月24日海关总署发布）

第一章　总　　则

第一条　为准确实行进出口商品归类，便利进出口货物经营单位或其代理人办理海关手续、方便合法进出口，加速货物通关，特参照国际通行做法制定本暂行办法。

第二条　预归类是指一般贸易的货物在实际进出口前，申请人以海关规定的书面形式向海关提出申请并提供商品归类所需的资料，必要时提供样品，海关依法作出具有法律效力的商品归类决定的行为。

第三条　预归类决定所确定的商品归类编码为决定作出时中国海关有效使用的进出口商品十位数编码。

第四条　预归类决定仅对该决定的申请人和作出决定的海关具有约束力，对该决定书所述货物的海关商品归类在其有效期内具有约束力。

第二章　申请的提出

第五条　预归类申请人应是在海关注册的进出口货物的经营单位或其代理人。

第六条　预归类申请应由申请人填写《海关进出口商品预归类申请书》（以下简称《申请书》，见附表一），以书面形式提交进出口地海关（包括直属海关）；进出口地海关应于接收申请的3天内交直属海关并由直属海关按本办法有关规定决定是否受理。若接收申请的海关与申请人所在地海关不在同一直属海关关区的，应凭申请人所在地直属海关开具的证明提出申请；申请人所在地直属海关在确认申请预归类的同一种商品未向两个或两个以上海关提出预归类申请后，即应开具允许异地申请的证明。

一份预归类《申请书》只应包含一项商品；申请人对多项商品申请预归类的，应逐项提出。

申请人不得就同一种商品向两个或两个以上海关提出预归类申请。

第七条　《申请书》应载明下列内容：

（一）申请人名称、地址、在海关注册的企业代码、联系人姓名及电话等；

（二）申请预归类商品的中英文名称（其他名称）；

（三）申请预归类商品的详细描述，包括商品的规格、型号、结构原理、性能指标、功能、用途、成分、加工方法、分析方法等；

（四）预计进出口日期及进出口口岸。

申请人应按海关要求提供足以说明申报情况的资料，如：进出口合同复印件、照片、说明书、分析报告、平面图等，必要时应提供商品样品。申请所附文件如为外文，申请人应同时提供外文原件及中文译文。

《申请书》一式二份，申请人和作决定的海关各执一份。《申请书》必须加盖申请单位印章，所提供资料与申请书必须加盖骑缝章。

第八条　申请人应对其所提供资料的真实性负责，不得向海关隐瞒或向海关提供影响预归类准确性的倾向性资料。

如实际进出口货物与《决定书》（见第四章）所述及的商品不相符，申请人应承担法律责任，并按《海关法》的有关规定处理。

申请人可向海关申请对其进出口货物所涉及的商业秘密进行保密。

在预归类决定书的有效期内，申请人对归类决定持有异议，可向作出决定的海关提出复核。

第九条　申请人可在海关作出预归类决定前向海关提供新资料，并对原提供资料作出说明。

申请人在海关作出预归类决定之后声明原提供资料作废并要求向海关提交新资料的，如货物尚未实际进出口，海关应按新提交的预归类申请重新审核；如货物已实际进出口，按本办法第十五条有关条款进行处理。

第三章　申请的受理

第十条　预归类申请由各直属海关受理并作出决定。海关总署负责审查由直属海关上报的疑难商品或有归类争议的商品的预归类申请并作出决定。

海关根据本办法第五条至第九条的规定对预归类申请进行审查，对不能满足预归类条件的申请，海关可不予受理。申请预归类的商品应为申请人实际或计划进出口的货物，如所提申请与实际进出口无关，海关可不予受理。

第四章　预归类决定书

第十一条　海关作出预归类决定后以《海关进出口商品预归类决定书》（以下简称《决定书》，见附表二）的形式通知申请人。《决定书》一式二份，一份交申请人持有，另一份由作出预归类决定的海关留存。

第十二条　《决定书》应包括以下内容：

（一）申请人名称、地址、在海关注册的企业代码等；

（二）申请日期；

（三）商品中英文名称；

（四）商品详细描述；

（五）海关商品归类编码；

（六）签发日期及海关签章。

第五章　预归类决定书的效力和使用

第十三条　直属海关作出的预归类决定在本关区范围内有效，海关总署作出的预归类决定在全国范围内有效。

《决定书》自海关签发之日起 1 年内有效。

第十四条　《决定书》只限申请人使用。

持有《决定书》的申请人在该决定的有效期内进出口《决定书》中所述及的货物时，应向进出口地海关递交《决定书》。

海关应以查验等方式核对实际进出口货物与《决定书》所述及商品的一致性。

第十五条　海关在作出预归类决定后，不得随意更改。因海关原因需要改变预归类决定的，由直属海关发出《变更通知书》，原《决定书》自《变更通知书》送达之日起失效。

由以下原因造成预归类决定改变时，原《决定书》即行失效：

因申请人提供的商品资料不准确或不全面，造成原预归类决定需要改变的；

因申请人补充资料或提交新资料、海关需按新提交的预归类申请重新审核，造成原《决定书》失效的；

因国家政策调整、法律、法规变化引起预归类决定改变的，申请人可持原决定书到原申请地海关申请换发《决定书》。

由本款原因引起《决定书》失效产生的其他问题，按《海关法》、《中华人民共和国进出口关税条例》和其他法规性文件的有关规定处理。

第十六条　本办法由海关总署负责解释。

第十七条　本办法自2000年4月1日起实施。

中华人民共和国海关行政裁定管理暂行办法

（2001年12月24日海关总署92号令发布，自2002年1月1日起实施）

第一条　为便利对外贸易经营者办理海关手续，方便合法进出口，提高通关效率，根据《中华人民共和国海关法》的有关规定，特制定本办法。

第二条　海关行政裁定是指海关在货物实际进出口前，应对外贸易经营者的申请，依据有关海关法律、行政法规和规章，对与实际进出口活动有关的海关事务作出的具有普遍约束力的决定。

行政裁定由海关总署或总署授权机构作出，由海关总署统一对外公布。

行政裁定具有海关规章的同等效力。

第三条　本办法适用于以下海关事务：

（一）进出口商品的归类；

（二）进出口货物原产地的确定；

（三）禁止进出口措施和许可证件的适用；

（四）海关总署决定适用本办法的其他海关事务。

第四条　海关行政裁定的申请人应当是在海关注册登记的进出口货物经营单位。

申请人可以自行向海关提出申请，也可以委托他人向海关提出申请。

第五条　除特殊情况外，海关行政裁定的申请人，应当在货物拟作进口或出口的3个月前向海关总署或者直属海关提交书面申请。

一份申请只应包含一项海关事务。申请人对多项海关事务申请行政裁定的，应当逐项提出。

申请人不得就同一项海关事务向两个或者两个以上海关提交行政裁定申请。

第六条　申请人应当按照海关要求填写行政裁定申请书（格式见附表），主要包括下列内容：

（一）申请人的基本情况；

（二）申请行政裁定的事项；

（三）申请行政裁定的货物的具体情况；

（四）预计进出口日期及进出口口岸；

（五）海关认为需要说明的其他情况。

第七条　申请人应当按照海关要求提供足以说明申请事项的资料，包括进出口合同或意向书的复印件、图片、说明书、分析报告等。

申请书所附文件如为外文，申请人应同时提供外文原件及中文译文。

申请书应当加盖申请人印章，所提供文件与申请书应当加盖骑缝章。

申请人委托他人申请的，应当提供授权委托书及代理人的身份证明。

第八条　海关认为必要时，可要求申请人提供货物样品。

第九条　申请人为申请行政裁定向海关提供的资料，如果涉及商业秘密，可以要求海关予以保密。除司法程序要求提供的以外，未经申请人同意，海关不应泄露。

申请人对所提供资料的保密要求，应当书面向海关提出，并具体列明需要保密的内容。

第十条　收到申请的直属海关应当按照本办法第六条、第七条、第八条规定对申请资料进行初审。对符合规定的申请，自接受申请之日起3个工作日内移送总署或总署授权机构。

申请资料不符合有关规定的，海关应当书面通知申请人在10个工作日内补正。申请人逾期不补正的，视为撤回申请。

第十一条　海关总署或授权机构应当自收到申请书之日起15个工作日内，审核决定是否受理该申请，并书面告知申请人。对不予受理的应当说明理由。

第十二条　有下列情形之一的，海关不予受理：

（一）申请不符合本办法第三、四、五条规定的；

（二）申请与实际进出口活动无关的；

（三）就相同海关事务，海关已经作出有效行政裁定或其他明确规定的；

（四）经海关认定不予受理的其他情形。

第十三条 海关在受理申请后，作出行政裁定以前，可以要求申请人补充提供相关资料或货物样品。

申请人在规定期限内未能提供有效、完整的资料或样品，影响海关作出行政裁定的，海关可以终止审查。

申请人主动向海关提供新的资料或样品作为补充的，应当说明原因。海关审查决定是否采用。

海关接受补充材料的，根据补充的事实和资料为依据重新审查，作出行政裁定的期限自收到申请人补充材料之日起重新计算。

第十四条 申请人可以在海关作出行政裁定前以书面形式向海关申明撤回其申请。

第十五条 海关对申请人申请的海关事务应当根据有关事实和材料，依据有关法律、行政法规、规章进行审查并作出行政裁定。

审查过程中，海关可以征求申请人以及其他利害关系人的意见。

第十六条 海关应当自受理申请之日起60日内作出行政裁定。

海关作出的行政裁定应当书面通知申请人，并对外公布。

第十七条 海关作出的行政裁定自公布之日起在中华人民共和国关境内统一适用。

进口或者出口相同情形的货物，应当适用相同的行政裁定。

对于裁定生效前已经办理完毕裁定事项有关手续的进出口货物，不适用该裁定。

第十八条 海关作出行政裁定所依据的法律、行政法规及规章中的相关规定发生变化，影响行政裁定效力的，原行政裁定自动失效。

海关总署应当定期公布自动失效的行政裁定。

第十九条 有下列情形之一的，由海关总署撤销原行政裁定：

（一）原行政裁定错误的；

（二）因申请人提供的申请文件不准确或者不全面，造成原行政裁定需要撤销的；

（三）其他需要撤销的情形。

海关撤销行政裁定的，应当书面通知原申请人，并对外公布。撤销行政裁定的决定，自公布之日起生效。

经海关总署撤销的行政裁定对已经发生的进出口活动无溯及力。

第二十条 进出口活动的当事人对于海关作出的具体行政行为不服，并对该具体行政行为依据的行政裁定持有异议的，可以在对具体行政行为申请复议的同时一并提出对行政裁定的审查申请。复议海关受理该复议申请后应将其中对于行政裁定的审查申请移送海关总署，由总署作出审查决定。

第二十一条 行政裁定的申请人应对申请内容及所提供资料的真实性、完整性负责。向海关隐瞒真实情况或提供虚假材料的，应当承担相应的法律责任。

第二十二条 本办法由海关总署负责解释。

第二十三条 本办法自2002年1月1日起实施。

附件 中华人民共和国海关行政裁定申请书（略）

中华人民共和国海关关于加工贸易保税货物跨关区深加工结转的管理办法

（1999年9月22日海关总署发布）

第一条 为促进加工贸易健康发展，加强和规范海关对加工贸易跨关区深加工结转的管理，根据《中华人民共和国海关法》和经国务院批准的《关于对加工贸易进口料件试行银行保证金台账制度暂行管理办法》、《关于进一步完善加工贸易银行保证金台账制度的意见》的有关规定，制定本办法。

第二条 本办法中的保税货物跨关区深加工结转是指加工贸易（来料加工、进料加工）企业将保税料件加工的产品结转至另一直属海关关区内的加工贸易企业深加工后复出口的经营活动。未经加工的保税进口料件不得结转。

第三条 加工贸易企业开展深加工结转业务，应事先经外经贸主管部门批准，并按规定办理海关手续后，方可开展货物的实际结转。

第四条 海关对保税货物深加工结转采用计划审批制度，转出企业在申领《加工贸易登记手册》（以下简称《登记手册》）后，即可凭《中华人民共和国海关加工贸易保税货物深加工结转申请表》（以下简称《申请表》）向海关预申报结转计划。经转入地海关同意后，可分批办理结转送货手续。

第五条 海关对深加工结转的保税货物采用转关运输和不按转关运输两种方式进行监管。不按转关运输办理结转的，企业按《申请表》内容进行实际送货后统一在调入地海关办理结转报关手续；按转关运输办理结转的，在每一次交货前必须分别在转出、转入地海关办理结转报关手续。海关对加工贸易深加工结转形式进出口进行单项统计。

第六条 深加工结转货物属下列情况之一的，经海关批准，可不按转关运输办理。

（一）转出、转入地两个直属海关实现加工贸易备案合同数据资料计算机联网管理的；

（二）转出企业为A类加工贸易企业的；

（三）转出企业主动申请并向转出地海关交付相当结转货物税款等额风险担保金的；

（四）对按规定应办理转关运输，由于不具备计算机联网管理条件或因运输、包装等方式限制而不具备转关运输条件，已由转出地海关收取相当于结转货物税款等额风险担保金的；

（五）转出的保税产品所使用的进口料件已全部实行台账保证金“实转”的；

（六）因其他特殊原因，经转入、转出地海关协商后，由转出地海关报海关总署批准的。

第七条 不按转关运输办理货物结转的手续

（一）已实行加工贸易备案合同数据资料计算机联网的：

1. 转出企业凭外经贸主管部门的深加工结转批准文件、《申请表》（一式四联）、《登记手册》、购销合同或协议等有关单证向转出地海关保税部门提出申请。转出地海关审核同意后，在《申请表》上批注意见并注明不按转关规定办理的原因，通过计算机网络把结转内容传输至转入地海关。《申请表》第一联留存，另三联由转出企业交转入企业。

2. 转入企业应在转出地海关批准的《申请表》上填写本企业的相关资料并盖企业印章后，到转入地海关办理有关手续。

3. 转入地海关保税部门在审批企业结转申请时，应对企业递交的《申请表》、《登记手册》和购销合同或协议与转出地海关传输的结转内容进行核对。确认无误后，根据结转企业的实际情况签注是否分批送货的意见。办结审批手续后，将《申请表》第二联留存，第三、四联交企业凭以办理结转报关手续。

4. 经海关同意实行分批送货统一报关的，转出企业应按海关批准的货物数量进行实际送货，转入企业收货后应在《保税货物实际结转情况登记表》（以下简称《登记表》）上登记、签章。在结转计划执行完毕或有效期内，转入、转出企业应凭双方《登记手册》、《申请表》、《登记表》、购销合同或协议等单证到转入地海关办理形式进/出口报关手续。转入地海关货管部门应在结转货物办理形式报关手续时，收回《申请表》和《登记表》，并将海关签印的进/出口报关单退企业。

5. 一次性办结送货手续的，应在转入地海关一次性办理结转报关手续，转入地海关货管部门收回《申请表》和《登记表》。

6. 转入地海关货管部门在办理结转报关手续时，必须与通过网络传送的计算机内合同结转内容进行核对，核对无误后方可办理有关手续。

（二）对没有实现合同备案资料联网传输但符合不按转关运输条件的，除比照上述做法外，转入地海关必须对《登记手册》、《申请表》等加强真伪检查，用加密传真与转出地海关进行核实后，才能予以办理结转审批和报关手续。

第八条 对不符合本办法第六条所列条件的，必须按转关运输办理。

第九条 按转关运输办理货物结转的手续

（一）转出企业凭外经贸主管部门的深加工结转批准文件、《申请表》、《登记手册》、购销合同或协议等，向所在地海关保税部门提出申请，海关保税部门审核同意并在《申请表》上签注“按转关运输办理”字样后，将《申请表》第一联留存，另三联由转出企业交转入企业填写相应内容签章后送转入地海关办理审批手续。

（二）转入企业凭《申请表》、《登记手册》、购销合同等到转入地海关保税部门办理审批手续。转入地海关保税部门在审批时可根据企业情况确定是否分批转关。海关同意后应在《申请表》上批注意见，并将《申请表》第二联留存，其余交企业办理转关、报关手续。

（三）转入地海关货管部门收到转入企业的转关申请后，比照转关运输的监管规定开出《转关联系单》做关封，由企业送转出地海关。

（四）转出地海关货管部门在接受转出企业结转报关时，应对企业提交的《申请表》、《转关联系单》、《转关运输申报单》、购销合同（协议）、转出企业的《登记手册》进行核对，确认无误后，比照转关运输规定将货物转关监管至转入地海关，并将转关数据通过网络传输、将出口报关单做关封交企业带至转入地海关。对同意分批转关的，货管部门应在《申请表》或《登记表》中注明该票转关运输货物的数量。

（五）结转货物到达转入地海关后，海关在接受转入企业进口报关时，应认真将上述单证与转出地海关传输的数据和关封进行核对，加强对货物的实际监管和查验，并及时将有关计算机数据和转关回执反馈给转出地海关，转出地海关货管部门凭此将海关签印的出口报关单退企业。货物结转完毕，转入地海关货管部门应收回《申请表》。

（六）按转关运输办理的结转货物，应由海关核准承运转关运输货物的运输企业承运。转入、转出企业管理类别属于A或B类的，经主管海关同意，结转货物可使用符合海关转关运输监管条件的自备车辆或选择经海关核准的运输工具承运，企业及承运人共同向海关负责。

第十条 结转货物，如转入、转出地海关归入不同的商品编码，编码相同但商品名称不同或价格不一致时，由转入地海关审定后办理结转手续，并将有关情况反馈转出地海关。两地海关必须加强联系，严格把关。

第十一条 《申请表》由海关进行登记编号，编号办法为：年号+关区号+结转+顺序号。例如："199960006结转001"。

第十二条 转出、转入企业之间产品结转可比照进出口贸易以外汇结算，办结结转货物海关手续后，海关按有关规定确定是否向企业签发报关单外汇核销证明联。

第十三条 加工贸易企业不按规定办理深加工结转手续，有走私、违规等情况的，主管海关应按《中华人民共和国海关法》及《中华人民共和国海关法行政处罚实施细则》等有关规定处理，并及时通知有关海关，有关海关接通知后应立即开展调查，并对所辖企业作出相应处理。

第十四条 海关总署以往所发规定与本办法不符的，以本办法为准。

第十五条 本办法由海关总署负责解释。

第十六条 本办法自1999年10月1日起执行。

中华人民共和国海关关于异地加工贸易的管理办法

（1999年9月22日海关总署发布）

第一条 为了促进加工贸易健康发展，加强和规范海关对异地加工贸易的管理，根据《中华人民共和国海关法》和国务院批准的国家经贸委等部门《关于进一步完善加工贸易银行保证金台账制度的意见》及其他有关规定，制定本办法。

第二条 本办法中的"异地加工贸易"是指加工贸易经营单位（以下简称经营单位）将进口料件委托另一直属海关关区内加工生产企业（以下简称加工企业）开展的加工业务。不包括加工出口产品过程中某一加工工序的外发加工业务（外发加工业务管理办法另行制定）。

第三条 经营单位与加工企业开展异地加工业务，双方须签定符合《中华人民共和国合同法》规定的"委托加工合同"。

第四条 经营单位与加工企业双方必须遵守国家对加工贸易管理的有关规定，经营单位不得将保税进口料件转卖给加工企业。

第五条 经营单位开展异地加工贸易，须凭其所在地外经贸主管部门核发的《加工贸易业务批准证》和加工企业所在地外经贸主管部门出具的《加工贸易加工企业生产能力证明》，填制《中华人民共和国海关异地加工贸易申请表》（格式见附件1，以下简称《申请表》），向经营单位主管海关提出异地加工申请。

第六条 经营单位主管海关在核准其异地加工申请时，对于办理过异地加工贸易业务的经营单位，须查阅由加工企业主管海关反馈的《中华人民共和国海关异地加工贸易回执》（格式见附件2，以下简称《回执》）。经核实合同执行情况正常的，在《申请表》（一式二联）内批注签章，与《加工贸易业务批准证》、《加工贸易加工企业生产能力证明》一并制作关封，交经营单位凭以向加工企业主管海关办理合同登记备案。

第七条 加工企业主管海关凭经营单位提供的《加工贸易业务批准证》、“委托加工合同”、《加工贸易加工企业生产能力证明》、《申请表》及其他有关单证办理合同登记备案。如由加工企业向海关办理合同备案手续的，必须持有经营单位出具的委托书。

第八条 海关对开展异地加工贸易的经营单位和加工企业实行分类管理，如果两者的管理类别不相同，按其中较低类别采取监管措施。如需实行保证金台账“实转”的，经营单位应按规定交付备案进口料件税款等额的台账保证金。经营单位不得委托按D类管理的加工企业开展异地加工贸易。

第九条 异地加工贸易合同执行过程中，如有走私违规行为或无法正常核销结案的，加工企业主管海关应负责将台账保证金转税和罚款。台账保证金转税数额不足的，由加工企业主管海关负责向经营单位追缴税款，经营单位主管海关应予协助。

第十条 对违反本规定，构成走私、违规的，由海关依照《中华人民共和国海关法》及《中华人民共和国海关法行政处罚实施细则》有关规定处理。经营单位和加工企业在执行本办法和海关各项规定时，负有共同责任。对其违法行为，海关可根据实际情况分别追究法律责任。

第十一条 经营单位与加工企业不在同一直属关区，但属同一法人开展异地加工贸易业务的，可比照上述规定办理。

第十二条 本办法由海关总署负责解释。

第十三条 本办法自1999年10月1日起实施。

海关对出口退税报关单管理办法

（1991年3月6日海关总署发布）

第一条 为了正确执行国家对出口产品的退税政策，支持外贸发展，加强对出口退税报关单的管理，特制定本办法。

第二条 出口企业应按本办法的规定向海关办理申领出口退税报关单手续。海关按规定收取签证费。

第三条 出口企业申领出口退税报关单，应于海关放行货物之日起15日内（第十五日为法定节假日时顺延）办理完毕。海关放行货物之日指装载出口货物的运输工具办结海关手续之日。

第四条 出口企业向税务机关办理出口产品退税时，必须提供盖有海关验讫章的出口退税报关单。

第五条 出口企业必须认真填写出口退税报关单，并编填申报企业编号。

第六条 海关在接受出口企业报关时，对企业申报出口的高税率产品，严格审核后应将出口退税报关单封入关封，交出口企业送交退税地税务机关。如报关单位为代理报关企业，则由代理报关企业在关封上注明出口企业名称、地址，交海关封入关封后，由代理报关企业转交出口企业送交退税地税务机关。

第七条 对海关已签发出口退税报关单的货物，如遇特殊情况发生退关或退运，报关单位应向原报关出口地海关出示当地主管出口退税的县级以上税务机关的证明，证明其货物未办理出口退税或所退税款已退回税务机关，海关方予办理该批货物的退关手续。

第八条 有关单位或企业丢失海关已签发的出口退税报关单，要求海关补办时，应由主管出口退税的税务机关出具该批货物未办理出口产品退税的证明，并经海关查对核实货物确已出口，可补签出口退税报关单。海关应签注“补办”字样，并按规定收取签证费。

第九条 对出口企业报关时采取以少报多，以次（废）充好，以低税率产品冒充高税率产品等企图骗取出口退税行为的，在现场发现部分由海关按《中华人民共和国海关法》及有关规定处理；对出口企业向税务机关申报退税后，发现骗取退税行为的由税务机关按《关于加强出口产品退税管理的联合通知》［国税发（1991）003号］的有关规定处理。

第十条 对来料加工复出口的产品、三资企业出口的产品以及按海关对保税工厂监管方式生产的出口产品，海关不签发出口退税报关单。

第十一条 对进料加工复出口的产品，海关应在退税报关单上加盖“进料加工”戳记。

第十二条 出口退税报关单由海关总署统一印制。该报关单采用浅黄色纸张。按现行出口货物报关单格式印制，注明“出口退税专用”字样。

第十三条 本办法自1991年4月1日施行。

中华人民共和国海关关于报关员资格考试及资格证书管理办法

（2005年11月30日海关总署令第135号发布）

第一条 为了规范报关员资格考试、资格申请及取得事项，根据《中华人民共和国海关法》和其他有关法律、行政法规的规定，制定本办法。

第二条 报关员资格考试实行全国统一考试制度。

考试合格者可以向海关申请取得报关员资格。

第三条 海关总署组织报关员资格全国统一考试（以下简称“考试”），确定考试原则，制定考试大纲、规则，统一命题；指导、监督各地海关具体实施考试，处理考试工作中的重大问题；组织阅卷，公布考试成绩；管理各海关审核报关员资格申请、颁发报关员资格证书事宜。

第四条 直属海关在海关总署指导下具体实施考试；受理、审查报关员资格申请，颁发报关员资格证书。

直属海关可以委托隶属海关受理、审核报关员资格申请，并办理颁发证书等事宜。直属海关应当将受委托的隶属海关和委托的内容予以公告。

海关对颁发报关员资格证书的条件、程序等应当依法进行公示。

第五条 报关员资格全国统一考试每年举行一次。特殊情况下，经海关总署决定，可以进行调整。

考试实行公平、公开、公正、诚信的原则，采取全国统一报名、统一命题、统一考试、统一评分标准、统一阅卷核分和统一合格标准的方式进行。

第六条 考试主要测试考生从事报关业务必备的基础知识和技能，考试内容包括报关专业知识、报关专业技能、报关相关知识以及与报关业务相关的法律、行政法规及海关总署规章。

海关总署在考试3个月前对外公告考试事宜。

第七条 报名参加考试的人员应当符合下列条件：

（一）具有中华人民共和国国籍；

（二）年满18周岁，具有完全民事行为能力；

（三）具有大专及以上学历。

第八条 有下列情形之一的，不得报名参加考试，已经办理报名手续的，报名无效：

（一）因故意犯罪，受到刑事处罚的；

（二）因在报关活动中发生走私或严重违反海关规定的行为，被海关依法取消报关从业资格的；

（三）因向海关工作人员行贿，被海关依法撤销报关注册登记、取消报关从业资格的；

（四）曾被宣布考试成绩无效，并被撤销报关员资格、吊销资格证书，不满3年的。

第九条 考试实行网上报名与现场确认相结合。考生应当在网上报名后，自行打印准考证主证，并按照公告规定及时到有关海关进行现场确认。

第十条 考生进行现场确认时，应当如实向海关交验下列证件：

（一）准考证主证；

（二）学历证书原件及复印件；

（三）本人有效身份证件（居民身份证、军官证、士兵证）原件及复印件。

香港、澳门特别行政区居民中的中国公民凭有效香港、澳门身份证可以报名参加考试。

台湾居民报名参加考试的，比照前款规定办理。

第十一条 经现场确认的考生，应当于考试前1个月内自行从网上打印准考证副证。

考生凭准考证主证、副证及身份证件参加考试。

第十二条 海关总署核定并公布全国统一合格分

数线。

直属海关及受委托的隶属海关应当根据统一合格分数线，及时公布成绩合格、可以申请报关员资格的考生名单。

第十三条　考生对考试分数有异议的，可以申请对本人试卷卷面各题已得分数的计算、合计、登录是否有误进行核查。核查结果通知本人后，不进行再次核查。

第十四条　根据海关公布的名单可以申请报关员资格的考生，应当自名单公布之日起6个月内向原报名海关申请报关员资格。

第十五条　向海关申请报关员资格的，应当提交下列材料：

（一）《报关员资格证书申请表》（见附件1）；

（二）准考证主证；

（三）学历证书；

（四）身份证件。

第十六条　申请人委托代理人代为提出报关员资格申请的，应当出具《授权委托书》（见附件2）。《授权委托书》应当由委托人签章并注明委托日期。

第十七条　海关对申请人授予报关员资格的申请进行受理、审查、作出决定，以及对报关员资格予以撤销、注销等活动，应当依据《中华人民共和国行政许可法》、《中华人民共和国海关行政处罚实施条例》、《中华人民共和国海关实施〈中华人民共和国行政许可法〉办法》等法律、行政法规、海关总署规章规定的程序进行。

第十八条　除当场作出决定的外，海关应当自受理申请之日起20个工作日内作出是否授予报关员资格的决定。

决定不授予报关员资格的，应当向申请人制发不授予报关员资格决定书。

第十九条　海关决定授予报关员资格的，应当自作出决定之日起10个工作日内颁发报关员资格证书。

颁发报关员资格证书的，可以不再制发准予行政许可决定书。

第二十条　报关员资格证书由海关总署统一制作，在全国范围内有效。

取得报关员资格证书者可以按规定向海关申请注册。

第二十一条　取得报关员资格证书后，因故损毁、遗失的，可以按照下列程序向原发证海关申请补发：

（一）申请人向原发证海关书面说明情况，并在省级报刊声明；

（二）海关自收到情况说明和报刊声明之日起30个工作日内予以补发。

第二十二条　考生以伪造文件、冒名代考或者其他欺骗行为参加考试，取得报关员资格的，海关经查实应当宣布成绩无效，并撤销其报关员资格。

第二十三条　海关工作人员有泄漏考题、纵容作弊、篡改考分等行为的，应当给予行政处分，构成犯罪的，依法追究刑事责任。

第二十四条　本办法由海关总署负责解释。

第二十五条　本办法自2006年1月1日起施行，2003年3月18日发布的《中华人民共和国海关关于报关员资格考试的管理规定》同时废止。

本办法施行前通过2005年度报关员资格考试成绩合格的考生，可以按照本办法规定的程序向原报考海关申请取得报关员资格证书。

附件1　《报关员资格证书申请表》

附件2　《授权委托书》

附件1

报关员资格证书申请表

姓　　名：________________

身份证号：□□□□□□□□□□□□□□□□□□

准考证号：________________

考试成绩：________________

学　　历：________________

特此声明：本人经报关员资格考试成绩合格，符合《中华人民共和国海关关于报关员资格考试及资格证书管理办法》规定要求，特申请报关员资格证书，并对申请时提交文件内容真实性负责。

签　　名：________________

申请日期：____年____月____日

附件 2

授权委托书

委 托 人：＿＿＿＿＿＿＿＿ 身份证号：＿＿＿＿＿＿＿＿

被委托人：＿＿＿＿＿＿＿＿ 身份证号：＿＿＿＿＿＿＿＿

委托事项：代为申请颁发委托人的报关员资格证书

委托权限（请在以下方框内打勾）：

□代为提交有关材料

□代为签收有关法律文书及送达回证

□其他：＿＿＿＿＿＿＿＿＿＿＿＿

＿＿＿＿＿＿＿＿＿＿＿＿

委托时限：自　　年　　月至　　年　　月

委 托 人：＿＿＿＿＿＿＿＿

被委托人：＿＿＿＿＿＿＿＿

委托日期：＿＿年＿＿月＿＿日

中华人民共和国海关对加工贸易企业实施计算机联网监管办法

（2001 年 9 月 26 日审议通过，自 2003 年 5 月 1 日起施行）

第一章　总　则

第一条　为规范海关对加工贸易的管理，根据《中华人民共和国海关法》及其他有关法律、行政法规，特制定本办法。

第二条　海关对加工贸易企业联网监管是指海关通过计算机网络从实行全过程计算机管理的加工贸易企业提取监管所必需的财务、物流、生产经营等数据，与海关计算机管理系统相连接，从而实施对保税货物监管的一种方法。海关利用计算机手段对企业加工贸易生产物流数据进行核查，并根据情况下厂实际核查保税货物，企业通过计算机网络向海关办理备案、变更、核销、进出口货物等有关数据。

第三条　对实施联网监管的加工贸易企业（以下简称联网企业）不实行银行保证金台账制度。

第四条　联网企业应如实向海关提供满足海关监管需要的企业备案、进口、库存、出口、单耗以及财务等相关数据。

第五条　海关应根据企业的申请保守企业的商业秘密。

第六条　申请联网监管的企业必须具备以下条件：

（一）在中国关境内具有独立法人资格，并具备加工贸易经营资格，在海关注册，以出口为主的生产型企业；

（二）企业守法经营，资信可靠，内部管理规范，对采购、生产、库存、销售等实行全程计算机管理；

（三）能按照海关监管要求提供真实、准确、完整并具有被核查功能的数据；

（四）海关实行 A 类管理；

（五）有足够的资产或资金为本企业实行联网监管应承担的经济责任提供总担保。

第七条　具备条件的企业须向主管直属海关申请实行联网监管，并向外经贸主管部门申请实行联网监管的审批模式，经审核同意后，主管直属海关与企业签订《联网监管责任担保书》，并报总署批准后，方可实施联网管理。

第二章 电子账册管理

第八条 对联网企业，海关以政府有关主管部门批准的加工贸易经营范围、年生产能力等为依据，建立电子账册，取代加工贸易《登记手册》，实施电子账册管理。

第九条 联网企业可根据实际生产需要，分别向海关申请办理进口料件、出口成品及成品单（损）耗的备案手续。

第十条 当电子账册的内容需要变更时，联网企业应按规定办理相应的审批、变更手续。

第十一条 联网企业有下列情形之一的，主管海关可视情节收取相当于批准生产周转量保税料件税款二分之一的保证金或银行保函：

（一）被降为B或C类管理的；

（二）未通过年审的；

（三）涉嫌走私处于调查期间的；

（四）企业不按规定向主管海关传输真实、准确、完整数据的；

（五）妨碍海关有效监管的其他行为。

第三章 进出口管理

第十二条 联网企业需进行身份认证，通过计算机网络办理进出口通关及报核手续。

第十三条 联网企业办理通关手续时，其进口料件和出口成品应在电子账册核定的范围内。

海关凭电子底帐、身份认证卡及其他有关单证，接受联网企业申报。

第十四条 对异地报关的，主管海关应将电子账册有关数据传输至口岸海关。

第十五条 联网企业之间或联网企业与非联网企业之间的深加工结转业务，凭身份认证卡、电子账册或《登记手册》按规定办理结转报关手续。

第四章 核查核销

第十六条 联网监管实行企业定期报核，海关分段核销制度。

第十七条 联网企业应按照海关确定的核销周期和要求报核。

第十八条 海关对联网企业报核数据进行核对，必要时可调阅企业的相关管理数据、账册、单据和其他资料，下厂核对货物，并根据监管需要实施稽查。

第十九条 联网企业因故需内销加工贸易货物时，应按现行有关规定办理。

缓税利息的计征日期按确定的核销周期计算。

第二十条 在办理核销手续时，海关将电子账册余料与联网企业实际库存量进行对比，对料件的短少或超出部分核实后，按有关规定处理。

第二十一条 海关应对核销结果进行确认，将核销结论反馈联网企业。

第五章 法律责任

第二十二条 对联网企业有下列情形之一的，海关可注销其电子账户：

（一）被政府主管部门撤销经营资格的；

（二）不再从事加工贸易业务的；

（三）降为D类管理类别的。

第二十三条 对发生本办法第十一条、第二十二条规定情形的联网企业，海关可以暂停或取消其适用便捷通关程序。暂停、取消适用便捷通关程序，按《关于大型高新技术企业适用便捷通关措施的审批规定》（海关总署第86号令）的规定执行。

第二十四条 违反本规定的，由海关按照《中华人民共和国海关法》、《中华人民共和国海关法行政处罚实施细则》的规定处理。

第六章 附 则

第二十五条 本办法由海关总署负责解释。

第二十六条 本办法自2003年5月1日起执行。

中华人民共和国海关进出口货物申报管理规定

（2002年12月23日审议通过，自2003年11月1日起施行）

第一章 总 则

第一条 为规范进出口货物的申报行为，依据《中华人民共和国海关法》及国家进出口管理的有关法律、行政法规，制定本规定。

第二条 本规定中的“申报”是指进出口货物的收发货人、受委托的报关企业，依照《海关法》以及有关法律、行政法规和规章的要求，在规定的期限、地点，采用电子数据报关单和纸质报关单形式，向海关报告实际进出口货物的情况，并接受海关审核的行为。

第三条 除另有规定外，进出口货物的收发货人或其委托的报关企业向海关办理各类进出口货物的申报手续，均适用本规定。

第四条 进出口货物的收发货人，可以自行向海关申报，也可以委托报关企业向海关申报。

向海关办理申报手续的进出口货物的收发货人、受委托的报关企业应当预先在海关依法办理登记注册。

第五条 申报采用电子数据报关单申报形式和纸质报关单申报形式。电子数据报关单和纸质报关单均具有法律效力。

电子数据报关单申报形式是指进出口货物的收发货人、受委托的报关企业通过计算机系统按照《中华人民共和国海关进出口货物报关单填制规范》的要求向海关传送报关单电子数据并备齐随附单证的申报方式。

纸质报关单申报形式是指进出口货物的收发货人、受委托的报关企业，按照海关的规定填制纸质报关单，备齐随附单证，向海关当面递交的申报方式。

进出口货物的收发货人、受委托的报关企业应当以电子数据报关单形式向海关申报，与随附单证一并递交的纸质报关单的内容应当与电子数据报关单一致；特殊情况下经海关同意，允许先采用纸质报关单形式申报，电子数据事后补报，补报的电子数据应当与纸质报关单内容一致。在向未使用海关信息化管理系统作业的海关申报时可以采用纸质报关单申报形式。

第六条 为进出口货物的收发货人、受委托的报关企业办理申报手续的人员，应当是取得报关员资格并在海关注册的报关员。未取得报关员资格且未在海关注册的人员不得办理进出口货物申报手续。

报关员应当按照国家和海关的法律法规规定和要求开展报关活动。除法律、行政法规和规章另有规定外，报关员及其所属企业应对报关员的申报行为承担相应的法律责任。

第二章 申报要求

第七条 进出口货物的收发货人、受委托的报关企业应当依法如实向海关申报，对申报内容的真实性、准确性、完整性和规范性承担相应的法律责任。

第八条 进口货物的收货人、受委托的报关企业应当自运输工具申报进境之日起14日内向海关申报。

进口转关运输货物的收货人、受委托的报关企业应当自运输工具申报进境之日起14日内，向进境地海关办理转关运输手续，有关货物应当自运抵指运地之日起14日内向指运地海关申报。

出口货物发货人、受委托的报关企业应当在货物运抵海关监管区后、装货的24小时以前向海关申报。

超过规定时限未向海关申报的，海关按照《中华人民共和国海关征收进口货物滞报金办法》征收滞报金。

第九条 本规定中的申报日期是指申报数据被海关接受的日期。不论以电子数据报关单方式申报或以纸质报关单方式申报，海关以接受申报数据的日期为接受申报的日期。

以电子数据报关单方式申报的，申报日期为海关计算机系统接受申报数据时记录的日期，该日期将反馈给原数据发送单位，或公布于海关业务现场，或通过公共信息系统发布。

以纸质报关单方式申报的，申报日期为海关接受纸质报关单并对报关单进行登记处理的日期。

第十条 电子数据报关单经过海关计算机检查被退回的，视为海关不接受申报，进出口货物收发货人、受委托的报关企业应当按照要求修改后重新申报，申报日期为海关接受重新申报的日期。

海关已接受申报的报关单电子数据，经人工审核后，需要对部分内容修改的，进出口货物收发货人、受委托的报关企业应当按照海关规定进行修改并重新发送，申报日期仍为海关原接受申报的日期。

第十一条 进出口货物的收发货人以自己的名义，向海关申报的，报关单应当由进出口货物收发货人签名盖章，并随附有关单证。

报关企业接受进出口货物的收发货人委托，以自己的名义或以委托人的名义向海关申报的，应当向海关提交由委托人签署的授权委托书，并按照委托书的授权范围办理有关海关手续。

第十二条 报关企业接受进出口货物收发货人委托办理报关手续的，应当与进出口货物收发货人签订有明确委托事项的委托协议，进出口货物收发货人应当向报关企业提供委托报关事项的真实情况。

报关企业接受进出口收发货人的委托，办理报关手续时，应当对委托人所提供情况的真实性、完整性进行合理审查，审查内容包括：

（一）证明进出口货物的实际情况的资料，包括进出口货物的品名、规格、用途、产地、贸易方式等；

（二）有关进出口货物的合同、发票、运输单据、装箱单等商业单据；

（三）进出口所需的许可证件及随附单证；

（四）海关要求的加工贸易手册（纸质或电子数据的）及其他进出口单证。

报关企业未对进出口货物的收发货人提供情况的真实性、完整性履行合理审查义务或违反海关规定申报的，应当承担相应的法律责任。

第十三条 进口货物的收货人，向海关申报前，因确定货物的品名、规格、型号、归类等原因，可以向海关提出查看货物或者提取货样的书面申请。海关审核同意的，派员到场实际监管。

查看货物或提取货样时，海关开具取样记录和取样清单；提取货样的货物涉及动植物及产品以及其他须依法提供检疫证明的，应当按照国家的有关法律规定，在取得主管部门签发的书面批准证明后提取。提取货样后，到场监管的海关关员与进口货物的收货人在取样记录和取样清单上签字确认。

第十四条 海关接受进出口货物的申报后，申报内容不得修改，报关单证不得撤销；确有如下正当理由的，收发货人、受委托的报关企业向海关递交书面申请，经海关审核批准后，可以进行修改或撤销：

（一）由于计算机、网络系统等方面的原因导致电子数据申报错误的；

（二）海关在办理出口货物的放行手续后，由于装运、配载等原因造成原申报货物部分或全部退关需要修改或撤销报关单证及其内容的；

（三）报关人员由于操作或书写失误造成申报差错，但未对国家贸易管制政策的实施、税费征收及海关统计指标等造成危害的；

（四）海关审价、归类审核或专业认定后需对原申报数据进行修改的；

（五）根据贸易惯例先行采用暂时价格成交、实际结算时按商检品质认定或国际市场实际价格付款方式需要修改原申报数据的；海关已经决定布控、查验进出口货物的，进出口货物的收发货人、受委托的报关企业不得修改报关单内容或撤销报关单证。

第十五条 海关审核电子数据报关单时，需要进出口货物的收发货人、受委托的报关企业解释、说明情况或补充材料的，收发货人、受委托的报关企业应当在接到海关通知后及时进行说明或提供完备材料。

第十六条 海关审结电子数据报关单后，进出口货物的收发货人、受委托的报关企业应当自接到海关“现场交单”或“放行交单”通知之日起10日内，持打印出的纸质报关单，备齐规定的随附单证并签名盖章，到货物所在地海关递交书面单证并办理相关海关手续。

确因节假日或转关运输等其他特殊原因需要逾期向海关递交书面单证并办理相关海关手续的，进出口货物的收发货人、受委托的报关企业应当事先向海关提出书面申请说明原因，经海关核准后在核准的期限内办理。其中，进出口货物收发货人自行报关的，由收发货人在申请书上签章；委托报关企业报关的，由报关企业和进出口货物收发货人双方共同在申请书上签章。

未在规定期限或核准的期限内递交纸质报关单的，海关删除电子数据报关单，进出口货物的收发货人、受委托的报关企业应当重新申报。由此产生的滞报金按照《中华人民共和国海关征收进口货物滞报金办法》的规定办理。

现场交单审核时，进出口货物的收发货人、受委托的报关企业应向海关递交与电子数据报关单内容一致的纸质报关单及随附单证。特殊情况下，个别内容不符的，经海关审核确认无违法情形的，由进出口货物收发货人、受委托的报关企业重新提供与报关单电子数据相符的随附单证或提交有关说明的申请，电子数据报关单可不予删除。其中，实际交验的进出口许可证件与申报内容不一致的，经海关认定无违反国家进出口贸易管制政策和海关有关规定的，可以重新向海关提交。

第十七条 企业可以通过计算机网络向海关进行联网实时申报。具体办法由海关总署另行制定。

第三章　特殊申报

第十八条　经海关批准，进出口货物的收发货人、受委托的报关企业可以在取得提（运）单或载货清单（舱单）数据后，向海关提前申报。

在进出口货物的品名、规格、数量等已确定无误的情况下，经批准的企业可以在进口货物启运后、抵港前或出口货物运入海关监管场所前3日内，提前向海关办理报关手续，并按照海关的要求交验有关随附单证、进出口货物批准文件及其他需提供的证明文件。

验核提前申报的进出口货物许可证件有效期以海关接受申报之日为准。提前申报的进出口货物税率、汇率的适用，按照《中华人民共和国进出口关税条例》（以下简称《关税条例》）的有关规定办理。

第十九条　特殊情况下，经海关批准，进出口货物的收发货人、受委托的报关企业可以自装载货物的运输工具申报进境之日起1个月内向指定海关办理集中申报手续。

集中申报企业应当向海关提供有效担保，并在每次货物进、出口时，按照要求向海关报告货物的进出口日期、运输工具名称、提（运）单号、税号、品名、规格型号、价格、原产地、数量、重量、收（发）货单位等海关监管所必需的信息，海关可准许先予查验和提取货物。集中申报企业提取货物后，应当自装载货物的运输工具申报进境之日起1个月内向海关办理集中申报及征税、放行等海关手续。超过规定期限未向海关申报的，按照《中华人民共和国海关征收进口货物滞报金办法》征收滞报金。

集中申报采用向海关进行电子数据报关单申报的方式。

集中申报的进出口货物税率、汇率的适用，按照《关税条例》的有关规定办理。

第二十条　经电缆、管道、输送带或者其他特殊运输方式输送进出口的货物，经海关同意，可以定期向指定海关申报。

第二十一条　需要向海关申报知识产权状况的进出口货物，收发货人、受委托的报关企业应当按照海关要求向海关如实申报有关知识产权状况，并提供能够证明申报内容真实的证明文件和相关单证。海关按规定实施保护措施。

第二十二条　海关对进出口货物申报价格、税则归类进行审查时，进出口货物的收发货人、受委托的报关企业应当按海关要求提交相关单证和材料。

第二十三条　需要进行补充申报的，进出口货物的收发货人、受委托的报关企业应当如实填写补充申报单，并向海关递交。

第二十四条　转运、通运、过境货物及快件的申报规定，由海关总署另行制定。

第四章　申报单证

第二十五条　进出口货物的收发货人、受委托的报关企业到海关现场办理接单审核、征收税费及验放手续时，应当递交与电子数据报关单内容相一致的纸质报关单、国家实行进出口管理的许可证件以及海关要求的随附单证等。

第二十六条　向海关递交纸质报关单可以使用事先印制的规定格式报关单或直接在A4型空白纸张上打印。

进口货物纸质报关单一式五联：海关作业联、海关留存联、企业留存联、海关核销联、证明联（进口付汇用）。

出口货物纸质报关单一式六联：海关作业联、海关留存联、企业留存联、海关核销联、证明联（出口收汇用）、证明联（出口退税用）。

第二十七条　进、出口货物报关单应当随附的单证包括：

（一）合同；

（二）发票；

（三）装箱清单；

（四）载货清单（舱单）；

（五）提（运）单；

（六）代理报关授权委托协议；

（七）进出口许可证件；

（八）海关要求的加工贸易手册（纸质或电子数据的）及其他进出口有关单证。

海关应当留存进出口许可证件的正本，其余单证可以留存副本或复印件。

第二十八条　货物实际进出口前，海关已对该货物做出预归类决定的，进出口货物的收发货人、受委托的报关企业在货物实际进出口申报时应当向海关提交《预归类决定书》。

第五章　报关单证明联、核销联的签发和补签

第二十九条　根据国家外汇、税务、海关对加工贸易等管理的要求，进出口货物的收发货人、受委托的报关企业办结海关手续后，可以向海关申请签发下

列报关单证明联：

（一）用于办理出口退税的出口货物报关单证明联；

（二）用于办理付汇的进口货物报关单证明联；

（三）用于办理收汇的出口货物报关单证明联；

（四）用于办理加工贸易核销的海关核销联。

海关签发报关单证明联应当在打印出的报关单证明联的右下角规定处加盖已在有关部门备案的“验讫章”。

进出口货物的收发货人、受委托的报关企业在申领报关单证明联、海关核销联时，应当提供海关要求的有效证明。

第三十条　海关已签发的报关单证明联、核销联因遗失、损毁等特殊情况需要补签的，进出口货物的收发货人、受委托的报关企业应当自原证明联签发之日起1年内向海关提出书面申请，并随附有关证明材料，海关审核同意后，可予以补签。海关在证明联、核销联上注明“补签”字样，并按规定收取工本费。

第六章　附　则

第三十一条　保税区、出口加工区进出口的货物及进出保税区、出口加工区货物，加工贸易后续管理环节的内销、余料结转、深加工结转等，除另有规定外，按照本规定的规定在主管海关办理申报手续。

第三十二条　采用转关运输方式的进出口货物，按照《中华人民共和国海关关于转关货物的监管办法》办理申报手续。

第三十三条　进出口货物的收发货人、受委托的报关企业、报关员违反本规定的，依照《中华人民共和国海关法》及《中华人民共和国海关法行政处罚实施细则》等有关规定处罚。

第三十四条　本规定由海关总署负责解释。

第三十五条　本规定自2003年11月1日起施行。

中华人民共和国海关对进出境快件监管办法

（2002年12月23日审议通过，自2004年1月1日起施行）

第一章　总　则

第一条　为加强海关对进出境快件的监管，便利进出境快件通关，根据《中华人民共和国海关法》及其他有关法律、行政法规，制定本办法。

第二条　本办法所称进出境快件是指进出境快件运营人以向客户承诺的快速商业运作方式承揽、承运的进出境货物、物品。

第三条　本办法所称进出境快件运营人（以下简称运营人）是指在中华人民共和国境内依法注册，在海关登记备案的从事进出境快件运营业务的国际货物运输代理企业。

第四条　运营人不得承揽、承运《中华人民共和国禁止进出境物品表》所列物品，如有发现，不得擅作处理，应当立即通知海关并协助海关进行处理。

未经中华人民共和国邮政部门批准，运营人不得承揽、承运私人信件。

第五条　运营人不得以任何形式出租、出借、转让本企业的进出境快件报关权，不得代理非本企业承揽、承运的货物、物品的报关。

第六条　未经海关许可，未办结海关手续的进出境快件不得移出海关监管场所，不得进行装卸、开拆、重换包装、更换标记、提取、派送和发运等作业。

第二章　运营人登记

第七条　运营人申请办理进出境快件代理报关业务的，应当按照海关对国际货物运输代理企业的注册管理规定在所在地海关办理登记手续。

第八条　运营人在所在地海关办理登记手续应具备下列条件：

（一）已获得国家对外经济贸易主管部门或其授权部门颁发的国际货物运输代理企业批准证书，并已获准开办进出境快件业务的。

（二）中外合资、合作运营企业中的中方需从事国际货物运输代理业务1年以上；外方需从事国际货物运输代理业务3年以上、国际快递业务1年以上。

（三）内资企业需从事国际货物运输代理业务1年以上。

（四）具有境内、外进出境快件运输网络和两个以上境外分支机构或代理人。

（五）具有本企业专用进出境快件标识、运单，运输车辆符合海关监管要求并经海关核准备案。

（六）具备实行电子数据交换方式报关的条件。

（七）快件的外包装上应标有符合海关自动化检查要求的条形码。

（八）与境外合作者（包括境内企业法人在境外设立的分支机构）的合作运输合同或协议。

第九条 进出境快件运营人不再具备本《办法》第八条所列条件之一或者在1年内没有从事进出境快件运营业务的，海关注销该运营人从事进出境快件报关的资格。

第三章 进出境快件分类

第十条 本办法将进出境快件分为文件类、个人物品类和货物类三类。

第十一条 文件类进出境快件是指法律、法规规定予以免税且无商业价值的文件、单证、票据及资料。

第十二条 个人物品类进出境快件是指海关法规规定自用、合理数量范围内的进出境的旅客分离运输行李物品、亲友间相互馈赠物品和其他个人物品。

第十三条 货物类进出境快件是指第十一条、第十二条规定以外的快件。

第四章 进出境快件监管

第十四条 进出境快件通关应当在经海关批准的专门监管场所内进行，如因特殊情况需要在专门监管场所以外进行的，需事先征得所在地海关同意。

运营人应当在海关对进出境快件的专门监管场所内设有符合海关监管要求的专用场地、仓库和设备。

对进出境快件专门监管场所的管理办法，由海关总署另行制订。

第十五条 进出境快件通关应当在海关正常办公时间内进行，如需在海关正常办公时间以外进行的，需事先征得所在地海关同意。

第十六条 运营人应当按照海关的要求采用纸质文件方式或电子数据交换方式向海关办理进出境快件的报关手续。

第十七条 进境快件自运输工具申报进境之日起14日内，出境快件在运输工具离境3小时之前，应当向海关申报。

第十八条 运营人应向海关传输或递交进出境快件舱单或清单，海关确认无误后接受申报；运营人需提前报关的，应当提前将进出境快件运输和抵达情况书面通知海关，并向海关传输或递交舱单或清单，海关确认无误后接受预申报。

第十九条 海关查验进出境快件时，运营人应派员到场，并负责进出境快件的搬移、开拆和重封包装。

海关对进出境快件中的个人物品实施开拆查验时，运营人应通知进境快件的收件人或出境快件的发件人到场，收件人或发件人不能到场的，运营人应向海关提交其委托书，代理收/发件人的义务，并承担相应法律责任。

海关认为必要时，可对进出境快件予以径行开验、复验或者提取货样。

第二十条 除另有规定外，运营人办理进出境快件报关手续时，应当按本办法第十一条、第十二条、第十三条分类规定分别向海关提交有关报关单证并办理相应的报关、纳税手续。

第二十一条 文件类进出境快件报关时，运营人应当向海关提交《中华人民共和国海关进出境快件KJ1报关单》（见附件一）、总运单（副本）和海关需要的其他单证。

第二十二条 个人物品类进出境快件报关时，运营人应当向海关提交《中华人民共和国海关进出境快件个人物品申报单》（见附件二）、每一进出境快件的分运单、进境快件收件人或出境快件发件人身份证件影印件和海关需要的其他单证。

第二十三条 货物类进境快件报关时，运营人应当按下列情形分别向海关提交报关单证：

对关税税额在《中华人民共和国进出口关税条例》规定的关税起征数额以下的货物和海关规定准予免税的货样、广告品，应提交《中华人民共和国海关进出境快件KJ2报关单》（见附件三）、每一进境快件的分运单、发票和海关需要的其他单证。

对应予征税的货样、广告品（法律、法规规定实行许可证件管理的、需进口付汇的除外），应提交《中华人民共和国海关进出境快件KJ3报关单》（见附件四）、每一进境快件的分运单、发票和海关需要的其他单证。

第二十四条 对第二十一条、第二十二条、第二十三条规定以外的货物，按照海关对进口货物通关的规定办理。

第二十五条　货物类出境快件报关时，运营人应按下列情形分别向海关提交报关单证：

对货样、广告品（法律、法规规定实行许可证件管理的、应征出口关税的、需出口收汇的、需出口退税的除外），应提交《中华人民共和国海关进出境快件KJ2报关单》、每一出境快件的分运单、发票和海关需要的其他单证。

对上述以外的其他货物，按照海关对出口货物通关的规定办理。

第五章　进出境专差快件

第二十六条　进出境专差快件是指运营人以专差押运方式承运进出境的空运快件。

第二十七条　运营人从事进出境专差快件经营业务，除应当按本办法第二章有关规定办理登记手续外，还应当将进出境专差快件的进出境口岸、时间、路线、运输工具航班、专差本人的详细情况、标识等向所在地海关登记。如有变更，应当于变更前5个工作日向所在地海关登记。

对符合上述条件的，所在地海关核发《中华人民共和国海关进出境专差快件登记证书》（见附件五）。运营人凭以办理进出境专差快件报关业务。

第二十八条　进出境专差快件应按行李物品方式托运，使用专用包装，并在总包装的显著位置标注运营人名称和“进出境专差快件”字样。

第六章　法律责任

第二十九条　违反本办法有走私违法行为的，海关按照《中华人民共和国海关法》、《中华人民共和国海关法行政处罚实施细则》等有关法律、行政法规进行处理；构成犯罪的，依法追究刑事责任。

第七章　附　　则

第三十条　本办法由海关总署负责解释。

第三十一条　本办法自2004年1月1日起施行。

附件1　中华人民共和国海关进出境快件KJ1报关单（略）

附件2　中华人民共和国海关进出境快件个人物品申报单（略）

附件3　中华人民共和国海关进出境快件KJ2报关单（略）

附件4　中华人民共和国海关进出境快件KJ3报关单（略）

附件5　中华人民共和国海关专差快件登记备案证书（略）

中华人民共和国海关对保税仓库及所存货物的管理规定

（2003年11月19日审议通过，自2004年2月1日起施行）

第一章　总　　则

第一条　为了加强海关对保税仓库及所存货物的监管，规范保税仓库的经营管理行为，促进对外贸易和经济发展，根据《中华人民共和国海关法》和国家有关法律、行政法规，制定本规定。

第二条　本规定所称保税仓库，是指经海关批准设立的专门存放保税货物及其他未办结海关手续货物的仓库。

第三条　保税仓库按照使用对象不同分为公用型保税仓库、自用型保税仓库。

公用型保税仓库由主营仓储业务的中国境内独立企业法人经营，专门向社会提供保税仓储服务。

自用型保税仓库由特定的中国境内独立企业法人经营，仅存储供本企业自用的保税货物。

第四条　保税仓库中专门用来存储具有特定用途或特殊种类商品的称为专用型保税仓库。

专用型保税仓库包括液体危险品保税仓库、备料保税仓库、寄售维修保税仓库和其他专用型保税仓库。

液体危险品保税仓库，是指符合国家关于危险化学品仓储规定的，专门提供石油、成品油或者其他散装液体危险化学品保税仓储服务的保税仓库。

备料保税仓库，是指加工贸易企业存储为加工复出口产品所进口的原材料、设备及其零部件的保税仓库，所存保税货物仅限于供应本企业。

寄售维修保税仓库，是指专门存储为维修外国产品所进口寄售零配件的保税仓库。

第五条 下列货物，经海关批准可以存入保税仓库：

（一）加工贸易进口货物；

（二）转口货物；

（三）供应国际航行船舶和航空器的油料、物料和维修用零部件；

（四）供维修外国产品所进口寄售的零配件；

（五）外商暂存货物；

（六）未办结海关手续的一般贸易货物；

（七）经海关批准的其他未办结海关手续的货物。

保税仓库应当按照海关批准的存放货物范围和商品种类开展保税仓储业务。

第六条 保税仓库不得存放国家禁止进境货物，不得存放未经批准的影响公共安全、公共卫生或健康、公共道德或秩序的国家限制进境货物以及其他不得存入保税仓库的货物。

第二章 保税仓库的设立

第七条 保税仓库应当设立在设有海关机构、便于海关监管的区域。

第八条 经营保税仓库的企业，应当具备下列条件：

（一）经工商行政管理部门注册登记，具有企业法人资格；

（二）注册资本最低限额为300万元人民币；

（三）具备向海关缴纳税款的能力；

（四）具有专门存储保税货物的营业场所；

（五）经营特殊许可商品存储的，应当持有规定的特殊许可证件；

（六）经营备料保税仓库的加工贸易企业，年出口额最低为1000万美元；

（七）法律、行政法规、海关规章规定的其他条件。

第九条 保税仓库应当具备下列条件：

（一）符合海关对保税仓库布局的要求；

（二）具备符合海关监管要求的安全隔离设施、监管设施和办理业务必需的其他设施；

（三）具备符合海关监管要求的保税仓库计算机管理系统并与海关联网；

（四）具备符合海关监管要求的保税仓库管理制度、符合会计法要求的会计制度；

（五）符合国家土地管理、规划、交通、消防、安全、质检、环保等方面法律、行政法规及有关规定；

（六）公用保税仓库面积最低为2000平方米；

（七）液体危险品保税仓库容积最低为5000立方米；

（八）寄售维修保税仓库面积最低为2000平方米；

（九）法律、行政法规、海关规章规定的其他条件。

第十条 保税仓库由直属海关审批，报海关总署备案。

第十一条 企业申请设立保税仓库的，应当向仓库所在地主管海关提交书面申请，并备齐本规定第八条、第九条规定的相关证明材料。

申请材料齐全有效的，主管海关予以受理。申请材料不齐全或者不符合法定形式的，主管海关应当在5个工作日内一次告知申请人需要补正的全部内容。主管海关应当自受理申请之日起20个工作日内提出初审意见并将有关材料报送直属海关审批。

直属海关应当自接到材料之日起20个工作日内审查完毕，对符合条件的，出具批准文件，批准文件的有效期为1年；对不符合条件的，应当书面告知申请人理由。

第十二条 申请设立保税仓库的企业应当自海关出具保税仓库批准文件1年内向海关申请保税仓库验收，由直属海关按照本规定第八条、第九条规定的条件进行审核验收。申请企业无正当理由逾期未申请验收或者保税仓库验收不合格的，该保税仓库的批准文件自动失效。

第十三条 保税仓库验收合格后，经海关注册登记并核发《中华人民共和国海关保税仓库注册登记证书》（以下简称《保税仓库注册登记证书》），方可投入运营。

第三章 保税仓库的管理

第十四条 保税仓库不得转租、转借给他人经营，不得下设分库。

第十五条 海关对保税仓库实施计算机联网管理，并可以随时派员进入保税仓库检查货物的收、付、存情况及有关账册。海关认为必要时，可以会同保税仓库经营企业双方共同对保税仓库加锁或者直接派员驻库监管，保税仓库经营企业应当为海关提供办公场所和必要的办公条件。

第十六条 海关对保税仓库实行分类管理及年审制度，具体办法由海关总署另行制定。

第十七条 保税仓库经营企业负责人和保税仓库管理人员应当熟悉海关有关法律法规，遵守海关监管规定，接受海关培训。

第十八条 保税仓库经营企业应当如实填写有关单证、仓库账册，真实记录并全面反映其业务活动和财务状况，编制仓库月度收、付、存情况表和年度财务会计报告，并定期以计算机电子数据和书面形式报送主管海关。

第十九条 保税仓库经营企业需变更企业名称、注册资本、组织形式、法定代表人等事项的，应当在变更前向直属海关提交书面报告，说明变更事项、事由和变更时间；变更后，海关按照本规定第八条的规定对其进行重新审核。

保税仓库需变更名称、地址、仓储面积（容积）、所存货物范围和商品种类等事项的，应当经直属海关批准。

直属海关应当将保税仓库经营企业及保税仓库的变更情况报海关总署备案。

第二十条 保税仓库无正当理由连续6个月未经营保税仓储业务的，保税仓库经营企业应当向海关申请终止保税仓储业务。经营企业未申请的，海关注销其注册登记，并收回《保税仓库注册登记证书》。

保税仓库不参加年审或者年审不合格的，海关注销其注册登记，并收回《保税仓库注册登记证书》。

保税仓库因其他事由终止保税仓储业务的，由保税仓库经营企业提出书面申请，经海关审核后，交回《保税仓库注册登记证书》，并办理注销手续。

第四章 保税仓库所存货物的管理

第二十一条 保税仓储货物入库时，收发货人或其代理人持有关单证向海关办理货物报关入库手续，海关根据核定的保税仓库存放货物范围和商品种类对报关入库货物的品种、数量、金额进行审核，并对入库货物进行核注登记。

入库货物的进境口岸不在保税仓库主管海关的，经海关批准，按照海关转关的规定或者在口岸海关办理相关手续。

第二十二条 保税仓储货物可以进行包装、分级分类、加刷唛码、分拆、拼装等简单加工，不得进行实质性加工。

保税仓储货物，未经海关批准，不得擅自出售、转让、抵押、质押、留置、移作他用或者进行其他处置。

第二十三条 下列保税仓储货物出库时依法免征关税和进口环节代征税：

（一）用于在保修期限内免费维修有关外国产品并符合无代价抵偿货物有关规定的零部件；

（二）用于国际航行船舶和航空器的油料、物料；

（三）国家规定免税的其他货物。

第二十四条 保税仓储货物存储期限为1年。确有正当理由的，经海关同意可予以延期；除特殊情况外，延期不得超过1年。

第二十五条 下列情形的保税仓储货物，经海关批准可以办理出库手续，海关按照相应的规定进行管理和验放：

（一）运往境外的；

（二）运往境内保税区、出口加工区或者调拨到其他保税仓库继续实施保税监管的；

（三）转为加工贸易进口的；

（四）转入国内市场销售的；

（五）海关规定的其他情形。

第二十六条 保税仓储货物出库运往境内其他地方的，收发货人或其代理人应当填写进口报关单，并随附出库单据等相关单证向海关申报，保税仓库向海关办理出库手续并凭海关签印放行的报关单发运货物。

从异地提取保税仓储货物出库的，可以在保税仓库主管海关报关，也可以按照海关规定办理转关手续。

出库保税仓储货物批量少、批次频繁的，经海关批准可以办理集中报关手续。

第二十七条 保税仓储货物出库复运往境外的，发货人或其代理人应当填写出口报关单，并随附出库单据等相关单证向海关申报，保税仓库向海关办理出库手续并凭海关签印放行的报关单发运货物。

出境货物出境口岸不在保税仓库主管海关的，经海关批准，可以在口岸海关办理相关手续，也可以按照海关规定办理转关手续。

第五章 法律责任

第二十八条 保税仓储货物在存储期间发生损毁或者灭失的，除不可抗力外，保税仓库应当依法向海关缴纳损毁、灭失货物的税款，并承担相应的法律责任。

第二十九条 保税仓储货物在保税仓库内存储期

满，未及时向海关申请延期或者延长期限届满后既不复运出境也不转为进口的，海关应当按照《中华人民共和国海关关于超期未报关进口货物、误卸或者溢卸的进境货物和放弃进口货物的处理办法》第五条的规定处理。

第三十条 海关在保税仓库设立、变更、注销后，发现原申请材料不完整或者不准确的，应当责令经营企业限期补正，发现企业有隐瞒真实情况、提供虚假资料等违法情形的，依法予以处罚。

第三十一条 保税仓库经营企业有下列行为之一的，海关责令其改正，可以给予警告，或者处1万元以下的罚款；有违法所得的，处违法所得3倍以下的罚款，但最高不得超过3万元：

（一）未经海关批准，在保税仓库擅自存放非保税货物的；

（二）私自设立保税仓库分库的；

（三）保税货物管理混乱，账目不清的；

（四）经营事项发生变更，未按第十九条规定办理海关手续的。

第三十二条 违反本规定的其他违法行为，海关依照《中华人民共和国海关法》、《中华人民共和国海关法行政处罚实施细则》予以处罚。构成犯罪的，依法追究刑事责任。

第六章 附 则

第三十三条 本规定由海关总署负责解释。

第三十四条 本规定自2004年2月1日起施行。1988年5月1日起实施的《中华人民共和国海关对保税仓库及所存货物的管理办法》同时废止。

中华人民共和国海关对加工贸易货物监管办法

（2004年2月26日海关总署令第113号发布，自2004年4月1日起施行）

第一章 总 则

第一条 为了促进加工贸易健康发展，规范海关对加工贸易货物管理，根据《中华人民共和国海关法》及其他有关法律、行政法规，制定本办法。

第二条 本办法适用于办理加工贸易货物备案、进出口报关、加工、监管、核销手续。加工贸易货物的备案、进出口报关、核销，应当采用纸质单证和电子数据的形式。

第三条 本办法下列用语的含义：

加工贸易，是指经营企业进口全部或者部分原辅材料、零部件、元器件、包装物料（以下简称料件），经加工或者装配后，将制成品复出口的经营活动，包括来料加工和进料加工。

来料加工，是指进口料件由境外企业提供，经营企业不需要付汇进口，按照境外企业的要求进行加工或者装配，只收取加工费，制成品由境外企业销售的经营活动。

进料加工，是指进口料件由经营企业付汇进口，制成品由经营企业外销出口的经营活动。

加工贸易货物，是指加工贸易项下的进口料件、加工成品以及加工过程中产生的边角料、残次品、副产品等。

加工贸易企业，包括经海关注册登记的经营企业和加工企业。经营企业，是指负责对外签订加工贸易进出口合同的各类进出口企业和外商投资企业，以及经批准获得来料加工经营许可的对外加工装配服务公司。

加工企业，是指接受经营企业委托，负责对进口料件进行加工或者装配，且具有法人资格的生产企业，以及由经营企业设立的虽不具有法人资格，但实行相对独立核算并已经办理工商营业证（执照）的工厂。

单位耗料量，是指加工贸易企业在正常生产条件下加工生产单位出口成品所耗用的进口料件的数量，简称单耗。

深加工结转，是指加工贸易企业将保税进口料件加工的产品转至另一加工贸易企业进一步加工后复出口的经营活动。

承揽企业，是指与经营企业签订加工合同，承接经营企业委托的外发加工业务的生产企业。承揽企业须经海关注册登记，具有相应的加工生产能力。

外发加工，是指加工贸易企业因受自身生产工序限制，经海关批准并办理有关手续，委托承揽企业对加工贸易货物的某道工序进行加工，在规定期限内将加工后的产品运回本企业并最终复出口的行为。

核查，是指海关通过核实数据、审查单证、核对实物及相关账册等方法检查核实加工贸易企业申报的加工生产能力以及进口、运输、存储、加工、装配、转让、转移、销售或者出口加工贸易货物等情况，是否与实际相符，是否符合有关法律、行政法规、规章规定的行为。

核销，是指加工贸易经营企业加工复出口或者办理内销等海关手续后，凭规定单证向海关申请解除监管，海关经审查、核查属实且符合有关法律、行政法规、规章的规定，予以办理解除监管手续的行为。

第四条 除国家另有规定外，加工贸易进口料件属于国家对进口有限制性规定的，经营企业免于向海关提交进口许可证件；加工贸易出口制成品属于国家对出口有限制性规定的，经营企业应当向海关提交出口许可证件。

第五条 经海关批准，加工贸易项下进口料件实行保税监管的，待加工成品出口后，海关根据核定的实际加工复出口的数量予以核销；对按照规定进口时先征收税款的，待加工成品出口后，海关根据核定的实际加工复出口的数量退还已征收的税款。

加工贸易项下的出口产品属于应当征收出口关税的，海关按照有关规定征收出口关税。

第六条 海关按照国家规定对加工贸易货物实行担保制度。

第七条 加工贸易货物不得抵押、质押、留置。

第八条 海关根据监管需要，可以对加工贸易企业进行核查，企业应当予以配合。海关核查不得影响企业的正常经营活动。

第九条 加工贸易企业应当根据《中华人民共和国会计法》及国家有关法律、行政法规、规章的规定，设置符合海关监管要求的账簿、报表及其他有关单证，记录与本企业加工贸易货物有关的进口、存储、转让、转移、销售、加工、使用、损耗和出口等情况，凭合法、有效凭证记账并进行核算。

加工贸易企业应当按照规定向海关提交上年度企业生产经营活动的年度报表等资料。

第二章　加工贸易货物备案

第十条 经营企业应当向加工企业所在地主管海关办理加工贸易货物备案手续。

经营企业与加工企业不在同一直属海关管辖的区域范围的，应当按照海关对异地加工贸易的管理规定办理货物备案手续。

第十一条 经营企业办理加工贸易货物备案手续，应当如实申报贸易方式、单耗、进出口口岸，以及进口料件和出口成品的商品名称、商品编号、规格型号、价格和原产地等。

第十二条 经营企业办理加工贸易货物备案手续，应当提交下列单证：

（一）主管部门签发的同意开展加工贸易业务的有效批准文件；

（二）经营企业自身有加工能力的，应当提交主管部门签发的《加工贸易加工企业生产能力证明》；

（三）经营企业委托加工的，应当提交经营企业与加工企业签订的委托加工合同、主管部门签发的加工企业的《加工贸易加工企业生产能力证明》；

（四）经营企业对外签订的合同；

（五）海关认为需要提交的其他证明文件和材料。

第十三条 经海关审核，单证齐全有效，并且符合本办法第十条至第十二条规定的，海关应当自接受企业备案申请之日起5个工作日内予以备案，并核发加工贸易手册。

需要办理担保手续的，经营企业按照规定办理担保手续后，海关核发加工贸易手册。

第十四条 有下列情形之一的，海关不予备案并且书面告知经营企业：

（一）进口料件或者出口成品属于国家禁止进出口的；

（二）加工产品属于国家禁止在我国境内加工生产的；

（三）进口料件属于海关无法实行保税监管的；

（四）经营企业或者加工企业属于国家规定不允许开展加工贸易的；

（五）经营企业未在规定期限内向海关报核已到期的加工贸易手册，又向海关申请备案的。

第十五条 经营企业或者加工企业有下列情形之一的，海关可以在经营企业提供相当于应缴税款金额的保证金或者银行保函后予以备案：

（一）涉嫌走私、违规，已被海关立案调查、侦查，案件未审结的；

（二）因为管理混乱被海关要求整改，在整改期内的。

经营企业或者加工企业有下列情形之一，海关有理由认为其存在较高监管风险的，可以比照前款规定办理，并书面告知有关企业：

（一）租赁厂房或者设备的；

（二）首次开展加工贸易业务的；

（三）加工贸易手册申请两次或者两次以上延期的；

（四）办理加工贸易异地备案的。

第十六条 海关发现经营企业办理加工贸易货物备案手续提交的单证与事实不符的，应当按照下列规定处理：

（一）货物尚未进口的，海关注销其备案；

（二）货物已进口的，企业可以申请退运，也可以向海关提供相当于应缴税款金额的保证金或者银行保函后继续履行合同。

第十七条 已经办理加工贸易货物备案的经营企业可以向海关申领加工贸易手册分册、续册。

第十八条 加工贸易货物备案内容发生变更的，经营企业应当在加工贸易手册有效期内办理变更手续。需要报原审批机关批准的，还应当报原审批机关批准。

第三章 加工贸易货物进出口、加工

第十九条 经营企业进口加工贸易货物，可以从境外或者海关特殊监管区域、保税仓库进口，也可以通过深加工结转方式转入。

经营企业出口加工贸易货物，可以向境外或者海关特殊监管区域、出口监管仓库出口，也可以通过深加工结转方式转出。

第二十条 经营企业应当持加工贸易手册、加工贸易进出口货物专用报关单等有关单证办理加工贸易货物进出口报关手续。

第二十一条 经营企业以加工贸易方式进出口的货物，列入海关统计。

第二十二条 经营企业经主管部门批准，可以开展深加工结转业务，并按照海关对加工贸易货物深加工结转的管理规定办理有关手续。

第二十三条 经营企业经海关批准可以开展外发加工业务。外发加工应当在加工贸易手册有效期内进行。

经营企业开展外发加工业务，不得将加工贸易货物转卖给承揽企业。承揽企业不得将加工贸易货物再次外发至其他企业进行加工。

第二十四条 经营企业应当将外发加工的成品、边角料、剩余料件、残次品、副产品等加工贸易货物运回本企业。

第二十五条 有下列情形之一的，海关不予批准外发加工业务：

（一）经营企业或者承揽企业涉嫌走私、违规，已被海关立案调查、侦查，案件未审结的；

（二）经营企业将主要工序外发加工的；

（三）经营企业或者承揽企业生产经营管理不符合海关监管要求的。

第二十六 经营企业和承揽企业应当共同接受海关监管。经营企业应当根据海关要求如实报告外发加工货物的发运、加工、单耗、存储等情况。

第二十七条 因加工出口产品急需，经海关核准，经营企业保税料件与非保税料件之间可以进行串换。

保税料件与非保税料件之间的串换限于同一企业，并应当遵循同品种、同规格、同数量、不牟利的原则。

来料加工保税进口料件不得串换。

第二十八条 经营企业因加工工艺需要，必须使用非保税料件的，应当事先向海关如实申报使用非保税料件的比例、品种、规格、型号、数量，海关核销时在出口成品总耗用量中予以核扣。

第二十九条 经营企业进口料件因质量问题、规格型号与合同不符等原因，需返还原供货商进行退换的，可以直接向口岸海关办理报关手续。已经加工的保税进口料件不得进行退换。

第四章 加工贸易货物核销

第三十条 经营企业应当在规定的期限内将进口料件加工复出口，并自加工贸易手册项下最后一批成品出口或者加工贸易手册到期之日起30日内向海关报核。

经营企业对外签订的合同因故提前终止的，应当自合同终止之日起30日内向海关报核。

第三十一条 经营企业报核时应当向海关如实申报进口料件、出口成品、边角料、剩余料件、残次品、副产品以及单耗等情况，并向海关提交加工贸易手册、加工贸易进出口货物专用报关单以及海关要求提交的其他单证。

第三十二条 经审核单证齐全有效的，海关受理报核；海关不予受理的，应当书面告知企业原因，企业应当按照规定重新报核。

第三十三条 海关核销可以采取纸质单证核销和电子数据核销的方式，必要时可以下厂核查，企业应当予以配合。

海关应当自受理报核之日起30日内予以核销。特殊情况需要延长的，经直属海关关长或者其授权的隶属海关关长批准可延长30日。

第三十四条 加工贸易保税进口料件或者成品因故转为内销的，海关凭主管部门准予内销的有效批准文件，对保税进口料件依法征收税款并加征缓税利息；进口料件属于国家对进口有限制性规定的，经营企业还应当向海关提交进口许可证件。

第三十五条 经营企业因故将加工贸易进口料件退运出境的，海关凭有关退运单证核销。

经海关批准，经营企业放弃加工贸易货物的，按照海关对放弃进口货物的管理规定办理，海关凭接受放弃的有关单证核销。

第三十六条 经营企业在生产过程中产生的边角料、剩余料件、残次品、副产品和受灾保税货物，按照海关对加工贸易边角料、剩余料件、残次品、副产品和受灾保税货物的管理规定办理，海关凭有关单证核销。

第三十七条 经营企业遗失加工贸易手册的，应当及时向海关报告。

海关在按照有关规定处理后对遗失的加工贸易手册予以核销。

第三十八条 对经核销准予结案的加工贸易手册，海关向经营企业签发《核销结案通知书》。

第三十九条 经营企业已经办理担保的，海关在核销结案后按照规定解除担保。

第四十条 加工贸易货物备案和核销单证自加工贸易手册核销结案之日起留存3年。

第四十一条 加工贸易企业出现分立、合并、破产的，应当及时向海关报告，并办结海关手续。

加工贸易货物被人民法院或者有关行政执法部门封存的，加工贸易企业应当自加工贸易货物被封存之日起5个工作日内向海关报告。

第五章 法律责任

第四十二条 违反本办法的规定，构成走私或者违反海关监管规定行为的，由海关按照《中华人民共和国海关法》和《中华人民共和国海关法行政处罚实施细则》的有关规定予以处理；构成犯罪的，依法追究刑事责任。

第六章 附 则

第四十三条 保税工厂开展加工贸易业务，按照海关对加工贸易保税工厂的管理规定办理。

第四十四条 进料加工保税集团开展加工贸易业务，按照海关对进料加工保税集团的管理规定办理。

第四十五条 实施联网监管的加工贸易企业开展加工贸易业务，按照海关对加工贸易企业实施计算机联网监管的管理规定办理。

第四十六条 加工贸易企业在保税区、出口加工区等海关特殊监管区域内开展加工贸易业务，按照海关对保税区、出口加工区等海关特殊监管区域的管理规定办理。

第四十七条 单耗的申报与核定，按照海关对加工贸易单耗的管理规定办理。

第四十八条 海关对加工贸易货物进口时先征收税款出口后予以退税的管理规定另行制定。

第四十九条 本办法由海关总署负责解释。

第五十条 本办法自2004年4月1日起施行。

中华人民共和国海关关于执行《内地与香港关于建立更紧密经贸关系的安排》项下《关于货物贸易的原产地规则》的规定

（2003年12月30日海关总署令第106号公布，根据2005年12月30海关总署令第141号公布的《海关总署关于修改〈中华人民共和国海关关于执行《内地与香港关于建立更紧密经贸关系安排》项下《关于货物贸易原产地规则》的规定〉的决定》修正）

第一条 为了促进内地与香港的经贸往来，正确确定《内地与香港关于建立更紧密经贸关系的安排》（以下简称《安排》）项下进口货物的原产地，根据《海关法》和《安排》，制定本规定。

第二条 本规定适用于从香港进口的《安排》项下货物（产品清单详见《中华人民共和国进出口税则》），但以加工贸易方式进口的货物除外。

第三条 对于直接从香港进口的《安排》项下货物，应当根据下列原则确定其原产地：

（一）完全在香港获得的货物，其原产地为香港；

（二）非完全在香港获得的货物，只有在香港进行了实质性加工的，其原产地才可以认定为香港。

第四条 本规定第三条第（一）项所称“完全在香港获得的货物”是指：

（一）在香港开采或者提取的矿产品；

（二）在香港收获或者采集的植物或者植物产品；

（三）在香港出生并饲养的活动物；

（四）在香港从本条第（三）项所述动物获得的产品；

（五）在香港狩猎或者捕捞所获得的产品；

（六）持香港牌照并悬挂香港特别行政区区旗的船只在公海捕捞获得的鱼类和其他海产品；

（七）在持香港牌照并悬挂香港特别行政区区旗的船只上加工本条第（六）项所述产品获得的产品；

（八）在香港收集的香港消费过程中产生的仅适于原材料回收的废旧物品；

（九）在香港加工制造过程中产生的仅适于原材料回收的废碎料；

（十）利用本条第（一）项至第（九）项所述产品在香港加工所获得的产品。

第五条 下列加工或者处理，无论是单独完成还是相互结合完成，均视为微小加工处理，在确定货物是否完全获得时应当不予考虑：

（一）为运输或者贮存货物而进行的加工或者处理；

（二）为便于货物装运而进行的加工或者处理；

（三）为货物销售而进行的包装、展示等加工或者处理。

第六条 本规定第三条第（二）项所称“实质性加工”，应当采用“制造或者加工工序”标准、“税号改变”标准、“从价百分比”标准、“其他标准”或者“混合标准”，在规定的情形下可以采用其他附加条件认定。具体按照《安排》项下《享受货物贸易优惠措施的香港货物原产地标准表》的规定执行。该表是本规定的组成部分，由海关总署另行公布。

“制造或者加工工序”是指赋予加工后所得货物基本特征的主要工序。在香港境内完成该工序的视为进行了实质性加工。

“税号改变”是指非香港原产材料在香港境内加工生产后，所得产品在《中华人民共和国进出口税则》中4位数级的税目归类发生了变化，并且该产品不再在香港以外的国家或者地区进行任何改变4位数级税目归类的生产、加工或者制造。

“从价百分比”是指完全在香港获得的原料、组合零件、劳工价值和产品开发支出价值的总和与出口制成品船上交货价格（FOB）的比值。该比值大于或者等于30%，并且产品的最后制造或者加工工序在香港境内完成的，视为进行了实质性加工。用公式表示如下：

$$\frac{\text{原料价值}+\text{组合零件价值}+\text{劳工价值}+\text{产品开发支出价值}}{\text{出口制成品的船上交货价格（FOB）}}\times 100\% \geqslant 30\%$$

公式中的“产品开发”是指在香港境内为生产或者加工有关出口制成品而实施的产品开发。产品开发支出价值应当与该出口制成品有关，包括生产加工者自行开发、委托香港境内的自然人或者法人开发以及购买香港境内的自然人或者法人拥有的设计、专利权、专有技术、商标权或者著作权而支付的费用。该价值应当能够依据公认的会计准则和《关于实施1994年关税与贸易总协定第7条的协定》的有关规定明确确定。

“从价百分比”的计算应当符合公认的会计准则和《关于实施1994年关税与贸易总协定第7条的协定》的有关规定。

“其他标准”是指除上述“制造或者加工工序”标准、“税号改变”标准和“从价百分比”标准之外，内地与香港主管部门一致同意采用的确定原产地的其它方法。

“混合标准”是指确定原产地时同时使用的上述两个或者两个以上的标准。

其他附加条件是指当上述“实质性加工”有关认定标准不足以确认原产地时，经内地与香港主管部门一致同意，可以采用品牌要求等附加条件。

第七条 简单的稀释、混合、包装、装瓶、干燥、装配、分类或者装饰不应当视为实质性加工。

以规避本规定为目的的加工或者定价措施不应当视为实质性加工。

第八条 货物制造过程中使用的能源、工厂、设备、机器、工具的产地，以及不构成货物组成成分或者组成部件的材料的产地，在确定货物原产地时不予考虑。

第九条 随货物一起报关进口，并在《中华人民共和国进出口税则》中与该货物一并归类的包装、包装材料、容器以及附件、备件、工具、介绍说明性材料，在确定货物原产地时应当忽略不计。

第十条 《安排》项下的进口货物应当从香港直接运输至内地口岸。

第十一条 《安排》项下的进口货物报关时，收货人应当主动向申报地海关申明该货物适用零关税，并提交符合《安排》项下《关于原产地证书的签发和核查程序》规定的有效原产地证书。原产地证书经海关联网核对无误的，海关准予按照零关税办理货物进口手续。经海关核对确认证书无效的，不适用零关税。

申报地海关因故无法进行联网核对，且收货人要求放行货物的，海关可以按照非《安排》项下该货物适用的税率征收相当于应缴税款的等值保证金后先予放行货物，并按规定办理进口手续，进行海关统计。申报地海关应当自该货物放行之日起90天内核定其原产地证书真实情况，根据核定结果办理退还保证金手续或者保证金转为进口关税手续，海关统计数据应当作相应修改。

第十二条 申报地海关对原产地证书内容的真实性产生怀疑时，可以经海关总署或者其授权的海关向香港海关提出协助核查的请求。在等待香港海关核查结果并确认有关原产地证书期间，申报地海关可以按照非《安排》项下该货物适用的税率征收相当于应缴税款的等值保证金后先予放行货物，并按规定办理进口手续，进行海关统计。香港海关核查完毕后，申报地海关应当根据核查结果，立即办理退还保证金手续或者保证金转为进口关税手续，海关统计数据应当作相应修改。

第十三条 海关对进口货物收货人提供的用于原产地证书核查的资料负有保密义务。未经收货人同意，海关不得泄露或者用于其他用途，但法律、行政法规及相关司法解释另有规定的除外。

第十四条 违反本规定的行为，海关按照《中华人民共和国海关法》和《中华人民共和国海关行政处罚实施条例》的规定处理；构成犯罪的，依法追究刑事责任。

第十五条 本规定由海关总署负责解释。

第十六条 本规定自2004年1月1日起施行。

中华人民共和国海关关于执行《内地与澳门关于建立更紧密经贸关系的安排》项下《关于货物贸易的原产地规则》的规定

（2003年12月30日海关总署令第107号公布，根据2005年12月30日海关总署令第142号公布的《海关总署关于修改〈中华人民共和国海关关于执行《内地与澳门关于建立更紧密经贸关系安排》项下《关于货物贸易原产地规则》的规定〉的决定》修正）

第一条 为了促进内地与澳门的经贸往来，正确确定《内地与澳门关于建立更紧密经贸关系的安排》（以下简称《安排》）项下进口货物的原产地，根据《海关法》和《安排》，制定本规定。

第二条 本规定适用于从澳门进口的《安排》项下货物（产品清单详见《中华人民共和国进出口税则》），但以加工贸易方式进口的货物除外。

第三条 对于直接从澳门进口的《安排》项下货物，应当根据下列原则确定其原产地：

（一）完全在澳门获得的货物，其原产地为澳门；

（二）非完全在澳门获得的货物，只有在澳门进行了实质性加工的，其原产地才可以认定为澳门。

第四条 本规定第三条第（一）项所称“完全在澳门获得的货物”是指：

（一）在澳门开采或者提取的矿产品；

（二）在澳门收获或者采集的植物或者植物产品；

（三）在澳门出生并饲养的活动物；

（四）在澳门从本条第（三）项所述动物获得的产品；

（五）在澳门狩猎或者捕捞所获得的产品；

（六）持澳门牌照并悬挂澳门特别行政区区旗的船只在公海捕捞获得的鱼类和其他海产品；

（七）在持澳门牌照并悬挂澳门特别行政区区旗的船只上加工本条第（六）项所述产品获得的产品；

（八）在澳门收集的澳门消费过程中产生的仅适于原材料回收的废旧物品；

（九）在澳门加工制造过程中产生的仅适于原材料回收的废碎料；

（十）利用本条第（一）项至第（九）项所述产品在澳门加工所得的产品。

第五条 下列加工或者处理，无论是单独完成还是相互结合完成，均视为微小加工处理，在确定货物是否完全获得时应当不予考虑：

（一）为运输或者贮存货物而进行的加工或者处理；

（二）为便于货物装运而进行的加工或者处理；

（三）为货物销售而进行的包装、展示等加工或者处理。

第六条 本规定第三条第（二）项所称“实质性加工”，应当采用“制造或者加工工序”标准、“税号改变”标准、“从价百分比”标准、“其他标准”或者“混合标准”认定，在规定的情形下可以采用其他附加条件认定。具体按照《安排》项下《享受货物贸易优惠措施的澳门货物原产地标准表》的规定执行。该表是本规定的组成部分，由海关总署另行公布。

“制造或者加工工序”是指赋予加工后所得货物基本特征的主要工序。在香港境内完成该工序的视为进行了实质性加工。

“税号改变”是指非澳门原产材料在澳门境内加工生产后，所得产品在《中华人民共和国进出口税则》中4位数级的税目归类发生了变化，并且该产品不再在澳门以外的国家或者地区进行任何改变4位数级税目归类的生产、加工或者制造。

“从价百分比”是指完全在澳门获得的原料、组合零件、劳工价值和产品开发支出价值的总和与出口制成品船上交货价格（FOB）的比值。该比值大于或者等于30%，并且产品的最后制造或者加工工序在澳门境内完成的，视为进行了实质性加工。用公式表示如下：

$$\frac{\text{原料价值}+\text{组合零件价值}+\text{劳工价值}+\text{产品开发支出价值}}{\text{出口制成品的船上交货价格（FOB）}} \times 100\% \geq 30\%$$

公式中的“产品开发”是指在澳门境内为生产或者加工有关出口制成品而实施的产品开发。产品开发支出价值应当与该出口制成品有关，包括生产加工者自行开发、委托澳门境内的自然人或者法人开发以及购买该方境内的自然人或者法人拥有的设计、专利权、专有技术、商标权或者著作权而支付的费用。该价值应当能够依据公认的会计准则和《关于实施1994年关税与贸易总协定第7条的协定》的有关规定明确确定。

“从价百分比”的计算应当符合公认的会计准则和《关于实施1994年关税与贸易总协定第7条的协定》的有关规定。

“其他标准”是指除上述“制造或者加工工序”标准、“税号改变”标准和“从价百分比”标准之外，内地与澳门主管部门一致同意采用的确定原产地的其它方法。

“混合标准”是指确定原产地时同时使用的上述两个或者两个以上的标准。

其他附加条件是指当上述“实质性加工”有关认定标准不足以确认原产地时，经内地与澳门主管部门一致同意，可以采用品牌要求等附加条件。

第七条 简单的稀释、混合、包装、装瓶、干燥、装配、分类或者装饰不应当视为实质性加工。

以规避本规定为目的的加工或者定价措施不应当视为实质性加工。

第八条 货物制造过程中使用的能源、工厂、设备、机器、工具的产地，以及不构成货物组成成分或者组成部件的材料的产地，在确定货物原产地时不予考虑。

第九条 随货物一起报关进口，并在《中华人民共和国进出口税则》中与该货物一并归类的包装、包装材料、容器以及附件、备件、工具、介绍说明性材料，在确定货物原产地时应当忽略不计。

第十条 《安排》项下的进口货物应当从澳门直接运输至内地口岸。

进口货物从澳门经过香港运输至内地口岸，并且同时符合下列条件的，视为从澳门直接运输：

（一）仅是由于地理原因或者运输需要；

（二）未在香港进行贸易或者消费；

（三）除装卸或者保持货物处于良好状态所需的加工外，在香港未进行其他任何加工。

第十一条 《安排》项下的进口货物报关时，收货人应当主动向申报地海关申明该货物适用零关税，并提交符合《安排》项下《关于原产地证书的签发和核查程序》规定的有效原产地证书。

从澳门经过香港运输至内地口岸的进口货物，除符合前款规定外，收货人还应当向申报地海关补充提供下列单证：

（一）在澳门签发的联运提单；

（二）货物的原厂商发票；

（三）符合本规定第十条第二款规定的相关证明文件。

第十二条 原产地证书经海关联网核对无误的，海关准予按照零关税办理货物进口手续。经海关核对确认证书无效的，不适用零关税。

申报地海关因故无法进行联网核对，且收货人要求放行货物的，海关可以按照非《安排》项下该货物适用的税率征收相当于应缴税款的等值保证金后先予放行货物，并按规定办理进口手续，进行海关统计。申报地海关应当自该货物放行之日起90天内核定其原产地证书真实情况，根据核定结果办理退还保证金手续或者保证金转为进口关税手续，海关统计数据应当作相应修改。

第十三条 申报地海关对原产地证书内容的真实性产生怀疑时，可以通过海关总署或者其授权的海关向澳门海关或者澳门经济局提出协助核查的请求。在等待澳门海关或者澳门经济局核查结果并确认有关原产地证书期间，申报地海关可以按照非《安排》项下该货物适用的税率征收相当于应缴税款的等值保证金后先予放行货物，并按规定办理进口手续，进行海关统计。澳门海关或者澳门经济局核查完毕后，申报地海关应当根据核查结果，立即办理退还保证金手续或者保证金转为进口关税手续，海关统计数据应当作相应修改。

第十四条 海关对进口货物收货人提供的用于原产地证书核查的资料负有保密义务。未经收货人同意，海关不得泄露或者用于其他用途，但法律、行政法规及相关司法解释另有规定的除外。

第十五条 违反本规定的行为，海关按照《中华人民共和国海关法》和《中华人民共和国海关行政处罚实施条例》的规定处理；构成犯罪的，依法追究刑事责任。

第十六条 本规定由海关总署负责解释。

第十七条 本规定自2004年1月1日起施行。

中华人民共和国海关关于执行《中华人民共和国与东南亚国家联盟全面经济合作框架协议》项下《中国—东盟自由贸易区原产地规则》的规定

第一条 为了促进我国与东南亚国家联盟的经贸往来，正确确定《中华人民共和国与东南亚国家联盟全面经济合作框架协议》（以下简称《协议》）项下进口货物的原产地，根据《海关法》和《协议》，制定本规定。

第二条 本规定适用于从东盟国家进口的《协议》项下货物（产品清单详见《中华人民共和国进出口税则》），但以加工贸易方式进口的货物除外。

第三条 从东盟国家直接运输进口的下列货物，视为东盟原产货物，适用中国—东盟协定税率：

（一）完全在一个东盟国家获得或者生产的产品；

（二）符合本规定第五条至第六条规定的非完全获得或者生产的产品。

第四条 本规定第三条第（一）项所称“完全在一个东盟国家获得或者生产的产品”是指：

（一）在该东盟国家收获、采摘或者收集的植物和植物产品；

（二）在该东盟国家出生并饲养的活动物；

（三）在该东盟国家从本条第（二）项所述动物获得的未经进一步加工的产品；

（四）在该东盟国家狩猎、诱捕、捕捞、水生养殖、采集或者捕获所得的产品；

（五）在该东盟国家领土、领水、海床或者海床底土开采或者提取的除上述第（一）至（四）项产品以外的矿物质或者其他天然生成的物质；

（六）在该东盟国家领水以外的水域、海床或者海床底土获得的产品，但该国须按照国际法规定有权开发上述水域、海床及海床底土；

（七）在该东盟国家注册或者悬挂该国国旗的船只在公海捕捞获得的鱼类及其他海产品；

（八）在该东盟国家注册或者悬挂该国国旗的加工船上加工、制造上述第（七）项所述产品获得的产品；

（九）在该东盟国家收集的既不能用于原用途，也不能恢复或者修理，仅适于废弃或者原材料回收，或者仅适于作再生用途的废旧物品；

（十）仅用上述第（一）至（九）项所列产品在该东盟国家加工获得的产品。

第五条 本规定第三条第（二）项所称“非完全获得或者生产产品”应当满足下列条件之一：

（一）原产于任一东盟国家的中国—东盟自由贸易

区（以下简称“自由贸易区”）成分不少于40%的；

（二）原产于非自由贸易区的材料、零件或者产物的总价值不超过所生产或者获得产品离岸价格的60%，并且最后生产工序在东盟国家境内完成。

第六条 本规定第五条所称“中国—东盟自由贸易区成分”用公式表示如下：

$$100\% - \frac{\text{非自由贸易区材料价值} + \text{不明原产地材料价值}}{\text{离岸价格}} \times 100\% \geqslant 40\%$$

公式中的“非自由贸易区或者不明原产地的材料价值”是指该材料的进口到岸价格或者最早确定的在进行制造或者加工的东盟国家境内为不明原产地材料支付的价格。

第七条 除另有规定外，符合本规定第三条规定的原产于东盟国家的产品在任一东盟国家境内被用于制造、加工成其他制成品，并且该制成品中自由贸易区各成员国成分累计值不少于40%的，该制成品的原产国为进行制造或者加工的东盟国家，该制成品应当适用中国—东盟协定税率。

第八条 在东盟国家加工、制造的产品符合《中国—东盟自由贸易区原产地规则》项下的产品特定原产地标准规定的，加工制造国为其原产国。该标准是本规定的组成部分，由海关总署另行公布。

第九条 下列加工或者处理，无论是单独完成还是相互结合完成，均视为微小加工处理，在确定货物是否完全获得时应当不予考虑：

（一）为运输或者贮存货物使货物保持良好状态而进行的加工或者处理；

（二）为便于货物装运而进行的加工或者处理；

（三）为货物销售而进行的包装、展示等加工或者处理。

第十条 本规定第三条所称“直接运输”是指《协议》项下的进口货物从某一东盟国家直接运输至我国境内，或者从某一东盟国家经过其他自由贸易区成员国境内运输至我国，但途中没有经过任何非自由贸易区成员国境内。

进口货物运输途中经过非自由贸易区成员国境内（包括转换运输工具或者作临时储存）运输至我国，并且同时符合下列条件的，视为从东盟国家直接运输：

（一）仅是由于地理原因或者运输需要；

（二）产品经过上述国家时未进行贸易或者消费；

（三）除装卸或者为保持产品良好状态而进行的加工外，产品在上述国家未进行其他任何加工。

第十一条 货物的包装、包装材料、容器以及附件、备件、工具、介绍说明性材料与货物一起报关进口，并在《中华人民共和国进出口税则》中与该货物一并归类的，在确定货物原产地时应当忽略不计。

第十二条 除另有规定的外，在确定货物原产地时，产品生产制造过程中使用的能源、燃料、厂房、设备、机器和工具的原产地，以及未构成货物物质成分或者组成部件的材料的原产地，应当不予考虑。

第十三条 《协议》项下进口货物申报时，收货人应当主动向申报地海关申明该货物适用中国—东盟协定税率，并向海关提交由东盟出口国指定政府机构签发的原产地证书（包括正本和第三联）。

进口货物经过非自由贸易区成员国境内运输的，除符合前款规定外，进口货物收货人还应当向海关补充提供下列单证：

（一）在东盟出口国签发的联运提单；

（二）货物的原始商业发票副本；

（三）符合本规定第十条第二款规定的相关证明文件。

经申报地海关核对，原产地证书符合《关于原产地证书的签发和核查程序》的规定，其内容与进口货物一致的，视为有效。

第十四条 原产于东盟国家的进口货物，其离岸价格不超过200美元的，无需提交原产地证书。

第十五条 东盟国家进口货物的原产地证书应当自东盟国家有关政府机构签发之日起4个月内向我国境内申报地海关提交。

进口货物按照本规定第十条第二款规定经过非自由贸易区成员国境内运输的，该货物的原产地证书提交期限延长为6个月。

进口货物的收货人因不可抗力或者其他正当理由超过上述规定期限提交原产地证书的，申报地海关审核情况后可以接受。

进口货物在本条第一、二款规定期限内已经实际进口的，原产地证书的提交期限可以不受第一、二款规定的限制。

第十六条 申报地海关对原产地证书内容的真实性产生怀疑时，可以请求东盟国家有关政府机构对原产地证书进行核查，收到核查请求的机构在6个月内作出答复。在等待核查结果期间，申报地海关可以按照非《协议》项下该货物适用的税率征收相当于应缴税款的等值保证金后先予放行货物，并按规定办理进口手续，进行海关统计。核查完毕后，申报地海关应当根据核查结果，立即办理退还保证金手续或者保证金转为进口关税手续，海关统计数据应当作相应修改。进口货物属于国家禁止或者限制进口货物，或者有违法嫌疑的，海关在原产地证书核查完毕前不得放行货物。

第十七条 海关对与东盟国家之间交流的用于原产地证书核查的资料应当予以保密，海关进出口贸易统计数据除外。

第十八条 东盟国家进口货物在向海关申报之后，海关放行之前，目的地发生变化需要运往其他国家的，进口货物的收货人应当向海关提出书面申请。

海关将货物运输目的地变化情况在原产地证书上签注确认后，将证书正本返还进口货物收货人，证书第三联返还发证机构。

第十九条 原产于任一东盟国家的产品，运往其他东盟国家或者我国境内展览，在展览期间或者展览结束后销售至我国境内，并且同时符合下列条件的，可以适用中国—东盟协定税率：

（一）出口人已将产品从东盟出口国运至举办展览会的东盟国家并且已在该国实际展出；

（二）出口人已将货物转让给我国境内收货人；

（三）在展览期间或者展览结束后销售至我国境内的产品，其状态与展出时的状态保持一致。

符合前款规定的展览会产品进口报关时，收货人应当向海关提交该东盟出口国的原产地证书，同时还应当提供展览举办国有关政府机构签发的注明展览会名称及地址的证明书，以及符合本规定第十条第二款规定的相关证明文件。

本条所称“展览会”包括为出售外国产品而专门举办的商业、农业、手工业展览会或交易会，以及在商店、商业场所举办的类似展览或者展示。展览期间，产品应当处于海关的监管之下。

第二十条 本规定中下列用语的定义是指：

（一）“东盟国家”是指与中国共同签定《协议》的其他成员国，即：文莱达鲁萨兰国、柬埔寨王国、印度尼西亚共和国、老挝人民民主共和国、马来西亚、缅甸联邦、菲律宾共和国、新加坡共和国、泰王国和越南社会主义共和国。

（二）“材料”应当包括组分、零件、部件、半组装件、已实际上构成另一产品组成部分或者已用于另一产品生产过程的产物。

（三）“原产货物”是指根据第三条的规定确定为符合原产条件的产品。

（四）“生产”是指获得产品的方法，包括产品的种植、开采、收获、饲养、繁殖、提取、收集、采集、捕获、捕捞、诱捕、狩猎、制造、生产、加工或者装配。

（五）“植物”是指果实、花、蔬菜、树木、海藻、真菌及活植物等所有植物。

（六）“动物”是指哺乳动物、鸟、鱼、甲壳动物、软体动物、爬行动物、细菌及病毒等所有动物。

（七）“废旧物品”是指在工业、采矿、农业、建筑、冶炼、污水处理等各行业的加工、制造、消耗过程中产生的所有废机器、废弃包装、废碎料等。

（八）“产品特定原产地标准”是指规定材料已经过税号改变、完成特定加工或者制造工序、满足某一从价百分比标准，或者混合使用上述标准的规则。

第二十一条 违反本规定的行为，海关按照《中华人民共和国海关法》和《中华人民共和国海关法行政处罚实施细则》的规定处理。构成犯罪的，依法追究刑事责任。

第二十二条 本规定由海关总署负责解释。

第二十三条 本规定自2004年1月1日起施行。

中华人民共和国海关关于执行《中华人民共和国给予非洲最不发达国家特别优惠关税待遇的货物原产地规则》的规定

第一条 为了促进我国与非洲部分最不发达国家（以下简称“受惠国”，名单见附件1）间的经贸往来，正确确定受惠国向我国出口享受特别优惠关税货物的原产地，根据《中华人民共和国海关法》和《中华人民共和国给予非洲最不发达国家特别优惠关税待遇的货物原产地规则》，制定本规定。

第二条 本规定适用于从受惠国进口的享受特别优惠关税待遇项下货物（产品清单详见《中华人民共

和国进出口税则》)，但加工贸易货物除外。

第三条 直接从一个受惠国进口的属于特别优惠关税待遇货物清单中的产品，应当根据下列原则确定其原产地：

(一) 完全在一个受惠国获得的产品，其原产地为该产品获得的国家。

(二) 非完全在一个受惠国获得的产品，其原产地为对其进行最后的实质性加工的国家。

第四条 本规定第三条第（一）项所称“完全在一个受惠国获得的产品”，即完全获得标准，是指：

(一) 在该国开采或者提取的矿产品；

(二) 在该国收获或者采集的植物或者植物产品；

(三) 在该国出生并饲养的动物；

(四) 在该国从本条第（三）项所指的动物中获得的产品；

(五) 在该国狩猎或者捕捞所获得的产品；

(六) 在该国注册或者悬挂该国国旗的船只在公海捕捞获得的鱼类和其他海产品；

(七) 在该国注册或者悬挂该国国旗的加工船上加工本条第（六）项所列产品获得的产品；

(八) 在该国收集的该国消费过程中产生的仅适于原材料回收的废旧物品；

(九) 在该国加工制造过程中产生的仅适于原材料回收的废碎料；

(十) 利用本条第（一）项至第（九）项所列产品在该国加工所得的产品。

第五条 下列加工或者处理，无论是单独完成还是相互结合完成，凡用于以下目的的，即视为微小加工处理，在确定产品是否完全获得时应当不予考虑：

(一) 为运输或者贮存货物而进行的加工或者处理；

(二) 为便于货物装运而进行的加工或者处理；

(三) 为货物销售而进行的包装、展示等加工或者处理。

第六条 本规定第三条第（二）项所称“实质性加工”的认定标准，为“税号改变”标准或者“从价百分比”标准。

(一) “税号改变”标准是指非一个受惠国原产的材料在该受惠国境内加工生产后，所得产品在《商品名称及编码协调制度》中四位数级的税目归类发生了变化，且不再在该国以外的国家或地区进行任何改变四位数级的税目归类的生产、加工或者制造，视为进行了实质性加工。

(二) “从价百分比”标准是指非一个受惠国原产的材料、零件或产物的总价值小于所生产或者获得产品离岸价格（FOB）的60%，且最后生产工序在该受惠国境内完成的，视为进行了实质性加工。其计算公式如下：

$$\frac{\text{受惠国境外的材料价值} + \text{不明原产地的材料价值}}{\text{离岸价格（FOB）}} \times 100\% < 60\%$$

1. 受惠国境外的材料价值是指该材料进口时的到岸价格（CIF）；

2. 不明原产地的材料价值是指最早确定的在进行制造或者加工的一个受惠国境内为不明原产地材料支付的价格；

上述“从价百分比”标准的计算应当符合公认的会计准则及《关于实施1994年关税与贸易总协定第7条的协定》。

第七条 简单的稀释、混合、包装、装瓶、干燥、装配、分类或者装饰不应当视为实质性加工；企业生产或者定价措施的目的在于规避本规定条款的，也不应当视为实质性加工。

第八条 在确定货物原产地时，不应当考虑货物制造过程中使用的能源、工厂、设备、机器和工具的产地；也不应当考虑虽在制造过程中使用但不构成货物成分或者组成部件的材料的产地。

第九条 下列情况在确定货物的原产地时应当忽略不计：

(一) 随所装货物一起报关进口并在《中华人民共和国进出口税则》中与该货物一并归类的包装、包装材料和容器；

(二) 与货物一起报关进口并在《中华人民共和国进出口税则》中与该货物一并归类的附件、备件、工具及介绍说明性材料。

第十条 享受特别优惠关税待遇的货物，应当符合直接运输规则。直接运输是指：

(一) 货物直接从一个受惠国运输至中国关境口岸；

(二) 货物经过第三国（地区）运输，但：

1. 仅是由于地理原因或者运输需要；

2. 未进入该第三国（地区）进行贸易或者消费；

3. 除装卸和为保持货物处于良好状态所需的工作外，在该第三国（地区）未进行任何其他加工。

(三) 经过第三国（地区）运输的进口货物，应当向申报地海关提供下列单证：

1. 在出口国签发的联运提单；

2. 出口国发证机构签发的原产地证书；

3. 货物的原厂商发票；

4. 符合本条第（二）项所列三个条件的证明文

件。

第十一条 享受特别优惠关税待遇的货物申报时应当提交由出口国指定的政府机构（见附件2）签发的原产地证书（格式见附件3）。

第十二条 各受惠国原产地证书签发机构签发的原产地证书有效期为自签发日起180天。原产地证书用A4纸印制，正面所用文字为英语文字；原产地证书应当由下列颜色的一份正本和三份复写本组成：正本为米黄色，副本为浅绿色。

第十三条 货物进口时，进口货物收货人应当向进境地海关提供原产地证书正本及第二副本，第二副本为中华人民共和国海关认为必要时核查之用，第三副本应当由出口国发证机构留存，第四副本由出口人留存。

第十四条 在享受特别优惠关税待遇的货物出口时，出口国海关在确认单货相符后，在其原产地证书上签署并加盖海关印章；货物在进口报关时，进口货物收货人应当主动向进境地海关申明有关货物享受特别优惠关税，并提交经出口国海关加盖印章的原产地证书。进境地海关验凭有效的原产地证书，准予进口货物享受特别优惠关税。

第十五条 在对原产地证书内容的真实性产生怀疑时，中华人民共和国海关总署或者其授权的机构可以通过中国驻相关受惠国使领馆经济商务参赞处（室）向受惠国海关或者原产地证书发证机构提出核查要求，要求其在自收到核查要求之日起的90天内予以答复。如果受惠国海关或者原产地证书发证机构未能在90天内给予答复，则此货物不能享受特别优惠关税优惠。必要时，经对方国家同意，中国海关可以派员进行实地考察。

在等待一个受惠国原产地证书核查结果期间，应进口货物收货人要求，进境地海关可以按照该货物适用的最惠国税率征收应缴税款的等值保证金后先予放行货物，并按规定办理进口手续，进行海关统计。待出口国海关或者原产地证书签发机构核查完毕后，进境地海关应当根据核查结果，立即办理退还保证金手续或者保证金转为进口关税手续，相关统计数据应当作相应修改。

第十六条 本规定下列用语的含义：

“材料”应当包括成分、零件、部件、半组装件及/或已实际上构成另一产品部分或者已用于另一产品生产过程的产物。

“生产”是指获得产品的方法，包括产品的种植、开采、收获、饲养、繁殖、提取、收集、采集、捕获、捕捞、诱捕、狩猎、制造、生产、加工或者装配。

“中国关境口岸”是指《中华人民共和国海关法》适用区域范围内的口岸。

第十七条 违反本规定行为的，由海关依照《中华人民共和国海关法》和《中华人民共和国海关行政处罚实施条例》等有关法律、行政法规的规定予以处理；构成犯罪的，依法追究刑事责任。

第十八条 本规定由中华人民共和国海关总署负责解释。

第十九条 本规定自2005年1月1日起施行。

附件1 非洲“受惠国”国家名单
附件2 “受惠国”原产地证书签发机构
附件3 原产地证书格式

附件1

非洲“受惠国”国家名单

“受惠国”是指与中国完成特别优惠关税待遇换文手续的非洲最不发达国家。包括：

贝宁、布隆迪、佛得角、中非、科摩罗、刚果（金）、吉布提、厄立特里亚、埃塞俄比亚、几内亚、几内亚比绍、莱索托、利比里亚、马达加斯加、马里、毛里塔尼亚、莫桑比克、尼日尔、卢旺达、塞拉里昂、苏丹、坦桑尼亚、多哥、乌干达、赞比亚

附件 2

“受惠国”原产地证书签发机构

序 号	国 家	签 证 机 构
1	贝 宁	待定
2	布隆迪	商业和工业部、财政部
3	佛得角	海关
4	中非	计划、经济和国际合作部
5	科摩罗	待定
6	刚果（金）	待定
7	吉布提	经济、财政、计划和私有化部的间接税务局副局长办公室
8	厄立特里亚	贸易工业部外贸司
9	埃塞俄比亚	海关
10	几内亚	工商中小企业部、出口手续办理中心
11	几内亚比绍	待定
12	莱索托	税务总局
13	利比里亚	商业和工业部
14	马达加斯加	工贸部
15	马里	待定
16	毛里塔尼亚	待定
17	莫桑比克	海关
18	尼日尔	商会
19	卢旺达	税务局
20	塞拉里昂	国家税务局（包括下属海关）、商会
21	苏丹	商会、外贸部
22	坦桑尼亚	税务局（所属海关）、商会
23	多 哥	工商、运输与保税区发展部
24	乌干达	贸促会
25	赞比亚	税务局（包括下属海关）

附件 3

原产地证书格式

<table>
<tr><td colspan="2">1. Exporter (full name, address and country)</td><td>2. CERTIFICATE NO.
DATE OF ISSUE
VALID UP TO</td></tr>
<tr><td colspan="2">3. Consignee (full name, address and country)</td><td rowspan="3">SPECIAL PREFERENTIAL TARIFF TREATMENT
FOR LDC AFRICA
CERTIFICATE OF ORIGIN
(Combined Declaration and Certificate)
AFRICA SPT PROGRAM
Issued in
………………………………
(country)
See instructions overleaf</td></tr>
<tr><td colspan="2">4. Manufactory (full name, address and country)</td></tr>
<tr><td colspan="2">5. Departure date</td></tr>
<tr><td>6. Vessel/Flight/Train/Vehicle No.</td><td>7. Place of loading</td><td rowspan="2">8. For official use by China Customs</td></tr>
<tr><td colspan="2">9. Port of discharge</td></tr>
</table>

<table>
<tr><td rowspan="2">10. Item number</td><td rowspan="2">11. Marks & numbers on packages;</td><td>12. Container No.; No. and Kind of Packages; Description of goods (including quantity where appropriate and HS Code of China);</td><td rowspan="2">13. Gross weight or other quantity (Quantity unit) and value(FOB)</td><td rowspan="2">14. Number and date of invoice</td></tr>
<tr><td>15. Please select the following origin criteria where appropriate:
☐Wholly obtained ☐CTH ☐Value Added</td></tr>
</table>

<table>
<tr><td>16. Declaration by the exporter
The undersigned hereby declares that the above details and statements are correct, that all the goods were produced in
………………………………
(country)
and that they comply with the origin requirements specified for these goods under the Africa SPT Program exported in China.
………………………………
Place and date, signature of authority signatory</td><td>17. Certification
It is hereby certified, on the basis of control carried out, that the declaration by the exporter is correct.
………………………………
Place and date, signature and stamp of certifying authority</td><td>18. Customs verification
This is to certify that the goods declared for exportation correspond to what is stated under this certificate
………………………………
Place, date, signature and stamp of exporting customs authority</td></tr>
</table>

中华人民共和国海关进出口货物征税管理办法

（2005 年 1 月 4 日海关总署令第 124 号发布）

第一章 总 则

第一条 为了保证国家税收政策的贯彻实施，加强海关税收管理，确保依法征税，保障国家税收，维护纳税义务人的合法权益，根据《中华人民共和国海关法》（以下简称《海关法》）、《中华人民共和国进出口关税条例》（以下简称《关税条例》）及其他有关法律、行政法规的规定，制定本办法。

第二条 海关征税工作，应当遵循准确归类、正确估价、依率计征、依法减免、严肃退补、及时入库的原则。

第三条 进出口关税、进口环节海关代征税的征收管理适用本办法。

进境物品进口税和船舶吨税的征收管理按照有关法律、行政法规和部门规章的规定执行，有关法律、行政法规、部门规章未作规定的，适用本办法。

第四条 海关应当按照国家有关规定承担保密义务，妥善保管纳税义务人提供的涉及商业秘密的资料，除法律、行政法规另有规定外，不得对外提供。

纳税义务人可以书面向海关提出为其保守商业秘密的要求，并具体列明需要保密的内容，但不得以商业秘密为理由拒绝向海关提供有关资料。

第二章 进出口货物税款的征收

第一节 申报与审核

第五条 纳税义务人进出口货物时应当依法向海关办理申报手续，按照规定提交有关单证。海关认为必要时，纳税义务人还应当提供确定商品归类、完税价格、原产地等所需的相关资料。提供的资料为外文的，海关需要时，纳税义务人应当提供中文译文并对译文内容负责。

进出口减免税货物的，纳税义务人还应当提交主管海关签发的《进出口货物征免税证明》（以下简称《征免税证明》，格式详见附件 1），但本办法第七十二条所列减免税货物除外。

第六条 纳税义务人应当按照法律、行政法规和海关规章关于商品归类、审定完税价格和原产地管理的有关规定，如实申报进出口货物的商品名称、税则号列（商品编号）、规格型号、价格、运保费及其他相关费用、原产地、数量等。

第七条 为审核确定进出口货物的商品归类、完税价格、原产地等，海关可以要求纳税义务人按照有关规定进行补充申报。纳税义务人认为必要时，也可以主动要求进行补充申报。

第八条 海关应当按照法律、行政法规和海关规章的规定，对纳税义务人申报的进出口货物商品名称、规格型号、税则号列、原产地、价格、成交条件、数量等进行审核。

海关可以根据口岸通关和货物进出口的具体情况，在货物通关环节仅对申报内容作程序性审核，在货物放行后再进行申报价格、商品归类、原产地等是否真实、正确的实质性核查。

第九条 海关为审核确定进出口货物的商品归类、完税价格及原产地等，可以对进出口货物进行查验，组织化验、检验或者对相关企业进行核查。

经审核，海关发现纳税义务人申报的进出口货物税则号列有误的，应当按照商品归类的有关规则和规定予以重新确定。

经审核，海关发现纳税义务人申报的进出口货物价格不符合成交价格条件，或者成交价格不能确定的，应当按照审定进出口货物完税价格的有关规定另行估价。

经审核，海关发现纳税义务人申报的进出口货物原产地有误的，应当通过审核纳税义务人提供的原产地证明、对货物进行实际查验或者审核其他相关单证等方法，按照海关原产地管理的有关规定予以确定。

经审核，海关发现纳税义务人提交的减免税申请或者所申报的内容不符合有关减免税规定的，应当按照规定计征税款。

纳税义务人违反海关规定，涉嫌伪报、瞒报的，应当按照规定移交海关调查或者缉私部门处理。

第十条 纳税义务人在货物实际进出口前，可以按照有关规定向海关申请对进出口货物进行商品预归类、价格预审核或者原产地预确定。海关审核确定后，应当书面通知纳税义务人，并在货物实际进出口时予以认可。

第二节 税款的征收

第十一条 海关应当根据进出口货物的税则号列、完税价格、原产地、适用的税率和汇率计征税款。

第十二条 海关应当按照《关税条例》有关适用最惠国税率、协定税率、特惠税率、普通税率、出口税率、关税配额税率或者暂定税率，以及实施反倾销措施、反补贴措施、保障措施或者征收报复性关税等适用税率的规定，确定进出口货物适用的税率。

第十三条 进出口货物，应当适用海关接受该货物申报进口或者出口之日实施的税率。

进口货物到达前，经海关核准先行申报的，应当适用装载该货物的运输工具申报进境之日实施的税率。

进口转关运输货物，应当适用指运地海关接受该货物申报进口之日实施的税率；货物运抵指运地前，经海关核准先行申报的，应当适用装载该货物的运输工具抵达指运地之日实施的税率。

出口转关运输货物，应当适用启运地海关接受该货物申报出口之日实施的税率。

经海关批准，实行集中申报的进出口货物，应当适用每次货物进出口时海关接受该货物申报之日实施的税率。

因超过规定期限未申报而由海关依法变卖的进口货物，其税款计征应当适用装载该货物的运输工具申报进境之日实施的税率。

因纳税义务人违反规定需要追征税款的进出口货物，应当适用违反规定的行为发生之日实施的税率；行为发生之日不能确定的，适用海关发现该行为之日实施的税率。

第十四条 已申报进境并放行的保税货物、减免税货物、租赁货物或者已申报进出境并放行的暂时进出境货物，有下列情形之一需缴纳税款的，应当适用海关接受纳税义务人再次填写报关单申报办理纳税及有关手续之日实施的税率：

（一）保税货物经批准不复运出境的；

（二）保税仓储货物转入国内市场销售的；

（三）减免税货物经批准转让或者移作他用的；

（四）可暂不缴纳税款的暂时进出境货物，经批准不复运出境或者进境的；

（五）租赁进口货物，分期缴纳税款的。

第十五条 补征或者退还进出口货物税款，应当按照本办法第十三条和第十四条的规定确定适用的税率。

第十六条 进出口货物的价格及有关费用以外币计价的，海关按照该货物适用税率之日所适用的计征汇率折合为人民币计算完税价格。完税价格采用四舍五入法计算至分。

海关每月使用的计征汇率为上一个月第三个星期三（第三个星期三为法定节假日的，顺延采用第四个星期三）中国人民银行公布的外币对人民币的基准汇率；以基准汇率币种以外的外币计价的，采用同一时间中国银行公布的现汇买入价和现汇卖出价的中间值（人民币元后采用四舍五入法保留4位小数）。如果上述汇率发生重大波动，海关总署认为必要时，可另行规定计征汇率，并对外公布。

第十七条 海关应当按照《关税条例》的规定，以从价、从量或者国家规定的其他方式对进出口货物征收关税。

海关应当按照有关法律、行政法规规定的适用税种、税目、税率和计算公式对进口货物计征进口环节海关代征税。

除另有规定外，关税和进口环节海关代征税按照下述计算公式计征：

从价计征关税的计算公式为：

应纳税额＝完税价格×关税税率

从量计征关税的计算公式为：

应纳税额＝货物数量×单位关税税额

计征进口环节增值税的计算公式为：

应纳税额＝（完税价格＋实征关税税额＋实征消费税税额）×增值税税率

从价计征进口环节消费税的计算公式为：

应纳税额＝[（完税价格＋实征关税税额）/（1－消费税税率）]×消费税税率

从量计征进口环节消费税的计算公式为：

应纳税额＝货物数量×单位消费税税额

第十八条 除另有规定外，海关应当在货物实际进砍，并完成海关现场接单审核工作之后及时填发税款缴款书。需要通过对货物进行查验确定商品归类、完税价格、原产地的，应当在查验核实之后填发或者更改税款缴款书。

纳税义务人收到税款缴款书后应当办理签收手续。

第十九条 海关税款缴款书一式六联（格式详见附件2），第一联（收据）由银行收款签章后交缴款单位或者纳税义务人；第二联（付款凭证）由缴款单位开户银行作为付出凭证；第三联（收款凭证）由收款国库作为收入凭证；第四联（回执）由国库盖章后退回海关财务部门；第五联（报查）国库收款后，关税专用缴款书退回海关，海关代征税专用缴款书送当地税务机关；第六联（存根）由填发单位存查。

第二十条 纳税义务人应当自海关填发税款缴款书之日起15日内向指定银行缴纳税款。逾期缴纳税款的，由海关自缴款期限届满之日起至缴清税款之日止，按日加收滞纳税款万分之五的滞纳金。纳税义务人应当自海关填发滞纳金缴款书之日起15日内向指定银行缴纳滞纳金。滞纳金缴款书的格式与税款缴款书相同。

缴款期限届满日遇星期六、星期日等休息日或者法定节假日的，应当顺延至休息日或者法定节假日之后的第一个工作日。国务院临时调整休息日与工作日的，海关应当按照调整后的情况计算缴款期限。

第二十一条 关税、进口环节海关代征税、滞纳金等，应当按人民币计征，采用四舍五入法计算至分。

滞纳金的起征点为50元。

第二十二条 银行收讫税款日为纳税义务人缴清税款之日。纳税义务人向银行缴纳税款后，应当及时将盖有证明银行已收讫税款的业务印章的税款缴款书送交填发海关验核，海关据此办理核注手续。

海关发现银行未按照规定及时将税款足额划转国库的，应当将有关情况通知国库。

第二十三条 纳税义务人缴纳税款前不慎遗失税款缴款书的，可以向填发海关提出补发税款缴款书的书面申请。海关应当自接到纳税义务人的申请之日起2个工作日内审核确认并重新予以补发。海关补发的税款缴款书内容应当与原税款缴款书完全一致。

纳税义务人缴纳税款后遗失税款缴款书的，可以自缴纳税款之日起1年内向填发海关提出确认其已缴清税款的书面申请，海关经审查核实后，应当予以确认，但不再补发税款缴款书。

第二十四条 纳税义务人因不可抗力或者国家税收政策调整不能按期缴纳税款的，应当在货物进出口前向办理进出口申报纳税手续的海关所在的直属海关提出延期缴纳税款的书面申请并随附相关材料，同时还应当提供缴税计划。

货物实际进出口时，纳税义务人要求海关先放行货物的，应当向海关提供税款担保。

第二十五条 直属海关应当自接到纳税义务人延期缴纳税款的申请之日起10日内审核情况是否属实，情况属实的，应当立即将有关申请材料报送海关总署。海关总署接到申请材料后，应当在20日内作出是否同意延期缴纳税款的决定以及延期缴纳税款的期限，并通知报送申请材料的直属海关。因特殊情况在20日内不能作出决定的，可以延长10日。

延期缴纳税款的期限，自货物放行之日起最长不超过6个月。

纳税义务人在批准的延期缴纳税款期限内缴纳税款的，不征收滞纳金；逾期缴纳税款的，自延期缴纳税款期限届满之日起至缴清税款之日止按日加收滞纳税款万分之五的滞纳金。

第二十六条 经海关总署审核未批准延期缴纳税款的，直属海关应当自接到海关总署未批准延期缴纳税款的决定之日起3个工作日内通知纳税义务人，并填发税款缴款书。

纳税义务人应当自海关填发税款缴款书之日起15日内向指定银行缴纳税款。逾期缴纳税款的，海关应当自缴款期限届满之日起至缴清税款之日止，按日加收滞纳税款万分之五的滞纳金。

第二十七条 散装进出口货物发生溢短装的，按照以下规定办理：

（一）溢装数量在合同、发票标明数量3%以内的，或者短装的，海关应当根据审定的货物单价，按照合同、发票标明数量计征税款。

（二）溢装数量超过合同、发票标明数量3%的，海关应当根据审定的货物单价，按照实际进出口数量计征税款。

第二十八条 纳税义务人、担保人自缴款期限届满之日起超过3个月仍未缴纳税款或者滞纳金的，海关可以按照《海关法》第六十条的规定采取强制措施。

纳税义务人在规定的缴纳税款期限内有明显的转移、藏匿其应税货物以及其他财产迹象的，海关可以责令纳税义务人向海关提供税款担保。纳税义务人不能提供税款担保的，海关可以按照《海关法》第六十一条的规定采取税收保全措施。

采取强制措施和税收保全措施的具体办法另行规定。

第三章　特殊进出口货物税款的征收

第一节　无代价抵偿货物

第二十九条 进口无代价抵偿货物，不征收进口关税和进口环节海关代征税；出口无代价抵偿货物，不征收出口关税。

前款所称无代价抵偿货物是指进出口货物在海关放行后，因残损、短少、品质不良或者规格不符原因，由进出口货物的发货人、承运人或者保险公司免费补偿或者更换的与原货物相同或者与合同规定相符的货物。

第三十条 纳税义务人应当在原进出口合同规定的索赔期内且不超过原货物进出口之日起3年，向海关申报办理无代价抵偿货物的进出口手续。

第三十一条 纳税义务人申报进口无代价抵偿货物，应当提交下列单证：

（一）原进口货物报关单；

（二）原进口货物退运出境的出口报关单或者原进口货物交由海关处理的货物放弃处理证明；

（三）原进口货物税款缴款书或者《征免税证明》；

（四）买卖双方签订的索赔协议。

因原进口货物短少而进口无代价抵偿货物，不需要提交前款第（二）项所列单证。

海关认为需要时，纳税义务人还应当提交具有资质的商品检验机构出具的原进口货物残损、短少、品质不良或者规格不符的检验证明书或者其他有关证明文件。

第三十二条 纳税义务人申报出口无代价抵偿货物，应当提交下列单证：

（一）原出口货物报关单；

（二）原出口货物退运进境的进口报关单；

（三）原出口货物税款缴款书或者《征免税证明》；

（四）买卖双方签订的索赔协议。

因原出口货物短少而出口无代价抵偿货物，不需要提交前款第（二）项所列单证。

海关认为需要时，纳税义务人还应当提交具有资质的商品检验机构出具的原出口货物残损、短少、品质不良或者规格不符的检验证明书或者其他有关证明文件。

第三十三条 纳税义务人申报进出口的无代价抵偿货物，与退运出境或者退运进境的原货物不完全相同或者与合同规定不完全相符的，应当向海关说明原因。

海关经审核认为理由正当，且其税则号列未发生改变的，应当按照审定进出口货物完税价格的有关规定和原进出口货物适用的计征汇率、税率，审核确定其完税价格、计算应征税款。应征税款高于原进出口货物已征税款的，应当补征税款的差额部分。应征税款低于原进出口货物已征税款，且原进出口货物的发货人、承运人或者保险公司同时补偿货款的，海关应当退还补偿货款部分的相应税款；未补偿货款的，税款的差额部分不予退还。

纳税义务人申报进出口的免费补偿或者更换的货物，其税则号列与原货物的税则号列不一致的，不适用无代价抵偿货物的有关规定，海关应当按照一般进出口货物的有关规定征收税款。

第三十四条 纳税义务人申报进出口无代价抵偿货物，被更换的原进口货物不退运出境且不放弃交由海关处理的，或者被更换的原出口货物不退运进境的，海关应当按照接受无代价抵偿货物申报进出口之日适用的税率、计征汇率和有关规定对原进出口货物重新估价征税。

第三十五条 被更换的原进口货物退运出境时不征收出口关税。

被更换的原出口货物退运进境时不征收进口关税和进口环节海关代征税。

第二节 租赁进口货物

第三十六条 纳税义务人进口租赁货物，除另有规定外，应当向其所在地海关办理申报进口及申报纳税手续。

纳税义务人申报进口租赁货物，应当向海关提交租赁合同及其他有关文件。海关认为必要时，纳税义务人应当提供税款担保。

第三十七条 租赁进口货物自进境之日起至租赁结束办结海关手续之日止，应当接受海关监管。

一次性支付租金的，纳税义务人应当在申报租赁货物进口时办理纳税手续，缴纳税款。

分期支付租金的，纳税义务人应当在申报租赁货物进口时，按照第一期应当支付的租金办理纳税手续，缴纳相应税款；在其后分期支付租金时，纳税义务人向海关申报办理纳税手续应当不迟于每次支付租金后的第15日。纳税义务人未在规定期限内申报纳税的，海关按照纳税义务人每次支付租金后第15日该货物适用的税率、计征汇率征收相应税款，并自本款规定的申报办理纳税手续期限届满之日起至纳税义务人申报纳税之日止按日加收应缴纳税款万分之五的滞纳金。

第三十八条 海关应当对租赁进口货物进行跟踪管理，督促纳税义务人按期向海关申报纳税，确保税款及时足额入库。

第三十九条 纳税义务人应当自租赁进口货物租期届满之日起30日内，向海关申请办结监管手续，将租赁进口货物复运出境。需留购、续租租赁进口货物的，纳税义务人向海关申报办理相关手续应当不迟于租赁进口货物租期届满后的第30日。

海关对留购的租赁进口货物，按照审定进口货物完税价格的有关规定和海关接受申报办理留购的相关手续之日该货物适用的计征汇率、税率，审核确定其完税价格、计征应缴纳的税款。

续租租赁进口货物的，纳税义务人应当向海关提交续租合同，并按照本办法第三十六条和第三十七条的有关规定办理申报纳税手续。

第四十条 纳税义务人未在本办法第三十九条第一款规定的期限内向海关申报办理留购租赁进口货物的相关手续的，海关除按照审定进口货物完税价格的有关规定和租期届满后第30日该货物适用的计征汇率、税率，审核确定其完税价格、计征应缴纳的税款外，还应当自租赁期限届满后30日起至纳税义务人申报纳税之日止按日加收应缴纳税款万分之五的滞纳金。

纳税义务人未在本办法第三十九条第一款规定的期限内向海关申报办理续租租赁进口货物的相关手续的，海关除按照本办法第三十七条的规定征收续租租赁进口货物应缴纳的税款外，还应当自租赁期限届满后30日起至纳税义务人申报纳税之日止按日加收应缴纳税款万分之五的滞纳金。

第四十一条 租赁进口货物租赁期未满终止租赁的，其租期届满之日为租赁终止日。

第三节 暂时进出境货物

第四十二条 经海关批准暂时进境或者暂时出境的货物，海关按照有关规定实施管理。

第四十三条 《关税条例》第四十二条第一款所列的暂时进出境货物，在海关规定期限内，可以暂不缴纳税款。

前款所述暂时进出境货物在规定期限届满后不再复运出境或者复运进境的，纳税义务人应当在规定期限届满前向海关申报办理进出口及纳税手续。海关按照有关规定征收税款。

第四十四条 《关税条例》第四十二条第一款所列范围以外的其他暂时进出境货物，海关按照审定进出口货物完税价格的有关规定和海关接受该货物申报进出境之日适用的计征汇率、税率，审核确定其完税价格、按月征收税款，或者在规定期限内货物复运出境或者复运进境时征收税款。

计征税款的期限为60个月。不足一个月但超过15天的，按一个月计征；不超过15天的，免予计征。计征税款的期限自货物放行之日起计算。

按月征收税款的计算公式为：

每月关税税额 = 关税总额 × （1/60）

每月进口环节代征税税额 = 进口环节代征税总额 × （1/60）

本条第一款所述暂时进出境货物在规定期限届满后不再复运出境或者复运进境的，纳税义务人应当在规定期限届满前向海关申报办理进出口及纳税手续，缴纳剩余税款。

第四十五条 暂时进出境货物未在规定期限内复运出境或者复运进境，且纳税义务人未在规定期限届满前向海关申报办理进出口及纳税手续的，海关除按照规定征收应缴纳的税款外，还应当自规定期限届满之日起至纳税义务人申报纳税之日止按日加收应缴纳税款万分之五的滞纳金。

第四十六条 本办法第四十三条至第四十五条中所称“规定期限”均包括经海关批准的暂时进出境货物延长复运出境或者复运进境的期限。

第四节 进出境修理货物和出境加工货物

第四十七条 纳税义务人在办理进境修理货物的进口申报手续时，应当向海关提交该货物的维修合同（或者含有保修条款的原出口合同），并向海关提供进口税款担保或者由海关按照保税货物实施管理。进境修理货物应当在海关规定的期限内复运出境。

进境修理货物需要进口原材料、零部件的，纳税义务人在办理原材料、零部件进口申报手续时，应当向海关提交进境修理货物的维修合同（或者含有保修条款的原出口合同）、进境修理货物的进口报关单（与进境修理货物同时申报进口的除外），并向海关提供进口税款担保或者由海关按照保税货物实施管理。进口原材料、零部件只限用于进境修理货物的修理，修理剩余的原材料、零部件应当随进境修理货物一同复运出境。

第四十八条 纳税义务人在办理进境修理货物及剩余进境原材料、零部件复运出境的出口申报手续时，应当向海关提交该货物及进境原材料、零部件的原进口报关单和维修合同（或者含有保修条款的原出口合同）等单证。海关凭此办理解除修理货物及原材料、零部件进境时纳税义务人提供税款担保的相关手续；由海关按照保税货物实施管理的，按照有关保税货物的管理规定办理。

因正当理由不能在海关规定期限内将进境修理货物复运出境的，纳税义务人应当在规定期限届满前向海关说明情况，申请延期复运出境。

第四十九条 进境修理货物未在海关允许期限（包括延长期，下同）内复运出境的，海关对其按照一般进出口货物的征税管理规定实施管理，将该货物进境时纳税义务人提供的税款担保转为税款。

第五十条 纳税义务人在办理出境修理货物的出口申报手续时，应当向海关提交该货物的维修合同（或者含有保修条款的原进口合同）。出境修理货物应当在海关规定的期限内复运进境。

第五十一条 纳税义务人在办理出境修理货物复运进境的进口申报手续时，应当向海关提交该货物的原出口报关单和维修合同（或者含有保修条款的原进口合同）、维修发票等单证。

海关按照审定进口货物完税价格的有关规定和海关接受该货物申报复运进境之日适用的计征汇率、税率，审核确定其完税价格、计征进口税款。

因正当理由不能在海关规定期限内将出境修理货物复运进境的，纳税义务人应当在规定期限届满前向海关说明情况，申请延期复运进境。

第五十二条 出境修理货物超过海关允许期限复运进境的，海关对其按照一般进口货物的征税管理规定征收进口税款。

第五十三条 纳税义务人在办理出境加工货物的出口申报手续时，应当向海关提交该货物的委托加工合同；出境加工货物属于征收出口关税的商品的，纳税义务人应当向海关提供出口税款担保。出境加工货物应当在海关规定的期限内复运进境。

第五十四条 纳税义务人在办理出境加工货物复运进境的进口申报手续时，应当向海关提交该货物的原出口报关单和委托加工合同、加工发票等单证。

海关按照审定进口货物完税价格的有关规定和海关接受该货物申报复运进境之日适用的计征汇率、税率，审核确定其完税价格、计征进口税款，同时办理解除该货物出境时纳税义务人提供税款担保的相关手续。

因正当理由不能在海关规定期限内将出境加工货物复运进境的，纳税义务人应当在规定期限届满前向海关说明情况，申请延期复运进境。

第五十五条 出境加工货物未在海关允许期限内复运进境的，海关对其按照一般进出口货物的征税管理规定实施管理，将该货物出境时纳税义务人提供的税款担保转为税款；出境加工货物复运进境时，海关按照一般进口货物的征税管理规定征收进口税款。

第五十六条 本办法第四十七条至第五十五条中所称“海关规定期限”和“海关允许期限”，由海关根据进出境修理货物、出境加工货物的有关合同规定以及具体实际情况予以确定。

第五节 退运货物

第五十七条 因品质或者规格原因，出口货物自出口放行之日起1年内原状退货复运进境的，纳税义务人在办理进口申报手续时，应当按照规定提交有关单证和证明文件。经海关确认后，对复运进境的原出口货物不予征收进口关税和进口环节海关代征税。

第五十八条 因品质或者规格原因，进口货物自进口放行之日起1年内原状退货复运出境的，纳税义务人在办理出口申报手续时，应当按照规定提交有关单证和证明文件。经海关确认后，对复运出境的原进口货物不予征收出口关税。

第四章 进出口货物税款的退还与补征

第五十九条 海关发现多征税款的，应当立即通知纳税义务人办理退税手续。纳税义务人应当自收到海关通知之日起3个月内办理有关退税手续。

第六十条 纳税义务人发现多缴纳税款的，自缴纳税款之日起1年内，可以向海关申请退还多缴的税款并加算银行同期活期存款利息。

纳税义务人向海关申请退还税款及利息时，应当提交下列材料：

（一）《退税申请书》（格式详见附件3）；

（二）原税款缴款书和可以证明应予退税的材料。

第六十一条 已缴纳税款的进口货物，因品质或者规格原因原状退货复运出境的，纳税义务人自缴纳税款之日起1年内，可以向海关申请退税。

纳税义务人向海关申请退税时，应当提交下列材料：

（一）《退税申请书》；

（二）原进口报关单、税款缴款书、发票；

（三）货物复运出境的出口报关单；

（四）收发货人双方关于退货的协议。

第六十二条 已缴纳出口关税的出口货物，因品质或者规格原因原状退货复运进境，并已重新缴纳因出口而退还的国内环节有关税收的，纳税义务人自缴纳税款之日起1年内，可以向海关申请退税。

纳税义务人向海关申请退税时，应当提交下列材料：

（一）《退税申请书》；

（二）原出口报关单、税款缴款书、发票；

（三）货物复运进境的进口报关单；

（四）收发货人双方关于退货的协议和税务机关重新征收国内环节税的证明。

第六十三条 已缴纳出口关税的货物，因故未装运出口申报退关的，纳税义务人自缴纳税款之日起1年内，可以向海关申请退税。

纳税义务人向海关申请退税时，应当提交下列材料：

（一）《退税申请书》；

（二）原出口报关单和税款缴款书。

第六十四条 散装进出口货物发生短装并已征税放行的，如果该货物的发货人、承运人或者保险公司已对短装部分退还或者赔偿相应货款，纳税义务人自缴纳税款之日起1年内，可以向海关申请退还进口或者出口短装部分的相应税款。

纳税义务人向海关申请退税时，应当提交下列材料：

（一）《退税申请书》；

（二）原进口或者出口报关单、税款缴款书、发票；

（三）具有资质的商品检验机构出具的相关检验证明书；

（四）已经退款或者赔款的证明文件。

第六十五条 进出口货物因残损、品质不良、规格不符原因，或者发生本办法第六十四条规定以外的货物短少的情形，由进出口货物的发货人、承运人或者保险公司赔偿相应货款的，纳税义务人自缴纳税款之日起1年内，可以向海关申请退还赔偿货款部分的相应税款。

纳税义务人向海关申请退税时，应当提交下列材料：

（一）《退税申请书》；

（二）原进口或者出口报关单、税款缴款书、发票；

（三）已经赔偿货款的证明文件。

第六十六条 海关收到纳税义务人的退税申请后应当进行审核。纳税义务人提交的申请材料齐全且符合规定形式的，海关应当予以受理，并以海关收到申请材料之日作为受理之日；纳税义务人提交的申请材料不全或者不符合规定形式的，海关应当在收到申请材料之日起5个工作日内一次告知纳税义务人需要补正的全部内容，并以海关收到全部补正申请材料之日为海关受理退税申请之日。

纳税义务人按照本办法第六十一条、第六十二条或者第六十五条的规定申请退税的，海关认为需要时，可以要求纳税义务人提供具有资质的商品检验机构出具的原进口或者出口货物品质不良、规格不符或者残损、短少的检验证明书或者其他有关证明文件。

海关应当自受理退税申请之日起30日内查实并通知纳税义务人办理退税手续或者不予退税的决定。纳税义务人应当自收到海关准予退税的通知之日起3个月内办理有关退税手续。

第六十七条 海关办理退税手续时，应当填发收入退还书（格式详见附件4），并按照以下规定办理：

（一）按照本办法第六十条规定应当同时退还多征税款部分所产生的利息的，应退利息按照海关填发收入退还书之日中国人民银行规定的活期储蓄存款利息率计算。计算应退利息的期限自纳税义务人缴纳税款之日起至海关填发收入退还书之日止。

（二）进口环节增值税已予抵扣的，该项增值税不予退还，但国家另有规定的除外。

（三）已征收的滞纳金不予退还。

退还税款、利息涉及从国库中退库的，按照法律、行政法规有关国库管理的规定以及有关规章规定的具体实施办法执行。

第六十八条 进出口货物放行后，海关发现少征税款的，应当自缴纳税款之日起1年内，向纳税义务人补征税款；海关发现漏征税款的，应当自货物放行之日起1年内，向纳税义务人补征税款。

第六十九条 因纳税义务人违反规定造成少征税款的，海关应当自缴纳税款之日起3年内追征税款；因纳税义务人违反规定造成漏征税款的，海关应当自货物放行之日起3年内追征税款。海关除依法追征税款外，还应当自缴纳税款或者货物放行之日起至海关发现违规行为之日止按日加收少征或者漏征税款万分之五的滞纳金。

因纳税义务人违反规定造成海关监管货物少征或者漏征税款的，海关应当自纳税义务人应缴纳税款之日起3年内追征税款，并自应缴纳税款之日起至海关发现违规行为之日止按日加收少征或者漏征税款万分之五的滞纳金。

前款所称“应缴纳税款之日”是指纳税义务人违反规定的行为发生之日；该行为发生之日不能确定的，应当以海关发现该行为之日作为应缴纳税款之日。

第七十条 海关补征或者追征税款，应当制发《海关补征税款告知书》（格式详见附件5）。纳税义务人应当自收到《海关补征税款告知书》之日起15日内到海关办理补缴税款的手续。

纳税义务人未在前款规定期限内办理补税手续的，海关应当在规定期限届满之日填发税款缴款书。

第七十一条 根据本办法第三十七、四十、四十五、六十九条的有关规定，因纳税义务人违反规定需在征收税款的同时加收滞纳金的，如果纳税义务人未在规定的15天缴款期限内缴纳税款，海关依照本办法第二十条的规定另行加收自缴款期限届满之日起至缴清税款之日止滞纳税款的滞纳金。

第五章 进出口货物税款的减征与免征

第七十二条 纳税义务人进出口减免税货物，应当在货物进出口前，按照规定持有关文件向海关办理减免税审批手续。下列减免税进出口货物无需办理减免税审批手续：

（一）关税、进口环节增值税或者消费税税额在人民币50元以下的一票货物；

（二）无商业价值的广告品和货样；

（三）在海关放行前遭受损坏或者损失的货物；

（四）进出境运输工具装载的途中必需的燃料、物料和饮食用品；

（五）其他无需办理减免税审批手续的减征或者免征税款的货物。

第七十三条 对于本办法第七十二条第（三）项所列货物，纳税义务人应当在申报时或者自海关放行货物之日起15日内书面向海关说明情况，提供相关证明材料。海关认为需要时，可以要求纳税义务人提供具有资质的商品检验机构出具的货物受损程度的检验证明书。海关根据实际受损程度予以减征或者免征税款。

第七十四条 除另有规定外，纳税义务人应当向其主管海关申请办理减免税审批手续。海关按照有关规定予以审核，并签发《征免税证明》。

第七十五条 特定地区、特定企业或者有特定用途的特定减免税进口货物，应当接受海关监管。

特定减免税进口货物的监管年限为：

（一）船舶、飞机：8年；

（二）机动车辆：6年；

（三）其他货物：5年。

监管年限自货物进口放行之日起计算。

第七十六条 在特定减免税进口货物的监管年限内，纳税义务人应当自减免税货物放行之日起每年一次向主管海关报告减免税货物的状况；除经海关批准转让给其他享受同等税收优惠待遇的项目单位外，纳税义务人在补缴税款并办理解除监管手续后，方可转让或者进行其他处置。

特定减免税进口货物监管年限届满时，自动解除海关监管。纳税义务人需要解除监管证明的，可以自监管年限届满之日起1年内，持有关单证向海关申请领取解除监管证明。海关应当自接到纳税义务人的申请之日起20日内核实情况，并填发解除监管证明。

第六章　进出口货物的税款担保

第七十七条 有下列情形之一，纳税义务人要求海关先放行货物的，应当按照海关初步确定的应缴税款向海关提供足额税款担保：

（一）海关尚未确定商品归类、完税价格、原产地等征税要件的；

（二）正在海关办理减免税审批手续的；

（三）申请延期缴纳税款的；

（四）暂时进出境的；

（五）进境修理和出境加工的，按保税货物实施管理的除外；

（六）因残损、品质不良或者规格不符，纳税义务人申报进口或者出口无代价抵偿货物时，原进口货物尚未退运出境或者尚未放弃交由海关处理的，或者原出口货物尚未退运进境的；

（七）其他按照有关规定需要提供税款担保的。

第七十八条 除另有规定外，税款担保期限一般不超过6个月，特殊情况经直属海关关长或者其授权人批准可以酌情延长。

税款担保一般应为保证金、银行或者非银行金融机构的保函，但另有规定的除外。

银行或者非银行金融机构的税款保函，其保证方式应当是连带责任保证。税款保函明确规定保证期间的，保证期间应当不短于海关批准的担保期限。

第七十九条 在海关批准的担保期限内，纳税义务人履行纳税义务的，海关应当自纳税义务人履行纳税义务之日起5个工作日内办结解除税款担保的相关手续。

在海关批准的担保期限内，纳税义务人未履行纳税义务，对收取税款保证金的，海关应当自担保期限届满之日起5个工作日内完成保证金转为税款的相关手续；对银行或者非银行金融机构提供税款保函的，海关应当自担保期限届满之日起6个月内或者在税款保函规定的保证期间内要求担保人履行相应的纳税义务。

第七章　附　则

第八十条 纳税义务人、担保人对海关确定纳税义务人、确定完税价格、商品归类、确定原产地、适用税率或者计征汇率、减征或者免征税款、补税、退税、征收滞纳金、确定计征方式以及确定纳税地点有异议的，应当按照海关作出的相关行政决定依法缴纳税款，并可以依照《中华人民共和国行政复议法》和《中华人民共和国海关实施〈行政复议法〉办法》向上一级海关申请复议。对复议决定不服的，可以依法向人民法院提起诉讼。

第八十一条 违反本办法规定，构成违反海关监管规定行为、走私行为的，按照《海关法》、《中华人民共和国海关行政处罚实施条例》和其他有关法律、行政法规的规定处罚。构成犯罪的，依法追究刑事责任。

第八十二条 保税货物和进出保税区、出口加工区、保税仓库及类似的海关监管场所的货物的税收管理，按照本办法规定执行。本办法未作规定的，按照有关法律、行政法规和海关规章的规定执行。

第八十三条 通过电子数据交换方式申报纳税和缴纳税款的管理办法，另行制定。

第八十四条 本办法由海关总署负责解释。

第八十五条 本办法自2005年3月1日起施行。1986年9月30日由中华人民共和国海关总署发布的《海关征税管理办法》同时废止。

附件1 进出口货物征免税证明（格式）
附件2 海关 专用缴款书（格式）
附件3 退税申请书（格式）
附件4 收入退还书（海关专用）（格式）
附件5 海关补征税款告知书（格式）

附件1

进出口货物征免税证明（格式）

编号：

<table>
<tr><td colspan="3">申请单位：</td><td colspan="5">征免性质/代码：</td><td colspan="4">审批依据：</td></tr>
<tr><td colspan="3">发证日期： 年 月 日</td><td colspan="9">有效期： 至 年 月 日止</td></tr>
<tr><td colspan="3">到货口岸：</td><td colspan="9">合同号：</td></tr>
<tr><td rowspan="2">序号</td><td rowspan="2">货 名</td><td rowspan="2">规 格</td><td rowspan="2">税 号</td><td rowspan="2">数 量</td><td rowspan="2">单 位</td><td rowspan="2">金 额</td><td rowspan="2">币 制</td><td colspan="3">主管海关审批征免意见</td></tr>
<tr><td>关 税</td><td>增值税</td><td>其 它</td></tr>
<tr><td>1</td><td></td><td></td><td></td><td></td><td></td><td></td><td></td><td></td><td></td><td></td></tr>
<tr><td>2</td><td></td><td></td><td></td><td></td><td></td><td></td><td></td><td></td><td></td><td></td></tr>
<tr><td>3</td><td></td><td></td><td></td><td></td><td></td><td></td><td></td><td></td><td></td><td></td></tr>
<tr><td>4</td><td></td><td></td><td></td><td></td><td></td><td></td><td></td><td></td><td></td><td></td></tr>
<tr><td>5</td><td></td><td></td><td></td><td></td><td></td><td></td><td></td><td></td><td></td><td></td></tr>
<tr><td>备注</td><td colspan="10"></td></tr>
<tr><td colspan="2">审批海关签章：

负责人：

年 月 日</td><td colspan="2">核放海关批注：

负责人：

年 月 日</td><td colspan="7">注意事项：
1. 本表使用一次有效。如同一合同货物分口岸进口，应分别填写。一份合同内货物分批到货的，应向审批海关申明，并按到货期分填此表。
2. 表中“征免性质/代码”栏应按海关H883/H2000规范要求正确填写。
3.“审批依据”栏应由主管海关减免税审批部门填明批准减免税所依据的文件号。
4. 货物进口时应向海关交验本表，复印件无效。
5. 本表自签发之日起半年内有效，逾期应向原审批海关申请展期或退单。如遇政策调整，有效期应服从有关规定。
6. 经批准进口的货物如拟移作他用、转让或出售，原申请单位应事先报请原批准海关核准，并应依法补税，否则，海关将依法处理。</td></tr>
</table>

注：《进出口货物征免税证明》一式三联，其中：

第一联：主管海关留存； 第二联：送交进口地海关凭以减免税； 第三联：申请单位留存。

附件 2

海关　　　　专用缴款书（格式）

收入系统：　　　　　　　　填发日期：　年　月　日　　　　号码 No.

收款单位	收入机关				缴款单位（人）	名称	
	科目		预算级次			账号	
	收款国库					开户银行	

税号	货物名称	数量	单位	完税价格（¥）	税率（%）	税款金额（¥）
金额人民币（大写）					合计（¥）	

申请单位编号		报关单编号		填制单位	收款国库（银行）
合同（批文）号		运输工具（号）			
缴款期限		提/装货单号		制单人＿＿＿＿＿ 复核人	
备注					

自填发缴款书之日起 15 日内缴纳税款（期末遇星期六、星期日或法定节假日顺延），逾期缴纳按日加收税款总额万分之五的滞纳金。

注： 海关专用缴款书一式六联，其中：

第一联：（收据）银行收款签章后交缴款单位或缴纳人；

第二联：（付款凭证）由缴款单位开户银行作为付出凭证；

第三联：（收款凭证）由收款国库作为收入凭证；

第四联：（回执）由国库盖章后退回海关财务部门；

第五联：（报查）国库收款后，关税专用缴款书退回海关，海关代征税专用缴款书送当地税务机关；

第六联：（存根）由填发单位存查。

附件 3

转账退税申请书（格式一）

编号：

__________海关：

根据你关签发的税款专用缴款书（编号：__________），本纳税人已按规定缴纳税款。按照有关规定，现申请退税（及由此产生的银行利息），请予核准。

1. 已缴税款金额：

关税__________元，增值税__________元，消费税__________元，……

2. 申请退税理由：

3. 申请退还金额：

关税__________元，增值税__________元，消费税__________元，……

4. 申请人名称：

5. 开户银行：

6. 开户银行账号：

申请人签章：

年 月 日

申请人联系地址： 邮政编码：

联系人： 电 话：

注：《转账退税申请书》一式二联，第一联随原缴款书复印件送国库，第二联海关留存。

说明： 1. 此申请书适用于以银行划转方式退还税款的情况。

2. “申请退还金额”中所涉及的税种应与原税款专用缴款书上所列关税、增值税、消费税或其他实际项目一致。

3. 按照《中华人民共和国进出口关税条例》第 52 条第 2 款规定，纳税义务人发现多缴税款的，可自缴纳税款之日起 1 年内要求退还多缴的税款并加算同期活期存款利息。

4. 此申请书需附原税款专用缴款书复印件各一份。

5. 此申请书需申请人签字并加盖单位公章。

现金退税申请书（格式二）

编号：

__________海关：

根据你关签发的税款专用缴款书（编号：__________），本纳税人已按规定缴纳税款，按照有关规定现申请退税（及由此产生的银行利息），请予核准。

1．已缴税款金额：

关税__________元，增值税__________元，消费税__________元，……

2．申请退税理由：

3．申请退还金额：

关税__________元，增值税__________元，消费税__________元，……

4．取款人姓名：

5．取款人单位：

6．取款人有效身份证明号码：

申请人签章：

年 月 日

申请单位联系地址： 邮政编码：

联系人： 电 话：

注：《现金退税申请书》一式二联，第一联随原缴款书复印件送国库，第二联海关留存。

说明： 1．此申请书适用于纳税人以现金方式缴款，现要求直接退付现金的情况。

2．“申请退还金额”中所涉及的税种应与原税款专用缴款书上所列关税、增值税、消费税或其他实际项目一致。

3．按照《中华人民共和国进出口关税条例》第52条第2款规定，纳税义务人发现多缴税款的，可自缴纳税款之日起1年内要求退还多缴的税款并加算同期活期存款利息。

4．此申请书需附原税款专用缴款书复印件各一份。

5．此申请书需申请人签字并加盖单位公章。

附件 4

收入退还书（海关专用）（格式）

填发日期： 年 月 日

合同号： 编号： 字 号 报关单编号：

<table>
<tr><td rowspan="3">收款单位</td><td colspan="3">全称</td><td colspan="3"></td><td rowspan="3">退款国库</td><td>预算级次</td><td colspan="2"></td></tr>
<tr><td colspan="3">账号</td><td colspan="3"></td><td>指定退款国库</td><td colspan="2"></td></tr>
<tr><td colspan="3">开户银行</td><td colspan="3"></td><td>收入机关</td><td colspan="2"></td></tr>
<tr><td colspan="9">原缴款书（ 年）</td><td rowspan="3">退还金额</td><td rowspan="3">退款人盖章</td></tr>
<tr><td>月</td><td>日</td><td>字</td><td>号</td><td>预算科目</td><td>金额</td><td colspan="3">缴纳人（或单位）</td></tr>
<tr><td></td><td></td><td></td><td></td><td></td><td></td><td colspan="3"></td></tr>
<tr><td colspan="9">退还金额（大写）人民币</td><td>合计（¥）</td><td></td></tr>
<tr><td rowspan="2">退还理由</td><td colspan="3" rowspan="2"></td><td colspan="4">收入机关：</td><td colspan="3">退款国库：</td></tr>
<tr><td>负责人 盖章</td><td></td><td>经手人 盖章</td><td></td><td>负责人 盖章</td><td>经手人 盖章</td><td></td></tr>
<tr><td>审核意见</td><td colspan="3"></td><td>机关盖章</td><td colspan="3"></td><td>付讫日期 图章</td><td colspan="2"></td></tr>
</table>

注：收入退还书（海关专用）一式六联，其中：

第一联：（收款通知）交收款单位；

第二联：（付款凭证）由退款国库作为付出凭证；

第三联：（收款凭证）由收款单位开户银行作为收入凭证；

第四联：（付款通知）由国库随收入统计表送退库海关；

第五联：（报查凭证）国库退款后，关税收入退还书送退库海关，海关代征税收入退还书送当地税务机关；

第六联：（存根）由填发单位存查。

附件 5

海关补征税款告知书（格式）

编号：

（纳税义务人）：

经审核，你单位于　　年　　月　　日申报进（出）口的__________货物（报关单编号：__________），因______（原因）______，少（漏）缴关税　　元、增值税　　元、消费税　　元、其他税　　元。根据《中华人民共和国进出口关税条例》第五十一条的规定，现决定对上述税款予以补征。请自收到本告知书之日起15日内来我关办理有关补缴税款的手续。

由于少（漏）征税款是因你单位违反　　　　规定所致，根据《中华人民共和国进出口关税条例》第五十一条规定，你单位补缴税款时，还应同时补缴自缴纳税款（货物放行、应缴纳税款）之日起至海关发现违规行为之日止的滞纳金。

如你单位未在上述规定期限内办理补税手续，我关将于规定限期届满之日填发税款缴款书。如你单位未按期自海关填发税款缴款书之日起15日内补缴税款，由此产生的税款滞纳金由你单位一并缴纳。

__________海关（章）

年　月　日

注：《海关补征税款告知书》一式二份，一份送达纳税义务人，一份海关留存。

说明：带下划线的内容应根据具体情况选择填写。其中，少（漏）缴税款中的“其他税”是指反倾销税、反补贴税、保障措施关税、报复性关税等。

构成整车特征的汽车零部件进口管理办法

（2005年2月28日海关总署令第125号发布）

第一章　总　　则

第一条　为规范和加强对汽车零部件的进口管理，促进汽车产业健康发展，依据有关法律法规规定，制定本办法。

第二条　本办法适用于对经国家有关部门核准或备案的汽车生产企业，生产组装汽车所需的构成整车特征的汽车零部件进口的监督管理。

汽车生产企业进口全散件（CKD）或半散件（SKD）的，可在企业所在地海关办理报关手续并缴纳税款，不适用本办法。

第三条　本办法所称汽车，是指《机动车辆及挂车分类》（中华人民共和国国家标准GB/T 15089—2001）中规定的M类和N类机动车辆。

M类机动车辆是指，至少有4个车轮并且用于载客的机动车辆；N类机动车辆是指，至少有4个车轮并且用于载货的机动车辆。

第四条　本办法所称汽车总成（系统），包括车身（含驾驶室）总成、发动机总成、变速器总成、驱动桥总成、非驱动桥总成、车架总成、转向系统、制动系统等。

第五条　本办法所称构成整车特征和构成总成（系统）特征，是指汽车生产企业使用的进口汽车零部件在装车状态时已经构成整车特征，或在装机状态时已经构成总成（系统）特征。

第六条　海关总署、国家发展和改革委员会（以下简称发展改革委）、商务部、财政部按照本办法规定对构成整车特征的进口汽车零部件实施管理。

海关总署、发展改革委、商务部、财政部成立构成整车特征的汽车零部件进口管理领导小组（以下简称领导小组）。领导小组办公室设在海关总署，负责领导小组的日常事务。整车特征国家专业核定中心（以下简称核定中心）接受海关总署委托，负责对进口零部件是否构成整车或总成（系统）特征进行核定。

第二章 备案管理

第七条 汽车生产企业以在国内市场销售为目的使用进口汽车零部件生产汽车，应当依据本办法对所生产车型中使用的进口零部件是否构成整车特征进行自测。经自测确定构成整车特征的，生产企业应当在汽车零部件进口前，将有关车型向海关总署备案。同一汽车生产企业的不同车型，应当分别备案。

生产企业自测后认为不构成整车特征的，应当向海关总署申请复审。海关总署应当委托核定中心进行简单复审或现场复审。经复审，构成整车特征的，由生产企业补充备案；不构成整车特征的不需备案。

汽车生产企业在向发展改革委申请《道路机动车辆生产企业及产品公告》和向商务部申请自动进口许可证时，应当提供有关车型的自测结果；如进口零部件不构成整车特征，还应提供海关总署的复审意见。

发展改革委在《道路机动车辆生产企业及产品公告》中对使用构成整车特征的进口零部件生产的车型标注“整车特征”字样，商务部在构成整车特征的进口零部件的自动进口许可证上标注“整车特征”字样。

第八条 备案车型应当是已经列入发展改革委《道路机动车辆生产企业及产品公告》的产品。

第九条 生产企业在申请备案时应当提供以下材料：

（一）企业基本概况；

（二）备案车型年度生产计划；

（三）备案车型的零部件分类和价格比例清单；备案车型的总价和国产件、进口件的分项价格（均以不含税价格计算）；

（四）备案车型全部采购件的国内和国外供应商及供货品种清单；

（五）列入《道路机动车辆生产企业及产品公告》的证明。

第十条 海关总署在收到申请备案的材料后向发展改革委、商务部和企业所在地直属海关分送有关备案材料。发展改革委、商务部和企业所在地海关在收到备案材料后分别按各自职责实施备案管理。

第十一条 企业所在地直属海关收到海关总署发来的企业备案材料后，应当进行审核，对符合条件的汽车生产企业及生产车型给予登记备案，并通知该汽车生产企业。

第十二条 汽车生产企业在登记备案后，应当根据汽车零部件的进口计划，在汽车零部件进口前向企业所在地海关提供税款总担保。税款总担保的担保数额应当不低于企业月平均进口零部件需缴纳的税款总额。

汽车生产企业应当根据备案车型数量及进口计划的调整，及时向其所在地海关申请变更税款总担保的担保数额，经核实无误后，海关办理相关的担保数额变更手续。

第三章 通关管理

第十三条 汽车生产企业进口构成整车特征的汽车零部件，应当在企业所在地海关办理报关手续并缴纳税款。

汽车生产企业从其所在地以外口岸进口构成整车特征的汽车零部件，须在完成备案登记和税款总担保手续后，向企业所在地海关申请办理转关运输，海关按照转关运输的有关规定办理转关手续。

其他未构成整车特征的汽车零部件进口，不适用前款规定。

第十四条 企业在办理报关手续时应当向海关递交进口货物报关单、标明“整车特征”的汽车零部件自动进口许可证、其他有关许可证件以及海关要求的随附单证等。

第十五条 构成整车特征的汽车零部件进口时，涉及许可证件的，在通关环节验核证件。进口货物报关单征免性质栏应当填写“整车特征”；收货单位栏应当填写汽车生产企业名称。

不同车型的汽车零部件，应当分别填写报关单。

第十六条 构成整车特征的汽车零部件进口时，海关比照保税货物管理的有关规定办理相关进口手续，并按照进口状态列入海关统计。

第四章 整车特征核定标准及核定

第十七条 整车特征核定由汽车生产企业向海关总署提出申请，海关总署委托核定中心核定。海关依据核定中心出具的《核定报告》确定适用税率和完税价格，办理征税手续。进口汽车零部件整车特征核定办法由海关总署另行制定发布。

第十八条 核定中心依据海关总署的指令，对汽车生产企业的有关车型开展核定工作，出具核定报告。

第十九条 备案车型生产组装成第一批整车后10日内，汽车生产企业应当向海关总署申请进行整车特征核定。核定中心应当在接受海关总署指令后的1个月内，完成对有关车型的核定并出具核定报告。

本办法实施前已经投产的车型，汽车生产企业应当在本办法实施后1个月内完成自测，并将自测结果报海关总署。自测结果为构成整车特征的，汽车生产企业应当在完成自测后10日内向海关总署备案，并向海关总署申请进行整车特征核定；不构成整车特征的，应当向海关总署申请复审。复审结果为构成整车特征的，汽车生产企业应当在复审结果公布后10日内向海关总署补充备案，并向海关总署申请进行整车特征核定。核定中心依据海关总署的指令，应当在3个月内完成对已经投产的备案车型的核定，并出具核定报告。

第二十条 核定中心核定的车型为基型车。在经过核定的基型车基础上选装进口部件的，汽车生产企业应当向所在地海关和核定中心提供选装类型，并在实际选装时如实申报。经核定中心复核并提出报告后，海关在核定完税价格计税时做出调整。

汽车生产企业在生产过程中，构成整车特征的状况发生改变的，可向海关总署申请对基型车重新核定。海关根据核定中心出具的新的核定报告，确定计税的完税价格。经核定，不再构成整车特征的，海关不再按照本办法对该车型实施管理。

第二十一条 有下列情形之一的，进口汽车零部件构成整车特征：

（一）进口全散件（CKD）或半散件（SKD）组装汽车的；

（二）在本办法第四条规定的认定范围内：

1. 进口车身（含驾驶室）、发动机两大总成装车的；

2. 进口车身（含驾驶室）和发动机两大总成之一及其他3个总成（系统）（含）以上装车的；

3. 进口除车身（含驾驶室）和发动机两大总成以外其他5个总成（系统）（含）以上装车的。

（三）进口零部件的价格总和达到该车型整车总价格的60%及以上的。本项整车特征核定标准自2006年7月1日起开始生效。

第二十二条 有下列情形之一的，进口汽车零部件构成汽车总成（系统）特征：

（一）进口整套散件组装总成（系统）的；

（二）进口关键零部件或分总成组装总成（系统），其进口关键零部件或分总成达到及超过规定数量标准的（详见附件1、2）；

（三）进口零部件的价格总和达到该总成（系统）总价格的60%及以上的。

第二十三条 国内汽车总成（系统）生产企业生产的总成（系统）所使用的进口零部件不构成总成（系统）特征的，该总成（系统）视为国产总成（系统）。

第二十四条 国内汽车及零部件生产企业，对进口零部件（不含总成、分总成）及生产零部件用的毛坯件进行实质性加工的，所生产的配套零部件视为国产件。

所称“实质性加工”是指，产品加工后，达到《中华人民共和国进出口货物原产地条例》规定的实质性改变确定标准。

第二十五条 核定中心对备案车型进行整车特征核定时，汽车生产企业应当积极配合，并提交以下单证：

（一）核定申请报告；

（二）企业自测报告；

（三）《备案车型零部件采购清单》（详见附件3）；

（四）核定中心认为需要的其他资料。

第二十六条 汽车生产企业应当申请备案或者整车特征核定而未申请的，海关总署可以指令核定中心进行核定。

第五章 征税原则及税款计征

第二十七条 构成整车特征的进口汽车零部件从报关放行到纳税前，由企业所在地海关比照保税货物实施监管。为提高管理效能，有条件的汽车生产企业，应当与所在地海关进行电子联网。

第二十八条 进口汽车零部件生产组装成整车后，汽车生产企业向海关作纳税申报，海关按照《中华人民共和国海关法》（以下简称《海关法》）、《中华人民共和国进出口关税条例》及《中华人民共和国进出口税则》的有关规定，进行归类和征税。

对经核定中心核定为构成整车特征的进口零部件，海关按照整车归类，并按照整车税率计征关税和进口环节增值税；对核定为不构成整车特征的，海关按照零部件归类，并按照相应的适用税率计征关税和进口环节增值税。

第二十九条 海关在对构成整车特征的进口零部件按照整车归类征税时，如果其中由配套厂家提供的零部件在进口时已经缴纳了进口关税和进口环节增值税，并且汽车生产企业能够提供进口纳税证明的，已经缴纳的税款应当扣除。

企业按照本办法规定进口的汽车零部件，1年之内未用于生产汽车整车的，应当在1年届满之日起30日内向海关作纳税申报，海关按照有关规定办理征税手续。

第三十条 加工贸易项下生产的汽车转内销的，适用本办法。

加工贸易汽车生产企业在申请对其使用构成整车特征的进口汽车零部件生产组装的汽车产品内销前，应当按照本办法的规定向海关总署补办备案手续，并接受核定中心的核定。海关根据核定的结果，对构成整车特征的，凭企业提交的《加工贸易保税进口料件内销批准证》和相应的进口许可证件，按照本办法规定适用的税率计征税款，并补征全部进口零部件的缓税利息。

保税区、出口加工区等海关特殊监管区域汽车生产企业在申请对其使用构成整车特征的进境入区汽车零部件生产组装的汽车产品内销前，应当按照本办法的规定向海关总署补办备案手续，并接受核定中心的核定。海关根据核定的结果，对构成整车特征的，凭相关进口许可证件办理有关手续，按照内销实际状态征税。

第三十一条 汽车生产企业应当自核定中心出具构成整车特征的核定报告后的次月起，每月第10个工作日前，向企业所在地海关作纳税申报。海关对汽车生产企业上个月生产有关车型所使用的进口零部件按照整车税率集中计征关税和进口环节增值税。

汽车生产企业在作首次纳税申报时，应当将核定报告出具前已用于生产整车的进口零部件一并向海关申报纳税。

第三十二条 汽车生产企业应当自核定中心出具不构成整车特征的核定报告后30日内，向所在地海关申报其已进口但尚未缴纳税款的汽车零部件。海关按照汽车零部件税率计征关税和进口环节增值税，并对有关车型不再按照本办法规定实施管理。

第三十三条 汽车生产企业的所有备案车型经核定中心核定均不构成整车特征，并且企业缴清有关税款的，海关应当通知企业办理解除税款总担保手续。

第三十四条 汽车生产企业向所在地海关申报纳税时应当提交以下单证和资料：

（一）核定中心的核定报告；

（二）企业上月有关车型的整车生产数量（核定结果为不构成整车特征的除外）；

（三）企业上月进口的已用于生产组装整车的有关车型汽车零部件清单（核定结果为不构成整车特征的除外）；

（四）海关认为需要提供的其他单证。

第三十五条 企业向海关申报构成整车特征的汽车零部件时，征免性质栏填报“整车征税”，成交方式栏填报“CIF”；企业向海关申报不构成整车特征的汽车零部件时，征免性质栏填报“零部件征税”，成交方式栏填报“CIF”。

第六章 法律责任

第三十六条 对违反本办法规定，构成走私或者违反海关监管规定行为的，海关依照《海关法》、《中华人民共和国海关行政处罚实施条例》予以处罚。构成犯罪的，依法追究刑事责任。

第三十七条 汽车生产企业申报《道路机动车辆生产企业及产品公告》和备案时，违反本办法的有关规定，未如实申报进口零部件构成整车特征的，或者采用分散进口方式进口的零部件构成整车特征，进口前未向海关总署申请备案的，由发展改革委暂停有关车型的《道路机动车辆生产企业及产品公告》，待汽车生产企业纠正后，再予以恢复。

第七章 附 则

第三十八条 本办法自2005年4月1日起施行。

附件1 总成（系统）界定表

附件2 汽车总成（系统）所属零部件界定范围

附件3 备案车型零部件采购清单

附件 1

总成（系统）界定表

总成名称			关键件或分总成名称	进口件界定数量（单位:件）		备　注
				A类件	总界定数量	
车身（驾驶室）	M_1类	A类件	侧围、车门、发动机罩盖	2	5	M_1类分总成中，如有进口的外覆盖件冲压件，则该分总成视为进口分总成。
		B类件	顶盖、前围、座舱地板、行李箱盖（或背门）、后围、翼子板	–		
	M_2类	A类件	顶盖、侧围	2	4	
		B类件	发动机罩盖、前围、车门、后围、地板	–		
	M_3类	A类件	顶盖、侧围、车身骨架	2	4	
		B类件	前围、车门、后围、地板	–		
	N类	A类件	顶盖、车门、侧围	2	5	
		B类件	发动机罩盖、前围、后围、翼子板、地板	–		
发动机总成	柴油机	A类件	缸体、缸盖、高压油泵	2	6	不含散热器、风扇、空滤器、消声器、燃油箱、离合器
		B类件	曲轴、增压器、凸轮轴、连杆、起动机、发电机、柴油喷射器	–		
	汽油机	A类件	缸体、缸盖、EFI 装置（包括 ECU、节流阀体、喷油器、传感器）	2	6	
		B类件	曲轴、凸轮轴、燃油泵、连杆、起动机、发电机、增压器	–		
变速器总成	手动变速器	A类件	壳体、齿轮、离合器	2	4	1.不含远程变速操纵系统 2.全轮驱动车辆的分动器单列为总成考核时，变速器总成总界定数量相应的变为3。
		B类件	轴类、换档机构组件、同步器、分动器	–		
	自动变速器	A类件	壳体、离合器（自动变速器用液体偶合器）、自动变速器控制模块（ECU）	2	4	
		B类件	分动器、齿轮（或摩擦轮与钢带）、轴类、换档机构组件	–		
M_1类车桥	驱动桥		壳体、左右半轴（含等速万向节）、转向节、差速器、摆臂、轮毂、轴承、主减速器、悬架弹簧、减振器	–	6	
	非驱动桥		车轴（含拖臂总成）、轮毂、轴承、悬架弹簧、减振器	–	4	
M_2、M_3、N类车桥	驱动桥		桥壳、差速器、半轴、传动轴、主减速器、轮毂、轴承、减振器、悬架弹簧	–	5	独立悬架的前桥增加摆臂、转向节，总界定数为6。
	非驱动桥		转向节、减振器、前轴、悬架弹簧、轮毂、轴承	–	4	
车　架			纵梁（或前副车架及发动机托架）、横梁（或后副车架）	–	2	
制动系统			制动主缸（或气制动阀）、助力器总成、前制动器总成、后制动器总成、防抱制动系统（ABS）的阀体和 ECU 总成	–	4	
转向器系统	动力转向		转向器总成、转向控制阀总成、转向助力油泵、转向盘、转向轴及万向节	–	3	转向盘中包括气囊
	非动力转向		转向器总成、转向轴及万向节、转向盘	–	2	

注：

1．进口A类件、B类件之和达到或超过进口件总界定数量即视为构成总成（系统）特征；但是，如果进口A类件的数量达到或超过A类件界定数量亦视为构成总成（系统）特征。

2．当关键零部件或分总成的进口价格比率超过60%时，则该关键零部件或分总成按进口件计算。关键件或分总成原则上只计算到整车厂的第二级供应商。

3．全轮驱动车辆的分动器单列为总成，代替非驱动桥，分动器的A类件为壳体、齿轮（或链条）、接合器，界定数量为2；B类件为轴类、轴承、同步器、电控装置；总界定数量为4。

4．两个驱动桥及多桥车辆按照实际桥数分别判定总成特征，并相应增加总成和构成整车特征界定数量。

5．从2005年4月1日至2006年6月30日，A、B类关键件合并在一起按照总界定数量进行考核。自2006年7月1日起，所有车型均按照区分了A、B类关键件的标准进行考核。

6．如果某车型确实没有在本总成（系统）界定表中规定的功能相符的关键件或分总成，则相应地减少其界定数量或总成（系统）数量。

附件2

汽车总成（系统）所属零部件界定范围

本总成（系统）所属零部件范围界定主要用于汽车整车特征认定的总成和系统，总成（系统）所属零部件范围界定的原则：一、功能的完整性；二、装配阶段划分明确。同时参照标准QC/T265－2004《汽车产品零部件编号规则》、QC/T514－1999《轿车车身名词术语》、GB/T4780－2000《汽车车身术语》、GB/T5727－1985《汽车液力变速器术语及定义》、GB/T5333－1985《汽车驱动桥术语及定义》、GB5620.2－1985《汽车和挂车制动名词术语及其定义》、GB/T5179－1985《汽车转向系术语和定义》。

车身（驾驶室）：油漆工艺前的车身本体（白车身），不包括车身附件及装饰件。主要由车身结构件及覆盖件（非承载式车身）焊接组成。

M_1类包括前围、侧围、后围、顶盖、车身地板、翼子板、车门、发动机罩盖、行李箱盖（或背门总成）等。

M_1类以外的其他类包括前围、侧围、后围、顶盖、车身地板、地板盖板（金属件）、顶盖通风窗、翼子板、车门、发动机罩盖、车身骨架（非承载式车身）等。

发动机总成：

包括气缸体、气缸盖、正时齿轮室、气门罩、曲轴、飞轮、连杆、活塞、轴瓦、凸轮轴、正时机构、进排气门、驱动机构、进排气歧管、点火系统、水泵、润滑油泵、机油滤清器、曲轴箱通风装置、燃油泵、EFI装置（含ECU、节流阀体、喷油器、传感器）、增压器、起动机、发电机、燃油管路、燃油滤清器、传感器及报警装置等。

柴油发动机还包括高压油泵、中冷器等。

不含散热器、风扇、空气滤清器、消声器、风扇离合器、排放污染物控制装置（微粒捕集器、三元催化器等）。

变速器总成：

自动变速器包括壳体、齿轮机构（或磨擦轮与钢带）、轴类、轴承、换档机构组件、液力变矩器、自动变速器控制模块（ECU）、油泵、液力控制盒、传感器、分动器等。

手动变速器包括壳体、齿轮、同步器、轴类、轴承、换档机构组件、传感器、离合器、分动器等。

不含远程操纵机构。

驱动桥总成：

包括主减速器、差速器、桥壳、半轴（含等速万向节）、转向节、摆臂、轮毂、轴承、悬架弹簧、减震器等。

非驱动桥总成：

包括车轴（拖臂总成）、轮毂、轴承、悬架弹簧、减震器等。

车架总成：

包括纵梁（或承载式车身的前副车架及发动机托架）、横梁（或承载式车身的后副车架）等。

制动系统：

包括制动踏板、回位弹簧、制动主缸、轮缸、助力器、制动器、ABS系统（ECU、阀体、传感器）、制动管路、储液罐、缓速器、制动力调节装置、行车制动踏板装置、驻车制动操纵装置、三通路控制阀、传感器、报警装置等。

气压制动系统还包括制动气室、制动蹄促动器、空压机、储气筒、滤清器、气制动阀、双止回阀、继动阀、快放阀等。

转向系统：

包括转向盘（含安全气囊）、转向管柱、转向柱支架、转向轴、万向节、转向器、转向器支架、转向摇臂、转向拉杆、转向节臂、梯形机构等。

助力转向还包括转向控制阀、转向动力缸、转向油泵、转向动力油罐、转向电机及控制模块等。

分动器总成：

包括壳体、轴类、轴承、齿轮（或链条）、接合器、换档机构组件、电控装置等。

说明：

1. 由于各总成结构的多样性，上述的界定范围并不是唯一的，不同的结构将主要依据其零部件的功能来判定。

2. 对于有一种以上功能的部件，将以其最主要的功能划分到所属的总成。

3. 对于构成总成（除车身总成、车架总成）、分总成完整性的连接件（如管线、螺栓、螺母、螺钉、卡箍、粘接剂等）、密封件和固定件等包含在总成内。

4. 各总成不包括与其加工、装配过程无关的燃油、润滑油、润滑脂、冷却液、制动液、动力油等。

附件3

备案车型零部件采购清单

序号	商品HS税号	总成编码	所属总成名称	零部件号	品　名	单　价	每车用量	每车零部件价格	占整车比例	零部件来源	国内外生产厂家名称

注：零部件来源指进口件或国产配套件。

中华人民共和国海关出口加工区货物出区深加工结转管理办法

（2005年3月21日海关总署令第126号发布）

第一条　为进一步完善出口加工区管理，方便区内企业生产经营，鼓励扩大外贸出口，促进加工贸易转型升级，根据《中华人民共和国海关法》、《中华人民共和国海关对出口加工区监管的暂行办法》及其他有关法律、行政法规，制定本办法。

第二条　出口加工区货物出区深加工结转是指区内加工企业（以下简称转出企业）按照《中华人民共和国海关对出口加工区监管的暂行办法》的有关规定

办理报关手续，将本企业加工生产的产品直接或者通过保税仓储企业转入其他出口加工区、保税区等海关特殊监管区域内及区外加工贸易企业（以下简称转入企业）进一步加工后复出口的经营活动。

第三条 转出企业未经实质性加工的保税料件不得进行出区深加工结转。

第四条 出口加工区企业加工生产的产品转入其他出口加工区、保税区等海关特殊监管区域企业深加工的，不列入海关统计。出口加工区企业加工生产的产品转至区外加工贸易企业深加工的，列入海关单项统计。

第五条 转入企业、转出企业有下列情形之一的，不得开展出口加工区货物出区深加工结转：

（一）不符合海关监管要求，被海关责令限期整改，在整改期内的；

（二）涉嫌走私已被海关立案调查、侦查，尚未结案的；

（三）有逾期未报核《加工贸易手册》的；

（四）专营维修、设计开发的；

（五）其他不符合深加工结转监管条件的。

第六条 出口加工区企业开展深加工结转时，转出企业凭出口加工区管委会的批复，向转出企业所在地的出口加工区海关办理海关备案手续后，方可开展货物的实际结转。

对转入其他出口加工区、保税区等海关特殊监管区域的，转入企业凭其所在区管委会的批复；对转入出口加工区、保税区等海关特殊监管区域外加工贸易企业的，转入企业凭商务（外经贸）主管部门的批复，按照前款规定办理结转手续。

第七条 对结转至其他出口加工区、保税区等海关特殊监管区域外的加工贸易企业的货物，海关按照对加工贸易进口货物的有关规定办理手续，结转产品如果属于加工贸易项下进口许可证件管理商品的，企业应当向海关提供相应的有效进口许可证件。

第八条 转出企业、转入企业可以采用“分批送货、集中报关”的方式办理结转手续。

对转入其他出口加工区、保税区等海关特殊监管区域的，转出企业、转入企业分别在主管海关办理结转手续；对转至其他出口加工区、保税区等海关特殊监管区域外加工贸易企业的，转出企业、转入企业在转出地主管海关办理结转手续。

第九条 出口加工区货物出区深加工结转除特殊情况外，对转入其他出口加工区、保税区等海关特殊监管区域的，比照转关运输等有关规定办理海关手续。

转出企业生产的产品结转至其他出口加工区或者保税区等特殊监管区域，不能比照转关运输监管方式办理结转手续的，在向转出地或者转入地主管海关提供相应的担保后，由企业自行运输。

第十条 出口加工区企业加工生产的产品转至其他出口加工区、保税区等海关特殊监管区域外加工贸易企业的，转出企业、转入企业向海关申报结转计划时应当提交《中华人民共和国海关出口加工区货物出区深加工结转申请表》（以下简称《申请表》，见附件1），并按照要求如实填写《申请表》的各项内容。

一份《申请表》只能对应一个转出企业和一个转入企业，但可对应转入企业多本《加工贸易手册》。

第十一条 转入企业、转出企业应当按照以下规定办理结转计划备案手续：

（一）转入企业在《申请表》（一式四联）中填写本企业的转入计划，凭《申请表》向转入地海关备案；

（二）转入地海关备案后，留存《申请表》第一联，其余三联退转入企业交转出企业；

（三）转出企业自转入地海关备案之日起30日内，持《申请表》其余三联，填写本企业的相关内容后，向转出地海关办理备案手续。转出企业向海关递交《申请表》的内容如果不符合海关规定的，海关应当当场或者在签收《申请表》后5日内一次告知转出企业需要补正的全部内容。不予受理的应当制发《海关行政许可申请不予受理决定书》，并告知申请人享有依法申请行政复议或者提起行政诉讼的权利。转出企业、转入企业应当重新填报和办理备案手续；

（四）转出地海关审核后，将《申请表》第二联留存，第三联、第四联交转出企业、转入企业凭以办理结转收发货登记及报关手续。

第十二条 转出企业、转入企业办理结转备案手续后，应当按照经双方海关核准后的《申请表》进行实际收发货。转出企业的每批次发货记录应当在一式三联的《出口加工区货物实际结转情况登记表》（以下简称《登记表》，见附件2）上进行如实登记。由海关在转出地卡口签注《登记表》后货物出区。

第十三条 转出企业、转入企业每批实际发货、收货后，转出企业、转入企业可以凭《申请表》和转出地卡口签注的《登记表》分批或者集中办理报关手续。转出、转入企业每批实际发货、收货后，应当在实际发货、收货之日起30日内办结该批货物的报关手续。

一份结转进口报关单对应一份结转出口备案清单。转出、转入企业应当按照海关规定如实、准确地向海关申报结转货物的品名、商品编号、规格、数量、价格等项目。转出地海关、转入地海关应当对申报数据进行审核。

第十四条 区内转出的货物因质量不符等原因发生退运、退换的，转入企业为出口加工区、保税区等海关特殊监管区域外加工贸易企业的，由转出地主管海关按照退运、退换的有关规定办理相关手续，并将实际退运、退换情况在《登记表》中进行登记，注明“退运”或者“退换”字样；转入企业为其他出口加工区、保税区等海关特殊监管区域内企业的，转入企业、转出企业分别在其主管海关办理退运和退换手续。

区内转出的货物因质量不符等原因需要返回区内维修的，比照上述退换规定办理手续。

第十五条 转出企业对以深加工结转方式出区的货物一律开具出口发票。转入企业、转出企业应当以外币计价结算，海关按照有关规定签发报关单外汇核销证明联。

第十六条 出口加工区出区深加工结转货物应当全部加工复出口，对确有特殊原因需要内销或者转用于生产内销产品的，区外加工贸易企业应当按照国家相关规定办理手续。

第十七条 实行计算机联网管理的企业可以通过网络办理结转手续。

第十八条 转入企业、转出企业违反本办法的，海关按照《中华人民共和国海关法》及《中华人民共和国海关法行政处罚实施条例》的有关规定处理；构成犯罪的，依法追究刑事责任。

第十九条 本办法由海关总署负责解释。

第二十条 本办法自2005年5月1日起施行。

附件1 中华人民共和国海关出口加工区货物出区深加工结转申请表

附件2 出口加工区货物实际结转情况登记表

附件 1

中华人民共和国海关出口加工区货物出区深加工结转申请表

申请表编号：

<table>
<tr><td colspan="9">__________海关：
我______________公司（企业）需与______________公司（企业）结转保税货物，特向你关申请，并保证遵守海关法律和有关监管规定。</td></tr>
<tr><td rowspan="5">结转出口货物情况</td><td>项号</td><td>商品编号</td><td>品　　名</td><td>规格型号</td><td>数量</td><td>单位</td><td colspan="2">转出电子账册号</td></tr>
<tr><td>1</td><td></td><td></td><td></td><td></td><td></td><td colspan="2" rowspan="4"></td></tr>
<tr><td>2</td><td></td><td></td><td></td><td></td><td></td></tr>
<tr><td>3</td><td></td><td></td><td></td><td></td><td></td></tr>
<tr><td>4</td><td></td><td></td><td></td><td></td><td></td></tr>
<tr><td>说明</td><td colspan="8"></td></tr>
<tr><td rowspan="5">结转进口货物情况</td><td>项号</td><td>商品编号</td><td>品　　名</td><td>规格型号</td><td>数量</td><td>单位</td><td colspan="2">转入手册（电子账册）号</td></tr>
<tr><td>1</td><td></td><td></td><td></td><td></td><td></td><td colspan="2"></td></tr>
<tr><td>2</td><td></td><td></td><td></td><td></td><td></td><td colspan="2"></td></tr>
<tr><td>3</td><td></td><td></td><td></td><td></td><td></td><td colspan="2"></td></tr>
<tr><td>4</td><td></td><td></td><td></td><td></td><td></td><td colspan="2"></td></tr>
<tr><td colspan="5">转出企业法定代表：　　电话：
报关员：　　电话：

（企业盖章）
年　月　日</td><td colspan="4">转入企业法定代表：　　电话：
报关员：　　电话：

（企业盖章）
年　月　日</td></tr>
<tr><td colspan="5">转出地海关：

（海关盖章）
年　月　日</td><td colspan="4">转入地海关：

（海关盖章）
年　月　日</td></tr>
<tr><td>海关批注</td><td colspan="8"></td></tr>
</table>

注： 1. 本表一式四联，第一、二联分别由转入、转出海关留存，第三联由转出企业留存、第四联由转入企业留存；
2. 企业须经双方海关同意后，方可进行实际收发货；
3. 企业必须按《申请表》内容进行实际收发货后，方可办理结转报关手续；
4. 结转进出对应的商品项号顺序必须一致；
5. 每批收发货后应当在实际发货、收货之日起30日内办结该批货物的报关手续。

附件 2

出口加工区货物实际结转情况登记表

（转入/出）企业名称：　　　　转出企业电子账册号：　　　　对应结转申请表编号：

日期	结转商品内容						转入企业手册（电子账册）号	（转入/出）企业签章	备注
	序号	商品编号	品名	规格、型号	数量	单位			
购销合同号、订单号或发票号				运输工具类别及编号					
海关批注（签章）									

注： 1．本表一式三联，第一联转出地卡口留存，第二联转出企业留存，第三联转入企业留存，与对应的《申请表》一起使用。
2．海关批注栏盖转出地海关卡口印章。
3．企业按照《申请表》内容实际收发货和登记后，方可办理进出口结转报关手续。
4．序号填顺序号。
5．本表不够填写的可续表。

中华人民共和国海关关于加工贸易边角料、剩余料件、残次品、副产品和受灾保税货物的管理办法

（2004 年 5 月 25 日海关总署令第 111 号发布）

第一条　为了规范对加工贸易保税进口料件在加工过程中产生的边角料、剩余料件、残次品、副产品和受灾保税货物的内销审批和海关监管，根据《中华人民共和国海关法》及有关法律、行政法规，制定本办法。

第二条　本办法下列用语的含义：

边角料，是指加工贸易企业从事加工复出口业务，在海关核定的单位耗料量内（以下简称单耗）、加工过程中产生的、无法再用于加工该合同项下出口制成品的数量合理的废、碎料及下脚料。

剩余料件，是指加工贸易企业在从事加工复出口业务过程中剩余的、可以继续用于加工制成品的加工贸易进口料件。

残次品，是指加工贸易企业从事加工复出口业务，在生产过程中产生的有严重缺陷或者达不到出口合同标准，无法复出口的制品（包括完成品和未完成品）。

副产品，是指加工贸易企业从事加工复出口业务，在加工生产出口合同规定的制成品（即主产品）过程中同时产生的，且出口合同未规定应当复出口的一个或者一个以上的其他产品。

受灾保税货物，是指加工贸易企业从事加工出口业务中，因不可抗力原因或者其他经海关审核认可的正当理由造成灭失、短少、损毁等导致无法复出口的保税进口料件和制品。

第三条 加工贸易保税进口料件加工后产生的边角料、剩余料件、残次品、副产品及受灾保税货物属海关监管货物，未经海关许可，任何企业、单位、个人不得擅自销售或者移作他用。

第四条 加工贸易企业申请内销边角料的，商务主管部门免予审批，企业直接报主管海关核准并办理内销有关手续。

（一）海关按照加工贸易企业向海关申请内销边角料的报验状态归类后适用的税率和审定的边角料价格计征税款，免征缓税利息；

（二）海关按照加工贸易企业向海关申请内销边角料的报验状态归类后，属于发展改革委员会、商务部、环保总局及其授权部门进口许可证件管理范围的，免于提交许可证件。

第五条 加工贸易企业申请将剩余料件结转到另一个加工贸易合同使用，限同一经营单位、同一加工厂、同样进口料件和同一加工贸易方式。凡具备条件的，海关按规定核定单耗后，准予企业办理该合同核销及其剩余料件结转手续。剩余料件转入合同已经商务主管部门审批的，由原审批部门按变更方式办理相关手续，如剩余料件的转入量不增加已批合同的进口总量，则免于办理变更手续；转入合同为新建合同的，由商务主管部门按现行加工贸易审批管理规定办理。

同一经营单位申请将剩余料件结转到另一加工厂的，应当经主管海关同意并缴纳相当于结转保税料件应缴税款金额的风险担保金；对已实行台账实转的合同，台账实转金额不低于结转保税料件应缴税款金额的，经主管海关同意，可以免予缴纳风险担保金。

第六条 加工贸易企业申请内销剩余料件或者内销用剩余料件生产的制成品，按照下列情况办理：

（一）剩余料件金额占该加工贸易合同项下实际进口料件总额3%以内（含3%）、且总值在人民币1万元以下（含1万元）的，商务主管部门免予审批，企业直接报主管海关核准，由主管海关对剩余料件按照规定计征税款和税款缓税利息后予以核销。剩余料件属于发展改革委、商务部、环保总局及其授权部门进口许可证件管理范围的，免于提交许可证件。

（二）剩余料件金额占该加工贸易合同项下实际进口料件总额3%以上或者总值在人民币1万元以上的，由商务主管部门按照有关内销审批规定审批，海关凭商务主管部门批件对合同内销的全部剩余料件按照规定计征税款和缓税利息。剩余料件属于进口许可证件管理的，企业还须按照规定向海关提交有关进口许可证件。

（三）使用剩余料件生产的制成品需内销的，海关根据其对应的进口料件价值，按照本条第（一）项或者第（二）项的规定办理。

第七条 加工贸易企业需内销残次品的，根据其对应的进口料件价值，比照本办法第六条第（一）项或者第（二）项的规定办理。

第八条 加工贸易企业在加工生产过程中产生或者经回收能够提取的副产品，未复出口的，加工贸易企业在向海关备案或者核销时应当如实申报。

加工贸易企业需内销的副产品，由商务主管部门按照副产品实物状态列明内销商品名称，并按加工贸易有关内销规定审批，海关凭商务主管部门批件办理内销有关手续。对需内销的副产品，海关按照加工贸易企业向海关申请内销副产品的报验状态归类后的适用税率和审定的价格，计征税款和缓税利息。

海关按照加工贸易企业向海关申请内销副产品的报验状态归类后，如属进口许可证件管理的，企业还须按照规定向海关提交有关进口许可证件。

第九条 加工贸易受灾保税货物（包括边角料、剩余料件、残次品、副产品）在运输、仓储、加工期间发生灭失、短少、损毁等情事的，加工贸易企业应当及时向主管海关报告，海关可以视情派员核查取证。

（一）因不可抗力因素造成的加工贸易受灾保税货物，经海关核实，对受灾保税货物灭失或者虽未灭失，但完全失去使用价值且无法再利用的，海关予以免税核销；对受灾保税货物虽失去原使用价值，但可以再利用的，海关按照审定的受灾保税货物价格、其对应进口料件适用的税率计征税款和税款缓税利息后核销。受灾保税货物对应的原进口料件，属于发展改革委、商务部、环保总局及其授权部门进口许可证件管理范围的，免于提交许可证件。企业在规定的核销期内报请核销时，应当提供下列证明材料：

1. 商务主管部门的签注意见；

2. 保险公司出具的保险赔款通知书或者检验检疫部门出具的有关检验检疫证明文件；

3. 海关认可的其他有效证明文件。

（二）除不可抗力因素外，加工贸易企业因其他经海关审核认可的正当理由导致加工贸易保税货物在运输、仓储、加工期间发生灭失、短少、损毁等情事的，海关凭商务主管部门的签注意见、有关主管部门出具的证明文件和保险公司出具的保险赔款通知书或者检验检疫部门出具的有关检验检疫证明文件，按照规定予以计征税款和缓税利息后办理核销手续。本款所规定的受灾保税货物对应的原进口料件，如属进口许可证件管理范围的，企业须按照规定向海关提交有关进口许可证件。本办法第四条、第六条、第七条规定免于提交进口许可证件的除外。

第十条 加工贸易企业因故申请将边角料、剩余料件、残次品、副产品或者受灾保税货物退运出境的，海关按照退运的有关规定办理，凭有关退运证明材料办理核销手续。

第十一条 加工贸易企业因故无法内销或者退运而申请放弃边角料、剩余料件、残次品、副产品或者受灾保税货物的，凭企业放弃该批货物的申请和海关受理企业放弃货物的有关单证经海关核实无误后办理核销手续。放弃的货物按照下列情况办理：

（一）经海关核定有使用价值的，由主管海关依照《中华人民共和国海关法》第三十条第四款的规定变卖处理；

（二）经主管海关核定无使用价值的，由企业自行处理；

（三）对按照规定需进行销毁处理的，由企业负责销毁，海关凭有关销毁的证明材料办理核销手续。

第十二条 对实行进口关税配额管理的边角料、剩余料件、残次品、副产品和受灾保税货物，按照下列情况办理：

（一）边角料按照加工贸易企业向海关申请内销的报验状态归类属于实行关税配额管理商品的，海关按照关税配额税率计征税款；

（二）副产品按照加工贸易企业向海关申请内销的报验状态归类属于实行关税配额管理的，企业如能按照规定向海关提交有关进口配额许可证件，海关按照关税配额税率计征税款；企业如未按照规定向海关提交有关进口配额许可证件，海关按照有关规定办理；

（三）剩余料件、残次品对应进口料件属于实行关税配额管理的，企业如能按照规定向海关提交有关进口配额许可证件，海关按照关税配额税率计征税款；企业如未按照规定向海关提交有关进口配额许可证件，海关按照有关规定办理；

（四）因不可抗力因素造成的受灾保税货物，其对应进口料件属于实行关税配额管理商品的，海关按照关税配额税率计征税款；因其他经海关审核认可的正当理由造成的受灾保税货物，其对应进口料件属于实行关税配额管理的，企业如能按照规定向海关提交有关进口配额许可证件，海关按照关税配额税率计征税款；企业如未按照规定向海关提交有关进口配额许可证件，按照有关规定办理。

第十三条 属于加征反倾销税、反补贴税、保障措施关税或者报复性关税（以下统称特别关税）的，按照下列情况办理：

（一）边角料按照加工贸易企业向海关申请内销的报验状态归类属于加征特别关税的，海关免于征收需加征的特别关税；

（二）副产品按照加工贸易企业向海关申请内销的报验状态归类属于加征特别关税的，海关按照规定征收需加征的特别关税；

（三）剩余料件、残次品对应进口料件属于加征特别关税的，海关按照规定征收需加征的特别关税；

（四）因不可抗力因素造成的受灾保税货物，如失去原使用价值的，其对应进口料件属于加征特别关税的，海关免于征收需加征的特别关税；因其他经海关审核认可的正当理由造成的受灾保税货物，其对应进口料件属于加征特别关税的，海关按照规定征收需加征的特别关税。

第十四条 加工贸易企业办理边角料、剩余料件、残次品、副产品和受灾保税货物内销的进出口通关手续时，应当按照下列情况办理：

（一）加工贸易剩余料件、残次品以及受灾保税货物内销，企业按照其加工贸易的原进口料件品名进行申报；

（二）加工贸易边角料以及副产品，企业按照向海关申请内销的报验状态申报。

第十五条 保税区、出口加工区内加工贸易企业的加工贸易保税进口料件加工后产生的边角料、剩余料件、残次品、副产品等的内销审批和海关监管，按照保税区、出口加工区的规定办理。

第十六条 违反《中华人民共和国海关法》及本办法规定，构成走私或者违反海关监管规定行为的，由海关依照《中华人民共和国海关法》、《中华人民共和国海关法行政处罚实施细则》等有关法律、行政法规的规定予以处理；构成犯罪的，依法追究刑事责任。

第十七条 本办法由海关总署负责解释。

第十八条 本办法自2004年7月1日起施行，2001年9月13日发布的《关于加工贸易边角料、节余料件、残次品、副产品和受灾保税货物的管理办法》（海关总署令第87号）同时废止。

中华人民共和国海关对免税商店及免税品监管办法

（2005年11月28日海关总署令第132号发布）

第一章 总 则

第一条 为规范海关对免税商店及免税品的监管，根据《中华人民共和国海关法》及其他有关法律和行政法规的规定，制定本办法。

第二条 免税商店的设立、终止以及免税品的进口、销售（包括无偿提供）、核销等适用本办法。

第三条 免税品应当由免税商店的经营单位统一进口，并且办理相应的海关手续。

第四条 免税品的维修零配件、工具、展台、货架等，以及免税商店转入内销的库存积压免税品，应当由经营单位按照一般进口货物办理有关手续。

第五条 免税商店所在地的直属海关或者经直属海关授权的隶属海关（以下统称主管海关）应当派员对经营单位和免税商店进行核查，核查内容包括经营资质、免税品进出库记录、销售记录、库存记录等。经营单位及其免税商店应当提供必要的协助。

第六条 主管海关根据工作需要可以派员驻免税商店进行监管，免税商店应当提供必要的办公条件。

第二章 免税商店的设立和终止

第七条 经营单位设立免税商店，应当向海关总署提出书面申请，并且符合以下条件：

（一）具有独立法人资格；

（二）具备符合海关监管要求的免税品销售场所及免税品监管仓库；

（三）具备符合海关监管要求的计算机管理系统，能够向海关提供免税品出入库、销售等信息；

（四）具备一定的经营规模，其中申请设立口岸免税商店的，口岸免税商店所在的口岸年进出境人员应当不少于5万人次；

（五）具备包括合作协议、经营模式、法人代表等内容完备的企业章程和完备的内部财务管理制度；

（六）有关法律、行政法规、海关规章规定的其它条件。

第八条 海关总署按照《中华人民共和国行政许可法》及《中华人民共和国海关实施〈中华人民共和国行政许可法〉办法》规定的程序和期限办理免税商店的审批事项。

第九条 免税品销售场所的设立应当符合海关监管要求。口岸免税商店的销售场所应当设在口岸隔离区内；运输工具免税商店的销售场所应当设在从事国际运营的运输工具内；市内免税商店的销售提货点应当设在口岸出境隔离区内。

第十条 免税品监管仓库的设立应当符合以下条件和要求：

（一）具备符合海关监管要求的安全隔离设施；

（二）建立专门的仓库管理制度，编制月度进、出、存情况表，并且配备专职仓库管理员，报海关备案；

（三）只允许存放所属免税商店的免税品；

（四）符合国家有关法律、行政法规、海关规章规定的其它条件和要求。

第十一条 经批准设立的免税商店，应当在开展经营业务一个月前向主管海关提出验收申请。经主管海关验收合格后，向主管海关办理备案手续，并且提交下列材料：

（一）海关总署批准文件的复印件；

（二）工商营业执照正、副本的复印件；

（三）税务登记证的复印件；

（四）免税品经营场所和监管仓库平面图、面积和位置示意图；

（五）免税商店业务专用章印模；

（六）免税商店法定代表人身份证件的复印件。

要求提交复印件的，应当同时提交原件验核。

上述材料所载内容发生变更的，应当自变更之日起10个工作日内到主管海关办理变更手续。

第十二条 经营单位申请暂停、终止或者恢复其免税商店经营需要报经海关总署批准。免税商店应当在经营单位提出暂停或者终止经营申请前办理库存免税品结案等相关海关手续。

经批准设立的免税商店，自批准之日起1年内无正当理由未对外营业的，或者暂停经营1年以上的，或者变更经营合作方的，应当按照本办法第七条规定重新办理有关申请手续。

第十三条 更改免税商店名称、免税品销售场所或者监管仓库地址或者面积，应当由经营单位报经海关总署批准。

第三章 免税品进口、入出库和调拨

第十四条 经营单位为免税商店进口免税品，应当填写《中华人民共和国海关进口货物报关单》，并且加盖经营单位在主管海关备案的报关专用章，向主管海关办理免税品进口手续。

免税品从异地进口的，经营单位应当按照《中华人民共和国海关对转关运输货物监管办法》的有关规定，将免税品转关运输至主管海关办理进口手续。

第十五条 免税品进入监管仓库，免税商店应当填写《免税品入/出监管仓库准单》（式样见附件1），并且随附其他有关单证，向主管海关提出申请。主管海关经审核无误，监管免税品入库。

未经海关批准，免税品入库后不得进行加工或者组装。

第十六条 免税商店将免税品调出监管仓库进入经营场所销售前，应当填写《免税品入/出监管仓库准单》，向主管海关提出申请。主管海关经审核无误，监管有关免税品从监管仓库调出进入销售场所。

第十七条 免税商店之间调拨免税品的，调入地免税商店应当填写《免税品调拨准单》（式样见附件2），向其主管海关提出申请。经批准后，调出地免税商店按照《中华人民共和国海关对转关运输货物监管办法》的规定，将免税品转关运输至调入地免税商店。

第四章 免税品销售

第十八条 免税商店销售的免税进口烟草制品和酒精饮料内、外包装的显著位置上均应当加印“中国关税未付（China Duty Not Paid）”中、英文字样。

免税商店应当按照海关要求制作免税品销售发货单据，其中口岸免税商店应当在免税品销售发货单据上填写进出境人员搭乘运输工具凭证或者其进出境有效证件信息等有关内容。

第十九条 口岸免税商店的销售对象限于已办结出境手续、即将前往境外的人员，以及尚未办理进境手续的人员。免税商店应当凭其搭乘运输工具的凭证或者其进出境的有效证件销售免税品。

第二十条 运输工具免税商店销售对象限于搭乘进出境运输工具的进出境人员。免税商店销售免税品限运输工具在国际（地区）航行期间经营。免税商店应当向主管海关交验由运输工具负责人或者其代理人签字的《免税品销售明细单》（式样见附件3）。

第二十一条 市内免税商店的销售对象限于即将出境的境外人员，免税商店凭其出境有效证件及机（船、车）票销售免税品，并且应当在口岸隔离区内将免税品交付购买人员本人携带出境。

第二十二条 外交人员免税商店的销售对象限于外国驻华外交代表和领事机构及其外交人员和领事官员，以及其他享受外交特权和豁免的机构和人员，免税商店应当凭上述机构和人员所在地的直属海关或者经直属海关授权的隶属海关按照有关规定核准的限量、限值销售免税品。

第二十三条 供船免税商店的销售对象限于出境的国际（地区）航行船舶及船员。供船免税商店应当向主管海关提出供船申请，填写《免税品供船准单》（式样见附件4），在海关监管下进行国际（地区）船舶的供船工作。

第五章 免税品报损和核销

第二十四条 免税品在办理入库手续期间发生溢卸或者短缺的，免税商店应当及时向主管海关书面报告。主管海关核实无误后出具查验记录，准予免税商店修改《免税品入/出监管仓库准单》相关数据内容。

第二十五条 免税品在储存或者销售期间发生损毁或者灭失的，免税商店应当及时向主管海关书面报告。如果由不可抗力造成的，免税商店应当填写《免税品报损准单》（式样见附件5），主管海关核实无误后准予免税结案。

免税品在储存或者销售期间由于其它原因发生损毁或者灭失的，免税商店应当依法缴纳损毁或者灭失免税品的税款。

第二十六条 免税品如果发生过期不能使用或者变质的，免税商店应当向主管海关书面报告，并且填写《免税品报损准单》。主管海关查验核准后，准予退运或者在海关监督下销毁。

第二十七条 免税商店应当建立专门账册，并且在每季度第一个月25日前将上季度免税品入库、出库、销售、库存、调拨、损毁、灭失、过期等情况编制清单，填写《免税品明细账》（式样见附件6），随附销售发货单、《免税品库存数量单》（式样见附件7）、《货物出口报关单》等有关单据，向主管海关办理免税品核销手续。主管海关认为必要时可以派员到免税品经营场所和监管仓库实地检查。

第六章 法律责任

第二十八条 经营单位或者免税商店有下列情形之一的，海关责令其改正，可以给予警告；情节严重的，可以按照《中华人民共和国海关行政处罚实施条例》第二十六条、第二十七条的规定进行处理：

（一）将免税品销售给规定范围以外对象的；

（二）超出海关核准的品种或规定的限量、限值销售免税品的；

（三）未在规定的区域销售免税品的；

（四）未按照规定办理免税品进口报关、入库、出库、销售、核销等手续的；

（五）出租、出让、转让免税商店经营权的。

第二十九条 经营单位或者免税商店违反本规定的其它违法行为，海关将按照《中华人民共和国海关法》、《中华人民共和国海关行政处罚实施条例》予以处理；构成犯罪的，依法追究刑事责任。

第七章 附 则

第三十条 本办法下列用语的含义：

"经营单位"是指经国务院或者其授权部门批准，具备开展免税品业务经营资格的企业。

"免税商店"是指经海关总署批准，由经营单位在中华人民共和国国务院或者其授权部门批准的地点设立符合海关监管要求的销售场所和存放免税品的监管仓库，向规定的对象销售免税品的企业。具体包括：口岸免税商店、运输工具免税商店、市内免税商店、外交人员免税商店和供船免税商店等。

"免税品"是指经营单位按照海关总署核准的经营品种，免税运进专供免税商店向规定的对象销售的进口商品，包括试用品及进口赠品。

"免税品销售场所"是指免税商店销售免税品的专用场所。

"免税品监管仓库"是指免税商店专门用来存放免税品的库房。

第三十一条 本办法由海关总署负责解释。

第三十二条 本办法自2006年1月1日起施行。

附件1 《免税品入/出监管仓库准单》
附件2 《免税品调拨准单》
附件3 《免税品销售明细单》
附件4 《免税品供船准单》
附件5 《免税品报损准单》
附件6 《免税品明细账》
附件7 《免税品库存数量单》
附件8 废止文件目录

附件1

免税品入/出监管仓库准单

发货单位：________________ 电话：________
收货单位：________________ 电话：________
报关单号：________________

商品名称	规格型号	数量	备注
合计			
海关签章		免税店业务专用章	
免税店签字：		仓库负责人签字：	

制单日期： 年 月 日

（该单共二联：第一联为海关留存联，第二联为免税店留存联。）

附件 2

免税品调拨准单

调出单位：________________ 电话：________________

调入单位：________________ 电话：________________

转关单号：________________

商品名称	规格型号	数量	备注
合计			
调出地海关签章		调入地海关签章	
调出地免税店业务专用章		调入地免税店业务专用章	
调出地仓库负责人签字：		调入地仓库负责人签字：	

制单日期：　　年　　月　　日

（该单共五联：第一联为调出地海关留存联，第二联为调入地海关留存联，第三联为调出地免税店留存联，第四联为调入地免税店留存联，第五联为海关回执联。）

附件 3

免税品销售明细单

免税店名称：________________________

运输工具编号：________时间：____年____月____日——____年____月____日

商品名称	规格型号	去程数量	回程数量	销售数量	备注
合计：					
海关签章			免税店业务专用章		
去程运输工具负责人或代理人签字：					
回程运输工具负责人或代理人签字：					

制单日期：　　年　　月　　日

（该单共二联：第一联为海关留存联，第二联为免税店留存联。）

附件 4

免税品供船准单

免税店名称：________________________________

船名：_____________时间：____年____月____日

商品名称	规格型号	数量	备注
海关签章	免税店业务专用章		

船长签字：　　仓库负责人签字：　　　　　　　　　　　　　　制单日期：　年　月　日

（该单共三联：第一联为海关留存联，第二、三联为免税店留存联。）

附件 5

免税品报损准单

免税店名称：________________________________

时间段：_____________年____月____日——____年____月____日

商品名称	规格型号	进口（调入）日期	报损类型	数量	免税店处理意见
海关批注、签章			免税店业务专用章		

免税店签字：　　仓库负责人签字：　　　　　　　　　　　　　　制单日期：　年　月　日

（该单共二联：第一联为海关留存联，第二联为免税店留存联。）

附件 6

免税品明细账

时间段：______年______月______日——______年______月______日

免税店名称：______________________________

商品名称	规格型号	上期结余数量	入库总数量			出库总数量					销售数量				本期结余数量	备注
			进口入库	调拨入库	销售剩余退库	调拨出库	库内损毁	库内灭失	库内过期	转入销售	上期结余	售出	无偿提供	本期结余		
合　计																

法人签字：　　免税店业务专用章：　　仓库负责人签字：　　制表日期：　　年　　月　　日

附件 7

免税品库存数量单

免税店名称：______________________________

时间段：______年______月______日——______年______月______日

商品名称	规格型号	库存数量	备　注
合　计			
海关签章		免税店业务专用章	

免税店签字：　　制单日期：　　年　　月　　日

（该单共二联：第一联为海关留存联，第二联为免税店留存联。）

附件 8

废止文件目录

1. 海关总署《关于开办免税品销售业务有关问题的复函》（[1980] 署货字第 198 号）
2. 海关总署《关于免税品商店寄售外国高级商品问题的复函》（[1980] 署货字第 277 号）
3. 海关总署《关于进口免税品商店的货架、柜台等的复函》（[1980] 署货字第 353 号）
4. 海关总署《转发〈北京关对首都机场免税品商店的物品实施监管的意见〉》（[1980] 署货字第 417 号）
5. 海关总署《关于经营免税品业务有关问题的复函》（[1983] 署货字第 437 号）
6. 海关总署《关于同意中国免税品公司扩大供应对象的复函》（[1985] 署行字第 425 号）
7. 海关总署《关于征收免税商品监管手续费有关问题的补充通知》（[1988] 署行字第 909 号）
8. 海关总署《关于中国免税品公司经营市内免税店业务问题的通知》（[1989] 署监二字第 568 号）
9. 海关总署《关于口岸免税店审批权限问题的通知》（署监 [1990] 1167 号）
10.《海关总署关于对口岸免税商店加强管理的通知》（署监 [1995] 86 号）
11.《监管司关于免税国产香烟贴附“专供出口”字样标签的通知》（监综 [1995] 199 号）
12.《监管司关于在免税烟酒上加贴“中国关税未付”标签有关事宜的补充通知》（监行 [1995] 217 号）
13.《海关总署关于处理口岸免税店和特区外币免税商店（场）遗留问题的通知》（署监 [1995] 229 号）
14.《监管司关于加强对免税品及免税品外汇商品管理问题的通知》（监行传 [1996] 264 号）
15.《海关总署关于对口岸免税商店实行计算机管理有关问题的通知》（署监 [1996] 855 号）
16.《海关总署关于对口岸免税商店实行年审制度有关事宜的通知》（署监 [1997] 95 号）
17.《海关总署关于对免税品业务管理问题的的通知》（署监 [1997] 174 号）
18.《海关总署关于明确保税仓库审批权限的通知》（署监 [1998] 525 号）
19.《海关总署关于对境内免税外汇商品业务加强管理的通知》（署监 [1999] 387 号）
20.《海关总署关于下发〈中华人民共和国海关对上海浦东国际机场外商投资免税店监管办法（试行）〉的通知》（署监 [1999] 708 号）
21.《监管司关于中国免税品公司所属市内免税店供应对象有关事宜的通知》（监管函 [2002] 4 号）
22.《海关总署关于取消免税店、免税外汇商品进货计划审批制度的通知》（署监发 [2002] 38 号）
23.《海关总署关于加强口岸免税品管理的通知》（署监发 [2003] 259 号）
24.《监管司关于落实上海市内免税店在隔离区内交付免税品有关问题的批复》（监管函 [2004] 79 号）

中华人民共和国海关对出口监管仓库及所存货物的管理办法

（2005 年 11 月 28 日海关总署令第 133 号发布）

第一章　总　　则

第一条　为规范海关对出口监管仓库及所存货物的管理，根据《中华人民共和国海关法》和其他有关法律、行政法规，制定本办法。

第二条　本办法所称出口监管仓库，是指经海关批准设立，对已办结海关出口手续的货物进行存储、保税物流配送、提供流通性增值服务的海关专用监管仓库。

第三条　出口监管仓库的设立、经营管理以及对出口监管仓库所存货物的管理适用本办法。

第四条　出口监管仓库分为出口配送型仓库和国内结转型仓库。

出口配送型仓库是指存储以实际离境为目的的出口货物的仓库。

国内结转型仓库是指存储用于国内结转的出口货物的仓库。

第五条 出口监管仓库的设立应当符合区域物流发展和海关对出口监管仓库布局的要求，符合国家土地管理、规划、交通、消防、安全、环保等有关法律、行政法规的规定。

第六条 出口监管仓库的设立，由出口监管仓库所在地主管海关受理，报直属海关审批。

第七条 经海关批准，出口监管仓库可以存入下列货物：

（一）一般贸易出口货物；

（二）加工贸易出口货物；

（三）从其他海关特殊监管区域、场所转入的出口货物；

（四）出口配送型仓库可以存放为拼装出口货物而进口的货物，以及为改换出口监管仓库货物包装而进口的包装物料；

（五）其他已办结海关出口手续的货物。

第八条 出口监管仓库不得存放下列货物：

（一）国家禁止进出境货物；

（二）未经批准的国家限制进出境货物；

（三）海关规定不得存放的其他货物。

第二章 出口监管仓库的设立

第九条 申请设立出口监管仓库的经营企业，应当具备下列条件：

（一）已经在工商行政管理部门注册登记，具有企业法人资格；

（二）具有进出口经营权和仓储经营权；

（三）注册资本在300万元人民币以上；

（四）具备向海关缴纳税款的能力；

（五）具有专门存储货物的场所，其中出口配送型仓库的面积不得低于5000平方米，国内结转型仓库的面积不得低于1000平方米。

第十条 企业申请设立出口监管仓库，应当向仓库所在地主管海关递交以下书面材料和证件：

（一）《出口监管仓库申请书》；

（二）《出口监管仓库申请事项表》；

（三）申请设立出口监管仓库企业的申请报告及可行性报告；

（四）申请设立出口监管仓库企业成立批文或者有关主管部门批准开展有关业务的批件复印件；

（五）申请设立出口监管仓库企业工商营业执照和税务登记证复印件；

（六）申请设立出口监管仓库企业《进出口货物收发货人注册登记证书》或者《报关企业注册登记证书》复印件；

（七）出口监管仓库库址土地使用权证明文件或者租赁仓库的租赁协议复印件；

（八）仓库地理位置示意图及平面图。

前款所列文件凡提供复印件的，应当同时提交原件以供海关核对。

第十一条 海关依据《中华人民共和国行政许可法》和《中华人民共和国海关实施〈中华人民共和国行政许可法〉办法》的规定，受理、审查设立出口监管仓库的申请。对于符合条件的，作出准予设立出口监管仓库的行政许可决定，并出具批准文件；对于不符合条件的，作出不予设立出口监管仓库的行政许可决定，并应当书面告知申请企业。

第十二条 申请设立出口监管仓库的企业应当自海关出具批准文件之日起1年内向海关申请验收出口监管仓库。

申请验收应当符合以下条件：

（一）符合本办法第九条第（五）项规定的条件；

（二）具有符合海关监管要求的安全隔离设施、监管设施和办理业务必需的其他设施；

（三）具有符合海关监管要求的计算机管理系统，并与海关联网；

（四）建立了出口监管仓库的章程、机构设置、仓储设施及账册管理和会计制度等仓库管理制度；

（五）自有仓库的，具有出口监管仓库的产权证明；租赁仓库的，具有租赁期限5年以上的租赁合同；

（六）消防验收合格。

企业无正当理由逾期未申请验收或者验收不合格的，该出口监管仓库的批准文件自动失效。

第十三条 出口监管仓库验收合格后，经直属海关注册登记并核发《中华人民共和国海关出口监管仓库注册登记证书》，可以投入运营。《中华人民共和国海关出口监管仓库注册登记证书》有效期为3年。

第三章 出口监管仓库的管理

第十四条 出口监管仓库必须专库专用，不得转租、转借给他人经营，不得下设分库。

第十五条 海关对出口监管仓库实施计算机联网管理。

第十六条 海关可以随时派员进入出口监管仓库检查货物的进、出、转、存情况及有关账册、记录。

海关可以会同出口监管仓库经营企业共同对出口

监管仓库加锁或者直接派员驻库监管。

第十七条 海关对出口监管仓库实行分类管理及延期审查制度，具体办法由海关总署另行制定。

第十八条 出口监管仓库经营企业负责人和出口监管仓库管理人员应当熟悉和遵守海关有关规定，并接受海关培训。

第十九条 出口监管仓库经营企业应当如实填写有关单证、仓库账册、真实记录并全面反映其业务活动和财务状况，编制仓库月度进、出、转、存情况表和年度财务会计报告，并定期报送主管海关。

第二十条 出口监管仓库经营企业需变更企业名称、注册资本、组织形式、法定代表人等事项的，应当在变更前向直属海关提交书面报告，说明变更事项、事由和变更时间。变更后，主管海关按照本办法第九条的规定对其进行重新审核。出口监管仓库变更类型的，按照本办法第二章出口监管仓库的设立的有关规定办理。

出口监管仓库需变更名称、地址、仓储面积等事项的，应当经直属海关批准。

第二十一条 出口监管仓库有下列行为之一的，海关注销其注册登记，并收回《出口监管仓库注册登记证书》：

（一）无正当理由连续6个月未开展业务的；

（二）无正当理由逾期未申请延期审查或者延期审查不合格的；

（三）仓库经营企业书面申请变更出口监管仓库类型的；

（四）仓库经营企业书面申请终止出口监管仓库仓储业务的；

（五）仓库经营企业，丧失本办法第九条规定的条件的。

第四章 出口监管仓库货物的管理

第二十二条 出口监管仓库所存货物存储期限为6个月。经主管海关同意可以延期，但延期不得超过6个月。

货物存储期满前，仓库经营企业应当通知发货人或者其代理人办理货物的出境或者进口手续。

第二十三条 存入出口监管仓库的货物不得进行实质性加工。

经主管海关同意，可以在仓库内进行品质检验、分级分类、分拣分装、加刷唛码、刷贴标志、打膜、改换包装等流通性增值服务。

第二十四条 对经批准享受入仓即予退税政策的出口监管仓库，海关在货物入仓结关后予以签发出口货物报关单证明联。

对不享受入仓即予退税政策的出口监管仓库，海关在货物实际离境后签发出口货物报关单证明联。

第二十五条 经转入、转出方所在地主管海关批准，并按照规定办理相关手续后，出口监管仓库之间、出口监管仓库与保税港区、保税区、出口加工区、保税物流园区、保税物流中心、保税仓库等特殊监管区域、场所之间可以进行货物流转。

货物流转涉及出口退税的，按照国家有关规定办理。

第二十六条 存入出口监管仓库的出口货物，按照国家规定应当提交许可证件或者缴纳出口关税的，发货人或者其代理人应当提交许可证件或者缴纳税款。

第二十七条 出口货物存入出口监管仓库时，发货人或者其代理人应当向主管海关申报。发货人或者其代理人除按照海关规定提交有关单证外，还应当提交仓库经营企业填制的《出口监管仓库货物入仓清单》(见附件1)。

海关对报关入仓货物的品种、数量、金额等进行审核、核注和登记。

经主管海关批准，对批量少、批次频繁的入仓货物，可以办理集中报关手续。

第二十八条 出仓货物出口时，仓库经营企业或者其代理人应当向主管海关申报。仓库经营企业或者其代理人除按照海关规定提交有关单证外，还应当提交仓库经营企业填制的《出口监管仓库货物出仓清单》(见附件2)。

出仓货物出境口岸不在仓库主管海关的，经海关批准，可以在口岸所在地海关办理相关手续，也可以在主管海关办理相关手续。

第二十九条 出口监管仓库货物转进口的，应当经海关批准，按照进口货物有关规定办理相关手续。

第三十条 对已存入出口监管仓库因质量等原因要求更换的货物，经仓库所在地主管海关批准，可以更换货物。被更换货物出仓前，更换货物应当先行入仓，并应当与原货物的商品编码、品名、规格型号、数量和价值相同。

第三十一条 出口监管仓库货物，因特殊原因确需退运、退仓，应当经海关批准，并按照有关规定办理相关手续。

第五章 法律责任

第三十二条 出口监管仓库所存货物在存储期间

发生损毁或者灭失的，除不可抗力外，仓库应当依法向海关缴纳损毁、灭失货物的税款，并承担相应的法律责任。

第三十三条 企业以隐瞒真实情况、提供虚假资料等不正当手段取得设立出口监管仓库行政许可的，由海关依法予以撤销。

第三十四条 出口监管仓库经营企业有下列行为之一的，海关责令其改正，可以给予警告，或者处1万元以下的罚款；有违法所得的，处违法所得3倍以下的罚款，但最高不得超过3万元：

（一）未经海关批准，在出口监管仓库擅自存放非出口监管仓库货物；

（二）出口监管仓库货物管理混乱，账目不清的；

（三）违反本办法第十四条规定的；

（四）经营事项发生变更，未按照本办法第二十条的规定办理海关手续的。

第三十五条 违反本办法的其他违法行为，由海关依照《中华人民共和国海关法》、《中华人民共和国海关行政处罚实施条例》予以处理。构成犯罪的，依法追究刑事责任。

第六章　附　　则

第三十六条 出口监管仓库经营企业应当为海关提供办公场所和必要的办公条件。

第三十七条 本办法由海关总署负责解释。

第三十八条 本办法自2006年1月1日起施行。1992年5月1日起实施的《中华人民共和国海关对出口监管仓库的暂行管理办法》同时废止。

附件1　出口监管仓库货物入仓清单

附件2　出口监管仓库货物出仓清单

附件1

出口监管仓库货物入仓清单

仓库编号：　　　　　　　　　　　　　　　　　　　　　　　　入仓单编号：

仓库名称						报关单号		
序号	商品编码	货物名称、规格型号	数量	单位	毛重/净重	币制	单价	总价
发货单位				合计重量：			合计总价	
存放地点		出口国别	是否退税		贸易方式		入仓方式	
上述货物存入我仓，申报无误。 致______海关　报关员______货主______仓管员______申报日期　　　　仓库（盖章）：								
转关条形码								
备注							海关审核	
							海关查验	

出口监管仓库货物入仓清单（续页）

序号	商品编码	货物名称、规格型号	数 量	单 位	毛重/净重	币 制	单 价	总 价
上述货物存入我仓，申报无误。 致 海关 报关员： 货主： 仓管员： 申报日期 仓库（盖章）								
备注								

第 续页

附件 2

出口监管仓库货物出仓清单

监

仓库编号：　　　　出仓单编号：

仓 库 名 称		报关单号		装船单号	
收 货 单 位		出口口岸		封誌号	

原入仓单号	入仓单序号	出仓序号	商品编码	货物名称、规格型号	数量	单 位	毛重/净重	币 制	单 价	总 价

司机本海关编号		出口国别		合计重量		合计总价	
车牌号		出仓方式					

以上货物申报无误。

致______海关　报关员______货主______仓管员______申报日期　仓库（盖章）：

集装箱号		
备 注		海关审核
		海关查验

第　联：

出口监管仓库货物出仓清单（续页）

原入仓单号	入仓单序号	出仓序号	存放地点	商品编码	货物名称、规格型号	数量	单位	毛重/净重	币制	单价	总价
上述货物申报无误 致 海关 报关员 货主 仓库员 申报日期 仓库（盖章）											
备 注											

第 续页

中华人民共和国海关进出口货物查验管理办法

（2005年12月28日海关总署令第138号发布）

第一条 为了规范海关对进出口货物的查验，依法核实进出口货物的状况，根据《中华人民共和国海关法》以及其他有关法律、行政法规的规定，制定本办法。

第二条 本办法所称进出口货物查验（以下简称查验），是指海关为确定进出口货物收发货人向海关申报的内容是否与进出口货物的真实情况相符，或者为确定商品的归类、价格、原产地等，依法对进出口货物进行实际核查的执法行为。

第三条 查验应当由2名以上海关查验人员共同实施。查验人员实施查验时，应当着海关制式服装。

第四条 查验应当在海关监管区内实施。

因货物易受温度、静电、粉尘等自然因素影响，不宜在海关监管区内实施查验，或者因其他特殊原因，需要在海关监管区外查验的，经进出口货物收发货人或者其代理人书面申请，海关可以派员到海关监管区外实施查验。

第五条 海关实施查验可以彻底查验，也可以抽查。按照操作方式，查验可以分为人工查验和机检查验，人工查验包括外形查验、开箱查验等方式。

海关可以根据货物情况以及实际执法需要，确定具体的查验方式。

第六条 海关在对进出口货物实施查验前，应当通知进出口货物收发货人或者其代理人到场。

第七条 查验货物时，进出口货物收发货人或者其代理人应当到场，负责按照海关要求搬移货物，开拆和重封货物的包装，并如实回答查验人员的询问以及提供必要的资料。

第八条 因进出口货物所具有的特殊属性，容易因开启、搬运不当等原因导致货物损毁，需要查验人员在查验过程中予以特别注意的，进出口货物收发货人或者其代理人应当在海关实施查验前声明。

第九条 实施查验时需要提取货样、化验，以进一步确定或者鉴别进出口货物的品名、规格等属性的，海关依照《中华人民共和国海关对进出口货物实施化验鉴定的规定》等有关规定办理。

第十条 查验结束后，查验人员应当如实填写查验记录并签名。查验记录应当由在场的进出口货物收发货人或者其代理人签名确认。进出口货物收发货人或者其代理人拒不签名的，查验人员应当在查验记录中予以注明，并由货物所在监管场所的经营人签名证明。查验记录作为报关单的随附单证由海关保存。

第十一条 有下列情形之一的，海关可以对已查验货物进行复验：

（一）经初次查验未能查明货物的真实属性，需要对已查验货物的某些性状做进一步确认的；

（二）货物涉嫌走私违规，需要重新查验的；

（三）进出口货物收发货人对海关查验结论有异议，提出复验要求并经海关同意的；

（四）其他海关认为必要的情形。

复验按照本办法第六条至第十条的规定办理，查验人员在查验记录上应当注明“复验”字样。

已经参加过查验的查验人员不得参加对同一票货物的复验。

第十二条 有下列情形之一的，海关可以在进出口货物收发货人或者其代理人不在场的情况下，对进出口货物进行径行开验：

（一）进出口货物有违法嫌疑的；

（二）经海关通知查验，进出口货物收发货人或者其代理人届时未到场的。

海关径行开验时，存放货物的海关监管场所经营人、运输工具负责人应当到场协助，并在查验记录上签名确认。

第十三条 对于危险品或者鲜活、易腐、易烂、易失效、易变质等不宜长期保存的货物，以及因其他特殊情况需要紧急验放的货物，经进出口货物收发货人或者其代理人申请，海关可以优先安排查验。

第十四条 进出口货物收发货人或者其代理人违反本办法的，海关依照《中华人民共和国海关法》、《中华人民共和国海关行政处罚实施条例》等有关规定予以处理。

第十五条 海关在查验进出口货物时造成被查验货物损坏的，由海关按照《中华人民共和国海关法》、《中华人民共和国海关行政赔偿办法》的规定承担赔偿责任。

第十六条 查验人员在查验过程中，违反规定，利用职权为自己或者他人谋取私利，索取、收受贿赂，滥用职权，故意刁难，拖延查验的，按照有关规定处理。

第十七条 海关在监管区内实施查验不收取费用。对集装箱、货柜车或者其他货物加施海关封志的，按照规定收取封志工本费。

因查验而产生的进出口货物搬移、开拆或者重封包装等费用，由进出口货物收发货人承担。

在海关监管区外查验货物，进出口货物收发货人或者其代理人应当按照规定向海关交纳规费。

第十八条 本办法下列用语的含义：

外形查验，是指对外部特征直观、易于判断基本属性的货物的包装、唛头和外观等状况进行验核的查验方式。

开箱查验，是指将货物从集装箱、货柜车箱等箱体中取出并拆除外包装后，对货物实际状况进行验核的查验方式。

机检查验，是指以利用技术检查设备为主，对货物实际状况进行验核的查验方式。

抽查，是指按照一定比例有选择的对一票货物中的部分货物验核实际状况的查验方式。

彻底查验，是指逐件开拆包装、验核货物实际状况的查验方式。

第十九条 本办法由海关总署负责解释。

第二十条 本办法自2006年2月1日起施行。

中华人民共和国海关进出口货物报关单修改和撤销管理办法

（2005年12月30日海关总署令143号发布）

第一条 为了加强对进出口货物报关单修改和撤销的管理，规范进出口货物收发货人或者其代理人的申报行为，根据《中华人民共和国海关法》以及有关行政法规的规定，制定本办法。

第二条 进出口货物收发货人或者其代理人申请修改或者撤销进出口货物报关单，以及根据海关要求对进出口货物报关单进行修改或者撤销的，适用本办法。

第三条 海关接受进出口货物申报后，电子数据和纸质的进出口货物报关单不得修改或者撤销；确有正当理由的，经海关审核批准，可以修改或者撤销。进出口货物报关单修改或者撤销后，纸质报关单和电子数据报关单应当一致。

第四条 直属海关负责本关区进出口货物报关单修改和撤销的管理工作。经授权的隶属海关和办事处可以办理进出口货物报关单的修改和撤销。

第五条 进出口货物收发货人或者其代理人确有如下正当理由的，可以向原接受申报的海关申请修改或者撤销进出口货物报关单：

（一）由于报关人员操作或者书写失误造成所申报的报关单内容有误，并且未发现有走私违规或者其他违法嫌疑的；

（二）出口货物放行后，由于装运、配载等原因造成原申报货物部分或者全部退关、变更运输工具的；

（三）进出口货物在装载、运输、存储过程中因溢短装、不可抗力的灭失、短损等原因造成原申报数据与实际货物不符的；

（四）根据贸易惯例先行采用暂时价格成交、实际结算时按商检品质认定或者国际市场实际价格付款方式需要修改申报内容的；

（五）由于计算机、网络系统等方面的原因导致电子数据申报错误的；

（六）其他特殊情况经海关核准同意的。

第六条 海关已经决定布控、查验的以及涉案的进出口货物的报关单在办结前不得修改或者撤销。

第七条 进出口货物收发货人或者其代理人申请修改或者撤销进出口货物报关单的，应当提交《进出口货物报关单修改/撤销申请表》（见附件1），并相应提交下列有关单证：

（一）可以证明进出口实际情况的合同、发票、装箱单等相关单证；

（二）外汇管理、国税、检验检疫、银行等有关部门出具的单证；

（三）应税货物的海关专用缴款书、用于办理收付汇和出口退税的进出口货物报关单证明联等海关出具的相关单证。

第八条 申请修改或者撤销进出口货物报关单并且同时具有下列情形的，海关按照本办法第九条至第十一条规定的审查程序办理：

（一）进口货物放行后或者出口货物办结海关手续后提出申请的；

（二）申请修改或者撤销的内容涉及进出口货物报关单的商品编号、商品名称及规格型号、币制、单价、总价、原产国（地区）、最终目的国（地区）、贸易方式（监管方式）、成交方式之一的。

第九条 海关对于需经审查的修改或者撤销进出口货物报关单申请，应当根据情形分别作出处理：

（一）申请材料齐全的，由海关向进出口货物收发货人或者其代理人制发《进出口货物报关单修改/撤销申请受理决定书》（见附件2）。能够当场作出审查决定的，应当按照本办法第十一条的规定相应制发准予或者不予修改、撤销的决定书，不再制发《进出口货物报关单修改/撤销申请受理决定书》；

（二）申请材料存在错误可以当场更正的，应当允许进出口货物收发货人或者其代理人当场更正；

（三）申请材料不齐全或者不符合法定形式的，应当告知进出口货物收发货人或者其代理人需要补正的全部内容，并向进出口货物收发货人或者其代理人制发《进出口货物报关单修改/撤销申请告知书》（见附件3）；

（四）申请人不属于有关进出口货物的收发货人或者其代理人的，由海关向申请人制发《进出口货物报关单修改/撤销申请不予受理决定书》（见附件4）。

第十条 海关决定受理进出口货物报关单的修改

或者撤销申请的，应当及时对申请材料进行审查。除可以当场决定的外，海关应当自受理进出口货物报关单修改或者撤销申请之日起20日内作出决定并完成相关操作，特殊情况下，海关审查时限可以延长10日。

第十一条 经审查决定予以修改或者撤销的，应当向进出口货物收发货人或者其代理人制发《准予修改/撤销进出口货物报关单决定书》（见附件5），并完成相关操作；经审查决定不予修改或者撤销的，应当向进出口货物收发货人或者其代理人制发《不予修改/撤销进出口货物报关单决定书》（见附件6）。

第十二条 申请修改或者撤销进出口货物报关单并且不属于本办法第八条所列情形的，由海关直接决定是否予以修改或者撤销，并且在《进出口货物报关单修改/撤销申请表》上予以批注。

予以修改或者撤销的，海关应当及时完成相关操作；不予修改或者撤销的，应当及时通知进出口货物收发货人或者其代理人，并且说明理由。

第十三条 海关发现进出口货物报关单需要进行修改或者撤销，但进出口货物收发货人或者其代理人未提出申请的，海关应当通知进出口货物的收发货人或者其代理人。

进出口货物收发货人或者其代理人应当填写《进出口货物报关单修改/撤销确认书》（见附件7），对进出口货物报关单修改或者撤销的内容进行确认，确认后海关完成对进出口货物报关单的修改或者撤销。

第十四条 因修改或者撤销进出口货物报关单导致需要变更、补办进出口许可证件的，进出口货物收发货人或者其代理人应当向海关提交相应的进出口许可证件。

第十五条 进出境备案清单的修改、撤销，比照本办法执行。

第十六条 违反本办法规定，构成走私或者违反海关监管规定行为的，由海关按照《中华人民共和国海关法》、《中华人民共和国海关行政处罚实施条例》等有关法律、行政法规的规定予以处理；构成犯罪的，依法追究刑事责任。

第十七条 本办法由海关总署负责解释。

第十八条 本办法自2006年2月1日起施行。

附件1 进出口货物报关单修改/撤销申请表

附件2 中华人民共和国　　海关进出口货物报关单修改/撤销申请受理决定书

附件3 中华人民共和国　　海关进出口货物报关单修改/撤销申请告知书

附件4 中华人民共和国　　海关进出口货物报关单修改/撤销申请不予受理决定书

附件5 中华人民共和国　　海关准予修改/撤销进出口货物报关单决定书

附件6 中华人民共和国　　海关不予修改/撤销进出口货物报关单决定书

附件7 进出口货物报关单修改/撤销确认书

附件 1

进出口货物报关单修改/撤销申请表

编号：××海关［××××年］　××××号

<table>
<tr><td colspan="2">报关单编号</td><td></td><td>报关单类别</td><td colspan="2">□进口　□出口</td></tr>
<tr><td colspan="2">经营单位名称</td><td></td><td>申请事项</td><td colspan="2">□修改　□撤销</td></tr>
<tr><td colspan="2">报关单位名称</td><td colspan="4"></td></tr>
<tr><td colspan="6">修 改/撤 销 内 容</td></tr>
<tr><td colspan="2">报关单数据项（进口/出口）</td><td colspan="2">原填报内容</td><td colspan="2">应当填报内容</td></tr>
<tr><td rowspan="8">需按审查程序办理的项目</td><td>商品编号</td><td colspan="2"></td><td colspan="2"></td></tr>
<tr><td>商品名称及规格型号</td><td colspan="2"></td><td colspan="2"></td></tr>
<tr><td>币　制</td><td colspan="2"></td><td colspan="2"></td></tr>
<tr><td>单　价</td><td colspan="2"></td><td colspan="2"></td></tr>
<tr><td>总　价</td><td colspan="2"></td><td colspan="2"></td></tr>
<tr><td>原产国(地区)/最终目的国(地区)</td><td colspan="2"></td><td colspan="2"></td></tr>
<tr><td>贸易方式（监管方式）</td><td colspan="2"></td><td colspan="2"></td></tr>
<tr><td>成交方式</td><td colspan="2"></td><td colspan="2"></td></tr>
<tr><td rowspan="4">其他项目</td><td></td><td colspan="2"></td><td colspan="2"></td></tr>
<tr><td></td><td colspan="2"></td><td colspan="2"></td></tr>
<tr><td></td><td colspan="2"></td><td colspan="2"></td></tr>
<tr><td></td><td colspan="2"></td><td colspan="2"></td></tr>
<tr><td colspan="6">修改或者撤销原因：

兹声明以上申请理由和申请内容无讹，随附证明资料真实有效，如有虚假，愿承担法律责任。
申请人签字：　　　　申请日期：　　　　申请单位（公章）：</td></tr>
<tr><td colspan="6">海关批注：
经审查，上述申请符合/不符合《中华人民共和国海关进出口货物报关单修改和撤销管理办法》第　条第　款的规定，我关同意/不同意　修改/撤销。

海关印章：　　　　年　月　日</td></tr>
</table>

附件 2

中华人民共和国　　海关
进出口货物报关单修改/撤销申请受理决定书

××海关撤改（××××）××××号

________：

你（单位）关于进出口货物报关单修改/撤销的申请（申请表编号为：　　　　），我关于　　年　　月　　日收悉。经审查，根据《中华人民共和国海关法》、《中华人民共和国行政许可法》和《中华人民共和国海关进出口货物报关单修改和撤销管理办法》的规定，我关予以受理。

特此通知。

（印）

年　　月　　日

附件 3

中华人民共和国　　　　海关
进出口货物报关单修改/撤销申请告知书

××海关撤改（××××）××××号

________：

你（单位）关于进出口货物报关单修改/撤销的申请（申请表编号：　　　　　　　　），我关于　　年　　月　　日收悉。经审查，有下列第　项情形，

(1) 申请材料不齐全；

(2) 申请材料不符合法定形式。

根据《中华人民共和国海关法》、《中华人民共和国行政许可法》和《中华人民共和国海关进出口货物报关单修改和撤销管理办法》的规定，(以下写明具体告知事项)。

特此告知。

（印）

年　　月　　日

附件4

中华人民共和国　　海关
进出口货物报关单修改/撤销申请不予受理决定书

××海关撤改（××××）××××号

________：

你（单位）关于进出口货物报关单修改/撤销的申请（申请表编号为：　　　　），我关于　年　月　日收悉。经审查，(以下写明属于哪种不应受理的情形)

根据《中华人民共和国海关法》、《中华人民共和国行政许可法》和《中华人民共和国海关进出口货物报关单修改和撤销管理办法》的规定，我关决定不予受理。

你（单位）对本决定不服，可以自收到本《不予受理决定书》之日起60日内向　　　　海关（海关总署）申请行政复议，也可以自收到本《不予受理决定书》之日起3个月内向　　　　中级人民法院起诉。

（印）

年　月　日

附件5

中华人民共和国　　海关
准予修改/撤销进出口货物报关单决定书

××海关撤改（××××）××××号

________：

你（单位）关于进出口货物报关单修改/撤销的申请（申请表编号为：　　　　），我关于　年　月　日受理。经审查，根据《中华人民共和国海关法》、《中华人民共和国行政许可法》和《中华人民共和国海关进出口货物报关单修改和撤销管理办法》的规定，我关决定准予修改/撤销。

（印）

年　月　日

附件 6

中华人民共和国　　　海关
不予修改/撤销进出口货物报关单决定书

××海关撤改（××××）××××号

________：

你（单位）关于进出口货物报关单修改/撤销（申请表编号为：　　　　　　　　）的申请，我关于　年　　月　　日受理。经审查，(以下写明不予修改/撤销报关单的理由)。

根据《中华人民共和国海关法》、《中华人民共和国行政许可法》和《中华人民共和国海关进出口货物报关单修改和撤销管理办法》的规定，我关决定不予修改/撤销。

你（单位）对本决定不服，可以自收到本《不予修改/撤销进出口货物报关单决定书》之日起60日内向海关（海关总署）申请行政复议，也可以自收到本《不予修改/撤销进出口货物报关单决定书》之日起3个月内向中级人民法院起诉。

（印）

年　　月　　日

附件 7

进出口货物报关单修改/撤销确认书

编号：××海关［××××年］　　××××号

报关单编号		申报日期	
经营单位名称		报关单位名称	
修改或撤销原因			
原填报内容			
修改内容			

经营单位或报关单位确认：

同意＿××＿海关对上述报关单内容进行修改/撤销。

报关员卡号：　　　　　　　　报关人员签名：

经营单位或报关单位：（公章）

日期：

中华人民共和国海关关于执行《中国—巴基斯坦自由贸易区原产地规则》的规定

（2005年12月29日海关总署令第139号发布）

第一条 为了执行《中华人民共和国政府与巴基斯坦伊斯兰共和国政府关于自由贸易协定早期收获计划的协议》（以下简称《早期收获协议》）项下《中国—巴基斯坦自由贸易区原产地规则》，正确确定《早期收获协议》项下进口货物的原产地，促进我国与巴基斯坦的经贸往来，根据《中华人民共和国海关法》，制定本规定。

第二条 本规定适用于从巴基斯坦进口的《早期收获协议》项下货物（产品清单详见《中华人民共和国进出口税则》），但以加工贸易方式进口的货物除外。

第三条 从巴基斯坦直接运输进口的符合以下任何一项要求的货物，应当视为巴基斯坦原产货物，并可以享受《早期收获协议》协定税率：

（一）完全在巴基斯坦获得或者生产的货物；

（二）符合第五条、第六条或者第七条规定的非完全获得或者生产的货物。

第四条 本规定第三条第（一）项所称“完全在巴基斯坦获得或者生产的货物”是指：

（一）在巴基斯坦收获、采摘或者收集的植物及植物产品；

（二）在巴基斯坦出生和饲养的活动物；

（三）在巴基斯坦从本条第（二）项活动物中获得的产品；

（四）在巴基斯坦狩猎、诱捕、捕捞、水生养殖、收集或者捕获所得的产品；

（五）从巴基斯坦领土、领水、海床或者海床底土开采或者提取的除本条第（一）项至第（四）项以外的矿物质或者其他天然生成的物质；

（六）在巴基斯坦领水以外的水域、海床或者海床底土获得的产品，但该国应当按照国际法规定有权开发上述水域、海床及海床底土；

（七）在巴基斯坦注册或者悬挂该国国旗的船只在公海捕捞获得的鱼类及其他海产品；

（八）在巴基斯坦注册或者悬挂该国国旗的加工船上仅使用本条第（七）项产品加工、制造的产品；

（九）在巴基斯坦从既不能用于原用途，也不能恢复或者修理的物品上回收的零件或者原材料；

（十）在巴基斯坦收集的既不能用于原用途，也不能恢复或者修理，仅适于用作弃置或者部分原材料的回收，或者仅适于作再生用途的物品；

（十一）在巴基斯坦境内生产加工过程中产生的废碎料；

（十二）仅用本条第（一）至（十一）项所列产品在巴基斯坦加工获得的产品。

第五条 本规定第三条第（二）项所称“非完全获得或者生产的货物”是指，如果货物中巴基斯坦原产成分的比例不小于40%，该货物应当视为原产于巴基斯坦。

在计算原产成分时，应当适用下列公式：

$$\frac{\text{非原产材料的价格}}{\text{船上交货价格（FOB）}} \times 100\% < 60\%$$

上述公式中，非原产材料的价格应当为：

（一）材料进口时的成本、保险费加运费价格（CIF）；或者

（二）最早确定的在巴基斯坦境内为使用不明原产地材料进行制造或者加工支付的价格。

第六条 除另有规定外，符合本规定第三条的货物在巴基斯坦境内用作生产享受《早期收获协议》协定税率的制成品的材料时，如果该制成品中原产中国、巴基斯坦的成分累计不低于40%，则该货物应当视为原产于巴基斯坦。

第七条 在巴基斯坦加工、制造的货物符合《中国—巴基斯坦自由贸易区原产地规则》项下的产品特定原产地标准规定的，巴基斯坦为其原产国。该标准是本规定的组成部分，由海关总署另行公布。

第八条 下列加工或者处理应当视为微小加工及处理，按照本规定第三条确定货物原产地时不予考虑：

（一）为使货物在运输或者贮存中保持良好状态的处理，例如干燥、冷冻、盐水保存、通风、摊开、冷却、置于盐或者二氧化硫水溶液中、去除已破损部分等类似处理；

（二）除尘、筛选、分类、分级、匹配（标示组成成套物品），洗涤、涂抹和切割；

（三）改换包装及为发货而进行的分拆、装配；

（四）简单的切割、切片和再包装，或者装瓶、入袋、装箱、固定在硬纸板或者木板上，以及其他所有的简单包装操作；

（五）在产品或者包装上粘贴标志、标签或者其他类似的区别标记；

（六）简单混合不论是否同种类的产品，而且该混合得到的一个或者多个组成部分不得因满足本规定的条件而获得原产地资格；

（七）将产品的各部件简单组装成一个完整品；

（八）拆装；

（九）屠宰动物；

（十）仅用水或者其他物质稀释而不改变货物的性质；

（十一）第（一）到（十）项中的两项或者两项以上操作的组合。

第九条 本规定第三条所称"直接运输"是指《早期收获协议》项下的进口货物从巴基斯坦直接运输到我国。

进口货物运输至我国，并且同时符合下列条件之一的，视为从巴基斯坦直接运输：

（一）货物未经过任何中国和巴基斯坦之外的国家或者地区境内运输；

（二）货物运输途中经过一个或者多个中国和巴基斯坦之外的国家或者地区，不论是否在这些国家或者地区转换运输工具或者作临时储存，并且同时符合下列条件：

1．仅是由于地理原因或者运输需要；

2．货物未在这些国家或者地区进入贸易或者消费领域；

3．除装卸或者其他为使货物保持良好状态的处理外，货物在这些国家或者地区未经任何其他加工。

第十条 货物的包装、包装材料、容器以及附件、备件、工具、介绍说明性材料与货物一起报关进口，并在《中华人民共和国进出口税则》中与该货物一并归类的，在确定货物原产地时应当忽略不计。

第十一条 除另有规定外，在确定货物原产地时，用于该货物的生产、测试和检查，但没有实际物化到该货物中的货物；或者是用于与该货物生产有关的厂房维护或者设备操作的货物；或者制造过程中未留在货物里的材料，以及未构成货物组成部分的材料的原产地不予考虑，包括：

（一）燃料与能源；

（二）工具、模具及铸模；

（三）用于设备及厂房维护的零件和材料；

（四）用于生产或者设备操作和厂房的润滑剂、润滑油、混合材料及其他材料；

（五）手套、眼镜、鞋、衣服、安全装置及用品；

（六）用于货物的测试或者检查的设备、装置和用品；

（七）催化剂和溶剂；

（八）其他任何可以被证明用于货物的生产但未构成货物组成部分的货物。

第十二条 进口货物收货人应当在向海关申报货物进口时，主动向海关申明适用《早期收获协议》协定税率，并在有关货物进境报关时向海关提交巴基斯坦指定的政府机构签发的原产地证书（原产地证书格式见附件）。

进口货物经过一个或者多个中国和巴基斯坦之外的国家或者地区运输的，进口货物收货人应当向海关提供下列单证：（一）在巴基斯坦签发的联运提单；

（二）巴基斯坦有关政府机构签发的原产地证书；

（三）货物的原始商业发票副本；

（四）符合本规定第九条第二款所规定条件的证明文件。

第十三条 进口货物收货人应当向申报地海关提交原产地证书正本，该原产地证书必须按照附件所列格式用国际标准 A4 纸印制，所用文字为英语。

原产地证书不得涂改及叠印。

进口货物收货人提交的原产地证书应当由巴基斯坦有关政府机构根据《中国—巴基斯坦自由贸易区原产地规则》在货物出口前或者出口时，或者在货物实际出口后 15 日内签发。

第十四条 未能按照第十三条第三款规定的日期签发原产地证书的货物，进口货物收货人可以向申报地海关提交在货物装运之日起 1 年内签发的注明"补发"字样的原产地证书。

第十五条 如果原产地证书被盗、遗失或者毁坏，在该证书签发之日起 1 年之内，进口货物收货人可以要求出口货物发货人向原签证机构申请签发经证实的原产地证书真实复制本，原产地证书第 12 栏中需注明"经证实的真实复制本"。该复制本应当注明原证正本的签发日期。

第十六条 除不可抗力外，原产地证书应当自签发之日起 6 个月之内向我国海关提交；如果符合本规定第九条第（二）项的情况，货物运输经过一个或者多个中国和巴基斯坦之外的国家或者地区，上述所规定的原产地证书提交期限延长至 8 个月。

未能遵守上述期限提交的原产地证书，海关不予接受。

进口货物在本条第一款规定期限内已经实际进口的，原产地证书的提交期限可以不受第一款规定的限制。如果进口货物收货人未能在货物进口申报时提交符合规定的原产地证书，海关应当按照该货物适用的最惠国税率或者普通税率征收相当于应缴税款的等值保证金后先予放行货物，并按规定办理进口手续，进行海关统计。

第十七条 原产于巴基斯坦的进口货物，每批的船上交货价格（FOB）不超过200美元的，可以不提交原产地证书。

第十八条 申报地海关对原产地证书内容的真实性产生怀疑时，可以通过海关总署或者其指定部门请求巴基斯坦有关政府机构对该原产地证书进行核查。原产地证书核查结果应当在收到核查请求的6个月内作出。

在等待核查结果期间，申报地海关可以按照该货物适用的最惠国税率或者普通税率征收相当于应缴税款的等值保证金后先予放行货物，并按规定办理进口手续，进行海关统计。

核查完毕后，申报地海关应当根据核查结果，立即办理退还保证金手续或者保证金转为进口关税手续。

在本条第一款规定的核查时限内未能作出核查结果时，申报地海关应当立即办理保证金转为进口关税手续。海关统计数据应当作相应修改。

进口货物属于国家限制进口货物，或者有违法嫌疑的，海关在原产地证书核查完毕前不得放行货物。

第十九条 除海关进出口贸易统计数据外，海关对与巴基斯坦之间交流的用于原产地证书核查的资料应当予以保密。

第二十条 从巴基斯坦进口享受《早期收获协议》协定税率的货物在向海关申报之后，海关放行之前，目的地发生变化需要运往其他国家的，进口货物的收货人应当向海关提出书面申请。

海关将货物运输目的地变化情况在原产地证书上签注确认后，将原产地证书正本返还进口货物收货人。

第二十一条 由巴基斯坦运至我国展览并在展览期间或者展览后销售到我国的货物，如果符合《中国—巴基斯坦自由贸易区原产地规则》的要求，可以享受《早期收获协议》协定税率，但应当同时满足下列要求：

（一）出口货物发货人已将货物从巴基斯坦境内实际运送到我国并已在我国展出；

（二）出口货物发货人已将货物实际卖给或者转让给我国的进口货物收货人；

（三）货物已经以送展状态在展览期间或者展览后立即运到我国。

为实施前款规定，进口货物收货人必须向海关提交原产地证书，并提供我国有关政府机构签发的注明展览会名称及地址的证明书以及本规定第十二条第（四）项所列的证明文件。

本条中“展览”是指任何以出售外国货物为目的的商贸、农业或者手工业展览会、交易会或者在商店或者商业场所举办的类似展览或者展示。展览期间，货物应当处于海关的监管之下。

第二十二条 违反本规定的，由海关依照《中华人民共和国海关法》和《中华人民共和国海关行政处罚实施条例》等有关法律、行政法规的规定予以处理；构成犯罪的，依法追究刑事责任。

第二十三条 本规定中，下列用语的定义是：

“成本、保险费加运费价格（CIF）”是指实付或者应当付给出口货物发货人的货物在进口港从运输工具卸下后价格。它包括货物的成本和将货物运至指定目的港所需的保险费和运费。

“船上交货价格（FOB）”是指实付或者应当付给出口货物发货人的货物在指定出口港装上运输工具后的价格。它包括货物的成本和将货物运至运输工具上所需的所有成本。

“海关估价协议”指WTO协议中《关于实施1994年关税与贸易总协定第七条的协定》。

“材料”包括组成成分、零件、部件、组装件、已实际上构成另一个货物部分或者已用于另一货物生产过程的货物。

“产品特定原产地标准”是指规定材料已经发生税则归类改变或者特定制造或者加工工序，或者满足某一从价百分比标准，或者混合使用任何这些标准的规则。

“非原产材料”是指用于货物生产中的非中国—巴基斯坦自贸区原产的材料，以及不明原产地的材料。

“生产”是指获得货物的方法，包括制造、生产、装配、加工、饲养、种植、繁殖、开采、提取、收获、捕捞、诱捕、采集、收集、狩猎和捕获。

第二十四条 本规定由海关总署负责解释。

第二十五条 本规定自2006年1月1日起施行。

附件 原产地证书格式

附件

原产地证书格式

<table>
<tr><td colspan="2">1.出口人名称、地址、国家：</td><td colspan="4" rowspan="3">编号
签发日期
中国—巴基斯坦自由贸易区
原产地证书
（申报与证书合一）
签发在：</td></tr>
<tr><td colspan="2">2.收货人名称、地址、国家：</td></tr>
<tr><td colspan="2">3.生产商名称、地址、国家：</td></tr>
<tr><td colspan="2">4.运输工具及路线(如已知)：
离港日期
船舶/飞机/火车/汽车 号
装货口岸
卸货口岸</td><td colspan="4">5.官方使用
根据中华人民共和国政府与巴基斯坦伊斯兰共和国政府关于自由贸易协定早期收获计划的协议
给予优惠待遇
不给予优惠待遇(请注明原因)
进口国有权签字人签字</td></tr>
<tr><td>6.项目编号</td><td>7.包装唛头及编号；包装件数及种类；货物名称；进口国 HS 编码</td><td>8.原产地标准</td><td>9.毛重、数量、船上交货价格(FOB)</td><td>10.发票编号及日期</td><td>11.备注</td></tr>
<tr><td></td><td></td><td></td><td></td><td></td><td></td></tr>
<tr><td colspan="2">12.出口人声明
下列签字人声明上述资料及申报正确无讹，所有货物产自
（国家）
且符合中华人民共和国政府与巴基斯坦伊斯兰共和国政府关于自由贸易协定早期收获计划的协议所规定的原产地要求，该货物出口至
__________（进口国）
____
地点和日期，授权签字人的签字</td><td colspan="4">13.证明
根据所实施的监管，兹证明出口商所做申报正确无讹。
地点和日期，签字和签证机构印章</td></tr>
</table>

中国—巴基斯坦自由贸易区原产地证书说明

第 1 栏：注明出口人的合法的全称、地址（包括国家）。

第 2 栏：注明收货人的合法的全称、地址（包括国家）。

第 3 栏：注明生产商的合法的全称、地址（包括国家）。如果证书上的货物生产商不止一个时，其他的生产商的全称、地址（包括国家）也必须列明。如果出口人或者生产商希望该信息保密时，也可以接受在该栏注明“应要求向海关提供”（Available to Customs upon request）。如果生产商与出口商相同时，该栏只须填写“相同”（SAME）。

第 4 栏：注明运输方式和路线，并详细说明离港日期、运输工具编号、装货港和卸货港。

第 5 栏：由进口成员方海关在该栏简要说明根据协议是否给予优惠待遇。

第 6 栏：注明项目编号。

第7栏：该栏的货品名称必须详细，以使验货的海关官员可以识别，并使其能与发票上的货名及HS编码的货名对应。包装上的运输唛头及编号、包装件数和种类也应当列明。每一项货物的HS编码应当为货物进口国的6位HS编码。

第8栏：从一成员方出口到另一成员方可享受优惠待遇的货物必须符合下列要求之一：

（根据特定原产地规则可做调整）

1. 符合原产地规则规定，在出口成员方内完全获得的产品；

2. 为实施中国—巴基斯坦自由贸易区原产地规则的规定，使用非原产于中国、巴基斯坦或者无法确定原产地的原材料生产和加工产品时，所用这种原材料的总价值不超过由此生产或者获得的产品的离岸价格的40%，且最后生产工序在该出口成员方境内完成；

3. 符合中国—巴基斯坦自由贸易区原产地规则规则五的产品，且该产品在一成员方被用于生产可享受另一成员方优惠待遇的最终产品时，如在最终产品中原产于中国、巴基斯坦成分总计不少于最终产品的40%，则该产品应当视为原产于对最终产品进行生产或加工的成员方；或者

4. 符合原产地规则产品特定原产地标准的产品，应当视为在一成员方进行了充分加工的货物若货物符合上述标准，出口商必须按照下列表格中规定的格式，在本证书第八栏中标明其货物申报享受优惠待遇所根据的原产地标准：

本表格第12栏列名的原产国生产或制造的详情	填入第8栏
出口国完全生产的产品（见上述第8款1项）	"P"
符合上述第8款2项的规定，在出口成员方加工但并非完全生产的产品	单一国家成分的百分比，例如40%
符合上述第8款3项的规定，在出口成员方加工但并非完全生产的产品	累计成分的百分比，例如40%
符合产品特定原产地标准的产品	"PSR"

第9栏：该栏应当注明毛重的公斤数。其他的按惯例能准确表明数量的计量单位，如体积、件数也可用于该栏。离岸价格应该是出口人向签证机构申报的发票价格。

第10栏：该栏应当注明发票号和发票日期。

第11栏：如有要求，该栏可注明订单号，信用证号等。

第12栏：该栏必须由出口人填制、签名、签署日期和加盖印章。

第13栏：该栏必须由签证机构经授权的签证人员签名、签署日期和加盖签证印章。

海关进出口货物报关单填报规定

（一）海关进出口货物报关单填制规范

为统一进出口货物报关单填报要求，保证报关单数据质量，根据《中华人民共和国海关法》及有关法规，制定本规范。

本规范在一般情况下采用“报关单”或“进口报关单”、“出口报关单”的提法，需要分别说明不同要求时，则分别采用以下用语：

1．报关单录入凭单：指申报单位按海关规定的格式填写的凭单，用作报关单预录入的依据。

2．预录入报关单：指预录入公司录入、打印，由申报单位向海关申报的报关单。

3．报关单证明联：指海关在核实货物实际入、出境后按报关单格式提供的证明，用作企业向税务、外汇管理部门办结有关手续的证明文件。

进出口货物报关单各栏目的填制规范如下：

一、预录入编号

指预录入单位预录入的报关单的编号，用于申报单位与海关之间引用其申报后尚未接受申报的报关单。

预录入编号由接受申报的海关决定编号规则。报关单录入凭单的编号规则由申报单位自行决定。

二、海关编号

指海关接受申报时给予报关单的编号，应标识在报关单的每一联上。

（一）H883/EDI 通关系统

报关单海关编号为9位数码，其中1－2位为接受申报海关的编号（《关区代码表》中相应海关代码的后2位），第3位为海关接受申报公历年份4位数字的最后1位，后6位为顺序编号。

进口报关单和出口报关单应分别编号，确保在同一公历年度内，能按进口和出口唯一地标识本关区的每一份报关单。

（二）H2000 通关系统

报关单海关编号为18位数字，其中第1－4位为接受申报海关的编号（《关区代码表》中相应海关代码），第5－8位为海关接受申报的公历年份，第9位为进出口标志（“1”为进口，“0”为出口），后9位为顺序编号。

在海关 H883/EDI 通关系统向 H2000 通关系统过渡期间，后9位的编号规则同 H883/EDI 通关系统的要求。

三、进口口岸/出口口岸

指货物实际进出我国关境口岸海关的名称。

本栏目应根据货物实际进出关境的口岸海关填制《关区代码表》中相应的口岸海关名称及代码。

进口转关运输货物应填报货物进境地海关名称及代码，出口转关运输货物应填报货物出境地海关名称及代码。按转关运输方式监管的跨关区深加工结转货物，出口报关单填报转出地海关名称及代码，进口报关单填报转入地海关名称及代码。

在不同出口加工区之间转让的货物，填报对方出口加工区海关名称及代码。

其他无实际进出境的货物，填报接受申报的海关名称及代码。

四、备案号

指进出口企业在海关办理加工贸易合同备案或征、减、免税审批备案等手续时，海关给予《进料加工登记手册》、《来料加工及中小型补偿贸易登记手册》、《外商投资企业履行产品出口合同进口料件及加工出口成品登记手册》、电子账册及其分册（以下均简称《加工贸易手册》）、《进出口货物征免税证明》（以下简称《征免税证明》）或其他有关备案审批文件的编号。

一份报关单只允许填报一个备案号。备案号栏目为12位字符，其中第1位是标记代码。

无备案审批文件的报关单，本栏目免予填报。

具体填报要求如下：

（一）加工贸易合同项下货物，除少量低价值辅料按规定不使用《加工贸易手册》的外，填报《加工贸易手册》编号。

（二）涉及征、减、免税备案审批的报关单，填报《征免税证明》编号。

（三）出入出口加工区的保税货物，应填报标记代码为“H”的电子账册备案号；出入出口加工区的征免税货物、物品，应填报标记代码为“H”、第六位为“D”的电子账册备案号。

（四）使用异地直接报关分册和异地深加工结转出口分册在异地口岸报关的，本栏目应填报分册号；本地直接报关分册和本地深加工结转分册限制在本地报关，本栏目应填报总册号。

（五）加工贸易成品凭《征免税证明》转为享受减免税进口货物的，进口报关单填报《征免税证明》编号，出口报关单填报《加工贸易手册》编号。

（六）对减免税设备及加工贸易设备之间的结转，转入和转出企业分别填制进、出口报关单，在报关单“备案号”栏目分别填报《加工贸易手册》编号、《征免税证明》编号或免予填报。

（七）优惠贸易协定项下实行原产地证书联网管理的货物，应填报原产地证书代码“Y”和原产地证书编号；未实行原产地证书联网管理的货物，本栏目免予填报。

五、合同协议号

本栏目应填报进（出）口货物合同（协议）的全部字头和号码。

六、进口日期/出口日期

（一）进口日期

指运载所申报货物的运输工具申报进境的日期。本栏目填报的日期必须与相应的运输工具进境日期一致。进口申报时无法确知相应的运输工具的实际进境日期时，本栏目免予填报。

（二）出口日期

指运载所申报货物的运输工具办结出境手续的日期。本栏目供海关打印报关单证明联用，在申报时免予填报。

无实际进出境的报关单填报办理申报手续的日期，以海关接受申报的日期为准。

（三）在H883/EDI通关系统中，本栏目为6位数，顺序为年、月、日各2位；在H2000通关系统中，本栏目为8位数字，顺序为年（4位）、月（2位）、日（2位）。

七、申报日期

指海关接受进出口货物的收、发货人或受其委托的报关企业申请的日期。

以电子数据报关单方式申报的，申报日期为海关计算机系统接受申报数据时记录的日期。以纸质报关单方式申报的，申报日期为海关接受纸质报关单并对报关单进行登记处理的日期。

在H883/EDI通关系统中，本栏目为6位数，顺序为年、月、日各2位；在H2000通关系统中，本栏目为8位数字，顺序为年（4位）、月（2位）、日（2位）。

八、经营单位

经营单位指对外签订并执行进出口贸易合同的中国境内企业、单位或个体工商户。

本栏目应填报经营单位名称及经营单位编码。

经营单位编码是经营单位在海关办理注册登记手续时，海关给予的注册登记10位编码。

特殊情况下确定经营单位原则如下：

（一）援助、赠送、捐赠的货物，填报直接接受货物的单位。

（二）进出口企业之间相互代理进出口的，填报代理方。

（三）外商投资企业委托进出口企业进口投资设备、物品的，填报外商投资企业，并在标记唛码及备注栏注明“委托某进出口企业进口”。

（四）有代理报关权的进出口企业在本企业进出口或代理其他企业进出口时，填报本企业的经营单位编码；代理其他企业办理进出口报关手续时，填报委托方经营单位编码。

九、收货单位/发货单位

（一）收货单位

指已知的进口货物在境内的最终消费、使用单位，包括：

1. 自行从境外进口货物的单位。

2. 委托进出口企业进口货物的单位。

（二）发货单位

指出口货物在境内的生产或销售单位，包括：

1. 自行出口货物的单位。

2. 委托进出口企业出口货物的单位。

（三）备有海关注册编号或加工生产企业编号的收、发货单位，本栏目必须填报其经营单位编码或加工生产企业编号；否则填报其中文名称。加工贸易报关单的收、发货单位应与《加工贸易手册》的“货主单位”一致；减免税货物报关单的收、发货单位应与《征免税证明》的“申请单位”一致。

十、申报单位

指对申报内容的真实性直接向海关负责的企业或单位。自理报关的，应填报进（出）口货物的经营单位名称及编码；委托代理报关的，应填报经海关批准的报关企业名称及编码。

本栏目还包括报关单左下方用于填报申报单位有关情况的相关栏目，包括报关员、报关单位地址、邮政编码和电话号码等栏目。

十一、运输方式

指载运货物进出关境所使用的运输工具的分类，包括实际运输方式和海关规定的特殊运输方式。

本栏目应根据实际运输方式按海关规定的《运输方式代码表》选择填报相应的运输方式。

特殊情况下运输方式的填报原则如下：

（一）非邮政方式进出口的快递货物，按实际运输方式填报。

（二）进出境旅客随身携带的货物，按旅客所乘运输工具填报。

（三）进口转关运输货物，按载运货物抵达进境地的运输工具填报；出口转关运输货物，按载运货物驶离出境地的运输工具填报。

（四）出口加工区与区外之间进出的货物，区内企业填报“9”，区外企业填报“Z”。

（五）其他无实际进出境的，根据实际情况选择填报《运输方式代码表》中运输方式“0”（非保税区运入保税区和保税区退区）、“1”（境内存入出口监管仓库和出口监管仓库退仓）、“7”（保税区运往非保税区）、“8”（保税仓库转内销）或“9”（其他运输）。

（六）同一出口加工区内或不同出口加工区的企业之间相互结转、调拨的货物、出口加工区与其他海关特殊监管区域之间、不同保税区之间、同一保税区内不同企业之间、保税区与出口加工区等海关特殊监管区域之间转移、调拨的货物，填报“9”（其他运输）。

十二、运输工具名称

指载运货物进出境的运输工具的名称或运输工具编号。

本栏目填报内容应与运输部门向海关申报的载货清单所列相应内容一致。

一份报关单只允许填报一个运输工具名称。

具体填报要求如下：

（一）直接在进出境地办理报关手续的报关单具体填报要求

1. H883/EDI 通关系统：

(1) 江海运输填报船名或船舶呼号（来往港澳小型船舶为监管簿编号）＋“／”＋航次号。

(2) 汽车运输填报该跨境运输车辆的国内行驶车牌号＋“／”＋进出境日期［8 位数字，顺序为年（4位）、月（2位）、日（2位），下同］。

(3) 铁路运输填报车次（或车厢号）＋“／”＋进出境日期。

(4) 航空运输填报航班号＋进出境日期＋“／”＋总运单号。

(5) 邮政运输填报邮政包裹单号＋“／”＋进出境日期。

(6) 其他运输填报具体运输方式名称，例如：管道、驮畜等。

2. H2000 通关系统：

(1) 江海运输填报船舶编号（来往港澳小型船舶为监管簿编号）或者船舶英文名称。

(2) 汽车运输填报该跨境运输车辆的国内行驶车牌号，深圳提前报关模式填报国内行驶车牌号＋“／”＋“提前报关”（4 个汉字）。

(3) 铁路运输填报车厢编号或交接单号。

(4) 航空运输填报航班号。

(5) 邮政运输填报邮政包裹单号。

(6) 其他运输填报具体运输方式名称，例如：管道、驮畜等。

(7) 对于“清单放行，集中报关”的货物填报

“集中报关”（4个汉字）。

（二）转关运输货物报关单填报要求

1．进口

（1）H883/EDI通关系统：

①江海运输：直转填报“@”+16位转关申报单预录入号（或13位载货清单号）；中转填报进境英文船名（必须与提单、转关单填写完全一致）+“/”+“@”+进境船舶航次。

②铁路运输：直转填报“@”+16位转关申报单预录入号；中转填报车厢编号+“/”+“@”+8位进境日期。

③航空运输：直转填报“@”+16位转关申报单预录入号；中转填报8位分运单号，无分运单的免予填报。

④公路及其他各类运输：填报“@”+16位转关申报单预录入号（或13位载货清单号）。

⑤以上各种运输方式使用广东地区载货清单转关的提前报关填报“@”+13位载货清单号；其他地区提前报关免予填报。

（2）H2000通关系统：

①江海运输：直转、提前报关填报“@”+16位转关申报单预录入号（或13位载货清单号）；中转填报进境英文船名。

②铁路运输：直转、提前报关填报“@”+16位转关申报单预录入号；中转填报车厢编号。

③航空运输：直转、提前报关填报“@”+16位转关申报单预录入号（或13位载货清单号）；中转填报“@”。

④汽车及其他运输：填报“@”+16位转关申报单预录入号（或13位载货清单号）。

⑤以上各种运输方式使用广东地区载货清单转关的提前报关货物填报“@”+13位载货清单号；其他地区提前报关货物免予填报。

2．出口

（1）H883/EDI通关系统：

①江海运输：出口非中转填报“@”+16位转关申报单预录入号（或13位载货清单号）；中转：境内江海运输填报驳船船名+“/”+“驳船航次”；境内铁路运输填报车名［4位关别代码+“TRAIN”（英文单词）］+“/”+6位启运日期；境内公路运输填报车名［4位关别代码+“TRUCK”（英文单词）］+“/”+6位启运日期；境内公路运输填报车名［4位关别代码+“TRUCK”（英文单词）］+“/”+6位启运日期。

上述“驳船船名”、“驳船航次”、“车名”、“日期”均须事先在海关备案。

②铁路运输：填报“@”+16位转关申报单预录入号；多张报关单需要通过一张转关单转关的，填报“@”。

③其他运输方式：填报“@”+16位转关申报单预录入号（或13位载货清单号）。

上述规定以外无实际进出境的，本栏目为空。

（2）H2000通关系统：

①江海运输：非中转填报“@”+16位转关申报单预录入号（或13位载货清单号）。如多张报关单需要通过一张转关单转关的，运输工具名称字段填报“@”。

中转，境内江海运输填报驳船船名；境内铁路运输填报车名［主管海关4位关别代码+“TRAIN”（英文单词）］；境内公路运输填报车名［主管海关4位关别代码+“TRUCK”（英文单词）］。

②铁路运输：填报“@”+16位转关申报单预录入号（或13位载货清单号），如多张报关单需要通过一张转关单转关的，填报“@”。

③航空运输：填报“@”+16位转关申报单预录入号（或13位载货清单号），如多张报关单需要通过一张转关单转关的，填报“@”。

④其他各类出境运输方式：填报“@”+16位转关申报单预录入号（或13位载货清单号）。

（三）无实际进出境货物报关单

1．在H883/EDI通关系统下：

加工贸易深加工结转及料件结转货物，加工贸易成品凭《征免税证明》转为享受减免税进口的货物，保税区与区外之间进出的货物、同一保税区内或不同保税区的企业之间转移（调拨）的货物、出口加工区与区外之间进出的货物，同一出口加工区内或不同出口加工区的企业之间相互结转、调拨的货物，应先办理进口报关，并在出口报关单本栏目填报转入方关区代码（前两位）及进口报关单号，即“转入××（关区代码）×××××××××（进口报关单/备案清单号）”。按转关运输货物办理结转手续的，按转关运输有关规定填报。

2．在H2000通关系统下，本栏目免予填报。

上述规定以外无实际进出境的，本栏目免予填报。

十三、航次号

指载运货物进出境的运输工具的航次编号。本栏目仅限H2000通关系统填报，使用H883/EDI通关系统的，本栏目内容与运输工具名称合并填报。

具体填报要求如下：

（一）直接在进出境地办理报关手续的报关单

1．江海运输：填报船舶的航次号。

2．汽车运输：填报该跨境运输车辆的进出境日期[8位数字，顺序为年（4位）、月（2位）、日（2位），下同]。

3．铁路运输：填报进出境日期。

4．航空运输：免予填报。

5．邮政运输：填报进出境日期。

6．其他各类运输方式：免予填报。

（二）转关运输货物报关单

1．进口

（1）江海运输：中转转关方式填报“@”+进境干线船舶航次。直转、提前报关免予填报。

（2）公路运输：免予填报。

（3）铁路运输：“@”+进出境日期[8位数字，顺序为年（4位）、月（2位）、日（2位）]。

（4）航空运输：免予填报。

（5）其他各类运输方式：免予填报。

2．出口

（1）江海运输：非中转货物免予填报。中转货物：境内江海运输填报驳船航次号；境内铁路、公路运输填报6位启运日期，顺序为年、月、日各2位。

（2）铁路拼车拼箱捆绑出口：免予填报。

（3）航空运输：免予填报；

（4）其他运输方式：免予填报。

（三）上述规定以外无实际进出境的，本栏目免予填报。

十四、提运单号

指进出口货物提单或运单的编号。

本栏目填报的内容应与运输部门向海关申报的载货清单所列相应内容一致。

一份报关单只允许填报一个提运单号，一票货物对应多个提运单时，应分单填报。

具体填报要求如下：

（一）直接在进出境地办理报关手续的报关单

1．H883/EDI通关系统：

（1）江海运输：填报进口提单号。

（2）汽车运输：免予填报。

（3）铁路运输：填报运单号。

（4）航空运输：填报分运单号，无分运单的填报总运单号。

（5）邮政运输：免予填报。

（6）无实际进出境的，本栏目免予填报。

2．H2000通关系统：

（1）江海运输：填报进出口提运单号。如有分提运单的，填报进出口提运单号+“*”+分提运单号。

（2）汽车运输：免予填报。

（3）铁路运输：填报运单号。

（4）航空运输：填报总运单号+“_”（下划线）+分运单号，无分运单的填报总运单号。

（5）邮政运输填报邮运包裹单号。

（6）无实际进出境的，本栏目免予填报。

（二）转关运输货物报关单

1．进口

（1）H883/EDI通关系统：

①江海运输：直转、中转填报提单号，提前报关免予填报。

②铁路运输：直转货物填报11位总运单号+“/”+8位分运单号，无分运单号的填报11位总运单号，中转填报“@”+总运单号，提前报关免予填报。

③航空运输：直转货物填报11位总运单号+“/”+8位分运单号，无分运单号的填报11位总运单号；中转填报“@”+总运单号，提前报关免予填报。

④其他运输方式，本栏目免予填报。

⑤以上各种运输方式进境货物，在广东省内用公路运输转关的，填报车牌号。

（2）H2000通关系统：

①江海运输：直转、中转填报提单号，提前报关免予填报。

②铁路运输：直转、中转填报铁路运单号，提前报关免予填报。

③航空运输：直转、中转货物填报总运单号+“_”+分运单号，提前报关免予填报。

④其他运输方式，本栏目免予填报。

⑤以上各种运输方式进境货物，在广东省内用公路运输转关的，填报车牌号。

2. 出口

(1) H883/EDI通关系统：

①江海运输：中转货物填报提单号；非中转货物免予填报；广东省内提前报关的转关货物填报车牌号。

②其他运输方式：广东省内提前报关的转关货物填报车牌号；其他地区免予填报。

(2) H2000通关系统：

①江海运输：中转货物填报运单号；非中转免予填报；广东省内提前报关的转关货物填报车牌号。

②其他运输方式：广东省内提前报关的转关货物填报车牌号；其他地区免予填报。

十五、贸易方式（监管方式）

本栏目应根据实际情况按海关规定的《贸易方式代码表》选择填报相应的贸易方式简称或代码。

出口加工区内企业填制的《出口加工区进（出）境货物备案清单》应选择填报适用于出口加工区货物的监管方式简称或代码。

一份报关单只允许填报一种贸易方式。

加工贸易报关单特殊情况填报要求如下：

（一）少量低值辅料（即5000美元以下，78种以内的低值辅料）按规定不使用《加工贸易手册》的，辅料进口报关单填报“低值辅料”。使用《加工贸易手册》的，按《加工贸易手册》上的贸易方式填报。

（二）外商投资企业按内外销比例为加工内销产品而进口的料件或进口供加工内销产品的料件，进口报关单填报“一般贸易”。

外商投资企业为加工出口产品全部使用国内料件的出口合同，成品出口报关单填报“一般贸易”。

（三）加工贸易料件结转或深加工结转货物，按批准的贸易方式填报。

（四）加工贸易料件转内销货物（及按料件补办进口手续的转内销成品、残次品、半成品）应填制进口报关单，本栏目填报“（来料或进料）料件内销”；加工贸易成品凭《征免税证明》转为享受减免税进口货物的，应分别填制进、出口报关单，本栏目填报“（来料或进料）成品减免”。

（五）加工贸易出口成品因故退运进口及复出口、加工贸易进口料件因换料退运出口及复运进口的，填报与《加工贸易手册》备案相应的退换监管方式简称或代码。

（六）备料《加工贸易手册》中的料件结转入加工出口《加工贸易手册》的填报相应的来料或进料加工贸易方式。

（七）保税工厂加工贸易进出口货物，根据《加工贸易手册》填报相应的来料或进料加工贸易方式。

（八）加工贸易边角料内销和副产品内销，进口报关单应填报“（来料或进料）边角料内销”。

（九）加工贸易料件或成品放弃，进口报关单应填报“（进料料件或成品）放弃”。

十六、征免性质

指海关对进出口货物实施征、减、免税管理的性质类别。

本栏目应按照海关核发的《征免税证明》中批注的征免性质填报，或根据实际情况按海关规定的《征免性质代码表》选择填报相应的征免性质简称或代码。

加工贸易报关单本栏目应按照海关核发的《加工贸易手册》中批注的征免性质填报相应的征免性质简称或代码。特殊情况填报要求如下：

（一）保税工厂经营的加工贸易，根据《加工贸易手册》填报“进料加工”或“来料加工”。

（二）外商投资企业按内外销比例为加工内销产品而进口料件，填报“一般征税”或其他相应征免性质。

（三）加工贸易转内销货物，按实际应享受的征免性质填报（如一般征税、科教用品、其他法定等）。

（四）料件退运出口、成品退运进口货物填报“其他法定”（代码0299）。

（五）加工贸易结转货物本栏目为空。

一份报关单只允许填报一种征免性质。

十七、征税比例/结汇方式

（一）征税比例

仅用于“非对口合同进料加工”（代码0715）贸易方式下进口料件的进口报关单，填报海关规定的实际应征税比率，例如5%填报“5”，15%填报“15”。

（二）结汇方式

出口报关单应填报结汇方式，即出口货物的发货人或其代理人收结外汇的方式。本栏目应按海关规定的《结汇方式代码表》选择填报相应的结汇方式名称或代码。

十八、许可证号

应申领进（出）口许可证的货物，必须在此栏目填报商务部及其授权发证机关签发的进（出）口货物许可证的编号。

一份报关单只允许填报一个许可证号。

十九、起运国（地区）/运抵国（地区）

起运国（地区）指进口货物直接运抵或者在运输中转国（地）未发生任何商业性交易的情况下运抵我国的起始发出的国家（地区）。

运抵国（地区）指出口货物离开我国关境直接运抵或者在运输中转国（地）未发生任何商业性交易的情况下最后运抵的国家（地区）。

对发生运输中转的货物，如中转地未发生任何商业性交易，则起、抵地不变，如中转地发生商业性交易，则以中转地作为起运/运抵国（地区）填报。

本栏目应按海关规定的《国别（地区）代码表》选择填报相应的起运国（地区）或运抵国（地区）中文名称或代码。

无实际进出境的，本栏目填报“中国”（代码0142）。

二十、装货港/指运港

装货港指进口货物在运抵我国关境前的最后一个境外装运港。

指运港指出口货物运往境外的最终目的港；最终目的港不可预知的，可按尽可能预知的目的港填报。

本栏目应根据实际情况按海关规定的《港口航线代码表》选择填报相应的港口中文名称或代码。

无实际进出境的，本栏目填报“中国境内”（代码0142）。

二十一、境内目的地/境内货源地

境内目的地指已知的进口货物在国内的消费、使用地或最终运抵地。

境内货源地指出口货物在国内的产地或原始发货地。

本栏目应根据进口货物的收货单位、出口货物生产厂家或发货单位所属国内地区，并按海关规定的《国内地区代码表》选择填报相应的国内地区名称或代码。

二十二、批准文号

出口报关单本栏目用于填报《出口收汇核销单》编号。

二十三、成交方式

本栏目应根据实际成交价格条款按海关规定的《成交方式代码表》选择填报相应的成交方式代码。

无实际进出境的，进口填报CIF价，出口填报FOB价。

二十四、运费

本栏目用于成交价格中不包含运费的进口货物或成交价格中含有运费的出口货物，应填报该份报关单所含全部货物的国际运输费用。可按运费单价、总价或运费率三种方式之一填报，同时注明运费标记，并按海关规定的《货币代码表》选择填报相应的币种代码。

运保费合并计算的，运保费填报在本栏目。

运费标记“1”表示运费率，“2”表示每吨货物的运费单价，“3”表示运费总价。

（一）H883/EDI通关系统

1．运费率：直接填报运费率的数值，如5%的运费率填报为“5”。

2．运费单价：填报运费币值代码＋“/”＋运费单价的数值＋“/”＋运费单价标记，如：24美元的运费单价填报为“502/24/2”。

3．运费总价：填报运费币值代码＋“/”＋运费总价的数值＋“/”＋运费总价标记，如：7000美元的运费总价填报为“502/7000/3”。

（二）H2000通关系统

1．运费标记填写在运费标记处。

2．运费价格填写在运费价格处。

3．运费币制填写在运费币制处。

二十五、保费

本栏目用于成交价格中不包含保险费的进口货物或成交价格中含有保险费的出口货物，应填报该份报关单所含全部货物国际运输的保险费用。可按保险费总价或保险费率两种方式之一填报，同时注明保险费标记，并按海关规定的《货币代码表》选择填报相应的币种代码。

运保费合并计算的，运保费填报在运费栏目中，本栏目免予填报。

保险费标记“1”表示保险费率，“3”表示保险费总价。

（一）H883/EDI通关系统

1．保费率：直接填报保费率的数值，如：3‰的保险费率填报为“0.3”。

2．保费总价：填报保费币值代码＋“/”＋保费总价的数值＋“/”＋保费总价标记，如：10000港元保险费总价填报为“110/10000/3”。

（二）H2000通关系统

1. 保费标记填写在保费标记处。

2. 保费总价填写在保费总价处。

3. 保费币制填写在保费币制处。

二十六、杂费

指成交价格以外的、按照《中华人民共和国进出口关税条例》相关规定应计入完税价格或应从完税价格中扣除的费用，可按杂费总价或杂费率两种方式之一填报，同时注明杂费标记，并按海关规定的《货币代码表》选择填报相应的币种代码。

应计入完税价格的杂费填报为正值或正率，应从完税价格中扣除的杂费填报为负值或负率。

杂费标记“1”表示杂费率，“3”表示杂费总价。

（一）H883/EDI通关系统

1. 杂费率：直接填报杂费率的数值，如：应计入完税价格的1.5%的杂费率填报为“1.5”；应从完税价格中扣除的1%的回扣率填报为“-1”。

2. 杂费总价：填报杂费币值代码+“/”+杂费总价的数值+“/”+杂费总价标记，如：应计入完税价格的500英镑杂费总价填报为“303/500/3”。

（二）H2000通关系统

1. 杂费标记填写在杂费标记处。

2. 杂费总价填写在杂费总价处。

3. 杂费币制填写在杂费币制处。

二十七、件数

本栏目应填报有外包装的进（出）口货物的实际件数。特殊情况填报要求如下：

（一）舱单件数为集装箱的，填报集装箱个数。

（二）舱单件数为托盘的，填报托盘数。

本栏目不得填报为零，裸装货物填报为“1”。

二十八、包装种类

本栏目应根据进出口货物的实际外包装种类，按海关规定的《包装种类代码表》选择填报相应的包装种类代码。

二十九、毛重（公斤）

指货物及其包装材料的重量之和。

本栏目填报进（出）口货物实际毛重，计量单位为公斤，不足一公斤的填报为“1”。

三十、净重（公斤）

指货物的毛重减去外包装材料后的重量，即商品本身的实际重量。

本栏目填报进（出）口货物的实际净重，计量单位为公斤，不足一公斤的填报为“1”。

三十一、集装箱号

集装箱号是在每个集装箱箱体两侧标示的全球唯一的编号。

本栏目用于填报和打印集装箱编号及数量。集装箱数量四舍五入填报整数，非集装箱货物填报为“0”。

（一）H883/EDI通关系统

填报：一个集装箱号+“*”+集装箱数+“（折合标准集装箱数）”。

如：TEXU3605231*1（1）表示1个标准集装箱。

TEXU3605231*2（3）表示2个集装箱，折合为3个标准集装箱，其中一个箱号为TEXU3605231。

在多于一个集装箱的情况下，其余集装箱编号打印在备注栏或随附清单上。

（二）H2000通关系统

填报在集装箱表中，一个集装箱填一条记录，分别填报集装箱号、规格和自重。

三十二、随附单据

指随进（出）口货物报关单一并向海关递交的单证或文件。合同、发票、装箱单、进出口许可证等必备的随附单证不在本栏目填报。

（一）H883/EDI通关系统

本栏目按海关规定的《监管证件名称代码表》选择填报相应证件的代码，证件编号填报在“标记唛码及备注”栏后半部分。

（二）H2000通关系统

本栏目分为随附单据代码和随附单据编号两项，其中代码栏应按海关规定的《监管证件名称代码表》选择填报相应证件的代码填报；编号栏应填报许可证件编号。

（三）优惠贸易协定项下进出口货物

“Y”为原产地证书代码。优惠贸易协定代码选择“01”、“02”、“03”或“04”填报：

“01”为“曼谷协定及中巴优惠贸易安排”项下的进口货物；

“02”为“中国与东盟全面经济合作框架协定项下‘早期收获’方案”（简称“中国东盟早期收获”），包括“中泰蔬菜水果协定”项下的进口货物以及对原产于老挝、柬埔寨、缅甸的进口货物；

“03”为“内地与香港紧密经贸关系安排”（香港

CEPA）项下的进口货物；

“04”为属于“内地与澳门紧密经贸关系安排”（澳门CEPA）项下的进口货物。

具体填报要求如下：

1．实行原产地证书联网管理的，H2000通关系统下，在本栏随附单证代码项下填写“Y”，在随附单证编号项下的“〈〉”内填写优惠贸易协定代码。例如香港CEPA项下进口商品，应填报为：“Y”和“〈03〉”；H883/EDI系统下，此栏不填报原产地证书相关内容。

2．未实行原产地证书联网管理的，H2000通关系统下，在报关单“随附单据”栏随附单证代码项下填写“Y”，在随附单证编号项下“〈〉”内填写优惠贸易协定代码+“:”+需证商品序号。例如《曼谷协定》项下进口报关单中第1到第3项和第5项为优惠贸易协定项下商品，应填报为：“〈01：1－3，5〉”；H883/EDI通关系统下，此栏不填报原产地证书相关内容。

优惠贸易协定项下出口货物，本栏目填报原产地证书代码和编号。

三十三、用途/生产厂家

进口货物填报用途，应根据进口货物的实际用途按海关规定的《用途代码表》选择填报相应的用途代码，如“以产顶进”填报“13”。

生产厂家指出口货物的境内生产企业。本栏目供必要时手工填写。

三十四、标记唛码及备注

（一）H883/EDI通关系统

1．本栏目上部用于打印以下内容，具体填报如下：

（1）标记唛码中除图形以外的文字、数字。

（2）受外商投资企业委托代理其进口投资设备、物品的进出口企业名称。

（3）加工贸易结转货物及凭《征免税证明》转内销货物，其对应的备案号应填报在本栏目，即“转至（自）××××××××××××手册”。

（4）实行原产地证书联网管理的优惠贸易协定项下进口货物，填写“〈”+“协”+“优惠贸易协定代码”+“〉”，例如香港CEPA项下进口报关单应填为：“〈协03〉”；未实行原产地证书联网管理的优惠贸易协定项下进口货物，填写“〈”+“协”+“优惠贸易协定代码”+“:”+“需证商品序号”+“〉”，例如《曼谷协定》项下进口报关单中第1项到第3项和第5项为优惠贸易协定项下商品，应填为：“〈协01：1－3，5〉”。

（5）其他申报时必须说明的事项。

2．本栏目下部供填报随附单据栏中监管证件的编号，具体填报如下：

（1）监管证件代码+“:”+监管证件号码。一份报关单多个监管证件的，连续填写。

（2）一票货物多个集装箱的，在本栏目打印其余的集装箱号（最多160字节，其余集装箱号手工抄写）。

（二）H2000通关系统

1．标记唛码中除图形以外的文字、数字。

2．受外商投资企业委托代理其进口投资设备、物品的进出口企业名称。

3．与本报关单有关联关系的，同时在业务管理规范方面又要求填报的备案号，如加工贸易结转货物及凭《征免税证明》转内销货物，其对应的备案号应填报在“关联备案”栏。

4．与本报关单有关联关系的，同时在业务管理规范方面又要求填报的报关单号，应填报在“关联报关单”栏。

加工贸易结转类的报关单，应先办理进口报关，并将进口报关单号填入出口报关单的关联报关单号栏。

三十五、项号

本栏目分两行填报及打印。

第一行打印报关单中的商品排列序号。

第二行专用于加工贸易等已备案的货物，填报和打印该项货物在《加工贸易手册》中的项号。

加工贸易合同项下进出口货物，必须填报与《加工贸易手册》一致的商品项号，所填报项号用于核销对应项号下的料件或成品数量。特殊情况填报要求如下：

（一）深加工结转货物，分别按照《加工贸易手册》中的进口料件项号和出口成品项号填报。

（二）料件结转货物（包括料件、成品和半成品折料），出口报关单按照转出《加工贸易手册》中进口料件的项号填报；进口报关单按照转进《加工贸易手册》中进口料件的项号填报。

（三）料件复出货物（包括料件、边角料、来料加工半成品折料），出口报关单按照《加工贸易手册》中进口料件的项号填报；料件退换货物（包括料件、不包括半成品），出口报关单按照《加工贸易手册》中进口料件的项号填报。

（四）成品退运货物，退运进境报关单和复运出境报关单按照《加工贸易手册》原出口成品的项号填报。

（五）加工贸易料件转内销货物（及按料件补办进口手续的转内销成品、半成品、残次品）应填制进口报关单，本栏目填报《加工贸易手册》进口料件的项号。加工贸易边角料、副产品内销，本栏目填报《加工贸易手册》中对应的料件项号。当边角料或副产品对应一个以上料件项号时，填报主要料件项号。

（六）加工贸易成品凭《征免税证明》转为享受减免税进口货物的，应先办理进口报关手续。进口报关单本栏目填报《征免税证明》中的项号，出口报关单本栏目填报《加工贸易手册》原出口成品项号，进、出口报关单货物数量应一致。

（七）加工贸易料件、成品放弃，本栏目应填报《加工贸易手册》中的项号。半成品放弃的应按单耗折回料件，以料件放弃申报，本栏目填报《加工贸易手册》中对应的料件项号。

（八）加工贸易副产品退运出口、结转出口或放弃，本栏目应填报《加工贸易手册》中新增的变更副产品的出口项号。

（九）经海关批准实行加工贸易联网监管的企业，对按海关联网监管要求企业需申报报关清单的，应在向海关申报货物进出口（包括形式进出口）报关单前，向海关申报“清单”。一份报关清单对应一份报关单，报关单商品由报关清单归并而得。加工贸易电子账册报关单中项号、品名、规格等栏目的填制规范比照《加工贸易手册》。

优惠贸易协定项下实行原产地证书联网管理的报关单分两行填写。第一行填写报关单中商品排列序号，第二行填写对应的原产地证书上的“商品项号”。

三十六、商品编号

指按商品分类编码规则确定的进出口货物的商品编号。此栏目分为商品编号和附加编号两栏，其中商品编号栏应填报《中华人民共和国海关进出口税则》8位税则号列，附加编号栏应填报商品编号附加的第9、10位附加编号。《加工贸易手册》中商品编号与实际商品编号不符的，应按实际商品编号填报。

三十七、商品名称、规格型号

本栏目分两行填报及打印。

第一行打印进出口货物规范的中文商品名称，第二行打印规格型号，必要时可加注原文。

具体填报要求如下：

（一）商品名称及规格型号应据实填报，并与所提供的商业发票相符。

（二）商品名称应当规范，规格型号应当足够详细，以能满足海关归类、审价及许可证件管理要求为准。根据商品属性，本栏目填报内容包括：品名、牌名、规格、型号、成分、含量、等级、用途、功能等。

（三）加工贸易等已备案的货物，本栏目填报录入的内容必须与备案登记中同项号下货物的名称与规格型号一致。

（四）对需要海关签发《货物进口证明书》的车辆，商品名称栏应填报“车辆品牌＋排气量（注明cc）＋车型（如越野车、小轿车等）”。进口汽车底盘可不填报排气量。车辆品牌应按照《进口机动车辆制造厂名称和车辆品牌中英文对照表》中“签注名称”一栏的要求填报。规格型号栏可填报“汽油型”等。

（五）同一收货人使用同一运输工具同时运抵的进口货物应同时申报，视为同一报验状态，据此确定其归类。成套设备、减免税货物如需分批进口，货物实际进口时，应按照实际报验状态确定归类。

（六）加工贸易边角料和副产品内销，边角料复出口，本栏目填报其报验状态的名称和规格型号。属边角料、副产品、残次品、受灾保税货物且按规定需加以说明的，应在本栏目中填注规定的字样。

三十八、数量及单位

指进出口商品的实际数量及计量单位。

本栏目分三行填报及打印。

具体填报要求如下：

（一）进出口货物必须按海关法定计量单位填报，法定第一计量单位及数量打印在本栏目第一行。

（二）凡海关列明第二计量单位的，必须报明该商品第二计量单位及数量，打印在本栏目第二行。无第二计量单位的，本栏目第二行为空。

（三）成交计量单位及数量应当填报并打印在第三行。

（四）法定计量单位为“公斤”的数量填报，特殊情况下填报要求如下：

1. 装入可重复使用的包装容器的货物，按货物的净重填报，如罐装同位素、罐装氧气及类似品等，应扣除其包装容器的重量；

2．使用不可分割包装材料和包装容器的货物，按货物的净重填报（即包括内层直接包装的净重重量），如采用供零售包装的酒、罐头、化妆品及类似品等；

3．按照商业惯例以公量重计价的商品，应按公量重填报，如未脱脂羊毛、羊毛条等；

4．采用以毛重作为净重计价的货物，可按毛重填报，如粮食、饲料等价格较低的农副产品；

5．成套设备、减免税货物如需分批进口，货物实际进口时，应按照实际报验状态确定数量；

6．根据HS归类规则，零部件按整机归类的，法定第一数量填报“0.1”，有法定第二数量的，按照货物实际净重申报；

7．具有完整品或制成品基本特征的不完整品、未制成品，按照HS归类规则应按完整品归类的，申报数量按照构成完整品的实际数量申报。

（五）加工贸易等已备案的货物，成交计量单位必须与《加工贸易手册》中同项号下货物的计量单位一致，加工贸易边角料和副产品内销、边角料复出口，本栏目填报其报验状态的计量单位。

三十九、原产国（地区）/最终目的国（地区）

原产国（地区）指进口货物的生产、开采或加工制造国家（地区）。

最终目的国（地区）指已知的出口货物的最终实际消费、使用或进一步加工制造国家（地区）。

本栏目应按海关规定的《国别（地区）代码表》选择填报相应的国家（地区）名称或代码。

加工贸易报关单特殊情况填报要求如下：

（一）料件结转货物，出口报关单填报“中国”（代码0142），进口报关单填报原料件生产国。

（二）深加工结转货物，进出口报关单均填报“中国”（代码0142）。

（三）料件复运出境货物，填报实际最终目的国；加工出口成品因故退运境内的，填报“中国”（代码0142），复运出境时填报实际最终目的国。

（四）加工贸易转内销时，最终目的国（地区）需区分两种情况：

1．料件内销时，原产国（地区）按料件的生产国（即料件进口时的原产国）填报；

2．加工成品转内销时，填报“中国”（代码0142）。

（五）料件内销货物，属加工成品、半成品、残次品、副产品状态内销的，进口报关单本栏目均填报“中国”（代码0142）。属剩余料件状态内销的，进口报关单填报原料件生产国。

四十、单价

本栏目应填报同一项号下进出口货物实际成交的商品单位价格。

海关估价时，应在H2000通关系统“海关单价”栏修改。

无实际成交价格的，本栏目填报货值。

四十一、总价

本栏目应填报同一项号下进出口货物实际成交的商品总价。

海关估价时，应在H2000通关系统“海关总价”栏修改。

无实际成交价格的，本栏目填报货值。

四十二、币制

指进出口货物实际成交价格的币种。

本栏目应根据实际成交情况按海关规定的《货币代码表》选择填报相应的货币名称或代码，如《货币代码表》中无实际成交币种，需转换后填报。

四十三、征免

指海关对进出口货物进行征税、减税、免税或特案处理的实际操作方式。

本栏目应按照海关核发的《征免税证明》或有关政策规定，对报关单所列每项商品选择填报海关规定的《征减免税方式代码表》中相应的征减免税方式。

加工贸易报关单应根据《加工贸易手册》中备案的征免规定填报。

《加工贸易手册》中备案的征免规定为“保金”或“保函”的，不能按备案的征免规定填报，而应填报“全免”。

四十四、税费征收情况

本栏目供海关批注进（出）口货物税费征收及减免情况。

四十五、录入员

本栏目用于记录预录入操作人员的姓名并打印。

四十六、录入单位

本栏目用于记录并打印电子数据报关单的录入单位名称。

四十七、填制日期

指报关单的填制日期。电子数据报关单的填制日期由计算机自动打印。

（一）在 H883/EDI 通关系统中，本栏目为 6 位数，顺序为年、月、日各 2 位。

（二）在 H2000 通关系统中，本栏目为 8 位数字，顺序为年（4 位）、月（2 位）、日（2 位）。

四十八、海关审单批注栏

本栏目指供海关内部作业时签注的总栏目，由海关关员手工填写在预录入报关单上。

其中“放行”栏填写海关对接受申报的进出口货物作出放行决定的日期。

本规范所述尖括号（〈〉）、逗号（,）、连接符（-）、冒号（:）等标点符号及数字都必须使用非中文状态下的半角字符。

（二）海关总署关于优惠贸易协定项下进口货物的报关单填制规范公告

［2005］69 号

为保证优惠贸易协定项下进口货物顺利通关，根据 2006 年《中华人民共和国进出口税则》，现将优惠贸易协定项下进口货物的报关单填制规范公告如下：

一、报关单填制规范中的“原产地证书代码”和“优惠贸易协定代码”

“原产地证书代码”为“Y”。

“优惠贸易协定代码”目前为：“01”、“02”、“03”、“04”、“05”、“06”、“07”、“08”。

填制要求：

属于“亚太贸易协定”项下的进口货物填“01”；

属于“中国－东盟自贸区”项下的进口货物填“02”；

属于“内地与香港紧密经贸关系安排”（香港 CEPA）项下的进口货物填“03”；

属于“内地与澳门紧密经贸关系安排”（澳门 CEPA）项下的进口货物填“04”；

属于“对非洲特惠待遇”项下的进口货物填“05”；

属于“台湾水果零关税措施”项下的进口货物填“06”；

属于“中巴自贸区”项下的进口货物填“07”；

属于“中智自贸区”项下的进口货物填“08”。

二、实行原产地证书联网管理的具体填制要求

（一）“备案号”栏：填写“Y”＋原产地证书编号。香港、澳门 CEPA 项下进口报关单填写“Y”＋11 位原产地证书编号。

（二）“随附单据”栏：使用海关 H2000 通关系统申报的，在本栏随附单证代码项下填写“Y”，在随附单证编号项下的“< >”内填写“优惠贸易协定代码”。使用海关 H883/EDI 通关系统申报的，此栏不填报原产地证书相关内容。

（三）“备注”栏：使用海关 H883/EDI 通关系统申报的，填写“<”＋“协”＋“优惠贸易协定代码”＋“>”。例如香港 CEPA 项下进口报关单应填为：“<协 03>”。使用海关 H2000 通关系统申报的，此栏不填报原产地证书相关内容。

（四）“项号”栏：分两行填写。第一行填写报关单中商品排列序号，第二行填写对应的原产地证书上的“商品项号”。

三、未实行原产地证书联网管理的具体填制要求

（一）“备案号”栏：未实行原产地证书联网管理的货物本栏目免予填报。

（二）“随附单据”栏：使用海关 H2000 通关系统申报的，在报关单“随附单据”栏随附单证代码项下填写“Y”，在随附单证编号项下“< >”内填写“优惠贸易协定代码”＋“:”＋“需证商品序号”。例如《亚太贸易协定》项下进口报关单中第 1 到第 3 项和第 5 项为优惠贸易协定项下商品，应填为：“<01：1－3，5>”。使用海关 H883/EDI 通关系统申报的，此栏不填报原产地证书相关内容。

（三）“备注”栏：使用海关H883/EDI通关系统申报的，在报关单“备注”栏中填“<”＋“协”＋“优惠贸易协定代码”＋“:”＋“需证商品序号”＋“>”。例如《亚太贸易协定》项下进口报关单中第1项到第3项和第5项为优惠贸易协定项下商品，应填为：“<协01：1－3，5>”。使用海关H2000通关系统申报的，此栏不填报原产地证书相关内容。

四、其他填制要求

（一）一份原产地证书只能对应一份报关单。同一份报关单上的商品不能同时享受协定税率和减免税。

（二）在一票进口货物中，对于实行原产地证书联网管理的，如涉及多份原产地证书或含非原产地证书商品，应分单填报。

（三）原产地证书实行“一批一证”，不能重复使用和逐次扣减。

（四）报关单上申报商品的计量单位必须与原产地证书上对应商品的计量单位一致。（五）上述所有尖括号“< >”、逗号“,”、连接符“－”及数字都必须使用非中文状态下的半角字符。

（六）其他栏目填制要求，仍按海关总署2004年第34号公告《中华人民共和国海关进出口货物报关单填制规范》填制。

五、本公告中“优惠贸易协定”的具体名称如下：

（一）“亚太贸易协定”是指《曼谷协定》，《曼谷协定》第一届部长级理事会上正式更名为《亚太贸易协定》。

（二）“中国－东盟自贸区”是指《中国—东盟全面经济合作框架协议货物贸易协议》。

（三）“内地与香港紧密经贸关系安排”是指《内地与香港关于建立更紧密经贸关系的安排》。

（四）“内地与澳门紧密经贸关系安排”是指《内地与澳门关于建立更紧密经贸关系的安排》。

（五）“对非洲特惠待遇”是指中国给予非洲最不发达国家部分输华商品免关税待遇。

（六）“台湾水果零关税措施”是指自2005年8月1日起对原产于台湾地区的15种进口鲜水果实施零关税的措施。

（七）“中巴自贸区”是指《中国—巴基斯坦关于自由贸易协定早期收获计划的协议》。

（八）“中智自贸区”是指《中国－智利自由贸易协定》。

本公告自2006年1月1日起执行，2003年12月18日海关总署发布的2003年第72号公告同时废止。

特此公告。

2005年12月31日

海关通关系统常用代码表及说明

（一）海关通关系统常用代码表

监管方式代码表

监管方式代码	监管方式简称	监管方式全称
0110	一般贸易	一般贸易
0130	易货贸易	易货贸易
0139	旅游购物商品	用于旅游者五万美元以下的出口小批量订货
0200	料件放弃	主动放弃交由海关处理的来料或进料加工料件
0214	来料加工	来料加工装配贸易进口料件及加工出口货物
0245	来料料件内销	来料加工料件转内销
0255	来料深加工	来料深加工结转货物
0258	来料余料结转	来料加工余料结转
0265	来料料件复出	来料加工复运出境的原进口料件
0300	来料料件退换	来料加工料件退换
0314	加工专用油	国营贸易企业代理来料加工企业进口柴油
0320	不作价设备	加工贸易外商提供的不作价进口设备
0345	来料成品减免	来料加工成品凭征免税证明转减免税
0400	成品放弃	主动放弃交由海关处理的来料及进料加工成品
0420	加工贸易设备	加工贸易项下外商提供的进口设备
0444	保区进料成品	按成品征税的保税区进料加工成品转内销货物
0445	保区来料成品	按成品征税的保税区来料加工成品转内销货物
0446	加工设备内销	加工贸易免税进口设备转内销
0456	加工设备结转	加工贸易免税进口设备结转
0466	加工设备退运	加工贸易免税进口设备退运出境
0500	减免设备结转	用于监管年限内减免税设备的结转

监管方式代码	监管方式简称	监管方式全称
0513	补偿贸易	补偿贸易
0544	保区进料料件	按料件征税的保税区进料加工成品转内销货物
0545	保区来料料件	按料件征税的保税区来料加工成品转内销货物
0615	进料对口	进料加工（对口合同）
0642	进料以产顶进	进料加工成品以产顶进
0644	进料料件内销	进料加工料件转内销
0654	进料深加工	进料深加工结转货物
0657	进料余料结转	进料加工余料结转
0664	进料料件复出	进料加工复运出境的原进口料件
0700	进料料件退换	进料加工料件退换
0715	进料非对口	进料加工（非对口合同）
0744	进料成品减免	进料加工成品凭征免税证明转减免税
0815	低值辅料	低值辅料
0844	进料边角料内销	进料加工项下边角料转内销
0845	来料边角料内销	来料加工项下边角料内销
0864	进料边角料复出	进料加工项下边角料复出口
0865	来料边角料复出	来料加工项下边角料复出口
1139	国轮油物料	中国籍运输工具境内添加的保税油料、物料
1200	保税间货物	海关保税场所及保税区域之间往来的货物
1215	保税工厂	保税工厂
1233	保税仓库货物	保税仓库进出境货物
1234	保税区仓储转口	保税区进出境仓储转口货物
1300	修理物品	进出境修理物品
1427	出料加工	出料加工
1500	租赁不满一年	租期不满一年的租赁贸易货物
1523	租赁贸易	租期在一年及以上的租赁贸易货物
1616	寄售代销	寄售、代销贸易
1741	免税品	免税品
1831	外汇商品	免税外汇商品
2025	合资合作设备	合资合作企业作为投资进口设备物品
2225	外资设备物品	外资企业作为投资进口的设备物品
2400	外航公务货	外国航空公司进口公务货
2439	常驻机构公用	外国常驻机构进口办公用品
2600	暂时进出货物	暂时进出口货物
2700	展览品	进出境展览品

监管方式代码	监管方式简称	监管方式全称
2939	陈列样品	驻华商业机构不复运出口的进口陈列样品
3010	货样广告品 A	有经营权单位进出口的货样广告品
3039	货样广告品 B	无经营权单位进出口的货样广告品
3100	无代价抵偿	无代价抵偿进出口货物
3339	其他进出口免费	其他进出口免费提供货物
3410	承包工程进口	对外承包工程进口物资
3422	对外承包出口	对外承包工程出口物资
3511	援助物资	国家和国际组织无偿援助物资
3612	捐赠物资	进出口捐赠物资
4019	边境小额	边境小额贸易（边民互市贸易除外）
4039	对台小额	对台小额贸易
4200	驻外机构运回	我驻外机构运回旧公用物品
4239	驻外机构购进	我驻外机构境外购买运回国的公务用品
4400	来料成品退换	来料加工成品退换
4500	直接退运	直接退运
4539	进口溢误卸	进口溢卸、误卸货物
4561	退运货物	因质量不符、延误交货等原因退运进出境货物
4600	进料成品退换	进料成品退换
5000	料件进出区	用于区内外非实际进出境货物
5015	区内加工货物	加工区内企业从境外进口料件及加工出口成品
5033	区内仓储货物	加工区内仓储企业从境外进口的货物
5100	成品进出区	用于区内外非实际进出境货物
5200	区内边角调出	用于区内外非实际进出境货物
5300	设备进出区	用于区内外非实际进出境货物
5335	境外设备进区	加工区内企业从境外进口的设备物资
5361	区内设备退运	加工区内设备退运境外
6033	物流中心进出境货物	保税物流中心与境外之间进出仓储货物
9639	海关处理货物	海关变卖处理的超期未报货物，走私违规货物
9700	后续补税	无原始报关单的后续补税
9739	其他贸易	其他贸易
9800	租赁征税	租赁期一年及以上的租赁贸易货物的租金
9839	留赠转卖物品	外交机构转售境内或国际活动留赠放弃特批货
9900	其他	其他

征免性质代码表

征免性质代码	征免性质简称	征免性质全称
101	一般征税	一般征税进出口货物
118	整车征税	构成整车特征的汽车零部件纳税
119	零部件征税	不构成整车特征的汽车零部件纳税
201	无偿援助	无偿援助进出口物资
299	其他法定	其他法定减免税进出口货物
301	特定区域	特定区域进口自用物资及出口货物
307	保税区	保税区进口自用物资
399	其他地区	其他执行特殊政策地区出口货物
401	科教用品	大专院校及科研机构进口科教用品
403	技术改造	企业技术改造进口货物
406	重大项目	国家重大项目进口货物
412	基础设施	通信、港口、铁路、公路、机场建设进口设备
413	残疾人	残疾人组织和企业进出口货物
417	远洋渔业	远洋渔业自捕水产品
418	国产化	国家定点生产小轿车和摄录机企业进口散件
419	整车特征	构成整车特征的汽车零部件进口
420	远洋船舶	远洋船舶及设备部件
421	内销设备	内销远洋船用设备及关键部件
422	集成电路	集成电路生产企业进口货物
499	ITA 产品	非全税号信息技术产品
501	加工设备	加工贸易外商提供的不作价进口设备
502	来料加工	来料加工装配和补偿贸易进口料件及出口成品
503	进料加工	进料加工贸易进口料件及出口成品
506	边境小额	边境小额贸易进口货物
510	港澳 OPA	港澳在内地加工的纺织品获证出口
601	中外合资	中外合资经营企业进出口货物
602	中外合作	中外合作经营企业进出口货物
603	外资企业	外商独资企业进出口货物
606	海上石油	勘探、开发海上石油进口货物
608	陆地石油	勘探、开发陆地石油进口货物
609	贷款项目	利用贷款进口货物
611	贷款中标	国际金融组织贷款、外国政府贷款中标机电设备零部件
789	鼓励项目	国家鼓励发展的内外资项目进口设备
799	自有资金	外商投资额度外利用自有资金进口设备、备件、配件
801	救灾捐赠	救灾捐赠进口物资
802	扶贫慈善	境外向我境内无偿捐赠用于扶贫慈善的免税进口物资
898	国批减免	国务院特准减免税的进出口货物
998	内部暂定	享受内部暂定税率的进出口货物
999	例外减免	例外减免税进出口货物

征减免税方式代码表

征减免税方式代码	征减免税方式名称
1	照章征税
2	折半征税
3	全免
4	特案
5	随征免性质
6	保证金
7	保函
8	折半补税
9	全额退税

运输方式代码表

运输方式代码	运输方式名称
0	非保税区
1	监管仓库
2	江海运输
3	铁路运输
4	汽车运输
5	航空运输
6	邮件运输
7	保税区
8	保税仓库
9	其他运输
A	全部运输方式
W	物流中心
X	物流园区
Y	保税港区
Z	出口加工

关区代码表

关区代码	关区简称	关区代码	关区简称	关区代码	关区简称
0000	**海关总署**	0211	津加工区	**0800**	**沈阳关区**
0100	**北京关区**	0212	津物流园	0801	沈阳海关
0101	机场单证	0220	津关税处	0802	锦州海关
0102	京监管处	**0400**	**石家庄区**	0803	沈驻邮办
0103	京关展览	0401	石家庄关	0804	沈驻抚顺
0104	京 一 处	0402	秦皇岛关	0805	沈开发区
0105	京 二 处	0403	唐山海关	0806	沈驻辽阳
0106	京关关税	0404	廊坊海关	0807	沈机场办
0107	机场库区	0405	保定海关	0808	沈集装箱
0108	京通关处	0406	石关邯办	0809	沈阳东站
0109	机场旅检	0407	秦加工区	0810	葫芦岛关
0110	平谷海关	0408	沧州海关	**0900**	**大连海关**
0111	京五里店	**0500**	**太原海关**	0901	大连港湾
0112	京邮办处	0501	并关监管	0902	大连机场
0113	京中关村	0502	并机场关	0903	连开发区
0114	京国际局	0503	大同海关	0904	连加工区
0115	京东郊站	0504	侯马海关	0905	开北良办
0116	京　　信	**0600**	**满洲里关**	0906	连保税区
0117	京开发区	0601	海拉尔关	0907	连物流园
0118	十八里店	0602	额尔古纳	0908	连大窑湾
0119	机场物流	0603	满十八里	0909	大连邮办
0121	京调查局	0604	满赤峰办	0930	丹东海关
0123	机场调技	0605	满通辽办	0931	丹本溪办
0124	北京站	0606	满哈沙特	0932	丹太平湾
0125	西客站	0607	满室韦	0940	营口海关
0126	京加工区	0608	满互贸区	0941	营盘锦办
0127	京快件	0609	满铁路	0950	鲅鱼圈关
0128	京顺义办	0610	满市区	0960	大东港关
0200	**天津关区**	**0700**	**呼特关区**	0980	鞍山海关
0201	天津海关	0701	呼和浩特	**1500**	**长春关区**
0202	新港海关	0702	二连海关	1501	长春海关
0203	津开发区	0703	包头海关	1502	长开发区
0204	东港海关	0704	呼关邮办	1503	长白海关
0205	津塘沽办	0705	二连公路	1504	临江海关
0206	津驻邮办	0706	包头箱站	1505	图们海关
0207	津机场办	0707	策克口岸	1506	集安海关
0208	津保税区	0708	毛道口岸	1507	珲春海关
0209	蓟县海关	0709	满达口岸	1508	吉林海关
0210	武清海关	0710	珠恩口岸	1509	延吉海关

关区代码	关区简称	关区代码	关区简称	关区代码	关区简称
1511	长春机办	1920	哈开发区	2236	洋山芦潮
1515	图们车办	1922	哈关邮办	2237	松江 B 区
1516	集海关村	1923	哈关车办	2238	青浦加工
1517	珲长岭子	1924	哈关机办	2239	闵行加工
1518	吉关车办	1925	绥关公路	2240	漕河泾加
1519	延吉三合	**2200**	**上海海关**	2241	沪业一处
1521	一汽场站	2201	浦江海关	2242	沪业二处
1525	图们桥办	2202	吴淞海关	2243	沪业三处
1526	集安青石	2203	沪机场关	2244	上海快件
1527	珲春圈河	2204	闵开发区	2245	沪金桥办
1529	延吉南坪	2205	沪车站办	2246	保税物流
1531	长春东站	2206	沪邮局办	2247	沪化工区
1537	珲沙坨子	2207	沪稽查处	2248	洋山港区
1539	延开山屯	2208	宝山海关	2249	洋山保税
1547	珲加工区	2209	龙吴海关	**2300**	**南京海关**
1549	延古城里	2210	浦东海关	2301	连云港关
1559	延吉邮办	2211	卢湾监管	2302	南通海关
1591	长春邮办	2212	奉贤海关	2303	苏州海关
1593	长白邮办	2213	莘庄海关	2304	无锡海关
1595	图们邮办	2214	漕河泾发	2305	张家港关
1596	集安邮办	2215	虹桥开发	2306	常州海关
1900	**哈尔滨区**	2216	沪金山办	2307	镇江海关
1901	哈尔滨关	2217	嘉定海关	2308	新生圩关
1902	绥关铁路	2218	外高桥关	2309	盐城海关
1903	黑河海关	2219	杨浦监管	2310	扬州海关
1904	同江海关	2220	金山海关	2311	徐州海关
1905	佳木斯关	2221	松江海关	2312	江阴海关
1906	牡丹江关	2222	青浦海关	2313	张保税区
1907	东宁海关	2223	南汇海关	2314	苏工业区
1908	逊克海关	2224	崇明海关	2315	淮安海关
1909	齐齐哈尔	2225	外港海关	2316	泰州海关
1910	大庆海关	2226	贸易网点	2317	禄口机办
1911	密山海关	2227	普陀区站	2318	南京现场
1912	虎林海关	2228	长宁区站	2321	常溧阳办
1913	富锦海关	2229	航交办	2322	镇丹阳办
1914	抚远海关	2230	徐汇区站	2324	苏常熟办
1915	漠河海关	2231	洋山市内	2325	苏昆山办
1916	萝北海关	2232	船监管处	2326	苏吴江办
1917	嘉荫海关	2233	浦东机场	2327	苏太仓办
1918	饶河海关	2234	沪钻交所	2328	苏吴县办
1919	哈内陆港	2235	松江加工	2329	通启东办

关区代码	关区简称	关区代码	关区简称	关区代码	关区简称
2330	扬泰兴办	2936	温关乐办	3510	南平海关
2331	锡宜兴办	2941	舟关嵊办	3511	武夷山关
2332	锡锡山办	2951	台关临办	3513	福现业处
2333	南通关办	2961	绍关虞办	3518	福关鳌办
2335	昆山加工	2962	绍关诸办	3519	福关马港
2336	苏园加工	2981	嘉关乍办	**3700**	**厦门关区**
2337	连开发办	2982	嘉关善办	3701	厦门海关
2338	苏关邮办	2991	杭加工区	3702	泉州海关
2339	南通加工	**3100**	**宁波关区**	3703	漳州海关
2340	无锡加工	3101	宁波海关	3704	东山海关
2341	连关加工	3102	镇海海关	3705	石狮海关
2342	南京加工	3103	甬开发区	3706	龙岩海关
2343	宁南加工	3104	北仑海关	3707	厦肖厝关
2344	苏高加工	3105	甬保税区	3710	厦高崎办
2345	镇江加工	3106	大榭海关	3711	东渡海关
2346	苏园物流	3107	甬驻余办	3712	厦海沧办
2347	苏园 B 区	3108	甬驻慈办	3713	厦驻邮办
2348	张物流园	3109	甬机场办	3714	象屿保税
2349	宁关邮办	3110	象山海关	3715	机场海关
2900	**杭州关区**	3111	甬加工区	3716	厦同安办
2901	杭州海关	3112	甬物流区	3719	厦门加工
2903	温州海关	**3300**	**合肥海关**	3722	大嶝监管
2904	舟山海关	3301	芜湖海关	3777	厦稽查处
2905	台州海关	3302	安庆海关	3788	厦侦查局
2906	绍兴海关	3303	马鞍山关	**4000**	**南昌关区**
2907	湖州海关	3304	黄山海关	4001	南昌海关
2908	嘉兴海关	3305	蚌埠海关	4002	九江海关
2909	杭经开关	3306	铜陵海关	4003	赣州海关
2910	杭州机场	3307	阜阳海关	4004	景德镇关
2911	杭关邮办	3310	合肥现场	4005	吉安海关
2912	杭关萧办	3312	芜关加办	4006	昌北机办
2916	杭州快件	**3500**	**福州关区**	4007	洪关高新
2918	杭关余办	3501	马尾海关	4008	洪关龙南
2919	杭富阳办	3502	福清海关	**4200**	**青岛海关**
2920	金华海关	3503	宁德海关	4201	烟台海关
2921	金关义办	3504	三明海关	4202	日照海关
2931	温关邮办	3505	福保税区	4203	龙口海关
2932	温经开关	3506	莆田海关	4204	威海海关
2933	温关机办	3507	福关机办	4205	济南海关
2934	温关鳌办	3508	福榕通办	4206	潍坊海关
2935	温关瑞办	3509	福关邮办	4207	淄博海关

关区代码	关区简称	关区代码	关区简称	关区代码	关区简称
4209	荣成海关	4600	郑州关区	5107	肇庆封开
4210	青保税区	4601	郑州海关	5108	肇庆德庆
4211	济宁海关	4602	洛阳海关	5109	新风窖心
4212	泰安海关	4603	南阳海关	5110	南海海关
4213	临沂海关	4604	郑州机办	5111	南海官窑
4214	青前湾港	4605	郑州邮办	5112	南海九江
4215	青菏泽办	4606	郑铁东办	5113	南海北村
4216	东营海关	4607	郑安阳办	5114	南海平洲
4217	青枣庄办	4608	郑加工区	5116	南海业务
4218	青开发区	4609	郑关商办	5117	桂江车场
4219	蓬莱海关	4610	周口海关	5118	平洲旅检
4220	青机场关	**4700**	**武汉海关**	5119	南海三山
4221	烟机场办	4701	宜昌海关	5120	广州内港
4222	莱州海关	4702	荆州海关	5121	内港芳村
4223	青邮局办	4703	襄樊海关	5122	内港洲嘴
4224	龙长岛办	4704	黄石海关	5123	内港四仓
4225	威开发区	4705	武汉沌口	5125	从化海关
4226	青聊城办	4706	宜三峡办	5126	内港赤航
4227	青岛大港	4707	鄂加工区	5130	广州萝岗
4228	烟关快件	4708	武关江办	5131	花都海关
4229	德州海关	4710	武关货管	5132	花都码头
4230	青物流园	4711	武关江岸	5133	萝岗石牌
4231	烟开发区	4712	武关机场	5134	穗保税处
4232	日岚山办	4713	武关邮办	5135	穗稽查处
4233	济机场办	4716	十堰海关	5136	穗统计处
4234	济加工区	**4900**	**长沙关区**	5137	穗价格处
4235	济邮局办	4901	衡阳海关	5138	穗调查局
4236	荣龙眼办	4902	岳阳海关	5139	穗监管处
4237	济通关处	4903	衡关郴办	5140	穗关税处
4238	威海快件	4904	常德海关	5141	广州机场
4239	潍诸城办	4905	长沙海关	5142	民航快件
4240	青保税处	4906	株洲海关	5143	广州车站
4241	烟加工区	4907	韶山海关	5144	穗州头咀
4242	威加工区	4908	湘关机办	5145	广州邮办
4243	济曲阜办	**5000**	**广东分署**	5146	穗交易会
4244	青滨州办	**5100**	**广州海关**	5147	穗邮办监
4245	烟台邮办	5101	广州新风	5148	穗大郎站
4246	青加工区	5103	清远海关	5149	大铲海关
4247	威机场办	5104	清远英德	5150	顺德海关
4248	青莱芜办	5105	新风白云	5151	顺德保税
4249	潍加工区	5106	小虎码头	5152	顺德食出

关区代码	关区简称	关区代码	关区简称	关区代码	关区简称
5153	顺德车场	5197	机场旅检	5323	深审单处
5154	北窖车场	5198	穗河源关	5324	深审价办
5155	顺德旅检	5199	穗技术处	5325	深关税处
5158	顺德勒流	**5200**	**黄埔关区**	5326	深数统处
5160	番禺海关	5201	埔老港办	5327	深法规处
5161	沙湾车场	5202	埔新港办	5328	深规范处
5162	番禺旅检	5203	新塘海关	5329	深保税处
5163	番禺货柜	5204	东莞海关	5330	盐保税关
5164	番禺船舶	5205	太平海关	5331	三门岛办
5165	南沙旅检	5206	惠州海关	5332	深财务处
5166	南沙新港	5207	凤岗海关	5333	深侦查局
5167	南沙货港	5208	埔开发区	5334	深稽查处
5168	番禺保税	5210	埔红海办	5335	深技术处
5169	番禺东发	5211	河源海关	5336	深办公室
5170	肇庆海关	5212	新沙海关	5337	大亚湾核
5171	肇庆高要	5213	埔长安办	5338	惠州港关
5172	肇庆车场	5214	常平办事处	5339	深加工区
5173	肇庆保税	5216	沙田办	5340	深关特办
5174	肇庆旅检	**5300**	**深圳海关**	5341	深惠州关
5175	肇庆码头	5301	皇岗海关	5342	深红海办
5176	肇庆四会	5302	罗湖海关	**5700**	**拱北关区**
5177	肇庆三榕	5303	沙头角关	5701	拱稽查处
5178	云浮海关	5304	蛇口海关	5710	拱关闸办
5179	罗定海关	5305	深关现场	5720	中山海关
5180	佛山海关	5306	笋岗海关	5721	中山港
5181	高明海关	5307	南头海关	5724	中石岐办
5182	佛山澜石	5308	沙湾海关	5725	坦洲货场
5183	三水码头	5309	布吉海关	5727	中小揽办
5184	佛山窖口	5310	淡水办	5728	神湾办
5185	佛山快件	5311	深关车站	5730	拱香洲办
5186	佛山保税	5312	深监管处	5740	湾仔海关
5187	佛山车场	5313	深调查局	5741	湾仔船舶
5188	佛山火车	5314	深关邮办	5750	九洲海关
5189	佛山新港	5315	惠东海关	5760	拱白石办
5190	韶关海关	5316	大鹏海关	5770	斗门海关
5191	韶关乐昌	5317	深关机场	5771	斗井岸办
5192	三水海关	5318	梅林海关	5772	斗平沙办
5193	三水车场	5319	同乐海关	5780	高栏海关
5194	三水港	5320	文锦渡关	5790	拱监管处
5195	审单中心	5321	福保税关	5792	拱保税区
5196	云浮六都	5322	沙保税关	5793	万山海关

关区代码	关区简称	关区代码	关区简称	关区代码	关区简称
5795	横琴海关	6705	湛江水东	7206	防城海关
5798	拱行监邮	6706	湛江吴川	7207	东兴海关
5799	拱行监处	6707	湛江廉江	7208	凭祥海关
6000	**汕头海关**	6708	湛江高州	7209	贵港海关
6001	汕关货一	6709	湛江信宜	7210	水口海关
6002	汕关货二	6710	东海岛组	7211	龙邦海关
6003	汕关行邮	6711	霞山海关	7212	钦州海关
6004	汕关机场	6712	湛江霞海	7213	桂林机办
6006	汕关保税	6713	湛江机场	7214	北海加工
6007	汕关业务	**6800**	**江门关区**	**7900**	**成都关区**
6008	汕保税区	6810	江门海关	7901	成都海关
6009	汕关邮包	6811	江门高沙	7902	成关机办
6011	榕城海关	6812	江门外海	7903	乐山海关
6012	汕关普宁	6813	江门旅检	7904	攀枝花关
6013	外砂海关	6816	江门车场	7905	绵阳海关
6014	广澳海关	6817	江门保税	7906	成关邮办
6015	南澳海关	6820	新会海关	7907	成都自贡
6018	汕关惠来	6821	新会港	7908	成都加工
6019	汕关联成	6827	新会稽查	7909	公路场站
6020	汕关港口	6830	台山海关	7910	非邮快件
6021	潮州海关	6831	台公益港	7911	泸州办
6022	饶平海关	6837	台山稽查	**8000**	**重庆关区**
6028	潮阳海关	6840	三埠海关	8001	重庆海关
6031	汕尾海关	6841	三埠码头	8002	南坪开发
6032	汕关海城	6847	二埠稽查	8003	重庆机办
6033	汕关陆丰	6850	恩平海关	8004	重庆邮办
6041	梅州海关	6851	恩平港	8005	万州海关
6042	梅州兴宁	6857	恩平稽查	8006	重庆东站
6400	**海口关区**	6860	鹤山海关	8007	九龙坡港
6401	海口海关	6861	鹤山码头	8008	渝加工区
6402	三亚海关	6867	鹤山稽查	**8300**	**贵阳海关**
6403	八所海关	6870	阳江海关	8301	贵阳总关
6404	洋浦海关	6871	阳江港	8302	贵关机办
6405	海保税区	6872	阳江车场	**8600**	**昆明关区**
6406	清澜海关	6877	阳江稽查	8601	昆明海关
6407	美兰机场	**7200**	**南宁关区**	8602	畹町海关
6700	**湛江关区**	7201	南宁海关	8603	瑞丽海关
6701	湛江海关	7202	北海海关	8604	章凤海关
6702	茂名海关	7203	梧州海关	8605	盈江海关
6703	徐闻海关	7204	桂林海关	8606	孟连海关
6704	湛江南油	7205	柳州海关	8607	南伞海关

关区代码	关区简称
8608	孟定海关
8609	打洛海关
8610	腾冲海关
8611	沧源海关
8612	勐腊海关
8613	河口海关
8614	金水河关
8615	天保海关
8616	田蓬海关
8617	大理海关
8618	芒市海关
8619	保山监管
8620	昆明机场
8621	昆明邮办
8622	西双版纳
8623	昆丽江办
8624	思茅海关
8626	六库监管
8800	**拉萨海关**
8801	聂拉木关
8802	日喀则关
8803	狮泉河关
8804	拉萨机办
8805	拉萨现场
9000	**西安关区**
9001	西安海关
9002	咸阳机场
9003	宝鸡海关
9004	西关邮办
9005	西安加工
9400	**乌关区**
9401	乌鲁木齐
9402	霍尔果斯
9403	吐尔尕特
9404	阿拉山口
9405	塔城海关
9406	伊宁海关
9407	吉木乃办
9408	喀什海关
9409	红其拉甫
9410	阿勒泰关
9411	塔克什肯
9412	乌拉斯太
9413	老爷庙
9414	红山嘴
9415	伊尔克什
9416	库尔勒办
9417	乌机场关
9418	乌加工区
9500	**兰州关区**
9501	兰州海关
9505	天水监管
9600	**银川海关**
9601	银川现场
9700	**西宁关区**
9701	西宁海关

国内地区代码表

国内地区代码	国内地区名称	国内地区性质标记	国内地区代码	国内地区名称	国内地区性质标记
11019	东城区	9	12099	大港区	2
11029	西城区	9	12109	东丽区	2
11039	崇文区	9	12119	西青区	2
11049	宣武区	9	12129	津南区	2
11053	北京电子城科技园区	B	12139	北辰区	2
11059	朝阳区	9	12149	宁河县	2
11063	北京丰台科技园区	B	12159	武清县	2
11069	丰台区	9	12169	静海县	2
11079	石景山	9	12179	宝坻县	2
11083	北京海淀科技园区	B	12189	蓟县	2
11089	海淀区其他	9	12909	天津其他	2
11099	门头沟	9	13013	石家庄高新技术产业开发区	B
11109	房山	9	13019	石家庄其他	2
11115	北京天竺出口加工区		13029	唐山	
11119	顺义	9	13032	秦皇岛经济技术开发区	3
11123	北京昌平科技园区	B	13035	秦皇岛出口加工区	2
11129	昌平	9	13039	秦皇岛其他	2
11132	北京经济技术开发区	3	13049	邯郸	
11133	北京亦庄科技园区	B	13059	邢台	
11139	大兴其他	9	13063	保定高新技术产业开发区	B
11149	通县	9	13069	保定其他	
11159	怀柔	9	13079	张家口	
11169	平谷	9	13089	承德	
11179	延庆	9	13099	沧州	
11189	密云	9	13109	廊坊	
11909	北京其他	9	13119	衡水	
12019	和平区	2	13129	武安	
12029	河东区	2	13909	河北其他	
12039	河西区	2	14012	山西太原经济技术开发区	3
12043	天津新技术产业园区	B	14013	太原高新技术产业开发区	B
12049	南开区其他	2	14019	太原其他	2
12059	河北区	2	14029	大同	
12069	红桥区	2	14039	阳泉	
12072	天津经济技术开发区	3	14049	长治	
12074	天津港保税区	A	14059	晋城	
12075	天津出口加工区		14069	朔州	
12077	天津保税物流园区	2	14079	雁北	
12079	塘沽区其他	2	14089	忻州	
12089	汉沽区	2	14099	吕梁	

国内地区代码	国内地区名称	国内地区性质标记	国内地区代码	国内地区名称	国内地区性质标记
14109	晋中		21129	铁岭	
14119	临汾		21139	朝阳	
14129	运城		21149	葫芦岛	
14139	古交		21159	瓦房店	
14909	山西其他		21169	海城	
15019	呼和浩特	2	21179	兴城	
15023	包头高新技术产业开发区	B	21189	铁法	
15029	包头其他		21199	北票	
15039	乌海		21209	开源	
15049	赤峰		21909	辽宁其他	
15059	二连	2	22012	长春经济技术开发区	3
15069	满洲里	2	22013	长春南湖－南岭新技术园区	B
15079	呼伦贝尔盟		22019	长春其他	2
15089	哲里木盟		22023	吉林高新技术产业开发区	B
15099	兴安盟		22029	吉林其他	
15109	乌兰察布盟		22039	四平	
15119	巴彦淖尔盟		22049	辽源	
15129	伊克昭盟		22059	通化	
15139	阿拉善盟		22069	白山	
15149	锡林郭勒盟		22075	吉林珲春出口加工区	
15909	内蒙古其他		22079	珲春	2
21012	沈阳经济技术开发区	3	22089	图们	
21013	沈阳南湖科技开发区	B	22099	白城	
21019	沈阳其他		22109	延边	
21022	大连经济技术开发区	3	22119	公主岭	
21023	大连高新技术产业园区	B	22129	梅河口	
21024	大连大窑湾保税区	A	22139	集安	
21025	辽宁大连出口加工区		22149	桦甸	
21027	大连保税物流园区	2	22159	九台	
21029	大连其他	2	22169	蛟河	
21033	鞍山高新技术产业开发区	B	22179	松原	
21039	鞍山其他		22909	吉林其他	
21049	抚顺		23012	哈尔滨经济技术开发区	3
21059	本溪		23013	哈尔滨高技术开发区	B
21069	丹东		23019	哈尔滨其他	2
21079	锦州		23029	齐齐哈尔	
21089	营口		23039	鸡西	
21099	阜新		23049	鹤岗	
21109	辽阳		23059	双鸭山	
21119	盘锦		23063	大庆高新技术产业开发区	B

国内地区代码	国内地区名称	国内地区性质标记	国内地区代码	国内地区名称	国内地区性质标记
23069	大庆其他		31199	金山	2
23079	伊春		31205	青浦出口加工区	2
23089	佳木斯		31209	青浦	2
23099	七台河		31219	崇明	2
23109	牡丹江		31222	上海浦东新区	3
23119	黑河	2	31224	上海外高桥保税区	A
23129	绥芬河	2	31225	上海金桥出口加工区（南区）	
23139	松花江		31227	上海保税物流园区	2
23149	绥化		31229	浦东其他	2
23159	大兴安岭		31909	上海其他	2
23169	阿城		32013	南京浦口高新技术外向开发区	B
23179	同江		32015	南京出口加工区	
23189	富锦		32019	南京其他	
23199	铁力		32023	无锡高新技术产业开发区	B
23209	密山		32025	无锡出口加工区	
23909	黑龙江其他		32029	无锡其他	
31019	黄浦	2	32039	徐州	
31029	南市	2	32043	常州高新技术产业开发区	B
31039	卢湾	2	32049	常州其他	
31043	上海漕河泾新兴技术开发区	B	32052	苏州工业园区	3
31049	徐汇其他	2	32053	苏州高新技术产业开发区	B
31052	上海经济技术开发区	3	32055	苏州工业园区加工区	
31059	长宁	2	32059	苏州其他	
31069	静安	2	32062	南通经济技术开发区	3
31079	普陀	2	32065	南通出口加工区	
31089	闸北	2	32069	南通其他	2
31099	虹口	2	32072	连云港经济技术开发区	3
31109	杨浦	2	32075	连云港出口加工区	2
31112	上海闵行经济技术开发区	2	32079	连云港其他	2
31115	漕河泾出口加工区	2	32089	淮阴	
31119	闵行其他	2	32099	盐城	
31129	宝山	2	32109	扬州	
31149	嘉定	2	32115	镇江出口加工区	
31159	川沙	2	32119	镇江	
31166	洋山保税港区	2	32129	泰州	
31169	南汇	2	32139	仪征	
31175	闵行出口加工区	2	32149	常熟	
31179	奉贤	2	32154	江苏张家港保税区	A
31185	上海松江出口加工区		52157	张家港保税物流园区	
31189	松江	2	32159	张家港其他	

国内地区代码	国内地区名称	国内地区性质标记	国内地区代码	国内地区名称	国内地区性质标记
32169	江阴		33209	慈溪	
32179	宿迁		33219	奉化	
32189	丹阳		33229	诸暨	
32199	东台		33239	黄岩	
32209	兴化		33909	浙江其他	
32219	淮安		34012	合肥经济技术开发区	3
32229	宜兴		34013	合肥科技工业园区	B
32235	江苏昆山出口加工区		34019	合肥其他	2
32239	昆山		34022	芜湖经济技术开发区	3
32249	启东		34025	芜湖出口加工区	
32259	吴江市		34029	芜湖其他	2
32269	太仓市		34039	蚌埠	
32909	江苏其他		34049	淮南	
33012	杭州经济技术开发区	3	34059	马鞍山	
33013	杭州高新技术产业开发区	B	34069	淮北	
33015	浙江杭州出口加工区		34079	铜陵	
33019	杭州其他		34089	安庆	
33022	宁波经济技术开发区	3	34099	黄山	
33024	宁波北仑港保税区	A	34109	阜阳	
33025	宁波出口加工区	2	34119	宿州	
33027	宁波保税物流园区	2	34129	滁州	
33029	宁波其他	2	34139	六安	
33032	温州经济技术开发区	3	34149	宣城	
33039	温州其他	2	34159	巢湖	
33049	嘉兴		34169	池州	
33059	湖州		34179	亳州	
33069	绍兴		34909	安徽其他	
33079	金华		35012	福州经济技术开发区	3
33089	衢州		35013	福州市科技园区	B
33099	舟山		35014	福建马尾保税区	A
33109	丽水		35019	福州其他	2
33119	台州		35021	厦门特区	1
33129	余姚		35023	厦门火炬高技术产业开发区	B
33139	海宁		35024	厦门象屿保税区	A
33149	兰溪		35025	厦门出口加工区	
33159	瑞安		35027	厦门象屿保税物流园区	1
33169	萧山		35029	厦门其他	2
33179	江山		35039	莆田	8
33189	义乌		35049	三明	
33199	东阳		35059	泉州	8

国内地区代码	国内地区名称	国内地区性质标记	国内地区代码	国内地区名称	国内地区性质标记
35069	漳州	8	37103	威海火炬高技术产业开发区	B
35079	南平	8	37105	山东威海出口加工区	
35089	宁德	8	37109	威海其他	
35099	龙岩	8	37119	日照	
35109	永安	8	37129	惠民	
35119	石狮	8	37139	德州	
35909	福建其他	8	37149	聊城	
36013	南昌高新技术产业开发区	B	37159	临沂	
36019	南昌其他	2	37169	菏泽	
36029	景德镇		37179	青州	
36039	萍乡		37189	龙口	
36049	九江	2	37199	曲阜	
36059	新余		37209	莱芜	
36069	鹰潭		37219	新泰	
36079	赣州		37229	胶州	
36089	宜春		37239	诸城	
36099	上饶		37249	莱阳	
36109	吉安		37259	滕州	
36119	抚州		37269	文登	
36129	瑞昌		37279	荣城	
36909	江西其他		37289	即墨	
37013	济南高技术产业开发区	B	37299	平度	
37019	济南其他		37909	山东其他	
37022	青岛经济技术开发区	3	41013	郑州高技术开发区	B
37023	青岛高新技术产业开区	B	41015	河南郑州出口加工区	
37024	青岛保税区	A	41019	郑州其他	2
37025	青岛出口加工区		41029	开封	
37027	青岛保税物流园区	2	41033	洛阳高新技术产业开发区	B
37029	青岛其他	2	41039	洛阳其他	
37033	淄博高新技术产业开发区	B	41049	平顶山	
37039	淄博		41059	安阳	
37049	枣庄		41069	鹤壁	
37059	东营		41079	新乡	
37062	烟台经济技术开发区	3	41089	焦作	
37065	山东烟台出口加工区		41099	濮阳	
37069	烟台其他	2	41109	许昌	
37073	潍坊高新技术产业开发区	B	41119	漯河	
37079	潍坊其他		41129	三门峡	
37089	济宁		41139	商丘	
37099	泰安		41149	周口	

国内地区代码	国内地区名称	国内地区性质标记	国内地区代码	国内地区名称	国内地区性质标记
41159	驻马店		43059	邵阳	
41169	南阳		43069	岳阳	2
41179	信阳		43079	常德	
41189	义马		43089	大庸	
41199	汝州		43099	益阳	
41209	济源		43109	娄底	
41219	禹州		43119	郴州	
41229	卫辉		43129	零陵	
41239	辉县		43139	怀化	
41249	泌阳		43149	湘西	
41909	河南其他		43159	醴陵	
42012	武汉经济技术开发区	3	43169	湘乡	
42013	武汉东湖新技术开发区	B	43179	来阳	
42015	湖北武汉出口加工区		43189	汨罗	
42019	武汉其他	2	43199	津市	
42029	黄石		43909	湖南其他	
42039	十堰		44012	广州经济技术开发区	3
42049	沙市		44013	广州天河高新技术产业开发区	B
42059	宜昌		44014	广州保税区	A
42063	襄樊高新技术产业开发区	B	44015	广东广州出口加工区	
42069	襄樊其他		44019	广州其他	2
42079	鄂州		44029	韶关	7
42089	荆门		44030	深圳特区	1
42099	黄冈		44031	深圳特区	1
42109	孝感		44033	深圳科技工业园区	B
42119	咸宁		44034	福田盐田沙头角保税区	A
42129	荆州		44035	广东深圳出口加工区	
42139	郧阳		44037	深圳盐田保税物流园区	1
42149	鄂西		44039	深圳其他	7
42159	随州		44041	珠海特区	1
42169	老河口		44043	珠海高新技术产业开发区	B
42179	枣阳		44044	珠海保税区	A
42189	神农架		44049	珠海其他	7
42909	湖北其他		44051	汕头特区	1
43013	长沙科技开发区	B	44054	汕头保税区	A
43019	长沙其他	2	44059	汕头其他	7
43023	株州高新技术产业开发区	B	44063	佛山高新技术产业开发区	B
43029	株州其他		44069	佛山其他	7
43039	湘潭		44079	江门	7
43049	衡阳		44082	湛江经济技术开发区	3

国内地区代码	国内地区名称	国内地区性质标记	国内地区代码	国内地区名称	国内地区性质标记
44089	湛江其他	2	46013	海南国际科技园区	B
44099	茂名	7	46014	海南海口保税区	A
44129	肇庆	7	46021	三亚	5
44133	惠州高新技术产业开发区	B	46901	海南其他	1
44139	惠州其他	7	46902	海南洋浦经济技术开发区	3
44149	梅州	7	50019	万州区	
44159	汕尾	7	50029	涪陵区	
44169	河源	7	50039	渝中区	
44179	阳江	7	50049	大渡口区	
44189	清远	7	50059	江北区	
44199	东莞	7	50069	沙坪坝区	
44203	中山火炬高技术产业开发区	B	50073	重庆高新技术产业开发区	B
44209	中山其他	7	50079	九龙坡区	
44219	潮州	7	50082	重庆经济技术开发区	3
44229	顺德	7	50089	南岸区	
44239	番禺	7	50099	北碚区	
44249	揭阳	7	50109	万盛区	
44289	南海	7	50119	双桥区	
44909	广东其他	7	50125	重庆出口加工区	
45013	南宁高新技术产业开发区	B	50129	渝北区	
45019	南宁其他	2	50139	巴南区	
45029	柳州		50219	长寿县	
45033	桂林高新技术产业开发区	B	50229	綦江县	
45039	桂林其他		50239	潼南县	
45049	梧州		50249	铜梁县	
45055	北海出口加工区		50259	大足县	
45059	北海	2	50269	荣昌县	
45069	玉林		50279	璧山县	
45079	百色		50289	梁平县	
45089	河池		50299	城口县	
45099	钦州		50309	丰都县	
45109	凭祥	2	50319	垫江县	
45119	东兴	2	50329	武隆县	
45129	防城港市		50339	忠县	
45139	贵港市		50349	开县	
45149	南宁地区		50359	云阳县	
45159	柳州地区		50369	奉节县	
45169	贺州地区		50379	巫山县	
45909	广西其他		50389	巫溪县	
46011	海口	1	50399	黔江土家族苗族自治县	

国内地区代码	国内地区名称	国内地区性质标记	国内地区代码	国内地区名称	国内地区性质标记
50409	石柱土家族自治县		52029	六盘山	
50419	秀山土家族苗族自治县		52039	遵义	
50429	酉阳土家族苗族自治县		52049	铜仁	
50439	彭水苗族土家族自治县		52059	黔西南	
50819	江津市		52069	毕节	
50829	合川市		52079	安顺	
50839	永川市		52089	黔东南	
50849	南川市		52099	黔南	
51012	成都经济技术开发区	3	52909	贵州其他	
51013	成都高新技术产业开发区	B	53013	昆明高新技术产业开发区	B
51015	四川成都出口加工区		53019	昆明其他	2
51019	成都其他	2	53029	东川	
51039	自贡		53039	昭通	
51049	攀枝花		53049	曲靖	
51059	泸州		53059	楚雄	
51069	德阳		53069	玉溪	
51073	绵阳高新技术产业开发区	B	53079	红河	
51079	绵阳其他		53089	文山	
51089	广元		53099	思茅	
51099	遂宁		53109	西双版纳	
51109	内江		53119	大理	
51119	乐山		53129	保山	
51149	宜宾		53139	德宏	
51159	南充		53149	丽江	
51169	达县		53159	怒江	
51179	雅安		53169	迪庆	
51189	阿坝		53179	临沧	
51199	甘孜		53189	畹町	2
51209	凉山		53199	瑞丽	2
51229	广汉		53209	河口	2
51239	江油		53909	云南其他	
51249	都江堰		54019	拉萨	6
51259	峨眉山		54029	昌都	6
51269	资阳		54039	山南	6
51279	眉山		54049	日喀则	6
51289	广安		54059	那曲	6
51299	巴中		54069	阿里	6
51909	四川其他		54079	林芝	6
52013	贵阳高新技术产业开发区	B	54909	西藏其他	6
52019	贵阳其他	2	61013	西安新技术产业开发区	B

国内地区代码	国内地区名称	国内地区性质标记	国内地区代码	国内地区名称	国内地区性质标记
61015	西安出口加工区		63049	黄南	
61019	西安其他	2	63059	海南	
61029	铜川		63069	果洛	
61033	宝鸡高新技术产业开发区	B	63079	玉树	
61039	宝鸡其他		63089	海西	
61049	咸阳		63909	青海其他	
61059	渭南		64012	银川经济技术开发区	3
61069	汉中		64019	银川	2
61079	安康		64029	石嘴山	
61089	商洛		64039	银南	
61099	延安		64049	固原	
61109	榆林		64059	宁夏回族自治区中卫市	
61909	陕西其他		64909	宁夏其他	
62013	兰州宁卧庄新技术产业园区	B	65012	乌鲁木齐经济技术开发区	3
62019	兰州其他	2	65013	乌鲁木齐高新技术产业开发区	B
62029	嘉峪关		65019	乌鲁木齐其他	2
62039	金昌		65029	克拉玛依	9
62049	白银		65039	博乐	2
62059	天水		65049	巴音	9
62069	酒泉		65059	阿克苏	9
62079	张掖		65069	克孜	9
62089	武威		65079	喀什	9
62099	定西		65089	和田	9
62109	陇南		65099	伊宁	2
62119	平凉		65109	塔城	2
62129	庆阳		65119	阿勒泰	9
62139	临夏		65122	石河子经济技术开发区	3
62149	甘南		65129	石河子	9
62909	甘肃其他		65219	吐鲁番	9
63012	西宁经济技术开发区	3	65229	哈密	9
63019	西宁	2	65239	昌吉回族自治州	9
63029	海东		65909	新疆其他	9
63039	海北				

结汇方式代码表

结汇方式代码	结汇方式名称	结汇方式代码	结汇方式名称
1	信　汇	6	信用证
2	电　汇	7	先出后结
3	票　汇	8	先结后出
4	付款交单	9	其　他
5	承兑交单		

监管证件代码表

监管证件代码	监管证件名称	监管证件代码	监管证件名称
1	进口许可证	J	金产品出口证或人总行进口批件
2	两用物项和技术进口许可证	O	自动进口许可证（新旧机电产品）
3	两用物项和技术出口许可证	P	固体废物进口许可证
4	出口许可证	Q	进口药品通关单
5	纺织品临时出口许可证	S	进出口农药登记证明
6	旧机电产品禁止进口	T	银行调运现钞进出境许可证
7	自动进口许可证	W	麻醉药品进出口准许证
8	禁止出口商品	X	有毒化学品环境管理放行通知单
9	禁止进口商品	Y	原产地证明
A	入境货物通关单	Z	进口音像制品批准单或节目提取单
B	出境货物通关单	e	关税配额外优惠税率进口棉花配额证
D	出/入境货物通关单（毛坯钻石用）	s	适用ITA税率的商品用途认定证明
E	濒危物种允许出口证明书	t	关税配额证明
F	濒危物种允许进口证明书	v	自动进口许可证（加工贸易）
G	易制毒化学品定向出口许可证	x	出口许可证（加工贸易）
H	港澳OPA纺织品证明	y	出口许可证（边境小额贸易）
I	精神药物进（出）口准许证		

用途代码表

用途代码	用途名称	用途代码	用途名称
01	外贸自营内销	07	收保证金
02	特区内销	08	免费提供
03	其他内销	09	作价提供
04	企业自用	10	货样，广告品
05	加工返销	11	其他
06	借用	13	以产顶进

货币代码表

货币代码	货币符号	货币名称	货币代码	货币符号	货币名称
110	HKD	港币	305	FRF	法国法郎
116	JPY	日本元	307	ITL	意大利里拉
121	MOP	澳门元	312	ESP	西班牙比赛塔
129	PHP	菲律宾比索	315	ATS	奥地利先令
132	SGD	新加坡元	318	FIM	芬兰马克
133	KRW	韩国圆	326	NOK	挪威克朗
136	THB	泰国铢	330	SEK	瑞典克朗
142	CNY	人民币	331	CHF	瑞士法郎
300	EUR	欧元	501	CAD	加拿大元
302	DKK	丹麦克朗	502	USD	美元
303	GBP	英镑	601	AUD	澳大利亚元
304	DEM	德国马克	609	NZD	新西兰元

计量单位代码表

计量单位代码	计量单位名称	计量单位代码	计量单位名称	计量单位代码	计量单位名称	计量单位代码	计量单位名称
001	台	033	立方米	067	英尺	120	箱
002	座	034	筒	070	吨	121	批
003	辆	035	千克	071	长吨	122	罐
004	艘	036	克	072	短吨	123	桶
005	架	037	盆	073	司马担	124	扎
006	套	038	万个	074	司马斤	125	包
007	个	039	具	075	斤	126	箩
008	只	040	百副	076	磅	127	打
009	头	041	百支	077	担	128	筐
010	张	042	百把	078	英担	129	罗
011	件	043	百个	079	短担	130	匹
012	支	044	百片	080	两	131	册
013	枝	045	刀	081	市担	132	本
014	根	046	疋	083	盎司	133	发
015	条	047	公担	084	克拉	134	枚
016	把	048	扇	085	市尺	135	捆
017	块	049	百枝	086	码	136	袋
018	卷	050	千只	088	英寸	139	粒
019	副	051	千块	089	寸	140	盒
020	片	052	千盒	095	升	141	合
021	组	053	千枝	096	毫升	142	瓶
022	份	054	千个	097	英加仑	143	千支
023	幅	055	亿支	098	美加仑	144	万双
025	双	056	亿个	099	立方英尺	145	万粒
026	对	057	万套	101	立方尺	146	千粒
027	棵	058	千张	110	平方码	147	千米
028	株	059	万张	111	平方英尺	148	千英尺
029	井	060	千伏安	112	平方尺	163	部
030	米	061	千瓦	115	英制马力		
031	盘	062	千瓦时	116	公制马力		
032	平方米	063	千升	118	令		

成交方式代码表

成交方式代码	成交方式名称
1	CIF
2	C&F
3	FOB
4	C&I
5	市场价
6	垫仓

国别（地区）代码表

国家（地区）代码	中文国家（地区）名称	英文国家（地区）名称	优惠/普通税率标记	船舶吨税优/普标记
101	阿富汗	Afghanistan	H	H
102	巴林	Bahrian	L	H
103	孟加拉国	Bangladesh	L	L
104	不丹	Bhutan	H	H
105	文莱	Brunei	L	H
106	缅甸	Myanmar	L	L
107	柬埔寨	Cambodia	L	H
108	塞浦路斯	Cyprus	L	L
109	朝鲜	Korea，DPR	L	L
110	中国香港	Hong Kong	L	L
111	印度	India	L	L
112	印度尼西亚	Indonesia	L	H
113	伊朗	Iran	L	H
114	伊拉克	Iraq	L	H
115	以色列	Israel	L	L
116	日本	Japan	L	L
117	约旦	Jordan	L	H
118	科威特	Kuwait	L	H
119	老挝	Laos，PDR	L	L
120	黎巴嫩	Lebanon	L	L
121	中国澳门	Macau	L	L
122	马来西亚	Malaysia	L	L
123	马尔代夫	Maldives	L	H
124	蒙古	Mongolia	L	L
125	尼泊尔	Nepal	L	H
126	阿曼	Oman	L	L
127	巴基斯坦	Pakistan	L	L

国家（地区）代码	中文国家（地区）名称	英文国家（地区）名称	优惠/普通税率标记	船舶吨税优/普标记
128	巴勒斯坦	Palestine	H	H
129	菲律宾	Philippines	L	L
130	卡塔尔	Qatar	L	H
131	沙特阿拉伯	Saudi Arabia	L	H
132	新加坡	Singapore	L	L
133	韩国	Korea Rep.	L	L
134	斯里兰卡	Sri Lanka	L	L
135	叙利亚	Syrian	L	H
136	泰国	Thailand	L	L
137	土耳其	Turkey	L	L
138	阿联酋	United Arab Emirates	L	H
139	也门共和国	Republic of Yemen	L	L
141	越南	Vietnam	L	L
142	中国	China	L	L
143	台澎金马关税区	Taiwan prov.	L	H
144	东帝汶	East Timor	H	H
145	哈萨克斯坦	Kazakhstan	L	H
146	吉尔吉斯斯坦	Kirghizia	L	H
147	塔吉克斯坦	Tadzhikistan	L	H
148	土库曼斯坦	Turkmenistan	L	H
149	乌兹别克斯坦	Uzbekstan	L	H
199	亚洲其他国家（地区）	Oth. Asia nes		
201	阿尔及利亚	Algeria	L	L
202	安哥拉	Angora	L	H
203	贝宁	Benin	L	H
204	博茨瓦那	Botswana	L	H
205	布隆迪	Burundi	L	H
206	喀麦隆	Cameroon	L	H
207	加那利群岛	Canary Is	H	H
208	佛得角	Cape Vrde	L	H
209	中非共和国	Central African Rep.	L	H
210	塞卜泰	Ceuta	H	H
211	乍得	Chad	L	H
212	科摩罗	Comoros	H	H
213	刚果	Congo	L	L
214	吉布提	Djibouti	L	H
215	埃及	Egypt	L	H
216	赤道几内亚	Eq. Guinea	L	H
217	埃塞俄比亚	Ethiopia	L	L
218	加蓬	Gabon	L	H
219	冈比亚	Gambia	L	H
220	加纳	Ghana	L	L

国家（地区）代码	中文国家（地区）名称	英文国家（地区）名称	优惠/普通税率标记	船舶吨税优/普标记
221	几内亚	Guinea	L	H
222	几内亚（比绍）	Guinea Bissau	L	H
223	科特迪瓦	Cote d' lvoir	L	H
224	肯尼亚	Kenya	L	L
225	利比里亚	Liberia	H	H
226	利比亚	Libyan Arab Jm	L	H
227	马达加斯加	Madagascar	L	H
228	马拉维	Malawi	L	H
229	马里	Mali	L	H
230	毛里塔尼亚	Mauritania	L	H
231	毛里求斯	Mauritius	L	H
232	摩洛哥	Morocco	L	L
233	莫桑比克	Mozambique	L	H
234	纳米比亚	Namibia	L	H
235	尼日尔	Niger	L	H
236	尼日利亚	Nigeria	L	H
237	留尼汪	Reunion	H	H
238	卢旺达	Rwanda	L	H
239	圣多美和普林西比	Sao Tome & Principe	H	H
240	塞内加尔	Senegal	L	H
241	塞舌尔	Seychelles	H	H
242	塞拉利昂	Sierra Leone	L	H
243	索马里	Somalia	L	H
244	南非	S. Africa	L	H
245	西撒哈拉	Western Sahara	H	H
246	苏丹	Sudan	L	L
247	坦桑尼亚	Tanzania	L	H
248	多哥	Togo	L	H
249	突尼斯	Tunisia	L	L
250	乌干达	Uganda	L	H
251	布基纳法索	Burkina Faso	L	H
252	民主刚果	Congo, DR	L	L
253	赞比亚	Zambia	L	H
254	津巴布韦	Zimbabwe	L	H
255	莱索托	Lesotho	L	H
256	梅利利亚	Melilla	H	H
257	斯威士兰	Swaziland	L	H
258	厄立特里亚	Eritrea	L	H
259	马约特岛	Mayotte	L	H
299	非洲其他国家（地区）	Oth. Afr. nes		
301	比利时	Belgium	L	L
302	丹麦	Denmark	L	L

国家（地区）代码	中文国家（地区）名称	英文国家（地区）名称	优惠/普通税率标记	船舶吨税优/普标记
303	英国	United Kingdom	L	L
304	德国	Germany	L	L
305	法国	France	L	L
306	爱尔兰	Ireland	L	H
307	意大利	Italy	L	L
308	卢森堡	Luxembourg	L	L
309	荷兰	Netherlands	L	L
310	希腊	Greece	L	L
311	葡萄牙	Portugal	L	H
312	西班牙	Spain	L	H
313	阿尔巴尼亚	Albania	L	L
314	安道尔	Andorra	H	H
315	奥地利	Austria	L	H
316	保加利亚	Bulgaria	L	L
318	芬兰	Finland	L	L
320	直布罗陀	Gibraltar	H	L
321	匈牙利	Hungary	L	H
322	冰岛	Iceland	L	H
323	列支敦士登	Liechtenstein	L	H
324	马耳他	Malta	L	L
325	摩纳哥	Monaco	L	H
326	挪威	Norway	L	L
327	波兰	Poland	L	L
328	罗马尼亚	Romania	L	L
329	圣马力诺	San Marino	H	H
330	瑞典	Sweden	L	L
331	瑞士	Switzerland	L	H
334	爱沙尼亚	Estonia	L	H
335	拉脱维亚	Latvia	L	H
336	立陶宛	Lithuania	L	H
337	格鲁吉亚	Georgia	L	L
338	亚美尼亚	Armenia	L	H
339	阿塞拜疆	Azerbaijan	L	H
340	白俄罗斯	Byelorussia	L	H
343	摩尔多瓦	Moldavia	L	H
344	俄罗斯联邦	Russia	L	L
347	乌克兰	Ukraine	L	L
349	塞尔维亚和黑山	Serbia and Montenegro	L	L
350	斯洛文尼亚	Slovenia Rep	L	H
351	克罗地亚	Croatia Rep	L	L
352	捷克共和国	Czech Rep	L	H
353	斯洛伐克	Slovak Rep	L	H

国家（地区）代码	中文国家（地区）名称	英文国家（地区）名称	优惠/普通税率标记	船舶吨税优/普标记
354	马其顿	Macedonia Rep	L	H
355	波斯尼亚-黑塞哥维那共和国	Bosnia&Hercegovina	L	H
356	梵蒂冈城国	Vatican City State	H	H
357	法罗群岛	the Faroe Islands	L	H
399	欧洲其他国家（地区）	Oth. Eur. nes		
401	安提瓜和巴布达	Antigua & Barbuda	L	H
402	阿根廷	Argentina	L	L
403	阿鲁巴岛	Aruba	H	H
404	巴哈马	Bahamas	H	H
405	巴巴多斯	Barbados	L	H
406	伯利兹	Belize	L	H
408	玻利维亚	Bolivia	L	H
409	博内尔	Bonaire	H	H
410	巴西	Brazil	L	L
411	开曼群岛	Cayman Is	H	L
412	智利	Chile	L	L
413	哥伦比亚	Colombia	L	H
414	多米尼亚共和国	Dominica	L	H
415	哥斯达黎加	Costa Rica	L	H
416	古巴	Cuba	L	L
417	库腊索岛	Curacao	H	H
418	多米尼加共和国	Dominican Rep.	L	H
419	厄瓜多尔	Ecuador	L	H
420	法属圭亚那	French Guyana	H	H
421	格林纳达	Grenada	L	H
422	瓜德罗普	Guadeloupe	H	H
423	危地马拉	Guatemala	L	H
424	圭亚那	Guyana	L	H
425	海地	Haiti	L	H
426	洪都拉斯	Honduras	L	H
427	牙买加	Jamaica	L	H
428	马提尼克	Martinique	H	H
429	墨西哥	Mexico	L	L
430	蒙特塞拉特	Montserrat	H	H
431	尼加拉瓜	Nicaragua	L	H
432	巴拿马	Panama	L	H
433	巴拉圭	Paraguay	L	H
434	秘鲁	Peru	L	L
435	波多黎各	Puerto Rico	L	H
436	萨巴	Saba	H	H
437	圣卢西亚	Saint Lucia	L	H
438	圣马丁岛	Saint Martin Is	H	H
439	圣文森特和格林纳丁斯	Saint Vincent & Grenadines	L	H

国家（地区）代码	中文国家（地区）名称	英文国家（地区）名称	优惠/普通税率标记	船舶吨税优/普标记
440	萨尔瓦多	El Salvador	H	H
441	苏里南	Suriname	L	H
442	特立尼达和多巴哥	Trinidad & Tobago	L	H
443	特克斯和凯科斯群岛	Turks & Caicos Is	H	H
444	乌拉圭	Uruguay	L	H
445	委内瑞拉	Venezuela	L	H
446	英属维尔京群岛	Br. Virgin Is	H	H
447	圣其茨－尼维斯	St. Kitts－Nevis	L	H
448	圣皮埃尔和密克隆	St. Pierre and Miquelon	L	H
449	荷属安地列斯群岛	the Netherlands Antilles	H	H
499	拉丁美洲其他国家（地区）	Oth. L. Amer. nes		
501	加拿大	Canada	L	L
502	美国	United States	L	L
503	格陵兰	Greenland	L	H
504	百慕大	Bermuda	H	L
599	北美洲其他国家（地区）	Oth. N. Amer. nes		
601	澳大利亚	Australia	L	H
602	库克群岛	Cook Is	L	H
603	斐济	Fiji	L	H
604	盖比群岛	Gambier Is	H	H
605	马克萨斯群岛	Marquesas Is	H	H
606	瑙鲁	Nauru	H	H
607	新喀里多尼亚	New Caledonia	L	H
608	瓦努阿图	Vanuatu	L	H
609	新西兰	New Zealand	L	L
610	诺福克岛	Norfolk Is	H	H
611	巴布亚新几内亚	Papua New Guinea	L	H
612	社会群岛	Society Is	H	H
613	所罗门群岛	Solomon Is	L	H
614	汤加	Tonga	L	H
615	土阿莫土群岛	Tuamotu Is	H	H
616	土布艾群岛	Tubai Is	H	H
617	萨摩亚	Samoa	L	H
618	基里巴斯	Kiribati	H	H
619	图瓦卢	Tuvalu	H	H
620	密克罗尼西亚联邦	Micronesia Fs	L	H
621	马绍尔群岛	Marshall Is Rep	H	H
622	帕劳共和国	Palau	H	H
623	法属波利尼西亚	French Polynesia	L	H
625	瓦利斯和浮图纳	Wallis and Futuna	L	H
699	大洋洲其他国家（地区）	Oth. Ocean. nes		
701	国（地）别不详的	Countries (reg.) unknown	H	H
702	联合国及机构和国际组织	UN and other interational		
999	中性包装原产国别	Countries of Neutral Package	H	H

地区性质代码表

地区性质代码	地区性质名称
1	经济特区
2	沿海开放城市
3	经济技术开发区
4	经济开放区
5	海南省
6	西藏自治区
7	广东省
8	福建省
9	北京市、新疆
A	保税工业区
B	新技术开发园区

企业性质代码表

企业性质代码	企业性质简称
1	国有
2	合作
3	合资
4	独资
5	集体
6	私营
7	个体工商户
8	报关
9	其他

（二）海关通关系统常用代码表说明

监管方式代码表说明

进出口货物海关监管方式（以下简称监管方式），即现行进出口货物报关单“贸易方式”，是以国际贸易中进出口货物的交易方式为基础，结合海关对进出口货物的征税、统计及监管条件综合设定的海关对进出口货物的管理方式。

由于海关对不同监管方式下进出口货物的监管、征税、统计作业的要求不尽相同，因此为满足海关管理的要求，报关自动化系统的监管方式代码采用四位数字结构，其中前两位是按海关监管要求和计算机管理需要划分的分类代码，后两位为海关统计代码。

一般贸易

一、定义与代码

一般贸易是指我国境内有进出口经营权的企业单边进口或单边出口的贸易。本监管方式代码为“0110”，简称：一般贸易。

二、适用范围

（一）本监管方式包括：

1．以正常交易方式成交的进出口货物；

2．来料养殖、来料种植进出口货物；

3．个体工商业者委托进口的小型生产工具；

4．旅游旅馆、酒店进口营业用的食品和餐佐料等；

5．外商投资企业进口供加工内销产品的料件；

6．贷款援助的进出口货物（包括我方利用贷款款项自行采购进口的物资）；

7．外商投资企业用国产原材料加工产品出口或经批准自行收购国内产品出口的货物；

8．国内经营租赁业务的企业购进供出租用的货物；

9．经营保税仓库业务的企业购进供自用的货物；

10．经营免税品和免税外汇商品的企业购进自用的手推车、货架等货物；

11．外籍船舶、飞机在我国境内添加的国产燃料；

12．对台间接贸易进出口货物。

（二）本监管方式不包括：

1．进出口货样广告品，监管方式代码为“3010”（货样广告品A）、“3039”（货样广告品B）；

2．无进出口经营权的单位经批准临时进出口货物，监管方式代码为“9739”；

3．进料加工贸易中，对方有价或免费提供的机器设备（0420或0320）；

4．运回国内对外承包工程期间在国外获取的机器、设备，监管方式代码为“3410”；

5．境外劳务合作项目，对方以实物产品抵偿我劳务人员工资所进口的货物（如钢材、木材、化肥、海产品等），监管方式代码为“3410”。

易货贸易

一、定义与代码

易货贸易是指不通过货币媒介而直接用出口货物交换进口货物的贸易。本监管方式代码为“0130”，简称：易货贸易。

二、适用范围

本监管方式包括与原苏联、东欧等二十六国以及与其他国家的易货贸易。

本监管方式不包括：

1．对台小额贸易中签订易货合同的贸易，应为“其他贸易”（9739）。

2．边境小额贸易中签订易货合同的贸易，应为“边境小额”（4019）。

旅游购物商品

指旅游者五万美元以下的出口小批量订货，简称旅游购物商品，代码0139。

料件放弃

适用于经海关批准的加工贸易企业进口的不再用于加工成品出口，主动放弃交由海关处理的来料或进料加工料件。简称：料件放弃，监管方式代码为“0200”。

来料加工装配贸易

一、定义与代码

（一）来料加工装配贸易是指由外商提供全部或部分原材料、辅料、零部件、元器件、配套件和包装物料（以下简称“料件”），必要时提供设备，由我方按对方的要求进行加工装配，成品交对方销售，我方收取工缴费，对方提供的作价设备价款，我方用工缴费偿还的交易形式。

来料加工装配贸易项下进口料件和出口成品监管方式代码为“0214”，简称：来料加工。

（二）相关监管方式及代码

1. 复运出境不再进口的原进口料件，简称来料料件复出，代码为0265；

2. 来料余料结转，代码为0258；

3. 来料深加工结转，代码为0255；

4. 来料料件退换，代码为0300；

5. 来料加工成品退换，代码为4400；

6. 来料边角料复出，代码为0865。

二、适用范围

本监管方式不包括：

（一）来料加工装配贸易合同项下剩余料件内销及经批准进口料件或成品转内销，监管方式分别为“来料料件内销”（0245）及“来料成品内销”（0345）。

（二）“来料种植”和“来料养殖”进出口货物监管方式应为“一般贸易”（0110）。

来料加工转内销货物

一、定义与代码

来料加工转内销货物是指来料加工装配贸易进口的料件或已加工的成品，经批准不返销出口转为内销的货物，包括海关事后发现有关企业擅自内销并准予补办进口手续的货物。

来料成品凭《征免税证明》转减免税货物代码为0345，来料料件转内销代码为0245，来料边角料内销代码0845。

二、适用范围

本监管方式包括经济特区和保税区来料加工转内销的货物。

本监管方式不包括：

1. 来料加工的成品或半成品在境内转让给其他承接进口料件加工复出口业务的单位再加工装配，监管方式应为“来料深加工结转货物”（0255）。

2. 海关事后发现有关企业擅自内销按走私处理的。

加工专用油

适用于国营贸易企业代理来料加工企业进口柴油，简称：加工专用油，监管方式代码为“0314”。

成品放弃

适用于经海关批准的加工贸易企业不再用于出口，主动放弃交由海关处理的来料及进料加工成品。简称：成品放弃，监管方式代码为“0400”。

补偿贸易

一、定义与代码

补偿贸易是指由境外厂商提供或者利用国外出口信贷进口生产技术或设备，我方企业（包括“外商投资企业”）进行生产，以返销其产品的方式分期偿还对方技术、设备价款或贷款本息的交易方式。包括经经贸主管部门批准，使用该企业（包括企业联合体）所生产的其他产品返销给对方，进行间接补偿的方式。

本监管方式代码为“0513”，简称：补偿贸易。

二、适用范围

本监管方式包括补偿贸易中对方有偿或免费提供的机器设备、工模具等。

本监管方式不包括：

（一）直接用国内产品同国外厂商交换设备、料件或成品，以货换货，监管方式为“易货贸易”（0130）。

（二）出口产品收取外汇，监管方式为“一般贸易”（0110）。

（三）在补偿贸易合同中同时订有来料加工合同的，来料加工合同部分，监管方式为“来料加工”（0214）。

进料加工贸易

一、定义与代码

进料加工贸易按照对外签约形式分为“进料加工非对口合同”和“进料加工对口合同”。

（一）“进料加工非对口合同”是指我方有外贸进出口经营权的企业动用外汇购买进口原料、材料、辅料、元器件、零部件、配套件和包装物料（以下简称料件），加工成品或半成品后再返销出口的交易形式。本监管方式代码“0715”，简称：进料非对口。

（二）“进料加工对口合同”是指买卖双方分别签订进出口对口合同，料件进口时，我方先付料件款，加工成品出口时再向对方收取出口成品款项的交易形式，包括动用外汇的对口合同或不同客户的对口的联号合同以及对开信用证的对口合同。本监管方式代码为“0615”，简称：进料对口。

（三）相关监管方式及代码

1. 复运出境不再进口的原进口料件，简称进料料件复出，代码为0664；

2. 进料余料结转，代码为0657；

3. 进料深加工结转，代码为0654；

4. 进料料件退换，代码为0700；

5. 进料加工成品退换，代码为4600；

6. 进料边角料复出，代码为0864。

二、适用范围

本监管方式包括进料加工合同项下进口的料件和加工出口的产品，还包括进料加工贸易中外商免费提供进口的主辅料和零部件。

本监管方式不包括：

（一）进料加工经批准转内销的进口料、件或加工成品，监管方式分别为“进料成品转减免”（0744）和“进料料件内销”（0644）。

（二）海关批准设立的保税工厂进料加工进口料件及出口成品，监管方式应为“保税工厂”（1215）。

（三）按规定不使用《登记手册》的少量低值辅料，应为“低值辅料”（0815）。

进料加工转内销货物

一、定义与代码

进料加工转内销货物指进料加工贸易进口的料件，或已加工的成品经批准转为内销的货物，包括海关事后发现有关企业擅自转内销并准予补办进口手续的货物。

进料成品凭《征免税证明》转减免税货物代码为0744，进料料件内销代码为0644，进料边角料内销代码为0844，进料加工以产顶进代码为0642。

二、适用范围

（一）本监管方式包括经济特区和保税区进料加工转内销的货物。

（二）本监管方式不包括：

1. 进料加工成品或半成品转让给境内其他承接进口料件加工复出口业务的单位进行再加工，监管方式为“进料深加工结转货物”（0654）。

2. 海关事后发现有关企业擅自内销并按走私处理的货物。

保税工厂

一、定义与代码

保税工厂是指经海关批准专为生产外销产品而进口原料、材料、元器件、零部件、配套件、辅料、包装物料等（以下简称料件）进行保税加工的企业。保税工厂进口料件和出口产品监管方式代码为“1215”，简称：保税工厂。

二、适用范围

（一）本监管方式包括经批准设立保税工厂的有对外贸易进出口经营权的企业和外商投资企业承接进料加工进口的料件和出口的产品。

（二）本监管方式不包括：

1. 保税工厂进口自用的机器设备和进料加工贸易中外商免费提供的机器设备、物品，监管方式为“加工贸易设备”（0420）；

2. 保税工厂经营来料加工，监管方式应为“来料加工”（0214）；

3. 保税工厂进口料件或加工后的成品经批准转内销，监管方式为“进料加工转内销货物”（0744、0644、0844）。

4. 进料加工的成品或半成品转让给境内其他承接进口料件加工复出口业务的单位进行再加工的货物，监管方式应为“进料深加工结转货物”（0654）。

加工贸易设备

一、定义及代码

加工贸易设备指加工贸易项下外商提供进口的设备，包括作价及不作价设备，代码为0420。

加工贸易设备指加工贸易项下外商提供进口的设备，包括作价及不作价设备。

1. 不作价设备：指与加工贸易经营单位开展加工贸易（包括来料加工、进料加工及外商投资企业从事的加工贸易）的外商，以免费即不需经营单位付汇进口、也不需用加工费或差价偿还方式，向经营单位提供的加工生产所需设备，代码为0320。

2. 除“不作价设备”以外的加工贸易项下进口设备代码为0420。

二、相关监管方式

1. 加工设备内销，指海关监管期内的加工贸易免税进口设备经批准转售给境内非加工企业，代码0446。

2. 加工设备结转，指海关监管期内的加工贸易免税进口设备经批准转入另一加工企业，或从一本《登记手册》结转入另一本《登记手册》，代码0456。

3. 加工设备退运，指加工贸易免税进口设备退运出境，代码0466。

减免设备结转

指海关监管年限内的减免税设备从一企业结转到另一享受减免税待遇的企业，简称减免设备结转，代码0500。

对减免税设备及加工贸易设备之间的结转，转入和转出企业分别填制进、出口报关单，报关单“贸易方式”栏目根据报关企业所持加工贸易手册或征减免税证明，分别选择填报加工贸易设备结转（代码

0456)、减免税设备结转的海关监管方式代码，报关单“备案号”栏目分别填报加工贸易手册编号、征减免税证明编号或为空，报关单其他栏目按现行《报关单填制规范》关于结转货物的要求填报。

保税区内销往非保税区的加工贸易成品

一、定义

保税区内销往非保税区的加工贸易成品是指经海关批准保税区内销往非保税区的加工贸易成品转内销的货物。

二、适用范围

1. 适用于应按成品征税的保税区进料加工成品转内销货物。监管方式：保区进料成品，监管方式代码为0444。

2. 适用于应按成品征税的保税区来料加工成品转内销货物。监管方式：保区来料成品，监管方式代码为0445。

3. 适用于应按料件征税的保税区进料加工成品转内销货物。监管方式：保区进料料件，监管方式代码为0544。

4. 适用于应按料件征税的保税区来料加工成品转内销货物。监管方式：保区来料料件，监管方式代码为0545。

低值辅料

指按规定不使用《登记手册》的少量低值辅料，即5000美元以下、78种以内的低值辅料，代码0815。

保税间货物

适用于物流中心（A、B型）、保税区、出口加工区、保税物流园区、保税仓库、出口监管仓库等海关保税场所及保税区域之间往来的货物。简称：保税间货物，监管方式代码为“1200”。

保税仓库进出境货物

一、定义与代码

保税仓库是指经海关核准专门存放保税货物的仓库。保税仓库进出境货物是指从境外直接存入保税仓库和从保税仓库（包括出口监管仓库）运出境的货物。

本监管方式代码为“1233”，简称：保税仓库货物。

二、适用范围

（一）本监管方式进出口货物包括加工贸易备料保税仓库所存货物和经经贸主管部门批准的寄售、维修零备件、保税生产资料市场物资、外商寄存、暂存货物、供应外籍船舶、飞机等运输工具的燃料等以及转口贸易进出境货物。

（二）本监管方式不包括：

1. 保税仓库进口自用的货架、办公用品、管理用具、运输车辆、搬运、起重和包装设备以及改装用的机器等，价购进口的，监管方式为“一般贸易”(0110)；外商免费提供的，监管方式为“其他进口免费提供货物”(3339)；

2. 从保税仓库提取销往境内以及从境内存入出口监管仓库的货物，按实际监管方式填报，运输方式为“8”(保税仓库)；

3. 保税区仓储转口货物，监管方式代码为“1234”。

保税区进出境仓储、转口货物

一、定义与代码

保税区仓储转口货物指从境外存入保税区和从保税区运出境的仓储货物或转口货物。本监管方式代码为“1234”，简称保税区仓储转口。

二、适用范围

本监管方式不包括从境外运入保税区和从保税区运出境的其他货物（非仓储、非转口货物），监管方式应视具体交易情况选择填报。

国轮油物料

一、定义及代码

国轮油物料指本国籍专营国际运输的运输工具在境内添加的保税油料、物料，代码1139。

二、适用范围

本监管方式只能对应运输方式“7”（保税区运往非保税区）和“8”(保税仓库转内销)。

进出境修理物品

进出境修理物品是指运进境或运出境维护修理的物品。

本监管方式代码为“1300”，简称：修理物品。

出料加工贸易

出料加工贸易是指我境内企业将原辅料、零部件、元器件或半成品（以下简称料件)，出口交由境外厂商按我方要求进行加工或装配，成品复运进口，我方支付工缴费。

本监管方式代码为“1427”，简称：出料加工。

租赁贸易

一、定义与代码

租赁贸易是指经营租赁业务的企业与外商签订国际租赁合同的进出境的货物。

租赁期在一年及一年以上的进出口货物，监管方式代码为“1523”和“9800”，简称：租赁贸易、租赁征税。

租赁期不满一年的进出口货物，监管方式代码为“1500”，简称：租赁不满一年。

二、适用范围

本监管方式包括租赁贸易租借进出口的货物，租赁期在一年及以上的租赁进口货物按租金征税时，监管方式为“租赁征税”（9800），但不包括：

（一）经营租赁业务的企业进口自用的设备、办公用品，监管方式应为“一般贸易”（0110）；

（二）用于加工装配的租赁进口的机器设备，监管方式应为“加工贸易设备”（0420）；

（三）用于补偿贸易租借进口的货物，监管方式应为“补偿贸易”（0513）；

（四）租赁期满复运出进口的货物，监管方式为“退运货物”（4561）。

寄售代销贸易

一、定义与代码

寄售代销贸易是指寄售人把货物运交事先约定的代销人，由代销人按照事先约定或根据寄售代销协议规定的条件，在当地市场代为销售，所得货款扣除代销人的佣金和其他费用后，按协议规定方式将余款付给寄售人的交易形式。

本监管方式代码为“1616”，简称：寄售代销。

二、适用范围

本监管方式包括寄售代销贸易进出口的货物及进口寄售货物的增发部分。但不包括：

（一）经营寄售代销业务的企业，接受国外免费提供的样品，监管方式应为“货样广告品 B”（3039）；

（二）委托我驻港澳机构代销的鲜活商品。

免税品

一、定义与代码

免税品是指设在国际机场、港口、车站和边境口岸的免税品商店所进口的，按有关规定销售给办完出境手续的旅客，供外国籍船员和我国远洋船员购买送货上船出售的物品，以及在我国际航班、国际班轮上向出境旅客出售的物品。

本监管方式代码为“1741”，简称：免税品。

二、适用范围

本监管方式适用上述定义所列进口免税品，但不包括：

（一）按有关规定销售给享受免税待遇的各类人员的进口免税外汇商品，监管方式为“免税外汇商品”（1831）；

（二）免税店进口供维修用的零部件、货架、柜台、手推车，不属免税品范围，其监管方式为“一般贸易”（0110）。

免税外汇商品

一、定义与代码

免税外汇商品是指在限定地点按有关规定销售给享受免税待遇人员的进口外汇商品。

本监管方式代码为“1831”，简称：免税外汇商品。

二、适用范围

本监管方式包括：

1．为供应出国人员用结存外汇或入境人员用带进的外汇在境内购买限定的进口的免税外汇商品；

2．经营入境旅客“在外售券、境内提货”业务的企业进口的免税外汇商品。

本监管方式不包括：

1．经营免税外汇商品的单位进口供商品维修用的零部件和商场自用的货架、手推车等，监管方式为“一般贸易”（0110）；

2．进口免税外汇商品因故经批准转内销，监管方式应为“一般贸易”（0110）。

外商投资企业作为投资进口的设备、物品

一、定义与代码

外商投资企业作为投资进口的设备、物品是指外商投资企业以投资（包括中方投资）总额内的资金所进口的机器设备、零部件和其他物料［指建厂（场）以及安装、加固机器所需材料］，以及根据国家规定进口本企业自用合理数量的交通工具、生产用车辆、办公用品和设备。

合资、合作企业进口设备、物品，监管方式代码应为“2025”，简称：合资合作设备。

外资企业进口设备、物品，监管方式代码应为“2225”，简称：外资设备物品。

二、适用范围

（一）外商投资企业是指中外合资企业、中外合作企业、外资企业，包括华侨、港、澳、台同胞投资企业。

（二）所称“设备”是指外商投资企业在其投资总额内进口本企业自用的机器设备、零部件和其他物料［指建厂（场）以及安装、加固机器所需材料］及生产用车辆。

（三）所称“物品”是指外商投资企业进口自用合理数量的办公用品（设备）和交通工具。

外航公务货

适用于外国航空公司进口公务货，简称：外航公务货，监管方式代码为“2400”。

外国常驻机构进口公用物品

一、定义与代码

外国常驻机构进口公用物品是指外国企业和其他经济组织常驻机构、外国民间经济贸易团体常驻机构、外国常驻新闻机构以及其他外国常驻机构进口供自用且数量合理的办公用品及交通工具。

本监管方式代码为“2439”，简称：常驻机构进口。

二、适用范围

本监管方式包括外国常驻机构进口供自用且数量合理的办公用品及交通工具，但不包括：

1. 外国常驻机构的人员进口自用物品，监管方式为“其他”（9900）；

2. 外国常驻机构人员进口自用的汽车，监管方式为“其他贸易”（9739）；

3. 暂时进出口的公用物品，监管方式为“暂时进出口”（2600）；

4. 外国驻华使领馆进出口公用物品，监管方式为“其他”（9900）；

5. 外国驻华使领馆在我国内购运出境的货物，监管方式为“其他贸易”（9739）。

暂时进出口货物

一、定义与代码

暂时进出口货物是指国际组织、外国政府或外国和香港、澳门地区的企业、群众团体以及个人为开展经济、技术、科学、文化合作交流而暂时运入或运出我国关境及复运出进境的货物。

本监管方式代码为“2600”，简称：暂时进出口。

二、适用范围

（一）本监管方式包括：

1. 为来华拍摄或与我国国内单位合作拍摄电影片、照片、图片、幻灯片而运进我国的摄影器材、胶卷、胶片、录像带、车辆、服装、道具等；

2. 为来华进行体育竞赛、文艺演出而运进的器材、道具、服装、车辆、动物等；

3. 为来华进行工程施工、学术、技术交流、讲学而运进的各种设备、仪器、工具、教学用具、车辆等；

4. 驻华商业机构进口并将复运出口的陈列用样品。

（二）本监管方式不包括

1. 进出境展览品，监管方式为“展览品”（2700）；

2. 驻华商业机构不复运出口的进口陈列样品（2939）；

3. 承包工程出口物资，监管方式代码为“3422”；

4. 进出境修理物品，监管方式代码为“1300”；

5. 租赁贸易进出口货物，监管方式为“租赁不满一年”（1500）、“租赁贸易”（1523）。

进出境展览品

一、定义与代码

进出境展览品是指外国为来华或我国为到国外举办经济、文化、科技等展览或参加博览会而进出口的展览品及与展览品有关的宣传品、布置品、招待品、小卖品和其他物品。

本监管方式代码为“2700”，简称：展览品。

二、适用范围

本监管方式包括以上定义所述进出口的展览品，但不包括不复运出进境而留在国内外销售的进出口展览品，不复运出进境而留在国内外的进出口展览品，应视实际监管方式填报。

外国驻华商业机构进出口陈列用的样品

本监管方式是指外国企业常驻我国办事机构为陈列企业的产品而进出口的样品。监管方式代码为“2939”，简称：陈列样品。

本监管方式不包括驻华商业机构进口并复运出口的陈列用样品（2600）。

货样、广告品

一、定义与代码

进出口货样是指专供订货参考的进出口货物样品；广告品是指用以宣传有关商品内容的进出口广告宣传品。

经批准有进出口经营权的企业进出口货样广告品，监管方式代码为“3010”，简称：货样广告品A。

没有进出口经营权的企业（单位）进出口及国外免费提供进口的货样广告品，监管方式代码为“3039”，简称：货样广告品B。

二、适用范围

本监管方式除以上定义所述范围的商品外，还包括寄售代销贸易中外商免费提供的货样广告品。

本监管方式不包括：

（一）暂时进出口的货样、广告品，监管方式应为

"暂时进出口货物"(2600);

(二)驻华商业机构不复运出口的进口陈列样品(2939)。

无代价抵偿进口货物

无代价抵偿货物是指进口货物经海关征税放行后,发现货物残损、缺少或品质不良,而由国外承运人、发货人或保险公司免费补偿或更换的同类货物。

本监管方式代码为"3100",简称:无代价抵偿。

其他进口免费提供货物

一、定义与代码

本监管方式是指除已列明的礼品、无偿援助和赠送物资、捐赠物资、无代价抵偿进口货物、国外免费提供的货样、广告品等及归入列名监管方式的免费提供货物以外,其他免费提供进口的货物。

本监管方式代码为"3339",简称:其他进口免费。

二、适用范围

(一)本监管方式包括:

1. 外商在经贸活动中赠送的物品;

2. 外国人捐赠品;

3. 驻外中资机构向国内单位赠送的物资;

4. 经贸活动中,由外商免费提供的试车材料、消耗性物品等。

(二)本监管方式不包括:

1. 保税仓库中由外商免费提供进口的机械设备、手工工具、运输工具、办公用品等监管方式"一般贸易"(0110);

2. 免税店由外商免费提供进口的货架、柜台、手推车等监管方式"一般贸易"(0110);

对外承包工程进出口货物

一、定义与代码

对外承包工程出口货物是指经外经贸部批准有对外承包工程经营权的公司为承包国外建设工程和开展劳务合作等对外合作项目而出口的设备、物资。

本监管方式代码为"3422",简称:承包工程出口。

承包工程期间,在国外获取的设备物资运回国内的,监管方式代码为"3410",简称:承包工程进口。

二、适用范围

(一)境外劳务合作项目,对方以实物产品抵偿我劳务人员工资所进口的货物监管方式为"3410"(承包工程进口)。

(二)援外成套项目出口的货物应根据无偿援助或贷款援助监管方式分别选用"无偿援助"(3511)或"一般贸易"(0110)选择填报。

(三)本监管方式不包括:

1. 我劳务人员带出的自用生活物资;

2. 边境地区经外经贸部批准有对外技术合作经营权的企业与我国毗邻国家开展承包工程和劳务合作项下出口的工程设备、物资,监管方式应为"边境小额贸易"(4019);

3. 承包工程结束后复运进口原从国内运出的承包工程项下的设备、物资,监管方式为退运货物(4561)。

国家或国际组织无偿援助物资

一、定义与代码

国家间或国际组织无偿援助物资是指我国根据两国政府间的协议或临时决定,对外提供无偿援助的物资、捐赠品或我国政府、组织接受国际组织、外国政府或组织无偿援助、捐赠或赠送的物资。

本监管方式代码为"3511",简称:无偿援助。

二、适用范围

(一)本监管方式包括:

1. 联合国有关组织、机构利用自愿捐款或基金向我无偿提供的经济技术援助项目进口的物资(包括成套设备或单机);

2. 联合国有关组织、机构利用其正常预算技术合作资金,同我国进行经济技术合作中无偿援助和赠送的物资;

3. 多、双边结合的经济技术援助或合作项目(指第三国通过联合国有关组织、机构向我提供的援助)项下无偿援助和赠送的物资;

4. 其他国际组织、外国政府或非政府组织对我国的无偿援助或利用其赠款购进的货物;

5. 我对外无偿援助和捐赠的物资。

(二)本监管方式不包括:

1. 贷款援助的进出口货物(包括我方利用贷款或援助款项自行采购进口的货物),监管方式应为"一般贸易"(0110);

2. 来(出)访的团体和人员相互馈赠的礼品(9900);

3. 属经济贸易往来关系赠送进口的物资,监管方式为"其他进口免费提供"(3339)。

华侨、港澳台同胞、外籍华人捐赠物资

一、定义与代码

指华侨、港澳台同胞或外籍华人自愿捐赠物资、设备,直接用于工农业生产,发展科学技术、文化教育、医药卫生及兴办各种公益福利事业。

本监管方式代码为“3612”，简称：捐赠物资。

二、适用范围

本监管方式适用于以上定义的捐赠物资，定义所称“公益福利事业”是指直接用于建设少儿活动设施、幼儿园、敬老院和孤儿院等的物资及生活物品；为安排残疾人就业专门设立的生产企业受赠的生产资料和直接用于残疾人康复、生活专用物品；直接用于修葺古迹文物的物资；直接用于环保、拯救濒危物种、筑路及修桥等公共设施的物资及其他公益事业。

本监管方式包括城乡个体工商业者接受国外或港澳台地区亲友赠送的小型生产工具；

本监管方式不包括外商在经贸往来中赠送的物品、外国人捐赠品、我驻外（包括驻港澳）中资机构向国内单位赠送的物资等，监管方式为“其他进口免费提供货物”(3339)。

边境小额贸易

一、定义与代码

边境小额贸易指沿陆地边境线经国家批准对外开放的边境县（旗）、边境城市辖区内（以下简称边境地区）经批准有边境小额货物经营权的企业，通过国家指定的陆地边境口岸，与毗邻国家边境地区的企业或其他贸易机构之间进行的贸易活动，包括易货贸易、现汇贸易等种类贸易形式。

本监管方式代码4019，简称：小额贸易。

二、适用范围

（一）本监管方式不包括边境小额贸易中签订易货贸易合同的贸易。

（二）本监管方式不包括：

1. 边民互市贸易；

2. 未经批准经营边境小额贸易的企业所从事的边境小额贸易，监管方式为“一般贸易”(0110)。

对台小额贸易

适用于经授权机关批准，台湾渔民和中、小商人同我企业成交使用一百吨以下的台湾船只运进直接来自台湾省的产品和运出大陆产品到台湾的小额贸易，简称：对台小额贸易，监管方式代码为“4039”。

驻外机构运回公用物品

指我驻各国（地区）使领馆，驻国外、港澳地区的经济、贸易机构，驻国际组织代表处等我驻外机构更新且闲置不用而运回或因机构撤销而运回的物品，包括临时出国展览团、考察团等运回的生产资料和公用物品。

本监管方式代码为“4200”，简称：驻外机构运回。

本监管方式不包括我驻外机构在境外购买运回境内的公务用品（含运输工具，代码4239）。

驻外机构购进

一、定义及代码

驻外机构购进指我驻外机构在境外购买运回国内的公务用品（包括运输工具），代码4239。

二、适用范围

本监管方式不包括我驻外机构运回国内的原从国内带出的公务用品（4561）。

退运货物

退运进出口货物是指因质量不符、延误交货或其他原因退运进出境的货物，代码4561。

本监管方式包括外商投资设备退运、租赁货物退运、承包工程返运回国的原从国内运出设备，不包括海关放行结关前的直接退运货物（代码4500）。

直接退运货物

指货物进境后、放行结关前，经海关批准将货物全部退运境外，代码4500。

进口溢卸误卸货物

一、定义与代码

进口溢卸货物是指未列入进口载货清单、提（运）单的货物，或者多于进口载货清单、提（运）单所列数量的货物，但不包括按照合同规定的溢短装条款所多装的货物。

进口误卸货物，指将本应运往国外港口、车站或国内其他港口、车站但在本港（站）误卸下的货物。

进口溢误卸货物，监管方式代码为“4539”。

二、适用范围

本监管方式包括以上定义所述的进口货物，但不包括：

（一）进口合同规定的溢短装条款溢装的货物应按合同项下进口货物的监管方式；

（二）运往国内其他港口或退运国外的误卸货物。

出口加工区实际进出境货物

一、定义与代码

出口加工区实际进出境货物是指从境外运入出口加工区或从出口加工区运往境外的货物。

二、适用范围

1. 出口加工区内企业从境外进口的用于进行加工

的料件以及加工后出口的成品。贸易方式简称：区内加工货物，代码为5015。

2．出口加工区内仓储企业从境外进口的供区内企业加工的仓储货物。贸易方式简称：区内仓储货物，代码为5033。

3．加工区内企业从境外进口的设备、物资。贸易方式简称：境外设备进区，代码为5335。

4．出口加工区内设备退运境外。贸易方式简称：区内设备退运，代码为5361。

区内、外非实际进出境货物

一、定义与代码

区内、外非实际进出境货物是指同一出口加工区内或不同出口加工区的企业之间相互结转（调拨）的货物。

二、适用范围

1．出口加工区内加工贸易料件在境内结转、销售，包括从区外购进或加工区内企业经批准销往区外的料件，同一出口加工区或不同出口加工区内的企业之间相互结转（调拨）的料件，深加工结转转入的料件，加工区内企业为区外加工的料件进区，以及上述料件在境内的退运，但不包括退换货物。贸易方式简称：料件进出区，代码为5000。

2．出口加工区内加工贸易成品在境内结转、销售，包括销往区外、结转到同一出口加工区或另一出口加工区内的企业，以及加工区内企业为区外加工的成品出区、销往区外的成品因故退运进区，但不包括退换货物。贸易方式简称：成品进出区，代码为5100。

3．出口加工区内企业边角料结转到同一加工区或不同加工区的另一企业，或经批准销售到区外。贸易方式简称：区内边角调出，代码为5200。

4．出口加工区内企业设备、物资在境内结转、销售，包括从区外购进设备、物资，设备因故销往区外，设备结转到同一出口加工区或另一出口加工区内的企业，以及上述设备、物资在境内的退运、退换。贸易方式简称：设备进出区，代码为5300。

物流中心进出境货物

用于保税物流中心与境外之间仓储货物的进出口，全称“保税物流中心与境外之间进出仓储货物”，简称：物流中心进出境货物，监管方式代码为“6033”。

海关处理货物

适用于海关变卖处理的超期未报货物、走私违规货物，简称：海关处理货物，监管方式代码为“9639”。

其他贸易

一、定义与代码

其他贸易是指除本监管方式代码表说明具体列名的监管方式以外应列入海关“其他贸易”统计的进出口货物。

本监管方式代码为“9739”，简称：其他贸易。

二、适用范围

（一）有外贸进出口经营权的企业和外商投资企业以外的我国境内的机关、团体、学校、企事业单位等经批准临时进出口的货物；

（二）外国驻华使、领馆在我国内购运出口的货物；

（三）出境旅客在国内购买以货运方式运出境的货物；

（四）外商投资企业外方常驻人员和外国驻华机构的常驻人员，以及持有长期居留证件和来华定居的引进专家等进口自用的汽车；

（五）我出国人员用个人外汇购进的公用物品；

（六）城乡个体工商业者自行进口的小型生产工具。

后续退补税

指各种无法获得原始报关单的后续退补税货物，包括调查、稽查补税及审价、归类等各种原因的后续退补税货物，代码9700。

租赁征税

指租期一年及以上的租赁货物的租金，此监管方式专用于征收税款，代码9800。

留赠转卖物品

指经特批进口的驻华外交机构转售境内非外交机构的物品、国际文体活动留赠或放弃的物品，代码9839。

其他

一、定义与代码

指除各类具体列名的监管方式以外其他不列入海关统计的进出境货物（物品）。

本监管方式代码为“9900”，简称：其他。

二、适用范围

本监管方式主要包括：

（一）转运和通运货物；

（二）供应国内外汇商店并收取外汇的我出口商

品；

（三）海关没收的走私物品；

（四）边民互市贸易进出境货物；

（五）国际交往中相互赠送的礼品；

（六）无法归入其他监管方式的进出境退换货物。

保税仓库转内销货物，境内存入出口监管仓库和出口监管仓退仓货物

一、定义与代码

保税仓库转内销是指经海关核准转为供国内使用的原从境外存入保税仓库的货物。

境内存入出口监管仓库的货物是指已向海关办理出口报关手续存入出口监管仓库的货物。

出口监管仓库退仓货物指原已向海关办结出口报关手续从境内存入出口监管仓库，后经海关核准转为供国内使用的货物，即从出口监管仓库退回的原按“境内存入出口监管仓库”统计的货物。

上述货物进/出保税仓库（出口监管仓库）时，应分别按实际监管方式填报。为把列入海关单项统计的保税仓库转内销和境内存入出口监管仓库货物与列入海关进出口统计的保税仓库进出境货物区别开来，上述货物进出保税仓库时，运输方式分别填报“1”、（境内存入出口监管仓和出口监管仓退仓）或“8”（保税仓库转内销）。

二、适用范围

本监管方式不包括：

1．从保税仓库提取供应外国籍运输工具的进口燃料、物料及零配件等，监管方式为“保税仓库进出境货物”（1233）

2．设置在保税区内保税仓库往非保税区内销的货物和从非保税区存入保税区内保税仓库的货物属保税区运往非保税区和非保税区运入保税区货物，运输方式填报“7”（保税区），监管方式视具体交易方式选择填报。

保税区运往非保税区货物，非保税区运入保税区和保税区退区货物

一、定义与代码

保税区运往非保税区货物指经海关核准运往非保税区的保税区单独实施税收优惠政策的进口货物或保税的进口货物。

非保税区运入保税区货物指已向海关办结出口报关手续从非保税区运入保税区的货物。

保税区退区货物指原已向海关办理出口报关手续从非保税区运入保税区，后经海关核准转为供非保税区使用的货物。

上述货物进出保税区时，分别根据货物进出保税区的实际用途按相应的监管方式填报，列入海关单项统计。为把保税区单项统计的监管方式同海关进出口统计的监管方式区分开来，避免重复统计，上述货物进出保税区时，运输方式分别填报“0”（非保税区运用保税区和保税区退区）或“7”（保税区运往非保税区）。

二、适用范围

本监管方式不包括：

（一）保税区进出境仓储、转口货物，监管方式为“保税区仓储转口货物”（1234）；

（二）保税区的国产货物和已照章纳税的进口货物运往非保税区。

征免性质代码表说明

征免性质是对海关征减免税管理规定的类别划分，它主要用于海关H2000通关系统对进出口货物的征减免税进行分类统计，为海关关税数据库提供第一手数据。

一、征免性质的分类

征免性质分为法定照章征税、法定减免税、特定减免税、其他减免税和暂定税率五部分。其中特定减免税又分为按地区实施的税收政策、按用途实施的税收政策、按贸易性质实施的税收政策和按企业性质和资金来源实施的税收政策四类。

二、征免性质代码的编码结构

征免性质代码由三位数组成，第一位数表示类别，第二、三位数表示该类别减免税项目的顺序号。

一般征税进出口货物

一、定义与代码

一般征税进出口货物指海关依照《中华人民共和国海关法》、《中华人民共和国进出口关税条例》、《中华人民共和国海关进出口税则》及其他法律、法规所规定的税率征收关税、增值税和其他税费的进出口货物。

本征免性质代码为“101”，简称：一般征税。

二、适用范围

除其他征免性质另有规定者外的一般照章（包括按照公开暂定税率）征税或补税的进出口货物。

无偿援助进出口物资

一、定义

无偿援助进出口物资指外国政府、国际组织对我国无偿援助或赠送的（不包括经贸往来赠送，华侨、港澳台同胞捐赠和其他团体、个人的捐赠），或我国对国外无偿援助或赠送的物资。

本征免性质代码为“201”，简称：无偿援助。

二、适用范围

1．根据双边政府协议规定无偿赠送或援助的进出口物资，如：外国政府利用自愿捐款或基金向我国提供的无偿的经济技术援助项目、成套设备或单机；外国政府对我国的无偿援助或我国利用外国政府赠款购进的货物；

2．联合国及其各专门机构和其他政府间组织、国际金融机构（如：国际货币基金组织、世界银行、亚洲开发银行、日本海外协力基金、日本输出入银行）以及国际贸易组织等无偿援助或赠送的物资，如联合国有关组织机构同我国进行的经济技术合作；多、双边结合的经济技术援助合作项目；联合国粮农组织对我国的无偿援助项目进口的粮食、食品和其他物资设备；国际红十字会和各国红十字会救济、捐赠给我国红十字会的物品以及由中国红十字会组织负责接受和分配国际红十字会组织为我国无偿提供的救灾物资；

3．我国政府对外无偿援助或赠送的物资。

其他法定减免税进出口货物

一、定义

其他法定减免税进出口货物指海关依照《中华人民共和国海关法》、《中华人民共和国进出口关税条例》，对除无偿援助进出口物资外的其他实行法定减免税的进出口货物，以及根据有关规定非按全额货值征税的部分进出口货物。

本征免性质代码为“299”，简称：其他法定。

二、适用范围

1．无代价抵偿进出口货物（照章征税的除外）；

2．无商业价值的广告品和货样；

3．进出境运输工具装载的途中必需的燃料、物料和饮食用品；

4．因故退还的境外进口货物；

5．因故退还的我国出口货物；

6．在境外运输途中或者在起卸时，遭受损坏或损失的货物；

7．起卸后海关放行前，因不可抗力遭受损坏或者损失的货物；

8．海关查验时已经破漏、损坏或者腐烂，经证明不是保管不慎造成的货物；

9．中华人民共和国缔结或者参加的国际条约规定减征、免征关税的货物、物品；

10．暂时进出口货物；

11．出料加工项下的出口料件及复进口的成品；

12．进出境的修理物品；

13．租赁期不满一年的进出口货物；

14．边民互市进出境货物。

15．非按全额货值征税的进口货物（如按租金、修理费征税的进口货物）。

特定区域进口自用物资及出口货物

一、定义

特定区域进口自用物资及出口货物指深圳、珠海、汕头、厦门、海南等5个经济特区及上海浦东新区和苏州工业园区、三峡库区等在国家核定额度内实行关税和进口环节增值税先征后返还的进口自用物资及对这些地区单独实施免税政策的出口货物。

本征免性质代码为“301”，简称：特定区域。

二、适用范围

1．上述地区内企、事业单位（外商投资企业除外）在国家核定额度内实行关税和进口环节增值税先征后返还的进口自用物资；

2．上述地区生产的出口产品，包括上述地区用内地料件加工增值20%以上的出口产品。

保税区进口自用物资

一、定义

保税区进口自用物资指对保税区单独实施征减免税政策的进口自用物资。

本征免性质代码为“307”，简称：保税区。

二、适用范围

1．保税区用于基础设施建设的物资。

2. 保税区内企业（外商投资企业除外）进口的生产设备和其他自用物资。

其他执行特殊政策地区出口货物

一、定义

其他执行特殊政策地区出口货物指对经济技术开发区、高新技术产业开发区等单独实施免税政策的出口货物。

本征免性质代码为“399”，简称：其他地区。

二、适用范围

上述地区企业（外商投资企业除外）生产的出口产品，包括上述地区用内地料件加工增值20%以上的出口产品。

科研机构、学校进口科教用品

一、定义

科研机构、学校进口科教用品指为促进科学研究和教育事业的发展，科学研究机构和学校按照有关征减免税政策，进口国内不能生产的、直接用于科研或教学的货物。

本征免性质代码为“401”，简称：科教用品。

二、适用范围

1. 国务院规定的科研开发机构和大专院校进口的科教用品；

2. 经国务院有关部门批准的其他科研开发机构和学校进口的科教用品；

3. 经国务院有关部门核定的企业（集团）技术中心、国家工程研究中心、国家重点实验室和国家工程技术研究中心在2000年底以前进口的科研物品。

企业技术改造进口货物

一、定义

企业技术改造进口货物指为了鼓励引进国外先进技术，促进企业技术改造和产品升级换代，提高综合经济效益，现有生产企业为进行技术改造按照有关征减免税政策进口必需的先进技术、机器、仪器和设备。

本征免性质代码为“403”，简称：技术改造.

二、适用范围

1. 技改项目进口货物；

2. 综合利用技术改造项目进口货物。

国家重大项目进口货物

一、定义

国家重大项目进口货物指经国务院批准的国家重大建设项目项下按照有关征减免税政策进口的设备，以及安装所需材料等。

本征免性质代码为“406”，简称：重大项目。

二、适用范围

列入《国务院已批准享受减免税政策的重大项目清单》的项目进口的机器设备等。

通信、港口、铁路、公路、机场建设进口设备

一、定义

通信、港口、铁路、公路、机场建设进口设备指为促进基础设施建设，按照有关征减免税政策进口的用于通信、港口、铁路、公路、机场建设的机器、设备。

本征免性质代码为“412”，简称：基础设施。

二、适用范围

《进口通信、港口、铁路、公路、机场专用设备准予减免税品种表》所列的各种机器、设备。

进口残疾人专用品和专用设备及残疾人企业出口产品

一、定义

进口残疾人专用品和专用设备及残疾人企业出口产品指为支持残疾人康复工作、帮助残疾人自立而免税进口的残疾人专用品和有关福利机构、康复机构、企业按照国家有关规定免税进口的国内不能生产的残疾人专用设备及专用生产设备，以及残疾人企业生产的免税出口产品。

本征免性质代码为“413”，简称：残疾人。

二、适用范围

1. 有关单位进口的残疾人个人专用物品；

2. 民政部门和残疾人组织所属福利机构、荣军康复医院、康复机构有关企业进口的用于残疾人康复、教育、劳动等的专用仪器、设备及专用生产设备；

3. 残疾人企业生产的出口产品。

远洋渔业自捕水产品

远洋渔业自捕水产品指取得《农业部远洋渔业企业资格证书》的远洋渔业企业及外商投资的远洋渔业企业，在规定的额度内自捕运回的水产品。

本征免性质代码为“417”，简称：远洋渔业。

国家定点生产小轿车和摄录机企业进口散件

一、定义

国家定点生产小轿车和摄录机企业进口散件指国家定点生产小轿车和摄录一体机的企业，按照有关征减免税政策进口的小轿车或摄录一体机成套散件或关键件。

本征免性质代码为“418”，简称：国产化。

二、适用范围

1. 一汽大众、上海大众、上海通用、北京吉普、广州本田、武汉神龙、天津夏利、长安奥拓、贵州云雀等9个国家定点生产小轿车企业进口的关键件；

2. 南京依维柯、沈阳金杯等12家定点轻型车生产企业进口的轻型车关键件；

3. 北京JVC电子有限公司、上海索广电子有限公司等国家定点生产摄录一体机企业进口的摄录一体机成套散件或关键件。

构成整车特征的汽车零部件进口

根据《构成整车特征的汽车零部件进口管理操作规程（试行）》，进口构成整车特征的汽车零部件，征免性质栏填写“整车特征”，征免性质代码为“419”。

手工填写税款缴款书时，应根据实际情况处理，其中纳税方式为“整车税率征税”的，“征免性质”栏填写“整车征税”，征免性质代码为“118”；纳税方式为“零部件税率征税”的，“征免性质”栏填写“零部件征税”，征免性质代码为“119”；纳税方式为“国内配套件”的，“征免性质”栏填写“整车征税”，征免性质代码为“118”。

勘探、开发海上石油进口货物

定义

勘探、开发海上石油进口货物指按照有关征减免税政策进口的勘探、开发海上（包括浅海）石油和天然气所需的设备、材料。

本征免性质代码为“606”，简称：海上石油。

勘探、开发陆地石油进口货物

一、定义

勘探、开发陆地石油进口货物指按照有关征减免税政策进口的勘探、开发我国境内陆地特定地域内石油和天然气所需的设备、材料。

本征免性质代码为“608”，简称：陆地石油。

二、适用范围

经国务院批准，在我国境内特定地域内勘探、开发陆地石油和天然气所需进口的设备、物品。

救灾捐赠进口物资

一、定义

救灾捐赠进口物资指外国民间团体、企业、友好人士和华侨、香港居民、台湾、澳门同胞及外籍华人无偿向我境内受灾地区捐赠的直接用于救灾的免税进口物资。

本征免性质代码为“801”，简称：救灾捐赠

二、适用范围

由民政部、中国红十字会、中华全国妇女联合会负责接收的外国民间团体、企业、友好人士和华侨、香港居民、台湾、澳门同胞及外籍华人无偿捐赠的，符合《关于救灾捐赠物资免征进口税收的暂行办法》规定的免税进口救灾物资。

加工贸易外商提供的不作价进口设备

一、定义

加工贸易外商提供的不作价进口设备指加工贸易经营单位按照有关征免税政策进口的外商免费（即不需经营单位付汇，也不需用加工费和差价偿还）提供的加工生产所需设备。

本征免性质代码为“501”，简称：加工设备。

二、适用范围

符合免税进口和使用外商提供的不作价设备条件的加工贸易（包括来料加工、进料加工及外商投资企业从事的加工贸易）经营单位规定免税或征税进口的、由外商免费提供的加工生产所需设备（包括工模具）。

来料加工装配和补偿贸易进口料件及出口成品

一、定义

来料加工装配和补偿贸易进口料件及出口成品指为鼓励和促进对外加工装配业务，按照有关征减免税政策进口的来料加工装配业务和补偿贸易所需的原材料、辅料、元器件、零部件和包装材料等，以及经加工后出口的成品。

本征免性质代码为“502”，简称：来料加工。

二、适用范围

1. 来料加工装配和补偿贸易项目进口的料、件；

2. 来料加工装配和补偿贸易生产的出口成品和半成品。

进料加工贸易进口料件及出口成品

一、定义

进料加工贸易进口料件及出口成品指外贸公司、工贸公司及外商投资企业等为生产外销产品或为履行产品出口合同，按照有关征减免税政策进口的原材料、零部件及出口成品。本征免性质代码为“503”，简称：进料加工。

二、适用范围

1. 外贸公司、工贸公司等专为生产外销产品而用

外汇购买进口的原料、材料、辅料、元器件、零部件、配套件、包装物料及消耗材料；

2. 外商投资企业为履行产品出口合同而进口的原料、材料、辅料、元器件、零部件、配套件、包装物料及消耗材料；

3. 经加工后返销出口的成品和半成品。

边境小额贸易进口货物

一、定义

边境小额贸易进口货物指边境地区经批准有边境小额贸易经营权的企业，通过国家指定的陆地边境口岸（或经国务院特批的海上边贸口岸），按照有关征减免税政策进口原产于毗邻国家的货物（不包括边民互市）。

本征免性质代码为“506”，简称：边境小额。

二、适用范围：

1. 边境地区开展的易货贸易、现汇贸易进口货物；

2. 边境地区开展的工程承包、劳务输出等互利经济合作项下进口货物；

3. 除边民互市以外的其他各类执行边境小额贸易政策的进口货物。

中外合资经营企业进出口货物

一、定义

中外合资经营企业进出口货物指国内企业与境外企业在中国境内合资经营的企业在投资总额内，按照有关征减免税政策进口的生产、管理设备，以及自产的出口产品等。

本征免性质代码为“601”，简称：中外合资。

二、适用范围

1. 投资总额内进口的生产、管理设备，加固、安装设备用材料等货物（不包括进口料件）；

2. 企业自产的出口产品。

中外合作经营企业进出口货物

一、定义

中外合作经营企业进出口货物指境外公司与我国境内公司合作经营的企业按照有关征减免税政策，作为外商投资进口的生产、管理设备，以及自产的出口产品等。

本征免性质代码为“602”，简称：中外合作。

二、适用范围：

1. 按经批准的合同作为外商投资进口的机器、设备等（不包括进口料件）；

2. 企业自产的出口产品。

外商独资企业进出口货物

一、定义

外商独资企业进出口货物指境外厂商在中国境内独资经营的企业在投资总额内，按照有关征减免税政策进口的生产、管理设备，以及自产的出口产品等。

本征免性质代码为“603”，简称：外资企业。

二、适用范围

1. 投资总额内进口的生产、管理设备，加固、安装设备用材料等货物（不包括进口料件）；

2. 企业自产的出口产品。

利用外国政府贷款和国际金融组织贷款进口设备

一、定义

利用外国政府贷款和国际金融组织贷款进口设备指自1995年1月1日至1997年12月31日按国家规定程序批准的利用外国政府贷款和国际金融组织（世界银行、亚洲开发银行、联合国农业发展基金）贷款项目，按照有关征减免税政策进口的设备。

本性质代码“609”，简称：贷款项目。

国家鼓励发展的内外资项目进口设备

一、定义

国家鼓励发展的内外资项目进口设备指自1998年1月1日起，按国家规定程序审批并经统一编号的国家鼓励发展的国内投资项目和外商投资项目，按照有关征减免税政策进口的设备。

本征免性质代码为“789”，简称：鼓励项目。

二、适用范围

1. 符合《当前国家重点鼓励发展的产业、产品和技术目录》的国内投资（包括利用国外商业贷款）的基建或技改项目，在投资总额内进口的自用设备和随设备进口的技术及配套件、备件。

2. 符合《外资投资产业指导目录》鼓励类和限制乙类，并转让技术的外商投资项目（包括基建或技改项目），在投资总额内进口的自用设备和随设备进口的技术及配套件、备件。

3. 利用外国政府贷款和国际金融组织（世界银行、亚洲开发银行、联合国农业发展基金）贷款项目进口的自用设备和随设备进口的技术及配套件、备件。

营运国际航线和港澳航线的国内航空公司进口维修用航空器材的减税

根据《海关总署关于营运国际和港澳航线的国内航空公司进口维修用航空器材实施进口税收优惠政策的管理规定》，10家航空公司享受用于维修国际航线和港澳航线飞机的进口航空器材的免税优惠政策。

本征免性质代码为“888”，简称：航材减免。

国务院特准减免税的进出口货物

一、定义

国务院特准减免税的进出口货物指经国务院特案批准予以减免税的进出口货物。

本征免性质代码为“898”，简称：国批减免。

二、适用范围

1. 国务院批准只减免增值税或消费税的货物；

2. 其他国务院特批的减免税进出口货物。

例外减免税进出口货物

例外减免税进出口货物指无法归入以上各项征免性质的减免税进出口货物。

本征免性质代码为“999”，简称：例外减免。

享受内部暂定税率的进出口货物

享受内部暂定税率的进出口货物指按照国务院税委会规定的内部暂定税率征税的进出口货物。

本征免性质代码为“998”，简称：内部暂定。

征减免税方式代码表说明

征减免税方式是指海关依照《中华人民共和国海关法》、《中华人民共和国进出口关税条例》、《中华人民共和国海关进出口税则》及其他法律、法规，对进出口货物实际决定征税、减税、免税或特案处理的操作方式，应根据海关核发的《征免税证明》或有关政策规定对报关单所列每项商品按《征减免税方式代码表》确定的征减免税方式名称及代码。

一、征减免税方式的分类

征减免税方式分为照章征税、折半征税、全免、特案减免、随征免性质、保证金、保证函、折半补税及出口全额退税九种，各种方式分别用不同的代码标定。

二、征减免税方式代码说明

（一）照章征税

指对进出口货物依照法定税率计征各类税、费。

（二）折半征税

指依照主管海关签发的《征免税证明》或海关总署的通知，对进出口货物依照法定税率折半计征关税和增值税，但照章征收消费税。

（三）全免

指依照主管海关签发的《征免税证明》或海关总署的通知，对进出口货物免征关税和增值税，但消费税不予免征。

（四）特案减免

指依照主管海关签发的《征免税证明》或海关总署通知规定的税率计征各类税、费。

（五）随征免性质

指对某些监管方式下进出口的货物按照征免性质规定的特殊计税公式或税率计征税、费。

（六）保证金

指经海关批准具保放行的货物，由担保人向海关缴纳现金的一种担保形式。

（七）保证函

指担保人根据海关的要求，向海关提交的订有明确权利义务的一种担保文书。

（八）折半补税

指对已征半税的供特区内销售的市场物资，经海关核准运往特区外时，补征另一半相应税款。

（九）出口全额退税

指对计划内出口的丝绸、山羊绒实行出口全额退税时，凭“计划内出口证明”开具出口全额退税税单，并计征关务费。

运输方式代码表说明

一、定义

运输方式是指货物进出关境时所使用的运输工具的分类。包括非保税区、监管仓库、江海、铁路、汽车、航空、邮递保税区、保税仓库和其他共十大类。

二、运输方式分类说明

（一）江海运输：指利用船舶在国内外港口之间，通过固定的航区和航线进行货物运输的一种方式。

（二）铁路运输：指利用铁路承担进出口货物运输的一种方式。

（三）汽车运输：指利用汽车承担进出口货物运输的一种方式。

（四）航空运输：指利用航空器承运进出口货物的一种方式。

（五）邮递运输：指通过邮局寄运货物进出口的一种方式。

（六）其他运输：除上述几种运输方式以外的货物进出口运输方式。

如利用人扛、驮畜、输油管道、输水管道和输电网等方式进出口货物的运输方式。

（七）用于标识境内进出保税区或保税仓库的运输方式代码如下：

“0”非保税区运入保税区和保税区退区货物；

“1”境内存入出口监管仓和出口监管仓退仓货物；

“7”保税区运往非保税区货物；

“8”保税仓库转内销货物。

关区代码表说明

一、关区代码表用于填报进出口报关单的进出口口岸海关的名称。

《关区代码表》由两部分组成，即关区代码和关区名称。

关区代码由四位数字组成，前两位采用海关统计的直属海关关别代码，后两位为隶属海关的代码。

关区名称即各口岸海关中文名称。

二、使用关区代码时应注意的问题

代码表中只有直属海关关别和代码的，可以填报直属海关名称和代码（见例1）；如果有隶属海关关别和代码时，必须填报隶属海关关别和代码（见例2）。

例1：在太原海关办理货物进出口报关手续，本栏目可填报“太原海关”，代码“0500”。

例2：在上海浦江海关办理货物进出口报关手续，本栏目不得填报“上海海关”，代码“2200”，必须填报“上海浦江海关”、代码“2201”。

国内地区代码表说明

一、国内地区代码表用于填报进出口报关单的境内目的地和境内货源地。

国内地区代码由五位数构成，一至四位数为企业属地的行政区划代码，其中第一、二位数表示省（自治区、直辖市）；第三、四位数表示省辖市（地区、省直辖行政单位）、城市、计划单列城市，沿海开放城市，以上代码均采用国家标准。

国内地区代码第五位数为省辖市内经济区划性质

代码：

"1" 表示经济特区；

"2" 表示经济技术开发区：（包括上海浦东新区、海南洋浦经济开发区和苏州工业园区）；

"3" 表示高新技术开发区；

"4" 表示保税区；

"9" 表示其他。

二、境内目的地以进口货物在境内的消费、使用地或最终运抵地为准。一般有以下几种情况：

1. 直接接受有外贸进出口经营权的企业调拨物资的境内消费、使用单位所在地；

2. 委托有外贸进出口经营权的企业进口货物的单位所在地；

3. 自行从国外进口货物的单位所在地；

4. 如难以确定进口货物的消费、使用单位，应以预知的进口货物最终运抵地区为准。

三、境内货源地以出口货物的生产地为准。如出口货物在境内多次周转，不能确定生产地的，应以最早的起运地为准。

结汇方式代码表说明

一、定义

结汇方式是出口货物发货人或其代理通过银行收结外汇的方式。

二、《结汇方式代码表》结构及说明

(一)《结汇方式代码表》由两部分组成，即结汇方式代码和结汇方式名称。

(二) 结汇方式代码分为汇付、托收、信用证和其他。

1. 汇付包括：

(1) 信汇：买方将货款交给进口地银行，由银行开具付款委托书，邮寄出口地银行，委托其向卖方付款。

(2) 电汇：进口地银行应买方申请，直接用电报发出付款委托书，委托出口地银行向卖方付款。

(3) 票汇：买方向进口地银行购买银行汇票迳寄卖方，由卖方或其指定的人持票向出口地有关银行取款。

汇付从时间上分预付和后付。预付即卖方装运货物前，买方先将货款汇结卖方；后付即卖方先交货，在买方收到货物或单据后才汇付货款。

2. 托收包括：

(1) 付款交单 (D/P)：指卖方托收时指示托收行，只有在买方付清货款时才交出单据。

(2) 承兑交单 (D/A)：指买方承兑汇票后即可取得单据，提取货物，待汇票到期时才付货款。

3. 信用证 (L/C)：信用证是银行在买卖双方之间保证付款的凭证。银行根据买方的申请书，向卖方开出保证付款的信用证，即只要卖方提交符合信用证要求的单据，银行就保证付款。

4. 其他：指除上述以外的结汇方式。

监管证件代码表说明

一、定义

监管证件名称代码是海关依据我国外贸法律、法规及规章，为便于实施计算机系统管理和便捷通关需求，对实行进出口许可证件管理的货物在海关管理环节须验核的各种进出口许可证件的分类标识。其总和称为监管证件名称代码表。

二、《监管证件名称代码表》结构

《监管证件名称代码表》由两部分组成，即监管证件代码和监管证件名称。例如：代码“1”为进口许可证，如果某一商品编号后注有监管证件“1”，则说明在一般贸易项下进口该种商品需申领进口许可证。

三、监管证件名称代码说明

（一）代码“1”——进口许可证：指商务部配额许可证事务局或其授权机关签发的进口许可证。

（二）代码“2”——两用物项和技术进口许可证：指列入《两用物项和技术进口许可证管理目录》的商品，进口时由商务部签发的《两用物项和技术进口许可证》。

（三）代码“3”——两用物项出口许可证：指列入《敏感物项和技术出口许可证管理目录》的商品，出口时由商务部签发的《敏感物项出口许可证》。

（四）代码“4”——出口许可证：指商务部配额许可证事务局或其授权机关签发的出口许可证。

（五）代码“5”——纺织品临时出口许可证：指列入《纺织品出口临时管理商品目录》的商品，出口时由商务部签发《纺织品临时出口许可证》。

（六）代码“6”——旧机电产品禁止进口：商品编码后有此代码的商品，其旧品禁止进口。

（七）代码“7”——自动进口许可证：指进口商品实行自动进口许可管理，由商务部签发自动进口许可证。

（八）代码“8”——禁止出口商品：指国务院授权对外经济贸易主管部门会同有关部门，依照《中华人民共和国对外贸易法》等有关法律法规，制定、调整并公布的禁止出口货物目录所列商品。商品编码后有此代码的商品禁止出口。

（九）代码“9”——禁止进口商品：指国务院授权对外经济贸易主管部门会同有关部门，依照《中华人民共和国对外贸易法》等有关法律法规，制定、调整并公布的禁止进口货物目录所列商品。商品编码后有此代码的商品禁止进口。

（十）代码“A”——入境货物通关单：指国家质量监督检验检疫机构根据《中华人民共和国进出口商品检验法》、《中华人民共和国动植物检疫法》和《中华人民共和国食品卫生法》等有关法律、法规，对列入《出入境检验检疫机构实施检验检疫的进出境商品目录》的进口商品签发的入境货物通关单。

（十一）代码“B”——出境货物通关单：指国家质量监督检验检疫机构根据《中华人民共和国进出口商品检验法》、《中华人民共和国动植物检疫法》和《中华人民共和国食品卫生法》等有关法律、法规，对列入《出入境检验检疫机构实施检验检疫的进出境商品目录》的出口商品签发的出境货物通关单。

（十二）代码“D”——出/入境货物通关单：为履行我国国际义务，制止“冲突钻石”非法交易，国家质检总局、海关总署等六部委联合发布2002年第132号公告，对毛坯钻石进出口实施管理，毛坯钻石进出口时，授权检验检疫机构签发出/入境货物通关单。

（十三）代码“E”——濒危物种允许出口证明书：指根据《中华人民共和国野生动物保护法》及相关法律法规，对列入《进出口野生动植物种商品目录》的货物，出口时由国家濒危物种进出口管理办公室或其办事机构签发的濒危物种出口允许证。

（十四）代码“F”——濒危物种允许进口证明书：指根据《中华人民共和国野生动物保护法》及相关法律法规，对列入《进出口野生动植物种商品目录》的货物，进口时由国家濒危物种进出口管理办公室或其办事机构签发的濒危物种进口允许证。

（十五）代码“G”——易制毒化学品定向出口许可证：指列入《向特定国家（地区）出口易制毒化学品管理目录》的商品，向特定国家出口时由商务部签发《易制毒化学品定向出口许可证》。

（十六）代码“I”——精神药物进（出）口准许证：根据《中华人民共和国药品管理法》和国务院《精神药品管理办法》及相关法律法规，国家对精神药品的进（出）口实行进（出）口准许证管理制度。对列入“精神药品管制品种目录”的商品，国家药品监督管理局核发《精神药品进（出）口准许证》或《携带麻醉药品、精神药品证明》。

（十七）代码“J”——金产品出口证或人总行进口批件：指根据《中华人民共和国金银管理条例》及相关法律法规，对进出口黄金及其制品，由中国人民银行签发的准许进出境证件。

（十八）代码“O”——自动进口许可证（新旧机电产品）：进口实行自动进口许可管理的机电产品，进口单位应当在办理海关报关手续前，向商务部或地方商务主管机构、部门机电办申领《自动进口许可证》。

（十九）代码“P”——固体废物进口许可证：根据《中华人民共和国固体废物污染环境防治法》和《废物进口环境保护管理暂行规定》及相关法律法规，对列入《国家限制进口的可用作原料的废物目录》、《自动进口许可的可用作原料的废物目录》的进口商品，由国家环保总局签发固体废物进口许可证。

（二十）代码“Q”——进口药品通关单：根据《中华人民共和国药品管理法》及相关法律法规，对列入《进口药品管理目录》的药品，国家药监局及其授权机构签发进口药品通关单。

（二十一）代码“S”——进出口农药登记证明：

根据《农药管理条例》及有关法律法规，《中华人民共和国进出口农药登记证明管理名录》和《中华人民共和国进出口列入事先知情同意程序（PIC）农药登记证明管理名录》的商品，进出口时，农业部签发进出口农药登记证明。

（二十二）代码“T”——银行调运现钞进出境许可证：指国家外汇管理局和中国人民银行根据《银行调运外币现钞进出境管理规定》等法律、法规，对允许进出境的外币和人民币现钞签发的许可证件。

（二十三）代码“W”——麻醉药品进出口准许证：根据《中华人民共和国药品管理法》和国务院《麻醉药品管理办法》及相关法律法规，国家对麻醉药品的进（出）口实行进（出）口准许证管理制度。对列入“麻醉药品管制品种目录”的商品，国家药品监督管理局核发《麻醉药品进（出）口准许证》或《携带麻醉药品、精神药品证明》。

（二十四）代码“X”——有毒化学品环境管理放行通知单：指列入《中国严格限制的有毒化学品名录》的进出口化学品，由国家环境保护总局签发的放行通知单。

（二十五）代码“Z”——进口音像制品批准单或节目提取单：指国家实行进口管理的音像制品，由文化部签发的《文化部进口音像制品批准单》或广播电影电视总局及其授权部门签发的《进口广播电影电视节目带（片）提取单》。

（二十六）代码“e”——关税配额外优惠关税税率进口棉花配额证：指对于一定数量的关税配额外报关进口的棉花，按“暂定优惠关税税率”征收进口关税，由国家发展改革委授权机构出具《关税配额外优惠关税税率进口棉花配额证》。

（二十七）代码“t”——关税配额证明：是指列入实施《关税配额目录》的商品，进口时由商务部签发《关税配额证明》。

海关通关系统《商品综合分类表》

使 用 说 明

为便于读者查阅，现将《商品综合分类表》的有关栏目说明如下：

一、《商品综合分类表》的第1列为“商品编号”，其前八位代码与《税则》中的税则号列和《统计目录》中的商品编号完全一致，第9、10位代码是根据代征税、暂定税率和贸易管制的需要而增设的。商品编号未增列第9位、第10位时，用“00”补齐10位。

“商品编号”栏有 * 标志的，表示：

1.该项商品实施年度暂定税率，凡从世贸组织成员国或与我国有双边互惠协议的国家或地区进口的货物，即按暂定税率征税(见附表1)，从其他国家或地区进口的货物仍按规定的普通税率征税。

2.该项商品实施出口商品暂定税率(见附表2)。

二、《商品综合分类表》的第2列为“商品名称及备注”，它是为适应通关系统的需要，由《税则》和《统计目录》中的“货品名称”缩减而成，括号内的文字是对该商品名称的补充描述。

三、《商品综合分类表》的第3列为“进口关税”，栏内数字表示为关税税率的百分比。对从世贸组织成员国或与我国订有关税互惠协议的国家或地区进口的货物，按最惠国税率征税，对从其他国家或地区进口的货物按普通税率征税。

进口关税税额 = 到岸价格 × 进口关税税率

出口关税税额 = (离岸价格/1 + 出口关税税率) × 出口关税税率

四、《商品综合分类表》的第4列为“增值税”，仅有13和17两栏，栏内数字相应地表示为该项商品的进口环节增值税税率为13%或17%。

增值税税额 = (到岸价格 + 关税税额 + 消费税税额) × 增值税税率

五、《商品综合分类表》的第5列为“计量单位”。

六、《商品综合分类表》的第6列为“监管条件”，该栏目的代码表示该项商品在一般贸易进出口时需要向海关提交的监管证件。具体代码所代表的证件请查阅“监管证件代码表”。

商品归类总规则

货品在本税则目录上的归类,应遵循以下原则:

规则一　类、章及分章的标题,仅为查找方便而设;具有法律效力的归类,应按税目条文和有关类注或章注确定,如税目、类注或章注无其他规定,按以下规则确定。

规则二　(一)税目所列货品,应视为包括该项货品的不完整品或未制成品,只要在进口或出口时该项不完整品或未制成品具有完整品或制成品的基本特征;还应视为包括该项货品的完整品或制成品(或按本款可作为完整品或制成品归类的货品)在进口或出口时的未组装件或拆散件。

(二)税目中所列材料或物质,应视为包括该种材料或物质与其他材料或物质混合或组合的物品。税目所列某种材料或物质构成的货品,应视为包括全部或部分由该种材料或物质构成的货品。由一种以上材料或物质构成的货品,应按规则三归类。

规则三　当货品按规则二(二)或由于其他原因看起来可归入两个或两个以上税目时,应按以下规则归类:

(一)列名比较具体的税目,优先于列名一般的税目。但是,如果两个或两个以上税目都仅述及混合或组合货品所含的某部分材料或物质,或零售的成套货品中的某些货品,即使其中某个税目对该货品描述得更为全面、详细,这些货品在有关税目的列名应视为同样具体。

(二)混合物、不同材料构成或没部件组成的组合物以及零售的成套货品,如果不能按照规则三(一)归类时,在本款可适用的条件下,应按构成货品基本特征的材料或部件归类。

(三)货品不能按照规则三(一)或(二)归类时,应按号列顺序归入其可归入的最末一个税目。

规则四　根据上述规则无法归类的货品,应归入与其最相类似的货品的税目。

规则五　除上述规则外,本规则适用于下列货品的归类:

(一)制成特殊形状仅适用于盛装某个或某套物品并适合长期使用的照像机套、乐器盒、枪套、绘图仪器盒、项链盒及类似容器,如果与所装物品同时进口或出口,并通常与所装物品一同出售的,应与所装物品一并归类。但本款不适用于本身构成整个货品基本特片的容器。

(二)除规则五(一)规定的以外,与所装货品同时进口或出口的包装材料或包装容器,如果通常是用来包装这类货品的,应与所装货品一并归类。但明显可重复使用的包装材料和包装容器可不受本款限制。

规则六　货品在某一税目项下各子目的法定归类,应按子目条文或有关的子目注释以及以上各条规则来确定,但子目的比较只能在同一数级上进行。除本税则目录条文另有规定的以外,有关的类注、章注也适用于本规则。

第一类 活动物;动物产品

注释:

一、本类所称的各属种动物,除条文另有规定的以外,均包括其幼仔在内。

二、除条文另有规定的以外,本目录所称干的产品,均包括经脱水、蒸发或冷冻干燥的产品。

第一章 活动物

注释:

本章包括所有活动物,但下列各项除外:

一、品目03.01、03.06或03.07的鱼、甲壳动物、软体动物及其他水生无脊椎动物;

二、品目30.02的培养微生物及其他产品;

三、品目95.08的动物。

商品编号	商品名称及备注	进口关税税率		增值税率	计量单位	监管条件
		最惠国	普通			
0101	马、驴、骡					
0101101010	改良种用濒危野马			13.0	头	AFEB
0101101090	其他改良种用马			13.0	头	AB
0101102010	改良种用的濒危野驴			13.0	头	AFEB
0101102090	改良种用的其他驴			13.0	头	AB
0101901010	非改良种用濒危野马	10.0	30.0	13.0	头	AFEB
0101901090	非改良种用马	10.0	30.0	13.0	头	AB
0101909010	非改良种用濒危野驴	10.0	30.0	13.0	头	AFEB
0101909090	非改良种用其他驴、骡	10.0	30.0	13.0	头	AB
0102	牛					
0102100010	改良种用濒危野牛			13.0	头	AFEB
0102100090	其他改良种用牛			13.0	头	AB
0102900010	非改良种用野牛	10.0	30.0	13.0	头	4xABFE
0102900090	非改良种用其他牛	10.0	30.0	13.0	头	4xAB
0103	猪					
0103100010	改良种用的鹿猪、姬猪			13.0	头	AFEB
0103100090	其他改良种用的猪			13.0	头	AB
0103911010	重量在10千克以下的其他野猪(改良种用的除外)	10.0	50.0	13.0	头	4xABFE
0103911090	重量在10千克以下的其他猪(改良种用的除外)	10.0	50.0	13.0	头	4xAB

商品编号	商品名称及备注	进口关税税率		增值税率	计量单位	监管条件
		最惠国	普通			
0103912010	10千克≤重量<50千克的其他野猪(改良种用的除外)	10.0	50.0	13.0	头	4xABFE
0103912090	10千克≤重量<50千克的其他猪(改良种用的除外)	10.0	50.0	13.0	头	4xAB
0103920010	重量在50千克及以上的其他野猪(改良种用的除外)	10.0	50.0	13.0	头	4xABFE
0103920090	重量在50千克及以上的其他猪(改良种用的除外)	10.0	50.0	13.0	头	4xAB
0104	**绵羊、山羊**					
0104101000	改良种用的绵羊			13.0	头	AB
0104109000	其他绵羊(改良种用的除外)	10.0	50.0	13.0	头	AB
0104201000	改良种用的山羊			13.0	头	AB
0104209000	非改良种用山羊	10.0	50.0	13.0	头	AB
0105	**家禽,即鸡、鸭、鹅、火鸡及珍珠鸡**					
0105111000	不超过185克的改良种用鸡			13.0	只	AB
0105119000	不超过185克的其他鸡(改良种用的除外)	10.0	50.0	13.0	只	AB
0105121000	不超过185克的改良种用火鸡			13.0	只	AB
0105129000	不超过185克的其他火鸡(改良种用的除外)	10.0	50.0	13.0	只	AB
0105191000	不超过185克的其他改良种用家禽			13.0	只	AB
0105199000	不超过185克的其他家禽(改良种用的除外)	10.0	50.0	13.0	只	AB
0105921000	185克<重量≤2000克的改良种用鸡			13.0	只	4xAB
0105929000	185克<重量≤2000克的其他鸡(改良种用的除外)	10.0	50.0	13.0	只	4xAB
0105931000	超过2000克的改良种用鸡			13.0	只	4xAB
0105939000	超过2000克的其他鸡(改良种用的除外)	10.0	50.0	13.0	只	4xAB
0105991000	超过185克的其他改良种用家禽			13.0	只	AB
0105999100	超过185克的非改良种用鸭	10.0	50.0	13.0	只	AB
0105999200	超过185克的非改良种用鹅	10.0	50.0	13.0	只	AB
0105999300	超过185克的非改良种用珍珠鸡	10.0	50.0	13.0	只	4xAB
0105999400	超过185克的非改良种用火鸡	10.0	50.0	13.0	只	AB
0106	**其他活动物**					
0106111000	改良种用灵长目哺乳动物(包括人工驯养、繁殖的)			13.0	只/千克	AFEB
0106119000	其他灵长目哺乳动物(包括人工驯养、繁殖的)	10.0	50.0	13.0	只/千克	AFEB
0106120000	鲸、海豚及鼠海豚;海牛及儒艮(包括人工驯养、繁殖的)	10.0	50.0	13.0	只/千克	AFEB
0106191010	其他改良种用濒危野生哺乳动物(包括人工驯养、繁殖的)			13.0	只/千克	ABFE
0106191090	其他改良种用非野生的哺乳动物			13.0	只/千克	AB
0106192010	其他食用濒危野生哺乳动物(包括人工驯养、繁殖的)	10.0	50.0	13.0	只/千克	AFEB
0106192090	其他食用非野生的哺乳动物	10.0	50.0	13.0	只/千克	AB
0106199010	其他濒危野生哺乳动物(包括人工驯养、繁殖的)	10.0	50.0	13.0	只/千克	AFEB
0106199090	其他非野生的哺乳动物	10.0	50.0	13.0	只/千克	AB
0106201100	改良种用鳄鱼苗(包括人工驯养、繁殖的)			13.0	只/千克	AFEB
0106201900	其他改良种用爬行动物(包括人工驯养、繁殖的)			13.0	只/千克	FEAB

商品编号	商品名称及备注	进口关税税率		增值税率	计量单位	监管条件
		最惠国	普通			
0106202010	食用野生蛇(包括人工驯养、繁殖的)	10.0	50.0	13.0	只/千克	AFEB
0106202020	食用野生龟鳖(包括人工驯养、繁殖的)	10.0	50.0	13.0	只/千克	ABFE
0106202090	其他食用爬行动物(包括人工驯养、繁殖的)	10.0	50.0	13.0	只/千克	FEAB
0106209000	其他爬行动物(包括人工驯养、繁殖的)	10.0	50.0	13.0	只/千克	FEAB
0106311000	改良种用猛禽(包括人工驯养、繁殖的)			13.0	只/千克	AFEB
0106319000	其他猛禽(包括人工驯养、繁殖的)	10.0	50.0	13.0	只/千克	ABFE
0106321010	改良种用虎皮鹦鹉			13.0	只/千克	AB
0106321020	改良种用鸡尾鹦鹉			13.0	只/千克	AB
0106321090	改良种用其他鹦形目的鸟(包括人工驯养、繁殖的)			13.0	只/千克	ABFE
0106329010	非改良种用虎皮鹦鹉	10.0	50.0	13.0	只/千克	AB
0106329020	非改良种用鸡尾鹦鹉	10.0	50.0	13.0	只/千克	AB
0106329090	非改良种用其他鹦形目的鸟(包括人工驯养、繁殖的)	10.0	50.0	13.0	只/千克	ABFE
0106391010	其他濒危野生改良种用的鸟(包括人工驯养、繁殖的)			13.0	只/千克	ABFE
0106391090	其他非野生的改良种用的鸟			13.0	只/千克	AB
0106392100	食用乳鸽	10.0	50.0	13.0	只/千克	AB
0106392200	食用鸵鸟	10.0	50.0	13.0	只/千克	FEAB
0106392300	食用野鸭	10.0	50.0	13.0	只/千克	FEAB
0106392910	其他食用濒危野生鸟(包括人工驯养、繁殖的)	10.0	50.0	13.0	只/千克	ABFE
0106392990	其他食用非野生的鸟	10.0	50.0	13.0	只/千克	AB
0106399010	其他濒危野生鸟(包括人工驯养、繁殖的)	10.0	50.0	13.0	只/千克	ABFE
0106399090	其他非野生的鸟	10.0	50.0	13.0	只/千克	AB
0106901110	改良种用濒危蛙苗			13.0	只/千克	ABFE
0106901190	其他改良种用蛙苗			13.0	只/千克	AB
0106901910	其他改良种用濒危野生动物(包括人工驯养、繁殖的)			13.0	只/千克	ABFE
0106901990	其他改良种用非野生动物			13.0	只/千克	AB
0106902010	其他濒危野生食用动物(包括人工驯养、繁殖的)	10.0	50.0	13.0	只/千克	ABFE
0106902090	其他非野生食用动物	10.0	50.0	13.0	只/千克	AB
0106909010	其他濒危野生动物(包括人工驯养、繁殖的)	10.0	50.0	13.0	只/千克	ABFE
0106909090	其他非野生动物	10.0	50.0	13.0	只/千克	AB

第二章　肉及食用杂碎

注释：

本章不包括：

一、品目 02.01 至 02.08 或 02.10 的不适合供人食用的产品；

二、动物的肠、膀胱、胃(品目 05.04)或动物血(品目 05.11、30.02)；

三、品目 02.09 所列产品以外的动物脂肪(第十五章)。

商品编号	商品名称及备注	进口关税税率		增值税率	计量单位	监管条件
		最惠国	普通			
0201	鲜、冷牛肉					
0201100011	整头及半头鲜的野牛肉	20.0	70.0	13.0	千克	4xABFE
0201100019	其他整头及半头鲜的牛肉	20.0	70.0	13.0	千克	4xAB
0201100091	整头及半头冷藏的野牛肉	20.0	70.0	13.0	千克	4xABFE
0201100099	其他整头及半头冷藏的牛肉	20.0	70.0	13.0	千克	4xAB
0201200011	鲜的带骨野牛肉	12.0	70.0	13.0	千克	4xABFE
0201200019	其他鲜的带骨牛肉	12.0	70.0	13.0	千克	4xAB
0201200091	冷藏的带骨野牛肉	12.0	70.0	13.0	千克	4xABFE
0201200099	其他冷藏的带骨牛肉	12.0	70.0	13.0	千克	4xAB
0201300011	鲜的去骨野牛肉	12.0	70.0	13.0	千克	4xABFE
0201300019	其他鲜的去骨牛肉	12.0	70.0	13.0	千克	4xAB
0201300091	冷藏的去骨野牛肉	12.0	70.0	13.0	千克	4xABFE
0201300099	其他冷藏的去骨牛肉	12.0	70.0	13.0	千克	4xAB
0202	冻牛肉					
0202100010	冻藏的整头及半头野牛肉	25.0	70.0	13.0	千克	4xABFE
0202100090	其他冻藏的整头及半头牛肉	25.0	70.0	13.0	千克	4xAB
0202200010	冻藏的带骨野牛肉	12.0	70.0	13.0	千克	4xABFE
0202200090	其他冻藏的带骨牛肉	12.0	70.0	13.0	千克	4xAB
0202300010	冻藏的去骨野牛肉	12.0	70.0	13.0	千克	4xABFE
0202300090	其他冻藏的去骨牛肉	12.0	70.0	13.0	千克	4xAB
0203	鲜、冷、冻猪肉					
0203111011	鲜的整头及半头野乳猪肉	20.0	70.0	13.0	千克	4xABFE
0203111019	其他鲜的整头及半头乳猪肉	20.0	70.0	13.0	千克	4xAB
0203111091	冷藏整头及半头野乳猪肉	20.0	70.0	13.0	千克	4xABFE
0203111099	其他冷藏的整头及半头乳猪肉	20.0	70.0	13.0	千克	4xAB
0203119011	其他鲜的整头及半头野猪肉	20.0	70.0	13.0	千克	4xABFE
0203119019	其他鲜的整头及半头猪肉	20.0	70.0	13.0	千克	4xAB
0203119091	冷藏整头及半头野猪其他肉	20.0	70.0	13.0	千克	4xABFE

商品编号	商品名称及备注	进口关税税率		增值税率	计量单位	监管条件
		最惠国	普通			
0203119099	其他冷藏的整头及半头猪肉	20.0	70.0	13.0	千克	4xAB
0203120011	鲜带骨野猪前腿,后腿及肉块	20.0	70.0	13.0	千克	4xABFE
0203120019	鲜的带骨猪前腿、后腿及其肉块	20.0	70.0	13.0	千克	4xAB
0203120091	冷带骨野猪前腿,后腿及肉块	20.0	70.0	13.0	千克	4xABFE
0203120099	冷的带骨猪前腿、后腿及其肉块	20.0	70.0	13.0	千克	4xAB
0203190011	其他鲜的野猪肉	20.0	70.0	13.0	千克	4xABFE
0203190019	其他鲜的猪肉	20.0	70.0	13.0	千克	4xAB
0203190091	其他冷藏的野猪肉	20.0	70.0	13.0	千克	4xABFE
0203190099	其他冷藏的猪肉	20.0	70.0	13.0	千克	4xAB
0203211010	冻整头及半头野乳猪肉	12.0	70.0	13.0	千克	4xABFE
0203211090	冻整头及半头乳猪肉	12.0	70.0	13.0	千克	4xAB
0203219010	其他冻整头及半头野猪肉	12.0	70.0	13.0	千克	4xABFE
0203219090	其他冻整头及半头猪肉	12.0	70.0	13.0	千克	4xAB
0203220010	冻带骨野猪前腿、后腿及肉	12.0	70.0	13.0	千克	4xABFE
0203220090	冻藏的带骨猪前腿、后腿及其肉块	12.0	70.0	13.0	千克	4xAB
0203290010	冻藏野猪其他肉	12.0	70.0	13.0	千克	4xABFE
0203290090	其他冻藏猪肉	12.0	70.0	13.0	千克	4xAB
0204	**鲜、冷、冻绵羊肉或山羊肉**					
0204100000	鲜或冷藏的整头及半头羔羊肉	15.0	70.0	13.0	千克	AB
0204210000	鲜或冷藏的整头及半头绵羊肉	23.0	70.0	13.0	千克	AB
0204220000	鲜或冷藏的带骨绵羊肉	15.0	70.0	13.0	千克	AB
0204230000	鲜或冷藏的去骨绵羊肉	15.0	70.0	13.0	千克	AB
0204300000	冻藏的整头及半头羔羊肉	15.0	70.0	13.0	千克	AB
0204410000	冻藏的整头及半头绵羊肉	23.0	70.0	13.0	千克	AB
0204420000	冻藏的其他带骨绵羊肉	12.0	70.0	13.0	千克	AB
0204430000	冻藏的其他去骨绵羊肉	15.0	70.0	13.0	千克	AB
0204500000	鲜或冷藏、冻藏的山羊肉	20.0	70.0	13.0	千克	AB
0205	**鲜、冷、冻马、驴、骡肉**					
0205000011	鲜的濒危野马、野驴肉	20.0	70.0	13.0	千克	ABFE
0205000019	其他鲜的马、驴、骡肉	20.0	70.0	13.0	千克	AB
0205000091	冷或冻的濒危野马、野驴肉	20.0	70.0	13.0	千克	ABFE
0205000099	其他冷或冻的马、驴、骡肉	20.0	70.0	13.0	千克	AB
0206	**鲜、冷、冻牛、猪、绵羊、山羊、马、驴、骡食用杂碎**					
0206100010	鲜的牛杂碎	12.0	70.0	13.0	千克	4xAB
0206100090	冷藏的牛杂碎	12.0	70.0	13.0	千克	4xAB
0206210000	冻牛舌	12.0	70.0	13.0	千克	4xAB
0206220000	冻牛肝	12.0	70.0	13.0	千克	4xAB
0206290000	其他冻牛杂碎	12.0	70.0	13.0	千克	4xAB
0206300010	鲜的猪杂碎	20.0	70.0	13.0	千克	4xAB

商品编号	商品名称及备注	进口关税税率		增值税率	计量单位	监管条件
		最惠国	普通			
0206300090	冷藏的猪杂碎	20.0	70.0	13.0	千克	4xAB
0206410000	冻猪肝	20.0	70.0	13.0	千克	4xAB
0206490000	其他冻猪杂碎	12.0	70.0	13.0	千克	4xAB
0206800011	鲜的羊杂碎	20.0	70.0	13.0	千克	AB
0206800019	鲜的马、驴、骡杂碎	20.0	70.0	13.0	千克	AB
0206800091	冷藏的羊杂碎	20.0	70.0	13.0	千克	AB
0206800099	冷藏的马、驴、骡杂碎	20.0	70.0	13.0	千克	AB
0206900010	冻藏的羊杂碎	18.0	70.0	13.0	千克	AB
0206900090	冻藏的马、驴、骡杂碎	18.0	70.0	13.0	千克	AB
0207	**品目 0105 所列家禽的鲜、冷、冻肉及食用杂碎**					
0207110010	鲜的整只鸡	20.0	70.0	13.0	千克	4x7AB
0207110090	冷的整只鸡	20.0	70.0	13.0	千克	4x7AB
0207120000	冻的整只鸡	见附表 11	见附表 11	13.0	千克	4x7AB
0207131110	鲜的带骨的鸡块	20.0	70.0	13.0	千克	4x7AB
0207131190	冷的带骨的鸡块	20.0	70.0	13.0	千克	4x7AB
0207131910	其他鲜的鸡块	20.0	70.0	13.0	千克	4x7AB
0207131990	其他冷的鸡块	20.0	70.0	13.0	千克	4x7AB
0207132110	鲜的鸡翼(不包括翼尖)	20.0	70.0	13.0	千克	4x7AB
0207132190	冷的鸡翼(不包括翼尖)	20.0	70.0	13.0	千克	4x7AB
0207132910	其他鲜的鸡杂碎	20.0	70.0	13.0	千克	4x7AB
0207132990	其他冷的鸡杂碎	20.0	70.0	13.0	千克	7AB4x
0207141100	冻的带骨鸡块(包括鸡胸脯、鸡大腿等)	见附表 11	见附表 11	13.0	千克	7AB4x
0207141900	冻的不带骨鸡块(包括鸡胸脯、鸡大腿等)	见附表 11	见附表 11	13.0	千克	7AB4x
0207142100	冻的鸡翼(不包括翼尖)	见附表 11	见附表 11	13.0	千克	7AB4x
0207142200	冻的鸡爪	见附表 11	见附表 11	13.0	千克	7AB4x
0207142900	冻的其他食用鸡杂碎(包括鸡翼尖、鸡肝等)	见附表 11	见附表 11	13.0	千克	7AB4x
0207240010	鲜的整只火鸡	20.0	70.0	13.0	千克	AB
0207240090	冷的整只火鸡	20.0	70.0	13.0	千克	AB
0207250000	冻的整只火鸡	20.0	70.0	13.0	千克	AB
0207260010	鲜的火鸡块及杂碎(肥肝除外)	20.0	70.0	13.0	千克	AB
0207260090	冷的火鸡块及杂碎(肥肝除外)	20.0	70.0	13.0	千克	AB
0207270000	冻的火鸡块及杂碎(肥肝除外)	10.0	70.0	13.0	千克	AB
0207321010	鲜的整只鸭	20.0	70.0	13.0	千克	AB
0207321090	冷的整只鸭	20.0	70.0	13.0	千克	AB
0207322010	鲜的整只鹅	20.0	70.0	13.0	千克	AB
0207322090	冷的整只鹅	20.0	70.0	13.0	千克	AB
0207323010	鲜的整只珍珠鸡	20.0	70.0	13.0	千克	AB
0207323090	冷的整只珍珠鸡	20.0	70.0	13.0	千克	AB
0207331000	冻的整只鸭	20.0	70.0	13.0	千克	AB
0207332000	冻的整只鹅	20.0	70.0	13.0	千克	AB

商品编号	商品名称及备注	进口关税税率		增值税率	计量单位	监管条件
		最惠国	普通			
0207333000	冻的整只珍珠鸡	20.0	70.0	13.0	千克	AB
0207340010	鲜的肥肝	20.0	70.0	13.0	千克	AB
0207340090	冷的肥肝	20.0	70.0	13.0	千克	AB
0207351010	鲜的鸭块及杂碎(肥肝除外)	20.0	70.0	13.0	千克	AB
0207351090	冷的鸭块及杂碎(肥肝除外)	20.0	70.0	13.0	千克	AB
0207352010	鲜的鹅块及杂碎(肥肝除外)	20.0	70.0	13.0	千克	AB
0207352090	冷的鹅块及杂碎(肥肝除外)	20.0	70.0	13.0	千克	AB
0207353010	鲜的珍珠鸡块及杂碎(肥肝除外)	20.0	70.0	13.0	千克	AB
0207353090	冷的珍珠鸡块及杂碎(肥肝除外)	20.0	70.0	13.0	千克	AB
0207361000	冻的鸭块及杂碎(肥肝除外)	20.0	70.0	13.0	千克	AB
0207362000	冻的鹅块及杂碎(肥肝除外)	20.0	70.0	13.0	千克	AB
0207363000	冻的珍珠鸡块及杂碎(肥肝除外)	20.0	70.0	13.0	千克	AB
0208	**其他鲜、冷、冻肉及食用杂碎**					
0208101010	鲜家兔肉(不包括兔头)	20.0	70.0	13.0	千克	AB
0208101090	冷藏的家兔肉(不包括兔头)	20.0	70.0	13.0	千克	AB
0208102000	冻家兔肉(不包括兔头)	20.0	70.0	13.0	千克	AB
0208109010	鲜濒危野兔肉(不包括兔头)	20.0	70.0	13.0	千克	ABFE
0208109021	鲜濒危野兔食用杂碎	20.0	70.0	13.0	千克	ABFE
0208109029	鲜家兔食用杂碎	20.0	70.0	13.0	千克	AB
0208109030	冷藏或冻的濒危野兔肉(不包括兔头)	20.0	70.0	13.0	千克	ABFE
0208109091	冷藏或冻藏的濒危野兔食用杂碎	20.0	70.0	13.0	千克	ABFE
0208109099	冷藏或冻藏的家兔食用杂碎	20.0	70.0	13.0	千克	AB
0208200010	鲜的田鸡腿	20.0	70.0	13.0	千克	ABFE
0208200090	冷藏或冻藏的田鸡腿	20.0	70.0	13.0	千克	ABFE
0208300010	鲜的灵长目动物的肉及食用杂碎	23.0	70.0	13.0	千克	ABFE
0208300090	冷藏或冻灵长目动物肉及食用杂碎	23.0	70.0	13.0	千克	ABFE
0208400010	鲜鲸、海牛目动物肉、食用杂碎(指鲸、海豚及鼠海豚;海牛及儒艮的鲜肉及食用杂碎)	23.0	70.0	13.0	千克	ABFE
0208400090	冷、冻鲸、海牛目动物肉、食用杂碎(指鲸、海豚及鼠海豚;海牛及儒艮的冷、冻肉及食用杂碎)	23.0	70.0	13.0	千克	ABFE
0208500010	鲜爬行动物肉及食用杂碎	23.0	70.0	13.0	千克	ABFE
0208500090	冷、冻爬行动物肉及食用杂碎	23.0	70.0	13.0	千克	ABFE
0208901010	鲜的乳鸽肉及杂碎	20.0	70.0	13.0	千克	AB
0208901090	冷藏或冻藏的乳鸽肉及其杂碎	20.0	70.0	13.0	千克	AB
0208909011	其他鲜的濒危野生动物肉	23.0	70.0	13.0	千克	ABFE
0208909019	其他鲜肉及食用杂碎	23.0	70.0	13.0	千克	AB
0208909091	冷或冻濒危野生动物肉	23.0	70.0	13.0	千克	ABFE
0208909099	其他冷或冻肉及食用杂碎	23.0	70.0	13.0	千克	AB

商品编号	商 品 名 称 及 备 注	进口关税税率		增值税率	计量单位	监管条件
		最惠国	普通			
0209	**未炼制或用其他方法提取的不带瘦肉的肥猪肉、猪脂肪及家禽脂肪，鲜、冷、冻、干、熏、盐腌或盐渍的**					
0209000010	鲜的纯肥猪肉、猪脂肪及家禽脂肪(指未炼制或用其他方法提取的)	20.0	70.0	13.0	千克	AB
0209000090	冷、冻、干、熏、盐制的猪或家禽脂肪(包括未炼制或用其他方法提取的纯肥肉)	20.0	70.0	13.0	千克	AB
0210	**肉及食用杂碎，干、熏、盐腌或盐渍的；可供食用的肉或杂碎的细粉、粗粉**					
0210111010	干、熏、盐制的带骨鹿猪、姬猪腿	25.0	80.0	13.0	千克	ABFE
0210111090	其他干、熏、盐制的带骨猪腿	25.0	80.0	13.0	千克	AB
0210119010	干、熏、盐制带骨鹿猪、姬猪腿肉块	25.0	80.0	13.0	千克	ABFE
0210119090	其他干、熏、盐制的带骨猪腿肉	25.0	80.0	13.0	千克	AB
0210120010	干、熏、盐制的鹿猪、姬猪腹肉(指五花肉)	25.0	80.0	13.0	千克	ABFE
0210120090	其他干、熏、盐制的猪腹肉(指五花肉)	25.0	80.0	13.0	千克	AB
0210190010	干、熏、盐制的鹿猪、姬猪其他肉	25.0	80.0	13.0	千克	ABFE
0210190090	其他干、熏、盐制的其他猪肉	25.0	80.0	13.0	千克	AB
0210200010	干、熏、盐制的濒危野牛肉	25.0	80.0	13.0	千克	ABFE
0210200090	干、熏、盐制的其他牛肉	25.0	80.0	13.0	千克	AB
0210910000	干、熏、盐制灵长目动物肉及食用杂碎	25.0	80.0	13.0	千克	ABFE
0210920000	干、熏、盐制鲸海牛目动物肉食用杂碎(指干、熏、盐制的鲸、海豚及鼠海豚；海牛及儒艮肉及食杂)	25.0	80.0	13.0	千克	ABFE
0210930000	干、熏、盐制爬行动物肉及食用杂碎(包括食用的肉及杂碎的细粉、粗粉)	25.0	80.0	13.0	千克	ABFE
0210990010	干、熏、盐制其他濒危动物肉及杂碎(包括可供食用的肉或杂碎的细粉、粗粉)	25.0	80.0	13.0	千克	ABFE
0210990090	干、熏、盐制的其他肉及食用杂碎(包括可供食用的肉或杂碎的细粉、粗粉)	25.0	80.0	13.0	千克	AB

第三章　鱼、甲壳动物、软体动物及其他水生无脊椎动物

注释:

一、本章不包括:

(一)品目 01.06 的哺乳动物;

(二)品目 01.06 的哺乳动物的肉(品目 02.08 或 02.10);

(三)因品种或鲜度不适合供人食用的死鱼(包括鱼肝及鱼卵)、死甲壳动物、死软体动物及其他死水生无脊椎动物(第五章);不适合供人食用的鱼、甲壳动物、软体动物、其他水生无脊椎动物的粉、粒(品目 23.01);

(四)鲟鱼子酱及用鱼卵制成的鲟鱼子酱代用品(品目 16.04);

二、本章所称"团粒",是指直接挤压或加入少量粘合剂制成的粒状产品。

商品编号	商品名称及备注	进口关税税率		增值税率	计量单位	监管条件
		最惠国	普通			
0301	**活鱼**					
0301100010	观赏用鲸鲨、噬人鲨、姥鲨	17.5	80.0	13.0	条/千克	ABFE
0301100020	观赏用红龙鱼	17.5	80.0	13.0	条/千克	ABFE
0301100030	观赏用胭脂鱼	17.5	80.0	13.0	条/千克	ABFE
0301100040	观赏用海马	17.5	80.0	13.0	条/千克	ABFE
0301100050	观赏用巨骨舌鱼	17.5	80.0	13.0	条/千克	ABFE
0301100060	观赏用其他濒危鱼	17.5	80.0	13.0	条/千克	ABFE
0301100090	其他观赏鱼	17.5	80.0	13.0	条/千克	AB
0301911000	鳟鱼苗			13.0	千克	AB
0301919000	其他活鳟鱼	10.5	40.0	13.0	千克	AB
0301921010 *	花鳗鲡鱼苗			13.0	千克	ABE
0301921090 *	其他鳗鱼苗			13.0	千克	AB
0301929010	花鳗鲡	10.0	40.0	13.0	千克	ABE
0301929090	其他活鳗鱼	10.0	40.0	13.0	千克	AB
0301931010	濒危鲤鱼苗			13.0	千克	ABFE
0301931090	其他鲤鱼苗			13.0	千克	AB
0301939010	活濒危鲤鱼	10.5	40.0	13.0	千克	ABFE
0301939090	其他活鲤鱼	10.5	40.0	13.0	千克	AB
0301991100	鲈鱼种苗			13.0	千克	AB
0301991200	鲟鱼种苗			13.0	千克	ABFE
0301991910	其他濒危鱼苗			13.0	千克	ABFE
0301991990	其他鱼苗			13.0	千克	AB
0301999100	活罗非鱼	10.5	40.0	13.0	千克	AB
0301999200	活的鲀	10.5	40.0	13.0	千克	AB
0301999910	其他濒危活鱼	10.5	40.0	13.0	千克	ABFE

商品编号	商品名称及备注	进口关税税率		增值税率	计量单位	监管条件
		最惠国	普通			
0301999990	其他活鱼	10.5	40.0	13.0	千克	AB
0302	**鲜、冷鱼,但品目0304的鱼片及其他鱼肉除外**					
0302110010	鲜鳟鱼(鱼肝及鱼卵除外)	12.0	40.0	13.0	千克	AB
0302110090	冷鳟鱼(鱼肝及鱼卵除外)	12.0	40.0	13.0	千克	AB
0302121010	鲜大西洋鲑鱼(鱼肝及鱼卵除外)	10.0	40.0	13.0	千克	AB
0302121090	冷大西洋鲑鱼(鱼肝及鱼卵除外)	10.0	40.0	13.0	千克	AB
0302122010	鲜大马哈鱼和多瑙哲罗鱼(鱼肝及鱼卵除外)	10.0	40.0	13.0	千克	AB
0302122090	冷大马哈鱼和多瑙哲罗鱼(鱼肝及鱼卵除外)	10.0	40.0	13.0	千克	AB
0302190011	鲜川陕哲罗鲑(鱼肝及鱼卵除外)	12.0	40.0	13.0	千克	ABE
0302190012	鲜秦岭细鳞鲑(鱼肝及鱼卵除外)	12.0	40.0	13.0	千克	ABE
0302190019	其他鲜鲑鱼(鱼肝及鱼卵除外)	12.0	40.0	13.0	千克	AB
0302190091	冷川陕哲罗鲑(鱼肝及鱼卵除外)	12.0	40.0	13.0	千克	ABE
0302190092	冷秦岭细鳞鲑(鱼肝及鱼卵除外)	12.0	40.0	13.0	千克	ABE
0302190099	其他冷鲑鱼(鱼肝及鱼卵除外)	12.0	40.0	13.0	千克	AB
0302210010	鲜庸鲽鱼(鱼肝及鱼卵除外)	12.0	40.0	13.0	千克	AB
0302210090	冷庸鲽鱼(鱼肝及鱼卵除外)	12.0	40.0	13.0	千克	AB
0302220010	鲜鲽鱼(鱼肝及鱼卵除外)	12.0	40.0	13.0	千克	AB
0302220090	冷鲽鱼(鱼肝及鱼卵除外)	12.0	40.0	13.0	千克	AB
0302230010	鲜鳎鱼(鱼肝及鱼卵除外)	12.0	40.0	13.0	千克	AB
0302230090	冷鳎鱼(鱼肝及鱼卵除外)	12.0	40.0	13.0	千克	AB
0302290010	其他鲜比目鱼(鱼肝及鱼卵除外)	12.0	40.0	13.0	千克	AB
0302290090	其他冷比目鱼(鱼肝及鱼卵除外)	12.0	40.0	13.0	千克	AB
0302310010	鲜长鳍金枪鱼(鱼肝及鱼卵除外)	12.0	40.0	13.0	千克	AB
0302310090	冷长鳍金枪鱼(鱼肝及鱼卵除外)	12.0	40.0	13.0	千克	AB
0302320010	鲜黄鳍金枪鱼(鱼肝及鱼卵除外)	12.0	40.0	13.0	千克	AB
0302320090	冷黄鳍金枪鱼(鱼肝及鱼卵除外)	12.0	40.0	13.0	千克	AB
0302330010	鲜鲣鱼(鱼肝及鱼卵除外)	12.0	40.0	13.0	千克	AB
0302330090	冷鲣鱼(鱼肝及鱼卵除外)	12.0	40.0	13.0	千克	AB
0302340010	鲜大眼金枪鱼(鱼肝及鱼卵除外)	12.0	40.0	13.0	千克	AB
0302340090	冷大眼金枪鱼(鱼肝及鱼卵除外)	12.0	40.0	13.0	千克	AB
0302350010	鲜蓝鳍金枪鱼(鱼肝及鱼卵除外)	12.0	40.0	13.0	千克	AB
0302350090	冷蓝鳍金枪鱼(鱼肝及鱼卵除外)	12.0	40.0	13.0	千克	AB
0302360010	鲜南金枪鱼(鱼肝及鱼卵除外)	12.0	40.0	13.0	千克	AB
0302360090	冷南金枪鱼(鱼肝及鱼卵除外)	12.0	40.0	13.0	千克	AB
0302390010	其他鲜金枪鱼(鱼肝及鱼卵除外)	12.0	40.0	13.0	千克	AB
0302390090	其他冷金枪鱼(鱼肝及鱼卵除外)	12.0	40.0	13.0	千克	AB
0302400010	鲜鲱鱼(鱼肝及鱼卵除外)	12.0	40.0	13.0	千克	AB

商品编号	商品名称及备注	进口关税税率		增值税率	计量单位	监管条件
		最惠国	普通			
0302400090	冷鲱鱼(鱼肝及鱼卵除外)	12.0	40.0	13.0	千克	AB
0302500010	鲜鳕鱼(鱼肝及鱼卵除外)	12.0	40.0	13.0	千克	AB
0302500090	冷鳕鱼(鱼肝及鱼卵除外)	12.0	40.0	13.0	千克	AB
0302610010	鲜沙丁鱼、黍鲱鱼(鱼肝及鱼卵除外)	12.0	40.0	13.0	千克	AB
0302610090	冷沙丁鱼、黍鲱鱼(鱼肝及鱼卵除外)	12.0	40.0	13.0	千克	AB
0302620010	鲜黑线鳕鱼(鱼肝及鱼卵除外)	12.0	40.0	13.0	千克	AB
0302620090	冷黑线鳕鱼(鱼肝及鱼卵除外)	12.0	40.0	13.0	千克	AB
0302630010	鲜绿青鳕鱼(鱼肝及鱼卵除外)	12.0	40.0	13.0	千克	AB
0302630090	冷绿青鳕鱼(鱼肝及鱼卵除外)	12.0	40.0	13.0	千克	AB
0302640010	鲜鲭鱼(鱼肝及鱼卵除外)	12.0	40.0	13.0	千克	AB
0302640090	冷鲭鱼(鱼肝及鱼卵除外)	12.0	40.0	13.0	千克	AB
0302650011	鲜鲸鲨、噬人鲨、姥鲨(鱼肝及鱼卵除外)	12.0	40.0	13.0	千克	ABFE
0302650019	其他鲜角鲨及其他鲨鱼(鱼肝及鱼卵除外)	12.0	40.0	13.0	千克	AB
0302650091	冷鲸鲨、噬人鲨、姥鲨(鱼肝及鱼卵除外)	12.0	40.0	13.0	千克	ABFE
0302650099	其他冷角鲨及其他鲨鱼(鱼肝及鱼卵除外)	12.0	40.0	13.0	千克	AB
0302660011	鲜花鳗鲡(鱼肝及鱼卵除外)	12.0	40.0	13.0	千克	ABE
0302660019	其他鲜鳗鱼(鱼肝及鱼卵除外)	12.0	40.0	13.0	千克	AB
0302660091	冷花鳗鲡(鱼肝及鱼卵除外)	12.0	40.0	13.0	千克	ABE
0302660099	其他冷鳗鱼(鱼肝及鱼卵除外)	12.0	40.0	13.0	千克	AB
0302691010	鲜带鱼(鱼肝及鱼卵除外)	12.0	40.0	13.0	千克	AB
0302691090	冷带鱼(鱼肝及鱼卵除外)	12.0	40.0	13.0	千克	AB
0302692010	鲜黄鱼(鱼肝及鱼卵除外)	12.0	40.0	13.0	千克	AB
0302692090	冷黄鱼(鱼肝及鱼卵除外)	12.0	40.0	13.0	千克	AB
0302693010	鲜鲳鱼(鱼肝及鱼卵除外)	12.0	40.0	13.0	千克	AB
0302693090	冷鲳鱼(鱼肝及鱼卵除外)	12.0	40.0	13.0	千克	AB
0302694010	鲜罗非鱼(鱼肝及鱼卵除外)	12.0	40.0	13.0	千克	AB
0302694090	冷罗非鱼(鱼肝及鱼卵除外)	12.0	40.0	13.0	千克	AB
0302695010	鲜的鲀(鱼肝及鱼卵除外)	12.0	40.0	13.0	千克	AB
0302695090	冷的鲀(鱼肝及鱼卵除外)	12.0	40.0	13.0	千克	AB
0302696010	鲜的剑鱼(鱼肝及鱼卵除外)	12.0	40.0	13.0	千克	AB
0302696090	冷的剑鱼(鱼肝及鱼卵除外)	12.0	40.0	13.0	千克	AB
0302699011	其他未列名濒危鲜鱼(鱼肝及鱼卵除外)	12.0	40.0	13.0	千克	ABFE
0302699019	其他鲜鱼(鱼肝及鱼卵除外)	12.0	40.0	13.0	千克	AB
0302699091	其他未列名濒危冷鱼(鱼肝及鱼卵除外)	12.0	40.0	13.0	千克	ABFE
0302699099	其他冷鱼(鱼肝及鱼卵除外)	12.0	40.0	13.0	千克	AB
0302700011	鲜濒危鱼种的肝及鱼卵	12.0	50.0	13.0	千克	ABFE
0302700019	其他鲜鱼肝及鱼卵	12.0	50.0	13.0	千克	AB
0302700091	冷濒危鱼种的肝及鱼卵	12.0	50.0	13.0	千克	ABFE

商品编号	商品名称及备注	进口关税税率		增值税率	计量单位	监管条件
		最惠国	普通			
0302700099	其他冷鱼肝及鱼卵	12.0	50.0	13.0	千克	AB
0303	**冻鱼,但品目 0304 的鱼片及其他鱼肉除外**					
0303110000	冻红大马哈鱼(鱼肝及鱼卵除外)	10.0	40.0	13.0	千克	AB
0303190000	其他冻大马哈鱼(鱼肝及鱼卵除外)	10.0	40.0	13.0	千克	AB
0303210000	冻鳟鱼(鱼肝及鱼卵除外)	12.0	40.0	13.0	千克	AB
0303221000	冻大西洋鲑鱼(鱼肝及鱼卵除外)	10.0	40.0	13.0	千克	AB
0303222000	冻多瑙哲罗鱼(鱼肝及鱼卵除外)	10.0	40.0	13.0	千克	AB
0303290010	冻川陕哲罗鲑(鱼肝及鱼卵除外)	10.0	40.0	13.0	千克	ABE
0303290020	冻秦岭细鳞鲑(鱼肝及鱼卵除外)	10.0	40.0	13.0	千克	ABE
0303290090	其他冻鲑鱼(鱼肝及鱼卵除外)	10.0	40.0	13.0	千克	AB
0303311000 *	冻格陵兰庸鲽鱼(鱼肝及鱼卵除外)	10.0	40.0	13.0	千克	AB
0303319000	其他冻庸鲽鱼(鱼肝及鱼卵除外,冻格陵兰庸鲽鱼除外)	10.0	40.0	13.0	千克	AB
0303320000	冻鲽鱼(鱼肝及鱼卵除外)	12.0	40.0	13.0	千克	AB
0303330000	冻鳎鱼(鱼肝及鱼卵除外)	12.0	40.0	13.0	千克	AB
0303390000	其他冻比目鱼(鱼肝及鱼卵除外)	10.0	40.0	13.0	千克	AB
0303410000	冻长鳍金枪鱼(鱼肝及鱼卵除外)	12.0	40.0	13.0	千克	AB
0303420000	冻黄鳍金枪鱼(鱼肝及鱼卵除外)	12.0	40.0	13.0	千克	AB
0303430000	冻鲣鱼(鱼肝及鱼卵除外)	12.0	40.0	13.0	千克	AB
0303440000	冻大眼金枪鱼(鱼肝及鱼卵除外)	12.0	40.0	13.0	千克	AB
0303450000	冻蓝鳍金枪鱼(鱼肝及鱼卵除外)	12.0	40.0	13.0	千克	AB
0303460000	冻南金枪鱼(鱼肝及鱼卵除外)	12.0	40.0	13.0	千克	AB
0303490000	其他冻金枪鱼(鱼肝及鱼卵除外)	12.0	40.0	13.0	千克	AB
0303500000	冻鲱鱼(鱼肝及鱼卵除外)	10.0	40.0	13.0	千克	AB
0303600000	冻鳕鱼(鱼肝及鱼卵除外)	10.0	40.0	13.0	千克	AB
0303710000	冻沙丁鱼、黍鲱鱼(鱼肝及鱼卵除外)	12.0	40.0	13.0	千克	AB
0303720000	冻黑线鳕鱼(鱼肝及鱼卵除外)	12.0	40.0	13.0	千克	AB
0303730000	冻绿青鳕鱼(鱼肝及鱼卵除外)	12.0	40.0	13.0	千克	AB
0303740000	冻鲭鱼(鱼肝及鱼卵除外)	10.0	40.0	13.0	千克	AB
0303750010	冻鲸鲨、噬人鲨、姥鲨(鱼肝及鱼卵除外)	12.0	40.0	13.0	千克	ABFE
0303750090	其他冻角鲨及其他鲨鱼(鱼肝及鱼卵除外)	12.0	40.0	13.0	千克	AB
0303760010	冻花鳗鲡(鱼肝及鱼卵除外)	12.0	40.0	13.0	千克	ABE
0303760090	其他冻鳗鱼(鱼肝及鱼卵除外)	12.0	40.0	13.0	千克	AB
0303770000	冻尖吻鲈鱼(鱼肝及鱼卵除外)	12.0	40.0	13.0	千克	AB
0303780000	冻狗鳕鱼(鱼肝及鱼卵除外)	12.0	40.0	13.0	千克	AB
0303791000	冻带鱼(鱼肝及鱼卵除外)	10.0	40.0	13.0	千克	AB
0303792000	冻黄鱼(鱼肝及鱼卵除外)	10.0	40.0	13.0	千克	AB
0303793000	冻鲳鱼(鱼肝及鱼卵除外)	10.0	40.0	13.0	千克	AB
0303794000	冻罗非鱼(鱼肝及鱼卵除外)	10.0	40.0	13.0	千克	AB

商品编号	商 品 名 称 及 备 注	进口关税税率		增值税率	计量单位	监管条件
		最惠国	普通			
0303795000	冻剑鱼(鱼肝及鱼卵除外)	10.0	40.0	13.0	千克	AB
0303799010	其他未列名濒危冻鱼(鱼肝及鱼卵除外)	10.0	40.0	13.0	千克	ABFE
0303799090	其他未列名冻鱼(鱼肝及鱼卵除外)	10.0	40.0	13.0	千克	AB
0303800010	冻濒危鱼种的肝及鱼卵	10.0	50.0	13.0	千克	ABFE
0303800090	其他冻鱼肝及鱼卵	10.0	50.0	13.0	千克	AB
0304	**鲜、冷、冻鱼片及其他鱼肉(不论是否绞碎)**					
0304100011	鲜的濒危鱼片及其他鱼肉(不论是否绞碎)	12.0	70.0	13.0	千克	ABFE
0304100019	鲜的鱼片及其他鱼肉(不论是否绞碎)	12.0	70.0	13.0	千克	AB
0304100091	冷的濒危鱼片及其他鱼肉(不论是否绞碎)	12.0	70.0	13.0	千克	ABFE
0304100099	冷的鱼片及其他鱼肉(不论是否绞碎)	12.0	70.0	13.0	千克	AB
0304201000	冻罗非鱼片(不论是否绞碎)	10.0	70.0	13.0	千克	AB
0304209010	冻的其他濒危鱼类鱼片(不论是否绞碎)	10.0	70.0	13.0	千克	FEAB
0304209090	其他冻鱼片(不论是否绞碎)	10.0	70.0	13.0	千克	AB
0304900010	濒危鱼类其他冻鱼肉(不论是否绞碎)	10.0	70.0	13.0	千克	ABFE
0304900090	其他冻鱼肉(不论是否绞碎)	10.0	70.0	13.0	千克	AB
0305	**干、盐腌或盐渍的鱼;熏鱼,不论在熏制前或熏制过程中是否烹煮;适合供人食用的鱼的细粉、粗粉及团粒**					
0305100000	供人食用的鱼粉及团粒	10.0	80.0	13.0	千克	AB
0305200010	干、熏、盐制的濒危鱼种肝、卵	10.0	80.0	13.0	千克	ABFE
0305200090	其他干、熏、盐制的鱼肝及鱼卵	10.0	80.0	13.0	千克	AB
0305300010	干或盐制濒危鱼类的鱼片(熏制的除外)	10.0	80.0	13.0	千克	FEAB
0305300090	干或盐制的其他鱼片(熏制的除外)	10.0	80.0	13.0	千克	AB
0305411000	熏大西洋鲑鱼及鱼片	14.0	80.0	13.0	千克	AB
0305412000	熏大马哈鱼、多瑙哲罗鱼及鱼片	14.0	80.0	13.0	千克	AB
0305420000	熏制鲱鱼及鱼片	16.0	80.0	13.0	千克	AB
0305490000	其他熏鱼及鱼片	14.0	80.0	13.0	千克	AB
0305510000	干鳕鱼(不论是否盐腌,但熏制的除外)	16.0	80.0	13.0	千克	AB
0305591000	干海马、干海龙(不论是否盐腌,但熏制的除外)	2.0	20.0	13.0	千克	FEAB
0305592010	干鲸鲨、噬人鲨、姥鲨鱼翅(不论是否盐腌,但熏制的除外)	15.0	80.0	13.0	千克	FEAB
0305592090	其他干鱼翅(不论是否盐腌,但熏制的除外)	15.0	80.0	13.0	千克	AB
0305599010	其他濒危干鱼(不论是否盐腌,但熏制的除外)	16.0	80.0	13.0	千克	AFEB
0305599090	其他干鱼(不论是否盐腌,但熏制的除外)	16.0	80.0	13.0	千克	AB
0305610000	盐腌及盐渍的鲱鱼(干或熏制的除外)	16.0	80.0	13.0	千克	AB
0305620000	盐腌及盐渍的鳕鱼(干或熏制的除外)	16.0	80.0	13.0	千克	AB
0305630000	盐腌及盐渍的 Anchovies(鳀)鱼(干或熏制的除外)	16.0	80.0	13.0	千克	AB
0305691000	盐腌及盐渍的带鱼(干或熏制的除外)	16.0	80.0	13.0	千克	AB
0305692000	盐腌及盐渍的黄鱼(干或熏制的除外)	16.0	80.0	13.0	千克	AB
0305693000	盐腌及盐渍的鲳鱼(干或熏制的除外)	16.0	80.0	13.0	千克	AB

商品编号	商品名称及备注	进口关税税率		增值税率	计量单位	监管条件
		最惠国	普通			
0305694000	盐腌及盐渍的罗非鱼(干或熏制的除外)	16.0	80.0	13.0	千克	AB
0305699010	盐腌及盐渍的其他濒危鱼(干或熏制的除外)	16.0	80.0	13.0	千克	ABFE
0305699090	盐腌及盐渍的其他鱼(干或熏制的除外)	16.0	80.0	13.0	千克	AB
0306	**带壳或去壳的甲壳动物,活、鲜、冷、冻、干、盐腌或盐渍的;蒸过或用水煮过的带壳甲壳动物,不论是否冷、冻、干、盐腌或盐渍的;适合供人食用的甲壳动物的细粉、粗粉及团粒**					
0306110000	冻龙虾	10.0	70.0	13.0	千克	AB
0306120000	冻大螯虾	10.0	70.0	13.0	千克	AB
0306131100	冻小虾仁	8.0	70.0	13.0	千克	AB
0306131200	冻北方长额虾	5.0	70.0	13.0	千克	AB
0306131900	其他冻小虾	5.0	70.0	13.0	千克	AB
0306132100	冻对虾仁	8.0	70.0	13.0	千克	AB
0306132900	其他冻对虾	5.0	70.0	13.0	千克	AB
0306141000	冻梭子蟹	10.0	70.0	13.0	千克	AB
0306149000	其他冻蟹	10.0	70.0	13.0	千克	AB
0306191100	冻淡水小龙虾仁	16.0	70.0	13.0	千克	AB
0306191900	冻带壳淡水小龙虾	16.0	70.0	13.0	千克	AB
0306199000	其他冻甲壳动物(包括供人食用的甲壳动物粉及团粉)	16.0	70.0	13.0	千克	AB
0306211000	龙虾种苗			13.0	千克	AB
0306219010	鲜的龙虾	15.0	70.0	13.0	千克	AB
0306219090	冷的龙虾	15.0	70.0	13.0	千克	AB
0306221000	大螯虾种苗			13.0	千克	AB
0306229010	鲜的大螯虾	15.0	70.0	13.0	千克	AB
0306229090	冷的大螯虾	15.0	70.0	13.0	千克	AB
0306231000	小虾及对虾种苗			13.0	千克	AB
0306239110	鲜对虾	15.0	70.0	13.0	千克	AB
0306239190	冷对虾	15.0	70.0	13.0	千克	AB
0306239910	鲜的小虾	12.0	70.0	13.0	千克	AB
0306239990	冷的小虾	12.0	70.0	13.0	千克	AB
0306241000	蟹种苗			13.0	千克	AB
0306249110	鲜的中华绒螯蟹(大闸蟹)(不包括种苗)	14.0	70.0	13.0	千克	AB
0306249190	冷藏的中华绒螯蟹(大闸蟹)(不包括种苗)	14.0	70.0	13.0	千克	AB
0306249210	鲜的梭子蟹	14.0	70.0	13.0	千克	AB
0306249290	冷藏的梭子蟹	14.0	70.0	13.0	千克	AB
0306249910	其他鲜的蟹	14.0	70.0	13.0	千克	AB
0306249990	其他冷的蟹	14.0	70.0	13.0	千克	AB
0306291000	其他食用甲壳动物种苗			13.0	千克	AB
0306299010	其他带壳或去壳的鲜的甲壳动物(包括供人食用的甲壳动物粉及团粒)	14.0	70.0	13.0	千克	AB

商品编号	商品名称及备注	进口关税税率		增值税率	计量单位	监管条件
		最惠国	普通			
0306299090	其他带壳或去壳的冷的甲壳动物(包括供人食用的甲壳动物粉及团粒)	14.0	70.0	13.0	千克	AB
0307	**带壳或去壳的软体动物,活、鲜、冷、冻、干、盐腌或盐渍的;不属于甲壳动物和软体动物的水生无脊椎动物,活、鲜、冷、冻、干、盐腌或盐渍的;适合供人食用的水生无脊椎动物(甲壳动物除外)的细粉、粗粉及团粒**					
0307101000	牡蛎(蚝)种苗			13.0	千克	AB
0307109000	其他牡蛎(蚝)(种苗除外)	14.0	70.0	13.0	千克	AB
0307211010	大珠母贝种苗			13.0	千克	ABE
0307211090	其他扇贝种苗(包括海扇种苗)			13.0	千克	AB
0307219011	其他活、鲜大珠母贝	14.0	70.0	13.0	千克	ABE
0307219019	其他活、鲜扇贝(包括海扇,种苗除外)	14.0	70.0	13.0	千克	AB
0307219091	其他冷大珠母贝	14.0	70.0	13.0	千克	ABE
0307219099	其他冷扇贝(包括海扇,种苗除外)	14.0	70.0	13.0	千克	AB
0307290010	其他冻、干、盐腌或盐渍的大珠母贝	14.0	80.0	13.0	千克	ABE
0307290090	其他冻、干、盐腌或盐渍的扇贝(包括海扇)	14.0	80.0	13.0	千克	AB
0307311000	贻贝种苗			13.0	千克	AB
0307319010	其他活、鲜贻贝	14.0	70.0	13.0	千克	AB
0307319090	其他冷贻贝	14.0	70.0	13.0	千克	AB
0307390000	其他冻、干、盐制的贻贝	14.0	70.0	13.0	千克	AB
0307411000	墨鱼及鱿鱼种苗			13.0	千克	AB
0307419010	其他活、鲜墨鱼及鱿鱼	12.0	70.0	13.0	千克	AB
0307419090	其他冷墨鱼及鱿鱼	12.0	70.0	13.0	千克	AB
0307490000	其他冻、干、盐制的墨鱼,鱿鱼	12.0	70.0	13.0	千克	AB
0307510010	活、鲜章鱼	17.0	70.0	13.0	千克	AB
0307510090	冷章鱼	17.0	70.0	13.0	千克	AB
0307590000	其他冻、干、盐制的章鱼	17.0	70.0	13.0	千克	AB
0307601010	濒危蜗牛及螺种苗			13.0	千克	ABFE
0307601090	其他蜗牛及螺种苗			13.0	千克	AB
0307609010	其他濒危蜗牛及螺	14.0	70.0	13.0	千克	ABFE
0307609090	其他蜗牛及螺(活、鲜、冷、冻、干、盐腌或盐渍的)	14.0	70.0	13.0	千克	AB
0307911010	濒危水生无脊椎动物的种苗(不包括甲壳动物的种苗)			13.0	千克	AFEB
0307911090	其他水生无脊椎动物的种苗(不包括甲壳动物的种苗)			13.0	千克	AB
0307919110	活、鲜鲍鱼	14.0	80.0	13.0	千克	AB
0307919190	冷鲍鱼	14.0	80.0	13.0	千克	AB
0307919210	活、鲜沙蚕	14.0	70.0	13.0	千克	AB
0307919290	冷沙蚕	14.0	70.0	13.0	千克	AB
0307919300	活、鲜、冷蛤	14.0	70.0	13.0	千克	AB
0307919911	其他濒危活、鲜水生无脊椎动物(鲍鱼除外)	14.0	70.0	13.0	千克	ABFE

商品编号	商品名称及备注	进口关税税率		增值税率	计量单位	监管条件
		最惠国	普通			
0307919919	其他活、鲜水生无脊椎动物(鲍鱼除外)	14.0	70.0	13.0	千克	AB
0307919991	其他冷濒危水生无脊椎动物(鲍鱼除外)	14.0	70.0	13.0	千克	ABFE
0307919999	其他冷水生无脊椎动物(鲍鱼除外)	14.0	70.0	13.0	千克	AB
0307991000	冻、干、盐腌或盐渍的鲍鱼	10.0	80.0	13.0	千克	AB
0307992010	冻、干、盐腌、盐渍加拉帕戈斯海参	10.0	80.0	13.0	千克	ABFE
0307992090	其他冻、干、盐腌或盐渍的海参	10.0	80.0	13.0	千克	AB
0307993000	冻、干、盐制蛤	10.0	70.0	13.0	千克	AB
0307999010	其他冻干盐制濒危水生无脊椎动物(包括供人食用的水生无脊椎动物粉、团粒,甲壳动物除外)	10.0	70.0	13.0	千克	ABFE
0307999090	其他冻、干、盐制水生无脊椎动物(包括供人食用的水生无脊椎动物粉、团粒,甲壳动物除外)	10.0	70.0	13.0	千克	AB

第四章 乳品;蛋品;天然蜂蜜;其他食用动物产品

注释:

一、所称"乳",是指全脂乳及半脱脂或全脱脂的乳。

二、品目04.05所称:

(一)"黄油",仅指从乳中提取的天然黄油、乳清黄油及调制黄油(新鲜、加盐或酸败的,包括罐装黄油),按重量计乳指含量在80%及以上,但不超过95%,乳的无脂固形物最大含量不超过2%,以及水的最大含量不超过16%。黄油中不含添加的乳化剂,但可含有氯化钠、食用色素、中和盐及无害乳酸菌的培养物。

(二)"乳酱"是一种油包水型可涂抹的乳状物,乳脂是该制品所含的唯一脂肪,按重量计其含量在39%及以上,但小于80%。

三、乳清经浓缩并加入乳脂制成的产品,若同时具有下列三种特性,则视为乳酪归入品目04.06:

(一)按干重计乳脂含量在5%及以上的;

(二)按重量计干质成分至少为70%,但不超过85%的;

(三)已成型或可以成形的。

四、本章不包括:

(一)按重量计乳糖含量(以干燥无水乳糖计)超过95%的乳清制品(品目17.02);

(二)白蛋白(包括按重量计干质成分的乳清蛋白含量超过80%的两种或两种以上的乳清蛋白浓缩物)(品目35.02)及球蛋白(品目35.04)。

子目注释:

一、子目号0404.10所称"改性乳清",是指由乳清成分构成的制品,即全部或部分去除乳糖、蛋白或矿物质的乳清、加入天然乳清成分的乳清及由混入天然乳清成分制成的产品。

二、子目号0405.10所称"黄油",不包括脱水黄油及印度酥油(子目号0405.90)。

商品编号	商品名称及备注	进口关税税率		增值税率	计量单位	监管条件
		最惠国	普通			
0401	**未浓缩及未加糖或其他甜物质的乳及奶油**					
0401100000	脂肪含量未超1%未浓缩的乳及奶油(脂肪含量按重量计,本编号货品不得加糖和其他甜物质)	15.0	40.0	17.0	千克	AB
0401200000	脂肪含量在1%-6%未浓缩的乳及奶油(脂肪含量按重量计,本编号货品不得加糖和其他甜物质)	15.0	40.0	17.0	千克	AB
0401300000	脂肪含量超过6%未浓缩的乳及奶油(脂肪含量按重量计,本编号货品不得加糖和其他甜物质)	15.0	40.0	17.0	千克	AB
0402	**浓缩、加糖或其他甜物质的乳及奶油**					
0402100000	脂肪含量≤1.5%固状乳及奶油(指粉状,粒状或其他固体状态,浓缩加糖或其他甜物质)	10.0	40.0	17.0	千克	AB
0402210000	脂肪量>1.5%未加糖固状乳及奶油(指粉状,粒状或其他固体状态,浓缩未加糖或其他甜物质)	10.0	40.0	17.0	千克	AB
0402290000	脂肪量>1.5%的加糖固状乳及奶油(指粉状,粒状或其他固体状态,浓缩,加糖或其他甜物质)	10.0	40.0	17.0	千克	AB
0402910000	浓缩但未加糖的非固状乳及奶油(未加其他甜物质)	10.0	90.0	17.0	千克	AB
0402990000	浓缩并已加糖的非固状乳及奶油(加其他甜物质)	10.0	90.0	17.0	千克	AB

商品编号	商品名称及备注	进口关税税率		增值税率	计量单位	监管条件
		最惠国	普通			
0403	**酪乳、结块的乳及奶油、酸乳、酸乳酒及其他发酵或酸化的乳和奶油,不论是否浓缩、加糖、加其他甜物质、加香料、加水果、加坚果或加可可**					
0403100000	酸乳	10.0	90.0	17.0	千克	AB
0403900000	酪乳及其他发酵或酸化的乳及奶油(不论是否浓缩、加糖或其他甜物质、香料、水果等)	20.0	90.0	17.0	千克	AB
0404	**乳清,不论是否浓缩、加糖或其他甜物质;其他品目未列名的含天然乳的产品,不论是否加糖或其他甜物质**					
0404100000	乳清及改性乳清(不论是否浓缩、加糖或其他甜物质)	6.0	30.0	17.0	千克	AB
0404900000	其他编号未列名的含天然乳的产品(不论是否浓缩、加糖或其他甜物质)	20.0	90.0	17.0	千克	AB
0405	**黄油及其他从乳提取的脂和油;乳酱**					
0405100000	黄油	10.0	90.0	17.0	千克	AB
0405200000	乳酱	10.0	90.0	17.0	千克	AB
0405900000	其他从乳中提取的脂和油	10.0	90.0	17.0	千克	AB
0406	**乳酪及凝乳**					
0406100000	鲜乳酪(未熟化或未固化的)(包括乳清乳酪;凝乳)	12.0	90.0	17.0	千克	AB
0406200000	各种磨碎或粉化的乳酪	12.0	90.0	17.0	千克	AB
0406300000	经加工的乳酪(但磨碎或粉化的除外)	12.0	90.0	17.0	千克	AB
0406400000	蓝纹乳酪	15.0	90.0	17.0	千克	AB
0406900000	其他乳酪	12.0	90.0	17.0	千克	AB
0407	**带壳禽蛋,鲜、腌制或煮过的**					
0407001010	种用濒危野禽蛋			13.0	个/千克	AFEB
0407001090	种用禽蛋			13.0	个/千克	AB
0407002100	带壳鲜鸡蛋	20.0	80.0	13.0	个/千克	AB
0407002200	带壳鲜鸭蛋	20.0	80.0	13.0	个/千克	AB
0407002300	带壳鲜鹅蛋	20.0	80.0	13.0	个/千克	AB
0407002910	其他带壳鲜濒危野鸟卵	20.0	80.0	13.0	个/千克	ABFE
0407002990	其他带壳鲜禽蛋	20.0	80.0	13.0	个/千克	AB
0407009100	咸蛋	20.0	90.0	13.0	个/千克	AB
0407009200	皮蛋	20.0	90.0	13.0	个/千克	AB
0407009910	其他腌制或煮过的带壳濒危野鸟卵	20.0	90.0	13.0	个/千克	ABFE
0407009990	其他腌制或煮过的带壳禽蛋	20.0	90.0	13.0	个/千克	AB
0408	**去壳禽蛋及蛋黄,鲜、干、冻、蒸过或水煮、制成型或用其他方法保藏的,不论是否加糖或其他甜物质**					
0408110000	干蛋黄	20.0	90.0	13.0	千克	AB
0408190000	其他蛋黄	20.0	90.0	13.0	千克	AB
0408910000	干的其他去壳禽蛋	20.0	90.0	13.0	千克	AB

商品编号	商 品 名 称 及 备 注	进口关税税率		增值税率	计量单位	监管条件
		最惠国	普通			
0408990000	其他去壳禽蛋	20.0	90.0	13.0	千克	AB
0409	**天然蜂蜜**					
0409000000	天然蜂蜜	15.0	80.0	13.0	千克	AB
0410	**其他品目未列名的食用动物产品**					
0410001000	燕窝	25.0	80.0	17.0	千克	AB
0410004100	鲜蜂王浆	15.0	70.0	13.0	千克	AB
0410004200	鲜蜂王浆粉	15.0	70.0	17.0	千克	AB
0410004300	蜂花粉	20.0	70.0	17.0	千克	AB
0410004900	其他蜂产品	20.0	70.0	17.0	千克	AB
0410009010	其他编号未列名濒危野生动物产品(食用)	20.0	70.0	17.0	千克	ABFE
0410009090	其他编号未列名的食用动物产品	20.0	70.0	17.0	千克	AB

第五章 其他动物产品

注释:

一、本章不包括:

(一)食用产品(整个或切块的动物肠、膀胱和胃以及液态或干制的动物血除外);

(二)生皮或毛皮(第四十一章、第四十三章),但品目05.05的货品及品目05.11的生皮或毛皮的边角废料仍归入本章;

(三)马毛及废马毛以外的动物纺织原料(第十一类);

(四)供制帚、制刷用的成束、成簇的材料(品目96.03)。

二、仅按长度而未按发根和发梢整理的人发,视为未加工品,归入品目05.01。

三、本目录所称"兽牙",是指象、河马、海象、一角鲸和野猪的长牙、犀角及其他动物的牙齿。

四、本目录所称"马毛",是指马科、牛科动物的鬃毛和尾毛。

商品编号	商品名称及备注	进口关税税率		增值税率	计量单位	监管条件
		最惠国	普通			
0501	**未经加工的人发,不论是否洗涤;废人发**					
0501000000	未经加工的人发;废人发(不论是否洗涤)	15.0	90.0	17.0	千克	AB9
0502	**猪鬃、猪毛;獾毛及其他制刷用兽毛;上述鬃毛的废料**					
0502101000	猪鬃	20.0	90.0	13.0	千克	AB
0502102000	猪毛	20.0	90.0	13.0	千克	AB
0502103000	猪鬃或猪毛的废料	20.0	90.0	13.0	千克	AB9
0502901100	山羊毛	20.0	90.0	13.0	千克	AB
0502901200	黄鼠狼尾毛	20.0	90.0	13.0	千克	AB
0502901910	濒危獾毛及其他制刷用濒危兽毛	20.0	90.0	13.0	千克	ABFE
0502901990	其他獾毛及其他制刷用兽毛	20.0	90.0	13.0	千克	AB
0502902010	濒危獾毛及其他制刷濒危兽毛废料	20.0	90.0	13.0	千克	AFEB9
0502902090	其他獾毛及其他制刷用兽毛的废料	20.0	90.0	13.0	千克	AB9
0503	**马毛及废马毛,不论是否制成有或无衬垫的毛片**					
0503001000	马鬃、马尾(不论是否制成有或无衬垫的毛片)	15.0	90.0	13.0	千克	AB
0503009010	废马毛(不论是否制成有或无衬垫的毛片)	15.0	90.0	13.0	千克	AB9
0503009090	其他马毛(不论是否制成有或无衬垫的毛片)	15.0	90.0	13.0	千克	AB
0504	**整个或切块的动物(鱼除外)的肠、膀胱及胃,鲜、冷、冻、干、熏、盐腌或盐渍的**					
0504001100	整个或切块盐渍的猪肠衣(猪大肠头除外)	20.0	90.0	13.0	千克	AB
0504001200	整个或切块盐渍的绵羊肠衣	18.0	90.0	13.0	千克	AB
0504001300	整个或切块盐渍的山羊肠衣	18.0	90.0	13.0	千克	AB
0504001400	整个或切块盐渍的猪大肠头	20.0	90.0	13.0	千克	AB
0504001900	整个或切块的其他动物肠衣(包括鲜、冷、冻、干、熏、盐腌或盐渍的,鱼除外)	18.0	90.0	13.0	千克	AB
0504002100	冷,冻的鸡胗(即鸡胃)	见附表11	见附表11	13.0	千克	7AB

商品编号	商品名称及备注	进口关税税率		增值税率	计量单位	监管条件
		最惠国	普通			
0504002900	整个或切块的其他动物的胃(包括鲜、冷、冻、干、熏、盐腌或盐渍的,鱼除外)	20.0	80.0	13.0	千克	AB
0504009000	整个或切块的其他动物肠、膀胱(包括鲜、冷、冻、干、熏、盐腌或盐渍的,鱼除外)	20.0	80.0	13.0	千克	AB
0505	**带有羽毛或羽绒的鸟皮及鸟体其他部分;羽毛及不完整羽毛(不论是否修边)、羽绒,仅经洗涤、消毒或为了保藏而作过处理,但未经进一步加工;羽毛或不完整羽毛的粉末及废料**					
0505100010	填充用濒危野生禽类羽毛;羽绒(仅经洗涤、消毒等处理,未进一步加工)	10.0	100.0	13.0	千克	ABFE
0505100090	其他填充用羽毛;羽绒(仅经洗涤、消毒等处理,未进一步加工)	10.0	100.0	13.0	千克	AB
0505901000	羽毛或不完整羽毛的粉末及废料	10.0	35.0	13.0	千克	AB
0505909010	其他濒危野生禽类羽毛,羽绒(包括带有羽毛或羽绒的鸟皮及鸟体的其他部分)	10.0	90.0	13.0	千克	AFEB
0505909090	其他羽毛,羽绒(包括带有羽毛或羽绒的鸟皮及鸟体的其他部分)	10.0	90.0	13.0	千克	AB
0506	**骨及角柱,未经加工或经脱脂、简单整理(但未切割成形)、酸处理或脱胶;上述产品的粉末及废料**					
0506100000	经酸处理的骨胶原及骨	12.0	50.0	17.0	千克	AB
0506901110	含牛羊成分的骨废料(未经加工或仅经脱脂等加工的)	12.0	35.0	17.0	千克	ABP
0506901190	含牛羊成分的骨粉(未经加工或仅经脱脂等加工的)	12.0	35.0	17.0	千克	AB
0506901910	其他骨废料(未经加工或仅经脱脂等加工的)	12.0	35.0	17.0	千克	ABP
0506901990	其他骨粉(未经加工或仅经脱脂等加工的)	12.0	35.0	17.0	千克	AB
0506909011 *	已脱胶的虎骨(指未经加工或经脱脂等加工的)	12.0	50.0	13.0	千克	89ABFE
0506909019	未脱胶的虎骨(指未经加工或经脱脂等加工的)	12.0	50.0	13.0	千克	89ABFE
0506909021 *	已脱胶的豹骨(指未经加工或经脱脂等加工的)	12.0	50.0	13.0	千克	ABFE
0506909029	未脱胶的豹骨(指未经加工或经脱脂等加工的)	12.0	50.0	13.0	千克	ABFE
0506909031 *	已脱胶的濒危野生动物的骨及角柱(不包括虎骨、豹骨、指未经加工或经脱脂等加工的)	12.0	50.0	13.0	千克	AFEB
0506909039	未脱胶的濒危野生动物的骨及角柱(不包括虎骨、豹骨、指未经加工或经脱脂等加工的)	12.0	50.0	13.0	千克	AFEB
0506909091 *	已脱胶的其他骨及角柱(不包括虎骨、豹骨、指未经加工或经脱脂等加工的)	12.0	50.0	13.0	千克	AB
0506909099	未脱胶的其他骨及角柱(不包括虎骨、豹骨、指未经加工或经脱脂等加工的)	12.0	50.0	13.0	千克	AB
0507	**兽牙、龟壳、鲸须、鲸须毛、角、鹿角、蹄、甲、爪及喙,未经加工或仅简单整理但未切割成形;上述产品的粉末及废料**					
0507100010	犀牛角	10.0	30.0	13.0	千克	89ABFE

商品编号	商品名称及备注	进口关税税率		增值税率	计量单位	监管条件
		最惠国	普通			
0507100020	其他濒危野生兽牙;兽牙粉末及废料	10.0	30.0	13.0	千克	AFEB
0507100090	兽牙;兽牙粉末及废料	10.0	30.0	13.0	千克	AB
0507901000	羚羊角及其粉末和废料	3.0	14.0	13.0	千克	ABFE
0507902000	鹿茸及其粉末	11.0	30.0	13.0	千克	ABFE
0507909000	龟壳,鲸须,鲸须毛,鹿角及其他角(包括蹄,甲,爪及喙及其粉末和废料)	10.0	50.0	13.0	千克	AFEB
0508	**珊瑚及类似品,未经加工或仅简单整理但未经进一步加工;软体动物壳、甲壳动物壳、棘皮动物壳、墨鱼骨,未经加工或仅简单整理但未切割成形,上述壳、骨的粉末及废料**					
0508001010	珊瑚及濒危水产品的粉末、碎料(包括介、贝、棘皮动物壳、墨鱼骨的粉末、废料)	12.0	35.0	13.0	千克	AFEB
0508001090	其他水产品壳、骨的粉末及废料(包括介、贝壳,棘皮动物壳,墨鱼骨的粉末及废料)	12.0	35.0	13.0	千克	AB
0508009010	珊瑚及濒危水产品的壳、骨(包括介、贝、棘皮动物的壳,墨鱼骨)	12.0	50.0	13.0	千克	AFEB
0508009090	其他水产品的壳、骨(包括介、贝、棘皮动物的壳,墨鱼骨)	12.0	50.0	13.0	千克	AB
0509	**动物质天然海绵**					
0509000000	动物质天然海绵	15.0	70.0	13.0	千克	AB
0510	**龙涎香、海狸香、灵猫香及麝香;斑蝥;胆汁,不论是否干制;供配制药用的腺体及其他动物产品,鲜、冷、冻或用其他方法暂时保藏的**					
0510001010	牛黄	3.0	14.0	13.0	千克	8AB
0510001020	猴枣	3.0	14.0	13.0	千克	QAFEB
0510001090	其他黄药(不包括牛黄)	3.0	14.0	13.0	千克	AFEB
0510002000	龙涎香、海狸香、灵猫香	7.0	50.0	13.0	千克	AFEB
0510003000	麝香	7.0	20.0	13.0	千克	8AFEB
0510004000	斑蝥	7.0	50.0	13.0	千克	QAB
0510009010	其他濒危野生动物胆汁及其他产品(不论是否干制;鲜、冷、冻或用其他方法暂时保藏的)	6.0	20.0	13.0	千克	AFEB
0510009090	胆汁,配药用腺体及其他动物产品(不论是否干制;鲜、冷、冻或用其他方法暂时保藏的)	6.0	20.0	13.0	千克	AB
0511	**其他品目未列名的动物产品;不适合供人食用的第一章或第三章的死动物**					
0511100010	濒危野生牛的精液			13.0	千克	ABFE
0511100090	其他牛的精液			13.0	千克	AB
0511911110*	濒危鱼的受精卵	12.0	35.0	13.0	千克	ABFE
0511911190*	其他受精鱼卵	12.0	35.0	13.0	千克	AB
0511911910	濒危鱼的非食用产品(包括鱼肚)	12.0	35.0	13.0	千克	ABFE

商品编号	商 品 名 称 及 备 注	进口关税税率		增值税率	计量单位	监管条件
		最惠国	普通			
0511911990	其他鱼的非食用产品(包括鱼肚)	12.0	35.0	13.0	千克	AB
0511919010	濒危水生无脊椎动物产品(包括甲壳动物,软体动物,第三章死动物)	12.0	35.0	13.0	千克	ABFE
0511919090	其他水生无脊椎动物产品(包括甲壳动物,软体动物,第三章死动物)	12.0	35.0	13.0	千克	AB
0511991010	濒危野生动物精液(牛的精液除外)			13.0	千克	AFEB
0511991090	其他动物精液(牛的精液除外)			13.0	千克	AB
0511992010	濒危野生动物胚胎			13.0	千克	AFEB
0511992090	其他动物胚胎			13.0	千克	AB
0511993000	蚕种			13.0	千克	AB
0511999010	其他编号未列名濒危野生动物产品(包括不适合供人食用的第一章的死动物)	12.0	35.0	13.0	千克	AFEB
0511999090	其他编号未列名的动物产品(包括不适合供人食用的第一章的死动物)	12.0	35.0	13.0	千克	AB

第二类　植物产品

注释:

本类所称“团粒”,是指直接挤压或加入按重量计比例不超过3%的粘合剂制成的粒状产品。

第六章　活树及其他活植物;鳞茎、根及类似品;插花及装饰用簇叶

注释:

一、除品目06.01的菊苣植物及其根以外,本章只包括通常由苗圃或花店供应为种植或装饰用的活树及其他货品(包括植物秧苗);但不包括马铃薯、洋葱、青葱、大蒜及其他第七章的产品。

二、品目06.03、06.04的各种货品,包括全部或部分用这些货品制成的花束、花篮、花圈及类似品,不论是否有其他材料制成的附件。但这些货品不包括品目97.01的拼贴画或类似的装饰板。

商品编号	商品名称及备注	进口关税税率		增值税率	计量单位	监管条件
		最惠国	普通			
0601	**鳞茎、块茎、块根、球茎、根颈及根茎,休眠、生长或开花的;菊苣植物及其根,但品目1212的根除外**					
0601101000	休眠的番红花球茎	4.0	14.0	13.0	个/千克	AB
0601109110	种用休眠的兰花块茎(包括球茎、根颈及根茎)			13.0	个/千克	AFEB
0601109191	种用休眠其他濒危植物鳞茎等(包括球茎、根颈、根茎、鳞茎、块茎、块根)			13.0	个/千克	ABFE
0601109199	种用休眠的其他鳞茎、块茎、块根(包括球茎、根颈及根茎)			13.0	个/千克	AB
0601109910	其他休眠的兰花块茎(包括球茎、根颈及根茎)	5.0	40.0	13.0	个/千克	AFEB
0601109991	其他休眠濒危植物鳞茎等(包括球茎、根颈、根茎、鳞茎、块茎、块根)	5.0	40.0	13.0	个/千克	AFEB
0601109999	其他休眠的其他鳞茎、块茎、块根(包括球茎、根颈及根茎)	5.0	40.0	13.0	个/千克	AB
0601200010	生长或开花的兰花块茎(包括球茎、根颈及根茎)	15.0	80.0	13.0	个/千克	AFEB
0601200020	生长或开花的仙客来鳞茎	15.0	80.0	13.0	个/千克	AFEB
0601200091	生长或开花的其他濒危植物鳞茎等(包括球茎、根颈、根茎、鳞茎、块茎、块根、菊苣植物)	15.0	80.0	13.0	个/千克	AFEB
0601200099	生长或开花的其他鳞茎及菊苣植物(包括块茎、块根、球茎、根颈及根茎,编号1212的根除外)	15.0	80.0	13.0	个/千克	AB
0602	**其他活植物(包括其根)、插枝及接穗;蘑菇菌丝**					
0602100010	濒危植物的无根插枝及接穗			13.0	株/千克	ABFE
0602100090	其他无根插枝及接穗			13.0	株/千克	AB

商品编号	商品名称及备注	进口关税税率		增值税率	计量单位	监管条件
		最惠国	普通			
0602201000	食用水果及坚果树的种用苗木(包括食用果灌木种用苗木)			13.0	株/千克	AB
0602209000	其他食用水果、坚果树及灌木(不论是否嫁接)	10.0	80.0	13.0	株/千克	AB
0602301000	种用杜鹃(不论是否嫁接)			13.0	株/千克	AB
0602309000	其他杜鹃(不论是否嫁接)	15.0	80.0	13.0	株/千克	AB
0602401000	种用玫瑰(不论是否嫁接)			13.0	株/千克	AB
0602409000	其他玫瑰(不论是否嫁接)	15.0	80.0	13.0	株/千克	AB
0602901000	蘑菇菌丝			13.0	千克	AB
0602909110	种用兰花			13.0	株/千克	AFEB
0602909191	其他濒危植物种用苗木			13.0	株/千克	AFEB
0602909199	其他种用苗木			13.0	株/千克	AB
0602909200	其他兰花(种用除外)	10.0	80.0	13.0	株/千克	ABFE
0602909300	其他菊花(种用除外)	10.0	80.0	13.0	株/千克	AB
0602909410	芦荟(种用除外)	10.0	80.0	13.0	株/千克	ABFE
0602909490	其他百合(种用除外)	10.0	80.0	13.0	株/千克	AB
0602909500	其他康乃馨(种用除外)	10.0	80.0	13.0	株/千克	AB
0602909910	苏铁(铁树)类	10.0	80.0	13.0	株/千克	ABFE
0602909920	仙人掌(包括仙人球、仙人柱、仙人指)	10.0	80.0	13.0	株/千克	ABFE
0602909991	其他濒危活植物(种用除外)	10.0	80.0	13.0	株/千克	AFEB
0602909999	其他活植物(种用除外)	10.0	80.0	13.0	株/千克	AB
0603	**制花束或装饰用的插花及花蕾,鲜、干、染色、漂白、浸渍或用其他方法处理的**					
0603100010	鲜的濒危植物插花及花蕾(制花束或装饰用的)	10.0	100.0	13.0	千克	ABFE
0603100090	其他鲜的插花及花蕾(制花束或装饰用的)	10.0	100.0	13.0	千克	AB
0603900010	干或染色等加工濒危插花及花蕾(制花束或装饰用的,鲜的除外)	23.0	100.0	17.0	千克	ABFE
0603900090	其他干或染色等加工的插花及花蕾(制花束或装饰用的,鲜的除外)	23.0	100.0	17.0	千克	AB
0604	**制花束或装饰用的不带花及花蕾的植物枝、叶或其他部分,草、苔藓及地衣,鲜、干、染色、漂白、浸渍或用其他方法处理的**					
0604100000	苔藓及地衣	23.0	100.0	13.0	千克	AB
0604910010	鲜濒危植物枝、叶或其他部分,草(制花束或装饰用并且不带花及花蕾)	10.0	100.0	13.0	千克	ABFE
0604910090	其他鲜植物枝、叶或其他部分,草(制花束或装饰用并且不带花及花蕾)	10.0	100.0	13.0	千克	AB
0604990010	染色或经加工濒危枝、叶、草等(制花束或装饰用并且不带花及花蕾)	10.0	100.0	17.0	千克	ABFE
0604990090	其他染色或加工的枝、叶、草等(制花束或装饰用并且不带花及花蕾)	10.0	100.0	17.0	千克	AB

第七章　食用蔬菜、根及块茎

注释：

一、本章不包括品目12.14的草料。

二、品目07.09、07.10、07.11及07.12所称“蔬菜”，包括食用的蘑菇、块菌、油橄榄、刺山柑、菜葫芦、南瓜、茄子、甜玉米、辣椒、茴香菜、欧芹、细叶芹、龙蒿、水芹、甜茉乔栾那。

三、品目07.12包括干制的归入品目07.01至07.11的各种蔬菜，但下列各项除外：

(一)作蔬菜用的脱荚干豆(品目07.13)；

(二)品目11.02至11.04所列形状的甜玉米；

(三)马铃薯细粉、粗粉、粉末、粉片、颗粒及团粒(品目11.05)；

(四)用品目07.13的干豆制成的细粉、粗粉及粉末(品目11.06)。

四、本章不包括辣椒干及辣椒粉(品目09.04)。

商品编号	商品名称及备注	进口关税税率		增值税率	计量单位	监管条件
		最惠国	普通			
0701	**鲜或冷藏的马铃薯**					
0701100000	种用马铃薯	13.0	70.0	13.0	千克	AB
0701900010	其他鲜的马铃薯	13.0	70.0	13.0	千克	AB
0701900090	其他冷藏的马铃薯	13.0	70.0	13.0	千克	AB
0702	**鲜或冷藏的番茄**					
0702000010	鲜的番茄	13.0	70.0	13.0	千克	AB
0702000090	冷藏的番茄	13.0	70.0	13.0	千克	AB
0703	**鲜或冷藏的洋葱、青葱、大蒜、韭葱及其他葱属蔬菜**					
0703101010	鲜的洋葱	13.0	70.0	13.0	千克	AB
0703101090	冷藏的洋葱	13.0	70.0	13.0	千克	AB
0703102010	鲜的青葱	13.0	70.0	13.0	千克	AB
0703102090	冷藏的青葱	13.0	70.0	13.0	千克	AB
0703201010	鲜的蒜头	13.0	70.0	13.0	千克	AB
0703201090	冷藏的蒜头	13.0	70.0	13.0	千克	AB
0703202010	鲜的蒜苔及蒜苗(包括青蒜)	13.0	70.0	13.0	千克	AB
0703202090	冷藏的蒜苔及蒜苗(包括青蒜)	13.0	70.0	13.0	千克	AB
0703209010	鲜的蒜瓣(无论是否去皮)	13.0	70.0	13.0	千克	AB
0703209020	冷藏的蒜瓣(无论是否去皮)	13.0	70.0	13.0	千克	AB
0703209091	鲜的其他大蒜(包括切片、切碎、切丝、捣碎、磨碎、去皮等)	13.0	70.0	13.0	千克	AB
0703209099	冷藏的其他大蒜(包括切片、切碎、切丝、捣碎、磨碎、去皮等)	13.0	70.0	13.0	千克	AB
0703901010	鲜的韭葱	13.0	70.0	13.0	千克	AB

商品编号	商品名称及备注	进口关税税率		增值税率	计量单位	监管条件
		最惠国	普通			
0703901090	冷藏的韭葱	13.0	70.0	13.0	千克	AB
0703902010	鲜的大葱	13.0	70.0	13.0	千克	AB
0703902090	冷藏的大葱	13.0	70.0	13.0	千克	AB
0703909010	鲜的其他葱属蔬菜	13.0	70.0	13.0	千克	AB
0703909090	冷藏的其他葱属蔬菜	13.0	70.0	13.0	千克	AB
0704	**鲜或冷藏的卷心菜、菜花、球茎甘蓝、羽衣甘蓝及类似的食用芥菜类蔬菜**					
0704100010	鲜的菜花及硬花甘蓝	10.0	70.0	13.0	千克	AB
0704100090	冷藏的菜花及硬花甘蓝	10.0	70.0	13.0	千克	AB
0704200010	鲜的抱子甘蓝	13.0	70.0	13.0	千克	AB
0704200090	冷藏的抱子甘蓝	13.0	70.0	13.0	千克	AB
0704900010	鲜的其他食用芥菜类蔬菜	13.0	70.0	13.0	千克	AB
0704900090	冷藏的其他食用芥菜类蔬菜	13.0	70.0	13.0	千克	AB
0705	**鲜或冷藏的莴苣及菊苣**					
0705110010	鲜的结球莴苣(包心生菜)	10.0	70.0	13.0	千克	AB
0705110090	冷藏的结球莴苣(包心生菜)	10.0	70.0	13.0	千克	AB
0705190010	鲜的其他莴苣	10.0	70.0	13.0	千克	AB
0705190090	冷藏的其他莴苣	10.0	70.0	13.0	千克	AB
0705210010	鲜的维特罗夫菊苣	13.0	70.0	13.0	千克	AB
0705210090	冷藏的维特罗夫菊苣	13.0	70.0	13.0	千克	AB
0705290010	鲜的其他菊苣	13.0	70.0	13.0	千克	AB
0705290090	冷藏的其他菊苣	13.0	70.0	13.0	千克	AB
0706	**鲜或冷藏的胡萝卜、萝卜、色拉甜菜根、婆罗门参、块根芹、小萝卜及类似的食用根茎**					
0706100010	鲜的胡萝卜及萝卜	13.0	70.0	13.0	千克	AB
0706100090	冷藏的胡萝卜及萝卜	13.0	70.0	13.0	千克	AB
0706900010	鲜的小萝卜及类似食用根茎(包括色拉甜菜根、婆罗门参、块根芹)	13.0	70.0	13.0	千克	AB
0706900090	冷藏的小萝卜及类似食用根茎(包括色拉甜菜根、婆罗门参、块根芹)	13.0	70.0	13.0	千克	AB
0707	**鲜或冷藏的黄瓜及小黄瓜**					
0707000010	鲜的黄瓜及小黄瓜	13.0	70.0	13.0	千克	AB
0707000090	冷藏的黄瓜及小黄瓜	13.0	70.0	13.0	千克	AB
0708	**鲜或冷藏的豆类蔬菜,不论是否脱荚**					
0708100010	鲜的豌豆(不论是否脱荚)	13.0	70.0	13.0	千克	AB
0708100090	冷藏的豌豆(不论是否脱荚)	13.0	70.0	13.0	千克	AB
0708200010	鲜的豇豆及菜豆(不论是否脱荚)	13.0	70.0	13.0	千克	AB
0708200090	冷藏的豇豆及菜豆(不论是否脱荚)	13.0	70.0	13.0	千克	AB

商品编号	商品名称及备注	进口关税税率		增值税率	计量单位	监管条件
		最惠国	普通			
0708900010	鲜的其他豆类蔬菜(不论是否脱荚)	13.0	70.0	13.0	千克	AB
0708900090	冷藏的其他豆类蔬菜(不论是否脱荚)	13.0	70.0	13.0	千克	AB
0709	**鲜或冷藏的其他蔬菜**					
0709100010	鲜的洋蓟	13.0	70.0	13.0	千克	AB
0709100090	冷藏的洋蓟	13.0	70.0	13.0	千克	AB
0709200010	鲜的芦笋	13.0	70.0	13.0	千克	AB
0709200090	冷藏的芦笋	13.0	70.0	13.0	千克	AB
0709300010	鲜的茄子	13.0	70.0	13.0	千克	AB
0709300090	冷藏的茄子	13.0	70.0	13.0	千克	AB
0709400010	鲜的芹菜(块根芹除外)	10.0	70.0	13.0	千克	AB
0709400090	冷藏的芹菜(块根芹除外)	10.0	70.0	13.0	千克	AB
0709510010	鲜的伞菌属蘑菇	13.0	90.0	13.0	千克	AB
0709510090	冷藏伞菌属蘑菇	13.0	90.0	13.0	千克	AB
0709520010	鲜的块菌	13.0	90.0	13.0	千克	AB
0709520090	冷藏的块菌	13.0	90.0	13.0	千克	AB
0709591000	鲜或冷藏的松茸	13.0	90.0	13.0	千克	ABE
0709592010	鲜的香菇	13.0	90.0	13.0	千克	AB
0709592090	冷藏的香菇	13.0	90.0	13.0	千克	AB
0709593010	鲜的金针菇	13.0	90.0	13.0	千克	AB
0709593090	冷藏的金针菇	13.0	90.0	13.0	千克	AB
0709594010	鲜的草菇	13.0	90.0	13.0	千克	AB
0709594090	冷藏的草菇	13.0	90.0	13.0	千克	AB
0709595010	鲜的口蘑	13.0	90.0	13.0	千克	AB
0709595090	冷藏的口蘑	13.0	90.0	13.0	千克	AB
0709599010	鲜的其他蘑菇	13.0	90.0	13.0	千克	AB
0709599090	冷藏的其他蘑菇	13.0	90.0	13.0	千克	AB
0709600010	鲜的辣椒(包括甜椒)	13.0	70.0	13.0	千克	AB
0709600090	冷藏的辣椒(包括甜椒)	13.0	70.0	13.0	千克	AB
0709700010	鲜的菠菜	13.0	70.0	13.0	千克	AB
0709700090	冷藏的菠菜	13.0	70.0	13.0	千克	AB
0709901010	鲜或冷藏的酸竹笋	13.0	70.0	13.0	千克	ABE
0709901090	冷藏的竹笋	13.0	70.0	13.0	千克	AB
0709909010	鲜或冷藏的莼菜	13.0	70.0	13.0	千克	ABE
0709909090	鲜或冷藏的其他蔬菜	13.0	70.0	13.0	千克	AB
0710	**冷冻蔬菜(不论是否蒸煮)**					
0710100000	冷冻马铃薯(不论是否蒸煮)	13.0	70.0	13.0	千克	AB
0710210000	冷冻豌豆(不论是否蒸煮)	13.0	70.0	13.0	千克	AB
0710221000	冷冻的红小豆(不论是否蒸煮)	13.0	70.0	13.0	千克	AB
0710229000	冷冻豇豆及菜豆(不论是否蒸煮)	13.0	70.0	13.0	千克	AB

商品编号	商品名称及备注	进口关税税率		增值税率	计量单位	监管条件
		最惠国	普通			
0710290000	冷冻其他豆类蔬菜(不论是否蒸煮)	13.0	70.0	13.0	千克	AB
0710300000	冷冻菠菜(不论是否蒸煮)	13.0	70.0	13.0	千克	AB
0710400000	冷冻甜玉米(不论是否蒸煮)	10.0	70.0	13.0	千克	AB
0710801000	冷冻松茸(不论是否蒸煮)	13.0	70.0	13.0	千克	ABE
0710802000	冷冻蒜苔及蒜苗(包括青蒜)(不论是否蒸煮)	13.0	70.0	13.0	千克	AB
0710803000	冷冻蒜头(不论是否蒸煮)	13.0	70.0	13.0	千克	AB
0710809010	冷冻的大蒜瓣(不论是否蒸煮)	13.0	70.0	13.0	千克	AB
0710809020	冷冻的香菇(不论是否蒸煮)	13.0	70.0	13.0	千克	AB
0710809030	冷冻莼菜(不论是否蒸煮)	13.0	70.0	13.0	千克	ABE
0710809090	冷冻的未列名蔬菜(不论是否蒸煮)	13.0	70.0	13.0	千克	AB
0710900000	冷冻什锦蔬菜(不论是否蒸煮)	10.0	70.0	13.0	千克	AB
0711	**暂时保藏(例如,使用二氧化硫气体、盐水、亚硫酸水或其他防腐液)的蔬菜,但不适于直接食用的**					
0711200000	暂时保藏的油橄榄(用二氧化硫气体,盐水等物质处理,但不适于直接食用的)	13.0	70.0	13.0	千克	AB
0711300000	暂时保藏的刺山柑(用二氧化硫气体,盐水等物质处理,但不适于直接食用的)	13.0	70.0	13.0	千克	AB
0711400000	暂时保藏的黄瓜及小黄瓜(用二氧化硫气体,盐水等物质处理,但不适于直接食用的)	13.0	70.0	13.0	千克	AB
0711511200	盐水小白蘑菇(洋蘑菇)(指小白蘑菇,不适于直接食用的)	13.0	90.0	13.0	千克	AB
0711511900	盐水的其他伞菌属蘑菇(不适于直接食用的)	13.0	90.0	13.0	千克	AB
0711519000	暂时保藏的其他伞菌属蘑菇(不适于直接食用的)	13.0	90.0	13.0	千克	AB
0711591100	盐水松茸(不适于直接食用的)	13.0	90.0	13.0	千克	EAB
0711591910	盐水的香菇(不适于直接食用的)	13.0	90.0	13.0	千克	AB
0711591990	盐水的其他非伞菌属蘑菇及块菌(不适于直接食用的)	13.0	90.0	13.0	千克	AB
0711599010	暂时保藏的香菇(用二氧化硫气体等物质处理,但不适于直接食用的)	13.0	90.0	13.0	千克	AB
0711599090	暂时保藏的蘑菇及块菌(用二氧化硫气体等物质处理,但不适于直接食用的)	13.0	90.0	13.0	千克	AB
0711903110	盐水酸竹笋(不适于直接食用的)	13.0	70.0	13.0	千克	ABE
0711903190	其他盐水竹笋(不适于直接食用的)	13.0	70.0	13.0	千克	AB
0711903410	盐水简单腌制的大蒜头、大蒜瓣(无论是否去皮,但不适于直接食用)	13.0	70.0	13.0	千克	AB
0711903490	盐水简单腌制的其他大蒜(不含蒜头、蒜瓣,无论是否去皮,但不适于直接食用)	13.0	70.0	13.0	千克	AB
0711903900	盐水的其他蔬菜及什锦蔬菜(不适于直接食用的)	13.0	70.0	13.0	千克	AB
0711909000	暂时保藏的其他蔬菜及什锦蔬菜(用二氧化硫气体等物质处理,但不适于直接食用的)	13.0	90.0	13.0	千克	AB

商品编号	商 品 名 称 及 备 注	进口关税税率		增值税率	计量单位	监管条件
		最惠国	普通			
0712	**干蔬菜,整个、切块、切片、破碎或制成粉状,但未经进一步加工的**					
0712200000	干制洋葱(整个、切块、切片、破碎或制成粉状,但未经进一步加工的)	13.0	80.0	13.0	千克	AB
0712310000	干伞菌属蘑菇(整个、切块、切片、破碎或制成粉状,但未经进一步加工的)	13.0	80.0	13.0	千克	AB
0712320000	干木耳(整个、切块、切片、破碎或制成粉状,但未经进一步加工的)	13.0	100.0	13.0	千克	AB
0712330000	干银耳(白木耳)(整个、切块、切片、破碎或制成粉状,但未经进一步加工的)	13.0	90.0	13.0	千克	AB
0712391000	干制香菇(整个、切块、切片、破碎或制成粉状,但未经进一步加工的)	13.0	100.0	13.0	千克	AB
0712392000	干制金针菇(整个、切块、切片、破碎或制成粉状,但未经进一步加工的)	13.0	100.0	13.0	千克	AB
0712393000	干制草菇(整个、切块、切片、破碎或制成粉状,但未经进一步加工的)	13.0	100.0	13.0	千克	AB
0712394000	干制口蘑(整个、切块、切片、破碎或制成粉状,但未经进一步加工的)	13.0	100.0	13.0	千克	AB
0712395000	干制牛肝菌(整个、切块、切片、破碎或制成粉状,但未经进一步加工的)	13.0	100.0	13.0	千克	AB
0712399010	干制松茸(整个、切块、切片、破碎或制成粉状,但未经进一步加工的)	13.0	100.0	13.0	千克	ABE
0712399090	其他干制蘑菇及块菌(整个、切块、切片、破碎或制成粉状,但未经进一步加工的)	13.0	100.0	13.0	千克	AB
0712901010	酸竹笋干丝	13.0	80.0	13.0	千克	ABE
0712901090	其他笋干丝	13.0	80.0	13.0	千克	AB
0712902000	紫萁(薇菜干)(整条、切段、破碎或制成粉状,但未经进一步加工的)	13.0	80.0	13.0	千克	AB
0712903000	干金针菜(黄花菜)(整条、切段、破碎或制成粉状,但未经进一步加工的)	13.0	80.0	13.0	千克	AB
0712904000	蕨菜干(整个、切段、破碎或制成粉状,但未经进一步加工的)	13.0	80.0	13.0	千克	AB
0712905010	干燥或脱水的大蒜头、大蒜瓣(无论是否去皮)	13.0	80.0	17.0	千克	AB
0712905090	干燥或脱水的其他大蒜(不含蒜头、蒜瓣,无论是否去皮)	13.0	80.0	17.0	千克	AB
0712906000	干甜椒(整个、切块、切片、破碎或制成粉状,但未经进一步加工的)	13.0	80.0	13.0	千克	AB
0712909010	干莼菜(整个、切块、切片、破碎或制成粉状,但未经进一步加工的)	13.0	80.0	13.0	千克	ABE
0712909090	干制的其他蔬菜及什锦蔬菜(整个、切块、切片、破碎或制成粉状,但未经进一步加工的)	13.0	80.0	13.0	千克	AB

商品编号	商品名称及备注	进口关税税率		增值税率	计量单位	监管条件
		最惠国	普通			
0713	脱荚的干豆,不论是否去皮或分瓣					
0713101000	种用干豌豆(不论是否去皮或分瓣)			13.0	千克	AB
0713109000	其他干豌豆(不论是否去皮或分瓣)	5.0	20.0	13.0	千克	AB
0713201000	种用干鹰嘴豆(不论是否去皮或分瓣)			13.0	千克	AB
0713209000	其他干鹰嘴豆(不论是否去皮或分瓣)	7.0	20.0	13.0	千克	AB
0713311000	种用干绿豆(不论是否去皮或分瓣)			13.0	千克	AB
0713319000	其他干绿豆(不论是否去皮或分瓣)	3.0	11.0	13.0	千克	AB
0713321100	种用红小豆(不论是否去皮或分瓣)			13.0	千克	AB
0713321900	其他种用干赤豆(不论是否去皮或分瓣)			13.0	千克	AB
0713329000	其他干赤豆(不论是否去皮或分瓣)	3.0	14.0	13.0	千克	AB
0713331000	种用干芸豆(不论是否去皮或分瓣)			13.0	千克	AB
0713339000	其他干芸豆(不论是否去皮或分瓣)	7.5	20.0	13.0	千克	AB
0713390000	干豇豆及菜豆(不论是否去皮或分瓣)	7.0	20.0	13.0	千克	AB
0713401000	种用干扁豆(不论是否去皮或分瓣)			13.0	千克	AB
0713409000	其他干扁豆(不论是否去皮或分瓣)	7.0	20.0	13.0	千克	AB
0713501000	种用干蚕豆(不论是否去皮或分瓣)			13.0	千克	AB
0713509000	其他干蚕豆(不论是否去皮或分瓣)	7.0	20.0	13.0	千克	AB
0713901000	种用干豆(不论是否去皮或分瓣)			13.0	千克	AB
0713909000	其他干豆(不论是否去皮或分瓣)	7.0	20.0	13.0	千克	AB
0714	鲜、冷、冻或干的木薯、竹芋、兰科植物块茎、菊芋、甘薯及含有高淀粉或菊粉的类似根茎,不论是否切片或制成团粒;西谷茎髓					
0714101000	鲜木薯(不论是否切片)	10.0	30.0	13.0	千克	AB
0714102000	干木薯(不论是否切片或制成团粒)	5.0	30.0	13.0	千克	AB
0714103000	冷或冻的木薯(不论是否切片或制成团粒)	10.0	80.0	13.0	千克	AB
0714201100	鲜种用甘薯		50.0	13.0	千克	AB
0714201900	其他非种用鲜甘薯(不论是否切片)	13.0	50.0	13.0	千克	AB
0714202000	干甘薯(不论是否切片或制成团粒)	13.0	50.0	13.0	千克	AB
0714203000	冷或冻的甘薯(不论是否切片或制成团粒)	13.0	80.0	13.0	千克	AB
0714901010	鲜荸荠(不论是否切片)	13.0	50.0	13.0	千克	AB
0714901090	干或冷、冻的荸荠(不论是否切片或制成团粒)	13.0	50.0	13.0	千克	AB
0714902100	种用藕(不论是否去皮或分瓣)			13.0	千克	AB
0714902910	鲜藕(不论是否切片)	13.0	50.0	13.0	千克	AB
0714902990	干或冷、冻的藕(不论是否切片或制成团粒)	13.0	50.0	13.0	千克	AB
0714909010	鲜、冷、冻、干的兰科植物块茎	13.0	50.0	13.0	千克	ABFE
0714909091	含高淀粉或菊粉其他濒危类似根茎(包括西谷茎髓,不论是否切片或制成团粒,鲜冷冻或干的)	13.0	50.0	13.0	千克	ABFE
0714909099	含有高淀粉或菊粉的其他类似根茎(包括西谷茎髓,不论是否切片或制成团粒,鲜冷冻或干的)	13.0	50.0	13.0	千克	AB

第八章　食用水果及坚果;柑桔属水果或甜瓜的果皮

注释:

一、本章不包括非供食用的坚果或水果。

二、冷藏的水果和坚果应按相应的鲜果品目归类。

三、本章的干果可以部分复水或为下列目的进行其他处理:

(一)为保藏或保持其稳定性(例如,经适度热处理或硫化处理、添加山梨酸或山梨酸钾);

(二)为改进或保持其外观(例如,添加植物油或少量葡萄糖浆)。

但必须保持干果的特征。

商品编号	商品名称及备注	进口关税税率		增值税率	计量单位	监管条件
		最惠国	普通			
0801	**鲜或干的椰子、巴西果及腰果,不论是否去壳或去皮**					
0801110000	干的椰子(不论是否去壳或去皮)	12.0	80.0	13.0	千克	AB
0801191000	种用椰子			13.0	千克	AB
0801199010	鲜椰子(不论是否去壳或去皮)	12.0	80.0	13.0	千克	AB
0801199090	其他椰子(不论是否去壳或去皮)	12.0	80.0	13.0	千克	AB
0801210010	鲜的未去壳巴西果	10.0	80.0	13.0	千克	AB
0801210090	干的未去壳巴西果	10.0	80.0	13.0	千克	AB
0801220010	鲜的去壳巴西果	10.0	80.0	13.0	千克	AB
0801220090	干的去壳巴西果	10.0	80.0	13.0	千克	AB
0801310010	鲜的未去壳腰果	20.0	70.0	13.0	千克	AB
0801310090	干的未去壳腰果	20.0	70.0	13.0	千克	AB
0801320010	鲜的去壳腰果	10.0	70.0	13.0	千克	AB
0801320090	干的去壳腰果	10.0	70.0	13.0	千克	AB
0802	**鲜或干的其他坚果,不论是否去壳或去皮**					
0802110010	鲜的未去壳巴旦杏	24.0	70.0	13.0	千克	AB
0802110090	干的未去壳巴旦杏	24.0	70.0	13.0	千克	AB
0802120010	鲜的去壳巴旦杏	10.0	70.0	13.0	千克	AB
0802120090	干的去壳巴旦杏	10.0	70.0	13.0	千克	AB
0802210010	鲜的未去壳榛子	25.0	70.0	13.0	千克	AB
0802210090	干的未去壳榛子	25.0	70.0	13.0	千克	AB
0802220010	鲜的去壳榛子	10.0	70.0	13.0	千克	AB
0802220090	干的去壳榛子	10.0	70.0	13.0	千克	AB
0802310010	鲜的未去壳核桃	25.0	70.0	13.0	千克	AB
0802310090	干的未去壳核桃	25.0	70.0	13.0	千克	AB
0802320010	鲜的去壳核桃	20.0	70.0	13.0	千克	AB
0802320090	干的去壳核桃	20.0	70.0	13.0	千克	AB
0802401010	鲜板栗(不论是否去壳或去皮)	25.0	70.0	13.0	千克	AB
0802401090	干板栗(不论是否去壳或去皮)	25.0	70.0	13.0	千克	AB

商品编号	商 品 名 称 及 备 注	进口关税税率		增值税率	计量单位	监管条件
		最惠国	普通			
0802409010	其他鲜栗子(不论是否去壳或去皮)	25.0	70.0	13.0	千克	AB
0802409090	其他干栗子(不论是否去壳或去皮)	25.0	70.0	13.0	千克	AB
0802500010	鲜的阿月浑子果(开心果,不论是否去壳或去皮)	10.0	70.0	13.0	千克	AB
0802500090	干的阿月浑子果(开心果,不论是否去壳或去皮)	10.0	70.0	13.0	千克	AB
0802901010	鲜的槟榔(不论是否去壳或去皮)	10.0	30.0	13.0	千克	AB
0802901090	干的槟榔(不论是否去壳或去皮)	10.0	30.0	13.0	千克	AB
0802902010	鲜的白果(不论是否去壳或去皮)	25.0	70.0	13.0	千克	ABE
0802902090	干的白果(不论是否去壳或去皮)	25.0	70.0	13.0	千克	ABE
0802903011	鲜的红松子仁	25.0	70.0	13.0	千克	ABE
0802903012	鲜的其他濒危松子仁	25.0	70.0	13.0	千克	ABEF
0802903019	鲜的其他松子仁	25.0	70.0	13.0	千克	AB
0802903091	干的红松子仁	25.0	70.0	13.0	千克	ABE
0802903092	干的其他濒危松子仁	25.0	70.0	13.0	千克	ABEF
0802903099	干的其他松子仁	25.0	70.0	13.0	千克	AB
0802904110	鲜的种用夏威夷果		70.0	13.0	千克	AB
0802904190	干的种用夏威夷果		70.0	13.0	千克	AB
0802904910	鲜的其他夏威夷果	24.0	70.0	13.0	千克	AB
0802904990	干的其他夏威夷果	24.0	70.0	13.0	千克	AB
0802909011	鲜榧子(不论是否去壳或去皮)	24.0	70.0	13.0	千克	ABE
0802909012	鲜红松子(不论是否去壳或去皮)	24.0	70.0	13.0	千克	ABE
0802909013	鲜的其他濒危松子(不论是否去壳或去皮)	24.0	70.0	13.0	千克	ABEF
0802909019	鲜的其他坚果(不论是否去壳或去皮)	24.0	70.0	13.0	千克	AB
0802909091	干榧子(不论是否去壳或去皮)	24.0	70.0	13.0	千克	ABE
0802909092	干红松子(不论是否去壳或去皮)	24.0	70.0	13.0	千克	ABE
0802909093	干的其他濒危松子(不论是否去壳或去皮)	24.0	70.0	13.0	千克	ABEF
0802909099	干的其他坚果(不论是否去壳或去皮)	24.0	70.0	13.0	千克	AB
0803	**鲜或干的香蕉,包括芭蕉**					
0803000010	鲜的香蕉,包括芭蕉(不论是否去壳或去皮)	10.0	40.0	13.0	千克	AB
0803000090	干的香蕉,包括芭蕉(不论是否去壳或去皮)	10.0	40.0	13.0	千克	AB
0804	**鲜或干的椰枣、无花果、菠萝、鳄梨、番石榴、芒果及山竹果**					
0804100010	鲜的椰枣	15.0	40.0	13.0	千克	AB
0804100090	干的椰枣	15.0	40.0	13.0	千克	AB
0804200010	鲜的无花果	30.0	70.0	13.0	千克	AB
0804200090	干的无花果	30.0	70.0	13.0	千克	AB
0804300010	鲜菠萝	12.0	80.0	13.0	千克	AB
0804300090	干菠萝	12.0	80.0	13.0	千克	AB
0804400010	鲜鳄梨	25.0	80.0	13.0	千克	AB
0804400090	干鳄梨	25.0	80.0	13.0	千克	AB
0804501010	鲜番石榴	15.0	80.0	13.0	千克	AB

商品编号	商品名称及备注	进口关税税率		增值税率	计量单位	监管条件
		最惠国	普通			
0804501090	干番石榴	15.0	80.0	13.0	千克	AB
0804502010	鲜芒果	15.0	80.0	13.0	千克	AB
0804502090	干芒果	15.0	80.0	13.0	千克	AB
0804503010	鲜山竹果	15.0	80.0	13.0	千克	AB
0804503090	干山竹果	15.0	80.0	13.0	千克	AB
0805	鲜或干的柑桔属水果					
0805100010	鲜橙	11.0	100.0	13.0	千克	AB
0805100090	干橙	11.0	100.0	13.0	千克	AB
0805201010	鲜蕉柑	12.0	100.0	13.0	千克	AB
0805201090	干蕉柑	12.0	100.0	13.0	千克	AB
0805202010	鲜的阔叶柑橘	12.0	100.0	13.0	千克	AB
0805202090	干的阔叶柑橘	12.0	100.0	13.0	千克	AB
0805209010	其他鲜的柑桔及杂交柑桔	12.0	100.0	13.0	千克	AB
0805209090	其他干的柑桔及杂交柑桔	12.0	100.0	13.0	千克	AB
0805400010	鲜柚	12.0	100.0	13.0	千克	AB
0805400090	干柚	12.0	100.0	13.0	千克	AB
0805500010	鲜的柠檬及酸橙	11.0	100.0	13.0	千克	AB
0805500090	干的柠檬及酸橙	11.0	100.0	13.0	千克	AB
0805900010	鲜的其他柑桔属水果	30.0	100.0	13.0	千克	AB
0805900090	干的其他柑桔属水果	30.0	100.0	13.0	千克	AB
0806	鲜或干的葡萄					
0806100000	鲜葡萄	13.0	80.0	13.0	千克	AB
0806200000	葡萄干	10.0	80.0	13.0	千克	AB
0807	鲜的甜瓜(包括西瓜)及木瓜					
0807110000	鲜西瓜	25.0	70.0	13.0	千克	AB
0807191000	鲜哈密瓜	12.0	70.0	13.0	千克	AB
0807192000	鲜罗马甜瓜及加勒比甜瓜	12.0	70.0	13.0	千克	AB
0807199000	其他鲜甜瓜	12.0	70.0	13.0	千克	AB
0807200000	鲜木瓜	25.0	70.0	13.0	千克	AB
0808	鲜的苹果、梨及榅桲					
0808100000	鲜苹果	10.0	100.0	13.0	千克	AB
0808201200	鲜鸭梨、雪梨	12.0	100.0	13.0	千克	AB
0808201300	鲜香梨	12.0	100.0	13.0	千克	AB
0808201900	其他鲜梨	10.0	100.0	13.0	千克	AB
0808202000	榅桲(QUINCES)	16.0	100.0	13.0	千克	AB
0809	鲜的杏、樱桃、桃(包括油桃)、梅及李					
0809100000	鲜杏	25.0	70.0	13.0	千克	AB

商品编号	商品名称及备注	进口关税税率		增值税率	计量单位	监管条件
		最惠国	普通			
0809200000	鲜樱桃	10.0	70.0	13.0	千克	AB
0809300000	鲜桃,包括鲜油桃	10.0	70.0	13.0	千克	AB
0809400010	鲜梅	10.0	70.0	13.0	千克	AB
0809400020	鲜李子	10.0	70.0	13.0	千克	AB
0810	**其他鲜果**					
0810100000	鲜草莓	19.8	80.0	13.0	千克	AB
0810200000	鲜的木莓、黑莓、桑椹及罗甘莓	25.0	80.0	13.0	千克	AB
0810300000	鲜的黑、白或红的醋栗及鹅莓	25.0	80.0	13.0	千克	AB
0810400000	鲜蔓越桔及越桔	30.0	80.0	13.0	千克	AB
0810500000	鲜猕猴桃	20.0	80.0	13.0	千克	AB
0810600000	鲜榴莲	20.0	80.0	13.0	千克	AB
0810901000	鲜荔枝	30.0	80.0	13.0	千克	AB
0810903000	鲜龙眼	12.0	80.0	13.0	千克	AB
0810904000	鲜红毛丹	20.0	80.0	13.0	千克	AB
0810905000	鲜蕃荔枝	20.0	80.0	13.0	千克	AB
0810906000	鲜杨桃	20.0	80.0	13.0	千克	AB
0810907000	鲜莲雾	20.0	80.0	13.0	千克	AB
0810908000	鲜火龙果	20.0	80.0	13.0	千克	ABFE
0810909010	鲜的翅果油树果	20.0	80.0	13.0	千克	ABE
0810909020	鲜枣	20.0	80.0	13.0	千克	AB
0810909030	鲜枇杷	20.0	80.0	13.0	千克	AB
0810909040	鲜柿子	20.0	80.0	13.0	千克	AB
0810909090	其他鲜果	20.0	80.0	13.0	千克	AB
0811	**冷冻水果及坚果,不论是否蒸煮,加糖或其他甜物质**					
0811100000	冷冻草莓	30.0	80.0	13.0	千克	AB
0811200000	冷冻木莓、黑莓、桑椹、罗甘莓、醋栗及鹅莓	30.0	80.0	13.0	千克	AB
0811901000	未去壳的冷冻栗子	30.0	80.0	13.0	千克	AB
0811909010	冷冻的白果	30.0	80.0	13.0	千克	ABE
0811909021	冷冻的红松子	30.0	80.0	13.0	千克	ABE
0811909022	冷冻的其他濒危松子	30.0	80.0	13.0	千克	ABEF
0811909030	冷冻的榧子	30.0	80.0	13.0	千克	ABE
0811909040	冷冻的翅果油树果	30.0	80.0	13.0	千克	ABE
0811909090	其他未列名冷冻水果及坚果	30.0	80.0	13.0	千克	AB
0812	**暂时保藏(例如,使用二氧化硫气体、盐水、亚硫酸水或其他防腐液)的水果及坚果,但不适于直接食用的**					
0812100000	暂时保藏的樱桃(用二氧化硫气体,盐水等物质处理,但不适于直接食用的)	30.0	80.0	13.0	千克	AB
0812900010	暂时保存的白果(用二氧化硫气体,盐水等物质处理,但不适于直接食用的)	28.6	80.0	13.0	千克	ABE

商品编号	商品名称及备注	进口关税税率		增值税率	计量单位	监管条件
		最惠国	普通			
0812900021	暂时保存的红松子(用二氧化硫气体,盐水等物质处理,但不适于直接食用的)	28.6	80.0	13.0	千克	ABE
0812900022	暂时保存的其他濒危松子(用二氧化硫气体,盐水等物质处理,但不适于直接食用的)	28.6	80.0	13.0	千克	ABEF
0812900030	暂时保存的榧子(用二氧化硫气体,盐水等物质处理,但不适于直接食用的)	28.6	80.0	13.0	千克	ABE
0812900040	暂时保存的翅果油树果(用二氧化硫气体,盐水等物质处理,但不适于直接食用的)	28.6	80.0	13.0	千克	ABE
0812900090	暂时保存的其他水果及坚果(用二氧化硫气体,盐水等物质处理,但不适于直接食用的)	28.6	80.0	13.0	千克	AB
0813	**品目0801至0806以外的干果;本章的什锦坚果或干果**					
0813100000	杏干(税号0801至0806的干果除外)	25.0	70.0	13.0	千克	AB
0813200000	梅干及李干(税号0801至0806的干果除外)	25.0	70.0	13.0	千克	AB
0813300000	苹果干(税号0801至0806的干果除外)	25.0	70.0	13.0	千克	AB
0813401000	龙眼干、肉(税号0801至0806的干果除外)	20.0	70.0	13.0	千克	AB
0813402000	柿饼(税号0801至0806的干果除外)	25.0	70.0	13.0	千克	AB
0813403000	干红枣(税号0801至0806的干果除外)	25.0	70.0	13.0	千克	AB
0813404000	荔枝干(税号0801至0806的干果除外)	25.0	70.0	13.0	千克	AB
0813409010	翅果油树干果	25.0	70.0	13.0	千克	ABE
0813409090	其他干果(税号0801至0806的干果除外)	25.0	70.0	13.0	千克	AB
0813500000	本章的什锦坚果或干果(税号0801至0806的干果除外)	18.0	70.0	13.0	千克	AB
0814	**柑桔属水果或甜瓜(包括西瓜)的果皮,鲜、冻、干或用盐水、亚硫酸水或其他防腐液暂时保藏的**					
0814000000	柑桔属水果或甜瓜(包括西瓜)的果皮(仅包括鲜、冻、干或暂时保藏的)	25.0	70.0	13.0	千克	AB

第九章　咖啡、茶、马黛茶及调味香料

注释：

一、品目 09.04 至 09.10 所列产品的混合物，应按下列规定归类：

(一)同一品目的两种或两种以上产品的混合物仍应归入该品目；

(二)不同品目的两种或两种以上产品的混合物应归入品目 09.10。

品目 09.04 至 09.10 的产品(或上述(一)或(二)项的混合物)如添加了其他物质，只要所得的混合物保持了原产品的基本特性，其归类应不受影响。基本特性已经改变的，则不应归入本章；构成混合调味品的，应归入品目 21.03。

二、本章不包括荜澄茄椒或品目 12.11 的其他产品。

商品编号	商品名称及备注	进口关税税率		增值税率	计量单位	监管条件
		最惠国	普通			
0901	**咖啡，不论是否焙炒或浸除咖啡碱；咖啡豆荚及咖啡豆皮；含咖啡的咖啡代用品**					
0901110000	未浸除咖啡碱的未焙炒咖啡	8.0	50.0	17.0	千克	AB
0901120000	已浸除咖啡碱的未焙炒咖啡	8.0	50.0	17.0	千克	AB
0901210000	未浸除咖啡碱的已焙炒咖啡	15.0	80.0	17.0	千克	AB
0901220000	已浸除咖啡碱的已焙炒咖啡	15.0	80.0	17.0	千克	AB
0901901000	咖啡豆荚及咖啡豆皮	10.0	30.0	17.0	千克	AB
0901902000	含咖啡的咖啡代用品	30.0	80.0	17.0	千克	AB
0902	**茶，不论是否加香料**					
0902101000	每件净重不超过 3 千克的花茶(未发酵的，净重指内包装)	15.0	100.0	13.0	千克	AB
0902109000	每件净重不超过 3 千克的其他绿茶(未发酵的，净重指内包装)	15.0	100.0	13.0	千克	AB
0902201000	每件净重超过 3 千克的花茶(未发酵的，净重指内包装)	15.0	100.0	13.0	千克	AB
0902209000	每件净重超过 3 千克的其他绿茶(未发酵的，净重指内包装)	15.0	100.0	13.0	千克	AB
0902301000	每件净重不超过 3 千克的乌龙茶(净重指内包装)	15.0	100.0	13.0	千克	AB
0902302000	每件净重不超过 3 千克的普洱茶(净重指内包装)	15.0	100.0	13.0	千克	AB
0902309000	红茶内包装每件净重不超过 3 千克(包括其他半发酵茶)	15.0	100.0	13.0	千克	AB
0902401000	每件净重超过 3 千克的乌龙茶(净重指内包装)	15.0	100.0	13.0	千克	AB
0902402000	每件净重超过 3 千克的普洱茶(净重指内包装)	15.0	100.0	13.0	千克	AB
0902409000	红茶(内包装每件净重超过 3 千克)(包括其他半发酵茶)	15.0	100.0	13.0	千克	AB
0903	**马黛茶**					
0903000000	马黛茶	10.0	100.0	13.0	千克	AB

商品编号	商品名称及备注	进口关税税率		增值税率	计量单位	监管条件
		最惠国	普通			
0904	**胡椒;辣椒干及辣椒粉**					
0904110010	毕拨	20.0	70.0	13.0	千克	QAB
0904110090	未磨胡椒(毕拨除外)	20.0	70.0	13.0	千克	AB
0904120000	已磨胡椒	20.0	70.0	13.0	千克	AB
0904201000	辣椒干	20.0	70.0	13.0	千克	AB
0904202000	辣椒粉	20.0	70.0	13.0	千克	AB
0905	**香子兰豆**					
0905000000	香子兰豆	15.0	50.0	13.0	千克	AB
0906	**肉桂及肉桂花**					
0906100000	未磨肉桂及肉桂花	5.0	50.0	13.0	千克	AB
0906200000	已磨肉桂及肉桂花	15.0	50.0	13.0	千克	QAB
0907	**丁香(母丁香、公丁香及丁香梗)**					
0907000000	丁香(母丁香、公丁香及丁香梗)	3.0	14.0	13.0	千克	QAB
0908	**肉豆蔻、肉豆蔻衣及豆蔻**					
0908100000	肉豆蔻	8.0	30.0	13.0	千克	QABE
0908200000	肉豆蔻衣	8.0	30.0	13.0	千克	ABE
0908300000	豆蔻	3.0	14.0	13.0	千克	QABE
0909	**茴芹子、八角茴香、小茴香子、芫荽子、枯茗子及蒿子;杜松果**					
0909101000	八角茴香	20.0	90.0	13.0	千克	QAB
0909109000	茴芹子	15.0	50.0	13.0	千克	AB
0909200000	芫荽子	15.0	50.0	13.0	千克	AB
0909300000	枯茗子	15.0	50.0	13.0	千克	AB
0909400000	页蒿子	15.0	50.0	13.0	千克	AB
0909500000	小茴香子;杜松果	15.0	50.0	13.0	千克	QAB
0910	**姜、番红花、姜黄、麝香草、月桂叶、咖喱及其他调味香料**					
0910100000	姜	15.0	50.0	13.0	千克	AB
0910200000	番红花(西红花)	2.0	14.0	13.0	千克	QAB
0910300000	姜黄	15.0	50.0	13.0	千克	QAB
0910400000	麝香草;月桂叶	15.0	50.0	13.0	千克	AB
0910500000	咖喱	15.0	50.0	17.0	千克	AB
0910910000	混合调味香料(本章注释一(二)所述的混合物)	15.0	50.0	17.0	千克	AB
0910990000	其他调味香料	15.0	50.0	17.0	千克	AB

第十章　谷　物

注释：

一、(一)本章各品目所列产品必须带有谷粒，不论是否成穗或带秆；

(二)本章不包括已去壳或经其他加工的谷物。但去壳、碾磨、磨光、上光、半熟或破碎的稻米仍应归入品目10.06。

二、品目10.05不包括甜玉米(第七章)。

子目注释：

所称"硬粒小麦"，是指硬粒小麦属的小麦及以该属具有相同染色体数目(28)的小麦种间杂交所得的小麦。

商品编号	商品名称及备注	进口关税税率		增值税率	计量单位	监管条件
		最惠国	普通			
1001	小麦及混合麦					
1001100010	硬粒小麦(配额内)	1.0	180.0	13.0	千克	4xABty
1001100090	硬粒小麦(配额外)	65.0	180.0	13.0	千克	4xABy
1001901010	种用小麦(配额内)	1.0	180.0	13.0	千克	4xABty
1001901090	种用小麦(配额外)	65.0	180.0	13.0	千克	4xABy
1001909010	其他小麦及混合麦(配额内)	1.0	180.0	13.0	千克	4xABty
1001909090	其他小麦及混合麦(配额外)	65.0	180.0	13.0	千克	4xABy
1002	黑麦					
1002001000	种用黑麦			13.0	千克	AB
1002009000	其他黑麦	3.0	8.0	13.0	千克	AB
1003	大麦					
1003001000	种用大麦		160.0	13.0	千克	AB
1003009000	其他大麦	3.0	160.0	13.0	千克	AB
1004	燕麦					
1004001000	种用燕麦			13.0	千克	AB
1004009000	其他燕麦	2.0	8.0	13.0	千克	AB
1005	玉米					
1005100010	种用玉米(配额内)	1.0	180.0	13.0	千克	4xAByt
1005100090	种用玉米(配额外)	20.0	180.0	13.0	千克	4xABy
1005900010	其他玉米(配额内)	1.0	180.0	13.0	千克	4xAByt
1005900090	其他玉米(配额外)	65.0	180.0	13.0	千克	4xABy
1006	稻谷、大米					
1006101110	种用籼米稻谷(配额内)	1.0	180.0	13.0	千克	4xAByt
1006101190	种用籼米稻谷(配额外)	65.0	180.0	13.0	千克	4xABy
1006101910	其他种用稻谷(配额内)	1.0	180.0	13.0	千克	4xAByt

商品编号	商品名称及备注	进口关税税率		增值税率	计量单位	监管条件
		最惠国	普通			
1006101990	其他种用稻谷(配额外)	65.0	180.0	13.0	千克	4xABy
1006109110	其他籼米稻谷(配额内)	1.0	180.0	13.0	千克	4xAByt
1006109190	其他籼米稻谷(配额外)	65.0	180.0	13.0	千克	4xABy
1006109910	其他稻谷(配额内)	1.0	180.0	13.0	千克	4xAByt
1006109990	其他稻谷(配额外)	65.0	180.0	13.0	千克	4xABy
1006201010	籼米糙米(配额内)	1.0	180.0	13.0	千克	4xAByt
1006201090	籼米糙米(配额外)	65.0	180.0	13.0	千克	4xABy
1006209010	其他糙米(配额内)	1.0	180.0	13.0	千克	4xAByt
1006209090	其他糙米(配额外)	65.0	180.0	13.0	千克	4xABy
1006301010	籼米精米[不论是否磨光或上光(配额内)]	1.0	180.0	13.0	千克	4xAByt
1006301090	籼米精米[不论是否磨光或上光(配额外)]	65.0	180.0	13.0	千克	4xABy
1006309010	其他精米[不论是否磨光或上光(配额内)]	1.0	180.0	13.0	千克	4xAByt
1006309090	其他精米[不论是否磨光或上光(配额外)]	65.0	180.0	13.0	千克	4xABy
1006401010	籼米碎米(配额内)	1.0	180.0	13.0	千克	4xAByt
1006401090	籼米碎米(配额外)	65.0	180.0	13.0	千克	4xABy
1006409010	其他碎米(配额内)	1.0	180.0	13.0	千克	4xAByt
1006409090	其他碎米(配额外)	65.0	180.0	13.0	千克	4xABy
1007	**食用高粱**					
1007001000	种用食用高粱			13.0	千克	AB
1007009000	其他食用高粱	2.0	8.0	13.0	千克	AB
1008	**荞麦、谷子及加那利草子;其他谷物**					
1008100000	荞麦	2.0	8.0	13.0	千克	AB
1008200000	谷子	2.0	8.0	13.0	千克	AB
1008300000	加那利草子	2.0	8.0	13.0	千克	AB
1008901000	其他种用谷物			13.0	千克	AB
1008909000	其他谷物	3.0	8.0	13.0	千克	AB

第十一章　制粉工业产品;麦芽;淀粉;菊粉;面筋

注释:

一、本章不包括:

(一)作为咖啡代用品的焙制麦牙(品目09.01或21.01);

(二)品目19.01的经制作的细粉、粗粒、粗粉或淀粉;

(三)品目19.04的玉米片及其他产品;

(四)品目20.01、20.04或20.05的经制作或保藏的蔬菜;

(五)药品(第三十章);

(六)具有芳香料制品或化妆盥洗品性质的淀粉(第三十三章)。

二、(一)下表所列谷物碾磨产品按干制品重量计如果同时符合以下两个条件,应归入本章;但是,整粒、滚压、制片或磨碎的谷物胚芽均归入品目11.04:

1. 淀粉含量(按修订的尤艾斯旋光法测定)超过表列第(2)栏的比例;

2. 灰分含量(除去任何添加的矿物质)不超过表列第(3)栏的比例。

否则,应归入品目23.02。

(二)符合上述规定归入本章的产品,如果用表列第(4)或第(5)栏规定孔径的金属丝网筛过筛,其通过率按重量计不低于表列比例的,应归入品目11.01或11.02。

否则,应归入品目11.03或11.04。

谷　物 (1)	淀粉含量 (2)	灰分含量 (3)	通过下列孔径筛子的比率	
			315微米 (4)	500微米 (5)
小麦及黑麦	45%	2.5%	80%	—
大麦	45%	3%	80%	—
燕麦	45%	5%	80%	—
玉米及高粱	45%	2%	—	90%
大米	45%	1.6%	80%	—
荞麦	45%	4%	80%	—

三、品目11.03所称"粗粒"及"粗粉",是指谷物经碾碎所得的下列产品:

(一)玉米产品,用2毫米孔径的金属丝网筛过筛,通过率按重量计不低于95%的;

(二)其他谷物产品,用1.25毫米孔径的金属丝网筛过筛,通过率按重量计不低于95%的。

商品编号	商品名称及备注	进口关税税率		增值税率	计量单位	监管条件
		最惠国	普通			
1101	**小麦或混合麦的细粉**					
1101000010	小麦或混合麦的细粉(配额内)	6.0	130.0	13.0	千克	ABt
1101000090	小麦或混合麦的细粉(配额外)	65.0	130.0	13.0	千克	AB
1102	**其他谷物细粉,但小麦或混合麦的细粉除外**					
1102100000	黑麦细粉	5.0	14.0	13.0	千克	AB

商品编号	商品名称及备注	进口关税税率		增值税率	计量单位	监管条件
		最惠国	普通			
1102200010	玉米细粉(配额内)	9.0	130.0	13.0	千克	ABt
1102200090	玉米细粉(配额外)	40.0	130.0	13.0	千克	AB
1102301010	籼米大米细粉(配额内)	9.0	130.0	13.0	千克	ABt
1102301090	籼米大米细粉(配额外)	40.0	130.0	13.0	千克	AB
1102309010	其他大米细粉(配额内)	9.0	130.0	13.0	千克	ABt
1102309090	其他大米细粉(配额外)	40.0	130.0	13.0	千克	AB
1102900000	其他谷物细粉	5.0	14.0	13.0	千克	AB
1103	**谷物的粗粒、粗粉及团粒**					
1103110010	小麦粗粒及粗粉(配额内)	9.0	130.0	13.0	千克	ABt
1103110090	小麦粗粒及粗粉(配额外)	65.0	130.0	13.0	千克	AB
1103130010	玉米粗粒及粗粉(配额内)	9.0	130.0	13.0	千克	ABt
1103130090	玉米粗粒及粗粉(配额外)	65.0	130.0	13.0	千克	AB
1103191000	燕麦粗粒及粗粉	5.0	14.0	13.0	千克	AB
1103192110	籼米大米粗粒及粗粉(配额内)	9.0	70.0	13.0	千克	ABt
1103192190	籼米大米粗粒及粗粉(配额外)	10.0	70.0	13.0	千克	AB
1103192910	其他大米粗粒及粗粉(配额内)	9.0	70.0	13.0	千克	ABt
1103192990	其他大米粗粒及粗粉(配额外)	10.0	70.0	13.0	千克	AB
1103199000	其他谷物粗粒及粗粉	5.0	14.0	13.0	千克	AB
1103201010	小麦团粒(配额内)	10.0	180.0	13.0	千克	ABt
1103201090	小麦团粒(配额外)	65.0	180.0	13.0	千克	AB
1103209000	其他谷物团粒	20.0	50.0	13.0	千克	AB
1104	**经其他加工的谷物(例如,去壳、滚压、制片、制成粒状、切片或粗磨),但品目1006的稻谷、大米除外;谷物胚芽,整粒、滚压、制片或磨碎的**					
1104120000	滚压或制片的燕麦	20.0	50.0	17.0	千克	AB
1104191000	滚压或制片的大麦	20.0	50.0	17.0	千克	AB
1104199000	滚压或制片的其他谷物	20.0	50.0	17.0	千克	AB
1104220000	经其他加工的燕麦	20.0	50.0	17.0	千克	AB
1104230010	经其他加工的玉米(配额内)	10.0	180.0	13.0	千克	4xAByt
1104230090	经其他加工的玉米(配额外)	65.0	180.0	13.0	千克	4xABy
1104291000	经其他加工的大麦	65.0	114.0	13.0	千克	AB
1104299000	经其他加工的其他谷物	20.0	50.0	13.0	千克	AB
1104300000	整粒或经加工的谷物胚芽(经加工是指滚压、制片或磨碎)	20.0	50.0	17.0	千克	AB
1105	**马铃薯的细粉、粗粉、粉末、粉片、颗粒及团粒**					
1105100000	马铃薯细粉、粗粉及粉末	15.0	50.0	17.0	千克	AB
1105200000	马铃薯粉片、颗粒及团粒	15.0	50.0	17.0	千克	AB
1106	**用品目0713的干豆或品目0714的西谷茎髓及植物根茎、块茎制成的细粉、粗粉及粉末;用第八章的产品制成的细粉、粗粉及粉末**					

商品编号	商品名称及备注	进口关税税率		增值税率	计量单位	监管条件
		最惠国	普通			
1106100000	干豆细粉、粗粉及粉末(干豆仅指编号0713所列的干豆)	10.0	30.0	17.0	千克	AB
1106200000	西谷茎髓粉、木薯粉及类似粉(仅包括编号0714所列货品的粉)	20.0	50.0	17.0	千克	AB
1106300000	水果及坚果的细粉、粗粉及粉末(仅包括第八章所列货品的粉)	20.0	80.0	17.0	千克	AB
1107	**麦芽,不论是否焙制**					
1107100000	未焙制麦芽	10.0	50.0	17.0	千克	AB
1107200000	已焙制麦芽	10.0	50.0	17.0	千克	AB
1108	**淀粉;菊粉**					
1108110000	小麦淀粉	20.0	50.0	17.0	千克	AB
1108120000	玉米淀粉	20.0	50.0	17.0	千克	AB
1108130000	马铃薯淀粉	15.0	50.0	17.0	千克	AB
1108140000	木薯淀粉	10.0	50.0	17.0	千克	AB
1108190000	其他淀粉	20.0	50.0	17.0	千克	AB
1108200000	菊粉	20.0	50.0	17.0	千克	AB
1109	**面筋,不论是否干制**					
1109000000	面筋(不论是否干制)	18.0	80.0	17.0	千克	AB

第十二章　含油子仁及果实；杂项子仁及果实；工业用或药用植物；稻草、秸秆及饲料

注释：

一、品目12.07主要包括油棕果及油棕仁、棉子、蓖麻子、芝麻、芥子、红花子、罂粟子、牛油树果。但不包括品目08.01或08.02的产品及油橄榄（第七章或第二十章）。

二、品目12.08不仅包括未脱脂的细粉和粗粉，而且包括部分或全部脱脂以及用其本身的油料全部或部分复脂的细粉和粗粉。但不包括品目23.04至23.06的残渣。

三、甜菜子、草子及其他草本植物种子、观赏用花的种子、蔬菜种子、林木种子、果树种子、巢菜子（蚕豆除外）、羽扇豆属植物种子，可一律视为种植用种子，归入品目12.09。

但下列各项即使用作种子，也不归入品目12.09：

（一）豆类蔬菜或甜玉米（第七章）；

（二）第九章的调味香料及其他产品；

（三）谷物（第十章）；

（四）品目12.01至12.07或12.11的产品。

四、品目12.11主要包括下列植物或这些植物的某部分：

罗勒、琉璃苣、人参、海索草、甘草、薄荷、迷迭香、芸香、鼠尾草及苦艾。但品目12.11不包括：

（一）第三十章的药品；

（二）第三十三章的芳香料制品及化妆盥洗品；

（三）品目38.08的杀虫剂、杀菌剂、除草剂、消毒剂及类似产品。

五、品目12.12的“海草及其他藻类”不包括：

（一）品目21.02的已死的单细胞微生物；

（二）品目30.02的培养微生物；

（三）品目31.01或31.05的肥料。

子目注释：

子目1205.10所称“低芥子酸油菜子”，是指所获取的固定油中芥子酸含量按重量计低于2%，以及所得的固体成分每克葡萄糖苷酸（酯）含量低于30微摩尔的油菜子。

商品编号	商品名称及备注	进口关税税率		增值税率	计量单位	监管条件
		最惠国	普通			
1201	**大豆，不论是否破碎**					
1201001000	种用大豆		180.0	13.0	千克	AB
1201009100	非种用黄大豆（不论是否破碎）	3.0	180.0	13.0	千克	AB
1201009200	非种用黑大豆（不论是否破碎）	3.0	180.0	13.0	千克	AB
1201009300	非种用青大豆（不论是否破碎）	3.0	180.0	13.0	千克	AB
1201009900	非种用其他大豆（不论是否破碎）	3.0	180.0	13.0	千克	AB
1202	**未焙炒或未烹煮的花生，不论是否去壳或破碎**					
1202101000	种用未去壳花生（指未焙炒或未烹煮的）			13.0	千克	AB
1202109000	其他未去壳花生（指未焙炒或未烹煮的）	15.0	70.0	13.0	千克	AB
1202200000	去壳花生（未焙炒或未烹煮的，不论是否破碎）	15.0	70.0	13.0	千克	AB

商品编号	商品名称及备注	进口关税税率		增值税率	计量单位	监管条件
		最惠国	普通			
1203	**干椰子肉**					
1203000000	干椰子肉	15.0	30.0	13.0	千克	AB
1204	**亚麻子,不论是否破碎**					
1204000000	亚麻子(不论是否破碎)	15.0	70.0	13.0	千克	AB
1205	**油菜子,不论是否破碎**					
1205101000	种用低芥子酸油菜子		80.0	13.0	千克	AB
1205109000	其他低芥子酸油菜子(不论是否破碎)	9.0	80.0	13.0	千克	AB
1205901000	其他种用油菜子		80.0	13.0	千克	AB
1205909000	其他油菜子(不论是否破碎)	9.0	80.0	13.0	千克	AB
1206	**葵花子,不论是否破碎**					
1206001000	种用葵花籽			13.0	千克	AB
1206009000	其他葵花籽(不论是否破碎)	15.0	70.0	13.0	千克	AB
1207	**其他含油子仁及果实,不论是否破碎**					
1207101000	种用油棕果及油棕仁(不论是否破碎)			13.0	千克	AB
1207109000	其他油棕果及油棕仁(不论是否破碎)	10.0	70.0	13.0	千克	AB
1207201000	种用棉子(不论是否破碎)			13.0	千克	AB
1207209000	其他棉子(不论是否破碎)	15.0	70.0	13.0	千克	AB
1207301000	种用蓖麻子(不论是否破碎)			13.0	千克	AB
1207309000	其他蓖麻子(不论是否破碎)	15.0	70.0	13.0	千克	AB
1207401000	种用芝麻(不论是否破碎)			13.0	千克	AB
1207409000	其他芝麻(不论是否破碎)	10.0	70.0	13.0	千克	AB
1207501000	种用芥子(不论是否破碎)			13.0	千克	AB
1207509000	其他芥子(不论是否破碎)	15.0	70.0	13.0	千克	AB
1207601000	种用红花子(不论是否破碎)			13.0	千克	AB
1207609000	其他红花子(不论是否破碎)	20.0	70.0	13.0	千克	AB
1207910000	罂粟子(不论是否破碎)	20.0	70.0	13.0	千克	AB
1207991000	其他种用含油子仁及果实			13.0	千克	AB
1207999100	牛油树果(不论是否破碎)	20.0	70.0	13.0	千克	AB
1207999900	其他含油子仁及果实(不论是否破碎)	10.0	70.0	13.0	千克	AB
1208	**含油子仁或果实的细粉及粗粉,但芥子粉除外**					
1208100000	大豆粉	9.0	70.0	17.0	千克	AB
1208900000	其他含油子仁或果实的细粉及粗粉(芥子粉除外)	15.0	80.0	17.0	千克	AB
1209	**种植用的种子、果实及孢子**					
1209100000	糖甜菜子			13.0	千克	AB
1209210000	紫苜蓿子			13.0	千克	AB
1209220000	三叶草子			13.0	千克	AB

商品编号	商 品 名 称 及 备 注	进口关税税率		增值税率	计量单位	监管条件
		最惠国	普通			
1209230000	羊茅子			13.0	千克	AB
1209240000	草地早熟禾子			13.0	千克	AB
1209250000	黑麦草种子			13.0	千克	AB
1209260000	梯牧草种子			13.0	千克	AB
1209291000	甜菜子,糖甜菜子除外			13.0	千克	AB
1209299000	其他饲料植物种子			13.0	千克	AB
1209300010	濒危草本花卉植物种子			13.0	千克	AFEB
1209300090	其他草本花卉植物种子			13.0	千克	AB
1209910000	蔬菜种子			13.0	千克	AB
1209991000	种用西瓜子			13.0	千克	AB
1209992000	种用甜瓜子			13.0	千克	AB
1209999010	其他种植用濒危种子、果实及孢子			13.0	千克	AFEB
1209999090	其他种植用的种子、果实及孢子			13.0	千克	AB
1210	**鲜或干的啤酒花,不论是否研磨或制成团粒;蛇麻腺**					
1210100000	未研磨也未制成团粒的啤酒花(鲜或干的)	20.0	50.0	17.0	千克	AB
1210200000	已研磨或制成团粒的啤酒花(包括蛇麻腺,鲜或干的)	10.0	50.0	17.0	千克	AB
1211	**主要用作香料、药料、杀虫、杀菌或类似用途的植物或这些植物的某部分(包括子仁及果实),鲜或干的,不论是否切割、压碎或研磨成粉**					
1211101000	鲜或干的新疆胀果甘草(不论是否切割,压碎或研磨成粉)	6.0	30.0	13.0	千克	AQB4xy
1211109000	鲜或干的其他甘草(不论是否切割,压碎或研磨成粉)	6.0	30.0	13.0	千克	AQB4xy
1211201000	鲜或干的西洋参(不论是否切割,压碎或研磨成粉)	7.5	70.0	13.0	千克	AQBFE
1211202000	鲜或干的野山参(不论是否切割,压碎或研磨成粉)	20.0	90.0	13.0	千克	ABFE
1211209100	其他鲜人参(不论是否切割,压碎或研磨成粉)	20.0	50.0	13.0	千克	AB
1211209900	其他干人参(不论是否切割,压碎或研磨成粉)	20.0	50.0	13.0	千克	ABQ
1211300010	药用古柯叶(不论是否切割,压碎或研磨成粉)	9.0	50.0	13.0	千克	AB
1211300020	做香料用古柯叶(不论是否切割,压碎或研磨成粉)	9.0	50.0	13.0	千克	AB
1211300090	杀虫杀菌用古柯叶(不论是否切割,压碎或研磨成粉)	9.0	50.0	13.0	千克	AB
1211400010	药用罂粟杆(不论是否切割,压碎或研磨成粉)	9.0	50.0	13.0	千克	AB
1211400020	做香料用罂粟杆(不论是否切割,压碎或研磨成粉)	9.0	50.0	13.0	千克	AB
1211400090	杀虫杀菌用罂粟杆(不论是否切割,压碎或研磨成粉)	9.0	50.0	13.0	千克	AB
1211901100	鲜或干的当归(不论是否切割,压碎或研磨成粉)	6.0	30.0	13.0	千克	AQB
1211901200	鲜或干的田七(不论是否切割,压碎或研磨成粉)	6.0	20.0	13.0	千克	AQB
1211901300	鲜或干的党参(不论是否切割,压碎或研磨成粉)	6.0	20.0	13.0	千克	AQB
1211901400	鲜或干的黄连(不论是否切割,压碎或研磨成粉)	6.0	20.0	13.0	千克	AQB
1211901500	鲜或干的菊花(不论是否切割,压碎或研磨成粉)	6.0	20.0	13.0	千克	AQB
1211901600	鲜或干的冬虫夏草(不论是否切割,压碎或研磨成粉)	6.0	20.0	13.0	千克	AQBE
1211901700	鲜或干的贝母(不论是否切割,压碎或研磨成粉)	6.0	20.0	13.0	千克	AQB
1211901800	鲜或干的川芎(不论是否切割,压碎或研磨成粉)	6.0	20.0	13.0	千克	AQB

商品编号	商 品 名 称 及 备 注	进口关税税率		增值税率	计量单位	监管条件
		最惠国	普通			
1211901900	鲜或干的半夏(不论是否切割,压碎或研磨成粉)	6.0	20.0	13.0	千克	AQB
1211902100	鲜或干的白芍(不论是否切割,压碎或研磨成粉)	6.0	20.0	13.0	千克	AQB
1211902200	鲜或干的天麻(不论是否切割,压碎或研磨成粉)	6.0	20.0	13.0	千克	AQBFE
1211902300	鲜或干的黄芪(不论是否切割,压碎或研磨成粉)	6.0	30.0	13.0	千克	AQB
1211902400	鲜或干的大黄、籽黄(不论是否切割,压碎或研磨成粉)	6.0	20.0	13.0	千克	AQB
1211902500	鲜或干的白术(不论是否切割,压碎或研磨成粉)	6.0	20.0	13.0	千克	AQB
1211902600	鲜或干的地黄(不论是否切割,压碎或研磨成粉)	6.0	20.0	13.0	千克	AQB
1211902700	鲜或干的槐米(不论是否切割,压碎或研磨成粉)	6.0	20.0	13.0	千克	AQB
1211902800	鲜或干的杜仲(不论是否切割,压碎或研磨成粉)	6.0	20.0	13.0	千克	ABQ
1211902900	鲜或干的茯苓(不论是否切割,压碎或研磨成粉)	6.0	20.0	13.0	千克	AQB
1211903100	鲜或干的枸杞(不论是否切割,压碎或研磨成粉)	6.0	30.0	13.0	千克	AQB
1211903200	鲜或干的大海子(不论是否切割,压碎或研磨成粉)	6.0	20.0	13.0	千克	AQB
1211903300	鲜或干的沉香(不论是否切割,压碎或研磨成粉)	3.0	20.0	13.0	千克	AQFEB
1211903400	鲜或干的沙参(不论是否切割,压碎或研磨成粉)	6.0	20.0	13.0	千克	AQB
1211903500	鲜或干的青蒿(不论是否切割,压碎或研磨成粉)	6.0	20.0	13.0	千克	AB
1211903910	药料用麻黄草粉	6.0	20.0	13.0	千克	23AQB
1211903920	药料用麻黄草	6.0	20.0	13.0	千克	8QAB
1211903930	大麻	6.0	20.0	13.0	千克	AWB
1211903940	罂粟壳	6.0	20.0	13.0	千克	AWB
1211903950	鲜或干的木香(不论是否切割,压碎或研磨成粉)	6.0	20.0	13.0	千克	ABFE
1211903960	鲜或干的黄草及枫斗(石斛)(不论是否切割,压碎或研磨成粉)	6.0	20.0	13.0	千克	ABFE
1211903970	鲜或干的苁蓉(不论是否切割,压碎或研磨成粉)	6.0	20.0	13.0	千克	ABFE
1211903980	鲜或干的红豆杉皮、枝叶等(不论是否切割,压碎或研磨成粉)	6.0	20.0	13.0	千克	ABFE
1211903991	其他主要用作药料鲜或干濒危植物(包括其某部分,不论是否切割,压碎或研磨成粉)	6.0	20.0	13.0	千克	ABFE
1211903999	其他主要用作药料的鲜或干的植物(包括其某部分,不论是否切割,压碎或研磨成粉)	6.0	20.0	13.0	千克	ABQ
1211905010	香料用麻黄草粉	8.0	50.0	13.0	千克	23AB
1211905020	香料用麻黄草	8.0	50.0	13.0	千克	8A
1211905091	主要用作香料的濒危植物(包括其某部分,不论是否切割,压碎或研磨成粉)	8.0	50.0	13.0	千克	ABFE
1211905099	其他主要用作香料的植物(包括其某部分,不论是否切割,压碎或研磨成粉)	8.0	50.0	13.0	千克	AB
1211909100	鲜或干的鱼藤根、除虫菊(不论是否切割,压碎或研磨成粉)	3.0	11.0	13.0	千克	AB
1211909910	其他用麻黄草粉	9.0	30.0	13.0	千克	23AB
1211909920	其他用麻黄草	9.0	30.0	13.0	千克	8AB
1211909991	其他鲜或干杀虫、杀菌用濒危植物(不论是否切割,压碎或研磨成粉)	9.0	30.0	13.0	千克	ABFE

商品编号	商品名称及备注	进口关税税率		增值税率	计量单位	监管条件
		最惠国	普通			
1211909999	其他鲜或干的杀虫、杀菌用植物(不论是否切割,压碎或研磨成粉)	9.0	30.0	13.0	千克	AB
1212	**鲜、冷、冻或干的刺槐豆、海草及其他藻类、甜菜及甘蔗,不论是否碾磨;主要供人食用的其他品目未列名的果核、果仁及植物产品(包括未焙制的菊苣根)**					
1212100010	鲜刺槐豆,包括刺槐豆子	20.0	70.0	13.0	千克	AB
1212100090	冷、冻或干的刺槐豆,包括刺槐豆子(不论是否碾磨)	20.0	70.0	13.0	千克	AB
1212201010	鲜海带(不论是否碾磨)	20.0	70.0	13.0	千克	AB
1212201090	冷、冻或干的海带(不论是否碾磨)	20.0	70.0	13.0	千克	AB
1212202010	鲜发菜(不论是否碾磨)	20.0	70.0	13.0	千克	AB8E
1212202090	冷、冻或干的发菜(不论是否碾磨)	20.0	70.0	13.0	千克	AB8E
1212203100	干的裙带菜(不论是否碾磨)	15.0	70.0	13.0	千克	AB
1212203200	鲜的裙带菜(不论是否碾磨)	15.0	70.0	13.0	千克	AB
1212203900	冷、冻的裙带菜(不论是否碾磨)	15.0	70.0	13.0	千克	AB
1212204100	干的紫菜(不论是否碾磨)	15.0	70.0	13.0	千克	AB
1212204200	鲜的紫菜(不论是否碾磨)	15.0	70.0	13.0	千克	AB
1212204900	冷、冻紫菜(不论是否碾磨)	15.0	70.0	13.0	千克	AB
1212205010	鲜马尾藻(不论是否碾磨)	15.0	70.0	13.0	千克	AB
1212205090	冷、冻或干的马尾藻(不论是否碾磨)	15.0	70.0	13.0	千克	AB
1212209010	其他鲜的海草及其他藻类(不论是否碾磨)	15.0	70.0	13.0	千克	AB
1212209090	冷、冻或干的其他海草及其他藻类(不论是否碾磨)	15.0	70.0	13.0	千克	AB
1212301100	苦杏仁	20.0	80.0	13.0	千克	QAB
1212301200	甜杏仁	20.0	80.0	13.0	千克	AB
1212309000	杏核,桃、梅或李的核及核仁(杏仁除外,包括油桃)	20.0	80.0	13.0	千克	AB
1212910000	鲜、冷、冻或干的甜菜(不论是否碾磨)	20.0	70.0	13.0	千克	AB
1212995310	种用鲜的甘蔗			13.0	千克	AB
1212995390	种用其他甘蔗			13.0	千克	AB
1212995910	其他濒危种用果核、果仁、植物产品			13.0	千克	ABFE
1212995990	其他种用果核、果仁及植物产品			13.0	千克	AB
1212999100	黑瓜子	20.0	80.0	13.0	千克	AB
1212999200	红瓜子	20.0	80.0	13.0	千克	AB
1212999300	白瓜子	20.0	80.0	13.0	千克	AB
1212999400	莲子	20.0	80.0	13.0	千克	AB
1212999510	其他鲜的甘蔗(不论是否碾磨)	20.0	70.0	13.0	千克	AB
1212999590	其他冷、冻或干的甘蔗(不论是否碾磨)	20.0	70.0	13.0	千克	AB
1212999910	其他供人食用濒危植物产品(包括未焙制的菊苣根,包括果核、仁等)	30.0	70.0	13.0	千克	ABFE
1212999990	其他供人食用果核、仁及植物产品(包括未焙制的菊苣根)	30.0	70.0	13.0	千克	AB

商品编号	商品名称及备注	进口关税税率		增值税率	计量单位	监管条件
		最惠国	普通			
1213	**未经处理的谷类植物的茎、秆及谷壳，不论是否切碎、碾磨、挤压或制成团粒**					
1213001000	未经处理的稻草的茎、杆(不论是否切碎、碾磨、挤压或制成团粒)	12.0	35.0	13.0	千克	AB
1213009000	未经处理谷类植物的茎、杆及谷壳(不论是否切碎、碾磨、挤压或制成团粒)	12.0	35.0	13.0	千克	AB
1214	**芜菁甘蓝、饲料甜菜、饲料用根、干草、紫苜蓿、三叶草、驴喜豆、饲料羽衣甘蓝、羽扇豆、巢菜及类似饲料，不论是否制成团粒**					
1214100000	紫苜蓿粗粉及团粒	5.0	35.0	13.0	千克	AB
1214900000	芜菁甘蓝、饲料甜菜、其他植物饲料(包括饲料用根、干草、三叶草、驴喜豆等,不论是否制成团粒)	9.0	35.0	13.0	千克	AB

第十三章　虫胶；树胶、树脂及其他植物液、汁

注释：

品目13.02主要包括甘草、除虫菊、啤酒花、芦荟的浸膏及鸦片，但不包括：

一、按重量计蔗糖含量在10%以上或制成糖食的甘草浸膏（品目17.04）；

二、麦芽膏（品目19.01）；

三、咖啡精、茶精、马黛茶精（品目21.01）；

四、构成含酒精饮料的植物汁、液（第二十二章）；

五、樟脑、甘草甜及品目29.14或29.38的其他产品；

六、罂粟杆浓缩物，按重量计生物碱含量不低于50%（品目29.39）；

七、品目30.03或30.04的药品及品目30.06的血型试剂；

八、鞣料或染料的浸膏（品目32.01或32.03）；

九、精油、浸膏、净油、香膏、提取的油树脂或精油的水馏液及水溶液；饮料制造业用的以芳香物质为基料的制剂（第三十三章）；

十、天然橡胶、巴拉塔胶、古塔波胶、银胶菊胶、糖胶树胶或类似的天然树胶（品目40.01）。

本章注释：

子目号1302.1100的鸦片，我国禁止进口。

商品编号	商 品 名 称 及 备 注	进口关税税率		增值税率	计量单位	监管条件
		最惠国	普通			
1301	**虫胶；天然树胶、树脂、树胶脂及油树脂（例如，香树脂）**					
1301100000	虫胶	15.0	40.0	13.0	千克	AB
1301200000	阿拉伯胶	15.0	40.0	13.0	千克	AB
1301901000	胶黄耆树胶	15.0	40.0	13.0	千克	AB
1301902000	乳香、没药及血竭	3.0	17.0	13.0	千克	AB
1301903000	阿魏	3.0	17.0	13.0	千克	AB
1301904010	濒危松科植物的松脂	15.0	45.0	13.0	千克	ABE
1301904090	其他松脂	15.0	45.0	13.0	千克	AB
1301909010	龙血树脂、大戟脂、愈创树脂	15.0	45.0	13.0	千克	ABFE
1301909020	大麻脂	15.0	45.0	13.0	千克	ABW
1301909091	其他濒危植物的天然树胶、树脂［包括天然树胶脂及其他油树脂（例如香树脂）］	15.0	45.0	13.0	千克	ABFE
1301909099	其他天然树胶、树脂［包括天然树胶脂及其他油树脂（例如香树脂）］	15.0	45.0	13.0	千克	AB
1302	**植物液汁及浸膏；果胶、果胶酸盐及果胶酸酯；从植物产品制得的琼脂、其他胶液及增稠剂，不论是否改性**					
1302110000	鸦片液汁及浸膏（也称阿片）				千克	AWB9
1302120000	甘草液汁及浸膏	6.0	20.0	17.0	千克	4xABy
1302130000	啤酒花液汁及浸膏	10.0	80.0	17.0	千克	AB
1302140000	除虫菊或鱼藤酮植物根茎的液汁及浸膏	3.0	11.0	17.0	千克	AB

商品编号	商 品 名 称 及 备 注	进口关税税率		增值税率	计量单位	监管条件
		最惠国	普通			
1302191000	生漆	20.0	90.0	17.0	千克	AB
1302192000	印楝素	3.0	11.0	17.0	千克	AB
1302199011	供制农药用麻黄浸膏粉	20.0	80.0	17.0	千克	23AB
1302199012	供制农药用麻黄浸膏	20.0	80.0	17.0	千克	23AB
1302199013	供制农药用的濒危植物液汁及浸膏	20.0	80.0	17.0	千克	ABFE
1302199019	供制农药用的其他植物液汁及浸膏	20.0	80.0	17.0	千克	AB
1302199091	供制医药用麻黄浸膏粉	20.0	80.0	17.0	千克	Q23AB
1302199092	供制医药用麻黄浸膏	20.0	80.0	17.0	千克	Q23AB
1302199093	其他麻黄浸膏粉	20.0	80.0	17.0	千克	23AB
1302199094	其他麻黄浸膏	20.0	80.0	17.0	千克	23AB
1302199095	红豆杉液汁及浸膏	20.0	80.0	17.0	千克	ABFE
1302199096	黄草汁液及浸膏	20.0	80.0	17.0	千克	ABFE
1302199097	其他濒危植物液汁及浸膏	20.0	80.0	17.0	千克	ABFE
1302199099	其他植物液汁及浸膏	20.0	80.0	17.0	千克	AB
1302200000	果胶、果胶酸盐及果胶酸酯	20.0	80.0	17.0	千克	AB
1302310000	琼脂	10.0	80.0	17.0	千克	AB
1302320000	刺槐豆胶液及增稠剂(从刺槐豆、刺槐豆子或瓜尔豆制得的,不论是否改性)	15.0	80.0	17.0	千克	AB
1302390010	未列名濒危植物胶液及增稠剂	15.0	80.0	17.0	千克	ABFE
1302390090	其他未列名植物胶液及增稠剂	15.0	80.0	17.0	千克	AB

第十四章　编结用植物材料;其他植物产品

注释:

一、本章不包括归入第十一类的下列产品:

主要供纺织用的植物材料或植物纤维,不论其加工程度如何;或经过处理使其只能作为纺织原料用的其他植物材料。

二、品目14.01主要包括竹(不论是否劈开、纵锯、切段、圆端、漂白、磨光、染色或进行不燃处理)、劈开的柳条、芦苇及类似品和藤心、藤丝、藤片。但不包括木片条(品目44.04)。

三、品目14.02不包括木丝(品目44.05)。

四、品目14.03不包括供制帚、制刷用成束、成簇的材料(品目96.03)。

商品编号	商品名称及备注	进口关税税率		增值税率	计量单位	监管条件
		最惠国	普通			
1401	**主要作编结用的植物材料(例如,竹、藤、芦苇、灯芯草、柳条、酒椰叶,已净、漂白或染色的谷类植物的茎秆,椴树皮)**					
1401100010	酸竹	10.0	70.0	13.0	千克	ABE
1401100090	其他竹	10.0	70.0	13.0	千克	AB
1401200010	濒危藤	10.0	35.0	13.0	千克	ABFE
1401200090	其他藤	10.0	35.0	13.0	千克	AB
1401901000	谷类植物的茎秆(麦秸除外)(已净、漂白或染色的)	10.0	70.0	13.0	千克	AB
1401902000	芦苇(已净、漂白或染色的)	10.0	70.0	13.0	千克	AB
1401903010	蔺草(已净、漂白或染色的)	10.0	70.0	13.0	千克	AB4xy
1401903090	其他灯芯草属植物材料(已净、漂白或染色的)	10.0	70.0	13.0	千克	AB
1401909000	未列名主要用作编结用的植物材料(已净、漂白或染色的)	10.0	70.0	13.0	千克	AB
1402	**主要作填充或衬垫用的植物材料(例如,木棉、植物毛及大叶藻),不论是否制成有或无支承材料的层片**					
1402000000	作填充或衬垫用植物材料(不论是否制成有或无支承材料的层片)	15.0	70.0	13.0	千克	AB
1403	**主要供制帚、制刷用的植物材料(例如,帚用高粱、纤维槐纤维、匍匐须芒草及龙舌兰纤维)不论是否成绞或成捆**					
1403000000	制帚或制刷用植物材料(不论是否成绞或成捆)	15.0	70.0	13.0	千克	AB
1404	**其他品目未列名的植物产品**					
1404100000	主要供染料或鞣料用的植物原料	5.0	45.0	13.0	千克	AB
1404200000	棉短绒	4.0	30.0	13.0	千克	AB
1404900000	其他植物产品	15.0	70.0	13.0	千克	AB

第三类 动、植物油、脂及其分解产品；精制的食用油脂；动、植物蜡

第十五章 动、植物油、脂及其分解产品；精制的食用油脂；动、植物蜡

注释：

一、本章不包括：

(一)品目 02.09 的猪脂肪及家禽脂肪；

(二)可可脂、可可油(品目 18.04)；

(三)按重量计品目 04.05 所列产品的含量超过 15%的食品(通常归入第二十一章)；

(四)品目 23.01 的油渣或品目 23.04 至 23.06 的残渣；

(五)第六类的脂肪酸、精制蜡、药品、油漆、清漆、肥皂、芳香料制品、化妆盥洗品、磺化油及其他货品；

(六)从油类提取的油膏(品目 40.02)。

二、品目 15.09 不包括用溶剂提取的橄榄油(品目 15.10)。

三、品目 15.18 不包括变性的油、脂及其分离品，这些货品应归入其相应的未变性油、脂及其分离品的品目。

四、皂料、油脚、硬脂沥青、甘油沥青及羊毛脂残渣，归入品目 15.22。

子目注释：

子目 1514.11 及 1514.19 所称“低芥子酸菜子油”，是指按重量计芥子酸含量低于 2%的固定油。

商品编号	商品名称及备注	进口关税税率		增值税率	计量单位	监管条件
		最惠国	普通			
1501	**猪脂肪(包括已炼制的猪油)及家禽脂肪，但品目 0209 及 1503 的货品除外**					
1501000000	猪脂肪及家禽脂肪(包括已炼制的猪油，但编号 0209 及 1503 的货品除外)	10.0	35.0	17.0	千克	AB
1502	**牛、羊脂肪，但品目 1503 的货品除外**					
1502001000	未炼制的牛、羊脂肪(但编号 1503 的货品除外)	8.0	70.0	17.0	千克	AB
1502009000	已炼制的牛、羊脂肪(但编号 1503 的货品除外)	8.0	30.0	17.0	千克	AB
1503	**猪油硬脂、液体猪油、油硬脂、食用或非食用脂油，未经乳化、混合或其他方法制作**					
1503000000	未经制作的猪油硬脂、油硬脂等(包括液体猪油及脂油，未经乳化、混合或其他方法制作)	10.0	30.0	17.0	千克	AB
1504	**鱼或海生哺乳动物的油、脂及其分离品，不论是否精制，但未经化学改性**					
1504100000	鱼肝油及其分离品	12.0	30.0	17.0	千克	AB
1504200000	其他鱼油、脂及其分离品(鱼肝油除外)	12.0	50.0	17.0	千克	AB
1504300010	濒危哺乳动物的油、脂及其分离品(仅指海生)	14.4	50.0	17.0	千克	ABFE

商品编号	商品名称及备注	进口关税税率		增值税率	计量单位	监管条件
		最惠国	普通			
1504300090	其他海生哺乳动物油,脂及分离品	14.4	50.0	17.0	千克	AB
1505	**羊毛脂及从羊毛脂制得的脂肪物质(包括纯净的羊毛脂)**					
1505000000	羊毛脂及羊毛脂肪物质(包括纯净的羊毛脂)	20.0	70.0	17.0	千克	AB
1506	**其他动物油、脂及其分离品,不论是否精制,但未经化学改性**					
1506000010	其他濒危动物为原料制取的脂肪(包括河马、熊、野兔、海龟为原料的及海龟蛋油)	20.0	70.0	17.0	千克	ABFE
1506000090	其他动物油、脂及其分离品(不论是否精制,但未经化学改性)	20.0	70.0	17.0	千克	AB
1507	**豆油及其分离品,不论是否精制,但未经化学改性**					
1507100000	初榨的豆油(但未经化学改性)	9.0	190.0	13.0	千克	7AB
1507900000	精制的豆油及其分离品(包括初榨豆油的分离品,但未经化学改性)	9.0	190.0	13.0	千克	7AB
1508	**花生油及其分离品,不论是否精制,但未经化学改性**					
1508100000	初榨的花生油(但未经化学改性)	10.0	100.0	13.0	千克	AB
1508900000	精制的花生油及其分离品(包括初榨花生油的分离品,但未经化学改性)	10.0	100.0	13.0	千克	AB
1509	**油橄榄油及其分离品,不论是否精制,但未经化学改性**					
1509100000	初榨油橄榄油(但未经化学改性)	10.0	30.0	13.0	千克	AB
1509900000	精制的油橄榄油及其分离品(包括初榨油橄榄油的分离品,但未经化学改性)	10.0	30.0	17.0	千克	AB
1510	**其他橄榄油及其分离品,不论是否精制,但未经化学改性,包括掺有品目1509的油或分离品的混合物**					
1510000000	其他橄榄油及其分离品(不论是否精制,但未经化学改性)	10.0	30.0	17.0	千克	AB
1511	**棕榈油及其分离品,不论是否精制,但未经化学改性**					
1511100000	初榨的棕榈油(但未经化学改性)	9.0	60.0	13.0	千克	7AB
1511901000	棕榈液油(熔点为19℃-24℃,未经化学改性)	9.0	60.0	13.0	千克	7AB
1511902000	棕榈硬脂(熔点为44℃-56℃,未经化学改性)	8.0	60.0	13.0	千克	AB
1511909000	其他精制棕榈油(包括棕榈油的分离品,但未经化学改性)	9.0	60.0	17.0	千克	7AB
1512	**葵花油、红花油或棉子油及其分离品,不论是否精制,但未经化学改性**					
1512110000	初榨的葵花油和红花油(但未经化学改性)	9.0	160.0	13.0	千克	AB
1512190000	精制的葵花油和红花油及其分离品(包括初榨葵花油和红花油的分离品,但未经化学改性)	9.0	160.0	17.0	千克	AB
1512210000	初榨的棉子油(不论是否去除棉子酚)	10.0	70.0	13.0	千克	AB

商品编号	商品名称及备注	进口关税税率		增值税率	计量单位	监管条件
		最惠国	普通			
1512290000	精制的棉子油及其分离品(包括初榨棉子油的分离品,但未经化学改性)	10.0	70.0	17.0	千克	AB
1513	**椰子油、棕榈仁油或巴巴苏棕榈果油及其分离品,不论是否精制,但未经化学改性**					
1513110000	初榨椰子油(但未经化学改性)	9.0	40.0	13.0	千克	AB
1513190000	其他椰子油及其分离品(包括初榨椰子油的分离品,但未经化学改性)	9.0	40.0	13.0	千克	AB
1513210000	初榨棕榈仁油或巴巴苏棕榈果油(未经化学改性)	9.0	40.0	13.0	千克	AB
1513290000	精制的棕榈仁油或巴巴苏棕榈果油(包括分离品但未经化学改性,初榨的除外)	9.0	40.0	17.0	千克	AB
1514	**菜子油或芥子油及其分离品,不论是否精制,但未经化学改性**					
1514110000	初榨的低芥子酸菜子油(但未经化学改性)	9.0	170.0	13.0	千克	7AB
1514190000	其他低芥子酸菜子油(包括其分离品,但未经化学改性)	9.0	170.0	13.0	千克	7AB
1514911000	初榨的非低芥子酸菜子油(但未经化学改性)	9.0	170.0	13.0	千克	7AB
1514919000	初榨的芥子油(但未经化学改性)	9.0	170.0	13.0	千克	7AB
1514990000	精制非低芥子酸菜子油、芥子油(包括其分离品,但未经化学改性)	9.0	170.0	17.0	千克	7AB
1515	**其他固定植物油、脂(包括希蒙得木油)及其分离品,不论是否精制,但未经化学改性**					
1515110000	初榨亚麻子油(但未经化学改性)	15.0	30.0	13.0	千克	AB
1515190000	精制的亚麻子油及其分离品(包括初榨亚麻子油的分离品,但未经化学改性)	15.0	30.0	17.0	千克	AB
1515210000	初榨的玉米油(但未经化学改性)	10.0	160.0	13.0	千克	AB
1515290000	精制的玉米油及其分离品(包括初榨玉米油的分离品,但未经化学改性)	10.0	160.0	17.0	千克	AB
1515300000	蓖麻油及其分离品(不论是否精制,但未经化学改性)	10.0	70.0	17.0	千克	AB
1515400000	桐油及其分离品(不论是否精制,但未经化学改性)	20.0	70.0	17.0	千克	AB
1515500000	芝麻油及其分离品(不论是否精制,但未经化学改性)	12.0	20.0	13.0	千克	AB
1515901000	希蒙得木油及其分离品(不论是否精制,但未经化学改性)	20.0	70.0	17.0	千克	AB
1515902000 *	印楝油及其分离品(不论是否精制,但未经化学改性)	20.0	70.0	17.0	千克	AB
1515909000	其他固定植物油、脂及其分离品(不论是否精制,但未经化学改性)	20.0	70.0	17.0	千克	AB
1516	**动、植物油、脂及其分离品,全部或部分氢化、相互酯化、再酯化或反油酸化,不论是否精制,但未经进一步加工**					
1516100000	氢化、酯化或反油酸化动物油、脂(包括其分离品,不论是否精制,但未经进一步加工)	5.0	70.0	17.0	千克	AB
1516200000	氢化、酯化或反油酸化植物油、脂(包括其分离品,不论是否精制,但未经进一步加工)	25.0	70.0	17.0	千克	AB

商品编号	商品名称及备注	进口关税税率		增值税率	计量单位	监管条件
		最惠国	普通			
1517	**人造黄油;本章各种动、植物油、脂及其分离品混合制成的食用油、脂或制品,但品目1516的食用油、脂及其分离品除外**					
1517100000	人造黄油(但不包括液态的)	30.0	80.0	17.0	千克	AB
1517900010	混合制成的动物质食用油脂或制品(税号1516的食用油、脂及其分离品除外)	25.0	70.0	17.0	千克	AB
1517900090	混合制成的植物质食用油脂或制品(税号1516的食用油、脂及其分离品除外)	25.0	70.0	13.0	千克	AB
1518	**动、植物油、脂及其分离品,经过熟炼、氧化、脱水、硫化、吹制或在真空、惰性气体中加热聚合及用其他化学方法改性的,但品目1516的产品除外;本章各种油、脂及其分离品混合制成的其他品目未列名的非食用油、脂或制品**					
1518000000	化学改性的动、植物油、脂(包括其分离品及本章油脂混合制成的非食用油脂或制品,税号1516的产品除外)	10.0	70.0	17.0	千克	AB
1520	**粗甘油;甘油水及甘油碱液**					
1520000000	粗甘油,甘油水及甘油碱液	20.0	50.0	17.0	千克	AB
1521	**植物蜡(甘油三酯除外)、蜂蜡、其他虫蜡及鲸蜡,不论是否精制或着色**					
1521100000	植物蜡	20.0	80.0	17.0	千克	AB
1521901000	蜂蜡(不论是否精制或着色)	20.0	80.0	17.0	千克	AB
1521909010	鲸蜡(不论是否精制或着色)	20.0	80.0	17.0	千克	AFEB
1521909090	其他虫蜡(不论是否精制或着色)	20.0	80.0	17.0	千克	AB
1522	**油鞣回收脂;加工处理油脂物质及动、植物蜡所剩的残渣**					
1522000000	油鞣回收脂(包括加工处理油脂物质及动,植物蜡所剩的残渣)	20.0	50.0	17.0	千克	

第四类　食品；饮料、酒及醋；烟草、烟草及烟草代用品的制品

注释：

本类所称“团粒”，是指直接挤压或加入按重量计比例不超过3%的粘合剂制成的粒状产品。

第十六章　肉、鱼、甲壳动物、软体动物及其他水生无脊椎动物的物品

注释：

一、本章不包括用第二章、第三章及品目05.04所列方法制作或保藏的肉、食用杂碎、鱼、甲壳动物、软体动物或其他水生无脊椎动物。

二、本章的食品按重量计必须含有20%以上的香肠、肉、食用杂碎、动物血、鱼、甲壳动物、软体动物或其他水生无脊椎动物及其混合物。对于含有两种或两种以上前述产品的食品，则应按其中重量最大的产品归入第十六章的相应品目。但本条规定不适用于品目19.02的包馅食品和品目21.03及21.04的食品。

子目注释：

一、子目号1602.10的“均化食品”，是指用肉、食用杂碎或动物血经精细均化制成供婴幼儿食用或营养用的零售包装食品（每件净重不超过250克）。为了调味、保藏或其他目的，均化食品中可以加入少量其他配料，还可以含有少量可见的肉粒或食用杂碎粒。归类时该子目优先于品目16.02的其他子目。

二、品目16.04或16.05项下各子目所列的是鱼及甲壳动物的俗名，它们与第三章中相同名称的鱼及甲壳动物种类范围相同。

商品编号	商品名称及备注	进口关税税率		增值税率	计量单位	监管条件
		最惠国	普通			
1601	**肉、食用杂碎或动物血制成的香肠及类似产品；用香肠制成的食品**					
1601001010	濒危野生动物肉，杂碎，血制天然肠衣香肠（含编号0208的野生动物，包括类似品）	15.0	90.0	17.0	千克	ABFE
1601001090	其他动物肉，杂碎及血制天然肠衣香肠（包括类似品）	15.0	90.0	17.0	千克	AB
1601002010	濒危野生动物肉，杂碎，血制其他肠衣香肠（含编号0208的野生动物，包括类似品）	15.0	90.0	17.0	千克	ABFE
1601002090	其他动物肉，杂碎及血制其他肠衣香肠（包括类似品）	15.0	90.0	17.0	千克	AB
1601003010	用含濒危野生动物成分的香肠制的食品（含编号0208的野生动物）	15.0	90.0	17.0	千克	ABFE
1601003090	用含其他动物成分的香肠制的食品	15.0	90.0	17.0	千克	AB
1602	**其他方法制作或保藏的肉、食用杂碎或动物血**					
1602100010	含濒危野生动物成分的均化食品（指用肉、食用杂碎或动物血经精细均化制成，零售包装）	15.0	90.0	17.0	千克	ABFE

商品编号	商 品 名 称 及 备 注	进口关税税率		增值税率	计量单位	监管条件
		最惠国	普通			
1602100090	其他动物肉或食用杂碎的均化食品(指用肉、食用杂碎或动物血经精细均化制成,零售包装)	15.0	90.0	17.0	千克	AB
1602200000	制作或保藏的动物肝(第2、3章所列方法制作或保藏的除外)	15.0	90.0	17.0	千克	AB
1602310000	制作或保藏的火鸡肉及杂碎(第2、3章所列方法制作或保藏的除外)	15.0	90.0	17.0	千克	AB
1602321000	鸡罐头	15.0	90.0	17.0	千克	AB
1602329100	其他方法制作或保藏的鸡胸肉(第2、3章所列方法制作或保藏的除外)	15.0	90.0	17.0	千克	AB
1602329200	其他方法制作或保藏的鸡腿肉(第2、3章所列方法制作或保藏的除外)	15.0	90.0	17.0	千克	AB
1602329900	其他方法制作或保藏的其他鸡产品(第2、3章所列方法制作或保藏的除外;鸡胸肉、鸡腿肉除外)	15.0	90.0	17.0	千克	AB
1602391000	其他家禽肉及杂碎的罐头	15.0	90.0	17.0	千克	AB
1602399100	其他方法制作或保藏的鸭(第2、3章所列方法制作或保藏的除外)	15.0	90.0	17.0	千克	AB
1602399900	其他方法制作或保藏的其他家禽肉及杂碎(第2、3章所列方法制作或保藏的除外;鸡、鸭除外)	15.0	90.0	17.0	千克	AB
1602410010	制作或保藏鹿豬,姬豬后腿及肉块	15.0	90.0	17.0	千克	ABFE
1602410090	制作或保藏的猪后腿及其肉块	15.0	90.0	17.0	千克	AB
1602420010	制作或保藏鹿豬,姬豬前腿及肉块	15.0	90.0	17.0	千克	ABFE
1602420090	制作或保藏的猪前腿及其肉块	15.0	90.0	17.0	千克	AB
1602491010	其他含鹿豬、姬豬肉及杂碎的罐头	15.0	90.0	17.0	千克	ABFE
1602491090	其他猪肉及杂碎的罐头	15.0	90.0	17.0	千克	AB
1602499010	制作或保藏其他鹿豬,姬豬肉,杂碎(包括血等)	15.0	90.0	17.0	千克	ABFE
1602499090	制作或保藏的其他猪肉、杂碎、血	15.0	90.0	17.0	千克	AB
1602501010	含瀕危野牛肉的罐头	12.0	90.0	17.0	千克	ABFE
1602501090	其他牛肉及牛杂碎罐头(含野牛肉的除外)	12.0	90.0	17.0	千克	AB
1602509010	其他制作或保藏瀕危野牛肉,杂碎(包括血等)	12.0	90.0	17.0	千克	ABFE
1602509090	其他制作或保藏的牛肉,杂碎,血	12.0	90.0	17.0	千克	AB
1602901010	其他瀕危野生动物肉及杂碎罐头	15.0	90.0	17.0	千克	ABFE
1602901090	其他肉及杂碎罐头	15.0	90.0	17.0	千克	AB
1602909010	制作或保藏其他瀕危野生动物肉(包括杂碎、血)	15.0	90.0	17.0	千克	ABFE
1602909090	经制作或保藏的其他肉、杂碎及血	15.0	90.0	17.0	千克	AB
1603	**肉、鱼、甲壳动物、软体动物或其他水生无脊椎动物的精及汁**					
1603000010	含瀕危野生动物及鱼类成分的肉(指编号0208及030192野生动物及鱼类)	23.0	90.0	17.0	千克	ABFE
1603000090	肉及水产品的精、汁(水产品指鱼、甲壳动物、软体动物或其他水生无脊椎动物)	23.0	90.0	17.0	千克	AB

商品编号	商品名称及备注	进口关税税率		增值税率	计量单位	监管条件
		最惠国	普通			
1604	**制作或保藏的鱼;鲟鱼子酱及鱼卵制的鲟鱼子酱代用品**					
1604111000	制作或保藏的大西洋鲑鱼(整条或切块,但未绞碎)	12.0	90.0	17.0	千克	AB
1604119010	制作或保藏的川陕哲罗鲑鱼(整条或切块,但未绞碎)	12.0	90.0	17.0	千克	ABE
1604119020	制作或保藏的秦岭细鳞鲑鱼(整条或切块,但未绞碎)	12.0	90.0	17.0	千克	AEB
1604119090	制作或保藏的其他鲑鱼	12.0	90.0	17.0	千克	AB
1604120000	制作或保藏的鲱鱼(整条或切块,但未绞碎)	12.0	90.0	17.0	千克	AB
1604130000	制作或保藏的沙丁鱼,黍鲱鱼(整条或切块,但未绞碎)	5.0	90.0	17.0	千克	AB
1604140000	制作或保藏的金枪鱼,鲣鱼(整条或切块,但未绞碎)	5.0	90.0	17.0	千克	AB
1604150000	制作或保藏的鲭鱼(整条或切块,但未绞碎)	12.0	90.0	17.0	千克	AB
1604160000	制作保藏的 Anchovies(醍鱼)(整条或切块,但未绞碎)	12.0	90.0	17.0	千克	AB
1604191010	制作或保藏的花鳗鲡(整条或切块,但未绞碎)	12.0	90.0	17.0	千克	ABE
1604191090	其他制作或保藏的(河)鳗鱼	12.0	90.0	17.0	千克	AB
1604192000	制作或保藏的罗非鱼(整条或切块,但未绞碎)	12.0	90.0	17.0	千克	AB
1604199010	制作或保藏的濒危鱼类(整条或切块,但未绞碎)	12.0	90.0	17.0	千克	AFEB
1604199090	制作或保藏的其他鱼(整条或切块,但未绞碎)	12.0	90.0	17.0	千克	AB
1604201110	鲸鲨、噬人鲨、姥鲨鱼翅罐头	12.0	90.0	17.0	千克	ABFE
1604201190	其他鱼翅罐头	12.0	90.0	17.0	千克	AB
1604201910	非整条或切块的濒危鱼罐头(鱼翅除外)	12.0	90.0	17.0	千克	ABFE
1604201990	非整条或切块的其他鱼罐头(鱼翅除外)	12.0	90.0	17.0	千克	AB
1604209110	制作或保藏鲸鲨、噬人鲨、姥鲨鱼翅(非整条、非切块、非罐头)	12.0	90.0	17.0	千克	ABFE
1604209190	制作或保藏其他鱼翅(非整条、非切块、非罐头)	12.0	90.0	17.0	千克	AB
1604209910	其他制作或保藏的濒危鱼(非整条、非切块、非罐头,鱼翅除外)	12.0	90.0	17.0	千克	ABFE
1604209990	其他制作或保藏的鱼(非整条、非切块、非罐头,鱼翅除外)	12.0	90.0	17.0	千克	AB
1604300000	鲟鱼子酱及鲟鱼子酱代用品	12.0	90.0	17.0	千克	ABFE
1605	**制作或保藏的甲壳动物、软体动物及其他水生无脊椎动物**					
1605100000	制作或保藏的蟹	5.0	90.0	17.0	千克	AB
1605200000	制作或保藏的小虾及对虾	5.0	90.0	17.0	千克	AB
1605300000	制作或保藏的龙虾	5.0	90.0	17.0	千克	AB
1605401100	制作或保藏的淡水小龙虾仁	5.0	90.0	17.0	千克	AB
1605401900	制作或保藏的带壳淡水小龙虾	5.0	90.0	17.0	千克	AB
1605409000	制作或保藏的其他甲壳动物	5.0	90.0	17.0	千克	AB
1605901000	制作或保藏的海蜇	15.0	90.0	17.0	千克	AB
1605902000	制作或保藏的蛤	5.0	90.0	17.0	千克	AB
1605909010	其他制作或保藏的濒危软体动物(包括其他水生无脊椎动物)	5.0	90.0	17.0	千克	ABFE
1605909090	其他制作或保藏的软体动物(包括其他水生无脊椎动物)	5.0	90.0	17.0	千克	AB

第十七章　糖及糖食

注释：

本章不包括：

一、含有可可的糖食(品目 18.06)；

二、品目 29.04 的化学纯糖(蔗糖、乳糖、麦芽糖、葡萄糖及果糖除外)及其他产品；

三、第三十章的药品及其他产品。

子目注释：

子目号 1701.11 及 1701.12 所称“称糖”是指按重量计干燥状态的蔗糖含量低于旋光读数 99.50°的糖。

商品编号	商品名称及备注	进口关税税率		增值税率	计量单位	监管条件
		最惠国	普通			
1701	**固体甘蔗糖、甜菜糖及化学纯蔗糖**					
1701110010	未加香料或着色剂的甘蔗原糖[按重量计干燥状态的糖含量低于旋光读数 99.5 度(配额内)]	15.0	125.0	17.0	千克	ABt
1701110090	未加香料或着色剂的甘蔗原糖[按重量计干燥状态的糖含量低于旋光读数 99.5 度(配额外)]	50.0	125.0	17.0	千克	AB
1701120010	未加香料或着色剂的甜菜原糖[按重量计干燥状态的糖含量低于旋光读数 99.5 度(配额内)]	15.0	125.0	17.0	千克	ABt
1701120090	未加香料或着色剂的甜菜原糖[按重量计干燥状态的糖含量低于旋光读数 99.5 度(配额外)]	50.0	125.0	17.0	千克	AB
1701910010	加有香料或着色剂的糖[指甘蔗糖、甜菜糖及化学纯蔗糖(配额内)]	15.0	125.0	17.0	千克	ABt
1701910090	加有香料或着色剂的糖[指甘蔗糖、甜菜糖及化学纯蔗糖(配额外)]	50.0	125.0	17.0	千克	AB
1701991010	砂糖(配额内)	15.0	125.0	17.0	千克	ABt
1701991090	砂糖(配额外)	50.0	125.0	17.0	千克	AB
1701992010	绵白糖(配额内)	15.0	125.0	17.0	千克	BAt
1701992090	绵白糖(配额外)	50.0	125.0	17.0	千克	BA
1701999010	其他精制糖(配额内)	15.0	125.0	17.0	千克	ABt
1701999090	其他精制糖(配额外)	50.0	125.0	17.0	千克	AB
1702	**其他固体糖，包括化学纯乳糖、麦芽糖、葡萄糖及果糖；未加香料或着色剂的糖浆；人造蜜，不论是否掺有天然蜂蜜；焦糖**					
1702110000	无水乳糖(按重量计干燥无水乳糖含量在 99%及以上)	10.0	80.0	17.0	千克	AB
1702190000	其他乳糖及乳糖浆	10.0	80.0	17.0	千克	AB
1702200000	槭糖及槭糖浆	30.0	80.0	17.0	千克	A
1702300000	低果糖含量的葡萄糖及糖浆(仅指按重量计干燥状态的果糖含量在 20%以下的葡萄糖)	30.0	80.0	17.0	千克	BA

商品编号	商品名称及备注	进口关税税率		增值税率	计量单位	监管条件
		最惠国	普通			
1702400000	中果糖含量的葡萄糖及糖浆(仅指干燥果糖重量在20-50%的葡萄糖,转化糖除外)	30.0	80.0	17.0	千克	BA
1702500000	化学纯果糖	30.0	80.0	17.0	千克	A
1702600000	其他果糖及糖浆(仅指干燥果糖重量在50%以上的,转化糖除外)	30.0	80.0	17.0	千克	BA
1702900010	人造蜜	30.0	80.0	17.0	千克	AB
1702900090	其他固体糖,焦糖(包括转化糖及按重量计干燥状态果糖含量50%的糖、糖浆)	30.0	80.0	17.0	千克	AB
1703	**制糖后所剩的糖蜜**					
1703100000	甘蔗糖蜜	8.0	50.0	17.0	千克	AP
1703900000	其他糖蜜	8.0	50.0	17.0	千克	AP
1704	**不含可可的糖食(包括白巧克力)**					
1704100000	口香糖(不论是否裹糖)	12.0	50.0	17.0	千克	AB
1704900000	其他不含可可的糖食(包括白巧克力)	10.0	50.0	17.0	千克	AB

第十八章　可可及可可制品

注释：

一、本章不包括品目 04.03、19.01、19.04、19.05、21.05、22.02、22.08、30.03、30.04 的制品。

二、品目 18.06 包括含有可可的糖食及注释一以外的其他含可可的食品。

商品编号	商品名称及备注	进口关税税率		增值税率	计量单位	监管条件
		最惠国	普通			
1801	**整颗或破碎的可可豆，生的或焙炒的**					
1801000000	生或焙炒的整颗或破碎的可可豆	8.0	30.0	17.0	千克	AB
1802	**可可荚、壳、皮及废料**					
1802000000	可可荚、壳、皮及废料	10.0	30.0	17.0	千克	AB
1803	**可可膏，不论是否脱脂**					
1803100000	未脱脂可可膏	10.0	30.0	17.0	千克	AB
1803200000	全脱脂或部分脱脂的可可膏	10.0	30.0	17.0	千克	AB
1804	**可可脂、可可油**					
1804000010 *	可可脂	22.0	70.0	17.0	千克	AB
1804000090	可可油	22.0	70.0	17.0	千克	AB
1805	**未加糖或其他甜物质的可可粉**					
1805000000	未加糖或其他甜物质的可可粉	15.0	40.0	17.0	千克	AB
1806	**巧克力及其他含可可的食品**					
1806100000	含糖或其他甜物质的可可粉	10.0	50.0	17.0	千克	AB
1806200000	每件净重超过 2 千克的含可可食品	10.0	50.0	17.0	千克	AB
1806310000	其他夹心块状或条状的含可可食品（每件净重不超过 2 千克）	8.0	50.0	17.0	千克	AB
1806320000	其他不夹心块状或条状含可可食品（每件净重不超过 2 千克）	10.0	50.0	17.0	千克	AB
1806900000	其他巧克力及含可可的食品（每件净重不超过 2 千克）	8.0	50.0	17.0	千克	AB

第十九章　谷物、粮食粉、淀粉或乳的制品;糕饼点心

注释:

一、本章不包括:

(一)按重量计含香肠、肉、食用杂碎、动物血、鱼、甲壳动物,软体动物、其他水生无脊椎动物及其混合物超过20%的食品(第十六章),但品目19.02的包馅食品除外;

(二)用粮食粉或淀粉制的专作动物饲料用的饼干及其他制品(品目23.09);

(三)第三十章的药品及其他产品。

二、品目19.01所称:

(一)“粗粒”是指第十一章谷物的粗粒;

(二)“细粉”及“粗粉”,是指:

1.第十一章谷物的细粉及粗粉;

2.其他章植物的细粉、粗粉及粉末,但不包括干蔬菜、马铃薯和干豆类的细粉、粗粉及粉末(应分别归入品目07.12、11.05和11.06)。

三、品目19.04不包括按重量计全脱脂可可含量超过6%或裹巧克力的食品以及品目18.06的其他含可可食品。

四、品目19.04所称“其他方法制作的”是指制作或加工程度超过第十章或第十一章各品目或注释所规定范围的。

商品编号	商品名称及备注	进口关税税率		增值税率	计量单位	监管条件
		最惠国	普通			
1901	**麦精;细粉、粗粒、粗粉、淀粉或麦精制的其他品目未列名的食品,不含可可或按重量计全脱脂可可含量低于40%;品目0401至0404所列货品制的其他品目未列名的食品,不含可可或按重量计全脱脂可可含量低于5%**					
1901100000	供婴幼儿食用的零售包装食品(可可含量<40%粉,淀粉或麦精制或可可含量<5%乳品制)	15.0	40.0	17.0	千克	AB
1901200000	供烘焙税号1905所列面包糕饼用的调制品及面团(可可含量<40%粉,淀粉或麦精制或可可含量<5%乳品制)	25.0	80.0	17.0	千克	AB
1901900000	麦精,粮食粉等制食品及乳制食品(可可含量<40%粉,淀粉或麦精制或可可含量<5%乳品制)	10.0	80.0	17.0	千克	AB
1902	**面食,不论是否煮熟、包馅(肉馅或其他馅)或其他方法制作,例如,通心粉、面条、汤团、馄饨、饺子、奶油面卷;古斯古斯面食,不论是否制作**					
1902110000	未包馅或未制作的含蛋生面食	15.0	80.0	17.0	千克	AB
1902190000	其他未包馅或未制作的生面食	15.0	80.0	17.0	千克	AB
1902200000	包馅面食(不论是否烹煮或经其他方法制作)	15.0	80.0	17.0	千克	AB
1902301000	米粉干	15.0	80.0	17.0	千克	AB
1902302000	粉丝	15.0	80.0	17.0	千克	AB
1902303000	即食或快熟面条	15.0	80.0	17.0	千克	AB
1902309000	其他面食	15.0	80.0	17.0	千克	AB
1902400000	古斯古斯面食(古斯古斯粉是一种经热处理的硬麦粗粉)	25.0	80.0	17.0	千克	AB

商品编号	商 品 名 称 及 备 注	进口关税税率		增值税率	计量单位	监管条件
		最惠国	普通			
1903	**珍粉及淀粉制成的珍粉代用品,片、粒、珠、粉或类似形状的**					
1903000000	珍粉及淀粉制成的珍粉代用品(片、粒、珠、粉或类似形状的)	15.0	80.0	17.0	千克	AB
1904	**谷物或谷物产品经膨化或烘炒制成的食品(例如,玉米片);其他品目未列名的预煮或经其他方法制作的谷粒(玉米除外),谷物片或经其他加工的谷粒(细粉、粗粒及粗粉除外):**					
1904100000	膨化或烘炒谷物制成的食品	25.0	80.0	17.0	千克	AB
1904200000	未烘炒谷物片制成的食品(包括未烘炒谷物片与烘炒谷物片或膨化谷物混合制成食品)	30.0	80.0	17.0	千克	AB
1904300000	碾碎的干小麦	30.0	80.0	17.0	千克	AB
1904900000	预煮或经其他方法制作的谷粒[包括其他经加工的谷粒(除细粉、粗粒及粗粉),玉米除外]	30.0	80.0	17.0	千克	AB
1905	**面包、糕点、饼干及其他烘焙糕饼,不论是否含可可;圣餐饼、装药空囊、封缄、糯米纸及类似制品**					
1905100000	黑麦脆面包片	20.0	80.0	17.0	千克	A
1905200000	姜饼及类似品	20.0	80.0	17.0	千克	A
1905310000	甜饼干	15.0	80.0	17.0	千克	AB
1905320000	华夫饼干及圣餐饼	15.0	80.0	17.0	千克	AB
1905400000	面包干,吐司及类似的烤面包	20.0	80.0	17.0	千克	AB
1905900000	其他面包,糕点,饼干及焙烘糕饼(包括装药空囊、封缄、糯米纸及类似制品)	20.0	80.0	17.0	千克	AB

第二十章　蔬菜、水果、坚果或植物其他部分的制品

注释：

一、本章不包括：

(一)用第七章、第八章或第十一章所列方法制作或保藏的蔬菜、水果或坚果；

(二)按重量计含香肠、肉、食用杂碎、动物血、鱼、甲壳动物、软体动物、其他水生无脊椎动物及其混合物超过20%的食品(第十六章)；

(三)品目21.04的均化混合食品。

二、品目20.07及20.08不包括制成糖食的果冻、果膏、糖衣杏仁或类似品(品目17.04)及巧克力糖食(品目18.06)。

三、品目20.01、20.04及20.05仅分别包括用本章注释一(一)以外的方法制作或保藏的第七章或品目11.05、11.06的产品(第八章产品的细粉、粗粉除外)。

四、干重量在7%及以上的蕃茄汁归入品目20.02。

五、品目20.07所称"烹煮的"是指在常压或减压下，通过减少水分或其他方法增加产品粘稠度的热处理。

六、品目20.09所称"未发酵及未加酒精的水果汁"，是指按容量计酒精浓度(标准见第二十二章注释二)不超过0.5%的水果汁。

子目注释：

一、子目号2005.10所称"均化蔬菜"，是指蔬菜经精细均化制成供婴幼儿食用或营养用的零售包装食品(每件净重不超过250克)。为了调味、保藏或其他目的，均化蔬菜中可以加入少量其他配料，还可以含有少量可见的蔬菜粒。归类时，子目号2005.10优先于品目20.05的其他子目。

二、子目号2007.10所称"均化食品"，是指果实经精细均化制成供婴幼儿食用或营养用的零售包装食品(每件净重不超过250克)。为了调味、保藏或其他目的，均化食品中可以加入少量其他配料，还可以含有少量可见的果粒。归类时，子目号2007.10优先于品目20.07的其他子目。

三、子目2009.12、2009.21、2009.31、2009.41、2009.61及2009.71所称"白利糖度值"，是指直接从白利糖度计读取的度数或在20℃时从折射计读取的以蔗糖百分比含量计的折射率，在其他温度下读取的数值应折算为20℃时的折射率。

商品编号	商 品 名 称 及 备 注	进口关税税率		增值税率	计量单位	监管条件
		最惠国	普通			
2001	**蔬菜、水果、坚果及植物的其他食用部分，用醋或醋酸制作或保藏的**					
2001100000	用醋或醋酸制作的黄瓜及小黄瓜	25.0	70.0	17.0	千克	AB
2001901010	用醋或醋酸腌制的大蒜头、大蒜瓣(无论是否加糖或去皮)	25.0	70.0	17.0	千克	AB
2001901090	用醋或醋酸腌制的其他大蒜(不含蒜头、蒜瓣，无论是否加糖或去皮)	25.0	70.0	17.0	千克	AB
2001909010	用醋或醋酸制作或保藏的松茸	25.0	70.0	17.0	千克	ABE
2001909020	用醋或醋酸制作或保藏的酸竹笋	25.0	70.0	17.0	千克	ABE
2001909030	用醋或醋酸制作或保藏的芦荟	25.0	70.0	17.0	千克	ABFE
2001909040	用醋或醋酸制作或保藏仙人掌植物	25.0	70.0	17.0	千克	ABFE
2001909050	用醋或醋酸制作或保藏的莼菜	25.0	70.0	17.0	千克	ABE
2001909090	用醋制作的其他果、菜及食用植物(包括用醋酸制作或保藏的)	25.0	70.0	17.0	千克	AB

商品编号	商品名称及备注	进口关税税率		增值税率	计量单位	监管条件
		最惠国	普通			
2002	**番茄,用醋或醋酸以外的其他方法制作或保藏的**					
2002101000	非用醋制作的整个或切片番茄罐头	19.0	80.0	17.0	千克	AB
2002109000	非用醋制作的其他整个或切片番茄	25.0	70.0	17.0	千克	AB
2002901000	番茄酱罐头	20.0	80.0	17.0	千克	AB
2002909000	非用醋制作的绞碎番茄(用醋或醋酸以外其他方法制作或保藏的)	18.0	70.0	17.0	千克	AB
2003	**蘑菇及块菌,用醋或醋酸以外的其他方法制作或保藏的**					
2003101100	小白蘑菇罐头(指洋蘑菇,用醋或醋酸以外其他方法制作或保藏的)	25.0	90.0	17.0	千克	AB
2003101900	其他伞菌属蘑菇罐头(用醋或醋酸以外其他方法制作或保藏的)	25.0	90.0	17.0	千克	AB
2003109000	非用醋制作的其他伞菌属蘑菇(用醋或醋酸以外其他方法制作或保藏的)	25.0	90.0	17.0	千克	AB
2003200000	非用醋制作的块菌(用醋或醋酸以外其他方法制作或保藏的)	25.0	90.0	17.0	千克	AB
2003901010	非用醋制作的香菇罐头[用醋或醋酸以外其他方法制作或保藏的(非伞菌属蘑菇)]	25.0	90.0	17.0	千克	AB
2003901020	非用醋制作的松茸罐头(用醋或醋酸以外其他方法制作或保藏的)	25.0	90.0	17.0	千克	ABE
2003901090	非用醋制作的其他蘑菇罐头[用醋或醋酸以外其他方法制作或保藏的(非伞菌属蘑菇)]	25.0	90.0	17.0	千克	AB
2003909010	非用醋制作的其他香菇[用醋或醋酸以外其他方法制作或保藏的(非伞菌属蘑菇)]	25.0	90.0	17.0	千克	AB
2003909020	非用醋制作的其他松茸(用醋或醋酸以外其他方法制作或保藏的)	25.0	90.0	17.0	千克	ABE
2003909090	非用醋制作的其他蘑菇[用醋或醋酸以外其他方法制作或保藏的(非伞菌属蘑菇)]	25.0	90.0	17.0	千克	AB
2004	**其他冷冻蔬菜,用醋或醋酸以外的其他方法制作或保藏的,但品目2006的产品除外**					
2004100000	非用醋制作的冷冻马铃薯(编号2006货品除外)	13.0	70.0	17.0	千克	AB
2004900010	非用醋制作的冷冻松茸	25.0	70.0	17.0	千克	ABE
2004900020	非用醋制作的冷冻酸竹笋	25.0	70.0	17.0	千克	ABE
2004900030	非用醋制作的冷冻芦荟	25.0	70.0	17.0	千克	ABFE
2004900040	非用醋制作的冷冻仙人掌植物	25.0	70.0	17.0	千克	ABFE
2004900090	非用醋制作的其他冷冻蔬菜(编号2006货品除外)	25.0	70.0	17.0	千克	AB
2005	**其他未冷冻蔬菜,用醋或醋酸以外的其他方法制作或保藏的,但品目2006的产品除外**					
2005100000	非用醋制作的未冷冻均化蔬菜	25.0	70.0	17.0	千克	AB
2005200000	非用醋制作的未冷冻马铃薯	15.0	70.0	17.0	千克	AB

商品编号	商品名称及备注	进口关税税率		增值税率	计量单位	监管条件
		最惠国	普通			
2005400000	非用醋制作的未冷冻豌豆	25.0	70.0	17.0	千克	AB
2005511000	非用醋制作的脱荚豇豆及菜豆罐头	25.0	80.0	17.0	千克	AB
2005519000	非用醋制作的其他脱荚豇豆及菜豆	25.0	70.0	17.0	千克	AB
2005591000	非用醋制作的其他豇豆及菜豆罐头	25.0	80.0	17.0	千克	AB
2005599000	非用醋制作的其他豇豆及菜豆	25.0	70.0	17.0	千克	AB
2005601000	非用醋制作的芦笋罐头	25.0	80.0	17.0	千克	AB
2005609000	非用醋制作的其他芦笋	25.0	70.0	17.0	千克	AB
2005700000	非用醋制作的未冷冻油橄榄	10.0	70.0	17.0	千克	AB
2005800000	非用醋制作的未冷冻甜玉米	10.0	80.0	17.0	千克	AB
2005901000	清水马蹄罐头	25.0	80.0	17.0	千克	AB
2005902000	蚕豆罐头	25.0	80.0	17.0	千克	AB
2005903110	水煮酸竹笋罐头(8公升及以上装)	25.0	80.0	17.0	千克	ABE
2005903190	其他水煮竹笋罐头(8公升及以上装)	25.0	80.0	17.0	千克	AB
2005903910	其他酸竹笋罐头	25.0	80.0	17.0	千克	ABE
2005903990	其他竹笋罐头	25.0	80.0	17.0	千克	AB
2005904000	榨菜	25.0	70.0	17.0	千克	AB
2005905000	咸蕨菜	25.0	70.0	17.0	千克	AB
2005906000	咸荞头	25.0	70.0	17.0	千克	AB
2005909100	其他蔬菜及什锦蔬菜罐头(非用醋制作)	25.0	70.0	17.0	千克	AB
2005909200	赤豆馅(非用醋制作)	25.0	70.0	17.0	千克	AB
2005909910	非用醋制作的仙人掌	25.0	70.0	17.0	千克	ABFE
2005909920	非用醋制作的芦荟	25.0	70.0	17.0	千克	ABFE
2005909990	非用醋制作的其他蔬菜及什锦蔬菜	25.0	70.0	17.0	千克	AB
2006	**糖渍蔬菜、水果、坚果、果皮及植物的其他部分(沥干、糖渍或裹糖的)**					
2006001000	蜜枣	30.0	90.0	17.0	千克	AB
2006002000	糖渍制橄榄	30.0	90.0	17.0	千克	AB
2006009010	糖渍制松茸	30.0	90.0	17.0	千克	ABE
2006009090	其他糖渍蔬菜、水果、坚果、果皮(包括糖渍植物的其他部分)	30.0	90.0	17.0	千克	AB
2007	**烹煮的果酱、果冻、柑桔酱、果泥及果膏,不论是否加糖或其他甜物质**					
2007100000	烹煮的果子均化食品(包括果酱、果冻、果泥、果膏)	30.0	80.0	17.0	千克	AB
2007910000	烹煮的柑桔属水果(包括果酱、果冻、果泥、果膏)	30.0	80.0	17.0	千克	AB
2007991000	其他烹煮的果酱、果冻罐头(包括果泥、果膏)	5.0	80.0	17.0	千克	AB
2007999000	其他烹煮的果酱、果冻(包括果泥、果膏)	5.0	80.0	17.0	千克	AB
2008	**用其他方法制作或保藏的其他品目未列名水果、坚果及植物的其他食用部分,不论是否加酒、加糖或其他甜物质**					
2008111000	花生米罐头	30.0	90.0	17.0	千克	AB

商品编号	商品名称及备注	进口关税税率		增值税率	计量单位	监管条件
		最惠国	普通			
2008112000	烘焙花生	30.0	80.0	17.0	千克	AB
2008113000	花生酱	30.0	90.0	17.0	千克	AB
2008119000	其他非用醋制作的花生(用醋或醋酸以外其他方法制作或保藏的)	30.0	80.0	17.0	千克	AB
2008191000	核桃仁罐头	20.0	90.0	17.0	千克	AB
2008192000	其他果仁罐头	13.0	90.0	17.0	千克	AB
2008199100	栗仁(用醋或醋酸以外其他方法制作或保藏的)	10.0	80.0	17.0	千克	AB
2008199200	芝麻(用醋或醋酸以外其他方法制作或保藏的)	10.0	80.0	17.0	千克	AB
2008199910	其他方法制作保藏的红松子仁(用醋或醋酸以外其他方法制作或保藏的)	10.0	80.0	17.0	千克	ABE
2008199990	未列名制作或保藏坚果及其他子仁(用醋或醋酸以外其他方法制作或保藏的)	10.0	80.0	17.0	千克	AB
2008201000	菠萝罐头	15.0	90.0	17.0	千克	AB
2008209000	非用醋制作的其他菠萝(用醋或醋酸以外其他方法制作或保藏的)	15.0	80.0	17.0	千克	AB
2008301000	柑桔属水果罐头	20.0	90.0	17.0	千克	AB
2008309000	非用醋制作的其他柑桔属水果(用醋或醋酸以外其他方法制作或保藏的)	20.0	80.0	17.0	千克	AB
2008401000	梨罐头	20.0	90.0	17.0	千克	AB
2008409000	非用醋制作的其他梨(用醋或醋酸以外其他方法制作或保藏的)	20.0	80.0	17.0	千克	AB
2008500000	非用醋制作的杏(用醋或醋酸以外其他方法制作或保藏的)	20.0	90.0	17.0	千克	AB
2008600000	非用醋制作的樱桃(用醋或醋酸以外其他方法制作或保藏的)	20.0	90.0	17.0	千克	AB
2008701000	桃罐头,包括油桃罐头	10.0	90.0	17.0	千克	AB
2008709000	非用醋制作的其他桃,包括油桃(用醋或醋酸以外其他方法制作或保藏的)	20.0	80.0	17.0	千克	AB
2008800000	非用醋制作的草莓(用醋或醋酸以外其他方法制作或保藏的)	15.0	90.0	17.0	千克	AB
2008910000	非用醋制作的棕榈芯(用醋或醋酸以外其他方法制作或保藏的)	5.0	80.0	17.0	千克	AB
2008920000	非用醋制作的什锦果实(用醋或醋酸以外其他方法制作或保藏的)	10.0	80.0	17.0	千克	AB
2008991000	荔枝罐头	20.0	90.0	17.0	千克	AB
2008992000	龙眼罐头	15.0	80.0	17.0	千克	AB
2008999010	盐渍的裙带菜	15.0	80.0	17.0	千克	AB
2008999090	未列名制作或保藏的水果、坚果(包括植物的其他食用部分)	15.0	80.0	17.0	千克	AB

商品编号	商 品 名 称 及 备 注	进口关税税率		增值税率	计量单位	监管条件
		最惠国	普通			
2009	**未发酵及未加酒精的水果汁(包括酿酒葡萄汁)、蔬菜汁,不论是否加糖或其他甜物质**					
2009110000	冷冻的橙汁(未发酵及未加酒精的,不论是否加糖或其他甜物质)	7.5	90.0	17.0	千克	AB
2009120000	非冷冻白利糖浓度不超过20的橙汁(未发酵及未加酒精的,不论是否加糖或其他甜物质)	30.0	90.0	17.0	千克	AB
2009190000	非冷冻白利糖浓度超过20的橙汁(未发酵及未加酒精的,不论是否加糖其他甜物质)	30.0	90.0	17.0	千克	AB
2009210000	白利糖浓度不超过20的柚汁(未发酵及未加酒精的,不论是否加糖其他甜物质)	15.0	90.0	17.0	千克	AB
2009290000	白利糖浓度超过20的柚汁(未发酵及未加酒精的,不论是否加糖或其他甜物质)	15.0	90.0	17.0	千克	AB
2009311000	白利糖浓度≤20的柠檬汁(未发酵及未加酒精的,不论是否加糖或其他甜物质)	18.0	90.0	17.0	千克	AB
2009319000	其他未混合的白利糖浓度≤20的柑桔属果汁(未发酵及未加酒精的;柠檬汁除外)	18.0	90.0	17.0	千克	AB
2009391000	白利糖浓度>20的柠檬汁(未发酵及未加酒精的,不论是否加糖或其他甜物质)	18.0	90.0	17.0	千克	AB
2009399000	其他未混合白利糖浓度>20的柑桔属果汁(未发酵及未加酒精的;柠檬汁除外)	18.0	90.0	17.0	千克	AB
2009410000	白利糖浓度不超过20的菠萝汁(未发酵及未加酒精的,不论是否加糖或其他甜物质)	10.0	90.0	17.0	千克	AB
2009490000	白利糖浓度超过20的菠萝汁(未发酵及未加酒精的,不论是否加糖或其他甜物质)	10.0	90.0	17.0	千克	AB
2009500000	番茄汁(未发酵及未加酒精的,不论是否加糖或其他甜物质)	30.0	80.0	17.0	千克	AB
2009610000	白利糖≤20葡萄汁包括酿酒葡萄汁(未发酵及未加酒精的,不论是否加糖或其他甜物质)	20.0	90.0	17.0	千克	AB
2009690000	白利糖>20葡萄汁包括酿酒葡萄汁(未发酵及未加酒精的,不论是否加糖或其他甜物质)	20.0	90.0	17.0	千克	AB
2009710000	白利糖浓度不超过20的苹果汁(未发酵及未加酒精的,不论是否加糖或其他甜物质)	20.0	90.0	17.0	千克	AB
2009790000	白利糖浓度超过20的苹果汁(未发酵及未加酒精的,不论是否加糖或其他甜物质)	20.0	90.0	17.0	千克	AB
2009801100	未混合的椰子汁(未发酵及未加酒精的,不论是否加糖或其他甜物质)	10.0	90.0	17.0	千克	AB
2009801200	未混合芒果汁(未发酵及未加酒精的,不论是否加糖或其他甜物质)	20.0	90.0	17.0	千克	AB
2009801300	未混合西番莲果汁(未发酵及未加酒精的,不论是否加糖或其他甜物质)	20.0	90.0	17.0	千克	AB

商品编号	商品名称及备注	进口关税税率		增值税率	计量单位	监管条件
		最惠国	普通			
2009801400	未混合番石榴果汁(未发酵及未加酒精的,不论是否加糖或其他甜物质)	20.0	90.0	17.0	千克	AB
2009801900	其他未混合的水果汁(未发酵及未加酒精的,不论是否加糖或其他甜物质)	20.0	90.0	17.0	千克	AB
2009802000	其他未混合的蔬菜汁(未发酵及未加酒精的,不论是否加糖或其他甜物质)	20.0	80.0	17.0	千克	AB
2009901000	混合水果汁(未发酵及未加酒精的,不论是否加糖或其他甜物质)	20.0	90.0	17.0	千克	AB
2009909000	混合蔬菜汁、水果与蔬菜的混合汁(未发酵及未加酒精的,不论是否加糖或其他甜物质)	20.0	80.0	17.0	千克	AB

第二十一章　杂项食品

注释:

一、本章不包括:

(一)品目 07.12 的什锦蔬菜;

(二)含咖啡的焙炒咖啡代用品(品目 09.01);

(三)加香料的茶(品目 09.02);

(四)品目 09.04 至 09.10 的调味香料或其他产品;

(五)按重量计含香肠、肉、食用杂碎、动物血、鱼、甲壳动物、软体动物、其他水生无脊椎动物及其混合物超过 20% 的食品(第十六章),但品目 21.03 或 21.04 的产品除外;

(六)品目 30.03 或 30.04 的药用酵母及其他产品;

(七)品目 35.07 的酶制品。

二、上述注释一(二)所述咖啡代用品的精汁归入品目 21.01。

三、品目 21.04 所称"均化混合食品",是指两种或两种以上的基本配料,例如,肉、鱼、蔬菜或果实等,经精细均化制成供婴幼儿食用或营养用的零售包装食品(每件净重不超过 250 克)。为了调味、保藏或其他目的,可以加入少量其他配料,还可以含有少量可见的小块配料。

商品编号	商品名称及备注	进口关税税率		增值税率	计量单位	监管条件
		最惠国	普通			
2101	**咖啡、茶、马黛茶的浓缩精汁及以其为基本成分或以咖啡、茶、马黛茶为基本成分的制品;烘焙菊苣和其他烘焙咖啡代用品及其浓缩精汁**					
2101110000	咖啡浓缩精汁	17.0	130.0	17.0	千克	AB
2101120000	以咖啡为基本成分的制品(包括以咖啡浓缩精汁为基本成分的制品)	30.0	130.0	17.0	千克	AB
2101200000	茶、马黛茶浓缩精汁及其制品	32.0	130.0	17.0	千克	AB
2101300000	烘焙咖啡代用品及其浓缩精汁	32.0	130.0	17.0	千克	AB
2102	**酵母(活性或非活性);已死的其他单细胞微生物(不包括品目 3002 的疫苗);发酵粉**					
2102100000	活性酵母	25.0	80.0	17.0	千克	AB
2102200000	非活性酵母,已死单细胞微生物(编号 3002 疫苗除外)	25.0	70.0	13.0	千克	AB
2102300000	发酵粉	25.0	70.0	17.0	千克	AB
2103	**调味汁及其制品;混合调味品;芥子粉及其调制品**					
2103100000	酱油	28.0	90.0	17.0	千克	AB
2103200000	番茄沙司及其他番茄调味汁	15.0	90.0	17.0	千克	AB
2103300000	芥子粉及其调味品	15.0	70.0	17.0	千克	AB
2103901000	味精	21.0	130.0	17.0	千克	AB
2103902000	别特酒(Aromatic bitters,仅做烹饪用,不适于饮用)	21.0	90.0	17.0	千克	AB
2103909000	其他调味品	21.0	90.0	17.0	千克	AB

商品编号	商 品 名 称 及 备 注	进口关税税率		增值税率	计量单位	监管条件
		最惠国	普通			
2104	**汤料及其制品;均化混合食品**					
2104100000	汤料及其制品	15.0	90.0	17.0	千克	AB
2104200000	均化混合食品	32.0	90.0	17.0	千克	AB
2105	**冰淇淋及其他冰制食品,不论是否含可可**					
2105000000	冰淇淋及其他冰制食品(不论是否含可可)	19.0	90.0	17.0	千克	AB
2106	**其他品目未列名的食品**					
2106100000	浓缩蛋白质及人造蛋白物质	10.0	90.0	17.0	千克	AB
2106901000	制造碳酸饮料的浓缩物	35.0	100.0	17.0	千克	AB
2106902000	制造饮料用的复合酒精制品	20.0	180.0	17.0	千克	AB
2106903010	含濒危植物成分的蜂王浆制剂	3.0	80.0	17.0	千克	ABFE
2106903090	其他蜂王浆制剂	3.0	80.0	17.0	千克	AB
2106909100	调味紫菜	20.0	90.0	17.0	千克	AB
2106909910	含濒危动植物成分的其他编号未列名食品	20.0	90.0	17.0	千克	ABEF
2106909990	其他编号未列名的食品	20.0	90.0	17.0	千克	AB

第二十二章　饮料、酒及醋

注释：

一、本章不包括：

(一)本章的产品(品目22.09的货品除外)经配制后，用于烹饪而不适于作为饮料的制品(通常归入品目21.03)；

(二)海水(品目25.01)；

(三)蒸馏水、导电水及类似的纯净水(品目28.51)；

(四)按重量计浓度超过10%的醋酸(品目29.15)；

(五)品目30.03或30.04的药品；

(六)芳香料制品及盥洗品(第三十三章)。

二、本章及第二十章和第二十一章所称“按容量计酒精浓度”，应是浓度在20℃时测得的浓度。

三、品目22.02所称“无酒精饮料”，是指按容量计酒精浓度不超过0.5%的饮料。含酒精饮料应分别归入品目22.03至22.06或品目22.08。

子目注释：

子目号2204.10所称“汽酒”，是指温度在20℃时装在密封容器中超过大气压力3帕及以上的酒。

商品编号	商品名称及备注	进口关税税率		增值税率	计量单位	监管条件
		最惠国	普通			
2201	**未加糖或其他甜物质及未加味的水，包括天然或人造矿泉水及汽水；冰及雪**					
2201101000	未加糖及未加味的矿泉水(包括天然或人造矿泉水)	20.0	90.0	17.0	升/千克	AB
2201102000	未加糖及未加味的汽水	20.0	90.0	17.0	升/千克	AB
2201901000	天然水(未加味、加糖或其他甜物质)	10.0	30.0	17.0	千升/吨	AB
2201909000	其他水、冰及雪(未加味、加糖或其他甜物质)	10.0	30.0	17.0	千升/吨	AB
2202	**加味、加糖或其他甜物质的水，包括矿泉水及汽水，其他无酒精饮料，但不包括品目2009的水果汁或蔬菜汁**					
2202100010	含濒危植物成分加味，加糖或其他甜物质水(包括矿泉水及汽水)	20.0	100.0	17.0	升/千克	ABEF
2202100090	其他加味，加糖或其他甜物质的水(包括矿泉水及汽水)	20.0	100.0	17.0	升/千克	AB
2202900011	含濒危植物成分散装无酒精饮料(不包括编号2009的水果汁或蔬菜汁)	35.0	100.0	17.0	升/千克	ABEF
2202900019	其他散装无酒精饮料(不包括编号2009的水果汁或蔬菜汁)	35.0	100.0	17.0	升/千克	AB
2202900091	含濒危植物成分其他包装无酒精饮料(不包括编号2009的水果汁或蔬菜汁)	35.0	100.0	17.0	升/千克	ABEF
2202900099	其他包装无酒精饮料(不包括编号2009的水果汁或蔬菜汁)	35.0	100.0	17.0	升/千克	AB
2203	**麦芽酿造的啤酒**					
2203000000	麦芽酿造的啤酒	见附表11	见附表11	17.0	升/千克	AB

商品编号	商品名称及备注	进口关税税率		增值税率	计量单位	监管条件
		最惠国	普通			
2204	**鲜葡萄酿造的酒,包括加酒精的;品目 2009 以外的酿酒葡萄汁**					
2204100000	葡萄汽酒	14.0	180.0	17.0	升/千克	AB
2204210000	小包装的鲜葡萄酿造的酒(小包装指装入 2 升及以下容器的)	14.0	180.0	17.0	升/千克	AB
2204290010	其他包装鲜葡萄酿造的葡萄酒原酒(其他包装指装入 2 升以上容器的)	20.0	180.0	17.0	升/千克	AB
2204290090	其他包装的鲜葡萄酿造的葡萄酒(其他包装指装入 2 升以上容器的)	20.0	180.0	17.0	升/千克	AB
2204300000	其他酿酒葡萄汁(编号 2009 以外的)	30.0	90.0	17.0	升/千克	A
2205	**味美思酒及其他加植物或香料的用鲜葡萄酿造的酒**					
2205100000	小包装的味美思酒及类似酒(2 升及以下容器包装,加植物或香料的用鲜葡萄酿造的酒)	65.0	180.0	17.0	升/千克	7AB
2205900000	其他包装的味美思酒及类似酒(2 升以上容器包装,加植物或香料的用鲜葡萄酿造的酒)	65.0	180.0	17.0	升/千克	7AB
2206	**其他发酵饮料(例如,苹果酒、梨酒、蜂蜜酒);其他品目未列名的发酵饮料的混合物及发酵饮料与无酒精饮料的混合物**					
2206000010	黄酒	49.1	180.0	17.0	升/千克	AB
2206000090	其他发酵饮料(未列名发酵饮料混合物及发酵饮料与无酒精饮料混合物)	49.1	180.0	17.0	升/千克	AB
2207	**未改性乙醇,按容量计酒精浓度在 80%及以上;任何浓度的改性乙醇及其他酒精**					
2207100000	浓度在 80%及以上的未改性乙醇(指酒精浓度)	40.0	100.0	17.0	升/千克	7ABG
2207200010	任何浓度的改性乙醇	30.0	80.0	17.0	升/千克	ABG
2207200090	任何浓度的其他酒精	30.0	80.0	17.0	升/千克	ABG
2208	**未改性乙醇,按容量计酒精浓度在 80%以下;蒸馏酒、利口酒及其他酒精饮料**					
2208200000	蒸馏葡萄酒制得的烈性酒	10.0	180.0	17.0	升/千克	7AB
2208300000	威士忌酒	10.0	180.0	17.0	升/千克	7AB
2208400000	朗姆酒及其他甘蔗蒸馏酒	10.0	180.0	17.0	升/千克	7AB
2208500000	杜松子酒	10.0	180.0	17.0	升/千克	7AB
2208600000	伏特加酒	10.0	180.0	17.0	升/千克	AB
2208700000	利口酒及柯迪尔酒	10.0	180.0	17.0	升/千克	7AB
2208901000	龙舌兰酒	10.0	180.0	17.0	升/千克	7ABFE
2208909010	酒精浓度在 80%以下的未改性乙醇	10.0	180.0	17.0	升/千克	AB7
2208909020	薯类蒸馏酒	10.0	180.0	17.0	升/千克	7AB
2208909090	其他蒸馏酒及酒精饮料	10.0	180.0	17.0	升/千克	7AB
2209	**醋及用醋酸制得的醋代用品**					
2209000000	醋及醋酸制得的醋代用品	20.0	70.0	17.0	升/千克	AB

第二十三章　食品工业的残渣及废料;配制的动物饲料

注释:

品目23.09包括其他品目未列名的配制动物饲料,这些饲料是由动、植物原料加工而成的,并且已改变了原料的基本特性,但加工过程中的植物废料、植物残渣及副产品除外。

子目注释:

子目2306.41所称"低芥子酸油菜子",是指第十二章子目注释一所定义的油菜子。

商品编号	商品名称及备注	进口关税税率		增值税率	计量单位	监管条件
		最惠国	普通			
2301	**不适于供人食用的肉、杂碎、鱼、甲壳动物、软体动物或其他水生无脊椎动物的渣粉及团粒;油渣**					
2301101100	含牛羊成分的肉骨粉(不适于供人食用的)	2.0	11.0	13.0	千克	AB
2301101900	其他肉骨粉(不适于供人食用的)	2.0	11.0	13.0	千克	AB
2301102000	油渣(不适于供人食用的)	5.0	50.0	13.0	千克	AB
2301109000	其他不适于供人食用的肉渣粉(包括杂碎渣粉)	5.0	30.0	13.0	千克	AB
2301201000	饲料用鱼粉	2.0	11.0	13.0	千克	AB
2301209000	其他不适于供人食用的水产品渣粉	5.0	30.0	13.0	千克	AB
2302	**谷物或豆类植物在筛、碾或其他加工过程中所产生的糠、麸及其他残渣,不论是否制成团粒**					
2302100000	玉米糠、麸及其他残渣	5.0	30.0	13.0	千克	AB
2302200000	稻米糠、麸及其他残渣	5.0	30.0	13.0	千克	AB
2302300000	小麦糠、麸及其他残渣	3.0	30.0	13.0	千克	AB
2302400000	其他谷物糠、麸及其他残渣	5.0	30.0	13.0	千克	AB
2302500000	豆类植物糠、麸及其他残渣	5.0	30.0	13.0	千克	AB
2303	**制造淀粉过程中的残渣及类似的残渣,甜菜渣、甘蔗渣及制糖过程中的其他残渣,酿造及蒸馏过程中的糟粕及残渣,不论是否制成团粒**					
2303100000	制造淀粉过程中的残渣及类似品	5.0	30.0	13.0	千克	AB
2303200000	甜菜渣、甘蔗渣及类似残渣	5.0	30.0	13.0	千克	AB
2303300000	酿造及蒸馏过程中的糟粕及残渣	5.0	30.0	13.0	千克	AB
2304	**提炼豆油所得的油渣饼及其他固体残渣,不论是否碾磨或制成团粒**					
2304001000	提炼豆油所得的油渣饼(豆饼)	5.0	30.0	13.0	千克	AB
2304009000	提炼豆油所得的其他固体残渣(不论是否研磨或制成团)	5.0	30.0	13.0	千克	AB
2305	**提炼花生油所得的油渣饼及其他固体残渣,不论是否碾磨或制成团粒**					
2305000000	花生饼及类似油渣	5.0	30.0	13.0	千克	AB

商品编号	商品名称及备注	进口关税税率		增值税率	计量单位	监管条件
		最惠国	普通			
2306	**品目2304或2305以外的提炼植物油脂所得的油渣饼及其他固体残渣,不论是否碾磨或制成团粒**					
2306100000	棉子油渣饼及固体残渣(编号2304或2305以外提炼植物油脂所得的)	5.0	30.0	13.0	千克	AB
2306200000	亚麻子油渣饼及固体残渣(编号2304或2305以外提炼植物油脂所得的)	5.0	30.0	13.0	千克	AB
2306300000	葵花子油渣饼及固体残渣(编号2304或2305以外提炼植物油脂所得的)	5.0	30.0	13.0	千克	AB
2306410000	低芥子酸油菜子油渣饼及固体残渣(编号2304或2306以外提炼植物油脂所得的)	5.0	30.0	13.0	千克	AB
2306490000	其他油菜子油渣饼及固体残渣(编号2304或2305以外提炼植物油脂所得的)	5.0	30.0	13.0	千克	AB
2306500000	椰子或干椰肉油渣饼及固体残渣(编号2304或2305以外提炼植物油脂所得的)	5.0	30.0	13.0	千克	AB
2306600000	油棕果或油棕仁油渣饼及固体残渣(编号2304或2305以外提炼植物油脂所得的)	5.0	30.0	13.0	千克	AB
2306700000	玉米胚芽油渣饼及固体残渣(编号2304或2305以外提炼植物油脂所得的)	5.0	30.0	13.0	千克	AB
2306900000	其他油渣饼及固体残渣(编号2304或2305以外提炼植物油脂所得的)	5.0	30.0	13.0	千克	AB
2307	**葡萄酒渣;粗酒石**					
2307000000	葡萄酒渣、粗酒石	5.0	30.0	13.0	千克	
2308	**动物饲料用的其他品目未列名的植物原料、废料、残渣及副产品,不论是否制成团粒**					
2308000000	其他饲料用植物产品(包括废料、残渣及副产品)	5.0	35.0	13.0	千克	AB
2309	**配制的动物饲料**					
2309101000	狗食或猫食罐头	15.0	90.0	13.0	千克	AB
2309109000	其他零售包装的狗食或猫食	15.0	90.0	13.0	千克	AB
2309901000	制成的饲料添加剂	5.0	14.0	17.0	千克	AB
2309909000 *	其他配制的动物饲料	6.5	14.0	13.0	千克	AB

第二十四章　烟草、烟草及烟草代用品的制品

注释：

本章不包括药用卷烟(第三十章)。

商品编号	商 品 名 称 及 备 注	进口关税税率		增值税率	计量单位	监管条件
		最惠国	普通			
2401	**烟草;烟草废料**					
2401101000	未去梗的烤烟	10.0	70.0	17.0	千克	7AB
2401109000	其他未去梗的烟草	10.0	70.0	17.0	千克	7AB
2401201000	部分或全部去梗的烤烟	10.0	70.0	17.0	千克	7AB
2401209000	部分或全部去梗的其他烟草	10.0	70.0	17.0	千克	7AB
2401300000	烟草废料	10.0	70.0	17.0	千克	AB7
2402	**烟草或烟草代用品制成的雪茄烟及卷烟**					
2402100000	烟草制的雪茄烟	25.0	180.0	17.0	千支/千克	7B
2402200000	烟草制的卷烟	25.0	180.0	17.0	千支/千克	7AB
2402900010	烟草代用品制的卷烟	25.0	180.0	17.0	千支/千克	7
2402900090	烟草代用品制的雪茄烟	25.0	180.0	17.0	千支/千克	7
2403	**其他烟草及烟草代用品的制品;“均化”或“再造”烟草;烟草精汁**					
2403100000	供吸用的烟丝(不论是否含有任何比例的烟草代用品)	57.0	180.0	17.0	千克	7AB
2403910010 *	再造烟草	57.0	180.0	17.0	千克	AB7
2403910090	均化烟草	57.0	180.0	17.0	千克	AB7
2403990010	烟草精汁	57.0	180.0	17.0	千克	7AB
2403990090	其他烟草及烟草代用品的制品	57.0	180.0	17.0	千克	AB

第五类　矿　产　品

第二十五章　盐;硫磺;泥土及石料;石膏料、石灰及水泥

注释:

一、除条文及注释四另有规定的以外,本章各品目只包括原产状态的矿产品,或只经过洗涤(包括用化学物质清除杂质而未改变产品结构的)、破碎、磨碎、研粉、淘洗、筛分以及用浮选、磁选和其他机械物理方法(不包括结晶法)精选取过的货品,但不得经过焙烧、煅烧、混合或超过税目所列的加工范围。本章产品可含有添加的抗尘剂,但所加剂料并不使原产品改变其一般用途而适用于某些特殊用途。

二、本章不包括:

(一)升华硫磺、沉淀硫磺及胶态硫磺(品目28.02);

(二)土色料,按重量计三氧化二铁含量在70%及以上(品目28.21);

(三)第三十章的药品及其他产品;

(四)芳香料制品及化妆盥洗品(第三十三章);

(五)长方砌石、路缘石、扁平石(品目68.01)、镶嵌石或类似石料(品目68.02)及铺屋顶、饰墙面或防潮用的板岩(品目68.03);

(六)宝石或半宝石(品目71.02或71.03);

(七)每颗重量不低于2.5克的氯化钠或氧化镁培养晶体(光学元件除外)(品目38.23);氯化钠或氧化镁制的光学元件(品目90.01);

(八)台球用粉块(品目95.04);

(九)书写或绘画用粉笔及裁缝划粉(品目96.09)。

三、既可归入品目25.17又可归入本章其他品目的产品,应归入品目25.17。

四、品目25.30主要包括:未膨胀的蛭石、珍珠岩及绿泥石;不论是否煅烧或混合的土色料;天然云母氧化铁;海泡石(不论是否磨光成块);琥珀;模制后未经进一步加工的片、条、杆或类似形状的粘聚海泡石及粘聚琥珀;黑玉;菱锶矿(不论是否煅烧),但不包括氧化锶;陶器、砖或混凝土的碎块。

商品编号	商品名称及备注	进口关税税率		增值税率	计量单位	监管条件
		最惠国	普通			
2501	**盐(包括精制盐及变性盐)及纯氯化钠,不论是否为水溶液,也不论是否添加抗结块剂或松散剂;海水**					
2501001100	食用盐			17.0	千克	AB
2501001900	其他盐			17.0	千克	AB
2501002000	纯氯化钠	3.0	35.0	17.0	千克	B
2501003000	海水			17.0	千克	
2502	**未焙烧的黄铁矿**					
2502000000	未焙烧的黄铁矿	3.0	20.0	13.0	千克	
2503	**各种硫磺,但升华硫磺、沉淀硫磺及胶态硫磺除外**					
2503000000 *	各种硫磺(升华硫磺,沉淀硫磺及胶态硫磺除外)	3.0	17.0	13.0	千克	

商品编号	商 品 名 称 及 备 注	进口关税税率		增值税率	计量单位	监管条件
		最惠国	普通			
2504	**天然石墨**					
2504101000	磷片状天然石墨	3.0	30.0	13.0	千克	B
2504109000	其他粉末或粉片状天然石墨	3.0	30.0	13.0	千克	B
2504900000	其他天然石墨	3.0	30.0	13.0	千克	B
2505	**各种天然砂,不论是否着色,但第26章的含金属矿砂除外**					
2505100000	硅砂及石英砂(不论是否着色)	3.0	40.0	13.0	千克	B
2505900000	其他天然砂(不论是否着色,二十六章的金属矿砂除外)	3.0	40.0	13.0	千克	
2506	**石英(天然砂除外);石英岩,不论是否粗加修整或仅用锯或其他方法切割成矩形(包括正方形)的板、块**					
2506100000	石英	3.0	40.0	13.0	千克	B
2506210000	原状或粗加修整石英岩	3.0	40.0	13.0	千克	
2506290000	其他形状的石英岩	3.0	40.0	13.0	千克	
2507	**高岭土及类似土,不论是否煅烧**					
2507001000	不论是否煅烧的高岭土	3.0	50.0	13.0	千克	
2507009000	不论是否煅烧的其他高岭土类似土	3.0	50.0	13.0	千克	
2508	**其他粘土(不包括品目6806的膨胀粘土)、红柱石、蓝晶石及硅线石,不论是否煅烧;富铝红柱石;火泥及第纳斯土**					
2508100000	膨润土	3.0	50.0	13.0	千克	
2508200000	脱色土及漂白土	3.0	50.0	13.0	千克	
2508300000	耐火粘土(包括矾土、焦宝石及其他耐火粘土)	3.0	20.0	13.0	千克	yB4x
2508400000	其他粘土	3.0	50.0	13.0	千克	
2508500000	红柱石,蓝晶石及硅线石	3.0	40.0	13.0	千克	
2508600000	富铝红柱石	3.0	40.0	13.0	千克	
2508700010	火泥	3.0	20.0	13.0	千克	
2508700090	第纳斯土	3.0	20.0	13.0	千克	
2509	**白垩**					
2509000000	白垩	3.0	45.0	13.0	千克	
2510	**天然磷酸钙、天然磷酸铝钙及磷酸盐白垩**					
2510101000 *	未碾磨磷灰石	3.0	11.0	13.0	千克	AB
2510109000	其他未碾磨天然磷酸钙(包括天然磷酸铝钙及磷酸盐白垩)	3.0	20.0	13.0	千克	A
2510201000 *	已碾磨磷灰石	3.0	11.0	13.0	千克	AB
2510209000	其他已碾磨天然磷酸钙(包括天然磷酸铝钙及磷酸盐白垩)	3.0	20.0	13.0	千克	A

商品编号	商品名称及备注	进口关税税率		增值税率	计量单位	监管条件
		最惠国	普通			
2511	**天然硫酸钡(重晶石);天然碳酸钡(毒重石),不论是否煅烧,但品目2816的氧化钡除外**					
2511100000	天然硫酸钡(重晶石)	3.0	45.0	13.0	千克	B
2511200000	天然碳酸钡(毒重石)(不论是否煅烧,但品目2816的氧化钡除外)	3.0	45.0	13.0	千克	
2512	**硅质化石粗粉(例如各钟硅藻土)及类似的硅质土,不论是否煅烧,其表观比重不超过1**					
2512001000	硅藻土(不论是否煅烧,表观比重不超过1)	3.0	40.0	17.0	千克	
2512009000	其他硅质化石粗粉及类似的硅质土(不论是否煅烧,表观比重不超过1)	3.0	40.0	17.0	千克	
2513	**浮石;刚玉岩;天然刚玉砂;天然石榴石及其他天然磨料,不论是否热处理**					
2513110000	原状或不规则碎块状浮石	3.0	35.0	17.0	千克	
2513190000	其他形状的浮石	3.0	35.0	17.0	千克	
2513200000	刚玉岩、天然刚玉砂等天然磨料(包括天然石榴石及其他天然磨料)	3.0	17.0	17.0	千克	B
2514	**板岩,不论是否粗加修整或仅用锯或其他方法切割成矩形(包括正方形)的板、块**					
2514000000	板岩(不论是否粗加修整或仅用锯或其他方法切割成矩形板或块)	3.0	50.0	17.0	千克	
2515	**大理石、石灰华及其他石灰质碑用或建筑用石,表观比重为2.5及以上,蜡石,不论是否粗加修整或仅用锯或其他方法切割成矩形(包括正方形)的板、块**					
2515110010 *	原状或粗加修整大理石	4.0	80.0	17.0	千克	A
2515110090	原状或粗加修整石灰华	4.0	80.0	17.0	千克	A
2515120000	矩形大理石及石灰华(用锯或其他方法切割成矩形)	4.0	80.0	17.0	千克	A
2515200000	其他石灰质碑用或建筑用石,蜡石	3.0	50.0	17.0	千克	A
2516	**花岗岩、斑岩、玄武岩、砂岩以及其他碑用或建筑用石,不论是否粗加修整或仅用锯或其他方法切割成矩形(包括正方形)的板、块**					
2516110000 *	原状或粗加修整花岗岩	4.0	50.0	17.0	千克	A
2516120000	矩形花岗岩(用锯或其他方法切割成矩形)	4.0	50.0	17.0	千克	A
2516210000 *	原状或粗加修整砂岩	3.0	50.0	17.0	千克	A
2516220000	矩形砂岩(用锯或其他方法切割成矩形)	3.0	50.0	17.0	千克	A
2516900000	其他碑用或建筑用石	3.0	50.0	17.0	千克	A
2517	**通常作混凝土粒料、铺路、铁道路基或其他路基用的卵石、砾石及碎石,圆石子及燧石,不论是否热处理;矿渣、浮渣及类似的工业残渣不论是否混有本品目第一部分所列的材料;沥青碎石,品目2515、2516所列各种石料的碎粒、碎屑及粉末,不论是否热处理**					

商品编号	商品名称及备注	进口关税税率		增值税率	计量单位	监管条件
		最惠国	普通			
2517100000	卵石,砾石及碎石,圆石子及燧石(通常作混凝土粒料、铺路或其他路基用,不论是否热处理)	4.0	50.0	17.0	千克	
2517200000	矿渣,浮渣及类似的工业残渣(不论是否混有25171000所列的材料)	3.0	50.0	17.0	千克	9
2517300000	沥青碎石	3.0	50.0	17.0	千克	9
2517410000	大理石碎粒、碎屑及粉末(不论是否热处理)	3.0	50.0	17.0	千克	
2517490000	编号2515及2616所列其他石碎粒等(不论是否热处理)	3.0	50.0	17.0	千克	
2518	**白云石,不论是否煅烧或烧结、粗加修整或仅用锯或其他方法切割成矩形(包括正方形)的板、块;夯混白云石**					
2518100000	未煅烧白云石(不论是否粗加修整或仅用锯或其他方法切割成矩形板、块)	3.0	40.0	17.0	千克	
2518200000	已煅烧白云石(不论是否粗加修整或仅用锯或其他方法切割成矩形板、块)	3.0	40.0	17.0	千克	
2518300000	夯混白云石(包括沥青白云石)	3.0	40.0	17.0	千克	
2519	**天然碳酸镁(菱镁矿);熔凝镁氧矿;烧结镁氧矿,不论烧结前是否加入少量其他氧化物;其他氧化镁,不论是否纯净**					
2519100000	天然碳酸镁(菱镁矿)	3.0	40.0	17.0	千克	y4x
2519901000	熔凝镁氧矿(电熔镁,包括喷补料)	3.0	40.0	17.0	千克	y4x
2519902000	烧结镁氧矿(重烧镁)(包括喷补料)	3.0	40.0	17.0	千克	y4x
2519903000	碱烧镁(轻烧镁)	3.0	40.0	17.0	千克	y4x
2519909100	化学纯氧化镁	3.0	35.0	17.0	千克	B
2519909910	其他氧化镁含量在70%以上的矿产品	3.0	40.0	17.0	千克	4xy
2519909990	其他氧化镁	3.0	40.0	17.0	千克	
2520	**生石膏;硬石膏;熟石膏(由煅烧的生石膏或硫酸钙构成),不论是否着色,也不论是否带有少量促凝剂或缓凝剂**					
2520100000	生石膏,硬石膏	5.0	80.0	17.0	千克	
2520201000	牙科用熟石膏(不论是否着色或带有少量促凝剂或缓凝剂)	5.0	40.0	17.0	千克	
2520209000	其他熟石膏(不论是否着色或带有少量促凝剂或缓凝剂)	5.0	80.0	17.0	千克	
2521	**石灰石助熔剂;通常用于制造石灰或水泥的石灰石及其他钙质石**					
2521000000	石灰石助熔剂,石灰石及其他钙石	5.0	50.0	17.0	千克	
2522	**生石灰、熟石灰及水硬石灰,但品目2825的氧化钙及氢氧化钙除外**					
2522100000	生石灰	5.0	80.0	17.0	千克	
2522200000	熟石灰	5.0	80.0	17.0	千克	
2522300000	水硬石灰	5.0	80.0	17.0	千克	

商品编号	商品名称及备注	进口关税税率		增值税率	计量单位	监管条件
		最惠国	普通			
2523	**硅酸盐水泥、矾土水泥、矿渣水泥、富硫酸盐水泥及类似的水凝水泥，不论是否着色，包括水泥熟料**					
2523100000	水泥熟料	8.0	30.0	17.0	千克	A
2523210000	白水泥，不论是否人工着色	6.0	30.0	17.0	千克	B
2523290000	其他硅酸盐水泥	8.0	30.0	17.0	千克	AB
2523300000	矾土水泥	6.0	30.0	17.0	千克	B
2523900000	其他水凝水泥	8.0	30.0	17.0	千克	AB
2524	**石棉**					
2524001010	长纤维青石棉(蓝石棉)及阳起石石棉(包括长纤维铁石棉、透闪石石棉及直闪石石棉)	5.0	30.0	13.0	千克	89
2524001090	其他长纤维石棉	5.0	30.0	13.0	千克	7
2524009010	其他青石棉(蓝石棉)及阳起石石棉(包括其他铁石棉、透闪石石棉、直闪石石棉)	5.0	35.0	13.0	千克	89
2524009090	其他石棉	5.0	35.0	13.0	千克	7
2525	**云母，包括云母片；云母废料**					
2525100000	原状云母及劈开的云母片	5.0	30.0	13.0	千克	
2525200000	云母粉	5.0	30.0	13.0	千克	
2525300000	云母废料	5.0	30.0	13.0	千克	
2526	**天然冻石，不论是否粗加修整或仅用锯或其他方法切割成矩形(包括正方形)的板、块；滑石**					
2526101000	未破碎及未研粉的天然冻石(不论是否粗加修整或仅用锯或其他方法切割成矩形板块)	3.0	50.0	13.0	千克	
2526102000	未破碎及未研粉的滑石(不论是否粗加修整或仅用锯或其他方法切割成矩形板块)	3.0	50.0	13.0	千克	y4xB
2526201000	已破碎或已研粉的天然冻石	3.0	50.0	17.0	千克	
2526202000	已破碎或已研粉的滑石	3.0	50.0	17.0	千克	y4xB
2528	**天然硼酸盐及其精矿(不论是否煅烧)，但不包括从天然盐水析离的硼酸盐；天然粗硼酸，含硼酸干重不超过85%**					
2528100000*	天然硼砂及其精矿(不论是否煅烧，不含从天然盐水析离的硼酸盐)	3.0	30.0	13.0	千克	
2528900010*	天然粗硼酸，含硼酸干重不超过85%	5.0	30.0	13.0	千克	
2528900090	其他天然硼酸盐及精矿(不论是否煅烧，不含从天然盐水析离的硼酸盐)	5.0	30.0	13.0	千克	
2529	**长石；白榴石；霞石及霞石正长岩；萤石(氟石)**					
2529100000	长石	3.0	50.0	13.0	千克	
2529210000	按重量计氟化钙含量≤97%的萤石	3.0	50.0	13.0	千克	y4xB
2529220000	按重量计氟化钙含量>97%的萤石	3.0	50.0	13.0	千克	y4xB

商品编号	商品名称及备注	进口关税税率		增值税率	计量单位	监管条件
		最惠国	普通			
2529300000	白榴石，霞石及霞石正长岩	5.0	50.0	13.0	千克	
2530	**其他品目未列名的矿产品**					
2530101000	未膨胀的绿泥石	5.0	30.0	13.0	千克	
2530102000	未膨胀的蛭石及珍珠岩	5.0	30.0	13.0	千克	
2530200000	硫镁矾矿及泻盐矿(天然硫酸镁)	3.0	30.0	13.0	千克	
2530901000	矿物性药材	3.0	30.0	13.0	千克	
2530902000	稀土金属矿			13.0	千克	4xy
2530909100	硅灰石	3.0	50.0	13.0	千克	
2530909910	废镁砖	3.0	50.0	13.0	千克	y4x
2530909920	叶腊石	3.0	50.0	13.0	千克	
2530909930*	天青石	3.0	50.0	13.0	千克	
2530909990	其他矿产品	3.0	50.0	13.0	千克	

第二十六章　矿砂、矿渣及矿灰

注释：

一、本章不包括：

(一)供铺路用的矿渣及类似的工业废渣(品目25.17)；

(二)天然碳酸镁(菱镁矿)，不论是否煅烧(品目25.19)；

(三)主要含有石油的石油储罐的淤渣(品目27.10)；

(四)第三十一章的碱性熔渣；

(五)矿物棉(品目68.06)；

(六)贵金属或包贵金属的废碎料；主要用于回收贵金属的含贵金属或贵金属化合物的其他废碎料(品目71.12)；

(七)通过熔炼所产生的铜锍、镍锍或钴锍(第十五类)。

二、品目26.01至26.17所称"矿砂"，是指冶金工业中提炼汞、品目28.44的金属以及第十四类、第十五类金属的矿物，即使这些矿物不用于冶金工业，也包括在内。但品目26.01至26.17不包括不是以冶金工业正常加工方法处理的各种矿物。

三、品目26.20仅适用于：

(一)在工业上提炼金属或作为生产金属化合物基本原料的矿灰或残渣，但焚化城市垃圾所产生的灰、渣除外(品目26.21)；

(二)含有砷的矿灰、残渣，不论其是否含有金属，用于提取或生产砷、金属及其化合物。

子目注释：

一、子目2620.21所称"含铅汽油的淤渣及含铅抗震化合物的淤渣"，是指含铅汽油及含铅抗震化合物(例如，四乙基铅)储罐的淤渣，主要含有铅、铅化合物以及铁的氧化物；

二、含有砷、汞、铊及其混合物的矿灰及残渣，用于提取或生产砷、汞、铊及其化合物，归入子目2620.60。

商品编号	商品名称及备注	进口关税税率		增值税率	计量单位	监管条件
		最惠国	普通			
2601	**铁矿砂及其精矿，包括焙烧黄铁矿**					
2601111000	未烧结铁矿砂及其精矿(平均粒度小于0.8mm的，焙烧黄铁矿除外)			13.0	千克	7A
2601112000	未烧结铁矿砂及其精矿(平均粒度不小于0.8mm，但不大于6.3mm的，焙烧黄铁矿除外)			13.0	千克	7A
2601119000	其他未烧结铁矿砂及其精矿(焙烧黄铁矿除外)			13.0	千克	7A
2601120000	已烧结铁矿砂及其精矿(焙烧黄铁矿除外)			13.0	千克	7A
2601200000	焙烧黄铁矿			13.0	千克	7A
2602	**锰矿砂及其精矿，包括以干重计含锰量在20%及以上的锰铁矿及其精矿**					
2602000000	锰矿砂及其精矿(包括以干重计含锰量在20%及以上的锰铁矿及其精矿)			13.0	千克	AB
2603	**铜矿砂及其精矿**					
2603000010	铜矿砂及其精矿(黄金价值部分)				千克	7A
2603000090	铜矿砂及其精矿(非黄金价值部分)			13.0	千克	7A

商品编号	商品名称及备注	进口关税税率		增值税率	计量单位	监管条件
		最惠国	普通			
2604	**镍矿砂及其精矿**					
2604000000	镍矿砂及其精矿			13.0	千克	
2605	**钴矿砂及其精矿**					
2605000000	钴矿砂及其精矿			13.0	千克	
2606	**铝矿砂及其精矿**					
2606000000	铝矿砂及其精矿			13.0	千克	yB4x
2607	**铅矿砂及其精矿**					
2607000000	铅矿砂及其精矿			13.0	千克	A
2608	**锌矿砂及其精矿**					
2608000010 *	灰色饲料氧化锌(氧化锌 ZnO 含量大于 80%)			13.0	千克	A4xy
2608000090	其他锌矿砂及其精矿			13.0	千克	A4xy
2609	**锡矿砂及其精矿**					
2609000000 *	锡矿砂及其精矿			13.0	千克	B4xy
2610	**铬矿砂及其精矿**					
2610000000	铬矿砂及其精矿			13.0	千克	A
2611	**钨矿砂及其精矿**					
2611000000	钨矿砂及其精矿			13.0	千克	4xBy
2612	**铀或钍矿砂及其精矿**					
2612100000	铀矿砂及其精矿			13.0	千克	
2612200000	钍矿砂及其精矿			13.0	千克	4xy
2613	**钼矿砂及其精矿**					
2613100000	已焙烧钼矿砂及其精矿			13.0	千克	B
2613900000	其他钼矿砂及其精矿			13.0	千克	B
2614	**钛矿砂及其精矿**					
2614000000	钛矿砂及其精矿			13.0	千克	
2615	**铌、钽、钒或锆矿砂及其精矿**					
2615100000	锆矿砂及其精矿			13.0	千克	
2615901000	水合钽铌原料(钽铌矿富集物)			13.0	千克	
2615909010	铌,钽精矿及其矿砂			13.0	千克	
2615909090	钒矿砂;钒精矿			13.0	千克	
2616	**贵金属矿砂及其精矿**					
2616100000	银矿砂及其精矿			13.0	千克	

商品编号	商品名称及备注	进口关税税率		增值税率	计量单位	监管条件
		最惠国	普通			
2616900010	黄金矿砂				千克	
2616900090	其他贵金属矿砂及其精矿			13.0	千克	
2617	**其他矿砂及其精矿**					
2617101000	生锑(锑精矿,选矿产品)			17.0	千克	4xy
2617109000	其他锑矿砂及其精矿			13.0	千克	4xBy
2617901000	朱砂、辰砂	3.0	14.0	13.0	千克	X
2617909000	其他矿砂及其精矿			13.0	千克	
2618	**冶炼钢铁所产生的粒状熔渣(熔渣砂)**					
2618001000	主要含锰的冶炼钢铁产生的粒状熔渣(包括熔渣砂)	4.0	35.0	17.0	千克	A
2618009000	其他的冶炼钢铁产生的粒状熔渣(包括熔渣砂)	4.0	35.0	17.0	千克	A
2619	**冶炼钢铁所产生的熔渣、浮渣(粒状熔渣除外)、氧化皮及其他废料**					
2619000000	熔渣,浮渣,氧化皮及其他废料[冶炼钢铁所产生的,(粒状熔渣除外)]	4.0	35.0	17.0	千克	AP
2620	**含有砷、金属及其化合物的矿灰及残渣(冶炼钢铁所产生的灰、渣除外)**					
2620110000	含硬锌的矿灰及残渣(冶炼钢铁所产生的除外)	4.0	35.0	17.0	千克	
2620190000	含其他锌的矿灰及残渣(冶炼钢铁所产生的除外)	4.0	35.0	17.0	千克	
2620210000	含铅汽油淤渣(包括含铅抗震化合物的淤渣)	4.0	35.0	17.0	千克	9
2620290000	其他主要含铅的矿灰及残渣(冶炼钢铁所产生的除外)	4.0	35.0	17.0	千克	9
2620300000	主要含铜的矿灰及残渣(冶炼钢铁所产生的除外)	4.0	35.0	17.0	千克	9
2620400000	主要含铝的矿灰及残渣(冶炼钢铁所产生的除外)	4.0	35.0	17.0	千克	
2620600000	含砷、汞、铊及混合物矿灰与残渣(用于提取或生产砷、汞、铊及其化合物)	4.0	35.0	17.0	千克	9
2620910000	含锑、铍、镉、铬及混合物矿灰残渣(用于提取或生产锑、铍、镉、铬及其化合物)	4.0	35.0	17.0	千克	9
2620991000	其他主要含钨的矿灰及残渣	4.0	35.0	17.0	千克	y4x9
2620999010	含五氧化二钒>10%的矿灰及残渣(冶炼钢铁所产生的除外)	4.0	35.0	17.0	千克	P
2620999090	含其他金属及化合物的矿灰及残渣(冶炼钢铁所产生的除外)	4.0	35.0	17.0	千克	9
2621	**其他矿渣及矿灰,包括海藻灰(海草灰);焚化城市垃圾所产生的灰、渣**					
2621100000	焚化城市垃圾所产生的灰、渣	4.0	35.0	17.0	千克	9
2621900000	其他矿渣及矿灰[包括海藻灰(海草灰)]	4.0	35.0	17.0	千克	

第二十七章 矿物燃料、矿物油及其蒸馏产品;沥青物质;矿物蜡

注释:

一、本章不包括:

(一)单独的已有化学定义的有机化合物,但纯甲烷及纯丙烷应归入品目27.11;

(二)品目30.03及30.04的药品;

(三)品目33.01、33.02及38.05的不饱和烃混合物。

二、品目27.10所称"石油及从沥青矿物提取的油类",不仅包括石油、从沥青矿物提取的油及类似油,还包括那些用任何方法提取的主要含有不饱和烃混合物的油,但其非芳族成分的重量必须超过芳族成分。然而,它不包括温度在300℃时,压力转为1013毫巴后减压蒸馏出的液体合成聚烯烃以体积计小于60%的货品(第三十九章)。

三、品目27.10所称"废油",是指主要含石油及从沥青矿物提取的油类(参见本章注释二)的废油,不论其是否与水混合。它们包括:

(一)不再适于作为原产品使用的废油(例如,用过的润滑油、液压油、变压器油);

(二)石油储罐的淤渣油,主要含石油及高浓度的在生产原产品时使用的添加剂(例如,化学品);

(三)水乳浊液状或与水混合的废油,例如,浮油、清洗油罐所得的油或机械加工中已用过的切削油。

子目注释:

一、子目号2701.11所称"无烟煤",是指含挥发物(以干燥、无矿物质计)不超过14%的煤。

二、子目号2701.12所称"烟煤",是指含挥发物(以干燥、无矿物质计)超过14%,并且热值(以潮湿、无矿物质计)等于或大于5833大卡/千克的煤。

三、子目号2707.10、2707.20、2707.30、2707.40、2707.60所称"粗苯"、"粗甲苯""粗二甲苯"、"萘"、"酚",是分别指按重量计苯、甲苯、二甲苯、萘、酚的含量在50%以上的产品。

四、子目2710.11所称"轻油及其制品",是指在210℃时按体积计馏出量在90%及以上(包括损失部分)的产品(美国材料试验学会D86方法)。

商品编号	商品名称及备注	进口关税税率		增值税率	计量单位	监管条件
		最惠国	普通			
2701	**煤;煤砖、煤球及用煤制成的类似固体燃料**					
2701110010	无烟煤(不论是否粉化,但未制成型)	3.0	20.0	13.0	千克	47ABxy
2701110090	无烟煤滤料	3.0	20.0	13.0	千克	7AB
2701121000 *	炼焦烟煤(不论是否粉化,但未制成型)	3.0	20.0	13.0	千克	47ABxy
2701129000 *	其他烟煤(不论是否粉化,但未制成型)	6.0	20.0	13.0	千克	47ABxy
2701190000	其他煤(不论是否粉化,但未制成型)	5.0	20.0	13.0	千克	47ABxy
2701200000	煤砖、煤球及类似用煤制固体燃料	5.0	50.0	17.0	千克	
2702	**褐煤,不论是否制成型,但不包括黑玉**					
2702100000	褐煤(不论是否粉化,但未制成型)	3.0	20.0	13.0	千克	4xy
2702200000	制成型的褐煤	3.0	20.0	17.0	千克	
2703	**泥煤(包括肥料用泥煤),不论是否制成型**					

商品编号	商品名称及备注	进口关税税率		增值税率	计量单位	监管条件
		最惠国	普通			
2703000000	泥煤(包括肥料用泥煤)(不论是否制成型)	5.0	20.0	13.0	千克	AB
2704	**煤、褐煤或泥煤制成的焦炭及半焦炭,不论是否制成型;甑炭**					
2704001000	焦炭或半焦炭(煤,褐煤或泥煤制成的,不论是否成型,不包括增炭剂。)	5.0	11.0	17.0	千克	4xBy
2704009000	甑炭	5.0	11.0	17.0	千克	
2705	**煤气、水煤气、炉煤气及类似气体,但石油气及其他烃类气除外**					
2705000000	煤气、水煤气、炉煤气及类似气体(石油气及其他烃类气除外)	5.0	20.0	13.0	千克	
2706	**从煤、褐煤或泥煤蒸馏所得的焦油及其他矿物焦油,不论是否脱水或部分蒸留,包括再造焦油**					
2706000000	矿物焦油(不论是否脱水或部分蒸馏,包括再造焦油)	6.0	30.0	17.0	千克	
2707	**蒸馏高温煤焦油所得的油类及其他产品;芳族成分重量超过非芳族成分的类似产品**					
2707100000	粗苯	6.0	20.0	17.0	千克	
2707200000	粗甲苯	6.0	30.0	17.0	千克	
2707300000*	粗二甲苯	6.0	20.0	17.0	千克	
2707400000	萘	7.0	30.0	17.0	千克	
2707500000*	其他芳烃混合物(250℃时蒸馏出芳烃含量以体积计在65%及以上)	7.0	30.0	17.0	千克	B
2707600010*	混合甲酚	7.0	30.0	17.0	千克	
2707600090	其他酚	7.0	30.0	17.0	千克	
2707910000	杂酚油	7.0	30.0	17.0	千克	
2707990000	蒸馏煤焦油所得的其他产品(包括芳族成分重量超过非芳族成分的其他类似产品)	7.0	30.0	17.0	千克	
2708	**从煤焦油或其他矿物焦油所得的沥青及沥青焦**					
2708100000	沥青	7.0	35.0	17.0	千克	
2708200010*	针状沥青焦	6.0	11.0	17.0	千克	
2708200090	其他沥青焦	6.0	11.0	17.0	千克	
2709	**石油原油及从沥青矿物提取的原油**					
2709000000	石油原油(包括从沥青矿物提取的原油)	见附表11	见附表11	17.0	千克	4x7AByv
2710	**石油及从沥青矿物提取的油类,但原油除外;以上述油为基本成分(按重量计不低于70%)的其他品目未列名制品;废油**					
2710111000	车用汽油及航空汽油	5.0	14.0	17.0	千克	47ABvy
2710112000	石脑油	6.0	20.0	17.0	千克	47ABvy
2710113000	橡胶溶剂油、油漆溶剂油等(包括抽提溶剂油)	6.0	30.0	17.0	千克	

商品编号	商品名称及备注	进口关税税率		增值税率	计量单位	监管条件
		最惠国	普通			
2710119100 *	壬烯(碳九异构体混合物含量高于95%)	9.0	20.0	17.0	千克	A4y
2710119910 *	异戊烯同分异构体混合物	9.0	20.0	17.0	千克	4Ay
2710119990	其他轻油及制品(包括按重量计含油≥70%的制品)	9.0	20.0	17.0	千克	4Ay
2710191100 *	航空煤油	9.0	14.0	17.0	千克	47ABvy
2710191200	灯用煤油	9.0	14.0	17.0	千克	47ABvy
2710191910 *	正构烷烃(C9－C13)	6.0	20.0	17.0	千克	4y
2710191990	其他煤油馏分的油及制品	6.0	20.0	17.0	千克	4
2710192100	轻柴油	6.0	11.0	17.0	千克	47ABvy
2710192200	5－7号燃料油	6.0	20.0	17.0	千克	7ABv
2710192910 *	蜡油(350℃以下馏出物体积<20%,550℃以下馏出物体积>80%)	6.0	20.0	17.0	千克	7ABv
2710192920	重柴油	6.0	20.0	17.0	千克	47ABvy
2710192990	其他柴油及燃料油	6.0	20.0	17.0	千克	7ABv
2710199100	润滑油	6.0	17.0	17.0	千克	B4Ay
2710199200	润滑脂	6.0	17.0	17.0	千克	B4Ay
2710199300	润滑油基础油	6.0	17.0	17.0	千克	4y
2710199400	液体石蜡和重质液体石蜡	6.0	20.0	17.0	千克	AB
2710199900	其他重油;其他重油制品(包括按重量计含油≥70%的制品)	6.0	20.0	17.0	千克	B
2710910000	含多氯联苯,多溴联苯的废油(包括含多氯三联苯的废油)	6.0	20.0	17.0	千克	9
2710990000	其他废油	6.0	20.0	17.0	千克	9
2711	**石油气及其他烃类气**					
2711110000	液化天然气		20.0	13.0	千克	4y
2711120000	液化丙烷	5.0	20.0	13.0	千克	
2711131000	直接灌注香烟打火机等用液化丁烷(包装容器容积超过300立方厘米)	11.0	80.0	17.0	千克	
2711139000	其他液化丁烷	5.0	20.0	13.0	千克	
2711140000	液化的乙烯、丙烯、丁烯及丁二烯	5.0	20.0	17.0	千克	
2711191000	其他直接灌注打火机等用液化燃料(包装容器容积超过300立方厘米)	10.0	80.0	17.0	千克	
2711199000	其他液化石油气及烃类气	3.0	20.0	13.0	千克	
2711210000	气态天然气		20.0	13.0	千克	
2711290000	其他气态石油气及烃类气	6.0	20.0	13.0	千克	
2712	**凡士林;石蜡、微晶石蜡、疏松石蜡、地蜡、褐煤蜡、泥煤蜡、其他矿物蜡及用合成或其他方法制得的类似产品,不论是否着色**					
2712100000	凡士林	8.0	45.0	17.0	千克	
2712200000	石蜡,不论是否着色(按重量计含油量小于0.75%)	8.0	45.0	17.0	千克	4x
2712901000	微晶石蜡	8.0	45.0	17.0	千克	4x

商品编号	商 品 名 称 及 备 注	进口关税税率		增值税率	计量单位	监管条件
		最惠国	普通			
2712909000	其他矿物蜡,不论是否着色(包括疏松石蜡、地蜡、褐煤蜡、泥煤蜡等)	8.0	45.0	17.0	千克	
2713	**石油焦、石油沥青及其他石油或从沥青矿物提取的油类的残渣**					
2713111000	硫的重量百分比小于3%的未煅烧石油焦	3.0	11.0	17.0	千克	B
2713119000	其他未煅烧石油焦	3.0	11.0	17.0	千克	B
2713121010*	已煅烧针状石油焦(硫的重量百分比小于0.8%)	3.0	11.0	17.0	千克	B
2713121090	其他已煅烧石油焦(硫的重量百分比小于0.8%)	3.0	11.0	17.0	千克	B
2713129000	其他已煅烧石油焦	3.0	11.0	17.0	千克	B
2713200000	石油沥青	8.0	35.0	17.0	千克	
2713900000	其他石油等矿物油类的残渣	6.0	35.0	17.0	千克	
2714	**天然沥青(地沥青)、沥青页岩、油页岩及焦油砂;沥青岩**					
2714100000	沥青页岩、油页岩及焦油砂	6.0	20.0	17.0	千克	
2714901000	天然沥青(地沥青)	8.0	35.0	17.0	千克	
2714902000	乳化沥青		20.0	17.0	千克	
2714909000	沥青岩	3.0	20.0	17.0	千克	
2715	**以天然沥青(地沥青)、石油沥青、矿物焦油或矿焦油沥青为基本成分的沥青混合物(例如,沥青胶粘剂、稀释沥青)**					
2715000000	天然沥青等为基本成分沥青混合物(包括石油沥青、矿物焦油、矿物焦油沥青等的沥青混合物)	8.0	35.0	17.0	千克	
2716	**电力**					
2716000000	电力		8.0	17.0	千瓦时	

第六类　化学工业及其相关工业的产品

注释：

一、(一)凡符合品目28.44、28.45规定的货品(放射性矿砂除外)，应分别归入这两个品目而不归入本目录的其他品目；

(二)除上述(一)款另有规定的以外，凡符合品目28.43、28.46规定的货品，应分别归入这两个品目而不归入本类的其他品目。

二、除上述注释一另有规定的以外，凡由于按一定剂量或作为零售包装而可归入税号30.04、30.05、30.06、32.12、33.03、33.04、33.05、33.06、33.07、35.06、37.07及38.08的货品，应分别归入以上品目，而不归入本目录的其他品目。

三、由两种或两种以上单独成分配套的货品，其部分或全部成分属于本类范围以内，混合后则构成第六类或第七类的货品，应按混合后产品归入相应的品目，但其组成成分必须同时符合下列条件：

(一)其包装形式足以表明这些成分不需经过改装就可一起使用的；

(二)一起进口或出口的；

(三)这些成分的属性及相互比例足以表明是相互配用的。

第二十八章　无机化学品；贵金属、稀土金属、放射性元素及其同位素的有机及无机化合物

注释：

一、除条文另有规定的以外，本章各品目只适用于：

(一)单位的化学元素及单独的已有化学定义的化合物，不论是否含有杂质；

(二)上述(一)款产品的水溶液；

(三)溶于其他溶剂的上述(一)款产品，但该产品处于溶液状态只是为了安全或运输所采取的正常必要方法，其所用溶剂并不使该产品改变其一般用途而适合于某些特殊用途；

(四)为了保存或运输需要，加入稳定剂(包括抗结块剂)的上述(一)、(二)、(三)款产品；

(五)为了便于识别或安全起见，加入抗尘剂或着色剂的上述(一)、(二)、(三)、(四)款产品，但所加剂料并不使原产品改变其一般用途而适合于某些特殊用途。

二、除以有机物质稳定的连二亚硫酸盐及次硫酸盐(品目28.31)，无机碱的碳酸盐及过碳酸盐(品目28.36)，无机碱的氰化物、投氧氰化物及氰络合物(品目28.37)，无机碱的雷酸盐、氰酸盐及硫氰酸盐(品目28.38)，品目28.43至28.46的有机产品，以及碳化物(品目28.49)之外，本章仅包括下列碳化合物：

(一)碳的氧化物，氰化氢及雷酸、异氰酸、硫氰酸及其他简单或络合氰酸(品目28.11)；

(二)碳的卤氧化物(品目28.12)；

(三)二硫化碳(品目28.13)；

(四)硫代碳酸盐、硒代碳酸盐、硒代氰酸盐、碲代氰酸盐、四氰硫基二氨基络酸盐及其他无机碱络合氰酸盐(品目28.42)；

(五)用尿素固化的过氧化氢(品目28.47)、氧硫化碳、硫代羰基卤化物、氰、卤化氰、氨基氰及其金属衍生物(品目28.51)，不论是否纯净，但氰氨化钙除外(第三十一章)。

三、除第六类注释一另有规定的以外，本章不包括：

(一)氯化钠或氧化镁(不论是否纯净)及第五类的其他产品；

(二)上述注释二所述以外的有机—无机化合物；

(三)第三十一章注释二、三、四、五所述的产品；

(四)品目32.06的用作发光剂的无机产品；品目32.07的搪瓷玻璃料及其他玻璃，呈粉、粒或粉片状的；

(五)人造石墨(品目38.01);品目38.13的灭火器的装配药及已装药的灭火弹;品目38.24的零售包装的除墨剂;品目38.24的每颗重量不少于2.5克的碱金属或碱土金属卤化物的培养晶体(光学元件除外);

(六)宝石或半宝石(天然、合成或再造)及这些宝石、半宝石的粉末(品目71.02至71.05),第七十一章的贵金属及贵金属合金;

(七)第十五类的金属(不论是否纯净)、金属合金或金属陶瓷,包括硬质合金(与金属烧结的金属碳化物);

(八)光学元件,例如用碱金属或碱土金属卤化物制成的(品目90.01)。

四、由本章第二分章的非金属酸和第四分章的金属酸所构成的已有化学定义的络酸,应归入品目28.11。

五、品目28.26至28.42只适用于金属盐、铵盐及过氧酸盐。除条文另有规定的以外,复盐及络盐应归入品目28.42。

六、品目28.44只适用于:

(一)锝(原子序43)、钷(原子序61)、钋(原子序84)及原子序数大于84的所有化学元素;

(二)天然或人造放射性同位素(包括第十四类及第十五类的贵金属和贱金属的放射性同位素),不论是否混合;

(三)上述元素或同位素的无机或有机化合物,不论是否已有化学定义或是否混合;

(四)含有上述元素或同位素及其无机或有机化合物并且具有某种放射性强度超过74贝可/克(0.002微居里/克)的合金、分散体(包括金属陶瓷)、陶瓷产品及混物;

(五)核反应堆已耗尽(已辐照)的燃料元件(释热元件);

(六)放射性的残渣,不论是否有用。

品目28.44、28.45及本注释所称"同位素",是指:

1. 单独的核素,但不包括自然界中以单一同位素状态存在的核素;

2. 同一元素的同位素混合物,其中一种或几种同位素已被浓缩,即人工地改变了该元素同位素的自然构成。

七、品目28.48包括按重量计含磷量超过15%的磷化铜(磷铜)。

八、经掺杂用于电子工业的化学元素(例如,硅、硒)如果拉制后未经加工或呈圆筒形、棒形,应归入本章;如果已切成圆片、薄片或类似形状,则归入品目38.18。

商品编号	商品名称及备注	进口关税税率		增值税率	计量单位	监管条件
		最惠国	普通			
2801	**氟、氯、溴及碘**					
2801100000	氯	5.5	80.0	17.0	千克	
2801200000	碘	5.5	30.0	17.0	千克	G
2801301000	氟	5.5	30.0	17.0	千克	
2801302000	溴	5.5	30.0	17.0	千克	
2802	**升华硫磺、沉淀硫磺;胶态硫磺**					
2802000000 *	升华、沉淀、胶态硫磺	5.5	17.0	17.0	千克	
2803	**碳(碳黑及其他品目未列名的其他形态的碳)**					
2803000000	碳(包括碳黑及其他税号未列名的其他形态的碳)	5.5	35.0	17.0	千克	
2804	**氢、稀有气体及其他非金属**					
2804100000	氢	5.5	30.0	17.0	立方米/千克	
2804210000	氩	5.5	30.0	17.0	立方米/千克	
2804290000	其他稀有气体	5.5	30.0	17.0	立方米/千克	
2804300000	氮	5.5	30.0	17.0	立方米/千克	
2804400000	氧	5.5	80.0	17.0	立方米/千克	

商品编号	商 品 名 称 及 备 注	进口关税税率		增值税率	计量单位	监管条件
		最惠国	普通			
2804500010	颗粒<500μm的硼及其合金(含量≥97%,不论球形,椭球体,雾化,片状,研碎金属燃料)	5.5	17.0	17.0	千克	3
2804500020	能量密度>40MJ/kg的硼浆(硼溶于溶剂形成的硼浆)	5.5	17.0	17.0	千克	3
2804500090	碲及其他硼	5.5	17.0	17.0	千克	
2804611000	电子工业用直径≥7.5cm单晶硅棒(按重量计含硅量不少于99.99%)	4.0	11.0	17.0	千克	B
2804612000	电子工业用直径<7.5cm单晶硅棒(按重量计含硅量不少于99.99%)	4.0	17.0	17.0	千克	
2804619000 *	其他含硅量不少于99.99%的硅	4.0	30.0	17.0	千克	B
2804690000	其他含硅量少于99.99%的硅	4.0	30.0	17.0	千克	B
2804701000	黄磷(白磷)	5.5	30.0	17.0	千克	
2804709010 *	红磷	5.5	30.0	17.0	千克	G
2804709090 *	其他磷	5.5	30.0	17.0	千克	
2804800000	砷	5.5	30.0	17.0	千克	X
2804901000	经掺杂用于电子工业的硒晶体棒	4.0	17.0	17.0	千克	
2804909000	其他硒	5.5	30.0	17.0	千克	
2805	**碱金属、碱土金属;稀土金属、钪及钇,不论是否相互混合或相互熔合;汞**					
2805110000	钠	5.5	30.0	17.0	千克	
2805120010	高纯度钙(金属杂质(除镁外)含量<1‰,硼含量小于十万分之一)	5.5	30.0	17.0	千克	3
2805120090	其他钙	5.5	30.0	17.0	千克	
2805190000	其他碱金属及碱土金属	5.5	30.0	17.0	千克	
2805301100	钕	5.5	30.0	17.0	千克	4xy
2805301200	镝	5.5	30.0	17.0	千克	4xy
2805301911	金属镧(未相互混合或相互熔合)	5.5	30.0	17.0	千克	4xy
2805301912	金属镨(未相互混合或相互熔合)	5.5	30.0	17.0	千克	4xy
2805301913	金属钐(未相互混合或相互熔合)	5.5	30.0	17.0	千克	4xy
2805301914	金属铕(未相互混合或相互熔合)	5.5	30.0	17.0	千克	4xy
2805301915	金属钪(未相互混合或相互熔合)	5.5	30.0	17.0	千克	4xy
2805301916	金属钇(未相互混合或相互熔合)	5.5	30.0	17.0	千克	4xy
2805301921	颗粒<500μm的铈及其合金(含量≥97%,不论球形,椭球体,雾化,片状,研碎金属燃料;)	5.5	30.0	17.0	千克	3
2805301929	其他金属铈(未相互混合或相互熔合)	5.5	30.0	17.0	千克	4xy
2805301990	其他稀土金属(未相互混合或相互熔合)	5.5	30.0	17.0	千克	4xy
2805302100	电池级的稀土金属、钪及钇(已相互混合或相互熔合)	5.5	30.0	17.0	千克	4xy
2805302900	其他稀土金属、钪及钇(已相互混合或相互熔合)	5.5	30.0	17.0	千克	4xy
2805400000	汞	5.5	17.0	17.0	千克	X
2806	**氯化氢(盐酸);氯磺酸**					
2806100000	氯化氢(盐酸)	5.5	80.0	17.0	千克	32

商品编号	商品名称及备注	进口关税税率		增值税率	计量单位	监管条件
		最惠国	普通			
2806200000	氯磺酸	5.5	40.0	17.0	千克	
2807	**硫酸;发烟硫酸**					
2807000010	硫酸	5.5	35.0	17.0	千克	32
2807000090	发烟硫酸	5.5	35.0	17.0	千克	
2808	**硝酸;磺硝酸**					
2808000010	红发烟硝酸	5.5	40.0	17.0	千克	3
2808000090	磺硝酸及其他硝酸	5.5	40.0	17.0	千克	
2809	**五氧化二磷;磷酸;多磷酸,不论是否已有化学定义**					
2809100000	五氧化二磷	1.0	8.0	17.0	千克	
2809201000 *	磷酸及偏磷酸、焦磷酸	1.0	8.0	17.0	千克	B
2809209000	其他多磷酸	5.5	35.0	17.0	千克	
2810	**硼的氧化物;硼酸**					
2810001000	硼的氧化物	5.5	30.0	17.0	千克	
2810002000	硼酸	5.5	30.0	17.0	千克	
2811	**其他无机酸及非金属无机氧化物**					
2811110000	氢氟酸	5.5	35.0	17.0	千克	3
2811191000	氢氰酸(包括氰化氢)	5.5	35.0	17.0	千克	23
2811199010	氢碘酸	5.5	35.0	17.0	千克	G
2811199020	砷酸、焦砷酸、偏砷酸	5.5	35.0	17.0	千克	X
2811199090	其他无机酸	5.5	35.0	17.0	千克	
2811210000	二氧化碳	5.5	30.0	17.0	千克	
2811220000	二氧化硅	5.5	30.0	17.0	千克	
2811230000	二氧化硫	5.5	30.0	17.0	千克	
2811290010	三氧化二砷、五氧化二砷[亚砷(酸)酐,砒霜,白砒,氧化亚砷,砷(酸)酐,三氧化砷]	5.5	30.0	17.0	千克	X
2811290020	四氧化二氮	5.5	30.0	17.0	千克	3
2811290090	其他非金属无机氧化物	5.5	30.0	17.0	千克	
2812	**非金属卤化物及卤氧化物**					
2812101000 *	氯化亚砜(亚硫酰氯,氧氯化硫)	5.5	30.0	17.0	千克	23
2812102000	氧氯化磷(即磷酰氯,三氯氧磷)	5.5	30.0	17.0	千克	23
2812103000	碳酰二氯(光气)	5.5	30.0	17.0	千克	23
2812104100	一氯化硫(氯化硫)	5.5	30.0	17.0	千克	23
2812104200	二氯化硫	5.5	30.0	17.0	千克	23
2812104300	三氯化磷	5.5	30.0	17.0	千克	23
2812104400	三氯化砷	5.5	30.0	17.0	千克	23
2812104500	五氯化磷	5.5	30.0	17.0	千克	23

商品编号	商品名称及备注	进口关税税率		增值税率	计量单位	监管条件
		最惠国	普通			
2812104900	其他非金属氯化物	5.5	30.0	17.0	千克	
2812109000	其他非金属氯氧化物	5.5	30.0	17.0	千克	
2812900010	三氟化氯	5.5	30.0	17.0	千克	3
2812900020	三氟化砷,三溴化砷,三碘化砷(氟化亚砷,溴化亚砷,碘化亚砷)	5.5	30.0	17.0	千克	X
2812900030	硫酰氟	5.5	30.0	17.0	千克	S
2812900090	其他非金属卤化物及卤氧化物	5.5	30.0	17.0	千克	
2813	**非金属硫化物;商品三硫化二磷**					
2813100000	二硫化碳	5.5	30.0	17.0	千克	X
2813900010	五硫化二磷	5.5	30.0	17.0	千克	23
2813900090	其他非金属硫化物,三硫化二磷	5.5	30.0	17.0	千克	
2814	**氨及氨水**					
2814100000	氨	5.5	35.0	17.0	千克	
2814200000	氨水	5.5	35.0	17.0	千克	
2815	**氢氧化钠(烧碱);氢氧化钾(苛性钾);过氧化钠及过氧化钾**					
2815110000	固体氢氧化钠	10.0	35.0	17.0	千克	G
2815120000	氢氧化钠水溶液,液体烧碱	8.0	35.0	17.0	千克	G
2815200000	氢氧化钾(苛性钾)	5.5	30.0	17.0	千克	
2815300000	过氧化钠及过氧化钾	5.5	30.0	17.0	千克	
2816	**氢氧化镁及过氧化镁;锶或钡的氧化物、氢氧化物及过氧化物**					
2816100000	氢氧化镁及过氧化镁	5.5	30.0	17.0	千克	
2816400000	锶或钡的氧化物、氢氧化物(及其过氧化物)	5.5	30.0	17.0	千克	
2817	**氧化锌及过氧化锌**					
2817001000	氧化锌	5.5	40.0	17.0	千克	
2817009000	过氧化锌	5.5	30.0	17.0	千克	
2818	**人造刚玉,不论是否已有化学定义;氧化铝;氢氧化铝**					
2818100000	人造刚玉(不论是否已有化学定义)	5.5	20.0	17.0	千克	B
2818200000 *	氧化铝,但人造刚玉除外	8.0	30.0	17.0	千克	A7
2818300000	氢氧化铝	5.5	30.0	17.0	千克	
2819	**铬的氧化物及氢氧化物**					
2819100000	三氧化铬	5.5	20.0	17.0	千克	
2819900000	其他铬的氧化物及氢氧化物	5.5	30.0	17.0	千克	
2820	**锰的氧化物**					
2820100000	二氧化锰	5.5	40.0	17.0	千克	

商品编号	商 品 名 称 及 备 注	进口关税税率		增值税率	计量单位	监管条件
		最惠国	普通			
2820900000	其他锰的氧化物	5.5	30.0	17.0	千克	
2821	**铁的氧化物及氢氧化物;土色料,按重量计三氧化二铁含量在70%及以上**					
2821100000	铁的氧化物及氢氧化物	5.5	30.0	17.0	千克	
2821200000	土色料(三氧化二铁含量在70%及以上)	5.5	45.0	17.0	千克	
2822	**钴的氧化物及氢氧化物;商品氧化钴**					
2822001000	四氧化三钴	5.5	30.0	17.0	千克	
2822009000	其他(包括商品氧化钴)	5.5	30.0	17.0	千克	
2823	**钛的氧化物**					
2823000000	钛的氧化物	5.5	30.0	17.0	千克	B
2824	**铅的氧化物;铅丹及铅橙**					
2824100000	一氧化铅(铅黄,黄丹)	5.5	30.0	17.0	千克	X
2824200000	四氧化(三)铅(铅丹及铅橙,红丹)	5.5	45.0	17.0	千克	X
2824900000	其他铅的氧化物	5.5	30.0	17.0	千克	
2825	**肼(联氨)、胲(羟胺)及其无机盐;其他无机碱;其他金属氧化物、氢氧化物及过氧化物**					
2825101010	纯度70%以上的水合肼	5.5	30.0	17.0	千克	3
2825101090	纯度70%及以下的水合肼	5.5	30.0	17.0	千克	
2825109000	其他肼、胲及其无机盐	5.5	30.0	17.0	千克	
2825201000	氢氧化锂	5.5	30.0	17.0	千克	
2825209000	锂的氧化物	5.5	30.0	17.0	千克	
2825301000	五氧化二钒	5.5	30.0	17.0	千克	
2825309000	其他钒的氧化物及氢氧化物	5.5	30.0	17.0	千克	
2825400000	镍的氧化物及氢氧化物	5.5	30.0	17.0	千克	
2825500000	铜的氧化物及氢氧化物	5.5	30.0	17.0	千克	
2825600000	锗的氧化物及二氧化锆	5.5	30.0	17.0	千克	
2825700000	钼的氧化物及氢氧化物	5.5	30.0	17.0	千克	
2825800000	锑的氧化物	5.5	30.0	17.0	千克	4xBy
2825901100	钨酸	5.5	30.0	17.0	千克	4xBy
2825901200	三氧化钨	5.5	30.0	17.0	千克	4xBy
2825901910	蓝色氧化钨	5.5	30.0	17.0	千克	4xy
2825901990	其他钨的氧化物及氢氧化物	5.5	30.0	17.0	千克	
2825909010	氧化汞,氧化亚汞(一氧化汞,黄降汞,红降汞,黑降汞)	5.5	30.0	17.0	千克	X
2825909090	其他金属的氧化物及氢氧化物	5.5	30.0	17.0	千克	
2826	**氟化物;氟硅酸盐、氟铝酸盐及其他氟络盐**					
2826110010	氟化钠	5.5	30.0	17.0	千克	3
2826110020	氟化氢钠	5.5	30.0	17.0	千克	3
2826110030	氟化氢铵	5.5	30.0	17.0	千克	3

商品编号	商品名称及备注	进口关税税率		增值税率	计量单位	监管条件
		最惠国	普通			
2826110090	氟化铵	5.5	30.0	17.0	千克	
2826120000	氟化铝	5.5	30.0	17.0	千克	
2826190010	氟化钾	5.5	30.0	17.0	千克	3
2826190020	氟化氢钾	5.5	30.0	17.0	千克	3
2826190030	氟化汞,氟化铅,四氟化铅,氟化镉(二氟化汞,二氟化铅)	5.5	30.0	17.0	千克	X
2826190090	其他氟化物	5.5	30.0	17.0	千克	
2826200000	氟硅酸钠及氟硅酸钾	5.5	30.0	17.0	千克	
2826300000	六氟铝酸钠(人造冰晶石)	5.5	30.0	17.0	千克	
2826900010	氟钽酸钾	5.5	30.0	17.0	千克	
2826900020 *	六氟磷酸锂	5.5	30.0	17.0	千克	
2826900030	氟硼酸铅,氟硼酸镉	5.5	30.0	17.0	千克	X
2826900090	其他氟硅酸盐、氟铝酸盐(包括氟络盐)	5.5	30.0	17.0	千克	
2827	**氯化物、氯氧化物及氢氧基氯化物;溴化物及溴氧化物;碘化物及碘氧化物**					
2827101000	肥料用氯化铵	4.0	11.0	17.0	千克	G
2827109000	非肥料用氯化铵	5.5	30.0	17.0	千克	G
2827200000	氯化钙	5.5	50.0	17.0	千克	
2827310000	氯化镁	5.5	30.0	17.0	千克	
2827320000	氯化铝	5.5	30.0	17.0	千克	
2827330000	铁的氯化物	5.5	30.0	17.0	千克	
2827340000	氯化钴	5.5	30.0	17.0	千克	
2827350000	氯化镍	5.5	30.0	17.0	千克	
2827360000	氯化锌	5.5	50.0	17.0	千克	
2827391000	氯化锂	5.5	30.0	17.0	千克	
2827392000	氯化钡	5.5	30.0	17.0	千克	
2827399010	氯化汞(氧化高汞,二氯化汞)	5.5	30.0	17.0	千克	X
2827399090	其他氯化物	5.5	30.0	17.0	千克	
2827410000	铜的氯氧化物及氢氧基氯化物	5.5	30.0	17.0	千克	
2827490000	其他氯氧化物及氢氧基氯化物	5.5	30.0	17.0	千克	
2827510000	溴化钠及溴化钾	5.5	30.0	17.0	千克	
2827590010	溴化汞,溴化亚汞(溴化高汞,二溴化汞,一溴化汞)	5.5	30.0	17.0	千克	X
2827590090	其他溴化物及溴氧化物	5.5	30.0	17.0	千克	
2827600010	碘化汞,碘化亚汞(碘化高汞,二碘化汞,一碘化汞)	5.5	30.0	17.0	千克	X
2827600090	其他碘化物及碘氧化物	5.5	30.0	17.0	千克	
2828	**次氯酸盐;商品次氯酸钙;亚氯酸盐;次溴酸盐**					
2828100000	商品次氯酸钙及其他钙的次氯酸盐	12.0	80.0	17.0	千克	
2828900010	亚氯酸钠	5.5	30.0	17.0	千克	
2828900090	次溴酸盐、其他亚氯酸盐、次氯酸	5.5	30.0	17.0	千克	

商品编号	商品名称及备注	进口关税税率		增值税率	计量单位	监管条件
		最惠国	普通			
2829	**氯酸盐及高氯酸盐;溴酸盐及过溴酸盐;碘酸盐及高碘酸盐**					
2829110000	氯酸钠	12.0	30.0	17.0	千克	
2829191000	氯酸钾(洋硝)	5.5	20.0	17.0	千克	9
2829199000	其他氯酸盐	5.5	30.0	17.0	千克	
2829900010	颗粒 < 500μm 的球形高氯酸铵	5.5	30.0	17.0	千克	3
2829900090	其他高氯酸盐,溴酸盐等(包括过溴酸盐,碘酸盐及高碘酸盐)	5.5	30.0	17.0	千克	
2830	**硫化物;多硫化物,不论是否已有化学定义**					
2830101000	硫化钠	5.5	40.0	17.0	千克	3
2830109000	其他钠的硫化物	5.5	30.0	17.0	千克	
2830200000	硫化锌	5.5	30.0	17.0	千克	
2830300000	硫化镉	5.5	30.0	17.0	千克	
2830901000	硫化汞	5.5	45.0	17.0	千克	X
2830902000	硫化锑	5.5	45.0	17.0	千克	B
2830903000	硫化钴	5.5	30.0	17.0	千克	
2830909000	其他硫化物、多硫化物	5.5	30.0	17.0	千克	
2831	**连二亚硫酸盐及次硫酸盐**					
2831101000	钠的连二亚硫酸盐	5.5	30.0	17.0	千克	
2831102000	钠的次硫酸盐	5.5	30.0	17.0	千克	
2831900000	其他连二亚硫酸盐及次硫酸盐	5.5	30.0	17.0	千克	
2832	**亚硫酸盐;硫代硫酸盐**					
2832100000	钠的亚硫酸盐	5.5	30.0	17.0	千克	
2832200000	其他亚硫酸盐	5.5	30.0	17.0	千克	
2832300000	硫代硫酸盐	5.5	30.0	17.0	千克	
2833	**硫酸盐;矾;过硫酸盐**					
2833110000	硫酸二钠	5.5	40.0	17.0	千克	
2833190000	钠的其他硫酸盐	5.5	30.0	17.0	千克	
2833210000	硫酸镁	5.5	30.0	17.0	千克	
2833220000	硫酸铝	5.5	30.0	17.0	千克	
2833230000	铬的硫酸盐	5.5	30.0	17.0	千克	
2833240000	镍的硫酸盐	5.5	30.0	17.0	千克	
2833250000	铜的硫酸盐	5.5	30.0	17.0	千克	S
2833260000	硫酸锌	5.5	30.0	17.0	千克	
2833270000	硫酸钡	5.5	30.0	17.0	千克	G
2833291000	硫酸亚铁	5.5	45.0	17.0	千克	
2833299010	硫酸汞,硫酸亚汞(硫酸高汞)	5.5	30.0	17.0	千克	X
2833299090	其他硫酸盐	5.5	30.0	17.0	千克	

商品编号	商品名称及备注	进口关税税率		增值税率	计量单位	监管条件
		最惠国	普通			
2833301000	钾铝矾	5.5	45.0	17.0	千克	
2833309000	其他矾	5.5	30.0	17.0	千克	
2833400010	过硫酸钠	5.5	30.0	17.0	千克	
2833400090	其他过硫酸盐	5.5	30.0	17.0	千克	
2834	**亚硝酸盐;硝酸盐**					
2834100000	亚硝酸盐	5.5	30.0	17.0	千克	
2834211000	肥料用硝酸钾	4.0	11.0	17.0	千克	7
2834219000	非肥料用硝酸钾	5.5	30.0	17.0	千克	
2834291000	硝酸钴	5.5	30.0	17.0	千克	
2834299010	硝酸汞,硝酸亚汞(硝酸高汞)	5.5	30.0	17.0	千克	X
2834299090	其他硝酸盐	5.5	30.0	17.0	千克	
2835	**次磷酸盐、亚磷酸盐及磷酸盐;多磷酸盐,不论是否已有化学定义**					
2835100000	次磷酸盐及亚磷酸盐	5.5	20.0	17.0	千克	
2835220000	磷酸一钠及磷酸二钠	5.5	20.0	17.0	千克	
2835230000	磷酸三钠	5.5	20.0	17.0	千克	
2835240010	磷酸二氢钾	5.5	20.0	17.0	千克	
2835240090	其他钾的磷酸盐	5.5	20.0	17.0	千克	
2835250000	正磷酸氢钙(磷酸二钙)	5.5	20.0	17.0	千克	
2835260000	其他磷酸钙	5.5	20.0	17.0	千克	
2835290010	磷酸二氢铝	5.5	20.0	17.0	千克	A
2835290020	磷酸锌	5.5	20.0	17.0	千克	A
2835290090	其他磷酸盐	5.5	20.0	17.0	千克	A
2835310000	三磷酸钠(三聚磷酸钠)	5.5	20.0	17.0	千克	
2835390010	六偏磷酸钠	5.5	20.0	17.0	千克	
2835390020	焦磷酸钾	5.5	20.0	17.0	千克	
2835390030	焦磷酸钠	5.5	20.0	17.0	千克	
2835390090	其他多磷酸盐	5.5	20.0	17.0	千克	
2836	**碳酸盐;过碳酸盐;含氨基甲酸铵的商品碳酸铵**					
2836100000	商品碳酸铵及其他铵的碳酸盐	5.5	30.0	17.0	千克	
2836200000	碳酸钠(纯碱)	5.5	35.0	17.0	千克	ABG
2836300000	碳酸氢钠(小苏打)	5.5	45.0	17.0	千克	G
2836400000	钾的碳酸盐	5.5	30.0	17.0	千克	
2836500000	碳酸钙	5.5	45.0	17.0	千克	
2836600000	碳酸钡	5.5	40.0	17.0	千克	
2836700000	铅的碳酸盐	5.5	30.0	17.0	千克	
2836910000 *	锂的碳酸盐	5.5	30.0	17.0	千克	
2836920000	锶的碳酸盐	5.5	30.0	17.0	千克	
2836991000	碳酸镁	5.5	45.0	17.0	千克	

商品编号	商 品 名 称 及 备 注	进口关税税率		增值税率	计量单位	监管条件
		最惠国	普通			
2836993000 *	碳酸钴	5.5	30.0	17.0	千克	
2836999010	过碳酸钠	5.5	30.0	17.0	千克	
2836999090	其他碳酸盐及过碳酸盐	5.5	30.0	17.0	千克	
2837	**氰化物、氧氰化物及氰络合物**					
2837111000	氰化钠(山奈)	5.5	20.0	17.0	千克	X23
2837112000	氧氰化钠	5.5	30.0	17.0	千克	
2837191000	氰化钾	5.5	20.0	17.0	千克	X23
2837199011	氰化锌、氰化亚铜、氰化铜(氰化高铜)	5.5	30.0	17.0	千克	X
2837199012	氧氰化汞(钝化的)、氰化镍、氰化钙(氰氧化汞、氰化亚镍)	5.5	30.0	17.0	千克	X
2837199013	氰化钡、氰化镉、氰化汞、氰化铅(氰化高汞)	5.5	30.0	17.0	千克	X
2837199014	氰化钴[氰化钴(Ⅱ)、氰化钴(Ⅲ)]	5.5	30.0	17.0	千克	
2837199090	其他氰化物及氧氰化物	5.5	30.0	17.0	千克	
2837200011	氰化镍钾、氰化汞钾、氰化钠铜锌(氰化钾镍、镍氰化钾、汞氰化钾、氰化钾汞、铜盐)	5.5	30.0	17.0	千克	X
2837200012	氰化亚铜(三)钠、氰化亚铜(三)钾(紫铜盐、紫铜矾、氰化铜钠、氰化亚铜钾、亚铜氰化钾)	5.5	30.0	17.0	千克	X
2837200090	其他氰络合物	5.5	30.0	17.0	千克	
2838	**雷酸盐、氰酸盐及硫氰酸盐**					
2838000010	硫氰酸汞	5.5	30.0	17.0	千克	X
2838000090	其他雷酸盐,氰酸盐及硫氰酸盐	5.5	30.0	17.0	千克	
2839	**硅酸盐;商品碱金属硅酸盐**					
2839110000	偏硅酸钠	5.5	40.0	17.0	千克	
2839190000	其他钠盐	5.5	30.0	17.0	千克	
2839200000	钾的硅酸盐;商品硅酸钾	5.5	30.0	17.0	千克	
2839900010	硅酸铅	5.5	30.0	17.0	千克	X
2839900090	其他硅酸盐;商品碱金属硅酸盐	5.5	30.0	17.0	千克	
2840	**硼酸盐及过硼酸盐**					
2840110000 *	无水四硼酸钠	5.5	20.0	17.0	千克	
2840190000 *	其他四硼酸钠	5.5	20.0	17.0	千克	
2840200000	其他硼酸盐	5.5	30.0	17.0	千克	
2840300000	过硼酸盐	5.5	30.0	17.0	千克	
2841	**金属酸盐及过金属酸盐**					
2841100000	铝酸盐	5.5	30.0	17.0	千克	
2841200000	锌的铬酸盐及铅的铬酸盐	5.5	40.0	17.0	千克	
2841300000	重铬酸钠	5.5	20.0	17.0	千克	
2841500000	其他铬酸盐及重铬酸盐、过铬酸盐	5.5	30.0	17.0	千克	

商品编号	商品名称及备注	进口关税税率		增值税率	计量单位	监管条件
		最惠国	普通			
2841610000	高锰酸钾	5.5	30.0	17.0	千克	23
2841690000	亚锰酸盐、锰酸盐及其他高锰酸盐	5.5	30.0	17.0	千克	
2841701000	钼酸铵	5.5	30.0	17.0	千克	
2841709000	其他钼酸盐	5.5	30.0	17.0	千克	
2841801000	仲钨酸铵	5.5	30.0	17.0	千克	4xBy
2841802000	钨酸钠	5.5	30.0	17.0	千克	4xBy
2841803000	钨酸钙	5.5	30.0	17.0	千克	4xy
2841804000	偏钨酸铵	5.5	30.0	17.0	千克	4xy
2841809000	其他钨酸盐	5.5	30.0	17.0	千克	
2841900010 *	钴酸锂	5.5	30.0	17.0	千克	
2841900090	其他金属酸盐及过金属酸盐	5.5	30.0	17.0	千克	
2842	**其他无机酸盐及过氧酸盐(包括不论是否已有化学定义的硅铝酸盐),但叠氮化物除外**					
2842100000	硅酸复盐及硅酸络盐(包括不论是否已有化学定义的硅铝酸盐)	5.5	30.0	17.0	千克	
2842900011	砷酸汞、硫氰酸汞钾、硫氰酸汞铵(砷酸氢汞)	5.5	30.0	17.0	千克	X
2842900012	氯化铵汞、氯化钾汞、碘化钾汞(白降汞、氯化汞钾、碘化汞钾)	5.5	30.0	17.0	千克	X
2842900013	亚砷酸钠、亚砷酸钾、亚砷酸钙(偏亚砷酸钠)	5.5	30.0	17.0	千克	X
2842900014	亚砷酸锶、亚砷酸钡、亚砷酸铁	5.5	30.0	17.0	千克	X
2842900015	亚砷酸铜、亚砷酸锌、亚砷酸铅(亚砷酸氢铜)	5.5	30.0	17.0	千克	X
2842900016	亚砷酸锑、砷酸铵、砷酸氢二铵	5.5	30.0	17.0	千克	X
2842900017	砷酸钠、砷酸氢二钠、砷酸二氢钠(砷酸三钠)	5.5	30.0	17.0	千克	X
2842900018	砷酸钾、砷酸二氢钾、砷酸镁	5.5	30.0	17.0	千克	X
2842900019	砷酸钙、砷酸钡、砷酸铁(砷酸三钙)	5.5	30.0	17.0	千克	X
2842900021	砷酸亚铁、砷酸铜、砷酸锌	5.5	30.0	17.0	千克	X
2842900022	砷酸铅、砷酸锑、偏砷酸钠	5.5	30.0	17.0	千克	X
2842900023	硒化铅、硒化镉、碲化镉	5.5	30.0	17.0	千克	X
2842900090	其他无机酸盐及过氧酸盐(迭氮化物除外)	5.5	30.0	17.0	千克	
2843	**胶态贵金属;贵金属的无机或有机化合物,不论是否已有化学定义;贵金属汞齐**					
2843100000	胶态贵金属	5.5	30.0	17.0	克	
2843210000	硝酸银	5.5	30.0	17.0	克	
2843290010	氰化银、氰化银钾、亚砷酸银(银氰化钾、砷酸银)	5.5	30.0	17.0	克	X
2843290090	其他银化合物(不论是否已有化学定义)	5.5	30.0	17.0	克	
2843300010	氰化金、氰化金钾(含金40%)等[包括氰化亚金(I)钾(含金68.3%)、氰化亚金(III)钾(含金57%)]	5.5	30.0	17.0	克	X
2843300090	其他金化合物(不论是否已有化学定义)	5.5	30.0	17.0	克	J
2843900010	氯化钯	5.5	30.0	17.0	克	G
2843900020	氯化铂	5.5	30.0	17.0	克	

商品编号	商 品 名 称 及 备 注	进口关税税率		增值税率	计量单位	监管条件
		最惠国	普通			
2843900030	其他铂化合物	5.5	30.0	17.0	克	
2843900090	其他贵金属化合物,贵金属汞齐(不论是否已有化学定义)	5.5	30.0	17.0	克	
2844	**放射性化学元素及放射性同位素(包括可裂变或可转换的化学元素及同位素)及其化合物;含上述产品的混合物及残渣**					
2844100000	天然铀及其化合物(包括其合金,分散体,陶瓷产品及混合物)	5.5	30.0	17.0	克	3
2844200000	U235浓缩铀,钚及其化合物(包括其合金,分散体,陶瓷产品及混合物)	5.5	30.0	17.0	克	3
2844300000	U235贫化铀,钍及它们的化合物(包括其合金,分散体,陶瓷产品及混合物)	5.5	30.0	17.0	克	3
2844401010	镭-226及其化合物	4.0	14.0	17.0	克	3
2844401090	其他镭及镭盐	4.0	14.0	17.0	克	
2844402000	放射性钴及放射性钴盐(包括其合金,分散体,陶瓷产品等)	4.0	14.0	17.0	克	
2844409010	铀-233及其化合物(包括呈金属、合金、化合物或浓缩物形态的各种材料)	5.5	30.0	17.0	克	3
2844409090	其他放射性元素同位素及其化合物(除编号284410、20、30以外的放射性元素,同位素)	5.5	30.0	17.0	克	
2844500000	核反应堆已耗尽的燃料元件	5.5	30.0	17.0	克	
2845	**品目2844以外的同位素;这些同位素的无机或有机化合物,不论是否已有化学定义**					
2845100000	重水(氧化氘)	5.5	30.0	17.0	克	3
2845900010	除重水外的氘及氘化物	5.5	30.0	17.0	克	3
2845900020	硼-10同位素及其化合物、混合物(硼-10同位素占硼总量>20%的硼及其化合物、混合物)	5.5	30.0	17.0	克	3
2845900030	富集锂-6同位素及其化合物混合物[富集锂-6同位素指锂-6同位素富集度>7.5%(按原子数计)]	5.5	30.0	17.0	克	3
2845900090	其他同位素及其他化合物(编号2844以外的同位素)	5.5	30.0	17.0	克	
2846	**稀土金属、钇、钪及其混合物的无机或有机化合物**					
2846101000	氧化铈	5.5	30.0	17.0	千克	4xBy
2846102000	氢氧化铈	5.5	30.0	17.0	千克	4xy
2846103000	碳酸铈	5.5	30.0	17.0	千克	4xy
2846109010	氰化铈	5.5	30.0	17.0	千克	4Xxy
2846109090	铈的其他化合物	5.5	30.0	17.0	千克	4xy
2846901100	氧化钇	5.5	30.0	17.0	千克	4xBy
2846901200	氧化镧	5.5	30.0	17.0	千克	4xBy
2846901300	氧化钕	5.5	30.0	17.0	千克	4xBy
2846901400	氧化铕	5.5	30.0	17.0	千克	4xBy

商品编号	商品名称及备注	进口关税税率		增值税率	计量单位	监管条件
		最惠国	普通			
2846901910	氧化镝	5.5	30.0	17.0	千克	4Bxy
2846901920	氧化铒	5.5	30.0	17.0	千克	4Bxy
2846901930	氧化钆	5.5	30.0	17.0	千克	4Bxy
2846901940	氧化钐	5.5	30.0	17.0	千克	4Bxy
2846901950	氧化镨	5.5	30.0	17.0	千克	4Bxy
2846901960	氧化铽	5.5	30.0	17.0	千克	4Bxy
2846901970	氧化镱	5.5	30.0	17.0	千克	4Bxy
2846901980	氧化钪	5.5	30.0	17.0	千克	4Bxy
2846901990	其他氧化稀土(氧化铈除外)	5.5	30.0	17.0	千克	4Bxy
2846902800	混合氯化稀土	5.5	30.0	17.0	千克	4xBy
2846902900	其他氯化稀土	5.5	30.0	17.0	千克	4xBy
2846903010	混合氟化稀土	5.5	30.0	17.0	千克	4xy
2846903020	氟化钕	5.5	30.0	17.0	千克	4xy
2846903090	其他氟化稀土	5.5	30.0	17.0	千克	4xy
2846904800	混合碳酸稀土	5.5	30.0	17.0	千克	4xy
2846904900	其他碳酸稀土	5.5	30.0	17.0	千克	4xy
2846909010	硝酸稀土	5.5	30.0	17.0	千克	4xy
2846909020	混合硝酸稀土	5.5	30.0	17.0	千克	4xy
2846909090	稀土金属、钇、钪的其他化合物(铈的化合物除外)	5.5	30.0	17.0	千克	4xy
2847	**过氧化氢,不论是否用尿素固化**					
2847000000	过氧化氢(不论是否用尿素固化)	5.5	30.0	17.0	千克	
2848	**磷化物,不论是否已有化学定义,但不包括磷铁**					
2848000010	磷化铝,磷化锌	5.5	20.0	17.0	千克	S
2848000090	其他磷化物(不论是否已有化学定义,但不包括磷铁)	5.5	20.0	17.0	千克	
2849	**碳化物,不论是否已有化学定义**					
2849100000	碳化钙	5.5	45.0	17.0	千克	
2849200000	碳化硅	5.5	30.0	17.0	千克	yB4x
2849901000	碳化硼	5.5	30.0	17.0	千克	
2849902010	超细碳化钨粉(平均粒度为0.1-0.5微米)	5.5	30.0	17.0	千克	B4xy
2849902090	其他碳化钨	5.5	30.0	17.0	千克	B4xy
2849909000	其他碳化物	5.5	30.0	17.0	千克	B
2850	**氢化物、氮化物、迭氮化物、硅化物及硼化物,不论是否已有化学定义,但可归入品目2849的碳化物除外**					
2850000010	砷化氢(砷烷,砷化三氢,胂)	5.5	30.0	17.0	千克	X
2850000090	其他氢化物、氮化物、硅化物等(包括迭氮化物,硼化物.可归入编号2849的碳化物除外)	5.5	30.0	17.0	千克	

商品编号	商品名称及备注	进口关税税率		增值税率	计量单位	监管条件
		最惠国	普通			
2851	**其他无机化合物(包括蒸馏水、导电水及类似的纯净水);液态空气(不论是否除去稀有气体);压缩空气;汞齐,但贵金属汞齐除外**					
2851001000	饮用蒸馏水	5.5	70.0	17.0	千克	AB
2851002000	氯化氰	5.5	30.0	17.0	千克	23
2851009010	饮用纯净水	5.5	30.0	17.0	千克	AB
2851009020	砷化汞,氰,氰化碘,氰化溴等(包括铅汞齐,氰气,碘化氰,溴化氰)	5.5	30.0	17.0	千克	X
2851009030	单氰胺	5.5	30.0	17.0	千克	S
2851009090	其他无机化合物、压缩空气等[包括导电水、液态空气、汞齐等(贵金属汞齐除外)]	5.5	30.0	17.0	千克	

第二十九章　有机化学品

注释:

一、除条文另有规定的以外,本章各品目只适用于:

(一)单独的已有化学定义的有机化合物,不论是否含有杂质;

(二)同一有机化合物的两种或两种以上异构体的混合物(不论是否含有杂质),但无环烃异构体的混合物(立体异构体除外),不论是否饱和,应归入第二十七章;

(三)品目29.36至29.39的产品,品目29.40的糖醚、糖缩醛、糖酯及其盐类和品目29.41的产品,不论是否已有化学定义;

(四)上述(一)、(二)、(三)款产品的水溶液;

(五)溶于其他溶剂的上述(一)、(二)、(三)款的产品,但该产品处于溶液状态只是为了安全或运输所采取的正常必要方法,其所用溶剂并不使该产品改变其一般用途而适合于某些特殊用途;

(六)为了保存或运输的需要,加入稳定剂(包括抗结块剂)的上述(一)、(二)、(三)、(四)、(五)各款产品;

(七)为了便于识别或安全起见,加入抗尘剂、着色剂或气味剂的上述(一)、(二)、(三)、(四)、(五)、(六)各款产品,但所加剂料并不使原产品改变其一般用途而适合于某些特殊用途;

(八)为生产偶氮染料而稀释至标准浓度的下列产品:重氮盐,用于重氮盐、可重氮化的胺及其盐类的偶合剂。

二、本章不包括:

(一)品目15.04的货品及品目15.20的粗甘油;

(二)乙醇(品目22.07或22.08);

(三)甲烷及丙烷(品目27.11);

(四)第二十八章注释二所述的碳化合物;

(五)尿素(品目31.02或31.05);

(六)植物性或动物性着色料(品目32.03)、合成有机着色料、用作萤光增白剂或发光体的合成有机产品(品目32.04)及零售包装的染料或其他着色料(品目32.12);

(七)酶(品目35.07);

(八)聚乙醛、六亚甲基四胺(乌洛托品)及类似物质,制成片、条或类似形状作为燃料用的,以及包装容器的容积不超过300立方厘米的直接灌注香烟打火机及类似打火器用的液体燃料或液化气体燃料(品目36.06);

(九)灭火器的装配药及已装药的灭火弹(品目38.13);零售包装的除墨剂(品目38.24);

(十)光学元件,例如用酒石酸乙二胺制成的(品目90.01)。

三、可以归入本章两个或两个以上品目的货品,应归入有关品目中的最后一个品目。

四、品目29.04至29.06、29.08至29.11及29.13至29.20的卤化、磺化、硝化或亚硝化衍生物均包括复合衍生物,例如,卤磺化、卤硝化、磺硝化及卤磺硝化衍生物。硝基及亚硝基不作为品目29.29的含氮基官能团。品目29.11、29.12、29.14、29.18及29.22所称"含氧基",仅限于品目29.05至29.20的各种含氧基(其特征为有机含氧基)。

五、(一)本章第一分章至第七分章的酸基有机化合物与这些分章的有机化合物构成的酯应归入有关品目中的最后一个品目;

(二)乙醇与本章第一分章至第七分章的酸基有机化合物所构成的酯,应按有关酸基化合物归类;

(三)除第六类注释一及第二十八章注释二另有规定的以外:

1. 第一分章至第十分章及品目29.42的有机化合物的无机盐,例如,含酸基、酚基或烯醇基的化合物及有机碱的无机盐,应归入相应的有机化合物的品目;

2. 第一分章至第十分章及品目29.42的有机化合物之间生成的盐,应按生成该盐的碱或酸(包括酚基或烯醇基化合物)归入本章有关品目中的最后一个品目。

(四)除乙醇外,金属醇化物应按相应的醇归类(品目29.05);

(五)羧酸酰卤化物应按相应的酸归类。

六、品目29.30及29.31的化合物是指有机化合物,其分子中除含氢、氧或氮原子外,还含有与碳原子直接连接的其他非金属或金属原子(例如,硫、砷、汞或铅)。

品目29.30(有机硫化合物)及品目29.31(其他有机—无机化合物)不包括某些磺化或卤化衍生物(含复合衍生物)。这些衍生物分子中除氢、氧、氮之外,只有具有磺化或卤化衍生物(或复合衍生物)性质的硫原子或卤素原子与碳原子直接连接。

七、品目29.32、29.33及29.34不包括三节环环氧化物、过氧化酮、醛或硫醛的环聚合物、多元羧酸酐、多元醇或酚与多元酸构成的环酯及多元酸酰亚胺。

本条规定只适用于由本条所列环化功能形成环内杂原子的化合物。

八、品目29.37所称:

(一)"激素"包括激素释放因子、激素刺激和释放因子、激素抑制剂以及激素抗体;

(二)"主要起激素作用的",不仅适用于激素衍生物以及主要起激素作用的结构类似物,也适用于在本品目所列产品合成过程中主要用作中间体的激素衍生物以及结构类似物。

子目注释:

属于本章任一品目项下的一种(组)化合物的衍生物,如果该品目其他子目未明确将其包括在内,而且有关的子目中又无列名为"其他"的子目,则应与该种(组)化合物归入同一子目。

商品编号	商品名称及备注	进口关税税率		增值税率	计量单位	监管条件
		最惠国	普通			
2901	无环烃					
2901100000	饱和无环烃	2.0	30.0	17.0	千克	
2901210000 *	乙烯	2.0	20.0	17.0	千克	
2901220000	丙烯	2.0	20.0	17.0	千克	
2901230000	丁烯及其异构体	2.0	20.0	17.0	千克	
2901240000	1,3-丁二烯及异戊二烯	2.0	20.0	17.0	千克	
2901291000	异戊烯	2.0	30.0	17.0	千克	
2901292000	乙炔	2.0	45.0	17.0	千克	
2901299010	诱虫烯	2.0	30.0	17.0	千克	S
2901299090	其他不饱和无环烃	2.0	30.0	17.0	千克	
2902	环烃					
2902110000	环已烷	2.0	30.0	17.0	千克	
2902190011	1-甲基环丙烯	2.0	30.0	17.0	千克	S
2902190012	d-柠檬烯	2.0	30.0	17.0	千克	S
2902190090	其他环烷烃、环烯及环萜稀	2.0	30.0	17.0	千克	
2902200000 *	苯	2.0	20.0	17.0	千克	
2902300000	甲苯	2.0	30.0	17.0	千克	23
2902410000 *	邻二甲苯	2.0	20.0	17.0	千克	
2902420000	间二甲苯	2.0	20.0	17.0	千克	
2902430000	对二甲苯	2.0	20.0	17.0	千克	
2902440000	混合二甲苯异构体	2.0	20.0	17.0	千克	
2902500000	苯乙烯	2.0	30.0	17.0	千克	
2902600000	乙苯	2.0	30.0	17.0	千克	
2902700000	异丙基苯	2.0	30.0	17.0	千克	
2902901000	四氢萘	2.0	11.0	17.0	千克	
2902902000	精萘	2.0	35.0	17.0	千克	
2902903000	十二烷基苯	2.0	30.0	17.0	千克	
2902909010	联苯	2.0	30.0	17.0	千克	S

商品编号	商 品 名 称 及 备 注	进口关税税率		增值税率	计量单位	监管条件
		最惠国	普通			
2902909090	其他芳香烃	2.0	30.0	17.0	千克	
2903	**烃的卤化衍生物**					
2903110000	一氯甲烷及氯乙烷	5.5	30.0	17.0	千克	
2903120010	纯度在99%及以上的二氯甲烷	8.0	30.0	17.0	千克	X
2903120090	其他二氯甲烷	8.0	30.0	17.0	千克	X
2903130000	三氯甲烷(氯仿)	10.0	30.0	17.0	千克	X23
2903140010	四氯化碳(用于清洗剂的除外)	8.0	30.0	17.0	千克	y4x9
2903140090	四氯化碳,用于清洗剂的	8.0	30.0	17.0	千克	89
2903150000*	1,2-二氯乙烷	5.5	30.0	17.0	千克	S
2903191010	1,1,1-三氯乙烷(甲基氯仿)(用于清洗剂的除外)	8.0	30.0	17.0	千克	y14x
2903191090	1,1,1-三氯乙烷(甲基氯仿)(用于清洗剂的)	8.0	30.0	17.0	千克	18
2903199000	其他无环烃的饱和氯化衍生物	5.5	30.0	17.0	千克	
2903210000*	氯乙烯	5.5	30.0	17.0	千克	
2903220000	三氯乙烯	8.0	30.0	17.0	千克	X
2903230000	四氯乙烯	5.5	30.0	17.0	千克	X
2903291000	3-氯-1-丙烯(氯丙烯)	5.5	30.0	17.0	千克	
2903299010	1,1-二氯乙烯	5.5	30.0	17.0	千克	X
2903299090	其他无环烃的不饱和氯化衍生物	5.5	30.0	17.0	千克	
2903301000	全氟异丁烯(八氟异丁烯)(即PFIB:1,1,3,3,3-五氟-2-三氟甲基-1-丙烯)	5.5	30.0	17.0	千克	23
2903309010	二溴甲烷	5.5	30.0	17.0	千克	
2903309020	二溴乙烷(1,2-二溴乙烷)	5.5	30.0	17.0	千克	89
2903309030	溴甲烷(或甲基溴)	5.5	30.0	17.0	千克	14xy
2903309090	无环烃的氟化、溴化或碘化衍生物	5.5	30.0	17.0	千克	
2903410000	三氯氟甲烷(CFC-11)	5.5	30.0	17.0	千克	y14x
2903420000	二氯二氟甲烷(CFC-12)	5.5	30.0	17.0	千克	y14x
2903430010	三氯三氟乙烷,用于清洗剂除外(CFC-113)	5.5	30.0	17.0	千克	y14x
2903430090	三氯三氟乙烷,用于清洗剂(CFC-113)	5.5	30.0	17.0	千克	89
2903440010	二氯四氟乙烷(CFC-114)	5.5	30.0	17.0	千克	y14x
2903440090	氯五氟乙烷(CFC-115)	5.5	30.0	17.0	千克	y14x
2903451000	氯三氟甲烷(CFC-13)	5.5	30.0	17.0	千克	y14x
2903452000	五氯氟乙烷	5.5	30.0	17.0	千克	
2903453000	四氯二氟乙烷	5.5	30.0	17.0	千克	
2903454000	七氯氟丙烷	5.5	30.0	17.0	千克	
2903455000	六氯二氟丙烷	5.5	30.0	17.0	千克	
2903456000	五氯三氟丙烷	5.5	30.0	17.0	千克	
2903457000	四氯四氟丙烷	5.5	30.0	17.0	千克	
2903458000	三氯五氟丙烷	5.5	30.0	17.0	千克	
2903459100	二氯六氟丙烷	5.5	30.0	17.0	千克	
2903459200	氯七氟丙烷	5.5	30.0	17.0	千克	

商品编号	商品名称及备注	进口关税税率		增值税率	计量单位	监管条件
		最惠国	普通			
2903459900	其他无环烃全卤化衍生物(指仅含氟和氯的)	5.5	30.0	17.0	千克	
2903460010	溴氯二氟甲烷(Halon-1211)	5.5	30.0	17.0	千克	y14x
2903460020	溴三氟甲烷(Halon-1301)	5.5	30.0	17.0	千克	y14x
2903460090	二溴四氟乙烷	5.5	30.0	17.0	千克	
2903470000	其他无环烃全卤化衍生物(指含两种或两种以上不同卤素的)	5.5	30.0	17.0	千克	
2903491011	一氟二氯甲烷	5.5	30.0	17.0	千克	14xy
2903491012	二氟一氯甲烷	5.5	30.0	17.0	千克	14xy
2903491013	一氟一氯甲烷	5.5	30.0	17.0	千克	14xy
2903491014	一氟四氯乙烷	5.5	30.0	17.0	千克	14xy
2903491015	二氟三氯乙烷	5.5	30.0	17.0	千克	14xy
2903491016	1,1,1-三氟-2,2-二氯乙烷	5.5	30.0	17.0	千克	14xy
2903491017	1,1,1,2-四氟-2-氯乙烷	5.5	30.0	17.0	千克	14xy
2903491018	一氟三氯乙烷	5.5	30.0	17.0	千克	14xy
2903491019	二氟二氯乙烷	5.5	30.0	17.0	千克	14xy
2903491021	三氟一氯乙烷	5.5	30.0	17.0	千克	14xy
2903491022	一氟二氯乙烷	5.5	30.0	17.0	千克	14xy
2903491023	1-氟-1,1-二氯乙烷	5.5	30.0	17.0	千克	14xy
2903491024	二氟一氯乙烷	5.5	30.0	17.0	千克	14xy
2903491025	1,1-二氟-1-氯乙烷	5.5	30.0	17.0	千克	14xy
2903491026	一氟一氯乙烷	5.5	30.0	17.0	千克	14xy
2903491027	一氟六氯丙烷	5.5	30.0	17.0	千克	14xy
2903491028	二氟五氯丙烷	5.5	30.0	17.0	千克	14xy
2903491029	三氟四氯丙烷	5.5	30.0	17.0	千克	14xy
2903491031	四氟三氯丙烷	5.5	30.0	17.0	千克	14xy
2903491032	五氟二氯丙烷	5.5	30.0	17.0	千克	14xy
2903491033	1,1,1,2,2-五氟-3,3-二氯丙烷	5.5	30.0	17.0	千克	14xy
2903491034	1,1,2,2,3-五氟-1,3-二氯丙烷	5.5	30.0	17.0	千克	14xy
2903491035	六氟一氯丙烷	5.5	30.0	17.0	千克	14xy
2903491036	一氟五氯丙烷	5.5	30.0	17.0	千克	14xy
2903491037	二氟四氯丙烷	5.5	30.0	17.0	千克	14xy
2903491038	三氟三氯丙烷	5.5	30.0	17.0	千克	14xy
2903491039	四氟二氯丙烷	5.5	30.0	17.0	千克	14xy
2903491041	五氟一氯丙烷	5.5	30.0	17.0	千克	14xy
2903491042	一氟四氯丙烷	5.5	30.0	17.0	千克	14xy
2903491043	二氟三氯丙烷	5.5	30.0	17.0	千克	14xy
2903491044	三氟二氯丙烷	5.5	30.0	17.0	千克	14xy
2903491045	四氟一氯丙烷	5.5	30.0	17.0	千克	14xy
2903491046	一氟三氯丙烷	5.5	30.0	17.0	千克	14xy
2903491047	二氟二氯丙烷	5.5	30.0	17.0	千克	14xy
2903491048	三氟一氯丙烷	5.5	30.0	17.0	千克	14xy

商品编号	商 品 名 称 及 备 注	进口关税税率		增值税率	计量单位	监管条件
		最惠国	普通			
2903491049	一氟二氯丙烷	5.5	30.0	17.0	千克	14xy
2903491051	二氟一氯丙烷	5.5	30.0	17.0	千克	14xy
2903491052	一氟一氯丙烷	5.5	30.0	17.0	千克	14xy
2903492000	其他仅含氟溴的甲烷等卤化衍生物(包括其他仅含氟和溴的乙烷及丙烷的卤化衍生物)	5.5	30.0	17.0	千克	
2903499010	二溴氯丙烷(1,2-二溴-3-氯丙烷)	5.5	30.0	17.0	千克	89
2903499090	其他无环烃卤化衍生物(含二种或二种以上不同卤素)	5.5	30.0	17.0	千克	
2903510010	林丹	5.5	30.0	17.0	千克	S
2903510090	1,2,3,4,5,6-六氯环已烷	5.5	30.0	17.0	千克	X
2903590010	艾氏剂、七氯、毒杀芬	5.5	30.0	17.0	千克	89
2903590020	氯丹(八氯化甲桥茚)	5.5	30.0	17.0	千克	X
2903590030	灭蚁灵	5.5	30.0	17.0	千克	X
2903590090	其他环烷烃或环烯烃等卤化衍生物	5.5	30.0	17.0	千克	
2903611000 *	邻二氯苯	5.5	30.0	17.0	千克	
2903619010	1,4-二氯苯(对二氯苯)	5.5	30.0	17.0	千克	S
2903619090	氯苯	5.5	30.0	17.0	千克	
2903620000	六氯苯及滴滴涕(包括六氯代苯、过氯苯、全氯代苯)	5.5	30.0	17.0	千克	X
2903691000	对氯甲苯	5.5	30.0	17.0	千克	
2903692000	3,4-二氯三氟甲苯	5.5	30.0	17.0	千克	
2903699010	多氯联苯、多溴联苯	5.5	30.0	17.0	千克	89
2903699030	多氯三联苯(PCT)	5.5	30.0	17.0	千克	X
2903699040	稗草烯	5.5	30.0	17.0	千克	S
2903699090	其他芳烃卤化衍生物	5.5	30.0	17.0	千克	
2904	**烃的磺化、硝化或亚硝化衍生物,不论是否卤化**					
2904100010	萘磺汞	5.5	30.0	17.0	千克	X
2904100090	其他仅含磺基的衍生物及其盐和乙酯	5.5	30.0	17.0	千克	
2904201000	硝基苯	5.5	20.0	17.0	千克	
2904202010 *	邻硝基甲苯、对硝基甲苯	5.5	30.0	17.0	千克	
2904202090	间-硝基甲苯	5.5	30.0	17.0	千克	
2904203000	二硝基甲苯	5.5	20.0	17.0	千克	
2904204000	三硝基甲苯(TNT)	5.5	40.0	17.0	千克	
2904209010	六硝基芪	5.5	30.0	17.0	千克	3
2904209020	4-硝基联苯	5.5	30.0	17.0	千克	X
2904209090	其他仅含硝基或亚硝基衍生物	5.5	30.0	17.0	千克	
2904901100	邻硝基氯化苯	5.5	30.0	17.0	千克	
2904901200	间硝基氯化苯	5.5	30.0	17.0	千克	
2904901300	对硝基氯化苯	5.5	30.0	17.0	千克	
2904902000	二硝基氯化苯	5.5	20.0	17.0	千克	
2904903000	氯化苦	5.5	30.0	17.0	千克	23S
2904909011	氯硝丙烷	5.5	30.0	17.0	千克	S

商品编号	商品名称及备注	进口关税税率		增值税率	计量单位	监管条件
		最惠国	普通			
2904909012	四氯硝基苯	5.5	30.0	17.0	千克	S
2904909013	五氯硝基苯	5.5	30.0	17.0	千克	S
2904909090	其他烃的磺化、硝化、亚硝化衍生物(不论是否卤化)	5.5	30.0	17.0	千克	
2905	**无环醇及其卤化、磺化、硝化或亚硝化衍生物**					
2905110000	甲醇	5.5	30.0	17.0	千克	
2905121000 *	正丙醇	5.5	30.0	17.0	千克	
2905122000	异丙醇	5.5	30.0	17.0	千克	G
2905130000	正丁醇	5.5	30.0	17.0	千克	
2905141000	异丁醇	5.5	30.0	17.0	千克	
2905142000	仲丁醇	5.5	30.0	17.0	千克	
2905143000 *	叔丁醇	5.5	30.0	17.0	千克	
2905150000	戊醇及其异构体	5.5	30.0	17.0	千克	
2905160000	辛醇及其异构体	5.5	30.0	17.0	千克	
2905170000	十二醇、十六醇及十八醇	7.0	30.0	17.0	千克	
2905191000	3,3－二甲基丁－2－醇(频哪基醇)	5.5	30.0	17.0	千克	23
2905199010	三十烷醇	5.5	30.0	17.0	千克	S
2905199090	其他饱和一元醇	5.5	30.0	17.0	千克	
2905221000	香叶醇、橙花醇(3,7－二甲基－2,6－辛二烯－1－醇)	5.5	30.0	17.0	千克	
2905222000	香茅醇(3,7－二甲基－6－辛烯－1－醇)	5.5	30.0	17.0	千克	
2905223000	芳樟醇	5.5	30.0	17.0	千克	
2905229000	其他无环萜烯醇	5.5	30.0	17.0	千克	
2905290000	其他不饱和一元醇	5.5	30.0	17.0	千克	
2905310000	1,2－乙二醇	5.5	30.0	17.0	千克	
2905320000 *	1,2－丙二醇	5.5	30.0	17.0	千克	
2905391000	2,5－二甲基已二醇	4.0	11.0	17.0	千克	
2905399010	驱蚊醇	5.5	30.0	17.0	千克	S
2905399090	其他二元醇	5.5	30.0	17.0	千克	
2905410000	三羟甲基丙烷(2－乙基－2－(羟甲基)丙烷－1,3－二醇)	5.5	30.0	17.0	千克	
2905420000	季戊四醇	5.5	30.0	17.0	千克	
2905430000	甘露糖醇	8.0	30.0	17.0	千克	
2905440000	山梨醇	14.0	40.0	17.0	千克	
2905450000	丙三醇(甘油)	14.0	50.0	17.0	千克	
2905490000	其他多元醇	5.5	30.0	17.0	千克	
2905510000	乙氯维诺(INN)	5.5	30.0	17.0	千克	I
2905590010	乙氯维诺的盐	5.5	30.0	17.0	千克	I
2905590020	2－氯乙醇	5.5	30.0	17.0	千克	3
2905590030	溴硝醇	5.5	30.0	17.0	千克	S
2905590090	其他无环醇的卤化、磺化等衍生物	5.5	30.0	17.0	千克	

商品编号	商 品 名 称 及 备 注	进口关税税率		增值税率	计量单位	监管条件
		最惠国	普通			
2906	**环醇及其卤化、磺化、硝化或亚硝化衍生物**					
2906110000	薄荷醇	5.0	70.0	17.0	千克	
2906120000	环已醇、甲基环已醇、二甲基环已醇	5.5	30.0	17.0	千克	
2906131000	固醇	5.5	30.0	17.0	千克	
2906132000	肌醇	5.5	30.0	17.0	千克	
2906140000	萜品醇	5.5	30.0	17.0	千克	
2906190000	其他环烷醇,环烯醇及环萜烯醇	5.5	30.0	17.0	千克	
2906210000	苄醇	5.0	30.0	17.0	千克	
2906290010	三氯杀螨醇、杀螨醇	5.5	30.0	17.0	千克	S
2906290090	其他芳香醇	5.5	30.0	17.0	千克	
2907	**酚;酚醇**					
2907111000	苯酚	5.5	30.0	17.0	千克	
2907119000	苯酚的盐	5.5	30.0	17.0	千克	
2907121100 *	间甲酚	5.5	30.0	17.0	千克	
2907121200 *	邻甲酚	5.5	30.0	17.0	千克	
2907121900	其他甲酚	5.5	30.0	17.0	千克	
2907129000	甲酚的盐	5.5	30.0	17.0	千克	
2907131000	壬基酚	5.5	30.0	17.0	千克	
2907139000	辛基酚及其异构体(包括辛基酚及其异构体的盐和壬基酚盐)	5.5	30.0	17.0	千克	
2907140000	二甲苯酚及其盐	5.5	30.0	17.0	千克	
2907151000	β-萘酚(2-萘酚)	5.5	30.0	17.0	千克	
2907159000	其他萘酚及萘酚盐	5.5	30.0	17.0	千克	
2907191000 *	邻仲丁基酚、邻异丙基酚	4.0	11.0	17.0	千克	
2907199011	邻苯基苯酚及其盐	5.5	30.0	17.0	千克	S
2907199012	邻烯丙基苯酚及盐	5.5	30.0	17.0	千克	S
2907199090	其他一元酚	5.5	30.0	17.0	千克	
2907210000	间苯二酚	5.5	30.0	17.0	千克	
2907221000	对苯二酚	5.5	30.0	17.0	千克	
2907229000	对苯二酚的盐	5.5	30.0	17.0	千克	
2907230000	4,4-异亚丙基联苯酚及其盐(双酚A及其盐)	5.5	30.0	17.0	千克	
2907291000	邻苯二酚	4.0	11.0	17.0	千克	
2907299010	毒菌酚	5.5	30.0	17.0	千克	S
2907299090	其他多元酚;酚醇	5.5	30.0	17.0	千克	
2908	**酚及酚醇的卤化、磺化、硝化或亚硝化衍生物**					
2908101000	对氯苯酚	4.0	11.0	17.0	千克	
2908109010	五氯苯酚(五氯酚)	5.5	30.0	17.0	千克	X
2908109021	格螨酯	5.5	30.0	17.0	千克	S

商品编号	商品名称及备注	进口关税税率		增值税率	计量单位	监管条件
		最惠国	普通			
2908109022	双氯酚	5.5	30.0	17.0	千克	S
2908109023	五氯酚钠	5.5	30.0	17.0	千克	S
2908109090	其他仅含卤素取代基的衍生物及盐	5.5	30.0	17.0	千克	
2908200000	仅含磺基的衍生物及其盐和酯	5.5	30.0	17.0	千克	
2908901010	4－硝基苯酚(对硝基苯酚)	5.5	30.0	17.0	千克	X
2908901090	对硝基苯酚钠	5.5	30.0	17.0	千克	S
2908909010	地乐酚及其盐和酯、二硝酚	5.5	30.0	17.0	千克	89
2908909021	芬螨酯	5.5	30.0	17.0	千克	S
2908909022	消螨酚	5.5	30.0	17.0	千克	S
2908909023	戊硝酚	5.5	30.0	17.0	千克	S
2908909024	特乐酚	5.5	30.0	17.0	千克	S
2908909090	其他酚及酚醇的卤化等衍生物(包括其磺化、硝化或亚硝化衍生物)	5.5	30.0	17.0	千克	
2909	**醚、醚醇、醚酚、醚醇酚、过氧化醇、过氧化醚、过氧化酮(不论是否已有化学定义)及其卤化、磺化、硝化或亚硝化衍生物**					
2909110000	乙醚	5.5	30.0	17.0	千克	23
2909190011	八氟二丙醚	5.5	30.0	17.0	千克	S
2909190012	二氯异丙醚	5.5	30.0	17.0	千克	S
2909190090	其他无环醚及其卤化等衍生物(包括其磺化、硝化或亚硝化衍生物)	5.5	30.0	17.0	千克	
2909208100	1,8－桉树脑(包括其卤化,磺化,硝化或亚硝化衍生物)	5.5	30.0	17.0	千克	
2909208900	其他环萜烯醚(包括其卤化、磺化、硝化或亚硝化衍生物)	5.5	30.0	17.0	千克	
2909209000	环烷醚、环烯醚(包括其卤化、磺化、硝化或亚硝化衍生物及环萜烯醚的上述衍生物)	5.5	30.0	17.0	千克	
2909300011	甲氧滴滴涕、除草醚	5.5	30.0	17.0	千克	S
2909300012	醚菊酯、苄螨醚、三氟醚	5.5	30.0	17.0	千克	S
2909300013	氯苯甲醚、甲氧除草醚	5.5	30.0	17.0	千克	S
2909300014	三氟硝草醚、草枯醚	5.5	30.0	17.0	千克	S
2909300015	氟除草醚、乙氧氟草醚	5.5	30.0	17.0	千克	S
2909300090	其他芳香醚及其卤化、磺化、硝化衍生物(包括其亚硝化衍生物)	5.5	30.0	17.0	千克	
2909410000 *	2,2'－氧联二乙醇(二甘醇)	5.5	30.0	17.0	千克	
2909420000	乙二醇或二甘醇的单甲醚	5.5	30.0	17.0	千克	
2909430000	乙二醇或二甘醇的单丁醚	5.5	30.0	17.0	千克	
2909440000	乙二醇或二丁醇的其他单烷基醚	5.5	30.0	17.0	千克	
2909491000	间苯氧基苄醇	4.0	11.0	17.0	千克	
2909499010 *	2－正丙氧基乙醇	5.5	30.0	17.0	千克	
2909499090	其他醚醇及其衍生物(包括其卤化、磺化、硝化或亚硝化衍生物)	5.5	30.0	17.0	千克	

商品编号	商 品 名 称 及 备 注	进口关税税率		增值税率	计量单位	监管条件
		最惠国	普通			
2909500000	醚酚、醚醇酚及其衍生物(包括其卤化、磺化、硝化或亚硝化衍生物)	5.5	30.0	17.0	千克	
2909600000	过氧化醇、过氧化醚、过氧化酮(含其卤化、磺化、硝化或亚硝化衍生物,过氧化二异丙苯除外)	5.5	30.0	17.0	千克	
2910	**三节环环氧化物、环氧醇、环氧酚、环氧醚及其卤化、磺化、硝化或亚硝化衍生物**					
2910100000	环氧乙烷	5.5	30.0	17.0	千克	X
2910200000	甲基环氧乙烷(氧化丙烯)	5.5	30.0	17.0	千克	
2910300000	1-氯-2,3-环氧丙烷(表氯醇)	5.5	30.0	17.0	千克	
2910900010	狄氏剂、异狄氏剂	5.5	30.0	17.0	千克	89
2910900020	灭草环	5.5	30.0	17.0	千克	S
2910900090	三节环环氧化物,环氧醇(酚,醚)(包括其卤化、磺化、硝化或亚硝化的衍生物)	5.5	30.0	17.0	千克	
2911	**缩醛及半缩醛,不论是否含有其他含氧基,及其卤化、磺化、硝化或亚硝化衍生物**					
2911000000	缩醛、半缩醛、不论含否其他含氧基(包括其卤化、磺化、硝化或亚硝化的衍生物)	5.5	30.0	17.0	千克	
2912	**醛,不论是否含有其他含氧基;环聚醛;多聚甲醛**					
2912110000	甲醛	5.5	30.0	17.0	千克	
2912120000	乙醛	5.5	30.0	17.0	千克	X
2912130000	丁醛	5.5	30.0	17.0	千克	
2912190010*	乙二醛	5.5	30.0	17.0	千克	
2912190020*	正丙醛	5.5	30.0	17.0	千克	
2912190030	丙烯醛	5.5	30.0	17.0	千克	X
2912190090	其他无环醛(指不含其他含氧基)	5.5	30.0	17.0	千克	
2912210000	苯甲醛	5.5	30.0	17.0	千克	
2912291000	铃兰醛(即对叔丁基-α-甲基-氧化肉桂醛)	5.5	30.0	17.0	千克	
2912299000	其他环醛(指不含其他含氧基)	5.5	30.0	17.0	千克	
2912300000	醛醇(指不含其他含氧基)	5.5	30.0	17.0	千克	
2912410000	香草醛(3-甲氧基-4-羟基苯甲醛)	5.5	30.0	17.0	千克	
2912420000	乙基香草醛	5.5	30.0	17.0	千克	
2912490000	其他醛醚、醛酚(包括含其他含氧基的醛)	5.5	30.0	17.0	千克	
2912500010	四聚乙醛	5.5	30.0	17.0	千克	S
2912500090	其他环聚醛	5.5	30.0	17.0	千克	
2912600000	多聚甲醛	5.5	30.0	17.0	千克	
2913	**品目2912所列产品的卤化、磺化、硝化或亚硝化衍生物**					
2913000010	三氯乙醛	5.5	30.0	17.0	千克	G
2913000090	税号2912所列产品的其他衍生物(指卤化、磺化、硝化或亚硝化的衍生物)	5.5	30.0	17.0	千克	

商品编号	商品名称及备注	进口关税税率		增值税率	计量单位	监管条件
		最惠国	普通			
2914	**酮及醌,不论是否含有其他含氧基,及其卤化、磺化、硝化或亚硝化衍生物**					
2914110000	丙酮	5.5	20.0	17.0	千克	23
2914120000 *	丁酮[甲基乙基(甲)酮]	5.5	30.0	17.0	千克	23
2914130000 *	4-甲基-2-戊酮[即甲基异丁基(甲)酮]	5.5	30.0	17.0	千克	
2914190010	频哪酮	5.5	30.0	17.0	千克	23
2914190090	其他不含其他含氧基的无环酮	5.5	30.0	17.0	千克	
2914210000	右旋樟脑、樟脑	5.5	40.0	17.0	千克	BS
2914220000	环已酮及甲基环已酮	5.5	30.0	17.0	千克	
2914230000	芷香酮及甲基芷香酮	5.5	30.0	17.0	千克	
2914290000	其他环烷酮.环烯酮或环萜烯酮(指不含其他含氧基的)	5.5	30.0	17.0	千克	
2914310000	苯丙酮(苯基丙-2-酮)	5.5	30.0	17.0	千克	23
2914391000	苯乙酮	4.0	11.0	17.0	千克	
2914399011	杀鼠酮	5.5	30.0	17.0	千克	S
2914399012	鼠完	5.5	30.0	17.0	千克	S
2914399013	敌鼠	5.5	30.0	17.0	千克	S
2914399090	其他不含其他含氧基的芳香酮	5.5	30.0	17.0	千克	
2914400010	敌鼠钠	5.5	30.0	17.0	千克	S
2914400090	其他酮醇及酮醛	5.5	30.0	17.0	千克	
2914501100	覆盆子酮	5.5	30.0	17.0	千克	
2914501900	其他酮酚	5.5	30.0	17.0	千克	
2914509011	苯草酮	5.5	30.0	17.0	千克	S
2914509012	甲氧虫酰肼	5.5	30.0	17.0	千克	S
2914509090	含其他含氧基的酮	5.5	30.0	17.0	千克	
2914610000	蒽醌	5.5	30.0	17.0	千克	
2914690000	其他醌	5.5	30.0	17.0	千克	
2914700011	氯鼠酮	5.5	30.0	17.0	千克	S
2914700012	二氯萘醌	5.5	30.0	17.0	千克	S
2914700013	四氯对醌	5.5	30.0	17.0	千克	S
2914700014	六氯丙酮	5.5	30.0	17.0	千克	S
2914700015	氯敌鼠钠盐	5.5	30.0	17.0	千克	S
2914700090	其他酮及醌的卤化、磺化衍生物(包括硝化或亚硝化衍生物)	5.5	30.0	17.0	千克	
2915	**饱和无环一元羧酸及其酸酐、酰卤化物、过氧化物和过氧酸以及它们的卤化、磺化、硝化或亚硝化衍生物**					
2915110000	甲酸	5.5	40.0	17.0	千克	
2915120000	甲酸盐	5.5	30.0	17.0	千克	
2915130000	甲酸酯	5.5	30.0	17.0	千克	
2915211000	冰乙酸(冰醋酸)	5.5	30.0	17.0	千克	G
2915219000	其他乙酸	5.5	50.0	17.0	千克	G
2915220000	乙酸钠	5.5	50.0	17.0	千克	G

商品编号	商 品 名 称 及 备 注	进口关税税率		增值税率	计量单位	监管条件
		最惠国	普通			
2915230000	钴的乙酸盐	5.5	50.0	17.0	千克	
2915240000	乙酸酐(醋酸酐)	5.5	50.0	17.0	千克	23
2915290011	乙酸铜	5.5	50.0	17.0	千克	S
2915290012	一氯醋酸钠	5.5	50.0	17.0	千克	S
2915290021	乙酸汞(醋酸汞)	5.5	50.0	17.0	千克	X
2915290022	乙酸亚汞	5.5	50.0	17.0	千克	X
2915290023	乙酸铅(醋酸铅)	5.5	50.0	17.0	千克	X
2915290090	其他乙酸盐	5.5	50.0	17.0	千克	
2915310000	乙酸乙酯	5.5	30.0	17.0	千克	G
2915320000	乙酸乙烯酯	5.5	30.0	17.0	千克	
2915330000	乙酸正丁酯	5.5	30.0	17.0	千克	
2915340000	乙酸异丁酯	5.5	30.0	17.0	千克	
2915350000	乙酸-2-乙氧基乙酯	5.5	30.0	17.0	千克	
2915390011	三氯杀虫酯	5.5	30.0	17.0	千克	S
2915390012	地乐酯	5.5	30.0	17.0	千克	S
2915390013	特乐酯	5.5	30.0	17.0	千克	S
2915390014	灭螨醌	5.5	30.0	17.0	千克	S
2915390015	红铃虫性诱素	5.5	30.0	17.0	千克	S
2915390090	其他乙酸酯	5.5	30.0	17.0	千克	
2915400000	一氯代乙酸的盐和酯(包括二氯乙酸或三氯乙酸的盐和酯)	5.5	30.0	17.0	千克	
2915501000*	丙酸	5.5	30.0	17.0	千克	
2915509000	丙酸盐和酯	5.5	30.0	17.0	千克	
2915600000	丁酸、戊酸及其盐和酯	5.5	30.0	17.0	千克	
2915701000	硬脂酸	7.0	50.0	17.0	千克	
2915709000	棕榈酸及其盐和酯、硬脂酸盐、酯	5.5	30.0	17.0	千克	
2915900011	茅草枯	5.5	30.0	17.0	千克	S
2915900012	抑草蓬	5.5	30.0	17.0	千克	S
2915900013	四氟丙酸	5.5	30.0	17.0	千克	S
2915900020	氟乙酸钠	5.5	30.0	17.0	千克	89
2915900090	其他饱和无环一元羧酸及其酸酐[(酰卤、过氧)化物,过氧酸及该号(卤、硝、磺、亚硝)化衍生]	5.5	30.0	17.0	千克	
2916	**不饱和无环一元羧酸、环一元羧酸及其酸酐、酰卤化物、过氧化物和过氧酸以及它们的卤化、磺化、硝化或亚硝化衍生物**					
2916110000	丙烯酸及其盐	6.5	30.0	17.0	千克	
2916120010	丙烯酸甲酯	6.5	30.0	17.0	千克	
2916120020	丙烯酸乙酯	6.5	30.0	17.0	千克	
2916120030	丙烯酸正丁酯	6.5	30.0	17.0	千克	
2916120040	丙烯酸2-乙基已酯	6.5	30.0	17.0	千克	
2916120090	其他丙烯酸酯	6.5	30.0	17.0	千克	

商品编号	商品名称及备注	进口关税税率		增值税率	计量单位	监管条件
		最惠国	普通			
2916130000	甲基丙烯酸及其盐	6.5	80.0	17.0	千克	
2916140000	甲基丙烯酸酯	6.5	80.0	17.0	千克	
2916150010	油酸汞	6.5	30.0	17.0	千克	X
2916150090	其他油酸、亚油酸或亚麻酸及其盐和酯	6.5	30.0	17.0	千克	
2916190011	烯虫乙酯	6.5	30.0	17.0	千克	S
2916190012	烯虫炔酯	6.5	30.0	17.0	千克	S
2916190013	消螨普	6.5	30.0	17.0	千克	S
2916190090	其他不饱和无环一元羧酸(包括其酸酐、酰卤化物、过氧化物和过氧酸及它们的衍生物)	6.5	30.0	17.0	千克	
2916201000 *	DV菊酸甲酯、二溴菊酸	4.0	11.0	17.0	千克	
2916209010 *	二氯菊酰氯(DV菊酰氯)	6.5	30.0	17.0	千克	S
2916209021	苄菊酯、苯醚菊酯(包括右旋苯醚菊酯、富右旋反式苯醚菊酯)	6.5	30.0	17.0	千克	S
2916209022	苄烯菊酯、氯菊酯(包括生物氯菊酯)	6.5	30.0	17.0	千克	S
2916209023	氯烯炔菊酯、联苯菊酯	6.5	30.0	17.0	千克	S
2916209024	七氟菊酯、四氟苯菊酯、五氟苯菊酯	6.5	30.0	17.0	千克	S
2916209025	戊菊酯、环螨酯	6.5	30.0	17.0	千克	S
2916209026	四氟甲醚菊酯、烯炔菊酯(包括右旋烯炔菊酯、富右旋反式烯炔菊酯)	6.5	30.0	17.0	千克	S
2916209027	炔丙菊酯(包括右旋炔丙菊酯、富右旋反式炔丙菊酯)	6.5	30.0	17.0	千克	S
2916209028	氯丙炔菊酯(包括右旋反式氯丙炔菊酯)	6.5	30.0	17.0	千克	S
2916209090	其他(环烷、环烯、环萜烯)一元羧酸(包括酸酐、酰卤化物、过氧化物和过氧酸及该税号的衍生物)	6.5	30.0	17.0	千克	
2916310010	苯甲酸汞(安息香酸汞)	6.5	30.0	17.0	千克	X
2916310020	2-(乙酰氧基)苯甲酸	6.5	30.0	17.0	千克	S
2916310090	其他苯甲酸及其盐和酯	6.5	30.0	17.0	千克	
2916320000	过氧化苯甲酰及苯甲酰氯	6.5	30.0	17.0	千克	
2916340010	苯乙酸	6.5	30.0	17.0	千克	23
2916340090	苯乙酸盐	6.5	30.0	17.0	千克	
2916350000	苯乙酸酯	6.5	30.0	17.0	千克	
2916391000	邻甲基苯甲酸	6.5	30.0	17.0	千克	
2916392000	布洛芬	6.5	30.0	17.0	千克	
2916399011	乐杀螨	6.5	30.0	17.0	千克	S
2916399012	草芽畏、燕麦酯	6.5	30.0	17.0	千克	S
2916399013	5-硝基邻甲氧基苯酸钠	6.5	30.0	17.0	千克	S
2916399014	对氯苯氧乙酸及其盐	6.5	30.0	17.0	千克	S
2916399015	三碘苯甲酸	6.5	30.0	17.0	千克	S
2916399016	萘乙酸	6.5	30.0	17.0	千克	S
2916399017	伐草克	6.5	30.0	17.0	千克	S
2916399018	α-萘乙酸及其盐	6.5	30.0	17.0	千克	S
2916399090	其他芳香一元羧酸	6.5	30.0	17.0	千克	

商品编号	商品名称及备注	进口关税税率		增值税率	计量单位	监管条件
		最惠国	普通			
2917	**多元羧酸及其酸酐、酰卤化物、过氧化物和过氧酸以及它们的卤化、磺化、硝化或亚硝化衍生物**					
2917111000	草酸	6.5	40.0	17.0	千克	
2917112000	草酸钴	9.0	30.0	17.0	千克	
2917119010	草酸汞	6.5	30.0	17.0	千克	X
2917119090	其他草酸盐和酯	6.5	30.0	17.0	千克	
2917120000 *	己二酸及其盐和酯	6.5	30.0	17.0	千克	
2917131000	癸二酸及其盐和酯	6.5	30.0	17.0	千克	
2917139000	壬二酸及其盐和酯	6.5	30.0	17.0	千克	
2917140000	马来酐	6.5	30.0	17.0	千克	
2917190010	驱虫特	6.5	30.0	17.0	千克	S
2917190090	其他无环多元羧酸	6.5	30.0	17.0	千克	
2917201000 *	四氢苯酐	4.0	11.0	17.0	千克	
2917209010	驱蚊灵	6.5	30.0	17.0	千克	S
2917209090	其他(环烷、环烯、环萜烯)多元羧酸	6.5	30.0	17.0	千克	
2917310010	驱蚊叮	6.5	30.0	17.0	千克	S
2917310090	其他邻苯二甲酸二丁酯	6.5	30.0	17.0	千克	
2917320000	邻苯二甲酸二辛酯	6.5	30.0	17.0	千克	
2917330000	邻苯二甲酸二壬酯等(包括邻苯二甲酸二癸酯)	6.5	30.0	17.0	千克	
2917340010	避蚊酯	6.5	30.0	17.0	千克	S
2917340090	其他邻苯二甲酸酯	6.5	30.0	17.0	千克	
2917350000	邻苯二甲酸酐(苯酐)	6.5	30.0	17.0	千克	A
2917361000 *	对苯二甲酸	8.6	30.0	17.0	千克	7
2917369000	对苯二甲酸盐	6.5	30.0	17.0	千克	
2917370000	对苯二甲酸二甲酯	6.5	30.0	17.0	千克	
2917390011	酞菌酯	6.5	30.0	17.0	千克	S
2917390012	氯酞酸甲酯	6.5	30.0	17.0	千克	S
2917390013	氯酞酸	6.5	30.0	17.0	千克	S
2917390090	其他芳香多元羧酸	6.5	30.0	17.0	千克	
2918	**含附加含氧基的羧酸及其酸酐、酰卤化物、过氧化物和过氧酸以及它们的卤化、磺化、硝化或亚硝化衍生物**					
2918110000	乳酸及其盐和酯	6.5	30.0	17.0	千克	
2918120000	酒石酸	6.5	35.0	17.0	千克	
2918130000	酒石酸盐及酒石酸酯	6.5	30.0	17.0	千克	
2918140000	柠檬酸	6.5	35.0	17.0	千克	B
2918150000	柠檬酸盐及柠檬酸酯	6.5	30.0	17.0	千克	B
2918160010	葡萄糖酸汞	6.5	30.0	17.0	千克	X
2918160090	其他糖酸及其盐和酯	6.5	30.0	17.0	千克	
2918191000	2,2-二苯基-2-羟基乙酸(二苯羟乙酸;二苯乙醇酸)	6.5	30.0	17.0	千克	23
2918199010	二苯乙醇酸甲酯(包括其酸酐、酰卤化物、过氧化物和过氧酸及该号的衍生物)	6.5	30.0	17.0	千克	23

商品编号	商 品 名 称 及 备 注	进口关税税率		增值税率	计量单位	监管条件
		最惠国	普通			
2918199020	乙酯杀螨醇(包括其酸酐、酰卤化物、过氧化物和过氧酸及该号的衍生物)	6.5	30.0	17.0	千克	S
2918199030	γ-羟基丁酸及其盐	6.5	30.0	17.0	千克	I
2918199041	丙酯杀螨醇	6.5	30.0	17.0	千克	S
2918199042	溴螨酯	6.5	30.0	17.0	千克	S
2918199043	茐丁酯	6.5	30.0	17.0	千克	S
2918199044	整形醇	6.5	30.0	17.0	千克	S
2918199090	其他含醇基但不含其他含氧基羧酸(包括其酸酐、酰卤化物、过氧化物和过氧酸及该号的衍生物)	6.5	30.0	17.0	千克	
2918211000	水杨酸、水杨酸钠	6.5	20.0	17.0	千克	
2918219010	水杨酸汞	6.5	30.0	17.0	千克	X
2918219090	其他水杨酸盐	6.5	30.0	17.0	千克	
2918221000	邻乙酰水杨酸(阿斯匹林)	6.0	20.0	17.0	千克	
2918229000	邻乙酰水杨酸盐和酯	6.5	30.0	17.0	千克	
2918230000	水杨酸其他酯及其盐	6.5	30.0	17.0	千克	
2918290000	其他含酚基但不含其他含氧基羧酸(包括其酸酐、酰卤化物、过氧化物和过氧酸及该号的衍生物)	6.5	30.0	17.0	千克	
2918300011	除虫菊素Ⅰ、除虫菊素Ⅱ	6.5	30.0	17.0	千克	S
2918300012	瓜叶菊素Ⅰ、瓜叶菊素Ⅱ	6.5	30.0	17.0	千克	S
2918300013	茉酮菊素Ⅰ、茉酮菊素Ⅱ	6.5	30.0	17.0	千克	S
2918300014	环戊烯丙菊酯	6.5	30.0	17.0	千克	S
2918300015	调环酸、抗倒酯、环虫菊酯	6.5	30.0	17.0	千克	S
2918300016	烯丙菊酯等(包括右旋烯丙菊酯、富右旋反式烯丙菊酯、右旋反式烯丙菊酯)	6.5	30.0	17.0	千克	S
2918300017	Es_生物烯丙菊酯、生物烯丙菊酯等(包括S_生物烯丙菊酯)	6.5	30.0	17.0	千克	S
2918300090	其他含醛基或酮基不含其他含氧基羧酸(包括酸酐、酰卤化物、过氧化物和过氧酸及该税号的衍生物)	6.5	30.0	17.0	千克	
2918900010	2,4,5-涕及其盐和酯(2,4,5-三氯苯氧乙酸)	6.5	30.0	17.0	千克	89
2918900021	2,4-滴、2,4-滴丙酸、2,4滴丁酸等(包括精2,4-滴丙酸)	6.5	30.0	17.0	千克	S
2918900022	2甲4氯、2甲4氯丙酸等(包括精2甲4氯丙酸)	6.5	30.0	17.0	千克	S
2918900023	2甲4氯丁酸	6.5	30.0	17.0	千克	S
2918900024	麦草畏、杀草畏	6.5	30.0	17.0	千克	S
2918900025	禾草灵、乳氟禾草灵	6.5	30.0	17.0	千克	S
2918900026	氟萘禾草灵、甲羧除草醚	6.5	30.0	17.0	千克	S
2918900027	三氟羧草醚、乙羧氟草醚	6.5	30.0	17.0	千克	S
2918900028	氟乳醚、调果酸、座果酸	6.5	30.0	17.0	千克	S
2918900029	增糖酯、脱落酸、氯氟草醚乙酯	6.5	30.0	17.0	千克	S
2918900090	其他含其他附加含氧基羧酸(包括其酸酐,酰卤化物,过氧化物和过氧酸及该号的衍生物)	6.5	30.0	17.0	千克	

商品编号	商品名称及备注	进口关税税率		增值税率	计量单位	监管条件
		最惠国	普通			
2919	**磷酸脂及其盐,包括乳磷酸盐,以及它们的卤化、磺化、硝化或亚硝化衍生物**					
2919000010	三(2,3-二溴丙基)磷酸酯	6.5	30.0	17.0	千克	89
2919000020	磷酸三丁酯	6.5	30.0	17.0	千克	3
2919000031	敌敌钙、敌敌畏	6.5	30.0	17.0	千克	S
2919000032	速灭磷、二溴磷	6.5	30.0	17.0	千克	S
2919000033	巴毒磷、杀虫畏	6.5	30.0	17.0	千克	S
2919000034	毒虫畏、甲基毒虫畏	6.5	30.0	17.0	千克	S
2919000035	庚烯磷、特普	6.5	30.0	17.0	千克	S
2919000036	三乙膦酸铝、乙膦酸	6.5	30.0	17.0	千克	S
2919000037	氯瘟磷、伐草磷	6.5	30.0	17.0	千克	S
2919000090	其他磷酸酯及其盐(包括乳磷酸盐)(包括它们的卤化、磺化、硝化或亚硝化衍生物)	6.5	30.0	17.0	千克	
2920	**其他非金属无机酸酯(不包括卤化氢的酯)及其盐以及它们的卤化、磺化、硝化或亚硝化衍生物**					
2920100011	甲基对硫磷、对硫磷	6.5	30.0	17.0	千克	S
2920100012	氯氧磷、虫螨畏	6.5	30.0	17.0	千克	S
2920100013	杀螟硫磷、除线磷	6.5	30.0	17.0	千克	S
2920100014	异氯磷、皮蝇磷	6.5	30.0	17.0	千克	S
2920100015	溴硫磷、乙基溴硫磷、硝虫硫磷	6.5	30.0	17.0	千克	S
2920100016	甲基增效磷、增效磷	6.5	30.0	17.0	千克	S
2920100017	碘硫磷、苯稻瘟净	6.5	30.0	17.0	千克	S
2920100018	甲基立枯磷、克菌磷	6.5	30.0	17.0	千克	S
2920100019	速杀硫磷、丰丙磷	6.5	30.0	17.0	千克	S
2920100090	其他硫代磷酸酯及其盐(包括它们的卤化、磺化、硝化或亚硝化衍生物)	6.5	30.0	17.0	千克	
2920901100	亚磷酸三甲酯	6.5	30.0	17.0	千克	23
2920901200	亚磷酸三乙酯	6.5	30.0	17.0	千克	23
2920901300	亚磷酸二甲酯	6.5	30.0	17.0	千克	23
2920901400	亚磷酸二乙酯	6.5	30.0	17.0	千克	23
2920901900	亚磷酸酯	6.5	30.0	17.0	千克	
2920909011	硫丹(硕丹、韩丹及赛丹原药)	6.5	30.0	17.0	千克	7S
2920909012	治螟磷	6.5	30.0	17.0	千克	S
2920909013	消螨通	6.5	30.0	17.0	千克	S
2920909014	炔螨特	6.5	30.0	17.0	千克	S
2920909015	浸种磷	6.5	30.0	17.0	千克	S
2920909016	赛松	6.5	30.0	17.0	千克	S
2920909090	其他无机酸酯(不包括卤化氢的酯)(包括其盐以及它们的卤化、磺化、硝化或亚硝化衍生物)	6.5	30.0	17.0	千克	
2921	**氨基化合物**					

商品编号	商品名称及备注	进口关税税率		增值税率	计量单位	监管条件
		最惠国	普通			
2921110010	二甲胺	6.5	30.0	17.0	千克	23
2921110020	二甲胺盐酸盐	6.5	30.0	17.0	千克	23
2921110090	甲胺、三甲胺及其盐	6.5	30.0	17.0	千克	
2921120000	二乙胺及其盐	6.5	30.0	17.0	千克	
2921191000 *	二正丙胺	4.0	11.0	17.0	千克	
2921192000 *	异丙胺	6.5	30.0	17.0	千克	
2921193000	N,N－二(2－氯乙基)乙胺	6.5	30.0	17.0	千克	23
2921194000	N,N－二(2－氯乙基)甲胺	6.5	30.0	17.0	千克	23
2921195000	三(2－氯乙基)胺	6.5	30.0	17.0	千克	23
2921196000	二烷氨基乙基－2－氯及相应质子盐(其中烷基指甲、乙、正丙或异丙基)	6.5	30.0	17.0	千克	23
2921199011 *	三乙胺(单一成分,用做点火剂)	6.5	30.0	17.0	千克	3
2921199019 *	月桂胺、一乙胺、正丁胺	6.5	30.0	17.0	千克	
2921199020	二异丙胺	6.5	30.0	17.0	千克	3
2921199031	2－氨基丁烷	6.5	30.0	17.0	千克	S
2921199032	二氯丙烯胺	6.5	30.0	17.0	千克	S
2921199033	胺鲜酯	6.5	30.0	17.0	千克	S
2921199090	其他无环单胺及其衍生物及其盐	6.5	30.0	17.0	千克	
2921211000 *	乙二胺	6.5	30.0	17.0	千克	
2921219000	乙二胺盐	6.5	30.0	17.0	千克	
2921221000	已二酸已二胺盐(尼龙－66盐)	6.5	20.0	17.0	千克	
2921229000	六亚甲基二胺及其他盐	6.5	30.0	17.0	千克	
2921290010 *	二乙烯三胺	6.5	30.0	17.0	千克	
2921290090	其他无环多胺及其衍生物(包括它们的盐)	6.5	30.0	17.0	千克	
2921300030	氨基羧酸环丙烷	6.5	30.0	17.0	千克	S
2921300090	其他环(烷、烯、萜烯)单胺或多胺(包括其衍生物及它们的盐)	6.5	30.0	17.0	千克	
2921411000	苯胺	6.5	20.0	17.0	千克	X
2921419000	苯胺盐	6.5	30.0	17.0	千克	
2921420011	氯硝胺	6.5	30.0	17.0	千克	S
2921420012	敌锈钠	6.5	30.0	17.0	千克	S
2921420013	苯草醚	6.5	30.0	17.0	千克	S
2921420090	其他苯胺衍生物及其盐	6.5	30.0	17.0	千克	
2921430010	氟乐灵原药	6.5	30.0	17.0	千克	S7
2921430020 *	邻甲苯胺	6.5	30.0	17.0	千克	
2921430031	溴鼠胺	6.5	30.0	17.0	千克	S
2921430032	乙丁氟灵	6.5	30.0	17.0	千克	S
2921430033	氯乙氟灵	6.5	30.0	17.0	千克	S
2921430034	环丙氟灵	6.5	30.0	17.0	千克	S
2921430035	乙丁烯氟灵	6.5	30.0	17.0	千克	S

商品编号	商品名称及备注	进口关税税率		增值税率	计量单位	监管条件
		最惠国	普通			
2921430036	地乐灵	6.5	30.0	17.0	千克	S
2921430037	氯乙灵	6.5	30.0	17.0	千克	S
2921430038	氟节胺	6.5	30.0	17.0	千克	S
2921430090	甲苯胺及其衍生物以及它们的盐	6.5	30.0	17.0	千克	
2921440000	二苯胺及其衍生物以及它们的盐	6.5	30.0	17.0	千克	
2921450010	2－萘胺	6.5	30.0	17.0	千克	X
2921450090	1－萘胺和2－萘胺的衍生物及盐(包括1－萘胺)	6.5	30.0	17.0	千克	
2921460011	安非他明、苄非他明、右苯丙胺(包括它们的盐)	6.5	30.0	17.0	千克	I
2921460012	乙非他明、芬坎法明、利非他明(包括它们的盐)	6.5	30.0	17.0	千克	I
2921460013	左苯丙胺、美芬雷司、芬特明(包括它们的盐)	6.5	30.0	17.0	千克	I
2921491000	对异丙基苯胺	4.0	11.0	17.0	千克	
2921492010 *	2,4、2,6－二甲基苯胺	6.5	20.0	17.0	千克	
2921492090	其他二甲基苯胺	6.5	20.0	17.0	千克	
2921493000	2,6－甲基乙基苯胺	4.0	11.0	17.0	千克	
2921494000 *	2,6－二乙基苯胺	6.5	20.0	17.0	千克	
2921499011	异丙乐灵	6.5	30.0	17.0	千克	S
2921499012	仲丁灵	6.5	30.0	17.0	千克	S
2921499013	二甲戊灵	6.5	30.0	17.0	千克	S
2921499020	4－氨基联苯	6.5	30.0	17.0	千克	X
2921499090	其他芳香单胺及衍生物及它们的盐	6.5	30.0	17.0	千克	
2921511000	邻苯二胺	4.0	11.0	17.0	千克	
2921519011	氨氟灵	6.5	30.0	17.0	千克	S
2921519012	氨氟乐灵	6.5	30.0	17.0	千克	S
2921519020	2,4－二氨基甲苯	6.5	30.0	17.0	千克	X
2921519090	间－、对－苯二胺、二氨基甲苯等(包括衍生物及它们的盐)	6.5	30.0	17.0	千克	
2921590010	三氨基三硝基苯	6.5	30.0	17.0	千克	3
2921590020	联苯胺(4,4'－二氨基联苯)	6.5	30.0	17.0	千克	89
2921590031	4,4'－二氨基－3,3'－二氯二苯基甲烷	6.5	30.0	17.0	千克	X
2921590032	3,3'－二氯联苯胺	6.5	30.0	17.0	千克	X
2921590033	4,4'－二氨基二苯基甲烷	6.5	30.0	17.0	千克	X
2921590090	其他芳香多胺及衍生物及它们的盐	6.5	30.0	17.0	千克	
2922	**含氧基氨基化合物**					
2922110010	单乙醇胺	6.5	30.0	17.0	千克	
2922110090	单乙醇胺盐	6.5	30.0	17.0	千克	
2922120010	二乙醇胺	6.5	30.0	17.0	千克	
2922120090	二乙醇胺盐	6.5	30.0	17.0	千克	
2922131000	三乙醇胺	6.5	30.0	17.0	千克	23
2922132010 *	芳基聚氧乙烯磷酸酯	6.5	30.0	17.0	千克	
2922132020	三乙醇胺盐酸盐	6.5	30.0	17.0	千克	23
2922132090	其他三乙醇胺的盐	6.5	30.0	17.0	千克	

商品编号	商品名称及备注	进口关税税率		增值税率	计量单位	监管条件
		最惠国	普通			
2922140000	右丙氧吩(INN)及其盐	6.5	30.0	17.0	千克	W
2922191000	乙胺丁醇	6.5	30.0	17.0	千克	
2922192100	二甲氨基乙醇及其质子化盐	6.5	30.0	17.0	千克	
2922192210	2-二乙氨基乙醇(或称N,N-二乙基乙醇胺)	6.5	30.0	17.0	千克	3
2922192290	二乙氨基乙醇的质子化盐	6.5	30.0	17.0	千克	
2922192900	其他二烷氨基乙-2-醇及质子化盐(烷基指正丙或异丙基)	6.5	30.0	17.0	千克	23
2922193000	乙基二乙醇胺	6.5	30.0	17.0	千克	23
2922194000	甲基二乙醇胺	6.5	30.0	17.0	千克	23
2922199010	增产胺	6.5	30.0	17.0	千克	S
2922199090	其他氨基醇及其醚、酯和它们的盐(但含有一种以上含氧基的除外)	6.5	30.0	17.0	千克	
2922210000	氨基羟基萘磺酸及其盐(但含有一种以上含氧基的除外)	6.5	30.0	17.0	千克	
2922220000	茴香胺,二茴香胺,氨基苯乙醚等(但含有一种以上含氧基的除外)	6.5	30.0	17.0	千克	
2922290000	其他氨基(萘酚、酚)及醚、酯(包括它们的盐,但含有一种以上含氧基的除外)	6.5	30.0	17.0	千克	
2922310010	安非拉酮及其盐	6.5	30.0	17.0	千克	I
2922310020	美沙酮、去甲美沙酮及它们的盐	6.5	30.0	17.0	千克	W
2922390010	氯胺酮及其盐	6.5	30.0	17.0	千克	I
2922390020	灭藻醌	6.5	30.0	17.0	千克	S
2922390090	其他氨基醛、氨基酮及其盐(包括氨基醌及其盐,但含有一种以上含氧基除外)	6.5	30.0	17.0	千克	
2922411000	赖氨酸	5.0	20.0	17.0	千克	AB
2922419000	赖氨酸酯和赖氨酸盐(包括赖氨酸酯的盐)	6.0	30.0	17.0	千克	AB
2922421000 *	谷氨酸	10.0	90.0	17.0	千克	AB
2922422000	谷氨酸钠	10.0	130.0	17.0	千克	AB
2922429000	其他谷氨酸盐	6.5	30.0	17.0	千克	AB
2922431000	邻氨基苯甲酸(氨茴酸)	6.5	20.0	17.0	千克	23
2922439000	邻氨基苯甲酸(氨茴酸)盐	6.5	30.0	17.0	千克	
2922440000	替利定(INN)及其盐	6.5	30.0	17.0	千克	
2922491000	其他氨基酸	6.5	20.0	17.0	千克	AB
2922499100	普鲁卡因	6.0	20.0	17.0	千克	
2922499911	草灭畏	6.5	30.0	17.0	千克	ABS
2922499912	灭杀威、灭除威、混灭威等(害扑威、速灭威、混杀威、残杀威、猛杀威)	6.5	30.0	17.0	千克	ABS
2922499913	兹克威、灭害威、除害威	6.5	30.0	17.0	千克	ABS
2922499914	异丙威(叶蝉散原药)	6.5	30.0	17.0	千克	7ABS
2922499915	仲丁威、畜虫威、合杀威	6.5	30.0	17.0	千克	ABS

商品编号	商品名称及备注	进口关税税率		增值税率	计量单位	监管条件
		最惠国	普通			
2922499916	甲萘威、地麦威、蜱虱威	6.5	30.0	17.0	千克	ABS
2922499917	苯氧威、除线威	6.5	30.0	17.0	千克	ABS
2922499990	其他氨基酸及其酯及它们的盐(含有一种以上含氧基的除外)	6.5	30.0	17.0	千克	AB
2922500000	氨基醇酚、氨基酸酚(包括其他含氧基氨基化合物)	6.5	30.0	17.0	千克	
2923	**季铵盐及季铵碱;卵磷脂及其他磷氨基类脂,不论是否已有化学定义**					
2923100010	氯化胆碱	6.5	30.0	17.0	千克	S
2923100090	其他胆碱及其盐	6.5	30.0	17.0	千克	
2923200000	卵磷脂及其他磷氨基类脂	6.5	30.0	17.0	千克	
2923900011	矮壮素	6.5	30.0	17.0	千克	S
2923900012	菊胺酯	6.5	30.0	17.0	千克	S
2923900090	其他季铵盐及季铵碱	6.5	30.0	17.0	千克	
2924	**羧基酰胺基化合物;碳酸酰胺基化合物**					
2924110000	甲丙氨酯(INN)	6.5	30.0	17.0	千克	I
2924191000	二甲基甲酰胺	6.5	30.0	17.0	千克	
2924199011	久效磷、磷胺	6.5	30.0	17.0	千克	S
2924199012	百治磷	6.5	30.0	17.0	千克	S
2924199013	溴乙酰胺	6.5	30.0	17.0	千克	S
2924199014	霜霉威	6.5	30.0	17.0	千克	S
2924199015	叶枯炔	6.5	30.0	17.0	千克	S
2924199016	二丙烯草胺	6.5	30.0	17.0	千克	S
2924199017	解草烯	6.5	30.0	17.0	千克	S
2924199018	驱蚊酯	6.5	30.0	17.0	千克	S
2924199020	氟乙酰胺(敌蚜胺)	6.5	30.0	17.0	千克	89
2924199030	甲丙氨酯的盐	6.5	30.0	17.0	千克	I
2924199040	丙烯酰胺	6.5	30.0	17.0	千克	X
2924199090	无环酰胺(包括无环氨基甲酸酯)(包括其衍生物及其盐)	6.5	30.0	17.0	千克	
2924210010	氟环脲	6.5	30.0	17.0	千克	S
2924210090	其他酰脲及其衍生物以及它们的盐	6.5	30.0	17.0	千克	
2924230000	2-乙酰氨基苯甲酸及其盐	6.5	30.0	17.0	千克	
2924240000	炔已蚁胺(INN)	6.5	30.0	17.0	千克	I
2924291000	对乙酰氨基苯乙醚(非那西丁)	6.0	20.0	17.0	千克	Q
2924292000	对乙酰氨基酚(扑热息痛)	6.0	30.0	17.0	千克	Q
2924299011	避蚊胺、灭锈胺、叶枯酞、水杨菌胺	6.5	30.0	17.0	千克	S
2924299012	萘草胺、新燕灵、非草隆、氯炔灵	6.5	30.0	17.0	千克	S
2924299013	燕麦灵、苄胺灵、特草灵、特胺灵	6.5	30.0	17.0	千克	S
2924299014	毒草胺、丁烯草胺、二氯已酰草胺	6.5	30.0	17.0	千克	S
2924299015	萘丙胺、牧草胺、溴丁酰草胺	6.5	30.0	17.0	千克	S

商品编号	商 品 名 称 及 备 注	进口关税税率		增值税率	计量单位	监管条件
		最惠国	普通			
2924299016	氯甲酰草胺、麦草伏 M、麦草伏	6.5	30.0	17.0	千克	S
2924299017	氯虫酰肼、异丙甲草胺、苯肽胺酸等(包括精异丙甲草胺、缬霉威)	6.5	30.0	17.0	千克	S
2924299020	N－乙酰邻氨基苯酸	6.5	30.0	17.0	千克	23
2924299031	苯胺灵、苯霜灵、丙草胺、敌稗等(包括丙炔草胺、草不隆、草完隆、除虫脲、除幼脲)	6.5	30.0	17.0	千克	S
2924299032	敌草胺、敌草隆、二甲苯草胺等(包括丁草胺、丁酰草胺、二甲草胺、氟苯脲、氟草隆)	6.5	30.0	17.0	千克	S
2924299033	庚酰草胺、环丙草胺、环酰草胺等(包括氟虫脲、氟铃脲、氟酰胺、氟蚁灵、氟幼脲)	6.5	30.0	17.0	千克	S
2924299034	甲氯酰草胺、甲霜灵、环草隆等(包括环莠隆、甲草胺、甲氧隆、克草胺、枯草隆)	6.5	30.0	17.0	千克	S
2924299035	甲基杀草隆、枯莠隆、邻酰胺等(包括绿麦隆、氯苯胺灵、麦草氟甲酯、麦草氟异丙酯)	6.5	30.0	17.0	千克	S
2924299036	灭草隆、灭幼脲、炔苯酰草胺等(包括麦锈灵、棉胺宁、灭草灵、炔草隆、杀草胺)	6.5	30.0	17.0	千克	S
2924299037	虱螨脲、双苯酰草胺、双酰草胺等(包括杀草隆、杀铃脲、杀螺胺、莎稗磷、烯丙酰草胺)	6.5	30.0	17.0	千克	S
2924299038	甜菜安、特丁草胺、乙氧苯草胺等(包括甜菜宁、戊菌隆、酰草隆、乙草胺、乙霉威)	6.5	30.0	17.0	千克	S
2924299039	乙酰甲草胺、异丙隆、异草完隆等(包括异丙草胺、异丁草胺)	6.5	30.0	17.0	千克	S
2924299040	炔已蚁胺的盐	6.5	30.0	17.0	千克	I
2924299090	其他环酰胺(包括环氨基甲酸酯)(包括其衍生物以及它们的盐)	6.5	30.0	17.0	千克	
2925	**羧基酰亚胺化合物(包括糖精及其盐)及亚胺基化合物**					
2925110000	糖精及其盐	9.0	90.0	17.0	千克	
2925120000	格鲁米特(INN)	6.5	30.0	17.0	千克	I
2925190010	格鲁米特的盐	6.5	30.0	17.0	千克	I
2925190021	腐霉利(速克灵原药)	6.5	30.0	17.0	千克	7S
2925190022	菌核净、菌核利、甲菌利、乙菌利	6.5	30.0	17.0	千克	S
2925190023	氟烯草酸	6.5	30.0	17.0	千克	S
2925190024	胺菊酯(包括右旋胺菊酯、右旋反式胺菊酯、富右旋反式胺菊酯)	6.5	30.0	17.0	千克	S
2925190090	其他酰亚胺及其衍生物、盐	6.5	30.0	17.0	千克	
2925200011	杀螨特、杀螨脒	6.5	30.0	17.0	千克	S
2925200012	双甲脒、单甲脒、伐虫脒、丙烷脒	6.5	30.0	17.0	千克	S
2925200013	烯肟菌胺、烯肟菌酯、醚菌酯	6.5	30.0	17.0	千克	S
2925200014	双胍辛胺、多果定、双胍辛胺乙酸盐等(包括双胍三辛烷基苯磺酸盐)	6.5	30.0	17.0	千克	S
2925200015	禾草灭、氟草醚、增产肟	6.5	30.0	17.0	千克	S

商品编号	商 品 名 称 及 备 注	进口关税税率		增值税率	计量单位	监管条件
		最惠国	普通			
2925200020	杀虫脒	6.5	30.0	17.0	千克	89
2925200090	其他亚胺及其衍生物以及它们的盐	6.5	30.0	17.0	千克	
2926	**腈基化合物**					
2926100000	丙烯腈(即2-丙烯腈、乙烯基氰)	6.5	30.0	17.0	千克	X
2926200000	1-氰基胍(双氰胺)	6.5	30.0	17.0	千克	
2926300010	美沙酮中间体(4-氰基-2-二甲氨基-4,4-二苯基丁烷)	6.5	30.0	17.0	千克	W
2926300020	芬普雷司及其盐	6.5	30.0	17.0	千克	I
2926901000	对氯氰苄	4.0	11.0	17.0	千克	
2926902000	间苯二甲腈	6.5	30.0	17.0	千克	
2926909010	甲氰菊酯、S-氰戊菊酯、氯氟氰菊酯(灭扫利,来福灵,功夫原药)	6.5	30.0	17.0	千克	S7
2926909020*	己二腈	6.5	30.0	17.0	千克	
2926909031	氯氰菊酯、氟氯氰菊酯等(包括高效氯氰菊酯、高效反式氯氰菊酯、高效氟氯氰菊酯)	6.5	30.0	17.0	千克	S
2926909032	杀螟腈、辛硫磷、甲基辛硫磷等(包括敌草腈、碘苯腈、辛酰碘苯腈、溴苯腈、辛酰溴苯腈)	6.5	30.0	17.0	千克	S
2926909033	氯辛硫磷、戊氰威、苯醚氰菊酯等(包括稻瘟酰胺、丙螨氰、右旋苯醚氰菊酯)	6.5	30.0	17.0	千克	S
2926909034	戊烯氰氯菊酯、溴氯氰菊酯(包括高效氯氟氰菊酯、精高效氯氟氰菊酯)	6.5	30.0	17.0	千克	S
2926909035	溴氰菊酯、四溴菊酯、氟丙菊酯	6.5	30.0	17.0	千克	S
2926909036	氟氯苯菊酯、氰戊菊酯、乙氰菊酯	6.5	30.0	17.0	千克	S
2926909037	氟氰戊菊酯、溴氟菊酯、溴灭菊酯	6.5	30.0	17.0	千克	S
2926909038	氰菌胺、百菌清、霜脲氰、溴菌腈	6.5	30.0	17.0	千克	S
2926909039	氟胺氰菊酯、氰氟草酯、苯氰菊酯(包括富右旋反式苯氰菊酯)	6.5	30.0	17.0	千克	S
2926909090	其他腈基化合物	6.5	30.0	17.0	千克	
2927	**重氮化合物、偶氮化合物及氧化偶氮化合物**					
2927000010	敌磺钠(包括氧化偶氮化合物)	6.5	30.0	17.0	千克	S
2927000090	其他重氮化合物、偶氮化合物等(包括氧化偶氮化合物)	6.5	30.0	17.0	千克	
2928	**肼(联氨)及胲(羟胺)的有机衍生物**					
2928000010	偏二甲肼	6.5	20.0	17.0	千克	3
2928000020	甲基肼	6.5	20.0	17.0	千克	3
2928000031	抑食肼、虫酰肼、丁酰肼	6.5	20.0	17.0	千克	S
2928000032	绿谷隆、溴谷隆、利谷隆、氯溴隆	6.5	20.0	17.0	千克	S
2928000033	溴酚肟、乙二肟	6.5	20.0	17.0	千克	S
2928000034	苯螨特	6.5	20.0	17.0	千克	S

商品编号	商品名称及备注	进口关税税率		增值税率	计量单位	监管条件
		最惠国	普通			
2928000035	醌肟腙	6.5	20.0	17.0	千克	S
2928000036	三甲苯草酮	6.5	20.0	17.0	千克	S
2928000037	解草胺腈	6.5	20.0	17.0	千克	S
2928000090	其他肼(联氨)及胲(羟胺)的有机衍生物	6.5	20.0	17.0	千克	
2929	**其他含氮基化合物**					
2929101000	甲苯二异氰酸酯(TDI)	6.5	30.0	17.0	千克	
2929102000	二甲苯二异氰酸酯(TODI)	6.5	30.0	17.0	千克	
2929103000	二苯基甲烷二异氰酸酯(纯 MDI)	6.5	30.0	17.0	千克	
2929104000	六亚基甲烷二异氰酸酯	6.5	30.0	17.0	千克	
2929109000	其他异氰酸酯	6.5	30.0	17.0	千克	
2929901000	环已基氨基磺酸钠(甜蜜素)	9.0	90.0	17.0	千克	
2929902000	二烷氨基膦酰二卤(其中烷基指甲、乙、正丙或异丙基)	6.5	30.0	17.0	千克	23
2929903000	二烷氨基膦酸二烷酯(其中烷基指甲、乙、正丙或异丙基)	6.5	30.0	17.0	千克	23
2929909011	胺丙畏、胺草磷、抑草磷等(包括甲基胺草磷)	6.5	30.0	17.0	千克	S
2929909012	异柳磷、甲基异柳磷、丙胺氟磷等(包括乙酰甲胺磷)	6.5	30.0	17.0	千克	S
2929909013	八甲磷、育畜磷、甘氨硫磷等(包括甲氟磷、毒鼠磷、水胺硫磷)	6.5	30.0	17.0	千克	S
2929909090	其他含氮基化合物	6.5	30.0	17.0	千克	
2930	**有机硫化合物**					
2930100000	二硫代碳酸酯(或酯盐)(即黄原酸酯(或酯盐))	6.5	30.0	17.0	千克	
2930200011	禾草丹、杀螟丹(杀草丹、巴丹原药)	6.5	30.0	17.0	千克	7S
2930200012	威百亩、代森钠、丙森锌、福美铁等(包括福美锌、代森福美锌、安百亩)	6.5	30.0	17.0	千克	S
2930200013	燕麦敌、野麦畏、硫草敌、灭草猛	6.5	30.0	17.0	千克	S
2930200014	苄草丹、戊草丹、坪草丹、仲草丹	6.5	30.0	17.0	千克	S
2930200015	丁草敌、克草敌、茵草敌、灭草敌等(包括环草敌)	6.5	30.0	17.0	千克	S
2930200016	硫菌威、菜草畏	6.5	30.0	17.0	千克	S
2930200090	其他硫代氨基甲酸盐(或酯)(包括二硫代氨基甲酸盐)	6.5	30.0	17.0	千克	
2930300010	福美双	6.5	30.0	17.0	千克	S
2930300090	其他一硫化二烃氨基硫羰等(包括二硫化二烃氨基硫羰及四硫化二烃氨基硫羰)	6.5	30.0	17.0	千克	
2930400000	甲硫氨酸(蛋氨酸)	6.5	30.0	17.0	千克	AB
2930901000	双巯丙氨酸(胱氨酸)	6.5	30.0	17.0	千克	AB
2930909011	烯禾啶(拿扑净的原药)	6.5	30.0	17.0	千克	S7
2930909012 *	乙硫醇	6.5	30.0	17.0	千克	
2930909013	2－氯乙基氯甲基硫醚	6.5	30.0	17.0	千克	23
2930909014	二(2－氯乙基)硫醚(即芥子气)	6.5	30.0	17.0	千克	23
2930909015	二(2－氯乙硫基)甲烷	6.5	30.0	17.0	千克	23

商品编号	商品名称及备注	进口关税税率		增值税率	计量单位	监管条件
		最惠国	普通			
2930909016	1,2-二(2-氯乙硫基)乙烷(即倍半芥气)	6.5	30.0	17.0	千克	23
2930909017	1,3-二(2-氯乙硫基)正丙烷	6.5	30.0	17.0	千克	23
2930909018	1,4-二(2-氯乙硫基)正丁烷	6.5	30.0	17.0	千克	23
2930909019	1,5-二(2-氯乙硫基)正戊烷	6.5	30.0	17.0	千克	23
2930909021	二(2-氯乙硫基甲基)醚	6.5	30.0	17.0	千克	23
2930909022	二(2-氯乙硫基乙基)醚(即氧芥气)	6.5	30.0	17.0	千克	23
2930909023	胺吸膦(硫代磷酸二乙基-S-2-二乙氨基乙酯及烷基化或质子化盐)	6.5	30.0	17.0	千克	23
2930909024	烷基氨基乙-2-硫醇及相应质子盐	6.5	30.0	17.0	千克	23
2930909025	硫二甘醇(二(2-羟乙基)硫醚,硫代双乙醇)	6.5	30.0	17.0	千克	23
2930909026	烷基硫代膦酸烷S-2-二烷氨基乙酯(包括相应烷基化盐,质子化盐,烷基指甲,乙,正丙,异丙基)	6.5	30.0	17.0	千克	23
2930909027	含一磷原子与甲乙丙基结合化合物(不包括地虫磷)	6.5	30.0	17.0	千克	23
2930909028	内吸磷	6.5	30.0	17.0	千克	X
2930909029	敌菌丹、甲胺磷	6.5	30.0	17.0	千克	S
2930909040 *	DL-羟基蛋氨酸	6.5	30.0	17.0	千克	AB
2930909051	甲基硫菌灵、硫菌灵、苯螨醚等(包括乙蒜素、敌灭生、丁酮威、丁酮砜威、棉铃威)	6.5	30.0	17.0	千克	S
2930909052	灭多威、涕灭威、乙硫苯威等(包括杀线威、甲硫威、多杀威、涕灭砜威、硫双威)	6.5	30.0	17.0	千克	S
2930909053	丁醚脲、久效威、苯硫威等(包括敌螨特、2甲4氯乙硫酯)	6.5	30.0	17.0	千克	S
2930909054	杀虫双、杀虫单、灭虫脲等(包括避虫醇、烯虫硫酯、三氯杀螨砜、杀螨醚、杀螨酯)	6.5	30.0	17.0	千克	S
2930909055	代森锌、代森锰、代森锰锌等(包括福美胂、福美甲胂、代森铵、代森联)	6.5	30.0	17.0	千克	S
2930909056	烯草酮、磺草酮、嗪草酸甲酯等(包括苯氟磺胺、甲磺乐灵、氯硫酰草胺、脱叶磷)	6.5	30.0	17.0	千克	S
2930909057	灭菌丹、克菌丹、杀螨硫醚等(包括氟杀螨、硫肟醚、莠不生)	6.5	30.0	17.0	千克	S
2930909058	稻瘟净、异稻瘟净、稻丰散等(包括敌瘟磷)	6.5	30.0	17.0	千克	S
2930909059	安妥、灭鼠特、二硫氰基甲烷等(包括灭鼠肼、氟硫隆)	6.5	30.0	17.0	千克	S
2930909061	马拉硫磷、苏硫磷、赛硫磷等(包括丙虫磷、双硫磷、亚砜磷、异亚砜磷)	6.5	30.0	17.0	千克	S
2930909062	丙溴磷、田乐磷、特丁硫磷等(包括硫丙磷、地虫硫膦、乙硫磷、丙硫磷、甲基乙拌磷)	6.5	30.0	17.0	千克	S
2930909063	乐果、益硫磷、氧乐果等(包括甲拌磷、乙拌磷、虫螨磷、果虫磷)	6.5	30.0	17.0	千克	S
2930909064	氯胺磷、家蝇磷、灭蚜磷等(包括安硫磷、四甲磷、丁苯硫磷、苯线磷、蚜灭磷)	6.5	30.0	17.0	千克	S

商品编号	商品名称及备注	进口关税税率		增值税率	计量单位	监管条件
		最惠国	普通			
2930909065	硫线磷、氯甲硫磷、杀虫磺等(包括砜吸磷、砜拌磷、异拌磷、三硫磷、芬硫磷)	6.5	30.0	17.0	千克	S
2930909066	倍硫磷、甲基内吸磷、乙酯磷等(包括丰索磷、内吸磷、发硫磷、甲基乙酯磷)	6.5	30.0	17.0	千克	S
2930909067	灭线磷(益舒宝原药)	6.5	30.0	17.0	千克	S
2930909090	其他有机硫化合物	6.5	30.0	17.0	千克	
2931	**其他有机—无机化合物**					
2931000011	烷基亚膦酰烷基-2-二烷氨基乙酯(包括相应烷基化盐或质子化盐)	6.5	30.0	17.0	千克	23
2931000012	氯沙林、氯梭曼(氯沙林即甲基氯膦酸异丙酯,氯梭曼即甲基氯膦酸频那酯)	6.5	30.0	17.0	千克	23
2931000013	2-氯乙烯基二氯胂	6.5	30.0	17.0	千克	23
2931000014	二(2-氯乙烯基)氯胂	6.5	30.0	17.0	千克	23
2931000015	三(2-氯乙烯基)胂	6.5	30.0	17.0	千克	23
2931000016	烷基氟膦酸烷酯,10碳原子以下(烷基指甲,乙,正丙,异丙基,例如:沙林,梭曼)	6.5	30.0	17.0	千克	23
2931000017	二烷氨基氰膦酸烷酯10碳原子以下(烷基指甲,乙,正丙,异丙基,例如:塔崩)	6.5	30.0	17.0	千克	23
2931000018	烷基膦酰二氟(烷基指甲,乙,正丙,异丙基,例如,DF:甲基膦酰二氟)	6.5	30.0	17.0	千克	23
2931000021	四乙基铅,四甲基铅	6.5	30.0	17.0	千克	X
2931000022	锆试剂,二甲胂酸等(包括4-二甲氨基偶氮苯-4'-胂酸,卡可基酸,二甲基胂酸钠)	6.5	30.0	17.0	千克	X
2931000023	4-氨基苯胂酸钠,二氯化苯胂(对氨基苯胂酸钠,二氯苯胂,苯胂化二氯)	6.5	30.0	17.0	千克	X
2931000024	蒽醌-1-胂酸,三环锡(普特丹)等(包括月桂酸三丁基锡,醋酸三丁基锡)	6.5	30.0	17.0	千克	X
2931000025	硫酸三乙基锡,二丁基氧化锡等(包括氧化二丁基锡,乙酸三乙基锡,三乙基乙酸锡)	6.5	30.0	17.0	千克	X
2931000026	四乙基锡,乙酸三甲基锡(四乙锡,醋酸三甲基锡)	6.5	30.0	17.0	千克	X
2931000027	毒菌锡[三苯基羟基锡(含量>20%)]	6.5	30.0	17.0	千克	X
2931000028	乙酰亚砷酸铜,二苯(基)胺氯胂(祖母绿;翡翠绿;醋酸亚砷酸铜,吩吡嗪化氯;亚当氏气)	6.5	30.0	17.0	千克	X
2931000029	3-硝基-4-羟基苯胂酸(4-羟基-3-硝基苯胂酸)	6.5	30.0	17.0	千克	X
2931000031	氰胍甲汞,醋酸苯汞,氯乙基汞等(包括乳酸苯汞三乙醇铵,氰甲汞胍,氯化甲氧基乙基汞)	6.5	30.0	17.0	千克	X
2931000032	2-氯汞苯酚,乙酸甲氧基乙基汞等(包括醋酸甲氧基乙基汞,4-氯汞苯甲酸,对氯化汞苯甲酸)	6.5	30.0	17.0	千克	X
2931000033	磷酸二乙基汞,氯化甲基汞等(包括谷乐生;谷仁乐生;乌斯普龙汞制剂,羟基甲基汞)	6.5	30.0	17.0	千克	X

商品编号	商品名称及备注	进口关税税率		增值税率	计量单位	监管条件
		最惠国	普通			
2931000034	氢氧化苯汞,硝酸苯汞等(包括二乙(基)汞,二苯(基)汞)	6.5	30.0	17.0	千克	X
2931000035	乙基二氯胂,二苯(基)氯胂等(包括二氯化乙基胂,氯化二苯胂)	6.5	30.0	17.0	千克	X
2931000036	甲(基)胂酸,丙(基)胂酸,二碘化苯胂等(包括苯基二碘胂)	6.5	30.0	17.0	千克	X
2931000037	苯胂酸,2-硝基苯胂酸等(包括邻硝基苯胂酸,3-硝基苯胂酸,间硝基苯胂酸等)	6.5	30.0	17.0	千克	X
2931000038	4-硝基苯胂酸,2-氨基苯胂酸(对硝基苯胂酸,邻氨基苯胂酸)	6.5	30.0	17.0	千克	X
2931000039	3-氨基苯胂酸,4-氨基苯胂酸(间氨基苯胂酸,对氨基苯胂酸)	6.5	30.0	17.0	千克	X
2931000041	草甘膦	6.5	30.0	17.0	千克	S
2931000042	草铵膦,草硫膦,杀木膦等(包括双丙氨膦,增甘膦及其盐)	6.5	30.0	17.0	千克	S
2931000043	乙烯利,乙烯硅	6.5	30.0	17.0	千克	S
2931000044	三丁氯苄鏻	6.5	30.0	17.0	千克	S
2931000045	敌百虫,氟硅菊酯,毒壤膦等(包括苯硫膦,溴苯膦,苯腈膦,丁酯膦)	6.5	30.0	17.0	千克	S
2931000046	三苯锡,三苯基乙酸锡等(包括三苯基氯化锡,三苯基氢氧化锡,苯丁锡,三唑锡)	6.5	30.0	17.0	千克	S
2931000090	其他有机-无机化合物	6.5	30.0	17.0	千克	
2932	**仅含有氧杂原子的杂环化合物**					
2932110000	四氢呋喃	6.0	20.0	17.0	千克	
2932120000	2-糠醛	6.0	20.0	17.0	千克	BS
2932130000	糠醇及四氢糠醇	6.0	20.0	17.0	千克	
2932190011	喃烯菊酯,炔呋菊酯等(包括甲呋炔菊酯、溴苄呋菊酯、右旋炔呋菊酯)	6.5	20.0	17.0	千克	S
2932190012	呋菌胺、酯菌胺、抑霉胺等(包括环菌胺、甲呋酰胺、二甲呋酰胺)	6.5	20.0	17.0	千克	S
2932190013	呋氧草醚、环庚草醚、呋草酮等(包括茵多酸)	6.5	20.0	17.0	千克	S
2932190014	楝素、呋霜灵、乙二醇缩糠醛等(包括呋菌隆、季酮螨酯)	6.5	20.0	17.0	千克	S
2932190015	苄呋菊酯(包括右旋苄呋菊酯、生物苄呋菊酯)	6.5	20.0	17.0	千克	S
2932190090	其他结构上有非稠合呋喃环化合物	6.5	20.0	17.0	千克	
2932210000	香豆素、甲基香豆素及乙基香豆素	6.5	20.0	17.0	千克	
2932290011	杀鼠灵、克鼠灵、敌鼠灵、溴鼠灵等(包括氯灭鼠灵、氟鼠灵、鼠得克、杀鼠醚)	6.5	20.0	17.0	千克	S
2932290012	赤霉酸	6.5	20.0	17.0	千克	S
2932290013	蝇毒磷、茴蒿素、溴敌隆、呋酰胺等(包括四氯苯酞、畜虫磷)	6.5	20.0	17.0	千克	S

商品编号	商品名称及备注	进口关税税率		增值税率	计量单位	监管条件
		最惠国	普通			
2932290090	其他内酯	6.5	20.0	17.0	千克	
2932910000	4－丙烯基－1,2－亚甲二氧基苯(即异黄樟脑)	6.5	20.0	17.0	千克	23
2932920000	1－(1,3－苯并二恶茂－5－基)丙烷－2－酮(即3,4－亚甲基二氧苯基－2－丙酮)	6.5	20.0	17.0	千克	23
2932930000	3,4－亚甲二氧基苯甲醛(胡椒醛)(别名洋茉莉醛、天芥菜精)	6.5	20.0	17.0	千克	23
2932940000	4－烯丙基－1,2－亚甲二氧基苯(即黄樟脑)	6.5	20.0	17.0	千克	23
2932950000	四氢大麻酚(所有异构体)	6.5	20.0	17.0	千克	I
2932991000	呋喃酚	4.0	11.0	17.0	千克	
2932992000	联苯双酯(即4,4'双甲氧基5,6,5'6'双次甲二氧基2,2'双甲氧羰基苯)	6.5	20.0	17.0	千克	
2932999011	克百威(呋喃丹原药)	6.5	20.0	17.0	千克	7S
2932999012	二氧威、恶虫威、丙硫克百威等(包括丁硫克百威、呋线威)	6.5	20.0	17.0	千克	S
2932999013	因毒磷、敌恶磷、碳氯灵	6.5	20.0	17.0	千克	S
2932999014	增效特、增效砜、增效醚、增效酯等(包括增效环、增效散)	6.5	20.0	17.0	千克	S
2932999015	吡喃灵、吡喃隆、乙氧呋草黄等(包括呋草黄、氟草肟、解草腈、解草烷)	6.5	20.0	17.0	千克	S
2932999016	避蚊酮、苯虫醚、鱼藤酮	6.5	20.0	17.0	千克	S
2932999017	调呋酸、芸苔素内酯	6.5	20.0	17.0	千克	S
2932999021	紫杉醇	6.5	20.0	17.0	千克	QFE
2932999022	三尖杉宁碱	6.5	20.0	17.0	千克	FE
2932999023	十去乙酰基巴卡丁三(红豆杉提取物10－DAB)	6.5	20.0	17.0	千克	FE
2932999024	十去乙酰基紫杉醇(红豆杉提取物10－DAT)	6.5	20.0	17.0	千克	FE
2932999025	巴卡丁三	6.5	20.0	17.0	千克	FE
2932999026	7－表紫杉醇	6.5	20.0	17.0	千克	FE
2932999027	10－去乙酰7－表紫杉醇	6.5	20.0	17.0	千克	FE
2932999030	二亚甲基双氧安非他明及其盐(MDMA)	6.5	20.0	17.0	千克	I
2932999040	替苯丙胺及其盐	6.5	20.0	17.0	千克	I
2932999050	二氢黄樟素	6.5	20.0	17.0	千克	23
2932999060	二恶英、呋喃(多氯二苯并对二恶英、多氯二苯并呋喃)	6.5	20.0	17.0	千克	89
2932999070	1,4－二恶烷	6.5	20.0	17.0	千克	X
2932999090	其他仅含氧杂原子的杂环化合物	6.5	20.0	17.0	千克	
2933	**仅含有氮杂原子的杂环化合物**					
2933110000	二甲基苯基吡唑酮及其衍生物(二甲基苯基吡唑酮即安替比林)	6.5	20.0	17.0	千克	
2933192000	安乃近	6.0	20.0	17.0	千克	Q
2933199011	吡硫磷、吡唑硫磷、敌蝇威等(包括异索威、吡唑威)	6.5	20.0	17.0	千克	S
2933199012	氟虫腈、唑螨酯、吡螨胺等(包括吡唑醚菌酯)	6.5	20.0	17.0	千克	S

商品编号	商 品 名 称 及 备 注	进口关税税率		增值税率	计量单位	监管条件
		最惠国	普通			
2933199013	吡草醚、吡唑草胺、氟氯草胺等(包括野燕枯、苄草唑、吡唑特、吡草酮)	6.5	20.0	17.0	千克	S
2933199090	其他结构上有非稠合吡唑环化合物	6.5	20.0	17.0	千克	
2933210000	乙内酰脲及其衍生物	6.5	30.0	17.0	千克	
2933290011	异菌脲(扑海因原药)	6.5	20.0	17.0	千克	S7
2933290012	抑霉唑、咪菌腈、咪菌酮、咪鲜胺等(包括克霉唑、咪鲜胺锰盐)	6.5	20.0	17.0	千克	S
2933290013	咪草酸	6.5	20.0	17.0	千克	S
2933290014	果绿啶	6.5	20.0	17.0	千克	S
2933290090	其他结构上有非稠合咪唑环化合物	6.5	20.0	17.0	千克	
2933310000	吡啶及其盐	6.0	20.0	17.0	千克	
2933321000 *	哌啶(六氢吡啶)	4.0	11.0	17.0	千克	23
2933322000	哌啶(六氢吡啶)盐	6.5	20.0	17.0	千克	
2933330011	阿芬太尼、芬太尼以及它们的盐	6.5	20.0	17.0	千克	W
2933330012	哌替啶,地芬诺酯以及它们的盐	6.5	20.0	17.0	千克	W
2933330013	氰苯双哌酰胺、丙吡兰以及它们的盐	6.5	20.0	17.0	千克	W
2933330021	哌醋甲酯、喷他左辛、溴西泮以及它们的盐	6.5	20.0	17.0	千克	I
2933330022	苯环利定、哌苯甲醇、三甲利定以及它们的盐	6.5	20.0	17.0	千克	I
2933330031	地匹哌酮、凯托米酮、地芬诺新以及它们的盐	6.5	20.0	17.0	千克	
2933330032	哌替啶中间体 A,苯哌利定以及它们的盐	6.5	20.0	17.0	千克	
2933330033	阿尼利定、苯氰米特以及它们的盐	6.5	20.0	17.0	千克	
2933391000	二苯乙醇酸-3-奎宁环酯(即 BZ)	6.5	20.0	17.0	千克	23
2933392000	奎宁环-3-醇	6.5	20.0	17.0	千克	23
2933399010	甲基吡啶、氰基吡啶、吡啶硫铜锌(包括三甲基吡啶)	6.5	20.0	17.0	千克	
2933399021	精吡氟禾草灵、毒死蜱(精稳杀得、乐斯本原药)	6.5	20.0	17.0	千克	S7
2933399022	百草枯、啶虫脒(克无踪原药、莫比朗原药)	6.5	20.0	17.0	千克	S7
2933399023	精喹禾灵(精禾草克原药)	6.5	20.0	17.0	千克	S7
2933399024	喹禾灵、氟吡禾灵、吡氟禾草灵等(包括炔禾灵、氟吡乙禾灵、氟吡胺、卤草定)	6.5	20.0	17.0	千克	S
2933399025	高效氟吡甲禾灵、氟吡甲禾灵等(包括鼠特灵、灭鼠优、灭鼠安、氟鼠啶)	6.5	20.0	17.0	千克	S
2933399026	甲基毒死蜱、吡虫啉等(包括吡氯氰菊酯、啶蜱脲、氟啶脲、哒幼酮、吡丙醚)	6.5	20.0	17.0	千克	S
2933399027	驱蝇啶、烯啶虫胺	6.5	20.0	17.0	千克	S
2933399028	咪唑烟酸、甲咪唑烟酸、咪唑乙烟酸等(包括氨氯吡啶酸、三氯吡氧乙酸、氯氟吡氧乙酸、二氯吡啶酸)	6.5	20.0	17.0	千克	S
2933399029	炔草酸、哌草磷、哌草丹、稗草丹等(包括吡氟酰草胺、氟啶草酮、氟硫草定、甲氧咪草烟、灭草烟)	6.5	20.0	17.0	千克	S
2933399030	3-羟基-1-甲基哌啶	6.5	20.0	17.0	千克	23
2933399040	3-奎宁环酮	6.5	20.0	17.0	千克	23

商品编号	商 品 名 称 及 备 注	进口关税税率		增值税率	计量单位	监管条件
		最惠国	普通			
2933399051	甲哌翁、抗倒胺、氯吡脲、吡啶醇	6.5	20.0	17.0	千克	S
2933399052	啶菌噁唑、苯锈啶、啶斑肟等(包括啶菌腈)	6.5	20.0	17.0	千克	S
2933399053	氟啶胺、氟啶虫酰胺、三氯甲基吡啶	6.5	20.0	17.0	千克	S
2933399054	咪唑嗪、丁硫啶、氯苯吡啶、哌丙灵等	6.5	20.0	17.0	千克	S
2933399080	雷米芬太尼及其盐	6.5	20.0	17.0	千克	W
2933399090	其他结构上有非稠合吡啶环化合物	6.5	20.0	17.0	千克	
2933410000	左非诺(INN)及其盐	6.5	20.0	17.0	千克	W
2933491000	环丙氟哌酸	6.5	20.0	17.0	千克	
2933499011	喹啉铜、乙氧喹啉、8-羟基喹啉(包括丙烯酸喹啉酯)	6.5	20.0	17.0	千克	S
2933499012	咯喹酮、解草酯	6.5	20.0	17.0	千克	S
2933499013	氯甲喹啉酸、二氯喹啉酸	6.5	20.0	17.0	千克	S
2933499090	其他含喹琳或异喹啉环系的化合物(但未进一步稠合的)	6.5	20.0	17.0	千克	
2933520000	丙二酰脲(巴比妥酸)及其盐	6.5	20.0	17.0	千克	
2933530011	阿洛巴比妥、仲丁巴比妥(以及它们的盐)	6.5	20.0	17.0	千克	I
2933530012	乙烯比妥、布他比妥、正丁巴比妥(以及它们的盐)	6.5	20.0	17.0	千克	I
2933530013	环已巴比妥、甲苯巴比妥(以及它们的盐)	6.5	20.0	17.0	千克	I
2933530014	司可巴比妥、异戊巴比妥(以及它们的盐)	6.5	20.0	17.0	千克	I
2933530015	戊巴比妥、苯巴比妥、巴比妥(以及它们的盐)	6.5	20.0	17.0	千克	I
2933540000	其他丙二酰脲的衍生物及它们的盐	6.5	20.0	17.0	千克	
2933550011	甲氯喹酮、甲喹酮(以及它们的盐)	6.5	20.0	17.0	千克	
2933550012	氯普唑仑、齐培丙醇(以及它们的盐)	6.5	20.0	17.0	千克	
2933590011	嘧啶磷、甲基嘧啶磷、二嗪磷等(包括嘧啶氧磷、乙嘧硫磷)	6.5	20.0	17.0	千克	S
2933590012	烯腺嘌呤、腺嘌呤、苄腺嘌呤等(包括苄氨基嘌呤、羟烯腺嘌呤)	6.5	20.0	17.0	千克	S
2933590013	嘧草醚、双草醚、除草定、环草定等(包括异草定、异丙酯草醚、嘧草硫醚、特草定、解草啶)	6.5	20.0	17.0	千克	S
2933590014	吡菌磷、嘧霉胺、嘧菌胺、嘧菌酯等(包括嘧菌环胺、嘧菌腙)	6.5	20.0	17.0	千克	S
2933590015	嘧啶威、抗蚜威、环虫腈、嘧螨醚等(包括嘧螨酯)	6.5	20.0	17.0	千克	S
2933590016	氯苯嘧啶醇、环丙嘧啶醇、呋嘧醇等(包括氟苯嘧啶醇)	6.5	20.0	17.0	千克	S
2933590017	氟蚁腙、鼠立死	6.5	20.0	17.0	千克	S
2933590018	二甲嘧酚、乙嘧酚、乙嘧酚磺酸酯	6.5	20.0	17.0	千克	S
2933590019	嗪氨灵、咪唑喹啉酸、丙酯草醚	6.5	20.0	17.0	千克	S
2933590090	其他结构上有嘧啶环等的化合物(包括其他结构上有哌嗪环的化合物、N-甲基哌嗪、哌嗪除外)	6.5	20.0	17.0	千克	
2933610000	三聚氰胺(蜜胺)	6.5	20.0	17.0	千克	
2933691000*	三聚氰氯	6.0	20.0	17.0	千克	
2933692100	二氯异氰脲酸	6.5	20.0	17.0	千克	
2933692200	三氯异氰脲酸	6.5	20.0	17.0	千克	

商品编号	商品名称及备注	进口关税税率		增值税率	计量单位	监管条件
		最惠国	普通			
2933692910	二氯异氰尿酸钠	6.5	20.0	17.0	千克	
2933692990	其他异氰脲酸氯化衍生物	6.5	20.0	17.0	千克	
2933699011	西玛津、莠去津、扑灭津、草达津等(包括特丁津、氰草津、环丙津、甘扑津、甘草津)	6.5	20.0	17.0	千克	S
2933699012	西草净、扑草净、敌草净、莠灭净等(包括特丁净、异丙净、异戊乙净、氰草净、氟草净、甲氧丙净)	6.5	20.0	17.0	千克	S
2933699013	扑灭通、仲丁通	6.5	20.0	17.0	千克	S
2933699014	丁嗪草酮、环嗪酮、嗪草酮等(包括苯嗪草酮、乙嗪草酮)	6.5	20.0	17.0	千克	S
2933699015	灭蚜硫磷、灭蝇胺、吡蚜酮等(包括敌菌灵)	6.5	20.0	17.0	千克	S
2933699090	其他结构上含非稠合三嗪环化合物	6.5	20.0	17.0	千克	
2933710000	6-己内酰胺	9.0	35.0	17.0	千克	A
2933720000	氯巴占和甲乙哌酮(INN)	9.0	15.0	17.0	千克	I
2933790010	氯巴占和甲乙哌酮的盐	9.0	20.0	17.0	千克	I
2933790020	灭菌磷	9.0	20.0	17.0	千克	S
2933790090	其他内酰胺	9.0	20.0	17.0	千克	
2933910011	阿普唑仑、卡马西泮、氯氮卓(以及它们的盐)	6.5	20.0	17.0	千克	I
2933910012	氯硝西泮、氯拉卓酸、地洛西泮(以及它们的盐)	6.5	20.0	17.0	千克	I
2933910013	地西泮、艾司唑仑、氯氟卓乙酯(以及它们的盐)	6.5	20.0	17.0	千克	I
2933910014	氟地西泮、氟硝西泮、氟西泮(以及它们的盐)	6.5	20.0	17.0	千克	I
2933910015	哈拉西泮、劳拉西泮、氯甲西泮(以及它们的盐)	6.5	20.0	17.0	千克	I
2933910016	马吲哚、咪达唑仑、硝西泮(以及它们的盐)	6.5	20.0	17.0	千克	I
2933910017	奥沙西泮、匹那西泮、普拉西泮(以及它们的盐)	6.5	20.0	17.0	千克	I
2933910018	去甲西泮、三唑仑(以及它们的盐)	6.5	20.0	17.0	千克	I
2933910021	硝甲西泮、美达西泮(以及它们的盐)	6.5	20.0	17.0	千克	
2933910022	吡咯戊酮、替马西泮、四氢西泮(以及它们的盐)	6.5	20.0	17.0	千克	
2933990011	抑芽丹、三唑磷、虫线磷、喹硫磷等(包括哒嗪硫磷、亚胺硫磷、氯亚胺硫磷、保棉磷、益棉磷、威菌磷)	6.5	20.0	17.0	千克	S
2933990012	氯唑磷、炔咪菊酯等(包括呋喃虫酰肼、唑蚜威、不育胺、虫螨腈、抗螨唑、四螨嗪)	6.5	20.0	17.0	千克	S
2933990013	多菌灵、苯菌灵、氰菌灵、麦穗宁等(包括咪菌威、丙硫多菌灵、氟氯菌核利、哒菌酮、拌种咯、杀草强)	6.5	20.0	17.0	千克	S
2933990014	三唑酮、醚草敏、三唑醇、唑草酮等(包括四氯喹恶啉、己唑醇、腈苯唑、亚胺唑、四氟醚唑、氟环唑)	6.5	20.0	17.0	千克	S
2933990015	苄氯三唑醇、戊菌唑、粉唑醇等(包括联苯三唑醇、腈菌唑、环丙唑醇、烯唑醇、戊唑醇、氟硅唑)	6.5	20.0	17.0	千克	S
2933990016	环菌唑、叶菌唑、灭菌唑、种菌唑等(包括申嗪霉素、氟喹唑、哒螨灵、喹螨醚、氟草敏、氟咯草酮)	6.5	20.0	17.0	千克	S
2933990017	唑草酯、解草唑、四环唑、恶草酸等(包括喹禾糠酯、哒草特、咯草隆、禾草敌、唑草胺、敌草快、氯草敏)	6.5	20.0	17.0	千克	S
2933990018	氟胺草唑、酰胺磺隆、三氟苯唑等(包括吲哚丁酸、溴莠敏、哌壮素、吲熟酯、三唑磺、四唑酰草胺)	6.5	20.0	17.0	千克	S

商品编号	商品名称及备注	进口关税税率		增值税率	计量单位	监管条件
		最惠国	普通			
2933990019	多效唑、烯效唑、抑芽唑、增效胺等(包括异麦赛津、叶枯净、叶锈特、吡喃草酮、吲哚乙酸)	6.5	20.0	17.0	千克	S
2933990030	布桂嗪、扎莱普隆、唑吡坦(以及他们的盐)	6.5	20.0	17.0	千克	I
2933990060	(环)四亚甲基四硝胺(俗名奥托金 HMX)	6.5	20.0	17.0	千克	3
2933990070	(环)三亚甲基三硝基胺(俗名黑索金 RDX)	6.5	20.0	17.0	千克	3
2933990090	其他仅含氮杂原子的杂环化合物	6.5	20.0	17.0	千克	
2934	**核酸及其盐,不论是否已有化学定义;其他杂环化合物**					
2934100011	噻螨酮(尼索朗原药)	6.5	20.0	17.0	千克	S7
2934100012	噻唑膦,噻唑硫磷	6.5	20.0	17.0	千克	S
2934100013	噻唑烟酸,噻唑菌胺	6.5	20.0	17.0	千克	S
2934100014	氯噻啉,氟螨噻	6.5	20.0	17.0	千克	S
2934100015	噻菌灵,噻菌胺,噻丙腈	6.5	20.0	17.0	千克	S
2934100016	噻呋酰胺,噻虫胺	6.5	20.0	17.0	千克	S
2934100017	辛噻酮、拌种灵	6.5	20.0	17.0	千克	S
2934100018	稻瘟灵、解草胺	6.5	20.0	17.0	千克	S
2934100090	结构上含有非稠合噻唑环的化合物(非稠合噻唑环不论是否氢化)	6.5	20.0	17.0	千克	
2934200011	噻螨威	6.5	20.0	17.0	千克	S
2934200012	苯噻硫氰	6.5	20.0	17.0	千克	S
2934200013	烯丙苯噻唑	6.5	20.0	17.0	千克	S
2934200014	草除灵	6.5	20.0	17.0	千克	S
2934200015	噻唑禾草灵	6.5	20.0	17.0	千克	S
2934200016	苯噻隆	6.5	20.0	17.0	千克	S
2934200017	甲基苯噻隆	6.5	20.0	17.0	千克	S
2934200018	苯噻酰草胺	6.5	20.0	17.0	千克	S
2934200090	其他含一个苯并噻唑环系的化合物	6.5	20.0	17.0	千克	
2934300000	含一个吩噻嗪环系的化合物(吩噻嗪环系不论是否氢化,化合物未经进一步稠合的)	6.5	20.0	17.0	千克	
2934910011	阿米雷司、溴替唑仑、氯噻西泮(以及它们的盐)	6.5	20.0	17.0	千克	I
2934910012	氯恶唑仑、卤恶唑仑(以及它们的盐)	6.5	20.0	17.0	千克	I
2934910013	凯他唑仑、美索卡、恶唑仑(以及它们的盐)	6.5	20.0	17.0	千克	I
2934910014	匹莫林、苯甲曲嗪、芬美曲嗪(以及它们的盐)	6.5	20.0	17.0	千克	I
2934910020	右吗拉胺、舒芬太尼(以及它们的盐)	6.5	20.0	17.0	千克	W
2934991000	磺内酯及磺内酰胺	6.5	30.0	17.0	千克	
2934992000	呋喃唑酮	6.0	20.0	17.0	千克	
2934993010	核酸汞	6.5	35.0	17.0	千克	X
2934993090	其他核酸及其盐	6.5	35.0	17.0	千克	
2934999010	恶草酮(农思它原药)	6.5	20.0	17.0	千克	7S
2934999021	恶唑磷、蔬果磷、茂硫磷、除害磷等(包括甲基吡恶磷、丁硫环磷、硫环磷、杀扑磷、伏杀硫磷、地胺磷)	6.5	20.0	17.0	千克	S

商品编号	商品名称及备注	进口关税税率		增值税率	计量单位	监管条件
		最惠国	普通			
2934999022	环线威、杀虫环、杀虫钉、多噻烷等(包括甲基硫环磷、噻恩菊酯、噻嗪酮、保松噻、恶虫酮、茚虫威)	6.5	20.0	17.0	千克	S
2934999023	恶唑禾草灵、毒鼠硅、噻鼠灵等(包括福拉比、噻节因、糠菌唑、精恶唑禾草灵)	6.5	20.0	17.0	千克	S
2934999024	代森硫、代森环、福吗啉、咯菌腈等(包括稻瘟酯、烯酰吗啉、噻菌腈、土菌灵、恶霜灵、恶霉灵)	6.5	20.0	17.0	千克	S
2934999025	噻霉酮、噻森铜、丙环唑、乙环唑等(包括恶唑菌酮、金核霉素、呋菌唑、叶枯唑、呋醚唑、苯醚甲环唑)	6.5	20.0	17.0	千克	S
2934999026	嗪草酸、噻氟隆、丁噻隆、异恶隆等(包括噻苯隆、磺噻隆、恶唑隆、异恶草醚、噻吩草胺、二甲吩草胺)	6.5	20.0	17.0	千克	S
2934999027	苯草灭、灭草松、灭草唑、解草嗪等(包括解草恶唑、异恶草松、恶嗪草酮、环苯草酮、丙炔氟草胺)	6.5	20.0	17.0	千克	S
2934999028	氟噻乙草酯、丙炔恶草酮、噻草酮等(包括糖氨基嘌呤、苯螨噻、异恶酰草胺、异恶唑草酮)	6.5	20.0	17.0	千克	S
2934999029	稻思达、韩乐宁、噻唑锌等(包括噻菌茂、硅丰环)	6.5	20.0	17.0	千克	S
2934999031	多抗霉素、灰瘟素	6.5	20.0	17.0	千克	S
2934999032	三环唑、氧环唑	6.5	20.0	17.0	千克	S
2934999033	灭螨猛、克杀螨、螨蜱胺	6.5	20.0	17.0	千克	S
2934999034	二氰蒽醌、吗菌威	6.5	20.0	17.0	千克	S
2934999035	十二环吗啉、十三吗啉	6.5	20.0	17.0	千克	S
2934999036	杀螺吗啉、丁苯吗啉	6.5	20.0	17.0	千克	S
2934999037	喹菌酮、肼菌酮	6.5	20.0	17.0	千克	S
2934999038	萎锈灵、氧化萎锈灵	6.5	20.0	17.0	千克	S
2934999039	棉隆、乙烯菌核利	6.5	20.0	17.0	千克	S
2934999090	其他杂环化合物	6.5	20.0	17.0	千克	
2935	磺(酰)胺					
2935001000	磺胺嘧啶	6.5	35.0	17.0	千克	
2935002000	磺胺双甲基嘧啶	6.5	35.0	17.0	千克	
2935003000	磺胺甲恶唑	6.5	35.0	17.0	千克	
2935009011	氟唑磺隆、氟吡磺隆等(包括甲酰胺嘧磺隆、乙氧磺隆、氯磺隆、甲磺隆、苯磺隆、胺苯磺隆)	6.5	35.0	17.0	千克	S
2935009012	醚苯磺隆、噻吩磺隆、醚磺隆等(包括氟胺磺隆、氟磺隆、甲嘧磺隆、氯嘧磺隆、氟嘧磺隆)	6.5	35.0	17.0	千克	S
2935009013	苄嘧磺隆、吡嘧磺隆、烟嘧磺隆等(包括啶嘧磺隆、砜嘧磺隆、唑嘧磺隆)	6.5	35.0	17.0	千克	S
2935009014	四唑嘧磺隆、唑吡嘧磺隆等(包括氯吡嘧磺隆、酰嘧磺隆、环丙嘧磺隆、甲基二磺隆)	6.5	35.0	17.0	千克	S
2935009015	氟磺酰草胺、甲磺草胺等(包括唑嘧磺草胺、双氟磺草胺、五氟磺草胺)	6.5	35.0	17.0	千克	S
2935009016	氟磺胺草醚、磺草灵等(包括单嘧磺酯、磺草唑胺)	6.5	35.0	17.0	千克	S

商品编号	商品名称及备注	进口关税税率		增值税率	计量单位	监管条件
		最惠国	普通			
2935009017	磺草膦、氨磺乐灵等(包括甲基碘磺隆钠盐)	6.5	35.0	17.0	千克	S
2935009018	磺菌胺、增糖胺等(包括甲苯氟磺胺、氟虫胺)	6.5	35.0	17.0	千克	S
2935009019	畜蜱磷、伐灭磷、地散磷等(包括磺菌威、氰霜唑)	6.5	35.0	17.0	千克	S
2935009090	其他磺(酰)胺	6.5	35.0	17.0	千克	
2936	**天然或合成再制的维生素原和维生素(包括天然浓缩物)及其主要用作维生素的衍生物,上述产品的混合物,不论是否溶于溶剂**					
2936100000	未混合的维生素原	4.0	20.0	17.0	千克	
2936210000	未混合的维生素A及其衍生物(不论是否溶于溶剂)	4.0	20.0	17.0	千克	
2936220000	未混合的维生素B_1及其衍生物(不论是否溶于溶剂)	4.0	20.0	17.0	千克	
2936230000	未混合的维生素B_2及其衍生物(不论是否溶于溶剂)	4.0	20.0	17.0	千克	
2936240000	未混合的D或DL-泛酸及其衍生物(不论是否溶于溶剂)	4.0	20.0	17.0	千克	
2936250000	未混合的维生素B_6及其衍生物(不论是否溶于溶剂)	4.0	20.0	17.0	千克	
2936260000	未混合的维生素B_{12}及其衍生物(不论是否溶于溶剂)	4.0	20.0	17.0	千克	
2936270000	未混合的维生素C及其衍生物(不论是否溶于溶剂)	4.0	20.0	17.0	千克	
2936280000	未混合的维生素E及其衍生物(不论是否溶于溶剂)	4.0	20.0	17.0	千克	
2936290000	其他未混合的维生素及其衍生物(不论是否溶于溶剂)	4.0	20.0	17.0	千克	
2936900000	混合维生素原、维生素及其衍生物(包括天然浓缩物,不论是否溶于溶剂)	4.0	20.0	17.0	千克	
2937	**天然或合成再制的激素、前列腺素、血栓烷、白细胞三烯及其衍生物和结构类似物,包括主要用作激素的改性链多肽**					
2937110000	生长激素及其衍生物和结构类似物	4.0	20.0	17.0	千克	Q
2937120000	胰岛素及其盐	4.0	20.0	17.0	千克	Q
2937190000	其他多肽激素及衍生物结构类似物(包括蛋白激素、糖蛋白激素及衍生物,结构类似物)	4.0	20.0	17.0	千克	Q
2937210000	可的松、氢化可的松等(包括脱氢皮(质甾)醇)	4.0	20.0	17.0	千克	Q
2937221000	地塞米松	4.0	30.0	17.0	千克	Q
2937229000	其他肾上腺皮质激素的卤化衍生物	4.0	30.0	17.0	千克	Q
2937230000	雌(甾)激素及孕激素	4.0	30.0	17.0	千克	Q
2937290000	其他甾类激素及其衍生物(包括其结构类似物)	4.0	30.0	17.0	千克	Q
2937310000	肾上腺素	4.0	30.0	17.0	千克	Q
2937390000	其他儿茶酚胺激素及其衍生物(包括其结构类似物)	4.0	30.0	17.0	千克	Q
2937400000	氨基酸衍生物	4.0	30.0	17.0	千克	Q
2937500000	前列腺素、血栓烷和白细胞三烯(包括它们的衍生物和结构类似物)	4.0	30.0	17.0	千克	
2937900000	其他激素及其衍生物和结构类似物	4.0	30.0	17.0	千克	Q
2938	**天然或合成再制的苷(配糖物)及其盐、醚、酯和其他衍生物**					

商品编号	商 品 名 称 及 备 注	进口关税税率		增值税率	计量单位	监管条件
		最惠国	普通			
2938100000	芸香苷及其衍生物	6.5	20.0	17.0	千克	Q
2938900010	甘草酸粉	6.5	20.0	17.0	千克	y4x
2938900020	甘草酸盐类	6.5	20.0	17.0	千克	y4x
2938900030	甘草次酸及其衍生物	6.5	20.0	17.0	千克	y4x
2938900090	其他天然或合成再制的苷及其盐等(包括醚、酯和其他衍生物)	6.5	20.0	17.0	千克	
2939	**天然或合成再制的生物碱及其盐、醚、酯和其他衍生物**					
2939110011	罂粟杆浓缩物	4.0	50.0	17.0	千克	W
2939110012	可待因、双氢可待因、乙基吗啡(以及它们的盐)	4.0	50.0	17.0	千克	W
2939110013	埃托啡、海洛因、氢可酮(以及它们的盐)	4.0	50.0	17.0	千克	W
2939110014	氢吗啡酮、吗啡、尼可吗啡(以及它们的盐)	4.0	50.0	17.0	千克	W
2939110015	羟考酮、羟吗啡酮、福尔可定(以及它们的盐)	4.0	50.0	17.0	千克	W
2939110016	醋氢可酮,蒂巴因(以及它们的盐)	4.0	50.0	17.0	千克	W
2939110020	丁丙诺啡及其盐	4.0	50.0	17.0	千克	I
2939190010	二氢埃托啡,吗啉乙基吗啡(以及它们的盐)	4.0	50.0	17.0	千克	W
2939190090	其他鸦片碱及其衍生物及它们的盐	4.0	50.0	17.0	千克	Q
2939210000	奎宁及其盐	4.0	30.0	17.0	千克	Q
2939290000	其他金鸡纳生物碱及其衍生物、盐	4.0	20.0	17.0	千克	Q
2939300010	咖啡因	4.0	20.0	17.0	千克	I
2939300090	咖啡因的盐	4.0	20.0	17.0	千克	Q
2939410010	麻黄碱(麻黄素,盐酸麻黄碱)	4.0	20.0	17.0	千克	23Q
2939410020	硫酸麻黄碱	4.0	20.0	17.0	千克	23Q
2939410030	消旋盐酸麻黄碱	4.0	20.0	17.0	千克	23Q
2939410040	草酸麻黄碱	4.0	20.0	17.0	千克	23Q
2939410090	麻黄碱盐	4.0	20.0	17.0	千克	Q
2939420010	伪麻黄碱(伪麻黄素,盐酸伪麻黄碱)	4.0	20.0	17.0	千克	23Q
2939420020	硫酸伪麻黄碱	4.0	20.0	17.0	千克	23Q
2939420090	假麻黄碱盐(D-2-甲胺基-1-苯基丙醇)	4.0	20.0	17.0	千克	Q
2939430000	d-去甲假麻黄碱(INN)及其盐	4.0	20.0	17.0	千克	I
2939490010	盐酸甲基麻黄碱	4.0	20.0	17.0	千克	23Q
2939490020	消旋盐酸甲基麻黄碱	4.0	20.0	17.0	千克	23Q
2939490030	去甲麻黄碱及其盐	4.0	20.0	17.0	千克	23I
2939490090	其他麻黄碱及其盐	4.0	20.0	17.0	千克	Q
2939510000	芬乙茶碱(INN)及其盐	4.0	20.0	17.0	千克	Q
2939590000	其他茶碱和氨茶碱及其衍生物、盐	4.0	20.0	17.0	千克	Q
2939610010	麦角新碱	4.0	20.0	17.0	千克	23Q
2939610090	麦角新碱盐	4.0	20.0	17.0	千克	Q
2939620010	麦角胺	4.0	20.0	17.0	千克	23Q
2939620090	麦角胺盐	4.0	20.0	17.0	千克	Q
2939630010	麦角酸	4.0	20.0	17.0	千克	23Q

商品编号	商品名称及备注	进口关税税率		增值税率	计量单位	监管条件
		最惠国	普通			
2939630090	麦角酸盐	4.0	20.0	17.0	千克	Q
2939690000	其他麦角生物碱及其衍生物(包括它们的盐)	4.0	20.0	17.0	千克	Q
2939911000	可卡因及其盐	4.0	20.0	17.0	千克	W
2939919011	芽子碱、左甲苯丙胺(以及它们的盐、酯及其他衍生物)	4.0	20.0	17.0	千克	
2939919012	去氧麻黄碱(INN)(以及它们的盐、酯及其他衍生物)	4.0	20.0	17.0	千克	
2939919013	去氧麻黄碱外消旋体(以及它们的盐、酯及其他衍生物)	4.0	20.0	17.0	千克	
2939991000	烟碱及其盐	4.0	20.0	17.0	千克	Q
2939992000	番木鳖碱(士的年)及其盐	4.0	17.0	17.0	千克	Q
2939999000	其他生物碱及其衍生物(包括生物碱的盐、酯及其他衍生物)	4.0	20.0	17.0	千克	Q
2940	**化学纯糖,但蔗糖、乳糖、麦芽糖、葡萄糖、及果糖除外;糖醚、糖缩醛、糖酯及其盐,但不包括品目 2937、2938、2939 的产品**					
2940000000	化学纯糖,糖醚、糖酯及其盐(蔗糖、乳糖、麦芽糖、葡萄糖、编号 2937 – 2939 产品除外)	6.0	30.0	17.0	千克	Q
2941	**抗菌素**					
2941101100	氨苄青霉素	6.0	20.0	17.0	千克	Q
2941101200	氨苄青霉素三水酸	6.0	20.0	17.0	千克	Q
2941101900	氨苄青霉素盐	6.0	20.0	17.0	千克	Q
2941109100	羟氨苄青霉素	4.0	20.0	17.0	千克	Q
2941109200	羟氨苄青霉素三水酸	4.0	20.0	17.0	千克	Q
2941109300	6 氨基青霉烷酸(6APA)	4.0	20.0	17.0	千克	Q
2941109400	青霉素 V	4.0	20.0	17.0	千克	Q
2941109500	磺苄青霉素	4.0	20.0	17.0	千克	Q
2941109600	邻氯青霉素	4.0	20.0	17.0	千克	Q
2941109900	其他青霉素或衍生物及其盐(包括具有青霉烷酸结构和青霉素衍生物及其盐)	4.0	20.0	17.0	千克	Q
2941200000	链霉素及其衍生物、盐	4.0	20.0	17.0	千克	Q
2941301100	四环素	4.0	20.0	17.0	千克	Q
2941301200	四环素盐	4.0	20.0	17.0	千克	Q
2941302000	四环素衍生物及其盐	4.0	20.0	17.0	千克	Q
2941400000	氯霉素及其衍生物、盐	4.0	20.0	17.0	千克	Q
2941500000	红霉素及其衍生物、盐	4.0	20.0	17.0	千克	Q
2941901000	庆大霉素及其衍生物、盐	4.0	20.0	17.0	千克	Q
2941902000	卡那霉素及其衍生物、盐	4.0	20.0	17.0	千克	Q
2941903000	利福平及其衍生物、盐	4.0	20.0	17.0	千克	Q
2941904000	林可霉素及其衍生物、盐	4.0	20.0	17.0	千克	Q
2941905100 *	7 氨基脱乙酰氧基头孢烷酸(包括 7 氨基头孢烷酸)	6.0	20.0	17.0	千克	
2941905200	头孢氨苄及其盐	6.0	20.0	17.0	千克	Q
2941905300	头孢唑啉及其盐	6.0	20.0	17.0	千克	Q

商品编号	商品名称及备注	进口关税税率		增值税率	计量单位	监管条件
		最惠国	普通			
2941905400	头孢拉啶及其盐	6.0	20.0	17.0	千克	Q
2941905500	头孢三嗪(头孢曲松)及其盐	6.0	20.0	17.0	千克	Q
2941905600	头孢哌酮及其盐	6.0	20.0	17.0	千克	Q
2941905700	头孢噻肟及其盐	6.0	20.0	17.0	千克	Q
2941905800	头孢克罗及其盐	6.0	20.0	17.0	千克	Q
2941905900	其他先锋霉素及其衍生物(包括它们的盐)	6.0	20.0	17.0	千克	Q
2941906000	麦迪霉素及其衍生物(包括它们的盐)	6.0	20.0	17.0	千克	Q
2941907000	乙酰螺旋霉素及其衍生物(包括它们的盐)	4.0	20.0	17.0	千克	Q
2941909000	其他抗菌素	6.0	20.0	17.0	千克	Q
2942	**其他有机化合物**					
2942000000	其他有机化合物	6.5	30.0	17.0	千克	

第三十章　药　　品

注释：

一、本章不包括：

（一）食品及饮料（例如，营养品、糖尿病食品、强化食品、保健食品、滋补饮料及矿泉水）（第四类），但不包括供静脉摄入用的滋养品；

（二）经特殊煅烧或精细研磨的牙科用熟石膏（品目25.20）；

（三）适合医药用的精油水馏液及水溶液（品目33.01）；

（四）品目33.03至33.07的制品，不论是否具有治疗及预防疾病的作用；

（五）加有药料的肥皂及品目34.01的其他产品；

（六）以熟石膏为基本成分的牙科用制品（品目34.07）；

（七）不作治疗及预防疾病用的血清蛋白（品目35.02）。

二、品目30.02所称的"修饰免疫制品"，仅适用于单系抗体（MABs）、抗体片断、抗体及抗体片断缀合物。

三、品目30.03及30.04以及本章注释四（四）所述的非混合产品及混合产品，按下列规定处理：

（一）非混合产品：

1. 溶于水的非混合产品；

2. 第二十八章及第二十九章的所有货品；

3. 品目13.02的单一植物浸膏，只经标定或溶于溶剂的。

（二）混合产品：

1. 胶体溶液及悬浮液（胶态硫磺除外）；

2. 从植物性混合物加工所得的植物浸膏；

3. 蒸发天然矿质水所得的盐及浓缩物。

四、品目30.06仅适用于下列物品（这些物品只能归入品目30.06而不得归入本目录其他品目）：

（一）无菌外科肠线、类似的无菌缝合材料及外伤用的无菌粘合胶布；

（二）无菌昆布及无菌昆布塞条；

（三）外科及牙科用无菌吸收性止血材料；

（四）用于病人的X光检查造影剂及其他诊断试剂，这些药剂是由单一产品配定剂量或由两种以上成分混合而成的；

（五）血型试剂；

（六）牙科粘固剂及其他牙科填料；骨骼粘固剂；

（七）急救药箱、药包；

（八）以激素、品目29.37的其他产品或杀精子剂为基本成分的化学避孕药物；

（九）专用于人类或作兽药用的凝胶制品，作为外科手术或体检时躯体部位的润滑剂，或者作为躯体和医疗器械之间的偶合剂；

（十）废药物，即因超过有效保存期等原因而不适于作原用途的药品。

商品编号	商 品 名 称 及 备 注	进口关税税率		增值税率	计量单位	监管条件
		最惠国	普通			
3001	**已干燥的器官疗法用腺体及其他器官,不论是否制成粉末;器官疗法用腺体、其他器官及其分泌物的提取物;肝素及其盐;其他供治疗或预防疾病用的其他品目未列名的人体或动物制品**					
3001100010	干燥濒危野生动物腺体及其他器官(不论是否制成粉末)	3.0	30.0	17.0	千克	ABFE
3001100090	已干燥的其他腺体及其他器官(不论是否制成粉末)	3.0	30.0	17.0	千克	AB
3001200010	其他濒危野生动物腺体,器官,(包括分泌物)	3.0	30.0	17.0	千克	AQFEB
3001200020	人类的腺体、器官及其分泌物提取物	3.0	30.0	17.0	千克	AQB
3001200090	其他腺体、器官及其分泌物提取物	3.0	30.0	17.0	千克	AQB
3001901000	肝素及其盐	3.0	30.0	17.0	千克	AQB
3001909010	蛇毒制品(供治疗或预防疾病用)	3.0	30.0	17.0	千克	AQFEB
3001909091	其他濒危动物制品(供治疗或预防疾病用)	3.0	30.0	17.0	千克	ABFEQ
3001909099	其他未列名的人体或动物制品(供治疗或预防疾病用)	3.0	30.0	17.0	千克	ABQ
3002	**人血;治病、防病或诊断用动物血制品;抗血清、其他血份及修饰免疫制品,不论是否通过生物工艺加工制得;疫苗、毒素、培养微生物(不包括酵母)及类似产品**					
3002100000	抗血清、其他血份及修饰免疫制品(不论是否通过生物工艺加工制得)	3.0	20.0	17.0	千克	AB
3002200000	人用疫苗	3.0	20.0	17.0	千克	QAB
3002300000	兽用疫苗	3.0	20.0	17.0	千克	AB
3002901000	石房蛤毒素	3.0	20.0	17.0	千克	y14xQ
3002902000	蓖麻毒素	3.0	20.0	17.0	千克	y14xQ
3002903010	敏感物项管制细菌及病毒	3.0	20.0	17.0	千克	3AB
3002903090	其他细菌及病毒	3.0	20.0	17.0	千克	AB
3002904010	敏感物项管制遗传物质和基因修饰生物体	3.0	20.0	17.0	千克	3AB
3002904090	其他遗传物质和基因修饰生物体	3.0	20.0	17.0	千克	AB
3002909011	濒危动物血制品	3.0	20.0	17.0	千克	ABQFE
3002909019	其他人血制品、动物血制品	3.0	20.0	17.0	千克	ABQ
3002909090	人血、其他毒素等(包括培养微生物(不包括酵母)及类似产品)	3.0	20.0	17.0	千克	AB
3002909091	敏感物项管制毒素	3.0	20.0	17.0	千克	3AB
3002909092	苏云金杆菌	3.0	20.0	17.0	千克	ABS
3002909099	其他人血、其他毒素等(包括培养微生物(不包括酵母)及类似产品)	3.0	20.0	17.0	千克	AB
3003	**两种或两种以上成分混合而成的治病或防病用药品(不包括品目3002、3005或3006的货品),未配定剂量或制成零售包装**					
3003101100	氨苄青霉素(未配定剂量或非零售包装)	6.0	30.0	17.0	千克	Q
3003101200	羟氨苄青霉素(未配定剂量或非零售包装)	6.0	30.0	17.0	千克	Q

商品编号	商 品 名 称 及 备 注	进口关税税率		增值税率	计量单位	监管条件
		最惠国	普通			
3003101300	青霉素V(未配定剂量或非零售包装)	6.0	30.0	17.0	千克	Q
3003101900	其他青霉素(未配定剂量或非零售包装)	6.0	30.0	17.0	千克	Q
3003109000	其他含有青霉素或链霉素的混合药(未配定剂量或非零售包装,混合指含两种或两种以上成分)	6.0	30.0	17.0	千克	Q
3003201100	头孢噻肟(未配定剂量或非零售包装)	6.0	30.0	17.0	千克	Q
3003201200	头孢他啶(未配定剂量或非零售包装)	6.0	30.0	17.0	千克	Q
3003201300	头孢西丁(未配定剂量或非零售包装)	6.0	30.0	17.0	千克	Q
3003201400	头孢替唑(未配定剂量或非零售包装)	6.0	30.0	17.0	千克	Q
3003201500	头孢克罗(未配定剂量或非零售包装)	6.0	30.0	17.0	千克	Q
3003201600	头孢呋辛(未配定剂量或非零售包装)	6.0	30.0	17.0	千克	Q
3003201700	头孢三嗪(头孢曲松)(未配定剂量或非零售包装)	6.0	30.0	17.0	千克	Q
3003201800	头孢哌酮(未配定剂量或非零售包装)	6.0	30.0	17.0	千克	Q
3003201900	其他头孢菌素(未配定剂量或非零售包装)	6.0	30.0	17.0	千克	Q
3003209000	含有其他抗菌素的混合药品(未配定剂量或非零售包装,混合指含两种或两种以上成分)	6.0	30.0	17.0	千克	Q
3003310000	含有胰岛素的混合药品(不含抗菌素且未配定剂量或非零售包装,混合指含两种或)	5.0	30.0	17.0	千克	Q
3003390000	其他含编号2937激素等的混合药(不含抗菌素且未配定剂量或非零售包装,混合指含两种)	6.0	30.0	17.0	千克	Q
3003401000	含奎宁或其盐的混合药品(未配定剂量或非零售包装,混合指含两种或两种以上成分)	5.0	35.0	17.0	千克	Q
3003409000	含其他生物碱及衍生物的混合药品(但不含抗菌素及编号2937的激素或其他产品)	5.0	30.0	17.0	千克	Q
3003901000	含磺胺类的混合药品(未配定剂量或非零售包装,混合指含两种或两种以上成分)	6.0	40.0	17.0	千克	Q
3003902000	含有青蒿素及其衍生物的混合药品(未配定剂量或非零售包装,混合指含两种或两种以上成分)	5.0	30.0	17.0	千克	Q
3003909010	含紫杉醇的混合药品(未配定剂量或非零售包装,混合指含两种或两种以上成分)	5.0	30.0	17.0	千克	Q
3003909020	含其他未列名濒危动植物混合药品(未配定剂量或非零售包装,混合指含两种或两种以上成分)	5.0	30.0	17.0	千克	QFE
3003909090	含其他未列名成分混合药品(未配定剂量或非零售包装,混合指含两种或两种以上成分)	5.0	30.0	17.0	千克	Q
3004	**由混合或非混合产品构成的治病或防病用药品(不包括品目3002、3005或3006的货品),已配定剂量(包括制成皮肤摄入形式的)或制成零售包装**					
3004101100	氨苄青霉素制剂(包括制成零售包装)	6.0	30.0	17.0	千克	Q
3004101200	羟氨苄青霉素制剂(包括制成零售包装)	6.0	30.0	17.0	千克	Q
3004101300	青霉素V制剂(包括制成零售包装)	6.0	30.0	17.0	千克	Q
3004101900	其他已配剂量青霉素制剂(包括制成零售包装)	6.0	30.0	17.0	千克	Q

商品编号	商 品 名 称 及 备 注	进口关税税率		增值税率	计量单位	监管条件
		最惠国	普通			
3004109000	已配剂量含有青霉素或链霉素药品(包括制成零售包装)	6.0	30.0	17.0	千克	Q
3004201100	已配剂量头孢噻肟制剂(包括制成零售包装)	6.0	30.0	17.0	千克	Q
3004201200	已配剂量头孢他啶制剂(包括制成零售包装)	6.0	30.0	17.0	千克	Q
3004201300	已配剂量头孢西丁制剂(包括制成零售包装)	6.0	30.0	17.0	千克	Q
3004201400	已配剂量头孢替唑制剂(包括制成零售包装)	6.0	30.0	17.0	千克	Q
3004201500	已配剂量头孢克罗制剂(包括制成零售包装)	6.0	30.0	17.0	千克	Q
3004201600	已配剂量头孢呋辛制剂(包括制成零售包装)	6.0	30.0	17.0	千克	Q
3004201700	已配剂量头孢三嗪(头孢曲松)制剂(包括制成零售包装)	6.0	30.0	17.0	千克	Q
3004201800	已配剂量头孢哌酮制剂(包括制成零售包装)	6.0	30.0	17.0	千克	Q
3004201900	其他已配剂量头孢菌素制剂(包括制成零售包装)	6.0	30.0	17.0	千克	Q
3004209000	已配剂量含有其他抗菌素的药品(包括制成零售包装)	6.0	30.0	17.0	千克	Q
3004310000	已配剂量含有胰岛素的药品(及其衍生物、结构类似物,不含抗菌素,包括零售包装)	5.0	30.0	17.0	千克	Q
3004320000	已配剂量含皮质甾类激素的药品(包括其衍生物及结构类似物,不含抗菌素,包括零售包装)	5.0	30.0	17.0	千克	Q
3004390000	已配剂量含有其他激素等的药品(不含抗菌素,包括零售包装)	5.0	30.0	17.0	千克	Q
3004401000	已配剂量含有奎宁或其盐的药品(不含抗菌素及编号2937的激素或其他产品,包括零售包装)	5.0	35.0	17.0	千克	Q
3004409010	麻黄碱盐类单方制剂(指盐酸(伪)麻黄碱片,盐酸麻黄碱注射剂,硫酸麻黄碱片)	5.0	30.0	17.0	千克	23Q
3004409020	含可待因及衍生物及盐的复方制剂(已配定剂量或制成零售包装)	5.0	30.0	17.0	千克	I
3004409030	含生物碱类精神药品的单方制剂(包括其衍生物,已配定剂量或制成零售包装)	5.0	30.0	17.0	千克	I
3004409040	含生物碱类麻醉药品的单方制剂(包括其衍生物,已配定剂量或制成零售包装)	5.0	30.0	17.0	千克	W
3004409090	已配剂量含有其他生物碱等的药品(不含抗菌素及编号2937的激素或其他产品,包括零售包装)	5.0	30.0	17.0	千克	Q
3004500000	已配剂量含有维生素等的其他药品(包括含有编号2936所列产品的,包括零售包装)	6.0	40.0	17.0	千克	Q
3004901000	已配剂量含有磺胺类的药品(包括零售包装)	6.0	40.0	17.0	千克	Q
3004902000	含联苯双酯的药品(包括零售包装)	4.0	30.0	17.0	千克	Q
3004905110	含濒危动植物成分的中药酒(已配定剂量或零售包装)	3.0	30.0	17.0	千克	FE
3004905190	含其他成分的中药酒(已配定剂量或零售包装)	3.0	30.0	17.0	千克	
3004905200	片仔癀(已配定剂量或零售包装)	3.0	30.0	17.0	千克	QFE
3004905300	白药(已配定剂量或零售包装)	3.0	30.0	17.0	千克	FEQ
3004905400	清凉油(已配定剂量或零售包装)	3.0	30.0	17.0	千克	Q

商品编号	商 品 名 称 及 备 注	进口关税税率		增值税率	计量单位	监管条件
		最惠国	普通			
3004905910	含濒危动植物成分的中式成药(已配定剂量或零售包装)	3.0	30.0	17.0	千克	QFE
3004905990	含其他成分的中式成药(已配定剂量或零售包装)	3.0	30.0	17.0	千克	Q
3004906000	含有青蒿素及其衍生物的药品(已配定计量或制成零售包装)	4.0	30.0	17.0	千克	Q
3004909010	含濒危野生动植物成分的药品(已配定剂量或零售包装,不含紫杉醇)	4.0	30.0	17.0	千克	FEQ
3004909020	含紫杉醇成分的药品(已配定剂量或制成零售包装)	4.0	30.0	17.0	千克	EFQ
3004909030	其他含29章麻醉药品的单方制剂(已配定剂量或制成零售包装)	4.0	30.0	17.0	千克	W
3004909040	其他含29章精神药品的单方制剂(已配定剂量或制成零售包装)	4.0	30.0	17.0	千克	I
3004909050	含右丙氧芬及其盐的复方制剂(已配定剂量或制成零售包装)	4.0	30.0	17.0	千克	I
3004909060	复方樟脑酊(含阿片酊、樟脑、苯甲酸、八角茴香油等,包括零售包装)	4.0	30.0	17.0	千克	I
3004909090	其他已配定剂量的药品(包括零售包装)	4.0	30.0	17.0	千克	Q
3005	**软填料、纱布、绷带及类似物品(例如,敷料、橡皮膏、泥罨剂),经过药物浸涂或制成零售包装供医疗、外科、牙科或兽医用**					
3005101000	橡皮膏(制成零售包装供医疗、外科、牙科或兽医用)	5.0	70.0	17.0	千克	
3005109000	其他胶粘敷料及有胶粘涂层的物品(经药物浸涂或制成零售包装,供医疗、外科、牙科或兽医)	5.0	35.0	17.0	千克	
3005901000	药棉、纱布、绷带(经药物浸涂或制成零售包装,供医疗、外科、牙科或兽医)	5.0	70.0	17.0	千克	
3005909000	其他软填料及类似物品(经药物浸涂或制成零售包装,供医疗、外科、牙科或兽医)	5.0	35.0	17.0	千克	
3006	**本章注释四所规定的医药用品**					
3006100000	无菌外科肠线,无菌昆布等(包括无菌粘合胶布、无菌吸收性止血材料及类似无菌材料)	5.0	30.0	17.0	千克	
3006200000	血型试剂	3.0	20.0	17.0	千克	
3006300000	X光检查造影剂,诊断试剂	4.0	30.0	17.0	千克	Q
3006400000	牙科粘固剂及其他牙科填料(包括骨骼粘固剂)	5.0	30.0	17.0	千克	
3006500000	急救药箱、药包	5.0	30.0	17.0	千克	
3006601000	以激素为基本成分的避孕药				千克	Q
3006609000	其他化学避孕药(以税目2937的其他产品或杀精子剂为基本成分)				千克	Q
3006700000	医用凝胶制品,润滑剂,偶合剂(用于人类或作兽药用,或外科手术,体检时用)	6.5	30.0	17.0	千克	
3006800000	废药物(超过有效保存期等原因而不适于原用途的药品)	5.0	30.0	17.0	千克	9

第三十一章　肥　料

注释：

一、本章不包括：

(一)品目05.11的动物血；

(二)单独的已有化学定义的化合物[符合下列注释二(一)、三(一)、四(一)或五所规定的化合物除外]；

(三)品目38.24的每颗重量不低于2.5克的氯化钾培养晶体(光学元件除外)；氯化钾光学元件(品目90.01)。

二、品目31.02只适用于下列货品，但未制成品目31.05所述形状或包装：

(一)符合下列任何一条规定的货品：

1. 硝酸钠，不论是否纯净；

2. 硝酸铵，不论是否纯净；

3. 硫酸铵及硝酸铵的复盐，不论是否纯净；

4. 硫酸铵，不论是否纯净；

5. 硝酸钙及硝酸铵的复盐(不论是否纯净)或硝酸钙及硝酸铵的混合物；

6. 硝酸钙及硝酸镁的复盐(不论是否纯净)或硝酸钙及硝酸镁的混合物；

7. 氰氨化钙，不论是否纯净或用油处理；

8. 尿素，不论是否纯净。

(二)由上述(一)款任何货品互相混合的肥料；

(三)由氯化铵或上述(一)或(二)款任何货品与白垩、石膏或其他无肥效无机物混合而成的肥料；

(四)由上述(一)2或8项的货品或其混合物溶于水或液氨的液体肥料。

三、品目31.03只适用于下列货品，但未制成品目31.05所述形状或包装：

(一)符合下列任何一条规定的货品：

1. 碱性熔渣；

2. 品目25.10的天然磷酸盐，已焙烧或经过超出清除杂质范围的热处理；

3. 过磷酸钙(一过磷酸钙、二过磷酸钙或三过磷酸钙)；

4. 磷酸氢钙，按干燥无水产品重量计含氟量不低于0.2%。

(二)由上述(一)款的任何货品相混合的肥料，不论含氟量多少；

(三)由上述(一)或(二)款的任何货品与白垩、石膏或其他无肥效无机物混合而成的肥料，不论含氟量多少。

四、品目31.04只适用于下列货品，但未制成品目31.05所述形状或包装：

(一)符合下列任何一条规定的货品：

1. 天然粗钾盐(例如，光卤石、钾盐镁矾及钾盐)；

2. 氯化钾，不论是否纯净，但上述注释一(三)所述的产品除外；

3. 硫酸钾，不论是否纯净；

4. 硫酸镁钾，不论是否纯净。

(二)由上述(一)款任何货品互相混合的肥料。

五、磷酸二氢铵及磷酸氢二铵(不论是否纯净)及其相互之间的混合物应归入品目31.05。

六、品目31.05所称“其他肥料”，仅适用于其基本成分至少含有氮、磷、钾中一种肥效元素的肥料用产品。

商品编号	商品名称及备注	进口关税税率		增值税率	计量单位	监管条件
		最惠国	普通			
3101	**动物或植物肥料,不论是否相互混合或经化学处理;动植物产品经混合或化学处理制成的肥料**					
3101001100	未经化学处理的鸟粪	3.0	11.0	13.0	千克	AB
3101001900	未经化学处理的其他动植物肥料	6.5	30.0	13.0	千克	AB
3101009010	经化学处理的含动物源性成分(如粪、羽毛等)的动植物肥料	4.0	11.0	13.0	千克	AB
3101009090	经化学处理的其他动植物肥料	4.0	11.0	13.0	千克	
3102	**矿物氮肥及化学氮肥**					
3102100010 *	尿素(配额内,不论是否水溶液)	4.0	150.0	13.0	千克	tA
3102100010 *	尿素(配额内,不论是否水溶液)	4.0	150.0	13.0	千克	tA
3102100090 *	尿素(配额外,不论是否水溶液)	50.0	150.0	13.0	千克	A
3102100090 *	尿素(配额外,不论是否水溶液)	50.0	150.0	13.0	千克	A
3102210000	硫酸铵	4.0	11.0	13.0	千克	7A
3102290000	硫酸铵和硝酸铵的复盐及混合物	4.0	11.0	13.0	千克	7
3102300000	硝酸铵(不论是否水溶液)	4.0	11.0	13.0	千克	9A
3102400000	硝酸铵与碳酸钙等的混合物(包括硝酸铵与其他无效肥及无机物的混合物)	4.0	11.0	13.0	千克	7
3102500000	硝酸钠	4.0	11.0	13.0	千克	7A
3102600000	硝酸钙和硝酸铵的复盐及混合物	4.0	11.0	13.0	千克	7
3102700000	氰氨化钙	4.0	11.0	13.0	千克	7
3102800000	尿素及硝酸铵混合物的水溶液(包括氨水溶液)	4.0	11.0	13.0	千克	7
3102900000	其他矿物氮肥及化学氮肥(包括上述子目未列名的混合物)	4.0	11.0	13.0	千克	7
3103	**矿物磷肥及化学磷肥**					
3103101000	重过磷酸钙	4.0	11.0	13.0	千克	7A
3103109000	其他过磷酸钙	4.0	11.0	13.0	千克	7A
3103200000	碱性熔渣	4.0	11.0	13.0	千克	7
3103900000	其他矿物磷肥或化学磷肥(不包括过磷酸钙或碱性熔渣)	4.0	11.0	13.0	千克	7
3104	**矿物钾肥及化学钾肥**					
3104100000	光卤石,钾盐及其他天然粗钾盐	3.0	11.0	13.0	千克	7
3104201000	分析纯的氯化钾	3.0	11.0	13.0	千克	7A
3104209000	其他氯化钾	3.0	11.0	13.0	千克	7A
3104300000	硫酸钾	3.0	11.0	13.0	千克	7A
3104900000	其他矿物钾肥及化学钾肥	3.0	11.0	13.0	千克	7
3105	**含氮、磷、钾中两种或三种肥效元素的矿物肥料或化学肥料;其他肥料;制成片及类似形状或每包毛重不超过10千克的本章各项货品**					

商品编号	商品名称及备注	进口关税税率		增值税率	计量单位	监管条件
		最惠国	普通			
3105100010	制成片状或零售包装的硝酸铵(零售包装每包毛重不超过10千克)	4.0	11.0	13.0	千克	9
3105100090	制成片状或零售包装的31章其他货(零售包装每包毛重不超过10千克)	4.0	11.0	13.0	千克	7
3105200010	化学肥料或矿物肥料(配额内,含氮、磷、钾三种肥效元素)	4.0	150.0	13.0	千克	At
3105200090	化学肥料或矿物肥料(配额外,含氮、磷、钾三种肥效元素)	50.0	150.0	13.0	千克	A
3105300010	磷酸氢二铵(配额内)	4.0	150.0	13.0	千克	tA
3105300090	磷酸氢二铵(配额外)	50.0	150.0	13.0	千克	A
3105400000	磷酸二氢铵(包括磷酸二氢铵与磷酸氢二铵的混合物)	4.0	11.0	13.0	千克	7A
3105510000	含有硝酸盐及磷酸盐的肥料(包括矿物肥料或化学肥料)	4.0	11.0	13.0	千克	7A
3105590000	其他含氮、磷两种元素肥料(包括矿物肥料或化学肥料)	4.0	11.0	13.0	千克	7A
3105600000	含磷、钾两种元素的肥料(包括矿物肥料或化学肥料)	4.0	11.0	13.0	千克	7A
3105900000	其他肥料	4.0	11.0	13.0	千克	7A

第三十二章 鞣料浸膏及染料浸膏;鞣酸及其衍生物;染料、颜料及其他着色料;油漆及清漆;油灰及其他类似胶粘剂;墨水、油墨

注释:

一、本章不包括:

(一)单独的已有化学定义的化学元素及化合物(品目32.03及32.04的货品、品目32.06的用作发光体的无机产品、品目32.07所述形状的熔融石英或其他熔融硅石制成的玻璃及品目32.12的零售形状或零售包装的染料及其他着色料除外);

(二)品目29.36至29.39,29.41及35.01至35.04的鞣酸盐及其他鞣酸衍生物;

(三)沥青胶粘剂(品目27.15)。

二、品目32.04包括生产偶氮染料用的稳定重氮盐与偶合物的混合物。

三、品目32.03、32.04、32.05及32.06也包括以着色料为基本成分的制品(例如,品目32.06包括以品目25.30或第二十八章的颜料,金属粉片及金属粉末为基本成分的制品)。该制品是用作原材料着色剂的拼料。但以上品目不包括分散在非水介质中呈液状或浆状的制漆用颜料,例如,品目32.12的瓷漆及品目32.07、32.08、32.09、32.10、32.12、32.13及32.15的其他制品。

四、品目32.08包括由品目39.01至39.13所列产品溶于挥发性有机溶剂的溶液(胶棉除外),但溶剂重量必须超过溶液重量的50%。

五、本章所称"着色料",不包括作为油漆填料的产品,不论这些产品能否用于水浆涂料的着色。

六、品目32.12所称"压印箔",只包括用以压印诸如书本封面或帽带之类的薄片,这些薄片由以下材料构成:

(一)金属粉(包括贵金属粉)或颜料经胶水、明胶及其他粘合剂凝结而成的;

(二)金属(包括贵金属)或颜料沉积于任何材料衬片上的。

商品编号	商品名称及备注	进口关税税率		增值税率	计量单位	监管条件
		最惠国	普通			
3201	**植物鞣料浸膏;鞣酸及其盐、醚、酯和其他衍生物**					
3201100000	坚木浸膏	5.0	35.0	17.0	千克	
3201200000	荆树皮浸膏	6.5	35.0	17.0	千克	
3201901010	其他濒危植物鞣料浸膏	6.5	40.0	17.0	千克	FE
3201901090	其他植物鞣料浸膏	6.5	40.0	17.0	千克	
3201909000	鞣酸及其盐、醚、酯和其他衍生物	6.5	35.0	17.0	千克	
3202	**有机合成鞣料;无机鞣料;鞣料制剂,不论是否含有天然鞣料;预鞣用酶制剂**					
3202100000	有机合成鞣料	6.5	35.0	17.0	千克	
3202900000	无机鞣料、鞣料制剂等(不论是否含有天然鞣料,包括预鞣用酶制剂)	6.5	35.0	17.0	千克	
3203	**动植物质着色料(包括染料浸膏,但动物碳黑除外),不论是否已有化学定义;本章注释三所述的以动植物质着色料为基本成分的制品**					
3203001100	天然靛蓝及以其为基本成分的制品	6.5	80.0	17.0	千克	
3203001910	濒危植物质着色料及制品(制品是指以植物质着色料为基本成分的)	6.5	45.0	17.0	千克	FE

商品编号	商品名称及备注	进口关税税率		增值税率	计量单位	监管条件
		最惠国	普通			
3203001990	其他植物质着色料及制品(制品是指以植物质着色料为基本成分的)	6.5	45.0	17.0	千克	
3203002000	动物质着色料及制品(制品是指以动物质着色料为基本成分的)	6.5	50.0	17.0	千克	
3204	**有机合成着色料,不论是否已有化学定义;本章注释三所述的以有机合成着色料为基本成分的制品;用作荧光增白剂或发光体的有机合成产品,不论是否已有化学定义**					
3204110000	分散染料及以其为基本成分的制品	7.7	35.0	17.0	千克	
3204120000	酸性染料及制品、媒染染料及制品(制品分别是指以酸性染料或媒染染料为基本成分的)	7.7	35.0	17.0	千克	
3204130000	碱性染料及以其为基本成分的制品	6.5	35.0	17.0	千克	
3204140000	直接染料及以其为基本成分的制品	6.5	35.0	17.0	千克	
3204151000	合成靛蓝(还原靛蓝)	6.5	35.0	17.0	千克	
3204159000	其他还原染料及以其为基本成分品(包括颜料用的)	6.5	35.0	17.0	千克	
3204160000	活性染料及以其为基本成分的制品	7.7	35.0	17.0	千克	
3204170000	颜料及以其为基本成分的制品	6.5	35.0	17.0	千克	
3204191100	硫化黑及以其为基本成分的制品(硫化黑即硫化青)	6.5	35.0	17.0	千克	
3204191900	其他硫化染料及以其为基本成分品	6.5	35.0	17.0	千克	
3204199000	其他着色料组成的混合物	6.5	35.0	17.0	千克	
3204200000	用作萤光增白剂的有机合成产品	6.5	40.0	17.0	千克	
3204901000	生物染色剂及染料指示剂	6.5	20.0	17.0	千克	
3204909000	其他用作发光体的有机合成产品	6.5	40.0	17.0	千克	
3205	**色淀;本章注释三所述的以色淀为基本成分的制品**					
3205000000	色淀及以色淀为基本成分的制品	6.5	35.0	17.0	千克	
3206	**其他着色料;本章注释三所述的制品,但品目3203、3204及3205的货品除外;用作发光体的无机产品,不论是否已有化学定义**					
3206111010*	金红石型钛白粉	6.5	30.0	17.0	千克	B
3206111090	其他钛白粉	6.5	30.0	17.0	千克	B
3206119000	其他干量计二氧化钛≥80%的颜料	6.5	30.0	17.0	千克	B
3206190000	其他二氧化钛为基料的颜料及制品	10.0	30.0	17.0	千克	B
3206200000	铬化合物为基本成分的颜料及制品	6.5	35.0	17.0	千克	
3206300000	镉化合物为基本成分的颜料及制品	6.5	35.0	17.0	千克	
3206410000	群青及以其为基本成分的制品	6.5	35.0	17.0	千克	
3206421000	锌钡白	6.5	30.0	17.0	千克	
3206429000	其他以硫化锌为基本成分的颜料(包括制品)	6.5	30.0	17.0	千克	
3206430000	六氰合高铁酸盐为基本成分的颜料(包括制品)	6.5	35.0	17.0	千克	
3206490000	其他无机着色料及其制品	6.5	35.0	17.0	千克	
3206500000	用作发光体的无机产品	6.5	35.0	17.0	千克	

商品编号	商品名称及备注	进口关税税率		增值税率	计量单位	监管条件
		最惠国	普通			
3207	**陶瓷、搪瓷及玻璃工业用的调制颜料、遮光剂、着色剂、珐琅和釉料、釉底料(泥釉)、光瓷釉以及类似产品;搪瓷玻璃料及其他玻璃,呈粉、粒或粉片状的**					
3207100000 *	调制颜料,遮光剂,着色剂及类似品	5.0	50.0	17.0	千克	
3207200000	珐琅和釉料、釉底料及类似制品	5.0	50.0	17.0	千克	
3207300000	光瓷釉及类似制品	5.0	50.0	17.0	千克	
3207400000	呈粉、粒状搪瓷玻璃料及其他玻璃	5.0	50.0	17.0	千克	
3208	**以合成聚合物或化学改性天然聚合物为基本成分的油漆及清漆(包括瓷漆及大漆),分散于或溶于非水介质的;本章注释四所述的溶液**					
3208100000	溶于非水介质的聚酯油漆及清漆等(以聚酯为基本成分的(包括瓷漆及大漆))	10.0	50.0	17.0	千克	A
3208201010 *	溶于非水介质的光导纤维用涂料(以丙烯酸酯类化合物为主要成分)	10.0	50.0	17.0	千克	A
3208201090	其他聚丙烯酸油漆、清漆等(溶于非水质的以丙烯酸聚合物为基本成分,包括瓷漆大漆)	10.0	50.0	17.0	千克	A
3208202000	溶于非水介质的聚乙烯油漆及清漆(以乙烯聚合物为基本成分(包括瓷漆及大漆))	10.0	50.0	17.0	千克	A
3208901010 *	溶于非水介质的光导纤维用涂料(以聚胺酯丙烯酸酯类化合物为主要成分)	10.0	50.0	17.0	千克	A
3208901090	其他聚胺酯油漆清漆等(溶于非水介质以聚胺酯类化合物为基本成分,含瓷漆大漆)	10.0	50.0	17.0	千克	A
3208909000	溶于非水介质其他油漆、清漆溶液(包括以聚合物为基本成分的漆,本章注释四所述溶液)	10.0	50.0	17.0	千克	A
3209	**以合成聚合物或化学改性天然聚合物为基本成分的油漆及清漆(包括瓷漆及大漆),分散于或溶于水介质的**					
3209100000	溶于水介质的聚丙烯酸油漆及清漆(以聚丙烯酸或聚乙烯为基本成分的(包括瓷漆及大漆))	10.0	50.0	17.0	千克	A
3209901000	以环氧树脂为基本成分油漆及清漆(包括瓷漆及大漆,分散或溶于水介质)	10.0	50.0	17.0	千克	A
3209902000	以氟树脂为基本成分的油漆及清漆(包括瓷漆及大漆,分散于或溶于水介质)	10.0	50.0	17.0	千克	A
3209909000	溶于水介质其他聚合物油漆及清漆(以合成聚合物或化学改性天然聚合物为基本成分的)	10.0	50.0	17.0	千克	A
3210	**其他油漆及清漆(包括瓷漆、大漆及水浆涂料);加工皮革用的水性颜料**					
3210000000	其他油漆及清漆,皮革用水性颜料(包括非聚合物为基料的瓷漆,大漆及水浆涂料)	10.0	50.0	17.0	千克	
3211	**配制的催干剂**					
3211000000	配制的催干剂	10.0	50.0	17.0	千克	

商品编号	商品名称及备注	进口关税税率		增值税率	计量单位	监管条件
		最惠国	普通			
3212	**制造油漆(含瓷漆)用的颜料(包括金属粉末或金属粉片),分散于非水介质中呈液状或浆状的;压印箔;零售形状及零售包装的染料或其他着色料**					
3212100000	压印箔	15.0	80.0	17.0	千克	
3212900000	制漆用颜料及零售包装染料、色料(制漆用颜料指溶于非水介质中呈液状或浆状的)、	10.0	50.0	17.0	千克	
3213	**艺术家、学生和广告美工用的颜料、调色料、文娱颜料及类似品,片状、管装、罐装、瓶装、扁盒装以及类似形状或包装的**					
3213100000	成套的颜料(艺术家,学生和广告美工用的)	10.0	70.0	17.0	千克	
3213900000	非成套颜料、调色料及类似品(片状、管装、罐装、瓶装、扁盒装等类似形状或包装的)	10.0	70.0	17.0	千克	
3214	**安装玻璃用油灰、接缝用油灰、树脂胶泥、嵌缝胶及其他类似胶粘剂;漆工用填料;非耐火涂面制剂,涂门面、内墙、地板、天花板等用**					
3214100000	安装玻璃用油灰等;漆工用填料(包括接缝用油灰、树脂胶泥、嵌缝胶及其他胶粘剂)	9.0	70.0	17.0	千克	
3214900000	非耐火涂面制剂(涂门面、内墙、地板、天花板等用)	9.0	70.0	17.0	千克	
3215	**印刷油墨、书写或绘图墨水及其他墨类,不论是否固体或浓缩**					
3215110000	黑色印刷油墨(不论是否固体或浓缩)	6.5	45.0	17.0	千克	
3215190000	其他印刷油墨(不论是否固体或浓缩)	6.5	45.0	17.0	千克	
3215901000	书写墨水(不论是否固体或浓缩)	6.5	70.0	17.0	千克	
3215909000	绘图墨水及其他墨类(不论是否固体或浓缩)	10.0	70.0	17.0	千克	

第三十三章　精油及香膏;芳香料制品及化妆盥洗品

注释:

一、本章不包括:

(一)品目13.01或13.02的天然油树脂或植物浸膏;

(二)品目34.01的肥皂及其他产品;

(三)品目38.05的脂松节油、木松节油和硫酸盐松节油及其他产品。

二、品目33.02所称"香料",仅指品目33.01所列的物质、从这些物质离析出来的香料组分以及合成芳香剂。

三、品目33.03至33.07主要包括适合作这些品目所列用途的零售包装产品,不论其是否混合(精油水馏液及水溶液除外)。

四、品目33.07所称"芳香料制品及化妆盥洗品",主要适用于下列产品:香袋;通过燃烧散发香气的制品;香纸及用化妆品浸渍或涂布的纸;隐形眼镜片或假眼用的溶液;用香水或化妆品浸渍、涂布、包覆的絮胎、毡呢及无纺织物;动物用盥洗品。

商品编号	商品名称及备注	进口关税税率		增值税率	计量单位	监管条件
		最惠国	普通			
3301	**精油(无萜或含萜),包括浸膏及净油;香膏;提取的油树脂;用花香吸取法或浸渍法制成的含浓缩精油的脂肪、固定油、蜡及类似品;精油脱萜时所得的萜烯副产品;精油水馏液及水溶液**					
3301110000	香柠檬油(佛手油)(包括浸膏及净油)	20.0	80.0	17.0	千克	A
3301120000	橙油(包括浸膏及净油)	20.0	80.0	17.0	千克	A
3301130000	柠檬油(包括浸膏及净油)	20.0	80.0	17.0	千克	A
3301140000	白柠檬油(酸橙油)(包括浸膏及净油)	20.0	80.0	17.0	千克	A
3301190000	其他柑桔属果实的精油(包括浸膏及净油)	20.0	80.0	17.0	千克	A
3301210000	老鹳草油(香叶油)(包括浸膏及净油)	20.0	80.0	17.0	千克	A
3301220000	茉莉油(包括浸膏及净油)	20.0	80.0	17.0	千克	A
3301230000	熏衣草(包括杂种熏衣草)油(包括浸膏及净油)	20.0	80.0	17.0	千克	A
3301240000	胡椒薄荷油(包括浸膏及净油)	20.0	90.0	17.0	千克	AB
3301250000	其他薄荷油(包括浸膏及净油)	15.0	90.0	17.0	千克	AB
3301260000	岩兰草油(包括浸膏及净油)	20.0	80.0	17.0	千克	A
3301291000	樟脑油(包括浸膏及精油)	20.0	90.0	17.0	千克	ABE
3301292000	香茅油(包括浸膏及净油)	15.0	70.0	17.0	千克	AB
3301293000	茴香油(包括浸膏及净油)	20.0	80.0	17.0	千克	AB
3301294000	桂油(包括浸膏及净油)	20.0	80.0	17.0	千克	AB
3301295000	山苍子油(包括浸膏及净油)	20.0	80.0	17.0	千克	AB
3301296000	桉叶油(包括浸膏及净油)	20.0	80.0	17.0	千克	AB
3301299010 *	黄樟油	15.0	80.0	17.0	千克	23A
3301299091	其他非柑桔属濒危植物果实的精油(包括浸膏及精油)	15.0	80.0	17.0	千克	AFE
3301299099	其他非柑桔属果实的精油(包括浸膏及净油)	15.0	80.0	17.0	千克	A
3301301000 *	鸢尾凝脂(香膏类)	20.0	80.0	17.0	千克	
3301309010	其他濒危植物香膏	20.0	80.0	17.0	千克	FE

商品编号	商 品 名 称 及 备 注	进口关税税率		增值税率	计量单位	监管条件
		最惠国	普通			
3301309090	其他香膏	20.0	80.0	17.0	千克	
3301901010	濒危植物提取的油树脂	20.0	80.0	17.0	千克	FE
3301901090	其他提取的油树脂	20.0	80.0	17.0	千克	
3301902000	柑桔属果实精油脱萜的萜烯副产品	20.0	80.0	17.0	千克	
3301909000	吸取浸渍法制成含浓缩精油的脂肪(含固定油、蜡及类似品,精油水溶液及水馏液)	20.0	80.0	17.0	千克	
3302	**工业原料用的混合香料以及以一种或多种香料为基本成分的混合物(包括酒精溶液);生产饮料用的以香料为基本成分的其他制品**					
3302101000	以香料为基本成分的制品(生产饮料用,按容量计酒精浓度≤0.5%)	15.0	90.0	17.0	千克	AB
3302109010	生产食品、饮料用混合香料及制品(含以香料为基本成分的混合物,按容量计酒精浓度>0.5%)	15.0	130.0	17.0	千克	AB
3302109090	其他生产食品用混合香料及制品(含以香料为基本成分的混合物)	15.0	130.0	17.0	千克	AB
3302900000	其他工业用混合香料及香料混合物(以一种或多种香料为基本成分的混合物)	10.0	130.0	17.0	千克	
3303	**香水及花露水**					
3303000000	香水及花露水	10.0	150.0	17.0	千克	AB
3304	**美容品或化妆品及护肤品(药品除外),包括防晒油或晒黑油,指(趾)甲化妆品**					
3304100000	唇用化妆品	10.0	150.0	17.0	千克	AB
3304200000	眼用化妆品	10.0	150.0	17.0	千克	AB
3304300000	指(趾)甲化妆品	15.0	150.0	17.0	千克	AB
3304910000	香粉,不论是否压紧	10.0	150.0	17.0	千克	AB
3304990010	护肤品(包括防晒油或晒黑油,但药品除外)	12.8	150.0	17.0	千克	AB
3304990091	其他含濒危植物成分美容化妆品	12.8	150.0	17.0	千克	ABFE
3304990099	其他美容化妆品	12.8	150.0	17.0	千克	AB
3305	**护发品**					
3305100010	含濒危植物成分的洗发剂	10.6	150.0	17.0	千克	ABFE
3305100090	其他洗发剂(香波)	10.6	150.0	17.0	千克	AB
3305200000	烫发剂	15.0	150.0	17.0	千克	AB
3305300000	定型剂	15.0	150.0	17.0	千克	AB
3305900000	其他护发品	10.0	150.0	17.0	千克	AB
3306	**口腔及牙齿清洁剂,包括假牙模膏及粉;清洁牙缝用的纱线(牙线),单独零售包装的**					
3306101010	含濒危植物成分牙膏	10.0	150.0	17.0	千克	FE
3306101090	其他牙膏	10.0	150.0	17.0	千克	
3306109000	其他洁齿品	10.0	150.0	17.0	千克	

商品编号	商品名称及备注	进口关税税率		增值税率	计量单位	监管条件
		最惠国	普通			
3306200000	清洁牙缝用的纱线(牙线)	10.0	70.0	17.0	千克	
3306900000	其他口腔及牙齿清洁剂(包括假牙模膏及粉)	10.0	70.0	17.0	千克	
3307	**剃须用制剂、人体除臭剂、沐浴用制剂、脱毛剂和其他品目未列名的芳香料制品及化妆盥洗品;室内除臭剂,不论是否加香水或消毒剂**					
3307100000	剃须用制剂	10.0	150.0	17.0	千克	
3307200000	人体除臭剂及止汗剂	10.0	150.0	17.0	千克	
3307300000	香浴盐及其他沐浴用制剂	10.0	150.0	17.0	千克	
3307410000	神香及其他通过燃烧散发香气制品	10.0	150.0	17.0	千克	
3307490000	其他室内除臭制品(不论是否加香水或消毒剂)	10.0	150.0	17.0	千克	
3307900000	其他编号未列名的芳香料制品(包括化妆盥洗品)	9.0	150.0	17.0	千克	

第三十四章　肥皂、有机表面活性剂、洗涤剂、润滑剂、人造蜡、调制蜡、光洁剂、蜡烛及类似品、塑型用膏、“牙科用蜡”及牙科用熟石膏制剂

注释：

一、本章不包括：

（一）用作脱模剂的食用动植物油、脂混合物或制品（品目15.17）；

（二）单独的已有化学定义的化合物；

（三）含肥皂或其他有机表面活性剂的洗发剂、洁齿品、剃须膏及沐浴用制剂（品目33.05、33.06及33.07）。

二、品目34.01所称“肥皂”，只适用于水溶性肥皂。品目34.01的肥皂及其他产品可以含有添加料（例如，消毒剂、磨料粉、填料或药料）。含磨料粉的产品，只有条状、块状或模制形状可以归入品目34.01。其他形状的应作为“去污粉及类似品”归入品目34.05。

三、品目34.02所称“有机表面活性剂”，是指温度在20℃时与水混合配成0.5%浓度的水溶液，并在同样温度下搁置一小时后与下列规定相符的产品：

（一）成为透明或半透明的液体或稳定的乳浊液而未离析出不溶解物质；

（二）将水的表面张力减低到每厘米45达因及以下。

四、品目34.03所称“石油及从沥青矿物提取的油类”，适用于第二十七章注释二所规定的产品。

五、品目34.04所称“人造蜡及调制蜡”，仅适用于：

（一）用化学方法生产的具有蜡质特性的有机产品，不论是否为水溶性的；

（二）各种蜡混合制成的产品；

（三）以一种或几种蜡为基本原料并含有油脂、树脂、矿物质或其他原料的具有蜡质特性的产品。

本品目不包括：

（一）品目15.16、34.02或38.23的产品，不论是否具有蜡质特性；

（二）品目15.21的未混合的动物蜡或未混合的植物蜡，不论是否精制或着色；

（三）品目27.12的矿物蜡或类似产品，不论是否相互混合或仅经着色；

（四）混合、分散或溶解于液体溶剂的蜡（品目34.05、38.09等）。

商品编号	商品名称及备注	进口关税税率		增值税率	计量单位	监管条件
		最惠国	普通			
3401	**肥皂；作肥皂用的有机表面活性产品及制品，条状、块状或模制形状的不论是否含有肥皂；洁肤用的有机表面活性产品及制品，液状或膏状并制成零售包装的，不论是否含有肥皂；用肥皂或洗涤剂浸渍、涂面或包覆的纸、絮胎、毡呢及无纺织物**					
3401110000	盥洗用皂及有机表面活性产品（包括含有药物的产品、呈条状、块状或模制形状）	10.0	130.0	17.0	千克	
3401191000	洗衣皂（呈条状、块状或模制形状的）	10.0	80.0	17.0	千克	
3401199000	其他有机表面活性产品及制品（包括用肥皂或洗涤剂浸、涂或包覆的纸、絮胎及无纺织物）	15.0	130.0	17.0	千克	
3401200000	其他形状的肥皂（除条状、块状或模制形状以外的）	15.0	130.0	17.0	千克	

商品编号	商 品 名 称 及 备 注	进口关税税率		增值税率	计量单位	监管条件
		最惠国	普通			
3401300000	洁肤用有机表面活性产品及制品(液状或膏状并制成零售包装的,不论是否含有肥皂)	10.0	130.0	17.0	千克	
3402	**有机表面活性剂(肥皂除外);表面活性剂制品、洗涤剂(包括助洗剂)及清洁剂,不论是否含有肥皂,但品目3401的产品除外**					
3402110000	阴离子型有机表面活性剂(不论是否零售包装;肥皂除外)	6.5	30.0	17.0	千克	
3402120000	阳离子型有机表面活性剂(不论是否零售包装,肥皂除外)	6.5	30.0	17.0	千克	
3402130000	非离子型有机表面活性剂(不论是否零售包装,肥皂除外)	6.5	30.0	17.0	千克	
3402190000	其他有机表面活性剂(不论是否零售包装,肥皂除外)	6.5	30.0	17.0	千克	
3402201000	零售包装的合成洗涤粉	10.0	80.0	17.0	千克	
3402209000	其他零售包装有机表面活性剂制品(包括洗涤剂及清洁剂,不论是否含有肥皂)	10.0	80.0	17.0	千克	
3402900010 *	十二烷基苯磺酸钙甲醇溶液(非零售包装,十二烷基苯磺酸钙含量高于70%)	9.0	80.0	17.0	千克	
3402900090	非零售包装有机表面活性剂制品(包括洗涤剂及清洁剂,不论是否含有肥皂)	9.0	80.0	17.0	千克	
3403	**润滑剂(包括以润滑剂为基本成分的切削油制剂、螺栓或螺母松开剂、防锈或防腐蚀制剂及脱模剂)及用于纺织材料、皮革、毛皮或其他材料油脂处理的制剂,但不包括以石油或从沥青矿物提取的油类为基本成分(按重量计不低于70%)的制剂**					
3403110000	含有石油类的处理纺织等材料制剂(指含石油或沥青矿物油(重量<70%)的制剂)	10.0	50.0	17.0	千克	
3403190000	其他含有石油或矿物提取油类制剂(指含石油或沥青矿物油(重量<70%)的制剂)	10.0	50.0	17.0	千克	
3403910000	其他处理纺织等材料的制剂(包括处理皮革、毛皮或其他材料的制剂)	10.0	50.0	17.0	千克	
3403990000	其他润滑剂(含油<70%)(包括以润滑剂为基本成分的切削油制剂,螺栓松开剂等)	10.0	50.0	17.0	千克	
3404	**人造蜡及调制蜡**					
3404100000	化学改性的褐煤蜡	10.0	70.0	17.0	千克	
3404200000	聚乙二醇蜡	10.0	70.0	17.0	千克	
3404900000	其他人造蜡及调制蜡	10.0	70.0	17.0	千克	
3405	**鞋靴、家具、地板、车身、玻璃或金属用的光洁剂、擦洗膏、去污粉及类似制品(包括用这类制剂浸渍、涂面或包覆的纸、絮胎、毡呢、无纺织物、泡沫塑料或海绵橡胶),但不包括品目3404的蜡**					
3405100000	鞋靴或皮革用的上光剂及类似制品	10.0	80.0	17.0	千克	

商品编号	商品名称及备注	进口关税税率		增值税率	计量单位	监管条件
		最惠国	普通			
3405200000	保养木制品的上光剂及类似制品(指保养木家俱、地板或其他木制品的上光剂及类似制品)	10.0	80.0	17.0	千克	
3405300000	车身用的上光剂及类似制品(但金属用的光洁剂除外)	10.0	80.0	17.0	千克	
3405400000	擦洗膏,去污粉及类似品	10.0	80.0	17.0	千克	
3405900000	其他玻璃或金属用的光洁剂(不包括擦洗膏,去污粉及类似制品)	10.0	80.0	17.0	千克	
3406	**各种蜡烛及类似品**					
3406000010	含濒危动物成分的蜡烛及类似品	10.0	130.0	17.0	千克	EF
3406000090	其他各种蜡烛及类似品	10.0	130.0	17.0	千克	
3407	**塑型用膏,包括供儿童娱乐用的在内;通称为“牙科用蜡”或“牙科造形膏”的制品,成套、零售包装或制成片状、马蹄形、条状及类似形状的;以熟石膏(煅烧石膏或硫酸钙)为基本成分的牙科用其他制品**					
3407001000	牙科用蜡及造型膏(成套、零售包装或制成片状、马蹄形、条状及类似形状的)	6.5	30.0	17.0	千克	
3407002000	以熟石膏为成分的牙科用其他制品(包括以煅石膏或硫酸钙为基本成分的)	6.5	40.0	17.0	千克	
3407009000	其他塑型用膏(包括供儿童娱乐用物品)	10.0	100.0	17.0	千克	

第三十五章　蛋白类物质;改性淀粉;胶;酶

注释:

一、本章不包括:

(一)酵母(品目 21.02);

(二)第三十章的血份(非治病、防病用的血清白蛋白除外)、药品及其他产品;

(三)预鞣用酶制剂(品目 32.02);

(四)第三十四章的加酶的浸透剂、洗涤剂及其他产品;

(五)硬化蛋白(品目 39.13);

(六)印刷工业用的明胶产品(第四十九章)。

二、品目 35.05 所称"糊精",是指淀粉的降解产品,其还原糖含量以右旋糖的干重量计不超过 10%。如果还原糖含量超过 10%,应归入品目 17.02。

商品编号	商品名称及备注	进口关税税率		增值税率	计量单位	监管条件
		最惠国	普通			
3501	**酪蛋白、酪蛋白酸盐及其他酪蛋白衍生物;酪蛋白胶**					
3501100000	酪蛋白	10.0	35.0	17.0	千克	
3501900000	酪蛋白酸盐及其衍生物,酪蛋白胶	10.0	35.0	17.0	千克	
3502	**白蛋白(包括按重量计干质成分的乳清蛋白含量超过80%的两种或两种以上的乳清蛋白浓缩物)、白蛋白盐及其他白蛋白衍生物**					
3502110000	干的卵清蛋白	10.0	80.0	17.0	千克	AB
3502190000	其他卵清蛋白	10.0	80.0	17.0	千克	AB
3502200000	乳白蛋白(包括两种或两种以上乳清蛋白浓缩物)	10.0	35.0	17.0	千克	
3502900000	其他白蛋白及白蛋白盐(包括白蛋白衍生物)	10.0	35.0	17.0	千克	
3503	**明胶(包括长方形、正方形明胶薄片,不论是否表面加工或着色)及其衍生物;鱼鳔胶;其他动物胶,但不包括品目 3501 的酪蛋白胶**					
3503001010 *	明胶	12.0	35.0	17.0	千克	AB
3503001090	明胶的衍生物(包括长方形、正方形明胶薄片不论是否表面加工或着色)	12.0	35.0	17.0	千克	AB
3503009000	鱼胶;其他动物胶(但不包括编号 3501 的酪蛋白胶)	12.0	50.0	17.0	千克	AB
3504	**蛋白胨及其衍生物;其他品目未列名的蛋白质及其衍生物;皮粉,不论是否加入铬矾**					
3504001000	蛋白胨	3.0	11.0	17.0	千克	
3504009000	其他编号未列名蛋白质及其衍生物(包括蛋白胨的衍生物及皮粉(不论是否加入铬矾))	8.0	35.0	17.0	千克	
3505	**糊精及其他改性淀粉(例如,预凝化淀粉或酯化淀粉);以淀粉、糊精或其他改性淀粉为基本成分的胶**					
3505100000	糊精及其他改性淀粉	12.0	50.0	17.0	千克	

商品编号	商品名称及备注	进口关税税率		增值税率	计量单位	监管条件
		最惠国	普通			
3505200000	以淀粉糊精等为基本成分的胶	20.0	50.0	17.0	千克	
3506	**其他品目未列名的调制胶及其他调制粘合剂;适于作胶或粘合剂用的产品,零售包装每件净重不超过1千克**					
3506100010	硅酮结构密封胶(零售包装每件净重不超过1千克)	10.0	90.0	17.0	千克	A
3506100090	其他适于作胶或粘合剂的零售产品(零售包装每件净重不超过1千克)	10.0	90.0	17.0	千克	
3506911000	以聚酰胺为基本成分的粘合剂	10.0	90.0	17.0	千克	
3506912000	以环氧树脂为基本成分的粘合剂	10.0	90.0	17.0	千克	
3506919010	非零售,硅酮结构密封胶	10.0	90.0	17.0	千克	A
3506919090	其他橡胶或塑料为基本成分粘合剂(包括以人造树脂(环氧树脂除外)为基本成分的)	10.0	90.0	17.0	千克	
3506990000	其他编号未列名的调制胶,粘合剂	10.0	90.0	17.0	千克	
3507	**酶;其他品目未列名的酶制品**					
3507100000	粗制凝乳酶及其浓缩物	6.0	30.0	17.0	千克	
3507901000	碱性蛋白酶	6.0	30.0	17.0	千克	
3507902000	碱性脂肪酶	6.0	30.0	17.0	千克	
3507909000	其他编号未列名的酶制品	6.0	30.0	17.0	千克	

第三十六章　炸药;烟火制品;火柴;引火合金;易燃材料制品

注释:

一、本章不包括单独的已有化学定义的化合物,但下列注释二(一)、(二)所述物品除外。

二、品目36.06所称"易燃材料制品",只适用于:

(一)聚乙醛、六甲撑四胺及类似物质,已制成片、棒或类似形状作燃料用的;以酒精为基本成分的固体或半固体燃料及类似的配制燃料;

(二)直接灌注香烟打火机及类似打火器用的液体燃料或液化气体燃料,其包装容器的容积不超过300立方厘米;

(三)树脂火炬、引火物及类似品。

商品编号	商品名称及备注	进口关税税率		增值税率	计量单位	监管条件
		最惠国	普通			
3601	**发射药**					
3601000010	模压的胶质推进剂	9.0	50.0	17.0	千克	3
3601000020	含硝化粘接剂及铝粉>5%的推进剂	9.0	50.0	17.0	千克	3
3601000090	其他发射药	9.0	50.0	17.0	千克	
3602	**配制炸药,但发射药除外**					
3602001010	符合特定标准的硝铵炸药(硝胺类物质超过2%,或密度>1.8g/cm^{3}爆速>8000m/s)	9.0	50.0	17.0	千克	3
3602001090	其他硝铵炸药,但发射药除外	9.0	50.0	17.0	千克	
3602009010	符合特定标准的其他配制炸药(含六硝基芪>2%,或密度>1.8g/cm^{3}爆速>8000m/s)	9.0	50.0	17.0	千克	3
3602009090	其他配制炸药,但发射药除外	9.0	50.0	17.0	千克	
3603	**安全导火索;导爆索;火帽或雷管;引爆器;电雷管**					
3603000010	爆炸桥	9.0	50.0	17.0	千克	3
3603000020	爆炸桥丝	9.0	50.0	17.0	千克	3
3603000030	冲击片	9.0	50.0	17.0	千克	3
3603000040	爆炸箔起爆器	9.0	50.0	17.0	千克	3
3603000050	使用单个或多个雷管的装置(由单一点火信号同时起爆;不包括仅使用起药的雷管)	9.0	50.0	17.0	千克	3
3603000060	炸药雷管点火装置(用于引爆上述税目3603各子目列名的爆炸配件的雷管)	9.0	50.0	17.0	千克	3
3603000090	其他安全导火索导爆索等引爆器件(包括火帽或雷管、引爆器、电雷管)	9.0	50.0	17.0	千克	
3604	**烟花、爆竹、信号弹、降雨火箭、浓雾信号弹及其他烟火制品**					
3604100000	烟花,爆竹	6.0	130.0	17.0	千克	B
3604900000	信号弹,降雨火箭及其他烟火制品(包括浓雾信号弹)	6.0	100.0	17.0	千克	

商品编号	商品名称及备注	进口关税税率		增值税率	计量单位	监管条件
		最惠国	普通			
3605	**火柴，但品目3604的烟火制品除外**					
3605000000	火柴，但编号3604的烟火制品除外	6.0	100.0	17.0	千克	
3606	**各种形状的铈铁及其他引火合金；本章注释二所述的易燃材料制品**					
3606100000	打火机等用液体或液化气体燃料（其包装容器的容积≤$300cm^3$）	10.0	80.0	17.0	千克	
3606901100	已切成形可直接使用的铈铁（包括其他引火合金）	9.0	80.0	17.0	千克	
3606901900	未切成形不可直接使用的铈铁（包括其他引火合金）	9.0	50.0	17.0	千克	
3606909000	其他易燃材料制品（本章注释二所述的）	9.0	80.0	17.0	千克	

第三十七章 照相及电影用品

注释：

一、本章不包括废碎料。

二、本章所称“摄影”，是指光或其他射线作用于感光面上直接或间接形成可见影像的过程。

商品编号	商品名称及备注	进口关税税率		增值税率	计量单位	监管条件
		最惠国	普通			
3701	**未曝光的摄影感光硬片及平面软片，用纸、纸板及纺织物以外任何材料制成；未曝光的一次成像感光平片，不论是否分装**					
3701100000	未曝光的X光感光硬片及平面软片	20.0	40.0	17.0	平方米	
3701200000	未曝光的一次成像感光平片(平面，不论是否分装)	5.0	40.0	17.0	千克	
3701302100	未曝光照相制版用激光照排片(任何一边>255mm)	见附表11	见附表11	17.0	平方米	
3701302200	未曝光照相制版用PS版(任何一边>255mm)	见附表11	见附表11	17.0	平方米	
3701302300	CTP版(计算机直接制版的热敏版材)(任何一边>255mm)	见附表11	见附表11	17.0	平方米	
3701302900	其他未曝光照相制版用感光硬软片(任何一边>255mm)	见附表11	见附表11	17.0	平方米	
3701309000	未曝光其他用途的感光硬片及软片(平面软片，任何一边>255mm)	20.0	70.0	17.0	平方米	
3701910000	其他用未曝光彩色硬片及平面软片(边长≤255mm)	22.0	70.0	17.0	千克	
3701992010 *	超微粒干版	10.0	40.0	17.0	平方米	
3701992090	照相制版用其他未曝光软片及硬片(非彩色摄影用，边长≤255mm；超微粒干版除外)	10.0	40.0	17.0	平方米	
3701999000	其他用未曝光软片及硬片(非彩色摄影用，边长≤255mm)	25.0	70.0	17.0	平方米	
3702	**成卷的未曝光摄影感光胶片，用纸、纸板及纺织物以外任何材料制成；未曝光的一次成像感光卷片**					
3702100000	成卷的未曝光的X光感光胶片	10.0	40.0	17.0	平方米	
3702200000	未曝光一次成像感光卷片	5.0	40.0	17.0	平方米	
3702310000	未曝光无齿孔彩色窄胶卷(窄胶卷指宽度≤105mm，彩色摄影用)	见附表11	见附表11	17.0	个/平方米	
3702322000	照相制版涂卤化银液无齿孔窄胶卷(成卷未曝光感光胶片，窄胶卷指宽度≤105mm)	见附表11	见附表11	17.0	平方米	
3702329000	其他涂卤化银乳液无齿孔窄胶卷(成卷未曝光感光胶片，窄胶卷指宽度≤105mm)	见附表11	见附表11	17.0	平方米	
3702392000	照相制版用其他无齿孔窄感光胶卷(成卷未曝光感光胶片，窄胶卷指宽度≤105mm)	见附表11	见附表11	17.0	平方米	
3702399000	其他用无齿孔窄感光胶卷(成卷未曝光感光胶片，窄胶卷指宽度≤105mm)	见附表11	见附表11	17.0	平方米	
3702410000	未曝光无齿孔宽长彩色胶卷(宽长胶卷指宽度>610mm，长度>200m)	见附表11	见附表11	17.0	平方米	

商品编号	商品名称及备注	进口关税税率		增值税率	计量单位	监管条件
		最惠国	普通			
3702422100 *	印刷电路板制造用光致抗蚀干膜(指宽度>610mm,长度>200m)	见附表11	见附表11	17.0	平方米	
3702422900	照相制版其他未曝光无齿宽长胶卷(宽长指宽度>610mm,长度>200m,非彩色摄影用)	见附表11	见附表11	17.0	平方米	
3702429100 *	未曝光红外或氦氖激光胶片(宽长胶卷指宽度>800mm,长度>1000m)	见附表11	见附表11	17.0	平方米	
3702429900	其他未曝光无齿孔宽长胶卷(宽长胶卷指宽度>610mm,长度>200m,非彩色摄影用)	见附表11	见附表11	17.0	平方米	
3702432100	照相制版用激光照排片(宽度>610mm,长度≤200m)	见附表11	见附表11	17.0	平方米	
3702432900	其他照相制版用未曝光无齿孔胶卷(指宽度>610mm,长度≤200m)	见附表11	见附表11	17.0	平方米	
3702439000	其他用未曝光无齿孔中长胶卷(中长胶卷指宽度>610mm,长度≤200m)	见附表11	见附表11	17.0	平方米	
3702442100	照相制版用未曝光激光照排片(105mm≤宽度≤610mm)	见附表11	见附表11	17.0	平方米	
3702442200 *	印刷电路板制造用光致抗蚀干膜(105mm≤宽度≤610mm)	见附表11	见附表11	17.0	平方米	
3702442900	其他照相制版用无齿孔未曝光胶卷(105mm≤宽度≤610mm)	见附表11	见附表11	17.0	平方米	
3702449000	其他用无齿孔未曝光中宽胶卷(中宽胶卷指宽度>105mm,但≤610mm)	见附表11	见附表11	17.0	平方米	
3702510000	未曝光窄短彩色胶卷(窄短胶卷指宽度≤16mm,长度≤14m)	见附表11	见附表11	17.0	米/平方米	
3702520000	未曝光中窄彩色胶卷(中窄胶卷指宽度≤16mm,长度>14m)	见附表11	见附表11	17.0	米/平方米	
3702530000	幻灯片用未曝光彩色摄影胶卷(宽度>16mm,但≤35mm,长度≤30m)	见附表11	见附表11	17.0	米/平方米	
3702541000	非幻灯片用彩色摄影胶卷(宽度=35mm,长度小于等于2m)	见附表11	见附表11	17.0	米/平方米	
3702549000	其他非幻灯片用彩色摄影胶卷(宽度>16mm,但≤35mm,长度≤30m)	见附表11	见附表11	17.0	米/平方米	
3702552010 *	未曝光的窄长彩色电影胶卷(正片)(窄长胶卷指宽度>16mm,但≤35mm,长度>30m)	见附表11	见附表11	17.0	米/平方米	
3702552090	其他未曝光的窄长彩色电影胶卷(窄长胶卷指宽度>16mm,但≤35mm,长度>30m)	见附表11	见附表11	17.0	米/平方米	
3702559000	其他未曝光窄长彩色胶卷(窄长胶卷指宽度>16mm,但≤35mm,长度>30m)	见附表11	见附表11	17.0	米/平方米	
3702562000	未曝光的中宽彩色电影胶卷(中宽胶卷指宽度>35mm)	见附表11	见附表11	17.0	米/平方米	
3702569000	其他未曝光的中宽彩色胶卷(中宽胶卷指宽度>35mm)	见附表11	见附表11	17.0	米/平方米	
3702910000	未曝光窄短非彩色胶卷(窄短胶卷指宽度≤16mm)	见附表11	见附表11	17.0	米/平方米	
3702931000	未曝光中长非彩色胶卷(宽度=35mm,长度≤2m)	见附表11	见附表11	17.0	米/平方米	

商品编号	商品名称及备注	进口关税税率		增值税率	计量单位	监管条件
		最惠国	普通			
3702939000	其他未曝光中长非彩色胶卷(中长胶卷指宽度>16mm,但≤35mm,长度≤30m)	见附表11	见附表11	17.0	米/平方米	
3702942000	未曝光的窄长黑白电影胶卷(窄长胶卷指宽度>16mm,但≤35mm,长度>30m)	见附表11	见附表11	17.0	米/平方米	
3702949000	其他用未曝光窄长非彩色胶卷(窄长胶卷指宽度>16mm,但≤35mm,长度>30m)	见附表11	见附表11	17.0	米/平方米	
3702952000	未曝光的中宽黑白电影胶卷(中宽胶卷指宽度>35mm)	见附表11	见附表11	17.0	米/平方米	
3702959000	其他用未曝光的中宽非彩色胶卷(中宽胶卷指宽度>35mm)	见附表11	见附表11	17.0	米/平方米	
3703	未曝光的摄影感光纸、纸板及纺织物					
3703101000	成卷未曝光的宽幅感光纸及纸板(宽幅指成卷宽度>610mm)	18.0	100.0	17.0	千克	
3703109000	成卷未曝光的宽幅感光布(宽幅指成卷宽度>610mm)	18.0	70.0	17.0	千克	
3703201000	未曝光的彩色感光纸及纸板(成卷的宽幅感光纸及纸板除外)	35.0	100.0	17.0	千克	
3703209000	未曝光的彩色感光布(成卷的宽幅感光布除外)	18.0	70.0	17.0	千克	
3703901000	其他未曝光的非彩色感光纸及纸板(成卷的宽幅感光纸及纸板除外)	35.0	100.0	17.0	千克	
3703909000	其他未曝光的非彩色感光布(成卷的宽幅感光布除外)	18.0	70.0	17.0	千克	
3704	**已曝光未冲洗的摄影硬片、软片、纸、纸板及纺织物**					
3704001000	已曝光未冲洗的电影胶片	6.5	30.0	17.0	千克	Z
3704009000	其他已曝光未冲洗的摄影硬、软片(包括已曝光未冲洗的感光纸,纸板及纺织物)	18.0	70.0	17.0	千克	
3705	**已曝光已冲洗的摄影硬片及软片,但电影胶片除外**					
3705100000	已冲洗供复制胶版用摄影硬、软片(电影胶片除外)	18.0	70.0	17.0	千克	
3705201000	书籍、报刊用的已冲洗的缩微胶片			17.0	千克	
3705209000	已冲洗的其他缩微胶片	4.0	14.0	17.0	千克	
3705901000	已冲洗的教学专用幻灯片			17.0	千克	
3705909000	已冲洗的其他摄影硬、软片(包括其他已冲洗的摄影纸、纸板及纺织物;电影胶片除外)	18.0	70.0	17.0	千克	
3706	**已曝光已冲洗的电影胶片,不论是否配有声道或仅有声道**					
3706101000	已冲洗的教学专用中宽电影胶片(中宽胶片指宽度≥35mm,不论是否配有声道或仅有声道)	见附表11	见附表11	17.0	米	Z
3706109000	已冲洗的其他中宽电影胶片(中宽胶片指宽度≥35mm,不论是否配有声道或仅有声道)	5.0	14.0	17.0	米	Z
3706901000	教学专用其他已冲洗的电影胶片(宽度<35mm)	见附表11	见附表11	17.0	米	Z
3706909000	其他已冲洗的电影胶片(宽度<35mm)	4.0	14.0	17.0	米	Z

商品编号	商品名称及备注	进口关税税率		增值税率	计量单位	监管条件
		最惠国	普通			
3707	**摄影用化学制剂(不包括上光漆、胶水、粘合剂及类似制剂);摄影用未混合产品;定量包装或零售包装可立即使用的**					
3707100000	感光乳液	8.0	35.0	17.0	千克	
3707901000	冲洗胶卷及相片用化学制剂(包括摄影用未混合产品,定量或零售包装即可使用的)	16.0	100.0	17.0	千克	
3707902000	复印机用化学制剂(不包括上光漆、胶水、粘合剂及类似制剂)	10.0	45.0	17.0	千克	
3707909000	其他摄影用化学制剂(包括摄影用未混合产品)	8.0	35.0	17.0	千克	

第三十八章　杂项化学产品

注释:

一、本章不包括:

(一)单独的已有化学定义的元素及化合物,但下列各项除外:

1. 人造石墨(品目38.01);

2. 制成品目38.08所述的形状或包装的杀虫剂、杀鼠剂、杀菌剂、除草剂、抗萌剂、植物生长调节剂、消毒剂及类似产品;

3. 灭火器的装配药及已装药的灭火弹(品目38.13);

4. 下列注释二所规定的检定参照物;

5. 下列注释三(一)及三(三)所规定的产品。

(二)配制食品用的与食物或其他营养物质混合的化学品(一般归入品目21.06)。

(三)符合第二十六章注释三(一)或三(二)的规定,含有金属、砷及其混合物的矿灰和残渣(包括淤渣,但下水道淤泥除外)(品目26.20);

(四)药品(品目30.03及30.04)。

(五)用于提取贱金属或生产贱金属化合物的废催化剂(品目26.20),主要用于回收贵金属的废催化剂(品目71.12),或某种形状(例如,精细粉末或纱网状)的金属或金属合金催化剂(第十四类或第十五类)。

二、(一)品目38.22所称的"检定参照物",是指附有证书的参照物,该证书标明了参照物属性的指标、确定这些指标的方法以及与每一指标相关的确定度,这些参照物适用于分析、校准和比较。

(二)除第二十八章和二十九章的产品外,检定参照物在本目录中应优先归入品目38.22。

三、品目38.24包括不归入本目录其他品目的下列货品:

(一) 每颗重量不小于2.5克的氧化镁、碱金属或碱土金属卤化物制成的培养晶体(光学元件除外);

(二)杂醇油;骨焦油;

(三)零售包装的除墨剂;

(四)零售包装的蜡纸改正液及其他改正液;

(五)可熔性陶瓷测温器(例如,塞格测温锥)。

四、本目录所称"城市垃圾",是指从家庭、宾馆、餐馆、医院、商店、办公室等收集来的废物、马路和人行道的垃圾以及建筑垃圾或废墟废物。城市垃圾通常含有大量各种各样的材料,例如,塑料、橡胶、木材、纸张、纺织品、玻璃、金属、食物、破碎家具和其他已损坏或被丢弃的物品,但不包括:

(一)已从垃圾中分拣出来的单独的材料或物品,例如,塑料、橡胶、木材、纸张、纺织品、玻璃、金属的废品及用尽的电池,这些材料或物品应归入本目录中适当品目;

(二)工业废物;

(三)第三十章注释四(十)所规定的废药物;

(四)本章注释六(一)所规定的医疗废物。

五、品目38.25所称"下水道淤泥",是指城市污水处理厂产生的淤渣,包括预处理的废物、刷洗污垢和性质不稳定的淤泥。但适合作为肥料用的性质稳定的淤泥除外(第三十一章)。

六、品目38.25所称"其他废物"适用于:

(一)医疗废物,即医学研究、诊断、治疗以及其他内科、外科、牙科或兽医治疗所产生的被污染的废物,通常含有病菌和药物,需作专门处理(例如,脏的敷料、用过的手套及注射器);

(二)废有机溶剂;

(三)废的金属酸洗液、液压油、制动油及防冻液;

(四)其他化学工业及相关工业的废物。

但不包括主要含有石油及从沥青矿物提取的油类的废油(品目27.10)。

子目注释：

子目3825.41和3825.49所称“废有机溶剂”，是指主要含有有机溶剂的废物，不适合再作原产品使用，不论其是否用于回收溶剂。

商品编号	商品名称及备注	进口关税税率		增值税率	计量单位	监管条件
		最惠国	普通			
3801	**人造石墨；胶态或半胶态石墨；以石墨或其他碳为基本成分的糊状、块状、板状制品或半制品**					
3801100010 *	核级石墨（纯度高于百万分之五硼当量，密度大于1.50g/cm^3）	6.5	30.0	17.0	千克	3
3801100020 *	人造细晶粒整体石墨（20℃下的密度、拉伸断裂应变、热膨胀系数符合特殊要求）	6.5	30.0	17.0	千克	3
3801100090 *	其他人造石墨	6.5	30.0	17.0	千克	
3801200000	胶态或半胶态石墨	6.5	30.0	17.0	千克	
3801300000	电极用碳糊及炉衬用的类似糊	6.5	35.0	17.0	千克	
3801900000	其他以石墨或其他碳为基料的制品[呈糊状、块状、板状的制品（包括半制品）]	6.5	35.0	17.0	千克	
3802	**活性碳；活性天然矿产品；动物炭黑，包括废动物炭黑**					
3802100000	活性碳	6.5	20.0	17.0	千克	G
3802900010	濒危动物炭黑（包括废动物炭黑）	10.0	45.0	17.0	千克	FE
3802900090	活性天然矿产品；其他动物炭黑（包括废动物炭黑）	10.0	45.0	17.0	千克	
3803	**妥尔油，不论是否精炼**					
3803000000	妥尔油，不论是否精炼	6.5	35.0	17.0	千克	
3804	**木浆残余碱液，不论是否浓缩、脱糖或经化学处理，包括木素磺酸盐，但不包括品目3803的妥尔油**					
3804000000	木浆残余碱液，包括木素磺酸盐（不论是否浓缩、脱糖或经过化学处理，妥尔油除外）	6.5	35.0	17.0	千克	
3805	**脂松节油、木松节油和硫酸盐松节油及其他萜烯油，用蒸馏或其他方法从针叶木制得；粗制二聚戊烯；亚硫酸盐松节油及其他粗制对异丙基苯甲烷；以α萜品醇为基本成分的松油**					
3805100000	松节油（包括脂松节油、木松节油和硫酸盐松节油）	6.5	50.0	17.0	千克	
3805200000	以α萜品醇为基本成分的松油	6.5	50.0	17.0	千克	
3805900000	粗制二聚戊烯；亚硫酸盐松节油等（包括其他粗制对异丙基苯甲烷及其他萜烯油）	6.5	50.0	17.0	千克	
3806	**松香和树脂酸及其衍生物；松香精及松香油；再熔胶**					
3806101000	松香（包括松香渣）	10.0	70.0	17.0	千克	B
3806102000	树脂酸	10.0	70.0	17.0	千克	B
3806201000	松香盐及树脂酸盐	6.5	40.0	17.0	千克	
3806209000	松香或树脂酸衍生物的盐（松香加合物的盐除外）	6.5	40.0	17.0	千克	
3806300000	酯胶	6.5	50.0	17.0	千克	AB

商品编号	商 品 名 称 及 备 注	进口关税税率		增值税率	计量单位	监管条件
		最惠国	普通			
3806900010	歧化松香及松香衍生物	6.5	40.0	17.0	千克	
3806900090	其他松香及树脂酸衍生物(包括松香精及松香油;再熔胶)	6.5	40.0	17.0	千克	
3807	**木焦油;精制木焦油;木杂酚油;粗木精;植物沥青;以松香、树脂酸或植物沥青为基本成分的啤酒桶沥青及类似制品**					
3807000000	木焦油木杂酚油粗木精植物沥青等(包括以松香、树脂酸植物沥青为基料的啤酒桶沥青及类似)	6.5	35.0	17.0	千克	
3808	**杀虫剂、杀鼠剂、杀菌剂、除草剂、抗萌剂、植物生长调节剂、消毒剂及类似产品,零售形状、零售包装或制成制剂及成品(例如,经硫磺处理的带子、杀虫灯芯、蜡烛及捕蝇纸)**					
3808101100	蚊香	10.0	80.0	17.0	千克	AS
3808101910	零售包装农用杀虫剂成药	10.0	35.0	13.0	千克	7AS
3808101990	零售包装非农用杀虫剂成药	10.0	35.0	13.0	千克	7AS
3808109000	非零售包装杀虫剂成药	6.0	11.0	13.0	千克	7AS
3808201010	零售包装农用杀菌剂成药	9.0	35.0	13.0	千克	7S
3808201090	零售包装的非农用杀菌剂成药	9.0	35.0	13.0	千克	7S
3808209010	非零售包装的医用杀菌剂	6.0	11.0	17.0	千克	7
3808209021	经农药杀菌剂浸渍的纸质水果套袋	6.0	11.0	13.0	千克	7S
3808209029	非零售包装的其他农用杀菌剂成药	6.0	11.0	13.0	千克	7S
3808209090	非零售包装的非农用杀菌剂成药(包括非医用杀菌剂)	6.0	11.0	13.0	千克	7
3808301110	零售包装的农用除草剂成药	9.0	35.0	13.0	千克	7AS
3808301190	零售包装的非农用除草剂成药	9.0	35.0	13.0	千克	7SA
3808301900	非零售包装的除草剂成药	5.0	11.0	13.0	千克	7AS
3808309100	零售包装抗萌剂及植物生长调节剂	9.0	35.0	13.0	千克	S
3808309900	非零售抗萌剂及植物生长调节剂	6.0	14.0	13.0	千克	7S
3808400010	医用消毒剂	9.0	35.0	17.0	千克	7
3808400090	非医用消毒剂	9.0	35.0	13.0	千克	7
3808901000	零售包装的杀鼠剂及其他农药(包括类似品)	9.0	35.0	13.0	千克	7S
3808909000	非零售包装的杀鼠剂及其他农药(包括类似品)	9.0	14.0	13.0	千克	7S
3809	**纺织、造纸、制革及类似工业用的其他品目未列名的整理剂、染料加速着色或固色助剂及其他产品和制剂(例如,修整剂及媒染剂)**					
3809100000	以淀粉为基料的纺织等工业用制剂(纺织、造纸、制革等工业用整理剂、固色剂及其他制剂)	10.0	35.0	17.0	千克	
3809910000	纺织工业用其他未列名产品和制剂(包括整理剂、染料加速着色或固色助剂及其他制剂)	6.5	35.0	17.0	千克	
3809920000	造纸工业用其他未列名产品和制剂(包括整理剂、染料加速着色或固色助剂及其他制剂)	6.5	35.0	17.0	千克	
3809930000	制革工业用其他未列名产品和制剂(包括整理剂、染料加速着色或固色助剂及其他制剂)	6.5	35.0	17.0	千克	

商品编号	商品名称及备注	进口关税税率		增值税率	计量单位	监管条件
		最惠国	普通			
3810	**金属表面酸洗剂;焊接用的焊剂及其他辅助剂;金属及其他材料制成的焊粉或焊膏;作焊条芯子或焊条涂料用的制品**					
3810100000	金属表面酸洗剂焊粉或焊膏(金属及其他材料制成的焊粉或焊膏)	6.5	35.0	17.0	千克	
3810900000	焊接用的焊剂及其他辅助剂等(包括作焊条芯子或焊条涂料用的制品)	6.5	35.0	17.0	千克	
3811	**抗震剂、抗氧剂、防胶剂、粘度改良剂、防腐蚀制剂及其他配制添加剂,用于矿物油(包括汽油)或与矿物油同样用途的其他液体**					
3811110000	以铅化合物为基本成分的抗震剂	6.5	35.0	17.0	千克	
3811190000	其他抗震剂	6.5	35.0	17.0	千克	
3811210000	含有石油的润滑油添加剂(包括含有从沥青矿物提取的油类的润滑油添加剂)	6.5	35.0	17.0	千克	
3811290000	不含石油的润滑油添加剂	6.5	35.0	17.0	千克	
3811900000	其他矿物油用的配制添加剂(抗氧剂、防胶剂、粘度改良剂、防腐剂及其他配制添加剂)	6.5	35.0	17.0	千克	
3812	**配制的橡胶促进剂;其他品目未列名的橡胶或塑料用复合增塑剂;橡胶或塑料用抗氧制剂及其他复合稳定剂**					
3812100000	配制的橡胶促进剂	6.0	20.0	17.0	千克	
3812200000	橡胶或塑料用复合增塑剂	6.5	35.0	17.0	千克	
3812301000	橡胶的防老剂	6.0	20.0	17.0	千克	
3812309000	其他橡、塑用抗氧剂及其他稳定剂	6.5	35.0	17.0	千克	
3813	**灭火器的装配药;已装药的灭火弹**					
3813001000	灭火器的装配药	6.5	35.0	17.0	千克	
3813002000	已装药的灭火弹	10.0	70.0	17.0	千克	
3814	**其他品目未列名的有机复合溶剂及稀释剂;除漆剂**					
3814000000	有机复合溶剂及稀释剂,除漆剂(指其他编号未列名的)	10.0	50.0	17.0	千克	
3815	**其他品目未列名的反应引发剂、反应促进剂、催化剂**					
3815110000	以镍为活性物的载体催化剂(包括以镍化合物为活性物的)	6.5	35.0	17.0	千克	
3815120010	载铂催化剂(为了从重水中回收氚或为了生产重水而专门设计或制备,用于加速氢和水之间的氢同位素交换反应)	6.5	35.0	17.0	千克	3
3815120090	其他以贵金属为活性物的载体催化剂	6.5	35.0	17.0	千克	
3815190000	其他载体催化剂	6.5	35.0	17.0	千克	
3815900000	其他未列名的反应引发剂、促进剂(包括反应催化剂)	6.5	35.0	17.0	千克	
3816	**耐火的水泥、灰泥、混凝土及类似耐火混合制品,但品目3801的产品除外**					

商品编号	商品名称及备注	进口关税税率		增值税率	计量单位	监管条件
		最惠国	普通			
3816000000	耐火水泥、灰泥及类似耐火材料(耐火混凝土及类似耐火混合制品,但编号3801的产品除外)	6.5	35.0	17.0	千克	
3817	**混合烷基苯及混合烷基萘,但品目2707及2902的货品除外**					
3817000010 *	混合烷基苯(品目27.07及29.02的货品除外)	6.5	35.0	17.0	千克	
3817000090	混合烷基萘(品目27.07及29.02的货品除外)	6.5	35.0	17.0	千克	
3818	**经掺杂用于电子工业的化学元素,已切成圆片、薄片或类似形状;经掺杂用于电子工业的化合物**					
3818001100	7.5cm≤直径≤15.24cm单晶硅片(经掺杂用于电子工业的)		11.0	17.0	千克	
3818001900	直径>15.24cm的单晶硅片(经掺杂用于电子工业的)		11.0	17.0	千克	
3818009000	其他经掺杂用于工业的晶体切片(包括经掺杂用于电子工业的化学元素及化合物)		17.0	17.0	千克	
3819	**闸用液压油及其他液压传动用液体,不含石油或从沥青矿物提取的油类,或者按重量计石油或从沥青矿物提取的油类含量低于70%**					
3819000000	闸用液压油及其他液压传动用液体(按重量计石油或从矿物提取的油类含量低于70%)	6.5	35.0	17.0	千克	
3820	**防冻剂及解冻剂**					
3820000000	防冻剂及解冻剂	10.0	35.0	17.0	千克	
3821	**制成的微生物培养基**					
3821000000	制成的微生物培养基	3.0	11.0	17.0	千克	
3822	**附于衬背上的诊断或实验用试剂及不论是否附于衬背上的诊断或实验用配制试剂,但品目3002及3006的货品除外;检定参照物**					
3822001000	附于衬背上的诊断或实验用试剂(包括不论是否附于衬背上的诊断或实验用配制试剂)	4.0	35.0	17.0	千克	
3822009000	其他诊断或实验用配制试剂	5.0	35.0	17.0	千克	
3823	**工业用单羧脂肪酸;精炼所得的酸性油;工业用脂肪醇**					
3823110000	硬脂酸	16.0	50.0	17.0	千克	B
3823120000	油酸	16.0	50.0	17.0	千克	B
3823130000	妥尔油脂肪酸	16.0	50.0	17.0	千克	B
3823190000	其他工业用单羧脂肪酸;酸性油(酸性油仅指精炼所得的)	16.0	50.0	17.0	千克	B
3823700000 *	工业用脂肪醇	13.0	50.0	17.0	千克	B
3824	**铸模及铸芯用粘合剂;其他处未列名的化学工业及其相关工业的化学产品及配制品(包括由天然产品混合组成的)**					
3824100000	铸模及铸芯用粘合剂	6.5	35.0	17.0	千克	
3824201000	环烷酸钴	6.5	35.0	17.0	千克	

商品编号	商品名称及备注	进口关税税率		增值税率	计量单位	监管条件
		最惠国	普通			
3824209000	其他环烷酸及其水不溶性的盐和酯	6.5	35.0	17.0	千克	
3824300000	混合的未烧结金属碳化物(包括自身混合或与金属粘合剂混合的)	6.5	35.0	17.0	千克	
3824400000	水泥、灰泥及混凝土用添加剂	6.5	35.0	17.0	千克	A
3824500000	非耐火的灰泥及混凝土	6.5	35.0	17.0	千克	
3824600000	子目号290544以外的山梨醇	14.0	40.0	17.0	千克	
3824710011	二氯二氟甲烷和二氟乙烷的混合物(制冷剂500)	6.5	35.0	17.0	千克	
3824710012	一氯二氟甲烷和二氯二氟甲烷的混合物(制冷剂501)	6.5	35.0	17.0	千克	
3824710013	一氯二氟甲烷和一氯五氟乙烷的混合物(制冷剂502)	6.5	35.0	17.0	千克	
3824710014	三氟甲烷和一氯三氟甲烷的混合物(制冷剂503)	6.5	35.0	17.0	千克	
3824710015	二氟甲烷和一氯五氟乙烷的混合物(制冷剂504)	6.5	35.0	17.0	千克	
3824710016	二氯二氟甲烷和一氟一氯甲烷的混合物(制冷剂505)	6.5	35.0	17.0	千克	
3824710017	一氟一氯甲烷和二氯四氟乙烷的混合物(制冷剂506)	6.5	35.0	17.0	千克	
3824710018	二氯二氟甲烷和二氯四氟乙烷的混合物(制冷剂400)	6.5	35.0	17.0	千克	
3824710090	其他无环烃全卤化衍生物的混合物(指仅含氟和氯的)	6.5	35.0	17.0	千克	
3824790000	其他无环烃全卤化衍生物的混合物(指含两种或两种以上卤素的)	6.5	35.0	17.0	千克	
3824901000	杂醇油	6.5	40.0	17.0	千克	
3824902000	除墨剂、蜡纸改正液及类似品	9.0	80.0	17.0	千克	
3824903000	增炭剂	6.5	35.0	17.0	千克	
3824904000	多次甲基多苯基异氰酸酯(聚合MDI)	6.5	35.0	17.0	千克	
3824909010	粗制碳化硅(其中碳化硅含量大于15%(按重量计))	6.5	35.0	17.0	千克	y4x
3824909020	混胺(二甲胺和三乙胺混合物的水溶液)	6.5	35.0	17.0	千克	3
3824909030 *	电极浆料(主要成分为银,镍或铜和有机溶剂,用于生产片式陶瓷电容器)	6.5	35.0	17.0	千克	
3824909090	其他编号未列名的化工产品	6.5	35.0	17.0	千克	
3825	**其他品目未列名的化学工业及其相关工业的副产品;城市垃圾;下水道淤泥;本章注释六所规定的其他废物**					
3825100000	城市垃圾	6.5	35.0	17.0	千克	9
3825200000	下水道淤泥	6.5	35.0	17.0	千克	9
3825300000	医疗废物	6.5	35.0	17.0	千克	9
3825410000	废卤化物的有机溶剂	6.5	35.0	17.0	千克	9
3825490000	其他废有机溶剂	6.5	35.0	17.0	千克	9
3825500000	废的金属酸洗液,液压油及制动油(还包括废的防冻液)	10.0	35.0	17.0	千克	9
3825610000	主要含有有机成分的化工废物(其他化学工业及相关工业的废物)	6.5	35.0	17.0	千克	9
3825690000	其他化工废物(其他化学工业及相关工业的废物)	6.5	35.0	17.0	千克	9
3825900010	浓缩糖蜜发酵液	6.5	35.0	17.0	千克	
3825900090	其他编号未列名化工副产品及废物	6.5	35.0	17.0	千克	9

第七类　塑料及其制品;橡胶及其制品

注释:

一、由两种或两种以上单独成分配套的货品,其部分或全部成分属于本类范围以内,混合后则构成第六类或第七类的货品,应按混合后产品归入相应的品目,但其组成成分必须同时符合下列条件:

(一) 其包装形式足以表明这些成分不需经过改装就可以一起使用的;

(二)一起进口或出口的;

(三)这些成分的属性及相互比例足以表明是相互配用的。

二、除品目 39.18 或 39.19 的货品外,印有花纹、文字、图画的塑料、橡胶及其制品,如果所印花纹、字画作为其主要用途,应归入第四十九章。

第三十九章　塑料及其制品

注释:

一、本目录所称"塑料",是指品目 39.01 至 39.14 的材料,这些材料能够在聚合时或聚合后在外力(一般是热力和压力,必要时加入溶剂或增塑剂)作用下通过模制、浇铸挤压、滚轧或其他工序制成一定的形状,成形后除去外力,其形状仍保持不变。

本目录所称"塑料",还应包括钢纸,但不包括第十一类的纺织材料。

二、本章不包括:

(一)品目 27.12 或 34.04 的蜡;

(二)单独的已有化学定义的有机化合物(第二十九章);

(三)肝素及其盐(品目 30.01);

(四)品目 39.01 至 39.13 所列的任何产品溶于挥发性有机溶剂的溶液(胶棉除外),但溶剂的重量必须超过溶液重量的 50%(品目 32.08);品目 32.12 的压印箔;

(五)有机表面活性剂或品目 34.02 的制剂;

(六)再熔胶及酯胶(品目 38.06);

(七)附于塑料衬背上的诊断或实验用试剂(品目 38.22);

(八)第四十章规定的合成橡胶及其制品;

(九)鞍具及挽具(品目 42.01);品目 42.02 的衣箱、提箱、手提包及其他容器;

(十)第四十六章的缏条、编结品及其他制品;

(十一)品目 48.14 的壁纸;

(十二)第十一类的货品(纺织原料及纺织制品);

(十三)第十二类的物品(例如,鞋靴、帽类、雨伞、阳伞、手杖、鞭子、马鞭及其零件);

(十四)品目 71.17 的仿首饰;

(十五)第十六类的物品(机器、机械器具或电气器具);

(十六)第十七类的航空器零件及车辆零件;

(十七)第九十章的物品(例如,光学元件、眼镜架及绘图仪器);

(十八)第九十一章的物品(例如,钟壳及表壳);

(十九)第九十二章的物品(例如,乐器及其零件);

(二十)第九十四章的物品(例如,家具、灯具、照明装置、灯箱及活动房屋);

(二十一)第九十五章的物品(例如,玩具、游戏品及运动用品);

(二十二)第九十六章的物品(例如,刷子、钮扣、拉链、梳子、烟斗的嘴及柄、香烟嘴及类似品、保温瓶的零件及类似品、钢笔、活动铅笔)。

三、品目39.01至39.11仅适用于化学合成的下列货品:

(一)温度在300℃时,压力转为1013毫巴后减压蒸馏出的液体合成聚烯烃以体积计小于60%的货品(品目39.01及39.02);

(二)非高度聚合的苯并呋喃——茚式树脂(品目39.11);

(三)平均至少有五个单体单元的其他合成聚合物;

(四)聚硅氧烷(品目39.10);

(五)甲阶酚醛树脂(品目39.09)及其他预聚物。

四、所称"共聚物",包括在整个聚合物中按重量计没有一种单体单元的含量在95%及以上的各种聚合物。

在本章中,除条文另有规定的以外,共聚物(包括共缩聚物、共加聚物、嵌段共聚物及接枝共聚物)及聚合物混合体应按聚合物中重量最大的那种共聚单体单元所构成的聚合物归入相应品目。在本注释中,归入同一品目的聚合物的共聚单体单元应作为一种单体单元对待。如果没有任何一种共聚单体单元重量为最大,共聚物或聚合物混合体应按号列顺序归入其可归入的最末一个品目。

五、化学改性聚合物,即聚合物主链上的支链通过化学反应发生了变化的聚合物,应按未改性的聚合物的相应品目归类。本规定不适用于接枝共聚物。

六、品目39.01至39.14所称"初级形状",只限于下列各种形状:

(一)液状及糊状,包括分散体(乳浊液及悬浮液)及溶液;

(二)不规则形状的块、团、粉(包括压型粉)、颗粒、粉片及类似的散装形状。

七、品目39.15不适用于已制成初级形状的单一热塑材料废碎料及下脚料(品目39.01至39.14)。

八、品目39.17所称"管子",是指通常用于输送或供给气体或液体的空心制品或半制品(例如,肋纹浇花软管、多孔管),还包括香肠用肠衣及其他扁平管。除肠衣及扁平管外,内截面如果不呈圆形、椭圆形、矩形(其长度不超过宽度的1.5倍)或正几何形,则不能视为管子,而应作为异型材。

九、品目39.18所称"塑料糊墙品",适用于墙壁或天花板装饰用的宽度不小于45厘米的成卷产品,这类产品是将塑料牢固地附着在除纸张以外任何材料的衬背上,并且在塑料面起纹、压花、着色、印制图案或用其他方法装饰。

十、品目39.20及39.21所称"板、片、膜、箔、扁条",只适用于未切割或仅切割成矩形(包括正方形)(含切割后即可供使用的),但未经进一步加工的板、片、膜、箔、扁条(第五十四章的物品除外)及正几何形块,不论是否经过印制或其他表面加工。

十一、品目39.25只适用于第二分章以前各品目未包括的下列物品:

(一)容积超过300升的囤、柜(包括化粪池)、罐、桶及类似容器;

(二)用于地板、墙壁、隔墙、天花板或屋顶等方面的结构件;

(三)槽管及其附件;

(四)门、窗及其框架和门槛;

(五)阳台、栏杆、栅栏、栅门及类似品;

(六)窗板、百叶窗(包括威尼斯式百叶窗)或类似品及其零件、附件;

(七)商店、工棚、仓库等用的拼装式固定大型货架;

(八)建筑用的特色(例如,凹槽、圆顶及鸽棚式)装饰件;

(九)固定装于门窗、楼梯、墙壁或建筑物其他部位的附件及架座,例如,球形把手、拉手、挂钩、托架、毛巾架、开关板及其他护板。

子目注释:

一、属于本章任一品目项下的聚合物(包括共聚物)及化学改性聚合物应按下列规则归类:

(一)在同级子目中有一个"其他"子目的:

1.子目所列聚合物名称冠有"聚(多)"的(例如,聚乙烯及聚酰胺-6,6),是指列名的该种聚合物单体单元含量在整个聚合物中按重量计必须占95%及以上。

2.子目号3901.30、3903.20、3903.30及3904.30所列的共聚物,如果该种共聚单体单元含量在整个聚合物中按重量计占95%及以上,即应归入上述子目。

3.化学改性聚合物如未在其他子目具体列名,应归入列明为“其他”的子目内。

4.不符合上述(一)、(二)、(三)款规定的聚合物,应按聚合物中重量最大的那种单体单元(与其他各种单一的共聚单体单元相比)所构成的聚合物归入该级其他相应子目。为此,归入同一子目的聚合物单体单元应作为一种单体单元对待。只有在同级子目中的聚合物共聚单体单元才可以进行比较。

(二)在同级子目中没有“其他”子目的:

1.聚合物应按聚合物中重量最大的那种单体单元(与其他各种单一的共聚单体单元相比)所构成的聚合物归入该级相应子目。为此,归入同一子目的聚合物单体单元应作为一种单体单元对待。只有在同级子目中的聚合物共聚单体单元才可以进行比较。

2.化学改性聚合物应按相应的未改性聚合物的子目归类。

聚合物混合体应按单体单元比例相等、种类相同的聚合物归入相应子目。

二、子目3920.43所称增塑剂,包括次级增塑剂。

商品编号	商品名称及备注	进口关税税率		增值税率	计量单位	监管条件
		最惠国	普通			
3901	**初级形状的乙烯聚合物**					
3901100010 *	初级形状比重<0.94的聚乙烯(进口CIF高于1500美元/吨)	9.1	45.0	17.0	千克	7A
3901100090	初级形状比重<0.94的聚乙烯(进口CIF不超过1500美元/吨)	9.1	45.0	17.0	千克	7A
3901200010 *	初级形状比重≥0.94的聚乙烯(进口CIF价高于1500美元/吨)	9.1	45.0	17.0	千克	7A
3901200090	初级形状比重≥0.94的聚乙烯(进口CIF价不超过1500美元/吨的)	9.1	45.0	17.0	千克	7A
3901300000	初级形状乙烯-乙酸乙烯酯共聚物	6.5	45.0	17.0	千克	A
3901901000	乙烯-丙烯共聚物(乙丙橡胶)(初级形状,乙烯单体单元的含量大于丙烯单体单元)	6.5	45.0	17.0	千克	A
3901902000	线型低密度聚乙烯(初级形状的)	6.5	45.0	17.0	千克	7A
3901909000	其他初级形状的乙烯聚合物	6.5	45.0	17.0	千克	A
3902	**初级形状的丙烯或其他烯烃聚合物**					
3902100010 *	电工级初级形状聚丙烯树脂(灰分含量不大于30ppm)	8.6	45.0	17.0	千克	7A
3902100090	其他初级形状的聚丙烯	8.6	45.0	17.0	千克	7A
3902200000	初级形状的聚异丁烯	8.6	45.0	17.0	千克	
3902301000	乙烯-丙烯共聚物(乙丙橡胶)(丙烯单体单元的含量大于乙烯单体单元)	8.6	45.0	17.0	千克	
3902309000	其他初级形状的丙烯共聚物	8.6	45.0	17.0	千克	
3902900010	端羧基聚丁二烯,CTPB(做粘接剂或燃料)	8.6	45.0	17.0	千克	3
3902900020	端羟基聚丁二烯,HTPB(做粘接剂或燃料)	8.6	45.0	17.0	千克	3
3902900090	其他初级形状的烯烃聚合物	8.6	45.0	17.0	千克	
3903	**初级形状的苯乙烯聚合物**					
3903110000	初级形状的可发性聚苯乙烯	8.6	45.0	17.0	千克	7A
3903190000	初级形状的其他聚苯乙烯	8.6	45.0	17.0	千克	7A

商品编号	商品名称及备注	进口关税税率		增值税率	计量单位	监管条件
		最惠国	普通			
3903200000	初级形状苯乙烯-丙烯腈共聚物	12.0	45.0	17.0	千克	
3903300000	丙烯腈-丁二烯-苯乙烯共聚物(初级形状的 ABS 树脂)	8.6	45.0	17.0	千克	A
3903900000	初级形状的其他苯乙烯聚合物	8.6	45.0	17.0	千克	
3904	**初级形状的氯乙烯或其他卤化烯烃聚合物**					
3904100010	聚氯乙烯纯粉(纯指未掺其他物质)	8.6	45.0	17.0	千克	7A
3904100090	其他初级形状的纯聚氯乙烯(纯指未掺其他物质)	8.6	45.0	17.0	千克	7A
3904210000	初级形状未塑化的聚氯乙烯	8.6	45.0	17.0	千克	7
3904220000	初级形状已塑化的聚氯乙烯	8.6	45.0	17.0	千克	7
3904300000	氯乙烯-乙酸乙烯酯共聚物(初级形状的)	9.0	45.0	17.0	千克	
3904400000	初级形状的其他氯乙烯共聚物	12.0	45.0	17.0	千克	
3904500000	初级形状的偏二氯乙烯聚合物	8.6	45.0	17.0	千克	
3904610000	初级形状的聚四氟乙烯	10.0	45.0	17.0	千克	
3904690000	初级形状的其他氟聚合物	6.5	45.0	17.0	千克	
3904900000	初级形状的其他卤化烯烃聚合物	10.0	45.0	17.0	千克	
3905	**初级形状的乙酸乙烯酯或其他乙烯酯聚合物;初级形状的其他乙烯基聚合物**					
3905120000	聚乙酸乙烯酯的水分散体	10.0	45.0	17.0	千克	
3905190000	其他初级形状聚乙酸乙烯酯	10.0	45.0	17.0	千克	
3905210000	乙酸乙烯酯共聚物的水分散体	10.0	45.0	17.0	千克	
3905290000	其他初级形状的乙酸乙烯酯共聚物	10.0	45.0	17.0	千克	
3905300000	初级形状的聚乙烯醇(不论是否含有未水解的乙酸酯基)	14.0	45.0	17.0	千克	
3905910000	其他乙烯酯或乙烯基的共聚物(初级形状的)	10.0	45.0	17.0	千克	
3905990000	其他乙烯酯或乙烯基的聚合物(初级形状的,共聚物除外)	10.0	45.0	17.0	千克	
3906	**初级形状的丙烯酸聚合物**					
3906100000	初级形状的聚甲基丙烯酸甲酯	6.5	45.0	17.0	千克	
3906901000	聚丙烯酰胺	6.5	45.0	17.0	千克	
3906909000	其他初级形状的丙烯酸聚合物	6.5	45.0	17.0	千克	
3907	**初级形状的聚缩醛、其他聚醚及环氧树脂;初级形状的聚碳酸酯、醇酸树脂、聚烯丙基酯及其他聚酯**					
3907101000	初级形状的聚甲醛	8.6	45.0	17.0	千克	
3907109000	其他初级形状的聚缩醛(聚甲醛除外)	8.6	45.0	17.0	千克	
3907200010 *	聚四亚甲基醚二醇	8.6	45.0	17.0	千克	
3907200090	初级形状的其他聚醚	8.6	45.0	17.0	千克	
3907300010 *	初级形状的环氧树脂(溴的重量百分比含量在18%及以上环氧树脂(如溶于溶剂,以纯环氧树脂折算溴百分比含量))	8.6	45.0	17.0	千克	
3907300090	初级形状的环氧树脂(溴重量百分比含量在18%以下)	8.6	45.0	17.0	千克	

商品编号	商品名称及备注	进口关税税率		增值税率	计量单位	监管条件
		最惠国	普通			
3907400000	初级形状的聚碳酸酯	6.5	45.0	17.0	千克	
3907500000	初级形状的醇酸树脂	10.0	45.0	17.0	千克	
3907601100	高粘度聚对苯二甲酸乙二酯切片	8.6	45.0	17.0	千克	7A
3907601900	其他聚对苯二甲酸乙二酯切片	8.6	45.0	17.0	千克	7A
3907609000	其他初级形状聚对苯二甲酸乙二酯	6.5	45.0	17.0	千克	A
3907910000	初级形状的不饱和聚酯	8.6	45.0	17.0	千克	
3907990000	初级形状的其他聚酯	6.5	45.0	17.0	千克	
3908	**初级形状的聚酰胺**					
3908101100	聚酰胺-6,6切片	8.6	45.0	17.0	千克	
3908101910 *	尼龙11、尼龙12切片(即聚酰胺 -11; -12切片)	8.6	45.0	17.0	千克	
3908101990	聚酰胺-6切片等(包括聚酰胺-6,9; -6,10; -6,12)	8.6	45.0	17.0	千克	
3908109000	其他初级形状的聚酰胺-6,6等(包括聚酰胺-6; -6,9; -6,10; -6,12; -11; -12)	6.5	45.0	17.0	千克	
3908900000	初级形状的其他聚酰胺	10.0	45.0	17.0	千克	
3909	**初级形状的氨基树脂、酚醛树脂及聚氨酯类**					
3909100000	初级形状的尿素树脂及硫尿树脂	6.5	45.0	17.0	千克	
3909200000	初级形状的蜜胺树脂	6.5	45.0	17.0	千克	
3909300000	初级形状的其他氨基树脂	6.5	45.0	17.0	千克	
3909400000	初级形状的酚醛树脂	6.5	45.0	17.0	千克	
3909500000	初级形状的聚氨基甲酸酯	8.6	45.0	17.0	千克	
3910	**初级形状的聚硅氧烷**					
3910000000	初级形状的聚硅氧烷	6.5	45.0	17.0	千克	
3911	**初级形状的石油树脂、苯并呋喃—茚树脂、多萜树脂、多硫化物、聚砜及本章注释三所规定的其他品目未列名产品**					
3911100000	初级形状的石油树脂等(等指苯并呋喃树脂、茚树脂、苯并呋喃-茚树脂及多萜树脂)	6.5	45.0	17.0	千克	
3911900010 *	芳基酸与芳基胺预缩聚物	6.5	45.0	17.0	千克	
3911900030 *	改性三羟乙基脲酸酯类预缩聚物	6.5	45.0	17.0	千克	
3911900040 *	聚苯硫醚	6.5	45.0	17.0	千克	
3911900050 *	偏苯三酸酐和异氰酸预缩聚物	6.5	45.0	17.0	千克	
3911900090	其他初级形状的多硫化物、聚砜等(等包括本章注释三所规定的其他编号未列名产品)	6.5	45.0	17.0	千克	
3912	**初级形状的其他品目未列名的纤维素及其化学衍生物**					
3912110010 *	未塑化二醋酸纤维素等(包括未塑化三醋酸纤维素)	6.5	40.0	17.0	千克	
3912110090	初级形状的未塑化醋酸纤维素(未塑化二醋酸纤维素和未塑化三醋酸纤维素除外)	6.5	40.0	17.0	千克	
3912120000	初级形状的已塑化醋酸纤维素	6.5	40.0	17.0	千克	

商品编号	商品名称及备注	进口关税税率		增值税率	计量单位	监管条件
		最惠国	普通			
3912200000	初级形状的硝酸纤维素(包括棉胶)	6.5	45.0	17.0	千克	
3912310000	初级形状的羧甲基纤维素及其盐	6.5	45.0	17.0	千克	
3912390000	初级形状的其他纤维素醚	6.5	45.0	17.0	千克	
3912900000	初级形状的其他未列名的纤维素(包括化学衍生物)	6.5	45.0	17.0	千克	
3913	**初级形状的其他品目未列名的天然聚合物(例如藻酸)及改性天然聚合物(例如,硬化蛋白、天然橡胶的化学衍生物)**					
3913100000	初级形状的藻酸及盐和酯	10.0	45.0	17.0	千克	
3913900000	初级形状的其他未列名天然聚合物(包括改性天然聚合物(如硬化蛋白))	6.5	50.0	17.0	千克	
3914	**初级形状的离子交换剂,以品目3901至3913的聚合物为基本成分的**					
3914000000	初级形状的离子交换剂(以编号3901至3913的聚合物为基本成分的)	6.5	45.0	17.0	千克	
3915	**塑料的废碎料及下脚料**					
3915100000	乙烯聚合物的废碎料及下脚料	8.6	50.0	17.0	千克	AP
3915200000	苯乙烯聚合物的废碎料及下脚料	8.6	50.0	17.0	千克	AP
3915300000	氯乙烯聚合物的废碎料及下脚料	8.6	50.0	17.0	千克	AP
3915901000	聚对苯二甲酸乙二酯废碎料及下脚料	8.6	50.0	17.0	千克	AP
3915909000	其他塑料的废碎料及下脚料	8.6	50.0	17.0	千克	AP
3916	**塑料制的单丝(截面直径超过1mm)、条、杆、型材及异型材,不论是否经表面加工,但未经其他加工**					
3916100000	乙烯聚合物制单丝,条,杆及型材(包括异型材,单丝截面直径超过1mm)	10.0	45.0	17.0	千克	
3916200000	氯乙烯聚合物制单丝,条,杆及型材(包括异型材,单丝截面直径超过1mm)	10.0	45.0	17.0	千克	
3916901000	聚酰胺制的单丝,条,杆及型材(包括异型材,单丝截面直径超过1mm)	10.0	45.0	17.0	千克	
3916909000	其他塑料制单丝,条,杆及型材(包括异型材,单丝截面直径超过1mm)	10.0	45.0	17.0	千克	
3917	**塑料制的管子及其附件(例如,接头、肘管、法兰)**					
3917100000	硬化蛋白或纤维素材料制人造肠衣(香肠用肠衣)	10.0	50.0	17.0	千克	A
3917210000	乙烯聚合物制的硬管	10.0	45.0	17.0	千克	
3917220000	丙烯聚合物制的硬管	10.0	45.0	17.0	千克	
3917230000	氯乙烯聚合物制的硬管	10.0	45.0	17.0	千克	
3917290000	其他塑料制的硬管	10.0	45.0	17.0	千克	
3917310000	塑料制的软管(最小爆破压力为27.6MPa)	10.0	45.0	17.0	千克	
3917320000	其他未装有附件的塑料制管子(未经加强也未与其他材料合制)	6.5	45.0	17.0	千克	
3917330000	其他装有附件的塑料管子(未经加强也未与其他材料合制)	6.5	45.0	17.0	千克	

商品编号	商品名称及备注	进口关税税率		增值税率	计量单位	监管条件
		最惠国	普通			
3917390000	塑料制的其他管子(经加强或与其他材料合制的)	8.6	45.0	17.0	千克	
3917400000	塑料制的管子附件(如接头,衬管及法兰等)	10.0	45.0	17.0	千克	
3918	**块状或成卷的塑料铺地制品,不论是否胶粘;本章注释九所规定的塑料糊墙品**					
3918101000	氯乙烯聚合物制糊墙品(本章注释九所规定的糊墙品)	10.0	45.0	17.0	千克	
3918109000	氯乙烯聚合物制的铺地制品(块状或成卷的,不论是否胶粘)	10.0	45.0	17.0	千克	
3918901000	其他塑料制的糊墙品(成卷或块状的)	10.0	45.0	17.0	千克	
3918909000	其他塑料制的铺地制品(成卷或块状的,不论是否胶粘)	10.0	45.0	17.0	千克	
3919	**自粘的塑料板、片、膜、箔、带、扁条及其他扁平形状材料,不论是否成卷**					
3919101000	丙烯酸树脂类为主的自粘塑料板等(含片膜箔带扁条及其他扁平形状材料,成卷的,宽≤20cm)	6.5	45.0	17.0	千克	
3919109100	宽度≤20cm的胶囊型反光膜	6.5	45.0	17.0	千克	
3919109900	其他宽度≤20cm的自粘塑料板片等(包括膜,箔,带,扁条及其他扁平形状材料,成卷的)	6.5	45.0	17.0	千克	
3919901000	其他胶囊型反光膜	6.5	45.0	17.0	千克	
3919909000	其他自粘塑料板,片,膜等材料(包括箔,带,扁条及其他扁平形状材料,不论是否成卷)	6.5	45.0	17.0	千克	
3920	**其他非泡沫塑料的板、片、膜、箔及扁条,未用其他材料强化、层压、支撑或用类似方法合制**					
3920101000	乙烯聚合物制电池隔膜	6.5	45.0	13.0	千克	
3920109010	农用非泡沫聚乙烯薄膜(未用其他材料强化,层压,支撑或用类似方法合制)	6.5	45.0	13.0	千克	
3920109020 *	乙烯-四氟乙烯膜(四氟乙烯单体含量约50%),比重1.7-1.75g/cm³(未用其他材料强化,层压,支撑或用类似方法合制)	6.5	45.0	13.0	千克	
3920109090	非泡沫乙烯聚合物板、片、膜、箔及扁条(未用其他材料强化、层压、支撑或用类似方法合制,非农用)	6.5	45.0	17.0	千克	
3920201000	丙烯聚合物制电池隔膜	6.5	45.0	13.0	千克	
3920209010	农用非泡沫聚丙烯薄膜(未用其他材料强化、层压、支撑或用类似方法合制)	6.5	45.0	13.0	千克	
3920209090	非泡沫丙烯聚合物板、片、膜、箔及扁条(未用其他材料强化、层压、支撑或用类似方法合制,非农用)	6.5	45.0	17.0	千克	
3920300000	非泡沫苯乙烯聚合物板、片、膜、箔、扁条(未用其他材料强化、层压、支撑或用类似方法合制)	6.5	45.0	17.0	千克	
3920430010	农用软质聚氯乙烯薄膜(增塑剂含量≥6%,未用其他材料强化、层压、支撑)	8.6	45.0	17.0	千克	
3920430090	氯乙烯聚合物板、片、膜、箔及扁条(增塑剂含量≥6%,未用其他材料强化、层压、支撑)	8.6	45.0	17.0	千克	

商品编号	商品名称及备注	进口关税税率		增值税率	计量单位	监管条件
		最惠国	普通			
3920490010	其他农用软质聚氯乙烯薄膜(非泡沫料的,未用其他材料强化、层压、支撑)	9.0	45.0	13.0	千克	
3920490090	其他氯乙烯聚合物板、片、膜、箔及扁条(非泡沫料的,未用其他材料强化、层压、支撑,非农用)	9.0	45.0	17.0	千克	
3920510000	聚甲基丙烯酸甲酯板片膜箔及扁条(非泡沫料的,未用其他材料强化、层压、支撑)	6.5	45.0	17.0	千克	
3920590000	其他丙烯酸聚合物板片膜箔及扁条(非泡沫料的,未用其他材料强化、层压、支撑)	6.5	45.0	17.0	千克	
3920610000	聚碳酸酯制板、片、膜、箔、扁条(非泡沫料的,未用其他材料强化、层压、支撑)	6.5	45.0	17.0	千克	
3920620010	9≤厚≤15.9微米聚酯薄膜(聚对苯二甲酸乙二酯制,型号XA10AUDIO)	6.5	45.0	17.0	千克	
3920620020	5≤厚≤8.9微米聚酯薄膜(聚对苯二甲酸乙二酯制,型号XL07AUTEN)	6.5	45.0	17.0	千克	
3920620030	16≤厚≤29.9微米聚酯薄膜(聚对苯二甲酸乙二酯制,型号XB30CAB(N))	6.5	45.0	17.0	千克	
3920620040	50≤厚≤99.9微米聚酯薄膜(聚对苯二甲酸乙二酯制,型号XB30CAB(M))	6.5	45.0	17.0	千克	
3920620090	其他聚对苯二甲酸乙二酯板片膜等(包括箔及扁条,非泡沫料,未用其他材料强化、层压、支撑)	6.5	45.0	17.0	千克	
3920630000	不饱和聚酯板、片、膜、箔及扁条(非泡沫料的,未用其他材料强化、层压、支撑)	10.0	45.0	17.0	千克	
3920690000	其他聚酯板、片、膜、箔及扁条(非泡沫料的,未用其他材料强化、层压、支撑)	10.0	45.0	17.0	千克	
3920710000	再生纤维素制板、片、膜、箔及扁条(非泡沫料的,未用其他材料强化、层压、支撑)	6.5	45.0	17.0	千克	
3920720000	钢纸制板、片、膜、箔及扁条(非泡沫料的,未用其他村料强化、层压、支撑)	10.0	35.0	17.0	千克	
3920730000	醋酸纤维素制板、片、膜、箔及扁条(非泡沫料,未用其他材料强化、层压、支撑)	6.5	45.0	17.0	千克	
3920790000	纤维素衍生物制板、片、膜箔及扁条(非泡沫料的,未用其他材料强化、层压、支撑)	10.0	45.0	17.0	千克	
3920910000	聚乙烯醇缩丁醛板、片、膜、箔、扁条(非泡沫料的,未用其他材料强化、层压、支撑)	6.5	45.0	17.0	千克	
3920920000	聚酰胺板、片、膜、箔、扁条(非泡沫料的,未用其他材料强化、层压、支撑)	10.0	45.0	17.0	千克	
3920930000	氨基树脂板、片、膜、箔、扁条(非泡沫料的,未用其他材料强化、层压、支撑)	6.5	45.0	17.0	千克	
3920940000	酚醛树脂板、片、膜、箔、扁条(非泡沫料的,未用其他材料强化、层压、支撑)	10.0	45.0	17.0	千克	

商品编号	商品名称及备注	进口关税税率		增值税率	计量单位	监管条件
		最惠国	普通			
3920991000	聚四氟乙烯制非泡沫塑料板、片、箔(含膜及扁条,未用其他材料层化、支撑或类似方法制)	6.5	45.0	17.0	千克	
3920999000	其他非泡沫塑料板、片、膜、箔、扁条(未用其他材料强化、层压、支撑)	6.5	45.0	17.0	千克	
3921	**其他塑料板、片、膜、箔、扁条**					
3921110000	泡沫聚苯乙烯板、片、带、箔、扁条	10.0	45.0	17.0	千克	
3921121000	泡沫聚氯乙烯人造革及合成革	9.0	70.0	17.0	千克/米	5
3921129000	泡沫聚氯乙烯板、片、带、箔、扁条	6.5	45.0	17.0	千克	5
3921131000	泡沫聚氨酯制人造革及合成革	9.0	70.0	17.0	千克/米	5
3921139000	泡沫聚氨酯板、片、带、箔、扁条	6.5	45.0	17.0	千克	5
3921140000	泡沫再生纤维素板、片、膜、箔、扁条	10.0	45.0	17.0	千克	
3921191000	其他泡沫塑料制人造革及合成革	9.0	70.0	17.0	千克/米	
3921199000	其他泡沫塑料板、片、膜、箔、扁条	6.5	45.0	17.0	千克	
3921902000	以聚乙烯为基本成分的板片(以玻璃纤维加强的)	6.5	45.0	17.0	千克	
3921903000	聚异丁烯为基本成分的板片卷材(附有人造毛毡的)	6.5	45.0	17.0	千克	
3921909010	敏感物项管制结构复合材料的层压板(用纤维和丝材增强而制成的各种预浸件和预成形件,其中增强材料的比拉伸强度大于 7.62×10^4m 和比模量大于 3.18×10^6m)	6.5	45.0	17.0	千克	35
3921909090	未列名塑料板、片、膜、箔、扁条	6.5	45.0	17.0	千克	5
3922	**塑料浴缸、淋浴盘、洗涤槽、盥洗盆、坐浴盆、便盆、马桶座圈及盖、抽水箱及类似卫生洁具**					
3922100000	塑料浴缸、淋浴盘、洗涤槽及盥洗盆	10.0	80.0	17.0	千克	
3922200010	含濒危动物成分的塑料马桶座圈及盖	10.0	80.0	17.0	千克	EF
3922200090	其他塑料马桶座圈及盖	10.0	80.0	17.0	千克	
3922900000	塑料便盆,抽水箱等类似卫生洁具	10.0	80.0	17.0	千克	
3923	**供运输或包装货物用的塑料制品;塑料制的塞子、盖子及类似品**					
3923100000	塑料制盒、箱及类似品(包括塑料制板条箱、供运输或包装货物用的)	10.0	80.0	17.0	千克	
3923210000	乙烯聚合物制袋及包(供运输或包装货物用的)	10.0	80.0	17.0	千克	
3923290000	其他塑料制的袋及包(供运输或包装货物用的)	10.0	80.0	17.0	千克	
3923300000	塑料制坛、瓶及类似品(供运输或包装货物用的)	6.5	80.0	17.0	千克	
3923400000	塑料制卷轴、纡子、筒管及类似品	10.0	35.0	17.0	千克	
3923500000	塑料制塞子、盖子及类似品	10.0	80.0	17.0	千克	
3923900000	供运输或包装货物用其他塑料制品	10.0	80.0	17.0	千克	
3924	**塑料制的餐具、厨房用具、其他家庭用具及盥洗用具**					
3924100000	塑料制餐具及厨房用具	10.0	80.0	17.0	千克	A
3924900000	塑料制其他家庭用具及盥洗用具	10.0	80.0	17.0	千克	
3925	**其他品目未列名的建筑用塑料制品**					

商品编号	商品名称及备注	进口关税税率		增值税率	计量单位	监管条件
		最惠国	普通			
3925100000	塑料制囤、柜、罐、桶及类似容器(容积超过300L)	10.0	80.0	17.0	千克	
3925200000	塑料制门、窗及其框架、门槛	10.0	80.0	17.0	千克	
3925300000	塑料制窗板,百叶窗及类似制品(包括威尼斯式百叶窗和塑料制窗零件)	10.0	80.0	17.0	千克	
3925900000	其他未列名的建筑用塑料制品	10.0	80.0	17.0	千克	
3926	**其他塑料制品及品目3901至3914所列其他材料的制品**					
3926100000	办公室或学校用塑料制品	10.0	80.0	17.0	千克	
3926200000	塑料制衣服及衣着附件(包括塑料制手套)	10.0	90.0	17.0	千克	
3926300000	塑料制家具,车厢及类似品的附件	10.0	80.0	17.0	千克	
3926400000	塑料制小雕塑品及其他装饰品	10.0	100.0	17.0	千克	
3926901000	塑料制机器及仪器用零件	10.0	35.0	17.0	千克	
3926909010	敏感物项管制结构复合材料的预成形件和制品(用纤维和丝材增强而制成的各种预浸件和预成形件,其中增强材料的比拉伸强度大于7.62×10^4m和比模量大于3.18×10^6m)	10.0	80.0	17.0	千克	3
3926909090	其他塑料制品(包括编号3901至3914所列材料的制品)	10.0	80.0	17.0	千克	

第四十章　橡胶及其制品

注释：

一、除条文另有规定的以外，本目录所称"橡胶"，是指不论是否硫化或硬化的下列产品：天然橡胶、巴拉塔胶、古塔波胶、银胶菊胶、糖胶树胶及类似的天然树胶、合成橡胶、从油类中提取的油膏以及上述物品的再生品。

二、本章不包括：

(一)第十一类的货品(纺织原料及纺织制品)；

(二)第六十四章的鞋靴及其零件；

(三)第六十五章的帽类及其零件(包括游泳帽)；

(四)第十六类硬质橡胶制的机械器具、电气器具及其零件(包括各种电气用品)；

(五)第九十章、第九十二章、第九十四章或第九十六章的物品；

(六)第九十五章的物品(运动用分指手套、连指手套、露指手套及品目 40.11 至 40.13 的制品除外)。

三、品目 40.01 至 40.03 及 40.05 所称"初级形状"，只限于下列形状：

(一)液状及糊状，包括胶乳(不论是否预硫化)及其他分散体和溶液；

(二)不规则形状的块、团、包、粉、粒、碎屑及类似的散装形状。

四、本章注释一和品目 40.02 所称"合成橡胶"，适用于：

(一)不饱和合成物质，即用硫磺硫化能使其不可逆地变为非热塑物质，这种物质能在温度 18℃至 29℃之间被拉长到其原长度的三倍而不致断裂，拉长到原长度的两倍时，在五分钟内能回复到不超过原长度的一倍半。为了进行上述试验，可以加入交联所需的硫化活化剂或促进剂；也允许含有注释五(二)2 及 3 所述的物质。但不能加入非交联所需的物质，例如，增量剂、增塑剂及填料；

(二)聚硫橡胶(TM)；

(三)与塑料接枝共聚或混合而改性的天然橡胶、解聚天然橡胶以及不饱和合成物质与饱和合成高聚物的混合物，但这些产品必须符合以上(一)款关于硫化、延伸及回复的要求。

五、(一)品目 40.01 及 40.02 不适用于任何凝结前或凝结后与下列物质相混合的橡胶或橡胶混合物：

1. 硫化剂、促进剂、防焦剂或活性剂(为制造预硫胶乳所加入的除外)；

2. 颜料或其他着色料，但仅为易于识别而加入的除外；

3. 增塑剂或增量剂(用油增量的橡胶中所加的矿物油除外)、填料、增强剂、有机溶剂或其他物质，但以下(二)款所述的除外。

(二)含有下列物质的橡胶或橡胶混合物，只要仍具有原料的基本特性，应归入品目 40.01 或 40.02：

1. 乳化剂或防粘剂；

2. 少量的乳化剂分解产品；

3. 微量的下列物质：热敏剂(一般为制造热敏胶乳用)、阳离子表面活性剂(一般为制造阳性胶乳用)、抗氧剂、凝固剂、碎裂剂、抗冻剂、胶溶剂、保存剂、稳定剂、粘度控制剂或类似的特殊用途添加剂。

六、品目 40.04 所称"废碎料及下脚料"，是指在橡胶或橡胶制品生产或加工过程中由于切割、磨损或其他原因所造成没有使用价值的废橡胶及下脚料。

七、全部用硫化橡胶制成的线，其任一截面的尺寸超过 5mm 的，应作为带、杆或型材及异型材归入品目 40.08。

八、品目 40.10 包括用橡胶浸渍、涂布、包覆或层压的织物制成的或用橡胶浸渍、涂布、包覆或套裹的纱线或绳制成的传动带、输送带。

九、品目 40.01、40.02、40.03、40.05 及 40.08 所称"板"、"片"、"带"，仅指未切割或只简单切割成矩形(包括正方形)的板、片、带及正几何形块，不论是否具有成品的特征，也不论是否经过印制或其他表面加工，但未切割成其他形状或进一步加工。

品目 40.08 所称"杆"或"型材及异型材"，仅指不论是否切割成一定长度或表面加工，但未经进一步加工的该类产品。

商品编号	商品名称及备注	进口关税税率		增值税率	计量单位	监管条件
		最惠国	普通			
4001	**天然橡胶、巴拉塔胶、古塔波胶、银胶菊胶、糖胶树胶及类似的天然树胶,初级形状或板、片、带**					
4001100000 *	天然胶乳(不论是否预硫化)	20.0	40.0	17.0	千克	A7B
4001210000	天然橡胶烟胶片	20.0	40.0	17.0	千克	A7B
4001220000	技术分类天然橡胶(TSNR)[初级形状(胶乳、烟胶片除外)或板、片、带]	20.0	40.0	17.0	千克	A7
4001290000	其他初级形状的天然橡胶(胶乳除外的初级形状或板、片、带状)	20.0	40.0	17.0	千克	7
4001300000	巴拉塔胶等及类似的天然树胶(包括古塔波胶、糖胶树胶等,胶乳外的初级形状或板、片、带)	20.0	40.0	17.0	千克	
4002	**合成橡胶及从油类提取的油膏,初级形状或板、片、带;品目4001所列产品与本品目所列产品的混合物,初级形状或板、片、带**					
4002111000	羧基丁苯橡胶胶乳	7.5	14.0	17.0	千克	7
4002119000	其他胶乳	7.5	14.0	17.0	千克	7
4002191100	初级形状未经任何加工丁苯橡胶(胶乳除外)	7.5	14.0	17.0	千克	7
4002191200	初级形状充油丁苯橡胶(胶乳除外)	7.5	14.0	17.0	千克	7
4002191300	初级形状热塑丁苯橡胶(胶乳除外)	7.5	14.0	17.0	千克	7
4002191400	初级形状充油热塑丁苯橡胶(胶乳除外)	7.5	14.0	17.0	千克	7
4002191900	其他初级形状羧基丁苯橡胶等(胶乳除外)	7.5	14.0	17.0	千克	7
4002199000	丁苯橡胶及羧基丁苯橡胶板、片、带	7.5	35.0	17.0	千克	7
4002201000	初级形状的丁二烯橡胶	7.5	14.0	17.0	千克	7
4002209000	丁二烯橡胶板、片、带	7.5	35.0	17.0	千克	7
4002311000	初级形状的异丁烯-异戊二烯橡胶	6.0	14.0	17.0	千克	7
4002319000	异丁烯-异戊二烯橡胶板、片、带	7.5	35.0	17.0	千克	7
4002391000	初级形状的其他卤代丁基橡胶	7.5	14.0	17.0	千克	7
4002399000	卤代丁基橡胶板、片、带	7.5	35.0	17.0	千克	7
4002410000	氯丁二烯橡胶胶乳	7.5	14.0	17.0	千克	7
4002491000	初级形状的氯丁二烯橡胶(胶乳除外)	7.5	14.0	17.0	千克	7
4002499000	氯丁二烯橡胶板、片、带	7.5	35.0	17.0	千克	7
4002510000	丁腈橡胶胶乳	7.5	14.0	17.0	千克	7
4002591000	初级形状的丁腈橡胶(胶乳除外)	7.5	14.0	17.0	千克	7
4002599000	丁腈橡胶板、片、带	7.5	35.0	17.0	千克	7
4002601000	初级形状的异戊二烯橡胶	3.0	14.0	17.0	千克	7
4002609000	异戊二烯橡胶板、片、带	5.0	35.0	17.0	千克	7
4002701000	初级形状的乙丙非共轭二烯橡胶	7.5	14.0	17.0	千克	7
4002709000	乙丙非共轭二烯橡胶板、片、带	7.5	35.0	17.0	千克	7
4002800000	天然橡胶与合成橡胶的混合物	7.5	35.0	17.0	千克	7
4002910000	本税号其他未列名的胶乳	7.5	14.0	17.0	千克	7
4002991100	其他初级形状的合成橡胶	7.5	14.0	17.0	千克	7

商品编号	商品名称及备注	进口关税税率		增值税率	计量单位	监管条件
		最惠国	普通			
4002991900	其他合成橡胶板、片、带(胶乳除外)	7.5	35.0	17.0	千克	7
4002999000	从油类提取的油膏	4.0	14.0	17.0	千克	7
4003	**再生橡胶,初级形状或板、片、带**					
4003000000	初级形状或板、片、带状再生橡胶	8.0	30.0	17.0	千克	
4004	**橡胶(硬质橡胶的除外)的废碎料、下脚料及其粉、粒**					
4004000010	废轮胎及其切块	8.0	30.0	17.0	千克	9
4004000090	橡胶废碎料及下脚料及其粉、粒(硬质橡胶的除外)	8.0	30.0	17.0	千克	
4005	**未硫化的复合橡胶,初级形状或板、片、带**					
4005100000	与碳黑等混合的未硫化复合橡胶(包括与硅石混合,初级形状或板、片、带)	8.0	35.0	17.0	千克	
4005200000	未硫化的复合橡胶溶液及分散体(分散体指子目号4005.10以外的)	8.0	35.0	17.0	千克	
4005910000	其他未硫化的复合橡胶板、片、带	8.0	35.0	17.0	千克	
4005990000	其他未硫化的初级形状复合橡胶	8.0	35.0	17.0	千克	
4006	**其他形状(例如,杆、管或型材及异型材)的未硫化橡胶及未硫化橡胶制品(例如,盘、环)**					
4006100000	未硫化轮胎翻新用胎面补料胎条	8.0	35.0	17.0	千克	
4006901000	未硫化橡胶的杆、管、型材及异型材(初级形状或板、片、带以外形状)	8.0	35.0	17.0	千克	
4006902000	未硫化橡胶制品(盘、环等)	14.0	80.0	17.0	千克	
4007	**硫化橡胶线及绳**					
4007000000	硫化橡胶线及绳	14.0	80.0	17.0	千克	
4008	**硫化橡胶(硬质橡胶除外)制的板、片、带、杆或型材及异型材**					
4008110000	海绵硫化橡胶制的板、片及带	8.0	35.0	17.0	千克	
4008190000	海绵硫化橡胶制型材、异型材及杆	8.0	35.0	17.0	千克	
4008210000	非海绵硫化橡胶制板、片及带	8.0	35.0	17.0	千克	
4008290000	非海绵硫化橡胶型材、异型材及杆	8.0	35.0	17.0	千克	
4009	**硫化橡胶(硬质橡胶除外)制的管子,不论是否装有附件(例如,接头、肘管、法兰)**					
4009110000	未加强或其他材料合制硫化橡胶管(不带附件、硬质橡胶除外)	10.5	40.0	17.0	千克	
4009120000	未加强或其他材料合制硫化橡胶管(装有附件、硬质橡胶除外)	10.0	40.0	17.0	千克	
4009210000	加强或只与金属合制的硫化橡胶管(不带附件、硬质橡胶除外)	10.5	40.0	17.0	千克	
4009220000	加强或只与金属合制的硫化橡胶管(装有附件、硬质橡胶除外)	10.0	40.0	17.0	千克	

商品编号	商 品 名 称 及 备 注	进口关税税率		增值税率	计量单位	监管条件
		最惠国	普通			
4009310000	加强或与纺织材料合制硫化橡胶管(不带附件、硬质橡胶除外)	10.5	40.0	17.0	千克	
4009320000	加强或与纺织材料合制硫化橡胶管(装有附件、硬质橡胶除外)	10.0	40.0	17.0	千克	
4009410000	加强或与其他材料合制硫化橡胶管(不带附件、硬质橡胶除外)	10.5	40.0	17.0	千克	
4009420000	加强或与其他材料合制硫化橡胶管(装有附件、硬质橡胶除外)	10.0	40.0	17.0	千克	
4010	硫化橡胶制的传动带或输送带及带料					
4010110000	金属加强的硫化橡胶输送带(包括带料)	10.0	35.0	17.0	千克	
4010120000	纺织材料加强的硫化橡胶输送带(包括带料)	10.0	35.0	17.0	千克	
4010130000	塑料加强的硫化橡胶输送带(包括带料)	10.0	35.0	17.0	千克	
4010190000	其他硫化橡胶制的输送带及带料	10.0	35.0	17.0	千克	
4010310000	60cm<周长≤180cm V型肋状三角带(硫化橡胶制梯形截面的环形传动带,不论是否开槽)	8.0	35.0	17.0	千克	
4010320000	60cm<周长≤180cm三角带(硫化橡胶制梯形截面的环形传动带,V型肋状带除外)	8.0	35.0	17.0	千克	
4010330000	180cm<周长≤240cm V型肋状带(硫化橡胶制梯形截面的环形传动带,不论是否开槽)	8.0	35.0	17.0	千克	
4010340000	180cm<周长≤240cm V型肋状除外(硫化橡胶制梯形截面的环形传动带,不论是否开槽)	8.0	35.0	17.0	千克	
4010350000	60cm<周长≤150cm的环形同步带(硫化橡胶制)	10.0	35.0	17.0	千克	
4010360000	150cm<周长≤198cm的环形同步带(硫化橡胶制)	10.0	35.0	17.0	千克	
4010390000	其他硫化橡胶制的传动带及带料	8.0	35.0	17.0	千克	
4011	新的充气橡胶轮胎					
4011100010	机动小客车用新的充气子午线轮胎(橡胶轮胎,包括旅行小客车及赛车用)	10.0	50.0	17.0	条	AB7
4011100090	机动小客车用新充气非子午线轮胎(橡胶轮胎,包括旅行小客车及赛车用)	10.0	50.0	17.0	条	AB7
4011200011 *	客或货运车用新的充气子午线轮胎(指机动车辆用橡胶轮胎,断面宽度≥24英寸)	10.0	50.0	17.0	条	7AB
4011200019 *	客或货车用新的其他充气橡胶轮胎(指机动车辆用,断面宽度≥24英寸)	10.0	50.0	17.0	条	7AB
4011200091	其他客或货车用新充气子午线轮胎(指机动车辆用橡胶轮胎)	10.0	50.0	17.0	条	7AB
4011200099	其他客或货车用新的充气橡胶轮胎(指机动车辆用非子午线轮胎)	10.0	50.0	17.0	条	7AB
4011300000	航空器用新的充气橡胶轮胎	1.0	11.0	17.0	条	
4011400000	摩托车用新的充气橡胶轮胎	15.0	80.0	17.0	条	AB

商品编号	商品名称及备注	进口关税税率		增值税率	计量单位	监管条件
		最惠国	普通			
4011500000	自行车用新的充气橡胶轮胎	20.0	80.0	17.0	条	B
4011610011 *	断面宽≥24英寸人字形子午线轮胎(新充气橡胶轮胎,含胎面类似人字形的,农林车辆机械用)	17.5	50.0	17.0	条	A7
4011610019 *	断面宽≥24英寸人字形其他轮胎(新充气橡胶轮胎,含胎面类似人字形的,农林车辆机械用)	17.5	50.0	17.0	条	A7
4011610091	其他人字形胎面子午线轮胎(新充气橡胶轮胎,含胎面类似人字形的,农林车辆机械用)	17.5	50.0	17.0	条	A7
4011610099	其他人字形胎面非子午线轮胎(新充气橡胶轮胎,含胎面类似人字形的,农林车辆机械用)	17.5	50.0	17.0	条	A7
4011620011	断面宽≥24英寸人字形子午线轮胎(建筑业、工业用,辋圈≤61cm,新充气橡胶胎,含类似人字形)	17.5	50.0	17.0	条	A7
4011620019	断面宽≥24英寸人字形其他轮胎(建筑业、工业用,辋圈≤61cm,新充气橡胶胎,含类似人字形)	17.5	50.0	17.0	条	A7
4011620091	其他人字形胎面子午线轮胎(建筑业、工业用,辋圈≤61cm,新充气橡胶胎,含类似人字形)	17.5	50.0	17.0	条	A7
4011620099	其他人字形胎面非子午线轮胎(建筑业、工业用,辋圈≤61cm,新充气橡胶胎,含类似人字形)	17.5	50.0	17.0	条	A7
4011630011 *	断面宽≥24英寸人字形子午线轮胎(建筑业、工业用,辋圈>61cm,新充气橡胶胎,含类似人字形)	17.5	50.0	17.0	条	A7
4011630019 *	断面宽≥24英寸人字形其他轮胎(建筑业、工业用,辋圈>61cm,新充气橡胶胎,含类似人字形)	17.5	50.0	17.0	条	A7
4011630091	其他人字形胎面子午线轮胎(建筑业、工业用,辋圈>61cm,新充气橡胶胎,含类似人字形)	17.5	50.0	17.0	条	A7
4011630099	其他人字形胎面非子午线轮胎(建筑业、工业用,辋圈>61cm,新充气橡胶胎,含类似人字形)	17.5	50.0	17.0	条	A7
4011690011 *	断面宽≥24英寸人字形子午线轮胎(其他用途,新充气橡胶轮胎,含胎面类似人字形的)	17.5	50.0	17.0	条	A7
4011690019 *	断面宽≥24英寸人字形其他轮胎(其他用途,新充气橡胶轮胎,含胎面类似人字形的)	17.5	50.0	17.0	条	A7
4011690091	其他人字形胎面子午线轮胎(其他用途,新充气橡胶轮胎,含胎面类似人字形的)	17.5	50.0	17.0	条	A7
4011690099	其他人字形胎面非子午线轮胎(其他用途,新充气橡胶轮胎,含胎面类似人字形的)	17.5	50.0	17.0	条	A7
4011920011 *	其他断面宽度≥24英寸子午线轮胎(新充气橡胶轮胎,非人字形胎面,农林车辆机械用)	25.0	50.0	17.0	条	B
4011920019 *	其他断面宽≥24英寸非子午线轮胎(新充气橡胶轮胎,非人字形胎面,农林车辆机械用)	25.0	50.0	17.0	条	B
4011920091	其他新的充气橡胶子午线轮胎(新充气橡胶轮胎,非人字形胎面,农林车辆机械用)	25.0	50.0	17.0	条	B
4011920099	其他新的充气橡胶非子午线轮胎(新充气橡胶轮胎,非人字形胎面,农林车辆机械用)	25.0	50.0	17.0	条	B
4011930011	其他断面宽度≥24英寸子午线轮胎(建筑业、工业用,辋圈≤61cm,新充气橡胶胎,非人字形胎面)	25.0	50.0	17.0	条	B

商品编号	商品名称及备注	进口关税税率		增值税率	计量单位	监管条件
		最惠国	普通			
4011930019	其他断面宽≥24英寸非子午线轮胎(建筑业、工业用,辋圈≤61cm,新充气橡胶胎,非人字形胎面)	25.0	50.0	17.0	条	B
4011930091	其他新的充气橡胶子午线轮胎(建筑业、工业用,辋圈≤61cm,新充气橡胶胎,非人字形胎面)	25.0	50.0	17.0	条	B
4011930099	其他新的充气橡胶非子午线轮胎(建筑业、工业用,辋圈≤61cm,新充气橡胶胎,非人字形胎面)	25.0	50.0	17.0	条	B
4011940011 *	其他断面宽度≥24英寸子午线轮胎(建筑业、工业用,辋圈>61cm,新充气橡胶胎,非人字形胎面)	25.0	50.0	17.0	条	B
4011940019 *	其他断面宽≥24英寸非子午线轮胎(建筑业、工业用,辋圈>61cm,新充气橡胶胎,非人字形胎面)	25.0	50.0	17.0	条	B
4011940091	其他新的充气橡胶子午线轮胎(建筑业、工业用,辋圈>61cm,新充气橡胶胎,非人字形胎面)	25.0	50.0	17.0	条	B
4011940099	其他新的充气橡胶非子午线轮胎(建筑业、工业用,辋圈>61cm,新充气橡胶胎,非人字形胎面)	25.0	50.0	17.0	条	B
4011990011 *	其他断面宽度≥24英寸子午线轮胎(其他用途,新充气橡胶轮胎,非人字形胎面)	25.0	50.0	17.0	条	B
4011990019 *	其他断面宽≥24英寸非子午线轮胎(其他用途,新充气橡胶轮胎,非人字形胎面)	25.0	50.0	17.0	条	B
4011990091	其他新的充气橡胶子午线轮胎(其他用途,新充气橡胶轮胎,非人字形胎面)	25.0	50.0	17.0	条	B
4011990099	其他新的充气橡胶非子午线轮胎(其他用途,新充气橡胶轮胎,非人字形胎面)	25.0	50.0	17.0	条	B
4012	**翻新的或旧的充气橡胶轮胎;实心或半实心橡胶轮胎、橡胶胎面及橡胶轮胎衬带**					
4012110000	机动小客车用翻新轮胎(包括旅行小客车及赛车用翻新轮胎)	20.0	50.0	17.0	条	7A
4012120000	机动大客车或货运车用翻新轮胎	20.0	50.0	17.0	条	A7
4012130000	航空器用翻新轮胎	20.0	50.0	17.0	条	
4012190000	其他翻新轮胎	20.0	50.0	17.0	条	
4012201010	汽车用旧的充气橡胶子午线轮胎	25.0	50.0	17.0	条	7A
4012201090	汽车用旧的充气橡胶非子午线轮胎	25.0	50.0	17.0	条	7A
4012209010	其他用途旧的充气橡胶子午线轮胎	25.0	80.0	17.0	条	
4012209090	其他用旧的充气橡胶非子午线轮胎	25.0	80.0	17.0	条	
4012901010 *	航空器用实心或半实心橡胶轮胎	3.0	11.0	17.0	千克	
4012901090	航空器用的可互换的橡胶胎面(包括航空器用的可互换的橡胶轮胎衬带)	3.0	11.0	17.0	千克	
4012902010	汽车用实心或半实心子午线轮胎	22.0	50.0	17.0	千克	7A
4012902090	汽车用实心或半实心非子午线轮胎(还包括可互换橡胶胎面及橡胶轮胎衬带)	22.0	50.0	17.0	千克	7A
4012909010	其他用实心或半实心子午线轮胎	22.0	50.0	17.0	千克	

商品编号	商品名称及备注	进口关税税率		增值税率	计量单位	监管条件
		最惠国	普通			
4012909090	其他用实心或半实心非子午线轮胎(还包括可互换橡胶胎面及橡胶轮胎衬带)	22.0	50.0	17.0	千克	
4013	**橡胶内胎**					
4013100000	汽车用橡胶内胎(机动小客车(包括旅行小客车及赛车)、客运车或货运车用)	15.0	50.0	17.0	条	7A
4013200000	自行车用橡胶内胎	15.0	80.0	17.0	条	B
4013901000 *	航空器用橡胶内胎	3.0	11.0	17.0	条	
4013909000	其他用橡胶内胎	15.0	50.0	17.0	条	B
4014	**硫化橡胶(硬质橡胶除外)制的卫生及医疗用品(包括奶嘴),不论是否装有硬质橡胶制的附件**					
4014100000	硫化橡胶制避孕套				千克	B
4014900000	硫化橡胶制其他卫生及医疗用品(包括奶嘴,不论有无硬质橡胶配件,硬化橡胶的除外)	17.5	50.0	17.0	千克	
4015	**硫化橡胶(硬质橡胶除外)制的衣着用品及附件(包括手套)**					
4015110000	硫化橡胶制外科用手套(硬化橡胶的除外)	8.0	30.0	17.0	双/千克	B
4015190000	硫化橡胶制其他手套(硬化橡胶的除外)	18.0	80.0	17.0	双/千克	B
4015901000	医疗用硫化橡胶衣着用品及附件(硬化橡胶的除外)	8.0	30.0	17.0	千克	
4015909000	其他硫化橡胶制衣着用品及附件(硬化橡胶的除外)	15.0	90.0	17.0	千克	
4016	**硫化橡胶(硬质橡胶除外)的其他制品**					
4016101000	硫化海绵橡胶制机器及仪器用零件(硬质橡胶的除外)	8.0	30.0	17.0	千克	
4016109000	硫化海绵橡胶制其他制品(硬质橡胶的除外)	15.0	80.0	17.0	千克	
4016910000	硫化橡胶制铺地制品及门垫(硬质橡胶的除外)	18.0	80.0	17.0	千克	
4016920000	硫化橡胶制橡皮擦	18.0	80.0	17.0	千克	
4016931000	其他硫化橡胶制密封制品(硫化橡胶密封圈,机器、仪器用,硬质橡胶的除外)	8.0	30.0	17.0	千克	
4016939000	硫化橡胶制其他用垫片、垫圈(包括密封垫,硬质橡胶除外)	15.0	80.0	17.0	千克	
4016940000	硫化橡胶制船舶或码头的碰垫(不论是否可充气,硬质橡胶除外)	18.0	80.0	17.0	千克	
4016950000	硫化橡胶制其他可充气制品	18.0	80.0	17.0	千克	
4016991000	硫化橡胶制机器及仪器用其他零件(硬质橡胶除外)	8.0	30.0	17.0	千克	
4016999000	其他未列名硫化橡胶制品(硬质橡胶除外)	10.0	80.0	17.0	千克	
4017	**各种形状的硬质橡胶(例如纯硬质胶),包括废碎料;硬质橡胶制品**					
4017001000	各种形状的硬质橡胶(包括废碎料)	8.0	35.0	17.0	千克	
4017002000	硬质橡胶制品	15.0	90.0	17.0	千克	

第八类　生皮、皮革、毛皮及其制品；鞍具及挽具；旅行用品、手提包及类似容器；动物肠线（蚕胶丝除外）制品

第四十一章　生皮（毛皮除外）及皮革

注释：

一、本章不包括：

（一）生皮的边角废料（品目 05.11）；

（二）品目 05.05 或 67.01 的带羽毛或羽绒的整张或部分鸟皮；

（三）带毛生皮或已鞣的带毛皮张（第四十三章）；但下列动物的带毛生皮应归入第四十一章：牛（包括水牛）、马、绵羊及羔羊（不包括阿斯特拉罕、喀拉科尔、波斯羔羊或类似羔羊、印度、中国或蒙古羔羊）、山羊或小山羊（不包括也门或蒙古山羊及小山羊）、猪（包括西貒）、小羚羊、瞪羚、驯鹿、麋、鹿、狍或狗。

二、（一）品目 41.04 至 41.06 不包括经逆鞣（包括预鞣）加工的皮（酌情归入品目 41.01 至 41.03）；

（二）品目 41.04 至 41.06 所称"坯革"，包括在干燥前经复鞣、染色或加油（加脂）的皮。

三、本目录所称"再生皮革"，仅指品目 41.15 的皮革。

商品编号	商品名称及备注	进口关税税率		增值税率	计量单位	监管条件
		最惠国	普通			
4101	**生牛皮（包括水牛皮）、生马皮（鲜的、盐腌的、干的、石灰浸渍的、浸酸的或以其他方法保藏，但未鞣制、未经羊皮纸化处理或进一步加工的），不论是否去毛或刨层**					
4101201110	规定重量逆鞣整张生濒危野牛皮[指简单干燥≤8kg，干盐渍≤10kg，鲜或湿盐≤16kg（每张）]	8.0	17.0	17.0	千克/张	ABFE
4101201190	规定重量逆鞣处理整张生牛皮[指简单干燥≤8kg，干盐渍≤10kg，鲜或湿盐≤16kg（每张）]	8.0	17.0	17.0	千克/张	AB
4101201910	规定重量非逆鞣整张濒危生野牛皮[指简单干燥≤8kg，干盐渍≤10kg，鲜或湿盐≤16kg（每张）]	5.0	17.0	17.0	千克/张	ABFE
4101201990	规定重量非逆鞣处理整张生牛皮[指简单干燥≤8kg，干盐渍≤10kg，鲜或湿盐≤16kg（每张）]	5.0	17.0	17.0	千克/张	AB
4101202010	规定重量整张濒危生野马皮[指简单干燥≤8kg，干盐渍≤10kg，鲜或湿盐≤16kg（每张）]	5.0	30.0	17.0	千克/张	ABFE
4101202090	规定重量整张生马皮[指简单干燥≤8kg，干盐渍≤10kg，鲜或湿盐≤16kg（每张）]	5.0	30.0	17.0	千克/张	AB
4101501110	重＞16kg 逆鞣整张濒危生野牛皮	8.4	17.0	17.0	千克/张	ABFE
4101501190	重＞16kg 逆鞣处理整张生牛皮	8.4	17.0	17.0	千克/张	AB
4101501910	重＞16kg 非逆鞣整张濒危生野牛皮	5.0	17.0	17.0	千克/张	ABFE
4101501990	重＞16kg 非逆鞣处理整张生牛皮	5.0	17.0	17.0	千克/张	AB
4101502010	重＞16kg 整张濒危生野马皮	5.0	30.0	17.0	千克/张	ABFE
4101502090	重＞16kg 整张生马皮	5.0	30.0	17.0	千克/张	AB

商品编号	商品名称及备注	进口关税税率		增值税率	计量单位	监管条件
		最惠国	普通			
4101901110	其他逆鞣处理濒危生野牛皮(包括整张或半张的背皮及腹皮)	8.4	17.0	17.0	千克	FEAB
4101901190	其他逆鞣处理生牛皮(包括整张或半张的背皮及腹皮)	8.4	17.0	17.0	千克	AB
4101901910	其他濒危生野牛皮(包括整张或半张的背皮及腹皮)	5.0	17.0	17.0	千克	FEAB
4101901990	其他生牛皮(包括整张或半张的背皮及腹皮)	5.0	17.0	17.0	千克	AB
4101902010	其他濒危生野马皮(包括整张或半张的背皮及腹皮)	5.0	30.0	17.0	千克	FEAB
4101902090	其他生马皮(包括整张或半张的背皮及腹皮)	5.0	30.0	17.0	千克	AB
4102	**绵羊或羔羊生皮(鲜的、盐渍的、干的、石灰浸渍的、浸酸的或经其他方法保藏,但未鞣制、未经羊皮纸化处理或进一步加工的),不论是否带毛或剖层,但本章注释一(三)所述不包括的生皮除外**					
4102100000	带毛的绵羊或羔羊生皮(本章注释一(三)所述不包括的生皮除外)	7.0	30.0	17.0	千克/张	AB
4102211000	浸酸逆鞣不带毛绵羊或羔羊生皮(本章注释一(三)所述不包括的生皮除外)	14.0	30.0	17.0	千克/张	AB
4102219000	浸酸非逆鞣不带毛绵羊或羔羊生皮(本章注释一(三)所述不包括的生皮除外)	9.0	30.0	17.0	千克/张	AB
4102291000	其他不带毛逆鞣绵羊或羔羊生皮(浸酸的及本章注释一(三)所述不包括的生皮除外)	14.0	30.0	17.0	千克/张	AB
4102299000	其他不带毛非逆鞣绵羊或羔羊生皮(浸酸的及本章注释一(三)所述不包括的生皮除外)	7.0	30.0	17.0	千克/张	AB
4103	**其他生皮(鲜的、盐渍的、干的、石灰浸渍的、浸酸的或以其他方法保藏,但未鞣制、未经羊皮纸化处理或进一步加工的),不论是否去毛或剖层,但本章注释一(二)或(三)所述不包括的生皮除外**					
4103101100	逆鞣山羊板皮(本章注释一(三)所述不包括的生皮除外)	14.0	35.0	17.0	千克/张	AB
4103101900	非逆鞣山羊板皮(本章注释一(三)所述不包括的生皮除外)	9.0	35.0	17.0	千克/张	AB
4103109100	其他逆鞣山羊或小山羊皮(山羊板皮及本章注释一(三)所述不包括的生皮除外)	14.0	30.0	17.0	千克/张	AB
4103109900	其他非逆鞣山羊或小山羊皮(山羊板皮及本章注释一(三)所述不包括的生皮除外)	9.0	30.0	17.0	千克/张	AB
4103200000	爬行动物的生皮	9.0	30.0	17.0	千克/张	FEAB
4103300010	生鹿猪、姬猪皮	9.0	30.0	17.0	千克/张	ABFE
4103300090	生猪皮	9.0	30.0	17.0	千克/张	AB
4103900010	其他濒危野生动物生皮(本章注释一(二)或(三)所述不包括的生皮除外)	9.0	30.0	17.0	千克/张	ABFE
4103900090	其他生皮(本章注释一(二)或(三)所述不包括的生皮除外)	9.0	30.0	17.0	千克/张	AB

商品编号	商 品 名 称 及 备 注	进口关税税率		增值税率	计量单位	监管条件
		最惠国	普通			
4104	**经鞣制的不带毛牛皮(包括水牛皮)、马皮及其坯革,不论是否剖层,但未经进一步加工**					
4104111110 *	蓝湿濒危野牛皮(全粒面未剖或粒面剖层,经鞣制不带毛)	7.0	17.0	17.0	千克	ABFE
4104111190 *	全粒面未剖层或粒面剖层蓝湿牛皮(经鞣制不带毛)	7.0	17.0	17.0	千克	AB
4104111910	湿濒危野牛皮(全粒面未剖或粒面剖层,经鞣制不带毛)	8.0	35.0	17.0	千克	ABFE
4104111990	全粒面未剖层或粒面剖层湿牛皮(经鞣制不带毛)	8.0	35.0	17.0	千克	AB
4104112010	湿濒危野马皮(全粒面未剖或粒面剖层,经鞣制不带毛)	5.0	35.0	17.0	千克	ABFE
4104112090	全粒面未剖层或粒面剖层湿马皮(经鞣制不带毛)	5.0	35.0	17.0	千克	AB
4104191110	其他蓝湿濒危野牛皮(经鞣制不带毛)	7.0	17.0	17.0	千克	ABFE
4104191190	其他蓝湿牛皮(经鞣制不带毛)	7.0	17.0	17.0	千克	AB
4104191910	其他湿濒危野牛皮(经鞣制不带毛)	7.0	35.0	17.0	千克	ABFE
4104191990	其他湿牛皮(经鞣制不带毛)	7.0	35.0	17.0	千克	AB
4104192010	其他湿濒危野马皮(经鞣制不带毛)	7.0	35.0	17.0	千克	ABFE
4104192090	其他湿马皮(经鞣制不带毛)	7.0	35.0	17.0	千克	AB
4104410010	濒危野牛马干革(全粒面未剖或粒面剖层,经鞣制不带毛)	5.0	35.0	17.0	千克	ABFE
4104410090	全粒面未剖层或粒面剖层干革(经鞣制不带毛)	5.0	35.0	17.0	千克	AB
4104491010	其他机器带用濒危野牛马皮革(经鞣制不带毛)	5.0	20.0	17.0	千克	FE
4104491090	其他机器带用牛马皮革(经鞣制不带毛)	5.0	20.0	17.0	千克	
4104499010	其他濒危野牛马皮革(经鞣制不带毛)	7.0	35.0	17.0	千克	ABFE
4104499090	其他牛马皮革(经鞣制不带毛)	7.0	35.0	17.0	千克	AB
4105	**经鞣制的不带毛绵羊或羔羊皮及其坯革,不论是否剖层,但未经进一步加工**					
4105101000	蓝湿绵羊或羔羊皮(经鞣制不带毛)	14.0	50.0	17.0	千克	AB
4105109000	其他绵羊或羔羊湿革(经鞣制不带毛)	10.0	50.0	17.0	千克	AB
4105300000	绵羊或羔羊干革(经鞣制不带毛)	8.0	50.0	17.0	千克	AB
4106	**经鞣制的其他不带毛动物皮及其坯革,不论是否剖层,但未经进一步加工**					
4106210000	山羊或小山羊湿革(经鞣制不带毛)	14.0	50.0	17.0	千克	AB
4106220000	山羊或小山羊干革(经鞣制不带毛)	14.0	50.0	17.0	千克	AB
4106311010	蓝湿鹿猪、姬猪皮(经鞣制不带毛)	14.0	50.0	17.0	千克	FEAB
4106311090	其他蓝湿猪皮(经鞣制不带毛)	14.0	50.0	17.0	千克	AB
4106319010	鹿猪、姬猪湿革(经鞣制不带毛)	14.0	50.0	17.0	千克	FEAB
4106319090	其他猪湿革(经鞣制不带毛)	14.0	50.0	17.0	千克	AB
4106320010	鹿猪、姬猪干革(经鞣制不带毛,坯革)	14.0	50.0	17.0	千克	FEAB
4106320090	其他猪干革(经鞣制不带毛,坯革)	14.0	50.0	17.0	千克	AB
4106400000	爬行动物皮革(经鞣制不带毛)	14.0	50.0	17.0	千克	FE
4106910010	其他濒危野生动物湿革(经鞣制不带毛)	14.0	50.0	17.0	千克	FE
4106910090	其他动物湿革(经鞣制不带毛)	14.0	50.0	17.0	千克	

商品编号	商品名称及备注	进口关税税率		增值税率	计量单位	监管条件
		最惠国	普通			
4106920010	濒危其他野生动物干革(经鞣制不带毛)	14.0	50.0	17.0	千克	FE
4106920090	其他动物干革(经鞣制不带毛)	14.0	50.0	17.0	千克	
4107	**经鞣制或半硝处理后进一步加工的牛皮革(包括水牛皮革)及马皮革,包括羊皮纸化处理的皮革,不论是否剖层,但品目4114的皮革除外**					
4107111010	全粒面未剖层整张濒危野牛皮(经鞣制或半硝后进一步加工,羊皮纸化处理)	8.0	50.0	17.0	千克/张	FE
4107111090	全粒面未剖层整张牛皮(经鞣制或半硝后进一步加工,羊皮纸化处理)	8.0	50.0	17.0	千克/张	
4107112010	全粒面未剖层整张濒危野马皮(经鞣制或半硝后进一步加工,羊皮纸化处理)	5.0	50.0	17.0	千克/张	FE
4107112090	全粒面未剖层整张马皮(经鞣制或半硝后进一步加工,羊皮纸化处理)	5.0	50.0	17.0	千克/张	
4107121010	粒面剖层整张濒危野牛皮(经鞣制或半硝后进一步加工,羊皮纸化处理)	8.0	50.0	17.0	千克/张	FE
4107121090	粒面剖层整张牛皮(经鞣制或半硝后进一步加工,羊皮纸化处理)	8.0	50.0	17.0	千克/张	
4107122010	粒面剖层整张濒危野马皮(经鞣制或半硝后进一步加工,羊皮纸化处理)	5.0	50.0	17.0	千克/张	FE
4107122090	粒面剖层整张马皮(经鞣制或半硝后进一步加工,羊皮纸化处理)	5.0	50.0	17.0	千克/张	
4107191010	其他机器带用整张濒危野牛马皮革(经鞣制或半硝后进一步加工,羊皮纸化处理)	5.0	50.0	17.0	千克/张	FE
4107191090	其他机器带用整张牛马皮革(经鞣制或半硝后进一步加工,羊皮纸化处理)	5.0	50.0	17.0	千克/张	
4107199010	其他整张濒危野牛马皮革(经鞣制或半硝后进一步加工,羊皮纸化处理)	7.0	50.0	17.0	千克/张	ABFE
4107199090	其他整张牛马皮革(经鞣制或半硝后进一步加工,羊皮纸化处理)	7.0	50.0	17.0	千克/张	AB
4107910010	全粒面未剖层非整张濒危野牛马皮(经鞣制或半硝后进一步加工,羊皮纸化处理)	5.0	50.0	17.0	千克	ABFE
4107910090	全粒面未剖层非整张革(经鞣制或半硝后进一步加工,羊皮纸化处理)	5.0	50.0	17.0	千克	AB
4107920010	粒面剖层非整张濒危野牛马皮革(经鞣制或半硝后进一步加工,羊皮纸化处理)	5.0	50.0	17.0	千克	FE
4107920090	粒面剖层非整张革(经鞣制或半硝后进一步加工,羊皮纸化处理)	5.0	50.0	17.0	千克	
4107991010	其他机器带用非整张濒危野牛马皮(经鞣制或半硝后进一步加工,羊皮纸化处理)	5.0	50.0	17.0	千克	FE
4107991090	其他机器带用非整张牛马皮革(经鞣制或半硝后进一步加工,羊皮纸化处理)	5.0	50.0	17.0	千克	
4107999010	其他非整张濒危野牛马皮革(经鞣制或半硝后进一步加工,羊皮纸化处理)	7.0	50.0	17.0	千克	ABFE

商品编号	商品名称及备注	进口关税税率		增值税率	计量单位	监管条件
		最惠国	普通			
4107999090	其他非整张牛马皮革(经鞣制或半硝后进一步加工,羊皮纸化处理)	7.0	50.0	17.0	千克	AB
4112	**经鞣制或半硝处理后进一步加工的不带毛的绵羊或羔羊皮革,包括羊皮纸化处理的,不论是否剖层,但品目4114的皮革除外**					
4112000000	加工的绵羊或羔羊皮革(经鞣制或半硝后进一步加工,不带毛,羊皮纸化处理)	8.0	50.0	17.0	千克	AB
4113	**经鞣制或半硝处理后进一步加工的不带毛的其他动物皮革,包括羊皮纸化处理的,不论是否剖层,但品目4114的皮革除外**					
4113100000	加工的山羊或小山羊皮革(经鞣制或半硝后进一步加工,不带毛,羊皮纸化处理)	14.0	50.0	17.0	千克	AB
4113200010	加工的鹿猪、姬猪皮革(经鞣制或半硝后进一步加工,不带毛,羊皮纸化处理)	14.0	50.0	17.0	千克	ABFE
4113200090	加工的猪皮革(经鞣制或半硝后进一步加工,不带毛,羊皮纸化处理)	14.0	50.0	17.0	千克	AB
4113300000	加工的爬行动物皮革(经鞣制或半硝后进一步加工,不带毛,羊皮纸化处理)	14.0	50.0	17.0	千克	FE
4113900010	加工的其他濒危野生动物皮革(经鞣制或半硝后进一步加工,不带毛,羊皮纸化处理)	14.0	50.0	17.0	千克	FE
4113900090	加工的其他动物皮革(经鞣制或半硝后进一步加工,不带毛,羊皮纸化处理)	14.0	50.0	17.0	千克	
4114	**油鞣皮革(包括结合鞣制的油鞣皮革);漆皮及层压漆皮;镀金属皮革**					
4114100010	油鞣其他濒危野生动物皮革(包括结合鞣制的油鞣皮革)	14.0	50.0	17.0	千克	FE
4114100090	油鞣其他动物皮革(包括结合鞣制的油鞣皮革;野生动物皮革除外)	14.0	50.0	17.0	千克	
4114200000	漆皮及层压漆皮;镀金属皮革	10.0	50.0	17.0	千克	
4115	**以皮革或皮革纤维为基本成分的再生皮革,成块、成张或成条,不论是否成卷;皮革或再生皮革的边角废料,不适宜做皮革制品用;皮革粉末**					
4115100000	再生皮革(以皮革或皮革纤维为基本成分,成块、张、条,不论是否成卷)	14.0	50.0	17.0	千克	
4115200010	皮革废渣、灰渣、淤渣及粉末	14.0	50.0	17.0	千克	9
4115200090	皮革或再生皮革边角料	14.0	50.0	17.0	千克	

第四十二章 皮革制品;鞍具及挽具;旅行用品、手提包及类似容器;动物肠线(蚕胶丝除外)制品

注释:

一、本章不包括:

(一)外科用无菌肠线或类似的无菌缝合材料(品目30.06);

(二)以毛皮或人造毛皮衬里或作面(仅饰边的除外)的衣服及衣着附件(分指手套、连指手套及露指手套除外)(品目43.03或43.04);

(三)网线袋及类似品(品目56.08);

(四)第六十四章的物品;

(五)第六十五章的帽类及其零件;

(六)品目66.02的鞭子、马鞭或其他物品;

(七)袖扣、手镯或其他仿首饰(品目71.17);

(八)单独进口或出口的挽具附件或装饰物,例如,马镫、马嚼子、马铃铛及类似品、带扣(一般归入第十五类);

(九)弦线、鼓面皮或类似品及其他乐器零件(品目92.09);

(十)第九十四章的物品(例如,家具、灯具及照明装置);

(十一)第九十五章的物品(例如,玩具、游戏品及运动用品);

(十二)品目96.06的钮扣、揿扣、钮扣芯或这些物品的其他零件、钮扣坯。

二、(一)除上述注释一所规定的以外,品目42.02也不包括:

1. 非供长期使用的带把手塑料薄膜袋,不论是否印制(品目39.23);

2. 编结材料制品(品目46.02)。

(二)品目42.02及42.03的制品,如果装有用贵金属、包贵金属、天然或养殖珍珠、宝石或半宝石(天然、合成或再造)制的零件,即使这些零件不是仅作为小配件或小饰物的,只要其未构成物品的基本特征,仍应归入上述品目;但如果这些零件已构成物品的基本特征,则应归入第七十一章。

三、品目42.03所称"衣服及衣着附件",主要包括分指手套、连指手套及露指手套(包括运动及防护手套)、围裙及其他防护用衣着、裤吊带、腰带、子弹带及腕带,但不包括表带(品目91.13)。

商品编号	商品名称及备注	进口关税税率		增值税率	计量单位	监管条件
		最惠国	普通			
4201	**各种材料制成的鞍具及挽具(包括缰绳、挽绳、护膝垫、口套、鞍褥、马褡裢、狗外套及类似品),适合各种动物用**					
4201000010	濒危野生动物材料制的鞍具及挽具(适合各种动物用)	20.0	100.0	17.0	千克	FE
4201000090	各种材料制成的鞍具及挽具(野生动物材料制的除外;适合各种动物用)	20.0	100.0	17.0	千克	

商品编号	商品名称及备注	进口关税税率		增值税率	计量单位	监管条件
		最惠国	普通			
4202	衣箱、提箱、小手袋、公文箱、公文包、书包、眼镜盒、望远镜盒、照相机套、乐器盒、枪套及类似容器;旅行包、食品或饮料保温包、化妆包、帆布包、手提包、购物袋、钱夹、钱包、地图盒、烟盒、烟袋、工具包、运动包、瓶盒、首饰盒、粉盒、刀叉餐具盒及类似容器,用皮革或再生皮革、塑料片、纺织材料、钢纸或纸板制成,或者全部或主要用上述材料或纸包覆制成					
4202111010	以含濒危野生动物皮革作面的衣箱(包括再生皮革及漆皮)	15.0	100.0	17.0	个	FE
4202111090	以皮革、再生皮革、漆皮作面的衣箱(含野生动物皮革的除外)	15.0	100.0	17.0	个	
4202119010	以濒危野生动物皮革作面的箱包(包括再生皮革及漆皮)	10.0	100.0	17.0	个	FE
4202119090	以皮革、再生皮革、漆皮作面的箱包(包括提箱、公文包、书包及类似容器,但不包括衣箱)	10.0	100.0	17.0	个	
4202121000	以塑料或纺织材料作面的衣箱	20.0	100.0	17.0	个	
4202129000	以塑料或纺织材料作面的其他箱包(包括提箱、小手袋、公文箱、公文包、书包及类似容器)	20.0	100.0	17.0	个	
4202190000	以钢纸或纸板作面的衣箱等(包括提箱,小手袋,公文箱,公文包,书包及类似容器)	20.0	100.0	17.0	个	
4202210010	以濒危野生动物皮革作面的手提包(包括再生皮革及漆皮)	10.0	100.0	17.0	个	FE
4202210090	以皮革、再生皮革、漆皮作面手提包(不论是否有背带,包括无把手的)	10.0	100.0	17.0	个	
4202220000	以塑料片或纺织材料作面的手提包(不论是否有背带,包括无把手的)	10.0	100.0	17.0	个	
4202290000	以钢纸或纸板作面的手提包(不论是否有背带,包括无把手的)	20.0	100.0	17.0	个	
4202310010	以濒危野生动物皮革作面的钱包等(包括再生皮革及漆皮)	10.0	100.0	17.0	个/千克	FE
4202310090	以皮革、再生皮革作面钱包等物品(指通常置于口袋或手提包内的物品,包括以漆皮作面的)	10.0	100.0	17.0	个/千克	
4202320000	塑料片或纺织材料作面的钱包等物(指通常置于口袋或手提包内的物品)	20.0	100.0	17.0	千克	
4202390000	以钢纸或纸板作面的钱包等物品(指通常置于口袋或手提包内的物品)	20.0	100.0	17.0	千克	
4202910010	濒危野生动物皮革作面的其他容器(包括再生皮革及漆皮)	10.0	100.0	17.0	个/千克	FE
4202910090	皮革、再生皮革、漆皮作面其他容器	10.0	100.0	17.0	个/千克	
4202920000	塑料片或纺织材料作面的其他容器	10.0	100.0	17.0	个/千克	
4202990000	以钢纸或纸板作面的其他容器	20.0	100.0	17.0	千克	

商品编号	商 品 名 称 及 备 注	进口关税税率		增值税率	计量单位	监管条件
		最惠国	普通			
4203	**皮革或再生皮革制的衣服及衣着附件**					
4203100010	濒危野生动物皮革制的衣服(包括再生野生动物皮革制作的)	10.0	100.0	17.0	件/千克	FEB
4203100090	皮革或再生皮革制的衣服(野生动物皮革制作的除外)	10.0	100.0	17.0	件/千克	B
4203210010	濒危野生动物皮革制的运动手套(包括再生野生动物皮革制作的)	20.0	100.0	17.0	双/千克	FE
4203210090	皮革或再生皮革制专供运动用手套(包括连指或露指的;野生动物皮革制作的除外)	20.0	100.0	17.0	双/千克	
4203291010	濒危野生动物皮革制的劳保手套(包括再生野生动物皮革制作的)	20.0	100.0	17.0	双/千克	FE
4203291090	皮革或再生皮革制的劳保手套(野生动物皮革制作的除外)	20.0	100.0	17.0	双/千克	
4203299010	濒危野生动物皮革制的其他手套(包括再生野生动物皮革制作的)	20.0	100.0	17.0	双/千克	FE
4203299090	皮革或再生皮革制的其他手套(包括连指或露指的)	20.0	100.0	17.0	双/千克	
4203301010	濒危野生动物皮革制的腰带(包括再生野生动物皮革制作的)	10.0	100.0	17.0	千克	FE
4203301090	其他动物皮革制的腰带(包括再生动物皮革制作的)	10.0	100.0	17.0	千克	
4203302010	濒危野生动物皮革制的子弹带(包括再生野生动物皮革制作的)	10.0	100.0	17.0	千克	FE
4203302090	其他动物皮革制的子弹带(包括再生动物皮革制作的)	10.0	100.0	17.0	千克	
4203400010	濒危野生动物皮革制的衣着附件(包括再生野生动物皮革制作的)	20.0	100.0	17.0	千克	FE
4203400090	皮革或再生皮革制的其他衣着附件	20.0	100.0	17.0	千克	
4204	**机器、机械器具或其他专门技术用途的皮革或再生皮革制品**					
4204000010	濒危野生皮革或再生皮革制品(工业用,工业用指机器,机械器具或其他专门技术用途的)	8.0	35.0	17.0	千克	FE
4204000090	工业用皮革或再生皮革制品(工业用指机器,机械器具或其他专门技术用途的)	8.0	35.0	17.0	千克	
4205	**皮革或再生皮革的其他制品**					
4205001010	濒危野生动物皮革制的坐具套(包括再生野生动物皮革制作的)	12.0	100.0	17.0	千克	FE
4205001090	其他动物皮革制的坐具套(包括再生皮革制作的)	12.0	100.0	17.0	千克	
4205009010	濒危野生动物皮革的其他制品(包括再生野生动物皮革制作的)	12.0	100.0	17.0	千克	FE
4205009020	皮革或再生皮革制宠物用品	12.0	100.0	17.0	千克	AB
4205009090	皮革或再生皮革的其他制品	12.0	100.0	17.0	千克	

商品编号	商 品 名 称 及 备 注	进口关税税率		增值税率	计量单位	监管条件
		最惠国	普通			
4206	**肠线(蚕胶丝除外)、肠膜、膀胱或筋腱制品**					
4206100000	羊肠线(不包括外科用无菌肠线或制成乐器弦的肠线,蚕胶丝除外)	20.0	90.0	17.0	千克	
4206900000	其他肠线、肠膜、膀胱或筋腱制品	20.0	90.0	17.0	千克	

第四十三章 毛皮、人造毛皮及其制品

注释:

一、本目录所称"毛皮",是指已鞣的各种动物的带毛毛皮,但不包括品目43.01的生毛皮。

二、本章不包括:

(一)带羽毛或羽绒的整张或部分鸟皮(品目05.05或67.01);

(二)第四十一章的带毛生皮[见该章注释一(三)];

(三)用皮革与毛皮或用皮革与人造毛皮制成的分指手套、连指手套及露指手套(品目42.03);

(四)第六十四章的物品;

(五)第六十五章的帽类及其零件;

(六)第九十五章的物品(例如,玩具、游戏品及运动用品)。

三、品目43.03包括加有其他材料缝合的毛皮和毛皮部分品,以及缝合成衣服、衣服部分品、衣着附件或其他制品的毛皮和毛皮部分品。

四、以毛皮或人造毛皮衬里或作面(仅饰边的除外)的衣服及衣着附件(不包括注释二所述的货品),应分别归入品目43.03或43.04,但毛皮或人造毛皮仅作为装饰的除外。

五、本目录所称"人造毛皮",是指以毛、发或其他纤维粘附或缝合于皮革、织物或其他材料之上而构成的仿毛皮,但不包括以机织或针织方法制得的仿毛皮(一般应归入品目58.01或60.01)。

商品编号	商品名称及备注	进口关税税率		增值税率	计量单位	监管条件
		最惠国	普通			
4301	**生毛皮(包括适合加工皮货用的头、尾、爪及其他块、片),但品目4101、4102或4103的生皮除外**					
4301100000	整张生水貂皮(不论是否带头、尾或爪)	15.0	100.0	17.0	千克	AB
4301300000	阿斯特拉罕等羔羊的整张生毛皮(还包括喀拉科尔、波斯、印度、中国或蒙古等羔羊)	20.0	90.0	17.0	千克	AB
4301600010	整张濒危生狐皮(不论是否带头、尾或爪)	20.0	100.0	17.0	千克/张	AFEB
4301600090	其他整张生狐皮(不论是否带头、尾或爪)	20.0	100.0	17.0	千克/张	AB
4301700010	整张濒危生海豹皮(不论是否带头、尾或爪)	20.0	90.0	17.0	千克/张	AFEB
4301700090	其他整张生海豹皮(不论是否带头、尾或爪)	20.0	90.0	17.0	千克/张	AB
4301801010	整张生濒危野兔皮(不论是否带头、尾或爪)	20.0	90.0	17.0	千克/张	AFEB
4301801090	整张生兔皮(不论是否带头、尾或爪)	20.0	90.0	17.0	千克/张	AB
4301809010	整张的其他生濒危野生动物毛皮(不论是否带头、尾或爪)	20.0	90.0	17.0	千克/张	ABFE
4301809090	整张的其他生毛皮(不论是否带头、尾或爪)	20.0	90.0	17.0	千克/张	AB
4301901000	未鞣制的黄鼠狼尾	20.0	50.0	17.0	千克	AB
4301909010	其他濒危野生动物未鞣头尾(加工皮货用,包括爪及其他块、片)	20.0	90.0	17.0	千克	ABFE
4301909090	适合加工皮货用的其他未鞣头、尾(包括爪及其他块、片)	20.0	90.0	17.0	千克	AB
4302	**未缝制或已缝制(不加其他材料)的已鞣毛皮(包括头、尾、爪及其他块、片),但品目4303的货品除外**					

商品编号	商品名称及备注	进口关税税率		增值税率	计量单位	监管条件
		最惠国	普通			
4302110000	已鞣未缝制的整张水貂皮(不论是否带头、尾或爪)	12.0	130.0	17.0	千克/张	B
4302130000	已鞣未缝制阿斯特拉罕等羔羊皮(还包括喀拉科尔、波斯、印度、中国、蒙古或西藏羔羊皮)	20.0	100.0	17.0	千克/张	
4302191010	已鞣未缝制的濒危狐皮(兰狐皮、银狐皮除外)	10.0	130.0	17.0	千克/张	BFE
4302191020	已鞣未缝制的兰狐皮、银狐皮	10.0	130.0	17.0	千克/张	B
4302191090	已鞣未缝制的其他贵重濒危动物毛皮(灰鼠皮、白鼬皮、其他貂皮、水獭皮、旱獭皮、猞猁皮)	10.0	130.0	17.0	千克/张	BFE
4302192010	已鞣未缝制的整张濒危野兔皮(不论是否带头、尾或爪)	10.0	100.0	17.0	千克/张	FE
4302192090	已鞣未缝制的整张兔皮(不论是否带头、尾或爪)	10.0	100.0	17.0	千克/张	
4302199010	已鞣未缝制其他濒危野生动物毛皮	10.0	100.0	17.0	千克/张	BFE
4302199090	已鞣未缝制的其他毛皮	10.0	100.0	17.0	千克/张	B
4302200010	已鞣未缝濒危野生动物头、尾、爪等(包括块、片)	20.0	100.0	17.0	千克	BFE
4302200090	已鞣未缝制的头、尾、爪及其他块片	20.0	100.0	17.0	千克	B
4302301010	已鞣已缝制貂皮、狐皮及其块、片(兰狐银狐、水貂、艾虎的整张毛皮及块、片除外)	20.0	130.0	17.0	千克	BFE
4302301090	已鞣已缝制的贵重濒危动物毛皮及其块、片(灰鼠皮、白鼬皮、其他貂皮、水獭皮、旱獭皮、猞猁皮及块、片)	20.0	130.0	17.0	千克	BFE
4302309010	已鞣缝的其他整张濒危野生毛皮(包括块片)	20.0	100.0	17.0	千克	BFE
4302309090	已鞣已缝制的其他整张毛皮及块片	20.0	100.0	17.0	千克	B
4303	**毛皮制的衣服、衣着附件及其他物品**					
4303101010	猪、马、牛、羊、兔皮衣服	23.0	150.0	17.0	千克/件	B
4303101090	其他毛皮衣服	23.0	150.0	17.0	千克/件	BEF
4303102010	猪、马、牛、羊、兔皮衣着附件	18.0	150.0	17.0	千克	B
4303102090	其他毛皮衣着附件	18.0	150.0	17.0	千克	BEF
4303900010	猪、马、牛、羊、兔皮制其他物品	18.0	150.0	17.0	千克	
4303900090	其他毛皮制其他物品	18.0	150.0	17.0	千克	EF
4304	**人造毛皮及其制品**					
4304001000	人造毛皮	18.0	130.0	17.0	千克	
4304002000	人造毛皮制品	18.0	150.0	17.0	千克	

第九类　木及木制品;木炭;软木及软木制品;稻草、秸秆、针茅或其他编结材料制品;篮筐及柳条编结品

第四十四章　木及木制品;木炭

注释:

一、本章不包括:

(一)主要作香料、药料、杀虫、杀菌或类似用途的木片、刨花、碎木、木粒或木粉(品目12.11);

(二)竹或主要作编结用的其他木质材料,未经加工、劈开、纵锯或切段(品目14.01);

(三)主要作染料或鞣料用的木片、刨花、木粒或木粉(品目14.04);

(四)活性炭(品目38.02);

(五)品目42.02的物品;

(六)第四十六章的货品;

(七)第六十四章的鞋靴及其零件;

(八)第六十六章的货品(例如,伞、手杖及其零件);

(九)品目68.08的货品;

(十)品目71.17的仿首饰;

(十一)第十六类或第十七类的货品(例如,机器零件,机器及器具的箱、罩、壳,车辆部件);

(十二)第十八类的货品(例如,钟壳、乐器及其零件);

(十三)火器的零件(品目93.05);

(十四)第九十四章的物品(例如,家具、灯具及照明器具、活动房屋);

(十五)第九十五章的物品(例如,玩具、游戏品及运动用品);

(十六)第九十六章的物品(例如,烟斗及其零件、钮扣、铅笔),但品目96.03所列物品的木身及木柄除外;

(十七)第九十七章的物品(例如艺术品)。

二、本章所称"强化木",是指经过化学或物理方法处理(对于多层粘合木材,其处理应超出一般粘合需要),从而增加了密度或硬度并改善了机械强度、抗化学或抗电性能的木材。

三、品目44.14至44.21适用于木质碎料板或类似木质材料板、纤维板、层压板或强化木的制品。

四、品目44.10、44.11或44.12的产品,可以加工成品目44.09所述的各种形状,也可以加工成弯曲、瓦楞、多孔或其他形状(正方形或矩形除外),以及经其他任何加工,但未具有其他品目所列制品的特性。

五、品目44.17不包括装有第八十二章注释一所述材料制成的刀片、工作刃、工作面或其他工作部件的工具。

六、除上述注释一及其他条文另有规定的以外,本章税目中所称"木",也包括竹及其他木质材料。

子目注释:

子目号4403.41至4403.49、4407.24至4407.29、4408.31至4408.39及4412.13至4412.99所称"热带木",是指下列木材:

大叶帽柱木、非洲桃花心木、西非红豆木、箭毒木、阿兰木、圭亚那苦油楝木、非洲甘比山榄木、杜楝木、非洲栎柞木、婆罗双木、美洲轻木、白驼峰楝木、黑驼峰楝木、卡蒂沃木、雪松木、西非褐红椴木、深红色红柳安木、非洲核桃楝木、阿夫苏木、象牙海岸榄仁木、破布木、吉贝木、丝棉木、乔状黄牛木、安哥拉丛花木、巴西胡桃木、皮蚁木、伊罗科木、拟爱神木、夹竹桃木、巴西红木、绒根木、龙脑香木、开姆帕斯木、羯布罗香木、康多非洲楝木、象牙海岸褐红椴木、象牙海岸翼梧桐木、浅红色红柳安木、非洲榄仁木、南美樟木、圭亚那铁线子木、西印度桃花心木、猴子果木、肖氏夸利亚木、曼孙梧桐木、马来蝴蝶木、巴栲红柳安木、粗轴坡垒木、印茄木、斯温漆木、异翅香木、非洲梨木、非洲银叶木、胶木、非洲白梧桐木、加蓬榄木、蓖麻木、爱里古夷苏木、奥文科尔木、中非蜡烛木、紫檀木、人面子木、危地马拉黑黄檀木、印度黑黄檀木、巴西柚、巴西黑黄檀木、巴西花梨木、白坚木、鸡骨常山木、印马四出香木、大沃契

希亚木、东南亚棱柱木、萨撇列木、萌生木棉木、苏帕楠木、西波木、苏古皮拉木、红椿木、圭亚那考拉玉蕊木、柚木、安哥拉香桃花心木、非洲阿勃木、南美肉豆蔻木、白柳安木、白色红柳安木、白色柳安木、黄色红柳安木。

商品编号	商品名称及备注	进口关税税率		增值税率	计量单位	监管条件
		最惠国	普通			
4401	**薪柴(圆木段、块、枝、成捆或类似形状);木片或木粒;锯末、木废料及碎片,不论是否粘结成圆木段、块、片或类似形状**					
4401100000	薪柴(圆木段、块、枝、成捆或类似形状)		70.0	17.0	千克	AB
4401210010	濒危针叶木木片或木粒		8.0	17.0	千克	ABFE
4401210090	其他针叶木木片或木粒		8.0	17.0	千克	AB
4401220010	濒危非针叶木木片或木粒		8.0	17.0	千克	ABFE
4401220090	其他非针叶木木片或木粒		8.0	17.0	千克	AB
4401300000	锯末、木废料及碎片(不论是否粘结成圆木段、块、片或类似形状)		8.0	17.0	千克	ABP
4402	**木炭(包括果壳炭及果核炭),不论是否结块**					
4402000010	以木材为原料直接烧制的木炭(原料为不包括竹子的木材)	10.5	70.0	17.0	千克	8
4402000090	其他木炭(包括果壳炭及果核炭,不论是否结块)	10.5	70.0	17.0	千克	
4403	**原木,不论是否去皮、去边材或粗锯成方**					
4403100010	油漆,着色剂等处理濒危树种原木(包括用杂酚油或其他防腐剂处理)		8.0	13.0	立方米	FEAB8
4403100090	其他油漆,着色剂等处理的原木(包括用杂酚油或其他防腐剂处理)		8.0	13.0	立方米	AB8
4403201010	其他红松原木(用油漆着色剂,杂酚油或其他防腐剂处理的除外)		8.0	13.0	立方米	AB8E
4403201090	其他樟子松原木(用油漆着色剂,杂酚油或其他防腐剂处理的除外)		8.0	13.0	立方米	AB8
4403202000	其他白松、云杉和冷杉原木		8.0	13.0	立方米	AB8E
4403203000	其他辐射松原木		8.0	13.0	立方米	AB8
4403204000	其他落叶松原木		8.0	13.0	立方米	8ABE
4403209010	其他濒危针叶木原木		8.0	13.0	立方米	FEAB8
4403209090	其他针叶木原木		8.0	13.0	立方米	AB8
4403410000	其他红柳安木原木(指深红色红柳安木,浅红色红柳安及巴栲红色红柳安木)		8.0	13.0	立方米	AB8
4403491000	其他柚木原木(用油漆、着色剂、杂酚油或其他防腐剂处理的除外)		35.0	13.0	立方米	AB8
4403492000	其他奥克曼 OKOUME 原木(奥克榄 Aukoumed klaineana)		35.0	13.0	立方米	AB8
4403493000	其他龙脑香木、克隆原木(龙脑香木 Dipterocarpus spp. 克隆 Keruing)		35.0	13.0	立方米	AB8E
4403494000	其他山樟 Kapur 原木(香木 Dryobalanops spp.)		35.0	13.0	立方米	AB8

商品编号	商品名称及备注	进口关税税率		增值税率	计量单位	监管条件
		最惠国	普通			
4403495000	其他印加木 Intsia spp.原木(波罗格 Mengaris)		35.0	13.0	立方米	AB8
4403496000	其他大干巴豆 Koompassia spp.(门格里斯 Mengaris 或康派斯 Kempas)		35.0	13.0	立方米	AB8
4403497000	其他异翅香木 Anisopter spp.		35.0	13.0	立方米	AB8
4403499010	其他本章子目注释热带濒危原木(用油漆、着色剂、杂酚油或其他防腐剂处理的除外)		8.0	13.0	立方米	FEAB8
4403499090	其他本章子目注释所列热带原木(用油漆、着色剂、杂酚油或其他防腐剂处理的除外)		8.0	13.0	立方米	AB8
4403910000	栎木(橡木)原木(用油漆、着色剂、杂酚油或其他防腐剂处理的除外)		8.0	13.0	立方米	AB8
4403920000	山毛榉木原木(用油漆、着色剂、杂酚油或其他防腐剂处理的除外)		8.0	13.0	立方米	AB8
4403991000	楠木原木(用油漆、着色剂、杂酚油或其他防腐剂处理的除外)		35.0	13.0	立方米	AB8E
4403992000	樟木原木(用油漆、着色剂、杂酚油或其他防腐剂处理的除外)		35.0	13.0	立方米	AB8E
4403993000	红木原木(用油漆、着色剂、杂酚油或其他防腐剂处理的除外)		35.0	13.0	立方米	AFEB8
4403994000	泡桐木原木(用油漆、着色剂、杂酚油或其他防腐剂处理的除外)		8.0	13.0	立方米	AB8
4403995000	水曲柳原木(用油漆、着色剂、杂酚油或其他防腐剂处理的除外)		8.0	13.0	立方米	AB8E
4403996000	北美硬阔叶木原木(包括樱桃木、枫木、黑胡桃木)		8.0	13.0	立方米	AB8
4403998010	其他未列名温带濒危非针叶木原木(用油漆、着色剂、杂酚油或其他防腐剂处理的除外)		8.0	13.0	立方米	FEAB8
4403998090	其他未列名温带非针叶木原木(用油漆、着色剂、杂酚油或其他防腐剂处理的除外)		8.0	13.0	立方米	AB8
4403999010	其他未列名濒危非针叶原木(用油漆、着色剂、杂酚油或其他防腐剂处理的除外)		8.0	13.0	立方米	AFEB8
4403999090	其他未列名非针叶原木(用油漆、着色剂、杂酚油或其他防腐剂处理的除外)		8.0	13.0	立方米	AB8
4404	**箍木;木劈条;已削尖但未经纵锯的木桩;粗加修整但未经车圆、弯曲或其他方式加工的木棒,适合制手杖、伞柄、工具把柄及类似品;木片条及类似品**					
4404100010	濒危针叶木的箍木等及类似品(包括木劈条、棒及类似品)	8.0	50.0	17.0	千克	ABFE
4404100090	其他针叶木的箍木等及类似品(包括木劈条、棒及类似品)	8.0	50.0	17.0	千克	AB
4404200010	濒危非针叶木箍木等(包括木劈条、棒及类似品)	8.0	50.0	17.0	千克	ABFE
4404200090	其他非针叶木箍木等(包括木劈条,棒及类似品)	8.0	50.0	17.0	千克	AB

商品编号	商品名称及备注	进口关税税率		增值税率	计量单位	监管条件
		最惠国	普通			
4405	**木丝;木粉**					
4405000000	木丝及木粉	8.0	40.0	17.0	千克	AB
4406	**铁道及电车道枕木**					
4406100000	未浸渍的铁道及电车道枕木		14.0	17.0	立方米	4ABxy
4406900010	濒危木已浸渍铁道及电车道枕木		14.0	17.0	立方米	FE
4406900090	其他已浸渍的铁道及电车道枕木		14.0	17.0	立方米	
4407	**经纵锯、纵切、刨切或旋切的木材,不论是否刨平,砂光或指榫接合,厚度超过6mm**					
4407101011	端部接合的红松厚板材(经纵锯、纵切、刨切或旋切的,厚度超过6mm)		14.0	17.0	立方米	ABE
4407101019	端部接合的樟子松厚板材(经纵锯、纵切、刨切或旋切的,厚度超过6mm)		14.0	17.0	立方米	AB
4407101090	非端部接合的红松和樟子松厚板材(经纵锯、纵切、刨切或旋切的,厚度超过6mm)		14.0	17.0	立方米	4ABExy
4407102010	端部接合的白松(云杉冷杉)厚板材(经纵锯、纵切、刨切或旋切的,厚度超过6mm)		14.0	17.0	立方米	ABEF
4407102090	非端部接合白松(云杉冷杉)厚板材(经纵锯、纵切、刨切或旋切的,厚度超过6mm)		14.0	17.0	立方米	4ABEFxy
4407103010	端部接合的辐射松厚板材(经纵锯、纵切、刨切或旋切的,厚度超过6mm)		14.0	17.0	立方米	AB
4407103090	非端部接合的辐射松厚板材(经纵锯、纵切、刨切或旋切的,厚度超过6mm)		14.0	17.0	立方米	4ABxy
4407104010	端部接合的花旗松厚板材(经纵锯、纵切、刨切或旋切的,厚度超过6mm)		14.0	17.0	立方米	AB
4407104090	非端部接合的花旗松厚板材(经纵锯、纵切、刨切或旋切的,厚度超过6mm)		14.0	17.0	立方米	4ABxy
4407109011	端部接合其他濒危针叶木厚板材(经纵锯、纵切、刨切或旋切的,厚度超过6mm)		14.0	17.0	立方米	FEAB
4407109019	端部接合其他针叶木厚板材(经纵锯、纵切、刨切或旋切的,厚度超过6mm)		14.0	17.0	立方米	AB
4407109091	非端部接合其他濒危针叶木厚板材(经纵锯、纵切、刨切或旋切的,厚度超过6mm)		14.0	17.0	立方米	FEAB4xy
4407109099	非端部接合的其他针叶木厚板材(经纵锯、纵切、刨切或旋切的,厚度超过6mm)		14.0	17.0	立方米	AB4xy
4407240011	端部接合美洲桃花心木板材(经纵锯、纵切、刨切或旋切的,厚度超过6mm)		14.0	17.0	立方米	FEAB
4407240019	端部接合苏里南肉豆蔻木等板材(经纵锯、纵切、刨切或旋切的,厚度超过6mm)		14.0	17.0	立方米	AB

商品编号	商品名称及备注	进口关税税率		增值税率	计量单位	监管条件
		最惠国	普通			
4407240090	非端部接合苏里南肉豆蔻木等板材(经纵锯、纵切、刨切或旋切的,厚度超过6mm)		14.0	17.0	立方米	4ABFExy
4407250010	端部接合的红柳安木板材(指深红色、浅红色及巴栲红柳安木,厚度超过6mm)		14.0	17.0	立方米	AB
4407250090	非端部接合的红柳安木板材(指深红色、浅红色及巴栲红柳安木,厚度超过6mm)		14.0	17.0	立方米	y4xAB
4407260010	端部接合白柳安其他柳安木板(经纵锯、纵切、刨切或旋切的,厚度超过6mm)		14.0	17.0	立方米	AB
4407260090	非端部接合白柳安其他柳安木板材(经纵锯、纵切、刨切或旋切的,厚度超过6mm)		14.0	17.0	立方米	y4xAB
4407291010	端部接合的柚木板材(经纵锯、纵切、刨切或旋切的,厚度超过6mm)		40.0	17.0	立方米	AB
4407291090	非端部接合的柚木板材(经纵锯、纵切、刨切或旋切的,厚度超过6mm)		40.0	17.0	立方米	y4xAB
4407292010	端部接合的非洲桃花心木木板材(包括沙比利Sapele,经纵锯纵切刨切或旋切的,厚度超6mm)		40.0	17.0	立方米	AB
4407292090	非端部接合的非洲桃花心木木板(包括沙比利Sapele,经纵锯纵切刨切或旋切的,厚度超6mm)		40.0	17.0	立方米	AB
4407293010	端部接合的波罗格Merban板材(经纵锯、纵切、刨切或旋切的,厚度超6mm)		40.0	17.0	立方米	AB
4407293090	非端部接合的波罗格Merban板材(经纵锯、纵切、刨切或旋切的,厚度超6mm)		40.0	17.0	立方米	AB
4407299011	端部接合拉敏木厚板材(经纵锯、纵切、刨切或旋切的,厚度超过6mm)		14.0	17.0	立方米	FEAB
4407299012	其他未列名濒危热带木厚板材(端部结合,经纵锯、纵切、刨切或旋切的,厚度超过6mm)		14.0	17.0	立方米	FEAB
4407299019	端部接合其他未列名热带木厚板材(经纵锯、纵切、刨切或旋切的,厚度超过6mm)		14.0	17.0	立方米	AB
4407299091	非端部接合其他未列名濒危热带木板材(经纵锯、纵切、刨切或旋切的,厚度超过6mm)		14.0	17.0	立方米	y4xAFEB
4407299099	非端部接合其他未列名热带木板材(经纵锯、纵切、刨切或旋切的,厚度超过6mm)		14.0	17.0	立方米	y4xAB
4407910010	端部接合的栎木(橡木)厚板材(经纵锯、纵切、刨切或旋切的,厚度超过6mm)		14.0	17.0	立方米	AB
4407910090	非端部接合的栎木(橡木)厚板材(经纵锯、纵切、刨切或旋切的,厚度超过6mm)		14.0	17.0	立方米	y4xAB
4407920010	端部接合的山毛榉木厚板材(经纵据、纵切、刨切或旋切的,厚度超过6mm)		14.0	17.0	立方米	ABE

商品编号	商品名称及备注	进口关税税率		增值税率	计量单位	监管条件
		最惠国	普通			
4407920090	非端部接合的山毛榉木厚板材(经纵据、纵切、刨切或旋切的,厚度超过6mm)		14.0	17.0	立方米	4ABExy
4407991010	端部接合樟木、楠木、红木厚板材(经纵锯、纵切、刨切或旋切的,厚度超过6mm)		40.0	17.0	立方米	AFEB
4407991090	非端部接合樟木、楠木、红木厚板材(经纵锯、纵切、刨切或旋切的,厚度超过6mm)		40.0	17.0	立方米	y4xAFEB
4407992010	端部接合的泡桐木厚板材(经纵锯、纵切、刨切或旋切的,厚度超过6mm)		14.0	17.0	立方米	AB
4407992090	非端部接合的泡桐木厚板材(经纵锯、纵切、刨切或旋切的,厚度超过6mm)		14.0	17.0	立方米	AB
4407993010	端部接合的北美硬阔叶材厚板材(含樱桃木枫木黑胡桃木,纵锯纵切刨切或旋切,厚度超6mm)		14.0	17.0	立方米	AB
4407993090	非端部接合的北美硬阔叶材厚板材(含樱桃木枫木黑胡桃木,纵锯纵切刨切或旋切,厚度超6mm)		14.0	17.0	立方米	AB
4407998011	端部接合其他温带濒危非针叶板材(纵锯、纵切、刨切或旋切的,厚度超过6mm)		14.0	17.0	立方米	FEAB
4407998019	端部接合的其他温带非针叶厚板材(纵锯、纵切、刨切或旋切的,厚度超过6mm)		14.0	17.0	立方米	AB
4407998091	其他温带濒危非针叶厚板材(非端部结合,纵锯、纵切、刨切或旋切的,厚度超过6mm)		14.0	17.0	立方米	FEAB
4407998099	非端部接合的其他温带非针叶厚板(纵锯、纵切、刨切或旋切的,厚度超过6mm)		14.0	17.0	立方米	AB
4407999012	端部接合的濒危木厚板材(经纵锯、纵切、刨切或旋切的,厚度超过6mm)		14.0	17.0	立方米	AFEB
4407999019	端部接合的其他木厚板材(经纵锯、纵切、刨切或旋切的,厚度超过6mm)		14.0	17.0	立方米	AB
4407999091	非端部接合的其他濒危木厚板材(经纵锯、纵切、刨切或旋切的,厚度超过6mm)		14.0	17.0	立方米	y4xAFEB
4407999099	非端部接合的其他木厚板材(经纵锯、纵切、刨切或旋切的,厚度超过6mm)		14.0	17.0	立方米	y4xAB
4408	**饰面用单板(包括刨切积层木获得的单板)、制胶合板或类似多层板用单板以及其他经纵锯、刨切或旋切的木材,不论是否刨平、砂光、拼接或端部接合,厚度不超过6mm**					
4408101110	胶合板等多层板制濒危针叶木单板(厚度≤6mm,饰面用)	8.0	40.0	17.0	千克	ABFE
4408101190	其他胶合板等多层板制针叶木单板(厚度≤6mm,饰面用)	8.0	40.0	17.0	千克	AB
4408101910	其他饰面濒危针叶木单板(厚度≤6mm)	4.0	40.0	17.0	千克	ABFE
4408101990	其他饰面针叶木单板(厚度≤6mm)	4.0	40.0	17.0	千克	AB

商品编号	商品名称及备注	进口关税税率		增值税率	计量单位	监管条件
		最惠国	普通			
4408102010	制胶合板用濒危针叶木单板(厚度≤6mm)	4.0	17.0	17.0	千克	ABFE
4408102090	其他制胶合板用针叶木单板(厚度≤6mm)	4.0	17.0	17.0	千克	AB
4408109010	其他濒危针叶木单板材(经纵锯、刨切或旋切的,厚度≤6mm)	4.0	30.0	17.0	千克	ABFE
4408109090	其他针叶木单板材(经纵锯、刨切或旋切的,厚度≤6mm)	4.0	30.0	17.0	千克	AB
4408311100	胶合板多层板制饰面红柳安木单板(指深红色、浅红色红柳安木及巴梣红柳安木,厚度≤6mm)	10.0	40.0	17.0	千克	AB
4408311900	其他饰面用红柳安木单板(深红色、浅红色红柳安木巴梣红柳安木,厚度≤6mm)	4.0	40.0	17.0	千克	AB
4408312000	红柳安木制的胶合板用单板(深红色、浅红色红柳安木巴梣红柳安木,厚度≤6mm)	4.0	17.0	17.0	千克	AB
4408319000	红柳安木制的其他单板(深红色、浅红色红柳安木巴梣红柳安木,厚度≤6mm)	4.0	30.0	17.0	千克	AB
4408391110	胶合板多层板制饰面桃花心木单板(厚度≤6mm)	10.0	40.0	17.0	千克	ABFE
4408391120	胶合板多层板制饰面拉敏木单板(厚度≤6mm)	10.0	40.0	17.0	千克	ABFE
4408391130	胶合板多层板制饰面濒危木单板(本章子目注释一所列其他热带木,厚度≤6mm)	10.0	40.0	17.0	千克	ABFE
4408391190	胶合板多层板制饰面热带木单板(本章子目注释一所列其他热带木,厚度≤6mm)	10.0	40.0	17.0	千克	AB
4408391910	其他饰面用桃花心木单板(厚度不超过6mm)	4.0	40.0	17.0	千克	ABFE
4408391920	其他饰面用拉敏木单板(厚度不超过6mm)	4.0	40.0	17.0	千克	ABFE
4408391930	其他饰面用濒危木单板(本章子目注释一所列其他热带木,厚度不超过6mm)	4.0	40.0	17.0	千克	ABFE
4408391990	其他饰面本章子目注释热带木单板(厚度不超过6mm)	4.0	40.0	17.0	千克	AB
4408392010	其他桃花心木制的胶合板用单板(厚度≤6mm)	4.0	17.0	17.0	千克	ABFE
4408392020	其他拉敏木制的胶合板用单板(厚度≤6mm)	4.0	17.0	17.0	千克	ABFE
4408392030	其他濒危木制的胶合板用单板(本章子目注释一所列其他热带木,厚度≤6mm)	4.0	17.0	17.0	千克	ABFE
4408392090	其他列名热带木制的胶合板用单板(本章子目注释一所列其他热带木,厚度≤6mm)	4.0	17.0	17.0	千克	AB
4408399010	其他桃花心木制的其他单板(本章子目注释一所列其他热带木,厚度≤6mm)	4.0	30.0	17.0	千克	ABFE
4408399020	其他拉敏木制的其他单板(本章子目注释一所列其他热带木,厚度≤6mm)	4.0	30.0	17.0	千克	ABFE
4408399030	其他列名濒危热带木制的其他单板(本章子目注释一所列其他热带木,厚度≤6mm)	4.0	30.0	17.0	千克	ABFE
4408399090	其他列名的热带木制的其他单板(本章子目注释一所列其他热带木,厚度≤6mm)	4.0	30.0	17.0	千克	AB
4408901110	胶合板多层板制饰面拉敏木单板(厚度≤6mm)	4.0	40.0	17.0	千克	AB
4408901120	胶合板多层板制饰面濒危木单板(厚度≤6mm)	4.0	40.0	17.0	千克	ABFE

商品编号	商品名称及备注	进口关税税率		增值税率	计量单位	监管条件
		最惠国	普通			
4408901190	胶合板多层板制饰面其他木单板(厚度≤6mm,针叶木、热带木除外)	4.0	40.0	17.0	千克	AB
4408901210	温带濒危非针叶木制饰面用木单板(厚度≤6mm,针叶木、热带木除外)	3.0	40.0	17.0	千克	ABFE
4408901290	其他温带非针叶木制饰面用木单板(厚度≤6mm,针叶木、热带木除外)	3.0	40.0	17.0	千克	AB
4408901911 *	家具饰面用拉敏木单板(厚度≤6mm)	3.0	40.0	17.0	千克	AB
4408901912 *	家具饰面用濒危木单板(厚度≤6mm)	3.0	40.0	17.0	千克	ABFE
4408901919 *	其他家具饰面用单板(厚度≤6mm)	3.0	40.0	17.0	千克	AB
4408901991	其他饰面用拉敏木单板(厚度≤6mm)	3.0	40.0	17.0	千克	AB
4408901992	其他饰面用濒危木单板(厚度≤6mm)	3.0	40.0	17.0	千克	ABFE
4408901999	其他饰面用单板(厚度≤6mm)	3.0	40.0	17.0	千克	AB
4408902110	温带濒危非针叶木制胶合板用单板(厚度≤6mm)	3.0	17.0	17.0	千克	ABFE
4408902190	其他温带非针叶木制胶合板用单板(厚度≤6mm)	3.0	17.0	17.0	千克	AB
4408902910	其他拉敏木制的胶合板用单板(厚度≤6mm)	3.0	17.0	17.0	千克	AB
4408902920	其他濒危木制胶合板用单板(厚度≤6mm)	3.0	17.0	17.0	千克	ABFE
4408902990	其他木制胶合板用单板(厚度≤6mm)	3.0	17.0	17.0	千克	AB
4408909110	温带濒危非针叶木制其他单板材(经纵锯,刨切或旋切的,厚度≤6mm)	3.0	30.0	17.0	千克	ABFE
4408909190	温带非针叶木制其他单板材(经纵锯,刨切或旋切的,厚度≤6mm)	3.0	30.0	17.0	千克	AB
4408909910	其他拉敏木制的其他单薄板(经纵锯,刨切或旋切的,厚度≤6mm)	3.0	30.0	17.0	千克	AB
4408909920	其他濒危木制的其他单板材(经纵锯,刨切或旋切的,厚度≤6mm)	3.0	30.0	17.0	千克	ABFE
4408909990	其他木材,但针叶木热带木除外(经纵锯,刨切或旋切的,厚度≤6mm)	3.0	30.0	17.0	千克	AB
4409	**任何一边端或面制成连续形状(舌榫、槽榫、半槽榫、斜角、V形接头、珠榫、缘饰、刨圆及类似形状)的木材(包括未装拼的拼花地板用板条及缘板),不论是否刨平、砂光或端部接合**					
4409101010	一边或面制成连续形状的濒危针叶木制地板条、块(包括未装拼的拼花地板用板条及缘板)	7.5	50.0	17.0	千克	ABFE
4409101090	一边或面制成连续形状的其他针叶木地板条,块(包括未装拼的拼花地板用板条及缘板)	7.5	50.0	17.0	千克	AB
4409109010	一边或面制成连续形状濒危针叶木材	7.5	50.0	17.0	千克	ABFE
4409109090	其他一边或面制成连续形状的针叶木材	7.5	50.0	17.0	千克	AB
4409201110	一边或面制成连续形状的濒危竹地板条、块(包括未装拼的拼花竹地板用板条及缘板)	4.0	50.0	17.0	千克	ABE
4409201190	一边或面制成连续形状的其他竹地板条、块(包括未装拼的拼花竹地板用板条及缘板)	4.0	50.0	17.0	千克	AB

商品编号	商 品 名 称 及 备 注	进口关税税率		增值税率	计量单位	监管条件
		最惠国	普通			
4409201910	一边或面制成连续形状的拉敏木地板条、块(包括未装拼的拼花地板用板条及缘板)	4.0	50.0	17.0	千克	ABFE
4409201920	一边或面制成连续形状的桃花心木地板条、块(包括未装拼的拼花地板用板条及缘板)	4.0	50.0	17.0	千克	ABFE
4409201930	一边或面制成连续形状的其他濒危木地板条、块(包括未装拼的拼花地板用板条及缘板)	4.0	50.0	17.0	千克	ABFE
4409201990	一边或面制成连续形状的其他非针叶木地板条、块(包括未装拼的拼花地板用板条及缘板)	4.0	50.0	17.0	千克	AB
4409209010	一边或面制成连续形状的拉敏木材	4.0	50.0	17.0	千克	ABFE
4409209020	一边或面制成连续形状的桃花心木材	4.0	50.0	17.0	千克	ABFE
4409209030	一边或面制成连续形状的濒危木材	4.0	50.0	17.0	千克	ABFE
4409209090	一边或面制成连续形状非针叶木材	4.0	50.0	17.0	千克	AB
4410	**木质碎料板及其他类似木质材料板(例如,定向板及华夫板),不论是否用树脂或其他有机粘合剂粘合**					
4410210000	未加工木质定向板及华夫板(不论是否用树脂或其他有机粘合剂粘合,除砂光外未加工)	4.0	40.0	17.0	千克	AB
4410290000	其他木质定向板及华夫板(不论是否用树脂或其他有机粘合剂粘合)	4.0	40.0	17.0	千克	AB
4410310000	未加工其他木质板(不论是否用树脂或其他有机粘合剂粘合,除砂光外未加工)	4.0	40.0	17.0	千克	AB
4410320000	蜜胺浸纸覆面木质板(不论是否用树脂或其他有机粘合剂粘合)	4.0	40.0	17.0	千克	AB
4410330000	塑料装饰薄片覆面木质板(不论是否用树脂或其他有机粘合剂粘合)	4.0	40.0	17.0	千克	AB
4410390000	其他木质板(不论是否用树脂或其他有机粘合剂粘合)	4.0	40.0	17.0	千克	AB
4410900000	其他板(不论是否用树脂或其他有机粘合剂粘合)	7.5	40.0	17.0	千克	AB
4411	**木纤维板或其他木质材料纤维板,不论是否用树脂或其他有机粘合剂粘合**					
4411110000	未经机械加工或盖面高密木纤维板(高密度超过每立方厘米0.8克)	4.0	40.0	17.0	千克	AB
4411190000	其他高密度木纤维硬板(高密度指密度超过每立方厘米0.8克)	7.5	40.0	17.0	千克	AB
4411210000	未机械加工或盖面中密度木纤维板(中密度板指密度超过每立方厘米0.5克,但未超过0.8克)	4.0	40.0	17.0	千克	AB
4411290000	其他中密度纤维板(中密度板指密度超过每立方厘米0.5克,但未超过0.8克)	4.0	40.0	17.0	千克	AB
4411310000	未机械加工或盖面的低密木纤维板(低密度指密度超过每立方厘米0.35克,但未超过0.5克)	7.5	40.0	17.0	千克	AB
4411390000	其他低密度木纤维板(低密度指密度超过每立方厘米0.35克,但未超过0.5克)	7.5	40.0	17.0	千克	AB

商品编号	商品名称及备注	进口关税税率		增值税率	计量单位	监管条件
		最惠国	普通			
4411910000	其他未机械加工或盖面的木纤维板(指密度不超过每立方厘米0.35克的木纤维板)	7.5	40.0	17.0	千克	AB
4411990000	其他木纤维板(指密度不超过每立方厘米0.35克的木纤维板)	4.0	40.0	17.0	千克	AB
4412	**胶合板、单板饰面板及类似的多层板**					
4412130010	有一表层为桃花心木薄板制胶合板(至少有一表层是桃花心木,每层厚度≤6mm)	12.0	30.0	17.0	立方米/千克	ABFE
4412130020	有一表层为拉敏木薄板制胶合板(至少有一表层为拉敏木薄板,每层厚度≤6mm)	12.0	30.0	17.0	立方米/千克	ABFE
4412130030	一表层为濒危热带木薄板制胶合板(热带木指本章子目注释一所列木材,每层厚度≤6mm)	12.0	30.0	17.0	立方米/千克	ABFE
4412130090	有一表层为热带木薄板制的胶合板(热带木指本章子目注释所列木材,每层厚度不超过6mm)	12.0	30.0	17.0	立方米/千克	AB
4412141010	一表层为濒危非针叶木薄板胶合板(至少有一表层为温带非针叶木制,每层厚度≤6mm)	4.0	30.0	17.0	立方米/千克	ABFE
4412141090	其他一表层为非针叶木薄板胶合板(至少有一表层为温带非针叶木制,每层厚度≤6mm)	4.0	30.0	17.0	立方米/千克	AB
4412142010	濒危竹地板层叠胶合而成的多层板(两层及两层以上,每层厚度≤6mm)	4.0	30.0	17.0	立方米/千克	ABE
4412142090	其他竹地板层叠胶合而成的多层板(两层及两层以上,每层厚度≤6mm)	4.0	30.0	17.0	立方米/千克	AB
4412149010	一表层为濒危非针叶木薄板胶合板(所称非针叶木不包括热带木,每层厚度≤6mm)	4.0	30.0	17.0	立方米/千克	ABFE
4412149090	有一表层为非针叶木薄板制胶合板(所称非针叶木不包括热带木,每层厚度≤6mm)	4.0	30.0	17.0	立方米/千克	AB
4412190010	其他仅由濒危薄木板制胶合板(每层厚度≤6mm)	4.0	30.0	17.0	立方米/千克	ABFE
4412190090	其他仅由薄木板制胶合板(每层厚度≤6mm)	4.0	30.0	17.0	立方米/千克	AB
4412220010	一层为桃花心木面多层板	10.0	30.0	17.0	立方米/千克	FEAB
4412220020	一层为拉敏木面的多层板	10.0	30.0	17.0	立方米/千克	ABFE
4412220030	一层濒危热带木非针叶木面多层板(热带木指本章子目注释一所列木材)	10.0	30.0	17.0	立方米/千克	ABFE
4412220090	一层为热带木的非针叶木面多层板(热带木指本章子目注释一所列木材)	10.0	30.0	17.0	立方米/千克	AB
4412230010	一层为拉敏木的多层板(至少含一层木碎料板)	10.0	30.0	17.0	立方米/千克	ABFE
4412230020	一层为濒危木的多层板(至少含一层木碎料板)	10.0	30.0	17.0	立方米/千克	ABFE
4412230090	一层为木碎板的非针叶木面多层板(一表层是非针叶木并含一层木碎料板)	10.0	30.0	17.0	立方米/千克	AB
4412291010	其他濒危非针叶木面多层板(一表层是非针叶木并含一层温带非针叶木)	10.0	30.0	17.0	立方米/千克	ABFE

商品编号	商品名称及备注	进口关税税率		增值税率	计量单位	监管条件
		最惠国	普通			
4412291090	其他非针叶木面多层板(一表层是非针叶木并含一层温带非针叶木)	10.0	30.0	17.0	立方米/千克	AB
4412299010	其他濒危非针叶木面多层板(至少有一表层是非针叶木)	10.0	30.0	17.0	立方米/千克	ABFE
4412299090	其他非针叶木面多层板(至少有一表层是非针叶木)	10.0	30.0	17.0	立方米/千克	AB
4412920010	一层为濒危热带木针叶木面多层板(热带木指本章子目注释所列木材)	8.0	30.0	17.0	立方米/千克	ABFE
4412920090	其他一层为热带木针叶木面多层板(热带木指本章子目注释所列木材)	8.0	30.0	17.0	立方米/千克	AB
4412930010	一层为木碎板濒危针叶木面多层板	10.0	30.0	17.0	立方米/千克	ABFE
4412930090	其他一层为木碎板针叶木面多层板	10.0	30.0	17.0	立方米/千克	AB
4412991010	其他濒危针叶木面多层板(至少有一层是温带非针叶木)	4.0	30.0	17.0	立方米/千克	ABFE
4412991090	其他针叶木面多层板(至少有一层是温带非针叶木)	4.0	30.0	17.0	立方米/千克	AB
4412999010	其他濒危针叶木面多层板	4.0	30.0	17.0	立方米/千克	ABFE
4412999090	其他针叶木面多层板	4.0	30.0	17.0	立方米/千克	AB
4413	**强化木,成块、板、条或异型的**					
4413000000	强化木(成块、板、条或异型的)	6.0	20.0	17.0	千克	AB
4414	**木制的画框、相框、镜框及类似品**					
4414000010	拉敏木制画框、相框、镜框及类似品	20.0	100.0	17.0	千克	ABFE
4414000020	濒危木制画框、相框、镜框及类似品	20.0	100.0	17.0	千克	ABFE
4414000090	木制的画框、相框、镜框及类似品	20.0	100.0	17.0	千克	AB
4415	**包装木箱、木盒、板条箱、圆桶及类似的包装容器;木制电缆卷筒;木托板、箱形托盘及其他装载用木板;木制的托盘护框**					
4415100010	拉敏木制木箱及类似包装容器(电缆卷筒)	7.5	80.0	17.0	件	ABFE
4415100020	濒危木制木箱及类似包装容器(电缆卷筒)	7.5	80.0	17.0	件	ABFE
4415100090	木箱及类似的包装容器、电缆卷筒	7.5	80.0	17.0	件	AB
4415200010	拉敏木托板、箱形托盘及装载木板(包括木制托板护框)	7.5	80.0	17.0	件	ABFE
4415200020	濒危木托板、箱形托盘及装载木板(包括木制托板护框)	7.5	80.0	17.0	件	ABFE
4415200090	木托板、箱形托盘及其他装载木板(包括木制托板护框)	7.5	80.0	17.0	件	AB
4416	**木制大桶、琵琶桶、盆和其他木制箍桶及其零件,包括桶板**					
4416000010	拉敏木制箍桶及其零件(含桶板)	16.0	80.0	17.0	千克	ABFE
4416000020	濒危木制箍桶及其零件(含桶板)	16.0	80.0	17.0	千克	ABFE
4416000090	各种木制箍桶及其零件(包括桶板)	16.0	80.0	17.0	千克	AB
4417	**木制的工具、工具支架、工具柄、扫帚及刷子的身及柄;木制鞋靴楦及楦头**					
4417000010	拉敏木制工具、柄、木制鞋楦及楦头	16.0	80.0	17.0	千克	ABFE

商品编号	商品名称及备注	进口关税税率		增值税率	计量单位	监管条件
		最惠国	普通			
4417000020	濒危木制工具、柄、木制鞋楦及楦头	16.0	80.0	17.0	千克	ABFE
4417000090	木制工具、柄、木制鞋靴楦及楦头	16.0	80.0	17.0	千克	AB
4418	**建筑用木工制品,包括蜂窝结构木镶板、已装拼的拼花地板、木瓦及盖屋板**					
4418100010	拉敏木制木窗、落地窗及其框架	4.0	70.0	17.0	千克	ABFE
4418100020	濒危木制木窗、落地窗及其框架	4.0	70.0	17.0	千克	ABFE
4418100090	木窗、落地窗及其框架	4.0	70.0	17.0	千克	AB
4418200010	拉敏木制的木门及其框架和门槛	4.0	70.0	17.0	千克	ABFE
4418200020	濒危木制的木门及其框架和门槛	4.0	70.0	17.0	千克	ABFE
4418200090	木门及其框架和门槛	4.0	70.0	17.0	千克	AB
4418300010	拉敏木制的拼花地板	4.0	70.0	17.0	千克	ABFE
4418300020	濒危木制的拼花地板	4.0	70.0	17.0	千克	ABFE
4418300090	其他木制的拼花地板	4.0	70.0	17.0	千克	AB
4418400000	水泥构件的木模板	4.0	70.0	17.0	千克	AB
4418500000	木瓦及盖屋板	7.5	70.0	17.0	千克	AB
4418900010	拉敏木制其他建筑用木工制品(包括蜂窝结构的木镶板)	4.0	70.0	17.0	千克	FEAB
4418900020	濒危木制其他建筑用木工制品(包括蜂窝结构的木镶板)	4.0	70.0	17.0	千克	FEAB
4418900090	其他建筑用木工制品(包括蜂窝结构的木镶板)	4.0	70.0	17.0	千克	AB
4419	**木制餐具及厨房用具**					
4419003100	木制一次性筷子		100.0	17.0	千克	AB
4419003210	酸竹制一次性筷子		100.0	17.0	千克	ABE
4419003290	其他竹制一次性筷子		100.0	17.0	千克	AB
4419009010	拉敏木制的餐具及厨房用具		100.0	17.0	千克	FEAB
4419009020	濒危木制的餐具及厨房用具		100.0	17.0	千克	FEAB
4419009090	其他木制餐具及厨房用具		100.0	17.0	千克	AB
4420	**镶嵌木(包括细工镶嵌木);装珠宝或刀具用的木制盒子和小匣子及类似品;木制小雕像及其他装饰品;第九十四章以外的木制家具**					
4420101010	拉敏木制的木刻		100.0	17.0	千克	FEAB
4420101020	濒危木制的木刻		100.0	17.0	千克	FEAB
4420101090	木刻及竹刻		100.0	17.0	千克	AB
4420102010	拉敏木制的木扇		100.0	17.0	千克	FEAB
4420102020	濒危木制的木扇		100.0	17.0	千克	FEAB
4420102090	木扇		100.0	17.0	千克	AB
4420109010	拉敏木制其他小雕像及其他装饰品		100.0	17.0	千克	FEAB
4420109020	濒危木制其他小雕像及其他装饰品		100.0	17.0	千克	FEAB
4420109090	其他木制小雕像及其他装饰品		100.0	17.0	千克	AB
4420901010	拉敏木制的镶嵌木		45.0	17.0	千克	FEAB

商品编号	商 品 名 称 及 备 注	进口关税税率		增值税率	计量单位	监管条件
		最惠国	普通			
4420901020	濒危木制的镶嵌木		45.0	17.0	千克	FEAB
4420901090	镶嵌木		45.0	17.0	千克	AB
4420909010	拉敏木盒及类似品,非落地木家具(前者用于装珠宝或家具;后者不包括第九十四章的家具)		100.0	17.0	千克	FEAB
4420909020	濒危木盒及类似品,非落地木家具(前者用于装珠宝或家具;后者不包括第九十四章的家具)		100.0	17.0	千克	FEAB
4420909090	木盒子及类似品;非落地式木家具(前者用于装珠宝或家具;后者不包括第九十四章的家具)		100.0	17.0	千克	AB
4421	**其他木制品**					
4421100010	拉敏木制木衣架		90.0	17.0	千克	FEAB
4421100020	濒危木制木衣架		90.0	17.0	千克	FEAB
4421100090	木衣架		90.0	17.0	千克	AB
4421901010	拉敏木纡子筒管、卷轴、线轴及类似品		35.0	17.0	千克	FEAB
4421901020	濒危木纡子筒管、卷轴、线轴及类似品		35.0	17.0	千克	FEAB
4421901090	木卷轴、纡子、筒管、线轴及类似品		35.0	17.0	千克	AB
4421902110	一次性拉敏木制圆签、圆棒、冰果棒、压舌片(包括类似的一次性制品)		90.0	17.0	千克	FEAB
4421902120	一次性濒危木制圆签、圆棒、冰果棒、压舌片(包括类似的一次性制品)		90.0	17.0	千克	FEAB
4421902190	一次性其他木制圆签、圆棒、冰果棒、压舌片(包括类似的一次性制品)		90.0	17.0	千克	AB
4421902210	一次性酸竹制圆签、圆棒、冰果棒、压舌片(包括类似的一次性制品)		90.0	17.0	千克	FEAB
4421902290	一次性其他竹制圆签、圆棒、冰果棒、压舌片(包括类似的一次性制品)		90.0	17.0	千克	AB
4421909010	拉敏木制的未列名的木制品		90.0	17.0	千克	FEAB
4421909020	濒危木制的未列名的木制品		90.0	17.0	千克	FEAB
4421909090	未列名的木制品		90.0	17.0	千克	AB

第四十五章　软木及软木制品

注释：

本章不包括：

一、第六十四章的鞋靴及其零件；

二、第六十五章的帽类及其零件；

三、第九十五章的物品(例如,玩具、游戏品及运动用品)。

商品编号	商品名称及备注	进口关税税率		增值税率	计量单位	监管条件
		最惠国	普通			
4501	**未加工或简单加工的天然软木;软木废料;碎的、粒状的或粉状的软木**					
4501100000	未加工或简单加工的天然软木	6.0	17.0	17.0	千克	AB
4501900000	软木废料及碎、粒、粉状的软木		17.0	17.0	千克	ABP
4502	**天然软木,除去表皮或粗切成方形,或成长方块、正方块、板、片或条状(包括作塞子用的方块坯料)**					
4502000000	块、板、片或条状的天然软木(包括作塞子用的方块坯料)	8.0	30.0	17.0	千克	AB
4503	**天然软木制品**					
4503100000	天然软木塞子	8.0	50.0	17.0	千克	AB
4503900000	其他天然软木制品	10.5	50.0	17.0	千克	AB
4504	**压制软木(不论是否使用粘合剂压成)及其制品**					
4504100000	块、板、片及条状压制软木(包括任何形状的压制软木的砖、瓦、实心圆柱体,圆片)	8.4	30.0	17.0	千克	AB
4504900000	其他压制软木及其制品(不论是否使用粘合剂压成)		50.0	17.0	千克	AB

第四十六章　稻草、秸秆、针茅或其他编结材料制品;篮筐及柳条编结品

注释:

一、本章所称“编结材料”,是指其状态或形状适于编结、交织或类似加工的材料,包括稻草、秸秆、柳条、竹、灯芯草、芦苇、木片条、其他植物材料扁条(例如,树皮条、狭叶、酒椰叶纤维或其他从阔叶获取的条)、未纺的天然纺织纤维、塑料单丝及扁条、纸带,但不包括皮革、再生皮革、毡呢或无纺织物的扁条、人发、马毛、纺织粗纱或纱线以及第五十四章的单丝和扁条。

二、本章不包括:

(一)品目48.14的壁纸;

(二)不论是否编结而成的线、绳、索、缆(品目56.07);

(三)第六十四章和第六十五章的鞋靴、帽类及其零件;

(四)编结而成的车辆或车身(第八十七章);

(五)第九十四章的物品(例如,家具、灯具及照明装置)。

三、品目46.01所称“平行连结的成片编结材料、缏条或类似的编结材料产品”,是指编结材料、缏条及类似的编结材料产品平行排列连结成片的制品,其连结材料不论是否为纺制的纺织材料。

商品编号	商品名称及备注	进口关税税率		增值税率	计量单位	监管条件
		最惠国	普通			
4601	**用编结材料编成的缏条及类似产品,不论是否缝合成宽条;平行连结或编结的成片材料、缏条或类似的编结材料产品,不论是否制成品(例如,席子、席料、帘子)**					
4601201000	藤制的席子,席料及帘子	9.0	100.0	17.0	千克/张	AB
4601202111	蔺草制的提花席、双苜席、垫子(单位面积>1m^2,无论是否包边)	9.0	90.0	17.0	千克/张	AB4xy
4601202112	蔺草制的其他席子(单位面积>1m^2,无论是否包边)	9.0	90.0	17.0	千克/张	AB4xy
4601202119	蔺草制的其他席子、席料、帘子、(其他席子、垫子指单位面积≤1m^2)	9.0	90.0	17.0	千克/张	AB
4601202190	其他灯芯草属材料制的席子等(包括席子、席料、帘子、垫子)	9.0	90.0	17.0	千克/张	AB
4601202900	其他草制的席子,席料及帘子	9.0	90.0	17.0	千克/张	AB
4601203100	苇帘	9.0	90.0	17.0	千克/张	AB
4601203900	芦苇制的席子、席料	9.0	90.0	17.0	千克/张	AB
4601204000	竹制的席子、席料及帘子	9.0	90.0	17.0	千克/张	AB
4601209000	其他植物材料制席子,席料及帘子	9.0	90.0	17.0	千克/张	AB
4601911100	藤制的缏条及类似产品(不论是否缝合成宽条)	9.0	100.0	17.0	千克	AB
4601911900	藤制的其他编结材料产品	9.0	90.0	17.0	千克	AB
4601912100	稻草制的缏条(绳)及类似产品(不论是否缝合成宽条)	10.0	90.0	17.0	千克	AB
4601912900	稻草制的其他编结材料产品	10.0	90.0	17.0	千克	AB
4601919100	其他植物材料制缏条及类似产品(不论是否缝合成宽条)	9.0	100.0	17.0	千克	AB
4601919900	其他植物编结材料产品	9.0	90.0	17.0	千克	AB

商品编号	商品名称及备注	进口关税税率		增值税率	计量单位	监管条件
		最惠国	普通			
4601991000	非植物材料制缏条及类似产品(不论是否缝合成宽条)	9.0	90.0	17.0	千克	
4601999000	其他非植物编结材料产品	9.0	90.0	17.0	千克	
4602	**用编结材料直接编成或用品目4601所列货品制成的篮筐、柳条编结品及其他制品;丝瓜络制品**					
4602101000	藤编制的篮筐及其他制品	9.0	100.0	17.0	千克	AB
4602102000	草编制的篮筐及其他制品	9.0	100.0	17.0	千克	AB
4602103000	竹编制的篮筐及其他制品	9.0	100.0	17.0	千克	AB
4602104000	玉米皮编制的篮筐及其他制品	9.0	100.0	17.0	千克	AB
4602105000	柳条编制的篮筐及其他制品	9.0	100.0	17.0	千克	AB
4602109000	其他植物材料编制篮筐及其他制品	9.0	100.0	17.0	千克	AB
4602900000	其他编结材料制品及其他制品(非植物材料制的)	9.0	100.0	17.0	千克	

第十类　木浆及其他纤维状纤维素浆；回收(废碎)纸或纸板；纸、纸板及其制品

第四十七章　木浆及其他纤维状纤维素浆；回收(废碎)纸或纸板

注释：

品目47.02所称“化学木浆，溶解级”，是指温度在20℃时浸入含18%氢氧化钠的苛性碱溶液内，一小时后，按重量计含有92%及以上的不溶级分的碱木浆或硫酸盐木浆，或者含有88%及以上的不溶级分的亚硫酸盐木浆。对于亚硫酸盐木浆，按重量计灰分含量不得超过0.15%。

商品编号	商品名称及备注	进口关税税率		增值税率	计量单位	监管条件
		最惠国	普通			
4701	**机械木浆**					
4701000000	机械木浆		8.0	17.0	千克	A
4702	**化学木浆、溶解级**					
4702000000	化学木浆，溶解级		8.0	17.0	千克	A
4703	**碱木浆或硫酸盐木浆，但溶解级的除外**					
4703110000	未漂白针叶木碱木浆或硫酸盐木浆(溶解级的除外)		8.0	17.0	千克	A
4703190000	未漂白非针叶木碱木浆等(包括硫酸盐木浆，但溶解级的除外)		8.0	17.0	千克	A
4703210000	漂白针叶木碱木浆或硫酸盐木浆(包括半漂白的，溶解级的除外)		8.0	17.0	千克	A
4703290000	漂白非针叶木碱木浆或硫酸盐木浆(包括半漂白的，溶解级的除外)		8.0	17.0	千克	A
4704	**亚硫酸盐木浆，但溶解级的除外**					
4704110000	未漂白的针叶木亚硫酸盐木浆(溶解级的除外)		8.0	17.0	千克	A
4704190000	未漂白的非针叶木亚硫酸盐木浆(溶解级的除外)		8.0	17.0	千克	A
4704210000	漂白的针叶木亚硫酸盐木浆(包括半漂白的，溶解级的除外)		8.0	17.0	千克	A
4704290000	漂白的非针叶木亚硫酸盐木浆(包括半漂白的，溶解级的除外)		8.0	17.0	千克	A
4705	**用机械与化学联合制浆法制得的木浆**					
4705000000	机械与化学联合制浆法制的木浆		8.0	17.0	千克	A
4706	**从回收(废碎)纸或纸板提取的纤维浆或其他纤维状纤维素浆**					

商品编号	商 品 名 称 及 备 注	进口关税税率		增值税率	计量单位	监管条件
		最惠国	普通			
4706100000	棉短绒纸浆		8.0	17.0	千克	A
4706200000	从回收纸或纸板提取的纤维浆		8.0	17.0	千克	
4706910000	其他纤维状纤维素机械浆		8.0	17.0	千克	A
4706920000	其他纤维状纤维素化学浆		8.0	17.0	千克	A
4706930000	其他纤维状纤维素半化学浆		8.0	17.0	千克	A
4707	**回收(废碎)纸或纸板**					
4707100000	回收(废碎)的未漂白牛皮、瓦楞纸或纸板		8.0	17.0	千克	7ABP
4707200000	回收(废碎)的漂白化学木浆制的纸和纸板(未经本体染色)		8.0	17.0	千克	7ABP
4707300000	回收(废碎)的机械木浆制的纸或纸板(例如,废报纸、杂志及类似印刷品)		8.0	17.0	千克	7ABP
4707900000	其他回收纸或纸板(包括未分选的废碎品)		8.0	17.0	千克	7ABP

第四十八章　纸及纸板；纸浆、纸或纸板制品

注释：

一、除条文另有规定的以外，本章所称“纸”包括“纸板”（不考虑其厚度或每平方米重量）。

二、本章不包括：

（一）第三十章的物品；

（二）品目 32.12 的压印箔；

（三）香纸及用化妆品浸渍或涂布的纸（第三十三章）；

（四）用肥皂或洗涤剂浸渍、覆盖或涂布的纸或纤维素絮纸（品目 34.01）和用光洁剂、擦光膏及类似制剂浸渍、覆盖或涂布的纸或纤维素絮纸（品目 34.05）；

（五）品目 37.01 至 37.04 的感光纸或感光纸板；

（六）用诊断或实验用试剂浸渍的纸（品目 38.22）；

（七）第三十九章的用纸强化的层压塑料板，用塑料覆盖或涂布的单层纸或纸板（塑料部分占总厚度的一半以上），以及上述材料的制品，但品目 48.14 的壁纸除外；

（八）品目 42.02 的物品（例如旅行用品）；

（九）第四十六章的物品（编结材料制品）；

（十）纸纱线或纸纱线纺织物（第十一类）；

（十一）第六十四章或第六十五章的物品；

（十二）品目 68.05 的砂纸或品目 68.14 的用纸或纸板衬底的云母（但涂布云母粉的纸及纸板归入本章）；

（十三）用纸或纸板衬底的金属箔（第十五类）；

（十四）品目 92.09 的制品；

（十五）第九十五章的物品（例如，玩具、游戏品及运动用品）或第九十六章的物品（例如钮扣）。

三、除注释七另有规定的以外，品目 48.01 至 48.05 包括经研光、高度研光、釉光或类似处理、仿水印、表面施胶的纸及纸板；同时还包括用各种方法本体着色或染成斑纹的纸、纸板、纤维素絮纸及纤维素纤维网纸。除品目 48.03 另有规定的以外，上述品目不适用于经过其他方法加工的纸、纸板、纤维素絮纸或纤维素纤维网纸。

四、本章所称“新闻纸”，是指所含用机械或化学——机械方法制得的木纤维不少于全部纤维重量的 65% 的未经涂布的报刊用纸，未施胶或微施胶，每面的粗糙度[帕克印刷面粗造度（1 兆帕）]超过 2.5 微米，每平方米重量不小于 40 克，但不超过 65 克。

五、品目 48.02 所称“书写、印刷或类似用途的纸及纸板”及“未打孔的穿孔卡片纸及穿孔纸带纸”，是指主要用漂白纸浆或用机械或化学—机械方法制得的纸浆制成的纸及纸板，并且符合下列任一标准：

每平方米重量不超过 150 克的纸或纸板：

（一）用机械或化学—机械方法制得的纤维含量在 10% 及以上，并且

1. 每平方米重量不超过 80 克；或

2. 本体着色；

（二）灰分含量在 8% 以上，并且

1. 每平方米重量不超过 80 克；或

2. 本体着色；

（三）灰分含量在 3% 以上，亮度在 60% 及以上；

（四）灰分含量在 3% 以上，但不超过 8%，亮度低于 60%，耐破指数≤2.5 千帕斯卡·平方米/克；

（五）灰分含量在 3% 及以下，亮度在 60% 及以上，耐破指数≤2.5 千帕斯卡·平方米/克；

每平方米重量超过 150 克的纸或纸板：

(一)本体着色;或

(二)亮度在60%及以上,并且:

1. 厚度在225微米及以下;或

2. 厚度在225微米以上,但不超过508微米,灰分含量在3%以上;

(三)亮度低于60%,厚度不超过254微米,灰分含量在8%以上。

品目48.02不包括滤纸及纸板(含茶袋纸)或毡纸及纸板。

六、本章所称"牛皮纸及纸板",是指所含用硫酸盐法或烧碱法制得的纤维不少于全部纤维重量的80%的纸及纸板。

七、除税目条文另有规定的以外,符合品目48.01至48.11中两个或两个以上税号所规定的纸、纸板、纤维素絮纸及纤维素纤维网纸,应按号列顺序归入有关品目中的最末一个品目。

八、品目48.01及48.03至48.09仅适用于下列规格的纸、纸板、纤维素絮纸及纤维素纤维网纸:

(一)成条或成卷,宽度超过36厘米;

(二)成张矩形(包括正方形),一边超过36厘米,另一边超过15厘米(以未折叠计)。

九、品目48.14所称"壁纸及类似品",仅限于:

(一)适合作墙壁或天花板装饰用的成卷纸张,宽度不小于45厘米,但不超过160厘米:

1. 起纹、压花、染面、印有图案或经其他装饰的(例如起绒),不论是否用透明的防护塑料涂布或覆盖;

2. 表面饰有木粒或草粒而凹凸不平的;

3. 表面用塑料涂布或覆盖并起纹、压花、染面、印有图案或经其他装饰的;

4. 表面用不论是否平行连结或编织的编结材料覆盖的;

(二)适于装饰墙壁或天花板用的经上述加工的纸边及纸条,不论是否成卷;

(三)由几幅拼成的壁纸,成卷或成张,贴到墙上可组成印制的风景或图案。

既可作铺地制品,也可作壁纸的以纸或纸板为底的产品,应归入品目48.15。

十、品目48.20不包括切成一定尺寸的活页纸张或卡片,不论是否印制、压花、打孔。

十一、品目48.23主要适用于提花机或类似机器用的穿孔纸或卡片,以及纸花边。

十二、除品目48.14及48.21的货品外,印有图案、文字或图画的纸、纸板、纤维素絮纸及其制品,如果所印图案、文字或图画作为其主要用途,应归入第四十九章。

子目注释:

一、子目号4804.11及4804.19所称"牛皮衬纸",是指所含用硫酸盐法或烧碱法制得的木纤维不少于全部纤维重量的80%的成卷机器上光或研光纸及纸板,每平方米重量超过115克,并且最低缪伦耐破度符合下表所示(其他重量的耐破度可参照下表换算:

重量 (克/平方米)	最低耐破度 (千帕斯卡)
115	393
125	417
200	637
300	824
400	961

二、子目号4804.21及4804.29所称"袋用牛皮纸",是指所含用硫酸盐法或烧碱法制得的木纤维不少于全部纤维重量的80%的成卷机器上光纸,每平方米重量不小于60克,但不超过115克,并且符合下列一种规格:

(一)缪伦耐破指数不小于3.7千帕斯卡·平方米/克,并且横向伸长率大于4.5%,纵向伸长率大于2%;

(二)至少能达到下表所示的最小撕裂度和抗张强度(其他重量的可参照下表换算):

重量 克/平方米	最小撕裂度 (毫牛顿)		最小抗张强度 (千牛顿/米)	
	纵向	纵向加横向	横向	纵向加横向
60	700	1510	1.9	6
70	830	1790	2.3	7.2
80	965	2070	2.8	8.3
100	1230	2635	3.7	10.6
115	1425	3060	4.4	12.3

三、子目 4805.11 所称"半化学的瓦楞纸",是指所含用半化学制浆法制得的未漂白硬木纤维不少于全部纤维重量的 65% 的成卷纸张,并且在温度为 23℃和相对湿度为 50% 时,经过 30 分钟的瓦楞芯纸平压强度测定(CMT30),抗压强度超过 1.8 牛顿/克/平方米。

四、子目 4805.12 包括主要用半化学法制得的草浆制成的成卷纸张,每平方米重量在 130 克及以上,并且在温度为 23℃和相对湿度为 50% 时,经过 30 分钟的瓦楞芯纸平压强度测定(CMT30),抗压强度超过 1.4 牛顿/克/平方米。

五、子目 4805.24 及 4805.25 包括全部或主要用回收(废碎)纸及纸板制得的浆制成的纸及纸板。强韧箱纸板也可以有一面用染色纸或由漂白或未漂白的非再生浆制得的纸做表层。这些产品缪伦耐破指数不小于 2 千帕斯卡·平方米/克。

六、子目号 4805.30 所称"亚硫酸盐包装纸",是指所含用亚硫酸盐法制得的木纤维超过全部纤维重量的 40% 的机器研光纸,灰分含量不超过 8%,并且缪伦耐破指数不小于 1.47 千帕斯卡·平方米/克。

七、子目号 4810.22 所称"轻质涂布纸",是指双面涂布纸,其每平方米总重量不超过 72 克,每面每平方米的涂层重量不超过 15 克,原纸中所含用机械方法制得的木纤维不少于全部纤维重量的 50%。

商品编号	商品名称及备注	进口关税税率		增值税率	计量单位	监管条件
		最惠国	普通			
4801	**成卷或成张的新闻纸**					
4801000000	成卷或成张的新闻纸(成条宽 > 36cm,或一边 > 36cm,一边 > 15cm 成张矩形)	5.0	30.0	17.0	千克	A
4802	**书写、印刷或类似用途的未经涂布的纸及纸板、未打孔的穿孔卡片纸及穿孔纸带纸**					
4802100000	手工制纸及纸板	7.5	70.0	17.0	千克	
4802201000 *	照相原纸(未经涂布的,成卷或成张)	7.5	40.0	17.0	千克	
4802209000	其他光,热,电敏纸,纸板的原纸(未经涂布的,成卷或成张(包括原纸板)]	7.5	40.0	17.0	千克	
4802300000	碳化原纸(未经涂布的,成卷或成张)	7.5	40.0	17.0	千克	
4802400000	壁纸原纸(未经涂布的,成卷或成张)	7.5	40.0	17.0	千克	
4802540000	书写,印刷等用未涂布薄纸或纸板(每平米重 < 40g,机械或化学 - 机械法制得的纤维含量 ≤ 10%)	7.5	30.0	17.0	千克	A
4802550010	40 < 每平米重 ≤ 150g 的胶版纸(成卷,机械或化学 - 机械法制得的纤维含量 ≤ 10%)	5.0	30.0	17.0	千克	A
4802550090	40 < 每平米重 ≤ 150g 未涂布中厚纸(书写印刷用,成卷,含机械或化学 - 机械法制纤维 ≤ 10%)	5.0	30.0	17.0	千克	A

商品编号	商 品 名 称 及 备 注	进口关税税率		增值税率	计量单位	监管条件
		最惠国	普通			
4802560010	成张 40<每平米重≤150g 胶版纸(长≤435mm,宽≤297mm 含机械或化学-机械法制纤维≤10%)	5.0	30.0	17.0	千克	A
4802560090	40<每平米重≤150g 未涂布纸,成张(书写印刷,长≤435mm,宽≤297mm 含机械或半化学浆≤10%)	5.0	30.0	17.0	千克	A
4802570010	其他 40<每平米重≤150g 的胶版纸(机械或化学-机械法制得的纤维含量≤10%)	5.0	30.0	17.0	千克	A
4802570090	其他 40<每平米≤150g 未涂中厚纸(书写印刷用,含机械或化学-机械法制纤维≤10%)	5.0	30.0	17.0	千克	A
4802580000	书写、印刷等用未涂布厚纸(板)(每平米重>150g,机械或化学-机械法制得的纤维含量≤10%)	5.0	30.0	17.0	千克	A
4802611000	成卷新闻纸(机械或化学-机械法制得的纤维含量>10%,宽度≤36cm)	7.5	30.0	17.0	千克	A
4802619000	其他成卷书写、印刷用未涂布纸(机械或化学-机械法制得的纤维含量>10%,宽度≤36cm)	5.0	30.0	17.0	千克	A
4802620000	成张书写、印刷用未涂布纸(长≤435mm,宽≤297mm 含机械或化学-机械法制纤维>10%)	5.0	30.0	17.0	千克	A
4802691000	其他新闻纸(机械或化学-机械法制得的纤维含量>10%)	7.5	30.0	17.0	千克	A
4802699000	其他书写、印刷用未涂布纸(机械或化学-机械法制得的纤维含量>10%)	5.0	30.0	17.0	千克	A
4803	**卫生纸、面巾纸、餐巾纸以及家庭或卫生用的类似纸、纤维素絮纸和纤维素纤维网纸,不论是否起纹、压花、打孔、染面、饰面或印花,成卷或成张的**					
4803000000	卫生纸、面巾纸、餐巾纸及类似纸(成条或成卷宽>36cm,或一边>36cm,一边>15cm 的成张矩形)	7.5	40.0	17.0	千克	A
4804	**成卷或成张的未经涂布的牛皮纸及纸板,但不包括品目 4802 或 4803 的货品**					
4804110010	每平米重 115-360 克未漂白、成卷或成张未涂布牛皮挂面纸(紧度不小于 0.68g/cm³,耐破指数不小于 2.6kpa·m²/g,横向环压指数不小于 7.5N/m·m²/g,横向耐折度不小于 60 次,饱和牛皮纸除外。)	5.0	30.0	17.0	千克	A
4804110090	其他未漂白的牛皮挂面纸(成卷或成张的及未经涂布的)	5.0	30.0	17.0	千克	A
4804190000	漂白的牛皮挂面纸(成卷或成张的及未经涂布的)	5.0	30.0	17.0	千克	A
4804210000	未漂白的袋用牛皮纸(成卷或成张的及未经涂布的)	5.0	30.0	17.0	千克	
4804290000	漂白的袋用牛皮纸(成卷或成张的及未经涂布的)	5.0	30.0	17.0	千克	
4804310010	每平米重 115-150g 未漂白、成卷或成张未涂布其他牛皮纸(紧度不小于 0.68g/cm³,耐破指数不小于 2.6kpa·m²/g,横向环压指数不小于 7.5N/m·m²/g,横向耐折度不小于 60 次,饱和牛皮纸除外)	2.0	30.0	17.0	千克	A

商品编号	商品名称及备注	进口关税税率		增值税率	计量单位	监管条件
		最惠国	普通			
4804310090	其他未漂白的其他薄牛皮纸及纸板(薄纸指每平米重量≤150g,成卷或成张未经涂布的)	2.0	30.0	17.0	千克	A
4804390000	漂白的薄牛皮纸及纸板(薄纸指每平米重量≤150g,成卷或成张未经涂布的)	2.0	30.0	17.0	千克	A
4804410010	150g<每平米重<225g未漂白、成卷或成张未涂布其他牛皮纸(紧度不小于0.68g/cm^3,耐破指数不小于2.6kPa·m^2/g,横向环压指数不小于7.5N/m·m^2/g,横向耐折度不小于60次,饱和牛皮纸除外)	2.0	30.0	17.0	千克	A
4804410090	其他未漂白的其他中厚牛皮纸及纸板(中厚指150g<每平米重<225g,成卷或成张未涂布的)	2.0	30.0	17.0	千克	A
4804420000	本体均匀漂白的中厚牛皮纸及纸板(中厚指150g<每平米重<225g,成卷或成张未经涂布的)	5.0	30.0	17.0	千克	A
4804490000	其他漂白的中厚牛皮纸及纸板(中厚指每平米重为>150克<225g,成卷或成张未经涂布)	2.0	30.0	17.0	千克	A
4804510010	每平米重225-360克未漂白、成卷或成张未涂布其他牛皮纸(紧度不小于0.68g/cm^3,耐破指数不小于2.6kPa·m^2/g,横向环压指数不小于7.5N/m·m^2/g,横向耐折度不小于60次,饱和牛皮纸除外)	2.0	30.0	17.0	千克	A
4804510090	其他未漂白的其他厚牛皮纸及纸板(厚纸指每平米重量≥225g,成卷或成张未经涂布的)	2.0	30.0	17.0	千克	A
4804520000	本体均匀漂白的厚牛皮纸及纸板(厚纸指每平米重量≥225g,成卷或成张未经涂布的)	5.0	30.0	17.0	千克	A
4804590000	其他漂白的厚牛皮纸及纸板(厚纸指每平米重量≥225g,成卷或成张未经涂布的)	2.0	30.0	17.0	千克	A
4805	**成卷或成张的其他未经涂布的纸及纸板,加工程度不超过本章注释三所列范围**					
4805110000	半化学的瓦楞原纸(成卷或成张的及未经涂布)	7.5	30.0	17.0	千克	A
4805120000	草浆瓦楞原纸(成卷或成张的及未经涂布)	7.5	30.0	17.0	千克	A
4805190000	其他瓦楞原纸(成卷或成张的及未经涂布)	7.5	30.0	17.0	千克	A
4805240000	强韧箱纸板(再生挂面纸板)(成卷或成张的及未经涂布,每平方米重量≤150g)	7.5	30.0	17.0	千克	A
4805250000	强韧箱纸板(再生挂面纸板)(成卷或成张的及未经涂布,每平方米重量>150g)	7.5	30.0	17.0	千克	A
4805300000	亚硫酸盐包装纸(成卷或成张的及未经涂布)	7.5	30.0	17.0	千克	
4805400000	滤纸及纸板(成卷或成张的及未经涂布)	7.5	30.0	17.0	千克	
4805500000	毡纸及纸板(成卷或成张的及未经涂布)	7.5	30.0	17.0	千克	
4805911000	电解电容器原纸(每平方米重量≤150g,成卷或成张的)	7.5	30.0	17.0	千克	A
4805919010	照相原纸(每平方米重量≤150g,成卷或成张的)	7.5	30.0	17.0	千克	A
4805919090	其他未经涂布薄纸及纸板(薄纸指每平方米重量≤150g,成卷或成张的)	7.5	30.0	17.0	千克	A
4805920010	照相原纸(中厚指150g<每平方米重量<225g)	7.5	30.0	17.0	千克	A

商品编号	商品名称及备注	进口关税税率		增值税率	计量单位	监管条件
		最惠国	普通			
4805920090	其他未经涂布中厚纸及纸板(中厚指150g<每平方米重量<225g成卷或成张的)	7.5	30.0	17.0	千克	A
4805930010	照相原纸(厚纸指每平方米重量≥225g成卷或成张的)	7.5	30.0	17.0	千克	
4805930090	其他未经涂布厚纸及纸板(厚纸指每平方米重量≥225g成卷或成张的)	7.5	30.0	17.0	千克	
4806	**成卷或成张的植物羊皮纸、防油纸、描图纸、半透明纸及其他高光泽透明或半透明纸**					
4806100000	植物羊皮纸(成卷或成张的)	7.5	40.0	17.0	千克	
4806200000	防油纸(成卷或成张的)	7.5	40.0	17.0	千克	
4806300000	描图纸(成卷或成张的)	7.5	30.0	17.0	千克	
4806400000	高光泽透明或半透明纸(成卷或成张的)	7.5	40.0	17.0	千克	
4807	**成卷或成张的复合纸及纸板(用粘合剂粘合各层纸或纸板制成),未经表面涂布或未浸渍,不论内层是否有加强材料**					
4807000000	成卷或成张的复合纸及纸板(未经表面涂布或未浸渍,不论内层是否有加强材料)	7.5	40.0	17.0	千克	
4808	**成卷或成张的瓦楞纸及纸板(不论是否与平面纸胶合)、皱纹纸及纸板、压纹纸及纸板、穿孔纸及纸板,但品目4803的纸除外**					
4808100000	瓦楞纸及纸板(成卷或成张的,不论是否穿孔)	7.5	30.0	17.0	千克	A
4808200000	袋用皱纹牛皮纸(成卷或成张的,不论是否压花或穿孔)	7.5	40.0	17.0	千克	
4808300000	其他皱纹牛皮纸(成卷或成张的,不论是否压花或穿孔)	7.5	40.0	17.0	千克	
4808900000	其他皱纹纸及纸板,压纹纸及纸板(包括穿孔纸及纸板)	7.5	40.0	17.0	千克	
4809	**复写纸、自印复写纸及其他拷贝或转印纸(包括涂布或浸渍的油印蜡纸或胶印版纸),不论是否印制,成卷或成张的**					
4809100000	大张(卷)的复写纸及类似拷贝纸(成卷(宽超过36cm),成张(至少有一边超过36cm)]	7.5	40.0	17.0	千克	
4809200000	大张(卷)的复写纸(成卷(宽超过36cm),成张(至少有一边超过36cm)]	7.5	40.0	17.0	千克	
4809900000	其他大张(卷)的拷贝纸或转印纸(成卷(宽超过36cm),成张(至少有一边超过36cm)]	7.5	40.0	17.0	千克	
4810	**成卷或成张矩形(包括正方形)的任何尺寸的单面或双面涂布高岭土或其他无机物质(不论是否加粘合剂)的纸及纸板,但未涂布其他涂料,不论是否染面、饰面和印花**					
4810130010	成卷的铜版纸(所含用机械或化学-机械法制得的纤维≤10%)	5.0	40.0	17.0	千克	A
4810130090	其他书写/印刷或类似用途纸/纸板(成卷的,所含用机械或化学-机械法制得的纤维≤10%)	5.0	40.0	17.0	千克	A
4810140010	成张的铜版纸(一边≤435mm,另一边≤297mm,机械或化学-机械纤维≤10%)	5.0	40.0	17.0	千克	A

商品编号	商品名称及备注	进口关税税率		增值税率	计量单位	监管条件
		最惠国	普通			
4810140090	其他成张的书写、印刷的纸及纸板(一边≤435mm,另一边≤297mm,机械或化学-机械纤维≤10%)	5.0	40.0	17.0	千克	A
4810190010	其他铜版纸(所含用机械或化学-机械法制得的纤维≤10%)	5.0	40.0	17.0	千克	A
4810190090	其他书写、印刷用途的纸及纸板(所含用机械或化学-机械法制得的纤维≤10%)	5.0	40.0	17.0	千克	A
4810220000	书写、印刷用途的轻质涂布纸(所含用机械或化学-机械法制得的纤维>10%)	5.0	40.0	17.0	千克	A
4810290000	其他书写、印刷用途的纸及纸板(所含用机械或化学-机械法制得的纤维>10%)	5.0	40.0	17.0	千克	A
4810310010	白板纸、白卡纸(薄纸指重量≤150g/m^2,含用化学方法制得木纤维)	5.0	40.0	17.0	千克	A
4810310090	涂无机物的薄漂白牛皮纸及纸板(薄纸指重量≤150g/m^2,含用化学方法制得的木纤维)	5.0	40.0	17.0	千克	A
4810320010	白板纸、白卡纸(厚纸指重量>150g/m^2,含用化学方法制得的木纤维)	5.0	40.0	17.0	千克	
4810320090	涂无机物的厚漂白牛皮纸及纸板(厚纸指重量>150g/m^2,含用化学方法制得的木纤维)	5.0	40.0	17.0	千克	
4810390000	涂无机物的其他牛皮纸及纸板(成卷或成张的)	5.0	40.0	17.0	千克	A
4810920000	其他涂无机物的多层纸及纸板(成卷或成张的)	5.0	40.0	17.0	千克	A
4810990000	其他涂无机物的纸及纸板(成卷或成张的)	7.5	40.0	17.0	千克	A
4811	**成卷或成张矩形(包括正方形)的任何尺寸的经涂布、浸渍、覆盖、染面、饰面或印花的纸、纸板、纤维素絮纸及纤维素纤维网纸,但品目4803、4809或4810的货品除外**					
4811100000	焦油纸及纸板,沥青纸及纸板(成卷或成张的,编号4803、4809、4810的货品除外)	7.5	40.0	17.0	千克	
4811410000	自粘的胶粘纸及纸板(成卷或成张的,编号4803、4809、4810的货品除外)	7.5	40.0	17.0	千克	
4811490000	其他胶粘纸及纸板(成卷或成张的,编号4803、4809、4810的货品除外)	7.5	40.0	17.0	千克	
4811511000*	漂白的彩色相纸用双面涂塑厚纸(每平方米重量超过150g,成卷或成张的)	7.5	40.0	17.0	千克	
4811519000	漂白的其他涂,浸,盖厚纸及纸板(厚指每平方米重量超过150g,成卷或成张的)	7.5	40.0	17.0	千克	
4811591000	用塑料浸涂的绝缘纸及纸板(成卷或成张任何尺寸的)	7.5	40.0	17.0	千克	
4811599000	用塑料涂布、浸渍的其他纸及纸板(成卷或成张任何尺寸的)	7.5	40.0	17.0	千克	
4811601000	用蜡或油等涂布的绝缘纸及纸板(指用石蜡、硬脂精、油或甘油涂布的,成卷或成张)	7.5	30.0	17.0	千克	
4811609000	用蜡或油等涂布的其他纸及纸板(指用石蜡、硬脂精、油或甘油涂布的,成卷或成张)	7.5	40.0	17.0	千克	

商品编号	商品名称及备注	进口关税税率		增值税率	计量单位	监管条件
		最惠国	普通			
4811900000	其他经涂布、浸渍、覆盖的纸及纸板(包括纤维素絮纸及纤维素纤维网纸、成卷或成张)	7.5	40.0	17.0	千克	
4812	**纸浆制的滤块、滤板及滤片**					
4812000000	纸浆制的滤块,滤板及滤片	7.5	30.0	17.0	千克	
4813	**卷烟纸,不论是否切成一定尺寸、成小本或管状**					
4813100000	成小本或管状的卷烟纸	7.5	100.0	17.0	千克	7
4813200000	宽度≤5cm成卷的卷烟纸	7.5	100.0	17.0	千克	A7
4813900000	其他卷烟纸(不论是否切成一定尺寸,编号4813未具体列名的)	7.5	100.0	17.0	千克	A7
4814	**壁纸及类似品;窗用透明纸**					
4814100000	用木粒或草粒等饰面的壁纸	7.5	50.0	17.0	千克	
4814200000	用塑料涂面或盖面的壁纸及类似品(包括起纹、压花、着色、印制图案或经其他装饰)	7.5	50.0	17.0	千克	
4814300000	用编结材料盖面的壁纸及类似品(编结材料不论是否平行连结或编织)	7.5	50.0	17.0	千克	
4814900000	其他壁纸及类似品,窗用透明纸	7.5	50.0	17.0	千克	
4815	**以纸或纸板为底制成的铺地制品,不论是否切成一定尺寸**					
4815000000	以纸或纸板为底制成的铺地制品(不论是否切成一定尺寸)	7.5	90.0	17.0	千克	
4816	**复写纸、自印复写纸及其他拷贝或转印纸(不包括品目4809的纸),油印蜡纸或胶印版纸,不论是否盒装**					
4816100000	小卷(张)复写纸或类似拷贝纸(不包括编号4809的纸,宽度≤36cm,不论是否盒装)	7.5	70.0	17.0	千克	
4816200000	小卷(张)自印复写纸(不包括编号4809的纸,宽度≤36cm,不论是否盒装)	7.5	70.0	17.0	千克	
4816300000	小卷(张)油印蜡纸(不包括编号4809的纸,宽度≤36cm,不论是否盒装)	7.5	70.0	17.0	千克	
4816901000	小卷(张)热敏转印纸(不包括编号4809的纸,宽度≤36cm,不论是否盒装)	7.5	40.0	17.0	千克	
4816909000	小卷(张)胶印版纸及其他拷贝纸或(不包括编号4809的纸,宽度≤36cm,不论是否盒装)	7.5	70.0	17.0	千克	
4817	**纸或纸板制的信封、封缄信片、素色明信片及通信卡片;纸或纸板制的盒子、袋子及夹子,内装各种纸制文具**					
4817100000	信封	7.5	80.0	17.0	千克	
4817200000	封缄信片、素色明信片及通信卡片	7.5	80.0	17.0	千克	
4817300000	纸或纸板制的盒子、袋子及夹子(内装各种纸制文具的)	7.5	80.0	17.0	千克	

商品编号	商品名称及备注	进口关税税率		增值税率	计量单位	监管条件
		最惠国	普通			
4818	**卫生纸及类似纸,家庭或卫生用纤维素絮纸及纤维素纤维网纸,成卷宽度不超过36厘米或切成一定尺寸或形状的;纸浆、纸、纤维素絮纸或纤维素纤维网纸制的手帕、面巾、台布、餐巾、尿布、止血塞、床单及类似的家庭、卫生或医院用品、衣服及衣着附件**					
4818100000	小卷(张)卫生纸(成卷或矩形成张的宽度≤36cm,或制成特殊形状的)	7.5	80.0	17.0	千克	
4818200000	小卷(张)纸手帕及纸面巾(成卷或矩形成张的宽度≤36cm,或制成特殊形状的)	7.5	90.0	17.0	千克	A
4818300000	小卷(张)纸台布及纸餐巾(成卷或矩形成张的宽度≤36厘米,或制成特殊形状的)	7.5	90.0	17.0	千克	A
4818400000	纸卫生巾及类似的卫生用品(包括纸止血塞、婴儿纸尿布、尿布衬里)	7.5	80.0	17.0	千克	A
4818500000	纸制衣服及衣着附件(纸浆、纸、纤维素絮纸和纤维素纤维网纸制的)	7.5	90.0	17.0	千克	A
4818900000	纸床单及类似家庭,卫生,医院用品(纸浆、纸、纤维素絮纸和纤维素纤维网纸制的)	7.5	90.0	17.0	千克	A
4819	**纸、纸板、纤维素絮纸或纤维素纤维网纸制的箱、盒、匣、袋及其他包装容器;纸或纸板制的卷宗盒、信件盘及类似品,供办公室、商店及类似场所使用的**					
4819100000	瓦楞纸或纸板制的箱,盒,匣	5.0	80.0	17.0	千克	
4819200000	非瓦楞纸或纸板制可折叠箱,盒,匣	5.0	80.0	17.0	千克	
4819300000	底宽≥40cm的纸袋	7.5	80.0	17.0	千克	
4819400000	其他纸袋(包括锥形袋)	7.5	80.0	17.0	千克	
4819500000	其他纸包装容器(包括唱片套)	7.5	80.0	17.0	千克	A
4819600000	纸卷宗盒、信件盘、存储盒及类似品(办公室,商店及类似场所使用的)	7.5	80.0	17.0	千克	
4820	**纸或纸板制的登记本、账本、笔记本、订货本、收据本、信笺本、记事本、日记本及类似品、练习本、吸墨纸本、活动封面(活页及非活页)、文件夹、卷宗皮、多联商业表格纸、页间夹有复写纸的本及其他文具用品;纸或纸板制的样品簿、粘贴簿及书籍封面**					
4820100000	登记本、帐本、笔记本等及类似品(包括定货本、收据本、信笺本、记事本、日记本)	7.5	80.0	17.0	千克	
4820200000	练习本	7.5	80.0	17.0	千克	
4820300000	纸制活动封面、文件夹及卷宗皮	7.5	80.0	17.0	千克	
4820400000	多联商业表格纸(本)(包括页间夹有复写纸的本)	7.5	80.0	17.0	千克	
4820500000	纸制样品簿及粘贴簿	7.5	80.0	17.0	千克	
4820900000	其他纸制文具用品	7.5	80.0	17.0	千克	
4821	**纸或纸板制的各种标签,不论是否印制**					
4821100000	纸或纸板印制的各种标签	7.5	50.0	17.0	千克	

商品编号	商品名称及备注	进口关税税率		增值税率	计量单位	监管条件
		最惠国	普通			
4821900000	纸或纸板制的其他各种标签	7.5	50.0	17.0	千克	
4822	**纸浆、纸或纸板(不论是否穿孔或硬化)制的筒管、卷轴、纡子及类似品**					
4822100000	纺织纱线用纸制的筒管、卷轴、纡子(包括类似品)	7.5	35.0	17.0	千克	
4822900000	纸制的其他筒管、卷轴、纡子(包括类似品)	7.5	70.0	17.0	千克	
4823	**切成一定尺寸或形状的其他纸、纸板、纤维素絮纸及纤维素纤维网纸;纸浆、纸、纸板、纤维素絮纸及纤维素纤维网纸制的其他物品**					
4823120000	成条或成卷的自粘胶粘纸(切成一定尺寸或形状的)	7.5	50.0	17.0	千克	
4823190000	成条或成卷的其他胶粘纸(自粘的胶粘纸除外)	7.5	50.0	17.0	千克	
4823200000	切成形的滤纸及纸板	7.5	30.0	17.0	千克	
4823400000	已印制的自动记录器用打印纸(切成一定尺寸或形状的打印纸卷、纸张及纸盘)	7.5	30.0	17.0	千克	
4823600000	纸,纸板制的盘、碟、盆、杯及类似品	7.5	90.0	17.0	千克	A
4823700000	压制或模制纸浆制品	7.5	90.0	17.0	千克	
4823902000	神纸及类似用品	7.5	180.0	17.0	千克	
4823903000	纸扇	7.5	90.0	17.0	千克	
4823909000	其他纸及纸制品(包括纤维素絮纸及纤维素纤维网纸制的其他物品)	7.5	90.0	17.0	千克	

第四十九章　书籍、报纸、印刷图画及其他印刷品；手稿、打字稿及设计图纸

注释：

一、本章不包括：

(一)透明基的照相负片或正片(第三十七章)；

(二)立体地图、设计图表或地球仪、天体仪，不论是否印刷(品目90.23)；

(三)第九十五章的扑克牌或其他物品；

(四)雕版画、印刷画、石印画的原本(品目97.02)，品目97.04的邮票、印花税票、纪念封、首日封、邮政信笺及类似品，以及第九十七章的超过一百年的古物或其他物品。

二、第四十九章所称"印刷"，也包括用胶版复印机、油印机印制，在自动数据处理设备控制下打印绘制，压印、冲印、感光复印、热敏复印或打字。

三、用纸以外材料装订成册的报纸、杂志和期刊，以及一期以上装订在同一封面里的成套报纸、杂志和期刊，应归入品目49.01，不论是否有广告材料。

四、品目49.01还包括：

(一)附有说明文字，每页编有号数以便装订成一册或几册的整集印刷复制品，例如，美术作品、绘画；

(二)随同成册书籍的图画附刊；

(三)供装订书籍或小册子用的散页、集页或书帖形式的印刷品，已构成一部作品的全部或部分。

但没有说明文字的印刷图画或图解，不论是否散页或书帖形式，应归入品目49.11。

五、除本章注释三另有规定的以外，品目49.01不包括主要作广告用的出版物(例如，小册子，散页印刷品、商业目录、同业公会出版的年鉴、旅游宣传品)，这类出版物应归入品目49.11。

六、品目49.03所称"儿童图画书"，是指以图画为主、文字为辅，供儿童阅览的书籍。

商品编号	商品名称及备注	进口关税税率		增值税率	计量单位	监管条件
		最惠国	普通			
4901	**书籍、小册子、散页印刷品及类似印刷品，不论是否单张**					
4901100000	单张的书籍，小册子及类似印刷品(不论是否折叠，还包括散页印刷品)			13.0	千克	
4901910000	字典，百科全书(包括连续出版的分册)			13.0	千克	
4901990000	其他书籍，小册子及类似的印刷品(非单张的)			13.0	千克	
4902	**报纸、杂志及期刊，不论有无插图或广告材料**					
4902100000	每周至少出版四次的报纸，杂志(包括期刊，不论有无插图或广告材料)			13.0	千克	
4902900000	其他报纸，杂志及期刊(不论有无插图或广告材料)			13.0	千克	
4903	**儿童图画书、绘画或涂色书**					
4903000000	儿童图画书，绘画或涂色书			13.0	千克	
4904	**乐谱原稿或印本，不论是否装订或印有插图**					
4904000000	乐谱原稿或印本(不论是否装订或印有插图)			13.0	千克	
4905	**各种印刷的地图、水道图及类似图表，包括地图册、挂图、地形图及地球仪、天体仪**					

商品编号	商品名称及备注	进口关税税率		增值税率	计量单位	监管条件
		最惠国	普通			
4905100000	地球仪、天体仪			17.0	千克	
4905910000	成册的各种印刷的地图及类似图表(包括水道图、地图册、地形图)			17.0	千克	
4905990000	其他各种印刷的地图及类似图表(包括水道图、挂图、地形图,成册的除外)			17.0	千克	
4906	**手绘的建筑、工程、工业、商业、地形或类似用途的设计图纸原稿;手稿;用感光纸照相复印或用复写纸誊写的上述物品复制件**					
4906000000	设计图纸原稿或手稿及其复制件(手绘的建筑、工程、工业、商业、地形或类似用途的)			17.0	千克	
4907	**在承认或将承认其面值的国家流通或新发行并且未经使用的邮票、印花税票及类似票证;印有邮票或印花税票的纸品;钞票;空白支票;股票、债券及类似所有权凭证**					
4907001000	新的邮票(包括印花税票、空白支票、债券及类似的所有权凭证)	7.5	50.0	17.0	千克	
4907002000	新的钞票		50.0	17.0	千克	
4907003000	证券凭证(包括印花税票、空白支票、债券及类似的所有权凭证)		50.0	17.0	千克	
4907009000	其他印有邮票等的纸品(包括印有印花税票的纸品)	7.5	50.0	17.0	千克	
4908	**转印贴花纸(移画印花法用图案纸)**					
4908100000	釉转印贴花纸(移画印花法用图案纸)	7.5	50.0	17.0	千克	
4908900000	其他转印贴花纸(移画印花法用图案纸)	7.5	50.0	17.0	千克	
4909	**印刷或有图画的明信片;印有个人问候、祝贺、通告的卡片,不论是否有图画、带信封或饰边**					
4909001000	印刷或有图画的明信片	7.5	50.0	17.0	千克	
4909009000	其他致贺或通告卡片(贺卡及类似卡片,不论是否有图画,带信封或饰边)	7.5	50.0	17.0	千克	
4910	**印刷的各种日历,包括日历芯**					
4910000000	印刷的各种日历(包括日历芯)	7.5	50.0	17.0	千克	
4911	**其他印刷品,包括印刷的图片及照片**					
4911101000	无商业价值的广告品及类似印刷品(包括无商业价值的商品目录)			17.0	千克	
4911109000	其他商业广告品及类似印刷品(包括商品目录)	7.5	50.0	17.0	千克	
4911910000	印刷的图片、设计图样及照片	7.5	50.0	17.0	千克	
4911990000	其他印刷品	7.5	50.0	17.0	千克	

第十一类　纺织原料及纺织制品

注释：

一、本类不包括：

(一)制刷用的动物鬃、毛(品目05.02)；马毛及废马毛(品目05.03)；

(二)人发及人发制品(品目05.01、67.03或67.04)，但通常用于榨油机或类似机器的滤布除外(品目59.11)；

(三)第十四章的棉短绒或其他植物材料；

(四)品目25.24的石棉、品目68.12或68.13的石棉制品或其他产品；

(五)品目30.05或30.06的物品(例如，医疗、外科、牙科或兽医用的软填料、纱布、绷带及类似品、外科用无菌缝合材料)；品目33.06的用于清洁牙缝的纱线(牙线)，单独零售包装的；

(六)品目37.01至37.04的感光布；

(七)截面尺寸超过1mm的塑料单丝和表面宽度超过5mm的塑料扁条及类似品(例如人造草)(第三十九章)，以及上述单丝或扁条的缏条、织物、篮筐或柳条编结品(第四十六章)；

(八)第三十九章的用塑料浸渍、涂布、包覆或层压的机织物、针织物或钩编织物、毡呢或无纺织物及其制品；

(九)第四十章的用橡胶浸渍、涂布、包覆或层压的机织物、针织物或钩编织物、毡呢或无纺织物及其制品；

(十)带毛皮张(第四十一章或第四十三章)、品目43.03或43.04的毛皮制品、人造毛皮及其制品；

(十一)品目42.01或42.02的用纺织材料制成的物品；

(十二)第四十八章的产品或物品(例如纤维素絮纸)；

(十三)第六十四章的鞋靴及其零件、护腿、裹腿及类似品；

(十四)第六十五章的发网、其他帽类及其零件；

(十五)第六十七章的货品；

(十六)涂有研磨料的纺织材料(品目68.05)以及品目68.15的碳纤维及其制品；

(十七)玻璃纤维及其制品，但可见底布的玻璃线刺绣品除外(第七十章)；

(十八)第九十四章的物品(例如，家具、寝具、灯具及照明装置)；

(十九)第九十五章的物品(例如，玩具、游戏品、运动用品及网具)；

(二十)第九十六章的物品(例如，刷子、旅行用成套缝纫用具、拉链及打字机色带)；

(二十一)第九十七章的物品。

二、(一)可归入第五十章至第五十五章及品目58.09或59.02的由两种或两种以上纺织材料混合制成的货品，应按其中重量最大的那种纺织材料归类。当没有一种纺织材料重量较大时，应按可归入的有关品目中最后一个品目所列的纺织材料归类。

(二)应用上述规定时：

1. 马毛粗松螺旋花线(品目51.10)和含金属纱线(品目56.05)均应作为一种单一的纺织材料，其重量应为它们在纱线中的合计重量；在机织物的归类中，金线应作为一种纺织材料；

2. 在选择合适的品目时，应首先确定章，然后再确定该章的有关品目，至于不归入该章的其他材料可不予考虑；

3. 当归入第五十四章及第五十五章的货品与其他章的货品进行比较时，应将这两章作为一个单一的章对待；

4. 同一章或同一品目所列各种不同的纺织材料应作为单一的纺织材料对待。

(三)上述(一)、(二)两款规定亦适用于以下注释三、四、五或六所述纱线。

三、(一)本类的纱线(单纱、多股纱线或缆线)除下列(二)款另有规定的以外，凡符合以下规格的应作为“线、绳、索、缆”：

1. 丝或绢丝纱线，细度在20000分特以上；

2. 化学纤维纱线(包括第五十四章的用两根及以上单丝纺成的纱线)，细度在10000分特以上；

3. 大麻或亚麻纱线：

(1)加光或上光的,细度在1429分特及以上;

(2)未加光或上光的,细度在20000分特以上;

4. 三股或三股以上的椰壳纤维纱线;

5. 其他植物纤维纱线,细度在20000分特以上;

6. 用金属线加强的纱线。

(二)下列各项不按上述(一)款规定办理:

1. 羊毛或其他动物毛纱线及纸纱线,但用金属线加强的纱线除外;

2. 第五十五章的化学纤维长丝丝束以及第五十四章的未加捻或捻度每米少于5转的复丝纱线;

3. 品目50.06的蚕胶丝及第五十四章的单丝;

4. 品目56.05的含金属纱线;但用金属线加强的纱线按上述(一)款6项规定办理;

5. 品目56.06的绳绒线、粗松螺旋花线及纵行起圈纱线。

四、(一)除下列(二)款另有规定的以外,第五十章、第五十一章、第五十二章、第五十四章和第五十五章所称“供零售用”纱线,是指以下列方式包装的纱线(单纱、股纱线或缆线):

1. 绕在纸板、线轴、纱管或类似芯子上,其重量(含线芯)符合下列规定:

(1)丝、绢丝或化学纤维长丝纱线,不超过85克;

(2)其他纱线,不超过125克;

2. 绕成团、绞或束,其重量符合下列规定:

(1)细度在3000分特以下的化学纤维长丝纱线,丝或绢丝纱线,不超过85克;

(2)细度在2000分特以下的任何其他纱线,不超过125克;

(3)其他纱线,不超过500克;

3. 绕成绞或束,每绞或每束中有若干用线分开的小绞或小束,每小绞或小束的量相等,并且符合下列规定:

(1)丝、绢丝或化学纤维长丝纱线,不超过85克;

(2)其他纱线,不超过125克。

(二)下列各项不按上述(一)款规定办理:

1. 各种纺织材料制的单纱,但下列两种除外:

(1)未漂白的羊毛或动物细毛单纱;

(2)漂白、染色或印色的羊毛或动物细毛单纱,细度在5000分特以上;

2. 未漂白的多股纱线或缆线:

(1)丝或绢丝制的,不论何种包装;

(2)除羊毛或动物细毛外其他纺织材料制,成绞或成束的;

3. 漂白、染色或印色丝或绢丝制的多股纱线或缆线,细度在133分特及以下;

4. 任何纺织材料制的单纱、多股纱线或缆线:

(1)交叉绕成绞或束的;

(2)绕于纱芯上或以其他方式卷绕,明显用于纺织工业的(例如,绕于纱管、加捻管、纬纱管、锥形筒管或锭子上的或者绕成蚕茧状以供绣花机使用的纱线)。

五、品目52.04、54.01及55.08所称“缝纫线”,是指下列多股纱线或缆线:

(一)绕于芯子(例如,线轴、纱管)上,重量(包括纱芯)不超过1000克;

(二)作为缝纫线上过浆的;

(三)终捻为反手(Z)捻的。

六、本类所称“高强力纱”,是指断裂强度大于下列标准的纱线:

尼龙、其他聚酰胺或聚酯制的单纱-60厘牛顿/特克斯;

尼龙、其他聚酰胺或聚酯制的多股纱线或缆线-53厘牛顿/特克斯;

粘胶纤维制的单纱、多股纱线或缆线-27厘牛顿/特克斯。

七、本类所称“制成的”，是指：

(一)裁剪成除正方形或长方形以外的其他形状的；

(二)呈制成状态，无需缝纫或其他进一步加工(或仅需剪断分隔联线)即可使用的(例如，某些抹布、毛巾、台布、方披巾、毯子)；

(三)已缝边或滚边，或者在任一边带有结制的流苏，但不包括为防止剪边脱纱而锁边或用其他简单方法处理的织物；

(四)裁剪成一定尺寸并经抽纱加工的；

(五)缝合、胶合或用其他方法拼合而成的(将两段或两段以上同样料子的织物首尾连接而成的匹头，以及由两层或两层以上的织物，不论中间有无胎料，层迭而成的匹头除外)；

(六)针织或钩编成一定形状，不论进口或出口时是单件还是以若干件相连成幅的。

八、对于第五十章至第六十章：

(一)第五十章至第五十五章和第六十章，以及除条文另有规定以外的第五十六章至第五十九章，不适用于上述注释七所规定的制成货品；

(二)第五十章至第五十五章及第六十章不包括第五十六章至第五十九章的货品。

九、第五十章至第五十五章的机织物包括由若干层平行纱线以锐角或直角相互层迭，在纱线交叉点用粘合剂或以热粘合法粘合而成的织物。

十、用纺织材料和橡胶线制成的弹性产品归入本类。

十一、本类所称“浸渍”，包括“浸泡”。

十二、本类所称“聚酰胺”，包括“芳族聚酰胺”。

十三、除条文另有规定的以外，各种服装即使成套包装供零售用，也应按各自税号分别归类。本注释所称“纺织服装”，是指品目 61.01 至 61.14 及品目 62.01 至 62.11 所列的各种服装。

子目注释：

一、本类及本目录所用有关名词解释如下：

(一)弹性纱线：

合成纤维纺织材料制成的长丝纱线，包括单丝(变形丝除外)。这些丝可拉伸至原长的三倍而不断裂，并可在拉伸至原长两倍后五分钟内回复到不超过原长度一倍半。

(二)未漂白纱线：

1. 带有纤维自然色泽并且未经漂染(不论是否整体染色)或印色的纱线；

2. 从回收纤维制得，色泽未定的纱线(本色纱)。

这种纱线可用无色浆料或易褪色染料(可轻易地用肥皂洗去)处理，如果是化学维纱线，则整体用消光剂(例如二氧化钛)进行处理。

(三)漂白纱线：

1. 经漂白加工、用漂白纤维制得或经染白(除条文另有规定的以外)(不论是否体染色)及用白浆料处理的纱线；

2. 用未漂白纤维和漂白纤维混纺制得的纱线；

3. 用未漂白纱和漂白纱纺成多股纱线或缆线。

(四)着色(染色或印色)纱线：

1. 染成彩色(不论是否整体染色，但白色或易褪色除外)或印色的纱线，以及用染色或印色纤维纺制的纱线；

2. 用各色染色纤维混合纺制或用未漂白或漂白纤维与着色纤维混合制得的纱线(夹色纱或混色纱)，以及用一种或几种颜色间隔印色而获得点纹印迹的纱线；

3. 用已经印色的纱条或粗纱纺制的纱线；

4. 用未漂白纱和漂白纱与着色纱纺成的多股纱线或缆线。

上述定义作相应调整后适用于第五十四章的单丝、扁条或类似产品。

(五)未漂白机织物：

用未漂白纱线织成后未经漂白、染色或印花的机织物。这类织物可用无色浆料或易褪色染料处理。

(六)漂白机织物:

1. 经漂白、染白或用白浆料处理(除条文另有规定的以外)的成匹机织物;

2. 用漂白纱线织成的机织物;

3. 用未漂白纱线和漂白纱线织成的机织物;

(七)染色机织物:

1. 除条文另有规定的以外,染成白色以外的其他单一颜色或用白色以外的其他有色整理剂处理的成匹机织物;

2. 用单一颜色的着色纱线织成的机织物。

(八)色织机织物:

除印花机织物以外的下列机织物:

1. 用各种不同颜色纱线或同一颜色不同深浅(纤维的自然色彩除外)纱线织成的机织物;

2. 用未漂白或漂白与着色纱线织成的机织物;

3. 用夹色纱线或混色纱线织成的机织物。

不论何种情况,布边或布头的纱线均可忽略不计。

(九)印花机织物:

成匹印花的机织物,不论是否用各色纱线织成。

用刷子或喷枪,经转印纸转印、植绒或蜡防印花等方法印成花纹图案的机织物亦可视为印花机织物。

上述各类纱线或织物如经丝光工艺处理并不影响其归类。

上述(五)至(九)的定义在作必要修改后适用于针织或钩编织物。

(十)平纹组织:

每根纬纱在并排的经纱间上下交错而过,而每根经纱也在并排的纬纱间上下交错而过的织物组织。

二、(一)含有两种或两种以上纺织材料的第五十六章至第六十三章的产品,应根据本类注释二对第五十章至第五十五章或品目58.09的此类纺织材料产品归类的规定来确定归类。

(二)用本条规定时:

1. 应酌情考虑按归类总规则第三条来确定归类;

2. 对由底布和绒面或毛圈面构成的纺织品,在归类时可不考虑底布的属性;

3. 对品目58.10的刺绣品及其制品,归类时应只考虑底布的属性,但不见底布的刺绣品及其制品应根据绣线的属性确定归类。

第五十章 蚕 丝

商品编号	商品名称及备注	进口关税税率		增值税率	计量单位	监管条件
		最惠国	普通			
5001	适于缫丝的蚕茧					
5001001000	适于缫丝的桑蚕茧	6.0	70.0	17.0	千克	4xABy
5001009000	适于缫丝的其他蚕茧	6.0	70.0	17.0	千克	4xABy
5002	生丝(未加捻)					
5002001100	未加捻的桑蚕厂丝	9.0	80.0	17.0	千克	A4xBy
5002001200	未加捻的桑蚕土丝	9.0	80.0	17.0	千克	A4xBy
5002001300	未加捻的桑蚕双宫丝	9.0	80.0	17.0	千克	A4xBy

商品编号	商 品 名 称 及 备 注	进口关税税率		增值税率	计量单位	监管条件
		最惠国	普通			
5002001900	其他未加捻的桑蚕丝	9.0	80.0	17.0	千克	A4xBy
5002002000	未加捻柞蚕丝	9.0	80.0	17.0	千克	A4xBy
5002009000	未加捻其他生丝	9.0	80.0	17.0	千克	A4xBy
5003	**废丝(包括不适于缫丝的蚕茧、废纱及回收纤维)**					
5003100000	未梳废丝(包括不适于缫丝的蚕茧、废纱及回收纤维)	9.0	70.0	17.0	千克	A4xBy
5003900000	其他废丝(包括不适于缫丝的蚕茧、废纱及回收纤维)	9.0	70.0	17.0	千克	A4xBy
5004	**丝纱线(绢纺纱线除外),非供零售用**					
5004000000	非供零售用丝纱线(绢纺纱线除外)	6.0	90.0	17.0	千克	B
5005	**绢纺纱线,非供零售用**					
5005001010	非供零售用绸丝纱线(绸丝为主,含丝及绢丝85%及以上纱线)	6.0	90.0	17.0	千克	
5005001090	非供零售用绸丝纱线(绸丝为主,含丝及绢丝85%以下纱线)	6.0	90.0	17.0	千克	
5005009010	非供零售用其他绢纺纱线(含丝及绢丝85%及以上纱线)	6.0	90.0	17.0	千克	B
5005009020	非供零售用其他绢纺纱线(含丝及绢丝85%以下纱线)	6.0	90.0	17.0	千克	B
5006	**丝纱线及绢纺纱线,供零售用;蚕胶丝**					
5006000010	零售用丝纱线,绢纺纱线;蚕胶丝(含丝及绢丝85%及以上纱线)	6.0	100.0	17.0	千克	
5006000020	零售用丝纱线,绢纺纱线;蚕胶丝(含丝及绢丝85%以下纱线)	6.0	100.0	17.0	千克	
5007	**丝或绢丝机织物**					
5007101010	未漂白或漂白的绸丝机织物(包括未练白或练白的,含绸丝85%及以上)	10.0	130.0	17.0	米/千克	B
5007101020	未漂白或漂白的绸丝机织物(包括未练白或练白的,含绸丝85%以下,棉或化纤限内)	10.0	130.0	17.0	米/千克	B
5007101031	未漂白或漂白的绸丝机织物(含未练或练白,绸丝<85%与精梳羊毛或动物细毛混纺,羊毛限内)	10.0	130.0	17.0	米/千克	B
5007101039	未漂白或漂白的绸丝机织物(未练白或练白的,含绸丝85%以下,与其他混纺,羊毛限内)	10.0	130.0	17.0	米/千克	B
5007101091	未漂白或漂白的绸丝机织物(未练白或练白的,含绸丝<85%与精梳羊毛或动物细毛混纺)	10.0	130.0	17.0	米/千克	B
5007101099	未漂白或漂白的绸丝机织物(包括未练白或练白的,含绸丝85%以下,与其他混纺)	10.0	130.0	17.0	米/千克	B
5007109010	其他绸丝机织物(含绸丝85%及以上)	10.0	130.0	17.0	米/千克	B
5007109021	其他色织绸丝机织物(含绸丝85%以下,棉或化纤限内)	10.0	130.0	17.0	米/千克	B
5007109029	其他非色织绸丝机织物(含绸丝85%以下,棉或化纤限内)	10.0	130.0	17.0	米/千克	B

商品编号	商品名称及备注	进口关税税率		增值税率	计量单位	监管条件
		最惠国	普通			
5007109031	其他绸丝机织物(含绸丝85%以下,与精梳羊毛或动物细毛混纺,羊毛限内)	10.0	130.0	17.0	米/千克	B
5007109039	其他绸丝机织物(含绸丝85%以下,与其他混纺,羊毛限内)	10.0	130.0	17.0	米/千克	B
5007109091	其他绸丝机织物(含绸丝85%以下,与精梳羊毛或动物细毛混纺)	10.0	130.0	17.0	米/千克	B
5007109099	其他绸丝机织物(含绸丝85%以下,与其他混纺)	10.0	130.0	17.0	米/千克	B
5007201100	未漂白或漂白的桑蚕丝机织物(包括未练白或练白,按重量计丝或绢丝含量85%及以上)	10.0	130.0	17.0	米/千克	B
5007201900	其他桑蚕丝机织物(按重量计丝或绢丝含量在85%及以上)	10.0	130.0	17.0	米/千克	B
5007202100	未漂白或漂白的柞蚕丝机织物(包括未练白或练白,按重量计丝或绢丝含量85%及以上)	10.0	130.0	17.0	米/千克	B
5007202900	其他柞蚕丝机织物(按重量计丝或绢丝含量在85%及以上)	10.0	130.0	17.0	米/千克	B
5007203100	未漂白或漂白的绢丝机织物(包括未练白或练白,按重量计丝或绢丝含量85%及以上)	10.0	130.0	17.0	米/千克	B
5007203900	其他绢丝机织物(按重量计丝或绢丝含量在85%及以上)	10.0	130.0	17.0	米/千克	B
5007209010	未漂白或漂白其他丝机织物(包括未练白或练白,按重量计丝或绢丝含量在85%及以上)	10.0	130.0	17.0	米/千克	B
5007209090	其他丝机织物(按重量计丝或绢丝含量在85%及以上)	10.0	130.0	17.0	米/千克	B
5007901010	未漂白或漂白其他丝机织物(包括未练白或练白,含丝及绢丝85%及以上)	10.0	130.0	17.0	米/千克	B
5007901020	未漂白或漂白其他丝机织物(含未练白或练白,丝及绢丝<85%与其他混纺,棉或化纤限内)	10.0	130.0	17.0	米/千克	B
5007901031	未漂白或漂白其他丝机织物(未练或练白,丝及绢丝<85%,与精梳羊毛或动物细毛混,羊毛限)	10.0	130.0	17.0	米/千克	B
5007901039	未漂白或漂白其他丝机织物(未练白或练白,含丝及绢丝<85%,与其他混纺,羊毛限内)	10.0	130.0	17.0	米/千克	B
5007901091	未漂白或漂白其他丝机织物(未练白或练白,丝及绢丝<85%,与精梳羊毛或动物细毛混纺)	10.0	130.0	17.0	米/千克	B
5007901099	未漂白或漂白其他丝机织物(未练白或练白,含丝及绢丝85%以下,与其他混纺)	10.0	130.0	17.0	米/千克	B
5007909010	其他丝机织物(含丝及绢丝85%及以上)	10.0	130.0	17.0	米/千克	B
5007909021	其他色织丝机织物(含丝及绢丝85%以下,与其他混纺,棉或化学纤维限内)	10.0	130.0	17.0	米/千克	B
5007909029	其他非色织丝机织物(含丝及绢丝85%以下,与其他混纺,棉或化学纤维限内)	10.0	130.0	17.0	米/千克	B
5007909031	其他丝机织物(含丝及绢丝<85%,与精梳羊毛或动物细毛混纺,羊毛限内)	10.0	130.0	17.0	米/千克	B

商品编号	商品名称及备注	进口关税税率		增值税率	计量单位	监管条件
		最惠国	普通			
5007909039	其他丝机织物(含丝及绢丝85%以下,与其他混纺,羊毛限内)	10.0	130.0	17.0	米/千克	B
5007909091	其他丝机织物(含丝及绢丝85%以下,与精梳羊毛或动物细毛混纺)	10.0	130.0	17.0	米/千克	B
5007909099	其他丝机织物(含丝及绢丝85%以下,与其他混纺)	10.0	130.0	17.0	米/千克	B

第五十一章　羊毛、动物细毛或粗毛；马毛纱线及其机织物

注释：

本目录所称：

一、"羊毛"，是指绵羊或羔羊身上长的天然纤维；

二、"动物细毛"，是指下列动物的毛：羊驼、美洲驼、驼马、骆驼、牦牛、安哥拉山羊、西藏山羊、喀什米尔山羊及类似山羊（普通山羊除外）、家兔（包括安哥拉兔）、野兔、海狸、河狸鼠或麝鼠；

三、"动物粗毛"，是指以上未提及的其他动物的毛，但不包括制刷用鬃、毛（品目05.02）以及马毛（品目05.03）。

商品编号	商 品 名 称 及 备 注	进口关税税率		增值税率	计量单位	监管条件
		最惠国	普通			
5101	未梳的羊毛					
5101110010	未梳的含脂剪羊毛(配额内)	1.0	50.0	13.0	千克	tAB
5101110090	未梳的含脂剪羊毛(配额外)	38.0	50.0	13.0	千克	AB
5101190010	未梳的其他含脂羊毛(配额内)	1.0	50.0	13.0	千克	tAB
5101190090	未梳的其他含脂羊毛(配额外)	38.0	50.0	13.0	千克	AB
5101210010	未梳的脱脂剪羊毛(未碳化)(配额内)	1.0	50.0	17.0	千克	tAB
5101210090	未梳的脱脂剪羊毛(未碳化)(配额外)	38.0	50.0	17.0	千克	AB
5101290010	未梳的其他脱脂羊毛(未碳化)(配额内)	1.0	50.0	17.0	千克	tAB
5101290090	未梳的其他脱脂羊毛(未碳化)(配额外)	38.0	50.0	17.0	千克	AB
5101300010	未梳碳化羊毛(配额内)	1.0	50.0	17.0	千克	tAB
5101300090	未梳碳化羊毛(配额外)	38.0	50.0	17.0	千克	AB
5102	未梳的动物细毛或粗毛					
5102110000	未梳喀什米尔山羊的细毛	9.0	45.0	17.0	千克	AB
5102191010	未梳濒危兔毛	9.0	50.0	17.0	千克	ABFE
5102191090	其他未梳兔毛	9.0	50.0	17.0	千克	AB
5102192000	其他未梳山羊绒	9.0	45.0	17.0	千克	AB
5102193010	未梳濒危野生骆驼科动物毛、绒	9.0	45.0	17.0	千克	FEAB
5102193090	其他未梳骆驼毛、绒	9.0	45.0	17.0	千克	AB
5102199010	未梳的其他濒危野生动物细毛	9.0	45.0	17.0	千克	FEAB
5102199090	未梳的其他动物细毛	9.0	45.0	17.0	千克	AB
5102200010	未梳的濒危野生动物粗毛	9.0	50.0	17.0	千克	FEAB
5102200090	未梳的其他动物粗毛	9.0	50.0	17.0	千克	AB
5103	羊毛或动物细毛或粗毛的废料，包括废纱线，但不包括回收纤维					
5103101010	羊毛落毛(配额内)	1.0	50.0	17.0	千克	tAB
5103101090	羊毛落毛(配额外)	38.0	50.0	17.0	千克	AB
5103109010	其他濒危野生动物细毛的落毛	9.0	50.0	17.0	千克	FEAB

商品编号	商品名称及备注	进口关税税率		增值税率	计量单位	监管条件
		最惠国	普通			
5103109090	其他动物细毛的落毛	9.0	50.0	17.0	千克	AB
5103201000	羊毛废料(包括废纱线,不包括回收纤维)	13.5	20.0	17.0	千克	AB
5103209010	其他濒危野生动物细毛废料(包括废纱线,不包括回收纤维)	9.0	50.0	17.0	千克	FEAB
5103209090	其他动物细毛废料(包括废纱线,不包括回收纤维)	9.0	50.0	17.0	千克	AB
5103300010	濒危野生动物粗毛废料(包括废纱线,不包括回收纤维)	9.0	50.0	17.0	千克	FEAB
5103300090	其他动物粗毛废料(包括废纱线,不包括回收纤维)	9.0	50.0	17.0	千克	AB
5104	**羊毛或动物细毛或粗毛的回收纤维**					
5104001000	羊毛的回收纤维	15.0	20.0	17.0	千克	AB
5104009010	其他濒危野生动物细毛(包括粗毛回收纤维)	5.0	50.0	17.0	千克	FEAB
5104009090	其他动物细毛或粗毛的回收纤维	5.0	50.0	17.0	千克	AB
5105	**已梳的羊毛及动物细毛或粗毛(包括精梳片毛)**					
5105100010	粗梳羊毛(配额内)	3.0	50.0	17.0	千克	tAB
5105100090	粗梳羊毛(配额外)	38.0	50.0	17.0	千克	AB
5105210010	精梳羊毛片毛(配额内)	3.0	50.0	17.0	千克	tAB
5105210090	精梳羊毛片毛(配额外)	38.0	50.0	17.0	千克	AB
5105290010	羊毛条及其他精梳羊毛(配额内)	3.0	50.0	17.0	千克	tAB
5105290090	羊毛条及其他精梳羊毛(配额外)	38.0	50.0	17.0	千克	AB
5105310000	已梳喀什米尔山羊的细毛	5.0	50.0	17.0	千克	AB
5105391010	已梳濒危兔毛	5.0	70.0	17.0	千克	ABFE
5105391090	其他已梳兔毛	5.0	70.0	17.0	千克	AB
5105392100	其他已梳无毛山羊绒	5.0	50.0	17.0	千克	AB
5105392900	其他已梳山羊绒	5.0	50.0	17.0	千克	AB
5105399010	其他已梳野生动物细毛	5.0	50.0	17.0	千克	ABEF
5105399090	其他已梳动物细毛	5.0	50.0	17.0	千克	AB
5105400010	其他已梳濒危野生动物粗毛	5.0	50.0	17.0	千克	FEAB
5105400090	其他已梳动物粗毛	5.0	50.0	17.0	千克	AB
5106	**粗梳羊毛纱线,非供零售用**					
5106100000	非零售用粗梳羊毛纱线(按重量计羊毛含量≥85%)	5.0	70.0	17.0	千克	A
5106200000	非零售用粗梳混纺羊毛纱线(混纺以羊毛纱线为主,但羊毛含量<85%)	5.0	70.0	17.0	千克	
5107	**精梳羊毛纱线,非供零售用**					
5107100000	非供零售用精梳纯羊毛纱线(按重量计羊毛含量≥85%)	5.0	70.0	17.0	千克	A
5107200000	非供零售用精梳混纺羊毛纱线(混纺以羊毛纱线为主,但羊毛含量<85%)	5.0	70.0	17.0	千克	A
5108	**动物细毛(粗梳或精梳)纱线,非供零售用**					

商品编号	商品名称及备注	进口关税税率		增值税率	计量单位	监管条件
		最惠国	普通			
5108100010	非供零售用粗梳濒危动物细毛纱线	5.0	70.0	17.0	千克	FE
5108100090	其他非供零售用粗梳动物细毛纱线	5.0	70.0	17.0	千克	
5108200010	非供零售用精梳濒危动物细毛纱线	5.0	70.0	17.0	千克	FE
5108200090	其他非供零售用精梳动物细毛纱线	5.0	70.0	17.0	千克	
5109	**羊毛或动物细毛的纱线,供零售用**					
5109100000	零售用羊毛或动物细毛纱线(按重量计羊或其他动物细毛含量≥85%)	6.0	80.0	17.0	千克	
5109900000	零售用混纺羊毛或动物细毛纱线(混纺以羊毛纱线为主,但羊毛含量<85%)	6.0	80.0	17.0	千克	
5110	**动物粗毛或马毛的纱线(包括马毛粗松螺旋花线),不论是否供零售用**					
5110000010	濒危动物粗毛的纱线(包括马毛粗松螺旋花线,不论是否供零售用)	6.0	70.0	17.0	千克	FE
5110000090	其他动物粗毛或马毛的纱线(包括毛马粗松螺旋花线,不论是否供零售用)	6.0	70.0	17.0	千克	
5111	**粗梳羊毛或粗梳动物细毛的机织物**					
5111110011	每平米重≤140g提花/装饰家具布(与精梳羊毛或动物细毛混纺,含粗梳羊毛或动物细毛≥85%)	10.0	130.0	17.0	米/千克	
5111110019	每平米重≤140g提花/装饰家具布(与其他混纺,含粗梳羊毛或动物细毛≥85%)	10.0	130.0	17.0	米/千克	
5111110091	每平米重≤300g其他机织物(与精梳羊毛或动物细毛混纺,含粗梳羊毛或动物细毛≥85%)	10.0	130.0	17.0	米/千克	
5111110099	每平米重≤300g其他机织物(与其他混纺,含粗梳羊毛或动物细毛≥85%)	10.0	130.0	17.0	米/千克	
5111190011	每平米重>300g提花/装饰家具布(与精梳羊毛或动物细毛混纺,羊毛或动物细毛含量≥85%)	10.0	130.0	17.0	米/千克	
5111190019	每平米重>300g提花/装饰家具布(与其他混纺,羊毛或动物细毛含量≥85%)	10.0	130.0	17.0	米/千克	
5111190091	每平米重>300g其他全毛机织物(与精梳羊毛或动物细毛混纺,羊毛或动物细毛含量≥85%)	10.0	130.0	17.0	米/千克	
5111190099	每平米重>300g其他全毛机织物(与其他混纺,羊毛或动物细毛含量≥85%)	10.0	130.0	17.0	米/千克	
5111200010	与化纤长丝混纺提花/装饰家具布(重量≤140g/m^{2}或者>300g/m^2,羊毛或动物细毛含<85%)	10.0	130.0	17.0	米/千克	
5111200090	与化纤长丝混纺其他粗梳毛机织物(羊毛或动物细毛含量<85%)	10.0	130.0	17.0	米/千克	
5111300010	与化纤短纤混纺提花/装饰家具布(重量≤140g/m^{2}或者>300g/m^2,含羊毛或动物细毛<85%)	10.0	130.0	17.0	米/千克	
5111300090	与化纤短纤混纺其他粗梳毛机织物(羊毛或动物细毛含量<85%)	10.0	130.0	17.0	米/千克	

商品编号	商品名称及备注	进口关税税率		增值税率	计量单位	监管条件
		最惠国	普通			
5111900011	其他丝与精梳羊毛或动物细毛混纺(丝及绢丝≥30%,含粗梳羊毛或动物细毛<85%,价值>$33/k)	10.0	130.0	17.0	米/千克	
5111900019	其他丝混纺机织物(丝及绢丝≥30%,含粗梳羊毛或动物细毛<85%,价值>$33/k)	10.0	130.0	17.0	米/千克	
5111900021	其他毛混纺提花/装饰家具布(精梳羊毛或动物细毛<85%,重≤140g/m² 或>300g/m²)	10.0	130.0	17.0	米/千克	
5111900029	其他毛混纺提花/装饰家具布(含粗梳羊/动物细毛<85%,重≤140g/m² 或>300g/m²)	10.0	130.0	17.0	米/千克	
5111900091	其他机织物(与精梳羊毛或动物细毛混纺,含粗梳羊毛或动物细毛<85%)	10.0	130.0	17.0	米/千克	
5111900099	其他机织物(与其他混纺,含粗梳羊毛或动物细毛<85%)	10.0	130.0	17.0	米/千克	
5112	**精梳羊毛或精梳动物细毛的机织物**					
5112110010	重≤140g/m² 毛提花/装饰家具布(精梳羊毛或动物细毛含量≥85%)	10.0	130.0	17.0	米/千克	
5112110090	其他重量≤200g/m² 毛制机织物(精梳羊毛或动物细毛含量≥85%)	10.0	130.0	17.0	米/千克	
5112190010	重>200g/m² 毛提花/装饰家具布(精梳羊毛或动物细毛含量≥85%)	10.0	130.0	17.0	米/千克	
5112190090	重量>200g/m² 其他毛制机织物(精梳羊毛或动物细毛含量≥85%)	10.0	130.0	17.0	米/千克	
5112200010	与化纤长丝混纺毛制提花/家具布(精梳羊/动物细毛含量≤85%,重≤140g/m² 或>300g/m²)	10.0	130.0	17.0	米/千克	
5112200090	与化纤长丝混纺其他毛制机织物(精梳羊毛或动物细毛含量≤85%)	10.0	130.0	17.0	米/千克	
5112300010	与化纤短纤混纺毛制提花/家具布(精梳羊/动物细毛含量≤85%,重≤140g/m² 或>300g/m²)	10.0	130.0	17.0	米/千克	
5112300090	与化纤短纤混纺其他毛制机织物(精梳羊毛或动物细毛含量≤85%)	10.0	130.0	17.0	米/千克	
5112900010	其他丝与毛混纺机织物(含精梳羊毛或动物细毛<85%,丝及绢丝≥30%,价值>$33/k)	10.0	130.0	17.0	米/千克	
5112900020	其他精梳毛制提花/装饰家具布(含羊毛或动物细毛<85%,重量≤140g/m² 或>300g/m²)	10.0	130.0	17.0	米/千克	
5112900090	其他机织物(精梳羊毛或动物细毛<85%)	10.0	130.0	17.0	米/千克	
5113	**动物粗毛或马毛的机织物**					
5113000000	动物粗毛或马毛的机织物	10.0	130.0	17.0	米/千克	

第五十二章　棉　　花

子目注释：

子目号 5209.42 及 5211.42 所称"粗斜纹布(劳动布)",是指用不同颜色的纱线织成的三线或四线斜纹织物,包括破斜纹组织的织物,这种织物以经纱为面,经纱染成一种相同的颜色,纬纱未漂白或经漂白、染成灰色或比轻纱稍浅的颜色。

商品编号	商 品 名 称 及 备 注	进口关税税率		增值税率	计量单位	监管条件
		最惠国	普通			
5201	**未梳的棉花**					
5201000010	未梳的棉花[包括脱脂棉花(配额内)]	1.0	125.0	13.0	千克	t4xAB
5201000080	未梳的棉花[包括脱脂棉花(关税配额外暂定)]			13.0	千克	4ABex
5201000090	未梳的棉花[包括脱脂棉花(配额外)]	40.0	125.0	13.0	千克	4xAB
5202	**废棉(包括废棉纱线及回收纤维)**					
5202100000	废棉纱线(包括废棉线)	10.0	30.0	17.0	千克	AP
5202910000	棉的回收纤维	10.0	30.0	17.0	千克	AB
5202990000	其他废棉	10.0	30.0	17.0	千克	ABP
5203	**已梳的棉花**					
5203000010	已梳的棉花(配额内)	1.0	125.0	17.0	千克	t4xAB
5203000090	已梳的棉花(配额外)	40.0	125.0	17.0	千克	4xAB
5204	**棉制缝纫线,不论是否供零售用**					
5204110000	非零售棉缝纫线(按重量计含棉量在 85%及以上)	5.0	40.0	17.0	千克	5
5204190000	非零售棉缝纫线(按重量计含棉量在 85%以下)	5.0	40.0	17.0	千克	5
5204200000	零售用棉制缝纫线	5.0	50.0	17.0	千克	5
5205	**棉纱线(缝纫线除外),按重量计含棉量在 85%及以上,非供零售用**					
5205110000	非零售粗梳粗支纯棉单纱(粗支指单纱细度≥714.29 分特,含棉量≥85%)	5.0	40.0	17.0	千克	B
5205120000	非零售粗梳中支纯棉单纱(中支指单纱细度为 232.56－714.29 分特之间,含棉量≥85%)	5.0	40.0	17.0	千克	B
5205130000	非零售粗梳细支纯棉单纱(细支指单纱细度在 192.31－232.56 分特之间,含棉量≥85%)	5.0	40.0	17.0	千克	B
5205140000	非零售粗梳较细支纯棉单纱(较细支指单纱细度在 125－192.31 分特之间,含棉量≥85%)	5.0	40.0	17.0	千克	B
5205150000	非零售粗梳特细支纯棉单纱(特细支指单纱细度＜125 分特,含棉量≥85%)	5.0	40.0	17.0	千克	B
5205210000	非零售精梳粗支纯棉单纱(粗支指单纱细度≥714.29 分特,含棉量≥85%)	5.0	40.0	17.0	千克	5B
5205220000	非零售精梳中支纯棉单纱(中支指单纱细度为 232.56－714.29 分特之间,含棉量≥85%)	5.0	40.0	17.0	千克	5B

商品编号	商品名称及备注	进口关税税率		增值税率	计量单位	监管条件
		最惠国	普通			
5205230000	非零售精梳细支纯棉单纱(细支指单纱细度在192.31-232.56分特之间,含棉量≥85%)	5.0	40.0	17.0	千克	5B
5205240000	非零售精梳较细支纯棉单纱(较细支指单纱细在125-192.31分特之间,含棉量≥85%)	5.0	40.0	17.0	千克	5B
5205260000	非零售精梳特细支纯棉单纱(特细支指单纱细度在106.38-125分特之间,含棉≥85%)	5.0	40.0	17.0	千克	5B
5205270000	非零售精梳超特细支纯棉单纱(超特细支指单纱细度在83.33-106.38分特之间,含棉≥85%)	5.0	40.0	17.0	千克	5B
5205280000	非零售精梳微支纯棉单纱(微支指单纱细度<83.33分特,含棉量≥85%)	5.0	40.0	17.0	千克	5B
5205310000	非零售粗梳粗支纯棉多股纱(粗支指单纱细度≥714.29分特,含棉量≥85%)	5.0	40.0	17.0	千克	
5205320000	非零售粗梳中支纯棉多股纱(中支指单纱细度为232.56-714.29分特之间,含棉量≥85%)	5.0	40.0	17.0	千克	
5205330000	非零售粗梳细支纯棉多股纱(细支指单纱细度在192.31-232.56分特之间,含棉量≥85%)	5.0	40.0	17.0	千克	
5205340000	非零售粗梳较细支纯棉多股纱(较细支指单纱细在125-192.31分特之间,含棉量≥85%)	5.0	40.0	17.0	千克	
5205350000	非零售粗梳特细支纯棉多股纱(特细支指单纱细度<125分特,含棉量≥85%)	5.0	40.0	17.0	千克	
5205410000	非零售精梳粗支纯棉多股纱(粗支指单纱细度≥714.29分特,含棉量≥85%)	5.0	40.0	17.0	千克	5
5205420000	非零售精梳中支纯棉多股纱(中支指单纱细度为232.56-714.29分特之间,含棉量≥85%)	5.0	40.0	17.0	千克	5
5205430000	非零售精梳细支纯棉多股纱(细支指单纱细度在192.31-232.56分特之间,含棉量≥85%)	5.0	40.0	17.0	千克	5
5205440000	非零售精梳较细支纯棉多股纱(较细支指单纱细在125-192.31分特之间,含棉量≥85%)	5.0	40.0	17.0	千克	5
5205460000	非零售精梳特细支纯棉多股纱(特细支指单纱细度在106.38-125分特之间,含棉量≥85%)	5.0	40.0	17.0	千克	5
5205470000	非零售精梳超特细支多股纱(超特细支指单纱细度在83.33-106.38分特之间,含棉量≥85%)	5.0	40.0	17.0	千克	5
5205480000	非零售精梳微支纯棉多股纱(微支指单纱细度在<83.33分特,含棉量≥85%)	5.0	40.0	17.0	千克	5
5206	**棉纱线(缝纫线除外),按重量计含棉量在85%以下,非供零售用**					
5206110000	非零售粗梳粗支混纺棉单纱(粗支指单纱细度≥714.29分特,含棉量<85%)	5.0	40.0	17.0	千克	B
5206120000	非零售粗梳中支混纺棉单纱(中支指单纱细度为232.56-714.29分特以内,含棉量<85%)	5.0	40.0	17.0	千克	B

商品编号	商 品 名 称 及 备 注	进口关税税率		增值税率	计量单位	监管条件
		最惠国	普通			
5206130000	非零售粗梳细支混纺棉单纱(细支指单纱细度在192.31-232.56分特之间,含棉量<85%)	5.0	40.0	17.0	千克	B
5206140000	非零售粗梳较细支混纺棉单纱(较细支指单纱细在125-192.31分特之间,含棉量<85%)	5.0	40.0	17.0	千克	B
5206150000	非零售粗梳特细支混纺棉单纱(特细支指单纱细度<125分特,含棉量<85%)	5.0	40.0	17.0	千克	B
5206210000	非零售精梳粗支混纺棉单纱(粗支指单纱细度≥714.29分特,含棉量<85%)	5.0	40.0	17.0	千克	5B
5206220000	非零售精梳中支混纺棉单纱(中支指单纱细度为232.56-714.29分特之间,含棉量<85%)	5.0	40.0	17.0	千克	5B
5206230000	非零售精梳细支混纺棉单纱(细支指单纱细度在192.31-232.56分特之间,含棉量<85%)	5.0	40.0	17.0	千克	5B
5206240000	非零售精梳较细支混纺棉单纱(较细支指单纱细在125-192.31分特之间,含棉量<85%)	5.0	40.0	17.0	千克	5B
5206250000	非零售精梳特细支混纺棉单纱(特细支指单纱细度<125分特,含棉量<85%)	5.0	40.0	17.0	千克	5B
5206310000	非零售粗梳粗支混纺棉多股纱或缆线(粗支指单纱细度≥714.29分特,含棉量<85%)	5.0	40.0	17.0	千克	
5206320000	非零售粗梳中支混纺棉多股纱或缆线(中支指单纱细度为232.56-714.29分特之间,含棉量<85%)	5.0	40.0	17.0	千克	
5206330000	非零售粗梳细支其他混纺棉多股纱或缆线(细支指单纱细度在192.31-232.56分特之间,含棉量<85%)	5.0	40.0	17.0	千克	
5206340000	非零售粗梳较细混纺棉多股纱或缆线(较细支指单纱细在125-192.31分特之间,含棉量<85%)	5.0	40.0	17.0	千克	
5206350000	非零售粗梳特细混纺棉多股纱或缆线(特细支指单纱细度<125分特,含棉量<85%)	5.0	40.0	17.0	千克	
5206410000	非零售精梳粗支混纺棉多股纱(粗支指单纱细度≥714.29分特,含棉量<85%)	5.0	40.0	17.0	千克	5
5206420000	非零售精梳中支混纺棉多股纱(中支指单纱细度为232.56-714.29分特之间,含棉量<85%)	5.0	40.0	17.0	千克	5
5206430000	非零售精梳细支混纺棉多股纱(细支指单纱细度在192.31-232.56分特之间,含棉量<85%)	5.0	40.0	17.0	千克	5
5206440000	非零售精梳较细混纺棉多股纱(较细支指单纱细在125-192.31分特之间,含棉量<85%)	5.0	40.0	17.0	千克	5
5206450000	非零售精梳特细混纺棉多股纱(特细支指单纱细度<125分特,含棉量<85%)	5.0	40.0	17.0	千克	5
5207	**棉纱线(缝纫线除外),供零售用**					
5207100000	供零售用纯棉纱线(纯棉纱线指按重量计含棉量≥85%,缝纫线除外)	6.0	50.0	17.0	千克	5

商品编号	商品名称及备注	进口关税税率		增值税率	计量单位	监管条件
		最惠国	普通			
5207900000	供零售用混纺棉纱线(混棉纱线指按重量计含棉量<85%,缝纫线除外)	6.0	50.0	17.0	千克	5
5208	**棉机织物,按重量计含棉量在85%及以上,每平方米重量不超过200克**					
5208110010	未漂白全棉平纹府绸及细平布(每平方米重量不超过100克,含棉85%及以上)	10.0	70.0	17.0	米/千克	5AB
5208110020	未漂白全棉平纹机织平布(每平方米重量不超过100克,68号及以下)	10.0	70.0	17.0	米/千克	AB5
5208110030	未漂白全棉平纹奶酪布(每平方米重量不超过100克,含棉85%及以上)	10.0	70.0	17.0	米/千克	AB5
5208110040	未漂白全棉平纹印染用布(每平方米重量不超过100克,43-68号)	10.0	70.0	17.0	米/千克	AB5
5208110050	未漂白全棉平纹巴里纱及薄细布(每平方米重量不超过100克,69号及以上)	10.0	70.0	17.0	米/千克	AB5
5208110060	未漂白全棉平纹机织打字布(每平方米重量不超过100克,含棉85%及以上)	10.0	70.0	17.0	米/千克	AB5
5208110070	未漂白全棉医用纱布(每平方米重量不超过100克,含棉85%及以上)	10.0	70.0	17.0	米/千克	AB5
5208120010	未漂白全棉平纹府绸及细平布(100克<每平方米重量≤200克,含棉85%及以上)	10.0	70.0	17.0	米/千克	AB5
5208120020	未漂白全棉平纹机织平布(100克<每平方米重量≤200克,68号及以下)	10.0	70.0	17.0	米/千克	AB5
5208120030	未漂白全棉平纹奶酪布(100克<每平方米重量≤200克,含棉85%及以上)	10.0	70.0	17.0	米/千克	AB5
5208120040	未漂白全棉平纹印染用布(100克<每平方米重量≤200克,43-68号)	10.0	70.0	17.0	米/千克	AB5
5208120050	未漂白全棉平纹巴里纱及薄细布(100克<每平方米重量≤200克,69号及以上)	10.0	70.0	17.0	米/千克	AB5
5208130000	未漂白全棉三、四线斜纹布(每平方米重量≤200克,含棉≥85%,包括双面斜纹机织物)	10.0	70.0	17.0	米/千克	AB5
5208190010	未漂白其他全棉机织缎布(每平方米重量不超过200克,含棉85%及以上)	10.0	70.0	17.0	米/千克	AB5
5208190020	未漂白其他全棉机织斜纹布(每平方米重量不超过200克,含棉85%及以上)	10.0	70.0	17.0	米/千克	AB5
5208190030	未漂白其他全棉机织牛津布(每平方米重量不超过200克,含棉85%及以上)	10.0	70.0	17.0	米/千克	AB5
5208190090	未漂白其他全棉机织物(每平方米重量不超过200克,含棉85%及以上)	10.0	70.0	17.0	米/千克	AB5
5208210010	漂白全棉平纹府绸及细平布(每平方米重量不超过100克,含棉85%及以上)	10.0	70.0	17.0	米/千克	AB5

商品编号	商品名称及备注	进口关税税率		增值税率	计量单位	监管条件
		最惠国	普通			
5208210020	漂白全棉平纹机织平布(每平方米重量不超过100克,68号及以下)	10.0	70.0	17.0	米/千克	AB5
5208210030	漂白全棉平纹奶酪布(每平方米重量不超过100克,含棉85%及以上)	10.0	70.0	17.0	米/千克	AB5
5208210040	漂白全棉平纹印染用布(每平方米重量不超过100克,43-68号)	10.0	70.0	17.0	米/千克	AB5
5208210050	漂白全棉平纹巴里纱及薄细布(每平方米重量不超过100克,69号及以上)	10.0	70.0	17.0	米/千克	AB5
5208210060	漂白全棉医用纱布(每平方米重量不超过100克,含棉85%及以上)	10.0	70.0	17.0	米/千克	AB5
5208220010	漂白全棉平纹府绸及细平布(100克<每平方米重量≤200克,含棉85%及以上)	10.0	70.0	17.0	米/千克	AB5
5208220020	漂白全棉平纹机织平布(100克<每平方米重量≤200克,68号及以下)	10.0	70.0	17.0	米/千克	AB5
5208220030	漂白全棉平纹奶酪布(100克<每平方米重量≤200克,含棉85%及以上)	10.0	70.0	17.0	米/千克	AB5
5208220040	漂白全棉平纹印染用布(100克<每平方米重量≤200克,43-68号)	10.0	70.0	17.0	米/千克	AB5
5208220050	漂白全棉巴里纱及薄细布(100克<每平方米重量≤200克,69号及以上)	10.0	70.0	17.0	米/千克	AB5
5208230000	漂白的全棉三、四线斜纹布(每平方米重量≤200克,含棉≥85%,包括双面斜纹机织物)	12.0	70.0	17.0	米/千克	AB5
5208290010	漂白其他全棉机织缎布(每平方米重量不超过200克,含棉85%及以上)	10.0	70.0	17.0	米/千克	AB5
5208290020	漂白其他全棉机织斜纹布(每平方米重量不超过200克,含棉85%及以上)	10.0	70.0	17.0	米/千克	AB5
5208290030	漂白其他全棉机织牛津布(每平方米重量不超过200克,含棉85%及以上)	10.0	70.0	17.0	米/千克	AB5
5208290090	漂白其他全棉机织物(每平方米重量不超过200克,含棉85%及以上)	10.0	70.0	17.0	米/千克	AB5
5208310010	染色全棉手工织布(每平方米重量不超过100克,含棉85%及以上)	10.0	70.0	17.0	米/千克	AB5
5208310091	染色全棉平纹府绸及细平布(每平方米重量不超过100克,含棉85%及以上)	10.0	70.0	17.0	米/千克	AB5
5208310092	染色全棉平纹机织平布(每平方米重量不超过100克,68号及以下)	10.0	70.0	17.0	米/千克	AB5
5208310093	染色全棉平纹奶酪布(每平方米重量不超过100克,含棉85%及以上)	10.0	70.0	17.0	米/千克	AB5
5208310094	染色全棉平纹印染用布(每平方米重量不超过100克,43-68号)	10.0	70.0	17.0	米/千克	AB5

商品编号	商品名称及备注	进口关税税率		增值税率	计量单位	监管条件
		最惠国	普通			
5208310095	染色全棉巴里纱及薄细布(每平方米重量不超过100克,69号及以上)	10.0	70.0	17.0	米/千克	AB5
5208320010	染色全棉手工织布(100克<每平方米重量≤200克,含棉85%及以上)	10.0	70.0	17.0	米/千克	AB5
5208320091	染色全棉平纹府绸及细平布(100克<每平方米重量≤200克,含棉85%及以上)	10.0	70.0	17.0	米/千克	AB5
5208320092	染色全棉平纹机织平布(100克<每平方米重量≤200克,68号及以下)	10.0	70.0	17.0	米/千克	AB5
5208320093	染色全棉平纹奶酪布(100克<每平方米重量≤200克,含棉85%及以上)	10.0	70.0	17.0	米/千克	AB5
5208320094	染色全棉平纹印染用布(100克<每平方米重量≤200克,43-68号)	10.0	70.0	17.0	米/千克	AB5
5208320095	染色全棉巴里纱及薄细布(100克<每平方米重量≤200克,69号及以上)	10.0	70.0	17.0	米/千克	AB5
5208330000	染色的全棉三、四线斜纹布(每平方米重量≤200克,含棉≥85%,包括双面斜纹机织物)	10.0	70.0	17.0	米/千克	AB5
5208390010	染色其他全棉机织缎布(每平方米重量不超过200克,含棉85%及以上)	10.0	70.0	17.0	米/千克	AB5
5208390020	染色其他全棉机织斜纹布(每平方米重量不超过200克,含棉85%及以上)	10.0	70.0	17.0	米/千克	AB5
5208390030	染色其他全棉机织牛津布(每平方米重量不超过200克,含棉85%及以上)	10.0	70.0	17.0	米/千克	AB5
5208390090	染色其他全棉机织物(每平方米重量不超过200克,含棉85%及以上)	10.0	70.0	17.0	米/千克	AB5
5208410010	色织的全棉手工织布(每平方米重量不超过100克,含棉85%及以上)	10.0	70.0	17.0	米/千克	AB5
5208410090	色织的全棉平纹机织物(每平方米重量不超过100克,含棉85%及以上)	10.0	70.0	17.0	米/千克	AB5
5208420010	色织的全棉手工织布(100克<每平方米重量≤200克,含棉85%及以上)	10.0	70.0	17.0	米/千克	AB5
5208420090	色织的全棉平纹机织物(100克<每平方米重量≤200克,含棉85%及以上)	10.0	70.0	17.0	米/千克	AB5
5208430000	色织的全棉三、四线斜纹布(每平方米重量≤200克,含棉≥85%,包括双面斜纹机织物)	10.0	70.0	17.0	米/千克	AB5
5208490010	色织的其他全棉提花机织物(每平方米重量不超过200克,含棉85%及以上)	10.0	70.0	17.0	米/千克	AB5
5208490090	色织的其他全棉机织物(每平方米重量不超过200克,含棉85%及以上)	10.0	70.0	17.0	米/千克	AB5
5208510010	印花全棉手工织布(每平方米重量不超过100克,含棉85%及以上)	10.0	70.0	17.0	米/千克	AB5

商品编号	商品名称及备注	进口关税税率		增值税率	计量单位	监管条件
		最惠国	普通			
5208510091	印花全棉平纹府绸及细平布(每平方米重量不超过100克,含棉85%及以上)	10.0	70.0	17.0	米/千克	AB5
5208510092	印花全棉平纹机织平布(每平方米重量不超过100克,68号及以下)	10.0	70.0	17.0	米/千克	AB5
5208510093	印花全棉平纹奶酪布(每平方米重量不超过100克,含棉85%及以上)	10.0	70.0	17.0	米/千克	AB5
5208510094	印花全棉平纹印染用布(每平方米重量不超过100克,43-68号)	10.0	70.0	17.0	米/千克	AB5
5208510095	印花全棉平纹巴里纱及薄细布(每平方米重量不超过100克,69号及以上)	10.0	70.0	17.0	米/千克	AB5
5208520010	印花的全棉手工织布(100克<每平方米重量≤200克,含棉85%及以上)	10.0	70.0	17.0	米/千克	AB5
5208520091	印花的全棉平纹府绸及细平布(100克<每平方米重量≤200克,含棉85%及以上)	10.0	70.0	17.0	米/千克	AB5
5208520092	印花的全棉平纹机织平布(100克<每平方米重量≤200克,68号及以下)	10.0	70.0	17.0	米/千克	AB5
5208520093	印花的全棉平纹奶酪布(100克<每平方米重量≤200克,含棉85%及以上)	10.0	70.0	17.0	米/千克	AB5
5208520094	印花的全棉平纹印染用布(100克<每平方米重量≤200克,43-68号)	10.0	70.0	17.0	米/千克	AB5
5208520095	印花的全棉巴里纱及薄细布(100克<每平方米重量≤200克,69号及以上)	10.0	70.0	17.0	米/千克	AB5
5208530000	印花的全棉三、四线斜纹布(每平方米重量≤200克,含棉≥85%,包括双面斜纹机织物)	10.0	70.0	17.0	米/千克	AB5
5208590010	印花其他全棉机织缎布(每平方米重量不超过200克,含棉85%及以上)	10.0	70.0	17.0	米/千克	AB5
5208590020	印花其他全棉机织斜纹布(每平方米重量不超过200克,含棉85%及以上)	10.0	70.0	17.0	米/千克	AB5
5208590030	印花其他全棉机织牛津布(每平方米重量不超过200克,含棉85%及以上)	10.0	70.0	17.0	米/千克	AB5
5208590090	印花其他全棉机织物(每平方米重量不超过200克,含棉85%及以上)	10.0	70.0	17.0	米/千克	AB5
5209	**棉机织物,按重量计含棉量在85%及以上,每平方米重量超过200克**					
5209110010	未漂白全棉平纹府绸及细平布(指每平方米重超过200克,含棉85%及以上)	10.0	70.0	17.0	米/千克	AB5
5209110020	未漂白的全棉平纹机织平布(指每平方米重超过200克,含棉85%及以上)	10.0	70.0	17.0	米/千克	AB5
5209110030	未漂白的全棉平纹机织帆布(指每平方米重超过200克,含棉85%及以上)	10.0	70.0	17.0	米/千克	AB5

商品编号	商 品 名 称 及 备 注	进口关税税率		增值税率	计量单位	监管条件
		最惠国	普通			
5209120000	未漂白的全棉三、四线斜纹布(指每平方米重＞200克,含棉≥85%包括双面斜纹机织物)	10.0	70.0	17.0	米/千克	AB5
5209190010	未漂白的其他全棉机织缎布(指每平方米重超过200克,含棉85%及以上)	10.0	70.0	17.0	米/千克	B5
5209190020	未漂白的其他全棉机织斜纹布(指每平方米重超过200克,含棉85%及以上)	10.0	70.0	17.0	米/千克	B5
5209190030	未漂白的其他全棉机织帆布(指每平方米重超过200克,含棉85%及以上)	10.0	70.0	17.0	米/千克	B5
5209190090	未漂白的其他全棉机织物(指每平方米重超过200克,含棉85%及以上)	10.0	70.0	17.0	米/千克	B5
5209210010	漂白全棉平纹府绸及细平布(指每平方米重超过200克,含棉85%及以上)	12.0	70.0	17.0	米/千克	B5
5209210020	漂白的全棉平纹机织平布(指每平方米重超过200克,含棉85%及以上)	12.0	70.0	17.0	米/千克	B5
5209210030	漂白的全棉平纹机织帆布(指每平方米重超过200克,含棉85%及以上)	12.0	70.0	17.0	米/千克	B5
5209220000	漂白的全棉三、四线斜纹布(指每平方米重超过200克,含棉≥85%,包括双面斜纹机织物)	12.0	70.0	17.0	米/千克	B5
5209290010	漂白的其他全棉机织缎布(指每平方米重超过200克,含棉85%及以上)	12.0	70.0	17.0	米/千克	B5
5209290020	漂白的其他全棉机织斜纹布(指每平方米重超过200克,含棉85%及以上)	12.0	70.0	17.0	米/千克	B5
5209290030	漂白的其他全棉机织帆布(指每平方米重超过200克,含棉85%及以上)	12.0	70.0	17.0	米/千克	B5
5209290090	漂白的其他全棉机织物(指每平方米重超过200克,含棉85%及以上)	12.0	70.0	17.0	米/千克	B5
5209310010	染色全棉手工织布(指每平方米重超过200克,含棉85%及以上)	10.0	70.0	17.0	米/千克	AB5
5209310091	染色全棉平纹府绸及细平布(指每平方米重超过200克,含棉85%及以上)	10.0	70.0	17.0	米/千克	AB5
5209310092	染色的全棉平纹机织平布(指每平方米重超过200克,含棉85%及以上)	10.0	70.0	17.0	米/千克	AB5
5209310093	染色的全棉平纹机织帆布(指每平方米重超过200克,含棉85%及以上)	10.0	70.0	17.0	米/千克	AB5
5209320000	染色的全棉三、四线斜纹布(指每平方米重超过200克,含棉≥85%,包括双面斜纹机织物)	10.0	70.0	17.0	米/千克	AB5
5209390010	染色的其他全棉机织缎布(指每平方米重超过200克,含棉85%及以上)	10.0	70.0	17.0	米/千克	AB5
5209390020	染色的其他全棉机织斜纹布(指每平方米重超过200克,含棉85%及以上)	10.0	70.0	17.0	米/千克	AB5

商品编号	商品名称及备注	进口关税税率		增值税率	计量单位	监管条件
		最惠国	普通			
5209390030	染色的其他全棉机织帆布(指每平方米重超过200克,含棉85%及以上)	10.0	70.0	17.0	米/千克	AB5
5209390090	染色的其他全棉机织物(指每平方米重超过200克,含棉85%及以上)	10.0	70.0	17.0	米/千克	AB5
5209410010	色织的全棉手工织布(指每平方米重超过200克,含棉85%及以上)	10.0	70.0	17.0	米/千克	AB5
5209410090	色织的全棉平纹机织物(指每平方米重超过200克,含棉85%及以上)	10.0	70.0	17.0	米/千克	AB5
5209420010	色织全棉蓝粗斜纹布(劳动布)(指每平方米重超过200克,含棉85%及以上)	10.0	70.0	17.0	米/千克	AB5
5209420090	色织其他全棉粗斜纹布(劳动布)(指每平方米重超过200克,含棉85%及以上)	10.0	70.0	17.0	米/千克	AB5
5209430000	色织的全棉三、四线斜纹布(指每平方米重超过200克,含棉≥85%,包括双面斜纹机织物)	10.0	70.0	17.0	米/千克	AB5
5209490010	色织的其他全棉提花机织物(指每平米重超过200克,含棉85%及以上)	10.0	70.0	17.0	米/千克	AB5
5209490090	色织的其他全棉机织物(指每平米重超过200克,含棉85%及以上)	10.0	70.0	17.0	米/千克	AB5
5209510010	印花全棉手工织布(指每平方米重超过200克,含棉85%及以上)	10.0	70.0	17.0	米/千克	AB5
5209510091	印花全棉平纹府绸及细平布(指每平方米重超过200克,含棉85%及以上)	10.0	70.0	17.0	米/千克	AB5
5209510092	印花全棉平纹机织平布(指每平方米重超过200克,含棉85%及以上)	10.0	70.0	17.0	米/千克	AB5
5209510093	印花全棉平纹机织帆布(指每平方米重超过200克,含棉85%及以上)	10.0	70.0	17.0	米/千克	AB5
5209520000	印花的全棉三、四线斜纹布(指每平方米重超过200克,含棉85%及以上双面斜纹布)	10.0	70.0	17.0	米/千克	AB5
5209590010	印花的其他全棉机织缎布(指每平方米重超过200克,含棉85%及以上)	10.0	70.0	17.0	米/千克	AB5
5209590020	印花的其他全棉机织斜纹布(指每平方米重超过200克,含棉85%及以上)	10.0	70.0	17.0	米/千克	AB5
5209590030	印花的其他全棉机织帆布(指每平方米重超过200克,含棉85%及以上)	10.0	70.0	17.0	米/千克	AB5
5209590090	印花的其他全棉机织物(指每平方米重超过200克,含棉85%及以上)	10.0	70.0	17.0	米/千克	AB5
5210	**棉机织物,按重量计含棉量在85%以下,主要或仅与化学纤维混纺,每平方米重量不超过200克**					
5210110011	未漂白与聚酯短纤混纺的棉制府绸(指每平米重≤200克,含棉85%以下,含平细布)	12.0	90.0	17.0	米/千克	B5

商品编号	商 品 名 称 及 备 注	进口关税税率		增值税率	计量单位	监管条件
		最惠国	普通			
5210110012	未漂白与聚酯短纤混纺棉机织平布(指每平米重≤200克,≤68号,含棉85%以下)	12.0	90.0	17.0	米/千克	B5
5210110013	未漂白与聚酯短纤混纺棉奶酪布(指每平米重≤200克,含棉85%以下)	12.0	90.0	17.0	米/千克	B5
5210110014	未漂白与聚酯短纤混纺棉印染布(指每平米重≤200克,43-68号,含棉85%以下)	12.0	90.0	17.0	米/千克	B5
5210110015	未漂白与聚酯短纤混纺棉巴里纱(指每平米重≤200克,≥69号,含棉85%以下,含薄细布)	12.0	90.0	17.0	米/千克	B5
5210110091	未漂白与其他化纤混纺棉府绸(指每平米重≤200克,含棉85%以下,含细平布)	12.0	90.0	17.0	米/千克	B5
5210110092	未漂白与其他化纤混纺棉机织平布(指每平米重≤200克,≤68号,含棉85%以下)	12.0	90.0	17.0	米/千克	B5
5210110093	未漂白与其他化纤混纺棉奶酪布(指每平米重≤200克,含棉85%以下)	12.0	90.0	17.0	米/千克	B5
5210110094	未漂白与其他化纤混纺棉印染布(指每平米重≤200克,43-68号,含棉85%以下)	12.0	90.0	17.0	米/千克	B5
5210110095	未漂白与其他化纤混纺棉巴里纱(指每平米重≤200克,≥69号,含棉85%以下,含薄细布)	12.0	90.0	17.0	米/千克	B5
5210120010	未漂白与聚酯短纤混纺的棉斜纹布(每平米重≤200克,含棉85%以下,3/4线斜纹布,双面斜纹布)	12.0	90.0	17.0	米/千克	B5
5210120090	未漂白与其他化纤混纺棉斜纹布(每平米重≤200克,含棉85%以下,3/4线斜纹布,双面斜纹布)	12.0	90.0	17.0	米/千克	B5
5210190011	其他未漂白与聚酯短纤混纺的缎布(每平米重量≤200克,含棉85%以下)	12.0	90.0	17.0	米/千克	B5
5210190012	其他未漂白与聚酯短纤混纺斜纹布(每平米重量≤200克,含棉85%以下)	12.0	90.0	17.0	米/千克	B5
5210190013	其他未漂白与聚酯短纤混纺牛津布(每平米重量≤200克,含棉85%以下)	12.0	90.0	17.0	米/千克	B5
5210190019	其他未漂白与聚酯短纤混纺棉布(每平米重量≤200克,含棉85%以下)	12.0	90.0	17.0	米/千克	B5
5210190091	其他未漂白与其他化纤混纺缎布(每平米重量≤200克,含棉85%以下)	12.0	90.0	17.0	米/千克	B5
5210190092	其他未漂白与其他化纤混纺斜纹布(每平米重量≤200克,含棉85%以下)	12.0	90.0	17.0	米/千克	B5
5210190093	其他未漂白与其他化纤混牛津布(每平米重量≤200克,含棉85%以下)	12.0	90.0	17.0	米/千克	B5
5210190099	其他未漂白与其他化纤混棉布(每平米重量≤200克,含棉85%以下)	12.0	90.0	17.0	米/千克	B5
5210210011	漂白与聚酯短纤混纺棉府绸(每平米重≤200克,含棉85%以下,含细平布)	14.0	90.0	17.0	米/千克	B5

商品编号	商 品 名 称 及 备 注	进口关税税率		增值税率	计量单位	监管条件
		最惠国	普通			
5210210012	漂白与聚酯短纤混纺棉机织平布(每平米重≤200克,68号及以下,含棉85%以下)	14.0	90.0	17.0	米/千克	B5
5210210013	漂白与聚酯短纤混纺棉奶酪布(每平米重≤200克,含棉85%以下)	14.0	90.0	17.0	米/千克	B5
5210210014	漂白与聚酯短纤混纺棉印染布(每平米重≤200克,43-68号,含棉85%以下)	14.0	90.0	17.0	米/千克	B5
5210210015	漂白与聚酯短纤混纺棉巴里纱(每平米重≤200克,69号及以上,含棉85%以下,含薄细布)	14.0	90.0	17.0	米/千克	B5
5210210021	漂白与化纤长丝混纺棉府绸(每平米重≤200克,含棉85%以下,含细平布)	14.0	90.0	17.0	米/千克	B5
5210210022	漂白与化纤长丝混纺棉机织平布(每平米重≤200克,68号及以下,含棉85%以下)	14.0	90.0	17.0	米/千克	B5
5210210023	漂白与化纤长丝混纺棉奶酪布(每平米重≤200克,含棉85%以下)	14.0	90.0	17.0	米/千克	B5
5210210024	漂白与化纤长丝混纺棉印染布(每平米重≤200克,43-68号,含棉85%以下)	14.0	90.0	17.0	米/千克	B5
5210210025	漂白与化纤长丝混纺棉巴里纱(每平米重≤200克,69号及以上,含棉85%以下,含薄细布)	14.0	90.0	17.0	米/千克	B5
5210210091	漂白与其他化纤混纺棉府绸(每平米重≤200克,含棉85%以下,含细平布)	14.0	90.0	17.0	米/千克	B5
5210210092	漂白与其他化纤混纺棉机织平布(每平米重≤200克,68号及以下,含棉85%以下)	14.0	90.0	17.0	米/千克	B5
5210210093	漂白与其他化纤混纺棉奶酪布(每平米重≤200克,含棉85%以下)	14.0	90.0	17.0	米/千克	B5
5210210094	漂白与其他化纤混纺棉印染布(每平米重≤200克,43-68号,含棉85%以下)	14.0	90.0	17.0	米/千克	B5
5210210095	漂白与其他化纤混纺棉巴里纱(每平米重≤200克,69号及以上,含棉85%以下,含薄细布)	14.0	90.0	17.0	米/千克	B5
5210220010	漂白与聚酯短纤混纺棉斜纹布(每平米重≤200克,含棉85%以下,3/4线斜纹布,双面斜纹布)	14.0	90.0	17.0	米/千克	B5
5210220020	漂白与化纤长丝混纺棉斜纹布(每平米重≤200克,含棉85%以下,3/4线斜纹布,双面斜纹布)	14.0	90.0	17.0	米/千克	B5
5210220090	漂白与其他化纤混纺棉斜纹布(每平米重≤200克,含棉85%以下,3/4线斜纹布,双面斜纹布)	14.0	90.0	17.0	米/千克	B5
5210290011	其他漂白与聚酯短纤混纺缎布(每平米重≤200克,含棉85%以下)	14.0	90.0	17.0	米/千克	B5
5210290012	其他漂白与聚酯短纤混纺斜纹布(每平米重≤200克,含棉85%以下)	14.0	90.0	17.0	米/千克	B5
5210290013	其他漂白与聚酯短纤混纺牛津布(每平米重≤200克,含棉85%以下)	14.0	90.0	17.0	米/千克	B5

商品编号	商品名称及备注	进口关税税率		增值税率	计量单位	监管条件
		最惠国	普通			
5210290019	其他漂白与聚酯短纤混纺棉布(每平米重≤200克,含棉85%以下)	14.0	90.0	17.0	米/千克	B5
5210290021	其他漂白与化纤长丝混纺缎布(每平米重≤200克,含棉85%以下)	14.0	90.0	17.0	米/千克	B5
5210290022	其他漂白与化纤长丝混纺斜纹布(每平米重≤200克,含棉85%以下)	14.0	90.0	17.0	米/千克	B5
5210290023	其他漂白与化纤长丝混纺牛津布(每平米重≤200克,含棉85%以下)	14.0	90.0	17.0	米/千克	B5
5210290029	其他漂白与化纤长丝混纺棉布(每平米重≤200克,含棉85%以下)	14.0	90.0	17.0	米/千克	B5
5210290091	其他漂白与其他化纤混纺缎布(每平米重≤200克,含棉85%以下)	14.0	90.0	17.0	米/千克	B5
5210290092	其他漂白与其他化纤混纺斜纹布(每平米重≤200克,含棉85%以下)	14.0	90.0	17.0	米/千克	B5
5210290093	其他漂白与其他化纤混纺牛津布(每平米重≤200克,含棉85%以下)	14.0	90.0	17.0	米/千克	B5
5210290099	其他漂白与其他化纤混纺棉布(每平米重≤200克,含棉85%以下)	14.0	90.0	17.0	米/千克	B5
5210310011	染色与聚酯短纤混纺棉府绸(每平米重≤200克,含棉85%以下,含细平布)	10.0	90.0	17.0	米/千克	B5
5210310012	染色与聚酯短纤混纺棉机织平布(每平米重≤200克,68号及以下,含棉85%以下)	10.0	90.0	17.0	米/千克	B5
5210310013	染色与聚酯短纤混纺棉奶酪布(每平米重≤200克,含棉85%以下)	10.0	90.0	17.0	米/千克	B5
5210310014	染色与聚酯短纤混纺棉印染布(每平米重≤200克,43-68号,含棉85%以下)	10.0	90.0	17.0	米/千克	B5
5210310015	染色与聚酯短纤混纺棉巴里纱(每平米重≤200克,69号及以上,含棉85%以下,含薄细布)	10.0	90.0	17.0	米/千克	B5
5210310021	染色与化纤长丝混纺棉府绸(每平米重≤200克,含棉85%以下,含细平布)	10.0	90.0	17.0	米/千克	B5
5210310022	染色与化纤长丝混纺棉机织平布(每平米重≤200克,含棉85%以下)	10.0	90.0	17.0	米/千克	B5
5210310023	染色与化纤长丝混纺棉奶酪布(每平米重≤200克,含棉85%以下)	10.0	90.0	17.0	米/千克	B5
5210310024	染色与化纤长丝混纺棉印染布(每平米重≤200克,43-68号,含棉85%以下)	10.0	90.0	17.0	米/千克	B5
5210310025	染色与化纤长丝混纺棉巴里纱(每平米重≤200克,69号及以上,含棉85%以下,含薄细布)	10.0	90.0	17.0	米/千克	B5
5210310091	染色与其他化纤混纺棉府绸(每平米重≤200克,含棉85%以下,含细平布)	10.0	90.0	17.0	米/千克	B5

商品编号	商 品 名 称 及 备 注	进口关税税率		增值税率	计量单位	监管条件
		最惠国	普通			
5210310092	染色与其他化纤混纺棉机织平布(每平米重≤200克,68号及以下,含棉85%以下)	10.0	90.0	17.0	米/千克	B5
5210310093	染色与其他化纤混纺棉奶酪布(每平米重≤200克,含棉85%以下)	10.0	90.0	17.0	米/千克	B5
5210310094	染色与其他化纤混纺棉印染布(每平米重≤200克,43-68号,含棉85%以下)	10.0	90.0	17.0	米/千克	B5
5210310095	染色与其他化纤混纺棉巴里纱(每平米重≤200克,69号及以上,含棉85%以下,含薄细布)	10.0	90.0	17.0	米/千克	B5
5210320010	染色与聚酯短纤混纺的3/4线斜纹棉布(每平米重不超过200克,含棉85%以下,含双面斜纹布)	10.0	90.0	17.0	米/千克	B5
5210320020	染色与化纤长丝混纺的3/4线斜纹棉布(每平米重不超过200克,含棉85%以下,含双面斜纹布)	10.0	90.0	17.0	米/千克	B5
5210320090	染色与其他化纤混纺的3/4线斜纹棉布(每平米重不超过200克,含棉85%以下,含双面斜纹布)	10.0	90.0	17.0	米/千克	B5
5210390011	其他染色与聚酯短纤混纺缎布(每平米重≤200克,含棉85%以下)	10.0	90.0	17.0	米/千克	B5
5210390012	其他染色与聚酯短纤混纺斜纹布(每平米重≤200克,含棉85%以下)	10.0	90.0	17.0	米/千克	B5
5210390013	其他染色与聚酯短纤混纺牛津布(每平米重≤200克,含棉85%以下)	10.0	90.0	17.0	米/千克	B5
5210390019	其他染色与聚酯短纤混纺棉布(每平米重≤200克,含棉85%以下)	10.0	90.0	17.0	米/千克	B5
5210390021	其他染色与化纤长丝混纺缎布(每平米重≤200克,含棉85%以下)	10.0	90.0	17.0	米/千克	B5
5210390022	其他染色与化纤长丝混斜纹布(每平米重≤200克,含棉85%以下)	10.0	90.0	17.0	米/千克	B5
5210390023	其他染色与化纤长丝混纺牛津布(每平米重≤200克,含棉85%以下)	10.0	90.0	17.0	米/千克	B5
5210390029	其他染色与化纤长丝混纺棉布(每平米重≤200克,含棉85%以下)	10.0	90.0	17.0	米/千克	B5
5210390091	其他染色与其他化纤混纺缎布(每平米重≤200克,含棉85%以下)	10.0	90.0	17.0	米/千克	B5
5210390092	其他染色与其他化纤混纺斜纹布(每平米重≤200克,含棉85%以下)	10.0	90.0	17.0	米/千克	B5
5210390093	其他染色与其他化纤混纺牛津布(每平米重≤200克,含棉85%以下)	10.0	90.0	17.0	米/千克	B5
5210390099	其他染色与其他化纤混纺棉布(每平米重≤200克,含棉85%以下)	10.0	90.0	17.0	米/千克	B5
5210410010	色织与聚酯短纤混纺棉平纹布(每平米重≤200克,含棉85%以下)	10.0	90.0	17.0	米/千克	B5

商品编号	商品名称及备注	进口关税税率		增值税率	计量单位	监管条件
		最惠国	普通			
5210410020	色织与化纤长丝混纺棉平纹布(每平米重≤200克,含棉85%以下)	10.0	90.0	17.0	米/千克	B5
5210410090	色织与其他化纤混纺棉平纹布(每平米重≤200克,含棉85%以下)	10.0	90.0	17.0	米/千克	B5
5210420010	色织与聚酯短纤混纺3/4斜纹棉布(每平米重≤200克,含棉85%以下,含双面斜纹布)	10.0	90.0	17.0	米/千克	B5
5210420020	色织与化纤长丝混纺3/4斜纹棉布(每平米重≤200克,含棉85%以下,含双面斜纹布)	10.0	90.0	17.0	米/千克	B5
5210420090	色织其他化纤混纺3/4斜纹棉布(每平米重≤200克,含棉85%以下,含双面斜纹布)	10.0	90.0	17.0	米/千克	B5
5210490011	色织与聚酯短纤混纺提花布(每平米重不超过200克,含棉85%以下)	10.0	90.0	17.0	米/千克	B5
5210490019	色织与聚酯短纤混纺其他棉布(每平米重不超过200克,含棉85%以下)	10.0	90.0	17.0	米/千克	B5
5210490021	色织与化纤长丝混纺提花布(每平米重不超过200克,含棉85%以下)	10.0	90.0	17.0	米/千克	B5
5210490029	色织与化纤长丝混纺其他棉布(每平米重不超过200克,含棉85%以下)	10.0	90.0	17.0	米/千克	B5
5210490091	色织与其他化纤混纺提花布(每平米重不超过200克,含棉85%以下)	10.0	90.0	17.0	米/千克	B5
5210490099	色织与其他化纤混纺其他棉布(每平米重不超过200克,含棉85%以下)	10.0	90.0	17.0	米/千克	B5
5210510011	印花与聚酯短纤混纺的棉府绸(每平米重≤200克,含棉85%以下,含细平布)	10.0	90.0	17.0	米/千克	B5
5210510012	印花与聚酯短纤混纺棉机织平布(每平米重≤200克,68号及以下,含棉85%以下)	10.0	90.0	17.0	米/千克	B5
5210510013	印花与聚酯短纤混纺的棉奶酪布(每平米重≤200克,含棉85%以下)	10.0	90.0	17.0	米/千克	B5
5210510014	印花与聚酯短纤混纺棉印染布(每平米重≤200克,43-68号及以下,含棉85%以下)	10.0	90.0	17.0	米/千克	B5
5210510015	印花与聚酯短纤混纺棉巴里纱(每平米重≤200克,69号及以上,含棉85%以下,含薄细布)	10.0	90.0	17.0	米/千克	B5
5210510021	印花与化纤长丝混纺的棉府绸(每平米重≤200克,含棉85%以下,含细平布)	10.0	90.0	17.0	米/千克	B5
5210510022	印花与化纤长丝混纺棉机织平布(每平米重≤200克,68号及以下,含棉85%以下)	10.0	90.0	17.0	米/千克	B5
5210510023	印花与化纤长丝混纺棉奶酪布(每平米重≤200克,含棉85%以下)	10.0	90.0	17.0	米/千克	B5
5210510024	印花与化纤长丝混纺棉印染布(每平米重≤200克,43-68号,含棉85%以下)	10.0	90.0	17.0	米/千克	B5

商品编号	商品名称及备注	进口关税税率		增值税率	计量单位	监管条件
		最惠国	普通			
5210510025	印花与化纤长丝混纺棉巴里纱(每平米重≤200克,69号及以上,含棉85%以下,含薄细布)	10.0	90.0	17.0	米/千克	B5
5210510091	印花与其他化纤混纺的棉府绸(每平米重≤200克,含棉85%以下,含细平布)	10.0	90.0	17.0	米/千克	B5
5210510092	印花与其他化纤混纺棉机织平布(每平米重≤200克,68号及以下,含棉85%以下)	10.0	90.0	17.0	米/千克	B5
5210510093	印花与其他化纤混纺的棉奶酪布(每平米重≤200克,含棉85%以下)	10.0	90.0	17.0	米/千克	B5
5210510094	印花与其他化纤混纺棉印染布(每平米重≤200克,43-68号及以下,含棉85%以下)	10.0	90.0	17.0	米/千克	B5
5210510095	印花与其他化纤混纺棉巴里纱(每平米重≤200克,65号及以上,含棉85%以下,含薄细布)	10.0	90.0	17.0	米/千克	B5
5210520010	印花聚酯短纤混纺3/4线斜纹棉布(每平米重不超过200克,含棉85%以下,含双面斜纹布)	10.0	90.0	17.0	米/千克	B5
5210520020	印花化纤长丝混纺3/4线斜纹棉布(每平米重不超过200克,含棉85%以下,含双面斜纹布)	10.0	90.0	17.0	米/千克	B5
5210520090	印花其他化纤混纺3/4线斜纹棉布(每平米重不超过200克,含棉85%以下,含双面斜纹布)	10.0	90.0	17.0	米/千克	B5
5210590011	其他印花与聚酯短纤混纺缎布(每平米重不超过200克,含棉85%以下)	10.0	90.0	17.0	米/千克	B5
5210590012	其他印花与聚酯短纤混纺斜纹布(每平米重不超过200克,含棉85%以下)	10.0	90.0	17.0	米/千克	B5
5210590013	其他印花与聚酯短纤混纺牛津布(每平米重不超过200克,含棉85%以下)	10.0	90.0	17.0	米/千克	B5
5210590019	其他印花与聚酯短纤混纺棉布(每平米重不超过200克,含棉85%以下)	10.0	90.0	17.0	米/千克	5B
5210590021	其他印花与化纤长丝混纺缎布(每平米重不超过200克,含棉85%以下)	10.0	90.0	17.0	米/千克	5B
5210590022	其他印花与化纤长丝混纺斜纹布(每平米重不超过200克,含棉85%以下)	10.0	90.0	17.0	米/千克	5B
5210590023	其他印花与化纤长丝混纺牛津布(每平米重不超过200克,含棉85%以下)	10.0	90.0	17.0	米/千克	5B
5210590029	其他印花与化纤长丝混纺棉布(每平米重不超过200克,含棉85%以下)	10.0	90.0	17.0	米/千克	5B
5210590091	其他印花与其他化纤混纺缎布(每平米重不超过200克,含棉85%以下)	10.0	90.0	17.0	米/千克	5B
5210590092	其他印花与其他化纤混纺斜纹布(每平米重不超过200克,含棉85%以下)	10.0	90.0	17.0	米/千克	5B
5210590093	其他印花与其他化纤混纺牛津布(每平米重不超过200克,含棉85%以下)	10.0	90.0	17.0	米/千克	5B

商品编号	商品名称及备注	进口关税税率		增值税率	计量单位	监管条件
		最惠国	普通			
5210590099	其他印花与其他化纤混纺棉布(每平米重不超过200克,含棉85%以下)	10.0	90.0	17.0	米/千克	5B
5211	**棉机织物,按重量计含棉量在85%以下,主要或仅与化学纤维混纺,每平米重量超过200克**					
5211110011	未漂白与聚酯短纤混纺棉府绸(每平米重量>200克,含棉85%以下,含细平布)	12.0	90.0	17.0	米/千克	5B
5211110012	未漂白与聚酯短纤混纺棉机织平布(每平米重>200克,含棉85%以下)	12.0	90.0	17.0	米/千克	5B
5211110019	未漂白与聚酯短纤混纺棉平纹帆布(每平米重>200克,含棉85%以下)	12.0	90.0	17.0	米/千克	5B
5211110091	未漂白与其他化纤混纺棉府绸(每平米重>200克,含棉85%以下,含细平布)	12.0	90.0	17.0	米/千克	5B
5211110092	未漂白与其他化纤混纺棉机织平布(每平米重>200克,含棉85%以下)	12.0	90.0	17.0	米/千克	5B
5211110099	未漂白与其他化纤混纺棉平纹帆布(每平米重>200克,含棉85%以下)	12.0	90.0	17.0	米/千克	5B
5211120010	未漂白聚酯短纤混纺斜纹棉布(每平米重>200克,含棉85%以下,3/4线斜纹布,双面斜纹布)	12.0	90.0	17.0	米/千克	5B
5211120090	未漂白其他化纤混纺斜纹棉布(每平米重>200克,含棉85%以下,3/4线斜纹布,双面斜纹布)	12.0	90.0	17.0	米/千克	5B
5211190011	未漂白与聚酯短纤混纺其他棉缎布(每平米重>200克,含棉85%以下)	12.0	90.0	17.0	米/千克	5
5211190012	未漂白与聚酯短纤混纺其他棉斜纹布(每平米重>200克,含棉85%以下)	12.0	90.0	17.0	米/千克	5
5211190013	未漂白与聚酯短纤混纺其他棉帆布(每平米重>200克,含棉85%以下)	12.0	90.0	17.0	米/千克	5
5211190019	未漂白与聚酯短纤混纺其他棉布(每平米重>200克,含棉85%以下)	12.0	90.0	17.0	米/千克	5
5211190091	未漂白与其他化纤混纺其他棉缎布(每平米重>200克,含棉85%以下)	12.0	90.0	17.0	米/千克	5
5211190092	未漂白与其他化纤混纺其他棉斜纹布(每平米重>200克,含棉85%以下)	12.0	90.0	17.0	米/千克	5
5211190093	未漂白与其他化纤混纺其他棉帆布(每平米重>200克,含棉85%以下)	12.0	90.0	17.0	米/千克	5
5211190099	未漂白与其他化纤混纺其他棉布(每平米重>200克,含棉85%以下)	12.0	90.0	17.0	米/千克	5
5211210011	漂白与聚酯短纤混纺棉府绸(每平米重>200克,含棉85%以下,含细平布)	14.0	90.0	17.0	米/千克	5B
5211210012	漂白与聚酯短纤混纺棉机织平布(每平米重>200克,含棉85%以下)	14.0	90.0	17.0	米/千克	5B

商品编号	商品名称及备注	进口关税税率		增值税率	计量单位	监管条件
		最惠国	普通			
5211210013	漂白与聚酯短纤混纺棉平纹帆布(每平米重>200克,含棉85%以下)	14.0	90.0	17.0	米/千克	5B
5211210021	漂白与化纤长丝混纺棉府绸(每平米重>200克,含棉85%以下,含细平布)	14.0	90.0	17.0	米/千克	5B
5211210022	漂白与化纤长丝混纺棉机织平布(每平米重200克,含棉85%以下)	14.0	90.0	17.0	米/千克	5B
5211210023	漂白与化纤长丝混纺棉平纹帆布(每平米重200克,含棉85%以下)	14.0	90.0	17.0	米/千克	5B
5211210091	漂白与其他化纤混纺棉府绸(每平米重200克,含棉85%以下,含细平布)	14.0	90.0	17.0	米/千克	5B
5211210092	漂白与其他化纤混纺棉机织平布(每平米重200克,含棉85%以下)	14.0	90.0	17.0	米/千克	5B
5211210093	漂白与其他化纤混纺棉平纹帆布(每平米重200克,含棉85%以下)	14.0	90.0	17.0	米/千克	5B
5211220010	漂白聚酯短纤混纺3/4线斜纹棉布(每平米重>200克,含棉85%以下,含双面斜纹机织物)	14.0	90.0	17.0	米/千克	5
5211220020	漂白化纤长丝混纺3/4线斜纹棉布(每平米重>200克,含棉85%以下,含双面斜纹机织物)	14.0	90.0	17.0	米/千克	5
5211220090	漂白其他化纤混纺3/4线斜纹棉布(每平米重>200克,含棉85%以下,含双面斜纹机织物)	14.0	90.0	17.0	米/千克	5
5211290011	漂白与聚酯短纤混纺的棉制缎布(每平米重超过200克,含棉85%以下)	14.0	90.0	17.0	米/千克	5
5211290012	漂白与聚酯短纤混纺棉制斜纹布(每平米重超过200克,含棉85%以下)	14.0	90.0	17.0	米/千克	5
5211290013	漂白与聚酯短纤混纺棉制帆布(每平米重超过200克,含棉85%以下)	14.0	90.0	17.0	米/千克	5
5211290019	漂白与聚酯短纤混纺其他棉布(每平米重超过200克,含棉85%以下)	14.0	90.0	17.0	米/千克	5
5211290021	漂白与化纤长丝混纺的棉缎布(每平米重超过200克,含棉85%以下)	14.0	90.0	17.0	米/千克	5
5211290022	漂白与化纤长丝混纺棉制斜纹布(每平米重超过200克,含棉85%以下)	14.0	90.0	17.0	米/千克	5
5211290023	漂白与化纤长丝混纺棉制帆布(每平米重超过200克,含棉85%以下)	14.0	90.0	17.0	米/千克	5
5211290029	漂白与化纤长丝混纺其他棉布(每平米重超过200克,含棉85%以下)	14.0	90.0	17.0	米/千克	5
5211290091	漂白与其他化纤混纺的棉制缎布(每平米重超过200克,含棉85%以下)	14.0	90.0	17.0	米/千克	5
5211290092	漂白与其他化纤混纺棉制斜纹布(每平米重超过200克,含棉85%以下)	14.0	90.0	17.0	米/千克	5

商品编号	商品名称及备注	进口关税税率		增值税率	计量单位	监管条件
		最惠国	普通			
5211290093	漂白与其他化纤混纺棉制帆布(每平米重超过200克,含棉85%以下)	14.0	90.0	17.0	米/千克	5
5211290099	漂白与其他化纤混纺其他棉布(每平米重超过200克,含棉85%以下)	14.0	90.0	17.0	米/千克	5
5211310011	染色与聚酯短纤混纺棉府绸(每平米重>200克,含棉85%以下,含细平布)	10.0	90.0	17.0	米/千克	5B
5211310012	染色与聚酯短纤混纺机织平布(每平米重>200克,含棉85%以下)	10.0	90.0	17.0	米/千克	5B
5211310013	染色与聚酯短纤混纺平纹帆布(每平米重>200克,含棉85%以下)	10.0	90.0	17.0	米/千克	5B
5211310021	染色与化纤长丝混纺棉府绸(每平米重>200克,含棉85%以下,含细平布)	10.0	90.0	17.0	米/千克	5B
5211310022	染色与化纤长丝混纺机织平布(每平米重>200克,含棉85%以下)	10.0	90.0	17.0	米/千克	5B
5211310023	染色与化纤长丝混纺平纹帆布(每平米重>200克,含棉85%以下)	10.0	90.0	17.0	米/千克	5B
5211310091	染色与其他化纤混纺棉府绸(每平米重>200克,含棉85%以下,含细平布)	10.0	90.0	17.0	米/千克	5B
5211310092	染色与其他化纤混纺机织平布(每平米重>200克,含棉85%以下)	10.0	90.0	17.0	米/千克	5B
5211310093	染色与其他化纤混纺平纹帆布(每平米重>200克,含棉85%以下)	10.0	90.0	17.0	米/千克	5B
5211320010	染色聚酯短纤混纺3/4线斜纹棉布(每平米重>200克,含棉85%以下,含双面斜纹布)	10.0	90.0	17.0	米/千克	5B
5211320020	染色化纤长丝混纺3/4线斜纹棉布(每平米重>200克,含棉85%以下,含双面斜纹布)	10.0	90.0	17.0	米/千克	5B
5211320090	染色其他化纤混纺3/4线斜纹棉布(每平米重>200克,含棉85%以下,含双面斜纹布)	10.0	90.0	17.0	米/千克	5B
5211390011	染色与聚酯短纤混纺的棉缎布(每平米重>200克,含棉85%以下)	10.0	90.0	17.0	米/千克	5B
5211390012	染色与聚酯短纤混纺的棉斜纹布(每平米重>200克,含棉85%以下)	10.0	90.0	17.0	米/千克	5B
5211390013	染色与聚酯短纤混纺的棉帆布(每平米重>200克,含棉85%以下)	10.0	90.0	17.0	米/千克	5B
5211390019	染色与聚酯短纤混纺其他棉布(每平米重>200克,含棉85%以下)	10.0	90.0	17.0	米/千克	5B
5211390021	染色与化纤长丝混纺的棉缎布(每平米重>200克,含棉85%以下)	10.0	90.0	17.0	米/千克	5B
5211390022	染色与化纤长丝混纺的棉斜纹布(每平米重>200克,含棉85%以下)	10.0	90.0	17.0	米/千克	5B

商品编号	商 品 名 称 及 备 注	进口关税税率		增值税率	计量单位	监管条件
		最惠国	普通			
5211390023	染色与化纤长丝混纺的棉帆布(每平米重>200克,含棉85%以下)	10.0	90.0	17.0	米/千克	5B
5211390029	染色与化纤长丝混纺的其他棉布(每平米重>200克,含棉85%以下)	10.0	90.0	17.0	米/千克	5B
5211390091	染色与其他化纤混纺的棉缎布(每平米重>200克,含棉85%以下)	10.0	90.0	17.0	米/千克	5B
5211390092	染色与其他化纤混纺的棉斜纹布(每平米重>200克,含棉85%以下)	10.0	90.0	17.0	米/千克	5B
5211390093	染色与其他化纤混纺的棉帆布(每平米重>200克,含棉85%以下)	10.0	90.0	17.0	米/千克	5B
5211390099	染色与其他化纤混纺其他棉布(每平米重>200克,含棉85%以下)	10.0	90.0	17.0	米/千克	5B
5211410010	色织与聚酯短纤混纺平纹棉布(每平米重超过200克,含棉85%以下)	10.0	90.0	17.0	米/千克	5B
5211410020	色织与化纤长丝混纺平纹棉布(每平米重超过200克,含棉85%以下)	10.0	90.0	17.0	米/千克	5B
5211410090	色织与其他化纤混纺平纹棉布(每平米重超过200克,含棉85%以下)	10.0	90.0	17.0	米/千克	5B
5211420010	色织与化纤混纺蓝色粗斜纹棉布(每平米重超过200克,含棉85%以下)	10.0	90.0	17.0	米/千克	5
5211420090	色织与化纤混纺非蓝色粗斜纹棉布(每平米重超过200克,含棉85%以下)	10.0	90.0	17.0	米/千克	5
5211430010	色织与聚酯短纤混纺3/4线斜纹棉布(每平米重超过200克,含棉85%以下,含双面斜纹布)	10.0	90.0	17.0	米/千克	5
5211430020	色织与化纤长丝混纺3/4线斜纹棉布(每平米重超过200克,含棉85%以下,含双面斜纹布)	10.0	90.0	17.0	米/千克	5
5211430090	色织与其他化纤混纺3/4线斜纹棉布(每平米重超过200克,含棉85%以下,含双面斜纹布)	10.0	90.0	17.0	米/千克	5
5211490011	色织与聚酯短纤混纺的提花布(每平米重超过200克,含棉85%以下)	10.0	90.0	17.0	米/千克	5B
5211490019	色织与聚酯短纤混纺其他棉布(每平米重超过200克,含棉85%以下)	10.0	90.0	17.0	米/千克	5B
5211490021	色织与化纤长丝混纺的提花布(每平米重超过200克,含棉85%以下)	10.0	90.0	17.0	米/千克	5B
5211490029	色织与化纤长丝混纺其他棉布(每平米重超过200克,含棉85%以下)	10.0	90.0	17.0	米/千克	5B
5211490091	色织与其他化纤混纺的提花布(每平米重超过200克,含棉85%以下)	10.0	90.0	17.0	米/千克	5B
5211490099	色织与其他化纤混纺其他棉布(每平米重超过200克,含棉85%以下)	10.0	90.0	17.0	米/千克	5B

商品编号	商品名称及备注	进口关税税率		增值税率	计量单位	监管条件
		最惠国	普通			
5211510011	印花与聚酯短纤混纺棉府绸(每平米重超过200克,含棉85%以下,含细平布)	10.0	90.0	17.0	米/千克	5B
5211510012	印花与聚酯短纤混纺的机织平布(每平米重超过200克,含棉85%以下)	10.0	90.0	17.0	米/千克	5B
5211510013	印花与聚酯短纤混纺的平纹帆布(每平米重超过200克,含棉85%以下)	10.0	90.0	17.0	米/千克	5B
5211510021	印花与化纤长丝混纺棉府绸(每平米重超过200克,含棉85%以下,含细平布)	10.0	90.0	17.0	米/千克	5B
5211510022	印花与化纤长丝混纺机织平布(每平米重超过200克,含棉85%以下)	10.0	90.0	17.0	米/千克	5B
5211510023	印花与化纤长丝混纺平纹帆布(每平米重超过200克,含棉85%以下)	10.0	90.0	17.0	米/千克	5B
5211510091	印花与其他化纤混纺棉府绸(每平米重超过200克,含棉85%以下,含细平布)	10.0	90.0	17.0	米/千克	5B
5211510092	印花与其他化纤混纺的机织平布(每平米重超过200克,含棉85%以下)	10.0	90.0	17.0	米/千克	5B
5211510093	印花与其他化纤混纺的平纹帆布(每平米重超过200克,含棉85%以下)	10.0	90.0	17.0	米/千克	5B
5211520010	印花与聚酯短纤混纺3/4线斜纹棉布(每平米重超过200克,含棉85%以下,含双面斜纹布)	10.0	90.0	17.0	米/千克	5
5211520020	印花与化纤长丝混纺3/4线斜纹棉布(每平米重超过200克,含棉85%以下,含双面斜纹布)	10.0	90.0	17.0	米/千克	5
5211520090	印花与其他化纤混纺3/4线斜纹棉布(每平米重超过200克,含棉85%以下,含双面斜纹布)	10.0	90.0	17.0	米/千克	5
5211590011	印花与聚酯短纤混纺棉缎布(每平米重超过200克,含棉85%以下)	10.0	90.0	17.0	米/千克	5
5211590012	印花与聚酯短纤混纺斜纹棉布(每平米重超过200克,含棉85%以下)	10.0	90.0	17.0	米/千克	5
5211590013	印花与聚酯短纤混纺棉帆布(每平米重超过200克,含棉85%以下)	10.0	90.0	17.0	米/千克	5
5211590019	印花与聚酯短纤混纺其他棉布(每平米重超过200克,含棉85%以下)	10.0	90.0	17.0	米/千克	5
5211590021	印花与化纤长丝混纺棉缎布(每平米重超过200克,含棉85%以下)	10.0	90.0	17.0	米/千克	5
5211590022	印花与化纤长丝混纺斜纹棉布(每平米重超过200克,含棉85%以下)	10.0	90.0	17.0	米/千克	5
5211590023	印花与化纤长丝混纺棉帆布(每平米重超过200克,含棉85%以下)	10.0	90.0	17.0	米/千克	5
5211590029	印花与化纤长丝混纺其他棉布(每平米重超过200克,含棉85%以下)	10.0	90.0	17.0	米/千克	5

商品编号	商 品 名 称 及 备 注	进口关税税率		增值税率	计量单位	监管条件
		最惠国	普通			
5211590091	印花与其他化纤混纺棉缎布(每平米重超过200克,含棉85%以下)	10.0	90.0	17.0	米/千克	5
5211590092	印花与其他化纤混纺斜纹棉布(每平米重超过200克,含棉85%以下)	10.0	90.0	17.0	米/千克	5
5211590093	印花与其他化纤混纺棉帆布(每平米重超过200克,含棉85%以下)	10.0	90.0	17.0	米/千克	5
5211590099	印花与其他化纤混纺其他棉布(每平米重超过200克,含棉85%以下)	10.0	90.0	17.0	米/千克	5
5212	**其他棉机织物**					
5212110011	未漂白的其他混纺棉布(每平米重≤200克,与36%及以上精梳羊毛或动物细毛混纺)	12.0	80.0	17.0	米/千克	5B
5212110019	未漂白的其他混纺棉布(每平米重≤200克,与36%以下精梳羊毛或动物细毛混纺)	12.0	80.0	17.0	米/千克	5B
5212110021	未漂白的其他混纺棉布(每平米重≤200克,与36%及以上其他羊毛或动物细毛混纺)	12.0	80.0	17.0	米/千克	5B
5212110029	未漂白的其他混纺棉布(每平米重≤200克,与其他羊毛或动物细毛混纺)	12.0	80.0	17.0	米/千克	5B
5212110030	未漂白的其他混纺府绸及细平布(每平米重≤200克,与化纤、羊毛/动物细毛以外其他纤维混纺)	12.0	80.0	17.0	米/千克	5B
5212110040	未漂白的其他混纺棉机织平布(每平米重≤200克,与化纤、羊毛/动物细毛以外其他纤维混纺)	12.0	80.0	17.0	米/千克	5B
5212110050	未漂白的其他混纺棉印染布(每平米重≤200克,与化纤、羊毛/动物细毛以外其他纤维混纺)	12.0	80.0	17.0	米/千克	5B
5212110060	未漂白其他混纺棉奶酪布,薄细布,巴里纱(每平米重≤200克,与化纤、羊毛/动物细毛以外其他纤维混纺)	12.0	80.0	17.0	米/千克	5B
5212110070	未漂白的其他混纺棉缎布(每平米重≤200克,与化纤、羊毛/动物细毛以外其他纤维混纺)	12.0	80.0	17.0	米/千克	5B
5212110081	未漂白的其他混纺斜纹棉布(每平米重≤200克,与化纤、羊毛/动物细毛以外其他纤维混纺)	12.0	80.0	17.0	米/千克	5B
5212110089	未漂白的其他混纺棉牛津布(每平米重≤200克,与化纤、羊毛/动物细毛以外其他纤维混纺)	12.0	80.0	17.0	米/千克	5B
5212110090	未漂白的其他混纺棉布(每平米重≤200克,与化纤、羊毛/细毛以外其他纤维混纺)	12.0	80.0	17.0	米/千克	5B
5212120011	漂白的其他混纺棉布(每平米重≤200克,与36%及以上精梳羊毛或动物细毛混纺)	14.0	80.0	17.0	米/千克	5B
5212120019	漂白的其他混纺棉布(每平米重≤200克,与36%及以下精梳羊毛或动物细毛混纺)	14.0	80.0	17.0	米/千克	5B
5212120021	漂白的其他混纺棉布(每平米重≤200克,与36%及以上其他羊毛或动物细毛混纺)	14.0	80.0	17.0	米/千克	5B

商品编号	商品名称及备注	进口关税税率		增值税率	计量单位	监管条件
		最惠国	普通			
5212120029	漂白的其他混纺棉布(每平米重≤200克,与36%及以下其他羊毛或动物细毛混纺)	14.0	80.0	17.0	米/千克	5B
5212120030	漂白的其他混纺府绸及平细布(每平米重≤200克,与除化纤/羊毛/动物细毛其他纤维混纺)	14.0	80.0	17.0	米/千克	5B
5212120040	漂白的其他混纺棉机织平布(每平米重≤200克,与除化纤/羊毛/动物细毛其他纤维混纺)	14.0	80.0	17.0	米/千克	5B
5212120050	漂白的其他混纺棉印染布(每平米重≤200克,与除化纤/羊毛/动物细毛其他纤维混纺)	14.0	80.0	17.0	米/千克	5B
5212120060	漂白其他混纺棉奶酪布/薄细布/纱(每平米重≤200克,与除化纤/羊毛/动物细毛其他纤维混纺)	14.0	80.0	17.0	米/千克	5B
5212120071	漂白的其他混纺棉缎布(每平米重≤200克,与除化纤/羊毛/动物细毛其他纤维混纺)	14.0	80.0	17.0	米/千克	5B
5212120072	漂白的其他混纺斜纹棉布(每平米重≤200克,与除化纤/羊毛/动物细毛其他纤维混纺)	14.0	80.0	17.0	米/千克	5B
5212120079	漂白的其他混纺棉牛津布(每平米重≤200克,与除化纤/羊毛/动物细毛其他纤维混纺)	14.0	80.0	17.0	米/千克	5B
5212120090	漂白的其他混纺棉机织物(每平米重≤200克,与除化纤/羊毛/动物细毛其他纤维混纺)	14.0	80.0	17.0	米/千克	5B
5212130011	染色其他混纺棉布(每平米重≤200克,与36%及以上精梳羊毛/动物细毛混纺)	10.0	80.0	17.0	米/千克	5B
5212130019	染色其他混纺棉布(每平米重≤200克,与36%及以下精梳羊毛/动物细毛混纺)	10.0	80.0	17.0	米/千克	5B
5212130021	染色其他混纺棉布(每平米重≤200克,与36%及以上其他羊毛/动物细毛混纺)	10.0	80.0	17.0	米/千克	5B
5212130029	染色其他混纺棉布(每平米重≤200克,与36%及以下其他羊毛/动物细毛混纺)	10.0	80.0	17.0	米/千克	5B
5212130030	染色其他混纺府绸及平细布(每平米重≤200克,与化纤以外其他纤维混纺)	10.0	80.0	17.0	米/千克	5B
5212130040	染色其他混纺棉机织平布(每平米重≤200克,与化纤以外其他纤维混纺)	10.0	80.0	17.0	米/千克	5B
5212130050	染色其他混纺棉印染布(每平米重≤200克,与化纤以外其他纤维混纺)	10.0	80.0	17.0	米/千克	5B
5212130060	染色其他混纺奶酪布,薄细布,巴里纱(每平米重≤200克,与化纤以外其他纤维混纺)	10.0	80.0	17.0	米/千克	5B
5212130071	染色其他混纺棉缎布(每平米重≤200克,与化纤以外其他纤维混纺)	10.0	80.0	17.0	米/千克	5B
5212130072	染色其他混纺斜纹棉布(每平米重≤200克,与化纤以外其他纤维混纺)	10.0	80.0	17.0	米/千克	5B
5212130079	染色其他混纺棉牛津布(每平米重≤200克,与化纤以外其他纤维混纺)	10.0	80.0	17.0	米/千克	5B

商品编号	商 品 名 称 及 备 注	进口关税税率		增值税率	计量单位	监管条件
		最惠国	普通			
5212130090	染色其他混纺棉布(每平米重≤200克,与化纤以外其他纤维混纺)	10.0	80.0	17.0	米/千克	5B
5212140011	色织其他混纺棉布(每平米重≤200克,与36%及以上精梳羊毛/动物细毛混纺)	10.0	80.0	17.0	米/千克	5B
5212140019	色织其他混纺棉布(每平米重≤200克,与36%及以下精梳羊毛/动物细毛混纺)	10.0	80.0	17.0	米/千克	5B
5212140021	色织其他混纺棉布(每平米重≤200克,与36%及以上其他羊毛/动物细毛混纺)	10.0	80.0	17.0	米/千克	5B
5212140029	色织其他混纺棉布(每平米重≤200克,与36%及以下其他羊毛/动物细毛混纺)	10.0	80.0	17.0	米/千克	5B
5212140030	色织其他混纺棉提花布(每平米重≤200克,与化纤以外其他纤维混纺)	10.0	80.0	17.0	米/千克	5B
5212140090	色织其他混纺棉布(每平米重≤200克,与化纤以外其他纤维混纺)	10.0	80.0	17.0	米/千克	5B
5212150011	印花其他混纺棉布(每平米重≤200克,与36%及以上精梳羊毛/动物细毛混纺)	10.0	80.0	17.0	米/千克	5B
5212150019	印花其他混纺棉布(每平米重≤200克,与36%及以下精梳羊毛/动物细毛混纺)	10.0	80.0	17.0	米/千克	5B
5212150021	印花其他混纺棉布(每平米重≤200克,与36%及以上其他羊毛/动物细毛混纺)	10.0	80.0	17.0	米/千克	5B
5212150029	印花其他混纺棉布(每平米重≤200克,与36%及以下其他羊毛/动物细毛混纺)	10.0	80.0	17.0	米/千克	5B
5212150030	印花其他混纺府绸及细平布(每平米重≤200克,与化纤/羊毛/细毛以外其他纤维混纺)	10.0	80.0	17.0	米/千克	5B
5212150040	印花其他混纺棉机织平布(每平米重≤200克,与化纤/羊毛/细毛以外其他纤维混纺)	10.0	80.0	17.0	米/千克	5B
5212150050	印花其他混纺棉印染布(每平米重≤200克,与化纤/羊毛/细毛以外其他纤维混纺)	10.0	80.0	17.0	米/千克	5B
5212150060	印花其他混纺棉奶酪布,薄细布,巴里纱(每平米重≤200克,与化纤/羊毛/细毛以外其他纤维混纺)	10.0	80.0	17.0	米/千克	5B
5212150071	印花其他混纺棉缎布(每平米重≤200克,与化纤/羊毛/细毛以外其他纤维混纺)	10.0	80.0	17.0	米/千克	5B
5212150072	印花其他混纺斜纹棉布(每平米重≤200克,与化纤/羊毛/细毛以外其他纤维混纺)	10.0	80.0	17.0	米/千克	5B
5212150079	印花其他混纺棉牛津布(每平米重≤200克,与化纤/羊毛/细毛以外其他纤维混纺)	10.0	80.0	17.0	米/千克	5B
5212150090	印花其他混纺棉布(每平米重≤200克,与化纤/羊毛/细毛以外其他纤维混纺)	10.0	80.0	17.0	米/千克	5B
5212210011	未漂白其他混纺棉布(每平米重>200克,与36%及以上精梳羊毛/动物细毛混纺)	12.0	80.0	17.0	米/千克	5

商品编号	商 品 名 称 及 备 注	进口关税税率		增值税率	计量单位	监管条件
		最惠国	普通			
5212210019	未漂白其他混纺棉布(每平米重>200克,与36%及以下精梳羊毛/动物细毛混纺)	12.0	80.0	17.0	米/千克	5
5212210021	未漂白其他混纺棉布(每平米重>200克,与36%及以上其他羊毛/动物细毛混纺)	12.0	80.0	17.0	米/千克	5
5212210029	未漂白其他混纺棉布(每平米重>200克,与36%及以下其他羊毛/动物细毛混纺)	12.0	80.0	17.0	米/千克	5
5212210030	未漂白其他混纺府绸及平细布(每平米重>200克,与化纤以外其他纤维混纺)	12.0	80.0	17.0	米/千克	5
5212210040	未漂白其他混纺棉机织平布(每平米重>200克,与化纤以外其他纤维混纺)	12.0	80.0	17.0	米/千克	5
5212210050	未漂白其他混纺棉帆布(每平米重>200克,与化纤以外其他纤维混纺)	12.0	80.0	17.0	米/千克	5
5212210060	未漂白其他混纺棉缎布(每平米重>200克,与化纤以外其他纤维混纺)	12.0	80.0	17.0	米/千克	5
5212210070	未漂白其他混纺斜纹棉布(每平米重>200克,与化纤以外其他纤维混纺)	12.0	80.0	17.0	米/千克	5
5212210090	未漂白其他混纺棉布(每平米重>200克,与化纤以外其他纤维混纺)	12.0	80.0	17.0	米/千克	5
5212220011	漂白的其他混纺棉布(每平米重>200克,与36%及以上精梳羊毛/动物细毛混纺)	14.0	80.0	17.0	米/千克	5
5212220019	漂白的其他混纺棉布(每平米重>200克,与36%及以下精梳羊毛/动物细毛混纺)	14.0	80.0	17.0	米/千克	5
5212220021	漂白的其他混纺棉布(每平米重>200克,与36%及以上其他羊毛/动物细毛混纺)	14.0	80.0	17.0	米/千克	5
5212220029	漂白的其他混纺棉布(每平米重>200克,与36%及以下其他羊毛/动物细毛混纺)	14.0	80.0	17.0	米/千克	5
5212220030	漂白的其他混纺府绸及细平布(每平米重>200克,与化纤/羊毛/细毛以外其他纤维混纺)	14.0	80.0	17.0	米/千克	5
5212220040	漂白的其他混纺棉机织平布(每平米重>200克,与化纤/羊毛/细毛以外其他纤维混纺)	14.0	80.0	17.0	米/千克	5
5212220050	漂白的其他混纺棉帆布(每平米重>200克,与化纤/羊毛/细毛以外其他纤维混纺)	14.0	80.0	17.0	米/千克	5
5212220060	漂白的其他混纺棉缎布(每平米重>200克,与化纤/羊毛/细毛以外其他纤维混纺)	14.0	80.0	17.0	米/千克	5
5212220070	漂白的其他混纺棉斜纹布(每平米重>200克,与化纤/羊毛/细毛以外其他纤维混纺)	14.0	80.0	17.0	米/千克	5
5212220090	漂白的其他混纺棉布(每平米重>200克,与化纤/羊毛/细毛以外其他纤维混纺)	14.0	80.0	17.0	米/千克	5
5212230011	染色的其他混纺棉布(每平米重>200克,与36%及以上精梳羊毛/细毛混纺)	10.0	80.0	17.0	米/千克	5

商品编号	商 品 名 称 及 备 注	进口关税税率		增值税率	计量单位	监管条件
		最惠国	普通			
5212230019	染色的其他混纺棉布(每平米重>200克,与36%及以下精梳羊毛/细毛混纺)	10.0	80.0	17.0	米/千克	5
5212230021	染色的其他混纺棉布(每平米重>200克,与36%及以上其他羊毛/细毛混纺)	10.0	80.0	17.0	米/千克	5
5212230029	染色的其他混纺棉布(每平米重>200克,与36%及以下其他羊毛/细毛混纺)	10.0	80.0	17.0	米/千克	5
5212230030	染色的其他混纺府绸及细平布(每平米重>200克,与化纤/羊毛/细毛以外其他纤维混纺)	10.0	80.0	17.0	米/千克	5
5212230040	染色的其他混纺棉机织平布(每平米重>200克,与化纤/羊毛/细毛以外其他纤维混纺)	10.0	80.0	17.0	米/千克	5
5212230050	染色的其他混纺棉帆布(每平米重>200克,与化纤/羊毛/细毛以外其他纤维混纺)	10.0	80.0	17.0	米/千克	5
5212230060	染色的其他混纺棉缎布(每平米重>200克,与化纤/羊毛/细毛以外其他纤维混纺)	10.0	80.0	17.0	米/千克	5
5212230070	染色的其他混纺棉斜纹布(每平米重>200克,与化纤/羊毛/细毛以外其他纤维混纺)	10.0	80.0	17.0	米/千克	5
5212230090	染色的其他混纺棉布(每平米重>200克,与化纤/羊毛/细毛以外其他纤维混纺)	10.0	80.0	17.0	米/千克	5
5212240011	色织的其他混纺棉布(每平米重>200克,与36%及以上精梳羊毛/细毛混纺)	10.0	80.0	17.0	米/千克	5
5212240019	色织的其他混纺棉布(每平米重>200克,与36%及以下精梳羊毛/细毛混纺)	10.0	80.0	17.0	米/千克	5
5212240021	色织的其他混纺棉布(每平米重>200克,与36%及以上其他羊毛/细毛混纺)	10.0	80.0	17.0	米/千克	5
5212240029	色织的其他混纺棉布(每平米重>200克,与36%及以下其他羊毛/细毛混纺)	10.0	80.0	17.0	米/千克	5
5212240030	色织的其他混纺蓝色粗斜纹布(每平米重>200克,与化纤/羊毛/细毛以外其他纤维混纺)	10.0	80.0	17.0	米/千克	5
5212240040	色织的其他混纺提花布(每平米重>200克,与化纤/羊毛/细毛以外其他纤维混纺)	10.0	80.0	17.0	米/千克	5
5212240090	色织的其他混纺棉布(每平米重>200克,与化纤/羊毛/细毛以外其他纤维混纺)	10.0	80.0	17.0	米/千克	5
5212250011	印花的其他混纺棉布(每平米重>200克,与36%及以上精梳羊毛/细毛混纺)	10.0	80.0	17.0	米/千克	5
5212250019	印花的其他混纺棉布(每平米重>200克,与36%及以下精梳羊毛/细毛混纺)	10.0	80.0	17.0	米/千克	5
5212250021	印花的其他混纺棉布(每平米重>200克,与36%及以上其他羊毛/细毛混纺)	10.0	80.0	17.0	米/千克	5
5212250029	印花的其他混纺棉布(每平米重>200克,与36%及以下其他羊毛/细毛混纺)	10.0	80.0	17.0	米/千克	5

商品编号	商品名称及备注	进口关税税率		增值税率	计量单位	监管条件
		最惠国	普通			
5212250030	印花的其他混纺府绸及细平布(每平米重>200克,与化纤/羊毛/细毛以外其他纤维混纺)	10.0	80.0	17.0	米/千克	5
5212250040	印花的其他混纺棉机织平布(每平米重>200克,与化纤/羊毛/细毛以外其他纤维混纺)	10.0	80.0	17.0	米/千克	5
5212250050	印花的其他混纺棉帆布(每平米重>200克,与化纤/羊毛/细毛以外其他纤维混纺)	10.0	80.0	17.0	米/千克	5
5212250060	印花的其他混纺棉缎布(每平米重>200克,与化纤/羊毛/细毛以外其他纤维混纺)	10.0	80.0	17.0	米/千克	5
5212250070	印花的其他混纺棉斜纹布(每平米重>200克,与化纤/羊毛/细毛以外其他纤维混纺)	10.0	80.0	17.0	米/千克	5
5212250090	印花的其他混纺棉布(每平米重>200克,与化纤/羊毛/细毛以外其他纤维混纺)	10.0	80.0	17.0	米/千克	5

第五十三章　其他植物纺织纤维;纸纱线及其机织物

商品编号	商品名称及备注	进口关税税率		增值税率	计量单位	监管条件
		最惠国	普通			
5301	**亚麻,生的或经加工但未纺制的;亚麻短纤及废麻(包括废麻纱线及回收纤维)**					
5301100000	生的或沤制的亚麻	6.0	30.0	17.0	千克	AB
5301210000	破开或打成的亚麻	6.0	30.0	17.0	千克	AB
5301290000	栉梳或经其他加工未纺制的亚麻	6.0	30.0	17.0	千克	AB
5301300000	亚麻短纤及废麻(包括废麻纱线及回收纤维)	6.0	30.0	17.0	千克	AB
5302	**大麻,生的或经加工但未纺制的;大麻短纤及废麻(包括废麻纱线及回收纤维)**					
5302100000	生的或经沤制的大麻	6.0	30.0	17.0	千克	AB
5302900000	加工未纺的大麻、大麻短纤及废麻(包括废麻纱线及回收纤维)	6.0	30.0	17.0	千克	AB
5303	**黄麻及其他纺织用韧皮纤维(不包括亚麻、大麻及苎麻),生的或经加工但未纺制的;上述纤维的短纤及废麻(包括废纱线及回收纤维)**					
5303100000	生或沤制黄麻,其他纺织韧皮纤维(不包括亚麻、大麻、苎麻)	5.0	20.0	13.0	千克	AB
5303900000	加工未纺的黄麻及纺织用韧皮纤维(包括短纤、废麻、废纱线及回收纤维;不含亚麻、大麻、苎麻)	5.0	30.0	17.0	千克	AB
5304	**西沙尔麻及其他纺织用龙舌兰类纤维,生的或经加工但未纺制的;上述纤维的短纤及废麻(包括废纱线及回收纤维)**					
5304100000	生西沙尔麻及纺织用龙舌兰纤维	5.0	20.0	17.0	千克	AB
5304900000	未纺西沙尔麻及龙舌兰类纤维(包括其短纤、废麻、废纱线及回收纤维)	5.0	30.0	17.0	千克	AB
5305	**椰壳纤维、蕉麻(马尼拉麻)、苎麻及其他品目未列名的纺织用植物纤维,生的或经加工但未纺制的;上述纤维的短纤、落麻及废料(包括废纱线及回收纤维)**					
5305110000	生的椰壳纤维	5.0	30.0	17.0	千克	AB
5305190000	加工、未纺的椰壳纤维(包括短纤、落麻、废料、废椰壳纱线及回收纤维)	5.0	30.0	17.0	千克	AB
5305210000	生的蕉麻	3.0	20.0	17.0	千克	AB
5305290000	经加工、未纺制的蕉麻(包括短纤、落麻、废料、废蕉麻纱线及回收纤维)	3.0	20.0	17.0	千克	AB
5305901100	生的苎麻	5.0	30.0	17.0	千克	AB
5305901900	生的其他未列名纺织用植物纤维	5.0	30.0	17.0	千克	AB
5305909100	经加工、未纺制的苎麻	5.0	30.0	17.0	千克	AB

商品编号	商品名称及备注	进口关税税率		增值税率	计量单位	监管条件
		最惠国	普通			
5305909200	苎麻短纤及废麻(包括废纱线及回收纤维)	5.0	30.0	17.0	千克	AB
5305909900	经加工的未列名纺织用植物纤维(包括短纤、落麻、废料、废纱线及回收纤维)	5.0	30.0	17.0	千克	AB
5306	**亚麻纱线**					
5306100000	亚麻单纱	6.0	50.0	17.0	千克	5B
5306200000	亚麻多股纱线或缆线	10.0	50.0	17.0	千克	5B
5307	**黄麻纱线或品目 5303 的其他纺织用韧皮纤维纱线**					
5307100000	黄麻及其他纺织用韧皮纤维单纱	6.0	35.0	17.0	千克	
5307200000	黄麻及其他韧皮纤维多股纱或缆线	6.0	35.0	17.0	千克	
5308	**其他植物纺织纤维纱线;纸纱线**					
5308100000	椰壳纤维纱线	6.0	45.0	17.0	千克	
5308200000	大麻纱线	6.0	45.0	17.0	千克	
5308901100	漂白或未漂白的纯苎麻纱线(纯按重量计苎麻含量在85%及以上)	6.0	50.0	17.0	千克	5B
5308901200	纯苎麻色纱线(纯按重量计苎麻含量在85%及以上)	6.0	50.0	17.0	千克	5B
5308901300	漂白或未漂白其他苎麻纱线(按重量计苎麻含量在85%以下)	6.0	50.0	17.0	千克	5B
5308901400	其他苎麻色纱线(按重量计苎麻含量在85%以下)	6.0	50.0	17.0	千克	5B
5308909100	纸纱线	6.0	70.0	17.0	千克	
5308909900	其他植物纺织纤维纱线	6.0	45.0	17.0	千克	
5309	**亚麻机织物**					
5309111000	未漂白的纯亚麻机织物(按重量计亚麻含量在85%及以上)	10.0	80.0	17.0	米/千克	B
5309112000	漂白的纯亚麻机织物(按重量计亚麻含量在85%及以上)	10.0	80.0	17.0	米/千克	B
5309190000	其他全亚麻机织物(按重量计亚麻含量在85%及以上)	10.0	80.0	17.0	米/千克	B
5309211011	未漂白与精梳毛混纺的亚麻机织物(亚麻含量在85%以下,含17%以上羊毛或动物细毛)	10.0	80.0	17.0	米/千克	B
5309211019	未漂白的其他混纺亚麻机织物(亚麻含量在85%以下,含17%以上羊毛或动物细毛)	10.0	80.0	17.0	米/千克	B
5309211021	未漂白的混纺亚麻府绸及细平布(亚麻含量在85%以下,与棉及化纤混纺,棉限内)	10.0	80.0	17.0	米/千克	B
5309211022	未漂白的混纺亚麻机织平布(亚麻含量在85%以下,与棉及化纤混纺,棉限内)	10.0	80.0	17.0	米/千克	B
5309211023	未漂白的混纺亚麻机织印染用布(亚麻含量在85%以下,与棉及化纤混纺,棉限内)	10.0	80.0	17.0	米/千克	B
5309211024	未漂白的混纺亚麻其他机织物(亚麻含量在85%以下,与棉及化纤混纺,棉限内)	10.0	80.0	17.0	米/千克	B

商品编号	商品名称及备注	进口关税税率		增值税率	计量单位	监管条件
		最惠国	普通			
5309211025	未漂白的混纺亚麻府绸及细平布(亚麻含量在85%以下,与棉及化纤混纺,化纤限内)	10.0	80.0	17.0	米/千克	B
5309211026	未漂白的混纺亚麻机织平布(亚麻含量在85%以下,与棉及化纤混纺,化纤限内)	10.0	80.0	17.0	米/千克	B
5309211027	未漂白的混纺亚麻机织印染用布(亚麻含量在85%以下,与棉及化纤混纺,化纤限内)	10.0	80.0	17.0	米/千克	B
5309211028	未漂白的混纺亚麻其他机织物(亚麻含量在85%以下,与棉及化纤混纺,化纤限内)	10.0	80.0	17.0	米/千克	B
5309211029	未漂白的混纺亚麻其他机织物(亚麻含量在85%以下,与棉及化纤混纺)	10.0	80.0	17.0	米/千克	B
5309211091	未漂白的混纺亚麻其他机织物(亚麻含量<85%,主要或仅与精梳羊毛或动物细毛混纺)	10.0	80.0	17.0	米/千克	B
5309211099	未漂白的混纺亚麻其他机织物(亚麻含量在85%以下)	10.0	80.0	17.0	米/千克	B
5309212011	漂白与精梳毛混纺的亚麻机织物(亚麻含量在85%以下,含17%以上羊毛或动物细毛)	10.0	80.0	17.0	米/千克	B
5309212019	漂白的其他混纺亚麻机织物(亚麻含量在85%以下,含17%以上羊毛或动物细毛)	10.0	80.0	17.0	米/千克	B
5309212021	漂白的混纺亚麻府绸及细平布(亚麻含量在85%以下,与棉及化纤混纺,棉限内)	10.0	80.0	17.0	米/千克	B
5309212022	漂白的混纺亚麻机织平布(亚麻含量在85%以下,与棉及化纤混纺,棉限内)	10.0	80.0	17.0	米/千克	B
5309212023	漂白的混纺亚麻机织印染用布(亚麻含量在85%以下,与棉及化纤混纺,棉限内)	10.0	80.0	17.0	米/千克	B
5309212024	漂白的混纺亚麻其他机织物(亚麻含量在85%以下,与棉及化纤混纺,棉限内)	10.0	80.0	17.0	米/千克	B
5309212025	漂白的混纺亚麻府绸及细平布(亚麻含量在85%以下,与棉及化纤混纺,化纤限内)	10.0	80.0	17.0	米/千克	B
5309212026	漂白的混纺亚麻机织平布(亚麻含量在85%以下,与棉及化纤混纺,化纤限内)	10.0	80.0	17.0	米/千克	B
5309212027	漂白的混纺亚麻机织印染用布(亚麻含量在85%以下,与棉及化纤混纺,化纤限内)	10.0	80.0	17.0	米/千克	B
5309212028	漂白的混纺亚麻其他机织物(亚麻含量在85%以下,与棉及化纤混纺,化纤限内)	10.0	80.0	17.0	米/千克	B
5309212029	漂白的混纺亚麻其他机织物(亚麻含量在85%以下,与棉及化纤混纺)	10.0	80.0	17.0	米/千克	B
5309212091	漂白的混纺亚麻其他机织物(亚麻含量<85%,主要或仅与精梳羊毛或动物细毛混纺)	10.0	80.0	17.0	米/千克	B
5309212099	漂白的混纺亚麻其他机织物(亚麻含量在85%以下)	10.0	80.0	17.0	米/千克	B
5309290011	其他与精梳毛混纺的亚麻机织物(亚麻含量在85%以下,含17%以上羊毛或动物细毛)	10.0	80.0	17.0	米/千克	B

商品编号	商品名称及备注	进口关税税率		增值税率	计量单位	监管条件
		最惠国	普通			
5309290019	其他混纺亚麻机织物(亚麻含量在85%以下,含17%以上羊毛或动物细毛)	10.0	80.0	17.0	米/千克	B
5309290021	其他混纺亚麻府绸及细平布(亚麻含量在85%以下,与棉及化纤混纺,棉限内)	10.0	80.0	17.0	米/千克	B
5309290022	其他混纺亚麻机织平布(亚麻含量在85%以下,与棉及化纤混纺,棉限内)	10.0	80.0	17.0	米/千克	B
5309290023	其他混纺亚麻机织印染用布(亚麻含量在85%以下,与棉及化纤混纺,棉限内)	10.0	80.0	17.0	米/千克	B
5309290024	其他混纺亚麻其他机织物(亚麻含量在85%以下,与棉及化纤混纺,棉限内)	10.0	80.0	17.0	米/千克	B
5309290025	其他混纺亚麻府绸及细平布(亚麻含量在85%以下,与棉及化纤混纺,化纤限内)	10.0	80.0	17.0	米/千克	B
5309290026	其他混纺亚麻机织平布(亚麻含量在85%以下,与棉及化纤混纺,化纤限内)	10.0	80.0	17.0	米/千克	B
5309290027	其他混纺亚麻机织印染用布(亚麻含量在85%以下,与棉及化纤混纺,化纤限内)	10.0	80.0	17.0	米/千克	B
5309290028	其他混纺亚麻其他机织物(亚麻含量在85%以下,与棉及化纤混纺,化纤限内)	10.0	80.0	17.0	米/千克	B
5309290029	其他混纺亚麻其他机织物(亚麻含量在85%以下,与棉及化纤混纺)	10.0	80.0	17.0	米/千克	B
5309290091	其他混纺亚麻其他机织物(亚麻含量<85%,主要或仅与精梳羊毛或动物细毛混纺)	10.0	80.0	17.0	米/千克	B
5309290099	其他混纺亚麻机织物(亚麻含量在85%以下)	10.0	80.0	17.0	米/千克	B
5310	**黄麻或品目5303的其他纺织用韧皮纤维机织物**					
5310100011	未漂白黄麻或其他韧皮纤维机织物(宽度不超过150厘米,与精梳羊毛或动物细毛混纺)	10.0	40.0	17.0	米/千克	AB
5310100019	未漂白黄麻或其他韧皮纤维机织物(宽度不超过150厘米,与其他纤维混纺)	10.0	40.0	17.0	米/千克	AB
5310100091	未漂白黄麻或其他韧皮纤维机织物(宽度超过150厘米,与精梳羊毛或动物细毛混纺)	10.0	40.0	17.0	米/千克	AB
5310100099	未漂白黄麻或其他韧皮纤维机织物(宽度超过150厘米,与其他纤维混纺)	10.0	40.0	17.0	米/千克	AB
5310900011	其他黄麻机织物,宽度≤150厘米(含5303其他纺织用韧皮纤维布与精梳羊毛或动物细毛混纺)	10.0	40.0	17.0	米/千克	
5310900019	其他黄麻机织物,宽度≤150厘米(含税号5303的其他纺织用韧皮纤维布,与其他纤维混纺)	10.0	40.0	17.0	米/千克	
5310900091	其他黄麻机织物,宽度>150厘米(含5303其他纺织用韧皮纤维布与精梳羊毛或动物细毛混纺)	10.0	40.0	17.0	米/千克	
5310900099	其他黄麻机织物,宽度>150厘米(含税号5303的其他纺织用韧皮纤维布,与其他纤维混纺)	10.0	40.0	17.0	米/千克	

商品编号	商品名称及备注	进口关税税率		增值税率	计量单位	监管条件
		最惠国	普通			
5311	**其他纺织用植物纤维机织物;纸纱线机织物**					
5311001211	未漂白与精梳毛混纺的苎麻机织物(苎麻含量在85%及以上,含17%以上羊毛或动物细毛)	10.0	80.0	17.0	米/千克	B
5311001219	未漂白苎麻机织物(苎麻含量在85%及以上,含17%以上羊毛或动物细毛)	10.0	80.0	17.0	米/千克	B
5311001221	未漂白的苎麻府绸及细平布(苎麻含量在85%及以上,与棉及化纤混纺,棉限内)	10.0	80.0	17.0	米/千克	B
5311001222	未漂白的苎麻机织平布(苎麻含量在85%及以上,与棉及化纤混纺,棉限内)	10.0	80.0	17.0	米/千克	B
5311001223	未漂白的苎麻机织印染用布(苎麻含量在85%及以上,与棉及化纤混纺,棉限内)	10.0	80.0	17.0	米/千克	B
5311001229	未漂白的苎麻其他机织物(苎麻含量在85%及以上,与棉及化纤混纺,棉限内)	10.0	80.0	17.0	米/千克	B
5311001231	未漂白的苎麻府绸及细平布(苎麻含量在85%及以上,与棉及化纤混纺,化纤限内)	10.0	80.0	17.0	米/千克	B
5311001232	未漂白的苎麻机织平布(苎麻含量在85%及以上,与棉及化纤混纺,化纤限内)	10.0	80.0	17.0	米/千克	B
5311001233	未漂苎麻机织印染用布(苎麻含量在85%及以上,与棉及化纤混纺,化纤限内)	10.0	80.0	17.0	米/千克	B
5311001239	未漂白的苎麻其他机织物(苎麻含量在85%及以上,与棉及化纤混纺,化纤限内)	10.0	80.0	17.0	米/千克	B
5311001240	未漂白的苎麻其他机织物(苎麻含量在85%及以上,与棉及化纤混纺)	10.0	80.0	17.0	米/千克	B
5311001291	未漂白的苎麻其他机织物(苎麻含量在85%及以上,主要/仅与精梳羊毛/细毛混纺)	10.0	80.0	17.0	米/千克	B
5311001299	未漂白的苎麻其他机织物(苎麻含量在85%及以上)	10.0	80.0	17.0	米/千克	B
5311001311	与精梳毛混纺的苎麻其他机织物(苎麻含量≥85%,含17%以上羊毛或动物细毛)	12.0	80.0	17.0	米/千克	B
5311001319	苎麻其他机织物(苎麻含量≥85%,羊毛/细毛>17%)	12.0	80.0	17.0	米/千克	B
5311001321	苎麻府绸及细平布(苎麻含量≥85%,与棉及化纤混纺,棉限内)	12.0	80.0	17.0	米/千克	B
5311001322	苎麻机织平布(苎麻含量≥85%,与棉及化纤混纺,棉限内)	12.0	80.0	17.0	米/千克	B
5311001323	苎麻机织印染布(苎麻含量≥85%,与棉及化纤混纺,棉限内)	12.0	80.0	17.0	米/千克	B
5311001329	苎麻其他机织物(苎麻含量≥85%,与棉及化纤混纺,棉限内)	12.0	80.0	17.0	米/千克	B
5311001331	苎麻府绸及细平布(苎麻含量≥85%,与棉及化纤混纺,化纤限内)	12.0	80.0	17.0	米/千克	B
5311001332	苎麻机织平布(苎麻含量≥85%,与棉及化纤混纺,化纤限内)	12.0	80.0	17.0	米/千克	B

商品编号	商品名称及备注	进口关税税率		增值税率	计量单位	监管条件
		最惠国	普通			
5311001333	苎麻机织印染布(苎麻含量≥85%,与棉及化纤混纺,化纤限内)	12.0	80.0	17.0	米/千克	B
5311001339	苎麻其他机织物(苎麻含量≥85%,与棉及化纤混纺,化纤限内)	12.0	80.0	17.0	米/千克	B
5311001340	苎麻其他机织物(苎麻含量≥85%,与棉及化纤混纺)	12.0	80.0	17.0	米/千克	B
5311001391	苎麻其他机织物(苎麻含量≥85%,主要/仅与精梳羊毛/细毛混纺)	12.0	80.0	17.0	米/千克	B
5311001399	苎麻其他机织物(苎麻含量≥85%)	12.0	80.0	17.0	米/千克	B
5311001411	未漂白与精梳羊毛混纺苎麻机织物(苎麻含量<85%,含17%以上羊毛/细毛)	10.0	80.0	17.0	米/千克	B
5311001419	未漂白的苎麻机织物(苎麻含量<85%,含17%以上羊毛/细毛)	10.0	80.0	17.0	米/千克	B
5311001421	未漂白的苎麻府绸及细平布(苎麻含量在85%以下,与棉及化纤混纺,棉限内)	10.0	80.0	17.0	米/千克	B
5311001422	未漂白的苎麻机织平布(苎麻含量在85%以下,与棉及化纤混纺,棉限内)	10.0	80.0	17.0	米/千克	B
5311001423	未漂白的苎麻机织印染用布(苎麻含量在85%以下,与棉及化纤混纺,棉限内)	10.0	80.0	17.0	米/千克	B
5311001429	未漂白的苎麻其他机织物(苎麻含量在85%以下,与棉及化纤混纺,棉限内)	10.0	80.0	17.0	米/千克	B
5311001431	未漂白的苎麻府绸及细平布(苎麻含量在85%以下,与棉及化纤混纺,化纤限内)	10.0	80.0	17.0	米/千克	B
5311001432	未漂白的苎麻机织平布(苎麻含量在85%以下,与棉及化纤混纺,化纤限内)	10.0	80.0	17.0	米/千克	B
5311001433	未漂白的苎麻机织印染用布(苎麻含量在85%以下,与棉及化纤混纺,化纤限内)	10.0	80.0	17.0	米/千克	B
5311001439	未漂白的苎麻其他机织物(苎麻含量在85%以下,与棉及化纤混纺,化纤限内)	10.0	80.0	17.0	米/千克	B
5311001440	未漂白的苎麻其他机织物(苎麻含量在85%以下,与棉及化纤混纺)	10.0	80.0	17.0	米/千克	B
5311001491	未漂白的苎麻其他机织物(苎麻含量<85%,主要或仅与精梳羊毛或动物细毛混纺)	10.0	80.0	17.0	米/千克	B
5311001499	未漂白的苎麻其他机织物(苎麻含量在85%以下)	10.0	80.0	17.0	米/千克	B
5311001511	其他苎麻机织物,含量<85%(毛重>17%,主要或仅与精梳羊毛或动物细毛混纺)	12.0	80.0	17.0	米/千克	B
5311001519	其他苎麻机织物(苎麻含量在85%以下,含17%以上羊毛或动物细毛)	12.0	80.0	17.0	米/千克	B
5311001521	苎麻府绸及细平布(苎麻含量在85%以下,与棉及化纤混纺,棉限内)	12.0	80.0	17.0	米/千克	B
5311001522	苎麻机织平布(苎麻含量在85%以下,与棉及化纤混纺,棉限内)	12.0	80.0	17.0	米/千克	B

商品编号	商品名称及备注	进口关税税率		增值税率	计量单位	监管条件
		最惠国	普通			
5311001523	苎麻机织印染用布(苎麻含量在85%以下,与棉及化纤混纺,棉限内)	12.0	80.0	17.0	米/千克	B
5311001529	其他苎麻机织物(苎麻含量在85%以下,与棉及化纤混纺,棉限内)	12.0	80.0	17.0	米/千克	B
5311001531	苎麻府绸及细平布(苎麻含量在85%以下,与棉及化纤混纺,化纤限内)	12.0	80.0	17.0	米/千克	B
5311001532	苎麻机织平布(苎麻含量在85%以下,与棉及化纤混纺,化纤限内)	12.0	80.0	17.0	米/千克	B
5311001533	苎麻机织印染用布(苎麻含量在85%以下,与棉及化纤混纺,化纤限内)	12.0	80.0	17.0	米/千克	B
5311001539	其他苎麻机织物(苎麻含量在85%以下,与棉及化纤混纺,化纤限内)	12.0	80.0	17.0	米/千克	B
5311001540	其他苎麻机织物(苎麻含量在85%以下,与棉及化纤混纺)	12.0	80.0	17.0	米/千克	B
5311001591	其他苎麻机织物(苎麻<85%,主要或仅与精梳羊毛或动物细毛混纺)	12.0	80.0	17.0	米/千克	B
5311001599	其他苎麻机织物(指按重量计苎麻含量在85%以下)	12.0	80.0	17.0	米/千克	B
5311002010	纸纱线机织物(主要或仅与精梳羊毛或动物细毛混纺)	10.0	90.0	17.0	米/千克	B
5311002090	纸纱线机织物	10.0	90.0	17.0	米/千克	B
5311009011	其他纺织用植物纤维机织物(毛含量>17%,主要或仅与精梳羊毛或动物细毛混纺)	10.0	50.0	17.0	米/千克	B
5311009019	其他纺织用植物纤维机织物(含17%以上羊毛或动物细毛)	10.0	50.0	17.0	米/千克	B
5311009021	其他纺织用植物纤府绸及细平布(与棉及化纤混纺,棉限内)	10.0	50.0	17.0	米/千克	B
5311009022	其他纺织用植物纤维机织平布(与棉及化纤混纺,棉限内)	10.0	50.0	17.0	米/千克	B
5311009023	其他纺织用植物纤维机织印染用布(与棉及化纤混纺,棉限内)	10.0	50.0	17.0	米/千克	B
5311009029	其他纺织用植物纤维机织物(与棉及化纤混纺,棉限内)	10.0	50.0	17.0	米/千克	B
5311009031	其他纺织用植物纤维府绸及细平布(与棉及化纤混纺,化纤限内)	10.0	50.0	17.0	米/千克	B
5311009032	其他纺织用植物纤维机织平布(与棉及化纤混纺,化纤限内)	10.0	50.0	17.0	米/千克	B
5311009033	其他纺织用植物纤维机织印染用布(与棉及化纤混纺,化纤限内)	10.0	50.0	17.0	米/千克	B
5311009039	其他纺织用植物纤维其他机织物(与棉及化纤混纺,化纤限内)	10.0	50.0	17.0	米/千克	B
5311009040	其他纺织用植物纤维其他机织物(与棉及化纤混纺)	10.0	50.0	17.0	米/千克	B
5311009091	其他纺织用植物纤维其他机织物(主要或仅与精梳羊毛或动物细毛混纺)	10.0	50.0	17.0	米/千克	B
5311009099	其他纺织用植物纤维其他机织物	10.0	50.0	17.0	米/千克	B

第五十四章　化学纤维长丝

注释：

一、本目录所称"化学纤维"，是指通过下列任一方法加工制得的有机聚合物的短纤或长丝：

(一)将有机单体物质加以聚合而制得，例如，聚酰胺、聚酯、聚氨基甲酸酯或聚乙烯衍生物；

(二)将天然有机聚合物(例如，纤维素、酪素、蛋白质或海藻)经化学变化而制得，例如，粘胶纤维、醋酸纤维素纤维、铜铵纤维或藻酸盐纤维。

对于化学纤维，所称"合成"，是指(一)款所述的纤维；所称"人造"，是指(二)款所述的纤维。

对于纺织材料，所称"化学纤维"、"合成纤维"及"人造纤维"，其含义应与上述解释相同。

二、品目 54.02 及 54.03 不适用于第五十五章的合成纤维或人造纤维的长丝丝束。

商品编号	商 品 名 称 及 备 注	进口关税税率		增值税率	计量单位	监管条件
		最惠国	普通			
5401	**化学纤维长丝纺制的缝纫线，不论是否供零售用**					
5401101000	非供零售用合纤长丝缝纫线	5.0	70.0	17.0	千克	5
5401102000	供零售用合纤长丝缝纫线	5.0	90.0	17.0	千克	5
5401201000	非供零售用人纤长丝缝纫线	5.0	35.0	17.0	千克	5
5401202000	供零售用人纤长丝缝纫线	5.0	90.0	17.0	千克	5
5402	**合成纤维长丝纱线(缝纫线除外)，非供零售用，包括细度在 67 分特以下的合成纤维单丝**					
5402101010	聚酰胺－6(尼龙－6)纺制高强力纱(非供零售用，单丝/未捻或捻度每米 5 转以下的复丝单纱)	5.0	70.0	17.0	千克	A
5402101020	聚酰胺－6(尼龙－6)纺制高强力纱(非供零售用，捻度每米 5 转及以上的复丝单纱)	5.0	70.0	17.0	千克	A
5402101090	聚酰胺－6 纺制高强力多股纱[非供零售用，(尼龙－6)]	5.0	70.0	17.0	千克	A
5402102010	聚酰胺－6,6 纺制的高强力纱(非供零售用，单丝/未捻或捻度<5 转/米复丝单纱，(尼龙－66)	5.0	70.0	17.0	千克	A
5402102020	聚酰胺－6,6 纺制的高强力纱[非供零售用，捻度≥5 转/米复丝单纱，(尼龙－66)]	5.0	70.0	17.0	千克	A
5402102090	聚酰胺－6,6 纺制的高强力多股纱(非供零售用，尼龙－66)	5.0	70.0	17.0	千克	A
5402103010	芳香族聚酰胺纺制的高强力纱(非供零售用，单丝/未捻或捻度<5 转/米复丝单纱)	5.0	70.0	17.0	千克	A
5402103020	芳香族聚酰胺纺制的高强力纱(非供零售用，捻度≥5 转/米复丝单纱)	5.0	70.0	17.0	千克	A
5402103090	芳香族聚酰胺纺制的高强力多股纱(非供零售用)	5.0	70.0	17.0	千克	A
5402109010	其他尼龙或其他聚酰胺制高强力纱(非供零售用，单丝/未捻或捻度<5 转/米复丝单纱)	5.0	70.0	17.0	千克	A
5402109020	其他尼龙或其他聚酰胺制高强力纱(非供零售用，捻度≥5 转/米复丝单纱)	5.0	70.0	17.0	千克	A
5402109090	其他尼龙或聚酰胺制高强力多股纱(非供零售用)	5.0	70.0	17.0	千克	A

商品编号	商品名称及备注	进口关税税率		增值税率	计量单位	监管条件
		最惠国	普通			
5402200010	非零售聚酯高强力纱(非供零售用,单丝/未捻或捻度<5转/米复丝单纱)	5.0	70.0	17.0	千克	7A
5402200020	非零售聚酯高强力纱(非供零售用,捻度≥5转/米复丝单纱)	5.0	70.0	17.0	千克	7A
5402200090	非零售聚酯高强力多股纱	5.0	70.0	17.0	千克	7A
5402311100	聚酰胺-6(尼龙-6)纺制弹力丝(非供零售用,指每根单纱细度不超过50特)	5.0	80.0	17.0	千克	A
5402311200	聚酰胺-6,6纺制的弹力丝(非供零售用,尼龙-66,指每根单纱细度不超过50特)	5.0	80.0	17.0	千克	A
5402311300	芳香族聚酰胺纺制弹力丝(非供零售用,指每根单纱细度不超过50特)	5.0	80.0	17.0	千克	A
5402311900	其他尼龙或其他聚酰胺制弹力丝(指每根单纱细度不超过50特,非供零售用)	5.0	80.0	17.0	千克	A
5402319000	非零售其他细尼龙变形纱线(指每根单纱细度不超过50特,包括其他聚酰胺变形丝)	5.0	70.0	17.0	千克	A
5402321100	聚酰胺-6(尼龙-6)纺制的弹力丝(指每根单纱细度超过50特,非供零售用)	5.0	80.0	17.0	千克	
5402321200	聚酰胺-6,6纺制的弹力丝(指每根单纱细度超过50特,尼龙-66,非供零售用)	5.0	80.0	17.0	千克	
5402321300	芳香族聚酰胺纺制的弹力丝(指每根单纱细度超过50特,非供零售用)	5.0	80.0	17.0	千克	
5402321900	其他尼龙或其他聚酰胺制弹力丝(指每根单纱细度超过50特,非供零售用)	5.0	80.0	17.0	千克	
5402329000	非零售其他粗尼龙变形纱线(粗指每根单纱细度超过50特,包括其他聚酰胺变形丝)	5.0	70.0	17.0	千克	
5402331000	非零售聚酯弹力丝	5.0	90.0	17.0	千克	7A
5402339000	非零售聚酯变形纱线	5.0	70.0	17.0	千克	7A
5402391000	聚丙烯长丝变形纱线(非供零售用)	5.0	70.0	17.0	千克	7
5402399000	其他合成纤维长丝变形纱线(非供零售用)	5.0	70.0	17.0	千克	7
5402411010	聚酰胺-6(尼龙-6)纺制的单纱(非供零售用,单丝/未捻或捻度<5转/米复丝单纱)	5.0	70.0	17.0	千克	
5402411090	聚酰胺-6(尼龙-6)纺制的单纱(捻度≥5转/米不超过50转的复丝单纱,非供零售用)	5.0	70.0	17.0	千克	
5402412010	聚酰胺-6,6纺制的单纱(指单丝未捻或捻度<5转/米复丝单纱,尼龙-66,非供零售用)	5.0	70.0	17.0	千克	
5402412090	聚酰胺-6,6纺制的单纱(捻度≥5转/米不超过50转的复丝单纱,尼龙-66,非供零售用)	5.0	70.0	17.0	千克	
5402413010	芳香族聚酰胺纺制的单纱(单丝/未捻或捻度每米5转以下的复丝单纱,非供零售用)	5.0	70.0	17.0	千克	
5402413090	芳香族聚酰胺纺制的单纱(捻度≥5转/米每米不超过50转的复丝单纱,非供零售用)	5.0	70.0	17.0	千克	

商品编号	商 品 名 称 及 备 注	进口关税税率		增值税率	计量单位	监管条件
		最惠国	普通			
5402419010	其他尼龙或其他聚酰胺单纱(单丝/未捻或捻度每米5转以下的复丝单纱,非供零售用)	5.0	70.0	17.0	千克	
5402419090	其他尼龙或其他聚酰胺单纱(捻度≥5转/米每米不超过50转的复丝单纱,非供零售用)	5.0	70.0	17.0	千克	
5402420000	非零售未捻的部分定向聚酯纱线(未加捻或捻度每米不超过50转)	5.0	70.0	17.0	千克	7A
5402430010	非零售未捻的其他聚酯纱线(单丝/未捻或捻度每米5转以下的复丝单纱,非供零售用)	5.0	70.0	17.0	千克	7A
5402430090	非零售未捻的其他聚酯纱线(捻度≥每米5转不超过50转的复丝单纱,非供零售用)	5.0	70.0	17.0	千克	7A
5402491010	聚丙烯单纱(单丝/未捻或捻度每米5转以下的复丝单纱,非供零售用)	5.0	70.0	17.0	千克	7
5402491090	聚丙烯单纱(捻度每米5转及以上不超过50转的复丝单纱,非供零售用)	5.0	70.0	17.0	千克	7
5402492010	氨纶单纱(单丝/未捻或捻度每米5转以下的复丝单纱,非供零售用)	5.0	70.0	17.0	千克	7
5402492090	氨纶单纱(捻度每米5转及以上不超过50转的复丝单纱,非供零售用)	5.0	70.0	17.0	千克	7
5402499010	其他合成纤维长丝单纱(单丝/未捻或捻度每米5转以下的复丝单纱,非供零售用)	5.0	70.0	17.0	千克	7
5402499090	其他合成纤维长丝单纱(捻度每米5转及以上不超过50转的复丝单纱,非供零售用)	5.0	70.0	17.0	千克	7
5402511000	聚酰胺-6(尼龙-6)纺制的单纱(指捻度每米超过50转,非供零售用)	5.0	70.0	17.0	千克	
5402512000	聚酰胺-6,6纺制的单纱(指捻度每米超过50转,尼龙-66,非供零售用)	5.0	70.0	17.0	千克	
5402513000	芳香族聚酰胺纺制的单纱(指捻度每米超过50转,非供零售用)	5.0	70.0	17.0	千克	
5402519000	其他尼龙或其他聚酰胺单纱(指捻度每米超过50转,非供零售用)	5.0	70.0	17.0	千克	
5402520000	非零售加捻的其他聚酯纱线(加捻指捻度每米超过50转)	5.0	70.0	17.0	千克	7
5402591000	聚丙烯纱线(捻度每米超过50转,非供零售用)	5.0	70.0	17.0	千克	7
5402599000	其他合成纤维长丝纱线(捻度每米超过50转,非供零售用)	5.0	70.0	17.0	千克	7
5402611000	聚酰胺-6(尼龙-6)纺制的纱线(包括多股纱线或缆线,非供零售用)	5.0	70.0	17.0	千克	
5402612000	聚酰胺-6,6纺制的纱线(包括多股纱线或缆线,尼龙-66,非供零售用)	5.0	70.0	17.0	千克	
5402613000	芳香族聚酰胺纺制的纱线(包括多股纱线或缆线,非供零售用)	5.0	70.0	17.0	千克	
5402619000	其他尼龙或其他聚酰胺纺制纱线(包括多股纱线或缆线,非供零售用)	5.0	70.0	17.0	千克	

商品编号	商 品 名 称 及 备 注	进口关税税率		增值税率	计量单位	监管条件
		最惠国	普通			
5402620000	非零售聚酯多股纱线(包括缆线)	5.0	70.0	17.0	千克	7
5402691000	聚丙烯纱线(包括多股纱线或缆线,非供零售用)	5.0	70.0	17.0	千克	7
5402692000	氨纶纱线(包括多股纱线或缆线,非供零售用)	5.0	70.0	17.0	千克	7
5402699000	其他合纤长丝多股纱线或缆线(非供零售用)	5.0	70.0	17.0	千克	7
5403	**人造纤维长丝纱线(缝纫线除外),非供零售用,包括细度在67分特以下的人造纤维单丝**					
5403100010	非零售粘胶纤维高强力纱(单丝/未捻或捻度每米5转以下的复丝单纱,非供零售用)	5.0	35.0	17.0	千克	
5403100020	非零售粘胶纤维高强力纱(捻度5转/米及以上的复丝单纱)	5.0	35.0	17.0	千克	
5403100090	非零售粘胶纤维高强力多股纱	5.0	35.0	17.0	千克	
5403200000	非零售人造纤维长丝变形纱线	5.0	35.0	17.0	千克	
5403310010	非零售粘胶纤维单纱(单丝/未捻或捻度每米5转以下的复丝单纱,非供零售用)	5.0	35.0	17.0	千克	
5403310090	非零售其他粘胶纤维单纱(捻度每米5转及以上不超过120转的复丝单纱)	5.0	35.0	17.0	千克	
5403320010	非零售加捻的纯粘胶纤维单纱(加捻捻度每米超过120转不超过250转)	5.0	35.0	17.0	千克	
5403320090	非零售加捻含粘胶≥85%单纱(加捻捻度每米超过250转)	5.0	35.0	17.0	千克	
5403331010	非零售二醋酸纤维单纱(单丝/未捻或捻度每米5转以下的复丝单纱)	5.0	40.0	17.0	千克	A
5403331020	非零售二醋酸纤维单纱(捻度5转/米及以上不超过250转)	5.0	40.0	17.0	千克	A
5403331090	非零售二醋酸纤维单纱(捻度超过250转/米)	5.0	40.0	17.0	千克	A
5403339010	非零售其他醋酸纤维单纱(单丝/未捻或捻度每米5转以下的复丝单纱,非供零售用)	5.0	35.0	17.0	千克	
5403339020	非零售其他醋酸纤维单纱(捻度5转/米及以上不超过250转)	5.0	35.0	17.0	千克	
5403339090	非零售其他醋酸纤维单纱(捻度超过250转/米)	5.0	35.0	17.0	千克	
5403390010	非零售其他人纤长丝单纱(单丝/未捻或捻度每米5转以下的复丝单纱,非供零售用)	5.0	35.0	17.0	千克	
5403390090	非零售其他人纤长丝单纱(捻度5转/米及以上)	5.0	35.0	17.0	千克	
5403410000	非零售粘胶长丝多股纱线或缆线	5.0	35.0	17.0	千克	
5403420000	非零售醋酸长丝多股纱线或缆线	5.0	35.0	17.0	千克	
5403490000	非零售其他人纤长丝多股纱或缆线	5.0	35.0	17.0	千克	
5404	**截面尺寸不超过1毫米,细度在67分特及以上的合成纤维单丝;表观宽度不超过5毫米的合成纤维纺织材料制扁条及类似品(例如人造草)**					
5404100010	细度≥67分特的涤纶纤维单丝(截面尺寸不超过1毫米,<67分特的合纤单丝归入编号5402)	5.0	80.0	17.0	千克	7

商品编号	商品名称及备注	进口关税税率		增值税率	计量单位	监管条件
		最惠国	普通			
5404100090	细度≥67分特的其他合成纤维单丝(截面尺寸不超过1毫米,<67分特的合纤单丝归入编号5402)	5.0	80.0	17.0	千克	
5404900000	其他合成纺织材料制扁条及类似品(表观宽度不超过5毫米,例如人造草)	5.0	80.0	17.0	千克	
5405	**截面尺寸不超过1毫米,细度在67分特及以上的人造纤维单丝;表观宽度不超过5毫米的人造纤维纺织材料制扁条及类似品(例如人造草)**					
5405000000	≥67分特其他人纤单丝及其扁条(单丝截面尺寸<1毫米,扁条及其类似品宽度<5毫米)	5.0	80.0	17.0	千克	
5406	**化学纤维长丝纱线(缝纫线除外),供零售用**					
5406100000	供零售用合成纤维长丝纱线	5.0	90.0	17.0	千克	5
5406200000	供零售用人造纤维长丝纱线	5.0	90.0	17.0	千克	5
5407	**合成纤维长丝纱线的机织物,包括品目5404所列材料的机织物**					
5407101000	高强力纱纺制机织物(由尼龙或其他聚酰胺高强力纱纺制的)	10.0	130.0	17.0	米/千克	57A
5407102010	聚酯高强力纱纺制机织物(重量≤170克/平方米)	10.0	130.0	17.0	米/千克	57A
5407102090	聚酯高强力纱纺制机织物(重量>170克/平方米)	10.0	130.0	17.0	米/千克	57A
5407200010	聚乙烯聚丙烯扁条或类似机织物(宽度3米以下)	10.0	130.0	17.0	米/千克	57A
5407200090	其他合成纤维扁条及类似品机织物	10.0	130.0	17.0	米/千克	57A
5407300010	平行纱线相互层迭并粘合织物(第十一类注释九所列的机织物,含塑料>60%)	10.0	130.0	17.0	米/千克	
5407300020	平行纱线相互层迭并粘合织物(第十一类注释九所列的机织物.含塑料≤60%)	10.0	130.0	17.0	米/千克	5
5407410010	未漂或漂白的打字机带用机织物(尼龙或其他聚酰胺长丝含量≥85%)	10.0	130.0	17.0	米/千克	7
5407410020	未漂白纯尼龙机织物(含尼龙量≥85%)	10.0	130.0	17.0	米/千克	7
5407410090	未漂白的或漂白的其他机织物(其他聚酰胺长丝含量≥85%)	10.0	130.0	17.0	米/千克	57
5407420000	染色的纯尼龙机织物(按重量计尼龙或其他聚酰胺长丝含量≥85%)	10.0	130.0	17.0	米/千克	57
5407430000	色织的纯尼龙机织物(按重量计尼龙或其他聚酰胺长丝含量≥85%)	10.0	130.0	17.0	米/千克	57
5407440000	印花的纯尼龙机织物(按重量计尼龙或其他聚酰胺长丝含量≥85%)	10.0	130.0	17.0	米/千克	57
5407510010	未漂白或漂白纯聚酯变形长丝布(聚酯变形长丝含量≥85%,重量≤170克/平方米)	10.0	130.0	17.0	米/千克	57
5407510021	未漂白纯聚酯变形长丝机织物(聚酯变形长丝含量≥85%,重量大于170克/平方米)	10.0	130.0	17.0	米/千克	57

商品编号	商 品 名 称 及 备 注	进口关税税率		增值税率	计量单位	监管条件
		最惠国	普通			
5407510029	漂白纯聚酯变形长丝机织物(聚酯变形长丝含量≥85%,重量大于170克/平方米)	10.0	130.0	17.0	米/千克	57
5407520010	染色的聚酯变形长丝布,含量≥85(宽<77厘米,每厘米经纱密70-142根,纬密32-71根)	10.0	130.0	17.0	米/千克	57
5407520091	染色的其他聚酯变形长丝机织物(聚酯变形长丝含量≥85%,重量≤170克/平方米)	10.0	130.0	17.0	米/千克	57
5407520092	染色的其他聚酯变形长丝机织物(聚酯变形长丝含量≥85%,重量>170克/平方米)	10.0	130.0	17.0	米/千克	57
5407530010	色织的聚酯变形长丝布,含量≥85(宽<77厘米,每厘米经纱密70-142根,纬密32-71根)	10.0	130.0	17.0	米/千克	57
5407530091	色织的聚酯变形长丝机织物(聚酯变形长丝含量≥85%,重量≤170克/平方米)	10.0	130.0	17.0	米/千克	57
5407530092	色织的聚酯变形长丝机织物(聚酯变形长丝含量≥85%重量>170克/平方米)	10.0	130.0	17.0	米/千克	57
5407540010	印花的聚酯变形长丝机织物(聚酯变形长丝含量≥85%,重量≤170克/平方米)	10.0	130.0	17.0	米/千克	57
5407540020	印花的聚酯变形长丝机织物(聚酯变形长丝含量≥85%,重量>170克/平方米)	10.0	130.0	17.0	米/千克	57
5407610011	染色聚酯非变形长丝布,含量≥85(宽<77厘米,每厘米经纱密70-142根,纬密32-71根)	10.0	130.0	17.0	米/千克	57
5407610012	色织聚酯非变形长丝布,含量≥85(宽<77厘米,每厘米经纱密70-142根,纬密32-71根)	10.0	130.0	17.0	米/千克	57
5407610020	全聚酯其他非变形长丝机织物(单纱含27根丝,细75-80分特,捻度900转及以上)	10.0	130.0	17.0	米/千克	57
5407610031	未漂或漂聚酯非变形长丝机织物(聚酯非变形长丝含量≥85%,重量>170克/平方米)	10.0	130.0	17.0	米/千克	57
5407610032	未漂或漂聚酯非变形长丝机织物(聚酯非变形长丝含量≥85%,重量≤170克/平方米)	10.0	130.0	17.0	米/千克	57
5407610041	染色其他聚酯非变形长丝布(聚酯非变形长丝含量≥85%,重量>170克/平方米)	10.0	130.0	17.0	米/千克	57
5407610042	染色其他纯聚酯非变形长丝布(聚酯非变形长丝含量≥85%,重量≤170克/平方米)	10.0	130.0	17.0	米/千克	57
5407610051	色织其他聚酯非变形长丝布(聚酯非变形长丝含量≥85%,重量>170克/平方米)	10.0	130.0	17.0	米/千克	57
5407610052	色织其他聚酯非变形长丝布(聚酯非变形长丝含量≥85%,重量≤170克/平方米)	10.0	130.0	17.0	米/千克	57
5407610061	印花其他聚酯非变形长丝布(聚酯非变形长丝含量≥85%,重量>170克/平方米)	10.0	130.0	17.0	米/千克	57
5407610062	印花其他聚酯非变形长丝布(聚酯非变形长丝含量≥85%,重量≤170克/平方米)	10.0	130.0	17.0	米/千克	57

商品编号	商品名称及备注	进口关税税率		增值税率	计量单位	监管条件
		最惠国	普通			
5407690011	未漂或漂其他聚酯长丝布(聚酯长丝含量≥85%,重量>170克/平方米)	10.0	130.0	17.0	米/千克	57
5407690012	未漂或漂其他聚酯长丝布(聚酯长丝含量≥85%,重量≤170克/平方米)	10.0	130.0	17.0	米/千克	57
5407690021	染色其他聚酯长丝布(聚酯长丝含量≥85%,重量>170克/平方米)	10.0	130.0	17.0	米/千克	57
5407690022	染色其他聚酯长丝布(聚酯长丝含量≥85%,重量≤170克/平方米)	10.0	130.0	17.0	米/千克	57
5407690031	色织其他聚酯长丝布,含量≥85%(每厘米经纱密70-142根,纬密32-71根)	10.0	130.0	17.0	米/千克	57
5407690032	色织其他聚酯长丝布(聚酯长丝含量≥85%,重量>170克/平方米)	10.0	130.0	17.0	米/千克	57
5407690033	色织其他聚酯长丝布(聚酯长丝含量≥85%,重量≤170克/平方米)	10.0	130.0	17.0	米/千克	57
5407690041	印花其他聚酯长丝布(聚酯长丝含量≥85%,重量>170克/平方米)	10.0	130.0	17.0	米/千克	57
5407690042	印花其他聚酯长丝布(聚酯长丝含量≥85%,重量≤170克/平方米)	10.0	130.0	17.0	米/千克	57
5407710010	未漂白其他纯合纤长丝机织物(按重量计其他合成纤维长丝含量≥85%)	10.0	130.0	17.0	米/千克	57
5407710090	漂白其他纯合纤长丝机织物(按重量计其他合成纤维长丝含量≥85%)	10.0	130.0	17.0	米/千克	57
5407720000	染色的其他纯合纤长丝布(纯合纤布指按重量计其他合成纤维长丝含量≥85%)	10.0	130.0	17.0	米/千克	57
5407730000	色织的其他纯合纤长丝布(纯合纤布指按重量计其他合成纤维长丝含量≥85%)	10.0	130.0	17.0	米/千克	57
5407740000	印花的其他纯合纤长丝布(纯合纤布指按重量计其他合成纤维长丝含量≥85%)	10.0	130.0	17.0	米/千克	57
5407810010	未漂或漂白与棉混纺府绸及细平布(其他合成纤维长丝含量在85%以下)	10.0	130.0	17.0	米/千克	B7
5407810020	未漂或漂白的与棉混纺平布(其他合成纤维长丝含量在85%以下)	10.0	130.0	17.0	米/千克	B7
5407810030	未漂或漂白的与棉混纺印染用布(混纺合纤布指按重量计其他合成纤维长丝含量在85%以下)	10.0	130.0	17.0	米/千克	B7
5407810040	未漂或漂白与棉混纺缎纹或斜纹布(混纺合纤布指按重量计其他合成纤维长丝含量在85%以下)	10.0	130.0	17.0	米/千克	B7
5407810090	未漂或漂白与棉混纺其他合纤布(混纺合纤布指按重量计其他合成纤维长丝含量在85%以下)	10.0	130.0	17.0	米/千克	B7
5407820010	染色的与棉混纺府绸及细平布(混纺合纤布指按重量计其他合成纤维长丝含量在85%以下)	10.0	130.0	17.0	米/千克	B7

商品编号	商品名称及备注	进口关税税率		增值税率	计量单位	监管条件
		最惠国	普通			
5407820020	染色的与棉混纺平布(混纺合纤布指按重量计其他合成纤维长丝含量在85%以下)	10.0	130.0	17.0	米/千克	B7
5407820030	染色的与棉混纺印染用布(混纺合纤布指按重量计其他合成纤维长丝含量在85%以下)	10.0	130.0	17.0	米/千克	B7
5407820040	染色的与棉混纺缎纹或斜纹布(混纺合纤布指按重量计其他合成纤维长丝含量在85%以下)	10.0	130.0	17.0	米/千克	B7
5407820090	染色的与棉混纺其他合成纤维布(混纺合纤布指按重量计其他合成纤维长丝含量在85%以下)	10.0	130.0	17.0	米/千克	B7
5407830010	色织的与棉混纺府绸及细平布(混纺合纤布指按重量计其他合成纤维长丝含量在85%以下)	10.0	130.0	17.0	米/千克	7
5407830020	色织的与棉混纺平布(混纺合纤布指按重量计其他合成纤维长丝含量在85%以下)	10.0	130.0	17.0	米/千克	7
5407830030	色织的与棉混纺印染用布(混纺合纤布指按重量计其他合成纤维长丝含量在85%以下)	10.0	130.0	17.0	米/千克	7
5407830040	色织的与棉混纺缎纹或斜纹布(混纺合纤布指按重量计其他合成纤维长丝含量在85%以下)	10.0	130.0	17.0	米/千克	7
5407830090	色织的与棉混纺其他合成纤维布(混纺合纤布指按重量计其他合成纤维长丝含量在85%以下)	10.0	130.0	17.0	米/千克	7
5407840010	印花的与棉混纺府绸及细平布(混纺合纤布指按重量计其他合成纤维长丝含量在85%以下)	10.0	130.0	17.0	米/千克	B7
5407840020	印花的与棉混纺平布(混纺合纤布指按重量计其他合成纤维长丝含量在85%以下)	10.0	130.0	17.0	米/千克	B7
5407840030	印花的与棉混纺印染用布(混纺合纤布指按重量计其他合成纤维长丝含量在85%以下)	10.0	130.0	17.0	米/千克	B7
5407840040	印花的与棉混纺缎纹或斜纹布(混纺合纤布指按重量计其他合成纤维长丝含量在85%以下)	10.0	130.0	17.0	米/千克	B7
5407840090	印花的与棉混纺其他合成纤维布(混纺合纤布指按重量计其他合成纤维长丝含量在85%以下)	10.0	130.0	17.0	米/千克	B7
5407910011	未漂或漂白的其他混纺合成纤维布(与精梳羊毛或动物细毛≥36%混纺,合纤<85%)	10.0	130.0	17.0	米/千克	7
5407910019	未漂或漂白的其他混纺合成纤维布(合纤含量在85%以下,与其他羊毛或动物细毛36%及以上混)	10.0	130.0	17.0	米/千克	7
5407910021	未漂或漂白的其他混纺合成纤维布(与精梳羊毛或动物细毛<36%混纺,合纤<85%)	10.0	130.0	17.0	米/千克	7
5407910029	未漂或漂白的其他混纺合成纤维布(与其他羊毛或动物细毛<36%混纺,合纤<85%)	10.0	130.0	17.0	米/千克	7
5407910030	未漂或漂白的其他混纺合成纤维布(与人造纤维长丝混纺,合纤含量<85%)	10.0	130.0	17.0	米/千克	57
5407910091	未漂或漂其他混纺府绸及细平布(合成纤维长丝含量在85%以下,与其他纤维混纺)	10.0	130.0	17.0	米/千克	7

商品编号	商品名称及备注	进口关税税率		增值税率	计量单位	监管条件
		最惠国	普通			
5407910092	未漂或漂白的其他混纺平布(合成纤维长丝含量在85%以下,与其他纤维混纺)	10.0	130.0	17.0	米/千克	7
5407910093	未漂或漂白的其他混纺印染用布(合成纤维长丝含量在85%以下,与其他纤维混纺)	10.0	130.0	17.0	米/千克	7
5407910094	未漂或漂其他混纺缎纹或斜纹布(合成纤维长丝含量在85%以下,与其他纤维混纺)	10.0	130.0	17.0	米/千克	7
5407910099	未漂或漂白的其他混纺合成纤维布(合成纤维长丝含量在85%以下,与其他纤维混纺)	10.0	130.0	17.0	米/千克	7
5407920011	染色的其他混纺合成纤维布(与精梳羊毛或动物细毛≥36%混纺,合纤<85%)	10.0	130.0	17.0	米/千克	7
5407920019	染色的其他混纺合成纤维布(与其他羊毛或动物细毛≥36%混纺,合纤<85%)	10.0	130.0	17.0	米/千克	7
5407920021	染色的其他混纺合成纤维布(与精梳羊毛或动物细毛<36%混纺,合纤<85%)	10.0	130.0	17.0	米/千克	7
5407920029	染色的其他混纺合成纤维布(与其他羊毛或动物细毛<36%混纺,合纤<85%)	10.0	130.0	17.0	米/千克	7
5407920030	染色的其他混纺合成纤维布(与人造纤维长丝或含金属纱线混纺,合纤含量在85%以下)	10.0	130.0	17.0	米/千克	57
5407920091	染色的其他混纺府绸及细平布(合成纤维长丝含量在85%以下,与其他纤维混纺)	10.0	130.0	17.0	米/千克	7
5407920092	染色的其他混纺平布(合成纤维长丝含量在85%以下,与其他纤维混纺)	10.0	130.0	17.0	米/千克	7
5407920093	染色的其他混纺印染用布(合成纤维长丝含量在85%以下,与其他纤维混纺)	10.0	130.0	17.0	米/千克	7
5407920094	染色的其他混纺缎纹或斜纹布(合成纤维长丝含量在85%以下,与其他纤维混纺)	10.0	130.0	17.0	米/千克	7
5407920099	染色的其他混纺合成纤维布(合成纤维长丝含量在85%以下,与其他纤维混纺)	10.0	130.0	17.0	米/千克	7
5407930011	色织的其他混纺合成纤维布(与精梳羊毛或动物细毛≥36%混纺,合纤<85%)	10.0	130.0	17.0	米/千克	7
5407930019	色织的其他混纺合成纤维布(与其他羊毛或动物细毛≥36%混纺,合纤<85%)	10.0	130.0	17.0	米/千克	7
5407930021	色织的其他混纺合成纤维布(与精梳羊毛或动物细毛<36%混纺,合纤<85%)	10.0	130.0	17.0	米/千克	7
5407930029	色织的其他混纺合成纤维布(与其他羊毛或动物细毛<36%混纺,合纤<85%)	10.0	130.0	17.0	米/千克	7
5407930030	色织其他混纺合纤布,合纤<85%(含化纤长丝≥85%,每厘米经密70-142根,纬密32-71根)	10.0	130.0	17.0	米/千克	57
5407930040	色织的其他混纺合成纤维布(与人造纤维长丝或含金属纱线混纺,合纤长丝含量<85%)	10.0	130.0	17.0	米/千克	57

商品编号	商品名称及备注	进口关税税率		增值税率	计量单位	监管条件
		最惠国	普通			
5407930091	色织的其他混纺府绸及细平布(合成纤维长丝含量在85%以下,与其他纤维混纺)	10.0	130.0	17.0	米/千克	7
5407930092	色织的其他混纺平布(合成纤维长丝含量在85%以下,与其他纤维混纺)	10.0	130.0	17.0	米/千克	7
5407930093	色织的其他混纺印染用布(合成纤维长丝含量在85%以下,与其他纤维混纺)	10.0	130.0	17.0	米/千克	7
5407930094	色织的其他混纺缎纹或斜纹布(合成纤维长丝含量在85%以下,与其他纤维混纺)	10.0	130.0	17.0	米/千克	7
5407930099	色织的其他混纺合成纤维布(合成纤维长丝含量在85%以下,与其他纤维混纺)	10.0	130.0	17.0	米/千克	7
5407940011	印花的其他混纺合成纤维布(与精梳羊毛或动物细毛≥36%混纺,合纤<85%)	10.0	130.0	17.0	米/千克	B7
5407940019	印花的其他混纺合成纤维布(与其他羊毛或动物细毛≥36%混纺,合纤<85%)	10.0	130.0	17.0	米/千克	B7
5407940021	印花的其他混纺合成纤维布(与精梳羊毛或动物细毛<36%混纺,合纤<85%)	10.0	130.0	17.0	米/千克	B7
5407940029	印花的其他混纺合成纤维布(与其他羊毛或动物细毛<36%混纺,合纤<85%)	10.0	130.0	17.0	米/千克	B7
5407940030	印花的其他混纺合成纤维布(与人造纤维长丝或含金属纱线混纺,合纤含量<85%)	10.0	130.0	17.0	米/千克	57B
5407940091	印花的其他混纺府绸及细平布(合成纤维长丝含量在85%以下,与其他纤维混纺)	10.0	130.0	17.0	米/千克	B7
5407940092	印花的其他混纺平布(合成纤维长丝含量在85%以下,与其他纤维混纺)	10.0	130.0	17.0	米/千克	B7
5407940093	印花的其他混纺印染用布(合成纤维长丝含量在85%以下,与其他纤维混纺)	10.0	130.0	17.0	米/千克	B7
5407940094	印花的其他混纺缎纹或斜纹布(合成纤维长丝含量在85%以下,与其他纤维混纺)	10.0	130.0	17.0	米/千克	B7
5407940099	印花的其他混纺合成纤维布(合成纤维长丝含量在85%以下,与其他纤维混纺)	10.0	130.0	17.0	米/千克	B7
5408	**人造纤维长丝纱线的机织物,包括品目5405所列材料的机织物**					
5408100000	粘胶纤维高强力纱的机织物	10.0	130.0	17.0	米/千克	B
5408211010	未漂白粘胶长丝机织物(按重量计粘胶纤维长丝、扁条或类似品含量≥85%)	12.0	130.0	17.0	米/千克	B
5408211090	漂白粘胶长丝机织物(按重量计粘胶纤维长丝、扁条或类似品含量≥85%)	12.0	130.0	17.0	米/千克	B
5408212000	未漂白或漂白醋酸长丝机织物(按重量计醋酸纤维长丝、扁条或类似品含量≥85%)	12.0	130.0	17.0	米/千克	B
5408219000	未漂白或漂白其他纯人纤长丝机织物(包括扁条布,按重量计其他人造纤维长丝含量≥85%)	12.0	130.0	17.0	米/千克	B

商品编号	商品名称及备注	进口关税税率		增值税率	计量单位	监管条件
		最惠国	普通			
5408221000	染色的粘胶长丝机织物(按重量计粘胶纤维长丝、扁条或类似品含量≥85%)	10.0	130.0	17.0	米/千克	B
5408222000	染色的醋酸长丝机织物(按重量计醋酸纤维长丝、扁条或类似品含量≥85%)	10.0	130.0	17.0	米/千克	B
5408229000	染色的其他人纤长丝机织物(按重量计其他人造纤维长丝,扁条含量≥85%)	10.0	130.0	17.0	米/千克	B
5408231000	色织的粘胶长丝机织物(按重量计粘胶纤维长丝、扁条或类似品含量≥85%)	10.0	130.0	17.0	米/千克	B
5408232000	色织的醋酸长丝机织物(按重量计醋酸纤维长丝、扁条或类似品含量≥85%)	10.0	130.0	17.0	米/千克	B
5408239000	色织的其他人纤长丝机织物(按重量计其他人造纤维长丝、扁条含量≥85%)	10.0	130.0	17.0	米/千克	B
5408241000	印花的粘胶长丝机织物(按重量计粘胶纤维长丝、扁条或类似品含量≥85%)	10.0	130.0	17.0	米/千克	B
5408242000	印花的醋酸长丝机织物(按重量计醋酸纤维长丝、扁条或类似品含量≥85%)	10.0	130.0	17.0	米/千克	B
5408249000	其他印花人纤长丝、扁条机织物(按重量计人造纤维长丝、扁条或类似品含量≥85%)	10.0	130.0	17.0	米/千克	B
5408310011	未漂白或漂白人纤长丝机织物(与精梳羊毛或动物细毛≥36%混纺、人纤<85%)	10.0	130.0	17.0	米/千克	B
5408310019	未漂白或漂白人纤长丝机织物(与其他羊毛或动物细毛≥36%混纺、人纤<85%)	10.0	130.0	17.0	米/千克	B
5408310021	未漂白或漂白人纤长丝机织物(与精梳羊毛或动物细毛<36%混纺、人纤<85%)	10.0	130.0	17.0	米/千克	B
5408310029	未漂白或漂白人纤长丝机织物(与其他羊毛或动物细毛<36%混纺、人纤<85%)	10.0	130.0	17.0	米/千克	B
5408310030	未漂白或漂白人纤长丝机织物(与人纤长丝混纺、人纤长丝含量在85%以下)	10.0	130.0	17.0	米/千克	B
5408310091	未漂白或漂白人纤长丝府绸及细平布(混纺布指按重量计人纤长丝、扁条或类似品含量在85%以下)	10.0	130.0	17.0	米/千克	B
5408310092	未漂白或漂白人纤长丝平布(混纺布指按重量计人纤长丝、扁条或类似品含量在85%以下)	10.0	130.0	17.0	米/千克	B
5408310093	未漂白或漂白人纤长丝印染用布(混纺布指按重量计人纤长丝、扁条或类似品含量在85%以下)	10.0	130.0	17.0	米/千克	B
5408310094	未漂白或漂白人纤长丝缎纹或斜纹布(混纺布指按重量计人纤长丝、扁条或类似品含量在85%以下)	10.0	130.0	17.0	米/千克	B
5408310099	未漂白或漂白人纤长丝其他混纺布(混纺布指按重量计人纤长丝、扁条或类似品含量在85%以下)	10.0	130.0	17.0	米/千克	B
5408320011	染色的人纤长丝机织物(与精梳羊毛或动物细毛≥36%混纺、人纤<85%)	10.0	130.0	17.0	米/千克	B

商品编号	商 品 名 称 及 备 注	进口关税税率		增值税率	计量单位	监管条件
		最惠国	普通			
5408320019	染色的人纤长丝机织物(与其他羊毛或动物细毛≥36%混纺、人纤<85%)	10.0	130.0	17.0	米/千克	B
5408320021	染色的人纤长丝机织物(与精梳羊毛或动物细毛<36%混纺、人纤<85%)	10.0	130.0	17.0	米/千克	B
5408320029	染色的人纤长丝机织物(与其他羊毛或动物细毛<36%混纺、人纤<85%)	10.0	130.0	17.0	米/千克	B
5408320030	染色的人纤长丝机织物(含丝及绢丝30%及以上,每千克价值超过$33,人纤<85%)	10.0	130.0	17.0	米/千克	B
5408320040	染色的人纤长丝机织物(与合纤长丝混纺、人纤长丝、扁条或类似品含量在85%以下)	10.0	130.0	17.0	米/千克	B
5408320091	染色的人纤长丝府绸或细平布(混纺布指按重量计人纤长丝、扁条或类似品含量在85%以下)	10.0	130.0	17.0	米/千克	B
5408320092	染色的人纤长丝平布(混纺布指按重量计人纤长丝、扁条或类似品含量在85%以下)	10.0	130.0	17.0	米/千克	B
5408320093	染色的人纤长丝印染用布(混纺布指按重量计人纤长丝、扁条或类似品含量在85%以下)	10.0	130.0	17.0	米/千克	B
5408320094	染色的人纤长丝缎纹或斜纹布(混纺布指按重量计人纤长丝、扁条或类似品含量在85%以下)	10.0	130.0	17.0	米/千克	B
5408320099	染色的人纤长丝其他机织物(混纺布指按重量计人纤长丝、扁条或类似品含量在85%以下)	10.0	130.0	17.0	米/千克	B
5408330011	色织的人纤长丝机织物(与精梳羊毛或动物细毛≥36%混纺、人纤<85%)	10.0	130.0	17.0	米/千克	B
5408330019	色织的人纤长丝机织物(与其他羊毛或动物细毛≥36%混纺、人纤<85%)	10.0	130.0	17.0	米/千克	B
5408330021	色织的人纤长丝机织物(与精梳羊毛或动物细毛<36%混纺、人纤<85%)	10.0	130.0	17.0	米/千克	B
5408330029	色织的人纤长丝机织物(与其他羊毛或动物细毛<36%混纺、人纤<85%)	10.0	130.0	17.0	米/千克	B
5408330030	色织的人纤长丝机织物,人纤<85%(含化纤长丝≥85%,每厘米经密70-142根,纬密32-71根)	10.0	130.0	17.0	米/千克	B
5408330040	色织的人纤长丝机织物(含丝及绢丝30%及以上,每千克价值超过$33,人纤<85%)	10.0	130.0	17.0	米/千克	B
5408330050	色织的人纤长丝机织物(与合纤长丝混纺、人纤长丝、扁条或类似品含量在85%以下)	10.0	130.0	17.0	米/千克	B
5408330091	色织的人纤长丝府绸或细平布(混纺布指按重量计人纤长丝、扁条或类似品含量在85%以下)	10.0	130.0	17.0	米/千克	B
5408330092	色织的人纤长丝平布(混纺布指按重量计人纤长丝、扁条或类似品含量在85%以下)	10.0	130.0	17.0	米/千克	B
5408330093	色织的人纤长丝印染用布(混纺布指按重量计人纤长丝、扁条或类似品含量在85%以下)	10.0	130.0	17.0	米/千克	B

商品编号	商 品 名 称 及 备 注	进口关税税率		增值税率	计量单位	监管条件
		最惠国	普通			
5408330094	色织的人纤长丝缎纹或斜纹布(混纺布指按重量计人纤长丝、扁条或类似品含量在85%以下)	10.0	130.0	17.0	米/千克	B
5408330099	色织的人纤长丝其他机织物(混纺布指按重量计人纤长丝、扁条或类似品含量在85%以下)	10.0	130.0	17.0	米/千克	B
5408340011	印花的人纤长丝机织物(与精梳羊毛或动物细毛≥36%混纺、人纤<85%)	10.0	130.0	17.0	米/千克	B
5408340019	印花的人纤长丝机织物(与其他羊毛或动物细毛≥36%混纺、人纤<85%)	10.0	130.0	17.0	米/千克	B
5408340021	印花的人纤长丝机织物(与精梳羊毛或动物细毛<36%混纺、人纤<85%)	10.0	130.0	17.0	米/千克	B
5408340029	印花的人纤长丝机织物(与其他羊毛或动物细毛<36%混纺、人纤<85%)	10.0	130.0	17.0	米/千克	B
5408340030	印花的人纤长丝机织物(含丝及绢丝30%及以上,每千克超过$33,人纤<85%)	10.0	130.0	17.0	米/千克	B
5408340040	印花的人纤长丝机织物(与合纤长丝混纺、人纤长丝、扁条或类似品含量在85%以下)	10.0	130.0	17.0	米/千克	B
5408340091	印花的人纤长丝府绸或细平布(混纺布指按重量计人纤长丝、扁条或类似品含量在85%以下)	10.0	130.0	17.0	米/千克	B
5408340092	印花的人纤长丝平布(混纺布指按重量计人纤长丝、扁条或类似品含量在85%以下)	10.0	130.0	17.0	米/千克	B
5408340093	印花的人纤长丝印染用布(混纺布指按重量计人纤长丝、扁条或类似品含量在85%以下)	10.0	130.0	17.0	米/千克	B
5408340094	印花的人纤长丝缎纹或斜纹布(混纺布指按重量计人纤长丝、扁条或类似品含量在85%以下)	10.0	130.0	17.0	米/千克	B
5408340099	印花的人纤长丝其他机织物(混纺布指按重量计人纤长丝、扁条或类似品含量在85%以下)	10.0	130.0	17.0	米/千克	B

第五十五章　化学纤维短纤

注释：

品目55.01和55.02仅适用于每根与丝束长度相等的平行化学纤维长丝丝束。前述丝束应同时符合下列规格：

一、丝束长度超过2米；

二、捻度每米少于5转；

三、每根长丝细度在67分特以下；

四、合成纤维长丝丝束，须经拉伸处理，即本身不能被拉伸至超过本身长度的一倍；

五、丝束总细度大于20000分特。

丝束长度不超过2米的归入品目55.03或55.04。

商品编号	商品名称及备注	进口关税税率		增值税率	计量单位	监管条件
		最惠国	普通			
5501	**合成纤维长丝丝束**					
5501100000	尼龙或其他聚酰胺长丝丝束	5.0	70.0	17.0	千克	A
5501200000	聚酯长丝丝束	5.0	70.0	17.0	千克	7A
5501300000	聚丙烯腈长丝丝束(包括变性聚丙烯腈长丝丝束)	5.0	35.0	17.0	千克	7A
5501900000	其他合成纤维长丝丝束	5.0	70.0	17.0	千克	A
5502	**人造纤维长丝丝束**					
5502001000	二醋酸纤维丝束	3.0	40.0	17.0	千克	7A
5502009000	其他人造纤维长丝丝束	5.0	35.0	17.0	千克	A
5503	**合成纤维短纤，未梳或未经其他纺前加工**					
5503100000	未梳的尼龙或其他聚酰胺短纤(包括未经其他纺前加工的)	5.0	70.0	17.0	千克	A
5503200000	未梳的聚酯短纤(包括未经其他纺前加工的)	5.0	70.0	17.0	千克	7A
5503300000	未梳的聚丙烯腈短纤维(包括变性聚丙烯腈制短纤维)	5.0	35.0	17.0	千克	7A
5503400000	未梳的聚丙烯短纤(包括未经其他纺前加工的)	5.0	70.0	17.0	千克	A
5503900000	未梳的其他合成纤维短纤(包括未经其他纺前加工的)	5.0	70.0	17.0	千克	A
5504	**人造纤维短纤，未梳或未经其他纺前加工**					
5504100000	未梳的粘胶短纤(包括未经其他纺前加工的)	5.0	35.0	17.0	千克	A
5504900000	未梳的其他人造纤维短纤(包括未经其他纺前加工的)	5.0	35.0	17.0	千克	A
5505	**化学纤维废料(包括落绵、废纱及回收纤维)**					
5505100000	合成纤维废料(包括落绵、废纱及回收纤维)	5.0	70.0	17.0	千克	AP
5505200000	人造纤维废料(包括落绵、废纱及回收纤维)	5.0	70.0	17.0	千克	AP
5506	**合成纤维短纤，已梳或经其他纺前加工**					
5506100000	已梳的尼龙或其他聚酰胺短纤(包括经其他纺前加工的)	5.0	70.0	17.0	千克	A

商品编号	商品名称及备注	进口关税税率		增值税率	计量单位	监管条件
		最惠国	普通			
5506200000	已梳的聚酯短纤(包括经其他纺前加工的)	5.0	70.0	17.0	千克	7A
5506300000	已梳的聚丙烯腈及其变性短纤(包括经其他纺前加工的)	5.0	35.0	17.0	千克	7A
5506900000	已梳的其他合成纤维短纤(包括经其他纺前加工的)	5.0	70.0	17.0	千克	A
5507	**人造纤维短纤,已梳或经其他纺前加工**					
5507000000	已梳的人造纤维短纤(包括经其他纺前加工的)	5.0	35.0	17.0	千克	A
5508	**化学纤维短纤纺制的缝纫线,不论是否供零售用**					
5508100011	非零售用聚丙烯晴短纤缝纫线	5.0	90.0	17.0	千克	5
5508100019	非零售用其他合纤短纤缝纫线	5.0	90.0	17.0	千克	5
5508100090	零售用合成纤维短纤缝纫线	5.0	90.0	17.0	千克	5
5508200010	非零售用人造纤维短纤缝纫线	5.0	70.0	17.0	千克	5
5508200090	零售用人造纤维短纤缝纫线	5.0	70.0	17.0	千克	5
5509	**合成纤维短纤纺制的纱线(缝纫线除外),非供零售用**					
5509110000	非零售纯尼龙短纤单纱(纯指按重量计尼龙或其他聚酰胺短纤含量在85%及以上)	5.0	90.0	17.0	千克	
5509120000	非零售纯尼龙短纤多股纱线(包括缆线,纯指按重量计尼龙或其他聚酰胺短纤含量≥85%)	5.0	90.0	17.0	千克	A
5509210000	非零售纯聚酯短纤单纱(纯指按重量计聚酯短纤含量在85%及以上)	5.0	90.0	17.0	千克	7
5509220010	非零售聚酯短纤多股纱线或缆线(终捻为Z捻,聚酯短纤含量在85%及以上,缝纫线除外)	5.0	90.0	17.0	千克	57
5509220090	非零售其他聚酯短纤多股纱线缆线(聚酯短纤含量在85%及以上,缝纫线除外)	5.0	90.0	17.0	千克	7
5509310000	非零售纯聚丙烯腈短纤单纱(纯指按重量计聚丙烯腈或变性聚丙烯腈短纤含量≥85%)	5.0	90.0	17.0	千克	7
5509320000	非零售纯聚丙烯腈短纤多股纱线(包括缆线,纯指按重量计聚丙烯腈或其变性短纤含量≥85%)	5.0	90.0	17.0	千克	7
5509410000	非零售纯合成纤维短纤单纱(纯指按重量计其他合成纤维短纤含量在85%及以上)	5.0	90.0	17.0	千克	
5509420000	非零售纯合纤短纤多股纱线(包括缆线,纯指按重量计含其他合成纤维85%及以上)	5.0	90.0	17.0	千克	
5509510000	非零售与人纤短纤混纺聚酯短纤纱(混纺指按重量计聚脂短纤含量在85%以下)	5.0	90.0	17.0	千克	7
5509520000	非零售与毛混纺聚酯短纤纱线(混纺指按重量计聚脂短纤含量在85%以下)	5.0	90.0	17.0	千克	7
5509530000	非零售与棉混纺聚酯短纤纱线(混纺指按重量计聚脂短纤含量在85%以下)	5.0	90.0	17.0	千克	7B
5509590000	非零售与其他混纺聚酯短纤纱线(混纺指按重量计聚脂短纤含量在85%以下)	5.0	90.0	17.0	千克	7

商品编号	商 品 名 称 及 备 注	进口关税税率		增值税率	计量单位	监管条件
		最惠国	普通			
5509610000	非零售与毛混纺腈纶短纤纱线(混纺指按重量计聚丙烯腈及其变性短纤含量在85%以下)	5.0	90.0	17.0	千克	7
5509620000	非零售与棉混纺腈纶短纤纱线(混纺指按重量计聚丙烯腈及其变性短纤含量在85%以下)	5.0	90.0	17.0	千克	7
5509690000	非零售与其他混纺腈纶短纤纱线(混纺指按重量计聚丙烯腈及其变性短纤含量在85%以下)	5.0	90.0	17.0	千克	7
5509910000	非零售与毛混纺其他合纤短纤纱线(混纺指按重量计其他合成纤维短纤含量在85%以下)	5.0	90.0	17.0	千克	
5509920000	非零售与棉混纺其他合纤短纤纱线(混纺指按重量计其他合成纤维短纤含量在85%以下)	5.0	90.0	17.0	千克	
5509990000	非零售与其他混纺合纤短纤纱线(混纺指按重量计其他合成纤维短纤含量在85%以下)	5.0	90.0	17.0	千克	
5510	**人造纤维短纤纺制的纱线(缝纫线除外),非供零售用**					
5510110000	非零售其他纯人造纤维短纤单纱(纯指按重量计其纤维短纤含量在85%及以上)	5.0	70.0	17.0	千克	
5510120000	非零售其他纯人纤短纤多股纱线(包括缆线,纯指按重量计其他人造纤维短纤含量≥85%)	5.0	70.0	17.0	千克	
5510200000	非零售与毛混纺其他人纤短纤纱线(混纺指按重量计其他人造纤维短纤含量在85%以下)	5.0	70.0	17.0	千克	
5510300000	非零售与棉混纺其他人纤短纤纱线(混纺指按重量计其他人造纤维短纤含量在85%以下)	5.0	70.0	17.0	千克	
5510900000	非零售与其他混纺人纤短纤纱线(混纺指按重量计其他人造纤维短纤含量在85%以下)	5.0	70.0	17.0	千克	
5511	**化学纤维短纤纺制的纱线(缝纫线除外),供零售用**					
5511100000	零售用纯合纤短纤纱线(纯指按重量计其他合成纤维短纤含量在85%及以上)	5.0	90.0	17.0	千克	5
5511200000	零售用混纺合纤短纤纱线(混纺指按重量计其他合成纤维含量在85%以下)	5.0	90.0	17.0	千克	5B
5511300000	零售用人纤短纤纱线	5.0	90.0	17.0	千克	5
5512	**合成纤维短纤纺制的机织物,按重量计合成纤维短纤含量在85%及以上**					
5512110010	未漂或漂白聚酯短纤机织府绸(聚脂短纤含量在85%及以上,包括细平布)	18.0	130.0	17.0	米/千克	
5512110020	未漂或漂白聚酯短纤机织平布(聚脂短纤含量在85%及以上)	18.0	130.0	17.0	米/千克	
5512110030	未漂或漂白聚酯短纤印染用布(纯聚酯布指按重量计聚脂短纤含量在85%及以上)	18.0	130.0	17.0	米/千克	
5512110040	未漂或漂白聚酯短纤平纹奶酪布(聚脂短纤含量在85%及以上,含薄细布、巴里纱)	18.0	130.0	17.0	米/千克	

商品编号	商品名称及备注	进口关税税率		增值税率	计量单位	监管条件
		最惠国	普通			
5512110050	未漂或漂白聚酯短纤机织帆布(纯聚酯布指按重量计聚脂短纤含量在85%及以上)	18.0	130.0	17.0	米/千克	
5512110060	未漂或漂白聚酯短纤其他斜纹机织物(聚脂短纤含量在85%及以上,含缎纹)	18.0	130.0	17.0	米/千克	
5512110070	未漂或漂白聚酯短纤牛津布(纯聚酯布指按重量计聚脂短纤含量在85%及以上)	18.0	130.0	17.0	米/千克	
5512110090	未漂或漂白聚酯短纤其他机织物(纯聚酯布指按重量计聚脂短纤含量在85%及以上)	18.0	130.0	17.0	米/千克	
5512190010	聚酯短纤色织机织物(聚脂短纤含量在85%及以上,蓝粗斜纹布及提花织物除外)	10.0	130.0	17.0	米/千克	
5512190020	聚酯短纤蓝粗斜纹布(纯聚酯布指按重量计聚脂短纤含量在85%及以上)	10.0	130.0	17.0	米/千克	
5512190031	聚酯短纤其他机织府绸或细平布(纯聚酯布指按重量计聚脂短纤含量在85%及以上)	10.0	130.0	17.0	米/千克	
5512190032	聚酯短纤其他机织平布(纯聚酯布指按重量计聚脂短纤含量在85%及以上)	10.0	130.0	17.0	米/千克	
5512190033	聚酯短纤其他机织印染用布(纯聚酯布指按重量计聚脂短纤含量在85%及以上)	10.0	130.0	17.0	米/千克	
5512190034	聚酯短纤其他平纹奶酪布等(聚脂短纤含量在85%及以上,含薄细布、巴里纱)	10.0	130.0	17.0	米/千克	
5512190035	聚酯短纤其他机织帆布(纯聚酯布指按重量计聚脂短纤含量在85%及以上)	10.0	130.0	17.0	米/千克	
5512190036	聚酯短纤其他缎纹或斜纹机织物(纯聚酯布指按重量计聚脂短纤含量在85%及以上)	10.0	130.0	17.0	米/千克	
5512190037	聚酯短纤其他牛津布(纯聚酯布指按重量计聚脂短纤含量在85%及以上)	10.0	130.0	17.0	米/千克	
5512190090	聚脂短纤其他机织物(纯聚酯布指按重量计聚脂短纤含量在85%及以上)	10.0	130.0	17.0	米/千克	
5512210010	未漂或漂白腈纶短纤机织府绸细平布(纯腈纶布指按重量计腈纶短纤含量在85%及以上)	13.0	130.0	17.0	米/千克	
5512210020	未漂或漂白腈纶短纤机织平布(纯腈纶布指按重量计腈纶短纤含量在85%及以上)	13.0	130.0	17.0	米/千克	
5512210030	未漂或漂白腈纶短纤机织印染用布(纯腈纶布指按重量计腈纶短纤含量在85%及以上)	13.0	130.0	17.0	米/千克	
5512210040	未漂或漂白腈纶短纤平纹奶酪布等(腈纶短纤含量在85%及以上,含薄细布、巴里纱)	13.0	130.0	17.0	米/千克	
5512210050	未漂或漂白腈纶短纤机织帆布(纯腈纶布指按重量计腈纶短纤含量在85%及以上)	13.0	130.0	17.0	米/千克	
5512210060	未漂或漂白腈纶短纤其他斜纹机织物(腈纶短纤含量在85%及以上,含缎纹机织物)	13.0	130.0	17.0	米/千克	

商品编号	商品名称及备注	进口关税税率		增值税率	计量单位	监管条件
		最惠国	普通			
5512210070	未漂或漂白腈纶短纤牛津布(纯腈纶布指按重量计腈纶短纤含量在85%及以上)	13.0	130.0	17.0	米/千克	
5512210090	未漂或漂白腈纶短纤其他机织物(纯腈纶布指按重量计腈纶短纤含量在85%及以上)	13.0	130.0	17.0	米/千克	
5512290010	腈纶短纤色织机织物(腈纶短纤含量在85%及以上,蓝粗斜纹布及提花织物除外)	10.0	130.0	17.0	米/千克	
5512290020	腈纶短纤蓝粗斜纹布(纯腈纶布指按重量计腈纶短纤含量在85%及以上)	10.0	130.0	17.0	米/千克	
5512290031	腈纶短纤其他机织府绸或细平布(纯腈纶布指按重量计腈纶短纤含量在85%及以上)	10.0	130.0	17.0	米/千克	
5512290032	腈纶短纤其他机织平布(纯腈纶布指按重量计腈纶短纤含量在85%及以上)	10.0	130.0	17.0	米/千克	
5512290033	腈纶短纤其他机织印染用布(纯腈纶布指按重量计腈纶短纤含量在85%及以上)	10.0	130.0	17.0	米/千克	
5512290034	腈纶短纤其他平纹奶酪布等(腈纶短纤含量在85%及以上,含薄细布、巴里纱)	10.0	130.0	17.0	米/千克	
5512290035	腈纶短纤其他机织帆布(纯腈纶布指按重量计腈纶短纤含量在85%及以上)	10.0	130.0	17.0	米/千克	
5512290036	晴纶短纤其他缎纹或斜纹机织物(纯腈纶布指按重量计腈纶短纤含量在85%及以上)	10.0	130.0	17.0	米/千克	
5512290037	腈纶短纤其他牛津布(纯腈纶布指按重量计腈纶短纤含量在85%及以上)	10.0	130.0	17.0	米/千克	
5512290090	腈纶短纤其他机织物(纯腈纶布指按重量计腈纶短纤含量在85%及以上)	10.0	130.0	17.0	米/千克	
5512910010	未漂或漂白其他合纤短纤机织府绸(其他合纤短纤含量在85%及以上,含细平布)	18.0	130.0	17.0	米/千克	
5512910020	未漂或漂白其他合纤短纤机织平布(其他纯合纤布指按重量计其他合纤短纤含量在85%及以上)	18.0	130.0	17.0	米/千克	
5512910030	未漂或漂白其他合纤短纤印染用布(其他纯合纤布指按重量计其他合纤短纤含量在85%及以上)	18.0	130.0	17.0	米/千克	
5512910040	未漂或漂白其他合纤短纤平纹奶酪布(其他合纤短纤含量在85%及以上,含薄细布、巴里纱)	18.0	130.0	17.0	米/千克	
5512910050	未漂或漂白其他合纤短纤机织帆布(其他纯合纤布指按重量计其他合纤短纤含量在85%及以上)	18.0	130.0	17.0	米/千克	
5512910060	未漂或漂白其他合纤短纤斜纹机织物(其他合纤短纤含量在85%及以上,含缎纹机织物)	18.0	130.0	17.0	米/千克	
5512910070	未漂或漂白其他合纤短纤牛津布(其他纯合纤布指按重量计其他合纤短纤含量在85%及以上)	18.0	130.0	17.0	米/千克	
5512910090	未漂或漂白其他合纤短纤其他机织物(其他纯合纤布指按重量计其他合纤短纤含量在85%及以上)	18.0	130.0	17.0	米/千克	

商品编号	商品名称及备注	进口关税税率		增值税率	计量单位	监管条件
		最惠国	普通			
5512990010	其他合纤短纤色织机织物(其他合纤短纤含量≥85%,蓝粗斜纹布及提花织物除外)	10.0	130.0	17.0	米/千克	
5512990020	其他合纤短纤蓝粗斜纹布(其他纯合纤布指按重量计其他合纤短纤含量在85%及以上)	10.0	130.0	17.0	米/千克	
5512990031	其他合纤短纤机织府绸或细平布(其他纯合纤布指按重量计其他合纤短纤含量在85%及以上)	10.0	130.0	17.0	米/千克	
5512990032	其他合纤短纤其他机织平布(其他纯合纤布指按重量计其他合纤短纤含量在85%及以上)	10.0	130.0	17.0	米/千克	
5512990033	其他合纤短纤其他机织印染用布(其他纯合纤布指按重量计其他合纤短纤含量在85%及以上)	10.0	130.0	17.0	米/千克	
5512990034	其他合纤短纤平纹奶酪布等(其他合纤短纤85%及以上,含薄细布、巴里纱)	10.0	130.0	17.0	米/千克	
5512990035	其他合纤短纤其他机织帆布(其他纯合纤布指按重量计其他合纤短纤含量在85%及以上)	10.0	130.0	17.0	米/千克	
5512990036	其他合纤短纤缎纹或斜纹机织物(其他纯合纤布指按重量计其他合纤短纤含量在85%及以上)	10.0	130.0	17.0	米/千克	
5512990039	其他合纤短纤其他牛津布(其他纯合纤布指按重量计其他合纤短纤含量在85%及以上)	10.0	130.0	17.0	米/千克	
5512990090	其他合纤短纤其他机织物(其他纯合纤布指按重量计其他合纤短纤含量在85%及以上)	10.0	130.0	17.0	米/千克	
5513	**合成纤维短纤纺制的机织物,按重量计合成纤维短纤含量在85%以下,主要或仅与棉混纺,每平米重不超过170克**					
5513111010	与棉混纺未漂白聚酯短纤平纹府绸(聚酯短纤85%以下,每平米重≤170克,含细平布)	16.0	130.0	17.0	米/千克	A
5513111020	与棉混纺未漂白聚酯短纤机织平布(混纺为含聚酯短纤85%以下,轻质指每平米重≤170克)	16.0	130.0	17.0	米/千克	A
5513111030	与棉混未漂白聚酯短纤平纹印染用布(混纺为含聚酯短纤85%以下,轻质指每平米重≤170克)	16.0	130.0	17.0	米/千克	A
5513111040	与棉混纺未漂白聚酯短纤平纹奶酪布(聚酯短纤<85%,轻每平米重≤170克,含薄细布、巴里纱)	16.0	130.0	17.0	米/千克	A
5513112010	与棉混纺漂白聚酯短纤平纹府绸(聚酯短纤85%以下,每平米重≤170克,含细平布)	15.0	130.0	17.0	米/千克	A
5513112020	与棉混纺漂白聚酯短纤机织平布(混纺为含聚酯短纤85%以下,轻质指每平米重≤170克)	15.0	130.0	17.0	米/千克	A
5513112030	与棉混纺漂白聚酯平纹印染用布(混纺为含聚酯短纤85%以下,轻质指每平米重≤170克)	15.0	130.0	17.0	米/千克	A
5513112040	与棉混纺漂白聚酯短纤平纹奶酪布等(聚酯短纤<85%,每平米重量≤170克,含薄细布、巴里纱)	15.0	130.0	17.0	米/千克	A
5513121000	与棉混纺未漂白的轻质聚酯斜纹布(混纺为含聚酯短纤85%以下,轻质指每平米重≤170克)	16.0	130.0	17.0	米/千克	B

商品编号	商品名称及备注	进口关税税率		增值税率	计量单位	监管条件
		最惠国	普通			
5513122000	与棉混纺漂白的轻质聚酯斜纹布(混纺为含聚酯短纤85%以下,轻质指每平米重≤170克)	18.0	130.0	17.0	米/千克	
5513131010	与棉混纺未漂白聚酯短纤斜纹机织物(聚酯短纤<85%,轻质指每平米重≤170克,含缎纹布)	16.0	130.0	17.0	米/千克	
5513131020	与棉混纺未漂白聚酯短纤牛津布(混纺为含聚酯短纤85%以下,轻质指每平米重≤170克)	16.0	130.0	17.0	米/千克	
5513131090	与棉混纺未漂白聚酯短纤其他机织物(混纺为含聚酯短纤85%以下,轻质指每平米重≤170克)	16.0	130.0	17.0	米/千克	
5513132010	与棉混纺漂白聚酯短纤斜纹机织物(含聚酯短纤85%以下,轻质指每平米重≤170克,含缎纹)	18.0	130.0	17.0	米/千克	
5513132020	与棉混纺漂白聚酯短纤牛津布(混纺为含聚酯短纤85%以下,轻质指每平米重≤170克)	18.0	130.0	17.0	米/千克	
5513132090	与棉混纺漂白聚酯短纤其他机织物(混纺为含聚酯短纤85%以下,轻质指每平米重≤170克)	18.0	130.0	17.0	米/千克	
5513190010	棉混纺未漂或漂白其他合纤短纤布(其他合短纤<85%,每平米重≤170克,专指府绸或细平布)	18.0	130.0	17.0	米/千克	
5513190020	棉混纺未漂或漂白其他合纤短纤布(其他合短纤<85%,每平米重≤170克,专指机织平布)	18.0	130.0	17.0	米/千克	
5513190030	棉混纺未漂或漂白其他合纤短纤布(其他合短纤<85%,每平米重≤170克,专指平纹印染用布)	18.0	130.0	17.0	米/千克	
5513190040	棉混纺未漂或漂白其他合纤短纤布(合短纤<85%,每平米重≤170克,指奶酪布,薄细布、巴里纱)	18.0	130.0	17.0	米/千克	
5513190050	棉混纺未漂或漂白其他合纤短纤布(其他合短纤<85%,每平米重≤170克,专指缎纹或斜纹布)	18.0	130.0	17.0	米/千克	
5513190060	棉混纺未漂或漂白其他合纤短纤布(其他合短纤<85%,每平米重≤170克,专指牛津布)	18.0	130.0	17.0	米/千克	
5513190090	棉混纺未漂或漂白其他合纤短纤布(其他合短纤<85%,每平米重≤170克,特指其他机织物)	18.0	130.0	17.0	米/千克	
5513210010	与棉混纺染色聚酯短纤平纹府绸(聚酯短纤85%以下,每平米重≤170克,含细平布)	10.0	130.0	17.0	米/千克	
5513210020	与棉混纺染色聚酯短纤机织平布(混纺为含聚酯短纤85%以下,轻质指每平米重≤170克)	10.0	130.0	17.0	米/千克	
5513210030	与棉混染色聚酯短纤平纹印染用布(混纺为含聚酯短纤85%以下,轻质指每平米重≤170克)	10.0	130.0	17.0	米/千克	
5513210040	与棉混染色聚酯短纤平纹奶酪布等(聚酯短纤85%以下,每平米重≤170克,含薄细布、巴里纱)	10.0	130.0	17.0	米/千克	
5513220000	与棉混纺染色的轻质聚酯斜纹布(混纺为含聚酯短纤85%以下,轻质指每平米重≤170克)	10.0	130.0	17.0	米/千克	
5513230010	与棉混纺染色聚酯短纤其他斜纹布(聚酯短纤85%以下,指每平米重≤170克,含缎纹布)	10.0	130.0	17.0	米/千克	

商品编号	商品名称及备注	进口关税税率		增值税率	计量单位	监管条件
		最惠国	普通			
5513230020	与棉混纺染色聚酯短纤牛津布(混纺为含聚酯短纤85%以下,轻质指每平米重≤170克)	10.0	130.0	17.0	米/千克	
5513230090	与棉混纺染色聚酯短纤其他机织物(混纺为含聚酯短纤85%以下,轻质指每平米重≤170克)	10.0	130.0	17.0	米/千克	
5513290010	与棉混纺染色其他合纤短纤府绸(其他合短纤<85%,每平米重≤170克,含细平布)	10.0	130.0	17.0	米/千克	
5513290020	与棉混纺染色其他合纤短纤平布(混纺为含其他合短纤<85%,轻质指每平米重≤170克)	10.0	130.0	17.0	米/千克	
5513290030	与棉混纺染色其他合纤短纤平纹布(印染用,其他合短纤<85%,指每平米重≤170克)	10.0	130.0	17.0	米/千克	
5513290040	与棉混染色其他合纤短纤平纹布(合短纤<85%,重≤170克/平方米,指奶酪布,薄细布、巴里纱)	10.0	130.0	17.0	米/千克	
5513290050	与棉混纺染色其他合纤短纤斜纹布(其他合短纤<85%,每平米重≤170克,含缎纹布)	10.0	130.0	17.0	米/千克	
5513290060	与棉混纺染色其他合纤短纤牛津布(混纺为含其他合短纤<85%,轻质指每平米重≤170克)	10.0	130.0	17.0	米/千克	
5513290090	与棉混纺染色其他合纤短纤其他布(混纺为含其他合短纤<85%,轻质指每平米重≤170克)	10.0	130.0	17.0	米/千克	
5513310000	与棉混纺色织的聚酯短纤平纹布(含聚酯短纤85%以下,每平米重≤170克)	10.0	130.0	17.0	米/千克	
5513320000	与棉混纺色织的聚酯短纤斜纹布(含聚酯短纤85%以下,每平米重≤170克)	10.0	130.0	17.0	米/千克	
5513330010	与棉混纺色织聚酯短纤提花机织物(混纺为含聚酯短纤85%以下,轻质指每平米重≤170克)	10.0	130.0	17.0	米/千克	
5513330090	与棉混纺色织聚酯短纤其他机织物(混纺为含聚酯短纤85%以下,轻质指每平米重≤170克)	10.0	130.0	17.0	米/千克	
5513390010	与棉混纺色织其他合纤短纤提花布(混纺为含其他合短纤<85%,轻质指每平米重≤170克)	10.0	130.0	17.0	米/千克	
5513390090	与棉混纺色织其他合纤短纤其他布(混纺为含其他合短纤<85%,轻质指每平米重≤170克)	10.0	130.0	17.0	米/千克	
5513410010	与棉混纺印花聚酯短纤平纹府绸(聚酯短纤85%以下,指每平米重≤170克,含细平布)	10.0	130.0	17.0	米/千克	
5513410020	与棉混纺印花聚酯短纤机织平布(混纺为含聚酯短纤85%以下,轻质指每平米重≤170克)	10.0	130.0	17.0	米/千克	
5513410030	与棉混印花聚酯短纤平纹印染用布(混纺为含聚酯短纤85%以下,轻质指每平米重≤170克)	10.0	130.0	17.0	米/千克	
5513410040	与棉混印花聚酯短纤平纹奶酪布等(聚酯短纤<85%,每平米重≤170克,含薄细布、巴里纱)	10.0	130.0	17.0	米/千克	
5513420000	与棉混纺印花的轻质聚酯斜纹布(混纺为含聚酯短纤85%以下,轻质指每平米重≤170克)	10.0	130.0	17.0	米/千克	

商品编号	商品名称及备注	进口关税税率		增值税率	计量单位	监管条件
		最惠国	普通			
5513430010	与棉混纺印花聚酯短纤其他斜纹布(聚酯短纤 85%以下,每平米重≤170克,含缎纹布)	10.0	130.0	17.0	米/千克	
5513430020	与棉混纺印花聚酯短纤牛津布(混纺为含聚酯短纤 85%以下,轻质指每平米重≤170克)	10.0	130.0	17.0	米/千克	
5513430090	与棉混纺印花聚酯短纤其他机织物(混纺为含聚酯短纤85%以下,轻质指每平米重≤170克)	10.0	130.0	17.0	米/千克	
5513490010	与棉混纺印花其他合纤短纤府绸(其他合短纤<85%,每平米重≤170克,含细平布)	10.0	130.0	17.0	米/千克	
5513490020	与棉混纺印花其他合纤短纤平布(混纺为含其他合短纤<85%,轻质指每平米重≤170克)	10.0	130.0	17.0	米/千克	
5513490030	与棉混纺印花其他合纤短纤平纹布(印染用,其他合短纤<85%,轻质指每平米重≤170克)	10.0	130.0	17.0	米/千克	
5513490040	与棉混印花其他合纤短纤平纹布(合短纤<85%,每平米重≤170克,指奶酪布,薄细布、巴里纱)	10.0	130.0	17.0	米/千克	
5513490050	与棉混纺印花其他合纤短纤斜纹布(其他合短纤<85%,每平米重≤170克,含缎纹布)	10.0	130.0	17.0	米/千克	
5513490060	与棉混纺印花其他合纤短纤牛津布(混纺为含其他合短纤<85%,轻质指每平米重≤170克)	10.0	130.0	17.0	米/千克	
5513490090	与棉混纺印花其他合纤短纤其他布(混纺为含其他合短纤<85%,轻质指每平米重≤170克)	10.0	130.0	17.0	米/千克	
5514	**合成纤维短纤纺制的机织物,按重量计合成纤维短纤含量在85%以下,主要或仅与棉混纺,每平米重超过170克**					
5514111010	与棉混纺未漂白聚酯短纤平纹府绸(聚酯短纤 85%以下,每平米重>170克,含细平布)	16.0	130.0	17.0	米/千克	
5514111020	与棉混纺未漂白聚酯短纤机织平布(混纺为含聚酯短纤85%以下,重质指每平米重>170克)	16.0	130.0	17.0	米/千克	
5514111030	与棉混纺未漂白聚酯短纤平纹帆布(混纺为含聚酯短纤85%以下,重质指每平米重>170克)	16.0	130.0	17.0	米/千克	
5514112010	与棉混纺漂白聚酯短纤平纹府绸(聚酯短纤 85%以下,每平米重>170克,含细平布)	18.0	130.0	17.0	米/千克	
5514112020	与棉混纺漂白聚酯短纤机织平布(混纺为含聚酯短纤85%以下,重质指每平米重>170克)	18.0	130.0	17.0	米/千克	
5514112030	与棉混纺漂白聚脂短纤平纹帆布(混纺为含聚酯短纤85%以下,重质指每平米重>170克)	18.0	130.0	17.0	米/千克	
5514121000	与棉混纺未漂白的重质聚酯斜纹布(混纺为含聚酯短纤85%以下,重质指每平米重>170克)	16.0	130.0	17.0	米/千克	
5514122000	与棉混纺漂白的聚酯短纤斜纹布(含聚酯短纤 85%以下,每平米重>170克)	18.0	130.0	17.0	米/千克	
5514131010	与棉混纺未漂白聚酯短纤其他斜纹布(聚酯短纤 85%以下,每平米重>170克,含缎纹布)	16.0	130.0	17.0	米/千克	

商品编号	商品名称及备注	进口关税税率		增值税率	计量单位	监管条件
		最惠国	普通			
5514131020	与棉混纺未漂白聚酯短纤其他帆布(混纺为含聚酯短纤85%以下,重质指每平米重>170克)	16.0	130.0	17.0	米/千克	
5514131090	与棉混纺未漂白聚酯短纤其他机织物(混纺为含聚酯短纤85%以下,重质指每平米重>170克)	16.0	130.0	17.0	米/千克	
5514132010	与棉混纺漂白聚酯短纤其他斜纹布(聚酯短纤85%以下,每平米重>170克,含缎纹布)	18.0	130.0	17.0	米/千克	
5514132020	与棉混纺漂白聚酯短纤其他帆布(混纺为含聚酯短纤85%以下,重质指每平米重>170克)	18.0	130.0	17.0	米/千克	
5514132090	与棉混纺漂白聚酯短纤其他机织物(混纺为含聚酯短纤85%以下,重质指每平米重>170克)	18.0	130.0	17.0	米/千克	
5514190010	与棉混纺未漂或漂白其他合纤短纤布(其他合短纤<85%,每平米重>170克,专指府绸或细平布)	16.0	130.0	17.0	米/千克	
5514190020	与棉混纺未漂或漂白其他合纤短纤布(其他合短纤<85%,每平米重>170克,专指机织平布)	16.0	130.0	17.0	米/千克	
5514190030	与棉混纺未漂或漂白其他合纤短纤布(其他合短纤<85%,每平米重>170克,专指机织帆布)	16.0	130.0	17.0	米/千克	
5514190040	与棉混纺未漂或漂白其他合纤短纤布(其他合短纤<85%,每平米重>170克,专指缎纹或斜纹布)	16.0	130.0	17.0	米/千克	
5514190090	与棉混纺未漂或漂白其他合纤短纤布(其他合短纤<85%,每平米重>170克,指其他机织物)	16.0	130.0	17.0	米/千克	
5514210010	与棉混纺染色聚酯短纤平纹府绸(含细平布,聚酯短纤85%以下,重质指每平米重>170克)	10.0	130.0	17.0	米/千克	
5514210020	与棉混纺染色聚酯短纤机织平布(混纺为含聚酯短纤85%以下,重质指每平米重>170克)	10.0	130.0	17.0	米/千克	
5514210030	与棉混纺染色聚脂短纤平纹帆布(混纺为含聚酯短纤85%以下,重质指每平米重>170克)	10.0	130.0	17.0	米/千克	
5514220000	与棉混纺染色的重质聚酯斜纹布(混纺为含聚酯短纤85%以下,重质指每平米重>170克)	10.0	130.0	17.0	米/千克	
5514230010	与棉混纺染色聚酯短纤其他斜纹布(聚酯短纤85%以下,每平米重>170克,含缎纹布)	10.0	130.0	17.0	米/千克	
5514230020	与棉混纺染色聚酯短纤其他帆布(混纺为含聚酯短纤85%以下,重质指每平米重>170克)	10.0	130.0	17.0	米/千克	
5514230090	与棉混纺染色聚酯短纤其他机织物(混纺为含聚酯短纤85%以下,重质指每平米重>170克)	10.0	130.0	17.0	米/千克	
5514290010	与棉混纺染色其他合纤短纤府绸(含细平布,其他合短纤<85%,重质指每平米重>170克)	10.0	130.0	17.0	米/千克	
5514290020	与棉混纺染色其他合纤短纤平布(混纺为含其他合短纤<85%,重质指每平米重>170克)	10.0	130.0	17.0	米/千克	
5514290030	与棉混纺染色其他合纤短纤帆布(混纺为含其他合短纤<85%,重质指每平米重>170克)	10.0	130.0	17.0	米/千克	

商品编号	商品名称及备注	进口关税税率		增值税率	计量单位	监管条件
		最惠国	普通			
5514290040	与棉混纺染色其他合纤短纤斜纹布(含缎纹布,其他合短纤<85%,重质指每平米重>170克)	10.0	130.0	17.0	米/千克	
5514290090	与棉混纺染色其他合纤短纤其他布(混纺为含其他合短纤<85%,重质指每平米重>170克)	10.0	130.0	17.0	米/千克	
5514310000	与棉混纺色织的重质聚酯平纹布(混纺为含聚酯短纤85%以下,重质指每平米重>170克)	10.0	130.0	17.0	米/千克	
5514320010	与棉混色织聚酯短纤三四线斜纹布(聚酯短纤<85%,每平米重>170克,特指蓝粗布,含双面斜纹)	10.0	130.0	17.0	米/千克	
5514320090	与棉混色织聚酯短纤三四线斜纹布(聚酯短纤<85%,每平米重>170克,其他斜纹布,含双面)	10.0	130.0	17.0	米/千克	
5514330010	与棉混纺色织聚酯短纤提花机织物(混纺为含聚酯短纤85%以下,重质指每平米重>170克)	10.0	130.0	17.0	米/千克	
5514330090	与棉混纺色织聚酯短纤其他机织物(混纺为含聚酯短纤85%以下,重质指每平米重>170克)	10.0	130.0	17.0	米/千克	
5514390010	与棉混色织合纤短纤蓝粗斜纹布(混纺为含其他合短纤85%以下,重质指每平米重>170克)	10.0	130.0	17.0	米/千克	
5514390020	与棉混纺色织合纤短纤提花机织物(混纺为含其他合短纤85%以下,重质指每平米重>170克)	10.0	130.0	17.0	米/千克	
5514390090	与棉混纺色织合纤短纤其他机织物(混纺为含其他合短纤85%以下,重质指每平米重>170克)	10.0	130.0	17.0	米/千克	
5514410010	与棉混纺印花聚酯短纤平纹府绸(聚酯短纤85%以下,每平米重>170克.含细平布)	10.0	130.0	17.0	米/千克	
5514410020	与棉混纺印花聚酯短纤机织平布(混纺为含聚酯短纤85%以下,重质指每平米重>170克)	10.0	130.0	17.0	米/千克	
5514410030	与棉混纺印花聚酯短纤平纹帆布(混纺为含聚酯短纤85%以下,重质指每平米重>170克)	10.0	130.0	17.0	米/千克	
5514420000	与棉混纺印花的重质聚酯斜纹布(混纺为含聚酯短纤85%以下,重质指每平米重>170克)	10.0	130.0	17.0	米/千克	
5514430010	与棉混纺印花聚酯短纤其他斜纹布(含缎纹布,聚酯短纤85%以下,重质指每平米重>170克)	10.0	130.0	17.0	米/千克	
5514430020	与棉混纺印花聚酯短纤其他帆布(混纺为含聚酯短纤85%以下,重质指每平米重>170克)	10.0	130.0	17.0	米/千克	
5514430090	与棉混纺印花聚酯短纤其他机织物(混纺为含聚酯短纤85%以下,重质指每平米重>170克)	10.0	130.0	17.0	米/千克	
5514490010	与棉混纺印花其他合纤短纤府绸(含细平布,其他合短纤<85%,重质指每平米重>170克)	10.0	130.0	17.0	米/千克	
5514490020	与棉混纺印花其他合纤短纤平布(混纺为含其他合短纤<85%,重质指每平米重>170克)	10.0	130.0	17.0	米/千克	
5514490030	与棉混纺印花其他合纤短纤帆布(混纺为含其他合短纤<85%,重质指每平米重>170克)	10.0	130.0	17.0	米/千克	

商品编号	商 品 名 称 及 备 注	进口关税税率		增值税率	计量单位	监管条件
		最惠国	普通			
5514490040	与棉混纺印花其他合纤短纤斜纹布(含缎纹布,其他合短纤<85%,重质指每平米重>170克)	10.0	130.0	17.0	米/千克	
5514490090	与棉混纺印花其他合纤短纤其他布(混纺为含其他合短纤<85%,重质指每平米重>170克)	10.0	130.0	17.0	米/千克	
5515	**合成纤维短纤纺制的其他机织物**					
5515110011	聚酯短纤蓝粗斜纹布(与粘胶纤维短纤混纺,聚酯短纤含量在85%以下)	10.0	130.0	17.0	米/千克	
5515110019	聚酯短纤其他色织布(短纤含量在85%以下,提花织物除外,与粘胶纤维短纤混纺)	10.0	130.0	17.0	米/千克	
5515110021	未漂或漂白聚脂短纤府绸或细平布(聚酯短纤含量在85%以下,主要或仅与粘胶纤维短纤混纺)	10.0	130.0	17.0	米/千克	
5515110022	未漂或漂白聚脂短纤其他机织平布(聚酯短纤含量在85%以下,主要或仅与粘胶纤维短纤混纺)	10.0	130.0	17.0	米/千克	
5515110023	未漂或漂白聚脂短纤其他印染用布(聚酯短纤含量在85%以下,主要或仅与粘胶纤维短纤混纺)	10.0	130.0	17.0	米/千克	
5515110024	未漂或漂白聚脂短纤奶酪布等(短纤含量<85%,含薄细布、巴里纱,与粘胶纤维短纤混纺)	10.0	130.0	17.0	米/千克	
5515110025	未漂或漂白聚脂短纤机织帆布(聚酯短纤含量在85%以下,主要或仅与粘胶纤维短纤混纺)	10.0	130.0	17.0	米/千克	
5515110026	未漂或漂白聚脂短纤缎纹或斜纹布(聚酯短纤含量在85%以下,主要或仅与粘胶纤维短纤混纺)	10.0	130.0	17.0	米/千克	
5515110027	未漂或漂白聚脂短纤牛津布(聚酯短纤含量在85%以下,主要或仅与粘胶纤维短纤混纺)	10.0	130.0	17.0	米/千克	
5515110029	未漂或漂白聚脂短纤其他机织物(聚酯短纤含量在85%以下,主要或仅与粘胶纤维短纤混纺)	10.0	130.0	17.0	米/千克	
5515110031	其他聚酯短纤府绸或细平布(聚酯短纤含量在85%以下,主要或仅与粘胶纤维短纤混纺)	10.0	130.0	17.0	米/千克	
5515110032	其他聚酯短纤机织平布(聚酯短纤含量在85%以下,主要或仅与粘胶纤维短纤混纺)	10.0	130.0	17.0	米/千克	
5515110033	其他聚酯短纤机织印染用布(聚酯短纤含量在85%以下,主要或仅与粘胶纤维短纤混纺)	10.0	130.0	17.0	米/千克	
5515110034	其他聚酯短纤奶酪布等(短纤含量<85%,含薄细布、巴里纱,与粘胶纤维短纤混纺)	10.0	130.0	17.0	米/千克	
5515110035	其他聚酯短纤机织帆布(聚酯短纤含量在85%以下,主要或仅与粘胶纤维短纤混纺)	10.0	130.0	17.0	米/千克	
5515110036	其他聚酯短纤缎纹或斜纹机织物(聚酯短纤含量在85%以下,主要或仅与粘胶纤维短纤混纺)	10.0	130.0	17.0	米/千克	
5515110037	其他聚酯短纤牛津布(聚酯短纤含量在85%以下,主要或仅与粘胶纤维短纤混纺)	10.0	130.0	17.0	米/千克	

商品编号	商品名称及备注	进口关税税率		增值税率	计量单位	监管条件
		最惠国	普通			
5515110039	其他聚酯短纤其他机织物(聚酯短纤含量在85%以下,主要或仅与粘胶纤维短纤混纺)	10.0	130.0	17.0	米/千克	
5515120011	未漂或漂聚酯短纤府绸或细平布(聚酯短纤含量在85%以下,与化纤长丝混纺)	10.0	130.0	17.0	米/千克	
5515120012	未漂或漂白聚酯短纤平布(聚酯短纤含量在85%以下,与化纤长丝混纺)	10.0	130.0	17.0	米/千克	
5515120013	未漂或漂白聚酯短纤印染用布(聚酯短纤含量在85%以下,与化纤长丝混纺)	10.0	130.0	17.0	米/千克	
5515120014	未漂或漂白聚酯短纤缎纹或斜纹布(聚酯短纤含量在85%以下,与化纤长丝混纺)	10.0	130.0	17.0	米/千克	
5515120019	未漂或漂白聚酯短纤其他机织物(聚酯短纤含量在85%以下,与化纤长丝混纺)	10.0	130.0	17.0	米/千克	
5515120021	其他聚酯短纤府绸或细平布(聚酯短纤含量在85%以下,与化纤长丝混纺)	10.0	130.0	17.0	米/千克	
5515120022	其他聚酯短纤平布(聚酯短纤含量在85%以下,与化纤长丝混纺)	10.0	130.0	17.0	米/千克	
5515120023	其他聚酯短纤印染用布(聚酯短纤含量在85%以下,与化纤长丝混纺)	10.0	130.0	17.0	米/千克	
5515120024	其他聚酯短纤缎纹或斜纹机织物(聚酯短纤含量在85%以下,与化纤长丝混纺)	10.0	130.0	17.0	米/千克	
5515120029	其他聚酯短纤其他机织物(聚酯短纤含量在85%以下,与化纤长丝混纺)	10.0	130.0	17.0	米/千克	
5515130011	未漂或漂聚酯短纤与精梳毛混纺布(含羊毛或动物细毛36%及以上,聚酯短纤含量在85%以下)	10.0	130.0	17.0	米/千克	
5515130012	未漂或漂聚酯短纤与粗梳毛混纺布(含羊毛或动物细毛36%及以上,聚酯短纤含量在85%以下)	10.0	130.0	17.0	米/千克	
5515130013	未漂或漂聚酯短纤与精梳毛混纺布(含羊毛或动物细毛36%以下,聚酯短纤含量在85%以下)	10.0	130.0	17.0	米/千克	
5515130019	未漂或漂聚酯短纤与粗梳毛混纺布(含羊毛或动物细毛<36%,聚酯短纤含量在85%以下)	10.0	130.0	17.0	米/千克	
5515130021	其他聚酯短纤与精梳毛混纺机织物(含羊毛或动物细毛36%及以上,聚酯短纤含量在85%以下)	10.0	130.0	17.0	米/千克	
5515130022	其他聚酯短纤与粗梳毛混纺机织物(含羊毛或动物细毛36%及以上,聚酯短纤含量在85%以下)	10.0	130.0	17.0	米/千克	
5515130023	其他聚酯短纤与精梳毛混纺机织物(含羊毛或动物细毛<36%,聚酯短纤含量在85%以下)	10.0	130.0	17.0	米/千克	
5515130029	其他聚酯短纤与粗梳毛混纺机织物(含羊毛或动物细毛<36%,聚酯短纤含量在85%以下)	10.0	130.0	17.0	米/千克	
5515190011	聚脂短纤与其他纤维混蓝粗斜纹布(混纺为以聚酯短纤为主,但聚酯短纤含量在85%以下)	10.0	130.0	17.0	米/千克	

商品编号	商品名称及备注	进口关税税率		增值税率	计量单位	监管条件
		最惠国	普通			
5515190019	聚脂短纤其他色织机织物(聚酯短纤<85%,提花织物除外,与其他纤维混纺)	10.0	130.0	17.0	米/千克	
5515190021	未漂或漂白聚脂短纤其他府绸(聚酯短纤含量在85%以下,与其他纤维混纺,含细平布)	10.0	130.0	17.0	米/千克	
5515190022	未漂或漂白聚脂短纤其他机织平布(聚酯短纤含量在85%以下,与其他纤维混纺)	10.0	130.0	17.0	米/千克	
5515190023	未漂或漂白聚脂短纤其他机织印染(聚酯短纤含量在85%以下,与其他纤维混纺)	10.0	130.0	17.0	米/千克	
5515190024	未漂或漂白聚脂短纤奶酪布等(短纤含量<85%,与其他纤维混纺,含薄细布、巴里纱)	10.0	130.0	17.0	米/千克	
5515190025	未漂或漂白聚脂短纤机织帆布(聚酯短纤含量在85%以下,与其他纤维混纺)	10.0	130.0	17.0	米/千克	
5515190026	未漂或漂白聚脂短纤缎纹或斜纹布(聚酯短纤含量在85%以下,与其他纤维混纺)	10.0	130.0	17.0	米/千克	
5515190027	未漂或漂白聚脂短纤牛津布(聚酯短纤含量在85%以下,与其他纤维混纺)	10.0	130.0	17.0	米/千克	
5515190029	未漂或漂白聚脂短纤其他机织物(聚酯短纤含量在85%以下,与其他纤维混纺)	10.0	130.0	17.0	米/千克	
5515190031	其他聚脂短纤府绸或细平布(聚酯短纤含量在85%以下,与其他纤维混纺)	10.0	130.0	17.0	米/千克	
5515190032	其他聚脂短纤机织平布(聚酯短纤含量在85%以下,与其他纤维混纺)	10.0	130.0	17.0	米/千克	
5515190033	其他聚脂短纤机织印染用布(聚酯短纤含量在85%以下,与其他纤维混纺)	10.0	130.0	17.0	米/千克	
5515190034	其他聚脂短纤奶酪布等(短纤含量<85%,与其他纤维混纺,含薄细布、巴里纱)	10.0	130.0	17.0	米/千克	
5515190035	其他聚脂短纤机织帆布(聚酯短纤含量在85%以下,与其他纤维混纺)	10.0	130.0	17.0	米/千克	
5515190036	其他聚脂短纤缎纹或斜纹机织物(聚酯短纤含量在85%以下,与其他纤维混纺)	10.0	130.0	17.0	米/千克	
5515190037	其他聚脂短纤牛津布(聚酯短纤含量在85%以下,与其他纤维混纺)	10.0	130.0	17.0	米/千克	
5515190039	其他聚脂短纤其他机织物(聚酯短纤含量在85%以下,与其他纤维混纺)	10.0	130.0	17.0	米/千克	
5515210011	未漂或漂白腈纶短纤府绸或细平布(腈短纤含量在85%以下,主要或仅与化纤长丝混纺)	10.0	130.0	17.0	米/千克	
5515210012	未漂或漂白腈纶短纤平布(腈短纤含量在85%以下,主要或仅与化纤长丝混纺)	10.0	130.0	17.0	米/千克	
5515210013	未漂或漂白腈纶短纤印染用布(腈短纤含量在85%以下,主要或仅与化纤长丝混纺)	10.0	130.0	17.0	米/千克	

商品编号	商 品 名 称 及 备 注	进口关税税率		增值税率	计量单位	监管条件
		最惠国	普通			
5515210014	未漂或漂白腈纶短纤缎纹或斜纹布(腈短纤含量在85%以下,主要或仅与化纤长丝混纺)	10.0	130.0	17.0	米/千克	
5515210019	未漂或漂白腈纶短纤其他机织物(腈短纤含量在85%以下,主要或仅与化纤长丝混纺)	10.0	130.0	17.0	米/千克	
5515210021	其他腈纶短纤混纺府绸或细平布(腈短纤含量在85%以下,主要或仅与化纤长丝混纺)	10.0	130.0	17.0	米/千克	
5515210022	其他腈纶短纤平布(腈短纤含量在85%以下,主要或仅与化纤长丝混纺)	10.0	130.0	17.0	米/千克	
5515210023	其他腈纶短纤印染用布(腈短纤含量在85%以下,主要或仅与化纤长丝混纺)	10.0	130.0	17.0	米/千克	
5515210024	其他腈纶短纤混纺缎纹或斜纹布(腈短纤含量在85%以下,主要或仅与化纤长丝混纺)	10.0	130.0	17.0	米/千克	
5515210029	其他腈纶短纤混纺其他机织物(腈短纤含量在85%以下,主要或仅与化纤长丝混纺)	10.0	130.0	17.0	米/千克	
5515220011	未漂或漂白腈纶短纤与精梳毛混纺布(腈短纤含量<85%,含羊毛或动物细毛36%及以上)	12.0	130.0	17.0	米/千克	
5515220012	未漂或漂白腈纶短纤与粗梳毛混纺布(腈短纤含量<85%,含羊毛或动物细毛36%及以上)	12.0	130.0	17.0	米/千克	
5515220013	未漂或漂白腈纶短纤与精梳毛混纺布(腈短纤含量<85%,含羊毛或动物细毛<36%)	12.0	130.0	17.0	米/千克	
5515220019	未漂或漂白腈纶短纤与粗梳毛混纺布(腈短纤含量<85%,含羊毛或动物细毛<36%)	12.0	130.0	17.0	米/千克	
5515220021	其他腈纶短纤与精梳毛混纺机织物(腈短纤含量<85%,含羊毛或动物细毛36%及以上)	12.0	130.0	17.0	米/千克	
5515220022	其他腈纶短纤与粗梳毛混纺机织物(腈短纤含量<85%,含羊毛或动物细毛36%及以上)	12.0	130.0	17.0	米/千克	
5515220023	其他腈纶短纤与精梳毛混纺机织物(腈短纤含量<85%,含羊毛或动物细毛<36%)	12.0	130.0	17.0	米/千克	
5515220029	其他腈纶短纤与粗梳毛混纺机织物(腈短纤含量<85%,含羊毛或动物细毛<36%)	12.0	130.0	17.0	米/千克	
5515290011	腈纶短纤与其他纤维混蓝粗斜纹布(混纺为以聚丙烯腈短纤为主,腈短纤含量在85%以下)	10.0	130.0	17.0	米/千克	
5515290019	其他腈纶短纤色织机织布(腈短纤含量<85%,提花织物除外,与其他纤维混纺)	10.0	130.0	17.0	米/千克	
5515290021	其他未漂或漂白腈纶短纤府绸(腈短纤含量在85%以下,与其他纤维混纺,含细平布)	10.0	130.0	17.0	米/千克	
5515290022	其他未漂或漂白腈纶短纤平布(腈短纤含量在85%以下,与其他纤维混纺)	10.0	130.0	17.0	米/千克	
5515290023	其他未漂或漂白腈纶短纤印染用布(腈短纤含量在85%以下,与其他纤维混纺)	10.0	130.0	17.0	米/千克	

商品编号	商 品 名 称 及 备 注	进口关税税率		增值税率	计量单位	监管条件
		最惠国	普通			
5515290024	其他未漂或漂白腈纶短纤奶酪布等(腈短纤含量<85%,与其他纤维混纺,含薄细布、巴里纱)	10.0	130.0	17.0	米/千克	
5515290025	其他未漂或漂白腈纶短纤机织帆布(腈短纤含量在85%以下,与其他纤维混纺)	10.0	130.0	17.0	米/千克	
5515290026	其他未漂或漂白腈纶短纤缎纹布(含斜纹机织物,腈短纤含量<85%,与其他纤维混纺)	10.0	130.0	17.0	米/千克	
5515290027	其他未漂或漂白腈纶短纤牛津布(腈短纤含量在85%以下,与其他纤维混纺)	10.0	130.0	17.0	米/千克	
5515290029	其他未漂或漂白腈纶短纤其他机织物(腈短纤含量在85%以下,与其他纤维混纺)	10.0	130.0	17.0	米/千克	
5515290031	其他腈纶短纤府绸或细平布(腈短纤含量在85%以下,与其他纤维混纺)	10.0	130.0	17.0	米/千克	
5515290032	其他腈纶短纤机织平布(腈短纤含量在85%以下,与其他纤维混纺)	10.0	130.0	17.0	米/千克	
5515290033	其他腈纶短纤机织印染用布(腈短纤含量在85%以下,与其他纤维混纺)	10.0	130.0	17.0	米/千克	
5515290034	其他腈纶短纤奶酪布等(腈短纤含量<85%,与其他纤维混纺,含薄细布、巴里纱)	10.0	130.0	17.0	米/千克	
5515290035	其他腈纶短纤机织帆布(腈短纤含量在85%以下,与其他纤维混纺)	10.0	130.0	17.0	米/千克	
5515290036	其他腈纶短纤与其他纤维混牛津布(腈短纤含量在85%以下,与其他纤维混纺)	10.0	130.0	17.0	米/千克	
5515290037	其他腈纶短纤缎纹或斜纹机织物(腈短纤含量在85%以下,与其他纤维混纺)	10.0	130.0	17.0	米/千克	
5515290039	其他腈纶短纤与其他纤维混机织物(混纺为以聚丙烯腈短纤为主,腈短纤含量在85%以下)	10.0	130.0	17.0	米/千克	
5515910011	未漂或漂白其他合纤短府绸(与化纤长丝混纺,合成纤维短纤含量<85%,含细平布)	10.0	130.0	17.0	米/千克	
5515910012	未漂或漂白其他合纤短纤平布(与化纤长丝混纺,合成纤维短纤含量在85%以下)	10.0	130.0	17.0	米/千克	
5515910013	未漂或漂白其他合纤短纤混印染用布(与化纤长丝混纺,合成纤维短纤含量在85%以下)	10.0	130.0	17.0	米/千克	
5515910014	未漂或漂白其他合纤短纤缎纹布等(与化纤长丝混纺,合成纤维短纤含量<85%,含斜纹机织物)	10.0	130.0	17.0	米/千克	
5515910019	未漂或漂白其他合纤短纤其他机织物(与化纤长丝混纺,合成纤维短纤含量在85%以下)	10.0	130.0	17.0	米/千克	
5515910021	其他合纤短纤府绸或细平布(与化纤长丝混纺,合成纤维短纤含量在85%以下)	10.0	130.0	17.0	米/千克	
5515910022	其他合纤短纤平布(与化纤长丝混纺,合成纤维短纤含量在85%以下)	10.0	130.0	17.0	米/千克	

商品编号	商品名称及备注	进口关税税率		增值税率	计量单位	监管条件
		最惠国	普通			
5515910023	其他合纤短纤印染用布(与化纤长丝混纺,合成纤维短纤含量在85%以下)	10.0	130.0	17.0	米/千克	
5515910024	其他合纤短纤缎纹或斜纹机织物(与化纤长丝混纺,合成纤维短纤含量在85%以下)	10.0	130.0	17.0	米/千克	
5515910029	其他合纤短纤其他机织物(与化纤长丝混纺,合成纤维短纤含量在85%以下)	10.0	130.0	17.0	米/千克	
5515920011	未漂或漂白其他合纤短纤与精梳毛混(合成纤维短纤含量<85%,含羊毛或动物细毛36%及以上)	10.0	130.0	17.0	米/千克	
5515920012	未漂或漂白其他合纤短纤与粗梳毛混(合成纤维短纤含量<85%,含羊毛或动物细毛36%及以上)	10.0	130.0	17.0	米/千克	
5515920013	未漂或漂白其他合纤短纤与精梳毛混(合成纤维短纤含量<85%,含羊毛或动物细毛<36%)	10.0	130.0	17.0	米/千克	
5515920019	未漂或漂白其他合纤短纤与粗梳毛混(合成纤维短纤含量<85%,含羊毛或动物细毛<36%)	10.0	130.0	17.0	米/千克	
5515920021	其他合纤短纤与精梳毛混纺机织物(合成纤维短纤含量<85%,含羊毛或动物细毛36%及以上)	10.0	130.0	17.0	米/千克	
5515920022	其他合纤短纤与粗梳毛混纺机织物(合成纤维短纤含量<85%,含羊毛或动物细毛36%及以上)	10.0	130.0	17.0	米/千克	
5515920023	其他合纤短纤与精梳毛混纺机织物(合成纤维短纤含量<85%,含羊毛或动物细毛<36%)	10.0	130.0	17.0	米/千克	
5515920029	其他合纤短纤与粗梳毛混纺机织物(合成纤维短纤含量<85%,含羊毛或动物细毛<36%)	10.0	130.0	17.0	米/千克	
5515990011	其他合纤短纤蓝粗斜纹布(合成纤维短纤含量在85%以下,与其他纤维混纺)	10.0	130.0	17.0	米/千克	
5515990019	其他合纤短纤其他色织机织物(合成纤维短纤含量<85%,与其他纤维混纺,提花织物除外)	10.0	130.0	17.0	米/千克	
5515990021	未漂或漂白其他合纤短纤府绸(合成纤维短纤含量在85%以下,与其他纤维混纺,含细平布)	10.0	130.0	17.0	米/千克	
5515990022	未漂或漂白其他合纤短纤其他平布(合成纤维短纤含量在85%以下,与其他纤维混纺)	10.0	130.0	17.0	米/千克	
5515990023	未漂或漂白其他合纤短纤印染用布(合成纤维短纤含量在85%以下,与其他纤维混纺)	10.0	130.0	17.0	米/千克	
5515990024	未漂或漂白其他合纤短纤奶酪布等(合纤短纤含量<85%,与其他纤维混纺,含薄细布、巴里纱)	10.0	130.0	17.0	米/千克	
5515990025	未漂或漂白其他合纤短纤帆布(合成纤维短纤含量在85%以下,与其他纤维混纺)	10.0	130.0	17.0	米/千克	
5515990026	未漂或漂白其他合纤短纤混纺缎纹布(合成纤维短纤含量<85%,与其他纤维混纺,含斜纹机织物)	10.0	130.0	17.0	米/千克	
5515990027	未漂或漂白其他合纤短纤牛津布(合成纤维短纤含量在85%以下,与其他纤维混纺)	10.0	130.0	17.0	米/千克	

商品编号	商 品 名 称 及 备 注	进口关税税率		增值税率	计量单位	监管条件
		最惠国	普通			
5515990029	未漂或漂白其他合纤短纤其他机织物(合成纤维短纤含量在85%以下,与其他纤维混纺)	10.0	130.0	17.0	米/千克	
5515990031	其他合纤短纤府绸或细平布(合成纤维短纤含量在85%以下,与其他纤维混纺)	10.0	130.0	17.0	米/千克	
5515990032	其他合纤短纤其他机织平布(合成纤维短纤含量在85%以下,与其他纤维混纺)	10.0	130.0	17.0	米/千克	
5515990033	其他合纤短纤机织印染用布(合成纤维短纤含量在85%以下,与其他纤维混纺)	10.0	130.0	17.0	米/千克	
5515990034	其他合纤短纤奶酪布等(合纤短纤含量<85%,与其他纤维混纺,含薄细布、巴里纱)	10.0	130.0	17.0	米/千克	
5515990035	其他合纤短纤机织帆布(合成纤维短纤含量在85%以下,与其他纤维混纺)	10.0	130.0	17.0	米/千克	
5515990036	其他合纤短纤缎纹或斜纹机织物(合成纤维短纤含量在85%以下,与其他纤维混纺)	10.0	130.0	17.0	米/千克	
5515990037	其他合纤短纤其他纤维混牛津布(合成纤维短纤含量在85%以下,与其他纤维混纺)	10.0	130.0	17.0	米/千克	
5515990039	其他合纤短纤其他机织物(合成纤维短纤含量在85%以下,与其他纤维混纺)	10.0	130.0	17.0	米/千克	
5516	**人造纤维短纤纺制的机织物**					
5516110010	未漂白的纯人纤短纤机织物(按重量计人造纤维短纤含量在85%及以上)	12.0	130.0	17.0	米/千克	
5516110090	漂白的纯人纤短纤机织物(按重量计人造纤维短纤含量在85%及以上)	12.0	130.0	17.0	米/千克	
5516120000	染色的纯人纤短纤布(纯人纤布指按重量计人造纤维短纤含量在85%及以上)	10.0	130.0	17.0	米/千克	
5516130000	色织的纯人纤短纤布(纯人纤布指按重量计人造纤维短纤含量在85%及以上)	10.0	130.0	17.0	米/千克	
5516140000	印花的纯人纤短纤布(纯人纤布指按重量计人造纤维短纤含量在85%及以上)	10.0	130.0	17.0	米/千克	
5516210010	未漂或漂白人纤短纤府绸或细平布(人造纤维短纤含量在85%以下,与化纤长丝混纺)	12.0	130.0	17.0	米/千克	
5516210020	未漂或漂白人纤短纤平布(人造纤维短纤含量在85%以下,与化纤长丝混纺)	12.0	130.0	17.0	米/千克	
5516210030	未漂或漂白人纤短纤印染用布(人造纤维短纤含量在85%以下,与化纤长丝混纺)	12.0	130.0	17.0	米/千克	
5516210040	未漂或漂白人纤短纤缎纹或斜纹布(人造纤维短纤含量在85%以下,与化纤长丝混纺)	12.0	130.0	17.0	米/千克	
5516210090	未漂或漂白人纤短纤其他机织物(人造纤维短纤含量在85%以下,与化纤长丝混纺)	12.0	130.0	17.0	米/千克	

商品编号	商品名称及备注	进口关税税率		增值税率	计量单位	监管条件
		最惠国	普通			
5516220010	染色人纤短纤府绸或细平布(人造纤维短纤含量在85%以下,与化纤长丝混纺)	10.0	130.0	17.0	米/千克	
5516220020	染色人纤短纤平布(人造纤维短纤含量在85%以下,与化纤长丝混纺)	10.0	130.0	17.0	米/千克	
5516220030	染色人纤短纤印染用布(人造纤维短纤含量在85%以下,与化纤长丝混纺)	10.0	130.0	17.0	米/千克	
5516220040	染色人纤短纤缎纹或斜纹机织物(人造纤维短纤含量在85%以下,与化纤长丝混纺)	10.0	130.0	17.0	米/千克	
5516220090	染色人纤短纤其他机织物(人造纤维短纤含量在85%以下,与化纤长丝混纺)	10.0	130.0	17.0	米/千克	
5516230010	色织人纤短纤府绸和细平布(人造纤维短纤含量在85%以下,与化纤长丝混纺)	10.0	130.0	17.0	米/千克	
5516230020	色织人纤短纤平布(人造纤维短纤含量在85%以下,与化纤长丝混纺)	10.0	130.0	17.0	米/千克	
5516230030	色织人纤短纤印染用布(人造纤维短纤含量在85%以下,与化纤长丝混纺)	10.0	130.0	17.0	米/千克	
5516230040	色织人纤短纤缎纹或斜纹机织物(人造纤维短纤含量在85%以下,与化纤长丝混纺)	10.0	130.0	17.0	米/千克	
5516230090	色织人纤短纤其他机织物(人造纤维短纤含量在85%以下,与化纤长丝混纺)	10.0	130.0	17.0	米/千克	
5516240010	印花人纤府绸或细平布(人造纤维短纤含量在85%以下,与化纤长丝混纺)	10.0	130.0	17.0	米/千克	
5516240020	印花人纤短纤平布(人造纤维短纤含量在85%以下,与化纤长丝混纺)	10.0	130.0	17.0	米/千克	
5516240030	印花人纤短纤印染用布(人造纤维短纤含量在85%以下,与化纤长丝混纺)	10.0	130.0	17.0	米/千克	
5516240040	印花人纤短纤缎纹或斜纹机织物(人造纤维短纤含量在85%以下,与化纤长丝混纺)	10.0	130.0	17.0	米/千克	
5516240090	印花人纤短纤其他布(人造纤维短纤含量在85%以下,与化纤长丝混纺)	10.0	130.0	17.0	米/千克	
5516310011	未漂或漂白人纤短纤与精梳毛混纺布(人造纤维短纤含量<85%,羊毛或动物细毛36%及以上)	12.0	130.0	17.0	米/千克	
5516310019	未漂或漂白人纤短纤与粗梳毛混纺布(人造纤维短纤含量<85%,羊毛或动物细毛36%及以上)	12.0	130.0	17.0	米/千克	
5516310021	未漂或漂白人纤短纤与精梳毛混纺布(人造纤维短纤含量<85%,羊毛或动物细毛<36%)	12.0	130.0	17.0	米/千克	
5516310029	未漂或漂白人纤短纤与粗梳毛混纺布(人造纤维短纤含量<85%,羊毛或动物细毛<36%)	12.0	130.0	17.0	米/千克	
5516320011	染色人纤短纤与精梳毛混纺机织物(人造纤维短纤含量<85%,羊毛或动物细毛36%及以上)	10.0	130.0	17.0	米/千克	

商品编号	商品名称及备注	进口关税税率		增值税率	计量单位	监管条件
		最惠国	普通			
5516320019	染色人纤短纤与粗梳毛混纺机织物(人造纤维短纤含量<85%,羊毛或动物细毛36%及以上)	10.0	130.0	17.0	米/千克	
5516320021	染色人纤短纤与精梳毛混纺机织物(人造纤维短纤含量<85%,羊毛或动物细毛<36%)	10.0	130.0	17.0	米/千克	
5516320029	染色人纤短纤与粗梳毛混纺机织物(人造纤维短纤含量<85%,羊毛或动物细毛<36%)	10.0	130.0	17.0	米/千克	
5516330011	色织人纤短纤与精梳毛混纺机织物(人造纤维短纤含量<85%,羊毛或动物细毛36%及以上)	10.0	130.0	17.0	米/千克	
5516330019	色织人纤短纤与粗梳毛混纺机织物(人造纤维短纤含量<85%,羊毛或动物细毛36%及以上)	10.0	130.0	17.0	米/千克	
5516330021	色织人纤短纤与精梳毛混纺机织物(人造纤维短纤含量<85%,羊毛或动物细毛<36%)	10.0	130.0	17.0	米/千克	
5516330029	色织人纤短纤与粗梳毛混纺机织物(人造纤维短纤含量<85%,羊毛或动物细毛<36%)	10.0	130.0	17.0	米/千克	
5516340011	印花人纤短纤与精梳毛混纺机织物(人造纤维短纤含量<85%,羊毛或动物细毛36%及以上)	10.0	130.0	17.0	米/千克	
5516340019	印花人纤短纤与粗梳毛混纺机织物(人造纤维短纤含量<85%,羊毛或动物细毛36%及以上)	10.0	130.0	17.0	米/千克	
5516340021	印花人纤短纤与精梳毛混纺机织物(人造纤维短纤含量<85%,羊毛或动物细毛<36%)	10.0	130.0	17.0	米/千克	
5516340029	印花人纤短纤与粗梳毛混纺机织物(人造纤维短纤含量<85%,羊毛或动物细毛<36%)	10.0	130.0	17.0	米/千克	
5516410010	未漂或漂白人纤短纤府绸或细平布(人造纤维短纤含量在85%以下,与棉混纺)	12.0	130.0	17.0	米/千克	
5516410020	未漂或漂白人纤短纤与棉混纺平布(混纺为以人纤短纤为主,但人造纤维短纤含量在85%以下)	12.0	130.0	17.0	米/千克	
5516410030	与棉混未漂或漂白人纤短纤印染用布(混纺为以人纤短纤为主,但人造纤维短纤含量在85%以下)	12.0	130.0	17.0	米/千克	
5516410040	未漂或漂白人纤短纤与棉混纺奶酪布等(人造纤维短纤含量在85%以下,含薄细布、巴里纱)	12.0	130.0	17.0	米/千克	
5516410050	与棉混未漂或漂白人纤短纤机织帆布(混纺为以人纤短纤为主,但人造纤维短纤含量在85%以下)	12.0	130.0	17.0	米/千克	
5516410060	与棉混未漂或漂白人纤短纤缎纹布等(含斜纹布,人造纤维短纤含量在85%以下)	12.0	130.0	17.0	米/千克	
5516410070	与棉混未漂或漂白人纤短纤牛津布(混纺为以人纤短纤为主,但人造纤维短纤含量在85%以下)	12.0	130.0	17.0	米/千克	
5516410090	与棉混未漂或漂白人纤短纤其他布(混纺为以人纤短纤为主,但人造纤维短纤含量在85%以下)	12.0	130.0	17.0	米/千克	
5516420010	与棉混染色人纤短纤府绸或细平布(混纺为以人纤短纤为主,但人造纤维短纤含量在85%以下)	12.0	130.0	17.0	米/千克	

商品编号	商品名称及备注	进口关税税率		增值税率	计量单位	监管条件
		最惠国	普通			
5516420020	与棉混染色人纤短纤平布(混纺为以人纤短纤为主,但人造纤维短纤含量在85%以下)	12.0	130.0	17.0	米/千克	
5516420030	与棉混染色人纤短纤印染用布(混纺为以人纤短纤为主,但人造纤维短纤含量在85%以下)	12.0	130.0	17.0	米/千克	
5516420040	与棉混染色人纤短纤奶酪布等(含薄细布、巴里纱,人造纤维短纤含量在85%以下)	12.0	130.0	17.0	米/千克	
5516420050	与棉混染色人纤短纤机织帆布(混纺为以人纤短纤为主,但人造纤维短纤含量在85%以下)	12.0	130.0	17.0	米/千克	
5516420060	与棉混染色人纤短纤缎纹或斜纹布(混纺为以人纤短纤为主,但人造纤维短纤含量在85%以下)	12.0	130.0	17.0	米/千克	
5516420070	与棉混染色人纤短纤牛津布(混纺为以人纤短纤为主,但人造纤维短纤含量在85%以下)	12.0	130.0	17.0	米/千克	
5516420090	与棉混纺染色人纤短纤其他机织物(混纺为以人纤短纤为主,但人造纤维短纤含量在85%以下)	12.0	130.0	17.0	米/千克	
5516430010	与棉混人纤短纤色织兰色粗斜纹布(混纺为以人纤短纤为主,但人造纤维短纤含量在85%以下)	10.0	130.0	17.0	米/千克	
5516430020	与棉混纺人纤短纤色织提花机织物(混纺为以人纤短纤为主,但人造纤维短纤含量在85%以下)	10.0	130.0	17.0	米/千克	
5516430090	与棉混纺人纤短纤其他色织机织物(混纺为以人纤短纤为主,但人造纤维短纤含量在85%以下)	10.0	130.0	17.0	米/千克	
5516440010	与棉混印花人纤短纤府绸或细平布(混纺为以人纤短纤为主,但人造纤维短纤含量在85%以下)	10.0	130.0	17.0	米/千克	
5516440020	与棉混印花人纤短纤平布(混纺为以人纤短纤为主,但人造纤维短纤含量在85%以下)	10.0	130.0	17.0	米/千克	
5516440030	与棉混印花人纤短纤印染用布(混纺为以人纤短纤为主,但人造纤维短纤含量在85%以下)	10.0	130.0	17.0	米/千克	
5516440040	与棉混纺印花人纤短纤奶酪布等(含薄细布、巴里纱,人造纤维短纤含量在85%以下)	10.0	130.0	17.0	米/千克	
5516440050	与棉混纺印花人纤短纤机织帆布(混纺为以人纤短纤为主,但人造纤维短纤含量在85%以下)	10.0	130.0	17.0	米/千克	
5516440060	印花人纤短纤缎纹或斜纹机织物(与棉混纺、人造纤维短纤含量在85%以下)	10.0	130.0	17.0	米/千克	
5516440070	与棉混纺印花人纤短纤牛津布(混纺为以人纤短纤为主,但人造纤维短纤含量在85%以下)	10.0	130.0	17.0	米/千克	
5516440090	与棉混纺印花人纤短纤其他机织物(混纺为以人纤短纤为主,但人造纤维短纤含量在85%以下)	10.0	130.0	17.0	米/千克	
5516910010	未漂或漂白人纤短纤府绸或细平布(与其他纤维混纺、人造纤维短纤含量在85%以下)	12.0	130.0	17.0	米/千克	
5516910020	未漂或漂白人纤短纤机织平布(与其他纤维混纺、人造纤维短纤含量在85%以下)	12.0	130.0	17.0	米/千克	

商品编号	商品名称及备注	进口关税税率		增值税率	计量单位	监管条件
		最惠国	普通			
5516910030	未漂或漂白人纤短纤印染用布(与其他纤维混纺、人造纤维短纤含量在85%以下)	12.0	130.0	17.0	米/千克	
5516910040	未漂或漂白人纤短纤奶酪布等(与其他纤维混纺、人纤短纤含量<85%,含薄细布、巴里纱)	12.0	130.0	17.0	米/千克	
5516910050	未漂或漂白人纤短纤机织帆布(与其他纤维混纺、人造纤维短纤含量在85%以下)	12.0	130.0	17.0	米/千克	
5516910060	未漂或漂白人纤短纤缎纹或斜纹布(与其他纤维混纺、人造纤维短纤含量在85%以下)	12.0	130.0	17.0	米/千克	
5516910070	未漂或漂白人纤短纤牛津布(与其他纤维混纺、人造纤维短纤含量在85%以下)	12.0	130.0	17.0	米/千克	
5516910090	未漂或漂白人纤短纤其他机织物(与其他纤维混纺、人造纤维短纤含量在85%以下)	12.0	130.0	17.0	米/千克	
5516920010	染色人纤短纤府绸或细平布(与其他纤维混纺、人造纤维短纤含量在85%以下)	10.0	130.0	17.0	米/千克	
5516920020	染色人纤短纤机织平布(与其他纤维混纺、人造纤维短纤含量在85%以下)	10.0	130.0	17.0	米/千克	
5516920030	染色人纤短纤印染用布(与其他纤维混纺、人造纤维短纤含量在85%以下)	10.0	130.0	17.0	米/千克	
5516920040	染色人纤短纤奶酪布等(与其他纤维混纺、人纤短纤含量<85%,含薄细布、巴里纱)	10.0	130.0	17.0	米/千克	
5516920050	染色人纤短纤机织帆布(与其他纤维混纺、人造纤维短纤含量在85%以下)	10.0	130.0	17.0	米/千克	
5516920060	染色人纤短纤缎纹或斜纹机织物(与其他纤维混纺、人造纤维短纤含量在85%以下)	10.0	130.0	17.0	米/千克	
5516920070	染色人纤短纤牛津布(与其他纤维混纺、人造纤维短纤含量在85%以下)	10.0	130.0	17.0	米/千克	
5516920090	染色人纤短纤其他机织物(与其他纤维混纺、人造纤维短纤含量在85%以下)	10.0	130.0	17.0	米/千克	
5516930010	人纤短纤色织蓝粗斜纹布(与其他纤维混纺、人造纤维短纤含量在85%以下)	10.0	130.0	17.0	米/千克	
5516930020	色织人纤短纤提花机织物(与其他纤维混纺、人造纤维短纤含量在85%以下)	10.0	130.0	17.0	米/千克	
5516930090	色织人纤短纤其他机织物(与其他纤维混纺、人造纤维短纤含量在85%以下)	10.0	130.0	17.0	米/千克	
5516940010	印花人造纤维短纤府绸或细平布(与其他纤维混纺,按重量计人造纤维短纤含量在85%以下)	10.0	130.0	17.0	米/千克	
5516940020	印花人造纤维短纤机织平布(与其他纤维混纺,按重量计人造纤维短纤含量在85%以下)	10.0	130.0	17.0	米/千克	
5516940030	印花人造纤维短纤印染用布(与其他纤维混纺,按重量计人造纤维短纤含量在85%以下)	10.0	130.0	17.0	米/千克	

商品编号	商 品 名 称 及 备 注	进口关税税率		增值税率	计量单位	监管条件
		最惠国	普通			
5516940040	印花人造纤维短纤奶酪布等(含薄细布、巴里纱,与其他纤维混纺,含人纤短纤〈85%)	10.0	130.0	17.0	米/千克	
5516940050	印花人造纤维短纤机织帆布(与其他纤维混纺,按重量计人造纤维短纤含量在85%以下)	10.0	130.0	17.0	米/千克	
5516940060	印花人纤短纤缎纹或斜纹机织物(与其他纤维混纺,按重量计人造纤维短纤含量在85%以下)	10.0	130.0	17.0	米/千克	
5516940070	印花人造纤维短纤牛津布(与其他纤维混纺,按重量计人造纤维短纤含量在85%以下)	10.0	130.0	17.0	米/千克	
5516940090	印花人造纤维短纤其他机织物(与其他纤维混纺,按重量计人造纤维短纤含量在85%以下)	10.0	130.0	17.0	米/千克	

第五十六章　絮胎、毡呢及无纺织物;特种纱线;线、绳、索、缆及其制品

注释:

一、本章不包括:

(一)用各种物质或制剂(例如,第三十三章的香水或化妆品、品目34.01的肥皂或洗涤剂、品目34.05的光洁剂及类似制剂、品目38.09的织物柔软剂)浸渍、涂布、包覆的絮胎、毡呢或无纺织物,其中的纺织材料仅作为承载介质;

(二)品目58.11的纺织产品;

(三)以毡呢或无纺织物为底的砂布及类似品(品目68.05);

(四)以毡呢或无纺织物为底的粘聚或复制云母(品目68.14);

(五)以毡呢或无纺织物为底的金属箔(第十五类)。

二、所称"毡呢",包括针刺机制毡呢以及纤维本身通过缝编工序增强了抱合力的纺织纤维网状织物。

三、品目56.02及56.03分别包括用各种性质(紧密结构或泡沫状)的塑料或橡胶浸渍、涂布、包覆或层压的毡呢及无纺织物。

品目56.03还包括用塑料或橡胶作粘合材料的无纺织物。

但品目56.02及56.03不包括:

(一)用塑料或橡胶浸渍、涂布、包覆或层压,按重量计纺织材料含量在50%及以下的毡呢或者完全嵌入塑料或橡胶之内的毡呢(第三十九章或第四十章);

(二)完全嵌入塑料或橡胶之内的无纺织物,以及用肉眼可辨别出两面都用塑料或橡胶涂布、包覆的无纺织物,涂布或包覆所引起的颜色变化可不予考虑(第三十九章或第四十章);

(三)与毡呢或无纺织物混制的泡沫塑料或海绵橡胶板、片或扁条,纺织材料仅在其中起增强作用(第三十九章或第四十章)。

四、品目56.04不包括用肉眼无法辨别出是否经过浸渍、涂布或包覆的纺织纱线或品目54.04或54.05的扁条及类似品(通常归入第五十章至第五十五章);运用本条规定,可不考虑浸渍、涂布或包覆所引起的颜色变化。

商品编号	商品名称及备注	进口关税税率		增值税率	计量单位	监管条件
		最惠国	普通			
5601	**纺织材料絮胎及其制品;长度不超过5毫米的纺织纤维(纤维屑)、纤维粉末及球结**					
5601100010	棉絮胎制卫生巾、止血塞等(包括婴儿尿布或尿布垫及类似卫生用品)	10.0	80.0	17.0	千克	
5601100090	絮胎制卫生巾、止血塞等(包括婴儿尿布或尿布垫及类似卫生用品)	10.0	80.0	17.0	千克	
5601210010	棉制的成匹絮胎	10.0	50.0	17.0	千克	
5601210090	其他棉制的絮胎及絮胎制品	10.0	50.0	17.0	千克	
5601221000	化学纤维制的卷烟滤嘴	12.0	100.0	17.0	千克	7
5601229010	化学纤维制的成匹絮胎	12.0	100.0	17.0	千克	
5601229090	化学纤维制的其他絮胎及絮胎制品	12.0	100.0	17.0	千克	
5601290010	羊毛或动物细毛制絮胎及制品	10.0	90.0	17.0	千克	
5601290090	其他纺织材料制絮胎及制品	10.0	90.0	17.0	千克	
5601300010 *	由两种或以上聚合物纺制的纤维(横截面为皮芯结构或并列结构或海岛结构,长度不超过5mm)	10.0	100.0	17.0	千克	

商品编号	商品名称及备注	进口关税税率		增值税率	计量单位	监管条件
		最惠国	普通			
5601300090	纺织纤维屑,纤维粉末及球结(纺织纤维长度不超过5mm)	10.0	100.0	17.0	千克	
5602	**毡呢,不论是否浸渍、涂布、包覆或层压**					
5602100010	毛制针刺机制毡呢及纤维缝编织(不论是否浸渍、涂布、包覆或层压)	10.0	100.0	17.0	千克	
5602100090	其他纺织料制针刺机制毡呢等(含缝编织物,不论是否浸渍、涂布、包覆或层压)	10.0	100.0	17.0	千克	
5602210000	羊毛及动物细毛制其他毡呢(未浸渍、涂布、包覆或层压)	10.0	100.0	17.0	千克	
5602290000	其他纺织材料制其他毡呢(未浸渍、涂布、包覆或层压)	10.0	100.0	17.0	千克	
5602900010	其他纺织材料制其他毡呢(层压)	10.0	100.0	17.0	千克	
5602900091	化学纤维制其他毡呢(浸渍、涂布、包覆)	10.0	100.0	17.0	千克	
5602900099	其他纺织材料制其他毡呢(浸渍、涂布、包覆)	10.0	100.0	17.0	千克	
5603	**无纺织物,不论是否浸渍、涂布、包覆或层压**					
5603111000	化学纤维长丝制无纺织物(浸渍、涂布、包覆或层压,每平米重≤25克)	10.0	70.0	17.0	千克	
5603119000	其他化学纤维长丝制无纺织物(每平米重不超过25克)	10.0	130.0	17.0	千克	
5603121000	25mm<每平米重≤70克浸渍长丝无纺布(浸渍包括涂布、包覆或压层;长丝指化纤长丝)	10.0	70.0	17.0	千克	
5603129000	25mm<每平米重≤70克其他长丝无纺布(长丝指化纤长丝)	10.0	130.0	17.0	千克	
5603131000	70mm<每平米重≤150克浸渍长丝无纺布(浸渍包括涂布、包覆或压层;长丝指化纤长丝)	10.0	70.0	17.0	千克	
5603139000	70mm<每平米重≤150克其他长丝无纺(长丝指化纤长丝)	10.0	130.0	17.0	千克	
5603141000	每平米重150克经浸渍长丝无纺布(浸渍包括涂布、包覆或压层;长丝指化纤长丝)	10.0	70.0	17.0	千克	
5603149000	每平米重150克的其他长丝无纺布(长丝指化纤长丝)	10.0	130.0	17.0	千克	
5603911000	每平米重≤25克经浸渍其他无纺布(浸渍包括涂布、包覆或压层)	10.0	70.0	17.0	千克	
5603919000	每平米重≤25克的其他无纺布	10.0	85.0	17.0	千克	
5603921000	25克<每平米重≤70克浸渍其他无纺布(浸渍包括涂布、包覆或压层)	10.0	70.0	17.0	千克	
5603929000	25克<每平米重≤70克其他无纺布	10.0	85.0	17.0	千克	
5603931000	70克<每平米重≤150克浸渍其他无纺(浸渍包括涂布、包覆或压层)	10.0	70.0	17.0	千克	
5603939000	70克<每平米重≤150克的其他无纺布	10.0	85.0	17.0	千克	
5603941011	毛制铺地品衬底用物纺织物(浸渍、涂布、包覆或压层,每平米重>150克)	10.0	70.0	17.0	千克	
5603941019	其他材料制铺地品衬底用无纺织物(浸渍、涂布、包覆或压层,每平米重>150克)	10.0	70.0	17.0	千克	

商品编号	商品名称及备注	进口关税税率		增值税率	计量单位	监管条件
		最惠国	普通			
5603941090	其他材料制无纺织物(浸渍、涂布、包覆或压层,每平米重>150克)	10.0	70.0	17.0	千克	
5603949011	毛制铺地品衬底用无纺织物(每平米重>150克)	10.0	85.0	17.0	千克	
5603949019	其他材料制铺地品衬底用无纺织物(每平米重量>150克)	10.0	85.0	17.0	千克	
5603949090	其他材料制无纺织物(每平米重>150克)	10.0	85.0	17.0	千克	
5604	**用纺织材料包覆的橡胶线及绳;用橡胶或塑料浸渍、涂布、包覆或套裹的纺织纱线及品目5404或5405的扁条及类似品**					
5604100000	用纺织材料包覆的橡胶线及绳	5.0	80.0	17.0	千克	
5604200011	用橡、塑浸渍或涂布的高强力丝(包括聚酯、尼龙或其他聚酰胺制的单丝高强力丝)	5.0	40.0	17.0	千克	
5604200019	用橡、塑浸渍或涂布的高强力丝(包括聚酯、尼龙或其他聚酰胺制的其他高强力丝)	5.0	40.0	17.0	千克	
5604200091	粘胶纤维制单丝高强力丝(用橡胶或塑料浸渍或涂布的)	5.0	40.0	17.0	千克	
5604200099	粘胶纤维制其他高强力丝(用橡胶或塑料浸渍或涂布的)	5.0	40.0	17.0	千克	
5604900010	棉制纱线(用橡胶或塑料浸渍、涂布、包覆、套裹)	5.0	80.0	17.0	千克	
5604900020	品目5404的合成纤维单丝、扁条(用橡胶或塑料浸渍、涂布、包覆、套裹)	5.0	80.0	17.0	千克	
5604900030	品目5404的人造纤维单丝、扁条(用橡胶或塑料浸渍、涂布、包覆、套裹)	5.0	80.0	17.0	千克	
5604900090	其他纺织纱线(用橡胶或塑料浸渍、涂布、包覆、套裹)	5.0	80.0	17.0	千克	
5605	**含金属纱线,不论是否螺旋花线,由纺织纱线或品目5404或5405的扁条及类似品与金属线,扁条或粉末混合制得或用金属包覆制得**					
5605000010	金属涂层或层压化纤长丝等(扁条及类似品,非螺旋,未加捻或捻度每米低于5转)	5.0	70.0	17.0	千克	
5605000090	其他含金属纱线,可含螺旋花边(与金属线、扁条或粉末混合制的或用金属包覆制得)	5.0	70.0	17.0	千克	
5606	**粗松螺旋花线,品目5404或5405的扁条及类似品制的螺旋花线(品目5605的货品及马毛粗松螺旋花线除外);绳绒线(包括植绒绳绒线);纵行起圈纱线**					
5606000000	绳绒线及粗松螺旋花线(包括纵行起圈纱线,但编号5605的货品及马毛粗松线除外)	5.0	70.0	17.0	千克	
5607	**线、绳、索、缆,不论是否编织或编结而成,也不论是否用橡胶或塑料浸渍、涂布、包覆或套裹**					
5607100000	黄麻或韧皮纤维纺制线、绳、索、缆(可编织或编结,可用橡胶或塑料浸渍涂布、包覆、套裹)	5.0	50.0	17.0	千克	

商品编号	商品名称及备注	进口关税税率		增值税率	计量单位	监管条件
		最惠国	普通			
5607210010	剑麻或其他龙舌兰纤维制包扎用绳(农机用,可编织或编结,可用橡胶或塑料浸涂包套)	5.0	50.0	17.0	千克	
5607210090	剑麻或龙舌兰纤维制其他包扎用绳(农机用,可编织或编结,可用橡胶或塑料浸涂包套)	5.0	50.0	17.0	千克	
5607290000	剑麻或龙舌兰纤维制其他线绳索缆(可编织或编结,可用橡胶或塑料浸渍涂布、包覆、套裹)	5.0	50.0	17.0	千克	
5607410010	宽的非裂膜扁条聚乙烯包扎用绳(可编织或编结,可用橡胶或塑料浸渍涂布、包覆、套裹)	5.0	100.0	17.0	千克	
5607410090	其他聚乙烯或聚丙烯制包扎用绳(可编织或编结,可用橡胶或塑料浸渍涂布、包覆、套裹)	5.0	100.0	17.0	千克	
5607490010	宽非裂膜扁条聚乙烯其他线绳索缆(可编织或编结用橡胶或塑料浸涂包套,含聚丙烯制)	5.0	100.0	17.0	千克	
5607490020	其他聚乙烯或聚丙烯制线绳索缆(未经编织或编结,可用橡胶或塑料浸渍涂布、包覆、套裹)	5.0	100.0	17.0	千克	
5607490090	其他聚乙烯或聚丙烯制线绳索缆(已编织或编结,可用橡胶或塑料浸渍涂布、包覆、套裹)	5.0	100.0	17.0	千克	
5607500010	其他合纤制未编织或编织线绳索缆(可用橡胶或塑料浸渍涂布、包覆、套裹)	5.0	100.0	17.0	千克	
5607500090	其他合纤制已编织或编织线绳索缆(可用橡胶或塑料浸渍涂布、包覆、套裹)	5.0	100.0	17.0	千克	
5607901000	蕉麻或硬质(叶)纤维制线、绳、索、缆(可编织或编结,可用橡胶或塑料浸渍涂布、包覆、套裹)	5.0	50.0	17.0	千克	
5607909010	大麻制线、绳、索、缆(可编织或编结,可用橡胶或塑料浸渍涂布、包覆、套裹)	5.0	100.0	17.0	千克	
5607909090	其他纺织材料制线、绳、索、缆(可编织或编结,可用橡胶或塑料浸渍涂布、包覆、套裹)	5.0	100.0	17.0	千克	
5608	**线、绳或索结制的网料;纺织材料制成的渔网及其他网**					
5608110010	化纤材料制成手撒线拉的渔网	10.0	50.0	17.0	千克	
5608110090	化纤材料制成其他渔网	10.0	50.0	17.0	千克	5
5608190010	化纤材料制用拉线收口的诱饵包(罗网及篓状网除外)	12.0	100.0	17.0	千克	
5608190090	化纤材料制成的网料和其他网(包括化纤线、绳、索结制的网料,罗网及篓状网除外)	12.0	100.0	17.0	千克	5
5608900011	毛、棉制的渔网	10.0	100.0	17.0	千克	
5608900019	其他纺织纤维制的渔网	10.0	100.0	17.0	千克	
5608900091	棉制的其他网及网料(吊床,罗网及篓状网除外)	10.0	100.0	17.0	千克	5
5608900092	毛制的其他网及网料(包括棉制的网式吊床,罗网及篓状网除外)	10.0	100.0	17.0	千克	
5608900099	其他纺织纤维制成的其他网及网料(罗网及篓状网除外)	10.0	100.0	17.0	千克	

商品编号	商 品 名 称 及 备 注	进口关税税率		增值税率	计量单位	监管条件
		最惠国	普通			
5609	**用纱线、品目5404或5405的扁条及类似品或线、绳、索、缆制成的其他品目未列名物品**					
5609000000	用纱线、扁条、绳、索、缆制其他物品(扁条及类似品指品目5404或5405的物品)	10.0	100.0	17.0	千克	

第五十七章 地毯及纺织材料的其他铺地制品

注释：

一、本章所称"地毯及纺织材料的其他铺地制品"，是指使用时以纺织材料作面的铺地制品，也包括具有纺织材料铺地制品特征但作其他用途的物品。

二、本章不包括铺地制品衬垫。

商品编号	商 品 名 称 及 备 注	进口关税税率		增值税率	计量单位	监管条件
		最惠国	普通			
5701	**结织栽绒地毯及纺织材料的其他结织栽绒铺地制品，不论是否制成的**					
5701100000	羊毛或动物细毛制的结织栽绒地毯(包括羊毛或动物细毛制的其他结织栽绒铺地制品)	14.0	130.0	17.0	平方米	
5701901000	化学纤维制的结织栽绒地毯(包括化学纤维制的结织栽绒铺地制品)	16.0	130.0	17.0	平方米	
5701902000	丝制结织栽绒铺地制品(其他铺地制品，未簇绒或未植绒，不论是否制成)	14.0	100.0	17.0	平方米	
5701909000	其他纺织材料制结织栽绒地毯(包括其他纺织材料制结织栽绒铺地制品)	14.0	100.0	17.0	平方米	
5702	**机织地毯及纺织材料的其他机织铺地制品，未簇绒或未植绒，不论是否制成的，包括"开来姆"、"苏麦克"、"卡拉马尼"及类似的手织地毯**					
5702100000	开来姆、苏麦克、卡拉马尼地毯(包括类似的手织地毯)	14.0	130.0	17.0	平方米	
5702200000	椰壳纤维制的铺地制品(未簇绒或未植绒，不论是否制成的)	14.0	100.0	17.0	平方米	
5702310000	未制成的羊毛起绒地毯及铺地制品(包括动物细毛制，未簇绒或未植绒)	10.0	130.0	17.0	平方米	
5702320000	未制成的化纤起绒地毯及铺地制品(未簇绒或未植绒)	16.0	130.0	17.0	平方米	
5702390000	其他纺织料未制成起绒铺地制品(未簇绒或未植绒)	14.0	100.0	17.0	平方米	
5702410000	制成的羊毛起绒地毯及铺地制品(包括动物细毛制，未簇绒或未植绒)	10.0	130.0	17.0	平方米	
5702420000	制成的化纤起绒地毯及铺地制品(未簇绒或未植绒)	10.0	130.0	17.0	平方米	
5702490000	其他纺织材料制成的起绒铺地制品	14.0	100.0	17.0	平方米	
5702510000	未制成羊毛非起绒地毯及铺地制品(包括动物细毛制，未簇绒或未植绒)	14.0	130.0	17.0	平方米	
5702520000	未制成化纤非起绒地毯及铺地制品(未簇绒或未植绒)	16.0	130.0	17.0	平方米	
5702590000	其他纺织料制成的非起绒铺地制品	14.0	100.0	17.0	平方米	
5702910000	制成的毛制非起绒铺地制品(指羊毛或动物细毛)	14.0	130.0	17.0	平方米	
5702920000	制成的化纤非起绒地毯及铺地制品(未簇绒或未植绒)	16.0	130.0	17.0	平方米	
5702990000	制成的其他纺材制非起绒铺地制品	14.0	100.0	17.0	平方米	

商品编号	商品名称及备注	进口关税税率		增值税率	计量单位	监管条件
		最惠国	普通			
5703	**簇绒地毯及纺织材料的其他簇绒铺地制品,不论是否制成的**					
5703100000	羊毛簇绒地毯及其他簇绒铺地制品(包括动物细毛制,不论是否制成)	14.0	130.0	17.0	平方米	
5703200000	尼龙簇绒地毯及其他簇绒铺地制品(包括其他聚酰胺制,不论是否制成)	10.0	130.0	17.0	平方米	
5703300000	化纤簇绒地毯及其他簇绒铺地制品(尼龙制的除外,不论是否制成)	10.0	130.0	17.0	平方米	
5703900000	其他簇绒地毯及其他簇绒铺地制品(羊毛、化纤制除外,不论是否制成)	14.0	100.0	17.0	平方米	
5704	**毡呢地毯及纺织材料的其他毡呢铺地制品,未簇绒或未植绒,不论是否制成的**					
5704100000	毡呢铺地制品,最大面积≤0.3平方米(未簇绒或未植绒)	14.0	130.0	17.0	平方米	
5704900000	毡呢铺地制品,最大面积>0.3平方米(未簇绒或未植绒)	10.0	130.0	17.0	平方米	
5705	**其他地毯及纺织材料的其他铺地制品,不论是否制成的**					
5705001000	羊毛制其他地毯及其他铺地制品(包括动物细毛制,不论是否制成的)	14.0	130.0	17.0	平方米	
5705002000	化纤制其他地毯及其他铺地制品(不论是否制成的)	10.0	130.0	17.0	平方米	
5705009000	其他纺材制未列名地毯及铺地制品	14.0	100.0	17.0	平方米	

第五十八章 特种机织物;簇绒织物;花边;装饰毯;装饰带;刺绣品

注释:

一、本章不适用于经浸渍、涂布、包覆或层压的第五十九章注释一所述的纺织物或第五十九章的其他货品。

二、品目58.01也包括因未将浮纱割断而使表面无竖绒的纬起绒织物。

三、品目58.03所称"纱罗",是指经线全部或部分由地经纱和绞经纱构成的织物,其中绞经纱绕地经纱半圈、一圈或几圈而形成圈状,纬纱从圈中穿过。

四、品目58.04不适用于品目56.08的线、绳、索结制的网状织物。

五、品目58.06所称"狭幅机织物",是指:

(一)幅宽不超过30厘米的机织物,不论是否织成或从宽幅料剪成,但两侧必须有织成的、胶粘的或用其他方法制成的布边;

(二)压平宽度不超过30厘米的圆筒机织物;

(三)折边的斜裁滚条布,其未折边时的宽度不超过30厘米。

流苏状的狭幅织物归入品目58.08。

六、品目58.10所称"刺绣品",除了一般纺织材料绣线绣制的刺绣品外,还包括在可见底布上用金属线或玻璃线刺绣的刺绣品,也包括用珠片、饰珠或纺织材料或其他材料制的装饰用花纹图案所缝绣的贴花织物。但不包括手工针绣嵌花装饰毯(品目58.05)。

七、除品目58.09的产品外,本章还包括金属线制的用于衣着、装饰及类似用途的物品。

商品编号	商品名称及备注	进口关税税率		增值税率	计量单位	监管条件
		最惠国	普通			
5801	**起绒机织物及绳绒织物,但品目5802或5806的织物除外**					
5801100000	毛制起绒机织物及绳绒织物(品目5802或5806的织物除外)	10.0	130.0	17.0	米/千克	
5801210010	未漂白不割绒的棉制纬起绒织物(品目5802或5806的织物除外)	12.0	70.0	17.0	米/千克	
5801210090	其他不割绒的棉制纬起绒织物(品目5802或5806的织物除外)	12.0	70.0	17.0	米/千克	
5801220000	割绒的棉制灯芯绒(品目5802或5806的织物除外)	10.0	70.0	17.0	米/千克	
5801230010	未漂白其他棉制纬起绒织物(品目5802或5806的织物除外)	10.0	70.0	17.0	米/千克	
5801230090	其他棉制纬起绒织物(品目5802或5806的织物除外)	10.0	70.0	17.0	米/千克	
5801240010	其他不割绒的棉制经起绒织物(棱纹绸,品目5802或5806的织物除外)	10.0	70.0	17.0	米/千克	
5801240090	其他不割绒的棉制经起绒织物(棱纹绸,品目5802或5806的织物除外)	10.0	70.0	17.0	米/千克	
5801250010	未漂白棉制割绒的经起绒织物(品目5802或5806的织物除外)	10.0	70.0	17.0	米/千克	
5801250090	其他割绒的棉制经起绒织物(品目5802或5806的织物除外)	10.0	70.0	17.0	米/千克	

商品编号	商品名称及备注	进口关税税率		增值税率	计量单位	监管条件
		最惠国	普通			
5801260010	未漂白棉制绳绒织物(品目5802或5806的织物除外)	10.0	70.0	17.0	米/千克	
5801260090	其他棉制绳绒织物(品目5802或5806的织物除外)	10.0	70.0	17.0	米/千克	
5801310000	不割绒的化纤制纬起绒织物(品目5802或5806的织物除外)	10.0	130.0	17.0	米/千克	
5801320000	割绒的化纤制灯芯绒(品目5802或5806的织物除外)	10.0	130.0	17.0	米/千克	
5801330000	其他化纤纬起绒织物(品目5802或5806的织物除外)	10.0	130.0	17.0	米/千克	
5801340000	不割绒的化纤经起绒织物(棱纹绸)(品目5802或5806的织物除外)	10.0	130.0	17.0	米/千克	
5801350000	割绒的化纤制经起绒织物(品目5802或5806的织物除外)	10.0	130.0	17.0	米/千克	
5801360000	化纤绳绒织物(品目5802或5806的织物除外)	10.0	130.0	17.0	米/千克	
5801901000	丝及绢丝制起绒机织物及绳绒织物(品目5802或5806的织物除外)	10.0	130.0	17.0	米/千克	
5801909010	亚麻和苎麻起绒机织物及绳绒织物(品目5802或5806的织物除外)	10.0	80.0	17.0	米/千克	
5801909090	其他材料制起绒机织物及绳绒织物(品目5802或5806的织物除外)	10.0	80.0	17.0	米/千克	
5802	**毛巾织物及类似的毛圈机织物,但品目5806的狭幅织物除外;簇绒织物,但品目5703的产品除外**					
5802110000	未漂棉毛巾织物及类似毛圈机织物(品目5806的狭幅织物除外)	12.0	70.0	17.0	米/千克	
5802190000	其他棉毛巾织物及类似毛圈机织物(品目5806的狭幅织物除)	10.0	70.0	17.0	米/千克	
5802201010	丝及绢丝毛巾织物及类似毛圈织物(品目5806的狭幅织物除外,含丝85%及以上)	12.0	130.0	17.0	米/千克	
5802201090	丝及绢丝毛巾织物及类似毛圈织物(品目5806的狭幅织物除外,含丝85%以下)	12.0	130.0	17.0	米/千克	
5802202000	羊毛等毛巾织物及类似毛圈机织物(指羊毛或动物细毛制,品目5806的狭幅织物除外)	12.0	130.0	17.0	米/千克	
5802203000	化纤毛巾织物及类似毛圈机织物(品目5806的狭幅织物除外)	14.0	130.0	17.0	米/千克	
5802209000	其他材料毛巾织物及类似毛圈织物(品目5806的狭幅织物除外)	12.0	80.0	17.0	米/千克	
5802301010	丝及绢丝制簇绒织物(品目5703的产品除外,含丝85%及以上)	10.0	130.0	17.0	米/千克	
5802301090	其他丝及绢丝制簇绒织物(品目5703的产品除外,含丝85%以下)	10.0	130.0	17.0	米/千克	
5802302000	羊毛或动物细毛制簇绒织物(品目5703的产品除外)	10.0	130.0	17.0	米/千克	
5802303010	麻制簇绒织物(品目5703的产品除外)	10.0	70.0	17.0	米/千克	
5802303090	棉制簇绒织物(品目5703的产品除外)	10.0	70.0	17.0	米/千克	

商品编号	商品名称及备注	进口关税税率		增值税率	计量单位	监管条件
		最惠国	普通			
5802304000	化学纤维制簇绒织物(品目5703的产品除外)	10.0	130.0	17.0	米/千克	
5802309000	其他纺织材料制簇绒织物(品目5703的产品除外)	10.0	80.0	17.0	米/千克	
5803	**纱罗,但品目5806的狭幅织物除外**					
5803100000	棉制纱罗(品目5806的狭幅织物除外)	10.0	70.0	17.0	米/千克	
5803901010	丝及绢丝含量85%及以上制纱罗(品目5806的狭幅织物除外)	10.0	130.0	17.0	米/千克	
5803901090	丝及绢丝含量85%以下制纱罗(品目5806的狭幅织物除外)	10.0	130.0	17.0	米/千克	
5803902011	未漂或漂白合成纤维制纱罗(品目5806的狭幅织物除外)	12.0	130.0	17.0	米/千克	
5803902019	其他合成纤维制纱罗(品目5806的狭幅织物除外)	12.0	130.0	17.0	米/千克	
5803902091	未漂或漂白人造纤维制纱罗(品目5806的狭幅织物除外)	12.0	130.0	17.0	米/千克	
5803902099	其他人造纤维制纱罗(品目5806的狭幅织物除外)	12.0	130.0	17.0	米/千克	
5803909011	精梳羊毛制纱罗(品目5806的狭幅织物除外)	10.0	80.0	17.0	米/千克	
5803909019	动物细毛或其他羊毛制纱罗(品目5806的狭幅织物除外)	10.0	80.0	17.0	米/千克	
5803909021	亚麻或苎麻制纱罗(品目5806的狭幅织物除外)	10.0	80.0	17.0	米/千克	
5803909029	其他纺织材料制纱罗(品目5806的狭幅织物除外)	10.0	80.0	17.0	米/千克	
5804	**网眼薄纱及其他网眼织物,但不包括机织物、针织物或钩编织物;成卷、成条或成小块图案的花边,但品目6002的织物除外**					
5804101010	丝及绢丝网眼薄纱及其他网眼织物(含丝85%及以上,不包括机织物、针织物或钩编织物)	10.0	130.0	17.0	千克	
5804101090	丝及绢丝网眼薄纱及其他网眼织物(含丝85%以下,不包括机织物、针织物或钩编织物)	10.0	130.0	17.0	千克	
5804102000	棉制网眼薄纱及其他网眼织物(不包括机织物、针织物或钩编织物)	10.0	70.0	17.0	千克	5
5804103000	化纤制网眼薄纱及其他网眼织物(不包括机织物、针织物或钩编织物)	12.0	130.0	17.0	千克	5
5804109000	其他材料网眼薄纱及其他网眼织物(不包括机织物、针织物或钩编织物)	10.0	90.0	17.0	千克	
5804210000	化纤机制花边(成卷成条或成小块图案的,但品目6002的织物除外)	10.0	130.0	17.0	千克	5
5804291010	丝及绢丝含量85%及以上机制花边(成卷成条或成小块图案的,但品目6002的织物除外)	10.0	130.0	17.0	千克	
5804291090	丝及绢丝含量85%以下机制花边(成卷成条或成小块图案的,但品目6002的织物除外)	10.0	130.0	17.0	千克	
5804292000	棉机制花边(成卷成条或成小块图案的,但品目6002的织物除外)	10.0	70.0	17.0	千克	5

商品编号	商品名称及备注	进口关税税率		增值税率	计量单位	监管条件
		最惠国	普通			
5804299000	其他纺织材料制机制花边(成卷成条或成小块图案的,但品目6002的织物除外)	10.0	90.0	17.0	千克	
5804300011	丝含量达85%及以上制手工制花边(成卷成条或成小块图案的,但品目6002的织物除外)	10.0	100.0	17.0	千克	
5804300019	丝含量达85%以下制手工制花边(成卷成条或成小块图案的,但品目6002的织物除外)	10.0	100.0	17.0	千克	
5804300020	棉或化纤制手工制花边(成卷成条或成小块图案的,但品目6002的织物除外)	10.0	100.0	17.0	千克	5
5804300090	其他纺织材料制手工制其他花边(成卷成条或成小块图案的,但品目6002的织物除外)	10.0	100.0	17.0	千克	
5805	**"哥白林"、"弗朗德"、"奥步生"、"波威"及类似式样的手织装饰毯,以及手工针绣嵌花装饰毯(例如,小针脚或十字绣),不论是否制成的**					
5805001010	毛非民间工艺针绣嵌花其他装饰毯(不论是否制成的)	12.0	130.0	17.0	平方米/千克	
5805001020	棉制手工针绣嵌花其他装饰毯(不论是否制成的)	12.0	130.0	17.0	平方米/千克	
5805001030	化纤制手工针绣嵌花其他装饰毯(不论是否制成的)	12.0	130.0	17.0	平方米/千克	
5805001090	其他纺织料制手工针绣嵌花装饰毯(不论是否制成的)	12.0	130.0	17.0	平方米/千克	
5805009010	毛制非民间工艺的手织装饰毯(包括"哥白林"、"弗朗德"、"奥步生"、"波威"及类似式样的)	12.0	130.0	17.0	平方米/千克	
5805009020	棉制"哥白林"等手织装饰毯(包括"弗朗德"、"奥步生"、"波威"及类似式样的手织装饰毯)	12.0	130.0	17.0	平方米/千克	
5805009030	化纤制"哥白林"等手织装饰毯(包括"弗朗德"、"奥步生"、"波威"及类似式样的手织装饰毯)	12.0	130.0	17.0	平方米/千克	
5805009090	其他纺料制"哥白林"等手织装饰毯(包括"弗朗德"、"奥步生"、"波威"及类似式样的手织装饰毯)	12.0	130.0	17.0	平方米/千克	
5806	**狭幅机织物,但品目5807的货品除外;用粘合剂粘合制成的有经纱而无纬纱的狭幅织物(包扎匹头用带)**					
5806101010	棉制狭幅起绒机织物及绳绒织物(包括狭幅毛巾织物及类似毛圈织物,品目5807的货品除外)	10.0	70.0	17.0	千克	5
5806101090	麻制狭幅起绒机织物及绳绒织物(包括狭幅毛巾织物及类似毛圈织物,品目5807的货品除外)	10.0	70.0	17.0	千克	
5806109010	含丝≥85%狭幅起绒及绳绒等织物(包括狭幅毛巾织物及类似毛圈织物,品目5807的货品除外)	10.0	80.0	17.0	千克	
5806109020	毛制狭幅起绒织物及绳绒织物(包括狭幅毛巾织物及类似毛圈织物,品目5807的货品除外)	10.0	80.0	17.0	千克	
5806109030	化纤制狭幅起绒织物及绳绒织物(包括狭幅毛巾织物及类似毛圈织物,品目5807的货品除外)	10.0	80.0	17.0	千克	5
5806109090	其他材料狭幅起绒织物及绳绒织物(包括狭幅毛巾织物及类似毛圈织物,品目5807的货品除外)	10.0	80.0	17.0	千克	
5806200000	含弹性纱线≥5%狭幅织物(包括含橡胶线,品目5807的货品除外)	10.0	100.0	17.0	千克	5

商品编号	商品名称及备注	进口关税税率		增值税率	计量单位	监管条件
		最惠国	普通			
5806310000	棉制未列名狭幅机织物(品目5807的货品除外)	10.0	70.0	17.0	千克	5
5806320010	化纤制用于打字机色带狭幅机织物(品目5807的货品除外)	10.0	130.0	17.0	千克	
5806320090	化纤制其他狭幅机织物(品目5807的货品除外)	10.0	130.0	17.0	千克	5
5806391000	含丝量≥85%制其他狭幅机织物(品目5807的货品除外)	10.0	130.0	17.0	千克	
5806392000	羊毛制其他狭幅机织物(品目5807的货品除外)	10.0	130.0	17.0	千克	
5806399010	含金属纱线制其他狭幅机织物(品目5807的货品除外)	10.0	80.0	17.0	千克	5
5806399090	其他材料制其他狭幅机织物(品目5807的货品除外)	10.0	80.0	17.0	千克	
5806401000	棉或麻粘合有经纱无纬纱狭幅织物(包括扎匹头用带,品目5807的货品除外)	10.0	70.0	17.0	千克	
5806409000	其他材料粘合有经无纬狭幅织物(包括扎匹头用带,品目5807的货品除外)	10.0	80.0	17.0	千克	
5807	**非绣制的纺织材料制标签、徽章及类似品,成匹、成条或裁成一定形状或尺寸**					
5807100010	棉制机织非绣制标签(成匹,成条或裁成一定形状或尺寸)	10.0	100.0	17.0	千克	
5807100020	化纤制机织非绣制标签(成匹,成条或裁成一定形状或尺寸)	10.0	100.0	17.0	千克	
5807100090	其他纺织材料制机织非绣制标签等(包括徽章及类似品,成匹,成条或裁成一定形状或尺寸)	10.0	100.0	17.0	千克	
5807900010	棉制非绣制的标签(成匹,成条或裁成一定形状或尺寸)	10.0	100.0	17.0	千克	
5807900020	化纤制非绣制的标签(成匹,成条或裁成一定形状或尺寸)	10.0	100.0	17.0	千克	
5807900090	其他纺织材料制非绣制的标签等(包括徽章及类似品,成匹、成条或裁成一定形状或尺寸)	10.0	100.0	17.0	千克	
5808	**成匹的编带;非绣制的成匹装饰带,但针织或钩编的除外;流苏、绒球及类似品**					
5808100010	棉或化纤制成匹的编带	10.0	100.0	17.0	千克	5
5808100020	蕉麻或苎麻制成匹的编带(适合制造或装饰帽类用)	10.0	100.0	17.0	千克	
5808100090	其他纺织材料制成匹的编带	10.0	100.0	17.0	千克	
5808900010	棉或化纤制非绣制成匹装饰带(针织或钩编的除外)	10.0	100.0	17.0	千克	5
5808900090	其他非绣制成匹装饰带,流苏等(含绒球及类似品,针织或钩编的除外)	10.0	100.0	17.0	千克	
5809	**其他品目未列名的金属线机织物及品目5605所列含金属纱线的机织物,用于衣着、装饰及类似用途**					
5809001000	金属线及含金属纱线与棉混制的布(用于衣着、装饰及类似用途,布指机织物)	10.0	90.0	17.0	米/千克	5
5809002000	金属线及含金属纱与化纤混制布(用于衣着、装饰及类似用途,布指机织物)	10.0	130.0	17.0	米/千克	5

商品编号	商 品 名 称 及 备 注	进口关税税率		增值税率	计量单位	监管条件
		最惠国	普通			
5809009000	金属线与其他纤维混制的布(含金属纱线,用于衣着、装饰及类似用途,布指机织物)	10.0	100.0	17.0	米/千克	5
5810	**成匹、成条或成小块图案的刺绣品**					
5810100000	不见底布的刺绣品(成匹、成条或成小块图案)	10.0	130.0	17.0	千克	5
5810910000	棉制见底布的刺绣品(成批、成条或成小块图案)	10.0	130.0	17.0	千克	
5810920010	化学纤维制见底布刺绣标签(成匹、成条或成小块图案)	10.0	130.0	17.0	千克	
5810920090	其他化学纤维制见底布刺绣品(成匹、成条或成小块图案)	10.0	130.0	17.0	千克	
5810990010	羊毛或动物细毛制见底布刺绣品(成匹、成条或成小块图案)	10.0	130.0	17.0	千克	
5810990090	其他纺织材料制见底布刺绣品(成匹、成条或成小块图案)	10.0	130.0	17.0	千克	
5811	**用一层或几层纺织材料与胎料经绗缝或其他方法组合制成的被褥状纺织品,但品目5810的刺绣品除外**					
5811001000	丝及绢丝制被褥状纺织品(经绗缝等法用一或几层织物与胎料组合不含5810刺绣品)	10.0	130.0	17.0	千克	
5811002000	羊毛或动物细毛制被褥状纺织品(经绗缝等法用一或几层织物与胎料组合不含5810刺绣品)	10.0	130.0	17.0	千克	
5811003010	未漂或漂白棉制被褥状纺织品(经绗缝等法用一或几层织物与胎料组合不含5810刺绣品)	10.0	80.0	17.0	千克	5
5811003090	其他棉制被褥状纺织品(经绗缝等法用一或几层织物与胎料组合不含5810刺绣品)	10.0	80.0	17.0	千克	5
5811004000	化学纤维制被褥状纺织品(经绗缝等法用一或几层织物与胎料组合不含5810刺绣品)	12.0	130.0	17.0	千克	5
5811009000	其他纺织材料制被褥状纺织品(经绗缝等法用一或几层织物与胎料组合不含5810刺绣品)	10.0	90.0	17.0	千克	

第五十九章　浸渍、涂布、包覆或层压的纺织物;工业用纺织制品

注释:

一、除条文另有规定的以外,本章所称“纺织物”,仅适用于第五十章至第五十五章、品目58.03及58.06的机织物、品目58.08的成匹编带和装饰带及品目60.02至60.06的针织物或钩编织物。

二、品目59.03适用于:

(一)用塑料浸渍、涂布、包覆或层压的纺织物,不论每平米重多少以及塑料的性质如何(紧密结构或泡沫状的),但下列各项除外:

1. 用肉眼无法辨别出是否经过浸渍、涂布、包覆或层压的织物(通常归入第五十章至第五十五章、第五十八章或第六十章),但由于浸渍、涂布、包覆或层压所引起的颜色变化可不予考虑;

2. 温度在15℃至30℃时,用手工将其绕于直径7毫米的圆柱体上会发生断裂的产品(通常归入第三十九章);

3. 纺织物完全嵌入塑料内或在其两面均用塑料完全包覆或涂布,而这种包覆或涂布用肉眼是能够辨别出的产品(但由于包覆或涂布所引起的颜色变化可不予考虑)(第三十九章);

4. 用塑料部分涂布或包覆并由此而形成图案的织物(通常归入第五十章至第五十五章、第五十八章或第六十章);

5. 与纺织物混制而其中纺织物仅起增强作用的泡沫塑料板、片或带(第三十九章);

6. 品目58.11的纺织品。

(二)由品目56.04的用塑料浸渍、涂布、包覆或套裹的纱线、扁条或类似品制成的织物。

三、品目59.05所称“糊墙织物”,是指以纺织材料做面,固定在一衬背上或在背面进行处理(浸渍或涂布以便于裱糊),适于装饰墙壁或天花板,且宽度不小于45厘米的成卷产品。

但本品目不适用于以纺织纤维屑或粉末直接粘于纸上(税48.14)或布底上(通常归入品目59.07)的糊墙物品。

四、品目59.06所称“用橡胶处理的纺织物”是指:

(一)用橡胶浸渍、涂布、包覆或层压的纺织物:

1. 每平米重不超过1500克;

2. 每平米重超过1500克,按重量计纺织材料含量在50%以上;

(二)由品目56.04的用橡胶浸渍、涂布、包覆或套裹的纱线、扁条或类似品制成的织物;

(三)平行纺织纱线经橡胶粘合的织物,不论每平米重多少。

但本品目不包括与纺织物混制而其中纺织物仅起增强作用的海绵橡胶板、片或带(第四十章),也不包括品目58.11的纺织品。

五、品目59.07不适用于:

(一)用肉眼无法辨别出是否经过浸渍、涂布或包覆的织物(通常归入第五十章至第五十五章、第五十八章或第六十章),但由于浸渍、涂布或包覆所引起的颜色变化可不予考虑;

(二)绘有图画的织物(作为舞台、摄影布景或类似品的已绘制的画布除外);

(三)用短绒、粉末、软木粉或类似品部分覆面并由此而形成图案的织物,但仿绒织物仍归入本品目;

(四)以淀粉或类似物质为基本成分的普通浆料上浆整理的织物;

(五)以纺织物为底的木饰面板(品目44.08);

(六)以纺织物为底的砂布及类似品(品目68.05);

(七)以纺织物为底的粘聚或复制云母片(品目68.14);

(八)以纺织物为底的金属箔(第十五类)。

六、品目59.10不适用于:

(一)厚度小于3毫米的纺织材料制传动带或输送带;

(二)用橡胶浸渍、涂布、包覆或层压的织物制成的或用橡胶浸渍、涂布、包覆或套裹的纱线或绳制成的传动带及运输带(品目40.10)。

七、品目59.11适用于下列不能归入第十一类其他品目的货品:

(一)下列成匹的、裁成一定长度或仅裁成矩形(包括正方形)的纺织产品(具有品目59.08至59.10所列产品特征的产品除外):

1. 用橡胶、皮革或其他材料涂布、包覆或层压的作针布用的纺织物、毡呢及毡呢衬里机织物,以及其他专门技术用途的类似织物,包括用橡胶浸渍的用于包覆纺缍(织轴)的狭幅丝绒织物;

2. 筛布;

3. 用于榨油机器或类似机器的纺织材料制或人发制滤布;

4. 用多股经纱或纬纱平织而成的纺织物,不论是否毡化、浸渍或涂布,通常用于机械或其他专门技术用途;

5. 专门技术用途的增强纺织物;

6. 工业上作填塞或润滑材料的线绳、编带及类似品,不论是否涂布、浸渍或用金属加强。

(二)专门技术用途的纺织制品(品目59.08至59.10的货品除外),例如,造纸机器或类似机器(如制浆机或制石棉水泥的机器)用的环状或装有联接装置的纺织物或毡呢、密封垫、垫圈、抛光盘及其他机器零件。

商品编号	商品名称及备注	进口关税税率		增值税率	计量单位	监管条件
		最惠国	普通			
5901	**用胶或淀粉物质涂布的纺织物,作书籍封面及类似用途的;描图布;制成的油画布;作帽里的硬衬布及类似硬挺纺织物**					
5901101010	胶或淀粉涂布的棉纺织物(作书籍封面棉织物重≥50%经漂染印花)	10.0	80.0	17.0	千克	5
5901101090	胶或淀粉涂布的麻及其他棉纺织(作书籍封面及类似用途的)	10.0	80.0	17.0	千克	5
5901102010	胶或淀粉涂布的涤棉短纤混纺织品(书籍封面及类似用途聚酯短纤棉混纺漂染织物>50%)	10.0	130.0	17.0	千克	5
5901102090	胶或淀粉涂布的其他化纤纺织物(作书籍封面及类似用途的)	10.0	130.0	17.0	千克	5
5901109010	用胶或淀粉涂布的精梳毛纺织物(书籍封面及类似用途精梳羊毛或动物细毛织物≥50%)	10.0	100.0	17.0	千克	5
5901109090	用胶或淀粉涂布的其他纺织物(作书籍封面及类似用途的)	10.0	100.0	17.0	千克	5
5901901010	精梳毛织物制油画布(精梳羊毛或动物细毛织物重≥50%)	10.0	50.0	17.0	千克	5
5901901020	棉制油画布(棉织物重≥50%经漂白染色印花等加工)	10.0	50.0	17.0	千克	5
5901901030	聚酯短纤与棉混纺织物制油画(织物重≥50%经漂白染色印花等加工)	10.0	50.0	17.0	千克	5
5901901090	其他纺织物制成的油画布	10.0	50.0	17.0	千克	5
5901909110	棉制描图布,帽里硬衬布等(包括类似硬挺纺织物,棉织物≥50%经漂染印花)	10.0	80.0	17.0	千克	5
5901909190	麻及其他棉制描图布,帽里硬衬布(包括类似硬挺纺织物)	10.0	80.0	17.0	千克	5
5901909210	聚酯短纤与棉混纺织物制描图布(含帽里硬衬类似硬挺纺织物,织物≥50%经漂染印)	10.0	130.0	17.0	千克	5

商品编号	商 品 名 称 及 备 注	进口关税税率		增值税率	计量单位	监管条件
		最惠国	普通			
5901909290	其他化纤制描图布,帽里硬衬布等(包括类似硬挺纺织物)	10.0	130.0	17.0	千克	5
5901909910	精梳毛纺织物制描图布,帽里硬衬(包括类似硬挺纺织物精梳羊毛或动物细毛织物≥50%)	10.0	100.0	17.0	千克	5
5901909990	其他纺织物制描图布,帽里硬衬布(包括类似硬挺纺织物)	10.0	100.0	17.0	千克	5
5902	**尼龙或其他聚酰胺、聚酯或粘胶纤维高强力纱制的帘子布**					
5902100000	尼龙等高强力纱制的帘子布(包括其他聚酰胺的)	10.0	40.0	17.0	千克	5
5902200000	聚酯高强力纱制的帘子布	10.0	40.0	17.0	千克	5
5902900000	粘胶纤维高强力纱制帘子布	10.0	40.0	17.0	千克	5
5903	**用塑料浸渍、涂布、包覆或层压的纺织物,但品目5902的货品除外**					
5903101010	若干平行化纤纱线粘合绝缘布或带(聚氯乙烯浸渍涂布、包覆或层压,塑料占60%及以下)	10.0	40.0	17.0	千克	5
5903101020	聚氯乙烯浸渍涤棉混纺绝缘布或带(聚氯乙烯涂、包漂染聚酯短纤棉混纺,塑或胶<50%)	10.0	40.0	17.0	千克	5
5903101030	聚氯乙烯浸渍其他化纤绝缘布或带(用聚氯乙烯涂布、包覆或层压的,塑或胶≤70%)	10.0	40.0	17.0	千克	5
5903101090	用聚氯乙烯浸渍的其他绝缘布或带(包括用聚氯乙烯涂布、包覆或层压的)	10.0	40.0	17.0	千克	
5903102010	若干层平行纱线粘合的化纤人造革(用聚氯乙烯浸渍涂布包覆层压,塑料占60%及以下)	10.0	70.0	17.0	千克/米	5
5903102020	用聚氯乙烯浸渍的涤棉织物人造革(聚氯乙烯涂布漂印染聚酯短纤棉混纺,塑或胶<50%)	10.0	70.0	17.0	千克/米	5
5903102030	用聚氯乙烯浸渍的其他化纤人造革(包括用聚氯乙烯涂布、包覆或层压的,塑或胶≤70%)	10.0	70.0	17.0	千克/米	5
5903102040	用聚氯乙烯浸渍的棉织物人造革(聚氯乙烯涂布包覆或层压漂、染,印花织物不小于50%)	10.0	70.0	17.0	千克/米	
5903102090	用聚氯乙烯浸渍的其他人造革(包括用聚氯乙烯涂布、包覆或层压的)	10.0	70.0	17.0	千克/米	
5903109010	若干层平行纱线粘合化纤其他织物(聚氯乙烯浸渍涂布包覆层压,塑料占60%及以下)	10.0	90.0	17.0	千克	5
5903109021	聚氯乙烯浸渍的其他涤棉混纺织物(聚氯乙烯涂布漂印染聚酯短纤棉混纺,塑或胶<50%)	10.0	90.0	17.0	千克	5
5903109029	聚氯乙烯浸渍的其他化纤织物(包括用聚氯乙烯涂布包覆层压的,塑或胶≤70%)	10.0	90.0	17.0	千克	5
5903109030	聚氯乙烯浸渍的棉织物(聚氯乙烯涂布包覆层压、漂染,印花织物≥50%)	10.0	90.0	17.0	千克	
5903109040	用聚氯乙烯浸渍的精梳毛织物(聚氯乙烯涂布包覆或层压,精梳羊毛或动物细毛≥50%)	10.0	90.0	17.0	千克	

商品编号	商品名称及备注	进口关税税率		增值税率	计量单位	监管条件
		最惠国	普通			
5903109090	聚氯乙烯浸渍的其他纺织物(包括用聚氯乙烯涂布、包覆或层压的)	10.0	90.0	17.0	千克	
5903201010	若干平行纱线粘合化纤绝缘布或带(聚氨基甲酸酯浸渍涂布、包覆或层压,塑料占60%及以下)	10.0	40.0	17.0	千克	5
5903201020	聚氨基甲酸酯浸渍涤棉绝缘布或带(聚氨基甲酸酯浸涂漂染聚酯短纤棉混纺,塑或胶<50%)	10.0	40.0	17.0	千克	5
5903201030	聚氨基甲酸酯浸渍其他化纤绝缘布(包括用聚氨基甲酸酯涂布、包覆层压的,塑或胶≤70%)	10.0	40.0	17.0	千克	5
5903201090	聚氨基甲酸酯浸渍其他绝缘布或带(包括用聚氨基甲酸酯涂布、包覆或层压的)	10.0	40.0	17.0	千克	
5903202010	若干层平行纱线粘合化纤其他织物(聚氨基甲酸酯浸渍涂布、包覆层压,塑料≤60%)	10.0	70.0	17.0	千克/米	5
5903202020	用聚氨基甲酸酯浸渍的涤棉人造革(聚氨基甲酸酯涂布漂染聚酯短纤棉混纺,塑或胶<50%)	10.0	70.0	17.0	千克/米	5
5903202030	聚氨基甲酸酯浸渍其他化纤人造革(包括用聚氨基甲酸酯涂布、包覆层压,塑或胶≤70%)	10.0	70.0	17.0	千克/米	5
5903202040	聚氨基甲酸酯浸渍的棉织物人造革(聚氨基甲酸酯涂布、包覆层压,漂染印织物≥50%)	10.0	70.0	17.0	千克/米	
5903202090	用聚氨基甲酸酯浸渍的其他人造革(包括用聚氨基甲酸酯涂布、包覆或层压的)	10.0	70.0	17.0	千克/米	
5903209010	若干层平行纱线粘合化纤其他织物(聚氨基甲酸酯浸渍涂布包覆层压,塑料≤60%)	10.0	90.0	17.0	千克	5
5903209021	聚氨基甲酸酯浸渍其他涤棉织物(聚氨基甲酸酯涂布漂染聚酯短纤棉混纺,塑或胶<50%)	10.0	90.0	17.0	千克	5
5903209029	聚氨基甲酸酯浸渍其他化纤织物(含聚氨基甲酸酯涂布包覆或层压,塑或胶≤70%)	10.0	90.0	17.0	千克	5
5903209030	用聚氨基甲酸酯浸渍的棉织物(聚氨基甲酸酯涂布包覆层压,漂染印织物≥50%)	10.0	90.0	17.0	千克	
5903209041	用聚氨基甲酸酯浸渍的精梳毛织物(聚氨基甲酸酯涂布包覆层压,精梳羊毛或动物细毛≥50%)	10.0	90.0	17.0	千克	
5903209049	用聚氨基甲酸酯浸渍的其他毛织物(聚氨基甲酸酯涂布包覆或层压的,精梳毛织物除外)	10.0	90.0	17.0	千克	
5903209090	用聚氨基甲酸酯浸渍的其他纺织物(包括用聚氨基甲酸酯涂布、包覆或层压的)	10.0	90.0	17.0	千克	
5903901010	若干平行化纤纱线粘合绝缘布或带(其他塑料浸渍涂布、包覆或层压,塑料重≤60%)	10.0	40.0	17.0	千克	5
5903901020	其他塑料浸渍涤棉混纺绝缘布或带(塑料浸涂包的漂染聚酯短纤棉混纺,塑料橡胶<50%)	10.0	40.0	17.0	千克	5
5903901030	其他塑料浸渍其他化纤绝缘布或带(包括用其他塑料涂布、包覆或层压,塑料或橡胶≤70%)	10.0	40.0	17.0	千克	5

商品编号	商 品 名 称 及 备 注	进口关税税率		增值税率	计量单位	监管条件
		最惠国	普通			
5903901090	用其他塑料浸渍的其他绝缘布或带(包括用其他塑料涂布、包覆或层压的)	10.0	40.0	17.0	千克	
5903902010	由若干层平行纱线粘合化纤人造革(用其他塑料涂布、包覆或层压,塑料重≤60%)	10.0	70.0	17.0	千克/米	5
5903902020	用其他塑料浸渍的涤棉织物人造革(其他塑料涂 包的漂染印聚酯短纤棉混纺,塑料或橡胶＜50%)	10.0	70.0	17.0	千克/米	5
5903902030	用其他塑料浸渍的其他化纤人造革(包括用其他塑料涂、包、覆的,塑料或橡胶≤70%)	10.0	70.0	17.0	千克/米	5
5903902040	用其他塑料浸渍的棉织物人造革(用其他塑料涂、包、覆或层压,漂染印花织物≥50%)	10.0	70.0	17.0	千克/米	
5903902090	用其他塑料浸渍的其他人造革(包括用其他塑料涂布、包覆或层压的)	10.0	70.0	17.0	千克/米	
5903909010	若干层化纤平行纱线粘合其他织物(用其他塑料浸渍涂布包覆或层压,塑料重≤60%)	10.0	90.0	17.0	千克	5
5903909021	其他塑料浸渍的其他涤棉混纺织物(其他塑料涂布的漂印染聚酯短纤棉混纺,塑料或橡胶＜50%)	10.0	90.0	17.0	千克	5
5903909029	用其他塑料浸渍的其他化纤织物(包括用其他塑料涂布包覆或层压的,塑料或橡胶≤70%)	10.0	90.0	17.0	千克	5
5903909030	用其他塑料浸渍的棉织物(用其他塑料涂布包覆或层压的,漂染印花织物≥50%)	10.0	90.0	17.0	千克	
5903909041	用其他塑料浸渍的精梳毛织物(用其他塑料涂布包覆或层压的,精梳羊毛或动物细毛≥50%)	10.0	90.0	17.0	千克	
5903909049	用其他塑料浸渍的其他毛织物(用其他塑料涂布包覆或层压的,精梳毛织物除外)	10.0	90.0	17.0	千克	
5903909090	用其他塑料浸渍的其他纺织物(包括用其他塑料涂布、包覆或层压的)	10.0	90.0	17.0	千克	
5904	**列诺伦(亚麻油地毡),不论是否剪切成形;以织物为底布经涂布或覆面的铺地制品,不论是否剪切成形**					
5904100000	列诺伦(亚麻油地毡)(不论是否剪切成形)	14.0	90.0	17.0	平方米	
5904900000	以纺织物为底涂布或覆面的铺地品(不论是否剪切成形)	14.0	90.0	17.0	平方米	
5905	**糊墙织物**					
5905000011	以纸衬背的合成短纤制糊墙织物	10.0	80.0	17.0	平方米	
5905000019	以纸衬背的人造短纤制糊墙织物	10.0	80.0	17.0	平方米	
5905000020	平行纱线固定的糊墙织物(固定在任何其他衬背上的)	10.0	80.0	17.0	平方米	5
5905000031	其他合成短纤制糊墙织物	10.0	80.0	17.0	平方米	5
5905000039	其他人造短纤制糊墙织物	10.0	80.0	17.0	平方米	5
5905000090	其他纺织糊墙织物	10.0	80.0	17.0	平方米	5
5906	**用橡胶处理的纺织物,但品目5902的货品除外**					
5906101000	用橡胶处理宽≤20cm纺织绝缘带(纺织物胶粘绝缘带)	10.0	40.0	17.0	千克	

商品编号	商 品 名 称 及 备 注	进口关税税率		增值税率	计量单位	监管条件
		最惠国	普通			
5906109000	用橡胶处理宽≤20cm其他胶粘带(纺织物胶粘绝缘带)	10.0	100.0	17.0	千克	
5906910010	橡胶处理的针织或钩编化纤纺织物(按重量计塑料或橡胶不超过70%,宽>20cm)	10.0	130.0	17.0	千克	5
5906910090	橡胶处理的针织或钩编其他纺织物(宽>20cm)	10.0	130.0	17.0	千克	
5906991010	用橡胶处理的精梳毛纺绝缘布或带(非针织或钩编,精梳羊毛或动物细毛≥50%,宽>20cm)	10.0	40.0	17.0	千克	
5906991020	用橡胶处理的棉织物绝缘布或带(非针织或钩编,漂染印花棉织物≥50%,宽>20cm)	10.0	40.0	17.0	千克	
5906991031	橡胶处理聚酯短纤棉混纺绝缘布带(非针织或钩编,漂染印花混纺布≥50%,宽>20cm)	10.0	40.0	17.0	千克	5
5906991039	用橡胶处理的其他化纤绝缘布或带(非针织或钩编,宽>20cm,塑料或橡胶≤70%)	10.0	40.0	17.0	千克	5
5906991090	橡胶处理宽>20cm其他绝缘布或带(非针织或钩编的,宽>20cm)	10.0	40.0	17.0	千克	
5906999010	用橡胶处理的精梳毛纺织物(精梳羊毛或动物细毛≥50%,非针织或钩编的,宽>20cm)	10.0	100.0	17.0	千克	
5906999020	用橡胶处理的其他棉纺织物(非针织或钩编,宽>20cm,漂染印花棉织物≥50%)	10.0	100.0	17.0	千克	
5906999031	用橡胶处理的聚酯短纤棉混纺织物(非针织或钩编,宽>20cm,漂染印花聚酯混纺布≥50%)	10.0	100.0	17.0	千克	5
5906999039	用橡胶处理的其他化纤纺织物(非针织或钩编,宽>20cm,塑料或橡胶≤70%)	10.0	100.0	17.0	千克	5
5906999090	用橡胶处理的其他纺织物(非针织或钩编,宽>20cm)	10.0	100.0	17.0	千克	
5907	**用其他材料浸渍、涂布或包覆的纺织物;作舞台、摄影布景或类似用途的已绘制画布**					
5907001010	其他材料浸涂植物纤维绝缘布或带(用橡胶、塑料、浆料以外材料浸渍涂布或包覆,棉除外)	10.0	40.0	17.0	千克	
5907001020	其他材料浸涂的棉制绝缘布或带(用橡胶、塑料、浆料以外材料浸涂或包覆,漂染棉织物≥50%)	10.0	40.0	17.0	千克	5
5907001030	其他材料浸涂涤短纤棉混纺绝缘布(橡胶、塑料、浆料以外材料浸涂或包覆,漂染涤棉织物≥50%)	10.0	40.0	17.0	千克	5
5907001090	其他材料浸涂其他纺织绝缘布或带(用橡胶、塑料、浆料以外材料浸渍、涂布或包覆)	10.0	40.0	17.0	千克	5
5907002010	其他材料浸涂植物纤维已绘制画布(用橡胶、塑料、浆料以外材料浸渍、涂布或包覆,棉除外)	10.0	50.0	17.0	千克	
5907002020	其他材料浸涂精梳毛已绘制画布(橡、塑、浆料以外材料浸涂或包覆,精梳羊/动物细毛≥50%)	10.0	50.0	17.0	千克	5
5907002030	用其他材料浸涂的棉制已绘制画布(橡、塑、浆料以外材料浸涂或包覆,漂、染棉织物≥50%)	10.0	50.0	17.0	千克	5
5907002040	其他材料浸涂涤短纤棉混已绘画布(橡、塑、浆料以外材料浸涂或包覆,漂、染涤短棉织物≥50%)	10.0	50.0	17.0	千克	5

商品编号	商品名称及备注	进口关税税率		增值税率	计量单位	监管条件
		最惠国	普通			
5907002090	其他材料浸涂其他织物已绘制画布(用橡胶、塑料、浆料以外材料浸渍、涂布或包覆)	10.0	50.0	17.0	千克	5
5907009010	用其他材料浸涂的植物纤维纺织物(用橡胶、塑料、浆料以外材料浸渍、涂布或包覆,棉除外)	10.0	100.0	17.0	千克	
5907009020	用其他材料浸涂的精梳毛纺织物(橡、塑、浆料以外材料浸涂或包覆,精梳羊/动物细毛≥50%)	10.0	100.0	17.0	千克	5
5907009030	用其他材料浸涂的棉制纺织物(橡、塑、浆料以外材料浸涂或包覆,漂、染棉织物≥50%)	10.0	100.0	17.0	千克	5
5907009040	用其他材料浸涂的涤短纤棉混纺织物(橡、塑、浆料以外材料浸涂或包覆,漂、染涤棉织物≥50%)	10.0	100.0	17.0	千克	5
5907009090	用其他材料浸涂的其他纺织物(用橡胶、塑料、浆料以外材料浸渍、涂布或包覆)	10.0	100.0	17.0	千克	5
5908	**用纺织材料机织、编结或针织而成的灯芯、炉芯、打火机芯、烛芯或类似品;煤气灯纱筒及纱罩,不论是否浸渍**					
5908000000	灯芯,炉芯等和煤气灯纱筒及纱罩(包括打火机芯,烛芯或类似品、用纺织材料机织、编结、针织)	10.0	70.0	17.0	千克	
5909	**纺织材料制的水龙软管及类似的管子,不论有无其他材料作衬里、护套或附件**					
5909000000	纺织材料制水龙软管及类似管子(不论有无其他材料作衬里,护套或附件)	8.0	35.0	17.0	千克	A
5910	**纺织材料制的传动带或输送带及带料,不论是否用塑料浸渍、涂布、包覆或压层,也不论是否用金属或其他材料加强**					
5910000000	纺织材料制的传动带或输送带及带料(不论是否用塑料浸渍、涂布、包覆,层压或用金属等加强)	8.0	35.0	17.0	千克	
5911	**本章注释七所规定的作专门技术用途的纺织产品及制品**					
5911101000	包覆纺锤用浸胶的狭幅丝绒织物(包括用橡胶、皮革等材料包覆、压层的毡呢及类似织物)	8.0	75.0	17.0	千克	
5911109000	其他起绒狭幅织物(包括用橡胶、皮革等材料包覆、压层的毡呢及类似织物)	8.0	35.0	17.0	千克	
5911200010	丝制筛布(不论是否制成的)	8.0	35.0	17.0	千克	
5911200090	其他纺织材料制筛布(不论是否制成的,刻版筛网印布除外)	8.0	35.0	17.0	千克	5
5911310000	轻的环状或有联接装置的布或毡呢(每平米重在650克以下,用于造纸机器或类似机器)	8.0	35.0	17.0	千克	
5911320000	重的环状或有联接装置的布或毡呢(每平米重在650克及以上,用于造纸机器或类似机器)	8.0	35.0	17.0	千克	
5911400000	用于榨油机器或类似机器的滤布(包括人发制滤布)	8.0	35.0	17.0	千克	
5911900000	其他专门技术用途纺织产品及制品(见59章注释七)	8.0	35.0	17.0	千克	

第六十章　针织物及钩编织物

注释：

一、本章不包括：

（一）品目58.04的钩编花边；

（二）品目58.07的针织或钩编的标签、徽章及类似品；

（三）第五十九章的经浸渍、涂布、包覆或层压的针织物及钩编织物。但经浸渍、涂布、包覆或层压的起绒针织物及起绒钩编织物仍归入品目60.01。

二、本章还包括用金属线制的用于衣着、装饰或类似用途的织物。

三、本目录所称"针织物"，包括由纺织纱线用链式针法构成的缝编织物。

商品编号	商品名称及备注	进口关税税率		增值税率	计量单位	监管条件
		最惠国	普通			
6001	**针织或钩编的起绒织物，包括"长毛绒"织物及毛圈织物**					
6001100010	毛制针织或钩编的长毛绒织物(羊毛及动物细毛制)	10.0	130.0	17.0	千克/米	
6001100020	棉制针织或钩编的长毛绒织物	10.0	130.0	17.0	千克/米	
6001100030	化纤制针织或钩编的长毛绒织物	10.0	130.0	17.0	千克/米	
6001100090	其他纺材制针织或钩编长毛绒织物	10.0	130.0	17.0	千克/米	
6001210000	棉制针织或钩编的毛圈绒头织物	10.0	70.0	17.0	千克/米	
6001220000	化纤制针织或钩编毛圈绒头织物	10.0	130.0	17.0	千克/米	
6001290010	毛制针织或钩编毛圈绒头织物(羊毛及动物细毛制)	12.0	130.0	17.0	千克/米	
6001290090	其他材料制针织或钩编毛圈绒头布	12.0	130.0	17.0	千克/米	
6001910000	棉制针织或钩编起绒织物	10.0	70.0	17.0	千克/米	
6001920000	化纤制针织或钩编起绒织物	10.0	130.0	17.0	千克/米	
6001990010	丝制针织或钩编其他起绒织物(按重量计含丝及绢丝85%及以上)	12.0	130.0	17.0	千克/米	
6001990020	毛制针织或钩编其他起绒织物(羊毛及动物细毛制)	12.0	130.0	17.0	千克/米	
6001990090	其他纺材制针织或钩编起绒织物	12.0	130.0	17.0	千克/米	
6002	**宽度不超过30厘米，按重量计弹性纱线或橡胶线含量在5%及以上的针织物或钩编织物，但品目6001的货品除外**					
6002401000	棉制宽≤30cm弹性针织或钩编织物(按重量计弹性纱线含量在5%及以上且不含橡胶线)	10.0	70.0	17.0	千克/米	5
6002402000	丝及绢丝制宽≤30cm针织或钩编织物(按重量计弹性纱线含量在5%及以上且不含橡胶线)	10.0	130.0	17.0	千克/米	
6002403000	合成纤维制宽≤30cm针织或钩编织物(按重量计弹性纱线含量在5%及以上且不含橡胶线)	10.0	130.0	17.0	千克/米	5
6002404000	人造纤维制宽≤30cm针织或钩编织物(按重量计弹性纱线含量在5%及以上且不含橡胶线)	10.0	130.0	17.0	千克/米	5
6002409000	其他纺材宽≤30cm针织或钩编织物(按重量计弹性纱线含量在5%及以上且不含橡胶线)	10.0	130.0	17.0	千克/米	5

商品编号	商品名称及备注	进口关税税率		增值税率	计量单位	监管条件
		最惠国	普通			
6002901000	棉制宽≤30cm弹性针织或钩编织物(按重量计含弹性纱线或橡胶线≥5%)	10.0	70.0	17.0	千克/米	
6002902000	丝及绢丝宽≤30cm针织或钩编织物(按重量计含弹性纱线或橡胶线≥5%)	10.0	130.0	17.0	千克/米	
6002903000	合成纤维制宽≤30cm针织或钩编织(按重量计含弹性纱线或橡胶线≥5%)	10.0	130.0	17.0	千克/米	
6002904000	人造纤维制宽≤30cm针织或钩编织物(按重量计含弹性纱线或橡胶线≥5%)	10.0	130.0	17.0	千克/米	
6002909000	其他纺材宽≤30cm针织或钩编织物(按重量计含弹性纱线或橡胶线≥5%)	10.0	130.0	17.0	千克/米	
6003	**宽度不超过30厘米的针织或钩编织物,但品目6001或6002的货品除外**					
6003100000	毛制宽≤30cm针织或钩编织物(按重量计弹性纱线或橡胶线含量<5%)	10.0	130.0	17.0	千克/米	5
6003200000	棉制宽≤30cm针织或钩编织物(按重量计弹性纱线或橡胶线含量<5%)	10.0	70.0	17.0	千克/米	5
6003300000	合纤制宽≤30cm针织或钩编织物(按重量计弹性纱线或橡胶线含量<5%)	10.0	130.0	17.0	千克/米	5
6003400000	人造纤维宽≤30cm针织或钩编织物(按重量计弹性纱线或橡胶线含量<5%)	10.0	130.0	17.0	千克/米	5
6003900000	其他纺材宽≤30cm针织或钩编织物(按重量计弹性纱线或橡胶线含量<5%)	10.0	130.0	17.0	千克/米	5
6004	**宽度超过30厘米,按重量计弹性纱线或橡胶线含量在5%及以上的针织物或钩编织物,但品目6001的货品除外**					
6004101000	棉制宽>30cm弹性针织或钩编织物(按重量计弹性纱线含量在5%及以上且不含橡胶线)	10.0	70.0	17.0	千克/米	5
6004102000	丝及绢丝宽>30cm针织或钩编织物(按重量计弹性纱线含量在5%及以上且不含橡胶线)	10.0	130.0	17.0	千克/米	
6004103000	合成纤维制宽>30cm针织或钩编织物(按重量计弹性纱线含量在5%及以上且不含橡胶线)	10.0	130.0	17.0	千克/米	5
6004104000	人造纤维制宽>30cm针织或钩编织物(按重量计弹性纱线含量在5%及以上且不含橡胶线)	10.0	130.0	17.0	千克/米	5
6004109000	其他纺材宽>30cm针织或钩编织物(按重量计弹性纱线含量在5%及以上且不含橡胶线)	10.0	130.0	17.0	千克/米	5
6004901000	棉制宽>30cm弹性针织或钩编织物(按重量计含弹性纱线或橡胶线≥5%)	10.0	70.0	17.0	千克/米	
6004902000	丝及绢丝宽>30cm针织或钩编织物(按重量计含弹性纱线或橡胶线≥5%)	10.0	130.0	17.0	千克/米	
6004903000	合成纤维制宽>30cm针织或钩编织物(按重量计含弹性纱线或橡胶线≥5%)	10.0	130.0	17.0	千克/米	

商品编号	商品名称及备注	进口关税税率		增值税率	计量单位	监管条件
		最惠国	普通			
6004904000	人造纤维制宽>30cm针织或钩编织物(按重量计含弹性纱线或橡胶线≥5%)	10.0	130.0	17.0	千克/米	
6004909000	其他纺材宽>30cm针织或钩编织物(按重量计含弹性纱线或橡胶线≥5%)	10.0	130.0	17.0	千克/米	
6005	**经编织物(包括由花边针织机织成的),但品目6001至6004的货品除外**					
6005100000	羊毛或动物细毛制经编织物(包括由花边针织机织成的经编织物)	12.0	130.0	17.0	千克/米	
6005210000	漂白或未漂白棉制经编织物(包括由花边针织机织成的经编织物)	10.0	70.0	17.0	千克/米	5
6005220000	染色棉制经编织物(包括由花边针织机织成的经编织物)	10.0	70.0	17.0	千克/米	5
6005230000	色织棉制经编织物(包括由花边针织机织成的经编织物)	10.0	70.0	17.0	千克/米	5
6005240000	印花棉制经编织物(包括由花边针织机织成的经编织物)	10.0	70.0	17.0	千克/米	5
6005310000	漂白或未漂白合成纤维制经编织物(包括由花边针织机织成的经编织物)	10.0	130.0	17.0	千克/米	5
6005320000	染色合成纤维制经编织物(包括由花边针织机织成的经编织物)	10.0	130.0	17.0	千克/米	5
6005330000	色织合成纤维制经编织物(包括由花边针织机织成的经编织物)	10.0	130.0	17.0	千克/米	5
6005340000	印花合成纤维制经编织物(包括由花边针织机织成的经编织物)	10.0	130.0	17.0	千克/米	5
6005410000	漂白或未漂白人造纤维制经编织物(包括由花边针织机织成的经编织物)	10.0	130.0	17.0	千克/米	5
6005420000	染色人造纤维制经编织物(包括由花边针织机织成的经编织物)	10.0	130.0	17.0	千克/米	5
6005430000	色织人造纤维制经编织物(包括由花边针织机织成的经编织物)	10.0	130.0	17.0	千克/米	5
6005440000	印花人造纤维制经编织物(包括由花边针织机织成的经编织物)	10.0	130.0	17.0	千克/米	5
6005900000	其他纺材制经编织物(包括由花边针织机织成的经编织物)	12.0	130.0	17.0	千克/米	
6006	**其他针织或钩编织物**					
6006100000	毛制其他针织或钩编织物(羊毛或动物细毛制)	12.0	130.0	17.0	千克/米	
6006210000	棉制其他漂或未漂针织或钩编织物(漂白或未漂白)	10.0	70.0	17.0	千克/米	5
6006220000	棉制其他染色针织或钩编织物	10.0	70.0	17.0	千克/米	5
6006230000	棉制其他色织针织或钩编织物	10.0	70.0	17.0	千克/米	5
6006240000	棉制其他印花针织或钩编织物	10.0	70.0	17.0	千克/米	5

商品编号	商品名称及备注	进口关税税率		增值税率	计量单位	监管条件
		最惠国	普通			
6006310000	合成纤维制其他针织或钩编织物(漂白或未漂白)	10.0	130.0	17.0	千克/米	
6006320000	合成纤维其他染色针织或钩编织物(染色)	10.0	130.0	17.0	千克/米	
6006330000	合成纤维其他色织针织或钩编织物(色织)	10.0	130.0	17.0	千克/米	
6006340000	合成纤维制其他针织或钩编织物(印花)	10.0	130.0	17.0	千克/米	
6006410000	人造纤维制其他针织或钩编织物(漂白或未漂白)	10.0	130.0	17.0	千克/米	
6006420000	人造纤维制其他针织或钩编织物(染色)	10.0	130.0	17.0	千克/米	
6006430000	人造纤维制其他针织或钩编织物(色织)	10.0	130.0	17.0	千克/米	
6006440000	人造纤维制其他针织或钩编织物(印花)	10.0	130.0	17.0	千克/米	
6006900010	丝及绢丝制其他针织或钩编织物(按重量计含丝及绢丝85%及以上)	12.0	130.0	17.0	千克/米	
6006900090	其他纺材制其他针织或钩编织物	12.0	130.0	17.0	千克/米	

第六十一章　针织或钩编的服装及衣着附件

注释:

一、本章仅适用于制成的针织品或钩编织品。

二、本章不包括:

(一)品目 62.12 的货品;

(二)品目 63.09 的旧衣着或其他旧物品;

(三)矫形器具、外科手术带、疝气带及类似品(品目 90.21)。

三、品目 61.03 及 61.04 所称:

(一)“西服套装”,是指面料用完全相同织物制成的两件套或三件套的下列成套服装:一件人体上半身穿着的外套或短上衣,除袖子外,其面料数为四片或四片以上;也可附带一件西服背心,这件背心的前片面料应与套装其他各件的面料相同,后片面料则应与外套或短上衣的衬里料相同;以及一件人体下半身穿着的服装,即不带背带或护胸的长裤、马裤、短裤(游泳裤除外)、裙子或裙裤。

西服套装各件面料质地、颜色及构成必须完全相同,其款式也必须相同,尺寸大小还须相互般配,但可以用不同织物滚边(缝口上缝入长条织物)。

如果数件人体下半身穿着的服装同时进口或出口(例如,两条长裤、长裤与短裤、裙子或裙裤与长裤),构成西服套装下装的应是一条长裤,对于女式西服套装,则应是一条裙子或裙裤,其他服装应分别归类。

所称“西服套装”,包括不论是否完全符合上述条件的下列配套服装:

1. 常礼服,由一件后襟下垂并下端开圆弧形叉的素色短上衣和一条条纹长裤组成;

2. 晚礼服(燕尾服),一般用黑色织物制成,上衣前襟较短且不闭合,背后有燕尾;

3. 无燕尾套装夜礼服,其中上衣款式与普通上衣相似(可以更为显露衬衣前胸),但有光滑丝质或仿丝质的翻领。

(二)“便服套装”,是指面料相同并作零售包装的下列成套服装(西服套装及品目 61.07、61.08 或 61.09 的物品除外):一件人体上半身穿着的服装,但套衫及背心除外,因为套衫可在两件套服装中作为内衣,背心也可作为内衣;以及一件或两件不同的人体下半身穿着的服装,即长裤、护胸背带工装裤、马裤、短裤(游泳裤除外)、裙子或裙裤。便服套装各件面料质地、款式、颜色及构成必须相同;尺寸大小也须相互般配。所称“便服套装”,不包括品目 61.12 的运动服及滑雪服。

四、品目 61.05 及 61.06 不包括在腰围以下有口袋的服装、带有罗纹腰带及以其他方式收紧下摆的服装或其织物至少在 10 厘米 × 10 厘米的面积内沿各方向的直线长度上平均每厘米少于 10 针的服装。品目 61.05 不包括无袖服装。

五、品目 61.09 不包括带有束带、罗纹腰带或其他方式收紧下摆的服装。

六、对于品目 61.11:

(一)所称“婴儿服装及衣着附件”,是指用于身高不超过 86 厘米幼儿的服装;也包括婴儿尿布;

(二)既可归入品目 61.11,也可归入本章其他品目的物品,应归入品目 61.11。

七、品目 61.12 所称“滑雪服”,是指从整个外观和织物质地来看,主要在滑雪(速度滑雪或高山滑雪)时穿着的下列服装或成套服装:

(一)“滑雪连身服”,即上下身连在一起的单件服装;除袖子和领子外,滑雪连身服可有口袋或脚带;

(二)“滑雪套装”,即由两件或三件构成一套并作零售包装的下列服装:一件用一条拉链扣合的带风帽的厚夹克、防风衣、防风短上衣或类似的服装,可以附带一件背心;以及一条不论是否过腰的长裤、一条马裤或一条护胸背带工装裤。

“滑雪套装”也可由一件类似以上(一)款所述的连身服和一件可套在连身服外面的有胎料背心组成。“滑雪套装”各件颜色可以不同,但面料质地、款式及构成必须相同;尺寸大小也须相互般配。

八、既可归入品目 61.13,也可归入本章其他品目的服装,除品目 61.11 所列的仍归入该品目外,其余的应一律归入品目 61.13。

九、本章的服装,凡门襟为左压右的,应视为男式;右压左的,应视为女式。但本规定不适用于其式样已明显为男式或女式的服装。无法区别是男式还是女式的服装,应按女式服装归入有关品目。

十、本章物品可用金属线制成。

商品编号	商品名称及备注	进口关税税率		增值税率	计量单位	监管条件
		最惠国	普通			
6101	**针织或钩编的男式大衣、短大衣、斗篷、短斗篷、带风帽的防寒短上衣(包括滑雪短上衣)、防风衣、防风短上衣及类似品,但品目6103的货品除外**					
6101100010	毛制针织或钩编男式大衣等(包括短大衣、斗篷短斗篷及类似品,雨衣除外)	25.0	130.0	17.0	件/千克	
6101100021	毛制针织或钩编手工制男式防风衣(包括防寒短上衣、防风短上衣及类似品)	25.0	130.0	17.0	件/千克	
6101100029	毛制针织或钩编男式防风衣(包括防寒短上衣、防风短上衣及类似品)	25.0	130.0	17.0	件/千克	5
6101100030	毛制针织或钩编男式雨衣	25.0	130.0	17.0	件/千克	
6101200010	棉制针织或钩编男式大衣(包括短大衣、斗篷、短斗篷及类似品,雨衣除外)	17.5	90.0	17.0	件/千克	
6101200021	棉制针织或钩编手工制男式防风衣(包括防寒短上衣,防风短上衣及类似品)	17.5	90.0	17.0	件/千克	
6101200029	棉制针织或钩编男式防风衣(包括防寒短上衣,防风短上衣及类似品)	17.5	90.0	17.0	件/千克	5
6101200030	棉制针织或钩编男式雨衣	17.5	90.0	17.0	件/千克	
6101300011	化纤制针织或钩编男式大衣等(含毛≥23%包括短上衣斗篷、短斗篷及类似品、雨衣除外)	17.5	130.0	17.0	件/千克	
6101300019	其他化纤制针织或钩编男式大衣等(包括短大衣、斗篷、短斗篷及类似品、雨衣除外)	17.5	130.0	17.0	件/千克	
6101300021	化纤制针织或钩编手工男式防风衣(含毛≥23%包括防寒短上衣、防风短上衣及类似品)	17.5	130.0	17.0	件/千克	
6101300022	化纤制针织或钩编男式防风衣(含毛≥23%包括防寒短上衣、防风短上衣及类似品)	17.5	130.0	17.0	件/千克	5
6101300023	其他化纤针织钩编手工男式防风衣(包括防寒短上衣、防风短上衣及类似品)	17.5	130.0	17.0	件/千克	
6101300029	其他化纤制其他男式防风衣(包括防寒短上衣、防风短上衣及类似品)	17.5	130.0	17.0	件/千克	5
6101300031	化纤制针织或钩编男式雨衣(按重量计含羊毛或动物细毛≥23%)	17.5	130.0	17.0	件/千克	
6101300039	化纤制针织或钩编男式雨衣	17.5	130.0	17.0	件/千克	
6101900011	丝及绢丝制针织或钩编男式大衣等(丝≥70%含短大衣斗篷、短斗篷及类似品、雨衣除外)	17.5	130.0	17.0	件/千克	
6101900014	丝及绢丝制针织或钩编男式防风衣(丝≥70%,含防寒短上衣、防风短上衣及类似品)	17.5	130.0	17.0	件/千克	
6101900015	丝及绢丝制针织或钩编男式雨衣(含丝≥70%)	17.5	130.0	17.0	件/千克	
6101900021	其他纺织料制针织或钩编男大衣等(含短大衣、斗篷、短斗篷及类似品,雨衣除外,棉限内)	17.5	130.0	17.0	件/千克	

商品编号	商品名称及备注	进口关税税率		增值税率	计量单位	监管条件
		最惠国	普通			
6101900022	其他纺织料制针织或钩编男大衣等(含短大衣、斗篷、短斗篷及类似品,雨衣除外,羊毛限内)	17.5	130.0	17.0	件/千克	
6101900023	其他纺织料制针织或钩编男大衣等(含短大衣、斗篷、短斗篷及类似品,雨衣除外,化纤限内)	17.5	130.0	17.0	件/千克	
6101900029	其他纺织料针织或钩编男式大衣等(含短大衣、斗篷、短斗篷及类似品,雨衣除外)	17.5	130.0	17.0	件/千克	
6101900031	其他纺织材料针织钩编男式防风衣(含防寒短上衣、防风短上衣及类似品,棉限内)	17.5	130.0	17.0	件/千克	
6101900032	其他纺织材料针织钩编男式防风衣(含防寒短上衣、防风短上衣及类似品,羊毛限内)	17.5	130.0	17.0	件/千克	
6101900033	其他纺织材料针织钩编男式防风衣(含防寒短上衣、防风短上衣及类似品,化纤限内)	17.5	130.0	17.0	件/千克	
6101900039	其他纺织材料针织钩编男式防风衣(含防寒短上衣、防风短上衣及类似品)	17.5	130.0	17.0	件/千克	
6101900041	其他纺织材料针织或钩编男式雨衣(棉限内)	17.5	130.0	17.0	件/千克	
6101900042	其他纺织材料针织或钩编男式雨衣(羊毛限内)	17.5	130.0	17.0	件/千克	
6101900043	其他纺织材料针织或钩编男式雨衣(化纤限内)	17.5	130.0	17.0	件/千克	
6101900049	其他纺织材料针织或钩编男式雨衣	17.5	130.0	17.0	件/千克	
6102	**针织或钩编的女式大衣、短大衣、斗篷、短斗篷、带风帽的防寒短上衣(包括滑雪短上衣)、防风衣、防风短上衣及类似品,但品目6104的货品除外**					
6102100010	毛制针织或钩编女式大衣等(包括短大衣、斗篷、短斗篷及类似品,雨衣除外)	25.0	130.0	17.0	件/千克	
6102100021	毛制针织或钩编手工制女式防风衣(包括防寒短上衣,防风短上衣及类似品)	25.0	130.0	17.0	件/千克	
6102100029	毛制针织或钩编女式防风衣(包括防寒短上衣,防风短上衣及类似品)	25.0	130.0	17.0	件/千克	5
6102100030	毛制针织或钩编女式雨衣	25.0	130.0	17.0	件/千克	
6102200010	棉制针织或钩编女式大衣(包括短大衣、斗篷、短斗篷及类似品,雨衣除外)	17.5	90.0	17.0	件/千克	
6102200021	棉制针织或钩编手工女式防风衣(包括防风短上衣、防寒短上衣及类似品)	17.5	90.0	17.0	件/千克	
6102200029	棉制针织或钩编女式防风衣(包括防风短上衣、防寒短上衣及类似品)	17.5	90.0	17.0	件/千克	5
6102200030	棉制针织或钩编女式雨衣	17.5	90.0	17.0	件/千克	
6102300011	化纤制针织或钩编女式大衣等(含毛≥23%含短大衣、斗篷、短斗篷及类似品,雨衣除外)	17.5	130.0	17.0	件/千克	
6102300019	其他化纤制针织或钩编女式大衣(含短大衣、斗篷、短斗篷及类似品,雨衣除外)	17.5	130.0	17.0	件/千克	
6102300021	化纤制针织或钩编手工女式防风衣(含毛≥23%,包括防寒短上衣、防风短上衣及类似品)	17.5	130.0	17.0	件/千克	

商品编号	商品名称及备注	进口关税税率		增值税率	计量单位	监管条件
		最惠国	普通			
6102300022	化纤制针织或钩编女式防风衣(含毛≥23%,包括防寒短上衣、防风短上衣及类似品)	17.5	130.0	17.0	件/千克	5
6102300023	其他化纤制针织钩编手工女防风衣(包括防寒短上衣、防风短上衣及类似品)	17.5	130.0	17.0	件/千克	
6102300029	其他化纤制针织钩编其他女防风衣(包括防寒短上衣、防风短上衣及类似品)	17.5	130.0	17.0	件/千克	5
6102300031	化纤制针织或钩编女式雨衣(按重量计羊毛及动物细毛≥23%)	17.5	130.0	17.0	件/千克	
6102300039	化纤制针织或钩编女式雨衣	17.5	130.0	17.0	件/千克	
6102900011	丝及绢丝制针织或钩编女式大衣等(含丝≥70%包括短大衣、斗篷、短斗篷及类似品,雨衣除外)	20.0	130.0	17.0	件/千克	
6102900014	丝及绢丝制针织或钩编女式防风衣(含丝≥70%,包括防寒短上衣、防风短上衣及类似品)	20.0	130.0	17.0	件/千克	
6102900015	丝及绢丝制针织或钩编女式雨衣(含丝≥70%)	20.0	130.0	17.0	件/千克	
6102900021	其他纺织材料制针织或钩编女大衣(包括短大衣、斗篷、短斗篷及类似品,雨衣除外,棉限内)	20.0	130.0	17.0	件/千克	
6102900022	其他纺织材料制针织或钩编女大衣(包括短大衣、斗篷、短斗篷及类似品,雨衣除外,羊毛限内)	20.0	130.0	17.0	件/千克	
6102900023	其他纺织材料制针织或钩编女大衣(包括短大衣、斗篷、短斗篷及类似品,雨衣除外,化纤限内)	20.0	130.0	17.0	件/千克	
6102900029	其他纺织材料制针织或钩编女大衣(包括短大衣、斗篷、短斗篷及类似品,雨衣除外)	20.0	130.0	17.0	件/千克	
6102900031	其他纺织料针织或钩编女式防风衣(包括防寒短上衣、防风短上衣及类似品,棉限内)	20.0	130.0	17.0	件/千克	
6102900032	其他纺织料针织或钩编女式防风衣(包括防寒短上衣、防风短上衣及类似品,羊毛限内)	20.0	130.0	17.0	件/千克	
6102900033	其他纺织料针织或钩编女式防风衣(包括防寒短上衣、防风短上衣及类似品,化纤限内)	20.0	130.0	17.0	件/千克	
6102900039	其他纺织料针织或钩编女式防风衣(包括防寒短上衣、防风短上衣及类似品)	20.0	130.0	17.0	件/千克	
6102900041	其他纺材制针织或钩编女式雨衣(棉限内)	20.0	130.0	17.0	件/千克	
6102900042	其他纺材制针织或钩编女式雨衣(羊毛限内)	20.0	130.0	17.0	件/千克	
6102900043	其他纺材制针织或钩编女式雨衣(化纤限内)	20.0	130.0	17.0	件/千克	
6102900049	其他纺材制针织或钩编女式雨衣	20.0	130.0	17.0	件/千克	
6103	**针织或钩编的男式西服套装、便服套装、上衣、长裤、护胸背带工装裤、马裤及短裤(游泳裤除外)**					
6103110000	毛制针织或钩编男式西服套装	25.0	130.0	17.0	套/千克	5
6103120010	合成纤维制针织或钩编男西服套装(含羊毛或动物细毛23%及以上)	25.0	130.0	17.0	套/千克	5
6103120090	其他合纤制针织或钩编男西服套装	25.0	130.0	17.0	套/千克	

商品编号	商品名称及备注	进口关税税率		增值税率	计量单位	监管条件
		最惠国	普通			
6103190011	人造纤维针织或钩编男式西服套装(含羊毛或动物细毛23%及以上)	17.5	130.0	17.0	套/千克	5
6103190019	其他人纤针织或钩编男式西服套装	17.5	130.0	17.0	套/千克	
6103190020	棉制针织或钩编男式西服套装	17.5	130.0	17.0	套/千克	5
6103190030	丝及绢丝制针织或钩编男西服套装	17.5	130.0	17.0	套/千克	
6103190041	其他纺材制针织或钩编男西服套装(棉限内)	17.5	130.0	17.0	套/千克	5
6103190042	其他纺材制针织或钩编男西服套装(羊毛限内)	17.5	130.0	17.0	套/千克	5
6103190043	其他纺材制针织或钩编男西服套装(化纤限内)	17.5	130.0	17.0	套/千克	
6103190049	其他纺材制针织或钩编男西服套装	17.5	130.0	17.0	套/千克	
6103210000	毛制针织或钩编男式便服套装	25.0	130.0	17.0	套/千克	5
6103220000	棉制针织或钩编男式便服套装	20.0	90.0	17.0	套/千克	5
6103230010	合成纤维制针织或钩编男便服套装(含羊毛或动物细毛23%及以上)	25.0	130.0	17.0	套/千克	5
6103230090	其他合纤制针织或钩编男便服套装	25.0	130.0	17.0	套/千克	5
6103290010	丝或绢丝制针织或钩编男便服套装(含丝或绢丝70%及以上)	25.0	130.0	17.0	套/千克	
6103290020	人造纤维制针织或钩编男便服套装	25.0	130.0	17.0	套/千克	5
6103290031	其他纺织料针织或钩编男便服套装(上装为毛衫,棉限内)	25.0	130.0	17.0	套/千克	5
6103290032	其他纺织料针织或钩编男便服套装(上装为毛衫,羊毛限内)	25.0	130.0	17.0	套/千克	
6103290033	其他纺织料针织或钩编男便服套装(上装为毛衫,化纤限内)	25.0	130.0	17.0	套/千克	5
6103290034	其他纺织料针织或钩编男便服套装(上装为毛衫)	25.0	130.0	17.0	套/千克	
6103290035	其他纺织料针织或钩编男便服套装	25.0	130.0	17.0	套/千克	5
6103310000	毛制针织或钩编男式上衣	16.0	130.0	17.0	件/千克	
6103320000	棉制针织或钩编男式上衣	16.0	90.0	17.0	件/千克	
6103330010	合成纤维制针织或钩编男式上衣(含羊毛或动物细毛23%及以上)	19.0	130.0	17.0	件/千克	
6103330090	其他合纤制针织或钩编男式上衣	19.0	130.0	17.0	件/千克	
6103390010	人造纤维制针织或钩编男式上衣	16.0	130.0	17.0	件/千克	
6103390020	丝制针织或钩编男式上衣(含丝及绢丝70%及以上)	16.0	130.0	17.0	件/千克	
6103390031	其他纺织料制针织或钩编男式上衣(棉限内)	16.0	130.0	17.0	件/千克	
6103390032	其他纺织料制针织或钩编男式上衣(羊毛限内)	16.0	130.0	17.0	件/千克	
6103390033	其他纺织料制针织或钩编男式上衣(化纤限内)	16.0	130.0	17.0	件/千克	
6103390039	其他纺织料制针织或钩编男式上衣	16.0	130.0	17.0	件/千克	
6103410010	毛制针织或钩编护胸背带男工装裤(羊毛或动物细毛制)	16.0	130.0	17.0	件/千克	
6103410020	毛制针织或钩编男长裤(羊毛或动物细毛制,包括8-18号男童长裤)	16.0	130.0	17.0	件/千克	5

商品编号	商品名称及备注	进口关税税率		增值税率	计量单位	监管条件
		最惠国	普通			
6103410090	毛制针织或钩编其他男裤(羊毛或动物细毛制,包括马裤、短裤及其他长裤)	16.0	130.0	17.0	件/千克	5
6103420011	棉制针织或钩编护胸背带男工装裤(保暖)	16.0	90.0	17.0	件/千克	
6103420012	棉针织钩编男童非保暖背带工装裤(2-7号男童护胸背带工装裤)	16.0	90.0	17.0	件/千克	
6103420019	棉针织钩编男式非保暖背带工装裤(护胸背带工装裤,2-7号男童的除外)	16.0	90.0	17.0	件/千克	
6103420021	棉制针织或钩编男童游戏套装长裤(指男童8-18号)	16.0	90.0	17.0	件/千克	
6103420029	棉针织或钩编其他男童游戏套装裤(包括长裤、马裤、短裤)	16.0	90.0	17.0	件/千克	
6103420030	棉制针织或钩编男长裤(包括8-18号男童长裤)	16.0	90.0	17.0	件/千克	5
6103420090	棉制针织或钩编其他男裤等(包括马裤、短裤及其他长裤)	16.0	90.0	17.0	件/千克	5
6103430010	合纤针织或钩编护胸背带男工装裤(含羊毛或动物细毛23%及以上)	17.5	130.0	17.0	件/千克	
6103430021	合成纤维制针织或钩编男长裤(含羊毛或动物细毛23%及以上,包括8-18号男童长裤)	17.5	130.0	17.0	件/千克	5
6103430029	合成纤维制针织或钩编其他男裤(含毛23%及以上,包括马裤、短裤及其他长裤)	17.5	130.0	17.0	件/千克	5
6103430091	其他合纤制护胸背带男工装裤(针织或钩编)	17.5	130.0	17.0	件/千克	
6103430092	其他合纤制男童游戏套装长裤(针织或钩编,指男童8-18号)	17.5	130.0	17.0	件/千克	
6103430093	其他合纤制男童游戏套装长裤(针织或钩编,包括马裤、短裤及其他长裤)	17.5	130.0	17.0	件/千克	
6103430094	其他合纤制针织或钩编男长裤(包括8-18号男童长裤)	17.5	130.0	17.0	件/千克	5
6103430099	其他合纤制针织或钩编其他男裤(包括马裤、短裤及其他长裤)	17.5	130.0	17.0	件/千克	5
6103490011	丝制男式护胸背带工装裤(针织或钩编,丝及绢丝含量在70%及以上)	16.0	130.0	17.0	件/千克	
6103490012	丝制针织或钩编男成人长裤、马裤(含8-18号男童长裤及马裤,丝及绢丝含量在70%及以上)	16.0	130.0	17.0	件/千克	
6103490013	丝制针织或钩编其他男童长裤马裤(丝及绢丝含量在70%及以上)	16.0	130.0	17.0	件/千克	
6103490014	丝制针织或钩编其他男式短裤(丝及绢丝含量在70%及以上)	16.0	130.0	17.0	件/千克	
6103490021	人造纤维制男式护胸背带工装裤(针织或钩编)	16.0	130.0	17.0	件/千克	
6103490022	人纤制针织或钩编男人长裤、马裤(含8-18号男童长裤及马裤,含毛23%及以上)	16.0	130.0	17.0	件/千克	5
6103490023	人纤制针织钩编其他男童长裤马裤(含毛23%及以上)	16.0	130.0	17.0	件/千克	5
6103490024	人纤制针织或钩编男式短裤(含毛23%及以上)	16.0	130.0	17.0	件/千克	5

商品编号	商品名称及备注	进口关税税率		增值税率	计量单位	监管条件
		最惠国	普通			
6103490025	其他人纤制针织或钩编男长裤马裤(含8-18号男童长裤及马裤)	16.0	130.0	17.0	件/千克	5
6103490026	其他人纤制针织钩编其他男童长裤(包括马裤)	16.0	130.0	17.0	件/千克	5
6103490027	其他人纤制针织或钩编其他男短裤	16.0	130.0	17.0	件/千克	5
6103490031	其他纺材制男式护胸背带工装裤(针织或钩编,棉限内)	16.0	130.0	17.0	件/千克	
6103490032	其他纺材制男式护胸背带工装裤(针织或钩编,羊毛限内)	16.0	130.0	17.0	件/千克	
6103490033	其他纺材制男式护胸背带工装裤(针织或钩编,化纤限内)	16.0	130.0	17.0	件/千克	
6103490039	其他纺材制男式护胸背带工装裤(针织或钩编)	16.0	130.0	17.0	件/千克	
6103490041	其他纺材制针织或钩编男长裤马裤(包括8-18号男童长裤、马裤,棉限内)	16.0	130.0	17.0	件/千克	5
6103490042	其他纺材制针织或钩编男长裤马裤(包括8-18号男童长裤、马裤,羊毛限内)	16.0	130.0	17.0	件/千克	5
6103490043	其他纺材制针织或钩编男长裤马裤(包括8-18号男童长裤、马裤,化纤限内)	16.0	130.0	17.0	件/千克	5
6103490049	其他纺材制针织或钩编男长裤马裤(包括8-18号男童长裤、马裤)	16.0	130.0	17.0	件/千克	5
6103490051	其他纺织材料制其他男童长裤马裤(针织或钩编,棉限内)	16.0	130.0	17.0	件/千克	5
6103490052	其他纺织材料制其他男童长裤马裤(针织或钩编,羊毛限内)	16.0	130.0	17.0	件/千克	5
6103490053	其他纺织材料制其他男童长裤马裤(针织或钩编,化纤限内)	16.0	130.0	17.0	件/千克	5
6103490059	其他纺织材料制其他男童长裤马裤(针织或钩编)	16.0	130.0	17.0	件/千克	5
6103490061	其他纺材制针织或钩编男式短裤(棉限内)	16.0	130.0	17.0	件/千克	5
6103490062	其他纺材制针织或钩编男式短裤(羊毛限内)	16.0	130.0	17.0	件/千克	5
6103490063	其他纺材制针织或钩编男式短裤(化纤限内)	16.0	130.0	17.0	件/千克	5
6103490069	其他纺材制针织或钩编男式短裤	16.0	130.0	17.0	件/千克	5
6104	**针织或钩编的女式西服套装、便服套装、上衣、连衣裙、裙子、裙裤、长裤、护胸背带工装裤、马裤及短裤(游泳服除外)**					
6104110000	毛制针织或钩编女式西服套装	17.5	130.0	17.0	套/千克	
6104120000	棉制针织或钩编女式西服套装	17.5	90.0	17.0	套/千克	5
6104130010	合成纤维制针织或钩编女西服套装(含羊毛或动物细毛23%及以上)	25.0	130.0	17.0	套/千克	
6104130090	其他合纤制针织或钩编女西服套装	25.0	130.0	17.0	套/千克	
6104190010	丝制针织或钩编女式西服套装(含丝及绢丝70%及以上)	17.5	130.0	17.0	套/千克	
6104190021	人纤制针织或钩编女式西服套装(含羊毛或动物细毛23%及以上)	17.5	130.0	17.0	套/千克	

商品编号	商品名称及备注	进口关税税率		增值税率	计量单位	监管条件
		最惠国	普通			
6104190029	其他人纤制针织或钩编女西服套装	17.5	130.0	17.0	套/千克	
6104190091	其他纺材制针织或钩编女西服套装(棉限内)	17.5	130.0	17.0	套/千克	5
6104190092	其他纺材制针织或钩编女西服套装(羊毛限内)	17.5	130.0	17.0	套/千克	
6104190093	其他纺材制针织或钩编女西服套装(化纤限内)	17.5	130.0	17.0	套/千克	
6104190099	其他纺材制针织或钩编女西服套装	17.5	130.0	17.0	套/千克	
6104210010	毛制针织或钩编女式便服套装	17.5	130.0	17.0	套/千克	
6104210090	其他毛制针织或钩编女式便服套装	17.5	130.0	17.0	套/千克	
6104220000	棉制针织或钩编女式便服套装	17.5	90.0	17.0	套/千克	5
6104230010	合纤制针织或钩编女便服套装(含羊毛23%及以上)	25.0	130.0	17.0	套/千克	
6104230090	其他合纤制针织或钩编女便服套装	25.0	130.0	17.0	套/千克	5
6104290010	丝及绢丝针织或钩编女式便服套装(含丝70%及以上,针织或编织)	15.0	130.0	17.0	套/千克	
6104290020	人造纤维制其他女便服套装(针织或编织)	15.0	130.0	17.0	套/千克	5
6104290031	其他纺材针织或钩编女式便服套装(棉限内)	15.0	130.0	17.0	套/千克	5
6104290032	其他纺材针织或钩编女式便服套装(羊毛限内)	15.0	130.0	17.0	套/千克	
6104290033	其他纺材针织或钩编女式便服套装(化纤限内)	15.0	130.0	17.0	套/千克	5
6104290039	其他纺材针织或钩编女式便服套装	15.0	130.0	17.0	套/千克	5
6104310010	毛制钩编女式上衣	16.0	130.0	17.0	件/千克	
6104310090	毛制针织女式上衣	16.0	130.0	17.0	件/千克	
6104320010	棉制钩编女式上衣	16.0	90.0	17.0	件/千克	
6104320090	棉制针织女式上衣	16.0	90.0	17.0	件/千克	
6104330011	合成纤维制钩编女上衣(含羊毛或动物细毛23%及以上)	19.0	130.0	17.0	件/千克	
6104330019	其他合成纤维制钩编女上衣	19.0	130.0	17.0	件/千克	
6104330091	合成纤维制针织女上衣(含羊毛或动物细毛23%及以上)	19.0	130.0	17.0	件/千克	
6104330099	其他合成纤维制针织女上衣	19.0	130.0	17.0	件/千克	
6104390011	丝及绢丝制钩编女上衣(含丝70%及以上)	16.0	130.0	17.0	件/千克	
6104390019	丝及绢丝制针织女上衣(含丝70%及以上)	16.0	130.0	17.0	件/千克	
6104390021	人造纤维制钩编女上衣	16.0	130.0	17.0	件/千克	
6104390029	人造纤维制针织女上衣	16.0	130.0	17.0	件/千克	
6104390031	其他纺织材料制钩编女上衣(棉限内)	16.0	130.0	17.0	件/千克	
6104390032	其他纺织材料制钩编女上衣(羊毛限内)	16.0	130.0	17.0	件/千克	
6104390033	其他纺织材料制钩编女上衣(化纤限内)	16.0	130.0	17.0	件/千克	
6104390039	其他纺织材料制钩编女上衣	16.0	130.0	17.0	件/千克	
6104390041	其他纺织材料制针织女上衣(棉限内)	16.0	130.0	17.0	件/千克	
6104390042	其他纺织材料制针织女上衣(羊毛限内)	16.0	130.0	17.0	件/千克	
6104390043	其他纺织材料制针织女上衣(化纤限内)	16.0	130.0	17.0	件/千克	
6104390049	其他纺织材料制针织女上衣	16.0	130.0	17.0	件/千克	
6104410000	毛制针织或钩编连衣裙	16.0	130.0	17.0	件/千克	5

商品编号	商品名称及备注	进口关税税率		增值税率	计量单位	监管条件
		最惠国	普通			
6104420000	棉制针织或钩编连衣裙	16.0	90.0	17.0	件/千克	5
6104430010	合纤制针织或钩编连衣裙(含羊毛或动物细毛23%及以上)	17.5	130.0	17.0	件/千克	5
6104430090	其他合纤制针织或钩编连衣裙	17.5	130.0	17.0	件/千克	5
6104440010	人纤制针织或钩编连衣裙(含羊毛或动物细毛23%及以上)	16.0	130.0	17.0	件/千克	5
6104440090	其他人纤制针织或钩编连衣裙	16.0	130.0	17.0	件/千克	5
6104490010	丝及绢丝制针织或钩编连衣裙(含丝70%及以上)	16.0	130.0	17.0	件/千克	
6104490091	其他纺织材料制针织或钩编连衣裙(棉限内)	16.0	130.0	17.0	件/千克	
6104490092	其他纺织材料制针织或钩编连衣裙(羊毛限内)	16.0	130.0	17.0	件/千克	
6104490093	其他纺织材料制针织或钩编连衣裙(化纤限内)	16.0	130.0	17.0	件/千克	
6104490099	其他纺织材料制针织或钩编连衣裙	16.0	130.0	17.0	件/千克	
6104510000	毛制针织或钩编裙子及裙裤	14.0	130.0	17.0	件/千克	
6104520000	棉制针织裙子及裙裤	14.0	90.0	17.0	件/千克	
6104530010	合纤制针织或钩编裙子及裙裤(含羊毛或动物细毛23%及以上)	16.0	130.0	17.0	件/千克	
6104530090	其他合纤制针织或钩编裙子及裙裤	16.0	130.0	17.0	件/千克	
6104590010	丝及绢丝制针织或钩编裙子及裙裤(含丝70%及以上)	14.0	130.0	17.0	件/千克	
6104590021	人纤制针织或钩编裙子及裙裤(含羊毛或动物细毛23%及以上)	14.0	130.0	17.0	件/千克	
6104590029	其他人纤制针织或钩编裙子及裙裤	14.0	130.0	17.0	件/千克	
6104590091	其他纺材制针织或钩编裙子及裙裤(棉限内)	14.0	130.0	17.0	件/千克	
6104590092	其他纺材制针织或钩编裙子及裙裤(羊毛限内)	14.0	130.0	17.0	件/千克	
6104590093	其他纺材制针织或钩编裙子及裙裤(化纤限内)	14.0	130.0	17.0	件/千克	
6104590099	其他纺材制针织或钩编裙子及裙裤	14.0	130.0	17.0	件/千克	
6104610010	毛制针织或钩编女护胸背带工装裤	16.0	130.0	17.0	条/千克	
6104610020	毛制针织或钩编女长裤、马裤(包括女童7-16号)	16.0	130.0	17.0	条/千克	
6104610090	毛制针织或钩编其他女裤(包括短裤及其他女童裤)	16.0	130.0	17.0	条/千克	
6104620010	棉制针织或钩编护胸背带女工装裤(保暖护胸背带工装裤)	16.0	90.0	17.0	条/千克	
6104620020	棉针织或钩编非保暖女成人工装裤(护胸背带工装裤)	16.0	90.0	17.0	条/千克	
6104620030	棉制针织或钩编女童游戏套装长裤(指女童7-16号,包括马裤)	16.0	90.0	17.0	条/千克	
6104620040	棉针织或钩编其他女童游戏套装裤(包括马裤、短裤、非保暖护胸背带工装裤及其他长裤)	16.0	90.0	17.0	条/千克	
6104620050	棉制针织或钩编女长裤、马裤(包括女童7-16号)	16.0	90.0	17.0	条/千克	5
6104620090	棉制针织或钩编其他女裤(包括短裤及其他女童裤)	16.0	90.0	17.0	条/千克	5
6104630010	合成纤维制护胸背带女工装裤(针织或钩编,包括女童护胸背带工装裤)	17.5	130.0	17.0	条/千克	
6104630021	合成纤维制针织或钩编女长裤(含毛或动物细毛23%及以上,包括女童7-16号)	17.5	130.0	17.0	条/千克	

商品编号	商品名称及备注	进口关税税率		增值税率	计量单位	监管条件
		最惠国	普通			
6104630029	合成纤维制针织或钩编其他女裤(含毛或动物细毛23%及以上,包括长裤、短裤)	17.5	130.0	17.0	条/千克	
6104630091	其他合纤制女童游戏套装长裤马裤(针织或钩编,指女童7-16号)	17.5	130.0	17.0	条/千克	
6104630092	其他合成纤维制女童游戏套装裤(针织或钩编,包括短裤及其他长裤)	17.5	130.0	17.0	条/千克	
6104630099	其他合成纤维制针织或钩编女裤(包括长裤、马裤、短裤)	17.5	130.0	17.0	条/千克	5
6104690011	丝及绢丝制针织或钩编女工装裤(含丝70%及以上)	16.0	130.0	17.0	条/千克	
6104690012	丝及绢丝制针织或钩编女长裤马裤(含丝70%及以上,包括女童7-16号)	16.0	130.0	17.0	条/千克	
6104690013	丝及绢丝制针织或钩编女短裤(含丝70%及以上,包括女童7-16号)	16.0	130.0	17.0	条/千克	
6104690019	丝及绢丝制针织或钩编其他女长裤(含丝70%及以上)	16.0	130.0	17.0	条/千克	
6104690021	人造纤维制护胸背带女工装裤(针织或钩编)	16.0	130.0	17.0	条/千克	
6104690022	人造纤维制针织或钩编女长裤马裤(含毛或动物细毛23%及以上,包括女童7-16号)	16.0	130.0	17.0	条/千克	
6104690023	人造纤维制针织或钩编其他女裤(含毛或动物细毛23%及以上,包括长裤、短裤)	16.0	130.0	17.0	条/千克	
6104690024	其他人造纤维制女长裤(针织或钩编,包括女童7-16号)	16.0	130.0	17.0	条/千克	5
6104690029	其他人纤制针织或钩编其他女裤(包括长裤、马裤)	16.0	130.0	17.0	条/千克	5
6104690031	其他纺材制针织或钩编女工装裤(棉限内)	16.0	130.0	17.0	条/千克	
6104690032	其他纺材制针织或钩编女工装裤(羊毛限内)	16.0	130.0	17.0	条/千克	
6104690033	其他纺材制针织或钩编女工装裤(化纤限内)	16.0	130.0	17.0	条/千克	
6104690039	其他纺材制针织或钩编女工装裤	16.0	130.0	17.0	条/千克	
6104690041	其他纺织材料制针织或钩编女长裤(棉限内,包括女童7-16号,包括马裤)	16.0	130.0	17.0	条/千克	5
6104690042	其他纺织材料制针织或钩编女长裤(羊毛限内,包括女童7-16号,包括马裤)	16.0	130.0	17.0	条/千克	
6104690043	其他纺织材料制针织或钩编女长裤(化纤限内,包括女童7-16号,包括马裤)	16.0	130.0	17.0	条/千克	5
6104690049	其他纺织材料制针织或钩编女长裤(包括女童7-16号,包括马裤)	16.0	130.0	17.0	条/千克	5
6104690051	其他纺织材料针织钩编其他女长裤(棉限内)	16.0	130.0	17.0	条/千克	5
6104690052	其他纺织材料针织钩编其他女长裤(羊毛限内)	16.0	130.0	17.0	条/千克	
6104690053	其他纺织材料针织钩编其他女长裤(化纤限内)	16.0	130.0	17.0	条/千克	5
6104690059	其他纺织材料针织钩编其他女长裤	16.0	130.0	17.0	条/千克	5
6104690061	其他纺织材料制针织或钩编女短裤(棉限内)	16.0	130.0	17.0	条/千克	5
6104690062	其他纺织材料制针织或钩编女短裤(羊毛限内)	16.0	130.0	17.0	条/千克	

商品编号	商 品 名 称 及 备 注	进口关税税率		增值税率	计量单位	监管条件
		最惠国	普通			
6104690063	其他纺织材料制针织或钩编女短裤(化纤限内)	16.0	130.0	17.0	条/千克	5
6104690069	其他纺织材料制针织或钩编女短裤	16.0	130.0	17.0	条/千克	5
6105	针织或钩编的男衬衫					
6105100011	棉制针织或钩编男童游戏套装衬衫(不带缝制领,指男童8-18号)	16.0	90.0	17.0	件/千克	5
6105100019	棉制其他男童游戏套装装衬衫(针织或钩编)	16.0	90.0	17.0	件/千克	5
6105100091	其他棉制针织或钩编男衬衫(不带缝制领,包括男童8-18号)	16.0	90.0	17.0	件/千克	5
6105100099	其他棉制针织或钩编其他男衬衫	16.0	90.0	17.0	件/千克	5
6105200011	化纤制针织或钩编男衬衫(含羊毛23%及以上,不带缝制领,包括男童8-18号)	17.5	130.0	17.0	件/千克	5
6105200019	化纤制针织或钩编其他男衬衫(含羊毛23%及以上)	17.5	130.0	17.0	件/千克	5
6105200021	化纤针织或钩编男童游戏套装衬衫(不带缝制领,指男童8-18号)	17.5	130.0	17.0	件/千克	5
6105200029	化纤制其他男童游戏套装衬衫(针织或钩编)	17.5	130.0	17.0	件/千克	5
6105200091	其他化纤制针织或钩编男衬衫(不带缝制领,包括男童8-18号)	17.5	130.0	17.0	件/千克	5
6105200099	其他化纤制针织或钩编其他男衬衫	17.5	130.0	17.0	件/千克	5
6105900011	丝及绢丝制针织或钩编男衬衫(含丝70%及以上,不带特制领,包括男童8-18号)	16.0	130.0	17.0	件/千克	
6105900019	丝及绢丝制针织或钩编其他男衬衫(含丝70%及以上)	16.0	130.0	17.0	件/千克	
6105900021	羊毛或动物细毛制男衬衫(针织或钩编,不带缝制领,包括男童8-18号)	16.0	130.0	17.0	件/千克	5
6105900029	羊毛或动物细毛制其他男衬衫(针织或钩编)	16.0	130.0	17.0	件/千克	5
6105900031	其他纺织材料制针织或钩编男衬衫(棉限内,不带特制领,包括男童8-18号)	16.0	130.0	17.0	件/千克	5
6105900032	其他纺织材料制针织或钩编男衬衫(羊毛限内,不带特制领,包括男童8-18号)	16.0	130.0	17.0	件/千克	
6105900033	其他纺织材料制针织或钩编男衬衫(化纤限内,不带特制领,包括男童8-18号)	16.0	130.0	17.0	件/千克	5
6105900039	其他纺织材料制针织或钩编男衬衫(不带特制领,包括男童8-18号)	16.0	130.0	17.0	件/千克	
6105900041	其他纺织材料制针织或钩编男衬衫(棉限内)	16.0	130.0	17.0	件/千克	5
6105900042	其他纺织材料制针织或钩编男衬衫(羊毛限内)	16.0	130.0	17.0	件/千克	
6105900043	其他纺织材料制针织或钩编男衬衫(化纤限内)	16.0	130.0	17.0	件/千克	5
6105900049	其他纺材制针织或钩编其他男衬衫	16.0	130.0	17.0	件/千克	
6106	针织或钩编的女衬衫					
6106100010	棉制针织或钩编女童游戏套装衬衫	16.0	90.0	17.0	件/千克	5
6106100090	棉制针织或钩编其他女衬衫	16.0	90.0	17.0	件/千克	5

商品编号	商品名称及备注	进口关税税率		增值税率	计量单位	监管条件
		最惠国	普通			
6106200010	化纤制针织或钩编女衬衫(含羊毛23%及以上)	17.5	130.0	17.0	件/千克	5
6106200020	其他化纤制女童游戏套装衬衫(针织或钩编)	17.5	130.0	17.0	件/千克	5
6106200090	其他化纤针织或钩编未列名女衬衫(针织或钩编)	17.5	130.0	17.0	件/千克	5
6106900010	丝及绢丝制针织或钩编女衬衫(含丝70%及以上)	16.0	130.0	17.0	件/千克	
6106900020	羊毛或动物细毛针织或钩编女衬衫	16.0	130.0	17.0	件/千克	5
6106900031	其他纺织材料制针织或钩编女衬衫(棉限内)	16.0	130.0	17.0	件/千克	5
6106900032	其他纺织材料制针织或钩编女衬衫(羊毛限内)	16.0	130.0	17.0	件/千克	
6106900033	其他纺织材料制针织或钩编女衬衫(化纤限内)	16.0	130.0	17.0	件/千克	5
6106900039	其他纺织材料制针织或钩编女衬衫	16.0	130.0	17.0	件/千克	
6107	**针织或钩编的男式内裤、三角裤、长睡衣、睡衣裤、浴衣、晨衣及类似品**					
6107110000	棉制针织或钩编男内裤及三角裤	14.0	90.0	17.0	件/千克	5
6107120000	化纤制针织或钩编男内裤及三角裤	16.0	130.0	17.0	件/千克	5
6107191010	丝及绢丝制男内裤及三角裤(含丝70%及以上,针织或钩编)	14.0	130.0	17.0	件/千克	
6107191090	其他丝及绢丝制男内裤及三角裤(含丝70%以下,针织或钩编)	14.0	130.0	17.0	件/千克	
6107199010	羊毛或动物细毛制男内裤及三角裤(针织或钩编)	14.0	130.0	17.0	件/千克	
6107199090	其他纺织材料制男内裤及三角裤(针织或钩编)	14.0	130.0	17.0	件/千克	
6107210000	棉制针织或钩编男长睡衣及睡衣裤	14.0	90.0	17.0	件/千克	
6107220000	化纤制针织或钩编男睡衣裤(包括长睡衣)	16.0	130.0	17.0	件/千克	
6107291010	丝及绢丝制针织或钩编男睡衣裤(含丝70%及以上,包括长睡衣)	14.0	130.0	17.0	件/千克	
6107291090	其他丝及绢丝制针织或钩编男睡衣(含丝70%以下,包括长睡衣)	14.0	130.0	17.0	件/千克	
6107299010	羊/动物细毛针织或钩编男睡衣裤(包括长睡衣)	14.0	130.0	17.0	件/千克	
6107299090	其他纺材制针织或钩编男睡衣裤(包括长睡衣)	14.0	130.0	17.0	件/千克	
6107910010	棉制针织或钩编其他睡衣裤	14.0	90.0	17.0	件/千克	
6107910090	棉制针织或钩编男浴衣、晨衣等(包括类似品)	14.0	90.0	17.0	件/千克	
6107920010	化纤制针织或钩编其他睡衣裤	16.0	130.0	17.0	件/千克	
6107920090	化纤制针织或钩编男浴衣、晨衣等(包括类似品)	16.0	130.0	17.0	件/千克	
6107990010	丝及绢丝制男浴衣,晨衣(含丝70%及以上,包括类似品,针织或钩编)	14.0	130.0	17.0	件/千克	
6107990020	羊毛或动物细毛制男浴衣,晨衣等(包括类似品)	14.0	130.0	17.0	件/千克	
6107990090	其他纺织材料制男浴衣,晨衣等(包括类似品,针织或钩编)	14.0	130.0	17.0	件/千克	
6108	**针织或钩编的女式长衬裙、衬裙、三角裤、短衬裤、睡衣、睡衣裤、浴衣、晨衣及类似品**					
6108110000	化纤制针织或钩编长衬裙及衬裙	16.0	130.0	17.0	件/千克	5
6108191000	棉制针织或钩编女式长衬裙及衬裙	14.0	90.0	17.0	件/千克	5

商品编号	商 品 名 称 及 备 注	进口关税税率		增值税率	计量单位	监管条件
		最惠国	普通			
6108192010	丝及绢丝制女式长衬裙及衬裙(针织或钩编,含丝70%及以上)	14.0	130.0	17.0	件/千克	
6108192090	其他丝及绢丝制女式长衬裙及衬裙(针织或钩编,含丝70%以下)	14.0	130.0	17.0	件/千克	
6108199000	其他纺织材料制女式长衬裙及衬裙(针织或钩编)	14.0	130.0	17.0	件/千克	
6108210000	棉制针织或钩编女三角裤及短衬裤	14.0	90.0	17.0	件/千克	5
6108220010	化纤制一次性女三角裤及短衬裤(针织或钩编)	16.0	130.0	17.0	件/千克	
6108220090	化纤制其他女三角裤及短衬裤(针织或钩编)	16.0	130.0	17.0	件/千克	5
6108291010	丝及绢丝制女三角裤及短衬裤(针织或钩编,含丝70%及以上)	14.0	130.0	17.0	件/千克	
6108291090	其他丝及绢丝制女三角裤及短衬裤(针织或钩编,含丝70%以下)	14.0	130.0	17.0	件/千克	
6108299010	羊毛制针织钩编女三角裤及短衬裤(针织或钩编)	14.0	130.0	17.0	件/千克	
6108299090	其他纺织材料制女三角裤及短衬裤(针织或钩编)	14.0	130.0	17.0	件/千克	
6108310000	棉制针织或钩编女睡衣及睡衣裤	14.0	90.0	17.0	件/千克	
6108320000	化纤制针织或钩编女睡衣及睡衣裤	16.0	130.0	17.0	件/千克	
6108391010	丝及绢丝制女睡衣及睡衣裤(针织或钩编,含丝70%及以上)	14.0	130.0	17.0	件/千克	
6108391090	其他丝及绢丝制女睡衣及睡衣裤(针织或钩编,含丝70%以下)	14.0	130.0	17.0	件/千克	
6108399010	羊毛或动物细毛制女睡衣及睡衣裤(针织或钩编)	14.0	130.0	17.0	件/千克	
6108399090	其他纺织材料制女睡衣及睡衣裤(针织或钩编)	14.0	130.0	17.0	件/千克	
6108910010	棉制针织或钩编女内裤,内衣	14.0	90.0	17.0	件/千克	5
6108910090	其他棉制针织或钩编女浴衣、晨衣等(包括类似品)	14.0	90.0	17.0	件/千克	
6108920010	化纤制针织或钩编女内裤,内衣	16.0	130.0	17.0	件/千克	5
6108920090	其他化纤针织或钩编女浴衣、晨衣等(包括类似品)	16.0	130.0	17.0	件/千克	
6108990010	丝及绢丝制制女浴衣、晨衣等(针织或钩编,包括类似品,含丝70%及以上)	14.0	130.0	17.0	件/千克	
6108990020	羊毛或动物细毛制女浴衣、晨衣等(针织或钩编,包括类似品)	14.0	130.0	17.0	件/千克	
6108990090	其他纺织材料制女浴衣、晨衣等(针织或钩编,包括类似品)	14.0	130.0	17.0	件/千克	
6109	**针织或钩编的T恤衫、汗衫及其他背心**					
6109100010	棉制针织或钩编T恤衫、汗衫等(内衣式,包括其他背心)	14.0	90.0	17.0	件/千克	5
6109100021	其他棉制针织或钩编男式T恤衫(内衣除外)	14.0	90.0	17.0	件/千克	5
6109100022	其他棉制针织或钩编女式T恤衫(内衣除外)	14.0	90.0	17.0	件/千克	5
6109100091	其他棉制男式汗衫及其他背心(针织或钩编,内衣除外,包括男童8－18号)	14.0	90.0	17.0	件/千克	5
6109100092	其他棉制男式汗衫及其他背心(针织或钩编,内衣除外)	14.0	90.0	17.0	件/千克	5

商品编号	商 品 名 称 及 备 注	进口关税税率		增值税率	计量单位	监管条件
		最惠国	普通			
6109100099	其他棉制女式汗衫及其他背心(针织或钩编,内衣除外)	14.0	90.0	17.0	件/千克	5
6109901011	丝及绢丝针织钩编T恤衫汗衫背心(内衣式,含丝≥70%)	14.0	130.0	17.0	件/千克	
6109901019	其他丝及绢丝针织钩编T恤衫背心(包括汗衫,内衣式,含丝70%以下)	14.0	130.0	17.0	件/千克	
6109901021	丝及绢丝针织钩编汗衫背心(内衣除外,含丝≥70%,含男童8-18号,女童7-16号)	14.0	130.0	17.0	件/千克	
6109901029	其他丝及绢丝针织钩编汗衫背心(内衣除外,含丝<70%,含男童8-18号,女童7-16号)	14.0	130.0	17.0	件/千克	
6109901091	其他丝及绢丝针织钩编T恤衫汗衫(含丝≥70%,包括其他背心)	14.0	130.0	17.0	件/千克	
6109901099	其他丝及绢丝针织钩编T恤衫汗衫(含丝<70%,包括其他背心)	14.0	130.0	17.0	件/千克	
6109909011	毛制针织或钩编T恤衫、汗衫等(内衣式,长袖衫)	14.0	130.0	17.0	件/千克	5
6109909012	毛制针织或钩编男式T恤衫、汗衫(内衣式,长袖衫除外)	14.0	130.0	17.0	件/千克	5
6109909013	毛制针织或钩编女式T恤衫、汗衫(内衣式,长袖衫除外)	14.0	130.0	17.0	件/千克	5
6109909021	毛制针织或钩编男式其他T恤衫(内衣除外)	14.0	130.0	17.0	件/千克	5
6109909022	毛制针织或钩编女式其他T恤衫(内衣除外)	14.0	130.0	17.0	件/千克	5
6109909031	毛制男式汗衫及其他背心(针织或钩编,内衣除外,含男童8-18号)	14.0	130.0	17.0	件/千克	5
6109909032	其他毛制男式汗衫及其他背心(针织或钩编,内衣除外)	14.0	130.0	17.0	件/千克	5
6109909033	其他毛制女式汗衫及其他背心(针织或钩编,内衣除外)	14.0	130.0	17.0	件/千克	5
6109909041	化纤制针织或钩编保暖式内衣	14.0	130.0	17.0	件/千克	5
6109909042	化纤制针织或钩编其他男内衣	14.0	130.0	17.0	件/千克	5
6109909043	化纤制针织或钩编其他女内衣	14.0	130.0	17.0	件/千克	5
6109909051	化纤制针织或钩编男式T恤衫(内衣除外)	14.0	130.0	17.0	件/千克	5
6109909052	化纤制针织或钩编女式T恤衫(内衣除外)	14.0	130.0	17.0	件/千克	5
6109909061	化纤针织钩编男汗衫及其他背心(内衣除外,包括男童8-18号)	14.0	130.0	17.0	件/千克	5
6109909062	其他化纤制男式汗衫及其他背心(针织或钩编,内衣除外)	14.0	130.0	17.0	件/千克	5
6109909063	其他化纤制女式汗衫及其他背心(针织或钩编,内衣除外)	14.0	130.0	17.0	件/千克	5
6109909091	其他纺织材料制T恤衫、汗衫等(针织或钩编,内衣式,包括其他背心)	14.0	130.0	17.0	件/千克	
6109909092	其他纺材针织钩编汗衫及其他背心(内衣除外,包括男童8-18号,女童7-16号)	14.0	130.0	17.0	件/千克	
6109909093	其他纺材制针织钩编T恤衫汗衫(内衣除外,包括其他背心)	14.0	130.0	17.0	件/千克	

商品编号	商品名称及备注	进口关税税率		增值税率	计量单位	监管条件
		最惠国	普通			
6110	**针织或钩编的套头衫、开襟衫、背心及类似品**					
6110110011	羊毛制手工针织或钩编起绒外穿背心	14.0	130.0	17.0	件/千克	B
6110110019	羊毛制针织或钩编起绒外穿背心	14.0	130.0	17.0	件/千克	5B
6110110021	羊毛制手工制起绒男毛衫(针织或钩编)	14.0	130.0	17.0	件/千克	B
6110110029	羊毛针织制或钩编起绒男毛衫	14.0	130.0	17.0	件/千克	5B
6110110031	羊毛制手工制起绒女毛衫(针织或钩编)	14.0	130.0	17.0	件/千克	B
6110110039	羊毛制针织或钩编起绒女毛衫	14.0	130.0	17.0	件/千克	5B
6110110041	羊毛手工制起绒套头衫等(包括开襟衫、背心及类似品,针织或钩编)	14.0	130.0	17.0	件/千克	B
6110110049	羊毛针织或钩编起绒套头衫等(包括开襟衫背心及类似品)	14.0	130.0	17.0	件/千克	5B
6110110051	羊毛手工制非起绒外穿背心(针织或钩编)	14.0	130.0	17.0	件/千克	B
6110110059	羊毛针织或钩编非起绒外穿背心	14.0	130.0	17.0	件/千克	5B
6110110061	其他羊毛手工制非起绒男毛衫(针织或钩编)	14.0	130.0	17.0	件/千克	B
6110110069	其他羊毛针织或钩编非起绒男毛衫	14.0	130.0	17.0	件/千克	5B
6110110071	其他羊毛制手工制非起绒女毛衫(针织或钩编)	14.0	130.0	17.0	件/千克	B
6110110079	其他羊毛针织或钩编非起绒女毛衫	14.0	130.0	17.0	件/千克	5B
6110110091	其他羊毛制手工制非起绒套头衫等(针织或钩编,包括开襟衫、背心及类似品)	14.0	130.0	17.0	件/千克	B
6110110099	其他羊毛制非起绒套头衫等(针织或钩编,包括开襟衫、背心及类似品)	14.0	130.0	17.0	件/千克	5B
6110120011	喀什米尔山羊细毛手工起绒男套头衫(针织或钩编,包括开襟衫、外穿背心及类似品)	14.0	130.0	17.0	件/千克	B
6110120019	喀什米尔山羊细毛制起绒男套头衫(针织或钩编,包括开襟衫、外穿背心及类似品)	14.0	130.0	17.0	件/千克	5B
6110120021	喀什米尔山羊细毛手工起绒女套头衫(针织或钩编,包括开襟衫、外穿背心及类似品)	14.0	130.0	17.0	件/千克	B
6110120029	喀什米尔山羊细毛制起绒女套头衫(针织或钩编,包括开襟衫、外穿背心及类似品)	14.0	130.0	17.0	件/千克	5B
6110120031	喀什米尔山羊细毛手工非起绒男套头衫(针织或钩编,包括开襟衫、外穿背心及类似品)	14.0	130.0	17.0	件/千克	B
6110120039	喀什米尔山羊细毛非起绒男套头衫(针织或钩编,包括开襟衫、外穿背心及类似品)	14.0	130.0	17.0	件/千克	5B
6110120041	喀什米尔山羊细毛手工非起绒女套头衫(针织或钩编,包括开襟衫、外穿背心及类似品)	14.0	130.0	17.0	件/千克	B
6110120049	喀什米尔山羊细毛非起绒女套头衫(针织或钩编,包括开襟衫、外穿背心及类似品)	14.0	130.0	17.0	件/千克	5B
6110191011	其他山羊细毛手工起绒男套头衫(针织或钩编,包括开襟衫、背心及类似品)	14.0	130.0	17.0	件/千克	B

商品编号	商品名称及备注	进口关税税率		增值税率	计量单位	监管条件
		最惠国	普通			
6110191019	其他山羊细毛制起绒男套头衫(针织或钩编,包括开襟衫、背心及类似品)	14.0	130.0	17.0	件/千克	5B
6110191021	其他山羊细毛手工起绒女套头衫(针织或钩编,包括开襟衫、背心及类似品)	14.0	130.0	17.0	件/千克	B
6110191029	其他山羊细毛制起绒女套头衫(针织或钩编,包括开襟衫、背心及类似品)	14.0	130.0	17.0	件/千克	5B
6110191031	其他山羊细毛手工非起绒男套头衫(针织或钩编,包括开襟衫、背心及类似品)	14.0	130.0	17.0	件/千克	B
6110191039	其他山羊细毛非起绒男套头衫(针织或钩编,包括开襟衫、背心及类似品)	14.0	130.0	17.0	件/千克	5B
6110191041	其他山羊细毛手工非起绒女套头衫(针织或钩编,包括开襟衫、背心及类似品)	14.0	130.0	17.0	件/千克	B
6110191049	其他山羊细毛非起绒女套头衫(针织或钩编,包括开襟衫、背心及类似品)	14.0	130.0	17.0	件/千克	5B
6110192011	兔毛制手工针织或钩编起绒马甲	14.0	130.0	17.0	件/千克	
6110192019	兔毛制针织或钩编起绒马甲	14.0	130.0	17.0	件/千克	5
6110192021	兔毛制手工针织或钩编起绒男毛衫	14.0	130.0	17.0	件/千克	
6110192029	兔毛制针织或钩编起绒男毛衫	14.0	130.0	17.0	件/千克	5
6110192031	兔毛制手工针织或钩编起绒女毛衫	14.0	130.0	17.0	件/千克	
6110192039	兔毛制针织或钩编起绒女毛衫	14.0	130.0	17.0	件/千克	5
6110192041	其他兔毛制手工制起绒套头衫等(针织或钩编,包括开襟衫、背心及类似品)	14.0	130.0	17.0	件/千克	
6110192049	其他兔毛制起绒套头衫等(针织或钩编,包括开襟衫、背心及类似品)	14.0	130.0	17.0	件/千克	5
6110192051	兔毛制手工制非起绒马甲(针织或钩编)	14.0	130.0	17.0	件/千克	
6110192059	兔毛制针织或钩编非起绒马甲	14.0	130.0	17.0	件/千克	5
6110192061	兔毛手工制非起绒男毛衫(针织或钩编)	14.0	130.0	17.0	件/千克	
6110192069	兔毛针织或钩编非起绒男毛衫	14.0	130.0	17.0	件/千克	5
6110192071	兔毛制手工制非起绒女毛衫(针织或钩编)	14.0	130.0	17.0	件/千克	
6110192079	兔毛制针织或钩编非起绒女毛衫	14.0	130.0	17.0	件/千克	5
6110192091	其他兔毛制手工制非起绒套头衫等(针织或钩编,包括开襟衫、背心及类似品)	14.0	130.0	17.0	件/千克	
6110192099	其他兔毛制非起绒套头衫等(针织或钩编,包括开襟衫、背心及类似品)	14.0	130.0	17.0	件/千克	5
6110199011	其他动物细毛制手工起绒马甲(针织或钩编)	14.0	130.0	17.0	件/千克	
6110199019	其他动物细毛制起绒马甲(针织或钩编)	14.0	130.0	17.0	件/千克	5
6110199021	其他动物细毛手工起绒男毛衫(针织或钩编)	14.0	130.0	17.0	件/千克	
6110199029	其他动物细毛制起绒男毛衫(针织或钩编)	14.0	130.0	17.0	件/千克	5
6110199031	其他动物细毛手工起绒女毛衫(针织或钩编)	14.0	130.0	17.0	件/千克	
6110199039	其他动物细毛制起绒女毛衫(针织或钩编)	14.0	130.0	17.0	件/千克	5

商品编号	商品名称及备注	进口关税税率		增值税率	计量单位	监管条件
		最惠国	普通			
6110199041	其他动物细毛手工起绒套头衫(针织或钩编,包括开襟衫、背心及类似品)	14.0	130.0	17.0	件/千克	
6110199049	其他动物细毛制起绒套头衫(针织或钩编,包括开襟衫、背心及类似品)	14.0	130.0	17.0	件/千克	5
6110199051	其他动物细毛制手工非起绒马甲(针织或钩编)	14.0	130.0	17.0	件/千克	
6110199059	其他动物细毛制非起绒马甲(针织或钩编)	14.0	130.0	17.0	件/千克	5
6110199061	其他动物细毛手工非起绒男毛衫(针织或钩编)	14.0	130.0	17.0	件/千克	
6110199069	其他动物细毛非起绒男毛衫(针织或钩编).	14.0	130.0	17.0	件/千克	5
6110199071	其他动物细毛手工非起绒女毛衫(针织或钩编)	14.0	130.0	17.0	件/千克	
6110199079	其他动物细毛非起绒女毛衫(针织或钩编)	14.0	130.0	17.0	件/千克	5
6110199091	其他动物细毛手工非起绒套头衫(针织或钩编,包括开襟衫、背心及类似品)	14.0	130.0	17.0	件/千克	
6110199099	其他动物细毛非起绒套头衫(针织或钩编,包括开襟衫、背心及类似品)	14.0	130.0	17.0	件/千克	5
6110200011	棉制儿童游戏套装紧身衫及套头衫(针织起绒,轻薄细针翻领、开领、高领,含亚麻36%以下)	14.0	90.0	17.0	件/千克	5
6110200012	棉制其他起绒儿童游戏套头衫等(针织钩编,包括开襟衫、背心及类似品,含亚麻36%以下)	14.0	90.0	17.0	件/千克	5
6110200020	棉制针织或钩编起绒马甲(毛衫、背心除外)	14.0	90.0	17.0	件/千克	5
6110200031	棉制针织起绒紧身及套头毛衫(轻薄细针翻领、开领、高领)	14.0	90.0	17.0	件/千克	5
6110200032	棉制针织起绒男紧身衫及套头衫(轻薄细针翻领/开领/高领,但平床机生产、直接针织成形除外)	14.0	90.0	17.0	件/千克	5
6110200033	棉制针织起绒女紧身衫及套头衫(轻薄细针翻领/开领/高领,但平床机生产、直接针织成形除外)	14.0	90.0	17.0	件/千克	5
6110200041	棉制针织或钩编起绒其他毛衫	14.0	90.0	17.0	件/千克	5
6110200042	棉制针织或钩编起绒男套头衫等(包括开襟衫、背心及类似品,但平床机生产、直接针织成形除外)	14.0	90.0	17.0	件/千克	5
6110200043	棉制针织或钩编起绒女套头衫等(包括开襟衫、背心及类似品,但平床机生产、直接针织成形除外)	14.0	90.0	17.0	件/千克	5
6110200051	其他棉儿童游戏套装紧身及套头衫(针织、非起绒、轻薄细针翻领、开领、高领)	14.0	90.0	17.0	件/千克	5
6110200052	其他棉儿童游戏套装套头衫等(针织或钩编,非起绒、包括开襟衫、背心及类似品)	14.0	90.0	17.0	件/千克	5
6110200060	其他棉制针织或钩编非起绒马甲(毛衫、背心除外)	14.0	90.0	17.0	件/千克	5
6110200071	棉制针织非起绒男紧身及套头衫等(轻薄细针翻领、开领、高领)	14.0	90.0	17.0	件/千克	5
6110200072	棉制非起绒男紧身衫及套头衫(轻薄细针翻领/开领/高领,但平床机生产、直接针织成形除外)	14.0	90.0	17.0	件/千克	5
6110200073	棉制针织非起绒女紧身衫及套头衫(轻薄细针翻领/开领/高领,但平床机生产、直接针织成形除外)	14.0	90.0	17.0	件/千克	5

商品编号	商品名称及备注	进口关税税率		增值税率	计量单位	监管条件
		最惠国	普通			
6110200091	其他棉制针织或钩编非起绒毛衫	14.0	90.0	17.0	件/千克	5
6110200092	其他针织钩编棉制非起绒男套头衫等(包括开襟衫、背心及类似品,但平床机生产、直接针织成形除外)	14.0	90.0	17.0	件/千克	5
6110200093	棉制针织或钩编女套头衫等(包括开襟衫、背心及类似品,但平床机生产、直接针织成形除外)	14.0	90.0	17.0	件/千克	5
6110200099	其他棉制针织钩编套头衫等(包括开襟衫,背心及类似品)	14.0	90.0	17.0	件/千克	5
6110300011	化纤儿童游戏套装紧身衫及套头衫(针织起绒轻薄细针翻领开领高领毛<23%丝<30%)	16.0	130.0	17.0	件/千克	5
6110300012	化纤儿童游戏套装紧身衫及套头衫(针织起绒轻薄细针翻领开领高领含毛<23%含丝<30%)	16.0	130.0	17.0	件/千克	5
6110300021	化纤制针织或钩编起绒马甲(含羊毛或动物细毛23%及以上)	16.0	130.0	17.0	件/千克	5
6110300022	化纤制针织起绒男紧身及套头毛衫(含羊毛/动物细毛23%及以上,轻薄细针翻领开领高领)	16.0	130.0	17.0	件/千克	5
6110300023	化纤制针织或钩编起绒男毛衫(含羊毛/动物细毛23%及以上)	16.0	130.0	17.0	件/千克	5
6110300024	化纤制针织起绒女紧身及套头毛衫	16.0	130.0	17.0	件/千克	5
6110300025	化纤制针织或钩编起绒女毛衫(含羊毛动物细毛23%及以上)	16.0	130.0	17.0	件/千克	5
6110300026	其他化纤针织起绒套头衫(含羊毛或动物细毛≥23%,轻薄细针翻领、开领、高领)	16.0	130.0	17.0	件/千克	5
6110300029	其他化纤针织或钩编起绒开襟衫等(含羊毛或动物细毛≥23%,包括背心及类似品)	16.0	130.0	17.0	件/千克	5
6110300031	其他化纤制针织或钩编起绒马甲	16.0	130.0	17.0	件/千克	5
6110300032	化纤针织或起绒男紧身及套头毛衫(轻薄细针翻领、开领、高领)	16.0	130.0	17.0	件/千克	5
6110300033	其他化纤制针织或钩编起绒男毛衫	16.0	130.0	17.0	件/千克	5
6110300034	化纤制针织起绒女紧身及套头毛衫(轻薄细针,翻领、开领、高领)	16.0	130.0	17.0	件/千克	5
6110300035	其他化纤制针织或钩编起绒女毛衫	16.0	130.0	17.0	件/千克	5
6110300036	其他化纤针织起绒男套头衫(轻薄细针翻领/开领/高领,但平床机生产、直接针织成形除外)	16.0	130.0	17.0	件/千克	5
6110300037	其他化纤针织钩编起绒男开襟衫等(包括背心及类似品,但平床机生产、直接针织成形除外)	16.0	130.0	17.0	件/千克	5
6110300038	其他化纤起绒针织女套头衫(轻薄细针翻领/开领/高领,但平床机生产、直接针织成形除外)	16.0	130.0	17.0	件/千克	5
6110300039	其他化纤制针织或钩编女开襟衫等(起绒,包括背心及类似品,但平床机生产、直接针织成形除外)	16.0	130.0	17.0	件/千克	5
6110300041	化纤其他童游戏套装紧身及套头衫(针织非起绒,轻薄细针翻领、开领、高领)	16.0	130.0	17.0	件/千克	5

商品编号	商品名称及备注	进口关税税率		增值税率	计量单位	监管条件
		最惠国	普通			
6110300042	化纤制其他童游戏套装套头衫等(针制或钩编,非起绒,包括开襟衫、背心及类似品)	16.0	130.0	17.0	件/千克	5
6110300051	其他化纤制针织或钩编非起绒马甲(含羊毛或动物细毛23%及以上)	16.0	130.0	17.0	件/千克	5
6110300052	化纤针织非起绒男紧身及套头毛衫(含羊毛/动物细毛23%及以上,轻薄细针翻领、开领高领)	16.0	130.0	17.0	件/千克	5
6110300053	化纤制针织或钩编非起绒男毛衫(含羊毛/动物细毛23%及以上)	16.0	130.0	17.0	件/千克	5
6110300054	化纤针织非起绒女紧身及套头毛衫(含羊毛/动物细毛23%及以上,轻薄细针翻领、开领、高领)	16.0	130.0	17.0	件/千克	5
6110300057	化纤制针织钩编非起绒女毛衫(含羊毛/动物细毛23%及以上)	16.0	130.0	17.0	件/千克	5
6110300058	其他化纤针非起绒套头衫(含毛≥23% 非起绒,轻薄细针翻领、开领、高领)	16.0	130.0	17.0	件/千克	5
6110300059	其他化纤针织或钩编开襟衫等(含羊毛或动物细毛≥23%,非起绒,包括背心及类似品)	16.0	130.0	17.0	件/千克	5
6110300091	其他化纤针织男紧身及套头毛衫(非起绒,轻薄细针翻领、开领、高领)	16.0	130.0	17.0	件/千克	5
6110300092	其他化纤针织或钩编非起绒男毛衫	16.0	130.0	17.0	件/千克	5
6110300093	化纤针织非起绒女紧身及套头毛衫(轻薄细针翻领、开领、高领)	16.0	130.0	17.0	件/千克	5
6110300094	其他化纤针织或钩编非起绒女毛衫	16.0	130.0	17.0	件/千克	5
6110300095	其他化纤针织非起绒男套头衫(轻薄细针翻领/开领/高领,但平床机生产、直接针织成形除外)	16.0	130.0	17.0	件/千克	5
6110300096	其他化纤针织或钩编男开襟衫等(非起绒,包括外穿背心及类似品,但平床机生产、直接针织成形除外)	16.0	130.0	17.0	件/千克	5
6110300097	其他化纤制针织非起绒女套头衫(轻薄细针翻领/开领/高领,但平床机生产、直接针织成形除外)	16.0	130.0	17.0	件/千克	5
6110300098	其他化纤制针织或钩编女开襟衫等(包括外穿背心及类似品,但平床机生产、直接针织成形除外)	16.0	130.0	17.0	件/千克	5
6110300099	其他化纤制针织钩编套头衫等(包括开襟衫,背心及类似品)	16.0	130.0	17.0	件/千克	5
6110901011	丝及绢丝制针织或钩编起绒毛衫等(含丝≥70%含开衫、马甲)	14.0	130.0	17.0	件/千克	
6110901019	丝及绢丝制针织或钩编起绒毛衫等(含丝<70%含开衫、马甲)	14.0	130.0	17.0	件/千克	
6110901091	其他丝及绢丝针织或钩编毛衫等(非起绒,含丝≥70%含开衫、马甲)	14.0	130.0	17.0	件/千克	
6110901099	其他丝及绢丝针织或钩编毛衫等(非起绒,含丝<70%含开衫、马甲)	14.0	130.0	17.0	件/千克	

商品编号	商 品 名 称 及 备 注	进口关税税率		增值税率	计量单位	监管条件
		最惠国	普通			
6110909011	其他纺织材料针织或钩编起绒马甲(棉限内,毛衫背心除外)	14.0	130.0	17.0	件/千克	
6110909012	其他纺织材料针织或钩编起绒马甲(羊毛限内,毛衫背心除外)	14.0	130.0	17.0	件/千克	
6110909013	其他纺织材料针织或钩编起绒马甲(化纤限内,毛衫背心除外)	14.0	130.0	17.0	件/千克	
6110909019	其他纺织材料起绒针织或钩编马甲(毛衫背心除外)	14.0	130.0	17.0	件/千克	
6110909021	其他纺材制针织或钩编非起绒马甲(棉限内,毛衫背心除外)	14.0	130.0	17.0	件/千克	
6110909022	其他纺材制针织或钩编非起绒马甲(羊毛限内,毛衫背心除外)	14.0	130.0	17.0	件/千克	
6110909023	其他纺材制针织或钩编非起绒马甲(化纤限内,毛衫背心除外)	14.0	130.0	17.0	件/千克	
6110909029	其他纺材制针织或钩编马甲(非起绒,毛衫背心除外)	14.0	130.0	17.0	件/千克	
6110909031	其他纺材制针织或钩编起绒毛衫(棉限内)	14.0	130.0	17.0	件/千克	5
6110909033	其他纺材制针织或钩编起绒男毛衫(羊毛限内)	14.0	130.0	17.0	件/千克	
6110909034	其他纺材制针织或钩编起绒女毛衫(羊毛限内)	14.0	130.0	17.0	件/千克	
6110909035	其他纺材制针织或钩编起绒男毛衫(化纤限内)	14.0	130.0	17.0	件/千克	5
6110909036	其他纺材制针织或钩编起绒女毛衫(化纤限内)	14.0	130.0	17.0	件/千克	5
6110909039	其他纺材制针织或钩编毛衫(起绒)	14.0	130.0	17.0	件/千克	
6110909041	其他纺材针织钩编起绒男套头衫等(棉限内,包括开襟衫、马甲及类似品,但平床机生产、直接针织成形除外)	14.0	130.0	17.0	件/千克	5
6110909042	其他纺材针织钩编起绒女套头衫等(棉限内,包括开襟衫、马甲及类似品,但平床机生产、直接针织成形除外)	14.0	130.0	17.0	件/千克	5
6110909043	其他纺材针织或钩编起绒套头衫等(羊毛限内,包括开襟衫、马甲及类似品)	14.0	130.0	17.0	件/千克	
6110909045	其他纺材针织钩编起绒男套头衫等(化纤限内,包括开襟衫、马甲及类似品,但平床机生产、直接针织成形除外)	14.0	130.0	17.0	件/千克	5
6110909046	其他纺材针织钩编起绒女套头衫等(化纤限内,包括开襟衫、马甲及类似品,但平床机生产、直接针织成形除外)	14.0	130.0	17.0	件/千克	5
6110909049	其他纺材针织或钩编套头衫等(起绒,包括开襟衫、马甲及类似品)	14.0	130.0	17.0	件/千克	
6110909051	其他纺材针织或钩编非起绒毛衫(棉限内)	14.0	130.0	17.0	件/千克	5
6110909053	其他纺材针织或钩编非起绒男毛衫(羊毛限内)	14.0	130.0	17.0	件/千克	
6110909054	其他纺材针织或钩编非起绒女毛衫(羊毛限内)	14.0	130.0	17.0	件/千克	
6110909057	其他纺材针织或钩编非起绒男毛衫(化纤限内)	14.0	130.0	17.0	件/千克	5
6110909058	其他纺材针织或钩编非起绒女毛衫(化纤限内)	14.0	130.0	17.0	件/千克	5
6110909059	其他纺材针织或钩编毛衫(非起绒)	14.0	130.0	17.0	件/千克	

商品编号	商 品 名 称 及 备 注	进口关税税率		增值税率	计量单位	监管条件
		最惠国	普通			
6110909061	其他纺材针织钩编非起绒男套衫等(包括开襟衫、背心及类似品,但平床机生产、直接针织成形除外)	14.0	130.0	17.0	件/千克	5
6110909062	其他纺材针织钩编非起绒女套衫等(包括开襟衫、背心及类似品,但平床机生产、直接针织成形除外)	14.0	130.0	17.0	件/千克	5
6110909063	其他纺材针织钩编非起绒套头衫等(羊毛限内,包括开襟衫、背心及类似品)	14.0	130.0	17.0	件/千克	
6110909065	其他纺材针织钩编非起绒男套衫等(化纤限内,包括开襟衫、背心及类似品,但平床机生产、直接针织成形除外)	14.0	130.0	17.0	件/千克	5
6110909066	其他纺材针织钩编非起绒女套衫等(化纤限内,包括开襟衫、背心及类似品,但平床机生产、直接针织成形除外)	14.0	130.0	17.0	件/千克	5
6110909069	其他纺材针织或钩编套头衫等(非起绒,包括开襟衫、背心及类似品)	14.0	130.0	17.0	件/千克	
6110909090	其他纺材针织或钩编套头衫等(包括开襟衫、背心及类似品)	14.0	130.0	17.0	件/千克	
6111	**针织或钩编的婴儿服装及衣着附件**					
6111100010	针织或钩编婴儿袜(羊毛或动物细毛制)	14.0	130.0	17.0	千克	
6111100020	婴儿分指、连指及露指手套(针织或钩编,羊毛或动物细毛制)	14.0	130.0	17.0	千克	
6111100040	针织钩编婴儿外衣、雨衣、滑雪装(羊毛或动物细毛制,包括夹克类似服装)	14.0	130.0	17.0	千克	
6111100050	针织钩编婴儿其他服装(羊毛或动物细毛制)	14.0	130.0	17.0	千克	
6111100090	针织钩编婴儿衣着附件(羊毛或动物细毛制)	14.0	130.0	17.0	千克	
6111200010	棉制针织或钩编婴儿袜	14.0	90.0	17.0	千克	5
6111200020	棉制婴儿分指、连指、露指手套(针制或钩编)	14.0	90.0	17.0	千克	
6111200040	棉制针织婴儿外衣、雨衣、滑雪装(针制或钩编,包括夹克类似品)	14.0	90.0	17.0	千克	
6111200050	棉制针织钩编婴儿其他服装	14.0	90.0	17.0	千克	
6111200090	棉制针织钩编婴儿衣着附件	14.0	90.0	17.0	千克	
6111300010	合纤制针织或钩编婴儿袜	16.0	130.0	17.0	千克	5
6111300020	合纤婴儿分指连指及露指手套(针制或钩编)	16.0	130.0	17.0	千克	
6111300040	合纤婴儿外衣、雨衣、滑雪装(针制或钩编,包括夹克类似服装)	16.0	130.0	17.0	千克	
6111300050	合纤针织或钩编婴儿其他服装(包括衣着附件)	16.0	130.0	17.0	千克	
6111300090	合纤针织或钩编婴儿衣着附件	16.0	130.0	17.0	千克	
6111900011	人造纤维针织或钩编婴儿袜	14.0	130.0	17.0	千克	5
6111900012	人造纤维婴儿分指连指及露指手套(针织或钩编)	14.0	130.0	17.0	千克	
6111900014	人造纤维婴儿外衣、雨衣、滑雪装(针织或钩编,包括夹克类似服装)	14.0	130.0	17.0	千克	

商品编号	商品名称及备注	进口关税税率		增值税率	计量单位	监管条件
		最惠国	普通			
6111900015	人造纤维针织或钩编婴儿其他服装	14.0	130.0	17.0	千克	
6111900019	人造纤维针织或钩编婴儿衣着附件	14.0	130.0	17.0	千克	
6111900021	丝及绢丝制针织或钩编婴儿袜(含丝及绢丝及70%以上)	14.0	130.0	17.0	千克	
6111900022	丝及绢丝制针织或钩编婴儿手套(含丝及绢丝及70%以上,指分指、连指及露指手套)	14.0	130.0	17.0	千克	
6111900024	丝绢丝制针织或钩编婴儿外衣雨衣(含丝70%以上,含钩编,包括滑雪装、甲克类似服装)	14.0	130.0	17.0	千克	
6111900025	丝绢丝制婴儿其他服装(含丝70%以上,针织或钩编)	14.0	130.0	17.0	千克	
6111900029	丝绢丝制婴儿衣着附件(含丝70%以上,针织或钩编)	14.0	130.0	17.0	千克	
6111900091	其他纺织材料制针织或钩编婴儿袜	14.0	130.0	17.0	千克	
6111900092	其他纺织材料制婴儿手套(针织或钩编指分指连指及露指手套)	14.0	130.0	17.0	千克	
6111900094	其他纺织材料制婴儿外衣雨衣(针织或钩编,包括滑雪装夹克类似品)	14.0	130.0	17.0	千克	
6111900095	其他纺织材料制婴儿其他服装(针织或钩编)	14.0	130.0	17.0	千克	
6111900099	其他纺织材料制婴儿衣着附件(针织或钩编)	14.0	130.0	17.0	千克	
6112	**针织或钩编的运动服、滑雪服及游泳服**					
6112110011	棉制针织或钩编男式运动套装	16.0	90.0	17.0	套/千克	5
6112110019	棉制针织或钩编女式运动套装	16.0	90.0	17.0	套/千克	5
6112120021	合纤制针织或钩编男式运动服	17.5	130.0	17.0	套/千克	5
6112120029	合纤制针织或钩编女式运动套装	17.5	130.0	17.0	套/千克	5
6112190031	人造纤维制针织或钩编男式运动服	16.0	130.0	17.0	套/千克	5
6112190039	人造纤维制针织或钩编女运动套装	16.0	130.0	17.0	套/千克	5
6112190041	羊毛制男式运动套装(针织或钩编含丝70%以下)	16.0	130.0	17.0	套/千克	5
6112190049	羊毛制女式运动套装(针织或钩编含丝70%以下)	16.0	130.0	17.0	套/千克	5
6112190051	动物细毛制男式运动套装(针织或钩编含丝70%以下)	16.0	130.0	17.0	套/千克	5
6112190059	动物细毛制女式运动套装(针织或钩编含丝70%以下)	16.0	130.0	17.0	套/千克	5
6112190061	其他纺织材料制男式运动套装(针织或钩编含丝70%以下)	16.0	130.0	17.0	套/千克	5
6112190069	其他纺织材料制女式运动套装(针织或钩编含丝70%以下)	16.0	130.0	17.0	套/千克	5
6112190090	其他纺织材料制运动套装(针织或钩编含丝70%以上)	16.0	130.0	17.0	套/千克	
6112201000	棉制针织或钩编滑雪服	16.0	90.0	17.0	套/千克	
6112209010	羊毛或动物细毛针织钩编滑雪套装	19.0	130.0	17.0	套/千克	
6112209021	化学纤维制针织钩编男式滑雪套装	19.0	130.0	17.0	套/千克	5
6112209029	化学纤维制针织钩编女式滑雪套装	19.0	130.0	17.0	套/千克	5
6112209090	其他纺织材料针织钩编滑雪套装	19.0	130.0	17.0	套/千克	
6112310000	合纤制针织或钩编男式游泳服	17.5	130.0	17.0	件/千克	5
6112390010	棉制针织或钩编男式游泳服	16.0	130.0	17.0	件/千克	5

商品编号	商品名称及备注	进口关税税率		增值税率	计量单位	监管条件
		最惠国	普通			
6112390040	其他材料制针织钩编男式游泳服	16.0	130.0	17.0	件/千克	
6112390090	其他材料制针织钩编男式游泳服(含丝及绢丝70%及以上)	16.0	130.0	17.0	件/千克	
6112410000	合纤制针织或钩编女式游泳服	17.5	130.0	17.0	件/千克	5
6112490010	棉制针织或钩编女游泳服	16.0	130.0	17.0	件/千克	5
6112490040	其他纺织材料制针织钩编女游泳服	16.0	130.0	17.0	件/千克	
6112490090	其他纺织材料制针织或钩编女泳服(含丝及绢丝70%及以上)	16.0	130.0	17.0	件/千克	
6113	**用品目5903、5906或5907的针织物或钩编织物制成的服装**					
6113000011	用橡胶处理的服装(针织或钩编,织物外表面由橡胶完全覆盖)	16.0	130.0	17.0	件/千克	
6113000013	用塑料处理的毛、棉及化纤制服装(针织或钩编毛指羊动物细毛织物外表面由塑料完全覆盖)	16.0	130.0	17.0	件/千克	
6113000019	用塑料处理的其他纺织材料制服装(针织或钩编,织物外表面由塑料完全覆盖)	16.0	130.0	17.0	件/千克	
6113000021	其他橡胶处理的棉针织钩编男上衣	16.0	130.0	17.0	件/千克	
6113000022	其他塑料等处理的棉制针织男上衣(包括钩编,包括用其他材料处理的)	16.0	130.0	17.0	件/千克	
6113000023	其他橡胶处理的棉针织钩编女上衣	16.0	130.0	17.0	件/千克	
6113000028	其他塑料等处理的棉针织女上衣(包括钩编,包括用其他材料处理的)	16.0	130.0	17.0	件/千克	
6113000031	其他橡胶处理的纺织材料制男上衣(针织或钩编)	16.0	130.0	17.0	件/千克	
6113000032	其他塑料等处理的毛制男上衣(针织或钩编,羊毛或动物细毛制,包括用其他材料处理的)	16.0	130.0	17.0	件/千克	
6113000033	其他塑料等处理的毛、化纤男上衣(针织或钩编,包括用其他材料处理的)	16.0	130.0	17.0	件/千克	
6113000034	其他塑料等处理的纺织材料男上衣(针织或钩编,包括用其他材料处理的)	16.0	130.0	17.0	件/千克	
6113000035	其他橡胶处理的纺织材料制女上衣(针织或钩编)	16.0	130.0	17.0	件/千克	
6113000036	其他塑料等处理的毛制女上衣(针织或钩编,羊毛或动物细毛制,包括用其他材料处理的)	16.0	130.0	17.0	件/千克	
6113000037	其他塑料等处理的化纤制女上衣(针织或钩编,包括用其他材料处理的)	16.0	130.0	17.0	件/千克	
6113000038	其他塑料等处理的纺织料制女上衣(针织或钩编,包括用其他材料处理的)	16.0	130.0	17.0	件/千克	
6113000041	其他橡胶等处理的棉制男式长短裤(针织或钩编)	16.0	130.0	17.0	件/千克	5
6113000042	其他塑料等处理的棉制男式长短裤(针织或钩编,包括用其他材料处理的)	16.0	130.0	17.0	件/千克	5
6113000043	其他橡胶等处理的棉制女式长短裤(针织或钩编)	16.0	130.0	17.0	件/千克	5

商品编号	商品名称及备注	进口关税税率		增值税率	计量单位	监管条件
		最惠国	普通			
6113000044	其他塑料等处理的棉制女式长短裤(针织或钩编,包括用其他材料处理的)	16.0	130.0	17.0	件/千克	5
6113000051	其他橡胶处理纺织材料男长短裤(针织或钩编)	16.0	130.0	17.0	件/千克	5
6113000053	其他塑料等处理的毛化纤制男裤(针织或钩编长短裤包括用其他材料处理的)	16.0	130.0	17.0	件/千克	5
6113000054	其他塑料等处理纺织材料男长短裤(针织或钩编长短裤包括用其他材料处理的)	16.0	130.0	17.0	件/千克	5
6113000057	其他橡胶处理纺织材料女长短裤(针织或钩编)	16.0	130.0	17.0	件/千克	5
6113000058	其他塑料等处理的毛、化纤制女裤(针织或钩编长短裤包括用其他材料处理)	16.0	130.0	17.0	件/千克	5
6113000059	其他塑料等处理纺织材料女长短裤(针织或钩编,包括用其他材料处理)	16.0	130.0	17.0	件/千克	5
6113000091	其他橡胶处理棉针织或钩编服装	16.0	130.0	17.0	件/千克	
6113000092	其他塑料处理棉针织或钩编服装(包括用其他材料处理的)	16.0	130.0	17.0	件/千克	
6113000093	其他橡胶处理纺织材料针织服装(包括钩编服装)	16.0	130.0	17.0	件/千克	
6113000094	其他塑料等处理毛化纤针织服装(包括钩编服装,包括用其他材料处理)	16.0	130.0	17.0	件/千克	
6113000098	其他塑料等处理纺织材料针织服装(包括钩编服装,包括用其他材料处理)	16.0	130.0	17.0	件/千克	
6114	针织或钩编的其他服装					
6114100010	毛制针织或钩编连身裤(指羊毛或动物细毛)	16.0	130.0	17.0	件/千克	
6114100021	毛制针织男式 TOPS(指羊毛或动物细毛含钩编成人及8-18号男童 TOPS)	16.0	130.0	17.0	件/千克	
6114100029	毛制针织或钩编女式及儿童 TOPS(指羊毛或动物细毛成人及7-16号女童及其他儿童 TOPS)	16.0	130.0	17.0	件/千克	
6114100030	毛制针织或钩编其他运动服(指羊毛或动物细毛)	16.0	130.0	17.0	件/千克	
6114100090	毛制针织或钩编其他服装(指羊毛或动物细毛)	16.0	130.0	17.0	件/千克	
6114200011	棉制针织或钩编儿童非保暖连身裤	16.0	90.0	17.0	件/千克	
6114200019	棉制针织或钩编其他连身裤	16.0	90.0	17.0	件/千克	
6114200021	棉制针织或钩编男成人及男童 TOPS(指 8-18 号男童 TOPS)	16.0	90.0	17.0	件/千克	5
6114200022	棉制针织或钩编其他男童 TOPS	16.0	90.0	17.0	件/千克	5
6114200029	棉制针织或钩编女式 TOPS	16.0	90.0	17.0	件/千克	5
6114200030	棉制针织或钩编其他运动服	16.0	90.0	17.0	件/千克	
6114200040	棉制针织或钩编夏服、水洗服(包括女成人、女童及男童)	16.0	90.0	17.0	件/千克	
6114200090	棉制针织或钩编其他服装	16.0	90.0	17.0	件/千克	
6114300011	化纤制针织或钩编连身衣(含羊/动物细毛 23%及以上)	17.5	130.0	17.0	件/千克	

商品编号	商品名称及备注	进口关税税率		增值税率	计量单位	监管条件
		最惠国	普通			
6114300012	化纤制针织或钩编紧身服及衬衫(含羊/动物细毛23%及以上,包括无袖罩衫)	17.5	130.0	17.0	件/千克	
6114300013	化纤制针织或钩编其他连身衣	17.5	130.0	17.0	件/千克	
6114300019	化纤制针织或钩编紧身服及衬衫(包括无袖罩衫)	17.5	130.0	17.0	件/千克	
6114300021	化纤针织或钩编男成人及男 TOPS(指8-18号男童TOPS)	17.5	130.0	17.0	件/千克	5
6114300022	化纤针织或钩编其他男童 TOPS	17.5	130.0	17.0	件/千克	5
6114300029	化纤针织或钩编女式 TOPS	17.5	130.0	17.0	件/千克	5
6114300030	化纤针织或钩编其他运动服	17.5	130.0	17.0	件/千克	
6114300040	化纤针织或钩编夏服、水洗服(包括女成人、女童及男童)	17.5	130.0	17.0	件/千克	
6114300090	化纤针织或钩编其他服装	17.5	130.0	17.0	件/千克	
6114900011	丝或绢丝制针织或钩编连身裤(含丝70%及以上)	16.0	130.0	17.0	件/千克	
6114900013	丝或绢丝制针织或钩编连身裤(含丝70%及以下)	16.0	130.0	17.0	件/千克	
6114900021	丝制针织钩编男成人及男童 TOPS(含丝或绢丝70%及以上8-18号男童TOPS)	16.0	130.0	17.0	件/千克	
6114900022	丝制针织钩编女成人及女童 TOPS(含丝或绢丝70%及以上,7-16号女童TOPS)	16.0	130.0	17.0	件/千克	
6114900023	丝制针织或钩编其他儿童 TOPS(含丝或绢丝70%及以上)	16.0	130.0	17.0	件/千克	
6114900024	丝制针织钩编男成人及男童 TOPS(含丝或绢丝70%及以下,8-18号男童TOPS)	16.0	130.0	17.0	件/千克	
6114900025	丝制针织钩编女成人及女童 TOPS(含丝或绢丝70%及以下,7-16号女童TOPS)	16.0	130.0	17.0	件/千克	
6114900026	丝制针织或钩编其他儿童 TOPS(含丝或绢丝70%及下)	16.0	130.0	17.0	件/千克	
6114900031	丝制针织或钩编其他运动服(含丝或绢丝70%及上)	16.0	130.0	17.0	件/千克	
6114900032	丝制针织或钩编其他运动服(含丝或绢丝70%及下)	16.0	130.0	17.0	件/千克	
6114900041	丝制针织或钩编其他服装(含丝或绢丝70%及以上)	16.0	130.0	17.0	件/千克	
6114900042	丝制针织或钩编其他服装(含丝或绢丝70%及以下)	16.0	130.0	17.0	件/千克	
6114900050	其他纺织材料制连身衣(针织或钩编)	16.0	130.0	17.0	件/千克	
6114900061	其他纺织材料制成人及儿童 TOPS(针织或钩编8-18号男童及7-16号女童TOPS)	16.0	130.0	17.0	件/千克	
6114900069	其他纺织材料制其他儿童 TOPS(针织或钩编)	16.0	130.0	17.0	件/千克	
6114900070	其他纺织材料制无袖罩衫夏服等(针织或钩编,包括水洗服等)	16.0	130.0	17.0	件/千克	
6114900081	其他纺织材料制其他运动服(针织或钩编,棉限内)	16.0	130.0	17.0	件/千克	
6114900082	其他纺织材料制其他运动服(针织或钩编,羊毛限内)	16.0	130.0	17.0	件/千克	
6114900083	其他纺织材料制其他运动服(针织或钩编,化纤限内)	16.0	130.0	17.0	件/千克	
6114900089	其他纺织材料制其他运动服(针织或钩编)	16.0	130.0	17.0	件/千克	
6114900091	其他纺织材料制其他服装(针织或钩编,棉限内)	16.0	130.0	17.0	件/千克	

商品编号	商品名称及备注	进口关税税率		增值税率	计量单位	监管条件
		最惠国	普通			
6114900092	其他纺织材料制其他服装(针织或钩编,羊毛限内)	16.0	130.0	17.0	件/千克	
6114900093	其他纺织材料制其他服装(针织或钩编,化纤限内)	16.0	130.0	17.0	件/千克	
6114900099	其他纺织材料制其他服装(针织或钩编)	16.0	130.0	17.0	件/千克	
6115	**针织或钩编的连裤袜、紧身裤袜、长统袜、短袜及其他袜类,包括用以治疗静脉曲张的长统袜和无外绱鞋底的鞋类**					
6115110010	单丝67分特以下合纤制紧身裤袜(针织或钩编)	16.0	130.0	17.0	条/千克	
6115110090	单丝67分特以下合纤制连裤袜(针织或钩编)	16.0	130.0	17.0	条/千克	
6115120010	单丝67分特以上合纤制矫正袜(针织或钩编,外科用带压缩刻度)	16.0	130.0	17.0	条/千克	
6115120090	单丝67分特以上合纤制其他袜(针制或钩编,紧身裤袜及连裤袜)	16.0	130.0	17.0	条/千克	
6115191010	棉制针织或钩编矫正袜(外科用带压缩刻度)	14.0	90.0	17.0	条/千克	
6115191090	棉制针织钩编连裤袜及紧身裤袜	14.0	90.0	17.0	条/千克	
6115199011	羊毛或动物细毛制矫正袜(外科用带压缩刻度的)	14.0	130.0	17.0	条/千克	
6115199019	毛制针织或钩编连裤袜及紧身裤袜(羊毛或动物细毛)	14.0	130.0	17.0	条/千克	
6115199021	丝及绢丝制矫正袜(针织及钩编,外科矫正用带压缩刻度)	14.0	130.0	.17.0	条/千克	
6115199022	丝及绢丝制连裤袜及紧身裤袜(针织及钩编,含丝70%及以上)	14.0	130.0	17.0	条/千克	
6115199029	丝及绢丝制连裤袜及紧身裤袜(针织或钩编,含丝70%及以下)	14.0	130.0	17.0	条/千克	
6115199091	其他材料制矫正袜(针织及钩编)	14.0	130.0	17.0	条/千克	
6115199099	其他材料制连裤袜及紧身裤袜(针织及钩编)	14.0	130.0	17.0	条/千克	
6115200011	丝或绢丝制女统袜(单丝细度在67分特以下含丝70%及以上)	14.0	130.0	17.0	双/千克	
6115200019	丝或绢丝制女统袜(单丝细度在67分特以下含丝70%及以下)	14.0	130.0	17.0	双/千克	
6115200021	合纤制针织或钩编女长统袜(单丝细度在67分特以下)	14.0	130.0	17.0	双/千克	5
6115200029	合纤制针织或钩编女中统袜(单丝细度在67分特以下)	14.0	130.0	17.0	双/千克	5
6115200090	其他材料制女统袜(单丝细度在67分特以下)	14.0	130.0	17.0	双/千克	
6115910000	毛制针织或钩编短袜及其他袜类	14.0	130.0	17.0	双/千克	5
6115920011	棉制针织或钩编矫正袜(外科用带压缩刻度)	14.0	90.0	17.0	双/千克	
6115920019	棉制针织或钩编短袜及其他袜类	14.0	90.0	17.0	双/千克	5
6115930011	合纤制针织或钩编矫正袜(外科用带压缩刻度)	16.0	130.0	17.0	双/千克	
6115930012	合纤制女长统袜(针织或钩编含羊毛或动物细毛23%及以上)	16.0	130.0	17.0	双/千克	5
6115930013	合纤制短袜及其他袜类(针织或钩编含羊毛或动物细毛23%及以上)	16.0	130.0	17.0	双/千克	5
6115930014	其他合纤制女长统袜(针织或钩编)	16.0	130.0	17.0	双/千克	5

商品编号	商品名称及备注	进口关税税率		增值税率	计量单位	监管条件
		最惠国	普通			
6115930019	其他合纤制短袜及其他袜类(针织或钩编)	16.0	130.0	17.0	双/千克	5
6115990011	人纤制短袜及其他袜类(针织或钩编含羊毛或动物细毛23%及以上)	14.0	130.0	17.0	双/千克	5
6115990019	其他人纤制短袜及其他袜类(针织或钩编)	14.0	130.0	17.0	双/千克	5
6115990091	其他纺织材料制短袜及其他袜类(针织或钩编,含丝70%及以上)	14.0	130.0	17.0	双/千克	
6115990099	其他纺织材料制短袜及其他袜类(针织或钩编,含丝70%及以下)	14.0	130.0	17.0	双/千克	
6116	**针织或钩编的分指手套、连指手套及露指手套**					
6116100010	塑料或橡胶浸渍的运动手套	14.0	130.0	17.0	双/千克	
6116100091	塑料或橡胶浸渍的非运动手套(含塑料或橡胶超过50%及以上)	14.0	130.0	17.0	双/千克	
6116100092	塑料或橡胶浸渍的非运动手套(含塑料或橡胶不超过50%,棉限内)	14.0	130.0	17.0	双/千克	
6116100093	塑料或橡胶浸渍的非运动手套(含塑料或橡胶不超过50%,毛限内)	14.0	130.0	17.0	双/千克	
6116100094	塑料或橡胶浸渍的其他非运动手套(含塑料或橡胶不超过50%,化纤限内)	14.0	130.0	17.0	双/千克	
6116100099	塑料或橡胶浸渍的其他非运动手套(含塑料或橡胶不超过50%)	14.0	130.0	17.0	双/千克	
6116910000	毛制其他针织或钩编手套	14.0	130.0	17.0	双/千克	
6116920000	棉制其他针织或钩编手套(非运动手套)	14.0	90.0	17.0	双/千克	
6116930010	合纤制其他针织或钩编手套(含羊毛或动物细毛23%及以上,非运动手套)	16.0	130.0	17.0	双/千克	
6116930090	合纤制其他针织或钩编手套(含羊毛或动物细毛23%以下,非运动手套)	16.0	130.0	17.0	双/千克	
6116990011	人造纤维制其他针织或钩编手套(运动手套)	14.0	130.0	17.0	双/千克	
6116990019	人造纤维制其他针织或钩编手套(非运动手套)	14.0	130.0	17.0	双/千克	
6116990020	丝或绢丝制其他针织或钩编手套(含丝70%及以上)	14.0	130.0	17.0	双/千克	
6116990091	其他纺材制其他针织或钩编手套(棉限内)	14.0	130.0	17.0	双/千克	
6116990092	其他纺材制其他针织或钩编手套(毛限内)	14.0	130.0	17.0	双/千克	
6116990093	其他纺材制其他针织或钩编手套(化纤限内)	14.0	130.0	17.0	双/千克	
6116990099	未列名纺材制其他针织或钩编手套	14.0	130.0	17.0	双/千克	
6117	**其他制成的针织或钩编的衣着附件;服装或衣着附件的针织或钩编的零件**					
6117100010	羊毛或动物细毛制针织或钩编披巾(含头巾、围巾、披纱、面纱及类似品)	14.0	130.0	17.0	条/千克	
6117100021	化学纤维制针织或钩编披巾、头巾(含围巾、披纱、面纱及类似品,羊毛或动物细毛≥23%)	14.0	130.0	17.0	条/千克	

商品编号	商品名称及备注	进口关税税率		增值税率	计量单位	监管条件
		最惠国	普通			
6117100029	其他化学纤维制披巾(含围巾、披纱、面纱及类似品,羊毛或动物细毛<23%)	14.0	130.0	17.0	条/千克	
6117100030	棉制针织披巾(含围巾、披纱、面纱及类似品)	14.0	130.0	17.0	条/千克	
6117100091	其他纺织材料制针织披巾(含围巾、披纱、面纱及类似品,含丝70%及以上)	14.0	130.0	17.0	条/千克	
6117100099	其他纺织材料制针织披巾(含围巾、披纱、面纱及类似品,含丝70%以下)	14.0	130.0	17.0	条/千克	
6117200010	羊毛或动物细毛制领带及领结(针织或钩编)	14.0	130.0	17.0	条/千克	
6117200020	化学纤维制领带及领结(针织或钩编)	14.0	130.0	17.0	条/千克	
6117200030	棉制领带及领结(针织或钩编)	14.0	130.0	17.0	条/千克	
6117200099	其他材料针织或钩编领带及领结(针织或钩编)	14.0	130.0	17.0	条/千克	
6117800010	头带、发带及其类似品(针织或钩编)	14.0	130.0	17.0	千克	
6117800020	羊毛或动物细毛制其他衣着附件(针织或钩编)	14.0	130.0	17.0	千克	
6117800031	化学纤维制其他衣着附件(针织或钩编,含羊毛或动物细毛23%及以上)	14.0	130.0	17.0	千克	
6117800039	其他化学纤维制其他衣着附件(针织或钩编)	14.0	130.0	17.0	千克	
6117800040	棉制其他衣着附件(针织或钩编)	14.0	130.0	17.0	千克	
6117800091	其他材料制其他衣着附件(针织或钩编,含丝70%及以上)	14.0	130.0	17.0	千克	
6117800099	其他材料制其他衣着附件(针织或钩编)	14.0	130.0	17.0	千克	
6117900010	保暖型衬里(针织或钩编)	14.0	130.0	17.0	千克	
6117900021	毛制针织毛衫的零件(针织或钩编,羊毛或动物细毛)	14.0	130.0	17.0	千克	
6117900022	毛制针织衬衫的零件(针织或钩编,羊毛或动物细毛)	14.0	130.0	17.0	千克	
6117900023	毛制针织上衣的零件(针织或钩编,羊毛或动物细毛)	14.0	130.0	17.0	千克	
6117900024	毛制针织长裤、马裤、短裤的零件(针织或钩编,羊毛或动物细毛)	14.0	130.0	17.0	千克	
6117900029	毛制其他未列名针织服装零件(针织或钩编,羊毛或动物细毛)	14.0	130.0	17.0	千克	
6117900031	棉制针织毛衫的零件(针织或钩编)	14.0	130.0	17.0	千克	5
6117900032	棉制针织衬衫的零件(针织或钩编)	14.0	130.0	17.0	千克	5
6117900033	棉制针织上衣的零件(针织或钩编)	14.0	130.0	17.0	千克	
6117900034	棉制针织长裤、马裤、短裤的零件(针织或钩编)	14.0	130.0	17.0	千克	5
6117900039	棉制其他未列名针织服装零件(针织或钩编)	14.0	130.0	17.0	千克	
6117900041	化纤制针织毛衫的零件(针织或钩编)	14.0	130.0	17.0	千克	5
6117900042	化纤制针织衬衫的零件(针织或钩编)	14.0	130.0	17.0	千克	5
6117900043	化纤制针织上衣的零件(针织或钩编)	14.0	130.0	17.0	千克	
6117900044	化纤制针织长裤、马裤、短裤零件(针织或钩编)	14.0	130.0	17.0	千克	5
6117900049	化纤制其他未列名针织服装零件(针织或钩编)	14.0	130.0	17.0	千克	
6117900091	其他材料制衣着零件(针织或钩编,含丝70%及以上)	14.0	130.0	17.0	千克	
6117900092	其他材料制针织毛衫的零件(针织或钩编)	14.0	130.0	17.0	千克	

商品编号	商品名称及备注	进口关税税率		增值税率	计量单位	监管条件
		最惠国	普通			
6117900093	其他材料制针织衬衫的零件(针织或钩编)	14.0	130.0	17.0	千克	
6117900094	其他材料制针织上衣的零件(针织或钩编)	14.0	130.0	17.0	千克	
6117900095	其他材料制长裤、马裤、短裤零件(针织或钩编)	14.0	130.0	17.0	千克	5
6117900099	其他材料制未列名针织服装零件(针织或钩编)	14.0	130.0	17.0	千克	

第六十二章　非针织或非钩编的服装及衣着附件

注释：

一、本章仅适用于除絮胎以外任何纺织物的制成品，但不适用于针织品或钩编织品(品目62.12的除外)。

二、本章不包括：

(一) 品目63.09的旧衣着或其他旧物品；

(二) 矫形器具、外科手术带、疝气带及类似品(品目90.21)。

三、品目62.03及62.04所称：

(一)“西服套装”，是指面料用完全相同织物制成的两件套或三件套的下列成套服装：

一件人体上半身穿着的外套或短上衣，除袖子外，其面料数为四片或四片以上；也可附带一件西服背心，这件背心的前片面料应与套装其他各件的面料相同，后片面料则应与外套或短上衣的衬里料相同；以及一件人体下半身穿着的服装，即不带背带或护胸的长裤、马裤、短裤(游泳裤除外)、裙子或裙裤。

西服套装各件面料质地、颜色及构成必须完全相同，其款式也必须相同，尺寸大小还须相互般配，但可以用不同织物滚边(缝口上缝入长条织物)。

如果数件人体下半身穿着的服装同时进口或出口(例如，两条长裤、长裤与短裤、裙子或裙裤与长裤)，构成西服套装下装的应是一条长裤，而对于女式西服套装，则应是一条裙子或裙裤，其他服装应分别归类。

所称“西服套装”，包括不论是否完全符合上述条件的下列配套服装：

1. 常礼服，由一件后襟下垂并下端开圆弧形叉的素色短上衣和一条条纹长裤组成；

2. 晚礼服(燕尾服)一般用黑色织物制成，上衣前襟较短且不闭合，背后有燕尾；

3. 无燕尾套装夜礼服，其中上衣款式与普通上衣相似(可以更为显露衬衣前胸)，但有光滑丝质或仿丝质的翻领。

(二)“便服套装”，是指面料相同并作零售包装的下列成套服装(西服套装及税号62.07或62.08的物品除外)：

一件人体上半身穿着的服装，但背心除外，因为背心可作为内衣；以及一件或两件不同的人体下半身穿着的服装，即长裤、护胸背带工装裤、马裤、短裤(泳裤除外)、裙子或裙裤。

便服套装各件面料质地、款式、颜色及构成必须相同；尺寸大小也须相互般配。所称“便服套装”，不包括品目62.11的运动服及滑雪服。

四、对于品目62.09：

(一) 所称“婴儿服装及衣着附件”，是指用于身高不超过86厘米幼儿的服装；也包括婴儿尿布；

(二) 既可归入品目62.09，也可归入本章其他品目的物品，应归入品目62.09；

五、既可归入品目62.10，也可归入本章其他品目的服装，除品目62.09所列的仍归入该品目外，其余的应一律归入品目62.10。

六、品目62.11所称“滑雪服”，是指从整个外观和织物质地来看，主要在滑雪(速度滑雪和高山滑雪)时穿着的下列服装或成套服装：

(一)“滑雪连身服”，即上下身连在一起的单件服装；除袖子和领子外，滑雪连身服可有口袋或脚带；

(二)“滑雪套装”，即由两件或三件构成一套并作零售包装的下列服装：

一件用一条拉链扣合的带风帽的厚夹克、防风衣、防风短上衣或类似的服装，可以附带一件背心；以及一条不论是否过腰的长裤、一条马裤或一条护胸背带工装裤。

“滑雪套装”也可由一件类似以上(一)款所述的连身服和一件可套在连身服外面的有胎料背心组成。“滑雪套装”各件颜色可以不同，但面料质地、款式及构成必须相同；尺寸大小也须相互般配。

七、正方形或近似正方形的围巾及围巾式样的物品，如果每边均不超过60厘米，应作为手帕归类(品目62.13)。任何一边超过60厘米的手帕，应归入品目62.14。

八、本章的服装，凡门襟为左压右的，应视为男式；右压左的，应视为女式。但本规定不适用于其式样已明显为男式或女式的服装。无法区别是男式还是女式的服装，应按女式服装归入有关品目。

九、本章物品可用金属线制成。

商品编号	商品名称及备注	进口关税税率		增值税率	计量单位	监管条件
		最惠国	普通			
6201	男式大衣、短大衣、斗篷、短斗篷、带风帽的防寒短上衣(包括滑雪短上衣)、防风衣、防风短上衣及类似品，但品目 **6203** 的货品除外					
6201110010	毛制男式雨衣(羊毛或动物细毛制)	16.0	130.0	17.0	件/千克	B
6201110090	毛制男式大衣、斗篷及类似品(含短大衣、短斗篷，羊毛或动物细毛制)	16.0	130.0	17.0	件/千克	B
6201121000	棉制男式羽绒大衣等及类似品(包括羽绒雨衣、短大衣、斗篷、短斗篷)	16.0	90.0	17.0	件/千克	B
6201129010	棉制男式雨衣	16.0	90.0	17.0	件/千克	
6201129020	棉制男式连风帽派克大衣等(含带风帽的防寒短上衣、防风衣、防风短上衣及类似品)	16.0	90.0	17.0	件/千克	
6201129090	棉制男式大衣、斗篷及类似品(包括短大衣、短斗篷)	16.0	90.0	17.0	件/千克	
6201131000	化纤制男羽绒大衣等及类似品(包括羽绒雨衣、短大衣、斗篷、短斗篷)	17.5	130.0	17.0	件/千克	B
6201139010	化纤制男式雨衣	17.5	130.0	17.0	件/千克	
6201139020	化纤制男式连风帽派克大衣等(羊/动物细毛≥36%，带风帽防寒短上衣/防风衣等)	17.5	130.0	17.0	件/千克	
6201139030	化纤制男大衣、斗篷及类似品(包括短大衣、短斗篷，含羊毛或动物细毛 36%及以上)	17.5	130.0	17.0	件/千克	
6201139040	化纤制男式连风帽派克大衣等(羊/动物细毛＜36%，带风帽防寒短上衣/防风衣等)	17.5	130.0	17.0	件/千克	
6201139090	化纤制男大衣、斗篷及类似品(包括短大衣、短斗篷，含羊毛或动物细毛 36%以下)	17.5	130.0	17.0	件/千克	
6201190010	其他材料制男雨衣	16.0	100.0	17.0	件/千克	
6201190021	其他材料制男大衣、斗篷及类似品(含短大衣、斗篷、短斗篷，含丝 70%及以上)	16.0	100.0	17.0	件/千克	
6201190029	其他材料制男大衣、斗篷及类似品(含短大衣、斗篷、短斗篷，含丝＜70%)	16.0	100.0	17.0	件/千克	
6201190030	其他材料制男大衣等，羊毛限内(含短大衣、斗篷、短斗篷)	16.0	100.0	17.0	件/千克	
6201190040	其他材料制男大衣等，棉限内(含短大衣、斗篷、短斗篷)	16.0	100.0	17.0	件/千克	
6201190050	其他材料制男大衣等，化纤限内(含短大衣、斗篷、短斗篷)	16.0	100.0	17.0	件/千克	
6201190090	其他材料制男大衣等(含短大衣、斗篷、短斗篷)	16.0	100.0	17.0	件/千克	
6201910010	毛制男式有填料无袖上衣(羊毛或动物细毛制)	16.0	130.0	17.0	件/千克	
6201910020	毛制男式带防寒衬里防风衣(羊毛或动物细毛制，含防风短上衣)	16.0	130.0	17.0	件/千克	

商品编号	商品名称及备注	进口关税税率		增值税率	计量单位	监管条件
		最惠国	普通			
6201910030	毛制男式带风帽、有填料短上衣(羊毛或动物细毛制,含防风上衣、衬衫式样、特制领)	16.0	130.0	17.0	件/千克	
6201910090	毛制男式其他防寒上衣(羊毛或动物细毛制)	16.0	130.0	17.0	件/千克	
6201921000	棉制男式羽绒防寒短上衣、防风衣(包括羽绒滑雪短上衣、防风短上衣及类似品)	16.0	90.0	17.0	件/千克	B
6201929010	棉制男式有填料无袖上衣(不带可连接袖子配件)	16.0	90.0	17.0	件/千克	
6201929020	棉制男式带防寒衬里防风衣(含防风短上衣)	16.0	90.0	17.0	件/千克	
6201929030	棉制男式带风帽、有填料上衣(包括防风上衣、衬衫式样、特制领)	16.0	90.0	17.0	件/千克	
6201929090	棉制男式其他防寒上衣(包括滑雪短上衣、防风短上衣及类似品)	16.0	90.0	17.0	件/千克	
6201931000	化纤制男式羽绒防寒短上衣防风衣(包括羽绒滑雪短上衣、防风短上衣及类似品)	17.5	130.0	17.0	件/千克	B
6201939010	化纤制男式有填料无袖上衣(不带可连接袖子配件)	17.5	130.0	17.0	件/千克	
6201939020	化纤制男式带风帽防寒短上衣(羊毛或动物细毛36%及以上)	17.5	130.0	17.0	件/千克	
6201939030	化纤制男式带防寒衬里防风衣(含防风短上衣)	17.5	130.0	17.0	件/千克	
6201939040	化纤制男式带风帽、有填料上衣(包括防风上衣、衬衫式样、特制领)	17.5	130.0	17.0	件/千克	
6201939090	化纤制其他防寒上衣(包括带风帽防寒短上衣、防风短上衣及其他类似品)	17.5	130.0	17.0	件/千克	
6201990011	丝制男式带防寒衬里短上衣(含丝70%及以上,含防风上衣,防风短上衣)	16.0	100.0	17.0	件/千克	
6201990012	丝制男式带特制领有填料短上衣(含丝70%及以上,含防风上衣、衬衫式样,带风帽)	16.0	100.0	17.0	件/千克	
6201990019	丝制其他防寒上衣(含丝70%及以上)	16.0	100.0	17.0	件/千克	
6201990021	丝制男式带防寒衬里短上衣(含丝70%以下,含防风上衣、防风短上衣)	16.0	100.0	17.0	件/千克	
6201990022	丝制男式带特制领有填料短上衣(含丝70%以下,含防风上衣、衬衫式样,带风帽)	16.0	100.0	17.0	件/千克	
6201990029	丝制其他防寒上衣(含丝70%以下)	16.0	100.0	17.0	件/千克	
6201990031	其他材料制男式带风帽防寒短上衣(棉限内,带防寒衬里)	16.0	100.0	17.0	件/千克	
6201990032	其他材料制男式带风帽防寒短上衣(羊毛限内,带防寒衬里)	16.0	100.0	17.0	件/千克	
6201990033	其他材料制男式带风帽防寒短上衣(化纤限内,带防寒衬里)	16.0	100.0	17.0	件/千克	
6201990039	其他材料制男式带风帽防寒短上衣(其他纺织材料制,带防寒衬里)	16.0	100.0	17.0	件/千克	
6201990041	其他材料制男式带风帽短上衣(棉限内,带特制领,有填料,衬衫式样)	16.0	100.0	17.0	件/千克	

商品编号	商 品 名 称 及 备 注	进口关税税率		增值税率	计量单位	监管条件
		最惠国	普通			
6201990042	其他材料制男式带风帽短上衣(羊毛限内,带特制领,有填料,衬衫式样)	16.0	100.0	17.0	件/千克	
6201990043	其他材料制男式带风帽短上衣(化纤限内,带特制领,有填料,衬衫式样)	16.0	100.0	17.0	件/千克	
6201990049	其他材料制男式带风帽短上衣(其他材料制,带特制领,有填料,衬衫式样)	16.0	100.0	17.0	件/千克	
6201990091	其他材料制男式防寒短上衣(棉限内,含防风衣、防风短上衣类似品)	16.0	100.0	17.0	件/千克	
6201990092	其他材料制男式防寒短上衣(羊毛限内,含防风衣、防风短上衣类似品)	16.0	100.0	17.0	件/千克	
6201990093	其他材料制男式防寒短上衣(化纤限内,含防风衣、防风短上衣类似品)	16.0	100.0	17.0	件/千克	
6201990099	其他材料制男式其他防寒短上衣(含防风衣、防风短上衣类似品)	16.0	100.0	17.0	件/千克	
6202	**女式大衣、短大衣、斗篷、短斗篷、带风帽的防寒短上衣(包括滑雪短上衣)、防风衣、防风短上衣及类似品,但品目6204的货品除外**					
6202110010	毛制女式雨衣(羊毛或动物细毛制)	16.0	130.0	17.0	件/千克	B
6202110090	毛制女式大衣、斗篷及类似品等(包括短大衣、短斗篷,羊毛或动物细毛制)	16.0	130.0	17.0	件/千克	B
6202121000	棉制女式羽绒大衣等及类似品(包括羽绒雨衣、短大衣、斗篷、短斗篷)	16.0	90.0	17.0	件/千克	B
6202129010	棉制女式雨衣	16.0	90.0	17.0	件/千克	
6202129020	棉制女式连风帽派克大衣等(含带风帽的防寒短上衣、防风衣、防风短上衣及类似品)	16.0	90.0	17.0	件/千克	
6202129090	棉制女式大衣、斗篷及类似品(包括短大衣、短斗篷)	16.0	90.0	17.0	件/千克	
6202131000	化纤制女羽绒大衣等及类似品(包括羽绒雨衣、短大衣、斗篷、短斗篷)	19.0	130.0	17.0	件/千克	B
6202139010	化纤制女雨衣(含羊/动物细毛<36%,含带风帽防寒上衣、防风衣及类品)	19.0	130.0	17.0	件/千克	
6202139020	化纤制女式连风帽派克大衣(含短大衣、短斗篷,含羊毛或动物细毛36%及以上)	19.0	130.0	17.0	件/千克	
6202139030	化纤制女大衣、斗篷及类似品(含短大衣、短斗篷,含羊毛或动物细毛36%及以上)	19.0	130.0	17.0	件/千克	
6202139040	化纤制女式连风帽派克大衣(含羊/动物细毛<36%,含带风帽防寒上衣、防风衣及类品)	19.0	130.0	17.0	件/千克	
6202139090	化纤制女大衣、斗篷及类似品(含短大衣、短斗篷,含羊毛或动物细毛36%以下)	19.0	130.0	17.0	件/千克	
6202190010	其他材料制女雨衣	16.0	100.0	17.0	件/千克	
6202190021	其他材料制女大衣、斗篷及类似品(含短大衣、短斗篷,含丝70%及以上)	16.0	100.0	17.0	件/千克	

商品编号	商品名称及备注	进口关税税率		增值税率	计量单位	监管条件
		最惠国	普通			
6202190029	其他材料制女大衣、斗篷及类似品(含短大衣、短斗篷,含丝70%及以下)	16.0	100.0	17.0	件/千克	
6202190030	其他材料制女大衣等,羊毛限内(含短大衣、斗篷、短斗篷)	16.0	100.0	17.0	件/千克	
6202190040	其他材料制女大衣等,棉限内(含短大衣、斗篷、短斗篷)	16.0	100.0	17.0	件/千克	
6202190050	其他材料制女大衣等,化纤限内(含短大衣、斗篷、短斗篷)	16.0	100.0	17.0	件/千克	
6202190090	其他材料制女大衣(含短大衣、斗篷、短斗篷)	16.0	100.0	17.0	件/千克	
6202910010	毛制女式有填料无袖上衣(羊毛或动物细毛制)	16.0	130.0	17.0	件/千克	
6202910020	毛制女式带防寒衬里的短上衣(羊毛或动物细毛制,含防风衣、防风短上衣)	16.0	130.0	17.0	件/千克	
6202910090	毛制女式其他防寒上衣(羊毛或动物细毛制)	16.0	130.0	17.0	件/千克	
6202921000	棉制女式羽绒防寒短上衣、防风衣(包括羽绒滑雪短上衣、防风短上衣及类似品)	16.0	90.0	17.0	件/千克	B
6202929010	棉制女式有填料无袖上衣(不带可连接袖子配件)	16.0	90.0	17.0	件/千克	
6202929020	棉制女式带防寒衬里的短上衣(含防风衣、防风短上衣)	16.0	90.0	17.0	件/千克	
6202929090	棉制女式其他防寒上衣	16.0	90.0	17.0	件/千克	
6202931000	化纤制女式羽绒防寒短上衣等(包括羽绒滑雪短上衣、防风衣、防风短上衣及类似品)	17.5	130.0	17.0	件/千克	B
6202939010	化纤制女式有填料无袖上衣(不带可连接袖子配件)	17.5	130.0	17.0	件/千克	
6202939020	化纤制女式带风帽防寒短上衣(含羊毛或动物细毛36%及以上)	17.5	130.0	17.0	件/千克	
6202939030	化纤制女式带防寒衬里的短上衣(含防风衣、防风短上衣)	17.5	130.0	17.0	件/千克	
6202939090	化纤制女式其他防寒上衣	17.5	130.0	17.0	件/千克	
6202990011	丝制女式带防寒衬里的短上衣(含丝70%及以上,含防风衣、防风短上衣)	16.0	100.0	17.0	件/千克	
6202990019	丝制女式其他防寒上衣(含丝70%及以上)	16.0	100.0	17.0	件/千克	
6202990021	丝制女式带防寒衬里的短上衣(含丝70%以下,含防风衣、防风短上衣)	16.0	100.0	17.0	件/千克	
6202990029	丝制女式其他防寒上衣(含丝70%以下)	16.0	100.0	17.0	件/千克	
6202990031	其他材料制女式带风帽防寒短上衣(棉限内,带防寒衬里)	16.0	100.0	17.0	件/千克	
6202990032	其他材料制女式带风帽防寒短上衣(羊毛限内,带防寒衬里)	16.0	100.0	17.0	件/千克	
6202990033	其他材料制女式带风帽防寒短上衣(化纤限内,带防寒衬里)	16.0	100.0	17.0	件/千克	
6202990039	其他材料制女式带风帽防寒短上衣(其他纺织材料制,带防寒衬里)	16.0	100.0	17.0	件/千克	
6202990091	其他材料制女式防寒短上衣等(棉限内,含防风衣、防风短上衣及类似品)	16.0	100.0	17.0	件/千克	

商品编号	商品名称及备注	进口关税税率		增值税率	计量单位	监管条件
		最惠国	普通			
6202990092	其他材料制女式防寒短上衣等(羊毛限内,含防风衣、防风短上衣及类似品)	16.0	100.0	17.0	件/千克	
6202990093	其他材料制女式防寒短上衣等(化纤限内,含防风衣、防风短上衣及类似品)	16.0	100.0	17.0	件/千克	
6202990099	其他材料制女式其他防寒短上衣等(含防风衣、防风短上衣及类似品)	16.0	100.0	17.0	件/千克	
6203	**男式西服套装、便服套装、上衣、长裤、护胸背带工装裤、马裤及短裤(游泳裤外)**					
6203110000	毛制男式西服套装(羊毛或动物细毛制)	17.5	130.0	17.0	套/千克	5B
6203120010	合纤制男式西服套装(含羊毛或动物细毛36%及以上)	17.5	130.0	17.0	套/千克	5
6203120090	其他合纤制男式西服套装	17.5	130.0	17.0	套/千克	
6203191010	丝及绢丝制男式西服套装(含丝70%及以上)	17.5	100.0	17.0	套/千克	
6203191090	其他丝及绢丝制男式西服套装(含丝70%以下)	17.5	100.0	17.0	套/千克	
6203199010	棉制男式西服套装	17.5	100.0	17.0	套/千克	5
6203199021	人造纤维制男式西服套装(含羊毛或动物细毛36%及以上)	17.5	100.0	17.0	套/千克	5
6203199029	其他人造纤维制男式西服套装	17.5	100.0	17.0	套/千克	
6203199091	其他材料制男式西服套装(棉限内)	17.5	100.0	17.0	套/千克	5
6203199092	其他材料制男式西服套装(毛限内)	17.5	100.0	17.0	套/千克	5
6203199093	其他材料制男式西服套装(化纤限内)	17.5	100.0	17.0	套/千克	
6203199099	其他材料制其他男式西服套装	17.5	100.0	17.0	套/千克	
6203210000	毛制男式便服套装(羊毛或动物细毛制)	17.5	130.0	17.0	套/千克	5
6203220010	棉制男式便服套装(工业及职业用)	17.5	90.0	17.0	套/千克	5B
6203220090	其他棉制男式便服套装	17.5	90.0	17.0	套/千克	5B
6203230011	合纤制其他男式便服套装(含羊毛或动物细毛≥36%,工业及职业用)	17.5	130.0	17.0	套/千克	5B
6203230019	合纤制其他男式便服套装(含羊毛或动物细毛≥36%)	17.5	130.0	17.0	套/千克	5B
6203230091	其他合纤制其他男式便服套装(工业及职业用)	17.5	130.0	17.0	套/千克	5B
6203230099	其他合纤制其他男式便服套装	17.5	130.0	17.0	套/千克	5B
6203291010	丝制男式便服套装(含丝70%及以上)	17.5	130.0	17.0	套/千克	B
6203291090	丝制其他男式便服套装(含丝70%以下)	17.5	130.0	17.0	套/千克	5B
6203299011	人造纤维制其他男式便服套装(工业及职业用)	17.5	100.0	17.0	套/千克	5
6203299019	人造纤维制其他男式便服套装	17.5	100.0	17.0	套/千克	5
6203299090	其他材料制其他男式便服套装	17.5	100.0	17.0	套/千克	
6203310010	毛制男式西服式上衣(羊毛或动物细毛制)	16.0	130.0	17.0	件/千克	5B
6203310090	毛制男式其他上衣(羊毛或动物细毛制)	16.0	130.0	17.0	件/千克	B
6203320010	棉制工业及职业用男式上衣	16.0	90.0	17.0	件/千克	B
6203320090	棉制其他男式上衣	16.0	90.0	17.0	件/千克	B
6203330011	合成纤维制男式西服式上衣(含羊毛或动物细毛36%及以上,工业及职业用)	17.5	130.0	17.0	件/千克	5B

商品编号	商品名称及备注	进口关税税率		增值税率	计量单位	监管条件
		最惠国	普通			
6203330019	合成纤维制男式西服式上衣(含羊毛或动物细毛36%及以上)	17.5	130.0	17.0	件/千克	5B
6203330021	合成纤维制男式其他上衣(含羊毛或动物细毛36%及以上,工业及职业用)	17.5	130.0	17.0	件/千克	B
6203330029	合成纤维制男式其他上衣(含羊毛或动物细毛36%及以上)	17.5	130.0	17.0	件/千克	B
6203330091	其他合成纤维制男式上衣(工业及职业用)	17.5	130.0	17.0	件/千克	B
6203330099	其他合成纤维制男式上衣	17.5	130.0	17.0	件/千克	B
6203391010	丝制男式上衣(含丝70%及以上)	16.0	130.0	17.0	件/千克	B
6203391090	丝制男式上衣(含丝70%以下)	16.0	130.0	17.0	件/千克	B
6203399011	人造纤维制男式西服式上衣(含羊毛或动物细毛36%及以上,工业及职业用)	16.0	100.0	17.0	件/千克	5B
6203399019	人造纤维制男式西服式上衣(含羊毛或动物细毛36%及以上)	16.0	100.0	17.0	件/千克	5B
6203399021	人造纤维制男式其他上衣(含羊毛或动物细毛36%及以上,工业及职业用)	16.0	100.0	17.0	件/千克	B
6203399029	人造纤维制男式其他上衣(含羊毛或动物细毛36%及以上)	16.0	100.0	17.0	件/千克	B
6203399031	其他人造纤维制男式上衣(工业及职业用)	16.0	100.0	17.0	件/千克	B
6203399039	其他人造纤维制男式上衣	16.0	100.0	17.0	件/千克	B
6203399091	其他材料制男式上衣(棉限内)	16.0	100.0	17.0	件/千克	
6203399092	其他材料制男式上衣(毛限内)	16.0	100.0	17.0	件/千克	B
6203399093	其他材料制男式上衣(化纤限内)	16.0	100.0	17.0	件/千克	B
6203399099	其他材料制男式上衣	16.0	100.0	17.0	件/千克	B
6203410011	毛制男式护胸背带工装裤(羊毛或动物细毛制,带防寒衬里)	16.0	130.0	17.0	条/千克	B
6203410019	毛制男式护胸背带工装裤(羊毛或动物细毛制)	16.0	130.0	17.0	条/千克	B
6203410021	毛制男式长裤、马裤(羊毛或动物细毛制,带防寒衬里)	16.0	130.0	17.0	条/千克	5B
6203410022	毛制男式长裤、马裤(羊毛或动物细毛制,含8-18号男童)	16.0	130.0	17.0	条/千克	5B
6203410029	毛制其他男童长裤、马裤(羊毛或动物细毛制)	16.0	130.0	17.0	条/千克	5B
6203410090	毛制男式短裤(羊毛或动物细毛制)	16.0	130.0	17.0	条/千克	5B
6203421010	棉制男式阿拉伯裤(羽绒和水禽毛≥15%且含绒率≥35%,或含羽绒≥10%)	16.0	90.0	17.0	条/千克	5B
6203421090	棉制男式阿拉伯裤	16.0	90.0	17.0	条/千克	5B
6203429011	工、职业用棉男护胸背带工装裤(羽绒和水禽毛≥15%且含绒率≥35%,或含羽绒≥10%)	16.0	90.0	17.0	条/千克	B
6203429012	棉制男式护胸背带工装裤(羽绒和水禽毛≥15%且含绒率≥35%,或含羽绒≥10%)	16.0	90.0	17.0	条/千克	B
6203429013	棉制其他男成人护胸背带工装裤(带防寒衬里,工业及职业用)	16.0	90.0	17.0	条/千克	B

商品编号	商品名称及备注	进口关税税率		增值税率	计量单位	监管条件
		最惠国	普通			
6203429014	棉制其他男成人护胸背带工装裤(带防寒衬里)	16.0	90.0	17.0	条/千克	B
6203429015	棉制其他男童护胸背带工装裤(带防寒衬里)	16.0	90.0	17.0	条/千克	B
6203429016	棉制其他男成人护胸背带工装裤(工业及职业用)	16.0	90.0	17.0	条/千克	B
6203429017	棉制其他男成人护胸背带工装裤	16.0	90.0	17.0	条/千克	B
6203429019	棉制其他男童护胸背带工装裤	16.0	90.0	17.0	条/千克	B
6203429021	工、职业用棉男长裤、马裤(羽绒和水禽毛≥15%且含绒率≥35%,或含羽绒≥10%)	16.0	90.0	17.0	条/千克	B
6203429029	棉制男式长裤、马裤(羽绒和水禽毛≥15%且含绒率≥35%,或含羽绒≥10%)	16.0	90.0	17.0	条/千克	5B
6203429030	棉制男式长裤、马裤(游戏装,带防寒衬里)	16.0	90.0	17.0	条/千克	5B
6203429041	棉制男式长裤、马裤(游戏装,不带防寒衬里,含8-18号男童)	16.0	90.0	17.0	条/千克	5B
6203429049	棉制其他男童长裤、马裤(游戏装,不带防寒衬里)	16.0	90.0	17.0	条/千克	5B
6203429051	棉制男式长裤、马裤(非游戏装,带防寒衬里,工业及职业用)	16.0	90.0	17.0	条/千克	5B
6203429059	棉制男式长裤、马裤(非游戏装,带防寒衬里)	16.0	90.0	17.0	条/千克	5B
6203429061	棉制男成人长裤、马裤(非游戏装,不带防寒衬里,工业及职业用)	16.0	90.0	17.0	条/千克	5B
6203429062	棉制男式长裤、马裤(非游戏装,不带防寒衬里,含8-18号男童)	16.0	90.0	17.0	条/千克	5B
6203429069	棉制其他男童长裤、马裤(非游戏装,不带防寒衬里)	16.0	90.0	17.0	条/千克	5B
6203429091	棉制男式短裤(羽绒和水禽毛≥15%且含绒率≥35%,或含羽绒≥10%)	16.0	90.0	17.0	条/千克	5B
6203429092	棉制其他男式短裤(游戏装)	16.0	90.0	17.0	条/千克	5B
6203429099	棉制其他男式短裤(非游戏装)	16.0	90.0	17.0	条/千克	5B
6203431010	合成纤维制男式阿拉伯裤(羽绒和水禽毛≥15%且含绒率≥35%,或含羽绒≥10%)	17.5	130.0	17.0	条/千克	5B
6203431090	合成纤维制男式阿拉伯裤	17.5	130.0	17.0	条/千克	5B
6203439011	工、职业用合纤制男护胸背带工裤(羽绒和水禽毛≥15%且含绒率≥35%,或含羽绒≥10%)	17.5	130.0	17.0	条/千克	B
6203439012	合纤制男式护胸背带工裤(羽绒和水禽毛≥15%且含绒率≥35%,或含羽绒≥10%)	17.5	130.0	17.0	条/千克	B
6203439013	其他合纤制男成人护胸背带工装裤(带防寒衬里,工业及职业用)	17.5	130.0	17.0	条/千克	B
6203439014	其他合纤制男成人护胸背带工装裤(带防寒衬里)	17.5	130.0	17.0	条/千克	B
6203439015	其他合纤制男童护胸背带工装裤(带防寒衬里)	17.5	130.0	17.0	条/千克	B
6203439016	其他合纤制男成人护胸背带工装裤(工业及职业用)	17.5	130.0	17.0	条/千克	B
6203439017	其他合纤制男成人护胸背带工装裤	17.5	130.0	17.0	条/千克	B
6203439019	其他合纤制男童护胸背带工装裤	17.5	130.0	17.0	条/千克	B
6203439021	工、职业用合纤男长裤、马裤(羽绒和水禽毛≥15%且含绒率≥35%,或含羽绒≥10%)	17.5	130.0	17.0	条/千克	B

商品编号	商品名称及备注	进口关税税率		增值税率	计量单位	监管条件
		最惠国	普通			
6203439029	合纤制男式长裤、马裤(羽绒和水禽毛≥15%且含绒率≥35%,或含羽绒≥10%)	17.5	130.0	17.0	条/千克	5B
6203439031	其他合纤制男式长裤、马裤(带防寒衬里,含羊毛或动物细毛36%及以上,工/职业用)	17.5	130.0	17.0	条/千克	5B
6203439039	其他合纤制男式长裤、马裤(带防寒衬里,含羊毛或动物细毛36%及以上)	17.5	130.0	17.0	条/千克	5B
6203439041	其他合纤制男成人长裤、马裤(不带防寒衬里,含羊/动物细毛36%及以上,工/职业用)	17.5	130.0	17.0	条/千克	5B
6203439042	其他合纤制男式长裤、马裤(不带防寒衬里,含羊/动物细毛36%及以上,指8-18号男童)	17.5	130.0	17.0	条/千克	5B
6203439049	其他合纤制男童长裤、马裤(不带防寒衬里,含羊/动物细毛36%及以上)	17.5	130.0	17.0	条/千克	5B
6203439050	其他合纤制男式长裤、马裤(带防寒衬里,游戏装)	17.5	130.0	17.0	条/千克	5B
6203439061	其他合纤制男式长裤、马裤(不带防寒衬里,游戏装,含8-18号男童)	17.5	130.0	17.0	条/千克	5B
6203439069	其他合纤制其他男童长裤、马裤(不带防寒衬里,游戏装)	17.5	130.0	17.0	条/千克	5B
6203439071	其他合纤制男式长裤、马裤(带防寒衬里,非游戏装和滑雪裤,工业及职业用)	17.5	130.0	17.0	条/千克	B5
6203439079	其他合纤制男式长裤、马裤(带防寒衬里,非游戏装和滑雪裤)	17.5	130.0	17.0	条/千克	5B
6203439081	其他合纤制男成人长裤、马裤(不带防寒衬里,非游戏装和滑雪裤,工业及职业用)	17.5	130.0	17.0	条/千克	B5
6203439082	其他合纤制男童长裤、马裤(不带防寒衬里,非游戏装和滑雪裤,指8-18号男童)	17.5	130.0	17.0	条/千克	5B
6203439089	其他合纤制其他男童长裤、马裤(不带防寒衬里,非游戏装和滑雪裤)	17.5	130.0	17.0	条/千克	5B
6203439091	合纤制男式短裤(羽绒和水禽毛≥15%且含绒率≥35%,或含羽绒≥10%)	17.5	130.0	17.0	条/千克	5B
6203439092	其他合纤制男式短裤(游戏装)	17.5	130.0	17.0	条/千克	5B
6203439093	其他合纤制男式短裤(非游戏装)	17.5	130.0	17.0	条/千克	5B
6203439099	其他合纤制男裤	17.5	130.0	17.0	条/千克	5B
6203491010	人纤制男式阿拉伯裤(羽绒和水禽毛≥15%且含绒率≥35%,或含羽绒≥10%)	16.0	100.0	17.0	条/千克	5B
6203491020	人纤制男式阿拉伯裤	16.0	100.0	17.0	条/千克	5B
6203491030	其他材料制男式阿拉伯裤(羽绒和水禽毛≥15%且含绒率≥35%,或含羽绒≥10%)	16.0	100.0	17.0	条/千克	B
6203491090	其他材料制男式阿拉伯裤	16.0	100.0	17.0	条/千克	5B
6203499011	人纤制男成人护胸背带工装裤(带防寒衬里)	16.0	100.0	17.0	条/千克	B
6203499012	人纤制男童护胸背带工装裤(带防寒衬里)	16.0	100.0	17.0	条/千克	B

商品编号	商品名称及备注	进口关税税率		增值税率	计量单位	监管条件
		最惠国	普通			
6203499013	人纤制男成人护胸背带工装裤	16.0	100.0	17.0	条/千克	B
6203499019	人纤制男童护胸背带工装裤	16.0	100.0	17.0	条/千克	B
6203499021	人纤制男式长裤、马裤(带防寒衬里,含羊毛或动物细毛36%及以上)	16.0	100.0	17.0	条/千克	5B
6203499022	人纤制其他男式长裤、马裤(不带防寒衬里,含羊毛或动物细毛36%及以上)	16.0	100.0	17.0	条/千克	5B
6203499023	人纤制男式长裤、马裤(带防寒衬里,游戏装)	16.0	100.0	17.0	条/千克	5B
6203499024	人纤制其他男式长裤、马裤(不带防寒衬里,游戏装)	16.0	100.0	17.0	条/千克	5B
6203499025	人纤制男式长裤、马裤(带防寒衬里,非游戏装)	16.0	100.0	17.0	条/千克	5B
6203499026	人纤制其他男式长裤、马裤(不带防寒衬里,非游戏装)	16.0	100.0	17.0	条/千克	5B
6203499027	人纤制男式短裤(含羊毛或动物细毛36%及以上)	16.0	100.0	17.0	条/千克	5B
6203499028	人纤制男式短裤(游戏装)	16.0	100.0	17.0	条/千克	5B
6203499029	人纤制男式短裤(非游戏装)	16.0	100.0	17.0	条/千克	5B
6203499031	丝制男式护胸背带工装裤(含丝70%及以上)	16.0	100.0	17.0	条/千克	B
6203499032	丝制男式长裤、马裤(含丝70%及以上,带防寒衬里)	16.0	100.0	17.0	条/千克	B
6203499033	丝制男式长裤、马裤(含丝70%及以上,不带防寒衬里)	16.0	100.0	17.0	条/千克	B
6203499034	丝制男式短裤(含丝70%及以上)	16.0	100.0	17.0	条/千克	B
6203499035	丝制男式护胸背带工装裤(含丝70%以下,带防寒衬里)	16.0	100.0	17.0	条/千克	B
6203499036	丝制男式护胸背带工装裤(含丝70%以下,不带防寒衬里)	16.0	100.0	17.0	条/千克	5B
6203499037	丝制男式长裤、马裤(含丝70%以下,带防寒衬里)	16.0	100.0	17.0	条/千克	5B
6203499038	丝制男式长裤、马裤(含丝70%以下,不带防寒衬里)	16.0	100.0	17.0	条/千克	B
6203499039	丝制男式短裤(含丝70%以下)	16.0	100.0	17.0	条/千克	5B
6203499041	其他材料制男式长裤、马裤(棉限内,带防寒衬里)	16.0	100.0	17.0	条/千克	5B
6203499042	其他材料制男式长裤、马裤(棉限内,不带防寒衬里)	16.0	100.0	17.0	条/千克	5B
6203499049	其他材料制男式短裤(棉限内)	16.0	100.0	17.0	条/千克	5B
6203499051	其他材料制男式长裤、马裤(毛限内,带防寒衬里)	16.0	100.0	17.0	条/千克	5B
6203499052	其他材料制男式长裤、马裤(毛限内,不带防寒衬里)	16.0	100.0	17.0	条/千克	5B
6203499059	其他材料制男式短裤(毛限内)	16.0	100.0	17.0	条/千克	5B
6203499061	其他材料制男式长裤、马裤(化纤限内,带防寒衬里)	16.0	100.0	17.0	条/千克	5B
6203499062	其他材料制男式长裤、马裤(化纤限内,不带防寒衬里)	16.0	100.0	17.0	条/千克	5B
6203499069	其他材料制男式短裤(化纤限内)	16.0	100.0	17.0	条/千克	5B
6203499091	其他材料制男式护胸背带工装裤(带防寒衬里)	16.0	100.0	17.0	条/千克	B
6203499092	其他材料制男式护胸背带工装裤(不带防寒衬里)	16.0	100.0	17.0	条/千克	B
6203499093	其他材料制男式长裤、马裤(带防寒衬里)	16.0	100.0	17.0	条/千克	5B
6203499094	其他材料制男式长裤、马裤(不带防寒衬里)	16.0	100.0	17.0	条/千克	5B
6203499099	其他材料制男式短裤	16.0	100.0	17.0	条/千克	5B
6204	**女式西服套装、便服套装、上衣、连衣裙、裙子、裙裤、长裤、护胸背带工装裤、马裤及短裤(游泳服除外)**					
6204110000	毛制女式西服套装(羊毛或动物细毛制)	17.5	130.0	17.0	套/千克	B
6204120000	棉制女式西服套装	17.5	90.0	17.0	套/千克	5

商品编号	商品名称及备注	进口关税税率		增值税率	计量单位	监管条件
		最惠国	普通			
6204130010	合纤制女式西服套装(含羊毛或动物细毛36%及以上)	17.5	130.0	17.0	套/千克	
6204130090	其他合纤制女式西服套装	17.5	130.0	17.0	套/千克	
6204191010	丝及绢丝制女式西服套装(含丝70%及以上)	17.5	100.0	17.0	套/千克	
6204191090	其他丝及绢丝制女式西服套装(含丝70%以下)	17.5	100.0	17.0	套/千克	
6204199011	人造纤维制女式西服套装(含羊毛或动物细毛36%及以上)	17.5	100.0	17.0	套/千克	
6204199019	其他人造纤维制女式西服套装	17.5	100.0	17.0	套/千克	
6204199091	其他材料制女式西服套装(棉限内)	17.5	100.0	17.0	套/千克	5
6204199092	其他材料制女式西服套装(毛限内)	17.5	100.0	17.0	套/千克	
6204199093	其他材料制女式西服套装(化纤限内)	17.5	100.0	17.0	套/千克	
6204199099	其他材料制其他女式西服套装	17.5	100.0	17.0	套/千克	
6204210000	羊毛或动物细毛制女式便服套装	17.5	130.0	17.0	套/千克	
6204220010	棉制女式便服套装(工业及职业用)	17.5	90.0	17.0	套/千克	5B
6204220090	棉制其他女式便服套装	17.5	90.0	17.0	套/千克	5B
6204230011	工、职业用合纤制女式便服套装(含羊毛或动物细毛≥36%)	20.0	130.0	17.0	套/千克	B
6204230019	合成纤维制其他女式便服套装(含羊毛或动物细毛≥36%)	20.0	130.0	17.0	套/千克	B
6204230091	其他合成纤维制女式便服套装(工业及职业用)	20.0	130.0	17.0	套/千克	5B
6204230099	其他合成纤维制其他女式便服套装	20.0	130.0	17.0	套/千克	5B
6204291010	丝制女式便服套装(含丝及绢丝≥70%)	20.0	130.0	17.0	套/千克	B
6204291090	丝制其他女式便服套装(含丝及绢丝<70%)	20.0	130.0	17.0	套/千克	5B
6204299011	人造纤维制女式便服套装(工业及职业用)	14.0	100.0	17.0	套/千克	5
6204299019	人造纤维制女式便服套装	14.0	100.0	17.0	套/千克	5
6204299020	其他材料制女式便服套装(棉限内)	14.0	100.0	17.0	套/千克	5
6204299030	其他材料制女式便服套装(毛限内)	14.0	100.0	17.0	套/千克	
6204299040	其他材料制女式便服套装(化纤限内)	14.0	100.0	17.0	套/千克	5
6204299090	其他材料制女式便服套装	14.0	100.0	17.0	套/千克	5
6204310000	毛制女式上衣(羊毛或动物细毛制)	16.0	130.0	17.0	件/千克	B
6204320010	棉制女式上衣(工业及职业用)	16.0	90.0	17.0	件/千克	B
6204320090	棉制其他女式上衣	16.0	90.0	17.0	件/千克	B
6204330010	合成纤维制女式上衣(含羊毛或动物细毛36%及以上,工业及职业用)	17.5	130.0	17.0	件/千克	B
6204330020	合成纤维制其他女式上衣(含羊毛或动物细毛36%及以上)	17.5	130.0	17.0	件/千克	B
6204330030	合成纤维制女式上衣(工业及职业用)	17.5	130.0	17.0	件/千克	B
6204330090	合成纤维制其他女式上衣	17.5	130.0	17.0	件/千克	B
6204391010	丝制女式上衣(含丝及绢丝70%及以上)	16.0	130.0	17.0	件/千克	B
6204391090	丝制其他女式上衣(含丝及绢丝70%以下)	16.0	130.0	17.0	件/千克	B
6204399011	人纤制女式上衣(含羊毛或动物细毛≥36%,工业及职业用)	16.0	100.0	17.0	件/千克	B
6204399012	人纤制其他女式上衣(含羊毛或动物细毛≥36%)	16.0	100.0	17.0	件/千克	B

商品编号	商品名称及备注	进口关税税率		增值税率	计量单位	监管条件
		最惠国	普通			
6204399013	人纤制女式上衣(工业及职业用)	16.0	100.0	17.0	件/千克	B
6204399019	人纤制其他女式上衣	16.0	100.0	17.0	件/千克	B
6204399091	其他材料制女式上衣(棉限内)	16.0	100.0	17.0	件/千克	B
6204399092	其他材料制女式上衣(毛限内)	16.0	100.0	17.0	件/千克	B
6204399093	其他材料制女式上衣(化纤限内)	16.0	100.0	17.0	件/千克	B
6204399099	其他材料制女式上衣	16.0	100.0	17.0	件/千克	B
6204410000	毛制女式连衣裙(羊毛或动物细毛制)	16.0	130.0	17.0	件/千克	5B
6204420000	棉制女式连衣裙	16.0	90.0	17.0	件/千克	5B
6204430010	合成纤维制女式连衣裙(含羊毛或动物细毛≥36%)	17.5	130.0	17.0	件/千克	5B
6204430090	合成纤维制其他女式连衣裙	17.5	130.0	17.0	件/千克	5B
6204440010	人造纤维制女式连衣裙(含羊毛或动物细毛≥36%)	16.0	130.0	17.0	件/千克	5
6204440090	人造纤维制其他女式连衣裙	16.0	130.0	17.0	件/千克	5
6204491010	丝制女式连衣裙(含丝及绢丝70%及以上)	16.0	130.0	17.0	件/千克	B
6204491090	丝制其他女式连衣裙(含丝及绢丝70%以下)	16.0	130.0	17.0	件/千克	B
6204499091	其他材料制女式连衣裙(棉限内)	16.0	100.0	17.0	件/千克	
6204499092	其他材料制女式连衣裙(毛限内)	16.0	100.0	17.0	件/千克	
6204499093	其他材料制女式连衣裙(化纤限内)	16.0	100.0	17.0	件/千克	
6204499099	其他材料制其他女式连衣裙	16.0	100.0	17.0	件/千克	
6204510000	毛制女式裙子及裙裤(羊毛或动物细毛制)	14.0	130.0	17.0	件/千克	B
6204520000	棉制女式裙子及裙裤	14.0	90.0	17.0	件/千克	B
6204530010	合成纤维制女式裙子及裙裤(含羊毛或动物细毛≥36%)	16.0	130.0	17.0	件/千克	B
6204530090	合成纤维制其他女式裙子及裙裤	16.0	130.0	17.0	件/千克	B
6204591010	丝制女式裙子及裙裤(含丝70%及以上)	14.0	130.0	17.0	件/千克	B
6204591090	其他丝制女式裙子及裙裤(含丝70%以下)	14.0	130.0	17.0	件/千克	B
6204599011	人造纤维制女式裙子及裙裤(含羊毛或动物细毛36%及以上)	14.0	100.0	17.0	件/千克	
6204599019	人造纤维制其他女式裙子及裙裤	14.0	100.0	17.0	件/千克	
6204599091	其他材料制女式裙子及裙裤(棉限内)	14.0	100.0	17.0	件/千克	
6204599092	其他材料制女式裙子及裙裤(毛限内)	14.0	100.0	17.0	件/千克	
6204599093	其他材料制女式裙子及裙裤(化纤限内)	14.0	100.0	17.0	件/千克	
6204599099	其他材料制其他女式裙子及裙裤	14.0	100.0	17.0	件/千克	
6204610011	毛制女式护胸背带工装裤(带防寒衬里)	16.0	130.0	17.0	条/千克	B
6204610019	毛制女式护胸背带工装裤	16.0	130.0	17.0	条/千克	B
6204610021	毛制女式长裤、马裤(带防寒衬里)	16.0	130.0	17.0	条/千克	5B
6204610022	毛制其他女式长裤、马裤(含7-16号女童长裤、马裤)	16.0	130.0	17.0	条/千克	5B
6204610029	毛制其他女童长裤、马裤	16.0	130.0	17.0	条/千克	5B
6204610090	毛制女式短裤	16.0	130.0	17.0	条/千克	B
6204620011	棉制女式护胸背带工装裤(羽绒和水禽毛≥15%且含绒率≥35%,或含羽绒≥10%)	16.0	90.0	17.0	条/千克	5B

商品编号	商品名称及备注	进口关税税率		增值税率	计量单位	监管条件
		最惠国	普通			
6204620012	棉制其他女童护胸背带工装裤	16.0	90.0	17.0	条/千克	B
6204620019	棉制其他女成人护胸背带工装裤	16.0	90.0	17.0	条/千克	B
6204620021	棉制女式长裤、马裤(羽绒和水禽毛≥15%且含绒率≥35%,或含羽绒≥10%)	16.0	90.0	17.0	条/千克	5B
6204620022	其他棉制女式长裤、马裤(指女成人及7-16号女童长裤、马裤)	16.0	90.0	17.0	条/千克	5B
6204620029	其他棉制女童长裤、马裤	16.0	90.0	17.0	条/千克	5B
6204620091	棉制女式短裤(羽绒和水禽毛≥15%且含绒率≥35%,或含羽绒≥10%)	16.0	90.0	17.0	条/千克	B
6204620092	其他棉制女童短裤(除7-16号女童短裤)	16.0	90.0	17.0	条/千克	B
6204620099	其他棉制女式短裤(含7-16号女童短裤)	16.0	90.0	17.0	条/千克	5B
6204630011	合纤女式护胸背带工装裤(羽绒和水禽毛≥15%且含绒率≥35%,或含羽绒≥10%)	17.5	130.0	17.0	条/千克	B
6204630012	合纤制其他女童护胸背带工装裤	17.5	130.0	17.0	条/千克	B
6204630019	合纤制其他女成人护胸背带工装裤	17.5	130.0	17.0	条/千克	B
6204630021	合纤女式长裤、马裤(羽绒和水禽毛≥15%且含绒率≥35%,或含羽绒≥10%)	17.5	130.0	17.0	条/千克	5B
6204630022	合纤制其他女式长裤、马裤(含羊毛或动物细毛36%及以上)	17.5	130.0	17.0	条/千克	5B
6204630029	合纤制其他女式长裤、马裤(滑雪裤除外)	17.5	130.0	17.0	条/千克	5B
6204630091	合纤制女式短裤(羽绒和水禽毛≥15%且含绒率≥35%,或含羽绒≥10%)	17.5	130.0	17.0	条/千克	B
6204630092	合纤制其他女童短裤	17.5	130.0	17.0	条/千克	B
6204630093	合纤制其他女式短裤	17.5	130.0	17.0	条/千克	B5
6204630099	其他合纤制女裤	17.5	130.0	17.0	条/千克	B
6204690011	人纤制女成人护胸背带工装裤(羽绒和水禽毛≥15%且含绒率≥35%,或含羽绒≥10%)	16.0	100.0	17.0	条/千克	B
6204690012	人纤制女童护胸背带工装裤	16.0	100.0	17.0	条/千克	B
6204690013	人纤制女成人护胸背带工装裤	16.0	100.0	17.0	条/千克	B
6204690014	人纤制女式长裤、马裤、短裤(含羊毛或动物细毛36%及以上)	16.0	100.0	17.0	条/千克	5B
6204690015	人纤制女童长裤、马裤、短裤	16.0	100.0	17.0	条/千克	5B
6204690019	人纤制女式长裤、马裤、短裤	16.0	100.0	17.0	条/千克	5B
6204690021	丝制女式护胸背带工装裤(含丝70%及以上)	16.0	100.0	17.0	条/千克	B
6204690022	丝制女式护胸背带工装裤(丝<70%,羽绒/水禽毛≥15%且含绒率≥35%或羽绒≥10%)	16.0	100.0	17.0	条/千克	B
6204690023	丝制女童护胸背带工装裤(含丝70%以下)	16.0	100.0	17.0	条/千克	B
6204690024	丝制女式护胸背带工装裤(含丝70%以下)	16.0	100.0	17.0	条/千克	B
6204690025	丝制女式长裤、马裤、短裤(含丝70%以上)	16.0	100.0	17.0	条/千克	B
6204690029	丝制女式长裤、马裤、短裤(含丝70%以下)	16.0	100.0	17.0	条/千克	5B

商品编号	商品名称及备注	进口关税税率		增值税率	计量单位	监管条件
		最惠国	普通			
6204690091	其他材料制女式护胸背带工装裤(羽绒和水禽毛≥15%且含绒率≥35%,或含羽绒≥10%)	16.0	100.0	17.0	条/千克	B
6204690092	其他材料制女式长裤、马裤、短裤(棉限内)	16.0	100.0	17.0	条/千克	5B
6204690093	其他材料制女式长裤、马裤、短裤(羊毛限内)	16.0	100.0	17.0	条/千克	B
6204690094	其他材料制女式长裤、马裤、短裤(化纤限内)	16.0	100.0	17.0	条/千克	5B
6204690095	其他材料制女童护胸背带工装裤	16.0	100.0	17.0	条/千克	B
6204690096	其他材料制女式护胸背带工装裤	16.0	100.0	17.0	条/千克	B
6204690099	其他材料制其他女式长、马、短裤	16.0	100.0	17.0	条/千克	5B
6205	男衬衫					
6205100011	不带特制领的毛制男衬衫(含男童8-18号衬衫)	16.0	100.0	17.0	件/千克	B
6205100019	不带特制领的毛制其他男童衬衫	16.0	100.0	17.0	件/千克	B
6205100090	其他毛制男衬衫	16.0	100.0	17.0	件/千克	B
6205200010	不带特制领的棉制男成人衬衫(含男童8-18号衬衫)	16.0	90.0	17.0	件/千克	5B
6205200091	其他棉制男童游戏套装衬衫(不包括长衬衫)	16.0	90.0	17.0	件/千克	B
6205200099	其他棉制男式衬衫	16.0	90.0	17.0	件/千克	5B
6205300011	不带特制领的化学纤维制男式衬衫(含羊毛或动物细毛36%及以上,含男童8-18号衬衫)	16.0	130.0	17.0	件/千克	B
6205300019	不带特制领的化纤制其他男童衬衫(含羊毛或动物细毛36%及以上)	16.0	130.0	17.0	件/千克	B
6205300091	化学纤维制其他男成人及男童衬衫(不带特制领,男童衬衫指8-18号)	16.0	130.0	17.0	件/千克	5B
6205300092	化学纤维制其他男童游戏套装衬衫	16.0	130.0	17.0	件/千克	B
6205300099	化纤制其他男成人衬衫	16.0	130.0	17.0	件/千克	5B
6205901011	不带特制领的丝制非针织男式衬衫(含丝70%及以上,含男童8-18号衬衫)	16.0	130.0	17.0	件/千克	B
6205901019	丝制非针织其他男式衬衫(含丝70%及以上)	16.0	130.0	17.0	件/千克	B
6205901021	丝制其他非针织男式衬衫(棉限内,不带特制领的,含男童8-18号衬衫)	16.0	130.0	17.0	件/千克	5B
6205901029	丝制其他非针织其他男式衬衫(棉限内)	16.0	130.0	17.0	件/千克	5B
6205901031	丝制其他非针织男式衬衫(羊毛限内,不带特制领的,含男童8-18号衬衫)	16.0	130.0	17.0	件/千克	B
6205901039	丝制其他非针织其他男式衬衫(羊毛限内)	16.0	130.0	17.0	件/千克	B
6205901041	丝制非针织男式衬衫(化纤限内,不带特制领的,含男童8-18号衬衫)	16.0	130.0	17.0	件/千克	5B
6205901049	丝制其他非针织其他男式衬衫(化纤限内)	16.0	130.0	17.0	件/千克	5B
6205901091	未列名丝制非针织男式衬衫(含丝70%以下,不带特制领的,含男童8-18号衬衫)	16.0	130.0	17.0	件/千克	B
6205901099	未列名丝制非针织其他男式衬衫(含丝70%以下)	16.0	130.0	17.0	件/千克	B
6205909011	其他纺织材料制男式衬衫(棉限内,不带特制领的,含男童8-18号衬衫)	16.0	100.0	17.0	件/千克	5B

商品编号	商品名称及备注	进口关税税率		增值税率	计量单位	监管条件
		最惠国	普通			
6205909019	其他纺织材料制其他男式衬衫(棉纤限内)	16.0	100.0	17.0	件/千克	5B
6205909021	其他纺织材料制男式衬衫(羊毛限内,不带特制领的,含男童8-18号衬衫)	16.0	100.0	17.0	件/千克	B
6205909029	其他纺织材料制其他男式衬衫(羊毛纤限内)	16.0	100.0	17.0	件/千克	B
6205909031	其他纺织材料制男式衬衫(化纤限内,不带特制领的,含男童8-18号衬衫)	16.0	100.0	17.0	件/千克	5B
6205909039	其他纺织材料制其他男式衬衫(化纤限内)	16.0	100.0	17.0	件/千克	5B
6205909091	未列名纺织材料制男式衬衫(不带特制领的,含男童8-18号衬衫)	16.0	100.0	17.0	件/千克	B
6205909099	未列名纺织材料制其他男式衬衫	16.0	100.0	17.0	件/千克	B
6206	女衬衫					
6206100011	丝及绢丝制女式衬衫(棉限内,成人及7-16号女童衬衫)	16.0	130.0	17.0	件/千克	B
6206100019	丝及绢丝制其他女童衬衫(棉限内)	16.0	130.0	17.0	件/千克	B
6206100021	丝及绢丝制女式衬衫(羊毛限内,成人及7-16号女童衬衫)	16.0	130.0	17.0	件/千克	B
6206100029	丝及绢丝制其他女童衬衫(羊毛限内)	16.0	130.0	17.0	件/千克	B
6206100031	丝及绢丝制女式衬衫(化纤限内,成人及7-16号女童衬衫)	16.0	130.0	17.0	件/千克	B
6206100039	丝及绢丝制其他女童衬衫(化纤限内)	16.0	130.0	17.0	件/千克	B
6206100041	丝制女成人及7-16号女童衬衫(含丝70%及以上)	16.0	130.0	17.0	件/千克	B
6206100049	其他丝及绢丝制女童衬衫(含丝70%及以上)	16.0	130.0	17.0	件/千克	B
6206100091	丝制女成人及7-16号女童衬衫(含丝70%以下)	16.0	130.0	17.0	件/千克	B
6206100099	其他丝及绢丝制女童衬衫(含丝70%以下)	16.0	130.0	17.0	件/千克	B
6206200010	毛制女成人及7-16号女童衬衫	16.0	130.0	17.0	件/千克	5B
6206200090	其他羊毛或动物细毛制女童衬衫	16.0	130.0	17.0	件/千克	5B
6206300010	棉制女成人及7-16号女童衬衫	16.0	90.0	17.0	件/千克	5B
6206300020	棉制女童游戏套装衫(含游戏套装衬衫)	16.0	90.0	17.0	件/千克	5B
6206300090	其他棉制女式衬衫	16.0	90.0	17.0	件/千克	5B
6206400011	化学纤维制女成人及女童衬衫(含羊毛或动物细毛36%及以上,成人及7-16号女童衬衫)	17.5	130.0	17.0	件/千克	5B
6206400019	化学纤维制女成人及女童衬衫(含羊毛或动物细毛36%及以上)	17.5	130.0	17.0	件/千克	5B
6206400020	化纤制女成人及7-16号女童衬衫	17.5	130.0	17.0	件/千克	5B
6206400030	化学纤维制女童游戏套装衫	17.5	130.0	17.0	件/千克	5B
6206400090	其他化学纤维制女式衬衫	17.5	130.0	17.0	件/千克	5B
6206900010	其他纺织材料制女式衬衫(棉限内)	16.0	100.0	17.0	件/千克	B
6206900020	其他纺织材料制女式衬衫(羊毛限内)	16.0	100.0	17.0	件/千克	B
6206900030	其他纺织材料制女式衬衫(化纤限内)	16.0	100.0	17.0	件/千克	B
6206900091	其他纺织材料制女成人及女童衬衫(女童指7-16号)	16.0	100.0	17.0	件/千克	B

商品编号	商 品 名 称 及 备 注	进口关税税率		增值税率	计量单位	监管条件
		最惠国	普通			
6206900099	其他纺织材料制女成人及女童衬衫	16.0	100.0	17.0	件/千克	B
6207	**男式背心及其他内衣、内裤、三角裤、长睡衣、睡衣裤、浴衣、晨衣及类似品**					
6207110000	棉制男式内裤及三角裤	14.0	90.0	17.0	件/千克	5
6207191010	含丝70%及以上男式内裤及三角裤	14.0	130.0	17.0	件/千克	
6207191090	含丝70%以下男式内裤及三角裤	14.0	130.0	17.0	件/千克	
6207192000	化纤制男式内裤及三角裤	16.0	130.0	17.0	件/千克	5
6207199010	毛制男式内裤及三角裤	14.0	100.0	17.0	件/千克	
6207199090	其他材料制男式内裤及三角裤	14.0	100.0	17.0	件/千克	
6207210000	棉制男式长睡衣及睡衣裤	14.0	90.0	17.0	件/千克	
6207220000	化纤制男式长睡衣及睡衣裤	16.0	130.0	17.0	件/千克	B
6207291011	含丝70%及以上男式长睡衣/睡衣裤(含8-18号男童长睡衣/睡衣裤)	14.0	130.0	17.0	件/千克	B
6207291019	含丝70%以下男式长睡衣/睡衣裤(含8-18号男童长睡衣/睡衣裤)	14.0	130.0	17.0	件/千克	B
6207291091	其他含丝≥70%男童长睡衣/睡衣裤	14.0	130.0	17.0	件/千克	B
6207291099	其他含丝<70%男童长睡衣/睡衣裤	14.0	130.0	17.0	件/千克	B
6207299010	毛制男式长睡衣及睡衣裤	14.0	100.0	17.0	件/千克	
6207299091	其他材料制男式长睡衣及睡衣裤(含8-18号男童长睡衣及睡衣裤)	14.0	100.0	17.0	件/千克	
6207299099	其他材料制男童长睡衣及睡衣裤	14.0	100.0	17.0	件/千克	
6207910011	棉制男式内衣式背心	14.0	90.0	17.0	件/千克	5B
6207910012	棉制男式非内衣式背心(男成人及8-18号男童背心)	14.0	90.0	17.0	件/千克	5B
6207910019	棉制其他男童非内衣式背心(男成人及8-18号男童背心)	14.0	90.0	17.0	件/千克	5B
6207910091	棉制男式浴衣、晨衣及类似品	14.0	90.0	17.0	件/千克	B
6207910092	棉制男式睡衣、睡裤(男成人及8-18号男童背心)	14.0	90.0	17.0	件/千克	B
6207910099	棉制男式其他内衣(男成人及8-18号男童背心)	14.0	90.0	17.0	件/千克	5B
6207920011	化学纤维制男式内衣式背心	16.0	130.0	17.0	件/千克	5B
6207920012	化学纤维制男式非内衣式背心(男成人及8-18号男童背心)	16.0	130.0	17.0	件/千克	5B
6207920019	化学纤维制其他男式非内衣式背心	16.0	130.0	17.0	件/千克	5B
6207920021	化纤制男式浴衣、晨衣(含羊毛或动物细毛36%及以上,含类似品)	16.0	130.0	17.0	件/千克	B
6207920029	其他化纤制男浴衣、晨衣(含类似品)	16.0	130.0	17.0	件/千克	B
6207920091	化纤制男睡衣、睡裤(含类似品)	16.0	130.0	17.0	件/千克	B
6207920099	化纤制男式其他内衣(含类似品)	16.0	130.0	17.0	件/千克	B
6207991011	丝制男式内衣式背心(含丝70%及以上)	14.0	130.0	17.0	件/千克	B
6207991019	丝制其他男式内衣式背心	14.0	130.0	17.0	件/千克	B
6207991021	丝制男式非内衣式背心(含丝70%及以上)	14.0	130.0	17.0	件/千克	B

商品编号	商 品 名 称 及 备 注	进口关税税率		增值税率	计量单位	监管条件
		最惠国	普通			
6207991029	丝制其他男式非内衣式背心	14.0	130.0	17.0	件/千克	B
6207991091	丝制男睡衣,浴衣,晨衣及类似品(含丝70%及以上)	14.0	130.0	17.0	件/千克	B
6207991099	丝制其他男睡衣,浴衣,晨衣(含类似品)	14.0	130.0	17.0	件/千克	B
6207999011	毛制男式内衣式背心	14.0	100.0	17.0	件/千克	
6207999012	毛制男式非内衣式背心(男成人及8－18号男童背心)	14.0	100.0	17.0	件/千克	
6207999013	毛制其他男式非内衣式背心	14.0	100.0	17.0	件/千克	
6207999019	毛制男睡衣、浴衣,晨衣及类似品	14.0	100.0	17.0	件/千克	
6207999091	其他材料制男式内衣式背心	14.0	100.0	17.0	件/千克	
6207999092	其他材料制男式非内衣式背心	14.0	100.0	17.0	件/千克	
6207999099	其他材料制男睡衣、浴衣、晨衣(含类似品)	14.0	100.0	17.0	件/千克	
6208	**女式背心及其他内衣、长衬裙、衬裙、三角裤、短衬裤、睡衣、睡衣裤、浴衣、晨衣及类似品**					
6208110000	化纤制长衬裙及衬裙	16.0	130.0	17.0	件/千克	5
6208191011	丝制女式长衬裙及衬裙(含7－16号女童长衬裙及衬裙,含丝70%及以上)	14.0	130.0	17.0	件/千克	
6208191019	丝制其他女式长衬裙及衬裙(含7－16号女童长衬裙及衬裙,含丝70%以下)	14.0	130.0	17.0	件/千克	
6208191091	丝制女童长衬裙及衬裙(含丝70%及以上)	14.0	130.0	17.0	件/千克	
6208191099	丝制其他女童长衬裙及衬裙(含丝70%以下)	14.0	130.0	17.0	件/千克	
6208192000	棉制长衬裙及衬裙	14.0	90.0	17.0	件/千克	5
6208199010	毛制女式长衬裙及衬裙	14.0	100.0	17.0	件/千克	
6208199090	其他材料制女式长衬裙及衬裙	14.0	100.0	17.0	件/千克	
6208210000	棉制女式睡衣及睡衣裤	14.0	90.0	17.0	件/千克	
6208220000	化纤制女式睡衣及睡衣裤	16.0	130.0	17.0	件/千克	B
6208291010	丝及绢丝≥70%女式睡衣及睡衣裤	14.0	130.0	17.0	件/千克	B
6208291090	丝及绢丝<70%女式睡衣及睡衣裤	14.0	130.0	17.0	件/千克	B
6208299010	毛制女式睡衣及睡衣裤	14.0	100.0	17.0	件/千克	
6208299090	其他材料制女式睡衣及睡衣裤	14.0	100.0	17.0	件/千克	
6208910010	棉制女式内衣式背心、三角裤等(包括短衬裤)	14.0	90.0	17.0	件/千克	5B
6208910021	棉制女式非内衣式背心(女成人及7－16号女童背心)	14.0	90.0	17.0	件/千克	5B
6208910029	棉制其他女式非内衣式背心	14.0	90.0	17.0	件/千克	5B
6208910090	棉制女式浴衣、晨衣及类似品	14.0	90.0	17.0	件/千克	B
6208920010	化纤制女式内衣式背心、三角裤(含短衬裤)	16.0	130.0	17.0	件/千克	5B
6208920021	化纤制女式非内衣式背心(女成人及7－16号女童背心)	16.0	130.0	17.0	件/千克	5B
6208920029	化纤制其他女式非内衣式背心	16.0	130.0	17.0	件/千克	5B
6208920090	化纤制女式浴衣、晨衣及类似品	16.0	130.0	17.0	件/千克	B
6208991011	丝制女内衣式背心、三角裤等(含丝及绢丝≥70%,包括短衬裤)	14.0	130.0	17.0	件/千克	B
6208991019	丝制女内衣式背心、三角裤等(含丝及绢丝<70%,包括短衬裤)	14.0	130.0	17.0	件/千克	B

商品编号	商品名称及备注	进口关税税率		增值税率	计量单位	监管条件
		最惠国	普通			
6208991021	丝制女式非内衣式背心(含丝及绢丝70%及以上)	14.0	130.0	17.0	件/千克	B
6208991029	丝制女式非内衣式背心(含丝70%以下)	14.0	130.0	17.0	件/千克	B
6208991091	丝制女式浴衣、晨衣及类似品(含丝及绢丝70%以下)	14.0	130.0	17.0	件/千克	B
6208991099	丝制女式浴衣、晨衣及类似品(含丝及绢丝70%以下)	14.0	130.0	17.0	件/千克	B
6208999011	毛制女式内衣式背心、三角裤毛等(包括短衬裤)	14.0	100.0	17.0	件/千克	
6208999012	毛制女式非内衣式背心(女成人及7-16号女童背心)	14.0	100.0	17.0	件/千克	
6208999013	毛制其他女式非内衣式背心	14.0	100.0	17.0	件/千克	
6208999019	毛制女式浴衣、晨衣及类似品	14.0	100.0	17.0	件/千克	
6208999091	其他材料制女式内衣式背心等(含三角裤、短衬裤)	14.0	100.0	17.0	件/千克	
6208999092	其他材料制女式非内衣式背心	14.0	100.0	17.0	件/千克	
6208999099	其他材料制女式浴衣、晨衣(含类似品)	14.0	100.0	17.0	件/千克	
6209	**婴儿服装及衣着附件**					
6209100010	毛制婴儿手套、袜子(含分指、连指及露指手套,长袜、短袜及其他袜)	14.0	130.0	17.0	千克	
6209100020	毛制婴儿外衣、雨衣、滑雪装(包括夹克类似服装)	14.0	130.0	17.0	千克	
6209100030	毛制婴儿其他服装(含裤子、衬衫、裙子、睡衣、内衣等)	14.0	130.0	17.0	千克	
6209100090	毛制婴儿衣着附件	14.0	130.0	17.0	千克	
6209201000	棉制婴儿尿布	14.0	80.0	17.0	千克	
6209209010	棉制婴儿手套、袜子(含分指、连指及露指手套,长袜、短袜及其他袜)	14.0	90.0	17.0	千克	
6209209020	棉制婴儿外衣、雨衣、滑雪装(包括夹克类似服装)	14.0	90.0	17.0	千克	
6209209030	棉制婴儿其他服装(含裤子、衬衫、裙子、睡衣、内衣等)	14.0	90.0	17.0	千克	
6209209090	棉制婴儿衣着附件	14.0	90.0	17.0	千克	
6209300010	合成纤维制婴儿手套、袜子(含分指、连指及露指手套,长袜、短袜及其他袜)	16.0	130.0	17.0	千克	
6209300020	合成纤维婴儿外衣、雨衣、滑雪装(包括夹克类似服装)	16.0	130.0	17.0	千克	
6209300030	合成纤维制婴儿其他服装(含裤子、衬衫、裙子、睡衣、内衣等)	16.0	130.0	17.0	千克	
6209300090	合成纤维制婴儿衣着附件	16.0	130.0	17.0	千克	
6209900011	人造纤维制婴儿手套、袜子(含分指、连指及露指手套,长袜、短袜及其他袜)	14.0	100.0	17.0	千克	
6209900012	人造纤维婴儿外衣、雨衣、滑雪装(包括夹克类似服装)	14.0	100.0	17.0	千克	
6209900013	人造纤维制婴儿其他服装(含裤子、衬衫、裙子、睡衣、内衣等)	14.0	100.0	17.0	千克	
6209900019	人造纤维制婴儿衣着附件	14.0	100.0	17.0	千克	
6209900021	丝制婴儿外衣、雨衣、滑雪装(含丝70%及以上,包括夹克类似服装)	14.0	100.0	17.0	千克	
6209900022	丝制婴儿其他服装(含丝70%及以上,含裤子、衬衫、裙子、睡衣、内衣等)	14.0	100.0	17.0	千克	

商品编号	商 品 名 称 及 备 注	进口关税税率		增值税率	计量单位	监管条件
		最惠国	普通			
6209900029	丝制婴儿衣着附件(含丝70%及以上)	14.0	100.0	17.0	千克	
6209900091	其他纺织材料制婴儿外衣、雨衣(包括滑雪装、夹克类似服装)	14.0	100.0	17.0	千克	
6209900092	其他纺织材料制婴儿其他服装(含裤子、衬衫、裙子、睡衣、内衣等)	14.0	100.0	17.0	千克	
6209900099	其他纺织材料制婴儿衣着附件	14.0	100.0	17.0	千克	
6210	**用品目5602、5603、5903、5906或5907的织物制成的服装**					
6210101010	毛制纸衬背或覆盖的无纺布服装(羊毛或动物细毛制,包括毡呢或无纺织物制服装)	16.0	130.0	17.0	件/千克	
6210101020	毛制一次性或医疗用无纺织物服装(羊毛或动物细毛制)	16.0	130.0	17.0	件/千克	
6210101090	毛制其他毡呢或无纺织物服装(羊毛或动物细毛制)	16.0	130.0	17.0	件/千克	
6210102010	棉或麻制纸衬或覆盖的无纺布服装(包括毡呢或无纺织物制服装)	16.0	90.0	17.0	件/千克	
6210102020	棉或麻一次性或医用无纺织物服装	16.0	90.0	17.0	件/千克	
6210102090	棉或麻制其他毡呢或无纺织物服装	16.0	90.0	17.0	件/千克	
6210103010	化纤制纸衬背或覆盖的无纺布服装(包括毡呢或无纺织物制服装)	17.5	130.0	17.0	件/千克	
6210103020	化纤制一次性或医用无纺织物服装	17.5	130.0	17.0	件/千克	
6210103090	化纤制其他毡呢或无纺织物服装	17.5	130.0	17.0	件/千克	
6210109010	其他纺织材料制纸衬背的无纺服装(包括纸覆盖的毡呢或无纺织物制服装)	16.0	100.0	17.0	件/千克	
6210109020	其他材料制一次性或医用无纺服装	16.0	100.0	17.0	件/千克	
6210109090	其他纺织材料制其他无纺织物服装(包括毡呢制服装)	16.0	100.0	17.0	件/千克	
6210200011	用塑料或橡胶处理化纤制男外装(织物外表面由塑料或橡胶完全覆盖的大衣、雨衣、斗篷等)	16.0	100.0	17.0	件/千克	
6210200019	其他塑料或橡胶处理化纤制男外装(含用其他材料处理的织物制大衣、雨衣、斗篷等)	16.0	100.0	17.0	件/千克	
6210200021	塑料或橡胶处理的羊毛制男外装(织物外表面由塑料或橡胶完全覆盖的大衣、雨衣、斗篷等)	16.0	100.0	17.0	件/千克	
6210200029	用塑料或橡胶处理的羊毛制男外装(含用其他材料处理的织物制大衣、雨衣、斗篷等)	16.0	100.0	17.0	件/千克	
6210200031	塑料或橡胶处理的棉制男外装(织物外表面由塑料或橡胶完全覆盖的大衣、雨衣、斗篷等)	16.0	100.0	17.0	件/千克	
6210200039	其他塑料或橡胶等处理棉制男外装(含用其他材料处理的织物制大衣、雨衣、斗篷等)	16.0	100.0	17.0	件/千克	
6210200040	用塑料或橡胶处理的其他纺材男外装(织物外表面由塑料或橡胶完全覆盖的大衣、雨衣、斗篷等)	16.0	100.0	17.0	件/千克	
6210200091	用塑料或橡胶等处理的亚麻制男外装(含用其他材料处理的织物制大衣、雨衣、斗篷等)	16.0	100.0	17.0	件/千克	

商品编号	商品名称及备注	进口关税税率		增值税率	计量单位	监管条件
		最惠国	普通			
6210200099	用塑料等处理的其他纺材制男外装(含用橡胶及其他材料处理的织物制大衣、雨衣、斗篷等)	16.0	100.0	17.0	件/千克	
6210300011	用塑料或橡胶处理化纤制女外装(织物外表面由塑料或橡胶完全覆盖的大衣、雨衣、斗篷等)	16.0	100.0	17.0	件/千克	
6210300019	其他塑料或橡胶处理化纤制女外装(含用其他材料处理的织物制大衣、雨衣、斗篷等)	16.0	100.0	17.0	件/千克	
6210300021	用塑料或橡胶处理的羊毛制女外装(织物外表面由塑料或橡胶完全覆盖的大衣、雨衣、斗篷等)	16.0	100.0	17.0	件/千克	
6210300029	用塑料或橡胶处理的羊毛制女外装(含用其他材料处理的织物制大衣、雨衣、斗篷等)	16.0	100.0	17.0	件/千克	
6210300031	用塑料或橡胶处理的棉制女外装(织物外表面由塑料或橡胶完全覆盖的大衣、雨衣、斗篷等)	16.0	100.0	17.0	件/千克	
6210300039	其他塑料或橡胶等处理棉制女外装(含用其他材料处理的织物制大衣、雨衣、斗篷等)	16.0	100.0	17.0	件/千克	
6210300040	用塑料或橡胶处理的其他纺材女外装(织物外表面由塑料或橡胶完全覆盖的大衣、雨衣、斗篷等)	16.0	100.0	17.0	件/千克	
6210300091	用塑料或橡胶等处理的亚麻制女外装(含用其他材料处理的织物制大衣、雨衣、斗篷等)	16.0	100.0	17.0	件/千克	
6210300099	用塑料等处理的其他纺材制女外装(含用橡胶及其他材料处理的织物制大衣、雨衣、斗篷等)	16.0	100.0	17.0	件/千克	
6210400011	用塑料或橡胶处理化纤制其他男式服装(织物外表面由塑料或橡胶完全覆盖)	16.0	100.0	17.0	件/千克	
6210400012	用塑料等处理的化纤制男防风衣(含用橡胶及其他材料处理织物制带风帽防寒短上衣、风衣)	16.0	100.0	17.0	件/千克	
6210400013	用塑料等处理的化纤制男式长、短裤(滑雪裤除外)	16.0	100.0	17.0	件/千克	5
6210400019	用塑料等处理的化纤制其他男式服装(含用橡胶及其他材料处理的织物)	16.0	100.0	17.0	件/千克	
6210400021	用塑料或橡胶处理的毛制其他男外装(织物外表面由塑料或橡胶完全覆盖,羊毛或动物细毛制)	16.0	100.0	17.0	件/千克	
6210400022	用塑料等处理的毛制男式防风衣(含用橡胶及其他材料处理织物制带风帽防寒短上衣、风衣)	16.0	100.0	17.0	件/千克	
6210400023	用塑料等处理的毛制男式长、短裤(含用橡胶及其他材料处理的毛制男式长、短裤)	16.0	100.0	17.0	件/千克	5
6210400029	用塑料等处理的其他男式服装(用橡胶及其他材料处理的织物)	16.0	100.0	17.0	件/千克	
6210400031	用塑料或橡胶处理的棉制其他男外装(织物外表面由塑料或橡胶完全覆盖)	16.0	100.0	17.0	件/千克	
6210400032	用塑料等处理的棉制男式防风衣(含用橡胶及其他材料处理织物制带风帽防寒短上衣、风衣)	16.0	100.0	17.0	件/千克	
6210400033	用塑料等处理的棉制男式长、短裤(含用橡胶及其他材料处理的棉制男式长、短裤)	16.0	100.0	17.0	件/千克	5

商品编号	商品名称及备注	进口关税税率		增值税率	计量单位	监管条件
		最惠国	普通			
6210400039	用塑料等处理的棉制其他男式服装(含用橡胶及其他材料处理的织物)	16.0	100.0	17.0	件/千克	
6210400040	用塑料或橡胶处理其他纺材其他男装(塑料或橡胶处理其他纺材其他男装)	16.0	100.0	17.0	件/千克	
6210400091	用塑料等处理的丝制其他男式服装(含用橡胶及其他材料处理的织物,含丝及绢丝70%及以上)	16.0	100.0	17.0	件/千克	
6210400092	用塑料等处理其他纺材制男防风衣(含用橡胶及其他材料处理织物制带风帽防寒短上衣、风衣)	16.0	100.0	17.0	件/千克	
6210400093	用塑料等处理其他纺材制男长、短裤(含用橡胶及其他材料处理的其他纺材制男长、短裤)	16.0	100.0	17.0	件/千克	5
6210400099	用塑料等处理的其他纺材制男服装(含用橡胶及其他材料处理的织物)	16.0	100.0	17.0	件/千克	
6210500011	用塑料或橡胶处理化纤制其他女装(织物外表面由塑料或橡胶完全覆盖)	16.0	100.0	17.0	件/千克	
6210500012	用塑料等处理的化纤制女防风衣(含用橡胶及其他材料处理织物制带风帽防寒短上衣、风衣)	16.0	100.0	17.0	件/千克	
6210500013	用塑料等处理的化纤制女式长、短裤(滑雪裤除外)	16.0	100.0	17.0	件/千克	5
6210500019	用塑料等处理的化纤制其他女服装(含用橡胶及其他材料处理的织物)	16.0	100.0	17.0	件/千克	
6210500021	用塑料或橡胶处理的毛制其他女外装(织物外表面由塑料或橡胶完全覆盖,羊毛或动物细毛制)	16.0	100.0	17.0	件/千克	
6210500022	用塑料等处理的毛制女式防风衣(含用橡胶及其他材料处理织物制带风帽防寒短上衣、风衣)	16.0	100.0	17.0	件/千克	
6210500023	用塑料等处理的毛制女式长、短裤(含用橡胶及其他材料处理的毛制女式长、短裤)	16.0	100.0	17.0	件/千克	5
6210500029	用塑料等处理的毛制其他女式服装(含用橡胶及其他材料处理的织物)	16.0	100.0	17.0	件/千克	
6210500031	用塑料或橡胶处理的棉制其他女外装(织物外表面由塑料或橡胶完全覆盖)	16.0	100.0	17.0	件/千克	
6210500032	用塑料等处理的棉制女式防风衣(含用橡胶及其他材料处理织物制带风帽防寒短上衣、风衣)	16.0	100.0	17.0	件/千克	
6210500033	用塑料等处理的棉制女式长、短裤(含用橡胶及其他材料处理的棉制女式长、短裤)	16.0	100.0	17.0	件/千克	5
6210500039	用塑料等处理的棉制其他女式服装(含用橡胶及其他材料处理的棉制其他女式服装)	16.0	100.0	17.0	件/千克	
6210500040	塑料或橡胶处理其他纺材其他女装(织物外表面由塑料或橡胶完全覆盖)	16.0	100.0	17.0	件/千克	
6210500091	用塑料等处理的丝制其他女式服装(含用橡胶及其他材料处理的织物,含丝及绢丝70%及以上)	16.0	100.0	17.0	件/千克	
6210500092	用塑料等处理其他纺材制女防风衣(含用橡胶及其他材料处理织物制带风帽防寒短上衣、风衣)	16.0	100.0	17.0	件/千克	

商品编号	商 品 名 称 及 备 注	进口关税税率		增值税率	计量单位	监管条件
		最惠国	普通			
6210500093	塑料等处理其他纺材制女长、短裤(含用橡胶及其他材料处理织物制带风帽防寒短上衣、风衣)	16.0	100.0	17.0	件/千克	5
6210500099	用塑料等处理的其他纺材制女服装(含用橡胶及其他材料处理的其他纺材制女服装)	16.0	100.0	17.0	件/千克	
6211	**运动服、滑雪服及游泳服;其他服装**					
6211110010	羊毛或动物细毛制男式游泳服	16.0	130.0	17.0	件/千克	
6211110020	棉制男式游泳服	16.0	130.0	17.0	件/千克	5
6211110030	化学纤维制男式游泳服(包括各种材料的织物制游泳服)	16.0	130.0	17.0	件/千克	5
6211110041	丝制男式游泳服(含丝70%及以上)	16.0	130.0	17.0	件/千克	
6211110049	丝制男式游泳服(含丝70%以下)	16.0	130.0	17.0	件/千克	
6211110090	其他纺织材料制男式游泳服	16.0	130.0	17.0	件/千克	
6211120010	羊毛或动物细毛制女式游泳服	16.0	130.0	17.0	件/千克	
6211120020	棉制女式游泳服	16.0	130.0	17.0	件/千克	5
6211120030	化学纤维制女式游泳服	16.0	130.0	17.0	件/千克	5
6211120041	丝制女式游泳服(含丝70%及以上)	16.0	130.0	17.0	件/千克	
6211120049	丝制女式游泳服(含丝70%以下)	16.0	130.0	17.0	件/千克	
6211120090	其他纺织材料制女式游泳服	16.0	130.0	17.0	件/千克	
6211201000	棉制滑雪套装	16.0	90.0	17.0	套/千克	5
6211209010	羊毛制滑雪套装	19.0	130.0	17.0	套/千克	5
6211209020	化纤制滑雪套装	19.0	130.0	17.0	套/千克	
6211209090	其他纺织材料制滑雪套装	19.0	130.0	17.0	套/千克	5
6211310010	毛制男式运动套装	16.0	130.0	17.0	件/千克	5
6211310091	毛制男式连衣裤	16.0	130.0	17.0	件/千克	
6211310092	毛制男式 TOPS(男成人及8-18号男童 TOPS)	16.0	130.0	17.0	件/千克	
6211310093	毛制其他男式 TOPS	16.0	130.0	17.0	件/千克	
6211310094	毛制男式风雪套装及类似服装	16.0	130.0	17.0	件/千克	
6211310099	毛制男式其他服装(含衬衫、马甲及上衣)	16.0	130.0	17.0	件/千克	
6211321000	棉制男式阿拉伯袍	16.0	90.0	17.0	件/千克	
6211329011	棉制男式运动套装(面和衬里的面料相同的运动套装)	16.0	90.0	17.0	件/千克	5
6211329019	棉制其他男式运动套装	16.0	90.0	17.0	件/千克	5
6211329021	棉制男式连衣服及类似品	16.0	90.0	17.0	件/千克	
6211329029	棉制男式连衣裤及类似品	16.0	90.0	17.0	件/千克	
6211329030	棉制男式水洗服、夏服、游戏装	16.0	90.0	17.0	件/千克	
6211329040	棉制男式工业及职业衣着	16.0	90.0	17.0	件/千克	
6211329051	棉制男式 TOPS(男成人及8-18号男童 TOPS)	16.0	90.0	17.0	件/千克	
6211329059	棉制其他男式 TOPS	16.0	90.0	17.0	件/千克	
6211329060	棉制男式风雪套装及类似服装	16.0	90.0	17.0	件/千克	
6211329090	棉制男式其他服装(含衬衫、马甲及上衣)	16.0	90.0	17.0	件/千克	5
6211331000	化纤制男式阿拉伯袍	17.5	130.0	17.0	件/千克	

商品编号	商品名称及备注	进口关税税率		增值税率	计量单位	监管条件
		最惠国	普通			
6211339011	化纤制男式运动套装(面和衬里的面料相同的运动套装)	17.5	130.0	17.0	件/千克	5
6211339019	化纤制其他男式运动套装	17.5	130.0	17.0	件/千克	5
6211339021	化纤制男式连衣服及类似品	17.5	130.0	17.0	件/千克	
6211339029	化纤制男式连衣服及类似品	17.5	130.0	17.0	件/千克	
6211339030	化纤制男式水洗服、夏服、游戏装(含类似服)	17.5	130.0	17.0	件/千克	
6211339091	化纤制男式工业及职业衣着	17.5	130.0	17.0	件/千克	
6211339092	化纤制男式 TOPS(男成人及8-18号男童 TOPS)	17.5	130.0	17.0	件/千克	
6211339093	化纤制其他男式 TOPS	17.5	130.0	17.0	件/千克	
6211339094	化纤制男式风雪套装及类似服装	17.5	130.0	17.0	件/千克	
6211339099	化纤制男式其他服装(含衬衫、马甲及上衣)	17.5	130.0	17.0	件/千克	5
6211391011	丝及绢丝制男运动服(含丝70%及以上)	16.0	130.0	17.0	件/千克	
6211391019	丝及绢丝制男运动服(含丝70%以下)	16.0	130.0	17.0	件/千克	5
6211391021	丝或绢丝制男连衣裤及类似品(含丝70%及以上)	16.0	130.0	17.0	件/千克	
6211391029	丝或绢丝制男连衣裤及类似品(含丝70%以下)	16.0	130.0	17.0	件/千克	
6211391091	丝或绢丝制男式 TOPS(含丝70%及以上)	16.0	130.0	17.0	件/千克	
6211391092	丝或绢丝制男式 TOPS(含丝70%以下)	16.0	130.0	17.0	件/千克	
6211391093	丝或绢丝制男式风雪套装(含类似服装,含丝70%及以上)	16.0	130.0	17.0	件/千克	
6211391094	丝或绢丝制男式风雪套装(含类似服装,含丝70%以下)	16.0	130.0	17.0	件/千克	
6211391095	丝或绢丝制男式其他服装(含衬衫、马甲、上衣,含丝70%及以上)	16.0	130.0	17.0	件/千克	
6211391099	丝或绢丝制男式其他服装(含衬衫、马甲、上衣,含丝70%以下)	16.0	130.0	17.0	件/千克	
6211399010	其他纺织材料制男式运动套装	16.0	100.0	17.0	件/千克	5
6211399020	其他纺织材料制男连衣裤(含类似品)	16.0	100.0	17.0	件/千克	
6211399091	其他纺织材料制男式水洗服,夏服(含游戏装等类似服装)	16.0	100.0	17.0	件/千克	
6211399092	其他纺织材料制男式 TOPS	16.0	100.0	17.0	件/千克	
6211399093	其他纺织材料制男式风雪套装(含类似服装)	16.0	100.0	17.0	件/千克	
6211399099	其他纺织材料制男式其他服装(含衬衫、马甲及上衣)	16.0	100.0	17.0	件/千克	
6211410010	毛制女式运动套装	16.0	130.0	17.0	件/千克	
6211410020	毛制女式连衣裤	16.0	130.0	17.0	件/千克	
6211410031	毛制女式 TOPS(女成人及7-16号女童 TOPS)	16.0	130.0	17.0	件/千克	
6211410039	毛制其他女童 TOP	16.0	130.0	17.0	件/千克	
6211410040	毛制女式风雪套装及类似服装	16.0	130.0	17.0	件/千克	
6211410090	毛制女式其他服装(含衬衫、马甲、上衣、无袖罩衫)	16.0	130.0	17.0	件/千克	
6211420011	棉制女式运动套装(面和衬里的面料相同的运动套装)	16.0	90.0	17.0	件/千克	5
6211420019	棉制其他女式运动套装	16.0	90.0	17.0	件/千克	5
6211420021	棉制女式连衣服及类似品	16.0	90.0	17.0	件/千克	

商品编号	商品名称及备注	进口关税税率		增值税率	计量单位	监管条件
		最惠国	普通			
6211420029	棉制女式连衣裤及类似品	16.0	90.0	17.0	件/千克	
6211420030	棉制女式水洗服、夏服、游戏装(含类似服装)	16.0	90.0	17.0	件/千克	
6211420091	棉制女式工业及职业衣着(含围裙)	16.0	90.0	17.0	件/千克	
6211420092	棉制女式 TOPS(女成人及 7-16 号女童 TOPS)	16.0	90.0	17.0	件/千克	
6211420093	棉制其他女童女式 TOPS	16.0	90.0	17.0	件/千克	
6211420094	棉制女式风雪套装及类似服装	16.0	90.0	17.0	件/千克	
6211420099	棉制女式其他服装(含衬衫、马甲、上衣和无袖罩衫)	16.0	90.0	17.0	件/千克	
6211430011	化纤制女式运动套装(面和衬里的面料相同的运动套装)	17.5	130.0	17.0	件/千克	5
6211430019	化纤制其他女式运动套装	17.5	130.0	17.0	件/千克	5
6211430021	化纤制女童连衣服及类似品	17.5	130.0	17.0	件/千克	
6211430029	化纤制女式连衣裤及类似品	17.5	130.0	17.0	件/千克	
6211430030	化纤制女式水洗服、夏服、游戏装(含类似服装)	17.5	130.0	17.0	件/千克	
6211430040	化纤制女式工业及职业衣着(含围裙)	17.5	130.0	17.0	件/千克	
6211430051	化纤制女式 TOPS(女成人及 7-16 号女童 TOPS)	17.5	130.0	17.0	件/千克	
6211430059	化纤制女式 TOPS	17.5	130.0	17.0	件/千克	
6211430060	化纤制女式风雪套装及类似服装	17.5	130.0	17.0	件/千克	
6211430090	化纤制女式其他服装(含衬衫、马甲、上衣和无袖罩衫)	17.5	130.0	17.0	件/千克	
6211491011	丝或绢丝制女式运动套装(含丝 70%及以上)	16.0	130.0	17.0	件/千克	
6211491019	丝或绢丝制女式运动套装(含丝 70%以下)	16.0	130.0	17.0	件/千克	
6211491021	丝或绢丝制女连衣裤及类似品(含丝 70%及以上)	16.0	130.0	17.0	件/千克	
6211491029	丝或绢丝制女连衣裤及类似品(含丝 70%以下)	16.0	130.0	17.0	件/千克	
6211491031	丝或绢丝制女式 TOPS(含丝 70%及以上)	16.0	130.0	17.0	件/千克	
6211491039	丝或绢丝制女式 TOPS(含丝 70%以下)	16.0	130.0	17.0	件/千克	
6211491041	丝或绢丝制女式风雪套装(含类似服装,含丝 70%及以上)	16.0	130.0	17.0	件/千克	
6211491049	丝或绢丝制女式风雪套装(含类似服装,含丝 70%以下)	16.0	130.0	17.0	件/千克	
6211491051	丝及绢丝制女式其他服装(含衬衫、马甲、上衣和无袖罩衫,含丝 70%及以上)	16.0	130.0	17.0	件/千克	
6211491059	丝及绢丝制女式其他服装(含衬衫、马甲、上衣和无袖罩衫,含丝 70%以下)	16.0	130.0	17.0	件/千克	
6211491091	丝及绢丝制女式其他服装(含丝 70%及以上)	16.0	130.0	17.0	件/千克	
6211491099	丝及绢丝制女式其他服装(含丝 70%以下)	16.0	130.0	17.0	件/千克	
6211499010	其他纺织材料制女式运动套装	16.0	100.0	17.0	件/千克	5
6211499020	其他纺织材料制女连衣裤(含类似品)	16.0	100.0	17.0	件/千克	
6211499030	其他纺织材料制女式其他服装(含游戏装,类似服)	16.0	100.0	17.0	件/千克	
6211499040	其他纺织材料制女式 TOPS	16.0	100.0	17.0	件/千克	
6211499050	其他纺织材料制女式风雪套装(含类似服装)	16.0	100.0	17.0	件/千克	
6211499090	其他纺织材料制女式其他服装(含衬衫、马甲、上衣、无袖罩衫)	16.0	100.0	17.0	件/千克	

商品编号	商 品 名 称 及 备 注	进口关税税率		增值税率	计量单位	监管条件
		最惠国	普通			
6212	胸罩、束腰带、紧身胸衣、吊裤带、吊袜带、束袜带和类似品及其零件,不论是否针织或钩编的					
6212101000	化纤制其他胸罩(不论是否针织或钩编)	16.0	130.0	17.0	件/千克	5
6212109010	毛制其他胸罩(不论是否针织或钩编)	14.0	100.0	17.0	件/千克	5
6212109020	棉制其他胸罩(不论是否针织或钩编)	14.0	100.0	17.0	件/千克	5
6212109031	丝制胸罩(不论是否针织或钩编,含丝70%及以上)	14.0	100.0	17.0	件/千克	
6212109039	丝制其他胸罩(不论是否针织或钩编,含丝70%以下)	14.0	100.0	17.0	件/千克	
6212109090	其他纺织材料制其他胸罩(不论是否针织或钩编)	14.0	100.0	17.0	件/千克	5
6212201000	化纤制束胸带及腹带(不论是否针织或钩编)	16.0	130.0	17.0	件/千克	5
6212209010	毛制束胸带及腹带(不论是否针织或钩编)	14.0	100.0	17.0	件/千克	
6212209020	棉制束腰带及腹带(不论是否针织或钩编)	14.0	100.0	17.0	件/千克	5
6212209031	丝制束腰带及腹带(不论是否针织或钩编,含丝70%及以上)	14.0	100.0	17.0	件/千克	
6212209039	丝制束腰带及腹带(不论是否针织或钩编,含丝70%以下)	14.0	100.0	17.0	件/千克	
6212209090	其他材料制束胸带及腹带(不论是否针织或钩编)	14.0	100.0	17.0	件/千克	
6212301000	化纤制紧身胸衣(不论是否针织或钩编)	16.0	130.0	17.0	件/千克	5
6212309010	毛制紧身胸衣(不论是否针织或钩编)	14.0	100.0	17.0	件/千克	
6212309020	棉制紧身胸衣(不论是否针织或钩编)	14.0	100.0	17.0	件/千克	5
6212309031	丝制紧身胸衣(不论是否针织或钩编,含丝70%及以上)	14.0	100.0	17.0	件/千克	
6212309039	丝制其他紧身胸衣(不论是否针织或钩编,含丝70%以下)	14.0	100.0	17.0	件/千克	
6212309090	其他材料制紧身胸衣(不论是否针织或钩编)	14.0	100.0	17.0	件/千克	
6212901000	化纤制吊裤带、吊袜带等(不论是否针织或钩编,含化纤与橡胶/塑料制的)	16.0	130.0	17.0	件/千克	
6212909010	毛制吊裤带、吊袜带、束袜带等(不论是否针织或钩编,含羊毛与橡胶/塑料制的)	14.0	100.0	17.0	件/千克	
6212909020	棉制吊裤带、吊袜带、束袜带等(不论是否针织或钩编,含棉与橡胶/塑料制的)	14.0	100.0	17.0	件/千克	
6212909031	丝制吊裤带、吊袜带、束袜带等(不论是否针织或钩编,含丝70%及以上)	14.0	100.0	17.0	件/千克	
6212909039	丝制吊裤带、吊袜带、束袜带等(不论是否针织或钩编,含丝70%以下)	14.0	100.0	17.0	件/千克	
6212909090	其他材料制吊裤带、吊袜带等(不论是否针织或钩编,包括束袜带和类似品及其零件)	14.0	100.0	17.0	件/千克	
6213	手帕					
6213101010	丝制刺绣手帕(含丝70%及以上)	14.0	130.0	17.0	条/千克	
6213101090	丝制刺绣手帕(含丝70%以下)	14.0	130.0	17.0	条/千克	
6213109010	其他丝及绢丝制手帕(含丝70%及以上)	14.0	130.0	17.0	条/千克	
6213109090	其他丝及绢丝制手帕(含丝70%以下)	14.0	130.0	17.0	条/千克	

商品编号	商品名称及备注	进口关税税率		增值税率	计量单位	监管条件
		最惠国	普通			
6213201000	棉制刺绣手帕	14.0	90.0	17.0	条/千克	
6213209000	其他棉制手帕	14.0	90.0	17.0	条/千克	
6213901010	化纤制刺绣手帕	14.0	100.0	17.0	条/千克	
6213901020	麻制刺绣手帕	14.0	100.0	17.0	条/千克	
6213901090	其他材料制刺绣手帕	14.0	100.0	17.0	条/千克	
6213909010	化纤制其他手帕	14.0	100.0	17.0	条/千克	
6213909020	麻制其他手帕	14.0	100.0	17.0	条/千克	
6213909090	其他材料制手帕	14.0	100.0	17.0	条/千克	
6214	**披巾、领巾、围巾、披纱、面纱及类似品**					
6214100010	含丝70%及以上制披巾、头巾、围(包括披纱、面纱等及类似品)	14.0	130.0	17.0	条/千克	
6214100090	含丝70%以下制披巾、头巾、围巾(包括披纱、面纱等及类似品)	14.0	130.0	17.0	条/千克	
6214200000	毛制披巾、头巾、围巾及类似品(包括披纱、面纱等)	14.0	130.0	17.0	条/千克	
6214300000	合纤制披巾、头巾及类似品(包括围巾、披纱、面纱等)	16.0	130.0	17.0	条/千克	
6214400000	人纤制披巾、头巾及类似品(包括围巾、披纱、面纱等)	14.0	130.0	17.0	条/千克	
6214900010	棉制披巾、头巾及类似品(包括围巾、披纱、面纱)	14.0	100.0	17.0	条/千克	
6214900090	其他材料制披巾、头巾及类似品(包括围巾、披纱、面纱及类似品)	14.0	100.0	17.0	条/千克	
6215	**领带及领结**					
6215100011	丝及绢丝制领带及领结(非丝纺织材料含量50%及以上)	14.0	130.0	17.0	条/千克	
6215100019	丝及绢丝制领带及领结(非丝纺织材料含量50%以下,外层织物含丝70%及以上)	14.0	130.0	17.0	条/千克	
6215100090	其他丝及绢丝制领带及领结(非丝纺织材料含量50%以下)	14.0	130.0	17.0	条/千克	
6215200000	化纤制领带及领结	16.0	130.0	17.0	条/千克	
6215900010	毛制领带及领结	14.0	100.0	17.0	条/千克	
6215900020	棉制领带及领结	14.0	100.0	17.0	条/千克	
6215900090	其他材料制领带及领结	14.0	100.0	17.0	条/千克	
6216	**分指手套、连指手套及露指手套**					
6216000011	非针织物裁剪缝制成的运动手套(已浸渍塑料/橡胶,但含量不超过50%;棉限内;并四指)	14.0	100.0	17.0	双/千克	
6216000012	非针织物裁剪缝制成的非运动手套(已浸渍塑料/橡胶,但含量不超过50%;棉限内;并四指)	14.0	100.0	17.0	双/千克	
6216000013	非针织物裁剪缝制成的运动手套(已浸渍塑料/橡胶,但含量不超过50%;化纤限内;并四指)	14.0	100.0	17.0	双/千克	
6216000014	非针织物裁剪缝制成的非运动手套(已浸渍塑料/橡胶,但含量不超过50%;化纤限内;并四指)	14.0	100.0	17.0	双/千克	

商品编号	商 品 名 称 及 备 注	进口关税税率		增值税率	计量单位	监管条件
		最惠国	普通			
6216000015	其他非针织物裁剪缝成的运动手套(已浸渍塑料/橡胶,但含量不超过50%;并四指)	14.0	100.0	17.0	双/千克	
6216000019	其他非针织物制成的非运动手套(已浸渍塑料/橡胶,但含量不超过50%;并四指)	14.0	100.0	17.0	双/千克	
6216000021	其他浸渍塑料橡胶非针织运动手套(含棉、化学纤维及其他纺织纤维50%及以上;棉限内)	14.0	100.0	17.0	双/千克	
6216000022	其他浸渍塑/胶非针织非运动手套(含棉、化学纤维及其他纺织纤维50%及以上;棉限内)	14.0	100.0	17.0	双/千克	
6216000023	其他浸渍塑料橡胶非针织运动手套(含棉、化学纤维及其他纺织纤维50%及以上;化纤限内)	14.0	100.0	17.0	双/千克	
6216000024	其他浸渍塑/胶非针织非运动手套(含棉、化学纤维及其他纺织纤维50%及以上;化纤限内)	14.0	100.0	17.0	双/千克	
6216000025	未列名浸渍塑/胶非针织运动手套(含棉、化学纤维及其他纺织纤维50%及以上)	14.0	100.0	17.0	双/千克	
6216000029	未列名浸渍塑/胶非针织非运动手套(含棉、化学纤维及其他纺织纤维50%及以上)	14.0	100.0	17.0	双/千克	
6216000031	棉非针织物制的运动手套(非浸渍塑料、橡胶;含并四指、分四指)	14.0	100.0	17.0	双/千克	
6216000039	棉非针织物制的非运动手套(非浸渍塑料、橡胶;含并四指、分四指)	14.0	100.0	17.0	双/千克	
6216000041	化纤制非针织物制的运动手套(非浸渍塑料/橡胶;含并/分四指;含羊毛或动物细毛≥36%)	14.0	100.0	17.0	双/千克	
6216000042	化纤制非针织物制的非运动手套(非浸渍塑料/橡胶;含并/分四指;含羊毛或动物细毛≥36%)	14.0	100.0	17.0	双/千克	
6216000043	其他化纤制非针织运动手套(非浸渍塑料、橡胶的;含并四指、分四指)	14.0	100.0	17.0	双/千克	
6216000049	其他化纤制非针织非运动手套(非浸渍塑料、橡胶的;含并四指、分四指)	14.0	100.0	17.0	双/千克	
6216000051	毛制非针织运动手套(非浸渍塑料、橡胶的;含并四指、分四指)	14.0	100.0	17.0	双/千克	
6216000059	毛制非针织非运动手套(非浸渍塑料、橡胶的;含并四指、分四指)	14.0	100.0	17.0	双/千克	
6216000091	其他纺织材料制非针织运动手套(非浸渍塑料、橡胶的;含分指手套、连指手套及露指手套)	14.0	100.0	17.0	双/千克	
6216000099	其他纺织材料制非针织非运动手套(非浸渍塑料、橡胶的;含分指手套、连指手套及露指手套)	14.0	100.0	17.0	双/千克	
6217	**其他制成的衣着附件;服装或衣着附件的零件,但品目6212的货品除外**					
6217101000	非针织非钩编袜子及袜套	14.0	130.0	17.0	双/千克	
6217102000	非针织非钩编和服腰带	14.0	100.0	17.0	条/千克	

商品编号	商品名称及备注	进口关税税率		增值税率	计量单位	监管条件
		最惠国	普通			
6217109010	毛制服装或衣着附件(指非针织非钩编)	14.0	100.0	17.0	千克	
6217109020	棉制服装或衣着附件(指非针织非钩编)	14.0	100.0	17.0	千克	
6217109030	化纤制服装或衣着附件(指非针织非钩编)	14.0	100.0	17.0	千克	
6217109041	丝制服装或衣着附件(指非针织非钩编,含丝70%及以上)	14.0	100.0	17.0	千克	
6217109049	丝制服装或衣着附件(指非针织非钩编,含丝70%以下)	14.0	100.0	17.0	千克	
6217109090	其他服装或衣着附件(指非针织非钩编)	14.0	100.0	17.0	千克	
6217900011	羊毛或动物细毛制保暖型衬里	14.0	100.0	17.0	千克	
6217900012	毛制非针织或非钩编衬衫的零件	14.0	100.0	17.0	千克	
6217900013	毛制非针织或非钩编上衣的零件	14.0	100.0	17.0	千克	
6217900014	毛制长裤及马裤的零件(指非针织非钩编)	14.0	100.0	17.0	千克	
6217900019	其他毛制服装或衣着零件(指非针织非钩编)	14.0	100.0	17.0	千克	
6217900021	棉制保暖型衬里	14.0	100.0	17.0	千克	
6217900022	棉制非针织非钩编衬衫的零件	14.0	100.0	17.0	千克	
6217900023	棉制非针织非钩编上衣的零件	14.0	100.0	17.0	千克	
6217900024	棉制长裤及马裤的零件(指非针织非钩编)	14.0	100.0	17.0	千克	5
6217900029	棉制服装或衣着零件(指非针织非钩编)	14.0	100.0	17.0	千克	
6217900031	化纤制保暖型衬里	14.0	100.0	17.0	千克	
6217900032	化纤制非针织非钩编衬衫的零件	14.0	100.0	17.0	千克	
6217900033	化纤制非针织非钩编上衣的零件	14.0	100.0	17.0	千克	
6217900034	化纤制长裤及马裤的零件(指非针织非钩编)	14.0	100.0	17.0	千克	5
6217900039	化纤制服装或衣着零件(指非针织非钩编)	14.0	100.0	17.0	千克	
6217900041	丝制保暖型衬里	14.0	100.0	17.0	千克	
6217900042	丝制服装或衣着零件(指非针织非钩编,含丝70%及以上)	14.0	100.0	17.0	千克	
6217900049	丝制服装或衣着零件(指非针织非钩编,含丝70%以下)	14.0	100.0	17.0	千克	
6217900091	其他材料制保暖型衬里	14.0	100.0	17.0	千克	
6217900092	其他材料制衬衫零件(非针织非钩编)	14.0	100.0	17.0	千克	
6217900093	其他材料制上衣零件(指非针织非钩编)	14.0	100.0	17.0	千克	
6217900094	其他材料制长裤及马裤的零件(指非针织非钩编)	14.0	100.0	17.0	千克	5
6217900099	其他材料制服装或衣着附件(指非针织或非钩编,含各种附件的零件)	14.0	100.0	17.0	千克	

第六十三章　其他纺织制成品;成套物品;旧衣着及旧纺织品;碎织物

注释:

一、第一分章仅适用于各种纺织物制成的物品。

二、第一分章不包括:

(一)第五十六章至第六十二章的货品;

(二)品目63.09的旧衣着或其他旧物品。

三、品目63.09仅适用于下列货品:

(一)纺织材料制品:

1. 衣着和衣着附件及其零件;

2. 毯子及旅行毯;

3. 床上、餐桌、盥洗及厨房用的织物制品;

4. 装饰用织物制品,但品目57.01至57.05的地毯及品目58.05的装饰毯除外。

(二)用石棉以外其他任何材料制成的鞋帽类。

上述物品只有同时符合下列两个条件才能归入本品目:

1. 必须明显看得出穿用过;

2. 必须以散装、捆装、袋装或类似的大包装形式进口或出口。

商品编号	商 品 名 称 及 备 注	进口关税税率		增值税率	计量单位	监管条件
		最惠国	普通			
6301	**毯子及旅行毯**					
6301100000	电暖毯	16.0	100.0	17.0	条	
6301200010	毛制毯子及旅行毯(羊毛或动物细毛制,非电暖的,长度不超过3米)	16.0	130.0	17.0	条/千克	B
6301200020	其他毛制毯子及旅行毯(羊毛或动物细毛制,非电暖的,长度超过3米)	16.0	130.0	17.0	条/千克	B
6301300000	棉制毯子及旅行毯	16.0	90.0	17.0	条/千克	
6301400000	合纤制毯子及旅行毯	17.5	130.0	17.0	条/千克	B
6301900010	人造纤维制的毯子及旅行毯(非电暖的)	16.0	90.0	17.0	条/千克	B
6301900020	丝制毯子及旅行毯(非电暖的,含丝及绢丝85%及以上)	16.0	90.0	17.0	条/千克	B
6301900090	其他纺织材料制毯子及旅行毯(非电暖的)	16.0	90.0	17.0	条/千克	B
6302	**床上、餐桌、盥洗及厨房用的织物制品**					
6302101000	棉制针织或钩编的床上用织物制品	14.0	90.0	17.0	条/千克	
6302109000	其他材料制床上用织物制品(指针织或钩编类制品)	14.0	130.0	17.0	条/千克	
6302211000	棉制印花床单	14.0	90.0	17.0	条/千克	5
6302219010	棉制印花枕套	14.0	90.0	17.0	条/千克	5
6302219020	棉制印花枕罩	14.0	90.0	17.0	条/千克	5
6302219090	其他棉制印花床上用织物制品	14.0	90.0	17.0	条/千克	5

商品编号	商品名称及备注	进口关税税率		增值税率	计量单位	监管条件
		最惠国	普通			
6302221000	化纤制印花床单	16.0	130.0	17.0	条/千克	5
6302229010	化纤制印花枕套	16.0	130.0	17.0	条/千克	5
6302229020	化纤无纺织物制印花床用织物制品	16.0	130.0	17.0	条/千克	
6302229090	其他化纤制印花床上用织物制品	16.0	130.0	17.0	条/千克	5
6302291010	丝及绢丝制印花床上用织物制品(含丝85%及以上)	14.0	130.0	17.0	条/千克	
6302291090	丝及绢丝制印花床上用织物制品(含丝85%以下)	14.0	130.0	17.0	条/千克	
6302292010	亚麻或苎麻制印花床上用织物制品	14.0	90.0	17.0	条/千克	
6302292090	其他麻制印花床上用织物制品	14.0	90.0	17.0	条/千克	
6302299010	其他材料制印花床上用织物制品	14.0	100.0	17.0	条/千克	5
6302299090	其他材料制印花床上用织物制品	14.0	100.0	17.0	条/千克	
6302311000	棉制刺绣其他床上用织物制品	14.0	90.0	17.0	条/千克	5
6302319100	棉制其他床单	14.0	90.0	17.0	条/千克	5
6302319200	棉制其他毛巾被	14.0	90.0	17.0	条/千克	5
6302319910	棉制其他枕套	14.0	90.0	17.0	条/千克	5
6302319920	其他棉与亚麻混纺床上用织物制品	14.0	90.0	17.0	条/千克	5
6302319930	棉制其他枕罩	14.0	90.0	17.0	条/千克	5
6302319990	棉制其他床上用织物制品	14.0	90.0	17.0	条/千克	5
6302321000	化纤制刺绣其他床上用织物制品	16.0	130.0	17.0	条/千克	5
6302329010	化纤制其他床单	16.0	130.0	17.0	条/千克	5
6302329020	化纤制其他枕套	16.0	130.0	17.0	条/千克	5
6302329030	其他化纤无纺织物制床上织物制品	16.0	130.0	17.0	条/千克	
6302329090	化纤制其他床上用织物制品	16.0	130.0	17.0	条/千克	5
6302391010	丝及绢丝制其他床上用织物制品(含丝85%及以上)	14.0	130.0	17.0	条/千克	
6302391090	丝及绢丝制其他床上用织物制品(含丝85%以下)	14.0	130.0	17.0	条/千克	
6302392110	亚麻或苎麻制其他床上用织物制品(刺绣的)	14.0	90.0	17.0	条/千克	
6302392190	其他麻制其他床上用织物制品(刺绣的)	14.0	90.0	17.0	条/千克	
6302392910	亚麻或苎麻制其他床上用织物制品	14.0	90.0	17.0	条/千克	
6302392990	其他麻制其他床上用织物制品	14.0	90.0	17.0	条/千克	
6302399110	毛制刺绣床上用织物制品	14.0	100.0	17.0	条/千克	5
6302399190	其他材料制刺绣床上用织物制品	14.0	100.0	17.0	条/千克	
6302399910	毛制刺绣床上用织物制品	14.0	100.0	17.0	条/千克	5
6302399990	其他材料制其他床上用织物制品	14.0	100.0	17.0	条/千克	
6302401010	手工棉制餐桌用织物制品(指针织或钩编类的)	14.0	100.0	17.0	件/千克	B
6302401020	手工植物纺织纤维制餐桌用制品(指针织或钩编类的)	14.0	100.0	17.0	件/千克	B
6302401090	手工其他纺织材料制餐桌用制品(指针织或钩编类的)	14.0	100.0	17.0	件/千克	B
6302409010	棉制餐桌用织物制品(针织或钩编的,非手工)	14.0	100.0	17.0	件/千克	
6302409020	植物纺织纤维制的餐桌用织物制品(针织或钩编的,非手工)	14.0	100.0	17.0	件/千克	
6302409090	其他纺织材料制餐桌用织物制品(针织或钩编的,非手工)	14.0	100.0	17.0	件/千克	
6302511000	棉制刺绣其他餐桌用织物制品	14.0	90.0	17.0	件/千克	5B

商品编号	商 品 名 称 及 备 注	进口关税税率		增值税率	计量单位	监管条件
		最惠国	普通			
6302519000	棉制其他餐桌用织物制品	14.0	90.0	17.0	件/千克	5
6302521000	亚麻制刺绣其他餐桌用织物制品	14.0	90.0	17.0	件/千克	B
6302529000	亚麻制其他餐桌用织物制品	14.0	90.0	17.0	件/千克	
6302531000	化纤制刺绣其他餐桌织物制品	14.0	130.0	17.0	件/千克	5B
6302539010	化纤无纺织物制餐桌用织物制品	16.0	130.0	17.0	件/千克	
6302539090	化纤制其他餐桌用织物制品	16.0	130.0	17.0	件/千克	5
6302590011	丝制餐桌用织物制品(含丝及绢丝85%及以上)	14.0	100.0	17.0	件/千克	B
6302590019	其他丝制餐桌用织物制品(含丝及绢丝85%以下)	14.0	100.0	17.0	件/千克	B
6302590020	羊毛或动物细毛制餐桌用织物制品	14.0	100.0	17.0	件/千克	5B
6302590090	其他纺织材料制餐桌用织物制品	14.0	100.0	17.0	件/千克	B
6302601010	棉制针织或钩编毛巾织物浴巾(含类似毛圈织物的制品)	14.0	90.0	17.0	条/千克	5
6302601090	棉制非针织或非钩编毛巾织物浴巾(含类似毛圈织物的制品)	14.0	90.0	17.0	条/千克	5
6302609011	棉制针织或钩编毛巾织物茶巾(包括类似毛圈织物的制品)	14.0	90.0	17.0	条/千克	
6302609019	棉制非针织或非钩编毛巾织物茶巾(包括类似毛圈织物的制品)	14.0	90.0	17.0	条/千克	
6302609091	棉制其他盥洗及厨房用毛巾制品(包括类似毛圈织物的制品,针织或钩编)	14.0	90.0	17.0	条/千克	5
6302609099	棉制其他盥洗及厨房用毛巾制品(含类似毛圈织物的制品,非针织或非钩编)	14.0	90.0	17.0	条/千克	5
6302910010	棉制茶巾(毛巾织物或类似毛圈织物的除外)	14.0	90.0	17.0	条/千克	5
6302910020	棉制毛巾(毛巾织物或类似毛圈织物的除外)	14.0	90.0	17.0	条/千克	5
6302910090	棉制其他盥洗及厨房织物制品(毛巾织物或类似毛圈织物的除外)	14.0	90.0	17.0	条/千克	5
6302920010	亚麻制毛巾(毛巾织物或类似毛圈织物的除外)	14.0	90.0	17.0	条/千克	
6302920090	亚麻制其他盥洗及厨房织物制品(毛巾织物或类似毛圈织物的除外)	14.0	90.0	17.0	条/千克	
6302930010	化纤无纺织物制盥洗及厨房制品(毛巾织物或类似毛圈织物的除外)	16.0	130.0	17.0	条/千克	
6302930090	化纤制其他盥洗及厨房织物制品(毛巾织物或类似毛圈织物的除外)	16.0	130.0	17.0	条/千克	5
6302990011	丝制盥洗及厨房织物制品(毛巾织物或类似毛圈织物的除外,含丝85%及以上)	14.0	100.0	17.0	条/千克	
6302990019	其他丝制盥洗及厨房用织物制品(毛巾织物或类似毛圈织物的除外,含丝85%以下)	14.0	100.0	17.0	条/千克	
6302990020	毛制盥洗及厨房用织物制品(毛巾织物或类似毛圈织物的除外)	14.0	100.0	17.0	条/千克	5

商品编号	商 品 名 称 及 备 注	进口关税税率		增值税率	计量单位	监管条件
		最惠国	普通			
6302990030	苎麻制其他盥洗及厨房用织物制品(毛巾织物或类似毛圈织物的除外)	14.0	100.0	17.0	条/千克	
6302990090	其他材料制其他盥洗及厨房织物(毛巾织物或类似毛圈织物的除外)	14.0	100.0	17.0	条/千克	
6303	**窗帘(包括帷帘)及帐幔;帘帷或床帷**					
6303111000	棉制针织的窗帘等(包括帷帘、帐幔、帘帷及床帷)	14.0	90.0	17.0	件/千克	
6303112000	棉制钩编的窗帘等(包括帷帘、帐幔、帘帷及床帷)	14.0	90.0	17.0	件/千克	
6303121010	合纤制针织百叶窗,卷帘和窗幔	16.0	130.0	17.0	件/千克	5
6303121090	其他合纤制针织窗帘等(包括帷帘、帐幔、帘帷及床帷)	16.0	130.0	17.0	件/千克	
6303122010	合纤制钩编百叶窗,卷帘和窗幔	16.0	130.0	17.0	件/千克	5
6303122090	其他合纤制钩编的窗帘等(包括帷帘、帐幔、帘帷及床帷)	16.0	130.0	17.0	件/千克	
6303191010	亚麻或苎麻制针织的窗帘等(包括帷帘、帐幔、帘帷及床帷)	14.0	130.0	17.0	件/千克	
6303191090	其他纺织材料制针织的窗帘(包括帷帘、帐幔、帘帷及床帷)	14.0	130.0	17.0	件/千克	
6303192010	亚麻或苎麻制钩编的窗帘等(包括帷帘、帐幔、帘帷及床帷)	14.0	130.0	17.0	件/千克	
6303192090	其他纺织材料制钩编的窗帘等(包括帷帘、帐幔、帘帷及床帷)	14.0	130.0	17.0	件/千克	
6303910010	棉制非针织网眼窗帘(包括帷帘、帐幔、帘帷及床帷)	14.0	90.0	17.0	件/千克	
6303910090	棉制非针织非钩编窗帘(包括帷帘、帐幔、帘帷及床帷)	14.0	90.0	17.0	件/千克	
6303920010	合纤百叶窗,卷帘和窗幔(非针织非钩编)	16.0	130.0	17.0	件/千克	5
6303920090	其他合纤制非针织非钩编窗帘等(包括帷帘、帐幔、帘帷及床帷)	16.0	130.0	17.0	件/千克	
6303990010	毛制非针织非钩编窗帘(包括帷帘、帐幔、帘帷及床帷)	14.0	100.0	17.0	件/千克	
6303990020	人造纤维制非针织非钩编窗帘(包括帷帘、帐幔、帘帷及床帷)	14.0	100.0	17.0	件/千克	
6303990031	丝制非针织非钩编窗帘(包括帷帘、帐幔、帘帷及床帷,含丝85%及以上)	14.0	100.0	17.0	件/千克	
6303990039	丝制非针织非钩编窗帘(含帷帘、帐幔、帘帷及床帷,含丝85%以下)	14.0	100.0	17.0	件/千克	
6303990040	其他纺织材料无纺织物制窗帘(包括帷帘、帐幔、帘帷及床帷)	14.0	100.0	17.0	件/千克	
6303990050	亚麻或苎麻制非针织非钩编窗帘(包括帷帘、帐幔、帘帷及床帷)	14.0	100.0	17.0	件/千克	
6303990060	其他纺织材料制非针织网眼窗帘(包括帷帘、帐幔、帘帷及床帷)	14.0	100.0	17.0	件/千克	
6303990090	其他纺织材料制非针织非钩编窗帘(包括帷帘、帐幔、帘帷及床帷)	14.0	100.0	17.0	件/千克	

商品编号	商品名称及备注	进口关税税率		增值税率	计量单位	监管条件
		最惠国	普通			
6304	**其他装饰用织物制品,但品目9404的货品除外**					
6304112110	棉制手工针织床罩	14.0	100.0	17.0	件/千克	
6304112120	化纤制手工针织床罩	14.0	100.0	17.0	件/千克	
6304112190	其他纺织材料制手工针织床罩	14.0	100.0	17.0	件/千克	
6304112910	棉制非手工针织床罩	14.0	100.0	17.0	件/千克	
6304112920	化纤制非手工针织床罩	14.0	100.0	17.0	件/千克	
6304112990	其他纺织材料制非手工针织床罩	14.0	100.0	17.0	件/千克	
6304113110	棉制手工钩编床罩	14.0	100.0	17.0	件/千克	
6304113120	化纤制手工钩编床罩	14.0	100.0	17.0	件/千克	
6304113190	其他纺织材料制手工钩编床罩	14.0	100.0	17.0	件/千克	
6304113910	棉制非手工钩编床罩	14.0	100.0	17.0	件/千克	
6304113920	化纤制非手工钩编床罩	14.0	100.0	17.0	件/千克	
6304113990	其他纺织材料制非手工钩编床罩	14.0	100.0	17.0	件/千克	
6304191010	丝及绢丝制非针织非钩编床罩(含丝85%及以上)	14.0	130.0	17.0	件/千克	
6304191090	丝及绢丝制非针织非钩编床罩(含丝85%以下)	14.0	130.0	17.0	件/千克	
6304192110	亚麻或苎麻制刺绣床罩(指非针织非钩编)	14.0	90.0	17.0	件/千克	
6304192120	其他麻制非针织非钩编刺绣床罩	14.0	90.0	17.0	件/千克	
6304192190	棉制非针织非钩编刺绣床罩	14.0	90.0	17.0	件/千克	
6304192910	亚麻或苎麻制非针织非钩编床罩	14.0	90.0	17.0	件/千克	
6304192991	其他麻制其他非针织非钩编床罩	14.0	90.0	17.0	件/千克	
6304192999	棉制其他非针织非钩编床罩	14.0	90.0	17.0	件/千克	
6304193100	化纤制非针织非钩编刺绣床罩	16.0	130.0	17.0	件/千克	
6304193900	化纤制其他非针织非钩编床罩	16.0	130.0	17.0	件/千克	
6304199110	毛制非针织非钩编刺绣床罩(羊毛或动物细毛制)	14.0	100.0	17.0	件/千克	
6304199190	其他纺织材料制非针织刺绣床罩(含非钩编的)	14.0	100.0	17.0	件/千克	
6304199910	毛制其他非针织非钩编床罩(羊毛或动物细毛制)	14.0	100.0	17.0	件/千克	
6304199990	其他材料制非针织非钩编其他床罩	14.0	100.0	17.0	件/千克	
6304912110	棉制手工针织的其他装饰制品	14.0	100.0	17.0	件/千克	
6304912120	毛制手工针织的其他装饰制品(羊毛或动物细毛制)	14.0	100.0	17.0	件/千克	
6304912131	丝制手工针织的其他装饰制品(含丝85%及以上)	14.0	100.0	17.0	件/千克	
6304912139	丝制手工针织的其他装饰制品(含丝85%以下)	14.0	100.0	17.0	件/千克	
6304912140	化纤制手工针织的其他装饰制品	14.0	100.0	17.0	件/千克	
6304912190	其他纺材制手工针织其他装饰制品	14.0	100.0	17.0	件/千克	
6304912910	棉制非手工针织的其他装饰制品	14.0	100.0	17.0	件/千克	
6304912920	毛制非手工针织的其他装饰制品(羊毛或动物细毛制)	14.0	100.0	17.0	件/千克	
6304912931	丝制非手工针织的其他装饰制品(含丝85%及以上)	14.0	100.0	17.0	件/千克	
6304912939	丝制非手工针织的其他装饰制品(含丝85%以下)	14.0	100.0	17.0	件/千克	
6304912940	化纤制非手工针织其他装饰制品	14.0	100.0	17.0	件/千克	
6304912990	其他纺材制非手工针织其他装饰品	14.0	100.0	17.0	件/千克	
6304913110	棉制手工钩编的其他装饰制品	14.0	100.0	17.0	件/千克	

商品编号	商 品 名 称 及 备 注	进口关税税率		增值税率	计量单位	监管条件
		最惠国	普通			
6304913120	毛制手工钩编的其他装饰制品(羊毛或动物细毛制)	14.0	100.0	17.0	件/千克	
6304913131	丝制手工钩编的其他装饰制品(含丝85%及以上)	14.0	100.0	17.0	件/千克	
6304913139	丝制手工钩编的其他装饰制品(含丝85%以下)	14.0	100.0	17.0	件/千克	
6304913140	化纤制手工钩编的其他装饰制品	14.0	100.0	17.0	件/千克	
6304913190	其他制手工钩编的其他装饰制品	14.0	100.0	17.0	件/千克	
6304913910	棉制非手工钩编的其他装饰制品	14.0	100.0	17.0	件/千克	
6304913920	毛制非手工钩编的其他装饰制品(羊毛或动物细毛制)	14.0	100.0	17.0	件/千克	
6304913931	丝制非手工钩编的其他装饰制品(含丝85%及以上)	14.0	100.0	17.0	件/千克	
6304913939	丝制非手工钩编的其他装饰制品(含丝85%以下)	14.0	100.0	17.0	件/千克	
6304913940	化纤制非手工钩编其他装饰制品	14.0	100.0	17.0	件/千克	
6304913990	其他纺材制非手工钩编其他装饰品	14.0	100.0	17.0	件/千克	
6304921000	棉制非针织的其他刺绣装饰制品(非钩编)	14.0	90.0	17.0	件/千克	B
6304929000	棉制非针织或钩编的其他装饰制品	14.0	90.0	17.0	件/千克	
6304931000	合成纤维制其他刺绣装饰制品(指非针织非钩编装饰制品)	16.0	130.0	17.0	件/千克	B
6304939000	合纤制其他非针织装饰制品(包括非钩编装饰制品)	16.0	130.0	17.0	件/千克	
6304991010	丝制非针织非钩编的装饰制品(含绢丝制品,含丝85%及以上)	14.0	130.0	17.0	件/千克	B
6304991090	丝制非针织非钩编的装饰制品(含绢丝制品,含丝85%以下)	14.0	130.0	17.0	件/千克	B
6304992110	亚麻或苎麻非针织其他刺绣装饰品(含非钩编制品)	14.0	90.0	17.0	件/千克	B
6304992190	其他麻制非针织其他刺绣装饰品(包括非钩编的)	14.0	90.0	17.0	件/千克	B
6304992910	亚麻或苎麻制其他非针织的装饰品(含非钩编制品)	14.0	90.0	17.0	件/千克	
6304992990	其他麻制其他非针织的装饰制品(含非钩编制品)	14.0	90.0	17.0	件/千克	
6304999010	毛制非针织非钩编装饰制品(羊毛或动物细毛制)	14.0	100.0	17.0	件/千克	B
6304999020	人造纤维制非针织非钩编装饰品	14.0	100.0	17.0	件/千克	B
6304999090	其他材料制非针织非钩编装饰品	14.0	100.0	17.0	件/千克	B
6305	货物包装用袋					
6305100010	黄麻制旧的货物包装袋(含品目5303的其他韧皮纤维制)	10.0	40.0	17.0	条/千克	
6305100090	黄麻制其他货物包装袋(含品目5303的其他韧皮纤维制)	10.0	40.0	17.0	条/千克	
6305200000	棉制货物包装袋	16.0	90.0	17.0	条/千克	
6305320011	聚乙烯或聚丙烯制软袋(针织或钩编的,用扁条及类似材料制成,散装货物周转用)	16.0	100.0	17.0	条/千克	
6305320019	聚乙烯或聚丙烯制软袋(非针织或钩编的,扁条及类似材料制成,散装货物周转用)	16.0	100.0	17.0	条/千克	
6305320090	化纤制的散装货物周转软袋	16.0	100.0	17.0	条/千克	
6305330010	聚乙烯或聚丙烯制其他货物包装袋(针织或钩编的,用扁条及类似材料制成)	16.0	100.0	17.0	条/千克	

商品编号	商品名称及备注	进口关税税率		增值税率	计量单位	监管条件
		最惠国	普通			
6305330090	聚乙烯或聚丙烯制其他货物包装袋(非针织或钩编的，用扁条及类似材料制成)	16.0	100.0	17.0	条/千克	
6305390000	其他化学纤维制货物包装袋	16.0	100.0	17.0	条/千克	
6305900011	亚麻制旧货物包装袋(针织或钩编的)	14.0	90.0	17.0	条/千克	
6305900019	其他亚麻制旧货物包装袋	14.0	90.0	17.0	条/千克	
6305900090	其他纺织材料制其他货物包装袋	14.0	90.0	17.0	条/千克	
6306	**油苫布、天篷及遮阳篷；帐篷；风帆；野营用品**					
6306110000	棉制油苫布、天篷及遮阳篷	14.0	80.0	17.0	件/千克	
6306120000	合纤制油苫布、天篷及遮阳篷	16.0	130.0	17.0	件/千克	
6306191000	麻制油苫布、天篷及遮阳篷	14.0	80.0	17.0	件/千克	
6306199010	人造纤维制油苫布、天篷及遮阳篷	14.0	100.0	17.0	件/千克	
6306199090	其他材料制油苫布、天篷及遮阳篷	14.0	100.0	17.0	件/千克	
6306210000	棉制帐篷	14.0	80.0	17.0	件/千克	
6306220010	合纤制移动帐篷、天篷及遮阳篷	16.0	130.0	17.0	件/千克	
6306220090	合纤制帐篷	16.0	130.0	17.0	件/千克	
6306290000	其他纺织材料制帐篷	14.0	100.0	17.0	件/千克	
6306310000	合纤制风帆	16.0	130.0	17.0	件/千克	
6306390000	其他纺织材料制风帆	14.0	100.0	17.0	件/千克	
6306410000	棉制充气褥垫	14.0	80.0	17.0	件/千克	
6306491000	化纤制充气褥垫	16.0	130.0	17.0	件/千克	
6306499000	其他纺织材料制充气褥垫	14.0	100.0	17.0	件/千克	
6306910000	棉制其他野营用品	14.0	80.0	17.0	件/千克	
6306991000	麻制其他野营用品	14.0	80.0	17.0	件/千克	
6306992000	化纤制其他野营用品	16.0	130.0	17.0	件/千克	
6306999000	其他材料制其他野营用品	14.0	100.0	17.0	件/千克	
6307	**其他制成品，包括服装裁剪样**					
6307100011	棉制抹布、拖布及擦光布	14.0	130.0	17.0	件/千克	
6307100019	其他纺织材料抹布、拖布及擦光布	14.0	130.0	17.0	件/千克	
6307100021	棉制汽车修理厂加油站等工厂用巾	14.0	130.0	17.0	件/千克	
6307100029	其他纺材制汽车修理厂等工厂用巾	14.0	130.0	17.0	件/千克	
6307100030	棉毛圈织物制酒吧用布[(46－57)厘米×(38－43)厘米]	14.0	130.0	17.0	件/千克	
6307100041	棉制擦碗布	14.0	130.0	17.0	件/千克	
6307100049	其他纺织材料制擦碗布	14.0	130.0	17.0	件/千克	
6307100090	其他擦拭用布等(含抹布及类似擦拭用布)	14.0	130.0	17.0	件/千克	
6307200000	救生衣及安全带	14.0	70.0	17.0	件/千克	
6307900011	棉制标签、服饰辫线及流苏(含紧身胸衣、鞋及类似品的系带)	14.0	100.0	17.0	千克	
6307900019	其他制标签、服饰辫线及流苏(含紧身胸衣、鞋及类似品的系带)	14.0	100.0	17.0	千克	

商品编号	商 品 名 称 及 备 注	进口关税税率		增值税率	计量单位	监管条件
		最惠国	普通			
6307900020	棉制起绒或簇绒织物制毛巾	14.0	100.0	17.0	千克	5
6307900030	棉制枕壳	14.0	100.0	17.0	千克	
6307900040	棉制被壳、羽绒被壳、盖被壳(含类似品,含棉85%以下)	14.0	100.0	17.0	千克	
6307900051	棉制手术用巾及其他毛巾	14.0	100.0	17.0	千克	
6307900059	化学纤维制未列名毛巾	14.0	100.0	17.0	千克	
6307900061	以棉做面的冷藏包	14.0	100.0	17.0	千克	
6307900062	以化纤纺织材料做面的冷藏包	14.0	100.0	17.0	千克	
6307900069	其他纺织材料做面的冷藏包	14.0	100.0	17.0	千克	
6307900090	纺织材料制未列名制品	14.0	100.0	17.0	千克	
6308	**由机织物及纱线构成的零售包装成套物品,不论是否带附件,用以制作小地毯、装饰毯、绣花台布、餐巾或类似的纺织物品**					
6308000010	机织物及纱线制零售包装成套物品(内含羊毛纱的)	14.0	130.0	17.0	千克	
6308000020	机织物及纱线制零售包装成套物品(由普通棉机织物及棉衍缝被褥织物与纱线构成的)	14.0	130.0	17.0	千克	5
6308000030	机织物及纱线制零售包装成套物品(由合成纤维普通机织物及衍缝被褥织物与纱线构成)	14.0	130.0	17.0	千克	
6308000090	其他机织物及纱线构成的成套物品(零售包装的)	14.0	130.0	17.0	千克	
6309	旧衣物					
6309000000	旧衣物	14.0	130.0	17.0	千克	9
6310	**纺织材料的新的或旧的碎织物及废线、绳、索、缆及其制品**					
6310100010	新的或未使用过的纺织材料制经分拣的碎织物等(新的或未使用过的,包括废线、绳、索、缆及其制品)	14.0	50.0	17.0	千克	AP
6310100090	其他纺织材料制经分拣的碎织物等(包括废线、绳、索、缆及其制品)	14.0	50.0	17.0	千克	
6310900010	新的或未使用过的纺织材料制其他碎织物等(新的或未使用过的,包括废线、绳、索、缆及其制品)	14.0	50.0	17.0	千克	AP
6310900090	其他纺织材料制碎织物等(包括废线、绳、索、缆及其制品)	14.0	50.0	17.0	千克	

第十二类 鞋、帽、伞、杖、鞭及其零件;已加工的羽毛及其制品;人造花;人发制品

第六十四章 鞋靴、护腿和类似品及其零件

注释:

一、本章不包括:

(一)易损材料(例如,纸、塑料薄膜)制的无外绱鞋底的一次性鞋靴罩或套,这些产品应按其构成材料归类;

(二)纺织材料制的鞋靴,没有用粘、缝或其他方法将外底固定或安装在鞋面上的(第十一类);

(三)品目63.09的旧鞋靴;

(四)石棉制品(品目68.12);

(五)矫形鞋靴或其他矫形器具及其零件(品目90.21);

(六)玩具鞋及装有冰刀或轮子的滑冰鞋护胫或类似的运运防护服装(第九十五章)。

二、品目64.06所称"零件",不包括鞋钉、护鞋铁掌、鞋眼、鞋钩、鞋扣、饰物、编带、鞋带、绒球或其他装饰带(应分别归入相应品目)及品目96.06的钮扣或其他货品。

三、本章所称:

(一)"橡胶"及"塑料",包括能用肉眼辨出其外表有一层橡胶或塑料的机织物或其他纺织产品;运用本款时,橡胶或塑料仅引起颜色改变的不计在内;

(二)"皮革",是指品目41.07及41.12至41.14的货品。

四、除本章注释三另有规定的以外:

(一)鞋面的材料应以占表面面积最大的那种材料为准,计算表面面积可不考虑附件及加固件,例如,护踝、裹边、饰物、扣子、拉襻、鞋眼或类似附属件;

(二)外底的主要材料应以与地面接触最广的那种材料为准,计算接触面时可不考虑鞋底钉、铁掌或类似附属件。

子目注释:

子目6402.12、6402.19、6403.12、6403.19及6404.11所称"运动鞋靴",仅适用于:

一、带有或可装鞋底钉、止滑柱、夹钳、马蹄掌或类似品的体育专用鞋靴。

二、滑冰靴、滑雪靴及越野滑雪用鞋靴、滑雪板靴、角力靴、拳击靴及赛车鞋。

商品编号	商品名称及备注	进口关税税率		增值税率	计量单位	监管条件
		最惠国	普通			
6401	**橡胶或塑料制外底及鞋面的防水鞋靴,其鞋面不是用缝、铆、钉、旋、塞或类似方法固定在鞋底上的**					
6401100000	装金属护头的塑料橡胶制防水鞋靴[鞋面与鞋底非用缝、铆、钉、旋、塞等类似方法连结的]	24.0	100.0	17.0	双	B
6401910000	橡胶、塑料底及鞋面的过膝高统靴[(过膝)鞋面与鞋底非用缝、铆、钉、旋、塞等类似方法连结的]	24.0	100.0	17.0	双	B
6401920000	橡胶,塑料底及面的中,短统防水靴[(未过膝),鞋面与鞋非用缝、铆、钉、旋、塞等类似方法连结的]	24.0	100.0	17.0	双	B

商品编号	商 品 名 称 及 备 注	进口关税税率		增值税率	计量单位	监管条件
		最惠国	普通			
6401990000	其他橡胶塑料制外底及鞋面防水靴(鞋面与鞋底非用缝铆钉旋塞等类似方法连结的)	24.0	100.0	17.0	双	B
6402	**橡胶或塑料制外底及鞋面的其他鞋靴**					
6402120010	含濒危动物毛皮橡胶/塑料底及面滑雪靴(包括越野滑雪鞋靴及滑雪板靴)	10.0	100.0	17.0	双	BEF
6402120090	其他橡胶/塑料底及面滑雪靴(包括越野滑雪鞋靴及滑雪板靴)	10.0	100.0	17.0	双	B
6402190010	含濒危动物毛皮其他运动鞋靴(橡胶、塑料制底及面)	24.0	100.0	17.0	双	BEF
6402190090	橡胶、塑料制底及面的其他运动鞋靴	24.0	100.0	17.0	双	B
6402200000	将鞋面条带栓塞在鞋底上的鞋(橡胶或塑料制外底及鞋面)	24.0	100.0	17.0	双	B
6402300000	其他装金属护鞋头的橡胶鞋靴(橡胶或塑料制外底及鞋面,防水及运动鞋靴除外)	24.0	100.0	17.0	双	B
6402910000	其他橡胶、塑料短统靴(过踝)(橡胶或塑料制外底及鞋面,防水及运动鞋靴除外)	24.0	100.0	17.0	双	B
6402990000	其他橡胶、塑料鞋靴(橡胶或塑料制外底及鞋面,防水及运动鞋靴除外)	24.0	100.0	17.0	双	B
6403	**橡胶、塑料、皮革或再生皮革制外底,皮革制鞋面的鞋靴**					
6403120010	野生动物皮革制鞋面的滑雪靴	24.0	100.0	17.0	双	FEB
6403120090	其他皮革制鞋面的滑雪靴(包括橡胶、塑料、皮革制外底和越野滑雪鞋靴及板靴)	24.0	100.0	17.0	双	B
6403190010	野生动物皮革制鞋面其他运动鞋靴	15.0	100.0	17.0	双	FEB
6403190090	皮革制鞋面的其他运动鞋靴(橡胶、塑料、皮革或再生皮革制外底)	15.0	100.0	17.0	双	B
6403200010	野生动物皮革条带为鞋面的皮底鞋	24.0	100.0	17.0	双	BFE
6403200090	其他皮革条带为鞋面的皮底鞋(皮革条带交叉于脚背并绕大脚趾的)	24.0	100.0	17.0	双	B
6403300000	不带内底或金属防护鞋头的木底鞋	24.0	100.0	17.0	双	B
6403400010	其他含野生动物皮革面鞋靴(装有金属护鞋头的)	24.0	100.0	17.0	双	FEB
6403400090	装有金属护鞋头的其他皮革面鞋靴(橡胶、塑料、皮革或再生皮革制外底)	24.0	100.0	17.0	双	B
6403510010	野生动物皮革制外底皮革面短统靴(指过踝短统靴)	10.0	100.0	17.0	双	FEB
6403510090	皮革制外底的皮革面短统靴(过踝)(运动用靴除外)	10.0	100.0	17.0	双	B
6403590010	野生动物皮革制外底皮革面其他鞋(包括靴,运动用鞋靴除外)	10.0	100.0	17.0	双	FEB
6403590090	皮革制外底的皮革面其他鞋靴(运动用鞋靴除外)	10.0	100.0	17.0	双	B
6403910010	其他野生动物皮革制面的短统靴(橡胶、塑料、皮革或再生皮革制外底,运动用靴除外)	10.0	100.0	17.0	双	FEB

商品编号	商品名称及备注	进口关税税率		增值税率	计量单位	监管条件
		最惠国	普通			
6403910090	其他皮革制面的短统靴(过踝)(橡胶、塑料、皮革或再生皮革制外底,运动用靴除外)	10.0	100.0	17.0	双	B
6403990010	野生动物皮革制面的其他鞋靴(橡胶、塑料、皮革或再生皮革制外底,运动用鞋靴除外)	10.0	100.0	17.0	双	FEB
6403990090	其他皮革制面的其他鞋靴(橡胶、塑料、皮革或再生皮革制外底,运动用鞋靴除外)	10.0	100.0	17.0	双	B
6404	**橡胶、塑料、皮革或再生皮革制外底,用纺织材料制鞋面的鞋靴**					
6404110000	纺织材料制鞋面的运动鞋靴(橡胶或塑料制外底,包括球类、体操、训练鞋及类似鞋)	24.0	100.0	17.0	双	B
6404190000	纺织材料制鞋面胶底的其他鞋靴(橡胶或塑料制外底,运动用鞋靴除外)	24.0	100.0	17.0	双	B
6404200000	纺织材料制鞋面皮革底的鞋靴(皮革或再生皮革制外底,包括运动用鞋靴)	24.0	100.0	17.0	双	B
6405	**其他鞋靴**					
6405100010	野生动物皮革制面的其他鞋靴(包括野生动物再生皮革制面的其他鞋靴)	24.0	100.0	17.0	双	FEB
6405100090	皮革或再生皮革制面的其他鞋靴(外底用胶、塑、皮革或复制皮革以外的材料制成)	24.0	100.0	17.0	双	B
6405200010	羊毛毡呢制内底及鞋面的鞋靴(外底用胶、塑、皮革或复制皮革以外材料制成)	22.0	100.0	17.0	双	B
6405200090	纺织材料制面的其他鞋靴(外底用胶、塑、皮革或复制皮革以外材料制成)	22.0	100.0	17.0	双	B
6405900000	其他材料制面的鞋靴(面用胶、塑、皮革,复制皮革及纺织材料以外的材料制成)	15.0	100.0	17.0	双	
6406	**鞋靴零件(包括鞋面,不论是否带有除外底以外的其他鞋底);活动式鞋内底、跟垫及类似品;护腿、裹腿和类似品及其零件**					
6406100010	含野生动物皮的鞋面及其零件	15.0	90.0	17.0	千克	FE
6406100090	其他鞋面及其零件(不包括硬衬及毡呢制品)	15.0	90.0	17.0	千克	
6406200000	橡胶或塑料制的外底及鞋跟	15.0	90.0	17.0	千克	
6406910000	木制鞋靴零件,活动式鞋内底等(包括跟垫及类似品,护腿、裹腿和类似品及其零件)	15.0	90.0	17.0	千克	
6406990000	其他材料制鞋靴零件(包括活动式鞋内底,跟垫,裹腿和类似品及其零件)	15.0	90.0	17.0	千克	

第六十五章　帽类及其零件

注释：

一、本章不包括：

(一) 品目 63.09 的旧帽类；

(二) 石棉制帽类(品目 68.12)；

(三) 第九十五章的玩偶帽、其他玩具帽或狂欢节用品。

二、品目 65.02 不包括缝制的帽坯，但仅将条带缝成螺旋形的除外。

商品编号	商品名称及备注	进口关税税率		增值税率	计量单位	监管条件
		最惠国	普通			
6501	**毡呢制的帽坯、帽身及帽兜，未楦制成形，也未加帽边；毡呢制的圆帽片及制帽用的毡呢筒(包括裁开的毡呢筒)**					
6501000000	毡呢制帽坯及圆帽片(包括帽身、帽兜及不论是否裁开的制帽毡呢筒)	22.0	100.0	17.0	千克	
6502	**编结的帽坯或用任何材料的条带拼制而成的帽坯，未楦制成形，也未加帽边、衬里或装饰物**					
6502000000	编结或用条带拼制的帽坯(未楦制成形，未加帽边、衬里或装饰物)	20.0	100.0	17.0	千克	
6503	**用品目 6501 的帽身、帽兜或圆帽片制成的毡呢帽类，不论有无衬里或装饰物**					
6503000000	成品毡呢制帽类(用 6501 帽身、帽兜或圆帽片制成的，不论有无衬里或装饰物)	22.0	130.0	17.0	个	
6504	**编结帽或用任何材料的条带拼制而成的帽类，不论有无衬里或装饰物**					
6504000000	编结或用条带拼制成的帽类(不论有无衬里或饰物)	20.0	130.0	17.0	个/千克	
6505	**针织或钩编的帽类，用成匹的花边、毡呢或其他纺织物(条带除外)制成的帽类，不论有无衬里或装饰物；任何材料制的发网，不论有无衬里或装饰物**					
6505100000	发网(不论有无衬里或装饰物)	10.0	130.0	17.0	个/千克	
6505901000	钩编的帽类	20.0	130.0	17.0	个/千克	
6505909000	针织帽类及用其他纺织物制成帽类(包括用成匹的花边，毡呢制成的，不论有无衬里或装饰物)	20.0	130.0	17.0	个/千克	
6506	**其他帽类，不论有无衬里或装饰物**					
6506100010	防护面罩(带有能够滤除生物因子滤器的面罩)	10.0	100.0	17.0	个	3
6506100090	其他安全帽(不论有无衬里或饰物)	10.0	100.0	17.0	个	
6506910000	橡胶或塑料制帽类(不论有无衬里或饰物，不包括安全帽)	10.0	100.0	17.0	个/千克	
6506920010	野生动物毛皮制帽类	10.0	130.0	17.0	个/千克	FEB
6506920090	其他毛皮制帽类	10.0	130.0	17.0	个/千克	B

商品编号	商 品 名 称 及 备 注	进口关税税率		增值税率	计量单位	监管条件
		最惠国	普通			
6506991010	野生动物皮革制帽类	10.0	130.0	17.0	个/千克	FEB
6506991090	其他皮革制帽类	10.0	130.0	17.0	个/千克	B
6506999000	其他材料制的未列名帽类(不论有无衬里或饰物)	24.0	100.0	17.0	个/千克	
6507	**帽圈、帽衬、帽套、帽帮、帽骨架、帽舌及帽颏带**					
6507000010	含野生动物成分的帽类附件(指帽圈、衬、套、帮、骨架、舌及颏带)	24.0	100.0	17.0	千克	FE
6507000090	其他帽类附件(指帽圈、衬、套、帮、骨架、舌及颏带)	24.0	100.0	17.0	千克	

第六十六章　雨伞、阳伞、手杖、鞭子、马鞭及其零件

注释：

一、本章不包括：

(一)丈量用杖及类似品(品目 90.17)；

(二)火器手杖、刀剑手杖、灌铅手杖及类似品(第九十三章)；

(三)第九十五章的货品(例如，玩具雨伞、玩具阳伞)。

二、品目 66.03 不包括纺织材料制的零件、附件及装饰品或者任何材料制的罩套、流苏、鞭梢、伞套及类似品。此类货品即使与品目 66.01 或 66.02 的物品一同进口或出口，只要未装配在一起，则不应视为上述品目所列物品的组成零件，而应分别归入各有关税号。

商品编号	商品名称及备注	进口关税税率		增值税率	计量单位	监管条件
		最惠国	普通			
6601	**雨伞及阳伞(包括手杖伞、庭园用伞及类似伞)**					
6601100000	庭园用伞及类似品(玩具伞除外)	14.0	130.0	17.0	把	
6601910000	折叠伞(玩具伞除外)	10.0	130.0	17.0	把	
6601990000	其他伞(玩具伞除外)	10.0	130.0	17.0	把	
6602	**手杖、带座手杖、鞭子、马鞭及类似品**					
6602000011	含野生动物成分的手杖、带座手杖(包括马鞭、鞭子及类似品)	10.0	130.0	17.0	把	AFEB
6602000019	动植物材料制手杖、鞭子及类似品(包括带座手杖)	10.0	130.0	17.0	把	AB
6602000090	其他手杖、带座手杖、鞭子及类似品	10.0	130.0	17.0	把	
6603	**品目 6601 或 6602 所列物品的零件及装饰品**					
6603100011	含野生动物成分的伞、手杖(包括鞭子的把柄)	14.0	130.0	17.0	千克	AFEB
6603100019	动植物材料制伞、手杖及鞭子把柄	14.0	130.0	17.0	千克	AB
6603100090	其他伞、手杖及鞭子的把柄	14.0	130.0	17.0	千克	
6603200000	伞骨(包括装在伞柄上的伞骨)	14.0	130.0	17.0	千克	
6603900010	含野生动物成分的伞、手杖(包括鞭子的其他零件及饰品)	14.0	130.0	17.0	千克	AFEB
6603900090	伞、手杖及鞭子的其他零件及饰品(罩套、流苏、鞭梢及纺织材料制品除外)	14.0	130.0	17.0	千克	AB

第六十七章　已加工羽毛、羽绒及其制品；人造花；人发制品

注释：

一、本章不包括：

(一)人发制滤布(品目59.11)；

(二)花边、刺绣品或其他纺织物制成的花卉图案(第十一类)；

(三)鞋靴(第六十四章)；

(四)帽类及发网(第六十五章)；

(五)玩具、运动用品或狂欢节用品(第九十五章)；

(六)羽毛掸帚、粉扑及人发制的筛子(第九十六章)。

二、品目67.01不包括：

(一)羽毛或羽绒仅在其中作为填充料的物品(例如，品目94.04的寝具)；

(二)羽毛或羽绒仅作为饰物或填充料的衣服或衣着附件；

(三)品目67.02的人造花、叶及其部分品，以及它们的制成品。

三、品目67.02不包括：

(一)玻璃制品(第七十章)；

(二)用陶器、石料、金属、木料或其他材料经模铸、锻造、雕刻、冲压或其他方法整件制成形的人造花、叶或果实；用捆扎、胶粘及类似方法以外的其他方法将部分制品组合而成的上述制品。

商品编号	商品名称及备注	进口关税税率		增值税率	计量单位	监管条件
		最惠国	普通			
6701	**带羽毛或羽绒的鸟皮及鸟体其他部分、羽毛、部分羽毛、羽绒及其制品(品目0505的货品和经加工的羽管及羽轴除外)**					
6701000010	已加工野禽羽毛、羽绒及其制品	20.0	130.0	17.0	千克	AFEB
6701000090	其他已加工羽毛、羽绒及其制品(税号0505的货品及经加工的羽管及羽轴除外)	20.0	130.0	17.0	千克	AB
6702	**人造花、叶、果实及其零件；用人造花、叶或果实制成的物品**					
6702100000	塑料制花、叶、果实及其制品(包括花、叶、果实的零件)	20.0	130.0	17.0	千克	
6702901010	野禽羽毛制花、叶、果实及其制品	20.0	130.0	17.0	千克	AFEB
6702901090	其他羽毛制花、叶、果实及其制品(包括花、叶、果实的零件)	20.0	130.0	17.0	千克	AB
6702902000	丝或绢丝制花、叶、果实及其制品(包括花、叶、果实的零件)	24.0	130.0	17.0	千克	
6702903000	化学纤维制花、叶、果实及其制品(包括花、叶、果实的零件)	24.0	130.0	17.0	千克	
6702909000	其他材料制花、叶、果实及其制品(包括花、叶、果实的零件)	20.0	130.0	17.0	千克	

商品编号	商 品 名 称 及 备 注	进口关税税率		增值税率	计量单位	监管条件
		最惠国	普通			
6703	**经梳理、稀疏、脱色或其他方法加工的人发;作假发及类似品用的羊毛、其他动物毛或其他纺织材料**					
6703000000	经梳理、稀疏等方法加工的人发(包括作假发及类似品用羊毛、其他动物毛或其他纺织材料)	20.0	100.0	17.0	千克	
6704	**人发、动物毛或纺织材料制的假发、假胡须、假眉毛、假睫毛及类似品;其他品目未列名的人发制品**					
6704110000	合成纺织材料制整头假发	25.0	130.0	17.0	千克	
6704190000	合成纺织材料制其他假发、须等(不包括整头假发)	25.0	130.0	17.0	千克	
6704200000	人发制假发、须、眉及类似品(包括整头假发)	15.0	130.0	17.0	千克	
6704900000	其他材料制假发、须眉及类似品(包括整头假发)	25.0	130.0	17.0	千克	

第十三类　石料、石膏、水泥、石棉、云母及类似材料的制品；陶瓷产品；玻璃及其制品

第六十八章　石料、石膏、水泥、石棉、云母及类似材料的制品

注释：

一、本章不包括：

(一)第二十五章的货品；

(二)品目48.10或48.11的经涂布、浸渍或覆面的纸及纸板(例如,用云母粉或石墨涂布的纸及纸板、沥青纸及纸板)；

(三)第五十六章或第五十九章的经涂布、浸渍或包覆的纺织物(例如,用云母粉、沥青涂布或包覆的织物)；

(四)第七十一章的物品；

(五)第八十二章的工具及其零件；

(六)品目84.42的印刷用石板；

(七)绝缘子(品目85.46)或绝缘材料制的零件(品目85.47)；

(八)牙科用磨锉(品目90.18)；

(九)第九十一章的物品(例如,钟及钟壳)；

(十)第九十四章的物品(例如,家具、灯具及照明装置、活动房屋)；

(十一)第九十五章的物品(例如,玩具、游戏品及运动用品)；

(十二)用第九十六章注释二(二)所述材料制成的品目96.02的物品或品目96.06的物品(例如,钮扣)、品目96.09的物品(例如,石笔)或品目96.10的物品(例如,绘画石板)；

(十三)第九十七章的物品(例如,艺术品)。

二、品目68.02所称"已加工的碑石或建筑用石",不仅适用于已加工的品目25.15、25.16的各种石料,也适用于所有经类似加工的其他天然石料(例如,石英岩、燧石、白云石及冻石),但不适用于板岩。

商品编号	商品名称及备注	进口关税税率		增值税率	计量单位	监管条件
		最惠国	普通			
6801	**天然石料(不包括板岩)制的长方砌石、路缘石、扁平石**					
6801000000	长方砌石,路缘石,扁平石[由天然石料(不包括板岩)所制]	12.0	70.0	17.0	千克	A
6802	**已加工的碑石或建筑用石(不包括板岩)及其制品,但品目6801的货品除外;天然石料(包括板岩)制的镶嵌石(马赛克)及类似品,不论是否有衬背;天然石料(包括板岩)制的人工染色石粒、石片及石粉**					
6802101000	大理石制砖、瓦、方块及类似品(不论是否为矩形,可置入边长小于7cm的方格)	24.0	90.0	17.0	千克	A
6802109000	其他石料制砖瓦、方块及类似品[可置入边长小于7cm的方格(板岩除外,但包括板岩制嵌石)]	20.0	90.0	17.0	千克	A
6802211000	经简单切削或锯开的大理石及制品(具有一个平面)	10.0	90.0	17.0	千克	A

商品编号	商品名称及备注	进口关税税率		增值税率	计量单位	监管条件
		最惠国	普通			
6802212000	经简单切削或锯开的石灰华及制品(具有一个平面)	24.0	90.0	17.0	千克	A
6802219000	经简单切削或锯开的蜡石及制品(具有一个平面)	24.0	90.0	17.0	千克	A
6802220000	经简单切削或锯开的其他石灰石(包括制品)	24.0	90.0	17.0	千克	A
6802230000	经简单切削或锯开的花岗岩及制品(具有一个平面)	10.0	90.0	17.0	千克	A
6802290000	经简单切削或锯开的其他石及制品(不包括板岩及制品)	15.0	90.0	17.0	千克	A
6802911000	大理石、石灰华及蜡石制石刻	24.0	90.0	17.0	千克	A
6802919000	其他已加工大理石及蜡石及制品(包括已加工石灰华及制品)	10.0	90.0	17.0	千克	A
6802921000	其他石灰石制石刻	24.0	90.0	17.0	千克	A
6802929000	其他已加工石灰石及制品	10.0	90.0	17.0	千克	A
6802931000	花岗岩制石刻	24.0	90.0	17.0	千克	A
6802939000	其他已加工花岗岩及制品	10.0	90.0	17.0	千克	A
6802991000	其他石制成的石刻(不包括板岩制成的石刻)	24.0	90.0	17.0	千克	A
6802999000	其他已加工的石及制品(不包括板岩及制品)	24.0	90.0	17.0	千克	A
6803	**已加工的板岩及板岩或粘聚板岩的制品**					
6803001000	已加工板岩及板岩制品	20.0	80.0	17.0	千克	
6803009000	粘聚板岩制品	20.0	80.0	17.0	千克	
6804	**未装支架的石磨、石碾、砂轮和类似品及其零件,用于研磨、磨刃、抛光、整形或切割,以及手用磨石、抛光石及其零件,用天然石料、粘聚的天然磨料、人造磨料或陶瓷制成,不论是否装有由其他材料制成的零件**					
6804100000	碾磨或磨浆用石磨、石碾	8.0	40.0	17.0	千克	
6804210000	其他石磨、石碾及砂轮(包括类似品,由粘聚合成或天然金刚石所制)	8.0	17.0	17.0	千克	B
6804221000	其他砂轮(由其他粘聚磨料或陶瓷所制)	8.0	17.0	17.0	千克	B
6804229000	其他石磨、石碾及类似品(由其他粘聚磨料或陶瓷所制)	8.0	40.0	17.0	千克	
6804231000	天然石料制的砂轮	8.0	17.0	17.0	千克	B
6804239000	天然石料制其他石磨、石碾等(包括类似品)	8.0	40.0	17.0	千克	
6804301000	手用琢磨油石	8.0	17.0	17.0	千克	B
6804309000	手用其他磨石及抛光石	8.0	40.0	17.0	千克	B
6805	**砂布、砂纸及以其他材料为底的类似品,不论是否裁切、缝合或用其他方法加工成形**					
6805100000	砂布(不论是否裁切、缝合或用其他方法加工成型)	8.0	40.0	17.0	千克	B
6805200000	砂纸(不论是否裁切、缝合或用其他方法加工成型)	8.0	40.0	17.0	千克	B
6805300000	不以布或纸为底的砂纸类似品	8.0	40.0	17.0	千克	B
6806	**矿渣棉、岩石棉及类似的矿质棉;页状蛭石、膨胀粘土、泡沫矿渣及类似的膨胀矿物材料;具有隔热、隔音或吸音性能的矿物材料的混合物及制品,但品目6811、6812或第六十九章的货品除外**					
6806100010 *	矿物纤维,渣球含量小于5%	10.5	40.0	17.0	千克	

商品编号	商品名称及备注	进口关税税率		增值税率	计量单位	监管条件
		最惠国	普通			
6806100090	矿渣棉、岩石棉及类似矿质棉(包括相互混合物,块状、成片或成卷)	10.5	40.0	17.0	千克	
6806200000	页状硅石、膨胀粘土、泡沫矿渣(包括类似膨胀矿物材料及相互混合物)	10.5	40.0	17.0	千克	
6806900000	其他矿物材料的混合物及制品(指具有隔热、隔音或吸音性能的矿物材料的混合物)	10.0	50.0	17.0	千克	
6807	**沥青或类似原料(例如,石油沥青或煤焦油沥青)的制品**					
6807100000	成卷的沥青或类似原料的制品(如:石油沥青或煤焦油沥青)	12.0	50.0	17.0	千克	
6807900000	其他形状的沥青或类似原料的制品(如:石油沥青或煤焦油沥青)	12.0	50.0	17.0	千克	
6808	**镶板、平板、瓦、砖及类似品,用水泥、石膏及其他矿物粘合材料粘合植物纤维、稻草、刨花、木片屑、木粉、锯末或木废料制成**					
6808000000	镶板,平板,瓦,砖及类似品(以水泥等矿物为材料将植物纤维,稻草,刨花等粘合而成)	10.5	40.0	17.0	千克	
6809	**石膏制品及以石膏为基本成分的混合材料制品**					
6809110000	未饰的石膏板、片、砖、瓦及类似品(包含以石膏为主成分的混合物制品,用纸、纸板贴面或加强)	28.0	100.0	17.0	千克	
6809190000	以其他材料贴面加强的未饰石膏板(含片、砖、瓦及类似品包含以石膏为主成分的混合物制品)	25.0	100.0	17.0	千克	
6809900000	其他石膏制品(包括以石膏为主成分的混合材料制品)	25.0	100.0	17.0	千克	
6810	**水泥、混凝土或人造石制品,不论是否加强**					
6810110000	水泥制建筑用砖及石砌块(包括混凝土或人造石制,不论是否加强)	10.5	40.0	17.0	千克	
6810191000	人造石制砖、瓦、扁平石(含类似品,不论是否加强)	10.5	70.0	17.0	千克	
6810199000	水泥或混凝土制其他砖、瓦、扁平石(含类似品,不论是否加强)	10.5	70.0	17.0	千克	
6810911000	钢筋混凝土和预应力混凝土管等(包括杆、板、桩等,无论是否加强)	10.5	40.0	17.0	千克	
6810919000	水泥制建筑或土木工程用预制构件(包括混凝土或人造石制,不论是否加强)	10.5	40.0	17.0	千克	
6810991000	铁道用水泥枕	8.0	14.0	17.0	千克	
6810999000	水泥、混凝土或人造石制其他制品	10.5	70.0	17.0	千克	
6811	**石棉水泥、纤维素水泥或类似材料的制品**					
6811100000	石棉水泥制瓦楞板(包括纤维素水泥或类似材料制)	5.0	40.0	17.0	千克	
6811200000	石棉水泥制片、板、砖、瓦及类似品(包括纤维素水泥或类似材料制)	10.5	40.0	17.0	千克	

商品编号	商品名称及备注	进口关税税率		增值税率	计量单位	监管条件
		最惠国	普通			
6811300000	石棉水泥制管子及管子配件(包括纤维素水泥或类似材料制)	8.0	40.0	17.0	千克	
6811900000	石棉水泥制其他制品(包括纤维素水泥或类似材料制)	8.4	40.0	17.0	千克	
6812	**已加工的石棉纤维;以石棉为基本成分或以石棉和碳酸镁为基本成分的混合物;上述混合物或石棉的制品(例如,纱线、机织物、服装、帽类、鞋靴、衬垫),不论是否加强,但品目6811或6813的货品除外**					
6812500000	石棉或石棉混合物制的服装(包括衣着附件、帽及鞋靴)	10.5	40.0	17.0	千克	
6812600000	石棉或石棉混合物制的纸、麻丝板(包括毡子)	10.5	40.0	17.0	千克	
6812700000	成片成卷的压缩石棉纤维接合材料	10.5	40.0	17.0	千克	
6812900000	其他石棉或石棉混合物制品	10.0	40.0	17.0	千克	
6813	**以石棉、其他矿物质或纤维素为基本成分的未装配磨擦材料及其制品(例如,片、卷、带、盘、圈、垫及扇形),适于作制动器、离合器及类似品,不论是否与织物或其他材料结合而成**					
6813100000	闸衬、闸垫(由石棉、其他矿物质或纤维素为基本成分的磨擦材料所制)	10.0	40.0	17.0	千克	
6813900000	磨擦料及其他用于制动等用途制品(磨擦料由石棉其他矿物质或纤维素为主原料构成)	12.0	40.0	17.0	千克	
6814	**已加工的云母及其制品,包括粘聚或复制的云母,不论是否附于纸、纸板或其他材料上**					
6814100000	粘聚或复制云母制的板、片、带(不论是否附于其他材料上)	10.5	35.0	17.0	千克	
6814900000	其他已加工的云母及其制品(包括粘聚或复制的云母及其他制品)	10.5	35.0	17.0	千克	
6815	**其他品目未列名的石制品及其他矿物制品(包括碳纤维及其制品和泥煤制品)**					
6815100000	非电器用的石墨或其他碳精制品	15.0	70.0	17.0	千克	
6815200000	泥煤制品	15.0	70.0	17.0	千克	
6815910000	含菱镁矿、白云石或铬铁矿的制品	15.0	70.0	17.0	千克	
6815991021 *	碳含量>90%特种碳纤维纱线(比模量≥12.3×10^6m,比极限抗拉强度≥0.3×10^6m)	17.5	70.0	17.0	千克	3
6815991029	碳含量≤90%特种碳纤维纱线(比模量≥12.3×10^6m,比极限抗拉强度≥0.3×10^6m)	17.5	70.0	17.0	千克	3
6815991091 *	其他碳含量>90%碳纤维纱线	17.5	70.0	17.0	千克	
6815991099	其他碳纤维及其制品	17.5	70.0	17.0	千克	
6815999000	其他未列名石制品及矿物制品	17.5	70.0	17.0	千克	

第六十九章　陶瓷产品

注释：

一、本章仅适用于成形后经过烧制的陶瓷产品。品目69.04至69.14仅适用于不能归入品目69.01至69.03的产品。

二、本章不包括：

(一)品目28.44的产品；

(二)品目69.04的物品；

(三)第七十一章的物品(例如，仿首饰)；

(四)品目81.13的金属陶瓷；

(五)第八十二章的物品；

(六)绝缘子(品目85.46)或绝缘材料制的零件(品目85.47)；

(七)假牙(品目90.21)；

(八)第九十一章的物品(例如，钟及钟壳)；

(九)第九十四章的物品(例如，家具、灯具及照明装置、活动房屋)；

(十) 第九十五章的物品(例如，玩具、游戏品及运动用品)；

(十一)品目96.06的物品(例如，钮扣)或品目96.14的物品(例如，烟斗)；

(十二) 第九十七章的物品(例如，艺术品)。

商品编号	商品名称及备注	进口关税税率		增值税率	计量单位	监管条件
		最惠国	普通			
6901	**硅质化石粉(例如各种硅藻土)或类似硅土制的砖、块、瓦及其他陶瓷制品**					
6901000000	硅质化石粉或类似硅土制的砖、瓦(包括硅质化石粉或类似硅土制的其他陶瓷制品)	8.0	50.0	17.0	千克	
6902	**耐火砖、块、瓦及类似耐火陶瓷建材制品，但硅质化石粉及类似硅土制的除外**					
6902100000	含＞50%镁、钙、铬耐火砖及类似品	8.0	30.0	17.0	千克	
6902200000	含＞50%铝、硅耐火砖及类似品(指超过50%的三氧化二铝，二氧化硅等耐火陶瓷建材制品)	8.0	30.0	17.0	千克	
6902900000	其他耐火砖及耐火陶瓷建材制品(包括类似耐火陶瓷制品、6901的制品除外)	8.0	30.0	17.0	千克	
6903	**其他耐火陶瓷制品(例如，甑、坩埚、马弗罩、喷管、栓塞、支架、烤钵、管子、护套及棒条)，但硅质化石粉及类似硅土制的除外**					
6903100000	含＞50%石墨其他耐火陶瓷制品(包括含超过50%的其他碳及其混合物的制品)	8.0	20.0	17.0	千克	
6903200000	含＞50%氧化铝其他耐火陶瓷制品(氧化铝包括三氧化二铝和二氧化硅的混合物或化合物)	8.0	20.0	17.0	千克	
6903900000	其他耐火陶瓷制品	8.0	20.0	17.0	千克	
6904	**陶瓷制建筑用砖、铺地砖、支撑或填充用砖及类似品**					
6904100000	陶瓷制建筑用砖	15.0	90.0	17.0	千块/千克	AB

商品编号	商品名称及备注	进口关税税率		增值税率	计量单位	监管条件
		最惠国	普通			
6904900000	陶瓷制铺地砖,支撑或填充用砖(包括类似品)	24.5	90.0	17.0	千克	AB
6905	**屋顶瓦、烟囱罩、通风帽、烟囱衬壁、建筑装饰及其他建筑用陶瓷制品**					
6905100000	陶瓷制屋顶瓦	24.5	90.0	17.0	千克	B
6905900000	其他建筑用陶瓷制品(包括烟囱罩通风帽、烟囱衬壁、建筑装饰物)	24.5	90.0	17.0	千克	AB
6906	**陶瓷套管、导管、槽管及管子附件**					
6906000000	陶瓷套管、导管、槽管及管子配件	15.0	90.0	17.0	千克	
6907	**未上釉的陶瓷贴面砖、铺面砖,包括炉面砖及墙面砖;未上釉的陶瓷镶嵌砖(马赛克)及类似品,不论是否有衬背**					
6907100010 *	瓷砖、陶瓷等产品,未打磨上釉陶瓷(表面最宽<7cm)	24.5	90.0	17.0	平方米/千克	AB
6907100090	未上釉的小陶瓷砖、瓦、块及类似品(小指最大表面积可置入边长<7cm的方格为限)	24.5	90.0	17.0	平方米/千克	AB
6907900000	未上釉的大陶瓷砖、瓦、块及类似品(大指最大表面积超过子目号690710所列规格的)	12.0	90.0	17.0	平方米/千克	AB
6908	**上釉的陶瓷贴面砖、铺面砖,包括炉面砖及墙面砖;上釉的陶瓷镶嵌砖(马赛克)及类似品,不论是否有衬背**					
6908100000	上釉的小陶瓷砖、瓦、块及类似品(小指最大表面积以可置入边长<7cm的方格为限)	12.0	100.0	17.0	平方米/千克	AB
6908900000	上釉的大陶瓷砖、瓦、块及类似品(大指最大表面积超过子目号690810所列规格的)	12.0	100.0	17.0	平方米/千克	AB
6909	**实验室、化学或其他专门技术用途的陶瓷器;农业用陶瓷槽、缸及类似容器;通常供运输及盛装货物用的陶瓷罐、坛及类似品**					
6909110000	实验室、化学或其他技术用瓷器	8.0	30.0	17.0	千克	
6909120000	摩氏硬度≥9的技术用陶瓷器(实验室、化学或其他专门技术用途的)	8.0	30.0	17.0	千克	
6909190000	其他实验室、化学用陶瓷器(包括其他技术用)	8.0	30.0	17.0	千克	
6909900000	农业,运输或盛装货物用陶瓷容器	21.0	90.0	17.0	千克	
6910	**陶瓷洗涤槽、脸盆、脸盆座、浴缸、坐浴盆,抽水马桶、水箱、小便池及类似的固定卫生设备**					
6910100000	瓷制脸盆、浴缸及类似卫生器具(包括洗涤槽、抽水马桶、小便池等)	10.0	100.0	17.0	件	B
6910900000	陶制脸盆、浴缸及类似卫生器具(包括洗涤槽、抽水马桶、小便池等)	10.0	100.0	17.0	件	
6911	**瓷餐具、厨房器具及其他家用或盥洗用瓷器**					
6911101000	瓷餐具	12.0	100.0	17.0	千克	AB
6911102000	瓷厨房器具	15.0	100.0	17.0	千克	AB
6911900000	其他家用或盥洗用瓷器	24.5	100.0	17.0	千克	B

商品编号	商品名称及备注	进口关税税率		增值税率	计量单位	监管条件
		最惠国	普通			
6912	**陶餐具、厨房器具及其他家用或盥洗用陶器**					
6912001000	陶餐具	15.0	100.0	17.0	千克	AB
6912009000	陶制厨房器具(包括家用或盥洗用的)	15.0	100.0	17.0	千克	AB
6913	**塑像及其他装饰用陶瓷制品**					
6913100000	瓷塑像及其他装饰用瓷制品	15.0	100.0	17.0	千克	B
6913900000	陶塑像及其他装饰用陶制品	15.0	100.0	17.0	千克	B
6914	**其他陶瓷制品**					
6914100000	其他瓷制品	24.5	100.0	17.0	千克	
6914900000	其他陶制品	10.0	100.0	17.0	千克	

第七十章　玻璃及其制品

注释：

一、本章不包括：

（一）品目32.07的货品（例如，珐琅和釉料、搪瓷玻璃料及其他玻璃粉、粒或粉片）；

（二）第七十一章的物品（例如，仿首饰）；

（三）品目85.44的光缆、品目85.46的绝缘子或品目85.47所列绝缘材料制的零件；

（四）光导纤维、经光学加工的光学元件、注射用针管、假眼、温度计、气压计、液体比重计或第九十章的其他物品；

（五）有永久固定电光源的灯具及照明装置、灯箱标志或铭牌和类似品及其零件（品目94.05）；

（六）玩具、游戏品、运动用品、圣诞树装饰品及第九十五章的其他物品（供玩偶或第九十五章其他物品用的无机械装置的玻璃假眼除外）；

（七）钮扣、保温瓶、香水喷雾器和类似的喷雾器及第九十六章的其他物品。

二、对于品目70.03、70.04及70.05：

（一）玻璃在退火前的各种处理都不视为“已加工”；

（二）玻璃切割成一定形状并不影响其作为板片归类；

（三）所称“吸收、反射或非反射层”，是指极薄的金属或化合物（例如，金属氧化物）镀层，该镀层可以吸收红外线等光线或可以提高玻璃的反射性能，同时仍然使玻璃具有一定程度的透明性或半透明性；或者该镀层可以防止光线在玻璃表面的反射。

三、品目70.06所述产品，不论是否具有制成品的特性仍归入该品目。

四、品目70.19所称“玻璃棉”，是指：

（一）按重量计二氧化硅的含量在60%及以上的矿质棉；

（二）按重量计二氧化硅的含量在60%以下，但碱性氧化物（氧化钾或氧化钠）的含量在5%以上或氧化硼的含量在2%以上的矿质棉。

不符合上述规定的矿质棉归入品目68.06。

五、本目录所称“玻璃”，包括熔融石英及其他熔融硅石。

子目注释：

子目7013.21、7013.31及7013.91所称“铅晶质玻璃”，仅指按重量计氧化铅含量不低于24%的玻璃。

商品编号	商品名称及备注	进口关税税率		增值税率	计量单位	监管条件
		最惠国	普通			
7001	**碎玻璃及废玻璃；玻璃块料**					
7001000000	废碎玻璃及玻璃块料	12.0	50.0	17.0	千克	
7002	**未加工的玻璃球、棒及管（品目7018的微型玻璃球除外）**					
7002100000	未加工的玻璃球（编号7018的微型玻璃球除外）	12.0	50.0	17.0	千克	
7002201000	光导纤维预制棒	6.0	50.0	17.0	千克	
7002209000	其他未加工的玻璃棒	12.0	50.0	17.0	千克	
7002311000	光导纤维用波导级石英玻璃管（指未经加工的熔凝石英或其他熔凝硅石制）	5.0	17.0	17.0	千克	
7002319000	熔凝石英或熔凝硅石制其他玻璃管	14.0	50.0	17.0	千克	
7002320000	其他未加工的玻璃管（0－300℃时线膨胀系数小于5×10^{-6}/开尔文的玻璃制）	12.0	50.0	17.0	千克	

商品编号	商品名称及备注	进口关税税率		增值税率	计量单位	监管条件
		最惠国	普通			
7002390010 *	光通信用微光组建的玻璃毛细管(外径小于3mm)	12.0	50.0	17.0	千克	
7002390020 *	光通信用微光组建的玻璃定位管(外径小于3mm)	12.0	50.0	17.0	千克	
7002390090	未列名、未加工的玻璃管	12.0	50.0	17.0	千克	
7003	**铸制或轧制玻璃板、片或型材及异型材,不论是否有吸收、反射或非反射层,但未经其他加工**					
7003120000	铸、轧制着色的非夹丝玻璃板、片(不透明,镶色或有吸收反射或非反射层的,未经其他加工)	15.0	50.0	17.0	平方米	
7003190000	铸、轧制的其他非夹丝玻璃板、片(未着色,透明及不具吸收层的,未经其他加工)	17.5	50.0	17.0	平方米	
7003200000	铸、轧制的夹丝玻璃板、片(未经其他加工)	15.0	50.0	17.0	平方米	
7003300000	铸、轧制的玻璃型材及异型材(未经其他加工)	15.0	50.0	17.0	平方米/千克	
7004	**拉制或吹制玻璃板、片,不论是否有吸收、反射或非反射层,但未经其他加工**					
7004200000	拉、吹制的着色玻璃板、片(不透明,镶色或有吸收反射或非反射层的,未经其他加工)	17.5	50.0	17.0	平方米	
7004900010 *	光学平板玻璃,厚度0.7mm以下(未着色,透明及不具吸收层的,未经其他加工)	17.5	50.0	17.0	平方米	
7004900090	拉、吹制的其他玻璃板、片(未着色,透明及不具吸收层的,未经其他加工)	17.5	50.0	17.0	平方米	
7005	**浮法玻璃板、片及表面研磨或抛光玻璃板、片,不论是否有吸收、反射或非反射层,但未经其他加工**					
7005100000	有吸收层非夹丝浮珐或抛光玻璃板(包括有反射或非反射层的玻璃板、片)	15.0	50.0	17.0	平方米	
7005210000	其他着色非夹丝浮珐玻璃板、片(整块着色,不透明,镶色或仅表面研磨的)	15.0	50.0	17.0	平方米	
7005290010 *	浮珐玻璃(气泡,杂质的大小≤30微米)	15.0	50.0	17.0	平方米	
7005290090	其他非夹丝浮珐玻璃板、片	15.0	50.0	17.0	平方米	
7005300000	夹丝浮珐玻璃板、片(包括表面研磨或抛光的,不论是否有吸收或反射层)	17.5	50.0	17.0	平方米	
7006	**经弯曲、磨边、镂刻、钻孔、涂珐琅或其他加工的品目7003,7004或7005的玻璃,但未用其他材料镶框或装配**					
7006000000	经其他加工编号7003-7005的玻璃(经弯曲、磨边、镂刻、钻孔、涂珐琅等加工、未镶框或装配)	15.0	50.0	17.0	千克	
7007	**钢化或层压玻璃制的安全玻璃**					
7007111010 *	空载重量≥25吨飞机的挡风玻璃	2.0	11.0	17.0	千克	
7007111090	航空航天器及船舶用钢化安全玻璃(其他规格及形状适于安装在航空航天器及船上的)	2.0	11.0	17.0	千克	
7007119000	车辆用钢化安全玻璃(规格及形状适于安装在车辆上的)	10.0	50.0	17.0	千克	A
7007190010 *	低铁钢化太阳能电池组件封装专用玻璃(指最大含铁量0.02%Fe_2O_3,厚度为2.5mm-3.5mm的玻璃)	14.0	50.0	17.0	平方米/千克	

商品编号	商 品 名 称 及 备 注	进口关税税率		增值税率	计量单位	监管条件
		最惠国	普通			
7007190090	其他钢化安全玻璃	14.0	50.0	17.0	平方米/千克	A
7007211000	航空航天器及船舶用层压安全玻璃(规格及形状适于安装在航空航天器及船上的)	2.0	11.0	17.0	千克	
7007219000	车辆用层压安全玻璃(规格及形状适于安装在车辆上的)	20.0	50.0	17.0	千克	A
7007290000	其他层压安全玻璃	14.0	50.0	17.0	平方米/千克	A
7008	**多层隔温、隔音玻璃组件**					
7008001000	中空或真空隔温、隔音玻璃组件	14.0	50.0	17.0	千克	A
7008009000	其他多层隔温、隔音玻璃组件	14.0	50.0	17.0	千克	A
7009	**玻璃镜(包括后视镜),不论是否镶框**					
7009100000	车辆后视镜(不论是否镶框)	10.0	100.0	17.0	千克	
7009910000	其他未镶框玻璃镜(包括后视镜)	21.0	70.0	17.0	千克	
7009920000	其他镶框玻璃镜(包括后视镜)	12.0	100.0	17.0	千克	
7010	**玻璃制的坛、瓶、缸、罐、安瓿及其他容器,用于运输或盛装货物;玻璃制保藏罐;玻璃塞 、盖及类似的封口器**					
7010100000	玻璃安瓿	14.0	50.0	17.0	千克	
7010200000	玻璃制的塞、盖及类似封口器	14.0	50.0	17.0	千克	
7010901000	装运货物或保藏用的玻璃大容器(指超过1升的坛、瓶、缸、罐及其他容器)	14.0	50.0	17.0	千克	
7010902000	装运货物或保藏用的玻璃中容器(指超过0.33升,但不超过1升的坛、瓶、缸、罐及其他容器)	14.0	50.0	17.0	千克	
7010903000	装运货物或保藏用的玻璃小容器(指超过0.15升,但不超过0.33升的坛、瓶、缸、罐及其他容器)	14.0	50.0	17.0	千克	
7010909000	装运货物或保藏用的玻璃特小容器(指不超过0.15升的坛、瓶、缸、罐及其他容器)	14.0	50.0	17.0	千克	
7011	**制灯泡、阴极射线管及类似品用的未封口玻璃外壳(包括玻璃泡及管)及其玻璃零件,但未装有配件**					
7011100000	电灯用未封口玻璃外壳及玻璃零件(未装有配件)	21.0	80.0	17.0	千克	
7011201000	显像管玻壳及其零件(未装有配件)	10.0	35.0	17.0	千克	6
7011209010 *	显示管玻壳(包括零件,但未装有配件)	10.0	35.0	17.0	千克	6
7011209090	其他阴极射线管用的未封口玻壳(包括零件,但未装有配件)	10.0	35.0	17.0	千克	6
7011901000	电子管未封口玻璃外壳及玻璃零件(未装有配件)	8.0	35.0	17.0	千克	
7011909000	其他类似品用未封口玻璃外壳零件(未装有配件)	21.0	80.0	17.0	千克	
7012	**保温瓶或其他保温容器用的玻璃胆**					
7012000000	保温瓶或其他保温器用玻璃胆	21.0	100.0	17.0	个	A
7013	**玻璃器,供餐桌、厨房、盥洗室、办公室、室内装饰或类似用途(品目7010或7018的货品除外)**					

商品编号	商品名称及备注	进口关税税率		增值税率	计量单位	监管条件
		最惠国	普通			
7013100000	玻璃陶瓷制玻璃器皿(供餐桌、厨房、办公室及室内装饰等用)	24.5	100.0	17.0	千克	
7013210000	铅晶质玻璃杯(玻璃陶瓷制的除外)	24.5	100.0	17.0	千克	
7013290000	其他玻璃杯(玻璃陶瓷制的除外)	8.0	100.0	17.0	千克	A
7013310000	铅晶质玻璃制餐桌、厨房用器皿((不包括杯子)玻璃陶瓷制的除外)	24.5	100.0	17.0	千克	A
7013320000	低膨胀系数玻璃制餐桌厨房用器皿(低膨胀系数指温度0-300℃膨胀系数$<5\times10^{-6}$/开尔文)	10.0	100.0	17.0	千克	A
7013390000	其他玻璃制餐桌、厨房用器皿(不包括杯子,玻璃陶瓷制的除外)	10.0	100.0	17.0	千克	A
7013910000	其他铅晶质玻璃器皿	10.0	100.0	17.0	千克	
7013990000	其他玻璃器皿	10.0	100.0	17.0	千克	
7014	**未经光学加工的信号玻璃器及玻璃制光学元件(品目7015的货品除外)**					
7014001000	光学仪器用光学元件毛坯(未经光学加工的,编号7015的物品除外)	10.0	40.0	17.0	千克	
7014009010*	滤波玻璃(带有抗红外和防反辐射薄膜的)	17.5	80.0	17.0	千克	
7014009090	其他未经光学加工的信号玻璃器(包括玻璃制光学元件,编号7015的物品除外)	17.5	80.0	17.0	千克	
7015	**钟表玻璃及类似玻璃、视力矫正或非视力矫正眼镜用玻璃,呈弧面、弯曲、凹形或类似形状但未经光学加工的;制造上述玻璃用的凹面圆形及扇形玻璃**					
7015101000	视力矫正眼镜用变色镜片坯件(未经光学加工的)	21.0	80.0	17.0	千克	
7015109000	其他视力矫正眼镜用镜片坯件(未经光学加工的)	17.5	70.0	17.0	千克	
7015901000	钟表玻璃(未经光学加工的)	17.5	70.0	17.0	千克	
7015902000	平光变色镜片坯件(未经光学加工的)	18.0	80.0	17.0	千克	
7015909000	编号7015的其他未经光学加工玻璃	12.0	80.0	17.0	千克	
7016	**建筑用压制或模制的铺面用玻璃块、砖、片、瓦及其他制品,不论是否夹丝;供镶嵌或类似装饰用的玻璃马赛克及其他小件玻璃品,不论是否有衬背;花饰铅条窗玻璃及类似品;多孔或泡沫玻璃块、板、片及类似品**					
7016100000	供镶嵌或装饰用玻璃马赛克(包括其他小件玻璃品,不论是否有衬背)	22.0	100.0	17.0	千克	
7016901000	花饰铅条窗玻璃及类似品	24.0	90.0	17.0	千克	
7016909000	建筑用压制或模制铺面玻璃块、砖(包括瓦等,不论是否夹丝以及多孔或泡沫玻璃块,板等)	18.0	90.0	17.0	千克	
7017	**实验室、卫生及配药用的玻璃器,不论有无刻度或标量**					
7017100000	实验室、卫生及配药用玻璃器(熔凝石英或熔凝硅石制,不论有无刻度或标量)		30.0	17.0	千克	

商品编号	商品名称及备注	进口关税税率		增值税率	计量单位	监管条件
		最惠国	普通			
7017200000	其他玻璃制实验室等用玻璃器(0-300℃时线膨胀系数$\leqslant 5\times10^{-6}$/开尔文的玻璃制)	8.0	30.0	17.0	千克	
7017900000	其他实验室,卫生及配药用玻璃器	8.0	30.0	17.0	千克	
7018	**玻璃珠、仿珍珠、仿宝石或仿半宝石和类似小件玻璃品及其制品,但仿首饰除外;玻璃假眼,但医用假眼除外;灯工方法制作的玻璃塑像及其他玻璃装饰品,但仿首饰除外;直径不超过1毫米的微型玻璃球**					
7018100000	玻璃珠,仿珍珠及类似小件玻璃品(包括仿宝石、仿首饰除外)	10.0	100.0	17.0	千克	
7018200000	直径不超过1毫米的玻璃珠	20.0	100.0	17.0	千克	
7018900000	灯工方法制的玻璃塑像及玻璃饰品(仿首饰除外,玻璃眼,医用假眼除外)	20.0	100.0	17.0	千克	
7019	**玻璃纤维(包括玻璃棉)及其制品(例如,玻璃纤维纱线及其织物)**					
7019110000	长度不超过50mm的短切玻璃纤维	12.0	50.0	17.0	千克	
7019120010	复合结构用的玻璃纤维粗纱(比模量$\geqslant 12.3\times10^{6}$m,比极限抗拉强度$\geqslant 0.3\times10^{6}$m)	12.0	50.0	17.0	千克	3
7019120090	玻璃纤维粗纱	12.0	50.0	17.0	千克	
7019190011	间苯二酚甲醛胶浸渍的玻璃纤维纱(用于生产非导电玻璃纤维长丝粗纱机织轮胎帘子布的)	10.0	50.0	17.0	千克	
7019190012	玻璃纤维或纤丝材料(其"比模量"为3.18×10^{6}米或更大和"比抗拉强度"为7.62×10^{4}米或更大的玻璃纤维或纤丝材料)	10.0	50.0	17.0	千克	3
7019190019	其他玻璃纱线(包括长度超过50mm的短切纤维)	10.0	50.0	17.0	千克	
7019190090	其他玻璃纤维及其制品(含长度超过50mm的短切纤维)	10.0	50.0	17.0	千克	
7019310000	玻璃纤维(包括玻璃棉)制的席	5.0	40.0	17.0	千克	
7019320000	玻璃纤维(包括玻璃棉)制的薄片(也称巴厘纱)	14.0	40.0	17.0	千克	
7019390000	玻璃纤维制的网及类似无纺产品(包括垫、板)	10.5	40.0	17.0	千克	
7019400000	玻璃纤维粗纱机织物	12.0	40.0	17.0	千克	5
7019510000	宽度$\leqslant$30cm的玻璃纤维机织物	12.0	40.0	17.0	千克	5
7019520000	每平米重$\leqslant$250g玻璃长丝平纹织物(宽度超过30cm,单根纱线细度不超过136特)	12.0	40.0	17.0	千克	5
7019590010 *	覆铜箔板用玻璃纤维布	12.0	40.0	17.0	千克	5
7019590090	其他玻璃纤维机织物	12.0	40.0	17.0	千克	5
7019900000	其他玻璃纤维及其制品	7.0	40.0	17.0	千克	
7020	**其他玻璃制品**					
7020001100 *	导电玻璃	10.5	40.0	17.0	千克	
7020001200 *	绝缘子用玻璃伞盘	10.5	40.0	17.0	千克	

商品编号	商品名称及备注	进口关税税率		增值税率	计量单位	监管条件
		最惠国	普通			
7020001910	半导体晶片生产用石英反应管及夹持器(用于插入熔化和氧化炉内)		40.0	17.0	千克	s
7020001920 *	等离子模块生产用高应变点玻璃(应变点在550℃及以上)	10.5	40.0	17.0	千克	
7020001990	其他工业用玻璃制品	10.5	40.0	17.0	千克	
7020009010 *	石英玻璃(平整度小于等于1微米)	15.0	100.0	17.0	千克	
7020009090	其他非工业用玻璃制品	15.0	100.0	17.0	千克	

第十四类　天然或养殖珍珠、宝石或半宝石、贵金属、包贵金属及其制品；仿首饰；硬币

第七十一章　天然或养殖珍珠、宝石或半宝石、贵金属、包贵金属及其制品；仿首饰；硬币

注释：

一、除第六类注释一(一)及下列各款另有规定的以外，凡制品的全部或部分由下列物品构成，均应归入本章：

(一)天然或养殖珍珠、宝石或半宝石(天然、合成或再造)；

(二)贵金属或包贵金属。

二、(一)品目71.13、71.14及71.15不包括带有贵金属或包贵金属制的小零件或小装饰品(例如，交织字母、套、圈、套环)的制品，上述注释一(二)也不适用于这类制品；

(二)品目71.16不包括含有贵金属或包贵金属(仅作为小零件或小装饰品的除外)的制品。

三、本章不包括：

(一)贵金属汞齐及胶态贵金属(品目28.43)；

(二)第三十章的外科用无菌缝合材料、牙科填料或其他货品；

(三)第三十二章的货品(例如，光瓷釉)；

(四)载体催化剂(品目38.15)；

(五)第四十二章注释二(二)所述的品目42.02或42.03的物品；

(六)品目43.03或43.04的物品；

(七)第十一类的货品(纺织原料及纺织制品)；

(八)第六十四章或第六十五章的鞋靴、帽类及其他物品；

(九)第六十六章的伞、手杖及其他物品；

(十)品目68.04或68.05及第八十二章含有宝石或半宝石(天然或合成)粉末的研磨材料制品；第八十二章装有宝石或半宝石(天然、合成或再造)工作部件的器具；第十六类的机器、机械器具、电气设备及其零件。然而，完全以宝石或半宝石(天然、合成或再造)制成的物品及其零件，除未安装的唱针用已加工蓝宝石或钻石外(品目85.22)，其余仍应归入本章；

(十一)第九十章、第九十一章或第九十二章的物品(科学仪器、钟表及乐器)；

(十二)武器及其零件(第九十三章)；

(十三)第九十五章注释二所述物品；

(十四)根据第九十六章注释四应归入该章的物品；

(十五)雕塑品原件(品目97.03)、收藏品(品目97.05)或超过一百年的古物(品目97.06)，但天然或养殖珍珠、宝石及半宝石除外。

四、(一)所称"贵金属"，是指银、金及铂；

(二)所称"铂"，是指铂、铱、锇、钯、铑及钌；

(三)所称"宝石或半宝石"，不包括第九十六章注释二(二)所述任何物质。

五、含有贵金属的合金(包括烧结及化合的)，只要其中任何一种贵金属的含量达到合金重量的2%，即应视为本章的贵金属合金。贵金属合金应按下列规则归类：

(一)按重量计含铂量在2%及以上的合金，应视为铂合金；

(二)按重量计含金量在2%及以上，但不含铂或按重量计含铂量在2%以下的合金，应视为金合金；

(三)按重量计含银量在2%及以上的其他合金,应视为银合金。

六、除条文另有规定的以外,本目录所称贵金属应包括上述注释五所规定的贵金属合金,但不包括包贵金属或表面镀以贵金属的贱金属及非金属。

七、本目录所称"包贵金属",是指以贱金属为底料,在其一面或多面用焊接、熔接、执轧或类似机械方法覆盖一层贵金属的材料。除条文另有规定的以外,也包括镶嵌贵金属的贱金属。

八、除第六类注释一(一)另有规定的以外,凡符合品目71.12规定的货品,应归入该品目而不归入本目录的其他品目。

九、品目71.13所称"首饰",是指:

(一)个人用小饰物(不论是否镶嵌宝石)(例如,戒指、手镯、项圈、饰针、耳环、表链、表链饰物、垂饰、领带别针、袖扣、饰扣、宗教性或其他勋章及徽章);

(二) 通常放置在衣袋、手提包或佩戴在身上的个人用品(例如,烟盒、粉盒、链袋、口香丸盒)。

十、品目71.14所称"金银器",包括装饰品、餐具、梳妆用具、吸烟用具及类似的家庭、办公室或宗教用的其他物品。

十一、品目71.17所称"仿首饰",是指不含天然或养殖珍珠、宝石或半宝石(天然、合成或再造)及贵金属或包贵金属(仅作为镀层或小零件、小装饰品的除外)的上述注释八(一)所述的首饰(不包括品目96.06的钮扣及其他物品或品目96.15的梳子、发夹及类似品)。

子目注释:

一、子目7106.10、7108.11、7110.11、7110.21、7110.31及7110.41所称"粉末",是指按重量计90%及以上可从网眼孔径为0.5毫米的筛子通过的产品;

二、子目7110.11及7110.19所称"铂",可不受本章注释四(二)的规定约束,不包括铱、锇、钯、铑及钌;

三、对于品目71.10项下的子目所列合金的归类,按其所含铂、钯、铑、铱、锇或钌中重量最大的一种金属归类。

商品编号	商品名称及备注	进口关税税率		增值税率	计量单位	监管条件
		最惠国	普通			
7101	**天然或养殖珍珠,不论是否加工或分级,但未成串或镶嵌;天然或养殖珍珠,为便于运输而暂穿成串**					
7101101100*	未分级的天然黑珍珠(不论是否加工,但未制成制品)	21.0	100.0	17.0	克	AB
7101101900	其他未分级的天然珍珠(不论是否加工,但未制成制品)	21.0	100.0	17.0	克	AB
7101109100*	其他天然黑珍珠(不论是否加工,但未制成制品)	21.0	130.0	17.0	克	AB
7101109900	其他天然珍珠(不论是否加工,但未制成制品)	21.0	130.0	17.0	克	AB
7101211000	未分级,未加工的养殖珍珠(未制成制品)	21.0	100.0	17.0	克	AB
7101219000	其他未加工的养殖珍珠(未制成制品)	21.0	130.0	17.0	克	AB
7101221000	未分级,已加工的养殖珍珠(未制成制品)	21.0	100.0	17.0	克	
7101229000	其他已加工的养殖珍珠(未制成制品)	21.0	130.0	17.0	克	
7102	**钻石,不论是否加工,但未镶嵌**					
7102100000	未分级钻石(未镶嵌)	3.0	14.0	17.0	克拉	D
7102210000	工业用钻石(未加工或经简单锯开,劈开或粗磨未镶嵌)		14.0	17.0	克拉	D
7102290000	工业用其他钻石(未镶嵌)		14.0	17.0	克拉	
7102310000	非工业用钻石(未加工或经简单锯开,劈开或粗磨,未镶嵌)	3.0	14.0	17.0	克拉	D
7102390000	非工业用其他钻石(未镶嵌)	8.0	35.0	17.0	克拉	
7103	**宝石(钻石除外)或半宝石,不论是否加工或分级,但未成串或镶嵌,未分级的宝石(钻石除外)或半宝石,为便于运输而暂穿成串**					

商品编号	商品名称及备注	进口关税税率		增值税率	计量单位	监管条件
		最惠国	普通			
7103100000	未加工宝石或半宝石(经简单锯开或粗制成形,未成串或镶嵌)	3.0	14.0	17.0	千克	
7103910000	经其他加工的红、蓝、绿宝石(未成串或镶嵌)	8.0	35.0	17.0	克拉	
7103991000	经其他加工的翡翠(未成串或镶嵌)	8.0	35.0	17.0	克拉	
7103999000	经其他加工的其他宝石或半宝石(未成串或镶嵌)	8.0	35.0	17.0	克拉	
7104	**合成或再造的宝石或半宝石,不论是否加工或分级,但未成串或镶嵌的;未分级的合成或再造的宝石或半宝石,为便于运输而暂穿成串**					
7104100000	压电石英	6.0	14.0	17.0	克	
7104201000	未加工合成或再造钻石(经简单锯开或粗制成形,未成串或镶嵌)		14.0	17.0	克	
7104209000	未加工合成或再造其他宝石半宝石(经简单锯开或粗制成形,未成串或镶嵌)		14.0	17.0	克	
7104901100	其他工业用合成或再造的钻石	6.0	14.0	17.0	克	
7104901900	其他工业用合成或再造宝石半宝石(包括宝石或半宝石)	6.0	14.0	17.0	克	
7104909100	其他非工业用合成钻石(未成串或镶嵌)	8.0	35.0	17.0	克	
7104909900	其他非工业用合成宝石或半宝石(未成串或镶嵌)	8.0	35.0	17.0	克	
7105	**天然或合成的宝石或半宝石的粉末**					
7105101000	天然的钻石粉末		17.0	17.0	克拉	
7105102000	人工合成的钻石粉末		17.0	17.0	克拉	
7105900000	其他天然或合成宝石或半宝石粉末		17.0	17.0	克	
7106	**银(包括镀金、镀铂的银),未锻造、半制成或粉末状**					
7106101100	平均粒径<3微米非片状银粉			17.0	克	4xy
7106101900	平均粒径≥3微米的非片状银粉			17.0	克	4xy
7106102100	平均粒径<10微米片状银粉			17.0	克	4xy
7106102900	平均粒径≥10微米的片状银粉			17.0	克	4xy
7106911000	纯度达99.99%及以上未锻造银(包括镀金、镀铂的银)			17.0	克	4xy
7106919000	其他未锻造银(包括镀金、镀铂的银)			17.0	克	4xy
7106921000	纯度达99.99%及以上的半制成银(包括镀金、镀铂的银)		50.0	17.0	克	4xy
7106929000	其他半制成银(包括镀金、镀铂的银)		50.0	17.0	克	4xy
7107	**以贱金属为底的包银材料**					
7107000000	以贱金属为底的包银材料	10.5	50.0	17.0	千克	
7108	**金(包括镀铂的金),未锻造、半制成或粉末状**					
7108110000	非货币用金粉				克	J
7108120000	非货币用未锻造金(包括镀铂的金)				克	J
7108130000	非货币用半制成金(包括镀铂的金)		50.0		克	J

商品编号	商 品 名 称 及 备 注	进口关税税率		增值税率	计量单位	监管条件
		最惠国	普通			
7108200000	货币用未锻造金(包括镀铂的金)				克	J
7109	**以贱金属或银为底的包金材料**					
7109000000	以贱金属或银为底的包金材料	10.5	50.0	17.0	克	
7110	**铂,未锻造、半制成或粉末状**					
7110110000	未锻造或粉末状铂				克	8x
7110191000	板、片状铂				克	8x
7110199000	其他半制成铂	3.0	11.0		克	
7110210000	未锻造或粉末状钯			17.0	克	
7110291000	板、片状钯			17.0	克	
7110299000	其他半制成钯	3.0	11.0	17.0	克	
7110310000	未锻造或粉末状铑			17.0	克	
7110391000	板、片状铑			17.0	克	
7110399000	其他半制成铑	3.0	11.0	17.0	克	
7110410000	未锻造或粉末状铱、锇、钌			17.0	克	
7110491000	板、片状铱、锇、钌			17.0	克	
7110499000	其他半制成铱、锇、钌	3.0	11.0	17.0	克	
7111	**以贱金属、银或金为底的包铂材料**					
7111000000	以贱金属,银或金为底的包铂材料	3.0	11.0	17.0	克	
7112	**贵金属或包贵金属的废碎料;含有贵金属或贵金属化合物的其他废碎料,主要用于回收贵金属**					
7112301000	含有银或银化合物的灰(主要用于回收银)	8.0	50.0	17.0	克	9
7112309000	含其他贵金属或贵金属化合物的灰(主要用于回收贵金属)	6.0	50.0	17.0	克	9
7112911000	金及包金的废碎料(但含有其他贵金属除外,主要用于回收金)			17.0	克	
7112912000	含有金及金化合物的废碎料(但含有其他贵金属除外,主要用于回收金)	6.0	35.0	17.0	克	
7112921000	铂及包铂的废碎料(但含有其他贵金属除外,主要用于回收铂)			17.0	克	
7112922000	含有铂及铂化合物的废碎料(但含有其他贵金属除外,主要用于回收铂)	6.0	35.0	17.0	克	
7112991000	含有银及银化合物的废碎料(但含有其他贵金属除外,主要用于回收银)	8.0	35.0	17.0	克	
7112992000	含其他贵金属或贵金属化合物废碎料(主要用于回收贵金属)	6.0	35.0	17.0	克	
7112999000	其他贵金属或贵金属化合物非碎料(主要用于回收贵金属)		50.0	17.0	克	
7113	**贵金属或包贵金属制的首饰及其零件**					

商品编号	商品名称及备注	进口关税税率		增值税率	计量单位	监管条件
		最惠国	普通			
7113111000	镶嵌钻石的银首饰及其零件(不论是否包、镀其他贵金属)	20.0	130.0	17.0	克	
7113119010	镶嵌濒危物种制品的银首饰及零件(不论是否包、镀其他贵金属)	20.0	130.0	17.0	克	FE
7113119090	其他银首饰及其零件(不论是否包、镀其他贵金属)	20.0	130.0	17.0	克	
7113191100	镶嵌钻石的黄金制首饰及其零件(不论是否包、镀其他贵金属)	20.0	130.0	17.0	克	J
7113191910	镶嵌濒危物种制品的金首饰及零件(不论是否包、镀其他贵金属)	20.0	130.0	17.0	克	FEJ
7113191990	其他黄金制首饰及其零件(不论是否包、镀其他贵金属)	20.0	130.0	17.0	克	J
7113199100	其他镶嵌钻石贵金属首饰及其零件(不论是否包、镀其他贵金属)	35.0	130.0	17.0	克	
7113199910	镶嵌濒危物种制品其他贵金属首饰(不论是否包、镀其他贵金属)	35.0	130.0	17.0	克	FE
7113199990	其他贵金属制首饰及其零件(不论是否包、镀其他贵金属)	35.0	130.0	17.0	克	
7113201000	镶嵌钻石贱金属为底包贵金属首饰(不论是否包、镀其他贵金属,包括零件)	35.0	130.0	17.0	克	
7113209010	镶嵌濒危物种制品其他贱金属首饰(不论是否包、镀其他贵金属,包括零件)	35.0	130.0	17.0	克	FE
7113209090	其他贱金属为底的包贵金属制首饰(不论是否包、镀其他贵金属,包括零件)	35.0	130.0	17.0	克	
7114	**贵金属或包贵金属制的金银器及其零件**					
7114110010	镶嵌濒危物种制品的银器及零件(不论是否包、镀贵金属)	35.0	100.0	17.0	克	FE
7114110090	其他银器及零件(不论是否包、镀贵金属)	35.0	100.0	17.0	克	
7114190010	镶嵌濒危物种制品的金银器及零件(不论是否包、镀贵金属)	35.0	100.0	17.0	克	FE
7114190090	其他贵金属制金银器及零件(不论是否包、镀贵金属)	35.0	100.0	17.0	克	
7114200010	以贱金属为底的包贵金属制金银器(镶嵌濒危物种制品,包括零件)	35.0	100.0	17.0	克	FE
7114200090	其他贱金属为底包贵金属制金银器(包括零件)	35.0	100.0	17.0	克	
7115	**贵金属或包贵金属的其他制品**					
7115100000	金属丝布或格栅状的铂催化剂	3.0	11.0	17.0	克	
7115901010 *	银制工业,实验室用制品	3.0	11.0	17.0	克	
7115901020 *	金制工业,实验室用制品	3.0	11.0	17.0	克	J
7115901090 *	其他工业实验室用贵或包贵金制品	3.0	11.0	17.0	克	
7115909000	其他用途的贵或包贵金属制品	35.0	100.0	17.0	克	

商品编号	商品名称及备注	进口关税税率		增值税率	计量单位	监管条件
		最惠国	普通			
7116	**用天然或养殖珍珠、宝石或半宝石(天然、合成或再造)制成的物品**					
7116100000	天然或养殖珍珠制品	35.0	130.0	17.0	克	
7116200010	钻石制品(包括天然,合成或再造的)	35.0	130.0	17.0	克	
7116200090	其他宝石或半宝石制品(包括天然,合成或再造的)	35.0	130.0	17.0	克	
7117	**仿首饰**					
7117110000	贱金属制袖扣、饰扣(不论是否镀贵金属)	35.0	130.0	17.0	千克	
7117190000	其他贱金属制仿首饰	17.0	130.0	17.0	千克	
7117900000	未列名材料制仿首饰	35.0	130.0	17.0	千克	
7118	**硬币**					
7118100000	非法定货币的硬币(金币除外)			17.0	千克	
7118900000	其他硬币			17.0	克	

第十五类　贱金属及其制品

注释:

一、本类不包括:

(一)以金属粉末为基本成分的调制油漆、油墨或其他产品(品目 32.07 至 32.10、32.12、32.13 或 32.15);

(二)铈铁或其他引火合金(品目 36.06);

(三)品目 65.06 或 65.07 的帽类及其零件;

(四)品目 66.03 的伞骨及其他物品;

(五)第七十一章的货品(例如,贵金属合金、以贱金属为底的包贵金属、仿首饰);

(六)第十六类的物品(机器、机械器具及电气设备);

(七)已装配的铁路或电车轨道(品目 86.08)或第十七类的其他物品(车辆、船舶、航空器);

(八)第十八类的仪器及器具,包括钟表发条;

(九)做弹药用的铅弹(品目 93.06)或第十九类的其他物品(武器、弹药);

(十)第九十四章的物品(例如,家具、弹簧床垫、灯具及照明装置、发光标志、活动房屋);

(十一)第九十五章的物品(例如,玩具、游戏品及运动用品);

(十二)手用筛子、钮扣、钢笔、铅笔套、钢笔尖或第九十六章的其他物品(杂项制品);

(十三)第九十七章的物品(例如,艺术品)。

二、本目录所称"通用零件",是指:

(一)品目 73.07、73.12、73.15、73.17 或 73.18 的物品及其他贱金属制的类似品;

(二)贱金属制的弹簧及弹簧片,但钟表发条(品目 91.14)除外;

(三)品目 83.01、83.02、83.08、83.10 的物品及品目 83.06 的贱金属制的框架及镜子。

第七十三章至第七十六章(品目 73.15 除外)及第七十八章至第八十二章所列货品的零件,不包括上述的通用零件。

除上段及第八十三章注释一另有规定的以外,第七十二章至第七十六章及第七十八章至第八十一章不包括第八十二章、第八十三章的物品。

三、本目录所称"贱金属"是指:铁、钢、铜、镍、铝、铅、锌、锡、钨、钼、钽、镁、钴、铋、镉、钛、锆、锑、锰、铍、铬、锗、钒、镓、铪、铟、铌(钶)、铼及铊。

四、本目录所称"金属陶瓷"是指金属与陶瓷成分以极细微粒不均匀结合而成的产品。"金属陶瓷"包括硬质合金(金属碳化物与金属烧结而成)。

五、合金的归类规则(第七十二章、第七十四章所规定的铁合金及母合金除外):

(一)贱金属的合金按其所含重量最大的金属归类;

(二)由本类的贱金属和非本类的元素构成的合金,如果所含贱金属的总重量等于或超过所含其他元素的总重量,应作为本类贱金属合金归类;

(三)本类所称"合金",包括金属粉末的烧结混合物、熔化而得的不均匀紧密混合物(金属陶瓷除外)及金属间化合物。

六、除条文另有规定的以外,本目录所称的"贱金属"包括贱金属合金,这类合金应按上述注释三的规则进行归类。

七、复合材料制品的归类规则:

除各品目另有规定的以外,贱金属制品(包括根据"归类总规则"作为贱金属制品的混合材料制品)如果含有两种或两种以上贱金属的,按其所含重量最大的贱金属的制品归类。为此:

(一)钢、铁或不同种类的钢铁,均视为一种金属;

(二)按照注释五的规定作为某一种金属归类的合金,应视为一种金属;

(三)品目 81.13 的金属陶瓷,应视为一种贱金属。

八、本类所用有关名词解释如下:

(一)废碎料:

在金属生产或机械加工中产生的废料及碎屑以及因破裂、切断、磨损及其他原因而明显不能作为原物使用的金属货品。

(二)粉末:

按重量计90%及以上可从网眼孔径为1毫米的筛子通过的产品。

第七十二章 钢铁

注释:

一、本章所述有关名词解释如下[本条注释(四)、(五)、(六)适用于本目录其他各章]:

(一)生铁

无实用可锻性的铁碳合金,按重量计含碳量在2%以上并可含有一种或几种下列含量范围的其他元素:

铬不超过10%;

锰不超过6%;

磷不超过3%;

硅不超过8%;

其他元素合计不超过10%。

(二)镜铁

按重量计含锰量在6%以上,但不超过30%的铁碳合金,其他方面符合上述(一)款所列标准。

(三)铁合金

锭、块、团或类似初级形状、连续铸造而形成的各种形状及颗粒、粉末状的合金,不论是否烧结,通常用于其他合金生产过程中的添加剂或在黑色金属冶炼中做除氧剂、脱硫剂及类似用途,一般无实用可锻性,按重量计铁元素含量在4%及以上并含有下列一种或几种元素:

铬超过10%;

锰超过30%;

磷超过3%;

硅超过8%;

除碳以外的其他元素,合计超过10%,但最高含铜量不得超过10%。

(四)钢

除品目72.03以外的黑色金属材料(某些铸造而成的种类除外),具有实用可锻性,按重量计含碳量在2%及以下,但铬钢可具有较高的含碳量。

(五)不锈钢

按重量计含碳量在1.2%及以下,含铬量在10.5%及以上的合金钢,不论是否含有其他元素。

(六)其他合金钢

不符合以上不锈钢定义的钢,含有一种或几种按重量计符合下列含量比例的元素:

铝0.3%及以上;

硼0.0008%及以上;

铬0.3%及以上;

钴0.3%及以上;

铜0.4%及以上;

铅0.4%及以上;

锰1.65%及以上;

钼0.08%及以上;

镍0.3%及以上;

铌0.06%及以上；

硅0.6%及以上；

钛0.05%及以上；

钨0.3%及以上；

钒0.1%及以上；

锆0.05%及以上；

其他元素(硫、磷、碳及氮除外)单项含量在0.1%及以上。

(七)供再熔的碎料钢铁锭

粗铸成形无缩孔或冒口的锭块产品,表面有明显瑕疵,化学成分不同于生铁、镜铁及铁合金。

(八)颗粒

按重量计不到90%可从网眼孔径为1毫米的筛子通过,而90%及以上可从网眼孔径为5毫米的筛子通过的产品。

(九)半制成品

连续铸造的实心产品,不论是否初步热轧;其他实心产品,除经初步热轧或锻造粗制成形以外未经进一步加工,包括角材、型材及异型材的坯件。

本类产品不包括成卷的产品。

(十)平板轧材

截面为矩形(正方形除外)并且不符合以上第(九)款所述定义的下列形状实心轧制产品:

1. 层叠的卷材;

2. 平直形状,其厚度如果在4.75毫米以下,则宽度至少是厚度的十倍;其厚度如果在4.75毫米及以上,其宽度应超过150毫米,并且至少应为厚度的两倍。

平板轧材包括直接轧制而成并有凸起式样(例如,凹槽、肋条形、格槽、珠粒、菱形)的产品以及穿孔、抛光或制成瓦楞形的产品,但不具有其他品目所列制品或产品的特征。

各种规格的平板轧材(矩形或正方形除外),但不具有其他品目所列制品或产品的特征,都应作为宽度为600毫米及以上的产品归类。

(十一)不规则盘绕的热轧条、杆

经热轧不规则盘绕的实心产品,其截面为圆形、扇形、椭圆形、矩形(包括正方形)、三角形或其他外凸多边形(包括“扁圆形”及“变形矩形”,即相对两边为弧拱形,另两边为等长平行直线形)。这类产品可带有在轧制过程中产生的凹痕、凸缘、槽沟或其他变形(钢筋)。

(十二)其他条、杆

不符合上述(九)、(十)、(十一)款或“丝”定义的实心产品,其全长截面均为圆形、扇形、椭圆形、矩形(包括正方形)、三角形或其他外凸多边形(包括“扁圆形”及“变形矩形”,即相对两边为弧拱形,另两边为等长平行直线形)。这些产品可以:

1. 带有在轧制过程中产生的凹痕、凸缘、槽沟或其他变形(钢筋);

2. 轧制后扭曲的。

(十三)角材、型材及异型材

不符合上述(九)、(十)、(十一)、(十二)款或“丝”定义,但其全长截面均为同样形状的实心产品。

第七十二章不包括品目73.01或73.02的产品。

(十四)丝

不符合平板轧材定义但全长截面均为同样形状的盘卷冷成形实心产品。

(十五)空心钻钢

适合钻探用的各种截面的空心条、杆,其最大外形尺寸超过15毫米但不超过52毫米,最大内孔尺寸不超过最大外形尺寸的1/2。不符合本定义的钢铁空心条、杆应归入品目73.04。

二、用一种黑色金属包覆不同种类的黑色金属,应按其中重量最大的材料归类。

三、用电解沉积法、压铸法或烧结法所得的钢铁产品,应按其形状、成分及外观归入本章类似热轧产品的相应品目。

子目注释:

一、本章所用有关名词解释如下:

(一)合金生铁

按重量计含有一种或几种下列比例的元素的生铁:

铬0.2%以上;

铜0.3%以上;

镍0.3%以上;

0.1%以上的任何下列元素:铝、钼、钛、钨、钒。

(二)非合金易切削钢

按重量计含有一种或几种下列比例的元素的非合金钢:

硫0.08%及以上;

铅0.1%及以上;

硒0.05%以上;

碲0.01%以上;

铋0.05%以上。

(三)硅电钢

按重量计含硅量至少为0.6%但不超过6%,含碳量不超过0.08%的合金钢。这类钢还可含有按重量计不超过1%的铝,但所含其他元素的比例并不使其具有其他合金钢的特性。

(四)高速钢

不论是否含有其他元素,但至少含有按重量计合计含量在7%及以上的钼、钨、钒中两种元素的合金钢,按重量计其含碳量在0.6%及以上,含铬量在3%至6%。

(五)硅锰钢

按重量计同时含有下列元素的合金钢:

碳不超过0.7%;

锰0.5%及以上,但不超过1.9%;

硅0.6%及以上,但不超过2.3%;

所含其他元素的比例并不使其具有其他合金钢的特性。

二、品目72.02项下的子目所列铁合金,应按照下列规则归类:

对于只有一种元素超出本章注释一(三)规定的最低百分比的铁合金,应作为二元合金归入相应的子目号。以此类推,如果有两种或三种合金元素超出了最低百分比的,则可分别作为三元合金或四元合金。

在运用本规定时,本章注释一(三)所述的未列名的"其他元素",按重量计单项含量必须超过10%。

商品编号	商品名称及备注	进口关税税率		增值税率	计量单位	监管条件
		最惠国	普通			
7201	**生铁及镜铁,锭、块或其他初级形状**					
7201100000	非合金生铁,含磷量在0.5%及以下	1.0	8.0	17.0	千克	AB
7201200000	非合金生铁,含磷量在0.5%以上	1.0	8.0	17.0	千克	AB
7201500010	合金生铁	1.0	8.0	17.0	千克	AB
7201500090	镜铁	1.0	8.0	17.0	千克	AB
7202	**铁合金**					
7202110000 *	锰铁,含碳量在2%以上	2.0	11.0	17.0	千克	B

商品编号	商品名称及备注	进口关税税率		增值税率	计量单位	监管条件
		最惠国	普通			
7202190000 *	锰铁,含碳量不超过2%	2.0	11.0	17.0	千克	B
7202210000 *	硅铁,含硅量在55%以上	2.0	11.0	17.0	千克	B
7202290000 *	硅铁,含硅量不超过55%	2.0	11.0	17.0	千克	B
7202300000 *	硅锰铁	2.0	11.0	17.0	千克	B
7202410000 *	铬铁,含碳量在4%以上	2.0	8.0	17.0	千克	B
7202490000 *	铬铁,含碳量不超过4%	2.0	8.0	17.0	千克	B
7202500000	硅铬铁	2.0	11.0	17.0	千克	B
7202600000 *	镍铁	2.0	11.0	17.0	千克	
7202700000	钼铁	2.0	11.0	17.0	千克	B
7202801000	钨铁	2.0	11.0	17.0	千克	B
7202802000	硅钨铁	2.0	11.0	17.0	千克	
7202910000	钛铁及硅钛铁	2.0	11.0	17.0	千克	
7202921000	按重量含钒在75%及以上钒铁	9.0	30.0	17.0	千克	B
7202929000	其他钒铁	9.0	30.0	17.0	千克	B
7202930010 *	铁钽铌合金(钽含量<10%)	2.0	11.0	17.0	千克	
7202930090 *	其他铌铁	2.0	11.0	17.0	千克	
7202990000	其他铁合金	2.0	11.0	17.0	千克	B
7203	**直接从铁矿还原所得的铁产品及其他海绵铁产品,块、团、团粒及类似形状;按重量计纯度在99.94%及以上的铁,块、团、团粒及类似形状**					
7203100010 *	热压铁块	2.0	8.0	17.0	千克	
7203100090	其他直接从铁矿还原的铁产品(铁团、铁粒及类似形状)	2.0	8.0	17.0	千克	
7203900000	其他海绵铁产品或纯度在99.94%及以上的铁(包括块、团、团粒及类似形状)	2.0	8.0	17.0	千克	
7204	**钢铁废碎料;供再熔的碎料钢铁锭**					
7204100000	铸铁废碎料	2.0	8.0	17.0	千克	7AP
7204210000	不锈钢废碎料		8.0	17.0	千克	7AP
7204290000	其他合金钢废碎料		8.0	17.0	千克	7AP
7204300000	镀锡钢铁废碎料	2.0	8.0	17.0	千克	7AP
7204410000	机械加工中产生的废料(机械加工指车、刨、铣、磨、锯、锉、剪、冲加工)	2.0	8.0	17.0	千克	7AP
7204490010	废汽车压件		8.0	17.0	千克	PA
7204490020	以回收钢铁为主的废五金电器		8.0	17.0	千克	AP
7204490090	未列名钢铁废碎料		8.0	17.0	千克	7AP
7204500000	供再熔的碎料钢铁锭		8.0	17.0	千克	7AP
7205	**生铁、镜铁及钢铁的颗粒和粉末**					
7205100000	生铁、镜铁及钢铁颗粒	2.0	30.0	17.0	千克	
7205210000	合金钢粉末	2.0	17.0	17.0	千克	
7205290000	生铁、镜铁及其他钢铁粉末	2.0	17.0	17.0	千克	

商品编号	商品名称及备注	进口关税税率		增值税率	计量单位	监管条件
		最惠国	普通			
7206	**铁及非合金钢,锭状或其他初级形状(品目7203的铁除外)**					
7206100000	铁锭及非合金钢锭	2.0	11.0	17.0	千克	AB
7206900000	其他初级形状的铁及非合金钢	2.0	11.0	17.0	千克	
7207	**铁及非合金钢的半制成品**					
7207110000	宽度小于厚度两倍的矩形截面钢坯(含碳量小于0.25%)	2.0	11.0	17.0	千克	AB7
7207120000	其他矩形截面钢坯(含碳量小于0.25%)	2.0	11.0	17.0	千克	AB7
7207190000	其他含碳量小于0.25%的钢坯	2.0	11.0	17.0	千克	AB7
7207200000	含碳量不小于0.25%的钢坯	2.0	11.0	17.0	千克	AB7
7208	**宽度在600毫米及以上的铁或非合金钢平板轧材,经热轧,但未经包覆、镀层或涂层**					
7208100000	轧有花纹的热轧卷材(除热轧外未进一步加工的)	5.0	14.0	17.0	千克	A7
7208250000	厚≥4.75mm其他经酸洗的热轧卷材(除热轧外未进一步加工,宽≥600mm,未包、镀、涂层)	5.0	14.0	17.0	千克	A7
7208261000	4.75mm>厚≥3mm其他大强度热轧卷材(经酸洗,宽≥600mm,屈服强度大于355牛顿/平方毫米)	5.0	14.0	17.0	千克	A7
7208269000	其他4.75mm>厚≥3mm热轧卷材(经酸洗,宽≥600mm,屈服强度小于等于355牛顿/平方毫米)	5.0	14.0	17.0	千克	A7
7208271000	厚度<1.5mm其他的热轧卷材(经酸洗,宽≥600mm,未包、镀、涂层)	5.0	14.0	17.0	千克	A7
7208279000	1.5mm≤厚<3mm其他的热轧卷材(经酸洗,宽≥600mm,未包、镀、涂层)	5.0	14.0	17.0	千克	A7
7208360000	厚度>10mm的其他热轧卷材(除热轧外未进一步加工,宽≥600mm,未包、镀、涂层)	6.0	14.0	17.0	千克	A7
7208370000	10mm≥厚≥4.75mm的其他热轧卷材(除热轧外未进一步加工,宽≥600mm,未包、镀、涂层)	5.0	14.0	17.0	千克	A7
7208381000	4.75mm>厚度≥3mm的大强度卷材(宽≥600mm,屈服强度大于355牛顿/平方毫米)	5.0	14.0	17.0	千克	A7
7208389000	其他4.75mm>厚度≥3mm的卷材(宽≥600mm,屈服强度小于等于355牛顿/平方毫米)	5.0	14.0	17.0	千克	A7
7208391000	厚度<1.5mm的其他热轧卷材(除热轧外未进一步加工宽≥600mm,未包、镀、涂层)	3.0	14.0	17.0	千克	A7
7208399000	1.5mm≤厚<3mm的其他热轧卷材(除热轧外未进一步加工宽≥600mm,未包、镀、涂层)	3.0	14.0	17.0	千克	A7
7208400000	轧有花纹的热轧非卷材(除热轧外未进一步加工,宽≥600mm,未包、镀、涂层)	6.0	17.0	17.0	千克	A7
7208511000	厚度超过50mm的其他热轧非卷材(宽≥600mm,未包、镀、涂层)	6.0	17.0	17.0	千克	A7
7208512000	20mm<厚≤50mm的其他热轧非卷材(宽≥600mm,未包、镀、涂层)	6.0	17.0	17.0	千克	A7

商品编号	商 品 名 称 及 备 注	进口关税税率		增值税率	计量单位	监管条件
		最惠国	普通			
7208519000	10mm<厚≤20mm 的其他热轧非卷材(宽≥600mm,未包、镀、涂层)	6.0	17.0	17.0	千克	A7
7208520000	10mm≥厚度≥4.75mm 的热轧非卷材(除热轧外未进一步加工,宽≥600mm,未包、镀、涂层)	6.0	17.0	17.0	千克	A7
7208531000	4.75mm>厚≥3mm 大强度热轧非卷材(宽≥600mm,屈服强度大于 355 牛顿/平方毫米)	6.0	17.0	17.0	千克	A7
7208539000	其他 4.75mm>厚≥3mm 的热轧非卷材(宽≥600mm,屈服强度小于等于 355 牛顿/平方毫米)	6.0	17.0	17.0	千克	A7
7208541000	厚度小于 1.5mm 的热轧非卷材(除热轧外未进一步加工,宽≥600mm,未包、镀、涂层)	6.0	17.0	17.0	千克	A7
7208549000	1.5mm≤厚<3mm 的热轧非卷材(除热轧外未进一步加工,宽≥600mm,未包、镀、涂层)	6.0	17.0	17.0	千克	A7
7208900000	其他热轧铁或非合金钢宽平板轧材(除热轧外经进一步加工,宽≥600mm,未经包,渡,涂层)	6.0	17.0	17.0	千克	A7
7209	**宽度在 600 毫米及以上的铁或非合金钢平板轧材,经冷轧,但未经包覆、镀层或涂层**					
7209151000	厚度≥3mm 的大强度冷轧卷材(宽≥600mm,屈服强度大于 355 牛顿/平方毫米)	6.0	17.0	17.0	千克	A7
7209159000	其他厚度≥3mm 的冷轧卷材(宽≥600mm,屈服强度小于等于 355 牛顿/平方毫米)	6.0	17.0	17.0	千克	A7
7209161000	3mm>厚度>1mm 的大强度冷轧卷材(宽≥600mm,屈服强度大于 275 牛顿/平方毫米)	6.0	17.0	17.0	千克	A7
7209169000	3mm>厚>1mm 小强度冷轧卷材(宽≥600mm,屈服强度小于等于 275 牛顿/平方毫米)	6.0	17.0	17.0	千克	A7
7209171000	1mm≥厚度≥0.5mm 大强度冷轧卷材(宽≥600mm,屈服强度大于 275 牛顿/平方毫米)	3.0	17.0	17.0	千克	A7
7209179000	1mm≥厚度≥0.5mm 小强度冷轧卷材(宽≥600mm,屈服强度小于等于 275 牛顿/平方毫米)	3.0	17.0	17.0	千克	A7
7209181000 *	厚度<0.3mm 的非合金钢冷轧卷材(未进一步加工,宽≥600mm,未包、镀、涂层)	6.0	17.0	17.0	千克	A7
7209189000	0.3mm≤厚<0.5mm 非合金钢冷轧卷材(未进一步加工宽≥600mm,未包、镀、涂层)	6.0	17.0	17.0	千克	A7
7209250000	厚度≥3mm 的冷轧非卷材(除冷轧外未进一步加工,宽≥600mm,未包、镀、涂层)	6.0	17.0	17.0	千克	A7
7209260000	3mm>厚度>1mm 的冷轧非卷材(除冷轧外未进一步加工,宽≥600mm,未包、镀、涂层)	6.0	17.0	17.0	千克	A7
7209270000	1mm≥厚度≥0.5mm 的冷轧非卷材(未进一步加工,宽≥600mm,未包、镀、涂层)	6.0	17.0	17.0	千克	A7
7209280000	厚度小于 0.5mm 的冷轧非卷材(除冷轧外未进一步加工,宽≥600mm,未包、镀、涂层)	6.0	17.0	17.0	千克	A7

商品编号	商品名称及备注	进口关税税率		增值税率	计量单位	监管条件
		最惠国	普通			
7209900000	其他冷轧铁或非合金钢宽平轧材(除冷轧外,未进一步加工,宽度≥600mm,未包、镀、涂层)	6.0	17.0	17.0	千克	A7
7210	**宽度在600毫米及以上的铁或非合金钢平板轧材,经包覆、镀层或涂层**					
7210110000	镀(涂)锡的非合金钢厚宽平板轧材(厚≥0.5mm,宽≥600mm)	10.0	20.0	17.0	千克	A7
7210120000	镀(涂)锡的非合金钢薄宽平板轧材(厚<0.5mm,宽≥600mm)	5.0	20.0	17.0	千克	A7
7210200000	镀或涂铅的铁或非合金钢平板轧材(包括镀铅锡钢板,宽度在600mm及以上)	4.0	20.0	17.0	千克	7
7210300000	电镀锌的铁或非合金钢宽板材(宽≥600mm)	8.0	20.0	17.0	千克	A7
7210410000	镀锌的瓦楞形铁或非合金钢宽板材(电镀锌的除外,宽≥600mm)	8.0	20.0	17.0	千克	A7
7210490000	镀锌的其他形铁或非合金钢宽板材(电镀锌的除外,宽≥600mm)	4.0	20.0	17.0	千克	A7
7210500000	镀或涂氧化铬的铁或非合金钢宽板材(宽度≥600mm)	8.0	20.0	17.0	千克	7
7210610000	镀或涂铝锌合金的铁宽平板轧材(包括非合金钢的,宽度≥600mm)	8.0	20.0	17.0	千克	7
7210690000	其他镀或涂铝的铁宽平板轧材(包括非合金钢的,宽度≥600mm)	8.0	20.0	17.0	千克	7
7210700000	涂漆或涂塑的铁或非合金钢宽板材(宽度≥600mm)	4.0	20.0	17.0	千克	7
7210900000	涂镀其他材料铁或非合金钢宽板材(宽度≥600mm)	8.0	20.0	17.0	千克	7
7211	**宽度小于600毫米的铁或非合金钢平板轧材,但未经包覆、镀层或涂层**					
7211130000	未轧花纹的四面轧制的热轧非卷材(150mm<宽<600mm,厚≥4mm,未包、镀、涂层)	6.0	30.0	17.0	千克	A7
7211140000	厚度≥4.75mm的其他热轧板材(宽<600mm,未包、镀、涂层)	6.0	30.0	17.0	千克	A7
7211190000	其他热轧铁或非合金钢窄板材(宽<600mm,未包、镀、涂层)	6.0	30.0	17.0	千克	A7
7211230000	含炭量低于0.25%的冷轧板材(宽<600mm,未包、镀、涂层)	6.0	30.0	17.0	千克	A7
7211290000	其他冷轧铁或非合金钢窄板材(宽<600mm,未经包、镀、涂层;含炭量≥0.25%)	6.0	30.0	17.0	千克	A7
7211900000	冷轧的铁或非合金钢其他窄板材(宽度<600mm,未经包、镀、涂层)	6.0	30.0	17.0	千克	A7
7212	**宽度小于600毫米的铁或非合金钢平板轧材,经包覆、镀层或涂层**					
7212100000	镀(涂)锡的铁或非合金钢窄板材(宽<600mm)	5.0	20.0	17.0	千克	A7
7212200000	电镀锌的铁或非合金钢窄板材(宽<600mm)	8.0	20.0	17.0	千克	A7
7212300000	其他镀或涂锌的铁窄板材(包括非合金钢的,宽度<600mm)	8.0	20.0	17.0	千克	A7

商品编号	商 品 名 称 及 备 注	进口关税税率		增值税率	计量单位	监管条件
		最惠国	普通			
7212400000	涂漆或涂塑的铁或非合金钢窄板材(宽度<600mm)	4.0	20.0	17.0	千克	7
7212500000	涂镀其他材料铁或非合金钢窄板材(宽度<600mm)	8.0	20.0	17.0	千克	7
7212600000	经包覆的铁或非合金钢窄板材(宽度<600mm)	8.0	20.0	17.0	千克	7
7213	**不规则盘卷的铁及非合金钢的热轧条、杆**					
7213100000	铁或非合金钢制热轧盘条(带有轧制过程中产生的变形)	3.0	20.0	17.0	千克	AB7
7213200000	其他易切削钢制热轧盘条(不带有轧制过程中产生的变形)	3.0	20.0	17.0	千克	AB7
7213910000	直径<14mm圆截面的其他热轧盘条(不带有轧制过程中产生的变形)	5.0	20.0	17.0	千克	AB7
7213990000	其他热轧盘条(不带有轧制过程中产生的变形)	5.0	20.0	17.0	千克	AB7
7214	**铁或非合金钢的其他条、杆,除锻造、热轧、热拉拔或热挤压外未经进一步加工,包括轧制后扭曲的**					
7214100000	铁或非合金钢的锻造条、杆(除热加工外未进一步加工)	7.0	20.0	17.0	千克	AB7
7214200000	铁或非合金钢的热加工条、杆(带有轧制过程中产生变形,热加工指热轧、热拉拔或热挤压)	3.0	20.0	17.0	千克	AB7
7214300000	易切削钢的热加工条、杆(不带有轧制过程中产生变形,热加工指热轧热拉拔热挤压)	7.0	20.0	17.0	千克	AB7
7214910000	其他矩形截面的条杆(正方形除外)	3.0	20.0	17.0	千克	AB7
7214990000	其他热加工条、杆	3.0	20.0	17.0	千克	AB7
7215	**铁及非合金钢的其他条、杆**					
7215100000	其他易切削钢制冷加工条、杆(包括冷成形)	7.0	20.0	17.0	千克	A7
7215500000	其他冷加工或冷成形的条、杆	7.0	20.0	17.0	千克	A7
7215900000	铁及非合金钢的其他条、杆	3.0	20.0	17.0	千克	A7
7216	**铁或非合金钢的角材、型材及异型材**					
7216101000	截面高度<80mmH型钢(除热加工外未经进一步加工)	3.0	14.0	17.0	千克	AB7
7216102000	截面高度<80mm工字钢(除热加工外未经进一步加工)	3.0	14.0	17.0	千克	AB7
7216109000	截面高度<80mm槽钢(除热加工外未经进一步加工)	3.0	14.0	17.0	千克	AB7
7216210000	截面高度<80mm角钢(除热加工外未经进一步加工)	6.0	17.0	17.0	千克	AB7
7216220000	截面高度<80mm丁字钢(除热加工外未经进一步加工)	6.0	14.0	17.0	千克	AB7
7216310000	截面高度≥80mm槽型钢(除热加工外未经进一步加工)	6.0	14.0	17.0	千克	AB7
7216321000	截面高度>200mm工字钢(除热加工外未经进一步加工)	6.0	14.0	17.0	千克	AB7
7216329000	80mm≤截面高度≤200mm工字钢(除热加工外未经进一步加工)	6.0	14.0	17.0	千克	AB7
7216331100	截面高度>800mmH型钢(除热加工外未经进一步加工)	6.0	14.0	17.0	千克	AB7
7216331900	200mm<截面高度≤800mmH型钢(除热加工外未经进一步加工)	6.0	14.0	17.0	千克	AB7

商品编号	商 品 名 称 及 备 注	进口关税税率		增值税率	计量单位	监管条件
		最惠国	普通			
7216339000	80mm＜截面高度≤200mmH型钢(除热加工外未经进一步加工)	6.0	14.0	17.0	千克	AB7
7216401000	截面高度≥80mm角钢(除热加工外未经进一步加工)	3.0	17.0	17.0	千克	AB7
7216402000	截面高度≥80mm丁字钢(除热加工外未经进一步加工)	3.0	14.0	17.0	千克	AB7
7216501000	乙字钢(除热加工外未经进一步加工)	6.0	14.0	17.0	千克	AB7
7216509000	其他角材、型材及异型材(除热加工外未经进一步加工)	3.0	20.0	17.0	千克	AB7
7216610000	平板轧材制的角材、型材及异型材(除冷加工外未经进一步加工)	3.0	20.0	17.0	千克	AB7
7216690000	冷加工的角材、型材及异型材(除冷加工外未经进一步加工)	3.0	20.0	17.0	千克	AB7
7216910000	其他平板轧材制角材,型材,异型材(冷成型或冷加工制的)	3.0	20.0	17.0	千克	AB7
7216990000	其他角材、型材及异型材(除冷加工或热加工外经进一步加工)	3.0	20.0	17.0	千克	AB7
7217	**铁丝或非合金钢丝**					
7217100000	未镀或涂层的铁或非合金钢丝(不论是否抛光)	8.0	40.0	17.0	千克	B7
7217200000	镀或涂锌的铁或非合金钢丝	8.0	40.0	17.0	千克	B7
7217300000	镀或涂其他贱金属铁或非合金钢丝(包括非合金钢丝)	8.0	40.0	17.0	千克	B7
7217900000	其他铁丝或非合金钢丝	8.0	40.0	17.0	千克	B7
7218	**不锈钢,锭状或其他初级形状;不锈钢半制成品**					
7218100000	不锈钢锭及其他初级形状产品	2.0	11.0	17.0	千克	7
7218910000	矩形截面的不锈半制成品(正方形截面除外)	2.0	11.0	17.0	千克	7
7218990000	其他不锈钢半制成品	2.0	11.0	17.0	千克	7
7219	**不锈钢平板轧材,宽度在600毫米及以上**					
7219110000	厚度＞10mm热轧不锈钢卷板(除热轧外未经进一步加工宽度≥600mm)	4.0	14.0	17.0	千克	A7
7219120000	4.75mm≤厚≤10mm热轧不锈钢卷板(除热轧外未经进一步加工宽度≥600mm)	4.0	14.0	17.0	千克	A7
7219131100	3mm≤厚＜4.75mm未经酸洗的热轧不锈钢卷板(除热轧外未经进一步加工宽度≥600mm含镍小于7%铬锰系不锈钢)	4.0	14.0	17.0	千克	A7
7219131900	3mm≤厚＜4.75mm未经酸洗的其他热轧不锈钢卷板(除热轧外未经进一步加工宽度≥600mm)	4.0	14.0	17.0	千克	A7
7219132100	3mm≤厚＜4.75mm经酸洗的热轧不锈钢卷板(除热轧外未经进一步加工宽度≥600mm含镍小于7%铬锰系不锈钢)	4.0	14.0	17.0	千克	A7
7219132900	3mm≤厚＜4.75mm经酸洗的其他热轧不锈钢卷板(除热轧外未经进一步加工宽度≥600mm)	4.0	14.0	17.0	千克	A7
7219141100	厚度＜3mm未经酸洗的热轧不锈钢卷板(除热轧外未经进一步加工宽度≥600mm含镍小于7%铬锰系不锈钢)	4.0	14.0	17.0	千克	A7

商品编号	商 品 名 称 及 备 注	进口关税税率		增值税率	计量单位	监管条件
		最惠国	普通			
7219141900	厚度<3mm未经酸洗的其他热轧不锈钢卷板(除热轧外未经进一步加工宽度≥600mm)	4.0	14.0	17.0	千克	A7
7219142100	厚度<3mm经酸洗的热轧不锈钢卷板(除热轧外未经进一步加工宽度≥600mm含镍小于7%铬锰系不锈钢)	4.0	14.0	17.0	千克	A7
7219142900	厚度<3mm经酸洗的其他热轧不锈钢卷板(除热轧外未经进一步加工宽度≥600mm)	4.0	14.0	17.0	千克	A7
7219210000	厚度>10mm热轧不锈钢平板(除热轧外未经进一步加工宽度≥600mm)	10.0	40.0	17.0	千克	A7
7219220000	4.75mm≤厚≤10mm热轧不锈钢平板(除热轧外未经进一步加工宽度≥600mm)	10.0	40.0	17.0	千克	A7
7219230000	3mm≤厚<4.75mm热轧不锈钢平板(除热轧外未经进一步加工宽度≥600mm)	10.0	40.0	17.0	千克	A7
7219241000	1mm<厚度<3mm热轧不锈钢平板(除热轧外未经进一步加工宽度≥600mm)	10.0	40.0	17.0	千克	A7
7219242000	0.5mm≤厚≤1mm热轧不锈钢平板(除热轧外未经进一步加工宽度≥600mm)	10.0	40.0	17.0	千克	A7
7219243000	厚度<0.5mm热轧不锈钢平板(除热轧外未经进一步加工宽度≥600mm)	10.0	40.0	17.0	千克	A7
7219310000	厚度≥4.75mm冷轧不锈钢板(除冷轧外未经进一步加工,宽度≥600mm)	10.0	40.0	17.0	千克	A7
7219320000	3mm≤厚<4.75mm冷轧不锈钢板材(除冷轧外未经进一步加工,宽度≥600mm)	10.0	40.0	17.0	千克	A7
7219330000	1mm<厚<3mm冷轧不锈钢板材(除冷轧外未经进一步加工,宽度≥600mm)	10.0	40.0	17.0	千克	A7
7219340000	0.5mm≤厚≤1mm冷轧不锈钢板材(除冷轧外未经进一步加工,宽度≥600mm)	10.0	40.0	17.0	千克	A7
7219350000	厚度<0.5mm冷轧不锈钢板材(除冷轧外未经进一步加工,宽度≥600mm)	10.0	40.0	17.0	千克	A7
7219900000	其他不锈钢冷轧板材(热轧或冷轧后经进一步加工,非卷材,宽度≥600mm)	10.0	40.0	17.0	千克	A7
7220	**不锈钢平板轧材,宽度小于600毫米**					
7220110000	热轧不锈钢带材厚度≥4.75mm(除热轧外未经进一步加工宽度<600mm)	10.0	20.0	17.0	千克	A7
7220120000	热轧不锈钢带材厚度<4.75mm(除热轧外未经进一步加工宽度<600mm)	10.0	20.0	17.0	千克	A7
7220201000	宽度小于300mm冷轧不锈钢带材(除冷轧外未经进一步加工宽度<600mm)	10.0	20.0	17.0	千克	A7
7220209000	300mm≤宽<600mm冷轧不锈钢带材(除冷轧外未经进一步加工)	10.0	20.0	17.0	千克	A7

商品编号	商 品 名 称 及 备 注	进口关税税率		增值税率	计量单位	监管条件
		最惠国	普通			
7220900000	其他不锈钢带材(热轧或冷轧后经进一步加工宽度<600mm)	10.0	20.0	17.0	千克	A7
7221	**不规则盘卷的不锈钢热轧条、杆**					
7221000000	不锈钢热轧条、杆(不规则盘卷的不锈钢热轧条杆)	10.0	20.0	17.0	千克	A7
7222	**不锈钢其他条、杆;不锈钢角材、型材及异型材**					
7222110000	圆形截面的热加工不锈钢条、杆(除热加工外未经进一步加工)	10.0	40.0	17.0	千克	A7
7222190000	其他截面形状的热加工不锈钢条杆(除热加工外未进一步加工)	10.0	40.0	17.0	千克	A7
7222200000	冷成形或冷加工的不锈钢条、杆(除冷加工外未进一步加工的不锈钢条杆)	10.0	40.0	17.0	千克	7
7222300000	其他不锈钢条、杆(除热加工或冷加工外未进一步加工的不锈钢条杆)	10.0	40.0	17.0	千克	7
7222400000	不锈钢角材、型材及异型材	10.0	17.0	17.0	千克	A7
7223	**不锈钢丝**					
7223000000	不锈钢丝	10.0	20.0	17.0	千克	7
7224	**其他合金钢,锭状或其他初级形状;其他合金钢制的半制成品**					
7224100000	其他合金钢锭及其他初级形状	2.0	11.0	17.0	千克	7
7224901000	粗铸锻件坯(单件重量在10吨及以上)	2.0	11.0	17.0	千克	7
7224909000	其他合金钢坯(其他合金钢锭及其他初级形态的)	2.0	11.0	17.0	千克	7
7225	**其他合金钢平板轧材,宽度在600毫米及以上**					
7225110000	取向性硅电钢宽板(宽≥600mm)	3.0	20.0	17.0	千克	A7
7225190000	其他硅电钢宽板(宽≥600mm)	6.0	20.0	17.0	千克	A7
7225200000	宽度≥600mm的高速钢平板轧材	3.0	17.0	17.0	千克	A7
7225300000	宽度≥600mm热轧其他合金钢卷材(除热轧外未经进一步加工)	3.0	14.0	17.0	千克	A7
7225400000	宽≥600mm热轧其他合金钢材(除热轧外未经进一步加工)	3.0	17.0	17.0	千克	A7
7225500000	宽度≥600mm冷轧其他合金钢板材(除冷轧外未经进一步加工)	3.0	17.0	17.0	千克	A7
7225910000	电镀锌的其他合金钢宽平板轧材(宽≥600mm)	7.0	17.0	17.0	千克	A7
7225920000	其他镀或涂锌的其他合金钢宽板材(宽≥600mm)	7.0	17.0	17.0	千克	A7
7225990000	宽≥600mm的其他合金钢平板轧材	7.0	17.0	17.0	千克	A7
7226	**其他合金钢平板轧材,宽度小于600毫米**					
7226110000	取向性硅电钢窄板(宽<600mm)	3.0	20.0	17.0	千克	A7
7226190000	其他硅电钢窄板(宽<600mm)	3.0	20.0	17.0	千克	A7

商品编号	商 品 名 称 及 备 注	进口关税税率		增值税率	计量单位	监管条件
		最惠国	普通			
7226200000	宽度<600mm 的高速钢平板轧材	3.0	20.0	17.0	千克	A7
7226910000	宽度<600mm 热轧其他合金钢板材(除热轧外未经进一步加工)	3.0	20.0	17.0	千克	A7
7226920000	宽度<600mm 冷轧其他合金钢板材(除冷轧外未经进一步加工)	3.0	20.0	17.0	千克	A7
7226930000	电镀锌的其他合金钢窄平板轧材(宽<600mm)	7.0	20.0	17.0	千克	A7
7226940000	其他镀或涂锌的其他合金钢窄板材(宽<600mm)	7.0	20.0	17.0	千克	A7
7226990010 *	宽度<600mm 的铁镍合金带材(生产集成电路框架用)	7.0	20.0	17.0	千克	A7
7226990090	宽度<600mm 的其他合金板材	7.0	20.0	17.0	千克	A7
7227	**不规则盘卷的其他合金钢热轧条、杆**					
7227100000	高速钢的热轧盘条(不规则盘卷的)	3.0	20.0	17.0	千克	A7
7227200000	硅锰钢的热轧盘条(不规则盘卷的)	6.0	20.0	17.0	千克	A7
7227900000	不规则盘卷的其他合金钢热轧条杆	3.0	20.0	17.0	千克	A7
7228	**其他合金钢条、杆;其他合金钢角材、型材及异型材;合金钢或非合金钢制的空心钻钢**					
7228100000	其他高速钢的条、杆	3.0	20.0	17.0	千克	A7
7228200000	其他硅锰钢的条、杆	6.0	20.0	17.0	千克	A7
7228300000	其他合金钢热加工条、杆(除热轧、热拉拔或热挤压外未经进一步加工的)	3.0	20.0	17.0	千克	A7
7228400000	其他合金钢锻造条、杆(除锻造外未经进一步加工的)	3.0	20.0	17.0	千克	A7
7228500000	其他合金钢冷成形或冷加工条、杆(除冷成形或冷加工外未进一步加工)	3.0	20.0	17.0	千克	A7
7228600000	其他合金钢条、杆(热加工或冷加工后经进一步加工)	3.0	20.0	17.0	千克	A7
7228701000	履带板合金型钢	6.0	17.0	17.0	千克	A7
7228709000	其他合金钢角材、型材及异型材	6.0	17.0	17.0	千克	A7
7228800000	其他合金钢空心钻钢(包括非合金钢)	7.0	35.0	17.0	千克	A7
7229	**其他合金钢丝**					
7229100000	高速钢丝	3.0	20.0	17.0	千克	7
7229200000	硅锰钢丝	7.0	20.0	17.0	千克	7
7229900000	其他合金钢丝	7.0	20.0	17.0	千克	7

第七十三章　钢铁制品

注释：

一、本章所称“铸铁”，适用于经铸造而得的产品，按重量计其铁元素含量超过其他元素单项含量并与第七十二章注释一(四)所述的钢的化学成分不同。

二、本章所称“丝”，是指热或冷成形的任何截面形状的产品，但其截面尺寸均不超过16毫米。

商品编号	商品名称及备注	进口关税税率		增值税率	计量单位	监管条件
		最惠国	普通			
7301	**钢铁板桩，不论是否钻孔、打眼或组装；焊接的钢铁角材、型材及异型材**					
7301100000	钢铁板桩(不论是否钻孔、扎眼或组装)	7.0	20.0	17.0	千克	7
7301200000	焊接的钢铁角材、型材及异型材	7.0	30.0	17.0	千克	7
7302	**铁道及电车道铺轨用钢铁材料(钢轨、护轨、齿轨、道岔尖轨、辙叉、尖轨拉杆及其他叉道段体、轨枕、鱼尾板、轨座、轨座楔、钢轨垫板、钢轨夹、底板、固定板及其他专门用于连接或加固路轨的材料)**					
7302100000	钢轨	6.0	14.0	17.0	千克	7AB
7302300000	道岔尖轨、辙叉、尖轨拉杆(及其他叉道段体)	8.0	17.0	17.0	千克	7AB
7302400000	钢铁制鱼尾板、钢轨垫板	7.0	17.0	17.0	千克	7AB
7302901000	钢铁轨枕	6.0	14.0	17.0	千克	7AB
7302909000	其他铁道电车道铺轨用钢铁材料	7.0	17.0	17.0	千克	7AB
7303	**铸铁管及空心异型材**					
7303001000	内径＞500mm的铸铁圆型截面管	4.0	40.0	17.0	千克	7
7303009000	其他铸铁管及空心异型材	4.0	40.0	17.0	千克	7
7304	**无缝钢铁管及空心异型材(铸铁的除外)**					
7304101000	215.9mm≤外径≤406.4mm的管道管(石油或天然气无缝钢铁管道管铸铁的除外)	5.0	17.0	17.0	千克	7AB
7304102000	114.3mm＜外径＜215.9mm管道管(石油或天然气无缝钢铁管道管铸铁的除外)	5.0	17.0	17.0	千克	7AB
7304103000	外径≤114.3mm的管道管(石油或天然气无缝钢铁管道管铸铁的除外)	5.0	17.0	17.0	千克	7AB
7304109000	外径＞406.4mm的管道管(石油或天然气无缝钢铁管道管铸铁的除外)	5.0	17.0	17.0	千克	7AB
7304211000	外径≤168.3mm的钻管(钻探石油及天然气用铸铁的除外)	4.0	17.0	17.0	千克	7AB
7304219000	外径＞168.3mm的钻管(钻探石油及天然气用铸铁的除外)	4.0	17.0	17.0	千克	7AB
7304290000	钻探石油及天然气用的套管及导管(铸铁的除外)	4.0	17.0	17.0	千克	7AB
7304311000	冷轧的钢铁制无缝锅炉管(冷拔或冷轧的铁或非合金钢制的，包括内螺纹)	4.0	17.0	17.0	千克	7AB

商品编号	商品名称及备注	进口关税税率		增值税率	计量单位	监管条件
		最惠国	普通			
7304312000	冷轧的铁制无缝地质钻管、套管(冷拔或冷轧的铁或非合金钢制的)	8.0	17.0	17.0	千克	7AB
7304319000	其他冷轧的铁制无缝圆形截面管(冷拔或冷轧的铁或非合金钢制的)	4.0	17.0	17.0	千克	AB7
7304391000	非冷拔或冷轧的铁制无缝锅炉管	4.0	17.0	17.0	千克	7AB
7304392000	非冷轧的铁制无缝地质钻管套管(非冷拔或冷轧的铁或非合金钢制的)	5.0	17.0	17.0	千克	7AB
7304399000	非冷轧的铁制其他无缝管(非冷拔或冷轧的铁或非合金钢制的)	4.0	17.0	17.0	千克	AB7
7304411000*	冷轧的不锈钢制无缝锅炉管(冷拔或冷轧的,包括内螺纹)	10.0	17.0	17.0	千克	7AB
7304419000	冷轧的不锈钢制的其他无缝管(冷拔或冷轧的)	10.0	40.0	17.0	千克	AB7
7304491000*	非冷轧(拔)不锈钢制无缝锅炉管(包括内螺纹)	10.0	17.0	17.0	千克	7AB
7304499000	非冷轧的不锈钢制其他无缝管(冷拔或冷轧的除外)	10.0	40.0	17.0	千克	AB7
7304511000	冷轧的其他合金钢无缝锅炉管(冷拔或冷轧的,包括内螺纹)	4.0	17.0	17.0	千克	7AB
7304512000	冷轧的其他合金钢无缝地质钻套管(冷拔或冷轧的)	4.0	17.0	17.0	千克	7AB
7304519000	冷轧的其他合金钢制其他无缝管(冷拔或冷轧的)	4.0	17.0	17.0	千克	7AB
7304591000	非冷轧其他合金钢无缝锅炉管(非冷拔或冷轧的)	4.0	17.0	17.0	千克	7AB
7304592000	非冷轧其他合金钢无缝地质钻套管(冷拔或冷轧的除外)	4.0	17.0	17.0	千克	7AB
7304599000	非冷轧其他合金钢制无缝圆形截面(冷拔或冷轧的除外)	4.0	17.0	17.0	千克	7AB
7304900000	未列名无缝钢铁管及空心异型材(铸铁除外)	4.0	17.0	17.0	千克	AB7
7305	**其他圆形截面钢铁管(例如,焊、铆及用类似方法接合的管),外径超过406.4毫米**					
7305110000	纵向埋弧焊接石油、天然气粗钢管(粗钢管指外径超过406.4mm)	7.0	17.0	17.0	千克	7AB
7305120000	其他纵向焊接石油、天然气粗钢管(粗钢管指外径超过406.4mm)	3.0	17.0	17.0	千克	7AB
7305190000	其他石油、天然气粗钢管(粗钢管指外径超过406.4mm)	7.0	17.0	17.0	千克	7AB
7305200000	其他钻探石油、天然气用粗套管(粗套管指外径超过406.4mm)	7.0	17.0	17.0	千克	7AB
7305310000	纵向焊接的其他粗钢铁管(粗钢铁管指外径超过406.4mm)	6.0	30.0	17.0	千克	AB7
7305390000	其他方法焊接其他粗钢铁管(粗钢铁管指外径超过406.4mm)	6.0	30.0	17.0	千克	AB7
7305900000	未列名圆形截面粗钢铁管(粗钢铁管指外径超过406.4mm)	6.0	30.0	17.0	千克	AB7

商品编号	商品名称及备注	进口关税税率		增值税率	计量单位	监管条件
		最惠国	普通			
7306	**其他钢铁管及空心异型材(例如,辊缝、焊、铆及类似方法接合的)**					
7306100000	其他石油、天然气管道管	7.0	17.0	17.0	千克	7AB
7306200000	其他钻探石油天然气用套、导管(细套管指外径不超过406.4mm,包括薄管)	3.0	17.0	17.0	千克	7AB
7306300000	其他铁或非合金刚圆形截面焊缝管(细焊缝管指外径不超过406.4mm)	3.0	30.0	17.0	千克	7B
7306400000	不锈钢其他圆形截面细焊缝管(细焊缝管指外径不超过406.4mm)	6.0	30.0	17.0	千克	7
7306500000	其他合金钢的圆形截面细焊缝管(细焊缝管指外径不超过406.4mm)	3.0	30.0	17.0	千克	7
7306600000	非圆形截面的其他焊缝管	3.0	30.0	17.0	千克	7
7306900010	多壁式管道(直接与化学品接触表面由特殊耐腐蚀材料制成)	6.0	30.0	17.0	千克	37AB
7306900090	未列名其他钢铁管及空心异型材	6.0	30.0	17.0	千克	AB7
7307	**钢铁管子附件(例如,接头、肘管、管套)**					
7307110000	无可锻性铸铁制管子附件	5.0	20.0	17.0	千克	
7307190000	可锻性铸铁及铸钢管子附件	8.0	20.0	17.0	千克	
7307210000	不锈钢制法兰	8.4	20.0	17.0	千克	B
7307220000	不锈钢制螺纹肘管、弯管、管套	8.4	20.0	17.0	千克	
7307230000	不锈钢制对焊件	8.4	20.0	17.0	千克	
7307290000	不锈钢制其他管子附件	8.4	20.0	17.0	千克	B
7307910000	未列名钢铁制法兰(不锈钢除外)	7.0	20.0	17.0	千克	B
7307920000	未列名钢铁制螺纹肘管、弯管、管套(不锈钢除外)	4.0	20.0	17.0	千克	
7307930000	未列名钢铁制对焊件(不锈钢除外)	7.0	20.0	17.0	千克	
7307990000	未列名钢铁制其他管子附件(不锈钢除外)	4.0	20.0	17.0	千克	
7308	**钢铁结构体(品目9406的活动房屋除外)及其部件(例如,桥梁及桥梁体段、闸门、塔楼、格构杆、屋顶、屋顶框架、门窗及其框架、门槛、百叶窗、栏杆、支柱及立柱);上述结构体用的已加工钢铁板、杆、角材、型材、异型材、管子及类似品**					
7308100000	钢铁制桥梁及桥梁体段	8.0	30.0	17.0	千克	
7308200000	钢铁制塔楼及格构杆	8.4	30.0	17.0	千克	
7308300000	钢铁制门窗及其框架、门槛	10.0	50.0	17.0	千克	
7308400000	钢铁制脚手架模板坑凳用支柱及类	8.4	30.0	17.0	千克	
7308900000	其他钢铁结构体及部件(包括结构体用的已加工钢板、型材、管子及类似品)	4.0	30.0	17.0	千克	
7309	**盛装物料用的钢铁囤、柜、罐、桶及类似容器(装压缩气体或液化气体的除外),容积超过300升,不论是否衬里或隔热,但无机械或热力装置**					

商品编号	商品名称及备注	进口关税税率		增值税率	计量单位	监管条件
		最惠国	普通			
7309000000	容积＞300L钢铁制盛物容器(容积＞300L的囤、柜、桶、罐、听及类似容器)	10.5	35.0	17.0	千克	
7310	**盛装物料用的钢铁柜、桶、罐、听、盒及类似容器(装压缩气体或液化气体的除外),容积不超过300升,不论是否衬里或隔热,但无机械或热力装置**					
7310100010	总容积大于100L不超过300L的容器(与所处理或盛放的化学品接触表面由特殊耐腐蚀材料制成)	10.5	40.0	17.0	千克	3
7310100090	其他容积50L－300L钢铁制盛物容器(容积≥50L,≤300L的钢铁柜、桶、罐、听及类似容器)	10.5	40.0	17.0	千克	
7310210000	容积＜50L焊边或卷边接合钢铁罐	17.5	70.0	17.0	千克	
7310290000	其他容积＜50L的盛物容器(容积＜50L的钢铁柜、桶、罐、听及类似容器)	17.5	70.0	17.0	千克	A
7311	**装压缩气体或液化气体用的钢铁容器**					
7311001000	装压缩或液化气的钢铁容器(指零售包装用)	17.5	70.0	17.0	千克	6AB
7311009000	其他装压缩或液化气的容器(指非零售包装用)	8.0	17.0	17.0	千克	6AB
7312	**非绝缘的钢铁绞股线、绳、缆、编带、吊索及类似品**					
7312100000	非绝缘的钢铁绞股线、绳、缆	4.0	20.0	17.0	千克	7AB
7312900000	非绝缘钢铁编带、吊索及类似品	4.0	20.0	17.0	千克	
7313	**带刺钢铁丝;围篱用的钢铁绞带或单股扁丝(不论是否带刺)及松绞的双股丝**					
7313000000	带刺钢铁丝、围篱用钢铁绞带(还包括单股扁丝及松绞的双股丝)	7.0	70.0	17.0	千克	
7314	**钢铁丝制的布(包括环形带)、网、篱、格栅;网眼钢铁板**					
7314120000	不锈钢制的机器环形带	12.0	70.0	17.0	千克	
7314131000	其他工业用机器环形带	8.0	20.0	17.0	千克	
7314139000	其他其他机器环形带	12.0	70.0	17.0	千克	
7314140000	不锈钢制的其他机织品	12.0	70.0	17.0	千克	
7314191000	工业用其他钢丝制机织品	7.0	20.0	17.0	千克	
7314199000	非工业用钢丝制机织品	12.0	70.0	17.0	千克	
7314200000	交点焊接的粗钢铁丝网、篱及格栅(其丝的最大截面尺寸≥3mm,网眼尺寸≥100cm^2)	7.0	70.0	17.0	千克	
7314310000	交点焊接的镀或涂锌细钢铁丝网、篱及隔栅(其丝的最大截面尺寸＜3mm,网眼尺寸＜100cm^2)	7.0	70.0	17.0	千克	
7314390000	交点焊接的其他细钢铁丝网、篱及隔栅(其丝的最大截面尺寸＜3mm,网眼尺寸＜100cm^2)	7.0	70.0	17.0	千克	
7314410000	镀或涂锌的钢铁丝网、篱及格栅	8.0	70.0	17.0	千克	
7314420000	涂塑的钢铁丝网、篱及格栅	8.0	70.0	17.0	千克	
7314490000	其他钢铁丝网、篱及格栅	8.0	70.0	17.0	千克	
7314500000	网眼钢铁板	8.0	70.0	17.0	千克	

商品编号	商品名称及备注	进口关税税率		增值税率	计量单位	监管条件
		最惠国	普通			
7315	**钢铁链及其零件**					
7315111000	自行车滚子链	12.0	80.0	17.0	千克	B
7315112000	摩托车滚子链	12.0	80.0	17.0	千克	
7315119000	其他滚子链(自行车链、摩托车链除外)	12.0	80.0	17.0	千克	B
7315120000	其他铰接链(滚子链除外)	12.0	80.0	17.0	千克	
7315190000	铰接链零件(包括自行车链摩托车链其他滚子链零件)	12.0	80.0	17.0	千克	
7315200000	防滑链	12.0	80.0	17.0	千克	B
7315810000	日字环节链	12.0	80.0	17.0	千克	
7315820000	其他焊接链(日字环节链除外)	12.0	80.0	17.0	千克	
7315890000	未列名链	12.0	80.0	17.0	千克	
7315900000	非铰接链零件	10.0	80.0	17.0	千克	
7316	**钢铁锚、多爪锚及其零件**					
7316000000	钢铁锚、多爪锚及其零件	10.0	40.0	17.0	千克	
7317	**钢铁制的钉、平头钉、图钉、波纹钉、U形钉(品目8305的货品除外)及类似品,不论钉头是否用其他材料制成,但不包括铜头钉**					
7317000000	铁钉、图钉、平头钉及类似品(不论钉头是否用其他材料制成,但不包括铜头钉)	10.0	80.0	17.0	千克	
7318	**钢铁制的螺钉、螺栓、螺母、方头螺钉、钩头螺钉、铆钉、销、开尾销、垫圈(包括弹簧垫圈)及类似品**					
7318110000	方头螺钉	10.0	80.0	17.0	千克	B
7318120000	其他木螺钉	10.0	80.0	17.0	千克	B
7318130000	钩头螺钉及环头螺钉	10.0	80.0	17.0	千克	B
7318140000	自攻螺钉	10.0	80.0	17.0	千克	B
7318150000	其他螺钉及螺栓(不论是否带有螺母或垫圈)	8.0	80.0	17.0	千克	B
7318160000	螺母	8.0	80.0	17.0	千克	B
7318190000	未列名螺纹制品	5.0	80.0	17.0	千克	
7318210000	弹簧垫圈及其他防松垫圈	10.0	80.0	17.0	千克	B
7318220000	其他垫圈	10.0	80.0	17.0	千克	B
7318230000	铆钉	10.0	80.0	17.0	千克	
7318240000	销及开尾销	10.0	80.0	17.0	千克	
7318290000	其他无螺纹紧固件	10.0	80.0	17.0	千克	
7319	**钢铁制的手工缝针、编织针、引针、钩针、刺绣穿孔锥及类似制品;其他品目未列名的钢铁制安全别针及其他别针**					
7319100000	缝针、织补针、刺绣针	10.0	80.0	17.0	千克	
7319200000	安全别针	10.0	90.0	17.0	千克	
7319300000	其他别针	10.0	90.0	17.0	千克	
7319900000	未列名钢铁制针及类似品	10.0	80.0	17.0	千克	

商品编号	商品名称及备注	进口关税税率		增值税率	计量单位	监管条件
		最惠国	普通			
7320	**钢铁制弹簧及弹簧片**					
7320101000	铁道车辆用片簧及簧片	6.0	14.0	17.0	千克	
7320102000	汽车用片簧及簧片	10.0	50.0	17.0	千克	
7320109000	其他片簧及簧片	10.0	50.0	17.0	千克	
7320201000	铁道车辆用螺旋弹簧	6.0	14.0	17.0	千克	
7320209000	其他螺旋弹簧	10.0	50.0	17.0	千克	
7320901000	铁道车辆用其他弹簧	6.0	14.0	17.0	千克	
7320909000	其他弹簧	12.0	50.0	17.0	千克	
7321	**非电热的钢铁制家用炉、灶(包括附有集中供暖用的热水锅的炉)、烤肉架、烤炉、煤气灶、加热板和类似非电热的家用器具及其零件**					
7321110000	可使用气体燃料的家用炉灶	15.0	80.0	17.0	个	6
7321121000	煤油炉	21.0	80.0	17.0	个	
7321129000	其他使用液体燃料的家用炉灶	21.0	80.0	17.0	个	
7321130000	使用固体燃料的家用炉灶	21.0	80.0	17.0	个	
7321810000	可使用气体燃料的其他家用器具	23.0	80.0	17.0	个	6
7321820000	使用液体燃料的其他家用器具	21.0	80.0	17.0	个	
7321830000	使用固体燃料的其他家用器具	21.0	80.0	17.0	个	
7321900000	非电热家用器具零件	12.0	80.0	17.0	千克	
7322	**非电热的钢铁制集中供暖用散热器及其零件;非电热的钢铁制空气加热器、暖气分布器(包括可分布新鲜空气或调节空气的)及其零件,装有电动风扇或鼓风机**					
7322110000	非电热铸铁制集中供暖用散热器(包括零件)	21.0	80.0	17.0	千克	
7322190000	非电热钢制集中供暖用散热器(包括零件)	21.0	80.0	17.0	千克	
7322900000	非电热空气加热器、暖气分布器(包括零件)	20.0	80.0	17.0	千克	
7323	**餐桌、厨房或其他家用钢铁器具及其零件;钢铁丝绒;钢铁制擦锅器、洗刷擦光用的块垫、手套及类似品**					
7323100000	钢铁丝绒、擦锅器、洗擦用块垫等	14.0	80.0	17.0	千克	A
7323910000	餐桌、厨房等家用铸铁制器具(包括零件、非搪瓷的)	20.0	80.0	17.0	千克	A
7323920000	餐桌、厨房等家用铸铁制搪瓷器(包括零件、已搪瓷的)	20.0	100.0	17.0	千克	AB
7323930000	餐桌、厨房等家用不锈钢器具(包括零件、已搪瓷的)	12.0	80.0	17.0	千克	AB
7323941000	面盆,钢铁制,已搪瓷(铸铁的除外)	20.0	100.0	17.0	千克	AB
7323942000	烧锅,钢铁制,已搪瓷(铸铁的除外)	20.0	100.0	17.0	千克	AB
7323943000	烧烤炉,钢铁制,已搪瓷(铸铁的除外)	20.0	100.0	17.0	千克	AB
7323949000	其他餐桌、厨房等家用钢铁制搪器(铸铁除外)	20.0	100.0	17.0	千克	AB
7323990000	其他餐桌、厨房等用钢铁器具	20.0	80.0	17.0	千克	A
7324	**钢铁制卫生器具及其零件**					
7324100000	不锈钢制洗涤槽及脸盆	18.0	80.0	17.0	千克	
7324210000	铸铁制浴缸(不论是否搪瓷)	10.0	100.0	17.0	千克	

商品编号	商品名称及备注	进口关税税率		增值税率	计量单位	监管条件
		最惠国	普通			
7324290000	其他钢铁制浴缸(不论是否搪瓷)	30.0	100.0	17.0	千克	
7324900000	其他钢铁制卫生器具及零件	25.0	100.0	17.0	千克	
7325	**其他钢铁铸造制品**					
7325101000	工业用无可锻性铸铁制品	7.0	40.0	17.0	千克	
7325109000	其他无可锻性铸铁制品	20.0	90.0	17.0	千克	
7325910000	可锻性铸铁及铸钢研磨机的研磨球(包括其类似品)	10.5	40.0	17.0	千克	
7325991000	工业用未列名可锻性铸铁制品(包括铸钢制品)	10.5	40.0	17.0	千克	
7325999000	非工业用未列名可锻性铸铁制品(包括铸钢制品)	20.0	90.0	17.0	千克	
7326	**其他钢铁制品**					
7326110000	钢铁制研磨机用研磨球及类似品(经锻造或冲压后,未经进一步加工)	10.5	40.0	17.0	千克	
7326191000	工业用未列名钢铁制品(经锻造或冲压后,未经进一步加工)	10.5	40.0	17.0	千克	
7326199000	非工业用钢铁制品(经锻造或冲压后,未经进一步加工)	20.0	90.0	17.0	千克	
7326201000	工业用钢铁丝制品	10.0	40.0	17.0	千克	
7326209000	非工业用钢铁丝制品	18.0	90.0	17.0	千克	
7326901000	其他工业用钢铁制品	10.5	40.0	17.0	千克	
7326909000	其他非工业用钢铁制品	8.0	90.0	17.0	千克	

第七十四章　铜及其制品

注释:

本章所用有关名词解释如下:

一、精炼铜

按重量计含铜量至少为99.85%的金属;或按重量计含铜量至少为97.5%,但其他各种元素的含量不超过下表中规定的限量的金属:

其他元素表

元素		所含重量百分比
Ag	银	0.25
As	砷	0.5
Cd	镉	1.3
Cr	铬	1.4
Mg	镁	0.8
Pb	铅	1.5
S	硫	0.7
Sn	锡	0.8
Te	碲	0.8
Zn	锌	1
Zr	锆	0.3
其他元素*	每种	0.3

*其他元素,例如,铝、铍、钴、铁、锰、镍、硅。

二、铜合金

除未精炼铜以外的金属物质,按重量计含铜量大于其他元素单项含量,但:

(一)按重量计至少有一种其他元素的含量超过上表中规定的限量;

(二)按重量计其他元素的总含量超过2.5%。

三、铜母合金

含有其他元素,但按重量计含铜量超过10%的合金,该合金无实用可锻性,通常用做生产其他合金的添加剂或用做冶炼有色金属的脱氧剂、脱硫剂及类似用途。但按重量计含磷量超过15%的磷化铜归入品目28.48。

四、条、杆

轧、挤、拔或锻制的实心产品,非成卷的,其全长截面均为圆形、椭圆形、矩形(包括正方形)、等边三角形或规则外凸多边形(包括相对两边为弧拱形,另外两边为等长平行直线的"扁圆形"及"变形矩形")。对于矩形(包括正方形)、三角形或多边形截面的产品,其全长边角可经磨圆。矩形(包括"变形矩形")截面的产品,其厚度应大于宽度的1/10。所述条、杆也包括同样形状及尺寸的铸造或烧结产品。该产品在铸造或烧结后再经加工(简单剪修或去氧化皮的除外),但不具有其他品目所列制品或产品的特征。

线锭及坯段,已具锥形尾端或经其他简单加工以便送入机器制成盘条或管子等的,仍应作为未锻轧铜归入品目74.03。

五、型材及异型材

轧、挤、拔、锻制的产品或其他成型产品,不论是否成卷,其全长截面相同,但与条、杆、丝、板、片、带、箔、管的定义不相符合。同时也包括同样形状的铸造或烧结产品。该产品在铸造或烧结后再经加工(简单剪修或去氧化皮的除外),但不具有其他品目所列制品或产品的特征。

六、丝

盘卷的轧、挤或拔制实心产品,其全长截面均为圆形、椭圆形、矩形(包括正方形)、等边三角形或规则外凸多边形(包括相对两边为弧拱形,另外两边为等长平行直线的"扁圆形"及"变形矩形")。对于矩形(包括正方形)、三角形或多边形截面的产品,其全长边角可经磨圆。矩形(包括"变形矩形")截面的产品,其厚度应大于宽度的1/10。

但品目74.14所称"丝",仅适用于截面尺寸不超过6毫米的各种截面形状的产品(不论是否盘卷)。

七、板、片、带、箔

成卷或非成卷的平面产品(品目74.03的未锻轧产品除外),截面均为厚度相同的实心矩形(不包括正方形),不论边角是否磨圆(包括相对两边为弧拱形,另外两边为等长平行直线的"变形矩形"),并且符合以下规格:

(一)矩形(包括正方形)的,厚度不超过宽度的1/10;

(二)矩形或正方形以外形状的,任何尺寸,但不具有其他品目所列制品或产品的特征。

品目74.09及74.10还适用于具有花样(例如,凹槽、肋条形、格槽、珠粒及菱形)的板、片、带、箔以及穿孔、抛光、涂层或制成瓦楞形的这类产品,但不具有其他品目所列制品或产品的特征。

八、管

全长截面及管壁厚度相同并只有一个闭合空间的空心产品,成卷或非成卷的,其截面为圆形、椭圆形、矩形(包括正方形)、等边三角形或规则外凸多边形。对于截面为矩形(包括正方形)、等边三角形或规则外凸多边形的产品,不论全长边角是否磨圆,只要其内外截面为同一圆心并为同样形状及同一轴向,也可视为管子。上述截面的管子可经抛光、涂层、弯曲、攻丝、钻孔、缩腰、胀口、成锥形或装法兰、颈圈或套环。

子目注释:

本章所用有关名词解释如下:

一、铜锌合金(黄铜)

铜与锌的合金,不论是否含有其他元素。含有其他元素时:

按重量计含锌量应大于其他各种元素的单项含量;

按重量计含镍量应低于5%,参见铜镍锌合金(德银);

按重量计含锡量应低于3%,参见铜锡合金(青铜)。

二、铜锡合金(青铜)

铜与锡的合金,不论是否含有其他元素。含有其他元素时,按重量计含锡量应大于其他各种元素的单项含量。当按重量计含锡量在3%及以上时,锌的含量可大于锡的含量,但必须小于10%。

三、铜镍锌合金(德银)

铜、镍、锌的合金,不论是否含有其他元素,按重量计含镍量在5%及以上,参见铜锌合金(黄铜)。

四、铜镍合金

铜与镍的合金,不论是否含有其他元素,但按重量计含锌量不得大于1%。含有其他元素时,按重量计含镍量应大于其他各种元素的单项含量。

商品编号	商品名称及备注	进口关税税率		增值税率	计量单位	监管条件
		最惠国	普通			
7401	**铜锍;沉积铜(泥铜)**					
7401100000	铜锍	2.0	11.0	17.0	千克	A
7401200000	沉积铜(泥铜)	2.0	11.0	17.0	千克	AP
7402	**未精炼铜;电解精炼用的铜阳极**					
7402000000*	未精炼铜、电解精炼用铜阳极	2.0	11.0	17.0	千克	A7
7403	**未锻轧的精炼铜及铜合金**					
7403110000*	精炼铜的阴极及阴极型材(未锻轧的)	2.0	11.0	17.0	千克	AB7

商品编号	商品名称及备注	进口关税税率		增值税率	计量单位	监管条件
		最惠国	普通			
7403120000 *	精炼铜的线锭(未锻轧的)	2.0	11.0	17.0	千克	A7
7403130000 *	精炼铜的坯段(未锻轧的)	2.0	11.0	17.0	千克	A7
7403190000 *	其他未锻轧的精炼铜	2.0	11.0	17.0	千克	AB7
7403210000 *	未锻轧的黄铜	1.0	14.0	17.0	千克	7
7403220000 *	未锻轧的青铜	1.0	17.0	17.0	千克	7
7403230000 *	未锻轧的白铜或德银	1.0	35.0	17.0	千克	7
7403290000 *	未锻轧的其他铜合金(铜母合金除外)	1.0	17.0	17.0	千克	7
7404	铜废碎料					
7404000010 *	以回收铜为主的废电机等(包括废电机、电线、电缆、五金电器)	1.5	11.0	17.0	千克	7AP
7404000090 *	其他铜废碎料	1.5	11.0	17.0	千克	7AP
7405	铜母合金					
7405000000	铜母合金	4.0	17.0	17.0	千克	
7406	铜粉及片状粉末					
7406101000	精炼铜制非片状粉末	3.0	14.0	17.0	千克	7
7406102000	白铜或德银制非片状粉末	6.0	40.0	17.0	千克	7
7406103000	铜锌合金(黄铜)制非片状粉末	6.0	30.0	17.0	千克	
7406104000	铜锡合金(青铜)制非片状粉末	6.0	30.0	17.0	千克	
7406109000	其他铜合金制非片状粉末	6.0	30.0	17.0	千克	7
7406201000	精炼铜制片状粉末	4.0	14.0	17.0	千克	7
7406202000	白铜或德银制片状粉末	6.0	40.0	17.0	千克	7
7406209000	其他铜合金制片状粉末	6.0	30.0	17.0	千克	7
7407	铜条、杆、型材及异型材					
7407100000 *	精炼铜条、杆、型材及异型材	4.0	14.0	17.0	千克	7
7407210000 *	黄铜条、杆、型材及异型材	7.0	20.0	17.0	千克	7
7407220000 *	白铜或德银的条、杆、型材及异型材	7.0	40.0	17.0	千克	7
7407290000 *	其他铜合金条、杆、型材及异型材	7.0	20.0	17.0	千克	7
7408	铜丝					
7408110000 *	最大截面尺寸＞6mm 的精炼铜丝	4.0	14.0	17.0	千克	7
7408190000 *	截面尺寸≤6mm 的精炼铜丝	4.0	14.0	17.0	千克	7
7408210000 *	黄铜丝	7.0	20.0	17.0	千克	7
7408220000 *	白铜丝或德银丝	8.0	40.0	17.0	千克	7
7408290000 *	其他铜合金丝	7.0	20.0	17.0	千克	7
7409	铜板、片及带，厚度超过 0.15 毫米					
7409110000 *	成卷的精炼铜板、片、带(厚度＞0.15mm)	4.0	14.0	17.0	千克	A7
7409190000 *	其他精炼铜板、片、带(厚度＞0.15mm)	4.0	14.0	17.0	千克	A7

商品编号	商品名称及备注	进口关税税率		增值税率	计量单位	监管条件
		最惠国	普通			
7409210000 *	成卷的黄铜板、片、带(厚度>0.15mm)	7.0	20.0	17.0	千克	A7
7409290000 *	其他黄铜板、片、带(厚度>0.15mm)	7.0	20.0	17.0	千克	7
7409310000 *	成卷的青铜板、片、带(厚度>0.15mm)	7.0	20.0	17.0	千克	7
7409390000 *	其他青铜板、片、带(厚度>0.15mm)	7.0	20.0	17.0	千克	7
7409400000 *	白铜或德银制板、片、带(厚度>0.15mm)	7.0	40.0	17.0	千克	7
7409900000 *	其他铜合金板、片、带(厚度>0.15mm)	7.0	20.0	17.0	千克	7
7410	**铜箔(不论是否印花或用纸、纸板、塑料或类似材料衬背),厚度(衬背除外)不超过0.15毫米**					
7410110010 *	覆铜板及印刷线路板用铜箔(厚度≤0.15mm)	4.0	14.0	17.0	千克	7
7410110090	其他无衬背的精炼铜箔(厚度≤0.15mm)	4.0	14.0	17.0	千克	7
7410121000	无衬背铜镍合金箔或铜镍锌合金箔(厚度≤0.15mm)	7.0	40.0	17.0	千克	7
7410129000	无衬背的其他铜合金箔(厚度≤0.15mm)	7.0	20.0	17.0	千克	7
7410210000	有衬背的精炼铜箔[厚度(衬背除外)≤0.15mm]	4.0	14.0	17.0	千克	7
7410221000	有衬背铜镍合金箔或铜镍锌合金箔[厚度(衬背除外)≤0.15mm]	7.0	40.0	17.0	千克	7
7410229000	有衬背的其他铜合金箔[厚度(衬背除外)≤0.15mm]	7.0	20.0	17.0	千克	7
7411	**铜管**					
7411100000	精炼铜管	4.0	14.0	17.0	千克	A7
7411210000	铜锌合金(黄铜)管	7.0	20.0	17.0	千克	7
7411220000	白铜或德银管	7.0	40.0	17.0	千克	7
7411290000	其他铜合金管	7.0	20.0	17.0	千克	7
7412	**铜制管子附件(例如,接头、肘管、管套)**					
7412100000	精炼铜管子附件	4.0	14.0	17.0	千克	
7412201000	铜镍合金或铜镍锌合金管子配件	7.0	40.0	17.0	千克	
7412209000	其他铜合金管子配件	7.0	20.0	17.0	千克	
7413	**非绝缘的铜丝绞股线、缆、编带及类似品**					
7413000000	非绝缘的铜丝绞股线、缆、编带等	5.0	14.0	17.0	千克	AB
7414	**铜丝制的布(包括环型带)、网、格栅、网眼铜板**					
7414201000	工业用铜丝制的布(包括环形带)	7.0	20.0	17.0	千克	
7414209000	其他铜丝制的布(包括环形带)	15.0	70.0	17.0	千克	
7414901000	工业用其他铜丝制的网、格栅(包括网眼铜板)	8.0	20.0	17.0	千克	
7414909000	其他铜丝制的网、格栅(包括网眼铜板)	15.0	70.0	17.0	千克	
7415	**铜制或钢铁制带铜头的钉、平头钉、图钉、U形钉(品目8305的货品除外)及类似品;铜制螺钉、螺栓、螺母、钩头螺钉、铆钉、销、开尾销、垫圈(包括弹簧垫圈)及类似品**					
7415100000	铜钉、平头钉、图钉U型钉及类似品(包括钢铁制带铜头的)	8.0	80.0	17.0	千克	

商品编号	商品名称及备注	进口关税税率		增值税率	计量单位	监管条件
		最惠国	普通			
7415210000	铜垫圈(包括弹簧垫圈)	10.0	80.0	17.0	千克	
7415290000	铜制其他无螺纹制品	10.0	80.0	17.0	千克	
7415331000	铜制木螺钉(包括钢铁制带铜头的)	8.0	80.0	17.0	千克	
7415339000	铜制其他螺钉螺栓螺母(包括钢铁制带铜头的)	8.0	80.0	17.0	千克	
7415390000	其他铜制螺纹制品	10.0	80.0	17.0	千克	
7416	**铜弹簧**					
7416000000	铜弹簧	10.0	40.0	17.0	千克	
7417	**非电热的铜制家用烹饪或供暖器具及其零件**					
7417000000	非电热的铜制家用烹饪、供暖器具(包括零件)	20.0	80.0	17.0	千克	
7418	**餐桌、厨房或其他家用铜制器具及其零件;铜制刷锅器、洗刷擦光用的块垫、手套及类似品;铜制卫生器具及其零件**					
7418110000	擦锅器及洗刷擦光用的块垫、手套(包括类似品)	18.0	80.0	17.0	千克	A
7418190000	餐桌厨房等家用铜制器具及其零件	18.0	80.0	17.0	千克	A
7418200000	铜制卫生器具及其零件	18.0	80.0	17.0	千克	
7419	**其他铜制品**					
7419100000	铜链条及其零件	14.0	80.0	17.0	千克	
7419911000	工业用铸造、模压、冲压其他铜制品(未进一步加工)	10.0	40.0	17.0	千克	
7419919000	非工业用铸造、模压、冲压铜制品(未进一步加工)	20.0	80.0	17.0	千克	
7419991000	工业用其他铜制品	10.0	40.0	17.0	千克	
7419999000	非工业用其他铜制品	20.0	80.0	17.0	千克	

第七十五章　镍及其制品

注释：

本章所用有关名词解释如下：

一、条、杆

轧、挤、拔或锻制的实心产品，非成卷的，其全长截面均为圆形、椭圆形、矩形（包括正方形）、等边三角形或规则外凸多边形（包括相对两边为弧拱形，另外两边为等长平行直线的“扁圆形”及“变形矩形”）。对于矩形（包括正方形）、三角形或多边形截面的产品，其全长边角可经磨圆。矩形（包括“变形矩形”）截面的产品，其厚度应大于宽度的1/10。所述条、杆也包括同样形状及尺寸的铸造或烧结产品。该产品在铸造或烧结后再经加工（简单剪修或去氧化皮的除外），但不具有其他品目所列制品或产品的特征。

二、型材及异型材

轧、挤、拔、锻制的产品或其他成型产品，不论是否成卷，其全长截面相同，但与条、杆、丝、板、片、带、箔、管的定义不相符合。同时也包括同样形状的铸造或烧结产品。该产品在铸造或烧结后再经加工（简单剪修或去氧化皮的除外），但不具有其他品目所列制品或产品的特征。

三、丝

盘卷的轧、挤或拔制实心产品，其全长截面均为圆形、椭圆形、矩形（包括正方形）、等边三角形或规则外凸多边形（包括相对两边为弧拱形，另外两边为等长平行直线的“扁圆形”及“变形矩形”）。对于矩形（包括正方形）、三角形或多边形截面的产品，其全长边角可经磨圆。矩形（包括“变形矩形”）截面的产品，其厚度应大于宽度的1/10。

四、板、片、带、箔

成卷或非成卷的平面产品（品目75.02的未锻轧产品除外），截面均为厚度相同的实心矩形（不包括正方形），不论边角是否磨圆（包括相对两边为弧拱形，另外两边为等长平行直线的“变形矩形”），并且符合以下规格：

1. 矩形（包括正方形）的，厚度不超过宽度的1/10；

2. 矩形或正方形以外形状的，任何尺寸，但不具有其他品目所列制品或产品的特征。

品目75.06还适用于具有花样（例如，凹槽、肋条形、格槽、珠粒及菱形）的板、片、带、箔以及穿孔、抛光、涂层或制成瓦楞形的这类产品，但不具有其他品目所列制品或产品的特征。

五、管

全长截面及管壁厚度相同并只有一个闭合空间的空心产品，成卷或非成卷的，其截面为圆形、椭圆形、矩形（包括正方形）、等边三角形或规则外凸多边形。对于截面为矩形（包括正方形）、等边三角形或规则外凸多边形的产品，不论全长边角是否磨圆，只要其内外截面为同一圆心并为同样形状及同一轴向，也可视为管子。上述截面的管子可经抛光、涂层、弯曲、攻丝、钻孔、缩腰、胀口、成锥形或装法兰、颈圈或套环。

子目注释：

一、本章所用有关名词解释如下：

（一）非合金镍

按重量计镍及钴的含量至少为99%的金属，但：

1. 按重量计含钴量不超过1.5%；

2. 按重量计其他各种元素的含量不超过下表中规定的限量。

其他元素表

元素		所含重量百分比
Fe	铁	0.5
O	氧	0.4
其他元素	每种	0.3

(二) 镍合金

按重量计含镍量大于其他元素单项含量的金属物质,但:

1. 按重量计含钴量超过1.5%;

2. 按重量计至少有一种其他元素的含量超过上表中规定的限量;

3. 除镍及钴以外,按重量计其他元素的总含量超过1%。

二、子目7508.10所称"丝",不受本章注释三的限制,仅适用于截面尺寸不超过6毫米的任何截面形状的产品,不论是否盘卷。

商品编号	商品名称及备注	进口关税税率		增值税率	计量单位	监管条件
		最惠国	普通			
7501	**镍锍、氧化镍烧结物及镍冶炼的其他中间产品**					
7501100000*	镍锍	3.0	11.0	17.0	千克	
7501201000*	镍湿法冶炼中间品	3.0	11.0	17.0	千克	
7501209000	其他氧化镍烧结物、镍的其他中间产品	3.0	11.0	17.0	千克	
7502	**未锻轧镍**					
7502100000*	未锻轧非合金镍	3.0	11.0	17.0	千克	
7502200000*	未锻轧镍合金	3.0	11.0	17.0	千克	
7503	**镍废碎料**					
7503000000	镍废碎料	1.5	11.0	17.0	千克	AP
7504	**镍粉及片状粉末**					
7504001010	Ni + Co≥99.6%的超细镍粉(费氏粒度0.9-4.5μm,松装密度0.7-1.3g/cm^3)	4.0	17.0	17.0	千克	3
7504001090	其他非合金镍粉及片状粉末	4.0	17.0	17.0	千克	3
7504002000	合金镍粉及片状粉末	4.0	17.0	17.0	千克	
7505	**镍条、杆、型材及异型材或丝**					
7505110000	纯镍条、杆、型材	6.0	14.0	17.0	千克	
7505120000	合金镍条、杆、型材	6.0	14.0	17.0	千克	
7505210000	纯镍丝	6.0	17.0	17.0	千克	
7505220000	合金镍丝	6.0	17.0	17.0	千克	
7506	**镍板、片、带、箔**					
7506100000	纯镍板、片、带、箔	6.0	14.0	17.0	千克	
7506200000	镍合金板、片、带、箔	6.0	14.0	17.0	千克	
7507	**镍管及管子附件(例如,接头、肘管、管套)**					
7507110000	纯镍管	6.0	17.0	17.0	千克	
7507120000	合金镍管	6.0	17.0	17.0	千克	
7507200000	镍及镍合金管子附件	6.0	17.0	17.0	千克	
7508	**其他镍制品**					

商品编号	商品名称及备注	进口关税税率		增值税率	计量单位	监管条件
		最惠国	普通			
7508101000	镍丝制的布	6.0	20.0	17.0	千克	
7508108000	工业用镍丝制的网及格栅	6.0	40.0	17.0	千克	
7508109000	其他镍丝制的网及格栅	6.0	70.0	17.0	千克	
7508901000 *	电镀用镍阳极	4.0	14.0	17.0	千克	
7508908000	其他工业用镍制品(镍丝布、网及格栅除外)	6.0	40.0	17.0	千克	
7508909000	其他非工业用镍制品(镍丝布、网及格栅除外)	6.0	70.0	17.0	千克	

第七十六章　铝及其制品

注释：

本章所用有关名词解释如下：

一、条、杆

轧、挤、拔或锻制的实心产品，非成卷的，其全长截面均为圆形、椭圆形、矩形（包括正方形）、等边三角形或规则外凸多边形（包括相对两边为弧拱形，另外两边为等长平行直线的“扁圆形”及“变形矩形”）。对于矩形（包括正方形）、三角形或多边形截面的产品，其全长边角可经磨圆。矩形（包括“变形矩形”）截面的产品其厚度应大于宽度的1/10。所述条、杆也包括同样形状及尺寸的铸造或烧结产品。该产品在铸造或烧结后再经加工（简单剪修或去氧化皮的除外），但不具有其他品目所列制品或产品的特征。

二、型材及异型材

轧、挤、拔、锻制的产品或其他成型产品，不论是否成卷，其全长截面相同，但与条、杆、丝、板、片、带、箔、管的定义不相符合。同时也包括同样形状的铸造或烧结产品。该产品在铸造或烧结后再经加工（简单剪修或去氧化皮的除外），但不具有其他品目所列制品或产品的特征。

三、丝

盘卷的轧、挤或拔制实心产品，其全长截面均为圆形、椭圆形、矩形（包括正方形）、等边三角形或规则外凸多边形（包括相对两边为弧拱形，另外两边为等长平行直线的“扁圆形”及“变形矩形”）。对于矩形（包括正方形）、三角形或多边形截面的产品，其全长边角可经磨圆。矩形（包括“变形矩形”）截面的产品，其厚度应大于宽度的1/10。

四、板、片、带、箔

成卷或非成卷的平面产品（品目76.01的未锻轧产品除外），截面均为厚度相同的实心矩形（不包括正方形），不论边角是否磨圆（包括相对两边为弧拱形，另外两边为等长平行直线的“变形矩形”），并且符合以下规格：

（一）矩形（包括正方形）的，厚度不超过宽度的1/10；

（二）矩形或正方形以外形状的，任何尺寸，但不具有其他品目所列制品或产品的特征。

品目76.06和76.07还适用于具有花样（例如，凹槽、肋条形、格槽、珠粒及菱形）的板、片、带、箔以及穿孔、抛光、涂层或制成瓦楞形的这类产品，但不具有其他品目所列制品或产品的特征。

五、管

全长截面及管壁厚度相同并只有一个闭合空间的空心产品，成卷或非成卷的，其截面为圆形、椭圆形、矩形（包括正方形）、等边三角形或规则外凸多边形。对于截面为矩形（包括正方形）、等边三角形或规则外凸多边形的产品，不论全长边角是否磨圆，只要其内外截面为同一圆心并为同样形状及同一轴向，也可视为管子。上述截面的管子可经抛光、涂层、弯曲、攻丝、钻孔、缩腰、胀口、成锥形或装法兰、颈圈或套环。

子目注释：

一、本章所用有关名词解释如下：

（一）非合金铝

按重量计含铝量至少为99%的金属，但其他各种元素的含量不超过下表中规定的限量：

其他元素表

元　素	所含重量百分比
Fe + Si（铁 + 硅）	1
其他元素（1），每种	0.1（2）

（1）其他元素，例如，铬、铜、镁、锰、镍、锌。

（2）含铜成分可大于0.1%，但不得大于0.2%，且铬和锰的含量均不得超过0.05%。

(二) 铝合金

按重量计含铝量大于其他元素单项含量的金属物质,但:

1. 按重量计至少有一种其他元素或铁加硅的含量大于上表中规定的限量;

2. 按重量计其他元素的总含量超过1%。

二、子目7616.91所称"丝",不受本章注释三的限制,仅适用于截面尺寸不超过6毫米的任何截面形状的产品,不论是否盘卷。

商品编号	商品名称及备注	进口关税税率		增值税率	计量单位	监管条件
		最惠国	普通			
7601	**未锻轧铝**					
7601101000*	未锻轧非合金铝(按重量计含铝量在99.95%及以上)	5.0	14.0	17.0	千克	AB7
7601109000*	其他未锻轧非合金铝	5.0	14.0	17.0	千克	AB7
7601200000*	未锻轧铝合金	7.0	14.0	17.0	千克	7A
7602	**铝废碎料**					
7602000010*	以回收铝为主的废电线等(包括废电线、电缆、五金电器)	1.5	14.0	17.0	千克	7AP
7602000090*	铝废碎料	1.5	14.0	17.0	千克	7AP
7603	**铝粉及片状粉末**					
7603100010	颗粒 < 500μm 的微细球形铝粉(颗粒均匀,铝含量≥97%)	6.0	30.0	17.0	千克	37
7603100090	其他非片状铝粉	6.0	30.0	17.0	千克	7
7603200000	片状铝粉末	7.0	30.0	17.0	千克	7
7604	**铝条、杆、型材及异型材**					
7604100000*	非合金铝条、杆、型材、异型材	5.0	30.0	17.0	千克	7
7604210000*	铝合金制空心异型材	5.0	30.0	17.0	千克	A7
7604290010*	柱形实心体铝合金[在293K(20℃)时的极限抗拉强度能达到460MPa($0.46\times10^9N/m^2$)或更大]	5.0	30.0	17.0	千克	37A
7604290090*	其他铝合金制条、杆、其他型材	5.0	30.0	17.0	千克	A7
7605	**铝丝**					
7605110000*	非合金铝制的粗丝(粗丝指非合金铝丝最大截面尺寸>7mm)	8.0	17.0	17.0	千克	7
7605190000*	非合金铝制的细丝(细丝指非合金铝丝最大截面尺寸≤7mm)	8.0	17.0	17.0	千克	7
7605210000*	铝合金制的粗丝(粗丝指铝丝最大截面尺寸>7mm)	8.0	17.0	17.0	千克	7
7605290000*	铝合金制的细丝(细丝指铝丝最大截面尺寸≤7mm)	8.0	17.0	17.0	千克	7
7606	**铝板、片及带,厚度超过0.2毫米**					
7606112000*	非合金铝制矩形的中厚板、片及带(包括正方形)(中厚板指厚度≥0.3mm,但≤0.36mm)	6.0	50.0	17.0	千克	7A
7606119000*	非合金铝制矩形的其他板、片及带(包括正方形)(指厚度<0.3mm或>0.36mm)	6.0	30.0	17.0	千克	A7

商品编号	商品名称及备注	进口关税税率		增值税率	计量单位	监管条件
		最惠国	普通			
7606122000 *	铝合金制矩形的薄板、片及带(包括正方形)(薄板指厚度<0.28mm,但>0.2mm)	6.0	30.0	17.0	千克	7A
7606123000 *	铝合金制矩形的中厚板、片及带(包括正方形)(中厚板指厚度≥0.28mm,但≤0.35mm)	6.0	30.0	17.0	千克	7A
7606124000 *	铝合金制矩形的厚板、片及带(包括正方形)(厚板指厚度>0.35mm)	6.0	50.0	17.0	千克	7A
7606910000 *	非合金铝制非矩形的板、片及带(厚度>0.2mm)	6.0	30.0	17.0	千克	7
7606920000 *	铝合金制非矩形的板、片及带(厚度>0.2mm)	10.0	30.0	17.0	千克	A7
7607	**铝箔(不论是否印花或用纸、纸板、塑料或类似材料衬背),厚度(衬背除外)不超过0.2毫米**					
7607111000	轧制后未进一步加工的无衬背铝箔(厚度不超过0.007mm)	6.0	35.0	17.0	千克	7A
7607119000	轧制后未进一步加工的无衬背铝箔(0.007mm<厚度≤0.2mm)	6.0	35.0	17.0	千克	7A
7607190000	其他无衬背铝箔(厚度≤0.2mm)	6.0	35.0	17.0	千克	A7
7607200000	有衬背铝箔(厚度≤0.2mm)	6.0	35.0	17.0	千克	A7
7608	**铝管**					
7608100000	纯铝管	8.0	30.0	17.0	千克	7
7608200010	管状铝合金[在293K(20℃)时的极限抗拉强度能达到460MPa($0.46\times10^9N/m^2$)或更大]	8.0	30.0	17.0	千克	37A
7608200090	其他合金铝管	8.0	30.0	17.0	千克	7A
7609	**铝制管子附件(例如,接头、肘管、管套)**					
7609000000	铝制管子附件	8.0	35.0	17.0	千克	
7610	**铝制结构体(品目9406的活动房屋除外)及其部件(例如,桥梁及桥梁体段、塔、格构杆、屋顶、屋顶框架、门窗及其框架、门槛、栏杆、支柱及立柱);上述结构体用的已加工铝板、杆、型材、异型材、管子及类似品**					
7610100000	铝制门窗及其框架、门槛	25.0	80.0	17.0	千克	
7610900000	其他铝制结构体及其部件(包括结构体用的已加工铝板、型材、管子及类似品)	6.0	50.0	17.0	千克	
7611	**盛装物料用的铝制囤、柜、罐、桶及类似容器(装压缩气体或液化气体的除外),容积超过300升,不论是否衬里或隔热,但无机械或热力装置**					
7611000000	容积>300升的铝制囤、罐等容器(盛装物料用的,装压缩气体或液化气体的除外)	12.0	35.0	17.0	千克	
7612	**盛装物料用的铝制桶、罐、听、盒及类似容器包括软管容器及硬管容器(装压缩气体或液化气体的除外),容积不超过300升,不论是否衬里或隔热,但无机械或热力装置**					

商品编号	商品名称及备注	进口关税税率		增值税率	计量单位	监管条件
		最惠国	普通			
7612100000	铝制软管容器	12.0	50.0	17.0	千克	
7612901000	铝制易拉罐及罐体	30.0	100.0	17.0	千克	A
7612909000	容积≤300升的铝制囤、罐等容器(盛装物料用的,装压缩气体或液化气体的除外)	12.0	70.0	17.0	千克	
7613	**装压缩气体或液化气体用的铝制容器**					
7613001000	零售包装装压缩、液化气体铝容器(铝及铝合金制)	12.0	70.0	17.0	千克	
7613009000	非零售装装压缩、液化气体铝容器(铝及铝合金制)	6.0	17.0	17.0	千克	6
7614	**非绝缘的铝制绞股线、缆、编带及类似品**					
7614100000	带钢芯的铝制绞股线、缆、编带(非绝缘的)	6.0	20.0	17.0	千克	AB
7614900000	不带钢芯的铝制绞股线、缆、编带(非绝缘的)	6.0	20.0	17.0	千克	A
7615	**餐桌、厨房或其他家用铝制器具及其零件;铝制擦锅器、洗刷擦光用的块垫、手套及类似品;铝制卫生器具及其零件**					
7615110000	擦锅器及洗刷擦光用的块垫、手套(包括类似的铝制品)	18.0	90.0	17.0	千克	A
7615190000	餐桌厨房等家用铝制器具及其零件	15.0	90.0	17.0	千克	A
7615200000	铝制卫生器具及其零件	18.0	90.0	17.0	千克	
7616	**其他铝制品**					
7616100000	铝钉、螺钉、螺母、垫圈等紧固件	10.0	80.0	17.0	千克	
7616910000	铝丝制的布、网、篱及格栅(包括栏栅)	10.0	80.0	17.0	千克	
7616991000	其他工业用铝制品(不包括铝丝布、网、格栅及栏栅)	10.0	40.0	17.0	千克	
7616999000	其他非工业用铝制品(不包括铝丝布、网、格栅及栏栅)	15.0	80.0	17.0	千克	

第七十八章　铅及其制品

注释:

本章所用有关名词解释如下:

一、条、杆

轧、挤、拔或锻制的实心产品,非成卷的,其全长截面均为圆形、椭圆形、矩形(包括正方形)、等边三角形或规则外凸多边形(包括相对两边为弧拱形,另外两边为等长平行直线的"扁圆形"及"变形矩形")。对于矩形(包括正方形)、三角形或多边形截面的产品,其全长边角可经磨圆。矩形(包括"变形矩形")截面的产品,其厚度应大于宽度的1/10。所述条、杆也包括同样形状及尺寸的铸造或烧结产品。该产品在铸造或烧结后再经加工(简单剪修或去氧化皮的除外),但不具有其他品目所列制品或产品的特征。

二、型材及异型材

轧、挤、拔、锻制的产品或其他成型产品,不论是否成卷,其全长截面相同,但与条、杆、丝、板、片、带、箔、管的定义不相符合。同时也包括同样形状的铸造或烧结产品。该产品在铸造或烧结后再经加工(简单剪修或去氧化皮的除外),但不具有其他品目所列制品或产品的特征。

三、丝

盘卷的轧、挤或拔制实心产品,其全长截面均为圆形、椭圆形、矩形(包括正方形)、等边三角形或规则外凸多边形(包括相对两边为弧拱形,另外两边为等长平行直线的"扁圆形"及"变形矩形")。对于矩形(包括正方形)、三角形或多边形截面的产品,其全长边角可经磨圆。矩形(包括"变形矩形")截面的产品,其厚度应大于宽度的1/10。

四、板、片、带、箔

成卷或非成卷的平面产品(品目78.01的未锻轧产品除外),截面均为厚度相同的实心矩形(不包括正方形),不论边角是否磨圆(包括相对两边为弧拱形,另外两边为等长平行直线的"变形矩形"),并且符合以下规格:

(一)矩形(包括正方形)的,厚度不超过宽度的1/10;

(二)矩形或正方形以外形状的,任何尺寸,但不具有其他品目所列制品或产品的特征。

品目78.04还适用于具有花样(例如,凹槽、肋条形、格槽、珠粒及菱形)的板、片、带、箔以及穿孔、抛光、涂层或制成瓦楞形的这类产品,但不具有其他品目所列制品或产品的特征。

五、管

全长截面及管壁厚度相同并只有一个闭合空间的空心产品,成卷或非成卷的,其截面为圆形、椭圆形、矩形(包括正方形)、等边三角形或规则外凸多边形。对于截面为矩形(包括正方形)、等边三角形或规则外凸多边形的产品,不论全长边角是否磨圆,只要其内外截面为同一圆心并为同样形状及同一轴向,也可视为管子。上述截面的管子可经抛光、涂层、弯曲、攻丝、钻孔、缩腰、胀口、成锥形或装法兰、颈圈或套环。

子目注释:

本章所称"精炼铅",是指按重量计含铅量至少为99.9%的金属,但其他各种元素的含量不超过下表中规定的限量:

其他元素表

元　素		所含重量百分比	元　素		所含重量百分比
Ag	银	0.02	Fe	铁	0.002
As	砷	0.005	S	硫	0.002
Bi	铋	0.05	Sb	锑	0.005
Ca	钙	0.002	Sn	锡	0.005
Cd	镉	0.002	Zn	锌	0.002
Cu	铜	0.08	其他(例如,碲),每种		0.001

商品编号	商品名称及备注	进口关税税率		增值税率	计量单位	监管条件
		最惠国	普通			
7801	**未锻轧铅**					
7801100000	未锻轧精炼铅	3.0	20.0	17.0	千克	
7801910000	未锻轧铅锑合金(锑元素在合金元素中是最主要的元素)	3.0	20.0	17.0	千克	
7801990000	未锻轧的其他铅合金	3.0	20.0	17.0	千克	
7802	**铅废碎料**					
7802000000	铅废碎料	1.5	20.0	17.0	千克	
7803	**铅条、杆、型材及异型材或丝**					
7803000000	铅及铅合金条、杆、丝、型材	6.0	30.0	17.0	千克	
7804	**铅板、片、带、箔;铅粉及片状粉末**					
7804110000	铅片、带箔厚度≤0.2mm 的箔(铅箔衬装厚度不受0.2mm限制)	6.0	30.0	17.0	千克	
7804190000	铅及铅合金板(包括>0.2mm的箔)	6.0	30.0	17.0	千克	
7804200000	铅及铅合金粉末、片状粉末	6.0	35.0	17.0	千克	
7805	**铅管及管子附件(例如,接头、肘管、管套)**					
7805001000	铅管	6.0	30.0	17.0	千克	
7805002000	铅制管子附件(例如:接头、肘管、管套)	6.0	30.0	17.0	千克	
7806	**其他铅制品**					
7806000000	其他铅制品	6.0	80.0	17.0	千克	

第七十九章　锌及其制品

注释：

本章所用有关名词解释如下：

一、条、杆

轧、挤、拔或锻制的实心产品，非成卷的，其全长截面均为圆形、椭圆形、矩形（包括正方形）、等边三角形或规则外凸多边形（包括相对两边为弧拱形，另外两边为等长平行直线的“扁圆形”及“变形矩形”）。对于矩形（包括正方形）、三角形或多边形截面的产品，其全长边角可经磨圆。矩形（包括“变形矩形”）截面的产品，其厚度应大于宽度的1/10。所述条、杆也包括同样形状及尺寸的铸造或烧结产品。该产品在铸造或烧结后再经加工（简单剪修或去氧化皮的除外），但不具有其他品目所列制品或产品的特征。

二、型材及异型材

轧、挤、拔、锻制的产品或其他成型产品，不论是否成卷，其全长截面相同，但与条、杆、丝、板、片、带、箔、管的定义不相符合。同时也包括同样形状的铸造或烧结产品。该产品在铸造或烧结后再经加工（简单剪修或去氧化皮的除外），但不具有其他品目所列制品或产品的特征。

三、丝

盘卷的轧、挤或拔制实心产品，其全长截面均为圆形、椭圆形、矩形（包括正方形）、等边三角形或规则外凸多边形（包括相对两边为弧拱形，另外两边为等长平行直线的“扁圆形”及“变形矩形”）。对于矩形（包括正方形）、三角形或多边形截面的产品，其全长边角可经磨圆。矩形（包括“变形矩形”）截面的产品，其厚度应大于宽度的1/10。

四、板、片、带、箔

成卷或非成卷的平面产品（品目79.01的未锻轧产品除外），截面均为厚度相同的实心矩形（不包括正方形），不论边角是否磨圆（包括相对两边为弧拱形，另外两边为等长平行直线的“变形矩形”），并且符合以下规格：

（一）矩形（包括正方形）的，厚度不超过宽度的1/10；

（二）矩形或正方形以外形状的，任何尺寸，但不具有其他品目所列制品或产品的特征。

品目79.05还适用于具有花样（例如，凹槽、肋条形、格槽、珠粒及菱形）的板、片、带、箔以及穿孔、抛光、涂层或制成瓦楞形的这类产品，但不具有其他品目所列制品或产品的特征。

五、管

全长截面及管壁厚度相同并只有一个闭合空间的空心产品，成卷或非成卷的，其截面为圆形、椭圆形、矩形（包括正方形）、等边三角形或规则外凸多边形。对于截面为矩形（包括正方形）、等边三角形或规则外凸多边形的产品，不论全长边角是否磨圆，只要其内外截面为同一圆心并为同样形状及同一轴向，也可视为管子。上述截面的管子可经抛光、涂层、弯曲、攻丝、钻孔、缩腰、胀口、成锥形或装法兰、颈圈或套环。

子目注释：

本章所用有关名词解释如下：

一、非合金锌

按重量计含锌量至少为97.5%的金属。

二、锌合金

按重量计含锌量大于其他元素单项含量的金属物质，但按重量计其他元素的总含量超过2.5%。

三、锌末

冷凝锌雾所得的锌末。该产品由球形微粒组成，比锌粉更为精细，按重量计至少80%的微粒可以通过孔径为63微米的筛子，而且必须含有按重量计至少为85%的金属锌。

商品编号	商品名称及备注	进口关税税率		增值税率	计量单位	监管条件
		最惠国	普通			
7901	**未锻轧锌**					
7901111000 *	含锌量≥99.995%的未锻轧锌	3.0	20.0	17.0	千克	AB4xy
7901119000 *	其他含锌量≥99.99%的未锻轧锌(但含锌量<99.995%)	3.0	20.0	17.0	千克	AB4xy
7901120000 *	含锌量<99.99%的未锻轧锌	3.0	20.0	17.0	千克	B4xy
7901200000 *	未锻轧锌合金	3.0	20.0	17.0	千克	B4xy
7902	**锌废碎料**					
7902000000	锌废碎料	1.5	20.0	17.0	千克	AP
7903	**锌末、锌粉及片状粉末**					
7903100000	锌末(包括锌合金)	6.0	20.0	17.0	千克	
7903900010	颗粒<500μm的锌及其合金(含量≥97%,不论球形、椭球体、雾化、片状、研碎金属燃料)	6.0	20.0	17.0	千克	3
7903900090	其他锌粉及片状粉末	6.0	20.0	17.0	千克	
7904	**锌条、杆、型材及异型材或丝**					
7904000000	锌及锌合金条、杆、型材、丝	6.0	30.0	17.0	千克	
7905	**锌板、片、带、箔**					
7905000000	锌板、片、带、箔	6.0	30.0	17.0	千克	
7906	**锌管及管子附件(例如,接头、肘管、管套)**					
7906001000	锌管	6.0	30.0	17.0	千克	
7906002000	锌制管子附件(例如:接头、肘管、管套)	6.0	30.0	17.0	千克	
7907	**其他锌制品**					
7907001100	电池壳体坯料(锌饼)	6.0	40.0	17.0	千克	
7907001900	其他工业用锌制品	6.0	40.0	17.0	千克	
7907009000	其他非工业用锌制品	6.0	80.0	17.0	千克	

第八十章　锡及其制品

注释：

本章所用有关名词解释如下：

一、条、杆

轧、挤、拔或锻制的实心产品，非成卷的，其全长截面均为圆形、椭圆形、矩形（包括正方形）、等边三角形或规则外凸多边形（包括相对两边为弧拱形，另外两边为等长平行直线的“扁圆形”及“变形矩形”）。对于矩形（包括正方形）、三角形或多边形截面的产品，其全长边角可经磨圆。矩形（包括“变形矩形”）截面的产品其厚度应大于宽度的1/10。所述条、杆也包括同样形状及尺寸的铸造或烧结产品。该产品在铸造或烧结后再经加工（简单剪修或去氧化皮的除外），但不具有其他品目所列制品或产品的特征。

二、型材及异型材

轧、挤、拔、锻制的产品或其他成型产品，不论是否成卷，其全长截面相同，但与条、杆、丝、板、片、带、箔、管的定义不相符合。同时也包括同样形状的铸造或烧结产品。该产品在铸造或烧结后再经加工（简单剪修或去氧化皮的除外），但不具有其他品目所列制品或产品的特征。

三、丝

盘卷的轧、挤或拔制实心产品，其全长截面均为圆形、椭圆形、矩形（包括正方形）、等边三角形或规则外凸多边形（包括相对两边为弧拱形，另外两边为等长平行直线的“扁圆形”及“变形矩形”）。对于矩形（包括正方形）、三角形或多边形截面的产品，其全长边角可经磨圆。矩形（包括“变形矩形”）截面的产品，其厚度应大于宽度的1/10。

四、板、片、带、箔

成卷或非成卷的平面产品（品目80.01的未锻轧产品除外），截面均为厚度相同的实心矩形（不包括正方形），不论边角是否磨圆（包括相对两边为弧拱形，另外两边为等长平行直线的“变形矩形”），并且符合以下规格：

（一）矩形（包括正方形）的，厚度不超过宽度的1/10；

（二）矩形或正方形以外形状的，任何尺寸，但不具有其他品目所列制品或产品的特征。

品目80.04和80.05还适用于具有花样（例如，凹槽、肋条形、格槽、珠粒及菱形）的板、片、带、箔以及穿孔、抛光、涂层或制成瓦楞形的这类产品，但不具有其他品目所列制品或产品的特征。

五、管

全长截面及管壁厚度相同并只有一个闭合空间的空心产品，成卷或非成卷的，其截面为圆形、椭圆形、矩形（包括正方形）、等边三角形或规则外凸多边形。对于截面为矩形（包括正方形）、等边三角形或规则外凸多边形的产品，不论全长边角是否磨圆，只要其内外截面为同一圆心并为同样形状及同一轴向，也可视为管子。上述截面的管子可经抛光、涂层、弯曲、攻丝、钻孔、缩腰、胀口、成锥形或装法兰、颈圈或套环。

子目注释：

本章所用有关名词解释如下：

一、非合金锡

按重量计含锡量至少为99%的金属，但含铋量或含铜量不超过下表中规定的限量：

其他元素表

元　素		所含重量百分比
Bi	铋	0.1
Cu	铜	0.4

二、锡合金

按重量计含锡量大于其他元素单项含量的金属物质，但：

（一）按重量计其他元素的总含量超过1%；

（二）按重量计含铋量或含铜量应等于或大于上表中规定的限量。

商品编号	商 品 名 称 及 备 注	进口关税税率		增值税率	计量单位	监管条件
		最惠国	普通			
8001	**未锻轧锡**					
8001100010	粒度1-6mm的锡粒	3.0	20.0	17.0	千克	B4xy
8001100090	其他未锻轧非合金锡	3.0	20.0	17.0	千克	B4xy
8001201000	锡基巴毕脱合金	3.0	20.0	17.0	千克	4xy
8001202000	焊锡	3.0	30.0	17.0	千克	B4xy
8001209000	其他锡合金	3.0	30.0	17.0	千克	4xy
8002	**锡废碎料**					
8002000000	锡废碎料	1.5	30.0	17.0	千克	AP
8003	**锡条、杆、型材及异型材或丝**					
8003000000	锡及锡合金条、杆、型材、丝	8.0	40.0	17.0	千克	4xBy
8004	**锡板、片及带，厚度超过0.2毫米**					
8004000000	锡及锡合金板片带，厚度>0.2mm	8.0	40.0	17.0	千克	4xy
8005	**锡箔（不论是否印花或用纸、纸板、塑料或类似材料衬背）厚度（衬背除外）不超过0.2毫米；锡粉及片状粉末**					
8005000000	锡箔；锡粉及片状粉末[锡箔厚度（衬背除外）≤0.2mm]	8.0	40.0	17.0	千克	
8006	**锡管及管子附件（例如，接头、肘管、管套）**					
8006000000	锡及锡合金管、管子附件	8.0	45.0	17.0	千克	4xy
8007	**其他锡制品**					
8007001000	工业用锡制品	8.0	40.0	17.0	千克	
8007009000	非工业用锡制品	18.0	80.0	17.0	千克	

第八十一章　其他贱金属、金属陶瓷及其制品

子目注释：

第七十四章注释中有关"条、杆"、"型材及异型材"、"丝"及"板、片、带、箔"的规定也适用于本章。

商品编号	商品名称及备注	进口关税税率		增值税率	计量单位	监管条件
		最惠国	普通			
8101	**钨及其制品，包括废碎料**					
8101100011	平均粒度为0.1－0.5μm的超细钨粉（含量≥97%，不论球形、椭球体、雾化、片状、研碎金属燃料）	6.0	20.0	17.0	千克	3B
8101100019	其他颗粒＜500μm的钨及其合金（含量≥97%，不论球形、椭球体、雾化、片状、研碎金属燃料）	6.0	20.0	17.0	千克	3B
8101100090	其他钨粉末	6.0	20.0	17.0	千克	4xBy
8101940000	未锻轧钨（包括简单烧结的条、杆）	3.0	20.0	17.0	千克	4xy
8101950000	锻轧钨条、杆、型材、异型材等（不包括简单烧结的条、杆，包括钨板片、带、箔）	5.0	30.0	17.0	千克	
8101960000	钨丝	8.0	20.0	17.0	千克	
8101970000	钨废碎料	3.0	20.0	17.0	千克	4APxy
8101990000	其他钨制品	8.0	70.0	17.0	千克	
8102	**钼及其制品，包括废碎料**					
8102100000	钼粉	6.0	20.0	17.0	千克	
8102940000	未锻轧钼（包括简单烧结的条、杆）	3.0	20.0	17.0	千克	
8102950000	锻轧钼条、杆、型材（不包括简单烧结的条、杆）	8.0	30.0	17.0	千克	
8102960000	钼丝	8.0	20.0	17.0	千克	
8102970000	钼废碎料	3.0	20.0	17.0	千克	
8102990000	钼制品	8.0	70.0	17.0	千克	
8103	**钽及其制品，包括废碎料**					
8103200000	未锻轧钽；粉末（包括简单烧结的条、杆）	6.0	14.0	17.0	千克	A
8103300000	钽废碎料	6.0	14.0	17.0	千克	AP
8103900010	钽坩埚（容积在50mL至2L之间、钽纯度≥98%）	8.0	30.0	17.0	千克	3
8103900090	其他锻轧钽及其制品	8.0	30.0	17.0	千克	
8104	**镁及其制品，包括废碎料**					
8104110000	含镁量≥99.8%的未锻轧镁	6.0	20.0	17.0	千克	
8104190000	其他未锻轧的镁及镁合金	6.0	20.0	17.0	千克	
8104200000	镁废碎料	1.5	20.0	17.0	千克	AP
8104300010	颗粒＜500μm的镁及其合金（含量≥97%，不论球形、椭球体、雾化、片状、研碎金属燃料）	8.0	30.0	17.0	千克	3
8104300090	其他已分级的镁锉屑、车屑、颗粒；粉末	8.0	30.0	17.0	千克	

商品编号	商品名称及备注	进口关税税率		增值税率	计量单位	监管条件
		最惠国	普通			
8104901000	锻轧镁	8.0	30.0	17.0	千克	
8104902010	镁金属基复合材料(包括各种结构件和制品、各种预成形件,其中增强材料的比拉伸强度大于 7.62×10^4m 和比模量大于 3.18×10^6m)	8.4	70.0	17.0	千克	3B
8104902090	其他镁制品	8.4	70.0	17.0	千克	B
8105	**钴锍及其他冶炼钴时所得的中间产品;钴及其制品,包括废碎料**					
8105201000 *	钴湿法冶炼中间品	4.0	14.0	17.0	千克	
8105209010	钴≥99.5%的超细钴粉(费氏粒度0.8-1.5μm,松装密度0.4-0.8g/cm³)	4.0	14.0	17.0	千克	
8105209020 *	钴锍及其他冶炼钴时所得中间产品	4.0	14.0	17.0	千克	
8105209090	其他钴锍、未锻轧钴、粉末	4.0	14.0	17.0	千克	
8105300000	钴锍废碎料	4.0	14.0	17.0	千克	
8105900000	其他钴及制品	8.0	30.0	17.0	千克	
8106	**铋及其制品,包括废碎料**					
8106001010	高纯度未锻轧的铋及其废料、粉末(纯度≥99.99%,含银量低于十万分之一)	3.0	20.0	17.0	千克	3
8106001090	其他未锻轧铋、废碎料、粉末	3.0	20.0	17.0	千克	
8106009010	高纯度未锻轧的铋及其废料、粉末(纯度≥99.99%,含银量低于十万分之一)	8.0	30.0	17.0	千克	3
8106009090	其他铋及铋制品	8.0	30.0	17.0	千克	
8107	**镉及其制品,包括废碎料**					
8107200000	未锻轧镉、粉末	3.0	14.0	17.0	千克	
8107300000	镉废碎料	3.0	14.0	17.0	千克	
8107900000	其他镉及镉制品	8.0	30.0	17.0	千克	
8108	**钛及其制品,包括废碎料**					
8108201000	海绵钛	3.0	14.0	17.0	千克	
8108209010	颗粒<500μm的钛及其合金(含量≥97%,不论球形、椭球体、雾化、片状、研碎金属燃料)	3.0	14.0	17.0	千克	3
8108209090	其他未锻轧钛;粉末	3.0	14.0	17.0	千克	
8108300000	钛废碎料	3.0	14.0	17.0	千克	AP
8108901010	钛合金,实心圆柱体,包括锻件(20℃下极限抗拉强度≥900MPa,外径超过75mm)	8.0	30.0	17.0	千克	3
8108901020	钛金属基复合材料的条、杆、型材及异型材(其中增强材料的比拉伸强度大于 7.62×10^4m 和比模量大于 3.18×10^7m)	8.0	30.0	17.0	千克	3
8108901090	其他钛条、杆、型材及异型材	8.0	30.0	17.0	千克	
8108902000	钛丝	8.0	30.0	17.0	千克	
8108903100	厚度≤0.8mm钛板、片、带、箔	8.0	30.0	17.0	千克	

商品编号	商品名称及备注	进口关税税率		增值税率	计量单位	监管条件
		最惠国	普通			
8108903210	钛金属基复合材料的板,片,带,箔(其中增强材料的比拉伸强度大于 7.62×10^4m 和比模量大于 3.18×10^7m,厚度大于 0.8mm)	8.0	30.0	17.0	千克	3
8108903290	其他厚度 > 0.8mm 钛板、片、带、箔	8.0	30.0	17.0	千克	
8108904010	钛合金管(20℃下极限抗拉强度≥900MPa,外径 > 75mm)	8.0	30.0	17.0	千克	3
8108904090	其他钛管	8.0	30.0	17.0	千克	
8108909000	其他钛及钛制品	8.0	30.0	17.0	千克	
8109	**锆及其制品,包括废碎料**					
8109200010	颗粒 < 500μm 的锆及其合金(含量≥97%,不论球形、椭球体、雾化、片状、研碎金属燃料)	3.0	20.0	17.0	千克	3
8109200090	其他未锻轧锆;粉末	3.0	20.0	17.0	千克	
8109300000	锆废碎料	3.0	20.0	17.0	千克	
8109900010	锆管(铪与锆重量比低于 1:500 的锆金属和合金的管或组件)	8.0	30.0	17.0	千克	3
8109900090	其他锻轧锆及锆制品	8.0	30.0	17.0	千克	
8110	**锑及其制品,包括废碎料**					
8110101000 *	未锻轧锑	3.0	30.0	17.0	千克	4xBy
8110102000	锑粉末	3.0	30.0	17.0	千克	4xBy
8110200000	锑废碎料	3.0	30.0	17.0	千克	4xBy
8110900000	其他锑及锑制品	8.0	40.0	17.0	千克	4xy
8111	**锰及其制品,包括废碎料**					
8111001000	未锻轧锰;锰废碎料;粉末	3.0	20.0	17.0	千克	B
8111009000	其他锰及制品	8.0	30.0	17.0	千克	
8112	**铍、铬、锗、钒、镓、铪、铟、铼、铌、铊及其制品,包括废碎料**					
8112120000	未锻轧铍、粉末	3.0	30.0	17.0	千克	
8112130000	铍废碎料	3.0	30.0	17.0	千克	
8112190000	其他铍及其制品	8.0	30.0	17.0	千克	
8112210000	未锻轧铬;铬粉末	3.0	20.0	17.0	千克	B
8112220000	铬废碎料	3.0	20.0	17.0	千克	B
8112290000	其他铬及其制品	3.0	20.0	17.0	千克	B
8112300000	锗及其制品	3.0	20.0	17.0	千克	
8112400010 *	钒氮合金	3.0	20.0	17.0	千克	
8112400090	其他钒及其制品	3.0	20.0	17.0	千克	
8112510000	未锻轧铊;铊粉末	3.0	20.0	17.0	千克	
8112520000	铊废碎料	3.0	20.0	17.0	千克	
8112590000	其他铊及其制品	8.0	30.0	17.0	千克	
8112920010	未锻轧的铪、铪合金及其废料粉末(铪含量超过 60%)	3.0	20.0	17.0	千克	3

商品编号	商品名称及备注	进口关税税率		增值税率	计量单位	监管条件
		最惠国	普通			
8112920090	其他未锻轧的镓、铪、铟、铼、铌;废碎料;粉末	3.0	20.0	17.0	千克	
8112990010	锻轧的铪、铪合金及铪制品(铪含量超过60%)	8.0	30.0	17.0	千克	3
8112990090	其他锻轧的镓、铪、铟、铼、铌及其制品	8.0	30.0	17.0	千克	
8113	**金属陶瓷及其制品,包括废碎料**					
8113000000	金属陶瓷及其制品(包括废料)	8.4	30.0	17.0	千克	

第八十二章 贱金属工具、器具、利口器、餐匙、餐叉及其零件

注释：

一、除喷灯、轻便锻炉、带支架的砂轮、修指甲和修脚用器具及品目 82.09 的货品外，本章仅包括带有用下列材料制成的刀片、工作刃、工作面或其他工作部件的物品：

(一)贱金属；

(二)硬质合金或金属陶瓷；

(三)装于贱金属、硬质合金或金属陶瓷底座上的宝石或半宝石(天然、合成或再造)；

(四)附于贱金属底座上的磨料，当附上磨料后，所具有的切齿、沟、槽或类似结构仍保持其特性及功能。

二、本章所列物品的贱金属零件，应与该制品归入同一品目，但具体列名的零件及手工工具的工具夹具(品目 84.66)除外。第十五类注释二所述的通用零件，均不归入本章。电动剃须刀及电动毛发推剪的刀头、刀片应归入品目 85.10。

三、由品目 82.11 的一把或多把刀具与品目 82.15 至少数量相同的物品构成的成套货品应归入品目 82.15。

商品编号	商品名称及备注	进口关税税率		增值税率	计量单位	监管条件
		最惠国	普通			
8201	**锹、铲、镐、锄、叉及耙；斧子、钩刀及类似砍伐工具；各种修枝用剪刀；镰刀、秣刀、树篱剪、伐木楔子及其他农业、园艺或林业用手工工具**					
8201100010	含植物性材料的锹及铲	8.0	50.0	13.0	千克/把	AB
8201100090	其他锹及铲	8.0	50.0	13.0	千克/把	
8201200010	含植物性材料的农用叉	8.0	50.0	13.0	千克/把	AB
8201200090	其他农用叉	8.0	50.0	13.0	千克/把	
8201300010	含植物性材料的镐、锄、耙	8.0	50.0	13.0	千克/把	AB
8201300090	其他镐、锄、耙	8.0	50.0	13.0	千克/把	
8201400010	含植物性材料的砍伐工具(包括斧子、钩刀及类似砍伐工具)	8.0	50.0	13.0	千克/把	AB
8201400090	其他斧子、钩刀及类似砍伐工具	8.0	50.0	13.0	千克/把	
8201500010	含植物性材料的单手操作农用剪(包括家禽剪)	8.0	50.0	13.0	千克/把	AB
8201500090	其他修枝剪等单手操作农用剪(包括家禽剪)	8.0	50.0	13.0	千克/把	
8201600010	含植物性材料的双手操作农用剪	8.0	50.0	13.0	千克/把	AB
8201600090	其他修枝等双手操作农用剪	8.0	50.0	13.0	千克/把	
8201900010	含植物性材料的农林用手工工具	8.0	50.0	13.0	千克/把	AB
8201900090	其他农业、园艺、林业用手工工具	8.0	50.0	13.0	千克/把	
8202	**手工锯；各种锯的锯片(包括切条、切槽或无齿锯片)**					
8202100000	手工锯	8.4	50.0	17.0	千克/把	
8202200000	带锯片	8.0	20.0	17.0	千克/条	
8202310000	带有钢制工作部件的圆锯片(包括切条或切槽锯片)	8.0	20.0	17.0	千克/片	
8202390000	其他圆锯片，包括部件(包括切条或切槽锯片)	8.0	20.0	17.0	千克/片	
8202400000	链锯片	8.0	20.0	17.0	千克/条	

商品编号	商 品 名 称 及 备 注	进口关税税率		增值税率	计量单位	监管条件
		最惠国	普通			
8202911000	加工金属用的机械锯的直锯片	8.0	20.0	17.0	千克/片	
8202919000	加工金属用的非机械锯的直锯片	8.0	50.0	17.0	千克/片	
8202991000	机械锯用的其他锯片	8.4	20.0	17.0	千克/片	
8202999000	非机械锯用的其他锯片	10.5	50.0	17.0	千克/片	
8203	**钢锉、木锉、钳子(包括剪钳)、镊子、白铁剪、切管器、螺栓切头器、打孔冲子及类似手工工具**					
8203100000	钢锉、木锉及类似工具	10.5	50.0	17.0	千克/把	
8203200000	钳子、镊子及类似工具	10.5	50.0	17.0	千克/把	B
8203300000	白铁剪及类似工具	10.5	50.0	17.0	千克/把	
8203400000	切管器、螺栓切头器、打孔冲子等	10.5	50.0	17.0	千克/把	
8204	**手动扳手及扳钳(包括转矩扳手,但不包括丝锥板手);可互换的扳手套筒,不论是否带手柄**					
8204110000	固定式的手动扳手及板钳	10.5	50.0	17.0	千克/把	B
8204120000	可调式的手动扳手及板钳	10.0	50.0	17.0	千克/把	B
8204200000	可互换的扳手套筒(不论是否带手柄)	10.0	50.0	17.0	千克/套	B
8205	**其他品目未列名的手工工具(包括玻璃刀);喷灯;台钳、夹钳及类似品,但作为机床附件或零件的除外;砧;轻便锻炉;带支架的手摇或脚踏砂轮**					
8205100000	手工钻孔或攻丝工具	10.0	50.0	17.0	千克/个	
8205200000	手工锤子	10.0	50.0	17.0	千克/个	
8205300000	木工用刨子、凿子及类似切削工具	10.5	50.0	17.0	千克/个	
8205400000	螺丝刀	10.5	50.0	17.0	千克/个	
8205510000	其他家用手工工具	10.5	50.0	17.0	千克/个	
8205590000	其他手工工具(包括玻璃刀)	10.0	50.0	17.0	千克/个	
8205600000	喷灯	10.0	50.0	17.0	千克/个	
8205700000	台钳、夹钳及类似品	10.5	50.0	17.0	千克/个	B
8205800000	砧、轻便锻炉、手摇或脚踏砂轮	10.5	50.0	17.0	千克	
8205900000	成套手工工具(由上列本编号两个或多个子目所列物品组成的成套货品)	10.5	50.0	17.0	千克	
8206	**由品目8202至8205中两个或多个品目所列工具组成的零售包装成套货品**					
8206000000	成套工具组成的零售包装货品(由税号8202至8205中两个或多个税号所列工具组成的)	10.5	50.0	17.0	千克	
8207	**手工工具(不论是否有动力装置)及机床(例如,锻压、冲压、攻丝、钻孔、镗孔、铰孔及铣削、车削或上螺丝用的机器)的可互换工具,包括金属拉拔或挤压用模以及凿岩或钻探工具**					
8207130000	带金属陶瓷工作部件的凿岩工具(包括钻探工具)	8.0	20.0	17.0	千克	B
8207191000	带金刚石等工作部件的凿岩工具(金刚石等包括立方氮化硼,本子目包括钻探工具)	8.0	20.0	17.0	千克	B

商品编号	商品名称及备注	进口关税税率		增值税率	计量单位	监管条件
		最惠国	普通			
8207199000	带其他材料工作部件的凿岩工具(包括钻探工具)	8.0	20.0	17.0	千克	B
8207201000	带金刚石等工作部件的金属拉拔模(金刚石等立方氮化硼,本子目包括金属挤压用模)	8.0	20.0	17.0	千克/套	
8207209000	带其他材料工作部件的金属模(包括金属挤压用模)	8.0	20.0	17.0	千克/套	
8207300000	锻压或冲压工具	8.0	20.0	17.0	千克	
8207400000	攻丝工具	8.0	20.0	17.0	千克/件	
8207501000	带金刚石等工作部件的钻孔工具(凿岩或钻探用的除外,金刚石等包括立方氧化硼)	8.0	20.0	17.0	千克/件	B
8207509000	带其他材料工作部件的钻孔工具(凿岩或钻探用的除外)	8.0	20.0	17.0	千克/件	B
8207601000	带金刚石等工作部件的镗孔工具(金刚石等包括立方氮化硼,本子目包括铰孔工具)	8.0	20.0	17.0	千克/件	
8207609000	带其他材料工作部件的镗孔工具(包括铰孔工具)	8.0	20.0	17.0	千克/件	
8207700000	铣削工具	8.0	20.0	17.0	千克/件	B
8207800000	车削工具	8.0	20.0	17.0	千克/件	B
8207901000	带金刚石工作部件的其他互换工具(金刚石包括立方氮化硼)	8.0	20.0	17.0	千克/件	
8207909000	其他可互换工具(带有其他材料制的工作部件)	8.0	20.0	17.0	千克/件	
8208	**机器或机械器具的刀及刀片**					
8208100000	金工机械用刀及刀片(金属加工用)	8.0	20.0	17.0	千克	
8208200000	木工机械用刀及刀片(木器加工用)	8.0	20.0	17.0	千克	
8208300000	厨房或食品加工机器用刀及刀片(厨房器具或食品加工机器用)	8.0	20.0	17.0	千克	A
8208400000	农、林业机器用刀及刀片(农业、园艺、林业机器用)	8.0	20.0	13.0	千克	
8208900000	其他机器或机械器具用刀及刀片(其他用途)	8.0	20.0	17.0	千克	
8209	**未装配的工具用金属陶瓷板、杆、刀头及类似品**					
8209000000	未装配的工具用金属陶瓷刀头(包括板、杆、刀头及类似品)	8.0	20.0	17.0	千克	
8210	**用于加工或调制食品或饮料的手动机械器具,重量不超过10千克**					
8210000000	加工调制食品、饮料用手动机械(重量不超过10千克)	18.0	80.0	17.0	千克	A
8211	**有刃口的刀及其刀片,不论是否有锯齿(包括整枝刀),但品目8208的刀除外**					
8211100000	以刀为主的成套货品	18.0	80.0	17.0	套	
8211910000	刃面固定的餐刀	18.0	80.0	17.0	把	A
8211920000	刃面固定的其他刀	12.0	80.0	17.0	把	
8211930000	可换刃面刀	18.0	80.0	17.0	把	
8211940000	编号8211所列刀的刀片	14.0	80.0	17.0	千克	
8211950000	贱金属制的刀柄	12.0	80.0	17.0	千克	

商品编号	商品名称及备注	进口关税税率		增值税率	计量单位	监管条件
		最惠国	普通			
8212	**剃刀及其刀片(包括未分开的刀片条)**					
8212100000	剃刀	12.0	80.0	17.0	把	
8212200000	安全剃刀片(包括未分开的刀片条)	14.0	80.0	17.0	片	
8212900000	剃刀零件	12.0	80.0	17.0	千克	
8213	**剪刀、裁缝剪刀及类似品、剪刀片**					
8213000000	剪刀、裁缝剪刀及类似品、剪刀片	12.0	80.0	17.0	千克	
8214	**其他利口器(例如,理发推剪、屠刀、砍骨刀、切肉刀、切菜刀、裁纸刀);修指甲及修脚用具(包括指甲锉)**					
8214100000	裁纸刀信刀改错刀铅笔刀及刀片	12.0	80.0	17.0	千克	
8214200000	修指甲及修脚用具(包括指甲锉)	18.0	90.0	17.0	千克	
8214900010	切菜刀等厨房用利口器	18.0	80.0	17.0	千克	A
8214900090	理发推子等其他利口器	18.0	80.0	17.0	千克	
8215	**餐匙、餐叉、长柄勺、漏勺、糕点夹、鱼刀、黄油刀、糖块夹及类似的厨房或餐桌用具**					
8215100000	成套含镀贵金属制厨房或餐桌用具(成套货品,至少其中一件是镀贵金属的)	18.0	80.0	17.0	千克	A
8215200000	成套的其他厨房或餐桌用具(成套货品,没有一件是镀贵金属的)	18.0	80.0	17.0	千克	A
8215910000	非成套镀贵金属制厨房或餐桌用具(非成套货品,镀贵金属的)	18.0	80.0	17.0	千克	A
8215990000	其他非成套的厨房或餐桌用具(非成套货品,没镀贵金属的)	18.0	80.0	17.0	千克	A

第八十三章　贱金属杂项制品

注释：

一、在本章，贱金属零件应与制品一同归类。但品目73.12、73.15、73.17、73.18及73. 20的钢铁制品或其他贱金属(第七十四章至第七十六章及第七十八章至第八十一章)制的类似物品不应视为本章制品的零件。

二、品目83.02所称"脚轮"，是指直径(对于有胎的，连胎计算在内，下同)不超过75毫米的或直径虽超过75毫米，但所装轮或胎的宽度必须小于30毫米的脚轮。

商品编号	商品名称及备注	进口关税税率		增值税率	计量单位	监管条件
		最惠国	普通			
8301	**贱金属制的锁(钥匙锁、数码锁及电动锁)；贱金属制带锁的扣环及扣环框架；上述锁的贱金属制钥匙**					
8301100000	挂锁	14.0	80.0	17.0	千克/把	B
8301201000	机动车用中央控制门锁	10.0	80.0	17.0	千克/套	
8301209000	其他机动车用锁	10.0	80.0	17.0	千克/套	
8301300000	家具用锁	14.0	80.0	17.0	千克/个	B
8301400000	其他锁	14.0	80.0	17.0	千克/个	B
8301500000	带锁的扣环及扣环框架	14.0	80.0	17.0	千克	
8301600000	锁零件	12.0	80.0	17.0	千克	
8301700000	钥匙	10.0	80.0	17.0	千克	
8302	**用于家具、门窗、楼梯、百叶窗、车厢、鞍具、衣箱、盒子及类似品的贱金属附件及架座；贱金属制帽架、帽钩、托架及类似品；用贱金属做支架的小脚轮；贱金属制的自动闭门器**					
8302100000	铰链(折叶)	10.0	80.0	17.0	千克	
8302200000	用贱金属做支架的小脚轮	12.0	80.0	17.0	千克	
8302300000	机车用贱金属附件及架座	10.0	80.0	17.0	千克	
8302410000	建筑用贱金属配件及架座	14.0	80.0	17.0	千克	
8302420000	家具用贱金属配件及架座	12.0	80.0	17.0	千克	
8302490000	其他用贱金属配件及架座	12.0	80.0	17.0	千克	
8302500000	帽架，帽钩，托架及类似品	14.0	80.0	17.0	千克	
8302600000	自动闭门器	12.0	80.0	17.0	千克/个	
8303	**装甲或加强的贱金属制保险箱、保险柜及保险库的门和带锁保险储存橱、钱箱、契约箱及类似品**					
8303000000	保险箱、柜、保险库的门(及带锁保险储存橱、钱箱、契约箱及类似品)	14.0	50.0	17.0	千克	A
8304	**贱金属制的档案柜、卡片索引柜、文件盘、文件篮、笔盘、公章架及类似的办公用具，但品目9403的办公室家具除外**					
8304000000	贱金属档案柜，文件箱等办公用具(编号9403的办公室家俱除外)	10.5	80.0	17.0	千克	

商品编号	商品名称及备注	进口关税税率		增值税率	计量单位	监管条件
		最惠国	普通			
8305	**活页夹、卷宗夹的贱金属附件,贱金属制的信夹、信角、文件夹、索引标签及类似的办公用品;贱金属制的成条钉书钉(例如,供办公室、室内装饰或包装用)**					
8305100000	活页夹或宗卷夹的附件	10.5	80.0	17.0	千克	
8305200000	成条钉书钉	10.5	80.0	17.0	千克	
8305900000	信夹、信角、文件夹等办公用品及零件	10.5	80.0	17.0	千克	
8306	**非电动的贱金属铃、钟、锣及类似品;贱金属雕塑像及其他装饰品;贱金属相框或画框及类似框架;贱金属镜子**					
8306100000	非电动铃、钟、锣及其类似品	8.0	80.0	17.0	千克	
8306210000	镀贵金属的雕塑像及其他装饰品(贱金属制)	8.0	100.0	17.0	千克	
8306291000	景泰兰雕塑像及其他装饰品(贱金属制)	8.0	100.0	17.0	千克	
8306299000	其他雕塑像及其他装饰品(贱金属制)	8.0	100.0	17.0	千克	
8306300000	相框,画框及类似框架,镜子	8.0	100.0	17.0	千克	
8307	**贱金属软管,不论是否有附件**					
8307100000	钢铁制软管,可有配件	8.4	35.0	17.0	千克	
8307900000	其他贱金属软管,可有配件	8.4	35.0	17.0	千克	
8308	**贱金属制的扣、钩、环、眼及类似品,用于衣着、鞋靴、天篷、提包、旅行用品或其他制成品;贱金属制的管形铆钉及开口铆钉;贱金属制的珠子及亮晶片**					
8308100000	贱金属制钩、环及眼	10.5	80.0	17.0	千克	
8308200000	贱金属制管形铆钉及开口铆钉	10.5	80.0	17.0	千克	
8308900000	贱金属制珠子及亮晶片	10.5	80.0	17.0	千克	
8309	**贱金属制的塞子、盖子(包括冠形瓶塞、螺口盖及倒水塞)、瓶帽、螺口塞、塞子帽、封志及其他包装用附件**					
8309100000	贱金属制冠形瓶塞	18.0	80.0	17.0	千克	
8309900000	盖子瓶帽螺口塞封志等包装用附件(贱金属制)	12.0	80.0	17.0	千克	
8310	**贱金属制的标志牌、铭牌、地名牌及类似品、号码、字母及类似标志,但品目9405的货品除外**					
8310000000	标志牌、铭牌、号码、字母等标志(贱金属制,税号9405的货品除外)	18.0	80.0	17.0	千克	
8311	**贱金属或硬质合金制的丝、条、管、板、电极及类似品,以焊剂涂面或以焊剂为芯,用于焊接或沉积金属、硬质合金;贱金属粉粘聚而成的丝或条,供金属喷镀用**					
8311100000	以焊剂涂面的贱金属电极,电弧焊用	8.0	30.0	17.0	千克	
8311200000	以焊剂为芯的贱金属制焊丝(电弧焊用)	8.0	30.0	17.0	千克	
8311300000	以焊剂涂面或作芯的贱金属条或丝(钎焊或气焊用)	8.0	30.0	17.0	千克	
8311900000	贱金属粘聚成的丝或条(供金属喷镀用)	8.0	30.0	17.0	千克	

第十六类 机器、机械器具、电气设备及其零件;录音机及放声机、电视图像、声音的录制和重放设备及其零件、附件

注释:

一、本类不包括:

(一)第三十九章的塑料或品目40.10的硫化橡胶制的传动带、输送带;除硬质橡胶以外的硫化橡胶制的机器、机械器具、电气器具或其他专门技术用途的物品(品目40.16);

(二)机器、机械器具或其他专门技术用途的皮革、再生皮革(品目42.04)或毛皮(品目43.03)的制品;

(三)各种材料(例如,第三十九章、第四十章、第四十四章、第四十八章及第十五类的材料)制的筒管、卷轴、纡子、锥形筒管、芯子、线轴及类似品;

(四)提花机及类似机器用的穿孔卡片(例如,归入第三十九章、第四十八章或第十五类的);

(五)纺织材料制的传动带、输送带及带料(品目59.10)或专门技术用途的其他纺织材料制品(品目59.11);

(六)品目71.02至71.04的宝石或半宝石(天然、合成或再造)或品目71.16的完全以宝石或半宝石制成的物品,但已加工未装配的唱针用蓝宝石和钻石除外(品目85.22);

(七)第十五类注释二所规定的贱金属制通用零件(第十五类)及塑料制的类似品(第三十九章);

(八)钻管(品目73.04);

(九)金属丝、带制的环形带(第十五类);

(十)第八十二章或第八十三章的物品;

(十一)第十七类的物品;

(十二)第九十章的物品;

(十三)第九十一章的钟、表及其他物品;

(十四)品目82.07的可互换工具及作为机器零件的刷子(品目96.03);类似的可互换工具应按其构成工作部件的材料归类(例如,归入第四十章、第四十二章、第四十三章、第四十五章、第五十九章或品目68.04、69.09);

(十五)第九十五章的物品;

(十六)打字机色带或类似色带,不论是否装轴或装盒(按其材料属性归类;如已上油或经其他方法处理能着色的,应归入品目96.12)。

二、除本类注释一、第八十四章注释一及第八十五章注释一另有规定的以外,机器零件(不属于品目84.84、85.44、85.45、85.46或85.47所列物品的零件)应按下列规定归类:

(一)凡在第八十四章、第八十五章的品目(品目84.09、84.31、84.48、84.66、84.73、84.85、85.03、85.22、85.29、85.38及85.48除外)列名的货品,均应归入该两章的相应品目;

(二)专用于或主要用于某一种机器或同一品目的多种机器(包括品目84.79或85.43的机器)的零件,应与该种机器一并归类,或酌情归入品目84.09、84.31、84.48、84.66、84.73、85.03、85.22、85.29或85.38。但能同时主要用于品目85.17和85.25至85.28所列机器的零件,应归入品目85.17;

(三)所有其他零件应酌情归入品目84.09、84.31、84.48、84.66、84.73、85.03、85.22、85.29或85.38,如不能归入上述品目,则应归入品目84.85或85.48。

三、由两部及两部以上机器装配在一起形成的组合式机器,或具有两种及两种以上互补或交替功能的机器,除条文另有规定的以外,应按具有主要功能的机器归类。

四、由不同独立部件(不论是否分开或由管道、传动装置、电缆或其他装置连接)组成的机器(包括机组),如果组合后明显具有一种第八十四章或第八十五章某个品目所列功能,则全部机器应按其功能归入有关品目。

五、上述各注释所称“机器”,是指第八十四章或第八十五章各品目所列的各种机器、设备、装置及器具。

第八十四章 核反应堆、锅炉、机器、机械器具及其零件

注释:

一、本章不包括:

(一)第六十八章的石磨、石碾及其他物品;

(二)陶瓷材料制的机器或器具(例如,泵)及供任何材料制的机器或器具用的陶瓷零件(第六十九章);

(三)实验室用玻璃器(品目70.17);玻璃制的机器、器具或其他专门技术用途的物品及其零件(品目70.19、70.20);

(四)品目73.21或73.22的物品或其他贱金属制的类似物品(第七十四章至第七十六章或第七十八章至第八十一章);

(五)品目85.09的家用电动器具;或品目85.25的数字照相机;

(六)非机动的手工操作地板清扫器(品目96.03)。

二、除第十六类注释三另有规定的以外,如果某种机器或器具既符合品目84.01至84.24中一个或几个品目的规定,又符合品目84.25至84.80中一个或几个品目的规定,则应归入品目84.01至84.24中的相应品目,而不归入品目85.25至84.80中的有关品目。

但品目84.19不包括:

(一)催芽装置、孵卵器或育雏器(品目84.36);

(二)谷物调温机(品目84.37);

(三)萃取糖汁的浸提装置(品目84.38);

(四)纱线、织物及纺织制品的热处理机器(品目84.51);

(五)温度变化(即使必不可少)仅作为辅助功能的机器设备。

品目84.22不包括:

(一)缝合袋子或类似品用的缝纫机(品目84.52);

(二)品目84.72的办公室用机器。

品目84.24不包括:

喷墨印刷(打印)机器(品目84.43或84.71)。

三、如果用于加工各种材料的某种机床既符合品目84.56的规定,又符合品目84.57、84.58、84.59、84.60、84.61、84.64或84.65的规定,则应归入品目84.56。

四、品目84.57仅适用于可以完成下列不同形式机械操作的金属加工机床,车床(包括车削中心)除外。

(一)按照机械加工程序从刀具库中自动更换刀具(加工中心);

(二)同时或顺序地自动使用不同的动力头对固定不动的工件进行加工(单工位组合机床);

(三)自动将工件送向不同的动力头(多工位组合机床)。

五、(一)品目84.71所称“自动数据处理设备”,是指:

1. 数字式计算机,该机能够(1)存储处理程序和执行程序直接需要的起码的数据;(2)按照用户的要求随意编辑程序;(3)按照用户指令进行算术计算;以及(4)在运行过程中,可不需人为干预而通过逻辑判断,执行一个处理程序,这个处理程序可改变计算机指令的执行。

2. 模拟式计算机,即能够模拟数学模型并且至少包括模拟部件、控制部件和程序部件的机器。

3. 混合式计算机,即具有模拟部件的数字式计算机或具有数字部件的模拟式计算机。

(二)自动数据处理设备可以是一套由若干单独部件所组成的系统。除本条注释(五)另有规定外,一个部件如果符合下列所有规定,即可视为整套系统的一部分:

1. 专用于或主要用于自动数据处理系统;

2. 可以直接或通过一个或几个其他部件同中央处理器相连接;

3. 能够以本系统所使用的方式(代码或信号)接收或传送数据。

(三)自动数据处理设备的部件如果单独进口或出口,应归入品目84.71;

(四)打印机、键盘、X-Y坐标输入装置及磁盘存储部件,只要符合本条注释(二)2、3所列的规定,应一律作为品目84.71的部件归类;

(五)装有自动数据处理装置或与自动数据处理设备连接使用,但却从事数据处理以外的某项专门功能的机器,应按其功能归入相应的品目,对于无法按功能归类的,应归入未列名品目。

六、品目84.82还包括最大直径及最小直径与标称直径相差均不超过1%或0.05毫米(以相差数值较小的为准)的抛光钢珠,其他钢珠归入品目73.26。

七、具有一种以上用途的机器在归类时,其主要用途可作为唯一的用途对待。除本章注释二、第十六类注释三另有规定的以外,凡任何品目都未列明其主要用途的机器,以及没有哪一种用途是主要用途的机器,均应归入品目84.79。品目84.79还包括将金属丝、纺织纱线或其他各种材料以及它们的混合材料制成绳、缆的机器(例如,捻股机、绞扭机、制缆机)。

八、品目84.70所称"袖珍式",仅适用于外形尺寸不超过170毫米×100毫米×45毫米的机器。

子目注释:

一、子目8471.49所称"系统",是指各部件符合第八十四章注释五(二)所列条件,并且至少由一个中央处理部件、一个输入部件(例如,键盘或扫描器)及一个输出部件(例如,视频显示器或打印机)组成的自动数据处理设备。

二、子目8482.40仅包括滚柱直径相同,最大不超过5毫米,且长度至少是直径三倍的圆滚柱轴承,滚柱的两端可以磨圆。

商品编号	商品名称及备注	进口关税税率		增值税率	计量单位	监管条件
		最惠国	普通			
8401	**核反应堆;核反应堆的未辐照燃料元件(释热元件);同位素分离机器及装置**					
8401100000	核反应堆	2.0	8.0	17.0	千克	3
8401200000	同位素分离机器、装置及其零件	1.0	8.0	17.0	千克	3
8401301000	未辐照燃料元件(释热元件)	2.0	8.0	17.0	千克	
8401309000	未辐照燃料元件(释热元件)的零件	1.0	8.0	17.0	千克	
8401401000	核反应堆未辐照相关组件	1.0	8.0	17.0	千克	
8401402000	核反应堆堆内构件	1.0	8.0	17.0	千克	3
8401409010	核反应堆压力容器(包括其顶板)(专门设计或制造来用于容纳核反应堆的堆芯)	1.0	8.0	17.0	千克	3
8401409020	核反应堆控制棒和设备(专用于核反应堆裂变控制棒、支承结构或悬吊结构等)	1.0	8.0	17.0	千克	3
8401409030	核反应堆压力管(专用于容纳核燃料元件和一次冷却剂的,压力>5.1MPa)	1.0	8.0	17.0	千克	3
8401409090	其他核反应堆零件	1.0	8.0	17.0	千克	
8402	**蒸汽锅炉(能产生低压水蒸汽的集中供暖用的热水锅炉除外);过热水锅炉**					
8402111000	蒸发量≥900吨/时发电用锅炉	3.0	11.0	17.0	台/千克	6AB
8402119000	其他发电用锅炉(45吨/时<蒸发量<900吨/时的发电用锅炉)	14.0	35.0	17.0	台/千克	6OAB
8402120010	纸浆厂废料锅炉	5.0	35.0	17.0	台/千克	6OAB

商品编号	商品名称及备注	进口关税税率		增值税率	计量单位	监管条件
		最惠国	普通			
8402120090	其他蒸发量未超45吨/时水管锅炉	5.0	35.0	17.0	台/千克	6OAB
8402190000	其他蒸汽锅炉(包括混合式锅炉)	5.0	35.0	17.0	台/千克	6OAB
8402200000	过热水锅炉	16.0	35.0	17.0	台/千克	6OAB
8402900000	蒸汽锅炉及过热水锅炉的零件	2.0	11.0	17.0	千克	0
8403	**集中供暖用的热水锅炉,但品目8402的货品除外**					
8403101000	家用型热水锅炉(但编号8402的货品除外)	10.0	80.0	17.0	台	6OAB
8403109000	其他集中供暖用的热水锅炉(但编号8402的货品除外)	10.0	80.0	17.0	台	6OAB
8403900000	集中供暖用热水锅炉的零件	6.0	80.0	17.0	千克	0
8404	**品目8402或8403所列锅炉的辅助设备(例如,节热器、过热器、除灰器、气体回收器);水蒸汽或其他蒸汽动力装置的冷凝器**					
8404101000	蒸汽锅炉、过热水锅炉的辅助设备(例如:节热器、过热器、除灰器、气体回收器)	7.0	35.0	17.0	千克	6OBA
8404102000	集中供暖用热水锅炉的辅助设备(例如:节热器、过热器、除灰器、气体回收器)	10.0	80.0	17.0	千克	6BA
8404200000	水及其他蒸汽动力装置的冷凝器	14.0	35.0	17.0	千克	6OBA
8404901000	集中供暖热水锅炉辅助设备的零件	10.0	80.0	17.0	千克	
8404909000	其他辅助设备用零件(编号84041010、84042000所列辅助设备的)	7.0	35.0	17.0	千克	
8405	**煤气发生器,不论有无净化器;乙炔发生器及类似水解气体发生器,不论有无净化器**					
8405100000	煤气、乙炔及类似水解气体发生器(不论有无净化器)	14.0	30.0	17.0	千克	BA
8405900000	煤气、乙炔等气体发生器的零件	8.0	30.0	17.0	千克	
8406	**汽轮机**					
8406100000	船舶动力用汽轮机	5.0	35.0	17.0	台/千瓦	
8406811000	40<功率≤100兆瓦的其他汽轮机(功率指输出功率)	5.0	35.0	17.0	台/千瓦	0
8406812000	100<功率≤350兆瓦的其他汽轮机(功率指输出功率)	5.0	35.0	17.0	台/千瓦	0
8406813000	功率超过350兆瓦的其他汽轮机(功率指输出功率)	6.0	11.0	17.0	台/千瓦	0
8406820000	功率不超过40兆瓦的其他汽轮机(功率指输出功率)	5.0	35.0	17.0	台/千瓦	0
8406900000	汽轮机用的零件	2.0	11.0	17.0	千克	0
8407	**点燃往复式或旋转式活塞内燃发动机**					
8407101000	输出功率≤298kW航空器内燃引擎(指点燃往复式或旋转式)	2.0	11.0	17.0	台/千瓦	6
8407102000	输出功率>298kW航空器内燃引擎(指点燃往复式或旋转式)	2.0	11.0	17.0	台/千瓦	6
8407210000	船舶用舷外点燃式引擎(指点燃往复式或旋转式活塞内燃发动机)	8.0	35.0	17.0	台/千瓦	6
8407290000	船舶用其他未列名点燃式引擎(指点燃往复式或旋转式活塞内燃发动机,舷外式的除外)	8.0	20.0	17.0	台/千瓦	6

商品编号	商品名称及备注	进口关税税率		增值税率	计量单位	监管条件
		最惠国	普通			
8407310000	排气量≤50cc往复式活塞引擎(87章所列车辆用的点燃往复式活塞发动机,不超过50cc)	10.0	35.0	17.0	台/千瓦	y4xAB06
8407320000	50<排气量≤250cc往复式活塞引擎(第87章所列车辆用的点燃往复式活塞发动机)	10.0	35.0	17.0	台/千瓦	y4xAB06
8407330000	250<排气量≤1000cc往复活塞引擎(第87章所列车辆的点燃往复式活塞发动机)	13.8	70.0	17.0	台/千瓦	AB06
8407341000	1000-3000cc车辆的往复式活塞引擎(第87章所列车辆的点燃往复式活塞发动机)	10.0	70.0	17.0	台/千瓦	AB60
8407342010	排气量≥5.9升的天然气发动机(第87章所列车辆用的点燃往复式活塞发动机)	10.0	35.0	17.0	台/千瓦	AB60
8407342090	其他超3000cc车用往复式活塞引擎(第87章所列车辆用的点燃往复式活塞发动机)	10.0	35.0	17.0	台/千瓦	AB60
8407901000 *	沼气发动机	12.0	35.0	17.0	台/千瓦	6
8407909010 *	转速<3600r/min汽油发动机(发动机用)	18.0	35.0	17.0	台/千瓦	06
8407909020 *	转速<4650r/min汽油发动机(税号8426-8430所列工程机械用)	18.0	35.0	17.0	台/千瓦	06
8407909030 *	立式输出汽油发动机	18.0	35.0	17.0	台/千瓦	06
8407909090	其他往复或旋转式活塞内燃引擎(非第87章所列车辆用其他点燃往复式或旋转式活塞发动机)	18.0	35.0	17.0	台/千瓦	06
8408	**压燃式活塞内燃发动机(柴油或半柴油发动机)**					
8408100000	船舶用柴油发动机(指压燃式活塞内燃发动机)	5.0	11.0	17.0	台/千瓦	B06
8408201010	功率≥132.39kW拖拉机用柴油机	9.0	14.0	13.0	台/千瓦	OB6
8408201090	功率≥132.39kW其他用柴油机[指87章车辆用压燃式活塞内燃发动机(132.39kW=180马力)]	9.0	14.0	17.0	台/千瓦	OB6
8408209010	功率<132.39kW拖拉机用柴油机	25.0	35.0	13.0	台/千瓦	OB6
8408209020 *	额定功率<100kW柴油发动机(轿车用)	25.0	35.0	17.0	台/千瓦	OB6
8408209090	功率<132.39kW其他用柴油机(指第87章车辆用压燃式活塞内燃发动机)	25.0	35.0	17.0	台/千瓦	OB6
8408901000	机车用柴油发动机(压燃式活塞内燃发动机)	6.0	11.0	17.0	台/千瓦	B06
8408909111	功率≤14kW农业用单缸柴油机[非87章车辆用压燃式活塞内燃发动机(14kW=19.05马力)]	5.0	35.0	13.0	台/千瓦	B6
8408909119	功率≤14kW农业用柴油发动机[非87章车辆用压燃式活塞内燃发动机(14kW=19.05马力)]	5.0	35.0	13.0	台/千瓦	B6
8408909191	功率≤14kW其他用单缸柴油机[非87章车辆用压燃式活塞内燃发动机(14kW=19.05马力)]	5.0	35.0	17.0	台/千瓦	B6
8408909199	功率≤14kW其他用柴油发动机[非87章车辆用压燃式活塞内燃发动机(14kW=19.05马力)]	5.0	35.0	17.0	台/千瓦	B6
8408909210	转速<4650r/min柴油发动机(税号8426-8430所列工程机械用)	8.4	35.0	17.0	台/千瓦	OB6

商品编号	商品名称及备注	进口关税税率		增值税率	计量单位	监管条件
		最惠国	普通			
8408909220	14<功率<132.39kW的农业用柴油机[非87章车辆用压燃式活塞内燃发动机(1kW=1.36马力)]	8.4	35.0	13.0	台/千瓦	OB6
8408909290	14<功率<132.39kW的其他用柴油机[非87章车辆用压燃式活塞内燃发动机(1kW=1.36马力)]	8.4	35.0	17.0	台/千瓦	OB6
8408909310	功率≥132.39kW的农业用柴油机[非87章用压燃式活塞内燃发动机(132.39kW=180马力)]	5.0	14.0	13.0	台/千瓦	OB6
8408909390	功率≥132.39kW其他用柴油发动机[非87章用压燃式活塞内燃发动机(132.39kW=180马力)]	5.0	14.0	17.0	台/千瓦	OB6
8409	**专用于或主要用于品目8407或8408所列发动机的零件**					
8409100000	航空器发动机用零件(指专用于或主要用于8407或8408所列航空器发动机的零件)	2.0	11.0	17.0	千克	
8409911000	船舶用点燃式发动机专用零件(指专用于或主要用于点燃式活塞内燃发动机的)	6.0	17.0	17.0	千克	
8409919100	电控燃油喷射装置(指专用于或主要用于点燃式活塞内燃发动机的)	5.0	35.0	17.0	千克/套	0
8409919910	气门、气门座	5.0	35.0	17.0	千克	
8409919920	废气再循环(EGR)装置	5.0	35.0	17.0	千克	
8409919930	连杆	5.0	35.0	17.0	千克	
8409919940	喷嘴	5.0	35.0	17.0	千克	
8409919950	气门摇臂	5.0	35.0	17.0	千克	
8409919990	其他点燃式活塞内燃发动机用零件	5.0	35.0	17.0	千克	0
8409991000	其他船舶发动机专用零件	5.0	11.0	17.0	千克	
8409992000	其他机车发动机专用零件	2.0	11.0	17.0	千克	
8409999100	功率≥132.39kW发动机的专用零件(132.39kW=180马力)	2.0	11.0	17.0	千克	0
8409999910 *	电控柴油喷射装置(指编号8408所列的其他发动机用)	8.4	35.0	17.0	千克	0
8409999990	其他未列名发动机的专用零件(指编号8407或8408所列的其他发动机)	8.4	35.0	17.0	千克	0
8410	**水轮机、水轮及其调节器**					
8410110000	功率≤1000kW的水轮机及水轮	10.0	35.0	17.0	台	
8410120000	功率1000kW-10000kW的水轮机及水轮(指超过1000kW,但不超过10000kW的)	10.0	35.0	17.0	台	
8410131000	功率>3万kW冲击式水轮机及水轮	10.0	35.0	17.0	台	
8410132000	功率>3.5万kW贯流水轮机及水轮	10.0	35.0	17.0	台	
8410133000	功率>20万kW水泵式水轮机及水轮	10.0	35.0	17.0	台	
8410139000	功率>1万kW的其他水轮机及水轮	10.0	35.0	17.0	台	
8410901000	水轮机及水轮的调节器	6.0	35.0	17.0	千克/套	0
8410909000	水轮机及水轮的其他零件(不包括调节器)	6.0	35.0	17.0	千克	0
8411	**涡轮喷气发动机,涡轮螺桨发动机及其他燃气轮机**					

商品编号	商品名称及备注	进口关税税率		增值税率	计量单位	监管条件
		最惠国	普通			
8411111000	涡轮风扇发动机推力≤25千牛顿	1.0	11.0	17.0	台	3
8411119000	其他涡轮喷气发动机(推力不超过25千牛顿)	1.0	11.0	17.0	台	
8411121000	涡轮风扇发动机推力>25千牛顿	1.0	11.0	17.0	台	3
8411129010	小型燃烧率高轻型涡轮喷气发动机(推力大于或等于90千牛顿的涡轮喷气发动机)	1.0	11.0	17.0	台	3
8411129090	其他涡轮喷气发动机(推力超过25千牛顿)	1.0	11.0	17.0	台	
8411210000	功率≤1100kW的涡轮螺桨发动机	2.0	11.0	17.0	台/千瓦	
8411221000	1100<功率≤2238kW涡轮螺桨引擎	2.0	11.0	17.0	台/千瓦	
8411222000	2238<功率≤3730kW涡轮螺桨引擎	2.0	11.0	17.0	台/千瓦	
8411223000	功率>3730kW涡轮螺桨引擎	2.0	11.0	17.0	台/千瓦	
8411810000	功率≤5000kW的其他燃气轮机	15.0	35.0	17.0	台/千瓦	
8411820000	功率>5000kW的其他燃气轮机	3.0	35.0	17.0	台/千瓦	0
8411910000	涡轮喷气或涡轮螺桨发动机用零件	1.0	11.0	17.0	千克	
8411991000 *	涡轮轴发动机用零件	5.0	35.0	17.0	千克	
8411999000	其他燃气轮机用零件	5.0	35.0	17.0	千克	
8412	**其他发动机及动力装置**					
8412101010	冲压喷气发动机	3.0	11.0	17.0	台	3
8412101020	脉冲喷气发动机	3.0	11.0	17.0	台	3
8412101030	组合循环发动机	3.0	11.0	17.0	台	3
8412101090	其他航空、航天器用喷气发动机(涡轮喷气发动机除外)	3.0	11.0	17.0	台	
8412109000	非航空、航天器用喷气发动机(涡轮喷气发动机除外)	10.0	35.0	17.0	台	
8412210000	直线作用的液压动力装置(液压缸)	12.0	35.0	17.0	台	
8412291000	液压马达	10.0	35.0	17.0	台	0
8412299010 *	船舶用舱口盖液压装置(载重4万吨及以上)	14.0	35.0	17.0	台	0
8412299090	其他液压动力装置	14.0	35.0	17.0	台	0
8412310000	直线作用的气压动力装置(气压缸)	14.0	35.0	17.0	台	
8412390000	其他气压动力装置	14.0	35.0	17.0	台	0
8412800010	液体火箭发动机(推力大于或等于90千牛顿可贮存推进剂的)	10.0	35.0	17.0	台	3
8412800020	固体火箭发动机(总冲大于或等于1100千牛顿秒的)	10.0	35.0	17.0	台	3
8412800090	其他发动机及动力装置	10.0	35.0	17.0	台	
8412901010	燃烧调节装置(冲压或脉冲喷气发动机的)	2.0	11.0	17.0	千克	3
8412901020	火箭发动机的壳体	2.0	11.0	17.0	千克	3
8412901090	航空、航天器用喷气发动机的零件(涡轮喷气发动机的零件及8412901010除外)	2.0	11.0	17.0	千克	
8412909000	其他发动机及动力装置的零件(编号84121010所列航空、航天器用发动机除外)	8.0	35.0	17.0	千克	
8413	**液体泵,不论是否装有计量装置;液体提升机**					
8413110000	分装燃料或润滑油的泵(其装有或可装计量装置)	10.0	30.0	17.0	台	0

商品编号	商 品 名 称 及 备 注	进口关税税率		增值税率	计量单位	监管条件
		最惠国	普通			
8413190000	其他装有或可装计量装置的泵	10.0	30.0	17.0	台	0
8413200000	手泵(但编号841311或841319的货品除外)	10.0	30.0	17.0	台	0
8413302100	180马力及以上发动机用燃油泵(活塞式内燃发动机用的)	3.0	30.0	17.0	台	0
8413302900	其他燃油泵(活塞式内燃发动机用的)	3.0	30.0	17.0	台	0
8413303000	润滑油泵(活塞式内燃发动机用的)	3.0	30.0	17.0	台	0
8413309000	冷却剂泵(活塞式内燃发动机用的)	3.0	30.0	17.0	台	0
8413400000	混凝土泵	8.0	30.0	17.0	台	0
8413501010	农业用气动往复式排液泵	10.0	40.0	13.0	台	
8413501020	气动式耐腐蚀波纹或隔膜泵(流量大于0.6m^3/h,接触表面由特殊耐腐蚀材料制成)	10.0	40.0	13.0	台	30
8413501090	非农业用气动往复式排液泵	10.0	40.0	17.0	台	0
8413502010	农业用电动往复式排液泵	10.0	40.0	13.0	台	
8413502020	电动式耐腐蚀波纹或隔膜泵(流量大于0.6m^3/h,接触表面由特殊耐腐蚀材料制成)	10.0	40.0	13.0	台	30
8413502030	往复式排液多重密封泵(敏感物项管制)	10.0	40.0	13.0	台	30
8413502090	非农业用电动往复式排液泵	10.0	40.0	17.0	台	0
8413503010	农业用液压往复式排液泵	10.0	40.0	13.0	台	0
8413503020	液压式耐腐蚀波纹或隔膜泵(流量大于0.6m^3/h,接触表面由特殊耐腐蚀材料制成)	10.0	40.0	13.0	台	30
8413503090	非农业用液压往复式排液泵	10.0	40.0	17.0	台	0
8413509010	其他农用往复式排液泵	10.0	40.0	13.0	台	
8413509020	其他耐腐蚀波纹或隔膜泵(流量大于0.6m^3/h,接触表面由特殊耐腐蚀材料制成)	10.0	40.0	13.0	台	30
8413509090	其他非农用往复式排液泵	10.0	40.0	17.0	台	0
8413601010	农业用电动潜油泵及潜水电泵	10.0	40.0	13.0	台	
8413601090	其他用电动潜油泵及潜水电泵	10.0	40.0	17.0	台	0
8413609010	农业用其他回转式排液泵	10.0	40.0	13.0	台	0
8413609020	回转式多重密封泵(敏感物项管制)	10.0	40.0	13.0	台	30
8413609090	其他回转式排液泵	10.0	40.0	17.0	台	0
8413701010	农业用其他离心泵(转速在10000转/分及以上)	8.0	40.0	13.0	台	
8413701020	液体推进剂用泵(转速≥10000转/分,出口压力≥7000千帕的)	8.0	40.0	13.0	台	30
8413701030	离心泵多重密封泵(敏感物项管制)	8.0	40.0	13.0	台	30
8413701090	其他非农用离心泵(转速在10000转/分及以上)	8.0	40.0	17.0	台	0
8413709010	农业用其他离心泵(转速在10000转/分以下)	8.0	40.0	13.0	台	0
8413709020	一次冷却剂泵(全密封驱动泵,有惯性质量系统的泵,及鉴定为NC-1泵等)	8.0	40.0	13.0	台	30
8413709030	转速小于10000转/分的离心式屏蔽泵(流量大于0.6m^3/h,接触表面由特殊耐腐蚀材料制成)	8.0	40.0	13.0	台	30

商品编号	商品名称及备注	进口关税税率		增值税率	计量单位	监管条件
		最惠国	普通			
8413709040	转速小于10000转/分的离心式磁力泵(流量大于0.6m³/h,接触表面由特殊耐腐蚀材料制成)	8.0	40.0	13.0	台	30
8413709050	液体推进剂用泵(8000<转速<10000转/分,出口压力≥7000千帕的)	8.0	40.0	13.0	台	30
8413709060	其他离心泵多重密封泵(敏感物项管制)	8.0	40.0	17.0	台	30
8413709090	其他非农用离心泵(转速在10000转/分以下)	8.0	40.0	17.0	台	0
8413810010	农业用其他液体泵	8.0	40.0	13.0	台	0
8413810020	生产重水用多级泵(专门为利用氨-氢交换法生产重水而设计或制造的多级泵)	8.0	40.0	17.0	台	3
8413810090	其他非农用液体泵	8.0	40.0	17.0	台	0
8413820000	液体提升机	8.0	30.0	17.0	台	
8413910000	其他泵用零件	5.0	30.0	17.0	千克	
8413920000	液体提升机用零件	6.0	30.0	17.0	千克	
8414	**空气泵或真空泵、空气及其他气体压缩机、风机、风扇;装有风扇的通风罩或循环气罩,不论是否装有过滤器**					
8414100010	耐腐蚀真空泵(流量大于5m³/h,接触表面由特殊耐腐蚀材料制成)	8.0	30.0	17.0	台	30
8414100020	真空泵(抽气口≥38cm,速度≥15kl/s,产生<10-4托极限真空度)	8.0	30.0	17.0	台	30
8414100030	能在含UF_6气氛中使用的真空泵(用铝、镍或含镍高于60%的合金制成或为衬里的)	8.0	30.0	17.0	台	3
8414100040	抽气能力≥5m³/min的真空泵	8.0	30.0	17.0	台	30
8414100050	能在含UF_6气氛中使用的真空泵(耐UF_6腐蚀的,也可用氟碳密封和特殊工作流体)	8.0	30.0	17.0	台	30
8414100090	其他真空泵	8.0	30.0	17.0	台	0
8414200000	手动或脚踏式空气泵	8.0	30.0	17.0	台	
8414301100	小型电驱动冷藏或冷冻箱用压缩机(小型指电动机额定功率≤0.4kW)	8.0	80.0	17.0	台	OA
8414301200	大型电驱动冷藏或冷冻箱用压缩机(指电动机额定功率>0.4kW,但≤5kW)	10.0	80.0	17.0	台	OA
8414301300	小型电动机驱动空调器用压缩机(指电动机额定功率>0.4kW,但≤5kW的)	10.0	80.0	17.0	台	OA
8414301400	大型电动机驱动空调器用压缩机(大型指电动机额定功率超过5kW的)	10.0	80.0	17.0	台	A
8414301500	大型电动机驱动冷冻或冷藏设备用压缩机(大型指电动机额定功率超过5kW的)	10.0	30.0	17.0	台	A
8414301900	电动机驱动其他用途压缩机	10.0	30.0	17.0	台	OA
8414309010	汽车空调压缩机	9.0	80.0	17.0	台	0
8414309090	非电机驱动其他制冷设备用压缩机	9.0	80.0	17.0	台	0
8414400000	装在拖车底盘上的空气压缩机	8.0	30.0	17.0	台	0

商品编号	商 品 名 称 及 备 注	进口关税税率		增值税率	计量单位	监管条件
		最惠国	普通			
8414511000	功率≤125W的吊扇(本身装有一个输出功率不超过125W的电动机)	20.0	130.0	17.0	台	AB4x
8414512010	电子产品散热用轴流换气扇	20.0	130.0	17.0	台	AB
8414512090	其他功率≤125W的换气扇(装有一输出功率≤125W电动机,电子产品散热用轴流换气扇除外)	20.0	130.0	17.0	台	AB4x
8414513000	功率≤125W有旋转导风轮的风扇(本身装有一个输出功率不超过125W的电动机)	12.0	130.0	17.0	台	4Bx
8414519100	功率≤125W的台扇(本身装有一个输出功率不超过125W的电动机)	10.0	130.0	17.0	台	AB4x
8414519200	功率≤125W的落地扇(本身装有一个输出功率不超过125W的电动机)	10.0	130.0	17.0	台	AB4x
8414519300	功率≤125W的壁扇(本身装有一个输出功率不超过125W的电动机)	10.0	130.0	17.0	台	AB4x
8414519910	电子产品散热用轴流风扇	10.0	130.0	17.0	台	B
8414519991	其他功率≤125W其他风扇(本身装有一个输出功率不超过125W的电动机,电子产品散热用轴流风扇除外)	10.0	130.0	17.0	台	4Bx
8414519999	其他功率≤125W其他风机(本身装有一个输出功率不超过125W的电动机,电子产品散热用轴流风扇除外)	10.0	130.0	17.0	台	B
8414591000	其他吊扇(电动机输出功率超过125W的)	8.0	30.0	17.0	台	AB4x
8414592000	其他换气扇(电动机输出功率超过125W的)	8.0	30.0	17.0	台	AB4x
8414593000	其他离心通风机	10.0	30.0	17.0	台	O
8414599010	罗茨式鼓风机	8.0	30.0	17.0	台	OAB
8414599020	吸气>1m^3/min的耐UF_6腐蚀的鼓风机(轴向离心式或止排量鼓风机,压力比在2:1和6:1之间)	8.0	30.0	17.0	台	3ABO
8414599030	吸气≥2m^3/min的耐UF_6腐蚀鼓风机(轴向离心式或正排量鼓风机,压力比在1.2:1和6:1之间)	8.0	30.0	17.0	台	3ABO
8414599040	吸气≥56m^3/s的鼓风机(用于循环硫化氢气体的单级、低压头离心式鼓风机)	8.0	30.0	17.0	台	3ABO
8414599091	其他台扇、落地扇、壁扇(电动机输出功率超过125W的)	8.0	30.0	17.0	台	ABO4x
8414599099	其他风机(电动机输出功率超过125W的)	8.0	30.0	17.0	台	ABO
8414601000	抽油烟机(指罩的平面最大边长不超过120cm,装有风扇的)	10.0	130.0	17.0	台	
8414609000	其他≤120cm的通风罩或循环气罩(指罩的平面最大边长不超过120cm,装有风扇的)	10.0	130.0	17.0	台	
8414801000	燃气轮机用的自由活塞式发生器	8.0	50.0	17.0	台	
8414802000	二氧化碳压缩机	7.0	30.0	17.0	台	
8414803010*	轿车用发动机增压器(增压压力为1.5-1.6Bar,流量为320m^3/h)	7.0	30.0	17.0	台	O
8414803090	其他发动机用增压器	7.0	30.0	17.0	台	O
8414809010	吸气>1m^3/min的耐UF_6腐蚀压缩机(轴向离心式或正排量压缩机,压力比在2:1和6:1之间)	7.0	30.0	17.0	台	3O

商品编号	商品名称及备注	进口关税税率		增值税率	计量单位	监管条件
		最惠国	普通			
8414809020	MLIS用UF_6/载气压缩机(能在UF_6环境中长期操作UF_6/载气混合气压缩机)	7.0	30.0	17.0	台	3O
8414809030	吸气≥56m^3/s的压缩机(用于循环硫化氢气体的单级、低压头离心式压缩机)	7.0	30.0	17.0	台	3O
8414809040	吸气≥2m^3/min的耐UF_6腐蚀压缩机(轴向离心式或正排量压缩机,压力比在1.2:1和6:1之间)	7.0	30.0	17.0	台	3O
8414809090	其他空气泵、气体压缩机及通风罩(通风罩指装有风扇的通风罩或循环气罩,平面边长>120cm)	7.0	30.0	17.0	台	O
8414901100	压缩机进、排气阀片	8.0	80.0	17.0	千克	
8414901900	841430111-3014及84143090的零件(指84143011-3014及84143090所列机器的其他零件)	8.0	80.0	17.0	千克	
8414902000	编号84145110至84145190机器零件(指上述编号内的吊扇换气扇等,还包括84146000机器零件)	12.0	130.0	17.0	千克	
8414909010	分子泵(内部有加工或挤压的螺纹槽和加工腔的泵体(尺寸特殊))	7.0	30.0	17.0	千克	3
8414909090	编号8414其他未列名零件	7.0	30.0	17.0	千克	
8415	**空气调节器,装有电扇及调温、调湿装置,包括不能单独调湿的空调器**					
8415101000	独立窗式或壁式空气调节器(装有电扇及调温、调湿装置,包括不能单独调湿的空调器)	15.0	130.0	17.0	台	AB
8415102100	制冷量≤4000大卡/时分体式空调(装有电扇及调温、调湿装置,包括不能单独调湿的空调器)	15.0	130.0	17.0	台	AB
8415102200	制冷量>4000大卡/时分体式空调(装有电扇及调温、调湿装置,包括不能单独调湿的空调器)	15.0	90.0	17.0	台	OAB
8415200000	机动车辆上供人使用的空气调节器(指机动车辆上供人使用的空气调节器)	20.0	110.0	17.0	台	AO
8415811000	制冷量≤4000大卡/时空调器(装有制冷装置及一个冷热循环换向阀的)	15.0	130.0	17.0	台	A
8415812000	制冷量>4000大卡/时空调器(装有制冷装置及一个冷热循环换向阀的)	20.0	90.0	17.0	台	OA
8415821000	制冷量≤4000大卡/时的其他空调器(仅装有制冷装置,而无冷热循环装置的)	15.0	130.0	17.0	台	A
8415822000	制冷量>4000大卡/时的其他空调(仅装有制冷装置,而无冷热循环装置的)	20.0	90.0	17.0	台	OA
8415830010	分体空调室内机	10.0	90.0	17.0	台	OA
8415830090	未装有制冷装置的空调器	10.0	90.0	17.0	台	OA
8415901000	制冷量≤4000大卡/时等空调的零件(指编号84151000、84158110、84158210所列设备的零件)	10.0	130.0	17.0	千克	
8415909000	制冷量>4000大卡/时等空调的零件(指编号84152000、84158120、84158220、84158300所列设	10.0	90.0	17.0	千克	

商品编号	商品名称及备注	进口关税税率		增值税率	计量单位	监管条件
		最惠国	普通			
8416	**使用液体燃料、粉状固体燃料或气体燃料的炉用燃烧器;机械加煤机,包括其机械炉篦、机械出灰器及类似装置**					
8416100000	使用液体燃料的炉用燃烧器	10.0	35.0	17.0	千克	6O
8416201100	使用天然气的炉用燃烧器(包括复式燃烧器)	10.5	35.0	17.0	千克	6O
8416201900	使用其他气的炉用燃烧器(包括复式燃烧器)	10.5	35.0	17.0	千克	6O
8416209000	使用粉状固体燃料炉用燃烧器(包括复式燃烧器)	10.5	35.0	17.0	千克	6O
8416300000	机械加煤机及类似装置(包括机械炉篦、机械出灰器)	8.4	35.0	17.0	千克	6O
8416900000	炉用燃烧器、机械加煤机等的零件(包括机械炉篦、机械出灰器及类似装置用的零件)	6.0	35.0	17.0	千克	
8417	**非电热的工业或实验室用炉及烘箱,包括焚烧炉**					
8417100000	矿砂、金属的焙烧、熔化用炉(含烘箱及黄铁矿的焙烧、溶化或其他热处理用炉及烘箱)	10.0	35.0	17.0	台	6OA
8417200000	面包房用烤炉及烘箱等(包括做饼干用的)	10.0	35.0	17.0	台	A
8417801000	炼焦炉	10.0	35.0	17.0	台	6A
8417802000	放射性废物焚烧炉	5.0	35.0	17.0	台	6A
8417803000	水泥回转窑	10.0	35.0	17.0	台	AO
8417804000	石灰石分解炉	10.0	35.0	17.0	台	A
8417809010	平均温度>1000℃的耐腐蚀焚烧炉(为销毁管制化学品或化学弹药用)	10.0	35.0	17.0	台	36AO
8417809090	其他非电热的工业用炉及烘箱(包括实验室用炉、烘箱和焚烧炉)	10.0	35.0	17.0	台	6OA
8417901000	海绵铁回转窑的零件	7.0	35.0	17.0	千克	
8417902000	炼焦炉的零件	7.0	35.0	17.0	千克	
8417909000	其他非电热工业用炉及烘箱的零件(包括实验室用炉及烘箱的零件和焚烧炉零件)	7.0	35.0	17.0	千克	
8418	**电气或非电气的冷藏箱、冷冻箱及其他制冷设备;热泵,但品目8415的空气调节器除外**					
8418101000	容积>500L冷藏-冷冻组合机(各自装有单独外门的)	10.0	100.0	17.0	台	O
8418102000	200<容积≤500L冷藏冷冻组合机	15.0	130.0	17.0	台	AB
8418103000	容积≤200L冷藏-冷冻组合机(各自装有单独外门的)	15.0	130.0	17.0	台	AB
8418211000	容积>150L压缩式家用型冷藏箱	10.0	130.0	17.0	台	AB
8418212000	压缩式家用型冷藏箱(50L<容积≤150L)	10.0	130.0	17.0	台	AB
8418213000	容积≤50L压缩式家用型冷藏箱	10.0	130.0	17.0	台	AB
8418220000	电气吸收式家用型冷藏箱	15.0	130.0	17.0	台	A
8418291000	半导体制冷式家用型冷藏箱	30.0	130.0	17.0	台	AB
8418299000	其他家用型冷藏箱	30.0	130.0	17.0	台	AB
8418301000	制冷温度≤-40℃的柜式冷冻箱(容积不超过800L)	9.0	50.0	17.0	台	BA
8418302100	制冷>-40℃大的其他柜式冷冻箱(大的指容积>500L,但≤800L)	23.0	100.0	17.0	台	

商品编号	商品名称及备注	进口关税税率		增值税率	计量单位	监管条件
		最惠国	普通			
8418302900	制冷>-40℃小的其他柜式冷冻箱(小的指容积≤500L)	30.0	130.0	17.0	台	BA
8418401000	制冷温度≤-40℃的立式冷冻箱(容积≤900L)	9.0	50.0	17.0	台	OBA
8418402100	制冷温度>-40℃大的立式冷冻箱(大的指容积>500L,但≤900L)	15.0	100.0	17.0	台	
8418402900	制冷温度>-40℃小的立式冷冻箱(小的指容积≤500升)	30.0	130.0	17.0	台	BA
8418500000	其他冷藏或冷冻柜,箱,展示台等(包括其他陈列箱及类似的冷藏或冷冻设备)	10.0	100.0	17.0	台	OA
8418611010	压缩式制冷机组及热泵(介质为氢、氦的可冷却到≤23K且排热>150W)	10.0	90.0	17.0	台	3
8418611090	其他制冷机组;其他热泵	10.0	90.0	17.0	台	
8418619010	其他压缩式制冷设备(介质为氢或氦,可冷却到≤23K且排热>150W)	10.0	130.0	17.0	台	3
8418619090	其他冷凝器为热交换器的压缩式设备	10.0	130.0	17.0	台	
8418691000	非热交换器压缩式制冷机组及热泵(冷凝器不作为热交换器的)	15.0	90.0	17.0	千克/台	
8418699010	带制冷装置的发酵罐(不发散气溶胶,且容积大于20L)	15.0	130.0	17.0	千克/台	3
8418699090	其他非热交换器压缩式制冷设备(冷凝器不作为热交换器的)	15.0	130.0	17.0	千克/台	
8418910000	冷藏或冷冻设备专用的特制家具	18.0	130.0	17.0	千克	
8418991000	制冷机组及热泵用零件	10.0	90.0	17.0	千克	
8418999100	制冷温度≤-40℃冷冻设备零件	9.5	50.0	17.0	千克	
8418999200	制冷温度>-40℃大冷藏设备零件(大仅指容积超过500L的冷藏或冷冻设备用的零件)	10.0	100.0	17.0	千克	
8418999910	耐腐蚀冷凝器($20m^2$>换热面积>$0.15m^2$)	10.0	130.0	17.0	千克	3
8418999990	编号8418其他制冷设备用零件	10.0	130.0	17.0	千克	
8419	**利用温度变化处理材料的机器、装置及类似的实验室设备,例如,加热、烹煮、烘炒、蒸馏、精馏、消毒、灭菌、汽蒸、干燥、蒸发、气化、冷凝、冷却的机器设备,不论是否电热的(不包括品目8514的炉,烘箱及其他设备),但家用的除外;非电热的快速热水器或贮备式热水器**					
8419110000	非电热燃气快速热水器	35.0	100.0	17.0	台	
8419190000	其他非电热的快速或贮备式热水器	35.0	100.0	17.0	台	
8419200000	医用或实验室用其他消毒器具	4.0	30.0	17.0	台	A
8419310000	农产品干燥器	8.0	30.0	13.0	台	A
8419320000	木材、纸浆、纸或纸板用干燥器	9.0	30.0	17.0	台	A
8419391000	微空气流动陶瓷坯件干燥器	9.0	30.0	17.0	台	A
8419399010	冻干设备(10kg≤24小时凝冰量≤1000kg,并可蒸汽消毒)	9.0	30.0	17.0	台	3A
8419399090	其他用途的干燥器	9.0	30.0	17.0	台	A
8419401000	提净塔	10.0	30.0	17.0	台	A

商品编号	商品名称及备注	进口关税税率		增值税率	计量单位	监管条件
		最惠国	普通			
8419402000	精馏塔	10.0	30.0	17.0	台	A
8419409010	氢-低温蒸馏塔(温度≤-238℃,压力为0.5-5MPa,内径≥1m等条件)	10.0	30.0	17.0	台	3AO
8419409020	耐腐蚀蒸馏塔(内径大于0.1m,接触表面由特殊耐腐蚀材料制成)	10.0	30.0	17.0	台	3AO
8419409090	其他蒸馏或精馏设备	10.0	30.0	17.0	台	AO
8419500010	热交换器(专用于核反应堆的一次冷却剂回路的)	10.0	30.0	17.0	台	3ABO
8419500020	蒸汽发生器(专用于核反应堆内生成的热量输送到进水以产生蒸汽的)	10.0	30.0	17.0	台	3AB
8419500030	冷却 UF_6 的热交换器(在压差为100kPa下渗透压力变化率小于10Pa/h)	10.0	30.0	17.0	台	3AB
8419500040	冷却气体用热交换器(用耐 UF_6 腐蚀材料制成或加以保护的)	10.0	30.0	17.0	台	3ABO
8419500050	耐腐蚀热交换器($0.15m^2$<换热面积<$20m^2$)	10.0	30.0	17.0	台	3ABO
8419500090	其他热交换装置	10.0	30.0	17.0	台	OAB
8419601100	制氧机(制氧量在15000m^3/h及以上)	12.0	30.0	17.0	台	A
8419601900	其他制氧机(制氧量在15000m^3/h以下)	13.0	30.0	17.0	台	A
8419609010	液化器(将来自级联的 UF_6 气体压缩并冷凝成液态 UF_6)	10.0	30.0	17.0	台	3AO
8419609090	其他液化空气或其他气体用的机器	10.0	30.0	17.0	台	AO
8419810000	加工热饮料,烹调,加热食品的机器	10.0	30.0	17.0	台	A
8419891000	加氢反应器		30.0	17.0	台	A
8419899010	带加热装置的发酵罐(不发散气溶胶,且容积大于20L)		30.0	17.0	台	3AO
8419899021	凝华器(或冷阱)(从扩散级联中取出 UF_6 并可再蒸发转移)		30.0	17.0	台	3AO
8419899022	低温制冷设备(能承受-120℃或更低的温度)		30.0	17.0	台	3AO
8419899023	UF_6 冷阱(能承受-20℃或更低的温度)		30.0	17.0	台	3AO
8419899090	其他利用温度变化处理材料的机器(包括类似的实验室设备)		30.0	17.0	台	AO
8419901000	热水器用零件		100.0	17.0	千克	
8419909010	半导体工业用化学蒸镀装置的零件		30.0	17.0	千克	Os
8419909090	编号8419的机器设备用零件(其他利用温度变化处理材料的机器等用零件)	4.0	30.0	17.0	千克	O
8420	**研光机或其他滚压机器及其滚筒,但加工金属或玻璃用的除外**					
8420100000	研光机或滚压机器(加工金属或玻璃用的除外)	8.4	30.0	17.0	台	O
8420910000	研光机或其他滚压机器的滚筒	8.0	30.0	17.0	个/千克	O
8420990000	研光机或其他滚压机的未列名零件	8.0	30.0	17.0	千克	
8421	**离心机,包括离心干燥机;液体或气体的过滤、净化机器及装置**					
8421110000	奶油分离器	8.4	30.0	17.0	台	A

商品编号	商品名称及备注	进口关税税率		增值税率	计量单位	监管条件
		最惠国	普通			
8421121000	干衣量不超过10kg的离心干衣机	17.5	70.0	17.0	台	
8421129000	干衣量大于10kg的离心干衣机	8.0	30.0	17.0	台	
8421191000	脱水机	10.0	30.0	17.0	台	
8421192000	固液分离机	10.0	30.0	17.0	台	
8421199010	半导体晶片加工用离心干燥器		30.0	17.0	台	s
8421199020	液-液离心接触器(为化学交换过程的铀浓缩而专门设计或制造的)	10.0	30.0	17.0	台	3
8421199030	离心分离器,包括倾析器(不发散气溶胶、可对致病性微生物进行连续分离的)	10.0	30.0	17.0	台	3
8421199090	其他离心机及离心干燥机	10.0	30.0	17.0	台	
8421211000	家用型过滤或净化水的机器及装置	25.0	63.0	17.0	台	AB
8421219000	其他非家用型过滤或净化水的装置	5.0	50.0	17.0	台	B
8421220000	过滤或净化饮料的机器及装置(过滤或净化水的装置除外)	12.0	40.0	17.0	台	AB
8421230000	内燃发动机的滤油器	10.0	40.0	17.0	个	B
8421291000	压滤机	5.0	40.0	17.0	个	BO
8421299010	肾脏透析设备	5.0	40.0	17.0	个	AB
8421299040	液体截流过滤设备(可连续分离致病性微生物、毒素和细胞培养物)	5.0	40.0	17.0	台	3
8421299090	其他液体的过滤、净化机器及装置	5.0	40.0	17.0	个	B
8421310000	内燃发动机的进气过滤器	10.0	40.0	17.0	个	B
8421391000	家用型气体过滤、净化机器及装置	15.0	100.0	17.0	个	B
8421392100	工业用静电除尘器	5.0	40.0	17.0	个	B
8421392200	工业用带式除尘器	5.0	40.0	17.0	个	B
8421392300	工业用旋风式除尘器	5.0	40.0	17.0	个	B
8421392900	其他工业用旋除尘器	5.0	40.0	17.0	个	B
8421399011	生物安全柜(符合世界卫生组织规定的生物安全水平三级标准)	5.0	40.0	17.0	个	3B
8421399012	活动(柔软的)隔离装置(具有与三级生物安全柜类似标准)	5.0	40.0	17.0	个	3B
8421399013	手套箱(具有与三级生物安全柜类似标准)	5.0	40.0	17.0	个	3B
8421399014	层流罩(柜)(垂直流密闭通风柜,具有与三级生物安全柜类似标准)	5.0	40.0	17.0	个	3B
8421399015	吸收塔(敏感物项管制)	5.0	40.0	17.0	个	3B
8421399016	带有风扇的高效空气粒子过滤单元(HEPA)的封闭洁净设备	5.0	40.0	17.0	个	3B
8421399090	其他气体过滤、净化机器及装置	5.0	40.0	17.0	个	B
8421911000	干衣量≤10kg离心干衣机零件		70.0	17.0	千克	
8421919011	离心机壳/收集器(容纳气体离心机的转筒组件的耐UF_6部件)		30.0	17.0	千克	3

商品编号	商品名称及备注	进口关税税率		增值税率	计量单位	监管条件
		最惠国	普通			
8421919012	收集器(由内径不同的同心管组成用于供取 UF_6 气体的管件)		30.0	17.0	千克	3
8421919013	气体扩散膜(由耐 UF_6 材料制成 的多细孔过滤薄膜)		30.0	17.0	千克	3
8421919014	扩散室(含一个进气管两个出气管的容纳气体扩散膜的密闭式容器)		30.0	17.0	千克	3
8421919090	其他离心机用零件		30.0	17.0	千克	
8421991000	家用型过滤、净化装置用零件	10.0	100.0	17.0	千克	
8421999000	其他过滤、净化装置用零件	5.0	40.0	17.0	千克	
8422	**洗碟机;瓶子及其他容器的洗涤或干燥机器;瓶、罐、箱、袋或其他容器装填、封口、密封、贴标签的机器;瓶、罐、管、筒或类似容器的包封机器;其他包装或打包机器(包括热缩包装机器);饮料充气机**					
8422110000	家用型洗碟机	10.0	90.0	17.0	台	B
8422190000	非家用型洗碟机	14.0	90.0	17.0	台	
8422200000	瓶子及其他容器的洗涤或干燥机器	10.0	35.0	17.0	台	B
8422301010 *	电动手提饮料及液体食品灌装设备	12.0	45.0	17.0	台	AO
8422301090 *	其他饮料及液体食品灌装设备	12.0	45.0	17.0	台	OA
8422302100	全自动水泥灌包机	12.0	45.0	17.0	台	
8422302900	其他水泥包装机	12.0	45.0	17.0	台	
8422303000	其他灌装机及包装机	10.0	35.0	17.0	台	OA
8422309010	充装设备(敏感物项管制)	10.0	35.0	17.0	台	3A
8422309090	饮料充气机及其他包封机	10.0	35.0	17.0	台	A
8422400000	其他包装或打包机器(包括热缩包装机器)	10.0	35.0	17.0	台	
8422901000	洗碟机用零件	10.5	90.0	17.0	千克	
8422902000	饮料及液体食品灌装设备用零件	8.5	45.0	17.0	千克	OA
8422909000	编号8422其他未列名机器零件	8.5	35.0	17.0	千克	
8423	**衡器(感量为50毫克或更精密的天平除外),包括计数或检验用的衡器;衡器用的各种砝码、秤砣**					
8423100000	体重计、婴儿秤及家用秤	10.5	80.0	17.0	台	
8423201000	输送带上连续称货的电子皮带秤	10.0	80.0	17.0	台	
8423209000	输送带上连续称货的其他秤	10.0	80.0	17.0	台	
8423301000	定量包装秤	10.5	80.0	17.0	台	
8423302000	定量分选秤	10.5	80.0	17.0	台	
8423303000	配料秤	10.5	80.0	17.0	台	
8423309000	恒定秤、库秤及其他包装秤、分选秤	10.5	80.0	17.0	台	
8423811000	最大称量≤30kg的计价秤	10.5	80.0	17.0	台	A
8423812000	最大称量≤30kg的弹簧秤	10.5	80.0	17.0	台	
8423819000	最大称量≤30kg的其他衡器	10.5	80.0	17.0	台	
8423821000	30<最大称量≤5000kg的地中衡	10.5	80.0	17.0	台	
8423829000	30<最大称量≤5000kg的其他衡器	10.5	80.0	17.0	台	

商品编号	商 品 名 称 及 备 注	进口关税税率		增值税率	计量单位	监管条件
		最惠国	普通			
8423891000	最大秤量>5000kg的地中衡	10.0	80.0	17.0	台	
8423892000	最大秤量>5000kg的轨道衡	10.0	80.0	17.0	台	
8423893000	最大秤量>5000kg的吊秤	10.0	80.0	17.0	台	
8423899000	最大秤量>5000kg的其他衡器	10.0	80.0	17.0	台	
8423900000	衡器用的各种砝码、秤砣及其零件	10.0	80.0	17.0	千克	
8424	**液体或粉末的喷射、散布或喷雾的机械器具(不论是否手工操作);灭火器,不论是否装药;喷枪及类似器具;喷汽机、喷砂机及类似的喷射机器**					
8424100000	灭火器(不论是否装药)	8.4	70.0	17.0	个	A
8424200000	喷枪及类似器具	8.4	40.0	17.0	个	
8424300000	喷汽机、喷砂机及类似喷射机器	8.4	40.0	17.0	台	O
8424810000	农业或园艺用喷射、喷雾机械器具	8.0	30.0	13.0	台	
8424891000	家用型喷射、喷雾机械器具		80.0	17.0	台	B
8424899100	船用洗舱机		30.0	17.0	台	
8424899910	分离喷嘴(由狭缝状、曲率半径极小的弯曲通道组成,内有分离楔尖)		30.0	17.0	台	3O
8424899990	其他用途的喷射、喷雾机械器具		30.0	17.0	台	O
8424901000	灭火器用的零件		70.0	17.0	千克	
8424902000	家用型喷射、喷雾器具的零件		80.0	17.0	千克	
8424909000	其他喷雾器具及喷气机等用零件(编号8424200,84243000,84248990所列器具的零件)		30.0	17.0	千克	
8425	**滑车及提升机,但倒卸式提升机除外;卷扬机及绞盘;千斤顶**					
8425110000	电动滑车及提升机(倒卸式提升机及提升车辆用的提升机除外)	6.0	30.0	17.0	台	B
8425190000	非电动滑车及提升机(倒卸式提升机及提升车辆用的提升机除外)	5.0	30.0	17.0	台	B
8425201100	圆筒直径2m及以上的矿井卷扬机	10.0	30.0	17.0	台	
8425201900	圆筒直径2m以下的矿井卷扬机	10.0	30.0	17.0	台	
8425209000	其他矿井口卷扬装置(包括专为井下使用设计的卷机)	10.0	30.0	17.0	台	
8425310000	其他电动卷扬机及绞盘	5.0	30.0	17.0	台	
8425390000	其他非电动卷扬机及绞盘	5.0	30.0	17.0	台	
8425410000	车库中使用的固定千斤顶系统	3.0	30.0	17.0	台	B
8425421000	液压千斤顶	3.0	30.0	17.0	台	B
8425429000	提升车辆用液压提升机	5.0	30.0	17.0	台	
8425491000	其他千斤顶	5.0	30.0	17.0	台	B
8425499000	其他提升车辆用提升机	10.0	30.0	17.0	台	
8426	**船用桅杆式起重机;起重机,包括缆式起重机;移动式吊运架、跨运车及装有起重机的工作车**					
8426112000	通用桥式起重机	8.0	30.0	17.0	台	

商品编号	商 品 名 称 及 备 注	进口关税税率		增值税率	计量单位	监管条件
		最惠国	普通			
8426119000	其他固定支架的高架移动式起重机	8.0	30.0	17.0	台	
8426120000	胶轮移动式吊运架及跨运车	6.0	30.0	17.0	台	
8426191000	装船机	5.0	30.0	17.0	台	
8426192100	抓斗式卸船机	5.0	30.0	17.0	台	
8426192900	其他卸船机	5.0	30.0	17.0	台	O
8426193000	龙门式起重机	10.0	30.0	17.0	台	O
8426194100	门式装卸桥	10.0	30.0	17.0	台	
8426194200	集装箱装卸桥	10.0	30.0	17.0	台	O
8426194300	其他动臂式装卸桥	10.0	30.0	17.0	台	
8426194900	其他装卸桥	10.0	30.0	17.0	台	
8426199000	其他高架移动式起重吊运设备	10.0	30.0	17.0	台	
8426200000	塔式起重机	10.0	30.0	17.0	台	O
8426300000	门座式起重机及座式旋臂起重机	6.0	30.0	17.0	台	O
8426411000	轮胎式起重机	5.0	30.0	17.0	台	OB
8426419000	其他带胶轮的自推进起重机械	5.0	30.0	17.0	台	OB
8426491000	履带式自推进起重机械	8.0	30.0	17.0	台	O
8426499000	其他不带胶轮的自推进起重机械	13.0	30.0	17.0	台	
8426910000	供装于公路车辆的其他起重机械	10.0	30.0	17.0	台	B
8426990000	其他起重机械	6.0	30.0	17.0	台	
8427	**叉车;其他装有升降或搬运装置的工作车**					
8427101000	有轨巷道堆垛机	9.0	30.0	17.0	台	OAB
8427102000	无轨巷道堆垛机	9.0	30.0	17.0	台	AB
8427109010	电瓶叉车	9.0	30.0	17.0	台	OAB
8427109020	电动托盘搬运车	9.0	30.0	17.0	台	OAB
8427109090	其他电动机推动的机动车	9.0	30.0	17.0	台	OAB
8427201000	集装箱叉车	9.0	30.0	17.0	台	BOA
8427209000	其他机动叉车及有升降装置工作车(包括装有搬运装置的机动工作车)	9.0	30.0	17.0	台	BOA
8427900000	其他叉车及可升降的工作车(工作车指装有升降或搬运装置)	9.0	30.0	17.0	台	BOA
8428	**其他升降、搬运、装卸机械(例如,升降机、自动梯、输送机、缆车)**					
8428101000	载客电梯	8.0	30.0	17.0	台	OA
8428109000	其他升降机及倒卸式起重机	6.0	30.0	17.0	台	OA
8428200000	气压升降机及输送机	5.0	30.0	17.0	台	
8428310000	地下连续运货或材料升降、输送机	5.0	30.0	17.0	台	O
8428320000	其他斗式连续运货升降、输送机	5.0	30.0	17.0	台	O
8428330000	其他带式连续运货升降、输送机	5.0	30.0	17.0	台	O
8428391000	其他链式连续运送货升降、输送机	5.0	30.0	17.0	台	O
8428392000	辊式连续运送货升降、输送机	5.0	30.0	17.0	台	O

商品编号	商品名称及备注	进口关税税率		增值税率	计量单位	监管条件
		最惠国	普通			
8428399010	悬挂输送机	5.0	30.0	17.0	台	
8428399020	板式输送机	5.0	30.0	17.0	台	
8428399030	螺旋输送机	5.0	30.0	17.0	台	
8428399090	其他未列名连续运货升降、输送机	5.0	30.0	17.0	台	
8428400000	自动梯及自动人行道	5.0	30.0	17.0	台	OA
8428500000	矿车推动机、铁道机车等的转车台(包括货车转车台、货车倾卸装置及类似铁道货车搬运装置)	10.0	30.0	17.0	台	
8428601000	货运架空索道	8.0	30.0	17.0	台	
8428602100	单线循环式客运架空索道	8.0	30.0	17.0	台	
8428602900	非单线循环式客运架空索道	8.0	30.0	17.0	台	
8428609000	缆车、座式升降机等用牵引装置(包括滑雪拉索)	8.0	30.0	17.0	台	
8428900010	放化分离作业和热室用遥控机械手(能贯穿0.6m以上热室壁或壁厚为0.6m以上热室顶)	5.0	30.0	17.0	台	3
8428900020	核反应堆燃料装卸机(用于在核反应堆中插入或取出燃料的操作设备)	5.0	30.0	17.0	台	3
8428900090	其他升降、搬运、装卸机械	5.0	30.0	17.0	台	
8429	**机动推土机、侧铲推土机、筑路机、平地机、铲运机、机械铲、挖掘机、机铲装载机、捣固机械及压路机**					
8429111000	功率>235.36kW的履带式推土机[包括侧铲推土机(发动机输出功率235.36kW=320马力)]	7.0	17.0	17.0	台	OA
8429119000	功率≤235.36kW的履带式推土机[包括侧铲推土机(发动机输出功率235.36kW=320马力)]	7.0	30.0	17.0	台	AO
8429191000	功率>235.36kW其他推土机[非履带式,包括侧铲推土机(功率235.36kW=320马力)]	7.0	17.0	17.0	台	A
8429199000	功率≤235.36kW的其他推土机[非履带式,包括侧铲推土机(功率235.36kW=320马力)]	7.0	30.0	17.0	台	A
8429201000	功率>235.36kW的筑路机及平地机(发动机输出功率235.36kW=320马力)	5.0	17.0	17.0	台	A
8429209000	其他筑路机及平地机(发动机输出功率≤235.36kW的,但<130kW的除外)	5.0	30.0	17.0	台	OA
8429301000	斗容量>10m³的铲运机	3.0	17.0	17.0	台	A
8429309000	斗容量≤10m³的铲运机	5.0	30.0	17.0	台	A
8429401100	机重≥18t的震动式压路机	7.0	20.0	17.0	台	OA
8429401900	其他机动压路机	8.0	40.0	17.0	台	OA
8429409000	其他未列名捣固机械及压路机	6.0	30.0	17.0	台	OA
8429510000	前铲装载机	5.0	30.0	17.0	台	A
8429521100	轮胎式挖掘机(上部结构可转360°的)	8.0	30.0	17.0	台	OA
8429521200	履带式挖掘机(上部结构可转360°的)	8.0	30.0	17.0	台	OA
8429521900	其他挖掘机(上部结构可转360°的)	8.0	30.0	17.0	台	OA
8429529000	其他上部结构可转360°的机械(包括机械铲及机铲装载机)	8.0	30.0	17.0	台	OA

商品编号	商品名称及备注	进口关税税率		增值税率	计量单位	监管条件
		最惠国	普通			
8429590000	其他机械铲、挖掘机及机铲装载机	8.0	30.0	17.0	台	OA
8430	**泥土、矿物或矿石的运送、平整、铲运、挖掘、捣固、压实、开采或钻探机械;打桩机及拔桩机;扫雪机及吹雪机**					
8430100000	打桩机及拔桩机	10.0	30.0	17.0	台	
8430200000	扫雪机及吹雪机	10.0	30.0	17.0	台	
8430310000	自推进截煤机、凿岩机(包括自推进隧道掘进机)	10.0	30.0	17.0	台	O
8430390000	其他非自推进截煤机凿岩机(包括非自推隧道掘进机)	6.0	30.0	17.0	台	
8430411100	钻探深度≥6000m其他石油钻探机(自推进的,包括天然气钻探机)	5.0	11.0	17.0	台	
8430411900	其他自推进石油及天然气钻探机(钻探深度在6000m以下的)	5.0	17.0	17.0	台	
8430412100	钻探深度≥6000m的其他钻探机(自推进的)	5.0	11.0	17.0	台	
8430412200	深度<6000m履带式自推进钻机(指石油及天然气钻探机)	5.0	17.0	17.0	台	
8430412900	钻探深度<6000m的其他钻探机(自推进的)	5.0	17.0	17.0	台	
8430419000	其他自推进的凿井机械	5.0	30.0	17.0	台	
8430490000	非自推进的其他钻探或凿井机械	5.0	30.0	17.0	台	
8430501000	其他自推进采油机械	3.0	17.0	17.0	台	
8430502000	矿用电铲	7.0	30.0	17.0	台	
8430503100	牙轮直径≥380mm的采矿钻机(自推进的)	5.0	30.0	17.0	台	
8430503900	牙轮直径<380mm的采矿钻机(自推进的)	5.0	30.0	17.0	台	
8430509000	其他自推进未列名机械	5.0	30.0	17.0	台	
8430610000	非自推进捣固或压实机械	6.0	30.0	17.0	台	
8430691100	转筒直径≥3m的工程钻机(非自动推进)	6.0	30.0	17.0	台	
8430691900	转筒直径<3m的工程钻机(非自动推进)	6.0	30.0	17.0	台	
8430692000	非自推进铲运机	6.0	30.0	17.0	台	
8430699000	其他非自推进未列名机械	6.0	30.0	17.0	台	
8431	**专用于或主要用于品目8425至8430所列机械的零件**					
8431100000	滑车、绞盘、千斤顶等机械用零件(编号8425所列机械用的)	3.0	30.0	17.0	千克	
8431200000	其他装有升降装置工作车用零件(编号8427所列机械用的)	6.0	30.0	17.0	千克	O
8431310000	其他升降机、倒卸式超重机零件(包括自动梯零件)	3.0	30.0	17.0	千克	O
8431390000	编号8428所列其他机械的零件(升降机、倒卸式起重机、自动梯的零件除外)	5.0	30.0	17.0	千克	O
8431410000	戽斗、夹斗、抓斗及其他铲斗	6.0	17.0	17.0	个/千克	O
8431420000	推土机或侧铲推土机用铲	6.0	17.0	17.0	个/千克	
8431431000	石油或天然气钻探机用零件	4.0	11.0	17.0	千克	
8431432000	其他钻探机用零件	4.0	11.0	17.0	千克	
8431439000	其他凿井机用零件(编号843041,843049所列机械的)	5.0	17.0	17.0	千克	

商品编号	商品名称及备注	进口关税税率		增值税率	计量单位	监管条件
		最惠国	普通			
8431491000	矿用电铲用零件	5.0	17.0	17.0	千克	
8431499000	编号8426、8429、8430的其他零件(前述具体列名的机械零件除外)	5.0	17.0	17.0	千克	0
8432	**农业、园艺及林业用整地或耕作机械;草坪及运动场地滚压机**					
8432100000	犁	5.0	30.0	13.0	台	
8432210000	圆盘耙	5.0	30.0	13.0	台	
8432290000	其他耙、松土机等耕作机械(包括中耙机、除草机及耕耘机)	4.0	30.0	13.0	台	
8432300000	播种机、种植机及移植机	4.0	30.0	13.0	台	
8432400000	施肥机	4.0	30.0	13.0	台	
8432801000	草坪及运动场地滚压机	7.0	40.0	17.0	台	
8432809000	其他未列名整地或耕作机械	4.0	30.0	13.0	台	
8432900000	整地或耕作机械、滚压机零件(编号8432所列机械用的)	4.0	17.0	17.0	千克	
8433	**收割机、脱粒机,包括草料打包机;割草机;蛋类、水果或其他农产品的清洁、分选、分级机器,但品目8437的机器除外**					
8433110000	机动旋转式割草机(旋转式指切割装置在同一水平面上旋转。用于草坪、公园)	6.0	30.0	13.0	台	
8433190000	草坪、公园等用其他割草机(包括运动场地)	6.0	30.0	17.0	台	
8433200000	其他割草机(包括牵引装置用的刀具杆)	4.0	30.0	13.0	台	
8433300000	其他干草切割、翻晒机器	5.0	30.0	13.0	台	
8433400000	草料打包机(包括收集打包机)	5.0	30.0	13.0	台	
8433510010*	功率≥160马力的联合收割机	8.0	17.0	13.0	台	
8433510090	功率<160马力的联合收割机	8.0	17.0	13.0	台	
8433520000	其他脱粒机	8.0	30.0	13.0	台	
8433530000	其他根茎或块茎收获机	8.0	30.0	13.0	台	
8433591000*	甘蔗收获机	8.0	30.0	13.0	台	
8433599010*	自走式青储饲料收获机(包括棉花收获机)	8.0	30.0	13.0	台	
8433599090	其他收割机及脱粒机	8.0	30.0	13.0	台	
8433600000	蛋类、水果等清洁、分选、分级机(包括其他农产品清洁、分选、分级机,编号8437的机器除外)	5.0	30.0	13.0	台	
8433901000	联合收割机用零件	5.0	11.0	17.0	千克	
8433909000	编号8433所列其他机械零件	3.0	17.0	17.0	千克	
8434	**挤奶机及乳品加工机器**					
8434100000	挤奶机	10.0	20.0	13.0	台	
8434200000	乳品加工机器	6.0	30.0	17.0	台	OA
8434900000	挤奶机及乳品加工机器用零件	5.0	17.0	17.0	千克	A
8435	**制酒、制果汁或制类似饮料用的压榨机、轧碎机及类似机器**					

商品编号	商品名称及备注	进口关税税率		增值税率	计量单位	监管条件
		最惠国	普通			
8435100000	制酒、果汁等的压榨、轧碎机(包括制类似饮料用机器)	10.0	30.0	17.0	台	OA
8435900000	制酒、果汁等压榨、轧碎机零件	6.0	30.0	17.0	千克	A
8436	**农业、园艺、林业、家禽饲养业或养蜂业用的其他机器,包括装有机械或热力装置的催芽设备;家禽孵卵器及育雏器**					
8436100000	动物饲料配制机	7.0	30.0	13.0	台	
8436210000	家禽孵卵器及育雏器	5.0	30.0	13.0	台	
8436290000	家禽饲养用机器	10.0	30.0	13.0	台	
8436800000	农、林业、园艺等用的其他机器(包括装有机械或热力装置的催芽设备)	10.0	30.0	13.0	台	
8436910000	家禽饲养机、孵卵器及育雏器零件	6.0	17.0	17.0	千克	
8436990000	编号8436所列其他机器的零件	6.0	17.0	17.0	千克	
8437	**种子、谷物或干豆的清洁、分选或分级机器;谷物磨粉业加工机器或谷物、干豆加工机器,但农业用机器除外**					
8437100000	种子谷物其他清洁、清选、分级机(包括干豆的清洁、分选或分级机)	10.0	30.0	13.0	台	
8437800000	谷物磨粉业加工机器(包括谷物、干豆加工机器、但农业用机器除外)	10.0	30.0	17.0	台	A
8437900000	编号8437所列机械的零件	6.0	30.0	17.0	千克	
8438	**本章其他品目未列名的食品、饮料工业用的生产或加工机器,但提取、加工动物油脂或植物固定油脂的机器除外**					
8438100010	糕点生产线	7.0	30.0	17.0	台	A
8438100090	通心粉、面条的生产加工机器(包括类似产品的加工机)	7.0	30.0	17.0	台	A
8438200000	生产糖果、可可粉、巧克力的机器	8.0	30.0	17.0	台	A
8438300000	制糖机器	10.0	30.0	17.0	台	A
8438400000	酿酒机器	7.0	30.0	17.0	台	A
8438500000	肉类或家禽加工机器	7.0	30.0	17.0	台	A
8438600000	水果、坚果或蔬菜加工机器	10.0	30.0	17.0	台	A
8438800000	本章其他未列名食品等加工机器(包括饮料工业用加工机器、加工动、植物油脂的机器除外)	8.5	30.0	17.0	台	A
8438900000	食品、饮料工业用机器的零件(编号8438所列机械的)	5.0	30.0	17.0	千克	A
8439	**纤维素纸浆、纸及纸板的制造或整理机器**					
8439100000	制造纤维素纸浆的机器	8.4	30.0	17.0	台	O
8439200000	纸或纸板的抄造机器	8.4	30.0	17.0	台	O
8439300000	纸或纸板的整理机器	8.4	30.0	17.0	台	O
8439910000	制造纤维素纸浆的机器零件	6.0	30.0	17.0	千克	O
8439990000	制造或整理纸及纸板的机器零件	6.0	30.0	17.0	千克	O

商品编号	商品名称及备注	进口关税税率		增值税率	计量单位	监管条件
		最惠国	普通			
8440	**书本装订机器,包括锁线订书机**					
8440101000	锁线订书机	10.0	35.0	17.0	台	
8440102000	胶订机	12.0	35.0	17.0	台	
8440109000	其他书本装订机	12.0	35.0	17.0	台	
8440900000	书本装订机器的零件(包括锁线订书机的零件)	8.0	35.0	17.0	千克	
8441	**其他制造纸浆制品、纸制品或纸板制品的机器,包括各种切纸机**					
8441100000	切纸机	12.0	50.0	17.0	台	
8441200000	制造包、袋或信封的机器	12.0	30.0	17.0	台	
8441301000	纸塑铝复合罐生产设备(但模制成型机器除外)	13.5	30.0	17.0	台	
8441309000	其他制造箱、盒及类似容器的机器(但模制成型机器除外)	13.5	30.0	17.0	台	0
8441400000	纸浆、纸或纸板制品模制成型机器	12.0	30.0	17.0	台	0
8441801000	制造纸塑铝软包装生产设备	12.0	30.0	17.0	台	
8441809000	其他制造纸浆制品、纸制品的机器(包括制造纸板制品的机器)	12.0	30.0	17.0	台	0
8441901000	切纸机零件	8.0	50.0	17.0	千克	
8441909000	其他制造纸浆、纸制品的机器零件	8.4	30.0	17.0	千克	0
8442	**铸字、排字或制版用的机器、器具及设备(品目8456至8465的机床除外);活字、印刷用版、片、滚筒及其他部件;制成供印刷用(例如,刨平、压纹或抛光)的板、片、滚筒及石板**					
8442100000	照相排版及排字机器	9.0	35.0	17.0	台	
8442200000	其他方法排字的机器及器具(不论是否有铸字装置)	9.0	35.0	17.0	台	
8442301000	铸字机	9.0	35.0	17.0	台	
8442302010*	计算机直接制版机器(CTP)	9.0	35.0	17.0	台	
8442302090	其他制版机器、器具及设备	9.0	35.0	17.0	台	
8442309000	其他排字设备	9.0	35.0	17.0	台	
8442400000	铸字、排字、制版机器的零件	7.0	20.0	17.0	千克	
8442500000	活字、印刷用版、片及其他部件(含制成供印刷用(如:刨平、压纹或抛光)板、片、滚筒及石板)	7.0	35.0	17.0	千克	
8443	**用于品目8442的活字、印刷用板、片、滚筒及其他印刷部件进行印刷的机器;喷墨印刷机,但品目8471的货品除外;印刷用辅助机**					
8443110000	卷取进料式胶印机(编号8473的货品除外)	10.0	35.0	17.0	台	0
8443120000	办公室用片取进料式胶印机(片尺寸不超过22×36厘米)	12.0	35.0	17.0	台	
8443191000	平张纸进料式胶印机	10.0	35.0	17.0	台	0
8443199000	其他非平张纸进料式胶印机	10.0	35.0	17.0	台	0
8443210000	卷取进料式凸版印刷机(不包括苯胺印刷机)	12.0	35.0	17.0	台	

商品编号	商品名称及备注	进口关税税率		增值税率	计量单位	监管条件
		最惠国	普通			
8443290000	其他凸版印刷机(不包括苯胺印刷机)	12.0	35.0	17.0	台	
8443300000	苯胺印刷机	10.0	35.0	17.0	台	
8443400000	凹版印刷机	18.0	35.0	17.0	台	
8443510000	喷墨印刷机(编号8471的打印机除外)	8.0	30.0	17.0	台	
8443591110 *	纺织用圆网印花机	10.0	35.0	17.0	台	0
8443591190	其他圆网印刷机	10.0	35.0	17.0	台	0
8443591210 *	纺织用平网印花机	10.0	35.0	17.0	台	0
8443591220	用于光盘生产的盘面印刷机	10.0	35.0	17.0	台	60
8443591290	其他平网印刷机	10.0	35.0	17.0	台	0
8443591900	其他网式印刷机	10.0	35.0	17.0	台	0
8443599000	未列名印刷机(网式印刷机及用于光盘生产的盘面印刷机除外)	8.0	35.0	17.0	台	0
8443600000	印刷用辅助机器	12.0	35.0	17.0	台	0
8443900000	印刷机器(包括喷墨印刷机)的零件	6.0	20.0	17.0	千克	0
8444	**化学纺织纤维挤压、拉伸、变形或切割机器**					
8444001000	合成纤维长丝纺丝机	10.0	30.0	17.0	台	0
8444002000	其他合成纤维短丝纺丝机	10.0	30.0	17.0	台	0
8444003000	人造纤维纺丝机	10.0	30.0	17.0	台	0
8444004000	其他化学纤维变形机	10.0	30.0	17.0	台	0
8444005000	化学纤维切断机	10.0	30.0	17.0	台	0
8444009000	其他化纤挤压、拉伸、切割机器	10.0	30.0	17.0	台	0
8445	**纺织纤维的预处理机器;纺纱机、并线机、加捻机及其他生产纺织纱线的机器;摇纱机、络纱机(包括卷纬机)及品目8446或8447所列机器用的纺织纱线的机器**					
8445111100	棉纤维型清梳联合机	10.0	30.0	17.0	台	ABO
8445111200	棉纤维型自动抓棉机	10.0	30.0	17.0	台	ABO
8445111300	棉纤维型梳棉机	10.0	30.0	17.0	台	ABO
8445111900	其他棉纤维型梳理机	10.0	30.0	17.0	台	ABO
8445112000	毛纤维型梳理机	10.0	30.0	17.0	台	ABO
8445119000	其他纺织纤维梳理机	10.0	30.0	17.0	台	AB
8445121000	棉精梳机	10.0	30.0	17.0	台	ABO
8445122000	毛精梳机	10.0	30.0	17.0	台	ABO
8445129000	其他纺织纤维精梳机	10.0	30.0	17.0	台	ABO
8445131000	纺织纤维拉伸机	10.0	30.0	17.0	台	AB
8445132100	棉纺粗纱机	10.0	30.0	17.0	台	OAB
8445132200	毛纺粗纱机	10.0	30.0	17.0	台	OAB
8445132900	其他纺织纤维粗纱机	10.0	30.0	17.0	台	OAB
8445190000	纺织纤维的其他预处理机器	10.0	30.0	17.0	台	AB
8445203100	自由端转杯纺纱机	10.0	30.0	17.0	台	ABO
8445203200	自由端喷气纺纱机	10.0	30.0	17.0	台	AB

商品编号	商 品 名 称 及 备 注	进口关税税率		增值税率	计量单位	监管条件
		最惠国	普通			
8445203900	其他自由端纺纱机	10.0	30.0	17.0	台	AB
8445204100	环锭棉细纱机	10.5	30.0	17.0	台	ABO
8445204200	环锭毛细纱机	10.0	30.0	17.0	台	AB
8445204900	其他环锭细纱机	10.0	30.0	17.0	台	AB
8445209000	其他纺纱机	10.0	30.0	17.0	台	OA
8445300000	并线机或加捻机	10.0	30.0	17.0	台	OAB
8445401000	自动络筒机	10.0	30.0	17.0	台	ABO
8445409000	卷纬机及摇纱机	10.0	30.0	17.0	台	AB
8445901000	整经机	10.0	30.0	17.0	台	ABO
8445902000	浆纱机	10.0	30.0	17.0	台	OAB
8445909000	其他生产及处理纺织纱线的机器(处理编号 8446 或 8447 所列机器用的纺织纱线的机器)	10.0	30.0	17.0	台	OAB
8446	**织机**					
8446100000	所织织物宽度≤30cm 的织机	8.0	30.0	17.0	台	A
8446211000	织物宽 > 30cm 的梭织动力地毯织机	12.0	35.0	17.0	台	A
8446219000	织物宽 > 30cm 的其他梭织动力织机	10.0	30.0	17.0	台	AB
8446290000	织物宽 > 30cm 的梭织非动力织机	10.0	30.0	17.0	台	A
8446302000	织物宽度 > 30cm 的剑杆织机	8.0	30.0	17.0	台	AO
8446303000	织物宽度 > 30cm 的片梭织机	8.0	30.0	17.0	台	AO
8446304000	织物宽 > 30cm 的喷水织机	8.0	30.0	17.0	台	OA
8446305000	织物宽 > 30cm 的喷气织机	8.0	30.0	17.0	台	AO
8446309000	织物宽 > 30cm 的其他无梭织机	8.0	30.0	17.0	台	OA
8447	**针织机、缝编机及制粗松螺旋花线、网眼薄纱、花边、刺绣品、装饰带、编织带或网的机器及簇绒机**					
8447110000	圆筒直径≤165mm 的圆型针织机	8.0	30.0	17.0	台	OAB
8447120000	圆筒直径 > 165mm 的圆型针织机	8.0	30.0	17.0	台	OAB
8447201000	经编机	8.0	30.0	17.0	台	OA
8447202000	其他平型针织机	8.0	30.0	17.0	台	OAB
8447203000	缝编机	8.0	30.0	17.0	台	A
8447901100	地毯织机	7.0	35.0	17.0	台	A
8447901900	其他簇绒机(地毯织机除外)	8.0	30.0	17.0	台	A
8447902000	绣花机	8.0	30.0	17.0	台	A
8447909000	编号 8447 其他子目未列名机器(包括制粗松螺旋花线、网眼薄纱、编织带或网的机器)	10.0	30.0	17.0	台	A
8448	**品目 8444、8445、8446 或 8447 所列机器的辅助机器(例如,多臂机、提花机、自停装置及换梭装置);专用于或主要用于品目 8444、8445、8446 或 8447 所列机器的零件、附件(例如,锭子、锭壳、钢丝针布、梳、喷丝头、梭子、综丝、综框、针织机用针)**					
8448110010*	多臂机或提花机(转速指标 500 转/分以上)	8.0	20.0	17.0	千克	O

商品编号	商 品 名 称 及 备 注	进口关税税率		增值税率	计量单位	监管条件
		最惠国	普通			
8448110090	其他多臂机或提花机(包括其所用的卡片缩小、复制、穿孔或汇编机器)	8.0	20.0	17.0	千克	O
8448190000	编号8444至8447的机器的辅助机器	8.0	20.0	17.0	千克	
8448202000	喷丝头或喷丝板	6.0	14.0	17.0	个/千克	
8448209000	纤维挤压机及辅助机器的其他零件(包括附件、编号8444的机器用)	6.0	17.0	17.0	千克	
8448310000	钢丝针布	6.0	17.0	17.0	千克	
8448320010 *	精梳机钳板、顶梳装置(精梳机锡林部件,精梳机车头凸轮传动、行星齿轮部件)	6.0	17.0	17.0	千克	
8448320020 *	精梳联合机梳理装置(精梳联合机给棉装置)	6.0	17.0	17.0	千克	
8448320030 *	精梳联合机盖板清洁装置	6.0	17.0	17.0	千克	
8448320090	纺织纤维预处理机器的零件、附件(钢丝针布除外)	6.0	17.0	17.0	千克	
8448331000 *	络筒锭	6.0	17.0	17.0	千克/个	
8448339000	其他锭子、锭壳、纺丝环、钢丝圈	6.0	17.0	17.0	千克	
8448391000	气流杯	6.0	14.0	17.0	千克/个	
8448392000 *	电子清纱器	6.0	17.0	17.0	千克/个	
8448393000 *	空气捻接器	6.0	17.0	17.0	千克/个	
8448399010	自动络筒机槽筒	6.0	17.0	17.0	千克	
8448399090	编号8445所机器的其他零、附件(指纺织纱线机器及预处理机的零件、附件)	6.0	17.0	17.0	千克	
8448410000	梭子	6.0	50.0	17.0	个/千克	
8448420010	织机用综框	6.0	50.0	17.0	千克	
8448420090	织机用筘、综丝	6.0	50.0	17.0	千克	
8448491000 *	接、投梭箱	6.0	17.0	17.0	千克/个	
8448492000 *	引纬、送经装置	6.0	17.0	17.0	千克/个	
8448499010 *	自动寻纬、补纬装置、打纬装置	6.0	17.0	17.0	千克	
8448499090	织机及其辅助机器用其他零、附件	6.0	17.0	17.0	千克	
8448512000	针织机用28号以下的弹簧针、钩针(包括复合针)	6.0	50.0	17.0	千克	
8448519000	沉降片、其他织针及成圈机件	6.0	17.0	17.0	千克	
8448590000	编号8447机器用的其他零件、附件(指针织等机器及其辅助机器的零件、附件)	6.0	17.0	17.0	千克	
8449	**成匹、成形的毡呢或无纺织物制造或整理机器,包括制毡呢帽机器,帽模**					
8449000000	成匹、成形的毡呢制造或整理机器(包括无纺织物制造或整理机、制毡呢帽机、帽模)	8.0	30.0	17.0	千克	
8450	**家用型或洗衣房用洗衣机,包括洗涤干燥两用机**					
8450111000	干衣量≤10kg全自动波轮式洗衣机	10.0	130.0	17.0	台	AB
8450112000	干衣量≤10kg全自动滚筒式洗衣机	10.0	130.0	17.0	台	AB
8450119000	其他干衣量≤10kg的全自动洗衣机	10.0	130.0	17.0	台	AB
8450120000	装有离心甩干机的非全自动洗衣机(干衣量≤10kg)	30.0	130.0	17.0	台	AB

商品编号	商 品 名 称 及 备 注	进口关税税率		增值税率	计量单位	监管条件
		最惠国	普通			
8450190000	干衣量≤10kg的其他洗衣机	30.0	130.0	17.0	台	AB
8450200000	干衣量大于10kg的洗衣机	10.0	80.0	17.0	台	
8450901000	干衣量≤10kg的洗衣机零件	5.0	130.0	17.0	千克	
8450909000	干衣量＞10kg的洗衣机零件	16.0	80.0	17.0	千克	
8451	**纱线、织物及纺织制品的洗涤、清洁、绞拧、干燥、熨烫、挤压(包括熔压)、漂白、染色、上浆、整理、涂布或浸渍机器(品目8450的机器除外);列诺伦(亚麻油地毡)及类似铺地制品的布基或其他底布的浆料涂布机器;纺织物的卷绕、退绕、折叠、剪切或剪齿边机器**					
8451100000	干洗机(洗涤量≤140kg的干洗机除外)	21.0	80.0	17.0	台	
8451210000	干衣量≤10kg的干燥机	15.0	80.0	17.0	台	
8451290000	干衣量＞10kg的其他干燥机	8.0	30.0	17.0	台	
8451300000	熨烫机及挤压机(包括熔压机)	8.0	30.0	17.0	台	
8451400000	其他洗涤、漂白或染色机器	8.4	20.0	17.0	台	O
8451500000	织物的卷绕、退绕、折叠、剪切机器(包括剪齿边机)	8.0	20.0	17.0	台	O
8451800011 *	服装定型焙烘炉	12.0	30.0	17.0	台	O
8451800012 *	服装液氨整理机	12.0	30.0	17.0	台	O
8451800013 *	预缩机	12.0	30.0	17.0	台	O
8451800014 *	剪绒、洗缩联合机	12.0	30.0	17.0	台	O
8451800015 *	罐蒸机	12.0	30.0	17.0	台	O
8451800016 *	剪毛联合机	12.0	30.0	17.0	台	O
8451800017 *	涂层机	12.0	30.0	17.0	台	O
8451800018 *	柔软整理机	12.0	30.0	17.0	台	O
8451800019 *	定型机	12.0	30.0	17.0	台	O
8451800021 *	精炼机	12.0	30.0	17.0	台	O
8451800022 *	丝光机	12.0	30.0	17.0	台	O
8451800023 *	磨毛机	12.0	30.0	17.0	台	O
8451800024 *	织物轧光机	12.0	30.0	17.0	台	O
8451800090	编号8451未列名的其他机器	12.0	30.0	17.0	台	O
8451900000	编号8451所列机器的零件	8.0	20.0	17.0	千克	
8452	**缝纫机,但品目8440的锁线订书机除外;缝纫机专用的特制家具、底座及罩盖;缝纫机针**					
8452101000	多功能家用型缝纫机	21.0	80.0	17.0	台	B
8452109000	其他家用型缝纫机	21.0	80.0	17.0	台	B
8452211000	非家用自动平缝机	12.0	40.0	17.0	台	
8452219010	工业用包缝机	12.0	40.0	17.0	台	
8452219090	其他非家用自动缝纫机	12.0	40.0	17.0	台	
8452290000	其他非自动缝纫机(家用型除外)	12.0	40.0	17.0	台	
8452300000	缝纫机针	14.0	100.0	17.0	千克	
8452400000	缝纫机专用特制家具及其零件(包括缝纫机的底座和罩盖)	14.0	100.0	17.0	千克	

商品编号	商品名称及备注	进口关税税率		增值税率	计量单位	监管条件
		最惠国	普通			
8452901100	家用缝纫机用旋梭	14.0	80.0	17.0	千克	
8452901900	家用缝纫机用其他零件(旋梭除外)	14.0	80.0	17.0	千克	
8452909100	非家用缝纫机用旋梭	14.0	40.0	17.0	千克	
8452909900	非家用缝纫机用其他零件(旋梭除外)	14.0	40.0	17.0	千克	
8453	**生皮、皮革的处理、鞣制或加工机器;鞋靴、毛皮及其他皮革制品的制作或修理机器,但缝纫机除外**					
8453100000	生皮、皮革的处理或加工机器(包括鞣制机)	8.4	30.0	17.0	台	
8453200000	鞋靴制作或修理机器(缝纫机除外)	8.4	30.0	17.0	台	
8453800000	毛皮及其他皮革的制作或修理机器(缝纫机除外)	8.4	30.0	17.0	台	
8453900000	编号8453所列机器的零件(皮革等处理、加工或修理机器的)	8.0	30.0	17.0	千克	
8454	**金属冶炼及铸造用的转炉、浇包、锭模及铸造机**					
8454100000	金属冶炼及铸造用转炉	8.4	35.0	17.0	台	
8454201010	VOD炉(真空脱气炉)	8.4	35.0	17.0	台	0
8454201090	其他炉外精炼设备	8.4	35.0	17.0	台	0
8454209000	其他金属冶炼及铸造用锭模及浇包	8.4	35.0	17.0	台	
8454301000	冷室压铸机	12.0	35.0	17.0	台	0
8454302100	方坯连铸机	10.0	35.0	17.0	台	
8454302200	板坯连铸机	12.0	35.0	17.0	台	0
8454302900	其他钢坯连铸机	12.0	35.0	17.0	台	0
8454309000	其他金属冶炼及铸造用铸造机	12.0	35.0	17.0	台	
8454901000	炉外精炼设备的零件	8.0	20.0	17.0	千克	
8454902100	钢坯连铸机用结晶器	8.0	20.0	17.0	千克	
8454902200	钢坯连铸机用振动装置	8.0	20.0	17.0	千克	
8454902900	钢坯连铸机用其他零件	8.0	20.0	17.0	千克	
8454909000	其他冶炼等用转炉及铸造机的零件(包括浇包、锭模的零件)	8.0	20.0	17.0	千克	
8455	**金属轧机及其轧辊**					
8455101000	热轧管机	12.0	35.0	17.0	台	
8455102000	冷轧管机	12.0	35.0	17.0	台	0
8455103000	定、减径轧管机	12.0	35.0	17.0	台	0
8455109000	其他金属轧管机	12.0	35.0	17.0	台	0
8455211000	其他金属板材热轧机	15.0	35.0	17.0	台	0
8455212000	型钢轧机	15.0	35.0	17.0	台	0
8455213000	金属线材轧机	15.0	35.0	17.0	台	0
8455219000	其他金属热轧或冷热联合轧机	15.0	35.0	17.0	台	0
8455221000	金属板材冷轧机	10.0	35.0	17.0	台	0
8455229010	铝箔粗轧机	15.0	35.0	17.0	台	
8455229090	其他金属冷轧机	15.0	35.0	17.0	台	

商品编号	商品名称及备注	进口关税税率		增值税率	计量单位	监管条件
		最惠国	普通			
8455300000	金属轧机用轧辊	8.4	20.0	17.0	个	
8455900000	金属轧机的其他零件	8.0	20.0	17.0	千克	
8456	**用激光、其他光、光子束、超声波、放电、电化学法、电子束、离子束或等离子弧处理各种材料的加工机床**					
8456100010	辐照元件激光切割机[切割燃料包壳以使辐照核材料能溶解(含遥控设备)]		30.0	17.0	台	3AO
8456100090	其他用激光或其他光或光子束处理的机床		30.0	17.0	台	AO
8456200000	用超声波处理各种材料的加工机床	10.0	30.0	17.0	台	AB
8456301010	数控放电加工机床(2轴或多轴成形控制的无线型放电加工机床)	9.7	30.0	17.0	台	3ABO
8456301090	其他数控的放电处理加工机床	9.7	30.0	17.0	台	ABO
8456309010	非数控放电加工机床(2轴或多轴成形控制的无线型放电加工机床)	10.0	30.0	17.0	台	3AB
8456309090	其他非数控的放电处理加工机床	10.0	30.0	17.0	台	AB
8456910000	半导体用干法蚀刻电路图机床		30.0	17.0	台	A
8456991000	等离子弧切割机		30.0	17.0	台	AO
8456999010	火焰切割机		30.0	17.0	台	AO
8456999090	其他电化学法处理材料的加工机床(包括电子束、离子束等的加工机床)		30.0	17.0	台	AO
8457	**加工金属的加工中心、单工位组合机床及多工位组合机床**					
8457101000	立式加工金属的加工中心	9.7	20.0	17.0	台	AO
8457102000	卧式加工金属的加工中心	9.7	20.0	17.0	台	AO
8457103000	龙门式加工金属的加工中心	9.7	20.0	17.0	台	AO
8457109000	其他加工金属的加工中心	9.7	20.0	17.0	台	AO
8457200000	加工金属的单工位组合机床	8.0	20.0	17.0	台	OA
8457300000	加工金属的多工位组合机床	5.0	20.0	17.0	台	OAB
8458	**切削金属的车床(包括车削中心)**					
8458110000	切削金属的数控卧式车床(包括车削中心)	9.7	20.0	17.0	台	AO
8458190000	切削金属的其他卧式车床	12.0	50.0	17.0	台	AB
8458910000	切削金属的其他数控车床(包括车削中心)	5.0	20.0	17.0	台	ABO
8458990000	切削金属的其他车床	12.0	50.0	17.0	台	AB
8459	**切削金属的钻床、镗床、铣床、攻丝机床(包括直线移动式动力头钻床),但品目8458的车床(包括车削中心)除外**					
8459100000	切削金属的直线移动式动力头机床(但编号8458的车床除外)	15.0	50.0	17.0	台	AB
8459210000	切削金属的其他数控钻床(但编号8458的车床除外)	9.7	20.0	17.0	台	ABO
8459290000	切削金属的其他钻床(但编号8458的车床除外)	15.0	50.0	17.0	台	AB

商品编号	商品名称及备注	进口关税税率		增值税率	计量单位	监管条件
		最惠国	普通			
8459310000	切削金属的其他数控镗铣机床(但编号8458的车床除外)	9.7	20.0	17.0	台	OAB
8459390000	切削金属的其他镗铣机床(但编号8458的车床除外)	10.0	50.0	17.0	台	AB
8459401000	切削金属的其他数控镗床(但编号8458的车床除外)	9.7	20.0	17.0	台	OAB
8459409000	切削金属的其他镗床(但编号8458的车床除外)	15.0	50.0	17.0	台	AB
8459510000	切削金属的升降台式数控铣床(但编号8458的车床除外)	9.7	20.0	17.0	台	OAB
8459590000	切削金属的其他升降台式铣床(但编号8458的车床除外)	15.0	50.0	17.0	台	AB
8459611000	切削金属的其他龙门数控铣床	5.0	20.0	17.0	台	OAB
8459619000	切削金属的其他数控铣床(但编号8458的车床及龙门铣床除外)	5.0	20.0	17.0	台	OAB
8459691000	切削金属的其他龙门非数控铣床(但编号8458的车床除外)	12.0	50.0	17.0	台	AB
8459699000	切削金属的其他非数控铣床(但编号8458的车床及龙门铣床除外)	12.0	50.0	17.0	台	AB
8459700000	切削金属的其他攻丝机床(但编号8458的车床除外)	12.0	50.0	17.0	台	AB
8460	**用磨石、磨料或抛光材料对金属或金属陶瓷进行去毛刺、刃磨、磨削、珩磨、研磨、抛光或其他精加工机床,但品目8461的切齿机、齿轮磨床或齿轮精加工机床除外**					
8460110000	加工金属的数控平面磨床(含加工金属陶瓷)	9.7	20.0	17.0	台	OAB
8460190000	加工金属的其他平面磨床(含加工金属陶瓷)	15.0	50.0	17.0	台	B
8460211000	加工金属的数控外圆磨床(含加工金属陶瓷,在任一座标的定位精度至少是0.01mm)	9.7	20.0	17.0	台	OAB
8460212000	加工金属的数控内圆磨床(含加工金属陶瓷,在任一座标的定位精度至少是0.01mm)	9.7	20.0	17.0	台	OAB
8460219000	加工金属的其他数控磨床(含加工金属陶瓷,在任一座标的定位精度至少是0.01mm)	9.7	20.0	17.0	台	OAB
8460291000	加工金属的其他外圆磨床(含加工金属陶瓷,在任一座标的定位精度至少是0.01mm)	15.0	50.0	17.0	台	OAB
8460292000	加工金属的其他内圆磨床(含加工金属陶瓷,在任一座标的定位精度至少是0.01mm)	15.0	50.0	17.0	台	OAB
8460293000	加工金属的非数控轧辊磨床(含加工金属陶瓷,在任一座标的定位精度至少是0.01mm)	13.0	50.0	17.0	台	
8460299000	加工金属的其他磨床(含加工金属陶瓷,在任一座标的定位精度至少是0.01mm)	13.0	50.0	17.0	台	AB
8460310000	加工金属的数控刃磨机床(含加工金属陶瓷)	9.7	20.0	17.0	台	AB
8460390000	加工金属的其他刃磨机床(含加工金属陶瓷)	15.0	50.0	17.0	台	AB
8460401000	金属珩磨机床	13.0	50.0	17.0	台	AB
8460402000	金属研磨机床	13.0	50.0	17.0	台	AB

商品编号	商品名称及备注	进口关税税率		增值税率	计量单位	监管条件
		最惠国	普通			
8460901000	加工金属的砂轮机(含加工金属陶瓷)	15.0	50.0	17.0	台	B
8460902000	金属抛光机床	15.0	50.0	17.0	台	A
8460909000	其他用磨石、磨料加工金属的机床	15.0	50.0	17.0	台	A
8461	**切削金属或金属陶瓷的刨床、牛头刨床、插床、拉床、切齿机、齿轮磨床或齿轮精加工机床、锯床、切断机及其他品目未列名的切削机床**					
8461201000	切削金属或金属陶瓷的牛头刨床	15.0	50.0	17.0	台	B
8461202000	切削金属或金属陶瓷的插床	15.0	50.0	17.0	台	B
8461300000	切削金属或金属陶瓷的拉床	12.0	50.0	17.0	台	B
8461401000	切削金属的数控切齿机、齿轮磨床(含加工金属陶瓷,包括数控齿轮精加工机床)	9.7	20.0	17.0	台	OA
8461409000	切削金属的其他切齿机、齿轮磨床(含加工金属陶瓷,包括其他齿轮精加工机床)	15.0	50.0	17.0	台	A
8461500010	辐照元件刀具切割机[切割燃料包壳以使辐照核材料能溶解(含遥控设备)]	12.0	50.0	17.0	台	3B
8461500090	其他锯床或切断机	12.0	50.0	17.0	台	B
8461901100	切削金属或金属陶瓷的龙门刨床	15.0	50.0	17.0	台	B
8461901900	切削金属或金属陶瓷的其他刨床	15.0	50.0	17.0	台	B
8461909000	切削金属或金属陶瓷的未列名机床	12.0	50.0	17.0	台	B
8462	**加工金属的锻造(包括模锻)或冲压机床;加工金属的弯曲、折叠、矫直、矫平、剪切、冲孔或开槽机床;其他加工金属或硬质合金的压力机**					
8462101000	加工金属的数控锻造或冲压机床(包括锻锤、模锻)	9.7	20.0	17.0	台	BO
8462109000	非数控锻造或冲压机床(指加工金属用的。包括锻锤、模锻)	12.0	50.0	17.0	台	BO
8462211010	折叠和矫直半导体引脚用数控机器(包括弯曲半导体引脚的数控机器)		20.0	17.0	台	Bs
8462211090	其他加工金属的数控矫直机床	9.7	20.0	17.0	台	B
8462219000	加工金属的数控弯曲、折叠机床(包括矫平机床)	9.7	20.0	17.0	台	OB
8462291010	矫直半导体引脚的非数控机器(包括弯曲、折叠半导体引脚的非数控机器)		50.0	17.0	台	Bs
8462291090	其他加工金属的非数控矫直机床	10.0	50.0	17.0	台	B
8462299000	加工金属的非数控弯曲、折叠机床(包括矫平机床)	10.0	50.0	17.0	台	OB
8462311000	加工金属的数控板带纵剪机(冲剪两用机除外)	7.0	20.0	17.0	台	OB
8462312000	加工金属的数控板带横剪机(冲剪两用机除外)	7.0	20.0	17.0	台	OB
8462319000	加工金属的其他数控剪切机床(冲剪两用机除外)	7.0	20.0	17.0	台	OB
8462391000	加工金属的非数控板带纵剪机(冲剪两用机除外)	10.0	50.0	17.0	台	B
8462392000	加工金属的非数控板带横剪机(冲剪两用机除外)	10.0	50.0	17.0	台	B
8462399000	加工金属的其他非数控剪切机床(冲剪两用机除外)	10.0	50.0	17.0	台	B
8462411100	自动模式数控步冲压力机(包括冲剪两用机)	9.7	50.0	17.0	台	B

商品编号	商品名称及备注	进口关税税率		增值税率	计量单位	监管条件
		最惠国	普通			
8462411900	其他数控冲床(包括冲剪两用机)	9.7	50.0	17.0	台	BO
8462419000	其他数控的锻造机床及压力机(数控冲床除外,包括弯曲、折叠、矫直、冲孔等机床)	9.7	50.0	17.0	台	B
8462490000	加工金属的非数控冲孔、开槽机(包括冲剪两用机)	10.0	50.0	17.0	台	B
8462911000	金属型材挤压机	10.0	50.0	17.0	台	OB
8462919000	其他液压压力机(加工金属或硬质合金)	10.0	50.0	17.0	台	B
8462991000	机械压力机	10.0	50.0	17.0	台	BO
8462999000	编号8462的其他机床	10.0	50.0	17.0	台	B
8463	**金属或金属陶瓷的其他非切削加工机床**					
8463101100	300吨及以下的金属冷拔管机(包括金属陶瓷的冷拔管机)	10.0	50.0	17.0	台	
8463101900	300吨以上的金属冷拔管机(包括金属陶瓷的冷拔管机)	10.0	50.0	17.0	台	
8463102000	金属及金属陶瓷的拔丝机	10.0	50.0	17.0	台	
8463109000	其他金属或金属陶瓷的拉拔机	10.0	50.0	17.0	台	
8463200000	金属或金属陶瓷的螺纹滚轧机	15.0	50.0	17.0	台	
8463300000	金属或金属陶瓷丝的加工机	10.0	50.0	17.0	台	
8463900010	滚压成形机床(数控,装3个以上压辊)	10.0	50.0	17.0	台	3
8463900020	具有滚压功能的旋压成形机床(数控,装3个以上压辊)	10.0	50.0	17.0	台	3
8463900090	其他非切削加工机床(是指加工金属或金属陶瓷的)	10.0	50.0	17.0	台	
8464	**石料、陶瓷、混凝土、石棉水泥或类似矿物材料的加工机床、玻璃冷加工机床**					
8464101000	圆盘踞(加工石料、陶瓷、混凝土、石棉水泥或类似矿物材料)		30.0	17.0	台	
8464102000	钢丝锯(加工石料、陶瓷、混凝土、石棉水泥或类似矿物材料)		30.0	17.0	台	
8464109000	加工矿物等材料的其他锯床(加工石料、陶瓷、混凝土、石棉水泥或类似矿物材料)		30.0	17.0	台	
8464201000	玻璃研磨或抛光机床		30.0	17.0	台	
8464209000	加工矿物等材料的研磨或抛光机床(加工石料、陶瓷、混凝土、石棉水泥等似矿物材料)		30.0	17.0	台	
8464901100	玻璃切割机(玻璃冷加工机床)		30.0	17.0	台	
8464901200	玻璃刻花机(玻璃冷加工机床)		30.0	17.0	台	
8464901900	其他玻璃冷加工机床		30.0	17.0	台	
8464909000	其他加工矿物等材料的机床		30.0	17.0	台	
8465	**木材、软木、骨、硬质橡胶、硬质塑料或类似硬质材料的加工机床(包括用打钉或打U形钉、胶粘或其他方法组合前述材料的机器)**					
8465100000	不需变换工具即可进行加工的机床(加工木材、软木、骨、硬质橡胶、硬质塑料及其他硬质材料)	10.0	30.0	17.0	台	B

商品编号	商品名称及备注	进口关税税率		增值税率	计量单位	监管条件
		最惠国	普通			
8465910000	加工木材等材料的锯床(加工木材、软木、骨、硬质橡胶、硬质塑料及其他硬质材料)	10.0	30.0	17.0	台	B
8465920000	加工木材等材料的刨、铣、切削机器(加工木材、软木、骨、硬质橡胶、硬质塑料及其他硬质材料)	10.0	30.0	17.0	台	B
8465930000	加工木材等材料的研磨或抛光机器(加工木材、软木、骨、硬质橡胶、硬质塑料及其他硬质材料)	10.0	30.0	17.0	台	B
8465940000	加工木材等材料的弯曲或装配机器(加工木材、软木、骨、硬质橡胶、硬质塑料及其他硬质材料)	10.0	30.0	17.0	台	B
8465950000	加工木材等材料的钻孔或凿榫机器(加工木材、软木、骨、硬质橡胶、硬质塑料及其他硬质材料)	10.0	30.0	17.0	台	B
8465960000	加工木材等材料的剖、切、刮削机器(加工木材、软木、骨、硬质橡胶、硬质塑料及其他硬质材料)	10.0	30.0	17.0	台	B
8465990000	加工木材等材料的其他机床(加工木材、软木、骨、硬质橡胶、硬质塑料及其他硬质材料)	10.0	30.0	17.0	台	B
8466	**专用于或主要用于品目 8456 至 8465 所列机器的零件、附件,包括工件或工具的夹具、自启板牙切头、分度头及其他专用于机床的附件;各种手提工具的工具夹具**					
8466100000	工具夹具及自启板牙切头(用于编号 8456 – 8465 所列机器的)	7.0	17.0	17.0	千克	
8466200000	工件夹具(用于编号 8456 – 8465 所列机器的)	7.0	17.0	17.0	千克	B
8466300000	分度头及其他专用于机床的附件(用于编号 8456 – 8465 所列机器的)	7.0	17.0	17.0	千克	B
8466910000	编号 8464 所列机器用的零件、附件(加工石料等机器用零件、附件)		17.0	17.0	千克	
8466920000	编号 8465 所列机器用的零件、附件(加工木材等机器用零件、附件)	6.0	17.0	17.0	千克	
8466930000	编号 8456 – 8461 机器用其他零件、附件		17.0	17.0	千克	
8466940010	滚压成形机床用芯轴(转筒成形用的芯轴,内径 75mm – 400mm)	6.0	17.0	17.0	千克	3
8466940020	有滚压功能的旋压成形机用芯轴(转筒成形用的芯轴,内径 75mm – 400mm)	6.0	17.0	17.0	千克	3
8466940090	编号 8462 – 8463 机器用其他零件、附件	6.0	17.0	17.0	千克	
8467	**手提式风动或液压工具及本身装有电动或非电动动力装置的手提式工具**					
8467110000	旋转式手提风动工具(包括旋转冲击式的)	8.0	30.0	17.0	台	
8467190000	其他手提式风动工具	8.0	30.0	17.0	台	
8467210000	手提式电动钻	10.0	30.0	17.0	台	BA
8467221000	手提式电动链锯	10.0	30.0	17.0	台	BA
8467229000	其他手提式电锯	10.0	30.0	17.0	台	BA

商品编号	商品名称及备注	进口关税税率		增值税率	计量单位	监管条件
		最惠国	普通			
8467291000	手提式电动砂磨工具	10.0	30.0	17.0	台	BA
8467292000	手提式电刨	10.0	30.0	17.0	台	BA
8467299000	其他手提式电动工具	10.0	30.0	17.0	台	A
8467810000	手提式液压或其他动力链锯(电动和风动的除外)	8.0	30.0	17.0	台	
8467890000	其他手提式液压或其他动力工具(电动和风动的除外)	8.0	30.0	17.0	台	
8467911000	子目84672210的链锯用零件	6.0	30.0	17.0	千克	
8467919000	子目846781的链锯用的零件	6.0	30.0	17.0	千克	
8467920000	风动的工具零件	6.0	30.0	17.0	千克	
8467991000	其他手提式电动工具用零件	10.0	30.0	17.0	千克	
8467999000	其他手提式动力工具用的零件	6.0	30.0	17.0	千克	
8468	**焊接机器及装置,不论是否兼有切割功能,但品目8515的货品除外;气体加温表面回火机器及装置**					
8468100000	手提喷焊器	12.0	30.0	17.0	台	
8468200010	氩弧自动焊接机(将端塞焊接于燃料细棒(或棒)的自动焊接机)	12.0	30.0	17.0	台	3
8468200090	其他气体焊接或表面回火机器及装置	12.0	30.0	17.0	台	
8468800000	其他焊接机器及装置(编号8515的货品除外)	12.0	30.0	17.0	台	
8468900000	焊接机器用零件	7.0	30.0	17.0	千克	
8469	**打字机,但品目8471的打印机除外;文字处理机**					
8469110000	文字处理机		40.0	17.0	台	
8469120000	自动打字机(编号8471的打印机除外)	12.0	40.0	17.0	台	
8469200000	其他电动打字机(编号8471的打印机除外)	12.0	40.0	17.0	台	
8469300000	其他非电动打字机	12.0	40.0	17.0	台	
8470	**计算机器及具有计算功能的袖珍式数据记录、重现及显示机器;装有计算装置的会计计算机、邮资盖戳机、售票机及类似机器;现金出纳机**					
8470100000	电子计算器及袖珍式数据录放机器(不需外接电源、录放指具计算功能的数据记录、重现及显示)		80.0	17.0	台	
8470210000	装有打印装置的电子计算器		80.0	17.0	台	
8470290000	其他电子计算器		80.0	17.0	台	
8470300000	其他计算机器		40.0	17.0	台	
8470400000	会计计算机		40.0	17.0	台	
8470501000	销售点终端出纳机		40.0	17.0	台	
8470509000	其他现金出纳机		40.0	17.0	台	
8470900000	邮资盖戳机、售票机及类似机器		40.0	17.0	台	
8471	**自动数据处理设备及其部件;其他品目未列名的磁性或光学阅读机、将数据以代码形式转录到数据记录媒体的机器及处理这些数据的机器**					
8471100000	模拟式或混合式自动数据处理设备		14.0	17.0	台	

商品编号	商 品 名 称 及 备 注	进口关税税率		增值税率	计量单位	监管条件
		最惠国	普通			
8471300000	便携式数字自动数据处理设备(重量≤10kg,至少有一个中央处理器,键盘和显示器组成)		70.0	17.0	台	AO
8471411000	巨、大、中型数字式自动数据处理设备		14.0	17.0	台	O3
8471412000	小型数字式自动数据处理设备		14.0	17.0	台	3O
8471414000	微型机		70.0	17.0	台	AO
8471419000	其他数字式数据处理设备(同一机壳内至少一个 CPU 和一个输入输出部件;包括组合式)		70.0	17.0	台	O
8471491000	系统形式报验的巨、大、中型机(计算机指自动数据处理设备)		29.0	17.0	台	O3
8471492000	以系统形式报验的小型计算机(计算机指自动数据处理设备)		29.0	17.0	台	3O
8471494000	以系统形式报验的微型机		70.0	17.0	台	O
8471499100	其他分散型工业过程控制设备(以系统形式报验的)		70.0	17.0	台	O
8471499900	以系统形式报验的其他计算机		70.0	17.0	台	
8471501000	巨、大、中型机数字式中央处理部件(不论是否在同一机壳内有一或两个存储、输入或输出部件)		14.0	17.0	台	O3
8471502000	小型机的数字式中央处理部件(不论是否在同一机壳内有一或两个存储、输入或输出部件)		14.0	17.0	台	O3
8471504000	微型机的数字式处理部件(不论是否在同一机壳内有一或两存储、输入或输出部件)		70.0	17.0	台	O
8471509000	847141 或 847149 以外设备的中央处理部件(不论是否在同一机壳内有一或两存储、输入或输出部件)		70.0	17.0	台	O
8471601100	液晶显示器		40.0	17.0	台	OAB
8471601200	阴极射线管显示器		40.0	17.0	台	6ABO
8471601900	其他显示器		40.0	17.0	台	OAB
8471603100	自动数据处理设备的针式打印机		40.0	17.0	台	AO
8471603200	自动数据处理设备的激光打印机		14.0	17.0	台	AO
8471603300	自动数据处理设备的喷墨打印机		14.0	17.0	台	AO
8471603900	自动数据处理设备的其他打印机		14.0	17.0	台	AO
8471604000	巨、大、中及小型计算机用终端(输入或输出部件,不论是否在同一机壳内有存储部件)		14.0	17.0	台	
8471605000	自动数据处理设备的扫描器		14.0	17.0	台	O
8471606000	自动数据处理设备的数字化仪		14.0	17.0	台	
8471607100	键盘		40.0	17.0	台	
8471607200	鼠标器		40.0	17.0	台	
8471609000	计算机的其他输入或输出部件(计算机指自动数据处理设备)		14.0	17.0	台	O
8471701000	计算机硬盘驱动器(计算机指自动数据处理设备)		14.0	17.0	台	
8471702000	自动数据处理设备的软盘驱动器		14.0	17.0	台	
8471703010	具有刻录功能的光盘驱动器(自动数据处理设备的光盘驱动器)		14.0	17.0	台	O

商品编号	商品名称及备注	进口关税税率		增值税率	计量单位	监管条件
		最惠国	普通			
8471703090	其他光盘驱动器(自动数据处理设备的光盘驱动器)		14.0	17.0	台	0
8471709000	自动数据处理设备的其他存储部件		14.0	17.0	台	0
8471801000	集线器		14.0	17.0	台	A
8471802000	路由器		14.0	17.0	台	
8471809010	网络接入卡(网卡)		14.0	17.0	台	0
8471809090	其他自动数据处理设备的部件		14.0	17.0	台	0
8471900010	专用于复制的光盘刻录机(也称光盘复读机)		40.0	17.0	台	0
8471900090	未列名的磁性或光学阅读器(包括将数据以代码形式转录的机器及处理这些数据的机器)		40.0	17.0	台	0
8472	**其他办公室用机器(例如,胶版复印机、油印机、地址印写机、自动付钞机、硬币分类、计数及包装机、削铅笔机、打洞机或订书机)**					
8472100000	胶版复印机、油印机	14.0	40.0	17.0	台	
8472200000	地址印写机及地址铭牌压印机	14.0	40.0	17.0	台	
8472301000	邮政信件分拣及封装设备	10.0	40.0	17.0	台	
8472309000	其他信件折叠、分类、开或闭封机(包括信件装封机及粘贴邮票机和盖销邮票机)	14.0	40.0	17.0	台	
8472901000	自动柜员机		40.0	17.0	台	
8472902100	办公室用打洞机		40.0	17.0	台	
8472902200	办公室用订书机		40.0	17.0	台	
8472902900	其他装订用办公室机器		40.0	17.0	台	
8472903000	碎纸机		40.0	17.0	台	
8472909000	其他办公室用机器(包括硬币分类、计数、包装机和削笔机等)		40.0	17.0	台	
8473	**专用于或主要用于品目 8469 至 8472 所列机器的零件、附件(罩套、提箱及类似品除外)**					
8473100000	打字机、文字处理机的零件、附件	8.0	35.0	17.0	千克	
8473210000	编号 8470 所列电子计算器的零附件(系指编号 847010、847021 及 847029 所列的电子计算器的)		50.0	17.0	千克	
8473290000	编号 8470 所列其他机器的零附件(系指编号 847030、847040、847050 及 847090 所列机器的)		35.0	17.0	千克	
8473301000	大、中、小型计算机的零件(包括数字、模拟式大、中、小型机的中央处理部件的零件)		14.0	17.0	千克	
8473302100	计算机用的针式打印机打印头		35.0	17.0	个/千克	
8473302900	计算机用的打印机其他零件		35.0	17.0	千克	
8473309000	编号 8471 所列计算机的其他零附件		40.0	17.0	千克	
8473401000 *	自动柜员机用出钞器	10.5	35.0	17.0	千克	
8473409010 *	钞票清分机零附件	10.5	35.0	17.0	千克	
8473409090	其他办公室用机器零附件	10.5	35.0	17.0	千克	
8473500000	编号 8469 至 8472 中所列机器零附件(用于编号 8469 至 8472 中两个或两个以上编号所列机器的)		35.0	17.0	千克	

商品编号	商品名称及备注	进口关税税率		增值税率	计量单位	监管条件
		最惠国	普通			
8474	**泥土、石料、矿石或其他固体(包括粉状、浆状)矿物质的分类、筛选、分离、洗涤、破碎、磨粉、混合或搅拌机器;固体矿物燃料、陶瓷坯泥、未硬化水泥、石膏材料或其他粉状、浆状矿产品的粘聚或成型机器;铸造用砂模的成型机器**					
8474100000	分类、筛选、分离或洗涤机器(用于泥土、石料、矿石或其他固体物质的)	5.0	30.0	17.0	台	
8474201000	齿辊式破碎及磨粉机器(用于泥土、石料、矿石或其他固体物质的)	5.0	30.0	17.0	台	0
8474202000	球磨式磨碎或磨粉机(用于泥土、石料、矿石或其他固体物质的)	5.0	30.0	17.0	台	0
8474209000	破碎或磨粉用机器(用于泥土、石料、矿石或其他固体物质的)	5.0	30.0	17.0	台	0
8474310000	混凝土或砂浆混合机器(用于泥土、石料、矿石或其他固体物质的)	7.0	30.0	17.0	台	0
8474320000	矿物与沥青的混合机器(用于泥土、石料、矿石或其他固体物质的)	7.0	30.0	17.0	台	0
8474390000	混合或搅拌机器(用于泥土、石料、矿石或其他固体物质的)	5.0	30.0	17.0	台	0
8474801000	其他辊压成型机	5.0	30.0	17.0	台	
8474802000	其他模压成型机	5.0	30.0	17.0	台	
8474809010	纸面角线石膏板搅拌成型机	5.0	30.0	17.0	台	
8474809090	编号 8474 未列名的其他机器(如矿产品的粘聚或成型机器及铸造用砂模的成型机器)	5.0	30.0	17.0	台	
8474900000	编号 8474 所列机器的零件	5.0	30.0	17.0	千克	
8475	**白炽灯泡、灯管、放电灯管、电子管、闪光灯泡及类似品的封装机器;玻璃或玻璃制品的制造或热加工机器**					
8475100000	白炽灯炮、灯管等的封装机(包括放电灯管、电子管、闪光灯泡等)	8.0	30.0	17.0	台	0
8475210000	制造光导纤维及预制棒的机器	10.0	30.0	17.0	台	
8475291100	连续式玻璃热弯炉	10.0	30.0	17.0	台	
8475291200	玻璃纤维拉丝机(光纤拉丝机除外)	10.0	30.0	17.0	台	
8475291900	其他玻璃及制品热加工机器	10.0	30.0	17.0	台	
8475299000	其他玻璃及制品的制造加工机器	10.0	30.0	17.0	台	
8475900000	编号 8475 所列机器的零件(灯泡等封装机及玻璃等制造机器的零件)	8.0	30.0	17.0	千克	
8476	**自动售货机(例如,出售邮票、香烟、食品或饮料的机器),包括钱币兑换机**					
8476210000	可加热或制冷的饮料自动销售机	14.0	50.0	17.0	台	A
8476290000	其他饮料自动销售机(装有加热或制冷装置的除外)	15.0	50.0	17.0	台	A

商品编号	商品名称及备注	进口关税税率		增值税率	计量单位	监管条件
		最惠国	普通			
8476810000	装有加热或制冷装置的自动售货机(饮料自动销售机除外)	14.0	50.0	17.0	台	
8476890000	无加热或制冷装置的自动售货机(包括钱币兑换机)	15.0	50.0	17.0	台	
8476900000	编号8476所列机器的零件	10.0	50.0	17.0	千克	
8477	**本章其他品目未列名的橡胶或塑料及其产品的加工机器**					
8477101010	用于光盘生产的精密注塑机(加工塑料的)		45.0	17.0	台	60
8477101090	其他注塑机(加工塑料的)		45.0	17.0	台	0
8477109000	其他加工非塑料的注射机		30.0	17.0	台	
8477201000	塑料造粒机	5.0	30.0	17.0	台	
8477209000	其他加工塑料或橡胶的挤出机	5.0	30.0	17.0	台	0
8477300000	吹塑机	5.0	30.0	17.0	台	
8477401000	塑料中空成型机	5.0	30.0	17.0	台	0
8477402000	塑料压延成型机	5.0	30.0	17.0	台	0
8477409000	真空模塑及其他热成型机器	5.0	30.0	17.0	台	
8477510000	用于充气轮胎模塑或翻新的机器(包括内胎模塑或用其他方法成型的机器)	5.0	30.0	17.0	台	
8477590000	模塑机、成型机	5.0	30.0	17.0	台	0
8477800000	未列名的橡胶或塑料加工机器	5.0	30.0	17.0	台	0
8477900000	橡胶、塑料等加工机机器的零件		30.0	17.0	千克	
8478	**本章其他品目未列名的烟草加工及制作机器**					
8478100000	其他的烟草加工及制作机器(本章其他编号未列名的)	5.0	30.0	17.0	台	0
8478900000 *	烟草加工及制作机器用的零件	10.0	30.0	17.0	千克	0
8479	**本章其他品目未列名的具有独立功能的机器及机械器具**					
8479102100	沥青混凝土摊铺机	8.0	30.0	17.0	台	0
8479102200	稳定土摊铺机	8.0	30.0	17.0	台	
8479102900	其他摊铺机	8.0	30.0	17.0	台	0
8479109000	其他公共工程用的机器	8.0	30.0	17.0	台	
8479200000	提取加工动物或植物油脂的机器	10.0	30.0	17.0	台	A
8479300000	木碎料板或木纤维板的其他挤压机(包括其他木材或软木处理机器)	10.0	30.0	17.0	台	
8479400000	绳或缆的制造机器	7.0	30.0	17.0	台	
8479501000	多功能工业机器人		20.0	17.0	台	
8479509010	机器人,末端操纵装置[能处理高能炸药或能抗 $>5\times10^4$ 戈瑞(硅)辐射的]		30.0	17.0	台	3
8479509090	其他工业机器人(多功能工业机器人除外)		30.0	17.0	台	
8479600000	蒸发式空气冷却器	10.0	30.0	17.0	台	AB
8479811010 *	吐丝机	9.5	30.0	17.0	台	

商品编号	商 品 名 称 及 备 注	进口关税税率		增值税率	计量单位	监管条件
		最惠国	普通			
8479811090	处理金属的其他绕线机	9.5	30.0	17.0	台	
8479819000	其他处理金属的机械	9.5	30.0	17.0	台	
8479820010	敏感物项管制搅拌器(耐腐蚀热交换器、搅拌器用)	7.0	30.0	17.0	台	30
8479820090	其他混合、搅拌、轧碎、研磨机器(包括筛选、均化、乳化机器)	7.0	30.0	17.0	台	0
8479891000	船用舵机及陀螺稳定器		14.0	17.0	台	
8479892000	空气增湿器及减湿器		70.0	17.0	台	
8479894000	其他邮政用包裹、印刷品分拣设备		30.0	17.0	台	AB
8479895000	放射性废物压实机		30.0	17.0	台	
8479896100	自动插件机		30.0	17.0	台	OAB
8479896200	自动贴片机		30.0	17.0	台	OAB
8479896900	其他印刷电路板上装配元器件机器		30.0	17.0	台	AB
8479899010	用于光盘生产的金属母盘生产设备(具有独立功能的)		30.0	17.0	台	6ABO
8479899020	用于光盘生产的 LD 配套粘合机(具有独立功能的)		30.0	17.0	台	6ABO
8479899030	用于光盘生产的真空金属溅镀机(具有独立功能的)		30.0	17.0	台	6ABO
8479899040	保护胶涂覆机及染料层旋涂机(光盘生产用,具有独立功能的)		30.0	17.0	台	6ABO
8479899050	敏感物项管制机器及机械器具		30.0	17.0	台	3AB
8479899060	绕线机(能卷绕直径 75mm - 400mm、长度为 600mm 或更长的)		30.0	17.0	台	3AB
8479899090	本章其他未列名机器及机械器具(具有独立功能的)		30.0	17.0	台	ABO
8479901000	船舶用舵机及陀螺稳定器零件		14.0	17.0	千克	
8479902000	空气增湿器及减湿器零件		70.0	17.0	千克	
8479909010	绕线机的精密芯轴(专用于编号 84798990.60 绕线机的精密芯轴)		20.0	17.0	千克	3
8479909090	编号 8479 所列机器的其他零件		20.0	17.0	千克	
8480	**金属铸造用型箱;型模底板;阳模;金属用型模(锭模除外)、硬质合金、玻璃、矿物材料橡胶或塑料用型模**					
8480100000	金属铸造用型箱	10.0	20.0	17.0	千克	
8480200000	型模底板	8.0	20.0	17.0	千克	
8480300000	阳模	10.0	20.0	17.0	千克	
8480410010	汽车及家用电器的模具	8.0	20.0	17.0	千克	0
8480410090	金属、硬质合金用注模或压模	8.0	20.0	17.0	千克	0
8480490000	其他金属、硬质合金用其他型模(注模或压模除外)	8.0	20.0	17.0	千克	
8480500000	玻璃用型模	8.4	20.0	17.0	套/千克	
8480600000	矿物材料用型模	8.4	20.0	17.0	套/千克	
8480710010	用于光盘生产的专用模具		20.0	17.0	套/千克	60
8480710090	其他塑料或橡胶用注模或压模		20.0	17.0	套/千克	0
8480790010	农用双壁波纹管生产线用其他模具	5.0	20.0	17.0	套/千克	
8480790090	塑料或橡胶用其他型模	5.0	20.0	17.0	套/千克	

商品编号	商 品 名 称 及 备 注	进口关税税率		增值税率	计量单位	监管条件
		最惠国	普通			
8481	**用于管道、锅炉、罐、桶或类似品的龙头、旋塞、阀门及类似装置，包括减压阀及恒温控制阀**					
8481100000	减压阀(用于管道、锅炉、罐、桶或类似品的)	5.0	30.0	17.0	套/千克	B
8481201000	油压传动阀(用于管道、锅炉、罐、桶或类似品的)	5.0	30.0	17.0	套/千克	B
8481202000	气压传动阀(用于管道、锅炉、罐、桶或类似品的)	5.0	30.0	17.0	套/千克	B
8481300000	止回阀(用于管道、锅炉、罐、桶或类似品的)	5.0	30.0	17.0	套/千克	B
8481400000	安全阀或溢流阀(用于管道、锅炉、罐、桶或类似品的)	5.0	30.0	17.0	套/千克	B
8481801010	敏感物项管制阀门	7.0	30.0	17.0	套/千克	3B
8481801090	其他阀门(用于管道、锅炉、罐、桶或类似品的)	7.0	30.0	17.0	套/千克	B
8481809000	未列名龙头、旋塞及类似装置(用于管道、锅炉、罐、桶或类似品的)	5.0	50.0	17.0	套/千克	
8481901000	阀门用零件(用于管道、锅炉、罐、桶或类似品的)	8.0	30.0	17.0	千克	
8481909000	龙头、旋塞及类似装置的零件(用于管道、锅炉、罐、桶或类似品的)	8.0	50.0	17.0	千克	
8482	**滚动轴承**					
8482100010	汽车用滚珠轴承	8.0	20.0	17.0	套	B
8482100090	其他滚珠轴承	8.0	20.0	17.0	套	B
8482200010	汽车用锥形滚子轴承	8.0	20.0	17.0	套	B
8482200090	其他锥形滚子轴承(包括锥形滚子组件)	8.0	20.0	17.0	套	B
8482300010	汽车用鼓形滚子轴承	8.0	20.0	17.0	套	B
8482300090	其他鼓形滚子轴承	8.0	20.0	17.0	套	B
8482400010	汽车用滚针轴承	8.0	20.0	17.0	套	B
8482400090	其他滚针轴承	8.0	20.0	17.0	套	B
8482500010	汽车用其他圆柱形滚子轴承	8.0	20.0	17.0	套	B
8482500090	其他圆柱形滚子轴承	8.0	20.0	17.0	套	B
8482800000	其他滚动轴承及球、柱混合轴承	8.0	20.0	17.0	套	B
8482910000	滚珠、滚针及滚柱	8.0	20.0	17.0	千克	
8482990000	滚动轴承的其他零件	6.0	20.0	17.0	千克	
8483	**传动轴(包括凸轮轴及曲柄轴)及曲柄；轴承座及滑动轴承；齿轮及齿轮传动装置；滚珠或滚子螺杆传动装置；齿轮箱及其他变速装置，包括扭矩变换器；飞轮及滑轮，包括滑轮组；离合器及联轴器(包括万向节)**					
8483101000	船舶用传动轴(包括凸轮轴及曲柄轴)	6.0	14.0	17.0	个	
8483109000	其他传动轴及曲柄(包括凸轮轴及曲柄轴)	6.0	30.0	17.0	个	
8483200000	装有滚珠或滚子轴承的轴承座	6.0	30.0	17.0	个	
8483300010	磁悬浮轴承(轴承组合件，由悬浮在充满阻尼介质的环形磁铁组成)	6.0	30.0	17.0	个	3
8483300020	轴承/阻尼器(安装在阻尼器上的具有枢轴/盖的轴承)	6.0	30.0	17.0	个	3
8483300090	其他未装有滚珠或滚子轴承的轴承座；其他滑动轴承	6.0	30.0	17.0	个	
8483401000	滚子螺杆传动装置	8.0	30.0	17.0	个	

商品编号	商品名称及备注	进口关税税率		增值税率	计量单位	监管条件
		最惠国	普通			
8483402010 *	磨煤机用行星齿轮减速器(转盘外圆直径为1300mm至2400mm)	8.0	30.0	17.0	个	
8483402090	其他行星齿轮减速器	8.0	30.0	17.0	个	
8483409000	其他传动装置及变速装置(指齿轮及齿轮传动装置、齿轮箱和扭矩变换器)	8.0	30.0	17.0	个	
8483500000	飞轮及滑轮(包括滑轮组)	8.0	30.0	17.0	个	
8483600000	离合器及联轴器(包括万向节)	8.0	30.0	17.0	个	
8483900000	编号8483所列货品用其他零件(包括单独报验的带齿的轮、链轮及其他传动元件)	8.0	30.0	17.0	千克	
8484	**密封垫或类似接合衬垫,用金属片与其他材料制成或用双层或多层金属片制成;成套或各种不同材料的密封垫或类似接合衬垫,装于袋、套或类似包装内;机械密封件**					
8484100000	密封垫或类似接合衬垫(用金属片与其他材料制成或用双层及多层金属片制成)	8.0	30.0	17.0	千克	
8484200010	耐 UF_6 腐蚀的转动轴封(专门设计的真空密封装置,缓冲气体泄漏率1000cm^3/min)	8.0	30.0	17.0	千克	3
8484200020	转动轴封(专门设计的带有密封式进气口和出气口的转动轴封)	8.0	30.0	17.0	千克	3
8484200030	MLIS用转动轴封(专门设计的带密封进气口和出气口的转动轴封)	8.0	30.0	17.0	千克	3
8484200090	其他机械密封件	8.0	30.0	17.0	千克	
8484900000	其他材料制密封垫及类似接合衬垫(成套或各种不同材料制,装于袋、套或类似包装内)	8.0	30.0	17.0	千克	
8485	**本章其他品目未列名的机器零件,不具有电气接插件、绝缘体、线圈、触点或其他电气器材特征的**					
8485100000	船用推进器及桨叶	6.0	14.0	17.0	千克	
8485900000	本章其他编号未列名的机器零件(不具有电气接插件、绝缘体、线圈或其他电气器材特征的)	8.0	30.0	17.0	千克	

第八十五章　电机、电气设备及其零件；录音机及放声机、电视图像、声音的录制和重放设备及其零件、附件

注释：

一、本章不包括：

(一)电暖的毯子、褥子、足套及类似品，电暖的衣服、靴、鞋、耳套或其他供人穿戴的电暖物品；

(二)品目70.11的玻璃制品；

(三)第九十四章的电热家具。

二、品目85.01至85.04不适用于品目85.11、85.12、85.40、85.41或85.42的货品，但金属槽汞弧整流器仍归入品目85.04。

三、品目85.09仅包括通常供家用的下列电动器具：

(一)任何重量的真空吸尘器，包括干式及湿式真空吸尘器、地板打蜡机、食品研磨机及食品搅拌器、水果或蔬菜的榨汁器；

(二)重量不超过20千克的其他机器。

但该品目不适用于风机、风扇或装有风扇的通风罩及循环气罩（不论是否装有过滤器）（品目84.14）、离心干衣机（品目84.21）、洗碟机（品目84.22）、家用洗衣机（品目84.50）、滚筒式或其他形式的熨烫机器（品目84.20或84.51）、缝纫机（品目84.52）、电剪子（品目84.67）或电热器具（品目85.16）。

四、品目85.34所称“印刷电路”，是指采用各种印制方法（例如，压印、覆镀、腐蚀）或采用“膜电路”工艺，将导线、接点或其他印制元件（例如，电感器、电阻器、电容器）按预定的图形单独或互相连接地印制在绝缘基片上的电路，但能够产生、整流、调制或放大电信号的元件（例如，半导体元件）除外。所称“印刷电路”，不包括装有非印制元件的电路，也不包括单个的分立式电阻器、电容器及电感器。用同样工艺制得的无源元件及有源元件组成的薄膜电路或厚膜电路应归入品目85.42。

五、品目85.41及85.42所称：

(一)“二极管、晶体管及类似的半导体器件”，是指那些依靠外加电场引起电阻率的变化而进行工作的半导体器件。

(二)“集成电路及微电子组件”，是指：

1. 单片集成电路，即电路元件（二极管、晶体管、电阻、电容、连接线等）主要整体制作在一片半导体材料（例如掺杂硅）衬底的表面，并不可分割地连接在一起的电路。

2. 混合集成电路，即通过薄膜或厚膜工艺制得的无源元件（电阻、电容、连接线等）和通过半导体工艺制得的有源元件（二极管、晶体管、单片集成电路等）不可分割地组合在同一绝缘衬底（玻璃、陶瓷等）上的电路。这种电路也可包括分立元件。

3. 模制组件、微模组件或类似组件，即由分立元件、有源元件或有源元件及无源元件互相结合并连接在一起所构成的微型组合件。

本注释所述物品在归类时，即使本目录其他品目涉及到上述物品，尤其是物品的功能，仍应优先考虑归入品目85.41及85.42。

六、品目85.23及85.24的唱片、磁带及其他记录媒体，当与所用设备一同报验时，仍应归入上述品目。

本注释不适用于与所用设备以外的物品一同报验的上述媒体。

七、品目85.48所称“废原电池，废原电池组及废蓄电池”，是指因破损、拆解、耗尽或其他原因而不能再使用，也不能再充电的电池。

子目注释：

一、子目号8519.92和8527.12仅包括有内置放大器但无内置扬声器的盒式磁带放声机，不需外接电源即能工作，且外形尺寸不超过170毫米×100毫米×45毫米。

二、子目8542.10所称“智能卡”，是指装有任何类型集成电路（微处理器）芯片的卡，不论是否装有磁条。

商品编号	商品名称及备注	进口关税税率		增值税率	计量单位	监管条件
		最惠国	普通			
8501	**电动机及发电机(不包括发电机组)**					
8501101000	输出功率≤37.5W 玩具电动机	24.5	80.0	17.0	台	B
8501109110 *	激光视盘机机芯用精密微型电机(输出功率不超过37.5W)	9.0	70.0	17.0	台	B
8501109190	机座最大尺寸在20mm至39mm微电机(输出功率不超过37.5W)	9.0	70.0	17.0	台	B
8501109920 *	功率≤0.5W 非激光视盘机用微电机(圆柱型直径≤6mm,高≤25mm;扁圆型直径≤15mm,厚≤5mm)	9.0	35.0	17.0	台	B
8501109990	其他微电机(输出功率不超过37.5W)	9.0	35.0	17.0	台	B
8501200000	输出功率>37.5W 交直流两用电动机	12.0	35.0	17.0	台	B
8501310010 *	光电发电机(输出功率不超过750W 直流电动机,发电机)	12.0	35.0	17.0	台	B
8501310090	其他输出功率≤750W 直流电动机、发电机	12.0	35.0	17.0	台	B
8501320000	750W<输出功率≤75kW 直流电动机、发电机	10.0	35.0	17.0	台	B
8501330000	75kW≤输出功率≤375kW 直流电动机、发电机	5.0	35.0	17.0	台	B
8501340000	输出功率>375kW 直流电动机、发电机	12.0	35.0	17.0	台	B
8501400000	单相交流电动机	12.0	35.0	17.0	台	B
8501510010	发电机(功率≥40W,频率600-2000Hz,谐波畸变低于10%等)	5.0	35.0	17.0	台	3B
8501510090	其他输出功率不超过750W 多相交流电动机	5.0	35.0	17.0	台	B
8501520000	750W<输出功率≤75kW 多相交流电动机	10.0	35.0	17.0	台	B
8501530010 *	高速电力机车交流异步牵引电动机(用于200KM/h 电力机车)	12.0	35.0	17.0	台	B
8501530090	其他功率>75kW 多相交流电动机	12.0	35.0	17.0	台	B
8501610000	输出功率≤75kVA 交流发电机	5.0	30.0	17.0	台/千瓦	OB
8501620000	75kVA<输出功率≤375kVA 交流发电机	12.0	30.0	17.0	台/千瓦	OB
8501630000	375kVA<输出功率≤750kVA 交流发电机	12.0	30.0	17.0	台/千瓦	OB
8501641000	750kVA<输出功率≤350MVA 交流发电机	10.0	30.0	17.0	台/千瓦	OB
8501642000	350MVA<输出功率≤665MVA 交流发电机	5.8	14.0	17.0	台/千瓦	OB
8501643000	输出功率>665MVA 交流发电机	6.0	11.0	17.0	台/千瓦	OB
8502	**发电机组及旋转式变流机**					
8502110000	输出功率≤75kVA 柴油发电机组(输出功率不超过75kVA,包括半柴油发电机组)	10.0	45.0	17.0	台/千瓦	B
8502120000	75kVA<输出功率≤375kVA 柴油发电机组(包括半柴油发电机组)	10.0	45.0	17.0	台/千瓦	OB
8502131000	375kVA<输出功率≤2MVA(包括半柴油发电机组)	10.0	45.0	17.0	台/千瓦	OB
8502132000	输出功率>2MVA 以上柴油发电机组(包括半柴油发电机组)	10.0	30.0	17.0	台/千瓦	O
8502200000	装有点燃式活塞发动机的发电机组(内燃的)	10.0	45.0	17.0	台/千瓦	

商品编号	商品名称及备注	进口关税税率		增值税率	计量单位	监管条件
		最惠国	普通			
8502310000*	风力驱动的发电机组	8.0	30.0	17.0	台/千瓦	B
8502390000	其他发电机组(风力驱动除外)	10.0	30.0	17.0	台/千瓦	B
8502400000	旋转式变流机	10.0	30.0	17.0	台	
8503	**专用于或主要用于品目8501或8502所列机器的零件**					
8503001000	玩具用电动机等微电动机零件(子目号8501.1010及8501.1091所列电动机零件)	12.0	70.0	17.0	千克	
8503002000	功率>350MVA交流发电机零件(子目号8501.6420及8501.6430所列发电机零件)	3.0	11.0	17.0	千克	
8503003000*	风力驱动发电机组的零件(子目号85023100所列发电机组零件)	3.0	30.0	17.0	千克	
8503009010	电动机定子(用于真空中频率600-2000Hz、功率50-1000VA条件下)	8.0	30.0	17.0	千克	3
8503009090	其他电动机、发电机(组)零件	8.0	30.0	17.0	千克	
8504	**变压器、静止式变流器(例如整流器)及电感器**					
8504101000	电子镇流器	10.0	35.0	17.0	个	B
8504109000	其他放电灯或放电管用镇流器	10.0	35.0	17.0	个	B
8504210000	额定容量≤650kVA液体介质变压器	10.5	50.0	17.0	个	OB
8504220000	650kVA<额定容量≤10MVA液体介质变压器	12.6	50.0	17.0	个	OB
8504231100	10MVA<额定容量<220MVA液体变压器	10.0	50.0	17.0	个	OB
8504231200	220MVA≤额定容量<330MVA液体变压器	10.0	50.0	17.0	个	OB
8504231300	330MVA≤额定容量<400MVA液体变压器	10.0	50.0	17.0	个	OB
8504232100	400MVA≤额定容量<500MVA液体变压器	6.0	11.0	17.0	个	B
8504232900	额定容量≥500MVA液体变压器	6.0	11.0	17.0	个	BO
8504311000	额定容量不超过1kVA的互感器	5.0	50.0	17.0	个	OB
8504319000	额定容量≤1kVA的其他变压器	5.0	50.0	17.0	个	OB
8504321000	1kVA<额定容量≤16kVA的互感器	5.0	50.0	17.0	个	B
8504329000	1kVA<额定容量≤16kVA的其他变压器(额定容量超过1kVA,但不超过16kVA的)	5.0	50.0	17.0	个	OB
8504330000	16kVA<额定容量≤500kVA其他变压器	5.0	50.0	17.0	个	OB
8504340000	额定容量>500kVA的其他变压器	14.0	50.0	17.0	个	OB
8504401300	编号8471所列机器用的稳压电源		40.0	17.0	个	A
8504401400*	功率<1kW直流稳压电源(精度低于0.1‰,8471所列机器用除外)	7.0	80.0	17.0	个	
8504401500	功率<10kW其他交流稳压电源(精度低于1‰)		80.0	17.0	个	
8504401910	同位素电磁分离器离子源磁体电源(高功率直流型)		50.0	17.0	个	3
8504401920	直流高功率电源(能8小时连续产生100V,500A电流,稳定度优于0.1%)		50.0	17.0	个	3
8504401930	高压直流电源(能8小时连续产生20kV,1A电流,稳定度优于0.2%)		50.0	17.0	个	3

商品编号	商品名称及备注	进口关税税率		增值税率	计量单位	监管条件
		最惠国	普通			
8504401940	同位素电磁分离器离子源高压电源		50.0	17.0	个	3
8504401990	其他稳压电源		50.0	17.0	个	
8504402000	不间断供电电源(UPS)	10.0	50.0	17.0	台	
8504409110	具有变流功能的半导体模块(自动数据处理设备机器及组件、电讯设备用的)		30.0	17.0	个	s
8504409190 *	其他具有变流功能的半导体模块	10.0	30.0	17.0	个	
8504409910 *	高速电力机车的牵引变流器(用于(200km/h)电力机车)	10.0	30.0	17.0	个	
8504409921	静止式变流器(自动数据处理设备机器及组件、电讯设备用)		30.0	17.0	个	s
8504409929	ITA产品用的印刷电路组件(包括外接组件,如符合PCMCIA标准的卡)		30.0	17.0	个	s
8504409930	频率变换器(专用85030090.10电动机定子的频率变换器)	10.0	30.0	17.0	个	3
8504409940	频率变换器,亦称变频器或逆变器(功率≥40W,频率600至2000Hz,谐波畸变低于10%等)	10.0	30.0	17.0	个	3
8504409950	电源(真空或受控环境感应炉用电源,额定输出功率≥5kW)	10.0	30.0	17.0	个	3
8504409960	模块式电脉冲发生器(在16ms内输出电流>101A,密封在防尘罩内,温宽范围大)	10.0	30.0	17.0	个	3
8504409990	其他未列名静止式变流器	10.0	30.0	17.0	个	
8504500000	其他电感器		35.0	17.0	个	O
8504901100	>400MVA液体介质变压器零件	5.0	11.0	17.0	千克	
8504901900	其他变压器零件	8.0	50.0	17.0	千克	
8504902000	稳压电源及不间断供电电源零件	8.0	50.0	17.0	千克	
8504909000	其他静止式变流器及电感器零件	8.0	30.0	17.0	千克	
8505	**电磁铁;永磁铁及磁化后准备制永磁铁的物品;电磁铁或永磁铁卡盘、夹具及类似的工件夹具;电磁联轴节、离合器及制动器;电磁起重吸盘**					
8505111000	稀土永磁体	7.0	20.0	17.0	千克	
8505119000	其他金属的永磁体(包括其他金属磁化后准备制永磁体的物品)	7.0	20.0	17.0	千克	
8505190010	磁极块(直径大于2m,用在同位素电磁分离器内)	7.0	20.0	17.0	千克	3
8505190090	非金属永磁体(包括非金属磁化后准备制永磁体的物品)	7.0	20.0	17.0	千克	
8505200000	电磁联轴节、离合器及制动器	8.0	20.0	17.0	千克	
8505300000	电磁起重吸盘	8.0	20.0	17.0	千克/个	
8505900010	超导螺线电磁体(产生超过2个泰斯拉磁场,长径比≥2,内径≥300mm等)	8.0	20.0	17.0	千克	3
8505900090	其他电磁夹具等及编号8505的零件	8.0	20.0	17.0	千克	

商品编号	商品名称及备注	进口关税税率		增值税率	计量单位	监管条件
		最惠国	普通			
8506	**原电池及原电池组**					
8506101000	碱性锌锰的原电池及原电池组	20.0	80.0	17.0	个	BA
8506109000	其他二氧化锰的原电池及原电池组	20.0	80.0	17.0	个	BA
8506300000	氧化汞的原电池及原电池组	14.0	40.0	17.0	个	BA
8506400000	氧化银的原电池及原电池组	14.0	40.0	17.0	个	AB
8506500000	锂的原电池及原电池组	14.0	40.0	17.0	个	AB
8506600000	锌空气的原电池及原电池组	14.0	40.0	17.0	个	AB
8506800000	其他原电池及原电池组	14.0	40.0	17.0	个	AB
8506901000	二氧化锰原电池或原电池组的零件	14.0	80.0	17.0	千克	AB
8506909000	其他原电池组或原电池组的零件	10.0	40.0	17.0	千克	AB
8507	**蓄电池,包括隔板,不论是否矩形(包括正方形)**					
8507100000	起动活塞式发动机用铅酸蓄电池	10.0	90.0	17.0	个	AB
8507200000	其他铅酸蓄电池(起动活塞式发动机用铅酸蓄电池除外)	10.0	90.0	17.0	个	AB
8507300000	镍镉蓄电池	10.0	40.0	17.0	个	AB
8507400000	镍铁蓄电池	12.0	40.0	17.0	个	AB
8507801000	镍氢蓄电池	12.0	40.0	17.0	个	AB
8507802010*	手机专用锂离子电池芯(包括手机时钟控制用钮扣锂离子电池)	12.0	40.0	17.0	个	AB
8507802090	其他锂离子蓄电池	12.0	40.0	17.0	个	AB
8507809000	其他蓄电池	12.0	40.0	17.0	个	AB
8507901000	铅酸蓄电池零件	10.0	90.0	17.0	千克	AB
8507909000	其他蓄电池零件	8.0	40.0	17.0	千克	AB
8509	**家用电动器具**					
8509100000	真空吸尘器(包括干式及湿式的)	10.0	130.0	17.0	台	AB
8509200000	地板打蜡机	30.0	100.0	17.0	台	B
8509300000	厨房废物处理器	20.0	100.0	17.0	台	B
8509401000	水果或蔬菜的榨汁机	10.0	100.0	17.0	台	AB
8509409000	其他食品研磨机,搅拌器	10.0	100.0	17.0	台	AB
8509800000	其他家用电动器具	30.0	100.0	17.0	台	BA
8509900000	家用电动器具的零件	12.0	100.0	17.0	千克	
8510	**电动剃须刀、电动毛发推剪及电动脱毛器**					
8510100000	电动剃须刀	30.0	100.0	17.0	个	B
8510200000	电动毛发推剪	30.0	100.0	17.0	个	B
8510300000	电动脱毛器	20.0	100.0	17.0	个	B
8510900000	8510所列货品的零件	24.5	100.0	17.0	千克	

商品编号	商品名称及备注	进口关税税率		增值税率	计量单位	监管条件
		最惠国	普通			
8511	**点燃式或压燃式内燃发动机用的电点火及电起动装置(例如,点火磁电机、永磁直流发电机、点火线圈、火花塞、电热塞及起动电机);附属于上述内燃发动机的发电机(例如,直流发电机、交流发电机)及断流器**					
8511100000	火花塞	10.0	30.0	17.0	个	
8511201000	点火磁电机,永磁直流发电机(包括磁飞轮.指机车、航空器及船舶用)	5.0	11.0	17.0	个	
8511209000	其他点火磁电机、磁飞轮(包括永磁直流发电机)	10.0	30.0	17.0	个	
8511301000	分电器及点火线圈(指机车、航空器、船舶用)	5.0	11.0	17.0	个	
8511309000	其他用途用分电器、点火线圈	8.4	30.0	17.0	个	
8511401000	启动电机及两用启动发电机(指机车、航空器、船舶用)	5.0	11.0	17.0	个	
8511409100	输出≥132.39kW启动电机(输出功率在180马力及以上的发动机用)	8.4	30.0	17.0	个	
8511409900	其他用途的启动电机(包括两用起动发电机)	8.4	30.0	17.0	个	
8511501000	其他机车、航空器、船舶用发电机	5.0	11.0	17.0	个	
8511509000	其他附属于内燃发动机的发电机	8.4	30.0	17.0	个	
8511800000	发动机用电点火,起动的其他装置(指点燃式或压燃式内燃发动机用的)	8.4	30.0	17.0	个	
8511901000	车船飞机用电点火,起动装置零件(指编号8511所列供机车、航空器及船舶用各种装置的零件)	4.5	11.0	17.0	千克	
8511909000	其他用电点火,电起动装置的零件(指编号8511所列供其他用途的各种装置的零件)	5.0	30.0	17.0	千克	
8512	**自行车或机动车辆用的电气照明或信号装置(品目8539的物品除外)、风挡刮水器、除霜器及去雾器**					
8512100000	自行车用照明或视觉信号装置	10.5	45.0	17.0	个	
8512201000	机动车辆用照明装置	10.0	45.0	17.0	个	
8512209000	其他照明或视觉信号装置(包括机动车辆用视觉装置)	10.0	45.0	17.0	个	
8512301100	机动车辆用喇叭,蜂鸣器	10.0	45.0	17.0	个	
8512301900	机动车辆用其他音响信号装置	10.0	45.0	17.0	个	
8512309000	其他车辆用电器音响信号装置	10.0	45.0	17.0	个	
8512400000	车辆风档刮水器、除霜器及去雾器	10.0	45.0	17.0	个	
8512900000	编号8512所列装置的零件(指车辆等用照明、信号装置、风挡刮水器、除霜器等零件)	8.0	45.0	17.0	千克	
8513	**自供能源(例如,使用干电池、蓄电池、永磁发电机)的手提式电灯,但品目8512的照明装置除外**					
8513101000	手电筒	15.0	100.0	17.0	个	
8513109000	其他自供能源手提式电灯(但编号8512的照明装置除外)	17.5	70.0	17.0	个	
8513901000	手电筒零件	14.0	100.0	17.0	千克	
8513909000	其他自供能源手提式电灯零件	14.0	70.0	17.0	千克	

商品编号	商品名称及备注	进口关税税率		增值税率	计量单位	监管条件
		最惠国	普通			
8514	**工业或实验室用电炉及电烘箱(包括通过感应的或电介质的);工业或实验室用其他通过感应或介质损耗对材料进行热处理的设备**					
8514101000	可控气氛热处理炉		30.0	17.0	台	
8514109000	工业用其他电阻加热炉及烘箱(包括实验室用)		30.0	17.0	台	
8514200010	真空感应炉或受控环境感应炉(工作温度>850℃,感应线圈直径≤600mm,功率≥5kW)		30.0	17.0	台	3
8514200090	其他感应或介质损耗工作炉及烘箱(包括实验室用)		30.0	17.0	台	
8514300020	电弧重熔炉和铸造用炉(容量1000-2万cm^3,使用自耗电极,工作温度1700℃以上)		30.0	17.0	台	3
8514300030	电子束熔化炉(功率≥50kW,能在>1200℃的熔化温度工作)		30.0	17.0	台	3
8514300040	等离子体雾化和熔化炉(功率≥50kW,能在>1200℃的熔化温度工作)		30.0	17.0	台	3
8514300090	工业用其他电炉及电烘箱(包括实验室用)		30.0	17.0	台	
8514400010 *	焊缝中频退火装置	10.0	30.0	17.0	台	
8514400090	其他感应或介质损耗的加热设备(包括实验室用)	10.0	30.0	17.0	台	
8514901000	炼钢电炉用零件	8.0	30.0	17.0	千克	
8514909000	工业用电阻加热炉及烘箱等零件(指编号8514所列货品的零件)		30.0	17.0	千克	
8515	**电气(包括电热气体)、激光、其他光、光子束、超声波、电子束、磁脉冲或等离子弧焊接机器及装置,不论是否兼有切割功能;用于热喷金属或金属陶瓷的电气机器及装置**					
8515110000	钎焊机器及装置用烙铁及焊枪	10.0	30.0	17.0	个	A
8515190000	其他钎焊机器及装置	10.0	30.0	17.0	台	
8515211000	直缝焊管机(全自动或半自动的)	10.0	30.0	17.0	台	
8515219000	其他全自动或半自动电阻焊接机器(包括焊接装置)	10.0	30.0	17.0	台	AO
8515290000	其他电阻焊接机器及装置	10.0	30.0	17.0	台	A
8515311000	螺旋焊管机(全自动或半自动的)	10.0	30.0	17.0	台	B
8515319000	其他电弧焊接机及装置(全自动或半自动的)	10.0	30.0	17.0	台	BAO
8515390000	其他电弧焊接机器及装置(非全自动或半自动的)	10.0	30.0	17.0	台	BAO
8515800010	电子束、激光自动焊接机(将端塞焊接于燃料细棒(或棒)的自动焊接机)	8.0	30.0	17.0	台	3O
8515800090	其他焊接机器及装置	8.0	30.0	17.0	台	O
8515900000	电气等焊接机器及装置零件(包括激光,其他光、光子束、超声波、电子束磁脉冲等)	6.0	30.0	17.0	千克	
8516	**电热的快速热水器、储存式热水器、浸入式液体加热器;电气空间加热器及土壤加热器;电热的理发器具(例如,电吹风机、电卷发器、电热发钳)及干手器;电熨斗;其他家用电热器具;加热电阻器,但品目8545的货品除外**					

商品编号	商品名称及备注	进口关税税率		增值税率	计量单位	监管条件
		最惠国	普通			
8516100000	电热水器(指电热的快速热水器、储存式热水器、浸入式液体加热器)	10.0	100.0	17.0	个	AB
8516210000	电气储存式散热器	35.0	100.0	17.0	个	B
8516291000	电气土壤加热器	10.0	40.0	17.0	个	
8516299000	电气空间加热器	10.0	100.0	17.0	个	B
8516310000	电吹风机	10.0	100.0	17.0	个	AB
8516320000	其他电热理发器具	35.0	100.0	17.0	个	AB
8516330000	电热干手器	35.0	100.0	17.0	个	AB
8516400000	电熨斗	35.0	100.0	17.0	个	AB
8516500000	微波炉	15.0	130.0	17.0	个	AB
8516601000	电磁炉	15.0	130.0	17.0	个	AB
8516603000	电饭锅	15.0	130.0	17.0	个	AB
8516604000	电炒锅	15.0	130.0	17.0	个	AB
8516609000	其他电热炉(包括电热板、加热环、烧烤炉及烘烤器)	15.0	130.0	17.0	个	AB
8516710000	电热咖啡壶或茶壶	32.0	130.0	17.0	个	AB
8516720000	电热烤面包器	32.0	130.0	17.0	个	AB
8516791000	电热饮水机	32.0	100.0	17.0	个	BA
8516799000	其他电热器具	32.0	100.0	17.0	个	BA
8516800000	加热电阻器	10.0	40.0	17.0	个	
8516901000	土壤加热器及加热电阻器零件	8.0	40.0	17.0	千克	
8516909000	编号 8516 所列货品的其他零件	12.0	100.0	17.0	千克	
8517	**有线电话、电报设备,包括无绳电话机、有线载波通信设备及有线数字通信设备;可视电话**					
8517110000	无绳电话机		30.0	17.0	台	AB
8517191000	可视电话		30.0	17.0	台	AB
8517199000	其他电话机		30.0	17.0	台	AB
8517210000	传真机		17.0	17.0	台	OAB
8517220000	电传打字机		30.0	17.0	台	
8517301100	≥5000 门局用电话交换机(包括长途电话交换机;电报交换机)		17.0	17.0	台	
8517301300	数字移动通信交换机		40.0	17.0	台	O
8517301900	其他数字式程控电话交换机		40.0	17.0	台	A
8517309100	模拟式移动通信交换机		30.0	17.0	台	O
8517309900	其他电话或电报交换机		30.0	17.0	台	
8517502100	光端机及脉冲编码调制设备		17.0	17.0	台	O
8517502200	波分复用光传输设备		30.0	17.0	台	O
8517502900	其他有线光通讯设备		30.0	17.0	台	OA
8517503100	非光通讯网络时钟同步设备		30.0	17.0	台	
8517503200	非光通讯以太网络交换机		30.0	17.0	台	O
8517503300	IP 电话信号转换设备		30.0	17.0	台	A

商品编号	商 品 名 称 及 备 注	进口关税税率		增值税率	计量单位	监管条件
		最惠国	普通			
8517503600	调制解调器		30.0	17.0	台	AO
8517503900	其他有线数字通信设备		30.0	17.0	台	O
8517509000	有线载波通信用其他设备		30.0	17.0	台	O
8517800000	有线电话或电报用其他设备		30.0	17.0	台	O
8517901000	数字式程控电话或电报交换机零件		14.0	17.0	千克	O
8517902000	光端机、脉冲编码调制设备的零件		14.0	17.0	千克	O
8517903100	传真机用热敏记录头		14.0	17.0	千克/个	O
8517903200	传真机用接触式图象传感器		14.0	17.0	千克/个	O
8517903900	传真机的其他零件		14.0	17.0	千克	O
8517909000	编号8517所列其他通信设备零件		30.0	17.0	千克	O
8518	**传声器(麦克风)及其座架;扬声器,不论是否装成音箱;耳机、耳塞,不论是否装有传声器,由传声器及一个或多个扬声器组成的组合机;音频扩大器;电气扩音机组**					
8518100010	电讯用频率在300-3400Hz麦克风(直径不超过10mm,高不超过3mm)		40.0	17.0	个	s
8518100090	其他传声器(麦克风)及其座架	10.0	40.0	17.0	个	
8518210000	单喇叭音箱	10.0	40.0	17.0	个	BA
8518220000	多喇叭音箱	10.0	40.0	17.0	个	BA
8518290000	其他扬声器		40.0	17.0	个	B
8518300000	耳机、耳塞(包括传声器与扬声器的组合机)		40.0	17.0	个	
8518400010	电器扩音器(列入ITA的有线电话重复器用的)		40.0	17.0	台	Os
8518400090	其他音频扩大器	12.0	40.0	17.0	台	AO
8518500000	电气扩音机组	10.0	40.0	17.0	套	
8518900010	编号85184000.10所列货品的零件(列入ITA的有线电话重复器用的)		40.0	17.0	千克	s
8518900090	编号8518所列货品的其他零件	10.5	40.0	17.0	千克	
8519	**转盘(唱机唱盘)、唱机、盒式磁带放声机及其他声音重放设备,未装有声音录制装置**					
8519100000	投币式唱机	30.0	130.0	17.0	台	
8519210000	不带扬声器的唱机	30.0	130.0	17.0	台	A
8519290000	带扬声器的唱机	30.0	130.0	17.0	台	A
8519310000	装有自动换片装置转盘(唱机唱盘)	30.0	130.0	17.0	台	
8519390000	无自动换片装置的转盘(唱机唱盘)	30.0	130.0	17.0	台	
8519400000	编辑节目用放声机	20.0	80.0	17.0	台	
8519920000	袖珍盒式磁带放声机(未装有声音录制装置)	17.0	130.0	17.0	台	AB
8519930000	其他盒式磁带放声机(袖珍盒式磁带放声机除外)	20.0	130.0	17.0	台	AB
8519991000	激光唱机	30.0	80.0	17.0	台	ABO
8519999000	其他声音重放设备	20.0	80.0	17.0	台	A
8520	**磁带录音机及其他声音录制设备,不论是否装有声音重放装置**					

商品编号	商品名称及备注	进口关税税率		增值税率	计量单位	监管条件
		最惠国	普通			
8520100000	需外接电源的口授记录机(不论是否装有声音重放装置)	25.0	80.0	17.0	台	A
8520200000	电话自动应答机(不论是否装有声音重放装置)		80.0	17.0	台	
8520321000	数字音频式盒式磁带录音机(不论是否装有声音重放装置)	30.0	130.0	17.0	台	AB
8520329000	其他数字音频式磁带录音机(盒式数字音频式磁带录音机除外)	25.0	80.0	17.0	台	ABO
8520330000	其他盒式磁带录音机(不论是否装有声音重放装置)	30.0	130.0	17.0	台	AB
8520391000	开盘式录音机(盒式磁带录音机除外)	25.0	80.0	17.0	台	AB
8520399000	其他磁带录音机(盒式磁带录音机除外)	20.0	80.0	17.0	台	AB
8520901000	闪速存储器型(不论是否装有声音重放装置)	20.0	80.0	17.0	台	6ABO
8520909010	具有录音功能的激光唱机	20.0	80.0	17.0	台	6ABO
8520909090	其他录音机及声音录制设备(盒式磁带录放音机除外)	20.0	80.0	17.0	台	6ABO
8521	**视频信号录制或重放设备,不论是否装有高频调谐器**					
8521101100	广播级磁带录像机(不论是否装有高频调谐放大器)	见附表11	见附表11	17.0	台	AO
8521101900	其他磁带型录像机(不论是否装有高频调谐放大器)	见附表11	见附表11	17.0	台	A
8521102000	磁带放像机(不论是否装有高频调谐放大器)	见附表11	见附表11	17.0	台	AO
8521901110	具有录制功能的视频高密光盘(VCD)播放机(不论是否装有高频调谐放大器)	20.0	130.0	17.0	台	ABO
8521901190	其他视频高密光盘(VCD)播放机(不论是否装有高频调谐放大器)	20.0	130.0	17.0	台	ABO
8521901210	具有录制功能的数字化视频光盘(DVD)播放机(不论是否装有高频调谐放大器)	20.0	130.0	17.0	台	ABO
8521901290	其他数字化视频光盘(DVD)播放机(不论是否装有高频调谐放大器)	20.0	130.0	17.0	台	ABO
8521901910	具有录制功能的其他激光视盘播放机(不论是否装有高频调谐放大器)	20.0	130.0	17.0	台	ABO
8521901990	其他激光视盘播放机(不论是否装有高频调谐放大器)	20.0	130.0	17.0	台	ABO
8521909010	用于光盘生产的金属母盘生产设备(不论是否装有高频调谐放大器)	20.0	130.0	17.0	台	6AO
8521909090	其他视频信号录制或重放设备(不论是否装有高频调谐放大器)	20.0	130.0	17.0	台	6AO
8522	**专用于或主要用于品目8519至8521所列设备的零件、附件**					
8522100000	拾音头	35.0	130.0	17.0	个/千克	
8522901000	转盘或唱机用零件、附件	25.0	130.0	17.0	千克	
8522902100	录音机走带机构(机芯)(不论是否装有磁头)	25.0	100.0	17.0	千克	BO
8522902200	磁头	25.0	100.0	17.0	个/千克	
8522902300	磁头零件	20.0	100.0	17.0	千克	

商品编号	商品名称及备注	进口关税税率		增值税率	计量单位	监管条件
		最惠国	普通			
8522902900	盒式磁带录音机或放声机其他零件	30.0	100.0	17.0	千克	O
8522903110 *	具有刻录功能激光视盘机机芯	30.0	100.0	17.0	千克	O
8522903190	其他激光视盘机的机芯	30.0	100.0	17.0	千克	O
8522903910 *	激光视盘机的激光收发装置(激光头)	30.0	100.0	17.0	千克	O
8522903920 *	激光视盘机激光收发装置用零件	30.0	100.0	17.0	千克	O
8522903990 *	其他视频信号录放设备的零件	30.0	100.0	17.0	千克	O
8522909000	编号 8519 至 8521 所列设备其他零件	20.0	80.0	17.0	千克	
8523	**制成供灌(录)音或录制其他信息用的未录制媒体,但第三十七章的产品除外**					
8523110000	宽度≤4mm 的未录制磁带		130.0	17.0	盘	A
8523120000	4mm<宽度≤6.5mm 的未录制磁带(宽度超过 4mm,但未超过 6.5mm 的)		130.0	17.0	盘	
8523131000	计算机等用宽>6.5mm 未录制磁带(指编号 8471 所列机器用的)		20.0	17.0	盘	
8523132000	宽度>6.5mm 的未录制录音带		130.0	17.0	盘	
8523133000	宽度>6.5mm 的未录制录像带		130.0	17.0	盘	
8523139000	宽度>6.5mm 其他的未录制磁带(第 37 章的产品除外)		70.0	17.0	盘	
8523201000	编号 8471 所列机器用空磁盘		20.0	17.0	个	
8523209000	其他用途的空磁盘		70.0	17.0	个	
8523300000	未录制的磁条卡	17.5	70.0	17.0	个	
8523900000	其他供录制声音等信息未录制媒体(指磁带、磁盘以外的录制媒体,第 37 章的产品除外)		70.0	17.0	个	
8524	**已灌(录)音或录制其他信息的唱片、磁带及其他媒体,包括供复制用的母片及母带,但不包括第三十七章的产品**					
8524101000	教学用的已灌制唱片			17.0	张	Z
8524109000	非教学用的已灌制唱片	15.0	130.0	17.0	张	Z
8524310000	重放声音或图像以外信息的光盘(指激光阅读系统用盘)		14.0	17.0	张	
8524321000	重放声音的教学用光盘(指激光阅读系统用盘)			17.0	张	Z
8524329000	其他重放声音的光盘(指激光阅读系统用盘,编号 8471 机器用或教学用除外)	10.0	130.0	17.0	张	Z
8524391000	其他教学用已录制光盘(激光阅读系统用盘)			17.0	张	Z
8524392000	其他编号 8471 机器用已录制光盘(激光阅读系统用盘)		14.0	17.0	张	
8524399000	其他已录制的光盘(激光阅读系统用盘,8471 机器用或教学用除外)		130.0	17.0	张	Z
8524401000	录有非音像信息的教学磁带			17.0	盘	
8524409100	其他宽≤6.5mm 录有非音像信息磁带		14.0	17.0	盘	
8524409900	其他录有非音像信息的磁带		14.0	17.0	盘	
8524511000	宽度≤4mm 的音像教学磁带(录有声音或图像的)			17.0	盘	Z

商品编号	商品名称及备注	进口关税税率		增值税率	计量单位	监管条件
		最惠国	普通			
8524519000	其他宽度≤4mm 的音像磁带(录有声音或图像以外信息的磁带除外)	15.0	130.0	17.0	盘	Z
8524521000	4mm<宽度≤6.5mm 的音像教学磁带(录有声音或图像的)			17.0	盘	Z
8524529000	4mm<宽度≤6.5mm 的其他音像磁带(录有声音或图像的)	10.0	130.0	17.0	盘	Z
8524531000	宽度>6.5mm 的音像教学磁带(录有声音或图像的)			17.0	盘	Z
8524539000	其他宽度>6.5mm 的音像磁带(录有声音或图像的)	10.0	130.0	17.0	盘	Z
8524600000	已录制的磁条卡	15.0	130.0	17.0	个	
8524911000	其他录有非音像信息的教学用媒体			17.0	个	
8524912000	税号 8471 所列机器用非音像媒体		14.0	17.0	个	
8524919000	其他录有非音像信息的媒体		130.0	17.0	个	
8524991000	其他音像教学媒体(录有声音或图像)			17.0	个	Z
8524992000	税号 8471 所列机器用其他媒体(录有声音或图像)		14.0	17.0	个	
8524999000	其他已录制媒体(录有声音或图像)		130.0	17.0	个	Z
8525	**无线电话、电报、无线电广播、电视发送设备,不论是否装有接收装置或声音的录制、重放装置;电视摄像机;静像视频摄像机及其他视频摄录一体机;数字照相机**					
8525101000	广播电视用发送设备		30.0	17.0	台	O
8525109000	其他无线电话、电报发送设备		14.0	17.0	台	O
8525201100	电视用卫星地面站设备		30.0	17.0	台	O
8525201900	其他卫星地面站设备		14.0	17.0	台	O
8525202211	GSM 数字式手持无线电话整套散件		20.0	17.0	台	ABO
8525202219	其他 GSM 数字式手持无线电话机		20.0	17.0	台	ABO
8525202221	CDMA 数字式手持无线电话整套散件		20.0	17.0	台	ABO
8525202229	其他 CDMA 数字式手持无线电话机		20.0	17.0	台	ABO
8525202290	其他手持式无线电话机(包括车载式无线电话机)		20.0	17.0	台	OAB
8525202300	对讲机		17.0	17.0	台	O
8525202900	其他移动通讯设备		14.0	17.0	台	O
8525209100	广播电视用装有接收装置发送设备		30.0	17.0	台	O
8525209210	GSM 式移动通信基地站		14.0	17.0	台	O
8525209220	CDMA 式移动通信基地站		14.0	17.0	台	O
8525209230	TACS 式移动通信基地站		14.0	17.0	台	O
8525209290	其他移动通信基地站		14.0	17.0	台	O
8525209300	无线用户接入网设备(装有接收装置的发送设备)		14.0	17.0	台	O
8525209900	其他装有接收装置的发送设备		14.0	17.0	台	O
8525301010	抗辐射电视摄像机[能抗 5×10^4 戈瑞(硅)以上辐射而又不会降低使用质量]	10.0	17.0	17.0	台	3A
8525301090	其他特种用途电视摄像机	10.0	17.0	17.0	台	OA
8525309100	非特种用途广播级电视摄像机	见附表 11	见附表 11	17.0	台	OA

商品编号	商品名称及备注	进口关税税率		增值税率	计量单位	监管条件
		最惠国	普通			
8525309920 *	手机用摄像组件(由镜头+CCD/CMOS+数字信号处理电路三部分构成)	见附表11	见附表11	17.0	台	OA
8525309990	其他电视摄像机及其他摄像组件(其他摄像组件由非广播级镜头+CCD/CMOS+数字信号处理电路构成)	见附表11	见附表11	17.0	台	OA
8525401000	特种静像摄像机及其他摄录一体机(包括特种用途数码相机)		17.0	17.0	台	O
8525404100	广播级静像摄像机(及广播级其他摄录一体机)	见附表11	见附表11	17.0	台	O
8525404200	家用型摄录一体机	见附表11	见附表11	台	OA	
8525404900	其他静像摄像机及摄录一体机	见附表11	见附表11	17.0	台	O
8525405100	单镜头反光型数字照相机	见附表11	见附表11	17.0	台	O
8525405900	其他数字照相机	见附表11	见附表11	17.0	台	O
8526	雷达设备、无线电导航设备及无线电遥控设备					
8526101010	用于导弹、火箭等的导航雷达设备(用于弹道导弹、运载火箭、探空火箭等的目标探测)	2.0	8.0	17.0	台	30
8526101090	其他导航用雷达设备	2.0	8.0	17.0	台	O
8526109011	用于导弹、火箭等的机载雷达设备(用于弹道导弹、运载火箭、探空火箭等的目标探测)	5.0	14.0	17.0	台	30
8526109019 *	其他机载雷达(包括气象雷达,地形雷达和空中交通管制应答系统)	5.0	14.0	17.0	台	O
8526109091	用于导弹、火箭等的其他雷达设备(用于弹道导弹、运载火箭、探空火箭等的目标探测)	5.0	14.0	17.0	台	30
8526109099	其他雷达设备	5.0	14.0	17.0	台	O
8526911000	机动车辆用无线电导航设备	2.0	8.0	17.0	台	
8526919010	制导装置(使300km射程导弹达到≤10km圆公算偏差)	2.0	8.0	17.0	台	30
8526919090	其他无线电导航设备	2.0	8.0	17.0	台	O
8526920000	无线电遥控设备	5.0	14.0	17.0	台	O
8527	**无线电话、电报、无线电广播接收设备,不论是否与声音的录制、重放装置或时钟组合在同一机壳内**					
8527120000	不需外接电源袖珍盒式磁带收放机(包括兼可接收无线电话,电报的设备)	20.0	130.0	17.0	台	AB
8527130000	不需外接电源收录(放)音组合机(包括兼可接收无线电话,电报的设备)	15.0	130.0	17.0	台	AB
8527190000	不需外接电源无线电收音机(包括兼可接收无线电话,电报的设备)	15.0	130.0	17.0	台	B
8527210000	需外接电源汽车收录(放)音组合机(包括兼可接收无线电话,电报的设备)	15.0	130.0	17.0	台	BO
8527290000	需外接电源汽车用无线电收音机(包括兼可接收无线电话,电报的设备)	15.0	130.0	17.0	台	B
8527310000	其他收录(放)音组合机(包括兼可接收无线电话、电报的设备)	15.0	130.0	17.0	台	ABO

商品编号	商 品 名 称 及 备 注	进口关税税率		增值税率	计量单位	监管条件
		最惠国	普通			
8527320000	带时钟的收音机(包括兼可接收无线电话、电报的设备)	15.0	130.0	17.0	台	
8527390000	其他收音机(包括兼可接收无线电话、电报的设备)	27.0	130.0	17.0	台	BA
8527901000	无线寻呼机(BP机)		35.0	17.0	个	AB
8527909010	呼叫、提示和寻呼用便携式接收器		14.0	17.0	台	s
8527909090	其他无线电话、电报、广播接收设备	9.0	14.0	17.0	台	O
8528	**电视接收装置,不论是否装有无线电收音装置或声音、图像的录制或重放装置;视频监视器及视频投影机**					
8528121000	彩色的卫星电视接收机	30.0	130.0	17.0	台	AO
8528122100	屏幕≤42cm阴极射线显像管彩电(所列规格指显示屏幕对角线尺寸)	30.0	130.0	17.0	台	6ABO
8528122200	42cm<屏幕≤52cm射线显像管彩电(所列规格指显示屏幕对角线尺寸)	30.0	130.0	17.0	台	6AB
8528122300	52cm<屏幕≤74cm射线显像管彩电(所列规格指屏幕对角线尺寸)	30.0	130.0	17.0	台	6ABO
8528122400	屏幕>74cm阴极射线显像管彩电(所列规格指屏幕对角线尺寸)	30.0	130.0	17.0	台	6ABO
8528123800	屏幕>52cm的液晶彩电(所列规格指屏幕对角线尺寸)	30.0	130.0	17.0	台	ABO
8528123900	其他的液晶彩电(所列规格指屏幕对角线尺寸)	30.0	130.0	17.0	台	ABO
8528124800	显示屏>52cm的等离子彩电(所列规格指屏幕对角线尺寸)	30.0	130.0	17.0	台	ABO
8528124900	其他等离子彩电(所列规格指屏幕对角线尺寸)	30.0	130.0	17.0	台	ABO
8528129000	其他彩色电视接收装置(所列规格指屏幕对角线尺寸)	30.0	130.0	17.0	台	ABO
8528131000	≤16cm黑白或其他单色电视机(所列规格指显示屏幕尺寸)	15.0	100.0	17.0	台	6AB
8528132000	16-42厘米黑白或其他单色电视机(所列规格指显示屏幕尺寸)	15.0	100.0	17.0	台	6AB
8528133000	42-52cm黑白或其他单色电视机(所列规格指显示屏幕尺寸)	15.0	100.0	17.0	台	6AB
8528134000	52cm以上黑白或其他单色电视机(所列规格指显示屏幕尺寸)	15.0	100.0	17.0	台	6AB
8528210000	彩色视频监视器	30.0	130.0	17.0	台	6ABO
8528220000	黑白或其他单色视频监视器	19.0	100.0	17.0	台	6AB
8528301000	彩色视频投影机	30.0	130.0	17.0	台	AO
8528302000	黑白或其他单色视频投影机	15.0	100.0	17.0	台	A
8529	**专用于或主要用于品目8525至8528所列装置或设备的零件**					
8529101000	雷达及无线电导航设备天线及零件(包括天线反射器)	1.5	8.0	17.0	千克	O
8529102000	收音机、电视机天线及其零件(包括收音机的组合机用的天线及零件)		90.0	17.0	千克	
8529109010	无线电话电报装置的天线		20.0	17.0	千克	sO

商品编号	商品名称及备注	进口关税税率		增值税率	计量单位	监管条件
		最惠国	普通			
8529109021	卫星电视接收用天线	2.0	20.0	17.0	千克	0
8529109029	其他无线广播电视用天线(品目8525至8528所列其他装置或设备的,包括天线反射器)	2.0	20.0	17.0	千克	0
8529109090	其他无线电设备天线及其零件(编号8525至8528所列其他装置或设备的,包括天线反射器)	2.0	20.0	17.0	千克	0
8529901011	卫星电视接收用解码器		30.0	17.0	千克	0
8529901012	卫星电视接收用收视卡		30.0	17.0	千克	0
8529901013	卫星电视接收用器件板卡		30.0	17.0	千克	0
8529901014	卫星电视接收用专用零件		30.0	17.0	千克	0
8529901090	其他电视发送、差转等设备零件(包括其他卫星电视地面接收转播设备零件)		30.0	17.0	千克	0
8529902000	手持式无线电话机零件		17.0	17.0	千克	0
8529903000	对讲机零件	8.0	20.0	17.0	千克	
8529904100	特种用途的电视摄像机等零件(静像视频摄像机及其他视频摄录一体机数字照相机的零件)	8.0	17.0	17.0	千克	
8529904210 *	取像模块(静像视频摄像机、摄录一体机、数字照相机用)	12.0	100.0	17.0	千克	
8529904290	其他非特种用途的取像模块	12.0	100.0	17.0	千克	
8529904910 *	摄像机及摄录一体机的零件	12.0	100.0	17.0	千克	
8529904920 *	互补金属氧化物半导传感器(数码照相机用)	12.0	100.0	17.0	千克	
8529904930 *	数码照相机用电荷耦合器件(CCD)	12.0	100.0	17.0	千克	
8529904940 *	其他数码照相机零件	12.0	100.0	17.0	千克	
8529904990 *	其他用途电视摄像机零件(包括静像视频摄像机用的零件)	12.0	100.0	17.0	千克	
8529905000	雷达及无线电导航设备零件	1.5	8.0	17.0	千克	0
8529906000	收音机及其组合机的其他零件	15.0	130.0	17.0	千克	
8529907000	无线寻呼机零件		20.0	17.0	千克	
8529908110 *	背投电视机用光机	15.0	80.0	17.0	千克	0
8529908190	其他彩色电视机零件(等离子显像组件及其零件除外)(高频调谐器除外)	15.0	80.0	17.0	千克	0
8529908200 *	等离子显象组件及其零件(含滤光片)	15.0	80.0	17.0	千克	0
8529908900	其他电视机零件(高频调谐器除外)		50.0	17.0	千克	
8529909011	卫星电视接收用高频调谐器		57.0	17.0	千克	0
8529909019	其他高频调谐器		57.0	17.0	千克	0
8529909090	编号8525至8528所列设备其他零件		57.0	17.0	千克	
8530	**铁道、电车道、道路或内河航道、停车场、港口或机场用的电气信号、安全或交通管理设备(品目8608的货品除外)**					
8530100000	铁道或电车道用电气信号等设备(包括安全或交通管理设备)	10.0	20.0	17.0	个	0
8530800000	其他用电气信号、安全、交通设备(指道路或内河航道、停车场、港口、机场用)	8.0	20.0	17.0	个	0

商品编号	商品名称及备注	进口关税税率		增值税率	计量单位	监管条件
		最惠国	普通			
8530900000	编号8530所列设备的零件(包括电车道、道路、港口、机场用电气信号安全、交管设备)	8.0	20.0	17.0	千克	
8531	**电气音响或视觉信号装置(例如,电铃、电笛、显示板、防盗或防火报警器),但品目8512或8530的货品除外**					
8531101000	机动车辆防盗装置	10.0	40.0	17.0	个	A
8531109000	其他防盗或防火报警器及类似装置	10.0	40.0	17.0	个	OA
8531200000	有液晶装置或发光管的显示板		70.0	17.0	个	
8531801010 *	音量不超过110db的小型蜂鸣器	15.0	70.0	17.0	个	B
8531801090	其他蜂鸣器	15.0	70.0	17.0	个	B
8531809000	其他电气音响或视觉信号装置	10.0	70.0	17.0	个	
8531901000	防盗、防火及类似装置用零件		40.0	17.0	千克	AO
8531909000	其他音响或视觉信号装置用零件		70.0	17.0	千克	
8532	**固定、可变或可调(微调)电容器**					
8532100000	固定电容器(电力电容器)(用于50/60Hz电路,额定无功功率不低于0.5kW)		20.0	17.0	千克/千个	
8532211000	片式钽电容器		35.0	17.0	千克/千个	
8532219000	其他钽电容器		35.0	17.0	千克/千个	
8532220000	铝(固定)电介电容器		35.0	17.0	千克/千个	
8532230000	单层瓷介电容器		35.0	17.0	千克/千个	
8532241000	片式多层瓷介电容器		35.0	17.0	千克/千个	
8532249000	其他多层瓷介电容器		35.0	17.0	千克/千个	
8532251000	片式纸介质或塑料介质电容器		35.0	17.0	千克/千个	
8532259000	其他纸介质或塑料介质电容器		35.0	17.0	千克/千个	
8532290000	其他固定电容器		35.0	17.0	千克/千个	
8532300000	其他可变或可调(微调)电容器		35.0	17.0	千克/千个	
8532901000	编号85321000所列电容器零件		20.0	17.0	千克	
8532909000	其他电容器零件(编号85321000所列电容器零件除外)		35.0	17.0	千克	
8533	**电阻器(包括变阻器及电位器),但加热电阻器除外**					
8533100000	合成或薄膜式固定碳质电阻器		50.0	17.0	千克/千个	
8533211000	额定功率≤20W片式固定电阻器(额定功率≤20W片式电阻除外)		50.0	17.0	千克/千个	
8533219000	额定功率≤20W其他固定电阻器(额定功率≤20W片式电阻除外)		50.0	17.0	千克/千个	
8533290000	其他额定功率>20W固定电阻器		50.0	17.0	千克/千个	
8533310000	额定功率≤20W线绕可变电阻器(包括变阻器及电位器)		50.0	17.0	千克/千个	
8533390000	额定功率>20W电位器(包括变阻器及电位器)		50.0	17.0	千克/千个	
8533400000	其他可变电阻器(包括变阻器及电位器)		50.0	17.0	千克/千个	
8533900000	各种电阻器零件(包括变阻器及电位器)		50.0	17.0	千克	

商品编号	商品名称及备注	进口关税税率		增值税率	计量单位	监管条件
		最惠国	普通			
8534	**印刷电路**					
8534001000	四层以上的印刷电路		35.0	17.0	块/千克	
8534009000	四层及以下的印刷电路		50.0	17.0	块/千克	
8535	**电路的开关、保护或连接用的电气装置(例如,开关、熔断器、避雷器、电压限幅器、电涌抑制器、插头、接线盒),用于电压超过1000伏的线路**					
8535100000	电路熔断器(电压>1000V)(用于电压超过1000V的线路)	14.0	50.0	17.0	个/千克	BA
8535210000	电压<72.5kV自动断路器(用于电压超过1000V的线路)	14.0	50.0	17.0	个/千克	BA
8535290010	六氟化硫断路器(含组合电器)	10.0	50.0	17.0	个/千克	BO
8535290090	电压≥72.5kV自动断路器(用于电压超过1000V的线路)	10.0	50.0	17.0	个/千克	BO
8535300000	隔离开关及断续开关(用于电压超过1000V的线路)	10.0	50.0	17.0	个/千克	BA
8535400000	避雷器,电压限幅器及电涌抑制器(用于电压超过1000V的线路)	18.0	50.0	17.0	个/千克	B
8535900010	触发式火花隙(阳极延迟时间≤15ms,阳极峰值额定电流≥500A)	10.0	50.0	17.0	千克	3B
8535900020	具有快速开关功能的模件或组件(阳极峰值电压≥2001V;电流≥501A;接通时间≤2ms)	10.0	50.0	17.0	千克	3B
8535900090	其他>1000V电路开关等电气装置(用于电压超过1000V的线路开关,保护,连接用电气装置)	10.0	50.0	17.0	千克	AB
8536	**电路的开关、保护或连接用的电气装置(例如,开关、继电器、熔断器、电涌抑制器、插头、插座、灯座、接线盒),用于电压不超过1000V的线路**					
8536100000	熔断器(电压不超过1000V)(用于电压不超过1000V的线路)	10.0	50.0	17.0	个/千克	BA
8536200000	电压不超过1000V自动断路器(用于电压不超过1000V的线路)	9.0	50.0	17.0	个/千克	BA
8536300000	电压≤1000V其他电路保护装置(用于电压不超过1000V的线路)	9.0	50.0	17.0	个/千克	BA
8536410010	继电器(线圈电压不大于48V,边长不超过40mm)	10.0	50.0	17.0	个/千克	AB
8536410090	其他电压≤60V的继电器	10.0	50.0	17.0	个/千克	AB
8536490000	电压>60V的继电器(用于电压不超过1000V的线路)	10.0	50.0	17.0	个/千克	AB
8536500000	电压≤1000V的其他开关(用于电压不超过1000V的线路)		50.0	17.0	个/千克	AB
8536610000	电压≤1000V的灯座(用于电压不超过1000V的线路)	10.0	50.0	17.0	个/千克	B
8536690000	电压≤1000V的插头及插座(用于电压不超过1000V的线路)		50.0	17.0	个/千克	B

商品编号	商品名称及备注	进口关税税率		增值税率	计量单位	监管条件
		最惠国	普通			
8536900000	其他≤1000V电路开关等电气装置(用于电压不超过1000V的线路开关、保护、连接用电气装置)		50.0	17.0	千克	AB
8537	**用于电气控制或电力分配的盘、板、台、柜及其他基座,装有两个或多个品目8535或8536所列的装置,包括装有第九十章所列的仪器或装置,以及数控装置,但品目8517的交换机除外**					
8537101110	绕线机用调节和编程控制器(8479899060绕线机用)	5.0	14.0	17.0	个/千克	30
8537101120*	机床用可编程控制器(用于电压不超过1000V的线路)	5.0	14.0	17.0	个/千克	0
8537101190	其他可编程控制器(用于电压不超过1000V的线路)	5.0	14.0	17.0	个/千克	0
8537101910*	机床用其他数控装置(用于电压不超过1000V的线路)	5.0	14.0	17.0	个/千克	0
8537101990	其他非机床用数控装置(用于电压不超过1000V的线路)	5.0	14.0	17.0	个/千克	0
8537109010	电梯用控制柜(电气柜)(电压不超过1000V的线路)	8.4	50.0	17.0	个/千克	0
8537109021	控制器[用于机器人或末端操纵装置(详见核两用清单)]	8.4	50.0	17.0	个/千克	30
8537109022	数字控制器(专用于编号8479899071电动式振动试验系统)	8.4	50.0	17.0	个/千克	30
8537109090	其他电力控制或分配的装置(电压不超过1000V的线路)	8.4	50.0	17.0	个/千克	AO
8537201000	电压≥500kV高压开关装置(全封闭组合式高压开关装置电压500kV及以上的线路)	8.4	30.0	17.0	台/千克	OB
8537209000	其他电力控制或分配装置(包括盘、板(含数控装置))	8.4	50.0	17.0	千克	A
8538	**专用于或主要用于品目8535、8536或8537所列装置的零件**					
8538101000	子目号85372010所列装置的零件(电压≥500kV线路用全封闭组合式高压开关装置用)	8.4	50.0	17.0	千克	0
8538109000	编号8537货品用的其他盘、板等(未装有开关装置)	7.0	50.0	17.0	千克	
8538900000	编号8535、8536、8537装置的零件(专用于或主要用于)	7.0	50.0	17.0	千克	
8539	**白炽灯炮、放电灯管,包括封闭式聚光灯及紫外线灯管或红外线灯泡;弧光灯**					
8539100000	封闭式聚光灯	10.0	45.0	17.0	只	
8539211000	科研、医疗专用卤钨灯	8.0	20.0	17.0	只	
8539212000	火车、航空器及船舶用卤钨灯	8.0	20.0	17.0	只	
8539213000	机动车辆用卤钨灯	10.0	45.0	17.0	只	
8539219000	其他用卤钨灯	10.5	70.0	17.0	只	
8539221000	科研、医疗用功率≤200W白炽灯泡(功率不超过200W,额定电压超过100V)	10.5	20.0	17.0	只	B
8539229000	其他用功率≤200W白炽灯泡(功率不超过200W,额定电压超过100V)	5.0	70.0	17.0	只	B
8539291000	科研、医疗专用其他白炽灯泡	5.0	20.0	17.0	只	B

商品编号	商品名称及备注	进口关税税率		增值税率	计量单位	监管条件
		最惠国	普通			
8539292000	火车、航空及船舶用其他白炽灯泡	10.5	20.0	17.0	只	
8539293000	机动车辆用其他白炽灯泡	5.0	45.0	17.0	只	B
8539299100	12V及以下未列名的白炽灯泡	12.0	70.0	17.0	只	B
8539299900	其他未列名的白炽灯泡	12.0	70.0	17.0	只	B
8539311000	科研、医疗专用热阴极荧光灯	8.0	20.0	17.0	只	B
8539312000	火车、航空器、船舶用热阴极荧光灯	8.0	20.0	17.0	只	B
8539319000	其他用途用热阴极荧光灯	8.0	70.0	17.0	只	B
8539321000	科研医疗用汞或钠蒸汽灯(包括科研、医疗专用金属卤化物灯)	8.0	20.0	17.0	只	
8539322000	火车、飞机及船舶用汞或钠蒸汽灯(包括金属卤化物灯)	8.0	20.0	17.0	只	
8539329010 *	彩色液晶投影机的照明光源(包括金属卤化物灯)	8.0	70.0	17.0	只	
8539329090	其他用途的汞或钠蒸汽灯(包括金属卤化物灯)	8.0	70.0	17.0	只	
8539391000	科研、医疗专用其他放电灯	8.0	20.0	17.0	只	
8539392000	火车、航空器、船舶用其他放电灯	8.0	20.0	17.0	只	
8539399000	其他用途的其他放电灯管	8.0	70.0	17.0	只	
8539410000	弧光灯	8.0	20.0	17.0	只	
8539490000	紫外线或红外线灯	8.0	20.0	17.0	只	
8539900000	编号8539所列货品的零件	8.0	20.0	17.0	千克	B
8540	**热电子管、冷阴极管或光阴极管(例如,真空管或充气管、汞弧整流管、阴极射线管、电视摄像管)**					
8540110000	彩色阴极射线电视显像管(包括视频监视器用阴极射线管)	12.0	40.0	17.0	只	6ABO
8540120000	黑白或单色阴极射线电视显像管(包括视频监视器用阴极射线管)	15.0	40.0	17.0	只	6AB
8540201000	电视摄像管	12.0	35.0	17.0	只	
8540209010	电子条纹相机的条纹显像管(专用于编号9006590 0.40的条纹显像管)	8.0	17.0	17.0	只	3
8540209090	其他电视摄像管;其他变像管及图像增强管;其他光阴极管	8.0	17.0	17.0	只	
8540400000 *	点距<0.4mm彩色数据/图形显示管(指屏幕荧光点间距小于0.4mm的彩色数据/图形显示管)	8.0	17.0	17.0	只	60
8540500000	黑白或其他单色数据/图形显示管	8.0	17.0	17.0	只	6
8540601000	雷达显示管	6.0	14.0	17.0	只	O
8540609000	其他阴极射线管	8.0	17.0	17.0	只	6
8540710000	磁控管	8.0	17.0	17.0	只	
8540720000	速调管	8.0	17.0	17.0	只	
8540790000	其他微波管	8.0	17.0	17.0	只	
8540810000	接收管或放大管	8.0	17.0	17.0	只	
8540890000	其他电子管(包括光阴极管或汞弧整流管)	8.0	17.0	17.0	只	
8540911000	电视显像管零件	6.0	40.0	17.0	千克	
8540912000	雷达显示管零件	5.0	14.0	17.0	千克	

商品编号	商品名称及备注	进口关税税率		增值税率	计量单位	监管条件
		最惠国	普通			
8540919000	其他阴极射线管零件	8.0	17.0	17.0	千克	
8540991000	电视摄像管零件	8.0	35.0	17.0	千克	
8540999000	其他热电子管、冷阴极管零件(包括光阴极管或汞弧整流管)	8.0	17.0	17.0	千克	
8541	**二极管、晶体管及类似的半导体器件;光敏半导体器件,包括不论是否装在组件内或组装成块的光电池;发光二极管;已装配的压电晶体**					
8541100000	二极管(光敏、发光二极管除外)		30.0	17.0	个/千克	
8541210000	耗散功率<1W的晶体管(不含光敏晶体管)		30.0	17.0	个/千克	
8541290000	耗散功率≥1W的晶体管(不含光敏晶体管)		30.0	17.0	个/千克	
8541300000	半导体及可控硅等开关元件(不含光敏器件)		30.0	17.0	个/千克	
8541400000	光敏半导体器件、发光二极管(包括不论是否装在组件内或组装成块的光电池)		30.0	17.0	个/千克	
8541500000	其他半导体器件		30.0	17.0	个/千克	
8541600000	已装配的压电晶体		30.0	17.0	个/千克	
8541900000	税号85.41所列货品零件		30.0	17.0	千克	
8542	**集成电路及微电子组件**					
8542100000	装有集成电路的卡(智能卡)		21.0	17.0	个/千克	
8542211100	线宽≤0.18μm集成电路原片(数字式单片集成电路,未经切割加工)		24.0	17.0	个/千克	
8542211900	其他线宽≤0.18μm的集成电路(数字式单片集成电路)		24.0	17.0	个/千克	
8542212100	0.18μm<线宽≤0.35μm集成电路原片(数字式单片集成电路,未经切割加工)		24.0	17.0	个/千克	
8542212900	其他0.18μm<线宽≤0.35μm集成电路(数字式单片集成电路)		24.0	17.0	个/千克	
8542219100	线宽>0.35μm的单片集成电路原片(数字式单片集成电路,未经切割加工)		24.0	17.0	个/千克	
8542219900	其他线宽>0.35μm集成电路(数字式单片集成电路)		24.0	17.0	个/千克	
8542290000	其他单片集成电路		24.0	17.0	个/千克	
8542600000	混合集成电路		30.0	17.0	个/千克	
8542701000	光通信设备的激光收发模块(包括波分复用光传输设备用的光收发模块)		30.0	17.0	个/千克	
8542709000	其他微电子组件		30.0	17.0	个/千克	
8542900000	其他集成电路及微电子组件零件		30.0	17.0	千克	
8543	**本章其他品目未列名的具有独立功能的电气设备及装置**					
8543110000	半导体材料掺杂用离子注入机		11.0	17.0	台	
8543190010	脉冲电子加速器(峰值能量为500千电子V或更高)	5.0	11.0	17.0	台	3
8543190020	中子发生器系统,包括中子管(真空下,利用静电加速来诱发氚-氘核反应)	5.0	11.0	17.0	台	3

商品编号	商品名称及备注	进口关税税率		增值税率	计量单位	监管条件
		最惠国	普通			
8543190090	其他粒子加速器(峰值能量为500千电子伏或更高)	5.0	11.0	17.0	台	
8543201000	<1500MHz的通用信号发生器(输出信号频率在1500MHz以下的)	15.0	80.0	17.0	台	
8543209010	高速脉冲发生器(脉冲上升时间小于500ps)	8.0	20.0	17.0	台	3
8543209090	其他≥1500MHz的通用信号发生器(输出信号频率在1500MHz及以上的)	8.0	20.0	17.0	台	
8543300010	电化学还原槽;锂汞齐电解槽(电化学还原槽为化学交换过程的铀浓缩设计的)		35.0	17.0	台	3
8543300020	产氟电解槽(每小时产250g以上)		35.0	17.0	台	3
8543300090	其他电镀、电解或电泳设备及装置		35.0	17.0	台	
8543400000	电篱网激发器	10.0	35.0	17.0	台	
8543810000	邻近卡及牌		35.0	17.0	台	
8543891000	金属、矿藏探测器		17.0	17.0	台	
8543892010	无线广播电视用功率放大器		17.0	17.0	台	0
8543892090	其他高、中频放大器		17.0	17.0	台	0
8543899010	飞行数据记录器、报告器		35.0	17.0	台	0
8543899020	无线广播电视用激励器(具有独立功能)		35.0	17.0	台	0
8543899030	模/数转换器(能设计或改进成军用,或设计成抗辐射的)		35.0	17.0	台	30
8543899040	质谱仪用的离子源(原子质量单位≥230,分辨率>2/230)		35.0	17.0	台	30
8543899090	其他未列名的电气设备及装置(具有独立功能)		35.0	17.0	台	0
8543901000	粒子加速器用零件		11.0	17.0	千克	
8543902100	<1500MHz通用信号发生器零件		80.0	17.0	千克	
8543902900	≥1500MHz通用信号发生器零件		20.0	17.0	千克	
8543903000	金属、矿藏探测器用零件		17.0	17.0	千克	
8543904000	高、中频放大器用零件		17.0	17.0	千克	0
8543909000	85章其他未列名电气设备的零件		35.0	17.0	千克	
8544	**绝缘(包括漆包或阳极化处理)电线、电缆(包括同轴电缆)及其他绝缘电导体,不论是否有接头;由每根被覆光纤组成的光缆,不论是否与电导体装配或装有接头**					
8544110000	铜制绕组电线	10.0	70.0	17.0	千克	AB
8544190000	其他绕组电线(非铜制)	20.0	70.0	17.0	千克	AB
8544200000	同轴电缆及其他同轴电导体	10.0	20.0	17.0	千克	AB
8544302000	机动车辆用点火布线组	10.0	20.0	17.0	千克	AB
8544309000	其他用点火布线组	5.0	70.0	17.0	千克	AB
8544411000	耐压≤80V有接头电缆		20.0	17.0	千克	AB
8544419000	耐压≤80V有接头电导体		70.0	17.0	千克	AB
8544491000	耐压≤80V无接头电缆		20.0	17.0	千克	AB
8544499000	耐压≤80V无接头电导体		70.0	17.0	千克	AB

商品编号	商品名称及备注	进口关税税率		增值税率	计量单位	监管条件
		最惠国	普通			
8544511000	1000V≥耐压>80V有接头电缆(指额定电压超过80V,但不超过1000V)		20.0	17.0	千克	AB
8544519000	1000V≥耐压>80V有接头电导体(指额定电压超过80V,但不超过1000V)		70.0	17.0	千克	AB
8544591000	1000V≥耐压>80V无接头电缆(指额定电压超过80V,但不超过1000V)	6.0	20.0	17.0	千克	ABO
8544599000	1000V≥耐压>80V无接头电导体(指额定电压超过80V,但不超过1000V)	12.0	70.0	17.0	千克	AB
8544601200	1kV<额定电压≤35kV的电缆	10.0	50.0	17.0	千克	ABO
8544601300	35kV<额定电压≤110kV的电缆	8.4	20.0	17.0	千克	ABO
8544601400	110kV<额定电压≤220kV的电缆	8.4	20.0	17.0	千克	ABO
8544601900	耐压>220kV的电缆	8.4	50.0	17.0	千克	ABO
8544609000	耐压>1kV的其他电导体	21.0	70.0	17.0	千克	AB
8544700000	光缆		20.0	17.0	千克	AO
8545	**碳电极、碳刷、灯碳棒、电池碳棒及电气设备用的其他石墨或碳精制品,不论是否带金属**					
8545110010*	直径为610mm±3mm的炉用碳电极	8.0	35.0	17.0	千克	
8545110090	其他炉用碳电极(不论是否带金属)	8.0	35.0	17.0	千克	
8545190000	其他碳电极(不论是否带金属)	10.5	35.0	17.0	千克	
8545200000	碳刷(不论是否带金属)	10.5	35.0	17.0	千克	
8545900000	灯碳棒、电池碳棒及其他石墨制品(不论是否带金属)	10.5	35.0	17.0	千克	
8546	**各种材料制的绝缘子**					
8546100000	玻璃制绝缘子	10.5	35.0	17.0	千克	
8546201000	输变电线路绝缘瓷套管	6.0	35.0	17.0	千克	B
8546209010*	输变电架空线路用长棒形瓷绝缘子瓷件(单支长度为1-2米,实芯)	12.0	35.0	17.0	千克	B
8546209090	其他陶瓷制绝缘子(包括非输变电线路绝缘瓷套管)	12.0	35.0	17.0	千克	B
8546900000	其他材料制绝缘子	10.0	35.0	17.0	千克	
8547	**电气机器、器具或设备用的绝缘零件,除了为装配需要而在模制时装入的小金属零件(例如螺纹孔)以外,全部用绝缘材料制成,但品目8546的绝缘子除外;内衬绝缘材料的贱金属制线路导管及其接头**					
8547100000	陶瓷制绝缘零件	8.0	35.0	17.0	千克	
8547200000	塑料制绝缘零件	8.0	35.0	17.0	千克	
8547901000	内衬绝缘材料的贱金属导管,接头	10.0	50.0	17.0	千克	
8547909000	其他材料制绝缘配件	8.0	35.0	17.0	千克	
8548	**原电池、原电池组及蓄电池的废碎料;废原电池、废原电池组及废蓄电池;机器或设备的本章其他品目未列名的电气零件**					

商品编号	商 品 名 称 及 备 注	进口关税税率		增值税率	计量单位	监管条件
		最惠国	普通			
8548100000	电池废碎料及废电池(指原电池(组)和蓄电池的废碎料,废原电池(组)及废蓄电)	8.0	36.0	17.0	千克	9
8548900010	可调脉冲单模染料振荡器(平均输出功率 > 1W 重复率 > 1kHz 脉宽 < 100ns 可见光范围)	12.0	40.0	17.0	千克	3
8548900020	可调脉冲染料激光放大器和振荡器(平均输出功率 > 30W 重复率 > 1kHz 脉宽 < 100ns 可见光范围)	12.0	40.0	17.0	千克	3
8548900090	85章其他编号未列名的电气零件	12.0	40.0	17.0	千克	

第十七类　车辆、航空器、船舶及有关运输设备

注释：

一、本类不包括税号95.01、95.03或95.08的物品以及税号95.06的长雪橇、平底雪橇及类似品。

二、本类所称“零件”及“零件、附件”，不适用于下列货品，不论其是否确定为供本类货品使用：

(一)各种材料制的接头、垫圈或类似品(按其构成材料归类或归入税号84.84)或硫化橡胶(硬质橡胶除外)的其他制品(税号40.16)；

(二)第十五类注释二所规定的贱金属制通用零件(第十五类)或塑料制的类似品(第三十九章)；

(三)第八十二章的物品(工具)；

(四)税号83.06的物品；

(五)税号84.01至84.79的机器或装置及其零件；税号84.81或84.82的物品及税号84.83的物品(这些物品是构成发动机或其他动力装置所必需的)；

(六)电机或电气设备(第八十五章)；

(七)第九十章的物品；

(八)第九十一章的物品；

(九)武器(第九十三章)；

(十)税号94.05的灯具或照明装置；

(十一)作为车辆零件的刷子(税号96.03)。

三、第八十六章至第八十八章所称“零件”或“附件”，不适用于那些非专用于或非主要用于这几章所列物品的零件、附件。同时符合这几章内两个或两个以上税号规定的零件、附件，应按其主要用途归入相应的税号。

四、在本类中：

(一)既可在道路上又可在轨道上行驶的特殊构造的车辆，应归入第八十七章的相应税号；

(二)水陆两用的机动车辆，应归入第八十七章的相应税号；

(三)可兼做地面车辆使用的特殊构造的航空器，应归入第八十八章的相应税号。

五、气垫运输工具应按本类最相似的运输工具归类，其规定如下：

(一)在导轨上运行的(气垫火车)，归入第八十六章；

(二)在陆地行驶或水陆两用的，归入第八十七章；

(三)在水上航行的，不论能否在海滩或浮码头登陆及能否在冰上行驶，一律归入第八十九章。

气垫运输工具的零件、附件，应按照上述规定，与最相类似的运输工具的零件、附件一并归类。

气垫火车的导轨固定装置及附件应与铁道轨道固定装置及附件一并归类，气垫火车运行系统的信号、安全或交通管理设备应与铁路的信号、安全或交通管理设备一并归类。

第八十六章　铁道及电车道机车、车辆及其零件；铁道及电车道轨道固定装置及其零件、附件；各种机械(包括电动机械)交通信号设备

注释：

一、本章不包括：

(一)木制或混凝土制的铁道或电车道轨枕及气垫火车用的混凝土导轨(品目44.06或68.10)；

(二)品目73.02的铁道及电车道辅轨用钢铁材料;

(三)品目85.30的电气信号、安全或交通管理设备。

二、品目86.07主要适用于:

(一)轴、轮、行走机构、金属轮箍、轮圈、毂及轮子的其他零件;

(二)车架、底架、转向架;

(三)轴箱;制动装置;

(四)车辆缓冲器;钩或其他联结器及车厢走廊联结装置;

(五)车身。

三、除上述注释一另有规定的以外,品目86.08包括:

(一)已装配的轨道、转车台、站台缓冲器、量载规;

(二)铁道及电车道、道路、内河航道、停车场、港口或机场用的臂板信号机、机械信号盘、平交道口控制器、信号及道岔控制器及其他机械(包括电动机械)信号、安全或交通管理设备,不论是否装有电力照明装置。

商品编号	商品名称及备注	进口关税税率		增值税率	计量单位	监管条件
		最惠国	普通			
8601	**铁道电力机车,由外部电力或蓄电池驱动**					
8601101100	微机控制的外部直流电动铁道机车	3.0	11.0	17.0	辆	
8601101900	由外部直流电驱动的其他铁道机车	3.0	11.0	17.0	辆	
8601102000	由外部交流电驱动的铁道机车	3.0	11.0	17.0	辆	0
8601109000	由其他外部电力驱动的铁道机车	3.0	11.0	17.0	辆	0
8601200000	由蓄电池驱动的铁道电力机车	3.0	11.0	17.0	辆	
8602	**其他铁道机车;机车煤水车**					
8602101000	微机控制的柴油电力铁道机车	3.0	11.0	17.0	辆	
8602109000	其他柴油电力铁道机车	3.0	11.0	17.0	辆	
8602900000	其他铁道机车及机车煤水车	3.0	11.0	17.0	辆	
8603	**铁道及电车道用的机动客车、货车、敞车,但品目8604的货品除外**					
8603100000	由外电力驱动铁道用机动客、货车(包括电车道用的,但编号86.04的货品除外)	3.0	11.0	17.0	辆	0
8603900000	其他铁道用机动客车、货车、敞车(包括电车道用的,但编号86.04的货品除外)	3.0	11.0	17.0	辆	
8604	**铁道及电车道用的维修或服务车,不论是否机动(例如,工场车、起重机车、道碴捣固车、轨道校正车、检验车及查道车)**					
8604001100	隧道限界检查车(不论是否机动)	3.0	14.0	17.0	辆	
8604001200	钢轨在线打磨列车(不论是否机动)	3.0	14.0	17.0	辆	
8604001900	铁道及电车道用其他检验、查道车(不论是否机动)	5.0	14.0	17.0	辆	0
8604009100	电气化接触网架线机(轨行式)(不论是否机动)	5.0	20.0	17.0	辆	0
8604009900	铁道及电车道用其他维修车辆(包括服务车,不论是否机动)	7.0	20.0	17.0	辆	

商品编号	商 品 名 称 及 备 注	进口关税税率		增值税率	计量单位	监管条件
		最惠国	普通			
8605	**铁道及电车道用的非机动客车;行李车、邮政车和其他铁道及电车道用的非机动特殊用途车辆(品目 8604 的货品除外)**					
8605001000	铁道用非机动客车	5.0	14.0	17.0	辆	
8605009000	电车道用的非机动客车、行李车等(还包括邮政车和其他铁道用的非机动特殊车辆)	5.0	14.0	17.0	辆	
8606	**铁道及电车道用的非机动有篷及无篷货车**					
8606100000	铁道用非机动油罐货车及类似车(包括电车道用,但不包括容积 50 立米液化气铁路槽车)	5.0	14.0	17.0	辆	
8606200000	铁道用非机动保温或冷藏货车(包括电车道用,但编号 8606.10 的货品除外)	5.0	14.0	17.0	辆	
8606300000	铁道用非机动自卸货车(包括电车道用,但编号 8606.10 或 8606.20 的货品除外)	5.0	14.0	17.0	辆	
8606910000	铁道用非机动带篷及封闭货车(包括电车道用)	5.0	14.0	17.0	辆	
8606920000	铁道用非机动厢高 > 60cm 敞篷货车(包括电车道用)	5.0	14.0	17.0	辆	
8606990000	编号 8606 所列其他未列名非机动车	5.0	14.0	17.0	辆	
8607	**铁道及电车道机车或其他车辆的零件**					
8607110000	铁道及电车道机车的驾驶转向架(包括铁道及电车道其他车辆用的)	3.0	11.0	17.0	套/千克	
8607120000	铁道及电车道机车非驾驶转向架(包括铁道及电车道其他车辆用的)	3.0	11.0	17.0	套/千克	
8607191000	铁道及电车道机车用车轴(包括铁道及电车道其他车辆用的)	3.0	11.0	17.0	根/千克	A
8607199000	铁道及电车道机车用其他轴、轮[包括其他零件(含铁道及电车道其他车辆用的)]	3.0	11.0	17.0	千克	A
8607210000	铁道及电车道机车用空气制动器[包括零件(含包括铁道及电车道其他车辆用的)]	3.0	11.0	17.0	千克	
8607290000	铁道及电车道机车用非空气制动器[包括零件(含包括铁道及电车道其他车辆用的)]	3.0	11.0	17.0	千克	
8607300000	铁道及电车道机车用钩、联结器[包括缓冲器及其零件(含包括铁道及电车道其他车辆用的)]	3.0	11.0	17.0	千克	
8607910000	铁道及电车道机车用其他零件	3.0	11.0	17.0	千克	
8607990000	铁道及电车道非机车用其他零件	3.0	11.0	17.0	千克	
8608	**铁道及电车道轨道固定装置及附件;供铁道、电车道、道路、内河航道、停车场、港口或机场用的机械(包括电动机械)信号、安全或交通管理设备;上述货品的零件**					
8608001000	轨道自动计轴设备	3.0	20.0	17.0	千克/台	
8608009000	铁道及电车道轨道固定装置及配件(包括交通机械信号、安全或交通管理设备及其零件)	4.0	20.0	17.0	千克	O

商品编号	商品名称及备注	进口关税税率		增值税率	计量单位	监管条件
		最惠国	普通			
8609	**集装箱(包括运输液体的集装箱),经特殊设计、装备适用于各种运输方式**					
8609001000	20英尺的集装箱	10.5	35.0	17.0	个	AB
8609002000	40英尺的集装箱	10.5	35.0	17.0	个	AB
8609003000	45、48、53英尺的集装箱	10.5	35.0	17.0	个	AB
8609009000	其他集装箱(包括运输液体的集装箱)	10.5	35.0	17.0	个	AB

第八十七章　车辆及其零件、附件，但铁道及电车道车辆除外

注释：

一、本章不包括仅可在钢轨上运行的铁道及电车道车辆。

二、本章所称“牵引车、拖拉机”，是指主要为牵引或推动其他车辆、器具或重物的车辆。除了上述主要用途以外，不论其是否还具有装运工具、种子、肥料或其他货品的辅助装置。用于安装在品目87.01的牵引车或拖拉机上，作为可替换设备的机器或作业工具，即使与牵引车或拖拉机一同进口或出口，不论其是否已安装在车(机)上，仍应归入其各自相应的品目。

三、装有驾驶室的机动车辆底盘，应归入品目87.02至87.04，而不归入品目87.06。

四、品目87.12包括所有儿童两轮车，其他儿童脚踏车归入品目95.01。

商品编号	商品名称及备注	进口关税税率		增值税率	计量单位	监管条件
		最惠国	普通			
8701	牵引车、拖拉机(品目8709的牵引车除外)					
8701100000	手扶拖拉机	9.0	20.0	13.0	辆	B6
8701200000	半挂车用的公路牵引车	6.0	20.0	17.0	辆	6AO
8701300010	履带式拖拉机	6.0	20.0	13.0	辆	AB6
8701300090	履带式牵引车	6.0	20.0	17.0	辆	AB6
8701901110 *	功率大于150马力的轮式拖拉机	8.0	20.0	13.0	辆	ABO6
8701901190	其他轮式拖拉机	8.0	20.0	13.0	辆	OAB6
8701901910 *	其他功率大于150马力的拖拉机	8.0	20.0	13.0	辆	ABO6
8701901990	其他拖拉机	8.0	20.0	13.0	辆	OAB6
8701909000	其他牵引车(不包括编号8709的牵引车)	8.0	20.0	17.0	辆	OAB6
8702	客运机动车辆，10座及以上(包括驾驶座)					
8702102000	机坪客车(机场专用车)	4.0	90.0	17.0	辆	6ABO
8702109100	30座及以上大型客车(柴油型)(指装有柴油或半柴油发动机的30座及以上的客运车)	25.0	90.0	17.0	辆	6ABO
8702109211	20≤座≤22柴油客车(装有柴油或半柴油发动机的中型客车、排气量＜2000cc)	25.0	230.0	17.0	辆	6ABO
8702109219	20≤座≤22柴油客车(装有柴油或半柴油发动机的中型客车、排气量≥2000cc)	25.0	230.0	17.0	辆	6ABO
8702109290	其他23≤座＜30柴油型中型客车(装有柴油或半柴油发动机的客车)	25.0	230.0	17.0	辆	6ABO
8702109310	排气量＜2000cc的10≤座≤19客车(装有柴油或半柴油发动机的中型客车)	25.0	230.0	17.0	辆	6ABO
8702109390	排气量≥2000cc的10≤座≤19客车(装有柴油或半柴油发动机的中型客车)	25.0	230.0	17.0	辆	6ABO
8702901000	30座及以上大型客车(其他型)(指装有其他发动机的30座及以上的客运车)	25.0	90.0	17.0	辆	6ABO
8702902011	20≤座≤22非柴油客车(指装有其他发动机的中型客车、排气量＜2000cc)	25.0	230.0	17.0	辆	6ABO

商品编号	商品名称及备注	进口关税税率		增值税率	计量单位	监管条件
		最惠国	普通			
8702902019	20≤座≤22 非柴油客车(指装有其他发动机的中型客车、排气量≥2000cc)	25.0	230.0	17.0	辆	6ABO
8702902090	其他23≤座<30的非柴油客车(指装有其他发动机的中型客车)	25.0	230.0	17.0	辆	6ABO
8702903010	排气量<2000cc的10≤座≤19客车(装有其他发动机的中型客车)	25.0	230.0	17.0	辆	6ABO
8702903090	排气量≥2000cc的10≤座≤19客车(装有其他发动机的中型客车)	25.0	230.0	17.0	辆	6ABO
8703	**主要用于载人的机动车辆(品目8702的货品除外),包括旅行小客车及赛车**					
8703101100	全地形车	25.0	150.0	17.0	辆	46xy
8703101900	高尔夫球车及其他类似车	25.0	150.0	17.0	辆	6
8703109000	其他,雪地行走专用车	25.0	150.0	17.0	辆	6
8703213011	汽油型微马力小轿车(指有点燃往复式活塞内燃机,微马力指排气量<1000cc)	28.0	230.0	17.0	辆	6ABO
8703213019	汽油型微马力小轿车(指装有点燃往复式活塞内燃机,微马力指排气量=1000cc)	28.0	230.0	17.0	辆	6ABO
8703213090	87032130车辆的成套散件	28.0	230.0	17.0	辆	6BO
8703219011	汽油型超微马力小轿车、越野车(指装有点燃往复式活塞内燃机的,排气量<1000cc)	28.0	230.0	17.0	辆	6ABO
8703219019	汽油型微马力轿车、越野车(指装有点燃往复式活塞内燃机的,排气量=1000cc)	28.0	230.0	17.0	辆	6ABO
8703219090	87032190车辆的成套散件	28.0	230.0	17.0	辆	6ABO
8703223010	汽油型小马力小轿车(装点燃往复活塞内燃机,小马力指1000cc<排气量≤1500cc)	28.0	230.0	17.0	辆	6ABO
8703223090	汽油型小马力小轿车的成套散件	28.0	230.0	17.0	辆	6ABO
8703224010	汽油型小马力四轮驱动越野车(装点燃往复活塞内燃机,小马力指1000cc<排气量≤1500cc)	28.0	230.0	17.0	辆	6ABO
8703224090	87032240车辆的成套散件	28.0	230.0	17.0	辆	6ABO
8703225010	汽油型小马力小客车(≤9座)(装点燃往复活塞内燃机,小马力指1000cc<排气量≤1500cc)	28.0	230.0	17.0	辆	6ABO
8703225090	87032250车辆的成套散件	28.0	230.0	17.0	辆	6ABO
8703229011	汽油型小马力其他小客车(≤9座)(装点燃往复活塞内燃机,小马力指1000cc<排气量≤1500cc)	28.0	230.0	17.0	辆	6ABO
8703229019	汽油型小马力其他车(装点燃往复活塞内燃机,小马力指1000cc<排气量≤1500cc)	28.0	230.0	17.0	辆	6ABO
8703229090	87032290车辆的成套散件	28.0	230.0	17.0	辆	6ABO
8703231411	1500cc<排气量<2200cc的小轿车(指汽油型,装点燃往复式活塞内燃机)	28.0	230.0	17.0	辆	6ABO
8703231419	2200cc≤排气量≤2500cc的小轿车(指汽油型,装点燃往复式活塞内燃机)	28.0	230.0	17.0	辆	6ABO

商品编号	商品名称及备注	进口关税税率		增值税率	计量单位	监管条件
		最惠国	普通			
8703231490	87032314车辆的成套散件	28.0	230.0	17.0	辆	6ABO
8703231511	1500cc<排量<2400cc四轮驱动越野车(指汽油型,装点燃往复式活塞内燃机)	28.0	230.0	17.0	辆	6ABO
8703231519	2400cc≤排量≤2500cc四驱动越野车(指汽油型,装点燃往复式活塞内燃机)	28.0	230.0	17.0	辆	6ABO
8703231590	87032315车辆的成套散件	28.0	230.0	17.0	辆	6ABO
8703231611	1500cc<排量<2000cc小客车(指≤9座,汽油型的,装有点燃往复式活塞内燃机)	28.0	230.0	17.0	辆	ABO
8703231619	2000cc≤排量≤2500cc小客车(指≤9座,汽油型的,装有点燃往复式活塞内燃机)	28.0	230.0	17.0	辆	6ABO
8703231690	87032316车辆的成套散件	28.0	230.0	17.0	辆	6ABO
8703231911	1500cc<排量<2000cc其他小客车(汽油型,装点燃往复式活塞内燃机)	28.0	230.0	17.0	辆	6ABO
8703231912	2000cc≤排量≤2500cc其他小客车(汽油型,装点燃往复式活塞内燃机)	28.0	230.0	17.0	辆	6ABO
8703231919	1500cc<排量≤2500cc其他车(汽油型,装点燃往复式活塞内燃机)	28.0	230.0	17.0	辆	6ABO
8703231990	87032319车辆的成套散件	28.0	230.0	17.0	辆	6ABO
8703233410	汽油型中马力小轿车(装点燃往复式活塞内燃机,指2500cc<排气量≤3000cc)	28.0	270.0	17.0	辆	6AO
8703233490	87032334车辆的成套散件	28.0	270.0	17.0	辆	6O
8703233510	汽油型中马力越野车(装点燃往复式活塞内燃机,指2500cc<排气量≤3000cc)	28.0	270.0	17.0	辆	6AO
8703233590	87032335车辆的成套散件	28.0	270.0	17.0	辆	6O
8703233610	汽油型中马力旅行小客车(≤9座)(装点燃往复式活塞内燃机,指2500cc<排气量≤3000cc)	28.0	270.0	17.0	辆	6AO
8703233690	87032336车辆的成套散件	28.0	270.0	17.0	辆	6O
8703233911	汽油型中马力其他小客车(≤9座)(装点燃往复式活塞内燃机,指2500cc<排气量≤3000cc)	28.0	270.0	17.0	辆	6AO
8703233919	汽油型中马力其他车(装点燃往复式活塞内燃机,指2500cc<排气量≤3000cc)	28.0	270.0	17.0	辆	6AO
8703233990	87032339车辆的成套散件	28.0	270.0	17.0	辆	6O
8703243010	汽油型大马力小轿车(≤9座)(装有点燃往复式活塞内燃机,大马力指排气量>3000cc)	28.0	270.0	17.0	辆	6ABO
8703243090	87032430车辆的成套散件	28.0	270.0	17.0	辆	6ABO
8703244010	汽油型大马力越野车(装有点燃往复式活塞内燃机,大马力指排气量>3000cc)	28.0	270.0	17.0	辆	6ABO
8703244090	87032440车辆的成套散件	28.0	270.0	17.0	辆	6BO
8703245010	汽油型大马力旅行小客车(≤9座)(装有点燃往复式活塞内燃机,大马力指排气量>3000cc)	28.0	270.0	17.0	辆	6ABO

商品编号	商品名称及备注	进口关税税率		增值税率	计量单位	监管条件
		最惠国	普通			
8703245090	87032450 车辆的成套散件	28.0	270.0	17.0	辆	6ABO
8703249011	汽油型大马力其他小客车(装有点燃往复式活塞内燃机,大马力指排气量>3000cc)	28.0	270.0	17.0	辆	6ABO
8703249019	汽油型大马力其他车(装有点燃往复式活塞内燃机,大马力指排气量>3000cc)	28.0	270.0	17.0	辆	6ABO
8703249090	87032490 车辆的成套散件	28.0	270.0	17.0	辆	6ABO
8703313011	排气量<1000cc 柴油型小轿车(装有压燃式活塞内燃发动机,9座及以下的)	28.0	230.0	17.0	辆	6ABO
8703313019	1000cc≤排量≤1500cc 柴油型小轿车(装有压燃式活塞内燃发动机,9座及以下的)	28.0	230.0	17.0	辆	6ABO
8703313090	87033130 车辆的成套散件	28.0	230.0	17.0	辆	6ABO
8703314010	柴油型小马力越野车(装有压燃式活塞内燃发动机,小马力指排气量≤1500cc)	28.0	230.0	17.0	辆	6ABO
8703314090	87033140 车辆的成套散件	28.0	230.0	17.0	辆	6ABO
8703315010	柴油型小马力小客车(≤9座)(装有压燃式活塞内燃发动机,小马力指排气量≤1500cc)	28.0	230.0	17.0	辆	6ABO
8703315090	87033150 车辆的成套散件	28.0	230.0	17.0	辆	6ABO
8703319011	柴油型小马力其他小客车(≤9座)(装有压燃式活塞内燃发动机,小马力指排气量≤1500cc)	28.0	230.0	17.0	辆	6ABO
8703319019	柴油型小马力其他车(装有压燃式活塞内燃发动机,小马力指排气量≤1500cc)	28.0	230.0	17.0	辆	6ABO
8703319090	87033190 车辆的成套散件	28.0	230.0	17.0	辆	6ABO
8703323011	1500cc<排气量<2200cc 柴油型小轿车(指≤9座,装压燃式活塞内燃发动机)	28.0	230.0	17.0	辆	6ABO
8703323019	2200cc≤排气量≤2500cc 柴油小轿车(指≤9座,装压燃式活塞内燃发动机)	28.0	230.0	17.0	辆	6ABO
8703323090	87033230 车辆的成套散件	28.0	230.0	17.0	辆	6ABO
8703324011	1500cc<排量<2400cc 四轮驱动越野车(指≤9座,柴油型,装压燃式活塞内燃发动机的)	28.0	230.0	17.0	辆	6ABO
8703324019	2400cc≤排量≤2500cc 四驱动越野车(指≤9座、柴油型、装压燃式活塞内燃发动机的)	28.0	230.0	17.0	辆	6ABO
8703324090	87033240 车辆的成套散件	28.0	230.0	17.0	辆	6ABO
8703325011	1500cc<排气量<2000cc 小客车(指≤9座,柴油型,装压燃式活塞内燃发动机的)	28.0	230.0	17.0	辆	6ABO
8703325019	2000cc≤排气量≤2500cc 小客车(指≤9座,柴油型,装压燃式活塞内燃发动机的)	28.0	230.0	17.0	辆	6ABO
8703325090	87033250 车辆的成套散件	28.0	230.0	17.0	辆	6ABO
8703329011	柴油型中马力其他小客车(≤9座)(指1500cc<排气量<2000cc)	28.0	230.0	17.0	辆	6ABO

商品编号	商品名称及备注	进口关税税率		增值税率	计量单位	监管条件
		最惠国	普通			
8703329012	2000cc≤排气量≤2500cc 其他小客车(指≤9座,柴油型,装压燃式活塞内燃发动机的)	28.0	230.0	17.0	辆	6ABO
8703329019	柴油型中马力其他车(指 1500cc<排气量≤2500cc)	28.0	230.0	17.0	辆	6ABO
8703329090	87033290 车辆的成套散件	28.0	230.0	17.0	辆	6ABO
8703333010	排气量>2500cc 的柴油型小轿车(指≤9座,装有压燃式活塞内燃发动机)	28.0	270.0	17.0	辆	6ABO
8703333090	87033330 车辆的成套散件	28.0	270.0	17.0	辆	6ABO
8703334010	排气量>2500cc 四轮驱动越野车(指≤9座,柴油型,装有压燃式活塞内燃发动机)	28.0	270.0	17.0	辆	6ABO
8703334090	87033340 车辆的成套散件	28.0	270.0	17.0	辆	6ABO
8703335010	排气量>2500cc 小客车(≤9座)(指柴油型,装有压燃式活塞内燃发动)	28.0	270.0	17.0	辆	6ABO
8703335090	87033350 车辆的成套散件	28.0	270.0	17.0	辆	6ABO
8703339011	柴油型大马力其他小客车(≤9座)(装有压燃式活塞内燃发动,大马力指排气量>2500cc)	28.0	270.0	17.0	辆	6ABO
8703339019	柴油型大马力其他车(装有压燃式活塞内燃发动,大马力指排气量>2500cc)	28.0	270.0	17.0	辆	6ABO
8703339090	87033390 车辆的成套散件	28.0	270.0	17.0	辆	6ABO
8703900011	其他型排气量<1000cc 的小轿车	28.0	230.0	17.0	辆	6ABO
8703900012	其他型 1000cc≤排量<2200cc 小轿车	28.0	230.0	17.0	辆	6ABO
8703900013	其他型排气量≥2200cc 的小轿车	28.0	230.0	17.0	辆	6ABO
8703900014	其他型排气量<2000cc 面包车(≤9座)	28.0	230.0	17.0	辆	6ABO
8703900015	其他型排气量≥2000cc 面包车(≤9座)	28.0	230.0	17.0	辆	6ABO
8703900016	其他型排气量<2400cc 的越野车	28.0	230.0	17.0	辆	6ABO
8703900017	其他型排气量≥2400cc 的越野车	28.0	230.0	17.0	辆	6ABO
8703900019	装有其他发动机的其他型车(指九座及以下,包括旅行小客车及赛车)	28.0	230.0	17.0	辆	6ABO
8703900090	87039000 车辆的成套散件	28.0	230.0	17.0	辆	6ABO
8704	**货运机动车辆**					
8704103000	非公路用电动轮货运自卸车	6.0	20.0	17.0	辆	OAB6
8704109000	其他非公路用货运自卸车	6.0	20.0	17.0	辆	ABO6
8704210000	柴油型其他小型货车(装有压燃式活塞内燃发动机,小型指车辆总重量≤5t)	25.0	70.0	17.0	辆	6ABO
8704223000	柴油型其他中型货车(装有压燃式活塞内燃发动机,中型指 5t<车辆总重量<14t)	20.0	70.0	17.0	辆	6ABO
8704224000	柴油型其他重型货车(装有压燃式活塞内燃发动机,重型指 14t≤车辆总重≤20t)	20.0	40.0	17.0	辆	6ABO
8704230020 *	混凝土泵车用底盘(四轴及以上)[装有压燃式活塞内燃发动机,总重>20t(装有驾驶室)]	15.0	40.0	17.0	辆	6ABO

商品编号	商 品 名 称 及 备 注	进口关税税率		增值税率	计量单位	监管条件
		最惠国	普通			
8704230030 *	固井水泥车、压裂车、混砂车底盘(车辆总重量>35t,装驾驶室)	15.0	40.0	17.0	辆	6ABO
8704230040 *	起重≥55t汽车起重机用底盘(装有压燃式活塞内燃发动机)	15.0	40.0	17.0	辆	6ABO
8704230090	柴油型的其他超重型货车(装有压燃式活塞内燃发动机,超重型指车辆总重量>20t)	15.0	40.0	17.0	辆	6ABO
8704310000	总重量≤5t的其他货车(汽油型,装有点燃式活塞内燃发动机,车辆总重量不超过5t)	25.0	70.0	17.0	辆	6ABO
8704323000	5t<总重量≤8t的其他货车(汽油型,装有点燃式活塞内燃发动机)	20.0	70.0	17.0	辆	AB6O
8704324000	总重量>8t的其他货车(汽油型,装有点燃式活塞内燃发动机)	20.0	70.0	17.0	辆	AB6O
8704900000	装有其他发动机的货车	25.0	70.0	17.0	辆	AB6O
8705	**特殊用途的机动车辆(例如,抢修车、起重车、救火车、混凝土搅拌车、道路清洁车、喷洒车、流动工场车及流动放射线检查车),但主要用于载人或运货的车辆除外**					
8705102100	起重重量≤50t全路面起重车	15.0	30.0	17.0	辆	6AO
8705102200	50t<起重量≤100t全路面起重车	10.0	30.0	17.0	辆	6AO
8705102300	起重量>100t全路面起重车	10.0	30.0	17.0	辆	6AO
8705109100	起重重量≤50t其他机动起重车	15.0	30.0	17.0	辆	6AO
8705109200	50t<起重重量≤100t其他起重车	10.0	30.0	17.0	辆	6AO
8705109300	起重重量>100t其他机动起重车	10.0	30.0	17.0	辆	6A
8705200000	机动钻探车	12.0	17.0	17.0	辆	6AO
8705301000	装有云梯的机动救火车	3.0	8.0	17.0	辆	AB6O
8705309000	其他机动救火车	3.0	8.0	17.0	辆	AB6O
8705400000	机动混凝土搅拌车	15.0	35.0	17.0	辆	AB6O
8705901000	无线电通信车	9.0	35.0	17.0	辆	AB6O
8705902000	机动放射线检查车	9.0	14.0	17.0	辆	6AO
8705903000	机动环境监测车	12.0	20.0	17.0	辆	6AO
8705904000	机动医疗车	12.0	30.0	17.0	辆	6AO
8705905100	航空电源车(频率为400Hz)	12.0	30.0	17.0	辆	O6
8705905900	其他机动电源车(频率为400Hz航空电源车除外)	12.0	30.0	17.0	辆	6AO
8705906000	飞机加油车、调温车、除冰车	12.0	35.0	17.0	辆	OAB6
8705907000	道路(包括跑道)扫雪车	12.0	35.0	17.0	辆	OAB6
8705908000	石油测井车、压裂车、混沙车	12.0	35.0	17.0	辆	OAB6
8705909010 *	跑道除冰车	12.0	35.0	17.0	辆	AB6O
8705909020	道路用清障车	12.0	35.0	17.0	辆	AB6O
8705909030	用于导弹、火箭等的车辆(为弹道导弹、运载火箭等运输、装卸和发射而设计的)	12.0	35.0	17.0	辆	36ABO
8705909090	其他特殊用途的机动车辆(主要用于载人或运货的车辆除外)	12.0	35.0	17.0	辆	AB6O

商品编号	商品名称及备注	进口关税税率		增值税率	计量单位	监管条件
		最惠国	普通			
8706	**装有发动机的机动车辆底盘,品目 8701 至 8705 所列车辆用**					
8706001000	非公路用货运自卸车底盘(装有发动机的)	8.0	14.0	17.0	台	6
8706002100	车辆总重量≥14t 的货车底盘(装有发动机的)	10.0	30.0	17.0	台	6AO
8706002200	车辆总重量<14t 的货车底盘(装有发动机的)	10.0	45.0	17.0	台	6AO
8706003000	大型客车底盘(装有发动机的)	20.0	70.0	17.0	台	6O
8706004000	汽车起重机底盘(装有发动机的)	20.0	100.0	17.0	台	6AO
8706009000	其他机动车辆底盘(装有发动机的,编号 8701,8703 和 8705 所列车辆用)	15.4	100.0	17.0	台	6AO
8707	**机动车辆的车身(包括驾驶室),品目 8701 至 8705 所列车辆用**					
8707100000	小型载人机动车辆车身(含驾驶室(编号 8703 所列车辆用的(10 座及以上的客运车辆除外)]	16.4	100.0	17.0	台	6O
8707901000	大型客车用车身(含驾驶室)(30 座以下客车辆用)	14.3	70.0	17.0	台	6O
8707909000	其他车辆用车身(含驾驶室)(编号 8701 至 8702,8704,8705 的车辆用)	14.3	70.0	17.0	台	6O
8708	**机动车辆的零件、附件,品目 8701 至 8705 所列车辆用**					
8708100000	缓冲器(保险杠)及其零件(编号 8701 至 8705 的车辆用)	10.0	100.0	17.0	千克	6
8708210000	座椅安全带(编号 8701 至 8705 的车辆用)	10.0	100.0	17.0	条/千克	6A
8708292000	机动车辆用安全气囊装置	14.3	100.0	17.0	套/千克	6
8708293000	机动车辆用车窗玻璃升降器	10.0	100.0	17.0	套/千克	6
8708294100	汽车电动天窗	10.0	100.0	17.0	千克	6O
8708294200	汽车手动天窗	10.0	100.0	17.0	千克	6O
8708295100	侧围	10.0	100.0	17.0	千克	6O
8708295200	车门	10.0	100.0	17.0	千克	6O
8708295300	发动机罩盖	10.0	100.0	17.0	千克	6O
8708295400	前围	10.0	100.0	17.0	千克	6O
8708295500	行李箱盖(或背门)	10.0	100.0	17.0	千克	6O
8708295600	后围	10.0	100.0	17.0	千克	6O
8708295700	翼子板(或叶子板)	10.0	100.0	17.0	千克	6O
8708295900	其他车身覆盖件	10.0	100.0	17.0	千克	6O
8708299000	其他车身未列名零部件(包括驾驶室的零件、附件)	10.0	100.0	17.0	千克	6O
8708310000	装在蹄片上的制动摩擦片	10.0	100.0	17.0	千克	6
8708391000	牵引车、拖拉机用制动器及其零件(包括助力制动器及其零件)	6.0	14.0	17.0	千克	6
8708392000	大型客车用制动器及其零件(包括助力制动器及其零件)	10.0	70.0	17.0	千克	6
8708393000	非公路自卸车用制动器及其零件(包括助力制动器及其零件)	6.0	11.0	17.0	千克	6

商品编号	商品名称及备注	进口关税税率		增值税率	计量单位	监管条件
		最惠国	普通			
8708394000	柴、汽油轻型货车用制动器及零件(指编号 8704-2100、2230、3100、3230 所列≤14t 车辆用)	10.0	45.0	17.0	千克	6
8708395000	柴油型重型货车用制动器及其零件(指编号 87042240、87042300 及 87043240 所列车辆用)	10.0	30.0	17.0	千克	6
8708396000	特种车用制动器及其零件(指编号 8705 所列车辆用,包括助动器及零件)	10.0	100.0	17.0	千克	6
8708399100	防抱死制动器(ABS)	14.3	100.0	17.0	千克	60
8708399910	其他机动车辆用制动器(包括助力制动器)	14.3	100.0	17.0	千克	60
8708399990	其他机动车辆用制动器零件	14.3	100.0	17.0	千克	60
8708401000	牵引车、拖拉机用变速箱	6.0	14.0	17.0	个/千克	6
8708402000	大型客车用变速箱	10.0	70.0	17.0	个/千克	6
8708403000	非公路自卸车用变速箱	6.0	11.0	17.0	个/千克	6
8708404000	柴、汽油轻型货车用变速箱(指编号 8704-2100、2230、3100、3230 所列≤14t 车辆用)	10.0	45.0	17.0	个/千克	6
8708405010*	扭距≥90kgm 变速箱、分动箱	10.0	30.0	17.0	个/千克	6
8708405090	其他柴油型重型货车用变速箱(指编号 87042240、87042300 及 87043240 所列车辆用)	10.0	30.0	17.0	个/千克	6
8708406000	特种车用变速箱(指编号 8705 所列车辆用)	10.0	100.0	17.0	个/千克	6
8708409100	小轿车用自动换档变速箱	14.3	100.0	17.0	个/千克	60
8708409900	其他未列名机动车辆用变速箱	14.3	100.0	17.0	个/千克	60
8708501000	牵引车、拖拉机用驱动桥(装有差速器的,不论是否装有其他传动件)	6.0	14.0	17.0	个/千克	60
8708502010*	轴荷≥10t 的中后驱动桥(装有差速器的,不论是否装有其他传动件)	10.0	70.0	17.0	个/千克	60
8708502090	其他大型客车用驱动桥(装有差速器的,不论是否装有其他传动件)	10.0	70.0	17.0	个/千克	60
8708503000	非公路自卸车用驱动桥(装有差速器的,不论是否装有其他传动件)	6.0	11.0	17.0	个/千克	6
8708504000	柴、汽油型轻型货车用驱动桥(8704-2100、2230、3100、3230 所列≤14t 车辆用,装差速器)	10.0	45.0	17.0	个/千克	60
8708505010*	轴荷≥6t 的前驱动桥	10.0	30.0	17.0	个/千克	60
8708505090	其他柴油型重型货车用驱动桥(指编号 87042240、87042300 及 87043240 所列车辆用,)	10.0	30.0	17.0	个/千克	60
8708506000	特种车用驱动桥(指 8705 所列车辆用,装有差速器,不论是否装有其他传动件)	10.0	100.0	17.0	个/千克	60
8708509000	未列名机动车辆用驱动桥(装有差速器的,不论是否装有其他传动件)	10.0	100.0	17.0	个/千克	60
8708601000	牵引车、拖拉机用非驱动桥及零件	6.0	14.0	17.0	千克	06
8708602000*	座位≥30 客车用非驱动桥及其零件	15.0	70.0	17.0	千克	6
8708603000	非公路自卸车用非驱动桥及零件	6.0	11.0	17.0	千克	6

商品编号	商 品 名 称 及 备 注	进口关税税率		增值税率	计量单位	监管条件
		最惠国	普通			
8708604000	柴、汽油轻货车用非驱动桥及零件(8704-2100、2230、3100、3230所列≤14t车辆用,装差速器)	10.0	45.0	17.0	千克	6
8708605000	柴汽油重型货车用非驱动桥及零件(指编号87042240、87042300及87043240所列车辆用)	10.0	30.0	17.0	千克	6
8708606000	特种车用非驱动桥及其零件(指编号8705所列车辆用)	10.0	100.0	17.0	千克	6
8708609010	未列名机动车辆用非驱动桥	10.0	100.0	17.0	千克	60
8708609090	未列名机动车辆用非驱动桥零件	10.0	100.0	17.0	千克	60
8708701000	牵引车及拖拉机用车轮及其零附件(不包括税号8709的牵引车)	6.0	14.0	17.0	千克	6
8708702000	大型客车用车轮及其零、附件(指30座及以上的客运车)	10.0	70.0	17.0	千克	6
8708703000	非公路货运自卸车用车轮及其零件	6.0	11.0	17.0	千克	6
8708704000	中小型货车用车轮及其零件(指总重量<14t的货运车辆)	10.0	45.0	17.0	千克	6
8708705000	大型货车用车轮及其零件(指编号87042240、87042300及87043240所列车辆用)	10.0	30.0	17.0	千克	6
8708706000	特种车用车轮及其零件(指编号8705所列车辆用)	10.0	100.0	17.0	千克	6
8708709000	其他车辆用车轮及其零附件	10.0	100.0	17.0	千克	6
8708801000	8703所列车辆用的悬挂减震器	10.0	100.0	17.0	套/千克	6
8708809010*	30座及以上的客车用悬挂减震器	10.0	100.0	17.0	套/千克	6
8708809090	机动车辆用的其他悬挂减震器	10.0	100.0	17.0	套/千克	6
8708910000	机动车辆的散热器(水箱)	10.0	100.0	17.0	个/千克	6
8708920000	机动车辆的消声器及排气管	10.0	100.0	17.0	千克	6
8708931000	牵引车、拖拉机用离合器及其零件	6.0	14.0	17.0	千克	6
8708932000*	座位≥30客车用离合器及其零件	10.0	70.0	17.0	千克	6
8708933000	非公路自卸车用离合器及其零件	6.0	11.0	17.0	千克	6
8708934000	柴、汽油轻型货车用离合器及零件(指编号8704-2100、2230、3100、3230所列≤14t车辆用)	10.0	45.0	17.0	千克	6
8708935010*	总重≥14t柴油货车离合器及零件(指编号87042240、87042300所列车辆用)	10.0	30.0	17.0	千克	6
8708935090	总重>8t汽油货车离合器及零件(指编号87043240所列车辆用)	10.0	30.0	17.0	千克	6
8708936000	特种车用的离合器及其零件(指编号8705所列车辆用)	10.0	100.0	17.0	千克	6
8708939000	未列名机动车辆用离合器及其零件	10.0	100.0	17.0	千克	6
8708941000	牵引车、拖拉机用转向盘、转向柱(包括转向器)	6.0	14.0	17.0	千克	6
8708942010*	座位≥30的客车用转向器	10.0	70.0	17.0	千克	6
8708942090	大型客车用转向盘、转向柱	10.0	70.0	17.0	千克	6
8708943000	非公路自卸车用转向盘、转向柱(包括转向器)	6.0	11.0	17.0	千克	6
8708944000	柴、汽油轻货车用转向盘、转向柱(8704-2100、2230、3100、3230所列≤14t车辆用)	10.0	45.0	17.0	千克	6

商品编号	商 品 名 称 及 备 注	进口关税税率		增值税率	计量单位	监管条件
		最惠国	普通			
8708945000	其他重型货车用转向盘、柱、器(指编号 87042240、87042300 及 87043240 所列车辆用)	10.0	30.0	17.0	千克	6
8708946000	特种车用转向盘、转向柱及转向器(指编号 8705 所列车辆用)	10.0	100.0	17.0	千克	6
8708949000	未列名机动车辆用转向盘、转向柱(包括转向器)	10.0	100.0	17.0	千克	60
8708991000	牵引车及拖拉机用其他零附件(车轮及其零附件除外,不包括税号 8709 的牵引车)	6.0	14.0	17.0	千克	6
8708992100	税号 87021091 及 87029010 所列车辆用车架	25.0	70.0	17.0	千克	6
8708992910 *	轴荷≥10t 的中后驱动桥的零件(车轮及其零附件除外,指 30 座及以上的客运车)	25.0	70.0	17.0	千克	6
8708992920 *	30 座及以上的客运车用转向器的零件(车轮及其零附件除外,指 30 座及以上的客运车)	25.0	70.0	17.0	千克	6
8708992930 *	空气弹簧减振器(车轮及其零附件除外,指 30 座及以上的客运车)	25.0	70.0	17.0	千克	6
8708992990	大型客车用其他零附件(车轮及其零附件除外,指 30 座及以上的客运车)	25.0	70.0	17.0	千克	6
8708993100	非公路自卸车用车架	6.0	11.0	17.0	千克	6
8708993900 *	非公路自卸车用其他零部件(车轮及其零件除外)	6.0	11.0	17.0	千克	6
8708994100	中小型货车用车架(指总重量 < 14t 的货运车辆用)	25.0	45.0	17.0	千克	6
8708994900	中小型货车用其他零附件(车轮及其零附件除外,指总重量 < 14t 的货运车辆)	25.0	45.0	17.0	千克	6
8708995100	税号 87042240,2300,3240 所列车辆(含总重 > 8t 汽油货车)用车架	10.0	30.0	17.0	千克	6
8708995910 *	总重≥14t 柴油货车转向器零件[指 87042240、2300、3240 所列车辆(含总重 > 8t 汽油货车)用]	10.0	30.0	17.0	千克	6
8708995920 *	扭距≥90kgm 变速箱,分动箱零件[指 87042240、2300、3240 所列车辆(含总重 > 8t 汽油货车)用]	10.0	30.0	17.0	千克	6
8708995990	总重≥14t 柴油货车用其他零部件[指 87042240、2300、3240 所列车辆(含总重 > 8t 汽油货车)用]	10.0	30.0	17.0	千克	6
8708996000	特种车用其他零附件(指编号 8705 所列车辆用)	15.0	100.0	17.0	千克	6
8708999100	其他 8701 至 8704 所列车辆用车架	10.0	100.0	17.0	千克	60
8708999200	其他车辆用传动轴(编号 8701 至 8704 所列车辆用)	10.0	100.0	17.0	千克	60
8708999910 *	混合动力汽车用动力传动装置(由发电机、电动机和动力分配装置组成,编号 8701 至 8704 所列车辆用)	10.0	100.0	17.0	千克	60
8708999990	机动车辆用未列名零件、附件(编号 8701 至 8704 所列车辆用)	10.0	100.0	17.0	千克	60
8709	**短距离运输货物的机动车辆,未装有提升或搬运设备,用于工厂、仓库、码头或机场;火车站台上用的牵引车;上述车辆的零件**					
8709111000	电动的短距离牵引车(未装有提升或搬运设备,包括火车站台上用的电动牵引车)	10.0	30.0	17.0	辆	6

商品编号	商品名称及备注	进口关税税率		增值税率	计量单位	监管条件
		最惠国	普通			
8709119000	电动的其他短距离运货车(未装有提升或搬运设备,用于工厂、仓库、码头或机场)	10.0	30.0	17.0	辆	6
8709191000	非电动的短距离牵引车(未装有提升或搬运设备,包括火车站台上用非电动牵引车)	10.5	30.0	17.0	辆	6
8709199000	非电动的其他短距离运货车(未装有提升或搬运设备,用于工厂、仓库、码头或机场)	10.5	30.0	17.0	辆	6
8709900000	短距离运货车、站台牵引车用零件	8.4	17.0	17.0	千克	6
8710	**坦克及其他机动装甲战斗车辆,不论是否装有武器;上述车辆的零件**					
8710001000	坦克及其他机动装甲战斗车辆	15.0	100.0	17.0	辆	6
8710009000	坦克及其他机动装甲战斗车辆零件	15.0	100.0	17.0	千克	6
8711	**摩托车(包括机器脚踏两用车)及装有辅助发动机的脚踏车,不论有无边车;边车**					
8711100010	微马力摩托车及脚踏两用车(装有往复式活塞发动机,微马力指排气量=50cc)	45.0	150.0	17.0	辆	y4xABO6
8711100090	微马力摩托车及脚踏两用车(装有往复式活塞发动机,微马力指排气量<50cc)	45.0	150.0	17.0	辆	6ABO
8711201000	50cc<汽缸容量≤100cc 摩拖车(装有往复式活塞发动机,含脚踏两用车)	45.0	150.0	17.0	辆	y4xABO6
8711202000	100cc<汽缸容量≤125cc 摩拖车(装有往复式活塞发动机,含脚踏两用车)	45.0	150.0	17.0	辆	y4xABO6
8711203000	125cc<汽缸容量≤150cc 摩拖车(装有往复式活塞发动机,含脚踏两用车)	45.0	150.0	17.0	辆	y4xABO6
8711204000	150cc<汽缸容量≤200cc 摩拖车(装有往复式活塞发动机,含脚踏两用车)	45.0	150.0	17.0	辆	y4xABO6
8711205000	200cc<汽缸容量≤250cc 摩拖车(装有往复式活塞发动机,含脚踏两用车)	45.0	150.0	17.0	辆	y4xABO6
8711301000	250cc<汽缸容量≤400cc 摩托车(装有往复式活塞发动机,含脚踏两用车)	45.0	150.0	17.0	辆	46ABOxy
8711302000	400cc<汽缸容量≤500cc 摩托车(装有往复式活塞发动机,含脚踏两用车)	45.0	150.0	17.0	辆	46ABOxy
8711400000	汽油型大马力摩托车及脚踏两用车(装有往复式活塞发动机,大马力指 500cc<排气量≤800cc)	40.0	150.0	17.0	辆	46ABOxy
8711500000	汽油型超大马力摩托车及类似车(装有往复式活塞发动机,超大马力指排气量>800cc)	30.0	150.0	17.0	辆	46ABOxy
8711901010	电动自行车	45.0	150.0	17.0	辆	ABO6
8711901090	其他电动及电动助力的摩托车及边车(包括机器脚踏两用车;脚踏车)	45.0	150.0	17.0	辆	ABO6
8711909000	装有其他发动机的摩托车及边车(包括机器脚踏两用车;脚踏车)	45.0	150.0	17.0	辆	ABO6

商品编号	商品名称及备注	进口关税税率		增值税率	计量单位	监管条件
		最惠国	普通			
8712	**自行车及其他非机动脚踏车(包括运货三轮脚踏车)**					
8712002000	竞赛型自行车	13.0	130.0	17.0	辆	B4x6
8712003000	山地自行车	13.0	130.0	17.0	辆	B4x6
8712004100	16、18、20英寸越野自行车	13.0	130.0	17.0	辆	B4x6
8712004900	其他越野自行车(包括运货三轮车)	13.0	130.0	17.0	辆	B4x6
8712008110	12-16英寸的未列名自行车	13.0	130.0	17.0	辆	B4x6
8712008190	11英寸及以下的未列名自行车	13.0	130.0	17.0	辆	B6
8712008900	其他未列名自行车	13.0	130.0	17.0	辆	B4x6
8712009010	货运三轮脚踏车	23.0	130.0	17.0	辆	B6
8712009090	其他非机动脚踏车	23.0	130.0	17.0	辆	B6
8713	**残疾人用车,不论是否机动或其他机械驱动**					
8713100000	非机械驱动的残疾人用车	6.0	20.0		辆	6
8713900000	其他机动残疾人用车	4.0	20.0		辆	6
8714	**零件、附件,品目8711至8713所列车辆用**					
8714110000	摩托车及机动脚踏两用车用鞍座	30.0	100.0	17.0	个/千克	6
8714190010	摩托车架	30.0	100.0	17.0	千克	46Oxy
8714190090	摩托车其他零件、附件(包括机动脚踏两用车的零件、附件)	30.0	100.0	17.0	千克	6O
8714200000	残疾人车辆用零件、附件	5.0	17.0	17.0	千克	6
8714910000	非机动脚踏车车架、轮叉及其零件	12.0	80.0	17.0	千克	B6
8714920000	非机动脚踏车轮圈及辐条	12.0	80.0	17.0	千克	B6
8714931000	非机动脚踏车等的轮毂(倒轮制动毂及毂闸除外)	12.0	80.0	17.0	千克	B6
8714932000	非机动脚踏车等的飞轮(倒轮制动毂及毂闸除外)	12.0	80.0	17.0	千克	B6
8714939000	非机动脚踏车等的链轮(倒轮制动毂及毂闸除外)	12.0	80.0	17.0	千克	B6
8714940000	非机动脚踏车等的制动器及其零件(包括倒轮制动鼓及鼓闸)	12.0	80.0	17.0	千克	B6
8714950000	非机动脚踏车等的鞍座	12.0	80.0	17.0	个	B6
8714961000	非机动脚踏车等的脚蹬及其零件(包括零件)	12.0	80.0	17.0	千克	B6
8714962000	非机动脚踏车等的曲柄链轮及零件(包括零件)	12.0	80.0	17.0	千克	B6
8714990000	非机动脚踏车等的其他零件、附件	12.0	80.0	17.0	千克	B6
8715	**婴孩车及其零件**					
8715000000	婴孩车及其零件	20.0	80.0	17.0	千克	6
8716	**挂车及半挂车或其他非机械驱动车辆及其零件**					
8716100000	供居住或野营用厢式挂车及半挂车	10.0	35.0	17.0	辆	6
8716200000	农用自装或自卸式挂车及半挂车	10.0	35.0	17.0	辆	6
8716311000	油罐挂车及半挂车	10.0	20.0	17.0	辆	6A
8716319000	其他罐式挂车及半挂车	10.0	35.0	17.0	辆	6A
8716391000	货柜挂车及半挂车	10.0	20.0	17.0	辆	6A

商品编号	商品名称及备注	进口关税税率		增值税率	计量单位	监管条件
		最惠国	普通			
8716399000	其他货运挂车及半挂车	10.0	35.0	17.0	辆	6A
8716400000	其他未列名挂车及半挂车	10.0	35.0	17.0	辆	6A
8716800000	其他未列名非机械驱动车辆	10.0	80.0	17.0	辆	6
8716900000	挂车、半挂车及非机动车用零件	10.0	35.0	17.0	千克	6

第八十八章　航空器、航天器及其零件

子目注释：

子目号 8802.11 至 8802.40 所称"空载重量"，是指航空器在正常飞行情况下，除去机组人员、燃料及非永久性安装设备后的重量。

商品编号	商品名称及备注	进口关税税率		增值税率	计量单位	监管条件
		最惠国	普通			
8801	**汽球及飞艇；滑翔机、悬挂滑翔机及其他无动力航空器：**					
8801100000	滑翔机及悬挂滑翔机	3.0	11.0	17.0	架	
8801900000	汽球、飞艇及其他无动力航空器(滑翔机除外)	3.0	11.0	17.0	架	
8802	**其他航空器(例如，直升机、飞机)；航天器(包括卫星)及其运载工具，亚轨道运载工具**					
8802110000	空载重量不超过 2t 的直升机	2.0	11.0	17.0	架	0
8802121000	2t＜空载重量≤7t 的直升机	2.0	11.0	17.0	架	0
8802122000	空载重量＞7t 的直升机	2.0	11.0	17.0	架	
8802200010	无人驾驶航空飞行器(空载重量小于 2t)	5.0	11.0	17.0	架	30
8802200090	其他小型飞机及其他航空器(小型指空载重量不超过 2t 的)	5.0	11.0	17.0	架	0
8802300000	中型飞机及其他航空器(中型指 2t＜空载重量≤15t)	4.0	11.0	17.0	架	0
8802401010 *	25t≤空载重量＜45t 客运飞机	5.0	11.0	17.0	架	0
8802401090	15t＜空载重量≤45t 其他大型飞机及其他航空器(25t≤空载重量＜45t 客运飞机除外)	5.0	11.0	17.0	架	0
8802402000	特大型飞机及其他航空器(特大型指空载重量超过 45t)	1.0	11.0	17.0	架	0
8802600000	航天器(包括卫星)及其运载工具(包括亚轨道运载工具)	2.0	11.0	17.0	架	
8803	**品目 8801 或 8802 所列货品的零件**					
8803100000	飞机用推进器、水平旋翼及零件(指编号 8802 所列货品用的)	1.0	11.0	17.0	千克	
8803200000	飞机用起落架及其零件(指编号 8802 所列货品用的)	1.0	11.0	17.0	千克	
8803300000	飞机及直升机用其他零件	1.0	11.0	17.0	千克	
8803900010	敏感物项管制的火箭及其零部件		11.0	17.0	千克	3
8803900090	其他未列名的航空器、航天器零件(指编号 8801 或 8802 所列货品用的)		11.0	17.0	千克	
8804	**降落伞(包括可操纵降落伞及滑翔伞)、旋翼降落伞及其零件、附件**					
8804000000	降落伞及其零件、附件(包括可操纵降落伞、滑翔伞及旋翼降落伞)	2.0	11.0	17.0	千克	

商品编号	商 品 名 称 及 备 注	进口关税税率		增值税率	计量单位	监管条件
		最惠国	普通			
8805	**航空器的发射装置、甲板停机装置或类似装置和地面飞行训练器及其零件**					
8805100000	航空器的发射装置及其零件等(包括甲板停机装置或类似装置及其零件)	1.5	11.0	17.0	千克	
8805210000	空战模拟器及其零件	1.5	11.0	17.0	千克	
8805290000	其他地面飞行训练器及其零件	1.5	11.0	17.0	千克	0

第八十九章 船舶及浮动结构体

注释：

已装配、未装配或已拆卸的船体、未完工或不完整的船舶以及未装配或已拆卸的完整船舶，如果不具有某种船舶的基本特征，应归入品目89.06。

商品编号	商品名称及备注	进口关税税率		增值税率	计量单位	监管条件
		最惠国	普通			
8901	**巡航船、游览船、渡船、货船、驳船及其类似的客运或货运船舶**					
8901101010	高速客船(包括主要用于客运的类似船舶)	5.0	14.0	17.0	艘	O
8901101090	其他机动巡航船游览船及各式渡船(包括主要用于客运的类似船舶)	5.0	14.0	17.0	艘	O
8901109000	非机动巡航船、游览船及各式渡船(以及主要用于客运的类似船舶)	8.0	30.0	17.0	艘	
8901201100	载重量不超过10万吨的成品油船	9.0	14.0	17.0	艘	O
8901201200	10万吨<载重量≤30万吨成品油船	9.0	14.0	17.0	艘	
8901201300	载重量超过30万吨的成品油船	6.0	14.0	17.0	艘	
8901202100	载重量不超过15万吨的原油船	9.0	14.0	17.0	艘	O
8901202200	15万吨<载重量≤30万吨的原油船	9.0	14.0	17.0	艘	
8901202300	载重量超过30万吨的原油船	6.0	14.0	17.0	艘	
8901203100	容积不超过2万立方米液化石油气船	9.0	14.0	17.0	艘	O
8901203200	容积超过2万立方米液化石油气船	6.0	14.0	17.0	艘	
8901204100	容积不超过2万立方米液化天然气船	9.0	14.0	17.0	艘	
8901204200	容积超过2万立方米液化天然气船	6.0	14.0	17.0	艘	
8901209000	其他油船	9.0	14.0	17.0	艘	O
8901300000	冷藏船(但编号890120的船舶除外)	9.0	14.0	17.0	艘	
8901902100	可载6000标准箱及以下的集装箱船	9.0	14.0	17.0	艘	ABO
8901902200	可载6000标准箱以上的集装箱船	6.0	14.0	17.0	艘	AB
8901903100	载重2万吨及以下的滚装船	9.0	14.0	17.0	艘	ABO
8901903200	载重2万吨以上的滚装船	6.0	14.0	17.0	艘	AB
8901904100	载重量不超过15万吨散货船	9.0	14.0	17.0	艘	ABO
8901904200	15万吨<载重量≤30万吨散货船	9.0	14.0	17.0	艘	AB
8901904300	载重量超过30万吨的散货船	9.0	14.0	17.0	艘	AB
8901905000	机动多用途船	9.0	14.0	17.0	艘	O
8901908000	其他机动货运船舶及客货兼运船舶	9.0	14.0	17.0	艘	ABO
8901909000	非机动货运船舶及客货兼运船舶	8.0	30.0	17.0	艘	AOB
8902	**捕鱼船；加工船及其他加工保藏鱼类产品的船舶**					
8902001000	机动捕鱼船(包括加工船及其他加工保藏鱼类产品的船舶)	7.0	14.0	17.0	艘	O

商品编号	商品名称及备注	进口关税税率		增值税率	计量单位	监管条件
		最惠国	普通			
8902009000	非机动捕鱼船	8.0	30.0	17.0	艘	
8903	**娱乐或运动用快艇及其他船舶;划艇及轻舟**					
8903100000	充气的娱乐或运动用快艇(包括充气的划艇及轻舟)	10.0	30.0	17.0	艘	
8903910000	帆船(不论是否装有辅助发动机)	8.0	30.0	17.0	艘	
8903920000	汽艇(装有舷外发动机的除外)	10.5	30.0	17.0	艘	
8903990000	娱乐或运动用其他船舶或快艇(包括划艇及轻舟)	10.0	30.0	17.0	艘	
8904	**拖轮及顶推船**					
8904000000	拖轮及顶推船	9.0	14.0	17.0	艘	O
8905	**灯船、消防船、挖泥船、起重船及其他不以航行为主要功能的船舶;浮船坞;浮动或潜水式钻探或生产平台**					
8905100000	挖泥船	3.0	11.0	17.0	艘	O
8905200000	浮动或潜水式钻探或生产平台	6.0	11.0	17.0	座	O
8905901000	浮船坞	8.0	30.0	17.0	个	O
8905909000	其他不以航行为主要功能的船舶(包括灯船、消防船、起重船)	3.0	11.0	17.0	个	O
8906	**其他船舶,包括军舰及救生船,但划艇除外**					
8906100000	军舰	5.0	14.0	17.0	艘	
8906901000	其他未列名的机动船舶(包括救生船,但划艇除外)	5.0	14.0	17.0	艘	
8906909000	其他未列名非机动船舶	8.0	30.0	17.0	艘	
8907	**其他浮动结构体(例如,筏、柜、潜水箱、浮码头、浮筒及航标)**					
8907100000	充气筏	8.0	30.0	17.0	艘	
8907900010	含植物性材料的浮动结构体(例如:筏、柜、潜水箱、浮筒及航标)	8.0	30.0	17.0	个	AB
8907900090	其他浮动结构体(例如:筏、柜、潜水箱、浮筒及航标)	8.0	30.0	17.0	个	
8908	**供拆卸的船舶及其他浮动结构体**					
8908000000	供拆卸的船舶及其他浮动结构体	3.0	11.0	17.0	艘/千克	APB

第十八类　光学、照相、电影、计量、检验、医疗或外科用仪器及设备、精密仪器及设备；钟表；乐器；上述物品的零件、附件

第九十章　光学、照相、电影、计量、检验、医疗或外科用仪器及设备、精密仪器及设备；上述物品的零件、附件

注释：

一、本章不包括：

(一)机器、设备或其他专门技术用途的硫化橡胶(硬质橡胶除外)制品(品目40.16)、皮革或再生皮革制品(品目42.04)或纺织材料制品(品目59.11)；

(二)纺织材料制的承托带及其他承托物品，其承托器官的作用仅依靠自身的弹性(例如，孕妇用的承托带，用于胸部、腹部、关节或肌肉的承托绷带)(第十一类)；

(三)品目69.03的耐火材料制品；品目69.09的实验室、化学或其他专门技术用途的陶瓷器；

(四)品目70.09的未经光学加工的玻璃镜及品目83.06或第七十一章的非光学元件的贱金属或贵金属制的镜子；

(五)品目70.07、70.08、70.11、70.14、70.15或70.17的货品；

(六)第十五类注释二所规定的贱金属制通用零件(第十五类)或塑料制的类似品(第三十九章)；

(七)品目84.13的装有计量装置的泵；计数和检验用的衡量器或单独进口或出口的天平砝码(品目84.23)；升降、起重及搬运机械(品目84.25－84.28)；纸张或纸板的各种切割机器(品目84.41)；品目84.66的用于机床上调整工件或工具的附件，包括具有读度用的光学装置的附件(例如，"光学"分度头)，但其本身主要是光学仪器的除外(例如校直望远镜)；计算机器件(品目84.70)；品目84.81的阀门及其他装置；

(八)自行车或机动车辆用探照灯或聚光灯(品目85.12)；品目85.13的手提式电灯；电影录音机、还音机及转录机(品目85.19或85.20)；拾音头或录音头(品目85.22)；静像视频摄像机、其他视频摄录一体机和数字照相机(品目85.25)；雷达设备、无线电导航设备或无线电遥控设备(品目85.26)；品目85.37的数控装置；品目85.39的封闭式聚光灯；品目85.44的光缆；

(九)品目94.05的探照灯及聚光灯；

(十)第九十五章的物品；

(十一)容量的计量器具(按其构成的材料归类)；

(十二)卷轴、线轴及类似芯子(按其构成材料归类，例如，归入品目39.23或第十五类)。

二、除上述注释一另有规定的以外，本章各品目所列机器、设备、仪器或器具的零件、附件，应按下列规定归类：

(一)凡零件、附件本身已构成本章或第八十四章、第八十五章或第九十一章各税号(品目84.85、85.48或90.33除外)所包括的货品，应一律归入其相应的品目；

(二)其他零件、附件，如果专用于或主要用于某种或同一品目项下的多种机器、仪器或器具(包括品目90.10、90.13或90.31的机器、仪器或器具)，应归入相应机器、仪器或器具的品目；

(三)所有其他零件、附件均应归入品目90.33。

三、第十六类的注释四也适用于本章。

四、品目90.05不包括武器用望远镜瞄准具、潜艇或坦克上潜望镜式望远镜及本章或第十六类的机器、设备、仪器或器具用的望远镜，这类望远镜瞄准具及望远镜应归入品目90.13。

五、计量或检验用的光学仪器、器具或机器，如果既可归入品目90.13，又可归入品目90.31，则应归入品目90.31。

六、品目90.21所称"矫形器具"，是指下列用途的器具：

——预防和矫正人体畸变；

——生病、手术或受伤后人体部位的支撑或固定。

矫形器具包括用于矫正畸形的鞋及特种鞋垫，但需符合下列任一条件：

(一)定制的；

(二)成批生产的；单独报验、且不成双的，设计为左右两脚同样适用的。

七、品目90.32仅适用于：

(一)液体或气体的流量、液位、压力或其他变化量的自动控制仪器及装置或温度自动控制装置，不论是否依靠要被自控的因素所发生的电现象来进行工作，这些仪器或装置将被自控因素调到并保持在一设定值上，通过持续或定期测量实际值来保持稳定，修正偏差；

(二)电量自动调节器及自动控制非电量的仪器或装置，依靠要被控制的因素所发生的电现象来进行工作，这些仪器或装置将被控制的因素调到并保持在一设定值上，通过持续或定期测量实际值来保持稳定，修正偏差。

商品编号	商品名称及备注	进口关税税率		增值税率	计量单位	监管条件
		最惠国	普通			
9001	**光导纤维及光导纤维束；光缆，但品目8544的货品除外；偏振材料制的片及板；未装配的各种材料制透镜(包括隐形眼镜片)、棱镜、反射镜及其他光学元件，但未经光学加工的玻璃制上述元件除外**					
9001100011	非色散位移单模光纤(G652A、G652B、G652C)	5.0	20.0	17.0	千克	0
9001100019	其他光导纤维(但编号8544的货品除外)	5.0	20.0	17.0	千克	0
9001100090	光导纤维束及光缆(但编号8544的货品除外)	5.0	20.0	17.0	千克	0
9001200000	偏振材料制的片及板	8.0	20.0	17.0	千克	
9001300000	隐形眼镜片	10.0	70.0	17.0	片	
9001401000	玻璃制变色镜片	20.0	90.0	17.0	片	
9001409100	玻璃制太阳镜片	20.0	90.0	17.0	片	
9001409900	玻璃制其他眼镜片(变色镜片、太阳镜片除外)	20.0	70.0	17.0	片	
9001501000	非玻璃材料制变色镜片	20.0	90.0	17.0	片	
9001509100	非玻璃材料制太阳镜片	20.0	90.0	17.0	片	
9001509900	非玻璃材料制其他眼镜片(变色镜片、太阳镜片除外)	20.0	70.0	17.0	片	
9001900010*	光通信用微光组件的光学元件(波长800-1700nm薄膜滤光片、自聚焦透镜、法拉第旋转片)	8.0	20.0	17.0	千克	
9001900020*	微型镜片(激光视盘机、激光收发装置用)	8.0	20.0	17.0	千克	
9001900030*	背投电视机显示屏(包括非涅耳透镜屏幕、双透镜屏幕和保护屏)	8.0	20.0	17.0	千克	
9001900090	编号9001未列名的其他光学元件(未经光学加工的玻璃制元件除外)	8.0	20.0	17.0	千克	

商品编号	商品名称及备注	进口关税税率		增值税率	计量单位	监管条件
		最惠国	普通			
9002	**已装配的各种材料制透镜、棱镜、反射镜及其他光学元件,作为仪器或装置的零件、配件,但未经光学加工的玻璃制上述元件除外**					
9002111000	特殊用途照相机用物镜(指编号 90061000-90063000 所列的照相机)	8.0	14.0	17.0	千克/个	
9002112000	缩微阅读机用物镜	8.0	14.0	17.0	千克/个	
9002119010*	彩色液晶投影机的镜头及镜头组件	15.0	80.0	17.0	千克/个	A
9002119020*	数码相机的镜头	15.0	80.0	17.0	千克/个	A
9002119090	其他照相机、投影仪等用物镜(包括照片放大机用物镜)	15.0	80.0	17.0	千克/个	A
9002191000	摄影机或放映机用物镜	15.0	40.0	17.0	千克/个	
9002199000	编号 9002 未列名的其他物镜	15.0	50.0	17.0	千克/个	
9002201000	照相机用滤色镜	15.0	80.0	17.0	千克/个	
9002209000	其他光学仪器或装置滤色镜	15.0	40.0	17.0	千克/个	
9002901000	照相机用未列名光学元件(但物镜、滤色镜除外)	15.0	80.0	17.0	千克	
9002909010	抗辐射镜头(能抗 5×10^4 戈瑞(硅)以上辐射而又不会降低使用质量)	15.0	40.0	17.0	千克	3
9002909090	其他光学仪器用未列名光学元件(但物镜、滤色镜除外)	15.0	40.0	17.0	千克	
9003	**眼镜架及其零件**					
9003110000	塑料制眼镜架	18.0	70.0	17.0	副	
9003190010	濒危动物产品制眼镜架	10.0	70.0	17.0	副	FE
9003190090	其他非塑料材料制眼镜架	10.0	70.0	17.0	副	
9003900000	眼镜架零件	10.0	70.0	17.0	千克	
9004	**矫正视力、保护眼睛或其他用途的眼镜、挡风镜及类似品**					
9004100000	太阳镜	20.0	100.0	17.0	副	
9004901000	变色镜	16.0	100.0	17.0	副	
9004909000	其他眼镜(但太阳镜、变色镜除外)	20.0	90.0	17.0	副	
9005	**双筒望远镜、单筒望远镜、其他光学望远镜及其座架;其他天文仪器及其座架,但不包括射电天文仪器**					
9005100000	双筒望远镜	15.0	50.0	17.0	个	
9005801000	天文望远镜及其他天文仪器	3.0	8.0	17.0	台	
9005809000	其他光学望远镜(包括单筒望远镜)	12.0	50.0	17.0	台	
9005901000	天文望远镜及其他天文仪器用零件(包括座架)	2.0	8.0	17.0	千克	
9005909000	其他望远镜零件、附件(包括座架)	8.0	30.0	17.0	千克	
9006	**照相机(电影摄影机除外);照相闪光灯装置及闪光灯泡,但品目 8539 的放电灯泡除外**					
9006101000	电子分色机	12.0	20.0	17.0	台	
9006109000	其他制版照相机	10.0	20.0	17.0	台	ABO
9006200000	缩微照相机	9.0	17.0	17.0	台	

商品编号	商 品 名 称 及 备 注	进口关税税率		增值税率	计量单位	监管条件
		最惠国	普通			
9006300000	特种用途的照相机(主要是指水下、航空测量或体内器管检查等用;法庭或犯罪学用的比较照相机)	9.0	17.0	17.0	台	
9006400000	一次成相照相机	5.0	70.0	17.0	台	
9006510000	通过镜头取景的照相机(单镜头反光式(SLR),使用胶片宽度≤35mm)	25.0	100.0	17.0	架	OAB
9006520000	使用胶片宽<35mm的其他照相机	25.0	100.0	17.0	架	AB
9006530000	其他照相机(使用胶片宽度为35mm)	20.0	100.0	17.0	架	ABO
9006591000	激光照相排版设备(使用胶片宽>35mm)	9.0	35.0	17.0	架	ABO
9006599010	分幅相机(记录速率超过每秒225000帧)	25.0	100.0	17.0	架	3AB
9006599020	电子(或电子快门)分幅相机(帧曝光时间为51纳秒或更短)	25.0	100.0	17.0	架	3AB
9006599030	条纹相机(书写速度超过每微秒0.5mm)	25.0	100.0	17.0	架	3AB
9006599040	电子条纹相机(时间分辨率为51纳秒或更小)	25.0	100.0	17.0	架	3AB
9006599090	使用胶片宽>35mm的其他照相机	25.0	100.0	17.0	架	ABO
9006610000	放电式(电子式)闪光灯装置	18.0	80.0	17.0	个	
9006620000	闪光灯泡、方形闪光灯及类似品	18.0	80.0	17.0	个	
9006690000	其他照相闪光灯装置	18.0	80.0	17.0	个	
9006911000	特种用途照相机的零件、附件(指编号90061000－90063000所列的照相机的)	8.0	17.0	17.0	千克	
9006912000	一次成像照相机的零件、附件	5.0	100.0	17.0	千克	
9006919100	照相机自动调焦组件	10.0	100.0	17.0	千克/套	
9006919200	其他照相机的快门组件(特种像机和一次成像像机用除外)	10.0	100.0	17.0	千克/套	
9006919900	其他照相机的其他零件、附件(特种像机和一次成像像机用除外)	10.0	100.0	17.0	千克	
9006990000	照相闪光灯装置及闪光灯泡的零件	12.0	80.0	17.0	千克	
9007	**电影摄影机、放映机,不论是否带有声音的录制或重放装置**					
9007110000	胶片宽<16mm的摄影机(包括双8mm的)	14.0	40.0	17.0	台	
9007191000	胶片宽度≥16mm的高速电影摄影机	14.0	40.0	17.0	台	
9007199000	胶片宽≥16mm的其他电影摄影机	14.0	40.0	17.0	台	
9007201000	数字式放映机	14.0	40.0	17.0	台	
9007209000	其他放映机	14.0	40.0	17.0	台	
9007910000	电影摄影机用零件、附件	8.4	40.0	17.0	千克	
9007920000	电影放映机用零件、附件	8.4	40.0	17.0	千克	
9008	**影像投影仪,但电影用除外;照片(电影片除外)放大机及缩片机**					
9008100000	幻灯机	14.0	40.0	17.0	台	
9008200000	缩微阅读机(不论是否可以进行复制)	10.0	17.0	17.0	台	A
9008301000	正射投影仪(不包括幻灯机)	18.0	40.0	17.0	台	

商品编号	商品名称及备注	进口关税税率		增值税率	计量单位	监管条件
		最惠国	普通			
9008309000	其他影像投影仪	18.0	40.0	17.0	台	
9008400000	照片(电影片除外)放大机及缩片机	20.0	80.0	17.0	台	
9008901000	缩微阅读机的零件、附件	8.0	17.0	17.0	千克	
9008902000	照片放大机及缩片机的零件、附件	14.0	80.0	17.0	千克	
9008909000	其他影像投影仪的零件、附件	14.0	40.0	17.0	千克	
9009	**装有光学系统的或接触式的感光复印设备及热敏复印设备**					
9009111000	多色静电感光复印设备(直接法)(将原件直接复印的)		70.0	17.0	台	A
9009119000	其他静电感光复印设备(直接法)(将原件直接复印的)		70.0	17.0	台	A
9009121000	多色静电感光复印设备(间接法)(将原件直接复印的)	10.0	70.0	17.0	台	A
9009129100 *	多功能复印一体机(将原件通过中间体转印的)	10.0	70.0	17.0	台	A
9009129900	其他静电感光复印设备(间接法)(将原件通过中间体转印的)	10.0	70.0	17.0	台	A
9009211000	带有光学系统的多色感光复印设备(将原件直接复印的)		70.0	17.0	台	A
9009219000	带有光学系统的其他感光复印设备		70.0	17.0	台	A
9009221000	接触式多色感光复印设备(将原件直接复印的)	20.0	70.0	17.0	台	A
9009229000	接触式的其他感光复印设备	20.0	70.0	17.0	台	A
9009301000	多色热敏复印设备(将原件直接复印的)	20.0	70.0	17.0	台	A
9009309000	其他热敏复印设备	20.0	70.0	17.0	台	A
9009910000	文件自动送入器		35.0	17.0	个/千克	
9009920000	送纸器		35.0	17.0	个/千克	
9009930000	分页器		35.0	17.0	个/千克	
9009991000	有机光导体感光鼓		35.0	17.0	个/千克	
9009999000	复印设备的其他零件、附件		70.0	17.0	千克	
9010	**本章其他品目未列名的照相(包括电影)洗印用装置及设备(包括将电路图投影或绘制到感光半导体材料上的装置);负片显示器;银幕及其他投影屏幕**					
9010101000	电影用胶卷的自动显影装置及设备(还包括成卷感光纸的自动显影装置)	14.0	40.0	17.0	台	
9010102000	特种照相胶卷自动显影装置及设备(还包括成卷感光纸的自动显影装置)	8.4	20.0	17.0	台	
9010109100	彩色胶卷用自动显影及设备	25.0	100.0	17.0	台	
9010109900	其他胶卷的自动显影装置及设备(还包括成卷感光纸的自动显影装置)	15.0	100.0	17.0	台	
9010410000	将电路图直接记录到晶片上的装置		100.0	17.0	台	
9010420000	分步重复光刻机		100.0	17.0	台	
9010490000	将电路图绘制到半导体上其他装置(包括将电路图投影到感光半导体材料上的装置)		100.0	17.0	台	
9010501000	负片显示器	14.0	50.0	17.0	台	

商品编号	商品名称及备注	进口关税税率		增值税率	计量单位	监管条件
		最惠国	普通			
9010502100	电影用的洗印装置	14.0	40.0	17.0	台	
9010502200	特种照相用的洗印装置	8.4	20.0	17.0	台	
9010502900	其他照相用的洗印装置	17.0	100.0	17.0	台	
9010600000	银幕及其他投影屏幕	14.0	50.0	17.0	个	
9010901000	电影洗印用洗印装置的零件、附件		40.0	17.0	千克	
9010902000	特种照相洗印用装置的零件、附件		20.0	17.0	千克	
9010909000	其他洗印用装置的零件、附件		100.0	17.0	千克	
9011	**复式光学显微镜,包括用于缩微照相、显微电影摄影及显微投影的**					
9011100000	立体显微镜		14.0	17.0	台	B
9011200000	缩微照相等用的其他显微镜(还包括显微摄影及显微投影用)		14.0	17.0	台	
9011800000	其他显微镜	7.0	14.0	17.0	台	B
9011900000	复式光学显微镜的零件、附件		14.0	17.0	千克	
9012	**显微镜,但光学显微镜除外;衍射设备**					
9012100000	非光学显微镜及衍射设备		14.0	17.0	台	
9012900000	非光学显微镜及衍射设备的零件		14.0	17.0	千克	
9013	**其他品目未列名的液晶装置;激光器,但激光二极管除外;本章其他品目未列名的光学仪器及器具**					
9013100000	武器用望远镜瞄准具及其他望远镜(包括潜望镜式望远镜及作为机器或器具部件的望远镜)	8.0	14.0	17.0	个	
9013200010 *	2.5GB/S 及以上 SDH 等泵浦激光器(包括波分复用光传输设备的 980nm,1480nm 泵浦激光器)	6.0	11.0	17.0	个	
9013200020	AVLIS、MLIS 和 CRISLA 激光系统	6.0	11.0	17.0	个	3
9013200030	氩离子激光器(平均输出功率≥40W、工作波长 400nm-515nm)	6.0	11.0	17.0	个	3
9013200040	紫翠玉激光器(带宽≤0.005nm,重复率>125Hz,功率>30W 等)	6.0	11.0	17.0	个	3
9013200050	脉冲二氧化碳激光器(重复率>250Hz,功率>500W,脉冲宽度<200 纳秒等)	6.0	11.0	17.0	个	3
9013200060	脉冲受激准分子激光器(XeF、XeCl、KrF 型,重复率>250Hz,功率>500W 等)	6.0	11.0	17.0	个	3
9013200070	铜蒸汽激光器(平均输出功率≥40W、工作波长 500nm-600nm)	6.0	11.0	17.0	个	3
9013200090	其他激光器(但激光二极管除外)	6.0	11.0	17.0	个	
9013801000	放大镜	12.0	50.0	17.0	个	
9013802000	光学门眼	12.0	50.0	17.0	个	
9013803000 *	液晶显示板(90 章其他编号未列名的)	5.0	50.0	17.0	个	
9013809000	其他装置、仪器及器具(90 章其他编号未列名的)	5.0	17.0	17.0	个	

商品编号	商品名称及备注	进口关税税率		增值税率	计量单位	监管条件
		最惠国	普通			
9013901000	激光器、望远镜等装置的零件,附件(指编号90131000及90132000所列货品用零件、附件)	6.0	11.0	17.0	千克	
9013909000	编号9013所列其他货品的零附件	8.0	17.0	17.0	千克	
9014	**定向罗盘;其他导航仪器及装置**					
9014100000	定向罗盘	2.0	8.0	17.0	个	
9014200011 *	航空惯性导航仪	2.0	8.0	17.0	个	3
9014200012	航天惯性导航仪(天文陀螺盘及其他利用天体或卫星进行导航的装置)	2.0	8.0	17.0	个	3
9014200013	陀螺稳定平台	2.0	8.0	17.0	个	3
9014200014	自动驾驶仪(无人航空飞行器的自动驾驶仪)	2.0	8.0	17.0	个	3
9014200015	陀螺仪(额定漂移率小于0.5度/小时的陀螺仪)	2.0	8.0	17.0	个	3
9014200016	专门设计的导航信息处理机(用于弹道导弹、运载火箭、探空火箭等的目标探测)	2.0	8.0	17.0	个	3
9014200017	地形等高线绘制设备(用于弹道导弹、运载火箭、探空火箭等的目标探测)	2.0	8.0	17.0	个	3
9014200018	场景绘图及相关设备(用于弹道导弹、运载火箭、探空火箭等的目标探测)	2.0	8.0	17.0	个	3
9014200090	其他航空或航天导航仪器及装置(但罗盘除外)	2.0	8.0	17.0	个	
9014800010	比例误差小于0.25%的加速度表	2.0	8.0	17.0	个	30
9014800020	高度表(用于弹道导弹、运载火箭、探空火箭等的目标探测)	2.0	8.0	17.0	个	30
9014800090	其他导航仪器及装置	2.0	8.0	17.0	个	0
9014900000	导航仪器及装置的零件、附件	1.5	8.0	17.0	千克	
9015	**大地测量(包括摄影测量)、水道测量、海洋、水文、气象或地球物理用仪器及装置,不包括罗盘;测距仪**					
9015100000	测距仪	9.0	14.0	17.0	台	
9015200000	经纬仪及视距仪	9.0	14.0	17.0	台	
9015300000	水平仪	9.0	14.0	17.0	台	B
9015400000	摄影测量用仪器及装置	9.0	14.0	17.0	千克	
9015800010	机载或舰载重力仪(精度为1毫伽或更好、稳态记录时间至多为2分钟的)	5.0	14.0	17.0	台	3
9015800020	机载或舰载重力梯度仪(精度为1毫伽或更好、稳态记录时间至多为2分钟的)	5.0	14.0	17.0	台	3
9015800090	其他测量仪器及装置	5.0	14.0	17.0	台	
9015900010	机、舰载重力仪和重力梯度仪部件	5.0	14.0	17.0	千克	3
9015900090	其他大地测量仪及装置的零、附件	5.0	14.0	17.0	千克	
9016	**感量为50毫克或更精密的天平,不论是否带有砝码**					
9016001000	感量为0.1mg或更精密的天平	9.0	14.0	17.0	台/千克	
9016009000	50mg≥感量>0.1mg的天平	10.5	30.0	17.0	台/千克	

商品编号	商品名称及备注	进口关税税率		增值税率	计量单位	监管条件
		最惠国	普通			
9017	**绘图、划线或数学计算仪器及器具(例如绘图机、比例缩放仪、分度规、绘图工具、计算尺及盘式计算器);本章其他品目未列名的手用测量长度的器具(例如,量尺、量带、千分尺及卡尺)**					
9017100000	绘图台及绘图机,不论是否自动	8.0	20.0	17.0	台	
9017200000	其他绘图、划线或数学计算器具		70.0	17.0	个	
9017300000	千分尺、卡尺及量规	8.0	20.0	17.0	个	B
9017800000	其他手用测量长度的器具(仅指90章其他编号未列名的)	8.0	20.0	17.0	个	B
9017900000	绘图计算器具等仪器的零件、附件(编号9017所列仪器及器具的零件、附件)		20.0	17.0	千克	
9018	**医疗、外科、牙科或兽医用仪器及器具,包括闪烁扫描装置、其他电气医疗装置及视力检查仪器**					
9018110000	心电图记录仪	5.0	17.0	17.0	台	6AO
9018121010	B型超声波诊断仪零件	7.0	35.0	17.0	台	6OA
9018121090	B型超声波诊断仪	7.0	35.0	17.0	台	6OA
9018129100	彩色超声波诊断仪	5.0	17.0	17.0	台	6OA
9018129900	其他超声波扫描诊断装置	5.0	17.0	17.0	台	6A
9018130010	核磁共振成像装置零件	4.0	17.0	17.0	台	6OA
9018130090	核磁共振成像装置	4.0	17.0	17.0	台	6OA
9018140000	闪烁摄影装置	5.0	17.0	17.0	台	6OA
9018193000	病员监护仪	4.0	17.0	17.0	台	6OA
9018194100	听力计	4.0	17.0	17.0	台	6A
9018194900	其他听力诊断装置	4.0	17.0	17.0	台	6A
9018199000	其他电气诊断装置(编号90181000中未列名的)	4.0	17.0	17.0	台	6OA
9018200000	紫外线及红外线装置	4.0	17.0	17.0	台/千克	6A
9018310000	注射器(不论是否装有针头)	8.0	50.0	17.0	个	6A
9018321000	管状金属针头	8.0	50.0	17.0	千克	6A
9018322000	缝合用针	4.0	17.0	17.0	千克	6A
9018390000	导管、插管及类似品	4.0	17.0	17.0	个	6A
9018410000	牙钻机(不论是否与其他牙科设备组装在同一底座上)	4.0	17.0	17.0	台/千克	6A
9018491000	装有牙科设备的牙科用椅	4.0	17.0	17.0	台	6OA
9018499000	牙科用其他仪器及器具(但不包括牙钻机或牙科用椅)	4.0	17.0	17.0	台	6A
9018500000	眼科用其他仪器及器具	4.0	17.0	17.0	千克	6A
9018901000	听诊器	4.0	17.0	17.0	个	6
9018902000	血压测量仪器及器具	4.0	17.0	17.0	个	6A
9018903000	内窥镜	4.0	17.0	17.0	台	6OA
9018904000	肾脏透析设备(人工肾)	4.0	17.0	17.0	台	6OA
9018905000	透热疗法设备	4.0	17.0	17.0	台	6A
9018906000	输血设备	4.0	17.0	17.0	台	6OA
9018907000	麻醉设备	4.0	17.0	17.0	台	6OA

商品编号	商品名称及备注	进口关税税率		增值税率	计量单位	监管条件
		最惠国	普通			
9018908000*	宫内节育器	4.0	17.0		台	6A
9018909000	其他医疗、外科或兽医用仪器器具	4.0	17.0	17.0	台/千克	6OA
9019	**机械疗法器具;按摩器具;心理功能测验装置;臭氧治疗器;氧气治疗器、喷雾治疗器、人工呼吸器及其他治疗用呼吸器具**					
9019101000	按摩器具	15.0	40.0	17.0	台/千克	AB
9019109000	机械疗法器具,心理功能测验装置	4.0	30.0	17.0	台/千克	
9019200000	臭氧治疗器、氧气治疗器等器具(还包括喷雾治疗器、人工呼吸器或其他治疗用呼吸器具)	4.0	17.0	17.0	台/千克	
9020	**其他呼吸器具及防毒面具,但不包括既无机械零件又无可互换过滤器的防护面具**					
9020000000	其他呼吸器具及防毒面具(但不包括既无机械零件又无可互换过滤器的防护面具)	8.0	30.0	17.0	千克	
9021	**矫形器具,包括支具、外科手术带、疝气带;夹板及其他骨折用具;人造的人体部分;助听器及为弥补生理缺陷或残疾而穿戴、携带或植入人体内的其他器具**					
9021100000	矫形或骨折用器具(但不包括人造关节)	4.0	17.0	17.0	千克	
9021210000	假牙	4.0	17.0	17.0	千克	
9021290000	假牙固定件	4.0	17.0	17.0	千克	
9021310000	人造关节	4.0	17.0	17.0	千克/套	
9021390000	其他人造的人体部分	4.0	17.0	17.0	千克	
9021400000	助听器,不包括零件、附件	4.0	17.0	17.0	个	
9021500000	心脏起搏器,不包括零件、附件	4.0	17.0	17.0	个	A
9021900000	其他弥补生理缺陷,残疾用器具等(包括穿戴、携带或植入人体内的器具及零件)	4.0	17.0	17.0	千克	
9022	**X射线或α射线、β射线、γ射线的应用设备,不论是否用于医疗、外科、牙科或兽医,包括射线照相及射线治疗设备,X射线管及其他X射线发生器、高压发生器、控制板及控制台、荧光屏、检查或治疗用的桌、椅及类似品**					
9022120000	X射线断层检查仪	4.0	11.0	17.0	台	6OA
9022130000	其他牙科用X射线应用设备	4.0	11.0	17.0	台	6OA
9022140010	医用直线加速器	4.0	11.0	17.0	台	6OA
9022140090	其他医疗或兽医用X射线应用设备	4.0	11.0	17.0	台	6OA
9022191000	低剂量X射线安全检查设备	4.0	11.0	17.0	台	6OA
9022199010	X射线全自动燃料芯块检查台(专门设计或制造用于检验燃料芯块的最终尺寸和表面缺陷)	4.0	11.0	17.0	台	36AO
9022199090	其他X射线应用设备	4.0	11.0	17.0	台	6OA
9022210000	医疗用α、β、γ射线设备(外科、牙科或兽医用)	4.0	11.0	17.0	台	6OA
9022290010	γ射线全自动燃料芯块检查台(专门设计或制造用于检验燃料芯块的最终尺寸和表面缺陷)	6.0	11.0	17.0	台	36AO
9022290090	其他非医疗用α、β、γ射线设备	6.0	11.0	17.0	台	6OA

商品编号	商品名称及备注	进口关税税率		增值税率	计量单位	监管条件
		最惠国	普通			
9022300010	X射线断层检查仪专用球管	2.0	11.0	17.0	个	60A
9022300090	其他X射线管	2.0	11.0	17.0	个	60A
9022901000	X射线影像增强器	6.0	11.0	17.0	个/千克	60A
9022909010 *	射线发生器的零部件	6.0	11.0	17.0	千克	60
9022909020	闪光X射线发生器(峰值能量≥500千电子伏)	6.0	11.0	17.0	千克	360
9022909030	X射线断层检查仪专用探测器	6.0	11.0	17.0	千克	60
9022909090	编号9022所列其他设备及零件(包括高压发生器、控制板及控制台、荧光屏等)	6.0	11.0	17.0	千克	60
9023	**专供示范(例如,教学或展览)而无其他用途的仪器、装置及模型**					
9023000000	专供示范的仪器、装置及模型[(例如,教学或展览)而无其他用途]	7.0	20.0	17.0	千克	
9024	**各种材料(例如,金属、木材、纺织材料、纸张、塑料)的硬度、强度、压缩性、弹性或其他机械性能的试验机器及器具**					
9024100000	金属材料的试验用机器及器具	7.0	20.0	17.0	台	
9024800000	非金属材料的试验用机器及器具	5.0	20.0	17.0	台	
9024900000	各种材料的试验用机器零件、附件	6.0	20.0	17.0	千克	
9025	**记录式或非记录式的液体比重计及类似的浮子式仪器、温度计、高温计、气压计、湿度计、干湿球湿度计及其组合装置**					
9025110000	可直接读数的液体温度计	4.0	40.0	17.0	个	
9025191000	非液体的工业用温度计及高温计	8.4	20.0	17.0	个	
9025199000	非液体的其他温度计、高温计	8.4	80.0	17.0	个	
9025800000	其他温度计、比重计、湿度计等仪器	11.0	30.0	17.0	个	
9025900000	比重计、温度计等类似仪器的零件	8.0	20.0	17.0	千克	
9026	**液体或气体的流量、液位、压力或其他变化量的测量或检验仪器及装置(例如,流量计、液位计、压力表、热量计),但不包括品目9014、9015、9028或9032的仪器及装置**					
9026100000	测量、检验液体流量或液位的仪器		17.0	17.0	个	
9026201010	锰铜压力计(压力超过100千帕)		17.0	17.0	个	3
9026201090	其他压力、差压变送器		17.0	17.0	个	
9026209000	其他测量、检验压力的仪器及装置		17.0	17.0	个	
9026800000	液体或气体的其他测量或检验仪器(除液体流量或液位及压力以外的其他变量的检测仪器)		17.0	17.0	个	
9026900000	液体或气体的测量或检验仪器零件(主要是进行流量、液位、压力或其他变化量的测量或检验)		17.0	17.0	千克	
9027	**理化分析仪器及装置(例如,偏振仪、折光仪、分光仪、气体或烟雾分析仪);测量或检验粘性、多孔性、膨胀性、表面张力及类似性能的仪器及装置;测量或检验热量、声量或光量的仪器及装置(包括曝光表);检镜切片机**					

商品编号	商品名称及备注	进口关税税率		增值税率	计量单位	监管条件
		最惠国	普通			
9027100010	用于连续操作的气体检测器(可用于出口管制的化学品或有机化合物(含有磷、硫、氟或氯,其浓度低于0.3mg/m³)的检测,或为检测受抑制的胆碱酯酶的活性而设计)	7.0	17.0	17.0	台	3
9027100090	其他气体或烟雾分析仪	7.0	17.0	17.0	台	
9027201100	气相色谱仪		17.0	17.0	台	
9027201200	液相色谱仪		17.0	17.0	台	
9027201900	其他色谱仪		17.0	17.0	台	
9027202000	电泳仪		17.0	17.0	台	
9027300000	分光仪、分光光度计及摄谱仪(使用光学射线(紫外线、可见光、红外线)的)		17.0	17.0	台	
9027400000	曝光表	14.0	70.0	17.0	个	
9027500000	使用光学射线的其他仪器及装置(光学射线是指紫外线、可见光、红外线)		17.0	17.0	台	
9027801100	集成电路生产用氦质谱检漏台		17.0	17.0	台	
9027801910	UF_6质谱仪/离子源(能从UF_6气流中在线取得供料、产品或尾料样品谱仪)		17.0	17.0	台	3
9027801920	测大于230质量单位离子质谱仪(分辨率高于2/230)		17.0	17.0	台	3
9027801990	其他质谱仪		17.0	17.0	台	
9027809000	其他理化分析仪器及装置(包括测量或检验粘性及类似性能的食品及装置)		17.0	17.0	台	
9027900000	检镜切片机、理化分析仪器零件		17.0	17.0	千克	
9028	**生产或供应气体、液体及电力用的计量仪表,包括它们的校准仪表**					
9028101000	煤气表(包括它们的校准仪表)	10.0	30.0	17.0	个	
9028109000	其他气量计(包括它们的校准仪表)	10.0	30.0	17.0	个	
9028201000	水表(包括它们的校准仪表)	10.0	30.0	17.0	个	B
9028209000	其他液量计(包括它们的校准仪表)	10.0	30.0	17.0	个	B
9028301000	电度表(包括它们的校准仪表)	10.0	30.0	17.0	个	AB
9028309000	其他电量计(包括它们的校准仪表)	10.0	30.0	17.0	个	B
9028901000	工业用计量仪表零件、附件	8.4	30.0	17.0	千克	
9028909000	非工业用计量仪表零件、附件	8.4	50.0	17.0	千克	
9029	**转数计、产量计数器、车费计、里程计、步数计及类似仪表;速度计及转速表,品目9014及9015的仪表除外;频闪观测仪**					
9029101000	转数计	15.0	50.0	17.0	个	
9029102000	车费计、里程计	15.0	35.0	17.0	个	A
9029109000	产量计数器、步数计及类似仪表	15.0	35.0	17.0	个	
9029201000	车辆用速度计	10.0	35.0	17.0	个	
9029209000	其他速度计及转速表、频闪观测仪(车辆用速度计除外)	10.0	35.0	17.0	个	

商品编号	商品名称及备注	进口关税税率		增值税率	计量单位	监管条件
		最惠国	普通			
9029900000	转数计、车费计及类似仪表零件(编号9014及9015的仪表零件除外)	6.0	35.0	17.0	千克	
9030	**示波器、频谱分析仪及其他用于电量测量或检验的仪器和装置,但不包括品目9028的各种仪表;α射线、β射线、γ射线、X射线、宇宙射线或其他离子射线的测量或检验仪器及装置**					
9030100000	离子射线的测量或检验仪器及装置	5.0	20.0	17.0	台	
9030201000	300兆赫以下的通用示波器(指测试频率小于300兆赫兹的示波器)	10.0	80.0	17.0	台	
9030209000	其他阴极射线示波器(包括300兆赫兹的通用示波器)	5.0	20.0	17.0	台	
9030311000	五位半及以下的数字万用表	15.0	130.0	17.0	台	B
9030319000	其他万用表(五位半及以下的数字万用表除外)	5.0	20.0	17.0	台	B
9030391000	五位半及以下的数字电流、电压表	15.0	130.0	17.0	台	B
9030392000	电阻测试仪(不带记录装置的)	14.0	80.0	17.0	台	
9030399000	检测电压、电流及功率的其他仪器	9.0	20.0	17.0	台	B
9030401000	12.4千兆赫兹以下数字式频率计		80.0	17.0	台	
9030409000	其他无线电通讯专用仪器及装置(12.4千兆赫兹以下数子式频率计除外)		20.0	17.0	台	O
9030820000	检测半导体晶片或器件的仪器(包括测试或检验半导体晶片或元器件用的装置)		20.0	17.0	台	
9030831000	电感及电容测试仪(装有记录装置的)	10.0	80.0	17.0	台	
9030839000	其他电量的测量或检验仪器及装置(装有记录装置的)	8.0	20.0	17.0	台	
9030891000	其他电感及电容测试仪(未装有记录装置的)	14.0	80.0	17.0	台	
9030899010	中子探测和测量仪表(专用于测定核反应堆堆芯内中子通量的)	8.0	20.0	17.0	台	3
9030899090	其他电量的测量或检验仪器及装置(未装有记录装置的)	8.0	20.0	17.0	台	
9030900011	检测半导体晶片及器件的仪器零件(包括附件)		17.0	17.0	千克	s
9030900019	ITA产品用的印刷电路组件(包括外接组件,如符合PCMCIA标准的卡)		17.0	17.0	千克	s
9030900090	编号9030所属货品的零件及附件	7.0	17.0	17.0	千克	
9031	**本章其他品目未列名的测量或检验仪器、器具及机器;轮廓投影仪**					
9031100010	陀螺动态平衡测试仪	7.0	17.0	17.0	台	3O
9031100090	其他机械零件平衡试验机	7.0	17.0	17.0	台	O
9031200010	陀螺/马达运转试验台	7.0	17.0	17.0	台	3
9031200020	加速度表测试台	7.0	17.0	17.0	台	3
9031200030	试车台(能试推力>90kN火箭发动机的或同时测量三个推力分量的)	7.0	17.0	17.0	台	3
9031200040	惯性平台测试台(测试平台包括高精度离心机和转台)	7.0	17.0	17.0	台	3

商品编号	商 品 名 称 及 备 注	进口关税税率		增值税率	计量单位	监管条件
		最惠国	普通			
9031200090	其他试验台	7.0	17.0	17.0	台	
9031300000	轮廓投影仪	10.0	20.0	17.0	台	
9031410000	制造半导体器件的检测仪和器具(90章其他编号未列名的,包括检测光掩模及光栅用的)		17.0	17.0	台	
9031490010	用于光盘生产线的AID自动检测机		17.0	17.0	台	60
9031490090	其他光学测量或检验仪器和器具(90章其他编号未列名的)		17.0	17.0	台	0
9031801000	光纤通信及光纤性能测试仪	5.0	17.0	17.0	台	0
9031802000	坐标测量仪	5.0	17.0	17.0	台	
9031809010	惯性测量单元测试仪	5.0	17.0	17.0	台	3
9031809020	陀螺调谐测试仪	5.0	17.0	17.0	台	3
9031809030 *	跑道摩擦系数测试仪	5.0	17.0	17.0	台	
9031809090	其他测量、检验仪器、器具及机器(指90章其他编号未列名的)	5.0	17.0	17.0	台	
9031900020	惯性测量单元稳定元件加工夹具		17.0	17.0	千克	3
9031900030	惯性平台平衡夹具		17.0	17.0	千克	3
9031900090	编号9031的仪器及器具的其他零件(90章其他编号未列名的)		17.0	17.0	千克	
9032	**自动调节或控制仪器及装置**					
9032100000	恒温器	7.0	17.0	17.0	台	
9032200000	恒压器	7.0	17.0	17.0	台	
9032810000	其他液压或气压的仪器及装置(自动调节或控制用)	7.0	17.0	17.0	台	
9032890010 *	飞机自动驾驶系统(包括驾驶、电子控制飞行、故障分析、警告系统配平系统及推力监控设备等仪表)	7.0	17.0	17.0	台	0
9032890020	组合喷气发动机的燃烧调节装置(自动控制、调节装置)	7.0	17.0	17.0	台	30
9032890090	其他自动调节或控制仪器及装置	7.0	17.0	17.0	台	0
9032900000	自动调节或控制仪器零件、附件	5.0	17.0	17.0	千克	
9033	**第九十章所列机器、器具、仪器或装置用的本章其他品目未列名的零件、附件**					
9033000010 *	飞机自动驾驶系统的零件(包括驾驶、电子控制飞行、故障分析、警告、配平系统及推力监控设备等零件)	6.0	17.0	17.0	千克	0
9033000090	第90章其他编号未列名零、附件(指第90章所列机器、器具、仪器或装置用)	6.0	17.0	17.0	千克	0

第九十一章　钟表及其零件

注释：

一、本章不包括：

(一)钟表玻璃及钟锤(按其构成材料归类)；

(二)表链(根据不同情况，归入品目 71.13 或 71.17)；

(三)第十五类注释二所规定的贱金属制通用零件(第十五类)、塑料制的类似品(第三十九章)及贵金属或包贵金属制的类似品(一般归入品目 71.15)，但钟、表发条则应作为钟、表的零件归类(品目 91.14)；

(四)轴承滚珠(根据不同情况，归入品目 73.26 或 84.82)；

(五)品目 84.12 的物品，不需擒纵器可以工作的；

(六)滚珠轴承(品目 84.82)；

(七)第八十五章的物品，本身未组装在或未与其他零件组装在钟、表机芯内，也未组装成专用于或主要用于钟、表机芯零件的。

二、品目 91.01 仅包括表壳完全以贵金属或包贵金属制的表，以及用贵金属或包贵金属与税号 71.01-71.04 的天然、养殖珍珠或宝石、半宝石(天然、合成或再造)合制的表。用贱金属上镶嵌贵金属制成表壳的表应归入品目 91.02。

三、本章所称"表芯"，是指由摆轮及游丝、石英晶体或其他能确定时间间隔的装置来进行调节的机构，并带有显示器或可装机械指示器的系统。表芯的厚度不超过 12mm，长、宽或直径不超过 50mm。

四、除注释一另有规定的以外，钟、表的机芯及其他零件，既适用于钟或表，又适用于其他物品(例如精密仪器)的，均应归入本章。

商品编号	商品名称及备注	进口关税税率		增值税率	计量单位	监管条件
		最惠国	普通			
9101	**手表、怀表及其他表，包括秒表，表壳用贵金属或包贵金属制成的**					
9101110000	机械指示式的贵金属电子手表(表壳用贵金属或包贵金属制成的)	11.0	100.0	17.0	只	BO
9101120000	光电显示式的贵金属电子手表(表壳用贵金属或包贵金属制成的)	16.0	100.0	17.0	只	
9101190000	其他贵金属电子手表(表壳用贵金属或包贵金属制成的)	15.0	100.0	17.0	只	B
9101210010	含濒危动物皮自动上弦贵金属机械手表(表壳用贵金属或包贵金属制成的)	11.0	80.0	17.0	只	BEFO
9101210090	其他自动上弦贵金属机械手表(表壳用贵金属或包贵金属制成的)	11.0	80.0	17.0	只	BO
9101290010	含濒危动物皮非自动上弦贵金属机械手表(表壳用贵金属或包贵金属制成的)	15.0	80.0	17.0	只	EFO
9101290090	其他非自动上弦贵金属机械手表(表壳用贵金属或包贵金属制成的)	15.0	80.0	17.0	只	O
9101910000	贵金属电子怀表及其他电子表(表壳用贵金属或包贵金属制成的)	15.0	100.0	17.0	只	
9101990000	贵金属机械怀表及其他机械表(指表壳用贵金属或包贵金属制成的)	20.0	80.0	17.0	只	
9102	**手表、怀表及其他表，包括秒表，但品目 9101 的货品除外**					

商品编号	商品名称及备注	进口关税税率		增值税率	计量单位	监管条件
		最惠国	普通			
9102110000	机械指示式的其他电子手表(贵金属或包贵金属制壳的除外)	12.5	100.0	17.0	只	BO
9102120000	光电显示式的其他电子手表(贵金属或包贵金属制壳的除外)	23.0	100.0	17.0	只	B
9102190000	其他电子手表(贵金属或包贵金属制壳的除外)	15.0	100.0	17.0	只	B
9102210010	含濒危动物皮其他自动上弦的机械手表(用贵金属或包贵金属制壳的除外)	11.0	80.0	17.0	只	EFO
9102210090	其他自动上弦的机械手表(用贵金属或包贵金属制壳的除外)	11.0	80.0	17.0	只	O
9102290010	含濒危动物皮其他非自动上弦机械手表(用贵金属或包贵金属制壳的除外)	15.0	80.0	17.0	只	BEFO
9102290090	其他非自动上弦的机械手表(用贵金属或包贵金属制壳的除外)	15.0	80.0	17.0	只	BO
9102910000	电力驱动的电子怀表及其他电子表(手表除外,也不包括表壳用贵金属或包贵金属制成的表)	15.0	100.0	17.0	只	
9102990000	其他机械怀表、秒表及其他表(用贵金属或包贵金属制壳的除外)	20.0	80.0	17.0	只	
9103	**以表芯装成的钟,但不包括品目9104的钟**					
9103100000	以表芯装成的电子钟(不包括编号9104的钟)	23.0	100.0	17.0	只	B
9103900000	以表芯装成的机械钟(不包括编号9104的钟)	20.0	100.0	17.0	只	
9104	**仪表板钟及车辆、航空器、航天器或船舶用的类似钟**					
9104000000	仪表板钟及车辆船舶等用的类似钟(包括航空器和航天器用)	10.0	100.0	17.0	只	
9105	**其他钟**					
9105110000	电子闹钟	23.0	100.0	17.0	只	B
9105190000	机械闹钟	20.0	100.0	17.0	只	B
9105210000	电子挂钟	23.0	100.0	17.0	只	B
9105290000	机械挂钟	20.0	100.0	17.0	只	B
9105911000	电子天文钟(由电力驱动)	3.0	8.0	17.0	只	
9105919000	其他电子钟(由电力驱动、闹钟、挂钟、天文钟除外)	23.0	100.0	17.0	只	B
9105990000	其他机械钟(闹钟、挂钟除外)	16.0	100.0	17.0	只	B
9106	**时间记录器以及测量、记录或指示时间间隔的装置,装有钟、表机芯或同步电动机的(例如,考勤钟、时刻记录器)**					
9106100000	考勤钟、时刻记录器	16.0	50.0	17.0	只	
9106200000	停车计时表	16.0	50.0	17.0	只	
9106900000	其他时间记录器及其他类似装置(包括测量、记录或指示时间的装置)	16.0	50.0	17.0	只	

商品编号	商品名称及备注	进口关税税率		增值税率	计量单位	监管条件
		最惠国	普通			
9107	**装有钟、表机芯或同步电动机的定时开关**					
9107000000	定时开关(装有钟、表机芯或同步电动机的)	12.0	50.0	17.0	个	B
9108	**已组装的完整表芯**					
9108110000	已组装的机械指示式完整电子表芯	16.0	80.0	17.0	只	B
9108120000	已组装的光电显示式完整电子表芯	16.0	80.0	17.0	只	B
9108190000	其他已组装的完整电子表芯(子目号 91081100 和 91081200 除外)	16.0	80.0	17.0	只	B
9108200000	已组装的自动上弦完整表芯	16.0	80.0	17.0	只	B
9108901000	已组装表面≤33.8mm 机械完整表芯(表面尺寸在 33.8mm 及以下、非自动上弦)	16.0	80.0	17.0	只	B
9108909000	其他已组装完整机械表芯(表面尺寸超过 33.8mm,非自动上弦)	16.0	80.0	17.0	只	B
9109	**已组装的完整钟芯**					
9109110000	已组装的电子完整闹钟芯	16.0	100.0	17.0	只	
9109190000	已组装的其他完整电子钟芯(电子闹钟芯除外)	16.0	100.0	17.0	只	
9109900000	已组装的完整机械钟芯	16.0	100.0	17.0	只	
9110	**未组装或部分组装的完整钟、表机芯(机芯套装件);已组装的不完整钟、表机芯;未组装的不完整钟、表机芯**					
9110110000	未组装的完整表机芯(包括部分组装)	16.0	80.0	17.0	只	
9110120000	已组装的不完整表机芯	16.0	70.0	17.0	千克	
9110190000	未组装的不完整表机芯	16.0	70.0	17.0	千克	
9110901000	未组装的完整的钟机芯(包括部分组装)	16.0	100.0	17.0	千克/只	
9110909000	不完整的钟机芯(不论是否已组装)	16.0	80.0	17.0	千克	
9111	**表壳及其零件**					
9111100000	贵金属或包贵金属制的表壳	14.0	80.0	17.0	只	
9111200000	贱金属制的表壳(不论是否镀金或镀银)	14.0	80.0	17.0	只	
9111800000	非金属制的表壳	14.0	80.0	17.0	只	
9111900000	表壳的零件	14.0	80.0	17.0	千克	
9112	**钟壳和本章所列其他货品的类似外壳及其零件**					
9112200000	钟壳和本章其他商品的类似外壳	14.0	80.0	17.0	只	
9112900000	钟壳零件	12.0	80.0	17.0	千克	
9113	**表带及其零件**					
9113100000	贵金属或包贵金属制的表带及零件	20.0	130.0	17.0	千克	
9113200000	贱金属制的表带及其零件(不论是否镀金或镀银)	14.0	100.0	17.0	千克	
9113900010	濒危动物皮制的表带及其零件	14.0	100.0	17.0	千克	FE
9113900090	其他非金属制的表带及其零件	14.0	100.0	17.0	千克	

商品编号	商品名称及备注	进口关税税率		增值税率	计量单位	监管条件
		最惠国	普通			
9114	**钟、表的其他零件**					
9114100000	钟、表的发条(包括游丝)	14.0	50.0	17.0	千克	
9114200000	钟、表的宝石轴承	14.0	50.0	17.0	千克	
9114300000	钟面或表面	14.0	50.0	17.0	千克	
9114400000	钟、表的夹板及横担(过桥)	14.0	50.0	17.0	千克	
9114900000	钟、表的其他零件(编号9114中其他未列名的)	14.0	70.0	17.0	千克	

第九十二章　乐器及其零件、附件

注释：

一、本章不包括：

(一)第十五类注释二所规定的贱金属制通用零件(第十五类)或塑料制的类似品(第三十九章)；

(二)第八十五章或第九十章的传声器、扩大器、扬声器、耳机、开关、频闪观测仪及其他附属仪器、器具或设备，虽用于本章物品但未与该物品组成一体或安装在同一机壳内；

(三)玩具乐器或器具(品目95.03)；

(四)清洁乐器用的刷子(品目96.03)；

(五)收藏品或古物(品目97.05或97.06)。

二、用于演奏品目92.02、92.06所列乐器的弓、槌及类似品，如果与该乐器一同进口或出口，数量合理，用途明确，应归入有关乐器的相应品目。品目92.09的卡片、盘或卷，即使与乐器一同进口或出口，也不视为该乐器的组成部分，而应作为单独进口或出口的物品对待。

商品编号	商　品　名　称　及　备　注	进口关税税率		增值税率	计量单位	监管条件
		最惠国	普通			
9201	**钢琴，包括自动钢琴；拨弦古钢琴及其他键盘弦乐器**					
9201100000	竖式钢琴	17.5	70.0	17.0	台	
9201200010 *	完税价格≥5万美元的大钢琴	17.5	70.0	17.0	台	
9201200090	其他大钢琴	17.5	70.0	17.0	台	
9201900000	其他钢琴(包括自动钢琴、拨弦古钢琴及其他键盘弦乐器)	17.5	70.0	17.0	台	
9202	**其他弦乐器(例如，吉他、小提琴、竖琴)**					
9202100011	完税价格≥1.5万美元的弓弦乐器(含濒危动物皮的弓弦乐器)	17.5	70.0	17.0	只	FE
9202100019	其他含濒危动物皮的弓弦乐器	17.5	70.0	17.0	只	FE
9202100091 *	完税价格≥1.5万美元的弓弦乐器(不含野生动物皮的弓弦乐器)	17.5	70.0	17.0	只	
9202100099	其他弓弦乐器	17.5	70.0	17.0	只	
9202900010	含濒危动物成分的其他弦乐器	17.5	70.0	17.0	只	FE
9202900090	其他弦乐器	17.5	70.0	17.0	只	
9203	**键盘管风琴；簧风琴及类似的游离金属簧片键盘乐器**					
9203000000	键盘管风琴、簧风琴及类似乐器(包括游离金属簧片键盘乐器)	20.0	80.0	17.0	只	
9204	**手风琴及类似乐器；口琴**					
9204100000	手风琴及类似乐器	21.0	80.0	17.0	只	
9204200000	口琴	21.0	80.0	17.0	只	
9205	**其他管乐器(例如，单簧管、小号、风笛)**					

商品编号	商 品 名 称 及 备 注	进口关税税率		增值税率	计量单位	监管条件
		最惠国	普通			
9205100010*	完税价格≥2000美元的铜管乐器	17.5	70.0	17.0	只	
9205100090	其他铜管乐器	17.5	70.0	17.0	只	
9205900010*	完税价格≥1万美元的其他管乐器(铜管乐器除外)	17.5	70.0	17.0	只	
9205900090	其他管乐器(铜管乐器除外)	17.5	70.0	17.0	只	
9206	**打击乐器(例如,鼓、木琴、铙、钹、响板、响葫芦)**					
9206000010	含濒危动物皮的打击乐器(例如,鼓、木琴、钹、响板)	17.5	70.0	17.0	只	FE
9206000090	其他打击乐器(例如,鼓、木琴、钹、响板)	17.5	70.0	17.0	只	
9207	**通过电产生或扩大声音的乐器(例如,电风琴、电吉他、电手风琴)**					
9207100000	通过电产生或扩大声音的键盘乐器(手风琴除外)	30.0	100.0	17.0	只	A
9207900000	其他通过电产生或扩大声音的乐器	30.0	100.0	17.0	个	
9208	**百音盒、游艺场风琴、手摇风琴、机械鸣禽、乐锯及本章其他品目未列名的其他乐器;各种媒诱音响器、哨子、号角、口吹音响信号器**					
9208100000	百音盒	22.0	80.0	17.0	个	
9208900000	92章其他编号未列名的其他乐器(包括游节场风琴、手摇风琴、机械鸣禽、乐锯等)	22.0	80.0	17.0	个	
9209	**乐器的零件(例如百音盒的机械装置)、附件(例如,机械乐器用的卡片、盘及带卷);节拍器、音叉及各种定音管**					
9209100000	节拍器、音叉及定音管	17.5	70.0	17.0	千克	
9209200000	百音盒的机械装置	17.5	70.0	17.0	千克	
9209300000	乐器用的弦	17.5	70.0	17.0	千克	
9209910000	钢琴的零件、附件	17.5	70.0	17.0	千克	
9209920000	编号9202所列乐器的零件、附件	17.5	70.0	17.0	千克	
9209930000	编号9203所列乐器的零件、附件	17.5	70.0	17.0	千克	
9209940000	编号9207所列乐器的零件、附件	17.5	70.0	17.0	千克	
9209990000	本章其他编号未列名的乐器零件	17.5	70.0	17.0	千克	

第十九类　武器、弹药及其零件、附件

第九十三章　武器、弹药及其零件、附件

注释：

一、本章不包括：

(一)第三十六章的货品(例如，火帽、雷管、信号弹)；

(二)第十五类注释二所规定的贱金属制通用零件(第十五类)或塑料制的类似品(第三十九章)；

(三)装甲战斗车辆(品目87.10)；

(四)武器用的望远镜瞄准器具及其他光学装置(第九十章)，但安装在武器上或与武器一同进口或出口以备安装在该武器上的除外；

(五)弓、箭、钝头击剑或玩具(第九十五章)；

(六)收藏品及古物(品目97.05或品目97.06)。

二、品目93.06所称"零件"，不包括品目85.26的无线电设备及雷达设备。

商品编号	商品名称及备注	进口关税税率		增值税率	计量单位	监管条件
		最惠国	普通			
9301	**军用武器，但左轮手枪、其他手枪及品目9307的兵器除外**					
9301110000	自推进的火炮武器	13.0	80.0	17.0	座	
9301190000	其他火炮武器	13.0	80.0	17.0	座	
9301200000	火箭发射装置；火焰喷射器(还包括手榴弹发射器；鱼雷发射管及类似发射装置)	13.0	80.0	17.0	个	
9301900000	其他军用武器(但左轮手枪、其他手枪及编号9307的兵器除外)	13.0	80.0	17.0	枝	
9302	**左轮手枪及其他手枪，但品目9303或9304的货品除外**					
9302000000	左轮手枪及其他手枪(编号9303或9304的货品除外)	13.0	80.0	17.0	枝	
9303	**靠爆炸药发射的其他火器及类似装置(例如，运动用猎枪及步枪、前装枪、维利式信号枪及其他专为发射信号弹的装置、发射空包弹的左轮手枪和其他手枪、弩枪式无痛捕杀器、抛缆枪**					
9303100000	前装枪	13.0	80.0	17.0	枝	
9303200000	其他运动、狩猎或打靶用滑膛枪(包括滑膛/莱福枪)	13.0	80.0	17.0	枝	
9303300000	其他运动、狩猎或打靶用步枪	13.0	80.0	17.0	枝	
9303900000	其他火器及类似装置(指靠爆炸药发射的)	13.0	80.0	17.0	枝	
9304	**其他武器(例如，弹簧枪、气枪、气手枪、警棍)，但不包括品目9307的货品**					
9304000000	其他武器(如弹簧枪、气枪、警棍等，不包括编号9307的货品)	13.0	80.0	17.0	枝	

商品编号	商 品 名 称 及 备 注	进口关税税率		增值税率	计量单位	监管条件
		最惠国	普通			
9305	**品目9301至9304所列物品的零件、附件**					
9305100000	左轮手枪或其他手枪的零件及附件	13.0	80.0	17.0	千克	
9305210000	猎枪筒	13.0	80.0	17.0	千克	
9305290000	滑膛枪或步枪用其他零件及附件	13.0	80.0	17.0	千克	
9305910000	其他军用武器用零件、附件(税目9301的军用武器用零件、附件)	13.0	80.0	17.0	千克	
9305990000	其他武器的零件、附件(指编号9302至9304所列其他物品的零件)	13.0	80.0	17.0	千克	
9306	**炸弹、手榴弹、鱼雷、地雷、水雷、导弹及类似武器及其零件;子弹、其他弹药和射弹及其零件,包括弹丸及弹垫**					
9306100000	铆接机或类似工具的子弹及其零件(包括弩枪式无痛捕杀器)	13.0	80.0	17.0	千克	
9306210000	猎枪弹	13.0	80.0	17.0	千克	
9306290000	猎枪弹的零件及气枪弹丸	13.0	80.0	17.0	千克	
9306300000	其他子弹及其零件	13.0	80.0	17.0	千克	
9306900010	敏感物项管制的导弹及其零件(能把500kg以上有效载荷投掷到300km以上的)	13.0	80.0	17.0	千克	3
9306900020	运载火箭(能把500kg以上有效载荷投掷到300km以上的)	13.0	80.0	17.0	千克	3
9306900030	探空火箭(能把500kg以上有效载荷投掷到300km以上的)	13.0	80.0	17.0	千克	3
9306900040	巡航导弹(能把500kg以上有效载荷投掷到300km以上的)	13.0	80.0	17.0	千克	3
9306900090	其他弹药和射弹及其零件(包括炸弹、手榴弹、鱼雷、地雷、水雷、导弹等)	13.0	80.0	17.0	千克	
9307	**剑、短弯刀、刺刀、长矛和类似的武器及其零件;刀鞘、剑鞘**					
9307000010	濒危动物制的刀鞘、剑鞘	13.0	80.0	17.0	千克	FE
9307000090	其他剑、刀、长矛和类似的武器及其(包括刀鞘、剑鞘)	13.0	80.0	17.0	千克	

第二十类　杂项制品

第九十四章　家具；寝具、褥垫、弹簧床垫、软座垫及类似的填充制品；未列名灯具及照明装置；发光标志、发光铭牌及类似品；活动房屋

注释：

一、本章不包括：

(一)第三十九章、第四十章和第六十三章的充气或充水的褥垫、枕头及座垫；

(二)落地镜[例如税号 70.09 的试衣镜(旋转镜)]；

(三)第七十一章的物品；

(四)第十五类注释二所规定的贱金属制通用零件(第十五类)、塑料制的类似品(第三十九章)或税号 83.03 的保险箱；

(五)冷藏或冷冻设备专用的特制家具(税号 84.18)；缝纫机专用的特制家具(税号 84.52)；

(六)第八十五章的灯具及照明装置；

(七)税号 85.18、85.19 - 85.21 或税号 85.25 - 85.28 所列装置专用的特制家具(应分别归入品目 85.18、85.22 或 85.29)；

(八)税号 87.14 的物品；

(九)装有税号 90.18 所列牙科用器具或漱口盂的牙科用椅(税号 90.18)；

(十)第九十一章的物品(例如，钟及钟壳)；

(十一)玩具家具、玩具灯或玩具照明装置(税号 95.03)、台球桌或其他供游戏用的特制家具(税号 95.04)、魔术用的特制家具或中国灯笼及类似的装饰品(电气彩灯串除外)(税号 95.05)。

二、税号 94.01 - 94.03 的物品(零件除外)，只适用于落地式的物品。对下列物品，即使是悬挂的、固定在墙壁上的或叠摞的，仍归入上述各税号：

(一)碗橱、书柜、架式家具及组合家具；

(二)坐具及床。

三、(一)税号 94.01 - 94.03 所列货品的零件，不包括玻璃(包括镜子)、大理石或其他石料以及第六十八章及第六十九章所列任何其他材料的片、块(不论是否切割成形，但未与其他零件组装)。

(二)税号 94.04 的货品，如果单独进口或出口，不能作为税号 94.01、94.02 或 94.03 所列货品的零件归类。

四、税号 94.06 所称“活动房屋”，是指在工厂制成成品或制成部件并一同进口或出口，供以后在有关地点上组装的房屋，例如，工地用房、办公室、学校、店铺、工作棚、车房或类似的建筑物。

商品编号	商品名称及备注	进口关税税率		增值税率	计量单位	监管条件
		最惠国	普通			
9401	**坐具(包括能作床用的两用椅，但品目 9402 的货品除外)及其零件**					
9401100000	飞机用坐具		100.0	17.0	个	
9401201000	皮革或再生皮革面的机动车辆用坐具	10.0	100.0	17.0	个	
9401209000	其他机动车辆用坐具	10.0	100.0	17.0	个	
9401300000	可调高度的转动坐具		100.0	17.0	个	

商品编号	商 品 名 称 及 备 注	进口关税税率		增值税率	计量单位	监管条件
		最惠国	普通			
9401401000	皮革或再生皮革面的能作床用的两用椅(但庭园坐具或野营设备除外)		100.0	17.0	个	
9401409000	其他能作床用的两用椅(但庭园坐具或野营设备除外)		100.0	17.0	个	
9401500000	藤、柳条、竹及类似材料制的坐具		100.0	17.0	个	AB
9401611000	皮革或再生皮革面的装软垫的木框架的其他坐具		100.0	17.0	个	AB
9401619000	其他装软垫的木框架的坐具		100.0	17.0	个	AB
9401690000	其他木框架的坐具(不包括编号9401100-94015000的坐具)		100.0	17.0	个	AB
9401711000	皮革或再生皮革面的装软垫的金属框架的坐具		100.0	17.0	个	
9401719000	其他装软垫的金属框架的坐具		100.0	17.0	个	
9401790000	其他金属框架的坐具(不包括编号94011000-94015000的坐具)		100.0	17.0	个	
9401801000	石制的其他坐具		100.0	17.0	个	
9401809000	其他坐具		100.0	17.0	个	
9401901100	机动车辆用座椅调角器	14.3	100.0	17.0	套/千克	
9401901900	机动车辆用其他坐具零件		100.0	17.0	千克	
9401909000	其他坐具的零件		100.0	17.0	千克	
9402	**医疗、外科、牙科或兽医用家具(例如,手术台、检查台、带机械装置的病床、牙科用椅);有旋转、倾斜、升降装置的理发用椅及类似椅;上述物品的零件**					
9402101000	理发用椅及其零件		100.0	17.0	千克	
9402109000	牙科及类似用途的椅及其零件		30.0	17.0	千克	
9402900000	其他医疗、外科、兽医用家具及零件(如手术台、检查台、带机械装置的病床等)		30.0	17.0	千克	
9403	**其他家具及零件**					
9403100000	办公室用金属家具		100.0	17.0	千克	
9403200000	其他金属家具		100.0	17.0	千克	
9403300010	濒危木制办公室用木家具		100.0	17.0	件	ABFE
9403300090	其他办公室用木家具		100.0	17.0	件	AB
9403400010	濒危木制厨房用木家具		100.0	17.0	件	ABFE
9403400090	其他厨房用木家具		100.0	17.0	件	AB
9403501010	卧室用濒危红木制家具		100.0	17.0	件	ABFE
9403501090	其他卧室用红木制家具		100.0	17.0	件	AB
9403509100	卧室用漆木家具		100.0	17.0	件	AB
9403509910	卧室用其他濒危木家具		100.0	17.0	件	ABFE
9403509990	卧室用其他木家具		100.0	17.0	件	AB
9403601010	其他濒危红木制家具(非卧室用)		100.0	17.0	件	ABFE
9403601090	其他红木制家具(非卧室用)		100.0	17.0	件	AB
9403609100	其他漆木家具(非卧室用)		100.0	17.0	件	AB
9403609910	其他濒危木家具(非卧室用)		100.0	17.0	件	ABFE

商品编号	商 品 名 称 及 备 注	进口关税税率		增值税率	计量单位	监管条件
		最惠国	普通			
9403609990	其他木家具(非卧室用)		100.0	17.0	件	AB
9403700000	塑料家具		100.0	17.0	千克	
9403801000	藤、柳条、竹及类似材料制家具		100.0	17.0	千克	AB
9403809100	石制的家具		100.0	17.0	千克	
9403809900	其他材料制的家具		100.0	17.0	千克	
9403900010	飞机内厨房家具零件		100.0	17.0	千克	
9403900090	其他编号 9403 所列物品的零件		100.0	17.0	千克	
9404	**弹簧床垫;寝具及类似用品,装有弹簧、内部用任何材料填充、衬垫或用海绵橡胶、泡沫塑料制成,不论是否包面,(例如,褥垫、棉被、羽绒被、靠垫、座垫及枕头)**					
9404100000	弹簧床垫	20.0	100.0	17.0	个/千克	
9404210010	蔺草包面的垫子(单件面积大于 1 平方米,无论是否包边)	20.0	100.0	17.0	个	4xy
9404210090	海绵橡胶或泡沫塑料制褥垫(不论是否包面)	20.0	100.0	17.0	个	
9404290000	其他材料制褥垫	20.0	100.0	17.0	个	
9404301010	濒危野禽羽毛或羽绒填充的睡袋	20.0	130.0	17.0	个	FEB
9404301090	其他羽毛或羽绒填充的睡袋	20.0	130.0	17.0	个	B
9404309000	其他睡袋	20.0	100.0	17.0	个	
9404901010	濒危野禽羽绒和羽毛填充其他寝具(含类似品)	20.0	130.0	17.0	千克	FEB
9404901090	其他羽绒和羽毛填充的其他寝具(含类似品)	20.0	130.0	17.0	千克	B
9404902010	濒危兽毛填充的寝具(用野生兽毛填充的,含盖被及类似品)	20.0	130.0	17.0	千克	EF
9404902090	其他兽毛填充的其他寝具(含类似品)	20.0	130.0	17.0	千克	
9404903000	丝棉填充的其他寝具及类似品	20.0	130.0	17.0	千克	
9404904000	化纤棉填充的其他寝具及类似品	20.0	130.0	17.0	千克	
9404909000	其他寝具及类似品	20.0	100.0	17.0	千克	
9405	**其他品目未列名的灯具及照明装置,包括探照灯、聚光灯及其零件;装有固定光源的发光标志、发光名牌及类似品,以及其他品目未列名的这些货品的零件**					
9405100000	枝形吊灯(包括天花板或墙壁上的照明装置,但露天或街道上的除外)	10.0	80.0	17.0	千克/个	AB
9405200000	电气台灯、床头灯、落地灯	20.0	80.0	17.0	千克/台	AB
9405300000	圣诞树用的成套灯具	16.0	100.0	17.0	套/千克	B
9405401000	探照灯	17.5	70.0	17.0	台/千克	B
9405402000	聚光灯	17.5	70.0	17.0	台/千克	
9405409010	医疗外科专用照明设备	10.0	80.0	17.0	千克	
9405409090	其他电灯及照明装置	10.0	80.0	17.0	千克	A
9405500000	非电气灯具及照明装置	20.0	80.0	17.0	千克	
9405600000	发光标志、发光铭牌及类似品	20.0	80.0	17.0	千克	
9405910000	编号 9405 所列物品的玻璃制零件	20.0	70.0	17.0	千克	

商品编号	商品名称及备注	进口关税税率		增值税率	计量单位	监管条件
		最惠国	普通			
9405920000	编号9405所列物品的塑料制零件	20.0	70.0	17.0	千克	
9405990000	编号9405所列物品其他材料制零件	20.0	70.0	17.0	千克	
9406	**活动房屋**					
9406000010	用动植物材料制作的活动房屋	10.0	70.0	17.0	千克	AB
9406000020	带有风扇的高效空气粒子过滤单元(HEPA)的封闭洁净室	10.0	70.0	17.0	千克	3
9406000090	其他活动房屋	10.0	70.0	17.0	千克	

第九十五章　玩具、游戏品、运动用品及其零件、附件

注释：

一、本章不包括：

(一)圣诞树蜡烛(税号34.06)；

(二)税号36.04的烟花、爆竹或其他烟火制品；

(三)已切成一定长度但未制成钓鱼线的纱线、单丝、绳、肠线及类似品(第三十九章、税号42.06或第十一类)；

(四)税号42.02、43.03或43.04的运动用袋或其他容器；

(五)第六十一章或第六十二章的纺织品制的运动服或化妆舞会服装；

(六)第六十三章的纺织品制的旗帜及帆板或滑行车用帆；

(七)第六十四章的运动鞋靴(装有冰刀或滑轮的溜冰鞋除外)或第六十五章的运动用帽；

(八)手杖、鞭子、马鞭或类似品(税号66.02)及其零件(税号66.03)；

(九)税号70.18的未装配的玩偶或其他玩具用的玻璃假眼；

(十)第十五类注释二所规定的贱金属制通用零件(第十五类)或塑料制的类似货品(第三十九章)；

(十一)税号83.06的铃、钟、锣及类似品；

(十二)液体泵(税号84.13)、液体或气体的过滤、净化机器及装置(税号84.21)、电动机(税号85.01)、变压器(税号85.04)或无线电遥控设备(税号85.26)；

(十三)第十七类的运动用车辆(长雪橇、平底雪橇及类似品除外)；

(十四)儿童两轮车(税号87.12)；

(十五)运动用船艇，例如，轻舟、赛艇(第八十九章)及其桨、橹和类似品(木制的归入第四十四章)；

(十六)运动及户外游戏用的眼镜、护目镜及类似品(税号90.04)；

(十七)媒诱音响器及哨子(税号92.08)；

(十八)第九十三章的武器及其他物品；

(十九)各种电气彩灯串(税号94.05)；

(二十)球拍线、帐篷或类似的野营用品、分指手套、连指手套及露指手套(按其构成材料归类)。

二、本章包括天然或养殖珍珠、宝石或半宝石(天然、合成或再造)、贵金属或包贵金属只作为小零件的物品。

三、除上述注释一另有规定的以外，凡专用于或主要用于本章各税号所列物品的零件、附件，应与有关物品一并归类。

四、品目95.03不包括因其设计、形状和构成材料可确认为专供动物使用的物品，例如"宠物玩具"归入其相应的品目。

商品编号	商品名称及备注	进口关税税率		增值税率	计量单位	监管条件
		最惠国	普通			
9501	**供儿童乘骑的带轮玩具(例如，三轮车、踏板车、踏板汽车)；玩偶车**					
9501000000	供儿童乘骑的带轮玩具及玩偶车(例如：三轮车、踏板车、踏板汽车)		80.0	17.0	千克	B
9502	**玩偶**					
9502100000	玩偶(不论是否着装)		80.0	17.0	个	AB
9502910000	玩偶服装及其附件(包括玩偶鞋、靴、帽)		80.0	17.0	千克	
9502990000	其他玩偶零件、附件		80.0	17.0	千克	

商品编号	商品名称及备注	进口关税税率		增值税率	计量单位	监管条件
		最惠国	普通			
9503	**其他玩具;缩小(按比例缩小)的模型及类似的娱乐用模型,不论是否活动;各种智力玩具**					
9503100000	玩具电动火车(包括轨道、信号及其他附件)		80.0	17.0	千克	AB
9503200000	缩小(按比例缩小)的全套模型组件(不论是否活动,但编号950310的货品除外)		80.0	17.0	千克	AB
9503300000	其他建筑套件及建筑玩具		80.0	17.0	千克	AB
9503410000	填充的玩具动物		80.0	17.0	个/千克	AB
9503490000	其他玩具动物		80.0	17.0	个/千克	AB
9503500000	玩具乐器		80.0	17.0	千克	AB
9503600000	智力玩具		80.0	17.0	个/千克	AB
9503700000	组装成套的其他玩具		80.0	17.0	个/千克	AB
9503800000	其他带动力装置的玩具及模型		80.0	17.0	个/千克	AB
9503900000	其他未列名玩具		80.0	17.0	个/千克	AB
9504	**游艺场所、桌上或室内游戏用品,包括弹球机、台球、娱乐专用桌及保龄球自动球道设备**					
9504100000	电视电子游戏机(指与电视接收机配套使用的)		130.0	17.0	台/千克	6AO
9504200010	濒危木制的台球用品及附件		80.0	17.0	千克	EF
9504200090	其他台球用品及附件		80.0	17.0	千克	
9504301000	电子游戏机[使用硬币、钞票(纸币)、圆形代币及类似品的]		130.0	17.0	台/千克	6O
9504309000	其他游戏用品(使用硬币、钞票、圆代币及类似品;但保龄球道设备除外)		80.0	17.0	台/千克	6O
9504400000	扑克牌		80.0	17.0	副	
9504901000	其他电子游戏机		130.0	17.0	台/千克	6O
9504902100	保龄球自动分瓶机		80.0	17.0	台/千克	
9504902200	保龄球		80.0	17.0	个	
9504902300	保龄球瓶		80.0	17.0	个	
9504902900	其他保龄球自动球道设备及器具		80.0	17.0	台/千克	
9504903000	象棋、跳棋等棋类用品(包括中国象棋、国际象棋)		80.0	17.0	副/千克	
9504904000	麻将及类似桌上游戏用品		80.0	17.0	副/千克	
9504909000	其他游艺场、桌上或室内游戏用品(包括弹球机)		80.0	17.0	台/千克	
9505	**节日(包括狂欢节)用品或其他娱乐用品,包括魔术道具及嬉戏品**					
9505100010	含动植物性材料的圣诞用品(不包括成套圣诞节灯具)		100.0	17.0	千克	AB
9505100090	其他圣诞节用品(不包括成套圣诞节灯具)		100.0	17.0	千克	
9505900000	其他节日用品或娱乐用品(包括魔术道具及嬉戏品)		100.0	17.0	千克	B
9506	**一般的体育活动、体操、竞技及其他运动(包括乒乓球运动)或户外游戏用的本章其他品目未列名用品及设备;游泳池或戏水池**					
9506110000	滑雪屐	14.0	50.0	17.0	双	

商品编号	商品名称及备注	进口关税税率		增值税率	计量单位	监管条件
		最惠国	普通			
9506120000	滑雪屐扣件(滑雪屐带)	14.0	50.0	17.0	千克	
9506190000	其他滑雪用具	14.0	50.0	17.0	千克	
9506210000	帆板	12.0	50.0	17.0	个/千克	
9506290000	其他水上运动用具(包括滑水板、冲浪板)	14.0	50.0	17.0	个/千克	
9506310000	完整的高尔夫球棍	14.0	50.0	17.0	根	
9506320000	高尔夫球	12.0	50.0	17.0	个	
9506390000	其他高尔夫球用具	14.0	50.0	17.0	千克	
9506401000	乒乓球	12.0	50.0	17.0	百个/千克	
9506409000	其他乒乓球运动用品及器械	14.0	50.0	17.0	千克	
9506510000	草地网球拍(不论是否装弦)	14.0	50.0	17.0	副	
9506590000	其他网球拍、羽毛球拍或类似球拍	14.0	50.0	17.0	副	
9506610000	草地网球	12.0	50.0	17.0	个	
9506621000	篮球、足球、排球	12.0	50.0	17.0	个	
9506629000	其他可充气的球	12.0	50.0	17.0	个	
9506690000	其他球(但高尔夫球及乒乓球除外)	12.0	50.0	17.0	个	
9506701000	溜冰鞋(包括装有冰刀的溜冰靴)	14.0	50.0	17.0	双/千克	
9506702000	旱冰鞋	14.0	50.0	17.0	双/千克	
9506911000	健身及康复器械(包括设备)	12.0	50.0	17.0	千克	B
9506912000	滑板	12.0	50.0	17.0	千克/个	
9506919000	一般的体育活动、体操或竞技用品(包括设备)	12.0	50.0	17.0	千克	
9506990000	其他未列名的95章用品及设备(包括户外游戏用品及设备,如游冰池、戏水池)	12.0	50.0	17.0	个/千克	
9507	**钓鱼竿、钓鱼钩及其他钓鱼用品;捞鱼网、捕蝶网及类似网;囮子“鸟”(品目9208或9705的货品除外)以及类似的狩猎用品**					
9507100010	用植物性材料制作的钓鱼竿	21.0	80.0	17.0	副	AB
9507100020	碳纤维鱼竿	21.0	80.0	17.0	副	
9507100090	其他钓鱼竿	21.0	80.0	17.0	副	
9507200000	钓鱼钩(无论有无系钩丝)	21.0	80.0	17.0	千克	
9507300000	钓线轮	21.0	80.0	17.0	个	
9507900000	其他用品(包括捞鱼网、捕蝶网及类似网、囮子“鸟”(9208或9705的货品除外)及类似狩猎用品)	21.0	80.0	17.0	个/千克	
9508	**旋转木马、秋千、射击用靶及其他游乐场的娱乐设备;流动马戏团及流动动物园;流动剧团**					
9508100010	有濒危动物的流动马戏团(包括流动动物园)	15.0	100.0	17.0	千克	FEAB
9508100090	其他流动马戏团及流动动物园	15.0	100.0	17.0	千克	AB
9508900000	其他游乐场娱乐设备;流动剧团	15.0	100.0	17.0	千克	AB

第九十六章　杂项制品

注释：

一、本章不包括：

(一)化妆盥洗用笔(第三十三章)；

(二)第六十六章的制品(例如，伞或手杖的零件)；

(三)仿首饰(税号71.17)；

(四)第十五类注释二所规定的贱金属制通用零件(第十五类)或塑料制的类似品(第三十九章)；

(五)第八十二章的利口器及其他物品，其柄或其他零件是雕刻或模塑材料制的；但税号96.01或96.02适用于单独进口或出口的上述物品的柄或其他零件；

(六)第九十章的物品，例如，眼镜架(税号90.03)、数学绘图笔(税号90.17)、各种牙科、医疗、外科或兽医专用刷子(税号90.18)；

(七)第九十一章的物品(例如，钟壳或表壳)；

(八)乐器及其零件、附件(第九十二章)；

(九)第九十三章的物品(武器及其零件)；

(十)第九十四章的物品(例如，家具、灯具及照明装置)；

(十一)第九十五章的物品(玩具、游戏品、运动用品)；

(十二)艺术品、收藏品及古物(第九十七章)。

二、税号96.02所称"植物质或矿物质雕刻材料"，是指：

(一)用于雕刻的硬种子、硬果核、硬果壳、坚果及类似植物材料(例如，象牙果及棕榈子)；

(二)琥珀、海泡石、粘聚琥珀、粘聚海泡石、黑玉及其矿物代用品。

三、税号96.03所称"制帚、制刷用成束、成簇的材料"，仅指未装配的成束、成簇的兽毛、植物纤维或其他材料。这些成束、成簇的材料无需分开即可安装在帚、刷之上，或只需经过简单加工(例如将顶端修剪成形)即可安装的。

四、除税号96.01至96.06或96.15的货品以外，本章的物品还包括全部或部分用贵金属、包贵金属、天然或养殖珍珠、宝石或半宝石(天然、合成或再造)制成的物品。而且，税号96.01至96.06及96.15包括天然或养殖珍珠、宝石或半宝石(天然、合成或再造)、贵金属或包贵金属只作为小零件的物品。

商品编号	商品名称及备注	进口关税税率		增值税率	计量单位	监管条件
		最惠国	普通			
9601	**已加工的兽牙、骨、玳瑁壳、角、鹿角、珊瑚、珍珠母及其他动物质雕刻材料及其制品(包括塑模制品)**					
9601100010	已加工的濒危兽牙及其制品	20.0	100.0	17.0	千克	AFEB
9601100090	其他已加工的兽牙及其制品	20.0	100.0	17.0	千克	AB
9601900010	其他已加工濒危动物质雕刻料(包括其制品)	20.0	100.0	17.0	千克	AFEB
9601900090	其他已加工动物质雕刻料及其制品(指已加工的骨、玳瑁壳、角、鹿角、珊瑚、珍珠母等)	20.0	100.0	17.0	千克	AB
9602	**已加工的植物质或矿物质雕刻材料及其制品；蜡、硬脂、天然树胶、天然树脂或塑型膏制成的模塑或雕刻制品以及其他品目未列名的模塑或雕刻制品；已加工的未硬化明胶(品目3503的明胶除外)及未硬化明胶制品**					
9602001000	装药用胶囊	10.5	40.0	17.0	千克	

商品编号	商 品 名 称 及 备 注	进口关税税率		增值税率	计量单位	监管条件
		最惠国	普通			
9602009000	已加工植物或矿物质雕刻料及制品(指已加工的,包括蜡、硬脂、天然树胶、脂制模塑或雕刻)	25.0	100.0	17.0	千克	AB
9603	**帚、刷(包括作为机器、器具、车辆零件的刷)、非机动的手工操作地板清扫器、拖把及毛掸;供制帚、刷用的成束或成簇的材料;油漆块垫及滚筒;橡皮扫帚(橡皮辊除外)**					
9603100000	用枝条或其他植物材料捆扎成的帚(包括刷,不论是否有把)	25.0	100.0	17.0	把	AB
9603210000	牙刷(包括齿板刷)	25.0	100.0	17.0	把	
9603290010	野生动物毛制剃须刷、发刷(包括睫毛刷等人体化妆刷)	15.0	100.0	17.0	支	FE
9603290090	剃须刷、发刷、睫毛刷等人体化妆刷(包括作为器具零件的编号 96032 所属的刷)	15.0	100.0	17.0	支	
9603301010	濒危动物毛制的画笔	25.0	100.0	17.0	支	FE
9603301090	其他画笔	25.0	100.0	17.0	支	
9603302010	濒危动物毛制的毛笔	20.0	100.0	17.0	支	FE
9603302090	其他毛笔	20.0	100.0	17.0	支	
9603309010	濒危动物毛制化妆用的类似笔	25.0	100.0	17.0	支	FE
9603309090	其他化妆用的类似笔	25.0	100.0	17.0	支	
9603401100	猪鬃制漆刷及类似品	20.0	100.0	17.0	把	
9603401900	其他材料制漆刷及类似刷	23.0	100.0	17.0	把	
9603402000	油漆块垫及滚筒	23.0	100.0	17.0	个	
9603501100	作为机器、器具零件的金属丝刷	14.0	50.0	17.0	个	
9603501900	作为车辆零件的金属丝刷	14.0	100.0	17.0	个	
9603509110	濒危动物毛制作为机器零件其他刷(包括器具零件的其他刷)	14.0	50.0	17.0	个	FE
9603509190	其他作为机器、器具零件的其他刷	14.0	50.0	17.0	个	
9603509910	濒危动物毛制作为车辆零件其他刷	14.0	100.0	17.0	个	FE
9603509990	其他作为车辆零件的其他刷	14.0	100.0	17.0	个	
9603901010	濒危野禽羽毛掸	21.0	130.0	17.0	个	AFEB
9603901090	其他羽毛掸	21.0	130.0	17.0	个	AB
9603909010	濒危动物毛、鬃、尾制其他帚、刷(包括拖把及其他毛掸)	15.0	100.0	17.0	个	AFEB
9603909020	其他动植物材料制帚、刷、拖把等(包括动植物材料制非机动的手工操作地板清扫器、毛掸)	15.0	100.0	17.0	个	AB
9603909090	其他材料制帚、刷、拖把及毛掸(包括其他材料制非机动的手工操作地板清扫器等)	15.0	100.0	17.0	个	
9604	**手用粗筛、细筛**					
9604000000	手用粗筛、细筛	21.0	100.0	17.0	个	AB
9605	**个人梳妆、缝纫或清洁鞋靴、衣服用的成套旅行用具**					
9605000000	个人梳妆、缝纫等用成套旅行用品(包括清洁鞋靴、衣服用的)	15.0	100.0	17.0	套	

商品编号	商品名称及备注	进口关税税率		增值税率	计量单位	监管条件
		最惠国	普通			
9606	**钮扣、揿扣、钮扣芯及钮扣和揿扣的其他零件;钮扣坯**					
9606100000	揿扣及其零件	21.0	100.0	17.0	千克	
9606210000	塑料制钮扣(未用纺织材料包裹的)	21.0	100.0	17.0	千克	
9606220000	金属制钮扣(未用纺织材料包裹的)	15.0	100.0	17.0	千克	
9606290010	含濒危动物成分的其他钮扣	15.0	100.0	17.0	千克	FE
9606290090	其他钮扣	15.0	100.0	17.0	千克	
9606300000	钮扣芯及钮扣的其他零件(包括钮扣坯)	15.0	100.0	17.0	千克	
9607	**拉链及其零件**					
9607110000	装有贱金属齿的拉链	21.0	130.0	17.0	米/千克	
9607190000	其他拉链	21.0	130.0	17.0	米/千克	
9607200000	拉链零件	21.0	130.0	17.0	千克	
9608	**圆珠笔;毡尖及其他渗水式笔尖笔及唛头笔;自来水笔、铁笔型自来水笔及其他钢笔;蜡纸铁笔;活动铅笔;钢笔杆、铅笔套及类似的笔套;上述物品的零件(包括帽、夹),但品目9609的货品除外**					
9608100000	圆珠笔	15.0	80.0	17.0	支	
9608200000	毡尖和其他渗水式笔尖笔及唛头笔	21.0	80.0	17.0	支	
9608310000	墨汁画笔	21.0	80.0	17.0	支	
9608391000	自来水笔	21.0	80.0	17.0	支	
9608399000	其他钢笔	21.0	80.0	17.0	支	
9608400000	活动铅笔	21.0	80.0	17.0	支	
9608500000	含有两种笔及以上的成套货品(指编号9608所列的各种笔)	21.0	80.0	17.0	套	
9608600000	圆珠笔芯(指由圆珠笔头和墨芯构成)	21.0	80.0	17.0	支	
9608910000	钢笔头及笔尖粒	12.0	70.0	17.0	支	
9608991000	机器、仪器用笔	17.5	40.0	17.0	支/千克	
9608992000	蜡纸铁笔、钢笔杆、铅笔杆等(包括类似笔杆,但编号9609的货品除外)	21.0	80.0	17.0	支/千克	
9608999000	其他笔零件(包括笔帽、笔夹,但编号9609的货品除外)	21.0	80.0	17.0	千克	
9609	**铅笔(品目9608的铅笔除外)、颜色铅笔、铅笔芯、蜡笔、图画碳笔、书写或绘画用粉笔及裁缝划粉**					
9609101000	铅笔	21.0	80.0	17.0	千克/百支	B
9609102000	颜色铅笔	21.0	80.0	17.0	千克	B
9609200000	铅笔芯,黑的或其他颜色的	21.0	80.0	17.0	千克	B
9609900000	蜡笔、图画碳笔、书写或绘画用粉笔(包括裁缝划笔)	15.0	80.0	17.0	千克	B
9610	**具有书写或绘画面的石板、黑板及类似板,不论是否镶框**					
9610000000	具有书写或绘画面的石板、黑板(包括类似板,不论是否镶框)	15.0	80.0	17.0	千克	

商品编号	商品名称及备注	进口关税税率		增值税率	计量单位	监管条件
		最惠国	普通			
9611	**手用日期戳、封缄戳、品目戳及类似印戳(包括标签压印器);手工操作的排字盘及带有排字盘的手印器**					
9611000010	含濒危动物成分的手用日期戳(包括封缄戳及类似印戳)	21.0	80.0	17.0	千克	FE
9611000090	手用日期戳、封缄戳及类似印戳(包括编号戳,标签压印器;手工排字盘及带有字盘的手印器)	21.0	80.0	17.0	千克	
9612	**打字机色带或类似色带,已上油或经其他方法处理能着色的,不论是否装轴或装盒;印台,不论是否已加印油或带盒子**					
9612100000	打字机色带或类似色带(已上油或经其他方法处理能着色的,不论是否装轴或装盒)	10.5	35.0	17.0	个	
9612200000	印台(不论是否已加印油或带盒子)	25.0	100.0	17.0	个	
9613	**香烟打火机和其他打火器(不论是机械的,还是电气的)及其零件,但打火石及打火机芯除外**					
9613100000	一次性袖珍气体打火机	25.0	130.0	17.0	个	B
9613200000	可充气袖珍气体打火机	25.0	130.0	17.0	个	B
9613800000	其他打火器	25.0	130.0	17.0	个	B
9613900000	打火机及打火器零件(但打火石及打火机芯除外)	25.0	130.0	17.0	千克	
9614	**烟斗(包括烟斗头)和烟嘴及其零件**					
9614200010	含濒危动物成分的烟斗及烟斗头(仅指野生哺乳类牙齿制产品)	25.0	130.0	17.0	个	ABFE
9614200020	用植物性材料制作的烟斗及烟斗头	25.0	130.0	17.0	个	AB
9614200090	其他烟斗及烟斗头	25.0	130.0	17.0	个	
9614900010	含野生动物成分的烟嘴及其零件(仅指野生哺乳类牙齿制产品)	25.0	130.0	17.0	千克	FE
9614900090	其他烟嘴及其零件	25.0	130.0	17.0	千克	
9615	**梳子、发夹及类似品;发卡、卷发夹、卷发器或类似品及其零件,但品目8516的货品除外**					
9615110000	硬质橡胶、塑料制梳子、发夹等(包括其类似品)	18.0	130.0	17.0	千克	
9615190010	含濒危动物成分的其他材料制梳子(包括角质发夹等,金属、塑料及家畜来源的产品除外)	18.0	130.0	17.0	千克	ABFE
9615190020	用其他动植物材料制的梳子(包括角质发夹等,金属、塑料及家畜来源的产品除外)	18.0	130.0	17.0	千克	AB
9615190090	其他材料制梳子、角质发夹等(包括类似品,但橡胶、塑料制的除外)	18.0	130.0	17.0	千克	
9615900000	其他发夹、卷发器等及其零件(包括卷发针、卷发夹等,但编号8516的货品除外)	18.0	130.0	17.0	千克	
9616	**香水喷雾器或类似的化妆用喷雾器及其座架、喷头;粉扑及粉拍,施敷脂粉或化妆品用**					

商品编号	商 品 名 称 及 备 注	进口关税税率		增值税率	计量单位	监管条件
		最惠国	普通			
9616100000	香水喷雾器或类似的化妆用喷雾器(包括座架、喷头)	18.0	130.0	17.0	千克	
9616200000	施敷脂粉或化妆品用粉扑及粉拍	18.0	130.0	17.0	千克	
9617	**带壳的保温瓶和其他真空容器及其零件,但玻璃瓶胆除外**					
9617001000	保温瓶及零件(玻璃胆除外)	24.0	130.0	17.0	个/千克	
9617009000	其他真空容器及零件(玻璃胆除外)	18.0	130.0	17.0	千克	
9618	**裁缝用人体模型及其他人体活动模型;橱窗装饰用自动模型及其他活动陈列品**					
9618000010	用植物性材料制作的人体模型	21.0	80.0	17.0	千克	AB
9618000090	裁缝用其他人体模型(包括橱窗装饰用的自动模型及其他活动陈列品)	21.0	80.0	17.0	千克	

第二十一类 艺术品、收藏品及古物

第九十七章 艺术品、收藏品及古物

注释:

一、本章不包括:

(一)品目 49.07 的未经使用的邮票、印花税票、邮政信笺(印有邮票的纸品)及类似的票证;

(二)作舞台、摄影的布景及类似用途的已绘制画布(税号 59.07),但可归入税号 97.06 的除外;

(三)天然或养殖珍珠、宝石或半宝石(税号 71.01 至 71.03)。

二、税号 97.02 所称"雕版画、印制画、石印画的原本",是指以艺术家完全手工制作的单块或数块印版直接印制出来的黑白或彩色原本,不论艺术家使用何种方法或材料,但不包括使用机器或照相制版方法制作的。

三、税号 97.03 不适用于成批生产的复制品及具有商业性质的传统手工艺品,即使这些物品是艺术家设计或创造的。

四、(一)除上述注释一至三另有规定的以外,可归入本章各税号的物品,均应归入本章的相应税号而不归入本目录的其他税号;

(二)税号 97.06 不适用于可以归入本章其他各税号的物品。

五、已装框的油画、粉画及其他绘画、版画、拼贴画及类似装饰板,如果框架的种类及价值与作品相称,应与作品一并归类。如果框架的种类及价值与作品不相称,应分别归类。

商品编号	商品名称及备注	进口关税税率		增值税率	计量单位	监管条件
		最惠国	普通			
9701	**油画、粉画及其他手绘画,但带有手工绘制及手工描饰的制品或品目 4906 的图纸除外;拼贴画及类似装饰板**					
9701101000	手绘油画、粉画及其他画的原件(但手工绘制及手工描饰的制品或编号 4906 的图纸除外)	12.0	50.0	17.0	幅	
9701102000	手绘油画、粉画及其他画的复制品(但手工绘制及手工描饰的制品或编号 4906 的图纸除外)	14.0	50.0	17.0	幅	
9701900010	含濒危动物成分的拼贴画(包括类似装饰板,指一切源自濒危动物的产品)	14.0	50.0	17.0	千克	ABFE
9701900020	用其他动植物材料制作的拼贴画(包括类似装饰板,指一切缘自野生动物的产品)	14.0	50.0	17.0	千克	AB
9701900090	其他拼贴画及类似装饰板	14.0	50.0	17.0	千克	
9702	**雕版画、印制画、石印画的原本**					
9702000000	雕版画、印制画、石印画的原本	12.0	50.0	17.0	幅	
9703	**各种材料制的雕塑品原件**					
9703000010	濒危动植物材料制的雕塑品原件(指一切源自濒危动植物的产品)	12.0	50.0	17.0	幅	FE
9703000090	其他各种材料制的雕塑品原件	12.0	50.0	17.0	幅	

商品编号	商品名称及备注	进口关税税率		增值税率	计量单位	监管条件
		最惠国	普通			
9704	**使用过或未使用过的邮票、印花税票、邮戳印记、首日封、邮政信笺(印有邮票的纸品)及类似品,但品目49.07的货品除外**					
9704001000	邮票(指使用过的或虽未使用过但不是指运国流通及新发行的)	8.0	50.0	17.0	千克	
9704009000	印花税票及类似票证等(指使用过的或虽未使用过但不是指运国流通及新发行的)	14.0	50.0	17.0	千克	
9705	**具有动物学、植物学、矿物学、解剖学、历史学、考古学、古生物学、人种学或钱币学意义的收集品及珍藏品**					
9705000010	含濒危动植物的收藏品(具有动植物学意义的)			17.0	千克	ABFE
9705000090	具有动、植、矿物学意义的收藏品(还包括具有解剖、历史、考古、古生物学意义的收藏品)			17.0	千克	AB
9706	**超过100年的古物**					
9706000010	超过100年的濒危野生动植古物(具收藏或文史价值的)			17.0	千克	ABFE
9706000090	其他超过100年的古物			17.0	千克	

第二十二类　特殊交易品及未分类商品

第九十八章　特殊交易品及未分类商品

商品编号	商品名称及备注	进口关税税率		增值税率	计量单位	监管条件
		最惠国	普通			
9801	未分类商品					
9801001000	≤2000元RMB的非税，非证进口商品				千克	
9801009000	其他未分类商品				千克	
9801300000	流通中的货币现钞(包括纸币及硬币)				千克	T
9803	**计算机软件(仅用于出口，不包括与产品固化或集成为一体的软件)**					
9803001000	系统软件				套	
9803002000	支撑软件				套	
9803003000	应用软件				套	
9803009000	其他软件				套	

2006 年出口商品关税税率表

序号	税则号列	商品名称(简称)	出口税率(%)
	03.01		
1	03019210	鳗鱼苗	20
	05.06		
2	05061000	经酸处理的骨胶原及骨	40
3	05069011	含牛羊成分的骨粉及骨废料	40
4	05069019	其他骨粉及骨废料	40
5	05069090	其他骨及角柱	40
	26.07		
6	26070000	铅矿砂及其精矿	30
	26.08		
7	26080000	锌矿砂及其精矿	30
	26.09		
8	26090000	锡矿砂及其精矿	50
	26.11		
9	26110000	钨矿砂及其精矿	20
	26.15		
10	26159010	水合钽铌原料(钽铌富集物)	30
11	26159090	其他铌钽矿砂及其精矿	30
	26.17		
12	26171010	生锑(锑精矿,选矿产品)	20
	28.04		
13	28047010	黄磷(白磷)	20
14	28047090	其他磷	20
	28.26		
15	28269000	氟钽酸钾	30
	29.02		
16	29022000	苯	40
	41.03		
17	41031011	经逆鞣处理的山羊板皮	20
18	41031019	山羊板皮,经逆鞣处理的除外	20
	72.01		
19	72011000	非合金生铁,含磷量小于或等于 0.5%	20
20	72012000	非合金生铁,含磷量大于 0.5%	20
21	72015000	合金生铁	20

序号	税则号列	商　品　名　称(简称)	出口税率(%)
	72.02		
22	72021100	锰铁,含碳量>2%	20
23	72021900	锰铁,含碳量≤2%	20
24	72022100	硅铁,含硅量>55%	25
25	72022900	硅铁,含硅量≤55%	25
26	72023000	硅锰铁	20
27	72024100	铬铁,含碳量>4%	40
28	72024900	铬铁,含碳量≤4%	40
	72.04		
29	72041000	铸铁废碎料	40
30	72042100	不锈钢废碎料	40
31	72042900	其他合金钢废碎料	40
32	72043000	镀锡钢铁废碎料	40
33	72044100	机械加工中产生的废料	40
34	72044900	其他钢铁废碎料	40
35	72045000	供再熔的碎料钢铁锭	40
	74.02		
36	74020000	未精炼铜,电解精炼用的铜阳极	30
	74.03		
37	74031100	精炼铜的阴极及阴极型材	30
38	74031200	精炼铜的线锭	30
39	74031300	精炼铜的坯段	30
40	74031900	其他未锻轧的精炼铜	30
41	74032100	未锻轧的铜锌合金(黄铜)	30
42	74032200	未锻轧的铜锡合金(青铜)	30
43	74032300	未锻轧铜镍或铜镍锌合金(白铜)	30
44	74032900	未锻轧的其他铜合金	30
	74.04		
45	74040000	铜废碎料	30
	74.07		
46	74071000	精炼铜条、杆、型材及异型材	30
47	74072100	铜锌合金条、杆、型材及异型材	30
48	74072200	铜镍合金或铜镍锌合金条、杆、型材及异型材	30
49	74072900	其他铜合金条、杆、型材及异型材	30
	74.08		
50	74081100	最大截面尺寸>6mm的精炼铜丝	30
51	74081900	其他精炼铜丝	30
52	74082100	铜锌合金丝	30
53	74082200	铜镍合金丝或铜镍锌合金丝	30
54	74082900	其他铜合金丝	30
	74.09		
55	74091100	成卷的精炼铜板、片、带	30
56	74091900	其他精炼铜板、片、带	30
57	74092100	成卷的铜锌合金板、片、带	30
58	74092900	其他铜锌合金板、片、带	30

序号	税则号列	商　品　名　称(简称)	出口税率(%)
59	74093100	成卷的铜锡合金板、片、带	30
60	74093900	其他铜锡合金板、片、带	30
61	74094000	铜镍合金或铜镍锌合金板、片、带	30
62	74099000	其他铜合金板、片、带	30
	75.02		
63	75021000	未锻轧的非合金镍	40
64	75022000	未锻轧镍合金	40
	75.08		
65	75089010	电镀用镍阳极	40
	76.01		
66	76011010	按重量计含铝量在99.95%及以上的非合金铝	30
67	76011090	按重量计含铝量在99.95%以下的非合金铝	30
68	76012000	未锻轧铝合金	30
	76.02		
69	76020000	铝废碎料	30
	76.04		
70	76041000	非合金铝条、杆、型材及异型材	20
71	76042100	铝合金制空心异型材	20
72	76042900	铝合金制条、杆、其他型材	20
	76.05		
73	76051100	最大截面尺寸超过7mm的非合金铝丝	20
74	76051900	其他非合金铝丝	20
75	76052100	最大截面尺寸超过7mm的铝合金丝	20
76	76052900	其他铝合金丝	20
	76.06		
77	76061120	厚度在0.3mm及以上,但不超过0.36mm的非合金铝制矩形铝板片带	20
78	76061190	非合金铝制矩形的其他板、片及带	20
79	76061220	厚度<0.28mm的铝合金制矩形铝板片带	20
80	76061230	厚度在0.28mm及以上,但不超过0.35mm的铝合金制矩形铝板片带	20
81	76061240	厚度>0.35mm的铝合金制矩形铝板片带	20
82	76069100	非合金铝制非矩形的板、片及带	20
83	76069200	铝合金制非矩形的板、片及带	20
	79.01		
84	79011110	含锌量≥99.995%的未锻轧锌	20
85	79011190	99.99%≤含锌量<99.995%的未煅轧锌	20
86	79011200	含锌量<99.99%的未锻轧锌	20
87	79012000	未锻轧锌合金	20
	81.10		
88	81101010	未锻轧锑	20
89	81101020	锑粉末	20
90	81102000	锑废碎料	20

附　表

附表 1

2006 年进口商品暂定税率表

序号	商品编号	商　品　名　称	进口最惠国税率(%)	进口暂定税率(%)
1	0303311000	冻格陵兰庸鲽鱼(鱼肝及鱼卵除外)	10	5
2	0511911110	濒危鱼的受精卵	12	0
3	0511911190	其他受精鱼卵	12	0
4	1515902000	印楝油及其分离品(不论是否精制,但未经化学改性)	20	10
5	1804000010	可可脂	22	15
6	2309909000	其他配制的动物饲料	6.5	4
7	2403910010	再造烟草	57	40
8	2503000000	各种硫磺(升华硫磺,沉淀硫磺及胶态硫磺除外)	3	1.5
9	2510101000	未碾磨磷灰石	3	1
10	2510201000	已碾磨磷灰石	3	1
11	2515110010	原状或粗加修整大理石	4	1
12	2516110000	原状或粗加修整花岗岩	4	1
13	2516210000	原状或粗加修整砂岩	3	1
14	2528100000	天然硼砂及其精矿(不论是否煅烧,不含从天然盐水析离的硼酸盐)	3	1
15	2528900010	天然粗硼酸,含硼酸干重不超 85%	5	1
16	2530909930	天青石	3	1
17	2701121000	炼焦烟煤(不论是否粉化,但未制成型)	3	0
18	2701129000	其他烟煤(不论是否粉化,但未制成型)	6	3
19	2707300000	粗二甲苯	6	3
20	2707500000	其他芳烃混合物(250℃时蒸馏出芳烃含量以体积计在 65%及以上)	7	3
21	2707600010	混合甲酚	7	3
22	2708200010	针状沥青焦	6	1
23	2710119100	壬烯(碳九异构体混合物含量高于 95%)	9	4
24	2710119910	异戊烯同分异构体混合物	9	5
25	2710191100	航空煤油	9	5
26	2710191910	正构烷烃(C9 - C13)	6	2
27	2710192910	蜡油(350℃以下馏出物体积 < 20%,550℃以下馏出物体积 > 80%)	6	0
28	2713121010	已煅烧针状石油焦(硫的重量百分比小于 0.8%)	3	1
29	2802000000	升华、沉淀、胶态硫磺	5.5	1.5
30	2804619000	其他含硅量不少于 99.99%的硅	4	2
31	2809201000	磷酸及偏磷酸、焦磷酸	1	0

序号	商品编号	商品名称	进口最惠国税率(%)	进口暂定税率(%)
32	2812101000	氯化亚砜(亚硫酰氯,氧氯化硫)	5.5	2
33	2818200000	氧化铝,但人造刚玉除外	8	5.5
34	2826900020	六氟磷酸锂	5.5	2
35	2836910000	锂的碳酸盐	5.5	2
36	2836993000	碳酸钴	5.5	2
37	2840110000	无水四硼酸钠	5.5	2
38	2840190000	其他四硼酸钠	5.5	2
39	2841900010	钴酸锂	5.5	2
40	2901210000	乙烯	2	0
41	2902200000	苯	2	1
42	2902410000	邻二甲苯	2	1
43	2903150000	1,2-二氯乙烷	5.5	1
44	2903210000	氯乙烯	5.5	1
45	2903611000	邻二氯苯	5.5	3
46	2904202010	邻硝基甲苯、对硝基甲苯	5.5	3
47	2905121000	正丙醇	5.5	3
48	2905143000	叔丁醇	5.5	3
49	2905320000	1,2-丙二醇	5.5	3
50	2907121100	间甲酚	5.5	3
51	2907121200	邻甲酚	5.5	3
52	2907191000	邻仲丁基酚、邻异丙基酚	4	2
53	2909410000	2,2'-氧联二乙醇(二甘醇)	5.5	3
54	2909499010	2-正丙氧基乙醇	5.5	3
55	2912190010	乙二醛	5.5	3
56	2912190020	正丙醛	5.5	3
57	2914120000	丁酮[甲基乙基(甲)酮]	5.5	3
58	2914130000	4-甲基-2-戊酮(即甲基异丁基(甲)酮)	5.5	3
59	2915501000	丙酸	5.5	3
60	2916201000	DV菊酸甲酯、二溴菊酸	4	2
61	2916209010	二氯菊酰氯(DV菊酰氯)	6.5	2
62	2917120000	已二酸及其盐和酯	6.5	3
63	2917201000	四氢苯酐	4	2
64	2917361000	对苯二甲酸	8.6	6.5
65	2921191000	二正丙胺	4	2
66	2921192000	异丙胺	6.5	2
67	2921199011	三乙胺(单一成分,用做点火剂)	6.5	3
68	2921199019	月桂胺,一乙胺,正丁胺	6.5	3
69	2921211000	乙二胺	6.5	3
70	2921290010	二乙烯三胺	6.5	3
71	2921430020	邻甲苯胺	6.5	3
72	2921492010	2,4、2,6-二甲基苯胺	6.5	2
73	2921494000	2,6-二乙基苯胺	6.5	2
74	2922132010	芳基聚氧乙烯磷酸酯	6.5	3
75	2922421000	谷氨酸	10	5
76	2926909020	已二腈	6.5	1
77	2930909012	乙硫醇	6.5	3
78	2930909040	DL-羟基蛋氨酸	6.5	5
79	2933321000	哌啶(六氢吡啶)	4	2

序号	商品编号	商 品 名 称	进口最惠国税率(%)	进口暂定税率(%)
80	2933691000	三聚氰氯	6	2
81	2941905100	7 氨基脱乙酰氧基头孢烷酸(包括 7 氨基头孢烷酸)	6	4
82	3206111010	金红石型钛白粉	6.5	5
83	3208201010	溶于非水介质的光导纤维用涂料(以丙烯酸酯类化合物为主要成分)	10	6
84	3208901010	溶于非水介质的光导纤维用涂料(以聚胺酯丙烯酸酯类化合物为主要成分)	10	6
85	3301299010	黄樟油	15	7
86	3301301000	鸢尾凝脂(香膏类)	20	10
87	3402900010	十二烷基苯磺酸钙甲醇溶液(非零售包装,十二烷基苯磺酸钙含量高于 70%)	9	7
88	3503001010	明胶	12	5
89	3701992010	超微粒干板	10	8
90	3702422100	印刷电路板制造用光致抗蚀干膜(指宽度 > 610mm, 长度 > 200m)	2.1 元/平方米	0.6 元/平方米
91	3702429100	未曝光红外或氦氖激光胶片(宽长胶卷指宽度 > 800mm, 长度 > 1000m)	2.4 元/平方米	1.05 元/平方米
92	3702442200	印刷电路板制造用光致抗蚀干膜(105mm < 宽度 ≤ 610mm)	2.1 元/平方米	0.9 元/平方米
93	3702552010	未曝光的窄长彩色电影胶卷(正片)(窄长胶卷指 16mm < 宽度 ≤ 35mm, 长度 > 30m)	13 元/平方米	6 元/平方米
94	3801100010	核级石墨(纯度高于百万分之五硼当量,密度大于 1.50g/cm^3)	6.5	3
95	3801100020	人造细晶粒整体石墨(20℃下的密度、拉伸断裂应变、热膨胀系数符合特殊要求)	6.5	3
96	3801100090	其他人造石墨	6.5	3
97	3817000010	混合烷基苯(品目 27.07 及 29.02 的货品除外)	6.5	4
98	3823700000	工业用脂肪醇	13	9
99	3824909030	电极浆料(主要成分为银,镍或铜和有机溶剂,用于生产片式陶瓷电容器)	6.5	3
100	3901100010	初级形状比重 < 0.94 的聚乙烯(进口 CIF 价高于 1500 美元/吨)	9.1	3
101	3901200010	初级形状比重 ≥ 0.94 的聚乙烯(进口 CIF 价高于 1500 美元/吨)	9.1	3
102	3902100010	电工级初级形状聚丙烯树脂(灰分含量不大于 30ppm)	8.6	3
103	3907200010	聚四亚甲基醚二醇	8.6	5
104	3907300010	初级形状的环氧树脂[溴的重量百分比含量在 18% 及以上环氧树脂(如溶于溶剂,以纯环氧树脂折算溴百分比含量)]	8.6	4
105	3908101910	尼龙 11、尼龙 12 切片(即聚酰胺 - 11; - 12 切片)	8.6	7
106	3911900010	芳基酸与芳基胺预缩聚物	6.5	3
107	3911900030	改性三羟乙基脲酸酯类预缩聚物	6.5	3
108	3911900040	聚苯硫醚	6.5	6
109	3911900050	偏苯三酸酐和异氰酸预缩聚物	6.5	3
110	3912110010	未塑化二醋酸纤维素等(包括未塑化三醋酸纤维素)	6.5	1
111	3920109020	乙烯 - 四氟乙烯膜(四氟乙烯单体含量约 50%),比重 1.7 - 1.75 g/cm^3(未用其他材料强化,层压,支撑或用类似方法合制。)	6.5	1
112	4001100000	天然胶乳(不论是否预硫化)	20	10
113	4011200011	客或货运车用新的充气子午线轮胎(指机动车辆用橡胶轮胎,断面宽度 ≥ 24 英寸)	10	6
114	4011200019	客或货车用新的其他充气橡胶轮胎(指机动车辆用,断面宽度 ≥ 24 英寸)	10	6

序号	商品编号	商 品 名 称	进口最惠国税率(%)	进口暂定税率(%)
115	4011610011	断面宽≥24英寸人字形子午线轮胎(新充气橡胶轮胎,含胎面类似人字形的,农林车辆机械用)	17.5	6
116	4011610019	断面宽≥24英寸人字形其他轮胎(新充气橡胶轮胎,含胎面类似人字形的,农林车辆机械用)	17.5	6
117	4011630011	断面宽≥24英寸人字形子午线轮胎(建筑业,工业用,辋圈>61cm,新充气橡胶胎,含类人字形)	17.5	6
118	4011630019	断面宽≥24英寸人字形其他轮胎(建筑业,工业用,辋圈>61cm,新充气橡胶胎,含类人字形)	17.5	6
119	4011690011	断面宽≥24英寸人字形子午线轮胎(其他用途,新充气橡胶轮胎,含胎面类似人字形的)	17.5	6
120	4011690019	断面宽≥24英寸人字形其他轮胎(其他用途,新充气橡胶轮胎,含胎面类似人字形的)	17.5	6
121	4011920011	其他断面宽度≥24英寸子午线轮胎(新充气橡胶轮胎,非人字形胎面,农林车辆机械用)	25	6
122	4011920019	其他断面宽≥24英寸非子午线轮胎(新充气橡胶轮胎,非人字形胎面,农林车辆机械用)	25	6
123	4011940011	其他断面宽度≥24英寸子午线轮胎(建筑业,工业用,辋圈>61cm,新充气橡胶胎,非人字形胎面)	25	6
124	4011940019	其他断面宽≥24英寸非子午线轮胎(建筑业,工业用,辋圈>61cm,新充气橡胶胎,非人字形胎面)	25	6
125	4011990011	其他断面宽度≥24英寸子午线轮胎(其他用途,新充气橡胶轮胎,非人字形胎面)	25	6
126	4011990019	其他断面宽≥24英寸非子午线轮胎(其他用途,新充气橡胶轮胎,非人字形胎面)	25	6
127	4012901010	航空器用实心或半实心橡胶轮胎	3	1
128	4013901000	航空器用橡胶内胎	3	1
129	4104111110	蓝湿濒危野牛皮(全粒面未剖或粒面剖层,经鞣制不带毛)	7	6
130	4104111190	全粒面未剖层或粒面剖层蓝湿牛皮(经鞣制不带毛)	7	6
131	4408901911	家具饰面用拉敏木单板(厚度≤6mm)	3	1
132	4408901912	家具饰面用濒危木单板(厚度≤6mm)	3	1
133	4408901919	其他家具饰面用单板(厚度≤6mm)	3	1
134	4802201000	照相原纸(未经涂布的,成卷或成张)	7.5	5
135	4811511000	漂白的彩色相纸用双面涂塑厚纸(每平方米重量超过150克,成卷或成张的)	7.5	4
136	5601300010	由两种或以上聚合物纺制的纤维(横截面为皮芯结构或并列结构或海岛结构,长度不超过5mm)	10	5
137	6806100010	矿物纤维,渣球含量小于5%	10.5	5
138	6815991021	碳含量>90%特种碳纤维纱线(比模量≥12.3×10^6m,比极限抗拉强度≥0.3×10^6m)	17.5	8
139	6815991091	其他碳含量>90%碳纤维纱线	17.5	8
140	6907100010	瓷砖,陶瓷等产品,未打磨上釉陶瓷(表面最宽<7cm)	24.5	22
141	7002390010	光通信用微光组建的玻璃毛细管(外径小于3mm)	12	3
142	7002390020	光通信用微光组建的玻璃定位管(外径小于3mm)	12	3
143	7004900010	光学平板玻璃,厚度0.7mm以下(未着色,透明及不具吸收层的,未经其他加工)	17.5	9
144	7005290010	浮法玻璃(气泡,杂质的大小小于等于30微米)	15	8
145	7007111010	空载重量≥25t飞机的挡风玻璃	2	1

序号	商品编号	商品名称	进口最惠国税率(%)	进口暂定税率(%)
146	7007190010	低铁钢化太阳能电池组件封装专用玻璃(指最大含铁量0.02% Fe_2O_3,厚度为2.5mm-3.5mm的玻璃)	14	10
147	7011209010	显示管玻壳(包括零件,但未装有配件)	10	6
148	7014009010	滤波玻璃(带有抗红外和防反辐射薄膜的)	17.5	9
149	7019590010	覆铜箔板用玻璃纤维布	12	6
150	7020001100	导电玻璃	10.5	7
151	7020001200	绝缘子用玻璃伞盘	10.5	4
152	7020001920	等离子模块生产用高应变点玻璃(应变点在550℃及以上)	10.5	5
153	7020009010	石英玻璃(平整度小于等于1微米)	15	8
154	7101101100	未分级的天然黑珍珠(不论是否加工,但未制成制品)	21	0
155	7101109100	其他天然黑珍珠(不论是否加工,但未制成制品)	21	0
156	7115901010	银制工业、实验室用制品	3	0
157	7115901020	金制工业、实验室用制品	3	0
158	7115901090	其他工业实验室用贵或包贵金制品	3	0
159	7202600000	镍铁	2	1
160	7202930010	铁钽铌合金(钽含量<10%)	2	1
161	7202930090	其他铌铁	2	1
162	7203100010	热压铁块	2	0
163	7209181000	厚度<0.3mm的非合金钢冷轧卷材(未进一步加工,宽≥600mm,未包、镀、涂层)	6	3
164	7226990010	宽度<600mm的铁镍合金带材(生产集成电路框架用)	7	4
165	7304411000	冷轧的不锈钢制无缝锅炉管(冷拔或冷轧的,包括内螺纹)	10	5
166	7304491000	非冷轧(拔)不锈钢制无缝锅炉管(包括内螺纹)	10	5
167	7402000000	未精炼铜、电解精炼用铜阳极	2	0
168	7410110010	覆铜板及印刷线路板用铜箔(厚度不超过0.15mm)	4	1
169	7404000010	以回收铜为主的废电机等(包括废电机、电线、电缆、五金电器)	1.5	0
170	7404000090	其他铜废碎料	1.5	0
171	7501100000	镍锍	3	0
172	7501201000	镍湿法冶炼中间品	3	0
173	7502100000	未锻轧非合金镍	3	1
174	7602000010	以回收铝为主的废电线等(包括废电线、电缆、五金电器)	1.5	0
175	7602000090	铝废碎料	1.5	0
176	7606112000	非合金铝制矩形的中厚板、片及带(包括正方形)(中厚板指厚度≥0.3mm,但≤0.36mm)	6	1
177	8105201000	钴湿法冶炼中间品	4	0
178	8105209020	钴锍及其他冶炼钴时所得中间产品	4	0
179	8112400010	钒氮合金	3	0
180	8407901000	沼气发动机	12	6
181	8407909010	转速<3600r/min汽油发动机(发动机用)	18	8
182	8407909020	转速<4650r/min汽油发动机(税号8426-8430所列工程机械用)	18	8
183	8407909030	立式输出汽油发动机	18	5
184	8408209020	额定功率<100KW柴油发动机(轿车用)	25	15
185	8409999910	电控柴油喷射装置(指编号8408所列的其他发动机用)	8.4	3
186	8411991000	涡轮轴发动机用零件	5	1
187	8412299010	船舶用舱口盖液压装置(载重4万t及以上)	14	8
188	8414803010	轿车用发动机增压器(增压压力为1.5-1.6Bar,流量为320立方米/小时)	7	3
189	8422301010	电动手提饮料及液体食品灌装设备	12	10

序号	商品编号	商品名称	进口最惠国税率(%)	进口暂定税率(%)
191	8433510010	功率≥160马力的联合收割机	8	5
192	8433591000	甘蔗收获机	8	5
193	8433599010	自走式青储饲料收获机(包括棉花收获机)	8	5
194	8442302010	计算机直接制版机器(CTP)	9	7
195	8443591110	纺织用圆网印花机	10	8
196	8443591210	纺织用平网印花机	10	8
197	8448110010	多臂机或提花机(转速指标500转/分以上)	8	4
198	8448320010	精梳机钳板、顶梳装置(精梳机锡林部件,精梳机车头凸轮传动,行星齿轮部件)	6	3
199	8448320020	精梳联合机梳理装置(精梳联合机给棉装置)	6	3
200	8448320030	精梳联合机盖板清洁装置	6	3
201	8448331000	络筒锭	6	3
202	8448392000	电子清纱器	6	3
203	8448393000	空气捻接器	6	3
204	8448491000	接、投梭箱	6	3
205	8448492000	引纬、送经装置	6	3
206	8448499010	自动寻纬、补纬装置、打纬装置	6	3
207	8451800011	服装定型焙烘炉	12	10
208	8451800012	服装液氨整理机	12	10
209	8451800013	预缩机	12	10
210	8451800014	剪绒、洗缩联合机	12	10
211	8451800015	罐蒸机	12	10
212	8451800016	剪毛联合机	12	10
213	8451800017	涂层机	12	10
214	8451800018	柔软整理机	12	10
215	8451800019	定型机	12	10
216	8451800021	精炼机	12	10
217	8451800022	丝光机	12	10
218	8451800023	磨毛机	12	10
219	8451800024	织物轧光机	12	6
220	8473401000	自动柜员机用出钞器	10.5	1
221	8473409010	钞票清分机零附件	10.5	5
222	8478900000	烟草加工及制作机器用的零件	10	5
223	8479811010	吐丝机	9.5	7
224	8483402010	磨煤机用行星齿轮减速器(转盘外圆直径为1300mm至2400mm)	8	4
225	8501109110	激光视盘机机芯用精密微型电机(输出功率不超过37.5瓦)	9	6
226	8501109920	功率≤0.5W非激光视盘机用微电机(圆柱型直径≤6mm,高≤25mm;扁圆型直径≤15mm,厚≤5mm)	9	1
227	8501310010	光电发电机(输出功率不超过750瓦直流电动机,发电机)	12	6
228	8501530010	高速电力机车交流异步牵引电动机(用于(200KM/h)电力机车)	12	3
229	8502310000	风力驱动的发电机组	8	5
230	8503003000	风力驱动发电机组的零件(子目号85023100所列发电机组零件)	3	1
231	8504401400	功率<1千瓦直流稳压电源(精度低于万分之一,8471所列机器用除外)	7	3
232	8504409190	其他具有变流功能的半导体模块	10	3
233	8504409910	高速电力机车的牵引变流器[用于(200KM/h)电力机车]	10	3
234	8507802010	手机专用锂离子电池芯(包括手机时钟控制用钮扣锂离子电池)	12	9
235	8514400010	焊缝中频退火装置	10	5

序号	商品编号	商品名称	进口最惠国税率(%)	进口暂定税率(%)
236	8522903110	具有刻录功能激光视盘机机芯	30	15
237	8522903910	激光视盘机的激光收发装置(激光头)	30	6
238	8522903920	激光视盘机激光收发装置用零件	30	3
239	8522903990	其他视频信号录放设备的零件	30	10
240	8525309920	手机用摄像组件(由镜头+CCD/CMOS+数字信号处理电路三部分构成)	每台完税价格低于或等于5000美元,执行单一从价税,税率:35%; 每台完税价格高于5000美元:每台征收从量税,税额12960元,加上3%从价税	12
241	8526109019	其他机载雷达(包括气象雷达,地形雷达和空中交通管制应答系统)	5	1
242	8529904210	取像模块(静像视频摄像机、摄录一体机、数字照相机用)	12	6
243	8529904910	摄像机及摄录一体机的零件	12	3
244	8529904920	互补金属氧化物半导传感器(数码照相机用)	12	3
245	8529904930	数码照相机用电荷耦合器件(CCD)	12	3
246	8529904940	其他数码照相机零件	12	3
247	8529904990	其他用途电视摄像机零件(包括静像视频摄像机用的零件)	12	3
248	8529908110	背投电视机用光机	15	7
249	8529908200	等离子显象组件及其零件(含滤光片)	15	5
250	8531801010	音量不超过110db的小型蜂鸣器	15	7.5
251	8537101120	机床用可编程控制器(用于电压不超过1000伏的线路)	12	3
252	8537101910	机床用其他数控装置(用于电压不超过1000伏的线路)	5	3
253	8539329010	彩色液晶投影机的照明光源(包括金属卤化物灯)	8	4
254	8540400000	点距<0.4mm彩色数据/图形显示管(指屏幕荧光点间距<0.4mm的彩色数据/图形显示管)	8	4
255	8545110010	直径为610mm±3mm的炉用碳电极	8	4
256	8546209010	输变电架空线路用长棒形瓷绝缘子瓷件(单支长度为1-2米,实芯)	12	6
257	8701901110	功率大于150马力的轮式拖拉机	8	5
258	8701901910	其他功率大于150马力的拖拉机	8	5
259	8704230020	混凝土泵车用底盘(四轴及以上)(装有压燃式活塞内燃发动机,总重>20t(装有驾驶室))	15	10
260	8704230030	固井水泥车、压裂车、混砂车底盘(车辆总重量>35t,装驾驶室)	15	10
261	8704230040	起重≥55t汽车起重机用底盘(装有压燃式活塞内燃发动机)	15	8
262	8705909010	跑道除冰车	12	10
263	8708405010	扭距≥90kgm变速箱、分动箱	10	6
264	8708502010	轴荷≥10t的中后驱动桥(装有差速器的,不论是否装有其他传动件)	10	8
265	8708505010	轴荷≥6t的前驱动桥	10	8
266	8708602000	座位≥30客车用非驱动桥及其零件	15	10
267	8708809010	30座及以上的客车用悬挂减震器	10	6
268	8708932000	座位≥30客车用离合器及其零件	10	6
269	8708935010	总重≥14t柴油货车离合器及零件(指编号87042240,87042300所列车辆用)	10	8

序号	商品编号	商品名称	进口最惠国税率(%)	进口暂定税率(%)
270	8708942010	座位≥30的客车用转向器	10	8
271	8708992910	轴荷≥10t的中后驱动桥的零件(车轮及其零附件除外,指30座及以上的客运车)	25	8
272	8708992920	30座及以上的客运车用转向器的零件(车轮及其零附件除外,指30座及以上的客运车)	25	8
273	8708992930	空气弹簧减振器(车轮及其零附件除外,指30座及以上的客运车)	25	10
274	8708993900	非公路自卸车用其他零部件(车轮及其零件除外)	6	3
275	8708995910	总重≥14t柴油货车转向器零件(指8704-2240、2300、3240所列车辆(含总重>8t汽油货车)用)	10	8
276	8708995920	扭距≥90kgm变速箱,分动箱零件[指8704-2240、2300、3240所列车辆(含总重>8t汽油货车)用]	10	6
277	8708999910	混合动力汽车用动力传动装置(由发电机、电动机和动力分配装置组成,编号8701至8704所列车辆用)	10	6
278	8802401010	25t≤空载重量<45t客运飞机	5	1
279	9001900010	光通信用微光组件的光学元件(波长800-1700nm薄膜滤光片,自聚焦透镜,法拉第旋转片)	8	4
280	9001900020	微型镜片(激光视盘机,激光收发装置用)	8	3
281	9001900030	背投电视机显示屏(包括非涅耳透镜屏幕、双透镜屏幕和保护屏)	8	6
282	9002119010	彩色液晶投影机的镜头及镜头组件	15	6
283	9002119020	数码相机的镜头	15	6
284	9009129100	多功能复印一体机(将原件通过中间体转印的)	10	3
285	9013200010	2.5GB/S及以上SDH等泵浦激光器(包括波分复用光传输设备的980nm,1480nm泵浦激光器)	6	3
286	9013803000	液晶显示板(90章其他编号未列名的)	5	2.5
287	9014200011	航空惯性导航仪	2	1
288	9018908000	宫内节育器	4	0
289	9022909010	射线发生器的零部件	6	3
290	9031809030	跑道摩擦系数测试仪	5	3
291	9032890010	飞机自动驾驶系统(包括驾驶、电子控制飞行、故障分析、警告系统配平系统及推力监控设备等仪表)	7	1
292	9033000010	飞机自动驾驶系统的零件(包括驾驶、电子控制飞行、故障分析、警告、配平系统及推力监控设备等零件)	6	1
293	9201200010	完税价格≥5万美元的大钢琴	17.5	1
294	9202100091	完税价格≥1.5万美元的弓弦乐器(不含野生动物皮的弓弦乐器)	17.5	1
295	9205100010	完税价格≥2千美元的铜管乐器	17.5	1
296	9205900010	完税价格≥1万美元的其他管乐器(铜管乐器除外)	17.5	1

附表 2

2006 年出口商品暂定税率表

序号	商品编号	商品名称	出口普通关税(%)	出口暂定关税(%)
1	0301921010	花鳗鲡鱼苗	20	10
2	0301921090	其他鳗鱼苗	20	10
3	0506909011	已脱胶的虎骨(指未经加工或经脱脂等加工的)	40	0
4	0506909021	已脱胶的豹骨(指未经加工或经脱脂等加工的)	40	0
5	0506909031	已脱胶的濒危野生动物的骨及角柱(不包括虎骨、豹骨,指未经加工或经脱脂等加工的)	40	0
6	0506909091	已脱胶的其他骨及角柱(不包括虎骨、豹骨,指未经加工或经脱脂等加工的)	40	0
7	2608000010	灰色饲料氧化锌(氧化锌 ZnO 含量大于 80%)	30	0
8	2609000000	锡矿砂及其精矿	50	20
9	2804709010	红磷	20	10
10	2804709090	其他磷	20	10
11	2902200000	苯	40	0
12	3102100010①	尿素(配额内,不论是否水溶液)		30
13	3102100010②	尿素(配额内,不论是否水溶液)		15
14	3102100090③	尿素(配额外,不论是否水溶液)		30
15	3102100090④	尿素(配额外,不论是否水溶液)		15
16	7202110000	锰铁,含碳量在 2% 以上	20	5
17	7202190000	锰铁,含碳量不超过 2%	20	5
18	7202210000	硅铁,含硅量在 55% 以上	25	5
19	7202290000	硅铁,含硅量不超过 55%	25	5
20	7202300000	硅锰铁	20	5
21	7202410000	铬铁,含碳量在 4% 以上	40	5
22	7202490000	铬铁,含碳量不超过 4%	40	5
23	7402000000	未精炼铜、电解精炼用铜阳极	30	10
24	7403110000	精炼铜的阴极及阴极型材(未锻轧的)	30	5
25	7403120000	精炼铜的线锭(未锻轧的)	30	5
26	7403130000	精炼铜的坯段(未锻轧的)	30	5
27	7403190000	其他未锻轧的精炼铜	30	5
28	7403210000	未锻轧的黄铜	30	5
29	7403220000	未锻轧的青铜	30	5
30	7403230000	未锻轧的白铜或德银	30	5
31	7403290000	未锻轧的其他铜合金(铜母合金除外)	30	5
32	7404000010	以回收铜为主的废电机等(包括废电机、电线、电缆、五金电器)	30	10
33	7404000090	其他铜废碎料	30	10
34	7407100000	精炼铜条、杆、型材及异型材	30	0
35	7407210000	黄铜条、杆、型材及异型材	30	0
36	7407220000	白铜或德银的条、杆、型材及异型材	30	0
37	7407290000	其他铜合金条、杆、型材及异型材	30	0
38	7408110000	最大截面尺寸 > 6mm 的精炼铜丝	30	0
39	7408190000	截面尺寸 ≤6mm 的精炼铜丝	30	0
40	7408210000	黄铜丝	30	0
41	7408220000	白铜丝或德银丝	30	0
42	7408290000	其他铜合金丝	30	0

注:①②③④所列税号的出口商品暂定税率,2006 年 1 月 1 日至 9 月 30 日,按 30% 计征税;2006 年 10 月 1 日至 12 月 31 日,按 15% 计征税。

序号	商品编号	商　品　名　称	出口普通关税(%)	出口暂定关税(%)
43	7409110000	成卷的精炼铜板、片、带(厚度>0.15mm)	30	0
44	7409190000	其他精炼铜板、片、带(厚度>0.15mm)	30	0
45	7409210000	成卷的黄铜板、片、带(厚度>0.15mm)	30	0
46	7409290000	其他黄铜板、片、带(厚度>0.15mm)	30	0
47	7409310000	成卷的青铜板、片、带(厚度>0.15mm)	30	0
48	7409390000	其他青铜板、片、带(厚度>0.15mm)	30	0
49	7409400000	白铜或德银制板、片、带(厚度>0.15mm)	30	0
50	7409900000	其他铜合金板、片、带(厚度>0.15mm)	30	0
51	7502100000	未锻轧非合金镍	40	2
52	7502200000	未锻轧镍合金	40	2
53	7508901000	电镀用镍阳极	40	0
54	7601101000	未锻轧非合金铝(按重量计含铝量在99.95%及以上)	30	0
55	7601109000	其他未锻轧非合金铝	30	5
56	7601200000	未锻轧铝合金	30	0
57	7602000010	以回收铝为主的废电线等(包括废电线、电缆、五金电器)	30	10
58	7602000090	铝废碎料	30	10
59	7604100000	非合金铝条、杆、型材、异型材	20	0
60	7604210000	铝合金制空心异型材	20	0
61	7604290010	柱形实心体铝合金[在293K(20℃)时的极限抗拉强度能达到460兆帕($0.46\times10^{9}N/m^{2}$)或更大]	20	0
62	7604290090	其他铝合金制条、杆、其他型材	20	0
63	7605110000	非合金铝制的粗丝(粗丝指非合金铝丝最大截面尺寸>7mm)	20	0
64	7605190000	非合金铝制的细丝(细丝指非合金铝丝最大截面尺寸≤7mm)	20	0
65	7605210000	铝合金制的粗丝(粗丝指铝丝最大截面尺寸>7mm)	20	0
66	7605290000	铝合金制的细丝(细丝指铝丝最大截面尺寸≤7mm)	20	0
67	7606112000	非合金铝制矩形的中厚板、片及带(包括正方形)(中厚板指厚度≥0.3mm,但≤0.36mm)	20	0
68	7606119000	非合金铝制矩形的其他板、片及带(包括正方形)(指厚度<0.3mm或>0.36mm)	20	0
69	7606122000	铝合金制矩形的薄板、片及带(包括正方形)(薄板指厚度<0.28mm,但>0.2mm)	20	0
70	7606123000	铝合金制矩形的中厚板、片及带(包括正方形)(中厚板指厚度≥0.28mm,但≤0.35mm)	20	0
71	7606124000	铝合金制矩形的厚板、片及带(包括正方形)(厚板指厚度>0.35mm)	20	0
72	7606910000	非合金铝制非矩形的板、片及带(厚度>0.2mm)	20	0
73	7606920000	铝合金制非矩形的板、片及带(厚度>0.2mm)	20	0
74	7901111000	含锌量≥99.995%的未锻轧锌	20	0
75	7901119000	其他含锌量≥99.99%的未锻轧锌(但含锌量<99.995%)	20	0
76	7901120000	含锌量<99.99%的未锻轧锌	20	0
77	7901200000	未锻轧锌合金	20	0
78	8110101000	未锻轧锑	20	5

附表 3

2006 年亚太贸易协定商品税率表

序号	税则号列	商品名称(简称)	最惠国税率(%)	协定税率(%)
1	01069020	其他食用动物	10	9.0
2	01069090	其他动物	10	9.0
3	03019190	其他活鳟鱼	10.5	8.0
4	03019290	其他活鳗鱼	10	6.7
5	03019390	其他活鲤鱼	10.5	8.0
6	03019992	活鲀	10.5	8.0
7	03019999	其他活鱼	10.5	8.0
8	03021900	其他鲜、冷鲑鱼	12	8.0
9	03022100	鲜、冷庸鲽鱼	12	9.0
10	03022200	鲜、冷鲽鱼	12	9.0
11	03022300	鲜、冷鳎鱼	12	9.0
12	03022900	其他鲜、冷比目鱼	12	9.0
13	03023100	鲜、冷长鳍金枪鱼	12	9.0
14	03023200	鲜、冷黄鳍金枪鱼	12	9.0
15	03023300	鲜冷鲣鱼	12	8.0
16	03023900	其他鲜、冷金枪鱼	12	8.0
17	03024000	鲜、冷鲱鱼	12	8.0
18	03025000	鲜、冷鳕鱼	12	8.0
19	03026100	鲜、冷沙丁鱼、黍鲱鱼	12	8.0
20	03026200	鲜、冷黑线鳕鱼	12	8.0
21	03026300	鲜、冷绿青鳕鱼	12	8.0
22	03026400	鲜、冷鲭鱼	12	8.0
23	03026500	鲜、冷角鲨及其他鲨鱼	12	9.0
24	03026600	鲜冷鳗鱼	12	8.0
25	03026910	鲜冷带鱼	12	8.0
26	03026920	鲜冷黄鱼	12	8.0
27	03026930	鲜冷鲳鱼	12	8.0
28	03026950	鲜、冷鲀	12	8.0
29	03026960	鲜、冷剑鱼	12	8.0
30	03026990	其他鲜、冷鱼	12	8.0
31	03031100	冻红大马哈鱼,但鱼肝及鱼卵除外	10	6.7
32	03031900	其他冻大马哈鱼,但鱼肝及鱼卵除外	10	6.7
33	03032900	其他冻鲑鱼	10	6.7
34	03033110	冻格陵兰庸鲽鱼	10	6.7
35	03033190	冻庸鲽鱼	10	6.7
36	03033200	冻鲽鱼	12	8.0
37	03033300	冻鳎鱼	12	8.0
38	03033900	其他冻比目鱼	10	8.0
39	03034100	冻长鳍金枪鱼	12	9.0
40	03034200	冻黄鳍金枪鱼	12	9.0
41	03034300	冻鲣鱼	12	9.0
42	03034900	其他冻金枪鱼,但鱼肝及鱼卵除外	12	9.0
43	03035000	冻鲱鱼(大西洋、太平洋鲱鱼),但鱼肝及鱼卵除外	10	6.7
44	03036000	冻鳕鱼	10	6.7

序号	税则号列	商　品　名　称(简称)	最惠国税率(%)	协定税率(%)
45	03037100	冻沙丁鱼、黍鲱鱼	12	8.0
46	03037200	冻黑线鳕鱼	12	8.0
47	03037300	冻绿青鳕鱼	12	8.0
48	03037400	冻鲭鱼	10	6.7
49	03037500	冻角鲨及其他鲨鱼	12	9.0
50	03037600	冻鳗鱼	12	8.0
51	03037700	冻尖吻鲈鱼	12	8.0
52	03037910	冻带鱼	10	6.7
53	03037920	冻黄鱼	10	6.7
54	03037930	冻鲳鱼	10	6.7
55	03037950	冻剑鱼	10	6.7
56	03037990	其他未列名冻鱼	10	6.7
57	03038000	冻鱼肝及鱼卵	10	9.0
58	03041000	鲜、冷的鱼片及其他鱼肉	12	9.0
59	03053000	干或盐制的鱼片	10	7.8
60	03056100	盐腌及盐渍的鲱鱼(大西洋、太平洋鲱鱼)	16	11.1
61	03056200	盐腌及盐渍的鳕鱼	16	12.0
62	03056300	盐腌及盐渍的 Anchovies(醍)鱼	16	12.0
63	03061200	冻大螯虾	10	7.2
64	03061311	冻小虾仁	8	5.0
65	03061319	其他冻小虾	5	4.0
66	03061321	冻对虾仁	8	5.0
67	03061329	其他冻对虾	5	4.0
68	03074900	其他冻、干、盐制的墨鱼及鱿鱼	12	10.0
69	04052000	乳酱	10	8.1
70	05051000	填充用羽毛;羽绒	10	7.5
71	06029010	蘑菇菌丝	0	0.0
72	07019000	其他鲜或冷的马铃薯	13	9.0
73	07123100	干伞菌属蘑菇	13	9.0
74	07123910	干香菇	13	9.0
75	07123920	干金针菇	13	9.0
76	07123930	干草菇	13	9.0
77	07123940	干口蘑	13	9.0
78	07123950	干牛肝菌	13	9.0
79	07123990	其他干制蘑菇及块菌	13	9.0
80	08011100	干的椰子	12	10.5
81	08011910	种用椰子	0	0.0
82	08011990	其他鲜椰子	12	10.5
83	08030000	鲜或干的香蕉,包括芭蕉	10	6.9
84	08043000	鲜或干菠萝	12	7.9
85	08045010	鲜或干番石榴	15	10.6
86	08045020	鲜或干芒果	15	10.6
87	08045030	鲜或干山竹果	15	10.6
88	08082012	鲜鸭梨、雪梨	12	10.0
89	08082013	鲜香梨	12	10.0
90	08105000	鲜猕猴桃	20	16.5
91	08109010	鲜荔枝	30	20.0
92	08109070	莲雾	20	16.4
93	08109080	火龙果	20	16.4

序号	税则号列	商　品　名　称(简称)	最惠国税率(%)	协定税率(%)
94	08109090	其他鲜果	20	16.4
95	09021010	每件净重≤3kg的花茶	15	12.5
96	09021090	每件净重≤3kg的其他绿茶	15	12.5
97	09022010	每件净重>3kg的花茶	15	12.5
98	09022090	每件净重>3kg的其他绿茶	15	12.5
99	09023010	每件净重≤3kg的乌龙茶	15	12.5
100	09023090	每件净重≤3kg的其他发酵、半发酵红茶	15	12.5
101	09024010	每件净重>3kg的乌龙茶	15	12.5
102	09024090	每件净重>3kg的其他红茶(已发酵)及半发酵茶	15	12.5
103	12074010	种用芝麻	0	0.0
104	12074090	其他芝麻	10	9.0
105	12112020	鲜或干的野山参(西洋参除外)	20	16.4
106	12122020	鲜、冷、冻或干的发菜	20	16.2
107	12122090	鲜、冷、冻或干的其他海草及其他藻类	15	13.1
108	13021990	其他植物液汁及浸膏	20	15.0
109	13023200	刺槐豆、刺槐豆子或瓜尔豆制得的胶液及增稠剂	15	10.0
110	14041000	主要供染料或鞣料用的植物原料	5	4.3
111	16041910	制作或保藏的(河)鳗鱼,整条或切块,但未绞碎	12	9.9
112	16041990	制作或保藏的其他鱼,整条或切块,但未绞碎	12	9.9
113	16042011	鱼翅罐头	12	9.9
114	16042019	其他制作或保藏的鱼罐头	12	9.9
115	16042091	鱼翅	12	9.9
116	16042099	其他制作或保藏的鱼	12	9.9
117	16059020	其他制作或保藏的蛤	5	3.9
118	16059090	其他制作或保藏的软体动物及其他水生无脊椎动物	5	3.9
119	17041000	口香糖,不论是否裹糖	12	9.5
120	17049000	其他不含可可的糖食	10	8.2
121	18062000	每件净重>2kg的含可可食品	10	7.7
122	18063100	其他夹心块状或条状的含可可食品	8	6.4
123	18063200	其他不夹心块状或条状含可可食品	10	7.7
124	18069000	其他巧克力及含可可的食品	8	6.4
125	19023030	即食或快熟面条	15	13.1
126	19023090	其他面食	15	13.1
127	19053100	甜饼干	15	12.4
128	19053200	华夫饼干及圣餐饼	15	12.4
129	19059000	其他面包、糕点、饼干及其焙烘糕饼	20	17.1
130	20093110	白利糖度不超过20的柠檬汁	18	16.8
131	20093190	其他未混合的白利糖度值不超过20的桔汁属水果汁	18	16.8
132	20093910	白利糖度超过20的柠檬汁	18	16.8
133	20093990	其他未混合的柑桔属水果汁,白利糖度值不超过20	18	16.8
134	20098011	椰子汁	10	9.0
135	20098012	芒果汁	20	17.4
136	20098013	西番莲果汁	20	17.4
137	20098014	番石榴果汁	20	17.4
138	20098019	其他未混合的水果汁	20	17.4
139	20099010	混合水果汁	20	17.4
140	21039010	味精	21	18.2
141	21039090	其他调味品	21	18.4
142	21069030	蜂王浆制剂	3	3.0

序号	税则号列	商品名称(简称)	最惠国税率(%)	协定税率(%)
143	21069091	烤制紫菜	20	18.4
144	21069099	其他编号未列名的食品	20	18.4
145	22029000	其他无酒精饮料	35	29.5
146	22030000	麦芽酿造的啤酒	0	0.0
147	22086000	伏特加酒	10	8.9
148	22087000	利口酒及柯迪尔酒	10	8.9
149	22089010	龙舌兰酒	10	8.9
150	22089090	其他蒸馏酒及酒精饮料	10	8.9
151	24011010	未去梗的烤烟	10	9.4
152	24031000	供吸用的烟丝	57	50.0
153	27074000	萘	7	6.0
154	28151100	固体氢氧化钠	10	8.0
155	28371120	氧氰化钠	5.5	5.0
156	29025000	苯乙烯	2	1.4
157	29031300	氯仿(三氯甲烷)	10	9.0
158	29051300	正丁醇	5.5	5.5
159	29071110	苯酚	5.5	5.5
160	29071190	苯酚的盐	5.5	5.5
161	29072300	4,4'-异亚丙基联苯酚(双酚A)及其盐	5.5	5.5
162	29091900	其他无环醚及其卤化、磺化、硝化或亚硝化的等衍生物	5.5	5.5
163	29152110	冰乙酸(冰醋酸)	5.5	5.5
164	29152190	其他乙酸	5.5	5.5
165	29161200	丙烯酸酯	6.5	6.5
166	29173200	邻苯二甲酸二辛酯	6.5	6.5
167	29173500	邻苯二甲酸酐(苯酐)	6.5	6.5
168	29173610	对苯二甲酸	8.6	8.0
169	29173690	对苯二甲酸盐	6.5	6.5
170	29224210	谷氨酸	10	8.6
171	29241100	甲丙氨酯	6.5	6.5
172	29241910	二甲基甲酰胺	6.5	6.5
173	29241990	其他无环酰胺及其衍生物以及他们的盐	6.5	6.5
174	29291010	2,4和2,6甲苯二异氰酸酯混合物(甲苯二异氰酸酯TDI)	6.5	6.5
175	29291020	二甲苯二异氰酸酯(TODI)	6.5	6.5
176	29291030	二苯基甲烷二异氰酸酯(纯MDI)	6.5	6.5
177	29291040	六亚甲基二异氰酸酯	6.5	6.5
178	29291090	其他异氰酸酯	6.5	6.5
179	29331100	二甲基苯基吡唑酮(安替比林)及其衍生物	6.5	6.0
180	29334910	环丙氟哌酸	6.5	6.0
181	29341000	结构上含有非稠合噻唑环的化合物(不论是否氢化)	6.5	6.5
182	29349910	磺内酯及磺内酰胺	6.5	6.5
183	29411011	氨苄青霉素	6	5.0
184	29411012	氨苄青霉素三水酸	6	5.0
185	29411019	其他氨苄青霉素盐	6	5.0
186	29411091	羟氨苄青霉素	4	4.0
187	29411092	羟氨苄青霉素三水酸	4	4.0
188	29411093	6氨基青霉烷酸(6APA)	4	4.0
189	29411094	青霉素V	4	4.0
190	29411095	磺苄青霉素	4	4.0
191	29411096	邻氯青霉素	4	4.0

序号	税则号列	商品名称(简称)	最惠国税率(%)	协定税率(%)
192	29411099	其他青霉素及其衍生物,及它们的盐	4	4.0
193	29412000	链霉素及其衍生物,及它们的盐	4	4.0
194	29413011	四环素	4	4.0
195	29413012	四环素盐	4	4.0
196	29413020	四环素衍生物及其盐	4	4.0
197	29414000	氯霉素及其衍生物,及它们的盐	4	4.0
198	29415000	红霉素及其衍生物,及它们的盐	4	4.0
199	29419010	庆大霉素及其衍生物,及它们的盐	4	4.0
200	29419020	卡那霉素及其衍生物,及它们的盐	4	4.0
201	29419030	利福平及其衍生物,及它们的盐	4	4.0
202	29419040	林可霉素及其衍生物,及它们的盐	4	4.0
203	29419051	7氨基头孢烷酸,7氨基脱乙酰氧基头孢烷酸	6	5.0
204	29419052	头孢氨苄及其盐	6	5.0
205	29419053	头孢唑啉及其盐	6	5.0
206	29419054	头孢拉啶及其盐	6	5.0
207	29419055	头孢三嗪(头孢曲松)及其盐	6	5.0
208	29419056	头孢哌酮及其盐	6	5.0
209	29419057	头孢噻肟及其盐	6	5.0
210	29419058	头孢克罗及其盐	6	5.0
211	29419059	其他先锋霉素及其衍生物,及它们的盐	6	5.0
212	29419060	麦迪霉素及其衍生物,及它们的盐	6	5.0
213	29419070	乙酰螺旋霉素及其衍生物,及它们的盐	4	4.0
214	29419090	其他抗菌素	6	5.0
215	30041011	氨苄青霉素制剂(混合,治病或防病用,已配定剂量或制成零售包装)	6	5.0
216	30041012	羟氨苄青霉素制剂(两种或两种以上成分混合而成的,治病或防病用,已配定剂量或制成零售包装)	6	5.0
217	30041013	青霉素V制剂(两种或两种以上成分混合而成的,治病或防病用,已配定剂量或制成零售包装)	6	5.0
218	30041019	其他青霉素制剂(混合或非混合,治病或防病用,已配定剂量或制成零售包装)	6	5.0
219	30041090	含有其他青霉素及具有青霉烷酸结构的青霉素衍生物或链霉素及其衍生物的药品(混合或非混合,治病或防病用,已配定剂量或制成零售包装)	6	5.0
220	30042011	头孢噻肟制剂(混合或非混合,治病或防病用,已配定剂量或制成零售包装)	6	5.0
221	30042012	头孢他啶制剂(混合或非混合,治病或防病用,已配定剂量或制成零售包装)	6	5.0
222	30042013	头孢西丁制剂(混合或非混合,治病或防病用,已配定剂量或制成零售包装)	6	5.0
223	30042014	头孢替唑制剂(混合或非混合,治病或防病用,已配定剂量或制成零售包装)	6	5.0
224	30042015	头孢克罗制剂(混合或非混合,治病或防病用,已配定剂量或制成零售包装)	6	5.0
225	30042016	头孢呋辛制剂(混合或非混合,治病或防病用,已配定剂量或制成零售包装)	6	5.0
226	30042017	头孢三嗪(头孢曲松)制剂(混合或非混合,治病或防病用,已配定剂量或制成零售包装)	6	5.0

序号	税则号列	商品名称(简称)	最惠国税率(%)	协定税率(%)
227	30042018	头孢哌酮制剂(混合或非混合,治病或防病用,已配定剂量或制成零售包装)	6	5.0
228	30042019	含有其他头孢菌素制剂(混合或非混合,治病或防病用,已配定剂量或制成零售包装)	6	5.0
229	30042090	含有其他抗菌素的药品(混合或非混合,治病或防病用,已配定剂量或制成零售包装)	6	5.0
230	30043100	含有胰岛素但不含抗菌素的药品(混合或非混合,治病或防病用,已配定剂量或零售包装)	5	4.0
231	30043200	含肾上腺皮混合或非混合质激素但不含抗菌素的药品(治病或防病用,已配定剂量或零售包装)	5	4.0
232	30043900	含有税目29.37其他产品但不含抗菌素的药品(混合或非混合,治病或防病用,已配定剂量或零售包装)	5	4.0
233	30044010	含有奎宁或其盐,但不含抗菌素及税目29.37的产品的药品(混合或非混合,治病或防病用,已配定剂量或零售包装)	5	4.0
234	30044090	含有其他生物碱及其衍生物,但不含抗菌素及税目29.37的产品的药品(混合或非混合,治病或防病用,已配定剂量或零售包装)	5	5.0
235	30045000	含有维生素或税目29.36其他产品的其他药品(混合或非混合,治病或防病用,已配定剂量或零售包装)	6	5.0
236	30049010	含有磺胺类的药品(两种或两种以上成分混合而成的,治病或防病用,已配定剂量或零售包装)	6	5.0
237	30049051	中药酒(混合或非混合,治病或防病用,已配定剂量或零售包装)	3	2.0
238	30049052	片仔癀(混合或非混合,治病或防病用,已配定剂量或零售包装)	3	2.0
239	30049053	白药(混合或非混合,治病或防病用,已配定剂量或零售包装)	3	2.0
240	30049054	清凉油(混合或非混合,治病或防病用,已配定剂量或零售包装)	3	2.0
241	30049059	其他中式成药(混合或非混合,治病或防病用,已配定剂量或零售包装)	3	2.0
242	30049060	含有青蒿素及其衍生物的中成药	4	4.0
243	30049090	其他药品(混合或非混合,治病或防病用,已配定剂量或零售包装)	4	4.0
244	30059010	药棉、纱布、绷带(经约物浸涂或制定零售包装供医疗、外科、牙科或兽医用)	5	3.0
245	31021000	尿素(不论是否水溶液)	50	40.0
246	31043000	硫酸钾	3	3.0
247	32041100	分散染料及以其为基本成分的制品(不论是否已有化学定义)	7.7	7.2
248	32041200	酸性染料(不论是否预金属络合)及以其为基本成分的制品(不论是否已有化学定义);媒染染料及以其为基本成分的制品(不论是否已有化学定义)	7.7	7.2
249	32041300	碱性染料及以其为基本成分的制品(不论是否已有化学定义)	6.5	6.0
250	32041400	直接染料及以其为基本成分的制品(不论是否已有化学定义)	6.5	6.0
251	32041510	合成靛蓝(还原靛蓝)(不论是否已有化学定义)	6.5	6.0
252	32041590	其他瓮染料(包括颜料用的)及以其为基本成分的制品(不论是否已有化学定义)	6.5	6.0
253	32041600	活性染料及以其为基本成分的制品(不论是否已有化学定义)	7.7	7.2
254	32041700	颜料及以其为基本成分的制品(不论是否已有化学定义)	6.5	6.0
255	32041911	硫化黑(硫化青)及以其为基本成分的制品(不论是否已有化学定义)	6.5	6.0
256	32041919	其他硫化染料及以其为基本成分的制品(不论是否已有化学定义)	6.5	6.0

序号	税则号列	商品名称(简称)	最惠国税率(%)	协定税率(%)
257	32041990	由子目号3204.11至3204.19中两个或多个子目所列着色料组成的混合物(不论是否已有化学定义)	6.5	6.0
258	32042000	用作萤光增白剂的有机合成产品(不论是否已有化学定义)	6.5	6.0
259	32049010	生物染色剂及染料指示剂(不论是否已有化学定义)	6.5	6.0
260	32049090	其他用作发光体的有机合成产品(不论是否已有化学定义)	6.5	6.0
261	32081000	分散或溶于非水介质的聚酯油漆及清漆等	10	9.0
262	32082010	分散或溶于非水介质的丙烯酸聚合物油漆及清漆	10	9.0
263	32082020	分散或溶于非水介质的乙烯聚合物油漆及清漆	10	9.0
264	32089010	分散或溶于非水介质的聚胺酯类油漆及清漆	10	9.0
265	32089090	分散或溶于非水介质其他油漆、清漆溶液	10	9.0
266	32100000	其他油漆及清漆(包括瓷漆\大漆及水浆涂料);皮革用水性颜料	10	9.0
267	32139000	非成套颜料、调色料及类似品(艺术家、学生和广告美工用的,片状、管装、罐装、瓶装、扁盒装等类似形状或包装的)	10	9.0
268	33012500	其他薄荷油(包括浸膏及净油)	15	14.0
269	33019010	提取的油树脂	20	19.0
270	33019090	用花香吸取法或浸渍法制定的含浓缩精油的脂肪、固定油、蜡及类似品;精油脱萜所得的萜烯副产品(柑桔属果实的除外);精油水溶液及水馏液	20	18.1
271	33021010	生产饮料用的混合香料以及以香料为基本成分的制品,按容量计酒精浓度≤0.5%	15	12.8
272	33030000	香水及花露水	10	8.2
273	33051000	洗发剂(香波)	10.6	8.8
274	33062000	牙线	10	9.2
275	34011100	盥洗用肥皂及有机表面活性产品,条状、块状或模制形状的,以及用肥皂或洗涤剂浸渍、涂面或包覆的纸、絮胎、毡呢及无纺织物	10	8.3
276	34012000	其他形状的肥皂	15	12.4
277	34021100	阴离子型有机表面活性剂	6.5	6.0
278	34021200	阳离子型有机表面活性剂	6.5	6.0
279	34021300	非离子型有机表面活性剂	6.5	6.0
280	34021900	其他有机表面活性剂	6.5	6.0
281	34022010	零售包装的合成洗涤粉	10	9.4
282	34022090	零售包装有机表面活性剂制品(合成洗涤粉除外)	10	8.9
283	34029000	非零售包装有机表面活性剂制品、洗涤剂及清洁剂	9	7.8
284	35061000	适于作胶或粘合剂的产品,零售包装每件净重≤1kg	10	9.2
285	35069900	其他调制胶、粘合剂	10	8.6
286	38021000	活性碳	6.5	6.4
287	38140000	其他税号未列名的有机复合溶剂及稀释剂;除漆剂	10	9.0
288	38170000	混合烷基苯及混合烷基萘,但税目27.07及29.02的产品除外	6.5	6.5
289	38220010	附于衬背上的诊断或实验用试剂,但税目32.02,32.06的货品除外	4	4.0
290	38247100	仅含氟、氯的无环烃全卤化衍生物的混合物	6.5	6.5
291	38247900	其他含有两种或两种以上不同卤素的无环烃全卤化衍生物的混合物	6.5	6.5
292	38249010	杂醇油	6.5	5.5
293	38249020	除墨剂、蜡纸改正液及类似品	9	8.3
294	38249040	聚合 MDI	6.5	6.0
295	38249090	其他税目未列名的化学工业及其相关工业的化学产品及配制品	6.5	6.0
296	39011000	初级形状比重<0.94的聚乙烯	9.1	8.8
297	39012000	初级形状比重≥0.94的聚乙烯	9.1	8.8

序号	税则号列	商　品　名　称(简称)	最惠国税率(%)	协定税率(%)
298	39013000	初级形状乙烯－乙酸乙烯酯共聚物	6.5	6.2
299	39019090	其他初级形状的乙烯聚合物	6.5	6.3
300	39021000	初级形状的聚丙烯	8.6	8.6
301	39023010	初级形状的乙烯丙烯共聚物(乙丙橡胶丙烯单体单元的含量大于乙烯单体单元))	8.6	8.0
302	39023090	初级形状的其他丙烯共聚物	8.6	8.0
303	39031100	初级形状的可发性聚苯乙烯	8.6	8.0
304	39031900	初级形状的其他聚苯乙烯	8.6	8.0
305	39033000	丙烯腈－丁二烯－苯乙烯共聚物	8.6	8.0
306	39039000	初级形状的其他苯乙烯聚合物	8.6	8.4
307	39041000	初级形状的纯聚氯乙烯	8.6	8.0
308	39079900	初级形状的其他聚酯	6.5	6.2
309	39206900	其他聚酯板、片、膜、箔及扁条	10	9.0
310	39211100	泡沫聚苯乙烯板、片、带、箔及扁条	10	9.0
311	39264000	塑料制小雕塑品及其他装饰品	10	8.3
312	39269010	塑料制机器及仪器用零件	10	9.0
313	39269090	其他塑料制品	10	9.2
314	40012100	天然橡胶烟胶片	20	17.0
315	40012900	其他初级形状的天然橡胶	20	17.0
316	40022090	丁二烯橡胶板、片、带	7.5	7.0
317	40111000	机动小客车用新的充气橡胶轮胎	10	9.5
318	40112000	客或货运车用新的充气橡胶轮胎	10	9.5
319	40131000	汽车用橡胶内胎	15	13.0
320	41012011	规定重量范围内的整张生牛皮,经逆鞣处理的	8	6.0
321	41015011	经逆鞣处理的重量＞16kg的整张生牛皮	8.4	7.0
322	41019011	其他(包括整张或半张的背皮及腹皮)经逆鞣处理的生牛皮	8.4	7.0
323	41022190	浸酸的不带毛绵羊或羔羊生皮,经逆鞣处理的除外	9	8.0
324	41022990	其他不带毛的绵羊或羔羊生皮,经逆鞣处理的除外	7	6.0
325	41041111	全粒面未剖层或粒面剖层蓝湿牛皮	7	6.8
326	41041119	其他全粒面未剖层或粒面剖层湿牛皮革	8	6.0
327	41041120	全粒面未剖层或粒面剖层马皮革	5	4.0
328	41041911	其他蓝湿牛皮	7	6.8
329	41041919	其他湿牛皮革	7	6.0
330	41041920	其他湿马皮革	7	5.0
331	41044100	全粒面未剖层或粒面剖层干革(坯革)	5	4.0
332	41044910	其他机器带用干革(坯革)	5	4.0
333	41044990	其他干革(坯革)	7	6.0
334	41051010	蓝湿绵羊或羔羊皮	14	10.0
335	41051090	其他他绵羊或羔羊湿皮革	10	7.0
336	41053000	绵羊或羔羊干革(坯革)	8	7.0
337	41062100	山羊或小山羊皮湿革	14	12.0
338	41062200	山羊或小山羊皮干革(坯革)	14	12.0
339	41120000	已鞣进一步加工的不带毛绵羊或羔羊皮革	8	7.0
340	41131000	已鞣进一步加工的不带毛山羊或小山羊皮革	14	13.0
341	41142000	漆皮及层压漆皮;镀金属皮革	10	9.0
342	42010000	各种材料制成的鞍具及挽具,适合各种动物用	20	12.0
343	42022100	以皮革、再生皮革、漆皮作面的手提包	10	6.9
344	42022200	以塑料片或纺织材料作面的手提包	10	8.2
345	42022900	以钢纸或纸板作面的手提包	20	14.0

序号	税则号列	商品名称(简称)	最惠国税率(%)	协定税率(%)
346	42023100	以皮革、再生皮革作面的钱包等物品	10	6.9
347	42023200	以塑料或纺织品作面的钱包等物品	20	14.0
348	42023900	以钢纸或纸板作面的钱包等物品	20	14.0
349	44112100	未经机械加工或盖面的中密度木纤维板	4	4.0
350	44112900	其他中密度纤维板	4	4.0
351	44113100	未机械加工或盖面的低密木纤维板	7.5	7.5
352	44113900	其他低密度木纤维板	7.5	7.5
353	44119100	其他未机械加工或盖面的木纤维板	7.5	7.5
354	44119900	其他木纤维板	4	4.0
355	44121300	至少有一表层为热带木薄板制的胶合板	12	12.0
356	44121410	至少有一表层为温带非针叶木单板制的胶合板	4	4.0
357	44121420	由两层或两层以上竹板层叠胶合而成的其他多层板	4	4.0
358	44121490	其他至少有一表层为非针叶木单板制的胶合板	4	4.0
359	44121900	其他仅由薄木板制胶合板	4	4.0
360	44122200	至少一层为热带木的非针叶木面多层板	10	10.0
361	44122300	至少一层为木碎板的非针叶木面多层板	10	10.0
362	44122910	至少有一层是温带非针叶木面多层板	10	10.0
363	44122990	其他非针叶木面多层板	10	10.0
364	44129200	至少一层为热带木的针叶木面多层板	8	8.0
365	44129300	至少一层为木碎板的针叶木面多层板	10	10.0
366	44129910	其他至少有一表层是温带非针叶木面多层板	4	4.0
367	44129990	其他针叶木面多层板	4	4.0
368	46029000	其他编结材料制品及其他制品	9	8.0
369	48041100	成卷或成张的未经涂布未漂白的牛皮挂面纸	5	5.0
370	48041900	成卷或成张的未经涂布的漂白的牛皮挂面纸	5	5.0
371	48042100	未漂白的袋用牛皮纸	5	5.0
372	48042900	漂白的袋用牛皮纸	5	5.0
373	48043100	未漂白的其他薄牛皮纸及纸板	2	2.0
374	48043900	漂白的薄牛皮纸及纸板	2	2.0
375	48044100	未漂白的其他中厚牛皮纸及纸板	2	2.0
376	48044200	本体均匀漂白的中厚牛皮纸及纸板	5	5.0
377	48044900	其他漂白的中厚牛皮纸及纸板	2	2.0
378	48045100	未漂白的其他厚牛皮纸及纸板	2	2.0
379	48045200	本体均匀漂白的厚牛皮纸及纸板	5	5.0
380	48045900	其他漂白的厚牛皮纸及纸板	2	2.0
381	48101300	涂无机物书写(印刷)纸(板),不含用机械方法制得的纤维或所含前述纤维不超过全部纤维重量的10%,成卷的	5	5.0
382	48101400	涂无机物书写(印刷)纸(板),不含用机械方法制得的纤维或所含前述纤维不超过全部纤维重量的10%,成张的,一边≤435mm,另一边≤297mm(以未折叠计)	5	5.0
383	48101900	其他涂无机物书写(印刷)纸(板),不含用机械方法制得的纤维或所含前述纤维不超过全部纤维重量的10%,成张的	5	5.0
384	48239020	神纸及类似用品	7.5	7.5
385	48239030	纸扇	7.5	7.5
386	48239090	其他纸及纸制品	7.5	7.5
387	50072011	未漂白或漂白的纯桑蚕丝机织物	10	9.0
388	50072019	其他纯桑蚕丝机织物	10	9.0
389	50072021	未漂白或漂白的纯柞蚕丝机织物	10	9.0
390	50072029	其他纯柞蚕丝机织物	10	9.0

序号	税则号列	商　品　名　称(简称)	最惠国税率(%)	协定税率(%)
391	50072031	未漂白或漂白的纯绢丝机织物	10	9.0
392	50072039	其他纯绢丝机织物	10	9.0
393	50072090	其他纯丝机织物	10	9.0
394	51121100	重量≤200g/m² 精梳全毛布	10	8.9
395	52053100	非零售粗梳粗支纯棉多股纱	5	4.5
396	52054100	非零售精梳粗支纯棉多股纱	5	4.5
397	52054200	非零售精梳中支纯棉多股纱	5	4.5
398	52054600	非零售精梳较特细支纯棉多股纱	5	4.5
399	52054700	非零售精梳特细支纯棉多股纱	5	4.5
400	52054800	非零售精梳超细支纯棉多股纱	5	4.5
401	52062100	非零售精梳粗支混纺棉单纱	5	4.5
402	52071000	供零售用纯棉纱线	6	5.0
403	52083900	染色的轻质其他全棉机织物	10	9.0
404	52084900	色织的轻质其他全棉机织物	10	9.0
405	52093100	染色的重质全棉平纹布	10	9.3
406	52094300	色织的重质全棉三、四线斜纹布	10	9.3
407	52095100	印花的重质全棉平纹布	10	9.3
408	52101100	与化纤混纺未漂白轻质平纹棉布	12	11.0
409	53051100	生的椰壳纤维	5	4.0
410	53089011	未漂白或漂白的全苎麻纱线	6	6.0
411	53089012	全苎麻色纱线	6	6.0
412	53089013	未漂白或漂白的混纺苎麻纱线	6	6.0
413	53089014	混纺苎麻色纱线	6	6.0
414	53089091	纸纱线	6	6.0
415	53089099	其他植物纺织纤维纱线	6	6.0
416	53091900	其他全亚麻机织物	10	9.3
417	53110090	其他纺织用植物纤维机织物	10	9.3
418	54023290	非零售其他粗尼龙变形纱线	5	4.5
419	54024110	非零售用聚酰胺－6纺制的未捻单纱	5	4.7
420	54024120	非零售用聚酰胺－66纺制的未捻单纱	5	4.7
421	54024130	非零售用芳香族聚酰胺纺制的未捻单纱	5	4.7
422	54024190	非零售其他尼龙未捻单纱	5	4.7
423	54024300	非零售未捻的其他聚酯单纱	5	4.9
424	54025200	非零售加捻的其他聚酯加捻单纱	5	4.3
425	54074200	染色的纯尼龙布	10	9.7
426	54075200	染色的纯聚酯变形长丝布	10	9.7
427	54076100	其他纯聚酯非变形长丝布	10	9.7
428	54076900	其他纯聚酯长丝布	10	9.7
429	54077100	未漂白或漂白其他纯合成纤维长丝布	10	8.8
430	54077200	染色的其他纯合成纤维长丝布	10	9.7
431	54077400	印花的其他纯合成纤维长丝布	10	9.7
432	54083200	染色的人纤长丝混纺布	10	9.9
433	55013000	聚丙烯腈长丝丝束	5	4.5
434	55032000	未梳的聚酯合成纤维短纤	5	4.5
435	55033000	未梳的聚丙烯腈合成纤维短纤	5	4.5
436	55062000	已梳的聚酯纤维短纤	5	4.5
437	55063000	已梳的聚丙烯腈及其变性纤维短纤	5	4.5
438	55081000	合成纤维短纤纺制的缝纫线	5	4.6
439	55095300	非零售与棉混纺聚酯短纤纱线	5	4.3

序号	税则号列	商品名称(简称)	最惠国税率(%)	协定税率(%)
440	55101100	非零售纯人造纤维短纤单纱	5	4.5
441	55109000	非零售与其他混纺人造纤维短纤纱线	5	4.5
442	55122900	其他纯腈纶布	10	9.3
443	55132100	与棉混纺染色的轻质聚酯平纹布	10	9.1
444	55133200	与棉混纺色织的轻质聚酯斜纹布	10	8.8
445	55141110	与棉混纺未漂白的重质聚酯平纹布	16	14.4
446	55151100	与粘胶纤维短纤混纺的聚酯布	10	8.8
447	55162200	与化纤长丝混纺的染色人造纤维布	10	9.9
448	55169400	与其他纤维混纺的印花人造纤维布	10	9.4
449	56031110	每平方米≤25g 经浸渍化纤长丝无纺织物	10	9.7
450	56031210	25g < 每平方米≤70g 浸渍化纤长丝无纺织物	10	9.7
451	56031310	70g < 每平方米≤150g 浸渍化纤长丝无纺织物	10	9.7
452	56031410	每平方米 > 150g 经浸渍化纤长丝无纺织物	10	9.7
453	56039110	每平方米≤25g 经浸渍其他无纺织物	10	9.7
454	56039190	每平方米≤25g 的其他无纺织物	10	9.3
455	56039210	25g < 每平方米≤70g 浸渍其他无纺织物	10	9.7
456	56039290	25g < 每平方米≤70g 其他无纺织物	10	9.3
457	56039310	70g < 每平方米≤150g 浸渍其他无纺织物	10	9.7
458	56039390	70g < 每平方米≤150g 的其他无纺织物	10	9.3
459	56039410	每平方米 > 150g 经浸渍其他无纺织物	10	9.7
460	56039490	每平方米 > 150g 的其他无纺织物	10	9.3
461	57024900	制成的其他纺织材料起绒铺地制品	14	9.3
462	58061090	其他材料狭幅起绒织物及绳绒织物	10	9.1
463	58071000	机织非绣制纺织材料标签、徽章等	10	9.5
464	59031010	用聚氯乙烯浸、涂的绝缘布或带	10	9.0
465	59031020	用聚氯乙烯浸、涂的人造革	10	9.2
466	59031090	用聚氯乙烯浸、涂的其他纺织物	10	9.1
467	59032010	用聚氨基甲酸酯浸、涂的绝缘布或带	10	9.0
468	59032020	用聚氨基甲酸酯浸、涂的人造革	10	9.2
469	59032090	用聚氨基甲酸酯浸、涂的其他纺织物	10	9.1
470	59039010	用其他塑料浸、涂的绝缘布或带	10	9.0
471	59039020	用其他塑料浸、涂的人造革	10	9.2
472	59039090	用其他塑料浸、涂的其他纺织物	10	9.1
473	59111010	包覆纺锤用浸胶的起绒狭幅织物	8	7.2
474	60011000	针织或钩编的长毛绒织物	10	9.4
475	60019200	化纤制针织或钩编起绒织物	10	9.4
476	60033000	宽≤30cm 合成纤维制的针织、钩编织物	10	9.4
477	60034000	宽≤30cm 人造纤维制的针织、钩编织物	10	9.4
478	60053100	未漂白或漂白合成纤维制的其他经编织物	10	9.4
479	60053200	染色合成纤维制的其他经编织物	10	9.4
480	60053300	色织合成纤维制的其他经编织物	10	9.4
481	60053400	印花合成纤维制的其他经编织物	10	9.4
482	60054100	未漂白或漂白人造纤维制的其他经编织物	10	9.4
483	60054200	染色人造纤维制的其他经编织物	10	9.4
484	60054300	色织人造纤维制的其他经编织物	10	9.4
485	60054400	印花人造纤维制的其他经编织物	10	9.4
486	60063100	未漂白或漂白合成纤维制的其他针织、钩编织物	10	9.4
487	60063200	染色合成纤维制的其他针织、钩编织物	10	9.4
488	60063300	色织合成纤维制的其他针织、钩编织物	10	9.4

序号	税则号列	商　品　名　称(简称)	最惠国税率(%)	协定税率(%)
489	60063400	印花合成纤维制的其他针织、钩编织物	10	9.4
490	60064100	未漂白或漂白人造纤维制的其他针织、钩编织物	10	9.4
491	60064200	染色人造纤维制的其他针织、钩编织物	10	9.4
492	60064300	色织人造纤维制的其他针织、钩编织物	10	9.4
493	60064400	印花人造纤维制的其他针织、钩编织物	10	9.4
494	60069000	未列名针织、钩编织物	12	10.9
495	61011000	毛制针织或钩编男式大衣、防风衣	25	18.0
496	61012000	棉制针织或钩编男式大衣、防风衣	17.5	14.0
497	61013000	化纤制针织或钩编男式大衣等	17.5	12.4
498	61019000	其他纺织材料制针织或钩编男式大衣、防风衣	17.5	12.4
499	61021000	毛制针织或钩编女式大衣、防风衣	25	18.0
500	61022000	棉制针织或钩编女式大衣、防风衣	17.5	14.0
501	61023000	化纤制针织或钩编女式大衣等	17.5	12.4
502	61029000	其他纺织材料制针织或钩编女式大衣、防风衣	20	13.8
503	61031100	毛制针织或钩编男式西服套装	25	18.0
504	61031200	合纤制针织或钩编男西服套装	25	18.0
505	61031900	其他纺织材料制针织或钩编男式西服套装	17.5	12.4
506	61032100	毛制针织或钩编男式便服套装	25	18.0
507	61032200	棉制针织或钩编男式便服套装	20	14.8
508	61032300	合纤制针织或钩编男便服套装	25	18.0
509	61032900	其他纺织材料制针织或钩编男式便服套装	25	18.0
510	61033100	毛制针织或钩编男式上衣	16	11.7
511	61033200	棉制针织或钩编男式上衣	16	12.0
512	61033300	合纤制针织或钩编男式上衣	19	13.6
513	61033900	其他纺织材料制针织或钩编男式上衣	16	11.7
514	61034100	毛制针织或钩编男长裤、工装裤等	16	11.7
515	61034200	棉制针织或钩编男长裤、工装裤等	16	13.6
516	61034300	合纤制针织或钩编男长裤等	17.5	12.4
517	61034900	其他纺织材料制针织或钩编男长裤等	16	11.7
518	61041100	毛制针织或钩编女式西服套装	17.5	12.4
519	61041200	棉制针织或钩编女式西服套装	17.5	14.0
520	61041300	合纤制针织或钩编女西服套装	25	18.0
521	61041900	其他纺织材料制针织或钩编女式西服套装	17.5	12.4
522	61042100	毛制针织或钩编女式便服套装	17.5	12.4
523	61042200	棉制针织或钩编女式便服套装	17.5	14.0
524	61042300	合纤制针织或钩编女便服套装	25	18.0
525	61042900	其他纺织材料制针织或钩编女式便服套装	15	10.4
526	61043100	毛制针织女式上衣	16	11.7
527	61043200	棉制针织女式上衣	16	13.6
528	61043300	合纤制针织女上衣	19	13.6
529	61043900	其他纺织材料制针织女上衣	16	11.7
530	61044100	毛制针织或钩编连衣裙	16	11.7
531	61044200	棉制针织或钩编连衣裙	16	13.6
532	61044300	合纤制针织或钩编连衣裙	17.5	12.4
533	61044400	人纤制针织或钩编连衣裙	16	11.7
534	61044900	其他纺织材料制针织或钩编连衣裙	16	11.7
535	61045100	毛制针织或钩编裙子及裙裤	14	10.8
536	61045200	棉制针织裙子及裙裤	14	10.3
537	61045300	合纤制针织或钩编裙子及裙裤	16	11.7

序号	税则号列	商　品　名　称(简称)	最惠国税率(%)	协定税率(%)
538	61045900	其他纺织材料制针织或钩编裙子及裙裤	14	10.8
539	61046100	毛制针织或钩编女长裤、工装裤等	16	11.7
540	61046200	棉制针织或钩编女长裤、工装裤等	16	13.6
541	61046300	合纤制针织或钩编女长裤等	17.5	12.4
542	61046900	其他纺织材料制针织或钩编女长裤等	16	12.0
543	61051000	棉制针织或钩编男衬衫	16	13.6
544	61052000	化纤制针织或钩编男衬衫	17.5	12.4
545	61059000	其他纺织材料制针织或钩编男衬衫	16	11.7
546	61061000	棉制针织或钩编女衬衫	16	13.6
547	61062000	化纤制针织或钩编女衬衫	17.5	12.4
548	61069000	其他纺织材料制针织或钩编女衬衫	16	11.7
549	61071200	化纤制针织或钩编男内裤及三角裤	16	10.9
550	61071910	丝及绢丝制针织或钩编男内裤及三角裤	14	9.3
551	61071990	其他纺织材料制针织或钩编男内裤及三角裤	14	9.3
552	61072200	化纤制针织或钩编男睡衣裤	16	10.9
553	61072910	丝及绢丝制针织或钩编男长睡衣及睡衣裤	14	9.3
554	61072990	其他纺织材料制针织或钩编男长睡衣及睡衣裤	14	9.3
555	61079200	化纤制针织或钩编男浴衣、晨衣	16	10.9
556	61079900	其他纺织材料制针织或钩编男浴衣、晨衣	14	9.3
557	61081100	化纤制针织或钩编长衬裙及衬裙	16	10.9
558	61081990	其他纺织材料制针织或钩编女式长衬裙及衬裙	14	9.3
559	61082200	化纤制针织或钩编女三角裤及短衬裤	16	10.9
560	61082910	丝及绢丝制针织或钩编女三角裤及短衬裤	14	9.3
561	61082990	其他纺织材料制针织或钩编女三角裤及短衬裤	14	9.3
562	61083200	化纤制针织或钩编女睡衣及睡衣裤	16	10.9
563	61083910	丝及绢丝制针织或钩编女睡衣及睡衣裤	14	9.3
564	61083990	其他纺织材料制针织或钩编女睡衣及睡衣裤	14	9.3
565	61089200	化纤制针织或钩编女浴衣、晨衣	16	10.9
566	61089900	其他纺织材料制针织或钩编女浴衣、晨衣	14	9.3
567	61091000	棉制针织或钩编T恤衫、汗衫等	14	9.4
568	61099010	丝及绢丝制针织或钩编T恤衫、汗衫等	14	9.3
569	61099090	其他纺织材料制针织或钩编T恤衫、汗衫等	14	9.3
570	61101100	羊毛制针织或钩编套头衫等	14	9.3
571	61101200	喀什米尔山羊细毛制针织或钩编套头衫等	14	9.3
572	61101910	其他山羊细毛制针织或钩编套头衫等	14	9.3
573	61101920	兔毛制针织或钩编套头衫等	14	9.3
574	61101990	其他毛制针织或钩编套头衫等	14	9.3
575	61102000	棉制针织或钩编套头衫等	14	11.0
576	61103000	化纤制针织或钩编套头衫等	16	10.9
577	61109010	丝及绢丝制针织或钩编套头衫等	14	9.3
578	61109090	其他纺织材料制针织或钩编套头衫等	14	9.3
579	61111000	毛制针织或钩编婴儿服装及附件	14	9.3
580	61113000	合纤制针织婴儿服装及附件	16	10.9
581	61119000	其他纺织材料制针织或钩编婴儿服装及附件	14	9.3
582	61121100	棉制针织或钩编运动服	16	13.6
583	61121200	合纤制针织或钩编运动服	17.5	12.4
584	61121900	其他纺织材料制针织或钩编运动服	16	11.7
585	61122010	棉制针织或钩编滑雪服	16	13.6
586	61122090	其他纺织材料制针织或钩编滑雪服	19	13.6

序号	税则号列	商　品　名　称(简称)	最惠国税率(%)	协定税率(%)
587	61123100	合纤制针织或钩编男式游泳服	17.5	12.4
588	61123900	其他纺织材料制针织或钩编男式游泳服	16	11.7
589	61124100	合纤制针织或钩编女式游泳服	17.5	12.4
590	61124900	其他纺织材料制针织或钩编女式游泳服	16	11.7
591	61130000	涂层经处理针织或钩编织物制服装	16	11.7
592	61151200	单丝≥67分特合纤制连裤袜等	16	10.9
593	61151990	其他纺织材料制针织连裤袜及紧身裤袜	14	9.3
594	61152000	单丝<67分特制针织或钩编女统袜	14	9.3
595	61159300	合纤制针织或钩编短袜及其他袜类	16	10.9
596	61159900	其他纺织材料制针织或钩编短袜及其他袜类	14	9.3
597	61169300	合纤制其他针织或钩编手套	16	10.9
598	61169900	其他纺织材料制针织或钩编手套	14	9.3
599	61171000	针织或钩编披巾、头巾等	14	9.3
600	61172000	针织或钩编领带及领结	14	9.3
601	61178000	针织或钩编其他衣着附件	14	9.3
602	61179000	其他针织或钩编衣着零件	14	9.3
603	62011100	毛制男式大衣、斗篷及类似品	16	11.7
604	62011310	化纤制男式羽绒服	17.5	12.4
605	62011390	化纤制男式大衣、斗篷及类似品	17.5	12.4
606	62011900	其他纺织材料制男式大衣、斗篷及类似品	16	11.7
607	62019100	毛制男式带风帽防寒短上衣、防风衣	16	11.7
608	62019310	化纤制男式其他羽绒服	17.5	12.4
609	62019390	化纤制男式防寒短上衣、防风衣	17.5	12.4
610	62019900	其他纺织材料制男式防寒短上衣、防风衣	16	11.7
611	62021100	毛制女式大衣、斗篷及类似品等	16	11.7
612	62021310	化纤制女式羽绒服	19	13.6
613	62021390	化纤制女式大衣、斗篷及类似品	19	13.6
614	62021900	其他纺织材料制女式大衣、斗篷及类似品	16	11.7
615	62029100	毛制女式带风帽防寒短上衣、防风衣	16	11.7
616	62029310	化纤制女式其他羽绒服	17.5	12.4
617	62029390	化纤制女式防风衣等	17.5	12.4
618	62029900	其他纺织材料制防风衣、防风短上衣等	16	11.7
619	62031100	毛制男式西服套装	17.5	12.4
620	62031200	合纤制男式西服套装	17.5	12.4
621	62031910	丝及绢丝制男式西服套装	17.5	12.4
622	62031990	其他纺织材料制男式西服套装	17.5	12.4
623	62032100	毛制男式便服套装	17.5	12.4
624	62032300	合纤制男式便服套装	17.5	12.4
625	62032910	丝及绢丝制男式便服套装	17.5	12.4
626	62032990	其他纺织材料制男式便服套装	17.5	12.4
627	62033100	毛制男式上衣	16	11.7
628	62033300	合纤制男式上衣	17.5	12.4
629	62033910	丝及绢丝制男式上衣	16	11.7
630	62033990	其他纺织材料制男式上衣	16	11.7
631	62034100	毛制男式长裤、工装裤等	16	11.7
632	62034210	棉制男式阿拉伯裤	16	12.9
633	62034290	棉制男式长裤、工装裤等	16	12.9
634	62034310	合成纤维制男式阿拉伯裤	17.5	13.1
635	62034390	合纤制男式长裤、工装裤等	17.5	13.1

序号	税则号列	商　品　名　称(简称)	最惠国税率(%)	协定税率(%)
636	62034910	其他纺织材料制男式阿拉伯裤	16	11.7
637	62034990	其他纺织材料制男童裤、工装裤	16	11.7
638	62041100	毛制女式西服套装	17.5	12.4
639	62041300	合纤制女式西服套装	17.5	12.4
640	62041910	丝及绢丝制女式西服套装	17.5	12.4
641	62041990	其他纺织材料制女式西服套装	17.5	12.4
642	62042100	毛制女式便服套装	17.5	12.4
643	62042300	合纤制女式便服套装	20	13.8
644	62042910	丝及绢丝制女式便服套装	20	13.8
645	62042990	其他纺织材料制女式便服套装	14	9.9
646	62043100	毛制女式上衣	16	11.7
647	62043300	合纤制女式上衣	17.5	12.4
648	62043910	丝及绢丝制女式上衣	16	11.7
649	62043990	其他纺织材料制女式上衣	16	11.7
650	62044100	毛制连衣裙	16	11.7
651	62044300	合纤制女式连衣裙	17.5	12.4
652	62044400	人纤制女式连衣裙	16	11.7
653	62044910	丝及绢丝制连衣裙	16	11.7
654	62044990	其他纺织材料制连衣裙	16	11.7
655	62045100	毛制裙子及裙裤	14	9.3
656	62045300	合纤制裙子及裙裤	16	11.7
657	62045910	丝及绢丝制裙子及裙裤	14	9.3
658	62045990	其他纺织材料制裙子及裙裤	14	9.3
659	62046100	毛制女式长裤、工装裤等	16	11.7
660	62046300	合纤制女式长裤、工装裤等	17.5	12.4
661	62046900	其他纺织材料制女式长裤、工装裤等	16	12.0
662	62051000	毛制男衬衫	16	11.7
663	62052000	棉制男衬衫	16	13.6
664	62053000	化纤制男衬衫	16	11.7
665	62059010	丝及绢丝制男衬衫	16	11.7
666	62059090	其他纺织材料制男衬衫	16	11.7
667	62061000	丝及绢丝制女式衬衫	16	11.7
668	62062000	毛制女衬衫	16	11.7
669	62063000	棉制女衬衫	16	13.6
670	62064000	化纤制女衬衫	17.5	12.4
671	62069000	其他纺织材料制女衬衫	16	11.7
672	62071100	棉制男式内裤及三角裤	14	10.3
673	62082100	棉制女式睡衣及睡衣裤	14	10.3
674	62101010	毛制毡呢或无纺织物服装	16	11.7
675	62101030	化纤制毡呢或无纺织物服装	17.5	12.4
676	62102000	用塑料、橡胶等处理的织物制男大衣等	16	11.7
677	62103000	用塑料、橡胶等处理的织物制女大衣等	16	11.7
678	62104000	用塑料、橡胶等处理的织物制的其他男式服装	16	11.7
679	62105000	用塑料、橡胶等处理的织物制的其他女式服装	16	11.7
680	62111100	男式游泳服	16	11.7
681	62111200	女式游泳服	16	11.7
682	62112090	其他纺织材料制滑雪服	19	13.6
683	62113100	毛制男式运动服及其他服装	16	11.7
684	62113310	化纤制男式阿拉伯袍	17.5	12.4

序号	税则号列	商　品　名　称(简称)	最惠国税率(%)	协定税率(%)
685	62113390	化纤制男式运动服及其他服装	17.5	12.4
686	62113910	丝及绢丝制男式运动服及其他服装	16	11.7
687	62113990	其他纺织材料制男式运动服及其他服装	16	11.7
688	62114100	毛制女式运动服及其他服装	16	11.7
689	62114300	化纤制女式运动服及其他服装	17.5	12.4
690	62114910	丝及绢丝制女式运动服及其他服装	16	11.7
691	62114990	其他纺织材料制女式运动服及其他服装	16	11.7
692	62171010	非针织非钩编袜子及袜套	14	12.2
693	62171020	非针织非钩编和服腰带	14	12.2
694	62171090	非针织非钩编服装或衣着附件	14	12.2
695	64061000	鞋面及其零件,硬衬除外	15	13.2
696	64069900	其他材料制鞋靴、护腿等零件	15	13.2
697	67030000	经梳理、稀疏等方法加工的人发及假发材料	20	18.0
698	68022300	具有一个平面的花岗岩及制品	10	9.2
699	68029390	其他加工形式花岗岩制品	10	9.2
700	69081000	上釉的小陶瓷砖、瓦、块及类似品	12	10.4
701	69111010	瓷餐具	12	10.0
702	69111020	瓷厨房器具	15	12.5
703	69119000	其他家用或盥洗用瓷器	24.5	20.0
704	71023900	其他非工业用钻石	8	5.0
705	71031000	未加工宝石或半宝石	3	2.8
706	71039100	经其他加工的红、蓝、绿宝石	8	7.0
707	71039910	经其他加工的翡翠	8	7.0
708	71039990	经其他加工的其他宝石或半宝石	8	7.0
709	71131110	镶嵌钻石的银首饰及其零件	20	16.5
710	71131190	其他银首饰及其零件	20	16.5
711	71131911	镶嵌钻石的黄金制首饰及其零件	20	16.5
712	71131919	其他黄金制首饰及其零件	20	16.5
713	71131991	镶嵌钻石的其他贵金属制首饰及其零件	35	30.0
714	71131999	其他贵金属制首饰及其零件	35	30.0
715	71132010	镶嵌钻石的以贱金属为底的包贵金属制首饰	35	30.0
716	71132090	其他以贱金属为底的包贵金属制首饰	35	30.0
717	71179000	未列名材料制仿首饰	35	30.0
718	72091810	厚度<0.3mm的冷轧卷材	6	6.0
719	72091890	其他厚度<0.5mm的冷轧卷材	6	6.0
720	72092800	厚度<0.5mm的冷轧非卷材	6	6.0
721	72101100	镀锡的铁或非合金钢厚宽平板轧材	10	10.0
722	72101200	镀锡的铁或非合金钢薄宽平板轧材	5	5.0
723	72102000	镀铅的铁或非合金钢宽平板轧材	4	4.0
724	72103000	电镀锌的铁或非合金钢宽板材	8	8.0
725	72104100	镀锌的瓦楞形铁或非合金钢宽板材	8	8.0
726	72104900	镀锌的其他形铁或非合金钢宽板材	4	4.0
727	72105000	镀氧化铬的铁或非合金钢宽板材	8	8.0
728	72106100	镀或涂铝锌合金的铁宽平板轧材	8	8.0
729	72106900	其他镀或涂铝的铁宽平板轧材	8	8.0
730	72107000	涂漆或涂塑的铁或非合金钢宽板材	4	4.0
731	72109000	涂镀其他材料铁或非合金钢宽板材	8	8.0
732	72142000	热加工带有轧制花纹的条、杆	3	3.0
733	72191100	厚度>10mm热轧不锈钢卷板	4	4.0

序号	税则号列	商品名称(简称)	最惠国税率(%)	协定税率(%)
734	72191200	4.75mm≤厚度≤10mm 热轧不锈钢卷板	4	4.0
735	72191311	3mm≤厚度<4.75mm 的未经酸洗的按重量计含镍量在 7%以下的铬锰系不锈钢卷板	4	4.0
736	72191319	3mm≤厚度<4.75mm 的未经酸洗的其他不锈钢卷板	4	4.0
737	72191321	3mm≤厚度<4.75mm 的径酸洗的按重量计含镍量在 7%以下的铬锰系不锈钢卷板	4	4.0
738	72191329	3mm≤厚度<4.75mm 的经酸洗的其他不锈钢卷板	4	4.0
739	72191411	厚度<3mm 的未经酸洗的按重量计含镍量在 7%以下的铬锰系不锈钢卷板	4	4.0
740	72191419	厚度<3mm 的未经酸洗的其他不锈钢卷板	4	4.0
741	72191421	厚度<3mm 的经酸洗的按重量计含镍量在 7%以下的铬锰系不锈钢卷板	4	4.0
742	72191429	厚度<3mm 的经酸洗的其他不锈钢卷板	4	4.0
743	72192100	厚度>10mm 热轧不锈钢平板	10	9.3
744	72192200	4.75mm≤厚度≤10mm 热轧不锈钢平板	10	9.3
745	72192300	3mm≤厚度<4.75mm 热轧不锈钢平板	10	9.3
746	72192410	1mm<厚度<3mm 热轧不锈钢平板	10	9.3
747	72192420	0.5mm≤厚度≤1mm 热轧不锈钢平板	10	9.3
748	72192430	厚度<0.5mm 热轧不锈钢平板	10	9.3
749	72193100	厚度≥4.75mm 冷轧不锈钢板	10	10.0
750	72193200	3mm≤厚度<4.75mm 冷轧不锈钢板材	10	10.0
751	72193300	1mm<厚度<3mm 冷轧不锈钢板材	10	10.0
752	72193400	0.5mm≤厚度≤1mm 冷轧不锈钢板材	10	10.0
753	72193500	厚度<0.5mm 冷轧不锈钢板材	10	10.0
754	72199000	其他不锈钢冷轧板材	10	10.0
755	72210000	不锈钢热轧条、杆	10	8.0
756	72221100	热加工的圆形截面不锈钢条、杆	10	9.0
757	72221900	热加工其他截面形状不锈钢条杆	10	9.0
758	72223000	其他不锈钢条、杆	10	8.9
759	76061220	厚度<0.28mm 的铝合金制矩形铝板片带	6	5.0
760	76061230	0.28mm≤厚度≤0.35mm 的铝合金制矩形铝板片带	6	5.0
761	76061240	厚度>0.35mm 的铝合金制矩形铝板片带	6	5.5
762	76071110	厚度≤0.007mm 的无衬背铝箔	6	5.7
763	76071190	轧制后未进一步加工的无衬背铝箔	6	5.7
764	82029110	加工金属用的机械锯的直锯片	8	7.0
765	84021200	蒸发量≤45t/hr 水管锅炉	5	3.9
766	84143011	功率≤0.4kW 的冷藏、冷冻箱用压缩机	8	5.9
767	84143012	功率 0.4-5kW 的冷藏、冷冻箱用压缩机	10	8.5
768	84143013	功率 0.4-5kW 的空气调节器用压缩机	10	8.5
769	84143014	功率>5kW 的空气调节器用压缩机	10	8.5
770	84143015	冷冻或冷藏设备用,电动机额定功率>5kW 的电动机驱动压缩机	10	9.2
771	84143019	其他制冷设备用压缩机	10	9.2
772	84143090	非电机驱动的压缩机	9	8.8
773	84159010	制冷量≤4 千大卡/时等空调的零件	10	8.0
774	84159090	制冷量>4 千大卡/时等空调的零件	10	8.0
775	84198910	加氢反应器	0	0.0
776	84198990	其他利用温度变化处理材料的机器	0	0.0
777	84283300	其他带式连续运货升降、输送机	5	4.3

序号	税则号列	商品名称(简称)	最惠国税率(%)	协定税率(%)
778	84295211	轮胎式挖掘机	8	7.2
779	84295212	履带式挖掘机	8	8.0
780	84295219	其他挖掘机	8	7.2
781	84295290	其他上部结构可转360度的挖掘机类似机械	8	7.2
782	84431910	平张纸进料式胶印机	10	8.9
783	84431990	其他胶印机	10	8.9
784	84434000	照像凹版印刷机	18	17.0
785	84440010	合成纤维长丝纺丝机	10	9.0
786	84440020	合成纤维短丝纺丝机	10	9.0
787	84440030	人造纤维纺丝机	10	9.0
788	84440040	化学纤维变形机	10	9.0
789	84440050	化学纤维切断机	10	9.0
790	84440090	其他化学纤维挤压、拉伸、变形或切割机器	10	9.0
791	84451111	棉纤维清梳联合机	10	9.0
792	84451112	棉纤维自动抓棉机	10	9.0
793	84451113	棉纤维梳棉机	10	9.0
794	84451119	其他棉纤维梳理机	10	9.0
795	84451120	毛纤维梳理机	10	9.0
796	84451190	其他纺织纤维梳理机	10	9.0
797	84451900	纺织纤维的其他预处理机器	10	9.0
798	84452031	转杯纺纱机	10	9.0
799	84452041	棉环锭细纱机	10.5	10.0
800	84452090	其他纺纱机	10	9.0
801	84453000	并线机或加捻机	10	9.0
802	84454010	自动络筒机	10	9.0
803	84454090	其他络纱机(包括卷纬机)或摇纱机	10	9.0
804	84459010	整经机	10	9.0
805	84459020	浆纱机	10	9.0
806	84459090	其他生产及处理纺织纱线的机器	10	9.0
807	84462110	所织织物宽度>30cm的梭织动力地毯织机	12	11.0
808	84462190	所织织物宽度>30cm的其他梭织动力织机	10	9.0
809	84463020	所织织物宽度>30cm的剑杆织机	8	7.0
810	84463040	所织织物宽度>30cm的喷水织机	8	7.0
811	84463050	所织织物宽度>30cm的喷气织机	8	7.0
812	84463090	所织织物宽度>30cm的其他无梭织机	8	7.0
813	84471100	圆筒直径≤165mm的圆型针织机	8	7.0
814	84472010	经编机	8	7.0
815	84472020	其他平型针织机	8	7.0
816	84472030	缝编机	8	7.0
817	84479011	地毯织机	7	6.0
818	84479019	其他簇绒机	8	7.0
819	84479020	绣花机	8	7.0
820	84479090	税号84.47其他未列名机器	10	9.0
821	84501110	干衣量≤10kg的波轮式全自动洗衣机	10	8.7
822	84501120	干衣量≤10kg的滚筒式全自动洗衣机	10	8.7
823	84501190	干衣量≤10kg的其他全自动洗衣机	10	8.7
824	84501200	装有离心甩干机的非全自动洗衣机	30	25.0
825	84509010	干衣量≤10kg的洗衣机零件	5	4.4
826	84511000	干洗机	21	16.0

序号	税则号列	商品名称(简称)	最惠国税率(%)	协定税率(%)
827	84514000	洗涤、漂白或染色机器	8.4	7.0
828	84521010	多功能家用缝纫机	21	17.0
829	84521090	其他家用型缝纫机	21	17.0
830	84522110	平缝机	12	10.7
831	84522190	其他自动缝纫机	12	10.7
832	84522900	其他非自动缝纫机	12	11.0
833	84529011	家用型缝纫机用旋梭	14	13.0
834	84529019	家用型缝纫机用其他零件	14	13.0
835	84531000	生皮、皮革的处理、鞣制或加工机器	8.4	8.0
836	84532000	鞋靴制作或修理机器	8.4	8.0
837	84596910	切削金属的非数控龙门铣床	12	10.0
838	84596990	切削金属的其他铣床	12	11.0
839	84629110	金属型材挤压机	10	9.2
840	84629190	其他液压压力机	10	9.2
841	84672100	电动钻	10	9.0
842	84672210	电动链锯	10	9.0
843	84672290	其他电动锯	10	9.0
844	84672910	电动砂磨工具	10	8.0
845	84672920	电刨	10	8.0
846	84672990	其他电动工具	10	8.0
847	84679110	电动链锯用零件	6	4.8
848	84679190	其他链锯用零件	6	6.0
849	84679910	其他手提式电动工具用零件	10	9.0
850	84716071	键盘	0	0.0
851	84716072	鼠标器	0	0.0
852	84733021	针式打印机打印头	0	0.0
853	84733029	针式打印机其他零件	0	0.0
854	84733090	税号 84.71 所列计算机的其他零附件	0	0.0
855	84735000	税号 84.69 - 84.72 中所列机器零附件	0	0.0
856	84771010	注塑机	0	0.0
857	84795010	多功能工业机器人	0	0.0
858	84795090	其他工业机器人	0	0.0
859	84796000	蒸发式空气冷却器	10	9.0
860	84798910	船舶用舵机及陀螺稳定器	0	0.0
861	84798920	空气增湿器及减湿器	0	0.0
862	84798940	邮政用包裹、印刷品分拣设备	0	0.0
863	84798950	放射性废物压实机	0	0.0
864	84798990	本章其他税号未列名机器及机械器具	0	0.0
865	85013100	输出功率≤750 瓦直流电动机、发电机	12	11.0
866	85049011	额定容量 > 400kVA 液体介质变压器零件	5	4.5
867	85049019	其他变压器零件	8	4.5
868	85071000	起动活塞式发动机用铅酸蓄电池	10	6.9
869	85072000	其他铅酸蓄电池	10	6.9
870	85073000	镍镉蓄电池	10	8.0
871	85074000	镍铁蓄电池	12	10.0
872	85078010	镍氢电池	12	10.0
873	85078020	锂离子电池	12	10.0
874	85078090	其他蓄电池	12	9.0
875	85091000	真空吸尘器;包括干式及湿式	10	8.2

序号	税则号列	商　品　名　称(简称)	最惠国税率(%)	协定税率(%)
876	85131010	手电筒	15	13.2
877	85165000	微波炉	15	13.9
878	85173011	容量≥5千门局用电话交换机	0	0.0
879	85173013	数字移动通信交换机	0	0.0
880	85173019	其他数字式程控电话交换机	0	0.0
881	85173091	模拟式移动通信交换机	0	0.0
882	85173099	其他电话或电报交换机	0	0.0
883	85199910	激光唱机	30	26.0
884	85199990	其他声音重放设备	20	16.4
885	85211011	广播级录像机	每台完税价格低于或等于2000美元:执行单一从价税,税率为30%;每台完税价格高于2000美元:每台征收从量税,税额4374元,加上3%从价税	每台完税价格低于或等于2000美元:执行单一从价税,税率为16%;每台完税价格高于2000美元:每台征收从量税,税额2103元,加上3%从价税
886	85211019	其他磁带录像机	每台完税价格低于或等于2000美元:执行单一从价税,税率为30%;每台完税价格高于2000美元:每台征收从量税,税额4374元,加上3%从价税	每台完税价格低于或等于2000美元:执行单一从价税,税率为25%;每台完税价格高于2000美元:每台征收从量税,税额3556元,加上3%从价税
887	85211020	磁带放像机	每台完税价格低于或等于2000美元:执行单一从价税,税率为30%;每台完税价格高于2000美元:每台征收从量税,税额4374元,加上3%从价税	每台完税价格低于或等于2000美元:执行单一从价税,税率为25%;每台完税价格高于2000美元:每台征收从量税,税额3556元,加上3%从价税
888	85281210	彩色卫星电视接收机	30	26.0
889	85281221	显示屏幕不超过42cm的阴极射线显像管的彩色电视接收装置	30	26.0
890	85281222	显示屏幕超过42cm不超过52cm的阴极射线显像管的彩色电视接收装置	30	26.0
891	85281223	显示屏幕超过52cm不超过74cm的阴极射线显像管的彩色电视接收装置	30	29.1
892	85281224	显示屏幕超过74cm的阴极射线显像管的彩色电视接收装置	30	29.1
893	85281238	显示屏幕超过52cm的液晶显示器的彩色电视接收装置	30	29.1

序号	税则号列	商　品　名　称(简称)	最惠国税率(%)	协定税率(%)
894	85281239	其他液晶显示器的彩色电视接收装置	30	26.0
895	85281248	显示屏幕超过 52cm 等离子显示器的彩色电视接收装置	30	29.1
896	85281249	其他等离子显示器的彩色电视接收装置	30	26.0
897	85282100	彩色视频监视器	30	26.0
898	85283010	彩色视频投影机	30	26.0
899	85299010	电视发送、差转等设备零件	0	0.0
900	85299020	手持式无线电话机零件	0	0.0
901	85299030	对讲机零件	8	7.0
902	85299041	特种用途电视摄像机、静像视频摄像机及其他视频摄录一体机，数字相机零件	8	7.0
903	85299042	非特种用途的取像模块	12	11.0
904	85299049	其他电视摄像机、静像视频摄像机及其他视频摄录一体机、数字相机零件	12	11.0
905	85299050	雷达及无线电导航设备零件	1.5	1.5
906	85299060	收音机及其组合机的其他零件	15	12.0
907	85299070	无线寻呼机零件	0	0.0
908	85299081	彩色电视机零件	15	12.0
909	85299082	等离子显像组件及其零件	0	0.0
910	85299089	其他电视机零件	0	0.0
911	85299090	税号 85.25 至 85.28 所列设备的零件	0	0.0
912	85442000	同轴电缆及其他同轴电导体	10	9.0
913	85446012	额定电压不超过 35kV 的电缆	10	8.9
914	85446013	额定电压超过 35kV，但不超过 110kV 的电缆	8.4	8.0
915	85446014	额定电压超过 110kV，但不超过 220kV 的电缆	8.4	8.0
916	85446019	其他额定电压超过 1kV 的电缆	8.4	8.0
917	85446090	耐压 > 1kV 的其他电导体	21	20.0
918	85447000	光缆	0	0.0
919	87081000	缓冲器(保险杠)及其零件	10	9.6
920	87113010	汽油型中小马力摩托车及脚踏两用车	45	32.8
921	87113020	汽油型中大马力摩托车及脚踏两用车	45	32.8
922	90181210	D 型超声波诊断仪	7	6.0
923	90183210	管状金属针头	8	7.0
924	91081900	其他已组装的完整电子表芯	16	12.0
925	91112000	贱金属制的表壳	14	10.0
926	95067010	溜冰鞋	14	12.0
927	95067020	旱冰鞋	14	12.0
928	96033010	画笔	25	15.0

附表 4

2006 年中国—东盟自由贸易区商品税率表

序号	税则号列	商品名称	最惠国税率(%)	文莱	缅甸	柬埔寨	印尼	老挝	马来西亚	菲律宾	新加坡	泰国	越南
1	01019010	其他马	10	0	0	0	0	0	0	0	0	0	0
2	01019090	其他驴、骡	10	0	0	0	0	0	0	0	0	0	0
3	01029000	其他牛	10	0	0	0	0	0	0		0	0	0
4	01039110	重量<10kg 的猪	10	0	0	0	0	0	0		0	0	0
5	01039120	重量在 10-50kg 的猪,包括 10kg	10	0	0	0	0	0	0		0	0	0
6	01039200	重量≥50kg 的猪	10	0	0		0		0		0	0	0
7	01041090	其他绵羊	10	0	0	0	0	0	0	0	0	0	0
8	01042090	其他山羊	10	0	0	0	0	0	0		0	0	0
9	01051190	重量≤185g 的其他鸡	10	0	0	0	0	0	0		0	0	
10	01051290	重量≤185g 的其他火鸡	10	0	0	0	0	0	0		0	0	0
11	01051990	重量≤185g 的其他家禽	10	0	0	0	0	0	0		0	0	0
12	01059290	重量≤2000g 的其他鸡	10	0	0	0	0		0		0	0	
13	01059390	重量>2000g 的其他鸡	10	0	0	0	0		0		0	0	
14	01059991	重量>185g 的非改良种用鸭	10	0	0	0	0		0		0	0	
15	01059992	重量>185g 的非改良种用鹅	10	0	0	0	0		0		0	0	
16	01059993	重量>185g 的非改良种用珍珠鸡	10	0	0	0	0		0		0	0	
17	01059994	重量>185g 的非改良种用火鸡	10	0	0	0	0		0		0	0	
18	01061190	其他灵长目动物	10	0	0	0	0		0	0	0	0	0
19	01061200	鲸、海豚及鼠海豚;海牛及儒艮	10	0	0	0	0		0	0	0	0	0
20	01061920	食用哺乳动物	10	0	0	0	0		0	0	0	0	0
21	01061990	其他哺乳动物	10	0	0	0	0		0	0	0	0	0
22	01062020	食用爬行动物	10	0	0	0	0		0	0	0	0	0
23	01062090	其他爬行动物	10	0	0	0	0		0	0	0	0	0
24	01063190	其他猛禽	10	0	0	0	0		0	0	0	0	0
25	01063290	其他鹦形目鸟	10	0	0	0	0		0	0	0	0	0
26	01063921	乳鸽	10	0	0	0	0		0	0	0	0	0
27	01063922	鸵鸟	10	0	0	0	0		0	0	0	0	0
28	01063923	野鸭	10	0	0	0	0		0	0	0	0	0
29	01063929	其他食用鸟	10	0	0	0	0		0	0	0	0	0
30	01063990	其他鸟	10	0	0	0	0		0	0	0	0	0
31	01069020	其他食用动物	10	0	0	0	0		0	0	0	0	0
32	01069090	其他动物	10	0	0	0	0		0	0	0	0	0
33	02011000	整头及半头鲜、冷牛肉	20	0	0	0	0	0	0		0	0	0
34	02012000	鲜、冷的带骨牛肉	12	0	0	0	0	0	0		0	0	0
35	02013000	鲜、冷的去骨牛肉	12	0	0	0	0	0	0		0	0	0
36	02021000	冻的整头及半头牛肉	25	0	0	0	0		0		0	0	0
37	02022000	冻的带骨牛肉	12	0	0	0	0		0		0	0	0
38	02023000	冻的去骨牛肉	12	0	0	0	0		0		0	0	0
39	02031110	鲜、冷的整头及半头乳猪肉	20	0	0	0	0		0		0	0	0
40	02031190	其他鲜、冷的整头及半头猪肉	20	0	0	0	0		0		0	0	0
41	02031200	鲜、冷的带骨猪前腿、后腿及其肉块	20	0	0	0	0		0		0	0	0
42	02031900	其他鲜、冷猪肉	20	0	0	0	0		0		0	0	0
43	02032110	冻整头及半头乳猪肉	12	0	0	0	0		0		0	0	0

序号	税则号列	商品名称	最惠国税率(%)	文莱	缅甸	柬埔寨	印尼	老挝	马来西亚	菲律宾	新加坡	泰国	越南
44	02032190	其他冻整头及半头猪肉	12	0	0	0	0		0		0	0	0
45	02032200	冻的带骨猪前腿、后腿及其肉块	12	0	0	0	0		0		0	0	0
46	02032900	其他冻猪肉	12	0	0	0	0	0	0		0	0	0
47	02041000	鲜或冷的整头及半头羔羊	15	0	0	0	0	0	0	0	0	0	0
48	02042100	鲜或冷的整头及半头绵羊肉	23	0	0	0	0	0	0	0	0	0	0
49	02042200	鲜或冷的带骨绵羊肉	15	0	0	0	0	0	0	0	0	0	0
50	02042300	鲜或冷的去骨绵羊肉	15	0	0	0	0	0	0	0	0	0	0
51	02043000	冻的整头及半头羔羊	15	0	0	0	0	0	0	0	0	0	0
52	02044100	冻的整头及半头绵羊肉	23	0	0	0	0	0	0	0	0	0	0
53	02044200	冻的其他带骨绵羊肉	12	0	0	0	0	0	0	0	0	0	0
54	02044300	冻的其他去骨绵羊肉	15	0	0	0	0	0	0	0	0	0	0
55	02045000	鲜、冷、冻的山羊肉	20	0	0	0	0	0	0		0	0	0
56	02050000	鲜、冷、冻的马、驴、骡肉	20	0	0	0	0	0	0	0	0	0	0
57	02061000	鲜、冷的牛杂碎	12	0	0	0	0	0	0	0	0	0	0
58	02062100	冻牛舌	12	0	0	0	0	0	0	0	0	0	0
59	02062200	冻牛肝	12	0	0	0	0	0	0	0	0	0	0
60	02062900	其他冻牛杂碎	12	0	0	0	0	0	0	0	0	0	0
61	02063000	鲜、冷的猪杂碎	20	0	0	0	0	0	0	0	0	0	0
62	02064100	冻猪肝	20	0	0	0	0	0	0	0	0	0	0
63	02064900	其他冻猪杂碎	12	0	0	0	0	0	0	0	0	0	0
64	02068000	鲜、冷的羊、马、驴、骡杂碎	20	0	0	0	0	0	0	0	0	0	0
65	02069000	冻的羊、马、驴、骡杂碎	18	0	0	0	0	0	0	0	0	0	0
66	02071100	整只,鲜或冷的鸡	20	0	0		0		0		0	0	
67	02071200	整只,冻的鸡	1.3元/千克	0	0		0		0		0	0	
68	02071311	鲜或冷的带骨鸡块	20	0	0		0		0		0	0	
69	02071319	鲜或冷的其他鸡块	20	0	0		0		0		0	0	
70	02071321	鲜或冷的鸡翼(不包括翼尖)	20	0	0		0		0		0	0	
71	02071329	鲜或冷的其他鸡杂碎	20	0	0		0		0		0	0	
72	02071411	冻的的带骨鸡块	0.6元/千克	0	0		0	0	0		0	0	
73	02071419	冻的其他鸡块	1.0元/千克	0	0		0	0	0		0	0	
74	02071421	冻的鸡翼(不包括翼尖)	0.8元/千克	0	0		0	0	0		0	0	
75	02071422	鲜、冷、冻鸡爪	0.5元/千克	0	0		0	0	0		0	0	
76	02071429	冻的其他鸡杂碎	0.5元/千克	0	0		0	0	0		0	0	
77	02072400	整只,鲜或冷的火鸡	20	0	0	0	0		0		0	0	0
78	02072500	整只,冻的火鸡	20	0	0	0	0		0		0	0	0
79	02072600	鲜或冷的火鸡块及杂碎	20	0	0	0	0		0		0	0	
80	02072700	冻的火鸡块及杂碎	10	0	0	0	0	0	0		0	0	
81	02073210	整只,鲜或冷的鸭	20	0	0	0	0		0		0	0	0
82	02073220	整只,鲜或冷的鹅	20	0	0	0	0		0		0	0	0
83	02073230	整只,鲜或冷的珍珠鸡	20	0	0	0	0		0		0	0	0
84	02073310	整只,冻的鸭	20	0	0	0	0		0		0	0	0
85	02073320	整只,冻的鹅	20	0	0	0	0		0		0	0	0

序号	税则号列	商品名称	最惠国税率(%)	文莱	缅甸	柬埔寨	印尼	老挝	马来西亚	菲律宾	新加坡	泰国	越南
86	02073330	整只,冻的珍珠鸡	20	0	0	0	0		0		0	0	0
87	02073400	鲜或冷的税目的0105所列家禽的肥肝	20	0	0	0	0		0		0	0	0
88	02073510	鲜或冷的鸭块及杂碎	20	0	0	0	0		0		0	0	0
89	02073520	鲜或冷的鹅块及杂碎	20	0	0	0	0		0		0	0	0
90	02073530	鲜或冷的珍珠鸡块及杂碎	20	0	0	0	0		0		0	0	0
91	02073610	冻的鸭块及杂碎	20	0	0	0	0	0	0		0	0	0
92	02073620	冻的鹅块及杂碎	20	0	0	0	0	0	0		0	0	0
93	02073630	冻的珍珠鸡块及杂碎	20	0	0	0	0	0	0		0	0	0
94	02081010	鲜或冷藏的家兔肉或野兔,不包括兔头	20	0	0	0	0	0	0	0	0	0	0
95	02081020	冻家兔或野兔,不包括兔头	20	0	0	0	0	0	0	0	0	0	0
96	02081090	鲜、冷、冻的家兔及野兔食用杂碎	20	0	0	0	0	0	0	0	0	0	0
97	02082000	鲜、冷、冻的田鸡腿	20	0	0	0	0	0	0	0	0	0	0
98	02083000	鲜、冷、冻的灵长目动物的肉及其食用杂碎	23	0	0	0	0	0	0	0	0	0	0
99	02084000	鲜、冷、冻的鲸、海豚及鼠海豚;海牛及儒艮的肉及其食用杂碎	23	0	0	0	0	0	0	0	0	0	0
100	02085000	鲜、冷、冻的爬行动物的肉及其食用杂碎	23	0	0	0	0	0	0	0	0	0	0
101	02089010	鲜、冷、冻的乳鸽肉及其食用杂碎	20	0	0	0	0	0	0	0	0	0	0
102	02089090	其他鲜、冷、冻肉及食用杂碎	23	0	0	0	0	0	0	0	0	0	0
103	02090000	鲜、冷、冻、干、熏、盐制的猪或家禽脂肪	20	0	0	0	0	0	0	0	0	0	0
104	02101110	干、熏、盐制的带骨猪腿	25	0	0	0	0		0		0	0	0
105	02101190	干、熏、盐制的带骨猪腿肉块	25	0	0	0	0		0		0	0	0
106	02101200	干、熏、盐制的猪腹肉	25	0	0	0	0		0		0	0	0
107	02101900	干、熏、盐制的其他猪肉	25	0	0	0	0		0		0	0	0
108	02102000	干、熏、盐制的牛肉	25	0	0	0	0		0		0	0	0
109	02109100	干、熏、盐制的灵长目动物肉及食用杂碎	25	0	0	0	0		0		0	0	0
110	02109200	干、熏、盐制的鲸、海豚及鼠海豚;海牛及儒艮肉及食用杂碎	25	0	0	0	0		0		0	0	0
111	02109300	干、熏、盐制的爬行动物肉及食用杂碎	25	0	0	0	0		0	0	0	0	0
112	02109900	干、熏、盐制的其他肉及食用杂碎	25	0	0	0	0		0		0	0	0
113	03011000	观赏鱼	17.5	0	0	0	0	0	0	0	0	0	0
114	03019190	其他活鳟鱼	10.5	0	0	0	0		0	0	0	0	0
115	03019290	其他活鳗鱼	10	0	0	0	0	0	0	0	0	0	0
116	03019390	其他活鲤鱼	10.5	0	0		0	0	0	0	0	0	0
117	03019991	活罗非鱼	10.5	0	0	0	0	0	0	0	0	0	0
118	03019992	活	10.5	0	0	0	0	0	0	0	0	0	0
119	03019999	其他活鱼	10.5	0	0	0	0	0	0	0	0	0	0
120	03021100	鲜、冷鳟鱼	12	0	0	0	0	0	0	0	0	0	0
121	03021210	鲜、冷的大西洋鲑鱼	10	0	0	0	0	0	0	0	0	0	0
122	03021220	鲜、冷的大马哈鱼及多瑙哲罗鱼	10	0	0	0	0	0	0	0	0	0	0
123	03021900	其他鲜、冷鲑鱼	12	0	0	0	0	0	0	0	0	0	0
124	03022100	鲜、冷庸鲽鱼	12	0	0	0	0	0	0		0	0	0
125	03022200	鲜、冷鲽鱼	12	0	0	0	0	0	0	0	0	0	0
126	03022300	鲜、冷鳎鱼	12	0	0	0	0	0	0	0	0	0	0
127	03022900	其他鲜、冷比目鱼	12	0	0	0	0	0	0	0	0	0	0
128	03023100	鲜、冷长鳍金枪鱼	12	0	0	0	0	0	0	0	0	0	0
129	03023200	鲜、冷黄鳍金枪鱼	12	0	0	0	0	0	0	0	0	0	0
130	03023300	鲜冷鲣鱼	12	0	0	0	0	0	0	0	0	0	0
131	03023400	鲜、冷大眼金枪鱼	12	0	0	0	0	0	0	0	0	0	0

序号	税则号列	商品名称	最惠国税率(%)	文莱	缅甸	柬埔寨	印尼	老挝	马来西亚	菲律宾	新加坡	泰国	越南
132	03023500	鲜、冷蓝鳍金枪鱼	12	0	0	0	0	0	0	0	0	0	0
133	03023600	鲜、冷南金枪鱼	12	0	0	0	0	0	0	0	0	0	0
134	03023900	其他鲜、冷金枪鱼	12	0	0	0	0	0	0	0	0	0	0
135	03024000	鲜、冷鲱鱼	12	0	0	0	0	0	0	0	0	0	0
136	03025000	鲜、冷鳕鱼	12	0	0	0	0	0	0	0	0	0	0
137	03026100	鲜、冷沙丁鱼、黍鲱鱼	12	0	0	0	0	0	0	0	0	0	0
138	03026200	鲜、冷黑线鳕鱼	12	0	0	0	0	0	0	0	0	0	0
139	03026300	鲜、冷绿青鳕鱼	12	0	0	0	0	0	0	0	0	0	0
140	03026400	鲜、冷鲭鱼	12	0	0	0	0	0	0	0	0	0	0
141	03026500	鲜、冷角鲨及其他鲨鱼	12	0	0	0	0	0	0	0	0	0	0
142	03026600	鲜冷鳗鱼	12	0	0	0	0	0	0	0	0	0	0
143	03026910	鲜冷带鱼	12	0	0	0	0	0	0	0	0	0	0
144	03026920	鲜冷黄鱼	12	0	0	0	0	0	0	0	0	0	0
145	03026930	鲜冷鲳鱼	12	0	0	0	0	0	0	0	0	0	0
146	03026940	鲜冷罗非鱼	12	0	0	0	0	0	0	0	0	0	0
147	03026950	鲜、冷鲀	12	0	0	0	0	0	0	0	0	0	0
148	03026960	鲜、冷剑鱼	12	0	0	0	0	0	0	0	0	0	0
149	03026990	其他鲜、冷鱼	12	0	0	0	0	0	0	0	0	0	0
150	03027000	鲜、冷鱼肝及鱼卵	12	0	0	0	0	0	0	0	0	0	0
151	03031100	冻红大马哈鱼,但鱼肝及鱼卵除外	10	0	0	0	0	0	0	0	0	0	0
152	03031900	其他冻大马哈鱼,但鱼肝及鱼卵除外	10	0	0	0	0	0	0	0	0	0	0
153	03032100	冻鳟鱼	12	0	0	0	0	0	0	0	0	0	0
154	03032210	冻大西洋鲑鱼	10	0	0	0	0	0	0	0	0	0	0
155	03032220	冻多瑙哲罗鱼	10	0	0	0	0	0	0	0	0	0	0
156	03032900	其他冻鲑鱼	10	0	0	0	0	0	0	0	0	0	0
157	03033110	冻格陵兰庸鲽鱼	10	0	0	0	0	0	0	0	0	0	0
158	03033190	冻庸鲽鱼	10	0	0	0	0	0	0	0	0	0	0
159	03033200	冻鲽鱼	12	0	0	0	0	0	0	0	0	0	0
160	03033300	冻鳎鱼	12	0	0	0	0	0	0	0	0	0	0
161	03033900	其他冻比目鱼	10	0	0	0	0	0	0	0	0	0	0
162	03034100	冻长鳍金枪鱼	12	0	0	0	0	0	0	0	0	0	0
163	03034200	冻黄鳍金枪鱼	12	0	0	0	0	0	0	0	0	0	0
164	03034300	冻鲣鱼	12	0	0	0	0	0	0	0	0	0	0
165	03034400	冻大眼金枪鱼,但鱼肝及鱼卵除外	12	0	0	0	0	0	0	0	0	0	0
166	03034500	冻蓝鳍金枪鱼,但鱼肝及鱼卵除外	12	0	0	0	0	0	0	0	0	0	0
167	03034600	冻南金枪鱼,但鱼肝及鱼卵除外	12	0	0	0	0	0	0	0	0	0	0
168	03034900	其他冻金枪鱼,但鱼肝及鱼卵除外	12	0	0	0	0	0	0	0	0	0	0
169	03035000	冻鲱鱼(大西洋、太平洋鲱鱼),但鱼肝及鱼卵除外	10	0	0	0	0	0	0	0	0	0	0
170	03036000	冻鳕鱼	10	0	0	0	0	0	0	0	0	0	0
171	03037100	冻沙丁鱼、黍鲱鱼	12	0	0	0	0	0	0	0	0	0	0
172	03037200	冻黑线鳕鱼	12	0	0	0	0	0	0	0	0	0	0
173	03037300	冻绿青鳕鱼	12	0	0	0	0	0	0	0	0	0	0
174	03037400	冻鲭鱼	10	0	0	0	0	0	0	0	0	0	0
175	03037500	冻角鲨及其他鲨鱼	12	0	0	0	0	0	0	0	0	0	0
176	03037600	冻鳗鱼	12	0	0	0	0	0	0	0	0	0	0
177	03037700	冻尖吻鲈鱼	12	0	0	0	0	0	0	0	0	0	0
178	03037800	冻鳕鱼(无须鳕鱼,长鳍鳕鱼)	12	0	0	0	0	0	0	0	0	0	0
179	03037910	冻带鱼	10	0	0	0	0	0	0	0	0	0	0

序号	税则号列	商品名称	最惠国税率(%)	文莱	缅甸	柬埔寨	印尼	老挝	马来西亚	菲律宾	新加坡	泰国	越南
180	03037920	冻黄鱼	10	0	0	0	0	0	0		0	0	0
181	03037930	冻鲳鱼	10	0	0	0	0	0	0		0	0	0
182	03037940	冻罗非鱼	10	0	0	0	0	0	0		0	0	0
183	03037950	冻剑鱼	10	0	0	0	0	0	0		0	0	0
184	03037990	其他未列名冻鱼	10	0	0	0	0	0	0		0	0	0
185	03038000	冻鱼肝及鱼卵	10	0	0	0	0	0	0	0	0	0	0
186	03041000	鲜、冷的鱼片及其他鱼肉	12	0	0	0	0	0	0		0	0	0
187	03042010	冻罗非鱼片	10	0	0	0	0	0	0		0	0	0
188	03042090	其他冻鱼片	10	0	0	0	0	0	0		0	0	0
189	03049000	其他冻鱼肉	10	0	0	0	0	0	0		0	0	0
190	03051000	供人食用的鱼粉及团粒	10	0	0	0	0	0	0	0	0	0	0
191	03052000	干、熏、盐制的鱼肝及鱼卵	10	0	0	0	0	0	0	0	0	0	0
192	03053000	干或盐制的鱼片	10	0	0	0	0	0	0		0	0	0
193	03054110	熏大西洋鲑鱼	14	0	0	0	0	0	0	0	0	0	0
194	03054120	熏大马哈鱼及多瑙哲罗鱼	14	0	0	0	0	0	0	0	0	0	0
195	03054200	熏制鲱鱼(大西洋鲱鱼、太平洋鲱鱼)及鱼片	16	0	0	0	0	0	0	0	0	0	0
196	03054900	其他熏鱼及鱼片	14	0	0	0	0	0	0	0	0	0	0
197	03055100	干鳕鱼	16	0	0	0	0	0	0	0	0	0	0
198	03055910	干海马、干海龙	2	0	0	0	0	0	0		0	0	0
199	03055920	干鱼翅	15	0	0	0	0	0	0		0	0	0
200	03055990	其他干鱼	16	0	0	0	0	0	0		0	0	0
201	03056100	盐腌及盐渍的鲱鱼(大西洋、太平洋鲱鱼)	16	0	0	0	0	0	0	0	0	0	0
202	03056200	盐腌及盐渍的鳕鱼	16	0	0	0	0	0	0	0	0	0	0
203	03056300	盐腌及盐渍的 Anchovies(鳀)鱼	16	0	0	0	0	0	0		0	0	0
204	03056910	盐腌及盐渍的带鱼	16	0	0	0	0	0	0		0	0	0
205	03056920	盐腌及盐渍的黄鱼	16	0	0	0	0	0	0		0	0	0
206	03056930	盐腌及盐渍的鲳鱼	16	0	0	0	0	0	0		0	0	0
207	03056940	盐腌及盐渍的罗非鱼	16	0	0	0	0	0	0		0	0	0
208	03056990	盐腌及盐渍的其他鱼	16	0	0	0	0	0	0		0	0	0
209	03061100	冻龙虾	10	0	0	0	0	0	0	0	0	0	0
210	03061200	冻大螯虾	10	0	0	0	0	0	0	0	0	0	0
211	03061311	冻小虾仁	8	0	0	0	0	0	0		0	0	0
212	03061312	冻北方长额虾	5	0	0	0	0	0	0		0	0	0
213	03061319	其他冻小虾	5	0	0	0	0	0	0		0	0	0
214	03061321	冻对虾仁	8	0	0	0	0	0	0		0	0	0
215	03061329	其他冻对虾	5	0	0	0	0	0	0		0	0	0
216	03061410	冻梭子蟹	10	0	0	0	0	0	0		0	0	0
217	03061490	其他冻蟹	10	0	0	0	0	0	0		0	0	0
218	03061911	冻淡水小龙虾仁	16	0	0	0	0	0	0		0	0	0
219	03061919	冻带壳淡水小龙虾	16	0	0	0	0	0	0		0	0	0
220	03061990	其他冻甲壳动物	16	0	0	0	0	0	0		0	0	0
221	03062190	未冻的龙虾	15	0	0	0	0	0	0	0	0	0	0
222	03062290	其他未冻的大螯虾	15	0	0	0	0	0	0	0	0	0	0
223	03062391	鲜、冷对虾	15	0	0	0	0	0	0		0	0	0
224	03062399	其他未冻小虾及对虾	12	0	0	0	0	0	0		0	0	0
225	03062491	未冻的中华绒毛蟹(大闸蟹)	14	0	0	0	0	0	0		0	0	0
226	03062492	未冻的梭子蟹	14	0	0	0	0	0	0		0	0	0
227	03062499	未冻的其他蟹	14	0	0	0	0	0	0		0	0	0

序号	税则号列	商 品 名 称	最惠国税率(%)	文莱	缅甸	柬埔寨	印尼	老挝	马来西亚	菲律宾	新加坡	泰国	越南
228	03062990	其他带壳或去壳的未冻的甲壳动物	14	0	0	0	0	0	0	0	0	0	0
229	03071090	其他牡蛎(蚝)	14	0	0	0	0	0	0	0	0	0	0
230	03072190	其他活、鲜、冷扇贝	14	0	0	0	0	0	0	0	0	0	0
231	03072900	其他冻、干、盐腌或盐渍的扇贝	14	0	0	0	0	0	0	0	0	0	0
232	03073190	其他活、鲜、冷贻贝	14	0	0	0	0	0	0	0	0	0	0
233	03073900	其他冻、干、盐制的贻贝	14	0	0	0	0	0	0	0	0	0	0
234	03074190	其他活、鲜或冷墨鱼及鱿鱼	12	0	0	0	0	0	0	0	0	0	0
235	03074900	其他冻、干、盐制的墨鱼及鱿鱼	12	0	0	0	0	0	0	0	0	0	0
236	03075100	活、鲜、冷章鱼	17	0	0	0	0	0	0	0	0	0	0
237	03075900	其他冻、干、盐制的章鱼	17	0	0	0	0	0	0	0	0	0	0
238	03076090	其他蜗牛及螺	14	0	0	0	0	0	0	0	0	0	0
239	03079191	活、鲜、冷鲍鱼	14	0	0	0	0	0	0	0	0	0	0
240	03079192	活、鲜或冷的沙蚕	14	0	0	0	0	0	0	0	0	0	0
241	03079193	活、鲜或冷的蛤	14	0	0	0	0	0	0	0	0	0	0
242	03079199	其他活、鲜、冷软体动物、水生无脊椎动物	14	0	0	0	0	0	0	0	0	0	0
243	03079910	冻、干、盐腌或盐渍的鲍鱼	10	0	0	0	0	0	0	0	0	0	0
244	03079920	冻、干、盐腌或盐渍的海参	10	0	0	0	0	0	0	0	0	0	0
245	03079930	其他蛤	10	0	0	0	0	0	0	0	0	0	0
246	03079990	其他冻、干、盐制软体动物、水生无脊椎动物	10	0	0	0	0	0	0	0	0	0	0
247	04011000	脂肪含量未超1%未浓缩及未加糖的乳及奶油	15	0	0	0	0	0	0	0	0	0	0
248	04012000	脂肪含量在1-6%未浓缩及未加糖的乳及奶油	15	0	0	0	0	0	0	0	0	0	0
249	04013000	脂肪含量>6%未浓缩及未加糖的乳及奶油	15	0	0	0	0	0	0	0	0	0	0
250	04021000	脂肪含量≤1.5%固状乳及奶油	10	0	0	0	0	0	0	0	0	0	0
251	04022100	脂肪量>1.5%未加糖固状乳及奶油	10	0	0	0	0	0	0	0	0	0	0
252	04022900	脂肪量>1.5%的加糖固状乳及奶油	10	0	0	0	0	0	0	0	0	0	0
253	04029100	浓缩但未加糖的非固状乳及奶油	10	0	0	0	0	0	0	0	0	0	0
254	04029900	浓缩并已加糖的非固状乳及奶油	10	0	0	0	0	0	0	0	0	0	0
255	04031000	酸乳	10	0	0	0	0	0	0	0	0	0	0
256	04039000	酪乳及其他发酵或酸化的乳及奶油	20	0	0	0	0	0	0	0	0	0	0
257	04041000	乳清及改性乳清	6	0	0	0	0	0	0	0	0	0	0
258	04049000	其他编号未列名的含天然乳的产品	20	0	0	0	0	0	0	0	0	0	0
259	04051000	黄油	10	0	0	0	0	0	0	0	0	0	0
260	04052000	乳酱	10	0	0	0	0	0	0	0	0	0	0
261	04059000	其他从乳中提取的脂和油	10	0	0	0	0	0	0	0	0	0	0
262	04061000	鲜乳酪(未熟化或未固化的)	12	0	0	0	0	0	0	0	0	0	0
263	04062000	各种磨碎或粉化的乳酪	12	0	0	0	0	0	0	0	0	0	0
264	04063000	经加工的乳酪,但磨碎或粉化的除外	12	0	0	0	0	0	0	0	0	0	0
265	04064000	蓝纹乳酪	15	0	0	0	0	0	0	0	0	0	0
266	04069000	其他乳酪	12	0	0	0	0	0	0	0	0	0	0
267	04070021	带壳鲜鸡蛋	20	0	0	0	0		0	0	0	0	
268	04070022	带壳鲜鸭蛋	20	0	0	0	0		0	0	0	0	
269	04070023	带壳鲜鹅蛋	20	0	0	0	0		0	0	0	0	
270	04070029	其他带壳鲜禽蛋	20	0	0	0	0		0	0	0	0	
271	04070091	咸蛋	20	0	0	0	0		0	0	0	0	
272	04070092	皮蛋	20	0	0	0	0		0	0	0	0	
273	04070099	其他腌制或煮过的带壳禽蛋	20	0	0	0	0		0	0	0	0	
274	04081100	干蛋黄	20	0	0	0	0	0	0		0	0	0
275	04081900	其他蛋黄	20	0	0	0	0	0	0		0	0	0

序号	税则号列	商品名称	最惠国税率(%)	文莱	缅甸	柬埔寨	印尼	老挝	马来西亚	菲律宾	新加坡	泰国	越南
276	04089100	干的其他去壳禽蛋	20	0	0	0	0	0	0		0	0	0
277	04089900	其他去壳禽蛋	20	0	0	0	0	0	0		0	0	0
278	04090000	天然蜂蜜	15	0	0	0	0	0	0		0	0	0
279	04100010	燕窝	25	0	0	0	0	0	0	0	0	0	0
280	04100041	鲜蜂王浆	15	0	0	0	0	0	0	0	0	0	0
281	04100042	鲜蜂王浆粉	15	0	0	0	0	0	0	0	0	0	0
282	04100043	蜂花粉	20	0	0	0	0	0	0	0	0	0	0
283	04100049	其他蜂产品	20	0	0	0	0	0	0	0	0	0	0
284	04100090	其他编号未列名的食用动物产品	20	0	0	0	0	0	0	0	0	0	0
285	05010000	未经加工的人发;废人发	15	0	0	0	0	0	0	0	0	0	0
286	05021010	猪鬃	20	0	0	0	0	0	0	0	0	0	0
287	05021020	猪毛	20	0	0	0	0	0	0	0	0	0	0
288	05021030	猪鬃或猪毛的废料	20	0	0	0	0	0	0	0	0	0	0
289	05029011	山羊毛	20	0	0	0	0	0	0	0	0	0	0
290	05029012	黄鼠狼尾毛	20	0	0	0	0	0	0	0	0	0	0
291	05029019	獾毛及其他制刷用兽毛	20	0	0	0	0	0	0	0	0	0	0
292	05029020	獾毛及其他制刷用兽毛的废料	20	0	0	0	0	0	0	0	0	0	0
293	05030010	马鬃、马尾	15	0	0	0	0	0	0	0	0	0	0
294	05030090	其他马毛及废马毛	15	0	0	0	0	0	0	0	0	0	0
295	05040011	整个或切块的盐渍猪肠衣(猪大肠头除外)	20	0	0	0	0	0	0	0	0	0	0
296	05040012	整个或切块的盐渍绵羊肠衣	18	0	0	0	0		0	0	0	0	0
297	05040013	整个或切块的盐渍山羊肠衣	18	0	0	0	0		0	0	0	0	0
298	05040014	整个或切块的盐渍猪大肠头	20	0	0	0	0		0	0	0	0	0
299	05040019	整个或切块的其他动物肠衣	18	0	0	0	0		0	0	0	0	0
300	05040021	冷和冻的鸡盹	1.3元/千克	0	0	0	0		0	0	0	0	0
301	05040029	鲜、冷、冻、干、盐制的其他动物胃	20	0	0	0	0		0	0	0	0	0
302	05040090	鲜、冷、冻、干、盐制的其他动物肠、膀胱、胃	20	0	0	0	0		0	0	0	0	0
303	05051000	填充用羽毛,羽绒	10	0	0	0	0	0	0	0	0	0	0
304	05059010	羽毛或不完整羽毛的粉末及废料	10	0	0	0	0	0	0	0	0	0	0
305	05059090	其他羽毛,羽绒,带有羽毛,羽绒,的鸟皮及鸟体其他部分	10	0	0	0	0	0	0	0	0	0	0
306	05061000	经酸处理的骨胶原及骨	12	0	0	0	0	0	0	0	0	0	0
307	05069011	含牛羊成分的骨粉及骨废料	12	0	0	0	0	0	0	0	0	0	0
308	05069019	骨粉及骨废料	12	0	0	0	0	0	0	0	0	0	0
309	05069090	其他骨及角柱	12	0	0	0	0	0	0	0	0	0	0
310	05071000	兽牙;兽牙粉末及废料	10	0	0	0	0	0	0		0	0	0
311	05079010	羚羊角及其粉末和废料	3	0	0	0	0	0	0		0	0	0
312	05079020	鹿茸及其粉末	11	0	0	0	0	0	0		0	0	0
313	05079090	龟壳、鲸须、鲸须毛、鹿角及其他角	10	0	0	0	0	0	0		0	0	0
314	05080010	珊瑚及水产品壳、骨的粉末及废料	12	0	0	0	0	0	0	0	0	0	0
315	05080090	珊瑚及介、贝、棘皮动物的壳、骨	12	0	0	0	0	0	0	0	0	0	0
316	05090000	动物质天然海绵	15	0	0	0	0	0	0	0	0	0	0
317	05100010	黄药	3	0	0	0	0	0	0	0	0	0	0
318	05100020	龙涎香、海狸香、灵猫香	7	0	0	0	0	0	0	0	0	0	0
319	05100030	麝香	7	0	0	0	0	0	0		0	0	0
320	05100040	斑蝥	7	0	0	0	0	0	0		0	0	0
321	05100090	胆汁,配药用腺体及其他动物产品	6	0	0	0	0	0	0		0	0	0

序号	税则号列	商品名称	最惠国税率(%)	文莱	缅甸	柬埔寨	印尼	老挝	马来西亚	菲律宾	新加坡	泰国	越南
322	05119111	受精鱼卵	12	0	0	0	0	0	0	0	0	0	0
323	05119119	其他鱼产品	12	0	0	0	0	0	0	0	0	0	0
324	05119190	其他未列名水产品;第三章的死动物	12	0	0	0	0	0	0	0	0	0	0
325	05119990	其他编号未列名的动物产品;不适合供人食用的第一章的死动物	12	0	0	0	0	0	0	0	0	0	0
326	06011010	休眠的番红花球茎	4	0	0	0	0	0	0	0	0	0	0
327	06011099	其他休眠的鳞茎、块茎、块根等	5	0	0	0	0	0	0	0	0	0	0
328	06012000	生长或开花的鳞茎等及菊苣植物	15	0	0	0	0	0	0	0	0	0	0
329	06022090	其他食用水果及坚果树及灌木	10	0	0	0	0	0	0	0	0	0	0
330	06023090	其他杜鹃	15	0	0	0	0	0	0	0	0	0	0
331	06024090	其他玫瑰	15	0	0	0	0	0	0	0	0	0	0
332	06029092	兰花	10	0	0	0	0	0	0	0	0	0	0
333	06029093	菊花	10	0	0	0	0	0	0	0	0	0	0
334	06029094	百合	10	0	0	0	0	0	0	0	0	0	0
335	06029095	康乃馨	10	0	0	0	0	0	0	0	0	0	0
336	06029099	其他非种用活植物	10	0	0	0	0	0	0	0	0	0	0
337	06031000	鲜的插花及花蕾	10	0	0	0	0	0	0		0	0	0
338	06039000	干的及经过染色等加工的插花及花蕾	23	0	0	0	0	0	0		0	0	0
339	06041000	苔藓及地衣	23	0	0	0	0	0	0	0	0	0	0
340	06049100	鲜的植物枝、叶或其他部分;草	10	0	0	0	0	0	0		0	0	0
341	06049900	染色或经加工的枝、叶、草等	10	0	0	0	0	0	0		0	0	0
342	07011000	种用马铃薯	13	0	0	0	0	0	0	0	0	0	0
343	07019000	其他鲜或冷的马铃薯	13	0	0	0	0	0	0		0	0	0
344	07020000	鲜或冷藏的番茄	13	0	0		0		0		0	0	0
345	07031010	鲜或冷的洋葱	13	0	0		0	0	0		0	0	0
346	07031020	鲜或冷的青葱	13	0	0	0	0	0	0		0	0	0
347	07032010	鲜或冷藏的大蒜头	13	0	0		0	0	0		0	0	0
348	07032020	鲜或冷藏的大蒜蒜台及蒜苗(青蒜)	13	0	0		0	0	0		0	0	0
349	07032090	其他鲜或冷藏的大蒜	13	0	0		0	0	0		0	0	0
350	07039010	鲜或冷的韭葱	13	0	0	0	0	0	0		0	0	0
351	07039020	鲜或冷的大葱	13	0	0	0	0	0	0		0	0	0
352	07039090	鲜或冷的其他葱属蔬菜	13	0	0	0	0	0	0		0	0	0
353	07041000	鲜或冷的菜花及硬花甘蓝	10	0	0		0	0	0		0	0	0
354	07042000	鲜或冷的抱子甘蓝	13	0	0	0	0	0	0	0	0	0	0
355	07049000	鲜或冷的其他食用芥菜类蔬菜	13	0	0		0	0	0	0	0	0	0
356	07051100	鲜或冷的结球莴苣(包心生菜)	10	0	0		0	0	0		0	0	0
357	07051900	鲜或冷的其他莴苣	10	0	0		0	0	0		0	0	0
358	07052100	鲜或冷的维特罗夫菊苣	13	0	0	0	0	0	0		0	0	0
359	07052900	鲜或冷的其他菊苣	13	0	0	0	0	0	0		0	0	0
360	07061000	鲜或冷的胡萝卜及萝卜	13	0	0		0		0		0	0	0
361	07069000	鲜或冷的小萝卜及类似食用根茎	13	0	0		0	0	0		0	0	0
362	07070000	鲜或冷的黄瓜及小黄瓜	13	0	0	0	0	0	0		0	0	0
363	07081000	鲜或冷的豌豆	13	0	0	0	0	0	0		0	0	0
364	07082000	鲜或冷的豇豆及菜豆	13	0	0		0		0		0	0	0
365	07089000	鲜或冷的其他豆类蔬菜	13	0	0	0	0	0	0		0	0	0
366	07091000	鲜或冷的洋蓟	13	0	0	0	0	0	0	0	0	0	0
367	07092000	鲜或冷的芦笋	13	0	0	0	0	0	0		0	0	0
368	07093000	鲜或冷的茄子	13	0	0	0	0		0		0	0	0

序号	税则号列	商品名称	最惠国税率(%)	文莱	缅甸	柬埔寨	印尼	老挝	马来西亚	菲律宾	新加坡	泰国	越南
369	07094000	鲜或冷的芹菜,但块根芹除外	10	0	0	0	0	0	0		0	0	0
370	07095100	鲜或冷的其他伞菌属蘑菇	13	0	0	0	0		0		0	0	0
371	07095200	鲜或冷的块菌	13	0	0	0	0	0	0	0	0	0	0
372	07095910	鲜或冷的松茸	13	0	0	0	0	0	0		0	0	0
373	07095920	鲜或冷的香菇	13	0	0	0	0	0	0		0	0	0
374	07095930	鲜或冷的金针菇	13	0	0	0	0	0	0		0	0	0
375	07095940	鲜或冷的草菇	13	0	0	0	0	0	0		0	0	0
376	07095950	鲜或冷的口蘑	13	0	0	0	0	0	0		0	0	0
377	07095990	鲜或冷的其他蘑菇	13	0	0	0	0	0	0		0	0	0
378	07096000	鲜或冷的辣椒,包括甜椒	13	0	0	0	0		0		0	0	0
379	07097000	鲜或冷的菠菜	13	0	0	0	0	0	0		0	0	0
380	07099010	鲜或冷的竹笋	13	0	0		0		0		0	0	0
381	07099090	鲜或冷的其他蔬菜	13	0	0		0		0		0	0	0
382	07101000	冷冻马铃薯	13	0	0	0	0	0	0		0	0	0
383	07102100	冷冻豌豆	13	0	0	0	0	0	0		0	0	0
384	07102210	冷冻红小豆	13	0	0	0	0		0		0	0	0
385	07102290	其他冷冻豇豆及菜豆	13	0	0	0	0		0		0	0	0
386	07102900	冷冻其他豆类蔬菜	13	0	0	0	0		0		0	0	0
387	07103000	冷冻菠菜	13	0	0	0	0	0	0		0	0	0
388	07104000	冷冻甜玉米	10	0	0	0	0		0		0	0	0
389	07108010	冷冻松茸	13	0	0	0	0		0		0	0	0
390	07108020	其他蒜台及蒜苗(青蒜)	13	0	0	0	0		0		0	0	0
391	07108030	蒜头	13	0	0	0	0		0		0	0	0
392	07108090	冷冻未列名蔬菜	13	0	0	0	0		0		0	0	0
393	07109000	冷冻什锦蔬菜	10	0	0	0	0		0		0	0	0
394	07112000	暂时保藏的油橄榄	13	0	0	0	0	0	0	0	0	0	0
395	07113000	暂时保藏的刺山柑	13	0	0	0	0	0	0	0	0	0	0
396	07114000	暂时保藏的黄瓜及小黄瓜	13	0	0	0	0		0		0	0	0
397	07115112	盐水小白蘑菇	13	0	0	0	0	0	0		0	0	0
398	07115119	盐水的其他伞菌属蘑菇	13	0	0	0	0	0	0		0	0	0
399	07115190	其他伞菌属蘑菇	13	0	0	0	0	0	0		0	0	0
400	07115911	盐水松茸	13	0	0	0	0	0	0		0	0	0
401	07115919	盐水其他蘑菇及菌块	13	0	0	0	0	0	0		0	0	0
402	07115990	暂时保藏的其他蘑菇及菌块	13	0	0	0	0	0	0		0	0	0
403	07119031	盐水竹笋	13	0	0	0	0		0		0	0	0
404	07119034	盐水大蒜	13	0	0	0	0		0		0	0	0
405	07119039	盐水其他蔬菜;什锦蔬菜	13	0	0	0	0		0		0	0	0
406	07119090	暂时保藏的其他蔬菜;什锦蔬菜	13	0	0	0	0		0		0	0	0
407	07122000	干制洋葱	13	0	0	0	0		0	0	0	0	0
408	07123100	干伞菌属蘑菇	13	0	0	0	0		0	0	0	0	0
409	07123200	干木耳	13	0	0	0	0	0	0	0	0	0	0
410	07123300	干银耳	13	0	0	0	0	0	0	0	0	0	0
411	07123910	干香菇	13	0	0	0	0		0		0	0	0
412	07123920	干金针菇	13	0	0	0	0		0		0	0	0
413	07123930	干草菇	13	0	0	0	0		0		0	0	0
414	07123940	干口蘑	13	0	0	0	0		0		0	0	0
415	07123950	干牛肝菌	13	0	0	0	0		0		0	0	0
416	07123990	其他干制蘑菇及块菌	13	0	0	0	0		0		0	0	0

序号	税则号列	商品名称	最惠国税率(%)	文莱	缅甸	柬埔寨	印尼	老挝	马来西亚	菲律宾	新加坡	泰国	越南
417	07129010	笋干丝	13	0	0	0	0		0	0	0	0	0
418	07129020	紫萁(薇菜干)	13	0	0	0	0		0	0	0	0	0
419	07129030	干金针菜(黄花菜)	13	0	0	0	0		0	0	0	0	0
420	07129040	蕨菜干	13	0	0	0	0		0	0	0	0	0
421	07129050	干制的大蒜	13	0	0	0	0		0	0	0	0	0
422	07129060	干甜椒	13	0	0	0	0		0	0	0	0	0
423	07129090	干制的其他蔬菜及什锦蔬菜	13	0	0	0	0		0	0	0	0	0
424	07131090	其他干豌豆	5	0	0	0	0	0	0	0	0	0	0
425	07132090	其他干鹰嘴豆	7	0	0	0	0	0	0	0	0	0	0
426	07133190	其他干绿豆	3	0	0	0	0		0		0	0	0
427	07133290	其他干赤豆	3	0	0	0	0		0		0	0	0
428	07133390	其他干芸豆	7.5	0	0	0	0		0	0	0	0	0
429	07133900	干豇豆及菜豆	7	0	0	0	0		0	0	0	0	0
430	07134090	其他干扁豆	7	0	0	0	0	0	0	0	0	0	0
431	07135090	其他干蚕豆	7	0	0	0	0	0	0	0	0	0	0
432	07139090	其他干豆	7	0	0	0	0		0	0	0	0	0
433	07141010	鲜木薯	10	0	0	0	0		0		0	0	0
434	07141020	干木薯	5	0	0	0	0		0		0	0	0
435	07141030	冷或冻的木薯	10	0	0	0	0		0		0	0	0
436	07142019	其他鲜甘薯	13	0	0	0	0		0		0	0	0
437	07142020	干甘薯	13	0	0	0	0		0		0	0	0
438	07142030	冷或冻的甘薯	13	0	0	0	0		0		0	0	0
439	07149010	鲜、干或冷、冻的荸荠	13	0	0	0	0		0		0	0	0
440	07149029	其他藕	13	0	0	0	0		0		0	0	0
441	07149090	含有高淀粉或菊粉的其他类似根茎	13	0	0	0	0		0		0	0	0
442	08011100	干的椰子	12	0	0	0	0	0	0	0	0	0	0
443	08011990	其他鲜椰子	12	0	0		0	0	0	0	0	0	0
444	08012100	鲜或干的未去壳巴西果	10	0	0	0	0	0	0	0	0	0	0
445	08012200	鲜或干的去壳巴西果	10	0	0	0	0	0	0	0	0	0	0
446	08013100	鲜或干的未去壳腰果	20	0	0	0	0	0	0		0	0	0
447	08013200	鲜或干的去壳腰果	10	0	0	0	0	0	0		0	0	0
448	08021100	鲜或干的未去壳巴旦杏	24	0	0	0	0		0	0	0	0	0
449	08021200	鲜或干的去壳巴旦杏	10	0	0	0	0		0	0	0	0	0
450	08022100	鲜或干的未去壳榛子	25	0	0	0	0		0	0	0	0	0
451	08022200	鲜或干的去壳榛子	10	0	0	0	0		0	0	0	0	0
452	08023100	鲜或干的未去壳核桃	25	0	0	0	0		0	0	0	0	0
453	08023200	鲜或干的去壳核桃	20	0	0	0	0		0	0	0	0	0
454	08024010	鲜或干板栗	25	0	0	0	0		0	0	0	0	0
455	08024090	其他鲜或干栗子	25	0	0	0	0		0	0	0	0	0
456	08025000	鲜或干的阿月浑子果(开心果)	10	0	0	0	0		0	0	0	0	0
457	08029010	鲜或干的槟榔	10	0	0	0	0		0	0	0	0	0
458	08029020	鲜或干的白果	25	0	0	0	0		0	0	0	0	0
459	08029030	鲜或干的松子仁	25	0	0	0	0		0	0	0	0	0
460	08029049	鲜或干的其他夏威夷果	24	0	0	0	0		0	0	0	0	0
461	08029090	其他鲜或干坚果	24	0	0	0	0		0	0	0	0	0
462	08030000	鲜或干的香蕉,包括芭蕉	10	0	0	0	0	0	0	0	0	0	0
463	08041000	鲜或干的椰枣	15	0	0	0	0	0	0	0	0	0	0
464	08042000	鲜或干的无花果	30	0	0	0	0	0	0	0	0	0	0

序号	税则号列	商品名称	最惠国税率(%)	文莱	缅甸	柬埔寨	印尼	老挝	马来西亚	菲律宾	新加坡	泰国	越南
465	08043000	鲜或干菠萝	12	0	0		0		0	0	0	0	0
466	08044000	鲜或干鳄梨	25	0	0	0	0	0	0		0	0	0
467	08045010	鲜或干番石榴	15	0	0		0		0	0	0	0	0
468	08045020	鲜或干芒果	15	0	0		0		0	0	0	0	0
469	08045030	鲜或干山竹果	15	0	0		0		0	0	0	0	0
470	08051000	鲜或干橙	11	0	0		0		0		0	0	0
471	08052010	鲜或干蕉柑	12	0	0	0	0	0	0		0	0	0
472	08052020	阔叶柑橘	12	0	0	0	0	0	0		0	0	0
473	08052090	其他鲜或干的柑桔及杂交柑桔	12	0	0	0	0	0	0		0	0	0
474	08054000	鲜或干柚	12	0	0	0	0	0	0	0	0	0	
475	08055000	鲜或干的柠檬及酸橙	11	0	0	0	0		0		0	0	
476	08059000	其他鲜或干的柑桔属水果	30	0	0	0	0		0	0	0	0	
477	08061000	鲜葡萄	13	0	0	0	0	0	0	0	0	0	0
478	08062000	葡萄干	10	0	0	0	0	0	0	0	0	0	0
479	08071100	鲜西瓜	25	0	0		0		0		0	0	0
480	08071910	鲜哈密瓜	12	0	0		0		0		0	0	0
481	08071920	鲜罗马甜瓜及加勒比甜瓜	12	0	0		0		0		0	0	0
482	08071990	其他鲜甜瓜	12	0	0		0	0	0		0	0	0
483	08072000	鲜木瓜	25	0	0	0	0		0		0	0	0
484	08081000	鲜苹果	10	0	0	0	0	0	0	0	0	0	0
485	08082012	鲜鸭梨、雪梨	12	0	0	0	0	0	0	0	0	0	0
486	08082013	鲜香梨	12	0	0	0	0	0	0	0	0	0	0
487	08082019	其他鲜梨	10	0	0	0	0	0	0	0	0	0	0
488	08082020	鲜榅桲	16	0	0	0	0	0	0	0	0	0	0
489	08091000	鲜杏	25	0	0	0	0	0	0		0	0	0
490	08092000	鲜樱桃	10	0	0	0	0	0	0		0	0	0
491	08093000	鲜桃,包括鲜油桃	10	0	0	0	0	0	0		0	0	0
492	08094000	鲜梅及李	10	0	0	0	0	0	0		0	0	0
493	08101000	鲜草莓	19.8	0	0	0	0	0	0		0	0	0
494	08102000	鲜的木莓、黑莓、桑椹及罗甘莓	25	0	0	0	0	0	0		0	0	0
495	08103000	鲜的黑、白或红的醋栗及鹅莓	25	0	0	0	0	0	0		0	0	0
496	08104000	鲜蔓越桔及越桔	30	0	0	0	0	0	0	0	0	0	0
497	08105000	鲜猕猴桃	20	0	0	0	0	0	0		0	0	0
498	08106000	鲜榴莲	20	0	0	0	0	0	0		0	0	0
499	08109010	鲜荔枝	30	0	0	0	0	0	0		0	0	0
500	08109030	鲜龙眼	12	0	0		0	0	0		0	0	0
501	08109040	鲜红毛丹	20	0	0	0	0	0	0		0	0	0
502	08109050	鲜蕃荔枝	20	0	0	0	0	0	0		0	0	0
503	08109060	鲜杨桃	20	0	0	0	0	0	0		0	0	0
504	08109070	莲雾	20	0	0	0	0	0	0		0	0	0
505	08109080	火龙果	20	0	0	0	0	0	0		0	0	0
506	08109090	其他鲜果	20	0	0	0	0	0	0		0	0	0
507	08111000	冷冻草莓	30	0	0	0	0	0	0		0	0	0
508	08112000	冷冻其他浆果	30	0	0	0	0	0	0		0	0	0
509	08119010	未去壳的冷冻栗子	30	0	0	0	0	0	0		0	0	0
510	08119090	其他冷冻水果及坚果	30	0	0	0	0	0	0		0	0	0
511	08121000	暂时保藏的樱桃	30	0	0	0	0	0	0	0	0	0	0
512	08129000	暂时保藏的其他水果及坚果	28.6	0	0	0	0	0	0		0	0	0

序号	税则号列	商品名称	最惠国税率(%)	文莱	缅甸	柬埔寨	印尼	老挝	马来西亚	菲律宾	新加坡	泰国	越南
513	08131000	杏干	25	0	0	0	0	0	0	0	0	0	0
514	08132000	梅干及李干	25	0	0	0	0	0	0		0	0	0
515	08133000	苹果干	25	0	0	0	0	0	0		0	0	0
516	08134010	龙眼干、肉	20	0	0	0	0	0	0		0	0	0
517	08134020	柿饼	25	0	0	0	0	0	0		0	0	0
518	08134030	干红枣	25	0	0	0	0	0	0		0	0	0
519	08134040	荔枝干	25	0	0	0	0	0	0		0	0	0
520	08134090	其他干果	25	0	0	0	0	0	0		0	0	0
521	08135000	本章的什锦坚果或干果	18	0	0	0	0	0	0		0	0	0
522	08140000	柑桔属水果或甜瓜的果皮	25	0	0	0	0	0	0		0	0	0
523	09012200	已浸除咖啡碱的已焙炒咖啡	15	15	15		0		0		0	15	
524	09019020	含咖啡的咖啡代用品	30	20	20		20		20		20	30	
525	09081000	肉豆蔻	8	5	5		5		5		5	5	
526	09082000	肉豆蔻衣	8	5	5		5		5		5	5	
527	11042910	经其他加工的大麦	65	20	20		20		20		20	20	
528	12051090	其他低芥子酸油菜子	9	5	5		5		5		5	5	
529	12059090	其他油菜子	9	5	5		5		5		5	5	
530	12081000	大豆粉	9	5	5		5		5		5	5	
531	12111010	鲜或干的新疆胀果甘草	6	5	5		5		5		5	5	
532	12111090	鲜或干的其他甘草	6	5	5		5		5		5	5	
533	12113000	古柯叶	9	5	5		5		5		5	5	
534	12114000	罂粟杆	9	5	5		5		5		5	5	
535	12119011	鲜或干的当归	6	5	5		5		5		5	5	
536	12119012	鲜或干的田七	6	5	5		5		5		5	5	
537	12119013	鲜或干的党参	6	5	5		5		5		5	5	
538	12119014	鲜或干的黄连	6	5	5		5		5		5	5	
539	12119015	鲜或干的菊花	6	5	5		5		5		5	5	
540	12119016	鲜或干的冬虫夏草	6	5	5		5		5		5	5	
541	12119017	鲜或干的贝母	6	5	5		5		5		5	5	
542	12119018	鲜或干的川芎	6	5	5		5		5		5	5	
543	12119019	鲜或干的半夏	6	5	5		5		5		5	5	
544	12119021	鲜或干的白芍	6	5	5		5		5		5	5	
545	12119022	鲜或干的天麻	6	5	5		5		5		5	5	
546	12119023	鲜或干的黄芪	6	5	5		5		5		5	5	
547	12119024	鲜或干的大黄、籽黄	6	5	5		5		5		5	5	
548	12119025	鲜或干的白术	6	5	5		5		5		5	5	
549	12119026	鲜或干的地黄	6	5	5		5		5		5	5	
550	12119027	鲜或干的槐米	6	5	5		5		5		5	5	
551	12119028	鲜或干的杜仲	6	5	5		5		5		5	5	
552	12119029	鲜或干的茯苓	6	5	5		5		5		5	5	
553	12119031	鲜或干的枸杞	6	5	5		5		5		5	5	
554	12119032	鲜或干的大海子	6	5	5		5		5		5	5	
555	12119034	鲜或干的沙参	6	5	5		5		5		5	5	
556	12119035	青蒿	6	5	5		5		5		5	5	
557	12119039	其他主要用作药料的鲜或干的植物	6	5	5		5		5		5	5	
558	12119050	主要用作香料的植物	8	5	5		5		5		5	5	
559	12119099	其他鲜或干的杀虫、杀菌用植物	9	5	5		5		5		5	5	
560	12129999	鲜、干的其他供人食用的植物产品	30	20	20		20		20		20	20	

序号	税则号列	商品名称	最惠国税率(%)	文莱	缅甸	柬埔寨	印尼	老挝	马来西亚	菲律宾	新加坡	泰国	越南
561	12130010	未经处理的稻草的茎、秆	12	10	10		10		10		10	10	
562	12130090	其他未经处理的谷类植物茎、秆及谷壳	12	10	10		10		10		10	10	
563	12149000	芜菁甘蓝、饲料甜菜等其他植物饲料	9	5	5		5		5		5	5	
564	13021200	甘草液汁及浸膏	6	5	5		5		5		5	5	
565	15020010	未炼制的牛、羊脂肪	8	5	5		5		5		5	5	
566	15020090	已炼制的牛、羊脂肪	8	5	5		5		5		5	5	
567	15041000	鱼肝油及其分离品	12	10	10		10		10		10	10	
568	15042000	其他鱼油、脂及其分离品	12	10	10		10		10		10	10	
569	15043000	海生哺乳动物的油、脂及其分离品	14.4	10	10		10		10		10	10	
570	15121100	初榨葵花油或红花油的分离品	9	5	5		5		5		5	5	
571	15121900	精制的葵花油或红花油及其分离品	9	5	5		5		5		5	5	
572	15131100	初榨椰子油分离品	9	0	9		0		0	0	0	9	
573	15131900	椰子油及其分离品	9	0	9		0		9	0	0	9	
574	15132100	初榨棕榈仁油或巴巴苏棕榈果油及其分离品	9	0	9		0		0		0	9	
575	15132900	精制的棕榈仁油或巴巴苏棕榈果油及其分离品	9	0	9		0		0		0	9	
576	15155000	芝麻油及其分离品	12	10	10		10		10		10	10	
577	15162000	氢化、酯化或反油酸化植物油、脂及其分离品,但未进一步加工的	25	0	20		0		0		0	20	
578	15171000	人造黄油,非液态	30	20	20		20		20		20	20	
579	15179000	混合制成的食用油脂或制品	25	0	20		0		0		0	20	
580	16025010	牛肉及牛杂碎罐头	12	10	12		10		10		10	10	
581	16025090	其他制作或保藏的牛肉、杂碎及血	12	10	12		10		10		10	10	
582	16030000	肉及水产品的精、汁	23	20	20		20		20		20	20	
583	16041110	制作或保藏的大西洋鲑鱼,整条或切块,但未绞碎	12	10	10		10		10		10	10	
584	16041190	制作或保藏的其他鲑鱼,整条或切块,但未绞碎	12	10	10		10		10		10	10	
585	16041200	制作或保藏的鲱鱼,整条或切块,但未绞碎	12	10	10		10		10		10	10	
586	16041500	制作或保藏的鲭鱼,整条或切块,但未绞碎	12	10	10		10		10		10	10	
587	16041600	制作保藏的 Anchovies(醍鱼),整条或切块,但未绞碎	12	10	10		10		10		10	10	
588	16041910	制作或保藏的(河)鳗鱼,整条或切块,但未绞碎	12	10	10		10		10		10	10	
589	16041920	制作或保藏的罗非鱼,整条或切块,但未绞碎	12	10	10		10		10		10	10	
590	16041990	制作或保藏的其他鱼,整条或切块,但未绞碎	12	10	10		10		10		10	10	
591	16042011	鱼翅罐头	12	10	10		10		10		10	10	
592	16042019	其他制作或保藏的鱼罐头	12	10	10		10		10		10	10	
593	16042091	鱼翅	12	10	10		10		10		10	10	
594	16042099	其他制作或保藏的鱼	12	10	10		10		10		10	10	
595	16043000	鲟鱼子酱及鲟鱼子酱代用品	12	10	10		10		10		10	10	
596	17022000	槭糖及槭糖浆	30	20	20		20		20		20	20	
597	17023000	低果糖含量的葡萄糖及糖浆	30	20	20		20		20		20	20	
598	17024000	中果糖含量的葡萄糖及糖浆	30	20	20		20		20		20	20	
599	17025000	化学纯果糖	30	20	20		20		20		20	20	
600	17026000	其他果糖及糖浆	30	20	20		20		20		20	20	
601	17029000	其他固体糖;人造蜜;焦糖	30	20	20		20		20		20	20	
602	17031000	甘蔗糖蜜	8	5	5		5		5		5	5	
603	17039000	其他糖蜜	8	5	5		5		5		5	5	
604	17041000	口香糖,不论是否裹糖	12	10	12		10		10		10	10	
605	18010000	生或焙炒的整颗或破碎的可可豆	8	0	5		5		0		0	5	
606	18031000	未脱脂可可膏	10	0	10		10		0		0	10	

序号	税则号列	商品名称	最惠国税率(%)	文莱	缅甸	柬埔寨	印尼	老挝	马来西亚	菲律宾	新加坡	泰国	越南
607	18032000	全脱脂或部分脱脂的可可膏	10	0	10		10		0		0	10	
608	18040000	可可油,可可脂	22	0	20		20		0		0	20	
609	18050000	未加糖或其他甜物质的可可粉	15	0	15		15		0	0	0	15	
610	18061000	含糖或其他甜物质的可可粉	10	0	10		0		0	0	0	10	
611	18063100	其他夹心块状或条状的含可可食品	8	5	8		5		5		5	5	
612	18069000	其他巧克力及含可可的食品	8	5	8		5		5		5	5	
613	19012000	供焙烘面包糕点用的调制品及面团	25	20	20		20		20		20	20	
614	19024000	古斯古斯面食	25	20	20		20		20		20	20	
615	19041000	谷物或谷物产品经膨化或烘炒制的食品	25	20	20		20		20		20	20	
616	19042000	未烘炒谷物片制成的食品	30	20	20		20		20		20	20	
617	19043000	碾碎的干小麦	30	20	20		20		20		20	20	
618	19049000	其他谷物制品	30	20	20		20		20		20	20	
619	20011000	用醋或醋酸制作的黄瓜及小黄瓜	25	20	25		20		20		20	20	
620	20019010	用醋制作的大蒜	25	20	25		20		20		20	20	
621	20019090	用醋制作的其他果、菜及食用植物	25	20	25		20		20		20	20	
622	20021010	非用醋制作的整个或切片番茄罐头	19	15	19		15		15		15	15	
623	20021090	非用醋制作的其他整个或切片番茄	25	20	25		20		20		20	20	
624	20031011	伞菌属小白蘑菇罐头	25	20	25		20		20		20	20	
625	20031019	其他非用醋制作的伞菌属蘑菇罐头	25	20	25		20		20		20	20	
626	20031090	非用醋制作的其他伞菌属蘑菇	25	20	25		20		20		20	20	
627	20032000	非用醋制作的块菌	25	20	25		20		20		20	20	
628	20039010	蘑菇罐头	25	20	20		20		20		20	20	
629	20039090	非用醋制作的其他蘑菇	25	20	20		20		20		20	20	
630	20049000	非用醋制作的其他冷冻蔬菜	25	20	25		20		20		20	20	
631	20051000	非用醋制作的未冷冻均化蔬菜	25	20	25		20		20		20	20	
632	20054000	非用醋制作的未冷冻豌豆	25	20	25		20		20		20	20	
633	20055110	非用醋制作的脱荚豇豆及菜豆罐头	25	20	25		20		20		20	20	
634	20055190	非用醋制作的其他脱荚豇豆及菜豆	25	20	25		20		20		20	20	
635	20055910	非用醋制作的其他豇豆及菜豆罐头	25	20	25		20		20		20	20	
636	20055990	非用醋制作的其他豇豆及菜豆	25	20	25		20		20		20	20	
637	20056010	非用醋制作的芦笋罐头	25	20	25		20		20		20	20	
638	20056090	非用醋制作的其他芦笋	25	20	25		20		20		20	20	
639	20059010	清水马蹄罐头	25	20	25		20		20		20	20	
640	20059020	蚕豆罐头	25	20	25		20		20		20	20	
641	20059031	水煮竹笋罐头,容积≥8L	25	20	25		20		20		20	20	
642	20059039	其他竹笋罐头	25	20	25		20		20		20	20	
643	20059040	榨菜	25	20	25		20		20		20	20	
644	20059050	咸蕨菜	25	20	25		20		20		20	20	
645	20059060	咸荞头	25	20	25		20		20		20	20	
646	20059091	其他蔬菜及什锦蔬菜罐头	25	20	25		20		20		20	20	
647	20059092	赤豆馅	25	20	25		20		20		20	20	
648	20059099	非用醋制作的其他蔬菜及什锦蔬菜	25	20	25		20		20		20	20	
649	20060010	蜜枣	30	20	30		20		20		20	20	
650	20060020	糖渍制橄榄	30	20	30		20		20		20	20	
651	20060090	其他糖渍蔬菜、水果、坚果、果皮	30	20	30		20		20		20	20	
652	20071000	烹煮制成的果子均化食品	30	20	20		20		20		20	20	
653	20079100	烹煮制成的柑桔属水果	30	20	20		20		20		20	20	
654	20081110	花生米罐头	30	20	30		20		20		20	20	

序号	税则号列	商品名称	最惠国税率(%)	文莱	缅甸	柬埔寨	印尼	老挝	马来西亚	菲律宾	新加坡	泰国	越南
655	20081120	烘焙花生	30	20	30		20		20		20	20	
656	20081130	花生酱	30	20	30		20		20		20	20	
657	20081190	其他非用醋制作的花生	30	20	30		20		20		20	20	
658	20091100	冷冻的橙汁	7.5	5	7.5		5		5		5	5	
659	20091200	非冷冻的,白利糖度值不超过20的橙汁	30	20	20		20		20		20	20	
660	20091900	其他橙汁	30	20	30		20		20		20	20	
661	20095000	番茄汁	30	20	30		20		20		20	20	
662	21011200	以咖啡浓缩精汁或咖啡为基本成分的制品	30	20	20		20		20		20	30	
663	21012000	茶、马黛茶浓缩精汁及其制品	32	20	20		20		20		20	20	
664	21013000	烘焙咖啡代用品及其浓缩精汁	32	20	20		20		20		20	20	
665	21021000	活性酵母	25	20	20		20		20		20	20	
666	21022000	非活性酵母;已死的其他单细胞微生物	25	20	20		20		20		20	20	
667	21023000	发酵粉	25	20	20		20		20		20	20	
668	21031000	酱油	28	20	20		20		20		20	20	
669	21039010	味精	21	20	20		20		20		20	20	
670	21039020	别特油(Aromatic bitters)	21	20	20		20		20		20	20	
671	21039090	其他调味品	21	20	20		20		20		20	20	
672	21042000	均化混合食品	32	20	20		20		20		20	20	
673	21069010	制造碳酸饮料的浓缩物	35	20	20		20		20		20	20	
674	22029000	其他无酒精饮料	35	20	20		20		20		20	35	
675	22043000	其他酿酒葡萄汁	30	20	30		20		20		20	20	
676	22051000	小包装的味美思酒及类似酒	65	20	65		20		20		20	20	
677	22059000	其他包装的味美思酒及类似酒	65	20	65		20		20		20	20	
678	22060000	其他发酵饮料	49.1	20	49.1		20		20		20	20	
679	22071000	浓度≥80%的未改性乙醇	40	20	40		40		20		20	20	
680	22072000	任何浓度的改性乙醇及其他酒精	30	20	20		30		20		20	20	
681	23099090	其他配制的动物饲料	6.5	5	5		5		5		5	6.5	
682	25231000	水泥熟料,不论是否着色	8	5	5		5		5		5	8	
683	25232100	白水泥,不论是否人工着色	6	5	5		5		6		5	6	
684	25232900	其他硅酸盐水泥,不论是否着色	8	5	5		5		8		5	8	
685	25233000	矾土水泥,不论是否着色	6	5	5		5		5		5	5	
686	25239000	其他水凝水泥,不论是否着色	8	5	5		5		8		5	8	
687	27011100	未制成型的无烟煤,不论是否粉化	3	0	3		3		0		0	0	
688	27011290	未制成型的其他烟煤,不论是否粉化	6	5	5		5		5		5	5	
689	27040010	煤制焦炭及半焦炭不论是否成型	5	0	5		5		0		0	0	
690	27060000	从煤、褐煤、或泥煤蒸馏所得的焦油及矿物焦油,不论是否脱水或部分蒸馏,包括再造焦油	6	5	5		5		5		5	5	
691	27071000	粗苯	6	5	5		5		5		5	5	
692	27072000	粗甲苯	6	5	5		5		5		5	5	
693	27073000	粗二甲苯	6	5	5		5		5		5	5	
694	27074000	萘	7	5	5		5		5		5	5	
695	27075000	其他芳烃混合物,温度在250℃时蒸馏出的芳烃含量以体积计(包括损耗)在65%及以上(以美国标准实验法D86为准)	7	5	5		5		5		5	5	
696	27076000	酚	7	5	5		5		5		5	5	
697	27079100	杂酚油	7	5	5		5		5		5	5	
698	27079900	蒸馏煤焦油所得的其他产品;芳族成分重量超过非芳族成分的类似产品	7	5	5		5		5		5	5	

序号	税则号列	商品名称	最惠国税率(%)	文莱	缅甸	柬埔寨	印尼	老挝	马来西亚	菲律宾	新加坡	泰国	越南
699	27081000	从煤焦油或其他矿物焦油所得的沥青	7	5	5		5		5		5	5	
700	27082000	从煤焦油或其他矿物焦油所得的沥青焦	6	5	5		5		5		5	5	
701	27101120	石脑油	6	5	5		5		5		5	5	
702	27101911	航空煤油	9	5	5		9		5		5	5	
703	27101919	其他煤油馏分产品	6	5	5		5		5		5	5	
704	27101922	5－7号燃料油	6	5	5		6		5		5	5	
705	27101929	其他柴油及其他燃料油	6	5	5		6		5		5	5	
706	27101991	润滑油	6	5	5		6		5		5	5	
707	27101992	润滑脂	6	5	5		6		5		5	5	
708	27101993	润滑油基础油	6	5	5		6		5		5	5	
709	27101994	液体石蜡和重质液体石蜡	6	5	5		6		5		5	5	
710	27101999	其他重油及重油制品	6	5	5		6		5		5	5	
711	27109100	含多氯联苯(PCBs)、多氯三联苯(PCTs)或多溴联苯(PBBs)的废油	6	5	5		5		5		5	5	
712	27109900	其他废油	6	5	5		5		5		5	5	
713	27111310	直接灌注香烟打火机及类似打火器用,其包装容器的容积超过300立方cm的液化丁烷	11	10	10		10		10		10	10	
714	27112900	其他气态石油气及烃类气	6	5	5		5		5		5	5	
715	27121000	凡士林	8	5	5		5		5		5	5	
716	27122000	石蜡,不论是否着色,按重量计含油小于0.75%	8	5	5		5		5		5	5	
717	27129010	微晶石蜡,不论是否着色	8	5	5		5		5		5	5	
718	27129090	其他矿物蜡及用合成或其他方法制得的类似产品,不论是否着色	8	5	5		5		5		5	5	
719	27132000	石油沥青	8	5	5		5		5		5	5	
720	27139000	其他石油或从沥青矿物提取油类的残渣	6	5	5		5		5		5	5	
721	27141000	沥青页岩、油页岩及焦油砂	6	5	5		5		5		5	5	
722	27149010	天然沥青(地沥青)	8	5	5		5		5		5	5	
723	27150000	以天然沥青(地沥青)、石油沥青、矿物焦油或矿物焦油沥青为基本成分的沥青混合物	8	5	5		5		5		5	5	
724	28011000	氯	5.5	5	5		5		5.5		5	5	
725	28012000	碘	5.5	5	5		5		5		5	5	
726	28013010	氟	5.5	5	5		5		5		5	5	
727	28013020	溴	5.5	5	5		5		5		5	5	
728	28020000	升华、沉淀、胶态硫磺	5.5	5	5		5		5		5	5	
729	28030000	碳(碳黑及其他税号未列名的其他形状的碳)	5.5	5	5		5		5.5		5	5	
730	28041000	氢	5.5	5	5		5		5		5	5	
731	28042100	氩	5.5	5	5		5		5		5	5	
732	28042900	其他稀有气体	5.5	5	5		5		5		5	5	
733	28043000	氮	5.5	5	5		5		5		5	5	
734	28044000	氧	5.5	5	5		5		5		5	5	
735	28045000	硼、碲	5.5	5	5		5		5		5	5	
736	28047010	黄磷(白磷)	5.5	5	5		5		5		5	5	
737	28047090	其他磷	5.5	5	5		5		5		5	5	
738	28048000	砷	5.5	5	5		5		5		5	5	
739	28049090	其他硒	5.5	5	5		5		5		5	5	
740	28051100	钠	5.5	5	5		5		5		5	5	
741	28051200	钙	5.5	5	5		5		5		5	5	
742	28051900	其他碱金属及碱土金属	5.5	5	5		5		5		5	5	

序号	税则号列	商品名称	最惠国税率(%)	文莱	缅甸	柬埔寨	印尼	老挝	马来西亚	菲律宾	新加坡	泰国	越南
743	28053011	钕	5.5	5	5		5		5		5	5	
744	28053012	镝	5.5	5	5		5		5		5	5	
745	28053019	其他未相互混合或熔合的稀土金属、钪及钇	5.5	5	5		5		5		5	5	
746	28053021	已相互混合或熔合的稀土金属、钪及钇,电池级	5.5	5	5		5		5		5	5	
747	28053029	其他已相互混合或熔合的稀土金属、钪及钇	5.5	5	5		5		5		5	5	
748	28054000	汞	5.5	5	5		5		5		5	5	
749	28061000	氯化氢(盐酸)	5.5	5	5		5		5.5		5	5	
750	28062000	氯磺酸	5.5	5	5		5		5		5	5	
751	28070000	硫酸、发烟硫酸	5.5	5	5		5		5		5	5	
752	28080000	硝酸及磺硝酸	5.5	5	5		5		5		5	5	
753	28092090	其他多磷酸	5.5	5	5		5		5.5		5	5	
754	28100010	硼的氧化物	5.5	5	5		5		5		5	5	
755	28100020	硼酸	5.5	5	5		5		5		5	5	
756	28111100	氟化氢(氢氟酸)	5.5	5	5		5		5		5	5	
757	28111910	氢氰酸	5.5	5	5		5		5		5	5	
758	28111990	其他无机酸	5.5	5	5		5		5		5	5	
759	28112100	二氧化碳	5.5	5	5		5		5		5	5	
760	28112200	二氧化硅	5.5	5	5		5		5		5	5	
761	28112300	二氧化硫	5.5	5	5		5		5		5	5	
762	28112900	其他非金属无机氧化物	5.5	5	5		5		5		5	5	
763	28121010	氯化亚砜	5.5	5	5		5		5		5	5	
764	28121020	氧氯化磷(磷酰氯;三氯氧磷)	5.5	5	5		5		5		5	5	
765	28121030	碳酰二氯(光气)	5.5	5	5		5		5		5	5	
766	28121041	一氯化硫(氯化硫)	5.5	5	5		5		5		5	5	
767	28121042	二氯化硫	5.5	5	5		5		5		5	5	
768	28121043	三氯化磷	5.5	5	5		5		5		5	5	
769	28121044	三氯化砷	5.5	5	5		5		5		5	5	
770	28121045	五氯化磷	5.5	5	5		5		5		5	5	
771	28121049	其他非金属氯化物	5.5	5	5		5		5		5	5	
772	28121090	其他非金属氯化物及氯氧化物	5.5	5	5		5		5		5	5	
773	28129000	其他非金属卤化物及卤氧化物	5.5	5	5		5		5		5	5	
774	28131000	二硫化碳	5.5	5	5		5		5		5	5	
775	28139000	其他非金属硫化物,商品三硫化二磷	5.5	5	5		5		5		5	5	
776	28141000	氨	5.5	5	5		5		5		5	5	
777	28142000	氨水	5.5	5	5		5		5		5	5	
778	28152000	氢氧化钾(苛性钾)	5.5	5	5		5		5		5	5	
779	28153000	过氧化钠及过氧化钾	5.5	5	5		5		5		5	5	
780	28161000	氢氧化镁及过氧化镁	5.5	5	5		5		5		5	5	
781	28164000	锶或钡的氧化物、氢氧化物及过氧化物	5.5	5	5		5		5		5	5	
782	28170010	氧化锌	5.5	5	5		5		5.5		5	5	
783	28170090	过氧化锌	5.5	5	5		5		5.5		5	5	
784	28181000	人造刚玉,不论是否已有化学定义	5.5	5	5		5		5		5	5	
785	28183000	氢氧化铝	5.5	5	5		5		5		5	5	
786	28191000	三氧化铬	5.5	5	5		5		5		5	5	
787	28199000	其他铬的氧化物及氢氧化物	5.5	5	5		5		5		5	5	
788	28201000	二氧化锰	5.5	5	5		5		5		5	5	
789	28209000	其他锰的氧化物	5.5	5	5		5		5		5	5	
790	28211000	铁的氧化物及氢氧化物	5.5	5	5		5		5		5	5	

序号	税则号列	商品名称	最惠国税率(%)	文莱	缅甸	柬埔寨	印尼	老挝	马来西亚	菲律宾	新加坡	泰国	越南
791	28212000	土色料	5.5	5	5		5		5		5	5	
792	28220010	四氧化三钴	5.5	5	5		5		5		5	5	
793	28220090	其他钴的氧化物及氢氧化物;商品氧化钴	5.5	5	5		5		5		5	5	
794	28230000	钛的氧化物	5.5	5	5		5		5.5		5	5	
795	28241000	一氧化铅(铅黄、黄丹)	5.5	5	5		5		5		5	5	
796	28242000	铅丹及铅橙	5.5	5	5		5		5		5	5	
797	28249000	其他铅的氧化物	5.5	5	5		5		5		5	5	
798	28251010	水合肼	5.5	5	5		5		5		5	5	
799	28251090	其他肼、胲及其无机盐	5.5	5	5		5		5		5	5	
800	28252010	氢氧化锂	5.5	5	5		5		5		5	5	
801	28252090	锂的氧化物	5.5	5	5		5		5		5	5	
802	28253010	五氧化二钒	5.5	5	5		5		5		5	5	
803	28253090	其他钒的氧化物及氢氧化物	5.5	5	5		5		5		5	5	
804	28254000	镍的氧化物及氢氧化物	5.5	5	5		5		5		5	5	
805	28255000	铜的氧化物及氢氧化物	5.5	5	5		5		5		5	5	
806	28256000	锗的氧化物及二氧化锆	5.5	5	5		5		5		5	5	
807	28257000	钼的氧化物及氢氧化物	5.5	5	5		5		5		5	5	
808	28258000	锑的氧化物	5.5	5	5		5		5		5	5	
809	28259011	钨酸	5.5	5	5		5		5		5	5	
810	28259012	三氧化钨	5.5	5	5		5		5		5	5	
811	28259019	其他钨的氧化物及氢氧化物	5.5	5	5		5		5		5	5	
812	28259090	其他无机碱;其他金属的氧化物及氢氧化物及过氧化物	5.5	5	5		5		5		5	5	
813	28261100	氟化铵及氟化钠	5.5	5	5		5		5		5	5	
814	28261200	氟化铝	5.5	5	5		5		5		5	5	
815	28261900	其他氟化物	5.5	5	5		5		5		5	5	
816	28262000	氟硅酸钠及氟硅酸钾	5.5	5	5		5		5		5	5	
817	28263000	六氟铝酸钠(人造冰晶石)	5.5	5	5		5		5		5	5	
818	28269000	其他氟硅酸盐、氟铝酸盐及其他氟络盐	5.5	5	5		5		5		5	5	
819	28271090	非肥料用氯化铵	5.5	5	5		5		5		5	5	
820	28272000	氯化钙	5.5	5	5		5		5		5	5	
821	28273100	氯化镁	5.5	5	5		5		5		5	5	
822	28273200	氯化铝	5.5	5	5		5		5		5	5	
823	28273300	铁的氯化物	5.5	5	5		5		5		5	5	
824	28273400	氯化钴	5.5	5	5		5		5		5	5	
825	28273500	氯化镍	5.5	5	5		5		5		5	5	
826	28273600	氯化锌	5.5	5	5		5		5		5	5	
827	28273910	氯化锂	5.5	5	5		5		5		5	5	
828	28273920	氯化钡	5.5	5	5		5		5		5	5	
829	28273990	其他未列名氯化物	5.5	5	5		5		5		5	5	
830	28274100	铜的氯氧化物及氢氧基氯化物	5.5	5	5		5		5		5	5	
831	28274900	其他氯氧化物及氢氧基氯化物	5.5	5	5		5		5		5	5	
832	28275100	溴化钠及溴化钾	5.5	5	5		5		5		5	5	
833	28275900	其他溴化物及溴氧化物	5.5	5	5		5		5		5	5	
834	28276000	碘化物及碘氧化物	5.5	5	5		5		5		5	5	
835	28281000	商品次氯酸钙及其他钙的次氯酸盐	12	10	10		10		10		10	10	
836	28289000	次氯酸盐;亚氯酸盐及次溴酸盐	5.5	5	5		5		5.5		5	5	
837	28291100	氯酸钠	12	10	10		10		10		10	10	

序号	税则号列	商品名称	最惠国税率(%)	文莱	缅甸	柬埔寨	印尼	老挝	马来西亚	菲律宾	新加坡	泰国	越南
838	28291910	氯酸钾(洋硝)	5.5	5	5		5		5		5	5	
839	28291990	其他氯酸盐	5.5	5	5		5		5		5	5	
840	28299000	高氯酸盐;溴酸盐及过溴酸盐;碘酸盐及高碘酸盐	5.5	5	5		5		5		5	5	
841	28301010	硫化钠	5.5	5	5		5		5		5	5	
842	28301090	其他钠的硫化物	5.5	5	5		5		5		5	5	
843	28302000	硫化锌	5.5	5	5		5		5		5	5	
844	28303000	硫化镉	5.5	5	5		5		5		5	5	
845	28309010	硫化汞	5.5	5	5		5		5		5	5	
846	28309020	硫化锑	5.5	5	5		5		5		5	5	
847	28309030	硫化钴	5.5	5	5		5		5		5	5	
848	28309090	其他硫化物、多硫化物	5.5	5	5		5		5		5	5	
849	28311010	钠的连二硫酸盐	5.5	5	5		5		5		5	5	
850	28311020	钠的次硫酸盐	5.5	5	5		5		5		5	5	
851	28319000	其他连二亚硫酸盐及次硫酸盐	5.5	5	5		5		5		5	5	
852	28321000	钠的亚硫酸盐	5.5	5	5		5		5		5	5	
853	28322000	其他亚硫酸盐	5.5	5	5		5		5		5	5	
854	28323000	硫代硫酸盐	5.5	5	5		5		5		5	5	
855	28331100	硫酸钠	5.5	5	5		5		5		5	5	
856	28331900	钠的其他硫酸盐	5.5	5	5		5		5		5	5	
857	28332100	硫酸镁	5.5	5	5		5		5		5	5	
858	28332200	硫酸铝	5.5	5	5		5		5.5		5	5	
859	28332300	铬的硫酸盐	5.5	5	5		5		5		5	5	
860	28332400	镍的硫酸盐	5.5	5	5		5		5		5	5	
861	28332500	铜的硫酸盐	5.5	5	5		5		5		5	5	
862	28332600	硫酸锌	5.5	5	5		5		5		5	5	
863	28332700	硫酸钡	5.5	5	5		5		5		5	5	
864	28332910	硫酸亚铁	5.5	5	5		5		5		5	5	
865	28332990	其他硫酸盐	5.5	5	5		5		5		5	5	
866	28333010	钾铝矾	5.5	5	5		5		5.5		5	5	
867	28333090	其他矾	5.5	5	5		5		5.5		5	5	
868	28334000	过硫酸盐	5.5	5	5		5		5		5	5	
869	28341000	亚硝酸盐	5.5	5	5		5		5		5	5	
870	28342190	非肥料用硝酸钾	5.5	5	5		5		5		5	5	
871	28342910	硝酸钴	5.5	5	5		5		5		5	5	
872	28342990	其他硝酸盐	5.5	5	5		5		5		5	5	
873	28351000	次磷酸盐及亚磷酸盐	5.5	5	5		5		5		5	5	
874	28352200	磷酸一钠及磷酸二钠	5.5	5	5		5		5		5	5	
875	28352300	磷酸三钠	5.5	5	5		5		5		5	5	
876	28352400	钾的磷酸盐	5.5	5	5		5		5		5	5	
877	28352500	正磷酸氢钙(磷酸二钙)	5.5	5	5		5		5		5	5	
878	28352600	其他磷酸钙	5.5	5	5		5		5		5	5	
879	28352900	其他磷酸盐	5.5	5	5		5		5		5	5	
880	28353100	三磷酸钠(三聚磷酸钠)	5.5	5	5		5		5		5	5	
881	28353900	其他多磷酸盐	5.5	5	5		5		5		5	5	
882	28361000	商品碳酸铵及其他铵的碳酸盐	5.5	5	5		5		5		5	5	
883	28362000	碳酸钠(纯碱)	5.5	5	5		5		5		5	5	
884	28363000	碳酸氢钠(小苏打)	5.5	5	5		5		5		5	5	
885	28364000	钾的碳酸盐	5.5	5	5		5		5		5	5	

序号	税则号列	商品名称	最惠国税率(%)	文莱	缅甸	柬埔寨	印尼	老挝	马来西亚	菲律宾	新加坡	泰国	越南
886	28365000	碳酸钙	5.5	5	5		5		5		5	5	
887	28366000	碳酸钡	5.5	5	5		5		5		5	5	
888	28367000	铅的碳酸盐	5.5	5	5		5		5		5	5	
889	28369100	锂的碳酸盐	5.5	5	5		5		5		5	5	
890	28369200	锶的碳酸盐	5.5	5	5		5		5		5	5	
891	28369910	碳酸镁	5.5	5	5		5		5		5	5	
892	28369930	碳酸钴	5.5	5	5		5		5		5	5	
893	28369990	其他碳酸盐;过碳酸盐	5.5	5	5		5		5		5	5	
894	28371110	氰化钠	5.5	5	5		5		5		5	5	
895	28371120	氧氰化钠	5.5	5	5		5		5		5	5	
896	28371910	氰化钾	5.5	5	5		5		5		5	5	
897	28371990	其他氰化物及氧氰化物	5.5	5	5		5		5		5	5	
898	28372000	氰络合物	5.5	5	5		5		5		5	5	
899	28380000	雷酸盐、氰酸盐及硫氰酸盐	5.5	5	5		5		5		5	5	
900	28391100	偏硅酸钠	5.5	5	5		5		5.5		5	5	
901	28391900	其他钠的硅酸盐;商品硅酸钠	5.5	5	5		5		5.5		5	5	
902	28392000	钾的硅酸盐;商品硅酸钾	5.5	5	5		5		5		5	5	
903	28399000	其他硅酸盐;商品碱金属硅酸盐	5.5	5	5		5		5		5	5	
904	28401100	无水四硼酸钠	5.5	5	5		5		5		5	5	
905	28401900	其他四硼酸钠	5.5	5	5		5		5		5	5	
906	28402000	其他硼酸盐	5.5	5	5		5		5		5	5	
907	28403000	过硼酸盐	5.5	5	5		5		5		5	5	
908	28411000	铝酸盐	5.5	5	5		5		5		5	5	
909	28412000	锌的铬酸盐及铅的铬酸盐	5.5	5	5		5		5		5	5	
910	28413000	重铬酸钠	5.5	5	5		5		5		5	5	
911	28415000	其他铬酸盐及重铬酸盐;过铬酸盐	5.5	5	5		5		5		5	5	
912	28416100	高锰酸钾	5.5	5	5		5		5		5	5	
913	28416900	其他亚锰酸盐、锰酸盐及其他高锰酸盐	5.5	5	5		5		5		5	5	
914	28417010	钼酸铵	5.5	5	5		5		5		5	5	
915	28417090	其他钼酸盐	5.5	5	5		5		5		5	5	
916	28418010	仲钨酸铵	5.5	5	5		5		5		5	5	
917	28418020	钨酸钠	5.5	5	5		5		5		5	5	
918	28418030	钨酸钙	5.5	5	5		5		5		5	5	
919	28418040	偏钨酸铵	5.5	5	5		5		5		5	5	
920	28418090	其他钨酸盐	5.5	5	5		5		5		5	5	
921	28419000	其他金属酸盐及过金属酸盐	5.5	5	5		5		5		5	5	
922	28421000	硅酸复盐及硅酸络盐(包括不论是否已有化学定义的硅铝酸盐)	5.5	5	5		5		5		5	5	
923	28429000	其他无机酸盐及过氧酸盐,叠氮化物除外	5.5	5	5		5		5		5	5	
924	28431000	胶态贵金属	5.5	5	5		5		5		5	5	
925	28432100	硝酸银	5.5	5	5		5		5		5	5	
926	28432900	其他银化合物,不论是否已有化学定义	5.5	5	5		5		5		5	5	
927	28433000	金化合物,不论是否已有化学定义	5.5	5	5		5		5		5	5	
928	28439000	其他贵金属化合物,不论是否已有化学定义;贵金属汞齐	5.5	5	5		5		5		5	5	
929	28441000	天然铀及其化合物(包括其合金,分散体,陶瓷产品及混合物)	5.5	5	5		5		5		5	5	

序号	税则号列	商品名称	最惠国税率(%)	文莱	缅甸	柬埔寨	印尼	老挝	马来西亚	菲律宾	新加坡	泰国	越南
930	28442000	U235浓缩铀、钚及它们的化合物(包括其合金,分散体,陶瓷产品及混合物)	5.5	5	5		5		5		5	5	
931	28443000	U235贫化铀、钍及它们的化合物(包括其合金,分散体,陶瓷产品及混合物)	5.5	5	5		5		5		5	5	
932	28444090	其他放射性元素同位素及其化合物(包括其合金,分散体,陶瓷产品及混合物);放射性残渣	5.5	5	5		5		5		5	5	
933	28445000	核反应堆已耗尽的燃料元件	5.5	5	5		5		5		5	5	
934	28451000	重水(氧化氘)	5.5	5	5		5		5		5	5	
935	28459000	其他同位素及其化合物,不论是否已有化学定义	5.5	5	5		5		5		5	5	
936	28461010	氧化铈	5.5	5	5		5		5		5	5	
937	28461020	氢氧化铈	5.5	5	5		5		5		5	5	
938	28461030	碳酸铈	5.5	5	5		5		5		5	5	
939	28461090	铈的其他化合物	5.5	5	5		5		5		5	5	
940	28469011	氧化钇	5.5	5	5		5		5		5	5	
941	28469012	氧化镧	5.5	5	5		5		5		5	5	
942	28469013	氧化钕	5.5	5	5		5		5		5	5	
943	28469014	氧化铕	5.5	5	5		5		5		5	5	
944	28469019	其他氧化稀土	5.5	5	5		5		5		5	5	
945	28469028	混合氯化稀土	5.5	5	5		5		5		5	5	
946	28469029	未混合氯化稀土	5.5	5	5		5		5		5	5	
947	28469030	氟化稀土	5.5	5	5		5		5		5	5	
948	28469048	混合碳酸稀土	5.5	5	5		5		5		5	5	
949	28469049	未混合碳酸稀土	5.5	5	5		5		5		5	5	
950	28469090	稀土金属、钇、钪的其他化合物	5.5	5	5		5		5		5	5	
951	28470000	过氧化氢(不论是否用尿素固化)	5.5	5	5		5		5		5	5	
952	28480000	磷化物,不论是否已有化学定义,但不包括磷铁	5.5	5	5		5		5		5	5	
953	28491000	碳化钙,不论是否已有化学定义	5.5	5	5		5.5		5.5		5	5	
954	28492000	碳化硅,不论是否已有化学定义	5.5	5	5		5		5		5	5	
955	28499010	碳化硼,不论是否已有化学定义	5.5	5	5		5		5		5	5	
956	28499020	碳化钨,不论是否已有化学定义	5.5	5	5		5		5		5	5	
957	28499090	其他碳化物,不论是否已有化学定义	5.5	5	5		5		5		5	5	
958	28500000	氢化物、氮化物、迭氮化物、硅化物及硼化物,不论是否已有化学定义	5.5	5	5		5		5		5	5	
959	28510010	饮用蒸馏水	5.5	5	5		5		5		5	5	
960	28510020	氯化氰	5.5	5	5		5		5		5	5	
961	28510090	其他无机化合物、液态空气、压缩空气,汞齐,但贵金属汞齐除外	5.5	5	5		5		5		5	5	
962	29031100	一氯甲烷及氯乙烷	5.5	5	5		5		5		5	5	
963	29031200	二氯甲烷	8	5	5		5		5		5	5	
964	29031400	四氯化碳	8	5	5		5		5		5	5	
965	29031910	1,1,1-三氯乙烷(甲基氯仿)	8	5	5		5		5		5	5	
966	29031990	其他无环烃的饱和氯化衍生物	5.5	5	5		5		5		5	5	
967	29032100	氯乙烯	5.5	5	5		5		5		5	5	
968	29032200	三氯乙烯	8	5	5		5		5		5	5	
969	29032300	四氯乙烯	5.5	5	5		5		5		5	5	
970	29032910	3-氯-1-丙稀(氯丙稀)	5.5	5	5		5		5		5	5	
971	29032990	其他无环烃的不饱和氯化衍生物	5.5	5	5		5		5		5	5	
972	29033010	全氟异丁烯(八氟异丁烯)	5.5	5	5		5		5		5	5	

序号	税则号列	商品名称	最惠国税率(%)	文莱	缅甸	柬埔寨	印尼	老挝	马来西亚	菲律宾	新加坡	泰国	越南
973	29033090	其他无环烃的氟化、溴化或碘化衍生物	5.5	5	5		5		5		5	5	
974	29034100	三氯氟甲烷	5.5	5	5		5		5		5	5	
975	29034200	二氯二氟甲烷	5.5	5	5		5		5		5	5	
976	29034300	三氯三氟乙烷(所有异构体)	5.5	5	5		5		5		5	5	
977	29034400	二氯四氟乙烷(所有异构体)及氯五氟乙烷	5.5	5	5		5		5		5	5	
978	29034510	氯三氟甲烷	5.5	5	5		5		5		5	5	
979	29034520	五氯氟乙烷	5.5	5	5		5		5		5	5	
980	29034530	四氯二氟乙烷(所有异构体)	5.5	5	5		5		5		5	5	
981	29034540	七氯氟丙烷	5.5	5	5		5		5		5	5	
982	29034550	六氯二氟丙烷(所有异构体)	5.5	5	5		5		5		5	5	
983	29034560	五氯三氟丙烷(所有异构体)	5.5	5	5		5		5		5	5	
984	29034570	四氯四氟丙烷(所有异构体)	5.5	5	5		5		5		5	5	
985	29034580	三氯五氟丙烷(所有异构体)	5.5	5	5		5		5		5	5	
986	29034591	二氯六氟丙烷(所有异构体)	5.5	5	5		5		5		5	5	
987	29034592	氯七氟丙烷	5.5	5	5		5		5		5	5	
988	29034599	其他仅含氟氯的无环烃全卤化衍生物	5.5	5	5		5		5		5	5	
989	29034600	溴氯二氟甲烷、溴三氟甲烷及二溴四氟乙烷	5.5	5	5		5		5		5	5	
990	29034700	其他无环烃全卤化衍生物	5.5	5	5		5		5		5	5	
991	29034910	其他仅含氟氯的甲烷、乙烷、丙烷的卤化衍生物	5.5	5	5		5		5		5	5	
992	29034920	其他仅含氟溴的甲烷、乙烷、丙烷的卤化衍生物	5.5	5	5		5		5		5	5	
993	29034990	其他无环烃卤化衍生物	5.5	5	5		5		5		5	5	
994	29035100	1,2,3,4,5,6－六氯环已烷	5.5	5	5		5		5		5	5	
995	29035900	其他环烷烃或环烯烃等卤化衍生物	5.5	5	5		5		5		5	5	
996	29036110	邻二氯苯	5.5	5	5		5		5		5	5	
997	29036190	氯苯及对二氯苯	5.5	5	5		5		5		5	5	
998	29036200	六氯苯及滴滴涕	5.5	5	5		5		5		5	5	
999	29036910	对氯甲苯	5.5	5	5		5		5		5	5	
1000	29036920	3,4－二氯三氟甲苯	5.5	5	5		5		5		5	5	
1001	29036990	其他芳烃卤化衍生物	5.5	5	5		5		5		5	5	
1002	29041000	仅含磺基的衍生物及其盐和乙酯	5.5	5	5		5		5		5	5	
1003	29042010	硝基苯	5.5	5	5		5		5		5	5	
1004	29042020	硝基甲苯	5.5	5	5		5		5		5	5	
1005	29042030	二硝基甲苯	5.5	5	5		5		5		5	5	
1006	29042040	三硝基甲苯(TNT)	5.5	5	5		5		5		5	5	
1007	29042090	其他仅含硝基或亚硝基衍生物	5.5	5	5		5		5		5	5	
1008	29049011	邻硝基氯化苯	5.5	5	5		5		5		5	5	
1009	29049012	间硝基氯化苯	5.5	5	5		5		5		5	5	
1010	29049013	对硝基氯化苯	5.5	5	5		5		5		5	5	
1011	29049020	二硝基氯化苯	5.5	5	5		5		5		5	5	
1012	29049030	三氯硝基甲烷(氯化苦;硝基氯仿)	5.5	5	5		5		5		5	5	
1013	29049090	其他烃的磺化、硝化、亚硝化衍生物,不论是否卤化	5.5	5	5		5		5		5	5	
1014	29051100	甲醇	5.5	5	5		5		5		5	5	
1015	29051210	丙醇	5.5	5	5		5		5		5	5	
1016	29051220	异丙醇	5.5	5	5		5		5		5	5	
1017	29051300	正丁醇	5.5	5	5		5		5		5	5	
1018	29051410	异丁醇	5.5	5	5		5		5		5	5	
1019	29051420	仲丁醇	5.5	5	5		5		5		5	5	

序号	税则号列	商　品　名　称	最惠国税率(%)	文莱	缅甸	柬埔寨	印尼	老挝	马来西亚	菲律宾	新加坡	泰国	越南
1020	29051430	叔丁醇	5.5	5	5		5		5		5	5	
1021	29051500	戊醇及其异构体	5.5	5	5		5		5		5	5	
1022	29051600	辛醇及其异构体	5.5	5	5		5		5		5	5	
1023	29051700	十二醇、十六醇及十八醇	7	5	5		5		5		5	5	
1024	29051910	3,3－二甲基丁－2－醇(频哪基醇)	5.5	5	5		5		5		5	5	
1025	29051990	其他饱和一元醇	5.5	5	5		5		5		5	5	
1026	29052210	香叶醇、橙花醇	5.5	5	5		5		5		5	5	
1027	29052220	香茅醇	5.5	5	5		5		5		5	5	
1028	29052230	芳樟醇	5.5	5	5		5		5		5	5	
1029	29052290	其他无环萜烯醇	5.5	5	5		5		5		5	5	
1030	29052900	其他不饱和一元醇(无环萜烯醇除外)	5.5	5	5		5		5		5	5	
1031	29053200	丙二醇	5.5	5	5		5		5		5	5	
1032	29053990	其他二元醇	5.5	5	5		5		5		5	5	
1033	29054100	三羟甲基丙烷	5.5	5	5		5		5		5	5	
1034	29054200	季戊四醇	5.5	5	5		5		5		5	5	
1035	29054300	甘露糖醇	8	5	5		5		5		5	5	
1036	29054400	山梨醇	14	10	10		10		10		10	10	
1037	29054500	丙三醇(甘油)	14	10	10		10		10		10	10	
1038	29054900	其他多元醇	5.5	5	5		5		5		5	5	
1039	29055100	乙氯维诺	5.5	5	5		5		5		5	5	
1040	29055900	无环醇的卤化、磺化、硝化、或亚硝化的衍生物(乙氯维诺除外)	5.5	5	5		5		5		5	5	
1041	29061200	环已醇、甲基环已醇、二甲基环已醇	5.5	5	5		5		5		5	5	
1042	29061310	固醇	5.5	5	5		5		5		5	5	
1043	29061320	肌醇	5.5	5	5		5		5		5	5	
1044	29061400	萜品醇	5.5	5	5		5		5		5	5	
1045	29061900	其他环烷醇、环烯醇及环萜烯醇	5.5	5	5		5		5		5	5	
1046	29062900	其他芳香醇及它们的衍生物	5.5	5	5		5		5		5	5	
1047	29071110	苯酚	5.5	5	5		5		5		5	5	
1048	29071190	苯酚的盐	5.5	5	5		5		5		5	5	
1049	29071211	间甲酚	5.5	5	5		5		5		5	5	
1050	29071212	邻甲酚	5.5	5	5		5		5		5	5	
1051	29071219	其他甲酚(对甲酚)	5.5	5	5		5		5		5	5	
1052	29071290	甲酚的盐	5.5	5	5		5		5		5	5	
1053	29071310	壬基酚	5.5	5	5		5		5		5	5	
1054	29071390	辛基酚及其异构体的盐和壬基酚盐	5.5	5	5		5		5		5	5	
1055	29071400	二甲苯酚及其盐	5.5	5	5		5		5		5	5	
1056	29071510	β－萘酚(2－萘酚)	5.5	5	5		5		5		5	5	
1057	29071590	其他萘酚及其盐	5.5	5	5		5		5		5	5	
1058	29071990	其他一元酚	5.5	5	5		5		5		5	5	
1059	29072100	间苯二酚及其盐	5.5	5	5		5		5		5	5	
1060	29072210	对苯二酚	5.5	5	5		5		5		5	5	
1061	29072290	对苯二酚的盐	5.5	5	5		5		5		5	5	
1062	29072300	4,4'－异亚丙基联苯酚(双酚A)及其盐	5.5	5	5		5		5		5	5	
1063	29072990	其他多元酚;酚醇	5.5	5	5		5		5		5	5	
1064	29081090	其他仅含卤素取代基的酚及酚醇衍生物及其盐	5.5	5	5		5		5		5	5	
1065	29082000	仅含磺基的酚及酚醇衍生物及其盐和酯	5.5	5	5		5		5		5	5	
1066	29089010	对硝基酚、对硝基酚钠	5.5	5	5		5		5		5	5	

序号	税则号列	商品名称	最惠国税率(%)	文莱	缅甸	柬埔寨	印尼	老挝	马来西亚	菲律宾	新加坡	泰国	越南
1067	29089090	其他酚及酚醇的卤化、磺化、硝化、或亚硝化的等衍生物	5.5	5	5		5		5		5	5	
1068	29091100	乙醚	5.5	5	5		5		5		5	5	
1069	29091900	其他无环醚及其卤化、磺化、硝化、或亚硝化的等衍生物	5.5	5	5		5		5		5	5	
1070	29092081	1,8－桉树脑	5.5	5	5		5		5		5	5	
1071	29092089	其他环萜烯醚	5.5	5	5		5		5		5	5	
1072	29092090	环烷醚、环烯醚或环萜烯醚及其卤化、磺化、硝化、或亚硝化的衍生物	5.5	5	5		5		5		5	5	
1073	29093000	芳香醚及其卤化、磺化、硝化或亚硝化的衍生物	5.5	5	5		5		5		5	5	
1074	29094100	2,2'－氧联二乙醇(二甘醇)	5.5	5	5		5		5		5	5	
1075	29094200	乙二醇或二甘醇的单甲醚	5.5	5	5		5		5		5	5	
1076	29094300	乙二醇或二甘醇的单丁醚	5.5	5	5		5		5		5	5	
1077	29094400	乙二醇或二丁醇的其他单烷基醚	5.5	5	5		5		5		5	5	
1078	29094990	其他醚醇及其卤化、磺化、硝化、或亚硝化的衍生物	5.5	5	5		5		5		5	5	
1079	29095000	醚酚、醚醇酚及其卤化、磺化、硝化、或亚硝化的衍生物	5.5	5	5		5		5		5	5	
1080	29096000	过氧化醇、过氧化醚、过氧化酮及其卤化、磺化、硝化、或亚硝化的衍生物	5.5	5	5		5		5		5	5	
1081	29101000	环氧乙烷(氧化乙烯)	5.5	5	5		5		5		5	5	
1082	29102000	甲基环氧乙烷(氧化丙烯)	5.5	5	5		5		5		5	5	
1083	29103000	1－氯－2,3－环氧丙烷(表氯醇)	5.5	5	5		5		5		5	5	
1084	29109000	三节环环氧化物,环氧醇(酚、醚)及其卤化、磺化、硝化、或亚硝化的衍生物	5.5	5	5		5		5		5	5	
1085	29110000	缩醛、半缩醛,不论是否含有其他含氧基,及其卤化、磺化、硝化、或亚硝化的衍生物	5.5	5	5		5		5		5	5	
1086	29121100	甲醛	5.5	5	5		5		5		5	5	
1087	29121200	乙醛	5.5	5	5		5		5		5	5	
1088	29121300	丁醛	5.5	5	5		5		5		5	5	
1089	29121900	其他无环醛(不含其他含氧基)	5.5	5	5		5		5		5	5	
1090	29122100	苯甲醛	5.5	5	5		5		5		5	5	
1091	29122910	铃兰醛(对叔丁基－α－甲基－氧化肉桂醛)	5.5	5	5		5		5		5	5	
1092	29122990	其他环醛(不含其他含氧基)	5.5	5	5		5		5		5	5	
1093	29123000	醛醇	5.5	5	5		5		5		5	5	
1094	29124100	香草醛(3－甲氧基－4－羟基苯甲醛)	5.5	5	5		5		5		5	5	
1095	29124200	乙基香草醛	5.5	5	5		5		5		5	5	
1096	29124900	其他醛醚、醛酚、其他含氧基的醛	5.5	5	5		5		5		5	5	
1097	29125000	环聚醛	5.5	5	5		5		5		5	5	
1098	29126000	多聚甲醛	5.5	5	5		5		5		5	5	
1099	29130000	税目 2912 所列产品的卤化、磺化、硝化、或亚硝化的衍生物	5.5	5	5		5		5		5	5	
1100	29141100	丙酮	5.5	5	5		5		5		5	5	
1101	29141200	丁酮	5.5	5	5		5		5		5	5	
1102	29141300	4－甲基－2－戊酮	5.5	5	5		5		5		5	5	
1103	29141900	其他不含其他含氧基的无环酮	5.5	5	5		5		5		5	5	
1104	29142100	樟脑	5.5	5	5		5		5		5	5	
1105	29142200	环已酮及甲基环已酮	5.5	5	5		5		5		5	5	

序号	税则号列	商品名称	最惠国税率(%)	文莱	缅甸	柬埔寨	印尼	老挝	马来西亚	菲律宾	新加坡	泰国	越南
1106	29142300	芷香酮及甲基芷香酮	5.5	5	5		5		5		5	5	
1107	29142900	其他不含含氧基环烷酮、环烯酮或环萜烯酮	5.5	5	5		5		5		5	5	
1108	29143100	苯丙酮(苯基丙-2-酮)	5.5	5	5		5		5		5	5	
1109	29143990	其他不含其他含氧基的芳香酮	5.5	5	5		5		5		5	5	
1110	29144000	酮醇及酮醛	5.5	5	5		5		5		5	5	
1111	29145011	覆盆子酮	5.5	5	5		5		5		5	5	
1112	29145019	其他酮酚	5.5	5	5		5		5		5	5	
1113	29145090	酮酚及含其他含氧基酮	5.5	5	5		5		5		5	5	
1114	29146100	蒽醌	5.5	5	5		5		5		5	5	
1115	29146900	其他醌	5.5	5	5		5		5		5	5	
1116	29147000	其他酮及醌的卤化、磺化、硝化、或亚硝化的衍生物	5.5	5	5		5		5		5	5	
1117	29151100	甲酸	5.5	5	5		5		5		5	5	
1118	29151200	甲酸盐	5.5	5	5		5		5		5	5	
1119	29151300	甲酸酯	5.5	5	5		5		5		5	5	
1120	29152110	冰乙酸(冰醋酸)	5.5	5	5		5		5		5	5	
1121	29152190	其他乙酸	5.5	5	5		5		5		5	5	
1122	29152200	乙酸钠	5.5	5	5		5		5		5	5	
1123	29152300	钴的乙酸盐	5.5	5	5		5		5		5	5	
1124	29152400	乙酸酐	5.5	5	5		5		5		5	5	
1125	29152900	其他乙酸盐	5.5	5	5		5		5		5	5	
1126	29153100	乙酸乙酯	5.5	5	5		5		5		5	5	
1127	29153200	乙酸乙烯酯	5.5	5	5		5		5		5	5	
1128	29153300	乙酸正丁酯	5.5	5	5		5		5		5	5	
1129	29153400	乙酸异丁酯	5.5	5	5		5		5		5	5	
1130	29153500	乙酸-2-乙氧基乙酯	5.5	5	5		5		5		5	5	
1131	29153900	其他乙酸酯	5.5	5	5		5		5		5	5	
1132	29154000	一、二、三氯代乙酸及其盐和酯	5.5	5	5		5		5		5	5	
1133	29155010	丙酸	5.5	5	5		5		5		5	5	
1134	29155090	丙酸盐和酯	5.5	5	5		5		5		5	5	
1135	29156000	丁酸、戊酸及其盐和酯	5.5	5	5		5		5		5	5	
1136	29157010	硬脂酸	7	5	5		5		5		5	5	
1137	29157090	棕榈酸及其盐和酯、硬脂酸盐、酯	5.5	5	5		5		5		5	5	
1138	29159000	其他饱和无环一元羧酸及其酸酐	5.5	5	5		5		5		5	5	
1139	29161100	丙烯酸及其盐	6.5	5	5		5		5		5	5	
1140	29161200	丙烯酸酯	6.5	5	5		5		5		5	5	
1141	29161300	甲基丙烯酸及其盐	6.5	5	5		5		5		5	5	
1142	29161400	甲基丙烯酸酯	6.5	5	5		5		5		5	5	
1143	29161500	油酸、亚油酸或亚麻酸及其盐和酯	6.5	5	5		5		5		5	5	
1144	29161900	其他不饱和无环一元羧酸(包括其酸酐,酰卤化物,过氧化物和过氧酸及它们的衍生物)	6.5	5	5		5		5		5	5	
1145	29162090	其他(环烷、环烯、环萜烯)一元羧酸(包括其酸酐,酰卤化物,过氧化物和过氧酸及它们的衍生物)	6.5	5	5		5		5		5	5	
1146	29163100	苯甲酸及其盐和酯	6.5	5	5		5		5		5	5	
1147	29163200	过氧化苯甲酰及苯甲酰氯	6.5	5	5		5		5		5	5	
1148	29163400	苯乙酸及其盐	6.5	5	5		5		5		5	5	
1149	29163500	苯乙酸酯	6.5	5	5		5		5		5	5	
1150	29163910	邻甲基苯甲酸	6.5	5	5		5		5		5	5	

序号	税则号列	商品名称	最惠国税率(%)	文莱	缅甸	柬埔寨	印尼	老挝	马来西亚	菲律宾	新加坡	泰国	越南
1151	29163920	布洛芬	6.5	5	5		5		5		5	5	
1152	29163990	其他芳香一元羧酸(包括其酸酐,酰卤化物,过氧化物和过氧酸及它们的衍生物)	6.5	5	5		5		5		5	5	
1153	29171110	草酸	6.5	5	5		5		5		5	5	
1154	29171120	草酸钴	9	5	5		5		5		5	5	
1155	29171190	其他草酸盐和酯	6.5	5	5		5		5		5	5	
1156	29171200	己二酸及其盐和酯	6.5	5	5		5		5		5	5	
1157	29171310	癸二酸及其盐和酯	6.5	5	5		5		5		5	5	
1158	29171390	壬二酸及其盐和酯	6.5	5	5		5		5		5	5	
1159	29171400	马来酐	6.5	5	5		5		5		5	5	
1160	29171900	其他无环多元羧酸(包括其酸酐,酰卤化物,过氧化物和过氧酸及它们的衍生物)	6.5	5	5		5		5		5	5	
1161	29172090	其他(环烷、环烯、环萜烯)多元羧酸(包括其酸酐,酰卤化物,过氧化物和过氧酸及它们的衍生物)	6.5	5	5		5		5		5	5	
1162	29173100	邻苯二甲酸二丁酯	6.5	5	5		5		5		5	5	
1163	29173200	邻苯二甲酸二辛酯	6.5	5	5		5		5		5	5	
1164	29173300	邻苯二甲酸二壬酯,邻苯二甲酸二癸酯	6.5	5	5		6.5		5		5	5	
1165	29173400	其他邻苯二甲酸酯	6.5	5	5		6.5		5		5	5	
1166	29173500	邻苯二甲酸酐(苯酐)	6.5	5	5		6.5		5		5	5	
1167	29173690	对苯二甲酸盐	6.5	5	5		5		5		5	5	
1168	29173700	对苯二甲酸二甲酯	6.5	5	5		5		5		5	5	
1169	29173900	其他芳香多元羧酸(包括其酸酐,酰卤化物,过氧化物和过氧酸及它们的衍生物)	6.5	5	5		5		5		5	5	
1170	29181100	乳酸及其盐和酯	6.5	5	5		5		5		5	5	
1171	29181200	酒石酸	6.5	5	5		5		5		5	5	
1172	29181300	酒石酸盐及酒石酸酯	6.5	5	5		5		5		5	5	
1173	29181400	柠檬酸	6.5	5	5		6.5		5		5	5	
1174	29181500	柠檬酸盐及柠檬酸酯	6.5	5	5		6.5		5		5	5	
1175	29181600	葡糖酸及其盐和酯	6.5	5	5		5		5		5	5	
1176	29181910	2,2－二苯基－2－羟基乙酸	6.5	5	5		5		5		5	5	
1177	29181990	其他含醇基但不含其他含氧基的羧酸(包括其酸酐,酰卤化物,过氧化物和过氧酸及它们的衍生物)	6.5	5	5		5		5		5	5	
1178	29182110	水杨酸、水杨酸钠	6.5	5	5		5		5		5	5	
1179	29182190	其他水杨酸盐	6.5	5	5		5		5		5	5	
1180	29182210	邻乙酰水杨酸(阿斯匹林)	6	5	5		5		5		5	5	
1181	29182290	邻乙酰水杨酸盐和酯	6.5	5	5		5		5		5	5	
1182	29182300	水杨酸其他酯及其盐	6.5	5	5		5		5		5	5	
1183	29182900	其他含酚基但不含其他含氧基羧酸及其酸酐(酰卤化物,过氧化物和过氧酸及它们的衍生物)	6.5	5	5		6.5		5		5	5	
1184	29183000	含醛基或酮基不含其他含氧基羧酸及其酸酐(酰卤化物,过氧化物和过氧酸及它们的衍生物)	6.5	5	5		5		5		5	5	
1185	29189000	其他含其他附加含氧基羧酸及其酸酐(酰卤化物,过氧化物和过氧酸及它们的衍生物)	6.5	5	5		5		5		5	5	
1186	29190000	磷酸酯及其盐(包括乳磷酸盐),及它们的卤化、磺化、硝化、或亚硝化的衍生物	6.5	5	5		5		5		5	5	
1187	29201000	硫代磷酸酯及其盐,及它们的卤化、磺化、硝化、或亚硝化的衍生物	6.5	5	5		5		5		5	5	

序号	税则号列	商品名称	最惠国税率(%)	文莱	缅甸	柬埔寨	印尼	老挝	马来西亚	菲律宾	新加坡	泰国	越南
1188	29209011	亚磷酸三甲酯	6.5	5	5		5		5		5	5	
1189	29209012	亚磷酸三乙酯	6.5	5	5		5		5		5	5	
1190	29209013	亚磷酸二甲酯	6.5	5	5		5		5		5	5	
1191	29209014	亚磷酸二乙酯	6.5	5	5		5		5		5	5	
1192	29209019	其他亚磷酸酯	6.5	5	5		5		5		5	5	
1193	29209090	其他无机酸酯(不包括卤化氢的酯)及其盐,及它们的卤化、磺化、硝化、或亚硝化的衍生物	6.5	5	5		5		5		5	5	
1194	29211100	甲胺、二甲胺或三甲胺及其盐	6.5	5	5		5		5		5	5	
1195	29211200	二乙胺及其盐	6.5	5	5		5		5		5	5	
1196	29211920	异丙胺	6.5	5	5		5		5		5	5	
1197	29211930	N,N－二(2－氯乙基)乙胺	6.5	5	5		5		5		5	5	
1198	29211940	N,N－二(2－氯乙基)甲胺	6.5	5	5		5		5		5	5	
1199	29211950	三(2－氯乙基)胺	6.5	5	5		5		5		5	5	
1200	29211960	二烷氨基乙基－2－氯及其质子化盐	6.5	5	5		5		5		5	5	
1201	29211990	其他无环单胺及其衍生物,及它们的盐	6.5	5	5		5		5		5	5	
1202	29212110	乙二胺	6.5	5	5		5		5		5	5	
1203	29212190	乙二胺盐	6.5	5	5		5		5		5	5	
1204	29212210	已二酸已二胺盐(尼龙－66盐)	6.5	5	5		5		5		5	5	
1205	29212290	六亚甲基二胺及其他盐	6.5	5	5		5		5		5	5	
1206	29212900	其他无环多胺及其衍生物,及它们的盐	6.5	5	5		5		5		5	5	
1207	29213000	环(烷、烯、萜烯)单胺或多胺及衍生物,及它们的盐	6.5	5	5		5		5		5	5	
1208	29214110	苯胺	6.5	5	5		5		5		5	5	
1209	29214190	苯胺盐	6.5	5	5		5		5		5	5	
1210	29214200	苯胺衍生物及其盐	6.5	5	5		5		5		5	5	
1211	29214300	甲苯胺及其衍生物,及它们的盐	6.5	5	5		5		5		5	5	
1212	29214400	二苯胺及其衍生物,及它们的盐	6.5	5	5		5		5		5	5	
1213	29214500	1－萘胺、2－萘胺及其衍生物及盐	6.5	5	5		5		5		5	5	
1214	29214600	安非他明、苄非他明、右苯丙胺、乙非他明、芬坎法明、利非他明、左苯丙胺、美芬雷司、芬特明以及它们的盐	6.5	5	5		5		5		5	5	
1215	29214920	二甲基苯胺	6.5	5	5		5		5		5	5	
1216	29214940	2,6－二乙基苯胺	6.5	5	5		5		5		5	5	
1217	29214990	其他芳香单胺及衍生物及它们的盐	6.5	5	5		5		5		5	5	
1218	29215190	间－、对－苯二胺、二氨基甲苯及其衍生物及它们的盐	6.5	5	5		5		5		5	5	
1219	29215900	其他芳香多胺及衍生物及它们的盐	6.5	5	5		5		5		5	5	
1220	29221100	单乙醇胺及其盐	6.5	5	5		5		5		5	5	
1221	29221200	二乙醇胺及其盐	6.5	5	5		5		5		5	5	
1222	29221310	三乙醇胺	6.5	5	5		5		5		5	5	
1223	29221320	三乙醇胺盐	6.5	5	5		5		5		5	5	
1224	29221400	右丙氧吩及其盐	6.5	5	5		5		5		5	5	
1225	29221910	乙胺丁醇	6.5	5	5		5		5		5	5	
1226	29221921	二甲氨基乙醇及其质子化盐	6.5	5	5		5		5		5	5	
1227	29221922	二乙氨基乙醇及其质子化盐	6.5	5	5		5		5		5	5	
1228	29221929	其他二烷氨基乙－2－醇及其质子化	6.5	5	5		5		5		5	5	
1229	29221930	乙基二乙醇胺	6.5	5	5		5		5		5	5	
1230	29221940	甲基二乙醇胺	6.5	5	5		5		5		5	5	

序号	税则号列	商品名称	最惠国税率(%)	文莱	缅甸	柬埔寨	印尼	老挝	马来西亚	菲律宾	新加坡	泰国	越南
1231	29221990	其他氨基醇及其醚、酯和它们的盐(但含有一种以上含氧基的除外)	6.5	5	5		5		5		5	5	
1232	29222100	氨基羟基萘磺酸及其盐	6.5	5	5		5		5		5	5	
1233	29222200	茴香胺、二茴香胺、氨基苯乙醚及其盐	6.5	5	5		5		5		5	5	
1234	29222900	其他氨基(萘酚、酚)及醚、酯、盐(但含有一种以上含氧基的除外)	6.5	5	5		5		5		5	5	
1235	29223100	安非拉酮、美沙酮和去甲美沙酮以及它们的盐	6.5	5	5		5		5		5	5	
1236	29223900	其他氨基醛、氨基酮、氨基醌及其盐(但含有一种以上含氧基的除外)	6.5	5	5		5		5		5	5	
1237	29224190	赖氨酸酯和赖氨酸盐	6	5	5		5		5		5	5	
1238	29224290	其他谷氨酸盐	6.5	5	5		5		6.5		5	5	
1239	29224310	邻氨基苯甲酸(氨茴酸)	6.5	5	5		5		5		5	5	
1240	29224390	邻氨基苯甲酸(氨茴酸)盐	6.5	5	5		5		5		5	5	
1241	29224400	替利定及其盐	6.5	5	5		5		5		5	5	
1242	29224910	其他氨基酸	6.5	5	5		5		5		5	5	
1243	29224991	普鲁卡因	6	5	5		5		5		5	5	
1244	29224999	其他氨基酸及其酯及它们的盐(但含有一种以上含氧基的除外)	6.5	5	5		5		5		5	5	
1245	29225000	氨基醇酚、氨基酸酚及其他含氧基氨基化合物	6.5	5	5		5		5		5	5	
1246	29231000	胆碱及其盐	6.5	5	5		5		5		5	5	
1247	29232000	卵磷脂及其他磷氨基类脂	6.5	5	5		5		5		5	5	
1248	29239000	其他季铵盐及季铵碱	6.5	5	5		5		5		5	5	
1249	29241100	甲丙氨酯	6.5	5	5		5		5		5	5	
1250	29241910	二甲基甲酰胺	6.5	5	5		6.5		5		5	5	
1251	29241990	其他无环酰胺及其衍生物以及他们的盐	6.5	5	5		6.5		5		5	5	
1252	29242100	酰脲及其衍生物,及它们的盐	6.5	5	5		5		5		5	5	
1253	29242300	2-乙酰氨基苯甲酸(N-乙酰邻氨基苯甲酸)及其盐	6.5	5	5		5		5		5	5	
1254	29242400	炔己蚁胺	6.5	5	5		5		5		5	5	
1255	29242910	对乙酰氨基苯乙醚(非那西丁)	6	5	5		6		5		5	5	
1256	29242920	对乙酰氨基酚(扑热息痛)	6	5	5		6		5		5	5	
1257	29242990	其他环酰胺(包括环氨基甲酸酯)	6.5	5	5		6.5		5		5	5	
1258	29251100	糖精及其盐	9	5	5		5		5		5	5	
1259	29251200	格鲁米特	6.5	5	5		5		5		5	5	
1260	29251900	其他酰亚胺及其衍生物、盐	6.5	5	5		5		5		5	5	
1261	29252000	亚胺及其衍生物以及它们的盐	6.5	5	5		5		5		5	5	
1262	29262000	1-氰基胍(双氰胺)	6.5	5	5		5		5		5	5	
1263	29263000	芬普雷司及其盐;美沙酮中间体(4-氰基-2-二甲氨基-4,4-二苯基丁烷)	6.5	5	5		5		5		5	5	
1264	29269020	间苯二甲腈	6.5	5	5		5		5		5	5	
1265	29269090	其他腈基化合物	6.5	5	5		5		5		5	5	
1266	29270000	重氮化合物、偶氮化合物及氧化偶氮化合物	6.5	5	5		5		5		5	5	
1267	29280000	肼(联氨)及胲(羟胺)的有机衍生物	6.5	5	5		5		5		5	5	
1268	29291010	2,4和2,6甲苯二异氰酸酯混合物(甲苯二异氰酸酯TDI)	6.5	5	5		5		5		5	5	
1269	29291020	二甲苯二异氰酸酯(TODI)	6.5	5	5		5		5		5	5	
1270	29291030	二苯基甲烷二异氰酸酯(纯MDI)	6.5	5	5		5		5		5	5	
1271	29291040	六亚甲基二异氰酸酯	6.5	5	5		5		5		5	5	

序号	税则号列	商品名称	最惠国税率(%)	文莱	缅甸	柬埔寨	印尼	老挝	马来西亚	菲律宾	新加坡	泰国	越南
1272	29291090	其他异氰酸酯	6.5	5	5		5		5		5	5	
1273	29299020	二烷(甲、乙、正丙或异丙)氨基膦酰二卤	6.5	5	5		5		5		5	5	
1274	29299030	二烷氨基膦酸二烷酯	6.5	5	5		5		5		5	5	
1275	29299090	其他含氮基化合物	6.5	5	5		5		5		5	5	
1276	29301000	二硫代碳酸酯(或盐)[黄原酸酯(或盐)]	6.5	5	5		5		5		5	5	
1277	29302000	其他硫代氨基甲酸盐(或酯)	6.5	5	5		5		5		5	5	
1278	29303000	(一硫化、二硫化、三硫化)二烃氨基硫羰	6.5	5	5		5		5		5	5	
1279	29304000	甲硫氨酸(蛋氨酸)	6.5	5	5		5		5		5	5	
1280	29309010	双巯丙氨酸(胱氨酸)	6.5	5	5		5		5		5	5	
1281	29309090	其他有机硫化合物	6.5	5	5		5		5		5	5	
1282	29310000	其他有机－无机化合物	6.5	5	5		5		5		5	5	
1283	29321100	四氢呋喃	6	5	5		5		5		5	5	
1284	29321200	2－糠醛	6	5	5		5		5		5	5	
1285	29321300	糠醇及四氢糠醇	6	5	5		5		5		5	5	
1286	29321900	其他结构上有非稠合呋喃环化合物(不论是否氢化)	6.5	5	5		5		5		5	5	
1287	29322100	香豆素、甲基香豆素及乙基香豆素	6.5	5	5		5		5		5	5	
1288	29322900	其他内酯	6.5	5	5		5		5		5	5	
1289	29329100	4－丙烯基－1,2－亚甲二氧基苯	6.5	5	5		5		5		5	5	
1290	29329200	1－(1,3－苯并二恶茂－5－基)丙－2－酮	6.5	5	5		5		5		5	5	
1291	29329300	3,4－亚甲二氧基苯甲醛(胡椒醛)	6.5	5	5		5		5		5	5	
1292	29329400	4－烯丙基－1,2－亚甲二氧基苯(黄樟脑)	6.5	5	5		5		5		5	5	
1293	29329500	四氢大麻酚(所有异构体)	6.5	5	5		5		5		5	5	
1294	29329920	联苯双酯	6.5	5	5		5		5		5	5	
1295	29329990	其他仅含氧杂原子的杂环化合物	6.5	5	5		5		5		5	5	
1296	29331100	二甲基苯基吡唑酮(安替比林)及其衍生物	6.5	5	5		5		5		5	5	
1297	29331920	安乃近	6	5	5		5		5		5	5	
1298	29331990	其他结构上有非稠合吡唑环化合物(不论是否氢化)	6.5	5	5		5		5		5	5	
1299	29332100	乙内酰脲及其衍生物	6.5	5	5		5		5		5	5	
1300	29332900	其他结构上有非稠合咪唑环化合物(不论是否氢化)	6.5	5	5		5		5		5	5	
1301	29333100	吡啶及其盐	6	5	5		5		5		5	5	
1302	29333220	哌啶(六氢吡啶)盐	6.5	5	5		5		5		5	5	
1303	29333300	阿芬太尼、阿尼利定、氰苯双哌酰胺、溴西泮、地芬诺新、地芬诺酯、地匹哌酮、芬太尼、凯托米酮、哌醋甲酯、喷他左辛、哌替啶、哌替啶中间体A、苯环利定、苯哌利定、哌苯甲醇、哌氰米特、丙吡兰和三甲利定以及它们的盐	6.5	5	5		5		5		5	5	
1304	29333910	二苯乙醇酸－3－奎宁环脂	6.5	5	5		5		5		5	5	
1305	29333920	奎宁环－3－醇	6.5	5	5		5		5		5	5	
1306	29333990	其他结构上有非稠合吡啶环化合物(不论是否氢化)	6.5	5	5		5		5		5	5	
1307	29334100	左非诺及其盐	6.5	5	5		5		5		5	5	
1308	29334910	环丙氟哌酸	6.5	5	5		5		5		5	5	
1309	29334990	其他含喹啉或异喹啉环系的化合物(但未经进一步稠合)	6.5	5	5		5		5		5	5	
1310	29335200	丙二酰脲(巴比土酸)及其盐	6.5	5	5		5		5		5	5	

序号	税则号列	商品名称	最惠国税率(%)	文莱	缅甸	柬埔寨	印尼	老挝	马来西亚	菲律宾	新加坡	泰国	越南
1311	29335300	阿洛巴比妥、异戊巴比妥、巴比妥、布他比妥、正丁巴比妥、环己巴比妥、甲苯巴比妥、戊巴比妥、苯巴比妥、仲丁巴比妥、司可巴比妥和乙烯比妥以及他们的盐	6.5	5	5		5		5		5	5	
1312	29335400	其他丙二酰脲的衍生物以及他们的盐	6.5	5	5		5		5		5	5	
1313	29335500	氯普唑仑、甲氯喹酮等以及他们的盐	6.5	5	5		5		5		5	5	
1314	29335900	其他结构上有嘧啶环或哌嗪环的化合物(不论是否氢化)	6.5	5	5		5		5		5	5	
1315	29336100	三聚氰胺(蜜胺)	6.5	5	5		5		5		5	5	
1316	29336910	三聚氰氯	6	5	5		5		5		5	5	
1317	29336921	二氯异氰脲酸	6.5	5	5		5		5		5	5	
1318	29336922	三氯异氰脲酸	6.5	5	5		5		5		5	5	
1319	29336929	其他异氰脲酸氯化衍生物	6.5	5	5		5		5		5	5	
1320	29336990	其他结构上含非稠合三嗪环化合物(不论是否氢化)	6.5	5	5		5		5		5	5	
1321	29337200	氯巴占和甲乙哌酮	9	5	5		5		5		5	5	
1322	29337900	其他内酰胺	9	5	5		5		5		5	5	
1323	29339100	阿普唑仑、卡马西泮等以及它们的盐	6.5	5	5		5		5		5	5	
1324	29339900	其他仅含氮杂原子的杂环化合物	6.5	5	5		5		5		5	5	
1325	29341000	结构上含有非稠合噻唑环的化合物(不论是否氢化)	6.5	5	5		5		5		5	5	
1326	29342000	含一个苯并噻唑环系的化合物(但未经进一步稠合,不论是否氢化)	6.5	5	5		5		5		5	5	
1327	29343000	含一个吩噻嗪环系的化合物(但未经进一步稠合,不论是否氢化)	6.5	5	5		5		5		5	5	
1328	29349100	阿米雷司、溴替唑仑、氯噻西泮等以及他们的盐	6.5	5	5		5		5		5	5	
1329	29349910	磺内酯及磺内酰胺	6.5	5	5		5		5		5	5	
1330	29349920	呋喃唑酮	6	5	5		5		5		5	5	
1331	29349930	核酸及其盐	6.5	5	5		5		5		5	5	
1332	29349990	其他杂环化合物	6.5	5	5		5		5		5	5	
1333	29350010	磺胺嘧啶	6.5	5	5		5		5		5	5	
1334	29350020	磺胺双甲基嘧啶	6.5	5	5		5		5		5	5	
1335	29350030	磺胺甲恶唑	6.5	5	5		5		5		5	5	
1336	29350090	其他磺(酰)胺	6.5	5	5		5		5		5	5	
1337	29381000	芸香苷及其衍生物	6.5	5	5		5		5		5	5	
1338	29389000	其他天然或合成再制的苷及其盐、醚、酯和其他衍生物	6.5	5	5		5		5		5	5	
1339	29400000	化学纯糖,但蔗糖、乳糖、麦芽糖、葡萄糖及果糖除外;糖醚、糖酯及其盐,但不包括税目29.37、29.38、29.39的产品	6	5	5		5		5		5	5	
1340	29411011	氨苄青霉素	6	5	5		5		5		5	5	
1341	29411012	氨苄青霉素三水酸	6	5	5		5		5		5	5	
1342	29411019	其他氨苄青霉素盐	6	5	5		5		5		5	5	
1343	29419051	7氨基头孢烷酸,7氨基脱乙酰氧基头孢烷酸	6	5	5		5		5		5	5	
1344	29419052	头孢氨苄及其盐	6	5	5		5		5		5	5	
1345	29419053	头孢唑啉及其盐	6	5	5		5		5		5	5	
1346	29419054	头孢拉啶及其盐	6	5	5		5		5		5	5	
1347	29419055	头孢三嗪(头孢曲松)及其盐	6	5	5		5		5		5	5	

序号	税则号列	商品名称	最惠国税率(%)	文莱	缅甸	柬埔寨	印尼	老挝	马来西亚	菲律宾	新加坡	泰国	越南
1348	29419056	头孢哌酮及其盐	6	5	5		5		5		5	5	
1349	29419057	头孢噻肟及其盐	6	5	5		5		5		5	5	
1350	29419058	头孢克罗及其盐	6	5	5		5		5		5	5	
1351	29419059	其他先锋霉素及其衍生物,及它们的盐	6	5	5		5		5		5	5	
1352	29419060	麦迪霉素及其衍生物,及它们的盐	6	5	5		5		5		5	5	
1353	29419090	其他抗菌素	6	5	5		5		5		5	5	
1354	29420000	其他有机化合物	6.5	5	5		5		5		5	5	
1355	30031011	含有氨苄青霉素的混合药品(两种或两种以上成分混合而成的,治病或防病用,未配定剂量或非零售包装)	6	5	5		6		5		5	5	
1356	30031012	含有羟氨苄青霉素的混合药品(两种或两种以上成分混合而成的,治病或防病用未配定剂量或非零售包装)	6	5	5		6		5		5	5	
1357	30031013	含有青霉素V的混合药品(两种或两种以上成分混合而成的,治病或防病用未配定剂量或非零售包装)	6	5	5		6		5		5	5	
1358	30031019	含有其他青霉素及具有青霉烷酸结构的青霉素衍生物的混合药品(两种或两种以上成分混合而成的,治病或防病用未配定剂量或非零售包装)	6	5	5		6		5		5	5	
1359	30031090	含有含有链霉素的混合药品(两种或两种以上成分混合而成的,治病或防病用未配定剂量或非零售包装)	6	5	5		6		5		5	5	
1360	30032011	含有头孢噻肟的混合药品(两种或两种以上成分混合而成的,治病或防病用未配定剂量或非零售包装)	6	5	5		5		5		5	5	
1361	30032012	含有头孢他啶的混合药品(两种或两种以上成分混合而成的,治病或防病用未配定剂量或非零售包装)	6	5	5		5		5		5	5	
1362	30032013	含有头孢西丁的混合药品(两种或两种以上成分混合而成的,治病或防病用未配定剂量或非零售包装)	6	5	5		5		5		5	5	
1363	30032014	含有头孢替唑的混合药品(两种或两种以上成分混合而成的,治病或防病用未配定剂量或非零售包装)	6	5	5		5		5		5	5	
1364	30032015	含有头孢克罗的混合药品(两种或两种以上成分混合而成的,治病或防病用未配定剂量或非零售包装)	6	5	5		5		5		5	5	
1365	30032016	含有头孢呋辛的混合药品(两种或两种以上成分混合而成的,治病或防病用未配定剂量或非零售包装)	6	5	5		5		5		5	5	
1366	30032017	含有头孢三嗪(头孢曲松)的混合药品(两种或两种以上成分混合而成的,治病或防病用未配定剂量或非零售包装)	6	5	5		5		5		5	5	
1367	30032018	含有头孢哌酮的混合药品(两种或两种以上成分混合而成的,治病或防病用未配定剂量或非零售包装)	6	5	5		5		5		5	5	

序号	税则号列	商 品 名 称	最惠国税率(%)	文莱	缅甸	柬埔寨	印尼	老挝	马来西亚	菲律宾	新加坡	泰国	越南
1368	30032019	含有其他头孢菌素的混合药品(两种或两种以上成分混合而成的,治病或防病用未配定剂量或非零售包装)	6	5	5		5		5		5	5	
1369	30032090	其他含有其他抗菌素的混合药品(两种或两种以上成分混合而成的,治病或防病用未配定剂量或非零售包装)	6	5	5		5		5		5	5	
1370	30033900	含激素(胰岛素除外)或税目29.37其他产品,但不含抗菌素的混合药品(两种或两种以上成分混合而成的,治病或防病用未配定剂量或非零售包装)	6	5	5		5		5		5	5	
1371	30039010	含磺胺类的混合药品(两种或两种以上成分混合而成的,治病或防病用未配定剂量或非零售包装)	6	5	5		5		5		5	5	
1372	30041011	氨苄青霉素制剂(混合,治病或防病用,已配定剂量或制成零售包装)	6	5	5		5		5		5	5	
1373	30041012	羟氨苄青霉素制剂(两种或两种以上成分混合而成的,治病或防病用,已配定剂量或制成零售包装)	6	5	5		5		5		5	5	
1374	30041013	青霉素V制剂(两种或两种以上成分混合而成的,治病或防病用,已配定剂量或制成零售包装)	6	5	5		5		5		5	5	
1375	30041019	其他青霉素制剂(混合或非混合,治病或防病用,已配定剂量或制成零售包装)	6	5	5		5		5		5	5	
1376	30041090	含有其他青霉素及具有青霉烷酸结构的青霉素衍生物或链霉素及其衍生物的药品(混合或非混合,治病或防病用,已配定剂量或制成零售包装)	6	5	5		5		5		5	5	
1377	30042011	头孢噻肟制剂(混合或非混合,治病或防病用已配定剂量或制成零售包装)	6	5	5		5		5		5	5	
1378	30042012	头孢他啶制剂(混合或非混合,治病或防病用,已配定剂量或制成零售包装)	6	5	5		5		5		5	5	
1379	30042013	头孢西丁制剂(混合或非混合,治病或防病用,已配定剂量或制成零售包装)	6	5	5		5		5		5	5	
1380	30042014	头孢替唑制剂(混合或非混合,治病或防病用,已配定剂量或制成零售包装)	6	5	5		5		5		5	5	
1381	30042015	头孢克罗制剂(混合或非混合,治病或防病用,已配定剂量或制成零售包装)	6	5	5		5		5		5	5	
1382	30042016	头孢呋辛制剂(混合或非混合,治病或防病用,已配定剂量或制成零售包装)	6	5	5		5		5		5	5	
1383	30042017	头孢三嗪(头孢曲松)制剂(混合或非混合,治病或防病用,已配定剂量或制成零售包装)	6	5	5		5		5		5	5	
1384	30042018	头孢哌酮制剂(混合或非混合,治病或防病用,已配定剂量或制成零售包装)	6	5	5		5		5		5	5	
1385	30042019	含有其他头孢菌素制剂(混合或非混合,治病或防病用,已配定剂量或制成零售包装)	6	5	5		5		5		5	5	
1386	30042090	含有其他抗菌素的药品(混合或非混合,治病或防病用,已配定剂量或制成零售包装)	6	5	5		5		5		5	5	
1387	30045000	含有维生素或税目29.36其他产品的其他药品(混合或非混合,治病或防病用已配定剂量或零售包装)	6	5	5		5		5		5	5	

序号	税则号列	商品名称	最惠国税率(%)	文莱	缅甸	柬埔寨	印尼	老挝	马来西亚	菲律宾	新加坡	泰国	越南
1388	30049010	含有磺胺类的药品(两种或两种以上成分混合而成的,治病或防病用已配定剂量或零售包装)	6	5	5		5		5		5	5	
1389	30067000	专用于人类或作兽药用的凝胶制品,作为外科手术或体检时躯体部位的润滑剂,或者作为躯体和医疗器械之间的偶合剂	6.5	5	5		5		5		5	5	
1390	31010019	未经化学处理的其他动植物肥料	6.5	5	5		5		5		5	5	
1391	32012000	荆树皮浸膏	6.5	5	5		5		5		5	5	
1392	32019010	其他植物鞣料浸膏	6.5	5	5		5		5		5	5	
1393	32019090	鞣酸及其盐、醚、酯和其他衍生物	6.5	5	5		5		5		5	5	
1394	32021000	有机合成鞣料	6.5	5	5		5		5		5	5	
1395	32029000	无机鞣料;鞣料制剂等,不论是否含有天然鞣料;预鞣用酶制剂	6.5	5	5		5		5		5	5	
1396	32030011	天然靛蓝及以其为基本成分的制品,包括染料浸膏(不论是否已有化学定义)	6.5	5	5		5		5		5	5	
1397	32030019	其他植物质着色料及以其为基本成分的制品包括染料浸膏(不论是否已有化学定义);32章注释三所述的以植物质着色料为基本成分的制品	6.5	5	5		5		5		5	5	
1398	32030020	动物质着色料及以其为基本成分的制品包括染料浸膏(不论是否已有化学定义,但动物炭黑除外);32章注释三所述的以动物质着色料为基本成分的制品	6.5	5	5		5		5		5	5	
1399	32041100	分散染料及以其为基本成分的制品(不论是否已有化学定义)	7.7	5	5		5		5		5	5	
1400	32041200	酸性染料(不论是否预金属络合)及以其为基本成分的制品(不论是否已有化学定义);媒染染料及以其为基本成分的制品(不论是否已有化学定义)	7.7	5	5		5		5		5	5	
1401	32041300	碱性染料及以其为基本成分的制品(不论是否已有化学定义)	6.5	5	5		5		5		5	5	
1402	32041400	直接染料及以其为基本成分的制品(不论是否已有化学定义)	6.5	5	5		5		5		5	5	
1403	32041510	合成靛蓝(还原靛蓝)(不论是否已有化学定义)	6.5	5	5		5		5		5	5	
1404	32041590	其他瓮染料(包括颜料用的)及以其为基本成分的制品(不论是否已有化学定义)	6.5	5	5		5		5		5	5	
1405	32041600	活性染料及以其为基本成分的制品(不论是否已有化学定义)	7.7	5	5		5		5		5	5	
1406	32041700	颜料及以其为基本成分的制品(不论是否已有化学定义)	6.5	5	5		5		5		5	5	
1407	32041911	硫化黑(硫化青)及以其为基本成分的制品(不论是否已有化学定义)	6.5	5	5		5		5		5	5	
1408	32041919	其他硫化染料及以其为基本成分的制品(不论是否已有化学定义)	6.5	5	5		5		5		5	5	
1409	32041990	由子目号3204.11至3204.19中两个或多个子目所列着色料组成的混合物,(不论是否已有化学定义)	6.5	5	5		5		5		5	5	
1410	32042000	用作萤光增白剂的有机合成产品(不论是否已有化学定义)	6.5	5	5		5		5		5	5	

序号	税则号列	商品名称	最惠国税率(%)	文莱	缅甸	柬埔寨	印尼	老挝	马来西亚	菲律宾	新加坡	泰国	越南
1411	32049010	生物染色剂及染料指示剂(不论是否已有化学定义)	6.5	5	5		5		5		5	5	
1412	32049090	其他用作发光体的有机合成产品(不论是否已有化学定义)	6.5	5	5		5		5		5	5	
1413	32050000	色淀及三十二章注释三所述的以色淀为基本成分的制品	6.5	5	5		5		5		5	5	
1414	32061110	钛白粉	6.5	5	5		5		5		5	5	
1415	32061190	干量计二氧化钛≥80%的颜料及制品,钛白粉除外	6.5	5	5		5		5		5	5	
1416	32062000	铬化合物为基本成分的颜料及制品	6.5	5	5		5		5		5	5	
1417	32063000	镉化合物为基本成分的颜料及制品	6.5	5	5		5		5		5	5	
1418	32064100	群青及以其为基本成分的制品	6.5	5	5		5		5		5	5	
1419	32064210	锌钡白	6.5	5	5		5		5		5	5	
1420	32064290	其他以硫化锌为基本成分的颜料和制品	6.5	5	5		5		5		5	5	
1421	32064300	六氰合高铁酸盐(氰亚铁酸盐及氰亚铁酸盐)为基本成分的颜料及制品	6.5	5	5		5		5		5	5	
1422	32064900	其他着色料及其制品;三十二章注释三所述的制品,但税目32.03,32.04及32.05的货品除外面	6.5	5	5		5		5		5	5	
1423	32065000	用作发光体的无机产品,不论是否已有化学定义	6.5	5	5		5		5		5	5	
1424	32141000	安装玻璃用油灰、接缝用油灰、树脂胶泥、嵌缝胶及其他类似胶粘剂;漆工用填料	9	5	5		5		5		5	9	
1425	32149000	非耐火涂面制剂,涂门面、内墙、地板、天花板等用	9	5	5		5		5		5	9	
1426	32151100	黑色印刷油墨(不论是否固体或浓缩)	6.5	5	5		5		5		5	5	
1427	32151900	其他印刷油墨(不论是否固体或浓缩),黑色印刷油墨除外	6.5	5	5		5		5		5	5	
1428	32159010	书写墨水(不论是否固体或浓缩)	6.5	5	5		5		5		5	5	
1429	34011990	其他用肥皂及有机表面活性产品,条状、块状或模制形状的,以及用肥皂或洗涤剂浸渍、涂面或包覆的纸、絮胎、毡呢及无纺织物	15	15	15		0		0		0	15	
1430	34012000	其他形状的肥皂	15	15	15		0		0		0	15	
1431	34021100	阴离子型有机表面活性剂	6.5	5	5		5		5		5	5	
1432	34021200	阳离子型有机表面活性剂	6.5	5	5		5		5		5	5	
1433	34021300	非离子型有机表面活性剂	6.5	5	5		5		5		5	5	
1434	34021900	其他有机表面活性剂	6.5	5	5		5		5		5	5	
1435	34070010	牙科用蜡及造型膏	6.5	5	5		5		5		5	5	
1436	34070020	以熟石膏为成分的牙科用其他制品	6.5	5	5		5		5		5	5	
1437	35030010	明胶及其衍生物	12	10	10		10		10		10	10	
1438	35030090	鱼胶;其他动物胶	12	10	10		10		10		10	10	
1439	35040090	其他税号未列名蛋白质及其衍生物,皮粉	8	5	5		5		5		5	5	
1440	35051000	糊精及其他改性淀粉	12	10	10		10		10		10	10	
1441	35071000	粗制凝乳酶及其浓缩物	6	5	5		5		5		5	5	
1442	35079010	碱性蛋白酶	6	5	5		5		5		5	5	
1443	35079020	碱性脂肪酶	6	5	5		5		5		5	5	
1444	35079090	其他酶及未列名的酶制品	6	5	5		5		5		5	5	
1445	36010000	发射药	9	5	5		5		5		5	5	
1446	36020010	硝铵炸药,但发射药除外	9	5	5		5		5		5	5	
1447	36020090	其他配制炸药,但发射药除外	9	5	5		5		5		5	5	
1448	36030000	安全导火索、导爆索;火帽或雷管;引爆器;电雷管	9	5	5		5		5		5	5	

序号	税则号列	商品名称	最惠国税率(%)	文莱	缅甸	柬埔寨	印尼	老挝	马来西亚	菲律宾	新加坡	泰国	越南
1449	36041000	烟花、爆竹	6	5	5		5		5		5	5	
1450	36049000	信号弹、降雨火箭、浓雾信号弹及其他烟火制品	6	5	5		5		5		5	5	
1451	36050000	火柴,但税目3604的烟火制品除外	6	5	5		6		5		5	5	
1452	36069011	已切成形可直接使用的铈铁及其他引火合金	9	5	5		5		5		5	5	
1453	36069019	未切成形不可直接使用的铈铁及其他引火合金	9	5	5		5		5		5	5	
1454	36069090	其他易燃材料制品	9	5	5		5		5		5	5	
1455	37019100	彩色摄影用未曝光彩色硬片及平面软片,用纸、纸板及纺织物以外任何材料制成,任何一边≤255mm	22	20	20		20		20		20	20	
1456	37019990	其他用未曝光软片及硬片,用纸、纸板及纺织物以外任何材料制成,任何一边≤255mm	25	20	20		20		20		20	20	
1457	37023100	彩色摄影用未曝光无齿孔彩色胶卷,宽度≤105mm,用纸、纸板及纺织物以外任何材料制成	67元/平方米	50.8元/平方米	50.8元/平方米		50.8元/平方米		50.8元/平方米		50.8元/平方米	50.8元/平方米	
1460	37025100	彩色摄影用未曝光彩色胶卷,宽度≤16mm,长度≤14m,用纸、纸板及纺织物以外任何材料制成	128元/平方米	96.5元/平方米	96.5元/平方米		96.5元/平方米		96.5元/平方米		96.5元/平方米	96.5元/平方米	
1461	37025200	彩色摄影用未曝光彩色胶卷 ,宽度≤16mm,长度>14m,用纸、纸板及纺织物以外任何材料制成	95元/平方米	71.7元/平方米	71.7元/平方米		71.7元/平方米		71.7元/平方米		71.7元/平方米	71.7元/平方米	
1462	37025300	幻灯片用未曝光彩色摄影胶卷,16 mm<宽度≤35 mm,长度<30m,用纸、纸板及纺织物以外任何材料制成	128元/平方米	96.5元/平方米	96.5元/平方米		96.5元/平方米		96.5元/平方米		96.5元/平方米	96.5元/平方米	
1463	37025620	未曝光的彩色电影胶片,宽度>35mm,用纸、纸板及纺织物以外任何材料制成	13元/平方米	10.4元/平方米	10.4元/平方米		10.4元/平方米		10.4元/平方米		10.4元/平方米	10.4元/平方米	
1464	37025690	未曝光的彩色摄影用胶卷,宽度>35mm,用纸、纸板及纺织物以外任何材料制成,电影胶片除外	78元/平方米	58.7元/平方米	58.7元/平方米		58.7元/平方米		58.7元/平方米		58.7元/平方米	58.7元/平方米	
1465	37029520	未曝光的非彩色电影胶片,宽度>35mm,用纸、纸板及纺织物以外任何材料制成	10元/平方米	7.8元/平方米	7.8元/平方米		7.8元/平方米		7.8元/平方米		7.8元/平方米	7.8元/平方米	
1466	37059090	已曝光已冲洗的其他摄影硬片及软片	18	15	15		15		15		15	15	
1467	37071000	摄影用感光乳液	8	5	5		5		5		5	5	
1468	37079010	冲洗胶卷及相片用化学制剂或摄影用未混合品(定量包装或零售包装可立即使用的)	16	15	15		15		16		15	15	
1469	37079090	其他摄影用化学制剂或摄影用未混合品(定量包装或零售包装可立即使用的)	8	5	5		5		8		5	5	
1470	38011000	人造石墨	6.5	5	5		5		5		5	5	
1471	38012000	胶态或半胶态石墨	6.5	5	5		5		5		5	5	
1472	38013000	电极用碳糊及炉衬用的类似糊	6.5	5	5		5		5		5	5	
1473	38019000	其他以石墨或其他碳为基料的糊状、块状、板块状、板状制品或半制品	6.5	5	5		5		5		5	5	
1474	38021000	活性碳	6.5	5	5		5		5		5	5	
1475	38030000	妥尔油,不论是否精炼	6.5	5	5		5		5		5	5	
1476	38040000	木浆残余碱液,不论是否浓缩、脱糖或经化学处理,包括木素磺酸盐,但不包括税目38.03的妥尔油	6.5	5	5		5		5		5	5	
1477	38051000	脂松节油、木松节油和硫酸松节油	6.5	5	5		5		5		5	5	

序号	税则号列	商品名称	最惠国税率(%)	文莱	缅甸	柬埔寨	印尼	老挝	马来西亚	菲律宾	新加坡	泰国	越南
1478	38052000	以α萜品醇为基本成分的松油,用蒸馏或其他方法从针叶木制得	6.5	5	5		5		5		5	5	
1479	38059000	粗制二聚戊烯;亚硫酸盐松节油及其他粗制对异丙基苯甲烷;其他萜烯油,用蒸馏或其他方法从针叶木制得	6.5	5	5		5		5		5	5	
1480	38062010	松香盐及树脂酸盐	6.5	5	5		5		5		5	5	
1481	38062090	松香或树脂酸衍生物的盐,但松香加合物的盐除外	6.5	5	5		5		5		5	5	
1482	38063000	酯胶	6.5	5	5		5		5		5	5	
1483	38069000	其他松香和树脂酸的衍生物;松香精及松香油;再熔胶	6.5	5	5		5		5		5	5	
1484	38070000	木焦油;精制木焦油;木杂酚油;粗木精;植物沥青;以松香、树脂酸或植物沥青为基本成分的啤酒桶沥青及类似制品	6.5	5	5		5		5		5		
1485	38081090	非零售包装杀虫剂	6	5	5		5		5		5	5	
1486	38082010	零售包装的杀菌剂	9	5	5		5		5		5	5	
1487	38082090	非零售包装的杀菌剂	6	5	5		5		5		5	5	
1488	38083011	零售包装的除草剂	9	5	5		9		5		5	5	
1489	38083091	零售包装抗萌剂及植物生长调节剂	9	5	5		9		5		5	5	
1490	38083099	非零售抗萌剂及植物生长调节剂	6	5	5		6		5		5	5	
1491	38084000	消毒剂	9	5	5		9		5		5	5	
1492	38089010	零售包装的杀鼠剂及其他类似产品	9	5	5		5		5		5	5	
1493	38089090	非零售包装的杀鼠剂及其他类似产品	9	5	5		5		5		5	5	
1494	38099100	纺织工业及类似工业用其他税号未列名整理剂、染料加速着色剂或固色助剂及其他产品和制剂	6.5	5	5		5		5		5	5	
1495	38099200	造纸工业用其他税号未列名整理剂、染料加速着色剂或固色助剂及其他产品和制剂	6.5	5	5		5		5		5	5	
1496	38099300	制革工业用其他税号未列名整理剂、染料加速着色剂或固色助剂及其他产品和制剂	6.5	5	5		5		5		5	5	
1497	38101000	金属表面酸洗剂;金属及其他材料制成的焊粉或焊膏	6.5	5	5		5		5		5	5	
1498	38109000	焊接用的焊剂及其他辅助剂;作焊条芯子或焊条涂料用的制品	6.5	5	5		5		5		5	5	
1499	38111100	以铅化合物为基本成分的抗震剂,用于矿物油或与矿物油同样用途的其他液体	6.5	5	5		5		5		5	5	
1500	38111900	抗震剂(以铅化合物为基本成分的除外),用于矿物油或与矿物油同样用途的其他液体	6.5	5	5		5		5		5	5	
1501	38112100	含有石油或从沥青矿物提取的油类的润滑油添加剂	6.5	5	5		5		5		5	5	
1502	38112900	不含石油或从沥青矿物提取的油类的润滑油添加剂	6.5	5	5		5		5		5	5	
1503	38119000	抗氧剂、防胶剂、粘度改良剂、防腐剂配制添加剂,用于矿物油或与矿物油同样用途的其他液体	6.5	5	5		5		5		5	5	
1504	38121000	配制的橡胶促进剂	6	5	5		5		5		5	5	
1505	38122000	橡胶或塑料用复合增塑剂	6.5	5	5		5		5		5	5	
1506	38123010	橡胶的防老剂	6	5	5		5		5		5	5	
1507	38123090	其他橡胶、塑料用抗氧剂及其他稳定剂	6.5	5	5		5		5		5	5	

序号	税则号列	商品名称	最惠国税率(%)	文莱	缅甸	柬埔寨	印尼	老挝	马来西亚	菲律宾	新加坡	泰国	越南
1508	38130010	灭火器的装配药	6.5	5	5		5		5		5	5	
1509	38151100	以镍及其化合物为活性物的载体催化剂	6.5	5	5		5		5		5	5	
1510	38151200	以贵金属及其化合物为活性物的载体催化剂	6.5	5	5		5		5		5	5	
1511	38151900	其他载体催化剂	6.5	5	5		5		5		5	5	
1512	38159000	其他未列名的反应引发剂、促进剂	6.5	5	5		5		5		5	5	
1513	38160000	耐火水泥、灰泥、混凝土及类似耐火材料，但税目38.01的产品除外	6.5	5	5		5		5		5	5	
1514	38170000	混合烷基苯及混合烷基萘，但税目27.07及29.02的产品除外	6.5	5	5		5		5		5	5	
1515	38190000	闸用液压油及其他液压传动用液体，不含石油或从沥青矿物提取的油类，或者按重量计石油或从沥青矿物提取的油类含量低于70%	6.5	5	5		5		5		5	5	
1516	38231100	硬脂酸	16	0	15		0		0		0	15	
1517	38231200	油酸	16	15	15		15		15		15	15	
1518	38231300	妥尔油脂肪酸	16	15	15		15		15		15	15	
1519	38231900	其他工业用单羧脂肪酸；精炼所得的酸性油	16	15	15		15		15		15	15	
1520	38237000	工业用脂肪醇	13	10	10		10		10		10	10	
1521	38241000	铸模及铸芯用粘合剂	6.5	5	5		5		5		5	5	
1522	38242010	环烷酸钴	6.5	5	5		5		5		5	5	
1523	38242090	其他环烷酸及其水不溶性的盐和酯	6.5	5	5		5		5		5	5	
1524	38243000	自身混合或与金属粘合剂混合的未烧结金属碳化物	6.5	5	5		5		5		5	5	
1525	38244000	水泥、灰泥及混凝土用添加剂	6.5	5	5		5		5		5	5	
1526	38245000	非耐火的灰泥及混凝土	6.5	5	5		5		5		5	5	
1527	38246000	子目号2905.44以外的山梨醇	14	10	10		10		10		10	10	
1528	38247100	仅含氟、氯的无环烃全卤化衍生物的混合物	6.5	5	5		5		5		5	5	
1529	38247900	其他含有两种或两种以上不同卤素的无环烃全卤化衍生物的混合物	6.5	5	5		5		5		5	5	
1530	38249010	杂醇油	6.5	5	5		6.5		5		5	5	
1531	38249030	增炭剂	6.5	5	5		6.5		5		5	5	
1532	38249040	聚合MDI	6.5	5	5		6.5		5		5	5	
1533	38249090	其他税目未列名的化学工业及其相关工业的化学产品及配制品	6.5	5	5		6.5		5		5	5	
1534	38251000	城市垃圾	6.5	5	5		5		5		5	5	
1535	38252000	下水道淤泥	6.5	5	5		5		5		5	5	
1536	38253000	医疗废物	6.5	5	5		5		5		5	5	
1537	38254100	含卤化物的废有机溶剂	6.5	5	5		5		5		5	5	
1538	38254900	其他废有机溶剂	6.5	5	5		5		5		5	5	
1539	38256100	主要含有机成分的化工及相关工业废物	6.5	5	5		5		5		5	5	
1540	38256900	其他税目未列名的化工及相关工业废物	6.5	5	5		5		5		5	5	
1541	38259000	其他税目未列名的化学工业及相关工业的副产品	6.5	5	5		5		5		5	5	
1542	39013000	初级形状乙烯－乙酸乙烯酯共聚物	6.5	5	5		5		5		5	5	
1543	39032000	初级形状苯乙烯－丙烯腈共聚物	12	10	10		10		10		10	10	
1544	39043000	氯乙烯－乙酸乙烯酯共聚物	9	5	5		9		5		5	5	
1545	39044000	初级形状的其他氯乙烯共聚物	12	10	10		10		10		10	10	
1546	39046900	初级形状的其他氟聚合物	6.5	5	5		5		5		5	5	
1547	39053000	初级形状的聚乙烯醇(不论是否含有未水解的乙酸酯基)	14	10	10		10		10		10	10	

序号	税则号列	商品名称	最惠国税率(%)	文莱	缅甸	柬埔寨	印尼	老挝	马来西亚	菲律宾	新加坡	泰国	越南
1548	39061000	初级形状的聚甲基丙烯酸甲酯	6.5	5	5		5		5		5	5	
1549	39069010	聚丙稀酰胺	6.5	5	5		5		5		5	5	
1550	39069090	其他初级形状的丙烯酸聚合物	6.5	5	5		5		5		5	5	
1551	39074000	初级形状的聚碳酸酯	6.5	5	5		5		5		5	5	
1552	39076090	其他初级形状聚对苯二甲酸乙二酯	6.5	5	5		5		5		5	5	
1553	39079900	初级形状的其他聚酯	6.5	5	5		5		5		5	5	
1554	39081090	其他初级形状的聚酰胺	6.5	5	5		5		5		5	5	
1555	39091000	初级形状的尿素树脂及硫尿树脂	6.5	5	5		5		5		5	5	
1556	39092000	初级形状的蜜胺树脂	6.5	5	5		5		5		5	5	
1557	39093000	初级形状的其他氨基树脂	6.5	5	5		5		5		5	5	
1558	39094000	初级形状的酚醛树脂	6.5	5	5		5		5		5	5	
1559	39100000	初级形状的聚硅氧烷	6.5	5	5		5		5		5	5	
1560	39111000	初级形状的石油树脂、苯并呋喃－茚树脂、多萜树脂	6.5	5	5		5		5		5	5	
1561	39119000	其他初级形状的多硫化物、聚砜及三十九章注释3所规定的其他税号未列名新产品	6.5	5	5		5		5		5	5	
1562	39121100	初级形状的未塑化醋酸纤维素	6.5	5	5		5		5		5	5	
1563	39121200	初级形状的已塑化醋酸纤维素	6.5	5	5		5		5		5	5	
1564	39122000	初级形状的硝酸纤维素	6.5	5	5		5		5		5	5	
1565	39123100	初级形状的羧甲基纤维素及其盐	6.5	5	5		5		5		5	5	
1566	39123900	初级形状的其他纤维素醚	6.5	5	5		5		5		5	5	
1567	39129000	初级形状的其他未列名的纤维素(包括化学衍生物)	6.5	5	5		5		5		5	5	
1568	39139000	初级形状的其他未列名天然聚合物(包括改性天然聚合物)	6.5	5	5		5		5		5	5	
1569	39140000	初级形状的离子交换剂	6.5	5	5		5		5		5	5	
1570	39173200	其他未装有附件的塑料制管子	6.5	5	5		6.5		5		5	5	
1571	39173300	其他装有附件的塑料管子	6.5	5	5		6.5		5		5	5	
1572	39191010	丙烯酸树脂为基本成分的成卷胶粘板片条等,宽度≤20cm	6.5	5	5		5		6.5		5	5	
1573	39191091	宽度≤20cm成卷的胶囊型反光膜	6.5	5	5		5		6.5		5	5	
1574	39191099	其他材料制的,宽度≤20cm的其他成卷塑料胶粘板片等	6.5	5	5		5		6.5		5	5	
1575	39199010	其他胶囊型反光膜	6.5	5	5		5		6.5		5	5	
1576	39199090	其他自粘塑料板、片、膜等材料	6.5	5	5		5		6.5		5	5	
1577	39201010	乙烯聚合物制电池隔膜	6.5	5	5		5		5		5	5	
1578	39201090	其他乙烯聚合物制板、片、带	6.5	5	5		5		5		5	5	
1579	39202010	丙烯聚合物制电池隔膜	6.5	5	5		6.5		6.5		5	5	
1580	39202090	其他丙烯聚合物制板、片、带	6.5	5	5		6.5		6.5		5	5	
1581	39203000	非泡沫聚苯乙烯板、片、膜、箔及扁条	6.5	5	5		5		6.5		5	5	
1582	39204900	按重量计增塑剂含量小于6%的聚氯乙烯板、片、膜、箔及扁条	9	5	5		9		5		5	5	
1583	39205100	聚甲基丙烯酸甲酯板片膜箔及扁条	6.5	5	5		6.5		5		5	5	
1584	39205900	其他丙烯酸聚合物板片膜箔及扁条	6.5	5	5		6.5		5		5	5	
1585	39206100	聚碳酸酯制板、片、膜、箔及扁条	6.5	5	5		5		6.5		5	5	
1586	39206200	聚对苯二甲酸乙二酯板片膜箔扁条	6.5	5	5		6.5		6.5		5	5	
1587	39207100	再生纤维素制板、片、膜、箔及扁条	6.5	5	5		6.5		5		5	5	
1588	39207300	醋酸纤维素制板、片、膜、箔及扁条	6.5	5	5		6.5		5		5	5	

序号	税则号列	商品名称	最惠国税率(%)	文莱	缅甸	柬埔寨	印尼	老挝	马来西亚	菲律宾	新加坡	泰国	越南
1589	39209100	聚乙烯醇缩丁醛板、片、膜、箔及扁条	6.5	5	5		6.5		6.5		5	5	
1590	39209300	氨基树脂板、片、膜、箔及扁条	6.5	5	5		5		6.5		5	5	
1591	39209910	聚四氟乙烯制的非泡沫塑料板片	6.5	5	5		6.5		6.5		5	5	
1592	39209990	其他塑料制的非泡沫塑料板片	6.5	5	5		6.5		6.5		5	5	
1593	39211290	泡沫聚氯乙烯板、片、带、箔及扁条	6.5	5	5		6.5		6.5		5	5	
1594	39211390	泡沫聚氨酯板、片、带、箔及扁条	6.5	5	5		6.5		5		5	5	
1595	39211990	其他泡沫塑料板、片、膜、箔及扁条	6.5	5	5		6.5		6.5		5	5	
1596	39219020	嵌有玻璃纤维的聚乙烯板、片	6.5	5	5		5		6.5		5	5	
1597	39219030	聚异丁烯为基本成分的附有人造毛毡的板、片、卷材	6.5	5	5		5		6.5		5	5	
1598	39219090	未列名塑料板、片、膜、箔及扁条	6.5	5	5		5		6.5		5	5	
1599	40021110	羧基丁苯橡胶胶乳	7.5	5	5		5		5		5	5	
1600	40021190	丁苯橡胶胶乳	7.5	5	5		5		5		5	5	
1601	40021911	初级形状未经任何加工的丁苯橡胶	7.5	5	5		5		5		5	5	
1602	40021912	初级形状的充油丁苯橡胶	7.5	5	5		5		5		5	5	
1603	40021913	初级形状的热塑丁苯橡胶	7.5	5	5		5		5		5	5	
1604	40021914	初级形状的充油热塑丁苯橡胶	7.5	5	5		5		5		5	5	
1605	40021990	丁苯橡胶及羧基丁苯橡胶板、片、带	7.5	5	5		5		5		5	5	
1606	40022010	初级形状的丁二烯橡胶	7.5	5	5		5		5		5	5	
1607	40022090	丁二烯橡胶板、片、带	7.5	5	5		5		5		5	5	
1608	40023110	初级形状的异丁烯－异戊二烯橡胶	6	5	5		5		5		5	5	
1609	40023190	异丁烯－异戊二烯橡胶板、片、带	7.5	5	5		5		5		5	5	
1610	40023910	初级形状的其他卤代丁基橡胶	7.5	5	5		5		5		5	5	
1611	40023990	卤代丁基橡胶板、片、带	7.5	5	5		5		5		5	5	
1612	40024100	氯丁二烯橡胶胶乳	7.5	5	5		5		5		5	5	
1613	40024910	初级形状的氯丁二烯橡胶	7.5	5	5		5		5		5	5	
1614	40024990	氯丁二烯橡胶板、片、带	7.5	5	5		5		5		5	5	
1615	40025100	丁腈橡胶胶乳	7.5	5	5		5		5		5	5	
1616	40025910	初级形状的丁腈橡胶	7.5	5	5		5		5		5	5	
1617	40025990	丁腈橡胶板、片、带	7.5	5	5		5		5		5	5	
1618	40027010	初级形状的乙丙非共轭二烯橡胶	7.5	5	5		5		5		5	5	
1619	40027090	乙丙非共轭二烯橡胶板、片、带	7.5	5	5		5		5		5	5	
1620	40028000	天然橡胶与合成橡胶的混合物	7.5	5	5		5		5		5	5	
1621	40029100	其他未列名的合成橡胶胶乳	7.5	5	5		5		5		5	5	
1622	40029911	其他初级形状的合成橡胶	7.5	5	5		5		5		5	5	
1623	40029919	其他合成橡胶板、片、带	7.5	5	5		5		5		5	5	
1624	40030000	初级形状或板、片、带状再生橡胶	8	5	5		5		5		5	5	
1625	40040000	橡胶(硬质橡胶除外)废碎料及下脚料及其粉、粒	8	5	5		5		5		5	5	
1626	40051000	与碳黑等混合的未硫化复合橡胶	8	5	5		5		5		5	5	
1627	40052000	未硫化的复合橡胶溶液及分散体	8	5	5		5		5		5	5	
1628	40059100	其他未硫化的复合橡胶板、片、带	8	5	5		5		5		5	5	
1629	40059900	其他未硫化的初级形状复合橡胶	8	5	5		5		5		5	5	
1630	40061000	未硫化轮胎翻新用胎面补料胎条	8	5	5		5		5		5	5	
1631	40069010	未硫化橡胶的杆、管或型材及异型材	8	5	5		5		5		5	5	
1632	40069020	未硫化橡胶制品	14	10	10		10		10		10	10	
1633	40070000	硫化橡胶线及绳	14	10	10		10		10		10	10	
1634	40081100	海绵硫化橡胶制的板、片及带	8	5	5		5		5		5	5	
1635	40081900	海绵硫化橡胶制型材、异型材及杆	8	5	5		5		5		5	5	

序号	税则号列	商品名称	最惠国税率(%)	文莱	缅甸	柬埔寨	印尼	老挝	马来西亚	菲律宾	新加坡	泰国	越南
1636	40082100	非海绵硫化橡胶制板、片及带	8	5	5		5		5		5	5	
1637	40082900	非海绵硫化橡胶型材、异型材及杆	8	5	5		5		5		5	5	
1638	40091100	未加强或未与其他材料合制硫化橡胶管,未装有附件	10.5	10	10		10		10.5		10	10	
1639	40092100	用金属加强或只与金属合制的硫化橡胶管,未装有附件	10.5	10	10		10		10.5		10	10	
1640	40093100	用纺织材料加强或只与纺织材料合制硫化橡胶管,未装有附件	10.5	10	10		10		10.5		10	10	
1641	40094100	用其他材料加强或与其他材料合制硫化橡胶管,未装有附件	10.5	10	10		10		10.5		10	10	
1642	40103100	梯形截面的环形传动带(三角带),V形肋状的,外周长超过60cm,但不超过180cm	8	5	5		5		8		5	5	
1643	40103200	梯形截面的环形传动带(三角带),V形肋状的除外,外周长超过60cm,但不超过180cm	8	5	5		5		8		5	5	
1644	40103300	180cm<外周长≤240cm的三角带,V形肋状的	8	5	5		5		8		5	5	
1645	40103400	180cm<外周长≤240cm的三角带,V形肋状的除外	8	5	5		5		8		5	5	
1646	40103900	其他硫化橡胶制的传动带及带料	8	5	5		5		8		5	5	
1647	40116100	农业或林业车辆及机器用人字形胎面或类似胎面的新充气橡胶轮胎	17.5	15	15		17.5		17.5		15	15	
1648	40116200	辋圈尺寸不超过61cm的建筑或工业搬运车辆及机器用人字形胎面或类似胎面的新充气橡胶轮胎	17.5	15	15		17.5		17.5		15	15	
1649	40116300	辋圈>61cm建筑或工业搬运车辆及机器用人字形胎面或类似胎面的新充气橡胶轮胎	17.5	15	15		17.5		17.5		15	15	
1650	40116900	其他人字形胎面或类似胎面的新充气橡胶轮胎	17.5	15	15		17.5		15		15	15	
1651	40119200	农业或林业车辆及机器用非人字形胎面或类似胎面的新充气橡胶轮胎	25	20	20		25		25		20	20	
1652	40119300	辋圈尺寸不超过61cm的建筑或工业搬运车辆及机器用非人字形胎面或类似胎面的新充气橡胶轮胎	25	20	20		25		25		20	20	
1653	40119400	辋圈>61cm建筑或工业搬运车辆及机器用非人字形胎面或类似胎面的新充气橡胶轮胎	25	20	20		25		20		20	20	
1654	40119900	其他新的充气橡胶轮胎	25	20	20		25		20		20	20	
1655	40122010	汽车用旧的充气橡胶轮胎	25	20	20		25		25		20	20	
1656	40122090	其他用途旧的充气橡胶轮胎	25	20	20		25		25		20	20	
1657	40129020	汽车用实心或半实心橡胶轮胎	22	20	20		20		20		20	22	
1658	40129090	其他用实心或半实心橡胶轮胎	22	20	20		20		20		20	22	
1659	40149000	硫化橡胶制其他卫生及医疗用品	17.5	15	15		15		15		15	15	
1660	40151100	硫化橡胶制外科用手套	8	5	5		5		5		5	5	
1661	40151900	硫化橡胶制其他手套	18	15	15		15		15		15	15	
1662	40159010	医疗用硫化橡胶衣着用品及附件	8	5	5		5		5		5	5	
1663	40161010	硫化海绵橡胶制机器及仪器用零件	8	5	5		5		5		5	5	
1664	40169100	硫化橡胶制铺地制品及门垫	18	15	15		15		15		15	15	
1665	40169200	硫化橡胶制橡皮擦	18	0	15		0		0		0	15	
1666	40169310	硫化橡胶制机器、仪器用垫片、垫圈及其他密封垫	8	5	5		5		5		5	5	
1667	40169400	硫化橡胶制船舶或码头的碰垫	18	15	15		15		15		15	15	
1668	40169500	硫化橡胶制其他可充气制品	18	15	15		15		15		15	15	

序号	税则号列	商品名称	最惠国税率(%)	文莱	缅甸	柬埔寨	印尼	老挝	马来西亚	菲律宾	新加坡	泰国	越南
1669	40169910	硫化橡胶制机器及仪器用其他零件	8	5	5		5		8		5	5	
1670	40170010	各种形状的硬质橡胶(包括废碎料)	8	5	5		5		5		5	5	
1671	41012011	规定重量范围内的整张生牛皮,经逆鞣处理的	8	5	5		5		5		5	5	
1672	41015011	经逆鞣处理的重量>16公斤的整张生牛皮	8.4	5	5		5		5		5	5	
1673	41019011	其他(包括整张或半张的背皮及腹皮)经逆鞣处理的生牛皮	8.4	5	5		5		5		5	5	
1674	41021000	带毛的绵羊或羔羊生皮	7	5	5		5		5		5	5	
1675	41022110	浸酸的不带毛绵羊或羔羊生皮,经逆鞣处理的	14	10	10		10		10		10	10	
1676	41022190	浸酸的不带毛绵羊或羔羊生皮,经逆鞣处理的除外	9	5	5		5		5		5	5	
1677	41022910	其他不带毛的绵羊或羔羊生皮,经逆鞣处理的	14	10	10		10		10		10	10	
1678	41022990	其他不带毛的绵羊或羔羊生皮,经逆鞣处理的除外	7	5	5		5		5		5	5	
1679	41031011	经逆鞣处理的山羊板皮	14	10	10		10		10		10	10	
1680	41031019	山羊板皮,经逆鞣处理的除外	9	5	5		5		5		5	5	
1681	41031091	经逆鞣处理的其他山羊或小山羊皮	14	10	10		10		10		10	10	
1682	41031099	其他山羊或小山羊皮,经逆鞣处理的除外	9	5	5		5		5		5	5	
1683	41032000	爬行动物的生皮	9	5	5		5		5		5	5	
1684	41033000	生猪皮	9	5	5		5		5		5	5	
1685	41039000	其他生皮	9	5	5		5		5		5	5	
1686	41041111	全粒面未剖层或粒面剖层蓝湿牛皮	7	5	5		5		5		5	5	
1687	41041119	其他全粒面未剖层或粒面剖层湿牛皮革	8	5	5		5		5		5	5	
1688	41041911	其他蓝湿牛皮	7	5	5		5		5		5	5	
1689	41041919	其他湿牛皮革	7	5	5		5		5		5	5	
1690	41041920	其他湿马皮革	7	5	5		5		5		5	5	
1691	41044990	其他干革(坯革)	7	5	5		5		5		5	5	
1692	41051010	蓝湿绵羊或羔羊皮	14	10	10		10		10		10	10	
1693	41053000	绵羊或羔羊十革(坯革)	8	5	5		5		5		5	5	
1694	41062100	山羊或小山羊皮湿革	14	10	10		10		10		10	10	
1695	41062200	山羊或小山羊皮干革(坯革)	14	10	10		10		10		10	10	
1696	41063110	蓝湿猪皮	14	10	10		10		10		10	10	
1697	41063190	其他猪皮湿革	14	10	10		10		10		10	10	
1698	41063200	猪皮干革(坯革)	14	10	10		10		10		10	10	
1699	41064000	爬行动物皮革	14	10	10		10		10		10	10	
1700	41069100	其他未列名动物皮湿革(包括蓝湿皮革)	14	10	10		10		10		10	10	
1701	41069200	其他未列名动物皮干革(坯革)	14	10	10		10		10		10	10	
1702	41071110	已鞣全粒面未剖层整张牛皮革	8	5	5		5		5		5	5	
1703	41071210	已鞣粒面剖层整张牛皮革	8	5	5		5		5		5	5	
1704	41071990	其他已鞣整张牛马皮革	7	5	5		5		5		5	5	
1705	41079990	其他已鞣非整张牛马皮革	7	5	5		5		5		5	5	
1706	41120000	已鞣进一步加工的不带毛绵羊或羔羊皮革	8	5	5		5		5		5	5	
1707	41131000	已鞣进一步加工的不带毛山羊或小山羊皮革	14	10	10		10		10		10	10	
1708	41132000	已鞣进一步加工的不带毛猪皮革	14	10	10		10		10		10	10	
1709	41133000	已鞣进一步加工的不带毛爬行动物皮革	14	10	10		10		10		10	10	
1710	41139000	其他已鞣进一步加工的不带毛动物皮革	14	10	10		10		10		10	10	
1711	41141000	油鞣皮革	14	10	10		10		10		10	10	
1712	41151000	以皮革或皮革纤维为基本成分的再生皮革,成块、成张或成条,不论是否成卷	14	10	10		10		10		10	10	

序号	税则号列	商品名称	最惠国税率(%)	文莱	缅甸	柬埔寨	印尼	老挝	马来西亚	菲律宾	新加坡	泰国	越南
1713	41152000	皮革或再生皮革边角料;皮革粉末	14	10	10		10		10		10	10	
1714	42040000	机器、机械器具或其他专门技术用途的皮革或再生皮革制品	8	5	5		5		5		5	5	
1715	42050010	皮革或再生皮革制坐具套	12	10	10		10		10		10	10	
1716	42050090	皮革或再生皮革的其他制品	12	10	10		10		10		10	10	
1717	43031010	毛皮衣服	23	20	20		20		20		20	20	
1718	43031020	毛皮衣着附件	18	15	15		15		15		15	15	
1719	43039000	毛皮制其他物品	18	15	15		15		15		15	15	
1720	43040010	人造毛皮	18	15	15		15		15		15	15	
1721	43040020	人造毛皮制品	18	15	15		15		15		15	15	
1722	44020000	木炭	10.5	10	10		10		10		10	10	
1723	44041000	针叶木的箍木、木劈条、木桩、木棒及类似品,木片条	8	5	5		5		5		5	5	
1724	44042000	非针叶木箍木、木劈条、木桩、木棒及类似品,木片条	8	5	8		5		5		5	5	
1725	44050000	木丝及木粉	8	5	5		5		5		5	5	
1726	44091010	针叶木地板条(块)	7.5	5	5		5		5		5	5	
1727	44091090	一边或面制成连续形状的针叶木材,不论是否刨平、砂光或指榫结合	7.5	5	5		5		5		5	5	
1728	44130000	强化木	6	5	5		5		5		5	5	
1729	44151000	木箱及类似的包装容器;电缆卷筒	7.5	5	7.5		5		5		5	5	
1730	44185000	木瓦及盖屋板	7.5	5	7.5		5		5		5	5	
1731	45011000	未加工或简单加工的天然软木	6	5	5		5		5		5	5	
1732	45020000	除去表皮或粗切成方形或成块、板、片或条状的天然软木	8	5	5		5		5		5	5	
1733	45031000	天然软木塞子	8	5	5		5		5		5	5	
1734	45039000	其他天然软木制品	10.5	10	10		10		10		10	10	
1735	45041000	块、板、片及条状压制软木;任何形状的砖、瓦;实心圆柱体,包括原片	8.4	5	5		5		5		5	5	
1736	46012010	藤制的席子、席料及帘子	9	5	5		5		5		5	5	
1737	46012021	蔺草制的席子、席料及帘子	9	5	5		5		5		5	5	
1738	46012029	其他草制的席子、席料及帘子	9	5	5		5		5		5	5	
1739	46012031	苇帘	9	5	5		5		5		5	5	
1740	46012039	芦苇制的席子、席料	9	5	5		5		5		5	5	
1741	46012040	竹制的席子、席料、帘子	9	5	5		5		5		5	5	
1742	46012090	其他植物材料制席子、席料及帘子	9	5	5		5		5		5	5	
1743	46019111	藤制的缏条及类似产品,不论是否缝合成宽条	9	5	5		5		5		5	5	
1744	46019119	藤制的其他编结材料产品	9	5	5		5		5		5	5	
1745	46019191	其他植物编结材料的缏条及类似产品,不论是否缝合成宽条	9	5	5		5		5		5	5	
1746	46019199	其他植物编结材料产品	9	5	5		5		5		5	5	
1747	46019910	其他非植物编结材料的缏条及类似产品,不论是否缝合成宽条	9	5	5		5		5		5	5	
1748	46019990	其他非植物编结材料产品	9	5	5		5		5		5	5	
1749	46021010	藤编制的篮筐及其他制品	9	5	5		5		5		5	5	
1750	46021020	草编制的篮筐及其他制品	9	5	5		5		5		5	5	
1751	46021030	竹编制的篮筐及其他制品	9	5	5		5		5		5	5	
1752	46021040	玉米皮编制的篮筐及其他制品	9	5	5		5		5		5	5	

序号	税则号列	商品名称	最惠国税率(%)	文莱	缅甸	柬埔寨	印尼	老挝	马来西亚	菲律宾	新加坡	泰国	越南
1753	46021050	柳条编制的篮筐及其他制品	9	5	5		5		5		5	5	
1754	46021090	其他植物材料编制篮筐及其他制品	9	5	5		5		5		5	5	
1755	46029000	其他编结材料制品及其他制品	9	5	5		5		5		5	5	
1756	50010010	适于缫丝的桑蚕茧	6	5	5		5		5		5	5	
1757	50010090	适于缫丝的其他蚕茧	6	5	5		5		5		5	5	
1758	50020011	厂丝	9	5	5		5		5		5	9	
1759	50020012	土丝	9	5	5		5		5		5	9	
1760	50020013	双宫丝	9	5	5		5		5		5	9	
1761	50020019	其他未加捻桑蚕丝	9	5	5		5		5		5	9	
1762	50020020	未加捻柞蚕丝	9	5	5		5		5		5	9	
1763	50020090	未加捻其他生丝	9	5	5		5		5		5	9	
1764	50031000	未梳废丝	9	5	5		5		5		5	5	
1765	50039000	其他废丝	9	5	5		5		5		5	5	
1766	50040000	非供零售用丝纱线	6	5	5		5		5		5	6	
1767	50050010	非供零售用䌷丝纱线	6	5	5		5		5		5	5	
1768	50050090	非供零售用其他绢纺纱线	6	5	5		5		5		5	5	
1769	50060000	零售用丝纱线、绢纺纱线;蚕胶丝	6	5	5		5		5		5	5	
1770	51021100	未梳喀什米尔山羊毛	9	5	5		5		5		5	5	
1771	51021910	未梳兔毛	9	5	5		5		5		5	5	
1772	51021920	未梳其他山羊绒	9	5	5		5		5		5	5	
1773	51021930	未梳骆驼毛、骆驼绒	9	5	5		5		5		5	5	
1774	51021990	未梳的其他动物细毛	9	5	5		5		5		5	5	
1775	51022000	未梳的动物粗毛	9	5	5		5		5		5	5	
1776	51031090	其他动物细毛落毛	9	5	5		5		5		5	5	
1777	51032010	羊毛废料	13.5	10	10		10		10		10	10	
1778	51032090	其他动物细毛废料	9	5	5		5		5		5	5	
1779	51033000	动物粗毛废料	9	5	5		5		5		5	5	
1780	51091000	零售用纯羊毛或动物细毛纱线	6	5	5		5		5		5	5	
1781	51099000	零售用混纺羊毛或动物细毛纱线	6	5	5		5		5		5	5	
1782	51100000	动物粗毛或马毛的纱线	6	5	5		5		5		5	5	
1783	52071000	供零售用纯棉纱线	6	5	5		5		5		5	5	
1784	52079000	供零售用混纺棉纱线	6	5	5		5		5		5	5	
1785	52082300	漂白的轻质全棉三、四线斜纹布	12	10	10		10		10		10	10	
1786	52092100	漂白的重质全棉平纹布	12	10	10		10		10		10	10	
1787	52092200	漂白的重质全棉三、四线斜纹布	12	10	10		10		10		10	10	
1788	52092900	漂白的重质其他全棉机织物	12	10	10		10		10		10	10	
1789	52101100	与化纤混纺未漂白轻质平纹棉布	12	10	10		10		10		10	10	
1790	52101200	化纤混纺未漂白轻质三线或四线斜纹棉布	12	10	10		10		10		10	10	
1791	52101900	与化纤混纺未漂白轻质其他棉布	12	10	10		10		10		10	10	
1792	52111100	与化纤混纺未漂白重质平纹棉布	12	10	10		10		10		10	10	
1793	52111200	化纤混纺未漂白重质三线或四线斜纹棉布	12	10	10		10		10		10	10	
1794	52111900	与化纤混纺未漂白重质其他棉布	12	10	10		10		10		10	10	
1795	52121100	未漂白的其他混纺轻质棉布	12	10	10		10		10		10	10	
1796	52121200	漂白的其他混纺轻质棉布	14	10	10		10		10		10	10	
1797	52122100	未漂白的其他混纺重质棉布	12	10	10		10		10		10	10	
1798	52122200	漂白的其他混纺重质棉布	14	10	10		10		10		10	10	
1799	53011000	生的或沤制的亚麻	6	5	5		5		5		5	5	
1800	53012100	破开或打成的亚麻	6	5	5		5		5		5	5	

序号	税则号列	商品名称	最惠国税率(%)	文莱	缅甸	柬埔寨	印尼	老挝	马来西亚	菲律宾	新加坡	泰国	越南
1801	53012900	栉梳或经其他加工未纺制的亚麻	6	5	5		5		5		5	5	
1802	53013000	亚麻短纤及废麻	6	5	5		5		5		5	5	
1803	53021000	生的或沤制的大麻	6	5	5		5		5		5	5	
1804	53029000	经加工、未纺的大麻、大麻短纤及废麻	6	5	5		5		5		5	5	
1805	53061000	亚麻单纱	6	5	5		5		5		5	5	
1806	53071000	黄麻及其他纺织用韧皮纤维单纱	6	5	5		5		5		5	5	
1807	53072000	黄麻及其他纺织用韧皮纤维多股纱或缆线	6	5	5		5		5		5	5	
1808	53081000	椰壳纤维纱线	6	5	5		5		5		5	5	
1809	53082000	大麻纱线	6	5	5		5		5		5	5	
1810	53089011	未漂白或漂白的全苎麻纱线	6	5	5		5		5		5	5	
1811	53089012	全苎麻色纱线	6	5	5		5		5		5	5	
1812	53089013	未漂白或漂白的混纺苎麻纱线	6	5	5		5		5		5	5	
1813	53089014	混纺苎麻色纱线	6	5	5		5		5		5	5	
1814	53089091	纸纱线	6	5	5		5		5		5	5	
1815	53089099	其他植物纺织纤维纱线	6	5	5		5		5		5	5	
1816	53110013	其他全苎麻机织物	12	10	10		10		10		10	10	
1817	53110015	其他混纺苎麻机织物	12	10	10		10		10		10	10	
1818	57019010	化纤结织栽绒地毯及其他铺地制品	16	15	15		15		15		15	15	
1819	57023200	未制成的化纤起绒地毯及铺地制品	16	15	15		15		15		15	15	
1820	57025200	未制成化纤非起绒地毯及铺地制品	16	15	15		15		15		15	15	
1821	57029200	制成的化纤非起绒地毯及铺地制品	16	15	15		15		15		15	15	
1822	58012100	不割绒的棉制纬起绒织物	12	10	10		10		10		10	10	
1823	58021100	未漂白棉毛巾织物及类似毛圈机织物	12	10	10		10		10		10	10	
1824	59041000	列诺伦(亚麻油地毡)	14	10	10		10		10		10	10	
1825	59090000	纺织材料制水龙软管及类似管子	8	5	5		5		5		5	5	
1826	59100000	纺织材料制的传动带或输送带及带料	8	5	5		5		5		5	5	
1827	59111090	其他涂胶等针布及专门技术用途的纺织物起绒狭幅织物	8	5	5		5		5		5	5	
1828	59112000	筛布	8	5	5		5		5		5	5	
1829	59113100	造纸等机器用轻的环状或有联接装置的布或毡呢	8	5	5		5		5		5	5	
1830	59113200	造纸等机器用重的环状或有联接装置的布或毡呢	8	5	5		5		5		5	5	
1831	59114000	用于榨油机器或类似机器的滤布	8	5	5		5		5		5	5	
1832	59119000	其他专门技术用途纺织产品及制品	8	5	5		5		5		5	5	
1833	61011000	毛制针织或钩编男式大衣、防风衣	25	20	20		20		20		20	20	
1834	61012000	棉制针织或钩编男式大衣、防风衣	17.5	15	15		15		15		15	15	
1835	61021000	毛制针织或钩编女式大衣、防风衣	25	20	20		20		20		20	20	
1836	61022000	棉制针织或钩编女式大衣、防风衣	17.5	15	15		15		15		15	15	
1837	61031100	毛制针织或钩编男式西服套装	25	20	20		20		20		20	20	
1838	61031200	合纤制针织或钩编男西服套装	25	20	20		20		20		20	20	
1839	61032100	毛制针织或钩编男式便服套装	25	20	20		20		20		20	20	
1840	61032300	合纤制针织或钩编男便服套装	25	20	20		20		20		20	20	
1841	61032900	其他纺织材料制针织或钩编男式便服套装	25	20	20		20		20		20	20	
1842	61033200	棉制针织或钩编男式上衣	16	15	15		15		15		15	15	
1843	61034200	棉制针织或钩编男长裤、工装裤等	16	15	15		16		16		15	15	
1844	61041200	棉制针织或钩编女式西服套装	17.5	15	15		17.5		17.5		15	15	
1845	61041300	合纤制针织或钩编女西服套装	25	20	20		25		25		20	20	
1846	61042200	棉制针织或钩编女式便服套装	17.5	15	15		15		15		15	15	
1847	61042300	合纤制针织或钩编女便服套装	25	20	20		20		20		20	20	

序号	税则号列	商品名称	最惠国税率(%)	文莱	缅甸	柬埔寨	印尼	老挝	马来西亚	菲律宾	新加坡	泰国	越南
1848	61043200	棉制针织女式上衣	16	15	15		16		15		15	15	
1849	61044200	棉制针织或钩编连衣裙	16	15	15		16		16		15	15	
1850	61046200	棉制针织或钩编女长裤、工装裤等	16	15	15		16		15		15	15	
1851	61046900	其他纺织材料制针织或钩编女长裤等	16	15	15		15		16		15	15	
1852	61051000	棉制针织或钩编男衬衫	16	15	15		16		16		15	15	
1853	61061000	棉制针织或钩编女衬衫	16	15	15		16		16		15	15	
1854	61071200	化纤制针织或钩编男内裤及三角裤	16	15	15		16		15		15	15	
1855	61072200	化纤制针织或钩编男睡衣裤	16	15	15		15		15		15	15	
1856	61079200	化纤制针织或钩编男浴衣、晨衣	16	15	15		15		15		15	15	
1857	61081100	化纤制针织或钩编长衬裙及衬裙	16	15	15		15		15		15	15	
1858	61082200	化纤制针织或钩编女三角裤及短衬裤	16	15	15		15		16		15	15	
1859	61083200	化纤制针织或钩编女睡衣及睡衣裤	16	15	15		15		15		15	15	
1860	61089200	化纤制针织或钩编女浴衣、晨衣	16	15	15		15		15		15	15	
1861	61102000	棉制针织或钩编套头衫等	14	10	10		10		10		10	10	
1862	61103000	化纤制针织或钩编套头衫等	16	15	15		15		15		15	15	
1863	61113000	合纤制针织婴儿服装及附件	16	15	15		16		15		15	15	
1864	61121100	棉制针织或钩编运动服	16	15	15		15		15		15	15	
1865	61122010	棉制针织或钩编滑雪服	16	15	15		15		15		15	15	
1866	61141000	毛制针织或钩编的其他服装	16	15	15		15		15		15	15	
1867	61142000	棉制针织或钩编的其他服装	16	15	15		15		15		15	15	
1868	61151100	单丝<67分特合纤制连裤袜等	16	15	15		15		15		15	15	
1869	61151200	单丝≥67分特合纤制连裤袜等	16	15	15		15		15		15	15	
1870	61159300	合纤制针织或钩编短袜及其他袜类	16	15	15		15		15		15	15	
1871	61169300	合纤制其他针织或钩编手套	16	15	15		15		15		15	15	
1872	62011210	棉制男式羽绒服	16	15	15		15		15		15	15	
1873	62011290	棉制男式大衣、斗篷及类似品	16	15	15		15		15		15	15	
1874	62019210	棉制男式其他羽绒服	16	15	15		15		15		15	15	
1875	62019290	棉制男式带风帽防寒短上衣、防风衣	16	15	15		15		15		15	15	
1876	62021210	棉制女式羽绒服	16	15	15		15		15		15	15	
1877	62021290	棉制女式大衣、斗篷及类似品等	16	15	15		15		15		15	15	
1878	62029210	棉制女式其他羽绒服	16	15	15		15		15		15	15	
1879	62029290	棉制女式带风帽防寒短上衣、防风衣	16	15	15		15		15		15	15	
1880	62032200	棉制男式便服套装	17.5	15	15		15		15		15	15	
1881	62033200	棉制男式上衣	16	15	15		15		15		15	15	
1882	62034210	棉制男式阿拉伯裤	16	15	15		16		16		15	15	
1883	62034290	棉制男式长裤、工装裤等	16	15	15		16		16		15	15	
1884	62041200	棉制女式西服套装	17.5	15	15		17.5		15		15	15	
1885	62042200	棉制女式便服套装	17.5	15	15		15		15		15	15	
1886	62043200	棉制女式上衣	16	15	15		16		15		15	15	
1887	62044200	棉制连衣裙	16	15	15		16		15		15	15	
1888	62046200	棉制女式长裤、工装裤等	16	15	15		16		15		15	15	
1889	62046900	其他纺织材料制女式长裤、工装裤等	16	15	15		15		15		15	15	
1890	62052000	棉制男衬衫	16	15	15		16		16		15	15	
1891	62063000	棉制女衬衫	16	15	15		16		15		15	15	
1892	62071920	化纤制男式内裤及三角裤	16	15	15		15		16		15	15	
1893	62072200	化纤制男式长睡衣及睡衣裤	16	15	15		15		15		15	15	
1894	62079200	化纤制男浴衣、晨衣及类似品	16	15	15		15		15		15	15	
1895	62081100	化纤制长衬裙及衬裙	16	15	15		15		15		15	15	

序号	税则号列	商 品 名 称	最惠国税率(%)	文莱	缅甸	柬埔寨	印尼	老挝	马来西亚	菲律宾	新加坡	泰国	越南
1896	62082200	化纤制女式睡衣及睡衣裤	16	15	15		15		15		15	15	
1897	62089200	化纤制女式背心、内衣及类似品	16	15	15		15		15		15	15	
1898	62093000	合纤制婴儿服装及衣着附件	16	15	15		15		16		15	15	
1899	62101020	棉或麻制毡呢或无纺织物服装	16	15	15		15		15		15	15	
1900	62101090	其他纺织材料制毡呢或无纺织物服装	16	15	15		15		15		15	15	
1901	62112010	棉制滑雪服	16	15	15		15		15		15	15	
1902	62113210	棉制男式阿拉伯袍	16	15	15		15		15		15	15	
1903	62113290	棉制男式运动服及其他服装	16	15	15		15		15		15	15	
1904	62114200	棉制女式运动服及其他服装	16	15	15		15		15		15	15	
1905	62121010	化纤制胸罩	16	15	15		15		15		15	15	
1906	62122010	化纤制束腰带及腹带	16	15	15		15		15		15	15	
1907	62123010	化纤制紧身胸衣	16	15	15		15		15		15	15	
1908	62129010	化纤制吊裤带、吊袜带等	16	15	15		15		15		15	15	
1909	62143000	合纤制披巾、头巾及类似品	16	15	15		15		15		15	15	
1910	62152000	化纤制领带及领结	16	15	15		15		15		15	15	
1911	63011000	电暖毯	16	15	15		15		15		15	15	
1912	63012000	毛制毯子及旅行毯	16	15	15		15		15		15	15	
1913	63013000	棉制毯子及旅行毯	16	15	15		15		15		15	15	
1914	63019000	其他纺织材料制毯子及旅行毯	16	15	15		15		15		15	15	
1915	63021010	棉制针织或钩编的床上用织物制品	14	10	10		14		10		10	10	
1916	63022210	化纤制印花床单	16	15	15		16		15		15	15	
1917	63022290	化纤制印花床上用织物制品	16	15	15		16		15		15	15	
1918	63023210	化纤制刺绣其他床上用织物制品	16	15	15		16		15		15	15	
1919	63023290	化纤制其他床上用织物制品	16	15	15		16		15		15	15	
1920	63025390	化纤制其他餐桌用织物制品	16	15	15		15		15		15	15	
1921	63029300	化纤制其他盥洗及厨房织物制品	16	15	15		15		15		15	15	
1922	63031210	合纤制针织的窗帘等	16	15	15		16		15		15	15	
1923	63031220	合纤制钩编的窗帘等	16	15	15		16		15		15	15	
1924	63039200	合纤制非针织非钩编窗帘等	16	15	15		15		15		15	15	
1925	63041910	丝及绢丝制非针织非钩编床罩	14	10	10		14		10		10	10	
1926	63041921	棉或麻制非针织非钩编刺绣床罩	14	10	10		14		10		10	10	
1927	63041929	棉或麻制其他非针织非钩编床罩	14	10	10		14		10		10	10	
1928	63041931	化纤制非针织非钩编刺绣床罩	16	15	15		16		15		15	15	
1929	63041939	化纤制其他非针织非钩编床罩	16	15	15		16		15		15	15	
1930	63041991	其他纺织材料制非针织、非钩编刺绣床罩	14	10	10		14		10		10	10	
1931	63041999	其他材料制其他非针织非钩编床罩	14	10	10		14		10		10	10	
1932	63049210	棉制非针织、非钩编的其他刺绣装饰制品	14	10	10		10		10		10	10	
1933	63049290	棉制非针织或钩编的其他装饰制品	14	10	10		10		10		10	10	
1934	63049310	合纤制非针织、非钩编其他刺绣装饰制品	16	15	15		15		15		15	15	
1935	63049390	合纤制其他非针织、非钩编装饰制品	16	15	15		15		15		15	15	
1936	63052000	棉制货物包装袋	16	15	15		15		15		15	15	
1937	63053200	化纤制的散装货物储运软袋	16	15	15		15		15		15	15	
1938	63053300	聚乙烯或聚丙烯扁条制其他货物包装袋	16	15	15		15		15		15	15	
1939	63053900	其他化纤制货物包装袋	16	15	15		15		15		15	15	
1940	63061200	合纤制油苫布、天篷及遮阳篷	16	15	15		15		15		15	15	
1941	63062200	合纤制帐篷	16	15	15		15		15		15	15	
1942	63063100	合纤制风帆	16	15	15		15		15		15	15	
1943	63064910	化纤制充气褥垫	16	15	15		15		15		15	15	

序号	税则号列	商　品　名　称	最惠国税率(%)	文莱	缅甸	柬埔寨	印尼	老挝	马来西亚	菲律宾	新加坡	泰国	越南
1944	63069920	化纤制其他野营用品	16	15	15		15		15		15	15	
1945	63072000	救生衣及安全带	14	10	10		10		10		10	10	
1946	63101000	经分拣的纺织材料制碎织物等	14	10	10		10		10		10	10	
1947	63109000	纺织材料制其他碎织物等	14	10	10		10		10		10	10	
1948	64011000	装金属护头的塑料、橡胶制防水鞋靴	24	20	20		20		20		20	24	
1949	64019100	橡胶、塑料底及鞋面的过膝高统靴	24	20	20		24		20		20	24	
1950	64019200	橡胶、塑料底及面的中、短统防水靴	24	20	20		24		20		20	24	
1951	64019900	其他橡胶、塑料制外底及鞋面防水靴	24	20	20		20		20		20	24	
1952	64021900	橡胶、塑料制底及面的其他运动靴	24	20	20		20		20		20	24	
1953	64022000	橡胶、塑料的将鞋面条带栓塞在鞋底上的鞋	24	20	20		20		20		20	24	
1954	64023000	其他装金属护鞋头的橡、塑鞋靴	24	20	20		20		20		20	24	
1955	64029100	其他橡胶、塑料短统靴(过踝)	24	20	20		24		20		20	24	
1956	64029900	其他橡胶、塑料鞋靴	24	20	20		20		24		20	24	
1957	64031200	皮革制鞋面的滑雪靴	24	20	20		20		20		20	24	
1958	64032000	皮革条带为鞋面的皮底鞋	24	20	20		20		20		20	24	
1959	64033000	不带内底或金属护鞋头的皮面木履	24	20	20		20		20		20	24	
1960	64034000	装有金属护鞋头的其他皮革面鞋靴	24	20	20		20		20		20	24	
1961	64041100	纺织材料制鞋面的运动鞋靴	24	20	20		24		20		20	24	
1962	64041900	纺织材料制鞋面胶底的其他鞋靴	24	20	20		24		20		20	24	
1963	64042000	纺织材料制鞋面皮革底的鞋靴	24	20	20		24		24		20	24	
1964	64051000	皮革或再生皮革制面的其他鞋靴	24	20	20		20		20		20	20	
1965	64052000	纺织材料制面的其他鞋靴	22	20	20		22		20		20	20	
1966	65010000	毡呢制帽坯及圆帽片	22	20	20		20		20		20	20	
1967	65030000	成品毡呢帽类	22	20	20		20		20		20	20	
1968	65069990	其他材料制的未列名帽类	24	20	20		20		20		20	20	
1969	65070000	帽类附件	24	20	20		20		20		20	20	
1970	66011000	庭园用伞及类似品	14	10	10		10		10		10	10	
1971	66031000	伞、手杖及鞭子的把柄	14	10	10		10		10		10	10	
1972	66032000	伞骨	14	10	10		10		10		10	10	
1973	66039000	伞、手杖及鞭子的其他零件及饰品	14	10	10		10		10		10	10	
1974	67029020	丝或绢丝制花、叶、果实及其制品	24	20	20		20		20		20	20	
1975	67029030	化学纤维制花、叶、果实及其制品	24	20	20		20		20		20	20	
1976	67041100	合成纺织材料制整头假发	25	20	20		20		20		20	20	
1977	67041900	合成纺织材料制其他假发、须等	25	20	20		20		20		20	20	
1978	67049000	其他材料制假发、须眉及类似品	25	20	20		20		20		20	20	
1979	68010000	长方砌石、路缘石、扁平石	12	10	10		10		10		10	10	
1980	68021010	大理石制砖、瓦、方块及类似品	24	20	20		20		20		20	24	
1981	68022120	石灰华	24	20	20		20		20		20	24	
1982	68022190	具有一个平面石灰华及蜡石及制品	24	20	20		20		20		20	24	
1983	68022200	具有一个平面的其他石灰石及制品	24	20	20		20		20		20	24	
1984	68029110	大理石、石灰华及蜡石制石刻	24	20	20		20		20		20	24	
1985	68029210	其他石灰石制石刻	24	20	20		20		20		20	24	
1986	68029310	其他花岗岩制石刻	24	20	20		20		20		20	24	
1987	68029910	其他石制成的石刻	24	20	20		20		20		20	24	
1988	68029990	其他石及制品	24	20	20		20		20		20	24	
1989	68041000	碾磨或磨浆用石磨、石碾	8	5	5		5		5		5	5	
1990	68042100	金刚石制石磨、石碾及砂轮	8	5	5		5		5		5	5	
1991	68042210	其他砂轮	8	5	5		5		5		5	5	

序号	税则号列	商品名称	最惠国税率(%)	文莱	缅甸	柬埔寨	印尼	老挝	马来西亚	菲律宾	新加坡	泰国	越南
1992	68042290	其他石磨、石碾及类似品	8	5	5		5		5		5	5	
1993	68042310	天然石料制的砂轮	8	5	5		5		5		5	5	
1994	68042390	天然石料制其他石磨、石碾等	8	5	5		5		5		5	5	
1995	68043010	手用琢磨油石	8	5	5		5		5		5	5	
1996	68043090	手用其他磨石及抛光石	8	5	5		5		5		5	5	
1997	68051000	砂布	8	5	5		5		5		5	5	
1998	68052000	砂纸	8	5	5		5		5		5	5	
1999	68053000	其他材料为底的天然或人造研磨料	8	5	5		5		5		5	5	
2000	68061000	矿渣棉、岩石棉及类似矿质棉	10.5	10	10		10		10		10	10	
2001	68062000	页状硅石、膨胀粘土、泡沫矿渣	10.5	10	10		10		10		10	10	
2002	68071000	成卷的沥青或类似原料的制品	12	10	10		10		10		10	10	
2003	68079000	其他形状的沥青或类似原料的制品	12	10	10		10		10		10	10	
2004	68080000	镶板、平板、瓦、砖及类似品	10.5	10	10		10		10		10	10	
2005	68091100	纸贴面未饰的石膏板、片、砖、瓦及类似品	28	20	20		20		20		20	20	
2006	68091900	以其他材料贴面加强的未饰石膏板	25	20	20		20		20		20	20	
2007	68099000	其他石膏制品	25	20	20		20		20		20	20	
2008	68101100	水泥制建筑用砖及石砌块	10.5	10	10		10		10		10	10	
2009	68101910	人造石制砖、瓦、扁平石及类似品	10.5	10	10		10		10		10	10	
2010	68101990	水泥制其他砖、瓦、扁平石	10.5	10	10		10		10		10	10	
2011	68109110	钢筋混凝土和预应力混凝土管、杆、板、桩等	10.5	10	10		10		10		10	10	
2012	68109190	其他水泥制建筑或土木工程用预制构件	10.5	10	10		10		10		10	10	
2013	68109910	铁道用水泥枕	8	5	5		5		5		5	5	
2014	68109990	水泥、混凝土或人造石制其他制品	10.5	10	10		10		10		10	10	
2015	68112000	石棉水泥制片、板、砖、瓦及类似品	10.5	10	10		10		10		10	10	
2016	68113000	石棉水泥制管子及管子配件	8	5	5		5		5		5	5	
2017	68119000	石棉水泥制其他制品	8.4	5	5		5		5		5	5	
2018	68125000	石棉或石棉混合物制的服装	10.5	10	10		10		10		10	10	
2019	68126000	石棉或石棉混合物制的纸、麻丝板	10.5	10	10		10		10		10	10	
2020	68127000	成片成卷的压缩石棉纤维接合材料	10.5	10	10		10		10		10	10	
2021	68139000	摩擦料及其他用于制动等用途制品	12	10	10		10		10		10	10	
2022	68141000	粘聚或复制云母制的板、片、带	10.5	10	10		10		10		10	10	
2023	68149000	其他已加工的云母及其制品	10.5	10	10		10		10		10	10	
2024	68159910	碳纤维及其制品	17.5	15	15		15		15		15	15	
2025	68159990	其他未列名石制品及矿物制品	17.5	15	15		15		15		15	15	
2026	69010000	硅质化石粉或类似硅土制的砖、瓦	8	5	5		5		5		5	5	
2027	69021000	含>50%镁、钙、铬耐火砖及类似品	8	5	5		5		5		5	5	
2028	69022000	含>50%氧化铝、硅耐火砖及类似品	8	5	5		5		5		5	5	
2029	69029000	其他耐火砖及耐火陶瓷建材制品	8	5	5		5		5		5	5	
2030	69031000	含>50%石墨其他耐火陶瓷制品	8	5	5		5		5		5	5	
2031	69032000	含>50%氧化铝其他耐火陶瓷制品	8	5	5		5		5		5	5	
2032	69039000	其他耐火陶瓷制品	8	5	5		5		5		5	5	
2033	69049000	陶瓷制铺地砖、支撑或填充用砖	24.5	20	20		20		20		20	20	
2034	69051000	陶瓷制屋顶瓦	24.5	20	20		20		20		20	20	
2035	69059000	其他建筑用陶瓷制品	24.5	20	20		20		20		20	20	
2036	69071000	未上釉的小陶瓷砖、瓦、块及类似品	24.5	20	20		24.5		24.5		20	20	
2037	69079000	未上釉的大陶瓷砖、瓦、块及类似品	12	10	10		12		12		10	10	
2038	69091100	实验室、化学或其他技术用瓷器	8	5	5		5		5		5	5	
2039	69091200	莫氏硬度≥9的技术用陶瓷器	8	5	5		5		5		5	5	

序号	税则号列	商品名称	最惠国税率(%)	文莱	缅甸	柬埔寨	印尼	老挝	马来西亚	菲律宾	新加坡	泰国	越南
2040	69091900	其他实验室、化学用陶瓷器	8	5	5		5		5		5	5	
2041	69099000	农业用、运输或盛装货物用陶瓷容器	21	20	20		20		20		20	20	
2042	69119000	其他家用或盥洗用瓷器	24.5	20	20		24.5		24.5		20	24.5	
2043	69141000	其他瓷制品	24.5	20	20		24.5		20		20	20	
2044	70010000	废碎玻璃及玻璃块料	12	10	10		10		10		10	10	
2045	70021000	未加工的玻璃球	12	10	10		10		10		10	10	
2046	70022010	光导纤维预制棒	6	5	5		5		5		5	5	
2047	70022090	其他未加工的玻璃棒	12	10	10		10		10		10	10	
2048	70023190	熔融石英或熔融硅石制其他玻璃管	14	10	10		10		10		10	10	
2049	70023200	其他未加工的玻璃管	12	10	10		10		10		10	10	
2050	70023900	未列名、未加工的玻璃管	12	10	10		10		10		10	10	
2051	70031900	铸、轧制的其他非夹丝玻璃板、片	17.5	15	15		15		17.5		15	17.5	
2052	70042000	拉、吹制的着色玻璃板、片	17.5	15	15		15		15		15	17.5	
2053	70049000	拉、吹制的其他玻璃板、片	17.5	15	15		15		15		15	17.5	
2054	70053000	夹丝浮法玻璃板、片	17.5	15	15		15		17.5		15	15	
2055	70071900	其他钢化安全玻璃	14	10	10		10		10		10	10	
2056	70072900	其他层压安全玻璃	14	10	10		10		10		10	10	
2057	70080010	中空或真空隔温、隔音玻璃	14	10	10		10		10		10	10	
2058	70080090	其他多层隔温、隔音玻璃组件	14	10	10		10		10		10	10	
2059	70099100	其他未镶框玻璃镜(包括后视镜)	21	20	20		20		20		20	21	
2060	70099200	其他镶框玻璃镜(包括后视镜)	12	10	10		10		10		10	12	
2061	70101000	玻璃安瓿	14	10	10		10		10		10	10	
2062	70102000	玻璃制的塞、盖及类似封口器	14	10	10		10		10		10	10	
2063	70109010	装运货物或保藏用的玻璃大容器	14	10	10		10		10		10	10	
2064	70109020	装运货物或保藏用的玻璃中容器	14	10	10		10		10		10	10	
2065	70109030	装运货物或保藏用的玻璃小容器	14	10	10		10		10		10	10	
2066	70109090	装运货物或保藏用的玻璃特小容器	14	10	10		10		10		10	10	
2067	70111000	电灯用未封口玻璃外壳及玻璃零件	21	20	20		20		20		20	20	
2068	70112010	显像管玻壳及其零件	10	0	10		0		0		0	10	
2069	70112090	阴极射线管用玻壳及零件	10	0	10		0		0		0	10	
2070	70119010	电子管未封口玻璃外壳及玻璃零件	8	5	5		5		5		5	5	
2071	70119090	其他类似品用未封口玻璃外壳零件	21	20	20		20		20		20	20	
2072	70120000	保温瓶或其他保温器用玻璃胆	21	20	20		20		20		20	20	
2073	70131000	玻璃陶瓷制玻璃器皿	24.5	20	20		20		20		20	20	
2074	70132100	铅晶质玻璃杯	24.5	20	20		20		20		20	20	
2075	70133100	铅晶质玻璃制餐桌、厨房用器皿	24.5	20	20		20		20		20	20	
2076	70140090	其他未经光学加工的信号玻璃器	17.5	15	15		15		15		15	15	
2077	70151010	视力矫正眼镜用变色镜片坯件	21	20	20		20		20		20	20	
2078	70151090	其他视力矫正眼镜用镜片坯件	17.5	15	15		15		15		15	15	
2079	70159010	钟表玻璃	17.5	15	15		15		15		15	15	
2080	70159020	平光变色镜片坯件	18	15	15		15		15		15	15	
2081	70159090	税号7015的其他未经光学加工玻璃	12	10	10		10		10		10	10	
2082	70161000	供镶嵌或装饰用玻璃马赛克	22	20	20		20		20		20	20	
2083	70169010	花饰铅条窗玻璃及类似品	24	20	20		20		20		20	20	
2084	70169090	建筑用压制或模制铺面玻璃块、砖	18	15	15		15		15		15	15	
2085	70172000	其他玻璃制实验室等用玻璃器	8	5	5		5		5		5	5	
2086	70179000	其他实验室、卫生及配药用玻璃器	8	5	5		5		5		5	5	
2087	70191100	长度≤50mm的短切玻璃纤维	12	10	10		10		10		10	10	

序号	税则号列	商品名称	最惠国税率(%)	文莱	缅甸	柬埔寨	印尼	老挝	马来西亚	菲律宾	新加坡	泰国	越南
2088	70191200	玻璃纤维粗纱	12	10	10		10		10		10	10	
2089	70193200	玻璃纤维(包括玻璃棉)制的薄片	14	10	10		10		10		10	10	
2090	70193900	玻璃纤维制的网及类似无纺产品	10.5	10	10		10		10		10	10	
2091	70194000	玻璃纤维粗纱机织物	12	10	10		10		10		10	10	
2092	70195100	宽度≤30mm的玻璃纤维机织物	12	10	10		10		10		10	10	
2093	70195200	每平方米≤250g的玻璃长丝平纹织物	12	10	10		10		10		10	10	
2094	70195900	其他玻璃纤维机织物	12	10	10		10		10		10	10	
2095	70199000	其他玻璃纤维及其制品	7	5	5		5		5		5	5	
2096	70200011	导电玻璃	10.5	10	10		10		10		10	10	
2097	70200012	绝缘子用玻璃伞盘	10.5	10	10		10		10		10	10	
2098	70200019	其他工业用玻璃制品	10.5	10	10		10		10		10	10	
2099	71011011	未分级的天然黑珍珠	21	20	20		20		20		20	20	
2100	71011019	其他未分级的天然珍珠	21	20	20		20		20		20	20	
2101	71011091	其他天然黑珍珠	21	20	20		20		20		20	20	
2102	71011099	其他天然珍珠	21	20	20		20		20		20	20	
2103	71012110	未分级、未加工的养殖珍珠	21	20	20		20		20		20	20	
2104	71012190	其他未加工的养殖珍珠	21	20	20		20		20		20	20	
2105	71012210	未分级、已加工的养殖珍珠	21	20	20		20		20		20	20	
2106	71012290	其他已加工的养殖珍珠	21	20	20		20		20		20	20	
2107	71023900	其他非工业用钻石	8	5	5		5		5		5	5	
2108	71039100	经其他加工的红、蓝、绿宝石	8	5	5		5		5		5	5	
2109	71039910	经其他加工的翡翠	8	5	5		5		5		5	5	
2110	71039990	经其他加工的其他宝石或半宝石	8	5	5		5		5		5	5	
2111	71041000	压电石英	6	5	5		5		5		5	5	
2112	71049011	其他工业用合成或再造的钻石	6	5	5		5		5		5	5	
2113	71049019	其他工业用合成或再造的其他宝石或半宝石	6	5	5		5		5		5	5	
2114	71049091	其他非工业用合成钻石	8	5	5		5		5		5	5	
2115	71049099	其他非工业用合成其他宝石或半宝石	8	5	5		5		5		5	5	
2116	71070000	以贱金属为底的包银材料	10.5	10	10		10		10		10	10	
2117	71090000	以贱金属或银为底的包金材料	10.5	10	10		10		10		10	10	
2118	71123010	含银或银化合物的灰	8	5	5		5		5		5	5	
2119	71123090	其他含贵金属或贵金属化合物的灰	6	5	5		5		5		5	5	
2120	71129120	其他含金或金化合物的废碎料	6	5	5		5		5		5	5	
2121	71129220	其他含铂或铂化合物的废碎料	6	5	5		5		5		5	5	
2122	71129910	含银及银化合物的废碎料	8	5	5		5		5		5	5	
2123	71129920	含有其他贵金属或贵金属化合物的废碎料	6	5	5		5		5		5	5	
2124	71131991	镶嵌钻石的其他贵金属制首饰及其零件	35	20	20		20		20		20	20	
2125	71131999	其他贵金属制首饰及其零件	35	20	20		20		20		20	20	
2126	71132010	镶嵌钻石的以贱金属为底的包贵金属制首饰	35	20	20		20		20		20	20	
2127	71132090	其他以贱金属为底的包贵金属制首饰	35	20	20		20		20		20	20	
2128	71141100	银器及零件	35	20	20		20		20		20	20	
2129	71141900	其他贵金属制金银器及零件	35	20	20		20		20		20	20	
2130	71142000	以贱金属为底的包贵金属制金银器	35	20	20		20		20		20	20	
2131	71159090	其他用途的贵或包贵金属制品	35	20	20		20		20		20	20	
2132	71161000	天然或养殖珍珠制品	35	20	20		20		20		20	20	
2133	71162000	宝石或半宝石制品	35	20	20		20		20		20	20	
2134	71171100	贱金属制袖扣、饰扣	35	20	20		20		20		20	20	
2135	71179000	未列名材料制仿首饰	35	20	20		35		20		20	20	

序号	税则号列	商品名称	最惠国税率(%)	文莱	缅甸	柬埔寨	印尼	老挝	马来西亚	菲律宾	新加坡	泰国	越南
2136	72029210	按重量计含钒量在75%及以上的钒铁	9	5	5		5		5		5	5	
2137	72029290	其他钒铁	9	5	5		5		5		5	5	
2138	72083600	厚度＞10mm的其他热轧卷材	6	5	5		5		6		5	6	
2139	72084000	轧有凸起花纹的热轧非卷材	6	5	5		5		6		5	6	
2140	72085110	厚度＞50mm的其他热轧非卷材	6	5	5		5		6		5	6	
2141	72085120	厚度＞20mm,但不超过50mm的其他热轧非卷材	6	5	5		5		6		5	6	
2142	72085190	其他厚度＞10mm的其他热轧非卷材	6	5	5		5		6		5	6	
2143	72085200	4.75mm≤厚度≤10mm的热轧非卷材	6	5	5		5		6		5	6	
2144	72085310	屈服强度大于355牛顿/平方mm,3mm≤厚度＜4.75mm的热轧非卷材	6	5	5		5		6		5	6	
2145	72085390	其他3mm≤厚度＜4.75mm的热轧非卷材	6	5	5		5		6		5	6	
2146	72085410	厚度＜1.5mm的热轧非卷材	6	5	5		5		6		5	6	
2147	72085490	其他厚度＜3mm的热轧非卷材	6	5	5		5		6		5	6	
2148	72089000	其他热轧铁或非合金钢宽平板轧材	6	5	5		5		6		5	6	
2149	72091510	屈服强度大于355牛顿/平方mm,厚度≥3mm的冷轧卷材	6	5	5		5		6		5	6	
2150	72091590	其他厚度≥3mm的冷轧卷材	6	5	5		5		6		5	6	
2151	72091610	屈服强度大于275牛顿/平方mm,1mm＜厚度＜3mm的冷轧卷材	6	5	5		6		6		5	6	
2152	72091690	其他1mm＜厚度＜3mm的冷轧卷材	6	5	5		6		6		5	6	
2153	72091810	厚度＜0.3mm的冷轧卷材	6	5	5		6		6		5	6	
2154	72091890	其他厚度＜0.5mm的冷轧卷材	6	5	5		6		6		5	6	
2155	72092500	厚度≥3mm的冷轧非卷材	6	5	5		5		6		5	6	
2156	72092600	1mm＜厚度＜3mm的冷轧非卷材	6	5	5		6		6		5	6	
2157	72092700	0.5mm≤厚度≤1mm的冷轧非卷材	6	5	5		6		6		5	6	
2158	72092800	厚度＜0.5mm的冷轧非卷材	6	5	5		6		6		5	6	
2159	72099000	其他冷轧铁或非合金钢宽平板轧材	6	5	5		5		6		5	6	
2160	72103000	电镀锌的铁或非合金钢宽板材	8	5	5		5		8		5	8	
2161	72104100	镀锌的瓦楞形铁或非合金钢宽板材	8	5	5		8		8		5	5	
2162	72105000	镀氧化铬的铁或非合金钢宽板材	8	5	5		8		5		5	8	
2163	72106100	镀或涂铝锌合金的铁宽平板轧材	8	5	5		8		8		5	5	
2164	72106900	其他镀或涂铝的铁宽平板轧材	8	5	5		8		5		5	5	
2165	72109000	涂镀其他材料铁或非合金钢宽板材	8	5	5		5		8		5	5	
2166	72111300	未轧花纹的四面轧制的热轧非卷材	6	5	5		5		6		5	6	
2167	72111400	厚度≥4.75mm的其他热轧板材	6	5	5		5		6		5	6	
2168	72111900	其他热轧铁或非合金钢窄板材	6	5	5		5		6		5	6	
2169	72112300	冷轧含炭量＜0.25%的板材	6	5	5		6		6		5	6	
2170	72112900	冷轧其他铁或非合金钢窄板材	6	5	5		6		5		5	6	
2171	72119000	冷轧的铁或非合金钢其他窄板材	6	5	5		5		6		5	5	
2172	72122000	电镀锌的铁或非合金钢窄板材	8	5	5		5		8		5	8	
2173	72123000	其他镀或涂锌的铁窄板材	8	5	5		8		8		5	5	
2174	72125000	涂镀其他材料铁或非合金钢窄板材	8	5	5		5		8		5	5	
2175	72126000	经包覆的铁或非合金钢窄板材	8	5	5		5		8		5	5	
2176	72141000	锻造的铁或非合金钢条、杆	7	5	5		5		7		5	7	
2177	72143000	热加工易切削钢的条、杆	7	5	5		5		7		5	5	
2178	72151000	冷加工其他易切削钢制条、杆	7	5	5		5		7		5	5	
2179	72155000	冷加工或冷成形的其他条、杆	7	5	5		5		5		5	5	
2180	72162100	热加工截面高度＜80mm角钢	6	5	5		5		5		5	5	

序号	税则号列	商品名称	最惠国税率(%)	文莱	缅甸	柬埔寨	印尼	老挝	马来西亚	菲律宾	新加坡	泰国	越南
2181	72162200	热加工截面高度<80mm 丁字钢	6	5	5		5		5		5	5	
2182	72163100	热加工截面高度≥80mm 槽型钢	6	5	5		5		5		5	6	
2183	72163210	截面高度在 200mm 以上的工字钢	6	5	5		5		5		5	6	
2184	72163290	热加工截面高度≥80mm 工字型钢	6	5	5		5		5		5	6	
2185	72163311	截面高度在 800mm 以上的 H 型钢	6	5	5		5		5		5	6	
2186	72163319	截面高度≥200mmH 型钢	6	5	5		5		5		5	6	
2187	72163390	其他截面高度≥80mmH 型钢	6	5	5		5		5		5	6	
2188	72165010	热加工乙字钢	6	5	5		5		5		5	5	
2189	72171000	未镀或涂层的铁或非合金钢丝	8	5	5		8		5		5	8	
2190	72172000	镀或涂锌的铁或非合金钢丝	8	5	5		8		5		5	8	
2191	72173000	镀或涂其他贱金属铁或非合金钢丝	8	5	5		8		5		5	5	
2192	72179000	其他铁丝或非合金钢丝	8	5	5		8		5		5	5	
2193	72251900	其他硅电钢宽板	6	5	5		5		5		5	5	
2194	72259100	电镀锌的其他合金钢宽平板轧材	7	5	5		5		5		5	5	
2195	72259200	其他镀或涂锌的其他合金钢宽板材	7	5	5		5		5		5	5	
2196	72259900	宽度≥600mm 的其他合金钢平板轧材	7	5	5		5		5		5	5	
2197	72269300	电镀锌的其他合金钢窄平板轧材	7	5	5		5		5		5	5	
2198	72269400	其他镀或涂锌的其他合金钢窄板材	7	5	5		5		5		5	5	
2199	72269900	宽度<600mm 的其他合金板材	7	5	5		5		5		5	5	
2200	72272000	硅锰钢的热轧盘条	6	5	5		5		5		5	5	
2201	72282000	其他硅锰钢的条、杆	6	5	5		5		5		5	5	
2202	72287010	履带板型钢	6	5	5		5		5		5	5	
2203	72287090	其他合金钢角材、型材及异型材	6	5	5		5		5		5	5	
2204	72288000	其他合金钢空心钻钢	7	5	5		5		5		5	5	
2205	72292000	硅锰钢丝	7	5	5		5		5		5	5	
2206	72299000	其他合金钢丝	7	5	5		5		5		5	5	
2207	73011000	钢铁板桩	7	5	5		5		5		5	7	
2208	73012000	焊接的钢铁角材、型材及异型材	7	5	5		5		5		5	5	
2209	73021000	钢轨	6	5	5		5		5		5	5	
2210	73023000	道岔尖轨、辙叉、尖轨拉杆	8	5	5		5		5		5	5	
2211	73024000	钢铁制鱼尾板、钢轨垫板	7	5	5		5		5		5	5	
2212	73029010	钢铁轨枕	6	5	5		5		5		5	5	
2213	73029090	其他铁道电车道铺轨用钢铁材料	7	5	5		5		5		5	5	
2214	73043120	冷轧的铁制无缝地质钻管、套管	8	5	5		5		5		5	5	
2215	73051100	纵向埋弧焊接石油、天然气粗钢管	7	5	5		7		7		5	5	
2216	73051900	其他石油、天然气粗钢管	7	5	5		7		7		5	5	
2217	73052000	其他钻探石油、天然气用粗套管	7	5	5		7		5		5	5	
2218	73053100	纵向焊接的其他粗钢铁管	6	5	5		6		6		5	5	
2219	73053900	其他方法焊接其他粗钢铁管	6	5	5		6		6		5	6	
2220	73059000	未列名圆形截面粗钢铁管	6	5	5		6		6		5	5	
2221	73061000	其他石油、天然气管道管	7	5	5		7		7		5	5	
2222	73064000	不锈钢其他圆形截面细焊缝管	6	5	5		5		6		5	6	
2223	73069000	未列名其他钢铁管及空心异型材	6	5	5		6		6		5	6	
2224	73071900	可锻性铸铁及铸钢管子附件	8	5	5		5		5		5	5	
2225	73072100	不锈钢制法兰	8.4	5	5		5		5		5	5	
2226	73072200	不锈钢制螺纹肘管、弯管、管套	8.4	5	5		5		5		5	5	
2227	73072300	不锈钢制对焊件	8.4	5	5		5		5		5	5	
2228	73072900	不锈钢制其他管子附件	8.4	5	5		5		5		5	5	

序号	税则号列	商品名称	最惠国税率(%)	文莱	缅甸	柬埔寨	印尼	老挝	马来西亚	菲律宾	新加坡	泰国	越南
2325	74191000	铜链条及其零件	14	10	10		10		10		10	10	
2326	75051100	纯镍条、杆、型材及异型材	6	5	5		5		5		5	5	
2327	75051200	合金镍条、杆、型材及异型材	6	5	5		5		5		5	5	
2328	75052100	纯镍丝	6	5	5		5		5		5	5	
2329	75052200	镍合金丝	6	5	5		5		5		5	5	
2330	75061000	纯镍板、片、带、箔	6	5	5		5		5		5	5	
2331	75062000	镍合金板、片、带、箔	6	5	5		5		5		5	5	
2332	75071100	纯镍管	6	5	5		5		5		5	5	
2333	75071200	镍合金管	6	5	5		5		5		5	5	
2334	75072000	镍及镍合金管子附件	6	5	5		5		5		5	5	
2335	75081010	镍丝制的布	6	5	5		5		5		5	5	
2336	75081080	工业用镍丝制的网及格栅	6	5	5		5		5		5	5	
2337	75081090	其他镍丝制的网及格栅	6	5	5		5		5		5	5	
2338	75089080	其他工业用镍制品	6	5	5		5		5		5	5	
2339	75089090	其他非工业用镍制品	6	5	5		5		5		5	5	
2340	76012000	未锻轧铝合金	7	5	5		5		5		5	5	
2341	76031000	非片状铝粉	6	5	5		5		5		5	5	
2342	76032000	片状铝粉末	7	5	5		5		5		5	5	
2343	76051100	纯铝制的粗丝	8	5	5		5		5		5	5	
2344	76051900	纯铝制的细丝	8	5	5		5		5		5	5	
2345	76052100	铝合金制的粗丝	8	5	5		5		5		5	5	
2346	76052900	铝合金制的细丝	8	5	5		5		5		5	5	
2347	76061120	0.3mm≤厚度＜0.36mm 的非合金铝制矩形铝板片带	6	5	5		5		5		5	5	
2348	76061190	纯铝制矩形的其他板、片及带	6	5	5		5		5		5	5	
2349	76061220	厚度＜0.28mm 的铝合金制矩形铝板片带	6	5	5		5		5		5	5	
2350	76061230	0.28mm≤厚度≤0.35mm 的铝合金制矩形铝板片带	6	5	5		5		5		5	5	
2351	76061240	厚度＞0.35mm 的铝合金制矩形铝板片带	6	5	5		5		5		5	5	
2352	76069100	纯铝制非矩形的板、片及带	6	5	5		5		5		5	5	
2353	76071110	厚度不超过 0.007mm 的无衬背铝箔	6	5	5		5		5		5	5	
2354	76071190	轧制后未进一步加工的无衬背铝箔	6	5	5		5		5		5	5	
2355	76071900	其他无衬背铝箔	6	5	5		5		5		5	5	
2356	76072000	有衬背铝箔	6	5	5		5		5		5	5	
2357	76081000	纯铝管	8	5	5		5		5		5	5	
2358	76082000	铝合金管	8	5	5		5		5		5	5	
2359	76090000	铝制管子附件	8	5	5		5		5		5	5	
2360	76101000	铝制门窗及其框架、门槛	25	20	20		20		20		20	20	
2361	76109000	其他铝制结构体及其部件	6	5	5		5		5		5	5	
2362	76110000	容积＞300L 的铝制囤、罐等容器	12	10	10		10		10		10	10	
2363	76121000	铝制软管容器	12	10	10		10		10		10	10	
2364	76129010	铝制易拉罐及罐体	30	20	20		20		20		20	20	
2365	76129090	容积≤300L 的铝制囤、罐等容器	12	10	10		10		10		10	10	
2366	76130010	零售包装装压缩、液化气体铝容器	12	10	10		10		10		10	10	
2367	76130090	非零售装装压缩、液化气体铝容器	6	5	5		5		5		5	5	
2368	76141000	带钢芯的铝制绞股线、缆、编带	6	5	5		5		5		5	5	
2369	76149000	不带钢芯的铝制绞股线、缆、编带	6	5	5		5		5		5	5	
2370	76151100	擦锅器及洗刷擦光用的块垫、手套	18	15	15		15		15		15	15	

序号	税则号列	商品名称	最惠国税率(%)	文莱	缅甸	柬埔寨	印尼	老挝	马来西亚	菲律宾	新加坡	泰国	越南
2371	76152000	铝制卫生器具及其零件	18	15	15		15		15		15	15	
2372	78030000	铅及铅合金条、杆、丝、型材	6	5	5		5		5		5	5	
2373	78041100	铅片、带及厚度≤0.2mm的箔	6	5	5		5		5		5	5	
2374	78041900	铅及铅合金板、厚度>0.2mm的箔	6	5	5		5		5		5	5	
2375	78042000	铅及铅合金粉末、片状粉末	6	5	5		5		5		5	5	
2376	78050010	铅管	6	5	5		5		5		5	5	
2377	78050020	铅制管子附件(例如,接头、肘管、管套)	6	5	5		5		5		5	5	
2378	78060000	其他铅制品	6	5	5		5		5		5	5	
2379	79031000	锌末	6	5	5		5		5		5	5	
2380	79039000	锌粉及片状粉末	6	5	5		5		5		5	5	
2381	79040000	锌及锌合金条、杆、型材、丝	6	5	5		5		5		5	5	
2382	79050000	锌板、片、带、箔	6	5	5		5		5		5	5	
2383	79060010	锌管	6	5	5		5		5		5	5	
2384	79060020	锌制管子附件(例如,接头、肘管、管套)	6	5	5		5		5		5	5	
2385	79070011	电池壳体坯料(锌饼)	6	5	5		5		5		5	5	
2386	79070019	其他工业用锌制品	6	5	5		5		5		5	5	
2387	79070090	其他非工业用锌制品	6	5	5		5		5		5	5	
2388	80030000	锡及锡合金条、杆、型材、丝	8	5	5		5		5		5	5	
2389	80040000	锡及锡合金板、片及带,厚度>0.2mm	8	5	5		5		5		5	5	
2390	80050000	锡箔、锡粉及片状粉末	8	5	5		5		5		5	5	
2391	80060000	锡及锡合金管、管子附件	8	5	5		5		5		5	5	
2392	80070010	工业用锡制品	8	5	5		5		5		5	5	
2393	80070090	非工业用锡制品	18	15	15		15		15		15	15	
2394	81011000	钨粉	6	5	5		5		5		5	5	
2395	81019600	钨丝	8	5	5		5		5		5	5	
2396	81019900	其他钨制品	8	5	5		5		5		5	5	
2397	81021000	钼粉	6	5	5		5		5		5	5	
2398	81029500	锻轧钼条杆、型材、板片带箔	8	5	5		5		5		5	5	
2399	81029600	钼丝	8	5	5		5		5		5	5	
2400	81029900	钼制品	8	5	5		5		5		5	5	
2401	81032000	未锻轧钽;粉末	6	5	5		5		5		5	5	
2402	81033000	钽废碎料	6	5	5		5		5		5	5	
2403	81039000	锻轧钽及其制品	8	5	5		5		5		5	5	
2404	81041100	含镁量≥99.8%的未锻轧镁	6	5	5		5		5		5	5	
2405	81041900	其他未锻轧的镁及镁合金	6	5	5		5		5		5	5	
2406	81043000	已分级的镁锉屑、车屑、颗粒;粉末	8	5	5		5		5		5	5	
2407	81049010	锻轧镁	8	5	5		5		5		5	5	
2408	81049020	镁制品	8.4	5	5		5		5		5	5	
2409	81059000	其他钴及制品	8	5	5		5		5		5	5	
2410	81060090	其他铋及铋制品	8	5	5		5		5		5	5	
2411	81079000	其他镉及镉制品	8	5	5		5		5		5	5	
2412	81089010	钛条、杆、型材及异型材	8	5	5		5		5		5	5	
2413	81089020	钛丝	8	5	5		5		5		5	5	
2414	81089031	厚度≤0.8mm钛板、片、带、箔	8	5	5		5		5		5	5	
2415	81089032	厚度>0.8mm钛板、片、带、箔	8	5	5		5		5		5	5	
2416	81089040	钛管	8	5	5		5		5		5	5	
2417	81089090	其他钛及钛制品	8	5	5		5		5		5	5	
2418	81099000	锻轧锆及锆制品	8	5	5		5		5		5	5	

序号	税则号列	商品名称	最惠国税率(%)	文莱	缅甸	柬埔寨	印尼	老挝	马来西亚	菲律宾	新加坡	泰国	越南
2419	81109000	其他锑及锑制品	8	5	5		5		5		5	5	
2420	81110090	其他锰及制品	8	5	5		5		5		5	5	
2421	81121900	其他铍及其制品	8	5	5		5		5		5	5	
2422	81125900	其他铊制品	8	5	5		5		5		5	5	
2423	81129900	锻轧的未列名贱金属及其制品	8	5	5		5		5		5	5	
2424	81130000	金属陶瓷及其制品,包括废碎料	8.4	5	5		5		5		5	5	
2425	82011000	锹及铲	8	5	5		5		5		5	5	
2426	82012000	农用叉	8	5	5		5		5		5	5	
2427	82013000	镐、锄、耙	8	5	5		5		5		5	5	
2428	82014000	斧子、钩刀及类似砍伐工具	8	5	5		5		5		5	5	
2429	82015000	修枝剪等单手操作农用剪	8	5	5		5		5		5	5	
2430	82016000	修枝等双手操作农用剪	8	5	5		5		5		5	5	
2431	82019000	其他农业、园艺、林业用手工工具	8	5	5		5		5		5	5	
2432	82021000	手工锯	8.4	5	5		5		5		5	5	
2433	82022000	带锯片	8	5	5		5		5		5	5	
2434	82023100	带有钢制工作部件的圆锯片	8	5	5		5		5		5	5	
2435	82023900	其他圆锯片,包括部件	8	5	5		5		5		5	5	
2436	82024000	链锯片	8	5	5		5		5		5	5	
2437	82029110	加工金属用的机械锯的直锯片	8	5	5		5		5		5	5	
2438	82029190	加工金属用的非机械锯的直锯片	8	5	5		5		5		5	5	
2439	82029910	机械锯用的其他锯片	8.4	5	5		5		5		5	5	
2440	82029990	非机械锯用的其他锯片	10.5	10	10		10		10		10	10	
2441	82031000	钢锉、木锉及类似工具	10.5	10	10		10		10		10	10	
2442	82032000	钳子、镊子及类似工具	10.5	10	10		10		10		10	10	
2443	82033000	白铁剪及类似工具	10.5	10	10		10		10		10	10	
2444	82034000	切管器、螺栓切头器、打孔冲子等	10.5	10	10		10		10		10	10	
2445	82041100	固定式的手动扳手及板钳	10.5	10	10		10		10		10	10	
2446	82053000	木工用刨子、凿子及类似切削工具	10.5	10	10		10		10		10	10	
2447	82054000	手工螺丝刀	10.5	10	10		10		10		10	10	
2448	82055100	其他家用手工工具	10.5	10	10		10		10		10	10	
2449	82057000	台钳、夹钳及类似品	10.5	10	10		10		10		10	10	
2450	82058000	砧、轻便锻炉、手摇或脚踏砂轮	10.5	10	10		10		10		10	10	
2451	82059000	成套手工工具	10.5	10	10		10		10		10	10	
2452	82060000	成套工具组成的零售包装货品	10.5	10	10		10		10		10	10	
2453	82071300	带金属陶瓷工作部件的凿岩工具	8	5	5		5		5		5	5	
2454	82071910	带超硬材料部件的凿岩或钻探工具	8	5	5		5		5		5	5	
2455	82071990	带其他材料工作部件的凿岩工具	8	5	5		5		5		5	5	
2456	82072010	带超硬部件的金属拉拔或挤压用模	8	5	5		5		5		5	5	
2457	82072090	其他金属拉拔或挤压用模	8	5	5		5		5		5	5	
2458	82073000	锻压或冲压工具	8	5	5		5		5		5	5	
2459	82074000	攻丝工具	8	5	5		5		5		5	5	
2460	82075010	带超硬材料部件的钻孔工具	8	5	5		5		5		5	5	
2461	82075090	带其他材料工作部件的钻孔工具	8	5	5		5		5		5	5	
2462	82076010	带超硬材料部件的镗孔或铰孔工具	8	5	5		5		5		5	5	
2463	82076090	其他镗孔或铰孔工具	8	5	5		5		5		5	5	
2464	82077000	铣削工具	8	5	5		5		5		5	5	
2465	82078000	车削工具	8	5	5		5		5		5	5	
2466	82079010	带超硬材料部件的其他可互换工具	8	5	5		5		5		5	5	

序号	税则号列	商品名称	最惠国税率(%)	文莱	缅甸	柬埔寨	印尼	老挝	马来西亚	菲律宾	新加坡	泰国	越南
2467	82079090	其他可互换工具	8	5	5		5		5		5	5	
2468	82081000	金工机械用刀及刀片	8	5	5		5		5		5	5	
2469	82082000	木工机械用刀及刀片	8	5	5		5		5		5	5	
2470	82083000	厨房或食品加工机器用刀及刀片	8	5	5		5		5		5	5	
2471	82084000	农、林业机器用刀及刀片	8	5	5		5		5		5	5	
2472	82089000	其他机器或机械器具用刀及刀片	8	5	5		5		5		5	5	
2473	82090000	未装配的工具用金属陶瓷刀头	8	5	5		5		5		5	5	
2474	82100000	加工调制食品、饮料用手动机械	18	15	15		15		15		15	15	
2475	82111000	以刀为主的成套货品	18	15	15		15		15		15	15	
2476	82119100	刃面固定的餐刀	18	15	15		15		15		15	15	
2477	82119200	刃面固定的其他刀	12	10	10		10		10		10	10	
2478	82119300	可换刃面刀	18	15	15		15		15		15	15	
2479	82119400	税号 82.11 所列刀的刀片	14	10	10		10		10		10	10	
2480	82119500	贱金属制的刀柄	12	10	10		10		10		10	10	
2481	82121000	剃刀	12	10	10		10		10		10	10	
2482	82122000	安全剃刀片	14	10	10		10		10		10	10	
2483	82129000	剃刀零件	12	10	10		10		10		10	10	
2484	82130000	剪刀、裁缝剪刀及类似品、剪刀片	12	10	10		10		10		10	10	
2485	82141000	裁纸刀、信刀、铅笔刀及刀片	12	10	10		10		10		10	10	
2486	82142000	修指甲及修脚用具(包括指甲锉)	18	15	15		15		15		15	15	
2487	82149000	理发推子、切菜刀等其他利口器	18	15	15		15		15		15	15	
2488	82151000	成套含镀贵金属制厨房或餐桌用具	18	15	15		15		15		15	15	
2489	82152000	成套的其他厨房或餐桌用具	18	15	15		15		15		15	15	
2490	82159100	非成套镀贵金属制厨房或餐桌用具	18	15	15		15		15		15	15	
2491	82159900	其他非成套的厨房或餐桌用具	18	15	15		15		15		15	15	
2492	83011000	挂锁	14	10	10		10		10		10	10	
2493	83013000	家具用锁	14	10	10		10		10		10	10	
2494	83014000	其他锁	14	10	10		10		10		10	10	
2495	83015000	带锁的扣环及扣环框架	14	10	10		10		10		10	10	
2496	83016000	锁零件	12	10	10		10		10		10	10	
2497	83022000	用贱金属支架的小脚轮	12	10	10		10		10		10	10	
2498	83024100	建筑用贱金属配件及架座	14	10	10		10		10		10	10	
2499	83024200	家具用贱金属配件及架座	12	10	10		10		10		10	10	
2500	83024900	其他用贱金属配件及架座	12	10	10		10		10		10	10	
2501	83025000	帽架、帽钩、托架及类似品	14	10	10		10		10		10	10	
2502	83026000	自动闭门器	12	10	10		10		10		10	10	
2503	83030000	保险箱、柜、保险库的门	14	10	10		10		10		10	10	
2504	83040000	贱金属档案柜、文件箱等办公用具	10.5	10	10		10		10		10	10	
2505	83051000	活页夹或宗卷夹的附件	10.5	10	10		10		10		10	10	
2506	83052000	成条钉书钉	10.5	10	10		10		10		10	10	
2507	83059000	信夹、信角、文件夹等办公用品	10.5	10	10		10		10		10	10	
2508	83061000	非电动铃、钟、锣及其类似品	8	5	5		5		5		5	5	
2509	83071000	钢铁制软管、可有配件	8.4	5	5		5		5		5	5	
2510	83079000	其他贱金属软管,可有配件	8.4	5	5		5		5		5	5	
2511	83081000	贱金属制钩、环及眼	10.5	10	10		10		10		10	10	
2512	83082000	贱金属制管形铆钉及开口铆钉	10.5	10	10		10		10		10	10	
2513	83089000	贱金属制珠子及亮晶片	10.5	10	10		10		10		10	10	
2514	83091000	贱金属制冠形瓶塞	18	15	15		15		15		15	15	

序号	税则号列	商品名称	最惠国税率(%)	文莱	缅甸	柬埔寨	印尼	老挝	马来西亚	菲律宾	新加坡	泰国	越南
2515	83099000	盖子瓶帽螺口塞封志等包装用配件	12	10	10		10		10		10	10	
2516	83100000	标志牌、名牌、号码、字母等标志	18	15	15		15		15		15	15	
2517	83111000	焊剂涂面的贱金属电极、电弧焊用	8	5	5		5		5		5	5	
2518	83112000	以焊剂为芯的贱金属制焊丝	8	5	5		5		5		5	5	
2519	83113000	以焊剂涂面或作芯的贱金属条或丝	8	5	5		5		5		5	5	
2520	83119000	贱金属粘聚成的丝或条	8	5	5		5		5		5	5	
2521	84021190	蒸发量>45t/hr,<900t/hr发电锅炉	14	10	10		10		10		10	10	
2522	84022000	过热水锅炉	16	15	15		15		15		15	15	
2523	84039000	集中供暖用热水锅炉的零件	6	5	5		5		5		5	5	
2524	84041010	蒸汽锅炉、过热水锅炉的辅助设备	7	5	5		5		5		5	5	
2525	84042000	水及其他蒸汽动力装置的冷凝器	14	10	10		10		10		10	10	
2526	84049090	其他辅助设备用零件	7	5	5		5		5		5	5	
2527	84051000	煤气、乙炔及类似水解气体发生器	14	10	10		10		10		10	10	
2528	84059000	煤气、乙炔等气体发生器的零件	8	5	5		5		5		5	5	
2529	84068130	输出功率>350MW的汽轮机	6	5	5		5		5		5	5	
2530	84072100	船舶用舷外点燃式发动机	8	5	5		5		5		5	5	
2531	84072900	船舶用其他未列名点燃式发动机	8	5	5		5		5		5	5	
2532	84079010	沼气发动机	12	10	10		10		10		10	10	
2533	84079090	其他点燃往复或旋转式内燃发动机	18	15	15		15		15		15	15	
2534	84089010	机车用柴油发动机	6	5	5		6		5		5	5	
2535	84099110	船舶用点燃式发动机专用零件	6	5	5		5		5		5	6	
2536	84099999	其他未列名发动机的专用零件	8.4	5	5		5		5		5	8.4	
2537	84109010	水轮机及水轮的调节器	6	5	5		5		5		5	5	
2538	84109090	水轮机及水轮的其他零件	6	5	5		5		5		5	5	
2539	84122100	直线作用的液压动力装置(液压缸)	12	10	10		10		10		10	10	
2540	84122990	其他液压动力装置	14	10	10		10		10		10	10	
2541	84123100	直线作用的气压动力装置(气压缸)	14	10	10		10		10		10	10	
2542	84123900	其他气压动力装置	14	10	10		10		10		10	10	
2543	84129090	其他发动机及动力装置的零件	8	5	5		5		5		5	5	
2544	84134000	混凝土泵	8	5	5		5		5		5	5	
2545	84137010	转速≥10000转/分离心泵	8	5	5		5		5		5	8	
2546	84137090	转速<10000转/分离心泵	8	5	5		5		5		5	8	
2547	84138100	其他液体泵	8	5	5		5		5		5	5	
2548	84138200	液体提升机	8	5	5		5		5		5	5	
2549	84139200	液体提升机用零件	6	5	5		5		5		5	5	
2550	84141000	真空泵	8	5	5		5		5		5	5	
2551	84142000	手动或脚踏式空气泵	8	5	5		5		5		5	5	
2552	84144000	装在拖车底盘上的空气压缩机	8	5	5		5		5		5	5	
2553	84145130	功率≤125瓦,有旋转导风轮的风扇	12	10	10		10		10		10	12	
2554	84145910	其他吊扇	8	5	5		5		5		5	8	
2555	84145920	其他换气扇	8	5	5		5		5		5	8	
2556	84145990	其他扇,风机	8	5	5		5		5		5	8	
2557	84148010	燃气轮机用的自由活塞式发生器	8	5	5		5		5		5	5	
2558	84148020	二氧化碳压缩机	7	5	5		5		5		5	5	
2559	84148030	发动机用增压器	7	5	5		5		5		5	5	
2560	84148090	其他气体压缩机及通风罩或循环气罩	7	5	5		5		5		5	5	
2561	84149011	用于制冷设备的压缩机进、排气阀片	8	5	5		5		5		5	5	
2562	84149019	其他用于制冷设备的压缩机零件	8	5	5		5		5		5	5	

序号	税则号列	商品名称	最惠国税率(%)	文莱	缅甸	柬埔寨	印尼	老挝	马来西亚	菲律宾	新加坡	泰国	越南
2563	84149020	风机、风扇、通风罩及循环气罩零件	12	10	10		10		10		10	10	
2564	84149090	税号 84.14 其他所列机器零件	7	5	5		5		5		5	5	
2565	84162011	使用天然气的燃烧器	10.5	10	10		10		10		10	10	
2566	84162019	其他使用气体燃料的炉用燃烧器	10.5	10	10		10		10		10	10	
2567	84162090	使用粉状固体燃料的炉用燃烧器	10.5	10	10		10		10		10	10	
2568	84163000	机械加煤机及类似装置	8.4	5	5		5		5		5	5	
2569	84169000	炉用燃烧器、机械加煤机等的零件	6	5	5		5		5		5	5	
2570	84179010	海绵铁回转窑的零件	7	5	5		5		5		5	5	
2571	84179020	炼焦炉的零件	7	5	5		5		5		5	5	
2572	84179090	其他非电热工业用炉及烘箱的零件	7	5	5		5		5		5	5	
2573	84182910	半导体制冷式家用型冷藏箱	30	20	20		20		20		20	20	
2574	84182990	其他家用型冷藏箱	30	20	20		20		20		20	20	
2575	84183021	制冷温度＞－40℃,容积 500－800L 柜式冷冻箱	23	20	20		20		20		20	23	
2576	84183029	制冷温度＞－40℃,容积≤500L 柜式冷冻箱	30	20	20		20		20		20	30	
2577	84184029	制冷温度＞－40℃,容积≤500L 立式冷冻箱	30	20	20		20		20		20	30	
2578	84189100	冷藏或冷冻设备用特制家具零件	18	15	15		15		15		15	15	
2579	84189991	制冷温度≤－40℃冷冻设备零件	9.5	5	5		5		5		5	5	
2580	84191100	燃气快速热水器	35	20	20		20		20		20	20	
2581	84191900	其他非电热的快速或贮备式热水器	35	20	20		20		20		20	20	
2582	84193100	农产品干燥器	8	5	5		5		5		5	5	
2583	84193200	木材、纸浆、纸或纸板用干燥器	9	5	5		5		5		5	5	
2584	84193910	微空气流动陶瓷坯件干燥器	9	5	5		5		5		5	5	
2585	84193990	其他用途的干燥器	9	5	5		5		5		5	5	
2586	84196011	制氧量≥15000 立方米/小时制氧机	12	10	10		10		10		10	10	
2587	84196019	制氧量＜15000 立方米/小时制氧机	13	10	10		10		10		10	10	
2588	84201000	研光机或其他滚压机器	8.4	5	5		5		5		5	5	
2589	84209100	研光机或其他滚压机器的滚筒	8	5	5		5		5		5	5	
2590	84209900	研光机或其他滚压机的未列名零件	8	5	5		5		5		5	5	
2591	84211100	奶油分离器	8.4	5	5		5		5		5	5	
2592	84211210	干衣量≤10kg 的离心干衣机	17.5	15	15		15		15		15	15	
2593	84211290	干衣量＞10kg 的离心干衣机	8	5	5		5		5		5	5	
2594	84212110	家用型过滤或净化水的机器及装置	25	20	20		20		20		20	20	
2595	84212200	过滤或净化饮料的机器及装置	12	10	10		10		10		10	10	
2596	84221900	非家用型洗碟机	14	10	10		10		10		10	10	
2597	84223010	饮料及液体食品罐装设备	12	10	10		10		10		10	10	
2598	84223021	水泥全自动灌包机	12	10	10		10		10		10	10	
2599	84223029	其他水泥包装机	12	10	10		10		10		10	10	
2600	84229010	洗碟机用零件	10.5	10	10		10		10		10	10	
2601	84229020	饮料及液体食品灌装设备用零件	8.5	5	5		5		5		5	5	
2602	84229090	税号 84.22 其他未列名机器零件	8.5	5	5		5		5		5	5	
2603	84231000	体重计、婴儿秤及家用秤	10.5	10	10		10		10		10	10	
2604	84233010	定量包装秤	10.5	10	10		10		10		10	10	
2605	84233020	定量分选秤	10.5	10	10		10		10		10	10	
2606	84233030	配料秤	10.5	10	10		10		10		10	10	
2607	84233090	其他恒定秤、物料定量装袋或容器用秤	10.5	10	10		10		10		10	10	
2608	84238110	最大称量≤30kg 的计价秤	10.5	10	10		10		10		10	10	
2609	84238120	最大称量≤30kg 的弹簧秤	10.5	10	10		10		10		10	10	
2610	84238190	最大称量≤30kg 的其他衡器	10.5	10	10		10		10		10	10	

序号	税则号列	商品名称	最惠国税率(%)	文莱	缅甸	柬埔寨	印尼	老挝	马来西亚	菲律宾	新加坡	泰国	越南
2611	84238210	最大称量30-5000kg的地中衡	10.5	10	10		10		10		10	10	
2612	84238290	最大称量30-5000kg的其他衡器	10.5	10	10		10		10		10	10	
2613	84241000	灭火器	8.4	5	5		5		5		5	5	
2614	84242000	喷枪及类似器具	8.4	5	5		5		5		5	5	
2615	84243000	喷汽机、喷砂机及类似喷射机	8.4	5	5		5		5		5	5	
2616	84248100	农业或园艺用喷射、喷雾机械器具	8	5	5		5		5		5	5	
2617	84251100	电动滑车及提升机	6	5	5		5		5		5	5	
2618	84261120	通用桥式起重机	8	5	5		5		8		5	5	
2619	84261190	其他固定支架的高架移动式起重机	8	5	5		5		8		5	5	
2620	84261200	胶轮移动式吊运架及跨运车	6	5	5		5		5		5	5	
2621	84263000	门座式起重机及座式旋臂起重机	6	5	5		5		5		5	5	
2622	84264990	其他不带胶轮的自推进起重机	13	10	10		10		10		10	10	
2623	84269900	其他起重设备	6	5	5		5		5		5	5	
2624	84272090	其他机动叉车及有类似装置工作车	9	5	5		5		5		5	5	
2625	84279000	其他叉车及可升降的工作车	9	5	5		5		5		5	5	
2626	84281090	其他升降机及倒卸式起重机	6	5	5		5		5		5	6	
2627	84286010	货运架空索道	8	5	5		5		5		5	5	
2628	84286021	单线循环式客运架空索道	8	5	5		5		5		5	5	
2629	84286029	其他客运架空索道	8	5	5		5		5		5	5	
2630	84286090	其他缆车、座式升降机用牵引装置	8	5	5		5		5		5	5	
2631	84291110	功率>235.36kW的履带式推土机	7	5	5		5		7		5	5	
2632	84291190	功率≤235.36kW的履带式推土机	7	5	5		5		7		5	5	
2633	84291910	功率>235.36kW的其他推土机	7	5	5		5		7		5	5	
2634	84291990	功率≤235.36kW的其他推土机	7	5	5		5		7		5	5	
2635	84294011	机重≥18t的震动式压路机	7	5	5		5		7		5	5	
2636	84294019	其他机动压路机	8	5	5		5		8		5	5	
2637	84294090	其他未列名捣固机械及压路机	6	5	5		5		6		5	5	
2638	84295900	其他机械铲、挖掘机及机铲装载机	8	5	5		5		8		5	5	
2639	84303900	其他非自推进截煤机、采石机及掘进机	6	5	5		5		6		5	5	
2640	84305020	矿用电铲	7	5	5		5		7		5	5	
2641	84306100	非自推进捣固或压实机械	6	5	5		5		6		5	5	
2642	84306911	钻筒直径>3m的工程钻机	6	5	5		5		6		5	5	
2643	84306919	钻筒直径≤3m的工程钻机	6	5	5		5		6		5	5	
2644	84306920	非自推进铲运机	6	5	5		5		6		5	5	
2645	84306990	其他非自推进未列名机械	6	5	5		5		6		5	5	
2646	84312000	叉车及装有升降装置工作车用零件	6	5	5		5		5		5	5	
2647	84314100	戽斗、铲斗、抓斗及夹斗	6	5	5		5		6		5	5	
2648	84314200	推土机或侧铲推土机用铲	6	5	5		5		6		5	5	
2649	84328010	草坪及运动场地滚压机	7	5	5		5		5		5	5	
2650	84331100	机动旋转式割草机	6	5	5		5		5		5	5	
2651	84331900	草坪、公园等用其他割草机	6	5	5		5		5		5	5	
2652	84335100	联合收割机	8	5	5		5		5		5	5	
2653	84335200	其他脱粒机	8	5	5		5		5		5	5	
2654	84335300	根茎或块茎收获机	8	5	5		5		5		5	5	
2655	84335910	甘蔗收获机	8	5	5		5		5		5	5	
2656	84335990	其他收割机	8	5	5		5		5		5	5	
2657	84342000	乳品加工机器	6	5	5		5		5		5	5	
2658	84359000	制酒、果汁等压榨、轧碎机零件	6	5	5		5		5		5	5	

序号	税则号列	商品名称	最惠国税率(%)	文莱	缅甸	柬埔寨	印尼	老挝	马来西亚	菲律宾	新加坡	泰国	越南
2659	84361000	动物饲料配制机	7	5	5		5		5		5	5	
2660	84369100	家禽饲养机、孵卵器及育雏器零件	6	5	5		5		5		5	5	
2661	84369900	税号 84.36 所列其他机器的零件	6	5	5		5		5		5	5	
2662	84379000	税号 84.37 所列机械的零件	6	5	5		5		5		5	5	
2663	84381000	糕点、通心粉、面条的生产加工机器	7	5	5		5		5		5	5	
2664	84382000	生产糖果、可可粉、巧克力的机器	8	5	5		5		5		5	5	
2665	84384000	酿酒机器	7	5	5		5		5		5	5	
2666	84385000	肉类或家禽加工机器	7	5	5		5		5		5	5	
2667	84388000	84 章其他未列名食品等加工机器	8.5	5	5		5		5		5	5	
2668	84391000	制造纤维素纸浆的机器	8.4	5	5		5		5		5	5	
2669	84392000	纸或纸板的抄造机器	8.4	5	5		5		5		5	5	
2670	84393000	纸或纸板的整理机器	8.4	5	5		5		5		5	5	
2671	84399100	制造纤维素纸浆的机器零件	6	5	5		5		5		5	5	
2672	84399900	制造或整理纸及纸板的机器零件	6	5	5		5		5		5	5	
2673	84401020	胶订机	12	10	10		10		10		10	10	
2674	84401090	其他书本装订机器	12	10	10		10		10		10	10	
2675	84409000	书本装订机器的零件	8	5	5		5		5		5	5	
2676	84411000	切纸机	12	10	10		10		10		10	10	
2677	84412000	制造包、袋或信封的机器	12	10	10		10		10		10	10	
2678	84413010	纸塑铝复合罐生产设备	13.5	10	10		10		10		10	10	
2679	84413090	其他制造箱、盒、桶及类似容器的机器	13.5	10	10		10		10		10	10	
2680	84414000	纸浆、纸或纸板制品模制成型机器	12	10	10		10		10		10	10	
2681	84418010	制造纸塑铝软包装的生产设备	12	10	10		10		10		10	10	
2682	84418090	其他制造纸浆制品、纸制品的机器	12	10	10		10		10		10	10	
2683	84419010	切纸机零件	8	5	5		5		5		5	5	
2684	84419090	其他制造纸浆、纸制品的机器零件	8.4	5	5		5		5		5	5	
2685	84421000	照像排版及排字机器	9	5	5		5		5		5	5	
2686	84422000	其他方法排字的机器及器具	9	5	5		5		5		5	5	
2687	84423010	铸字机	9	5	5		5		5		5	5	
2688	84423020	制版机器、器具及设备	9	5	5		5		5		5	5	
2689	84423090	其他铸字、制版用机器、器具及设备	9	5	5		5		5		5	5	
2690	84424000	铸字、排字、制版机器的零件	7	5	5		5		5		5	5	
2691	84425000	活字、印刷用版、片及其他部件	7	5	5		5		5		5	5	
2692	84431200	办公室用片取进料式胶印机	12	10	10		10		10		10	10	
2693	84432100	卷取进料式凸版印刷机	12	10	10		10		10		10	10	
2694	84432900	其他凸版印刷机	12	10	10		10		10		10	10	
2695	84434000	照像凹版印刷机	18	15	15		15		15		15	15	
2696	84435990	其他印刷机	8	5	5		5		5		5	5	
2697	84436000	印刷用辅助机器	12	10	10		10		10		10	10	
2698	84439000	印刷机及其辅助机器的零件	6	5	5		5		5		5	5	
2699	84452041	棉环锭细纱机	10.5	10	10		10		10		10	10	
2700	84461000	所织织物宽度≤30cm 的织机	8	5	5		5		5		5	5	
2701	84462110	所织织物宽度>30cm 的梭织动力地毯织机	12	10	10		10		10		10	10	
2702	84463020	所织织物宽度>30cm 的剑杆织机	8	5	5		5		5		5	5	
2703	84463030	所织织物宽度>30cm 的片梭织机	8	5	5		5		5		5	5	
2704	84463040	所织织物宽度>30cm 的喷水织机	8	5	5		5		5		5	5	
2705	84463050	所织织物宽度>30cm 的喷气织机	8	5	5		5		5		5	5	
2706	84463090	所织织物宽度>30cm 的其他无梭织机	8	5	5		5		5		5	5	

序号	税则号列	商品名称	最惠国税率(%)	文莱	缅甸	柬埔寨	印尼	老挝	马来西亚	菲律宾	新加坡	泰国	越南
2707	84471100	圆筒直径≤165mm的圆型针织机	8	5	5		5		5		5	5	
2708	84471200	圆筒直径>165mm的圆型针织机	8	5	5		5		5		5	5	
2709	84472010	经编机	8	5	5		5		5		5	5	
2710	84472020	其他平型针织机	8	5	5		5		5		5	5	
2711	84472030	缝编机	8	5	5		5		5		5	5	
2712	84479011	地毯织机	7	5	5		5		5		5	5	
2713	84479019	其他簇绒机	8	5	5		5		5		5	5	
2714	84479020	绣花机	8	5	5		5		5		5	5	
2715	84481100	多臂机或提花机	8	5	5		5		5		5	5	
2716	84481900	税号84.44至84.47所列的其他辅助机器	8	5	5		5		5		5	5	
2717	84482020	喷丝头或喷丝板	6	5	5		5		5		5	5	
2718	84482090	纤维挤压机及其辅助机器的其他零附件	6	5	5		5		5		5	5	
2719	84483100	钢丝针布	6	5	5		5		5		5	5	
2720	84483200	纺织纤维预处理机器的其他零附件	6	5	5		5		5		5	5	
2721	84483310	络筒锭	6	5	5		5		5		5	5	
2722	84483390	其他锭子、锭壳、纺丝环、钢丝圈	6	5	5		5		5		5	5	
2723	84483910	气流杯	6	5	5		5		5		5	5	
2724	84483920	电子清纱器	6	5	5		5		5		5	5	
2725	84483930	空气捻接器	6	5	5		5		5		5	5	
2726	84483990	税号84.45所机器的其他零附件	6	5	5		5		5		5	5	
2727	84484100	梭子	6	5	5		5		5		5	5	
2728	84484200	织机用筘、综丝及综框	6	5	5		5		5		5	5	
2729	84484910	接、投梭箱	6	5	5		5		5		5	5	
2730	84484920	引纬、送经装置	6	5	5		5		5		5	5	
2731	84484990	织机及其辅助机器用其他零附件	6	5	5		5		5		5	5	
2732	84485120	针织机用28号以下的弹簧针、钩针及复合针	6	5	5		5		5		5	5	
2733	84485190	沉降片、其他织针及成圈机件	6	5	5		5		5		5	5	
2734	84485900	税号84.47机器用的其他零附件	6	5	5		5		5		5	5	
2735	84490000	成匹、成形的毡呢制造或整理机器	8	5	5		5		5		5	5	
2736	84501200	装有离心甩干机的非全自动洗衣机	30	20	20		20		20		20	30	
2737	84501900	干衣量≤10kg的其他洗衣机	30	20	20		20		20		20	30	
2738	84509090	干衣量>10kg的洗衣机零件	16	15	15		15		15		15	16	
2739	84511000	干洗机	21	20	20		20		20		20	20	
2740	84512900	干衣量>10kg的干燥机	8	5	5		5		5		5	5	
2741	84514000	洗涤、漂白或染色机器	8.4	5	5		5		5		5	5	
2742	84515000	纺织物卷绕、退绕、折叠、剪切或剪齿边机器	8	5	5		5		5		5	5	
2743	84518000	税号84.51所列其他未列名的机器	12	10	10		10		10		10	10	
2744	84519000	税号84.51所列机器的零件	8	5	5		5		5		5	5	
2745	84521010	多功能家用缝纫机	21	20	20		20		20		20	20	
2746	84521090	其他家用型缝纫机	21	20	20		20		20		20	20	
2747	84522110	平缝机	12	10	10		10		10		10	10	
2748	84522190	其他自动缝纫机	12	10	10		10		10		10	10	
2749	84522900	其他非自动缝纫机	12	10	10		10		10		10	10	
2750	84523000	缝纫机针	14	10	10		10		10		10	10	
2751	84524000	缝纫机专用特制家具及其零件	14	10	10		10		10		10	10	
2752	84529011	家用型缝纫机用旋梭	14	10	10		10		10		10	10	
2753	84529019	家用型缝纫机用其他零件	14	10	10		10		10		10	10	
2754	84529091	其他缝纫机用旋梭	14	10	10		10		10		10	10	

序号	税则号列	商品名称	最惠国税率(%)	文莱	缅甸	柬埔寨	印尼	老挝	马来西亚	菲律宾	新加坡	泰国	越南
2755	84529099	其他缝纫机用其他零件	14	10	10		10		10		10	10	
2756	84531000	生皮、皮革的处理、鞣制或加工机器	8.4	5	5		5		5		5	5	
2757	84532000	鞋靴制作或修理机器	8.4	5	5		5		5		5	5	
2758	84538000	毛皮及其他皮革的制作或修理机器	8.4	5	5		5		5		5	5	
2759	84539000	税号 84.53 所列机器的零件	8	5	5		5		5		5	5	
2760	84541000	金属冶炼及铸造用转炉	8.4	5	5		5		5		5	5	
2761	84542010	炉外精炼设备	8.4	5	5		5		5		5	5	
2762	84542090	其他金属冶炼及铸造用锭模及浇包	8.4	5	5		5		5		5	5	
2763	84543010	冷室压铸机	12	10	10		10		10		10	10	
2764	84543022	板坯连铸机	12	10	10		10		10		10	10	
2765	84543029	其他钢坯连铸机	12	10	10		10		10		10	10	
2766	84543090	其他金属冶炼及铸造用铸造机	12	10	10		10		10		10	10	
2767	84549010	炉外精炼设备用零件	8	5	5		5		5		5	5	
2768	84549021	结晶器	8	5	5		5		5		5	5	
2769	84549022	振动装置	8	5	5		5		5		5	5	
2770	84549029	其他钢坯连铸机用零件	8	5	5		5		5		5	5	
2771	84549090	其他冶炼等用转炉及铸造机的零件	8	5	5		5		5		5	5	
2772	84551010	热轧管机	12	10	10		10		10		10	10	
2773	84551020	冷轧管机	12	10	10		10		10		10	10	
2774	84551030	定、减径轧管机	12	10	10		10		10		10	10	
2775	84551090	其他金属轧管机	12	10	10		10		10		10	10	
2776	84553000	金属轧机用轧辊	8.4	5	5		5		5		5	5	
2777	84559000	金属轧机的其他零件	8	5	5		5		5		5	5	
2778	84563010	数控的用放电处理各种材料的加工机床	9.7	5	5		5		5		5	5	
2779	84571010	立式加工中心	9.7	5	5		5		5		5	5	
2780	84571020	卧式加工中心	9.7	5	5		5		5		5	5	
2781	84571030	龙门式加工中心	9.7	5	5		5		5		5	5	
2782	84571090	其他加工金属的加工中心	9.7	5	5		5		5		5	5	
2783	84572000	加工金属的单工位组合机床	8	5	5		5		5		5	5	
2784	84581100	切削金属的数控卧式车床	9.7	5	5		5		5		5	5	
2785	84581900	切削金属的非数控卧式车床	12	10	10		10		10		10	10	
2786	84589900	切削金属的其他车床	12	10	10		10		10		10	10	
2787	84592100	切削金属的数控钻床	9.7	5	5		5		5		5	5	
2788	84593100	切削金属的数控镗铣机床	9.7	5	5		5		5		5	5	
2789	84594010	切削金属的数控镗床	9.7	5	5		5		5		5	5	
2790	84595100	切削金属的升降台式数控铣床	9.7	5	5		5		5		5	5	
2791	84596910	切削金属的非数控龙门铣床	12	10	10		10		10		10	10	
2792	84596990	切削金属的其他铣床	12	10	10		10		10		10	10	
2793	84597000	切削金属的其他攻丝机床	12	10	10		10		10		10	10	
2794	84601100	数控平面磨床	9.7	5	5		5		5		5	5	
2795	84602110	数控外圆磨床	9.7	5	5		5		5		5	5	
2796	84602120	数控内圆磨床	9.7	5	5		5		5		5	5	
2797	84602190	其他数控磨床	9.7	5	5		5		5		5	5	
2798	84602930	非数控轧辊磨床	13	10	10		10		10		10	10	
2799	84602990	其他磨床	13	10	10		10		10		10	10	
2800	84603100	数控刃磨(工具或刀具)机床	9.7	5	5		5		5		5	5	
2801	84604010	珩磨机床	13	10	10		10		10		10	10	
2802	84604020	研磨机床	13	10	10		10		10		10	10	

序号	税则号列	商　品　名　称	最惠国税率(%)	文莱	缅甸	柬埔寨	印尼	老挝	马来西亚	菲律宾	新加坡	泰国	越南
2803	84613000	拉床	12	10	10		10		10		10	10	
2804	84614010	数控切齿机、齿轮磨床或齿轮精加工机床	9.7	5	5		5		5		5	5	
2805	84615000	锯床或切断机	12	10	10		10		10		10	10	
2806	84619090	税号84.61的未列名机床	12	10	10		10		10		10	10	
2807	84621010	数控锻造或冲压机床及锻锤	9.7	5	5		5		5		5	5	
2808	84621090	非数控锻造或冲压机床及锻锤	12	10	10		10		10		10	10	
2809	84622110	数控矫直机	9.7	5	5		5		5		5	5	
2810	84622190	数控的其他弯曲、折迭、矫直或矫平机床	9.7	5	5		5		5		5	5	
2811	84623110	数控的板带纵剪机	7	5	5		5		5		5	5	
2812	84623120	数控的板带横剪机	7	5	5		5		5		5	5	
2813	84623190	数控的其他剪切机床	7	5	5		5		5		5	5	
2814	84624111	自动换模式数控步冲压力机	9.7	5	5		5		5		5	5	
2815	84624119	其他数控冲床	9.7	5	5		5		5		5	5	
2816	84624190	其他数控冲孔、开槽机、冲剪两用机	9.7	5	5		5		5		5	5	
2817	84661000	工具夹具及自启板牙切头	7	5	5		5		5		5	5	
2818	84662000	工件夹具	7	5	5		5		5		5	5	
2819	84663000	分度头及其他专用于机床的附件	7	5	5		5		5		5	5	
2820	84669200	税号84.65所列机器用的零附件	6	5	5		5		5		5	5	
2821	84669400	税号84.62－84.63机器用其他零附件	6	5	5		5		5		5	5	
2822	84671100	旋转式手提风动工具	8	5	5		5		5		5	5	
2823	84671900	其他手提式风动工具	8	5	5		5		5		5	5	
2824	84678100	手提式液压或其他动力链锯	8	5	5		5		5		5	5	
2825	84678900	其他手提式液压或其他动力工具	8	5	5		5		5		5	5	
2826	84679110	电动链锯用零件	6	5	5		5		5		5	5	
2827	84679190	其他链锯用零件	6	5	5		5		5		5	5	
2828	84679200	风动工具零件	6	5	5		5		5		5	5	
2829	84679990	其他手提式工具用零件	6	5	5		5		5		5	5	
2830	84681000	手提喷焊器	12	10	10		10		10		10	10	
2831	84682000	其他气体焊或表面回火机器及装置	12	10	10		10		10		10	10	
2832	84688000	其他焊接机器及装置	12	10	10		10		10		10	10	
2833	84689000	焊接机器用零件	7	5	5		5		5		5	5	
2834	84691200	自动打字机	12	10	10		10		10		10	10	
2835	84692000	其他电动打字机	12	10	10		10		10		10	10	
2836	84693000	其他非电动打字机	12	10	10		10		10		10	10	
2837	84721000	胶版复印机、油印机	14	10	10		10		10		10	10	
2838	84722000	地址印写机及地址铭牌压印机	14	10	10		10		10		10	10	
2839	84723090	其他信件分类、折迭、信封装封机等机器	14	10	10		10		10		10	10	
2840	84731000	打字机、文字处理机的零附件	8	5	5		5		5		5	5	
2841	84734010	自动柜员机用出钞器	10.5	10	10		10		10		10	10	
2842	84734090	税号84.72所列其他办公室用机器零附件	10.5	10	10		10		10		10	10	
2843	84743100	混凝土或砂浆混合机器	7	5	5		5		5		5	5	
2844	84743200	矿物与沥青的混合机器	7	5	5		5		5		5	5	
2845	84751000	白炽灯泡、灯管等的封装机	8	5	5		5		5		5	5	
2846	84759000	税号84.75所列机器的零件	8	5	5		5		5		5	5	
2847	84791022	稳定土摊铺机	8	5	5		5		5		5	5	
2848	84791029	其他摊铺机	8	5	5		5		5		5	5	

序号	税则号列	商品名称	最惠国税率(%)	文莱	缅甸	柬埔寨	印尼	老挝	马来西亚	菲律宾	新加坡	泰国	越南
2849	84791090	其他公共工程用的机器	8	5	5		5		5		5	5	
2850	84794000	绳或缆的制造机器	7	5	5		5		5		5	5	
2851	84798110	绕线机	9.5	5	5		5		5		5	5	
2852	84798190	其他处理金属的机械	9.5	5	5		5		5		5	5	
2853	84798200	其他混合、研磨、筛选、均化等机器	7	5	5		5		5		5	5	
2854	84802000	型模底板	8	5	5		5		5		5	5	
2855	84804100	金属、硬质合金用注模或压模	8	5	5		5		5		5	5	
2856	84804900	金属、硬质合金用其他型模	8	5	5		5		5		5	5	
2857	84805000	玻璃用型模	8.4	5	5		5		5		5	5	
2858	84806000	矿物材料用型模	8.4	5	5		5		5		5	5	
2859	84818010	其他阀门	7	5	5		5		5		5	5	
2860	84819010	阀门用零件	8	5	5		5		5		5	5	
2861	84819090	龙头、旋塞及类似装置的零件	8	5	5		5		5		5	5	
2862	84821000	滚珠轴承	8	5	5		5		5		5	5	
2863	84822000	锥形滚子轴承	8	5	5		5		5		5	5	
2864	84823000	鼓形滚子轴承	8	5	5		5		5		5	5	
2865	84824000	滚针轴承	8	5	5		5		5		5	5	
2866	84825000	其他圆柱形滚子轴承	8	5	5		5		5		5	5	
2867	84828000	其他滚动轴承及球、柱混合轴承	8	5	5		5		5		5	5	
2868	84829100	滚珠、滚针及滚柱	8	5	5		5		5		5	5	
2869	84829900	滚动轴承的其他零件	6	5	5		5		5		5	5	
2870	84831010	船舶用传动轴	6	5	5		5		5		5	5	
2871	84831090	其他传动轴及曲柄	6	5	5		5		5		5	5	
2872	84832000	装有滚珠或滚子轴承的轴承座	6	5	5		5		5		5	5	
2873	84833000	未装滚珠或滚子轴承的轴承座	6	5	5		5		5		5	5	
2874	84834010	滚子螺杆传动装置	8	5	5		5		5		5	5	
2875	84834020	行星齿轮减速器	8	5	5		5		5		5	5	
2876	84834090	其他齿轮及齿轮传动装置	8	5	5		5		5		5	5	
2877	84835000	飞轮、滑轮及滑轮组	8	5	5		5		5		5	5	
2878	84836000	离合器及联轴器(包括万向节)	8	5	5		5		5		5	5	
2879	84839000	单独报验的带齿的轮及其他传动元件;零件	8	5	5		5		5		5	5	
2880	84841000	金属片密封垫或类似接合衬垫	8	5	5		5		5		5	5	
2881	84842000	机械密封件	8	5	5		5		5		5	5	
2882	84849000	其他材料制密封垫及类似接合衬垫	8	5	5		5		5		5	5	
2883	84851000	船用推进器及桨叶	6	5	5		5		5		5	5	
2884	84859000	本章其他税号未列名机器零件	8	5	5		5		5		5	5	
2885	85011010	输出功率≤37.5W 玩具电动机	24.5	20	20		20		20		20	20	
2886	85011099	其他输出功率≤37.5W 微电机	9	5	5		5		5		5	9	
2887	85012000	输出功率>37.5W 交直流两用电动机	12	10	10		10		10		10	10	
2888	85013100	输出功率≤750W 直流电动机、发电机	12	10	10		10		10		10	10	
2889	85013400	输出功率>375kW 直流电动机、发电机	12	10	10		10		10		10	10	
2890	85014000	单相交流电动机	12	10	10		10		10		10	10	
2891	85015300	输出功率>75kW 多相交流电动机	12	10	10		10		10		10	10	
2892	85016200	75kVA<输出功率≤375kVA 交流发电机	12	10	10		10		10		10	10	
2893	85016300	375kVA<输出功率≤750kVA 交流发电机	12	10	10		10		10		10	10	

序号	税则号列	商品名称	最惠国税率(%)	文莱	缅甸	柬埔寨	印尼	老挝	马来西亚	菲律宾	新加坡	泰国	越南
2894	85016420	350kVA≤输出功率＜665MVA交流发电机	5.8	5	5		5		5		5	5	
2895	85016430	输出功率≥665MVA交流发电机	6	5	5		5		5		5	5	
2896	85023100	风力驱动的发电机组	8	5	5		5		5		5	5	
2897	85030010	玩具用电动机微电机零件	12	10	10		10		10		10	10	
2898	85030090	其他电动机、发电机(组)零件	8	5	5		5		5		5	5	
2899	85042100	额定容量≤650kVA液体介质变压器	10.5	10	10		10		10		10	10.5	
2900	85042200	650kVA＜额定容量≤10MVA液体介质变压器	12.6	10	10		10		10		10	12.6	
2901	85042321	400MVA≤液体变压器额定容量＜500MVA	6	5	5		5		5		5	6	
2902	85042329	其他额定容量≥500MVA液体变压器	6	5	5		5		5		5	6	
2903	85043400	额定容量＞500kVA的其他变压器	14	10	10		10		10		10	14	
2904	85044014	功率＜1kW高精度直流稳压电源	7	5	5		5		5		5	7	
2905	85049019	其他变压器零件	8	5	5		5		5		5	5	
2906	85049020	稳压电源及不间断供电电源零件	8	5	5		5		5		5	5	
2907	85049090	其他静止式变流器及电感器零件	8	5	5		5		5		5	5	
2908	85051110	稀土永磁体	7	5	5		5		5		5	5	
2909	85051190	其他金属的永磁体	7	5	5		5		5		5	5	
2910	85051900	非金属永磁体	7	5	5		5		5		5	5	
2911	85052000	电磁联轴节、离合器及制动器	8	5	5		5		5		5	5	
2912	85053000	电磁起重吸盘	8	5	5		5		5		5	5	
2913	85059000	电磁夹具等及税号85.02的零件	8	5	5		5		5		5	5	
2914	85063000	氧化汞的原电池及原电池组	14	10	10		10		10		10	10	
2915	85064000	氧化银的原电池及原电池组	14	10	10		10		10		10	10	
2916	85065000	锂的原电池及原电池组	14	10	10		10		10		10	10	
2917	85066000	锌空气的原电池及原电池组	14	10	10		10		10		10	10	
2918	85068000	其他原电池及原电池组	14	10	10		10		10		10	14	
2919	85069010	二氧化锰原电池或原电池组的零件	14	14	10		10		10		10	10	
2920	85074000	镍铁蓄电池	12	10	10		10		10		10	12	
2921	85078010	镍氢电池	12	10	10		10		10		10	12	
2922	85078020	锂离子电池	12	10	10		10		10		10	12	
2923	85078090	其他蓄电池	12	10	10		10		10		10	12	
2924	85079090	其他蓄电池零件	8	5	5		5		5		5	8	
2925	85092000	地板打蜡机	30	20	20		20		20		20	20	
2926	85098000	其他家用电动器具	30	20	20		20		20		20	20	
2927	85099000	家用电动器具的零件	12	10	10		10		10		10	12	
2928	85101000	电动剃须刀	30	20	20		20		20		20	20	
2929	85102000	电动毛发推剪	30	20	20		20		20		20	20	
2930	85109000	税号85.10所列货品的零件	24.5	20	20		20		20		20	20	
2931	85113090	其他用途用分电器、点火线圈	8.4	5	5		5		5		5	5	
2932	85114091	输出功率≥132.39kW启动电机	8.4	5	5		5		5		5	5	
2933	85114099	其他用途的启动电机	8.4	5	5		5		5		5	5	
2934	85115090	其他附属于内燃发动机的发电机	8.4	5	5		5		5		5	5	
2935	85118000	发动机用电点火、起动的其他装置	8.4	5	5		5		5		5	5	
2936	85121000	自行车用照明或视觉信号装置	10.5	10	10		10		10		10	10	
2937	85129000	税号85.12所列装置的零件	8	5	5		5		5		5	5	
2938	85131090	其他自供能源手提式电灯	17.5	17.5	15		15		15		15	17.5	
2939	85139010	手电筒零件	14	10	10		10		10		10	14	
2940	85139090	其他自供能源手提式电灯零件	14	10	10		10		10		10	14	

序号	税则号列	商品名称	最惠国税率(%)	文莱	缅甸	柬埔寨	印尼	老挝	马来西亚	菲律宾	新加坡	泰国	越南
2941	85149010	炼钢电炉用零件	8	5	5		5		5		5	5	
2942	85158000	其他焊接机器及装置	8	5	5		5		5		5	5	
2943	85159000	电气等焊接机器及装置零件	6	5	5		5		5		5	5	
2944	85162100	电气储存式散热器	35	20	20		20		20		20	20	
2945	85163200	其他电热理发器具	35	20	20		20		20		20	20	
2946	85163300	电热干手器	35	20	20		20		20		20	20	
2947	85164000	电熨斗	35	20	20		20		20		20	35	
2948	85167100	电热咖啡壶或茶壶	32	20	20		20		20		20	20	
2949	85167200	电热烤面包器	32	20	20		20		20		20	20	
2950	85167910	电热饮水机	32	20	20		20		20		20	32	
2951	85167990	其他电热器具	32	20	20		20		20		20	32	
2952	85169010	土壤加热器及加热电阻器零件	8	5	5		5		5		5	5	
2953	85169090	税号 85.16 所列货品的其他零件	12	10	10		10		10		10	10	
2954	85184000	音频扩大器	12	10	10		10		10		10	10	
2955	85189000	税号 85.18 所列货品的零件	10.5	10	10		10		10		10	10	
2956	85191000	投币式唱机	30	20	20		20		20		20	20	
2957	85192100	不带扬声器的其他唱机	30	20	20		20		20		20	20	
2958	85192900	带扬声器的其他唱机	30	20	20		20		20		20	20	
2959	85193100	装有自动换片装置转盘(唱机唱盘)	30	20	20		20		20		20	20	
2960	85193900	无自动换片装置的转盘(唱机唱盘)	30	20	20		20		20		20	20	
2961	85199910	激光唱机	30	20	20		20		20		20	20	
2962	85201000	需外接电源的口授记录机	25	20	20		20		20		20	20	
2963	85203210	数字音频式盒式磁带录音机	30	20	20		30		20		20	20	
2964	85203290	其他数字音频式磁带录音机	25	20	20		25		20		20	20	
2965	85203300	其他盒式磁带录音机	30	20	20		30		20		20	20	
2966	85203910	开盘式录音机	25	20	20		25		20		20	20	
2967	85211011	广播级录像机	①	②	②		②		②		②	②	
2968	85211019	其他磁带录像机	①	②	②		②		②		②	②	
2969	85211020	磁带放像机	①	②	②		②		②		②	②	
2970	85221000	拾音头	35	20	20		20		20		20	20	
2971	85229010	转盘或唱机用零附件	25	20	20		20		20		20	20	
2972	85229021	录音机走带机构(机芯)	25	20	20		20		20		20	20	
2973	85229022	磁头	25	20	20		20		20		20	20	
2974	85229029	盒式磁带录音机或放声机其他零件	30	20	20		20		20		20	20	
2975	85229031	激光视盘机的机芯	30	20	20		20		20		20	20	
2976	85229039	其他视频信号录放设备的零件附件	30	20	20		20		20		20	20	
2977	85233000	未录制的磁条卡	17.5	15	15		15		15		15	15	
2978	85253091	广播级电视摄像机	③	④	④		④		④		④	④	
2979	85253099	其他电视摄像机	③	④	④		④		④		④	④	

注:

①每台完税价格低于或等于 2000 美元:执行单一从价税,税率为 30%;每台完税价格高于 2000 美元:每台征收从量税,税额 4374 元,加上 3%从价税。

②每台完税价格低于或等于 2000 美元:执行单一从价税,税率为 20%;每台完税价格高于 2000 美元:每台征收从量税,税额 2822 元,加上 3%从价税。

③每台完税价格低于或等于 5000 美元,执行单一从价税,税率:35%;每台完税价格高于 5000 美元:每台征收从量税,税额 12960 元,加上 3%从价税。

④每台完税价格低于或等于 5000 美元,执行单一从价税,税率:20%;每台完税价格高于 5000 美元:每台征收从量税,税额 7055 元,加上 3%从价税。

序号	税则号列	商品名称	最惠国税率(%)	文莱	缅甸	柬埔寨	印尼	老挝	马来西亚	菲律宾	新加坡	泰国	越南
2980	85273900	其他收音机	27	20	20		27		20		20	20	
2981	85279090	其他无线电话、电报、广播接收设备	9	5	5		5		5		5	5	
2982	85281290	其他彩色电视机	30	20	30		30		30		20	30	
2983	85282100	彩色视频监视器	30	20	20		30		20		20	20	
2984	85283010	彩色视频投影机	30	20	20		30		20		20	20	
2985	85299030	对讲机零件	8	5	5		5		5		5	8	
2986	85299041	特种用途电视摄像机、静像视频摄像机及其他视频摄录一体机,数字相机零件	8	5	5		5		5		5	8	
2987	85299042	非特种用途的取像模块	12	10	10		10		10		10	12	
2988	85299049	其他电视摄像机、静像视频摄像机及其他视频摄录一体机、数字相机零件	12	10	10		10		10		10	12	
2989	85308000	其他用电气信号、安全、交通设备	8	5	5		5		5		5	5	
2990	85309000	税号85.30所列设备的零件	8	5	5		5		5		5	5	
2991	85351000	电路熔断器(电压>1000V)	14	10	10		10		10		10	10	
2992	85352100	电压<72.5kV自动断路器	14	10	10		10		10		10	10	
2993	85354000	避雷器、电压限幅器及电涌抑制器	18	15	15		15		15		15	15	
2994	85362000	电压≤1000V自动断路器	9	5	5		5		5		5	5	
2995	85363000	电压≤1000V其他电路保护装置	9	5	5		5		5		5	5	
2996	85371090	其他电力控制或分配的装置	8.4	8.4	5		5		5		5	8.4	
2997	85372010	电压≥500kV高压开关装置	8.4	5	5		5		5		5	8.4	
2998	85372090	其他电力控制或分配装置	8.4	5	5		5		5		5	8.4	
2999	85381010	子目号8537.2010所列装置的零件	8.4	5	5		5		5		5	8.4	
3000	85381090	税号85.37货品用的其他盘、板等	7	5	5		5		5		5	7	
3001	85389000	税号85.35、85.36或85.37装置的零件	7	5	5		5		5		5	5	
3002	85392110	科研、医疗专用卤钨灯	8	5	5		5		5		5	5	
3003	85392120	火车、航空器及船舶用卤钨灯	8	5	5		5		5		5	5	
3004	85392190	其他卤钨灯	10.5	10	10		10		10		10	10	
3005	85392210	科研、医疗用功率≤200W白炽灯泡	10.5	10.5	10		10		10		10	10	
3006	85392920	火车、航空及船舶用其他白炽灯泡	10.5	10.5	10		10		10		10	10	
3007	85392991	电压≤12V未列名的白炽灯泡	12	12	10		10		10		10	10	
3008	85392999	其他未列名的白炽灯泡	12	12	10		10		10		10	10	
3009	85393110	科研、医疗专用热阴极荧光灯	8	8	5		5		5		5	5	
3010	85393120	火车、航空器、船舶用热阴极荧光灯	8	8	5		5		5		5	5	
3011	85393190	其他用途用热阴极荧光灯	8	8	5		5		5		5	5	
3012	85393210	科研医疗用汞或钠蒸汽灯	8	5	5		5		5		5	5	
3013	85393220	火车、飞机及船舶用汞或钠蒸汽灯	8	5	5		5		5		5	5	
3014	85393290	其他用途的汞或钠蒸汽灯	8	5	5		5		5		5	5	
3015	85393910	科研、医疗专用其他放电灯	8	8	5		5		5		5	5	
3016	85393920	火车、航空器、船舶用其他放电灯	8	8	5		5		5		5	5	
3017	85393990	其他用途的其他放电灯管	8	8	5		5		5		5	5	

序号	税则号列	商品名称	最惠国税率(%)	文莱	缅甸	柬埔寨	印尼	老挝	马来西亚	菲律宾	新加坡	泰国	越南
3018	85394100	弧光灯	8	5	5		5		5		5	5	
3019	85394900	紫外线或红外线灯	8	5	5		5		5		5	5	
3020	85399000	税号 85.39 所列货品的零件	8	5	5		5		5		5	5	
3021	85401100	彩色阴极射线电视显像管	12	10	10		10		10		10	10	
3022	85402010	电视摄像管	12	10	10		10		10		10	10	
3023	85402090	变像管、图像增强管及光阴极管	8	5	5		5		5		5	5	
3024	85404000	点距＜0.4mm 彩色数据/图形显示管	8	5	5		5		5		5	5	
3025	85405000	黑白或其他单色数据/图形显示管	8	5	5		5		5		5	5	
3026	85406010	雷达显示管	6	5	5		5		5		5	5	
3027	85406090	其他阴极射线管	8	5	5		5		5		5	5	
3028	85407100	磁控管	8	5	5		5		5		5	5	
3029	85407200	速调管	8	5	5		5		5		5	5	
3030	85407900	其他微波管	8	5	5		5		5		5	5	
3031	85408100	接收管或放大管	8	5	5		5		5		5	5	
3032	85408900	其他电子管	8	5	5		5		5		5	5	
3033	85409110	电视显像管零件	6	5	5		5		5		5	5	
3034	85409190	其他阴极射线管零件	8	5	5		5		5		5	5	
3035	85409910	电视摄像管零件	8	5	5		5		5		5	5	
3036	85409990	其他热电子管、冷阴极管零件	8	5	5		5		5		5	5	
3037	85432090	输出信号频率≥1500MHz 的通用信号发生器	8	5	5		5		5		5	5	
3038	85445910	1000V≥耐压＞80V 无接头电缆	6	5	5		5		6		5	5	
3039	85445990	1000V≥耐压＞80V 无接头电导体	12	10	10		10		12		10	10	
3040	85446013	35kV＜耐压≤110kV 的电缆	8.4	8.4	5		5		8.4		5	8.4	
3041	85446014	110kV＜耐压≤220kV 的电缆	8.4	8.4	5		5		8.4		5	8.4	
3042	85446019	耐压＞220kV 电缆	8.4	8.4	5		5		8.4		5	8.4	
3043	85446090	耐压＞1kV 的其他电导体	21	21	20		20		21		20	21	
3044	85451100	炉用碳电极	8	5	5		5		5		5	5	
3045	85451900	其他碳电极	10.5	10	10		10		10		10	10	
3046	85452000	碳刷	10.5	10	10		10		10		10	10	
3047	85459000	灯碳棒、电池碳棒及其他石墨制品	10.5	10	10		10		10		10	10	
3048	85461000	玻璃制绝缘子	10.5	10	10		10		10		10	10	
3049	85462010	输变电线路绝缘瓷套管	6	5	5		5		5		5	5	
3050	85462090	其他陶瓷制绝缘子	12	10	10		10		10		10	10	
3051	85471000	陶瓷制绝缘零件	8	5	5		5		5		5	5	
3052	85472000	塑料制绝缘零件	8	5	5		5		5		5	5	
3053	85479090	其他材料制绝缘配件	8	5	5		5		5		5	5	
3054	85481000	电池废碎料及废电池	8	5	5		5		5		5	5	
3055	85489000	85 章其他未列名的电气零件	12	10	10		10		10		10	10	
3056	86040099	铁道及电车道用其他维修或服务车	7	5	5		5		5		5	5	
3057	86090010	20 英尺的集装箱	10.5	10			10		10		10	10	

序号	税则号列	商品名称	最惠国税率(%)	文莱	缅甸	柬埔寨	印尼	老挝	马来西亚	菲律宾	新加坡	泰国	越南
3058	86090020	40英尺的集装箱	10.5	10	10		10		10		10	10	
3059	86090030	45、48、53英尺的集装箱	10.5	10	10		10		10		10	10	
3060	86090090	其他集装箱	10.5	10	10		10		10		10	10	
3061	87011000	手扶拖拉机	9	5	5		5		5		5	5	
3062	87013000	履带式牵引车、拖拉机	6	5	5		5		5		5	5	
3063	87019011	轮式拖拉机	8	5	5		5		5		5	5	
3064	87019019	其他拖拉机	8	5	5		5		5		5	5	
3065	87019090	其他牵引车	8	5	5		5		5		5	5	
3066	87031011	全地形车	25	25	20		25		20		20	20	
3067	87031019	其他高尔夫球车及类似车辆	25	25	20		25		20		20	20	
3068	87031090	雪地行走专用车	25	25	20		25		20		20	20	
3069	87032335	2.5L＜排气量≤3L的越野车	28	28	28		28		28		20	28	
3070	87032336	2.5L＜排气量≤3L,≤9座的小客车	28	28	28		28		28		20	28	
3071	87032339	2.5L＜排气量≤3L的其他车辆	28	28	28		28		28		20	28	
3072	87033190	排气量≤1500ml的柴油型其他车辆	28	28	28		28		28		20	28	
3073	87033330	排气量＞2500ml柴油型的小轿车	28	28	28		28		28		20	28	
3074	87033340	排气量＞2500ml的柴油型越野车	28	28	28		28		28		20	28	
3075	87033350	排气量＞2.5L,≤9座的柴油型小客车	28	28	28		28		28		20	28	
3076	87033390	排气量＞2500ml的柴油型其他车辆	28	28	28		28		28		20	28	
3077	87039000	装有压燃式内燃发动机的其他载人机动车辆	28	28	28		28		28		20	20	
3078	87041030	非公路用电动轮货运自卸车	6	6	5		6		6		5	5	
3079	87041090	其他非公路用货运自卸车	6	6	5		6		6		5	5	
3080	87049000	装有其他发动机的货车	25	25	20		25		25		20	20	
3081	87052000	机动钻探车	12	12	10		10		10		10	10	
3082	87059020	机动放射线检查车	9	9	5		5		5		5	5	
3083	87059030	机动环境监测车	12	12	10		10		10		10	10	
3084	87059040	机动医疗车	12	12	10		10		10		10	10	
3085	87059051	航空电源车(频率为400赫兹)	12	12	10		10		10		10	10	
3086	87059059	其他机动电源车	12	12	10		10		10		10	10	
3087	87059060	飞机加油车、调温车、除冰车	12	12	10		10		10		10	10	
3088	87059070	道路(包括跑道)扫雪车	12	12	10		10		10		10	10	
3089	87059080	石油测井车、压裂车、混沙车	12	12	10		10		10		10	10	
3090	87059090	其他特殊用途的机动车辆	12	12	10		10		10		10	10	
3091	87060010	非公路用货运自卸车底盘	8	8	8		8		5		5	5	
3092	87083910	牵引车、拖拉机用制动器及其零件	6	5	5		6		5		5	6	
3093	87083930	非公路自卸车用制动器及其零件	6	5	5		6		5		5	6	
3094	87084010	牵引车、拖拉机用变速箱	6	5	5		6		5		5	5	
3095	87084030	非公路自卸车用变速箱	6	5	5		6		5		5	5	
3096	87085010	牵引车、拖拉机用驱动桥	6	5	5		5		5		5	5	
3097	87085030	非公路自卸车用驱动桥	6	5	5		5		5		5	5	

序号	税则号列	商品名称	最惠国税率(%)	文莱	缅甸	柬埔寨	印尼	老挝	马来西亚	菲律宾	新加坡	泰国	越南
3098	87086010	牵引车、拖拉机用非驱动桥及零件	6	5	5		5		5		5	6	
3099	87086030	非公路自卸车用非驱动桥及零件	6	5	5		5		5		5	6	
3100	87087010	牵引车及拖拉机用车轮及其零附件	6	5	5		6		5		5	5	
3101	87087030	非公路货运自卸车用车轮及其零件	6	5	5		6		5		5	5	
3102	87089310	牵引车、拖拉机用离合器及其零件	6	5	5		6		5		5	6	
3103	87089330	非公路自卸车用离合器及其零件	6	5	5		6		5		5	6	
3104	87089410	牵引车、拖拉机用转向盘、转向柱及转向器	6	5	5		5		5		5	6	
3105	87089430	非公路自卸车用转向盘、转向柱及转向器	6	5	5		5		5		5	6	
3106	87089910	牵引车及拖拉机用其他零附件	6	5	5		6		5		5	6	
3107	87089921	税号 8702.1091 及 8702.9010 所列车辆用车架	25	20	20		25		20		20	25	
3108	87089929	大型客车用其他零附件	25	20	20		25		20		20	25	
3109	87089931	税号 8704.1030 及 8704.1090 所列车辆用车架	6	5	5		6		5		5	6	
3110	87089939	非公路货运自卸车用其他零附件	6	5	5		6		5		5	6	
3111	87089941	税号 8704.2100、8704.2230、8704.3100 及 8704.3230 所列车辆用车架	25	20	20		25		20		20	25	
3112	87089949	中小型货车用其他零附件	25	20	20		25		20		20	25	
3113	87091910	短距离运输货物其他牵引车	10.5	10	10		10.5		10		10	10	
3114	87091990	其他非电动短矩离运货车	10.5	10	10		10.5		10		10	10	
3115	87099000	短距离运货车、站台牵引车用零件	8.4	5	5		5		5		5	5	
3116	87111000	汽油型微马力摩托车及脚踏两用车	45	45	20		45		45		20	45	
3117	87112010	装有往复式活塞发动机,气缸容量超过 50 毫升,但不超过 100 毫升的汽油型小马力摩托车及脚踏两用车	45	45	20		45		45		20	45	
3118	87112020	装有往复式活塞发动机,气缸容量超过 100 毫升,但不超过 125 毫升的汽油型小马力摩托车及脚踏两用车	45	45	20		45		45		20	45	
3119	87112030	装有往复式活塞发动机,气缸容量超过 125 毫升,但不超过 150 毫升的汽油型小马力摩托车及脚踏两用车	45	45	20		45		45		20	45	
3120	87112040	装有往复式活塞发动机,气缸容量超过 150 毫升,但不超过 200 毫升的汽油型小马力摩托车及脚踏两用车	45	45	20		45		45		20	45	
3121	87112050	装有往复式活塞发动机,气缸容量超过 200 毫升,但不超过 250 毫升的汽油型小马力摩托车及脚踏两用车	45	45	20		45		45		20	45	
3122	87113010	汽油型中小马力摩托车及脚踏两用车	45	45	20		45		45		20	45	
3123	87113020	汽油型中大马力摩托车及脚踏两用车	45	45	20		45		45		20	45	
3124	87114000	汽油型大马力摩托车及脚踏两用车	40	40	20		40		40		20	40	
3125	87115000	汽油型超大马力摩托车及类似车	30	30	20		30		30		20	30	
3126	87119010	电动及电动助力的摩托车	45	45	20		45		45		20	45	
3127	87119090	装有其他发动机的摩托车及边车	45	45	20		45		45		20	45	
3128	87120090	其他非机动脚踏车	23	23	20		23		20		20	20	

序号	税则号列	商品名称	最惠国税率(%)	文莱	缅甸	柬埔寨	印尼	老挝	马来西亚	菲律宾	新加坡	泰国	越南
3129	87131000	非机械驱动的残疾人用车	6	5	5		5		5		5	5	
3130	87141100	摩托车及机动脚踏两用车用鞍座	30	30	20		30		20		20	30	
3131	87141900	摩托车其他零附件	30	30	20		30		20		20	30	
3132	87149100	非机动脚踏车车架、轮叉及其零件	12	12	10		10		10		10	10	
3133	87149200	非机动脚踏车轮圈及辐条	12	12	10		10		10		10	10	
3134	87149310	非机动脚踏车的轮毂	12	12	10		10		10		10	10	
3135	87149320	飞轮	12	12	10		10		10		10	10	
3136	87149390	其他非机动脚踏车的飞轮	12	12	10		10		10		10	10	
3137	87149400	非机动脚踏车的制动器及其零件	12	12	10		10		10		10	10	
3138	87149500	非机动脚踏车的鞍座	12	12	10		10		10		10	10	
3139	87149610	非机动脚踏车脚蹬及其零件	12	12	10		10		10		10	10	
3140	87149620	非机动脚踏车曲柄、链轮及其零件	12	12	10		10		10		10	10	
3141	87149900	非机动脚踏车的其他零附件	12	12	10		10		10		10	10	
3142	89011090	非机动巡航船、游览船及各式渡船	8	5	5		5		5		5	5	
3143	89013000	冷藏船	9	5	5		5		5		5	5	
3144	89019080	其他机动货运船舶	9	5	5		5		5		5	5	
3145	89019090	非机动货运船舶及客货兼运船舶	8	5	5		5		5		5	5	
3146	89020010	机动捕鱼船	7	5	5		5		5		5	5	
3147	89020090	非机动捕鱼船	8	5	5		5		5		5	5	
3148	89039100	帆船	8	5	5		5		5		5	5	
3149	89039200	汽艇	10.5	10	10		10		10		10	10	
3150	89040000	拖轮及顶推船	9	5	5		5		5		5	5	
3151	89052000	浮动或潜水式钻探或生产平台	6	5	5		5		5		5	5	
3152	89069090	其他未列名非机动船舶	8	5	5		5		5		5	5	
3153	89071000	充气筏	8	5	5		5		5		5	5	
3154	89079000	其他浮动结构体	8	5	5		5		5		5	5	
3155	90012000	偏振材料制的片及板	8	5	5		5		5		5	5	
3156	90019000	税号90.01未列名的其他光学元件	8	5	5		5		5		5	5	
3157	90021110	特殊用途照相机用物镜	8	5	5		5		5		5	5	
3158	90021120	缩微阅读机用物镜	8	5	5		5		5		5	5	
3159	90031100	塑料制眼镜架	18	15	15		15		15		15	15	
3160	90049010	变色镜	16	15	15		15		15		15	15	
3161	90058090	其他光学望远镜	12	10	10		10		10		10	10	
3162	90059090	其他望远镜零附件	8	5	5		5		5		5	5	
3163	90061010	电子分色机	12	10	10		10		10		10	10	
3164	90062000	缩微照相机	9	5	5		5		5		5	5	
3165	90063000	特种用途的照相机	9	5	5		5		5		5	5	
3166	90065100	通过镜头取景的照相机	25	20	20		20		20		20	20	
3167	90065200	使用胶片宽<35mm的其他照相机	25	20	20		20		20		20	20	
3168	90065990	其他照相机	25	20	20		20		20		20	20	

序号	税则号列	商品名称	最惠国税率(%)	文莱	缅甸	柬埔寨	印尼	老挝	马来西亚	菲律宾	新加坡	泰国	越南
3169	90066100	放电式(电子式)闪光灯装置	18	15	15		15		15		15	15	
3170	90066200	闪光灯泡、方形闪光灯及类似品	18	15	15		15		15		15	15	
3171	90066900	其他照相闪光灯装置	18	15	15		15		15		15	15	
3172	90069110	特种用途照相机的零附件	8	5	5		5		5		5	5	
3173	90069900	照相闪光灯装置及闪光灯泡的零件	12	10	10		10		10		10	10	
3174	90071100	胶片宽度＜16mm 的摄影机	14	10	10		10		10		10	10	
3175	90071910	胶片宽度≤16mm 的高速电影摄影机	14	10	10		10		10		10	10	
3176	90071990	胶片宽≥16mm 的其他电影摄影机	14	10	10		10		10		10	10	
3177	90072010	数字式放映机	14	10	10		10		10		10	10	
3178	90072090	放映机	14	10	10		10		10		10	10	
3179	90079100	电影摄影机用零附件	8.4	5	5		5		5		5	5	
3180	90079200	电影放映机用零附件	8.4	5	5		5		5		5	5	
3181	90081000	幻灯机	14	10	10		10		10		10	10	
3182	90083010	正射投影仪	18	15	15		15		15		15	15	
3183	90083090	其他影像投影仪	18	15	15		15		15		15	15	
3184	90089010	缩微阅读机的零附件	8	5	5		5		5		5	5	
3185	90089020	照片放大机及缩片机的零附件	14	10	10		10		10		10	10	
3186	90089090	其他影像投影仪的零附件	14	10	10		10		10		10	10	
3187	90101010	电影用胶卷的自动显影装置及设备	14	10	10		10		10		10	10	
3188	90101020	特种照相胶卷自动显影装置及设备	8.4	5	5		5		5		5	5	
3189	90101091	彩色胶卷用自动显影及设备	25	20	20		20		20		20	20	
3190	90105010	负片显示器	14	10	10		10		10		10	10	
3191	90105021	电影用的洗印装置	14	10	10		10		10		10	10	
3192	90105022	特种照相用的洗印装置	8.4	5	5		5		5		5	5	
3193	90105029	其他照相用的洗印装置	17	15	15		15		15		15	15	
3194	90106000	银幕及其他投影屏幕	14	10	10		10		10		10	10	
3195	90118000	其他显微镜	7	5	5		5		5		5	5	
3196	90131000	武器用望远镜瞄准具及其他望远镜	8	5	5		5		5		5	5	
3197	90132000	激光器	6	5	5		5		5		5	5	
3198	90138010	放大镜	12	10	10		10		10		10	10	
3199	90138020	光学门眼	12	10	10		10		10		10	10	
3200	90139010	激光器、望远镜等装置的零附件	6	5	5		5		5		5	5	
3201	90139090	税号 90.13 所列其他货品的零附件	8	5	5		5		5		5	5	
3202	90151000	测距仪	9	5	5		5		5		5	5	
3203	90152000	经纬仪及视距仪	9	5	5		5		5		5	5	
3204	90153000	水平仪	9	5	5		5		5		5	5	
3205	90154000	摄影测量用仪器及装置	9	5	5		5		5		5	5	
3206	90160010	感量为 0.1mg 或更精密的天平	9	5	5		5		5		5	5	
3207	90160090	0.1mg＜感量≤50mg 的天平	10.5	10	10		10		10		10	10	
3208	90171000	绘图台及绘图机,不论是否自动	8	5	5		5		5		5	5	

序号	税则号列	商品名称	最惠国税率(%)	文莱	缅甸	柬埔寨	印尼	老挝	马来西亚	菲律宾	新加坡	泰国	越南
3209	90173000	千分尺、卡尺及量规	8	5	5		5		5		5	5	
3210	90178000	其他手用测量长度的器具	8	5	5		5		5		5	5	
3211	90181210	B型超声波诊断仪	7	5	5		5		5		5	5	
3212	90183100	注射器	8	5	5		5		5		5	5	
3213	90183210	管状金属针头	8	5	5		5		5		5	5	
3214	90200000	其他呼吸器具及防毒面具	8	5	5		5		5		5	5	
3215	90222900	其他非医疗用α、β、γ射线设备	6	5	5		5		5		5	5	
3216	90229010	X射线影像增强器	6	5	5		5		5		5	5	
3217	90229090	税号90.22所列其他设备及零件	6	5	5		5		5		5	5	
3218	90230000	专供示范的仪器、装置及模型	7	5	5		5		5		5	5	
3219	90241000	金属材料的试验用机器及器具	7	5	5		5		5		5	5	
3220	90249000	各种材料的试验用机器零附件	6	5	5		5		5		5	5	
3221	90251910	非液体的工业用温度计及高温计	8.4	5	5		5		5		5	5	
3222	90251990	非液体的其他温度计、高温计	8.4	5	5		5		5		5	5	
3223	90258000	其他温度计、比重计、湿度计等仪器	11	10	10		10		10		10	10	
3224	90259000	比重计、温度计等类似仪器的零件	8	5	5		5		5		5	5	
3225	90271000	气体或烟雾分析仪	7	5	5		5		5		5	5	
3226	90274000	曝光表	14	10	10		10		10		10	10	
3227	90289010	工业用计量仪表零附件	8.4	5	5		5		5		5	5	
3228	90289090	非工业用计量仪表零附件	8.4	5	5		5		5		5	5	
3229	90299000	转数计、车费计及类似仪表零件	6	5	5		5		5		5	5	
3230	90303920	电阻测试仪	14	10	10		10		10		10	10	
3231	90303990	检测电压、电流及功率的其他仪器	9	5	5		5		5		5	5	
3232	90308390	其他电量的测量或检验仪器及装置	8	5	5		5		5		5	5	
3233	90308910	其他电感及电容测试仪	14	10	10		10		10		10	10	
3234	90308990	其他电量的测量或检验仪器及装置	8	5	5		5		5		5	5	
3235	90309000	税号90.30所属货品的零件及附件	7	5	5		5		5		5	5	
3236	90311000	机械零件平衡试验机	7	5	5		5		5		5	5	
3237	90312000	试验台	7	5	5		5		5		5	5	
3238	90321000	恒温器	7	5	5		5		5		5	7	
3239	90322000	恒压器	7	5	5		5		5		5	5	
3240	90328100	液压或气压的其他仪器及装置	7	5	5		5		5		5	5	
3241	90328900	非液压或气压的其他仪器及装置	7	5	5		5		5		5	5	
3242	90330000	90章未列名零附件	6	5	5		5		5		5	5	
3243	91011100	机械指示式的贵金属电子手表	11	10	10		10		10		10	10	
3244	91011200	光电显示式的贵金属电子手表	16	15	15		15		15		15	15	
3245	91012100	自动上弦的贵金属机械手表	11	10	10		10		10		10	10	
3246	91021200	光电显示式的其他电子手表	23	20	20		20		20		20	20	
3247	91022100	其他自动上弦的机械手表	11	10	10		10		10		10	10	
3248	91031000	以表芯装成的电子钟	23	20	20		20		20		20	20	

序号	税则号列	商品名称	最惠国税率(%)	文莱	缅甸	柬埔寨	印尼	老挝	马来西亚	菲律宾	新加坡	泰国	越南
3249	91051100	电子闹钟	23	20	20		20		20		20	20	
3250	91052100	电子挂钟	23	20	20		20		20		20	20	
3251	91059190	其他电子钟	23	20	20		20		20		20	20	
3252	91059900	其他机械钟	16	15	15		15		15		15	15	
3253	91061000	考勤钟、时刻记录器	16	15	15		15		15		15	15	
3254	91062000	停车计时表	16	15	15		15		15		15	15	
3255	91069000	其他时间记录器及其他类似装置	16	15	15		15		15		15	15	
3256	91070000	定时开关	12	10	10		10		10		10	10	
3257	91081100	已组装的机械指示式完整电子表芯	16	15	15		15		15		15	15	
3258	91081200	已组装的光电显示式完整电子表芯	16	15	15		15		15		15	15	
3259	91081900	其他已组装的完整电子表芯	16	15	15		15		15		15	15	
3260	91082000	已组装的自动上弦完整表芯	16	15	15		15		15		15	15	
3261	91089010	已组装表面≤33.8mm机械完整表芯	16	15	15		15		15		15	15	
3262	91089090	其他已组装完整机械表芯	16	15	15		15		15		15	15	
3263	91091100	已组装的电子完整闹钟芯	16	15	15		15		15		15	15	
3264	91091900	已组装的其他完整电子钟芯	16	15	15		15		15		15	15	
3265	91099000	已组装的完整机械钟芯	16	15	15		15		15		15	15	
3266	91101100	未组装的完整表机芯	16	15	15		15		15		15	15	
3267	91101200	已组装的不完整表机芯	16	15	15		15		15		15	15	
3268	91101900	未组装的不完整表机芯	16	15	15		15		15		15	15	
3269	91109010	未组装的完整的钟机芯	16	15	15		15		15		15	15	
3270	91109090	不完整的钟机芯	16	15	15		15		15		15	15	
3271	91111000	贵金属或包贵金属制的表壳	14	10	10		10		10		10	10	
3272	91112000	贱金属制的表壳	14	10	10		10		10		10	10	
3273	91118000	非金属制的表壳	14	10	10		10		10		10	10	
3274	91119000	表壳的零件	14	10	10		10		10		10	10	
3275	91122000	钟壳	14	10	10		10		10		10	10	
3276	91129000	钟壳零件	12	10	10		10		10		10	10	
3277	91132000	贱金属制的表带及其零件	14	10	10		10		10		10	10	
3278	91139000	非金属制的表带及其零件	14	10	10		10		10		10	10	
3279	91141000	钟、表的发条	14	10	10		10		10		10	10	
3280	91142000	钟、表的宝石轴承	14	10	10		10		10		10	10	
3281	91143000	钟面或表面	14	10	10		10		10		10	10	
3282	91144000	钟、表的夹板及横担(过桥)	14	10	10		10		10		10	10	
3283	91149000	钟、表的其他零件	14	10	10		10		10		10	10	
3284	92021000	弓弦乐器	17.5	15	15		15		15		15	15	
3285	92029000	其他弦乐器	17.5	15	15		15		15		15	15	
3286	92041000	手风琴及类似乐器	21	20	20		20		20		20	20	
3287	92042000	口琴	21	20	20		20		20		20	20	
3288	92051000	铜管乐器	17.5	15	15		15		15		15	15	

序号	税则号列	商品名称	最惠国税率(%)	文莱	缅甸	柬埔寨	印尼	老挝	马来西亚	菲律宾	新加坡	泰国	越南
3289	92059000	其他管乐器	17.5	15	15		15		15		15	15	
3290	92060000	打击乐器	17.5	15	15		15		15		15	15	
3291	92071000	通过电产生或扩大声音的键盘乐器	30	20	20		20		20		20	20	
3292	92079000	其他通过电产生或扩大声音的乐器	30	20	20		20		20		20	20	
3293	92081000	百音盒	22	20	20		20		20		20	20	
3294	92089000	92章未列名的其他乐器	22	20	20		20		20		20	20	
3295	92091000	节拍器、音叉及定音管	17.5	15	15		15		15		15	15	
3296	92092000	百音盒的机械装置	17.5	15	15		15		15		15	15	
3297	92093000	乐器用的弦	17.5	15	15		15		15		15	15	
3298	92099100	钢琴的零附件	17.5	15	15		15		15		15	15	
3299	92099200	编号9202所列乐器的零附件	17.5	15	15		15		15		15	15	
3300	92099300	编号9203所列乐器的零附件	17.5	15	15		15		15		15	15	
3301	92099400	编号9207所列乐器的零附件	17.5	15	15		15		15		15	15	
3302	92099900	本章其他编号未列名的乐器零件	17.5	15	15		15		15		15	15	
3303	93011100	自动推进的火炮武器	13	10	10		10		10		10	10	
3304	93011900	其他火炮武器	13	10	10		10		10		10	10	
3305	93012000	火箭发射装置、火焰喷射器等	13	10	10		10		10		10	10	
3306	93019000	其他军用武器	13	10	10		10		10		10	10	
3307	93020000	左轮手枪及其他手枪	13	10	10		10		10		10	10	
3308	93031000	前装枪	13	10	10		10		10		10	10	
3309	93032000	其他运动、狩猎或打靶用滑膛枪	13	10	10		10		10		10	10	
3310	93033000	其他运动、狩猎或打靶用步枪	13	10	10		10		10		10	10	
3311	93039000	其他火器及类似装置	13	10	10		10		10		10	10	
3312	93040000	其他武器(如弹簧枪、气枪、警棍等)	13	10	10		10		10		10	10	
3313	93051000	左轮手枪或其他手枪的零件及附件	13	10	10		10		10		10	10	
3314	93052100	滑膛枪筒	13	10	10		10		10		10	10	
3315	93052900	滑膛枪或步枪用其他零件及附件	13	10	10		10		10		10	10	
3316	93059100	军用武器的零附件	13	10	10		10		10		10	10	
3317	93059900	其他武器的零附件	13	10	10		10		10		10	10	
3318	93061000	铆接机或类似工具的子弹及其零件	13	10	10		10		10		10	10	
3319	93062100	猎枪弹	13	10	10		10		10		10	10	
3320	93062900	猎枪弹的零件及气枪弹丸	13	10	10		10		10		10	10	
3321	93063000	其他子弹及其零件	13	10	10		10		10		10	10	
3322	93069000	其他弹药和射弹及其零件	13	10	10		10		10		10	10	
3323	93070000	剑、刀、长矛和类似的武器及其零件	13	10	10		10		10		10	10	
3324	94053000	圣诞树用的成套灯具	16	15	15		15		15		15	15	
3325	94054010	探照灯	17.5	15	15		15		15		15	15	
3326	94054020	聚光灯	17.5	15	15		15		15		15	15	
3327	95061100	滑雪屐	14	10	10		10		10		10	10	
3328	95061200	滑雪屐扣件(滑雪屐带)	14	10	10		10		10		10	10	

序号	税则号列	商品名称	最惠国税率(%)	文莱	缅甸	柬埔寨	印尼	老挝	马来西亚	菲律宾	新加坡	泰国	越南
3329	95061900	其他滑雪用具	14	10	10		10		10		10	10	
3330	95062100	帆板	12	10	10		10		10		10	10	
3331	95062900	其他水上运动用具	14	10	10		10		10		10	10	
3332	95063100	完整的高尔夫球棍	14	10	10		10		10		10	10	
3333	95063200	高尔夫球	12	10	10		10		10		10	10	
3334	95063900	其他高尔夫球用具	14	10	10		10		10		10	10	
3335	95064010	乒乓球	12	10	10		10		10		10	10	
3336	95064090	其他乒乓球运动用品及器械	14	10	10		10		10		10	10	
3337	95065100	草地网球拍	14	10	10		10		10		10	10	
3338	95065900	其他网球拍、羽毛球拍或类似球拍	14	10	10		10		10		10	10	
3339	95066100	草地网球	12	10	10		12		10		10	10	
3340	95066210	篮球、足球、排球	12	10	10		12		10		10	10	
3341	95066290	其他可充气的球	12	10	10		12		10		10	10	
3342	95066900	其他球	12	10	10		10		10		10	10	
3343	95067010	溜冰鞋	14	10	10		10		10		10	10	
3344	95067020	旱冰鞋	14	10	10		10		10		10	10	
3345	95069110	健身及康复器械	12	10	10		10		10		10	10	
3346	95069120	滑板	12	10	10		10		10		10	10	
3347	95069190	一般的体育活动、体操或竞技用品	12	10	10		10		10		10	10	
3348	95069900	其他未列名的95章用品及设备	12	10	10		10		10		10	10	
3349	95071000	钓鱼竿	21	20	20		20		20		20	20	
3350	95072000	钓鱼钩	21	20	20		20		20		20	20	
3351	95073000	钓线轮	21	20	20		20		20		20	20	
3352	95079000	其他钓鱼用品	21	20	20		20		20		20	20	
3353	96020010	装药用胶囊	10.5	10	10		10		10		10	10	
3354	96020090	已加工植物或矿物质雕刻料及制品	25	20	20		20		20		20	20	
3355	96031000	用枝条或其他植物材料捆扎成的帚	25	20	20		20		20		20	20	
3356	96032100	牙刷,包括齿板刷	25	20	20		20		20		20	20	
3357	96033010	画笔	25	20	20		20		20		20	20	
3358	96033090	化妆用的类似笔	25	20	20		20		20		20	20	
3359	96034019	其他材料制漆刷及类似刷	23	20	20		20		20		20	20	
3360	96034020	油漆块垫及滚筒	23	20	20		20		20		20	20	
3361	96035011	作为机器、器具零件的金属丝刷	14	10	10		10		10		10	10	
3362	96035019	作为车辆零件的金属丝刷	14	10	10		10		10		10	10	
3363	96035091	作为机器、器具零件的其他刷	14	10	10		10		10		10	10	
3364	96035099	作为车辆零件的其他刷	14	10	10		10		10		10	10	
3365	96039010	羽毛掸	21	20	20		20		20		20	20	
3366	96040000	手用粗筛、细筛	21	20	20		20		20		20	20	
3367	96061000	揿扣及其零件	21	20	20		20		20		20	20	
3368	96062100	塑料制钮扣,未用纺织材料包裹	21	20	20		20		20		20	20	
3369	96071100	装有贱金属齿的拉链	21	20	20		20		20		20	20	
3370	96071900	其他拉链	21	20	20		20		20		20	20	

序号	税则号列	商品名称	最惠国税率(%)	文莱	缅甸	柬埔寨	印尼	老挝	马来西亚	菲律宾	新加坡	泰国	越南
3371	96072000	拉链零件	21						20		20	20	
3372	96082000	毡尖和其他渗水式笔尖笔及唛头笔	21	20	20		20		20		20	20	
3373	96083100	墨汁画笔	21	20	20		20		20		20	20	
3374	96083910	自来水笔	21	20	20		20		20		20	20	
3375	96083990	其他钢笔	21	20	20		20		20		20	20	
3376	96084000	活动铅笔	21	20	20		20		20		20	20	
3377	96085000	含有≥两种笔的成套货品	21	20	20		20		20		20	20	
3378	96086000	圆珠笔芯	21	20	20		20		20		20	20	
3379	96089100	钢笔头及笔尖粒	12	10	10		10		10		10	10	
3380	96089910	机器、仪器用笔	17.5	15	15		15		15		15	15	
3381	96089920	蜡纸铁笔、钢笔杆、铅笔杆等	21	20	20		20		20		20	20	
3382	96089990	其他笔零件	21	20	20		20		20		20	20	
3383	96091010	铅笔	21	20	20		20		20		20	20	
3384	96091020	颜色铅笔	21	20	20		20		20		20	20	
3385	96092000	铅笔芯,黑的或其他颜色的	21	20	20		20		20		20	20	
3386	96110000	手用日期戳、封缄戳、编号戳及类似印戳	21	20	20		20		20		20	20	
3387	96121000	打字机色带或类似色带	10.5	10	10		10		10		10	10	
3388	96122000	印台	25	20	20		20		20		20	20	
3389	96131000	一次性袖珍气体打火机	25	20	20		20		20		20	20	
3390	96132000	可充气袖珍气体打火机	25	20	20		20		20		20	20	
3391	96138000	其他打火器	25	20	20		20		20		20	20	
3392	96139000	打火机及打火器零件	25	20	20		20		20		20	20	
3393	96142000	烟斗及烟斗头	25	20	20		20		20		20	20	
3394	96149000	烟嘴及其零件	25	20	20		20		20		20	20	
3395	96151100	硬质橡胶或塑料制梳子、发夹及类似品	18	15	15		15		15		15	15	
3396	96151900	其他材料制梳子、发夹及类似品	18	15	15		15		15		15	15	
3397	96159000	其他发夹、卷发器等及其零件	18	15	15		15		15		15	15	
3398	96161000	香水喷雾器或类似的化妆用喷雾器	18	15	15		15		15		15	15	
3399	96162000	施敷脂粉或化妆品用粉扑及粉拍	18	15	15		15		15		15	15	
3400	96170010	保温瓶及零件	24	20	20		20		20		20	20	
3401	96170090	其他真空容器及零件	18	15	15		15		15		15	15	
3402	96180000	裁缝用人体模型及其他人体模型	21	20	20		20		20		20	20	
3403	97011010	手绘油画、粉画及其他画的原件	12	10	10		10		10		10	10	
3404	97011020	手绘油画、粉画及其他画的复制品	14	10	10		10		10		10	10	
3405	97019000	拼贴画及类似装饰板	14	10	10		10		10		10	10	
3406	97020000	雕版画、印制画、石印画的原本	12	10	10		10		10		10	10	
3407	97030000	各种材料制的雕塑品原件	12	10	10		10		10		10	10	
3408	97040010	使用或未使用的邮票	8	5	5		5		5		5	5	
3409	97040090	其他使用或未使用的邮票、印花税票及类似票证	14	10	10		10		10		10	10	

附表 5

2006 年内地与香港紧密经贸关系安排商品税率表

序号	税则号列	商品名称(简称)	最惠国税率(%)	协定税率(%)
1	03019991	活罗非鱼	10.5	0
2	03019992	活河鲀鱼	10.5	0
3	03019999	其他活鱼	10.5	0
4	03023200	鲜、冷黄鳍金枪鱼	12	0
5	03026500	鲜、冷角鲨及其他鲨鱼	12	0
6	03026600	鲜冷鳗鱼	12	0
7	03026910	鲜冷带鱼	12	0
8	03026920	鲜冷黄鱼	12	0
9	03026930	鲜冷鲳鱼	12	0
10	03026950	鲜、冷河鲀鱼	12	0
11	03026960	鲜、冷剑鱼	12	0
12	03026990	其他鲜、冷鱼	12	0
13	03033110	冻格陵兰庸鲽鱼	10	0
14	03033190	其他冻庸鲽鱼	10	0
15	03034400	冻大眼金枪鱼,但鱼肝及鱼卵除外	12	0
16	03037600	冻鳗鱼	12	0
17	03037700	冻尖吻鲈鱼	12	0
18	03037910	冻带鱼	10	0
19	03037920	冻黄鱼	10	0
20	03037930	冻鲳鱼	10	0
21	03037950	冻剑鱼	10	0
22	03037990	其他未列名冻鱼	10	0
23	03041000	鲜、冷的鱼片及其他鱼肉	12	0
24	03042010	冻罗非鱼片	10	0
25	03042090	其他冻鱼片	10	0
26	03053000	干或盐制的鱼片	10	0
27	03055990	其他干鱼	16	0
28	03056910	盐腌及盐渍的带鱼	16	0
29	03056920	盐腌及盐渍的黄鱼	16	0
30	03056930	盐腌及盐渍的鲳鱼	16	0
31	03056940	盐腌及盐渍的罗非鱼	16	0
32	03056990	盐腌及盐渍的其他鱼	16	0
33	03061311	冻小虾仁	8	0
34	03061312	冻北方长额虾	5	0
35	03061319	其他冻小虾	5	0
36	03061321	冻对虾仁	8	0
37	03061329	其他冻对虾	5	0
38	03062190	未冻的龙虾	15	0
39	03062290	其他未冻的大螯虾	15	0
40	03062391	鲜、冷对虾	15	0
41	03062399	其他未冻小虾及对虾	12	0
42	03062492	未冻的梭子蟹	14	0
43	03062499	未冻的其他蟹	14	0

序号	税则号列	商　品　名　称(简称)	最惠国税率(%)	协定税率(%)
44	03062990	其他带壳或去壳的未冻的甲壳动物	14	0
45	03071090	其他牡蛎(蚝)	14	0
46	03072190	其他活、鲜、冷扇贝	14	0
47	03073190	其他活、鲜、冷贻贝	14	0
48	03074190	其他活、鲜或冷墨鱼及鱿鱼	12	0
49	03074900	其他冻、干、盐制的墨鱼及鱿鱼	12	0
50	03075100	活、鲜、冷章鱼	17	0
51	03075900	其他冻、干、盐制的章鱼	17	0
52	03079191	活、鲜、冷鲍鱼	14	0
53	03079192	沙蚕	14	0
54	03079193	蛤	14	0
55	03079199	其他活、鲜、冷软体动物、水生无脊椎动物	14	0
56	03079910	冻、干、盐腌或盐渍的鲍鱼	10	0
57	04012000	脂肪含量在1-6%未浓缩及未加糖的乳及奶油	15	0
58	04021000	脂肪含量≤1.5%固状乳及奶油	10	0
59	04022100	脂肪量>1.5%未加糖固状乳及奶油	10	0
60	04022900	脂肪量>1.5%的加糖固状乳及奶油	10	0
61	04029100	浓缩但未加糖的非固状乳及奶油	10	0
62	04031000	酸乳	10	0
63	04039000	酪乳及其他发酵或酸化的乳及奶油	20	0
64	04061000	鲜乳酪(未熟化或未固化的)	12	0
65	04089900	其他去壳禽蛋	20	0
66	05080010	珊瑚及水产品壳、骨的粉末及废料	12	0
67	05080090	珊瑚及介、贝、棘皮动物的壳、骨	12	0
68	09012100	未浸除咖啡碱的已焙炒咖啡	15	0
69	09023010	每件净重≤3kg的乌龙茶	15	0
70	09023020	每件净重≤3kg的普洱茶	15	0
71	09023090	每件净重≤3kg的其他发酵、半发酵红茶	15	0
72	09024010	每件净重>3kg的乌龙茶	15	0
73	09024020	每件净重>3kg的普洱茶	15	0
74	09024090	每件净重>3kg的其他红茶(已发酵)及半发酵茶	15	0
75	09109900	其他调味香料	15	0
76	12112010	鲜或干的西洋参	7.5	0
77	12112091	其他鲜人参	20	0
78	12112099	其他干人参	20	0
79	16023291	鸡胸肉	15	0
80	16023292	鸡腿肉	15	0
81	16023299	其他鸡肉	15	0
82	16024990	制作或保藏的其他猪肉、杂碎及血	15	0
83	16025090	其他制作或保藏的牛肉、杂碎及血	12	0
84	16030000	肉及水产品的精、汁	23	0
85	16041400	制作或保藏的金枪鱼、鲣鱼,整条或切块,但未绞碎	5	0
86	16041910	制作或保藏的河鳗鱼,整条或切块,但未绞碎	12	0
87	16041920	制作或保藏的罗非鱼,整条或切块,但未绞碎	12	0
88	16041990	制作或保藏的其他鱼,整条或切块,但未绞碎	12	0
89	16042011	鱼翅罐头	12	0
90	16042019	其他制作或保藏的鱼罐头	12	0
91	16042091	鱼翅	12	0

序号	税则号列	商品名称(简称)	最惠国税率(%)	协定税率(%)
92	16042099	其他制作或保藏的鱼	12	0
93	16051000	制作或保藏的蟹	5	0
94	16052000	制作或保藏的小虾及对虾	5	0
95	16053000	制作或保藏的龙虾	5	0
96	16059010	制作或保藏的海蜇	15	0
97	16059020	蛤	5	0
98	16059090	其他制作或保藏的软体动物及其他水生无脊椎动物	5	0
99	17029000	其他固体糖;人造蜜;焦糖	30	0
100	17049000	其他不含可可的糖食	10	0
101	18062000	每件净重>2kg的含可可食品	10	0
102	18063100	其他夹心块状或条状的含可可食品	8	0
103	18063200	其他不夹心块状或条状含可可食品	10	0
104	18069000	其他巧克力及含可可的食品	8	0
105	19012000	供焙烘面包糕点用的调制品及面团	25	0
106	19019000	其他麦精制的其他税号未列名食品	10	0
107	19021900	其他不含蛋未包馅或未制作的生面食	15	0
108	19022000	包馅面食	15	0
109	19023030	即食或快熟面条	15	0
110	19053100	甜饼干	15	0
111	19053200	华夫饼干及圣餐饼	15	0
112	19059000	其他面包、糕点、饼干及其焙烘糕饼	20	0
113	20055110	非用醋制作的脱荚豇豆及菜豆罐头	25	0
114	20055190	非用醋制作的其他脱荚豇豆及菜豆	25	0
115	20060010	蜜枣	30	0
116	20060020	糖渍制橄榄	30	0
117	20060090	其他糖渍蔬菜、水果、坚果、果皮	30	0
118	20081110	花生米罐头	30	0
119	20081120	烘焙花生	30	0
120	20081190	用其他方法制作或保藏的花生	30	0
121	20081910	核桃仁罐头	20	0
122	20081920	其他果仁罐头	13	0
123	20081991	栗仁	10	0
124	20081992	芝麻	10	0
125	20081999	其他坚果及子仁	10	0
126	20089910	荔枝罐头	20	0
127	20089920	龙眼罐头	15	0
128	20089990	未列名制作或保藏的水果、坚果	15	0
129	20091100	冷冻的橙汁	7.5	0
130	20091200	非冷冻的,白利糖度值不超过20的橙汁	30	0
131	20092100	白利糖度值不超过20的柚汁	15	0
132	20093110	白利糖度不超过20的柠檬汁	18	0
133	20093190	其他未混合的白利糖度值不超过20的柑桔属水果汁	18	0
134	20094100	白利糖度值不超过20的菠萝汁	10	0
135	20096100	白利糖度值不超过20的葡萄汁,包括酿酒葡萄汁	20	0
136	20097100	白利糖度值不超过20的苹果汁	20	0
137	20098011	椰子汁	10	0
138	20098012	芒果汁	20	0
139	20098013	西番莲果汁	20	0

序号	税则号列	商　品　名　称(简称)	最惠国税率(%)	协　定税率(%)
140	20098014	番石榴果汁	20	0
141	20098019	其他未混合的水果汁	20	0
142	20098020	其他未混合的蔬菜汁	20	0
143	20099010	混合水果汁	20	0
144	20099090	混合蔬菜汁、水果与蔬菜的混合汁	20	0
145	21011100	咖啡浓缩精汁	17	0
146	21011200	以咖啡浓缩精汁或咖啡为基本成分的制品	30	0
147	21012000	茶、马黛茶浓缩精汁及其制品	32	0
148	21021000	活性酵母	25	0
149	21031000	酱油	28	0
150	21032000	番茄沙司及其他番茄调味汁	15	0
151	21039010	味精	21	0
152	21039020	别特油(Aromatic bitters)	21	0
153	21039090	其他调味品	21	0
154	21041000	汤料及其制品	15	0
155	21050000	冰淇淋及其他冰制食品不论是否含可可	19	0
156	21069010	制造碳酸饮料的浓缩物	35	0
157	21069020	制造饮料用的复合酒精制品	20	0
158	21069030	蜂王浆制剂	3	0
159	21069091	紫菜烤制品	20	0
160	21069099	其他税号未列名的食品	20	0
161	22011010	未加糖及未加味的矿泉水	20	0
162	22019010	天然水	10	0
163	22019090	其他水、冰及雪	10	0
164	22021000	加味、加糖或其他甜物质的水	20	0
165	22029000	其他无酒精饮料	35	0
166	22060000	其他发酵饮料	49.1	0
167	22090000	醋及醋酸制得的醋代用品	20	0
168	23012010	饲料用鱼粉	2	0
169	23012090	其他水产品渣粉及团粒	5	0
170	23025000	豆类植物糠、麸及其他残渣	5	0
171	23099010	制成的饲料添加剂	5	0
172	23099090	其他配制的动物饲料	6.5	0
173	25201000	生石膏;硬石膏	5	0
174	25210000	石灰石助熔剂;通常用于制造石灰或水泥的石灰石及其他钙质石	5	0
175	25231000	水泥熟料,不论是否着色	8	0
176	25232900	其他硅酸盐水泥,不论是否着色	8	0
177	26219000	其他矿渣及矿灰	4	0
178	27101991	润滑油	6	0
179	28041000	氢	5.5	0
180	28042100	氩	5.5	0
181	28042900	其他稀有气体	5.5	0
182	28043000	氮	5.5	0
183	28044000	氧	5.5	0
184	28112100	二氧化碳	5.5	0
185	28112900	其他非金属无机氧化物	5.5	0
186	28421000	硅酸复盐及硅酸络盐(包括不论是否已有化学定义的硅铝酸盐)	5.5	0
187	28432100	硝酸银	5.5	0

序号	税则号列	商品名称(简称)	最惠国税率(%)	协定税率(%)
188	28432900	其他银化合物，不论是否已有化学定义	5.5	0
189	28433000	金化合物,不论是否已有化学定义	5.5	0
190	28439000	其他贵金属化合物,不论是否已有化学定义;贵金属汞齐	5.5	0
191	28500000	氢化物、氮化物、迭氮化物、硅化物及硼化物,不论是否已有化学定义	5.5	0
192	28510010	饮用蒸馏水	5.5	0
193	28510090	其他无机化合物、液态空气、压缩空气,汞齐,但贵金属汞齐除外	5.5	0
194	29041000	仅含磺基的衍生物及其盐和乙酯	5.5	0
195	29161500	油酸、亚油酸或亚麻酸及其盐和酯	6.5	0
196	29224220	谷氨酸钠	10	0
197	30029090	人血;治病、防病或诊断用动物血制品;其他毒素、培养微生物(不包括酵母)及类似产品	3	0
198	30041011	氨苄青霉素制剂(混合,治病或防病用,已配定剂量或制成零售包装)	6	0
199	30041012	羟氨苄青霉素制剂(两种或两种以上成分混合而成的,治病或防病用,已配定剂量或制成零售包装)	6	0
200	30041013	青霉素 V 制剂(两种或两种以上成分混合而成的,治病或防病用,已配定剂量或制成零售包装)	6	0
201	30041019	其他青霉素制剂(混合或非混合,治病或防病用,已配定剂量或制成零售包装)	6	0
202	30041090	含有其他青霉素及具有青霉烷酸结构的青霉素衍生物或链霉素及其衍生物的药品(混合或非混合,治病或防病用,已配定剂量或制成零售包装)	6	0
203	30042011	头孢噻肟制剂(混合或非混合,治病或防病用已配定剂量或制成零售包装)	6	0
204	30042012	头孢他啶制剂(混合或非混合,治病或防病用,已配定剂量或制成零售包装)	6	0
205	30042013	头孢西丁制剂(混合或非混合,治病或防病用,已配定剂量或制成零售包装)	6	0
206	30042014	头孢替唑制剂(混合或非混合,治病或防病用,已配定剂量或制成零售包装)	6	0
207	30042015	头孢克罗制剂(混合或非混合,治病或防病用,已配定剂量或制成零售包装)	6	0
208	30042016	头孢呋辛制剂(混合或非混合,治病或防病用,已配定剂量或制成零售包装)	6	0
209	30042017	头孢三嗪(头孢曲松)制剂(混合或非混合,治病或防病用,已配定剂量或制成零售包装)	6	0
210	30042018	头孢哌酮制剂(混合或非混合,治病或防病用,已配定剂量或制成零售包装)	6	0
211	30042019	含有其他头孢菌素制剂(混合或非混合,治病或防病用,已配定剂量或制成零售包装)	6	0
212	30042090	含有其他抗菌素的药品(混合或非混合,治病或防病用,已配定剂量或制成零售包装)	6	0
213	30043200	含肾上腺皮质激素但不含抗菌素的药品(混合或非混合,治病或防病用已配定剂量或零售包装)	5	0
214	30043900	含有税目 29.37 其他产品但不含抗菌素的药品(混合或非混合,治病或防病用已配定剂量或零售包装)	5	0
215	30044010	含有奎宁或其盐,但不含抗菌素及税目 29.37 的产品的药品(混合或非混合,治病或防病用已配定剂量或零售包装)	5	0
216	30044090	含有其他生物碱及其衍生物,但不含抗菌素及税目 29.37 的产品的药品(混合或非混合,治病或防病用已配定剂量或零售包装)	5	0
217	30049051	中药酒(混合或非混合,治病或防病用已配定剂量或零售包装)	3	0
218	30049052	片仔癀 (混合或非混合,治病或防病用已配定剂量或零售包装)	3	0
219	30049053	白药 (混合或非混合,治病或防病用已配定剂量或零售包装)	3	0
220	30049054	清凉油(混合或非混合,治病或防病用已配定剂量或零售包装)	3	0
221	30049059	其他中式成药(混合或非混合,治病或防病用已配定剂量或零售包装)	3	0
222	30049060	含有青蒿素及其衍生物的中成药	4	0
223	30049090	其他药品(混合或非混合,治病或防病用已配定剂量或零售包装)	4	0
224	30059010	药棉、纱布、绷带(经药物浸涂或制定零售包装供医疗、外科、牙科或兽医用)	5	0

序号	税则号列	商品名称(简称)	最惠国税率(%)	协定税率(%)
225	30059090	其他医用软填料及类似物品(经药物浸涂或制定零售包装供医疗、外科、牙科或兽医用)	5	0
226	30067000	专用于人类或作兽药用的凝胶制品,作为外科手术或体检时躯体部位的润滑剂,或者作为躯体和医疗器械之间的偶合剂	6.5	0
227	30068000	废药物	5	0
228	32021000	有机合成鞣料	6.5	0
229	32029000	无机鞣料;鞣料制剂等,不论是否含有天然鞣料;预鞣用酶制剂	6.5	0
230	32041200	酸性染料(不论是否预金属络合)及以其为基本成分的制品(不论是否已有化学定义);媒染染料及以其为基本成分的制品(不论是否已有化学定义)	7.7	0
231	32041600	活性染料及以其为基本成分的制品(不论是否已有化学定义)	7.7	0
232	32041700	颜料及以其为基本成分的制品(不论是否已有化学定义)	6.5	0
233	32042000	用作萤光增白剂的有机合成产品(不论是否已有化学定义)	6.5	0
234	32061900	二氧化钛为基料的颜料及制品,干量计二氧化钛<80%	10	0
235	32064900	其他着色料及其制品;32章注释三所述的制品,但税目32.03,32.04及32.05的货品除外面	6.5	0
236	32081000	分散或溶于非水介质的聚酯油漆及清漆等	10	0
237	32089090	分散或溶于非水介质其他油漆、清漆溶液	10	0
238	32100000	其他油漆及清漆(包括瓷漆\大漆及水浆涂料);皮革用水性颜料	10	0
239	32149000	非耐火涂面制剂,涂门面、内墙、地板、天花板等用	9	0
240	32151900	其他印刷油墨(不论是否固体或浓缩),黑色印刷油墨除外	6.5	0
241	33029000	其他工业用混合香料及以香料为基本成分的混合物和制品	10	0
242	33030000	香水及花露水	10	0
243	33041000	唇用化妆品	10	0
244	33042000	眼用化妆品	10	0
245	33043000	指(趾)甲化妆品	15	0
246	33049900	其他美容品或化妆品及护肤品	12.8	0
247	33074100	神香及其他通过燃烧散发香气制品	10	0
248	34012000	其他形状的肥皂	15	0
249	34021100	阴离子型有机表面活性剂	6.5	0
250	34021200	阳离子型有机表面活性剂	6.5	0
251	34021300	非离子型有机表面活性剂	6.5	0
252	34022090	零售包装表面活性剂制品(合成洗涤粉除外)	10	0
253	34029000	非零售包装表面活性剂制品、洗涤剂及清洁剂	9	0
254	34031100	用于纺织材料、皮革、毛皮或其他材料油脂处理的制剂(含有石油或从沥青矿物提取的油类且按重量计<70%)	10	0
255	34039100	用于纺织、皮革、毛皮或其他材料油脂处理的制剂(不含有石油或从沥青矿物提取的油类)	10	0
256	34052000	保养木制品的上光剂及类似制品	10	0
257	34059000	玻璃或金属用的光洁剂	10	0
258	35029000	其他白蛋白及白蛋白盐及其衍生物	10	0
259	35051000	糊精及其他改性淀粉	12	0
260	35061000	适于作胶或粘合剂的产品,零售包装每件净重≤1kg	10	0
261	35069110	以聚酰胺为基本成分的粘合剂	10	0
262	35069120	以环氧树脂为基本成分的粘合剂	10	0
263	35069190	以其他橡胶或塑料为基本成分的粘合剂	10	0
264	35069900	其他调制胶、粘合剂	10	0
265	36061000	灌注打火机等用的液体或液化气体燃料,其包装容器的容积≤300cm^3	10	0

序号	税则号列	商品名称(简称)	最惠国税率(%)	协定税率(%)
266	37025300	幻灯片用未曝光彩色摄影胶卷,16 mm<宽度≤35 mm,长度<30m,用纸、纸板及纺织物以外任何材料制成	128元/平方米	0
267	37025410	非幻灯片用未曝光彩色胶卷,宽度35mm,长度≤2 m,用纸、纸板及纺织物以外任何材料制成	30元/平方米	0
268	37025490	非幻灯片用彩色摄影用未曝光彩色胶卷,16 mm<宽度<35 mm,2 m<长度≤30m,用纸、纸板及纺织物以外任何材料制成	30元/平方米	0
269	37032010	未曝光的彩色摄影用感光纸及纸板,非成卷或宽度≤610mm	35	0
270	37032090	未曝光的彩色摄影用感光布,非成卷或宽度≤610mm	18	0
271	37061090	已曝光已冲洗的电影胶片,宽度≥35mm,不论是否配有声道或仅有声道,教学专用除外	5	0
272	37069090	已曝光已冲洗的电影胶片,宽度<35mm,不论是否配有声道或仅有声道,教学专用除外	4	0
273	37079010	冲洗胶卷及相片用化学制剂或摄影用未混合品(定量包装或零售包装可立即使用的)	16	0
274	37079020	复印机用化学制剂或摄影用未混合品(定量包装或零售包装可立即使用的)	10	0
275	37079090	其他摄影用化学制剂或摄影用未混合品(定量包装或零售包装可立即使用的)	8	0
276	38011000	人造石墨	6.5	0
277	38081019	其他零售包装杀虫剂	10	0
278	38081090	非零售包装杀虫剂	6	0
279	38084000	消毒剂	9	0
280	38099100	纺织工业及类似工业用其他税号未列名整理剂、染料加速着色剂或固色助剂及其他产品和制剂	6.5	0
281	38099200	造纸工业用其他税号未列名整理剂、染料加速着色剂或固色助剂及其他产品和制剂	6.5	0
282	38099300	制革工业用其他税号未列名整理剂、染料加速着色剂或固色助剂及其他产品和制剂	6.5	0
283	38101000	金属表面酸洗剂;金属及其他材料制成的焊粉或焊膏	6.5	0
284	38119000	抗氧剂、防胶剂、粘度改良剂、防腐剂配制添加剂,用于矿物油或与矿物油同样用途的其他液体	6.5	0
285	38123010	橡胶的防老剂	6	0
286	38123090	其他橡胶、塑料用抗氧剂及其他稳定剂	6.5	0
287	38220010	附于衬背上的诊断或实验用试剂,但税目32.02,32.06的货品除外	4	0
288	38220090	无论是否附于衬背上的诊断或实验用配制试剂,但税目32.02,32.06的货品除外	5	0
289	38231200	油酸	16	0
290	38231900	其他工业用单羧脂肪酸;精炼所得的酸性油	16	0
291	38244000	水泥、灰泥及混凝土用添加剂	6.5	0
292	38245000	非耐火的灰泥及混凝土	6.5	0
293	38249040	聚合 MDI	6.5	0
294	38249090	其他税目未列名的化学工业及其相关工业的化学产品及配制品	6.5	0
295	38251000	城市垃圾	6.5	0
296	38252000	下水道淤泥	6.5	0
297	38253000	医疗废物	6.5	0
298	38254100	含卤化物的废有机溶剂	6.5	0
299	38254900	其他废有机溶剂	6.5	0
300	38255000	废的金属酸洗液、液压油、制动油及防冻液	10	0
301	38256100	主要含有机成分的化工及相关工业废物	6.5	0
302	38256900	其他税目未列名的化工及相关工业废物	6.5	0

序号	税则号列	商品名称(简称)	最惠国税率(%)	协定税率(%)
303	38259000	其他税目未列名的化学工业及相关工业的副产品	6.5	0
304	39013000	初级形状乙烯-乙酸乙烯酯共聚物	6.5	0
305	39021000	初级形状的聚丙烯	8.6	0
306	39023010	初级形状的乙烯丙烯共聚物(乙丙橡胶丙烯单体单元的含量大于乙烯单体单元))	8.6	0
307	39023090	初级形状的其他丙烯共聚物	8.6	0
308	39031900	初级形状的其他聚苯乙烯	8.6	0
309	39033000	初级形状的丙烯腈-丁二烯-苯乙烯共聚物	8.6	0
310	39039000	初级形状的其他苯乙烯聚合物	8.6	0
311	39042100	初级形状未塑化的聚氯乙烯	8.6	0
312	39042200	初级形状已塑化的聚氯乙烯	8.6	0
313	39069010	聚丙烯酰胺	6.5	0
314	39069090	其他初级形状的丙烯酸聚合物	6.5	0
315	39073000	初级形状的环氧树脂	8.6	0
316	39074000	初级形状的聚碳酸酯	6.5	0
317	39081011	聚酰胺-6,6切片	8.6	0
318	39081019	聚酰胺-6、-11、-12、-6,9、-6,10或-6,12切片	8.6	0
319	39081090	其他初级形状的聚酰胺	6.5	0
320	39095000	初级形状的聚氨基甲酸酯	8.6	0
321	39100000	初级形状的聚硅氧烷	6.5	0
322	39151000	乙烯聚合物的废碎料及下脚料	8.6	0
323	39152000	苯乙烯聚合物的废碎料及下脚料	8.6	0
324	39153000	氯乙烯聚合物的废碎料及下脚料	8.6	0
325	39159010	聚对苯二甲酸乙二酯的塑料废碎料及下脚料	8.6	0
326	39159090	其他塑料的废碎料及下脚料	8.6	0
327	39172300	氯乙烯聚合物制的硬管	10	0
328	39173100	塑料制的软管	10	0
329	39189010	其他塑料制的糊墙品	10	0
330	39189090	其他塑料制的铺地制品	10	0
331	39199010	其他胶囊型反光膜	6.5	0
332	39199090	其他自粘塑料板、片、膜等材料	6.5	0
333	39201010	乙烯聚合物制电池隔膜	6.5	0
334	39201090	其他非泡沫聚乙烯板、片、膜、箔及扁条	6.5	0
335	39202010	丙稀聚合物制电池隔膜	6.5	0
336	39202090	其他非泡沫聚丙烯板、片、膜、箔及扁条	6.5	0
337	39203000	非泡沫聚苯乙烯板、片、膜、箔及扁条	6.5	0
338	39204300	按重量计增塑剂含量不小于6%的聚氯乙烯板、片、膜、箔及扁条	8.6	0
339	39204900	按重量计增塑剂含量小于6%的聚氯乙烯板、片、膜、箔及扁条	9	0
340	39206200	聚对苯二甲酸乙二酯板、片、膜、箔及扁条	6.5	0
341	39207300	乙酸纤维素制板、片、膜、箔及扁条	6.5	0
342	39209990	其他塑料制的非泡沫塑料板片	6.5	0
343	39211210	泡沫聚氯乙烯人造革及合成革	9	0
344	39211290	泡沫聚氯乙烯板、片、带、箔及扁条	6.5	0
345	39211310	泡沫聚氨酯制人造革及合成革	9	0
346	39211390	泡沫聚氨酯板、片、带、箔及扁条	6.5	0
347	39219020	嵌有玻璃纤维的聚乙烯板、片	6.5	0
348	39219030	聚异丁烯为基本成分的附有人造毛毡的板、片、卷材	6.5	0
349	39219090	未列名塑料板、片、膜、箔及扁条	6.5	0

序号	税则号列	商品名称(简称)	最惠国税率(%)	协定税率(%)
350	39231000	塑料制盒、箱及类似品	10	0
351	39232100	乙烯聚合物制袋及包	10	0
352	39232900	其他塑料制的袋及包	10	0
353	39233000	塑料制坛、瓶及类似品	6.5	0
354	39235000	塑料制塞子、盖子及类似品	10	0
355	39239000	供运输或包装货物用其他塑料制品	10	0
356	39249000	塑料制其他家庭用具及盥洗用具	10	0
357	39259000	其他未列名的建筑用塑料制品	10	0
358	39262000	塑料制衣服及衣着附件	10	0
359	39269010	塑料制机器及仪器用零件	10	0
360	39269090	其他塑料制品	10	0
361	40021110	羧基丁苯橡胶胶乳	7.5	0
362	40021190	丁苯橡胶胶乳	7.5	0
363	40021911	初级形状未经任何加工的丁苯橡胶	7.5	0
364	40021912	初级形状的充油丁苯橡胶	7.5	0
365	40021913	初级形状的热塑丁苯橡胶	7.5	0
366	40021914	初级形状的充油热塑丁苯橡胶	7.5	0
367	40021919	初级形状的其他丁苯橡胶及羧基丁苯橡胶	7.5	0
368	40021990	丁苯橡胶及羧基丁苯橡胶板、片、带	7.5	0
369	40030000	初级形状或板、片、带状再生橡胶	8	0
370	40040000	橡胶(硬质橡胶除外)废碎料及下脚料及其粉、粒	8	0
371	40121200	机动大客车或货运机动车用翻新轮胎	20	0
372	40121300	航空器用翻新轮胎	20	0
373	40122010	汽车用旧的充气橡胶轮胎	25	0
374	40122090	其他用途旧的充气橡胶轮胎	25	0
375	40169100	硫化橡胶制铺地制品及门垫	18	0
376	40169310	硫化橡胶制机器、仪器用垫片、垫圈及其他密封垫	8	0
377	40169390	硫化橡胶制其他用垫片、垫圈、及其他密封垫	15	0
378	41012011	规定重量范围内的整张生牛皮,经逆鞣处理的	8	0
379	41012019	规定重量范围内的整张生牛皮,经逆鞣处理的除外	5	0
380	41012020	规定重量范围内的整张生马皮	5	0
381	41041119	其他全粒面未剖层或粒面剖层湿牛皮革	8	0
382	41041120	全粒面未剖层或粒面剖层马皮革	5	0
383	41041919	其他湿牛皮革	7	0
384	41041920	其他湿马皮革	7	0
385	41044100	全粒面未剖层或粒面剖层干革(坯革)	5	0
386	41044990	其他干革(坯革)	7	0
387	41071110	已鞣全粒面未剖层整张牛皮革	8	0
388	41071120	已鞣全粒面未剖层整张马皮革	5	0
389	41071210	已鞣粒面剖层整张牛皮革	8	0
390	41071220	已鞣粒面剖层整张马皮革	5	0
391	41071990	其他已鞣整张牛马皮革	7	0
392	41079990	其他已鞣非整张牛马皮革	7	0
393	41120000	已鞣进一步加工的不带毛绵羊或羔羊皮革	8	0
394	41131000	已鞣进一步加工的不带毛山羊或小山羊皮革	14	0
395	41132000	已鞣进一步加工的不带毛猪皮革	14	0
396	42022100	以皮革、再生皮革、漆皮作面的手提包	10	0
397	42031000	皮革或再生皮革制的衣服	10	0

序号	税则号列	商品名称(简称)	最惠国税率(%)	协定税率(%)
398	42032100	皮革或再生皮革制专供运动用手套	20	0
399	42032910	皮革或再生皮革制的劳保手套	20	0
400	42032990	皮革或再生皮革制的其他手套	20	0
401	42033010	皮革或再生皮革制腰带	10	0
402	42033020	皮革或再生皮革制子弹带	10	0
403	42034000	皮革或再生皮革制的其他衣着附件	20	0
404	42050010	皮革或再生皮革制坐具套	12	0
405	42050090	其他皮革或再生皮革制品	12	0
406	43011000	整张生水貂皮,不论是否带头、尾或爪	15	0
407	43013000	阿斯特拉罕等羔羊的整张生毛皮,不论是否带头、尾或爪	20	0
408	43016000	整张生狐皮,不论是否带头、尾或爪	20	0
409	43017000	整张生海豹皮,不论是否带头、尾或爪	20	0
410	43018010	整张生兔皮,不论是否带头、尾或爪	20	0
411	43018090	整张的其他生毛皮,不论是否带头、尾或爪	20	0
412	43019010	黄鼠狼尾	20	0
413	43019090	适合加工皮货用的其他未鞣头、尾、爪	20	0
414	43021100	已鞣未缝制的整张水貂皮	12	0
415	43021300	已鞣未缝制阿斯特拉罕等羔羊皮,不论是否带头、尾或爪	20	0
416	43021910	已鞣未缝制的贵重毛皮(貂皮、狐皮、水獭及旱獭等)	10	0
417	43021920	已鞣未缝制的整张兔皮	10	0
418	43021990	已鞣未缝制的其他整张毛皮	10	0
419	43022000	已鞣未缝制的头、尾、爪及其他块片	20	0
420	43023010	已鞣已缝制的贵重毛皮及其块、片	20	0
421	43023090	已鞣已缝制的其他整张毛皮及块片	20	0
422	43031010	毛皮衣服	23	0
423	43031020	毛皮衣着附件	18	0
424	43039000	毛皮制其他物品	18	0
425	43040010	人造毛皮	18	0
426	43040020	人造毛皮制品	18	0
427	48022010	照相原纸	7.5	0
428	48022090	光敏、热敏、电敏纸,纸板的原纸、板	7.5	0
429	48023000	碳化原纸	7.5	0
430	48024000	墙壁纸原纸	7.5	0
431	48025400	书写、印刷等用未涂布薄纸及纸板,不含用机械方法制得的纤维或所含前述纤维不超过全部纤维重量的10%	7.5	0
432	48025500	其他书写印刷等用未涂中厚纸(板),不含用机械方法制得的纤维或所含前述纤维不超过全部纤维重量的10%,成卷	5	0
433	48025600	书写、印刷等用未涂布中厚纸及纸板,不含用机械方法制得的纤维或所含前述纤维不超过全部纤维重量的10%,成张,一边≤435mm,另一边≤297mm	5	0
434	48025700	其他书写印刷等用未涂中厚纸(板),不含用机械方法制得的纤维或所含前述纤维不超过全部纤维重量的10%,其他成张	5	0
435	48025800	书写、印刷等用未涂布厚纸及纸板,不含用机械方法制得的纤维或所含前述纤维不超过全部纤维重量的10%	5	0
436	48026190	其他书写、印刷等用未涂布纸及纸板,所含用机械方法制得的纤维超过全部纤维重量的10%,成卷的其他纸	5	0
437	48026200	其他书写、印刷等用未涂布纸及纸板,所含用机械方法制得的纤维超过全部纤维重量的10%,成张的,一边≤435mm、另一边≤297mm(以未折叠计)	5	0

序号	税则号列	商品名称(简称)	最惠国税率(%)	协定税率(%)
438	48026990	其他书写、印刷等用未涂布纸及纸板,所含用机械方法制得的纤维超过全部纤维重量的10%,成张的其他纸	5	0
439	48051100	半化学的瓦楞纸(瓦楞原纸)	7.5	0
440	48051200	草浆瓦楞原纸	7.5	0
441	48051900	其他瓦楞原纸	7.5	0
442	48052400	薄强韧箱纸板	7.5	0
443	48052500	厚强韧箱纸板	7.5	0
444	48059110	每平方米重量在150克及以下的电解电容器原纸	7.5	0
445	48059190	每平方米重量在150克及以下的薄纸及纸板	7.5	0
446	48059300	其他未经涂布厚纸及纸板	7.5	0
447	48101300	涂无机物书写(印刷)纸(板),不含用机械方法制得的纤维或所含前述纤维不超过全部纤维重量的10%,成卷的	5	0
448	48101400	涂无机物书写(印刷)纸(板),不含用机械方法制得的纤维或所含前述纤维不超过全部纤维重量的10%,成张的,一边≤435mm,另一边≤297mm(以未折叠计)	5	0
449	48101900	其他涂无机物书写(印刷)纸(板),不含用机械方法制得的纤维或所含前述纤维不超过全部纤维重量的10%,成张的	5	0
450	48102900	其他涂无机物的书写、印刷纸及纸板,所含用机械方法制得的纤维超过全部纤维重量的10%	5	0
451	48103100	涂无机物的薄漂白牛皮纸及纸板,书写、印刷或类似用途的除外	5	0
452	48103200	涂无机物的厚漂白牛皮纸及纸板,书写、印刷或类似用途的除外	5	0
453	48103900	涂无机物的其他牛皮纸及纸板,书写、印刷或类似用途的除外	5	0
454	48109200	其他涂无机物的多层纸及纸板	5	0
455	48109900	其他涂无机物的纸及纸板	7.5	0
456	48111000	焦油纸及纸板、沥青纸及纸板	7.5	0
457	48114100	自粘的胶粘纸及纸板	7.5	0
458	48114900	其他胶粘纸及纸板	7.5	0
459	48115110	漂白的彩色相纸用双面涂塑厚纸	7.5	0
460	48115190	漂白的其他涂、浸、盖厚纸及纸板	7.5	0
461	48115910	绝缘纸及纸板	7.5	0
462	48115990	用塑料涂布、浸渍的其他纸及纸板	7.5	0
463	48116010	用蜡或油等涂布的绝缘纸及纸板	7.5	0
464	48116090	用蜡或油等涂布的其他纸及纸板	7.5	0
465	48119000	其他经涂布、浸渍、覆盖的纸及纸板	7.5	0
466	48191000	瓦楞纸或纸板制的箱、盒、匣	5	0
467	48192000	非瓦楞纸或纸板制可折叠箱、盒、匣	5	0
468	48211000	纸或纸板印制的各种标签	7.5	0
469	48239090	其他纸及纸制品	7.5	0
470	49111090	其他商业广告品及类似印刷品	7.5	0
471	49119900	其他印刷品	7.5	0
472	50072019	其他纯桑蚕丝机织物	10	0
473	51061000	非供零售用粗梳纯羊毛纱线	5	0
474	51062000	非供零售用粗梳混纺羊毛纱线	5	0
475	51071000	非供零售用精梳纯羊毛纱线	5	0
476	51121100	重量≤200g/m² 精梳全毛布	10	0
477	51121900	重量>200g/m² 精梳全毛布	10	0
478	52051100	非零售粗梳粗支纯棉单纱	5	0
479	52051200	非零售粗梳中支纯棉单纱	5	0
480	52051300	非零售粗梳细支纯棉单纱	5	0

序号	税则号列	商品名称(简称)	最惠国税率(%)	协定税率(%)
481	52051400	非零售粗梳较细支纯棉单纱	5	0
482	52052100	非零售精梳粗支纯棉单纱	5	0
483	52052200	非零售精梳中支纯棉单纱	5	0
484	52052300	非零售精梳细支纯棉单纱	5	0
485	52052400	非零售精梳较细支纯棉单纱	5	0
486	52052600	非零售精梳较特细支纯棉单纱	5	0
487	52052700	非零售精梳特细支纯棉单纱	5	0
488	52052800	非零售精梳超细支纯棉单纱	5	0
489	52053100	非零售粗梳粗支纯棉多股纱	5	0
490	52053200	非零售粗梳中支纯棉多股纱	5	0
491	52053300	非零售粗梳细支纯棉多股纱	5	0
492	52053400	非零售粗梳较细支纯棉多股纱	5	0
493	52054100	非零售精梳粗支纯棉多股纱	5	0
494	52054200	非零售精梳中支纯棉多股纱	5	0
495	52054300	非零售精梳细支纯棉多股纱	5	0
496	52054400	非零售精梳较细支纯棉多股纱	5	0
497	52054600	非零售精梳较特细支纯棉多股纱	5	0
498	52054700	非零售精梳特细支纯棉多股纱	5	0
499	52054800	非零售精梳超细支纯棉多股纱	5	0
500	52061100	非零售粗梳粗支混纺棉单纱	5	0
501	52061200	非零售粗梳中支混纺棉单纱	5	0
502	52061300	非零售粗梳细支混纺棉单纱	5	0
503	52061400	非零售粗梳较细支混纺棉单纱	5	0
504	52061500	非零售粗梳特细支混纺棉单纱	5	0
505	52062100	非零售精梳粗支混纺棉单纱	5	0
506	52062200	非零售精梳中支混纺棉单纱	5	0
507	52062300	非零售精梳细支混纺棉单纱	5	0
508	52062400	非零售精梳较细支混纺棉单纱	5	0
509	52062500	非零售精梳特细支混纺棉单纱	5	0
510	52063100	非零售粗梳粗支混纺棉多股纱	5	0
511	52063200	非零售粗梳中支混纺棉多股纱	5	0
512	52063300	非零售粗梳细支混纺棉多股纱	5	0
513	52063400	非零售粗梳较细支混纺棉多股纱	5	0
514	52063500	非零售粗梳特细混纺棉多股纱	5	0
515	52064100	非零售精梳粗支混纺棉多股纱	5	0
516	52064200	非零售精梳中支混纺棉多股纱	5	0
517	52064300	非零售精梳细支混纺棉多股纱	5	0
518	52064400	非零售精梳较细支混纺棉多股纱	5	0
519	52064500	非零售精梳特细混纺棉多股纱	5	0
520	52081100	未漂白轻质全棉平纹布	10	0
521	52081200	未漂白较轻质全棉平纹布	10	0
522	52081300	未漂白轻质全棉三、四线斜纹布	10	0
523	52083100	染色的轻质全棉平纹布	10	0
524	52083200	染色的较轻质全棉平纹布	10	0
525	52083300	染色的轻质全棉三、四线斜纹布	10	0
526	52083900	染色的轻质其他全棉机织物	10	0
527	52084200	色织的较轻质全棉平纹布	10	0
528	52084900	色织的轻质其他全棉机织物	10	0

序号	税则号列	商品名称(简称)	最惠国税率(%)	协定税率(%)
529	52085100	印花的轻全棉平纹布	10	0
530	52085200	印花的较轻全棉平纹布	10	0
531	52085300	印花的轻质全棉三、四线斜纹布	10	0
532	52091100	未漂白重质全棉平纹布	10	0
533	52091200	未漂白重质全棉三、四线斜纹布	10	0
534	52091900	未漂白重质其他全棉机织物	10	0
535	52093100	染色的重质全棉平纹布	10	0
536	52093200	染色的重质全棉三、四线斜纹布	10	0
537	52093900	染色的重质其他全棉机织物	10	0
538	52094100	色织的重质全棉平纹布	10	0
539	52094200	色织的重质全棉粗斜纹布(劳动布)	10	0
540	52094300	色织的重质全棉三、四线斜纹布	10	0
541	52095100	印花的重质全棉平纹布	10	0
542	52095200	印花的重质全棉三、四线斜纹布	10	0
543	52095900	印花的重质其他全棉机织物	10	0
544	52101100	与化纤混纺未漂白轻质平纹棉布	12	0
545	52101200	与化纤混纺未漂白轻质三线或四线斜纹棉布	12	0
546	52103100	与化纤混纺染色的轻质平纹棉布	10	0
547	52103200	与化纤混纺染色的轻质三线或四线斜纹棉布	10	0
548	52104200	与化纤混纺色织的轻质三线或四线斜纹棉布	10	0
549	52111100	与化纤混纺未漂白重质平纹棉布	12	0
550	52111200	与化纤混纺未漂白重质三线或四线斜纹棉布	12	0
551	52111900	与化纤混纺未漂白重质其他棉布	12	0
552	52113100	与化纤混纺染色的重质平纹棉布	10	0
553	52113200	与化纤混纺染色的重质三线或四线斜纹棉布	10	0
554	52113900	与化纤混纺染色的重质其他棉布	10	0
555	52114200	与化纤混纺色织的重质粗斜纹棉布	10	0
556	52121100	未漂白的其他混纺轻质棉布	12	0
557	52121200	漂白的其他混纺轻质棉布	14	0
558	52121300	染色的其他混纺轻质棉布	10	0
559	52122100	未漂白的其他混纺重质棉布	12	0
560	52122200	漂白的其他混纺重质棉布	14	0
561	52122300	染色的其他混纺重质棉布	10	0
562	53061000	亚麻单纱	6	0
563	53062000	亚麻多股纱线或缆线	10	0
564	53091900	其他全亚麻机织物	10	0
565	53092900	其他混纺亚麻机织物	10	0
566	54011010	非供零售用合成纤维长丝缝纫线	5	0
567	54023111	非零售用聚酰胺－6纺制的细弹力丝	5	0
568	54023112	非零售用聚酰胺－66纺制的细弹力丝	5	0
569	54023113	非零售用芳香族聚酰胺纺制的细弹力丝	5	0
570	54023119	非零售其他细尼龙弹力丝	5	0
571	54023190	非零售其他细尼龙变形纱线	5	0
572	54023211	非零售用聚酰胺－6纺制的粗弹力丝	5	0
573	54023212	非零售用聚酰胺－66纺制的粗弹力丝	5	0
574	54023213	非零售用芳香族聚酰胺纺制的粗弹力丝	5	0
575	54023219	非零售其他粗尼龙弹力丝	5	0
576	54023290	非零售其他粗尼龙变形纱线	5	0

序号	税则号列	商　品　名　称(简称)	最惠国税率(%)	协　定税率(%)
577	54024920	非零售用氨纶未捻单纱	5	0
578	54041000	细度≥67分特、截面尺寸≤1mm的合成纤维单丝	5	0
579	54074200	染色的纯尼龙布	10	0
580	54074300	色织的纯尼龙布	10	0
581	54075200	染色的纯聚酯变形长丝布	10	0
582	54076100	其他纯聚酯非变形长丝布	10	0
583	54077200	染色的其他纯合成纤维长丝布	10	0
584	54078200	染色的与棉混纺合成纤维长丝布	10	0
585	54079200	染色的其他混纺合成纤维长丝布	10	0
586	54082210	纯粘胶长丝制染色机织物	10	0
587	54082220	纯醋酸长丝制染色机织物	10	0
588	54082290	纯其他人造长丝制染色机织物	10	0
589	54082410	纯粘胶长丝制印花机织物	10	0
590	54082420	纯醋酸长丝制印花机织物	10	0
591	54082490	纯其他人造长丝制印花机织物	10	0
592	55019000	其他合成纤维长丝丝束	5	0
593	55052000	人造纤维废料	5	0
594	55081000	合成纤维短纤纺制的缝纫线	5	0
595	55091100	非零售纯尼龙短纤单纱	5	0
596	55091200	非零售纯尼龙短纤多股纱线	5	0
597	55092100	非零售纯聚酯短纤单纱	5	0
598	55092200	非零售纯聚酯短纤多股纱线	5	0
599	55093100	非零售纯聚丙烯腈短纤单纱	5	0
600	55093200	非零售纯聚丙烯腈短纤多股纱线	5	0
601	55094100	非零售纯其他合成纤维短纤单纱	5	0
602	55094200	非零售纯其他合成纤维短纤多股纱线	5	0
603	55095100	非零售与人造纤维短纤混纺聚酯短纤纱	5	0
604	55095200	非零售与毛混纺聚酯短纤纱线	5	0
605	55095300	非零售与棉混纺聚酯短纤纱线	5	0
606	55095900	非零售其他混纺聚酯短纤纱线	5	0
607	55096100	非零售与毛混纺腈纶短纤纱线	5	0
608	55096200	非零售与棉混纺腈纶短纤纱线	5	0
609	55096900	非零售与其他混纺腈纶短纤纱线	5	0
610	55099100	非零售与毛混纺其他合成纤维短纤纱线	5	0
611	55099200	非零售与棉混纺其他合成纤维短纤纱线	5	0
612	55099900	非零售与其他混纺合成纤维短纤纱线	5	0
613	55101100	非零售纯人造纤维短纤单纱	5	0
614	55101200	非零售纯人造纤维短纤多股纱线	5	0
615	55102000	非零售与毛混纺人造纤维短纤纱线	5	0
616	55103000	非零售与棉混纺人造纤维短纤纱线	5	0
617	55109000	非零售与其他混纺人造纤维短纤纱线	5	0
618	55121900	其他纯聚酯布	10	0
619	55129900	其他纯合成纤维布	10	0
620	55131110	与棉混纺未漂白的轻质聚酯平纹布	16	0
621	55131120	与棉混纺漂白的轻质聚酯平纹布	15	0
622	55131210	与棉混纺未漂白的轻质聚酯斜纹布	16	0
623	55131220	与棉混纺漂白的轻质聚酯斜纹布	18	0
624	55132100	与棉混纺染色的轻质聚酯平纹布	10	0

序号	税则号列	商品名称(简称)	最惠国税率(%)	协定税率(%)
625	55132200	与棉混纺染色的轻质聚酯斜纹布	10	0
626	55133300	与棉混纺色织的其他轻质聚酯布	10	0
627	55141210	与棉混纺未漂白的重质聚酯斜纹布	16	0
628	55141220	与棉混纺漂白的重质聚酯斜纹布	18	0
629	55142200	与棉混纺染色的重质聚酯斜纹布	10	0
630	55161200	染色的纯人造纤维短纤布	10	0
631	55161400	印花的纯人造纤维短纤布	10	0
632	56031210	25g <每平米≤70g 浸渍化纤长丝无纺织物	10	0
633	56031290	25g <每平米≤70g 其他化纤长丝无纺织物	10	0
634	56039210	25g<每平米≤70g 浸渍其他无纺织物	10	0
635	56039290	25g<每平米≤70g 其他无纺织物	10	0
636	56039310	70g<每平米≤150g 浸渍其他无纺织物	10	0
637	56039390	70g<每平米≤150g 的其他无纺织物	10	0
638	56039410	每平米>150g 经浸渍其他无纺织物	10	0
639	56039490	每平米>150g 的其他无纺织物	10	0
640	56089000	其他纤维制成的渔网及其他网	10	0
641	58012200	割绒的棉制灯芯绒	10	0
642	58012500	割绒的棉制经起绒织物	10	0
643	58042100	化纤机制花边	10	0
644	58062000	含弹性纱线≥5%的狭幅织物	10	0
645	58071000	机织非绣制纺织材料标签、徽章等	10	0
646	59031020	用聚氯乙烯浸、涂的人造革	10	0
647	59031090	用聚氯乙烯浸、涂的其他纺织物	10	0
648	59032090	用聚氨基甲酸酯浸、涂的其他纺织物	10	0
649	59039090	用其他塑料浸、涂的其他纺织物	10	0
650	60019200	化纤制针织或钩编起绒织物	10	0
651	60041010	宽>30cm,弹性纱线≥5%棉针织、钩编织物	10	0
652	60041030	宽>30cm,弹性纱线≥5%合成纤维制针织、钩编织物	10	0
653	60041040	宽>30cm,弹性纱线≥5%人造纤维制针织、钩编织物	10	0
654	60041090	宽>30cm,弹性纱线≥5%其他纺织材料针织、钩编织物	10	0
655	60049010	宽>30cm 含橡胶线的棉针织、钩编织物	10	0
656	60049030	宽>30cm 含橡胶线的合成纤维制针织、钩编织物	10	0
657	60049040	宽>30cm 含橡胶线的人造纤维制针织、钩编织物	10	0
658	60049090	宽>30cm 含橡胶线的其他纺织材料针织、钩编织物	10	0
659	60052100	未漂白或漂白棉制的其他经编织物	10	0
660	60052200	染色棉制的其他经编织物	10	0
661	60052300	色织棉制的其他经编织物	10	0
662	60052400	印花棉制的其他经编织物	10	0
663	60062100	未漂白或漂白棉制的其他针织、钩编织物	10	0
664	60062200	染色棉制的其他针织、钩编织物	10	0
665	60062300	色织棉制的其他针织、钩编织物	10	0
666	60062400	印花棉制的其他针织、钩编织物	10	0
667	60063100	未漂白或漂白合成纤维制的其他针织、钩编织物	10	0
668	60063200	染色合成纤维制的其他针织、钩编织物	10	0
669	60063300	色织合成纤维制的其他针织、钩编织物	10	0
670	60063400	印花合成纤维制的其他针织、钩编织物	10	0
671	60064100	未漂白或漂白人造纤维制的其他针织、钩编织物	10	0
672	60064200	染色人造纤维制的其他针织、钩编织物	10	0

序号	税则号列	商　品　名　称(简称)	最惠国税率(%)	协　定税率(%)
673	60064300	色织人造纤维制的其他针织、钩编织物	10	0
674	60064400	印花人造纤维制的其他针织、钩编织物	10	0
675	61011000	毛制针织或钩编男式大衣、防风衣等	25	0
676	61012000	棉制针织或钩编男式大衣、防风衣等	17.5	0
677	61013000	化纤制针织或钩编男式大衣、防风衣等	17.5	0
678	61019000	其他纺织材料制针织或钩编男式大衣、防风衣等	17.5	0
679	61021000	毛制针织或钩编女式大衣、防风衣等	25	0
680	61022000	棉制针织或钩编女式大衣、防风衣等	17.5	0
681	61023000	化纤制针织或钩编女式大衣、防风衣等	17.5	0
682	61029000	其他纺织材料制针织或钩编女式大衣、防风衣等	20	0
683	61031100	毛制针织或钩编男式西服套装	25	0
684	61031200	合纤制针织或钩编男西服套装	25	0
685	61031900	其他纺织材料制针织或钩编男式西服套装	17.5	0
686	61032100	毛制针织或钩编男式便服套装	25	0
687	61032200	棉制针织或钩编男式便服套装	20	0
688	61032300	合纤制针织或钩编男便服套装	25	0
689	61033100	毛制针织或钩编男式上衣	16	0
690	61033200	棉制针织或钩编男式上衣	16	0
691	61033300	合纤制针织或钩编男式上衣	19	0
692	61033900	其他纺织材料制针织或钩编男式上衣	16	0
693	61034100	毛制针织或钩编男长裤、工装裤等	16	0
694	61034200	棉制针织或钩编男长裤、工装裤等	16	0
695	61034300	合纤制针织或钩编男长裤等	17.5	0
696	61034900	其他纺织材料制针织或钩编男长裤等	16	0
697	61041100	毛制针织或钩编女式西服套装	17.5	0
698	61041200	棉制针织或钩编女式西服套装	17.5	0
699	61041300	合纤制针织或钩编女西服套装	25	0
700	61041900	其他纺织材料制针织或钩编女式西服套装	17.5	0
701	61042100	毛制针织或钩编女式便服套装	17.5	0
702	61042200	棉制针织或钩编女式便服套装	17.5	0
703	61042300	合纤制针织或钩编女便服套装	25	0
704	61042900	其他纺织材料制针织或钩编女式便服套装	15	0
705	61043100	毛制针织或钩编女式上衣	16	0
706	61043200	棉制针织或钩编女式上衣	16	0
707	61043300	合纤制针织或钩编女上衣	19	0
708	61043900	其他纺织材料制针织或钩编女上衣	16	0
709	61044100	毛制针织或钩编连衣裙	16	0
710	61044200	棉制针织或钩编连衣裙	16	0
711	61044300	合纤制针织或钩编连衣裙	17.5	0
712	61044400	人纤制针织或钩编连衣裙	16	0
713	61044900	其他纺织材料制针织或钩编连衣裙	16	0
714	61045100	毛制针织或钩编裙子及裙裤	14	0
715	61045200	棉制针织或钩编裙子及裙裤	14	0
716	61045300	合纤制针织或钩编裙子及裙裤	16	0
717	61045900	其他纺织材料制针织或钩编裙子及裙裤	14	0
718	61046100	毛制针织或钩编女长裤、工装裤等	16	0
719	61046200	棉制针织或钩编女长裤、工装裤等	16	0
720	61046300	合纤制针织或钩编女长裤等	17.5	0

序号	税则号列	商　品　名　称(简称)	最惠国税率(%)	协定税率(%)
721	61046900	其他纺织材料制针织或钩编女长裤等	16	0
722	61051000	棉制针织或钩编男衬衫	16	0
723	61052000	化纤制针织或钩编男衬衫	17.5	0
724	61059000	其他纺织材料制针织或钩编男衬衫	16	0
725	61061000	棉制针织或钩编女衬衫	16	0
726	61062000	化纤制针织或钩编女衬衫	17.5	0
727	61069000	其他纺织材料制针织或钩编女衬衫	16	0
728	61071100	棉制针织或钩编男内裤及三角裤	14	0
729	61071200	化纤制针织或钩编男内裤及三角裤	16	0
730	61071910	丝及绢丝制针织或钩编男内裤及三角裤	14	0
731	61071990	其他纺织材料制针织或钩编男内裤及三角裤	14	0
732	61072100	棉制针织或钩编男长睡衣及睡衣裤	14	0
733	61072200	化纤制针织或钩编男睡衣裤	16	0
734	61072910	丝及绢丝制针织或钩编男长睡衣及睡衣裤	14	0
735	61072990	其他纺织材料制针织或钩编男长睡衣及睡衣裤	14	0
736	61079100	棉制针织或钩编男浴衣、晨衣	14	0
737	61079200	化纤制针织或钩编男浴衣、晨衣	16	0
738	61081100	化纤制针织或钩编长衬裙及衬裙	16	0
739	61081910	棉制针织或钩编女式长衬裙及衬裙	14	0
740	61081920	丝及绢丝制针织或钩编女式长衬裙及衬裙	14	0
741	61081990	其他纺织材料制针织或钩编女式长衬裙及衬裙	14	0
742	61082100	棉制针织或钩编女三角裤及短衬裤	14	0
743	61082200	化纤制针织或钩编女三角裤及短衬裤	16	0
744	61082910	丝及绢丝制针织或钩编女三角裤及短衬裤	14	0
745	61082990	其他纺织材料制针织或钩编女三角裤及短衬裤	14	0
746	61083100	棉制针织或钩编女睡衣及睡衣裤	14	0
747	61083200	化纤制针织或钩编女睡衣及睡衣裤	16	0
748	61083910	丝及绢丝制针织或钩编女睡衣及睡衣裤	14	0
749	61083990	其他纺织材料制针织或钩编女睡衣及睡衣裤	14	0
750	61089100	棉制针织或钩编女浴衣、晨衣	14	0
751	61089200	化纤制针织或钩编女浴衣、晨衣	16	0
752	61089900	其他纺织材料制针织或钩编女浴衣、晨衣	14	0
753	61091000	棉制针织或钩编T恤衫、汗衫等	14	0
754	61099010	丝及绢丝制针织或钩编T恤衫、汗衫等	14	0
755	61099090	其他纺织材料制针织或钩编T恤衫、汗衫等	14	0
756	61101100	羊毛制针织或钩编套头衫等	14	0
757	61101200	喀什米尔山羊细毛制针织或钩编套头衫等	14	0
758	61101910	其他山羊细毛制针织或钩编套头衫等	14	0
759	61101920	兔毛制针织或钩编套头衫等	14	0
760	61101990	其他毛制针织或钩编套头衫等	14	0
761	61102000	棉制针织或钩编套头衫等	14	0
762	61103000	化纤制针织或钩编套头衫等	16	0
763	61109010	丝及绢丝制针织或钩编套头衫等	14	0
764	61109090	其他纺织材料制针织或钩编套头衫等	14	0
765	61111000	毛制针织或钩编婴儿服装及附件	14	0
766	61112000	棉制针织或钩编婴儿服装及附件	14	0
767	61113000	合纤制针织婴儿服装及附件	16	0
768	61119000	其他纺织材料制针织或钩编婴儿服装及附件	14	0

序号	税则号列	商　品　名　称(简称)	最惠国税率(%)	协定税率(%)
769	61121100	棉制针织或钩编运动服	16	0
770	61121200	合纤制针织或钩编运动服	17.5	0
771	61121900	其他纺织材料制针织或钩编运动服	16	0
772	61123100	合纤制针织或钩编男式游泳服	17.5	0
773	61123900	其他纺织材料制针织或钩编男式游泳服	16	0
774	61124100	合纤制针织或钩编女式游泳服	17.5	0
775	61124900	其他纺织材料制针织或钩编女式游泳服	16	0
776	61130000	涂层经处理针织或钩编织物制服装	16	0
777	61141000	毛制针织或钩编的其他服装	16	0
778	61142000	棉制针织或钩编的其他服装	16	0
779	61143000	化纤制针织或钩编的其他服装	17.5	0
780	61149000	其他纺织材料制针织或钩编的其他服装	16	0
781	61151100	单丝<67分特合纤制连裤袜等	16	0
782	61159100	毛制针织或钩编短袜及其他袜类	14	0
783	61159200	棉制针织或钩编短袜及其他袜类	14	0
784	61159300	合纤制针织或钩编短袜及其他袜类	16	0
785	61159900	其他纺织材料制针织或钩编短袜及其他袜类	14	0
786	61161000	塑料或橡胶浸渍的针织或钩织手套	14	0
787	61169100	毛制其他针织或钩编手套	14	0
788	61169200	棉制其他针织或钩编手套	14	0
789	61169300	合纤制其他针织或钩编手套	16	0
790	61169900	其他纺织材料制针织或钩编手套	14	0
791	61171000	针织或钩编披巾、头巾等	14	0
792	61172000	针织或钩编领带及领结	14	0
793	61178000	针织或钩编其他衣着附件	14	0
794	61179000	其他针织或钩编衣着零件	14	0
795	62011100	毛制男式大衣、斗篷及类似品	16	0
796	62011210	棉制男式羽绒服	16	0
797	62011290	棉制男式大衣、斗篷及类似品	16	0
798	62011310	化纤制男式羽绒服	17.5	0
799	62011390	化纤制男式大衣、斗篷及类似品	17.5	0
800	62011900	其他纺织材料制男式大衣、斗篷及类似品	16	0
801	62019100	毛制男式带风帽防寒短上衣、防风衣等	16	0
802	62019210	棉制男式其他羽绒服	16	0
803	62019290	棉制男式带风帽防寒短上衣、防风衣等	16	0
804	62019310	化纤制男式其他羽绒服	17.5	0
805	62019390	化纤制其他男式防寒短上衣、防风衣等	17.5	0
806	62019900	其他纺织材料制男式防寒短上衣、防风衣等	16	0
807	62021100	毛制女式大衣、斗篷及类似品等	16	0
808	62021210	棉制女式羽绒服	16	0
809	62021290	棉制女式大衣、斗篷及类似品等	16	0
810	62021310	化纤制女式羽绒服	19	0
811	62021390	化纤制女式大衣、斗篷及类似品	19	0
812	62021900	其他纺织材料制女式大衣、斗篷及类似品	16	0
813	62029100	毛制女式带风帽防寒短上衣、防风衣等	16	0
814	62029210	棉制女式其他羽绒服	16	0
815	62029290	棉制女式带风帽防寒短上衣、防风衣等	16	0
816	62029310	化纤制女式其他羽绒服	17.5	0

序号	税则号列	商品名称(简称)	最惠国税率(%)	协定税率(%)
817	62029390	化纤制女式防风衣等	17.5	0
818	62029900	其他纺织材料制女式防风衣、防风短上衣等	16	0
819	62031100	毛制男式西服套装	17.5	0
820	62031200	合纤制男式西服套装	17.5	0
821	62031910	丝及绢丝制男式西服套装	17.5	0
822	62031990	其他纺织材料制男式西服套装	17.5	0
823	62032100	毛制男式便服套装	17.5	0
824	62032200	棉制男式便服套装	17.5	0
825	62032300	合纤制男式便服套装	17.5	0
826	62032990	其他纺织材料制男式便服套装	17.5	0
827	62033100	毛制男式上衣	16	0
828	62033200	棉制男式上衣	16	0
829	62033300	合纤制男式上衣	17.5	0
830	62033910	丝及绢丝制男式上衣	16	0
831	62033990	其他纺织材料制男式上衣	16	0
832	62034100	毛制男式长裤、工装裤等	16	0
833	62034210	棉制男式阿拉伯裤	16	0
834	62034290	棉制男式长裤、工装裤等	16	0
835	62034310	合成纤维制男式阿拉伯裤	17.5	0
836	62034390	合纤制男式长裤、工装裤等	17.5	0
837	62034910	其他纺织材料制男式阿拉伯裤	16	0
838	62034990	其他纺织材料制男式裤、工装裤等	16	0
839	62041100	毛制女式西服套装	17.5	0
840	62041200	棉制女式西服套装	17.5	0
841	62041300	合纤制女式西服套装	17.5	0
842	62041910	丝及绢丝制女式西服套装	17.5	0
843	62041990	其他纺织材料制女式西服套装	17.5	0
844	62042100	毛制女式便服套装	17.5	0
845	62042200	棉制女式便服套装	17.5	0
846	62042300	合纤制女式便服套装	20	0
847	62042990	其他纺织材料制女式便服套装	14	0
848	62043100	毛制女式上衣	16	0
849	62043200	棉制女式上衣	16	0
850	62043300	合纤制女式上衣	17.5	0
851	62043910	丝及绢丝制女式上衣	16	0
852	62043990	其他纺织材料制女式上衣	16	0
853	62044100	毛制连衣裙	16	0
854	62044200	棉制连衣裙	16	0
855	62044300	合纤制女式连衣裙	17.5	0
856	62044400	人纤制女式连衣裙	16	0
857	62044910	丝及绢丝制连衣裙	16	0
858	62044990	其他纺织材料制连衣裙	16	0
859	62045100	毛制裙子及裙裤	14	0
860	62045200	棉制裙子及裙裤	14	0
861	62045300	合纤制裙子及裙裤	16	0
862	62045910	丝及绢丝制裙子及裙裤	14	0
863	62045990	其他纺织材料制裙子及裙裤	14	0
864	62046100	毛制女式长裤、工装裤等	16	0

序号	税则号列	商　品　名　称(简称)	最惠国税率(%)	协定税率(%)
865	62046200	棉制女式长裤、工装裤等	16	0
866	62046300	合纤制女式长裤、工装裤等	17.5	0
867	62046900	其他纺织材料制女式长裤、工装裤等	16	0
868	62051000	毛制男衬衫	16	0
869	62052000	棉制男衬衫	16	0
870	62053000	化纤制男衬衫	16	0
871	62059010	丝及绢丝制男衬衫	16	0
872	62059090	其他纺织材料制男衬衫	16	0
873	62061000	丝及绢丝制女式衬衫	16	0
874	62062000	毛制女衬衫	16	0
875	62063000	棉制女衬衫	16	0
876	62064000	化纤制女衬衫	17.5	0
877	62069000	其他纺织材料制女衬衫	16	0
878	62071100	棉制男式内裤及三角裤	14	0
879	62071910	丝制男式内裤及三角裤	14	0
880	62071920	化纤制男式内裤及三角裤	16	0
881	62071990	其他纺织材料制男式内裤及三角裤	14	0
882	62072100	棉制男式长睡衣及睡衣裤	14	0
883	62072200	化纤制男式长睡衣及睡衣裤	16	0
884	62079100	棉制男式浴衣、晨衣及类似品	14	0
885	62079200	化纤制男浴衣、晨衣及类似品	16	0
886	62079910	丝及绢丝制男浴衣、晨衣及类似品	14	0
887	62079990	其他纺织材料制男浴衣、晨衣及类似品	14	0
888	62081100	化纤制长衬裙及衬裙	16	0
889	62081910	丝及绢丝制长衬裙及衬裙	14	0
890	62081920	棉制长衬裙及衬裙	14	0
891	62081990	其他纺织材料制长衬裙及衬裙	14	0
892	62082100	棉制女式睡衣及睡衣裤	14	0
893	62082200	化纤制女式睡衣及睡衣裤	16	0
894	62082910	丝及绢丝制女式睡衣及睡衣裤	14	0
895	62082990	其他纺织材料制女式睡衣及睡衣裤	14	0
896	62089100	棉制女式背心、内衣、浴衣及类似品	14	0
897	62089200	化纤制女式背心、内衣及类似品	16	0
898	62089910	丝制女式背心、内衣及类似品	14	0
899	62089990	其他纺织材料制女式背心、内衣及类似	14	0
900	62091000	毛制婴儿服装及衣着附件	14	0
901	62092090	棉制婴儿服装及衣着附件	14	0
902	62093000	合纤制婴儿服装及衣着附件	16	0
903	62099000	其他纺织材料制婴儿服装及衣着附件	14	0
904	62101010	毛制毡呢或无纺织物服装	16	0
905	62101020	棉或麻制毡呢或无纺织物服装	16	0
906	62101030	化纤制毡呢或无纺织物服装	17.5	0
907	62101090	其他纺织材料制毡呢或无纺织物服装	16	0
908	62102000	用塑料、橡胶等处理的织物制男大衣等	16	0
909	62103000	用塑料、橡胶等处理的织物制女大衣等	16	0
910	62104000	用塑料、橡胶等处理的织物制的其他男式服装	16	0
911	62105000	用塑料、橡胶等处理的织物制的其他女式服装	16	0
912	62111100	男式游泳服	16	0

序号	税则号列	商品名称(简称)	最惠国税率(%)	协定税率(%)
913	62111200	女式游泳服	16	0
914	62112010	棉制滑雪服	16	0
915	62112090	其他纺织材料制滑雪服	19	0
916	62113100	毛制男式运动服及其他服装	16	0
917	62113210	棉制男式阿拉伯袍	16	0
918	62113290	棉制男式运动服及其他服装	16	0
919	62113310	化纤制男式阿拉伯袍	17.5	0
920	62113390	化纤制男式运动服及其他服装	17.5	0
921	62113910	丝及绢丝制男式运动服及其他服装	16	0
922	62113990	其他纺织材料制男式运动服及其他服装	16	0
923	62114100	毛制女式运动服及其他服装	16	0
924	62114200	棉制女式运动服及其他服装	16	0
925	62114300	化纤制女式运动服及其他服装	17.5	0
926	62114910	丝及绢丝制女式运动服及其他服装	16	0
927	62114990	其他纺织材料制女式运动服及其他服装	16	0
928	62121010	化纤制胸罩	16	0
929	62121090	其他纺织材料制胸罩	14	0
930	62122010	化纤制束腰带及腹带	16	0
931	62122090	其他纺织材料制束腰带及腹带	14	0
932	62123010	化纤制紧身胸衣	16	0
933	62123090	其他纺织材料制紧身胸衣	14	0
934	62129010	化纤制吊裤带、吊袜带等	16	0
935	62129090	其他纺织材料制吊裤带、吊袜带等	14	0
936	62132010	棉制刺绣手帕	14	0
937	62132090	其他棉制手帕	14	0
938	62139090	其他纺织材料制手帕	14	0
939	62141000	丝制披巾、头巾、围巾及类似品	14	0
940	62142000	毛制披巾、头巾、围巾及类似品	14	0
941	62143000	合纤制披巾、头巾及类似品	16	0
942	62144000	人纤制披巾、头巾及类似品	14	0
943	62149000	其他纺织材料制披巾、头巾及类似品	14	0
944	62151000	丝及绢丝制领带及领结	14	0
945	62152000	化纤制领带及领结	16	0
946	62159000	其他纺织材料制领带及领结	14	0
947	62160000	非针织非钩编手套	14	0
948	62171020	非针织非钩编和服腰带	14	0
949	62171090	非针织非钩编服装或衣着附件	14	0
950	62179000	非针织非钩编服装或衣着零件	14	0
951	63025110	棉制刺绣其他餐桌用织物制品	14	0
952	63025190	棉制其他餐桌用织物制品	14	0
953	63029300	化纤制其他盥洗及厨房织物制品	16	0
954	63039200	合纤制非针织非钩编窗帘等	16	0
955	63063100	合纤制风帆	16	0
956	63079000	其他纺织材料制成品	14	0
957	64069900	其他材料制鞋靴、护腿等零件	15	0
958	65069200	毛皮制帽类	10	0
959	68101100	水泥制建筑用砖及石砌块	10.5	0
960	68109110	钢筋混凝土和预应力混凝土管、杆、板、桩等	10.5	0

序号	税则号列	商　品　名　称(简称)	最惠国税率(%)	协定税率(%)
961	68109190	其他水泥制建筑或土木工程用预制构件	10.5	0
962	70071110	航空航天器及船舶用钢化安全玻璃	2	0
963	70071190	车辆用钢化安全玻璃	10	0
964	70120000	保温瓶或其他保温器用玻璃胆	21	0
965	70195900	其他玻璃纤维机织物	12	0
966	70200011	导电玻璃	10.5	0
967	71023100	未加工或简单加工非工业用钻石	3	0
968	71101990	其他半制成铂	3	0
969	71102990	其他半制成钯	3	0
970	71131110	镶嵌钻石的银首饰及其零件	20	0
971	71131190	其他银首饰及其零件	20	0
972	71131911	镶嵌钻石的黄金制首饰及其零件	20	0
973	71131919	其他黄金制首饰及其零件	20	0
974	71131991	镶嵌钻石的其他贵金属制首饰及其零件	35	0
975	71131999	其他贵金属制首饰及其零件	35	0
976	71132010	镶嵌钻石的以贱金属为底的包贵金属制首饰	35	0
977	71132090	其他以贱金属为底的包贵金属制首饰	35	0
978	71141100	银器及零件	35	0
979	71141900	其他贵金属制金银器及零件	35	0
980	71142000	以贱金属为底的包贵金属制金银器	35	0
981	71151000	金属丝布或格栅状的铂催化剂	3	0
982	71159010	工业或实验室用贵或包贵金属制品	3	0
983	71159090	其他用途的贵或包贵金属制品	35	0
984	71161000	天然或养殖珍珠制品	35	0
985	71162000	宝石或半宝石制品	35	0
986	71171100	贱金属制袖扣、饰扣	35	0
987	71171900	其他贱金属制仿首饰	17	0
988	71179000	未列名材料制仿首饰	35	0
989	72107000	涂漆或涂塑的铁或非合金钢宽板材	4	0
990	72124000	涂漆或涂塑的铁或非合金钢窄板材	4	0
991	72142000	热加工带有轧制花纹的条、杆	3	0
992	72179000	其他铁丝或非合金钢丝	8	0
993	72193300	1mm＜厚度＜3mm冷轧不锈钢板材	10	0
994	72193400	0.5mm≤厚度≤1mm冷轧不锈钢板材	10	0
995	72193500	厚度＜0.5mm冷轧不锈钢板材	10	0
996	72230000	不锈钢丝	10	0
997	73043910	非冷轧的铁制(或非合金钢)无缝锅炉管	4	0
998	73043920	非冷轧的铁制无缝地质钻管套管	5	0
999	73043990	非冷轧的铁制其他无缝管	4	0
1000	73072200	不锈钢制螺纹肘管、弯管、管套	8.4	0
1001	73072900	不锈钢制其他管子附件	8.4	0
1002	73083000	钢铁制门窗及其框架、门槛	10	0
1003	73089000	其他钢铁结构体及部件	4	0
1004	73102100	容积＜50L焊边或卷边接合钢铁罐	17.5	0
1005	73110010	装压缩或液化气的钢铁容器	17.5	0
1006	73110090	其他装压缩或液化气的容器	8	0
1007	73142000	交点焊接的粗钢铁丝网、篱及格栅	7	0
1008	73143100	交点焊接的镀或涂锌细钢铁丝网	7	0

序号	税则号列	商品名称(简称)	最惠国税率(%)	协定税率(%)
1009	73143900	交点焊接的其他细钢铁丝网、篱	7	0
1010	73145000	网眼钢铁板	8	0
1011	73151110	自行车滚子链	12	0
1012	73151120	摩托车滚子链	12	0
1013	73151190	其他滚子链	12	0
1014	73181500	其他螺钉及螺栓	8	0
1015	73182100	弹簧垫圈及其他防松垫圈	10	0
1016	73182300	铆钉	10	0
1017	73239300	餐桌、厨房等家用不锈钢器具	12	0
1018	73241000	不锈钢制洗涤槽及脸盆	18	0
1019	73269010	其他工业用钢铁制品	10.5	0
1020	73269090	其他非工业用钢铁制品	8	0
1021	74040000	铜废碎料	1.5	0
1022	74050000	铜母合金	4	0
1023	74081900	截面尺寸≤6mm 的精炼铜丝	4	0
1024	74092100	成卷的黄铜板、片、带	7	0
1025	74092900	其他黄铜板、片、带	7	0
1026	74099000	其他铜合金板、片、带	7	0
1027	74101100	无衬背的精炼铜箔	4	0
1028	74102100	有衬背的精炼铜箔	4	0
1029	74112100	铜锌合金(黄铜)管	7	0
1030	74152100	铜垫圈(包括弹簧垫圈)	10	0
1031	74152900	铜制其他无螺纹制品	10	0
1032	74153310	铜制木螺钉	8	0
1033	74153390	铜制其他螺钉螺栓螺母	8	0
1034	74153900	其他铜制螺纹制品	10	0
1035	74191000	铜链条及其零件	14	0
1036	76011010	按重量计含铝量在 99.95%及以上	5	0
1037	76011090	其他未锻轧纯铝	5	0
1038	76020000	铝废碎料	1.5	0
1039	76051900	其他纯铝制的细丝	8	0
1040	76061190	纯铝制矩形的其他板、片及带	6	0
1041	76061220	厚度＜0.28mm 的铝合金制矩形铝板片带	6	0
1042	76061230	0.28mm≤厚度≤0.35mm 的铝合金制矩形铝板片带	6	0
1043	76061240	厚度＞0.35mm 的铝合金制矩形铝板片带	6	0
1044	76069100	纯铝制非矩形的板、片及带	6	0
1045	76069200	铝合金制非矩形的板、片及带	10	0
1046	76072000	有衬背铝箔	6	0
1047	76161000	铝钉、螺钉、螺母、垫圈等紧固件	10	0
1048	80011000	未锻轧非合金锡	3	0
1049	80012010	锡基巴毕脱合金	3	0
1050	80012020	焊锡	3	0
1051	80012090	其他锡合金	3	0
1052	80020000	锡废碎料	1.5	0
1053	80030000	锡及锡合金条、杆、型材、丝	8	0
1054	80070010	工业用锡制品	8	0
1055	80070090	非工业用锡制品	18	0
1056	82073000	锻压或冲压工具	8	0

序号	税则号列	商　品　名　称(简称)	最惠国税率(%)	协定税率(%)
1057	82075010	带超硬材料部件的钻孔工具	8	0
1058	82075090	带其他材料工作部件的钻孔工具	8	0
1059	82079010	带超硬材料部件的其他可互换工具	8	0
1060	82079090	其他可互换工具	8	0
1061	82159900	其他非成套的厨房或餐桌用具	18	0
1062	83015000	带锁的扣环及扣环框架	14	0
1063	83021000	铰链(折叶)	10	0
1064	83040000	贱金属档案柜、文件箱等办公用具	10.5	0
1065	83059000	贱金属信夹、信角、文件夹等办公用品	10.5	0
1066	83081000	贱金属制钩、环及眼	10.5	0
1067	83082000	贱金属制管形铆钉及开口铆钉	10.5	0
1068	83089000	贱金属制珠子及亮晶片	10.5	0
1069	83091000	贱金属制冠形瓶塞	18	0
1070	83099000	贱金属盖子瓶帽螺口塞封志等包装用配件	12	0
1071	83111000	焊剂涂面的贱金属电极、电弧焊用	8	0
1072	83112000	以焊剂为芯的贱金属制焊丝	8	0
1073	83113000	以焊剂涂面或作芯的贱金属条或丝	8	0
1074	83119000	贱金属粘聚成的丝或条	8	0
1075	84134000	混凝土泵	8	0
1076	84139100	液体泵用零件	5	0
1077	84143011	功率≤0.4kW的冷藏、冷冻箱用压缩机	8	0
1078	84143012	0.4kW<功率≤5kW的冷藏、冷冻箱用压缩机	10	0
1079	84143013	0.4kW<功率≤5kW的空气调节器用压缩机	10	0
1080	84143014	功率>5kW的空气调节器用压缩机	10	0
1081	84143015	冷冻或冷藏设备用,电动机额定功率超过5kW的电动机驱动压缩机	10	0
1082	84143019	其他电动机驱动的制冷设备用压缩机	10	0
1083	84143090	非电机驱动的制冷设备用压缩机	9	0
1084	84149090	税号84.14其他所列机器零件	7	0
1085	84152000	机动车辆上供人使用的空气调节器	20	0
1086	84159010	制冷量≤4千大卡/时等空调的零件	10	0
1087	84159090	制冷量>4千大卡/时等空调的零件	10	0
1088	84185000	其他冷藏或冷冻柜、箱、展示台等	10	0
1089	84195000	热交换装置	10	0
1090	84196011	制氧量≥15000立方米/小时制氧机	12	0
1091	84196019	制氧量<15000立方米/小时制氧机	13	0
1092	84196090	其他液化空气或其他气体的机器	10	0
1093	84199090	税号84.19的其他机器设备用零件	4	0
1094	84212110	家用型过滤或净化水的机器及装置	25	0
1095	84212190	其他过滤或净化水的装置	5	0
1096	84212300	内燃发动机的燃油过滤器	10	0
1097	84212910	其他压滤机	5	0
1098	84212990	其他液体的过滤、净化机器及装置	5	0
1099	84213100	内燃发动机的进气过滤器	10	0
1100	84213910	家用型气体过滤、净化机器及装置	15	0
1101	84213921	工业用静电除尘器	5	0
1102	84213922	工业用袋式除尘器	5	0
1103	84213923	工业用旋风式除尘器	5	0
1104	84213929	工业用其他除尘器	5	0

序号	税则号列	商品名称(简称)	最惠国税率(%)	协定税率(%)
1105	84213990	其他气体的过滤、净化机器及装置	5	0
1106	84219910	家用型过滤、净化装置用零件	10	0
1107	84219990	其他过滤、净化装置用零件	5	0
1108	84223010	饮料及液体食品罐装设备	12	0
1109	84223021	水泥全自动灌包机	12	0
1110	84223029	其他水泥包装机	12	0
1111	84223030	其他包装机	10	0
1112	84223090	其他装填密封等包封机器	10	0
1113	84224000	其他包装或打包机器	10	0
1114	84229090	税号84.22其他未列名机器零件	8.5	0
1115	84248100	农业或园艺用喷射、喷雾机械器具	8	0
1116	84249090	其他喷雾器具及喷气机等用的零件	0	0
1117	84253900	其他非电动卷扬机及绞盘	5	0
1118	84281010	载客电梯	8	0
1119	84281090	其他升降机及倒卸式起重机	6	0
1120	84283200	其他斗式连续运货升降、输送机	5	0
1121	84283910	链式连续运送货物的升降机及输送机	5	0
1122	84283920	辊式连续运送货物的升降机及输送机	5	0
1123	84283990	其他未列名连续运货升降、输送机	5	0
1124	84289000	其他升降、搬运、装卸机械	5	0
1125	84304111	钻探深度≥6000米的自推进石油及天然气钻探机	5	0
1126	84304119	其他自推进石油及天然气钻探机	5	0
1127	84304121	钻探深度≥6000米的其他钻探机	5	0
1128	84304122	钻探深度<6000米履带式自推进钻机	5	0
1129	84304129	钻探深度<6000米的其他自推进钻机	5	0
1130	84304190	其他自推进的凿井机械	5	0
1131	84313900	税号84.28所列其他机械的零件	5	0
1132	84314310	石油或天然气钻探机用零件	4	0
1133	84314320	其他钻探机用零件	4	0
1134	84314390	其他凿井机用零件	5	0
1135	84314910	矿用电铲用零件	5	0
1136	84314990	税号84.26,84.29,84.30的其他零件	5	0
1137	84425000	活字、印刷用版、片及其他部件	7	0
1138	84435990	其他印刷机	8	0
1139	84485900	税号84.47机器用的其他零附件	6	0
1140	84514000	洗涤、漂白或染色机器	8.4	0
1141	84518000	税号84.51所列其他未列名的机器	12	0
1142	84522900	其他非自动缝纫机	12	0
1143	84659100	加工木材等材料的锯床	10	0
1144	84672100	电动钻	10	0
1145	84672210	电动链锯	10	0
1146	84672290	其他电动锯	10	0
1147	84672910	电动砂磨工具	10	0
1148	84672920	电刨	10	0
1149	84672990	其他本身装有电动动力装置的手提式工具	10	0
1150	84679110	电动链锯用零件	6	0
1151	84679910	其他手提式电动工具用零件	10	0
1152	84772010	塑料造粒机	5	0

序号	税则号列	商　品　名　称(简称)	最惠国税率(%)	协定税率(%)
1153	84772090	其他加工橡胶或塑料的挤出机	5	0
1154	84778000	其他橡胶或塑料加工机器	5	0
1155	84798110	绕线机	9.5	0
1156	84798190	其他处理金属的机械	9.5	0
1157	84798962	自动贴片机	0	0
1158	84804100	金属、硬质合金用注模或压模	8	0
1159	84807900	塑料或橡胶用其他型模	5	0
1160	84818010	其他阀门	7	0
1161	84818090	未列名龙头、旋塞及类似装置	5	0
1162	84821000	滚珠轴承	8	0
1163	84831010	船舶用传动轴	6	0
1164	84831090	其他传动轴及曲柄	6	0
1165	84834010	滚子螺杆传动装置	8	0
1166	84834020	行星齿轮减速器	8	0
1167	84834090	其他齿轮及齿轮传动装置	8	0
1168	84839000	单独报验的带齿的轮及其他传动元件;零件	8	0
1169	84859000	84章其他税号未列名机器零件	8	0
1170	85011010	输出功率≤37.5W玩具电动机	24.5	0
1171	85011091	机座20mm≤直径<39mm微电机	9	0
1172	85011099	其他输出功率≤37.5W微电机	9	0
1173	85013100	输出功率≤750W直流电动机、发电机	12	0
1174	85030010	玩具用电动机微电机零件	12	0
1175	85030020	输出功率>350MVA交流发电机零件	3	0
1176	85030030	风力驱动发电机组的零件	3	0
1177	85030090	其他电动机、发电机(组)零件	8	0
1178	85043190	额定容量≤1kVA的其他变压器	5	0
1179	85044020	不间断供电电源(UPS)	10	0
1180	85044091	具有变流功能的半导体模块	10	0
1181	85044099	其他未列名静止式变流器	10	0
1182	85049011	额定容量>400kVA液体介质变压器零件	5	0
1183	85049019	其他变压器零件	8	0
1184	85049020	稳压电源及不间断供电电源零件	8	0
1185	85049090	其他静止式变流器及电感器零件	8	0
1186	85051190	其他金属的永磁体	7	0
1187	85051900	非金属永磁体	7	0
1188	85061010	碱性锌锰电池	20	0
1189	85061090	二氧化锰的原电池及原电池组	20	0
1190	85068000	其他原电池及原电池组	14	0
1191	85073000	镍镉蓄电池	10	0
1192	85078010	镍氢电池	12	0
1193	85078020	锂离子电池	12	0
1194	85078090	其他蓄电池	12	0
1195	85079010	铅酸蓄电池零件	10	0
1196	85079090	其他蓄电池零件	8	0
1197	85091000	真空吸尘器;包括干式及湿式	10	0
1198	85099000	家用电动器具的零件	12	0
1199	85102000	电动毛发推剪	30	0
1200	85139010	手电筒零件	14	0

序号	税则号列	商品名称(简称)	最惠国税率(%)	协定税率(%)
1201	85139090	其他自供能源手提式电灯零件	14	0
1202	85152110	直缝焊管机	10	0
1203	85152190	其他全自动或半自动电阻焊接机	10	0
1204	85158000	其他焊接机器及装置	8	0
1205	85159000	电气等焊接机器及装置零件	6	0
1206	85162910	电气土壤加热器	10	0
1207	85162990	电气空间加热器	10	0
1208	85169010	土壤加热器及加热电阻器零件	8	0
1209	85169090	税号 85.11 所列货品的其他零件	12	0
1210	85181000	传声器(麦克风)及其座架	10	0
1211	85189000	税号 85.18 所列货品的零件	10.5	0
1212	85221000	拾音头	35	0
1213	85229010	转盘或唱机用零附件	25	0
1214	85229021	录音机走带机构(机芯)	25	0
1215	85229022	磁头	25	0
1216	85229023	磁头零件	20	0
1217	85229029	盒式磁带录音机或放声机其他零件	30	0
1218	85229031	激光视盘机的机芯	30	0
1219	85229039	其他视频信号录放设备的零件附件	30	0
1220	85229090	税号 85.19 至 85.21 所列设备其他零件	20	0
1221	85233000	未录制的磁条卡	17.5	0
1222	85239000	其他供录制声音等信息未录制媒体	0	0
1223	85243290	其他重放声音的光盘	10	0
1224	85246000	已录制的磁条卡	15	0
1225	85291010	雷达及无线电导航设备天线及零件	1.5	0
1226	85299030	对讲机零件	8	0
1227	85299041	特种用途电视摄像机、静像视频摄像机及其他视频摄录一体机、数字相机零件	8	0
1228	85299042	非特种用途的取像模块	12	0
1229	85299049	其他电视摄像机、静像视频摄像机及其他视频摄录一体机、数字相机零件	12	0
1230	85299060	收音机及其组合机的其他零件	15	0
1231	85299090	税号 85.25 至 85.28 所列设备的零件	0	0
1232	85311090	其他防盗或防火报警器及类似装置	10	0
1233	85318010	蜂鸣器	15	0
1234	85318090	其他电气音响或视觉信号装置	10	0
1235	85354000	避雷器、电压限幅器及电涌抑制器	18	0
1236	85359000	其他电压 > 1000V 电路开关等电气装置	10	0
1237	85361000	熔断器(电压≤1000V)	10	0
1238	85362000	电压≤1000V 自动断路器	9	0
1239	85364900	电压 < 60V 的继电器	10	0
1240	85371011	可编程序控制器数控机床	5	0
1241	85371019	其他数控装置	5	0
1242	85371090	其他电力控制或分配的装置	8.4	0
1243	85372090	其他电力控制或分配装置	8.4	0
1244	85389000	税号 85.35,85.36 或 85.37 装置的零件	7	0
1245	85392991	电压≤12V 未列名的白炽灯泡	12	0
1246	85404000	点距 < 0.4mm 彩色数据/图形显示管	8	0
1247	85441100	铜制绕组电线	10	0
1248	85444190	耐压≤80V 有接头电导体	0	0

序号	税则号列	商　品　名　称(简称)	最惠国税率(%)	协定税率(%)
1249	85445190	1000V≥耐压>80V有接头电导体	0	0
1250	85445910	1000V≥耐压>80V无接头电缆	6	0
1251	85445990	1000V≥耐压>80V无接头电导体	12	0
1252	85446012	1kV<额定电压≤35kV的电缆	10	0
1253	85446013	35kV<额定电压≤110kV的电缆	8.4	0
1254	85446014	110kV<额定电压≤220kV的电缆	8.4	0
1255	85446019	额定电压>220kV的电缆	8.4	0
1256	85446090	耐压>1kV的其他电导体	21	0
1257	87082920	机动车辆的安全气囊装置	14.3	0
1258	87082930	车窗玻璃升降器	10	0
1259	87082941	汽车电动天窗	10	0
1260	87082942	汽车手动天窗	10	0
1261	90011000	光导纤维束及光缆	5	0
1262	90012000	偏振材料制的片及板	8	0
1263	90013000	隐形眼镜片	10	0
1264	90014010	玻璃制变色镜片	20	0
1265	90014091	玻璃制太阳镜片	20	0
1266	90014099	玻璃制其他眼镜片	20	0
1267	90015010	非玻璃材料制变色镜片	20	0
1268	90015091	非玻璃材料制太阳镜片	20	0
1269	90015099	非玻璃材料制其他眼镜片	20	0
1270	90019000	税号90.01未列名的其他光学元件	8	0
1271	90021990	税号90.02未列名的其他物镜	15	0
1272	90029010	照相机用未列名光学元件	15	0
1273	90029090	其他光学仪器用未列名光学元件	15	0
1274	90031100	塑料制眼镜架	18	0
1275	90031900	非塑料材料制眼镜架	10	0
1276	90039000	眼镜架零件	10	0
1277	90041000	太阳镜	20	0
1278	90049010	变色镜	16	0
1279	90049090	其他眼镜	20	0
1280	90069110	特种用途照相机的零附件	8	0
1281	90069120	一次成像照相机的零附件	5	0
1282	90069191	照相机自动调焦组件	10	0
1283	90069192	其他照相机的快门组件	10	0
1284	90069199	其他照相机的其他零附件	10	0
1285	90101010	电影用胶卷的自动显影装置及设备	14	0
1286	90101020	特种照相胶卷自动显影装置及设备	8.4	0
1287	90101091	彩色胶卷用自动显影及设备	25	0
1288	90101099	其他胶卷的自动显影装置及设备	15	0
1289	90138010	放大镜	12	0
1290	90138030	液晶显示板	5	0
1291	90138090	其他液晶装置及光学仪器	5	0
1292	90139010	激光器、望远镜等装置的零附件	6	0
1293	90139090	税号90.13所列其他货品的零附件	8	0
1294	90189010	听诊器	4	0
1295	90189020	血压测量仪器及器具	4	0
1296	90189030	内窥镜	4	0

序号	税则号列	商品名称(简称)	最惠国税率(%)	协定税率(%)
1297	90189040	肾脏透析设备(人工肾)	4	0
1298	90189050	透热疗法设备	4	0
1299	90189060	输血设备	4	0
1300	90189070	麻醉设备	4	0
1301	90189080	宫内节育器	4	0
1302	90189090	税号 90.18 中未列名的医疗仪器及装置	4	0
1303	90191010	按摩器具	15	0
1304	90191090	机械疗法器具、心理功能测验装置	4	0
1305	90271000	气体或烟雾分析仪	7	0
1306	90283010	电度表	10	0
1307	90283090	其他电量计	10	0
1308	90303910	量程≤五位半的数字电流、电压表	15	0
1309	90303920	电阻测试仪	14	0
1310	90303990	检测电压、电流及功率的其他仪器	9	0
1311	90309000	税号 90.30 所属货品的零件及附件	7	0
1312	90318010	光纤通信及光纤性能测试仪	5	0
1313	90318020	坐标测量仪	5	0
1314	90318090	未列名测量、检验仪器器具及机器	5	0
1315	90321000	恒温器	7	0
1316	91021100	机械指示式的其他电子手表	12.5	0
1317	91021200	光电显示式的其他电子手表	23	0
1318	91031000	以表芯装成的电子钟	23	0
1319	91051100	电子闹钟	23	0
1320	91081100	已组装的机械指示式完整电子表芯	16	0
1321	91081200	已组装的光电显示式完整电子表芯	16	0
1322	91081900	其他已组装的完整电子表芯	16	0
1323	91089090	其他已组装完整机械表芯	16	0
1324	91112000	贱金属制的表壳	14	0
1325	91132000	贱金属制的表带及其零件	14	0
1326	91149000	钟、表的其他零件	14	0
1327	94013000	可调高度的转动坐具	0	0
1328	94014010	皮革或再生皮革面的能作床用的两用椅	0	0
1329	94014090	非皮革或再生皮革面的能作床用的两用椅	0	0
1330	94016110	皮革或再生皮革面的装软垫的木框架其他坐具	0	0
1331	94016190	非皮革或再生皮革面的装软垫的木框架其他坐具	0	0
1332	94016900	其他木框架的坐具	0	0
1333	94017110	皮革或再生皮革面的装软垫的金属框架其他坐具	0	0
1334	94017190	非皮革或再生皮革面的装软垫的金属框架其他坐具	0	0
1335	94017900	其他金属框架的坐具	0	0
1336	94018010	石制坐具	0	0
1337	94018090	其他坐具	0	0
1338	94019011	机动车辆的座椅调角器	14.3	0
1339	94019019	机动车辆用坐具的其他零件	0	0
1340	94019090	其他用途坐具的零件	0	0
1341	94031000	办公室用金属家具	0	0
1342	94032000	其他金属家具	0	0
1343	94033000	办公室用木家具	0	0
1344	94034000	厨房用木家具	0	0

序号	税则号列	商　品　名　称(简称)	最惠国税率(%)	协　定税率(%)
1345	94035010	卧室用红木制家具	0	0
1346	94035091	卧室用漆木家具	0	0
1347	94035099	卧室用其他木家具	0	0
1348	94036010	其他红木制家具	0	0
1349	94036091	其他漆木家具	0	0
1350	94036099	其他木家具	0	0
1351	94037000	塑料家具	0	0
1352	94039000	税号94.03所列物品的零件	0	0
1353	94042100	海绵橡胶或泡沫塑料制褥垫,不论是否包面	20	0
1354	94042900	其他材料制褥垫	20	0
1355	94049010	羽绒或羽毛填充的寝具及类似品	20	0
1356	94049020	兽毛填充的寝具及类似品	20	0
1357	94049030	丝棉填充的寝具及类似品	20	0
1358	94049040	化纤棉填充的寝具及类似品	20	0
1359	94049090	其他材料制的寝具及类似品	20	0
1360	94056000	发光标志、发光铭牌及类似品	20	0
1361	95039000	其他未列名玩具	0	0
1362	95049021	保龄球自动分瓶机	0	0
1363	95049022	保龄球	0	0
1364	95049023	保龄球瓶	0	0
1365	95049029	其他保龄球自动球道设备及器具	0	0
1366	95049030	中国象棋、国际象棋、跳棋等棋类用品	0	0
1367	95049090	其他游艺场、桌上或室内游戏用品	0	0
1368	95062900	其他水上运动用具	14	0
1369	95069110	健身及康复器械	12	0
1370	95069120	滑板	12	0
1371	95069190	其他一般的体育活动、体操或竞技用品	12	0
1372	95069900	其他未列名的95章用品及设备	12	0
1373	96062200	金属制钮扣,未用纺织材料包裹	15	0
1374	96062900	其他钮扣	15	0
1375	96063000	钮扣芯及钮扣的其他零件;钮扣坯	15	0
1376	96071100	装有贱金属齿的拉链	21	0
1377	96071900	其他拉链	21	0
1378	96170010	保温瓶及零件	24	0
1379	96170090	其他真空容器及零件	18	0

附表 6

2006 年内地与澳门紧密经贸关系安排商品税率表

序号	税则号列	商　品　名　称(简称)	最惠国税率(%)	协定税率(%)
1	03055920	干鱼翅	15	0
2	04100010	燕窝	25	0
3	09012100	未浸除咖啡碱的已焙炒咖啡	15	0
4	09012200	已浸除咖啡碱的已焙炒咖啡	15	0
5	12112010	鲜或干的西洋参	7.5	0
6	16042011	鱼翅罐头	12	0
7	16042091	鱼翅	12	0
8	17049000	其他不含可可的糖食	10	0
9	19012000	供焙烘面包糕点用的调制品及面团	25	0
10	19019000	其他麦精制的其他税号未列名食品	10	0
11	19021100	未包馅或未制作的含蛋生面食	15	0
12	19021900	其他未包馅或未制作的生面食	15	0
13	19023010	米粉干	15	0
14	19023030	即食或快熟面条	15	0
15	19023090	其他面食	15	0
16	19053100	甜饼干	15	0
17	19053200	华夫饼干及圣餐饼	15	0
18	19054000	面包干、吐司及类似的烤面包	20	0
19	19059000	其他面包、糕点、饼干及其焙烘糕饼	20	0
20	20081992	芝麻	10	0
21	20081999	其他坚果及子仁	10	0
22	20089990	未列名制作或保藏的水果、坚果	15	0
23	21011100	咖啡浓缩精汁	17	0
24	21039090	其他调味汁及其制品	21	0
25	21050000	冰淇淋及其他冰制食品不论是否含可可	19	0
26	21061000	浓缩蛋白质及人造蛋白物质	10	0
27	21069010	制造碳酸饮料的浓缩物	35	0
28	21069020	制造饮料用的复合酒精制品	20	0
29	21069091	紫菜烤制品	20	0
30	21069099	其他编号未列名的食品	20	0
31	22011010	未加糖及未加味的矿泉水	20	0
32	22019010	天然水	10	0
33	22060000	其他发酵饮料	49.1	0
34	22071000	浓度≥80%的未改性乙醇	40	0
35	22089090	其他蒸馏酒及酒精饮料	10	0
36	25232900	其他硅酸盐水泥,不论是否着色	8	0
37	27101991	润滑油	6	0
38	28510010	饮用蒸馏水	5.5	0
39	29094300	乙二醇或二甘醇的单丁醚	5.5	0
40	29270000	重氮化合物、偶氮化合物及氧化偶氮化合物	6.5	0
41	29336910	三聚氰氯	6	0
42	29336921	二氯异氰脲酸	6.5	0
43	29336922	三氯异氰脲酸	6.5	0
44	29336929	其他异氰脲酸氯化衍生物	6.5	0

序号	税则号列	商品名称(简称)	最惠国税率(%)	协定税率(%)
45	29336990	其他结构上含非稠合三嗪环化合物(不论是否氢化)	6.5	0
46	29413011	四环素	4	0
47	29413012	四环素盐	4	0
48	29413020	四环素衍生物及其盐	4	0
49	29415000	红霉素及其衍生物,及它们的盐	4	0
50	30039010	含磺胺类的混合药品(两种或两种以上成分混合而成的,治病或防病用,未配定剂量或非零售包装)	6	0
51	30039020	含有青蒿素及其衍生物药品	5	0
52	30039090	含其他成分混合药品(两种或两种以上成分混合而成的,治病或防病用,未配定剂量或非零售包装)	5	0
53	30041011	氨苄青霉素制剂(混合,治病或防病用,已配定剂量或制成零售包装)	6	0
54	30041012	羟氨苄青霉素制剂(两种或两种以上成分混合而成的,治病或防病用,已配定剂量或制成零售包装)	6	0
55	30041013	青霉素V制剂(两种或两种以上成分混合而成的,治病或防病用,已配定剂量或制成零售包装)	6	0
56	30041019	其他青霉素制剂(混合或非混合,治病或防病用,已配定剂量或制成零售包装)	6	0
57	30041090	含有其他青霉素及具有青霉烷酸结构的青霉素衍生物或链霉素及其衍生物的药品(混合或非混合,治病或防病用,已配定剂量或制成零售包装)	6	0
58	30042090	含有其他抗菌素的药品(混合或非混合,治病或防病用,已配定剂量或制成零售包装)	6	0
59	30045000	含有维生素或税目29.36其他产品的其他药品(混合或非混合,治病或防病用,已配定剂量或零售包装)	6	0
60	30049051	中药酒(混合或非混合,治病或防病用,已配定剂量或零售包装)	3	0
61	30049054	清凉油(混合或非混合,治病或防病用,已配定剂量或零售包装)	3	0
62	30049059	其他中式成药(混合或非混合,治病或防病用,已配定剂量或零售包装)	3	0
63	30049060	含有青蒿素及其衍生物的中成药	4	0
64	30049090	其他药品(混合或非混合,治病或防病用,已配定剂量或零售包装)	4	0
65	32081000	分散或溶于非水介质的聚酯油漆及清漆等	10	0
66	32091000	分散或溶于水介质的丙烯酸聚合物或乙烯聚合物油漆及清漆	10	0
67	32100000	其他油漆及清漆(包括瓷漆、大漆及水浆涂料);皮革用水性颜料	10	0
68	32151100	黑色印刷油墨(不论是否固体或浓缩)	6.5	0
69	32151900	其他印刷油墨(不论是否固体或浓缩),黑色印刷油墨除外	6.5	0
70	32159010	书写(不论是否固体或浓缩)	6.5	0
71	32159090	绘图墨水及其他墨类(不论是否固体或浓缩)	10	0
72	33019010	提取的油树脂	20	0
73	33019020	柑桔属果实的精油脱萜所得的萜烯副产品	20	0
74	33019090	用花香吸取法或浸渍法制定的含浓缩精油的脂肪、固定油、蜡及类似品;精油脱萜所得的萜烯副产品(柑桔属果实的除外);精油水溶液及水馏液	20	0
75	33029000	其他工业用混合香料及以香料为基本成分的混合物和制品	10	0
76	33030000	香水及花露水	10	0
77	33041000	唇用化妆品	10	0
78	33042000	眼用化妆品	10	0

序号	税则号列	商品名称(简称)	最惠国税率(%)	协定税率(%)
79	33043000	指(趾)甲化妆品	15	0
80	33049900	其他美容品或化妆品及护肤品	12.8	0
81	34029000	非零售包装有机表面活性剂制品、洗涤剂及清洁剂	9	0
82	34039900	润滑剂(不含有石油或从沥青矿物提取的油类)	10	0
83	35069110	以聚酰胺为基本成分的粘合剂	10	0
84	35069120	以环氧树脂为基本成分的粘合剂	10	0
85	35069190	以其他橡胶或塑料为基本成分的粘合剂	10	0
86	35069900	其他调制胶、粘合剂	10	0
87	37013021	激光照排片(任何一边超过255mm),用纸、纸板及纺织物以外任何材料制成	10	0
88	37013022	PS版(预涂感光版)(任何一边超过255mm),用纸、纸板及纺织物以外任何材料制成	10	0
89	37013023	CTP版	10	0
90	37013029	其他未曝光照相制版用感光硬片及软片(任何一边超过255mm),用纸、纸板及纺织物以外任何材料制成	10	0
91	37071000	摄影用感光乳液	8	0
92	37079090	其他摄影用化学制剂或摄影用未混合品(定量包装或零售包装可立即使用的)	8	0
93	38101000	金属表面酸洗剂;金属及其他材料制成的焊粉或焊膏	6.5	0
94	38112900	不含石油或从沥青矿物提取的油类的润滑油添加剂	6.5	0
95	38119000	抗氧剂、防胶剂、粘度改良剂、防腐剂配制添加剂,用于矿物油或与矿物油同样用途的其他液体	6.5	0
96	38140000	其他税号未列名的有机复合溶剂及稀释剂;除漆剂	10	0
97	38159000	其他未列名的反应引发剂、促进剂	6.5	0
98	38190000	闸用液压油及其他液压传动用液体,不含石油或从沥青矿物提取的油类,或者按重量计石油或从沥青矿物提取的油类含量低于70%	6.5	0
99	38200000	防冻剂及解冻剂	10	0
100	38249090	其他税目未列名的化学工业及其相关工业的化学产品及配制品	6.5	0
101	39011000	初级形状比重<0.94的聚乙烯	9.1	0
102	39012000	初级形状比重≥0.94的聚乙烯	9.1	0
103	39021000	初级形状的聚丙烯	8.6	0
104	39033000	丙烯腈-丁二烯-苯乙烯共聚物	8.6	0
105	39076019	其他聚对苯二甲酸乙二酯切片	8.6	0
106	39076090	其他初级形状聚对苯二甲酸乙二酯	6.5	0
107	39079900	初级形状的其他聚酯	6.5	0
108	39095000	初级形状的聚亚氨酯	8.6	0
109	39151000	乙烯聚合物的废碎料及下脚料	8.6	0
110	39159010	聚对苯二甲酸乙二酯的塑料废碎料及下脚料	8.6	0
111	39159090	其他塑料的废碎料及下脚料	8.6	0
112	39201090	其他乙烯聚合物制板、片、带	6.5	0
113	39202090	其他丙烯聚合物制板、片、带	6.5	0
114	39204900	按重量计增塑剂含量小于6%的聚氯乙烯板、片、膜、箔及扁条	9	0
115	39206200	聚对苯二甲酸乙二酯板片膜箔扁条	6.5	0
116	39231000	塑料制盒、箱及类似品	10	0
117	39232100	乙烯聚合物制袋及包	10	0
118	39232900	其他塑料制的袋及包	10	0
119	39239000	供运输或包装货物用其他塑料制品	10	0
120	39269010	塑料制机器及仪器用零件	10	0

序号	税则号列	商品名称(简称)	最惠国税率(%)	协定税率(%)
121	39269090	其他塑料制品	10	0
122	42010000	各种材料制成的鞍具及挽具,适合各种动物用	20	0
123	42031000	皮革或再生皮革制的衣服	10	0
124	42032100	皮革或再生皮革制专供运动用的手套	20	0
125	42032910	皮革或再生皮革制的劳保手套	20	0
126	42032990	皮革或再生皮革制的其他手套	20	0
127	42033010	皮革或再生皮革制腰带	10	0
128	42034000	皮革或再生皮革制的其他衣着附件	20	0
129	46029000	其他编结材料制品及其他制品	9	0
130	48103100	涂无机物的薄漂白牛皮纸及纸板,书写、印刷或类似用途的除外	5	0
131	48103200	涂无机物的厚漂白牛皮纸及纸板,书写、印刷或类似用途的除外	5	0
132	48103900	涂无机物的其他牛皮纸及纸板,书写、印刷或类似用途的除外	5	0
133	48109200	其他涂无机物的多层纸及纸板	5	0
134	48109900	其他涂无机物的纸及纸板	7.5	0
135	48111000	焦油纸及纸板、沥青纸及纸板	7.5	0
136	48114100	自粘的胶粘纸及纸板	7.5	0
137	48114900	其他胶粘纸及纸板	7.5	0
138	48115110	漂白的彩色相纸用双面涂塑厚纸	7.5	0
139	48115190	漂白的其他涂、浸、盖厚纸及纸板	7.5	0
140	48115910	绝缘纸及纸板	7.5	0
141	48115990	用塑料涂布、浸渍的其他纸及纸板	7.5	0
142	48116010	用蜡或油等涂布的绝缘纸及纸板	7.5	0
143	48116090	用蜡或油等涂布的其他纸及纸板	7.5	0
144	48119000	其他经涂布、浸渍、覆盖的纸及纸板	7.5	0
145	48191000	瓦楞纸或纸板制的箱、盒、匣	5	0
146	48192000	非瓦楞纸或纸板制可折叠箱、盒、匣	5	0
147	48211000	纸或纸板印制的各种标签	7.5	0
148	48239090	其他纸及纸制品	7.5	0
149	50040000	非供零售用丝纱线	6	0
150	51013000	未梳碳化羊毛	38	0
151	51061000	非供零售用粗梳纯羊毛纱线	5	0
152	51062000	非供零售用粗梳混纺羊毛纱线	5	0
153	51071000	非供零售用精梳纯羊毛纱线	5	0
154	51072000	非供零售用精梳混纺羊毛纱线	5	0
155	52051100	非零售粗梳粗支纯棉单纱	5	0
156	52061100	非零售粗梳粗支混纺棉单纱	5	0
157	52094200	色织的重质全棉粗斜纹布(劳动布)	10	0
158	53061000	亚麻单纱	6	0
159	53062000	亚麻多股纱线或缆线	10	0
160	53089011	未漂白或漂白的全苎麻纱线	6	0
161	53089012	全苎麻色纱线	6	0
162	53089013	未漂白或漂白的混纺苎麻纱线	6	0
163	53089014	混纺苎麻色纱线	6	0
164	54011010	非供零售用合成纤维长丝缝纫线	5	0
165	54021010	非零售用聚酰胺-6纺制的长丝高强力纱	5	0
166	54021020	非零售用聚酰胺-66纺制的长丝高强力纱	5	0
167	54021030	非零售用芳香族聚酰胺纺制的长丝高强力纱	5	0
168	54021090	非零售用其他尼龙长丝高强纱	5	0
169	54022000	非零售聚酯长丝高强力纱	5	0

序号	税则号列	商品名称(简称)	最惠国税率(%)	协定税率(%)
170	54023990	非零售其他合成纤维长丝变形纱线	5	0
171	54024110	非零售用聚酰胺-6纺制的未捻单纱	5	0
172	54024120	非零售用聚酰胺-66纺制的未捻单纱	5	0
173	54024130	非零售用芳香族聚酰胺纺制的未捻单纱	5	0
174	54024190	非零售其他尼龙未捻单纱	5	0
175	54024910	非零售用聚丙烯未捻单纱	5	0
176	54024920	非零售用氨纶未捻单纱	5	0
177	54024990	非零售未捻的其他合成纤维长丝单纱	5	0
178	54025110	非零售用聚酰胺-6纺制的加捻单纱	5	0
179	54025120	非零售用聚酰胺-66纺制的加捻单纱	5	0
180	54025130	非零售用芳香族聚酰胺纺制的加捻单纱	5	0
181	54025190	非零售用其他尼龙加捻单纱	5	0
182	54025200	非零售加捻的其他聚酯单纱	5	0
183	54026110	非零售用聚乙内酰胺(尼龙-6)制多股纱线	5	0
184	54026120	非零售用聚酰胺-66制多股纱线	5	0
185	54026130	非零售用芳香族聚酰胺制多股纱线	5	0
186	54026190	非零售用其他尼龙制多股纱线	5	0
187	54026910	非零售用聚丙烯多股纱线	5	0
188	54026920	非零售用氨纶多股纱线	5	0
189	54026990	非零售其他合成纤维长丝多股纱线	5	0
190	54033200	非零售加捻的粘胶纤维单纱	5	0
191	54074200	染色的纯尼龙布	10	0
192	54076100	其他纯聚酯非变形长丝布	10	0
193	55081000	合成纤维短纤纺制的缝纫线	5	0
194	55093200	非零售纯聚丙烯腈短纤多股纱线	5	0
195	55096100	非零售与毛混纺腈纶短纤纱线	5	0
196	55096900	非零售与其他混纺腈纶短纤纱线	5	0
197	55102000	非零售与毛混纺人造纤维短纤纱线	5	0
198	55129900	其他纯合成纤维布	10	0
199	55132100	与棉混纺染色的轻质聚酯平纹布	10	0
200	56031210	25g<每平米≤70g浸渍化纤长丝无纺织物	10	0
201	56031290	25g<每平米≤70g其他化纤长丝无纺织物	10	0
202	56031310	70g<每平米≤150g浸渍化纤长丝无纺织物	10	0
203	56031390	70g<每平米≤150g其他化纤长丝无纺织物	10	0
204	56039210	25g<每平米≤70g浸渍其他无纺织物	10	0
205	56039290	25g<每平米≤70g其他无纺织物	10	0
206	56039310	70g<每平米≤150g浸渍其他无纺织物	10	0
207	56039390	70g<每平米≤150g的其他无纺织物	10	0
208	56060000	绳绒线及粗松螺旋花线	5	0
209	58042100	化纤机制花边	10	0
210	58062000	含弹性纱线≥5%的狭幅织物	10	0
211	58063200	化纤制其他狭幅机织物	10	0
212	58071000	机织非绣制纺织材料标签、徽章等	10	0
213	58081000	成匹的编带	10	0
214	58089000	非绣制成匹装饰带、流苏、绒球	10	0
215	60019200	化纤制针织或钩编起绒织物	10	0
216	60041030	宽>30cm,弹性纱线≥5%合成纤维制针织、钩编织物	10	0
217	60041040	宽>30cm,弹性纱线≥5%人造纤维制针织、钩编织物	10	0
218	60041090	宽>30cm,弹性纱线≥5%其他纺织材料针织、钩编织物	10	0

序号	税则号列	商　品　名　称(简称)	最惠国税率(%)	协定税率(%)
219	60049030	宽>30cm含橡胶线的合成纤维制针织、钩编织物	10	0
220	60049040	宽>30cm含橡胶线的人造纤维制针织、钩编织物	10	0
221	60049090	宽>30cm含橡胶线的其他纺织材料针织、钩编织物	10	0
222	60062100	未漂白或漂白棉制的其他针织、钩编织物	10	0
223	60062200	染色棉制的其他针织、钩编织物	10	0
224	60062300	色织棉制的其他针织、钩编织物	10	0
225	60062400	印花棉制的其他针织、钩编织物	10	0
226	60063100	未漂白或漂白合成纤维制的其他针织、钩编织物	10	0
227	60063200	染色合成纤维制的其他针织、钩编织物	10	0
228	60063300	色织合成纤维制的其他针织、钩编织物	10	0
229	60063400	印花合成纤维制的其他针织、钩编织物	10	0
230	60064100	未漂白或漂白人造纤维制的其他针织、钩编织物	10	0
231	60064200	染色人造纤维制的其他针织、钩编织物	10	0
232	60064300	色织人造纤维制的其他针织、钩编织物	10	0
233	60064400	印花人造纤维制的其他针织、钩编织物	10	0
234	61011000	毛制针织或钩编男式大衣、防风衣等	25	0
235	61012000	棉制针织或钩编男式大衣、防风衣	17.5	0
236	61013000	化纤制针织或钩编男式大衣等	17.5	0
237	61019000	其他纺织材料制针织或钩编男式大衣、防风衣等	17.5	0
238	61021000	毛制针织或钩编女式大衣、防风衣等	25	0
239	61022000	棉制针织或钩编女式大衣、防风衣	17.5	0
240	61023000	化纤制针织或钩编女式大衣等	17.5	0
241	61029000	其他纺织材料制针织或钩编女式大衣、防风衣等	20	0
242	61031100	毛制针织或钩编男式西服套装	25	0
243	61031200	合纤制针织或钩编男西服套装	25	0
244	61031900	其他纺织材料制针织或钩编男式西服套装	17.5	0
245	61032100	毛制针织或钩编男式便服套装	25	0
246	61032200	棉制针织或钩编男式便服套装	20	0
247	61032300	合纤制针织或钩编男便服套装	25	0
248	61032900	其他纺织材料制针织或钩编男式便服套装	25	0
249	61033100	毛制针织或钩编男式上衣	16	0
250	61033200	棉制针织或钩编男式上衣	16	0
251	61033300	合纤制针织或钩编男式上衣	19	0
252	61033900	其他纺织材料制针织或钩编男式上衣	16	0
253	61034100	毛制针织或钩编男长裤、工装裤等	16	0
254	61034200	棉制针织或钩编男长裤、工装裤等	16	0
255	61034300	合纤制针织或钩编男长裤等	17.5	0
256	61034900	其他纺织材料制针织或钩编男长裤等	16	0
257	61041100	毛制针织或钩编女式西服套装	17.5	0
258	61041200	棉制针织或钩编女式西服套装	17.5	0
259	61041300	合纤制针织或钩编女西服套装	25	0
260	61041900	其他纺织材料制针织或钩编女式西服套装	17.5	0
261	61042100	毛制针织或钩编女式便服套装	17.5	0
262	61042200	棉制针织或钩编女式便服套装	17.5	0
263	61042300	合纤制针织或钩编女便服套装	25	0
264	61042900	其他纺织材料制针织或钩编女式便服套装	15	0
265	61043100	毛制针织或钩编女式上衣	16	0
266	61043200	棉制针织女式上衣	16	0
267	61043300	合纤制针织女上衣	19	0

序号	税则号列	商　品　名　称(简称)	最惠国税率(%)	协定税率(%)
268	61043900	其他纺织材料制针织或钩编女上衣	16	0
269	61044100	毛制针织或钩编女士连衣裙	16	0
270	61044200	棉制针织或钩编连衣裙	16	0
271	61044300	合纤制针织或钩编连衣裙	17.5	0
272	61044400	人纤制针织或钩编女士连衣裙	16	0
273	61044900	其他纺织材料制针织或钩编女士连衣裙	16	0
274	61045100	毛制针织或钩编女士裙子及裙裤	14	0
275	61045200	棉制针织裙子及裙裤	14	0
276	61045300	合纤制针织或钩编裙子及裙裤	16	0
277	61045900	其他纺织材料制针织或钩编女士裙子及裙裤	14	0
278	61046100	毛制针织或钩编女长裤、工装裤等	16	0
279	61046200	棉制针织或钩编女长裤、工装裤等	16	0
280	61046300	合纤制针织或钩编女长裤等	17.5	0
281	61046900	其他纺织材料制针织或钩编女长裤等	16	0
282	61051000	棉制针织或钩编男衬衫	16	0
283	61052000	化纤制针织或钩编男衬衫	17.5	0
284	61059000	其他纺织材料制针织或钩编男衬衫	16	0
285	61061000	棉制针织或钩编女衬衫	16	0
286	61062000	化纤制针织或钩编女衬衫	17.5	0
287	61069000	其他纺织材料制针织或钩编女衬衫	16	0
288	61071100	棉制针织或钩编男内裤及三角裤	14	0
289	61072200	化纤制针织或钩编男睡衣裤	16	0
290	61082100	棉制针织或钩编女三角裤及短衬裤	14	0
291	61082200	化纤制针织或钩编女三角裤及短衬裤	16	0
292	61083100	棉制针织或钩编女睡衣及睡衣裤	14	0
293	61083200	化纤制针织或钩编女睡衣及睡衣裤	16	0
294	61089100	棉制针织或钩编女浴衣、晨衣	14	0
295	61091000	棉制针织或钩编T恤衫、汗衫等	14	0
296	61099010	丝及绢丝制针织或钩编T恤衫、汗衫等	14	0
297	61099090	其他纺织材料制针织或钩编T恤衫、汗衫等	14	0
298	61101100	羊毛制针织或钩编套头衫等	14	0
299	61101200	喀什米尔山羊细毛制针织或钩编套头衫等	14	0
300	61101910	其他山羊细毛制针织或钩编套头衫等	14	0
301	61101920	兔毛制针织或钩编套头衫等	14	0
302	61101990	其他毛制针织或钩编套头衫等	14	0
303	61102000	棉制针织或钩编套头衫等	14	0
304	61103000	化纤制针织或钩编套头衫等	16	0
305	61109010	丝及绢丝制针织或钩编套头衫等	14	0
306	61109090	其他纺织材料制针织或钩编套头衫等	14	0
307	61111000	毛制针织或钩编婴儿服装及附件	14	0
308	61112000	棉制针织或钩编婴儿服装及附件	14	0
309	61113000	合纤制针织婴儿服装及附件	16	0
310	61119000	其他纺织材料制针织或钩编婴儿服装及附件	14	0
311	61121100	棉制针织或钩编运动服	16	0
312	61121200	合纤制针织或钩编运动服	17.5	0
313	61121900	其他纺织材料制针织或钩编运动服	16	0
314	61130000	涂层经处理针织或钩编织物制服装	16	0
315	61142000	棉制针织或钩编的其他服装	16	0
316	61143000	化纤制针织或钩编的其他服装	17.5	0

序号	税则号列	商　品　名　称(简称)	最惠国税率(%)	协定税率(%)
317	61169200	棉制其他针织或钩编手套	14	0
318	61169300	合纤制其他针织或钩编手套	16	0
319	61179000	其他针织或钩编衣着零件	14	0
320	62011100	毛制男式大衣、斗篷及类似品	16	0
321	62011210	棉制男式羽绒服	16	0
322	62011290	棉制男式大衣、斗篷及类似品	16	0
323	62011310	化纤制男式羽绒服	17.5	0
324	62011390	化纤制男式大衣、斗篷及类似品	17.5	0
325	62011900	其他纺织材料制男式大衣、斗篷及类似品	16	0
326	62019100	毛制男式带风帽防寒短上衣、防风衣等	16	0
327	62019210	棉制男式其他羽绒服	16	0
328	62019290	棉制男式带风帽防寒短上衣、防风衣	16	0
329	62019310	化纤制男式其他羽绒服	17.5	0
330	62019390	化纤制男式防寒短上衣、防风衣	17.5	0
331	62019900	其他纺织材料制男式防寒短上衣、防风衣等	16	0
332	62021100	毛制女式大衣、斗篷及类似品等	16	0
333	62021210	棉制女式羽绒服	16	0
334	62021290	棉制女式大衣、斗篷及类似品等	16	0
335	62021310	化纤制女式羽绒服	19	0
336	62021390	化纤制女式大衣、斗篷及类似品	19	0
337	62021900	其他纺织材料制女式大衣、斗篷及类似品等	16	0
338	62029100	毛制女式带风帽防寒短上衣、防风衣等	16	0
339	62029210	棉制女式其他羽绒服	16	0
340	62029290	棉制女式带风帽防寒短上衣、防风衣	16	0
341	62029310	化纤制女式其他羽绒服	17.5	0
342	62029390	化纤制女式防风衣等	17.5	0
343	62029900	其他纺织材料制防风衣、防风短上衣等	16	0
344	62031100	毛制男式西服套装	17.5	0
345	62031200	合纤制男式西服套装	17.5	0
346	62031910	丝及绢丝制男式西服套装	17.5	0
347	62031990	其他纺织材料制男式西服套装	17.5	0
348	62032100	毛制男式便服套装	17.5	0
349	62032200	棉制男式便服套装	17.5	0
350	62032300	合纤制男式便服套装	17.5	0
351	62032910	丝及绢丝制男式便服套装	17.5	0
352	62032990	其他纺织材料制男式便服套装	17.5	0
353	62033100	毛制男式上衣	16	0
354	62033200	棉制男式上衣	16	0
355	62033300	合纤制男式上衣	17.5	0
356	62033910	丝及绢丝制男式上衣	16	0
357	62033990	其他纺织材料制男式上衣	16	0
358	62034100	毛制男式长裤、工装裤等	16	0
359	62034210	棉制男式阿拉伯裤	16	0
360	62034290	棉制男式长裤、工装裤等	16	0
361	62034310	合成纤维制男式阿拉伯裤	17.5	0
362	62034390	合纤制男式长裤、工装裤等	17.5	0
363	62034910	其他纺织材料制男式阿拉伯裤	16	0
364	62034990	其他纺织材料制男童裤、工装裤	16	0
365	62041100	毛制女式西服套装	17.5	0

序号	税则号列	商　品　名　称(简称)	最惠国税率(%)	协定税率(%)
366	62041200	棉制女式西服套装	17.5	0
367	62041300	合纤制女式西服套装	17.5	0
368	62041910	丝及绢丝制女式西服套装	17.5	0
369	62041990	其他纺织材料制女式西服套装	17.5	0
370	62042100	毛制女式便服套装	17.5	0
371	62042200	棉制女式便服套装	17.5	0
372	62042300	合纤制女式便服套装	20	0
373	62042910	丝及绢丝制女式便服套装	20	0
374	62042990	其他纺织材料制女式便服套装	14	0
375	62043100	毛制女式上衣	16	0
376	62043200	棉制女式上衣	16	0
377	62043300	合纤制女式上衣	17.5	0
378	62043910	丝及绢丝制女式上衣	16	0
379	62043990	其他纺织材料制女式上衣	16	0
380	62044100	毛制连衣裙	16	0
381	62044200	棉制连衣裙	16	0
382	62044300	合纤制女式连衣裙	17.5	0
383	62044400	人纤制女式连衣裙	16	0
384	62044910	丝及绢丝制连衣裙	16	0
385	62044990	其他纺织材料制连衣裙	16	0
386	62045100	毛制裙子及裙裤	14	0
387	62045200	棉制裙子及裙裤	14	0
388	62045300	合纤制裙子及裙裤	16	0
389	62045910	丝及绢丝制裙子及裙裤	14	0
390	62045990	其他纺织材料制裙子及裙裤	14	0
391	62046100	毛制女式长裤、工装裤等	16	0
392	62046200	棉制女式长裤、工装裤等	16	0
393	62046300	合纤制女式长裤、工装裤等	17.5	0
394	62046900	其他纺织材料制女式长裤、工装裤等	16	0
395	62051000	毛制男衬衫	16	0
396	62052000	棉制男衬衫	16	0
397	62053000	化纤制男衬衫	16	0
398	62059010	丝及绢丝制男衬衫	16	0
399	62059090	其他纺织材料制男衬衫	16	0
400	62061000	丝及绢丝制女式衬衫	16	0
401	62062000	毛制女衬衫	16	0
402	62063000	棉制女衬衫	16	0
403	62064000	化纤制女衬衫	17.5	0
404	62069000	其他纺织材料制女衬衫	16	0
405	62071100	棉制男式内裤及三角裤	14	0
406	62079100	棉制男式浴衣、晨衣及类似品	14	0
407	62079200	化纤制男浴衣、晨衣及类似品	16	0
408	62079910	丝及绢丝制男浴衣、晨衣及类似品	14	0
409	62079990	其他纺织材料制男浴衣、晨衣及类似品	14	0
410	62082100	棉制女式睡衣及睡衣裤	14	0
411	62082200	化纤制女式睡衣及睡衣裤	16	0
412	62089100	棉制女式背心.内衣.浴衣及类似品	14	0
413	62089200	化纤制女式背心、内衣及类似品	16	0
414	62089910	丝制女式背心、内衣及类似品	14	0

序号	税则号列	商　品　名　称(简称)	最惠国税率(%)	协定税率(%)
415	62089990	其他纺织材料制女式背心、内衣及类似品	14	0
416	62091000	毛制婴儿服装及衣着附件	14	0
417	62092090	棉制婴儿服装及衣着附件	14	0
418	62093000	合纤制婴儿服装及衣着附件	16	0
419	62099000	其他纺织材料制婴儿服装及衣着附件	14	0
420	62101010	毛制毡呢或无纺织物服装	16	0
421	62101020	棉或麻制毡呢或无纺织物服装	16	0
422	62101030	化纤制毡呢或无纺织物服装	17.5	0
423	62101090	其他纺织材料制毡呢或无纺织物服装	16	0
424	62102000	用塑料、橡胶等处理的织物制男大衣等	16	0
425	62103000	用塑料、橡胶等处理的织物制女大衣等	16	0
426	62104000	用塑料、橡胶等处理的织物制的其他男式服装	16	0
427	62105000	用塑料、橡胶等处理的织物制的其他女式服装	16	0
428	62111100	男式游泳服	16	0
429	62113100	毛制男式运动服及其他服装	16	0
430	62113290	棉制男式运动服及其他服装	16	0
431	62113390	化纤制男式运动服及其他服装	17.5	0
432	62113910	丝及绢丝制男式运动服及其他服装	16	0
433	62113990	其他纺织材料制男式运动服及其他服装	16	0
434	62114100	毛制女式运动服及其他服装	16	0
435	62114200	棉制女式运动服及其他服装	16	0
436	62114300	化纤制女式运动服及其他服装	17.5	0
437	62114910	丝及绢丝制女式运动服及其他服装	16	0
438	62114990	其他纺织材料制女式运动服及其他服装	16	0
439	62121090	其他纺织材料制胸罩	14	0
440	62129010	化纤制吊裤带、吊袜带等	16	0
441	62129090	其他纺织材料制吊裤带、吊袜带等	14	0
442	62160000	非针织非钩编手套	14	0
443	62179000	非针织非钩编服装或衣着零件	14	0
444	63025190	棉制其他餐桌用织物制品	14	0
445	64029100	其他橡胶、塑料短统靴(过踝)	24	0
446	64029900	其他橡胶、塑料鞋靴	24	0
447	64031900	皮革制鞋面的其他运动鞋靴	15	0
448	64032000	皮革条带为鞋面的皮底鞋	24	0
449	64039100	其他皮革制面的短统靴(过踝)	10	0
450	64039900	皮革制面的其他鞋靴	10	0
451	64041100	纺织材料制鞋面的运动鞋靴	24	0
452	64041900	纺织材料制鞋面胶底的其他鞋靴	24	0
453	64069900	其他材料制鞋靴、护腿等零件	15	0
454	65059090	针织或成匹织物制成的帽类	20	0
455	65070000	帽类附件	24	0
456	67010000	已加工羽毛、羽绒及其制品	20	0
457	68022110	大理石及其制品	10	0
458	68022120	石灰华及其制品	24	0
459	68022300	花岗岩及其制品	10	0
460	68022900	具有一个平面的其他石及制品	15	0
461	68030010	板岩制品	20	0
462	68101910	人造石制砖、瓦、扁平石及类似品	10.5	0
463	70140010	光学仪器用光学元件毛坯	10	0

序号	税则号列	商品名称(简称)	最惠国税率(%)	协定税率(%)
464	70191900	玻璃纤维、梳条、纱线	10	0
465	70195900	其他玻璃纤维机织物	12	0
466	70199000	其他玻璃纤维及其制品	7	0
467	71131110	镶嵌钻石的银首饰及其零件	20	0
468	71131190	其他银首饰及其零件	20	0
469	71131911	镶嵌钻石的黄金制首饰及其零件	20	0
470	71131919	其他黄金制首饰及其零件	20	0
471	71131991	镶嵌钻石的其他贵金属制首饰及其零件	35	0
472	71131999	其他贵金属制首饰及其零件	35	0
473	71132010	镶嵌钻石的以贱金属为底的包贵金属制首饰	35	0
474	71132090	其他以贱金属为底的包贵金属制首饰	35	0
475	71141100	银器及零件	35	0
476	71141900	其他贵金属制金银器及零件	35	0
477	71142000	以贱金属为底的包贵金属制金银器	35	0
478	71159010	工业或实验室用贵或包贵金属制品	3	0
479	71159090	其他用途的贵或包贵金属制品	35	0
480	71161000	天然或养殖珍珠制品	35	0
481	71162000	宝石或半宝石制品	35	0
482	71171100	贱金属制袖扣、饰扣	35	0
483	71171900	其他贱金属制仿首饰	17	0
484	71179000	未列名材料制仿首饰	35	0
485	73239300	餐桌、厨房等家用不锈钢器具	12	0
486	74032100	未锻轧的铜锌合金(黄铜)	1	0
487	74072100	黄铜条、杆及型材及异型材	7	0
488	74102100	有衬背的精炼铜箔	4	0
489	76012000	未锻轧铝合金	7	0
490	80012020	焊锡	3	0
491	84183010	制冷温度≤-40℃,容积≤800L柜式冷冻箱	9	0
492	84183021	制冷温度>-40℃,容积500-800L柜式冷冻箱	23	0
493	84183029	制冷温度>-40℃,容积≤500L柜式冷冻箱	30	0
494	84184010	制冷温度≤-40℃,容积≤900L立式冷冻箱	9	0
495	84184021	制冷温度>-40℃,容积500-900L立式冷冻箱	15	0
496	84184029	制冷温度>-40℃,容积≤500L立式冷冻箱	30	0
497	84185000	其他冷藏或冷冻柜、箱、展示台等	10	0
498	84186190	热交换器压缩式其他制冷设备	10	0
499	84189991	制冷温度≤-40℃冷冻设备零件	9.5	0
500	84189992	制冷温度>-40℃,容积>500L冷藏设备零件	10	0
501	84189999	税号84.18其他制冷设备用零件	10	0
502	84514000	洗涤、漂白或染色机器	8.4	0
503	84831010	船舶用传动轴	6	0
504	84831090	其他传动轴及曲柄	6	0
505	84832000	装有滚珠或滚子轴承的轴承座	6	0
506	84833000	未装滚珠或滚子轴承的轴承座	6	0
507	84834010	滚子螺杆传动装置	8	0
508	84834020	行星齿轮减速器	8	0
509	84834090	其他齿轮及齿轮传动装置	8	0
510	84835000	飞轮、滑轮及滑轮组	8	0
511	84836000	离合器及联轴器(包括万向节)	8	0
512	84839000	单独报验的带齿的轮及其他传动元件;零件	8	0

序号	税则号列	商　品　名　称(简称)	最惠国税率(%)	协定税率(%)
513	85013100	输出功率≤750W直流电动机、发电机	12	0
514	85041010	电子镇流器	10	0
515	85041090	其他放电灯或放电管用镇流器	10	0
516	85043110	额定容量≤1kVA的互感器	5	0
517	85043190	额定容量≤1kVA的其他变压器	5	0
518	85043210	1kVA < 额定容量≤16kVA的互感器	5	0
519	85043290	1kVA < 额定容量≤16kVA其他变压器	5	0
520	85043300	16kVA < 额定容量≤500kVA其他变压器	5	0
521	85043400	额定容量 > 500kVA的其他变压器	14	0
522	85044091	具有变流功能的半导体模块	10	0
523	85044099	其他未列名静止式变流器	10	0
524	85049020	稳压电源及不间断供电电源零件	8	0
525	85049090	其他静止式变流器及电感器零件	8	0
526	85131010	手电筒	15	0
527	85131090	其他自供能源手提式电灯	17.5	0
528	85139010	手电筒零件	14	0
529	85139090	其他自供能源手提式电灯零件	14	0
530	85162100	电气储存式散热器	35	0
531	85162910	电气土壤加热器	10	0
532	85162990	电气空间加热器	10	0
533	85163100	电吹风机	10	0
534	85163200	其他电热理发器具	35	0
535	85163300	电热干手器	35	0
536	85164000	电熨斗	35	0
537	85166010	电磁炉	15	0
538	85166030	电饭锅	15	0
539	85166040	电炒锅	15	0
540	85166090	其他电热炉	15	0
541	85167100	电热咖啡壶或茶壶	32	0
542	85167200	电热烤面包器	32	0
543	85167910	电热饮水机	32	0
544	85167990	其他电热器具	32	0
545	85232090	其他用途的空磁盘	0	0
546	85239000	其他供录制声音等信息未录制媒体	0	0
547	85253099	其他电视摄像机	每台完税价格低于或等于5000美元,执行单一从价税,税率:35%;每台完税价格高于5000美元:每台征收从量税,税额12960元,加上3%从价税	0
548	85281238	显示屏幕超过52cm的液晶显示器的彩色电视接收装置	30	0
549	85281239	其他液晶显示器的彩色电视接收装置	30	0
550	85281248	显示屏幕超过52cm等离子显示器的彩色电视接收装置	30	0
551	85281249	其他等离子显示器的彩色电视接收装置	30	0

序号	税则号列	商　品　名　称(简称)	最惠国税率(%)	协定税率(%)
552	85281310	屏幕尺寸≤16cm 的单色电视机	15	0
553	85281320	屏幕尺寸 16-42cm 的单色电视机	15	0
554	85281330	屏幕尺寸 42-52cm 的单色电视机	15	0
555	85281340	屏幕尺寸>52cm 的单色电视机	15	0
556	85282100	彩色视频监视器	30	0
557	85282200	黑白或其他单色视频监视器	19	0
558	85283010	彩色视频投影机	30	0
559	85283020	黑白或其他单色视频投影机	15	0
560	85371090	其他电力控制或分配的装置	8.4	0
561	85441100	铜制绕组电线	10	0
562	85445190	1000V≥耐压>80V 有接头电导体	0	0
563	85445990	1000V≥耐压>80V 无接头电导体	12	0
564	90031100	塑料制眼镜架	18	0
565	90031900	非塑料材料制眼镜架	10	0
566	90041000	太阳镜	20	0
567	90049010	变色镜	16	0
568	90049090	其他眼镜	20	0
569	90132000	激光器	6	0
570	90138010	放大镜	12	0
571	90138030	液晶显示板	5	0
572	90138090	其他液晶装置及光学仪器	5	0
573	90139010	激光器、望远镜等装置的零附件	6	0
574	90139090	税号 90.13 所列其他货品的零附件	8	0
575	90200000	其他呼吸器具及防毒面具	8	0
576	90303110	量程≤五位半的数字万用表	15	0
577	91021100	机械指示式的其他电子手表	12.5	0
578	91021200	光电显示式的其他电子手表	23	0
579	91031000	以表芯装成的电子钟	23	0
580	91051100	电子闹钟	23	0
581	91081100	已组装的机械指示式完整电子表芯	16	0
582	91081200	已组装的光电显示式完整电子表芯	16	0
583	91081900	其他已组装的完整电子表芯	16	0
584	91089090	其他已组装完整机械表芯	16	0
585	91112000	贱金属制的表壳	14	0
586	91132000	贱金属制的表带及其零件	14	0
587	91149000	钟、表的其他零件	14	0
588	92011000	竖式钢琴	17.5	0
589	94018010	石制坐具	0	0
590	94038091	石制的家具	0	0
591	94054010	探照灯	17.5	0
592	94054020	聚光灯	17.5	0
593	94054090	其他电灯及照明装置	10	0
594	94059200	税号 94.05 所列物品的塑料制零件	20	0
595	94059900	税号 94.05 所列物品其他材料制零件	20	0
596	95069900	其他未列名的 95 章用品及设备	12	0
597	96031000	用枝条或其他植物材料捆扎成的帚	25	0
598	96062200	金属制钮扣,未用纺织材料包裹	15	0
599	96071100	装有贱金属齿的拉链	21	0
600	96071900	其他拉链	21	0
601	96121000	打字机色带或类似色带	10.5	0

附表 7

2006 年中国—巴基斯坦自由贸易区商品税率表

序号	税则号列	商　品　名　称(简称)	最惠国税率(%)	协定税率(%)
1	01069020	其他食用动物	10	9
2	01069090	其他动物	10	9
3	03019190	其他活鳟鱼	10.5	8
4	03019290	其他活鳗鱼	10	6.7
5	03019390	其他活鲤鱼	10.5	8
6	03019992	活鲀	10.5	8
7	03019999	其他活鱼	10.5	8
8	03021900	其他鲜、冷鲑鱼	12	8
9	03022100	鲜、冷庸鲽鱼	12	9
10	03022200	鲜、冷鲽鱼	12	9
11	03022300	鲜、冷鳎鱼	12	9
12	03022900	其他鲜、冷比目鱼	12	6
13	03023100	鲜、冷长鳍金枪鱼	12	9
14	03023200	鲜、冷黄鳍金枪鱼	12	9
15	03023300	鲜冷鲣鱼	12	8
16	03023900	其他鲜、冷金枪鱼	12	8
17	03024000	鲜、冷鲱鱼	12	8
18	03025000	鲜、冷鳕鱼	12	8
19	03026100	鲜、冷沙丁鱼、黍鲱鱼	12	8
20	03026200	鲜、冷黑线鳕鱼	12	8
21	03026300	鲜、冷绿青鳕鱼	12	8
22	03026400	鲜、冷鲭鱼	12	8
23	03026500	鲜、冷角鲨及其他鲨鱼	12	9
24	03026600	鲜冷鳗鱼	12	8
25	03026910	鲜冷带鱼	12	8
26	03026920	鲜冷黄鱼	12	8
27	03026930	鲜冷鲳鱼	12	8
28	03026950	鲜、冷鲀	12	8
29	03026960	鲜、冷剑鱼	12	8
30	03026990	其他鲜、冷鱼	12	8
31	03031100	冻红大马哈鱼,但鱼肝及鱼卵除外	10	6.7
32	03031900	其他冻大马哈鱼,但鱼肝及鱼卵除外	10	6.7
33	03032900	其他冻鲑鱼	10	6.7
34	03033110	冻格陵兰庸鲽鱼	10	6.7
35	03033190	冻庸鲽鱼	10	6.7
36	03033200	冻鲽鱼	12	8
37	03033300	冻鳎鱼	12	8
38	03033900	其他冻比目鱼	10	8
39	03034100	冻长鳍金枪鱼	12	9
40	03034200	冻黄鳍金枪鱼	12	9
41	03034300	冻鲣鱼	12	9
42	03034900	其他冻金枪鱼,但鱼肝及鱼卵除外	12	9
43	03035000	冻鲱鱼(大西洋、太平洋鲱鱼),但鱼肝及鱼卵除外	10	6.7
44	03036000	冻鳕鱼	10	6.7

序号	税则号列	商品名称(简称)	最惠国税率(%)	协定税率(%)
45	03037100	冻沙丁鱼、黍鲱鱼	12	8
46	03037200	冻黑线鳕鱼	12	8
47	03037300	冻绿青鳕鱼	12	8
48	03037400	冻鲭鱼	10	6.7
49	03037500	冻角鲨及其他鲨鱼	12	9
50	03037600	冻鳗鱼	12	8
51	03037700	冻尖吻鲈鱼	12	8
52	03037910	冻带鱼	10	5
53	03037920	冻黄鱼	10	5
54	03037930	冻鲳鱼	10	5
55	03037940	冻罗非鱼	10	5
56	03037950	冻剑鱼	10	5
57	03037990	其他未列名冻鱼	10	5
58	03038000	冻鱼肝及鱼卵	10	9
59	03041000	鲜、冷的鱼片及其他鱼肉	12	9
60	03053000	干或盐制的鱼片	10	7.8
61	03056100	盐腌及盐渍的鲱鱼(大西洋、太平洋鲱鱼)	16	11.1
62	03056200	盐腌及盐渍的鳕鱼	16	12
63	03056300	盐腌及盐渍的 Anchovies(醍)鱼	16	12
64	03061200	冻大螯虾	10	7.2
65	03061311	冻小虾仁	8	4
66	03061312	冻北方长额虾	5	2.5
67	03061319	其他冻小虾	5	2.5
68	03061321	冻对虾仁	8	4
69	03061329	其他冻对虾	5	2.5
70	03073900	其他冻、干、盐制的贻贝	14	9.8
71	03074900	其他冻、干、盐制的墨鱼及鱿鱼	12	10
72	04021000	脂肪含量≤1.5%固状乳及奶油	10	7
73	04022100	脂肪量>1.5%未加糖固状乳及奶油	10	7
74	04052000	乳酱	10	8.1
75	05040011	整个或切块的盐渍猪肠衣(猪大肠头除外)	20	10
76	05040012	整个或切块的盐渍绵羊肠衣	18	9
77	05040013	整个或切块的盐渍山羊肠衣	18	9
78	05040014	整个或切块的盐渍猪大肠头	20	10
79	05040019	整个或切块的其他动物肠衣	18	9
80	05040021	冷和冻的鸡肫	1.3元/千克	0.65元/千克
81	05040029	鲜、冷、冻、干、盐制的其他动物胃	20	10
82	05040090	鲜、冷、冻、干、盐制的其他动物肠、膀胱、胃	20	10
83	05051000	填充用羽毛;羽绒	10	7.5
84	06011010	休眠的番红花球茎	4	2
85	06011099	其他休眠的鳞茎、块茎、块根等	5	2.5
86	06012000	生长或开花的鳞茎等及菊苣植物	15	7.5
87	06022090	其他食用水果及坚果树及灌木	10	5
88	06029099	其他非种用活植物	10	5
89	06031000	鲜的插花及花蕾	10	5
90	06039000	干的及经过染色等加工的插花及花蕾	23	11.5
91	07019000	其他鲜或冷的马铃薯	13	9
92	07031010	鲜或冷的洋葱	13	6.5
93	07031020	鲜或冷的青葱	13	6.5

序号	税则号列	商品名称(简称)	最惠国税率(%)	协定税率(%)
94	07032010	鲜或冷藏的大蒜头	13	5
95	07032020	鲜或冷藏的大蒜蒜苔及蒜苗(青蒜)	13	5
96	07032090	其他鲜或冷藏的大蒜	13	5
97	07051100	鲜或冷的结球莴苣(包心生菜)	10	5
98	07051900	鲜或冷的其他莴苣	10	5
99	07052100	鲜或冷的维特罗夫菊苣	13	5
100	07052900	鲜或冷的其他菊苣	13	5
101	07070000	鲜或冷的黄瓜及小黄瓜	13	6.5
102	07081000	鲜或冷的豌豆	13	5
103	07082000	鲜或冷的豇豆及菜豆	13	5
104	07089000	鲜或冷的其他豆类蔬菜	13	5
105	07091000	鲜或冷的洋蓟	13	5
106	07092000	鲜或冷的芦笋	13	5
107	07093000	鲜或冷的茄子	13	5
108	07094000	鲜或冷的芹菜,但块根芹除外	10	5
109	07095100	鲜或冷的其他伞菌属蘑菇	13	5
110	07095200	鲜或冷的块菌	13	5
111	07095910	鲜或冷的松茸	13	5
112	07095920	鲜或冷的香菇	13	5
113	07095930	鲜或冷的金针菇	13	5
114	07095940	鲜或冷的草菇	13	5
115	07095950	鲜或冷的口蘑	13	5
116	07095990	鲜或冷的其他蘑菇	13	5
117	07096000	鲜或冷的辣椒,包括甜椒	13	5
118	07097000	鲜或冷的菠菜	13	5
119	07099010	鲜或冷的竹笋	13	5
120	07099090	鲜或冷的其他蔬菜	13	5
121	07112000	暂时保藏的油橄榄	13	5
122	07113000	暂时保藏的刺山柑	13	5
123	07114000	暂时保藏的黄瓜及小黄瓜	13	5
124	07115112	盐水小白蘑菇	13	5
125	07115119	盐水的其他伞菌属蘑菇	13	5
126	07115190	其他伞菌属蘑菇	13	5
127	07115911	盐水松茸	13	5
128	07115919	盐水其他蘑菇及菌块	13	5
129	07115990	暂时保藏的其他蘑菇及菌块	13	5
130	07119031	盐水竹笋	13	5
131	07119034	盐水大蒜	13	5
132	07119039	盐水其他蔬菜;什锦蔬菜	13	5
133	07119090	暂时保藏的其他蔬菜;什锦蔬菜	13	5
134	07123100	干伞菌属蘑菇	13	9
135	07123910	干香菇	13	9
136	07123920	干金针菇	13	9
137	07123930	干草菇	13	9
138	07123940	干口蘑	13	9
139	07123950	干牛肝菌	13	9
140	07123990	其他干制蘑菇及块菌	13	9
141	07133190	其他干绿豆	3	1.5
142	07133900	干豇豆及菜豆	7	3.5

序号	税则号列	商　品　名　称(简称)	最惠国税率(%)	协定税率(%)
143	07142019	其他鲜甘薯	13	6.5
144	07142020	干甘薯	13	6.5
145	07142030	冷或冻的甘薯	13	6.5
146	07149010	鲜、干或冷、冻的荸荠	13	6.5
147	07149029	其他藕	13	6.5
148	07149090	含有高淀粉或菊粉的其他类似根茎	13	6.5
149	08011100	干的椰子	12	6
150	08011990	其他鲜椰子	12	6
151	08029010	鲜或干的槟榔	10	5
152	08030000	鲜或干的香蕉,包括芭蕉	10	6.9
153	08041000	鲜或干的椰枣	15	5
154	08042000	鲜或干的无花果	30	10
155	08043000	鲜或干菠萝	12	5
156	08044000	鲜或干鳄梨	25	10
157	08045010	鲜或干番石榴	15	5
158	08045020	鲜或干芒果	15	5
159	08045030	鲜或干山竹果	15	5
160	08051000	鲜或干橙	11	5
161	08052010	鲜或干蕉柑	12	5
162	08052020	阔叶柑橘	12	5
163	08052090	其他鲜或干的柑桔及杂交柑桔	12	5
164	08054000	鲜或干柚	12	5
165	08055000	鲜或干的柠檬及酸橙	11	5
166	08059000	其他鲜或干的柑桔属水果	30	10
167	08071100	鲜西瓜	25	12.5
168	08071910	鲜哈密瓜	12	6
169	08071920	鲜罗马甜瓜及加勒比甜瓜	12	6
170	08071990	其他鲜甜瓜	12	6
171	08082012	鲜鸭梨、雪梨	12	10
172	08082013	鲜香梨	12	10
173	08105000	鲜猕猴桃	20	16.5
174	08109010	鲜荔枝	30	20
175	08109070	莲雾	20	16.4
176	08109080	火龙果	20	16.4
177	08109090	其他鲜果	20	16.4
178	09021010	每件净重≤3kg的花茶	15	7.5
179	09021090	每件净重≤3kg的其他绿茶	15	7.5
180	09022010	每件净重>3kg的花茶	15	7.5
181	09022090	每件净重>3kg的其他绿茶	15	7.5
182	09023010	每件净重≤3kg的乌龙茶	15	7.5
183	09023020	每件净重≤3kg的普洱茶	15	7.5
184	09023090	每件净重≤3kg的其他发酵、半发酵红茶	15	7.5
185	09024010	每件净重>3kg的乌龙茶	15	7.5
186	09024020	每件净重>3kg的普洱茶	15	7.5
187	09024090	每件净重>3kg的其他红茶(已发酵)及半发酵茶	15	7.5
188	09041200	已磨胡椒	20	10
189	09042010	辣椒干	20	10
190	09042020	辣椒粉	20	10
191	09093000	枯茗子	15	7.5

序号	税则号列	商品名称(简称)	最惠国税率(%)	协定税率(%)
192	09101000	姜	15	7.5
193	09103000	姜黄	15	7.5
194	09109100	混合调味香料	15	7.5
195	10030090	其他大麦	3	0
196	11063000	水果及坚果的细粉、粗粉及粉末	20	10
197	12010091	黄大豆	3	0
198	12010092	黑大豆	3	0
199	12010093	青大豆	3	0
200	12010099	其他大豆	3	0
201	12030000	干椰子肉	15	7.5
202	12051090	其他低芥子酸油菜子	9	0
203	12059090	其他油菜子	9	0
204	12074090	其他芝麻	10	9
205	12112020	鲜或干的野山参(西洋参除外)	20	16.4
206	12119011	鲜或干的当归	6	3
207	12119012	鲜或干的田七	6	3
208	12119013	鲜或干的党参	6	3
209	12119014	鲜或干的黄连	6	3
210	12119015	鲜或干的菊花	6	3
211	12119016	鲜或干的冬虫夏草	6	3
212	12119017	鲜或干的贝母	6	3
213	12119018	鲜或干的川芎	6	3
214	12119019	鲜或干的半夏	6	3
215	12119021	鲜或干的白芍	6	3
216	12119022	鲜或干的天麻	6	3
217	12119023	鲜或干的黄芪	6	3
218	12119024	鲜或干的大黄、籽黄	6	3
219	12119025	鲜或干的白术	6	3
220	12119026	鲜或干的地黄	6	3
221	12119027	鲜或丁的槐米	6	3
222	12119028	鲜或干的杜仲	6	3
223	12119029	鲜或干的茯苓	6	3
224	12119031	鲜或干的枸杞	6	3
225	12119032	鲜或干的大海子	6	3
226	12119033	鲜或干的沉香	3	1.5
227	12119034	鲜或干的沙参	6	3
228	12119039	其他主要用作药料的鲜或干的植物	6	3
229	12119050	主要用作香料的植物	8	4
230	12119091	鲜或干的鱼藤根、除虫菊	3	1.5
231	12119099	其他鲜或干的杀虫、杀菌用植物	9	4.5
232	12121000	鲜、冷、冻或干的刺槐豆,包括刺槐豆子	20	10
233	12122010	鲜、冷、冻或干的海带	20	10
234	12122020	鲜、冷、冻或干的发菜	20	10
235	12122031	干的裙带菜	15	7.5
236	12122032	鲜的裙带菜	15	7.5
237	12122039	其他裙带菜	15	7.5
238	12122041	干紫菜	15	7.5
239	12122042	鲜紫菜	15	7.5
240	12122049	鲜、冷、冻或干紫菜	15	7.5

序号	税则号列	商 品 名 称(简称)	最惠国税率(%)	协定税率(%)
241	12122050	鲜、冷、冻或干马尾藻	15	7.5
242	12122090	鲜、冷、冻或干的其他海草及其他藻类	15	7.5
243	13012000	阿拉伯胶	15	5
244	13019010	胶黄耆树胶	15	5
245	13019020	乳香、没药及血竭	3	0
246	13019030	阿魏	3	0
247	13019040	松脂	15	5
248	13019090	其他天然树胶、树脂	15	5
249	13021990	其他植物液汁及浸膏	20	15
250	13023200	刺槐豆、刺槐豆子或瓜尔豆制得的胶液及增稠剂	15	5
251	14041000	主要供染料或鞣料用的植物原料	5	4.3
252	15020010	未炼制的牛、羊脂肪	8	0
253	15020090	已炼制的牛、羊脂肪	8	0
254	15131100	初榨椰子油分离品	9	4.5
255	15131900	椰子油及其分离品	9	4.5
256	16041910	制作或保藏的(河)鳗鱼,整条或切块,但未绞碎	12	9.9
257	16041990	制作或保藏的其他鱼,整条或切块,但未绞碎	12	9.9
258	16042011	鱼翅罐头	12	9.9
259	16042019	其他制作或保藏的鱼罐头	12	9.9
260	16042091	鱼翅	12	9.9
261	16042099	其他制作或保藏的鱼	12	9.9
262	16059020	其他制作或保藏的蛤	5	3.9
263	16059090	其他制作或保藏的软体动物及其他水生无脊椎动物	5	3.9
264	17041000	口香糖,不论是否裹糖	12	9.5
265	17049000	其他不含可可的糖食	10	8.2
266	18062000	每件净重>2kg 的含可可食品	10	7.7
267	18063100	其他夹心块状或条状的含可可食品	8	6.4
268	18063200	其他不夹心块状或条状含可可食品	10	7.7
269	18069000	其他巧克力及含可可的食品	8	6.4
270	19023030	即食或快熟面条	15	13.1
271	19023090	其他面食	15	13.1
272	19053100	甜饼干	15	12.4
273	19053200	华夫饼干及圣餐饼	15	12.4
274	19059000	其他面包、糕点、饼干及其焙烘糕饼	20	17.1
275	20081910	核桃仁罐头	20	10
276	20081920	其他果仁罐头	13	6.5
277	20081991	栗仁	10	5
278	20081992	用其他方法制作或保藏的芝麻	10	5
279	20081999	其他坚果及子仁	10	5
280	20093110	白利糖度不超过 20 的柠檬汁	18	16.8
281	20093190	其他未混合的白利糖度值不超过 20 的桔汁属水果汁	18	16.8
282	20093910	白利糖度超过 20 的柠檬汁	18	16.8
283	20093990	其他未混合的柑桔属水果汁,白利糖度值不超过 20	18	16.8
284	20098011	椰子汁	10	9
285	20098012	芒果汁	20	17.4
286	20098013	西番莲果汁	20	17.4
287	20098014	番石榴果汁	20	17.4
288	20098019	其他未混合的水果汁	20	10
289	20098020	其他未混合的蔬菜汁	20	10

序号	税则号列	商品名称(简称)	最惠国税率(%)	协定税率(%)
290	20099010	混合水果汁	20	17.4
291	21012000	茶、马黛茶浓缩精汁及其制品	32	16
292	21039010	味精	21	18.2
293	21039090	其他调味品	21	18.4
294	21069091	烤制紫菜	20	18.4
295	21069099	其他编号未列名的食品	20	18.4
296	22029000	其他无酒精饮料	35	29.5
297	22071000	浓度≥80%的未改性乙醇	40	10
298	22072000	任何浓度的改性乙醇及其他酒精	30	10
299	22086000	伏特加酒	10	8.8
300	22087000	利口酒及柯迪尔酒	10	8.8
301	22089010	龙舌兰酒	10	8.8
302	22089090	其他蒸馏酒及酒精饮料	10	8.8
303	23012010	饲料用鱼粉	2	0
304	23012090	其他不适于供人食用的水产品渣粉	5	0
305	23040010	提炼豆油所得的油渣饼(豆饼)	5	0
306	23040090	提炼豆油所得的其他固体残渣	5	0
307	23065000	椰子或干椰肉油渣饼及固体残渣	5	2.5
308	23099010	制成的饲料添加剂	5	2.5
309	23099090	其他配制的动物饲料	6.5	3.3
310	24011010	未去梗的烤烟	10	9.4
311	24031000	供吸用的烟丝	57	50
312	25010011	食用盐	0	0
313	25010019	其他盐	0	0
314	25010020	纯氯化钠	3	0
315	25010030	海水	0	0
316	25020000	未焙烧的黄铁矿	3	0
317	25030000	硫磺,但升华硫磺、沉淀硫磺及胶态硫磺除外	3	0
318	25041010	鳞片状天然石墨	3	0
319	25041090	粉末状天然石墨	3	0
320	25049000	其他天然石墨	3	0
321	25051000	硅砂及石英砂,不论是否着色	3	0
322	25059000	其他天然砂,不论是否着色	3	0
323	25061000	石英	3	0
324	25062100	原状或粗加修整石英岩	3	0
325	25062900	切割成矩形板、块的石英岩	3	0
326	25070010	不论是否煅烧的高岭土	3	0
327	25070090	不论是否煅烧的类似土	3	0
328	25081000	膨润土,不论是否煅烧	3	0
329	25082000	脱色土及漂白土,不论是否煅烧	3	0
330	25083000	耐火粘土,不论是否煅烧	3	0
331	25084000	其他粘土,不论是否煅烧	3	0
332	25085000	红柱石,蓝晶石及硅线石,不论是否煅烧	3	0
333	25086000	富铝红柱石	3	0
334	25087000	火泥及第纳斯土	3	0
335	25090000	白垩	3	0
336	25101010	未碾磨磷灰石	3	0
337	25101090	未碾磨天然磷酸钙、天然磷酸铝钙及磷酸盐白垩,磷灰石除外	3	0
338	25102010	已碾磨磷灰石	3	0

序号	税则号列	商品名称(简称)	最惠国税率(%)	协定税率(%)
339	25102090	已碾磨天然磷酸钙、天然磷酸铝钙及磷酸盐白垩,磷灰石除外	3	0
340	25111000	天然硫酸钡(重晶石)	3	0
341	25112000	天然碳酸钡(毒重石),不论是否煅烧	3	0
342	25120010	硅藻土	3	0
343	25120090	其他硅质化石粗粉及类似的硅质土	3	0
344	25131100	原状或不规则碎块状浮石	3	0
345	25131900	其他形状的浮石	3	0
346	25132000	刚玉岩、天然刚玉砂、天然石榴石及其他天然磨料	3	0
347	25140000	板岩,不论是否粗加修整或切割成矩形板块	3	0
348	25161100	原状或粗加修整的花岗岩	4	2
349	25161200	矩形或正方形的花岗岩	4	2
350	25162100	原状或粗加修整的砂岩	3	2.1
351	25169000	其他碑用或建筑用石,不论是否粗加修整或切割成矩形板块	3	2.1
352	25181000	未煅烧或烧结的白云石,不论是否粗加修整或切割成矩形板块	3	0
353	25182000	已煅烧或烧结的白云石,不论是否粗加修整或切割成矩形板块	3	0
354	25183000	夯混白云石	3	0
355	25191000	天然碳酸镁(菱镁矿)	3	0
356	25199010	熔凝镁氧矿	3	0
357	25199020	烧结镁氧矿(重烧镁)	3	0
358	25199030	碱烧镁(轻烧镁)	3	0
359	25199091	化学纯氧化镁	3	0
360	25199099	非纯氧化镁	3	0
361	25201000	生石膏;硬石膏	5	5
362	25202010	牙科用熟石膏,不论是否着色及带有少量促凝剂或缓凝剂	5	5
363	25202090	其他熟石膏,不论是否着色及带有少量促凝剂或缓凝剂	5	5
364	25210000	石灰石助熔剂;通常用于制造石灰或水泥的石灰石及其他钙质石	5	5
365	25221000	生石灰	5	5
366	25222000	熟石灰	5	5
367	25223000	水硬石灰	5	5
368	25232100	白水泥,不论是否人工着色	6	4.5
369	25232900	其他硅酸盐水泥,不论是否着色	8	6
370	25240010	长纤维石棉	5	5
371	25240090	其他石棉	5	5
372	25251000	原状云母及劈开的云母片	5	5
373	25252000	云母粉	5	5
374	25253000	云母废料	5	5
375	25281000	天然硼砂及其精矿,不论是否煅烧	5	0
376	25289000	硼酸盐(硼砂除外),不论是否煅烧;天然粗硼酸,含硼酸干重不超85%	5	5
377	25291000	长石	3	0
378	25292100	按重量计氟化钙含量≤97%的萤石	3	0
379	25292200	按重量计氟化钙含量>97%的萤石	3	0
380	25293000	白榴石;霞石及霞石正长岩	5	5
381	25301010	未膨胀的绿泥石	5	5
382	25301020	未膨胀的蛭石及珍珠岩	5	5
383	25302000	硫镁矾矿及泻盐矿(天然硫酸镁)	3	0
384	25309010	矿物性药材	3	0
385	25309020	稀土金属矿	0	0
386	25309091	硅灰石	3	0

序号	税则号列	商品名称(简称)	最惠国税率(%)	协定税率(%)
387	25309099	其他矿产品	3	0
388	27011900	未制成型的其他煤,不论是否粉化	5	3.5
389	27040010	煤制焦炭及半焦炭不论是否成型	5	2.5
390	27040090	甑炭	5	2.5
391	27074000	萘	7	6
392	27101120	石脑油	6	5.4
393	27101991	润滑油	6	5.4
394	27101992	润滑脂	6	5.4
395	27101994	液体石蜡和重质液体石蜡	6	5.4
396	27111200	液化丙烷	5	3.5
397	27111910	直接灌注香烟打火机及类似打火器用,其包装容器的容积超过300立方厘米的其他液化燃料	10	7
398	27111990	其他液化石油气及烃类气	3	2.1
399	27132000	石油沥青	8	5.6
400	28030000	碳(碳黑及其他税号未列名的其他形状的碳)	5.5	4.4
401	28151100	固体氢氧化钠	10	7
402	28151200	氢氧化钠水溶液及液体烧碱	8	5.6
403	28273910	氯化锂	5.5	4.4
404	28273920	氯化钡	5.5	4.4
405	28273990	其他未列名氯化物	5.5	4.4
406	28281000	商品次氯酸钙及其他钙的次氯酸盐	12	8.4
407	28371120	氧氰化钠	5.5	5
408	28461010	氧化铈	5.5	3.9
409	28461020	氢氧化铈	5.5	3.9
410	28461030	碳酸铈	5.5	3.9
411	28461090	铈的其他化合物	5.5	3.9
412	28500000	氢化物、氮化物、迭氮化物、硅化物及硼化物,不论是否已有化学定义	5.5	3.9
413	29025000	苯乙烯	2	1.4
414	29031300	氯仿(三氯甲烷)	10	9
415	29032100	氯乙烯	5.5	3.9
416	29054500	丙三醇(甘油)	14	11.2
417	29173610	对苯二甲酸	8.6	8
418	29224210	谷氨酸	10	8.6
419	29331100	二甲基苯基吡唑酮(安替比林)及其衍生物	6.5	6
420	29334910	环丙氟哌酸	6.5	6
421	29335900	其他结构上有嘧啶环或哌嗪环的化合物(不论是否氢化)	6.5	4.6
422	29411011	氨苄青霉素	6	5
423	29411012	氨苄青霉素三水酸	6	5
424	29411019	其他氨苄青霉素盐	6	5
425	29419051	7氨基头孢烷酸,7氨基脱乙酰氧基头孢烷酸	6	5
426	29419052	头孢氨苄及其盐	6	5
427	29419053	头孢唑啉及其盐	6	5
428	29419054	头孢拉啶及其盐	6	5
429	29419055	头孢三嗪(头孢曲松)及其盐	6	5
430	29419056	头孢哌酮及其盐	6	5
431	29419057	头孢噻肟及其盐	6	5
432	29419058	头孢克罗及其盐	6	5
433	29419059	其他先锋霉素及其衍生物,及它们的盐	6	5

序号	税则号列	商　品　名　称(简称)	最惠国税率(%)	协定税率(%)
434	29419060	麦迪霉素及其衍生物,及它们的盐	6	4.2
435	29419090	其他抗菌素	6	5
436	30031011	含有氨苄青霉素的混合药品(两种或两种以上成分混合而成的,治病或防病用,未配定剂量或非零售包装)	6	4.5
437	30031012	含有羟氨苄青霉素的混合药品(两种或两种以上成分混合而成的,治病或防病用未配定剂量或非零售包装)	6	4.5
438	30031013	含有青霉素V的混合药品(两种或两种以上成分混合而成的,治病或防病用未配定剂量或非零售包装)	6	4.5
439	30031019	含有其他青霉素及具有青霉烷酸结构的青霉素衍生物的混合药品(两种或两种以上成分混合而成的,治病或防病用未配定剂量或非零售包装)	6	4.5
440	30031090	含有含有链霉素的混合药品(两种或两种以上成分混合而成的,治病或防病用未配定剂量或非零售包装)		4.5
441	30032011	含有头孢噻肟的混合药品(两种或两种以上成分混合而成的,治病或防病用未配定剂量或非零售包装)	6	5
442	30032012	含有头孢他啶的混合药品(两种或两种以上成分混合而成的,治病或防病用未配定剂量或非零售包装)	6	5
443	30032013	含有头孢西丁的混合药品(两种或两种以上成分混合而成的,治病或防病用未配定剂量或非零售包装)	6	5
444	30032014	含有头孢替唑的混合药品(两种或两种以上成分混合而成的,治病或防病用未配定剂量或非零售包装)	6	5
445	30032015	含有头孢克罗的混合药品(两种或两种以上成分混合而成的,治病或防病用未配定剂量或非零售包装)	6	5
446	30032016	含有头孢呋辛的混合药品(两种或两种以上成分混合而成的,治病或防病用未配定剂量或非零售包装)	6	5
447	30032017	含有头孢三嗪(头孢曲松) 的混合药品(两种或两种以上成分混合而成的,治病或防病用未配定剂量或非零售包装)	6	5
448	30032018	含有头孢哌酮的混合药品(两种或两种以上成分混合而成的,治病或防病用未配定剂量或非零售包装)	6	5
449	30032019	含有其他头孢菌素的混合药品(两种或两种以上成分混合而成的,治病或防病用未配定剂量或非零售包装)	6	5
450	30032090	其他含有其他抗菌素的混合药品(两种或两种以上成分混合而成的,治病或防病用未配定剂量或非零售包装)	6	4.2
451	30033100	含有胰岛素但不含抗菌素的混合药品(两种或两种以上成分混合而成的,治病或防病用未配定剂量或非零售包装)	5	3.5
452	30033900	含激素(胰岛素除外)或税目29.37其他产品,但不含抗菌素的混合药品(两种或两种以上成分混合而成的,治病或防病用未配定剂量或非零售包装)	6	4.2
453	30034010	含奎宁或其盐,但不含抗菌素及税目2937的产品的混合药品(两种或两种以上成分混合而成的,治病或防病用未配定剂量或非零售包装)	5	5
454	30034090	含生物碱及其衍生物(奎宁或其盐除外),但不含抗菌素及税目2937的激素或其他产品的混合药品(两种或两种以上成分混合而成的,治病或防病用未配定剂量或非零售包装)	5	5
455	30039010	含磺胺类的混合药品(两种或两种以上成分混合而成的,治病或防病用未配定剂量或非零售包装)	6	4.2
456	30039020	含有青蒿素及其衍生物药品	5	5

序号	税则号列	商品名称(简称)	最惠国税率(%)	协定税率(%)
457	30039090	含其他成分混合药品(两种或两种以上成分混合而成的,治病或防病用未配定剂量或非零售包装)	5	5
458	30041011	氨苄青霉素制剂(混合,治病或防病用,已配定剂量或制成零售包装)	6	4.5
459	30041012	羟氨苄青霉素制剂(两种或两种以上成分混合而成的,治病或防病用,已配定剂量或制成零售包装)	6	4.5
460	30041013	青霉素V制剂(两种或两种以上成分混合而成的,治病或防病用,已配定剂量或制成零售包装)	6	4.5
461	30041019	其他青霉素制剂(混合或非混合,治病或防病用,已配定剂量或制成零售包装)	6	4.5
462	30041090	含有其他青霉素及具有青霉烷酸结构的青霉素衍生物或链霉素及其衍生物的药品(混合或非混合,治病或防病用,已配定剂量或制成零售包装)	6	4.5
463	30042011	头孢噻肟制剂(混合或非混合,治病或防病用,已配定剂量或制成零售包装)	6	5
464	30042012	头孢他啶制剂(混合或非混合,治病或防病用,已配定剂量或制成零售包装)	6	5
465	30042013	头孢西丁制剂(混合或非混合,治病或防病用,已配定剂量或制成零售包装)	6	5
466	30042014	头孢替唑制剂(混合或非混合,治病或防病用,已配定剂量或制成零售包装)	6	5
467	30042015	头孢克罗制剂(混合或非混合,治病或防病用,已配定剂量或制成零售包装)	6	5
468	30042016	头孢呋辛制剂(混合或非混合,治病或防病用,已配定剂量或制成零售包装)	6	5
469	30042017	头孢三嗪(头孢曲松)制剂(混合或非混合,治病或防病用,已配定剂量或制成零售包装)	6	5
470	30042018	头孢哌酮制剂(混合或非混合,治病或防病用,已配定剂量或制成零售包装)	6	5
471	30042019	含有其他头孢菌素制剂(混合或非混合,治病或防病用,已配定剂量或制成零售包装)	6	5
472	30042090	含有其他抗菌素的药品(混合或非混合,治病或防病用,已配定剂量或制成零售包装)	6	4.2
473	30043100	含有胰岛素但不含抗菌素的药品(混合或非混合,治病或防病用,已配定剂量或零售包装)	5	3.5
474	30043200	含肾上腺皮混合或非混合质激素但不含抗菌素的药品(治病或防病用,已配定剂量或零售包装)	5	3.5
475	30043900	含有税目29.37其他产品但不含抗菌素的药品(混合或非混合,治病或防病用,已配定剂量或零售包装)	5	3.5
476	30044010	含有奎宁或其盐,但不含抗菌素及税目29.37的产品的药品(混合或非混合,治病或防病用,已配定剂量或零售包装)	5	4
477	30044090	含有其他生物碱及其衍生物,但不含抗菌素及税目29.37的产品的药品(混合或非混合,治病或防病用,已配定剂量或零售包装)	5	5
478	30045000	含有维生素或税目29.36其他产品的其他药品(混合或非混合,治病或防病用,已配定剂量或零售包装)	6	5
479	30049010	含有磺胺类的药品(两种或两种以上成分混合而成的,治病或防病用,已配定剂量或零售包装)	6	4.2

序号	税则号列	商 品 名 称(简称)	最惠国税率(%)	协定税率(%)
480	30049020	含联苯双酯的药品(混合或非混合,治病或防病用,已配定剂量或零售包装)	4	0
481	30049051	中药酒(混合或非混合,治病或防病用,已配定剂量或零售包装)	3	0
482	30049052	片仔癀(混合或非混合,治病或防病用,已配定剂量或零售包装)	3	0
483	30049053	白药 (混合或非混合,治病或防病用,已配定剂量或零售包装)	3	0
484	30049054	清凉油(混合或非混合,治病或防病用,已配定剂量或零售包装)	3	0
485	30049059	其他中式成药(混合或非混合,治病或防病用,已配定剂量或零售包装)	3	0
486	30049060	含有青蒿素及其衍生物的中成药	4	0
487	30049090	其他药品(混合或非混合,治病或防病用,已配定剂量或零售包装)	4	0
488	30051010	橡皮膏(经药物浸涂或制定零售包装供医疗、外科、牙科或兽医用)	5	5
489	30051090	其他胶粘敷料及有胶粘涂层的物品(经药物浸涂或制定零售包装供医疗、外科、牙科或兽医用)	5	5
490	30059010	药棉、纱布、绷带(经药物浸涂或制定零售包装供医疗、外科、牙科或兽医用)	5	3
491	30059090	其他医用软填料及类似物品(经药物浸涂或制定零售包装供医疗、外科、牙科或兽医用)	5	5
492	31021000	尿素(不论是否水溶液)	50	40
493	32041100	分散染料及以其为基本成分的制品(不论是否已有化学定义)	7.7	5
494	32041200	酸性染料(不论是否预金属络合)及以其为基本成分的制品(不论是否已有化学定义);媒染染料及以其为基本成分的制品(不论是否已有化学定义)	7.7	5
495	32041300	碱性染料及以其为基本成分的制品(不论是否已有化学定义)	6.5	5
496	32041400	直接染料及以其为基本成分的制品(不论是否已有化学定义)	6.5	5
497	32041510	合成靛蓝(还原靛蓝) (不论是否已有化学定义)	6.5	5
498	32041590	其他瓮染料(包括颜料用的)及以其为基本成分的制品(不论是否已有化学定义)	6.5	5
499	32041600	活性染料及以其为基本成分的制品(不论是否已有化学定义)	7.7	5
500	32041700	颜料及以其为基本成分的制品(不论是否已有化学定义)	6.5	4.6
501	32041911	硫化黑(硫化青)及以其为基本成分的制品(不论是否已有化学定义)	6.5	5
502	32041919	其他硫化染料及以其为基本成分的制品(不论是否已有化学定义)	6.5	5
503	32041990	由子目号 3204.11 至 3204.19 中两个或多个子目所列着色料组成的混合物,(不论是否已有化学定义)	6.5	5
504	32042000	用作萤光增白剂的有机合成产品(不论是否已有化学定义)	6.5	5
505	32049010	生物染色剂及染料指示剂(不论是否已有化学定义)	6.5	5
506	32049090	其他用作发光体的有机合成产品(不论是否已有化学定义)	6.5	5
507	32064900	其他着色料及其制品; 32 章注释三所述的制品,但税目 32.03,32.04 及 32.05 的货品除外	6.5	3.3
508	32065000	用作发光体的无机产品,不论是否已有化学定义	6.5	5.9
509	32081000	分散或溶于非水介质的聚酯油漆及清漆等	10	9
510	32082010	分散或溶于非水介质的丙烯酸聚合物油漆及清漆	10	9
511	32082020	分散或溶于非水介质的乙烯聚合物油漆及清漆	10	9
512	32089010	分散或溶于非水介质的聚胺酯类油漆及清漆	10	9
513	32089090	分散或溶于非水介质其他油漆、清漆溶液	10	9

序号	税则号列	商　品　名　称(简称)	最惠国税率(%)	协定税率(%)
514	32091000	分散或溶于水介质的丙烯酸聚合物或乙烯聚合物油漆及清漆	10	9
515	32100000	其他油漆及清漆(包括瓷漆/大漆及水浆涂料);皮革用水性颜料	10	9
516	32139000	非成套颜料、调色料及类似品(艺术家、学生和广告美工用的,片状、管装、罐装、瓶装、扁盒装等类似形状或包装的)	10	9
517	32151100	黑色印刷油墨(不论是否固体或浓缩)	6.5	4.6
518	32151900	其他印刷油墨(不论是否固体或浓缩),黑色印刷油墨除外	6.5	4.6
519	33012500	其他薄荷油(包括浸膏及净油)	15	14
520	33019010	提取的油树脂	20	18
521	33019020	柑桔属果实的精油脱萜所得的萜烯副产品	20	18
522	33019090	用花香吸取法或浸渍法制定的含浓缩精油的脂肪、固定油、蜡及类似品;精油脱萜所得的萜烯副产品(柑桔属果实的除外);精油水溶液及水馏液	20	18
523	33021010	生产饮料用的混合香料以及以香料为基本成分的制品,按容量计酒精浓度≤0.5%	15	12.8
524	33030000	香水及花露水	10	8.2
525	33051000	洗发剂(香波)	10.6	8.8
526	33059000	其他护发品	10	8.5
527	33061010	牙膏	10	7
528	33061090	其他洁齿品	10	7
529	33062000	牙线	10	9.2
530	33071000	剃须用制剂	10	7
531	33072000	人体除臭剂及止汗剂	10	7
532	33073000	香浴盐及其他沐浴用制剂	10	8.5
533	33079000	脱毛剂、其他编号未列名的芳香料制品及化妆盥洗品	9	6.3
534	34011100	盥洗用肥皂及有机表面活性产品,条状、块状或模制形状的,以及用肥皂或洗涤剂浸渍、涂面或包覆的纸、絮胎、毡呢及无纺织物	10	8.3
535	34012000	其他形状的肥皂	15	12.4
536	34021100	阴离子型有机表面活性剂	6.5	6
537	34021200	阳离子型有机表面活性剂	6.5	6
538	34021300	非离子型有机表面活性剂	6.5	5.9
539	34021900	其他有机表面活性剂	6.5	6
540	34022010	零售包装的合成洗涤粉	10	8.5
541	34022090	零售包装有机表面活性剂制品(合成洗涤粉除外)	10	8.5
542	34029000	非零售包装有机表面活性剂制品、洗涤剂及清洁剂	9	7.8
543	34031100	用于纺织材料、皮革、毛皮或其他材料油脂处理的制剂(含有石油或从沥青矿物提取的油类且按重量计<70%)	10	9.5
544	34059000	玻璃或金属用的光洁剂	10	8.5
545	35061000	适于作胶或粘合剂的产品,零售包装每件净重≤1kg	10	9.2
546	35069110	以聚酰胺为基本成分的粘合剂	10	7
547	35069120	以环氧树脂为基本成分的粘合剂	10	7
548	35069190	以其他橡胶或塑料为基本成分的粘合剂	10	7
549	35069900	其他调制胶、粘合剂	10	8.6
550	38021000	活性碳	6.5	5.5
551	38081011	蚊香	10	0
552	38081019	零售包装杀虫剂	10	7
553	38081090	非零售包装杀虫剂	6	4.2
554	38083019	非零售包装的除草剂	5	4.5
555	38083091	零售包装抗萌剂及植物生长调节剂	9	8.3
556	38083099	非零售抗萌剂及植物生长调节剂	6	5.5

序号	税则号列	商品名称(简称)	最惠国税率(%)	协定税率(%)
557	38091000	以淀粉物质为基本成分,纺织、造纸、制革及类似工业用的其他税号未列名的整理剂、染料加速着色或固色助剂及其他产品和制剂	10	5
558	38099100	纺织工业及类似工业用其他税号未列名整理剂、染料加速着色剂或固色助剂及其他产品和制剂	6.5	5
559	38099200	造纸工业用其他税号未列名整理剂、染料加速着色剂或固色助剂及其他产品和制剂	6.5	5
560	38099300	制革工业用其他税号未列名整理剂、染料加速着色剂或固色助剂及其他产品和制剂	6.5	5
561	38101000	金属表面酸洗剂；金属及其他材料制成的焊粉或焊膏	6.5	6
562	38112900	不含石油或从沥青矿物提取的油类的润滑油添加剂	6.5	5.5
563	38123090	其他橡胶、塑料用抗氧剂及其他稳定剂	6.5	4.6
564	38140000	其他税号未列名的有机复合溶剂及稀释剂;除漆剂	10	9
565	38151900	其他载体催化剂	6.5	4.6
566	38159000	其他未列名的反应引发剂、促进剂	6.5	6
567	38249010	杂醇油	6.5	5.5
568	38249020	除墨剂、蜡纸改正液及类似品	9	8.3
569	38249040	聚合 MDI	6.5	6
570	38249090	其他税目未列名的化学工业及其相关工业的化学产品及配制品	6.5	6
571	39011000	初级形状比重<0.94 的聚乙烯	9.1	8.6
572	39012000	初级形状比重≥0.94 的聚乙烯	9.1	8.6
573	39013000	初级形状乙烯－乙酸乙烯酯共聚物	6.5	6
574	39019090	其他初级形状的乙烯聚合物	6.5	6.3
575	39023010	初级形状的乙烯丙烯共聚物(乙丙橡胶丙烯单体单元的含量大于乙烯单体单元)	8.6	8
576	39023090	初级形状的其他丙烯共聚物	8.6	8
577	39031100	初级形状的可发性聚苯乙烯	8.6	8
578	39031900	初级形状的其他聚苯乙烯	8.6	8
579	39033000	丙烯腈－丁二烯－苯乙烯共聚物	8.6	8
580	39039000	初级形状的其他苯乙烯聚合物	8.6	8.4
581	39041000	初级形状的纯聚氯乙烯	8.6	8
582	39043000	氯乙烯－乙酸乙烯酯共聚物	9	8.6
583	39044000	初级形状的其他氯乙烯共聚物	12	11.4
584	39061000	初级形状的聚甲基丙烯酸甲酯	6.5	6
585	39069010	聚丙稀酰胺	6.5	6
586	39069090	其他初级形状的丙烯酸聚合物	6.5	6
587	39071010	初级形状的聚甲醛	8.6	8.1
588	39071090	其他初级形状的聚缩醛	8.6	8.1
589	39072000	初级形状的其他聚醚	8.6	8.1
590	39073000	初级形状的环氧树脂	8.6	8.1
591	39074000	初级形状的聚碳酸酯	6.5	6.1
592	39075000	初级形状的醇酸树脂	10	9.5
593	39079900	初级形状的其他聚酯	6.5	6.2
594	39091000	初级形状的尿素树脂及硫尿树脂	6.5	6.1
595	39092000	初级形状的蜜胺树脂	6.5	6.1
596	39094000	初级形状的酚醛树脂	6.5	6.1
597	39095000	初级形状的聚亚氨酯	8.6	8.1
598	39100000	初级形状的聚硅氧烷	6.5	6.1
599	39111000	初级形状的石油树脂、苯并呋喃－茚树脂、多萜树脂	6.5	6.1
600	39162000	氯乙烯聚合物制单丝、条、杆及型材	10	7

序号	税则号列	商品名称(简称)	最惠国税率(%)	协定税率(%)
601	39173100	塑料制的软管	10	7
602	39173200	其他未装有附件的塑料制管子	6.5	4.6
603	39173300	其他装有附件的塑料管子	6.5	4.6
604	39173900	塑料制的其他管子	8.6	6
605	39174000	塑料制的管子附件	10	7
606	39199010	其他胶囊型反光膜	6.5	4.6
607	39199090	其他自粘塑料板、片、膜等材料	6.5	4.6
608	39201010	乙烯聚合物制电池隔膜	6.5	4.6
609	39201090	其他乙烯聚合物制板、片、带	6.5	4.6
610	39203000	非泡沫聚苯乙烯板、片、膜、箔及扁条	6.5	4.6
611	39204300	按重量计增塑剂含量不小于6%的聚氯乙烯板、片、膜、箔及扁条	8.6	6
612	39204900	按重量计增塑剂含量小于6%的聚氯乙烯板、片、膜、箔及扁条	9	6.3
613	39205100	聚甲基丙烯酸甲酯板片膜箔及扁条	6.5	4.6
614	39206100	聚碳酸酯制板、片、膜、箔及扁条	6.5	4.6
615	39206200	聚对苯二甲酸乙二酯板片膜箔扁条	6.5	4.6
616	39206900	其他聚酯板、片、膜、箔及扁条	10	9
617	39209400	酚醛树脂板、片、膜、箔及扁条	10	7
618	39211100	泡沫聚苯乙烯板、片、带、箔及扁条	10	9
619	39211310	泡沫聚氨酯制人造革及合成革	9	6.3
620	39211390	泡沫聚氨酯板、片、带、箔及扁条	6.5	4.6
621	39211910	其他泡沫塑料制人造革及合成革	9	6.3
622	39211990	其他泡沫塑料板、片、膜、箔及扁条	6.5	4.6
623	39219020	嵌有玻璃纤维的聚乙烯板、片	6.5	4.6
624	39219030	聚异丁烯为基本成分的附有人造毛毡的板、片、卷材	6.5	4.6
625	39219090	未列名塑料板、片、膜、箔及扁条	6.5	4.6
626	39231000	塑料制盒、箱及类似品	10	7
627	39234000	塑料制卷轴、纡子、筒管及类似品	10	7
628	39239000	供运输或包装货物用其他塑料制品	10	7
629	39252000	塑料制门、窗及其框架、门槛	10	7
630	39264000	塑料制小雕塑品及其他装饰品	10	8.3
631	39269010	塑料制机器及仪器用零件	10	9
632	39269090	其他塑料制品	10	9.2
633	40012100	天然橡胶烟胶片	20	17
634	40012900	其他初级形状的天然橡胶	20	17
635	40021990	丁苯橡胶及羧基丁苯橡胶板、片、带	7.5	7.1
636	40022090	丁二烯橡胶板、片、带	7.5	7
637	40023110	初级形状的异丁烯－异戊二烯橡胶	6	5.6
638	40023190	异丁烯－异戊二烯橡胶板、片、带	7.5	7.1
639	40023990	卤代丁基橡胶板、片、带	7.5	7.1
640	40024100	氯丁二烯橡胶胶乳	7.5	7.1
641	40024990	氯丁二烯橡胶板、片、带	7.5	7.1
642	40025100	丁腈橡胶胶乳	7.5	7.1
643	40026090	异戊二烯橡胶板、片、带	5	4.5
644	40027090	乙丙非共轭二烯橡胶板、片、带	7.5	7.1
645	40040000	橡胶(硬质橡胶除外)废碎料及下脚料及其粉、粒	8	7.6
646	40103900	其他硫化橡胶制的传动带及带料	8	7.6
647	40111000	机动小客车用新的充气橡胶轮胎	10	9.4
648	40112000	客或货运车用新的充气橡胶轮胎	10	9.4
649	40131000	汽车用橡胶内胎	15	13

序号	税则号列	商品名称(简称)	最惠国税率(%)	协定税率(%)
650	40169910	硫化橡胶制机器及仪器用其他零件	8	7.6
651	40169990	其他未列名硫化橡胶制品	10	9.5
652	41012011	规定重量范围内的整张生牛皮,经逆鞣处理的	8	6
653	41015011	经逆鞣处理的重量>16公斤的整张生牛皮	8.4	7
654	41019011	其他(包括整张或半张的背皮及腹皮)经逆鞣处理的生牛皮	8.4	7
655	41022190	浸酸的不带毛绵羊或羔羊生皮,经逆鞣处理的除外	9	8
656	41022990	其他不带毛的绵羊或羔羊生皮,经逆鞣处理的除外	7	6
657	41041111	全粒面未剖层或粒面剖层蓝湿牛皮	7	3.5
658	41041119	其他全粒面未剖层或粒面剖层湿牛皮革	8	4
659	41041120	全粒面未剖层或粒面剖层马皮革	5	2.5
660	41041911	其他蓝湿牛皮	7	3.5
661	41041919	其他湿牛皮革	7	3.5
662	41041920	其他湿马皮革	7	3.5
663	41044100	全粒面未剖层或粒面剖层干革(坯革)	5	3.5
664	41044910	其他机器带用干革(坯革)	5	3.5
665	41044990	其他干革(坯革)	7	4.9
666	41051010	蓝湿绵羊或羔羊皮	14	7
667	41051090	其他绵羊或羔羊湿皮革	10	5
668	41053000	绵羊或羔羊干革(坯革)	8	5.6
669	41062100	山羊或小山羊皮湿革	14	12
670	41062200	山羊或小山羊皮干革(坯革)	14	9.8
671	41120000	已鞣进一步加工的不带毛绵羊或羔羊皮革	8	5.6
672	41131000	已鞣进一步加工的不带毛山羊或小山羊皮革	14	9.8
673	41142000	漆皮及层压漆皮;镀金属皮革	10	9
674	42010000	各种材料制成的鞍具及挽具,适合各种动物用	20	12
675	42021210	以塑料或纺织材料作面的衣箱	20	17
676	42021290	塑料或纺织材料作面的其他箱包	20	17
677	42022100	以皮革、再生皮革、漆皮作面的手提包	10	6.9
678	42022200	以塑料片或纺织材料作面的手提包	10	8.2
679	42022900	以钢纸或纸板作面的手提包	20	14
680	42023100	以皮革、再生皮革作面的钱包等物品	10	6.9
681	42023200	以塑料或纺织品作面的钱包等物品	20	14
682	42023900	以钢纸或纸板作面的钱包等物品	20	14
683	42029100	皮革、再生皮革或漆皮作面的其他容器	10	8.5
684	42029200	以塑料或纺织材料作面的其他容器	10	8.5
685	42031000	皮革或再生皮革制的衣服	10	5
686	42032100	皮革或再生皮革制专供运动用手套	20	10
687	42032910	皮革或再生皮革制的劳保手套	20	10
688	42032990	皮革或再生皮革制的其他手套	20	10
689	42033010	皮革或再生皮革制腰带	10	5
690	42033020	皮革或再生皮革制的腰带及子弹带	10	5
691	42034000	皮革或再生皮革制的其他衣着附件	20	10
692	46029000	其他编结材料制品及其他制品	9	8
693	50072011	未漂白或漂白的纯桑蚕丝机织物	10	9
694	50072019	其他纯桑蚕丝机织物	10	9
695	50072021	未漂白或漂白的纯柞蚕丝机织物	10	9
696	50072029	其他纯柞蚕丝机织物	10	9
697	50072031	未漂白或漂白的纯绢丝机织物	10	9
698	50072039	其他纯绢丝机织物	10	9

序号	税则号列	商品名称(简称)	最惠国税率(%)	协定税率(%)
699	50072090	其他纯丝机织物	10	9
700	50079010	未漂白或漂白其他丝机织物	10	8.5
701	50079090	其他丝机织物	10	8.5
702	51071000	非供零售用精梳纯羊毛纱线	5	2.5
703	51081000	非供零售用粗梳动物细毛纱线	5	4.3
704	51111100	重量≤300g/m² 粗梳全毛布	10	8.5
705	51111900	重量>300g/m² 粗梳全毛布	10	8.5
706	51113000	与化纤短纤混纺粗梳毛布	10	8.5
707	51121100	重量≤200g/m² 精梳全毛布	10	5
708	51121900	重量>200g/m² 精梳全毛布	10	5
709	52051100	非零售粗梳粗支纯棉单纱	5	3.5
710	52051200	非零售粗梳中支纯棉单纱	5	3.5
711	52051300	非零售粗梳细支纯棉单纱	5	3.5
712	52051400	非零售粗梳较细支纯棉单纱	5	3.5
713	52051500	非零售粗梳特细支纯棉单纱	5	3.5
714	52052100	非零售精梳粗支纯棉单纱	5	3.5
715	52052200	非零售精梳中支纯棉单纱	5	3.5
716	52052300	非零售精梳细支纯棉单纱	5	3.5
717	52052400	非零售精梳较细支纯棉单纱	5	3.5
718	52053100	非零售粗梳粗支纯棉多股纱	5	4.5
719	52053200	非零售粗梳中支纯棉多股纱	5	3.5
720	52054100	非零售精梳粗支纯棉多股纱	5	4.5
721	52054200	非零售精梳中支纯棉多股纱	5	3.5
722	52054600	非零售精梳较特细支纯棉多股纱	5	4.5
723	52054700	非零售精梳特细支纯棉多股纱	5	4.5
724	52054800	非零售精梳超细支纯棉多股纱	5	4.5
725	52061100	非零售粗梳粗支混纺棉单纱	5	3.5
726	52061200	非零售粗梳中支混纺棉单纱	5	3.5
727	52061500	非零售粗梳特细支混纺棉单纱	5	3.5
728	52062100	非零售精梳粗支混纺棉单纱	5	4.5
729	52071000	供零售用纯棉纱线	6	5
730	52081100	未漂白轻质全棉平纹布	10	5
731	52081200	未漂白较轻质全棉平纹布	10	5
732	52081300	未漂白轻质全棉三、四线斜纹布	10	5
733	52081900	未漂白轻质其他全棉机织物	10	5
734	52082100	漂白的轻质全棉平纹布	10	5
735	52082200	漂白的较轻质全棉平纹布	10	5
736	52082300	漂白的轻质全棉三、四线斜纹布	12	5
737	52082900	漂白的轻质其他全棉机织物	10	5
738	52083100	染色的轻质全棉平纹布	10	5
739	52083200	染色的较轻质全棉平纹布	10	5
740	52083300	染色的轻质全棉三、四线斜纹布	10	5
741	52083900	染色的轻质其他全棉机织物	10	5
742	52084100	色织的轻质全棉平纹布	10	5
743	52084200	色织的较轻质全棉平纹布	10	5
744	52084300	色织的轻质全棉三、四线斜纹布	10	5
745	52084900	色织的轻质其他全棉机织物	10	5
746	52085100	印花的轻全棉平纹布	10	5
747	52085200	印花的较轻全棉平纹布	10	5

序号	税则号列	商品名称(简称)	最惠国税率(%)	协定税率(%)
748	52085300	印花的轻质全棉三、四线斜纹布	10	5
749	52085900	印花的轻质其他全棉机织物	10	5
750	52091100	未漂白重质全棉平纹布	10	5
751	52091200	未漂白重质全棉三、四线斜纹布	10	5
752	52091900	未漂白重质其他全棉机织物	10	5
753	52092100	漂白的重质全棉平纹布	12	5
754	52092200	漂白的重质全棉三、四线斜纹布	12	5
755	52092900	漂白的重质其他全棉机织物	12	5
756	52093100	染色的重质全棉平纹布	10	5
757	52093200	染色的重质全棉三、四线斜纹布	10	5
758	52093900	染色的重质其他全棉机织物	10	5
759	52094100	色织的重质全棉平纹布	10	5
760	52094200	色织的重质全棉粗斜纹布(劳动布)	10	5
761	52094300	色织的重质全棉三、四线斜纹布	10	5
762	52094900	色织的重质其他全棉机织物	10	5
763	52095100	印花的重质全棉平纹布	10	5
764	52095200	印花的重质全棉三、四线斜纹布	10	5
765	52095900	印花的重质其他全棉机织物	10	5
766	52101100	与化纤混纺未漂白轻质平纹棉布	12	5
767	52101200	化纤混纺未漂白轻质3、4线斜纹棉布	12	5
768	52101900	与化纤混纺未漂白轻质其他棉布	12	5
769	52102100	与化纤混纺漂白的轻质平纹棉布	14	5
770	52102200	化纤混纺漂白的轻质三线或线斜纹棉布	14	5
771	52102900	与化纤混纺漂白的轻质其他棉布	14	5
772	52103100	与化纤混纺染色的轻质平纹棉布	10	5
773	52103200	化纤混纺染色的轻质三线或四线斜纹棉布	10	5
774	52103900	与化纤混纺染色的轻质其他棉布	10	5
775	52104100	与化纤混纺色织的轻质平纹棉布	10	5
776	52104200	化纤混纺色织的轻质三线或四线斜纹棉布	10	5
777	52104900	与化纤混纺色织的轻质其他棉布	10	5
778	52105100	与化纤混纺印花的轻质平纹棉布	10	5
779	52105200	化纤混纺印花的轻质三线或四线斜纹棉布	10	5
780	52105900	与化纤混纺印花的轻质其他棉布	10	5
781	52111100	与化纤混纺未漂白重质平纹棉布	12	5
782	52111200	化纤混纺未漂白重质三线或四线斜纹棉布	12	5
783	52111900	与化纤混纺未漂白重质其他棉布	12	5
784	52112100	与化纤混纺漂白的重质平纹棉布	14	5
785	52112200	化纤混纺漂白的重质三线或四线斜纹棉布	14	5
786	52112900	与化纤混纺漂白的重质其他棉布	14	5
787	52113100	与化纤混纺染色的重质平纹棉布	10	5
788	52113200	化纤混纺染色的重质三线或四线斜纹棉布	10	5
789	52113900	与化纤混纺染色的重质其他棉布	10	5
790	52114100	与化纤混纺色织的重质平纹棉布	10	5
791	52114200	与化纤混纺色织的重质粗斜纹棉布	10	5
792	52114300	化纤混纺色织的重质三线或四线斜纹棉布	10	5
793	52114900	与化纤混纺色织的重质其他棉布	10	5
794	52115100	与化纤混纺印花的重质平纹棉布	10	5
795	52115200	化纤混纺印花的重质三线或四线斜纹棉布	10	5
796	52115900	与化纤混纺印花的重质其他棉布	10	5

序号	税则号列	商品名称(简称)	最惠国税率(%)	协定税率(%)
797	52121100	未漂白的其他混纺轻质棉布	12	5
798	52121200	漂白的其他混纺轻质棉布	14	5
799	52121300	染色的其他混纺轻质棉布	10	5
800	52121400	色织的其他混纺轻质棉布	10	5
801	52121500	印花的其他混纺轻质棉布	10	5
802	52122100	未漂白的其他混纺重质棉布	12	5
803	52122200	漂白的其他混纺重质棉布	14	5
804	52122300	染色的其他混纺重质棉布	10	5
805	52122400	色织的其他混纺重质棉布	10	5
806	52122500	印花的其他混纺重质棉布	10	5
807	53051100	生的椰壳纤维	5	4
808	53091110	未漂白全亚麻机织物	10	5
809	53091120	漂白的全亚麻机织物	10	5
810	53091900	其他全亚麻机织物	10	5
811	53092110	未漂白的混纺亚麻机织物	10	5
812	53092120	漂白的混纺亚麻机织物	10	5
813	53092900	其他混纺亚麻机织物	10	5
814	53110090	其他纺织用植物纤维机织物	10	9.3
815	54021010	非零售用聚酰胺-6纺制的长丝高强力纱	5	5
816	54021020	非零售用聚酰胺-66纺制的长丝高强力纱	5	5
817	54021030	非零售用芳香族聚酰胺纺制的长丝高强力纱	5	5
818	54021090	非零售用其他尼龙长丝高强纱	5	5
819	54022000	非零售聚酯长丝高强力纱	5	5
820	54023111	非零售用聚酰胺-6纺制的细弹力丝	5	5
821	54023112	非零售用聚酰胺-66纺制的细弹力丝	5	5
822	54023113	非零售用芳香族聚酰胺纺制的细弹力丝	5	5
823	54023119	非零售其他细尼龙弹力丝	5	5
824	54023190	非零售其他细尼龙变形纱线	5	5
825	54023211	非零售用聚酰胺-6纺制的粗弹力丝	5	5
826	54023212	非零售用聚酰胺-66纺制的粗弹力丝	5	5
827	54023213	非零售用芳香族聚酰胺纺制的粗弹力丝	5	5
828	54023219	非零售其他粗尼龙弹力丝	5	5
829	54023290	非零售其他粗尼龙变形纱线	5	4.5
830	54023310	非零售聚酯弹力丝	5	5
831	54023390	非零售其他聚酯变形纱线	5	5
832	54023910	非零售用聚丙烯变形纱线	5	5
833	54023990	非零售其他合成纤维长丝变形纱线	5	5
834	54024110	非零售用聚酰胺-6纺制的未捻单纱	5	4.7
835	54024120	非零售用聚酰胺-66纺制的未捻单纱	5	4.7
836	54024130	非零售用芳香族聚酰胺纺制的未捻单纱	5	4.7
837	54024190	非零售其他尼龙未捻单纱	5	4.7
838	54024200	非零售未捻的部分定向聚酯单纱	5	5
839	54024300	非零售未捻的其他聚酯单纱	5	4.7
840	54024910	非零售用聚丙烯未捻单纱	5	5
841	54024920	非零售用氨纶未捻单纱	5	5
842	54024990	非零售未捻的其他合成纤维长丝单纱	5	5
843	54025110	非零售用聚酰胺-6纺制的加捻单纱	5	5
844	54025120	非零售用聚酰胺-66纺制的加捻单纱	5	5
845	54025130	非零售用芳香族聚酰胺纺制的加捻单纱	5	5

序号	税则号列	商品名称(简称)	最惠国税率(%)	协定税率(%)
846	54025190	非零售用其他尼龙加捻单纱	5	5
847	54025200	非零售加捻的其他聚酯加捻单纱	5	4.3
848	54025910	非零售用聚丙烯加捻单纱	5	5
849	54025990	非零售加捻的其他合成纤维长丝单纱	5	5
850	54026110	非零售用聚已内酰胺(尼龙-6)制多股纱线	5	5
851	54026120	非零售用聚酰胺-66制多股纱线	5	5
852	54026130	非零售用芳香族聚酰胺制多股纱线	5	5
853	54026190	非零售用其他尼龙制多股纱线	5	5
854	54026200	非零售聚酯多股纱线	5	5
855	54026910	非零售用聚丙烯多股纱线	5	5
856	54026920	非零售用氨纶多股纱线	5	5
857	54026990	非零售其他合成纤维长丝多股纱线	5	5
858	54071010	尼龙或其他聚酰胺高强力纱制机织物	10	5
859	54071020	聚酯高强力纱制机织物	10	5
860	54072000	合成纤维扁条及类似品的机织物	10	5
861	54073000	多层平行纱线相互层迭并粘合机织物	10	5
862	54074100	未漂白或漂白的纯尼龙布	10	5
863	54074200	染色的纯尼龙布	10	5
864	54074300	色织的纯尼龙布	10	5
865	54074400	印花的纯尼龙布	10	5
866	54075100	未漂白或漂白纯聚酯变形长丝布	10	5
867	54075200	染色的纯聚酯变形长丝布	10	5
868	54075300	色织的纯聚酯变形长丝布	10	5
869	54075400	印花的纯聚酯变形长丝布	10	5
870	54076100	其他纯聚酯非变形长丝布	10	5
871	54076900	其他纯聚酯长丝布	10	5
872	54077100	未漂白或漂白其他纯合成纤维长丝布	10	5
873	54077200	染色的其他纯合成纤维长丝布	10	5
874	54077300	色织的其他纯合成纤维长丝布	10	5
875	54077400	印花的其他纯合成纤维长丝布	10	5
876	54078100	未漂或漂白的与棉混纺合成纤维长丝布	10	5
877	54078200	染色的与棉混纺合成纤维长丝布	10	5
878	54078300	色织的与棉混纺合成纤维长丝布	10	5
879	54078400	印花的与棉混纺合成纤维长丝布	10	5
880	54079100	未漂或漂白的其他混纺合成纤维长丝布	10	5
881	54079200	染色的其他混纺合成纤维长丝布	10	5
882	54079300	色织的其他混纺合成纤维长丝布	10	5
883	54079400	印花的其他混纺合成纤维长丝布	10	5
884	54081000	粘胶长丝高强力纱的机织物	10	5
885	54082110	粘胶长丝制未漂白或漂白的机织物	12	5
886	54082120	醋酸长丝制未漂白或漂白的机织物	12	5
887	54082190	其他人造长丝制未漂白或漂白的机织物	12	5
888	54082210	纯粘胶长丝制染色机织物	10	5
889	54082220	纯醋酸长丝制染色机织物	10	5
890	54082290	纯其他人造长丝制染色机织物	10	5
891	54082310	纯粘胶长丝制色织机织物	10	5
892	54082320	纯醋酸长丝制色织机织物	10	5
893	54082390	纯其他人造长丝制色织机织物	10	5
894	54082410	纯粘胶长丝制印花机织物	10	5

序号	税则号列	商　品　名　称(简称)	最惠国税率(%)	协定税率(%)
895	54082420	纯醋酸长丝制印花机织物	10	5
896	54082490	纯其他人造长丝制印花机织物	10	5
897	54083100	未漂白或漂白人造纤维长丝混纺布	10	5
898	54083200	染色的人纤长丝混纺布	10	5
899	54083300	色织的人纤长丝混纺布	10	5
900	54083400	印花的人纤长丝混纺布	10	5
901	55011000	尼龙或其他聚酰胺长丝丝束	5	5
902	55012000	聚酯长丝丝束	5	5
903	55013000	聚丙烯腈长丝丝束	5	4.5
904	55019000	其他合成纤维长丝丝束	5	5
905	55020010	二醋酸纤维丝束	3	2.1
906	55020090	其他人造纤维长丝丝束	5	3.5
907	55031000	未梳的尼龙或其他聚酰胺合成纤维短纤	5	5
908	55032000	未梳的聚酯合成纤维短纤	5	4.5
909	55033000	未梳的聚丙烯腈合成纤维短纤	5	4.5
910	55034000	未梳的聚丙烯合成纤维短纤	5	5
911	55039000	未梳的其他合成纤维短纤	5	5
912	55041000	未梳的粘胶纤维短纤	5	5
913	55049000	未梳的其他人造纤维短纤	5	5
914	55051000	合成纤维废料	5	5
915	55052000	人造纤维废料	5	5
916	55062000	已梳的聚酯纤维短纤	5	4.5
917	55063000	已梳的聚丙烯腈及其变性纤维短纤	5	4.5
918	55081000	合成纤维短纤纺制的缝纫线	5	4.5
919	55091100	非零售纯尼龙短纤单纱	5	5
920	55091200	非零售纯尼龙短纤多股纱线	5	5
921	55092100	非零售纯聚酯短纤单纱	5	5
922	55092200	非零售纯聚酯短纤多股纱线	5	5
923	55093100	非零售纯聚丙烯腈短纤单纱	5	5
924	55093200	非零售纯聚丙烯腈短纤多股纱线	5	4.8
925	55094100	非零售纯其他合成纤维短纤单纱	5	5
926	55094200	非零售纯其他合成纤维短纤多股纱线	5	5
927	55095100	非零售与人造纤维短纤混纺聚酯短纤纱	5	5
928	55095200	非零售与毛混纺聚酯短纤纱线	5	5
929	55095300	非零售与棉混纺聚酯短纤纱线	5	3.5
930	55095900	非零售其他混纺聚酯短纤纱线	5	5
931	55096100	非零售与毛混纺腈纶短纤纱线	5	5
932	55096200	非零售与棉混纺腈纶短纤纱线	5	4.8
933	55096900	非零售与其他混纺腈纶短纤纱线	5	5
934	55099100	非零售与毛混纺其他合成纤维短纤纱线	5	5
935	55099200	非零售与棉混纺其他合成纤维短纤纱线	5	5
936	55099900	非零售与其他混纺合成纤维短纤纱线	5	5
937	55101100	非零售纯人造纤维短纤单纱	5	4.5
938	55103000	非零售与棉混纺人造纤维短纤纱线	5	3.5
939	55109000	非零售与其他混纺人造纤维短纤纱线	5	4.5
940	55121100	未漂或漂白的纯聚酯布	18	10
941	55121900	其他纯聚酯布	10	5
942	55122100	未漂或漂白的纯腈纶布	13	5
943	55122900	其他纯腈纶布	10	5

序号	税则号列	商　品　名　称(简称)	最惠国税率(%)	协定税率(%)
944	55129100	未漂或漂白的纯其他合成纤维布	18	10
945	55129900	其他纯合成纤维布	10	5
946	55131110	与棉混纺未漂白的轻质聚酯平纹布	16	10
947	55131120	与棉混纺漂白的轻质聚酯平纹布	15	5
948	55131210	与棉混纺未漂白的轻质聚酯斜纹布	16	10
949	55131220	与棉混纺漂白的轻质聚酯斜纹布	18	10
950	55131310	与棉混纺未漂白的其他轻质聚酯布	16	10
951	55131320	与棉混纺漂白的其他轻质聚酯布	18	10
952	55131900	与棉混纺未漂白或漂白的轻质其他合成纤维布	18	10
953	55132100	与棉混纺染色的轻质聚酯平纹布	10	5
954	55132200	与棉混纺染色的轻质聚酯斜纹布	10	5
955	55132300	与棉混纺染色的其他轻质聚酯布	10	5
956	55132900	与棉混纺染色的轻质其他合成纤维布	10	5
957	55133100	与棉混纺色织的轻质聚酯平纹布	10	5
958	55133200	与棉混纺色织的轻质聚酯斜纹布	10	5
959	55133300	与棉混纺色织的其他轻质聚酯布	10	5
960	55133900	与棉混纺色织的轻质其他合成纤维布	10	5
961	55134100	与棉混纺印花的轻质聚酯平纹布	10	5
962	55134200	与棉混纺印花的轻质聚酯斜纹布	10	5
963	55134300	与棉混纺印花的其他轻质聚酯布	10	5
964	55134900	与棉混纺印花的轻质其他合成纤维布	10	5
965	55141110	与棉混纺未漂白的重质聚酯平纹布	16	10
966	55141120	与棉混纺漂白的重质聚酯平纹布	18	10
967	55141210	与棉混纺未漂白的重质聚酯斜纹布	16	10
968	55141220	与棉混纺漂白的重质聚酯斜纹布	18	10
969	55141310	与棉混纺未漂白的重质其他聚酯布	16	10
970	55141320	与棉混纺漂白的重质其他聚酯布	18	10
971	55141900	与棉混纺未漂白或漂白的重质其他合成纤维布	16	10
972	55142100	与棉混纺染色的重质聚酯平纹布	10	5
973	55142200	与棉混纺染色的重质聚酯斜纹布	10	5
974	55142300	与棉混纺染色的其他重质聚酯布	10	5
975	55142900	与棉混纺染色的重质其他合成维纤布	10	5
976	55143100	与棉混纺色织的重质聚酯平纹布	10	5
977	55143200	与棉混纺色织的重质聚酯斜纹布	10	5
978	55143300	与棉混纺色织的其他重质聚酯布	10	5
979	55143900	与棉混纺色织的重质其他合成纤维布	10	5
980	55144100	与棉混纺印花的重质聚酯平纹布	10	5
981	55144200	与棉混纺印花的重质聚酯斜纹布	10	5
982	55144300	与棉混纺印花的其他重质聚酯布	10	5
983	55144900	与棉混纺印花的重质其他合成纤维布	10	5
984	55151100	与粘胶纤维短纤混纺的聚酯布	10	5
985	55151200	与化纤长丝混纺的聚酯布	10	5
986	55151300	与毛混纺的聚酯布	10	5
987	55151900	与其他纤维混纺的聚酯布	10	5
988	55152100	与化纤长丝混纺的腈纶布	10	5
989	55152200	与毛混纺的腈纶布	12	5
990	55152900	与其他纤维混纺的腈纶布	10	5
991	55159100	与化纤长丝混纺的其他合成纤维短纤布	10	5
992	55159200	与毛混纺的其他合成纤维短纤布	10	5

序号	税则号列	商　品　名　称(简称)	最惠国税率(%)	协定税率(%)
993	55159900	与其他纤维混纺的其他合成纤维短纤布	10	5
994	55161100	未漂白或漂白的纯人造纤维短纤布	12	5
995	55161200	染色的纯人造纤维短纤布	10	5
996	55161300	色织的纯人造纤维短纤布	10	5
997	55161400	印花的纯人造纤维短纤布	10	5
998	55162100	与化纤长丝混纺未漂白或漂白的人造纤维布	12	5
999	55162200	与化纤长丝混纺的染色人造纤维布	10	5
1000	55162300	与化纤长丝混纺的色织人造纤维布	10	5
1001	55162400	与化纤长丝混纺的印花人造纤维布	10	5
1002	55163100	与毛混纺的未漂或漂白人造纤维布	12	5
1003	55163200	与毛混纺的染色人造纤维布	10	5
1004	55163300	与毛混纺的色织人造纤维布	10	5
1005	55163400	与毛混纺的印花人造纤维布	10	5
1006	55164100	与棉混纺的未漂或漂白人造纤维布	12	5
1007	55164200	与棉混纺的染色人造纤维布	12	5
1008	55164300	与棉混纺的色织人造纤维布	10	5
1009	55164400	与棉混纺的印花人造纤维布	10	5
1010	55169100	与其他纤维混纺未漂白或漂白的人造纤维布	12	5
1011	55169200	与其他纤维混纺的染色人造纤维布	10	5
1012	55169300	与其他纤维混纺的色织人造纤维布	10	5
1013	55169400	与其他纤维混纺的印花人造纤维布	10	5
1014	56031110	每平米≤25g经浸渍化纤长丝无纺织物	10	5
1015	56031190	每平米≤25g的其他化纤长丝无纺织物	10	5
1016	56031210	25g<每平米≤70g浸渍化纤长丝无纺织物	10	5
1017	56031290	25g<每平米≤70g其他化纤长丝无纺织物	10	5
1018	56031310	70g<每平米≤150g浸渍化纤长丝无纺织物	10	5
1019	56031390	70g<每平米≤150g其他化纤长丝无纺织物	10	5
1020	56031410	每平米>150g经浸渍化纤长丝无纺织物	10	5
1021	56031490	每平米>150g的其他化纤长丝无纺织物	10	5
1022	56039110	每平米≤25g经浸渍其他无纺织物	10	5
1023	56039190	每平米≤25g的其他无纺织物	10	5
1024	56039210	25g<每平米≤70g浸渍其他无纺织物	10	5
1025	56039290	25g<每平米≤70g其他无纺织物	10	5
1026	56039310	70g<每平米≤150g浸渍其他无纺织物	10	5
1027	56039390	70g<每平米≤150g的其他无纺织物	10	5
1028	56039410	每平米>150g经浸渍其他无纺织物	10	5
1029	56039490	每平米>150g的其他无纺织物	10	5
1030	56041000	用纺织材料包覆的橡胶线及绳	5	5
1031	56042000	用橡、塑浸渍或涂布的聚酯、尼龙、粘胶高强力纱	5	5
1032	56049000	用橡、塑浸渍涂布的其他纺织纱线	5	5
1033	57021000	"开来姆"等手织地毯	14	5
1034	57022000	椰壳纤维制的铺地制品	14	5
1035	57023100	未制成的毛制起绒地毯及铺地制品	10	5
1036	57023200	未制成的化纤起绒地毯及铺地制品	16	10
1037	57023900	未制成其他纺织材料起绒铺地制品	14	5
1038	57024100	制成的毛制起绒地毯及铺地制品	10	5
1039	57024200	制成的化纤起绒地毯及铺地制品	10	5
1040	57024900	制成的其他纺织材料起绒铺地制品	14	5
1041	57025100	未制成毛制非起绒地毯及铺地制品	14	5

序号	税则号列	商品名称(简称)	最惠国税率(%)	协定税率(%)
1042	57025200	未制成化纤非起绒地毯及铺地制品	16	10
1043	57025900	未制成其他纺织材料非起绒地毯及铺地制品	14	5
1044	57029100	制成的毛制非起绒地毯及铺地制品	14	5
1045	57029200	制成的化纤非起绒地毯及铺地制品	16	10
1046	57029900	制成的其他纺织材料非起绒地毯及铺地制品	14	5
1047	58011000	毛制起绒机织物及绳绒织物	10	5
1048	58012100	不割绒的棉制纬起绒织物	12	5
1049	58012200	割绒的棉制灯芯绒	10	5
1050	58012300	其他棉制纬起绒织物	10	5
1051	58012400	不割绒的棉制经起绒织物(棱纹绸)	10	5
1052	58012500	割绒的棉制经起绒织物	10	5
1053	58012600	棉制绳绒织物	10	5
1054	58013100	不割绒的化纤制纬起绒织物	10	5
1055	58013200	割绒的化纤制灯芯绒	10	5
1056	58013300	其他化纤纬起绒织物	10	5
1057	58013400	不割绒的化纤经起绒织物(棱纹绸)	10	5
1058	58013500	割绒的化纤制经起绒织物	10	5
1059	58013600	化纤绳绒织物	10	5
1060	58019010	丝及绢丝制起绒机织物及绳绒织物	10	5
1061	58019090	其他材料制起绒机织物及绳绒织物	10	5
1062	58021100	未漂白棉毛巾织物及类似毛圈机织物	12	5
1063	58021900	其他棉毛巾织物及类似毛圈机织物	10	5
1064	58022010	丝及绢丝毛巾织物及类似毛圈机织物	12	5
1065	58022020	羊毛等毛巾织物及类似毛圈机织物	12	5
1066	58022030	化纤毛巾织物及类似毛圈机织物	14	5
1067	58022090	其他纺织材料毛巾织物及类似毛圈织物	12	5
1068	58023010	丝及绢丝制簇绒织物	10	5
1069	58023020	羊毛或动物细毛制簇绒织物	10	5
1070	58023030	棉或麻制簇绒织物	10	5
1071	58023040	化学纤维制簇绒织物	10	5
1072	58023090	其他纺织材料制簇绒织物	10	5
1073	58041010	丝及绢丝网眼薄纱及其他网眼织物	10	7
1074	58041020	棉制网眼薄纱及其他网眼织物	10	7
1075	58041030	化纤制网眼薄纱及其他网眼织物	12	8.4
1076	58041090	其他纺织材料网眼薄纱及其他网眼织物	10	7
1077	58061090	其他材料狭幅起绒织物及绳绒织物	10	9.1
1078	58063200	化纤制其他狭幅机织物	10	7
1079	58071000	机织非绣制纺织材料标签、徽章等	10	8.5
1080	58110010	丝及绢丝制绗缝被褥状纺织品	10	5
1081	58110020	羊毛或动物细毛制绗缝被褥状纺织品	10	5
1082	58110030	棉制绗缝被褥状纺织品	10	5
1083	58110040	化学纤维制绗缝被褥状纺织品	12	5
1084	58110090	其他纺织材料制绗缝被褥状纺织品	10	5
1085	59021000	尼龙等高强力纱制的帘子布	10	9
1086	59022000	聚酯高强力纱制的帘子布	10	9
1087	59031010	用聚氯乙烯浸、涂的绝缘布或带	10	8.5
1088	59031020	用聚氯乙烯浸、涂的人造革	10	8.5
1089	59031090	用聚氯乙烯浸、涂的其他纺织物	10	8.5
1090	59032010	用聚氨基甲酸酯浸、涂的绝缘布或带	10	8.5

序号	税则号列	商品名称(简称)	最惠国税率(%)	协定税率(%)
1091	59032020	用聚氨基甲酸酯浸、涂的人造革	10	8.5
1092	59032090	用聚氨基甲酸酯浸、涂的其他纺织物	10	8.5
1093	59039010	用其他塑料浸、涂的绝缘布或带	10	8.5
1094	59039020	用其他塑料浸、涂的人造革	10	8.5
1095	59039090	用其他塑料浸、涂的其他纺织物	10	8.5
1096	59070010	用其他材料浸、涂的绝缘布或带	10	8.5
1097	59070020	用其他材料浸、涂的已绘制画布	10	8.5
1098	59070090	用其他材料浸、涂的其他纺织物	10	8.5
1099	59111010	包覆纺锤用浸胶的起绒狭幅织物	8	7.2
1100	60011000	针织或钩编的长毛绒织物	10	5
1101	60012100	棉制针织或钩编的毛圈绒头织物	10	5
1102	60012200	化纤制针织或钩编毛圈绒头织物	10	5
1103	60012900	其他材料制针织或钩编毛圈绒头布	12	5
1104	60019100	棉制针织或钩编起绒织物	10	5
1105	60019200	化纤制针织或钩编起绒织物	10	5
1106	60019900	其他纤维制针织或钩编起绒织物	12	5
1107	60024010	宽≤30cm,弹性纱线≥5%棉针织、钩编织物	10	5
1108	60024020	宽≤30cm,弹性纱线≥5%丝及绢丝制针织、钩编织物	10	5
1109	60024030	宽≤30cm,弹性纱线≥5%合成纤维制针织、钩编织物	10	5
1110	60024040	宽≤30cm,弹性纱线≥5%人造纤维制针织、钩编织物	10	5
1111	60024090	宽≤30cm,弹性纱线≥5%其他纺织材料针织、钩编织物	10	5
1112	60029010	宽≤30cm含橡胶线的棉针织、钩编织物	10	5
1113	60029020	宽≤30cm含橡胶线的丝及绢丝制针织、钩编织物	10	5
1114	60029030	宽≤30cm含橡胶线的合成纤维制针织、钩编织物	10	5
1115	60029040	宽≤30cm含橡胶线的人造纤维制针织、钩编织物	10	5
1116	60029090	宽≤30cm含橡胶线的其他纺织材料针织、钩编织物	10	5
1117	60031000	宽≤30cm羊毛或动物细毛制的针织、钩编织物	10	5
1118	60032000	宽≤30cm其他棉制的针织、钩编织物	10	5
1119	60033000	宽≤30cm合成纤维制的针织、钩编织物	10	5
1120	60034000	宽≤30cm人造纤维制的针织、钩编织物	10	5
1121	60039000	宽≤30cm其他针织、钩编织物	10	5
1122	60041010	宽>30cm,弹性纱线≥5%棉针织、钩编织物	10	5
1123	60041020	宽>30cm,弹性纱线≥5%丝及绢丝制针织、钩编织物	10	5
1124	60041030	宽>30cm,弹性纱线≥5%合成纤维制针织、钩编织物	10	5
1125	60041040	宽>30cm,弹性纱线≥5%人造纤维制针织、钩编织物	10	5
1126	60041090	宽>30cm,弹性纱线≥5%其他纺织材料针织、钩编织物	10	5
1127	60049010	宽>30cm含橡胶线的棉针织、钩编织物	10	5
1128	60049020	宽>30cm含橡胶线的丝及绢丝制针织、钩编织物	10	5
1129	60049030	宽>30cm含橡胶线的合成纤维制针织、钩编织物	10	5
1130	60049040	宽>30cm含橡胶线的人造纤维制针织、钩编织物	10	5
1131	60049090	宽>30cm含橡胶线的其他纺织材料针织、钩编织物	10	5
1132	60051000	羊毛或动物细毛制的其他经编织物	12	5
1133	60052100	未漂白或漂白棉制的其他经编织物	10	5
1134	60052200	染色棉制的其他经编织物	10	5
1135	60052300	色织棉制的其他经编织物	10	5
1136	60052400	印花棉制的其他经编织物	10	5
1137	60053100	未漂白或漂白合成纤维制的其他经编织物	10	5
1138	60053200	染色合成纤维制的其他经编织物	10	5
1139	60053300	色织合成纤维制的其他经编织物	10	5

序号	税则号列	商品名称(简称)	最惠国税率(%)	协定税率(%)
1140	60053400	印花合成纤维制的其他经编织物	10	5
1141	60054100	未漂白或漂白人造纤维制的其他经编织物	10	5
1142	60054200	染色人造纤维制的其他经编织物	10	5
1143	60054300	色织人造纤维制的其他经编织物	10	5
1144	60054400	印花人造纤维制的其他经编织物	10	5
1145	60059000	其他纺织材料经编织物	12	5
1146	60061000	羊毛或动物细毛制的其他针织、钩编织物	12	5
1147	60062100	未漂白或漂白棉制的其他针织、钩编织物	10	5
1148	60062200	染色棉制的其他针织、钩编织物	10	5
1149	60062300	色织棉制的其他针织、钩编织物	10	5
1150	60062400	印花棉制的其他针织、钩编织物	10	5
1151	60063100	未漂白或漂白合成纤维制的其他针织、钩编织物	10	5
1152	60063200	染色合成纤维制的其他针织、钩编织物	10	5
1153	60063300	色织合成纤维制的其他针织、钩编织物	10	5
1154	60063400	印花合成纤维制的其他针织、钩编织物	10	5
1155	60064100	未漂白或漂白人造纤维制的其他针织、钩编织物	10	5
1156	60064200	染色人造纤维制的其他针织、钩编织物	10	5
1157	60064300	色织人造纤维制的其他针织、钩编织物	10	5
1158	60064400	印花人造纤维制的其他针织、钩编织物	10	5
1159	60069000	未列名针织、钩编织物	12	5
1160	61011000	毛制针织或钩编男式大衣、防风衣	25	18
1161	61012000	棉制针织或钩编男式大衣、防风衣	17.5	14
1162	61013000	化纤制针织或钩编男式大衣等	17.5	12.3
1163	61019000	其他纺织材料制针织或钩编男式大衣、防风衣	17.5	12.3
1164	61021000	毛制针织或钩编女式大衣、防风衣	25	18
1165	61022000	棉制针织或钩编女式大衣、防风衣	17.5	14
1166	61023000	化纤制针织或钩编女式大衣等	17.5	12.3
1167	61029000	其他纺织材料制针织或钩编女式大衣、防风衣	20	13.8
1168	61031100	毛制针织或钩编男式西服套装	25	18
1169	61031200	合纤制针织或钩编男西服套装	25	18
1170	61031900	其他纺织材料制针织或钩编男式西服套装	17.5	12.3
1171	61032100	毛制针织或钩编男式便服套装	25	18
1172	61032200	棉制针织或钩编男式便服套装	20	14.8
1173	61032300	合纤制针织或钩编男便服套装	25	18
1174	61032900	其他纺织材料制针织或钩编男式便服套装	25	18
1175	61033100	毛制针织或钩编男式上衣	16	11.7
1176	61033200	棉制针织或钩编男式上衣	16	12
1177	61033300	合纤制针织或钩编男式上衣	19	13.6
1178	61033900	其他纺织材料制针织或钩编男式上衣	16	11.7
1179	61034100	毛制针织或钩编男长裤、工装裤等	16	11.7
1180	61034200	棉制针织或钩编男长裤、工装裤等	16	13.6
1181	61034300	合纤制针织或钩编男长裤等	17.5	12.3
1182	61034900	其他纺织材料制针织或钩编男长裤等	16	11.7
1183	61041100	毛制针织或钩编女式西服套装	17.5	12.3
1184	61041200	棉制针织或钩编女式西服套装	17.5	14
1185	61041300	合纤制针织或钩编女西服套装	25	18
1186	61041900	其他纺织材料制针织或钩编女式西服套装	17.5	12.3
1187	61042100	毛制针织或钩编女式便服套装	17.5	12.3
1188	61042200	棉制针织或钩编女式便服套装	17.5	14

序号	税则号列	商　品　名　称(简称)	最惠国税率(%)	协定税率(%)
1189	61042300	合纤制针织或钩编女便服套装	25	18
1190	61042900	其他纺织材料制针织或钩编女式便服套装	15	10.4
1191	61043100	毛制针织女式上衣	16	11.7
1192	61043200	棉制针织女式上衣	16	13.6
1193	61043300	合纤制针织女上衣	19	13.6
1194	61043900	其他纺织材料制针织女上衣	16	11.7
1195	61044100	毛制针织或钩编连衣裙	16	11.7
1196	61044200	棉制针织或钩编连衣裙	16	13.6
1197	61044300	合纤制针织或钩编连衣裙	17.5	12.3
1198	61044400	人纤制针织或钩编连衣裙	16	11.7
1199	61044900	其他纺织材料制针织或钩编连衣裙	16	11.7
1200	61045100	毛制针织或钩编裙子及裙裤	14	10.8
1201	61045200	棉制针织裙子及裙裤	14	10.3
1202	61045300	合纤制针织或钩编裙子及裙裤	16	11.7
1203	61045900	其他纺织材料制针织或钩编裙子及裙裤	14	10.8
1204	61046100	毛制针织或钩编女长裤、工装裤等	16	11.7
1205	61046200	棉制针织或钩编女长裤、工装裤等	16	13.6
1206	61046300	合纤制针织或钩编女长裤等	17.5	12.3
1207	61046900	其他纺织材料制针织或钩编女长裤等	16	12
1208	61051000	棉制针织或钩编男衬衫	16	13.6
1209	61052000	化纤制针织或钩编男衬衫	17.5	12.3
1210	61059000	其他纺织材料制针织或钩编男衬衫	16	11.7
1211	61061000	棉制针织或钩编女衬衫	16	13.6
1212	61062000	化纤制针织或钩编女衬衫	17.5	12.3
1213	61069000	其他纺织材料制针织或钩编女衬衫	16	11.7
1214	61071200	化纤制针织或钩编男内裤及三角裤	16	10.9
1215	61071910	丝及绢丝制针织或钩编男内裤及三角裤	14	9.3
1216	61071990	其他纺织材料制针织或钩编男内裤及三角裤	14	9.3
1217	61072200	化纤制针织或钩编男睡衣裤	16	10.9
1218	61072910	丝及绢丝制针织或钩编男长睡衣及睡衣裤	14	9.3
1219	61072990	其他纺织材料制针织或钩编男长睡衣及睡衣裤	14	9.3
1220	61079200	化纤制针织或钩编男浴衣、晨衣	16	10.9
1221	61079900	其他纺织材料制针织或钩编男浴衣、晨衣	14	9.3
1222	61081100	化纤制针织或钩编长衬裙及衬裙	16	10.9
1223	61081990	其他纺织材料制针织或钩编女式长衬裙及衬裙	14	9.3
1224	61082200	化纤制针织或钩编女三角裤及短衬裤	16	10.9
1225	61082910	丝及绢丝制针织或钩编女三角裤及短衬裤	14	9.3
1226	61082990	其他纺织材料制针织或钩编女三角裤及短衬裤	14	9.3
1227	61083200	化纤制针织或钩编女睡衣及睡衣裤	16	10.9
1228	61083910	丝及绢丝制针织或钩编女睡衣及睡衣裤	14	9.3
1229	61083990	其他纺织材料制针织或钩编女睡衣及睡衣裤	14	9.3
1230	61089200	化纤制针织或钩编女浴衣、晨衣	16	10.9
1231	61089900	其他纺织材料制针织或钩编女浴衣、晨衣	14	9.3
1232	61091000	棉制针织或钩编T恤衫、汗衫等	14	9.4
1233	61099010	丝及绢丝制针织或钩编T恤衫、汗衫等	14	9.3
1234	61099090	其他纺织材料制针织或钩编T恤衫、汗衫等	14	9.3
1235	61101100	羊毛制针织或钩编套头衫等	14	5
1236	61101200	喀什米尔山羊细毛制针织或钩编套头衫等	14	5
1237	61101910	其他山羊细毛制针织或钩编套头衫等	14	5

序号	税则号列	商 品 名 称(简称)	最惠国税率(%)	协定税率(%)
1238	61101920	兔毛制针织或钩编套头衫等	14	5
1239	61101990	其他毛制针织或钩编套头衫等	14	5
1240	61102000	棉制针织或钩编套头衫等	14	5
1241	61103000	化纤制针织或钩编套头衫等	16	10
1242	61109010	丝及绢丝制针织或钩编套头衫等	14	5
1243	61109090	其他纺织材料制针织或钩编套头衫等	14	5
1244	61111000	毛制针织或钩编婴儿服装及附件	14	9.3
1245	61113000	合纤制针织婴儿服装及附件	16	10.9
1246	61119000	其他纺织材料制针织或钩编婴儿服装及附件	14	9.3
1247	61121100	棉制针织或钩编运动服	16	13.6
1248	61121200	合纤制针织或钩编运动服	17.5	12.3
1249	61121900	其他纺织材料制针织或钩编运动服	16	11.7
1250	61122010	棉制针织或钩编滑雪服	16	13.6
1251	61122090	其他纺织材料制针织或钩编滑雪服	19	13.6
1252	61123100	合纤制针织或钩编男式游泳服	17.5	12.3
1253	61123900	其他纺织材料制针织或钩编男式游泳服	16	11.7
1254	61124100	合纤制针织或钩编女式游泳服	17.5	12.3
1255	61124900	其他纺织材料制针织或钩编女式游泳服	16	11.7
1256	61130000	涂层经处理针织或钩编织物制服装	16	11.7
1257	61151100	单丝<67 分特合纤制连裤袜等	16	14.4
1258	61151200	单丝≥67 分特合纤制连裤袜等	16	10.9
1259	61151990	其他纺织材料制针织连裤袜及紧身裤袜	14	9.3
1260	61152000	单丝<67 分特制针织或钩编女统袜	14	9.3
1261	61159300	合纤制针织或钩编短袜及其他袜类	16	10.9
1262	61159900	其他纺织材料制针织或钩编短袜及其他袜类	14	9.3
1263	61169300	合纤制其他针织或钩编手套	16	10.9
1264	61169900	其他纺织材料制针织或钩编手套	14	9.3
1265	61171000	针织或钩编披巾、头巾等	14	5
1266	61172000	针织或钩编领带及领结	14	5
1267	61178000	针织或钩编其他衣着附件	14	5
1268	61179000	其他针织或钩编衣着零件	14	5
1269	62011100	毛制男式大衣、斗篷及类似品	16	11.7
1270	62011310	化纤制男式羽绒服	17.5	12.3
1271	62011390	化纤制男式大衣、斗篷及类似品	17.5	12.3
1272	62011900	其他纺织材料制男式大衣、斗篷及类似品	16	11.7
1273	62019100	毛制男式带风帽防寒短上衣、防风衣	16	11.7
1274	62019310	化纤制男式其他羽绒服	17.5	12.3
1275	62019390	化纤制男式防寒短上衣、防风衣	17.5	12.3
1276	62019900	其他纺织材料制男式防寒短上衣、防风衣	16	11.7
1277	62021100	毛制女式大衣、斗篷及类似品等	16	11.7
1278	62021310	化纤制女式羽绒服	19	13.6
1279	62021390	化纤制女式大衣、斗篷及类似品	19	13.6
1280	62021900	其他纺织材料制女式大衣、斗篷及类似品	16	11.7
1281	62029100	毛制女式带风帽防寒短上衣、防风衣	16	11.7
1282	62029310	化纤制女式其他羽绒服	17.5	12.3
1283	62029390	化纤制女式防风衣等	17.5	12.3
1284	62029900	其他纺织材料制防风衣、防风短上衣等	16	11.7
1285	62031100	毛制男式西服套装	17.5	12.3
1286	62031200	合纤制男式西服套装	17.5	12.3

序号	税则号列	商品名称(简称)	最惠国税率(%)	协定税率(%)
1287	62031910	丝及绢丝制男式西服套装	17.5	12.3
1288	62031990	其他纺织材料制男式西服套装	17.5	12.3
1289	62032100	毛制男式便服套装	17.5	12.3
1290	62032300	合纤制男式便服套装	17.5	12.3
1291	62032910	丝及绢丝制男式便服套装	17.5	12.3
1292	62032990	其他纺织材料制男式便服套装	17.5	12.3
1293	62033100	毛制男式上衣	16	11.7
1294	62033200	棉制男式上衣	16	14.4
1295	62033300	合纤制男式上衣	17.5	12.3
1296	62033910	丝及绢丝制男式上衣	16	11.7
1297	62033990	其他纺织材料制男式上衣	16	11.7
1298	62034100	毛制男式长裤、工装裤等	16	11.7
1299	62034210	棉制男式阿拉伯裤	16	12.9
1300	62034290	棉制男式长裤、工装裤等	16	12.9
1301	62034310	合成纤维制男式阿拉伯裤	17.5	13.1
1302	62034390	合纤制男式长裤、工装裤等	17.5	13.1
1303	62034910	其他纺织材料制男式阿拉伯裤	16	11.7
1304	62034990	其他纺织材料制男童裤、工装裤	16	11.7
1305	62041100	毛制女式西服套装	17.5	12.3
1306	62041300	合纤制女式西服套装	17.5	12.3
1307	62041910	丝及绢丝制女式西服套装	17.5	12.3
1308	62041990	其他纺织材料制女式西服套装	17.5	12.3
1309	62042100	毛制女式便服套装	17.5	12.3
1310	62042300	合纤制女式便服套装	20	13.8
1311	62042910	丝及绢丝制女式便服套装	20	13.8
1312	62042990	其他纺织材料制女式便服套装	14	9.9
1313	62043100	毛制女式上衣	16	11.7
1314	62043300	合纤制女式上衣	17.5	12.3
1315	62043910	丝及绢丝制女式上衣	16	11.7
1316	62043990	其他纺织材料制女式上衣	16	11.7
1317	62044100	毛制连衣裙	16	11.7
1318	62044300	合纤制女式连衣裙	17.5	12.3
1319	62044400	人纤制女式连衣裙	16	11.7
1320	62044910	丝及绢丝制连衣裙	16	11.7
1321	62044990	其他纺织材料制连衣裙	16	11.7
1322	62045100	毛制裙子及裙裤	14	9.3
1323	62045300	合纤制裙子及裙裤	16	11.7
1324	62045910	丝及绢丝制裙子及裙裤	14	9.3
1325	62045990	其他纺织材料制裙子及裙裤	14	9.3
1326	62046100	毛制女式长裤、工装裤等	16	11.7
1327	62046200	棉制女式长裤、工装裤等	16	14.4
1328	62046300	合纤制女式长裤、工装裤等	17.5	12.3
1329	62046900	其他纺织材料制女式长裤、工装裤等	16	12
1330	62051000	毛制男衬衫	16	11.7
1331	62052000	棉制男衬衫	16	8
1332	62053000	化纤制男衬衫	16	11.7
1333	62059010	丝及绢丝制男衬衫	16	11.7
1334	62059090	其他纺织材料制男衬衫	16	11.7
1335	62061000	丝及绢丝制女式衬衫	16	11.7

序号	税则号列	商品名称(简称)	最惠国税率(%)	协定税率(%)
1336	62062000	毛制女衬衫	16	11.7
1337	62063000	棉制女衬衫	16	13.6
1338	62064000	化纤制女衬衫	17.5	12.3
1339	62069000	其他纺织材料制女衬衫	16	11.7
1340	62071100	棉制男式内裤及三角裤	14	10.3
1341	62079910	丝及绢丝制男浴衣、晨衣及类似品	14	12.6
1342	62079990	其他纺织材料制男浴衣、晨衣及类似品	14	12.6
1343	62082100	棉制女式睡衣及睡衣裤	14	10.3
1344	62089910	丝制女式背心、内衣及类似品	14	12.6
1345	62089990	其他纺织材料制女式背心、内衣及类似	14	12.6
1346	62101010	毛制毡呢或无纺织物服装	16	11.7
1347	62101030	化纤制毡呢或无纺织物服装	17.5	12.3
1348	62102000	用塑料、橡胶等处理的织物制男大衣等	16	11.7
1349	62103000	用塑料、橡胶等处理的织物制女大衣等	16	11.7
1350	62104000	用塑料、橡胶等处理的织物制的其他男式服装	16	11.7
1351	62105000	用塑料、橡胶等处理的织物制的其他女式服装	16	11.7
1352	62111100	男式游泳服	16	11.7
1353	62111200	女式游泳服	16	11.7
1354	62112090	其他纺织材料制滑雪服	19	13.6
1355	62113100	毛制男式运动服及其他服装	16	11.7
1356	62113310	化纤制男式阿拉伯袍	17.5	12.3
1357	62113390	化纤制男式运动服及其他服装	17.5	12.3
1358	62113910	丝及绢丝制男式运动服及其他服装	16	11.7
1359	62113990	其他纺织材料制男式运动服及其他服装	16	11.7
1360	62114100	毛制女式运动服及其他服装	16	11.7
1361	62114300	化纤制女式运动服及其他服装	17.5	12.3
1362	62114910	丝及绢丝制女式运动服及其他服装	16	11.7
1363	62114990	其他纺织材料制女式运动服及其他服装	16	11.7
1364	62121010	化纤制胸罩	16	14.4
1365	62121090	其他纺织材料制胸罩	14	12.6
1366	62129010	化纤制吊裤带、吊袜带等	16	14.4
1367	62129090	其他纺织材料制吊裤带、吊袜带等	14	12.6
1368	62152000	化纤制领带及领结	16	14.4
1369	62171010	非针织非钩编袜子及袜套	14	12.2
1370	62171020	非针织非钩编和服腰带	14	12.2
1371	62171090	非针织非钩编服装或衣着附件	14	12.2
1372	62179000	非针织非钩编服装或衣着零件	14	12.6
1373	63021010	棉制针织或钩编的床上用织物制品	14	5
1374	63021090	其他纺织材料制针织或钩编的床上用织物制品	14	5
1375	63022110	棉制印花床单	14	5
1376	63022190	棉制印花床上用织物制品	14	5
1377	63022210	化纤制印花床单	16	10
1378	63022290	化纤制印花床上用织物制品	16	10
1379	63022910	丝及绢丝制印花床上用织物制品	14	5
1380	63022920	麻制印花床上用织物制品	14	5
1381	63022990	其他纺织材料制印花床上用织物制品	14	5
1382	63023110	棉制刺绣其他床上用织物制品	14	5
1383	63023191	棉制其他床单	14	5
1384	63023192	棉制其他毛巾被	14	5

序号	税则号列	商　品　名　称(简称)	最惠国税率(%)	协定税率(%)
1385	63023199	棉制其他床上用织物制品	14	5
1386	63023210	化纤制刺绣其他床上用织物制品	16	10
1387	63023290	化纤制其他床上用织物制品	16	10
1388	63023910	丝及绢丝制其他床上用织物制品	14	5
1389	63023921	麻制刺绣的其他床上用织物制品	14	5
1390	63023929	麻制其他床上用织物制品	14	5
1391	63023991	其他纺织材料制刺绣床上用织物制品	14	5
1392	63023999	其他纺织材料制其他床上用织物制品	14	5
1393	63024010	手工针织或钩编的餐桌用织物制品	14	5
1394	63024090	其他针织或钩编的餐桌用织物制品	14	5
1395	63025110	棉制刺绣其他餐桌用织物制品	14	5
1396	63025190	棉制其他餐桌用织物制品	14	5
1397	63025210	亚麻制刺绣其他餐桌用织物制品	14	5
1398	63025290	亚麻制其他餐桌用织物制品	14	5
1399	63025310	化纤制刺绣其他餐桌织物制品	14	5
1400	63025390	化纤制其他餐桌用织物制品	16	10
1401	63025900	其他纺织材料制餐桌用织物制品	14	5
1402	63026010	棉制浴巾	14	5
1403	63026090	棉制盥洗及厨房用毛巾织物	14	5
1404	63029100	棉制其他盥洗及厨房织物制品	14	5
1405	63029200	亚麻制其他盥洗及厨房织物制品	14	5
1406	63029300	化纤制其他盥洗及厨房织物制品	16	10
1407	63029900	其他材料制其他盥洗及厨房织物	14	5
1408	63031110	棉制针织的窗帘等	14	5
1409	63031120	棉制钩编的窗帘等	14	5
1410	63031210	合纤制针织的窗帘等	16	10
1411	63031220	合纤制钩编的窗帘等	16	10
1412	63031910	其他纺织材料制针织的窗帘等	14	5
1413	63031920	其他纺织材料制钩编的窗帘等	14	5
1414	63039100	棉制非针织非钩编窗帘等	14	5
1415	63039200	合纤制非针织非钩编窗帘等	16	10
1416	63039900	其他纺织材料制非针织非钩编窗帘等	14	5
1417	63053300	聚乙烯或聚丙烯扁条制其他货物包装袋	16	13.6
1418	63061100	棉制油苫布、天篷及遮阳篷	14	5
1419	63061200	合纤制油苫布、天篷及遮阳篷	16	10
1420	63061910	麻制油苫布、天篷及遮阳篷	14	5
1421	63061990	其他纺织材料制油苫布、天篷及遮阳篷	14	5
1422	63062100	棉制帐篷	14	5
1423	63062200	合纤制帐篷	16	10
1424	63062900	其他纺织材料制帐篷	14	5
1425	63063100	合纤制风帆	16	10
1426	63063900	其他纺织材料制风帆	14	5
1427	63064100	棉制充气褥垫	14	5
1428	63064910	化纤制充气褥垫	16	10
1429	63064990	其他纺织材料制充气褥垫	14	5
1430	63069100	棉制其他野营用品	14	5
1431	63069910	麻制其他野营用品	14	5
1432	63069920	化纤制其他野营用品	16	10
1433	63069990	其他纺织材料制其他野营用品	14	5

序号	税则号列	商　品　名　称(简称)	最惠国税率(%)	协定税率(%)
1434	63071000	擦地布、擦碗布等	14	11.9
1435	64011000	装金属护头的塑料、橡胶制防水鞋靴	24	12
1436	64019100	橡胶、塑料底及鞋面的过膝高统靴	24	12
1437	64019200	橡胶、塑料底及面的中、短统防水靴	24	12
1438	64019900	其他橡胶、塑料制外底及鞋面防水鞋靴	24	12
1439	64021200	橡胶、塑料底及面的滑雪靴	10	5
1440	64021900	橡胶、塑料制底及面的其他运动靴	24	12
1441	64022000	橡胶、塑料的将鞋面条带栓塞在鞋底上的鞋	24	12
1442	64023000	其他装金属护鞋头的橡、塑鞋靴	24	12
1443	64029100	其他橡胶、塑料短统靴(过踝)	24	12
1444	64029900	其他橡胶、塑料鞋靴	24	12
1445	64039900	皮革制面的其他鞋靴	10	8.5
1446	64041100	纺织材料制鞋面的运动鞋靴	24	12
1447	64041900	纺织材料制鞋面胶底的其他鞋靴	24	12
1448	64042000	纺织材料制鞋面皮革底的鞋靴	24	12
1449	64051000	皮革或再生皮革制面的其他鞋靴	24	12
1450	64052000	纺织材料制面的其他鞋靴	22	11
1451	64059000	其他材料制面的鞋靴	15	10.5
1452	64061000	鞋面及其零件,硬衬除外	15	13.2
1453	64069100	木制鞋靴零件,活动式鞋内底等	15	10.5
1454	64069900	其他材料制鞋靴、护腿等零件	15	10.5
1455	65059010	钩编的帽类	20	19
1456	65059090	针织或成匹织物制成的帽类	20	19
1457	67030000	经梳理、稀疏等方法加工的人发及假发材料	20	18
1458	68021010	大理石制砖、瓦、方块及类似品	24	10
1459	68021090	其他石料制砖瓦、方块及类似品	20	10
1460	68022110	具有一个平面的大理石及制品	10	5
1461	68022120	石灰华	24	10
1462	68022190	具有一个平面石灰华及蜡石及制品	24	10
1463	68022200	具有一个平面的其他石灰石及制品	24	10
1464	68022300	具有一个平面的花岗岩及制品	10	5
1465	68022900	具有一个平面的其他石及制品	15	5
1466	68029110	大理石、石灰华及蜡石制石刻	24	10
1467	68029190	其他大理石、石灰华及蜡石及制品	10	5
1468	68029210	其他石灰石制石刻	24	10
1469	68029290	其他加工形式石灰石制品	10	5
1470	68029310	其他花岗岩制石刻	24	10
1471	68029390	其他加工形式花岗岩制品	10	5
1472	68029910	其他石制成的石刻	24	10
1473	68029990	其他石及制品	24	10
1474	68043010	手用琢磨油石	8	6.4
1475	68043090	手用其他磨石及抛光石	8	6.4
1476	68079000	其他形状的沥青或类似原料的制品	12	9.6
1477	68101100	水泥制建筑用砖及石砌块	10.5	8.4
1478	68101910	人造石制砖、瓦、扁平石及类似品	10.5	8.4
1479	68101990	水泥制其他砖、瓦、扁平石	10.5	8.4
1480	69010000	硅质化石粉或类似硅土制的砖、瓦	8	6.4
1481	69081000	上釉的小陶瓷砖、瓦、块及类似品	12	10.4
1482	69101000	瓷制脸盆、浴缸及类似卫生器具	10	9

序号	税则号列	商　品　名　称(简称)	最惠国税率(%)	协定税率(%)
1483	69111010	瓷餐具	12	10
1484	69111020	瓷厨房器具	15	12.5
1485	69119000	其他家用或盥洗用瓷器	24.5	20
1486	70099200	其他镶框玻璃镜(包括后视镜)	12	10.8
1487	70112010	显象管玻壳及其零件	10	7
1488	70112090	阴极射线管用玻壳及零件	10	7
1489	70195900	其他玻璃纤维机织物	12	8.4
1490	70200012	绝缘子用玻璃伞盘	10.5	9.5
1491	70200019	其他工业用玻璃制品	10.5	8.9
1492	70200090	其他非工业用玻璃制品	15	12.8
1493	71023900	其他非工业用钻石	8	0
1494	71031000	未加工宝石或半宝石	3	2.8
1495	71039100	经其他加工的红、蓝、绿宝石	8	4
1496	71039910	经其他加工的翡翠	8	4
1497	71039990	经其他加工的其他宝石或半宝石	8	4
1498	71131110	镶嵌钻石的银首饰及其零件	20	16.5
1499	71131190	其他银首饰及其零件	20	16.5
1500	71131911	镶嵌钻石的黄金制首饰及其零件	20	14
1501	71131919	其他黄金制首饰及其零件	20	16
1502	71131991	镶嵌钻石的其他贵金属制首饰及其零件	35	28
1503	71131999	其他贵金属制首饰及其零件	35	28
1504	71132010	镶嵌钻石的以贱金属为底的包贵金属制首饰	35	30
1505	71132090	其他以贱金属为底的包贵金属制首饰	35	30
1506	71171900	其他贱金属制仿首饰	17	15.3
1507	71179000	未列名材料制仿首饰	35	30
1508	72085310	屈服强度大于355N/mm²,3mm≤厚度<4.75mm的热轧非卷材	6	5.1
1509	72085390	其他3mm≤厚度<4.75mm的热轧非卷材	6	5.1
1510	72085410	厚度<1.5mm的热轧非卷材	6	5.1
1511	72085490	其他厚度<3mm的热轧非卷材	6	5.1
1512	72091610	屈服强度大于275N/mm²,1mm<厚度<3mm的冷轧卷材	6	4.2
1513	72091690	其他1mm<厚度<3mm的冷轧卷材	6	4.2
1514	72091710	屈服强度大于275N/mm²,0.5mm≤厚度≤1mm的冷轧卷材	3	2.1
1515	72091790	其他0.5mm≤厚度≤1mm的冷轧卷材	3	2.1
1516	72091810	厚度<0.3mm的冷轧卷材	6	4.2
1517	72091890	其他厚度<0.5mm的冷轧卷材	6	4.2
1518	72092700	0.5mm≤厚度≤1mm的冷轧非卷材	6	4.2
1519	72099000	其他冷轧铁或非合金钢宽平板轧材	6	4.2
1520	72139100	直径<14mm圆截面的其他热轧盘条	5	4.3
1521	72142000	热加工带有轧制花纹的条、杆	3	0
1522	72173000	镀或涂其他贱金属铁或非合金钢丝	8	6.4
1523	72192100	厚度>10mm热轧不锈钢平板	10	9.3
1524	72192200	4.75mm≤厚度≤10mm热轧不锈钢平板	10	9.3
1525	72192300	3mm≤厚度<4.75mm热轧不锈钢平板	10	9.3
1526	72192410	1mm<厚度<3mm热轧不锈钢平板	10	9.3
1527	72192420	0.5mm≤厚度≤1mm热轧不锈钢平板	10	9.3
1528	72192430	厚度<0.5mm热轧不锈钢平板	10	9.3
1529	72210000	不锈钢热轧条、杆	10	8

序号	税则号列	商　品　名　称(简称)	最惠国税率(%)	协定税率(%)
1530	72221100	热加工的圆形截面不锈钢条、杆	10	9
1531	72221900	热加工其他截面形状不锈钢条杆	10	9
1532	72223000	其他不锈钢条、杆	10	8.9
1533	72251100	取向性硅电钢宽板	3	2.1
1534	73011000	钢铁板桩	7	6.3
1535	73029010	钢铁轨枕	6	5.1
1536	73029090	其他铁道电车道铺轨用钢铁材料	7	6
1537	73042900	钻探石油及天然气用的套管及导管	4	2
1538	73072100	不锈钢制法兰	8.4	6.7
1539	73081000	钢铁制桥梁及桥梁体段	8	5
1540	73082000	钢铁制塔楼及格构杆	8.4	5
1541	73083000	钢铁制门窗及其框架、门槛	10	5
1542	73084000	钢铁制脚手架模板坑凳用支柱及类	8.4	5
1543	73089000	其他钢铁结构体及部件	4	0
1544	73130000	带刺钢铁丝、围篱用钢铁绞带	7	6.3
1545	73144100	其他镀锌的钢铁丝网、荔及格栅	8	6.8
1546	73181500	其他螺钉及螺栓	8	4
1547	73202090	其他螺旋弹簧	10	8.5
1548	73218100	可使用气体燃料的其他家用器具	23	13.8
1549	73219000	非电热家用器具零件	12	9.6
1550	73239300	餐桌、厨房等家用不锈钢器具	12	8.4
1551	73259910	工业用未列名可锻性铸铁制品	10.5	8.9
1552	73259990	非工业用未列名可锻性铸铁制品	20	12
1553	73262010	工业用钢铁丝制品	10	5
1554	73262090	非工业用钢铁丝制品	18	12.6
1555	73269010	其他工业用钢铁制品	10.5	8.9
1556	73269090	其他非工业用钢铁制品	8	6.8
1557	74081100	最大截面尺寸>6mm 的精炼铜丝	4	2.8
1558	74081900	截面尺寸≤6mm 的精炼铜丝	4	3.4
1559	74101100	无衬背的精炼铜箔	4	2.8
1560	74102100	有衬背的精炼铜箔	4	3.4
1561	74111000	精炼铜管	4	2.8
1562	74122010	白铜或德银管子配件	7	6
1563	74122090	其他铜合金管子配件	7	6
1564	74199910	工业用其他铜制品	10	8.5
1565	74199990	非工业用其他铜制品	20	17
1566	76012000	未锻轧铝合金	7	6
1567	76042900	铝合金制条、杆、其他型材	5	3.5
1568	76051900	纯铝制的细丝	8	6.8
1569	76061120	0.3mm≤厚度<0.36mm 的非合金铝制矩形铝板片带	6	4.2
1570	76061190	纯铝制矩形的其他板、片及带	6	4.2
1571	76061220	厚度<0.28mm 的铝合金制矩形铝板片带	6	4.2
1572	76061230	0.28mm≤厚度≤0.35mm 的铝合金制矩形铝板片带	6	4.2
1573	76061240	厚度>0.35mm 的铝合金制矩形铝板片带	6	4.2
1574	76071110	厚度不超过 0.007mm 的无衬背铝箔	6	5.7
1575	76071190	轧制后未进一步加工的无衬背铝箔	6	5.7
1576	76071900	其他无衬背铝箔	6	5.1
1577	76161000	铝钉、螺钉、螺母、垫圈等紧固件	10	8.5
1578	76169910	其他工业用铝制品	10	8.5

序号	税则号列	商　品　名　称(简称)	最惠国税率(%)	协定税率(%)
1579	76169990	其他非工业用铝制品	15	12.8
1580	81041100	含镁量≥99.8%的未锻轧镁	6	4.2
1581	82029110	加工金属用的机械锯的直锯片	8	7
1582	82055900	其他手工工具	10	8.5
1583	82073000	锻压或冲压工具	8	6.8
1584	82078000	车削工具	8	6.8
1585	82079010	带超硬材料部件的其他可互换工具	8	6.8
1586	82079090	其他可互换工具	8	6.8
1587	82089000	其他机器或机械器具用刀及刀片	8	7.2
1588	82090000	未装配的工具用金属陶瓷刀头	8	7.2
1589	82100000	加工调制食品、饮料用手动机械	18	16.2
1590	82111000	以刀为主的成套货品	18	10
1591	82119100	刃面固定的餐刀	18	10
1592	82119200	刃面固定的其他刀	12	5
1593	82119300	可换刃面刀	18	10
1594	82119400	税号82.11所列刀的刀片	14	5
1595	82119500	贱金属制的刀柄	12	5
1596	82121000	剃刀	12	5
1597	82122000	安全剃刀片	14	5
1598	82129000	剃刀零件	12	5
1599	82130000	剪刀、裁缝剪刀及类似品、剪刀片	12	5
1600	82141000	裁纸刀、信刀、铅笔刀及刀片	12	10.8
1601	82142000	修指甲及修脚用具(包括指甲锉)	18	16.2
1602	82151000	成套含镀贵金属制厨房或餐桌用具	18	10
1603	82152000	成套的其他厨房或餐桌用具	18	10
1604	82159100	非成套镀贵金属制厨房或餐桌用具	18	10
1605	82159900	其他非成套的厨房或餐桌用具	18	10
1606	83119000	贱金属粘聚成的丝或条	8	5.6
1607	84021110	蒸发量≥900t/hr发电锅炉	3	2.5
1608	84021190	蒸发量>45t/hr,<900t/hr发电锅炉	14	13.3
1609	84021200	蒸发量≤45t/hr水管锅炉	5	3.9
1610	84031010	家用型集中供暖用热水锅炉	10	9.5
1611	84031090	其他集中供暖用的热水锅炉	10	9.5
1612	84041010	蒸汽锅炉、过热水锅炉的辅助设备	7	3.5
1613	84041020	集中供暖用热水锅炉的辅助设备	10	5
1614	84049010	集中供暖热水锅炉辅助设备的零件	10	0
1615	84049090	其他辅助设备用零件	7	0
1616	84073410	排气量1000-3000cc往复式活塞发动机	10	7
1617	84073420	排气量>3000cc往复式活塞发动机	10	7
1618	84081000	船舶用压燃式内燃发动机	5	2.5
1619	84082010	输出功率≥132.39kW车用柴油发动机	9	6.3
1620	84082090	输出功率<132.39kW车用柴油发动机	25	17.5
1621	84089010	机车用柴油发动机	6	5.4
1622	84089091	功率≤14kW其他用柴油发动机	5	4.5
1623	84089092	14kw<功率<132.39kW其他柴油发动机	8.4	7.6
1624	84089093	功率≥132.39kW其他用柴油发动机	5	4.5
1625	84099110	船舶用点燃式发动机专用零件	6	4.2
1626	84099191	电控燃油喷射装置	5	3.5
1627	84099199	其他点燃式活塞内燃发动机用零件	5	3.5

序号	税则号列	商品名称(简称)	最惠国税率(%)	协定税率(%)
1628	84099910	其他船舶发动机专用零件	5	4.5
1629	84099920	其他机车发动机专用零件	2	1.5
1630	84099991	功率≥132.39kW发动机的专用零件	2	1.5
1631	84099999	其他未列名发动机的专用零件	8.4	8
1632	84111210	推力>25千牛顿的涡轮风扇发动机	1	0
1633	84111290	推力>25千牛顿的其他涡轮喷气发动机	1	0.5
1634	84123100	直线作用的气压动力装置(气压缸)	14	13.3
1635	84133021	输出功率在132.39kW(180马力)及以上的发动机用燃油泵	3	2.5
1636	84133090	其他燃油泵、润滑油泵或冷却剂泵	3	2.5
1637	84137010	转速≥10000转/分离心泵	8	7.6
1638	84137090	转速<10000转/分离心泵	8	7.6
1639	84138100	其他液体泵	8	4
1640	84139100	液体泵用零件	5	2.5
1641	84143011	功率≤0.4kW的冷藏、冷冻箱用压缩机	8	5.9
1642	84143012	功率0.4-5kW的冷藏、冷冻箱用压缩机	10	8.5
1643	84143013	功率0.4-5kW的空气调节器用压缩机	10	8.5
1644	84143014	功率>5kW的空气调节器用压缩机	10	8.5
1645	84143015	冷冻或冷藏设备用,电动机额定功率超过5kW的电动机驱动压缩机	10	9.2
1646	84143019	其他制冷设备用压缩机	10	9
1647	84143090	非电机驱动的压缩机	9	8.1
1648	84145910	其他吊扇	8	7.2
1649	84145920	其他换气扇	8	7.2
1650	84145930	离心通风机	10	9.5
1651	84145990	其他风扇,风机	8	7.2
1652	84148010	燃气轮机用的自由活塞式发生器	8	5.6
1653	84148020	二氧化碳压缩机	7	4.9
1654	84148030	发动机用增压器	7	4.9
1655	84148090	其他气体压缩机及通风罩或循环气罩	7	4.9
1656	84149011	用于制冷设备的压缩机进、排气阀片	8	7.2
1657	84149019	其他用于制冷设备的压缩机零件	8	7.2
1658	84149020	风机、风扇、通风罩及循环气罩零件	12	11.4
1659	84149090	税号84.14其他所列机器零件	7	6.5
1660	84151010	独立窗式或壁式空气调节器	15	13.5
1661	84151021	分体式制冷量制冷量≤4千大卡/时窗式或壁式空气调节器	15	13.5
1662	84151022	分体式制冷量制冷量>4千大卡/时窗式或壁式空气调节器	15	13.5
1663	84159010	制冷量≤4千大卡/时等空调的零件	10	8
1664	84159090	制冷量>4千大卡/时等空调的零件	10	8
1665	84161000	使用液体燃料的炉用燃烧器	10	9.5
1666	84182120	50L<容积≤150L压缩式家用型冷藏箱	10	9
1667	84182130	容积≤50L压缩式家用型冷藏箱	10	9
1668	84186110	热交换器压缩式制冷机组及热泵	10	7
1669	84186190	热交换器压缩式其他制冷设备	10	7
1670	84189100	冷藏或冷冻设备用特制家具零件	18	17.1
1671	84193910	微空气流动陶瓷坯件干燥器	9	4.5
1672	84193990	其他用途的干燥器	9	4.5
1673	84195000	热交换装置	10	9.5

序号	税则号列	商　品　名　称(简称)	最惠国税率(%)	协定税率(%)
1674	84198910	加氢反应器	0	0
1675	84198990	其他利用温度变化处理材料的机器	0	0
1676	84212110	家用型过滤或净化水的机器及装置	25	17.5
1677	84212190	其他过滤或净化水的装置	5	3.5
1678	84212910	其他压滤机	5	3.5
1679	84212990	其他液体的过滤、净化机器及装置	5	3.5
1680	84213910	家用型气体过滤、净化机器及装置	15	10.5
1681	84213921	工业用静电除尘器	5	3.5
1682	84213922	工业用袋式除尘器	5	3.5
1683	84213923	工业用旋风式除尘器	5	3.5
1684	84213929	工业用其他除尘器	5	3.5
1685	84213990	其他气体的过滤、净化机器及装置	5	3.5
1686	84219910	家用型过滤、净化装置用零件	10	9
1687	84219990	其他过滤、净化装置用零件	5	4.5
1688	84223010	饮料及液体食品罐装设备	12	8.4
1689	84223021	水泥全自动灌包机	12	8.4
1690	84223029	其他水泥包装机	12	8.4
1691	84223030	其他包装机	10	7
1692	84223090	其他装填密封等包封机器	10	7
1693	84224000	其他包装或打包机器	10	9.5
1694	84242000	喷枪及类似器具	8.4	8
1695	84248100	农业或园艺用喷射、喷雾机械器具	8	7.6
1696	84248910	家用型喷射、喷雾机械器具	0	0
1697	84248991	船用洗舱机	0	0
1698	84254100	车库中使用的固定千斤顶系统	3	2.5
1699	84261910	装船机	5	2.5
1700	84261921	抓斗式卸船机	5	3.5
1701	84261929	其他卸船机	5	3.5
1702	84261930	龙门式起重机	10	7
1703	84261941	门式装卸桥	10	7
1704	84261942	集装箱装卸桥	10	7
1705	84261943	其他动臂式装卸桥	10	7
1706	84261949	其他装卸桥	10	7
1707	84261990	其他高架移动式起重机等	10	7
1708	84272010	集装箱叉车	9	8.6
1709	84272090	其他机动叉车及有类似装置工作车	9	8.6
1710	84281010	载客电梯	8	5.6
1711	84281090	其他升降机及倒卸式起重机	6	4.2
1712	84283300	其他带式连续运货升降、输送机	5	4.3
1713	84283910	链式连续运送货物的升降机及输送机	5	3.5
1714	84283920	辊式连续运送货物的升降机及输送机	5	3.5
1715	84283990	其他未列名连续运货升降、输送机	5	3.5
1716	84295211	轮胎式挖掘机	8	7.2
1717	84295219	其他挖掘机	8	7.2
1718	84295290	其他上部结构可转360度的挖掘机类似机械	8	7.2
1719	84312000	叉车及装有升降装置工作车用零件	6	5.4

序号	税则号列	商　品　名　称(简称)	最惠国税率(%)	协定税率(%)
1720	84313900	税号 84.28 所列其他机械的零件	5	2.5
1721	84314100	戽斗、铲斗、抓斗及夹斗	6	5.4
1722	84314310	石油或天然气钻探机用零件	4	2.8
1723	84314320	其他钻探机用零件	4	2.8
1724	84314390	其他凿井机用零件	5	3.5
1725	84314910	矿用电铲用零件	5	4.5
1726	84314990	税号 84.26,84.29,84.30 的其他零件	5	4.5
1727	84323000	播种机、种植机及移植机	4	3.5
1728	84335100	联合收割机	8	7.6
1729	84378000	谷物磨粉业加工机器	10	8.5
1730	84388000	84 章其他未列名食品等加工机器	8.5	8.1
1731	84399900	制造或整理纸及纸板的机器零件	6	3
1732	84412000	制造包、袋或信封的机器	12	11.4
1733	84413010	纸塑铝复合罐生产设备	13.5	12.8
1734	84413090	其他制造箱、盒、桶及类似容器的机器	13.5	12.8
1735	84418010	制造纸塑铝软包装的生产设备	12	11.4
1736	84418090	其他制造纸浆制品、纸制品的机器	12	11.4
1737	84431100	卷取进料式胶印机	10	7
1738	84431910	平张纸进料式胶印机	10	7
1739	84431990	其他胶印机	10	7
1740	84434000	照像凹版印刷机	18	16.2
1741	84435911	圆网印刷机	10	9
1742	84435912	平网印刷机	10	9
1743	84435919	其他网式印刷机	10	9
1744	84435990	其他印刷机	8	7.2
1745	84440010	合成纤维长丝纺丝机	10	7
1746	84440020	合成纤维短丝纺丝机	10	7
1747	84440030	人造纤维纺丝机	10	7
1748	84440040	化学纤维变形机	10	7
1749	84440050	化学纤维切断机	10	7
1750	84440090	其他化学纤维挤压、拉伸、变形或切割机器	10	7
1751	84451111	棉纤维清梳联合机	10	9
1752	84451112	棉纤维自动抓棉机	10	9
1753	84451113	棉纤维梳棉机	10	9
1754	84451119	其他棉纤维梳理机	10	9
1755	84451120	毛纤维梳理机	10	9
1756	84451190	其他纺织纤维梳理机	10	9
1757	84451900	纺织纤维的其他预处理机器	10	9
1758	84452031	转杯纺纱机	10	9
1759	84452041	棉环锭细纱机	10.5	9.5
1760	84452090	其他纺纱机	10	9
1761	84453000	并线机或加捻机	10	9
1762	84454010	自动络筒机	10	9
1763	84454090	其他络纱机(包括卷纬机)或摇纱机	10	9
1764	84459010	整经机	10	9
1765	84459020	浆纱机	10	9

序号	税则号列	商品名称(简称)	最惠国税率(%)	协定税率(%)
1766	84459090	其他生产及处理纺织纱线的机器	10	9
1767	84461000	所织织物宽度≤30cm的织机	8	7.2
1768	84462110	所织织物宽度>30cm的梭织动力地毯织机	12	10.8
1769	84462190	所织织物宽度>30cm的其他梭织动力织机	10	9
1770	84463020	所织织物宽度>30cm的剑杆织机	8	6.8
1771	84463030	所织织物宽度>30cm的片梭织机	8	5.6
1772	84463040	所织织物宽度>30cm的喷水织机	8	6.8
1773	84463050	所织织物宽度>30cm的喷气织机	8	6.8
1774	84463090	所织织物宽度>30cm的其他无梭织机	8	6.8
1775	84471100	圆筒直径≤165mm的圆型针织机	8	7
1776	84472010	经编机	8	6.8
1777	84472020	其他平型针织机	8	6.8
1778	84472030	缝编机	8	6.8
1779	84479011	地毯织机	7	4.9
1780	84479019	其他簇绒机	8	5.6
1781	84479020	绣花机	8	6.8
1782	84479090	税号84.47其他未列名机器	10	5
1783	84501110	干衣量≤10kg的波轮式全自动洗衣机	10	8.7
1784	84501120	干衣量≤10kg的滚筒式全自动洗衣机	10	8.7
1785	84501190	干衣量≤10kg的其他全自动洗衣机	10	8.7
1786	84501200	装有离心甩干机的非全自动洗衣机	30	24.9
1787	84509010	干衣量≤10kg的洗衣机零件	5	4.2
1788	84509090	干衣量>10kg的洗衣机零件	16	14.4
1789	84511000	干洗机	21	16
1790	84512100	干衣量≤10kg的干燥机	15	13.5
1791	84512900	干衣量>10kg的干燥机	8	7.2
1792	84513000	熨烫机及挤压机(包括熔压机)	8	7.2
1793	84514000	洗涤、漂白或染色机器	8.4	7
1794	84515000	纺织物卷绕、退绕、折叠、剪切或剪齿边机器	8	7.2
1795	84518000	税号84.51所列其他未列名的机器	12	10.8
1796	84519000	税号84.51所列机器的零件	8	7.2
1797	84521010	多功能家用缝纫机	21	17
1798	84521090	其他家用型缝纫机	21	17
1799	84522110	平缝机	12	10.7
1800	84522190	其他自动缝纫机	12	10.7
1801	84522900	其他非自动缝纫机	12	10.8
1802	84523000	缝纫机针	14	12.6
1803	84529011	家用型缝纫机用旋梭	14	9.8
1804	84529019	家用型缝纫机用其他零件	14	9.8
1805	84529091	其他缝纫机用旋梭	14	9.8
1806	84529099	其他缝纫机用其他零件	14	9.8
1807	84531000	生皮、皮革的处理、鞣制或加工机器	8.4	8
1808	84532000	鞋靴制作或修理机器	8.4	8
1809	84543010	冷室压铸机	12	11.4
1810	84543021	方坯连铸机	10	9.5
1811	84543022	板坯连铸机	12	11.4

序号	税则号列	商　品　名　称(简称)	最惠国税率(%)	协定税率(%)
1812	84543029	其他钢坯连铸机	12	11.4
1813	84543090	其他金属冶炼及铸造用铸造机	12	11.4
1814	84551010	热轧管机	12	8.4
1815	84551020	冷轧管机	12	8.4
1816	84551030	定、减径轧管机	12	8.4
1817	84551090	其他金属轧管机	12	8.4
1818	84552110	板材热轧机	15	10.5
1819	84552120	型钢轧机	15	10.5
1820	84552130	线材轧机	15	10.5
1821	84552190	其他金属热轧或冷热联合轧机	15	10.5
1822	84559000	金属轧机的其他零件	8	4
1823	84571010	立式加工中心	9.7	6.8
1824	84571020	卧式加工中心	9.7	6.8
1825	84571030	龙门式加工中心	9.7	6.8
1826	84571090	其他加工金属的加工中心	9.7	6.8
1827	84596910	切削金属的非数控龙门铣床	12	10
1828	84596990	切削金属的其他铣床	12	11
1829	84621010	数控锻造或冲压机床及锻锤	9.7	6.8
1830	84621090	非数控锻造或冲压机床及锻锤	12	8.4
1831	84623910	非数控板带纵剪机	10	9.5
1832	84623920	非数控板带横剪机	10	9.5
1833	84623990	其他剪切机床	10	9.5
1834	84629110	金属型材挤压机	10	9.2
1835	84629190	其他液压压力机	10	9.2
1836	84629910	其他机械压力机	10	9.5
1837	84629990	税号 84.62 的未列名机床	10	9.5
1838	84662000	工件夹具	7	4.9
1839	84672100	电动钻	10	9
1840	84672210	电动链锯	10	9
1841	84672290	其他电动锯	10	9
1842	84672910	电动砂磨工具	10	8
1843	84672920	电刨	10	8
1844	84672990	其他电动工具	10	8
1845	84679110	电动链锯用零件	6	4.8
1846	84679910	其他手提式电动工具用零件	10	9
1847	84692000	其他电动打字机	12	10.8
1848	84713000	便携式数字自动数据处理设备	0	0
1849	84714140	微型机	0	0
1850	84714190	其他数字式数据处理设备	0	0
1851	84714940	以系统形式进口的微型机	0	0
1852	84714991	分散型工业过程控制设备	0	0
1853	84714999	以系统形式报验的其他计算机	0	0
1854	84716011	液晶的显示器	0	0
1855	84716012	阴极射线管的显示器	0	0
1856	84716019	其他自动数据处理设备的显示器	0	0
1857	84716031	自动数据处理设备的针式打印机	0	0

序号	税则号列	商　品　名　称(简称)	最惠国税率(%)	协定税率(%)
1858	84716071	键盘	0	0
1859	84716072	鼠标器	0	0
1860	84729010	自动柜员机	0	0
1861	84729021	打洞机	0	0
1862	84729022	订书机	0	0
1863	84729029	其他装订用机器	0	0
1864	84729030	碎纸机	0	0
1865	84729090	其他办公室用机器	0	0
1866	84748010	固体矿物的辊压成型机	5	4.5
1867	84748020	模压成型机	5	4.5
1868	84748090	税号8474所列的其他机器	5	4.5
1869	84771010	注塑机	0	0
1870	84771090	其他加工橡胶或塑料的注射机	0	0
1871	84772010	塑料造粒机	5	4.5
1872	84772090	其他加工橡胶或塑料的挤出机	5	4.5
1873	84774010	塑料中空成型机	5	4.5
1874	84774020	塑料压延成型机	5	4.5
1875	84774090	其他真空模塑及热成型机器	5	4.5
1876	84775900	其他橡胶或塑料的模塑机、成型机	5	3.5
1877	84778000	其他橡胶或塑料加工机器	5	4.5
1878	84781000	其他未列名的烟草加工及制作机器	5	2.5
1879	84791021	沥青混凝土摊铺机	8	5.6
1880	84791022	稳定土摊铺机	8	5.6
1881	84791029	其他摊铺机	8	5.6
1882	84791090	其他公共工程用的机器	8	5.6
1883	84796000	蒸发式空气冷却器	10	9
1884	84798110	绕线机	9.5	9
1885	84798190	其他处理金属的机械	9.5	9
1886	84798200	其他混合、研磨、筛选、均化等机器	7	4.9
1887	84798920	空气增湿器及减湿器	0	0
1888	84798961	自动插件机	0	0
1889	84798962	自动贴片机	0	0
1890	84798969	印刷电路电路板的其他加工设备	0	0
1891	84798990	本章其他税号未列名机器及机械器具	0	0
1892	84799020	空气增湿器及减湿器零件	0	0
1893	84804100	金属、硬质合金用注模或压模	8	5.6
1894	84804900	金属、硬质合金用其他型模	8	5.6
1895	84807100	塑料或橡胶用注模或压模	0	0
1896	84807900	塑料或橡胶用其他型模	5	3.5
1897	84818010	其他阀门	7	4.9
1898	84821000	滚珠轴承	8	7.6
1899	84828000	其他滚动轴承及球、柱混合轴承	8	5.6
1900	84831010	船舶用传动轴	6	5.1
1901	84831090	其他传动轴及曲柄	6	5.4
1902	84834010	滚子螺杆传动装置	8	5.6
1903	84834020	行星齿轮减速器	8	5.6

序号	税则号列	商品名称(简称)	最惠国税率(%)	协定税率(%)
1904	84834090	其他齿轮及齿轮传动装置	8	5.6
1905	85011010	输出功率≤37.5W玩具电动机	24.5	23.3
1906	85011091	机座20mm≤直径<39mm微电机	9	8.6
1907	85011099	其他输出功率≤37.5W微电机	9	8.6
1908	85013100	输出功率≤750W直流电动机、发电机	12	11
1909	85015300	输出功率>75kW多相交流电动机	12	11.4
1910	85021310	375kVA<输出功率≤2MVA柴油发电机组	10	7
1911	85021320	输出功率>2MVA柴油发电机组	10	7
1912	85030010	玩具用电动机微电机零件	12	11.4
1913	85030020	输出功率>350MVA交流发电机零件	3	2.5
1914	85030030	风力驱动发电机组的零件	3	2.5
1915	85030090	其他电动机、发电机(组)零件	8	7.6
1916	85042311	10MVA<额定容量≤220MVA液体变压器	10	7
1917	85042312	200MVA≤额定容量<330MVA液体变压器	10	7
1918	85042313	330MVA≤额定容量<400MVA液体变压器	10	7
1919	85042321	400MVA≤液体变压器额定容量<500MVA	6	4.2
1920	85042329	其他额定容量≥500MVA液体变压器	6	4.2
1921	85043110	额定容量≤1kVA的互感器	5	4.3
1922	85043190	额定容量≤1kVA的其他变压器	5	4.3
1923	85044013	税号84.71所列机器用的稳压电源	0	0
1924	85044014	功率<1kW高精度直流稳压电源	7	5.6
1925	85044015	功率<10kW高精度交流稳压电源	0	0
1926	85044019	其他稳压电源	0	0
1927	85044020	不间断供电电源(UPS)	10	8.5
1928	85049011	额定容量>400kVA液体介质变压器零件	5	4.5
1929	85049019	其他变压器零件	8	4.5
1930	85049020	稳压电源及不间断供电电源零件	8	5.6
1931	85049090	其他静止式变流器及电感器零件	8	5.6
1932	85051900	非金属永磁体	7	6.7
1933	85052000	电磁联轴节、离合器及制动器	8	7.6
1934	85059000	电磁夹具等及税号85.02的零件	8	7.6
1935	85071000	起动活塞式发动机用铅酸蓄电池	10	6.9
1936	85072000	其他铅酸蓄电池	10	6.9
1937	85073000	镍镉蓄电池	10	8
1938	85074000	镍铁蓄电池	12	9.6
1939	85078010	镍氢电池	12	9.6
1940	85078020	锂离子电池	12	9.6
1941	85078090	其他蓄电池	12	9
1942	85091000	真空吸尘器;包括干式及湿式	10	8.2
1943	85123011	机动车辆用喇叭、蜂鸣器	10	8.5
1944	85123019	其他机动车辆用音响信号装置	10	8.5
1945	85123090	其他车辆用音响信号装置	10	8.5
1946	85131010	手电筒	15	13.2
1947	85143000	工业、实验室用其他电炉及电烘箱	0	0
1948	85152900	其他电阻焊接机器及装置	10	9.5
1949	85158000	其他焊接机器及装置	8	7.6

序号	税则号列	商　品　名　称(简称)	最惠国税率(%)	协定税率(%)
1950	85159000	电气等焊接机器及装置零件	6	5.7
1951	85165000	微波炉	15	13.5
1952	85171100	无绳电话机	0	0
1953	85173011	容量≥5千门局用电话交换机	0	0
1954	85175021	光端机及脉冲编码调制设备	0	0
1955	85175022	波分复用光传输设备	0	0
1956	85175029	其他光通讯设备	0	0
1957	85175031	通信网络时钟同步设备	0	0
1958	85175032	以太网络交换机	0	0
1959	85175033	IP电话信号交换机	0	0
1960	85175036	调制解调器	0	0
1961	85175039	其他有线数字通信设备	0	0
1962	85178000	有线电话或电报用其他设备	0	0
1963	85199910	激光唱机	30	26
1964	85199990	其他声音重放设备	20	16.4
1965	85211011	广播级录像机	每台完税价格低于或等于2000美元:执行单一从价税,税率为30%;每台完税价格高于2000美元:每台征收从量税,税额4374元,加上3%从价税	每台完税价格低于或等于2000美元:执行单一从价税,税率为16%;每台完税价格高于2000美元:每台征收从量税,税额2103元,加上3%从价税
1966	85211019	其他磁带录像机	每台完税价格低于或等于2000美元:执行单一从价税,税率为30%;每台完税价格高于2000美元:每台征收从量税,税额4374元,加上3%从价税	每台完税价格低于或等于2000美元:执行单一从价税,税率为24.5%;每台完税价格高于2000美元:每台征收从量税,税额3483元,加上3%从价税
1967	85211020	磁带放像机	每台完税价格低于或等于2000美元:执行单一从价税,税率为30%;每台完税价格高于2000美元:每台征收从量税,税额4374元,加上3%从价税	每台完税价格低于或等于2000美元:执行单一从价税,税率为18%;每台完税价格高于2000美元:每台征收从量税,税额2430元,加上3%从价税
1968	85219011	视频高密光盘机VCD	20	16
1969	85219012	数字化视频光盘机DVD	20	16
1970	85219019	其他激光视盘放像机	20	16
1971	85219090	其他视频信号录制或重放设备	20	16
1972	85229010	转盘或唱机用零附件	25	20

序号	税则号列	商品名称(简称)	最惠国税率(%)	协定税率(%)
1973	85229021	录音机走带机构(机芯)	25	22.5
1974	85229022	磁头	25	22.5
1975	85229023	磁头零件	20	18
1976	85229029	盒式磁带录音机或放声机其他零件	30	27
1977	85229031	激光视盘机的机芯	30	21
1978	85229039	其他视频信号录放设备的零件附件	30	21
1979	85229090	税号 85.19 至 85.21 所列设备其他零件	20	16
1980	85231320	宽度 > 6.5mm 的未录制录音带	0	0
1981	85231330	宽度 > 6.5mm 的未录制录像带	0	0
1982	85231390	宽度 > 6.5mm 其他的未录制磁带	0	0
1983	85232090	其他用途的空磁盘	0	0
1984	85243990	其他已录制的光盘	0	0
1985	85249990	其他已录制媒体	0	0
1986	85252022	手持(包括车载)式无线电话机	0	0
1987	85252023	对讲机	0	0
1988	85253010	特种用途电视摄像机	10	9
1989	85253091	广播级电视摄像机	每台完税价格低于或等于 5000 美元,执行单一从价税,税率:35%;每台完税价格高于 5000 美元:每台征收从量税,税额 12960 元,加上 3%从价税	每台完税价格低于或等于 5000 美元:执行单一从价税,税率为 29.8%;每台完税价格高于 5000 美元:每台征收从量税,税额 10854 元,加上 3%从价税。
1990	85253099	其他电视摄像机	每台完税价格低于或等于 5000 美元,执行单一从价税,税率:35%;每台完税价格高于 5000 美元:每台征收从量税,税额 12960 元,加上 3%从价税	每台完税价格低于或等于 5000 美元:执行单一从价税,税率为 29.8%;每台完税价格高于 5000 美元:每台征收从量税,税额 10854 元,加上 3%从价税。
1991	85281210	彩色卫星电视接收机	30	24
1992	85281221	显示屏幕不超过 42 厘米的阴极射线显像管的彩色电视接收装置	30	21
1993	85281222	显示屏幕超过 42 厘米不超过 52 厘米的阴极射线显像管的彩色电视接收装置	30	21
1994	85281223	显示屏幕超过 52 厘米不超过 74 厘米的阴极射线显像管的彩色电视接收装置	30	21
1995	85281224	显示屏幕超过 74 厘米的阴极射线显像管的彩色电视接收装置	30	21
1996	85281238	显示屏幕超过 52 厘米的液晶显示器的彩色电视接收装置	30	21
1997	85281239	其他液晶显示器的彩色电视接收装置	30	21
1998	85281248	显示屏幕超过 52 厘米等离子显示器的彩色电视接收装置	30	21
1999	85281249	其他等离子显示器的彩色电视接收装置	30	21

序号	税则号列	商品名称(简称)	最惠国税率(%)	协定税率(%)
2000	85281290	其他彩色电视机	30	21
2001	85282100	彩色视频监视器	30	26
2002	85282200	黑白或其他单色视频监视器	19	15.2
2003	85283010	彩色视频投影机	30	25.5
2004	85291020	收音机、电视机天线及其零件	0	0
2005	85299010	电视发送、差转等设备零件	0	0
2006	85299030	对讲机零件	8	5.6
2007	85299041	特种用途电视摄像机、静像视频摄像机及其他视频摄录一体机,数字相机零件	8	6.8
2008	85299042	非特种用途的取像模块	12	10.8
2009	85299049	其他电视摄像机、静像视频摄像机及其他视频摄录一体机、数字相机零件	12	10.8
2010	85299050	雷达及无线电导航设备零件	1.5	1.4
2011	85299060	收音机及其组合机的其他零件	15	12
2012	85299070	无线寻呼机零件	0	0
2013	85299081	彩色电视机零件	15	12
2014	85299082	等离子显像组件及其零件	0	0
2015	85299089	其他电视机零件	0	0
2016	85299090	税号85.25至85.28所列设备的零件	0	0
2017	85311010	机动车辆防盗装置	10	9
2018	85312000	有液晶装置或发光管的显示板	0	0
2019	85319010	防盗、防火及类似装置用零件	0	0
2020	85319090	其他音响或视觉信号装置用零件	0	0
2021	85321000	固定电容器(电力电容器)	0	0
2022	85322200	铝(固定)电介电容器	0	0
2023	85322490	其他多层瓷介电容器	0	0
2024	85322900	其他固定电容器	0	0
2025	85359000	其他>1000V电路开关等电气装置	10	9.5
2026	85365000	电压≤1000V的其他开关	0	0
2027	85366900	电压≤1000V的插头及插座	0	0
2028	85369000	其他≤1000V电路开关等电气装置	0	0
2029	85371011	可编程序控制器	5	2.5
2030	85371019	其他数控装置	5	2.5
2031	85371090	其他电力控制或分配的装置	8.4	4.2
2032	85372010	电压≥500kV高压开关装置	8.4	4.2
2033	85372090	其他电力控制或分配装置	8.4	4.2
2034	85381010	子目号8537.2010所列装置的零件	8.4	4.2
2035	85381090	税号85.37货品用的其他盘、板等	7	3.5
2036	85433000	电镀、电介或电泳设备及装置	0	0
2037	85438910	金属、矿藏探测器	0	0
2038	85438920	高、中频放大器	0	0
2039	85438990	未列名的电气设备及装置	0	0
2040	85439021	输出信号频率<1500MHz通用信号发生器零件	0	0
2041	85441100	铜制绕组电线	10	7
2042	85442000	同轴电缆及其他同轴电导体	10	9
2043	85444110	耐压≤80V有接头电缆	0	0
2044	85444190	耐压≤80V有接头电导体	0	0
2045	85444910	耐压≤80V无接头电缆	0	0
2046	85444990	耐压≤80V无接头电导体	0	0
2047	85445110	1000V≥耐压>80V有接头电缆	0	0

序号	税则号列	商品名称(简称)	最惠国税率(%)	协定税率(%)
2048	85445190	1000V≥耐压>80V 有接头电导体	0	0
2049	85445910	1000V≥耐压>80V 无接头电缆	6	4.2
2050	85445990	1000V≥耐压>80V 无接头电导体	12	8.4
2051	85446012	额定电压不超过 35kV 的电缆	10	8.9
2052	85446013	额定电压超过 35kV,但不超过 11kW 伏的电缆	8.4	8
2053	85446014	额定电压超过 110kV,但不超过 220kW 的电缆	8.4	8
2054	85446019	其他额定电压超过 1000V 的电缆	8.4	8
2055	85446090	耐压>1kV 的其他电导体	21	20
2056	87032130	排气量≤1000ml 的小轿车	28	25.2
2057	87032190	排气量≤1000ml 的其他车辆	28	25.2
2058	87032230	1L<排气量≤1.5L 的小轿车	28	25.2
2059	87032240	1L<排气量≤1.5L 的越野车	28	25.2
2060	87032250	1L<排气量≤1.5L,≤9 座的小客车	28	25.2
2061	87032290	1L<排气量≤1.5L 的其他车辆	28	25.2
2062	87032314	1.5L<排气量≤2.5L 的小轿车	28	25.2
2063	87032315	1.5L<排气量≤2.5L 的越野车	28	25.2
2064	87032316	1.5L<排气量≤2.5L,≤9 座的小客车	28	25.2
2065	87032319	1.5L<排气量≤2.5L 的其他车辆	28	25.2
2066	87032334	2.5L<排气量≤3L 的小轿车	28	25.2
2067	87032335	2.5L<排气量≤3L 的越野车	28	25.2
2068	87032336	2.5L<排气量≤3L,≤9 座的小客车	28	25.2
2069	87032339	2.5L<排气量≤3L 的其他车辆	28	25.2
2070	87032430	排气量>3000ml 的小轿车	28	25.2
2071	87032440	排气量>3000ml 的越野车	28	25.2
2072	87032450	排气量>3L,≤9 座的小客车	28	25.2
2073	87032490	排气量>3000ml 的其他车辆	28	25.2
2074	87033230	1.5L<排气量≤2.5L 的柴油型小轿车	28	25.2
2075	87033240	1.5L<排气量≤2.5L 的柴油型越野车	28	25.2
2076	87033250	1.5L<排气量≤2.5L≤9 座的柴油型小客车	28	25.2
2077	87033290	1.5L<排气量≤2.5L 的柴油型其他车辆	28	25.2
2078	87033330	排气量>2500ml 柴油型的小轿车	28	25.2
2079	87033340	排气量>2500ml 的柴油型越野车	28	25.2
2080	87033350	排气量>2.5L,≤9 座的柴油型小客车	28	25.2
2081	87033390	排气量>2500ml 的柴油型其他车辆	28	25.2
2082	87039000	装有压燃式内燃发动机的其他载人机动车辆	28	25.2
2083	87042230	柴油型其他中型货车	20	18
2084	87042240	柴油型其他重型货车	20	18
2085	87054000	机动混凝土搅拌车	15	13.5
2086	87059010	无线电通信车	9	8.1
2087	87059020	机动放射线检查车	9	8.1
2088	87059030	机动环境监测车	12	10.8
2089	87059040	机动医疗车	12	10.8
2090	87059051	航空电源车(频率为 400 赫兹)	12	10.8
2091	87059059	其他机动电源车	12	10.8
2092	87059060	飞机加油车、调温车、除冰车	12	10.8
2093	87059070	道路(包括跑道)扫雪车	12	10.8
2094	87059080	石油测井车、压裂车、混沙车	12	10.8
2095	87059090	其他特殊用途的机动车辆	12	10.8
2096	87079010	税号 8702.1092、.1093、.9020 及.9030 所列车辆用车身	14.3	12.9
2097	87079090	其他车辆用车身(含驾驶室)	14.3	12.9

序号	税则号列	商　品　名　称(简称)	最惠国税率(%)	协定税率(%)
2098	87081000	缓冲器(保险杠)及其零件	10	9.6
2099	87082920	机动车辆的安全气囊装置	14.3	12.9
2100	87082930	车窗玻璃升降器	10	9
2101	87082941	汽车电动天窗	10	9
2102	87082942	汽车手动天窗	10	9
2103	87082951	侧围	10	9
2104	87082952	车门	10	9
2105	87082953	发动机罩盖	10	9
2106	87082954	前围	10	9
2107	87082955	行李箱盖(或背门)	10	9
2108	87082956	后围	10	9
2109	87082957	翼子板(或叶子板)	10	9
2110	87082959	车身的其他覆盖件	10	9
2111	87082990	车身的未列名零部件	10	9
2112	87083910	牵引车、拖拉机用制动器及其零件	6	5.4
2113	87083920	大型客车用制动器及其零件	10	9
2114	87083930	非公路自卸车用制动器及其零件	6	5.4
2115	87083940	柴、汽油轻型货车用制动器及零件	10	9
2116	87083950	柴油型重型货车用制动器及其零件	10	9
2117	87083960	特种车用制动器及其零件	10	9
2118	87083991	防抱死制动系统(ABS)	14.3	12.9
2119	87083999	其他未列名机动车辆用制动器及零件	14.3	12.9
2120	87085010	牵引车、拖拉机用驱动桥	6	5.4
2121	87085020	其他大型客车用驱动桥	10	9
2122	87085030	非公路自卸车用驱动桥	6	5.4
2123	87085040	柴、汽油型轻型货车用驱动桥	10	9
2124	87085050	其他柴油型重型货车用驱动桥	10	9
2125	87085060	特种车用驱动桥	10	9
2126	87085090	未列名机动车辆用驱动桥	10	9
2127	87088010	税号87.03所列车辆用的悬挂减震器	10	9
2128	87088090	机动车辆用的其他悬挂减震器	10	9
2129	87113010	汽油型中小马力摩托车及脚踏两用车	45	32.8
2130	87113020	汽油型中大马力摩托车及脚踏两用车	45	32.8
2131	87120020	竞赛型自行车	13	9.1
2132	87120030	山地自行车	13	9.1
2133	87120041	16、18、20英寸自行车	13	9.1
2134	87120049	其他越野自行车	13	9.1
2135	87120081	≤16英寸的未列名自行车	13	9.1
2136	87120089	其他未列名自行车	13	9.1
2137	87120090	其他非机动脚踏车	23	16.1
2138	87149900	非机动脚踏车的其他零附件	12	8.4
2139	88024010	大型飞机及其他航空器	5	3.5
2140	88024020	特大型飞机及其他航空器	1	0.7
2141	90011000	光导纤维束及光缆	5	4.5
2142	90012000	偏振材料制的片及板	8	7.6
2143	90019000	税号90.01未列名的其他光学元件	8	7.6
2144	90022010	照相机用滤色镜	15	14.3
2145	90022090	其他光学仪器或装置滤色镜	15	14.3
2146	90069110	特种用途照相机的零附件	8	5.6
2147	90069120	一次成像照相机的零附件	5	3.5

序号	税则号列	商品名称(简称)	最惠国税率(%)	协定税率(%)
2148	90069191	照相机自动调焦组件	10	7
2149	90069192	其他照相机的快门组件	10	7
2150	90069199	其他照相机的其他零附件	10	7
2151	90099100	文件自动送入器	0	0
2152	90099200	送纸器	0	0
2153	90099300	分页器	0	0
2154	90138010	放大镜	12	8.4
2155	90138020	光学门眼	12	8.4
2156	90158000	其他大地测量仪器及装置	5	3.5
2157	90181100	心电图记录仪	5	5
2158	90181210	B型超声波诊断仪	7	5
2159	90181291	彩色超声波诊断仪	5	4.5
2160	90181299	其他超声扫描装置	5	4.5
2161	90181300	核磁共振成象装置	4	0
2162	90181400	闪烁摄影装置	5	5
2163	90181930	病员监护仪	4	0
2164	90181941	听力计	4	0
2165	90181949	其他听力诊断装置	4	0
2166	90181990	其他电气诊断装置	4	0
2167	90182000	紫外线及红外线装置	4	0
2168	90183100	注射器	8	5
2169	90183210	管状金属针头	8	5
2170	90183220	缝合用针	4	0
2171	90183900	导管、插管及类似品	4	0
2172	90184100	牙钻机	4	0
2173	90184910	装有牙科设备的牙科用椅	4	0
2174	90184990	牙科用其他仪器及器具	4	0
2175	90185000	眼科用其他仪器及器具	4	0
2176	90189010	听诊器	4	0
2177	90189020	血压测量仪器及器具	4	0
2178	90189030	内窥镜	4	0
2179	90189040	肾脏透析设备(人工肾)	4	0
2180	90189050	透热疗法设备	4	0
2181	90189060	输血设备	4	0
2182	90189070	麻醉设备	4	0
2183	90189080	宫内节育器	4	0
2184	90189090	税号90.18中未列名的医疗仪器	4	0
2185	90221200	X射线断层检查仪	4	2.8
2186	90241000	金属材料的试验用机器及器具	7	6.5
2187	90251910	非液体的工业用温度计及高温计	8.4	8
2188	90251990	非液体的其他温度计、高温计	8.4	8
2189	90259000	比重计、温度计等类似仪器的零件	8	7.6
2190	90278011	集成电路生产用氦质谱检漏台	0	0
2191	90278019	其他质谱仪	0	0
2192	90278090	其他理化分析仪器及装置	0	0
2193	90304010	测试频率<12.4千兆赫兹数字式频率计	0	0
2194	90304090	其他无线电通讯专用仪器及装置	0	0
2195	90311000	机械零件平衡试验机	7	6.5
2196	90318010	光纤通信及光纤性能测试仪	5	4
2197	90318090	未列名测量、检验仪器器具及机器	5	4

序号	税则号列	商　　品　　名　　称(简称)	最惠国税率(%)	协定税率(%)
2198	90328100	液压或气压的其他仪器及装置	7	6.5
2199	91011100	机械指示式的贵金属电子手表	11	9.9
2200	91021100	机械指示式的其他电子手表	12.5	11.1
2201	91081900	其他已组装的完整电子表芯	16	12
2202	91112000	贱金属制的表壳	14	10
2203	94013000	可调高度的转动坐具	0	0
2204	94031000	办公室用金属家具	0	0
2205	94033000	办公室用木家具	0	0
2206	94042900	其他材料制褥垫	20	14
2207	94060000	活动房屋	10	7
2208	95032000	缩小(按比例缩小)的全套模型组件	0	0
2209	95034100	填充的玩具动物	0	0
2210	95034900	其他玩具动物	0	0
2211	95061100	滑雪屐	14	5
2212	95061200	滑雪屐扣件(滑雪屐带)	14	5
2213	95061900	其他滑雪用具	14	5
2214	95062100	帆板	12	5
2215	95062900	其他水上运动用具	14	5
2216	95063100	完整的高尔夫球棍	14	5
2217	95063200	高尔夫球	12	5
2218	95063900	其他高尔夫球用具	14	5
2219	95064010	乒乓球	12	5
2220	95064090	其他乒乓球运动用品及器械	14	5
2221	95065100	草地网球拍	14	5
2222	95065900	其他网球拍、羽毛球拍或类似球拍	14	5
2223	95066100	草地网球	12	5
2224	95066210	篮球、足球、排球	12	5
2225	95066290	其他可充气的球	12	5
2226	95066900	其他球	12	5
2227	95067010	溜冰鞋	14	5
2228	95067020	旱冰鞋	14	5
2229	95069110	健身及康复器械	12	5
2230	95069120	滑板	12	5
2231	95069190	一般的体育活动、体操或竞技用品	12	5
2232	95069900	其他未列名的95章用品及设备	12	5
2233	95079000	其他钓鱼用品	21	18.9
2234	96032900	剃须刷、发刷、睫毛刷等人体化妆用刷	15	13.5
2235	96033010	画笔	25	15
2236	96033020	毛笔	20	18
2237	96033090	化妆用的类似笔	25	22.5
2238	96039010	羽毛掸	21	18.9
2239	96071900	其他拉链	21	14.7
2240	96081000	圆珠笔	15	13.5
2241	96151100	硬质橡胶或塑料制梳子、发夹及类似品	18	16.2
2242	96159000	其他发夹、卷发器等及其零件	18	16.2
2243	96161000	香水喷雾器或类似的化妆用喷雾器	18	16.2
2244	96162000	施敷脂粉或化妆品用粉扑及粉拍	18	16.2

附表 8

2006 年台湾水果零关税措施商品税率表

序号	商品编号	商　品　名　称(简称)	最惠国税率(%)	优惠税率(%)
1	0801199010	鲜椰子	12	0
2	0802901010	鲜的槟榔	10	0
3	0804300010	鲜菠萝	12	0
4	0804501010	鲜番石榴	15	0
5	0804502010	鲜芒果	15	0
6	0805400010	鲜柚	12	0
7	0807200000	鲜木瓜	25	0
8	0809300000	鲜桃,包括鲜油桃	10	0
9	0809400010	鲜梅	10	0
10	0810905000	鲜蕃荔枝	20	0
11	0810906000	鲜杨桃	20	0
12	0810907000	鲜莲雾	20	0
13	0810909020	鲜枣	20	0
14	0810909030	鲜枇杷	20	0
15	0810909040	鲜柿子	20	0

附表 9

2006 年对非洲 26 国特惠商品税率表

序号	税则号列	商　品　名　称(简称)	最惠国税率(%)	特惠税率(%)
1	01063990	其他鸟	10	0
2	01069090	其他动物	10	0
3	03033300	冻鳎鱼	12	0
4	03033900	其他冻比目鱼	10	0
5	03035000	冻鲱鱼(大西洋、太平洋鲱鱼),但鱼肝及鱼卵除外	10	0
6	03037100	冻沙丁鱼、黍鲱鱼	12	0
7	03037910	冻带鱼	10	0
8	03037950	冻剑鱼	10	0
9	03037990	其他未列名冻鱼	10	0
10	03038000	冻鱼肝及鱼卵	10	0
11	03049000	其他冻鱼肉	10	0
12	03055920	干鱼翅	15	0
13	03055990	其他干鱼	16	0
14	03061319	其他冻小虾	5	0
15	03061329	其他冻对虾	5	0
16	03061490	其他冻蟹	10	0
17	03074900	其他冻、干、盐制的墨鱼及鱿鱼	12	0
18	03075900	其他冻、干、盐制的章鱼	17	0
19	03079920	冻、干、盐腌或盐渍的海参	10	0
20	05071000	兽牙;兽牙粉末及废料	10	0
21	05080090	珊瑚及介、贝、棘皮动物的壳、骨	12	0
22	05119111	受精鱼卵	12	0
23	05119119	其他鱼产品	12	0
24	05119190	其他未列名水产品;第三章的死动物	12	0
25	06049900	染色或经加工的枝、叶、草等	10	0
26	08013100	鲜或干的未去壳腰果	20	0
27	09011100	未浸除咖啡碱的未焙炒咖啡	8	0
28	09011200	已浸除咖啡碱的未焙炒咖啡	8	0
29	09050000	香子兰豆	15	0
30	09070000	丁香(母丁香、公丁香及丁香梗)	3	0
31	12074090	其他芝麻	10	0
32	12119050	主要用作香料的植物	8	0
33	12122090	鲜、冷、冻或干的其他海草及其他藻类	15	0
34	13012000	阿拉伯胶	15	0
35	13019020	乳香、没药及血竭	3	0
36	14019090	未列名主要用作编结用的植物材料	10	0
37	14049000	其他植物产品	15	0
38	15131900	椰子油及其分离品	9	0
39	16041990	制作或保藏的其他鱼,整条或切块,但未绞碎	12	0
40	18010000	生或焙炒的整颗或破碎的可可豆	8	0
41	18040000	可可油,可可脂	22	0

序号	税则号列	商品名称(简称)	最惠国税率(%)	特惠税率(%)
42	20041000	非用醋制作的冷冻马铃薯	13	0
43	25061000	石英	3	0
44	25062100	原状或粗加修整石英岩	3	0
45	25062900	切割成矩形板、块的石英岩	3	0
46	25084000	其他粘土,不论是否煅烧	3	0
47	25085000	红柱石,蓝晶石及硅线石,不论是否煅烧	3	0
48	25140000	板岩,不论是否粗加修整或切割成矩形板块	3	0
49	25151100	原状或粗加修整大理石及石灰华	4	0
50	25161100	原状或粗加修整的花岗岩	4	0
51	25162100	原状或粗加修整的砂岩	3	0
52	25171000	通常做混凝土粒料、铺路、铁道路基或其他路基用的卵石、砾石及碎石,圆石子及燧石,不论是否热处理	4	0
53	25174900	税目2515及2616所列各种石料的碎粒、碎屑及粉末,大理石的除外,不论是否热处理	3	0
54	25309091	硅灰石	3	0
55	25309099	其他矿产品	3	0
56	26203000	主要含铜的矿灰及残渣	4	0
57	27101991	润滑油	6	0
58	27141000	沥青页岩、油页岩及焦油砂	6	0
59	29071990	其他一元酚	5.5	0
60	29095000	醚酚、醚醇酚及其卤化、磺化、硝化、或亚硝化的衍生物	5.5	0
61	29157090	棕榈酸及其盐和酯、硬脂酸盐、酯	5.5	0
62	29392100	奎宁及其盐	4	0
63	33011300	柠檬油(包括浸膏及净油)	20	0
64	33012990	其他非柑桔属果实的精油(包括浸膏及净油)	15	0
65	33019090	用花香吸取法或浸渍法制定的含浓缩精油的脂肪、固定油、蜡及类似品;精油脱萜所得的萜烯副产品(柑桔属果实的除外);精油水溶液及水馏液	20	0
66	33029000	其他工业用混合香料及以香料为基本成分的混合物和制品	10	0
67	34031900	润滑剂(含有石油或从沥青矿物提取的油类且按重量计<70%)	10	0
68	39152000	苯乙烯聚合物的废碎料及下脚料	8.6	0
69	39159010	聚对苯二甲酸乙二酯的塑料废碎料及下脚料	8.6	0
70	39159090	其他塑料的废碎料及下脚料	8.6	0
71	39191099	其他材料制的,宽度≤20cm的其他成卷塑料胶粘板片等	6.5	0
72	39219090	未列名塑料板、片、膜、箔及扁条	6.5	0
73	39229000	塑料便盆、抽水箱等类似卫生洁具	10	0
74	39269010	塑料制机器及仪器用零件	10	0
75	39269090	其他塑料制品	10	0
76	40111000	机动小客车用新的充气橡胶轮胎	10	0
77	40169310	硫化橡胶制机器、仪器用垫片、垫圈及其他密封垫	8	0
78	41041111	全粒面未剖层或粒面剖层蓝湿牛皮	7	0
79	41041911	其他蓝湿牛皮	7	0
80	41051010	蓝湿绵羊或羔羊皮	14	0
81	41051090	其他他绵羊或羔羊湿皮革	10	0
82	41053000	绵羊或羔羊干革(坯革)	8	0
83	41062100	山羊或小山羊皮湿革	14	0

序号	税则号列	商品名称(简称)	最惠国税率(%)	特惠税率(%)
84	41064000	爬行动物皮革	14	0
85	41079200	已鞣粒面剖层非整张牛马皮革	5	0
86	41120000	已鞣进一步加工的不带毛绵羊或羔羊皮革	8	0
87	41131000	已鞣进一步加工的不带毛山羊或小山羊皮革	14	0
88	41133000	已鞣进一步加工的不带毛爬行动物皮革	14	0
89	42022200	以塑料片或纺织材料作面的手提包	10	0
90	42023100	以皮革、再生皮革作面的钱包等物品	10	0
91	42023200	以塑料或纺织品作面的钱包等物品	20	0
92	42029200	以塑料或纺织材料作面的其他容器	10	0
93	44201010	木刻及竹刻	0	0
94	44201090	其他木制小雕像及其他装饰品	0	0
95	44209090	木盒子及类似品;非落地式木家具	0	0
96	46012029	其他草制的席子、席料及帘子	9	0
97	46019199	其他植物编结材料产品	9	0
98	46021020	草编制的篮筐及其他制品	9	0
99	49100000	印刷的各种日历,包括日历芯	7.5	0
100	51081000	非供零售用粗梳动物细毛纱线	5	0
101	52052100	非零售精梳粗支纯棉单纱	5	0
102	52053200	非零售粗梳中支纯棉多股纱	5	0
103	52054200	非零售精梳中支纯棉多股纱	5	0
104	52083200	染色的较轻质全棉平纹布	10	0
105	52085200	印花的较轻全棉平纹布	10	0
106	52091100	未漂白重质全棉平纹布	10	0
107	52105900	与化纤混纺印花的轻质其他棉布	10	0
108	53041000	生西沙尔麻及其他纺织用龙舌兰纤维	5	0
109	53049000	经加工、未纺的西沙尔麻及其他龙舌兰类纤维	5	0
110	53082000	大麻纱线	6	0
111	54076100	其他纯聚酯非变形长丝布	10	0
112	54079200	染色的其他混纺合成纤维长丝布	10	0
113	55081000	合成纤维短纤纺制的缝纫线	5	0
114	58012200	割绒的棉制灯芯绒	10	0
115	58071000	机织非绣制纺织材料标签、徽章等	10	0
116	61033200	棉制针织或钩编男式上衣	16	0
117	61043200	棉制针织女式上衣	16	0
118	61061000	棉制针织或钩编女衬衫	16	0
119	61091000	棉制针织或钩编T恤衫、汗衫等	14	0
120	61099090	其他纺织材料制针织或钩编T恤衫、汗衫等	14	0
121	61101100	羊毛制针织或钩编套头衫等	14	0
122	61102000	棉制针织或钩编套头衫等	14	0
123	61178000	针织或钩编其他衣着附件	14	0
124	62031100	毛制男式西服套装	17.5	0
125	62033200	棉制男式上衣	16	0
126	62033300	合纤制男式上衣	17.5	0
127	62033990	其他纺织材料制男式上衣	16	0
128	62034990	其他纺织材料制男童裤、工装裤	16	0
129	62043100	毛制女式上衣	16	0

序号	税则号列	商　品　名　称(简称)	最惠国税率(%)	特惠税率(%)
130	62045990	其他纺织材料制裙子及裙裤	14	0
131	62046200	棉制女式长裤、工装裤等	16	0
132	62052000	棉制男衬衫	16	0
133	62053000	化纤制男衬衫	16	0
134	62069000	其他纺织材料制女衬衫	16	0
135	62079100	棉制男式浴衣、晨衣及类似品	14	0
136	62159000	其他纺织材料制领带及领结	14	0
137	62179000	非针织非钩编服装或衣着零件	14	0
138	68021010	大理石制砖、瓦、方块及类似品	24	0
139	68029990	其他石及制品	24	0
140	68159910	碳纤维及其制品	17.5	0
141	68159990	其他未列名石制品及矿物制品	17.5	0
142	71023100	未加工或简单加工非工业用钻石	3	0
143	71031000	未加工宝石或半宝石	3	0
144	71049099	其他非工业用合成其他宝石或半宝石	8	0
145	71162000	宝石或半宝石制品	35	0
146	71171900	其他贱金属制仿首饰	17	0
147	72022900	硅铁,含硅量≤55%	2	0
148	73089000	其他钢铁结构体及部件	4	0
149	73181500	其他螺钉及螺栓	8	0
150	74011000	铜锍	2	0
151	74020000	未精炼铜、电解精炼用铜阳极	2	0
152	74031100	精炼铜的阴极及阴极型材	2	0
153	74040000	铜废碎料	1.5	0
154	74199990	非工业用其他铜制品	20	0
155	75022000	未锻轧镍合金	3	0
156	76011010	按重量计含铝量在99.95%及以上的未煅轧非铝合金	5	0
157	76011090	其他非煅轧非铝合金	5	0
158	76020000	铝废碎料	1.5	0
159	81052010	钴湿法冶炼中间品	4	0
160	81052090	钴锍及其他钴冶炼时所得的中间产品、未锻轧钴、粉末	4	0
161	81059000	其他钴及制品	8	0
162	83024900	其他用贱金属配件及架座	12	0
163	83081000	贱金属制钩、环及眼	10.5	0
164	83089000	贱金属制珠子及亮晶片	10.5	0
165	84139100	液体泵用零件	5	0
166	84314310	石油或天然气钻探机用零件	4	0
167	84339090	税号84.33所列其他机械零件	3	0
168	84701000	电子计算器及袖珍式数据录放机器	0	0
169	84821000	滚珠轴承	8	0
170	84829900	滚动轴承的其他零件	6	0
171	84831090	其他传动轴及曲柄	6	0
172	84834090	其他齿轮及齿轮传动装置	8	0
173	84839000	单独报验的带齿的轮及其他传动元件;零件	8	0
174	84849000	其他材料制密封垫及类似接合衬垫	8	0
175	85011099	其他输出功率≤37.5W微电机	9	0

序号	税则号列	商　品　名　称(简称)	最惠国税率(%)	特惠税率(%)
176	85021100	输出功率≤75kVA柴油发电机组	10	0
177	85139010	手电筒零件	14	0
178	85189000	税号85.18所列货品的零件	10.5	0
179	85245390	其他宽度>6.5mm的音像磁带	10	0
180	85389000	税号85.35、85.36或85.37装置的零件	7	0
181	87120041	16、18、20英寸自行车	13	0
182	90183100	注射器	8	0
183	90229090	税号90.22所列其他设备及零件	6	0
184	90230000	专供示范的仪器、装置及模型	7	0
185	90328900	非液压或气压的其他仪器及装置	7	0
186	91051100	电子闹钟	23	0
187	92099200	编号9202所列乐器的零附件	17.5	0
188	94016900	其他木框架的坐具	0	0
189	94035099	卧室用其他木家具	0	0
190	94036099	其他木家具	0	0
191	96020090	已加工植物或矿物质雕刻料及制品	25	0
192	96071100	装有贱金属齿的拉链	21	0
193	96081000	圆珠笔	15	0
194	97030000	各种材料制的雕塑品原件	12	0

注:非洲26国指贝宁共和国、布隆迪共和国、佛得角共和国、中非共和国、科摩罗联盟、刚果民主共和国、吉布提共和国、厄立特里亚国、埃塞俄比亚联邦民主共和国、几内亚共和国、几内亚比绍共和国、莱索托王国、利比里亚共和国、马达加斯加共和国、马里共和国、毛里塔尼亚伊斯兰共和国、莫桑比克共和国、尼日尔共和国、卢旺达共和国、塞拉利昂共和国、苏丹共和国、坦桑尼亚联合共和国、多哥共和国、乌干达共和国、赞比亚共和国和赤道几内亚共和国。

附表 10

2006年对柬埔寨、缅甸、老挝和孟加拉特惠商品税率表

序号	税则号列	商品名称(简称)	最惠国税率(%)	协定税率(%)			
				柬埔寨	缅甸	老挝	孟加拉
1	01029000	其他牛	10	0	0	0	
2	01039110	重量<10kg的猪	10	0	0		
3	01039120	重量在10-50kg的猪,包括10kg	10	0	0		
4	01039200	重量≥50kg的猪	10	0	0	0	
5	01051190	重量≤185g的其他鸡	10		0	0	
6	01051990	重量≤185g的其他家禽	10			0	
7	01061920	食用哺乳动物	10		0		
8	01062020	食用爬行动物	10		0		
9	01063921	乳鸽	10		0		
10	01063922	鸵鸟	10		0		
11	01063923	野鸭	10		0		
12	01063929	其他食用鸟	10		0		
13	01069020	其他食用动物	10		0		
14	02011000	整头及半头鲜、冷牛肉	20	0		0	
15	02012000	鲜、冷的带骨牛肉	12	0		0	
16	02013000	鲜、冷的去骨牛肉	12	0			
17	02021000	冻的整头及半头牛肉	25	0		0	
18	02022000	冻的带骨牛肉	12	0		0	
19	02023000	冻的去骨牛肉	12	0			
20	02031110	鲜、冷的整头及半头乳猪肉	20	0		0	
21	02031190	其他鲜、冷的整头及半头猪肉	20	0		0	
22	02031200	鲜、冷的带骨猪前腿、后腿及其肉块	20	0		0	
23	02031900	其他鲜、冷猪肉	20	0		0	
24	02032110	冻整头及半头乳猪肉	12	0		0	
25	02032190	其他冻整头及半头猪肉	12	0		0	
26	02032200	冻的带骨猪前腿、后腿及其肉块	12	0		0	
27	02032900	其他冻猪肉	12	0			
28	02061000	鲜、冷的牛杂碎	12	0		0	
29	02062100	冻牛舌	12	0		0	
30	02062200	冻牛肝	12	0		0	
31	02062900	其他冻牛杂碎	12	0		0	
32	02063000	鲜、冷的猪杂碎	20	0	0	0	
33	02064100	冻猪肝	20	0		0	
34	02064900	其他冻猪杂碎	12	0		0	
35	02068000	鲜、冷的羊、马、驴、骡杂碎	20	0			
36	02069000	冻的羊、马、驴、骡杂碎	18	0			
37	02071100	整只,鲜或冷的鸡	20	0	0	0	
38	02071200	整只,冻的鸡	1.3元/千克	0元/千克	0元/千克	0元/千克	
39	02071311	鲜或冷的带骨鸡块	20	0	0	0	
40	02071319	鲜或冷的其他鸡块	20	0	0	0	

序号	税则号列	商品名称(简称)	最惠国税率(%)	协定税率(%)			
				柬埔寨	缅甸	老挝	孟加拉
41	02071321	鲜或冷的鸡翼(不包括翼尖)	20	0	0	0	
42	02071329	鲜或冷的其他鸡杂碎	20	0	0	0	
43	02071411	冻的带骨鸡块	0.6 元/千克	0 元/千克	0 元/千克	0 元/千克	
44	02071419	冻的其他鸡块	1.0 元/千克	0 元/千克	0 元/千克	0 元/千克	
45	02071421	冻的鸡翼(不包括翼尖)	0.8 元/千克	0 元/千克	0 元/千克	0 元/千克	
46	02071422	鲜、冷、冻鸡爪	0.5 元/千克	0 元/千克	0 元/千克	0 元/千克	
47	02071429	冻的其他鸡杂碎	0.5 元/千克	0 元/千克	0 元/千克	0 元/千克	
48	02072400	整只,鲜或冷的火鸡	20			0	
49	02072500	整只,冻的火鸡	20			0	
50	02072600	鲜或冷的火鸡块及杂碎	20			0	
51	02072700	冻的火鸡块及杂碎	10			0	
52	02073210	整只,鲜或冷的鸭	20	0	0	0	
53	02073220	整只,鲜或冷的鹅	20	0	0	0	
54	02073230	整只,鲜或冷的珍珠鸡	20	0		0	
55	02073310	整只,冻的鸭	20	0	0	0	
56	02073320	整只,冻的鹅	20	0	0	0	
57	02073330	整只,冻的珍珠鸡	20	0	0	0	
58	02073400	鲜或冷的税目的 0105 所列家禽的肥肝	20	0		0	
59	02073510	鲜或冷的鸭块及杂碎	20	0	0	0	
60	02073520	鲜或冷的鹅块及杂碎	20	0	0	0	
61	02073530	鲜或冷的珍珠鸡块及杂碎	20	0	0	0	
62	02073610	冻的鸭块及杂碎	20	0	0	0	
63	02073620	冻的鹅块及杂碎	20	0	0	0	
64	02073630	冻的珍珠鸡块及杂碎	20	0	0	0	
65	02101110	干、熏、盐制的带骨猪腿	25	0		0	
66	02101190	干、熏、盐制的带骨猪腿肉块	25	0		0	
67	02101200	干、熏、盐制的猪腹肉	25	0		0	
68	02101900	干、熏、盐制的其他猪肉	25	0	0	0	
69	02102000	干、熏、盐制的牛肉	25	0		0	
70	02109100	干、熏、盐制的灵长目动物肉及食用杂碎	25	0		0	
71	02109200	干、熏、盐制的鲸、海豚及鼠海豚;海牛及儒艮肉及食用杂碎	25	0		0	
72	02109300	干、熏、盐制的爬行动物肉及食用杂碎	25	0		0	
73	02109900	干、熏、盐制的其他肉及食用杂碎	25	0		0	
74	03019290	其他活鳗鱼	10	0	0		
75	03019390	其他活鲤鱼	10.5	0	0		
76	03019991	活罗非鱼	10.5	0	0		
77	03019992	活鲀	10.5	0	0		
78	03019999	其他活鱼	10.5	0	0		
79	03022900	其他鲜、冷比目鱼	12	0			
80	03023100	鲜、冷长鳍金枪鱼	12	0			
81	03023400	鲜、冷大眼金枪鱼	12	0	0		
82	03023500	鲜、冷蓝鳍金枪鱼	12	0	0		
83	03023600	鲜、冷南金枪鱼	12	0	0		
84	03023900	其他鲜、冷金枪鱼	12	0	0		

序号	税则号列	商品名称(简称)	最惠国税率(%)	协定税率(%)			
				柬埔寨	缅甸	老挝	孟加拉
85	03026600	鲜冷鳗鱼	12		0		
86	03026940	鲜冷罗非鱼	12	0	0		
87	03026950	鲜、冷鲀	12	0	0		
88	03026960	鲜、冷剑鱼	12	0	0		
89	03026990	其他鲜、冷鱼	12	0	0		
90	03027000	鲜、冷鱼肝及鱼卵	12	0			
91	03031100	冻红大马哈鱼,但鱼肝及鱼卵除外	10	0			
92	03031900	其他冻大马哈鱼,但鱼肝及鱼卵除外	10	0			
93	03034400	冻大眼金枪鱼,但鱼肝及鱼卵除外	12	0	0		
94	03034500	冻蓝鳍金枪鱼,但鱼肝及鱼卵除外	12	0	0		
95	03034600	冻南金枪鱼,但鱼肝及鱼卵除外	12	0	0		
96	03034900	其他冻金枪鱼,但鱼肝及鱼卵除外	12	0	0		
97	03037910	冻带鱼	10	0	0		0
98	03037920	冻黄鱼	10	0	0		0
99	03037930	冻鲳鱼	10	0	0		0
100	03037940	冻罗非鱼	10	0	0		0
101	03037950	冻剑鱼	10	0	0		0
102	03037990	其他未列名冻鱼	10	0	0		0
103	03041000	鲜、冷的鱼片及其他鱼肉	12		0		
104	03042010	冻罗非鱼片	10	0	0		
105	03042090	其他冻鱼片	10	0	0		
106	03049000	其他冻鱼肉	10		0		0
107	03053000	干或盐制的鱼片	10		0		0
108	03054900	其他熏鱼及鱼片	14		0		0
109	03055910	干海马、干海龙	2	0	0	2	0
110	03055920	干鱼翅	15	0	0	5	0
111	03055990	其他干鱼	16		0	5	0
112	03056910	盐腌及盐渍的带鱼	16		0	5	0
113	03056920	盐腌及盐渍的黄鱼	16		0	5	0
114	03056930	盐腌及盐渍的鲳鱼	16		0	5	0
115	03056940	盐腌及盐渍的罗非鱼	16		0		0
116	03056990	盐腌及盐渍的其他鱼	16		0	5	0
117	03061100	冻龙虾	10	0	0		
118	03061200	冻大螯虾	10	0			
119	03061311	冻小虾仁	8	0	0		
120	03061312	冻北方长额虾	5	0	0		
121	03061319	其他冻小虾	5	0	0		
122	03061321	冻对虾仁	8	0	0		
123	03061329	其他冻对虾	5	0	0		
124	03061410	冻梭子蟹	10	0	0	5	0
125	03061490	其他冻蟹	10	0	0	5	0
126	03061911	冻淡水小龙虾仁	16	0			
127	03061919	冻带壳淡水小龙虾	16	0			
128	03061990	其他冻甲壳动物	16	0			
129	03062190	未冻的龙虾	15	0	0		
130	03062290	其他未冻的大螯虾	15	0	0		

序号	税则号列	商品名称(简称)	最惠国税率(%)	协定税率(%)			
				柬埔寨	缅甸	老挝	孟加拉
131	03062391	鲜、冷对虾	15	0	0		
132	03062399	其他未冻小虾及对虾	12	0	0		
133	03062491	未冻的中华绒毛蟹(大闸蟹)	14	0			
134	03062492	未冻的梭子蟹	14	0			
135	03062499	未冻的其他蟹	14	0			
136	03062990	其他带壳或去壳的未冻的甲壳动物	14	0	0		
137	03071090	其他牡蛎(蚝)	14		0		
138	03072190	其他活、鲜、冷扇贝	14		0		
139	03072900	其他冻、干、盐腌或盐渍的扇贝	14		0		
140	03073190	其他活、鲜、冷贻贝	14	0	0		
141	03073900	其他冻、干、盐制的贻贝	14	0	0		
142	03074190	其他活、鲜或冷墨鱼及鱿鱼	12	0	0		
143	03074900	其他冻、干、盐制的墨鱼及鱿鱼	12	0	0		
144	03076090	其他蜗牛及螺	14	0	0		
145	03079191	活、鲜、冷鲍鱼	14	0	0		
146	03079192	活、鲜或冷的沙蚕	14	0	0		
147	03079193	活、鲜或冷的蛤	14	0	0		
148	03079199	其他活、鲜、冷软体动物、水生无脊椎动物	14	0	0		
149	03079910	冻、干、盐腌或盐渍的鲍鱼	10	0	0		
150	03079920	冻、干、盐腌或盐渍的海参	10	0	0		
151	03079930	其他蛤	10	0	0		
152	03079990	其他冻、干、盐制软体动物、水生无脊椎动物	10	0	0		
153	04070021	带壳鲜鸡蛋	20	0	0		
154	04070022	带壳鲜鸭蛋	20	0	0		
155	04070023	带壳鲜鹅蛋	20	0	0		
156	04070029	其他带壳鲜禽蛋	20	0	0		
157	04070091	咸蛋	20		0		
158	04090000	天然蜂蜜	15	0		0	
159	04100010	燕窝	25	0	0		
160	04100041	鲜蜂王浆	15		0		
161	04100042	鲜蜂王浆粉	15		0		
162	04100043	蜂花粉	20		0		
163	04100049	其他蜂产品	20		0		
164	04100090	其他编号未列名的食用动物产品	20		0		
165	05061000	经酸处理的骨胶原及骨	12			0	
166	05069011	含牛羊成分的骨粉及骨废料	12			0	
167	05069019	骨粉及骨废料	12			0	
168	05069090	其他骨及角柱	12			0	
169	06011010	休眠的番红花球茎	4			0	
170	06011099	其他休眠的鳞茎、块茎、块根等	5			0	
171	06031000	鲜的插花及花蕾	10			0	
172	06039000	干的及经过染色等加工的插花及花蕾	23			0	
173	07019000	其他鲜或冷的马铃薯	13	0			
174	07031010	鲜或冷的洋葱	13	0	0		
175	07031020	鲜或冷的青葱	13	0	0		
176	07039010	鲜或冷的韭葱	13	0			

序号	税则号列	商品名称(简称)	最惠国税率(%)	协定税率(%)			
				柬埔寨	缅甸	老挝	孟加拉
177	07039020	鲜或冷的大葱	13	0			
178	07039090	鲜或冷的其他葱属蔬菜	13	0			
179	07049000	鲜或冷的其他食用芥菜类蔬菜	13			0	
180	07070000	鲜或冷的黄瓜及小黄瓜	13	0			
181	07081000	鲜或冷的豌豆	13	0			
182	07082000	鲜或冷的豇豆及菜豆	13	0		0	
183	07089000	鲜或冷的其他豆类蔬菜	13	0			
184	07095100	鲜或冷的其他伞菌属蘑菇	13	0			
185	07095910	鲜或冷的松茸	13	0			
186	07095920	鲜或冷的香菇	13	0			
187	07095930	鲜或冷的金针菇	13	0			
188	07095940	鲜或冷的草菇	13	0			
189	07095950	鲜或冷的口蘑	13	0			
190	07095990	鲜或冷的其他蘑菇	13	0			
191	07096000	鲜或冷的辣椒,包括甜椒	13	0			
192	07099010	鲜或冷的竹笋	13	0		0	
193	07099090	鲜或冷的其他蔬菜	13	0			
194	07102210	冷冻红小豆	13	0			
195	07102290	其他冷冻豇豆及菜豆	13	0			
196	07102900	冷冻其他豆类蔬菜	13	0			
197	07108010	冷冻松茸	13	0			
198	07108020	其他蒜台及蒜苗(青蒜)	13	0			
199	07108030	蒜头	13	0			
200	07108090	冷冻未列名蔬菜	13	0			
201	07109000	冷冻什锦蔬菜	10	0			
202	07133190	其他干绿豆	3	0	0		
203	07133290	其他干赤豆	3	0			
204	07133390	其他干芸豆	7.5	0			
205	07133900	干豇豆及菜豆	7	0			
206	07141010	鲜木薯	10	0		0	
207	07141020	干木薯	5	0		0	
208	07141030	冷或冻的木薯	10	0		0	
209	07142011	种用鲜甘薯	0	0		0	
210	07142019	其他鲜甘薯	13	0		0	
211	07142020	干甘薯	13	0		0	
212	07142030	冷或冻的甘薯	13	0		0	
213	07149010	鲜、干或冷、冻的荸荠	13	0		0	
214	07149029	其他藕	13	0		0	
215	07149090	含有高淀粉或菊粉的其他类似根茎	13	0		0	
216	08011100	干的椰子	12	0			
217	08011990	其他鲜椰子	12	0			
218	08013100	鲜或干的未去壳腰果	20	0			
219	08013200	鲜或干的去壳腰果	10	0	0		
220	08030000	鲜或干的香蕉,包括芭蕉	10	0		0	
221	08043000	鲜或干菠萝	12	0			
222	08044000	鲜或干鳄梨	25	0			

序号	税则号列	商品名称(简称)	最惠国税率(%)	协定税率(%)			
				柬埔寨	缅甸	老挝	孟加拉
223	08072000	鲜木瓜	25	0			
224	08106000	鲜榴莲	20	0			
225	08109030	鲜龙眼	12	0			
226	08134010	龙眼干、肉	20	0			
227	08134020	柿饼	25	0			
228	08134030	干红枣	25	0			
229	08134040	荔枝干	25	0			
230	08134090	其他干果	25	0			
231	09011100	未浸除咖啡碱的未焙炒咖啡	8	0		0	
232	09011200	已浸除咖啡碱的未焙炒咖啡	8	0		0	
233	09012100	未浸除咖啡碱的已焙炒咖啡	15	0		0	
234	09012200	已浸除咖啡碱的已焙炒咖啡	15	0		0	
235	09019010	咖啡豆荚及咖啡豆皮	10	0		0	
236	09019020	含咖啡的咖啡代用品	30	0		0	
237	09024010	每件净重＞3kg的乌龙茶	15	0	0	0	
238	09024020	每件净重＞3kg的普洱茶	15	0	0	0	
239	09024090	每件净重＞3kg的其他红茶(已发酵)及半发酵茶	15	0	0	0	
240	09070000	丁香(母丁香、公丁香及丁香梗)	3	0			
241	09081000	肉豆蔻	8	0		0	
242	09082000	肉豆蔻衣	8	0		0	
243	09083000	豆蔻	3	0		0	
244	09101000	姜	15	0		0	
245	09103000	姜黄	15	0			
246	10082000	谷子	2			0	
247	10083000	加那利草子	2			0	
248	10089090	其他谷物	3			0	
249	11029000	其他谷物细粉	5	0			
250	11031990	其他谷物粗粒及粗粉	5	0			
251	11061000	干豆细粉、粗粉及粉末	10	0			
252	11062000	用品目0714的西谷茎髓、植物根茎、块茎制成的细粉、粗粉、粉末	20	0	0	0	
253	12010091	黄大豆	3	0		0	
254	12010092	黑大豆	3	0		0	
255	12010093	青大豆	3	0		0	
256	12021090	其他未焙炒或未烹煮的带壳花生	15			0	
257	12022000	未焙炒或烹煮的去壳花生	15			0	
258	12030000	干椰子肉	15	0			
259	12071090	其他油棕果及油棕仁	10	0			
260	12073090	其他蓖麻子	15	0	0	0	
261	12074090	其他芝麻	10	0	0	0	
262	12079991	牛油树果	20		0		
263	12079999	其他含油子仁及果实	10	0	0	0	
264	12081000	大豆粉	9	0			
265	12089000	其他含油子仁或果实的细粉及粗粉	15	0			
266	12113000	古柯叶	9	0			

序号	税则号列	商品名称(简称)	最惠国税率(%)	协定税率(%)			
				柬埔寨	缅甸	老挝	孟加拉
267	12114000	罂粟杆	9	0			
268	12119011	鲜或干的当归	6	0			
269	12119012	鲜或干的田七	6	0			
270	12119015	鲜或干的菊花	6	0			
271	12119016	鲜或干的冬虫夏草	6	0			
272	12119017	鲜或干的贝母	6	0			
273	12119018	鲜或干的川芎	6	0			
274	12119019	鲜或干的半夏	6	0			
275	12119021	鲜或干的白芍	6	0			
276	12119022	鲜或干的天麻	6	0			
277	12119023	鲜或干的黄芪	6	0			
278	12119024	鲜或干的大黄、籽黄	6	0			
279	12119025	鲜或干的白术	6	0			
280	12119026	鲜或干的地黄	6	0			
281	12119027	鲜或干的槐米	6	0			
282	12119028	鲜或干的杜仲	6	0			
283	12119029	鲜或干的茯苓	6	0	0	0	
284	12119031	鲜或干的枸杞	6	0			
285	12119032	鲜或干的大海子	6	0			
286	12119033	鲜或干的沉香	3	0			
287	12119034	鲜或干的沙参	6	0			
288	12119035	青蒿	6	0			
289	12119039	其他主要用作药料的鲜或干的植物	6	0	0	0	
290	12119050	主要用作香料的植物	8	0			
291	12119091	鲜或干的鱼藤根、除虫菊	3	0			
292	12119099	其他鲜或干的杀虫、杀菌用植物	9	0			
293	12129995	其他冷、冻或干的甘蔗	20	0	0	0	
294	12130010	未经处理的稻草的茎、杆	12	0			
295	12130090	其他未经处理的谷类植物茎、杆及谷壳	12	0			
296	12141000	紫苜蓿粗粉及团粒	5	0			
297	12149000	芜菁甘蓝、饲料甜菜等其他植物饲料	9	0			
298	14011000	竹	10	0		0	
299	14012000	藤	10	0		0	
300	14019010	谷类植物的茎杆(麦秸除外)	10	0			
301	14019020	芦苇	10	0			
302	14019030	蔺草(包括灯芯草)	10	0			
303	14019090	未列名主要用作编结用的植物材料	10	0			
304	14020000	作填充或衬垫用植物材料	15	0			
305	14030000	制帚或制刷用植物材料	15	0		0	
306	15152100	初榨玉米油的分离品	10	0		0	
307	15152900	精制的玉米油及其分离品	10	0		0	
308	15153000	蓖麻油及其分离品	10	0		0	
309	15154000	桐油及其分离品	20	0			
310	15155000	芝麻油及其分离品	12	0		0	
311	15159010	希蒙得木油及其分离品	20	0			
312	15159020	印楝油及其分离品	20	0	0	0	

序号	税则号列	商品名称(简称)	最惠国税率(%)	协定税率(%)			
				柬埔寨	缅甸	老挝	孟加拉
313	15159090	其他固定植物油、脂及其分离品	20	0	0	0	
314	16041300	制作或保藏的沙丁鱼、黍鲱鱼,整条或切块,但未绞碎	5	0			
315	16041400	制作或保藏的金枪鱼、鲣鱼,整条或切块,但未绞碎	5	0			
316	16052000	制作或保藏的小虾及对虾	5	0			
317	16053000	制作或保藏的龙虾	5	0			
318	16054011	制作或保藏的淡水小龙虾仁	5	0			
319	16054019	制作或保藏的带壳淡水小龙虾	5	0			
320	16054090	制作或保藏的其他甲壳动物	5	0			
321	20060010	蜜枣	30		0		
322	20060020	糖渍制橄榄	30		0		
323	20060090	其他糖渍蔬菜、水果、坚果、果皮	30		0		
324	20079100	烹煮制成的柑桔属水果	30		0		
325	20081120	烘焙花生	30	0			
326	20081910	核桃仁罐头	20	0		0	
327	20081920	其他果仁罐头	13	0		0	
328	20081991	栗仁	10	0		0	
329	20081992	用其他方法制作或保藏的芝麻	10	0		0	
330	20081999	其他坚果及子仁	10	0		0	
331	20082010	菠萝罐头	15			0	
332	20082090	非用醋制作的其他菠萝	15			0	
333	20083010	柑桔属水果罐头	20			0	
334	20083090	非用醋制作的其他柑桔属水果	20			0	
335	20084010	梨罐头	20			0	
336	20084090	非用醋制作的其他梨	20			0	
337	20087010	桃罐头	10			0	
338	20087090	非用醋制作的其他桃	20			0	
339	20089100	非用醋制作的棕榈芯	5	0			
340	20089200	非用醋制作的什锦果实	10	0			
341	20089920	龙眼罐头	15	0			
342	20089990	未列名制作或保藏的水果、坚果	15	0			
343	20091100	冷冻的橙汁	7.5	0		0	
344	20091200	非冷冻的,白利糖度值不超过 20 的橙汁	30	0		0	
345	20091900	其他橙汁	30	0		0	
346	20092100	白利糖度值不超过 20 的柚汁	15			0	
347	20092900	其他柚汁	15			0	
348	20093110	白利糖度值不超过 20 的柠檬汁	18	0			
349	20093190	其他未混合的白利糖度值不超过 20 的桔汁属水果汁	18	0			
350	20093910	白利糖度值超过 20 的柠檬汁	18	0			
351	20093990	其他未混合的柑桔属水果汁,白利糖度值不超过 20	18	0			
352	20094100	白利糖度值不超过 20 的菠萝汁	10	0		0	
353	20094900	其他菠萝汁	10	0		0	
354	20095000	番茄汁	30			0	

序号	税则号列	商品名称(简称)	最惠国税率(%)	协定税率(%)			
				柬埔寨	缅甸	老挝	孟加拉
355	20098011	椰子汁	10		0	0	
356	20098012	芒果汁	20		0	0	
357	20098013	西番莲果汁	20		0	0	
358	20098014	番石榴果汁	20		0	0	
359	20098019	其他未混合的水果汁	20		0	0	
360	20098020	其他未混合的蔬菜汁	20		0		
361	20099010	混合水果汁	20	0		0	
362	20099090	混合蔬菜汁、水果与蔬菜的混合汁	20	0		0	
363	21031000	酱油	28	0			
364	21032000	番茄沙司及其他番茄调味汁	15	0			
365	21033000	芥子粉及其调味品	15	0			
366	21069030	蜂王浆制剂	3			0	
367	23022000	稻米糠、麸及其他残渣	5		0		
368	23062000	亚麻子油渣饼及固体残渣	5			0	
369	23065000	椰子或干椰肉油渣饼及固体残渣	5	0			
370	23066000	油棕果或油棕仁油渣饼及固体残渣	5	0			
371	23067000	玉米胚芽油渣饼及固体残渣	5	0			
372	23069000	其他油渣饼及固体残渣	5			0	
373	25010020	纯氯化钠	3			0	
374	25201000	生石膏;硬石膏	5			0	
375	25202010	牙科用熟石膏,不论是否着色及带有少量促凝剂或缓凝剂	5			0	
376	25202090	其他熟石膏,不论是否着色及带有少量促凝剂或缓凝剂	5			0	
377	27011100	未制成型的无烟煤,不论是否粉化	3			0	
378	27011210	未制成型的炼焦烟煤,不论是否粉化	3			0	
379	27011290	未制成型的其他烟煤,不论是否粉化	6			0	
380	27011900	未制成型的其他煤,不论是否粉化	5			0	
381	27012000	煤砖、煤球及类似用煤制固体燃料	5			0	
382	34011100	盥洗用肥皂及有机表面活性产品,条状、块状或模制形状的,以及用肥皂或洗涤剂浸渍、涂面或包覆的纸、絮胎、毡呢及无纺织物	10				0
383	34012000	其他形状的肥皂	15				0
384	39221000	塑料浴缸、淋浴盘及盥洗盆	10			0	
385	39222000	塑料马桶坐圈及盖	10			0	
386	39241000	塑料制餐具及厨房用具	10				0
387	41012019	规定重量范围内的整张生牛皮,经逆鞣处理的除外	5	0		0	
388	41012020	规定重量范围内的整张生马皮	5	0		0	
389	41015019	重量>16kg的整张生牛皮,经逆鞣处理的除外	5	0		0	
390	41015020	重量>16kg的整张生马皮	5	0		0	
391	41019019	其他(包括整张或半张的背皮及腹皮)生牛皮,经逆鞣处理的除外	5	0		0	
392	41019020	其他(包括整张或半张的背皮及腹皮)生马皮	5	0		0	

序号	税则号列	商　品　名　称(简称)	最惠国税率(%)	协定税率(%)			
				柬埔寨	缅甸	老挝	孟加拉
393	41033000	生猪皮	9		0		
394	41039000	其他生皮	9		0		
395	41044910	其他机器带用干革(坯革)	5				0
396	41064000	爬行动物皮革	14				0
397	41069100	其他未列名动物皮湿革(包括蓝湿皮革)	14				0
398	41069200	其他未列名动物皮干革(坯革)	14				0
399	46012010	藤制的席子、席料及帘子	9			0	
400	46012021	蔺草制的席子、席料及帘子	9			0	
401	46012029	其他草制的席子、席料及帘子	9			0	
402	46012031	苇帘	9			0	
403	46012039	芦苇制的席子、席料	9			0	
404	46012040	竹制的席子、席料、帘子	9			0	
405	46012090	其他植物材料制席子、席料及帘子	9			0	
406	46019111	藤制的缏条及类似产品,不论是否缝合成宽条	9			0	
407	46019191	其他植物编结材料的缏条及类似产品,不论是否缝合成宽条	9			0	
408	46019910	其他非植物编结材料的缏条及类似产品,不论是否缝合成宽条	9			0	
409	46021010	藤编制的篮筐及其他制品	9	0			
410	46021020	草编制的篮筐及其他制品	9	0			
411	46021030	竹编制的篮筐及其他制品	9	0			
412	46021040	玉米皮编制的篮筐及其他制品	9	0			
413	46021050	柳条编制的篮筐及其他制品	9	0			
414	46021090	其他植物材料编制篮筐及其他制品	9	0			
415	46029000	其他编结材料制品及其他制品	9	0			
416	50071010	未漂白或漂白的绸丝机织物	10			0	
417	50071090	其他绸丝机织物	10			0	
418	50072011	木漂白或漂白的纯桑蚕丝机织物	10			0	
419	50072019	其他纯桑蚕丝机织物	10			0	
420	50072021	未漂白或漂白的纯柞蚕丝机织物	10			0	
421	50072029	其他纯柞蚕丝机织物	10			0	
422	50072031	未漂白或漂白的纯绢丝机织物	10			0	
423	50072039	其他纯绢丝机织物	10			0	
424	50072090	其他纯丝机织物	10			0	
425	50079010	未漂白或漂白其他丝机织物	10			0	
426	50079090	其他丝机织物	10			0	
427	51121900	重量>200g/m^2 精梳全毛布	10	0	0	0	
428	52041100	非供零售用全棉缝纫线	5			0	
429	52042000	零售用棉制缝纫线	5			0	
430	52051100	非零售粗梳粗支纯棉单纱	5	0	0	0	
431	52051200	非零售粗梳中支纯棉单纱	5	0	0	0	
432	52051400	非零售粗梳较细支纯棉单纱	5		0	0	
433	52052100	非零售精梳粗支纯棉单纱	5		0	0	
434	52052400	非零售精梳较细支纯棉单纱	5		0	0	
435	52082200	漂白的较轻质全棉平纹布	10	0	0	0	

序号	税则号列	商品名称(简称)	最惠国税率(%)	协定税率(%)			
				柬埔寨	缅甸	老挝	孟加拉
436	52083300	染色的轻质全棉三、四线斜纹布	10	0	0	0	
437	52084900	色织的轻质其他全棉机织物	10	0	0	0	
438	52093100	染色的重质全棉平纹布	10	0	0	0	
439	52093200	染色的重质全棉三、四线斜纹布	10	0	0	0	
440	52093900	染色的重质其他全棉机织物	10	0	0	0	
441	52094200	色织的重质全棉粗斜纹布(劳动布)	10	0	0	0	
442	53031000	生或沤制黄麻,其他纺织用韧皮纤维	5	0	0	0	0
443	53039000	经加工、未纺的黄麻及其他纺织用韧皮纤维	5	0	0	0	
444	53051100	生的椰壳纤维	5	0	0	0	
445	53051900	加工、未纺的椰壳纤维及椰壳纤维废料	5	0	0	0	
446	53071000	黄麻及其他纺织用韧皮纤维单纱	6	0		5	5
447	53072000	黄麻及其他纺织用韧皮纤维多股纱或缆线	6	0		5	5
448	53101000	未漂白黄麻或其他韧皮纤维织物	10	0		5	5
449	53109000	其他黄麻机织物或韧皮鲜为纤维织物	10	0		5	5
450	54074200	染色的纯尼龙布	10	0	0	0	
451	54075200	染色的纯聚酯变形长丝布	10	0	0	0	
452	54077200	染色的其他纯合成纤维长丝布	10	0	0	0	
453	54079200	染色的其他混纺合成纤维长丝布	10	0	0	0	
454	55129900	其他纯合成纤维布	10	0	0	0	
455	55134100	与棉混纺印花的轻质聚酯平纹布	10	0	0	0	
456	55142300	与棉混纺染色的其他重质聚酯布	10	0	0	0	
457	56031110	每平方米≤25g经浸渍化纤长丝无纺织物	10	0	0	0	
458	56031210	25g<每平方米≤70g浸渍化纤长丝无纺织物	10	0	0	0	
459	56039290	25g<每平方米≤70g其他无纺织物	10	0	0	0	
460	56039490	每平方米>150g的其他无纺织物	10	0	0	0	
461	56041000	用纺织材料包覆的橡胶线及绳	5	0	0	0	
462	56071000	黄麻或韧皮纤维纺制线、绳、索、缆	5			5	5
463	56079090	其他纺织材料制线、绳、索、缆	5	0	0	0	
464	56090000	用纱线、扁条、绳、索、缆制其他物品	10				0
465	57021000	"开来姆"等手织地毯	14				0
466	57023900	未制成其他纺织材料起绒铺地制品	14			5	0
467	57039000	其他纺织材料簇绒地毯及其他簇绒铺地制品	14				0
468	57050010	毛制其他地毯及其他铺地制品	14				0
469	57050020	化纤制其他地毯及其他铺地制品	10				0
470	57050090	其他纺织材料制其他地毯及铺地制品	14				0
471	58013300	其他化纤纬起绒织物	10	0	0	0	
472	58021100	未漂白棉毛巾织物及类似毛圈机织物	12				0
473	58022010	丝及绢丝毛巾织物及类似毛圈机织物	12				0
474	58022020	羊毛等毛巾织物及类似毛圈机织物	12				0
475	58022030	化纤毛巾织物及类似毛圈机织物	14				0
476	58022090	其他纺织材料毛巾织物及类似毛圈织物	12				0
477	58041030	化纤制网眼薄纱及其他网眼织物	12	0	0	0	
478	58042920	棉机制花边	10	0	0	0	
479	58061090	其他材料狭幅起绒织物及绳绒织物	10	0	0	0	

序号	税则号列	商品名称(简称)	最惠国税率(%)	协定税率(%)			
				柬埔寨	缅甸	老挝	孟加拉
480	58062000	含弹性纱线≥5%的狭幅织物	10	0	0	0	
481	58063100	棉制其他狭幅机织物	10	0	0	0	
482	58063200	化纤制其他狭幅机织物	10	0	0	0	
483	58071000	机织非绣制纺织材料标签、徽章等	10	0	0	0	
484	58089000	非绣制成匹装饰带、流苏、绒球	10	0	0	0	
485	59019091	棉或麻制描图布、帽里硬衬布等	10	0	0	0	
486	59039090	用其他塑料浸、涂的其他纺织物	10	0	0	0	
487	60029010	宽≤30cm含橡胶线的棉针织、钩编织物	10	0	0	0	
488	60029030	宽≤30cm含橡胶线的合成纤维制针织、钩编织物	10	0	0	0	
489	60041010	宽>30cm,弹性纱线≥5%棉针织、钩编织物	10	0	0	0	
490	60053200	染色合成纤维制的其他经编织物	10	0	0	0	
491	60062200	染色棉制的其他针织、钩编织物	10	0	0	0	
492	60062300	色织棉制的其他针织、钩编织物	10	0	0	0	
493	61031900	其他纺织材料制针织或钩编男式西服套装	17.5			0	
494	61032200	棉制针织或钩编男式便服套装	20			0	
495	61032900	其他纺织材料制针织或钩编男式便服套装	25			0	
496	61033200	棉制针织或钩编男式上衣	16	0	0	0	
497	61033300	合纤制针织或钩编男式上衣	19	0			
498	61033900	其他纺织材料制针织或钩编男式上衣	16	0		0	
499	61034100	毛制针织或钩编男长裤、工装裤等	16				0
500	61034200	棉制针织或钩编男长裤、工装裤等	16	0	0	0	
501	61034300	合纤制针织或钩编男长裤等	17.5	0			0
502	61034900	其他纺织材料制针织或钩编男长裤等	16	0		0	0
503	61041200	棉制针织或钩编女式西服套装	17.5			0	
504	61041900	其他纺织材料制针织或钩编女式西服套装	17.5			0	
505	61042200	棉制针织或钩编女式便服套装	17.5			0	
506	61043200	棉制针织女式上衣	16	0	0	0	
507	61043300	合纤制针织女上衣	19	0			
508	61043900	其他纺织材料制针织女上衣	16	0			
509	61044300	合纤制针织或钩编连衣裙	17.5	0			
510	61044400	人纤制针织或钩编连衣裙	16	0			
511	61044900	其他纺织材料制针织或钩编连衣裙	16	0			
512	61045300	合纤制针织或钩编裙子及裙裤	16	0			
513	61045900	其他纺织材料制针织或钩编裙子及裙裤	14	0	0	0	
514	61046900	其他纺织材料制针织或钩编女长裤等	16				0
515	61051000	棉制针织或钩编男衬衫	16	0	0	0	
516	61052000	化纤制针织或钩编男衬衫	17.5				0
517	61059000	其他纺织材料制针织或钩编男衬衫	16				0
518	61061000	棉制针织或钩编女衬衫	16	0	0	0	
519	61062000	化纤制针织或钩编女衬衫	17.5				0
520	61069000	其他纺织材料制针织或钩编女衬衫	16				0
521	61071100	棉制针织或钩编男内裤及三角裤	14	0	0	0	
522	61072100	棉制针织或钩编男长睡衣及睡衣裤	14	0	0	0	
523	61072200	化纤制针织或钩编男睡衣裤	16				0
524	61072910	丝及绢丝制针织或钩编男长睡衣及睡衣裤	14				0

序号	税则号列	商品名称(简称)	最惠国税率(%)	协定税率(%)			
				柬埔寨	缅甸	老挝	孟加拉
525	61072990	其他纺织材料制针织或钩编男长睡衣及睡衣裤	14	0	0	0	0
526	61082100	棉制针织或钩编女三角裤及短衬裤	14	0	0	0	
527	61083100	棉制针织或钩编女睡衣及睡衣裤	14	0	0	0	
528	61083200	化纤制针织或钩编女睡衣及睡衣裤	16				0
529	61083910	丝及绢丝制针织或钩编女睡衣及睡衣裤	14				0
530	61083990	其他纺织材料制针织或钩编女睡衣及睡衣裤	14				0
531	61089100	棉制针织或钩编女浴衣、晨衣	14	0	0	0	
532	61091000	棉制针织或钩编T恤衫、汗衫等	14	0	0	0	
533	61099010	丝及绢丝制针织或钩编T恤衫、汗衫等	14				0
534	61099090	其他纺织材料制针织或钩编T恤衫、汗衫等	14	0	0	0	0
535	61101100	羊毛制针织或钩编套头衫等	14	0	0	0	0
536	61102000	棉制针织或钩编套头衫等	14	0	0	0	
537	61103000	化纤制针织或钩编套头衫等	16				0
538	61109010	丝及绢丝制针织或钩编套头衫等	14				0
539	61109090	其他纺织材料制针织或钩编套头衫等	14				0
540	61130000	涂层经处理针织或钩编织物制服装	16				0
541	61152000	单丝<67分特制针织或钩编女统袜	14				0
542	62019290	棉制男式带风帽防寒短上衣、防风衣	16	0	0	0	
543	62019900	其他纺织材料制男式防寒短上衣、防风衣	16		0		
544	62033100	毛制男式上衣	16	0	0	0	
545	62033200	棉制男式上衣	16	0	0	0	
546	62034100	毛制男式长裤、工装裤等	16				0
547	62034290	棉制男式长裤、工装裤等	16	0	0	0	
548	62034910	其他纺织材料制男式阿拉伯裤	16				0
549	62034990	其他纺织材料制男童裤、工装裤	16				0
550	62043200	棉制女式上衣	16	0	0	0	
551	62043300	合纤制女式上衣	17.5				0
552	62043910	丝及绢丝制女式上衣	16				0
553	62043990	其他纺织材料制女式上衣	16				0
554	62044200	棉制连衣裙	16	0	0	0	
555	62046200	棉制女式长裤、工装裤等	16	0	0	0	
556	62051000	毛制男衬衫	16				0
557	62052000	棉制男衬衫	16	0	0	0	
558	62053000	化纤制男衬衫	16				0
559	62059010	丝及绢丝制男衬衫	16				0
560	62059090	其他纺织材料制男衬衫	16				0
561	62063000	棉制女衬衫	16	0	0	0	
562	62069000	其他纺织材料制女衬衫	16				0
563	62072100	棉制男式长睡衣及睡衣裤	14	0	0	0	
564	62072990	其他纺织材料制男式长睡衣及睡衣裤	14	0	0	0	
565	62082100	棉制女式睡衣及睡衣裤	14	0	0	0	
566	62082200	化纤制女式睡衣及睡衣裤	16	0	0	0	
567	62089100	棉制女式背心、内衣、浴衣及类似品	14	0	0	0	
568	62089200	化纤制女式背心、内衣及类似品	16	0	0	0	

序号	税则号列	商　品　名　称(简称)	最惠国税率(%)	协定税率(%)			
				柬埔寨	缅甸	老挝	孟加拉
569	62101010	毛制毡呢或无纺织物服装	16				0
570	62101030	化纤制毡呢或无纺织物服装	17.5				0
571	62101090	其他纺织材料制毡呢或无纺织物服装	16				0
572	62102000	用塑料、橡胶等处理的织物制男大衣等	16				0
573	62104000	用塑料、橡胶等处理的织物制的其他男式服装	16				0
574	62105000	用塑料、橡胶等处理的织物制的其他女式服装	16				0
575	62121010	化纤制胸罩	16	0	0	0	
576	62131010	丝制刺绣手帕	14			0	
577	62131090	其他丝及绢丝制手帕	14			0	
578	62132010	棉制刺绣手帕	14			0	
579	62132090	其他棉制手帕	14			0	
580	62139010	其他纺织材料制刺绣手帕	14			0	
581	62139090	其他纺织材料制手帕	14			0	
582	62171090	非针织非钩编服装或衣着附件	14	0	0	0	
583	62179000	非针织非钩编服装或衣着零件	14	0	0	0	
584	63051000	黄麻或其他韧皮纤维制货物包装袋	10			0	0
585	63079000	其他纺织材料制成品	14	0	0	0	
586	63109000	纺织材料制其他碎织物等	14	0	0	0	
587	64031200	皮革制鞋面的滑雪靴	24	0			
588	64031900	皮革制鞋面的其他运动鞋靴	15	0			
589	64032000	皮革条带为鞋面的皮底鞋	24	0			
590	64033000	不带内底或金属护鞋头的皮面木屐	24	0			
591	64034000	装有金属护鞋头的其他皮革面鞋靴	24	0			
592	64035100	皮革制外底的皮革面短统靴(过踝)	10	0			
593	64035900	皮革制外底的皮革面其他鞋靴	10	0			
594	64039100	其他皮革制面的短统靴(过踝)	10	0			
595	64039900	皮革制面的其他鞋靴	10	0			
596	69031000	含>50%石墨其他耐火陶瓷制品	8			0	
597	69032000	含>50%氧化铝其他耐火陶瓷制品	8			0	
598	69039000	其他耐火陶瓷制品	8			0	
599	71031000	未加工宝石或半宝石	3			0	
600	71039100	经其他加工的红、蓝、绿宝石	8			0	
601	71070000	以贱金属为底的包银材料	10.5			0	
602	71081300	非货币用半制成金	0			0	
603	74011000	铜锍	2			0	
604	74012000	沉积铜(泥铜)	2			0	
605	74040000	铜废碎料	1.5			0	
606	84145110	功率≤125W的吊扇	20			0	
607	84145120	功率≤125W的换气扇	20			0	
608	84145130	功率≤125W,有旋转导风轮的风扇	12			0	
609	84145191	功率≤125W的台扇	10			0	
610	84145192	功率≤125W的落地扇	10			0	
611	84145193	功率≤125W的壁扇	10			0	
612	84145199	功率≤125W其他风扇、风机	10			0	

序号	税则号列	商品名称(简称)	最惠国税率(%)	协定税率(%)			
				柬埔寨	缅甸	老挝	孟加拉
613	84146010	抽油烟机	10			0	
614	84146090	罩最大边长≤120cm的通风罩或循环气罩	10			0	
615	84149011	用于制冷设备的压缩机进、排气阀片	8			0	
616	84193100	农产品干燥器	8			0	
617	84193200	木材、纸浆、纸或纸板用干燥器	9			0	
618	84195000	热交换装置	10			0	
619	84198100	加工热饮料、烹调、加热食品的机器	10			0	
620	84198910	加氢反应器	0			0	
621	84198990	其他利用温度变化处理材料的机器	0			0	
622	85079010	铅酸蓄电池零件	10			5	5
623	85079090	其他蓄电池零件	8			5	5
624	85481000	电池废碎料及废电池	8			5	5
625	90069110	特种用途照相机的零附件	8				0
626	90069120	一次成像照相机的零附件	5				0
627	90069191	照相机自动调焦组件	10				0
628	90069192	其他照相机的快门组件	10				0
629	90069199	其他照相机的其他零附件	10				0
630	94015000	藤、柳条、竹及类似材料制的坐具	0			0	
631	94033000	办公室用木家具	0	0		0	
632	94034000	厨房用木家具	0	0			
633	94035010	卧室用红木制家具	0	0			
634	94035091	卧室用漆木家具	0	0			
635	94035099	卧室用其他木家具	0	0			
636	94036010	其他红木制家具	0	0			
637	94036091	其他漆木家具	0	0			
638	94036099	其他木家具	0	0			
639	94038010	藤、柳条、竹及类似材料制家具	0	0			

附表 11

2006 年进口商品从量税、复合税税率表

序号	税则号列	商品名称(简称)	2006 年普通税率	2006 年最惠国税率
1	02071200	冻的整只鸡	5.6 元/千克	1.3 元/千克
2	02071411	冻的带骨鸡块(包括鸡胸脯、鸡大腿等)	4.2 元/千克	0.6 元/千克
3	02071419	冻的不带骨鸡块(包括鸡胸脯、鸡大腿等)	9.5 元/千克	1.0 元/千克
4	02071421	冻的鸡翼(不包括翼尖)	8.1 元/千克	0.8 元/千克
5	02071422	冻的鸡爪	3.2 元/千克	0.5 元/千克
6	02071429	冻的其他鸡杂碎(包括鸡翼尖、鸡肝等)	3.2 元/千克	0.5 元/千克
7	05040021	冷、冻的鸡肫(即鸡胃)	7.7 元/千克	1.3 元/千克
8	22030000	麦芽酿造的啤酒	7.5 元/升	0
9	27090000	石油原油(包括从沥青矿物提取的原油)	85 元/吨	0
10	37013021	未曝光照相制版用激光照排片(任何一边 > 255mm)	70 元/平方米	3.7 元/平方米
11	37013022	未曝光照相制版用 PS 版(任何一边 > 255mm)	70 元/平方米	2.9 元/平方米
12	37013023	未曝光照相制版用 CTP 版(任何一边 > 255mm)	70 元/平方米	2.9 元/平方米
13	37013029	其他未曝光照相制版用感光硬软片(任何一边 > 255mm)	70 元/平方米	6.8 元/平方米
14	37023100	未曝光无齿孔彩色窄胶卷(窄胶卷指宽度≤105mm,彩色摄影用)	433 元/平方米	67 元/平方米
15	37023220	照相制版涂卤化银液无齿孔窄胶卷(成卷未曝光感光胶片,窄胶卷指宽度≤105mm)	104 元/平方米	4.8 元/平方米
16	37023290	其他涂卤化银乳液无齿孔窄胶卷(成卷未曝光感光胶片,窄胶卷指宽度≤105mm)	202 元/平方米	21 元/平方米
17	37023920	照相制版用其他无齿孔窄感光胶卷(成卷未曝光感光胶片,窄胶卷指宽度≤105mm)	104 元/平方米	3.7 元/平方米
18	37023990	其他用无齿孔窄感光胶卷(成卷未曝光感光胶片,窄胶卷指宽度≤105mm)	202 元/平方米	24 元/平方米
19	37024100	未曝光无齿孔宽长彩色胶卷(宽长胶卷指宽度 > 610mm,长度 > 200m)	202 元/平方米	9.4 元/平方米
20	37024221	印刷电路板制造用光致抗蚀干膜(指宽度 > 610mm,长度 > 200m)	110 元/平方米	2.1 元/平方米
21	37024229	照相制版其他未曝光无齿宽长胶卷(宽长指宽度 > 610mm,长度 > 200m)	110 元/平方米	3.7 元/平方米
22	37024291	红外或氦氖激光胶片	213 元/平方米	2.4 元/平方米
23	37024299	黑白其他未曝光无齿孔宽长胶卷(宽长胶卷指宽度 > 610mm,长度 > 200m)	213 元/平方米	7 元/平方米
24	37024321	照相制版用激光照排片(宽度 > 610mm,长度≤200m)	104 元/平方米	2.5 元/平方米
25	37024329	其他照相制版用未曝光无齿孔胶卷(指宽度 > 610mm,长度≤200m)	104 元/平方米	3.7 元/平方米
26	37024390	彩色或黑白其他用未曝光无齿孔中长胶卷(中长胶卷指宽度 > 610mm,长度≤200m)	202 元/平方米	33 元/平方米
27	37024421	照相制版用未曝光激光照排片(宽度大于 105 毫米,小于等于 610 毫米)	115 元/平方米	2.7 元/平方米
28	37024422	印刷电路板制造用光致抗蚀干膜(宽度大于 105 毫米,小于等于 610 毫米)	115 元/平方米	2.1 元/平方米
29	37024429	其他照相制版用无齿孔未曝光胶卷(宽度大于 105 毫米,小于等于 610 毫米)	115 元/平方米	2.9 元/平方米

序号	税则号列	商品名称(简称)	2006年普通税率	2006年最惠国税率
30	37024490	彩色或黑白其他用无齿孔未曝光中宽胶卷(中宽胶卷指宽度>105mm,但≤610mm)	202元/平方米	27元/平方米
31	37025100	未曝光窄短彩色胶卷(窄短胶卷指宽度≤16mm,长度≤14米)	433元/平方米	128元/平方米
32	37025200	未曝光中窄彩色胶卷(中窄胶卷指宽度≤16mm,长度>14米)	433元/平方米	95元/平方米
33	37025300	幻灯片用未曝光彩色摄影胶卷(宽度>16mm,但≤35mm,长度≤30米)	433元/平方米	128元/平方米
34	37025410	非幻灯片用彩色摄影胶卷(宽度=35mm,长度≤2米)	433元/平方米	30元/平方米
35	37025490	其他非幻灯片用彩色摄影胶卷(宽度>16mm,但≤35mm,长度≤30米)	433元/平方米	30元/平方米
36	37025520	未曝光的窄长彩色电影胶卷(窄长胶卷指宽度>16mm,但≤35mm,长度>30米)	232元/平方米	13元/平方米
37	37025590	其他未曝光窄长彩色胶卷窄长胶卷指宽度>16mm,但≤35mm,长度>30米)	433元/平方米	43元/平方米
38	37025620	未曝光的中宽彩色电影胶卷(中宽胶卷指宽度>35mm)	232元/平方米	13元/平方米
39	37025690	其他未曝光的中宽彩色胶卷(中宽胶卷指宽度>35mm)	433元/平方米	78元/平方米
40	37029100	未曝光窄短黑白胶卷(窄短胶卷指宽度≤16mm)	210元/平方米	21元/平方米
41	37029310	未曝光中长黑白胶卷(宽度=35mm,长度≤2米)	210元/平方米	26元/平方米
42	37029390	其他未曝光中长黑白胶卷(中长胶卷指宽度>16mm,但≤35mm,长度≤30米)	210元/平方米	21元/平方米
43	37029420	未曝光的窄长黑白电影胶卷(窄长胶卷指宽度>16mm,但≤35mm,长度>30米)	210元/平方米	9元/平方米
44	37029490	其他用未曝光窄长黑白胶卷(窄长胶卷指宽度>16mm,但≤35mm,长度>30米)	210元/平方米	21元/平方米
45	37029520	未曝光的中宽黑白电影胶卷(中宽胶卷指宽度>35mm)	210元/平方米	10元/平方米
46	37029590	其他用未曝光的中宽黑白胶卷(中宽胶卷指宽度>35mm)	210元/平方米	35元/平方米
47	85211011	广播级录像机	每台完税价格低于或等于2000美元:执行单一从价税,税率为130%;每台完税价格高于2000美元:每台征收从量税,税额20600元,加上6%从价税	每台完税价格低于或等于2000美元:执行单一从价税,税率为30%;每台完税价格高于2000美元:每台征收从量税,税额4374元,加上3%从价税
48	85211019	其他录像机	每台完税价格低于或等于2000美元:执行单一从价税,税率为130%;每台完税价格高于2000美元:每台征收从量税,税额20600元,加上6%从价税	每台完税价格低于或等于2000美元:执行单一从价税,税率为30%;每台完税价格高于2000美元:每台征收从量税,税额4374元,加上3%从价税

序号	税则号列	商品名称(简称)	2006年普通税率	2006年最惠国税率
49	85211020	放像机	每台完税价格低于或等于2000美元:执行单一从价税,税率为130%;每台完税价格高于2000美元:每台征收从量税,税额20600元,加上6%从价税	每台完税价格低于或等于2000美元:执行单一从价税,税率为30%;每台完税价格高于2000美元:每台征收从量税,税额4374元,加上3%从价税
50	85253091	非特种用途的广播级电视摄像机	每台完税价格低于或等于5000美元:执行单一从价税,税率为130%;每台完税价格高于5000美元:每台征收从量税,税额51500元,加上6%从价税	每台完税价格低于或等于5000美元,执行单一从价税,税率:35%;每台完税价格高于5000美元:每台征收从量税,税额12960元,加上3%从价税
51	85253099	非特种用途的其他电视摄像机	每台完税价格低于或等于5000美元:执行单一从价税,税率为130%;每台完税价格高于5000美元:每台征收从量税,税额51500元,加上6%从价税	每台完税价格低于或等于5000美元,执行单一从价税,税率:35%;每台完税价格高于5000美元:每台征收从量税,税额12960元,加上3%从价税
52	85254041	广播级静像摄像机和摄录一体机	每台完税价格低于或等于5000美元:执行单一从价税,税率为130%;每台完税价格高于5000美元:每台征收从量税,税额51500元,加上6%从价税	0
53	85254049	其他静像摄像机和摄录一体机(家用型摄录一体机除外)	每台完税价格低于或等于5000美元:执行单一从价税,税率为130%;每台完税价格高于5000美元:每台征收从量税,税额51500元,加上6%从价税	0
54	85254051	单镜头反光型数字照相机	每台完税价格低于或等于5000美元:执行单一从价税,税率为130%;每台完税价格高于5000美元:每台征收从量税,税额51500元,加上6%从价税	0

序号	税则号列	商品名称(简称)	2006年普通税率	2006年最惠国税率
55	85254059	其他数字照相机	每台完税价格低于或等于5000美元:执行单一从价税,税率为130%;每台完税价格高于5000美元:每台征收从量税,税额51500元,加上6%从价税	0

附表 12

2006 年进口商品消费税税率表

(一)2006 年进口商品从量、从价消费税税率表

序号	商品编号	商品名称	进口从价消费税税率(%)	进口从量消费税税率/优惠(元)	计量单位
1	2106902000	制造饮料用的复合酒精制品	5		千克
2	2204100000	葡萄汽酒	10		升
3	2204210000	小包装的鲜葡萄酿造的酒	10		升
4	2204290010	其他包装鲜葡萄酿造的葡萄酒原酒	10		升
5	2204290090	其他包装的鲜葡萄酿造的葡萄酒	10		升
6	2204300000	其他酿酒葡萄汁	10		升
7	2205100000	小包装的味美思酒及类似酒	10		升
8	2205900000	其他包装的味美思酒及类似酒	10		升
9	2206000010	黄酒		0.2495	升
10	2206000090	其他发酵饮料	10		升
11	2207100000	浓度在 80%及以上的未改性乙醇	5		升
12	2207200010	任何浓度的改性乙醇	5		升
13	2207200090	任何浓度的其他酒精	5		升
14	2208909010	酒精浓度在 80%以下的未改性乙醇	5		升
15	2402100000	烟草制的雪茄烟	40		千支
16	2402900010	烟草代用品制的卷烟	50		千支
17	2402900090	烟草代用品制的雪茄烟	40		千支
18	2403100000	供吸用的烟丝	30		千克
19	2403910010	再造烟草	30		千克
20	2403910090	均化烟草	30		千克
21	2403990010	烟草精汁	30		千克
22	2403990090	其他烟草及烟草代用品的制品	30		千克
23	2710111000	车用汽油及航空汽油		0.2776	千克
24	2710192100	轻柴油		0.1176	千克
25	3302109010	生产食品、饮料用混合香料及制品	5		千克
26	3303000000	香水及花露水	30		千克
27	3304100000	唇用化妆品	30		千克
28	3304200000	眼用化妆品	30		千克
29	3304300000	指(趾)甲化妆品	30		千克
30	3304910000	香粉,不论是否压紧	30		千克
31	3304990010	护肤品	8		千克
32	3304990091	其他含濒危植物成分美容化妆品	30		千克
33	3304990099	其他美容化妆品	30		千克
34	3305100010	含濒危植物成分的洗发剂	8		千克
35	3305100090	其他洗发剂(香波)	8		千克
36	3305200000	烫发剂	8		千克
37	3305300000	定型剂	8		千克
38	3305900000	其他护发品	8		千克
39	3604100000	烟花,爆竹	15		千克

序号	商品编号	商　品　名　称	进口从价消费税税率(%)	进口从量消费税税率/优惠(元)	计量单位
40	4011100090	机动小客车用新充气非子午线轮胎	10		条
41	4011200019	客或货车用新的其他充气橡胶轮胎	10		条
42	4011200099	其他客或货车用新的充气橡胶轮胎	10		条
43	4011400000	摩托车用新的充气橡胶轮胎	10		条
44	4011610019	断面宽≥24英寸人字形其他轮胎	10		条
45	4011610099	其他人字形胎面非子午线轮胎	10		条
46	4011620019	断面宽≥24英寸人字形其他轮胎	10		条
47	4011620099	其他人字形胎面非子午线轮胎	10		条
48	4011630019	断面宽≥24英寸人字形其他轮胎	10		条
49	4011630099	其他人字形胎面非子午线轮胎	10		条
50	4011690019	断面宽≥24英寸人字形其他轮胎	10		条
51	4011690099	其他人字形胎面非子午线轮胎	10		条
52	4011920019	其他断面宽≥24英寸非子午线轮胎	10		条
53	4011920099	其他新的充气橡胶非子午线轮胎	10		条
54	4011930019	其他断面宽≥24英寸非子午线轮胎	10		条
55	4011930099	其他新的充气橡胶非子午线轮胎	10		条
56	4011940019	其他断面宽≥24英寸非子午线轮胎	10		条
57	4011940099	其他新的充气橡胶非子午线轮胎	10		条
58	4011990019	其他断面宽≥24英寸非子午线轮胎	10		条
59	4011990099	其他新的充气橡胶非子午线轮胎	10		条
60	4012201090	汽车用旧的充气橡胶非子午线轮胎	10		条
61	4012209090	其他用旧的充气橡胶非子午线轮胎	10		条
62	4012902090	汽车用实心或半实心非子午线轮胎	10		千克
63	4012909090	其他用实心或半实心非子午线轮胎	10		千克
64	4013100000	汽车用橡胶内胎	10		条
65	4013909000	其他用橡胶内胎	10		条
66	7101101100	未分级的天然黑珍珠	10		克
67	7101101900	其他未分级的天然珍珠	10		克
68	7101109100	其他天然黑珍珠	10		克
69	7101109900	其他天然珍珠	10		克
70	7101211000	未分级，未加工的养殖珍珠	10		克
71	7101219000	其他未加工的养殖珍珠	10		克
72	7101221000	未分级，已加工的养殖珍珠	10		克
73	7101229000	其他已加工的养殖珍珠	10		克
74	7103100000	未加工宝石或半宝石	10		千克
75	7103910000	经其他加工的红，蓝，绿宝石	10		克拉
76	7103991000	经其他加工的翡翠	10		克拉
77	7103999000	经其他加工的其他宝石或半宝石	10		克拉
78	7104209000	未加工合成或再造其他宝石半宝石	10		克
79	7104901900	其他工业用合成或再造宝石半宝石	10		克
80	7104909900	其他非工业用合成宝石或半宝石	10		克
81	7105900000	其他天然或合成宝石或半宝石粉末	10		克
82	7113209010	镶嵌濒危物种制品其他贱金属首饰	10		克
83	7113209090	其他贱金属为底的包贵金属制首饰	10		克
84	7116100000	天然或养殖珍珠制品	10		克
85	7116200090	其他宝石或半宝石制品	10		克
86	8702109211	20≤座≤22柴油客车	3		辆
87	8702109219	20≤座≤22柴油客车	5		辆

序号	商品编号	商品名称	进口从价消费税税率(%)	进口从量消费税税率/优惠(元)	计量单位
88	8702109310	排气量＜2000cc 的 10≤座≤19 客车	3		辆
89	8702109390	排气量≥2000cc 的 10≤座≤19 客车	5		辆
90	8702902011	20≤座≤22 非柴油客车	3		辆
91	8702902019	20≤座≤22 非柴油客车	5		辆
92	8702903010	排气量＜2000cc 的 10≤座≤19 客车	3		辆
93	8702903090	排气量≥2000cc 的 10≤座≤19 客车	5		辆
94	8703213011	汽油型微马力小轿车	3		辆
95	8703213019	汽油型微马力小轿车	5		辆
96	8703219011	汽油型超微马力小轿车、越野车	3		辆
97	8703219019	汽油型微马力轿车、越野车	5		辆
98	8703223010	汽油型小马力小轿车	5		辆
99	8703224010	汽油型小马力四轮驱动越野车	3		辆
100	8703225010	汽油型小马力小客车(≤9 座)	3		辆
101	8703229011	汽油型小马力其他小客车(≤9 座)	3		辆
102	8703231411	1500cc＜排气量＜2200cc 的小轿车	5		辆
103	8703231419	2200cc≤排气量≤2500cc 的小轿车	8		辆
104	8703231511	1500＜排量＜2400cc 四轮驱动越野车	3		辆
105	8703231519	2400≤排量≤2500cc 四驱动越野车	5		辆
106	8703231611	1500＜排量＜2000cc 小客车	3		辆
107	8703231619	2000≤排量≤2500cc 小客车	5		辆
108	8703231911	1500＜排量＜2000cc 其他小客车	3		辆
109	8703231912	2000≤排量≤2500cc 其他小客车	5		辆
110	8703233410	汽油型中马力小轿车	8		辆
111	8703233510	汽油型中马力越野车	5		辆
112	8703233610	汽油型中马力旅行小客车(≤9 座)	5		辆
113	8703233911	汽油型中马力其他小客车(≤9 座)	5		辆
114	8703243010	汽油型大马力小轿车(≤9 座)	8		辆
115	8703244010	汽油型大马力越野车	5		辆
116	8703245010	汽油型大马力旅行小客车(≤9 座)	5		辆
117	8703249011	汽油型大马力其他小客车	5		辆
118	8703313011	排气量＜1000cc 柴油型小轿车	3		辆
119	8703313019	1000≤排量≤1500cc 柴油型小轿车	5		辆
120	8703314010	柴油型小马力越野车	3		辆
121	8703315010	柴油型小马力小客车(≤9 座)	3		辆
122	8703319011	柴油型小马力其他小客车(≤9 座)	3		辆
123	8703323011	1500＜排气量＜2200cc 柴油型小轿车	5		辆
124	8703323019	2200≤排气量≤2500cc 柴油小轿车	8		辆
125	8703324011	1500＜排量＜2400cc 四轮驱动越野车	3		辆
126	8703324019	2400≤排量≤2500cc 四驱动越野车	5		辆
127	8703325011	1500＜排气量＜2000cc 小客车	3		辆
128	8703325019	2000≤排气量≤2500cc 小客车	5		辆
129	8703329011	柴油型中马力其他小客车(≤9 座)	3		辆
130	8703329012	2000≤排气量≤2500cc 其他小客车	5		辆
131	8703333010	排气量＞2500cc 的柴油型小轿车	8		辆
132	8703334010	排气量＞2500cc 四轮驱动越野车	5		辆
133	8703335010	排气量＞2500cc 小客车(≤9 座)	5		辆
134	8703339011	柴油型大马力其他小客车(≤9 座)	5		辆
135	8703900011	其他型排气量＜1000cc 的小轿车	3		辆

序号	商品编号	商品名称	进口从价消费税税率(%)	进口从量消费税税率/优惠(元)	计量单位
136	8703900012	其他型 1000≤排量<2200cc 小轿车	5		辆
137	8703900013	其他型排气量≥2200cc 的小轿车	8		辆
138	8703900014	其他型排量<2000cc 面包车(≤9座)	3		辆
139	8703900015	其他型排量≥2000cc 面包车	5		辆
140	8703900016	其他型排气量<2400cc 的越野车	3		辆
141	8703900017	其他型排气量≥2400cc 的越野车	5		辆
142	8711100010	微马力摩托车及脚踏两用车	10		辆
143	8711100090	微马力摩托车及脚踏两用车	10		辆
144	8711201000	50cc<汽缸容量≤100cc 摩拖车	10		辆
145	8711202000	100cc<汽缸容量≤125cc 摩拖车	10		辆
146	8711203000	125cc<汽缸容量≤150cc 摩拖车	10		辆
147	8711204000	150cc<汽缸容量≤200cc 摩拖车	10		辆
148	8711205000	200cc<汽缸容量≤250cc 摩拖车	10		辆
149	8711301000	250cc<汽缸容量≤400cc 摩托车	10		辆
150	8711302000	400cc<汽缸容量≤500cc 摩托车	10		辆
151	8711400000	汽油型大马力摩托车及脚踏两用车	10		辆
152	8711500000	汽油型超大马力摩托车及类似车	10		辆
153	8711901010	电动自行车	10		辆
154	8711901090	其他电动及电动助力的摩托车及边车	10		辆
155	8711909000	装有其他发动机的摩托车及边车	10		辆

注:从价消费税税额=(到岸价格+关税/1-消费税税率)×消费税税率
从量消费税税额=应税消费品数量×消费税单位税额
适用从量消费税商品的重量与体积换算关系为:
啤酒1吨=988升　　黄酒1吨=962升
汽油1吨=1388升　　柴油1吨=1176升

(二)2006年进口商品复合消费税税率表

序号	税号	货品名称	消费税税率
1	24022000	烟草制的卷烟	150元/标准箱(50000支)的从量税,加上45%的从价税
2	22030000	麦芽酿造的啤酒	进口完税价格≥360美元/吨;250元/吨 进口完税价格<360美元/吨;220元/吨
3	22082000	蒸馏葡萄酒制得的烈性酒	1元/公斤的从量税,加上25%的从价税
4	22083000	威士忌酒	1元/公斤的从量税,加上25%的从价税
5	22084000	朗姆酒及其他甘蔗蒸馏酒	1元/公斤的从量税,加上25%的从价税
6	22085000	杜松子酒	1元/公斤的从量税,加上25%的从价税
7	22086000	伏特加酒	1元/公斤的从量税,加上25%的从价税
8	22087000	利口酒及柯迪尔酒	1元/公斤的从量税,加上25%的从价税
9	2208901000	龙舌兰酒	1元/公斤的从量税,加上25%的从价税
10	2208909020	薯类蒸馏酒	1元/公斤的从量税,加上15%的从价税
11	22089000	其他蒸馏酒及酒精饮料	1元/公斤的从量税,加上25%的从价税

注:蒸馏酒(包括蒸馏葡萄酒制得的烈性酒、威士忌酒、朗姆酒及其他甘蔗蒸酒、杜松子酒、伏特加酒、利口酒及柯迪尔酒,及其他蒸馏酒)的容积重量单位换算系数为:1升蒸馏酒=0.912公斤蒸馏酒。

附表 13

中华人民共和国进境物品进口税税率表

税号	物品名称	2002年税率
1	书报、刊物、教育专用电影片、幻灯片、原版录音带、录相带金、银及其制品 食品、饮料 本表2、3、4税号及备注中所不包含的其他商品	10%
2	纺织品及其制成品 电器用具(不包括摄像机、摄录一体机、数码像机) 照像机、自行车、手表、钟表(含配件、附件) 化妆品 摄像机、摄录一体机、数码像机	20%
3	烟、酒	50%

注:避孕用具和避孕药品,超过海关规定的自用合理数量部分,按有关规定予以退运或按货物进口程序办理报关及验放手续。

附表 14

2006年进口关税与进口环节代征税(消费税及增值税)计税常数表

关税税率	消费税税率 %							
%	3	5	8	10	15	30	40	50
0	0.2062	0.2316	0.2717	0.3000	0.3765	0.6714	0.9500	1.3400
3.0	0.2424	0.2685	0.3099	0.3390	0.4178	0.7216	1.0085	1.4102
5.0	0.2665	0.2932	0.3353	0.3650	0.4453	0.7550	1.0475	1.4570
6.0	0.2786	0.3055	0.3480	0.3780	0.4591	0.7717	1.0670	1.4804
7.0	0.2906	0.3178	0.3608	0.3910	0.4728	0.7884	1.0865	1.5038
8.0	0.3027	0.3301	0.3735	0.4040	0.4866	0.8051	1.1060	1.5272
10	0.3268	0.3547	0.3989	0.4300	0.5141	0.8386	1.1450	1.5740
15.0	0.3871	0.4163	0.4625	0.4950	0.5829	0.9221	1.2425	1.6910
16.0	0.3992	0.4286	0.4752	0.5080	0.5967	0.9389	1.2620	1.7144
16.8	0.4088	0.4385	0.4854	0.5184	0.6077	0.9522	1.2776	1.7331
17.5	0.4173	0.4471	0.4943	0.5275	0.6174	0.9639	1.2913	1.7495
18.8	0.4329	0.4631	0.5108	0.5444	0.6352	0.9857	1.3166	1.7799
19.0	0.4354	0.4656	0.5134	0.5470	0.6380	0.9890	1.3205	1.7846
22.0	0.4715	0.5025	0.5515	0.5860	0.6793	1.0391	1.3790	1.8548
22.5	0.4776	0.5087	0.5579	0.5925	0.6862	1.0475	1.3888	1.8665
24.5	0.5017	0.5333	0.5833	0.6185	0.7137	1.0809	1.4278	1.9133
25.0	0.5077	0.5395	0.5897	0.6250	0.7206	1.0893	1.4375	1.9250
25.5	0.5138	0.5456	0.5960	0.6315	0.7275	1.0976	1.4473	1.9367
25.7	0.5162	0.5481	0.5986	0.6341	0.7302	1.1010	1.4512	1.9414
25.8	0.5174	0.5493	0.5998	0.6354	0.7316	1.1027	1.4531	1.9437
30.0	0.5680	0.6011	0.6533	0.6900	0.7894	1.1729	1.5350	2.0420
31.0	0.5801	0.6134	0.6660	0.7030	0.8032	1.1896	1.5545	2.0654
34.0	0.6163	0.6503	0.7041	0.7420	0.8445	1.2397	1.6130	2.1356
34.4	0.6211	0.6552	0.7092	0.7472	0.8500	1.2464	1.6208	2.1450

关税税率 %	消费税税率 %							
	3	**5**	**8**	**10**	**15**	**30**	**40**	**50**
35.0	0.6284	0.6626	0.7168	0.7550	0.8582	1.2564	1.6325	2.1590
36.0	0.6404	0.6749	0.7296	0.7680	0.8720	1.2731	1.6520	2.1824
37.5	0.6585	0.6934	0.7486	0.7875	0.8926	1.2982	1.6813	2.2175
38.0	0.6645	0.6996	0.7550	0.7940	0.8995	1.3066	1.6910	2.2292
38.7	0.6730	0.7082	0.7639	0.8031	0.9092	1.3183	1.7047	2.2456
40.0	0.6887	0.7242	0.7804	0.8200	0.9271	1.3400	1.7300	2.2760
41.0	0.7007	0.7365	0.7932	0.8330	0.9408	1.3567	1.7495	2.2994
43.8	0.7345	0.7710	0.8288	0.8694	0.9794	1.4035	1.8041	2.3649
45.0	0.7490	0.7858	0.8440	0.8850	0.9959	1.4236	1.8275	2.3930
47.5	0.7791	0.8166	0.8758	0.9175	1.0303	1.4654	1.8763	2.4515
48.7	0.7936	0.8314	0.8911	0.9331	1.0468	1.4854	1.8997	2.4796
50.0	0.8093	0.8474	0.9076	0.9500	1.0647	1.5071	1.9250	2.5100
50.7	0.8177	0.8560	0.9165	0.9591	1.0743	1.5188	1.9387	2.5264
51.0	0.8213	0.8597	0.9203	0.9630	1.0785	1.5239	1.9445	2.5334
57.0	0.8937	0.9336	0.9966	1.0410	1.1611	1.6241	2.0615	2.6738
58.2	0.9082	0.9484	1.0119	1.0566	1.1776	1.6442	2.0849	2.7019
65.0	0.9902	1.0321	1.0984	1.1450	1.2712	1.7579	2.2175	2.8610

注：1. 鉴于应征消费税的进口商品的法定增值税税率均为17%，故本表省略了增值税税率一栏，但所列常数均已包括增值税在内；

2. 常数计算公式为：

$$常数=\frac{进口关税税率+消费税税率+增值税税率+进口关税税率\times 增值税税率}{1-消费税税率}$$

附表 15

2006年进口关税与进口环节代征税(增值税)计税常数表

关税税率	增值税税率%		关税税率	增值税税率%		关税税率	增值税税率%	
%	13	17	%	13	17	%	13	17
0	0.1300	0.1700	6.9	0.2080	0.2507	10.6	0.2498	0.2940
0.8	0.1390	0.1794	7.0	0.2091	0.2519	10.8	0.2520	0.2964
1.0	0.1413	0.1817	7.1	0.2102	0.2531	11.0	0.2543	0.2987
1.5	0.1470	0.1876	7.2	0.2114	0.2542	11.2	0.2566	0.3010
2.0	0.1526	0.1934	7.4	0.2136	0.2566	11.3	0.2577	0.3022
2.3	0.1560	0.1969	7.5	0.2148	0.2578	11.4	0.2588	0.3034
2.4	0.1571	0.1981	7.6	0.2159	0.2589	11.6	0.2611	0.3057
2.5	0.1583	0.1993	7.7	0.2170	0.2601	11.7	0.2622	0.3069
2.8	0.1616	0.2028	7.8	0.2181	0.2613	11.8	0.2633	0.3081
3.0	0.1639	0.2051	8.0	0.2204	0.2636	12.0	0.2656	0.3104
3.4	0.1684	0.2098	8.1	0.2215	0.2648	12.2	0.2679	0.3127
3.5	0.1696	0.2110	8.2	0.2227	0.2659	12.3	0.2690	0.3139
3.8	0.1729	0.2145	8.3	0.2238	0.2671	12.4	0.2701	0.3151
4.0	0.1752	0.2168	8.4	0.2249	0.2683	12.5	0.2713	0.3163
4.2	0.1775	0.2191	8.5	0.2261	0.2695	12.6	0.2724	0.3174
4.3	0.1786	0.2203	8.6	0.2272	0.2706	12.7	0.2735	0.3186
4.4	0.1797	0.2215	8.8	0.2294	0.2730	12.8	0.2746	0.3198
4.5	0.1809	0.2227	9.0	0.2317	0.2753	13.0	0.2769	0.3221
4.8	0.1842	0.2262	9.1	0.2328	0.2765	13.2	0.2792	0.3244
5.0	0.1865	0.2285	9.4	0.2362	0.2800	13.3	0.2803	0.3256
5.4	0.1910	0.2332	9.5	0.2374	0.2812	13.4	0.2814	0.3268
5.5	0.1922	0.2344	9.6	0.2385	0.2823	13.5	0.2826	0.3280
5.8	0.1955	0.2379	9.7	0.2396	0.2835	13.6	0.2837	0.3291
6.0	0.1978	0.2402	9.8	0.2407	0.2847	13.8	0.2859	0.3315
6.2	0.2001	0.2425	9.9	0.2419	0.2858	13.9	0.2871	0.3326
6.3	0.2012	0.2437	10.0	0.2430	0.2870	14.0	0.2882	0.3338
6.4	0.2023	0.2449	10.1	0.2441	0.2882	14.2	0.2905	0.3361
6.5	0.2035	0.2461	10.2	0.2453	0.2893	14.3	0.2916	0.3373
6.6	0.2046	0.2472	10.3	0.2464	0.2905	14.4	0.2927	0.3385
6.8	0.2068	0.2496	10.5	0.2487	0.2929	14.5	0.2939	0.3397

关税税率 %	增值税税率% 13	增值税税率% 17	关税税率 %	增值税税率% 13	增值税税率% 17	关税税率 %	增值税税率% 13	增值税税率% 17
14.6	0.2950	0.3408	20.3	0.3594	0.4075	25.6	0.4193	0.4695
14.8	0.2972	0.3432	20.4	0.3605	0.4087	25.7	0.4204	0.4707
15.0	0.2995	0.3455	20.7	0.3639	0.4122	25.8	0.4215	0.4719
15.2	0.3018	0.3478	20.8	0.3650	0.4134	26.0	0.4238	0.4742
15.3	0.3029	0.3490	20.9	0.3662	0.4145	26.3	0.4272	0.4777
15.4	0.3040	0.3502	21.0	0.3673	0.4157	26.4	0.4283	0.4789
15.6	0.3063	0.3525	21.2	0.3696	0.4180	27.0	0.4351	0.4859
15.7	0.3074	0.3537	21.3	0.3707	0.4192	27.2	0.4374	0.4882
16.0	0.3108	0.3572	21.5	0.3730	0.4216	27.5	0.4408	0.4918
16.3	0.3142	0.3607	21.6	0.3741	0.4227	28.0	0.4464	0.4976
16.4	0.3153	0.3619	21.7	0.3752	0.4239	28.5	0.4521	0.5035
16.6	0.3176	0.3642	21.8	0.3763	0.4251	28.6	0.4532	0.5046
16.8	0.3198	0.3666	22.0	0.3786	0.4274	28.8	0.4554	0.5070
17.0	0.3221	0.3689	22.2	0.3809	0.4297	29.0	0.4577	0.5093
17.2	0.3244	0.3712	22.3	0.3820	0.4309	29.4	0.4622	0.5140
17.5	0.3278	0.3748	22.5	0.3843	0.4333	29.5	0.4634	0.5152
17.6	0.3289	0.3759	22.6	0.3854	0.4344	30.0	0.4690	0.5210
17.8	0.3311	0.3783	22.8	0.3876	0.4368	30.2	0.4713	0.5233
18.0	0.3334	0.3806	23.0	0.3899	0.4391	31.0	0.4803	0.5327
18.2	0.3357	0.3829	23.1	0.3910	0.4403	31.3	0.4837	0.5362
18.3	0.3368	0.3841	23.2	0.3922	0.4414	31.4	0.4848	0.5374
18.4	0.3379	0.3853	23.3	0.3933	0.4426	32.0	0.4916	0.5444
18.7	0.3413	0.3888	23.5	0.3956	0.4450	33.0	0.5029	0.5561
18.8	0.3424	0.3900	23.8	0.3989	0.4485	34.0	0.5142	0.5678
19.0	0.3447	0.3923	24.0	0.4012	0.4508	34.4	0.5187	0.5725
19.2	0.3470	0.3946	24.1	0.4023	0.4520	35.0	0.5255	0.5795
19.3	0.3481	0.3958	24.3	0.4046	0.4543	36.0	0.5368	0.5912
19.4	0.3492	0.3970	24.5	0.4069	0.4567	36.3	0.5402	0.5947
19.5	0.3504	0.3982	24.6	0.4080	0.4578	36.6	0.5436	0.5982
19.6	0.3515	0.3993	24.8	0.4102	0.4602	36.8	0.5458	0.6006
19.8	0.3537	0.4017	25.0	0.4125	0.4625	37.2	0.5504	0.6052
20.0	0.3560	0.4040	25.2	0.4148	0.4648	37.5	0.5538	0.6088
20.1	0.3571	0.4052	25.4	0.4170	0.4672	38.0	0.5594	0.6146
20.2	0.3583	0.4063	25.5	0.4182	0.4684	38.7	0.5673	0.6228

关税税率%	增值税税率%		关税税率%	增值税税率%		关税税率%	增值税税率%	
	13	17		13	17		13	17
39.2	0.5730	0.6286	47.5	0.6668	0.7258	56.0	0.7628	0.8252
40.0	0.5820	0.6380	48.7	0.6803	0.7398	57.0	0.7741	0.8369
41.0	0.5933	0.6497	49.1	0.6848	0.7445	58.2	0.7877	0.8509
42.1	0.6057	0.6626	50.0	0.6950	0.7550	65.0	0.8645	0.9305
42.5	0.6103	0.6673	50.7	0.7029	0.7632	65.9	0.8747	0.9410
43.8	0.6249	0.6825	51.0	0.7063	0.7667	71.0	0.9323	1.0007
45.0	0.6385	0.6965	52.4	0.7221	0.7831	90.0	1.1470	1.2230
47	0.6611	0.7199	54.4	0.7447	0.8065			

注:常数=进口关税税率+增值税税率+进口关税税率×增值税税率

附表 16

计量单位换算表

面(地)积换算

公制		英美制			
平方米	平方 cm	平方码	平方英尺	平方英寸	平方尺
1	10000	1.1960	10.7639	1550	9
0.0001	1	0.00012	0.00108	0.155	0.0009
0.8361	8361	1	9	1296	7.525
0.0929	929	0.1111	1	144	0.836
0.00065	6.45	0.00077	0.00694	1	0.0058
0.111	1111	0.133	1.196	172.2	1

长度换算

公制		中国市制	英美制		
米	cm	尺	码	英尺	英寸
1	100	3	1.094	3.2808	39.37
0.01	1	0.03	0.01094	0.03281	0.3937
0.3333	33.33	1	0.3646	1.094	13.123
0.9144	91.44	2.743	1	3	36
0.3048	30.48	0.9144	0.3334	1	12
0.0254	2.54	0.0762	0.0278	0.833	1

1 米 = 100cm = 1000mm

重量换算(一)

公制	英制	美制	港制
公吨	长吨	短吨	司马担
1	0.9842	1.1023	16.535
1.016	1	1.12	16.8
0.9072	0.8929	1	15
0.05	0.04921	0.0551	0.8267
0.0508	0.05	0.056	0.8402
0.0605	0.0594	0.0667	1

港制 1 司马担 = 100 司马斤

公制 1 公吨 = 10 公担

英制 1 长吨 = 20 英担(CWT)

1 英担 = 50.8024 千克

美制 1 短吨 = 20 短担(CWT)

1 短担 = 100 磅 = 45.36 千克

公制	中国市制	英美制
公斤	斤	磅
1000	2000	2204.6
1016	2032	2242
907	1814	2000
50	100	110.23
50.8	101.6	112
60.48	120.96	133.33
1	2	2.2046
0.5	1	1.1023
0.4536	0.9072	1

重量换算(二)

公制		英美制常衡		英美制金衡或药衡		中国市制
公斤	克	磅		磅		两
1	1000	2.2046	35.2736	2.679	31.1507	20
0.001	1	0.0022	0.03527	0.00268	0.0321	0.02
0.4536	453.59	1	16	1.2153	14.5833	9.072
0.02835	28.35	0.0625	1	0.07595	0.9114	0.567
0.3732	373.24	0.82286	13.1657	1	12	7.465
0.0311	31.10	0.06857	1.0971	0.08333	1	0.622
0.05	50	0.1102	1.76368	0.13396	1.6075	1

宝石:1 克拉 = 0.2 克　　　1 金衡 = 155.5 克拉

容(体)积换算(一)

公制	中国市制	英制	美制
升	升	英加仑	美加仑
1	1	0.22	0.264
4.546	4.546	1	1.201
3.785	3.785	0.833	1

1000 升 = 1 立方米　　　1 升 = 1000 毫升 = 1000 立方 cm(C.C.)

英制 1 加仑 = 277.42 立方英寸　　　英制 1 加仑 = 231 立方英寸

容(体)积换算(二)

公制		英美制			中国市制
立方米	立方 cm	立方码	立方英尺	立方英寸	立方尺
1	1000000	1.303	35.3147	61024	27
0.000001	1	0.0000013	0.00004	0.06102	0.000027
0.7636	764555	1	27	46656	20.643
0.02832	28317	0.037	1	1728	0.7646
0.000016	16.387	0.00002	0.00058	1	0.00044
0.037	37037	0.0484	1.308	2260	1

木材体积单位换算

板(Board Foot Measure, BFM):

指厚一英寸面积一平方英尺的木材

板材的换算:100 板　= 2.36 立方米

原木的换算:100 板　= 5 立方米(近似值)

功率换算表

1 千瓦(kW) = 1.34 英制马力(HP) = 1.36 公制马力(HP)

1 英制马力 = 0.746 千瓦(kW)

1 公制马力 = 0.735 千瓦(kW)

$$1\text{ 千伏安(k.V.A)} = \frac{\text{千瓦(k.W.)}}{0.80}$$

粮谷重量容积换算

品　名	1 公吨折合蒲式耳	1 蒲式耳折合	
		磅	公斤
小麦、大豆	36.743	60	27.216
玉米	39.368	56	25.402
大麦(英制)	44.092	50	22.68
大麦(美制)	45.931	48	21.773

1 英制蒲式耳(－1.0321 美制蒲式耳)合 36.3677 升。

石(原)油重量、容积换算

国　别	1 公吨折合			
	千　升	美制桶	英制加仑	美制加仑
美国、印度尼西亚	1.18	7.4	259.1	310.6
伊朗、沙特阿拉伯	1.19	7.49	261.8	314.5
日本	1.11	6.99	244.5	293.3
英国、科威特	1.16	7.31	255.8	306.7
委内瑞拉	1.09	6.84	239.2	287.4

注:世界平均比重的原油通常以 1 公吨 = 7.35 桶(每桶为 42 美制加仑)或 1174 升计

常用度量衡英文名称和简写

名称	英文名称	简写	名称	英文名称	简写
克	gram	g.	码	yard	yd.
公斤	kilogram	kg.	英尺	foot	ft.
公担	quintal	q.	英寸	inch	in.
公吨	metric ton	m.t.	平方米	square metre	sq.m.
长吨	long ton	l.t.	平方英尺	square foot	sq.ft
短吨	short ton	sh.t.	平方码	square yard	sq.yd.
英担	hundredweight	cwt.	立方米	cubic metre	cu.m.
美担	hundredweight	cwt.	立方英尺	cudic toor	cu.ft.
磅	pound	lb.	升	litre	l.
(常衡)	ounce	oz.	毫升	millilitre	ml.
(金衡)	ounce	oz.t	加仑	gallon	gal.
司马担	picul		蒲式耳	bushel	bu.
米	metre	m.	克拉	carat	car.
公里	kilometre	km.	马力	horse power	h.p.
cm	centimetre	cm.	千瓦	kilowatt	kw.
mm	millimetre	mm.	公吨度	metric ton unit	m.t.u.